法学阶梯
INSTITUTIONES

普通高等教育**法学精品教材**

第五版

刑法学（上）

CRIMINAL LAW

张明楷 著

法律出版社
LAW PRESS · CHINA

图书在版编目(CIP)数据

刑法学/张明楷著. --5版. --北京:法律出版社,2016.7(2020.12重印)
ISBN 978-7-5118-9683-4

Ⅰ.①刑… Ⅱ.①张… Ⅲ.①刑法-法的理论-中国
Ⅳ.①D924.01

中国版本图书馆CIP数据核字(2016)第146396号

刑法学(第五版)
XINGFAXUE(DI WU BAN)

张明楷 著

责任编辑 吴 昉
装帧设计 乔智炜

编辑统筹 法律教育出版分社
出版 法律出版社
开本 787毫米×1092毫米 1/16
总发行 中国法律图书有限公司
印张 83
经销 新华书店
字数 1906千
印刷 永清县金鑫印刷有限公司
版本 2016年7月第5版
责任印制 胡晓雅
印次 2020年12月第20次印刷

法律出版社/北京市丰台区莲花池西里7号(100073)
网址/www.lawpress.com.cn
投稿邮箱/info@lawpress.com.cn
举报维权邮箱/jbwq@lawpress.com.cn
销售热线/400-660-8393
咨询电话/010-63939796

中国法律图书有限公司/北京市丰台区莲花池西里7号(100073)
全国各地中法图分、子公司销售电话:
统一销售客服/400-660-8393/6393
第一法律书店/010-83938432/8433 西安分公司/029-85330678 重庆分公司/023-67453036
上海分公司/021-62071639/1636 深圳分公司/0755-83072995

书号:ISBN 978-7-5118-9683-4 **定价**:136.00元

作者简介

张明楷　1959年生，湖北仙桃人。1982年毕业于湖北财经学院（现中南财经政法大学）法律系。曾是日本东京大学客员研究员、日本东京都立大学客员研究教授、德国波恩大学高级访问学者和中南政法学院（现中南财经政法大学）教授。现为清华大学法学院教授、博士生导师，中国人权研究会常务理事、中国刑法学研究会副会长、中国警察法学研究会副会长。独著《犯罪论原理》（武汉大学出版社1991年版）、《刑事责任论》（中国政法大学出版社1992年版）、《刑法的基础观念》（中国检察出版社1995年版）、《市场经济下的经济犯罪与对策》（中国检察出版社1995年版）、《刑法学》（法律出版社1997年第1版、2003年第2版、2007年第3版、2011年第4版）、《未遂犯论》（法律出版社·成文堂1997年联合出版）、《刑法格言的展开》（法律出版社1999年第1版、2003年第2版、北京大学出版社2013年第3版）、《外国刑法纲要》（清华大学出版社1999年第1版、2007年第2版）、《刑法学（教学参考书）》（法律出版社1999年版）、《法益初论》（中国政法大学出版社2000年第1版、2003年修订版）、《全国律师资格考试指定用书·刑法》（法律出版社2001年版）、《刑法的基本立场》（中国法制出版社2002年版）、《刑法分则的解释原理》（中国人民大学出版社2004年第1版、2011年第2版）、《全国高等教育自学考试指定教材·刑法学》（北京大学出版社2006年第1版、2014年新版）、《诈骗罪与金融诈骗罪研究》（清华大学出版社2006年版）、《刑法学教程》（北京大学出版社2007年第1版、2010年第2版、2011年第3版）、《罪刑法定与刑法解释》（北京大学出版社2009年版）、《犯罪构成体系与构成要件要素》（北京大学出版社2010年版）、《刑法原理与实务》（北京大学出版社2010年版）、《刑法原理》（商务印书馆2011年版）、《行为无价值论与结果无价值论》（北京大学出版社2012年版）；《刑法的私塾》（北京大学出版社2014年版）、《责任刑与预防刑》（北京大学出版社2015年版）；译《日本刑法典》（法律出版社1998年第1版、2006年第2版）；在《中国社会科学》、《法学研究》、《中国法学》等刊物上发表学术论文四百余篇。

第五版前言

刑事立法活跃化的时代已经来临。我不知道这将意味着刑法解释学的蓬勃生机，还是预示出刑法解释学的深刻危机。面对解释者各执一词、分庭抗礼时，国外的立法者总是袖手旁观、置身事外，我国的立法者则要挺身而出、一槌定音。我不清楚立法者是否相信自己制定的法律具有完美的内在丰富性和充足的逻辑延展力，不需要外在的填补即可时时刻刻满足社会生活中林林总总的需求，但我确实不会相信这一点。任何个人与团体在起草法律时都不可能彻底避免与某个无法估计的、已经生效的法条相抵牾，不可能完全预见藏身于无尽多变的生活海洋而未曾冲上沙滩的各种现象。认为立法者能够通过成文法条对每个案件都预先做出完整、终局之决定的想法，已被证实是一种错觉、一丝幻想。法律的含义并非由文字固定，也不能由起草者锁定，而是需要在社会生活事实中不断发现。不管面对如何完美的法典，解释者都不会缄口不言、沉默不语，也不应言不由衷、语与心违。为了使法律满足一个处在永久变动中的社会的所有新的需要，解释者在面对崭新的生活事实时，总是要不断地使法律的真实含义得以发现、得到阐扬。立法修法有时止，释法绵绵无绝期！况且，再完备的刑法典，也难免有符号的创伤。但是，我不会在伤口上撒盐，也不会东捱西问已经对成文刑法丧失占有权的起草者，更不会对成文刑法吹毛求疵、洗垢求瘢。法律并不被某个人或者某些人所占有，而是由人类杰出的智慧所拥有，并且经过漫长的过程，在辉煌的时代被界定出来，没有人可以认为自己比法律更聪慧。所以，我只能秉持追求真理的良心，在解释法律的过程中澄思寂虑、刮肚搜肠。

托尼·奥诺尔曾说："岁月流转，实证主义法律人和自然法学派的法律人在世界杯的决赛上一次次相遇……有时候这边取胜，有时候那边取胜，但类似于参赛者和观众的热情保证了输掉的一方将会复仇。"可是，我不会厚此薄彼、偏袒一方，而是要将实证主义的法律人与自然法学派的法律人组成一支球队。不可否认，"当法官能够自由地将他们的个人观念，诸如何谓公平、何谓同情或者什么才是应当遵循的社会正义等强加到法律之上时，就不可能存在可靠的法律框架"。然而，"法官的职能不是也不可能只是机械地适用那些众所周知的和已经确定的规则"。尽管将制定法与自然法相融合，可能正在剥夺我们自己自律的知识与自主的道德，但是，"如果一个法律形式主义法官遵循制定法的平白文义，那么可能会损害制定者的意图，甚至与其背道而驰。这就是所谓的'草率的'或者'机械'法学"。何况，"形式主义法官并不是真正地遵循平白文义。事实上他们毋宁是根据自己的政策偏好来作出判决，然后用法律形式主义的语言来掩人耳目"。顾左盼右，虑得忧失，最终还是只能将制定法与自然法融为一体。本书的这一基本立场，过去未曾首鼠两端、辗转不决，将来不会翻然易辙、改弦更张。

当然，在融合自然法与制定法的过程中，难免将自己的前理解当作法律的真实含义。前理解既可能是有用的资产，也可能是危险的罪犯，这取决于前理解者的眼光。作者管中窥豹、瓮里观天，见骥一毛，不知其状，见画一色，不知其美，不能保证在前理解中清除了危险的罪犯。尽管自以为心中充满了正义，但不知道个人的正义是否与制度的正义相对立，也不清楚能否通过个人的、社会的道德决定克服个人的正义与制度的正义的对立。而且，传统观念根深蒂固，法律条文错综复杂，案件事实盘根错节，理论学说扑朔迷离，真是一寸凝思千万绪，剪不断、理还乱，千思百虑皆不是，长夜漫漫无心眠。尽管如此，我也没有因此而额蹙心痛、愁肠九转，也不会万念俱灰、黯然神伤。事实上，在解释法律的过程中，常常有霍然云消雾散而欢意浃洽，往往会瞬间柳暗花明而心花怒放。不断地摈除心结、破除陈念、消除疑问、解除难题，终归会令人眉开眼笑、欣喜若狂。

刑法典独一无二，解释者成千上万，每位解释者心中都有一个哈姆雷特。我早已知道，在法学领域，不可只愿君心似我心，只能众生随类各得解。我没有奢望能够说服他人，只是要求说服自己。即使本书针对相反观点提出了不同看法，也仅仅是在描述说服自己的心路历程。倘若将刑法解释学的不同立场比作不同的河流，我也只是在说明为什么踏入了这一条河流而没有踏入另一条河流。即便如此，我也会欣赏其他河流的粼粼波光与滔滔波浪。虽然每一位解释者都会将自己的解释结论当作法律的真实含义，但可以肯定的是，像绝对的必然性、绝对的正确性、最终真理、最终权威等观念都是应当从刑法学中排除出去的幽灵。“相信只有一种真理而且自己掌握着这个真理，这是世界上一切罪恶的最深刻的根源。”我不会相信只有一种真理，更不会认为自己掌握了真理；我清醒地意识到，本书不是在表述四海皆准的客观真理，只是在记述百孔千创的个人主张。

法学最古老也最独特。“尽管科学能够线性地不断向前发展，但法律却做不到线性发展。在法律这里，同样的洞见与错误总是一再地发生。”倘若说结果无价值论是错误的，那么，本书的错误就不只是一再地发生，而是持续地存在；作者不是多次犯，而是持续犯。就具体观点而言，不管法条是否修改，无论情势是否变更，我不能一成不变，也不会率由旧章。只要阅读就有想法，只要思考就有变化。虽然在历时一年的修改过程中，我尽量芟柞繁芜、补增阙略，并且思左想右、瞻前顾后，但不知道是将错的改对了，还是将对的改错了，抑或由此错改为彼错，或者由小错改成大错。果真如此，则是“错误总是一再地发生”。但是，我不会将错就错，也不想以讹传讹。当然，本书没有洞察洞见，只有漏洞空洞，还有陈词滥调、浮词曲说。对于读者的析疑匡谬、补偏救弊，笔者会谢意永存、铭感不忘。

魏因斯海默说：“这个世界没有经典，只有文本，并且所有文本都是平等的。”可以肯定的是，不管这个世界有没有经典，由于作者赐墙及肩、管窥筐举，不能学富五车、书通二酉，经典与本书无异钩金舆羽，本书与经典实乃寸木岑楼。斯科尔斯的话倒是令人欣慰：“任何文本，都不会因其琐屑，而被摒弃在人文研究的界域之外，再琐碎的涂鸦，如果在它的背景中充分理解，都可能是人类表达的财富。”本书充其量只是琐碎的涂鸦，也可谓孤独的言说。尽管如此，我还是会继续在追求法律真实含义的道路上负笈担簦、栉风沐露。我不可能任他尘世多喧嚣，静我凡心立功名；但可以做到法不正解心不朽，再挑灯火看文章。

张明楷

2016 年 5 月 8 日于清华园明理楼

第四版前言

当今社会变幻莫测。当我们还没有真正进入解释的时代时，事实上却进入了立法的时代。“立法者三句修改的话，全部藏书就变成废纸。”这句名言委实有些夸张，还有一点片面。其实，即使立法者像金字塔一样沉默无语、岿然不动，解释者也难以北窗高卧、东篱自醉。法律不断演变却从未达成一致，这是一个颠扑不破的真理。任何成文法都无法摆脱不断变化的生活，因为它原本就是为这种生活而设计的。冷冰冰的文字里，蕴含着活生生的正义；平平淡淡的表述中，潜藏着形形色色的含义。解释者需要在不断变化的生活里发现成文法的真实含义，从不动声色的文字中了解成文法的内在欲望；面对任何崭新的理论学说，解释者都不应当感到惊惧不安。在东海扬尘、白衣苍狗的时代，一个解释者不能两次对同一法条作同一解释。教条使人变得伟大、人使教条变得伟大的现象，将一去不复返。

一位历史学家曾经说过，法律人士最主要的特征之一，就是在任何法律问题上，他们总会站成意见相左的两队。在鸾翔凤集、云起龙骧的刑法学领域，何止两队，经常可以见到三队、四队、五队乃至更多的队。显然，一位法律人士不可同时脚站两支队。我深深地体会到，任何一位法律人士对一个观点所作的任何论证，充其量只能得到原本赞成该观点的法律人士的认可，对于反对该观点的法律人士而言，一切论证都是多余的：不管持此观点的法律人士如何论证，持彼观点的法律人士的全部声音只有一个常见的字——不。用固执己见、故步自封来描述这种局面，并不合适；用粗暴冷酷的偏见与目空一切的傲慢来解释这种现象，更不妥当。在人文科学的领域里，一个研究者提出种种问题与观点，肯定并不独立于他的整个人格，因而也并不独立于他的家庭背景、成长经历、生活状态、社会地位、阅读范围、正义感觉、法律意识等。事实上，大多数的所谓推理，在于为继续相信自己已经相信的信条而找寻理由。解释者在采用各种解释手段之前，就有一个达到目的的预断，任何解释手段的运用只是将文本敲打成能为自己的目的服务的形状，并坚持认为在那种活动与文本解释之间不存在任何差别，自己的目的就是文本的目的。易言之，在人生的每一刻，每一个人都是唯一的，无论在生理上、学术上抑或其他任何方面。这种镶嵌在多样性里的独特性是我们的财富。尽管如此，我还是乐意进入不属于自己的价值体系，专心阅读和耐心倾听不同的观点，汲取他人的智慧，丰富自己的论证。当然，在此过程中，我可能只是寻章摘句、断章取义，抑或管窥蠡测、扣槃扪烛，乃至买椟还珠、反裘负薪。

一位法学家曾经讲道，“我的态度，与实务家针对理论贡献所做的评断，亦即那种不承认理论贡献具有权威引导功能的轻率傲慢态度，大相径庭；就我所有的教义学著作而言，我总是乐意让它们受实务家的评断，而那些无法在实务家那边获掌声的见解，从一开始就会被我认为是有疑义的”。以忐忑不安的心情引用这段话，是因为我不愿意看到法科学子当下在校园里所学习的应付考试的知识与将来在实务中所需要的应对现实的知识几乎完全不同的痛心局面,更不情愿教科书被实务家蔑视为一堆废纸。我希望自己的教科书能够影响那些在内心里对他人观点的确信或怀疑、对自己认识的清晰或模糊具有感受能力的法科学生,解释他们能够想到的理论问题;也期待自己的教科书能够接受实务的检验,解决实务家们可能遇到的现实问题。当然,获得掌声并不是目的所在。

每个人都千方百计想见到法律。但是,每个人的自然理性都比不过富有智慧的法律。刑法的面孔千变万化,刑法的内心千头万绪。有些问题,如果没有人问我,我知道;如果要我回答,我不知道;有些问题,每思考一次,想法就改变一次,从而不能形成某种甚至带有适度自信的观点。但是,我不能因此而放弃思考,也不能从此便保持沉默。时时怀铅提椠,刻刻吮毫搦管,既是责任、使命所在,也是兴趣、习惯使然。况且,对刑法的解释是一个无限的、不断反复、不断更新的过程,不喜欢拘俗守常、不愿意拘文牵义的我,也只能不断更改观点、更新论证。学者的良心是追求真理、阐述真理的良心。我更不会明知自己以前的观点谬误,却为了彰显自己的稳健而放任那种观点的流传。由此给读者带来的困惑,当然应归责于我。倘若读者问道,“你在不同论著中的说法并不完全相同,应当以哪个为准?”我只能援引那个众所周知的规则——新“法”优于旧“法”。

学术道路上或许有横生的荆棘,但也能遇到盛开的鲜花。对学术与教学的爱好与热忱,长存我心,从未消减。被宣布是自由的我,并没有将刑法学作为惬意的谋生手段,纵然啜菽饮水、身心疲惫,也安之若素、甘之若饴。无论春风拂拂、秋风嫋嫋,还是赤日炎炎、白雪皑皑,在水木清华的美丽校园,听着“楷哥”的亲切称呼,看着“K 粉”的阳光表情,在欣然自得、怡然自乐的同时,更觉得自己应当焚膏继晷、夙夜匪懈。

一直想使这部教科书成为自己的得意之作。然而,著者驽马铅刀、绵力薄材,尽管朝乾夕惕、废寝忘食,纵然搜索枯肠、煞费苦心,结局仍然是断编残简、断烂朝报,充满了逻辑的矛盾,充斥着符号的伤疤。好在聪慧敏捷、温文尔雅、有识无畏的几位学子,静观默察,匡词济语,移文易义,使本书减少了一些错漏舛误。

张明楷

2011 年 6 月 1 日于清华明理楼

第三版前言

《刑法学》第二版于四年前刊行，纵能从许多网站下载全文，可于不少书屋遇见盗版，给读者以畅销书之印象，然第二版乃妥协之作，错漏百出，舛误尽显。唯有补苴调聏，推陈出新，方能恤愧怍之情，慰忐忑之心。

本人并无“毁坏刑法学成果”和“扰乱刑法学秩序”的故意，更不“以卖弄玄虚为目的”；大抵缘于村生泊长的经历、讨是寻非的心态、标新立异的习癖、独树一帜的幻想、好高骛远的忾情、不自量力的狂妄，本书未有蹈常袭故、循规遵矩。如第二版前言所料，“体系已面目全非，观点也改弦更张”，但根本理论与第二版并行不悖，基本方法与第二版相差无几。

作者菲才寡学，少见鲜闻。希图兼容并包、翔集事理，但无力博稽中外、深考古今；力图独辟蹊径、自成体系，却未有睿思卓识、宏论妙谛；试图排疑释结、解惑辩难，然不能抽钉拔楔、清原正本。愚意管见，立等雅教；瞽言刍议，伏待斧钺。

《刑法学》确为本人之精神乐园。下笔作文，直抒个人情怀，何等愉悦！操觚染翰，伸张人间正义，好不畅快！将事业与爱好融为一体，做人与为学合而为一，不觉身心疲惫，唯感其乐无穷！

理当言表却难以言表的是谢意。对倾心关注本书和悉心关怀作者的各位，我会常怀感恩之心，永存感激之情！

张明楷

2007年6月20日于清华

第二版前言

在法学繁荣发达的国度,令人敬佩的教授们,精心“经营”着自己钟情的教科书,在那片园地里阐扬传世理念、彰显卓异才华。读着那些玉质金相、剖决如流、文从字顺的教科书,恰似醍醐灌顶、甘露滋心。对于这些大方之家,樗栎庸材如我者,只得向若惊叹,却不能望其项背。我从未奢望自己能凭挈瓶之知写出一部只有研精覃思、博考经籍之后方可成就且不致误人子弟的教科书,只是因为意外事件与不可抗力(道来话长,莫如省略),致使拙作《刑法学》第一版与读者见面。在文献汗牛充栋、教材不知凡几、学者集苑集枯、学说见仁见智的刑法学领域,撰写一部教科书,于我而言,实有举鼎绝膑之感;写作之时,也若有芒刺在背。好在《刑法学》首版付梓之后的反应,使我获得了些许安慰。

名家撰述的教科书中,有两类令人叹为观止。其一为,出版二三十年后未曾也无须修订,仍然反复印刷,学者频繁摘引,学子百读不厌。其二为,出版之后每年一次新版,依然纸贵洛阳,学界竞相传诵,学士爱不释手。我乃平庸之辈、愚钝之人,不及前者稳健,弗如后者敏捷,既无能力成就一部可“一劳永逸”的教科书,也难做到每年印行一次新版。本书首版问世后,同仁们对其中奇谈怪论的批判以及附带对刍荛之见的认同,一直萦绕于我心,不经意间,“本人存用”的教科书上已留下稠密的修补删改记录。于是,我拟定以经常修订的方式,“经营”这本教科书(虽然好几家出版社约我改换书名在其处出版,但我眼下还没有“移情别恋”的欲望)。或许若干年后,教科书的体系已面目全非,观点也改弦更张,但我不会自动放弃和中止这本教科书的“经营”。

本来,第一版付梓后不到两年,便有同仁诚挚地建议我根据司法解释确定的罪名进行修改,但我反复扪心自问的是:仓促修订能否给读者以新版的感觉?由于当时未能做出肯定应答,便寻思着在多发现、多研讨一些问题后再作修订。去年在刑法学大师云集的德国学府访问期间(2002 年 3 月至 9 月),拜读了阿图尔 · 考夫曼“并非仅为法学研究人所写,读者对象也包括法律外行人”的《法哲学》一书。考夫曼在“导言”中写道:“任何刑法法律人都不会借助一本五十年前,或只是十年前所写的作品(法条释义、教科书),来解答一个案例。这种作品几乎只能作为历史文献。”(Arthur Kaufmann, Rechtsphilosophie, C. H. Beck, 1997. S. 4.)这段话令我寝食不安:拙作《刑法学》倘若不从速修订,是否会被人作覆瓿之用,且不符合“历史文献”的构成要件?于是,修订欲望愈为强烈,回国之后便着手实行。

本次修订,仍以刑法的法益保护(含人权保障)目的为核心,维持刑法论——犯罪论——刑事责任论——罪刑各论的总体系,删除了第一版的“犯罪客体要件”与“定罪”两章,其中的必要内容纳入相应章节。犯罪论方面,立于客观主义立场,采取结果无价值论(修改了第一版中行为无价值论的观点),并对犯罪构成要件进行实质的解释。在刑罚论方面，站在并合主义立场，使相对报应刑论的主张更为明确。总的来看，在体系的思考与问题的思考之间，本书更注重了后者。与此同时，以下几点也是我修订时企望实现的：既立足于中国当今社会的现实，又将论题置于世界刑法学之林思考；既评介中国的理论学说，又从学派之争的视角进行分析；既解释现行法条，又阐释规范背后的理念；既阐述刑法理论上的要害与重点，又预测和解决司法实践中可能出现与已经遇到的难题；既发表自以为成熟的见解，又提出自己尚难回答的疑问。

作者末学肤受、学识谫陋，加之仓促付梓，校改不周，不仅企图奢望可能未遂，而且错漏舛误定然难免。法律的解释并非真理的判断，而是价值的判断，不能被事实证伪，难以被实践检验，所以，我不得不时常以怀疑的眼光审视自己的观点。本书针对许多争议问题与通说观点发表的舐皮论骨之见，但还待国人贤达衡定。人文科学的研究，并非一种独白的个别行为，而是需要对话与沟通，需要学术批评。学术批评使我获益匪浅，因为“旁观者清”，参与讨论的学者，更易于发现对方的遗漏，更善于寻摸对方的缺陷；面对学者的批评，我必须补救原本的观点或者创建崭新的理论。正因如此，若能博得同仁们的不吝赐教，下次修订时得以采摭群言，将是笔者莫大的荣幸。

本书第二版得以付梓，得益于多方的协力与襄助，对于他/她们的感激之情，委实难以言表；为免挂一漏万，恕我不一一列举他/她们的尊姓大名，但我要由衷地、真诚地道谢：感谢传道并解惑的恩师！感谢博达却谦和的学者！感谢坦荡又精诚朋友！感谢友善且宽厚的同事！感谢聪颖而厚实的学子！感谢勤恳和亲爱的家人！

张明楷

2003年6月于清华园

简　目

第三编　法律后果论

第四编　罪 刑 各 论

详　　目

第一编　刑法基础论

第二编　犯　罪　论

绪　论

一、刑法学与刑事法学

法学是一门施展才华、满足自尊、唤起激情、伸张正义的学科。刑法学也不例外。

最广义的刑法学(刑事法学)是研究有关犯罪及其法律后果(主要是刑罚)的一切问题的学科,研究对象包括实体的刑法规范、犯罪原因与对策、刑事诉讼程序、刑罚的执行等内容。广义的刑法学,是指解释现行刑法(刑法解释学)、阐述刑法规范的哲学基础(刑法哲学或理论刑法学)、研究刑法历史(刑法史学)、比较不同刑法(比较刑法学)的学科。狭义的刑法学,仅指刑法解释学。本书尝试一种中间意义的刑法学,即刑法解释学与刑法哲学的统一体,但必要时仍然会涉及刑法史学与比较刑法学。

19 世纪以前的刑法学是指刑事法学。但随着立法的发展、法学的发达,刑事法学中的许多内容如犯罪学、监狱法学、刑事诉讼法学、刑事侦查学、比较刑法学、刑法史学等,都逐渐演变为独立的学科,且与刑法学相并列。因此,刑法学与这些学科既有联系,也有区别。犯罪学以犯罪原因与对策为研究对象;有关犯罪原因及其对策的经验性知识必然影响刑法理论,但刑法学一般不直接研究犯罪原因;刑法学只是研究以刑罚、保安处分为手段的犯罪对策,不像犯罪学那样从更广泛的范围研究犯罪对策。监狱法学是以监狱法为研究对象的学科,主要探讨自由刑的执行;刑法学主要研究适用刑罚的前提与方法。刑事诉讼法学以刑事诉讼法为研究对象,属于程序法学;刑法学属于实体法学。刑事诉讼法的规定会直接或者间接影响刑法的解释,反之亦然;有些内容是刑法学与刑事诉讼法学的共同研究课题。刑事侦查学是以犯罪侦查的策略和技术为研究对象的学科,研究如何发现已然犯罪;刑法学研究如何认定犯罪与处罚犯罪。刑事侦查是适用刑法的前提,但刑法指导刑事侦查。比较刑法学是对各国刑法进行比较的学科;刑法学一般以本国刑法为研究对象,但在难以得出合理结论的情况下,也将比较各国的刑法规范、审判实务作为刑法解释的方法。刑法史学以历史上各种类型的刑法和刑法思想为研究对象;刑法学以现行刑法为研究对象。但为了把握现行刑法的来龙去脉,刑法学也可能采用历史解释的方法。

如上所述,本书所称刑法学,是包含刑法解释学与刑法哲学的刑法学,其具体研究对象包括:(1)刑法本身,如刑法的概念、性质、地位、目的、原则、适用范围等;(2)刑法规范与规定,即刑法对于犯罪及其法律后果的一般规定与具体规定;(3)刑法规范的理论基础与根据;(4)对刑法的立法解释;(5)对刑法的司法解释,主要是指最高人民法院、最高人民检察院(以下简称"两高")关于具体适用刑法的司法解释;(6)刑事疑难案件;(7)刑法适用的规律、经验与问题。

二、刑法解释论与刑法立法论

刑法学的本体是解释论,亦即,在妥当的法哲学原理、刑事政策的指导下,基于社会生活、联系具体案例,对刑法规范做出解释(实定刑法的解释学),发现刑法的真实含义。与解释论不同的是立法论。立法论的基本做法是批评现行成文刑法的缺陷,提出立法建议。我国以往的刑法学研究的基本倾向是批判刑法,使刑法解释论与刑法立法论相混同。突出地表现在,人们事先未能对刑法规范做出妥当解释,就指出刑法规定的缺陷,然后提出修改刑法的建议。

将刑法学研究的重心置于批判刑法的做法,不仅偏离了刑法学的研究方向与目标,而且存在诸多不当,为本书所不取。其实,除了数字等实在难以解释的用语以外,刑法的任何用语都有很大的解释空间。解释者要善于通过各种途径、运用各种方法收集文本可能具有的意义,而不能单纯质疑文本的意义。所谓的刑法缺陷,大体上都是解释者解释出来的,而不是刑法本身就存在的。本书并不认为,一部刑法典只需要解释,不需要修改,而是主张尽可能地通过解释完善刑法的内容。大体而言,刑法完善的路径为,立法机关制定法律后,解释者根据正义理念与文字表述,并联系社会现实解释法律;在许多情况下,为了实现社会正义,解释者不得不对法律用语做出与其字面核心含义不同的解释(当然以符合罪刑法定原则为前提);经过一段时间后,立法机关会采纳解释者的意见,修改法律的文字表述,使用更能实现正义理念的文字表述;然后,解释者再根据正义理念与文字表述,联系社会现实解释法律;再重复上面的过程。这种过程循环往复,从而使成文法更加完善,使司法不断地追求和实现正义。所以,不要以为,只有批判法条才有利于完善成文刑法,事实上,解释刑法本身也同样甚至更有利于完善成文刑法。刑法理论应当将重心置于刑法的解释,而不是批判刑法。换言之,刑法学的重心是解释论,而不是立法论。[1]

三、刑法解释学与刑法教义学

近年来,我国刑法学界开始使用刑法教义学或刑法信条学(Strafrechtsdogmatik)的概念。"法律教义学一词源于希腊语中的'Dogma',Dogma这个概念首先在哲学中使用,然后在(基督的)神学中使用。Dogma是'基本确信'、'信仰规则'的意思,它不是通过理性的证明,而是通过权威的宣言和源自信仰的接受来排除怀疑。"[2]换言之,"从历史上看,法律的权威不是建立在人们对它的理性研究之上的,而是借助于政治上的强者。因此,传统法学对法律的研究基本上是建立在一种对之深信不疑的基础上,而鲜有批判精神。一如对圣经的解释态度,法律解释学亦被归属为一种独断型解释学……它的前提是:文献中的意义是早已固定和清楚明了的,无需我们重新加以探究"。[3] 法律教义学实际上追求的是狭义的和本义的法学,它至少是三种活动的混合体:"(1)对现行有效法律的描述;(2)对这种法律之概念—体系的研究;(3)提出解决疑难的法律案件的建议。"[4]不难看出,刑法教义学原本就是刑法解释学或者狭义的刑法学。另一方面,刑法解释学之所以将刑法作为基本确信、信仰规则,还因为解释原本就是承认被解释对象的存在,如果对之予以否认,就难以成为解释。

事实上,德国、日本以及其他国家的学者所撰写的刑法学教科书,就是刑法教义学的载体,当然也是刑法解释学的载体。我们不能说这本教科书属于刑法教义学,那本教科书

---

〔1〕 不管是撰写论著还是阅读论著,都不应当将解释论与立法论相混淆。

〔2〕 [德]魏德士:《法理学》,丁晓春、吴越译,法律出版社2005年版,第136页。

〔3〕 洪汉鼎:《诠释学——它的历史和当代发展》,人民出版社2001年版,第16页。

〔4〕 [德]罗伯特·阿列克西:《法律论证理论》,舒国滢译,中国法制出版社2002年版,第311页。

属于刑法学或者刑法解释学。不管是使用刑法教义学的概念还是使用刑法解释学的概念,解释学永远是刑法学的本体;对个别刑法条文的批判,虽然并不排斥在刑法学教义学之外,但只是例外。不要以为刑法教义学有别于刑法解释学,不要试图在刑法解释学之外再建立一门刑法教义学。更不要以为,将刑法解释学更名为刑法教义学之后,我们的刑法学就向前迈进了一大步。事实上,刑法解释学中反复使用的解释目标、解释方法、解释理由、解释技巧、解释态度等概念,也不可能由教义目标、教义方法、教义理由、教义技巧、教义态度等概念所取代。

四、刑法解释学与刑法哲学

刑法解释学以解释现行刑法为主要任务,刑法哲学以研究刑法关于犯罪及其法律后果的规定的哲学基础为主要任务。不难看出,二者密切联系。离开刑法哲学的刑法解释学,因为没有哲学基础,容易出现就事论事的解释,难以使刑法学深入发展。离开刑法解释学的刑法哲学,因为没有涉及刑法的具体规定,容易出现空泛的议论,难以适用于司法实践。诚所谓"没有诠释的分析是空泛的,没有分析的诠释是盲目的"。[5] 因此,只有以法哲学为基础解释现行刑法的学科,才是真正的刑法学。本书试图以自然法学、实证主义法学与社会法学相协调的思想,指导刑法解释学。

刑法解释学不是低层次的学问,对刑法的解释也是一种理论,刑法的适用依赖于解释。所以,没有刑法解释学就没有发达的刑法学。一个国家的刑法学落后,主要原因就在于没有解释好刑法。就适用刑法而言,刑法解释学比刑法哲学更为重要。既不能要求我国的刑法学从刑法解释学向刑法哲学转变,也不能一概要求将刑法解释学提升为刑法哲学。因为"转变"与"提升",都意味着刑法解释最终不复存在;[6] 事实上,刑法解释学不仅重要,而且与刑法哲学本身没有明显的界限。

英文中的"hermeneutics"(诠释学、解释学)与"semiotics"(符号学)的词源出自希腊文。希腊词源本来是指阿波罗神庙中对神谕的解说,后来应用于对《圣经》的诠释,属于语文学。此后,德国和法国将其引入哲学领域,因为哲学也离不开对于对象的解释。在19世纪以前,诠释学本来一直研究对《圣经》等的解说,到了19世纪初,德国神学家施莱尔马赫(F. D. E. Schleiermacher)扩大研究范围,从对保罗书简的解说到对柏拉图对话集的解说都进行研究,使局部解释学发展为一般性解释学。他虽然没有留下一本完整的著作,但对解释学做出了巨大贡献。他所苦苦思索的难题是两类解释(语法的解释与技术的解释)之间的关系。19世纪末20世纪初,德国哲学家狄尔泰(W. Dilthey)在新康德主义的哲学气氛之下,想将解释学的问题纳入他着重历史过程的精神科学或人文科学之内而探讨其可能性。他认为,解释学的根本作用在于:反对浪漫主义任意性与怀疑主义主观性的不断骚扰,从理论上建立解释学的普遍有效性,历史中的一切确定性正是建立在这种有效性的基础上。20世纪的德国哲学家、存在主义哲学的创始人海德格尔(M. Heidegger)及其弟子将解释学从认识论推进到本体论:解释不仅是"知"的一种方式,而且是存在的一种形式;解释学不是对人文科学的思考,而是对人文科学据此建立的本体论基础的说明。后来德国哲学家伽达默尔(H－G. Gadamer)在海德格尔思想的基础上进行了研

〔5〕 Arthur Kaufmann, Rechtsphilosophie, C. H. Beck, 1997, S. 38.

〔6〕 我们需要从刑法解释中抽象出刑法哲学的一般原理、规则,但做出这种抽象后,刑法解释学仍然存在。

究,他认为,解释学要研究一切知识与我们的世界经验总体之间的关系,证实理解是存在的基本特征;对文本的理解和解释并不仅仅是一个科学方法论问题,而是人类世界经验总体的一部分;因此,解释学的问题超出了单纯的方法论,它是方法和真理的统一,是具有普遍意义的本体论的问题,是哲学的最根本问题。20 世纪 60 年代到 70 年代,在德国哲学家之间,在解释学和法兰克福学派意识形态批判之间,进行了一场激烈争论,后来,法国哲学家利科尔(P. Ricoeur)挺身而起。他认为应该将解释学当成一种本体论,但不能因此而否定其方法论的意义;解释学成为本体论的最合适的道路是从语言的解释开始,从语义学阶段到达反思阶段,最后达到存在阶段;语言是人类一切经验最基本的条件,要理解存在的意义就必须先研究语言;文本一旦形成,就与特定的历史环境和作者的意图产生一定的距离,成为一个有自律性的言语实体;理解是解释者与文本意义的同化过程。综上所述,解释学是一步一步由语言学走向哲学乃至人类学、人文科学或社会科学的各方面的,它应用于许许多多的领域,现在的解释学绝不只是语言学或语义学。〔7〕

简述解释学的上述发展过程,旨在说明以下观点:解释学不是低层次的学问,刑法解释学也不是低层次的学问,而是含有深层的哲学原理;刑法解释学与刑法哲学并非性质不同的两种学问。这也是本书将刑法学理解为刑法解释学与刑法哲学的统一体的理由。

五、学派之争与学术发展

(一)旧派与新派的对立

从名称上可以知道,刑法理论上先有旧派后有新派;从常识上可以明白,没有新派时就不会有"旧派"的名称;从事实上可以肯定,由新派学者菲利(E. Ferri)将自己的观点称为新派,而将其之前的对立观点称为旧派。

一般来说,旧派可以分为前期旧派与后期旧派。

前期旧派是指 18 世纪中后期到 19 世纪前半期的旧派。这一时期的旧派刑法理论,以社会契约论、自然法理论为思想基础,具体表现为否定封建刑法。因此,明确封建刑法的特点是理解这一学派基本观点的前提。大抵可以认为,封建刑法具有以下四个特点:一是刑法干涉到个人生活的所有领域(干涉性);二是对何种行为处以何种刑罚,事前并无法律的明文规定,常见恣意裁量现象(恣意性);三是行为人、被害人的身份影响甚至决定处罚的有无与轻重(身份性);四是刑罚方法大部分是死刑与身体刑(残酷性)。〔8〕形成封建刑法上述特点的最根本原因在于国家权力的集中性、庞大性与绝对性,国家是个人生活的唯一场所,个人与国家的关系成为人类社会生活的全部内容,于是个人极为渺小,权利惨遭剥夺。为了从根本上否定这一点,就必须使国民主权得以实现,使国家权力受到限制。于是前期旧派学者大多推崇社会契约论,〔9〕论证国家权力源于国民,从而达到限制国家权力,实现刑法的补充性、法定性、平等性与人道性的目的。

例如,费尔巴哈(P. J. A. v. Feuerbach)确立了刑事审判中的法治国思想。为了避免刑法介入国民生活的各个角落,他主张通过各种手段对国家的刑罚权进行限制:一是通过法

〔7〕 以上参见金克木:《比较文化论集》,生活·读书·新知三联书店 1984 年版,第 234 页以下;车铭洲编著:《现代西方哲学源流》,天津教育出版社 1988 年版,第 442 页以下;[法]保罗·利科尔:《解释学与人文科学》,陶远华等译,河北人民出版社 1987 年版,第 41 页以下;等等。

〔8〕 参见[日]平野龙一:《刑法总论 I》,有斐阁 1972 年版,第 5 页。

〔9〕 前期旧派中也有学者(如边沁)不赞成社会契约论。

律的限制,这便是法无明文规定不为罪、法无明文规定不处罚的罪刑法定原则;二是通过行为进行限制,科处刑罚应以行为为标准而不能以行为人为标准,据此保障法的安定性,保障个人的自由;三是通过法律与伦理的区别进行限制,犯罪不是违反伦理而是违反法律的行为,立法者应当尊重良心的自由,法律不是伦理的审判者。作为刑法学家,费尔巴哈的最大功绩在于将罪刑法定主义、法律与伦理严格区别的思想纳入刑法理论体系之中。[10]

再如,泷川幸辰是日本前期旧派的代表人物。他起先认为道德与法律密切联系,后来严格地区分法律与道德、风俗。他认为,以国家强制力保障其实现的那部分就是法律;依靠各人的内心期待其实现的那部分就是道德;过去通行事实的拘束力原封不动得到承认的那部分就是风俗。只有违反法律的行为才可能构成犯罪,这一观点旨在限制刑法的处罚范围,排除刑法的干涉性。泷川极力主张罪刑法定主义。他认为,罪刑法定主义虽然是启蒙思想与自然法的人权思想的表现,但其精神是保护弱者免受强者的侵害。在社会内部存在强者与弱者的对立时,罪刑法定主义就必须成为刑法的铁则。所谓强者与弱者的对立,在资本主义社会就是阶级的对立;根据泷川的观点,在阶级对立的资本主义社会里,如果不恪守罪刑法定主义这一铁则,刑法就会变成阶级压迫的手段。泷川虽然有时认为罪刑法定主义既有保护国民的权利、自由的机能,又有保障犯人的权利、自由的机能,但他同时主张,如若深究,罪刑法定主义的机能可归结为对犯人权利、自由的保障,刑法存在的理由在于它是犯人的大宪章。这一观点意在限制刑法的恣意性。泷川反对严刑峻罚。他认为,死刑是野蛮时代的产物,而不是民族的确信,死刑也不具有威慑力,任何研究都不能证明死刑的必然性,故应当废除死刑。[11]

概言之,前期旧派的基本观点如下:(1)立足于个人主义、自由主义的观点,认为世界以人为基础而存在,人的存在本身即是目的;为了个人的生存与发展,必须尽可能少地限制个人自由,尽可能多地限制国家权力;代表国家权威与规制的刑法,也应当限制处罚范围。(2)人都具有理性和自由意志,可以任意地将某种引诱力作为行为的动机或者不作为行为的动机(自由意志论)。(3)刑事责任的基础是表现在外部的犯罪人的行为及其实害(客观主义)。如果仅以行为人的主观恶意作为处罚依据,就混淆了法律与道德的区别,从而导致刑法的干涉性,形成刑法介入国民生活的各个角落的局面;如果犯罪概念不是客观的,就容易造成认定犯罪的困难以及法官的恣意判断,从而导致刑法的恣意性。(4)责任是指能够就符合构成要件的不法行为对行为人进行非难或谴责。对于基于自由意志所实施的客观不法行为,能够进行非难、追究其道义上的责任(道义责任论)。(5)刑罚的正当化根据在于报应的正义性(报应刑论)。恶有恶报、善有善报,是社会信守的道义原则。报应起先意味着一种强烈的心理反射,从神意的报应思想,演进为道德的良心报应,后形成为法律报应。现代刑罚理论所谓的报应,是指理性化以后的法律概念,是基于分配正义原则的作用,对于不法侵害行为给予等价责任的刑罚之意。[12]

后期旧派是在前期旧派的基础上反驳新派而形成的;新派则是基于对前期旧派理论

---

〔10〕 参见[日]木村龟二:"费尔巴哈",载[日]木村龟二编:《刑法学入门》,有斐阁1957年版,第50页以下。

〔11〕 参见[日]团藤重光等编:《泷川幸辰刑法著作集》(第4卷),世界思想社1981年版,第22页、第75页以下、第580页以下。

〔12〕 参见苏俊雄:《刑法总论Ⅰ》,作者发行1998年修正再版,第141页。

的不满而形成的,故在此先介绍新派。刑法理论一般认为,新派的产生或者说引起学派之争有两个方面的原因:[13]

第一,19 世纪中叶以后欧洲大陆特别是德国社会、经济的变化,主要表现为大工业都市的发展、工人的增加、工人阶级与资产阶级的对立、抗争的激化、大众的贫困化、失业人群的泛滥、家庭的崩溃、帝国主义战争等现象的出现,以及犯罪率上升、累犯特别是常习犯与少年犯急剧增加。然而,德国于 1870 年制定、1871 年施行的德意志帝国刑法典(即当时的新刑法典),对于作为新的犯罪现象的累犯、常习犯、少年犯罪没有做出任何考虑,使人们痛感在新的犯罪现象面前无能为力。从此,出现了对以往刑法思想即古典的刑法理论的批判声,这是导致学派之争的现实原因。不难看出,犯罪现象的增加对社会造成的严重威胁,必然导致社会防卫的呼声高涨,社会本位的新派刑法观便应运而生。

第二,犯罪学的发达。19 世纪 30 年代,凯特勒(L. A. J. Quetelet)首先从统计学领域发展了犯罪学,凯特勒在其著作中阐明了犯罪的社会原因,这对历来认为犯罪只是自由意志的产物的古典刑法思想给予了强烈冲击。随之进入 70 年代,意大利学派抬头,犯罪人类学派的创立者龙勃罗梭(C. Lombroso)首先肯定犯罪的人类学的、遗传学的原因,阐明了犯罪是自然的必然的现象以及犯人的重要性。随后,菲利在其著作中突出了犯罪的社会的、物理的原因;加罗法洛(B. R. Garofalo)在其著作中论证了犯罪人的危险性是犯罪的中心要素。这些思想旨在说明犯罪的中心不是行为,而是行为者即犯罪人,强调与犯罪作斗争的中心在于犯罪人的危险性、反社会性格,与犯罪中心主义的古典刑法相对而主张必须研究犯罪人,并根据犯罪人的分类使犯罪对策个别化。特别是菲利,他将自己的立场称为实证学派,主张对犯罪及其对策进行实证的、自然科学的研究,对从解释论上研究法规范的古典理论展开了攻击。批判地继承凯特勒及意大利学派的思想,在德国进行综合性展开的则是李斯特(F. v. Liszt),他特别重视预防犯罪人重新犯罪的刑罚目的。显然,“犯罪学的发达”离不开科学的发展。例如,龙勃罗梭的天生犯罪人观念就受到了达尔文遗传概念的影响,其对犯罪人的分类就有精神病学的支撑。“犯罪学的发达”背后还有实证哲学的指导。实证哲学认为一切知识都是关于现象的知识,故一切知识、科学都应以经过实证的事实为基础,以所观察到的事实为基础而建立的知识体系才具有科学性。正是这种实证哲学推动了新派的形成。

新派的基本观点如下:(1)国家不只是为了保护国民利益,更要保护社会利益;个人是社会的人,只有保护社会利益才能保护个人利益,“为了社会自卫的利益,有必要反对古典派过分强调个人主义的做法”。[14] (2)否认没有原因的自由意志,认为犯罪的产生一定是基于某种原因(决定论)。如菲利指出:“人的任何行为均系人格与人所处的环境相互作用的结果”,“我们不能承认自由意志。因为如果自由意志仅为我们内心存在的幻想,则并非人类心理存在的实际功能”。[15] (3)认为刑事责任的基础是犯罪人的危险性格即反复实施犯罪的危险性(主观主义)。只有消除了犯罪人的危险性格,避免其再次犯罪,才有利于实现社会防卫。在此意义上,犯罪人的危险性格是科刑的依据,外部行为没

---

〔13〕 参见[日]木村龟二:《刑法总论》,有斐阁 1978 年增补版,第 30 页以下。

〔14〕 [意]恩里科·菲利:《犯罪社会学》,郭建安译,中国人民公安大学出版社 1990 年版,第 103 页。

〔15〕 [意]菲利:《实证派犯罪学》,郭建安译,中国政法大学出版社 1987 年版,第 9 页、第 15 页。

有任何意义。但由于现代科学研究结论表明,只有当犯罪人的内部危险性表现为外部行为时,才能认识其内部的危险性格,即只有借助于外部行为才能发现行为人的危险性格,在此意义上,又不得不将外部行为作为犯罪的成立条件(征表说)。(4)所谓责任,是对社会有危险的人被社会科处作为社会防卫手段的刑罚的法律地位。换言之,由于犯罪人在性格上具有危险性,所以处于承受社会的防卫处分的地位,这就是责任(社会责任论)。(5)刑罚的正当化根据在于目的的正当性(目的刑论)。如李斯特将刑罚目的确定为特殊预防,为了尽可能有效地实施这一目的,刑罚制度必须具有灵活性、可变化性与保安性。

针对新派的上述主张,旧派学者给予了强烈反击,展开了真正意义上的刑法学派之争。德国的宾丁(K. Binding)、贝林(E. Beling)、毕克麦耶(K. v. Birkmeyer)、麦耶(M. E. Mayer)等人是这个时代的旧派代表人物。后期旧派与前期旧派具有共同点,如都承认自由意志,都主张报应刑论。但以19世纪40年代普鲁士国家主义为背景形成的所谓黑格尔学派,使德国旧派产生了很大变化,导致后期旧派与前期旧派存在不少差异。例如,前期旧派严格区分法与伦理,而后期旧派则将法与伦理同等看待;前期旧派所说的自由意志,是指对利害进行合理考虑并据此实施行为的能力,而后期旧派所说的自由意志,是一种形而上学的、没有原因的自由意志;前期旧派所讲的报应是以一般预防为目的的心理强制,而后期旧派所言的报应则带有强烈的绝对报应、赎罪的报应的色彩。后期旧派具有明显的国家主义、权威主义的倾向,但也具有自由主义的一面,如要求刑罚与责任相适应,提倡形式的犯罪论等。因此,可以说,后期旧派以"国家自由主义"的意识观念为基础。国家主义与自由主义乍看起来相互矛盾,但落后的资本主义国家为了发展经济,以便与先进的资本主义国家对抗,必然一方面重视国家的作用,同时又保障个人的自由活动。于是,国家作为最高道义姿态的一方,对国家权力的行使进行自制。[16]

在本书看来,旧派与新派的初始对立实际上属于刑法学与犯罪学的区别。旧派的学说是标准的刑法学,它注重研究刑法规范,很少讨论犯罪的具体原因,也不注重犯罪人的研究;由于刑法规定的犯罪均表现为行为,故旧派重视行为;由于刑法只是规定刑罚,到后来才规定保安处分,所以,旧派只重视对刑罚与保安处分的研究,而不探讨其他社会对策。新派的初始学说基本上只是犯罪学。犯罪学重视犯罪原因与犯罪对策的研究。一方面,研究犯罪原因必然联系犯罪人,甚至要将犯罪人作为重点;另一方面,作为犯罪对策,显然不能只考虑刑罚,而必须考虑刑罚以外的其他措施。换言之,犯罪原因分为犯人的原因与社会的原因,刑罚针对个人原因,所以,应受刑罚处罚的不是行为而是行为人;社会政策针对社会原因,因此,最好的社会政策就是最好的刑事政策。正如菲利所言,实证刑法学派的"基本目标是从罪犯本身及其生活于其中的自然和社会环境方面研究犯罪的起源,以便针对各种各样的犯罪原因采取最有效的救治措施"。[17] 菲利将自己的主张称为"犯罪社会学",其本意是以犯罪社会学为指导对刑法及刑事诉讼法进行改正,这是一种刑事政策论。所以,新派源于犯罪学的发达。也正因为如此,新派并没有形成自己的理论体系,他们只是基于自己的基本观点,对旧派的理论体系进行了部分修正、改造。所以,"现代

〔16〕 关于旧派与新派的对立,参见张明楷:《刑法的基本立场》,中国法制出版社2002年版,第1~46页。
〔17〕 [意]恩里科·菲利:《犯罪社会学》,郭建安译,中国人民公安大学出版社1990年版,第1页。

学派刑法理论的基本架构,实为旧派所建构的”。[18]

上述区别导致旧派重规范、新派重事实。旧派总是从规范出发,而规范是针对一般人制定的;旧派同时注重对个人自由的保障,在一般性规范适用于具体的人时,为了救济人情弱点,又要求因人而异地考察各人的知能水平能否适用一般性规范的要求。于是形成了以下局面:旧派在解释刑法规范本身时,根据规范的特点,注重的是抽象人、一般人;但在适用规范时,则注重考虑具体人、个别人。例如,在判断行为人能否预见危害结果的问题上,旧派总是坚持以行为人的知能水平为标准进行判断。又如,在判断行为人是否具有期待可能性时,旧派坚持认为,应当以行为人在当时的具体情况下能否实施适法行为为标准。新派从事实出发,认为各个人都是不同的,有的人天生地具有犯罪的危险性,有的人则不具有危险性。但是,新派同时注重对社会的防卫,甚至认为,不具有一般人的知能水平的人也是对社会有害的人,于是,他们又以一般人的标准要求所有的人。结果形成了以下局面:在解释作为其理论根基的行为人时,新派注重的是具体人、个别人;但在适用规范时,则注重抽象人、一般人。例如,在判断行为人能否预见危害结果的问题上,新派主张以一般人的知能水平为标准,如果一般人能够预见而行为人没有预见,行为人便存在过失。又如,在判断行为人是否具有期待可能性时,新派认为,应当以一般人在当时的情况下能否实施适法(合法)行为为标准,如果一般人在当时能够实施适法行为,不管行为人如何,都应认为具有期待可能性。[19]

(二)当代刑法理论的对立

大体可以肯定的是,就犯罪论而言,新派已经退出了历史舞台。当今世界在犯罪论上的对立,主要是客观主义内部的对立,即结果无价值论与行为无价值论之间的对立。前者认为,违法性的根据在于行为对法益的侵害及其危险结果,即结果恶才是违法性的根据。后者主张,违法性的根据在于行为本身的样态(反伦理性、不具有社会的相当性、反规范性、违反保护法益所必须遵守的行为规范等)以及实施行为时的心情,即行为本身恶是违法性的根据。本书采取结果无价值论(参见第五章第一节)。

在日本的部分学者之间,对构成要件的解释存在实质的解释论与形式的解释论的对立,在某种意义上说,存在实质的犯罪论与形式的犯罪论的对立。前者主张以犯罪的本质为指导来解释刑法规定的构成要件;后者主张对构成要件进行形式的解释。我国近几年在这方面也出现了对立的观点(其中部分对立只是表述不同而已)。本书采取实质的解释论,因为构成要件是违法类型(刑法将值得科处刑罚的违法行为类型化为构成要件),对构成要件的解释当然要以违法的实质为指导,使符合构成要件的行为具有值得科处刑罚的违法性,将不值得科处刑罚的行为排除在构成要件之外。实质的解释论并不是指可以进行类推解释,而是指在符合罪刑法定原则的前提下进行实质解释。[20]

就刑罚论而言,新派提倡的目的刑论并没有被淘汰。换言之,当今的刑罚理论,基本上是在报应刑的框架内,容纳了新派的刑事政策主张(相对报应刑论)。另一方面,一般

---

〔18〕 [日]大塚仁:《刑法中新旧两派的理论》,日本评论新社1957年版,第11页。

〔19〕 关于旧派与新派的产生及其基本对立的详细内容,参见张明楷:《刑法的基本立场》,中国法制出版社2002年版,第1~46页。

〔20〕 参见张明楷:“实质解释论的再提倡”,载《中国法学》2010年第4期。

预防论也在从消极的一般预防论向积极的一般预防论发展(参见第十一章第二节)。

(三)我国刑法理论的现状

我国的传统刑法理论明显受到了苏联刑法学说的影响。在犯罪论方面,虽然将"主客观相统一"作为基本原则,但事实上比较注重主观内容,与新派的主观主义观点没有本质差异。在刑罚论方面,目的刑论(尤其是消极的一般预防论)占主导地位。刑法理论虽然在许多方面存在激烈争论,但还没有形成学派之争。[21] 学派之争可以将刑法理论引向深入,有利于刑事立法的完善与刑事司法的公正。研习刑法的人,应了解各种学说的根本意图,领会各种观点的基本立场,把握各个学派的研究方法。

我国刑法理论缺乏理论根基的争论,因而存在具体结论与基本立场不相一致的现象,尤其缺少真正的学术创新。这些都与缺乏学派之争具有直接关系。没有形成学派之争的一个重要原因,是缺乏真正意义上的学术批评。学术创新是学者的共同使命,学术繁荣是学者的共同意愿。但任何学者都必须在与现有学说进行对话和批评中进行学术研究与创新。满足于现有的答案,不展开学术批评,就意味着现有学术成果没有问题;任何科学都是为了解决问题,如果没有问题,科学就没有存在的必要。同样,满足于现有的答案,就不可能有学术创新与繁荣。"一项归纳或演绎是否公平/合理,是要由专家圈子在一段时间中决定的。在随后一轮中另一群人可能拒绝这个决定,否定检验的有效性。科学就是这么发展的,尽管人们普遍相信演绎和归纳的运作是基于更严格、更正式规则的。"[22] 所以,学术创新也好、学术繁荣也罢,都是学者们在相互批评对方的观点中实现的。既然学术创新是学者的共同使命,学术繁荣是学者的共同意愿,既然学术创新与繁荣依赖学术批评,那么,学术批评便成为学者的一种道义责任、学术责任。研习刑法的人,不应满足于现有的答案,而应富有批评精神。当然,学术批评不只是批判他人观点,而是包含对自己观点的反省。

六、理论体系与研究方法

(一)刑法学的理论体系

刑法学的理论体系,是指依据一定原则、原理所构成的刑法理论的有机统一体。刑法学分为总论与分论(罪刑各论),前者研究刑法总则的规定,后者研究刑法分则的规定。就刑法学分论而言,其体系既可以按分则规定的体系排列,使刑法学分论的体系与刑法分则的体系相一致(我国的刑法教科书一般采取这种体系),也可以根据犯罪的其他分类标准,建立新的刑法分论体系;刑法学总论的体系与刑法总则的体系虽然密切联系,却并不完全相同。于是,关于刑法学体系的争论,从形式上说主要是刑法学总论体系的争论。

我国的刑法学总论存在如下几种体系:(1)刑法基础—犯罪—刑罚的体系;(2)刑法基础—犯罪—刑事责任—刑罚的体系;(3)刑法基础—刑事责任—犯罪—刑罚的体系;(4)刑法基础—犯罪—刑事责任的体系。在本书看来,如果认为刑事责任是犯罪的法律后果,那么,它就不只是犯罪与刑罚之间的一个中介,而应是具有实质内容的概念;刑罚只

---

〔21〕 本书作者一直提倡学派之争,但学派之争以多数学者形成了自己的基本立场与研究方法为前提,或者说以刑法学发展到一定程度为前提。倘若学者们习惯于人云亦云,则不可能形成学派之争。反过来说,没有学派之争,是刑法学相对落后的表现。

〔22〕 [挪威]斯坦因·U. 拉尔森主编:《社会科学理论与方法》,任晓等译,上海人民出版社 2002 年版,第 304 页。

是刑事责任的一种实现方式,刑事责任还有非刑罚处罚、单纯宣告有罪的实现方式,因此,刑事责任与刑罚不是等同概念。所以,刑法基础论—犯罪论—刑事责任论的体系,依然是成立的。但是,由于本书在非难可能性意义上使用了"责任"概念。尽管非难可能性意义上的"责任"与作为法律后果的"刑事责任"不是等同概念,但为了避免混淆,本书将刑法学总论的体系表述为刑法基础论—犯罪论—法律后果论。这并不意味着作为法律后果的刑事责任与非难可能性意义上的责任是等同含义。〔23〕 本书中的刑法基础论研究刑法的概念、性质、地位、目的、原则与适用范围等问题,不涉及刑法关于犯罪及其法律后果的具体规定。法益保护与人权保障是刑法基础论的两个核心概念。犯罪论研究犯罪概念、构成要件、违法性(含违法阻却事由)〔24〕责任、犯罪的特殊形态、共同犯罪、罪数等问题。不法与责任是犯罪论的两个核心概念。法律后果论研究刑罚的概念、根据、目的、体系种类、适用以及非刑罚的法律后果等。责任刑(报应刑)与预防刑(目的刑)是法律后果论的两个核心概念。

(二)刑法学的研究方法

研究刑法学,应以辩证唯物主义与历史唯物主义为根本方法。

首先,要运用历史的、发展的观点研究刑法。刑法反映存在于文化根底的价值,是时代文化的一面镜子。"刑法的样态是该社会的社会意识的忠实反映;关于对违法者实施以剥夺其生命、自由、财产为内容的正式制裁的正当化,某个时代的、某个组织起来的共同体认为什么样的行为应当受到这种正式制裁的充分的非难可能性的问题,是显示该社会的道德态度的晴雨表。因此,刑法特别敏感地反映着社会构造上或者社会意识上的变化。"〔25〕所以,阐释刑法条文时,既要了解制定刑法时的历史背景,也要使稳定的刑法条文适应社会的发展变化。

其次,要运用理论联系实际的方法研究刑法。实践是刑法理论的源泉、发展动力与检验标准。刑法学是一门实践性相当强的应用型学科,学习刑法学就是为了适用刑法规定、应用刑法理论,刑法理论也只有在具体运用中才能得到检验、丰富与发展。因此,要联系中国国情、中国的刑事立法与司法实践学习刑法学。

研究刑法学,还需要综合运用其他一些具体方法。

注释研究法,是指对刑法条文进行文理分析、解释,使刑法的意义得以明确的方法,也称分析研究法。刑法学的研究在很大程度上是对现行刑法条文所作的分析与解释,但这种分析与解释又不可能脱离具体的案件事实。特别需要指出的是,对法条的注释以对法条目的的把握为前提;如果不明确法条的目的,就只能对法条作出字面含义的解释。但是,法条的字面含义并不等于法条的真实含义,而且语言的特点决定了法条可能具有多种字面含义。只有以法条的目的作为导向,才能揭示法条的真实含义。

哲学研究法,是指运用法哲学原理分析刑法规范与案件事实。法哲学有各种流派,但各种流派的观点未必是完全对立的。研究者的心中必须始终怀有一部自然法,以追求正

---

〔23〕 本书一般在犯罪的法律后果的意义上使用"刑事责任"概念,在非难可能性意义上使用"责任"、"有责性"概念。

〔24〕 符合构成要件并且违法(即没有违法阻却事由)的行为,就是不法行为。

〔25〕 弗里德曼(W. Friedmann)语,转引自[日]新谷一幸:"关于19世纪前半期德国的犯罪与刑罚的考察",载《大阪市立大学法学杂志》1981年第28卷第1号,第110页。

义的良心解释刑法文本;研究者必须遵循罪刑法定原则,在成文刑法的文字可能具有的含义内得出结论;研究者必须充分注意自己的解释结论可能产生的各种效果,避免得出落后于时代的结论。

历史研究法,是指对刑法条文进行历史的分析与未来的展望,弄清刑法的来龙去脉,了解刑法的发展动向的方法。刑法虽有鲜明的时代性,同时又有明显的继承性,因此,研究以往刑法对同一问题的规定,有助于理解现行刑法的精神。刑法总是在一定的背景下制定的,了解制定刑法的背景,有利于把握现行刑法的立法精神;刑法具有相对的稳定性,一经制定就要在相当长的时期内实施,因此,分析国家未来的形势与发展需要,有利于使刑法的含义适用于现在与未来。

比较研究法,是指对不同国家的刑法和不同时期的本国刑法进行比较研究,剖析优劣,评述利弊,从而吸取精华、排除糟粕的方法。不同国家的刑法,虽然性质与内容不同或不完全相同,但在许多规定上却有相同或相似之处,对它们进行比较研究,找出可供我国借鉴的法律文化成果,有利于我国刑法理论的发展。对本国不同时期的刑法规定进行比较研究,弄清刑法在不同时期有不同规定的原因,有助于我们对现行刑法的认识。当然,不管是对不同国家刑法的比较,还是对本国不同时期刑法的比较,都应立足于本国当下的现实,本着洋为中用、古为今用的原则,正确对待其他国家及本国过去的刑法规范与刑法思想。对国外的刑法理论一概持排斥态度,或者盲目照搬国外的刑法理论,都不可取。

社会学研究法,是指对刑法与社会现象的关系、刑法的社会作用与效果进行考察,使刑法理论与社会发展相协调的方法。刑法不是孤立存在的,而是与其他社会现象并存,因此,必须在各种社会现象中研究刑法学,使刑法理论与社会发展相适应。刑法具有改革与维护社会关系的作用与效果,因此,研究刑法学就必须把握社会现状,明确哪些制度需要改革、哪些法益需要维护,从而使刑法理论与社会发展相协调,并且促进社会的发展。概言之,研究者必须善于观察各种社会生活事实,积极追求社会的理想状态。

案例研究法,是指运用典型刑事案例研究刑法理论的方法。刑法学的实践性相当强,刑法理论只有在具体运用中才能得到检验、丰富和发展。运用案例研究法,是理论联系实际的良好途径。运用典型案例研究刑法学,既可以更加牢固地掌握刑法理论,也可以检验刑法理论的妥当性,还可以通过疑难、复杂案例发展刑法理论,因为疑难案件往往促使刑法学者对刑法规定做出新的解释。在运用案例研究法时,不仅要以典型案例阐释刑法的基本理论,而且要以特殊案例、罕见案例证实各种学说的利与弊,以疑难案例反思现有理论,以新类型案例思考刑事立法趋势,从判决中抽象出一般规则。此外,还应当从具体判决中总结刑事司法的动态,评析判决的得失。

刑法学的本体虽然是刑法解释学,但这并不意味着对成文刑法作字面解释就可以获得刑法的真实含义。刑法本身的含义问题与具体应用刑法的问题密不可分。更为重要的是,刑法条文的含义是在具体应用中发现和发展的。一部刑法颁布后,只要没有被废止,就需要不断地解释。因为,虽然成文刑法是正义的文字表述,但活生生的正义还需要从活生生的社会生活中发现;成文刑法的真实含义不只是隐藏在法条文字中,而且同样隐藏在具体的生活事实中。即使解释者单纯根据法条文字得出的结论具有正义性,也只是一般正义;而刑法的适用除了实现一般正义外,还必须在具体的个案中实现个别正义。所以,任何一种解释结论的正义性,都只是相对于特定的时空、特定的生活事实而言,生活事实的变化总是要求新的解释结论。“任何一种解释如果试图用最终的、权威性的解释取代基本文本的开放性,都会过早地吞噬文本的生命。”[26]解释者应当正视法律文本的开放性,懂得生活事实会不断地填充法律的含义,从而使法律具有生命力。[27] 法律的生命不仅在于逻辑,而且在于生活。解释者不能大脑一片空白,目光不断往返于法条文字与汉语词典之间;而应当心中永远充满正义,[28]目光不断往返于刑法规范与生活事实之间。[29]

〔26〕 [英]韦恩·莫里森:《法理学》,李桂林等译,武汉大学出版社2003年版,第555页。

〔27〕 认为刑法解释学仅仅关注刑法规范与文体的观点,是对刑法解释学的重大误解。

〔28〕 诚然,每个人的正义感或许是不同的。但是,不管是就个体解释者而言,还是就解释群体而言,心中充满正义的解释必然优于大脑一片空白的解释。

〔29〕 参见张明楷:《刑法分则的解释原理》(上),中国人民大学出版社2011年第2版,序说。

第一编　刑法基础论

第一章　刑法概说

第一节　刑法的概念、渊源与分类

一、刑法的概念

刑法是规定犯罪及其法律后果(主要是刑罚)的法律规范。

在国外,既有使用"刑法"(penal law, Strafrecht, droit penal)一词的,也有使用"犯罪法"(criminal law, Kriminalrecht, droit criminel)一语的。有学者认为,使用"刑法"概念时所重视的是规范的一面,使用"犯罪法"概念时所重视的是事实的一面。[1] 但不管是"刑法"还是"犯罪法",其所指的法律完全相同。德国、日本等国刑法都规定了不同于刑罚的保安处分,故采用"刑法"一词似有不适,改称"刑法与保安处分法"更为妥帖。但由于保安处分制度形成较晚,故德国、日本等国依然仅使用"刑法"概念。我国刑法也规定了非刑罚的法律后果与保安处分,但约定俗成的缘故,一般仅使用"刑法"一词。又由于"刑随罪至,罪因刑显;单称犯罪法或单称刑法,亦均足以赅括罪刑兼有之义",[2] 故也没有必要将刑法改称"罪刑法"。

刑法是一门独立的法律。国外曾有学者高唱刑法是规定第二次规范的法律。他们认为,刑法旨在对第一次规范(民法规范、行政法规范等)所保护的法益进行强有力的第二次保护,是对不服从第一次规范的行为规定科处刑罚的第二次规范。第一次规范是为了保护社会生活上的一定利益而规定一定禁止与命令的法律规范,立法机关认为以第一次规范的力量难以完成保护社会生活利益的任务时,以补充第一次规范的目的所设立的规范便是第二次规范。第二次规范具有补充第一次规范的性质。[3] 这种观点强调刑法的补充性,具有一定合理性,但不能据此认为刑法从属于民法、行政法等法律,不能否认刑法是一门独立的法律。首先,作为刑法规制对象的犯罪行为,已经超出了其他法律的规制范围。犯罪行为是刑法的特有规制对象,而不是刑法与其他法律的共同规制对象。即使民事违法、行政违法行为中包含了犯罪行为,即使对犯罪行为也可能仅给予民事或者行政制裁,但这并不意味着民法、行政法也规制犯罪行为,只是意味着犯罪行为会同时触犯民法、行政法等法律,民法、行政法等法律仅仅处理了犯罪行为中违反民法、行政法的内容,而不可能处理违反刑法的内容。其次,刑法并不是对违反其他法律的行为直接给予刑事制裁,而是根据特定目的的评价、判断对某种行为是否需要给予刑事制裁。再次,从世界范围来

---

〔1〕 参见[日]团藤重光:《刑法纲要总论》,创文社 1990 年第 3 版,第 3 页。

〔2〕 郑健才:《刑法总则》,台北三民书局 1982 年修订再版,第 3 页。

〔3〕 参见[日]宫本英修:《刑法大纲(总论)》,弘文堂 1935 年版,第 3 页。

看,刑法自古以来就作为独立的法律发挥着自己的机能。后来由于法领域的分化,才出现由不同法律共同保护各种法益的局面。尽管如此,刑法仍然具有自己独特的性格。最后,刑法上的概念大多有其特定含义,不一定受其他法律概念的制约。

在刑事法与民事法(广义)的分类中,刑法无疑属于刑事法。

在实体法与程序法的分类中,刑法属于实体法。刑法与属于程序法的刑事诉讼法相互依存、相互为用;对刑事诉讼法的解释必须符合刑法精神;但刑事诉讼法在某种程度上也制约着刑法的解释。不仅如此,有些问题还是刑法学与刑事诉讼法学共同研究的课题。

在母法与子法的分类中,刑法属于子法。刑法是"根据宪法"制定的,刑法不仅不能与宪法相抵触,而且应当与宪法协调一致,使宪法保护的重要法益在刑法上也得到保护。刑法的解释应以符合宪法为准则,不得做出违反宪法的解释。

在强行法与任意法的分类中,刑法属于强行法。在绝大多数情况下,只要行为构成犯罪,便不问被害人的意志如何,依照刑法定罪量刑。[4]

在公法与私法的分类中,一般认为刑法属于公法。[5] "因为正是在刑法中,科处刑罚的国家以特别强烈的方式,实施着公权性质的行为。"[6] 虽然国内外都存在刑事和解制度,似乎存在刑法私法化的倾向,但刑事和解仅限于部分轻微刑事案件,并且仍由司法机关主导,"和解"的内容与结局必须符合刑法规定。刑法的公法特点决定了刑事立法权与刑事司法权都受到严格限制。于是,罪刑法定成为刑法的生命。

在固有法与继受法的分类中,我国刑法基本上属于固有法。在现代各国,任何所谓固有法的制定都得借鉴外国立法的先进经验;任何所谓继受法都必须考虑本国实情。在此意义上说,一般法律都是固有法与继受法的统一。我国刑法第 1 条的规定表明,刑法基本上是固有法,但刑法典在一定程度上受到了外国刑法(尤其是苏联刑法)的影响,故也含有继受法的成分。

在立法法、司法法与行政法的分类中,刑法属于司法法。一般认为,司法法的指导原理是法的安定性,行政法的指导原理是合目的性;刑法应该以前者为指导原理,故属于司法法。[7] 刑法的安定性具有两种含义:第一,刑法本身的安定性,即刑法是实定的、是制定法,习惯法不能成为刑法渊源;刑法是明确的,国民因此具有预测可能性;作为刑法的基础的事实,必须尽可能准确无误地予以确认;刑法是处理刑事案件的法律依据,对各种案件的处罚不受任何人恣意的左右;刑法是相当稳定的,不会轻易变更。第二,通过刑法达成的安定性,即刑法的颁布与实施,不仅有利于国民的自由行动,而且能够预防犯罪、保护法益,维护人们的共同生活秩序。

二、刑法的渊源

总体而言,刑法的渊源有以下几种:

1. 刑法典。刑法典是国家以刑法名称颁布的、系统规定犯罪及其法律后果的法律。

---

〔4〕 刑法中虽然存在少量"告诉才处理"的规定,但这种规定与民法中的任意性规范具有重要区别。

〔5〕 法国的法学理论认为,刑法经常针对侵犯个人权利的行为,个人因此有权求助于刑法,故刑法属于私法。可以肯定的是,刑法的公法性质与行政法等法律的公法性质存在差异。德国法学理论习惯于将法律分为公法、私法与刑法,但同时认为,刑法仍然属于广义的公法范畴。

〔6〕 [德]迪特尔·梅迪库斯:《德国民法总论》,邵建东译,法律出版社 2000 年版,第 5 页。

〔7〕 参见[日]大塚仁:《刑法概说(总论)》,有斐阁 2008 年第 4 版,第 2 页。

我国1979年颁布的《中华人民共和国刑法》,以及1997年经过修订颁布的《中华人民共和国刑法》,可谓刑法典。[8] 当人们说"刑法第××条"或"根据《刑法》有关规定"等时,其中的"刑法"是指刑法典。

2. 单行刑法。单行刑法是国家以决定、规定、补充规定、条例等名称颁布的,规定某一类犯罪及其法律后果或者刑法的某一事项的法律。[9] 1981年6月至1995年10月,全国人大常委会颁布了23个单行刑法,如《惩治军人违反职责罪暂行条例》、《关于惩治走私罪的补充规定》、《关于禁毒的决定》等。这些单行刑法要么针对旧刑法的漏洞作了增加规定,要么针对旧刑法典的不完善作了补充规定,要么针对旧刑法典的缺陷作了修改规定。根据现行刑法第452条的规定,《惩治军人违反职责罪暂行条例》等15个单行刑法被废止;《关于禁毒的决定》等8个单行刑法有关犯罪与刑罚的规定失去效力,有关行政处罚与行政措施的规定则继续有效。[10] 这是因为上述23个单行刑法的内容基本上都已纳入现行刑法典。现行刑法颁布后,全国人大常委会1998年12月29日颁布的《关于惩治骗购外汇、逃汇和非法买卖外汇犯罪的决定》是现行有效的单行刑法。此外,全国人大常委会1999年10月30日通过的《关于取缔邪教组织、防范和惩治邪教活动的决定》,2000年12月28日通过的《关于维护互联网安全的决定》,2011年10月29日通过的《关于加强反恐怖工作有关问题的决定》,2015年8月29日通过的《关于特赦部分服刑罪犯的决定》,也可谓单行刑法。但这些决定都没有直接规定具体的犯罪与法定刑,不是典型的单行刑法。

3. 附属刑法,即附带规定于民法、经济法、行政法等非刑事法律中的罪刑规范。旧刑法典公布后,出现了130余个附属刑法条文,对完善刑法起到了一定作用。与国外的附属刑法不同,旧刑法时代的附属刑法都没有直接规定犯罪的成立条件与法定刑。随着现行刑法典的颁布与施行,这些附属刑法规范都失去了效力。现行刑法颁布后,行政法、经济法等法律中的一些条款,只是形式上概括性地重申了刑法的相关内容(往往表述为"构成犯罪的,依照刑法追究刑事责任"),而没有对刑法做出解释、补充、修改等实质性规定。这些规定并非真正意义上的附属刑法。所以,只要非刑事法律中没有真正的罪刑规范,就不存在"附属刑法"这一渊源。换言之,只有当非刑事法律中设置了真正的罪刑规范时,

---

〔8〕 本书通常所称的刑法与刑法典,是指1997年3月修订后的《中华人民共和国刑法》;在需要比较说明等情况下,将1979年颁布的《中华人民共和国刑法》称为旧刑法或旧刑法典,将1997年3月修订的《中华人民共和国刑法》称为刑法、新刑法(或新刑法典)、现行刑法。

〔9〕 许多教材与论著称为"单行刑事法律",但这一概念同时包含了单行刑事诉讼法律与单行刑法;作为刑法的渊源,使用"单行刑法"概念较为合适。

〔10〕《关于禁毒的决定》已被2007年《禁毒法》第71条明文废止。《关于惩治偷税、抗税犯罪的补充规定》与《关于严惩组织、运送他人偷越国(边)境犯罪的补充规定》已被2009年6月全国人民代表大会常务委员会《关于废止部分法律的决定》明文废止。《关于惩治偷税、抗税犯罪的补充规定》中有关行政处罚和行政措施的规定已纳入2001年修订的《税收征收管理法》,《关于严惩组织、运送他人偷越国(边)境犯罪的补充规定》中有关行政处罚的规定已纳入2005年制定的《治安管理处罚法》。《关于惩治走私、制作、贩卖、传播淫秽物品的犯罪分子的决定》、《关于严惩拐卖、绑架妇女、儿童的犯罪分子的决定》与《关于严禁卖淫嫖娼的决定》中有关行政处罚和行政措施的规定尚未被明文废止,但行政处罚和行政措施的根据不是原文规定的《治安管理处罚条例》,而是2005年颁布的《治安管理处罚法》。《关于惩治破坏金融秩序犯罪的决定》与《关于惩治虚开、伪造和非法出售增值税专用发票犯罪的决定》中有关行政处罚和行政措施的规定,继续有效。

"附属刑法"才是刑法的渊源。

此外,民族自治地方的省级人民代表大会根据当地民族的政治、经济、文化的特点和刑法典的基本原则制定的变通或补充规定,也可谓刑法的渊源。但这种规定只在特定地域适用,没有普遍效力。

三、刑法的分类

对刑法进行分类,有助于进一步理解刑法和适用刑法。

(一)刑法的形式分类

1. 广义刑法与狭义刑法

广义刑法,是指关于犯罪及其法律后果的所有法律规范,即包括刑法典、单行刑法与附属刑法。狭义刑法是指刑法典。"刑法"一词有时在广义上使用,但由于我国单行刑法少而且没有附属刑法,故通常在狭义上使用"刑法"一词。

2. 普通刑法与特别刑法

普通刑法是指具有普遍适用的性质与效力的刑法,刑法典便是普通刑法。特别刑法是仅适用于特别人、特别时、特别地或特别事项(犯罪)的刑法。一般来说,单行刑法与附属刑法属于特别刑法。香港、澳门、台湾地区刑法仅适用于中国的特别地,可谓中国的特别刑法。当某种行为同时符合普通刑法与特别刑法的规定时,应根据特别法优于普通法的原则适用特别刑法;如果某一行为同时符合两个同等效力的特别刑法的规定,则应根据新法优于旧法的原则仅适用新的特别刑法;如果某一行为同时符合两个效力不同的特别刑法,则应适用效力更高的特别刑法。

刑法理论还将刑法分为主刑法与辅刑法。前者是指规定犯罪及其法律后果的主要法律即刑法典;后者是指单行刑法及分散规定于其他法律中的刑法规范。[11] 可见,主刑法是指普通刑法,辅刑法是指单行刑法与附属刑法。

3. 形式刑法与实质刑法

形式刑法是从外形或名称上(形式上)便可得知其为刑法的法律,刑法典与单行刑法即是。实质刑法是指外形或名称上不属刑法,但其内容规定了犯罪与刑罚的法律或条款,附属刑法即是。

形式刑法的特点决定了其容易被人们知悉,且影响性强、威慑力大,因此,严重犯罪宜规定在形式刑法中。实质刑法容易被人们忽视,故影响性弱、威慑力小,所以,实质刑法一般仅规定轻微犯罪。

刑法理论上还有纯粹刑法与不纯粹刑法的分类。"全部皆为罪刑规定之法律,谓之纯粹刑法";"附带规定罪刑之法律,谓之不纯粹刑法"。[12] 不难看出,纯粹刑法就是形式刑法,不纯粹刑法意指实质刑法。

4. 固有刑法与行政刑法

一般来说,规定既侵害法益又违反伦理道德的犯罪及其法律后果的刑法,是固有刑法(或称刑事刑法)。国外通常称刑法典为固有刑法。行政刑法则是指广义的行政法律中的罪刑条款的总称,即为了实现行政管理目的,立法者便在行政法律中设置相关命令与禁

---

〔11〕 参见林山田:《刑法通论》(上册),作者发行2008年增订10版,第44页。

〔12〕 郑健才:《刑法总则》,台北三民书局1982年修订再版,第6页。

令;为了保证有令必行、有禁必止,就规定违反行政法的罚则(行政罚),其中包括刑罚方法与行政制裁方法。广义的行政刑法,是关于行政罚的法规的总称;狭义的行政刑法,则是行政法中有关刑罚方法的法规的总称。一般所说的行政刑法,仅限于狭义的行政刑法。行政刑法是刑法的组成部分。行政刑法具有较强的目的性、较弱的伦理性、较大的变易性、较广的散在性、较多的交叉性、较大的依赖性等特点。[13] 国外的行政刑法基本上是指附属刑法,但我国现阶段没有附属刑法,行政刑法的内容全部纳入到了刑法典中。尽管如此,我们仍应意识到固有刑法与行政刑法的区别。[14]

(二)刑法的性质分类

1. 权威刑法与自由刑法

权威刑法以保护国家权威为侧重点,它立于全体主义的观点,重点保护国家与全体的法益,过于限制公民自由。自由刑法以保障公民自由为侧重点,它以自由主义为基干,重在限制国家刑罚权的发动,以使个人自由得到保障。但当今社会,国家权威不应成为刑法的保护法益,刑法应当是自由刑法,并妥善处理法益保护与自由保障的关系。

2. 侵害刑法与意志刑法

侵害刑法(或结果刑法)将刑法或刑罚的对象侧重于客观行为及其法益侵害结果;与此相对,意志刑法(或危险刑法)将刑法或刑罚的对象侧重于犯罪人的危险的恶意。如果是彻底的侵害刑法,则该刑法只处罚既遂犯,而不处罚未遂犯与预备犯;如果是彻底的意志刑法,则该刑法处罚所有的预备犯与未遂犯,甚至连没有征表为行为的单纯恶意也成为刑法的处罚对象,相反不处罚中止犯。当今刑法不仅处罚既遂犯,而且处罚部分未遂犯,还处罚少数预备犯与中止犯。但是,对未遂犯、预备犯与中止犯的处罚,不是侧重于行为人危险的恶意,而是侧重于行为对法益的威胁。

3. 行为刑法与行为人刑法

行为刑法以客观的违法行为及结果作为刑罚的根据,因此,刑法将行为及其结果规定为构成要件的内容,并针对该行为及其结果规定法律后果;行为人刑法直接以犯罪人的危险性格作为刑罚的依据,所以,刑法将行为人的特定性格规定为构成要件的内容,并在处罚上重视行为人的性格。事实上,各国刑法基本上都是行为刑法,只有少数国家的个别刑法条文可能表现为行为人刑法。[15] 所以,可以认为,行为刑法与行为人刑法并非对刑法整体的分类,而是对刑法条文的分类:当刑法条文所规定的法律后果以行为为前提时,就被认为是行为刑法;当其以行为人的性格、倾向等为前提时,则被认为是行为人刑法。我国刑法中不存在行为人刑法。

4. 国内刑法与国际刑法

国内刑法是适用于一国领域内的刑法。国际刑法一词则有三种不同含义:一是国际刑事法或世界刑法,是指超国家的、在整个世界范围内予以适用的刑法,世界上还不存在

---

〔13〕 参见张明楷:“行政刑法辨析”,载《中国社会科学》1995年第3期。

〔14〕 即便是同一条文,也可能同时包含了固有刑法与行政刑法。例如,刑法第125条规定了非法储存爆炸物罪,其中既包括为了实施恐怖活动而非法储存爆炸物的行为,也包括为了开采矿山而非法储存爆炸物的行为。针对前者适用时,本条属于固有刑法;针对后者适用时,本条可谓行政刑法。所以,在法定刑幅度内,对二者应当区别对待,而不得仅根据储存数量科处刑罚。

〔15〕 李斯特虽然提出了著名的行为人类型学,但出于法治国方面的原因,他仍然坚持行为刑法。

这种国际刑法。二是规定违反国际公法原则(或违反人类共同利益)的犯罪及制裁的法律。我国刑法理论一般在此意义上使用国际刑法概念。三是关于国内刑法适用范围的法律,即关于国内刑法的空间效力、管辖权、外国刑事判决的效力、国际刑事司法协助的法律。最先意义上的国际刑法,就是指这种刑法适用法。

第二节 刑法的性质、机能与目的

一、刑法的性质

刑法具有区别于其他法律的特有属性,主要表现在以下几个方面:

第一,规制内容的特定性。刑法是规定犯罪及其法律后果的法律规范,而其他法律规定的是一般违法行为及其法律后果。[16] 这种特定性,是刑法得以成为特殊法律的重要原因。

第二,制裁手段的严厉性。一般部门法对一般违法行为也适用强制方法,如赔偿损失、警告、行政拘留等。刑法规定的法律后果主要是刑罚,刑罚是国家最严厉的强制方法。正因为如此,"刑法很早就形成了其独特的规则。例如,在权利保护方面,由于刑法以特别严厉的方式损及受法律管辖的主体利益,因此人们很早就认识到了提供有效法律保护的必要性。由此,一直到今天,刑法中仍然适用各类针对科处刑罚的国家保障……而刑事诉讼法则是规定了最强程度的法律保障的诉讼法。"[17]

第三,法益保护的广泛性。一般部门法只是调整和保护某一方面的社会关系。如民法仅调整和保护平等主体之间的财产关系与人身关系;商法仅调整和保护商事关系(商事主体按照商事法律从事以营利为目的的营业活动所发生的财产关系);行政法调整行政关系以及在此基础上产生的监督行政关系;如此等等。刑法则保护人身的、经济的、财产的、婚姻家庭的、社会秩序等许多方面的法益。可以认为,一般部门法所保护的法益,刑法都要予以保护。

第四,处罚范围的不完整性。虽然刑法保护的法益范围相当广泛,但其处罚范围具有不完整性。首先,由于刑法是保护法益的最后手段,所以,刑法并未将所有侵害法益的行为规定为犯罪,而只是将其中部分严重侵害法益(包括侵害重要法益)的行为规定为犯罪。其次,即使是严重侵害法益的行为,但由于刑事政策等方面的原因,立法者也可能不将其规定为犯罪。最后,成文刑法总是具有局限性,一些严重侵害法益的行为也可能被遗漏。刑法的不完整性,要求司法机关恪守罪刑法定原则。

第五,部门法律的补充性。刑法补充性的基本含义是,只有当一般部门法不能充分保护某种法益时,才由刑法保护;只有当一般部门法还不足以抑止某种危害行为时,才由刑法禁止。国家有许多部门法,需要保护的法益都首先由部门法来保护;如果所有的部门法都能充分有效地保护各种法益,刑法就没有存在的余地;反之,只有当一般部门法不能充

〔16〕 本书所称一般违法行为,是指违反其他法律但没有违反刑法的行为。

〔17〕 [德]迪特尔·梅迪库斯:《德国民法总论》,邵建东译,法律出版社2000年版,第6页。

分保护法益时,才需要刑法保护。刑法的强制方法主要是刑罚,而“刑罚如两刃之剑,用之不得其当,则国家与个人两受其害”。[18] 所以,应当限制而不能扩张刑罚的适用,使刑罚成为保护法益的最后手段(ultima ratio)。在能够以其他手段实现法益保护的目的时,务必放弃刑罚。宽严相济的基本刑事政策,也指导着刑事立法与司法将刑罚处罚控制在尽可能小的范围内。这充分说明,刑法具有补充性,而其他法律则不具有这一特点。但应注意的是,刑法的补充性是就刑事立法与刑事司法观念而言,而不是处理个案的具体规则。亦即,并不是对现实中的任何具体案件都必须先考虑适用民事、行政手段,只有当适用民事、行政手段不能得到妥当处理时,才适用刑法。相反,一旦解释者在遵循罪刑法定原则的前提下,对刑法所规定的犯罪构成做出了合理解释,那么,对于符合犯罪构成的行为,就应当以犯罪论处。

第六,其他法律的保障性。由于其他法律在不能充分保护法益时需要刑法保护,刑法的制裁方法又最为严厉,这就使得刑法实际上成为其他法律的保障。换言之,其他法律调整的社会关系和保护的法益,都依赖于刑法的保护。例如,如果刑法没有规定走私罪,海关法就难以得到实施。再如,如若刑法没有规定拒不执行判决、裁定罪,其他法律的实施就没有保障。这一点既是刑法与其他法律的联系所在,也是刑法与其他法律的区别之一。

刑法的上述法律性质,使其在法律体系中处于一种特殊地位。刑法与其他部门法都是处于宪法之下的子法,但刑法与其他部门法又不是平行并列关系,刑法保障宪法与其他部门法的实施,故刑法在法律体系中处于保障法的地位。[19]

二、刑法的机能

刑法第2条规定:“中华人民共和国刑法的任务,是用刑罚同一切犯罪行为作斗争,以保卫国家安全,保卫人民民主专政的政权和社会主义制度,保护国有财产和劳动群众集体所有的财产,保护公民私人所有的财产,保护公民的人身权利、民主权利和其他权利,维护社会秩序、经济秩序,保障社会主义建设事业的顺利进行。”刑法任务的明确性与全面性,是我国刑法的重要特点。

我们可以将刑法的任务概括为保护法益,保护的方法是禁止和惩罚侵犯(包括侵害与威胁)法益的犯罪行为。惩罚与保护密切联系:不使用惩罚手段抑止犯罪行为,就不可能保护法益;为了保护法益,必须有效地惩罚各种犯罪;惩罚是手段,保护是目的。这就要求司法人员在适用刑法时,以保护法益为目的,决不能为惩罚而惩罚。

刑法的任务与刑法的机能具有区别。刑法的机能是指刑法现实与可能发挥的作用,包括显在的机能与潜在的机能。一般认为,刑法具有以下三种机能:(1)行为规制机能,指刑法具有使对犯罪行为的规范评价得以明确的机能。其具体内容为,刑法将一定的行为规定为犯罪并给予刑罚处罚,表明该行为是被法律禁止的、不被允许的(评价的机能);同时命令人们做出不实施这种犯罪行为的决定(决定的机能),据此防止犯罪的发生。(2)法益保护机能,指刑法具有保护法益不受犯罪侵害与威胁的机能。犯罪是侵害或威胁法益的行为,刑法禁止和惩罚犯罪,是为了保护法益并且能够保护法益。(3)人权保障机能(或自由保障机能),指刑法具有保障公民个人的人权不受国家刑罚权不当侵害的机

---

〔18〕 耶林(Jhering)之语,转引自林山田:《刑罚学》,台北商务印书馆1985年版,第127页。

〔19〕 参见张明楷:“刑法在法律体系中的地位”,载《法学研究》1994年第6期。

能。根据罪刑法定原则,只要行为人的行为不构成刑法所规定的犯罪,他就不受刑罚处罚,这便限制了国家对刑罚权的发动;对犯罪人也只能根据刑法的规定给予处罚,不得超出刑法规定的范围科处刑罚,这便保障犯罪人免受不恰当的刑罚处罚。因此,刑法既是“善良人的大宪章”,又是“犯罪人的大宪章”。[20]

本书认为,刑法的机能是法益保护与人权保障,行为规制机能基本上只是法益保护机能的反射效果。因为如下所述,刑法的目的是保护法益,所以,刑法必须禁止侵犯法益的犯罪行为,禁止的方法是将法益侵犯行为类型化,并规定相应的法定刑。这种规定方式自然地产生了行为规制效果。另一方面,行为规制机能与法益保护机能、人权保障机能并非并列关系。因为规制国民的行为,是为了保护法益,而不是为了单纯地限制国民的自由。所以,仅将刑法的机能归纳为法益保护机能与人权保障机能即可。其中,法益保护机能由来于刑法的目的与任务(法益保护主义);人权保障机能的实现依赖罪刑法定主义、责任主义的贯彻,因为正是罪刑法定主义与责任主义从行为的客观面与主观面限制了刑罚权的恣意行使。[21]

如何认识和处理法益保护机能与人权保障机能之间的关系,是刑法理论长期探索和争论的问题。因为法益保护机能主要依靠刑罚的宣示与适用来实现;人权保障机能则主要依赖限制刑罚的适用而实现。可以认为,刑罚的适用与保护法益成正比,与人权保障成反比。如何既最大限度地保护法益,又最大限度地保障自由,就成为难题。结局是,刑法必须在法益保护机能与人权保障机能之间进行调和。但这种调和没有明确的标准,只能根据适用刑法时的客观背景与具体情况,在充分权衡利弊的基础上,使两个机能得到充分发挥。可以肯定的是,只能在罪刑法定的限度内发挥刑法的法益保护机能。在此意义上说,人权保障机能优先于法益保护机能。但是,在符合罪刑法定原则的前提下,必须充分发挥和尽量实现刑法的法益保护机能。

三、刑法的目的

立法活动与司法活动都具有目的性。将什么作为禁止对象,是由以什么为目的而禁止来决定的。“目的是全部法律的创造者。每条法律规则的产生都源于一种目的,即一种实际的动机。”[22] 司法活动是实现立法内容的活动,其目的与立法目的相一致。

刑法第 2 条的规定表明,刑法的目的是保护法益。因为各种犯罪都是侵犯法益的行为,运用刑罚与各种犯罪行为作斗争,正是为了抑止犯罪行为,从而保护法益;刑罚的目的是预防犯罪,之所以要预防犯罪,是因为犯罪侵犯了法益,预防犯罪是为了保护法益,这正是刑法的目的。由此可见,刑法第 2 条关于刑法任务的规定,同时也是关于刑法目的的规定。我国的大多数法律不是规定“任务”,而是规定“目的”。如《治安管理处罚法》第 1 条

---

〔20〕 法益侵害说中的“法益”包括刑法所保护的一切法益;当人们说犯罪的本质是侵害法益、刑法的目的是保护法益时,其中的“法益”是广义的。保护法益机能中的“法益”是指除了行为人自由以外的法益。即在讨论刑法机能时,法益侵害说将法益概念分为两个方面:一是可能受到他人侵害的法益,二是可能受到国家刑罚权侵害的法益(参见张明楷:《法益初论》,中国政法大学出版社 2003 年修订版,第 322 页以下)。

〔21〕 刑法第 1 条规定,制定刑法是“为了惩罚犯罪,保护人民”。由于犯罪是侵犯法益的行为,所以,其中的“为了惩罚犯罪”,实际上是为了保护法益(法益保护机能)。“保护人民”则意味着保障人民行动自由(自由保障机能)。

〔22〕 此系耶林的著名观点,转引自[美]E. 博登海默:《法理学:法律哲学与法律方法》,邓正来译,中国政法大学出版社 1999 年版,第 109 页。

规定:“为维护社会治安秩序,保障公共安全,保护公民、法人和其他组织的合法权益,规范和保障公安机关及其人民警察依法履行治安管理职责,制定本法。”这是关于目的的规定,也可理解为对任务的规定。以往的单行刑法大多规定了目的,内容均为保护法益,与刑法第 2 条对刑法任务的表述相协调。因此,可以将刑法的目的概括为保护法益。[23]

研究刑法目的有利于促使司法人员时刻考虑自己的司法活动是否符合刑法目的,从而有利于将刑法目的贯穿于刑事司法活动的始终。研究刑法目的有利于对刑法进行目的论解释。不管法条的文字表述如何,都不能脱离法条的目的做出解释。换言之,法律解释应以贯彻立法目的为根本任务,当出现了不同的解释结论时,最终起决定性作用的是目的论解释。研究刑法目的有利于立法与司法上合理控制处罚范围,将没有侵犯法益以及侵害程度并不严重的行为排斥在犯罪之外。

刑法目的基本上有以下三个层次:

第一个层次是刑法的整体目的,概括起来便是刑法第 2 条的内容,即保护法益。刑法的整体目的与宪法相符合,对宪法目的有服从、体现和保障实现的义务。

第二个层次是刑法分则各章规定的目的,它是由分则的章名和有关规定体现的。例如,刑法分则第二章的章名“危害公共安全罪”,表明设立该章的目的是为了保护不特定或者多数人的生命、身体的安全以及公共生活的平稳与安宁。刑法分则各章的目的,贯穿在该章的全部刑法条文中,对分则各章具体条文的解释与适用必须体现该章的目的。

第三个层次是各个条文的目的,是由条文的具体规定体现出来的。这里的条文主要是指分则性条文。例如,刑法第 290 条第 1 款规定:“聚众扰乱社会秩序,情节严重,致使工作、生产、营业和教学、科研、医疗无法进行,造成严重损失的,对首要分子,处三年以上七年以下有期徒刑;对其他积极参加的,处三年以下有期徒刑、拘役、管制或者剥夺政治权利。”该款的规定内容表明设立该款是为了维护工作、生产、营业和教学科研秩序。反过来,对该款所规定之罪构成要件的确定,必须能够说明行为严重扰乱了上述秩序。应当注意,除条文有特别规定或者因为立法缺陷导致具体犯罪存在归类错误的以外,对各个条文目的的理解不应超出规定该条文的“章”的目的范围。例如,刑法分则第四章规定了诬告陷害罪,该章的目的是保护公民的人身权利与民主权利,因此,自我诬告(有意虚假告发自己犯罪)与得到被害人同意(以不被判处死刑为前提)的诬告行为由于没有侵犯其他公民的人身、民主权利而不成立本罪。[24] 倘若将诬告陷害罪规定在“妨害司法罪”一节或者规定为独立的一章,则自我诬告与得到被害人承诺的诬告行为由于妨害了司法活动而成立本罪。[25]

上述不同层次的目的是整体与部分的关系。低层次的目的受高层次目的的制约,高层次的目的依赖低层次目的的体现与实现。刑法的目的体系、结构与刑法文字是纲与目

---

〔23〕 一种观点认为,刑法的目的与任务是保护刑法规范的有效性。在本书看来,规范保护只是法益保护的手段。亦即,保护刑法规范的有效性,使刑法规范得以贯彻实施,只是为了保护法益本身。如果某个规范不具有保护法益的效果,该规范就不具有正当性,其有效性就不值得保护。不难看出,将刑法规范的有效性作为保护目的与任务,实际上是权威刑法的残余。

〔24〕 即使认为诬告陷害罪是所谓复杂客体,包括公民的人身权利与司法机关的正常活动,自我诬告行为因为没有侵犯公民的人身权利,也没有侵犯复杂客体。如果认为诬告陷害罪是选择客体,即只要侵犯上述两种法益之一,即可成立本罪,那么,自我诬告行为也可以构成诬告陷害罪。

〔25〕 联系刑法分则第三章与第六章的规定,在第二、三层次之间,还可以找到一个层次。

的关系。正确地确立了刑法的整体目的,就等于完成了刑事立法的整体构想;确立了分则各章的目的,就等于确定了该章罪名的范围;确立了具体条文的目的,就等于确定了各种犯罪的本质及构成要件。正确理解了刑法不同层次的目的,就找到了理解刑法文字的指南,知晓了刑法条文的内在要义。[26]

第三节 刑法的制定、修改与根据

一、刑法的制定

清末时期,沈家本延聘日本学者冈田朝太郎担任顾问,起草了《大清新刑律草案》。宣统二年颁布了《大清新刑律》,但因民国的建立而未及施行。民国时期颁布了三个刑法典,即1912年的《暂行新刑律》、1928年的《中华民国刑法》与1935年的《中华民国刑法》。

新中国成立之初,废除了以“六法全书”为代表的国民党政权的全部法律;同时先后制定了一些单行刑法,如《关于严禁鸦片烟毒的通令》、《妨害国家货币治罪暂行条例》、《惩治反革命条例》、《惩治贪污条例》等。这些单行刑法为巩固新生政权,发展国民经济起到了重要作用。

早在1950年,中央人民政府法制委员会便着手进行刑法典的起草准备工作。从1950年到1954年9月,法制委员会先后拟订了两个刑法草案:一个是《中华人民共和国刑法大纲草案》,共157条,分总则与分则两部分;另一个是《中华人民共和国刑法指导原则草案(初稿)》,共76条,分为序言和犯罪、刑罚、几种犯罪量刑的规定三章。由于制定刑法典的条件不成熟,上述两个草案未予公布,但为后来的刑法起草起到了准备、参考对比和启示作用。1954年宪法的颁布,推动了刑法起草工作。从此,全国人大常委会办公厅法律室负责刑法起草工作。从1954年10月至1956年11月,法律室草拟了13稿;此后,刑法起草工作加紧进行,截至1957年6月已草拟了22稿。第22稿经全国人大常委会讨论审议,并准备作为草案公布试行,但由于“反右”斗争的开展、法律虚无主义思潮抬头,刑法草案没有公布,刑法起草工作也停顿下来。根据毛泽东同志的指示,全国人大常委会法律室从1962年5月开始对刑法草案第22稿进行了多次修改,到1963年10月已拟订了第33稿,因“四清”运动与“文化大革命”的开始,刑法没能公布。

“文化大革命”结束后,国家于1978年10月重新组建刑法草案修订班子,对第33稿进行修订。十一届三中全会的召开更加推动了刑法起草工作。随后,刑法草案在全国人大常委会法制工作委员会全体会议和第五届全国人大常委会第八次会议上讨论审议,修改后提交五届人大二次会议审议,最后于1979年7月1日一致通过,同年7月6日正式公布,1980年1月1日起施行。至此,诞生了新中国的第一部刑法典——《中华人民共和国刑法》。

从刑法典的制定过程可以看出,贯彻正确的政治路线时,法制建设得到重视,立法工作进展顺利;以经济建设为中心时,法制建设得到重视,立法工作进展顺利;宪法的制定与

---

〔26〕 参见黎建飞:《立法学》,重庆出版社1992年版,第62页。

实施必将推动其他法律的制定与实施;法律自身的民主性有赖于法律制定工作的民主化。

二、刑法的修改

如前所述,旧刑法典颁行后,立法机关先后颁布了二十多个单行刑法,非刑事法律中也有许多罪刑规范。这些单行刑法、附属刑法都是对旧刑法典的修改、补充与解释。

经过17年的实践,总的来看,1979年制定的刑法所规定的基本内容是正确的,许多具体规定是可行的,同时也反映出一些问题。例如,有的规定(如类推制度)不符合法治的要求;对有些犯罪的规定不够明确,难以操作;有些犯罪的罪行程度发生了变化,使得法定刑与犯罪难以适应;出现了许多新类型的犯罪,需要加以规定。总之,为了适应保护法益与保障人权的实际需要,有必要对旧刑法典进行修订、补充和完善。

修订刑法的工作事实上进行了十多年。1997年修订刑法的指导思想主要有以下几点:(1)要制定一部有中国特色的、统一的、比较完备的刑法典。基于这一考虑,所有单行刑法均纳入新刑法;附属刑法的部分规定成为刑法分则的具体条款;对一些新类型的犯罪也作了规定。(2)注意保持刑法的连续性与稳定性。对刑法的原有规定,如果没有原则性问题,尽量不作修改。(3)对原来比较笼统的规定,尽量做出具体规定。[27]

刑法虽然必须具有稳定性,但这并不意味着不能修改。新刑法颁布后,出现了大量危害严重的骗购外汇、逃汇与非法买卖外汇的行为,于是全国人大常委会颁布了有关单行刑法,对现行刑法作了补充规定。此后,立法机关多次以修正案的方式对现行刑法进行了修改,其中既有新类型犯罪的增加,也有犯罪构成和法定刑的调整,还有刑罚制度的变化。

从当今各国刑事立法的发展来看,刑法已不可能像过去那样稳定。一个国家每年修改几次刑法典的现象,并不罕见。由于我国立法机关试图以一部刑法典囊括所有的犯罪,故今后对刑法典的修改也可能相当频繁。[28]

三、刑法的根据

刑法第1条规定:"为了惩罚犯罪,保护人民,根据宪法,结合我国同犯罪作斗争的具体经验及实际情况,制定本法。"这一规定指明了制定刑法的宪法根据与实践根据。

宪法是制定刑法的法律依据。宪法为国家的根本法,具有最高的法律效力,任何机关、政党、团体、组织和个人,都必须以宪法为根本的活动准则。立法机关在制定、修订刑法时,当然应以宪法为根本的立法准则;刑法不能与宪法相抵触,而应与宪法相协调。刑法是根据现行宪法制定的,反映了宪法精神。宪法不仅是制定刑法的法律依据,而且是解释刑法的法律根据,对刑法的解释也必须与宪法相协调。

我国与犯罪作斗争的具体经验及实际情况是制定刑法的实践依据。现行刑法从实际出发,以中国基本国情为依据,没有脱离实际、超越阶段。刑法应大胆吸收和借鉴人类社会创造的一切文明成果,包括我国优秀的法律文化遗产和国外有益的立法经验;但这种吸收与借鉴不能脱离中国的基本国情,换言之,应当在立足于我国同犯罪作斗争的具体经验及实际情况的基础上进行吸收与借鉴。现行刑法以中国的实际情况为依据,考虑了现代刑事立法的趋势,但并没有盲目照搬国外立法。

---

〔27〕　参见王汉斌1997年3月6日在第八届全国人民代表大会第五次会议上所作的《关于〈中华人民共和国刑法(修订草案)〉的说明》。

〔28〕　参见张明楷:"刑事立法的发展方向",载《中国法学》2006年第4期。

第四节　刑法的规范、体系与解释

一、刑法规范

以禁止、处罚犯罪行为为内容的法律规范,就是刑法规范,也称罪刑规范。具体地说,由国家制定与认可并由国家强制力保证实施的,禁止人们实施犯罪行为、命令人们履行义务以免犯罪、指示司法人员如何认定犯罪和科处刑罚(包括免除刑罚处罚)的法律规范,就是刑法规范。

刑法规范与刑法条文具有密切联系。刑法条文表达刑法规范,是刑法规范的载体和认识来源,刑法规范是刑法条文的内容与实质。但规范与条文并非等同。由于规范的内容是禁止做什么、允许做什么、应当做什么,故刑法总则中的许多一般性、原则性规定(如刑法第1条、第2条),并不属于刑法规范;一个条文可能表达几个规范,几个条文可能表达一个规范;刑法条文是直观的,而刑法规范则不是直观的。

刑法规范首先是裁判规范,即是指示或命令司法工作人员如何裁定、判断行为是否构成犯罪、对犯罪如何科处刑罚的法律规范。裁判规范所指向的对象是司法工作人员,旨在限定司法权力,故司法工作人员具有遵守裁判规范的义务,违反义务者将受到法律制裁。例如,刑法第263条前段规定:“以暴力、胁迫或者其他方法抢劫公私财物的,处三年以上十年以下有期徒刑,并处罚金。”这一规定首先表现为裁判规范,它指示司法工作人员如何认定和处罚抢劫罪;如果司法工作人员故意作枉法裁判,就要承担徇私枉法罪的法律后果。需要说明的是,刑法规范不仅是司法工作人员裁判行为是否构成犯罪的法律根据,而且也是司法工作人员裁判行为是否违反刑法的法律根据。例如,13周岁的人盗窃他人数额较大的财物。司法工作人员根据刑法规范不能宣告其行为构成犯罪(因为没有责任),但能根据刑法规范宣告其行为是不法行为(符合盗窃罪的构成要件并且违法)。

刑法规范也是行为规范。其中,禁止人们实施某种行为的规范称为禁止规范;命令人们必须实施某种行为的规范称为命令规范。与此对应地存在允许规范与豁免规范。允许规范意味着人们可以在特定情况下实施一般性(或原则上)禁止的行为,因而排除禁止规范的适用(例如,刑法禁止杀人,但允许特殊情况下的正当防卫杀人);豁免规范意味着人们在特定情况下不需要按照一般性命令行事(例如,刑法要求人们履行抚养义务,但如果自己的生命处于危险状态就不必履行该义务)。[29] 行为规范通过“……的,处……”的描述方式(假定条件与法律后果之间的密切关系)体现出来。一方面,刑法规范向国民一般性地承诺了对法益的刑法保护,国民知道国家以刑法保护其法益,因而不至于时时刻刻担心自己的法益受到侵犯。另一方面,刑法规范能够成为一般人的行为规范:其一,刑法禁止的行为是不法行为,因而一般人可以预防、制止乃至防卫不法行为;其二,犯罪后将受到刑事制裁,从而使一般人做出不实施犯罪行为的意思决定;其三,一般人在特殊情况下可以按照允许规范、豁免规范行事。可见,行为规范存在于刑法规范之中,而不是独立于刑

〔29〕 参见[德]乌尔斯·金德霍伊泽尔:《刑法总论教科书》,蔡桂生译,北京大学出版社2015年版,第22页。

法规范之外。[30]

刑法规范的实质是法益保护规范与人权保障规范。刑法将侵犯法益的行为类型化为犯罪构成要件，并针对符合构成要件的违法、有责行为规定法律后果，从而形成了刑法规范。对侵犯法益的行为宣示刑罚，对侵犯法益的犯罪行为科处刑罚，正是为了实现法益保护的目的。刑法对犯罪成立条件的规定，限制了司法工作人员的自由裁量权力，司法工作人员只能依照刑法的规定定罪量刑，一般国民的自由与被告人的人权都得到了刑法的保障。

刑法的总则规范与分则规范各具特色。总则规范基本上是裁判规范，分则规范当然也是裁判规范，但大多同时是行为规范。分则规范可以分为完备刑法与空白刑法。完备刑法的特点是，刑法条文对于犯罪的构成要件有明确、完备的规定，适用时无须参照其他法律。空白刑法的特点是，刑法条文对于犯罪的构成要件没有做出完备规定，适用时需要参照其他法律、法规；或者说，构成要件的具体内容委任于其他法律、法规时，就是空白刑法。司法工作人员在适用空白刑法时，一定要参照该空白刑法所指明的相关法律、法规，从而准确界定构成要件的内容；又由于相关法律、法规经常变化，使得相关犯罪的构成要件内容处于经常变化的状态，因而需要及时根据相关法律、法规的变化确定有关犯罪的构成要件内容。特别要说明的是，在适用空白刑法时，司法机关需要证明行为究竟违反了何种具体的法律、法规。如果不能查明，就表明行为并不符合犯罪的构成要件，也不可能违反刑法。司法机关在相关法律文书中，不能只是抽象地说明行为违反了什么法律、法规，也不能直接根据司法解释认定犯罪，而是必须具体说明行为违反了什么法律、法规的第多少条、多少款、多少项。当刑法分则条文所要求的是“违反国家规定”时，仅违反部门规章的行为，不成立犯罪。

二、刑法体系

广义的刑法体系，是指刑法的各种渊源及其相互关系；狭义的刑法体系，是指刑法典的组成和结构。在此探讨后者。

刑法典由两编组成：第一编为总则，第二编为分则，[31]另有一条附则。总则内容是一般规定，分则内容为具体规定；总则规定不仅适用于分则，而且适用于其他有刑罚规定的法律（但其他法律有特别规定的除外）。编下为章。总则共五章，分别为刑法的任务、基本原则和适用范围、犯罪、刑罚、刑罚的具体运用、其他规定；分则共十章，分别规定了十类犯罪。章下为节，但只是总则的第二、三、四章以及分则的第三、六章之下设立节，总则的第一、五章及分则的其他章之下没有设立节。节（章）下是条，条是表达刑法规范的基本单位，也是刑法典的基本组成单位。刑法典的全部条文用统一的顺序号码进行编排，从第1条至第452条统一编号，不受编、章、节划分的影响。通过修正案在刑法典中增加条文时，在相关的条文后采取第××条之一、之二的编号方式。条下为款。款是条的组成单位，没有编号，其标志是另起一段。如引用某条的第二段，则称为“第××条第2款”。但

---

〔30〕 刑法规范是不是行为规范，在国外刑法理论上存在不同观点。结果无价值论重视裁判规范，行为无价值论重视行为规范。

〔31〕 将刑法典分为总则与分则，是在17世纪意大利刑法学的影响下，经过18世纪德国各州刑法典、奥地利刑法典，直至1791年和1810年的法国刑法典而最终形成的。

许多条文只设立了一款,在这种情况下便只称作“第××条”,而不称为“第××条第1款”。款(条)下是项。项是某些条或款之下设立的单位,其标志是另起一段且用括号内的基数号码编写。如刑法第34条第1款下设有3项。

刑法条款表述法条含义,同一条(款)可能表达两个或三个意思。如刑法第29条第1款规定:“教唆他人犯罪的,应当按照他在共同犯罪中所起的作用处罚。教唆不满十八周岁的人犯罪的,应当从重处罚。”本款表达了两个意思,理论上称表达前一意思的为前段,称表达后一意思的为后段。如果同一条(款)表达三个意思,则分别称为前段、中段、后段。

刑法为成文法,故其表达理应符合语法。当同一条款的后段要对前段内容做出相反、例外、限制或补充规定时,往往使用“但是”一词予以表示,“但是”开始的这段文字称为“但书”(但书前的内容称为“本文”)。但书主要有以下情况:(1)对前段表示了相反关系,如刑法第13条的但书;(2)对前段表示了例外关系,如刑法第8条的但书;(3)对前段表示了限制关系,如刑法第73条第1、2款的但书;(4)对前段表示了补充关系,如刑法第37条的但书。由此看来,但书对准确表达立法意图起着重要作用,解释和适用刑法时不可忽视但书。基于同样的理由,但书的使用应当合理,该使用的不使用或者相反,则会使刑法条款含义不清或自相矛盾。由于但书具有表示与前段相反、例外等功能,故不能轻易指责条文的前后矛盾。例如,不能认为刑法第13条的但书与前段相矛盾。

三、刑法解释

(一)刑法解释的概念

刑法解释是指对刑法规定意义的说明。像贝卡里亚那样,要求刑法规定明确到不允许解释的程度,[32]固然是最理想的,但这只是一种幻想,任何刑法都有解释的必要。

首先,刑法内容由文字表达,以普通用语为基础,这就决定了需要解释。因为任何用语尽管核心意义明确,但总会向边缘扩展,使其外延模糊,需要通过解释界定刑法用语的扩展边际;绝大多数用语总是具有多义性,需要通过解释明确刑法用语应取何种含义;用语随着时代发展会产生新的含义,需要通过解释说明刑法是否接受新的含义;许多用语也存在“言不尽意”的情况,需要通过解释揭示其未尽之意。[33]不仅如此,“法律也不是仅由简单的日常用语意义取得其概念,因为法律必须在构成要件中定位、决定和评价,即法律必须以当为作基础,故法律概念经常都会或多或少地表现出规范意义”。[34]除了规范的概念之外,刑法中甚至还存在纯粹的价值概念(如“恶劣”、“严重”)。只有通过解释,规范概念与纯粹的价值概念的含义才得以明确。

其次,作为法律规范,刑法应力求简短,因此,刑法所规定的各种犯罪类型,都是对犯罪现象进行抽象化、类型化的结果,而不可能详尽叙述各种犯罪的具体表现,但现实的案件都是具体的,于是刑法规定与个案之间便存在距离。在这种情况下,要将刑法规定适用于具体个案,必须解释刑法的规定。

---

〔32〕 参见[意]贝卡里亚:《论犯罪与刑罚》,黄风译,中国大百科全书出版社1993年版,第12页以下。

〔33〕 耶林曾说:“立法者应当像哲学家一样思考,但像农夫一样说话。”其实,即使像农夫一样说话,也需要解释。况且,立法者不可能像农夫一样说话。

〔34〕 Arthur Kaufmann, Rechtsphilosophie, C. H. Beck, 1997, S. 97ff.

再次，刑法不可避免存在缺陷，有的是文字表述的缺陷，有的是立法原意的缺陷，要克服刑法缺陷就必须进行解释。“对法律文件的解释，有助于消除（确切地说是减少）法律文件形式上的缺点。通过解释，可以消除对法律技术手段和方法使用错误或不当的情况，消除法律文件文体的缺点。”[35]

最后，刑法具有相对稳定性，但同时又必须适应保护法益、保障人权的需要。要使稳定的刑法适应不断发展变化的社会生活，就依赖解释。一方面，刑法条文的真实含义是在社会生活中发现的，面对不断变化的社会生活，需要不断地对刑法条文做出解释。另一方面，要使过去制定的刑法适应现在的社会需要，使刑法成为具有实效的法律，也需要根据现在的社会需要解释刑法。

刑法解释的必要性说明了刑法解释的重要意义：刑法解释有助于人们正确理解刑法规定的含义与精神；有利于刑法的正确实施；有利于克服刑法表述的某些缺陷；有利于刑法的发展和完善。

刑法解释的必要性与重要意义说明了刑法解释是一种创造性的活动，而不是消极地、被动地去发现立法者的原意。因此，刑法解释的目标应是存在于刑法规范中的客观意思，而不是立法者制定刑法规范时的主观意思或立法原意。（1）立法原意并不十分明确，[36]因为立法者不是一个人，而是一个集体。即使是一个人立法，探求立法原意也是一个自我认识的过程，自我认识也是一种解释，它不比其他的解释容易。（2）立法者在制定刑法时，常常以过去已经发生的案件作为模型来表述构成要件，而难以甚至不可能想象到刑法在适用过程中发生的形形色色的案件，面对立法时未曾发生过的案件，立法者不可能有立法原意。（3）刑法是成文法，它通过语词表达立法精神与目的，因此，解释者应当通过立法者所使用的语词的客观意义来发现立法精神与目的，而不是根据立法者的事前或者事后的想法发现立法精神与目的。（4）刑法一经制定，就是一种客观存在，与立法原意产生了距离，需要根据用语的客观含义做出解释。（5）作为交流工具的语言与文字，其含义是由听者或者读者决定的，而不是由说话者或者作者决定的。（6）刑法具有稳定性，但它同时必须适应社会发展的需要，追求立法原意必然形成刑法的滞后性，从而影响刑法的生命力。（7）探求立法原意，往往导致探求起草者的原意，起草者成为刑法的有效解释者，但这容易形成人治，而不利于法治。（8）立法原意也可能存在缺陷，探求立法原意意味着维持立法原意的缺陷；只有进行客观解释，才有利于刑法的完善。（9）反对主观解释论，并不意味着在刑法解释的过程中不需要考察立法背景与立法沿革。但是，对立法背景或者立法沿革的考察，绝对不意味着在适用刑法时应当按照立法者当初的本意解释刑法。相反，考察立法背景与立法沿革，常常是为客观解释提供依据的。（10）进行客观解释，并不违反罪刑法定原则。因为罪刑“法”定并不等于罪刑“立法者”定；具有法律效力的是用文字表达出来的、具有外部形式的刑法，而不是存在于立法者大脑中的内心意思。总之，应当采取客观解释论。

刑法解释的对象是刑法规定，刑法又是以文字做出规定的，故刑法解释不能超出刑法

〔35〕［苏］C. C. 阿列克谢耶夫：《法的一般理论》（下册），黄良平等译，法律出版社1991年版，第675页。

〔36〕许多人认为，在立法初期，立法原意肯定是明确的。其实，在立法初期，充其量只是立法动机明确，以及起草者的本意明确，而不是“立法原意明确”。

用语可能具有的含义,否则便有违反罪刑法定原则之嫌。刑法以保护法益为目的,因此,刑法解释不能违背保护法益的目的。刑法是根据宪法制定的,所以,刑法解释不仅不能违反宪法,而且必须自觉地以宪法为指导进行解释。合宪性解释不只是一种解释方法,更重要的是解释原则:对刑法条文的解释结论必须符合宪法;在有数个解释可能时,应优先选择符合宪法的解释;如果对刑法条文的解释,无论如何都得出违反宪法的结论,那么该条文就是违宪的;对于公民行使宪法所赋予的权利的行为,即使行使方式、程序不当,也不得轻易解释为犯罪。

(二)刑法解释的效力

对刑法的解释结论并非都具有效力。非正式的刑法解释,即未经国家授权的机关、团体、社会组织、学术机构以及公民个人对刑法所作的解释,没有法律效力,但对刑事司法乃至立法活动具有重要参考价值,对提高公民法律意识具有重大作用。正式的刑法解释,即由被授权的国家机关在其职权范围内所做出的解释,具有法律效力。正式的刑法解释主要指立法解释与司法解释。

立法解释是由立法机关所作的解释,通说认为包括三种情况:一是在刑法或相关法律中所作的解释性规定;二是在"法律的起草说明"中所作的解释;三是在刑法施行过程中,立法机关对发生歧义的规定所作的解释。在本书看来,前两种情形不能称为立法解释。

首先,刑法或相关法律中所作的解释性规定,不宜等同于立法解释。因为,刑法中的解释性规定本身就是刑法文本的组成部分;而立法解释是对法律文本的解释。所以,不应将刑法中的解释性规定视为立法解释。倘若认为刑法等法律中的解释性规定都是立法解释,那么,刑法第 13 条、第 14 条、第 15 条关于犯罪、故意犯罪、过失犯罪的规定,就分别成为对"犯罪"、"故意犯罪"、"过失犯罪"的立法解释;刑法分则关于罪状的规定,在某种意义上都是对罪名的立法解释,于是,刑法第 263 条、第 264 条、第 266 条分别成为对"抢劫罪"、"盗窃罪"、"诈骗罪"的立法解释。这样,几乎整部刑法都是立法解释,但事实上并非如此。明确解释性规定与立法解释的区别,有利于防止立法机关的类推解释。〔37〕

其次,关于刑法的起草说明与修改说明,也不是立法解释。我国关于刑法的起草说明与修改说明,旨在使审议者了解制定、修改刑法的目的,便于立法机关通过刑法。但立法机关所审议和通过的是刑法本身,而不是起草说明与修改说明。不可否认的是,起草说明与修改说明中可能对某些规定做出了解释。〔38〕 但是,第一,这种"解释"只是起草者的解释,或者只是提请审议者的解释,因而仍然可谓学理解释。第二,这种解释是面向人大代表或者人大常委会委员做出的解释,而不是面向全体国民做出的解释,也不是面向适用刑法的法官做出的解释。刑法一经公布,听者、读者就发生了变化。听者、读者的变化,必然导致文本含义的变化。所以,面向立法机关成员所作的说明,不一定能适用于法律指向的一般人。第三,这种"解释"既可能得到认可,也可能得不到认可。

只有最后一种解释,即在刑法施行过程中,立法机关在刑法文本之外对发生歧义的规

---

〔37〕 刑法中的解释性规定不存在类推解释的问题,但立法者不得在刑法文本之外进行类推解释。例如,立法者不能在刑法文本之外规定"刑法第 236 条中的'妇女'包括男性在内",只能直接修改刑法第 236 条。

〔38〕 如《关于严惩严重危害社会治安的犯罪分子的决定》的起草说明,曾经解释了"加重处罚"的含义(在法定刑以上加重一格处罚)。

定所作的解释，是真正意义上的立法解释。现行刑法颁布后，全国人大常委会先后对刑法第30条、第93条、第158条、第159条、第228条、第266条、第294条、第313条、第342条、第384条第1款、第410条中的有关规定、渎职罪的主体以及信用卡、发票、文物等概念，以及相关法条的适用做出过立法解释。但这种立法解释，是否符合法治的要求，还值得研究。

法治通常与人治相对立。法治即法的统治，就“统治”而言，在法的统治方法中，现实地进行支配的仍然是人，即制定法的、执行法的与裁定法的争端的都是人，这一点与人治没有区别。法治与人治的对立表现在：统治的主体是不是人？统治的方法是否恣意？是根据预先制定的合理的法进行统治，还是根据不同场合的不同统治者的恣意进行统治？不言而喻，法治意味着统治的主体是法而不是人，统治的方法不是恣意的，而是依据事先制定的明确的、合理的法进行的。因此，要实现法治，首先必须有预先制定的法；其次要确保统治是依法进行的。为了确保统治依法进行，最好的方法是将法的制定者与执行者相分离；而在发生法的争端时，最好的方法是让法的制定者、执行者之外的第三者进行裁判。所以，法的制定者、执行者与裁判者必须分离。不仅如此，法的制定者与法的执行者、裁判者相分离，就使得法的制定者与具体的利害关系产生一定的距离，从而使其制定的法能够更好地代表一般人的利益。[39] 具体地说，当法的制定者不再是法的执行者、裁判者时，法的规则必然适用于制定法的人；制定者一旦知道法制定后适用于自己，便会尽量制定良法。换言之，法必须适用于那些制定法的人和执行法的人，即法在适用于一般国民的同时，也适用于立法者、执法者，法的禁止和限制都毫无例外地适用于所有的人，因此，立法者不会对自己希望做的合理事项也予以禁止或者限制。如果立法机关过多地就刑法条文进行立法解释，则有立法者介入司法活动之嫌。诚然，根据相关的法律规定，解释法律属于全国人大常委会行使的职权之一，全国人大常委会对法律、法令条文本身需要进一步明确界限的问题予以解释，最高人民法院和最高人民检察院就审判和检察工作中如何具体应用法律的问题进行解释。但事实上，刑法条文需要明确界限的问题与具体应用法律的问题难以甚至不可能区分。而且，呼吁立法解释的人们，常常是因为担心自己的解释违反罪刑法定原则而向立法机关提出解释要求，这实际上是通过立法解释的方式使类推解释“合法化”。可是，立法解释仍然是对刑法的概念、用语、条文等进行解释，同样必须遵守罪刑法定原则。所以，本书认为，立法机关不宜做出立法解释。[40]

司法解释是指国家司法机关所作的解释。根据有关规定，在我国具有普遍效力的司法解释，只能是最高人民法院和最高人民检察院（“两高”）就审判和检察工作中如何具体应用法律的问题所作的解释。近年来，司法解释对正确适用刑法起到了一定作用。但是，司法解释的主体、内容、结论等如何规范化、合理化、科学化，还特别需要研究。对司法解释的泛化现象，也值得深思。事实上，司法解释泛化也存在弊端：司法解释使刑法条文的含义固定化，不利于发现、发展刑法的真实含义；司法解释导致二审终审制度形同虚设；司法解释的表述方式如同成文刑法，人们仍然需要对之进行解释；司法解释也不可避免地出现解释不当的现象，在其具有法律效力的情况下，必然导致全国性的适用法律不当；由于

---

〔39〕 参见［日］高桥和之：“立法、行政、司法的观念的再探讨”，载日本《法学家（ジュリスト）》1998年第5期。

〔40〕 参见张明楷：“立法解释的疑问”，载《清华法学》2007年第1期。

司法解释来源于最高司法机关,下级司法机关的判决面临着上级司法机关的监督、审查,即使下级司法机关认为司法解释存在错误也只有遵守,于是造成司法解释的效力与权威高于成文刑法的不正常现象;下级司法机关成为适用司法解释的机器,而没有任何主观能动性。诚然,在当下的中国,如果没有司法解释,下级司法机关几乎不会办案。但是,"两高"需要反思这种现状的形成原因,而不能基于这种现状颁布更多的司法解释。合适的做法应是,最高人民法院以及高级法院开庭审理案件,制作有充分理由的判决书,以其中的判决理由以及判决理由所形成的规则指导下级法院。颁布司法解释并不是指导下级司法机关适用刑法的最佳选择。[41] "两高"应当对颁布司法解释持克制态度,不能动辄做出司法解释,更不能在颁布司法解释与指导性案例方面进行"竞赛";可以由下级司法机关自行处理的事项,没有必要做司法解释。"两高"应当对司法解释的内容持慎重态度,不能仓促地做出不合理的司法解释;司法解释的合理性,不是以多数人同意为标准,也不是以权威学者的建议为标准,更不是以相关的国家机关赞成为标准,而是应当以是否符合刑法条文的真实含义,是否有利于实现刑法的任务与目的,是否使刑法条文之间以及刑法与其他法律之间相协调,是否使案件得到妥当处理为标准。即使不得已做出司法解释,也不能给刑法用语与条文下定义,只能采取列举式的规定(即列举对何种行为适用哪一刑法条文)。司法解释虽然具有法律效力,但本身并不是法律。在生活事实不断变化的当今社会,要想保持刑法的稳定性都相当困难,司法解释更不应当追求稳定性;在媒体相当发达的今天,国民可以迅速通过多种途径了解法律与司法解释,所以,即使放弃对司法解释稳定性的追求,也不至于损害国民的预测可能性;"两高"不应期待司法解释像刑法一样稳定,更不能期待司法解释比刑法还稳定,相反,需要及时修订已有的司法解释。

全国人大常委会《关于加强法律解释工作的决议》第 1 条规定了立法解释的主体是全国人大常委会,第 2 条规定了司法解释的主体是最高人民法院与最高人民检察院,第 3 条接着规定:"不属于审判和检察工作中的其他法律、法令如何具体应用的问题,由国务院及主管部门进行解释。"这似乎表明行政解释对刑法的适用不直接产生效力。但是,许多空白刑法规范所规定的犯罪又以违反"其他法律"为前提,国务院及主管部门完全可能对"其他法律"做出解释,或者在行政法规中做出解释性规定。因此,某些行政解释以及行政法规中的解释性规定也可能对刑法的适用产生效力。[42]

(三)刑法解释的态度

严格解释与灵活解释是既对立又统一的两种解释态度。在中世纪,就存在严格解释与灵活解释的争论。在近代的西方国家,法律解释问题首要是围绕法官解释权与议会立法权的关系展开的。一般来说,严格解释否认法解释的创造性,主张法解释的功能仅限于探求立法者明示或可推知的意思(在刑法学上,严格解释还可能有更特殊的含义与要求);灵活解释则承认法解释的创造性,主张法解释的功能是根据社会发展需要灵活地阐明法文的含义。

严格地说,"'严格解释'的意义实在是不够清晰。实际上,一旦你赋予严格解释这个

---

〔41〕 参见张明楷:《刑法分则的解释原理》,中国人民大学出版社 2011 年第 2 版,第 6 页以下。

〔42〕 例如,刑法第 341 条规定了非法猎捕、杀害珍贵、濒危野生动物罪,林业部发布的《陆生野生动物保护实施条例》的相关规定,实际上对审判和检察工作具有效力。

理念以实质内容,那么这个标签就算不上是什么特别准确的描述,我们可以找到更好的名字来指称这种理念”。[43] 法国刑法第 111 -4 条明文规定“刑法应严格解释之”,但是,“刑法‘严格解释规则’并不强制刑事法官仅限于对立法者有规定的各种可能的情形适用刑法。只要所发生的情形属于法定形式范围之内,法官均可将立法者有规定的情形扩张至法律并无规定的情形”。[44] 由此看来,对刑法的严格解释,只是意味着必须遵循罪刑法定原则。[45]

特别要指出的是,严格解释并不意味着所谓法律存在疑问时做出有利于被告的解释。存疑时有利于被告的原则产生于 19 世纪初的德国,它只是刑事诉讼法上的证据法则,这一点在德国、日本以及英美法上没有什么争议。例如,罗克辛(C. Roxin)教授指出:“罪疑唯轻原则(即存疑时有利于被告的原则——引者注)并不适用于对法律疑问之澄清。判例(BGHSt14,73)认为‘罪疑唯轻原则只与事实之认定有关,而不适用于法律之解释’。因此当法律问题有争议时,依一般的法律解释之原则应对被告为不利之决定时,法院亦应从此见解。”[46] 因为任何法律条文都可能有疑问;即便原本没有疑问,在遇到具体案件时,也会有人为了某一方的利益而制造疑问;如果一有疑问就做出有利于被告人的解释,刑法就会成为一纸废文;而且,刑法理论就不需要展开争论,只要善于提出疑问并知道何种解释有利于被告即可。此外,如果要求刑法解释有利于被告,必然导致定罪混乱,亦即,可以根据案件的具体情况分别适用完全不同甚至相反的学说。事实表明,在法律有疑问时,要一概做出有利于被告人的解释是不可能的。例如,刑法中的“贩卖”是否仅限于购买后再出卖,这是有疑问的。在面对行为人出卖了其所拾得的 500 克海洛因的案件时,恐怕不能得出有利于被告人的无罪结论。再如,在一个案件事实清楚,却存在抢夺罪与抢劫罪之争时,不可能不考虑其他根据,就以对被告人有利为由认定为抢夺罪。

(四)刑法解释的方法

1. 解释方法概述

刑法的解释方法没有限定,任何有利于解释者得出妥当结论的方法,都可能成为刑法解释方法。刑法解释方法与社会科学、自然科学的方法并不是对立关系;刑法学并不排斥社会科学与自然科学的方法。

刑法理论一般将刑法解释方法分为文理解释与论理解释。“文理解释,就是对法律条文的文字,包括单词、概念、术语,从文理上所作的解释。”“论理解释,就是按照立法精神,联系有关情况,从逻辑上所作的解释。论理解释又分为当然解释、扩大解释与限制解释。”[47] 姑且不讨论扩大解释与限制解释是否属于论理解释,但可以肯定的是,这种分类所列举的解释方法是极为有限的。例如,人们常讲的体系解释、历史解释、目的解释等,在刑法理论的通说中都没有地位。

---

〔43〕 [美]劳伦斯·索伦:《法理词汇》,王凌皞译,中国政法大学出版社 2010 年版,第 186 页。

〔44〕 [法]卡斯东·斯特法尼等:《法国刑法总论精义》,罗结珍译,中国政法大学出版社 1998 年,第 143 页。

〔45〕 在符合罪刑法定原则的前提下,当然可以进行灵活解释。在此意义上说,对刑法的解释应当采取严格解释与灵活解释相结合的态度。当然,所谓灵活解释,并不意味着可以违反罪刑法定原则。

〔46〕 [德]Claus Roxin:《德国刑事诉讼法》,吴丽琪译,台北三民书局 1998 年,第 145 页。

〔47〕 参见高铭暄、马克昌主编:《刑法学》,北京大学出版社、高等教育出版社 2016 年第 7 版,第 24 页。本书第三版也采取了这种分类(张明楷:《刑法学》,法律出版社 2007 年第 3 版,第 37 页以下)。

一种观点指出,如果进行形式的分类,解释方法主要有:平义解释、当然解释、扩大解释、缩小解释、类推解释与反对解释;如若进行实质分类,解释方法主要有:文理解释、体系解释、历史解释与目的解释。[48] 在明确区分形式分类与实质分类的意义上说,这种分类具有合理性。文理解释、体系解释、历史解释与目的解释,都是为特定的大前提的真实含义提供理由的解释方法。

还有一种观点认为,应当将解释方法分为解释的参照事项与条文的适用方法,法文自身的含义、条文之间的体系关联、立法者的意思、立法的历史背景、法律意思(即正义、事物的逻辑、解释的结果),属于解释的参照事项;平义解释(按文字字面含义适用)、宣言解释、扩张解释、缩小解释、反对解释、当然解释、类推、比附、反制定法的解释(变更解释或者补正解释),则属于条文的适用方法。相当清楚的是,在解释法规范时,可以同时参考法文自身的含义、条文之间的体系关联、立法者的意思、立法的历史背景等;但是,不可能同时采取平义解释、宣言解释、扩大解释、缩小解释等。换言之,在对一个法条(或法条用语)进行解释时,解释的参照事项是可以并用的,而条文的适用方法不可能并用,只能采用其中一种方法。[49]

本书借鉴上述观点,将解释方法中的平义解释、宣言解释、扩大解释、缩小解释、反对解释、类推解释、比附、补正解释等(即条文的适用方法),称为解释技巧;将解释方法中的文理解释、体系解释、历史解释、比较解释、目的(论)解释等(即解释的参照事项),称为解释理由。对一个刑法条文中的某个概念的解释,只能采用一种解释技巧,但采用哪一种解释技巧,取决于解释理由,而解释理由是可以多种多样的。例如,对刑法第 275 条的"毁坏"概念,不可能既作平义解释,又作扩大解释;也不可能既作平义解释,又作缩小解释;更不可能既作扩大解释,又作缩小解释。[50] 解释者采取其中哪一种解释技巧是需要解释理由来支撑的。不管人们是采取物理的毁坏说(物质的毁坏说),还是采取效用侵害说,抑或采取有形侵害说,都需要有解释理由。但是,解释理由不可能只有一种,也不可能仅限于文理解释、体系解释、历史解释与目的解释四种。除了目的解释外,也不可能要求在任何一方面都具有理由。亦即,任何解释都必须具有符合刑法目的的理由,但不一定具有体系解释、历史解释、比较解释等方面的理由。

由于刑法实行罪刑法定原则,对于上述解释理由与解释技巧有必要进一步分析。

首先,按照本书的观点,立法者的原意不是主要的解释理由(本书不赞成主观解释论),立法目的(法条的规范目的,亦即法益保护目的)则是具有决定性的理由(需要注意的是,即使法条文字没有变化,条文的目的也可能发生变化)。另一方面,除了文理解释、体系解释、历史解释、比较解释、目的解释外,还有其他诸多解释理由,只是没有形成特定的概念而已。例如,一种观点在理论上具有可取性,但是在司法实践中根本不可能得到应用时,就难以被采纳。要求解释结论具有可行性,可谓可行性解释或者可应用性解释,但理论上并没有形成这一概念。再如,某种解释可能具有充分的理论根据,但是,完全违背一般国民的直觉,也难以被采纳。解释结论符合一般国民的直觉(或是非感),是一种很

---

〔48〕 参见[日]井田良:《讲义刑法学・总论》,成文堂2008年,第51~52页。

〔49〕 参见[日]笹仓秀夫:《法解释讲义》,东京大学出版会2009年,第4页、第25页。

〔50〕 当然,不排除相对于不同情形的同一用语,分别采取不同的解释技巧。

好的解释理由,可谓直觉解释,但刑法理论基本上不使用这一概念。概言之,解释的理由是无限的,如“法律安定性、正义、结果评价、是非感、应用性、法律一致性”等,均可作为解释理由。[51] 形成了特定概念的解释理由,只是常用的理由而已。

其次,在法理学者所称的平义解释、宣言解释、扩大解释、缩小解释、当然解释、反对解释、类推解释、比附以及补正解释等解释技巧中,对被告人不利的类推解释、比附是罪刑法定原则所禁止的技巧,于是,称某种解释为类推解释或比附,就成为人们反对该解释的理由,或者说成为该解释不能被采纳的理由。当然解释,是指在所面临的案件缺乏可以适用的法条时,通过参照各种事项,从既有的法条获得指针,对案件适用既有法条的一种解释。当然解释有两种样态,就某种行为是否被允许而言,采取的是举重以明轻的判断;就某种行为是否被禁止而言,采取的是举轻以明重的判断(显然,当然解释是基于类比得出结论的)。但是,由于刑法实行罪刑法定原则,不得直接采取当然解释认定行为构成犯罪。换言之,在适用举轻以明重的解释原理进行当然解释时,也要求案件事实符合刑法规定的犯罪构成,而不能简单地以案件事实严重为由追究行为人的刑事责任。亦即,当然解释的结论,也必须能为刑法用语所包含。所以,在刑法解释中,当然解释主要是一种解释理由(可以包含在体系解释中)。[52]

最后,各种解释理由也可能形成相互冲突的结论,于是出现了解释理由的位阶关系问题。“在具体个案中,当数个解释方法分别导出对立的结论时,为了要决定应采哪一种解释,方法论长久以来都在努力试着订出各种解释方法间的抽象顺位,但是并没有成功。”[53] 本书并不认为体系解释、历史解释(沿革解释)、比较解释等解释理由具有决定性,而是认为目的解释具有决定性。但是,由于刑法实行罪刑法定原则,故文理解释也具有决定性。不过,目的解释的决定性与文理解释的决定性具有不同的含义。文理解释的决定性在于:所有的刑法解释,都要从法条的文理开始,而且不能超出刑法用语可能具有的含义;凡是超出刑法用语可能具有的含义的解释,都是违反罪刑法定原则的解释(有利于被告人的类推解释除外[54]),即使符合刑法条文的目的,也不能被采纳。目的解释的决定性在于:在对一个法条可以做出两种以上的解释结论时,只能采纳符合法条目的的解释结论。换言之,“正确的解释,必须永远同时符合法律的文言与法律的目的,仅仅满足其中一个标准是不够的”。[55] 此外的各种解释理由中,不存在一种解释理由优越于另一种解释理由的规则。

2. 解释理由

解释理由无穷无尽,以下仅就刑法解释中几种常见的解释理由进行探讨。

(1)文理解释

作为解释理由的文理解释,是指刑法用语可能具有的含义。文理解释之所以成为解

---

〔51〕 参见[德]亚图·考夫曼:《法律哲学》,刘幸义等译,台北五南图书出版有限公司2000年版,第47页。

〔52〕 罪刑法定原则并不禁止有利于被告人的类推解释。因此,在适用举重以明轻的解释原理,得出有利于被告人的解释结论时,则不需要当然解释的结论为刑法用语所包含。根据举重以明轻的原理得出的解释结论不能被刑法用语所包含时,其中的举重以明轻,则既是解释理由,也是解释技巧。

〔53〕 [德]Ingeborg Puppe:《法学思维小学堂》,蔡圣伟译,台北元照出版公司2010年版,第108页。

〔54〕 恳请读者注意,罪刑法定原则允许有利于被告人的类推解释,但这并不意味着法律存在疑问时必须做出有利于被告人的解释。

〔55〕 Claus Roxin, Strafrecht Allgemeiner Teil, Band I, 4. Aufl., C. H. Beck, 2006, S. 151.

释理由,是因为在刑法解释中,用语具有提供线索与限制意义两方面的机能:一方面,解释者从中发现了用语的含义;另一方面,不能做出其他解释,因而所做出的解释具有合理性。

当某个用语仅具有 A 含义时,做出符合 A 含义的解释,当然是一种理由,而且是一种重要理由。当某个用语具有 A、B 两个含义,但在刑法条文中不可能是 B 含义时,得出符合 A 含义的解释结论,就是一种重要理由。当某个用语具有 A、B 两个含义时,解释者做出符合 B 含义的解释(而不做出 C、D 含义的解释),也是一种理由,只不过解释者必须添加其他理由。当法条在表述某种含义时通常使用 A 用语,但在某法条中却使用了 B 用语时,即使在日常生活中,B 用语与 A 用语的含义相同或者相近,解释者对 B 用语做出不同于 A 用语的解释结论,同样是一种解释理由。作为解释理由的文理解释,还包含刑法条文为什么不使用某个概念,为什么添加某个概念的理由。当然,文理解释并非仅限于用语解释,在文理解释时,必然要考虑语法、标点符号、用语顺序等产生或决定的含义。

由于用语具有模糊性、多义性等特点,将文理解释作为解释理由,其说服力总是有限的。因此,"一切认为文义绝对优先于其他任何解释论据的解释理论的观点都是错误的"。[56]

(2)体系解释

一般来说,体系解释,是指根据刑法条文在整个刑法中的地位,联系相关法条的含义,阐明其规范意旨的解释方法。体系解释是一种非常重要的解释理由。从解释论上说,首先,"整体只能通过对其各部分的理解而理解,但是对其各部分的理解又只能通过对其整体的理解"。[57] 将刑法使用某种概念的所有条文进行比较,很容易确定这种概念的含义。因为"法律条文只有当它处于与它有关的所有条文的整体之中才显出其真正的含义,或它所出现的项目会明确该条文的真正含义。有时,把它与其他的条文——同一法令或同一法典的其他条款——一比较,其含义也就明确了"。[58] 其次,只有进行体系解释,才能妥当处理各种犯罪之间的关系,使此罪与彼罪之间保持协调。最后,面对一些所谓不明确的规定时,可以通过明确的规定来阐释不明确的规定。因为"对一个本文某一部分的诠释如果为同一本文的其他部分所证实的话,它就是可以接受的;如果不能,则应舍弃"。[59] 从实质上说,成文法是正义的文字表述。大体可以肯定的是,正义的基本要求是,对于"相同"的案件必须得到相同的或者至少是相似的处理,只要这些案件按照普遍的正义标准在事实上是"相同"或者相似的。所以,使刑法条文之间保持协调,使"相同"的犯罪得到相同的处理,就是正义的;否则就是非正义的。而要保持刑法的协调,就必须避免矛盾。概言之,体系解释意味着对刑法的解释不仅要避免刑法规范的矛盾,而且也要避免价值判断的矛盾。

要做好体系解释,需要特别注重以下几点:第一,体系解释并非仅要求解释结论在刑法范围内具有协调性(使刑法的所有条文之间保持协调),还要求解释结论具有合宪性。第二,必须以刑法总则规定为指导解释刑法分则。第三,遵守同类解释规则,对于刑法分

---

〔56〕[德]伯恩·魏德士:《法理学》,丁小春、吴越译,法律出版社 2003 年版,第 324 ~ 325 页。

〔57〕金克木:《比较文化论集》,生活·读书·新知三联书店 1984 年版,第 243 页。

〔58〕[法]亨利·莱维·布律尔:《法律社会学》,许钧译,上海人民出版社 1987 年版,第 70 页。

〔59〕奥古斯丁在《论基督教义》中所述,转引自[意]艾科等著:《诠释与过度诠释》,王宇根译,生活·读书·新知三联书店 1997 年版,第 78 页。其中的"本文"即是人们通常所称的"文本"。

则条文在列举具体要素之后使用的“等”、“其他”用语，要按照所列举的内容、性质进行解释。第四，必要时承认刑法用语的相对性。用语是为了达到一定的目的而在特定的语境下工作的，所以，使用该用语的目的不同、语境不同，用语的含义也就不同。第五，要以基本法条为中心，而不能以补充法条为中心做出解释。例如，不能因为刑法规定了强迫交易罪，就认为凡是有交易的行为都不成立抢劫罪（不能以强迫交易罪为中心解释抢劫罪）。第六，善于运用相关法条检验解释结论。一种心存疑虑的解释结论能够得到其他条文的印证时，大体上就可以消除疑虑；反之，就难以采纳这种解释结论。第七，善于运用当然解释检验解释结论。当然解释的方法，蕴含了在出罪时举重以明轻、在入罪时举轻以明重的当然道理。运用举重以明轻的规则时，要确定哪些与案件相关的行为在刑法上没有被规定为犯罪；然后，将刑法没有规定为犯罪的行为，与自己所面对的案件事实进行比较，判断孰轻孰重；再不断对犯罪构成进行解释，将面对的案件事实排除在犯罪之外。运用举轻以明重的规则时，不能简单地以案件事实重于刑法规定的犯罪为由以犯罪论处，必须判断案件事实是否符合刑法规定的犯罪成立条件。[60] 换言之，当然解释的结论，也必须能为刑法用语所包含。第八，要善于对案件进行类比。“类比在道德和法律论证中有重要的用途……在遵循基本的道德原则——相同的案件同等对待时，其基础就是在不同的案件之间作比较。例如有两个类似的案件：两个人在类似的条件下做出类似的行为，褒奖其中一个而贬损另外一个在道德上就是值得怀疑的。”[61] 对刑事案件的处理也是如此，解释者要善于类比案件事实的相同与不同。第九，要考察解释结论的适用后果。如果适用一种解释结论的后果会导致刑法不协调、非正义，就不能采取这种解释结论。适用后果的考察，不只是考察法益保护，还要考察自由保障。第十，注重法秩序的统一性。“‘体系’解释要将个别的法律观念放在整个法律秩序的框架当中，或者如萨维尼所说，在‘将所有法律制度和法律规范连接成为一个大统一体的内在关联’当中来考察。”[62] 例如，侵占罪的保护法益是所有权，如果不存在民法上的所有权，就不可能成立侵占罪。当然，在顾及法秩序的统一性时，也需要重视刑法的特殊性。

（3）历史解释

历史解释，是指根据制定刑法时的历史背景以及刑法发展的源流，阐明刑法条文真实含义的解释方法。在对刑法进行解释时经常使用的资料主要有，关于草案的说明，审议结果报告，立法机关的审议意见或者有关部门的意见，起草、审议、审查、讨论草案过程中各方面的意见等。[63] 此外，还需要考察立法时的相关背景与一般人的价值观念等。

进行历史解释，是为了通过历史参考资料寻找刑法的真实含义，而不是探讨立法原意，不可将历史解释与主观解释论混为一谈。进行历史解释，意味着要考虑法条在制定时的含义，但是，这并不意味着不得在适用时采纳新的含义，历史解释与同时代的解释是一种对立统一关系。进行历史解释，意味着要参考法条的来龙去脉等因素得出解释结论，但对某个概念的解释并非必须永远采用该概念在刑法史上的意图与含义。进行历史解释，

---

〔60〕 参见张明楷：“刑法学中的当然解释”，载《现代法学》2012 年第 4 期。

〔61〕 [美]布鲁克·诺埃尔·摩尔、理查德·帕克：《批判性思维》，朱素梅译，机械工业出版社 2012 年版，第 231 页。

〔62〕 [德]齐佩利乌斯：《法学方法论》，金振豹译，法律出版社 2009 年版，第 61 页。

〔63〕 参见郑永流：《法律方法阶梯》，北京大学出版社 2008 年版，第 167 页。

不仅包括考察现行刑法制定时的历史背景,还包括考察某个概念、某个法条的发展史,从而寻找该概念与法条的真实含义。我们所处的社会变幻莫测,作为一种解释理由的历史解释,其说服力相当有限。

(4)比较解释

在解释我国刑法的规定时,将外国的相关立法、理论与判例作为参考资料,借以阐明我国刑法规定的真实含义,是一种有效的解释方法(比较解释)。由于我国的刑法研究起步较晚,判例积累时间不长,在我国的刑法规定与外国的刑法规定相同的情况下,将外国的刑法理论与判例的解释结论作为一种解释理由,无疑具有一定的说服力。一概排除外国刑法理论与判例的做法,不利于正确了解本国刑法理论与刑事司法,[64]只能使自己的理论与做法更加封闭和落后。

在进行比较解释时,不可忽视中外刑法在实质、内容、体例上的差异,不能只看文字上的表述与犯罪的名称,而应注重规定某种犯罪的条文在刑法体系中的地位,从而了解相同用语在不同国家的刑法中所具有的不同含义。不能因为某种行为在国外属于刑法规定的A罪,而我国刑法没有规定A罪,便得出在我国"将某种行为认定为犯罪违反罪刑法定原则"的结论。另一方面,即使发现中外刑法在体例、表述上存在差异,也不意味着因为有差异而必然得出不同的结论。换言之,不能过分夸大不同规定、不同表述对解释结论的影响。事实上,比较解释会得出两种相反的解释结论:第一,对某个法条的解释应当借鉴国外的解释。要得出这一结论,除了需要法条的规定大体相同外,还需要国情、国民的价值观等对法条解释的影响不大。第二,对某个法条的解释不应当借鉴国外的解释。要得出这一结论,除了因为法条的规定有较大差异外,还因为国情、国民的价值观等的不同对法条解释的影响较大。

(5)目的解释

目的解释(或目的论解释),是指根据刑法规范的目的,阐明刑法条文真实含义的解释方法。与其他的法解释一样,在解释刑法时,必须考虑刑法最终要实现何种目的,进而做出符合该目的的合理的解释。在采用文理解释、历史解释、体系解释等解释理由不能得出唯一解释结论时,以及在采取上述解释理由提示了解释结论时,必须由目的解释来最终决定。如果说刑法解释与其他法解释有什么不同,也仅仅在于刑法的目的与其他法律的目的不同。[65] 在此意义上说,目的解释也未必是一种具体的解释理由,而可谓一种解释方向或解释规则。

进行目的解释时,并非仅仅考虑整体目的,而是既要考虑整体目的,也要考虑具体目的。因为仅考虑整体目的,不一定能够得出妥当结论;只有同时考虑具体目的,才能实现具体法条的目的。进行目的解释,意味着考虑文字背后的真实目的。任何一个刑法条文都是立法者在特定目的指导下形成的,但在时过境迁之后,即使法条文字没有任何变化,法条目的也可能已经改变。时过境迁之后的新的目的,是时过境迁之后的法律的真实含义的创造者。进行目的解释,意味着解释者在采用各种解释理由、使用不同解释技巧之

---

〔64〕 因为对自己的认识始于对别人的认识。不了解本国刑法理论与他国刑法理论的区别,就不可能真正了解本国刑法。

〔65〕 参见[日]町野朔:《刑法总论讲义案I》,信山社1995年第2版,第68页以下。

前,就有一个达到目的的预判,这种预判源于司法经验、法意识、正义感等。进行目的解释,意味着需要灵活运用不同的解释技巧。换言之,选择哪一种解释技巧,都必须由法条的目的来决定。

"犯罪是侵害法益的行为,刑罚法规是为了保护法益而存在的。刑法中的目的论解释,就是从为了以最适当的形式保护法益而应当怎么办的见地出发解释法律条文,即以保护法益为基准进行解释。"[66]但是,由于目的论解释是一种实质的解释,所以,必须注重遵循罪刑法定原则。一方面,进行目的解释时,不得超出刑法用语可能具有的含义,不得进行类推解释。另一方面,要适当考虑解释的一般可能性。由于扩大解释与类推解释并不存在绝对清晰的界限,所以,还应当以解释的一般可能性对目的论解释进行制约。亦即,对刑法的解释不只考虑该解释在特定案件中的可能性,还要考虑该解释在其他案件中的可能性。

3. 解释技巧

如前所述,平义解释、宣言解释、限制解释、扩大解释、类推解释、反对解释、补正解释等均属于解释技巧。对每个用语的解释,只能采用其中一种解释技巧。但是,类推解释是刑法禁止的解释方法。

(1)平义解释

平义解释一般是针对法律中的日常用语而言,即按照该用语最平白的字义进行解释。对专门的法律术语不会采取平义解释。例如,对于"战时"、"故意"等概念,只能按照刑法的解释性规定做出解释。

平义可以分为日常生活上的平义与法律上的平义,制定刑法时的平义与适用刑法时的平义。不过,对某个用语不采用日常生活上的平义,而采取法律上的平义时,或者不采取制定刑法时的平义而采用适用刑法时的平义时,常常意味着对该用语进行了扩大或者限制解释。

相对于其他解释技巧而言,平义解释是较为简单的。但显而易见的是,单纯对刑法条文做出平义解释,不可能得出妥当结论。在某种意义上说,如果对某个法条或者用语的平义解释结论是合理的,就意味着对该法条或者用语不需要解释。仅对法条或者用语进行平义解释,不可能揭示法条与用语的真实含义,只是一种"'草率的'或者'机械'法学"。[67] 主张根据普通百姓的观念决定盗窃与诈骗的区别,是一种常识性的错误。

(2)宣言解释

所谓宣言解释(die deklarative Interpretation),是指法文的含义不明确,或者对法文存在争议,或者以往对法文的解释不妥当时,解释者通过论理分析、体系解释、历史解释等,主体性地确定不明确的法文的含义,或者选择与以往不同的更为妥当的含义,或者对以往的解释进行修正的一种解释技巧。也可以认为,宣言解释就是对法文概念的再定义、对法文含义的再选择。因此,宣言解释依然是以文理解释为前提的。[68]

我国刑法学对刑法分则中许多概念的定义,形成于20世纪80年代初。当时刑法学

---

〔66〕［日］井田良:《讲义刑法学·总论》,有斐阁2008年版,第52～53页。

〔67〕［美］劳伦斯·索伦:《法理词汇》,王凌皞译,中国政法大学出版社2010年版,第223页。

〔68〕参见［日］笹仓秀夫:《法解释讲义》,东京大学出版会2009年版,第44页。

的研究基本上处于恢复阶段,在定义概念时,没有足够的案件事实,也未能借鉴国外的定义,故许多定义经不起推敲。三十多年过去了,原本应当对许多概念做出重新定义,但是,许多解释者对过去的定义依依不舍、念念不忘,甚至将过去的定义视为绝对真理、永恒原理,导致一些案件难以得到妥当处理。例如,关于盗窃的定义"秘密窃取公私财物",几十年来没有任何变化。可是,既然用"秘密"限定(修饰)窃取,就意味着窃取行为可以是公开的;既然秘密窃取构成盗窃罪,公开窃取就更能构成盗窃罪;况且,上述定义没有指出"窃取"的含义,只是盗窃的同义反复而已,并不是盗窃的定义。如果要重新解释(做出宣言解释),就应当对盗窃做出如下定义:以非法占有为目的,违反被害人的意志,将他人占有的财物转移给自己或者第三者占有的行为。

(3)限制解释

在法条的含义过于宽泛时,限制法文的文义,缩小法文外延的解释,是一种常用的解释技巧。由于刑法分则条文都是典型的罪刑规范,所以,限制解释一般意味着缩小处罚范围。于是,在应当做出而不做出限制解释的情况下,也会损害国民的预测可能性。

什么样的情形下应当进行限制解释?进行限制解释时限制到什么范围?对此问题的回答,既要考虑法条的法益保护目的,也要考虑国民的自由保障,还要考虑法条之间的协调关系等诸多因素。例如,刑法第 111 条规定了为境外窃取、刺探、收买、非法提供国家秘密、情报罪,如果仅按字面含义解释"情报",而不将其限制解释为"关系国家安全和利益、尚未公开或者依照有关规定不应公开的事项",则必然造成两个方面的后果:一方面,导致人们不敢与境外人员交流,过于限制人们的自由。另一方面,导致刑法保护了完全不值得保护的东西。再如,如果不将刑法第 301 条第 1 款的聚众淫乱限制解释为具有一定公然性的聚众淫乱,就导致刑法介入国民的道德生活领域,使伦理秩序成为刑法所保护的法益,也不利于保障国民的自由。

应当指出的是,对消极的构成要件要素和有利于被告人的减免处罚的适用条件作限制解释,可能(但不是必然)违反罪刑法定原则。例如,刑法第 389 条第 3 款规定:"因被勒索给予国家工作人员以财物,没有获得不正当利益的,不是行贿。"倘若将其中的"被勒索"限制解释为"遭受严重胁迫的勒索",或者将其中的"没有获得不正当利益"解释为"没有实际获取不正当利益,或者没有得到获取不正当利益的许诺",就会不当扩大处罚范围(本书认为,只能解释为"没有实际获取不正当利益")。但是,这并不意味着对轻罪的犯罪构成都不能作限制解释,更不意味着对轻罪的犯罪构成作限制解释就违反了罪刑法定原则。而且,对轻罪的犯罪构成作限制解释,也不意味着原本符合轻罪的犯罪构成的行为一定构成重罪。

在此,有两点值得注意:第一,如果对轻罪的犯罪构成作限制解释,导致原本属于轻罪的行为被归入重罪,则不一定符合罪刑法定原则。例如,倘若对危险驾驶作限制解释,导致部分危险驾驶行为被认定为以危险方法危害公共安全罪,就不合适。第二,为了限制犯罪的成立,在刑法规定的行为之前添加某种行为的,表面上限制了处罚范围,实际上可能扩大处罚范围。例如,倘若认为"贩卖"的通常含义是出售,那么,出售之前的购买行为充其量只是预备行为。然而,倘若将"贩卖"限制解释为购买并出售,那么,购买行为就可能成为符合构成要件的行为,因而可能成立未遂犯。所以,解释者要注意区分形式上的限制解释与实质上的限制解释。

(4)扩大解释

扩大解释,是指刑法条文的字面通常含义比刑法的真实含义窄,于是扩张字面含义,使其符合刑法的真实含义的解释技巧。例如,将刑法第341条中"出售",解释为"包括出卖和以营利为目的的加工利用行为",[69]便扩大了"出售"的含义,至少是一种扩大解释。

扩大解释是对用语通常含义的扩张,不能超出用语可能具有的含义;否则,属于违反罪刑法定原则的类推解释。应否做出扩大解释,还必须考虑处罚的必要性;对于一个行为而言,其处罚的必要性越大,将其解释为犯罪的可能性就越大,但如果行为离刑法用语核心含义的距离越远,则解释为犯罪的可能性就越小。换言之,"解释的实质的容许范围,与实质的正当性(处罚的必要性)成正比,与法文通常语义的距离成反比"。[70]

罪刑法定原则并不禁止扩大解释,但这并不意味着扩大解释的结论都符合罪刑法定原则。换言之,扩大解释方法本身并不违反罪刑法定原则,但其解释结论则可能与罪刑法定原则相抵触。因为不合理的扩大解释,也可能侵犯国民的自由。在此意义上说,扩大解释与类推解释的界限是相对的。换言之,违反罪刑法定原则的扩大解释,实际上是类推解释。另一方面,某些扩大解释虽然并不一定违反罪刑法定原则,但其结论也可能不具有合理性。所以,在扩大解释内部,也需要进一步区分合理的扩大解释与不合理的扩大解释。[71] 当然,由于类推解释与扩大解释之间的界限具有相对性,合理的扩大解释与不合理的扩大解释之间的区别也具有模糊性。

(5)反对解释

反对解释(或反向推论、反面推论)包括两种主要类型:第一,当存在甲与乙相反的情形时,根据刑法条文的正面表述,推导其反面含义;第二,当存在A与B两种类似的事实时,如果刑法仅就A事实做出了规定,那么,应当就B事实得出与A相反的结论。

第一种类型的反对解释只有在以下两种情况下才能采用:一是法条所确定的条件为法律效果的全部条件(充分必要条件);二是法条所确定的条件为法律效果的必要条件。例如,刑法第257条第1款规定了暴力干涉婚姻自由罪的构成要件与法定刑,第3款规定:"第一款罪,告诉的才处理。"据此,可以得出如下反对解释的结论:没有告诉的不得处理。再如,刑法第241条第6款规定:"收买被拐卖的妇女……按照被买妇女的意愿,不阻碍其返回原居住地的,可以从轻或者减轻处罚。"对此,可以得出如下反对解释的结论:收买被拐卖的妇女,阻碍其返回原居住地的,不得从轻与减轻处罚。反过来说,如果法条所确定的条件只是法律效果的充分条件,则不能进行反对解释。例如,刑法第241条第5款规定:"收买被拐卖的妇女、儿童又出卖的,依照本法第二百四十条的规定定罪处罚。"对此,不能做出如下反对解释:"单纯出卖妇女、儿童的,不得依照刑法第二百四十条的规定定罪处罚。"

第二种类型的反对解释实际上是与类推解释相反的一种解释技巧。例如,刑法第236条仅将妇女作为强奸罪的对象。在遇到女性使用胁迫方法与男性发生性关系的案件时,如果认定为强奸罪,就是类推解释;如果以刑法仅规定了妇女是强奸罪的对象为由,得

---

[69] 参见最高人民法院2000年11月27日《关于审理破坏野生动物资源刑事案件具体应用法律若干问题的解释》。当然,这种解释是否已经属于类推解释,还是值得研究的。

[70] [日]前田雅英:《刑法总论讲义》,东京大学出版会2015年第6版,第60页。

[71] 事实上,其他解释方法得出的结论也可能存在合理与不合理之分。

出对男性不成立强奸罪的结论,则是反对解释。

(6)补正解释

一般来说,补正解释,是指在刑法文字发生错误时,统观刑法全文加以补正,以阐明刑法真实含义的解释技巧。例如,认为刑法第 63 条中的“以下”不包括本数,则是补正解释。再如,刑法第 191 条第 1 款前段规定:“明知是毒品犯罪、黑社会性质的组织犯罪、恐怖活动犯罪、走私犯罪、贪污贿赂犯罪、破坏金融管理秩序犯罪、金融诈骗犯罪的所得及其产生的收益,为掩饰、隐瞒其来源和性质,有下列行为之一的,没收实施以上犯罪的所得及其产生的收益,处五年以下有期徒刑或者拘役,并处或者单处洗钱数额百分之五以上百分之二十以下罚金……”其中“没收”概念的使用,并不妥当。因为根据法律的一般原理以及刑法第 64 条的规定,对于贪污犯罪、金融诈骗犯罪的所得,应当及时返还被害人,而不能一律上缴国库。所以,对刑法第 191 条中的“没收”应当解释为没收或者返还被害人。不言而喻,补正解释必须符合立法目的与刑法的整体规定。所以,一般来说,补正解释只限于根据刑法的目的与相关规定,对使用不当的用语做出与刑法整体相协调的解释。〔72〕

从广义上说,对刑法条文的补正解释,还发生在对于犯罪性质的补正解释上。例如,德国旧刑法将非法侵入住宅罪规定在其刑法分则第七章“对公共秩序的重罪与轻罪”中;德国现行刑法也将非法侵入住宅罪规定在其刑法分则第七章“妨害公共秩序的犯罪”中。但是,德国刑法理论的通说认为,非法侵入住宅罪的法益是住宅权,属于对个人法益的犯罪。〔73〕 再如,在我国现行刑法典中,强迫他人吸毒罪、强迫卖淫罪、引诱幼女卖淫罪都属于对社会法益的犯罪,但完全有可能将这些犯罪补正解释为对个人法益的犯罪。当然,从我国解释现状来看,这些犯罪是属于对社会法益的犯罪还是对个人法益的犯罪,似乎对犯罪构成的解释并无大碍。但是,就某些犯罪而言,是否对犯罪性质进行补正解释,会对犯罪构成直接产生重要影响。

刑法学中的补正解释的核心在于“正”,而不是在于“补”,即刑法学中的补正解释的核心,在于纠正刑法的文字表述错误与体系安排错误,以阐明法条的真实含义,而不是将刑法没有明文规定的“犯罪”补充解释为犯罪,否则便违反罪刑法定原则。

---

〔72〕 根据刑法规定的犯罪构成及其关联性,增加不成文的构成要件要素时,一般不认为是补正解释。例如,“非法占有目的”是盗窃罪的不成文的主观要素,但不应认为这是一种补正解释。

〔73〕 参见张明楷:《法益初论》,中国政法大学出版社 2003 年修订版,第 443 页以下。

第二章　刑法的基本原则

第一节　刑法的基本原则概述

一、刑法基本原则的概念

刑法的基本原则,是指刑法本身所具有的,贯穿于刑法始终,必须得到普遍遵循的具有全局性、根本性的准则。刑法的基本原则是法治的基本原则在刑法中的具体表现,是各个部门法都必须遵循的共同准则在刑法中的特殊体现。但刑法的基本原则与法治的基本原则、共同准则又有明显区别。

首先,刑法基本原则应是刑法所特有的原则,而不是各个部门法所共有的原则。各个法律的特有原则与所有法律的共同原则,是个性与共性、特殊与一般的关系。既然是"刑法"的基本原则,理当是有别于其他法律原则的原则,也是有别于所有法律共同准则的原则。[1]

其次,刑法的基本原则必须是贯穿于刑法始终,具有全局性、根本性的准则。既然是刑法的"基本原则",就必须贯穿于全部刑法规范之中,并且是具有全局性、根本性的准则。如刑法规定的对未成年人与老年人犯罪从宽处罚的原则、累犯从重处罚的原则、数罪并罚的原则等,只是刑法的局部原则,而不是贯穿于全部刑法规范之中的全局性、根本性准则,因而不是刑法的基本原则。

最后,刑法的基本原则必须是刑法的制定、解释与适用都必须遵循的准则。既然是"刑法的基本原则",就必须是得到普遍遵循的准则,即不管是刑法的制定、还是刑法的解释与适用都必须遵循的准则。解释与适用刑法必须遵循刑法的基本原则,这是不言而喻的;但不要因为刑法的基本原则是刑法本身规定的,就认为它不制约刑法的制定。事实上,立法者在制定刑法时也遵循着刑法的基本原则。

二、刑法基本原则的确定

我国现行刑法明文规定了罪刑法定、平等适用刑法、罪刑相适应原则。罪刑法定原则将在下一节具体论述,平等适用刑法是法律面前人人平等的法律原则在刑法中的具体化,本书不展开具体论述。罪刑相适应原则(也可谓罪刑法定原则的内容)虽然对定罪有明显的制约作用,但更主要的是对量刑起指导作用,故本书在"刑罚的裁量"一章(第十三章)详细讨论。现在要讨论的是,除了刑法明文规定的基本原则外,是否还存在其他基本原则?

---

〔1〕 不过,在特殊情况下,即使是所有法律的共同准则,立法者也可能基于某种原因将其规定为刑法的基本原则。

在现行刑法颁布之前,刑法理论对刑法基本原则的归纳不完全统一。有的教科书将刑法的基本原则归纳为罪刑法定、罪刑相适应、罪责自负三个原则;[2]有的教科书在上述三个原则基础上增加了惩罚与教育相结合的原则;[3]有的教科书指出,刑法的基本原则是罪刑法定、罪刑相适应、主客观相一致、惩办与教育改造相结合四个原则;[4]有的教科书提出,刑法的基本原则是罪刑法定、惩办与宽大相结合、公民在法律面前一律平等、罪责自负不株连无辜四个原则;[5]如此等等。对刑法基本原则的概括不同,不仅反映出刑法理论上对刑法本身的认识不同,也反映出对一些原则之间的关系认识不同,还反映出刑法理论工作者的价值取向不完全相同。但可以肯定的是,刑法的基本原则,并不一定仅限于刑法明文规定的原则。

国外刑法理论一般将罪刑法定原则概括为刑法的基本原则,这不仅因为各国刑法都规定了罪刑法定原则,而且因为刑法的性质、特点决定了罪刑法定原则是刑法的根本原则。也有一些学者将罪刑法定、法益保护与责任主义概括为刑法的基本原则,与此相适应的是,成立犯罪要求行为符合刑法规定的构成要件(构成要件符合性)、行为侵害了法益(违法性)、行为人对符合构成要件的违法行为具有责任(有责性)。这是因为刑法的适用存在三大危险:其一,一旦发生引起人心冲动的案件,就产生强烈的处罚感情,而不顾刑法有无明确规定便予以处罚;其二,由于行为人的主观恶劣,而不管行为客观上是否侵犯了法益便予以处罚;其三,因为侵犯了法益,而不问行为人是否具有非难可能性便予以处罚。[6]

本书认为,除了刑法明文规定的基本原则外,法益保护与责任主义也是刑法的基本原则。如后所述(第四章),犯罪的实体是不法与责任,不法的本质是侵害法益(刑法的目的则是保护法益),责任是就不法行为对行为人的非难。与之相对应,法益保护与责任主义,应当成为刑法的基本原则。从刑法的规定来看,刑法总则第 1 条、第 2 条、第 13 条的规定,以及刑法分则条文的具体规定,共同体现了法益保护原则。刑法总则有关故意、过失、责任能力等规定标明了责任主义原则。

第二节 罪刑法定原则

一、罪刑法定原则的法律渊源

罪刑法定原则的基本含义是,“法无明文规定不为罪”、“法无明文规定不处罚”。

一般认为,从法律规定上看,罪刑法定原则的最先来源是 1215 年英王约翰签署的大宪章第 39 条的规定,即“对于任何自由人,不依同一身份的适当的裁判或国家的法律,不得逮捕、监禁、剥夺领地、剥夺法的保护或放逐出境,不得采取任何方法使之破产,不得施

[2] 参见杨春洗、杨敦先主编:《中国刑法论》,北京大学出版社 1994 年版,第 15 页以下。
[3] 参见高铭暄主编:《中国刑法学》,中国人民大学出版社 1989 年版,第 32 页以下。
[4] 参见苏惠渔主编:《刑法学》,中国政法大学出版社 1994 年版,第 31 页以下。
[5] 参见何秉松主编:《刑法教科书》,中国法制出版社 1995 年版,第 30 页以下。
[6] 参见[日]平野龙一:《刑法总论 I》,有斐阁 1972 年版,第 90 页。

加暴力,不得使其入狱。”这一规定奠定了“适当的法律程序”的思想基础。英国1628年的《权利请愿书》、1688年的《人身保护法》也从不同角度巩固了罪刑法定主义思想。上述思想后来在美国广为传播,美国的《权利宣言》及宪法都肯定了罪刑法定主义,并且在某些方面使罪刑法定原则具体化。不过,现代意义上的罪刑法定原则的法律渊源是法国1789年的《人权宣言》、1791年的《法国宪法》与1810年的《法国刑法典》。《人权宣言》第8条规定:“在绝对必要的刑罚之外不能制定法律,不依据犯罪行为前制定且颁布并付诸实施的法律,不得处罚任何人。”这一规定确立了罪刑法定原则的基本方向。1791年的《法国宪法》融入了这一精神。1810年的《法国刑法典》第4条进一步规定:“没有在犯罪行为时以明文规定刑罚的法律,对任何人不得处以违警罪、轻罪和重罪。”这个最早出现在刑法典中的条文,使罪刑法定原则从宪法中的宣言式规定转变为刑法中的实体性规定。受1810年《法国刑法典》的影响,大陆法系国家刑法典纷纷规定了罪刑法定原则。罪刑法定主义推动了法治原则的形成。

德国法治国思想的源泉是启蒙时代的见解;启蒙思想家几乎无一例外地是基于封建时代罪刑擅断、滥施刑罚、国民随时可能遭受不可预测的刑罚惩罚的事实,进而为了避免这种现象,使国民获得自由而提出了种种假设、设想与理由。罪刑擅断与刑罚滥用给国民造成的痛苦最为严厉;保障国民自由的前提,是实行罪刑法定,禁止罪刑擅断。没有罪刑法定原则的形成,就不可能有现代意义的法治概念。

罪刑法定主义促进了英国现代法治的形成。戴雪所提出的第一个法治原则,便是罪刑法定。根据戴雪的观点,没有罪刑法定原则,就不可能有法治。[7] 奉行罪刑法定主义几乎是19世纪所有文明国家的立国原则,实行罪刑法定原则是迈向法治的第一步,而且是最为重要、最为关键的一步。

罪刑法定原则被写进了国际条约,得到了国际法的承认。例如,《世界人权宣言》第11条第2款规定:“任何人的任何行为或不行为,在其发生时依国家法或国际法均不构成刑事罪者,不得被判犯有刑事罪。刑罚不得重于犯罪适用的法律规定。”《公民权利和政治权利国际公约》第15条第1款也作了几乎完全相同的规定。《关于战俘待遇之日内瓦公约》第99条第1款规定:“战俘之行为,在其犯此行为时,非为当时有效之拘留国法律或国际法所禁止者,不得因此而受审判或处刑。”从这些条约中可以清楚地认识到,规定罪刑法定都是为了防止罪刑擅断,使国民免受不可预测的刑罚惩罚,从而保障国民的自由。因此,这些条约在规定罪刑法定原则之前,都强调了人人有权享有生命、自由和人身安全;任何人不得施以酷刑,或施以残忍的、不人道的或侮辱性的刑罚。如果没有罪刑法定原则,国民就不可能享有人权,故罪刑法定是人权的最有力保障。

罪刑法定不仅是刑法原则,也是宪法原则。英国史学家亨利·哈兰德曾经将英国中世纪结束之时英国社会公认的宪法基本原则概括为5条,其中的第3条是:“除非根据法院的专门令状,不得逮捕任何臣民;被捕者必须迅速交付法庭审判。”这实际上是罪刑法定原则。丰德对于构成英国宪政基础的法治提出了五个原则:合法性原则、裁量限制原则、平等原则、特权禁止原则和罪刑法定原则。[8] 魏玛宪法第116条规定:“任何行为,只

---

〔7〕 参见[英]戴雪:《英宪精义》,雷宾南译,中国法制出版社2001年版,第232页以下。

〔8〕 参见陈新民:《德国公法学基础理论》(上册),山东人民出版社2001年版,第60页。

有当制定法事先已经规定了可罚性时,才能判处刑罚。”而这一规定,与德国1871年刑法典第2条关于罪刑法定原则的规定的表述基本相同。德国基本法第103条第2款也明文规定了罪刑法定原则。意大利宪法第25条第2款规定:“如果不是根据行为实施前生效的法律,不得对任何人进行处罚。”日本宪法第31条规定:“任何人非依法律所定程序,不得剥夺其生命或自由,或科以其他刑罚。”第39条规定:“任何人如其行为在实行时实属合法,或经认定无罪时,不得追究其刑事上之责任。”

二、罪刑法定原则的思想基础

罪刑法定原则沿革意义上的思想渊源,是三权分立思想与心理强制说。三权分立思想要求由立法机关制定刑法,由司法机关适用刑法;心理强制说要求事先明文规定犯罪及其法律后果,从而促使人们做出趋利避害的选择,以免实施犯罪行为。但是,三权分立的僵硬学说并不符合大陆法系各国的法制现状,不能说明罪刑法定原则的现实,没有为罪刑法定主义的基本内容提供依据;心理强制说的内容并不完全符合事实。[9] 现在一般认为,罪刑法定原则的思想基础主要是民主主义与尊重人权主义,或者说是民主与自由。

(一)民主主义

民主主义要求,国家的重大事务应由国民自己决定,各种法律应由国民自己制定。刑法的处罚范围与程度直接关系着每一个人的生命、身体、自由、财产与名誉,属于特别重大的事项。“在特别重大的问题上,公民继续保留其否决权:这属于人权与基本权利,可以被理解为民主的创造性存在(而非像在传统自由主义中被作为对民主的提防)。”[10] 所以,应当由国民决定什么行为是犯罪、对犯罪科处何种刑罚。但社会现实表明,不可能每一个人都是直接的立法者,国民不可能直接决定犯罪与刑罚;妥当的做法是由国民选举其代表组成立法机关,由立法机关制定刑法;由于立法机关代表国民的意志,故其制定的刑法也反映了国民的要求。刑法一经制定,便由司法机关适用,司法机关适用刑法的过程,也是实施国民意志的过程。这理所当然形成了罪刑法定主义中的法律主义(或成文法主义)。由于刑法是国民意志的体现,故司法机关不能随意解释刑法,尤其不能类推解释。又由于刑法是国民意志的体现,它要尽最大可能、最大限度地保护国民的利益,如果扩大处罚范围,就必然侵害国民的自由。这便要求禁止处罚不当罚的行为。正义与公平是国民的当然要求,立法机关根据国民意志制定的刑法,必须体现正义与公平。所以,刑法必须规定与犯罪相均衡的刑罚,同时禁止残酷的刑罚;而均衡的标准是同时代的一般人的价值观念。

(二)尊重人权主义

为了保障人权,不致阻碍国民的自由行动,不致使国民产生不安感,就必须使国民事先能够预测自己行为的性质与后果,必须事先明确规定犯罪与刑罚。因为当国民事先能够根据成文刑法预测自己的行为性质时,就不会因为不知道自己的行为是否会受到刑罚处罚而感到不安,也不会因为不知道自己的行为是否会受到刑罚制裁而不敢实施合法行为,从而导致行为萎缩的效果。在此意义上,尊重人权主义与使国民具有预测可能性(预测可能性原理)是一个含义。但是,国民对自己行为的性质与后果具有预测可能性的前

---

〔9〕 参见张明楷:《罪刑法定与刑法解释》,北京大学出版社2009年版,第6页以下。

〔10〕 [美]乔治·恩德勒等主编:《经济伦理学大辞典》,李兆雄、陈泽环译,上海人民出版社2001年版,第89页。

提是事先有成文法的规定，这便是法律主义；事后法不能使国民具有预测可能性，因此，必须禁止刑法溯及既往；如果在具有成文法的前提下实行类推解释，国民也不能预测自己的行为是否会被类推解释为犯罪，导致自由被侵犯，故必须禁止类推解释。刑法是裁判规范与行为规范，如果含混不清、模棱两可或者前后矛盾，法官就无法裁判，国民也因为不能预测自己行为的性质而左右为难，由此产生了刑罚法规的明确性原则。刑法是通过限制自由的手段来保护自由的，二者之间始终存在一个平衡问题，故刑法的处罚范围必须合理，否则便与刑法的宗旨相矛盾。

此外，一般预防与责任主义也能为罪刑法定提供思想基础。如果刑法追求一般预防的目的与效果，就必须在事前明确规定被禁止的行为，从而使人们不实施犯罪行为。所以，从一般预防原理可以引申出成文法主义、刑法的明确性、禁止溯及既往等内容。根据责任主义原理，刑罚以行为人具有非难可能性为条件；然而，只有当行为人在事前已经知道或者至少有机会知道自己的行为被刑法所禁止时，才能讨论行为人是否具有非难可能性。因此，责任主义要求事前明确规定被禁止的行为，也引申出罪刑法定主义的部分内容。

三、罪刑法定原则的基本内容

（一）概述

刑法第 3 条规定了罪刑法定原则："法律明文规定为犯罪行为的，依照法律定罪处刑；法律没有明文规定为犯罪行为的，不得定罪处刑。"这一规定具有历史的进步意义。本条后段无疑是罪刑法定原则的表述，问题是如何理解本条前段的规定。

一种观点认为，第 3 条前段规定了积极的罪刑法定原则，从而使我国的罪刑法定原则更为全面，既注重保护社会、打击犯罪，又注重保障人权，限制司法权，是罪刑法定原则的新发展。〔11〕 另一种观点则认为，第 3 条前段完全是画蛇添足，应当删除。〔12〕

前一种观点存在疑问，换言之，不应当存在所谓积极的罪刑法定原则。首先，罪刑法定原则的产生与发展的进程表明，该原则起先旨在限制司法机关的入罪权、施刑权，〔13〕后来又包括了限制立法机关的制刑权。然而，第 3 条前段的规定，并不是限制司法机关与立法机关的入罪权、施刑权与制刑权，故与罪刑法定原则没有关联。其次，从实质上说，限制司法机关与立法机关的入罪权、施刑权与制刑权，是为了保障行为人的自由。换言之，罪刑法定原则旨在对适用刑法保护法益进行制约，而第 3 条前段的内容显然不是如此。最后，刑法的存在本身就是为了惩罚犯罪、预防犯罪。倘若认为"法律明文规定为犯罪行为的，依照法律定罪处刑"是罪刑法定原则的内容，这便意味着只要有刑法就存在罪刑法定原则。这既不符合事实，也违背逻辑。

后一种观点与论证方法也有明显缺陷。既然论者认为第 3 条前段缺乏人权保障的意蕴，不符合罪刑法定原则的宗旨，就不要认为第 3 条前段是对罪刑法定原则的规定。可是，后一种观点一方面承认第 3 条前段是对积极的罪刑法定原则的规定，另一方面又否认这种规定的合理性。这无异于先将第 3 条前段做出有缺陷的解释，然后再进行批判，其解

---

〔11〕 参见何秉松主编：《刑法教科书》（上卷），中国法制出版社 2000 年版，第 63 页以下。

〔12〕 刘艳红："刑法的目的与犯罪论的实质化"，载《环球法律评论》2008 年第 1 期。

〔13〕 人们通常所说的"限制司法权"，就是指限制司法机关的入罪权、施刑权。

释方法并不可取。换言之,既然解释者认为第 3 条前段的内容不应当成为罪刑法定原则的内容,就不要将其解释为罪刑法定原则的内容。诚然,第 3 条后段是关于罪刑法定原则的规定,但这并不意味着其前段必然是对罪刑法定原则的规定。一个条款规定两个意思的现象十分普遍,反之,两个条款表达一个意思的现象也不罕见(其实,刑法第 12 条也规定了罪刑法定原则的内容)。

在本书看来,刑法第 3 条后段虽然是对罪刑法定原则的规定,但其前段并不是对罪刑法定原则的规定(不是所谓积极的罪刑法定原则),而是针对我国刑法分则的特点,为了防止司法人员随意出罪所做的规定。易言之,第 3 条前段旨在突出刑法的法益保护机能(或原则),后段则旨在突出刑法的人权保障机能。我们也不必指责第 3 条规定了两个不同的内容。一方面,保护法益的机能应当受到限制,人权保障机能也不能绝对无条件地优于法益保护机能,故刑法的法益保护机能与人权保障机能总是存在冲突,第 3 条要求司法机关对二者进行调和,在充分权衡利弊的基础上,使两个机能得到充分发挥。另一方面,总体来说,第 3 条旨在限制司法权,只不过前段与后段所限制的内容不同而已。总之,刑法第 3 条后段是关于罪刑法定原则的规定。

一般来说,可以将罪刑法定原则的具体内容分为"形式的侧面"与"实质的侧面"。法律主义、禁止事后法、禁止类推解释、禁止不定(期)刑,是罪刑法定原则的传统内容,被称为"形式的侧面"。形式侧面的思想渊源是三权分立与心理强制说,这两个思想渊源基本上主张议会至上,旨在限制司法权。即只要法院严格执行议会制定的法律,人们的自由就有了保障。这正是形式法治的观点。形式侧面并未过时,相反仍然特别重要。实质的侧面包括两个方面的内容:一是刑罚法规的明确性原则;二是刑罚法规内容的适正的原则。后者又包含两个方面的要求:禁止处罚不当罚的行为;禁止不均衡的、残虐的刑罚。实质的侧面主要在于限制立法权,反对恶法亦法,是实质法治的表现。实质法治不仅强调所有人都在法律之下,而且主张以实在法之外的标准衡量和检测法律,寻求法律的实质合理性。[14] 罪刑法定原则的实质侧面,正是为了寻求刑法的实质合理性,旨在使刑法尊重个人自由、实现社会公平,不仅限制司法权而且限制立法权,从而实现实质的法治。

但是,形式侧面与实质侧面的区分具有相对性。罪刑法定原则是刑法的生命,其内容与要求会随着时代的进步而发展。在议会至上的时代,罪刑法定原则只是强调对司法权的限制。后来人们意识到,立法机关可能不当限制国民的自由,立法权也必须受到限制。一方面,原本旨在限制司法权的原则,现在也成为限制立法权的原则(如禁止溯及既往、禁止类推解释)。另一方面,罪刑法定原则发展出实质的侧面,明确性原则与刑罚法规内容适正的原则,成为罪刑法定原则中限制立法权的重要内容。现在,我们进一步意识到,明确性并不只是限制立法权,同样限制司法权。因为如果不在刑事司法中贯彻明确性原则,同样会侵害国民的自由,甚至在适用刑法的名义下造成后果更严重、范围更宽泛的侵害。正因为如此,本书以下一并讨论罪刑法定原则的具体内容。

(二)法律主义——成文的罪刑法定

罪刑法定原则所要求的法律主义,是指规定犯罪及其后果的法律必须是成文的法律;

---

〔14〕 参见高鸿钧:"现代西方法治的冲突与整合",载高鸿钧主编:《清华法治论衡》(第 1 辑),清华大学出版社 2000 年版,第 29 页以下。

法官只能根据成文法律定罪量刑。其具体要求是:规定犯罪及其后果的法律只能是立法机关制定的法律,故行政机关不能制定刑法;规定犯罪及其后果的法律必须由本国通用的文字表述;习惯法不得作为刑法的渊源;判例也不得作为刑法的渊源。这几点密切联系,虽易于理解,也存在疑问。

1. 行政法规能否制定罚则?

不少国家的宪法规定,当法律委任行政法规制定罚则(指刑罚)时,行政法规可以在其范围内制定罚则。根据我国宪法及有关法律规定,行政机关所制定的行政法规,不能设立刑罚;与此同时,我国立法机关也没有委任行政机关制定刑法规范;那些类似行政刑法规范的规定,也只能被理解为:行政执法机关遇到行政犯罪案件时,必须交由司法机关处理。在这一点上,我国严格遵循了罪刑法定原则的要求。

2. 习惯法能否成为刑法的渊源?

本来,在一定范围内,习惯法最能体现民意。但是,在当今社会,不管是根据民主主义还是根据预测可能性的原理,都必须排斥习惯法。习惯法形成于社会生活简单、价值单一的时代,在社会复杂化、价值多元化的当下,习惯法作为刑法的法源已不可能;习惯法通常缺乏明确表达,人们难以据此预测自己的行为性质与后果;习惯法通常适用于狭窄限定的各类人和关系范畴而不是极其普遍的各阶级,因此不具有一般性;习惯法也不可能被归纳为一套规则,使之法典化则意味着令其面目全非。[15] 最为关键的是,习惯法的上述特点,决定了它难以起到限制司法权力的作用。"刑法比其他法的领域更需要法的安定性,因为只有成文法才能保证法的安定性,故此每部现代刑法典都将刑法完全浇注为成文法的形式。"[16]

习惯法虽然不能成为刑法的渊源,但仍然是人们在解释犯罪构成要件和判断违法性、有责性时必须考虑的因素。另一方面,当存在有利于行为人的习惯法,行为人以习惯法为根据实施行为时,可能以行为人缺乏违法性认识的可能性为由,排除犯罪的成立。

3. 判例法能否、应否成为刑法的渊源?

法治在刑法领域表现为罪刑法定原则。一个没有实行罪刑法定原则的国家,不可能是法治国家。因为法治的任何含义、价值,都可以在罪刑法定原则的思想基础、具体内容中找到表现形式。罪刑法定原则,要求司法机关只能根据已经公布的刑法定罪量刑。但是,在同样实行法治的国家,理论上与实践上对其中的"刑法"理解不同、要求不同。[17]

法学界有许多人士倡议将判例作为法源即确立判例法。如有人建议:要建立以成文法为主、以判例为辅的具有中国特色的法律体系。[18] 刑法规定了罪刑法定原则,也必然遗漏了一些犯罪,故仍然存在这样的问题:怎样处理新出现的"犯罪行为"? 有的学者主张实行刑事判例制度来解决。[19] 显然,主张采取刑事判例法的学者,其观点的视角并不是判例法所具有的预测可能性与对司法权力的限制,而是对成文刑法漏洞的补充。

在中国推行刑事判例法,意味着同时将成文刑法与刑事判例作为刑法法源。但难以

〔15〕 参见[美]昂格尔:《现代社会中的法律》,吴玉章、周汉华译,中国政法大学出版社1994年版,第44页。

〔16〕 [德]古斯塔夫·拉德布鲁赫:《法律智慧警句集》,舒国滢译,中国法制出版社2001年版,第38页。

〔17〕 参见张明楷:"法治、罪刑法定与刑事判例法",载《法学》2000年第6期。

〔18〕 参见武树臣:"论判例在我国法制建设中的地位",载《法学》1986年第6期。

〔19〕 参见张文:"刑法学研究的几个热点问题",载《法学研究》1997年第5期。

看出这样会使成文刑法与刑事判例形成优势互补、弊害互克的格局。相反,在两种法源同时存在的情况下,成文刑法仍然可能被随意解释,判例法的非民主性、溯及既往等缺陷各自独立地存在,因而同时表现出来。因为判例法充其量只能填补刑法的空白或漏洞,而不能弥补成文刑法的其他缺陷,但判例法本身所具有的非民主性与溯及既往的缺陷,无论如何也不能由共存的成文刑法来克服。概言之,判例法实际上是法院公然立法,只不过立法的方式、法律表达方式不同而已。这彻底违反了民主主义原理,当然也违背了罪刑法定原则。

现在,"两高"开始采用案例指导制度。对于"两高"发布的指导性案例,各级法院与检察院在办理类似案件时应当参照。但是,这种做法只不过是当前盛行的司法解释的另一种表述,而不是将判例(指导性案例)作为刑法的渊源。

(三)禁止溯及既往——事前的罪刑法定

适用事后法,使刑法溯及既往,意味着国民必须遵守行为时根本不存在的"法律",这令人不可思议。由于适用刑法的效果通常导致严厉的刑罚,故与其他部门法相比,刑法对事后法的禁止极为严格。

在古代制度中,法主要基于习惯,具有静态特征;即使颁布了新的法律,也不过是习惯法的成文化。因此,法律溯及既往并不损害国民的预测可能性。只是到了18世纪,法律在时间上的冲突问题才以一个崭新的和决定性的意义出现,它与国民基本权利的保护以及国民针对权力的法律安定性等相关联。18世纪后期的宪法,均禁止立法者颁布溯及既往的法律。1789年法国大革命的结果,导致有必要强调法律不溯及既往的观念,所以法国1792年宪法规定:"任何法律,刑事的或民事的,均不得有追溯效力。"由此看来,法律在时间上的承接问题,已经成为政治哲学与法哲学问题。[20]

禁止溯及既往是保障国民自由的要求。因为国民总是根据现行有效的法律计划和实施自己的行为;在这种情况下,国民之所以是自由的,是因为能够知道现行有效的法律内容,完全可以在法律允许的范围内自由行事。国民绝不可能预见到立法机关在其行为后会制定何种法律,故不可能根据行为后的法律安排现在的行为。如果现在的合法行为,会被将来的法律宣告为非法,进而给予制裁,国民就没有丝毫自由可言。正因为禁止事后法是为了保障国民自由,所以,禁止事后法只是禁止不利于被告人的溯及既往,如果新法有利于被告人,则可以溯及既往适用新法。更有甚者,在新法处罚较轻或者不处罚的情况下,对原来根据旧法所作的判决也必须改判为较轻的刑罚或者宣告无罪。[21] 这是为了使刑罚的处罚范围降低到最低限度,从而扩大国民的自由。

禁止溯及既往(禁止事后法)原则也源于法律的机能。法律一方面具有安定的机能,另一方面又具有推动或塑造的机能。法律在保障社会生活的延续,保障国民的权利和正当期盼的同时,能够使所建立的秩序与社会演变相适应,甚至在特定意义上来促进这种演变。国民相信法律规范的真实性,并将其生活计划置于刑法中,实施法律所允许实施的行为,不实施法律所禁止实施的行为;于是,法律规范起到了指引、促进或者决定人们行为的

---

〔20〕 参见马沙度:《法律及正当论题导论》,黄清薇、杜慧芳译,澳门大学法学院、澳门基金会1998年版,第173页以下。

〔21〕 参见西班牙刑法第2条。

作用。显然,法律规范不可能在其付诸生效之前指引、指示人们的行为。如果法律规范溯及既往,人们对法律规范的正当期盼的失落,会导致对法律规范失去信心,进而摧毁法的社会机能。

禁止溯及既往既是司法原则,也是立法原则。因为刑法适用上的溯及既往与刑事立法上的溯及既往都会损害国民的预测可能性、侵犯国民自由;即使新法一般优于旧法,但旧法也是适应当时社会的法律,不可认为新法能适应以往时代的需要。

根据预测可能性的原理,下列做法违反禁止事后法的原则:(1)对行为时并未禁止的行为科处刑罚;(2)对行为时虽有法律禁止但并未以刑罚禁止(未规定法定刑)的行为科处刑罚;(3)事后减少犯罪构成要件或者降低犯罪成立条件而增加犯罪可能性;(4)事后提高法定刑或者加重刑罚内容;(5)事后增加或者加重保安处分或非刑罚处罚;(6)事后将自诉罪变更为公诉罪;(7)事后延长追诉时效;(8)改变刑事证据规则,事后允许以较少或较简单的证据作为定罪根据。

（四）禁止类推解释——严格的罪刑法定

多数学者认为,禁止类推解释是罪刑法定原则的一个内容。类推解释,是指需要判断的具体事实与法律规定的构成要件基本相似时,将后者的法律效果适用于前者。形式侧面的禁止类推解释,是禁止一切类推解释。因为类推解释导致刑法的规定适用于相似的情况,然而,只要两种现象之间存在相同之处,人们就可以说它们具有相似性。于是,任何行为都可能与刑法规定的行为相似,都有被定罪量刑的危险。

禁止类推解释既可以由民主主义解释,也可以由预测可能性解释,还可以由责任主义解释。刑法是由文字表述的,在解释刑法时,只能在法条文字可能具有的含义内进行解释;同时,由于刑法本身有自己的体系,故在确定文字含义时,应当在维持刑法整体含义的前提下进行解释。如果可以类推解释,则意味着成文刑法丧失了意义。

刑法通过其文字形成规范从而指引、指示人们的行为;或者说,国民通过刑法用语了解刑法禁止什么行为。在了解的过程中,国民当然会想到用语可能具有的含义;因此,在用语可能具有的含义内做出解释,就不会损害其预测可能性;如果将国民根据刑法用语所预想不到的事项解释为刑法用语所包含的事项,就超出了国民的预测可能性,从而导致国民实施原本不认为是犯罪的行为却受到了刑罚处罚。所以,类推解释的结论,必然导致国民不能预测自己的行为性质后果,要么造成行为的萎缩,要么造成国民在不能预见的情况下受刑罚处罚。

禁止类推解释原本只是从形式侧面提出的要求,意在禁止对刑法做出任何类推解释。但是,如果同时从形式法治与实质法治出发,对类推解释应当作两个方面的补充与发展。第一,不仅应禁止类推解释,而且应禁止一切违反民主主义、违反预测可能性的不合理解释。解释方法无穷无尽,但可以肯定的是,类推解释从方法上来说,就是应当禁止的;对于其他解释方法,只能从其解释理由与结论上判断是否违反罪刑法定原则。第二,类推解释的要求经历了由禁止一切类推解释发展到只是禁止不利于被告人的类推解释的过程。之所以允许有利于被告人的类推,是因为刑法中存在一些有利于被告人的规定;而这些规定因为文字表述以及立法疏漏的缘故,按照其文字含义适用时会造成不公平现象。所以,允许有利于被告人的类推解释,正是为了克服形式侧面的缺陷,实现刑法的正义。[22]

(五)处罚的明确性——明确的罪刑法定

将明确性作为罪刑法定原则实质的侧面,源于美国的“因不明确而无效”的理论。美国联邦最高法院于1914年认定法律“因不明确而无效”是一项宪法原则。[23] 此后,该理论也得到了其他国家的确认。联邦德国巴伐利亚州的宪法法院于1952年明确宣布,处罚违反“公共秩序”的行为的法律不具有明确性而无效。此后,德国联邦法院于1969年5月14日明确表述了“必须使任何人都能够预测对何种行为规定了何种刑罚”的原则。[24] 日本的最高裁判所1975年9月10日的判决肯定了明确性原则,并且指出:“某种刑罚法规是否因为含混、不明确而违反宪法第31条导致无效,应当根据具有通常判断能力的一般人的理解,在具体场合能否判断某行为是否适用该法规为基准来决定。”[25]“明确性要求的首要根据在于,只有当人民代表的法意志明确地表现在条文中,从而排除法官做出主观擅断的判决时,法律保留才能发挥充分的效果。”[26]换言之,明确性是限制国家权力、保障国民自由的基本要求。法治的主张者们几乎无一例外地提出,明确性是一项法治原则。但可以肯定的是,任何部门法理论都没有像刑法理论这样强调法律的明确性,在此意义上说,罪刑法定主义的明确性要求,是对法治的明确性原则的最突出贡献。

明确性原本是针对刑事立法而言,但本书认为,处罚的明确性包括刑事立法的明确性与刑事司法的明确性。

1.禁止绝对不定(期)刑

法定刑必须有特定的刑种与刑度(法定刑的明确性)。如果刑法分则条文宣布禁止某种行为,但没有对该行为规定刑罚后果,根据“没有法定的刑罚就没有犯罪”(Nullum crimen sine poena legali)的原则,该行为便不是犯罪。所以,不同时代的刑法通常都对犯罪规定了特定的刑种与刑度。所不同的是,在一段时间内,西方一些国家的刑法(如1791年的《法国刑法典》)规定了绝对确定的法定刑,使法官没有裁量的余地。从表面上看,刑法规定绝对确定的法定刑,有利于保障人权。但事实上,任何一种具体的犯罪都可能具有不同的情节、不同的罪行程度以及不同的特殊预防必要性,而绝对确定的法定刑只能以该种犯罪的平均罪行程度为根据予以确定,故反而侵害那些情节轻微、特殊预防必要性小的部分犯罪人的自由。所以,现代各国的刑法都规定了相对确定的法定刑。[27] 相对确定的

[22] 例如,刑法第389条第3款规定:“因被勒索给予国家工作人员以财物,没有获得不正当利益的,不是行贿。”反过来说,只有当因勒索给予国家工作人员以财物,且获得了不正当利益时,才成立行贿罪。但是,刑法第164条在规定对非国家工作人员行贿罪时,没有做出类似规定。可以肯定的是,对非国家工作人员行贿罪的不法程度轻于行贿罪。既然如此,就没有理由认为,因被勒索给予非国家工作人员以财物,即使没有获得不正当利益的,也成立对非国家工作人员行贿罪。要为这种实质的解释寻找法律根据,就必须类推适用刑法第389条第3款。换言之,刑法第389条第3款的规定,应当类推适用于对非国家工作人员行贿的情形(参见张明楷:《罪刑法定与刑法解释》,北京大学出版社2009年版,第113页以下)。

[23] 参见[日]芝原邦尔:《刑法的社会机能》,有斐阁1973年版,第157页以下。

[24] 参见[日]川端博等:“罪刑法定主义的问题状况”,载《现代刑事法》2001年第11期。

[25] 日本《最高裁判所刑事判例集》第29卷第8号,第489页。

[26] H. Jescheck/T. Weigend, Lehrbuch des Strafrechts: Allgemeiner Teil, 5. Aufl., Duncker & Humblot, 1996, S. 136.

[27] 我国刑法分则采用了相对确定的法定刑,但对部分犯罪没有规定相对确定的罚金数额,这一点并不完全符合罪刑法定原则的要求。

法定刑,一方面限制了法官自由裁量的权力,另一方面也有利于实现罪刑相适应原则,因而符合法治的要求。

法官不仅应当以相对确定刑为依据裁量刑罚,而且必须做出具体的裁量,即必须宣告具体的刑罚(宣告刑的明确性),而不能宣告不定期刑。

2. 犯罪构成的明确性

犯罪构成(犯罪成立条件)的明确性,"表示这样一种基本要求:规定犯罪的法律条文必须清楚明确,使人能确切了解违法行为的内容,准确地确定犯罪行为与非犯罪行为的范围,以保障该规范没有明文规定的行为不会成为该规范适用的对象"。[28]

如果犯罪构成不明确,就不具有预测可能性的功能,国民在行为前仍然不明白其行为是否构成犯罪,于是造成国民行动萎缩的效果,因而限制了国民的自由。而且,随着社会的复杂化,法定犯(行政犯)日益增多,不明确的犯罪构成对国民预测可能性的侵害便越来越严重。不仅如此,不明确的犯罪构成还为国家机关恣意侵犯国民的自由找到了形式上的法律根据,所以,不明确的犯罪构成更容易侵犯国民自由,因而违反法治原则。在此意义上说,"没有法律就没有刑罚的原则的真正危险并非来自于类推,而是来自于不确定的刑法规定"。[29]

不过,犯罪构成的明确性只是一种相对的要求,要求刑法明确到无须解释的程度只是一种幻想。事实上,"法律使用明确的概念的情形,而且真正明确的,不需要解释、也根本不能解释的只是数字概念(18 岁)"。[30] 即使是数字概念,也存在如何起算的问题。解释刑法就是为了使刑法明确,所以,实现刑法的明确性是刑事立法、刑事司法与刑法理论的共同任务。

3. 刑事司法的明确性

(1) 司法解释与指导性案例的明确性

在国外,"法院所做的一切就叫判决;立法机关所做的就是立法"。[31] 但我国法院所做的一切并非都是判决。最高人民法院并不是以自己的判决指导下级法院,而是往返于立法与司法之间,既要直接适用刑法,又要对立法机关制定的刑法进行解释。最高人民检察院也不例外。换言之,我国最高司法机关一直以司法解释指导下级司法机关。司法解释事实上成为司法机关制定的法律。司法解释不同于判决,而是规范性文件,甚至采用了与刑法条文一样的表述方式,并且具有法律效力。所以,从裁判规范的角度来说,如果司法解释不明确,必然会使下级刑事司法机关产生困惑。从行为规范的角度来说,国民可能通过阅读司法解释了解相关行为性质,从而决定是否实施相关行为。所以,如果司法解释不明确,也可能导致国民无所适从。既然如此,司法解释就必须具有明确性。司法解释不得导致司法人员对其内容朝着相反的方向理解,不得导致司法人员难以或者不能确定其基本含义,不得导致司法人员无法确定其用语的涵摄范围。基于同样的理由,指导性案例的裁判要点与裁判理由也必须一致并且明确。

---

〔28〕[意]杜里奥·帕多瓦尼:《意大利刑法学原理》,陈忠林译,法律出版社 1998 年版,第 24 页。

〔29〕H. Welzel, Das deutsche Strafrecht. Eine systematische Darstellung, 11. Aufl., Walter de Gruyter & Co., 1969, S. 23.

〔30〕Arthur Kaufmann, Rechtsphilosophie, C. H. Beck, 1997. S. 70.

〔31〕[美]邓肯·肯尼迪:《判决的批判》,王家国译,法律出版社 2012 年版,第 4 页。

(2)判决书与起诉书的明确性

刑法虽然具有行为规范的一面,但刑法不是针对一般人制定的。“在对真实没有偏见的观点看来,我们不能说法律是对市民发布的,如果真要如此,那么就要完全不一样的去形塑法律,它必须更具体,并且要具有民俗性的,它必须是用日常语言的说法来表达出来,他不应该是用非常有限的表述方式来规定的。而且,它必须被说明被教授。”〔32〕事实上,一般人并不直接阅读刑法条文,而是通过起诉书、判决书(包括刑事裁定书)了解刑法内容。“法律不是靠明确的条文来表现,而是在一个个案件的判决中清晰地展示出来。”〔33〕这虽然是普通法规则,但同样适用于成文法。日本学者指出:“法就是观念上已经固定的存在,对其正确理解的判决是法的具体化。”〔34〕德国学者也认为,“大部分的法律都是经过不断的司法裁判过程才具体化,才获得最后清晰的形象,然后才能适用于个案,许多法条事实上是借裁判才成为现行法的一部分”。〔35〕刑法只有运用到现实生活中才具有意义。判决书、起诉书是对刑法的活生生的解读,解读得越明确,刑法的内容就越容易被一般人理解,刑法就越能发挥一般预防的作用。所以,判决书与起诉书不仅需要具有合法性、合理性,而且还必须具有明确性。〔36〕判决书必须实现事实描述的明确性、适用法条的明确性与裁判说理的明确性;起诉书必须做到指控事实明确与适用法条明确。〔37〕

(六)处罚的适正性——适正的罪刑法定

1. 禁止处罚不当罚的行为

犯罪构成要件的明确性,不意味着处罚范围的合理性。倘若刑法规定:“除本人住宅以外,在有三人以上的场所吸烟的,处一年以下有期徒刑。”我们虽不能否认其明确性,但它并没有实现刑罚法规内容的适正性要求。犯罪与刑罚确实由立法机关规定,但是,这并不意味着立法机关可以随心所欲地确定犯罪的范围。禁止处罚不当罚的行为,就是指刑罚法规只能将具有处罚根据或者说值得科处刑罚的行为规定为犯罪,从而限制立法权,进而限制司法权。本来,立法机关不将应当科处刑罚的行为规定为犯罪也是错误的,但由于人们对立法机关的不信任导致所担心的是立法对自由的侵犯,再加上将应当科处刑罚的行为不规定为犯罪的情况比较罕见,所以,刑法理论通常强调的是禁止处罚不当罚的行为。

法治并不意味着一切琐细之事均由法律处理,更不意味着琐细之事由刑法处理。法律排斥过剩的、矛盾的和不适当的规定。现代社会越来越复杂,人际交往越来越频繁,如果人们的一举一动都由法律来制约,必然造成法律条文过剩、自相矛盾和不适当。就法律体系而言,国家有许许多多的部门法,如果每一个部门法都能在其领域内充分地保护法益,刑法则没有存在的余地;反之,只有在部门法不能充分保护法益时才需要刑法。这既造成了刑法保护的法益范围的广泛性,也导致了刑法的补充性,使刑法成为其他法律的保

---

〔32〕[德]亚图·考夫曼:《法律哲学》,刘幸义等译,台北五南图书出版公司2000年版,第119页。

〔33〕[美]安东尼·刘易斯:《言论的边界》,徐爽译,法律出版社2010年版,第3页。

〔34〕[日]平野龙一:“刑法解释中的判例与学说”,黎宏译,载《国家检察官学院学报》2015年第1期。

〔35〕[德]卡尔·拉伦茨:《法学方法论》,陈爱娥译,商务印书馆2003年版,第20页。

〔36〕德国联邦宪法法院禁止判决做出一个使构成要件界限变得模糊不清或者不明确的解释。Vgl., C. Roxin, Strafrecht Allgenmeiner Teil, Band I, 4. Aufl., C. H. Beck, 2006, S. 176.

〔37〕参见张明楷:“明确性原则在刑事司法中的贯彻”,载《吉林大学社会科学学报》2015年第4期。

障。因此,刑法不可能理会琐细之事。就刑法特征而言,刑法所规定的法律后果,在具有积极作用的同时,也存在明显的消极作用,如果适用范围过宽,则不仅削弱积极效果,而且有害于国家与国民。所以,能够不使用刑罚,而以其他手段也能达到保护法益的目的时,则务必放弃刑罚手段。况且,适用刑法的代价十分昂贵,对违法行为尽量适用其他法律,对国家与个人都会利多弊少。

刑法虽然保护和扩大自由,但它必须通过限制自由的手段来保护和扩大自由。如果仅从限制自由的手段来考虑,每一部法律都是一种罪恶,因为每一部法律都是对自由的限制。刑法理会的事项过于宽泛的结局,必然是过大地限制国民的自由,会造成国民的激愤。刑罚的威慑力大于其他法律后果,国民希望重大的违法行为由刑罚来处罚,于是形成了刑罚的信用。但如果处处适用刑罚,就会降低刑罚的信用。国家要运用各种手段管理社会,国家的威信来源于处理各种事项的妥当性;而处理各种事项的妥当性既取决于目的的正当性,也取决于手段的正当性。如果对各种事项不分轻重地动用刑法,就会损伤国家的威信。所以,控制刑法的处罚范围,不只是刑法理论问题,而且是刑事政策问题。

但是,不能走向另一极端,以为刑法的处罚范围越窄越好。盲目实行"非犯罪化",并不具有合理性。国外刑法规定的处罚范围相当广,特别是行政刑法的处罚范围几乎漫无边际,故有实行"非犯罪化"的必要。根据中国的现实情况,现行刑法与其后的刑法修正案增加了许多新的犯罪。这种有限的犯罪化具有实质的合理性。(1)行为是否侵害法益以及侵害的程度,总是随着社会的变化而变化。由于形势的变化,当某种行为对法益的侵害性已经达到了值得科处刑罚的程度时,就需要将其规定为犯罪;反之,就需要将其非犯罪化。据此,犯罪化与非犯罪化都应以行为性质、客观危害的变化为根据,没有一个国家一直实行非犯罪化,也没有一个国家一直实行犯罪化。(2)现行刑法与其后的刑法修正案虽然增加了许多犯罪,但是,一方面,所增加的犯罪都是严重侵害法益的行为;另一方面,由于立法经验不足,对许多犯罪没有类型化,只是作了异常具体的规定;如果稍作类型化,许多新罪都可以合并为一种犯罪行为。(3)即使现行刑法与后来的刑法修正案增加了一些犯罪,但也还有许多应当和值得科处刑罚的行为未能规定为犯罪,如背任罪(背信罪)、强制罪、胁迫罪等典型的刑事犯罪,在现行刑法中也未见诸于条文。此外,我国刑法中还存在不少无效的犯罪化,亦即,刑法虽然增设了不少新罪,但由于各种原因,其中的部分新罪几乎没有在刑事司法出现。

2. 禁止不均衡的、残虐的刑罚

禁止不均衡的刑罚,是罪刑法定原则的重要内容。[38] 罪刑均衡的朴素表现是以眼还眼、以牙还牙,但这种表现不能被普遍化。在目前,"所要求的并不是某一犯罪和对这种犯罪的惩罚之间的那种完美适应的关系。而是对不同犯罪的惩罚应当在罚与罪的标度或标准上'相当'于相应的犯罪的恶或严重性"。[39] 而且,禁止不均衡的刑罚,旨在禁止轻罪重判。由于刑罚的轻重既取决于罪行的轻重,也取决于预防的必要性大小,故重罪也可能被轻判。

要禁止不均衡的刑罚,就必然反对残虐的刑罚。残虐的刑罚,是指以不必要的精神、

---

〔38〕 虽然我国现行刑法将罪刑相适应原则独立于罪刑法定原则之外,但后者事实上可以包含前者。
〔39〕 [英]哈特:《惩罚与责任》,王勇等译,华夏出版社1989年版,第155页。

肉体的痛苦为内容,在人道上被认为是残酷的刑罚。既然是不必要的和残酷的,那么,它相对于任何犯罪而言都必然是不均衡的。刑罚处罚程度由重到轻,是历史发展的进步表现与必然结果;轻刑化是历史发展的必然趋势。

然而,这并不意味着应该或者可以超越时代实行轻刑化。使犯罪人受剥夺性痛苦是刑罚的惩罚性质与内在属性。恶有恶报、善有善报的朴素正义观念决定了没有痛苦内容的措施在任何时代都不可能成为刑罚。对于刑罚的痛苦程度,应以本国国民的物质、精神生活水平以及社会的平均价值观念为标准进行衡量。[40]

四、罪刑法定原则的具体实现

罪刑法定原则的法定化,并不等同于罪刑法定原则的现实化。要展现罪刑法定原则的思想基础、实现罪刑法定原则的基本内容,还需要刑法理论工作者与司法工作人员付出巨大努力。另一方面,也不能因为刑法规定了罪刑法定原则,而不敢解释刑法。下面就四个问题略作说明。

(一)罪刑法定与实质解释

实质解释,主要是针对构成要件的解释而言,对其基本内容(或要求)可归纳为如下三点:第一,对构成要件的解释必须以法条的保护法益为指导,而不能仅停留在法条的字面含义上。换言之,解释一个犯罪的构成要件,首先必须明确该犯罪的保护法益,然后在刑法用语可能具有的含义内确定构成要件的具体内容。第二,犯罪的实体是不法与责任,构成要件是违法类型。所以,对构成要件的解释,必须使行为的违法性达到值得科处刑罚的程度,必须将符合构成要件的字面含义、实质上不具有可罚性的行为排除于构成要件之外。第三,当某种行为并不处于刑法用语的核心含义之内,但具有处罚的必要性与合理性时,应当在符合罪刑法定原则的前提下,对刑法用语作扩大解释。质言之,在遵循罪刑法定原则的前提下,可以做出不利于被告人的扩大解释,从而实现处罚的妥当性。

一些人习惯于认为,实质解释就是类推解释,违反了罪刑法定原则。其实,实质解释论并非主张超出构成要件的范围进行实质的考虑。在实行罪刑法定主义的时代,恐怕没有人会主张罪刑擅断。断言实质解释违反罪刑法定原则,或许出于偏见,也许基于误解。

罪刑法定原则意味着法无明文规定不为罪、法无明文规定不处罚。因此,不属于刑法明文规定的行为,即便其法益侵害再严重,也不可能科处刑罚。这便涉及刑法漏洞问题。可以肯定的是,真正的刑法漏洞是不可能通过解释来填补的。换言之,即使某个行为值得科处刑罚,但只要刑法没有明文规定,就必须得出无罪结论。不管是形式解释论者还是实质解释论者,在这一点上不会有区别。问题在于,如何判断是否存在真正的漏洞?可否通过类推解释以外的解释方法填补虚假的漏洞?在本书看来,只有通过类推方法才能填补的漏洞,才是真正的漏洞。没有疑问的是,刑法不可能没有漏洞;可以肯定的是,这种漏洞只能由立法机关通过修改刑法来填补。例如,刑法没有规定公然猥亵罪,倘若认为公然猥亵行为值得科处刑罚,就必须修改刑法增加此罪。

但是,为了实现刑法的正义,必须在不违反罪刑法定原则的前提下,尽可能减少和避免刑法的漏洞。换言之,应当在法定形式范围之内,将值得科处刑罚的行为合理地解释为

---

〔40〕 例如,在国民根本没有机动车的年代,不可能想象将"禁止驾驶"作为刑罚方法;但在国民普遍拥有机动车的当下,立法机关则可以考虑将"禁止驾驶"作为刑罚方法(附加刑)。

犯罪。在本书看来,可以通过类推解释以外的各种解释方法来填补的"漏洞",都不是真正的漏洞。例如,组织男性向不特定男性提供有偿性服务的行为,当然属于组织他人卖淫,不能认为刑法有漏洞。因为对刑法必须做出同时代的解释,否则就意味着活人必须生活在死人的统治下,这是不可思议的。再如,刑法第 247 条将以暴力"逼取证人证言"的行为规定为犯罪。问题是,对使用暴力逼取被害人陈述的行为,能否适用本规定?形式解释论者认为,应当由立法填补漏洞更好。可是,一方面,此条并无真正的漏洞,完全可以通过扩大解释,将被害人解释为证人、将被害人陈述解释为证人证言来解决。[41] 解释者不必在心中想象出一部理想的、完备的刑法典;不要以为,只要刑法制定得好,就可以凭借平义解释处理所有案件,于是以自己心中想象的那部理想的、完备的刑法典为依据处理现实案件。因为不可能存在一部完美的刑法典,在实行依法治国的时代,解释者只能将现行有效的刑法典作为法律依据处理现实案件。

还有人认为,实质解释就是单纯根据行为的社会危害性认定犯罪,因而违反罪刑法定原则。其实,实质的解释主要是就刑法规定的构成要件进行实质解释,而不是单纯对案件事实进行实质判断;如果缺乏构成要件的规定,或者说,如果刑法没有对某种行为设置构成要件,当然不可能通过实质解释将其认定为犯罪。不仅如此,实质解释(第一、二点内容)还会将一些符合构成要件字面含义的行为排除在犯罪之外。

不可否认,从逻辑上说,与形式解释论相比,实质解释论的第三点内容,似乎容易扩大处罚范围。因为构成要件大多表现为积极表述的构成要件,故对构成要件作扩大解释,一般会得出对行为人不利的结论。但是,作为一种解释方法,扩大解释本身并不被罪刑法定原则所禁止。至于如何区分类推解释与扩大解释,则是刑法学永恒的课题。只要没有超出刑法用语可能具有的含义,只要行为具有处罚的合理性与必要性,即使是不利于被告人的扩大解释结论,也是可以采纳的。反之,扩大解释、平义解释的结论也并非都是合理的;在某些场合,不作限制解释就会得出不合理结论。此外,扩大处罚范围,并不等于违反罪刑法定原则。一方面,是否违反罪刑法定原则,要根据是否类推解释、是否适用事后法等具体内容予以确定;只要某种行为属于符合构成要件的不法且有责的行为,将其认定为犯罪,就不会违反罪刑法定原则。另一方面,处罚范围并非越窄越好,而是越合适越好;只有不当扩大处罚范围,才会违反罪刑法定原则。

就某个具体条文或具体案件而言,经常出现有罪与无罪、重罪与轻罪的争论,这是很正常的现象。对构成要件的解释或判断存在分歧时,争论各方应就争议的具体焦点本身展开讨论。不深入讨论条文与案件的具体焦点问题,仅抽象地从是否违反罪刑法定原则、是否滥用权力、是否破坏法治的角度进行讨论,就不可能得出合理结论。例如,能否将养老院、孤儿院管理者遗弃老人、孤儿的行为认定为遗弃罪,需要就遗弃罪的法益、"扶养义务"的来源、"拒不扶养"的含义等具体问题展开讨论。在争论具体问题时,主张无罪、罪轻的人不能简单地用"违反罪刑法定原则"反对主张有罪、罪重的观点。

(二)罪刑法定与类推解释

一般认为,罪刑法定原则并不禁止扩大解释,但如何厘定扩大解释与类推解释的界限,则是一个难题。(1)从用语含义上说,扩大解释所得出的结论,没有超出刑法用语可

[41] 不应强求刑法用语必须与刑事诉讼法的用语一致。

能具有的含义,即在刑法文义的"射程"之内进行解释;而类推解释所得出的结论,超出了用语可能具有的含义,即在刑法文义的"射程"之外进行解释。"可能具有的含义",是指依一般语言用法,或者立法者标准的语言用法,该用语还能够指称的意义。[42] (2)从概念的相互关系说,扩大解释时没有提升概念的阶位;而类推解释是将所要解释的概念提升到更上位的概念做出的解释。[43] (3)从着重点上说,扩大解释着眼于刑法规范本身,仍然是对规范的逻辑解释;类推解释着眼于刑法规范之外的事实,是对事实的比较。(4)从论理方法上说,扩大解释是扩张性地划定刑法的某个概念,使应受处罚的行为包含在该概念中;类推解释则是认识到某行为不是刑法处罚的对象,而以该行为与刑法规定的相似行为具有同等的恶害性为由,将其作为处罚对象。(5)从实质上而言,一般而言,扩大解释的结论在公民预测可能性之内;类推解释则超出了公民预测可能性的范围。

尽管如此,类推解释与扩大解释的界限仍然是不确定的。同一种解释,有人觉得是类推解释,有人则认为是扩大解释。本书的基本观点如下:(1)某种解释是否属于类推解释,在考虑用语可能具有的含义的同时,还要考虑处罚的必要性。处罚的必要性越大,将其解释为犯罪的可能性就越大,这种解释被认定为类推解释的可能性就越小。当然,无论如何不能超出刑法用语可能具有的含义。(2)某种解释是否属于类推解释,在考虑用语在该条文中可能具有的含义的同时,还要考虑该用语与相关条文的关系。解释结论与刑法的相关条文的内容以及刑法的整体精神相协调时,一般不宜认定为类推解释。(3)某种解释是否属于类推解释,在考虑一般人能否接受该解释的同时,还要考虑犯罪的类型。例如,对有关自然犯的法条的解释的扩大程度与范围可以略为缓和、宽泛;对于有关法定犯的法条的解释则相反。(4)判断某种解释是扩大解释还是类推解释,在考虑用语的基本含义的同时,还要考虑相关法条的保护法益。保护法益不同,对构成要件的解释就不同。所以,虽然分则的两个条文对行为对象使用了相同的概念,但是,倘若两个条文所保护的法益不同,则完全可能对这种相同的概念做出不同的解释。(5)某种解释是否属于类推解释,在考虑本国刑法规定的同时,还要考虑本国刑法规定与外国刑法规定的区别。例如,德国、日本刑法严格区分了财物与财产性利益,将财产性利益解释为财物无疑属于类推解释。但在我国,刑法未作此区分,故有可能将财产性利益解释为财物。换言之,不能以德国、日本刑法中的财物不包括财产性利益为由,主张我国刑法中的财物也不包括财产性利益。(6)某种解释是否属于类推解释,在考虑用语现有含义的同时,还要考虑用语的发展趋势。如果解释结论符合用语的发展趋势,一般不宜认定为类推解释。例如,将电子邮件解释为刑法第252条与第253条中的"信件"、"邮件",就不是类推解释。(7)判断某种解释是扩大解释还是类推,不能仅考虑某个用语在其他法律中的基本含义,还要考虑该用语在刑法中应有的含义。我国刑法分则所规定的犯罪不限于自然犯,而是广泛地包括了法定犯。法定犯大多是因为违反行政法、经济法等法律,造成严重后果或者具有严重情节而成立的。于是,法定犯的成立以行为违反行政法、经济法等法律为前提。但是,不能轻易认为,只要对刑法分则所使用的概念做出与行政法、经济法不同的解释,就属于违

---

〔42〕 参见[德]Karl Larenz:《法学方法论》,陈爱娥译,台北五南图书出版公司1996年版,第227页。

〔43〕 例如,妇女与男士均属于"人",所以,"人"是妇女与男士的上位概念。所以,如果将刑法第236条和第237条中的"妇女"解释为"他人",就提升了"妇女"概念的阶位,属于类推解释。

反罪刑法定原则的类推解释。(8)判断某种解释是扩大解释还是类推解释,不仅要考虑用语可能具有的含义,而且要考虑一般国民的接受程度。某种解释结论让一般国民感到特别意外时,常常表明该解释结论超出了国民的预测可能性,可能属于类推解释。但是,也不能认为,凡是国民接受的解释就不是类推解释。例如,国民普遍使用"语言暴力"、"冷暴力"概念,但是,如果认为刑法分则中的"暴力"包括"语言暴力"与"冷暴力",则必然是类推解释。由此可见,不能一概以概念的日常口语含义作为区分扩大解释与类推解释的标准。

总之,某种解释是类推解释还是扩大解释,并不是单纯的用语含义问题。换言之,某种解释是否被罪刑法定原则所禁止,要通过权衡刑法条文的目的、行为的处罚必要性、国民的预测可能性、刑法条文的协调性、解释结论与用语核心含义的距离等诸多方面得出结论。在许多情况下,甚至不是用语的问题,而是如何考量法条目的与行为性质,如何平衡法益保护机能与人权保障机能的问题。此外,扩大解释与类推解释没有固定不变的界限。以前属于类推解释的,以后可能属于扩大解释,或者相反。相对于此条文属于类推解释的,相对于彼条文可能属于扩大解释。

司法工作人员一方面要善于解释刑法,不能因为刑法规定了罪刑法定原则,就仅对刑法条文作字面解释;另一方面也要杜绝类推思维。当前,类推思维主要表现为整体思维,即不具体分析某种行为是否符合刑法规定的犯罪构成,而仅从整体上考察该行为的危害程度进而判断是否成立犯罪。这是缺乏罪刑法定主义观念的表现。

(三)罪刑法定与判断方法

定罪不是一个标准的三段论的推理过程。第一,在三段论的推理过程中,大前提是固定的,但在定罪时,作为法律规范的大前提的含义并不固定不变,因为法律的基本含义是在社会生活中不断发现的,是通过审理案件发现的。第二,在三段论的推理过程中,小前提也是清楚明白的,但在定罪时,作为小前提的案件事实,具有多个侧面、多重属性,对之可以做出多种归纳与判断。第三,在三段论的推理过程中,结论是最后形成的,但在定罪时,往往会出现先有结论(预判),后寻找大前提(所谓三段论的倒置)的情况。

但是,大体而言,定罪也是一个三段论的推理过程。"从形式逻辑规则的观点来看,对法律案件的决定是根据三段论法做出的,其中法律规范是大前提,案件的情况是小前提,案件的决定是结论。把案件的决定看做是按照三段论法的规则得出的结论,对于彻底确立法制原则具有重要的意义,法制的实质就在于使所有主体的行为符合法律规范的要求。而在法的适用方面,只有当适用法的机关准确地和正确地把法律规范适用于一定的具体情况,即按照三段论法的规则决定法律案件时,才能出现这种相符合的情况。"[44]因此,我们在判断犯罪构成符合性时,应当以法定的犯罪构成为大前提,以具体的事实为小前提,从而得出正确结论。具体地说,法官必须把应当判决的、具体的个案与规定犯罪构成、法定刑升格条件的刑法规范联系起来;刑法规范与案件事实是法官思维的两个界限;法官要从案件到规范,从规范到案件,对二者进行比较、分析、权衡。对于案件事实,要以可能适用的刑法规范为指导进行分析;反之,对于刑法规范,要通过特定个案或者案件类型进行解释;刑法规范与案件事实的比较者就是事物的本质、规范的目的,正是在这一点

---

〔44〕［苏］C. C. 阿列克谢耶夫:《法的一般理论》(下册),黄良平、丁文琪译,法律出版社1991年版,第729页。

上,形成犯罪构成与案例事实的彼此对应。也就是说,一方面要将案件事实向刑法规范拉近,另一方面要将刑法规范向案件事实拉近。

根据罪刑法定原则,必须先有大前提,然后才审视现实中的某种行为是否构成犯罪,这样便限制了司法权力。司法机关总是被动的,只有发现某种行为符合刑法规定时才适用刑法;如果事先随意确定各种行为的性质,再将其与刑法规定相对照,则可以做到"想入罪便入罪,想出罪即出罪",必然不利于限制司法权力,因而与罪刑法定原则的精神相抵触。例如,当判断者想将某种行为认定为抢劫罪时,他便可以进行如下推理:该行为是抢劫行为,我国刑法规定了抢劫罪,所以对该行为应当以抢劫罪定罪处刑;又如,当判断者欲将某种行为认定为受贿罪时,他就能够进行如下推理:该行为是受贿行为,我国刑法规定了受贿罪,所以对该行为应当以受贿罪论处。反之亦然。例如,当判断者不想将某抢劫行为认定为抢劫罪时,他便可以进行如下推理:该行为是一种强制行为,我国刑法没有规定强制罪,所以对该行为不得定罪处刑;当判断者不愿将溺婴行为认定为故意杀人罪时,他就能够进行如下推理:该行为属于溺婴行为,我国刑法没有规定溺婴罪,所以对该行为不得定罪处刑。

刑法理论上也曾出现过这种现象。例如,在发生了所谓单位盗窃的案件时,人们常说:这是单位盗窃,但刑法没有规定单位可以成为盗窃罪的主体,只能宣告无罪。于是认为有罪结论违反罪刑法定原则。其实,这种逻辑推理并不成立。正确的做法是,在遇到所谓单位盗窃的案件时,首先明确盗窃罪的犯罪构成,然后判断案件事实是否符合该犯罪构成,再得出是否构成犯罪的结论。如果按照这个顺序判断,所谓单位盗窃的案件事实就完全符合盗窃罪的犯罪构成,对其中的有关自然人,应以盗窃罪追究刑事责任。[45]

再如,不少人将利用诉讼程序骗取他人财物的行为归纳为恶意诉讼,然后以刑法没有规定恶意诉讼罪为由,得出该行为不构成诈骗罪的结论。于是认为,相反观点违反罪刑法定原则。然而,正确的做法应当是,在遇到这类案件时,首先明确诈骗罪的犯罪构成,然后判断这种行为是否符合该犯罪构成,再得出是否构成诈骗罪的结论。如果按照这个顺序判断,这类案件就完全符合诈骗罪的犯罪构成,并不违反罪刑法定原则。

又如,将已满 14 周岁不满 16 周岁的人在绑架过程中故意杀人的行为认定为故意杀人罪,并不违反罪刑法定原则。绑架过程中的故意杀人行为完全符合刑法第 232 条规定的故意杀人罪的犯罪构成,认定其行为构成故意杀人罪,并不缺少任何构成事实,相反舍弃了过剩的绑架部分。而且在判断已满 14 周岁不满 16 周岁的人是否负刑事责任时,首先要将刑法第 17 条第 2 款规定的 8 种犯罪的犯罪构成作为大前提,然后将他们实施的具体行为作为小前提,再得出是否构成犯罪的结论。当已满 14 周岁不满 16 周岁的人单独或者共同绑架他人并故意杀害他人时,司法机关应当将故意杀人罪的犯罪构成作为大前提,然后将这一事实作为小前提,再得出结论。这样的判断结论必然是成立故意杀人罪,而且不违反罪刑法定原则。

接下来需要说明的是,三段论的倒置并不违反罪刑法定原则。"在探求的过程中,法学家也经常会从答案出发。这就是推理的倒置。""在实践中,一旦事实得到确证,法律规

---

〔45〕 盗窃罪中的非法占有目的,并不限于以行为人本人非法占有为目的,而是包括以使第三者非法占有为目的,其中的"第三者"当然包含单位。

则的适用通常是差不多自动的。司法三段论也就决定着解决方案。当事实和法律因素不确定时,法官就常常会从他直觉地认为公平的解决方案出发,只是到了司法决定的形式起草阶段才使用三段论推理。我们可以称之为倒置的三段论,'上升式的'或'逆退式的'三段论。此时法官就会运用其选择前提的自由,以使制作出能够证明已定结论的三段论。"[46] 换言之,司法工作人员面对案件时,即使先得出有罪结论(也可谓一种假设、一种预判),再寻找适用的刑法条文,并且使案件事实与刑法条文规定的犯罪构成相对应,也完全符合罪刑法定原则。这是因为,三段论的大前提和小前提往往并不表现为既定的因素,而是需要认真探索、发现。在探索的过程中,司法人员必然从事实出发来寻找恰当的规则,然后又回到具体案件中来检验二者是否一致。换言之,"法官首先凭直觉找到结果,然后形成这一结果的逻辑理由。这本身就是一种心理现象,并不奇怪。法律秩序意在促进和法官经由其职业活动十分熟悉的所有目标,可能已成为其本身天性的一部分。他成功地找到了一个理性结果,而没有事先向自己表明所有的论点,这些论点可以通过演绎推理,就结果给出理由或使结果合法化"。[47] 例如,就众所周知的许霆案而言,[48] 法学家与法官都完全可能在知道案件事实真相之后,先凭借自己经过训练的直觉得出其行为构成盗窃罪的结论(或假设),然后再论证案件事实与盗窃罪的犯罪构成的符合性。甚至可能出现这样的现象:法学家与法官在找到适用的刑法条文之前,凭直觉认为许霆的行为肯定构成犯罪,至于构成什么犯罪,需要对相关法条所规定的犯罪构成进行再探索、再发现,从而使案件事实与特定的犯罪构成相符合。这些做法都很正常,并不违反罪刑法定原则。当然,倘若在查清事实之后,先得出有罪结论(或假定),后来没有寻找到可能适用的刑法条文,却依然定罪处刑,则违反了罪刑法定原则。同样,如果为了维护有罪结论,而歪曲法条的规范意义或者歪曲事实,也是违反罪刑法定原则的。

（四）罪刑法定与择一认定

择一认定,是指虽然不能确信被告人实施了某一特定犯罪行为,但能够确信被告人肯定实施了另一处罚较轻的犯罪行为时,可以认定另一犯罪的成立。例如,警察在被告人的住处查获一辆被盗的车辆。已经确定,被告人如果不是自己盗窃了该车,就必然是故意窝藏他人犯罪所得。倘若赞成择一认定,则应认定被告人构成赃物犯罪。再如,被害人被违章车辆撞死,现场留下了肇事车辆的油漆,也有人记住了肇事车辆的车牌号,警察找到了该车,但该车被车主擦掉了车上的血迹,修补了车上的痕迹,并将车辆涂上了其他颜色的油漆。虽然可以肯定该车为肇事车辆,但车主拒不承认自己驾驶了该车,也拒不说明谁驾驶了该车。显然,如果车主没有触犯交通肇事罪,就触犯了帮助毁灭证据罪。如果赞成择一认定,则应认定车主的行为构成帮助毁灭证据罪。

择一认定是否违反罪刑法定原则,在国外刑法理论上存在争议。禁止说认为,罪刑法定原则要求对犯罪构成要件符合性进行个别的、具体的、独立的判断,而不是综合的判断;

---

〔46〕 [法]雅克·盖斯旦、吉勒·古博:《法国民法总论》,陈鹏等译,法律出版社2004年版,第41页。

〔47〕 [挪威]斯坦因·U.拉尔森主编:《社会科学理论与方法》,任晓等译,上海人民出版社2002年版,第304页。

〔48〕 2006年4月21日晚10时,许霆来到天河区黄埔大道某银行的ATM机取款。取出1000元后,许霆发现银行卡账户里只被扣了1元,于是连续取款5.4万元。当晚,许霆回到住处,将此事告诉了同伴郭某某。两人随即再次前往ATM机提款,之后反复操作多次。经警方查实,许霆先后取款171笔,合计17.5万元;郭某某取款1.8万元。事后,二人携赃款潜逃。

在择一认定的场合,并没有证明行为人的行为究竟符合何罪的构成要件;所以,择一认定的做法违反了罪刑法定原则。允许说则认为,既然已经证明行为人实施了其中一罪,排除了无罪的可能性,就可以按照轻罪处罚。[49] 本书赞成允许说。罪刑法定原则的宗旨在于禁止将法无明文规定的行为认定为犯罪,但在择一认定的场合,已经排除了无罪的可能性,只是涉及认定为轻罪还是重罪的问题。按照存疑时有利于被告人的原则,应当认定为轻罪。换言之,认定为轻罪并没有加重被告人的刑罚负担,相反可能减轻了被告人的刑罚负担。

当然,进行择一认定是有条件的:(1)必须充分证实被告人肯定实施了两种行为之一,即被告人的行为要么构成此罪,要么构成彼罪,二者处于非此即彼的关系。(2)与上一点相联系,能够排除对较轻犯罪的合理怀疑,或者说,只存在对二者做出选择的可能性。如果具有无罪的可能性,则不能做出择一的有罪判决。例如,行为人持有他人被盗的物品。在没有其他证据的情况下,不能择一认定为赃物犯罪。因为既然没有其他证据,就表明有三种可能性:一是盗窃了他人财物;二是明知是赃物而窝藏;三是不明知是赃物而购买或者收受了赃物。如果合理排除了第三种可能,而不能确定是第一种可能还是第二种可能,则应择一认定为赃物犯罪;如果不能合理排除第三种可能,则只能宣告无罪。(3)在允许择一认定的情况下,应当适用处刑较轻的法条,而不能择一重罪论处。

第三节　法益保护原则

一、法益的概念

尽管可以将法益概念简略地定义为法所保护的利益,但学者们为法益概念做出了许多定义,[50] 定义的分歧主要表现在以下几个方面:法益是前实定法的概念还是实定法的概念?即在实定法将法益予以保护之前,是否已经存在法益或法益的内容?法益是刑法保护的对象,还是一般法或所有法都保护的对象?法益是观念的东西(或精神的东西)还是感觉的东西(或物质的东西)?法益的内容是状态还是利益?法益的主体是谁?即除了个人之外,国家与社会能否成为法益的主体?

本书认为,界定法益概念必须遵循下列原则:(1)法益必须与利益相关联。利益是能够满足人们需要的东西,当某种状态所反映的是人们所需求的一种秩序时,它便是利益。所有的法律,都是为着社会上的某种利益而生;离开利益,就不存在法的观念;"说法是利益的规律,和说法是正义的规律,不相抵触。利益是法所规律的目的,而正义则是法所规律的最高标准"。[51] (2)法益必须与法相关联,某种利益尽管能够满足主体的需要,但当它并不受法保护时,无论如何也不能称之为法益。所谓前实定法的法益概念,也只是意味

---

〔49〕 Vgl. ,H. Jescheck/T. Weigend,Lehrbuch des Strafrechts:Allgemeiner Teil, 5. Aufl. ,Duncker & Humblot, 1996, S. 143ff .

〔50〕 参见张明楷:《法益初论》,中国政法大学出版社 2003 年修订版,第 6 页以下。

〔51〕 [日]美浓部达吉:《法之本质》,林纪东译,台北商务印书馆 1993 年版,第 43 页。

着法益的内容即利益本身在实定法之前就已经存在，法对这种利益的确认并加以保护，就使之成为或上升为法益。(3)法益作为犯罪所侵害或者威胁的利益，必须具有可侵害性。所谓侵害或者侵害的危险，都必然是一种事实的或因果的现象，故价值观本身不是法益。(4)法益必须与人相关联。刑法目的是为了保护人的利益，故只有人的利益才能称为法益，只有人的利益才值得刑法保护。(5)法益必须与宪法相关联。刑法将什么作为利益予以保护，必须符合宪法的原则；宪法要求刑法保护的利益，应当成为刑法上的法益。根据上述界定法益的原则，本书认为，法益，是指根据宪法的基本原则，由法所保护的、客观上可能受到侵害或者威胁的人的生活利益。其中由刑法所保护的人的生活利益，就是刑法上的法益。所谓“人的生活利益”，不仅包括个人的生命、身体、自由、名誉、财产等利益，而且包括建立在保护个人的利益基础之上因而可以还原为个人利益的国家利益与社会利益。

从受侵犯的角度而言，法益被称为被害法益，即犯罪所侵害或者威胁的利益。从受保护的角度而言，法益被称为保护法益（即法所保护的利益）或者保护客体。显然，将二者联系起来就会发现，法益实际上是我国传统刑法理论上所说的犯罪客体。传统刑法理论认为，犯罪客体是刑法所保护的，而为犯罪行为所侵犯的社会主义社会关系（社会关系说）。诚然，刑法所保护的利益，都可以用社会关系来概括，但不免有些牵强。如刑法规定破坏环境资源保护罪，是为了保护生态环境与自然资源，用法益来概括就比用社会关系来表述更为合适。由于社会关系的内容是权利与义务关系，一方面，社会关系说容易演变为“犯罪客体是刑法所保护的权利”，因而不能说明许多犯罪；另一方面，社会关系说容易使人误以为犯罪的本质是违反义务，刑法是维护义务的手段，个人成为国家、民族、社会共同体发展的工具，因而十分危险。事实上刑法总则第 2 条与第 13 条都说明了刑法的任务是保护法益，犯罪的本质是侵犯法益，将犯罪客体理解为法益具有法律根据。刑法分则没有一个章节将社会关系作为犯罪客体，相反明文将权利、秩序、利益等作为犯罪客体，用法益来概括它们是合理的。

二、法益保护原则的根据

如上所述，我国刑法总则第 2 条与第 13 条明确将法益保护作为刑法的任务与目的。

刑罚以预防犯罪为目的，犯罪的性质决定了刑法保护范围。在刑法学说史上，曾经有社会伦理主义与法益保护主义之争。前者认为，犯罪的本质是违反社会伦理，刑法的目的就是保护伦理；后者认为，犯罪的本质是侵犯法益，刑法的目的就是保护法益。现在，社会伦理主义已经衰退。在多元的价值观并存的现代国家，不可能确定唯一正确的伦理；法的任务只是保障具有不同价值观的人共同生活所不可缺少的前提条件，只要将对维持国民共同生活具有价值的、特定的、客观上可以把握的利益或状态（法益）作为保护目标即可。在伦理上国家并不具有优越于个人的权威，国家只能为了保护国民个人利益而存在，国家通过预防犯罪所达成的目的也只能是保护现实的法益。

现在，刑法理论上存在法益保护主义与规范保护主义之争。后者认为，犯罪的本质是对法规范的否定，刑法的目的是保护法规范的效力。显然，这种观点以超越的权威（神、国王、国家或者法本身）的存在为前提，如果没有超越的权威，将保护法规范的效力作为目的就不可能是正当的。此外，规范保护主义大体上主要是话语的转移，只有借助于法益保护才能说明法规范的合理性。例如，只有借助法益保护，通过证明某种行为严重侵犯了国民的生活利益,才能使其犯罪化具有合理根据。又如,如果采取规范保护主义,对刑法条文尤其是分则的法条,只能进行字面含义的解释,或者只能采取法实证主义的解释;只有借助法益保护,才能进行合目的的解释。再如,在当今变幻莫测的时代,规范保护主义难以根据社会生活事实的变化重新确定法条的目的。因为只要刑法没有修改,法规范效力就是固定不变的;如果认为法规范效力会发生变化,就必须借助于法益保护。[52]

折中的观点认为,法益保护与规范保护并非排斥关系,而是分属不同层次。刑法规范既是裁判规范也是行为规范,行为规范的作用在于保护法益。法益概念不仅具有指导构成要件解释的方法论机能,而且也是检验刑罚法规是否正当的根据。客观上符合构成要件的行为,未必违反了行为规范,客观上不完全符合构成要件的行为,也未必没有违反行为规范。刑罚只能通过维护行为规范的效力、强化国民对规范的依赖的方法,间接实现法益保护。因此,刑法的目的在于保障行为规范的效力,而行为规范的目的则在于保护法益。[53] 在本书看来,这种观点是将手段当作了低层次的目的。诚然,保障行为规范的效力与保护法益并不是相互排斥的,但至为明显的是,刑法是通过约束国民的行为防止法益受到侵犯的,而不是为了单纯地约束国民的行为。从适用效果来说,法规范的效力得以维护是适用刑法的当然效果,但不是刑法的目的。

不可否认,对于已经受到侵害的法益,刑法不可能对之进行保护。但是,一方面,刑法目的不是一个单纯的追求意向,而是与处罚根据密切相关的概念。认为刑法目的是保护法益,意味着只有侵犯法益的不法行为才具备处罚根据。另一方面,对侵害法益的行为科处刑罚,既是为了预防行为人再次侵犯法益,也是为了预防其他人侵犯法益。诚然,法益概念并非绝对明确,但是,使用法益来表示刑法所保护的内容和犯罪所侵害的内容,比使用其他概念要理想得多。

三、法益保护原则的要求

(一)*法益保护原则对刑事立法的要求*

立法是一种有目的的活动,刑法的目的便是刑事立法的目的,它指导立法者确定犯罪的性质、范围与种类,是立法者规定犯罪及其法律后果的意义之所在。法益保护原则要求刑事立法必须以保护法益为目的。

一方面,刑法必须将严重侵犯法益或者侵犯重大法益的行为规定为犯罪,尽可能地保护法益。如果发现严重侵犯法益或者侵犯重大法益的行为没有被规定为犯罪,立法机关就应当及时修改刑法,将这种行为规定为犯罪。在某种法益以前不值得刑法保护,而现在值得刑法保护时,立法机关也应当适时增设新的犯罪类型。

另一方面,刑法只能将侵犯法益的行为规定为犯罪。联系我国的现状,以下几点值得说明:(1)不能将单纯违反伦理的行为规定为犯罪。刑罚是一种重大的痛苦,并非维持社会伦理的适当手段;将维持社会伦理作为刑法的任务,不仅是对刑法的过分要求,而且容易在法的名义上强制他人服从自己的价值观;刑法只能将违反他人意志、给他人法益造成了重大侵害或者危险的行为规定为犯罪。例如,兽奸行为没有侵犯他人法益,虽然会受到伦理上的谴责,但不应当犯罪化。(2)对于没有被害人或者自己是被害人,也没有侵犯可

---

〔52〕 参见张明楷:“也论刑法教义学的立场”,载《中外法学》2014 年第 2 期。
〔53〕 参见[德]乌尔斯·金德霍伊泽尔:“法益保护与规范效力的保障”,陈璇译,载《中外法学》2015 年第 2 期。

以还原为个人法益的国家或者社会法益(超个人法益)的行为,不得规定为犯罪。例如,同性恋行为、吸食毒品的行为没有侵害他人法益,也没有侵犯超个人法益,不得规定为犯罪行为。(3)对于参与有处分权的自我损害行为,不能规定为犯罪。例如,不应当将向吸食、注射毒品的人提供吸食、注射工具的行为规定为犯罪。因为吸食、注射毒品只是一种伤害身体的自损行为,没有侵犯他人的法益。既然如此,为其提供工具的行为,也没有侵犯任何法益。(4)对于单纯有损某个国家机关的权威性,但并没有侵犯相关法益的行为,不得规定为犯罪。例如,未获林业主管部门批准砍伐自己所有的已经枯死的树木的行为,虽然可能损害了林业主管部门的权威性,但没有侵犯其他法益,不得规定为犯罪行为。特别需要注意的是,如果发现刑法分则规定了不以保护法益为目的的犯罪,或者某个分则条文所保护的法益现在不值得刑法保护,立法机关也应当尽快修改刑法,删除这类条文。

(二)法益保护原则对刑事司法的要求

由于刑法的目的是保护法益,所以,刑事司法必须贯彻这一目的。(1)对犯罪构成要件的解释结论,必须以法条的保护法益为指导,而不能仅停留在法条的字面含义上。换言之,解释一个犯罪的构成要件,首先必须明确该犯罪的保护法益,然后在刑法用语可能具有的含义内确定构成要件的具体内容,使符合该构成要件的行为确实侵犯了刑法规定该犯罪所要保护的法益,从而使刑法规定该犯罪、设立该条文的目的得以实现。既不能按照伦理标准认定犯罪(例如,对于交换配偶的行为、成年人基于合意秘密实施的集体性行为,不得认定为犯罪),也不能将符合刑法条文字面含义但没有侵犯法益的行为认定为犯罪。例如,动物园管理者未征得主管部门同意,将发情老虎送往外地交配的行为,并未破坏野生动物资源,不得认定为非法运输珍贵野生动物罪;未经批准砍伐干枯的松木,以便种植活树苗的行为,没有破坏森林资源,不得认定为滥伐林木罪;出售已经枯死的樟树的行为,没有破坏珍贵植物资源,不得认定为非法出售国家重点保护植物罪;如此等等。(2)侵犯法益的行为同时保护了另一法益时,需要通过法益的比较衡量,即侵犯法益的行为是否救济了另一同等或者更高价值的法益,判断行为是否存在正当化事由。此外,如果法益主体放弃了自己可以自由处置的法益,就不能将侵害该"法益"的行为,认定为违法行为。例如,二人相互斗殴,其中一方或者双方造成对方轻伤的,不能认定为犯罪。(3)以具体法条的保护法益是否受到侵害为标准判断犯罪的既遂与未遂。一方面,不具有侵害法益的危险的行为,不得认定为犯罪未遂。例如,在荒山野外误将稻草人当做仇人开枪的,因为没有致人死亡的危险性,不成立故意杀人未遂。另一方面,认定犯罪既遂的实质标准,原则上也只能是某种法益是否受到侵害(在危险犯的场合,则是行为是否造成了法定的危险)。(4)共同犯罪实际上是二人以上共同造成法益侵害,因此,必须将共同犯罪视为一种特殊的不法形态。二人以上共同造成法益侵害结果或者危险结果时,必须将结果归属于二人以上的行为。此外,刑事司法还必须以法益为基本标准或者辅助标准,认定罪数、犯罪数额等。

由于具体犯罪的法益对刑事司法具有重要指导作用,所以,司法工作人员在解释某种犯罪的构成要件时,首先必须明确刑法规定该罪是为了保护何种法益。这里所说的"法益的确定",是指具体罪刑规范的保护法益的确定。例如,刑法第 234 条有关故意伤害罪的规定,是为了保护什么法益?这是需要确定的。因为关于刑法保护的法益的总体内容,从刑法第 2 条与第 13 条的相关规定中,可以得到明确;关于刑法分则各章所保护的法益内容,也可以从刑法分则各章的章名中得以明确;而刑法分则具体条文所保护的法益内容,一般没有明文规定,故需要确定。

只有确定了具体犯罪的具体的、含有实际内容的法益,才能充分发挥法益的机能。如果只是抽象地确定具体犯罪的法益,则不具有现实意义。例如,将各种走私罪的法益确定为"对外贸易管制",将各种毒品犯罪的法益确定为"国家对毒品的管制"就没有任何意义;将各种渎职罪的法益确定为"国家机关的正常管理活动"也没有实际作用。

确定法益内容,应以刑法规定为依据,既要考虑具体犯罪所属的类罪,也要以刑法对具体犯罪的规定为根据。例如,刑法分则第四章是为了保护公民的各种人身权利与民主权利,故本章具体条文的保护法益,必须在各种人身权利与民主权利中予以确定。所以,规定在本章的强制猥亵、侮辱罪的保护法益应是他人性的自主决定权,而不是社会管理秩序;规定在本章的诬告陷害罪的保护法益应是公民的人身权利,而不是司法机关的正常活动。再如,刑法条文对行为特征、结果、行为对象、行为所违反的法规内容、犯罪孳生之物、供犯罪行为使用之物、犯罪行为组成之物的描述,都能或多或少说明该罪的保护法益,司法工作人员应据此合理确定具体犯罪的保护法益。此外,司法工作人员还必须善于使用各种解释方法,认真分析条文之间的相互关系,注重刑法的协调性。[54]

四、法益保护的限度

虽然刑法的目的与任务是保护法益,但是,这并不意味着对任何侵犯法益的行为都必须规定或者认定为犯罪。严格地说,只能采取谦抑的法益保护原则。

首先,从刑事立法上说,侵犯法益的行为,只有具备下列条件的才能规定为犯罪:(1)这种行为不管从哪个角度而言,对法益的侵犯性都非常严重,而且大多数人主张以刑法进行规制;(2)适用其他制裁方法不足以抑制这种行为,不足以保护法益;(3)运用刑法处罚这种行为,不会导致禁止对社会有利的行为,不会使国民的自由受到不合理的限制;(4)对这种行为能够在刑法上进行客观的认定和公平的处理;(5)运用刑法处罚这种行为能够获得预防或抑制该行为的效果。反过来说,以下几点值得注意:(1)对于国民行使宪法权利的行为,不要仅因违反程序规定便以犯罪论处;只有在不当行使权利的行为对法益的侵犯非常严重和高度现实时,才宜以犯罪论处,否则必然违反宪法精神。(2)对于低度的、并不紧迫的危险行为,不宜规定为犯罪。(3)对于国民容忍或认可的行为,即使由于社会发展变迁使得该行为具有侵害法益的性质,也不宜轻易规定为犯罪。(4)对于极为稀罕的行为,即使法益侵害较为严重,也没有必要规定为犯罪。因为法律是普遍适用的规范,故不得以稀罕之事为据制定法律。

其次,从刑事司法上说,只有当侵犯法益的行为符合刑法分则所规定的构成要件时,司法机关才能认定这种行为违反了刑法。不仅如此,司法机关还应当对构成要件进行实质解释,亦即,对构成要件的解释,必须使行为的违法性达到值得科处刑罚的程度。例如,刑法第245条第1款规定:"非法搜查他人身体、住宅,或者非法侵入他人住宅的,处三年以下有期徒刑或者拘役。"《治安管理处罚法》第40条规定:对"非法侵入他人住宅或者非法搜查他人身体的",处拘留与罚款。显然,并不是任何非法侵入他人住宅或者非法搜查他人身体的行为,都值得科处刑罚。所以,应当根据实质的合理性解释刑法第245条规定

---

〔54〕 参见张明楷:《刑法分则的解释原理》(上),中国人民大学出版社2011年第2版,第349页以下。

的构成要件,将不值得科处刑罚的非法侵入住宅与非法搜查行为排除在刑法第245条的构成要件之外。

第四节 责任主义原则

一、责任主义的含义

广义的责任主义包括主观责任与个人责任两个原则。众所周知,在近代以前,实行的是客观责任(结果责任)与团体责任。前者是指,只要造成客观危害,就要追究责任;后者是指,只要构成犯罪,不仅追究责任者本人的责任,还要追究与犯罪人有关的人的责任。与此相对,责任主义中的主观责任,是指只有当行为人对所实施的违法行为与结果具有责任能力以及故意、过失、违法性认识的可能性与期待可能性时,才能对行为人进行非难。个人责任是指,只能就行为人实施的个人的行为对行为人进行非难。这二者又是密切联系的,其中的关键是主观责任。一般所称的责任主义,是就主观责任而言。

"有责任就有刑罚"所表述的是积极的责任主义;"没有责任就没有刑罚"所表达的是消极的责任主义。当今刑法理论的通说采取的是消极的责任主义,亦即,只有当行为人对侵害法益的行为与结果具有非难可能性(有责性或者责任)时,才能将其行为认定为犯罪;而且量刑不得超出非难可能性的范围与程度。所以,责任主义是定罪与量刑都必须遵循的原则。

一方面,在成立犯罪的层面上,消极的责任主义意味着责任是犯罪的成立条件,没有责任就没有犯罪;责任要素的设定,只能限定犯罪的成立范围,而不会扩张犯罪的成立范围。例如,没有故意与过失的行为,即使造成了严重的法益侵害,也不可能成立犯罪(参见第六章第一节)。

另一方面,在量刑基准的层面上,消极的责任主义意味着责任是刑罚的上限(点的理论),亦即,责任主义禁止刑罚超过责任程度。即使行为人所实施的犯罪的一般预防必要性与特殊预防必要性很大,也不得超过责任的上限量刑(参见第十三章第一节)。[55]

二、责任主义的贯彻

由于我国刑法明文将故意、过失与责任能力规定为责任要素,所以,没有故意、过失的行为,以及没有责任能力的人所实施的行为,不可能成立犯罪。因此,司法机关不能为了处罚行为人,而将没有故意、过失的行为认定为有故意、过失的行为,也不能将没有责任能力的人认定为有责任能力的人。

随着风险社会概念的流传,出现了要求实行严格责任的呼声(凡是参与风险行为的人,即使没有故意与过失,也要承担责任)。但是,"从道德上说,惩罚一些意外造成社会

---

〔55〕 还有一种整体的宏观层面上的消极的责任主义(对必罚主义的否定):一方面,没有责任就不成立犯罪,不得科处刑罚。另一方面,即使有责任,但从一般预防、特殊预防的观点来看,适合给予其他制裁时,就应当控制刑罚的适用(参见[日]西田典之:《新版共犯与身份》,成文堂2003年版,第284页)。

危害而不是基于自己意志造成了社会危害的人是不正当的"。[56] 因为这种做法只是将行为人当做工具,而没有尊重行为人的人格,国民也没有自由可言。即使在英美,严格责任也遭到了反对。例如,美国学者指出:"严格责任对于有可能在许多不同活动中发生的行为来说是不合理的。它不符合刑法的谴责原则。它使人们不敢从事有价值的社会活动,而且,其他较不严厉的措施在提供严格责任所能带来的安全上也是行之有效的。"[57] 事实上,在美国,"现代很多刑法学者都不很看好摒弃犯罪心理要件的主张";"《模范刑法典》'对刑法中的严格责任进行了直接攻击'"。[58] 严格责任本来就是英美普通法中违反责任主义的现象,它们与风险社会原本没有直接关联,换言之,在进入风险社会之前,就存在严格责任。法人刑事责任同样与风险社会没有直接关联。所以,那些认为风险社会客观上导致了严格责任的描述(即使描述者可能持反对态度),都是不成立的。

责任主义的贯彻还需要正确认识和处理如下问题:(1)除了刑法明文规定的故意、过失与责任能力(含法定年龄)之外,还有哪些要素应当成为责任要素?本书认为,违法性认识的可能性与期待可能性,属于责任要素。或者说,缺乏违法性认识的可能性与期待可能性,是责任阻却事由。虽然没有违法性认识的可能性和缺乏期待可能性的情形并不多见,但司法机关应当重视这两个责任要素。不能以刑法没有规定这两个责任要素为由,将其排除在责任要素之外。(2)在单位犯罪的情况下,只能对具有责任的直接负责的主管人员与其他直接责任人员给予刑罚处罚,而不能处罚没有责任的主管人员与参与人员。换言之,不能因为某个单位的行为构成犯罪,就直接处罚法定代理人或者实际控制人;只能处罚策划、决定、指示单位犯罪的责任人与直接实施者。(3)司法机关应当确保对结果加重犯的认定与处理符合责任主义。亦即,只有当行为人对加重结果至少具有过失时(某些犯罪要求对加重结果有故意),才能认定为结果加重犯;否则,行为人只能承担基本犯罪的责任。例如,即使行为人以伤害的故意造成了他人死亡,但如果行为人对死亡结果没有预见可能性,就不能认定为故意伤害致死,只能认定为故意致人重伤。(4)刑法理论需要进一步探讨原因自由行为的处罚根据,确保对原因自由行为的处罚不违反责任主义。(5)妥当地确定刑法分则条文所规定的具体犯罪的责任形式,如果分则条文中没有处罚过失的文理根据,就只能将该犯罪确定为故意犯罪。(6)对于升格法定刑的适用,也必须贯彻责任主义原则。亦即,只有当行为人对符合法定刑升格条件的客观事实具有责任时,才能适用升格的法定刑。例如,行为人客观上盗窃了数额特别巨大的财物,但如果其仅认识到自己盗窃的是数额较大的财物时,就不能适用数额特别巨大的法定刑,只能适用数额较大的法定刑。再如,行为人客观上抢劫了军用物资,但如果其没有认识到自己抢劫的是军用物资时,就不能适用抢劫军用物资的法定刑,只能适用普通抢劫罪的法定刑。

---

〔56〕 [美]约书亚·德雷斯勒:《美国刑法精解》,王秀梅等译,北京大学出版社 2009 年版,第 110 页。

〔57〕 [美]迈克尔·D. 贝勒斯:《法律的原则——一个规范的分析》,张文显等译,中国大百科全书出版社 1996 年版,第 353 页。

〔58〕 [美]约书亚·德雷斯勒:《美国刑法精解》,王秀梅等译,北京大学出版社 2009 年版,第 135 页、第 138 页。

第三章 刑法的适用范围

第一节 刑法的空间适用范围

一、刑法的空间适用范围的概念

刑法的空间适用范围（空间效力），所解决的是一国刑法在什么地域、对什么人适用的问题。一国刑法不仅能适用于本国领域内的行为，而且在一定条件下能适用于本国领域外的行为。决定刑法在空间上的适用范围的刑法原则，是刑法适用法的重要内容。

刑法在国外的适用受到国际法的制约。在尊重国家主权和遵从国际法的今天，不承认一个国家对发生在任何地方的任何犯罪都有行使刑罚权的权力，特别不允许为了行使刑罚权而侵害他国主权。刑法适用法历来被认为是国际刑法，刑法在空间上的适用范围，必须服从国际法的原则。

上述制约刑法在空间上的适用范围的国际法原则，就是国家自己保护与国际协同。当行为与本国具有场所的、人的、物的关系，侵犯了本国或其国民的利益时，就有适用本国刑法的权力。另一方面，防止犯罪和保障犯罪人的权利，是现代国际社会所共同关心的事项，是各国在刑事司法活动中相互协力所追求的目标。基于国际协同原则的要求，在一定条件下，一国对于与本国没有直接关系的国际犯罪，也可能行使管辖权。[1]

刑法在空间上的适用范围，涉及对国内犯（发生在本国领域内的犯罪）与国外犯（发生在本国领域外的犯罪）的效力，属地管辖原则与属人管辖原则是两个基本原则，其他原则都是对这两个原则的补充与发展。

二、对国内犯的适用原则

刑法对国内犯的基本适用原则是属地管辖。即一个国家对其领域内的人，不问其国籍，都有进行规制以维护本国法秩序的权力。据此，一个国家对于发生在本国领域内的犯罪，不管行为人是谁，都适用本国刑法。属地管辖原则以国家主权和国家刑罚权为根据，有利于维护国家主权、尊严与秩序，有利于刑罚效果的实现、诉讼程序的进行。

刑法第 6 条第 1 款规定："凡在中华人民共和国领域内犯罪的，除法律有特别规定的以外，都适用本法。"这是对属地管辖原则的规定。"领域"，是指我国国境以内的全部区域，包括领陆（国境线以内的陆地以及陆地以下的底土）、领水（内水、领海及其领水的水床及底土）和领空（领陆、领水之上的空气空间）。[2] "法律有特别规定"而不适用"本法"事实上包括三类情形：不适用中国刑法（广义刑法）的情形；不适用大陆（内地）刑法的情

---

〔1〕 参见［日］町野朔：《刑法总论讲义案Ⅰ》，信山社 1995 年第 2 版，第 91 页以下。

〔2〕 在钓鱼岛犯罪的，应当适用我国刑法。

形;不适用刑法典(即《中华人民共和国刑法》)部分条文的情形。

不适用中国刑法的情形,是指对于享有外交特权和豁免权的外国人不适用中国刑法。刑法第11条规定:“享有外交特权和豁免权的外国人的刑事责任,通过外交途径解决。”这意味着即使上述人在我国领域内犯罪,也不适用我国刑法。对于这样的规定,国外刑法理论有两种观点:一种观点认为,对上述人不适用本国刑法,是属地管辖原则的例外;[3]另一种观点认为,对上述人不适用本国刑法,是因为存在诉讼障碍或犯罪阻却事由,如果这种障碍与事由消失,则仍可适用本国刑法。[4] 尽管说法不同,但刑法适用的结局并不存在很大差异,后一观点似乎更加维护了本国主权。

不适用大陆刑法(包括刑法典及其他仅在大陆适用的特别刑法)的情形,是指对于香港、澳门和台湾地区不适用大陆刑法。由于众所周知的原因,大陆刑法的效力还不能及于港、澳、台地区。尽管我国已恢复对香港、澳门行使主权,但根据《香港特别行政区基本法》与《澳门特别行政区基本法》的有关规定,大陆刑法对香港、澳门没有适用效力。按照“一国两制”的基本构想,大陆刑法对祖国统一后的台湾地区也将没有适用效力。由于香港、澳门、台湾地区是中国的一部分,故香港、澳门、台湾地区的刑法,也是中国的广义刑法的一部分,即中国的区域刑法或地方刑法。在此意义上说,香港、澳门、台湾地区仍然适用的是中国刑法。香港、澳门居民既在香港、澳门犯有罪行,又在大陆犯有罪行的,按理对前者应适用香港、澳门刑法,对后者应适用大陆刑法;但为了避免双重审讯,经协商后,由最先受理的法院行使管辖权较为合适。从长远来看,需要在内地与特别行政区之间,建立一种合理有效的罪犯移交制度。

不适用中国刑法典部分条文的第一种情况是,特别刑法与刑法典的部分条文出现法条竞合时,根据特别法优于普通法的原则,不适用刑法典,而适用特别刑法。由于刑法典之外仅有少量特别刑法,所以,现在几乎见不到这种情形。

不适用中国刑法典部分条文的第二种情况是刑法第90条规定的情况。该条规定:“民族自治地方不能全部适用本法规定的,可以由自治区或者省的人民代表大会根据当地民族的政治、经济、文化的特点和本法规定的基本原则,制定变通或者补充的规定,报请全国人民代表大会常务委员会批准施行。”首先,少数民族地区只能就不能适用刑法典(事实上包括单行刑法与附属刑法)的部分情况制定变通或者补充规定,不能自行制定刑法典,故刑法典在总体上仍然对少数民族地区具有适用效力。其次,少数民族地区的自治区或者省的人民代表大会制定的变通或者补充规定,必须与当地的政治、经济、文化的特点相适应,并符合刑法典的基本原则。[5] 最后,变通或者补充规定必须报请全国人大常委会批准后,方能施行。

由上可见,真正属于属地管辖原则例外的,只有上述“不适用中国刑法”一种情况。“不适用大陆刑法”的情况,不是属地管辖原则的例外,只是一种事实上的限制;“不适用中国刑法典部分条文”的情况,也不是属地管辖原则的例外,而是适用刑法典的例外。

一般认为,挂有本国国旗的船舶与航空器,属于本国领土,不管其航行或停放于何处,

---

〔3〕 参见[日]团藤重光:《刑法纲要总论》,创文社1990年第3版,第516页。
〔4〕 参见[日]大塚仁:《刑法概说(总论)》,有斐阁2008年第4版,第84页。
〔5〕 例如,新疆维吾尔族自治区立法机关可以针对新疆的恐怖犯罪现状制定变通或者补充规定。

对在船舶与航空器内的犯罪，都适用旗国的刑法，这便是旗国主义，是属地管辖原则的补充。刑法第5条第2款规定："凡在中华人民共和国船舶或者航空器内犯罪的，也适用本法。"其中的"中华人民共和国船舶或者航空器"，不仅包括标示了中华人民共和国国旗的船舶、航空器，还应包括标示了中华人民共和国国徽等表明中华人民共和国所有的标志的船舶、航空器，以及没有悬挂任何国家的国旗、国徽等标志但事实上属于中华人民共和国国家、法人或者国民所有的船舶、航空器。[6]

采取属地管辖原则要求对犯罪地加以确定，即以什么因素为标准确定犯罪发生在本国领域内，对此有以下几种观点与立法例：(1)行为地说。犯罪是行为，故行为发生在本国领域内才认为是在本国领域内犯罪。[7] 此说未考虑结果发生地，不利于保护本国利益。(2)结果地说。犯罪的实质是侵害或威胁法益，故该种结果发生在本国领域内才能认为是在本国领域内犯罪。[8] 此说未考虑行为地，也不利于保护本国利益。(3)中间地说。中间地，是指在从犯罪的实行行为到结果发生之间的通过地中，对结果发生的危险起增加作用的场所。例如，甲以杀害中国境内的乙为目的，从国外寄送毒药到中国，乙在中国饮用此毒药受伤后，前往美国死亡。由于在中国发生了伤害结果，所以，能够适用中国刑法。由此可见，所谓中间地，实际上是指结果发生地的一部分或者危险结果发生地。[9] 中间地说只不过是结果地说的补充，而不可能是独立的确定犯罪地的学说。(4)遍在说。即行为实施地与结果发生地都是犯罪地，行为或结果有一项发生在本国领域内，就适用本国刑法。

我国刑法采取了遍在说。刑法第6条第3款规定："犯罪的行为或者结果有一项发生在中华人民共和国领域内的，就认为是在中华人民共和国领域内犯罪。"据此，行为与结果均发生在我国领域内的，适用我国刑法；仅行为发生在我国领域内或仅结果发生在我国领域内的(包括前述中间地)，也适用我国刑法。不仅如此，只有一部分行为或者只有一部分结果发生在我国领域内时，也应认为是在我国领域内犯罪。因为行为或者结果的其中任何一部分发生在我国领域内，就侵犯了我国国家或国民的利益；为了维护国家主权与国民的利益，应认为可以适用我国刑法。如果要求行为的全部或者结果的全部发生在我国领域内才认为是在我国领域内犯罪，则不利于维护国家主权与国民的利益；而且，如果每个国家都采取这种做法，势必造成管辖上的空隙，导致部分犯罪人逃避法律制裁。

根据遍在说，在预备犯的场合，预备行为实施地就是犯罪地；[10] 在未遂犯场合，行为地与行为人希望、放任结果发生之地、可能发生结果之地(危险地)，都是犯罪地；在共同

〔6〕 对于位于公海上的石油钻井台，应与船舶适用同样的原则。对于发生在国际列车上的犯罪，一般按照我国与相关国家签订的管辖协定确定管辖。如果没有协定，则应按照刑法第6条的精神处理。例如，列车行驶在我国境内时发生的犯罪，属于在我国领域内犯罪，适用我国刑法。至于发生在本国驻外使馆、领馆的犯罪，则不可一概而论，需要考虑犯罪的主体身份、犯罪性质等因素，并按照相关协定解决刑法适用问题。例如，对于我国公民侵入外国驻华使馆实施的犯罪，应当适用我国刑法。

〔7〕 参见法国《刑事程序法典》第693条。

〔8〕 参见［日］町野朔：《刑法总论讲义案Ⅰ》，信山社1995年第2版，第97页。

〔9〕 需要注意的是，刑法理论现在所称的中间地，已经不是指单纯的通过地。例如，位于A国的甲，为了杀害C国的乙，而向乙邮寄毒药，运送该毒药的飞机经过了B国领空或者在B国机场停留过几小时。在这种情况下，B国不是中间地，因而不能适用B国刑法。

〔10〕 行为人在我国领域内实施预备行为，但实行行为与结果发生在国外，而该实行行为与结果在国外不受处罚的，我国只能处罚该预备行为(以预备行为值得处罚为前提)。

犯罪场合,共同犯罪行为(如正犯行为、教唆行为、帮助行为)有一部分发生在本国领域内或者共同犯罪结果有一部分发生在本国领域内,就认为是在本国领域内犯罪。需要研究的问题是,共犯(教唆或者帮助)行为发生在我国,正犯行为发生在国外,但对正犯行为不能适用我国刑法时(如美国人甲在韩国杀害了日本人乙,中国人丙在国内对甲实施了教唆或者帮助行为),对教唆与帮助行为能否适用我国刑法?本书持肯定回答。根据我国刑法,甲的正犯行为成立犯罪(只是不能适用我国刑法),所以,依照我国刑法处罚丙的教唆或者帮助行为,并不违反共犯从属性的原理。如果采用共犯独立性说,对丙的行为同样应适用我国刑法。但是,如果正犯行为在国外并不构成犯罪,则对共犯行为不应适用我国刑法追究刑事责任。例如,中国公民甲在国内教唆乙在美国的阿拉斯加开设赌场的,对甲的行为不能以开设赌场的教唆犯追究刑事责任。[11]

网络犯罪的特点是,犯罪人虽然仅在甲国实施行为,其结果却可能发生在全世界。所以,A 在甲国从网络上传播淫秽作品,中国公民能够从网络上观看该淫秽作品时,就可以认为结果已发生在中国。根据遍在说,也应适用中国刑法。但是,这可能并不现实。于是,国外学者就网络犯罪对遍在说提出了不少限制主张。例如,有人指出,结果发生地,仅限于结果犯与具体危险犯中的最初结果发生地;有人提出,结果发生地,仅限于实害结果发生地;有人建议,结果发生地,仅限于行为人在行为时所认识到的结果发生地;如此等等。从长远来看,这个问题需要国际社会共同协力来解决。

三、对国外犯的适用原则

对国内犯而言,属地管辖原则是最理想的原则,但有三种国外犯的犯罪行为,应当或者可以适用中国刑法,却是属地管辖原则所不能解决的:第一是中国公民在国外实施的某些犯罪;第二是外国人在国外实施的危害中国国家或中国公民利益的某些犯罪;第三是外国人在国外实施的危害各国共同利益的国际犯罪。我国刑法针对这几种情况,采取了其他一些原则。

(一)属人管辖原则

这里的属人管辖原则,是指积极的属人管辖原则,即本国公民在国外犯罪的,也适用本国刑法。关于该原则的根据,理论上有不同学说:国家利益符合说认为,对本国公民在国外犯罪的适用本国刑法,有利于唤醒其遵守法规范的意识,从而发挥刑法预防犯罪的机能,因而与国家利益相符合。忠诚义务说认为,本国公民即使身处国外也要效忠母国,具有遵守本国刑法的义务。这是由国家与公民之间本来的道义关系决定的。代理处罚说

---

〔11〕 刑法第6条至12条关于刑法适用范围的规定属于什么性质,是值得研究的问题。如果认为这些条文属于实体法的规定,而且与犯罪的成立相关,那么,行为人关于犯罪地、相关人员国籍等的认识错误就可能构成事实错误,阻却故意的成立;不能适用我国刑法的行为,就不是犯罪行为;适用我国刑法的行为人与不能适用我国刑法的行为人就不成立共犯关系。如果认为这些条文所规定的只是我国刑罚权的发动条件,那么,关于犯罪地、相关人员国籍等的认识错误就不属于事实错误,不影响故意的成立;不能适用我国刑法的行为也成立犯罪,只是缺乏处罚条件而已(参见[日]井田良:《讲义刑法学·总论》,有斐阁2008年版,第63页)。本书原则上采取后一种立场,但是,当犯罪地、相关人员国籍等属于构成要件要素时,行为人对之产生错误的,应认定为事实认识错误,阻却故意的成立。例如,在中国领海内的船舶上进行聚众淫乱的行为人,误以为船舶航行在公海上的,应认定行为人没有认识到犯罪结果的发生,因而阻却故意的成立。再如,甲唆使我国在外履行公务的国家机关工作人员乙擅离岗位,叛逃境外,但误以为乙是韩国公务员的,应认定为事实认识错误,阻却故意的成立。

（国家间防止犯罪的连带性说）认为，本国公民在外国犯罪时，原则上应适用所在国刑法，但当行为人未受处罚而回到本国时，根据本国公民不引渡的原则，[12]不将本国公民引渡给国外处罚，但本国也不能成为犯罪的避风港，故应当适用本国刑法予以处罚；在这种情况下，具有代理处罚的性质（即本国为外国代理处罚）。[13] 大体而言，前两种观点引申的做法是无限制的积极属人管辖；后一种观点引申的做法是有限制的积极属人管辖。

我国刑法第7条规定了属人管辖原则。首先，国家工作人员和军人在中国领域外犯我国刑法规定之罪的，适用中国刑法。如此规定，一方面是因为上述人员的身份及职权决定了其在领域外犯罪会直接危害国家安全与利益；另一方面是因为随着对外开放与市场经济的发展，上述人员在中国领域外的犯罪现象增加，需要采取属人管辖进行抑止。其次，国家工作人员和军人以外的其他中国公民在中国领域外犯中国刑法规定之罪的，原则上适用中国刑法；但是按照中国刑法规定的最高刑为3年以下有期徒刑的，可以不予追究。可见，除国家工作人员与军人的犯罪以外，刑法原则上只对我国公民在我国领域外实施的严重犯罪行使管辖权，这表明我国刑法采取的是有限制的属人管辖原则。我国刑法规定属人管辖原则的根据是维护我国国家及公民的利益（包括避免中国公民在国外受到不当处罚），其中包含国际协同主义思想。

刑法第7条规定的属人管辖并没有以双重犯罪为原则。但本书认为，倘若中国公民在国外实施的行为并没有触犯所在地国的刑法，行为也没有侵犯我国的国家与公民的法益，就不宜适用我国刑法。例如，日本刑法第177条规定，“奸淫不满十三岁的女子的”，“处三年以上有期惩役”。中国公民甲男在日本与已满13岁不满14岁的日本籍乙女自愿性交的行为，虽然触犯了我国刑法，且法定最高刑为死刑，但该行为在日本并不成立犯罪。本书认为，在这种情况下，应类推适用刑法第8条的但书，不适用我国刑法，即不追究甲的刑事责任。[14] 但是，如果我国公民甲男在日本与已满13岁不满14岁的中国籍乙女发生性交的，则应适用我国刑法追究刑事责任。

甲原本为外国人，取得我国国籍后（新国民），发现其以前在国外曾经犯罪，并没有超过追诉时效的，应如何处理？根据忠诚义务说，对甲不能适用我国刑法，因为新国民在行为当时并不负有忠诚义务。根据国家利益符合说与代理处罚说，对甲能够适用我国刑法。我国刑法第7条中的“中华人民共和国公民”，不限于“行为时的中华人民共和国公民”，还包括“裁判时的中华人民共和国公民”，故对甲的行为应适用我国刑法。

（二）保护管辖原则

保护管辖原则的基本含义是，不论本国人还是外国人，其在国外的犯罪行为，只要侵犯了本国利益或本国公民的法益，就适用本国刑法。其实质意义在于，保护本国利益与本

---

〔12〕 本国公民不引渡原则，是指请求国向被请求国提出引渡申请，其所指向的请求引渡人是被请求国公民的，被请求国可以拒绝引渡。实行这一原则主要是基于积极的属人主义，认为本国对自己的公民享有优先管辖权甚至专属管辖权。此外，本国公民在国外受审可能受到不公正待遇，同时由于语言障碍等原因造成审判的不便或讹误。但是，有些问题还值得进一步研究。例如，本国公民甲在A国犯故意杀人罪后回国，A国要求引渡甲，且按照A国刑法对甲可能判处的最高刑为10年有期徒刑，而按本国刑法对甲可能判处的最高刑为死刑，甲也要求由A国审判。如果不引渡而由本国审判，应当如何裁量刑罚？显然，即便由本国审判并且适用本罪刑法，也必须考虑A国刑法的相关规定。

〔13〕 参见［日］森下忠：《刑法适用法的理论》，成文堂2005年版，第119页以下。

〔14〕 参见张明楷：“国民对国家的忠诚与国家对国民的保护”，载《社会科学（上海）》2008年第4期。

国公民的法益。因侵犯本国利益而适用本国刑法的,称为国家保护原则;因侵犯本国公民法益而适用本国刑法的,称为国民保护原则(消极的属人管辖原则)。

我国刑法采取了有限制的保护管辖原则。刑法第8条规定:"外国人在中华人民共和国领域外对中华人民共和国国家或者公民犯罪,而按本法规定的最低刑为三年以上有期徒刑的,可以适用本法;但是按照犯罪地的法律不受处罚的除外。"据此,适用保护管辖原则受到三个条件的限制:(1)所犯之罪必须侵犯了我国国家或者公民的法益。这一限制既有利于保护我国国家与公民的法益,又尊重了他国主权。(2)所犯之罪按我国刑法规定的最低刑为3年以上有期徒刑。这便将保护管辖原则的适用范围限定在严重犯罪之内。〔15〕(3)所犯之罪按照犯罪地的法律也应受处罚。这一限制具有必要性,因为外国人在国外时只需遵守所在国的法律,不能要求一个人在任何地方遵守一切国家的法律。

(三)普遍管辖原则

普遍管辖原则(世界主义)以保护各国的共同利益为标准,认为凡是国际条约所规定的侵犯各国共同利益的犯罪,不管犯罪人的国籍与犯罪地的属性,缔约国或参加国发现罪犯在其领域之内时便行使刑事管辖权。采取普遍管辖原则,主要是为了防止国际犯罪。20世纪70年代以来,为了加强国际合作,对付不断加剧的国际犯罪活动,国际上先后签订了一系列公约。如1970年12月16日的《关于制止非法劫持航空器的公约》(简称《海牙公约》),1971年9月23日的《关于制止危害民用航空安全的非法行为的公约》(简称《蒙特利尔公约》),1973年12月14日的《关于防止和惩处侵害应受国际保护人员包括外交代表的罪行的公约》等。这些公约规定,各缔约国与参加国应将公约上所列举的非法行为规定为国内法上的罪行,并应采取必要措施,对这些犯罪行使刑事管辖权,而不论罪犯是否本国人、罪行是否发生在本国内。这便是普遍管辖原则。

国外的刑法适用法,对普遍管辖原则的实施存在不同做法:(1)绝对的世界主义的做法是,不问犯罪地、犯罪人的国籍以及被害人的国籍,也不考虑行为地国的刑法如何规定,对该犯罪一概适用国内刑法。(2)自主的世界主义的做法是,不考虑国际条约的规定,自主地根据犯罪性质确定普遍管辖的犯罪范围。(3)附条件的世界主义(限制的世界主义)的做法是,对于普遍管辖原则的适用做出一定限制,如要求缔约国为犯罪地、缔约国为犯罪嫌疑人的国籍国、得到非缔约国的同意等。(4)义务的世界主义的做法是,本国只在所承担的义务范围内行使管辖权,这种义务既包括国际条约规定的义务,也包括国内法设定的义务。〔16〕显然,前两种主张并不现实。

我国刑法第9条规定:"对于中华人民共和国缔结或者参加的国际条约所规定的罪行,中华人民共和国在所承担条约义务的范围内行使刑事管辖权的,适用本法。"据此,行使普遍管辖权受到一定限制:(1)我国行使普遍管辖权的犯罪应是国际条约所规定的罪行;(2)我国是相关条约的缔约国或参加国;(3)国内刑法也将该行为规定为犯罪。此外,原则上应要求罪犯出现在我国领域内。需要说明的是,对根据普遍管辖原则所审理的犯罪,其实体法的适用根据是国内刑法,而非国际条约,因为国际条约没有对罪行规定法定

〔15〕 应当注意的是,根据刑法总则与其他法律的关系,当刑法典规定的最低刑没有达到3年以上,而此后修改法定刑或者增加犯罪类型,最低刑为3年以上有期徒刑时,也可适用我国刑法(当然不得溯及既往)。

〔16〕 参见[日]森下忠:《刑法适用法的理论》,成文堂2005年版,第234页以下。

刑,而是要求缔约国或参加国将国际条约所列的罪行规定为国内刑法上的犯罪。因此,认为对于我国缔结或参加的国际条约所规定的罪行行使普遍管辖时不适用我国刑法的观点,〔17〕值得商榷。

四、对外国刑事判决的承认

综上所述,我国刑法采取了属地管辖、属人管辖、保护管辖与普遍管辖四个原则。不难发现,如果其他国家同时采取这些原则(事实上也是如此),就必然出现若干国家对同一犯罪具有刑事管辖权的现象。于是产生了如下问题:本国具有刑事管辖权的行为(如中国公民在国外犯一定之罪)受到外国确定的有罪判决或无罪判决时,本国是否承认(广义的承认包括执行)这一判决?

对外国刑事判决的承认分为积极承认与消极承认。

积极承认,是指在本国具有刑事管辖权的行为,受到外国确定的有罪判决时,将该犯人移至本国后,执行外国所确定的有罪判决;如果犯罪人在外国已将确定的刑罚执行完毕,或者外国法院虽宣告有罪但免除刑罚,或者对行为人做出无罪判决,则本国不再追诉。可见,积极承认意味着将外国法院的判决与本国法院的判决同等看待。欧洲许多国家实行积极承认。

消极承认,是指外国确定的刑事判决不制约本国刑罚权的实现,即不管外国确定的是有罪判决还是无罪判决,对同一行为本国可行使审判权,但对外国判决及刑罚执行的事实,给予考虑。我国刑法第10条规定:"凡在中华人民共和国领域外犯罪,依照本法应当负刑事责任的,虽然经过外国审判,仍然可以依照本法追究,但是在外国已经受过刑罚处罚的,可以免除或者减轻处罚。"这一规定采取的是消极承认。应当认为,本条的"外国审判"不仅包括外国国家的审判,而且包括国际刑事法院的审判。此外,对于大陆居民在港、澳、台地区受到刑事审判的,不宜采取消极承认,而应采取积极承认。一方面,不能认为港、澳、台地区的审判是"外国审判";另一方面,如果对于大陆居民在港、澳、台地区受到刑事审判的类推适用刑法第10条采用消极承认,则因为这种类推适用不利于被告人,违反了罪刑法定原则。

刑法理论上对积极承认与消极承认有不同看法。有人认为,既然进行国际协作,承认普遍管辖原则,就没有必要对在外国已经受过刑罚处罚的人再发动刑罚权;为了尊重外国刑事立法与司法,为了使犯罪人顺利地重返社会,必须避免使犯罪人受到双重处罚,故应实行积极承认。〔18〕从现实上看,随着国际交往的增进,国际性犯罪不断增加,犯罪人常常出现在犯罪地以外的国家,有关证据也往往见之于犯罪地以外的国家,犯罪地国难以对居住在他国的犯罪人执行刑罚,这些事实也要求实行积极承认。〔19〕我国刑法理论的通说认为,作为一个独立自主的国家,理当不受外国判决效力的约束;但同时又要照顾实际情况,考虑行为人在外国已经受刑罚执行的事实。据此,消极承认的做法具有妥当性。由上可见,主张积极承认的人所强调的是国际协同原则与人权保障,主张消极承认的人所强调的是国家主权原则。

---

〔17〕　参见林准主编:《中国刑法教程》,人民法院出版社1989年版,第22页。

〔18〕　参见[日]町野朔:《刑法总论讲义案Ⅰ》,信山社1995年第2版,第106页。

〔19〕　参见[日]森下忠:《国际刑法的新动向》,成文堂1977年版,第199页。

第二节　刑法的时间适用范围

一、刑法的时间适用范围的概念

刑法的时间适用范围,也称刑法的时间效力,所解决的问题是刑法从何时起至何时止具有适用效力,其内容包括生效时间、失效时间、溯及力与限时法效力。

根据罪刑法定原则的要求,定罪量刑应以行为时有刑法的明文规定为限。因此,对行为时不受处罚的行为,不能适用事后刑法给予处罚;在刑罚法规有变更时,对行为时受处罚的行为,不能适用比行为时更重的刑法;对行为时虽被禁止但法律没有规定法定刑的行为,不能事后科处刑罚。这些内容都可以概括为不溯及既往的原则。不溯及既往是罪刑法定原则的重要内容之一,故刑法的时间效力是与罪刑法定原则密切联系的问题。

二、生效时间与失效时间

从我国的刑事立法实践来看,刑法的生效时间分为两种情形:(1)自公布之日起生效。如《关于禁毒的决定》第16条规定:"本决定自公布之日起施行。"(2)公布后间隔一段时间才生效。如现行刑法典于1997年3月14日通过并公布,同年10月1日起生效;《刑法修正案(八)》于2011年2月25日公布,自2011年5月1日起施行。《刑法修正案(九)》于2015年8月29日公布,自2015年11月1日起施行。这两种生效情形均符合罪刑法定原则,但相比之下,后一种情形更为合适。因为要使规范产生实效,就得使人们事先了解规范的存在及其内容。

刑法的失效时间,主要有两种情形:(1)由立法机关明文宣布原有法律效力终止或废止。例如,现行刑法明文规定废止旧刑法时代制定的23个单行刑法有关刑事责任的规定。(2)新法的施行使原有法律自然失效。

三、溯及力

刑法的溯及力(也称溯及既往的效力)所解决的问题是,刑法生效后,对它生效前未经审判或判决未确定的行为是否具有追溯适用效力?如果具有适用效力,就是有溯及力;否则就是没有溯及力。各国刑法关于溯及力的规定不完全相同,有的采取从旧原则,即一概适用行为时的法律(行为时法主义);有的采取从新原则,即一概适用裁判时的法律(裁判时法主义);有的采取从轻原则,即一概适用对行为人有利的法律;有的采取从新兼从轻原则,即原则上适用裁判时的新法,但旧法对行为人有利时适用旧法;有的采取从旧兼从轻原则,即原则上适用行为时的旧法,但新法对行为人有利时适用新法。

我国刑法第12条关于溯及力的规定采取的是从旧兼从轻原则。从1949年10月1日至1997年9月30日这段时间所发生的行为,如果未经法院审判或判决未确定,应按不同情况分别处理:(1)行为时[20]的法律不认为是犯罪,而现行刑法认为是犯罪的,适用行为时的法律,即不以犯罪论处,现行刑法没有溯及力。(2)行为时的法律认为是犯罪,而

---

〔20〕"行为时"是指犯罪行为实施时,而不是指结果发生时。如果行为发生在旧法时期,结果发生在新法施行后的,原则上要适用旧法,只有当新法对行为人有利时,才适用新法。

现行刑法不认为是犯罪的，适用现行刑法，即不以犯罪论处，刑法具有溯及力。（3）行为时的法律与现行刑法都认为是犯罪，并且按现行刑法总则第四章第八节的规定应当追诉的，[21]按照行为时的法律处理，即刑法没有溯及力（刑法第 87 条关于追诉期限的规定具有溯及力[22]）；但是，如果现行刑法处刑较轻，则应适用现行刑法，即现行刑法具有溯及力。所谓的处刑较轻，是指法定刑较轻，[23]因而只需要进行法定刑的判断，而不能进行个案的判断。[24]（4）现行刑法施行以前，依照当时的法律已经做出的生效判决，继续有效。应当认为，从旧兼从轻原则比较符合罪刑法定原则。因为“从旧”表明了对行为时不受处罚的行为，不能适用裁判时的法律给予处罚；即使行为时应受处罚的行为，原则上也应按行为时的法律处罚。这正体现了定罪判刑以行为时有法律的明文规定为限的思想。另一方面，罪刑法定原则包含着保障行为人的自由的观念，因此，当适用新法有利于行为人时，应例外地适用新法。如果行为发生在旧法时期，结果发生新法时期的，应适用行为时的法律。

如前所述，现行刑法颁布以来，立法机关不断以修正案的方式修改刑法。修正案中有的法条增加了新的犯罪类型，有的法条提高或者减轻了原有犯罪的法定刑。对于修正后的法条的适用，均应当采取上述有利于被告人的从旧兼从轻的原则。

根据刑法第 12 条的精神以及有关司法解释，[25]以下几点值得注意：（1）对于行为人 1997 年 9 月 30 日以前实施的犯罪行为，在检察机关、公安机关、国家安全机关立案侦查

〔21〕按照行为时的法律没有超过追诉时效，但按现行刑法已超过追诉时效的，不应当追诉。

〔22〕与旧刑法相比，现行刑法第 88 条关于不受追诉期限限制的情形的规定不利于行为人。值得研究的是，刑法第 12 条所称的“依照本法总则第四章第八节的规定应当追诉”，是否包括第 88 条的规定。如果持肯定回答，那么，就意味着时效规定均有溯及力，而不管对行为人是否有利。本书持否定回答，亦即，除刑法第 87 条外，对行为人不利的时效规定，也应当采取从旧兼从轻的原则。例如，行为人在旧法时期实施犯罪，被害人在追诉期限内提出控告，有关机关应当立案而不予立案的，应适用旧法关于追诉时效的规定，受追诉期限的限制。

〔23〕刑法第 12 条规定的“处刑较轻”，是指现行刑法对某种犯罪规定的刑罚即法定刑比修订前的刑罚轻。法定刑较轻是指法定最高刑较轻；如果法定最高刑相同，则指法定最低刑较轻。如果刑法规定的某一犯罪只有一个法定刑幅度，法定最高刑或者最低刑是指该法定刑幅度的最高刑或者最低刑；如果刑法规定的某一犯罪有两个以上的法定刑幅度，法定最高刑或者最低刑是指具体犯罪行为应当适用的法定刑幅度的最高刑或者最低刑。按照行为时的法律属于一罪，按照现行刑法属于两罪，或者相反的，要通过罪数的考虑判断追诉期限以及现行刑法是否“处罚较轻”。例如，甲于 1997 年 9 月 1 日既聚众斗殴又寻衅滋事，按照旧刑法，甲仅构成流氓罪，其法定最高刑为 7 年有期徒刑，追诉期限为 10 年。根据现行刑法，甲犯了数罪，其聚众斗殴罪的最高法定刑为 3 年有期徒刑，追诉期限为 5 年；其寻衅滋事罪的最高法定刑为 5 年有期徒刑，追诉期限为 10 年。因此，如果在 2007 年 6 月发现了甲的上述罪行，只应按照现行刑法对其寻衅滋事罪予以追诉。但是，倘若在 2001 年 9 月（两罪均没有超过追诉时效）发现甲的上述罪行，按照现行刑法实行数罪并罚处罚较重，则应适用旧刑法以一罪（流氓罪）论处。

〔24〕例如，现行刑法第 232 条对故意杀人罪规定的法定刑与 1979 年刑法第 132 条的法定刑相同。但是，在司法实践上，现在对故意杀人罪的量刑轻于旧刑法时代对故意杀人罪的量刑。尽管如此，对于 1997 年 10 月 1 日（现行刑法生效之日）之前的故意杀人行为，只能适用 1979 年刑法第 132 条（不能适用现行刑法第 232 条），而且应当按照现在的有利于被告人的量刑基准裁量刑罚。

〔25〕参见最高人民法院 1997 年 9 月 22 日《关于依法不再核准类推案件的通知》；最高人民法院 1997 年 9 月 25 日《关于适用刑法时间效力规定若干问题的解释》；最高人民法院 1997 年 12 月 31 日《关于适用刑法第十二条几个问题的解释》；最高人民检察院 1997 年 10 月 6 日《关于检察工作中具体适用修订刑法第十二条若干问题的通知》；最高人民法院 2011 年 4 月 25 日《关于〈中华人民共和国刑法修正案（八）〉时间效力问题的解释》；最高人民法院 2015 年 10 月 29 日《关于〈中华人民共和国刑法修正案（九）〉时间效力问题的解释》。

或者人民法院受理案件以后,行为人逃避侦查或审判,超过追诉期限或者被害人在追诉期限内提出控告,法院、检察院、公安机关应当立案而不予立案,超过追诉期限的,适用旧刑法第77条的规定。(2)对于酌定减轻处罚、累犯的认定、自首的认定、立功的认定、缓刑的撤销、减刑、假释的适用与撤销以及法定的从轻、减轻处罚与从重处罚规定的适用等问题,应坚持从旧兼从轻的原则,即按有利于行为人的原则进行处理。例如,1997年9月30日以前犯罪,不具有法定减轻处罚情节,但是根据案件的具体情况需要在法定刑以下判处刑罚的,适用旧刑法第59条第2款的规定。又如,《刑法修正案(八)》增加了坦白从轻处罚的规定,2011年4月30日以前犯罪,虽不具有自首情节,但是如实供述自己罪行(坦白)的,适用修正后刑法第67条第3款的规定。再如,对于2011年5月1日之前故意犯罪或者过失犯罪且已满75周岁的人,在2011年5月1日之后审判的,应当适用《刑法修正案(八)》所增加的刑法第17条之一。[26] (3)对于保安处分的适用,也应当适用从旧兼从轻的原则。例如,《刑法修正案(九)》增设的第37条之一规定了从业禁止的保安处分措施。对于2015年10月31日以前因利用职业便利实施犯罪,或者实施违背职业要求的特定义务的犯罪的,不能适用修正后刑法第37条之一第1款的规定。(4)对于旧刑法没有明文规定的犯罪,根据旧刑法需要类推处理而没有处理的,不管现行刑法是否规定为犯罪,都不得以类推方式定罪量刑。(5)如果当时的法律不认为是犯罪,现行刑法认为是犯罪,而行为连续到1997年10月1日以后的,对该行为适用新刑法。同理,如果当时的刑法条文不认为是犯罪,修正后的刑法条文认为是犯罪,而行为连续到修正案生效以后的,对该行为适用新刑法。(6)按照审判监督程序重新审判的案件,适用行为时的法律。此外,在刑法条文的修改导致罪名变更的情况下,如果对行为应当适用修改前的刑法(旧刑法)条文的,就应当适用修改前的罪名。例如,对于2015年11月1日前实施的非法获取公民个人信息的行为,在适用修改前的刑法第253条之一时,仍应适用“非法获取公民个人信息罪”的罪名,而不应适用“侵犯公民个人信息罪”的罪名,因为在行为时并不存在后一罪名。

新的刑法条文既有对被告人有利的规定,又有对被告人不利的规定时,对于新条文颁布之前的行为,应当适用对被告人有利的规定(适用新法),而不适用对被告人不利的规定(适用旧法)。例如,经《刑法修正案(七)》(2009年2月28日公布,从公布之日起施行)修改后的刑法第201条第1款扩大了逃税罪(原为偷税罪)的处罚范围(不利于被告人),但第4款增设了处罚阻却事由(有利于被告人)。根据从旧兼从轻的原则,对于2009年2月28日之前的偷税行为的认定应当适用修改前的第201条,但同时必须适用修改后的第201条第4款。再如,《刑法修正案(九)》修改了贪污罪、受贿罪的法定刑,提高了死刑的适用标准,但同时规定:“……被判处死刑缓期执行的,人民法院根据犯罪情节等情

---

〔26〕 应当指出的是,最高人民法院2011年4月25日《关于〈中华人民共和国刑法修正案(八)〉时间效力问题的解释》第1条与第2条第2款明显违反了罪刑法定原则。首先,《刑法修正案(八)》关于对被判处管制或者宣告缓刑的犯罪分子做出禁止令的规定(参见刑法第38条第2款和第72条第2款),显然不利于被告人,不应当具有溯及既往的效力,但该司法解释第1条则做出了具有溯及力的规定。其次,《刑法修正案(八)》对死缓做出了更为严格的不利于被告人的限制减刑的规定(第50条第2款与第78条第2款第3项)。根据罪刑法定原则,对于在2011年5月1日[《刑法修正案(八)》生效之日]之前被判处死缓的犯罪分子,只能适用颁布之前的刑法第50条,而不能适用修正后的第50条。可是,该司法解释第2条第2款则做出了适用修改后的第50条的规定,因而与罪刑法定原则相抵触。

况可以同时决定在其死刑缓期执行二年期满依法减为无期徒刑后,终身监禁,不得减刑、假释。”根据从旧兼从轻的原则,对于2015年10月31日之前实施的贪污、受贿行为,既要适用修正后的新法,提高死刑的适用标准,又不得适用修正后的新法关于终身监禁的规定。[27] 由此可见,对于一个行为完全可能同时适用旧法与新法。

问题是,在新条文规定的主刑有利于被告人但附加刑不利于被告人时(也可能存在相反情形),应当如何处理? 例如,甲在《刑法修正案(九)》之前贪污4万元,在《刑法修正案(九)》生效之后接受审判。按照行为时的刑法第383条(旧条文),对甲应适用“一年以上七年以下有期徒刑”的法定刑。但根据从旧兼从轻的原则,对甲应适用经由《刑法修正案(九)》修正后的新条文,即适用“三年以下有期徒刑或者拘役,并处罚金”的法定刑。问题是,对甲能否并处罚金? 对此可能存在争议。倘若将主刑与附加刑完全分开考虑,对甲就不得并处罚金。倘若认为,在适用从旧兼从轻的原则时,只需要整体考虑法定刑的轻重,就应当并处罚金。刑法第12条规定:“如果本法……处刑较轻的,适用本法。”亦即,新条文规定的法定刑整体较轻时,就要适用新条文(不能因为新条文规定的附加刑重于旧条文,就不适用新条文)。既然新条文(即刑法第12条所称的“本法”)规定并处罚金,那么,在适用新条文时就应当对甲并处罚金。

需要讨论的是立法解释与司法解释的效力问题。这里存在许多情形:一是原来没有立法解释与司法解释,后来有了立法解释与司法解释;二是原来已有立法解释与司法解释,但后来立法解释与司法解释相应地出现了变更;三是原来已有司法解释,后来出现了更高效力的立法解释。对此,刑法理论上有人主张有效解释(正式解释)的效力与刑法的效力一样,都必须采取从旧兼从轻的原则,禁止不利于行为人的溯及既往,其理由大多是将有效解释当作了刑法的渊源。司法实践上也采取了这种态度。如“两高”2001年12月16日《关于适用刑事司法解释时间效力问题的规定》第3条指出:“对于新的司法解释实施前发生的行为,行为时已有相关司法解释,依照行为时的司法解释办理,但适用新的司法解释对犯罪嫌疑人、被告人有利的,适用新的司法解释。”其实,正式解释并不是刑法本身,既然是对刑法的解释(而且排除了类推解释),那么,对现行正式解释之前的行为,只要是在现行刑法施行之后实施的,就得按正式解释适用刑法。不能因为没有正式解释或者正式解释不当,而否认对行为人适用刑法。或者说,不能因为没有正式解释或者正式解释不当,而对刑法作不当的解释与适用。因此,正式解释不存在从旧兼从轻的问题。否则,会出现以错误地适用刑法为代价来肯定以往的解释错误的不可思议的现象。不仅如此,承认司法解释适用禁止溯及既往的原则,还会形成司法与立法处于同一等级的不当局面,违背立法权与司法权相分离的法治原则。

具体来说,对于从无正式解释到有正式解释以及正式解释的变更产生的问题,可以分为三类情形予以解释:第一,行为时没有正式解释,审理时具有正式解释的,应当适用正式

---

[27] 最高人民法院2015年10月29日《关于〈中华人民共和国刑法修正案(九)〉时间效力问题的解释》规定:“对于2015年10月31日以前实施贪污、受贿行为,罪行极其严重,根据修正前刑法判处死刑缓期执行不能体现罪刑相适应原则,而根据修正后刑法判处死刑缓期执行同时决定在其死刑缓期执行二年期满依法减为无期徒刑后,终身监禁,不得减刑、假释可以罚当其罪的,适用修正后刑法第三百八十三条第四款的规定。根据修正前刑法判处死刑缓期执行足以罚当其罪的,不适用修正后刑法第三百八十三条第四款的规定。”在本书看来,这一规定不符合罪刑法定原则。

解释。第二,旧的正式解释规定某种行为不构成犯罪,新的正式解释将该行为解释为犯罪。行为人在新的正式解释颁布之前根据旧的正式解释实施了该行为,但在新的正式解释颁布后才发现该行为的,可以认定为旧的正式解释导致行为人误解刑法,应根据法律认识错误的处理原则进行救济。即由于行为人不具有违法性认识的可能性,而排除其有责性,不以犯罪论处。第三,旧的正式解释将某种行为解释为犯罪,但新的正式解释规定该行为不构成犯罪。行为人在新的正式解释颁布之前实施该行为的,不应以犯罪论处。这并不意味着对正式解释采取了从旧兼从轻的原则,而是因为该行为并未违反刑法。

此外,在"两高"根据旧的刑法规定做出司法解释后,立法机关修改了刑法,提高或者降低了犯罪的成立标准时,如果"两高"没有及时做出新的司法解释,那么,原有的司法解释当然丧失效力;如果"两高"后来公布了新的司法解释,那么,新的司法解释适用于新的刑法规定生效后的行为。例如,刑法第338条原本将"致使公私财产遭受重大损失或者人身伤亡的严重后果"作为污染环境罪的成立条件,但是,于2011年5月1日起开始施行的《刑法修正案(八)》删除了上述条件,降低了污染环境罪的成立标准。最高人民法院2006年7月21日《关于审理环境污染刑事案件具体应用法律若干问题的解释》就污染环境罪的成立条件所做的规定当然失效。此后,"两高"于2013年6月17日公布了《关于审理环境污染刑事案件具体应用法律若干问题的解释》。对于2011年5月1日后实施的污染环境行为,不得适用旧的司法解释,而必须适用新的司法解释。

四、限时法

一般认为,限时法是只在一定时期内实施的法律,属于一种特别法。限时法在时间效力上的特殊性表现在,对于在限时法规定的时期内实施的行为,在期限届满后(限时法的效力已终止)才发现时,通常仍应依照该限时法处理。例如,德国刑法第2条第4项规定:"仅适用于特定时期的法律,即使该法律在审判时已经失效,仍然适用于在其有效期间内实施的行为。但法律另有规定的除外。"采取这种做法的理由是,限时法基于特定目的,在一定期限内禁止、处罚特定犯罪行为;如果行为人在此期限内实施了特定犯罪行为,就应依照限时法处理;否则,在临近期限届满时实施犯罪行为,期待裁判时废除限时法因而免受刑罚处罚的案件,会大量增加。[28] 但理论上还有另外一种见解,即如果限时法的废除,是因为立法者认为该法规定的行为不具有可罚性,则对时限经过后发现的行为,不能依限时法处理;如果限时法的废除是由于某种状态的消失,则对时限经过后发现的行为,仍应依限时法处理。这一见解被称为"动机说"。[29]

我国现行刑法中还没有严格意义上的限时法,但空白刑罚法规与限时法是何种关系,是特别值得研究的问题。本书认为,空白刑罚规范不是限时法。根据刑法第12条的精神,对于空白刑法规范中的补充规范废止前的行为,依当时的法律规定处理;但是,如果补充规范废止后,使得该行为不构成犯罪的,则应依补充法规废止后的法律处理(即不当犯罪处理)。例如,行为人在2014年12月实施了某种经营行为,根据当时的国家规定,该经营行为属于非法经营,且情节严重。但是,在2015年12月审理案件时,发现该国家规定被废止,该经营行为不再是非法经营。根据从旧兼从轻的原则,对该行为应当宣告无罪。

---

〔28〕 参见[日]大塚仁:《刑法概说(总论)》,有斐阁2008年第4版,第73页。

〔29〕 参见[日]牧野英一:《刑法总论》(上卷),有斐阁1958年全订版,第243页以下。

基于同样的理由,如果国家政策的变化导致构成要件内容发生变化时,也要遵循从旧兼从轻的原则。例如,国家机关工作人员甲于2014年违反国家关于农业机械补贴的相关规定,没有将补贴发放给本地农民,而是发放给外地农民,导致国家补贴款流失。但2015年6月发案时,国家政策已经发生了变化,允许对外地农民发放补贴。国家政策的变化,导致滥用职权罪的构成要件内容实际上发生了变化。对此,应适用从旧兼从轻的原则,即对甲的行为不能以滥用职权罪论处。

第二编　犯　罪　论

第四章 犯罪概说

第一节 犯罪的一般概念

一、犯罪的一般定义

各国都制定刑法,各种刑法都使用犯罪概念。但在刑法上是否以及如何规定犯罪的一般定义,则有不同立法例:第一种立法例(大多数国家的刑法)是不规定犯罪的一般定义。第二种立法例从形式上(或分类意义上)规定犯罪的一般定义。如1810年的《法国刑法典》第1条规定:"法律以违警刑所处罚之犯罪,称为违警罪;法律以惩治刑所处罚之犯罪,称为轻罪;法律以身体刑所处罚之犯罪,称为重罪。"[1]1937年的《瑞士刑法典》第1条规定:"凡是用刑罚威胁所确实禁止的行为"是犯罪。这类定义突出地说明了犯罪是违反刑法和应受刑罚处罚的行为,强调了犯罪的法律特征。第三种立法例从实质上规定犯罪的一般定义。如1922年的《苏俄刑法典》第6条规定:"威胁苏维埃制度基础及工农政权在向共产主义过渡时期所建立的法律秩序的一切危害社会的作为或不作为,都被认为是犯罪。"这种定义强调犯罪的实质特征。第四种立法例规定形式与实质统一的犯罪定义。如1958年的《苏联和各加盟共和国刑事立法纲要》第7条规定:"凡是刑事法律规定的危害苏维埃社会制度或国家制度,破坏社会主义经济体系和侵犯社会主义所有制,侵犯公民的人身、政治权利、劳动权利、财产权利和其他权利的危害社会的行为(作为或不作为),以及刑事法律规定的违反社会主义法律秩序的其他危害社会的行为,都是犯罪。"这种定义同时强调犯罪的实质特征与法律特征。

刑法理论给犯罪下定义面临着许多需要考虑的情形,如有的行为应当是"犯罪",但刑法并未规定为犯罪;有的行为刑法规定为犯罪,但事实上并没有被认定为犯罪;有的行为昨天是犯罪,今天则不是犯罪,或者相反。换言之,一个犯罪定义,要顾及实然的犯罪与应然的犯罪、现在的犯罪与过去和将来的犯罪,实为难事。正因为如此,刑法理论上也出现了不同的犯罪定义。(1)依据犯罪的法律后果给犯罪下定义。通常的提法是,犯罪是依法应受刑罚处罚的行为。这种定义重点说明了如何从法律上识别犯罪。(2)按照犯罪的成立条件给犯罪下定义。如德国、日本学者通常认为,犯罪是符合构成要件的、违法的、有责的行为。[2] (3)结合犯罪引起的诉讼程序给犯罪下定义。这种定义见之于英美刑法理论。如有的学者指出,犯罪"是一种能够继之以刑事诉讼并具有作为这些诉讼程序的

---

〔1〕 实际上,这一规定更重要的是对犯罪的分类,还难以说是犯罪的定义。另参见德国刑法第12条。

〔2〕 H. Jescheck/T. Weigend, Lehrbuch des Strafrechts: Allgemeiner Teil, 5. Aufl., Duncker & Humblot, 1996, S. 198; [日]山口厚:《刑法总论》,有斐阁2016年第3版,第23页。

必然结果中的一种结果的行为”。[3] (4)根据犯罪的反社会性给犯罪下定义(实质的犯罪定义)。如有人指出,犯罪是反社会的行为或者具有社会侵害性的行为;[4]犯罪的实质定义旨在说明立法者将某种行为规定为犯罪的实质根据。(5)综合犯罪的本质特征与法律特征给犯罪下定义。李斯特对法益概念的研究,导致了实质的违法性论,使犯罪成为同时具有形式违法性与实质违法性的行为,即“犯罪是一种特别危险的侵害法益的不法行为”。[5] 苏联刑法理论也大多采用这种定义。如早在1948年,苏联就有学者提出,犯罪的基本特征是社会危害性、违法性、罪过、应受惩罚性与不道德性,并将犯罪的实质特征与形式特征结合起来研究。[6]

我国刑法第13条规定:“一切危害国家主权、领土完整和安全,分裂国家、颠覆人民民主专政的政权和推翻社会主义制度,破坏社会秩序和经济秩序,侵犯国有财产或者劳动群众集体所有的财产,侵犯公民私人所有的财产,侵犯公民的人身权利、民主权利和其他权利,以及其他危害社会的行为,依照法律应当受刑罚处罚的,都是犯罪,但是情节显著轻微危害不大的,不认为是犯罪。”据此,依照法律应当受刑罚处罚的危害社会的行为,就是犯罪。

二、犯罪的基本特征

(一)文理的解释

根据刑法第13条关于犯罪的一般定义的文字表述,犯罪具有两个特征:一是社会危害性,二是依照法律应受刑罚处罚性。

首先,刑法干预权的界限来自刑法的任务与目的,刑法的任务与目的是保护法益,所以刑法所干预的只能是侵犯法益的行为(危害社会的行为)。反过来说,刑法之所以将某些行为规定为犯罪,就是因为这些行为具有社会危害性(法益侵犯性)。这是法益保护主义决定的,是对一般人(包括国家、社会)的合理性。

其次,并不是任何危害社会的行为都要受刑罚处罚,只有当行为“依照法律应当受刑罚处罚”时,才成立犯罪。(1)根据罪刑法定原则,危害社会的行为必须被法律类型化为构成要件,亦即刑法分则或其他刑罚法规明文规定处罚这种行为(对危害社会的行为规

〔3〕 [英]J. C. 史密斯、B. 霍根:《英国刑法》,李贵方等译,法律出版社2000年版,第26页。这种定义与英美刑法理论的最广义刑法主张有密切联系。他们认为,“刑法从广义上来说是对刑事犯罪下定义,对嫌疑人的逮捕、起诉和审判加以规定,和对已被定罪的犯人确定刑罚和处理方式的一整套法律。”(曾庆敏主编:《刑法》,知识出版社1981年版,第1页)。

〔4〕 参见[日]大塚仁:《犯罪论的基本问题》,冯军译,中国政法大学出版社1993年版,第1页。

〔5〕 [德]李斯特著、施密特修订:《德国刑法教科书》,徐久生译,法律出版社2006年修订译本,第8页。

〔6〕 参见[苏]皮昂特科夫斯基等:《苏联刑法科学史》,曹子丹等译,法律出版社1984年版,第22页。

定了法定刑[7])。没有被类型化为构成要件的行为,即使危害了社会,也不应当受刑罚处罚。这是"依照法律应当受刑罚处罚"的第一层意思。(2)根据刑法的谦抑性,危害社会的行为不是情节显著轻微危害不大的行为(如随地吐痰的行为),换言之,根据刑法第13条的规定,情节显著轻微危害不大的行为,依法不受刑罚处罚。这是"依照法律应当受刑罚处罚"的第二层意思。(3)根据责任主义,仅有危害社会的行为还不能受刑罚处罚,只有根据刑法的相关规定,当行为人对危害社会的行为与结果具有故意(刑法第14条)或者过失(刑法第15条),行为人达到法定年龄(刑法第17条)、具有责任能力(第18条),并且具有期待可能性时(刑法第16条),才能受刑罚处罚。这是"依照法律应当受刑罚处罚"的第三层意思。

概言之,根据刑法第13条以及相关规定,被刑法类型化的严重的社会危害性(不法)与有责性(责任),是犯罪的两个基本特征。

(二)论理的解释

要考虑犯罪概念对建构犯罪论体系的作用,还必须从论理上作实质的考察。显然,从实质的观点进行考察,只有具备以下两个条件,才能认定为犯罪:其一,发生了违法事实(违法性);其二,能够就违法事实进行非难(责任)。据此,犯罪的实体是违法与责任。[8]但是,由于刑法实行罪刑法定原则,所以,只有符合构成要件的违法行为(不法),才能成为犯罪的实体之一。责任是对不法的责任,是针对符合构成要件的违法事实的非难可能性,所以,不法是责任的前提。据此,犯罪的实体是不法与责任。

1. 不法

不法,是指符合构成要件并且违法。符合构成要件是事实,是评价的对象,违法是对符合构成要件事实的评价。所以,不法由事实与评价两部分组成。[9] 在此,主要联系刑法第13条的规定侧重于从违法的角度说明犯罪基本特征。

"虽然从形式上说,刑法上的违法性,是指对刑法规范(评价规范)的违反,但是,由于

---

[7] 国家颁布了许多法律,并非被法律禁止的行为都是犯罪,只有当法律对某种行为规定了刑罚后果时,该行为才是犯罪。司法机关是根据具体化、类型化的法律特征认定犯罪的,那么,依据何种标志判断法律规定的是犯罪行为呢?目前的答案是,在行为的法律要件之后是否规定了刑罚后果(法定刑)。所谓"没有刑罚就没有犯罪"、"没有法定刑罚就没有犯罪"正是在此意义上而言。某种行为是否被法律规定为犯罪,并非仅由法律的性质而定。刑法具有多种渊源,即使是典型的单行刑法,其中也可能规定了一般违法行为。例如,已经作废的《关于禁毒的决定》是公认的单行刑法,其序言规定"严禁吸食、注射毒品",但第8条第1款规定:"吸食、注射毒品的,由公安机关处十五日以下拘留,可以单处或者并处二千元以下罚款,并没收毒品和吸食、注射器具。"第2款规定:"吸食、注射毒品成瘾的,除依照前款规定处罚外,予以强制戒除,进行治疗、教育。强制戒除后又吸食、注射毒品的,可以实行劳动教养,并在劳动教养中强制戒除。"由于本条没有规定刑罚后果,即不属于应受刑罚处罚的行为,所以,吸食、注射毒品的行为不是犯罪。而日本刑法第138条第1款规定:"吸食鸦片烟的,处三年以下惩役。'人们便能肯定,吸食鸦片烟的行为在日本是犯罪行为。再如,当刑法分则条文仅对聚众犯罪的首要分子规定了刑罚后果,没有对其他参加者规定刑罚后果时,表明其他参加者的行为不成立犯罪。换言之,刑法是以刑罚禁止犯罪的,如果某种行为依照刑法应受刑罚处罚,就表明刑法禁止该行为。当然,这并不意味着任何犯罪都必然受到刑罚处罚。因为犯罪行为形形色色,同一种犯罪也完全存在不同情节,故刑法规定了构成犯罪而免除刑罚处罚的情形,司法实践中也存在认定某种行为构成犯罪而不判处刑罚的情况。但免除刑罚处罚,也是以应受刑罚处罚为前提的;如果不应受刑罚处罚,则不成立犯罪。

[8] 参见[德]乌尔斯·金德霍伊泽尔:《论犯罪构造的逻辑》,徐凌波、蔡桂生译,载《中外法学》2014年第1期;[日]前田雅英:《刑法总论讲义》,东京大学出版会2015年第6版,第19页。

[9] 本书区分不法与违法两个概念,但不排除由于引用其他文献等原因,而导致不能严格区分,只能恳请读者根据语境判断。此外,在本书中,"(符合)构成要件的不法行为"与"(符合)构成要件的违法行为"是等同含义。

违法性是刑法规范做出否定评价的事态的属性、评价,故其内容便由刑法的目的来决定。将什么行为作为禁止对象,是由以什么为目的而禁止来决定的。在此意义上说,对实质违法性概念、违法性的实质的理解,由来于对刑法的任务或目的的理解。”[10] 如前所述,刑法的目的与任务是保护法益,所以刑法禁止侵犯法益的行为与结果。换言之,刑法只能将侵害或者威胁了法益的行为规定为犯罪。而且,由于其他法律也以一定的手段履行着保护法益的任务,所以,刑法只能将值得科处刑罚的侵犯法益的行为规定为犯罪。这种法益侵犯性,就是实质的违法性。

刑法第 13 条所称的社会危害性,就是指行为对法益的侵犯性,即刑法第 13 条所列举的行为对国家法益、公共法益以及公民个人法益的侵犯性。具体表现为危害国家主权、领土完整和安全,分裂国家,颠覆人民民主专政的政权和社会主义制度,破坏社会秩序和经济秩序,侵犯国有财产或者劳动群众集体所有的财产,侵犯公民私人所有的财产,侵犯公民的人身权利、民主权利和其他权利;等等。所以,社会危害性或者法益侵犯性,就是刑法上的实质的违法性。

行为对法益的侵犯性包括对法益的侵害性与威胁性(危险性)。[11] 一般来说,侵害性是指行为造成了法益的现实损害;威胁性是指行为具有侵害法益的危险性。当行为没有现实地侵害法益,但具有侵害的危险性时,也具有现实的社会危害性。当然,由于侵害性与威胁性对法益的侵犯程度不同,所以,对于侵犯重大法益的行为,即使没有造成现实的法益侵害结果,但如果造成了侵害的危险,也可能被刑法禁止。

我国传统刑法理论认为,只有一定的人在故意或者过失心理支配下实施的危害社会的行为,才具有社会危害性。换言之,社会危害性是由客观危害与主观恶性构成的。但是,本书采取客观的违法性论的立场,主张从客观上理解和判断社会危害性或实质的违法性。一方面,刑法禁止侵犯法益的行为,所以,即使行为人主观上没有故意与过失,侵犯法益的行为也是被刑法所禁止的;不能认为刑法允许或者放任精神病患者杀人,也不能认为刑法允许或者放任不满 14 周岁的人抢劫。况且,认为客观上侵犯法益的行为不具有社会危害性,并不符合事实。例如,甲在没有故意与过失的情况下,将国家绝密泄露给境外敌对组织的,无疑具有社会危害性。再如,乙在没有故意与过失的情况下,导致他人死亡的,肯定具有社会危害性。刑法不处罚这种行为,不是因为该行为没有社会危害性,而是因为行为人不具有非难可能性。另一方面,对于合法行为以及所谓法律放任的行为,任何人都不能阻止、制止(否则,可能成立犯罪),但对于违法行为,任何人都可以阻止、制止。国家机关与一般公民在遇到 13 周岁的人或者精神病患者杀人时,当然可以乃至应当阻止、制止。同样,当不知情的行为人意外地将国家绝密泄露给境外敌对组织时,国家机关与一般公民也可以乃至应当阻止、制止。这反过来说明,行为是否违法,不以行为人具有责任能力、故意、过失为前提。概言之,应当承认“没有责任的不法”。

可以认为,凡是侵犯刑法所保护的法益的行为,都具有实质的违法性。但是,根据罪刑法定原则,只有符合刑法规定的构成要件并且实质上侵犯了法益的行为,才是不法行为。

---

〔10〕 [日]山口厚:《刑法总论》,有斐阁 2016 年第 3 版,第 105 页。

〔11〕 在本书中,一般来说,使用“侵犯”一词时,包含了对法益的侵害以及造成侵害的危险(威胁);但由于约定俗成的缘故,“法益侵害”一词也可能包含侵害的危险,这需要读者识别。

2. 责任

仅有客观的不法行为，还不足以成立犯罪。根据国民可以接受的观点，只有在可以就客观不法行为对行为人进行非难时，才能将这种行为规定为（认定为）犯罪。换言之，只有当行为人对所实施的客观不法行为具备有责性，应当受到谴责时，这种行为才是犯罪。或者说，只有当能够将客观不法行为及其结果归责于行为人时，才能认定该行为成立犯罪。这既是刑法的人权保障机能决定的，也是刑罚的性质与目的决定的。国民的自由以其具有预测可能性为前提。如果不管国民在行为时如何小心谨慎，只要发生法益侵害结果就受到刑罚处罚，那么，国民就没有任何自由。反过来说，只有当国民在具有实施其他行为的可能性的同时，故意或者过失造成了法益侵害（危险）结果，才能以犯罪论处。这一要求保障了国民的预测可能性，进而保障了国民的自由。刑法的手段主要是刑罚，犯罪是适合科处刑罚的行为，不管是将刑罚的正当化根据理解为报应，还是将刑罚的正当化根据理解为一般预防与特别预防，都以行为人具有非难可能性（他行为可能性）为前提（参见第六章第一节）。刑法理论常常将具有非难可能性表述为“行为人具有责任”。所以，责任（有责性或非难可能性）是犯罪的另一特征。[12]

责任特征同样具有法律根据。根据刑法第 13 条的规定，不法行为只有“依照法律应当受刑罚处罚”时，才是犯罪。例如，根据刑法第 14 条、第 15 条和第 16 条的规定，只有当行为人出于故意或者过失，而且处于可能抗拒的状态时（具有期待可能性），才能受刑罚处罚。换言之，不具有故意与过失的违法行为，依照法律是不应受刑罚处罚的，因而不是犯罪。再如，根据刑法第 18 条的规定，只有当行为人具有责任能力（辨认控制能力）时，其行为才可能受刑罚处罚。所以，从刑法第 13 条“依照法律应当受刑罚处罚”以及相关条文的规定中，也可以将“责任”解释为犯罪的特征。

总之，从实质上说，犯罪是不法且有责的行为。犯罪的不法与责任，正好与刑法的法益保护机能和人权保障机能相对应。不法的实质是侵犯法益，所以，禁止不法行为意味着对法益的保护；责任以具有预测可能性、他行为可能性为前提，所以，将责任作为犯罪特征意味着对国民自由的保障。在实行依法治国的时代，对不法与责任的判断，都必须以刑法为根据。因此，德国、日本刑法理论特别重视违法行为的法定性，将犯罪定义为符合构成要件的违法且有责的行为。在构成要件符合性、违法性、有责性的三个阶层中，第二阶层的要件被称为“违法”或“违法性”（Rechtswidrigkeit）；又由于构成要件是违法类型，于是，将符合构成要件且违法的情形，称为“不法”（Unrecht）。违法性概念强调的是行为的性质（价值判断），是对于对象的评价；由于符合构成要件的行为是评价对象，所以，不法概念包括了违法性的评价对象与对于对象的评价。[13] 据此，犯罪是不法且有责的行为。[14]

需要指出的是，“犯罪”（“罪”）一词具有不同的含义。一般来说，犯罪是指具备了成立犯罪的全部条件的行为。但是，犯罪的本质是法益侵害，在此意义上说，只要符合构成要件的行为侵犯了法益，就具备了犯罪的本质。而行为是否符合构成要件、是否侵犯了法益，只需要进行客观的判断。例如，已满 14 周岁的人杀人，与未满 14 周岁的人杀人，在符

---

〔12〕 请注意，这里的“责任”是犯罪的成立条件，与作为法律后果的“刑事责任”不是等同的含义。

〔13〕 Vgl., C. Roxin, Strafrecht Allgemeiner Teil, Band I, 4. Aufl., H. Beck, 2006, S. 600f.

〔14〕 恳请读者注意的是，这里的不法与作为正当防卫对象的不法侵害，不是等同含义。

合构成要件与侵害了他人生命这一点上没有任何区别。只是出于有责性与刑事政策等方面的理由,对后者不以犯罪论处而已。所以,在一些场合,“犯罪”、“罪”是指符合构成要件且违法的行为(不法行为)。例如,刑法第115条第1款规定:“放火、决水、爆炸以及投放毒害性、放射性、传染病病原体等物质或者以其他危险方法致人重伤、死亡或者使公私财产遭受重大损失的,处十年以上有期徒刑、无期徒刑或者死刑。”第2款规定:“过失犯前款罪的,处三年以上七年以下有期徒刑;情节较轻的,处三年以下有期徒刑或者拘役。”显然,第2款的“前款罪”,仅指客观上符合第1款规定的构成要件且违法的行为(实施了引起火灾、水灾等危害公共安全的行为,并造成了致人重伤、死亡或者致使公私财产遭受重大损失的结果);而不要求行为人像第1款那样出于故意。如果说,“罪”是指完全符合犯罪的全部成立条件的行为,那么,就无法理解刑法第115条第2款(只能将刑法第115条第2款理解为:“过失犯前款故意犯罪致人重伤、死亡或者使公私财产遭受重大损失的,处三年以上七年以下有期徒刑。”这显然是不合适的)。再如,刑法第20条第3款规定:“对正在进行行凶、杀人、抢劫、强奸、绑架以及其他严重危及人身安全的暴力犯罪,采取防卫行为,造成不法侵害人伤亡的,不属于防卫过当,不负刑事责任。”由于正当行为不能向不正当行为让步,所以,对于没有达到法定年龄、没有责任能力的人的不法侵害,在必要时也可以进行正当防卫,因此,上述条款中的“暴力犯罪”并不限于达到法定年龄、具有责任能力的人的暴力犯罪,对于不满14周岁的人实施的杀人、抢劫、强奸等严重危害人身安全的行为,可以(不是必须)进行正当防卫。这也表明,没有达到法定年龄的人的杀人、抢劫、强奸等行为,属于刑法第20条规定的暴力“犯罪”。

(三)但书含义

刑法第13条但书规定,“情节显著轻微危害不大的,不认为是犯罪”。其中的“情节”是指行为过程中影响不法程度的各种情况,如法益的性质、行为的危险与实害结果等,但不应包括行为前后的表现。[15] 至于情节是否显著轻微,则应根据案件的具体情况,综合考虑。“不认为是犯罪”,即刑法不认为是犯罪,故司法机关也不得以犯罪论处,结论只能是不构成犯罪。如果说刑法第13条的本文(即但书前的内容)从正面规定了什么是犯罪,那么,但书则从反面说明了什么不是犯罪;正反两个方面的结合,使人们能够更加准确地理解犯罪概念。

刑法第13条本文与但书的规定,并不意味着认定犯罪必须采取两个步骤——首先判断行为是否具有依法应受刑罚处罚的社会危害性,其次再判断情节是否显著轻微危害不大。这是因为,不管前一判断得出的是肯定结论还是否定结论,都没有必要进行后一判断。所以,只能将情节是否显著轻微危害不大的判断融入前一判断。

问题是,从违法性与构成要件的关系来说,倘若但书的判断是实质违法性的判断,那么,这一判断是否以行为符合构成要件为前提?“出罪标准说”将但书的机能定位于“出罪”,主张先形式地判断行为符合犯罪构成要件,再实质地判断符合构成要件的行为不具有应受刑罚处罚的社会危害性,进而直接根据但书宣告行为无罪。据此,但书只是在行为

---

〔15〕 如果认为但书中的“危害”仅是实质的违法,那么,其中的“情节”就仅指表示违法程度的情节;如若认为但书中的“危害”不仅指实质的违法,而且包括非难可能性,那么,其中的“情节”则同时包括表明违法程度与非难可能性程度的情节。

符合构成要件的基础上阻却实质违法性。[16]“入罪限制条件说”将但书的机能定位于对入罪的限制，主张在判断行为是否符合构成要件时，应同时以但书的限制性规定为指导，据此，符合但书规定的行为原本就不符合犯罪的构成要件。只能以行为不符合构成要件或者不具备其他犯罪成立条件为由宣告无罪，而不能直接根据但书宣告无罪。后者是本书一直主张的观点。

刑法上的违法当然是指值得科处刑罚的违法，构成要件是违法类型，亦即，构成要件所描述的是值得科处刑罚的违法行为；情节显著轻微危害不大的行为，原本就不会被刑法类型化为构成要件行为。所以，“出罪标准说”不符合构成要件与违法性关系的原理。现实中直接根据但书宣告无罪的观点与做法，主要表现为两种情况：(1)行为符合犯罪构成要件与其他成立条件，原本成立犯罪，却直接根据但书宣告无罪。如将实施积极安乐死的行为宣告无罪，将具有抽象危险的醉酒驾驶行为宣告无罪。然而，对这种行为根本不能宣告无罪，而应依法定罪量刑。(2)对构成要件作形式主义的理解，使构成要件行为包含了不值得科处刑罚的行为。如将邮政工作人员私拆一封没有重要内容的信件并未造成严重后果的行为，解释为符合刑法第 253 条规定的构成要件的行为，进而主张直接引用第 13 条的但书宣告无罪。可是，刑法在规定犯罪构成要件时，必然对符合犯罪构成要件的行为进行实质的评价。立法者规定抢劫、盗窃、敲诈勒索等罪的构成要件时，所想到的是：通过构成要件所描述的行为，是值得科处刑罚的犯罪行为。与之相应，刑法的解释者、适用者在解释和适用刑法规定的犯罪构成要件时，也必须从实质上理解，只能将值得科处刑罚的违法行为解释为符合构成要件的行为。如果犯罪构成要件被形式化，就可能导致直接根据社会危害性判断犯罪的成立与否，这是相当危险的。因此，邮政工作人员私拆一封没有重要内容的信件并未造成严重后果的行为，并不是符合刑法第 253 条所规定的犯罪构成要件的行为；应以行为不符合犯罪构成要件为由宣告无罪，而不是直接以刑法第 13 条的但书为根据宣告无罪。[17]

倘若将第 13 条的本文与但书理解为犯罪成立条件（犯罪构成）与社会危害性的关系（本书不赞成这样的理解），司法机关也只能根据刑法规定的犯罪成立条件认定行为是否成立犯罪，而不是直接以社会危害性的大小认定犯罪。如果行为符合犯罪成立条件，当然成立犯罪；如果行为不符合犯罪成立条件，自然不成立犯罪。如果行为符合犯罪成立条件，却又根据第 13 条但书宣告无罪，便使刑法规定的犯罪成立条件丧失应有的意义，也违反了刑法第 3 条的规定。例如，一旦对故意杀人、放火、爆炸、盗窃等罪的成立条件做出了合理解释，那么，只要行为符合这些犯罪的成立条件，就不应当以情节显著轻微危害不大为由宣告无罪。基于同样的理由，当刑法分则条文对犯罪成立条件的表述已经将情节显著轻微的情形排除在犯罪之外时，只要行为符合刑法分则规定的成立条件，就应当认定为犯罪，而不能以情节显著轻微危害不大为由宣告无罪。

总之，犯罪概念不是认定犯罪的具体标准，同样，刑法第 13 条的但书也不是宣告无罪的具体标准。刑法第 13 条是犯罪的一般定义，它首先意味着立法机关根据行为的性质、

---

〔16〕 参见储槐植、张永红：“善待社会危害性观念——从我国刑法第 13 条但书说起”，载《法学研究》2002 年第 3 期。

〔17〕 诚然，只有认定犯罪的成立才需要理由。但是，在司法实践中，当公安、检察机关认为某种行为构成犯罪时，宣告无罪的法官就必须阐明不构成犯罪的理由。

情节等,将应受刑罚处罚的危害行为规定为犯罪;其次也要求司法机关对具体犯罪的构成条件进行实质的解释。

第二节　犯罪的基本分类

一、犯罪的理论分类

对犯罪可以依据不同标准进行不同分类,如作为犯与不作为犯,故意犯与过失犯,既遂犯、未遂犯、中止犯与预备犯等。这些分类会在后面的相关章节中得到说明。这里只是对犯罪的基本分类作些介绍。

(一)重罪与轻罪

以法定刑为标准,将犯罪分为重罪、轻罪与违警罪,始于1791年的《法国刑法典》,迄今为止,仍有许多国家的刑法将犯罪分为重罪与轻罪,或者还加上一类违警罪。我国刑法没有将犯罪分为重罪与轻罪,但理论上仍然可以对犯罪做出这种分类。刑法第67条规定,犯罪以后自首且"犯罪较轻"的可以免除处罚,也暗示了可以从理论上将犯罪分为重罪与轻罪。区分重罪与轻罪应以法定刑为标准,而不宜以现实犯罪的轻重为标准。但理论上与实践上对区分重罪与轻罪标准形成共识的时机并未成熟。从刑法的许多相关规定来看(参见刑法第7条、第72条),可以考虑将法定最低刑为3年以上有期徒刑的犯罪称为重罪,其他犯罪则为轻罪。

(二)形式犯与实质犯

形式犯与实质犯的犯罪分类由来已久,其分类标准也颇有争议。第一种观点认为,只要求实施构成要件行为,而不要求对法益造成侵害或者威胁(连抽象的危险也不需要)的犯罪,是形式犯;构成要件以对法益造成侵害或者威胁为内容的犯罪,是实质犯,其中以现实上对法益造成侵害为内容的犯罪称为侵害犯,仅要求有侵害法益的危险的犯罪为危险犯,危险犯又可以分为具体的危险犯与抽象的危险犯。[18] 第二种观点认为,形式犯与实质犯的区别,在于危险的程度不同。形式犯并不是只要在形式上违反法的命令与禁止就成立,也应要求某种侵害法益的危险,但这种危险是比抽象的危险犯中的危险更为轻度的、间接的危险。[19] 第三种观点认为,形式犯对法益也具有危险性,只不过实质犯的被侵害法益是比较特定的,而形式犯的被侵害法益不是很特定。[20] 第四种观点认为,刑法以保护法益为目的,所有的分则条文都有其保护的法益;因此,符合构成要件的行为都是对法益的侵害或者威胁;在此意义上说,所有的犯罪都是实质犯,形式犯没有存在的余地。[21] 本书认为,刑法以保护法益为目的,任何行为都是因为严重侵犯法益才被刑法规定为犯罪,在此意义上说,不存在形式犯;倘若一定要区分形式犯与实质犯,则宜采取上述

---

〔18〕 参见[日]大塚仁:《刑法概说(总论)》,有斐阁2008年第4版,第130页。

〔19〕 参见[日]团藤重光:《刑法纲要总论》,创文社1990年第3版,第130页。

〔20〕 参见[日]平野龙一:《刑法总论Ⅰ》,有斐阁1972年版,第118页。

〔21〕 参见[日]町野朔:《刑法总论讲义案Ⅰ》,信山社1995年第2版,第143页以下。

第三种观点。

（三）自然犯与法定犯

自然犯（与刑事犯的概念大体相同）与法定犯（与行政犯的概念大体相同）的分类得到了许多人的响应，但其区分标准却因人而异。概括起来有以下不同观点：(1)侵害法益的犯罪是自然犯，威胁法益的犯罪是法定犯；(2)侵害或者威胁法益的犯罪是自然犯，纯粹或者单纯不服从法规的犯罪为法定犯；(3)侵害或者威胁法益的是自然犯，违反公共秩序的犯罪是法定犯；(4)同时包含形式要素（违反法规）与实质要素（侵害法益）的犯罪是自然犯，只具备形式要素的犯罪是法定犯；(5)同时违反法规范及文化规范的犯罪是自然犯，只违反法规范的犯罪是法定犯；(6)违反伦理道德、即使没有法律规定也属犯罪的行为是自然犯，没有违反伦理道德、只是由于法律规定才成为犯罪的行为是法定犯；(7)以侵害个人利益为前提、直接引起社会、国家损害的犯罪是自然犯，不以侵害个人利益为前提所引起的社会、国家损害的犯罪是法定犯；(8)违反基本生活秩序的犯罪是自然犯，违反派生生活秩序的犯罪是法定犯；如此等等。可以认为，上述任何一种区分都存在缺陷，于是有人提出了否定自然犯与法定犯区分的学说。[22]

前四种区分标准难以被本书采纳。第(5)种与第(6)种标准基本相同，第(7)种与第(8)种标准也大同小异。其实，刑法理论未必只能以一个标准区分自然犯与法定犯，换言之，我们完全可以在不同场合根据不同需要以不同标准区分二者。例如，在判断行为人是否具有违法性认识的可能性时，大抵可以根据上述第(6)种观点区分自然犯与法定犯。因为自然犯的违法性容易被一般人认识（不借助法律便可认识），法定犯的违法性可能难以被一般人认识（通常需要借助法律来认识）。再如，在判断行为的不法与责任程度（罪行）时，或许可以根据上述第(8)种观点区分自然犯与法定犯。例如，为了制造爆炸事故而非法购买爆炸物的行为，违反了基本生活秩序；基于合理需要没有经过合法程序购买爆炸物的行为，只是侵犯了派生生活秩序。与之相应，前者的罪行也重于后者。此外必须承认的是，自然犯与法定犯的区分具有相对性。

在国外的刑事立法体例上，自然犯被规定在刑法典中，法定犯则被规定在附属刑法（行政法、经济法等法律）或者特别刑法中。这是因为，刑法典是规范基本生活秩序的法律，直接关系到国民基本生活的安定。行政刑法、经济刑法是为了实现行政规制、经济管理目的而借用了刑罚手段的法律，其指导原理主要是合目的性。法定犯的变易性较大，而刑法典则相当稳定，将法定犯规定在行政法、经济法中，有利于随时修改法定犯的构成要件与法定刑，实现行政刑法、经济刑法的合目的性，而不至于损害刑法典的稳定性。法定犯以违反行政法、经济法为前提，在行政法、经济法中直接规定法定犯，避免了法定犯与相关法律的脱节，有利于法定犯的认定。更为重要的是，随着社会生活的复杂化，犯罪类型会越来越多，一部刑法典不可能囊括所有犯罪，因而不可避免在行政法、经济法等法律中直接规定法定犯。[23] 诚然，将法定犯直接规定在行政法、经济法中，可能导致威慑力减小。但是，一般来说，法定犯的不法程度原本就轻于自然犯，所以，将法定犯规定在刑法典之外是合适的。

---

〔22〕 参见［日］福田平：《行政刑法》，有斐阁1978年新版，第3页以下。

〔23〕 参见张玥楷："刑事立法的发展方向"，载《中国法学》2006年第4期。

我国当下采取了自然犯与法定犯一体化的立法体例,亦即,一切犯罪均规定于刑法典中。于是,大量存在较重的自然犯规定中包含较轻的法定犯、较轻的法定犯规定中包含较重的自然犯的现象。在这种立法体例下,尤其应当同时遵守罪刑法定原则与罪刑相适应原则;特别需要对刑法分则条文进行实质解释,充分考虑法条的法益保护目的与法条适用的后果。对于法益侵害轻微的行为,即使其处于分则条文的字面含义之内,也应当排除在犯罪之外;对值得科处较轻刑罚的行为适用重法条明显违反罪刑相适应原则,又没有可以适用的轻法条时,只能将其排除在犯罪之外;一个行为符合了重罪法条对构成要件的表述,但实际上并不具有重罪的不法与责任,因而不应当适用重罪法条,但这种行为不仅符合轻罪法条的文字表述,且值得以轻罪处罚时,只能按轻罪论处;在严重侵害法益的行为符合重罪法条时,应当在遵循罪刑法定原则的前提下,运用想象竞合犯的原理适用重罪法条,而不能基于其他的形式理由适用轻罪法条。〔24〕

(四)隔隙犯与非隔隙犯

隔隙犯是指在实行行为与犯罪结果之间存在时间的、场所的间隔的犯罪。其中实行行为与犯罪结果之间存在时间间隔的犯罪称为隔时犯;实行行为与犯罪结果之间存在场所间隔的犯罪称为隔地犯。隔时犯存在犯罪时的确定问题,隔地犯则存在犯罪地的确定问题。就隔时犯而言,原则上应以行为时为犯罪时;对于隔地犯而言,行为地与结果地均为犯罪地。实行行为与犯罪结果之间没有时间、场所间隔的犯罪,则是非隔隙犯。但非隔隙犯与即成犯不是等同概念。后者与状态犯、继续犯相对,是指一旦发生法益侵害结果,犯罪便同时终了;犯罪一旦终了,法益便同时消灭(法益受到侵害但违法状态没有继续)的犯罪。

二、犯罪的法定分类

犯罪的法定分类,是根据刑法的相关规定所作的分类。我国刑法分则根据犯罪所侵犯的法益性质,将犯罪分为十类:危害国家安全罪,危害公共安全罪,破坏社会主义市场经济秩序罪,侵犯公民人身权利、民主权利罪,侵犯财产罪,妨害社会管理秩序罪,危害国防利益罪,贪污贿赂罪,渎职罪,军人违反职责罪。此外,根据刑法的相关规定,我们还可以对犯罪进行如下分类。

(一)国事犯罪与普通犯罪

刑法分则规定了十类犯罪,其中,第一章所规定的“危害国家安全罪”属于国事犯罪,这类犯罪危害的是国家的政权、社会制度与安全。第二章至第十章规定的犯罪,相对于国事犯罪而言,属于普通犯罪。但其中的第十章所规定的“军人违反职责罪”又属于普通犯罪中的一类特殊犯罪,故也可以说刑法将犯罪分为国事犯罪、军事犯罪与普通犯罪三类。从刑法理论上说,国事犯罪与普通犯罪相结合的犯罪,称为混合犯罪。与此相关联的是,基于政治、宗教等的确信而实施的犯罪,称为确信犯。

(二)自然人犯罪与单位犯罪

自然人犯罪,是指以自然人为行为主体的犯罪,如故意杀人罪、故意伤害罪、盗窃罪等,都是自然人犯罪。单位犯罪,是指以单位作为行为主体的犯罪。在我国,许多犯罪(如票据诈骗罪、信用证诈骗罪)既可以由自然人实施,也可以由单位实施(以刑法有明文

---

〔24〕 参见张明楷:“自然犯与法定犯一体化立法体例下的实质解释”,载《法商研究》2013 年第 4 期。

规定为前提）；当这些犯罪由单位实施时，便是单位犯罪。

（三）身份犯与非身份犯

身份犯是以特殊身份作为客观构成要件要素的犯罪（真正身份犯或构成的身份犯），如贪污罪、受贿罪、刑讯逼供罪、玩忽职守罪等。非身份犯是不以特殊身份作为客观构成要件要素的犯罪，如放火罪、故意杀人罪、盗窃罪、抢劫罪等。这种区分对正确认定犯罪具有重要意义。此外，刑法理论上还有不真正身份犯的概念，即刑法将特殊身份作为刑罚加重或者减轻事由的犯罪（加减的身份犯）。如国家机关工作人员犯诬告陷害罪的，应从重处罚，属于不真正身份犯。[25]

（四）亲告罪与非亲告罪

亲告罪是告诉才处理的犯罪。根据刑法第98条的规定，告诉才处理，是指被害人告诉才处理，如果被害人因受强制、威吓无法告诉的，人民检察院和被害人的近亲属也可以告诉。告诉才处理的犯罪，必须有刑法的明文规定。刑法没有明文规定为告诉才处理的犯罪，均属于非亲告罪，即不问被害人是否告诉、是否同意起诉，人民检察院均可提起公诉的犯罪。刑法将部分犯罪规定为亲告罪，主要是综合考虑了以下三个因素：(1)这种犯罪仅侵害了个人法益，而且比较轻微；(2)这种犯罪往往发生在亲属、邻居、同事之间，被害人与行为人之间一般存在较为密切的关系；(3)这种犯罪涉及被害人的名誉，任意提起诉讼有可能损害被害人的名誉。

尽管我国的刑事诉讼法将告诉才处理的案件列入自诉案件，刑法与刑事诉讼法理论认为"告诉"是指被害人直接向人民法院起诉，但告诉才处理与自诉的法理根据不同，二者之间没有直接关系。例如，日本毫无例外地实行国家追诉主义，既不存在自诉制度，也不存在刑事附带民事诉讼制度，但日本刑法同样规定了亲告罪。就一般犯罪而言，被害人等可以提出控告或者举报，但是否提起诉讼完全由检察机关决定；另一方面，即使没有被害人的请求，检察机关也可能提起诉讼。但是，告诉才处理的犯罪，是指以告诉作为追诉条件，以告诉权人的告诉为必要的犯罪。告诉权人可以通过不告诉或者撤回告诉的方式阻止刑事追诉的进行。[26] 概言之，在日本，亲告罪也需要检察机关向法院提起公诉。德国的自诉制度由刑事诉讼法规定，告诉才处理的犯罪由刑法规定，但刑法理论没有争议地认为，告诉才处理犯罪中的"告诉"是刑法典中的诉讼条件，是进入刑事诉讼程序的先决条件。而且，在德国，告诉并不是只能向法院提出，同样可以向检察机关和警察机构提出；告诉才处理并不意味着只能自诉。[27] 不难看出，告诉才处理是对国家追诉原则的限制（诉讼条件），而自诉是国家追诉原则的例外，只是为了减轻追诉机关的负担。

由上可见，告诉才处理，是指只有被害人向公安、司法机关告发或者起诉，公安、司法机关才能进入刑事诉讼程序。告诉才处理，强调的是不能违反被害人的意愿进行刑事诉讼。反之，在行为原本（可能）构成犯罪的前提下，只要被害人表达进入刑事诉讼程序的意愿，公安、司法机关就应当进入刑事诉讼程序。对此，可归纳如下：(1)被害人不告发

---

〔25〕 国外有学者根据身份的具体作用将身份犯分为违法身份犯与责任身份犯（参见［日］山口厚：《刑法总论》，有斐阁2016年第3版，第38页以下）。

〔26〕 参见［日］大塚仁：《刑法概说（总论）》，有斐阁2008年第4版，第94页。

〔27〕 参见［德］Claus Roxin：《德国刑事诉讼法》，吴丽琪译，台北三民书局1998年版，第106页以下。

的,公安、司法机关不得进入刑事诉讼程序。(2)被害人向公安机关告发的,公安机关应当立案侦查;事实清楚,证据确实、充分的,应当移送人民检察院审查起诉。(3)被害人向人民检察院告发的,人民检察院视情况,或者要求公安机关立案侦查,或者提起公诉。〔28〕(4)被害人向人民法院起诉的,人民法院应当受理;人民法院认为证据不足的,应当视情况驳回起诉、建议被害人撤诉、宣告无罪或者移送公安机关立案侦查。与之相应,在任何阶段,只要被害人撤回告诉的,公安、司法机关就应当撤销案件,做出不起诉决定或者终止审理、宣告无罪。显然,告诉才处理与以节省司法为宗旨的自诉存在本质区别。〔29〕

(五)基本犯、加重犯与减轻犯

基本犯是指刑法分则条文规定的不具有法定加重或者减轻情节的犯罪。加重犯是指刑法分则条文以基本犯为基准规定了加重情节与较重法定刑的犯罪,其中又可以分为结果加重犯与其他情节加重犯,实施基本犯罪因发生严重结果刑法加重了法定刑的犯罪,称为结果加重犯;实施基本犯罪因具有其他严重情节刑法加重了法定刑的犯罪,可谓情节加重犯(其中还可以分为数额加重犯、手段加重犯等)。事实上,还存在一种特别加重犯的情况,即就加重情节规定了加重犯之后,又在加重犯的基础上规定了特别加重情节与更重的法定刑(参见刑法第295条)。减轻犯是指刑法分则条文以基本犯为基准规定了减轻情节与较轻法定刑的犯罪。这种分类实际上主要是对同一具体罪名下的不同情形的分类。

第三节　犯罪的成立条件

一、犯罪成立条件概述

(一)德国、日本的犯罪成立条件

犯罪成立条件,是指行为成立犯罪所必须具备的全部成立条件。如所周知,德国、日本的多数学者采取构成要件符合性、违法性、有责性的三阶层体系(将构成要件符合性与违法性合并为一个阶层的体系,则是两阶层体系)。

一般认为,构成要件是指刑罚法规规定的违法类型。有的则说,构成要件是犯罪轮廓的观念形象。应受刑罚处罚的行为,在法律规定之前有无数的类型(刑事学上的类型),立法者将这些行为进行取舍选择,规定成为法律上的犯罪定型。例如,一般的反自然的性行为、通奸等行为,在刑事学上是犯罪类型,但通常不是刑法上的犯罪类型。另外,刑事学上被认为是几种犯罪类型的行为,在刑法上可能只是一个犯罪类型。例如,借款诈骗、找钱诈骗、赌博诈骗、金蝉脱壳诈骗等在刑事学上是不同的犯罪类型,但在刑法上只存在一个犯罪类型——“骗取他人财物”。又如,在现实社会中存在各种不同的杀人行为,如刀杀、枪杀、毒杀、绞杀等,但在刑法上也被规定为一种犯罪类型——“杀人”。这样的犯罪

---

〔28〕 在公安机关认为证据不足不将案件移送检察机关审查起诉,或者检察机关认为证据不足而不起诉的情况下,被害人仍有可能直接向法院起诉。

〔29〕 参见张明楷:“对‘告诉才处理’的另类解释”,载樊崇义教授70华诞庆贺文集编辑组编:《刑事诉讼法学前沿问题与司法改革研究》,中国人民公安大学出版社2010年版,第233页以下。

类型(定型),就是犯罪的特别构成要件,或者简单地称为构成要件。一般认为,构成要件符合性,大体是一种抽象的、定型的判断。

违法性,是指行为违反法律,即行为为法律所禁止、行为为法律所不允许。但如若追问法律为什么禁止该行为,则是实质的违法性问题。主流观点认为,实质的违法性就是法益侵害性。由于构成要件是法益侵害行为的类型化,故在通常情况下,符合构成要件的行为就具有违法性。但是,正当防卫杀人、紧急避险毁损财物等行为,虽然也符合构成要件,实际上却保护了更为重大(至少同等)的法益,因而不成立犯罪。在此意义上说,犯罪的成立除了符合构成要件之外,还要求行为具有违法性。一般认为,违法性是个别的、具体的、非定型的、客观的判断。〔30〕

有责性(责任),是指非难可能性,即能够就符合构成要件的违法行为对行为人进行非难、谴责。例如,对于无责任能力者的行为,对于没有故意与过失的行为,就不能进行责任非难;对于没有违法性认识可能性、没有期待可能性的行为,也不能进行责任非难。换言之,幼童的行为、精神病人的行为、没有故意与过失的行为、不具有违法性认识可能性与期待可能性的行为,不成立犯罪。所以,有责性成为犯罪的成立条件。有责性是个别的、具体的、内部的、主观的判断。

在上述理论体系中,对行为是否成立犯罪的判断,是由客观(外部)到主观(内部)、由抽象(一般)到具体(个别)、由定型到非定型的逐层递进判断。这种阶层的体系,有利于克服适用刑法的恣意性;有利于检验个案,既可以节省精力,也可以避免遗漏应当检验的要件;使违法性与有责性处于不同层面,明确区分了违法阻却事由与责任阻却事由。

(二)我国的犯罪构成概念

德国、日本刑法理论并无犯罪构成的概念,〔31〕我国刑法理论将成立犯罪所必须具备

---

〔30〕 由于符合构成要件的行为通常具有违法性(构成要件的征表机能、违法性推定机能),所以,在违法性阶段,并不是积极地判断符合构成要件的行为是否具有违法性,而是研究符合构成要件却又排除(阻却)违法性的事由(违法阻却事由,如正当防卫)。

〔31〕 但是,在德国、日本刑法理论中,实际上存在三个构成要件概念:(1)作为成立犯罪条件之一的构成要件,即体系构成要件(Systemtatbestand),也可谓作为犯罪要素的构成要件。(2)作为故意的认识内容的构成要件,德国现行刑法第16条第1款规定:"行为人在实施行为时没有认识到属于法律的构成要件的情况的,不是故意行为。因为过失而实施的可罚性,不受影响。"由于德国刑法理论的通说认为,作为犯罪要素的构成要件,不仅包括客观构成要件要素,而且包括故意等主观要素,但故意的成立只要求认识到属于构成要件的客观情况,而不可能要求行为人认识到自己的主观情况;不仅如此,部分客观情况也不需要行为人认识。所以,德国刑法第16条中的"构成要件"是仅指成立故意所要求认识到的客观的构成要件。这个意义上的构成要件被称为错误构成要件(Irrtumstatbestand)或法律构成要件(gesetzlicher Tatbestand)。这个构成要件是从体系构成要件中分离出来的一部分。(3)保障罪刑法定主义得以实现的广义的构成要件。在三阶层体系中,构成要件本身并不能担保罪刑法定主义的实现,因为构成要件只是在"法无明文规定不为罪"这种与存在刑罚法规的关系上起到罪刑法定主义的机能;事实上,只有同时在违法阻却事由、有责性、客观处罚条件等领域贯彻罪刑法定主义,才能保障人权。例如,无视法律所规定的违法阻却事由而认定犯罪的做法(如将正当防卫认定为犯罪),依然违反了罪刑法定主义。再如,当责任年龄以14周岁为起点时,将年仅13周岁的人的杀人行为认定为犯罪(无视法定的责任阻却事由),也违反了罪刑法定主义。可见,为了保障罪刑法定主义的实现,认定犯罪必须在任何方面都具有法律的明文规定。这种保障罪刑法定主义的实现所要求的全部要件(乃至包括诉讼法条件),叫做保障构成要件(Garentiertatbestand),也有学者称为广义的构成要件(如果认为保障构成要件仅包括成立犯罪所必须具备的实质要件,则与广义的构成要件具有等同含义——相当于我国的犯罪构成概念;如果认为保障构成要件还包括诉讼要件,则与广义的构成要件不是等同概念)。但是,一般所称的构成要件,都是指体系构成要件。

的条件称为“犯罪构成”。不言而喻,我国的犯罪构成就是犯罪成立条件。[32] 显而易见,犯罪构成应当是犯罪概念或者犯罪基本特征的具体化。

传统刑法理论将犯罪的基本特征概括为社会危害性、刑事违法性与应受刑罚处罚性三个特征,同时认为,犯罪构成是我国刑法规定的,决定某一具体行为的社会危害性及其程度,而为成立犯罪所必需的一切客观和主观要件的有机统一(四要件体系)。犯罪构成由犯罪客体、犯罪客观方面、犯罪主体、犯罪主观方面组成。从逻辑上说,既然认为犯罪具备上述三个特征,那么,接下来就应当说明,表明社会危害性的要件或者要素是什么,表明刑事违法性的要件或者要素是什么,表明应受刑罚处罚性的要件或者要素是什么。但是,传统刑法理论并没有这样做,而是认为,当行为具备了犯罪构成的四个要件时,就既具有社会危害性与刑事违法性,也具有应受刑罚处罚性;反之,如果行为缺少其中一个要件,就既不具有社会危害性,也不具有刑事违法性与应受刑罚处罚性。于是,犯罪的三个特征之间就没有区别,犯罪构成的各个要件不能分别起作用,只能综合起来发挥作用。此外,传统刑法理论所使用的社会危害性概念并不明确,而且该概念在犯罪构成之外起作用,容易造成处罚的恣意性。

根据本书的观点,犯罪的实体或者基本特征是不法与责任,所以,犯罪构成是刑法规定的,反映行为的法益侵犯性与非难可能性,而为该行为成立犯罪所必须具备的不法要件和责任要素的有机整体。例如,根据刑法第 238 条以及总则的有关规定,成立非法拘禁罪必须具备以下条件:(1)行为主体实施了非法拘禁他人或者以其他方法非法剥夺他人人身自由的行为;但是,依法扭送现行犯至司法机关的行为,阻却行为的违法性。(2)行为主体对非法剥夺他人人身自由的结果持故意态度,即明知自己的行为会发生剥夺他人人身自由的结果,并且希望或者放任这种结果发生,并且不存在违法阻却事由的认识(没有认识到存在违法阻却事由);与此同时,行为主体必须已满 16 周岁,具有责任能力,具有违法性认识的可能性与期待可能性,否则阻却责任。上述不法要件与责任要素相互联系、相互作用,形成有机整体,这个有机整体便是非法拘禁罪的犯罪构成。该犯罪构成由刑法第 238 条及总则的有关规定确立;具备该犯罪构成就说明行为具有法益侵犯性与非难可能性;该犯罪构成是认定行为是否构成非法拘禁罪的法律标准,不管现实中是否发生非法拘禁行为,该犯罪构成作为法律规定总是客观存在的。

首先,犯罪构成是不法与责任的有机整体,因而是犯罪类型。日本刑法理论对构成要件是不是犯罪类型存在争议。一方面,如果认为故意、过失属于构成要件的内容,那么,构成要件就是犯罪类型;如果认为故意、过失不是构成要件的内容,则构成要件不是犯罪类型。例如,倘若认为故意杀人罪的构成要件包含杀人故意的要素、过失致人死亡罪的构成要件包含过失的要素,那么,故意杀人罪、故意伤害(致死)罪、过失致人死亡罪的构成要件就不同,于是,构成要件成为犯罪类型。反之,如果认为故意杀人罪中的故意、过失致人死亡罪中的过失不是构成要件要素,那么,故意杀人罪、故意伤害(致死)罪、过失致人死亡罪的构成要件便相同,于是,构成要件不是犯罪类型。另一方面,日本刑法理论缺乏(或者不使用)包括了构成要件符合性、违法性与有责性的上位概念。本书认为,我们依然可以使用犯罪构成的概念,从而使犯罪构成成为犯罪类型。例如,故意杀人罪与故意伤

〔32〕 本书在等同意义上使用“犯罪构成”与“犯罪成立条件”两个概念。

害(致死)罪,虽然不法相同,但责任不同,因而可以说犯罪构成不同。

其次,犯罪构成是不法与责任的法律标志。犯罪构成是刑法规定的。刑法总则与分则作为有机整体统一规定了犯罪构成,表现在总则规定了一切犯罪必须具备的要件或要素,分则只规定具体犯罪所特别需要具备的要件或要素。我国刑事法律没有使用"犯罪构成"术语,理论上对犯罪构成尚存争议,于是有人以此为由否认犯罪构成是法律规定,认为它只是一种理论学说。[33] 但是,刑法确实规定了构成各种犯罪必须具备的要件与要素,刑法理论也正是将刑法的这种规定概括为犯罪构成。所以,刑法实际上规定了犯罪构成。对犯罪构成尚存争议,表明对刑法规定还有不同理解,但不能因此否认刑法规定的犯罪构成本身。对刑法规定的犯罪构成进行理论研究所取得的成果,则是理论学说(犯罪构成理论),如果没有刑法对犯罪构成的规定,也就没有犯罪构成理论。在此意义上说,犯罪构成理论来源于法定的犯罪构成。犯罪构成并不是抽象的法律概念,而是不法与责任的法律标志。犯罪构成之所以包括不法与责任,是因为犯罪是不法且有责的行为。构成要件是表明违法的要件,责任要素是表明非难可能性的要素。因此,对构成要件的解释,必须表明行为具有值得科处刑罚的法益侵犯性;对责任要素的解释,必须表明行为人对不法事实具有非难可能性。

最后,犯罪构成是认定犯罪的法律标准。任何行为,凡是符合某种犯罪构成的,就成立犯罪;凡是不符合犯罪构成的,就不成立犯罪。就认定犯罪的法律标准而言,除了犯罪构成之外没有别的标准,也不能在犯罪构成之外附加其他任何条件,所以,犯罪构成是认定犯罪的唯一法律标准。换言之,行为符合犯罪构成是认定犯罪的唯一根据。[34]

由于犯罪构成是认定犯罪的法律标准,所以它与犯罪构成事实(符合犯罪构成的事实)有别:前者是法律规定,后者是具体事实。二者的联系也显而易见:具体事实符合法定的犯罪构成时,才能称为犯罪构成事实。[35]

当然,案件事实对犯罪构成的解释起着重要作用。为了使刑法规范满足一个处在永久变动中的社会的所有新的需要,解释者在面对某种崭新的案件事实,同时根据正义理念认为有必要对之进行刑法规制时,总是将这种案件事实与刑法规范相对应,现实的案件事实成为推动解释者反复斟酌刑法用语真实含义的最大动因。当行为人携带刀具、棍棒等抢夺时,解释者会习惯于将"凶器"解释为一种器具;而当行为人携带含有艾滋病毒的注射器或者牵着藏獒抢夺时,便会迫使解释者回答"含有艾滋病毒的注射器是不是凶器"、"藏獒是不是凶器"这样的问题。要追问立法者当初是否曾经想到过该问题,并不明智。所以,当解释者将"携带凶器抢夺"作为判断案件的大前提,而面对行为人携带含有艾滋病毒的注射器或者牵着藏獒抢夺的事实时,必然不断地对构成要件要素("凶器")进行解

---

〔33〕 参见陈泽杰:"犯罪构成与刑事责任",载《法学研究》1987年第6期。

〔34〕 日本学者小野清一郎在构成要件符合性之外,还提出了构成要件的"充足"概念,例如,未遂犯的行为事实虽然符合基本的构成要件,但没有充足基本的构成要件(参见[日]小野清一郎:《犯罪构成要件理论》,王泰译,中国人民公安大学出版社1991年版,第10页以下)。近年来,我国学者也大量使用"充足"、"齐备"等概念,认为犯罪未遂没有齐备犯罪构成的全部要件。但是,就与犯罪构成的关系而言,任何犯罪只需要符合犯罪构成,在"符合"之外没有谈论"充足"的余地(参见[日]大塚仁:《刑法概说(总论)》,有斐阁2008年第4版,第123页)。

〔35〕 有的教科书将犯罪构成事实称为"社会现实生活中客观存在犯罪构成"、"现实的犯罪构成"[何秉松主编:《刑法教科书》(上卷),中国法制出版社2000年版,第205页],这容易引起歧义。

释,不断地对案件事实进行分析。换言之,判断者的目光总是不断地往返于犯罪构成与案件事实之间,使犯罪构成与案件事实交互作用,从而做出判断。

具体地说,判断者"必须把他应当判决的、个别的具体的个案与组成实在法的法制的或多或少是抽象把握的各种规则联系起来。规则和案件是他的思维的两个界限。他的考虑从案件到规则,又从规则到案件,对二者进行比较、分析、权衡。案件通过那些可能会等着拿来应用的、可能决定着判决的规则进行分析;反之,规则则是通过某些特定的个案或者案件类型进行解释"。[36] 换言之,一方面要将案件事实向犯罪构成拉近,另一方面将犯罪构成向案件事实拉近。例如,犯罪构成的内容是故意毁坏公私财物,案件事实为行为人故意将他人价值1万元的戒指扔入大海中。如果将犯罪构成中的"毁坏"解释为"导致财物物理上的毁损",将案件事实抽象为"使他人戒指转移于大海中",则必然得出无罪结论;但这种结论不能被人接受。于是,判断者可能进一步解释犯罪构成,将"毁坏"解释为"导致财物的本来效用减少或者丧失",将案件事实抽象为"使他人丧失了戒指的本来效用",则必然得出有罪结论。当然,这并不意味着判断者一定要达到有罪结论才罢休。无论如何不能通过违反罪刑法定原则与歪曲案件事实得出有罪结论。换言之,只能在既不违反罪刑法定原则、又不歪曲事实的前提下,使犯罪构成与案件事实彼此对应。

(三)犯罪构成的机能

犯罪构成的上述特点,使得犯罪构成具有重要机能。犯罪构成及其理论是罪刑法定主义的产物。罪刑法定主义要求刑法明文、明确规定各种犯罪的成立条件与法律后果,犯罪构成正是犯罪成立条件,因此,犯罪构成使罪刑法定主义得以实现(罪刑法定主义的机能)。罪刑法定是法治在刑法上的体现,又是保护法益和保障公民自由的要求,所以,犯罪构成对依法治国、保护法益与保障公民自由具有重大意义。

犯罪构成作为法律规定,对刑事司法具有特别重要的意义:(1)它为区分罪与非罪提供了法律标准。行为符合犯罪构成就成立犯罪,否则便不成立犯罪(人权保障机能)。(2)它为区分此罪与彼罪提供了法律标准。不同的犯罪存在各自不同的犯罪构成,符合不同的犯罪构成便成立不同的犯罪(犯罪个别化机能)。(3)它为区分一罪与数罪提供了法律依据。区分行为构成一罪还是数罪,大体上以犯罪构成为法律标准:行为符合一个罪的犯罪构成就成立一罪;行为符合数个罪的犯罪构成便成立数罪(罪数区分机能)。(4)它为区分重罪与轻罪提供了法律依据。犯罪构成的内容不同,其所反映的不法与责任程度就不同,人们从犯罪构成的内容便可知道该罪的罪行轻重(罪行评价机能)。

二、传统的犯罪构成体系

传统刑法理论认为,犯罪构成由四个方面组成:(1)犯罪客体,指我国刑法所保护而为犯罪行为所侵犯的社会关系;(2)犯罪客观方面或犯罪客观要件,指犯罪活动在客观上的外在表现,其中主要包括危害行为、危害结果、因果关系等;(3)犯罪主体,指达到法定年龄、具有责任能力,实施危害社会行为的人,单位也可以成为部分犯罪的主体;(4)犯罪主观方面或犯罪主观要件,指犯罪主体对其实施的危害行为及危害结果所抱的心理态度,包括故意、过失以及目的。在论述了犯罪构成的四个要件之后,再讨论正当防卫、紧急避险等排除犯罪的事由。这种传统的犯罪构成体系本身值得研究。

---

〔36〕 [德]H. 科殷:《法哲学》,林荣远译,华夏出版社2003年版,第196页。

1. 将犯罪客体作为构成要件并不合适。(1)犯罪客体实际上是保护客体,即刑法所保护的法益,或者说是刑法条文的目的。将刑法条文的目的作为犯罪构成的一个要件,并不合适。(2)犯罪客体本身是被侵犯的法益,但要确定某种行为是否侵犯了法益以及侵犯了什么法益,并不是由犯罪客体本身解决;从法律上说,要通过构成要件反映出来;从现实上说,要通过符合构成要件的事实反映出来。将犯罪客体作为要件可能只是起单纯的评价作用,但将一个没有要素的要件交由法官评价,会有损犯罪构成的罪刑法定主义机能;如果认为犯罪客体是事实要素,则与构成要件相重复。[37] (3)在四要件体系中,犯罪客体与犯罪构成的其他三个要件并不处于同一层次,犯罪客体是被反映、被说明的现象,而客观构成要件说明行为侵犯的是何种法益以及侵犯程度;不仅如此,法益实际上对确定犯罪的客观构成要件与犯罪主体的内容具有决定性意义,将法益作为犯罪概念的内容而不作为犯罪构成的一个要件,有利于以犯罪本质为指导解释刑法规定的构成要件。(4)主张犯罪客体不是要件,并不会给犯罪定性带来困难。如上所述,一个犯罪行为侵犯了什么法益,是由构成要件以及符合构成要件的事实决定的。同样,此罪与彼罪的区别,也不是仅由犯罪客体决定的。(5)我国传统刑法理论关于犯罪客体是犯罪构成的要件的观点来自于苏联,但是,其一,苏联刑法学者中也有人(如布拉依宁)反对这种观点。[38] 其二,苏联刑法理论之所以认为犯罪客体是犯罪构成的要件,是因为"每一个犯罪行为,无论它表现为作为或不作为,永远是侵犯一定的客体的行为。不侵犯任何东西的犯罪行为,实际上是不存在的"。[39] 但是,任何犯罪都侵犯法益,并不等于法益本身是犯罪构成的要件。例如,任何犯罪都违反刑法,但刑法本身并不是犯罪构成的要件。可见,将犯罪客体作为犯罪构成的要件,有偷换概念之嫌。其三,特拉伊宁本人在论述犯罪构成因素时,分别论述了"表明犯罪客体的构成因素"、"表明犯罪客观方面的构成因素"、"表明犯罪主体的构成因素"、"表明犯罪主观方面的构成因素",他虽然论述了各种表明客观方面、主体与主观方面的因素,但他的确没有论述哪些因素是表明犯罪客体的构成因素,只是说明了犯罪客体的含义与作用。这正好说明,表明犯罪客体的因素来自其他要件,而不是其本身。其四,苏联刑法理论将犯罪客体纳入犯罪构成之中后,使犯罪构成的其他要件丧失了实质意义而成为单纯的形式要件,正当防卫、紧急避险也被当做符合犯罪构成的行为。为了使这种行为无罪,又在犯罪构成之外以其没有社会危害性为由否认其犯罪性,于是,犯罪构成丧失了认定犯罪的法律标准的机能。[40]

2. 传统的四要件体系,意味着犯罪构成的四个要件只能综合起来发挥作用,因而没有区分不法与责任。换言之,传统刑法否认"没有责任的不法"。这便产生了诸多难以解决的问题。例如,不能说明对13周岁或者精神病患者的杀人行为能否制止或者防卫;不能合理地解决共同犯罪问题(如难以处理17周岁的甲为15周岁的乙入户盗窃望风的案件);不能合理地说明某些分则条文中的"犯罪"概念;如此等等。

3. 传统的四要件体系虽然要求客观与主观的统一或者一致,但难以理顺客观与主观

---

〔37〕 因为结果表明了行为对法益的侵害、危险,行为概念本身也表明对法益的危险。

〔38〕 参见中国人民大学刑法教研室编译:《苏维埃刑法论文选译》(第2辑),中国人民大学出版社1956年版,第18页。

〔39〕 [苏]A. H. 特拉伊宁:《犯罪构成的一般学说》,薛秉忠等译,中国人民大学出版社1958年版,第101页。

〔40〕 参见张明楷:《法益初论》,中国政法大学出版社2003年修订版,第249页以下。

的关系,不能保障从客观到主观认定犯罪,事实上也出现了由主观到客观的四要件体系。有的教科书主张:“犯罪构成共同要件应当按照如下顺序排列:犯罪主体、犯罪主观方面、犯罪客观方面、犯罪客体。因为犯罪构成要件在实际犯罪中发生作用而决定犯罪成立的逻辑顺序是这样的:符合犯罪主体条件的人,在其犯罪心理态度的支配下,实施一定的犯罪行为,危害一定的社会关系。”〔41〕有的教科书按犯罪主体、犯罪客体、犯罪主观方面、犯罪客观方面的秩序排列。〔42〕 此外,四要件体系理论的常见说法是:“故意、过失支配行为人实施特定的犯罪行为”、“危害行为是在故意、过失心理支配下实施的”。这种观念导致由故意、过失的内容决定行为性质,进而导致从主观到客观认定犯罪。但是,将主体置于犯罪构成的核心地位,必然重视主体本身的人身危险性,回到主观主义的刑法立场;从主观到客观认定犯罪,必然使国民的自由面临受侵害的危险,不能够保障国民的行动自由。最能说明这一点的是,传统刑法理论在不能犯与未遂犯的区分问题上,采取了抽象的危险说乃至主观的危险说,结局是,保护了法益的正当行为也可能被认定为未遂犯。〔43〕

4. 传统的四要件体系在犯罪的主观方面之后讨论正当防卫、紧急避险等违法阻却事由。一方面,这种体系安排割裂了违法性的判断,表现为先判断客观危害,接着判断主观责任,然后又回过来判断客观危害。〔44〕 事实上,对于没有侵害法益的行为,不需要也不应当判断所谓主观责任。另一方面,这种体系容易使人们认为正当防卫、紧急避险是完全符合犯罪构成的行为,因而容易导致将正当防卫、紧急避险认定为犯罪。

针对传统四要件体系的缺陷,有学者主张:“在现有的犯罪构成体系上,贯彻客观优先的阶层递进理念”;“树立不同意义的犯罪概念”。换言之,首先应当客观地判断行为是否符合犯罪客体与犯罪客观要件(是否具有社会危害性),然后判断犯罪主体与犯罪主观要件;符合犯罪客体与犯罪客观方面的行为,因为本质上对刑法所保护的法益造成了实际损害或者现实威胁,成为一种意义上的犯罪;完全具备四个要件的行为,成为另一种意义上的犯罪;正当防卫等正当化事由,只是在客观方面与某些犯罪相似;“从理论上讲,在说行为符合具体犯罪的犯罪构成的时候,实际上也意味着该行为不可能是正当防卫、紧急避险等排除犯罪的事由,换言之,在得出这种结论之前,已经进行了该行为不是正当防卫、紧急避险等正当行为的判断,否则就不可能做出这样的结论来。”同时认为,“客体,就是刑法所保护的社会关系或者说是合法利益……完全没有必要以‘为犯罪所侵害’来对其加以修饰”。〔45〕

显然,上述观点与传统的四要件体系具有本质区别。首先,认为符合客观构成要件的行为侵害了法益时,就具有社会危害性,是一种意义上的犯罪,这其实是指不法。其次,认为正当防卫、紧急避险是不符合犯罪构成的行为,是将正当防卫、紧急避险当成了消极的构成要件要素。最后,上述观点是将犯罪主体与犯罪主观方面当做有责性问题讨论的。所以,这种体系是以不法与责任为核心解释四要件体系的。

---

〔41〕 赵秉志主编:《新刑法教程》,中国人民大学出版社 2001 年版,第 88 页。

〔42〕 何秉松主编:《刑法教科书》(上卷),中国法制出版社 2000 年版,第 208 页。

〔43〕 参见张明楷:《刑法的基本立场》,中国法制出版社 2002 年版,第 80 页以下;张明楷:《刑法学》,法律出版社 2003 年第 2 版,第 136 页以下。

〔44〕 客观要件→主观要件→违法阻却事由→责任阻却事由的体系,也存在同样的缺陷。

〔45〕 黎宏:“我国犯罪构成体系不必重构”,载《法学研究》2006 年第 1 期。

即便如此，这种体系也存在难以解决的问题。(1)将犯罪客体解释为刑法所保护的社会关系或者合法利益，已经使客体丧失了构成要件的意义。如前所述，这种客体是分则条文所要保护的法益，是分则条文的目的。将分则条文的目的本身作为要件，恐怕既不合适，也无必要。(2)既然认为在得出行为符合犯罪构成客观要件的结论之前，已经进行了该行为不是正当防卫、紧急避险等正当行为的判断，就应当在犯罪构成的客观构成要件中(或之后)讨论正当防卫与紧急避险等正当化事由，而不是在主观要件之后、更不能在罪数论之后讨论正当化事由。(3)将现行的四要件体系中的犯罪主体要素全部作为责任要素，存在难以解决的问题。例如，在四要件体系中，特殊身份是主体要素。按照上述观点，特殊身份似乎成为责任要素，可事实上并非如此。例如，没有国家工作人员身份的人，其收受财物的行为，不可能侵害国家工作人员职务行为的不可收买性，因而不可能具备受贿罪的社会危害性。所以，国家工作人员这一特殊身份，实际上是受贿罪的违法要素(说明社会危害性的要素)。

不难看出，倘若要克服和解决上述几个问题，恐怕只能采取三阶层或者两阶层体系(不法与责任)。详言之，如果将客体作为刑法分则条文的目的，如要将正当防卫、紧急避险与犯罪客观要件结合起来判断，如若将主体本身与特殊身份作为行为是否侵害了法益的判断要素，那么，四要件体系中的"主体"就只剩下法定年龄与责任能力，而不能再冠以"主体"名称；于是，四要件体系就必然成为三阶层或者两阶层体系。

还有学者采取了类似英美的犯罪论体系。例如，有的学者采取"罪行→罪过→正当化事由→罪责的阻却与减免"的体系。[46] 在本书看来，这种体系主要存在两个缺陷：(1)将犯罪的实体停留在客观与主观两个描述性概念，导致犯罪客观要件与主观要件的判断，成为没有目标指引的纯形式判断，因而并不一定合适。换言之，这种体系没有将客观罪行与不法联系起来，在责任领域甚至采用了心理责任论。(2)罪行或者客观要件的实质是法益侵害，所以，是否存在罪行与符合客观要件的事实，不仅要判断行为是否侵害了某种法益，还要判断行为是否保护了另一种法益，需要进行法益衡量。既然如此，就应当在"罪行"一章之内或者之后讨论正当化事由；而不能在罪责或罪过之后，再回过头来讨论是否存在正当化事由或者违法排除事由。显然，要克服这两个缺陷，也只能采取三阶层或者两阶层体系。有的学者采取"犯罪客观构成要件→犯罪主观构成要件→犯罪排除事由(包括违法排除事由与责任排除事由)"的体系。[47] 倘若其中的主观构成要件是责任要素，仍然存在上述两个缺陷；倘若其中的主观构成要件是违法要素，则该体系给人的印象是没有积极的责任要素(或者必须承认故意、过失的双重地位并主张构成要件是违法有责类型)，实际上形成了"不法(包括客观要件与主观要件)→违法排除事由→责任排除事由"的体系。

三、本书的犯罪构成体系

基于以下理由，本书采取形式上的两阶层实际上也可谓三阶层的体系。犯罪构成由不法与责任组成。不法是指符合构成要件且违法，构成要件符合性不等于犯罪的全部成立条件，只是成立犯罪的一个要件；构成要件是违法类型，是表明行为具有法益侵害性

〔46〕 参见曲新久：《刑法学原理》，高等教育出版社2014年第2版，第78页以下。另参见林亚刚：《刑法学教义(总论)》，北京大学出版社2014年版，第90页以下。

〔47〕 参见周光权：《刑法总论》，中国人民大学出版社2016年第3版，第95页以下。

(违法性)的要件,在行为符合构成要件后,只需要判断是否存在违法阻却事由,而不需要积极地判断违法性。所以,构成要件与违法性同属一个阶层。但是,在这个阶层中,必须先判断构成要件符合性,在得出肯定结论之后,再判断是否存在违法阻却事由。[48] 责任是对不法的非难可能性。具备责任所必需的要素,也可谓责任要素。责任要素中包括需要积极判断的要素(如故意、过失、目的)和只需要消极判断的要素(如违法性认识的可能性与期待可能性)。

第一,如前所述,从实质上说,犯罪的实体是不法与责任,与之相适应,作为犯罪的成立条件,就必须有表明不法的要件与表明责任的要素。

第二,行为是否侵犯法益、是否违法,不以行为人是否具有非难可能性为前提(客观违法性论)。13 周岁的人杀人,也是没有合法根据地剥夺了他人的生命,他人的生命不会因为行为人只有 13 周岁而不受刑法保护,所以,应当肯定 13 周岁的人没有合法根据的杀人行为,具有违法性(法益侵犯性)。之所以不以犯罪论处,是因为其缺乏责任。本书的体系有利于坚持客观违法性论,即符合构成要件的行为,只要不具备违法阻却事由就是不法行为。

第三,任何犯罪构成体系都必须处理好不法与责任的关系。其一,单纯的客观与主观的区分,不具有实质意义。客观与主观只是描述性的概念,而不法与责任才是评价性的概念。其二,故意的成立要求行为人对符合构成要件的事实具有认识,但不要求对属于责任要素的心理事实具有认识(例如,不可能要求行为人认识到“自己已经明知自己的行为会发生危害社会的结果”)。行为主体的特殊身份实际上是故意的成立所必须认识的要素。例如,行为人没有认识到自己是严重性病患者时,不可能成立传播性病罪;有合理根据认为自己取得了医生执业资格的人,不可能成立非法行医罪。既然如此,就不能因为行为主体中有一个“主”字,就将主体的特殊身份归入主观方面。更为重要的是,身份基本上是说明违法性的,[49] 例如,国家工作人员单独犯罪或与他人共同犯罪时,才可能侵犯职务行为的公正性、职务行为的不可收买性。而主体的年龄与责任能力,只是说明非难可能性,是责任要素。基于上述两个方面的考虑,传统四要件体系中的主体要件的内容应当分解到构成要件与责任中去,即主体本身与特殊身份,应归入构成要件;法定年龄与责任能力则属于责任要素。其三,认定犯罪必须从客观到主观、从不法到责任,而不能相反;行为是否违法不是由故意、过失决定的,而是由结果、行为等客观要素决定;责任要素是为了解决主观归责的问题,即在客观地认定了行为性质及其结果后,判断能否将行为及结果归咎于行为人,这便是故意、过失等责任要素所要解决的问题。由此看来,“犯罪并不是像水在化学上由氢元素与氧元素组成一样意义的由几个要素组成”。[50] 所谓的“主客观相统一”,并不是只要具有主观要素与客观要素即可,而是要在行为符合构成要件且违法的前提下考察责任要素。所以,必须先讨论行为的客观不法,后考察行为人的有责性。本书的

---

[48] 构成要件所描述的内容属于禁止规范,违法阻却事由所描述的内容属于允许规范,二者处于同一个规范的逻辑层面,因而处于同一个评价阶层,只是两个审查步骤而已(参见[德]乌尔斯·金德霍伊泽尔:《刑法总论教科书》,蔡桂生译,北京大学出版社 2015 年版,第 51 页。)

[49] 我国刑法中是否存在说明非难可能性的责任身份,也是值得研究的问题。但是,即使承认责任身份,也不能据此否定违法身份。

[50] [日]平野龙一:《刑法总论 I》,有斐阁 1972 年版,第 87 页。

体系正是符合了认定犯罪的路径。

第四,犯罪构成理论必须研究成立犯罪的一般条件,同时也要考察与犯罪具有某些相似之处,而又排除犯罪的事由。犯罪论不可能考察一切无罪事由,不可能将吃饭、散步之类的问题列入其中,但当某种行为与犯罪行为具有相似之处,可能被司法机关认定为犯罪,而事实上并不构成犯罪时,刑法理论也必须讨论。唯有如此,才能进一步说明犯罪的成立条件。显然,如果一个行为完全符合犯罪的全部成立条件,就不可能排除犯罪的成立;所以,现实表明,孤立地观察,一个行为的某个方面与犯罪的某个侧面相似而事实上无罪时,才可能存在(才需要讨论)排除犯罪的事由。另一方面,构成要件具有类型性,文字描述的特点决定了某些符合构成要件的行为实质上却没有违法性(如正当防卫)。事实上,司法机关在对构成要件符合性进行判断时,总是同时考虑阻却违法的事由;而非待全部成立要件判断结束后,再考虑有无违法阻却事由。例如,在可能存在正当防卫情形的案件中,对故意伤害罪的构成要件符合性与正当防卫的判断几乎是同时的,而不是待认定了行为人具有伤害罪的故意后,更不是在确认了故意伤害罪的形态后,再判断行为是否属于正当防卫。

第五,明确区分违法阻却事由与责任阻却事由,有利于在刑法与刑事政策上对两种犯罪阻却事由做不同处理。例如,正当防卫属于违法阻却事由,因而肯定其合法性;而杀人的行为主体只有13周岁,是责任阻却事由,其行为依然侵犯了人的生命,具有违法性。[51]于是,人们可以制止13周岁的人的非正当杀人,而不可能制止正当防卫行为。随着保安处分的发展,对于实施了符合构成要件的违法行为的人,即使其缺乏有责性,也可能施以保安处分(参见刑法第17条第4款,《刑事诉讼法》第284条以下);但对于没有实施违法行为的人,绝对不能施以保安处分。所以,区分违法阻却事由与责任阻却事由,是完全必要的。本书的体系有利于满足这一需要。

第六,本书的体系可以使"犯罪"概念保持相对性,从而解决许多实际问题。一方面,符合构成要件且违法的行为,是一种(不法层面)意义上的"犯罪";在此前提下具备责任要素的行为,是真正意义上的犯罪。[52] 据此,刑法第20条第3款所规定的作为特殊防卫对象的"暴力犯罪",是指不法意义上的犯罪。共同犯罪是不法形态,已满15周岁的甲与不满14周岁的乙共同轮流强奸妇女的,成立"共同犯罪",属于特殊共同犯罪的"轮奸"。[53] 对于盗窃财物的精神病患者,应适用刑法第64条关于"犯罪分子违法所得的一切财物,应当予以追缴或者责令退赔"的规定。

第七,犯罪论体系的经济性应当体现在两个方面:一方面,避免理论本身的繁杂与重复;另一方面,司法机关遵循犯罪论体系认定犯罪时,不致浪费司法资源。如果将犯罪分为故意的作为犯、故意的不作为犯、过失的作为犯、过失的不作为犯,在故意犯罪之下,再分别研究既遂的条件与未遂的条件、共同犯罪等,或许是符合逻辑的,但不具有经济性。

基于以上理由,本书就犯罪构成理论采取以下体系:犯罪概念、犯罪构成→不法(构

---

〔51〕 如果认为刑法与刑法理论不必过问犯罪以外的现象,那么,区分违法阻却事由与责任阻却事由或许没有多大的意义;但事实上并非如此。

〔52〕 当然,维持传统的犯罪构成体系,也可以承认犯罪概念的相对性。但我国传统的犯罪构成理论,并未承认犯罪概念的相对性。

〔53〕 对前者适用轮奸的法定刑,后者因具备责任阻却事由而不可罚(不成立真正意义上的犯罪)。

成要件符合性—违法阻却事由)→责任。显然,本书的体系并不是将三阶层体系中的构成要件符合性与违法性完全一体化,而是强调构成要件是违法类型,主张以违法性指导构成要件的解释,[54]在不法阶层依然要分别讨论构成要件符合性与违法阻却事由。换言之,在三阶层体系中,构成要件与违法性处于两个阶层;在本书体系中,构成要件与违法性虽然处于同一阶层,但其先后关系不得颠倒。

需要说明的是以下几点:(1)本书在犯罪成立条件意义上使用犯罪构成概念,所以,犯罪构成与构成要件不是等同概念。[55] (2)本书在等同意义上使用构成要件、违法构成要件、客观构成要件三个概念(但通常使用构成要件概念),构成要件是违法类型,只是成立犯罪的一个要件,而不是全部要件。(3)本书使用责任要素一词,原则上不再使用责任要件、责任构成要件、主观构成要件的表述,旨在使构成要件这一技术性概念保持特定含义,也便于借鉴国外研究成果和从事国际学术交流。

---

[54] 三阶层体系有不理想之处:一方面,虽然认为构成要件是违法类型,却在构成要件之后才论述什么叫违法性;另一方面,第二阶层的标题虽然是违法性,但实际上讨论的只是违法阻却事由。

[55] 在引用他人论著等情况下,可能难以严格区别二者,恳请读者注意识别。

第五章　不　法

第一节　不法概述

第一款　违　法　性

一、违法性的意义

如前所述，不法是指行为符合构成要件且违法，构成要件是违法类型，对构成要件的解释必须以违法性为指导，所以，必须先明确违法性的含义。

犯罪行为必须是实质上为法律所不允许的行为，即必须是违法的行为。如果客观上不存在违法性，就不会存在对违法行为的非难，因而不可能成立犯罪。这是将违法性与有责性分别论述的意义之所在。所谓违法，就是指行为违反法律，即行为为法律所不允许，在法律上是无价值、反价值的（这只是一般性定义，必须联系后述违法性的本质来理解）。

刑法分则的某些条文，有时也使用“违法”、“非法”概念。对此，应当分为不同情形：第一，对违法性的例示，如刑法第238条的“非法拘禁他人”。在这种场合，分则条文原本可以仅表述为“拘禁他人”。因为刑法所禁止的当然是非法拘禁他人的行为。分则条文之所以特别例示，也是因为客观上存在合法拘禁他人因而并不构成犯罪的情形（在此意义上说，是对可能存在违法阻却事由的提示）。这种例示同时表明，符合构成要件的行为都是具有违法性的行为。第二，要求行为违反国家规定或者行政法规的情形。例如，刑法第155条规定：“直接向走私人非法收购国家禁止进口物品的，或者直接向走私人非法收购走私进口的其他货物、物品，数额较大的”，以走私罪论处。其中的“非法”就是指违反海关法规，其与刑法上的违法性不是等同概念。[1] 第三，属于责任要素的情形，如“非法占有目的”就属于主观要素，而不是客观违法性的要素。[2]

二、形式的违法性与实质的违法性

形式的违法性，意指行为违反法规范，违反法的禁止或命令。换言之，形式的违法性，是从形式上将违法定义为违反实定法。根据形式的违法性论，在德国、日本的三阶层体系中，只要行为符合构成要件，而又不具备法定的违法阻却事由，即具有违法性。

将违法性解释为违反实定法规，是最容易被人们理解的。但是，形式的违法性论没有说明违法性的实体，人们不能不进一步问：“法秩序禁止什么、允许什么？”另一方面，形式的违法性论，否认了超法规的违法阻却事由。于是，出现了实质的违法性论，它是用“违

---

〔1〕 与此相似的表述是“违反……法规”、“违反国家规定”等，它们与刑法上的违法性也不是等同概念。

〔2〕 当然，非法占有目的中的“非法”也要求客观上具有非法性。

反实定法规”以外的实质的根据来说明违法性的。实质的违法性,有利于考察行为的违法程度,有利于对构成要件的解释以及对构成要件符合性的判断,还有利于合理确定正当化事由的根据与范围。

现在,关于实质的违法性的理解,主要是法益侵害说与规范违反说的争论。

规范违反说认为,违法性的实质是违反法规范或者违反法秩序。其中可以分为两种学说:一种是伦理规范违反说,另一种是法规范违反说。

伦理规范违反说“实质的特色,在于用违反道义秩序、缺乏社会的相当性等说明法规范违反的内容”。[3] 如 M. E. 麦耶认为,违法性是指“与国家承认的文化规范不相容的态度”。[4] 小野清一郎说道:“违法性的实质是违反国家的法秩序的精神、目的,对这种精神、目的的具体的规范性要求的背反。违法性的实质既不能单纯用违反形式的法律规范来说明,也不能用单纯的社会有害性或社会的反常规性来说明。法在根本上是国民生活的道义、伦理,同时也是国家的政治的展开、形成,它通过国家的立法在形式上予以确定或者创造。而且,这种形式的法规总是适应国民生活的条理或道义观念,以实现国家的目的。这种法是整体的秩序,违背它就是违法。”[5] 团藤重光指出,违法性“从实质上说,是对整体法秩序的违反,是对作为法秩序基础的社会伦理规范的违反”。[6] 在伦理规范违反说看来,刑法规范的实质是社会伦理规范,从根本上说,法是国民生活的道义、伦理。所以,违反刑法的实质是违反刑法规范背后的社会伦理规范。

可是,伦理规范违反说存在疑问。(1)什么是“法秩序的精神、目的”、什么是“作为法秩序基础的社会伦理规范”,其内容并不明确。(2)伦理规范违反的本质是违反规范的人的意思,所重视的是主观的犯罪意思。如果将这种观点彻底化,就形成“只要有犯罪的意思就有刑罚”的局面。这显然不妥当。诚然,刑法规范也会对人的意思产生影响,对人的行为进行一定的控制,但其目的在于保护值得由刑法规范保护的法益。(3)伦理规范与刑法规范在原理上有相同之处,但伦理规范与刑法规范本身并没有价值,而是为了保护一定的价值才存在的。正因为如此,刑法与伦理在保护一定价值的目的上并不相互排斥,所以,不少伦理规范与刑法规范相重合。但是,即使刑法规范纳入了部分伦理规范,也不是为了推行特定的人的伦理道德,只是因为部分伦理保护的价值与刑法保护的价值具有共通之处。况且,并不是所有的伦理规范都被纳入刑法规范。[7]

法规范违反说认为,违法性的实质是对法规范的违反。详言之,犯罪人之所以受到谴责,是因为他虽然有能力遵守却没有遵守法规范。其中的法规范,既不是指社会伦理规范,也不限于刑法规范,而是作为一般人行动基准的行为规范。

法规范违反说同样存在疑问。(1)作为一般人行为基准的行为规范,其内容并不明确。(2)违反行为规范只是违法性的表象,而不是违法性的实质。刑法之所以禁止某种

---

〔3〕 [日]前田雅英:《刑法总论讲义》,东京大学出版会 2015 年第 6 版,第 31 页。

〔4〕 M. E. 麦耶指出:“文化规范是作为宗教的、风俗的命令与禁止,以及作为交易上、职业上的要求而规律个人的规范的总称。法律规范原则上是国家所承认的文化规范”(转引自[日]福田平:《行政刑法》,有斐阁 1978 年新版,第 15 页)。

〔5〕 [日]小野清一郎:《新订刑法讲义总论》,有斐阁 1948 年版,第 119 页。

〔6〕 [日]团藤重光:《刑法纲要总论》,创文社 1990 年第 3 版,第 188 页。

〔7〕 参见[日]西田典之:《刑法总论》,弘文堂 2010 年第 2 版,第 31 页。

行为,实质的理由在于该行为侵害或者威胁了法益,而不是因为该行为违反了行为规范。(3)违反刑法规范或者不遵守刑法规范,充其量只是形式的违法性,而将违反刑法之外的规范作为违法性的实质,就更难被人接受了。

法益侵害说认为,违法性的实质是对法益的侵害与威胁。李斯特认为,实质的违法性是指行为"对社会有害(反社会的或非社会的)"、是"侵害社会的举动"、是"对法益的侵害或者威胁"。[8] 麦茨格尔认为,违法性的实质是对一定的生活利益的侵害或者有侵害的危险(威胁)。日本学者泷川幸辰认为,违法性的实质是对"被害人利益"的侵害。宫本英修指出:"违法行为以法益的侵害或威胁为内容……要成立违法行为,至少必须威胁了法益。"[9] 前田雅英说:"刑法是为了更好地保护更大多数国民的利益而统制社会全体的手段,故国民的利益受到侵害是违法性的原点。在此意义上可以说,违法行为是'导致法益的侵害或者危险(一定程度以上的可能性)的行为'(法益侵害说)。法益是指应当由刑法来保护的利益。"[10]

根据我国刑法的规定,刑法的任务与目的是保护法益。反过来,对法益的侵害或者威胁,也就成为刑法禁止的根据。换言之,刑法之所以以刑罚禁止某种行为,是因为它侵害或者威胁了法益。所以,侵犯法益是违法性的实质。

形式的违法性与实质的违法性不一定是相对立的概念,将二者相结合有利于说明违法性的本质。不过,形式违法性是指行为违反现行刑法,而实质违法性虽不位于宪法之前却位于刑法之前。当一个行为没有形式违法性时,不能以实质违法性为由肯定形式违法性的存在;但可以用实质违法性概念检测成文刑法(如处罚单纯违反道德的行为,不仅违反宪法,而且在形式上是无效的)。另一方面,可以根据实质违法性,承认刑法没有明文规定的超法规的违法阻却事由。超法规的违法阻却事由,排除行为的实质违法性。

三、客观的违法性与主观的违法性

客观的违法性论将法律理解为客观的评价规范,不管行为人的主观能力如何,只要客观上违反法律就具有违法性。这样,无责任能力人的侵害行为也具有违法性,对之应当允许进行正当防卫。

主观的违法性论将刑法规范理解为对行为人的命令性规范,因此,违反刑法规范的人必须是能够理解规范内容的人,只有能够做出意思决定的人的行为,才谈得上有无违法性的问题(命令说);违法性的有无,只能就有责任能力人的行为而言。于是,不能将精神病患者等无责任能力人的行为认定为违法行为。

本书采取客观的违法性论。(1)违法性的实质是对法益的侵害与威胁,而行为是否侵害或者威胁了法益,与行为人的主观能力以及有无故意、过失没有关系。如前所述,精神病人杀害他人的行为与正常人杀害他人的行为,在侵害了他人生命这一点上没有任何差异。(2)采取客观的违法性论,有利于合理区分违法性与有责性,不至于单纯从总体上判断行为是否构成犯罪。(3)客观的违法性论有利于解决刑法的诸多问题。例如,采取

---

〔8〕 转引自[日]木村静子:"违法与责任",载[日]阿部纯二等编:《刑法基本讲座》(第3卷),法学书院1994年版,第8页。

〔9〕 [日]宫本英修:《刑法学粹》,弘文堂1930年版,第220页。

〔10〕 [日]前田雅英:《刑法总论讲义》,东京大学出版会2015年第6版,第30页。

客观的违法性论,对精神病患者的杀人、伤害等行为就可以顺理成章地制止乃至防卫。(4)即使承认主观的违法要素(如目的、未遂犯的故意等),也不影响客观的违法性论的成立。因为在将行为人的上述内心作为违法判断的对象时,不是从责任评价的观点进行评价的,而是从有无法益侵害及其危险这种事实进行评价的。

四、结果无价值与行为无价值

结果无价值论与行为无价值论,原本是关于违法性实质(实体、根据)的对立,但现在,这种对立已经扩展到整个犯罪论领域。[11] 所以,国外不少学者在构成要件论中讨论结果无价值与行为无价值问题。对于行为现实引起的对法益的侵害或者威胁(危险)所作的否定评价,称为结果无价值(Erfolgsunwert);对于与结果切断的行为本身的样态所作的否定评价,称为行为无价值(Handlungsunwert)。[12]

结果无价值论的基本立场是,刑法的目的与任务是保护法益,违法性的实质(或根据)是法益侵害及其危险;没有造成法益侵害及其危险的行为,即使违反社会伦理秩序,缺乏社会的相当性,或者违反了某种行为规则,也不能成为刑法的处罚对象;应当客观地考察违法性,主观要素原则上不是违法性的判断资料,故意、过失不是违法要素而是责任要素;违法评价的对象是事后查明的客观事实。结果无价值论被称为物的违法论。物的违法论所强调的是行为人的主观能力与主观意识不是违法评价对象。特别需要说明的是,结果无价值中的"结果",不仅指现实的法益侵害,还包括法益侵害的危险。

本书采取结果无价值论的立场。结果无价值论的基本优势在于:(1)刑法的目的具有明确性:任何行为,只要没有侵害、威胁刑法所保护的法益,刑法就不得干预。换言之,结果无价值论不至于使用刑法推行伦理,从而有利于保障国民的行为自由。这一点在价值多元的时代特别重要。(2)什么行为具有违法性,什么要素影响违法性,显得非常清晰。正如行为无价值论者所言:"结果无价值论的功绩,在于明确了违法判断的内容及违法要素的范围,必须由该刑罚法规所预定的规制目的、保护目的予以限定。"[13] (3)由于客观地判断违法性,否认故意、过失是违法要素,从而使违法性的判断更为客观,将有责性的判断建立在违法性的基础之上,既有利于实现法益保护原则,也有利于贯彻责任主义。(4)结果无价值论在违法阻却事由、未遂犯、共犯等问题上,都可以妥当地处理相关难题。

行为无价值有多种含义。首先是评价基准问题,即"无价值"是什么含义?主要存在三种观点(也可谓行为无价值论的三个发展阶段):一是行为"无价值",是指行为违反社会伦理秩序;二是行为"无价值",是指行为缺乏社会的相当性;三是行为"无价值",是指行为违反法规范,或者违反了保护法益所需要遵守的行为规范。其次是评价对象问题,即"行为"是什么含义?"一种观点将故意犯罪里的行为无价值等同于主观的不法要素,将

---

〔11〕 参见[日]前田雅英:《现代社会与实质的犯罪论》,东京大学出版会1992年版,第76页以下;张明楷:《刑法的基本立场》,中国法制出版社2002年版,第170页以下。

〔12〕 行为无价值与结果无价值是日本学者根据德语翻译而成。有学者认为,译为行为反价值与结果反价值比较合适。但约定俗成的缘故,现在一般使用行为无价值与结果无价值的概念。所要注意的是,行为无价值与结果无价值并不只是分别说,行为、结果没有什么价值或者价值中立,而是分别说,行为、结果是恶的。行为无价值即行为"恶",结果无价值即结果"恶"。那么,违法性的根据究竟是行为恶还是结果恶,便成为行为无价值论与结果无价值论争论的焦点问题。

〔13〕 [日]井田良:《犯罪论的现在与目的的行为论》,成文堂1995年版,第147页。

行为无价值理解为纯粹的'意图无价值'……与此相反，另一种观点却认为，通过相应的行为实现犯罪企图主要也包括在行为无价值中。"[14] 所以，行为无价值中的"行为"基本上是指行为本身以及行为人的主观内容。正因为如此，行为无价值论主张，故意是主观的违法要素。行为无价值论被称为人的违法论。

行为无价值论存在疑问：(1)将违反社会伦理秩序作为违法性根据的行为无价值论明显不当。刑罚不是维持社会伦理的适当手段；由于伦理具有相对性，将维持社会伦理作为刑法的任务，容易以刑法的名义强迫他人服从自己的伦理观念。刑法的任务只是保障具有不同价值观的人共同生活所不可缺少的前提条件，只要将对维持国民共同生活具有价值的、特定的、客观上可以把握的利益或状态(法益)作为保护目标即可；刑法原则上只有在违反他人意志、给他人法益造成了重大侵害或者危险时才予以适用。(2)将缺乏社会的相当性作为违法性根据的行为无价值论，也不妥当。所谓缺乏社会的相当性，是指行为不属于历史地形成的共同生活的社会伦理秩序范围内的行为。这仍然是法律道德主义的观点。在日益复杂的社会生活中，人们根本无法知道某种行为是否属于社会的相当行为。事实上，即使自古以来人们习以为常的某些行为，也不一定是正当行为，反而可能是侵害法益的违法行为。换言之，社会的相当性概念具有极大的不明确性因而有损法的安定性，故这一概念在德国基本上已被拒绝。[15] (3)将违反行为规范作为违法性根据的行为无价值论，也值得商榷。首先，不能认为刑法的目的只是保护法规范的有效性。德国学者雅科布斯(G. Jakobs)虽然持这一观点，但是，他"有意回避规范内容的合法性或者不法性的任何命题"，"导致法学家给立法者提供恣意的专断"，"他建议放弃'过时的'规定，最后可还是(回归到了)这里所提出的法益保护理念"。[16] 其次，将违反了保护法益所需要遵守的行为规范作为违法性根据的行为无价值论，虽然将法益保护作为刑法目的，但是，其所称的行为规范并不明确。如果说违法性的根据或者实质是违反刑法中的行为规范，则只是一种形式的违法性论。如果说违法性的根据或者实质是违反了保护法益所需要遵守的刑法规范之外的行为规范，就会导致违反其他法律或者日常行为规则的行为，都会成为刑法上的违法行为，从而扩大处罚范围。况且，即使是为了保护法益所制定的规则，也会存在诸多例外，制定规则的人事先不可能预想到全部例外。所以，当行为人违反了这种规则，但事实上保护了更为优越的法益时(如偶然防卫)，行为无价值论也会认为行为具有违法性。这便违反了保护法益的初衷。社会生活是复杂的，行为规则是不完整的，也是模糊不清的。在当今社会，特殊的、不正常的情况或境遇越来越普遍，许多规则只不过是"笨手笨脚的规则"、"行为的粗糙指导"。而且，离开了"死亡"结果，不会有"杀人"概念。所以，禁止结果或者说禁止实施足以发生结果的行为，是更为有效的。[17] (4)各种行为无价值论都将故意理解为一般违法要素，导致将客观上没有侵害法益的危险，仅由于行为人具有犯罪故意的行为评价为违法行为，因而容易形成违法的主观化乃至道德化，容易扩大

---

〔14〕[德]冈特·施特拉腾韦特、洛塔尔·库伦：《刑法总论I——犯罪论》，杨萌译，法律出版社2006年版，第109页。

〔15〕Vgl., C. Roxin, Strafrecht Allgemeiner Teil, Band I, 4. Aufl., C. H. Beck,2006, S. 295f.

〔16〕[德]克劳斯·罗克信："刑法的任务不是法益保护吗?"，樊文译，载陈兴良主编：《刑事法评论》(第19卷)，北京大学出版社2007年版，第164~165页。

〔17〕参见张明楷："行为无价值论的疑问"，载《中国社会科学》2009年第1期。

处罚范围。换言之,行为无价值论之所以将故意作为违法要素,不仅因为故意能够征表行为人的反规范态度,还因为许多行为在外表上属于无害行为,只有加入行为人的故意内容,才能得出行为无价值的结论。例如,在偶然防卫的场合,当甲向正在杀人的乙开枪射击时,只有考虑到甲没有认识到乙正在杀人即甲具有杀人故意时,才有可能认为甲的行为无价值,进而以未遂犯处罚。由此可以发现行为无价值论的危险:即便客观上完全正当的行为,只有行为人具有犯罪故意,也能成立未遂犯。这明显不利于保障国民的行动自由,甚至容易导致主观归罪。

一元的行为无价值论认为,行为的目的、故意、过失以及行为样态、义务违反决定行为的违法性;法益侵害及其危险对违法性没有实质意义。因为刑法规范是行为规范,只有行为能够成为禁令的对象;结果的发生与否具有偶然性,故不能成为禁令的对象。据此,结果无价值不是违法的构成部分,而是单纯的客观处罚条件。可是,这种观点不仅与未遂犯从宽处罚的刑法规定不一致,而且与未遂犯未发生侵害结果才属偶然的客观事实不相符,故现在采取这种观点的学者极为罕见。

二元论有不同主张。侧重结果无价值的观点主张,结果无价值是违法性的基础,但单纯根据结果来评价违法性是不全面的,还要考虑引起结果的手段、方法等。例如,对于侵害财产的犯罪,刑法根据其侵害行为的样态区分为盗窃罪、诈骗罪、侵占罪、敲诈勒索罪等,就考虑了行为无价值;刑法根据主体的身份不同规定不同犯罪与法定刑(如普通侵占罪与业务侵占罪的罪名与法定刑不同),也是考虑了行为无价值。〔18〕侧重行为无价值的观点主张,行为无价值是违法的基础、处罚的根据;但是,作为附加的要素,为了限定处罚范围,有时也要求结果无价值。于是,结果无价值仅具有限定处罚范围的意义。〔19〕还有学者认为,由结果无价值与行为无价值共同决定违法性。在侵害犯中,如果发生了结果,实现了结果无价值,则成立犯罪既遂;如果缺乏结果无价值,存在行为无价值,则成立未遂犯。〔20〕

可是,二元的行为无价值论也存在疑问。(1)二元论将违反义务的行为无价值与作为客观事态的结果无价值这两种异质的要素统合为一个违法概念,存在论理上的矛盾。(2)根据二元论,如果认定违法性时既要考虑结果无价值,又要考虑行为无价值,那么,二元论所认定的违法性的范围应当更加窄于结果无价值论所认定的范围。因为结果无价值论仅仅根据结果认定违法,而二元论要同时根据行为与结果认定违法,显然从逻辑上看二元论认定违法的范围要窄。然而,事实上却并非如此,二元论所认定的违法范围有时宽于结果无价值论认定的违法范围。例如,彻底的结果无价值论认为偶然防卫没有造成任何不法结果,不具有违法性,不成立犯罪;而二元论则认为,偶然防卫成立犯罪未遂甚至成立犯罪既遂。这表明,所谓的二元论实际上也只是考虑了行为无价值。(3)杀人未遂的成立,以发生致人死亡的危险为前提,因此,未遂犯也具有结果无价值。换言之,杀人未遂的成立,不能成为二元论的根据。(4)刑法根据行为的方式、样态将侵害相同法益的犯罪规定为不同的罪名,并不能说明立法者注重行为无价值。诚然,在违法性判断过程中,“不是仅考虑现实所产生的结果,而且也必须考虑行为方法、样态。但即使在这种场合,也是

〔18〕 参见[日]大塚仁:《刑法概说(总论)》,有斐阁2008年第4版,第368页。
〔19〕 参见[日]井田良:《刑法总论的理论构造》,成文堂2005年版,第15页。
〔20〕 Vgl., C. Roxin, Strafrecht Allgemeiner Teil, Band I, 4. Aufl., C. H. Beck, 2006, S. 321.

为了考虑行为方法、样态所具有的侵害法益的一般危险性，而不是考虑方法、样态本身的反伦理性、行为无价值性”。[21] 另一方面，立法者之所以将侵害相同法益的行为规定为不同的犯罪，是由刑法的性质决定的。即刑法并非处罚所有侵害法益的行为，只是将社会生活中经常发生的、类型化的行为挑选出来规定为犯罪；罪刑法定原则决定了刑法必然要将各种犯罪进行分类，即使是侵害相同法益的行为，为了避免构成要件过于抽象与概括，也必须尽可能进行分类，否则罪刑法定原则就不可能在任何程度上得以实现。所以，根据行为样态对犯罪尽可能进行分类，是为了明确处罚范围，贯彻罪刑法定原则，而不意味着重视行为无价值。中国、日本等国刑法没有根据杀人方法、样态规定多个具体故意杀人罪的立法事实，也否定了立法者注重行为无价值的观点。

二元论者指出：“行为无价值论与结果无价值论的分水岭，不在于是否采取道德主义立场，也不在于是否倾向于以‘社会的相当性’这种一般条款得出结论；二者的分道扬镳之处在于：是否认可将‘事前向国民告知行为的允许性的机能’作为违法论的指导原理，与此同时，是否尽可能地使罪刑法定主义的原则以及刑法规范的一般预防的要求浸透到犯罪论中。”[22] 其中包含了两个逻辑：其一，一个对保护法益通常有用的规则，必须无条件地适用于任何场合。所以，只要行为违反了保护法益需要遵守的一般规则，即使没有造成法益侵害结果，也应认定为违法。这是规则功利主义的立场。[23] 其二，违法性为犯罪提供处罚根据，也为一般预防提供根据，责任只是单纯限制处罚范围。由于故意犯罪的一般预防必要性大，对故意犯罪的处罚重于过失犯罪，所以，为了使故意犯罪的违法性重于过失犯罪，必须将故意作为违法要素纳入构成要件。

规则功利主义的地位十分尴尬，缺乏内在一致的理论体系。如果规则功利主义者强调，经验证明违反某些规则通常造成法益侵害时，人们就无论如何都必须遵守这些规则，便成为义务论者，但义务论与刑法的自由保障机能相冲突。如果规则功利主义否认自己是义务论，时时刻刻用行为的结果为行为规则辩护，那么，它便转向了行为功利主义（结果无价值论）；如果违背某一规则比遵守这项规则会产生更好的结果，规则功利主义又可能按照行为功利主义来辩护。之所以如此，是因为当规则与功利（最终结果）有冲突时，规则功利主义要么违反规则追求好的结果，要么维护规则舍弃好的结果。与此相联系，规则功利主义既可能过于限制国民的行动自由，也可能不利于保护法益，因而不当。例如，当违反行为规则也不会造成法益侵害与危险，反而会保护法益时，行为无价值论也认为该行为是违法的，这便忽视了规则的局限性与例外情形。再如，规则之间存在冲突是常有的现象，通过使国民遵守规则以预防犯罪的观念，在许多场合会使国民束手无策。概言之，

---

〔21〕［日］平野龙一：《刑法总论Ⅱ》，有斐阁1975年版，第216页。

〔22〕［日］井田良：《变革时代的理论刑法学》，庆应义塾大学出版会2007年版，第113页。

〔23〕还有一种二元论认为，只有当行为违反作为行为基准的行为规范，并且造成法益侵害或者危险时，才具有违法性。首先，这一观点表面上限制了违法性的范围，实质上却并非如此。例如，这种观点认为，偶然防卫行为既违反了行为规范，也对法益造成了危险，因而构成犯罪。其次，其中的行为规范，并不限于成文的刑法规范与其他法律规范，而是包括日常生活准则，因而缺乏明确性，进而导致法官判断的恣意性。最后，这种观点也面临一些具体问题。例如，由于未能发现某种添加剂对人体的危害，行政法规没有禁止使用。甲在生产过程中加入了该添加剂，但销售后发现其食品致人伤亡。甲认识到伤亡由添加剂造成，却依然生产销售该食品，又导致多人伤亡。按照上述观点，甲的行为虽然造成了法益侵害，但没有违反行为规范，因而不具有违法性。可是，这种结论难以被人接受。

想通过遵守行为规则实现法益保护目的,过于间接而不现实。另一方面,按照行为无价值论的观点,责任与行为规范违反是两个不同的问题,责任并不向国民设定行动基准,故责任与犯罪预防没有关系。这显然是将故意、过失排除在责任之外所得出的结论。换言之,行为无价值论只是将"刑法规范的一般预防的要求浸透到违法论中",而不浸透于责任论中。这种单纯基于其理论预设的观点缺乏合理根据。

结果无价值论可以在保障国民自由的前提下,实现特殊预防与一般预防。(1)结果无价值论认为,违法评价以结果无价值为必要,故理当以结果回避可能性为前提。结果回避可能性意味着这样的关系:如果行为人按照法的期待行事,结果就不会发生;倘若行为人按照法的期待行事,结果仍然会发生,那么,就不能将结果归责于行为。换言之,在行为人通过行为使结果发生的场合,刑法规范是为了防止将来在相同状况下发生这种结果而予以处罚的。在这种状况下,倘若行为人履行义务也不能回避结果时,通过刑罚处罚来强制这种义务的履行就完全没有意义。(2)社会生活是复杂的,行为规则是不完整的,也是模糊不清的。在当今的风险社会,特殊的、不正常的情况或境遇越来越普遍,所以,禁止结果或者说禁止实施足以发生结果的行为,是更为有效的。(3)刑法的颁布与适用本身就会产生一般预防的效果。况且,处罚过失致人死亡罪,并不只是预防此罪,完全也有利于预防故意杀人罪;处罚盗窃罪,也有利于预防抢劫罪;如此等等。此外,结果无价值论主张对违法性进行事后判断,也只是指法官对行为人的行为是否具有违法性进行事后判断;当行为人在行为时认识到或可能认识到行为发生法益侵害结果时,就能够产生反对动机,从而抑止行为。换言之,法官将刑法作为裁判规范予以适用时,并不影响一般人将刑法作为行为规范对待。因此,结果无价值论与刑法的告知机能、提示机能并不冲突。(4)将故意、过失作为责任要素,意味着责任与犯罪预防也有关联。因为故意责任重,特殊预防的必要性大,处罚更严重。反之,过失责任轻,特殊预防的必要性小,处罚更轻缓。即使是一般预防的必要性,也可能在责任中予以考虑。例如,故意责任重于过失责任,意味着刑罚更注重对故意犯罪的一般预防。[24]

五、可罚的违法性

可罚的违法性的理论认为,某种行为即使在形式上符合构成要件,并且不具有违法阻却事由,但如果不具有可罚的违法性,也不成立犯罪。

本书认为,可罚的违法性是一个不必要的概念。因为刑法上的违法性是客观的法益侵害或者威胁,这种违法性当然必须达到值得科处刑罚的程度。换言之,刑法上的违法性是判断行为是否值得处罚的要件,所以,具有刑法上的违法性,也就具有了值得科处刑罚的违法性,没有必要再使用可罚的违法性的概念。此外,只要对构成要件进行实质的解释,可罚的违法性概念就是多余的。而且,可罚的违法性概念,引起了许多混乱。

第二款　构成要件

一、构成要件的概念

构成要件的观念,来源于中世纪意大利的纠问程序中的"corpus delicti"概念。当时

---

〔24〕　参见张明楷:《行为无价值论与结果无价值论》,北京大学出版社2012年版。

的纠问程序分为一般纠问与特别纠问，一般纠问在于确证犯罪事实是否存在，特别纠问是针对特定的嫌疑人进行的纠问。一般纠问中所应当确证的犯罪事实被称为“corpus delicti”，它意味着舍弃了与行为人联系后的一种外部的客观实在。18世纪末，克莱因（E. F. Klein）在其《普通德国刑法纲要》一书中，将“corpus delicti”翻译成“Tatbestand”一词，日本学者将“Tatbestand”译为构成要件。起初，构成要件只具有诉讼法上的意义，将它运用到实体法上来，是斯鸠别尔（C. C. Stübel）与费尔巴哈的功劳；而真正形成构成要件理论，还是20世纪初的事情。

在贝林之前，人们只是将犯罪定义为“以刑罚威慑的违法的、有责的行为”；构成要件符合性隐含在“以刑罚威慑”的措辞中。贝林认为这一措辞不明确，人们无从得知以刑罚威慑的行为是什么性质；而构成要件则提供了这种可能性。在此之前，成立犯罪所必须具备的要素，如行为、结果、对象等，因为没有“住所”而“四处游荡”，构成要件为它们提供了体系上的位置。这个意义上的构成要件，被称为体系构成要件。这种体系的构成要件，是成立犯罪首先必须具备的条件。

构成要件是一个特殊的技术性概念。大体可以认为，构成要件是刑法规定的，行为成立犯罪所必须符合的违法类型。当人们问某个行为是否具备“构成要件符合性”时，需要审查的是，这个行为是否满足了刑法分则针对某个特定犯罪所规定的表明违法性的各种要素。例如，要回答行为人在法庭上撒谎的行为是否构成伪证罪的问题，就需要先判断其行为是否符合刑法第305条规定的表明违法性的要素，亦即行为是否“在刑事诉讼中”，行为人是否属于“证人、鉴定人、记录人、翻译人”，行为人是否“作虚假证明、鉴定、记录、翻译”，撒谎的内容是否“与案件有重要关系”，这些要素的总和就是构成要件。构成要件具有以下特点：

首先，构成要件具有法定性。构成要件由刑法明文规定，我国刑法分则条文通常比较明确、具体地规定了各种犯罪的构成要件；有些犯罪由于众所周知，刑法没有详细描述其构成要件，但我们可以从刑法对简明罪状的规定中把握其构成要件。由于构成要件具有法定性，故必须严格依照刑法的规定确定其具体内容。一般来说，人们容易识别刑法分则条文所规定的要素是不是构成要件要素。所应注意的是，分则条文对责任要素的描述事实上也可能包含了客观的构成要件要素。例如，刑法第312条前段规定：“明知是犯罪所得及其产生的收益而予以窝藏、转移、收购、代为销售或者以其他方法掩饰、隐瞒的，处三年以下有期徒刑、拘役或者管制，并处或者单处罚金。”其中的“明知是犯罪所得及其产生的收益”，表面上只是属于责任要素，其实，该规定同时表明了构成要件的部分内容，即该罪的行为对象必须是“犯罪所得及其产生的收益”。

其次，构成要件是违法类型，其内容是说明行为对法益的侵犯性的客观要素。主观与客观这对范畴在不同场合具有不同含义。从本体论来看，客观是指不依赖于人的意志而存在的物质现象，主观是对客观的反映；从认识论来看，认识的形式是主观的，认识的内容是客观的；从实践结构上看，客观是指人的外在活动及其结果，主观是指支配人的外在活动的主观意识。由于从实质上说，犯罪是符合构成要件的违法且有责的行为，故构成要件与责任要素是按照违法性与有责性所作的区分。即为违法性提供根据的客观要素，都属于构成要件的内容,如行为、结果、行为主体本身、特殊身份等。[25] 作为构成要件内容的客观要素,说明行为对刑法所保护的法益的侵犯性,即说明在怎样的条件下,通过什么样的行为,侵犯刑法所保护的法益。例如,妨害作证罪的构成要件,说明行为是通过暴力、威胁、贿买等方法,阻止证人作证或者指使他人作伪证,妨碍司法活动的顺利进行。

最后,构成要件是成立犯罪所必须具备的条件。不具备这一要件,就表明没有侵犯法益的客观事实,因而不能构成犯罪。即使客观行为侵害了法益,但如果不符合构成要件,也不能认定为犯罪。

二、构成要件的机能

构成要件的机能,可以归纳为以下几个方面:

第一,自由保障机能(罪刑法定主义的机能)。构成要件使得受刑罚处罚的行为具有明确的界限。只要不实施符合构成要件的行为,就不会受到国家刑罚的干预。在此意义上说,构成要件保障一般国民的自由。另一方面,刑罚只在符合构成要件的范围内适用,在此意义上说,构成要件又保障犯罪人不受不恰当的处罚。如德国学者布鲁斯(H. Bruns)所说,"构成要件具有针对犯人的恣意而保护社会、针对社会的恣意而保障犯人的双重保障机能"。[26] 当然,构成要件本身不可能完全实现罪刑法定主义的机能。

第二,犯罪个别化机能。构成要件对于大多数犯罪都具有个别化的机能,换言之,构成要件使大多数犯罪具有自身的特点,因而与其他犯罪相区别。例如,盗窃罪、诈骗罪、放火罪的构成要件不同,不仅使这三个罪之间相区别,也使这三个罪与其他犯罪相区别。当然,在少数犯罪中,犯罪的个别化还依赖于责任要素。

第三,故意规制机能。虽然刑法总则第 14 条规定了故意的一般定义,明确了故意是认识因素与意志因素的统一,但是,从刑法第 14 条以及刑法分则条文中,并不能明确各种具体犯罪的故意的认识内容与意志内容。具体犯罪的故意的认识内容与意志内容,依赖于构成要件。大体可以认为,故意是对符合构成要件的客观事实的认识、容认,[27] 即构成要件的内容,就是故意的认识内容与意志内容。所以,构成要件规制了故意的认识内容与意志内容。当然,存在客观的超过要素,即构成要件的某个客观要素也可能不是故意的认识内容(参见第六章第二节第一款)。

第四,违法性评价机能。构成要件是违法类型,所以,只要行为符合构成要件且没有违法阻却事由,就意味着行为具有违法性。不仅如此,构成要件内容还反映出行为的违法程度差异。

---

〔25〕 构成要件要素的客观性不是绝对的,只是意味着故意、过失等主观的责任要素不是影响违法性的要素。例如,是否承认行为意志是行为的特征(有意性),与采取何种违法性论没有关系。倘若认为行为意志是行为的要素,那么,它就成为影响违法性的要素。但是,行为意志与故意、过失、目的不是等同关系,即使具有行为意志也可能属于意外事件(参见本章第二节第三款)。

〔26〕 H. Bruns, Kritik der Lehre vom Tatbestand, Bonner Rechtswissenschaftliche Abhandlungen, H. 23, Bonn und Köln, 1932, S. 19.

〔27〕 既然对符合构成要件的客观事实持容认态度时就是故意,持希望态度时当然也是故意。因此,没有将"希望"态度排斥在故意之外的含义;也可以说,类似这种场合的"容认"包含了"希望"。

三、构成要件的分类

对于构成要件可以从不同角度进行分类。[28]

(一)基本的构成要件与修正的构成要件

一般认为,基本的构成要件是指分则条文就单独的既遂犯所规定的构成要件;修正的构成要件是指总则条文以基本的构成要件为基础并对之加以修正而就共犯、未遂犯等所规定的构成要件。这种分类原本是日本刑法理论对构成要件所作的分类,现在也被引进到我国的刑法教科书。[29] 根据这一分类,刑法分则规定的犯罪以单独的既遂犯为模式;基本构成要件是由分则性条文规定而不是由总则与分则统一规定;分则先设定了"完整"的构成要件,总则后来又取消了其中的部分要件。例如,杀人未遂并不符合故意杀人罪的构成要件,但由于刑法总则设有处罚未遂犯的规定,这一规定对刑法分则规定的故意杀人罪要求发生死亡结果的构成要件进行了修正,杀人未遂便符合这种修正了的构成要件。再如,教唆他人杀人的行为,不是杀人的实行行为,不符合故意杀人罪的基本构成要件,但刑法总则设有处罚教唆犯的规定,这一规定对刑法分则规定的杀人行为必须是实行行为的构成要件进行了修正,教唆杀人行为就符合这种修正了的构成要件。

不过,将构成要件分为基本的构成要件与修正的构成要件,也不是没有疑问的。在我国,修正的构成要件概念似乎存在一种不该存在的"但书"关系:成立故意杀人罪以发生死亡为要件,但是没有发生死亡结果的,也成立故意杀人罪。再如,"修正的构成要件"概念容易使人误认为只有未遂犯、共犯的构成要件是"正确的构成要件";也容易使人通过对通常的构成要件理论进行修正来处理未遂与共犯理论;更没有说明未遂犯、共犯的性质与处罚根据。在此意义上说,与其使用基本的构成要件与修正的构成要件的概念,不如直接使用"既遂犯的构成要件"、"未遂犯的构成要件"、"预备犯的构成要件"、"帮助犯的构成要件"等概念。

这种分类尤其涉及构成要件是否以既遂为模式的问题。主张构成要件不以既遂为模式的观点,将犯罪成立与犯罪的各种特殊形态(未遂犯、中止犯以及加重犯、减轻犯)相区别,认为犯罪的各种特殊形态的成立条件不是构成要件。主张构成要件以既遂为模式进而将构成要件区分为基本的构成要件与修正的构成要件的观点,将犯罪的各种特殊形态的成立条件也归入构成要件。例如,根据前者的观点,"死亡"不是故意杀人罪的构成要件要素,只是故意杀人既遂的成立条件;根据后者的观点,"死亡"是故意杀人罪的构成要件要素。果真如此,构成要件是否以既遂为模式,就不是一个真问题。换言之,上述不同观点不是在同一含义上使用了构成要件概念,因而得出了不同结论。但应注意的是,在我国,故意杀人既遂与故意杀人未遂、中止,都成立相同的罪名。根据罪刑法定原则,故意杀人未遂也必须符合构成要件。在此意义上说,构成要件是成立犯罪的最低限度条件,而不是犯罪既遂的条件。另一方面,刑法理论也完全可以按照既遂模式研究构成要件,因为许多犯罪只有"既遂"才成立犯罪;即使刑法处罚未遂犯,按照既遂模式研究构成要件,也有

---

〔28〕 主要联系国内外刑法理论对构成要件的分类作些介绍与分析。需要说明的是,我国的犯罪构成与德国、日本的构成要件不是等同概念,但是,我国的传统刑法理论在对犯罪构成进行分类时又借用了德国、日本对构成要件的分类。

〔29〕 参见高铭暄、马克昌主编:《刑法学》(上编),中国法制出版社1999年版,第91页以下。

利于未遂犯的认定。

(二)关闭的构成要件与开放的构成要件

关闭的构成要件(完结的构成要件、封闭的构成要件),是指刑法对所有的构成要件要素做出了完整表述的情形。开放的构成要件(需要补充的构成要件、敞开的构成要件),是指刑罚法规只记述了构成要件的部分要素,其他部分要素需要法官在适用时进行补充的情形。例如,过失犯与不真正不作为犯的构成要件就是如此。过失犯中,刑罚法规一般只是记述了法益侵害结果,而法律所要求的注意义务内容则由法官确定。不真正不作为犯中究竟哪些人负有作为义务,也要由法官进行判断。

需要注意的是,并非当一个构成要件中存在不成文的构成要件要素时,该构成要件就是开放的构成要件;只有当某构成要件没有指示违法,因而需要在构成要件之外确定"专门的违法性特征"时,该构成要件才是开放的构成要件。换言之,在开放的构成要件的情形下,必须在构成要件之外寻找积极的违法性的基础。

但是,开放的构成要件概念,现在基本上已被否定。首先,如果肯定开放的构成要件,就意味着否定构成要件的违法性评价机能,这导致构成要件的形式化。其次,如果在构成要件之外寻找违法性的根据,必然损害构成要件的机能。最后,开放的构成要件理论,实际上是将需要补充的构成要件要素,从构成要件转移到违法性中去,从而将其排除在故意的认识对象之外。但这并不妥当。例如,开放的构成要件理论主张在违法性阶层填充不真正不作为犯的保证人要素,于是,保证人与注意义务不是构成要件要素,而是专门的违法要素。由于故意是对构成要件事实的认识、容认,所以,当行为人误以为落入水中的是他人的幼儿时,开放的构成要件理论认为,行为人依然具有故意,只是没有认识到违法性;但是,对于违法性而言,只要具有认识可能性即可,而不需要现实的认识,这便导致不当扩大处罚范围,因而不妥当。再如,刑法第314条规定:"隐藏、转移、变卖、故意毁损已被司法机关查封、扣押、冻结的财产,情节严重的,处三年以下有期徒刑、拘役或者罚金。"该条虽然没有表述为"司法机关依法查封、扣押、冻结的财产",但本罪的成立以司法机关"依法"查封、扣押、冻结为要件。可是,主张开放的构成要件的人,实际上是将扣押、查封、冻结的"合法性"作为构成要件之外的违法要素,而不要求行为人认识。这显然不妥当。所以,大体上可以说,只存在开放的刑罚法规,不存在开放的构成要件。

(三)单一的构成要件与复杂的构成要件

单一的构成要件,是指刑法对构成要件的各个要素仅规定了单一内容的构成要件。即当刑法规定的构成要件中只含单一行为、单一主体、单一对象、单一结果时,便是单一的构成要件。复杂的构成要件,是指刑法规定的构成要件中包含了两个以上的行为(不是罪数意义上的行为数量)、两种以上对象等情形。[30] 后者主要表现为两类情况:一类是刑法规定了两种以上行为、对象、行为主体等,只要具体事实符合其中之一,便成立犯罪,如刑法第305条;另一类是刑法规定了两个以上的行为等,具体事实同时符合刑法规定时,才成立犯罪,如刑法第263条第1项。这两类现象也可能交织在一个构成要件中(如刑法第285条第2款),司法工作人员应特别注意哪些要件是可供选择的,哪些要件是必须同

---

〔30〕 这种分类来自苏联刑法理论(参见[苏]A. H. 特拉伊宁:《犯罪构成的一般学说》,薛秉忠等译,中国人民大学出版社1958年版,第87页以下)。

时具备的。

(四)普通的构成要件、加重的构成要件与减轻的构成要件

一般认为,刑法第263条中的"以暴力、胁迫或者其他方法抢劫公私财物",属于普通的构成要件,其后规定的"入户抢劫"等8种情形属于加重的构成要件。再如,刑法第232条中的"杀人"是普通的构成要件;"情节较轻的"是减轻的构成要件。据此,法定刑升格的条件,都是加重的构成要件;法定刑减轻的条件,则是减轻的构成要件。

本书的基本观点是,刑法分则条文单纯以情节(特别)严重、情节(特别)恶劣以及数额或数量(特别)巨大、首要分子、多次、违法所得数额巨大、犯罪行为孳生之物数量(数额)巨大作为升格条件时,只能视为量刑规则;刑法分则条文因为行为、对象等构成要件要素的特殊性使行为类型发生变化,进而导致违法性增加,并加重法定刑时,才属于加重的构成要件。相应地,当刑法分则条文因为行为、对象等构成要件要素的特殊性使行为类型发生变化,进而导致违法性减少,并减轻法定刑时,才属于减轻的构成要件。

根据违法类型说的观点,只有表明违法行为类型的特征才属于构成要件要素。而情节严重、数额巨大、首要分子、多次(或者对多人实施)、犯罪行为孳生之物数量(数额)巨大、违法所得数额巨大,虽然是表明违法性加重的要素,但并不属于表明违法行为类型的特征。例如,盗窃他人2000元人民币、盗窃他人5万元人民币、盗窃他人50万元人民币的行为类型或特征是完全相同的,所不同的只是违法程度。〔31〕

区分量刑规则与加重的构成要件、减轻的构成要件具有重要意义,突出地表现在如何处理犯罪形态以及如何适用法定刑的问题上。〔32〕 加重的构成要件,可能存在未遂犯。例如,入户抢劫未遂的,适用入户抢劫的法定刑,同时适用刑法总则关于未遂犯的规定。再如,在公共场所当众强奸妇女未遂的,适用刑法第236条第3款规定的加重法定刑,同时适用刑法总则关于未遂犯的规定。但是,量刑规则是不可能存在未遂的。换言之,只有当案件事实完全符合某个量刑规定时,才能按照该规定量刑。例如,假定盗窃罪的数额较大、巨大与特别巨大的起点分别为1000元、6万元与30万元,甲潜入某博物馆,意图窃取价值40万元的一幅画,虽然已经着手,但由于意志以外的原因未得逞。对此,不应认定为盗窃数额特别巨大的未遂,只能认定为普通的盗窃未遂。〔33〕 司法实践中经常发生一个行为人有时盗窃既遂,有时盗窃未遂的案件。例如,甲一次盗窃他人价值2万元的财物既遂,另一次盗窃价值40万元的财物未遂。这种案件在我国司法实践中均被认定为一个盗窃罪。于是,如果认为,刑法第264条对数额特别巨大及其法定刑的规定内容,属于加重的构成要件,那么,对甲理所当然地要适用数额特别巨大的法定刑,既要适用刑法总则关于未遂犯的处罚规定,又将盗窃2万元财物的事实作为从重处罚的情节。但是,这种做法明显不当。其一,明明存在盗窃2万元财物既遂的情形,却要认定为盗窃未遂,违背了事实与常理。其二,一方面认为盗窃数额特别巨大是加重的犯罪构成,另一方面又不将甲的

〔31〕 其中的数额较大仍然是构成要件要素。

〔32〕 实际上还涉及一罪与数罪的区分、同种数罪与不同种数罪的区分问题。

〔33〕 在不适合以数额选择法定刑时,完全可以按照情节选择法定刑。例如,甲在博物馆窃取价值连城的国宝级文物,且在着手窃取时不小心碰掉地上摔毁了文物。对此完全可以选择"情节特别严重"的法定刑,再适用未遂犯的规定。此时适用未遂犯的规定,不是指情节尚未达到情节特别严重,而是已经符合情节特别严重的要求,但由于意志以外的原因没有取得财物。

行为认定为两个盗窃罪(前者盗窃既遂,后者盗窃未遂),这与罪数原理相冲突。其三,在适用刑法总则关于未遂犯的处罚规定的同时,又将盗窃2万元财物作为从重处罚情节的结局是,对甲判处的刑罚明显过重,因而不符合罪刑相适应原则。

反过来,也不能将加重的构成要件理解为量刑规则。如果将加重的构成要件理解为量刑规则,就会导致"一旦符合加重的构成要件,就没有未遂"的不当结论。例如,关于抢劫罪的法定刑升格情形,一种观点认为:"对于具有第263条规定的8种情节之一的抢劫罪,属于结果加重犯和情节加重犯,只要抢劫行为具有其中任何一情节,无论财物是否抢劫到手,都应视为抢劫既遂。"[34]这种观点基本上将加重的构成要件理解为量刑规则了,其结论并不可取。本书的基本观点是,刑法第263条所规定的8种情形中,第(四)项规定的"多次抢劫或者抢劫数额巨大"属于量刑规则,其他规定内容都属于加重的构成要件。所以,第(一)项至第(三)项、第(五)项至第(八)项,都存在犯罪未遂。

根据以上分析,刑法分则条文关于法定刑升格条件的规定,可以分为以下三类:(1)有的分则条文所规定的法定刑升格条件,仅属于量刑规则。如当刑法分则条文将情节严重、情节恶劣、罪行严重或者数额巨大等规定为法定刑升格条件时,它们属于量刑规则,而不属于加重的构成要件。(2)有的分则条文所规定的法定刑升格条件,属于加重的构成要件。例如,刑法第121条规定:"以暴力、胁迫或者其他方法劫持航空器的,处十年以上有期徒刑或者无期徒刑;致人重伤、死亡或者使航空器遭受严重破坏的,处死刑。"本条后段规定的是加重的构成要件,而不只是量刑规则。(3)有的分则条文所规定的法定刑升格条件中,既包括了加重的构成要件,也包括了单纯的量刑规则。如上述刑法第263条。[35]

此外,将刑法分则规定的"情节较轻"的情形归入减轻的构成要件,也存在疑问。例如,刑法理论的通说与司法实践的做法是,将大义灭亲的杀人认定为刑法第232条规定的"情节较轻"的杀人。可是,从构成要件来说,情节较轻的杀人依然符合普通故意杀人罪的构成要件;从违法性的角度来说,大义灭亲的杀人与普通杀人没有区别,都是非法剥夺了他人的生命。大义灭亲之所以被认定为"情节较轻"的杀人,是因为其杀人动机导致责任减轻,进而使得特殊预防的必要性减少。既然如此,就不能认为刑法分则规定的"情节较轻"均属于减轻的构成要件。换言之,"情节较轻"其实也是量刑规则。

四、构成要件的要素

构成要件由具体要素组成。组成要件的要素,就是犯罪构成要件要素。例如,行为主体、特殊身份、行为、结果等都属于构成要件要素。

对构成要件的认识与理解,有赖于对构成要件要素以及要素之间的相互关系的认识与理解;如果对某个构成要件要素产生认识上的偏差,就必然导致对构成要件的认识产生偏差。所以,正确认识与理解构成要件要素,是正确认识构成要件乃至犯罪构成的前提。

---

〔34〕 高铭暄主编:《新编中国刑法学》(下册),中国人民大学出版社1999年版,第769页。
〔35〕 参见张明楷:"加重构成与量刑规则的区分",载《清华法学》2011年第1期。

对构成要件要素可以进行不同分类。[36]

(一)记述的构成要件要素与规范的构成要件要素

记述的构成要件要素与规范的构成要件要素的区分,并没有完全统一的标准。麦茨格尔(E. Mezger)起初认为,从法官的立场来看,对于与构成要件要素相对应的客观事实,只需要进行事实判断、知觉的、认识的活动即可确定的要素,是记述的构成要件要素。与此相对,为了确定构成要件要素,需要法官的评价的要素,或者说需要法官的规范的评价活动、需要法官的补充的价值判断的要素,就是规范的构成要件要素。他后来指出,记述的构成要件要素,是在任何意义上都不要求法官的评价的要素;对记述的构成要件要素虽有解释的必要,但在解释上没有任何争议,在认定事实是否符合构成要件时,不需要法官的个人评价。规范的构成要件要素,是需要填充的构成要件要素,即法官仅仅根据法规的记述还不能确定,只有进一步就具体的事实关系进行判断与评价(这种判断与评价既可能是基于法官的自由裁量,也可能需要基于道德、礼仪、交易习惯等法以外的规范)才能确定的要素。

威尔采尔(H. Welzel)认为,法定构成要件的行为事情,是在社会生活中具有特别的意义与机能的事实关系。这样的事实关系可以分为两类:一类是像"人"、"物"、"动产"、"杀害"等可以感觉的理解的要素,另一类是像"他人的物"、"文书"、"猥亵物品"等由感觉的认识只能获得非本质的部分,本质的部分只有通过精神的理解才能获得的要素。前者称为记述的构成要件要素,后者称为规范的构成要件要素。概言之,规范的构成要件要素的本质,是只有通过精神的理解才能获得其内容的要素,而记述的构成要件要素,则是只要通过感觉的认识就可以获得其内容的要素。现在,许多学者持这种观点。如罗克辛指出:"记述的要素要求一种感性的认识,相反,规范的要素要求一种精神上的理解。"[37]平野龙一也说,规范的构成要件要素"是不能进行感觉的理解,只能进行精神的理解的要素"。[38]所谓能够进行感觉的理解,是指通过人的感官,运用实证的方法或者测算的方法来确定;所谓需要精神的理解,是指需要通过价值判断,或者由社会规范或者法律规范来确定。

关于规范的构成要件要素的类型,学者们有不同的归纳。例如,麦茨格尔将规范的构成要件要素分为以下几类:(1)法律的评价要素,即需要参照刑法以外的其他法律领域中的法的评价或者法的概念的构成要件要素,如"他人的物"、"未成年人"、"公务员"、"货币"、"财产"、"律师"等。(2)一般文化的、社会的评价要素,即要求参照法律以外的伦理

[36]　承认主观的违法要素的学者一般会将构成要件要素分为客观的构成要件要素与主观的构成要件要素。说明行为外部的、客观面的要素即为客观的构成要件要素,如行为主体、特殊身份、行为、结果等;表明行为人内心的、主观面的要素即为主观的构成要件要素,如故意、过失、目的等。主张构成要件是违法有责类型的学者一般会将构成要件分为作为违法类型的构成要件要素与作为责任类型的构成要件要素。即行为的客观面、行为主体、行为对象、行为的状况、结果等属于作为违法类型的构成要件要素,故意、过失等则属于作为责任类型的构成要件要素。但是,适法行为的期待可能性这种以客观事实为基础的规范要素,属于责任要素,而不是违法要素。国外还有不少学者认为,目的是作为违法类型的构成要件要素(主观的违法要素)。据此,客观的构成要件要素与作为违法类型的构成要件要素、主观的构成要件要素与作为责任类型的构成要件要素,并不是等同的概念。本书考虑到我国刑法理论用语的习惯,将表明客观违法性的要素归入构成要件要素,将表明非难可能性的要素归入责任要素。

[37]　C. Roxin, Strafrecht Allgemeiner Teil, Band I, 4. Aufl., C. H. Beck, 2006, S. 308.

[38]　[日]平野龙一:《刑法总论 I》,有斐阁 1972 年版,第 168 页。

的、社会的、经济的等一般文化的性质的评价的构成要件要素,如“猥亵”、“侮辱”、“损害”、“泄愤”等。(3)量的评价要素,即为了确定界限,法官必须进行量的评价的要素,如“公然”、“微薄的价值”、“持有武器”、“放火”、“残废”等。[39] 平野龙一将规范的构成要件要素分为四类:第一类是纯粹的法律概念,如妨害公务罪中的公务的“合法性”;第二类是与价值有关的概念,如“虐待”、“猥亵”等;第三类是具有社会意义的概念,如“文书”、“住宅”等;第四类是伴随事实判断的概念,如“危险”等。[40] 我国刑法中也完全存在麦茨格尔和平野龙一所列举的要素。例如,按照麦茨格尔的分类,我国刑法中的“国家工作人员”、“司法工作人员”、“公私财物”等属于法律的评价要素;“淫秽物品”、“猥亵”、“泄愤报复”等属于一般文化的、社会的评价要素;“数额较大”、“严重残疾”等属于量的评价要素。再如,按照平野龙一的分类,我国刑法第277条中的“依法”属于纯粹的法律概念;第237条中的“猥亵”、第363条中的“淫秽物品”属于与价值有关的概念;第280条中的“公文”、第245条中的“住宅”,属于具有社会意义的概念;第116条中的“危险”以及许多条文中的“情节严重”,都是伴随事实判断的概念。事实上,可以将上述各类规范的构成要件要素分为三大类:第一类是法律的评价要素,即需要根据法律、法规进行评价的要素;第二类是经验法则的评价要素,即需要根据经验法则进行评价的要素;第三类是社会的评价要素,即需要根据社会一般人的价值观念进行评价的要素。

当然,规范的构成要件要素与记述的构成要件要素的区分具有相对性,或者说二者的差异不是质的差异,二者都能为违法性提供根据。[41] 例如,故意杀人罪中的“人”、盗窃罪中的“财物”,一直被认为是记述的构成要件要素。但是,随着脑死亡概念的产生,大脑已经死亡但心脏还在跳动时是不是“人”,随着财产现象形式的复杂化,何种价值、何种形式的现象才是盗窃罪中的“财物”,也在一定程度上需要解释者与司法工作人员的评价的、规范的理解。[42]

记述的构成要件要素与规范的构成要件要素的区分具有一定意义。一方面,从沿革来说,规范的构成要件要素的发现,使构成要件由单纯的行为类型发展为违法类型;另一方面,区分记述的要素与规范的要素,有利于故意的认定以及事实认识错误与法律认识错误的区分。

(二)积极的构成要件要素与消极的构成要件要素

通常的构成要件要素,是积极地、正面地表明成立犯罪必须具备的要素,这种要素就是积极的构成要件要素。否定犯罪成立的构成要件要素,便是消极的构成要件要素。例如,刑法第389条第3款规定:“因被勒索给予国家工作人员以财物,没有获得不正当利益的,不是行贿。”这便是行贿罪中的消极的构成要件要素。消极的构成要件要素可以转换

---

〔39〕 此外,麦茨格尔还提出了主观的评价要素,即必要的评价完全由法官基于主观的裁量的构成要件要素,但他没有举例说明。

〔40〕 参见[日]平野龙一:《刑法总论Ⅰ》,有斐阁1972年版,第168页。

〔41〕 沃尔夫(E. Wolf)认为所有的构成要件要素都具有规范的性质,故所有的构成要件要素都是规范的构成要件要素。他将构成要件要素分为两类:一类是对于法官来说,价值本身已经通过法律形成的要素,即已经充满价值的概念,如公务员、未成年人等概念;另一类是法律只是赋予了价值的形式,其内容需要法官的主观的价值认识来充足,即需要填充的价值概念。

〔42〕 参见[日]町野朔:《刑法总论讲义案Ⅰ》,信山社1995年第2版,第115页。

成积极的构成要件要素进行理解。即在因被勒索给予国家工作人员以财物的情况下,只有获得不正当利益的,才成立行贿罪。虽然消极的构成要件要素是因为规定方式不同而产生的,其意义与积极的构成要件要素没有本质区别,但二者对相关行为的评价存在细微差别。

(三)成文的构成要件要素与不成文的构成要件要素

成文的构成要件要素,是指刑法明文规定的构成要件要素。绝大多数构成要件要素都是成文的构成要件要素。不成文的构成要件要素,是指刑法条文表面上没有明文规定,但根据犯罪的本质、刑法条文之间的相互关系、刑法条文对相关要素的描述所确定的,成立犯罪所必须具备的要素。[43]

就一些具体犯罪而言,由于众所周知的理由或者其他原因,刑法并没有将所有的构成要件要素完整地规定于条文中,而是需要法官在适用过程中进行补充。例如,不真正不作为犯的义务来源、过失犯罪的结果回避可能性,刑法不可能没有遗漏地做出规定。再如,刑法第266条并没有明文规定诈骗罪中的"受骗者基于认识错误处分财产"等要素。在这种情况下,法官不得简单地认为:"既然刑法没有规定,那就不是构成要件要素"。相反,应当考察:如果不承认不成文的构成要件要素,构成要件能否说明该行为的违法性达到了值得科处刑罚的程度?能否说明特定行为的违法性达到了适用某种法定刑(尤其是重法定刑)的程度?

介于成文的构成要件要素与不成文的构成要件要素之间的是空白要素。所谓空白要素,是指刑法分则条文明文指出需要援引其他法律、法规的规定,并由这些法律、法规来确定要素内容。例如,刑法第133条规定,交通肇事罪的成立要求行为"违反交通运输管理法规",这一要求是交通肇事罪的构成要件要素,但只能根据各种交通运输管理法规的相关内容予以确定和判断,而不能直接根据刑法规定予以确定和判断。由于刑法没有具体规定这种构成要件要素的内容,故被称为空白要素;又由于刑法指明了援引其他法律、法规的规定,故不同于不成文的构成要件要素。

(四)真正的构成要件要素与表面的构成要件要素

为违法性提供根据的要素,可谓真正的构成要件要素。构成要件要素,一般都是真正的构成要件要素。并不是为了给违法性提供根据,只是为了区分相关犯罪(包括同一犯罪的不同处罚标准)界限所规定的要素,属于表面的构成要件要素或虚假的构成要件要素,也可以称为分界要素。从实体法的角度而言,表面的构成要件要素不是成立犯罪必须具备的要素;从诉讼法的角度而言,表面的构成要件要素是不需要证明的要素。

例如,刑法第114条规定:"放火、决水、爆炸以及投放毒害性、放射性、传染病病原体等物质或者以其他危险方法危害公共安全,尚未造成严重后果的,处三年以上十年以下有期徒刑。""尚未造成严重后果"显然不是为违法性提供根据的要素,更非表明"倘若造成严重后果"便不构成犯罪之意,仅仅在于说明该条规定的违法程度轻于第115条规定的违法程度(故法定刑有区别),因而属于表面的构成要件要素。因此,如果放火等行为危害公共安全,即使不能查明是否造成了严重后果,也能适用刑法第114条。

---

[43] 责任要素中也存在不成文的责任要素。例如,过失犯的预见可能性、盗窃等罪的非法占有目的,都是不成文的责任要素。

又如,刑法第270条第1款规定了委托物侵占罪的构成要件与法定刑,第2款规定:“将他人的遗忘物或者埋藏物非法占为己有,数额较大,拒不交出的,依照前款的规定处罚。”倘若将该款所规定的构成要件改写为“将他人的物非法占为己有,数额较大,拒不交出”,其违法性不仅没有减少,反而会增加。那么,刑法第270第2款为什么要将行为对象限定为遗忘物与埋藏物呢?这是因为盗窃罪的对象必须是他人占有的财物,委托物侵占罪的对象是受委托而占有的他人财物,剩下的便是侵占脱离占有物了。换言之,刑法第270第2款之所以将行为对象限定为遗忘物与埋藏物,一方面是为了与盗窃罪相区别,另一方面也是为了与委托物侵占罪相区分。“遗忘”物、“埋藏”物这一构成要件要素,便是表面的构成要件要素。因此,即使行为人误将他人占有的财物当做遗忘物予以侵占的,也成立侵占罪。[44]

(五)共同的构成要件要素与非共同的构成要件要素

共同的构成要件要素,是指所有犯罪的成立都必须具备的要素。例如,行为主体、行为是任何犯罪的成立都必须具备的构成要件要素。非共同的构成要件要素,是指部分犯罪的成立所必须具备的构成要件要素。例如,特殊身份只是部分犯罪的成立必须具备的要素。当然,对构成要件的理解不同,就会对哪些要素是共同的构成要件要素理解不同。例如,倘若主张以既遂为模式的构成要件概念,则侵害结果是共同的构成要件要素;如若认为构成要件并不以既遂为模式,则侵害结果不是共同的构成要件要素。此外,有些情形取决于对要素本身的理解。例如,倘若认为结果包括危险,那么,可以认为结果是共同的构成要件要素;如若认为结果仅限于侵害事实,则结果不是共同的构成要件要素(因为存在危险犯)。

五、整体的评价要素

(一)整体的评价要素的概念

将“情节严重”、“情节恶劣”作为某些犯罪的成立条件,是我国刑法分则的重要特色之一。本书所称整体的评价要素,就是指作为成立犯罪条件的“情节严重”、“情节恶劣”。

倘若认为构成要件是违法类型,那么,构成要件所描述的事实的违法性,必须达到值得科处刑罚的程度。分析我国刑法分则的条文就会发现,当条文对罪状的一般性描述,不足以使行为的违法性达到值得科处刑罚的程度时,就会增加(或者强调)某个要素,从而使客观构成要件所征表的违法性达到值得科处刑罚的程度。例如,一般干涉婚姻自由的行为,具有法益侵害性,但还没有达到值得科处刑罚的程度,于是刑法条文规定,以暴力干涉婚姻自由的,才以犯罪论处。这是通过增加行为手段的要素,使行为的违法性达到值得科处刑罚的程度。再如,在中国,并不是对任何盗窃、诈骗行为都以犯罪论处,于是刑法对盗窃罪增加了“数额较大”、“多次盗窃”、“入户盗窃”等要素,对诈骗罪增加了“数额较大”的要素,从而使符合盗窃罪、诈骗罪构成要件的行为的违法性达到值得科处刑罚的程度。

但是,在现实生活中,有许多侵害法益的行为,虽然在一般情况下其违法性没有达到值得科处刑罚的程度,却又难以通过增加某个特定的要素使违法性达到值得科处刑罚的程度,或者难以预见具备哪些要素时,行为的违法性能够达到值得科处刑罚的程度,或者

[44] 参见张明楷:《犯罪构成体系与构成要件要素》,北京大学出版社2010年版,第255页以下。

虽能预见但不能做简短表述。于是刑法条文作了一个整体性的规定,情节严重、情节恶劣,就以犯罪论处。亦即,当行为符合了构成要件中的基本要素后,并不意味着行为的违法性达到了值得科处刑罚的程度,在此基础上,还需要对行为进行整体评价。情节严重、情节恶劣就是这种整体的评价要素(以下仅以情节严重为例讨论)。

例如,刑法第 246 条第 1 款规定:"以暴力或者其他方法公然侮辱他人或者捏造事实诽谤他人,情节严重的,处三年以下有期徒刑、拘役、管制或者剥夺政治权利。"显然,并不是任何侮辱、诽谤行为的违法性都达到了值得科处刑罚的程度。在认定行为是否构成侮辱、诽谤罪时,首先要考察行为人是否实施了侮辱、诽谤行为;其次要对侮辱、诽谤进行整体判断,得出情节是否严重的结论;如果得出否定结论,则不必进一步判断有责性;只有得出了肯定结论时,才需要进一步判断有责性。所以,情节严重这种整体的评价要素,也是一种构成要件要素。

一种观点认为,刑法规定"情节严重"才构成犯罪时,只是一种提示性的规定,而不是构成要件要素,理由是:"1. 犯罪构成要件一般都提四个方面,还没有人把情节提作犯罪构成的第五个方面的要件;2. 就刑法规定的众多情节来看,有的属于客观方面的,有的属于主观方面的,还有的属于客体或对象的,有的属于主体的。既然犯罪构成的四个方面都有情节,就不好把情节作为独立的要件;3. 刑法分则有的条款只把情节作为区分同一犯罪中的重罪、轻罪的标准,显然不是构成要件。"[45] 笔者以为,这几点反对理由难以成立。首先,"情节严重"作为构成要件要素,其特点是整体性,因而不意味着它是独立于客观方面或者独立于主观方面之外的某个要件。所以上述第 1、2 点反对理由并不成立。其次,刑法分则将情节是否严重作为区分同一犯罪中的重罪与轻罪的标准时,该情节严重当然不是成立犯罪的基本条件意义上的构成要件,只是我国刑法理论通常所称的法定刑升格的条件(也可称为量刑规则)。最后,持上述观点的教科书同时认为,"情节在定罪中大致可分为两类:一类是作为划分罪与非罪的标志……侮辱、诽谤罪……以'情节严重'作为划分罪与非罪界限的标志……另一类情节是作为划分重罪与轻罪的标志"。[46] 然而,构成要件要素本身就是划分罪与非罪界限的标志,既然肯定情节严重在侮辱、诽谤罪中是区别罪与非罪的标志,就应承认它是构成要件要素。一方面否认上述"情节严重"是构成要件要素;另一方面又称它是区分罪与非罪的标志,多少有自相矛盾之嫌。

(二)整体的评价要素的内容

如前所述,犯罪的实体是不法与责任。但是,不法与责任不是相加关系,而是阶层关系或者限制关系。所以,一方面,行为虽然符合构成要件且具有违法性,但只要行为人对不法行为没有非难可能性,其行为就不构成犯罪;另一方面,行为人仅对其中有非难可能性的不法承担责任,对于没有非难可能性的不法并不承担责任。所以,应当得出以下两个结论:第一,如果行为本身的不法没有达到值得科处刑罚的程度,那么,即便其主观上再值得谴责,也不应当认定为犯罪。例如,甲身陷困境,素不相识的乙为了帮助甲而询问甲的具体状况。甲却当着众人对乙说:"你这种好管闲事的下三烂是最令人恶心的。"我们可能认为甲的主观心理值得谴责,但由于甲的客观行为(侮辱)本身的法益侵害性没有达到

---

〔45〕 高铭暄主编:《中国刑法学》,中国人民大学出版社 1989 年版,第 83 页。

〔46〕 高铭暄主编:《中国刑法学》,中国人民大学出版社 1989 年版,第 83 页。

值得科处刑罚的程度,即便一般人都有严厉谴责甲的心态,也不能认定其行为构成侮辱罪。第二,责任是对不法的责任,它必须与不法相关联(责任的不法关联性),并无在内容上独立于不法之外的责任。例如,单纯的动机卑鄙,无论如何都是不能作为定罪根据的。

对情节严重也只能如此理解。亦即,因为只有当行为人对客观的侵害法益的严重情节具有非难可能性时,才能将该严重情节归责于他。既然如此,就不存在一种单纯的主观方面的情节严重的情形。质言之,作为构成要件要素的情节严重,是指表明法益侵害的客观情节严重。[47] 据此,动机卑鄙不属于情节严重。[48] 当然,根据责任主义的要求,在故意犯罪中,要求行为人对表明情节严重的前提事实具有认识;在过失犯罪中,要求行为人对表明情节严重的前提事实具有认识可能性。[49]

第三款　构成要件与违法性的关系

一、德国、日本的理论概述

德国、日本刑法理论采取构成要件符合性、违法性、有责性的体系,对构成要件与违法性的关系存在不同学说。

行为构成要件说的主张者贝林认为,构成要件是与法的价值判断相分离的、纯粹形式的、记述的、价值中立的行为类型;这种意义的构成要件,使犯罪类型的外部轮廓变得明确,以实现刑法的保障机能。所以,贝林的构成要件不包含主观的、规范的要素,也与违法性没有关系。

但是,行为构成要件说存在疑问。首先,既然构成要件与违法性没有关系,那么,符合与违法性没有关系的构成要件的行为,为什么能成为违法性判断的对象呢?所以,M. E. 麦耶认为,所有的构成要件都是违法性的征表,是违法性的认识根据。二者如同烟与火的关系,只要不存在违法阻却事由,符合构成要件的行为就是违法的。其次,根据行为构成要件说,对构成要件只能进行形式的解释。但是,这种观点必然导致在构成要件外寻找违法要素;也可能导致处罚实质上不值得科处刑罚的行为。换言之,如果构成要件的判断不具有实质内容,符合构成要件的行为的范围可能被扩大,反而会有损构成要件的保障机能。

违法类型说使构成要件与违法性之间的关系更为密切。根据其代表人物麦茨格尔的观点,违法意指对法益的侵害或者威胁(法益侵害的危险)。构成要件则是从众多的行为中,将值得作为犯罪给予特别处罚的类型性的法益侵害与威胁,以法的形式规定下来的东西。在此意义上说,构成要件是违法行为的类型,是违法性的存在根据(Ratio Essendi)。这一学说从实质性、价值性上理解构成要件,认为在构成要件的判断中,必须考虑实质的违法性。因此,只要是作为违法性基础的事实,主观的要素也好,规范的要素也好,都包含

---

〔47〕 我国的司法解释大多会列举情节严重的具体表现,其中有些司法解释将表明行为人特殊预防必要性较大的事实(如受过行政处罚后再次实施某种行为)纳入情节严重。本书不赞成这种解释结论。

〔48〕 在本书看来,刑法分则的"情节严重"与"情节恶劣"的含义相同。换言之,不能认为"情节恶劣"是指主观责任的情节恶劣。

〔49〕 需要说明的是,刑法分则规定的"情节较轻"不是减轻构成要件,所以,其中的情节并不限于表明法益侵害的客观情节,而是包括有关责任程度的情节。

在构成要件之内。

二、本书的立场

首先,构成要件符合性是违法性的存在根据,而非纯粹的法律形式,不能简单地认为构成要件与违法性是形式与实质的关系。(1)构成要件所描述的事实不是价值中立的事实。因为刑法是将值得科处刑罚的法益侵害行为类型化为构成要件的,反过来说,具备构成要件符合性的行为,就具有违法性。行为是否侵犯法益是一种客观事实,而不取决于行为人主观上是否具有非难可能性。如果认为构成要件只是纯粹的法律形式,那么,必然在构成要件外寻找违法根据,导致认定犯罪的恣意性,损害构成要件的保障机能。(2)构成要件符合性的判断,并非只是事实判断,同时也含有价值判断。"描述"与"评价"是相互依赖的,成文刑法所使用的文字本身不只是具有记述功能,而且具有情感功能。[50] 客观"构成要件的建立以法律中使用的动词(杀人、强制、偷盗等)为基础"。[51] 不同的动词会表达不同的评价:"窝藏"与"保管"、"包庇"与"保护"、"奸淫"和"做爱"等,显然分别显示了对行为的不同评价。构成要件的建立同样需要使用名词与形容词,而这些用语都会直接或间接表达对行为的评价。即使文字只具有描述的功能,其描述的内容、方式等也会显示出不同的评价。换言之,即便是一些中性词,当它处于特定语境时,也会具有评价功能。(3)即使采取事实与价值二分法,相对于犯罪事实,构成要件也是非现实的价值世界。相对于构成事实,构成要件是一个概念形成过程,其中必然存在评价过程。(4)不可认为"构成要件是对形式违法性的判断,违法性是对实质违法性的判断"。因为这种观点会导致在三阶层体系中,正当防卫、紧急避险具有形式违法性、没有实质违法性,从而使形式违法性与实质违法性相冲突。(5)即使认为构成要件符合性与违法性是形式与实质的关系,也仅仅意味着后者的判断比前者更实质。亦即,不可能承认超法规(法律规定之外)的构成要件符合性,但应当承认超法规的违法阻却事由。

其次,从构成要件是违法性的存在根据出发,在区分构成要件符合性与违法性的基础上,认为符合构成要件的行为原则上具有违法性,只是在例外情况下(具有正当化事由时)阻却违法的观点(原则与例外的观点),也是成立的。亦即,构成要件是一种禁止素材,发生了符合构成要件的行为,就意味着发生了通常可以评价为不法的事实。所谓"通常",是指还没有考虑特定的违法阻却事由。换言之,构成要件所表明的是一般性的禁止性规范(如"不得杀人"),而违法阻却事由所反映的是例外的允许规范(如"正当防卫除外")。所以,只要行为符合构成要件,并且不存在例外的允许规范,或者虽然存在但行为人的行为并不符合例外的允许规范,就表明行为是违法的。当然,这样的表述并不十分理想。(1)这种原则与例外的关系,只不过是一种单纯的说明形式,并不具有实体性的意义。(2)原则与例外的关系,意味着大部分符合构成要件的行为具有违法性,少数符合构成要件的行为不具有违法性。

最后,从构成要件与违法阻却事由相关联的意义上说,构成要件符合性与违法性可谓部分(孤立)判断与整体(最终)判断的关系。(1)应当认为,刑法在规定故意杀人、故意伤害等罪的构成要件时,原本已将正当防卫、紧急避险等正当化事由排除在外。(2)当行为

---

〔50〕 参见[日]碧海纯一:《新版法哲学概论》,弘文堂2000年全订第2版补正版,第87页。

〔51〕 [德]李斯特著、施密特修订:《德国刑法教科书》,徐久生译,法律出版社2006年修订译本,第206页。

人实施正当防卫等行为致人伤亡时,如果不考虑其保护了更为优越或者同等法益的一面,可能认为其符合杀人罪、伤害罪的构成要件,但这只是孤立的判断得出的结论,因而具有片面性。(3)虽然孤立判断时,正当防卫、紧急避险符合构成要件,但整体判断时,正当防卫、紧急避险行为并不具有违法性,因而不是"不法"的。(4)那些孤立地判断时符合构成要件,也没有违法阻却事由的行为,则最终属于符合构成要件且违法的不法行为。换言之,符合构成要件的行为就是违法性判断的对象本身。在具体案件中,只要不存在违法阻却事由,符合构成要件的行为就具有违法性。

本书没有采用消极的构成要件要素理论,但与消极的构成要件要素理论似乎没有本质区别。根据消极的构成要件要素理论,构成要件包括积极的构成要件要素与消极的构成要件要素。例如,就故意杀人罪而言,致人死亡是积极的构成要件要素;不是正当防卫、不是执行死刑等,则是消极的构成要件要素。该理论的依据如下:首先,构成要件不仅包含了法益侵害行为是违反规范的行为这种抽象的评价,而且已经包含了对具体行为的最终的无价值判断。因此,立法者在制定规范命令时,已经同时考虑了例外情况,刑法的禁止自始就受到了违法阻却事由的限制。〔52〕其次,构成要件要素与正当化事由的区别不是基于实质的对立,而是受表述形式要求的制约,故正当化事由都可以作为构成要件要素来理解。最后,消极的构成要件要素理论还可以解决混乱的认识错误问题。例如,根据消极的构成要件要素理论,假想防卫不可能成立故意犯罪。

消极的构成要件要素理论是少数人的观点,所受到的批判是,构成要件要素与正当化事由的条件难以简单地互换,两种符合性的判断标准、方法与原则存在重大差异。缺乏构成要件要素的行为,原本就没有侵犯刑法所保护的法益,故在刑法上不具有重要性;但正当化事由原本是损害法益的行为,它之所以合法,是因为经过法益衡量具有值得肯定的价值。将二者混为一谈,无异于将打死一只苍蝇(缺乏构成要件符合性)与正当防卫中的杀人行为(按照消极的构成要件要素理论也属于不符合消极的构成要件的行为)相提并论。此外,不符合构成要件的行为不一定是法秩序允许的行为。如盗用行为虽然不符合构成要件,但仍然是民法上的侵权行为,可以进行正当防卫;而正当防卫等阻却违法的行为是法秩序所允许的行为,对之不得主张正当防卫。

但是,第一,批判者所称的"构成要件要素与正当化事由的条件不可能简单地互换",是以三阶层体系为前提的。倘若采取两阶层体系,两者也是可以互换的。第二,批判者所称的"打死一只苍蝇与正当防卫中的杀人行为的区别",无非是说打死一只苍蝇既不符合构成要件,也不具有违法性,而正当防卫中的杀人行为则符合构成要件,但不具有违法性。可是,从结局上说,这种区别并无实际意义。事实上,消极的构成要件要素理论的主张者也可以指出二者的区别:打死一只苍蝇,是既不符合积极的构成要件要素,也不符合消极的构成要件要素的行为;正当防卫中的杀人行为则是符合积极的构成要件要素,但不符合消极的构成要件要素的行为。第三,至于"不符合构成要件的行为不一定是法秩序允许的行为",则是与是否承认消极的构成要件要素理论没有直接关系的问题。即使在我国传统的四要件体系中,也可以说"不符合构成要件的行为不一定是法秩序允许的行为",也可能对之进行正当防卫。

---

〔52〕 例如,关于杀人罪的规范所禁止的是除正当防卫等之外的杀人。

根据本书的立场,对构成要件必须进行实质的解释,使符合构成要件的行为具有值得科处刑罚的法益侵犯性。例如,刑法第 245 条规定:“……非法侵入他人住宅的,处三年以下有期徒刑或者拘役。”我们不能认为,这一规定包含了不值得科处刑罚的一切擅自进入他人住宅的行为。例如,自来水公司的职员甲没有经过住宅人乙的同意,以平和方式进入乙的住宅查看水表。从形式上看,这一行为也符合了刑法第 245 条的文字表述,但我们不能认为该行为符合刑法第 245 条规定的构成要件,因为该行为不值得科处刑罚。换言之,我们只能将值得科处刑罚的非法侵入住宅的行为,解释为符合刑法第 245 条规定的构成要件的行为。这种做法所面临的问题可能是:实质的解释会因人而异,如何选择正确的结论?可能受到的诘难是:既然刑法没有规定“情节严重”,解释者为什么实际上加入了“情节严重”的要素?或许合理的解释目标、解释目的的确立以及解释方法的正确运用,可以解消这些疑问。而且,与先对构成要件进行形式的解释,然后在构成要件之外寻求违法性的做法相比,对构成要件进行实质的解释要好得多。另一方面,采取形式的解释也不能解决这些问题,因为形式的解释也会因人而异,而且在形式的解释后再作实质的违法性判断时,也必然因人而异。肯定构成要件的实质性,并不在于否认构成要件的形式的性格。因为既然构成要件要确保刑法的安定性,发挥罪刑法定主义的机能,它就必须具有形式的性格,从而使实质的考察限定在法律形式的范围之内。

第二节 构成要件符合性

第一款 构成要件要素

一、构成要件要素概述

构成要件符合性的判断,并不是整体的判断。面对具体个案时,法官需要判断案件事实是否具备构成要件的各个要素,而不可能离开构成要件要素进行构成要件符合性的判断。

构成要件要素是表明违法性的要素。首先是行为主体与行为,行为主体与行为是一切犯罪都必须具备的构成要件要素。行为所造成的侵害结果、危险结果是构成要件的重要内容。除此之外,特定的行为状况与条件、特定的行为时间与地点、特定的行为对象与手段,也可以说是某些犯罪的构成要件要素,但它们与行为本身是何种关系,是值得研究的问题。[53]

---

〔53〕 我国传统的刑法理论,一般将危害行为称为“必要要件”,将其他因素称为“选择要件”。这值得研究。首先,“要件”是必要条件之意,在要件前加“必要”二字不仅没有必要,而且给人造成“存在不必要的要件”的错觉。其次,选择是挑选之意,“选择要件”理当是指刑法对犯罪的某一方面或某几个方面规定了几种可供选择的要件(存在于复杂犯罪构成之中),而不应指某些犯罪的要件。再次,即使只是某些犯罪的构成要件要素,相对于这些犯罪而言就是必须具备的,没有选择的余地。如传统观点认为危害结果是选择要件,但过失犯罪的成立必须发生危害结果,没有选择的余地。最后,上述说法来源于苏联刑法理论,但苏联刑法理论在这方面的概念比较混乱(参见[苏]A. H. 特拉伊宁:《犯罪构成的一般学说》,薛秉忠等译,中国人民大学出版社 1958 年版,第 90 页以下)。

行为与结果之间是否存在因果关系(包括事实的因果关系与结果归属),是判断案件事实是否符合构成要件的一个重要问题。例如,在一个涉及过失致人死亡罪的案件中,如果行为与结果之间没有因果关系(行为与结果之间没有事实的因果关系,或者虽然具有事实的因果关系,但结果不能归属于行为),要么不能认定该案件事实具备了致人死亡的实行行为,要么不能认定该案件事实具备了致人死亡的结果,因而不能认定该案件事实符合过失致人死亡罪的构成要件。再如,甲以杀人故意造成了乙的重伤,乙在被送往医院的途中,丙违反交通规则将乙撞死。就甲的故意犯罪案件而言,表面上是甲的杀人行为与乙的死亡没有因果关系的问题,实际上是甲的案件不存在死亡结果。就丙的交通肇事案件而言,表面上是其行为与乙的死亡具有因果关系,实际上是丙的案件存在乙的死亡结果。在此意义上说,因果关系的判断,实际上是对一个案件是否同时存在行为与结果的判断,因果关系本身不是构成要件要素。而且,如果认为因果关系是构成要件要素,那么,对因果关系的认识错误就必然影响故意的成立。但事实上并非如此。当人们说如果对因果关系的重要部分存在认识错误就影响故意的成立时,实际上表现为对行为或者结果存在认识错误而影响故意的成立。

是否存在表明客观违法性的主观要素(主观的违法要素),是国外刑法理论争议的问题。有的学者认为目的犯中的目的(包括未遂犯的故意)、倾向犯中的内心倾向以及表现犯中的内心经过或者表现是主观的违法要素;有的学者认为,只有目的犯的目的是主观的违法要素;有的学者完全否认主观的违法要素。本书将故意、过失、目的、动机等主观要素归于表明非难可能性的责任要素。因为构成要件是违法行为类型,是表明法益侵犯性的要件;作为构成要件实质的法益侵害与危险,是指客观的侵害与客观的危险性,其有无与强弱,应基于行为的客观要素进行判断。

二、构成要件符合性的判断

认定犯罪是从客观(不法)到主观(责任)的判断过程。犯罪的成立,首先要求行为符合构成要件。构成要件符合性,是指案件的客观事实符合刑法所规定的具体犯罪的构成要件。某种事实“符合”构成要件,是指某种事实具备了构成要件所要求的要素及其内在联系,或者说,某种事实并不缺少构成要件所要求的内容。例如,倒卖伪造的国库券的行为,就符合了倒卖伪造的有价票证罪的构成要件。不能以国库券属于有价证券为由,否认其也属于有价票证。因为有价证券并不缺少刑法第227条的构成要件所要求的有价票证的内容。案件事实多于构成要件要素的,并不影响构成要件符合性,只是行为是否另触犯其他罪名的问题。例如,国家工作人员利用职务上的便利骗取他人财物的,并不影响诈骗罪构成要件的符合性,只是其利用职务上便利的行为是否同时触犯其他罪名的问题。不能因为案件事实多于构成要件要素,就否认构成要件符合性。例如,甲在盗窃他人桌上的苹果手机时,同时将自己的小米手机放置于他人桌上的,依然符合盗窃罪的构成要件。

构成要件符合性的判断,是一种价值关系的事实判断,或者说既是事实判断又是价值判断,既是形式判断又是实质判断。因为构成要件是违法性的存在根据,不可能离开违法性的实质判断构成要件符合性。构成要件符合性的判断,是一种类型的判断,或者说是用一种类型的基准进行的判断。因为构成要件是违法行为的类型,构成要件符合性的判断,就是看事实是否符合违法行为的类型,所以是一种类型的判断。

第二款 行为主体

一、自然人

(一)自然人主体概述

行为主体,是刑法规定的实施犯罪行为的主体,首先是自然人。作为构成要件要素的行为主体,只要求是自然人,而不要求其他内容。法是人类共同体的规范,只有人的行为存在违法与否的问题。[54] 作为违法类型的构成要件,当然包括自然人这一主体要素。另一方面,根据客观的违法性论,只要自然人的行为符合构成要件,即使其没有达到法定年龄、不具有责任能力,也不影响对其行为违法性的评价。所以,法定年龄、责任能力不是构成要件要素,而是责任要素。

(二)特殊身份的意义

构成要件要求自然人具备特殊身份或者刑罚的加重减轻以具有特殊身份为前提的犯罪,称为身份犯。身份犯包括真正身份犯与不真正身份犯。真正身份犯,是指以特殊身份作为构成要件要素的犯罪;在这种情况下,如果行为主体不具有特殊身份,就不成立犯罪。例如,刑讯逼供罪的主体必须是司法工作人员,所以,如果主体不是司法工作人员,其行为就不可能成立刑讯逼供罪。本款所讲的特殊身份,就是指这种作为构成要件要素的特殊身份;这种特殊身份,可称为构成的身份。不真正身份犯,是指特殊身份不影响定罪但影响量刑的情形;在这种情况下,如果行为人不具有特殊身份,其行为也成立犯罪;如果具有这种身份,则从重处罚或者从轻处罚。例如,诬告陷害罪的实施者既可以是普通自然人,也可以是国家机关工作人员,换言之,是否具有特殊身份并不影响本罪的成立,但刑法规定国家机关工作人员犯诬告陷害罪的从重处罚。国家机关工作人员这一身份,虽然不是诬告陷害罪的构成要件要素,却是从重处罚的根据。这种特殊身份也可称为加减的身份。作为构成要件要素的特殊身份,不包括加减的身份。

特殊身份是指行为人在身份上的特殊资格,以及其他与一定的犯罪行为有关的,行为主体在社会关系上的特殊地位或者状态。如男女性别、亲属关系、国籍、国家工作人员、司法工作人员、证人等。特殊身份必须是在行为主体开始实施犯罪行为时就已经具有的特殊资格,或者已经形成的特殊地位或状态,因此,行为主体在实施犯罪后才形成的特殊地位,不属于特殊身份。例如,在犯罪集团中起组织、策划、指挥作用的首要分子,不属于特殊身份。特殊身份是行为主体在人身方面的特殊资格、地位或状态,并具有一定的持续性,因此,特定犯罪目的与动机等心理状态,不宜归入特殊身份。特殊身份总是与一定的犯罪行为密切联系。例如,在叛逃罪中,国籍以及是不是国家工作人员与犯罪行为有密切联系,属于特殊身份;但在故意杀人罪中,国籍以及是不是国家工作人员与犯罪行为没有密切联系,因而不是特殊身份。

特殊身份既可能是终生具有的身份,也可能是一定时期或临时具有的身份。男女基本上属于终生具有的身份;国家机关工作人员、司法工作人员等属于一定时期具有的身份;证人、鉴定人、翻译人等属于临时具有的身份。特殊身份既可能是由于出生等事实关

---

〔54〕 地震、海啸等自然现象以及动物会导致法益受到侵害,但不可能被评价为违法行为。

系所形成的身份,如男女、亲属关系;也可能是由于法律规定所形成的身份,如证人、依法被关押的罪犯;还可能是同时由于事实关系与法律规定所形成的身份,对于年老、年幼、患病或者其他没有独立生活能力的人负有扶养义务的人,一方面有基于亲属关系所形成的自然身份,另一方面也有基于法律规定的法定身份。

作为构成要件要素的特殊身份,只是针对该犯罪的正犯而言。例如,受贿罪的行为主体必须是国家工作人员,但这只是就正犯而言。不具有上述特殊身份的人与上述人员相勾结伙同受贿的,成立受贿罪的共犯(教唆犯、帮助犯)。

刑法之所以将特殊身份规定为某些犯罪的构成要件要素,主要是基于四个方面的原因:(1)有些犯罪只能由具有特殊身份的人实施。如刑法第 401 条规定的徇私舞弊减刑、假释、暂予监外执行罪,对不符合减刑、假释、暂予监外执行条件的罪犯,予以减刑、假释或者暂予监外执行的行为,只能由司法工作人员实施。(2)有些行为只有具有特殊身份的人实施,其法益侵犯性才达到值得科处刑罚的程度。例如,侵犯少数民族风俗习惯的行为,如果由一般公民实施,则法益侵犯性较小,没有达到值得科处刑罚的程度;如果由国家机关工作人员实施,人们便把国家机关工作人员的身份与国家政策联系起来,这样会造成严重后果,其法益侵犯性就严重。因此,刑法规定侵犯少数民族风俗习惯罪的行为主体必须是国家机关工作人员。(3)为了保护特定法益,将某种犯罪作为加重类型,而规定特殊身份。[55] 例如,刑法规定了职务侵占罪,但为了保护国有财产与相关公共财产,刑法另设立贪污罪,将行为主体限定为国家工作人员与受国家机关、国有公司、企业、事业单位、人民团体委托管理、经营国有财产的人员;如果刑法不另设立贪污罪,则对国家工作人员的贪污行为只能认定为职务侵占罪或者盗窃、诈骗等罪。(4)有些不作为性质的犯罪,由于相关法律只是对具有特定身份的人规定了相应的法律义务,故只有具有该特定身份的人不履行相应的法律义务,才可能成立不作为犯罪。例如,只有国家工作人员具有申报境外存款的义务,故隐瞒境外存款罪的行为主体只能是国家工作人员。由上可见,特殊身份是表明行为的法益侵犯性的要素,因而属于构成要件要素。

(三)特殊身份的类别

根据刑法分则的规定,特殊身份主要包括以下几类。

1. 以特定职务为内容的特殊身份。主要有国家工作人员(刑法第 382 条等),国家机关工作人员(刑法第 397 条等),司法工作人员(刑法第 247 条等),邮政工作人员(刑法第 253 条、第 304 条),监狱、拘留所、看守所等监管机构的监管人员(刑法第 248 条),行政执法人员(刑法第 402 条),税务机关的工作人员(刑法第 404 条等),从事传染病防治的政府卫生行政部门的工作人员(刑法第 409 条),海关工作人员(刑法第 411 条),国家商检部门、商检机构的工作人员(刑法第 412 条),动植物检疫机关的检疫人员(刑法第 413 条),国有公司、企业的董事、经理(刑法第 165 条),国有公司、企业、事业单位的工作人员(刑法第 166 条等),国有公司、企业、事业单位直接负责的主管人员(刑法第 167 条等),国有公司、企业或者其上级主管部门直接负责的主管人员(刑法第 169 条),上市公司的董事、监事、高级管理人员(刑法第 169 条之一);等等。

上述特殊身份中,最多且最难认定的是国家工作人员。根据刑法第 93 条的规定,国

---

〔55〕 能否将这类身份归属于责任身份,是值得进一步研究的问题。

家工作人员包括四类人员:(1)在国家机关(包括立法机关、行政机关、司法机关、军事机关等)中从事公务的人员;(2)在国有公司、企业、事业单位、人民团体中从事公务的人员;(3)国家机关、国有公司、企业、事业单位委派到非国有公司、企业、事业单位、社会团体从事公务的人员;(4)其他依照法律从事公务的人员。2000年4月29日,全国人大常委会通过了《关于〈中华人民共和国刑法〉第九十三条第二款的解释》,该解释指出:村民委员会等村基层组织人员协助人民政府从事下列行政管理工作时,属于刑法第93条第2款规定的"其他依照法律从事公务的人员":(1)救灾、抢险、防汛、优抚、扶贫、移民、救济款物的管理;(2)社会捐助公益事业款物的管理;(3)国有土地的经营和管理;(4)土地征收、征用补偿费用的管理;(5)代征、代缴税款;(6)有关计划生育、户籍、征兵工作;(7)协助人民政府从事的其他行政管理工作。村民委员会等村基层组织人员从事上述公务,利用职务上的便利,非法占有公共财物、挪用公款、索取他人财物或者非法收受他人财物,构成犯罪的,适用刑法第382条和第383条贪污罪、第384条挪用公款罪、第385条和第386条受贿罪的规定。

从刑法规定以及立法解释可以看出,依照法律从事公务是国家工作人员特殊身份的核心内容。[56] "依照法律"中的"法律"是指广义的法律,依照法律实质上是指行为人的任用、地位、职务、公务行为等具有法律上的根据。"从事公务",是指从事国家机关、公共机构或者其他法定的公共团体的事务。公务一般关系到多数人或不特定人的利益;公务是由国家机关或者其他法定的公共机构或者公共团体(如国有企业、事业单位、人民团体等)组织或者安排的事务,显然,公民自发从事的公益性活动,不属于公务;公务不必是权力关系的事务,因而与劳务不是对立的概念,虽然公务一般表现为裁量性、判断性、决定性的事务,但也不能一概将机械性、体力性的活动排斥在公务之外。例如,国有企业的仓库保管员保管货物的行为,国有公交公司售票员经手、管理票款的行为,均属于从事公务。当然,对此还需要联系具体犯罪的特点做出判断。

长期以来,我国刑法理论与司法实践对国家工作人员的范围存在身份论与公务论(职责论)的争议。身份论认为,国家工作人员犯罪是一种职务型犯罪,作为犯罪主体的国家工作人员必须具有国家工作人员的资格身份。公务论则认为,犯罪主体是否属于国家工作人员,应以其是否从事公务来决定,而不问其是否具有国家工作人员的资格身份。还有学者主张,应当将身份与公务有机地结合起来,二者不可偏废。即以国家工作人员论者必须具备一定的资格身份,如果不具有资格身份,则不可能从事公务;而具有资格身份的人,如果从事的仅仅是劳务,也不是国家工作人员。[57] 从相关法律规定与司法实践来考察,应当采取公务论。即使是临时招聘的人员或者是合同制人员,只要其实际从事的是公务,就应当认定为国家工作人员。至于行为人取得国家工作人员这一特殊身份的途径是否正当,则不影响国家工作人员的认定。

2. 以特定职业为内容的特殊身份。主要有航空人员(刑法第131条),铁路职工(刑

〔56〕 由于公务员制度不健全,刑法使用了国家工作人员的概念,但其实质仍然相当于国外的广义的公务员概念,这从刑法第93条中有四处"从事公务的人员"即可明确。所以,不能因为刑法使用了国家工作人员的概念,就要求三体必须代表国家从事活动或者以国家的名义从事活动。

〔57〕 参见江礼华:"论国家工作人员范围的界定",载胡驰、于志刚主编:《刑法问题与争鸣》(1999年第1辑),中国方正出版社1999年版,第308页以下。

法第132条),公司、企业或者其他单位的工作人员(刑法第163条等),银行或者其他金融机构的工作人员(刑法第171条等),证券交易所、期货交易所、证券公司、期货经纪公司的从业人员、证券业协会、期货业协会或者证券期货管理部门的工作人员(刑法第181条),保险公司的工作人员(刑法第183条),承担资产评估、验资、验证、会计、审计、法律服务等职责的中介组织的人员(刑法第229条),从事实验、保藏、携带、运输传染病菌种、毒种的人员(刑法第331条),医务人员(刑法第335条),依法从事生产、运输、管理、使用国家管制的麻醉药品、精神药品的人员(刑法第355条);等等。

3. 以特定义务为内容的特殊身份,主要有纳税人、扣缴义务人(刑法第201条),对于没有独立生活能力的人负有扶养义务的人(刑法第261条),对未成年人、老年人、患病的人、残疾人等负有监护、看护职责的人(刑法第260条之一);等等。

4. 以特定法律地位为内容的特殊身份,主要有证人、鉴定人、记录人、翻译人(刑法第305条),辩护人、诉讼代理人(刑法第306条),依法被关押的罪犯(刑法第315条),依法被关押的罪犯、被告人、犯罪嫌疑人(刑法第316条);等等。

5. 以持有特定物品为内容的特殊身份,如依法配备公务用枪的人员、依法配置枪支的人员(刑法第128条)。

6. 以患有特定疾病为内容的特殊身份,如严重性病患者(刑法第360条)。

7. 以居住地和特定组织成员为内容的特殊身份,如境外的黑社会组织的人员(刑法第294条)。

8. 以不具有特定资格为内容的特殊身份,如未取得医生执业资格的人(刑法第336条)。这种身份在刑法理论上称为消极的身份(前七种均为积极的身份),即欠缺一定的身份。刑法规定消极的身份犯,是为了禁止不具有特定身份的人实施特定行为、从事特定职业,具有特定身份的人则可以实施特定行为、从事特定职业。例如,刑法第336条规定的非法行医罪,就是为了禁止未取得医生执业资格的人行医;具有医生执业资格的人当然可以行医。但具有医生执业资格的人教唆或者帮助未取得医生执业资格的人非法行医的,仍然可能成立非法行医罪的共犯。

还有一些疑似特殊身份但并不是真正的特殊身份的情形。例如,生产者、销售者(刑法第140条)、公司发起人、股东(刑法第159条)、广告经营者、广告发布者(第222条)、投标人(刑法第223条)等。从刑法分则条文的表述来看,生产者、销售者、公司发起人、股东等似乎不同于一般主体,但是,他们与上述特殊身份存在区别。以生产、销售伪劣产品为例,任何人都可以直接从事生产、销售活动,因而都可以成为刑法第140条规定的生产者、销售者。在此意义上说,任何人都可以成为生产、销售伪劣商品罪的行为主体,并无特殊之处。但上述特殊身份则并非如此。以贪污罪为例,并不是任何人都可以依法从事公务、管理或经营国有资产,因而并非任何人都可以成为贪污罪的行为主体。此外,强奸罪也是疑似身份犯,而不是真正的身份犯,因为妇女也可以成为强奸罪的正犯(共同正犯与间接正犯)。

二、单位

刑法不仅将自然人规定为行为主体,而且将单位规定为部分犯罪的行为主体。由单位作为行为主体所实施的犯罪,称为单位犯罪。

(一)单位犯罪的概念与特点

一般来说,单位犯罪,是指公司、企业、事业单位、机关、团体为本单位谋取非法利益或者以单位名义为本单位全体成员或多数成员谋取非法利益,由单位的决策机构按照单位的决策程序决定,由直接责任人员具体实施,且刑法明文规定单位应受刑罚处罚的犯罪。据此,单位犯罪具有以下特点:

1. 单位犯罪是公司、企业、事业单位、机关、团体犯罪,即是单位本身犯罪,而不是单位的各个成员的犯罪之集合,不是指单位中的所有成员共同犯罪。

2. 单位犯罪是由单位的决策机构按照单位的决策程序决定,由直接责任人员实施的。单位犯罪虽然是单位本身犯罪,但具体犯罪行为需要决定者与实施者。单位依赖于其成员而存在,如果没有成员单位就不可能存在;反之,如果单位的任何成员脱离了单位,就不具有在单位中的地位与性质,不再作为单位的成员起作用,只是孤立的个人。而且,单位成员之间是按照单位的统一要求和一定秩序,相互联系,相互作用,协调一致,共同形成单位整体的。单位犯罪是在单位整体意志支配下实施的。单位意志不是单位内部某个成员的意志,也不是各个成员意志的简单相加,而是单位内部成员在相互联系、相互作用、协调一致的条件下形成的意志,即单位的整体意志。单位整体意志形成后,便由直接责任人员具体实施。因此,单位犯罪中实际上存在两类主体:一是单位主体,二是单位内部的自然人主体〔58〕。二者密切联系、不可分割。没有单位本身作为主体,其中的某些自然人便是独立的自然人主体;如果没有单位内部的自然人主体,也不可能有单位犯罪。〔59〕基于上述理由,盗用、冒用单位名义实施犯罪,违法所得由实施犯罪的个人私分的,或者单位内部成员未经单位决策机构批准、同意或者认可而实施犯罪的,或者单位内部成员实施与其职务活动无关的犯罪行为的,都不属于单位犯罪,应当依照刑法有关自然人犯罪的规定定罪处罚。

需要说明的是挂靠的情形。甲个人挂靠乙单位时,即使甲以乙单位的名义实施犯罪行为(如行贿),但如果该行为不是乙单位决策机构按照其单位的决策程序决定的,就不能认定为乙单位构成犯罪,也不是认为甲个人构成单位犯罪,只能认定甲的行为属于自然人犯罪。A 单位挂靠 B 单位时,倘若 A 单位决策机构按照其单位的决策程序决定以 B 单位的名义实施犯罪行为,也只能认定为 A 单位犯罪,而不是认定 B 单位犯罪。

3. 单位犯罪一般表现为本单位谋取非法利益或者以单位名义为本单位全体成员或多数成员谋取非法利益。为单位谋取合法利益的行为,不可能成立任何犯罪;仅仅为单位少数成员谋取非法利益的行为,也不成立单位犯罪。为本单位谋取非法利益,是指为单位本身谋取非法利益,违法所得由单位所有,但不排除以各种理由将非法所得分配给单位全体

---

〔58〕 包括直接负责的主管人员与其他直接责任人员。直接负责的主管人员,是在单位犯罪中起决定、批准、授意、纵容、指挥等作用的人员,一般是单位的主管负责人,包括法定代表人。其他直接责任人员,是在单位犯罪中具体实施犯罪并起较大作用的人员,既可以是单位的经营管理人员,也可以是单位的职工,包括聘任、雇佣的人员。但应当注意的是,根据我国的刑事政策以及单位犯罪的特点,在单位犯罪中,对于受单位领导指派或奉命而参与实施了一定犯罪行为的人员,一般不宜作为直接责任人员对待。

〔59〕 从追诉时效与刑法分则的规定方式来看,单位犯罪似乎从属于自然人犯罪。一方面,对于单位犯罪的追诉时效只能以刑法分则对自然人规定的法定刑为根据计算追诉时效,而不可能按照单位犯罪的法定刑计算追诉时效。另一方面,刑法分则条文一般只是直接描述自然人犯罪的构成要件,没有直接表述单位犯罪的构成要件(少数条文除外),单位犯罪的构成要件需要援引自然人犯罪的构成要件。

成员或多数成员享有。

但应注意的是,"为本单位谋取非法利益"这一特征只是为了区分单位犯罪与单位内部成员的个人犯罪,因而不是任何单位犯罪不可缺少的特征。换言之,一个单位完全可能为其他单位或者个人谋取非法利益而实施单位犯罪。例如,当甲单位为了乙单位的不正当利益,以甲单位的名义、使用甲单位的财物向国家工作人员行贿时,甲单位虽然不是为本单位谋取非法利益,但仍然构成单位行贿罪。

4. 单位犯罪以刑法明文规定单位应受刑罚处罚为前提。即只有当刑法规定了单位可以成为某种犯罪的行为主体时,才可能将单位认定为犯罪主体。刑法第 30 条规定:"公司、企业、事业单位、机关、团体实施的危害社会的行为,法律规定为单位犯罪的,应当负刑事责任。"这表明,刑法没有规定单位可以成为行为主体时,只能由自然人作为行为主体。换言之,某种犯罪行为"由单位实施",但刑法没有将单位规定为行为主体时,应当而且只能对自然人定罪量刑。曾经比较流行的观点与做法是,单位贷款诈骗时,对直接负责的主管人员与其他直接责任人员不得认定为贷款诈骗罪。其判断过程是:该行为属于单位贷款诈骗,刑法没有规定单位可以成为贷款诈骗罪的主体,所以该行为无罪。这种判断方法存在疑问。一方面,在刑法分则没有"单位贷款诈骗"概念的情况下,不应当用"单位贷款诈骗"归纳案件事实。例如,用"一夜情"概念归纳奸淫幼女的案件,然后以刑法没有将一夜情规定为犯罪为由,否认奸淫幼女的行为构成犯罪的做法,便明显错误。同样,也不能用"单位杀人"概念归纳某个案件事实。诚然,刑法中有单位犯罪的概念,但是,刑法没有"单位贷款诈骗"的概念,故不能用"单位贷款诈骗"概念归纳案件事实。另一方面,根据罪刑法定原则,必须将刑法规定的构成要件作为大前提,再将案件事实与构成要件进行对应。倘若如此,那么,就所谓单位集体研究实施的贷款诈骗行为而言,其中的相关自然人的行为必然符合贷款诈骗罪的构成要件。[60] 正因为如此,全国人大常委会 2014 年 4 月 24 日《关于〈中华人民共和国刑法〉第三十条的解释》明确规定:"公司、企业、事业单位、机关、团体等单位实施刑法规定的危害社会的行为,刑法分则和其他法律未规定追究单位的刑事责任的,对组织、策划、实施该危害社会行为的人依法追究刑事责任。"

值得讨论的是,单位为了谋取非法利益,帮助自然人实施贷款诈骗等刑法没有将单位规定为行为主体的犯罪时(如为实施贷款诈骗的自然人提供虚假担保),能否追究单位的刑事责任?或许有人认为,单位行为主体是就正犯而言,所以,单位虽然不能成为贷款诈骗罪的正犯,但可以构成贷款诈骗罪的帮助犯。这种观点实际上将单位行为主体视为一种特殊身份。但本书认为,刑法将单位规定为哪些犯罪的主体,主要是基于刑事政策的理由。例如,当处罚单位不能实现预防目的、无法执行罚金、可能株连无辜时,就不会将单位规定为犯罪的行为主体。因此,当刑法没有将单位规定为行为主体时,以帮助犯处罚单位,并不符合立法精神,事实上也会导致不均衡现象(单位作为贷款诈骗的正犯时,单位不受处罚,而单位作为贷款诈骗的帮助犯时,反而会受到处罚)。因此,本书认为,在所谓单位帮助自然人实施贷款诈骗等行为时,也只能且应当追究单位中的相关自然人的刑事责任。

5. 单位犯罪的法律后果具有特殊性。即对于单位犯罪,除了处罚单位外,还要对单位

---

〔60〕 参见张明楷:《诈骗罪与金融诈骗罪研究》,清华大学出版社 2006 年版,第 365 页以下。

直接负责的主管人员和其他直接责任人员定罪量刑，此即双罚制或两罚制。刑法第 31 条前段规定："单位犯罪的，对单位判处罚金，并对其直接负责的主管人员和其他直接责任人员判处刑罚。"其中分为两种情况：(1)对单位判处罚金，对直接负责的主管人员和其他直接责任人员规定的法定刑，与自然人犯罪的法定刑相同(参见刑法第 150 条)；(2)对单位判处罚金，但对直接负责的主管人员和其他直接责任人员规定了较自然人犯罪轻的法定刑(参见刑法第 386 条与第 387 条)。[61]

需要研究的是，在刑法分则仅规定处罚直接负责的主管人员与其他直接责任人员时，如何区分单位犯罪与自然人犯罪？刑法分则法条表述的行为主体是单位，但只处罚直接负责的主管人员和其他直接责任人员(有的法条规定仅处罚直接责任人员)的情形主要有三类：(1)并非为本单位谋取利益，而是以单位名义实施的私分国家资产、私分罚没财物罪，法条表述的主体是国家机关、国有公司、企业、事业单位、人民团体与司法机关、行政执法机关，但只处罚直接负责的主管人员与其他直接责任人员；(2)将部分过失犯罪的行为主体表述为单位(如刑法第 137 条表述的行为主体为建设单位、设计单位、施工单位、工程监理单位)，但仅处罚直接责任人员；(3)虽然将行为主体表述为单位(刑法第 161 条表述的行为主体为依法负有信息披露义务的公司、企业)，但因处罚单位会损害无辜者的利益，因而仅处罚直接负责的主管人员与其他直接责任人员。问题是，上述几种情形是属于单位犯罪但仅采取单罚制，还是否认单位犯罪仅认定为自然人犯罪？刑法第 31 条前段规定了双罚制，后段规定："本法分则和其他法律另有规定的，依照规定。"据此，上述情形似乎属于单位犯罪，只不过属于另有规定的情形不处罚单位而已。但是，人们判断一个行为是否构成犯罪，并不是只看法条对行为主体的表述，而是要看刑法是否针对该行为主体规定了刑罚。既然刑法没有针对单位规定法定刑，当然就意味着单位本身不构成犯罪。事实上，上述第(1)类情形主要是为了与贪污罪相区分，法条才将行为主体表述为单位；第(2)类情形从事实上看无法表述为个人；第(3)类情形的义务主体本身就是单位，也不可能表述为个人。所以，就上述只处罚直接负责的主管人员与其他直接责任人员的情形而言，即使刑法分则条文将行为主体表述为单位，也不宜认定为单位犯罪。

（二）处罚单位犯罪的基础理论

同一视理论认为，应当将特定的自然人的犯罪视为单位犯罪，进而处罚单位。例如，单位的法定代表人等实施逃税行为的，就应当视为单位逃税，从而追究单位的刑事责任。据此，单位犯罪以自然人犯罪为前提。组织模式理论认为，即使没有介入特定的自然人，也应当将单位本身作为处罚对象。例如，大型企业排出的废水污染环境，即使不能追究任何自然人的刑事责任，也可以追究单位的刑事责任。[62] 大体可以认为，同一视理论有利于处理单位经济犯罪，组织模式理论有利于处理单位公害犯罪；同一视理论有利于处罚小规模单位的犯罪，组织模式理论有利于处罚大规模单位的犯罪。

从前述单位犯罪的特点来看，我国刑法没有简单采取组织模式理论，因为刑法并没有规定仅处罚单位而不处罚自然人的单位犯罪。另一方面，我国刑法也没有完全采取同一

---

〔61〕 在这两种情况下，即使直接负责的主管人员和其他直接责任人员调离单位或者离退休，也应当追究其刑事责任。

〔62〕 参见[日]樋口亮介：《法人处罚与刑法理论》，东京大学出版会 2009 年版，第 1 页。

视理论,刑法第30条关于单位犯罪主体的规定也能说明这一点。[63] 或许可以认为,我国刑法关于单位犯罪的规定,是同一视理论与组织模式理论的结合。其一,只有特定的自然人(直接负责的主管人员与其他直接责任人员)实施了刑法所禁止的行为,才可能成立单位犯罪,这是同一视理论的表现。其二,只有当特定的自然人的行为同时能够评价为单位行为时(如集体研究、以单位名义、为了单位的利益等),才能认定为单位犯罪(这又是组织模式理论的表现)。

(三)单位行为主体的一般要素

单位行为主体即单位犯罪的主体,必须是公司、企业、事业单位、机关、团体。

公司是以营利为目的组织其生产和经营活动的经济组织,包括有限责任公司与股份有限公司。企业,是指以从事生产、流通、科技等活动为内容,以获取赢利和增加积累、创造社会财富为目的的一种营利性的社会经济组织。公司也是企业的一种,但这里的企业是指公司以外的企业。事业单位,是指依法成立的从事各种社会公益活动的组织,包括国家事业单位与集体事业单位。除法律有特别规定的以外,公司、企业、事业单位的所有制性质,不影响其作为单位犯罪主体。换言之,刑法第30条规定的"公司、企业、事业单位",既包括国有、集体所有的公司、企业、事业单位,也包括依法设立的合资经营、合作经营企业和具有法人资格的独资、私营等公司、企业、事业单位。[64] 机关,是指履行国家的领导、管理职能和保卫国家安全职能的机构,包括立法机关、行政机关、司法机关、军事机关等。刑法理论对国家机关应否成为单位犯罪的行为主体存在争议。本书认为,既然刑法规定了单位可以成为犯罪的行为主体,事实上国家机关也完全可以实施部分犯罪,故没有理由将国家机关排除在单位犯罪的行为主体之外。[65] 换言之,从立法论上否认国家机关可以成为单位犯罪主体的观点,明显脱离中国现实,也缺乏合理根据。团体,是指各种群众性组织,如工会、共青团、妇联、学会、协会等。

单位行为主体,必须是依法成立、拥有一定财产或者经费、能以自己的名义承担责任的公司、企业、事业单位、机关、团体。

单位行为主体应是依法成立的组织。个人为进行违法犯罪活动而设立的公司、企业、事业单位实施犯罪的,或者公司、企业、事业单位设立后,以实施犯罪为主要活动的,不以

---

〔63〕 当然,对此问题还可以进一步研究。刑法第31条前段"并"字的表述,意味着如果没有直接负责的主管人员和其他直接责任人员,就不可能有单位犯罪。但是,似乎也能做出另一种解释:如果单位犯罪中没有直接负责的主管人员和其他直接责任人员,就只对单位判处罚金。于是,组织模式理论也有存在的空间。例如,单位违反国家规定,排放有毒、有害物质,严重污染环境,但不能认定其中的自然人是直接负责的主管人员与其他直接责任人员时,也可能仅追究单位的刑事责任。

〔64〕 参见最高人民法院1999年6月25日《关于审理单位犯罪案件具体应用法律有关问题的解释》。值得研究的是,一人公司能否作为单位犯罪的行为主体?对此可能存在肯定说、否定说与折中说(根据犯罪性质、犯罪构成以及刑罚处罚的特点分别确定)。本书倾向于否定说。第一,刑法分则的不少条文对单位犯罪中的直接负责的主管人员和其他直接责任人员规定的法定刑轻于自然人犯罪,司法解释对许多单位犯罪规定了高于自然人犯罪的立案标准,如果承认一人公司可以成为单位犯罪的行为主体,会导致一些人恶意利用刑法分则与司法解释的这种规定,逃避应有的法律制裁。第二,如果将一人公司作为行为主体,那么,当自然人犯罪被判处罚金或者没收财产时,一人公司的财产就不能用于缴纳罚金,也不能成为没收的对象。这会产生明显的漏洞。需要注意的是,否认一人公司可以成为单位犯罪主体,并不意味着一人公司不是刑法上的单位。

〔65〕 以"'立法机关犯罪'、'行政执法机关犯罪'、'司法机关犯罪'的说法不顺耳、说不过去"为由否认国家机关可以成为单位犯罪主体,并不合适。

单位犯罪论处,而应以共同犯罪论处。依法成立意味着单位成立的目的与宗旨合法,而且履行了规定的登记、报批手续。单位犯罪的主体必须能以自己的名义承担责任,这意味着单位必须有自己的名称、机构与场所,意味着单位能以自己独立的资产对外承担责任。

单位行为主体,必须是相对独立的公司、企业、事业单位、机关、团体。

单位是一个外延很广的概念。有些单位明显属于独立的单位,如××总公司、××制造厂、××大学、××厅(局)、××工会等。有些单位也明显具有相对的独立性,如××分公司、××分厂。这些具有相对独立性的单位,可以成为单位犯罪的主体。有些单位没有相对独立性,如工厂的车间、国家机关中的处室、学会中的分会等。本书认为,单位犯罪的主体,不包括没有相对独立性的"单位"。单位是否具有相对独立性,不能仅看有无自己的名称、机构与场所,更重要的是看其有无独立的财产与经费,有无独立的行为能力,能否以自己的名义承担责任;从处罚单位犯罪的目的与效果来看,是否独立的核算单位,乃是衡量是否相对独立单位的最重要标准。[66]

需要说明的是,外国公司、企业、事业单位在我国领域内实施犯罪的,或者虽然在我国领域外实施犯罪应当适用我国刑法的,应依照我国刑法关于单位犯罪的规定定罪处罚。

(四)单位行为主体的特殊要素

单位不可能成为一切犯罪的行为主体;即使是单位可以成为行为主体的犯罪,也并非具备上述一般条件的单位都可以成为单位犯罪的行为主体;某些单位犯罪要求单位具备前述一般条件之外,还必须具备特殊条件,主要有以下情况:

1. 要求单位具有特定的所有制性质。例如,刑法第 327 条规定的行为主体只能是国有的博物馆、图书馆等单位。再如,刑法第 387 条规定的单位受贿罪的主体仅限于国家机关、国有公司、企业、事业单位、人民团体。

2. 要求单位具有特定的职能性质。如刑法第 330 条规定妨害传染病防治罪的行为主体之一就是"供水单位"。

3. 要求单位具有特定义务。例如,刑法第 201 条规定的逃税罪的主体分别为纳税人与扣缴义务人,第 211 条又规定单位可以成为本罪的行为主体,这表明,只有负有纳税义务或者扣缴义务的单位,才能成为单位犯罪的行为主体。

(五)单位行为主体变更的处理

涉嫌犯罪的单位被撤销、注销、吊销营业执照或者宣告破产的,应当根据刑法关于单位犯罪的相关规定,对实施犯罪行为的该单位直接负责的主管人员和其他直接责任人员予以追诉,对该单位不再追诉。[67]

涉嫌犯罪的单位已被合并到一个新单位的,对原犯罪单位及其直接负责的主管人员

---

〔66〕 最高人民法院 2001 年 1 月 21 日《全国法院审理金融犯罪案件工作座谈会纪要》指出:"以单位的分支机构或者内设机构、部门的名义实施犯罪,违法所得亦归分支机构或者内设机构、部门所有的,应认定为单位犯罪。不能因为单位的分支机构或者内设机构、部门没有可供执行罚金的财产,就不将其认定为单位犯罪,而按照个人犯罪处理。"但本书认为,不加区别地一概将单位的内设机构、部门认定为单位犯罪的主体,一方面完全可能将普通共同犯罪认定为单位犯罪;另一方面,不考虑有无可供执行罚金的财产也会导致单位犯罪的认定丧失意义。

〔67〕 最高人民检察院 2002 年 7 月 9 日《关于涉嫌犯罪单位被撤销、注销、吊销营业执照或者宣告破产的应如何进行追诉问题的批复》。

和其他直接责任人员应依法定罪量刑。人民法院审判时,对被告单位应列原犯罪单位名称,但注明已被并入新的单位,对被告单位所判处的罚金数额以其并入新的单位的财产及收益为限。〔68〕 这样处理,既有利于防止单位犯罪后逃避法律制裁,也有利于避免株连新的单位。

第三款 行 为

一、行为的概念与特征

(一)行为概念的功能

犯罪是侵犯法益的行为。所以,作为犯罪的构成要件要素的行为也被我国刑法理论称为危害行为。但“危害行为”概念除了指作为构成要件要素的行为外,有时还用来指称符合法定犯罪构成的犯罪行为。后一种意义上的危害行为就是犯罪行为。本款探讨的是前一种意义的危害行为,即暂时排除责任要素的行为,仅有这种意义的行为还不能构成真正意义上的犯罪,但如果没有这种行为则不可能成立犯罪。

一般认为,行为概念具有多种功能。首先,行为概念具有界限功能。犯罪是行为,没有行为就没有犯罪;因此,任何举动,只要它不是行为,一开始便可以排除在刑法的考察范围之外。其次,行为概念具有定义功能(结合要素的机能)。例如,当人们说“犯罪是符合构成要件、违法且有责的行为”时,是由行为概念将成立犯罪的三个条件结合在一起的。最后,行为概念具有分类功能。一方面,刑法规定的具体犯罪类型,都以行为为其构成要件要素,行为不同,构成要件亦异,从而犯罪类型不同;另一方面,对犯罪的其他一些分类也离不开行为概念,如故意行为与过失行为,实行行为、教唆行为与帮助行为等。

德国有学者认为,行为不同于举止,行为在语义上便是有意图的。规范只能通过行为而得到遵守,却不一定需要由行为来违反。当事人具备相应的行为能力(身体和认识能力)却未实施其若具有避免构成要件实现的意图时所应为的行为时,就成立义务违反;犯罪人未在行为层面上形成自己原本能够形成和落实的避免构成要件的意图,便应受到责难。与此相应,犯罪意味着犯罪人有相应能力却没有合乎规范地行为,亦即违反义务且有责地未以其行为遵守某一规范。换言之,犯罪人受到责难并不是因为他违反规范实施行为,而是因为他没有实施符合规范的行为。因此,犯罪人导致或本能导致实现构成要件的举止,即使是无意识的、自动的、反射性的,也可能成立犯罪(除非某一犯罪的构成要件明文要求存在一个有意图的举止)。例如,汽车司机 A 为了能行驶更多的路程而在夜间疲劳驾驶。一段时间后他睡着了,车撞上了迎面开来的货车,造成人员伤亡。即使 A 当时没有意识,也应承担过失责任。再如,B 在一家瓷器店突然晕倒并因此打碎了一只贵重的花瓶。如果他在进入瓷器店时就已经计划好了自己晕倒的情形,即使他自己无法有针对性地避免晕倒,他也必须对此承担故意责任。这一观点虽然承认犯罪是举止,但告别了传统的“犯罪是行为”这一信条。〔69〕

本书没有接受这一观点。在德国,举止(Verhalten)是指人的物理性的身体运动过

---

〔68〕 参见最高人民法院研究室 1998 年 11 月 18 日《关于企业犯罪后被合并应当如何追究刑事责任问题的答复》。

〔69〕 参见[德]乌尔斯·金德霍伊泽尔:“论犯罪构造的逻辑”,徐凌波、蔡桂生译,载《中外法学》2014 年第 1 期。

程;行为(Handlung)则是一个有意图(有目的)的举止。但在汉语中,似乎不存在这样的区分,也没有必要这样区分。我们完全可以认为A的开车举止是作为(也可能认为A没有控制好汽车,因而是不作为),同样,也可以认为B打碎花瓶的举止是行为。而且,在中国,说犯罪不是行为而是举止,只有单纯表述差异,而没有明显的实质意义。我们能够通过原因自由行为的法理(参见第六章第三节第一款),肯定A与B应当分别承担过失责任与故意责任。不仅如此,如果否认"犯罪是行为"的命题,会产生一些消极后果。例如,导致构成要件丧失定型性,导致着手的认定过于提前,容易违反行为与责任同时存在的原则。

(二)行为理论

行为理论旨在说明犯罪"行为"的性质与特征,而不是笼统说明刑法所规定的一切行为的性质与持征。

1. 因果行为论

因果行为论将行为理解为一种因果事实,作为生理的、物理的过程来把握。包括自然行为论(身体动作说)与有意行为说。

自然行为论将行为理解为纯肉体的外部动作,这种外部动作包括身体的"动"与身体的"静"。至于这种动作是否由意识支配、支配动作的意识内容如何,并不是行为概念所要解决的问题,而是责任的内容。据此,单纯的反射动作、睡眠中的举动、幼童的动作都是行为。但是,将它们纳入作为刑法评价对象的行为概念中并无意义,而且不利于尽早排除无罪现象。

有意行为说认为,行为是行为人在意识支配下表现于外的因果现象。换言之,意识、身体动作、结果这一因果系列的必然发展过程,就是行为。据此,行为包括两个要素:一是有意性或意识性,二是有体性或有形性。有意行为说将思想与单纯的反射举动排除在行为之外,因而实现了行为概念的诸多机能。有意行为说受到的批判是,它只是要求行为具有意识,但又不说明意识的内容,使意识与意识的内容相分离,行为概念中的意识成了毫无内容的空洞的、抽象的概念,而且也难以说明过失的不作为是行为。此外,有意行为说常常将结果也包含在行为概念之中,这导致行为概念难以发挥界限机能。

2. 社会行为论

社会行为论的基本观点是,刑法是一种社会统制手段,故具有社会意义的人的身体动静才是刑法上的行为。社会行为论的主张者虽然对行为所下定义不完全相同,但都将"社会"概念作为行为的核心因素。社会行为论将所有的对刑法判断具有意义的人的行为包含在行为概念之内,相应地将对刑法判断没有意义的行为排除于行为概念之外。而且,由于社会行为论将行为理解成一种价值关系的概念,所以,容易把作为与不作为都包括在行为概念中。但是,社会行为论也存在缺陷。例如,一些对刑法判断没有意义的现象(如不可抗力、纯粹的反射性动作),也可能具有社会意义。所以,社会的行为概念缺乏界限机能。

3. 目的行为论

目的行为论认为,人的行为是实现一定目的的一种活动,它是一种目的事物现象,而不是单纯的因果事物现象。行为的目的性表现在,人以因果关系的认识为基础,在一定范围内预见自己的活动可能产生一定的结果,于是行为人设立各种各样的目的,选择达到目的的手段,朝着这些目的有计划地进行活动。换言之,人的行为不仅仅是因果关系的整个过程,而且是目的活动的整个过程。正是由于人能够实施有目的的行为,故可以用刑罚方法禁止或命令人的目的活动。于是,目的性是构成行为的核心要素。目的行为论虽然能说明故意行为,但同时将规范违反的意思作为犯罪的本质,使故意成为违法要素,这是存在疑问的。另一方面,目的行为论难以说明过失行为与不作为。

4. 人格行为论

人格行为论认为,行为是行为者人格的主体的实现,换言之,行为是行为者人格的发现或者人格表现。一方面,不可抗力、反射性举止等,不是人格的表现,因而不是行为;另一方面,思想与意志冲动虽然属于人的心理与精神领域的活动,但由于仅停留在内心,没有表现为外部举止,所以不是人格表现,因而不是行为。但是,人格行为论也存在疑问。例如,疏忽大意过失的不作为犯(忘却犯)是不是人格表现,就存在疑问。而且,究竟什么是人格,刑法能否介入到行为人的人格,都是值得研究的问题。

5. 消极的行为概念

消极的行为概念的基本观点是,能够避免结果而没有避免的,就必须将结果归责于该行为人。言下之意,能够避免结果而没有避免的,就存在行为。根据这种观点,作为与不作为,都是因为没有避免结果的发生,所以,行为概念可以成为作为与不作为的上位概念。但是,这种消极的行为概念,没有使行为特定化;而且,消极的行为概念,并非说明什么是行为,而是讨论归责问题。

上述有关行为概念的争论意义是极为有限的。从理论上说,采取何种行为理论,并不必然决定采取何种犯罪论体系。从实务上说,通过否认行为性而宣告无罪的现象极为罕见,大多是因为否认构成要件符合性而宣告无罪。更为重要的是,不能单纯期待行为概念决定罪与非罪、此罪与彼罪。行为虽然是构成要件要素,但是,一个行为是否属于构成要件的行为,并不是行为概念本身可以解决的。概言之,"裸的行为论"没有重要意义。

(三)行为的定义与特征

本书认为,行为定义必须概括出行为的本质与构成因素,从而使没有必要作为刑法评价对象的现象排除在行为概念之外,也使行为概念囊括形形色色的犯罪行为。另一方面,必须考虑到行为是作为主体的人与外界的连接点。所以,本书认为,刑法上的行为,是指行为主体实施的客观上侵犯法益的身体活动。这一定义实际上是上述自然行为论与社会行为论的结合。据此,行为具有两个基本特征:

首先,行为是人的身体活动,包括消极活动与积极活动。这是行为的客观要素。由于行为是人的身体活动,故思想被排除在行为之外,随之被排除在犯罪之外。行为是客观的、外在的现象,它能改变客观世界,侵犯现实法益;思想是主观的、内在的东西,其本身不可能具有行为的功能。在通常情况下,容易区分行为与思想,难以区分的是有关言论的场合。[70]

---

〔70〕 但可以肯定的是,发表言论也是一种行为。言论本身不是犯罪行为,但发表言论则是一种身体活动。发表有害的言论,意在实现其思想时,则符合行为的特征,可能构成犯罪。例如,在大庭广众之中发表言论,煽动群众暴力抗拒国家法律、行政法规实施的,或者诽谤他人的,就属于刑法上的实行行为。再如,一位女生见到男友正在拿刀砍人时,大喊"好!好!好!"使其男友砍人时劲头十足的,属于刑法上的帮助行为。由此可见,发表言论的行为可以构成犯罪。此外,"言论可以构成犯罪"的提法并不严谨。

其次，行为必须是客观上侵犯法益的行为，这是行为的实质要素。构成要件所规定的行为，都是侵犯法益的行为。由于法益侵犯性是行为的实质要素，故没有侵犯法益的行为被排除在行为之外，因而被排除在犯罪之外。

值得讨论的是有意性问题。一般来说，行为是基于人的意志而实施的，或者说是意志的外在表现。将有意性作为行为特征，旨在将身体的反射动作、睡梦中的举动（梦游）等无意志的举止排除在行为之外。〔71〕 问题在于，将这种举止排除在行为之外的意义何在？一个回答是，这种举止根本不构成犯罪，刑法也不可能禁止这种举止，因此其在刑法上并无意义，没有必要作为行为对待。诚然，犯罪是行为，但不能因此认为刑法上的行为必须是犯罪行为，构成要件只是成立条件之一，其中的行为并不当然等于犯罪；刑法虽然不可能禁止这种举止，但需要由刑法对之做出评价，从而使一般人知道自己面对这种举止时应当如何处理。例如，倘若梦游举止侵害法益时，只有将其评价为违法行为，一般人才能予以阻止、制止。〔72〕 另一个回答可能是，可以尽早排除犯罪的成立。然而，所谓尽早排除犯罪的成立，只存在于观念上或者逻辑上，而不具有实际意义。例如，在司法实践中，当明显存在阻却犯罪成立的事由时，没有必要完全按照犯罪成立条件的顺序否认犯罪的成立。例如，当造成他人死亡结果的行为人只有 12 周岁时，人们不会按照三阶层或者四要件体系逐一进行具体判断，而是直接以行为人没有达到法定年龄为由否认犯罪的成立。那么，当梦游者甲驾驶车辆造成乙死亡时，人们是说甲没有交通肇事行为而否认其构成犯罪呢？还是说没有责任而否认其构成犯罪呢？虽然结论都是无罪，但后者或许更妥当。因为甲的举止的确违反了交通运输管理法规，造成了交通事故并且致人死亡，就此而言完全符合了交通肇事罪的构成要件。再如，A 不知道自己患有癫痫病，某日驾驶机动车时癫痫病发作，导致机动车驶入人行道，造成 B 死亡。A 在癫痫病发作时完全没有意志。在这种场合，以 A 缺乏构成要件的行为或者缺乏责任得出无罪结论似乎没有明显区别。但是，倘若 X 知道自己患有癫痫病，某日驾驶机动车时癫痫病发作导致机动车驶入人行道，造成 Y 死亡，就不能以无罪论处。显然，X 造成交通事故的举止及其具体情形与 A 完全相同，既然能够肯定 X 的举止是符合交通肇事罪构成要件的行为，就能够肯定 A 的举止也是符合交通肇事罪构成要件的行为。因为有无符合构成要件的行为，不是由有没有责任决定的，我们不能以 X 有责任为由肯定 X 的举止是符合构成要件的行为，以 A 没有责任为由否定 A 的举止是符合构成要件的行为。所以，将有意性作为行为的特征并不具有现实意义。

当然，不可否认的是，在绝大多数场合，行为都是基于人的意志实施的。对行为意志的理解，有以下两点需要说明：(1) 行为意志既包括支配身体进行积极活动的意志，也包括不使身体进行积极活动的意志，但不是指犯罪的故意与过失。〔73〕 例如，甲从乙手中接过一支手枪，以为手枪中没有子弹。只要甲没有扣动扳机的行为意志，就不会扣动扳机，因而不会产生致人伤亡的危险。反过来，倘若甲有扣动扳机的行为意志，就会扣动扳机，因而有致人伤亡的危险，甚至产生伤亡结果。即使甲不可能预见手枪中有子弹（没有过

〔71〕 本书前几版也是基于这个目的而将有意性作为行为的特征之一。

〔72〕 或许有人认为，不认为这种举止是行为时，一般人也可能阻止、制止。可是，我国的刑法、治安管理处罚法以及其他相关法律都是将行为作为评价对象的。

〔73〕 即便将有意性作为行为特征，行为意志也不可能等同于故意、过失与目的等主观要素。

失),也不能否认侵害法益的危险。有学者认为,扣动扳机的意志就是故意;有学者指出,扣动扳机的意志就是犯罪行为计划;有学者主张,扣动扳机的意志既不是故意,也不是犯罪行为计划,就是行为意志。[74] 联系上例考虑会发现,扣动扳机的意志只是行为意志;有行为意志时也可能没有过失。概言之,有意性是指行为人具有实施行为的意志,它既不是空洞的,也不等同于故意与过失。所以,即使是刑法第16条规定的意外事件,也存在符合构成要件的行为。(2)行为意志不以行为人具有责任能力为前提,所以,即使是刑法第18条第1款的没有责任能力的人所实施的举止,也可能是符合构成要件的行为。[75]

二、实行行为

由于刑法不仅处罚犯罪既遂、未遂行为,而且处罚预备行为,所以,广义的行为概念既包含实行行为,也包含预备行为。预备行为是指为了实行犯罪,准备工具、制造条件的行为(参见第七章第二节)。这里讨论的是实行行为。

实行行为是刑法理论上最重要的概念之一。一般来说,刑法分则所规定的构成要件行为是实行行为,[76] 如故意杀人罪的实行行为就是“杀人”,盗窃罪的实行行为就是“盗窃公私财物”。刑法分则主要通过行为规定各种犯罪的构成要件。因此,实行行为是使各种犯罪的构成要件具有自身特色的最主要的要素。因果关系理论所要判断的是能否将某种结果归属于某种实行行为,即因果关系是实行行为与结果之间的引起与被引起的关系,而不是预备行为与结果之间的因果关系。

对于实行行为这一重要概念,不能仅从形式上认定,还必须从实质上考察。我国刑法理论的通说认为:犯罪的实行行为,是指“刑法分则中具体犯罪构成客观方面的行为”,如故意杀人罪中的杀害行为,抢劫罪中侵犯人身的行为和劫取财物的行为等。但这只是从形式上回答了什么是实行行为。犯罪的本质是侵犯法益,没有侵犯法益的行为不可能构成犯罪,当然也不可能成为实行行为。不仅如此,即使某种行为具有侵害法益的危险性,但这种危险程度极低,也不可能成为实行行为。因此,“在结果犯的场合,按照各犯罪类型所规定的,具有导致结果发生的危险性的行为是实行行为。所谓‘杀人行为’,必须是类型性地导致他人死亡的行为,完全没有致人死亡的危险性的行为,不能叫‘杀人行为’。”[77]

一方面,实行行为并不意味着形式上符合构成要件的行为,而是具有侵害法益的紧迫危险的行为(隔离犯的实行行为具有特殊性,参见第七章第三节)。不可否认的是,实行行为必须是符合构成要件的行为,这是罪刑法定原则决定的。但问题在于如何判断何种行为符合刑法分则所规定的构成要件?例如,究竟何谓“杀人”?甲意欲杀乙,乙迅速逃离,甲在追赶途中,掏出手枪,然后瞄准乙,接着开枪射击,但未能打中。司法机关应从何时起认定甲“杀人”或“剥夺他人生命”?对此不可能从形式上判断,而应以对法益的侵犯

---

〔74〕 参见[日]铃木左斗志:“实行的着手”,载[日]西田典之、山口厚编:《刑法的争点》,有斐阁2003年第3版,第89页;金光旭:“日本刑法中的实行行为概念”,载于改之、周长军主编:《刑法与道德的视界交融》,中国人民公安大学出版社2009年版,第138~139页。

〔75〕 我国刑法理论对“行为”概念有争议,原因之一是没有限定“行为”的范围,有人根据犯罪客观要件的特点给行为下定义,有人超出客观要件的范围给行为下定义。事实上,刑法理论所研究的行为是指构成要件中的行为。

〔76〕 之所以表述为“一般来说”,是因为我国刑法分则的少数条文,事实上规定了预备行为(参见第七章第三节“二”)。

〔77〕 [日]前田雅英:《刑法总论讲义》,东京大学出版会2015年第6版,第77页。

程度为依据。由于我国刑法规定处罚预备行为，故实行行为必然是侵害法益的危险性达到紧迫程度的行为。即预备行为与实行行为的实质区别，在于侵害法益的危险程度不同，而不是危险的有无不同，否则就不能说明犯罪预备的处罚根据。

至于某种行为是否具有侵害法益的紧迫危险，应以行为时存在的所有客观事实为基础，并对客观事实进行一定程度的抽象，同时站在行为时的立场，原则上按照客观的因果法则进行判断（参见第七章第三节"五"）。在此需要指出的是以下几点：(1)减少或者避免了法益侵害的行为，不可能成为实行行为。[78] 例如，一块砖头正要砸中 B 的头部时，A 用木棍挡了一下砖头，使 B 头部受伤的程度减轻（纯粹的危险降低）。[79] 但是，先设定制造危险的因果过程，后改变该因果过程，总体上减少了危险，但未能消除全部危险时，仍然存在实行行为。制造了一种只有通过损害 A 法益才能避免对 B 法益的危险的因果过程的行为，也是实行行为。(2)对结果的发生没有做出贡献的行为，不可能成为实行行为。(3)行为虽然对结果的发生做出了贡献，但行为本身不具有发生结果的危险性的，不是实行行为。例如，甲将自己的斧头借给乙劈柴，乙在劈柴时不小心导致自己受伤的，不能认为甲借斧头的行为是伤害的实行行为。再如，A 劝乙坐火车旅游，乙在途中偶遇车祸身亡的，不能认为 A 的劝说行为是杀人罪的实行行为。(4)在法益本身存在危险时，不具有防止结果发生义务的人，只要没有增加危险，就不存在实行行为。但是，在法益本身存在危险时，增加了危险的行为，可能成为实行行为。

另一方面，实行行为并不是任何与法益侵害结果具有某种联系（或条件）的行为，而必须是类型性的法益侵害行为。例如，甲希望 A 死于航空事故劝 A 乘坐飞机，即使 A 碰巧在航空事故中死亡，也不能认为甲的劝说行为是杀人行为。再如，乙希望 B 跑步时摔死而劝 B 跑步，即使 B 跑步时碰巧摔死，也不能将乙的劝说行为认定为杀人行为。再如，丙希望 C 遭雷击身亡，而安排 C 在露天活动，即使 C 在露天遭雷击身亡，丙的行为也不属于杀人行为。[80]

实行行为一般表现为以行为人自身的直接、积极的身体活动去实行，这种情形称为作为的直接正犯，其实行行为性容易理解。通过支配他人进而支配犯罪事实的，属于间接正犯，将在共同犯罪一章中讨论。此外，有的情形是行为人以不作为方式实现犯罪，此乃不作为犯，其实行行为的实质的内容，需要特别考察。

三、不作为

（一）作为与不作为的区别标准

行为的表现形式多种多样，刑法理论将行为概括为两种基本形式：作为与不作为。

---

〔78〕 当然，具有完全避免法益侵害义务与能力的人，只是部分地减少了法益侵害时，依然可能存在实行行为（不作为）。

〔79〕 人们常举的例子是，A 将 B 推到一边，使 B 的头部不会被上面落下的砖头砸中，但导致 B 的肩膀受伤了。A 的行为不是伤害罪的实行行为（危险替代）。但在此案中，A 的行为究竟是因为没有实行行为而不成立犯罪，还是具有违法阻却事由（基于推定的承诺）而不成立犯罪，还值得进一步研究。

〔80〕 关于这一点，以前的理由是甲、乙、丙的行为与被害人的死亡之间没有因果关系。但如果这样解释，就可以将甲、乙、丙的行为认定为杀人未遂行为，这显然不妥当。所以，现在不少学者将这种情况解释为缺乏实行行为性（或排除客观归责），因而不成立犯罪。至于客观上绝对不可能发生法益侵害结果的行为，则更不可能成为实行行为。例如，丁自认为将盐水给成年人饮用会导致死亡而实施的该行为，不是杀人行为。这种行为属于不可罚的不能犯（不构成未遂犯）。

一般来说,作为是指行为人以积极的身体活动实施刑法所禁止的行为。从表现形式上看,作为是积极的身体活动;从违反法律规范的性质上看,作为直接违反了禁止性的罪刑规范。例如,通说认为,抢劫行为必须是积极的身体动作,它直接违反了严禁抢劫的罪刑规范。作为也有多种表现形式,如利用自己的四肢等实施的作为,利用物理工具实施的作为,利用动物实施的作为,利用自然现象实施的作为等,大多数犯罪行为表现为作为。

不作为,是指行为人在能够履行自己应尽义务的情况下不履行该义务。从表现形式上看,不作为是消极的身体动作;从违反法律规范的性质上看,不作为不仅违反了禁止性罪刑规范,而且直接违反了其他法律、法规中的义务性规范或命令性规范(要求行为人履行作为义务的法规范,不同于主观违法性论所称的命令性规范)。如拒不救援友邻部队罪中的不救援,不仅违反了刑法第429条的禁止性规范,而且直接违反了相关法律、法规中的义务性规范。由此可见,所谓"消极的身体动作",不是指行为人没有任何身体活动,而是指行为人没有实施法所期待的行为(没有阻止构成要件的实现)。

不作为是指行为人没有履行作为义务。行为人在此期间实施的其他行为,并非不作为的内容,也不影响不作为的成立。例如,锅炉工在当班时,负有给锅炉加水的义务,但他没有加水,造成锅炉爆炸事故,这就成立不作为犯罪。至于锅炉工当班时实施了其他何种行为(如睡觉或外出游玩等)则并非不作为的内容,也不影响不作为的成立。

以行为是违反禁止性规范,还是违反命令性规范为标准区分作为与不作为,是一种传统的观点(禁止、命令规范违反说)。这种观点并没有过时,仍然具有重要意义。除此之外还存在其他学说:(1)能量说认为,向一定方向投入能量的是作为,不向一定方向投入能量的是不作为。例如,士兵因为听到"注意!"的命令而像柱子一样站立时,由于士兵使用了内部能量而直立,故属于作为;再如,医生撤除患者的生命维持装置的行为,意味着没有投入更多的能量,因而是不作为。但是,这种观点导致作为与不作为区分的复杂性与恣意性,而且实际的区分结论也不妥当(如对上述医生的行为应否认定为不作为,便存在疑问)。(2)因果关系基准说有不同表述。有人认为,引起了结果的行为是作为;没有引起任何现象的是不作为。有人指出,作为犯时,行为与结果之间存在合法则的结合,具有自然的、物理的因果关系;不作为犯时,行为与结果之间不存在这种关系。有人提出,如果某一举止在条件公式或合法则的条件公式的意义上导致外界变更或者引起具体结果的,就是作为;如若某一举止任趋势发展或者对所发生的结果没有物理性的因果性,就是不作为。但是,如果认为不作为与结果没有因果关系,对于不作为的结果犯就只能以未遂犯论处,或者认为不作为犯都是行为犯,这恐怕存在疑问。另一方面,在刑法上,也难以区分物理的因果关系与非物理的因果关系。(3)义务内容说认为,如果行为人的义务内容是不作为,那么其行为就是作为,如果行为人的义务内容是作为,那么其行为就是不作为。例如,行为人应当踩刹车而不踩导致行人死亡的,其义务内容是作为,故属于不作为。可是,义务内容具有相对性,人们完全可以认为,此时行为人的义务内容是不向前驾驶车辆,因而是作为。(4)介入说认为,法益向好的方向发展时行为人介入的(如阻止医生救助他人),是作为;法益向恶的方向发展时行为人不介入的(如医生不救助患者),是不作为。但是,在许多场合,作为一种存在的法益不一定有向好或者向恶的方向发展的趋势。而且,这种学说没有回答法益向恶的方向发展时行为人介入的情形属于作为还是不作为。

(5)法益状态说认为,使法益状态恶化的是作为,没有使法益状态好转的是不作为。[81] 这种学说虽具有一定的合理性,但也不明确。例如,阻止第三者救助被害人的行为是作为,但这种行为可能只是没有使法益状态好转的行为。(6)社会意义说根据行为的社会意义是直接引起结果还是不防止结果来区分作为与不作为。例如,医生关闭患者的呼吸器的行为,在社会意义上是不防止死亡结果,因而是不作为。但由于“社会意义”的概念不明确,也导致其区分标准不明确。(7)非难重点说认为,在具体案件中,如果非难的重点是作为,就评价为作为犯;如果非难的重点是不作为,就评价为不作为犯。显然,这种学说并没有提供适当的标准。

由此看来,任何一种标准都存在缺陷。事实上,上述一些区分标准不一定是对立的(主要是表述不同),大体上可以从法益状态说与禁止、命令规范违反说的对应关系(事实与规范),同时考虑身体的积极动作与消极举止区分作为与不作为。如果法益没有面临危险而行为人以积极动作制造危险,或者法益面临较小危险而行为人以积极动作制造更大危险的,是作为,此时法律禁止行为人制造(更大)危险;反之,如果法益已经面临危险,具有保证人地位的行为人不消除危险的,则是不作为,此时法律要求行为人消除危险。例如,行为人在树林挖坑时,发现他人即将掉入坑内,却不说出真相,致使他人落入坑中受伤的,属于不作为。此外,在某些情况下,可能还需要考虑非难的重点。例如,行为人生产的食品具有致人死亡的危险,但生产时没有发现(仅有过失)。销售食品后,行为人发现食用该食品后可能致人死亡,但不召回食品、不通知购买者,导致多人死亡。在这种既存在过失的作为也存在故意的不作为的场合,根据非难的重点应认定为故意的不作为犯。

(二)作为与不作为的区分意义

区分作为与不作为具有两个基本意义:(1)由于刑法以处罚作为犯为原则,以处罚不作为犯为例外,所以,作为被追究刑事责任的可能性大于不作为,故区分作为与不作为对决定行为人的行为是否构成犯罪具有一定意义。(2)对审查重点与判断顺序具有影响。在不作为中,审查的重点是行为人是否处于保证人地位;作为犯中不需要做此判断,而是需要重点审查行为是否符合构成要件。在不作为中,结果发生后,一般要先判断行为人是否具有作为义务,再判断其是否具有作为可能性;在作为犯中,结果发生后,一般要先判断行为人的行为是否属于刑法分则所描述的行为,再判断结果能否归属于行为人的行为。此外,一般来说,不作为犯的不法与责任略低于作为犯。

但是,作为与不作为的区分意义是有限的。例如,人们之所以争论主治医生故意关闭患者的呼吸器导致患者死亡的行为是作为还是不作为,是以主治医生的行为构成故意杀人罪为前提的,或者说是以医生具有救助患者的义务为前提的。如果患者的仇人关闭患者的呼吸器,则没有争议地将患者的仇人认定为故意杀人罪的作为犯。再如,厂主违反生产规则,未对受到炭疽菌污染的山羊毛杀菌消毒,就把山羊毛交给工人加工,导致几名工人因感染炭疽菌死亡(山羊毛案)。人们之所以争论厂主的行为是作为还是不作为,是因为不管得出什么结论,厂主的行为均构成过失犯。反之,如果与厂主有仇的某工人将已消毒的山羊毛掉换成未消毒的山羊毛,导致他人死亡的,则无疑认定为故意的作为犯。显然,在具体案件中,当行为主体具有保证人地位时,区分作为与不作为的意义不大;当行为

---

〔81〕 法益状态说与介入说存在相同之处,故有学者将介入说与法益状态说归纳为一个学说。

主体不具有保证人地位时,只需要判断是否成立作为犯。

其实,作为与不作为的区别并不绝对,存在作为与不作为的竞合现象,即一个行为从一个角度来看是作为,从另一角度来看是不作为。例如,汽车司机在十字路口遇到红灯时,仍然向前行驶,导致行人死亡。从不应当向前行驶而向前行驶(不应为而为)来看,属于作为;从应当刹车而不刹车(应为而不为)的角度来看,则属于不作为。在这种情况下,如果能够肯定作为犯罪,原则上就不必考察行为是否符合不作为犯罪的成立条件(即不必认定为不作为犯罪)。换言之,应当独立地考察作为犯的成立与不作为犯的成立;通常首先判断行为是否符合作为犯的成立要件;在行为不符合作为犯的成立要件时,再判断行为是否符合不作为犯的成立要件。但是,在法益侵害结果事实上由作为与不作为共同造成时,则不能仅判断作为。

作为与不作为可能结合为一个犯罪行为。例如,抗税是逃避纳税义务的行为。在此意义上说,抗税行为包括了不作为。但是另一方面,抗税罪并非单纯的不履行纳税义务,还要求行为人实施了“抗”税的行为。根据刑法规定,以暴力、胁迫方法拒不缴纳税款的,是抗税。而上述手段行为只能表现为作为,故抗税行为同时包含了作为与不作为。有的学者否认这种现象,认为作为是违反禁止性义务法规,不作为是违反命令性义务法规;凡是不应为而为的,就是作为;凡应为而不为的,就是不作为,不管其有无身体的积极活动;所以,作为与不作为是一种对立关系,一个犯罪行为不可能同时包含作为与不作为。[82] 诚然,作为表现为违反禁止性规范,不作为表现为违反命令性规范,如果说违法行为仅仅表现为违反禁止性规范与命令性规范,作为与不作为确实也是对立关系。但是,其一,这种对立关系只是就一般意义而言,决不意味着在一个犯罪中要么是作为要么是不作为;构成要件完全可能要求行为人以违反禁止性规范的行为方式(作为)实现不履行义务的效果(不作为)。其二,上述对立关系事实上是就单一行为而言,但许多犯罪包括了复数行为(在法律上仍然是一个犯罪行为),而复数行为中完全可能同时包含了作为与不作为。其三,如果将抗税罪视为单纯的不作为,容易导致司法机关忽视对“暴力、胁迫方法”的认定,从而扩大处罚范围。所以,本书承认作为与不作为的结合。

即使在刑法没有明文规定的情况下,某些犯罪事实上也可能出现作为与不作为的结合。例如,值班医生不仅拒绝抢救患者,而且撤除患者身上的生命维持装置。可以认为,死亡结果要同时归属于拒绝抢救(不作为)与撤除装置(作为)两个行为。前述山羊毛案也是如此。

(三)不作为的类型

刑法理论将不作为犯区分为真正(纯正)不作为犯与不真正(不纯正)不作为犯。

德国的通说(实质说)认为,真正不作为犯,是指仅仅没有履行法律所要求的义务的犯罪行为。亦即,立法者并没有将避免结果规定为不作为者的义务,也没有将特定结果的发生规定为构成要件要素。因此,真正不作为犯是行为犯的对应物。[83] 与之相对,不真正不作为犯则要求“保证人”(具有作为义务的行为主体)履行结果回避义务,结果的发生

---

〔82〕 参见陈兴良:《本体刑法学》,商务印书馆2001年版,第259页以下。

〔83〕 虽然行为犯也会产生结果,但是构成要件只表述了行为进程,而没有描述结果。

属于构成要件要素。因此,不真正不作为犯是结果犯的对应物。[84] 亦即,行为犯是只要有作为的举动就构成犯罪,而真正不作为犯是只要没有履行义务就构成犯罪;结果犯是基于作为造成构成要件结果的犯罪,而不真正不作为犯是因为没有履行义务造成构成要件结果的犯罪。

我国与日本、韩国刑法理论一样,采取的是形式说:刑法明文将不作为规定为构成要件要素的犯罪,是真正不作为犯;刑法没有明文将不作为规定为构成要件要素,行为人以不作为实施了通常由作为实施的构成要件的,就是不真正不作为犯。[85] 所谓将不作为规定为构成要件要素,是指规定了不作为犯的保证人和对行为使用了"没有"、"不"、"拒绝"之类的表述(参见刑法第261条)。[86]

诚然,对不作为犯完全可以采取不同的标准进行不同的分类。但是,对事物的分类要具有目的性,从而对根据一定标准区分出来的子项做出不同的处理。如果按照所谓构成要件是否要求发生结果来区分不作为犯,那么,只要有行为犯与结果犯的区分即可。可是,不作为犯中的最大问题在于,当刑法没有明文规定保证人时如何确定保证人。这是德国实质的分类没有解决的问题。因为按照德国理论的观点,不真正不作为犯又可以分为两类:一类是刑法明文规定了行为主体与不作为内容的犯罪,另一类是刑法没有明文规定行为主体与不作为内容的犯罪。显然,这两类区分才具有实际意义。

但是,我国和日本、韩国的分类也需要深化。真正不作为犯与不真正不作为犯,是和罪刑法定主义相关联的一种区分,但在这种区分之下,还存在需要进一步考虑的因素。

第一,真正不作为犯,是指刑法分则条文明文规定了保证人与不作为内容的犯罪。认定真正不作为犯,完全符合罪刑法定原则。但应注意的是,刑法规定的真正不作为犯存在两种类型:一类是对保证人只需要进行事实判断的真正不作为犯(可谓典型的真正不作为犯)。例如,刑法第311条规定:"明知他人有间谍犯罪或者恐怖主义、极端主义犯罪行为,在司法机关向其调查有关情况、收集有关证据时,拒绝提供,情节严重的,处三年以下有期徒刑、拘役或者管制。"本罪的保证人是明知他人有上述犯罪行为并受国家安全机关调查的人,对此只需要进行事实判断即可(行为人是否知道他人有上述犯罪并受国家安全机关调查),不作为内容是不提供有关情况与证据。另一类是需要对保证人进行规范判断的真正不作为犯(可谓非典型的真正不作为犯)。例如,刑法第261条规定的遗弃罪的主体是"对于年老、年幼、患病或者其他没有独立生活能力的人,负有扶养义务"的人,但是,对于保证人与被遗弃者之间是否必须具有家庭成员关系等问题(即如何确定保证人的范围),就存在明显的分歧。结局是,仍然要根据后述有关确定不真正不作为犯的保证人的原理进行规范的判断。

第二,不真正不作为犯,是指刑法分则没有规定保证人与不作为内容,但行为人以不作为实施了通常由作为实现构成要件的犯罪。显然,将这种不作为认定为犯罪,存在是否

---

[84] Vgl. ,H. Jescheck/T. Weigend, Lehrbuch des Strafrechts: Allgemeiner Teil, 5. Aufl. , Duncker & Humblot, 1996, S. 605f.

[85] 参见[日]团藤重光:《刑法纲要(总论)》,创文社1990年第3版,第143～144页;[日]大谷实:《刑法讲义总论》,成文堂2012年新版第4版,第127页;[日]山口厚:《刑法总论》,有斐阁2016年第3版,第75页;[韩]金日秀、徐辅鹤:《韩国刑法总论》,郑军男译,武汉大学出版社2008年版,第466页。

[86] 当然,有这类表述并不意味着必然是不作为犯。

违反罪刑法定原则的问题。即使认为处罚这种不作为犯,并不违反罪刑法定原则,也必须规范地确定保证人的范围,并说明具备什么条件才能认定行为符合构成要件。

不难看出,不真正不作为犯与非典型的真正不作为犯的共同点是,二者都需要法官规范地确定保证人的范围。不同点是:(1)不真正不作为犯总是存在是否违反罪刑法定原则的疑问,而非典型的真正不作为犯不存在这一疑问。(2)不真正不作为犯的保证人的确定,不会直接受到刑法分则用语的限制。例如,刑法分则关于故意杀人与放火罪的表述,都不可能直接限制这两个罪的保证人的确定。但是,非典型的真正不作为犯的保证人的确定,直接受到刑法分则用语的限制,从我国刑法第 261 条的规定就可以清楚地看出这一点。例如,对于年幼的人仅负有教育义务的人,就不可能成为遗弃罪的保证人。

此外,我国刑法分则的某些条文对构成要件使用的表述,意味着该犯罪既可以由作为构成,也可以由不作为构成。例如,刑法不少条文将构成要件的行为表述为“严重不负责任”,而不履行职责的不作为与恣意地履行职责的作为都可谓“不负责任”,故都可以成立犯罪。认定不作为构成这类犯罪,并不存在是否违反罪刑法定原则的疑问。

(四)处罚不真正不作为犯的法理与问题

如前所述,处罚真正不作为犯,不存在法理上的障碍。但是,对不真正不作为犯的处罚,必须寻求法理依据。即为什么处罚刑法没有“明文规定”的不作为犯?

处罚不真正不作为犯的根底是法益保护的思想。故意杀人、放火等罪的保护法益,既可能受到作为的侵害,也可能受到不作为的侵害。例如,不救助溺水儿童、不熄灭正在燃烧的住房等便是如此。所以,从法益保护的观点来看,不作为也是刑法所关心的对象。但是,人权保障的思想要求限制不真正不作为犯的处罚范围。因为如果把所有的不作为都当做处罚的对象,便会驱使所有的人都去救助法益,法益好像可以受到保护,但人们的日常生活必然陷入无限的不安与混乱,而且过度限制了国民的自由。因此,不作为犯只能例外地被承认。

但是,处罚不真正不作为犯是否借用了作为犯的法条?即使允许处罚,在刑法没有明文规定作为义务的主体与内容的情况下,如何才能明确限定不真正不作为犯的处罚范围?这便是不真正不作为犯所存在的问题。德国学者阿明·考夫曼(Armin Kaufmann)从规范论理的观点认为,处罚不真正不作为犯违反了罪刑法定原则。他认为,规范分为禁止性规范与命令性规范,前者要求不实施一定的行为(不作为),后者要求实施一定的行为(作为)。例如,作为犯的杀人罪的构成要件,是以违反了“禁止杀人”这一禁止性规范的作为为处罚对象的。与此相对,对溺水的子女不予救助的父亲所要求的是救助这种作为,这里是违反命令性规范的问题。因此,对该父亲以杀人罪论处,便是认为杀人罪的构成要件包含了违反命令性规范(实际上不包含违反命令性规范),这是一种类推解释,违反了“法无明文规定不为罪”的原则。[87]

阿明·考夫曼的观点没有得到多数人的认同。作为杀人罪构成要件的基础的规范内容是“尊重人的生命”,这一规范可能由作为与不作为两种形式来违反。因此,将这一规范以构成要件类型化了的“杀人”,就同时包含了作为的杀人和不作为的杀人。从评价规范的角度来说,不管是以作为还是以不作为方式导致他人的死亡的,都可以评价为侵害了

---

〔87〕 Vgl., Armin Kaufmann, Die Dogmatik der Unterlassungsdelikte, Verlag Otto Schwartz, 1959, S. 239ff.

生命法益,因而具有违法性。从要件的内容来说,刑法所规定的杀人、放火等罪的构成要件,并没有将杀人、放火行为限定为作为。例如,刑法规定的是"故意杀人的,处……",而不是规定为'以作为方式故意杀人者,处……"。概言之,从规定的形式上被认为是作为的表述,在文理解释上,也完全可能包含不作为。例如,母亲不哺乳致婴儿饿死的场合,当然被包含在"杀人"之中,这只不过是构成要件的解释问题。

由上可见,处罚不真正不作为犯,并不违反罪刑法定原则。但不可否认的是,在不真正不作为犯的场合,由于欠缺作为义务的主体与内容的具体基准,容易导致处罚范围不明确。于是,刑法理论上主张不真正不作为犯的立法化。但是,刑法不可能具体规定谁的、什么不作为符合杀人罪、放火罪的构成要件。另一方面,如果对此没有明确基准,处罚不真正不作为犯就会不明确,因而违反罪刑法定原则。

(五)不作为犯的成立条件

就不真正不作为犯而言,并不是只要不作为与构成要件的结果之间具有因果关系,就肯定构成要件符合性。例如,在儿童溺水的场合,并不是只有父母可以救助,其他在场人员都可以救助。所以,儿童溺水身亡时,并不是只有其父母的不作为与儿童的死亡之间具有因果关系,其他在场人员的不作为都与儿童的死亡之间具有因果关系。但是,如果认为所有可能救助溺水儿童的人的不作为都符合杀人罪的构成要件,就明显扩大了处罚范围。因此,刑法理论需要进一步判断儿童溺水身亡的结果应当归属于谁的不救助行为。结局是,只能将结果归属于基于保证人地位而具有救助义务的人,基于保证人地位的作为义务,便成为不真正不作为犯的成立要件。亦即,负有防止结果发生的特别义务的人称为"保证人",其中的特别义务就是作为义务。不难看出,不真正不作为犯实际上是身份犯。

那么,保证人地位与作为义务是什么关系呢?一体说认为,对于保证人地位与作为义务,应当在社会观念上作一体化的理解,因为难以区分二者。分离说认为,保证人地位属于构成要件的内容,作为义务属于违法性的内容。一体说与分离说会影响对有关作为义务的错误的处理根据与结论。依照分离说,作为义务不是故意的认识内容,但为作为义务提供根据的事实的、法律的事项(保证人地位)则是故意的认识内容。所以,关于作为义务本身的错误,属于违法性的错误;关于为作为义务提供事实的、法律的事项的错误,属于事实认识错误。根据一体化说,保证人地位与作为义务均属于不成文的规范的构成要件要素,只要行为人对作为义务具有外行人的认识,就不阻却故意;如果缺乏外行人的认识,则阻却故意。例如,甲与乙(未成年)为父子关系,设想两种情形:(1)乙掉入河中,甲虽发现,但误以为掉入河中的不是自己的儿子乙,而是与自己无关的丙,因而没有救助,导致乙死亡。(2)甲明知掉入河中的是自己的儿子乙,但误以为自己没有义务救助乙,因而没有救助,导致乙死亡。根据分离说,上述情形(1)属于保证人地位的认识错误,故情形(1)中的甲不成立不作为的故意杀人罪。相反,关于保证人义务的认识错误则属于违法性的认识错误或者禁止的错误,因而不阻却故意的成立。上述情形(2)属于保证人义务的认识错误,故情形(2)中的甲依然成立不作为的故意杀人罪。根据一体说,在上述情形(1)中,由于甲对作为义务缺乏外行人的认识(或者意义的认识),故阻却故意犯罪的成立;在上述情形(2)中,由于甲对作为义务具有外行人的认识(或者意义的认识),故不阻却故意犯罪的成立。

本书赞成一体说。具有作为义务的人才是保证人,反之,保证人就是作为义务人。所以,刑法理论首先要确定哪些人是负有防止结果发生的特别义务的人,即确定特别义务来源于何处(作为义务的发生根据)。其次,虽然负有作为义务,但如果保证人不能履行作为义务,也不成立不作为犯。换言之,成立不真正不作为犯需要具备“作为可能性”。最后,即使保证人能够履行义务,但客观上不可能避免结果发生时,照样不得以不作为犯论处。易言之,成立不真正不作为犯要求具备“结果回避可能性”。此外,还有如何理解不作为与作为的等价性的问题。

如前所述,真正不作为犯的认定并不存在特别障碍。在此意义上说,刑法总论主要应当探讨的是不真正不作为犯的成立条件。但是,非典型的真正不作为犯,也需要规范地确定保证人的范围;任何一种不作为犯的成立,都以保证人具有作为可能性和结果回避可能性为前提。所以,下列作为义务的发生根据,同样适用于非典型的真正不作为犯;作为可能性与结果回避可能性,则适用于全部不作为犯。

(六)作为义务的发生根据

我国传统理论没有使用保证人概念,但一直探讨作为义务的来源。[88] 具有作为义务,是成立不真正不作为犯的第一个条件,具有作为义务的人就是保证人。关于作为义务的来源,较早的教科书采取了形式的三分说(法律、职务与先前行为),近来的教科书采取的是形式的四分说(增加了法律行为)。但是,对作为义务仅作形式的探讨,既存在理论上的缺陷,也导致实践上确定的保证人范围有时过宽、有时过窄。

第一,根据形式的四分说,只要行为人负有其他法律或者合同所规定的义务,就能成为不真正不作为犯的保证人,进而承担刑事责任。可是,这种观点难以回答如下问题:为什么不履行其他法律规定的义务,就直接构成不作为犯罪?一个以作为形式违反了行政法、婚姻法、经济法的行为,通常不会成立犯罪;既然如此,一个没有履行行政法、婚姻法、经济法规定的义务的行为,为什么反而可以直接成立犯罪?对于一个违反合同的行为,为什么不是仅按合同法处理,而可以认定为犯罪?

第二,在某些场合,即使行为人没有履行其他法律所规定的义务,事实上也不可能成立不作为犯。例如,《消防法》第 44 条规定:“任何人发现火灾都应当立即报警。”据此,发现火灾的人具有报警的法律义务。发现火灾的人没有报警的,虽然是一种不作为,但并不成立放火罪与其他犯罪。显然,形式的四分说存在自相矛盾的现象。

第三,形式的四分说对某些应当处罚的行为不能做出合理说明。例如,成年男子在邻居 7 岁的女孩对其实施猥亵行为时不予制止。认定甲的行为属于作为不一定合适,宣告甲的行为不构成犯罪也没有道理。但是,根据形式的四分说,甲却没有义务来源。再如,按照约定为他人抚养婴儿的乙,故意不提供食物导致婴儿死亡的,即使约定无效或者已经超过了约定的期限,对乙也应当以不作为犯论处。但是,如若按照形式的四分说,乙也不具备作为义务的来源。

正因为形式的法义务说存在缺陷,所以,德国、日本等国刑法理论早就开始探讨实质的法义务来源。德国的主流观点采取机能的二分说,将作为义务分为对特定法益的保护

[88] 我国刑法理论的传统观点在讨论不作为犯的义务来源时,是将真正不作为犯放在一起说明的。其实,在刑法总论中不需要讨论典型的真正不作为犯的义务来源。因为刑法分则已经确定了典型的真正不作为犯的保证人范围。

义务和对危险源的监督义务。[89] 近年来,国内学者也展开了这方面的研究,尤其是注重形式来源与实质来源的结合。

如所周知,德国刑法第 13 条第 1 款规定:“行为人不防止属于刑法的构成要件结果,只有当他在法律上必须保证该结果不发生,并且当该不作为与通过作为实现法律的构成要件相当时,根据本法是可罚的。”这实质上是将不真正不作为犯当做刑罚扩张事由而设立的特别规定,但是,我国刑法总则并无这样的规定,而是对不作为的故意杀人与作为的故意杀人适用同一刑法条文,既然如此,就只有当不作为致人死亡的行为本身确实符合了故意“杀人”的构成要件时,才能将其认定为故意杀人罪。

由作为导致法益侵害的过程表现为,制造危险(行为制造了他人死亡的危险性)→危险增大(他人的死亡危险性增大)→危险的现实化即实害结果的发生(他人死亡)。要使不作为犯符合作为犯的构成要件,一方面,要求有危险的产生→危险增大→实害结果发生的过程;另一方面,由于危险不一定是行为人的行为产生的(先前行为除外),故只有当行为人处于阻止危险的地位时,才可能与作为相当,从而符合作为犯的构成要件。亦即,只有应当阻止危险但未排除或者控制既存的危险,才与作为相当。[90] 本书将不作为导致法益侵害结果的过程分为三种类型:(1)由危险源产生的危险→危险增大→实害结果的发生。在这一过程中,只有切断危险源,才能避免实害结果的发生。基于对危险源的支配产生的监督义务,就是一项实质的义务来源。(2)由于某种原因(如人为的或者法益主体自身的原因等)法益处于无助(或者脆弱)状态,因而出现危险→危险增大→实害结果的发生。在这一过程中,法益的保护具体地依赖于特定人时,特定人就具有保护义务。(3)基于某种(他人或者法益主体自身的)原因,在特定领域法益出现危险→危险增大→实害结果的发生。在这一过程中,法益的保护依赖特定领域的管理者,该特定领域的管理者负有阻止义务。当然,上述区分并不绝对,有的类型可能是相互交叉的(其中第三种类型大体上是前两种类型的重合)。概言之,对结果发生原因的支配地位(如上述第一种类型)、对结果发生进程的支配地位(如上述第二种类型)以及对结果发生领域的支配地位(如上述第三种类型),是不真正不作为犯的实质法义务根据。

然而,实质的法义务根据,只是说明了具备上述实质的法义务时,才能认定不作为导致了法益侵害结果,从而能够认定不作为符合构成要件。但是,其范围是不明确的,需要辅之以形式的标准。这种形式的标准必须起到两个方面的作用:其一,进一步表明实质的法义务的合理性(起限定作用);其二,使实质的法义务范围更加明确。

1. 基于对危险源的支配产生的监督义务

危险源本身就是导致结果发生的原因,行为人处于控制危险源的地位,因而支配了结果发生的原因。但是,单纯的事实上可以控制危险源还不能成为作为义务的来源,还必须对危险源具有监督管理义务的形式根据。

(1)对危险物的管理义务。这里的危险物是广义的,包括危险动物、危险物品、危险设置、危险系统等。管理义务,既可能来自法规范,也可能源于制度或者体制,还可能源于条理。例如,动物园的管理者在动物咬人时具有阻止义务;宠物的饲养者在宠物侵害他人

---

〔89〕 参见张明楷:《外国刑法纲要》,清华大学出版社 2007 年第 2 版,第 99 页以下。

〔90〕 参见[日]山口厚:《从新判例看刑法》,付立庆、刘隽译,中国人民大学出版社 2009 年版,第 38 页以下。

时,具有阻止义务;矿山的负责人,对矿山的生产安全负有管理义务;广告牌的设置人,在广告牌有倒塌危险时,负有防止砸伤路人的义务;机动车的所有人负有阻止无驾驶资格的人或者醉酒的人驾驶其机动车的义务。

(2)对他人危险行为的监督义务。一般来说,他人的危险行为造成了法益侵害时,由其本人承担刑事责任。但是,在他人不可能承担刑事责任,而行为人基于法律规定、职业或者法律行为对他人负有监管、监护等义务时,要求行为人对他人的危险行为予以监督、阻止。例如,父母、监护人有义务制止年幼子女、被监护人的法益侵害行为。但是,夫妻之间、成年的兄弟姐妹之间并不具有这样的监督义务。例如,妻子明知丈夫受贿而不制止的,并不成立受贿罪的帮助犯。

(3)对自己的先前行为造成的法益侵害紧迫危险的防止义务。[91] 行为人的先前行为造成了法益侵害的紧迫危险时,具有保证人地位。第一,先前行为对刑法所保护的具体法益造成了危险。对不受刑法保护的利益造成的危险,不能成为作为义务的来源。第二,危险明显增大,如果不采取积极措施,危险就会立即现实化为实害。第三,行为人对危险向实害发展的原因具有支配性。[92] 例如,意外提供了有毒食物导致他人中毒后,提供者有救助义务;销售了危险产品的行为人具有召回产品的义务。再如,黑夜里将机动车停在高速公路上,却不采取措施防止后面的车辆"追尾",导致车辆相撞引起他人死亡的,停车者要对该死亡结果负责。

与此相适应,下列情形不能成为作为义务的来源:第一,行为并没有制造、增加危险的,不产生作为义务。例如,路人将路边的弃婴抱到民政机关门前的,高速公路上的司机将被前一车辆撞伤的被害人送到加油站后放置不管的,一同进餐的人将醉酒者送回其住处的,即使后来被害人因没有得到救助而死亡,行为人也不承担不作为犯的责任。特别需要指出的是,先前的行为并没有导致危险,而是被害人基于自主决定使自己陷入危险的,该先前行为不产生作为义务。例如,甲男与乙女谈恋爱,后来甲男提出分手,乙女声称如分手就自杀。尽管如此,甲男依然要与乙女分手。即使甲男看着乙女自杀而不制止,也不能认定他有作为义务。因为甲男与乙女谈恋爱以及提出分手的行为,都没有对法益造成现实的危险(没有先前行为)。第二,行为虽然制造、增加了危险,但是该危险并不紧迫或者微不足道的,不产生作为义务。例如,甲将自己的一把利刀递给乙观看时,乙突然持刀伤害丙。即使甲在现场,也不产生作为义务。第三,行为制造、增加的危险属于被害人的答责范围时,行为人不产生作为义务。例如,甲将吸食毒品的工具借给乙吸食毒品,乙因吸食过量造成身体伤害。对此,甲不承担不作为的故意伤害罪的责任。[93]

先前行为不要求行为人独立实施,行为人参与了奠定作为义务基础的先前行为时,就具有结果防止义务。例如,甲与乙共同以暴力抢劫丙女,在丙昏迷后乙准备对丙实施强奸

---

〔91〕 参见张明楷:"不作为犯中的先前行为",载《法学研究》2011 年第 6 期。

〔92〕 危险虽然由先前行为人造成,但处于优势地位的保证人更有利于保护法益时,则不应认为先前行为人具有作为义务。例如,甲在高速公路上撞伤他人时,交通警察刚好就在身边,此时应当由警察处理相关事务(如将伤者送往医院抢救)。此外,行为人制造法益危险后,第三者基于自己的意志防止结果发生时(如甲意外撞伤丙后,乙迅速将丙送往医院抢救脱险),也不要求前行为人履行结果防止义务。不过,在这种场合,并不是说甲没有救助义务,只是因为乙的自愿救助行为使甲丧失了对结果原因的支配。

〔93〕 如果甲给乙注射毒品后,乙的生命处于危险状态,则甲具有救助义务。

行为,此时甲负有阻止义务,否则成立强奸罪的共犯。

一般来说,只要先前行为制造了法益侵害的危险,就会成为作为义务的来源。因为根据客观的违法性论,制造了法益侵害危险的行为,就是违法行为。客观上实施了违法行为的人,有义务防止侵害结果的发生。尽管如此,先前行为也不以具有违法性为前提。[94]例如,在阻却违法的紧急避险行为给第三者造成法益侵害的危险(紧急避险过当的危险)时,紧急避险人具有救助义务,但紧急避险行为本身并不违法。再如,X 抢劫未遂后逃走,甲、乙、丙为了将 X 抓获归案而追赶,X 在前方无路可逃时坠入深水中。甲、乙、丙的追赶行为并不违法,但的确给 X 的生命制造了危险,不能否认他们有救助义务。

问题是,正当防卫人对不法侵害者是否具有救助义务?一种观点认为,"正当防卫者的保证人地位,应当是否定的。不法侵害他人权利,必须预估遭到反击的后果,并自行承担此项后果。对于陌生人,任何人都没有保证人地位,没有救助义务;如果认为防卫者对于不法侵害者有保证人地位,无异承认侵害者的法律地位高于陌生人。逾越必要程度的防卫(过当防卫),才可能有保证人地位……承认正当防卫者有保证人地位,将使正当防卫形同防卫过当,甚至将正当防卫者与不法侵害者等同看待。这对于正当防卫者是不公道的看待!"[95]但是,这种观点存在疑问。例如,甲在荒山野外实施正当防卫导致不法侵害者乙身受重伤时,并没有过当(但具有过当的危险)。但是,由于甲不救助乙,导致乙死亡(过当)。如果否定甲的保证人地位,就意味着甲的防卫行为没有过当,但本书难以接受这样的结论。[96]

在本书看来,需要分清不同情形处理:第一,如果正当防卫造成被害人死亡也不过当时,正当防卫人并无救助义务。第二,如果正当防卫致人伤害并未过当,而且该伤害不可能导致死亡,亦即没有过当的危险,正当防卫人也没有救助义务。第三,如果正当防卫造成了伤害(该伤害本身不过当),并具有死亡的紧迫危险(具有防卫过当的危险),发生死亡结果就会过当,那么,应当肯定正当防卫人具有救助义务。司法实践所面临的问题是,就正当防卫而言,在防卫人造成不法侵害人(如盗窃犯、轻伤害犯)重伤,不法侵害已经停止,而防卫人却既不报警也不将不法侵害人送往医院抢救,导致流血过多而死亡的,应当如何处理?如果不认定为防卫过当,就有可能导致防卫行为几乎不存在过当的可能;如果孤立地认定后面的不作为成立故意杀人罪,则明显不妥当。如果认定为防卫过当,则意味着承认行为人对不法侵害人具有抢救义务(对死亡结果具有防止义务)。也许有人认为,

---

〔94〕 德国的有力学说认为,先前行为必须具有义务违反性(义务违反性要求说)。由于立法上的区别,本书不接受这种观点,首先,当先前行为成为作为义务的来源,进而肯定不作为构成犯罪时,并不是将先前行为作为处罚根据。既然如此,就没有理由将先前行为限定为违反义务的行为。其次,义务违反的界限并不明确。再次,要求先前行为违反义务,在很大程度上是为了将正当防卫排除在先前行为之外。但如下所述,在我国,正当防卫产生了过当的危险时,同样产生作为义务。最后,从我国的相关法律规定来看,行为人基于先前行为所引起的作为义务,并不以违反义务为前提。例如,《道路交通安全法》第 70 条第 1 款前段规定:"在道路上发生交通事故,车辆驾驶人应当立即停车,保护现场;造成人身伤亡的,车辆驾驶人应当立即抢救受伤人员,并迅速报告执勤的交通警察或者公安机关交通管理部门。"显然,抢救受伤人员的作为义务,并不以驾驶人违反交通运输管理法规为前提。表面上看,抢救受伤人员的作为义务源于法律规定,但该法律规定的根据则是行为人的先前行为。

〔95〕 林东茂:《刑法综览》,中国人民大学出版社 2009 年版,第 122 页。本书第 3 版接受了这种观点。

〔96〕 德国刑法之所以否认正当防卫产生作为义务,是因为对这种行为可以按照见危不救罪处理。但我国刑法没有规定这一犯罪,故不能采用德国的理论。

即使认定为防卫过当,也只需要认定先前的作为行为(防卫行为)导致了死亡结果,而不是后来的不作为导致防卫过当。诚然,如果能将过当结果独立归属于先前的防卫行为,就没有必要讨论防卫行为引起的义务问题。但是,这种观点并不符合所有的案件事实。换言之,在少数情况下,也可能应当(同时)将过当结果归属于后面的不作为。所以,本书主张,在这种场合,宜承认先前的作为与后面的不作为共同导致了防卫过当。概言之,就上例而言,要得出防卫过当的结论,就必须肯定具有违法阻却事由的行为也能成为产生作为义务的先前行为。

不作为能够成为作为义务的发生根据。例如,房屋主人没有留意屋顶所铺的瓦片是否稳固,瓦片掉落下来致人受伤的,主人有救助的义务。或许有人认为,在这种场合,仅以前一个作为义务(对危险源的监督义务)为根据得出行为人对受伤者有救助义务即可。事实上并非如此。瓦片砸伤被害人时,主人就需要对该伤害负责。对该伤害负责的根据,就是主人对屋顶瓦片掉落下来会砸伤人的监督义务。而瓦片砸伤他人后,在他人有生命危险时,则是基于先前的不作为产生的救助被害人的另一作为义务。对危险源的监督义务不能直接引申出主人有救助受伤者的义务。此外,倘若仅以前一作为义务说明主人有救助义务,容易得出主人仅有过失而无故意的结论。这显然不妥当。

过失犯罪应与过失的一般违法行为一样,能够成为作为义务的发生根据。既然刑法理论肯定过失的一般违法行为可以成为作为义务的发生根据,那么,就没有理由否认过失犯罪可以成为作为义务的发生根据。例如,甲的过失行为造成了乙轻伤(尚不成立犯罪),同时产生了生命危险时,甲故意不救助因而导致乙死亡的,成立不作为的故意杀人罪。再如,A 的过失行为造成了 B 重伤(已经成立犯罪),同时产生了生命危险,A 故意不救助因而导致 B 死亡的,也应认定为不作为的故意杀人罪。倘若认为过失犯罪不是作为义务的发生根据,则意味着 A 的行为仅成立过失致人死亡罪。这显然与上例中将甲的行为认定为故意杀人罪不协调。当然,在这种情形下,需要考虑结果回避可能性的问题。

既然过失犯罪能使行为人产生作为义务,故意犯罪更能使行为人产生作为义务。诚然,甲基于杀人的故意将被害人砍成重伤,任其流血过多死亡的,认定为作为的故意杀人罪即可。对此,没有必要讨论。但是,承认故意犯罪能够成为作为义务的来源,具有合理性与必要性。

承认故意犯罪可以成为作为义务的来源,有利于实现刑法的协调。例如,甲意外地导致乙重伤,明知不抢救乙就会死亡,但仍然不抢救,导致乙死亡。如果满足其他条件(具有结果回避可能性与作为可能性),甲的行为无疑成立不作为的故意杀人罪。A 故意地导致 B 重伤,明知不抢救 B 就会死亡,但仍然不抢救,导致 B 死亡。如果否认故意犯罪可以成为先前行为,对于 A 就只能认定为故意伤害(致死)罪。可是,与甲相比,A 的行为应当受到更为严重的否定评价和更为严厉的谴责。所以,只有肯定故意犯罪能成为先前行为,才能肯定 A 的行为也成立不作为的故意杀人罪,不致形成不协调的刑法评价。

承认故意犯罪可以成为作为义务的来源,有利于解决正当防卫问题。例如,行为人安装了定时炸弹,给法益造成了危险,具有拆除的义务,不拆除的行为就是不作为的违法行为,他人当然可以实施正当防卫,迫使其履行义务(说出炸弹所在位置或拆除炸弹)。如果认为先前安装定时炸弹的故意犯罪行为并不产生作为义务,那么,因为其作为形式的违法行为没有正在进行，难以进行正当防卫。或许人们认为，正当防卫成立所要求的“不法侵害正在进行”，并不表示只能在行为时进行防卫，只要法益处于紧迫的危险之中，都可以进行防卫。所以，在安置炸弹之后，虽然安置行为已经结束，但在炸弹爆炸之前法益一直处于紧迫的危险状态，可以针对先前的作为进行正当防卫。可是，一方面，针对作为行为的防卫只能是使其不再作为，而本案中的防卫并不是让行为人不再作为，而是让其实施某种“作为”（说出炸弹所在位置或拆除炸弹）。另一方面，对不作为犯的防卫限度明显不同于对作为犯的防卫限度。在上例中，不可能按先前安置炸弹的作为确定防卫限度。亦即，对不作为的防卫，以迫使行为人履行义务为必要限度。于是，在作为犯中，防卫行为可能是致人死亡的方法；但在不作为犯中，不可能是使行为人死亡的防卫方法。此外，对作为犯的防卫，只要制止了作为行为本身，就不能再防卫；但对不作为犯的防卫，只要行为人履行了义务，就不能再防卫。在上例中，只要行为人说出了炸弹的位置或拆除了炸弹，就不能再防卫。所以，将先前行为作为防卫对象是不合适的；而要使不作为成为防卫对象，就必须肯定故意犯罪行为是产生作为义务的先前行为。

承认故意犯罪可以成为作为义务的来源，有利于解决共同犯罪问题。例如，甲以杀人故意将被害人乙砍成重伤，随后，甲看到了乙躺在血泊之中的痛苦表情，顿生悔意，打算立即叫救护车。此时，无关的过路人丙却极力劝阻甲，唆使其放弃救助念头，乙因失血过多而死亡。如果否认故意犯罪可以成为作为义务的来源，就意味着丙不可能成立犯罪。因为不真正不作为犯实质上是身份犯，丙并不负有作为义务，不可能成立不真正不作为犯的正犯。只有认定甲的故意杀人行为引起了救助义务，其后来的不作为也属于杀人行为，才能认定丙教唆甲实施了不作为犯罪，进而成立教唆犯。[97]

承认故意犯罪可以成为作为义务的来源，面临罪数问题。首先，可以肯定的是，如果案件事实中的作为与不作为应当评价为两个行为，行为侵害了两个法益，行为人对两个法益侵害事实都具有责任，就应当实行并罚。例如，行为人违反森林法的规定，非法采伐珍贵树木，树木倒下时砸着他人头部，行为人明知或者应知不立即救助他人就会导致死亡结果，但未予救助。非法采伐珍贵树木是刑法第 344 条规定的犯罪行为，但第 344 条并没有就该罪规定死亡结果，换言之，造成死亡的行为以及死亡结果不能评价在非法采伐国家重点保护植物罪中。在这种情况下，应当将非法采伐珍贵树木的犯罪行为，视为导致行为人负有抢救义务的先前行为，从而视案情认定为不作为的故意杀人罪或过失致人死亡罪，与非法采伐国家重点保护植物罪实行并罚。其次，当前阶段的作为与后阶段的不作为侵害的是同一法益，或者两个行为所侵害的法益具有包容关系时，仅认定一个重罪即可。如前阶段的作为杀人与后阶段的不作为杀人，侵害了同一个人的生命法益，只能认定为一罪。再如，故意伤害他人后，产生救助他人的作为义务；如果不履行作为义务，导致他人死亡，符合不作为犯的其他成立条件，且对死亡结果具有故意的，由于生命法益包含身体法益，

[97] 参见蔡圣伟：《刑法问题研究（一）》，元照出版公司 2008 年版，第 223 页。如果没有救助的甲离开现场后，过路人 A 准备救助乙，而第三者 B 劝说 A 不救助的，则 B 不成立任何犯罪。但是，如果 B 以暴力、胁迫等有形手段阻碍 A 的救助行为，则是独立的作为犯。

即可仅认定为故意杀人罪。[98]

2. 基于与法益的无助(脆弱)状态的特殊关系产生的保护义务

法益处于无助或者脆弱状态的情形是经常可以见到的。在这种状态下,法益的保护依赖于可能保护法益的人。但是,仅此还不够。例如,落水儿童的生命虽然依赖于过路人,但过路人并不一定是保证人。只有当法规范、制度或体制、自愿接受使法益保护具体地依赖于特定的人时,此人才具有保证人地位。

(1)基于法规范产生的保护义务。在法规范将法益保护托付给特定行为人时,行为人的不保护就成为结果发生的原因。例如,母亲对婴儿有哺乳义务;交通警察对交通事故中的被害人具有救助义务;父母见幼女被人猥亵时具有制止他人猥亵行为的义务;如此等等。根据法规范,发现火灾的人虽然有报警义务,但是,法益保护并不具体地依赖于发现火灾的人,故发现火灾的人没有刑法上的实质的法义务。

(2)基于制度或者体制产生的保护义务。当具体的制度、体制将法益保护义务托付给特定行为人时,行为人负有保护义务。例如,国家机关工作人员在其职责范围内对无助(脆弱)的法益负有相应的保护义务。再如,游泳教练对游泳学习者具有保护义务。

(3)基于自愿承担(合同与自愿接受等)而产生的保护义务。在法益处于无助或者脆弱状态时,行为人自愿承担保护义务,使法益的保护依赖于行为人时,行为人必须继续承担保护义务。例如,将他人遗弃的女婴抱回家之后,就必须尽抚养义务,而不能放置在家中不管。又如,将幼儿带入森林游玩或者带入水中游泳的人,有义务保护幼儿的生命、身体安全。再如,数人登山形成了危险共同体(意味着相互关照),只要没有除外的约定,就意味着各人自愿接受了保护他人的义务。但是,数人各签生死状(在自己遇险时,他人不必救助),则意味着各人没有自愿承担法益保护义务。所以,危险共同体本身不是当然的义务来源。

问题是,当法益处于脆弱状态是由法益主体自主决定时,其他相关人是否具有救助义务?例如,妻子自杀时,丈夫是否具有救助义务?倘若认为自杀行为属于行使自主决定权,当然会否认丈夫具有救助义务。但本书持肯定回答。诚然,自杀是妻子自己决定的,在此意义上说,妻子应当自我答责。但是,刑法对生命实行绝对的保护,妻子的自我答责只是意味着妻子对自己的自杀行为不承担刑事责任,并不意味着免除了丈夫的救助义务(参见第二十一章第二节"一")。[99] 当法益可以由主体自由处分时,法益主体自主决定使该法益处于脆弱状态的,其他相关人则不负有救助义务。换言之,法益主体损害自己有权处分的法益时,其他人没有保护义务。

3. 基于对法益的危险发生领域的支配产生的阻止义务

法益的危险发生在行为人支配的领域时,行为人具有实质的法义务。但是,如果不做出一定的限制,就会给领域的管理者造成沉重的负担。本书认为,在这种场合,只有该领

---

〔98〕 对此是否应当依然认定为故意伤害(致死),还值得进一步研究。德国刑法理论认为,在类似案件中,故意的作为犯与不作为犯属于"不纯正竞合"的关系。其中,有学者认为,二者属于法条竞合中的补充关系;有学者认为后者属于"共罚的事后行为";有学者认为前阶段的作为与后阶段的不作为是一个单一的整体,属于行为单数。

〔99〕 倘若认为由于妻子自我答责丈夫就没有救助义务,那么,妻子不慎落水时也应当自我答责,丈夫同样没有救助义务。这一结论难以被人接受。

域的支配者可以排除危险时(具有排他性),才能要求该领域的支配者履行义务。这种排他性的支配,既不排除同时犯,也不排除共犯。

(1)对自己支配的建筑物、汽车等场所内的危险的阻止义务。例如,自家的封闭庭院里突然闯入一个危重病人或者生活不能自理的儿童,他人不能发现和救助,庭院的支配者有义务救助(如将病人或儿童送往医院或者转移至他人可以发现的场所)。[100] 再如,演出场所的管理者在他人表演淫秽节目时,负有制止义务。出租车司机对于男乘客强奸女乘客而不管不问的,成立强奸罪的帮助犯。又如,肇事者拦住出租车后,将受伤者搬入出租车内准备送往医院,但后又借故逃离。虽然不同于司机主动将受伤者搬入车内的情形,但在肇事者下车后,受伤者存在于司机独立支配的领域,司机具有救助义务。基于合同在自己住宅抚养他人婴儿,而不供给食物致其死亡时,即使该合同是无效的或是超过期限的,也成立不作为的杀人罪。因为婴儿生命的危险发生在行为人独立支配的领域,而且具有排他性。卖淫女在嫖客的住宅与嫖客发生关系,发现嫖客心肌梗塞而离去的,不成立不作为犯。但是,如果嫖客与卖淫女在卖淫女的住宅发生关系,嫖客心肌梗塞的,卖淫女具有救助义务。

(2)对发生在自己身体上的危险行为的阻止义务。最为典型的是,幼女主动对男子实施猥亵行为时,由于危险发生在男子身体上,男子负有制止义务。男子不制止而任由幼女实施猥亵行为的,成立猥亵儿童罪。

以上关于作为义务的来源,可能导致数个主体同时对某一法益具有作为义务。在有些情况下,可能由于存在优先履行作为义务的主体,而使得其他人不再具有作为义务。在有些情况下,虽然数个主体均有作为义务,但可能存在强弱之别或者层级关系。例如,夫妻与丈夫的年迈母亲共同生活。在母亲生病或者摔倒时,社会一般观念会认为首先是丈夫具有救助义务,夫妻二人均不救助导致母亲死亡的,只需要追究丈夫的刑事责任;即便认为妻子具有救助义务,也不应追究妻子的刑事责任。但是,在丈夫出差时,妻子不履行救助义务的,则应当承担刑事责任。此外,如前所述,夫妻以及成年的兄弟姐妹之间没有阻止对方犯罪的义务。但是,妻子针对丈夫具有保护义务的法益实施犯罪行为时,丈夫不履行保护义务的,则可能基于对脆弱法益的保护义务而成立不作为犯。例如,妻子杀害婆婆时,在场的丈夫不阻止的,妻子成立作为的故意杀人罪,丈夫成立不作为的故意杀人罪。必然产生争议的问题是,丈夫杀害自己的母亲时,妻子不阻止的是否成立不作为的故意杀人罪?本书倾向于否定回答,合适与否还需要进一步研究。

(七)作为可能性

作为可能性,是指负有作为义务的人具有履行义务的可能性。法律规范与法律秩序只是要求能够履行义务的人履行义务,而不会强求不能履行义务的人履行义务。我国刑法分则的部分条文明确将作为可能性作为不作为犯的成立条件(参见刑法第429条、第445条)。问题在于,作为可能性是作为义务的前提,还是与作为义务并列的要件?一种观点认为,如果行为人没有作为可能性,就丧失了作为义务的前提(即没有作为可能性就

[100] 如果病人、儿童的亲属或者监护人在场,则庭院的支配者没有救助义务。

没有作为义务);[101]另一种观点认为,作为可能性与作为义务是两个不同的问题。[102]本书认为,不能因为行为人没有作为义务的可能性,而否认其具有作为义务。例如,成年子女有义务向没有独立生活能力的父母提供必要的物质生活条件,在成年子女没有收入来源时,也不能否认其有作为义务,只能否认其作为可能性。所以,作为可能性是不真正不作为犯的第二个成立条件。

作为可能性的判断,既要以附随情况正常性与否为资料,也要以保证人的个人能力为资料。即使认为作为可能性是构成要件符合性的判断,因而只能以社会的一般观念为标准,也不可否认另需要根据保证人的个人能力做出判断。后者也可谓期待可能性的问题,将其作为责任要素或许是合适的。但是,由于作为可能性是对违法行为起限定作用的要素,故例外地将其纳入构成要件要素也是可以的。所以,行为人能否履行义务,应从行为人履行义务的客观条件与个人能力两方面进行判断。当履行义务面临一定危险时,不能要求行为人冒着生命危险去履行义务。履行作为义务的难易程度,表明了法益保护的难易程度,因而能够说明不作为的不法程度。

如果事实上具有作为可能性,但保证人没有认识到需要履行作为义务,或者一时未能想出作为可能性因而没有履行作为义务的,也不能否认不作为,只是阻却故意,因而可能成立过失犯。反之,如果事实上没有作为可能性,但保证人误以为有作为可能性进而没有作为的,则属于不能犯。

(八)结果回避可能性

根据结果无价值论的观点,结果回避可能性,不仅是不作为犯的成立条件,也是作为犯的成立条件。只不过在不作为犯中,这一点显得特别重要。换言之,在即使保证人履行作为义务也不可避免地发生结果的情况下,不能将保证人没有履行作为义务的行为认定为不作为犯。反过来说,行为人不履行作为义务,造成或可能造成侵害结果的,才可能成立不作为犯罪。或者说,只有当行为人履行作为义务可以避免结果发生时,其不作为才可能成立犯罪。至于是否具有结果回避可能性,只能进行事后判断。不作为之所以能成为与作为等价的行为,在于它造成或可能造成侵害结果。结果回避可能性,是不作为犯的第三个成立条件。例如,司机过失造成了交通事故,导致被害人头盖骨骨折,即使立即送往医院也不能挽救生命时,即使司机没有救助,也仅成立交通肇事罪,而不成立不作为的故意杀人罪。在客观上具有结果回避可能性,而行为人误以为没有回避可能性因而没有履行作为义务导致结果发生的,一般成立过失的不作为犯;在客观上没有结果回避的可能性,而行为人误以为具有回避可能性,但没有履行作为义务的,因为其不作为不具有导致结果发生的危险性,而属于不能犯。[103]另一方面,由于不作为也可能成立未遂犯,所以,认为只有当不作为已经造成了侵害结果时才构成犯罪的观点,存在疑问。

正因为不作为犯的成立以结果回避可能性为前提,故可以肯定不作为与结果之间的

---

〔101〕参见[日]西田典之:"不作为犯论",载[日]芝原邦尔等编:《刑法理论的现代的展开——总论 I》,日本评论社1988年版,第80页。

〔102〕参见[日]山口厚:《刑法总论》,有斐阁2016年第3版,第95页。

〔103〕参见[日]西田典之:《刑法总论》,弘文堂2010年第2版,第117页。

因果关系。[104] 如前所述,不作为不是单纯的什么也没有实施,而是没有实施法期待的作为。在保证人实施了法所期待的作为,就可以避免结果发生的情况下,没有实施法所期待的作为,当然与结果之间具有因果关系,能够将结果归属于不作为。[105] 此外,如果认为不作为犯没有因果关系问题,就可能导致不作为犯没有未遂,因而不妥当。例如,负有作为义务的甲没有履行作为义务,但第三者的行为防止了结果的发生。如果否认不作为犯的因果关系,就可能认为甲构成犯罪既遂,但这一结论显然与作为犯不协调。

(九)不作为与作为的等价性

如前所述,德国刑法第13条要求不作为必须与作为具有等价性(同价值性)。我国刑法对此没有明文规定,但本书认为,等价性并不是具体的要求,而是不真正不作为犯的构成要件的解释原理,尤其是为实质意义的作为义务的发生根据提供基础、限制作为义务发生根据的指导原理。联系我国的刑法理论与司法实践,以下几点值得注意:

1. 由于难以明确刑法分则的某些条文在描述行为时所使用的动词能否包括不作为,所以,在判断某种不作为是否成立犯罪时,需要特别慎重。例如,刑法第316条规定:"依法被关押的罪犯、被告人、犯罪嫌疑人脱逃的,处五年以下有期徒刑或者拘役。"行为人以作为方式从关押场所逃出的,无疑属于脱逃;问题是,基于正当原因离开关押场所(如因为表现好而获准回家过春节),而无故不返回关押场所的行为,是否属于脱逃?司法机关不仅要根据刑法用语判断该行为是否属于脱逃,而且应从实质上判断这种不作为对法益的侵犯程度。再如,行为人开车撞伤他人后便逃离现场,造成被害人死亡。在这种情况下,不能轻易得出"成立不作为的故意杀人罪或过失致人死亡罪"的结论,而应考虑法益基于何种原因(前行为)处于危险状态、危险的程度、法益对行为人的依赖程度、行为人履行义务的难易程度、行为人不履行义务是否造成结果的原因、是将结果归责于前行为合适还是归责于"不作为"合适等,从而得出正确结论。

2. 行为符合前述不作为的一般条件,并不直接成立犯罪,只有当某种不作为符合具体的犯罪构成时才成立犯罪。因此,即使存在某种"不作为",但并不符合具体犯罪的构成要件或者不具备责任要素时,也不可能认定为犯罪。例如,路人发现火灾时不报警的,虽然没有履行消防法规定的报警义务,但不符合任何犯罪的构成要件,因而不可能认定为犯罪。

3. 在保证人对他人的生命具有救助义务时,并不必然成立故意杀人罪,而有可能成立遗弃罪或者其他犯罪。值勤消防人员有扑灭火灾的义务,其不履行灭火义务的行为,并不必然成立放火罪,而可能成立玩忽职守罪或者其他犯罪。概言之,对不作为(尤其出于故意时)如何定罪,是罪刑各论需要研究的问题。

四、持有的性质

刑法分则规定了一些行为表现为持有某种特定物品的犯罪,如非法持有毒品罪。一般来说,持有是以行为人对物的实力支配关系为内容的行为,换言之,人对物的实力支配

---

〔104〕 关于不作为犯的因果关系,一直存在争议。在刑法理论上,有人完全否认不作为与结果之间的因果关系;有人完全肯定不作为与结果之间的因果关系,有人则肯定部分不作为与结果之间具有因果关系(参见韩忠谟:《刑法原理》,中国政法大学出版社2002年版,第92页以下)。

〔105〕 不作为犯完全符合条件关系公式,亦即,如果没有行为人不履行义务的不作为(如果行为人履行义务),结果就不会发生。

即是持有。持有型犯罪依然是侵犯法益的犯罪,而不只是对规范的违反。例如,非法持有毒品的行为,具有侵害公众健康的抽象危险。问题是,持有是作为还是不作为,抑或是独立于作为与不作为之外的第三种行为方式?

关于持有的性质,刑法理论上主要有三种观点:(1)作为说认为,法律规定持有型犯罪,旨在禁止行为人取得特定物品,故持有行为违反的是禁止性规范,属于作为。[106] (2)不作为说认为,法律规定持有型犯罪,旨在命令持有人将特定物品上缴给有权管理该物品的部门,以消灭这种持有状态;如果违反该义务而不上缴该物品,就构成刑法禁止的不作为。[107] (3)独立行为说认为,持有既有不同于作为的特点,也有不同于不作为的特点;作为具有动的特征,不作为具有静的特征,持有则具有动静相结合的特征;作为与不作为并不是A与非A的关系,将持有与作为、不作为相并列使之成为第三种行为形式并不违反逻辑规则。[108] 英美刑法理论一般认为持有是一种状态,大陆法系国家的刑法理论则没有争议地认为持有属于作为。

本书认为,持有属于作为。(1)持有是对特定物品的实力支配、控制,既然如此,就很难以不作为来解释。最为明显的是,"携带"是持有的一种表现形式,但携带属于作为,这也表明持有并非属于不作为。事实上,对特定物品(如赃物)的窝藏也是一种持有,但该行为只能被认定为作为,而非不作为。(2)持有是通过对特定物品的实力支配创造危险(如持有毒品),而不是在危险已经发生的情况下不阻止危险。所以,从实质上说,持有属于作为。(3)刑法规定持有型犯罪时,旨在禁止人们持有特定物品,进而禁止人们利用特定物品侵害法益,而不是命令人们上缴特定物品。例如,甲发现乙将毒品放在自己家中后,并未上缴至所谓有权管理毒品的部门,而是立即销毁了毒品。如果说持有属于不作为,则甲的行为仍然成立非法持有毒品罪,因为他并没有履行上缴毒品的义务。但本书不能赞成这种结论。正当的结论应是:由于甲发现毒品后并没有继续支配、控制毒品,故并不成立非法持有毒品罪。(4)作为的特点是行为人实施了法律所禁止的行为,不作为的特点是行为人没有履行应当履行的积极义务。在此意义上说,作为与不作为中的"作为"并不是等同的含义,换言之,作为与不作为不是A与非A的关系。但是,从作为、不作为与法律规范的关系上来看,一个单一的行为要么违反了禁止性规范,要么违反了命令性规范,不可能违反的是授权性规范,因此,一个单一的行为要么是作为,要么是不作为。如上所述,当一个犯罪的构成要件包含了多重单一行为时,当然可以同时包含作为与不作为,但持有并不属于包含多重单一行为的类型。(5)将持有认定为一种独立的行为方式,认为同时包括了作为与不作为的特点,则意味着司法机关不仅应考察持有的作为方面,而且必须同时考察是否符合不作为犯罪的条件。然而,就持有这种单一行为而言,既然能认定为作为,就没有必要再讨论是否成立不作为。况且,寻找持有型犯罪的作为义务来源并非易事,甚至不可能。

五、行为的时间、地点、状况及方法

行为是一种外部活动,离不开一定的时间与地点。时间与地点是行为的存在形式,没

---

[106] 参见熊选国:《刑法中行为论》,人民法院出版社1992年版,第125页。

[107] 参见张智辉:《刑事责任通论》,警官教育出版社1995年版,第124页。

[108] 参见储槐植:"三论第三种犯罪行为形式'持有'",载《中外法学》1994年第5期。

有时间与地点的行为是不存在的。但是,大多数犯罪不要求在特定的时间、地点实施;只有少数犯罪要求在特定时间、地点实施。显然,在后一种情况下,应当说,不是对时间、地点的要求,而是对行为本身的要求,或者说是对行为存在形式的要求。[109]

行为总是在一定的状况下实施的。与时间、地点等概念相比,状况是一个综合性概念,它包括了一定的时间、地点、环境与条件等。大多数犯罪不要求在特定状况下实施;少数犯罪则要求在特定状况下实施。例如,刑法第136条要求"在生产、储存、运输、使用中"发生重大事故。同样,在这种情况下,不是对状况本身的要求,而是对行为本身的要求。

行为是人的身体活动,离不开一定的方法或手段。可以认为,方法事实上是对身体活动内容的描述,方法不同,行为也就不同。例如,使用暴力方法迫使被害人交付财物的,是抢劫行为;以恶害相通告迫使被害人交付财物的,是敲诈勒索行为。因此,抢劫罪与敲诈勒索罪对行为方法的要求不同。不仅如此,在某种意义上说,方法或手段与行为甚至是同义语。例如,刑法第114条将放火、决水、爆炸、投放危险物质称为危险方法,我们也可以说它们是危险行为。当某些犯罪的成立要求特定的方法或手段时,是对行为本身的要求,而不是对行为之外的其他要素的要求。

由此可见,犯罪的时间、地点、状况、方法与行为不可分离。现在的论著都将这些因素从行为概念中抽出来,于是,行为便成为空洞的概念,行为本身也就不存在了,因而不可取。

第四款 行为对象

一、行为对象的概念

行为对象也叫犯罪对象(行为客体),一般是指实行行为所作用的物、人、组织(机构)、制度等客观存在的现象。

首先,行为对象是物、人、组织、制度等客观存在的现象。物,是不以人的意志为转移而客观存在的物质;物的存在形式是时间与空间,物的外在表现是状态;物包括有形物与无形物。信息可以成为行为对象,在对信息的本质存在激烈争议的情况下,可以将信息视为物。人,不仅指人的身体,还包括人的身份、状态等。组织包括法人、非法人团体、机构等。制度,是指现存有效的政治、经济、文化等方面的体系。

其次,行为对象要么因为直接或者间接体现刑法所保护的法益(如法益的主体或者法益的物质表现)而成为构成要件要素,要么因为类型化的需要而成为构成要件要素。例如,法人的财物体现了法人对财物的占有、使用、收益、处分等权利,成为盗窃、诈骗等财产罪的行为对象。再如,刑法分则第三章第三节根据伪劣产品的类型规定了不同的犯罪类型。行为人所销售的各种伪劣产品本身既不是法益的主体,也不是法益的物质表现,却是行为对象。

最后,行为对象必须被行为作用。物、人、组织、制度总是客观存在的,行为没有作用

[109] 当人们说要购买杭州清明节前生产的龙井茶时,其中的地点与时间无疑是对茶叶本身的要求,而不是对茶叶之外的某种要求。

于它们时,它们不是行为对象;行为作用于它们时,它们才成为行为对象。“作用”的内容主要是使对象的性质、数量、结构、状态等发生变化。

行为对象与组成犯罪行为之物不同。例如,贿赂是组成受贿罪、行贿罪之物,一般不认为是行为对象;再如,赌资是组成赌博罪之物,通常不认为是行为对象。行为对象与行为孳生之物有别。行为孳生之物,是指犯罪行为所产生的物。例如,行为人伪造的文书、制造的毒品等,不是行为对象。因此,在走私、贩卖、运输、制造毒品罪中,相对于走私、贩卖、运输而言,毒品可谓行为对象,但对于制造行为而言,所制造的毒品属于行为孳生之物。行为对象与作为犯罪行为的报酬取得之物相异。例如,行为人杀人后从雇凶者处得到的酬金或者物品,不是行为对象。此外,行为对象与供犯罪行为使用之物不是等同概念。供犯罪行为使用之物主要是指犯罪工具。例如,使用伪造的信用卡进行诈骗时,伪造的信用卡是供犯罪行为使用之物,而不是信用卡诈骗罪的对象。

在许多犯罪中,如何确定行为对象还存在疑问。例如,在销售伪劣产品的犯罪中,究竟伪劣产品本身是行为对象,还是相应的合格产品是行为对象?在使用假币罪中,究竟假币是行为对象,还是相应的真货币是行为对象?理论上的看法并不一致。如果认为作为行为对象的物必须体现法益,就不能将犯罪行为对之施加了影响却不体现法益的物当做行为对象。据此,销售伪劣产品的行为,实际上是以伪劣产品冒充相应的合格产品,即以伪劣产品作用于合格产品,似应以合格产品作为行为对象。使用假币意味着以假币冒充真货币,即以假币作用于真货币,按理真货币才是行为对象,真货币才体现货币的公共信用。基于同样的理由,在假冒注册商标罪中,行为对象是他人已经注册的受法律保护的商标,而不是假冒的商标本身。但本书认为,行为对象虽然与法益相关联,但并不必然是体现法益的要素,有时是对行为定型的要求。联系故意的认识内容与事实(对象)认识错误来考虑,宜将上述犯罪中的伪劣产品、假币、假冒的注册商标认定为行为对象。例如,行为人误将假药作为一般伪劣产品予以销售的,属于抽象的事实认识错误;误将假币作为真币而持有的,缺乏持有假币罪的故意。倘若不将上述犯罪中的伪劣产品、假币、假冒的注册商标作为行为对象,就难以解决故意认识内容与事实认识错误问题。

就不少犯罪而言,如何表述行为对象的具体内容也需要研究。例如,故意杀人罪的行为对象是人还是人的生命?故意伤害罪的行为对象是人还是人的身体?倘若认为应当分别具体表述为人的生命与人的身体,则两罪的行为对象不同,但两罪的行为对象与各自的保护法益相同;反之,则两罪的对象相同,但两罪的行为对象与各自的保护法益不同。再如,侵犯财产罪的行为对象是财产还是其他内容?不同的回答,也影响行为对象与保护法益的关系。例如,人们完全可以说,侵犯财产罪的行为对象是财产,保护法益也是财产。

有的犯罪只有一种行为对象,有的犯罪则有数种行为对象,这通常取决于行为是侵犯一个法益还是数个法益。在行为侵犯数个法益的情况下,其行为对象也必然有数种。例如,抢劫罪不仅侵犯财产,而且侵犯人身,其对象除了财物之外,还有被害人的人身。

是否任何犯罪都有行为对象,在刑法理论上存在争议,但不是一个重要问题。通说认为,并非任何犯罪都有行为对象。不可否认,一般犯罪都具有行为对象,有疑问的是脱逃罪,偷越国(边)境罪,组织、领导参加黑社会性质组织罪,组织、领导、参加恐怖活动组织罪。如果说任何犯罪都有行为对象,则可以认为,脱逃罪、偷越国(边)境罪的行为对象是行为人自身所处的状态,即行为人作用于自己身体所处的状态,或者说改变自己所处的状态,因而侵犯了相应的管理秩序,成立犯罪。组织、领导黑社会性质组织或恐怖活动组织的行为对象,应是被组织者、被领导者。参加黑社会性质组织或恐怖活动组织的行为对象,则是行为人的身份,即行为人由原本不具有某种组织成员的身份改变为具有某种组织成员的身份。概言之,如果将行为对象限定为物理的存在,那么,并非犯罪都有行为对象。如果认为行为对象不限于物理的存在,则任何犯罪都有行为对象。

是否任何犯罪都有行为对象,与是否任何犯罪都要求特定的行为对象,是不同的问题。即使认为任何犯罪都有行为对象,也不意味着任何犯罪都必须有特定的行为对象。

二、行为对象的意义

行为对象在刑法上具有一定的意义。

特定的行为对象在大多数犯罪中是构成要件的要素之一,行为只有作用于特定的对象,才能构成犯罪。[110] 例如,刑法第 262 条的拐骗儿童罪,其行为对象只能是不满 14 周岁的未成年人。刑法之所以规定某些行为作用于特定对象才构成犯罪,往往是因为只有作用于特定对象的行为才值得科处刑罚。

当刑法分则基于法益的不同或者类型化的需要,针对不同行为对象规定了不同犯罪时,特定的行为对象影响此罪与彼罪的区分。例如,盗窃公私财物的行为侵犯了财产,构成盗窃罪;盗窃枪支、弹药的行为危害了公共安全,构成盗窃枪支、弹药罪;盗窃国家机关公文的行为侵犯了公文的公共信用,构成盗窃国家机关公文罪。三者的行为方式都是窃取,但窃取的对象不同,行为类型不同,罪名也不同。

行为的对象不同会影响罪行的轻重,因而影响量刑。许多犯罪虽不要求特定的对象,但行为人具体选择的对象不同或者对象的特点、数量等不同,对说明犯罪的法益侵犯程度起一定作用,从而影响量刑。例如,同是故意伤害罪,但伤害一般人与伤害孕妇、病人的危害程度就有所不同,量刑也因此有所区别。

三、行为对象与保护法益的关系

行为对象与保护法益的关系较为密切。行为对象与保护法益在某些场合也可能是同一的。换言之,有些现象,从构成要件的角度来说是行为对象,但从刑法目的的角度来说则是保护法益。我国刑法理论一般认为,行为对象反映保护法益(犯罪客体),保护法益制约行为对象。但应注意的是,相同的对象在不同情况下,也会体现不同的法益。例如,故意杀人罪与故意伤害罪的行为对象是人或者人的身体,二者是相同的,但故意杀人罪的保护法益是人的生命,故意伤害罪的保护法益是人的身体健康。反之,保护法益相同时,行为对象也不一定相同。例如,假冒注册商标罪与销售假冒注册商标的商品罪,保护法益相同,但行为对象不同。

行为对象与保护法益具有明显区别:首先,一般来说,行为对象所呈现的是事物的外部特征;而保护法益则是内在本质。其次,根据本书的观点,特定的行为对象是许多犯罪的构成要件要素;但保护法益本身不是构成要件要素。再次,行为对象并非在任何犯罪中

---

〔110〕 对象的"特定"性是一个相对的概念。例如,故意杀人罪的对象是人(或人的生命),相对于其他犯罪而言,该对象是特定的;但只要是人就可以成为本罪的对象,在此意义上说,该对象又不具有特定性。再如,拐骗儿童罪的对象是特定的,仅限于不满 14 周岁的儿童(比故意杀人罪的对象更具有特定性),但只要是儿童便可以成立本罪的对象,在此意义上说,该对象又不具有特定性。

都受到侵害;而保护法益在一切犯罪中都受到了侵犯。最后,行为对象不具有法益所具有的多种机能(法益具有刑事政策的机能、违法性的评价机能、解释论的机能、分类的机能等)。

第五款　结　　果

一、结果的概念与特征

刑法理论对结果(危害结果)存在不同的表述。从结果的范围来说,分歧在于行为造成的现实危险状态是不是结果。本书认为,结果是行为给刑法所保护的法益所造成的现实侵害事实与现实危险状态。

根据本书的观点,结果具有以下特点:(1)因果性。结果由行为造成,行为是原因,结果是原因引起的后果。结果固然是行为造成的,但不能认为任何行为都必然造成结果。(2)侵害性与危险性。结果是表明刑法所保护的法益遭受侵害或者威胁的事实,故可以分为侵害结果与危险结果。如果某种事实现象并不反映行为对法益的侵害与威胁,即使由行为所引起,也不是结果。(3)现实性。结果是行为已经实际造成的侵害事实与危险状态。行为本身的危险不是结果。根据因果法则与实践经验判断认为行为终了后将会出现的"结果",只是一种推测,毕竟不是现实存在,不能归入结果。(4)法定性。作为构成要件要素的结果,是刑法分则条文所规定的结果,而不是泛指任何结果。例如,破坏交通工具的行为,"足以使火车、汽车、电车、船只、航空器发生颠覆、毁坏危险"时(参见刑法第116条),才能认为发生了危险结果。如果破坏行为客观上不可能发生这种危险,即使造成交通工具上的人员严重心理恐惧,也不能认定为造成了结果。(5)多样性。结果形形色色、多种多样,结果的多样性是由行为的多样性、法益的多样性、行为对象的多样性等决定的。但不论表现形式如何,只要已经出现的事实与状态是由行为造成的,并且说明行为对刑法所保护的法益的侵犯性,该事实与状态就是结果。所以,结果并不限于物质性结果。

二、危险的性质

"危险"是否属于结果,还存在争议。要解决这一问题,首先必须明确危险的含义。

"危险概念是一个危险的概念。"[111]这是因为危险概念具有多种含义。总的来说,危险包括"行为人的危险"与"行为(广义)的危险"。前者是指行为人的人身危险性,也可以称为再犯可能性;后者是指行为客观上对法益造成侵害的危险。显然,危险犯中的"危险"是指后一种意义上的危险,即侵害法益的可能性与盖然性。后一种危险又可分为"行为的危险"与"作为结果的危险"。行为的危险,是指行为本身所具有的导致侵害结果发生的可能性,因而也可以称为行为的属性;作为结果的危险(危险结果),是指行为所造成的对法益的威胁状态。根据这种划分,行为的危险是行为的属性,不属于结果;作为结果的危险,是行为所造成的一种可能侵害法益的状态,因而属于结果。当然,在实践中有时难以对二者做出区分。例如,在行为人持枪追杀被害人但没有击中这一过程中,难以区分行为的危险与作为结果的危险。但是,从理论上说,行为本身的危险和行为造成的危险状

---

〔111〕［日］木村龟二:《新刑法读本》,法文社1959年版,第263页。

态是存在区别的。在许多案件中,尤其是在隔离犯中,能够而且应当区分行为本身的危险与行为造成的危险状态。例如,A在甲地邮局寄送毒药,旨在杀害住在乙地的B。A在甲地寄送毒药时,具有行为的危险;只有当毒药已经寄送给B时,才产生作为结果的危险。从法律上说,也存在作为结果的危险。例如,根据刑法第332条的规定,"违反国境卫生检疫规定,引起检疫传染病传播或者有传播严重危险的",构成犯罪。其中的"有传播严重危险"就是行为已经引起了传播的危险状态,因而是作为结果的危险。当然,也不能因为存在作为结果的危险,就否认行为本身的危险。刑法上的行为必须具有侵害法益的危险性,否则不是行为。

刑法理论的通说认为,结果是对法益的侵害或侵害的危险。[112] 显然,其中的"侵害的危险"不是指作为行为属性的危险,而是指作为结果的危险。以对法益的现实侵害作为处罚根据的犯罪属于侵害犯(实害犯),以对法益侵害的危险作为处罚根据的犯罪属于危险犯。危险犯还可以进一步分为具体的危险犯与抽象的危险犯,至于区分标准则并不一致。第一种观点认为,具体的危险犯是以发生危险作为构成要件要素的犯罪;抽象的危险犯虽然也以发生危险作为处罚根据,但它是不以发生危险作为构成要件要素的犯罪。第二种观点认为,具体的危险犯与抽象的危险犯都是以对法益侵害的危险作为处罚根据的犯罪,但是,前者的危险是需要司法上具体认定的,后者的危险是立法上推定的。第三种观点认为,具体的危险犯中的危险是行为所导致的一种状态,即作为结果的危险;抽象的危险犯中的危险是行为本身的属性,即行为的危险。第四种观点认为,具体的危险犯与抽象的危险犯的区别在于危险程度的差异,如前者是紧迫的危险,后者是缓和的危险。

本书认为,具体的危险犯中的危险,是在司法上以行为当时的具体情况为根据,认定行为具有发生侵害结果的紧迫(高度)危险。例如,什么样的破坏行为具有足以使汽车发生倾覆、毁坏的具体危险,需要根据汽车所处的状态、破坏的部位、破坏的程度等得出判断结论。抽象的危险犯中的危险不需要司法上的具体判断,只需要以一般的社会生活经验为根据,认定行为具有发生侵害结果的危险即可。可以认为,在具体的危险犯中,没有造成实害只是一种偶然。抽象的危险实际上有不同的类型:第一,刑法分则条文类型化的紧迫危险。这种抽象的危险,实质上也是紧迫的危险,只不过不需要司法上的具体判断。[113] 例如,刑法第144条规定的销售有毒、有害食品行为,造成的都是紧迫危险,刑法条文将其类型化为抽象的危险犯,不需要司法上的具体判断,只需要以一般的社会生活经验为根据判断。再如,在道路上醉酒驾驶机动车的行为,具有类型化的紧迫危险。第二,刑法分则条文拟制的危险。这种抽象的危险既可能是紧迫的危险,也可能是比较缓和的危险,但由于难以预测和具体判断,刑法对其同等看待。例如,盗窃、抢夺枪支、弹药罪属于抽象的公共危险犯,该危险既可能是紧迫的,也可能比较缓和,但刑法第127条将任何情形下的盗

---

[112] 参见[日]平野龙一:《刑法总论I》,有斐阁1972年版,第118页。

[113] 日本刑法第108条规定:"放火烧毁现供人居住或者现有人在内的建筑物、火车、电车、船舰或者矿井的,处死刑、无期或者五年以上惩役。"本条所规定的犯罪被公认为抽象的危险犯,但是其对人的生命的危险是紧迫的,而不是缓和的。

窃、抢夺枪支、弹药的行为,都拟制为具有公共危险的行为。[114] 第三,预备犯的危险,也可能被称为抽象的危险,这种危险是比较缓和的危险。上述三类抽象危险表明,抽象危险也是一种构成要件的结果,主要表现为行为侵害了法益安全存在的条件或者法益主体自由支配所必要的条件。需要说明的是,虽然抽象的危险是不需要司法工作人员具体判断的危险,但是,如果具体案件中的特别情况导致行为根本不存在任何危险,则不能认定为抽象的危险犯。例如,危险驾驶罪中的在道路上醉酒驾驶机动车的行为属于抽象的危险犯。但是,如果行为人醉酒后深夜在没有车辆、行人通行的道路上驾驶机动车,不可能造成他人伤亡的,不应认定为危险驾驶罪。

在我国,危险犯与侵害犯不是就罪名而言,而是就犯罪的具体情形而言。例如,故意杀人既遂是侵害犯,但故意杀人未遂则是危险犯;刑法第114条所规定的放火等罪属于具体的危险犯,但刑法第115条规定的放火等罪则属于侵害犯。当人们说放火罪是具体危险犯时,是就第114条规定的放火罪而言,即只有发生具体的危险才可能成立刑法第114条的放火罪。刑法第115条规定的放火罪,则是在具备具体危险的前提下发生了严重后果的侵害犯。

三、结果与构成要件类型

以上根据法益的侵害、危险的形态,将犯罪分为侵害犯与危险犯。事实上,结果与构成要件类型具有密切关系。

(一)行为犯、结果犯与结果加重犯

1. 行为犯与结果犯的区分

行为犯与结果犯的区分标准并不统一,在国外刑法理论上存在不同观点。第一种观点即以往的通说认为,两者的区分标准在于构成要件要素中是否包含结果,因此,构成要件中只规定了行为内容或者行为进程的犯罪为行为犯,构成要件中规定了结果内容的就是结果犯。第二种观点认为,行为犯与结果犯的区别在于行为终了与结果发生之间是否具有时间上的间隔:结果犯在行为的终了与结果的发生之间具有时间上的间隔,而行为犯则没有间隔。第三种观点认为,行为犯与结果犯的区别在于行为是否侵害了特定的行为对象,对特定行为对象的侵害属于构成要件要素的犯罪就是结果犯,对特定行为对象的侵害不是构成要件要素的犯罪便属行为犯。第四种观点反对行为犯的概念,认为只有结果犯,没有行为犯。[115] 我国刑法理论通常是在讨论犯罪既遂的标准时说明行为犯与结果犯的区分。一般认为,行为犯,“指以法定犯罪行为的完成作为既遂标志的犯罪”;结果犯,“指不仅要实施具体犯罪构成客观要件的行为,而且必须发生法定的犯罪结果才构成既遂的犯罪”。[116]

按照本书的立场,行为犯也必须具有侵犯法益的性质,否则不可能构成犯罪。如果认为行为犯是只需要实施一定行为就成立的犯罪,则可能意味着不需要法益侵害与危险。这会导致将没有侵犯法益的行为认定为犯罪,从而不当扩大处罚范围。其实,国内外刑法

---

〔114〕 甚至可以认为,抽象的危险犯还包括刑法拟制的实害。例如,侮辱、诽谤罪一般会造成被害人名誉的贬损,但由于这种实害无法具体判断,所以,刑法理论一般认为,侮辱、诽谤罪是抽象的危险犯。其实,这种情况下的拟制不是对危险的拟制,而是对实害的拟制。

〔115〕 参见张明楷:《法益初论》,中国政法大学出版社2003年修订版,第346页。

〔116〕 高铭暄、马克昌主编:《刑法学》,北京大学出版社、高等教育出版社2016年第7版,第149页。

理论事先已经确定了行为犯、结果犯的具体范围,即哪些犯罪属于行为犯、哪些犯罪属于结果犯已经被固定化,如非法侵入住宅罪、伪证罪属于行为犯,故意杀人罪、盗窃罪等属于结果犯(少数犯罪还存在争议),然后根据这种已经固定化的分类说明其分类标准。既然如此,本书便认为前述第二种观点所提出的分类标准具有合理性。即行为犯是行为与结果同时发生的犯罪,因果关系不成其为问题;结果犯则是行为与结果之间具有时间间隔的犯罪,需要认定行为与结果之间的因果关系。[117]

需要说明的是,行为犯既可能是侵害犯,也可能是危险犯。[118] 例如,非法侵入住宅罪既是行为犯也是侵害犯。再如,倘若认为伪证罪的保护法益是刑事司法的客观公正性,那么,伪证罪就既是行为犯也是危险犯。[119]

2. 结果加重犯

结果加重犯,亦称加重结果犯,是指法律规定的一个犯罪行为(基本犯罪),由于发生了严重结果而加重其法定刑的情况。故意伤害致死是其适例。结果加重犯的法定刑过重,是世界范围内的普遍现象。但过重的法定刑不一定具有合理的根据,故本书主张严格限制结果加重犯的成立范围。[120]

(1)实施基本犯罪行为,但造成了加重结果。根据结果加重犯的构造,结果加重犯应是对基本犯罪行为对象造成加重结果。例如,只有对故意伤害对象造成死亡的,才属于故意伤害致死。但对行为对象的范围不能作僵硬的限制,而应注意认识错误的情形以及基本犯罪行为的特点。例如,A 本欲伤害 B,但由于发生认识错误而伤害 C,导致 C 死亡的,原则上也成立结果加重犯。又如,甲实施放火行为,因过失导致他人重伤、死亡的,也应认定为结果加重犯。加重结果,并不是泛指不同于基本犯结果的任何结果,而是在程度与性质上重于基本犯结果的结果。在我国,加重结果主要表现为以下几种情形:其一,基本犯为抽象的危险犯,而行为导致抽象的危险发展为侵害结果时,该结果可能成为基本犯的加重结果。生产、销售有毒、有害食品,对人体健康造成严重危害结果的,属于这种情形。其二,基本犯为具体的危险犯,而行为导致具体的危险发展为侵害结果时,该结果是基本犯的加重结果。放火致人死亡的,属于这种情形。其三,基本犯为实害犯,行为导致性质相同且更为严重的实害时,该严重实害是基本犯的加重结果。伤害行为造成重伤或者死亡的,属于这种情形。其四,基本犯为实害犯,行为造成了性质更为严重的结果(对更重要的法益造成了侵害)时,该严重结果可能属于基本犯的加重结果。强奸、抢劫致人重伤、死亡的,属于这种情形。

(2)加重结果不仅应当归属于基本犯罪行为,而且与基本犯罪行为之间具有直接性关联。结果加重犯的成立,不仅要求加重结果与基本犯罪行为之间满足后述因果关系与

---

〔117〕 如果否定已经固定化了的行为犯与结果犯的分类,完全重新确立其分类标准与范围,则是另一回事。例如,完全能够以犯罪的成立(而非既遂)是否需要发生侵害结果为区分标准,发生侵害结果才构成犯罪的,是结果犯,如过失致人死亡罪、滥用职权罪等;这种结果犯只有是否成立的问题,而不可能存在犯罪既遂、未遂、中止与预备之分;没有发生侵害结果也构成犯罪的,就是行为犯,如故意杀人罪、抢劫罪,这种行为犯则存在犯罪既遂、未遂、中止与预备之分。根据这种标准所分出的行为犯,虽然不以发生侵害结果为必要,但行为也必须威胁了法益。

〔118〕 本书不赞成行为犯都是抽象危险犯的观点。

〔119〕 如若认为伪证罪的保护法益是司法过程的纯洁性,那么,伪证罪既是行为犯也是侵害犯。

〔120〕 参见张明楷:“严格限制结果加重犯的范围与刑罚”,载《法学研究》2005 年第 1 期。

结果归属的要求,而且要求加重结果是基本行为的高度危险的直接现实化。如果具有高度危险的基本行为没有直接现实化为加重结果,即使产生了加重结果,也不能认定为结果加重犯。例如,刑法第117条规定:“破坏轨道、桥梁、隧道、公路、机场、航道、灯塔、标志或者进行其他破坏活动,足以使火车、汽车、电车、船只、航空器发生倾覆、毁坏危险,尚未造成严重后果的,处三年以上十年以下有期徒刑。”第119条规定:“破坏……交通设施……造成严重后果的,处十年以上有期徒刑、无期徒刑或者死刑。”显然,后者是前者的结果加重犯。从两条的表述就可以看出,只有当破坏交通设施的行为产生了使交通工具发生倾覆、毁坏的危险,这种危险现实化为他人的重伤、死亡等严重后果时,才能适用第119条的规定。如果破坏交通设施的行为虽然产生了使交通工具发生倾覆、毁坏的危险,但这种危险并没有现实化,或者现实所发生的实害并不是因交通工具发生倾覆、毁坏危险所致,则不成立破坏交通设施罪的结果加重犯。例如,甲在使用铁锤毁坏铁轨时,导致螺丝钉砸中行人乙的头部,造成乙的死亡结果。可以肯定的是,甲破坏交通设施的行为造成了乙死亡的加重结果。但是,该结果并不是由于交通工具倾覆、毁坏所致,因此,对甲不能适用刑法第119条,而只能认定为破坏交通设施罪的基本犯与过失致人死亡罪的想象竞合。

总的来说,就致死类型的结果加重犯而言,要以致命性的实现的有无为标准进行判断。如果是后行为或者其他因素导致基本行为与加重结果缺乏直接性关联的,不能认定为结果加重犯。其一,行为人在实施基本行为之时或之后,被害人自杀、自残或因自身过失等造成严重结果的,因缺乏直接性要件,不能认定为结果加重犯。例如,强奸行为引起被害人事后自杀身亡的,不应认定为强奸致人死亡。又如,行为人对被害人实施轻伤行为,被害人在逃跑过程中不慎从二楼窗户掉下摔死的,不成立故意伤害致死。其二,基本行为结束后,行为人的其他行为导致严重结果发生的,不应认定为结果加重犯。例如,行为人对他人实施暴力造成重伤后,随手将烟头扔在地上引起火灾将被害人烧死。基本行为与被害人的死亡之间不存在因果关系,不能认定为故意伤害致死,只能认定为故意伤害罪与失火罪(或过失致人死亡罪)。其三,在故意伤害等暴力案件中,伤害行为仅造成轻伤结果,但由于医生的重大过失行为导致死亡的,或者虽然伤害行为造成了重伤结果,但由第三者的故意或者过失行为直接造成被害人死亡的,不能认定前行为与加重结果之间具有直接性关联。例如,甲重伤乙后潜逃,并无通谋的甲的亲属阻止乙的亲属救助乙,导致乙流血过多而死亡的,甲的行为不成立故意伤害致死。其四,非法拘禁、拐卖妇女或儿童等行为,必然引起警方的解救行为,故正常的解救行为造成被害人伤亡的,应将伤亡结果归责于犯罪人。但是,如果警方由于判断失误,导致其解救行为造成被害人死亡的(如误将人质当做犯罪人而射击),则不能认定为结果加重犯。同样,在放火案件中,放火行为必然导致消防人员的灭火行为,故消防人员正常的灭火行为仍然不能避免消防人员死亡的,具备直接性要件,应认定为放火致人死亡。但是,如果消防人员对情势判断失误,异常灭火行为导致自身死亡的,则不能将该死亡结果归责于放火者。

(3)对基本犯罪具有故意或者过失,对加重结果至少有过失。首先,行为人对基本犯罪一般持故意。但对基本犯罪持过失时,也可能是结果加重犯。从理论上说,没有理由将基本犯罪限定为故意犯罪。从刑法规定来看,也存在对基本犯罪持过失的结果加重犯(如刑法第132条)。就对基本犯持故意的结果加重犯而言,行为人必须对为基本行为的高度危险性提供基础的事情具有认识。例如,行为人原本是想以木棒实施轻微的殴打行为,但实际上所使用的是锐利的凶器,进而导致被害人死亡。再如,行为人对被害人的身体进行轻微的冲撞,但背后是很陡的台阶,被害人跌倒后造成死亡结果。如果行为人没有认识到自己使用了锐利的凶器、没有认识到被害人背后有很陡的台阶时,即使对伤害行为自身具有故意,也不能认定为故意伤害致死的结果加重犯,只能认定为故意伤害罪的基本犯与过失致人死亡罪的想象竞合。〔121〕

其次,对加重结果至少有过失(预见可能性)。其中,部分结果加重犯要求对加重结果持过失,如故意伤害致死。如果行为人对死亡结果持故意,则成立故意杀人罪,而不是故意伤害罪的结果加重犯。部分结果加重犯对加重结果既可以是过失也可以是故意,如抢劫致人重伤、死亡的,属于结果加重犯,行为人对重伤、死亡既可能是过失,也可能是故意。〔122〕这需要根据犯罪的性质以及法定刑、犯罪之间的关系进行判断,得出正确结论。在行为人对加重结果持故意的情况下,如果没有发生加重结果,就成立结果加重犯的未遂。

诚然,要在司法实践中贯彻"对加重结果至少有过失"的原则,还存在障碍。其一,行为人实施基本犯罪导致加重结果时,如果因为行为人不能预见加重结果,便只以基本犯罪论处,是否有悖国民的法感情?如何认定基本犯罪的结果?例如,当伤害行为导致被害人因唯一的致命伤而死亡,行为人又不能预见死亡结果时,是认定为故意轻伤还是故意重伤?其二,刑法分则所规定的结果加重犯,都是因为基本犯罪行为通常可能导致加重结果而加重刑罚。这说明刑法已经限定了结果加重犯的范围,结果加重犯的成立并非漫无边际。既然如此,就说明实施基本犯罪行为的人通常能够预见加重结果,因而理当具有过失。果真如此,要求行为人对加重结果具有过失,就实属多余。

尽管如此,刑法理论与司法实践仍应坚持"对加重结果至少有过失"的原则。首先,由于责任主义是不可动摇的原则,所以,对于行为人没有过失所造成的加重结果当然不能归责于行为人,如同对意外事件不以犯罪论处一样。在伤害行为造成了死亡结果但行为人对死亡结果没有预见可能性的情况下,认定为故意伤害罪并适用重伤的法定刑,符合责任主义原则。其次,虽然刑法分则所规定的结果加重犯限于基本行为通常可能导致加重结果的情形,但不排除行为人在特殊情况下不能预见加重结果的发生。所以,司法机关仍需具体判断行为人是否对加重结果有过失。

(4)刑法就发生加重结果加重了法定刑。加重法定刑,是相对于基本犯罪的法定刑而言,即结果加重犯的法定刑高于基本犯罪的法定刑。如果刑法没有加重法定刑,结果再严重也不是结果加重犯。例如,遗弃行为致人重伤或死亡的,因为没有加重法定刑,不成立结果加重犯。再如,绑架致人死亡的,因为没有加重法定刑,也不成立结果加重犯。

由于刑法对结果加重犯规定了加重的法定刑,故对结果加重犯适用加重的法定刑,而不能实行数罪并罚。需要注意以下两点:其一,司法解释虽然没有将结果加重犯确定为独立的罪名,导致结果加重犯与基本犯的罪名相同,但刑法分则完全可能将原本应属于结果加重犯的情形规定为另一种独立的犯罪。例如,刑讯逼供过失致人死亡的,原本应属于结

〔121〕 参见[日]井田良:《讲义刑法学·总论》,有斐阁2008年版,第228页。

〔122〕 本书认为,不应存在对基本犯罪持过失,而对加重结果持故意的结果加重犯;否则会造成罪刑不协调的现象。

果加重犯,但刑法第247条将其拟制规定为故意杀人罪(参见第十七章第三节)。其二,在对加重结果既可以持过失也可以持故意的情况下,如果行为人故意造成加重结果的,成立结果加重犯与加重犯罪的想象竞合。例如,为了抢劫财物故意杀人后立即取走财物的,是抢劫罪的结果加重犯与故意杀人罪的想象竞合。

(二)即成犯、状态犯与继续犯

从结果的发生与犯罪的终了的关系,可以将犯罪分为即成犯、状态犯与继续犯(均从既遂角度而言)。即成犯,是指一旦发生法益侵害结果,犯罪便同时终了,犯罪一终了法益就同时消灭(法益受到侵害但违法状态没有继续)的情况。故意杀人罪便是如此。状态犯,是指一旦发生法益侵害结果,犯罪便同时终了,[123]但法益受侵害的状态仍在持续的情况。如盗窃罪、故意伤害罪。继续犯(持续犯),是指在法益侵害的持续期间,实行行为在持续进行,或者结果在持续地发生,或者说构成要件符合性在持续的情况。非法拘禁罪是其适例。[124] 在继续犯的场合,犯罪既遂并不等于犯罪终了。这种犯罪的分类,对于共犯与罪数的认定,以及追诉时效的计算等都具有意义(参见第九章第二节)。

四、结果的种类与地位

由于结果具有多样性,故有必要对其进行分类,以便深入理解结果的内涵与意义。

(一)侵害结果与危险结果

侵害结果,是指行为对法益造成的现实侵害事实。如死亡是杀人行为的侵害结果,身体的伤害是伤害行为的侵害结果。危险结果,是指行为对法益造成的现实危险状态。如杀人行为使被害人的生命处于危险状态,就意味着杀人行为发生了危险结果。在大多数情形下,结果是指侵害结果。刑法条文中的结果,多数是指侵害结果。例如,刑法第24条第1款规定:“在犯罪过程中,自动放弃犯罪或者自动有效地防止犯罪结果发生的,是犯罪中止。”这里的“犯罪结果”一般是指侵害犯中的侵害结果。[125]

(二)物质性结果与非物质性结果

物质性结果,是指现象形态表现为物质性变化的结果,它往往是有形的,可以具体认定和测量。如致人死亡、致人伤害、毁损财物等,都是物质性结果。非物质性结果,是指现象形态表现为非物质性变化的结果,它往往是无形的,不能或难以具体认定和测量。如对名誉的毁损、对司法客观公正性的妨害等,属于非物质性结果。应当注意的是,非物质性结果也是行为造成的现实侵害事实或危险状态。不过,对非物质性结果的认定常常具有拟制或推定性质。例如,侮辱行为是否造成了毁损他人名誉的结果,几乎不可能测量,故只要行为人实施了一定的侮辱行为,就会认定发生了毁损他人名誉的结果。司法机关应当充分认识到,非物质性结果也是构成要件结果。例如,不能说侮辱罪没有结果,不能认为受贿罪没有结果,不能认为伪证罪没有结果。

---

〔123〕 这一点并不绝对。例如,故意伤害时,一般来说造成了伤害结果时就成立既遂,犯罪也同时终了。但是,在行为人使他人服用伤害身体的毒药,虽然行为终了且造成了伤害结果时,如果毒药继续发挥作用使伤害结果扩大或者加重时,可以认为故意伤害罪尚未终了(参见[日]西田典之:《刑法总论》,弘文堂2010年第2版,第87页)。

〔124〕 一般认为,甲将乙拘禁在某房间后,即使其离开现场或者丧失了意识,也应认为其非法拘禁的实行行为在持续。这一点,既可以用甲一直不履行释放乙的作为义务来说明,也可以用侵害结果一直在持续发生来说明。

〔125〕 在本书中,如无特别说明,“结果”一般是指侵害结果,但不排除有时包含危险结果,恳请读者合理判断。

(三)严重结果与非严重结果

根据刑法分则条文的规定,严重结果,通常是指致人重伤、死亡或者使公私财产遭受重大损失,以及使其他重大法益遭受严重损害。严重结果既可能表现为严重犯罪的基本结果(如故意杀人罪中的致人死亡),也可能表现为基本犯罪的加重结果(如抢劫罪中的致人死亡)。过失行为造成严重结果的,才构成犯罪。非严重结果,一般是指致人轻伤,使公私财产遭受较小损失以及使其他一般法益遭受损害。当然,结果是否严重,还要联系具体犯罪进行分析。在故意犯罪中,结果是否严重,既可能影响犯罪的成立,也可能影响法定刑是否升格,当然也影响在同一法定刑内的量刑。同样的结果,相对于此罪而言是严重结果,相对于彼罪而言可能被认为是非严重结果。

(四)属于构成要件要素的结果与不属于构成要件要素的结果

显然,这种分类标准及其分类结果,取决于对构成要件以及结果本身的理解。

1. 如果认为构成要件以既遂为模式,而且法定刑升格条件也是加重犯的构成要件,那么,大体可以认为,所有的结果都是构成要件要素的结果,几乎不存在不属于构成要件要素的结果。

2. 如果认为构成要件以既遂为模式,但法定刑升格条件不是构成要件,那么,基本结果就是属于构成要件要素的结果,加重结果就不是构成要件要素的结果。

3. 如果认为构成要件并非以既遂为模式,只是成立任何形态的犯罪的最低客观条件,那么,属于构成要件要素的结果,是指成立某一具体犯罪所必须具备的结果;如果行为没有造成这种结果,就不构成犯罪(也不成立未遂、中止等)。例如,根据刑法第 397 条的规定,国家机关工作人员的滥用职权行为,只有造成了公共财产、国家与人民利益的重大损失,才构成滥用职权罪。这里的“重大损失”,就是属于构成要件要素的结果。根据刑法总则第 15 条以及分则条文的有关规定,过失犯罪均以发生特定的结果作为构成要件要素。属于构成要件要素的结果,均有其特定内容。例如,在过失致人重伤罪中,重伤是属于构成要件要素的结果;在某种意义上说,致人轻伤也是结果,但它不是过失致人重伤罪的构成要件要素的结果。反之,在过失致人死亡罪中,致人死亡是属于构成要件要素的结果;致人轻伤与重伤则不可能是过失致人死亡罪的构成要件要素的结果。不属于构成要件要素的结果,则是构成要件之外的结果,即不是成立犯罪所必须具备的结果。这种结果是否发生以及轻重如何,并不影响基本犯罪的成立;只是在行为构成犯罪的基础上,对反映罪行轻重起一定作用,因而影响法定刑是否升格以及同一法定刑内的量刑轻重。例如,抢劫罪的成立并不要求发生致人重伤、死亡的结果,故重伤、死亡不属于抢劫罪基本构成要件要素的结果;即使抢劫行为导致他人重伤、死亡,该结果也是抢劫罪基本构成要件之外的结果。但由于发生该结果的抢劫行为比未发生该结果的抢劫行为的危害严重,故刑法对前者规定了较重的法定刑。在此意义上说,致人重伤、死亡是抢劫罪的加重构成要件内的结果。

本书认为,侵害结果并不是一切犯罪都必须具备的要素,所以,侵害结果不是共同构成要件要素。因为危险犯的成立并不以发生侵害结果为要件。但是,根据结果无价值论的观点,任何犯罪的成立至少必须发生危险结果,所以,危险结果是共同构成要件要素。我国刑法理论的传统观点认为,行为犯不以结果发生为要件。但如前所述,在行为犯中,由于行为与结果同时发生,所以,只是不需要认定因果关系,而不意味着行为犯中不存在结果。另一方面,在行为犯中,作为处罚根据的依然是行为的结果,而不是行为的样态本身。此外需要说明的是,不能将行为的任何结果都当做刑法上的结果。刑法上的结果,即使是不属于构成要件要素的结果,也必须是刑法规范阻止的结果。例如,将行为所造成的社会影响当做刑法上的结果,就是不妥当的。[126]

(五)作为选择法定刑根据的结果与在法定刑内影响量刑的结果

在一切犯罪中,结果对量刑都起影响作用。因为结果是反映法益侵害程度的事实现象,当然会影响量刑(以行为人对结果具有责任为前提)。就与法定刑的关系而言,结果对量刑的影响作用表现为两种情况:(1)作为选择法定刑幅度的根据。例如,刑法第234条根据伤害行为造成的结果不同,规定了三个幅度的法定刑。法官应根据伤害程度选择不同的法定刑。(2)在既定的法定刑范围内影响量刑。当刑法没有将结果规定为法定刑升格或者降低条件时,结果的轻重便是酌定量刑情节。例如,同是过失损毁国家保护的珍贵文物,甲使大量的珍贵文物遭受损毁,乙使少量的珍贵文物遭受损毁(以构成犯罪为前提),这便是法官在量刑时应斟酌考虑的情节。

第六款　因果关系与结果归属

一、我国传统的因果关系理论

我国传统刑法理论所讨论的因果关系,[127]是指危害行为与危害结果之间的一种引起与被引起的关系。其中的"引起"者是原因(危害行为),"被引起"者是结果(危害结果),而因果"关系"本身不包括原因与结果,只包含二者之间的引起与被引起的关系。[128]

由于因果关系是事物之间的一种引起与被引起的关系,这种关系本身是客观的,不依任何人的意志为转移,于是,因果关系的有无,只能根据事物之间的客观联系进行判断,因而是一种事实的判断。正因为如此,我国传统刑法理论将哲学上的因果关系理论运用到刑法中来,形成了必然因果关系说与偶然因果关系说的争论。

必然因果关系说认为,当危害行为中包含着危害结果产生的根据,并合乎规律地产生了危害结果时,危害行为与危害结果之间就是必然因果关系;只有这种必然因果关系,才是刑法上的因果关系。据此,因果关系具有以下特点:(1)作为某种原因的行为必须具有危害结果发生的实在可能性,这是该行为与危害结果之间具有因果关系的必要前提;所谓

---

[126] 参见张明楷:"论影响责任刑的情节",载《清华法学》2015年第2期。

[127] 我国刑法理论对因果关系有不同的称谓,如犯罪因果关系、刑法中的因果关系等。不同的称谓,反映出人们对因果关系的不同看法。有人认为,刑法上的因果关系是研究犯罪行为与犯罪结果之间的因果关系;有人提出,刑法上的因果关系是研究行为与危害结果之间的因果关系;有人认为,刑法上的因果关系是研究违法行为与危害结果之间的因果关系;有人指出,刑法上的因果关系是研究危害行为与危害结果之间的因果关系。之所以出现上述不同观点,是由于有的人从认定的角度考察因果关系的研究范围,有的人从结局上考察因果关系的研究对象。可以认为,从认定的角度考察是研究人的行为与结果之间的关系;从结局上考察是研究犯罪行为与犯罪结果之间的因果关系。例如,在已发生某种结果的情况下,必须先查明由谁的行为造成。如果查明是甲的行为造成,然后便进一步考察甲的行为是否符合构成要件、是否具备责任要素。如果其中有否定结论,则司法机关不将此案件作为犯罪处理。在这种情形下,实际上已经考察了因果关系。如果都得出肯定结论,则认为甲的行为符合犯罪构成,只是因为原因是犯罪行为、结果是犯罪结果,联结二者的关系就具有了犯罪因果关系的性质。

[128] 不过,讨论因果关系时,又不可能完全脱离原因与结果本身。

某种行为具有危害结果发生的实在可能性,是指该行为中存在着使危害结果发生的客观根据;如果该行为不具有使危害结果发生的客观根据,那它就不是结果发生的原因,只能是结果发生的条件。(2)具有上述实在可能性还不能说明具有因果关系,只有当具有结果发生的实在可能性的某一现象已经合乎规律地引起某一结果的发生时,才能确定某一现象与所发生的结果之间具有因果关系。如果某一现象虽然有发生结果的实在可能性,但在其发展过程中,偶然地与另一因果性的锁链联系在一起,以致由另一现象合乎规律地产生这一结果时,那么,前一现象和所发生的结果之间就没有因果关系。(3)因果关系只能是在一定条件下的因果关系。因此,在确定某种行为与某种结果之间是否具有因果关系时,不能脱离该行为实施时的具体条件孤立地进行考察,而应联系当时的具体条件进行判断。[129]

大体可以认为,行为与结果之间具有必然因果关系时,一般可以将结果归属于行为。但应看到,必然因果关系说有三个缺陷:首先,这种学说提出的认定标准只是对部分案件具有可操作性。人们很难判断行为中是否包含着结果产生的根据,很难断定行为导致结果是否合乎规律,因为许多规律还并没有被人们认识和掌握。其次,这种学说似乎不当缩小了处罚范围。因为在科学发展的今天,一些人会通过制造条件的方式实现犯罪,但必然因果关系说却不自觉地将这种行为排除在原因之外。最后,这种学说基本上是事实判断,没有联系刑法目的进行规范判断。

偶然因果关系说的基本观点是,当危害行为本身并不包含产生危害结果的根据,但在其发展过程中偶然介入其他因素,由介入因素合乎规律地引起危害结果时,危害行为与危害结果之间就是偶然因果关系,介入因素与危害结果之间是必然因果关系;必然因果关系与偶然因果关系都是刑法上的因果关系。该学说还认为,不能将条件与原因绝对分开,条件是相对于根据而言的,条件和根据都是原因,只是处于不同的等级和层次而已。从重要性来说,与根据相比,条件是次要的、第二位的;但就必要性来说,条件与根据都是不可缺少的。只有根据和条件相互作用,才能产生结果。只有根据没有条件,结果就不会发生,也就谈不上原因。[130]

由此可见,偶然因果关系说有利于克服必然因果关系说的前述第二个缺陷。但是,上述情况能否称为"偶然因果关系",如何判断"偶然因果关系",还值得研究。此外,偶然因果关系说基本上也是事实判断,同样缺乏规范判断。

二、国外的因果关系学说与客观归责理论

(一)国外的因果关系学说

这里所称的因果关系学说,是指除客观归责理论之外的学说。[131]

1. 条件说

条件说认为,行为与结果之间存在着"没有前者就没有后者"的条件关系时,前者就是后者的原因。条件说认为,条件关系是指实行行为与结果之间的关系,因此,即使预备行为产生了结果,也不存在因果关系。例如,甲为了毒死朋友乙,向装有红酒的酒杯中投

---

〔129〕 参见高铭暄主编:《刑法学》(修订本),法律出版社1984年第2版,第129页以下。

〔130〕 参见李光灿、张文、龚明礼:《刑法因果关系论》,北京大学出版社1986年版,第99页以下。

〔131〕 应当注意的是,这些学说或多或少包含了客观归责理论的内容。

放毒药后,将酒杯放在自己家里的书架上,但碰巧丙到甲家访问,发现书架上杯中的红酒,将红酒一饮而尽后死亡。由于甲没有故意杀人的实行行为,所以不成立故意杀人既遂,而是过失致人死亡与故意杀人预备的竞合。条件关系所说的结果,只限于现实产生的结果。例如,甲开车撞了乙,依受伤的程度判断乙将在5小时后死亡,但2小时后乙被丙开车撞死。在此,作为条件关系的结果,是2小时后的死亡结果,而不是5小时后的死亡结果。

条件说受到了批判,条件说的主张者相应地也做出了回答。

批判之一:采取条件说会扩大处罚范围。例如,甲打伤乙后,乙在去医院的途中被车轧死,甲的行为与乙的死亡之间具有条件关系,故甲应当对乙的死亡负责。这便不合理地扩大了处罚范围。条件说的回答是:条件说虽然对因果关系的范畴确定得较广,但不会导致处罚范围的扩大。因为是否受处罚,不只取决于有无行为、结果及其因果关系,还取决于有无故意与过失。在上例中,甲对乙的死亡没有故意与过失,故不对乙的死亡负责。但是,条件说的回答仍存疑问。一方面,条件说似乎想在责任层面解决不法问题;另一方面,按照条件说的观点,倘若甲能够预见乙可能被车轧死,则应当承担故意伤害致死的刑事责任,这恐怕不合适。

批判之二:即使主张由故意与过失限定处罚范围,但在发生了结果时,也会扩大处罚范围。例如,甲意欲致乙死亡,便劝乙乘坐火车,期待乙在偶然的事故中死亡,乙果真死于火车事故。甲的劝说行为与乙的死亡之间具有条件关系,但让甲对乙的死亡负责则不合理。条件说的回答是:虽然甲具有杀人的故意,但其劝说乙乘坐火车的行为不是实行行为,故不可能成为条件关系中的条件,当然不可能成立犯罪。

批判之三:如果前行为是结果发生的条件,但在因果关系的发展进程中介入其他行为或者因素,导致了结果发生,那么,让作为条件的前行为承担责任,也不具有合理性。例如,甲欲杀乙,但只造成了乙的轻伤,乙在住院期间,由于地震导致医院起火而被烧死。让甲负杀人既遂的责任则没有道理。条件说起先对此提出了中断论:在因果关系的发展进程中,如果由于介入的第三者的行为、被害人的行为或者某种自然事实导致了结果发生,那么前行为与结果之间的因果关系便中断。据此,上述甲的行为与乙的死亡之间的因果关系便中断(只有采取条件说,才能主张中断论)。由于中断论有自相矛盾之嫌,故有学者提出了禁止溯及的理论,即如果自由且有意识的行为成为结果发生的条件,就禁止往前追溯原因,亦即先行条件不再是原因。

2. 原因说

原因说主张以某种规则为标准,从导致结果发生的条件中挑选出应当作为原因的条件,只有这种原因与结果之间才存在因果关系。如有人主张最后的一个条件是原因,有人认为异常的行为是原因,有人提出决定结果发生方向的条件是原因,有人提倡最有力的条件是原因,如此等等。但是,要从对结果起作用的诸多条件中挑选一个条件作为原因,不仅是极为困难和不现实的,而且会导致因果关系认定的随意性。况且,结果的发生,并非总是依赖于一个单纯的条件,在不少情况下,应当承认复数条件竞合为共同原因。所以,原因说在大陆法系国家刑法理论中已经没有地位。

3. 相当因果关系说

相当因果关系说是基于条件说过于扩大因果关系的范围而产生的。该说认为,根据一般社会生活经验,在通常情况下,某种行为产生某种结果被认为是相当的场合,行为与结果之间就具有因果关系。“相当”是指该行为产生该结果在日常生活中是一般的、正常的,而不是特殊的、异常的。相当因果关系说具有两个特色:一是排除条件说中不相当的情况,从而限定刑法上的因果关系范围;因为相当因果关系的认定,是在行为与结果之间具有条件关系的前提下,附加了“相当性”的要求。二是以行为时一般人的认识为标准判断行为与结果之间是否具有相当性。关于相当性的判断基础,理论上有三种学说:客观说主张以行为时的一切客观事实作为基础进行判断;主观说主张以行为人认识到或可能认识到的事实为基础进行判断;折中说主张以一般人能认识到的以及行为人特别认识到的事实为基础进行判断。例如,甲的行为导致乙受轻伤,乙是血友病患者,因流血不止而死亡。客观说认为,既然行为时乙患有血友病,不管甲是否知道这一事实,甲的行为与乙的死亡之间具有因果关系。主观说认为,如果甲知道或者应当知道乙是血友病患者,则甲的行为与乙的死亡之间具有因果关系;否则不具有因果关系。折中说认为,如果行为时一般人能知道乙是血友病患者或者甲特别知道乙是血友病患者,则甲的行为与乙的死亡之间具有因果关系;否则不存在因果关系。

相当因果关系说是日本刑法理论的通说。在日本,相当因果关系说中的折中说曾占支配地位。但是,折中说与主观说一样,使因果关系的有无取决于行为人与一般人认识的有无,这与因果关系的客观性相矛盾,正因为如此,客观说成为有力的学说,有逐步取代折中说而占支配地位之势。〔132〕

4. 合法则的条件说

合法则的条件说认为,因果关系并不是“没有该行为就不会发生该结果”的关系;只有根据科学知识,确定了前后现象之间是否存在一般的合法则的关联后,才能进行个别的、具体的判断。换言之,在认定因果关系时,首先确认存在一般的因果关系(因果法则),即确认是否存在可以适用于特定个案的自然科学的因果法则;然后认定“具体的因果关系”,即确认具体的事实是否符合作为上位命题的因果法则。所以,合法则的条件说所称的“合法则”,并不是指条件说所主张的逻辑性条件,也不是指相当因果关系说所称的生活经验,而是指当代知识水平所认可的法则性关系。易言之,因果法则关系的存在,必须得到当代最高科学知识水平的认可,如果根据这种科学知识难以理解,则不能承认因果关系。当然,如果经验法则与科学法则并不矛盾,这种经验法则也包含在“合法则”中。

根据合法则的条件说,行为导致有特殊体质的被害人伤亡的,具有因果关系;在后述假定的因果关系、重叠的因果关系的场合,也具有因果关系。合法则的条件说否定因果关系中断论,换言之,因果关系中的结果并不因第三人的故意或过失的介入而被否认;至于因果关系的断绝,合法则的条件说则认为没有因果关系。

合法则的条件说,同样是为了限制因果关系的范围。当然,很难认为合法则的条件说为所有案件提供了明确、具体的判断标准。

5. 重要说

重要说明确区分由条件说认定的因果关系与具体结果的发生在法律上的重要性。重要说不像相当因果关系说那样,将因果关系限定在相当的范围内,而是在承认条件说所确定的条件关系的基础上,按照具体的构成要件的意义与目的,以及构成要件理论的一般原

〔132〕 日本的平野龙一、内藤谦、曾根威彦、堀内捷三、浅田和茂、町野朔、前田雅英、松宫孝明等教授均持客观说。

理,确定结果归责的范围。换言之,因果关系包含两个问题:一是行为与结果之间的因果关系,根据条件说确定;二是该因果关系是否具有法的重要性,由具体的构成要件确定。

重要说区分了因果的思考与归责的思考:根据条件说判断有无因果关系,根据一定的标准判断应否实行客观归责。这与后述的客观归责理论采取了相同的态度。但由于重要说仅将构成要件作为客观归责的标准,因而受到了客观归责理论的批判。

6. 事实因果关系与法律因果关系说

英美刑法对因果关系的判断分为两步:第一步是判断事实因果关系,第二步是判断法律因果关系。

事实因果关系主要以条件关系作为判断标准,在适用条件关系不能得出妥当结论时,则补充适用实质因素标准。例如,在多因一果(并发原因或者共同原因)的场合,要根据生活经验与常识判断哪一个因素对结果的发生起到了实质作用(实质因素标准),进而肯定该行为与结果之间具有事实因果关系,将没有意义的“条件”排除在事实因果关系范围之外。

法律因果关系,是法律确认的作为行为人对其行为所造成的结果承担刑事责任的客观根据的因果关系。换言之,法官要从引起结果的事实原因中,根据法律的标准挑选出应当承担刑事责任的部分。其中的基本标准是近因原则,亦即,与结果发生相接近的原因才能承担刑事责任。[133]

(二)客观归责理论

客观归责理论将因果关系与归责问题相区别,因果关系以条件说为前提,在与结果有条件关系的行为中,只有当行为制造了不被允许的危险,而且该危险是在符合构成要件的结果中实现(或在构成要件的保护范围内实现)时,才能将该结果归责于行为。所以,实行客观归责必须具备三个条件:一是行为制造了不被允许的危险;二是行为实现了不被允许的危险;三是结果没有超出构成要件的保护范围。

1. 制造不被允许的危险

现代社会是一个充满危险的社会,许多危险行为对社会发展具有重要意义,因而得到允许。所以,只有制造了不被允许的危险,才可能将结果归责于行为。

第一,如果行为减少了对被害人已经存在的危险,就排除客观归责。例如,甲看到一块石头快要落在乙的头上,便推了一下乙,使石头砸在乙的肩膀上。尽管乙的肩膀也受到了伤害,即使甲希望乙的肩膀受到伤害,也不能将伤害结果归责于甲。[134] 第二,如果行为没有减少法益损害的危险,但也没有以法律上的重要方式提高法益损害的危险时,也不能将结果归责于行为。例如,行为人以杀人故意劝他人跑步,即使他人因跑步被车撞死,也不能将该死亡结果归责于行为人。再如,行为人向快要决堤的河里倒了一盆水,由于不能肯定一盆水增加了决堤的危险,故不能将决堤的结果归责于行为人。第三,后述假定的因果关系,通常不排除客观归责。但是,如果行为人仅仅修改了自然的因果经过,没有在整

[133] 参见[美]约书亚·德雷斯勒:《美国刑法精解》,王秀梅等译,北京大学出版社 2009 年版,第 167 页以下。

[134] 如果行为人不是减少了对被害人已经存在的危险,而是通过另一种危险加以替代,并且使被害人的损害轻于原来的损害时(如从着火的房间将小孩扔出窗外,导致小孩受伤),虽然不排除客观归责,但可以通过紧急避险、基于推定的承诺等排除行为的违法性。

体上恶化被害人的状况时，则排除客观归责。第四，行为人虽然制造了危险，但如果危险被允许，则排除客观归责。例如，遵守交通规则的驾驶行为致人死亡的，不能将死亡结果归责于驾驶者。反之，只有当行为制造或者提高（增加）了不被允许的危险，而且对这种危险具有认识的可能性，才有可能实行客观归责。

2. 实现不被允许的危险

进行客观归责的前提是，在结果中实现了由行为人所制造的不被允许的危险。因此，下列情形下排除客观归责：第一，行为虽然对法益制造了危险，但结果的发生并不是由该危险所致，而是偶然与危险同时发生时，排除客观归责。例如，甲造成乙伤害后，乙在住院期间死于医院的火灾。由于乙的死亡并不是由伤害行为引起，伤害行为与住院行为并没有引起乙被烧死的危险，所以，不能将死亡结果归责于甲。但是，行为制造的危险不受妨碍而实现为结果时，则肯定客观归责。例如，A 造成 B 的伤害后，B 没有治疗伤口导致死亡的，应将结果归责于 A。第二，行为没有实现不被允许的危险时，排除客观归责。例如，甲没有按照规定对原材料进行消毒，导致职工感染疾病死亡。但事实上，即使甲按照规定对原材料进行消毒，也不能发现病毒。由于未消毒的行为，并没有实现不被允许的危险，故排除客观归责。换言之，只有存在结果回避可能性，或者说，只有当行为人具有对结果的操纵可能性时，才可能进行客观归责。第三，行为没有引起注意规范的保护目的所包含的结果时，排除客观归责。易言之，行为虽然违反了注意规范，但所造成的结果并不是违反注意规范所造成的结果时，排除客观归责。例如，甲乙夜间一前一后骑着电瓶车，但都没有开灯。前面的甲因为缺乏照明而撞伤了迎面而来的行人。虽然如果后面的乙打开灯就能避免事故，但不能将结果归责于乙。因为要求夜间开灯的规范是为了避免自己的电瓶车与他人相撞，而不是为了避免第三者的电瓶车与他人相撞。第四，关于后述合法的择一的举动，客观归责理论还没有形成一致结论。

3. 结果没有超出构成要件的保护范围

在通常情况下，只要行为人制造并实现了不被允许的危险，就可以进行客观归责。但是，具体犯罪的构成要件有特定的保护范围或保护目的，如果所发生的结果不包括在构成要件的保护范围或者保护目的之内，就不能将结果归责于行为人。第一，行为人参与他人的故意的自损行为时，不能将他人的自损结果归责于行为人。例如，乙是吸毒者，甲将毒品交付给乙，乙注射毒品后死亡。在这种情况下，如果乙知道注射毒品的危险，就不能将死亡结果归责于甲。[135] 第二，在被害人意识到他人行为对自己法益的危险性，却同意他人实施给自己造成危险的行为时，不能将由此产生的结果归责于行为人。例如，在狂风暴雨之际，乘客不顾摆渡人员的“危险”警告，执意要求摆渡人员让其过河。摆渡人员在运送乘客过河时，渡船翻沉导致乘客死亡。由于乘客认识到并接受了危险，不能将结果归责于摆渡人员。[136] 第三，在防止结果的发生属于他人的责任领域时，该结果不属于行为人的行为所符合的构成要件的保护目的之内的结果，不能将结果归责于行为人。例如，甲在夜间驾驶没有尾灯的货车，警察发现后将警车开到货车前面拦截该货车。为了保障后面

---

〔135〕 之所以形成这样的结论，是因为德国刑法并不处罚教唆、帮助自杀的行为。在处罚教唆、帮助自杀行为的国家，这一归责标准并不成立。

〔136〕 但是，能否认为该结果超出了构成要件保护范围，理论上还存在争议。

车辆的安全,警察将打开的手电筒放在甲的货车后。警察令甲将货车开到下一个加油站,准备开车跟随货车行驶,以保护该货车的安全行驶。在甲开车之前,警察将手电筒拿走。恰在此时,被害人的货车撞上甲的货车,被害人遭受重伤。德国法院认定甲的行为成立过失致伤罪,但德国刑法理论认为,在本案中,防止结果发生属于警察的责任领域,而不能将被害人的重伤结果归责于甲。

客观归责理论虽然是德国刑法理论的通说,但并非没有疑问。第一,客观归责论是在没有限定实行行为的范围与性质的前提下展开讨论的。换言之,许多案件是因为没有实行行为而不成立犯罪(如劝人跑步),而没有必要用客观归责论说明其不成立犯罪。第二,客观归责论甚至将结果回避可能性、认识错误、被害人承诺、推定的承诺、过失论等问题,作为客观归责的内容展开讨论,已经超出了构成要件符合性的判断。第三,客观归责论提出的归责基准,大多只是对其他领域的部分结论的归纳,换言之,由客观归责理论解决的问题,都可以通过实行行为、预见可能性、结果回避可能性、违法性判断、量刑规则等解决。第四,客观归责论的具体规则也存在疑问。例如,客观归责理论认为,在一个已经存在的危险没有以可测量的方式得到提高时,就应当认定为缺乏危险的创设,行为不符合构成要件,因而不能客观归责。例如,一个人向涨满洪水的水库里倒入一盆水的行为难以认定为决水罪。[137] 诚然,不能认定行为人的行为构成决水罪,的确是因为不能证明是否因为多了一盆水才导致决堤或者提前决堤,进而提前致人死亡。但这基本上是证据问题,而主要不是实体问题。这如同说,如果不能证明一个人杀了人就不能说其行为符合杀人罪构成要件一样,并没有现实意义。如果能证明这种因果关系,则结论会大不相同。例如,被害人仅仅凭借着一根绳索悬挂在悬崖上,而这根绳索因为难以承受被害人的体重正在缓慢地断裂,在被害人掉下去的前一秒钟,行为人剪断了这根绳索。被害人一秒钟的生命是受到绝对保护的,行为人的行为依然构成杀人罪。[138] 当然,客观归责论中真正解决因果关系与结果归属的部分内容,是值得我们借鉴和采纳的。

(三)因果关系与客观归责的关系

关于因果关系的概念,理论上存在两种不同看法:一种观点将因果关系视为物理的、实在的关系,另一种观点将因果关系视为观念的、论理的关系。[139] 可以认为,因果关系有狭义与广义之分。狭义的因果关系,是指条件关系或事实的因果关系;广义的因果关系,则包括了狭义的因果关系与结果归属的规范判断。在什么意义上使用因果关系的概念,取决于使用者的设定,不存在对错之分。这是因为,表明构成要件要素的概念,都可能包含规范评价在内。例如,作为客观构成要件要素的结果,并不是指行为造成的任何结果,而必须是法益侵害结果。所以,当甲以杀人故意向乙开枪,但没有打中乙却打死了一只老鼠时,老鼠的死亡不可能被评价为刑法上的结果。刑法上的因果关系概念,并不必然只能是单纯的事实概念,而是取决于人们在什么理论体系中使用该概念。

德国的客观归责概念,也有广义与狭义之分。广义的客观归责包含了事实的因果关系的判断与随后的规范判断,狭义的客观归责则是在确定了事实的因果关系的前提下,就

[137] Vgl., C. Roxin, Strafrecht Allgemeiner Teil, Band I, 4. Aufl., C. H. Beck, 2006, S. 377.

[138] 参见张明楷:“也谈客观归责理论”,载《中外法学》2013 年第 2 期。

[139] 参见[日]山中敬一:《刑法总论》,成文堂 2015 年第 3 版,第 261 页以下。

结果归属进行的规范判断。例如,德国的罗克辛教授明确指出:"客观构成要件的归责,显然必须通过两个连续的阶段进行:在第一阶段要说明因果关系理论;在第二阶段要讨论其他的归责要件。"[140]

总之,"客观归责论的方法论,旨在以事实的条件关系的存在为前提,在进行事前的危险创设与事后的危险实现的判断的同时,通过事实的危险与规范的危险的类型化,实现归责基准的体系化"。[141] 所以,在德国的刑法教科书中,不管是采取广义的客观归责概念,还是狭义的客观归责概念,都会先讨论事实的因果关系,然后进一步规范地检验结果归属问题。

综上所述,大体可以就因果关系与客观归责的关系得出如下结论:(1)如果使用狭义的因果关系概念与狭义的客观归责概念,那么,客观归责理论并不是因果关系理论,而是在因果关系确定后的规范评价理论。(2)如果使用广义的因果关系概念与广义的客观归责概念,那么,二者就不是对立的,而是都包括了事实的因果关系与规范评价。(3)如果使用狭义的因果关系概念与广义的客观归责概念,则客观归责理论包含了因果关系理论。(4)如果使用广义的因果关系概念与狭义的客观归责概念,则因果关系理论包含了客观归责理论。[142]

从前面的介绍可以看出,相当因果关系说、重要说、事实因果关系与法律因果关系说,不仅以狭义的因果关系为前提,而且实质上包含了客观归责的部分内容。事实上,有的学者将相当因果关系说作为结果归责的基准看待,在此意义上说,相当因果关系说也是一种客观归责论。英美刑法理论中法律因果关系部分(乃至事实因果关系中的实质因素标准)其实也是一种归责理论。不仅如此,即使是条件说,其中对原因与结果的限定、对禁止溯及论的采纳,也可谓一种客观归责论。所不同的是,客观归责论将实行行为的定型、结果回避可能性等问题都纳入客观归责的范围,而条件说、相当因果关系说等学说则并非如此。

三、本书的立场

如前所述,在行为犯的场合,由于行为与结果同时发生,所以,不需要判断因果关系与客观归责的问题。

在许多结果犯中,构成要件要素及其关系解决了因果关系与客观归责问题,故不需要另行判断。例如盗窃罪,被害人的财产损害当然可谓法益侵害结果,但是并不需要利用因果关系与客观归责理论,而是通过对客观构成要件的具体解释与判断,就可以得出妥当结论。首先,所谓窃取,是指违反被害人的意志,将他人占有的财产转移给自己或者他人占有,其中当然包含了对象的同一性。亦即,行为人占有的财物正是他人丧失占有的财物。于是,他人丧失财物占有的结果,当然归属于行为人的盗窃行为。再如,诈骗罪客观构成要件的内容是,行为人实施欺骗行为,对方产生认识错误,并基于认识错误处分财产,行为人取得财产,被害人遭受财产损失,其中也要求对象的同一性。行为人取得的财产正是被

---

[140] C. Roxin, Strafrecht Allgemeiner Teil, Band I, 4. Aufl., C. H. Beck, 2006, S. 350.

[141] [日]山中敬一:《刑法总论》,成文堂 2015 年第 3 版,第 260 页。

[142] 当然,由于客观归责理论包含了实行行为论,就此而言,广义的因果关系理论未必能完全包括狭义的客观归责理论。

害人基于认识错误处分的财产,而被害人之所以产生认识错误,就是因为行为人实施了欺骗行为。所以,必须将被害人的财产损失结果归属于行为人的欺骗行为。倘若行为人虽然实施了欺骗行为,但被害人并没有陷入认识错误,而是基于同情给予行为人以财物的,则不能认为被害人存在财产损失,不可能将被害人财产损失的结果归属于诈骗行为,行为人仅成立诈骗未遂。不难看出,诈骗罪的这一系列要素,已经解决了因果关系与结果归属问题。

由于杀人、伤害等罪的实行行为缺乏定型性,所以,当结果表现为他人伤亡时,引起该结果的行为是否属于刑法上的杀人、伤害行为,就难以下结论。于是,需要讨论因果关系与结果归属问题——伤亡结果是否由行为人的行为所引起。但是,将具有条件关系的行为宣布为不法的杀人、伤害行为不一定是有意义的,因为将一个行为宣布为不法的目的是禁止这种不法行为,或者说使一般人不实施这种不法行为。说一个行为造成了他人死亡(事实),并不意味着该行为是违反规范的(价值);将一个有重大因果偏离的结果归属于行为人,并不利于预防一般人造成这种结果。所以,必须目的性地判断什么行为是不法行为。这正是客观归责理论的要义。概言之,广义的客观归责理论首先从存在论的角度判断伤亡结果与行为之间具有因果关系,在得出肯定结论的前提下,再通过规范评价,得出能否将该结果归责于该行为的结论。

本书虽然赞成这种从存在论到规范论的判断,但不赞成直接全盘引入客观归责理论。

1. 我国刑法理论应当强调构成要件符合性的概念。这是因为,构成要件具有罪刑法定主义的机能,强调构成要件符合性的概念,对于贯彻罪刑法定原则具有重要意义。客观归责理论虽然也是构成要件理论,也可谓涉及了实行行为、结果、因果关系三个要素,但是,这一理论并不分别具体讨论构成要件的各个要素,而是将这三个要素混杂在一起讨论。况且,其所讨论的基本上只是杀人、伤害、毁坏财物等缺乏实行行为定型性的案件,难以普遍适用于所有犯罪。可是,在作为刑法学“总论”的解释论中,必须抽象出分论的共性问题,亦即,既要讨论所有犯罪的构成要件符合性,也要讨论构成要件的全部要素。如果完全由客观归责理论取代构成要件理论,必然贬低构成要件符合性概念的价值。诚然,客观归责理论本身可以通过否认客观归责进而否认构成要件符合性,其与构成要件符合性的概念也不相互冲突,而是可以保持一致,但是,它毕竟只能顾及到构成要件的部分要素,因而只能顾及部分犯罪。但是,所有犯罪的成立都必须具备构成要件符合性,在我国,如果不强调这一点,就不利于贯彻罪刑法定原则。[143]

2. 我国刑法理论应当保留构成要件行为或实行行为的概念,但客观归责理论并没有采用实行行为概念。(1)首先,与上一点相联系,并不是只有杀人、伤害、毁坏财产的犯罪才存在实行行为,而是所有的犯罪都存在实行行为。保留实行行为的概念,对于防止主观归罪、保障国民行动自由,具有特别重要的意义。(2)在我国,将实行行为与因果关系、结果归属分为不同的要素,对于认定未遂犯具有重要意义。德国刑法关于未遂犯的认定不依赖于实行行为概念,其刑法第 22 条规定:“根据行为人对行为的设想,直接着手实现构

---

〔143〕 例如,在我国刑法理论将行为对象作为构成要件要素讨论的情况下,司法实践却经常不顾对象是否存在,就认定为犯罪(如将客观上贩卖面粉的认定为贩卖毒品罪、将客观上向骗子交付财物的行为认定为行贿罪、将客观上购买了一堆废纸的行为认定为贩卖假币罪等)。如果不强调行为对象要素,司法实践中的主观归罪现象可能更多。

成要件的,是犯罪未遂。”据此,即使没有实行行为概念,也不影响未遂犯的认定。我国刑法第23条第1款规定:“已经着手实行犯罪,由于犯罪分子意志以外的原因而未得逞的,是犯罪未遂。”由于刑法原则上处罚预备犯,所以,我国刑法理论上应当有实行行为的概念。一方面,即使否认因果关系或者结果归属,也完全可能肯定未遂犯。另一方面,在应当否认实行行为时,如果只是否认因果关系或结果归属,就完全可能成立未遂犯,这显然不合适。(3)刑法规定的犯罪包括结果犯与行为犯。在行为犯中,实行行为的概念具有重要意义。(4)如果实行行为的概念被淹没在客观归责理论中,就不利于构成要件行为的明确性,国民从判决中很难知道什么行为是刑法所禁止的行为。易言之,如果像客观归责理论那样,依照条件说或者合法则的条件说,先将降低风险的行为作为伤害行为,然后否认客观归责,反而不利于发挥刑法的行为规范机能,不利于一般预防。(5)事实上,德国客观归责理论中所讲的行为制造不允许的危险的全部内容,以及危险的实现与构成要件的效力范围中的部分内容,完全可以纳入实行行为的判断。

3. 如果维持现行的构成要件或者在客观构成要件中维持实行行为、对象、结果、因果关系的基本构架,那么,将德国的客观归责理论整体搬到因果关系中,必然叠床架屋,导致判断的反复性(在判断实行行为之后,于因果关系中再次判断实行行为),因而有损判断的经济性。诚然,客观归责理论与实行行为论并不是相互排斥的,反复检验行为是否构成犯罪,也没有什么不妥当。但是,反复检验并不依赖于理论所设定的程序重复。在刑法理论中,如果A检视标准与B检视标准的内容完全相同,就只能保留其中一个标准。反之,即使三阶层犯罪论体系中并无重复内容,也可以反复检验。当人们对一个案件得出了构成要件符合性的结论,进入到违法性阶层时却没有发现违法阻却事由,但又认为不应当作为犯罪处理时,依然可能回过头来再次判断构成要件符合性。同样,当人们认为某个行为符合构成要件,在进行因果关系判断时,既可以认为结果不能归属于该行为,也可能再次回过头来判断该行为是否属于符合构成要件的行为。这种思考的反复,并不以理论体系上的内容重复为前提。就像登机前过安检一样,如果发现有问题,仍然可以重检一遍,而不需要有几个相同的安检设备。

基于上述理由,本书主张在构成要件符合性一章中,分别讨论各种构成要件要素(行为主体、实行行为、行为对象、结果、因果关系等),同时将传统刑法理论所讨论的因果关系分为两个部分——因果关系与结果归属。其中的因果关系,是基于存在论的事实判断;结果归属则是基于刑法目的的规范判断。不过,由于案件与判断的复杂性,很难将二者完全分离。事实上,因果关系的判断就可能包含规范判断,规范判断中也可能包含因果关系的判断。[144]

四、因果关系的判断

(一)基本前提

因果关系所讨论的是实行行为与法益侵害结果之间的因果关系。行为本身是否具有造成法益侵害结果的危险性,是对实行行为的判断,原则上不应当作因果关系的判断。[145]

---

〔144〕 由于“因果关系”有广义与狭义之分,本书在其他场合所称的因果关系也可能包含结果归属,恳请读者识别。

〔145〕 但事实上,某些情形下因果关系的判断已经包含了对实行行为的判断。

换言之,因果关系中的原因,只能是类型化的实行行为,而不包括预备行为。[146] 因此,如果行为本身不具有法益侵害的危险甚至减少了法益侵害的危险,就不是实行行为,其与结果之间的关系就不是刑法上的因果关系。基于同样的理由,因果关系的判断以具有结果回避可能性为前提。如果缺乏结果回避可能性,就可以直接否认实行行为,因而可以直接否认因果关系。[147]

另一方面,因果关系中的"结果"是指具体的、特定样态、特定规模、特定发生时间与地点的法益侵害结果(具体结果观),而不是抽象意义上的结果。例如,即使是被害人死亡,也要分清是毒死还是渴死,是流血过多死亡还是窒息死亡,是被合法处死还是被非法杀害,如此等等。

在整个客观世界中,各种现象普遍联系,相互制约,形成了无数的因果链条。一种现象相对于被它引起的结果而言是原因,而它本身又是被某种现象引起的结果。所以,在认定因果关系时,一方面要善于从无数因果链条中抽出行为与结果这对现象;另一方面又不能割断事物之间的联系。例如,司法机关发现某种结果时,要查出谁的行为引起了该结果,先研究这一孤立的行为与结果之间的因果关系。但仅此还不够,还要注意普遍联系,查明该行为是否由他人的行为引起,查明该结果是否导致了其他结果。

在客观事物不断更替的运动中,一般表现为原因在先,结果在后,结果不可能在原因之前存在。[148] 因此,司法机关只能在结果发生之前的行为中寻找原因。

因果关系总是特定条件下的客观联系,故不能离开客观条件认定因果关系。例如,甲在协和医院门前造成了乙濒临死亡的伤害,但由于抢救及时,乙幸免于难。A 在荒山野外对 B 造成的伤害明显轻于乙受到的伤害,但由于抢救不及时而死亡。显然,不能否认 A 的行为与 B 的死亡之间具有因果关系。严格地说,被害人的特殊体质,并不是介入因素,而是行为时已经存在的特定条件。因此,由于被害人存在某种疾病或属于特殊体质,行为人所实施的通常情形下不足以致人死亡的暴力,导致了被害人死亡的,也应当肯定因果关系。例如,甲对乙实施伤害行为,虽然伤害行为本身不足以致乙死亡,但伤害行为导致乙心脏病发作而死亡的,应当肯定甲的行为与乙的死亡结果之间具有因果关系。[149] 再如,A 刺伤 B,伤势并不严重,但 B 因为患血友病而不治身亡,应当肯定 A 的行为与 B 的死亡结果之间具有因果关系。至于行为人是否认识到或者是否应当预见被害人存在疾病或者具有特殊体质,只是有无故意、过失的问题,不影响因果关系的判断。[150]

---

[146] 当然,此罪的预备行为可能是彼罪的实行行为。

[147] 从刑法第 16 条关于不可抗力的规定也可以看出,结果回避可能性是成立犯罪的前提。

[148] 事实上存在原因与结果同时出现、同时存在的情况。

[149] 需要指出的是,在此例中得出具有因果关系的结论,并不意味着甲的行为成立故意伤害致死。因为结果加重犯的成立需要具备直接性要件。换言之,即使进一步肯定应当将死亡结果归属于甲的行为,甲也可能仅成立故意伤害罪与过失致人死亡罪的想象竞合,而不成立故意伤害致死。

[150] 附带说明的是,在判断行为人对死亡具有故意、过失时,不以行为人认识或者可能认识到被害人的具体疾病为前提,而应综合各种情况进行判断。例如,对老年人实施伤害行为时,当然应当预见到被害人可能因为某种疾病的诱发而死亡,可以肯定故意伤害(致死)罪的成立。又如,行为人与被害人发生争吵时,或者对被害人实施暴力时,发现被害人生理反应异常。此时,行为人至少应当预见甚至已经预见实施或者继续实施暴力会造成被害人死亡。如果行为人实施或者继续实施暴力导致有特殊体质的被害人死亡的,应视具体情形认定为故意伤害(致死)罪或者故意杀人罪。

(二)基本标准

行为与结果之间有无因果关系首先要以条件说为标准进行判断。亦即,当能确定没有实行行为就没有侵害结果时,就可以肯定二者之间具有因果关系。

但是,条件说公式事实上是以人们已经认识到行为与结果之间的合法则关系为前提的。例如,当甲射击的子弹击中乙的心脏导致乙死亡时,人们之所以得出"如果没有甲的射击行为乙就不会死亡"的结论,进而肯定因果关系,是因为人们根据经验法则乃至科学法则知道子弹击中心脏是造成死亡的原因。然而,当A将花生给B吃导致B死亡时,如果不查明死亡的具体原因,人们不可能得出"如果没有A的行为B就不会死亡"的结论。另一方面,一种合法则地导致结果发生的行为,也可能不存在条件关系(如后述假定的因果关系)。于是出现了奇怪的现象:条件关系原本形成于经验法则或者科学法则,但符合经验法则或者科学法则时却又可能不具有条件关系。究其原因,主要是人们对结果过于抽象化。例如,甲让丙喝了致死量的毒药,在毒药起作用之前,乙使用铁棒殴打丙的头部造成丙颅脑损伤进而死亡。就甲的行为而言,如果采用条件关系的公式,可以说"即使没有甲的投毒行为丙也会死亡",故甲的行为与丙的死亡没有因果关系(因果关系的断绝)。这一结论具有妥当性。就乙的行为而言,如果采用条件关系的公式,也可能说"即使没有乙的行为丙也会死亡",故乙的行为与丙的死亡没有因果关系。但是这一结论明显不当。倘若将结果具体化,便可以说"如果没有乙的殴打行为,丙就不会因颅脑损伤而死亡",故乙的行为与丙的死亡之间具有条件关系,这一结论又是妥当的。

在本书看来,条件说与合法则的条件说并不是一种对立关系,"实际上,作为通说的条件关系公式与合法则的条件公式,在结论上是同一的"。[151] 这是因为,一方面,行为与结果之间的条件关系,实际上以存在因果法则上的知识为前提。例如,在乙服用了甲给他的一种尚处于实验阶段的药后心脏病发作而死亡的案件中,人们之所以难以确定条件关系,因为在这方面还不存在因果法则上的知识。如果事后查明这种药具有引发心脏病的副作用,或者服用了这种药的人通常会心脏病发作,则既能肯定条件关系,也能肯定合法则的条件关系。另一方面,如果采取具体的结果观,条件说与合法则的条件说得出的结论不会有差异。

但是,就我国刑法所规定的滥用职权、玩忽职守等渎职罪而言,如果仅采取合法则的条件说,而不适当地采取条件说,就可能导致这类犯罪不能得到认定。例如,最高人民检察院2008年11月6日《关于加强查办危害土地资源渎职犯罪工作的指导意见》,就做好查办危害土地资源渎职犯罪案件工作指出:"实施人员、监管人员明知决策者决策错误,而不提出反对意见,或者不进行纠正、制止、查处,造成国家土地资源被严重破坏的,应当视其情节追究渎职犯罪责任。"可是,在这样的场合,要认定实施人员、监管人员的行为与结果之间具有合法则的条件关系或许相当困难,但采取条件说,则可能肯定事实的因果关系。

如果既没有条件关系,也没有合法则的条件关系,则应否定因果关系。因果关系的断绝便是如此。亦即,前条件对某一结果还没有起作用时,与此无关的后条件导致了该结果的发生的,前条件与结果之间的因果关系被切断,前条件不是结果的原因。例如,甲以杀

---

[151] 参见[日]井田良:《讲义刑法学·总论》,有斐阁2008年版,第121页。

人故意向丙的食物中投放了足以致死的毒药,丙虽然吃了食物,但在该毒药还没有起作用时,乙开枪杀死了丙。一方面,乙的行为合法则地造成了丙的死亡,具有因果关系。另一方面,甲的行为与丙的死亡之间,不存在没有前者就没有后者的条件关系,更不存在合法则的条件关系,所以没有因果关系。

(三)争议问题

1. 假定的因果关系

假定的因果关系,一般是指虽然某个行为导致结果发生,但即使没有该行为,由于其他情况也会产生同样结果。例如,死刑犯乙下午 1 时被执行死刑,在执行人扣动扳机的瞬间,被害人的父亲甲推开执行人,自己扣动扳机击毙了乙。是否承认甲的行为与乙的死亡结果之间具有因果关系,在理论上还存在争议。持肯定回答的人认为,由于事实上是甲的行为导致了乙的死亡,故应当肯定二者之间的因果关系;作为刑法的评价对象,因果关系的有无应由事实的判断来决定,应当接近自然科学的因果关系概念,而不能附加假定的因素。〔152〕 持否定回答的人则认为,在上述情况下,不存在没有前者就没有后者的条件关系,换言之,即使没有甲的行为也将发生乙的死亡结果,故甲的行为与乙的死亡结果之间没有因果关系。〔153〕 但可以肯定的是,死刑犯是由甲开枪打死的,亦即,开枪行为合法则地引起了死亡结果(此时此地被非法处死的结果),对此,即使不适用条件关系的公式,也可以直接肯定因果关系。如果采用具体的结果观,适用没有前者就没有后者的条件关系公式,也能肯定因果关系。

再如,A 向 C 的水杯中投放了致死量的毒药,正要实施相同行为的 B 暗中发现 A 已下毒,便没有再投放毒药,C 后来中毒死亡。显然不能认为,即使 A 不投放毒药,B 也会投放毒药,而且会在相同时间死亡,所以,A 的行为与 C 的死亡结果之间没有因果关系。换言之,A 的行为合法则地引起了 C 的死亡,必须肯定因果关系。

2. 可替代的充分条件

A 想杀死 C,便在 C 准备进行穿越沙漠长途旅行的前夜,悄悄地溜进 C 的房间,把 C 水壶里的水换成无色无味的毒药。B 也想杀死 C,于同一夜里的晚些时候,溜进了 C 的房间,在 C 的水壶底部钻了一个小洞。次日晨,C 出发了,他没有发现水壶上的小洞。两小时之后,C 在沙漠中想喝水,但水壶是空的。由于没有其他水源,C 在沙漠中脱水而死。这种情形与假定的因果关系并不完全相同(也有学者将其归入假定的因果关系)。如果以抽象的结果观适用条件关系的公式,A 与 B 的行为都不是 C 死亡的原因,但这种结论难以被人接受。客观归责论以 B 没有在整体上恶化被害人的状况为由,仅将死亡结果归责于 A。但本书认为,C 是因脱水而死,这一具体结果是由 B 的行为合法则地造成的,故应当肯定 B 的行为与 C 的死亡之间具有因果关系。〔154〕 相反,A 的行为与 C 的死亡之间没有因果关系。此外,客观归责论的观点也不可能在刑事诉讼活动中得到贯彻。这是因为,如果说 C 是被 A 毒死的,就需要有被毒死的证据(如 C 的体内存在有毒物质),但事

---

〔152〕 参见[日]平野龙一:《刑法总论 I》,有斐阁 1972 年版,第 135 页。

〔153〕 参见[日]町野朔:《刑法总论讲义案 I》,信山社 1995 年第 2 版,第 156 页。

〔154〕 需要说明的是,由于 B 的行为不只是客观上防止了 C 被毒死,而且导致 C 脱水而死,故 B 的行为也不是偶然防卫。

实上却并非如此。

3. 合义务的择一的举动

合义务的择一的举动，是指虽然行为人实施违法行为，造成了结果，但即使其遵守法律，也不能避免该结果的情形。德国曾有如下判例：被告人甲在一条笔直的6米宽的道路上驾驶着汽车，右侧的乙朝着相同的方向骑着自行车。按规则，汽车与行人应当保持1.5米的距离，但甲在只保持了0.75米距离的情况下超越骑自行车的乙，乙被车后轮轧死。事后查明，由于乙当时酩酊大醉，即使甲使汽车与乙保持法定距离，发生同样事故的盖然性仍然很高。于是，法院否认甲的行为与乙的死亡之间具有因果关系。但刑法理论上对此存在肯定说与否定说。否定说的理由是，即使甲保持法定距离，乙也会被轧死，因而不存在条件关系。本书倾向于赞成肯定说。第一，如果甲不超车，乙就不会死亡，故存在条件关系。第二，就具体的特定时间地点的死亡而言，甲的行为合法则地造成了乙死亡。第三，甲原本可以放弃超车，因而存在事实上的结果回避可能性。当然，就本案而言，既可能通过否认结果归属（乙的死亡结果与甲违反注意义务的行为之间缺乏关联性）来否认甲的行为构成犯罪，也可能以甲缺乏过失为由而不追究其刑事责任。

4. 二重的因果关系（择一的竞合）

两个以上的行为分别都能导致结果的发生，但在行为人没有意思联络的情况下，竞合在一起导致了结果的发生。例如，甲与乙没有意思联络，都意欲杀丙，并同时向丙开枪，且均打中了丙的心脏。在这种情况下，即使没有甲的行为或者没有乙的行为，丙都会死亡。否定说认为，甲、乙的行为与丙的死亡之间没有条件关系，因而没有因果关系。因为没有甲的行为丙也会死亡，没有乙的行为丙也会死亡，故不符合条件关系的公式关系。[155] 但是，在被害人已经死亡的情况下，否认条件关系进而认定行为人仅承担未遂责任，实有不妥之处。条件关系修正说或者整体考察说认为，应当对条件关系公式进行修正，即在数个行为导致一个结果的情况下，如果除去一个行为结果将发生，除去全部行为结果将不发生，则全部行为都是结果发生的条件。[156] 显然，这只是为了将结果归属于各人的行为而做出的修正，缺乏修正的根据与理由。根据合法则的条件说，只有证明了行为人发射的子弹或者所投放的毒药对被害人的死亡起到了作用，才能认定有因果关系。因此，至少可以肯定的是，如果存在时间先后关系，一方的行为对死亡并没有起作用，则应否定因果关系。例如，A与B没有意识联络，都向C的食物中投放了致死量的毒药。如果证明B投放的毒药还没有起作用时C已死亡，就只能认为A的行为与C的死亡结果之间具有因果关系。

5. 重叠的因果关系

两个以上相互独立的行为，单独不能导致结果的发生（具有导致结果发生的危险），但合并在一起造成了结果时，就是所谓重叠的因果关系。例如，甲、乙二人没有意思联络，分别向丙的食物中投放了致死量50%的毒药，二人行为的重叠达到了致死量，丙吃食物后死亡。在这种情况下，由于甲、乙二人的行为分别都对丙的死亡起作用（可谓多因一果），故应肯定存在合法则的因果关系。

---

〔155〕 参见［日］町野朔：《犯罪论的展开Ⅰ》，有斐阁1989年版，第127页以下。

〔156〕 Vgl.，H. Welzel，Das Deutsche Strafrecht，11. Aufl.，Walter de Gruyter & Co.，1969，S. 41.

6. 因果关系的回溯禁止

争论的问题是,第三人或者被害人有意识地或者企图共同促进结果的发生时,前行为人的行为所促成的对结果具有原因力的因果关系,是否由于第三人或者被害人的行为而中断。例如,甲给丙注射了一剂毒药,在毒药刚开始发作时,乙对丙实施暴力,丙由于中毒而无力逃避乙的暴力,因而死亡。一种观点认为主张因果关系的回溯禁止,亦即,在判断因果关系时,不得追溯至前行为人的行为。据此,甲的行为与丙的死亡之间没有因果关系。另一种观点则反对因果关系的回溯禁止,因为如果禁止回溯,就不可能正确解释因果关系。[157] 在上例中,如果不考虑丙因中毒而导致身体虚弱这一条件,就不能解释乙为什么能顺利造成丙的死亡。换言之,正是因为甲的行为使丙身体变得虚弱,才使乙能顺利导致丙的死亡。[158] 在本书看来,因果关系的回溯禁止,只是一种人为的设定。根据条件关系的公式与具体的结果观,完全可以肯定甲的行为与丙的死亡之间具有条件关系。[159]

7. 救助性因果流程的中断

已经存在的某种条件原本可能阻止结果的发生时,行为人消除这种条件,导致结果发生的,称为救助性因果流程的中断。应当认为,中断救助性因果流程的行为,与结果之间具有因果关系。例如,一个救生圈正漂向落水的被害人,被害人可以马上抓住这个救生圈,但行为人拿走了救生圈,被害人溺死身亡。对此,应肯定拿走救生圈的行为与死亡结果之间具有因果关系。

8. 流行病学的因果关系

流行病学是研究疾病的流行、群体发病的原因与特征,以及预防对象的医学分支学科。其对原因的解明有助于刑法上因果关系的认定。根据流行病学理论,符合以下四个条件,就可以肯定某种因子与疾病之间具有因果关系;第一,该因子在发病的一定期间之前起作用;第二,该因子的作用程度越明显,患病率就越高;第三,该因子的分布消长与流行病学观察记载的流行特征并不矛盾;第四,该因子作为原因起作用,与生物学并不矛盾。概言之,某种因子与疾病之间的关系,即使在医学上、药理学上得不到科学证明,但根据大量的统计、观察,能说明该因子对产生疾病具有高度的盖然性时,就可能肯定其因果关系。虽然流行病学因果关系是根据经验法则认定的因果关系,但它与科学法则并不矛盾,所以,也属于合法则的因果关系。因此,流行病学的这种因果关系论,也可以运用于公害犯罪因果关系的认定中。例如,某企业在一段时间内排放污水,随后附近居民开始患某种疾病;排放量越大,患疾病的人越多或者越严重。只要排放污水与居民患病之间的关系,与流行病学、生物学等科学法则不相矛盾,就可以认定排放污水的行为与居民患病之间具有合法则的因果关系。

五、结果归属的判断

结果归属是一种规范评价,建立在事实的因果关系基础之上。当行为与结果之间具有前述因果关系时,需要再进行结果归属的判断。只有当结果应当归属于实行行为时,行

---

〔157〕 “回溯禁止”有旧学说与新学说之分。旧学说是从因果关系的角度展开讨论的,新学说是从结果归属的角度讨论的。此处是从因果关系的角度所做的说明。

〔158〕 参见[德]乌尔斯·金德霍伊泽尔:《刑法总论教科书》,蔡桂生译,北京大学出版社2015年版,第84~85页。

〔159〕 恳请读者注意,这里只是讨论事实上的因果关系,显然不能据此直接得出甲对丙的死亡承担故意杀人既遂的刑事责任的结论。

为人才对结果负责。

(一)一般规则

1. 危险的现实化

只有当行为与结果之间具有条件关系,而且行为的危险已经现实化为侵害结果时,才能将该侵害结果归属于行为。

首先,没有结果回避可能性时,不能将结果归属于行为。如护士在注射抗生素时没有为患者做皮试,患者因注射抗生素而死亡。但事后查明,即使做皮试也不能查出患者的特殊反应。由于结果不具有回避可能性,故不能将死亡结果归属于护士的行为。[160]

其次,危险没有现实化时,不能将结果归属于行为。例如,甲以杀人故意用枪将被害人打伤后,被害人在医院遇到火灾被烧死。在此,枪杀的危险并没有现实化,故不能将死亡结果归属于枪杀行为。在这种死因不同(中枪身亡与烧死)的案件中,只要采用具体的结果观(如毒死与渴死是两种不同的死亡结果),就容易判断行为的危险是否现实化。再如,A 将水性不好的 C 推入水库后离开现场,但 C 立即就能够抓住身边的可以保住性命的木板,此时与 A 没有意思联络的 B 迅速拿走了这块木板,导致 C 溺水身亡。不能认为 A 的行为的危险性已经现实化,而应将死亡结果归属于 B 的行为。

最后,行为没有引起注意规范的保护目的所指向的结果时,不能将结果归属于行为。亦即,行为虽然违反了注意规范,但所造成的结果并不是注意规范所禁止的结果时,排除结果归属。例如,A 酒后在封闭的高速公路上驾驶机动车,撞死了突然违章横穿高速公路的 B。禁止酒后驾驶的规范,是为了防止因丧失或减轻控制车辆的能力而造成伤亡结果,所以,不能将 B 死亡的结果归责于 A 的酒后驾驶行为。[161]

2. 构成要件的效力范围

在某种意义上说,构成要件效力范围的判断,实际上是对实行行为与结果本身的判断。

首先,在防止结果的发生属于他人负责的领域时,该结果不能归属于行为人的行为。例如,机动车驾驶者甲撞伤乙后,警察立即将具有救助可能性的乙送往医院,但途中发生事故导致乙死亡。由于防止死亡结果的救助义务已经属于警察负责的范围,故不能将死亡结果归属于甲的行为。[162]

其次,在结果不是构成要件禁止内容时,排除结果归属。例如,刑法规定强奸罪是为了保护妇女的性行为自主权,所以,强奸行为造成的社会影响不是强奸罪构成要件禁止的内容,因而不能将社会影响归属于强奸行为。

---

〔160〕 日本有学者认为,缺乏结果回避可能性意味着缺乏条件关系(参见[日]町野朔:《刑法总论讲义案 I》,信山社 1995 年第 2 版,第 155 页;[日]山口厚:“因果关系论”,载[日]芝原邦尔等编:《刑法理论的现代的展开——总论 I》,日本评论社 1988 年版,第 43 页)。如果采取合法则的条件关系说,则应肯定具有条件关系。

〔161〕 当然,在这类案件中,究竟是结果归属的问题还是实行行为的问题,还值得进一步研究。例如,当刑法分则条文所规定的构成要件行为以违反注意规范为前提时,要判断一个行为是否符合构成要件,就必须判断该行为是否违反注意规范;而在判断该行为是否违反注意规范时,就必须考虑注意规范的保护目的。所以,注意规范的保护目的,完全可以作为实行行为的内容来把握。如果仅当做危险是否实现的问题来考虑,则可能将一些原本没有实行行为的案件认定为犯罪未遂,这可能不合适。当然,也不排除另一种可能,即行为是否违反注意规范是实行行为的问题,而注意规范的保护目的则是结果归属时应当判断的问题。

〔162〕 如果采取具体的结果观,也可以认为缺乏条件关系与合法则的条件关系。

(二)具体判断

在通常情况下,结果归属并不存在特别疑问。值得讨论的问题是,在案件存在介入因素的场合,如何判断结果归属。总的来说,需要考虑四个方面的因素:(1)行为人的实行行为导致结果发生的危险性大小;(2)介入因素异常性大小;[163] (3)介入因素对结果发生的作用大小;(4)介入因素是否属于行为人的管辖范围。例如,在同样是介入了医生的重大过失引起被害人死亡的案件中,如果先前的行为只是导致被害人轻伤,则不应将死亡结果归属于先前行为;如果先前行为导致被害人濒临死亡的重伤,则能够将死亡结果归属于先前行为。但是,在被害人受伤后数小时,他人故意开枪杀死被害人的,则不能将死亡结果归属于先前的伤害行为。再如,如果 A 的行为已经导致 C 濒临死亡的重伤,B 后来对 C 实施殴打,只是导致 C 的死亡时间略微提前的,也应将死亡结果归属于 A 的行为(当然,也可能同时将 C 的死亡结果归属于 B 的行为)。但是,如果 B 开枪射杀已经受伤的 C,即便 C 不受伤也不能避免枪杀的,则只能将 C 的死亡结果归属于 B 的行为,而不能归属于 A 的行为。介入情况的异常与否,对判断因果关系也具有意义。前行为必然导致介入情况、前行为通常导致介入情况、前行为很少导致介入情况、前行为与介入情况无关这四种情形,对判断因果关系所起的作用依次递增。[164] 但是,如果介入因素是行为人的管辖范围,那么,通常能够将结果归属于行为人的行为。具体来说,值得详细讨论的是以下三种介入类型。[165]

1. 介入被害人行为的情形

在不少案件中,被告人实施行为后介入了被害人的行为,导致了结果的发生。在这种场合,要综合考虑上述四个方面的因素,得出妥当结论。(1)被告人实施的行为,导致被害人不得不或者几乎必然实施介入行为的,或者被害人实施的介入行为具有通常性的,即使该介入行为具有高度危险,也应当肯定结果归属。例如,甲点燃乙身穿的衣服,乙跳入水中溺死或者心脏麻痹死亡的,甲对乙的住宅放火,乙为了抢救婴儿而进入住宅内被烧死的,甲在楼梯上对乙实施严重暴力,乙在急速下楼逃跑时摔倒,头部受伤死亡的,甲欲杀乙,在山崖边导致乙重伤昏迷后离去,乙苏醒过来后,刚迈了两步即跌下山崖摔死的,均应将乙的死亡结果归属于甲的行为。(2)被告人实施的行为,导致被害人介入异常行为造成了结果,但考虑到被害人的心理恐惧或者精神紧张等情形,其介入行为仍然具有通常性时,应当肯定结果归属。例如,数个被告人追杀被害人,被害人无路可逃跳入水库溺死,或者不得已逃入高速公路被车撞死的,应当将死亡结果归属于追杀行为。再如,A 向站在悬崖边的 B 开枪,B 听到枪声后坠崖身亡的,A 瞄准湖中的小船开枪,船上的 B 为躲避而落

---

〔163〕 刑法第 229 条规定:承担资产评估、验资、验证、会计、审计、法律服务等职责的中介组织的人员,“严重不负责任,出具的证明文件有重大失实,造成严重后果的,处三年以下有期徒刑或者拘役,并处或者单处罚金”。可以肯定的是,在通常情况下,并不是出具失实证明文件的行为本身造成严重后果,而是其他人以该证明文件为根据实施的相关行为(介入行为)造成严重后果。这足以说明,介入行为的正常性不会影响结果归属。

〔164〕 参见[日]前田雅英:《刑法总论讲义》,东京大学出版会 2015 年第 6 版,第 134 页以下。

〔165〕 参见[日]西田典之:《刑法总论》,弘文堂 2010 年第 2 版,第 109 页以下;[日]前田雅英:《刑法总论讲义》,东京大学出版会 2015 年第 6 版,第 136 页以下;[日]山口厚:《刑法总论》,有斐阁 2016 年第 3 版,第 61 页以下;[美]约书亚・德雷斯勒:《美国刑法精解》,王秀梅等译,北京大学出版社 2009 年版,第 173 页以下。特别需要说明的是,以上只是就一般的结果归属而言,相关结论并不适用于结果加重犯。换言之,结果加重犯的认定还需要在结果归属的基础上进行直接性关联的判断。

入水中溺死的，应将B的死亡归属于A的行为。（3）虽然介入了被害人不适当或者异常的行为，但是，如果该异常行为属于被告人的管辖范围之内的行为，仍然能够将结果归属于被告人的行为。例如，在深水池与浅水池没有明显区分的游泳池中，教练员没有履行职责，不会游泳的练习者进入深水池溺死的，练习者的死亡要归属于教练员的行为。（4）虽然介入被害人不适当行为并造成了结果，但如果该行为是依照处于优势地位的被告人的指示而实施的，应当将结果归属于被告人的行为。例如，非法行医的被告人让身患肺炎的被害人到药店购买感冒药治疗疾病，导致被害人没有得到正常治疗而死亡的，应当将被害人的死亡结果归属于被告人的非法行医行为。但是，如果被告人并不处于优势地位，被害人自我冒险导致结果发生的，则不能将结果归属于被告人。例如，在寒冷的冬天，甲为了取乐将100元扔入湖中，乙为了得到100元而跳入湖中因而死亡的，不得将乙的死亡归属于甲的扔钱行为（当然也能否定实行行为）。（5）被告人实施行为后，被害人介入的行为对造成结果仅起轻微作用的，应当肯定结果归属。例如，甲伤害乙后，乙在医院治疗期间没有卧床休息，因伤情恶化而死亡的，乙在旅途中被甲打伤，乙为了尽快回原居住地，导致治疗不及时而死亡的，应将乙的死亡归属于甲的行为。（6）如果介入了被害人对结果起决定性作用的异常行为，则不能将结果归属于被告人的行为。例如，甲杀乙，乙仅受轻伤，但乙因迷信鬼神，而以香灰涂抹伤口，致毒菌侵入体内死亡。再如，一般来说，加害行为引起被害人自杀身亡的，不能将死亡结果归属于加害行为（但是，自杀是加害行为的当然结果时，或许可以将死亡结果归属于加害行为，但这种情形极为罕见）。甲毁损了乙的容貌后，乙自杀身亡的，不能将死亡结果归属于甲的行为。再如，生气的妻子在寒冷的晚上不让丈夫进屋，丈夫原本可以找到安全场所，但为了表示悔意一直站在门外而被冻死。冻死的结果显然不是妻子不让丈夫进屋的危险的现实化（此时并无杀人的实行行为）。

2. 介入第三者行为的情形

在结果的发生介入了第三者行为的案件中，也应综合考虑前述四个因素进行合理判断，但最重要的是判断谁的行为对结果发生起到了决定性作用，同时也要考虑第三者介入的可能性与盖然性；不能简单地采取回溯禁止的理论，[166] 亦即，不能简单地认为，“凡是第三者故意介入造成结果的，就不能将结果归属于前行为”。（1）与前行为无关的介入行为导致结果发生的，不得将结果归属于前行为。在前述因果关系的断绝的场合，虽然甲投放毒药的行为具有导致死亡结果的高度危险，但事实上是乙的开枪行为导致了丙的死亡，故只能将丙的死亡归属于乙的行为。（2）当被告人的伤害行为具有导致被害人死亡的高度危险，介入医生或者他人的过失行为而未能挽救伤者生命的，依然应当将死亡结果归属于伤害行为。但是，如果被告人的伤害行为并不具备致人死亡的高度危险，医生或者他人的严重过失导致被害人死亡的，不得将死亡结果归属于伤害行为。（3）被告人实施危险行为后，通常乃至必然会介入第三者的行为导致结果发生的，应当肯定结果归属。例如，被告人突然将被害人推倒在高速公路上，或者在道路上将被害人推下车，导致被害人被随后的其他车辆轧死的，应当将被害人的死亡结果归属于被告人的行为。再如，甲将爆炸物扔

---

[166] 结果归属角度的回溯禁止理论存在不同观点与表述。例如，有人认为，如果前行为人是过失，后行为人故意地介入时，就不得将结果归属于前行为。有人指出，如果前行为人是按照他的社会角度行事，第三者制造了不被允许的风险，那么，就不得将结果归属于前行为人。

到乙的身边,乙立即踢开爆炸物,导致附近的丙被炸死的,应当将丙的死亡归属于甲的行为。(4)被告人实施危险行为后,介入了有义务防止危险现实化的第三者的行为时,如果第三者能够防止但没有防止危险,不能将结果归属于被告人的行为。例如,甲伤害乙后,警察赶到了现场。警察在将乙送往医院的途中车辆出故障,导致乙失血过多死亡的,不得将乙的死亡结果归属于甲的行为。(5)被告人的前行为与第三者的介入行为均对结果的发生起决定性作用的,应当将结果归属于二者。例如,甲与乙分别向丙开枪,都没有击中要害部位,但由于两个伤口同时出血,导致丙失血过多死亡。对此,应当将死亡结果同时归属于甲与乙的行为。再如,甲刺杀了儿童丙后逃离,丙的母亲乙发现后能够救助而不救助,导致丙因失血过多而死亡的,应当将丙死亡的结果同时归属于甲的作为与乙的不作为。

3. 介入行为人行为的情形

可以肯定的是,倘若行为人的前行为与后行为(介入行为)实际上是一个实行行为,那么,应当将结果归属于该行为。例如,甲用石块反复击打被害人乙的头部,在乙没有任何反应之后,甲为了探明乙是否确已死亡,再次用木棒击打乙的头部。在这种情况下,由于后行为也是杀人行为,而且与前行为属于同一个实行行为,所以,不需要查明是前行为还是后行为造成死亡,就能将死亡结果归属于甲的一个杀人行为。但是,行为人的前行为与介入行为不是一个实行行为的情况下,需要判断的是将结果归属于前行为,还是归属于后行为。这在前行为与后行为的主观心理状态不同的场合,以及前后行为的性质不同的场合,具有重要意义。(1)在故意的前行为具有导致结果发生的高度危险,后来介入了行为人的过失行为造成结果时,应当将结果归属于前行为。例如,甲以杀人故意对乙实施暴力,导致乙休克;甲以为乙已死亡,为了毁灭罪证,将乙扔入水库溺死。对此,应将死亡结果归属于故意的前行为。(2)在故意的前行为具有导致结果发生的高度危险,后来介入了行为人故意实施的另一高度危险行为时,如果能够查明结果是由前行为还是后行为造成,则不存在疑问;如果不能查明结果发生的具体原因,则需要判断前后哪一行为的危险性大,一般将死亡结果归属于危险性大的行为;如果两个行为的危险性相当,或许可以将结果归属于后行为。例如,甲以杀人故意向被害人乙砍了几刀,导致乙丧失反抗能力后,为了毁灭罪证而对乙的住宅放火,但不能查明乙是被砍死还是被烧死。对此,可以认定为故意杀人未遂与放火致人死亡。当然,如果前行为与后行为分别为结果犯与结果加重犯,在能够将结果归属于结果犯时,就没有必要将结果归属于结果加重犯。以上观点合适与否,还值得进一步讨论。(3)在过失的前行为具有导致结果发生的高度危险,后介入的故意或者过失行为直接造成结果时,应当将结果归属于后行为。例如,甲过失导致乙重伤,为了逃避刑事责任,故意开枪杀死乙。对此,应认定为过失致人重伤罪与故意杀人罪,实行并罚。(4)故意或者过失的前行为具有导致结果发生的高度危险,后介入的故意或者过失行为并不对结果起决定性作用的,应当将结果归属于前行为。(5)在后行为对结果的发生具有决定性作用,而前行为通常不会引起后行为时,应当将结果归属于后行为。(6)在前后均为过失行为,两个过失行为的结合导致结果发生时,应当将两个过失行为视为构成要件的行为(过失并存说)。

4. 两种以上介入并存的情形

在司法实践中,还会发生介入两种以上行为的情形。例如,甲将丁推入高速公路,乙开车撞倒丁,乙将丁送往医院后,医生丙的治疗行为存在过失,丁最终死亡。对此,也应综合考虑前述四个因素,得出合理结论。需要说明的是,将结果归属于一个行为,并不必然否定对另一个行为的结果归属。换言之,一个结果完全可能由数个行为造成,一个结果完全可能同时归属于两个以上行为。反之,一个行为也可能造成数个结果,而数个结果可能只归属于一个行为。

第三节 违法阻却事由

第一款 违法阻却事由概述

一、违法阻却事由的概念

如前所述,不法是指行为符合构成要件并且违法。由于构成要件是违法行为的类型,所以,符合构成要件的行为通常具有违法性(构成要件的违法性评价机能)。于是,对违法性不是进行积极的判断,[167] 而是仅判断是否存在排除违法的事由。例如,客观上杀害了不法侵害者的行为,符合了故意杀人罪或者过失致人死亡的客观构成要件,如果没有正当防卫等事由,就表明该行为是不法的。但是,如果行为符合正当防卫等条件,具有排除违法的事由,则该行为不违法。这种排除符合构成要件行为的违法性的事由,就是违法阻却事由(违法性阻却事由),或者叫正当化事由。刑法分则条文规定了各种犯罪的构成要件;刑法总则规定了部分违法阻却事由,还有部分违法阻却事由没有被类型化(超法规的违法阻却事由)。在此意义上说,违法阻却事由的判断比构成要件符合性的判断更为实质。

由上可见,我们完全可以说,不法是指行为符合构成要件并且不具有违法阻却事由。于是,不法的判断成为两个客观事实的判断:是否存在符合构成要件的事实与是否存在违法阻却事由。换言之,不法可以分为两个问题:一是刑法禁止什么?二是在法益之间发生冲突时,刑法允许什么优先?例如,刑法是否应当禁止公然猥亵(如裸体站在马路旁)行为?有人认为这种行为没有侵害法益,故不应禁止;有人认为这种行为侵犯了社会伦理秩序,故应予禁止。这种对立属于第一个问题,与构成要件及其解释相对应。[168] 又如,倘若刑法将公然猥亵规定为犯罪,那么,当特定的公然展示裸体的行为具有高度艺术性时,是否应当以艺术性优先,例外地允许这种行为?这属于第二个问题,与违法阻却事由相对应。再如,刑法规定了侮辱罪,旨在禁止贬损他人名誉的行为。这属于第一个问题。而当报道活动侵害了他人名誉时,在什么情况下该报道活动被允许因而不违法。这属于第二

---

〔167〕 这是因为,如果在个案中进行积极的判断,既会给判断者造成过重的负担,也会使结论受判断者主观因素的影响,因而造成判断的恣意性。

〔168〕 在刑法没有规定公然猥亵罪的情况下,这一问题在于刑法分则应否规定公然猥亵罪的构成要件及其法定刑。在刑法分则已有规定的情况下,这一问题在于如何解释构成要件。例如,刑法第301条规定的聚众淫乱罪,是否意味着禁止数名成年人秘密实施的换偶行为?这便是如何以违法性为指导对构成要件进行解释的问题。

个问题。

如果认为构成要件是形式的、记述的类型,则上述两个问题都是构成要件符合性判断之后的实质违法性的判断问题。根据本书的观点,构成要件是违法类型,符合构成要件的行为原则上具有违法性。所以,不需要在构成要件事实之外寻找违法性的根据。否则,必然违反罪刑法定原则。换言之,构成要件之外的违法性判断,仅仅是有无违法阻却事由的判断。

二、违法阻却事由的根据

符合构成要件的行为在什么情况下阻却违法,是违法阻却事由的根据问题。显然,违法性阻却的根据与违法性的实质,是一个问题的两个方面。所以,一方面要以实质的违法性为指导解释构成要件,另一方面要以实质的违法性为根据理解和认定违法阻却事由。

目的说认为,如果行为是为了达到国家承认的共同生活的目的而采取的适当手段,则例外阻却违法。其中,衡量型目的说主张,"为了正当目的而采取的适当手段",是指目的的客观价值与手段所产生的法益侵害之间的比较衡量。衡量型目的说与后述法益衡量说(结果无价值论)相差无几。重视手段型目的说则强调手段的反伦理性,不管目的如何正确,如果手段不被允许时,则不能认为是正当化事由。重视手段型目的说接近社会的相当性说(行为无价值论)。但是,究竟什么是为了正当目的而采取的适当手段,则并不明确,而且容易导致以国家目的制约个人权利。

社会相当性说认为,在历史地形成的社会伦理秩序的范围内,被这种秩序所允许的行为(社会的相当行为),就是正当的。由于超出了社会相当性的法益侵害才具有违法性,社会相当性便成为阻却违法的一般原理。以往的行为无价值论者一般主张社会相当性说。社会相当性概念由威尔采尔提出。他说:"由于社会的复杂化,在日常生活中,如果不伴随任何法益侵害,就不可能生活。因此,如果将所有的法益侵害结果的发生(结果无价值)作为违法予以禁止,社会便停滞。所以,应当认为,法益侵害中属于社会的相当范围的行为,缺乏违法性。"[169]概言之,所谓行为具有社会相当性,是指行为在历史地形成的社会伦理的共同生活秩序的范围内得到允许。但是,社会相当性概念很不明确,即缺乏判断社会相当性的具体标准,尤其不能确定是应重视历史性还是应重视现实性。如果重视历史性,则现实中许多不成立犯罪的行为并不具有社会相当性;如果注重现实性,则由于社会的复杂化、人们价值观念的多元化,导致难以判断哪些行为是社会的相当行为。此外,社会相当性概念不具有特别意义,威尔采尔提出的需要用社会的相当性解决的事例,[170]都可能以不具有构成要件符合性、法益侵害性为由排除犯罪的成立。

根据结果无价值论的观点,违法的实质是法益侵害,故只能将法益侵害的否定作为违法阻却事由的根据。一方面,如果由于特别原因或情况,不存在值得保护的法益(缺乏法

---

〔169〕 转引自[日]前田雅英:《现代社会与实质的犯罪论》,东京大学出版会1992年版,第73页。

〔170〕 威尔采尔整理出9种具有社会相当性的具体事例:(1)被允许的危险行为;(2)交通管理部门对自由的限制;(3)侄子期待有钱的伯父在事故中死亡而劝诱伯父乘坐火车旅行的行为;(4)士兵在战场上杀死敌人的行为;(5)为了杀人而在森林中种植颠茄(其果实有毒)的行为;(6)丈夫以杀死妻子为目的与妻子实施正常性交的行为;(7)胁迫罪中的可罚的胁迫的界限;(8)体育活动;(9)过失犯中"社会生活上必要的注意"的内容。

益保护的必要性)时,行为就没有侵害法益,因而阻却违法性(法益性的阙如)。[171] 典型的是,基于被害人的承诺或推定的承诺而阻却违法的事由。另一方面,对某种法益的损害是保护另一法益所必需的手段时,对相关法益(所保护的法益与所损害的法益)进行衡量(法益衡量),在整体上的评价结论是,所保护的法益与所损害的法益相等或者优于所损害的法益时,便阻却行为的违法性(同等利益、优越利益的保护)。典型的是,正当防卫、紧急避险以及自救行为等。

法益性阙如的情形,也可能被认为阻却构成要件符合性。因为构成要件原本就是对"引起法益侵害或者危险"的违法行为的类型化。既然不存在值得保护的法益,就可以认为行为不符合构成要件。例如,盗窃罪的成立,以转移财物占有的行为违反被害人的意志为前提,如果被害人同意将财物转移给行为人占有,行为人的行为就不可能符合盗窃罪的构成要件。再如,经妇女真实同意而与之性交的行为,不可能符合强奸罪的构成要件。在此意义上说,法益性阙如时,不仅阻却违法性,而且阻却构成要件符合性。不过,在这样的场合,因为不可能形成刑事案件,一般不会进行构成要件符合性的判断。当行为人客观上损害了被害人的利益,而该利益又不值得保护时,仍然有可能认为该行为符合构成要件,只是阻却违法性。例如,甲毁坏了乙价值数十万元的财物,但该毁坏行为征得了乙的同意。在这样的场合,仍然可以说,甲的行为虽然符合故意毁坏财物罪的构成要件,但由于乙放弃了自己的利益(不需要刑法保护),故阻却行为的违法性。不难看出,在法益性阙如的场合,既可能认为阻却构成要件符合性,也可能认为阻却违法性。本书虽然主张对构成要件进行实质解释,但由于构成要件符合性的判断是一种类型性的判断,上述甲的行为客观上的确毁坏了乙的财物,所以,将上述征得乙同意的行为作为违法阻却事由处理。

法益衡量的情形,没有争议地被认为是违法阻却事由。对此,有几点需要说明:第一,法益衡量以法益之间的冲突为前提。法益冲突不仅存在于事实关系中,而且存在于规范关系中。例如,为了避免洪水造成多数人伤亡,而不得已采取淹没农田的分洪措施(紧急避险),可谓事实关系中的法益冲突。再如,甲在对乙实施不法侵害时,虽然与第三者丙不存在冲突关系,但是,当丙基于规范的允许性对甲进行正当防卫时,则应当认为丙与甲存在规范关系中的法益冲突。第二,当行为保护的法益大于(优越于)所损害的法益时,法益衡量的结论必然是阻却违法性。不仅如此,当行为保护的法益等于所损害的法益时,意味着没有造成法益侵害,同样阻却违法性。第三,法益衡量并不意味着仅考虑行为的结果、法益的价值,而是主张同时考虑事态的紧迫性、行为的必要性。因为法益必须尽可能受到保护,在事态并不紧迫,或者存在其他侵害性更低的替代手段时,原则上不应当采取符合构成要件的行为。第四,如后所述,虽然在正当防卫情况下,即使防卫行为所造成的损害似乎大于所避免的损害,也可能阻却违法性,但并不能由此否认法益衡量说。换言之,在正当防卫的场合,如果综合考虑各种因素,防卫行为所造成的损害并没有大于所避免的损害。

三、主观的正当化要素

主观的正当化要素,意味着由于存在正当化的认识、意思,而使行为正当化的要素。

---

〔171〕 虽然不是法益性的阙如,而是法益性的减少,但如果减少后该法益不值得刑法保护时,也可能属于违法阻却事由。

具体来说,正当防卫时的防卫意识、紧急避险时的避险意识,就是主观的正当化要素。但是,正当化事由的成立,是否以行为人主观上具有正当化要素为前提,存在争论。

行为无价值论肯定主观的正当化要素。基本理由是,一种行为只有在既不存在行为无价值,也不存在结果无价值时,才是合法的。行为人以犯罪故意实施的行为符合正当防卫、紧急避险的客观条件时(如后述偶然防卫),至少存在行为无价值,所以不能正当化。例如,井田良教授指出:"如果对通常的积极的构成要件要素缺乏故意,就不能认定存在故意犯的严重的规范违反性;与此完全相同,就作为消极的构成要件要素的违法阻却事由而言,为了看到与之相应的法的效果,也必须将其纳入行为人的认识、行为人的实现意思中。倘若认为违法阻却事由也属于行为规范,那么,如果不是认识到属于违法阻却事由的事实而实施行为,就不能阻却行为不法。即使行为人没有认识到这种事实而偶然地造成了正当化的结果,也仅因为行为人主观上纯然的规范违反的事实,就可以肯定其故意的规范违反性。倘若行为人对违法阻却事由没有认识,仅仅因为客观上实现了正当化事情,就否定其规范违反性,那么,行为不法的有无,就由对行为人而言属于偶然的事项来左右,因而不可能期待通过给予制裁产生规范维持的效果(亦即,从一般预防的观点来看是逆机能的)。"〔172〕

本书否认主观的正当化要素。当一种行为客观上没有侵犯法益,或者在损害法益的同时保护了另一同等或者更为优越的法益时,这种行为便没有违法性。即使行为人在实施这种行为时具有犯罪的故意,也不能仅仅根据其故意内容认定犯罪,否则便是主观归罪。即使认为故意是主观的违法要素,但故意的违法性以客观行为的违法性为前提,仅有故意不能肯定违法性的存在。如果将故意的规范违反性作为处罚根据,就意味着犯意本身成为处罚根据,这显然不合适。换言之,基于事后的判断,如果没有发生违法结果的危险性,客观上又存在正当化事实时,因为缺乏法益侵害及其危险,便阻却行为的违法性。行为不法的程度可能由偶然的事项来左右(如犯罪未遂),同样,行为不法的有无由偶然的事项来左右也并非不可能。诚然,刑法关于违法阻却事由的规定也可能属于行为规范,但是,这种行为规范并不是禁止规范与命令规范,只是允许性规范。亦即,正当防卫的规定告诉一般人,面对正在进行的不法侵害时可以进行正当防卫,而不是禁止或者命令一般人进行正当防卫。一个人碰巧做了法律上允许的事情时,即使他不知道该事情被法律所允许,或者不知道该事情的真相,也不应当以其主观内容为根据否认其行为被法律所允许。

四、违法阻却事由的分类

要对违法阻却事由进行分类,首先必须明确哪些事由是违法阻却事由,哪些事由是责任阻却事由(消极的责任要素)。一般来说,二者是容易区分的,存在争议的是紧急避险。应当认为,紧急避险既可能是违法阻却事由,也可能是责任阻却事由,但我国刑法没有明文区分这两种情形,故本书在本章一并探讨紧急避险。

刑法理论可以根据不同的标准对违法阻却事由进行不同的分类。例如,依照违法阻却的根据,可以将违法阻却事由分为基于法益性阙如(不法阙如)原理的违法阻却事由与基于优越的利益原理(法益衡量)的违法阻却事由。前者如基于被害人的承诺的行为、基

---

〔172〕 [日]井田良:《刑法总论的理论构造》,成文堂2005年版,第140页。

于推定的承诺的行为等,后者如正当防卫、紧急避险。根据违法阻却事由是否具有刑法的明文规定,可以将违法阻却事由区分为法定的违法阻却事由与超法规的违法阻却事由。前者如正当防卫、紧急避险;后者如基于推定的承诺的行为。

我国刑法明文规定了正当防卫、紧急避险两种违法阻却事由,但除此之外,事实上还存在其他公认的违法阻却事由。例如,被害人的承诺、推定的承诺、假定的承诺、自损行为等,虽然没有刑法的明文规定,但属于因法益性的阙如阻却违法的事由(也可以说是基于自己决定权的违法阻却事由);再如,法令行为、正当业务行为、治疗行为、自救行为、义务冲突等,虽然也没有刑法的明文规定,但属于基于法益衡量阻却违法的事由。以下先论述刑法明文规定的正当防卫与紧急避险,然后分别论述其他因法益性的阙如阻却违法的事由和基于法益衡量阻却违法的事由。

第二款 正 当 防 卫

一、正当防卫概述

根据刑法第20条的规定,正当防卫,是指为了保护国家、公共利益、本人或者他人的人身、财产和其他权利免受正在进行的不法侵害,采取对不法侵害人造成或者可能造成损害的方法,[173]制止不法侵害的行为。正当防卫分为两种:一般正当防卫(刑法第20条第1款)与特殊正当防卫(刑法第20条第3款)。后者是针对正在进行的严重危及人身安全的暴力犯罪所进行的防卫,不存在防卫过当的问题;前者是针对正在进行的其他不法侵害所进行的防卫,具有防卫限度因而存在防卫过当的问题。

刑法第20条规定,正当防卫"不负刑事责任"。显然,这里的不负刑事责任,并不是指正当防卫行为违法但不具备有责性。换言之,上述"刑事责任"是指作为犯罪法律后果的刑事责任,而不是指作为犯罪成立条件的有责性(责任)。

正当防卫的特点是制止正在进行的不法侵害、保护法益,处理与正当防卫有关的一切问题时,都要把握这一特点。单纯从正当防卫行为损害了不法侵害者的利益这一点来看,正当防卫符合某些犯罪的构成要件,但是,正当防卫保护了更为优越(至少同等)的法益,刑法也明文允许正当防卫,所以,正当防卫既不具备形式违法性,也不具备实质违法性。

由于正当防卫的成立不以其造成的损害小于所避免的损害为前提,所以,刑法理论一直讨论正当防卫的正当化根据。换言之,为什么防卫行为造成的损害大于所避免的损害时,也不违法?德国的通说以个人的保全与法的确证两个原理来说明。个人的保全原理,是指法律允许个人采取各种必要的防卫性保护措施,或者说,受到不法侵害行为攻击的人可以采取必要手段保全自己。据此,个人受到不法侵害行为攻击时,没有退避义务。法的确证原理,是指对不法侵害的防卫,可以实现"法的恢复"(维护"法"本身,表明不法侵害行为被法所禁止),使国民的规范意识得以维持和强化或者抑制不法行为。[174]

本书难以赞成德国的通说。个人的保全虽然具有一定的合理性,但与我国刑法的规

---

〔173〕 不法侵害正在进行时,通过造成不法侵害者的身体伤害从而制止不法侵害的,当然是正当防卫;与此同时,防卫人面临重大侵害时,向不法侵害人开枪但没有打中的行为,也是正当防卫。

〔174〕 参见张明楷:《外国刑法纲要》,清华大学出版社2007年第2版,第155页以下。

定不相符合。因为个人的保全原理意味着不能针对侵害公法益的行为进行防卫,而我国刑法允许为了国家利益、公共利益进行防卫。法的确证原理实际上将正当防卫作为对不法行为的报应与一般预防的手段。可是,正当防卫在性质上与适用条件上并不同于刑罚措施(如刑罚以行为人具有责任为前提,但正当防卫并不以不法侵害者具有责任为前提)。

在本书看来,正当防卫的正当化根据依然是法益衡量说。一方面,如果防卫行为所造成的损害与不法侵害可能造成的损害悬殊,无论如何也不能认定为正当防卫,如为了保护笼中一鸟而杀害盗窃犯的,不管具有多大的必要性也不得认定为正当防卫。这是法益衡量决定的。另一方面,正当防卫是在紧急状态下实施的行为,在面临紧迫的不法侵害的情况下,防卫人没有退避的义务(具有在现场自由活动的权利),因为“正当没有必要向不正当让步”;不法侵害者的法益虽然没有被完全否定(并非法益性的阙如),但在正与不正的冲突中只能通过损害不法侵害者的利益来解决冲突,故不法侵害者利益的保护价值在防卫的必要限度内被否认(法益性的减少或者保护性的降低),于是,应受保护的法益优越于不法侵害者的利益(也可以说,不法侵害者的利益实质上受到了缩小评价)。此外,在事实上,不法侵害人不仅侵害了其原本正在侵害的法益,而且通常都会针对防卫行为本身实施新的侵害行为。如果考虑到不法侵害人的双重侵害,防卫人在正当防卫限度内所造成的损害,并没有大于不法侵害人所造成的侵害。概言之,如果全面地进行综合判断,正当防卫所造成的损害并不大于其所避免的损害;人们通常所说的“正当防卫所造成的损害大于所避免的损害”只是一种表面现象。所以,正当防卫的正当化根据依然可以用优越的利益原理来说明。

二、一般正当防卫

(一)正当防卫的条件

公民在进行正当防卫的时候,不得不当地损害其他法益,否则就会造成新的不法侵害。因此,实施正当防卫必须符合一定条件。

1. 必须存在现实的不法侵害行为

正当防卫以存在现实的不法侵害为前提。现实的不法侵害,是正当防卫的起因条件。

(1)不法性

不法侵害的“不法”即违反法律,但与刑法理论上的符合构成要件且违法意义上的“不法”,不是等同概念。可以认为,不法侵害既包括犯罪行为,也包括其他一般违法行为,但又不是泛指一切违法犯罪行为。首先,不法侵害包括犯罪行为与其他一般违法行为。因为犯罪行为与其他一般违法行为都是侵犯法益的行为,而法益都受法律保护,没有理由禁止公民对其他一般违法行为进行正当防卫;公民在面临其他一般违法行为时,事实上也可能需要进行正当防卫;在紧急情况下,公民难以甚至不可能区分不法侵害是犯罪行为还是其他一般违法行为,将不法侵害限于犯罪行为,就不利于公民进行正当防卫;刑法使用了“不法”一词,而没有使用“犯罪”概念,表明对其他一般违法行为可以进行防卫。其次,并非对任何违法犯罪行为都可以进行防卫,只是对那些具有攻击性、破坏性、紧迫性、持续性的不法侵害,在采取正当防卫可以减轻或者避免法益侵害结果的情况下,才宜进行正当防卫。例如,对于不履行合同的民事违法行为,不应进行正当防卫。再如,假冒注册商标罪、重婚罪、贿赂罪等虽然是犯罪行为,却不能对之进行正当防卫。基于同样的理由，对于单位犯罪本身一般不能进行正当防卫（当然也有例外）。此外，对于轻微的不法侵害，对于处于被保护、被监护地位的人的一般不法侵害，对于非暴力的敲诈勒索行为，对于自己所引发的一般侵害行为，不宜实行正当防卫。在此意义上说，正当防卫以必要性为前提。

对合法行为不得进行正当防卫是不言而喻的。因此，对正当防卫、紧急避险（除有特别的说明外，指阻却违法的紧急避险）行为不能实行正当防卫。诚然，紧急避险在民事上可能产生损害赔偿义务，故也可能认为在民事上是违法的，但不能据此认为对紧急避险也可以实行正当防卫。否则，刑法上的不法评价就自相矛盾。所以，正当防卫所针对的不法侵害虽然不以违反刑法为必要，但不包括在刑法上阻却违法的行为。

对于未达到法定年龄、不具有责任能力的人的侵害，能否实施正当防卫，是我国刑法理论颇有争议的问题。我国刑法规定对"不法"侵害可以进行正当防卫，但传统的犯罪论体系采取了主观的违法性论，导致不法侵害只能是达到法定年龄、具有责任能力的人在故意或过失心理支配下实施的不法侵害。然而，如果说被侵害人在面临客观侵害时，只能退避不能防卫，则违反正当防卫的本旨；如果说对未达到法定年龄、不具有责任能力的人的侵害行为，可以进行正当防卫，则似乎与我国传统的违法性观念不相符合；如果说对未达到法定年龄、不具有责任能力的人的侵害，在不知道侵害人的身份或者不得已的情况下进行反击的，应当认定为正当防卫，则仍然意味着对客观的侵害行为可以进行正当防卫。如果说在一般情况下应要求不法侵害人达到法定年龄、具有责任能力与故意、过失，但对正当防卫前提的"不法侵害"却不要求不法侵害人达到法定年龄、具有责任能力与故意、过失，则需要说明理由。显然，造成这种局面与犯罪论体系有关。

本书采取客观的违法性论，认为未达到法定年龄、不具有责任能力的人的法益侵害行为同样属于不法侵害，应当允许对其进行正当防卫。另一方面，正当防卫并非对不法侵害行为的制裁，而是针对不法侵害所采取的法益保护手段，故不能像制裁犯罪与其他一般违法行为那样，要求正当防卫所针对的不法侵害同时具备有责性。不过，由于法益应当尽可能受到全面保护，在对未达到法定年龄、无责任能力的人的不法侵害采取回避措施并不存在特别负担的情况下，不宜进行正当防卫。换言之，面对未达到法定年龄、无责任能力的人的不法侵害时，对防卫行为应当予以限制，虽然不要求只能在不得已的情况才进行防卫，但应尽量限制在必要的场合。

对于过失乃至无过失的不法侵害能否进行正当防卫，也是刑法理论争论的问题。本书认为，不法侵害不限于故意的不法侵害，对于过失的不法侵害，只要符合其他条件的，也可以进行正当防卫。诚然，过失行为只有造成了侵害结果时才成立犯罪，过失犯罪成立之时，也是不法侵害结束之时，似乎不能对其进行正当防卫。然而，过失犯罪也有实行行为，实行行为与结果的发生之间会有时间上的间隔；虽然行为人在实施过失行为时没有预见结果发生或者虽然已经预见但轻信能够避免，但有些过失行为在客观上包含着造成结果的极大可能性甚至必然性。在这种情况下，没有理由禁止正当防卫。[175]　同样，对于无过

---

〔175〕 例如，聋哑人甲在狩猎时，误将前方的 A 当做野兽正在瞄准即将射击；与甲一同狩猎、处在甲身后较远处的乙发现了甲的行为，于是向甲开枪，打伤其胳膊，保护了 A 的生命。本书认为，对乙的行为应评价为正当防卫。再如，对假想防卫也可以进行正当防卫。

失的不法侵害行为,符合其他条件的,也可以进行正当防卫。例如,甲利用无过失的乙实施紧迫的不法侵害行为时,对乙可以实施正当防卫。概言之,根据结果无价值论的观点,故意、过失只是责任要素,而不是违法要素,所以,即使是没有故意、过失的法益侵害行为,也是不法侵害,受侵害者或者第三者当然可以进行正当防卫。至于是否存在防卫的必要以及如何确定防卫的限度,则是另外的问题。

行为无价值论将故意、过失作为违法要素,倘若认为作为正当防卫对象的不法侵害不必具有故意与过失,则与行为无价值论的基本立场相矛盾。所以,部分行为无价值论者指出:"在人的无过失行为或者不能称为行为的动作、不动作产生危险时,应当认为,对此人的反击只能以通常的紧急避险予以正当化。"[176] 据此,一方面,当侵害者没有故意、过失时,受侵害者具有退避义务。如果在可以退避的条件下对侵害者进行反击,就是违法的。另一方面,如果受侵害者在不得已的情形下对侵害者进行反击,即使在刑法上阻却违法,但由于紧急避险是正对正的冲突,受侵害者也要承担民事赔偿责任。但是,这两个结论都存在疑问。受侵害者即使面临的是没有故意、过失的客观侵害,也没有退避义务。受侵害者对侵害者的反击,只要没有超过必要限度,就不应当承担民事赔偿义务。

(2)侵害性

作为防卫对象的侵害,一般是指对法益的威胁。[177] 即只有当行为威胁法益时,才能对之进行正当防卫。

对于侵害公法益的行为能否进行正当防卫,在国外存在争议。可以肯定的是,如果对公法益的侵害同时侵害了个人法益时,是允许进行正当防卫的。例如,允许任何目击者对露阴行为进行正当防卫,是因为公然猥亵行为侵犯了个人的性的羞耻心。再如,为了防止国家财产被盗窃或者被毁坏,可以实施正当防卫。但对于没有同时侵害个人法益的行为能否进行正当防卫,则说法不一。有人认为,对公共秩序以及整体法秩序的侵害,只能由国家及其机关防卫,而不能由个人防卫。有人指出,如果在公民没有保护个人利益的需要时也允许正当防卫,正当防卫给社会秩序造成的损害会大于其益处。有人提出,在有限的范围内,可以为保护公法益进行防卫。例如,对于妨害司法或者私放罪犯的行为,可以进行正当防卫。[178] 我国刑法明文规定可以为了保护公共的法益而进行正当防卫,但本书认为,在国家机关能够及时有效保护公法益的情况下,公民没有必要也不应当进行防卫。否则,反而不利于保护法益。

不法侵害不限于作为的不法侵害。对于不作为的不法侵害,如果只能由不作为人履行义务的,也可以进行正当防卫。例如,对进入自己的住宅、要求其退出而拒不退出的人,使用强力将其推出门外,导致其受轻伤的行为,成立正当防卫。再如,父亲见幼女落入水中,有能力救助却不救助,他人使用暴力、胁迫手段迫使父亲救助幼女的,成立正当防卫。又如,路人使用暴力、胁迫手段强制撞伤他人且准备逃逸的司机将被害人送往医院抢救。

对自己招致的不法侵害能否进行正当防卫,也需要讨论。如后所述,防卫挑拨不成立正当防卫。而且,以不法行为引起对方的侵害行为时,对方的侵害行为本身可能构成正当

---

〔176〕 [日]井田良:《刑法总论的理论构造》,成文堂2005年版,第168~169页。

〔177〕 侵害与威胁具有相对性。在不法行为已经致人死亡的情况下,显然不能防卫;但在杀人行为已经造成身体伤害却仍然对生命存在威胁的情况下,可以进行防卫。

〔178〕 参见张明楷:《外国刑法纲要》,清华大学出版社2007年第2版,第162页。

防卫,对正当防卫不能再进行正当防卫。但是,如果轻微过失甚至无过错地引起了对方的侵害,或者预想只会引起对方的轻微反击,对方却对重大法益进行侵害时,仍有实行正当防卫的余地。

在野生动物侵害法益时,理当可以进行反击,但不属于正当防卫,可能成立紧急避险;[179]在饲主唆使其饲养的动物侵害他人的情况下,动物是饲主进行不法侵害的工具,打死打伤该动物的,属于以造成不法侵害人财产损失的方法进行正当防卫。基于同样的理由,如果由于饲主的过失行为导致动物侵害他人,打死打伤该动物的行为,也成立正当防卫。问题是,动物自发地侵害他人,饲主对此没有过失时,能否进行正当防卫?这便是所谓(狭义的)对物防卫问题。部分行为无价值论者,因为主张故意、过失是违法要素,否认物是违法主体,因而否认对物防卫。但是,法律不可能认为,在动物侵害人的生命、身体时,人只能忍受。所以,这些学者主张对动物的反击成立紧急避险。[180] 按理说,国民在面对人的侵害与面对动物的侵害时,对于后者的反击理当更容易成立违法阻却事由。然而,主张成立紧急避险的观点却相反:针对人的侵害行为可以实施条件较为缓和的正当防卫;而针对动物的侵害只能进行条件更为严格的紧急避险。这显然难以被人接受。正因为如此,部分行为无价值论者不得不承认对物防卫。[181] 有的行为无价值论者认为对物防卫属于民法规定的防御性紧急避险,所以在刑法上阻却违法。[182] 本来,既然最终承认对物防卫是刑法上的违法阻却事由,就应当直接在刑法上寻找根据。但是,这种观点采取了奇怪的逻辑:刑法不承认对物防卫是违法阻却事由,但民法承认,所以将民法承认的违法阻却事由适用于刑法。结果无价值论者承认对物防卫是正当防卫或者准正当防卫。这不仅与其客观的违法论相协调,而且避免了将对物防卫认定为紧急避险造成的法秩序冲突。依照我国刑法的规定,正当防卫只能针对"不法侵害人"。但是,根据客观违法论的立场,在动物自发侵害他人时,即使管理者(如饲主等)主观上没有过失,也是其客观疏忽行为所致,仍应认为管理者存在客观的侵害行为(不作为),打死打伤该动物的行为,属于对管理者的正当防卫。

(3)现实性

不法侵害必须是现实存在的。客观上并无不法侵害,但行为人误认为存在不法侵害,因而进行所谓防卫的,属于假想防卫。假想防卫不是正当防卫,符合过失成立条件的,以过失犯罪论处;如果没有过失,则按意外事件处理。至于故意针对合法行为进行"反击"的,则不是假想防卫,而是故意的犯罪行为(如不构成犯罪,则是故意的一般违法行为)。

2. 不法侵害必须正在进行(紧迫性)

不法侵害正在进行时,才令法益处于紧迫的危险之中,从而使防卫行为成为保护法益的必要手段。不法侵害正在进行,是指不法侵害已经开始且尚未结束。

关于不法侵害的开始时间,刑法理论上有进入侵害现场说、着手说、直接面临说与综

---

〔179〕 这里也存在限度问题,例如,在国家保护的珍贵野生动物侵害较小法益时,仍然需要进行法益衡量。

〔180〕 参见[日]福田平:《全订刑法总论》,有斐阁2001年第3版,第153页;周光权:《刑法总论》,中国人民大学出版社2016年第3版,第200页。

〔181〕 参见[日]大塚仁:《刑法概说(总论)》,有斐阁2008年第4版,第384页。

〔182〕 参见[日]井田良:《刑法总论的理论构造》,成文堂2005年版,第168页。

合说(一般以着手为标准判断,特殊情况以直接面临为标准判断)。[183] 首先,进入侵害现场说存在缺陷,因为进入侵害现场,并不意味着法益已经受到紧迫威胁。其次,在通常情况下,着手说与直接面临说并无明显区别。可以肯定的是,如果不法侵害人已经着手实行不法侵害,就应当认定不法侵害正在进行。然而,所谓"在不法侵害的现实威胁十分明显、紧迫,待其着手实行后来不及减轻或者避免结果时,也应认为不法侵害已经开始"的直接面临说,通常情况下也可以归入着手说。这是因为,既然现实威胁十分明显、紧迫,就表明不法侵害已经着手。最后,综合说实际上是综合各种情况判断法益是否面临紧迫危险。不难看出,着手说、直接面临说与综合说在通常情况下是没有明显区别的学说。但是,由于着手是相对于具体犯罪而言,而直接面临是相对于被害人面临的危险而言,在一些情况下,直接面临说与着手说的结论可能存在差异。对此,应当根据正当防卫的目的与正当化根据进行判断。例如,刑法理论一般认为,在持枪杀人案件中,瞄准被害人时就是杀人的着手。但是,当不法侵害者为了杀人而拿出手枪时,就可以进行防卫,而不是等到瞄准时才能防卫,否则就不能达到正当防卫的目的。就这种特殊案件而言,应当采取直接面临说。[184] 不过,应当注意的是,对不法侵害者拿出手枪的行为进行防卫,与对不法侵害者正在开枪射击的行为进行防卫,在必要限度上可能存在差异。对此虽然不能绝对化,但需要根据具体情况进行判断。一般来说,对预备行为不能进行正当防卫,但值得注意的是,甲罪的预备行为,可能是乙罪的实行行为。在这种情况下,应当认为乙罪的不法侵害已经开始,可以进行正当防卫。例如,为了杀人而侵入他人住宅的,在不法侵害人开始侵入他人住宅时,就可以针对已经开始的不法侵入住宅的行为进行正当防卫(不是针对杀人行为的防卫)。

关于不法侵害的结束时间,刑法理论上也有不同观点。有人认为,已经形成了结果时就是结束时间;[185] 有人认为,排除了不法侵害的客观危险时就是结束时间;[186] 有人认为,不法侵害被制止时就是结束时间;[187] 有人认为,对不法侵害的结束时间应具体情况具体分析,没有统一标准。[188] 本书认为,不法侵害已经结束,是指法益不再处于紧迫、现实的侵害或威胁之中,或者说不法侵害行为已经不可能(继续)侵害或者威胁法益;不法侵害已经结束与犯罪既遂不是等同概念。(1)在即成犯的情况下,不法侵害已经结束,是指不法侵害行为已经结束,主要表现为以下几种情况:不法侵害人已被制伏,不法侵害人已经丧失了侵害能力,不法侵害人已经自动中止了不法侵害,不法侵害人已经逃离现场,不法侵害已经造成了侵害结果并且不可能继续造成更严重的结果;等等。(2)在财产性不法侵害(状态犯)的情况下,行为虽然已经既遂(结束),但不法侵害状态依然存在,在现场还来得及挽回损失的,应当认为不法侵害尚未结束,可以实行正当防卫。[189] 换言之,不法侵害财产的行为人,在被当场发现并同时受到追捕时,其不法侵害行为一直延续到其将所取

〔183〕 参见赵秉志主编:《刑法争议问题研究》(上卷),河南人民出版社1996年版,第525页以下。
〔184〕 如果认为拿出手枪时就是杀人的着手,则直接面临说与着手说也没有差异。
〔185〕 参见高格:《正当防卫与紧急避险》,福建人民出版社1985年版,第29页。
〔186〕 参见陈兴良:《正当防卫论》,中国人民大学出版社2006年第2版,第102页以下。
〔187〕 参见周国均、刘根菊:《正当防卫的理论与实践》,中国政法大学出版社1988年版,第62页。
〔188〕 参见姜伟:《正当防卫》,法律出版社1988年版,第71页以下。
〔189〕 在这种场合,或许可以认为,不法侵害正在进行,既包括不法侵害行为正在进行,也包括不法侵害状态正在进行。

得的财物藏匿至安全场所为止；在此之前，追捕者可以使用强力将财物取回。[190] 例如，抢劫犯使用暴力强取财物后，抢劫罪虽已既遂，但在当场对抢劫犯予以暴力反击夺回财物的，属于正当防卫。但是，这并不意味着可以将不法侵害已经结束笼统解释为不法侵害状态已经结束。例如，不法侵害人已经离开现场将财物转移到自己家中后，就不可能针对其前面的盗窃行为进行正当防卫。[191] （3）不法侵害属于持续犯时，只要行为仍在持续，不法侵害就没有结束，因而在持续过程中均可进行正当防卫。（4）在隔时犯的场合，即使客观行为已经实施终了，但只要结果还没有发生，就有可能进行正当防卫。例如，对于已经安置了定时炸弹的人，可以通过防卫行为迫使其说出炸弹的准确位置或者解除炸弹装置。[192] （5）在不法侵害表现为不作为的场合，只要不法侵害者履行义务就能够避免或者减轻结果的发生，便可以通过正当防卫迫使不法侵害者履行义务。

关于不法侵害正在进行的认定，除了掌握不法侵害的开始时间与结束时间外，还应注意以下几点：（1）在某种法益已经受到了侵害的情况下，如果其他法益仍然面临着不法侵害的危险，应当认为不法侵害正在进行，可以进行正当防卫。（2）在连续进行的不法侵害过程中，即使表面上某段时间停止了不法侵害，但从整体上看侵害行为正在进行时，仍然可以进行正当防卫。例如，三名不法侵害人以暴力轮奸妇女，其中一名侵害人奸淫后，因为担心被他人发现，三名不法侵害人强行将被害人带往另一地点，欲继续实施侵害行为。在不法侵害人将被害人带往另一地点期间，被害人与第三者均可以针对强奸行为进行正当防卫。（3）防卫人是否预见到不法侵害的发生，以及防卫人事先是否准备或者携带了某种可用于防卫的工具，不影响不法侵害正在进行的认定；换言之，只要是客观上正在进行的不法侵害，不管防卫人事先是否已经预见，事先是否做好防卫准备，都可以进行正当防卫。因为不法侵害行为的紧迫性，是一种客观事实，并不取决于防卫人是否已经预见与是否准备防卫工具。

需要研究的是，设立防卫装置防卫将来可能发生的不法侵害的，是否属于正当防卫？本书认为，行为人在安装时，尚不存在现实的不法侵害，当然不是正当防卫；设立后，没有遇到不法侵害，防卫装置没有起到制止不法侵害的作用时，也不是正当防卫；设立后，由于某种特殊原因损害了无辜者的合法权益的，同样不是正当防卫。但是，设立防卫装置后，遇到了正在进行的不法侵害，该装置针对正在进行的不法侵害发挥了作用、制止了不法侵害，并且没有超过必要限度时，就应认为是正当防卫。当然，设立防卫装置的行为所造成的风险应由设立者承担。例如，防卫装置导致无辜者伤亡的，行为人应承担相应的刑事责任。

在不法侵害尚未开始或者已经结束时进行所谓“防卫”的，称为防卫不适时。防卫不适时包括事前加害与事后加害两种情形。传统观点认为对防卫不适时应以故意犯罪论处。然而，防卫不适时并不限于明知不法侵害尚未开始或已经结束而进行“防卫”的情

---

〔190〕 参见［德］卡尔·拉伦茨：《德国民法通论》（上册），王晓晔等译，法律出版社2003年版，第361页。

〔191〕 如果所有权人知道真情后要求不法侵害者退回财物，不法侵害者拒不退回财物的，即使认为可以进行正当防卫（根据本书观点，只能判断是否成立自救行为），也只是针对不退回财物的不作为进行防卫，而不是针对先前的盗窃行为进行正当防卫。

〔192〕 对此，也可以用另一原理说明。亦即，在作为方式的不法行为已经结束，但因此产生了作为义务，不作为方式的不法侵害正在进行时，也有正当防卫的余地。

况,还包括对不法侵害尚未开始或已经结束,应当预见但因为疏忽大意而没有预见以及完全不能预见的情况,因此,对于防卫不适时,可能分三种情况处理:一是故意犯罪,即明知不法侵害尚未开始或已经结束,而故意对不法侵害人造成侵害;二是过失犯罪,应当预见不法侵害尚未开始或者已经结束,因为疏忽大意而没有预见,对不法侵害人造成侵害;三是意外事件,客观上不能预见不法侵害尚未开始或者已经结束,因而对不法侵害人造成损害。

应当指出的是,在不法侵害虽然已经结束,但不法侵害结束后的防卫行为与结束前的防卫行为属于一体化的防卫行为时,不应认定为防卫不适时。如果没有超过必要限度的,应认定为正当防卫;如果超过了必要限度,应认定为防卫过当。首先,对于防卫人而言,判断不法侵害是否已经结束,在许多情况下是一件相当困难的事情。例如,有的不法侵害人表面上停止了不法侵害,实际上是在伺机进行更严重的不法侵害。由于这样的现象屡见不鲜,所以,不能要求防卫人随时停止防卫行为。其次,基于对不法侵害行为的愤怒等原因,在不法侵害结束后的短暂时间内持续实施防卫行为,可谓人之常情,法律不能对防卫人提出苛刻的要求。如果对此一概以故意犯罪论处,明显不利于保护防卫人的利益,也不符合常理。最后,防卫人基于一个行为意志发动的防卫行为,只要在客观上具有持续性或者连续性,就可以评价为一体化的防卫行为,而不应当进行人为的分割。如果将在不法侵害结束后的防卫行为独立地认定为故意犯罪,明显不利于防卫人进行正当防卫。所以,本书主张,对于在不法侵害结束后短暂时间内实施的一体化的防卫行为,不应认定为独立的犯罪,充其量只能认定为防卫过当(量的过当)。至于是否属于一体化的防卫行为,则应根据不法侵害人的表现、防卫行为的样态或方式,防卫人的意思等方面进行判断。例如,乙持铁棒对甲实施不法侵害,甲为了保护自己的身体而持刀砍乙,在乙受伤倒地后,甲继续用刀砍乙,导致乙死亡。由于甲的防卫行为样态、行为意思具有连续性与同一性,宜认定为一体化的防卫行为。但由于造成了不应有的损害,应认定为防卫过当,而不能认定为独立的普通故意杀人罪。[193] 在不能查明过当结果是由哪一行为造成时,更应当认定为防卫过当。

3. 关于防卫意识(主观的正当化要素)

现实的不法侵害正在进行时,就可以实施正当防卫。但我国传统的刑法理论认为,具有防卫意识(所谓主观的合法性要素)时,才可能成立正当防卫。

一般来说,防卫意识包括防卫认识与防卫意志。防卫认识,是指防卫人认识到不法侵害正在进行;防卫意志,是指防卫人出于保护国家、公共利益、本人或者他人的人身、财产和其他权利免受正在进行的不法侵害的目的。但是,防卫意识的重点在于防卫认识。换言之,只要行为人认识到自己的行为是与正在进行的不法侵害相对抗,就应认为具有防卫意识。这样理解,有利于将基于兴奋、愤怒等进行的防卫行为认定为正当防卫。

然而,尽管国外刑法一般对正当防卫规定了“为了排除……”或者“为了保护……”等主观要素,事实上,绝大多数防卫人都具有防卫意识,但刑法理论上对防卫意识是否必要

---

〔193〕 日本刑法理论的通说与判例认为,不法侵害结束后,防卫人继续反击的行为属于“量的过当”,作为防卫过当处理,适用刑法有关减免处罚的规定(参见[日]西田典之:《刑法总论》,弘文堂2010年第2版,第178页以下)。

存在激烈争论。必要说认为,行为是主观与客观的统一体,防卫行为亦如此,如果没有防卫意识就不成立正当防卫。换言之,一个行为只有在既不存在行为无价值,也不存在结果无价值时,才是合法的。例如,行为人以犯罪故意实施的行为符合正当防卫的客观条件时(偶然防卫),至少存在行为无价值,所以不能正当化。不要说则认为,只要行为符合正当防卫的客观条件,即使行为人没有防卫意识,其行为客观上也保护了法益免受不法侵害;既然如此,该行为就缺乏违法性的根据(法益侵害),不具有违法性。在本书看来,认为只有主客观相一致的正当行为才排除犯罪的成立的说法,存在疑问。首先,成立犯罪要求所谓主客观相一致,并不意味着不成立犯罪的行为也必须主客观相一致;只要不符合犯罪成立条件,就不成立犯罪,至于它是否主客观相一致,则不应在考虑之列。当行为符合正当防卫的客观条件而行为人没有防卫意识时,客观行为并没有违反法规范,因而缺乏行为无价值(充其量只有所谓"心情无价值")。其次,退一步而言,即使将防卫意识视为正当防卫的条件,充其量也只能说不具有防卫意识的行为不成立正当防卫,而不能直接得出该行为成立犯罪的结论。例如,如果要求防卫意识,那么,当不法侵害者夜间潜入被害妇女的房间实施盗窃行为时,被害妇女以为不法侵害者意欲对自己实施强奸行为而进行反击时,也可能认为被害妇女存在认识错误,影响正当防卫的认定。最后,对刑法第20条中的"为了保护……"的表述,可以理解为正当防卫是客观上排除不法侵害或者保护法益的行为。换言之,应当将"为了保护……"理解为表示客观原因的表述。[194]

与此相关的是防卫挑拨、相互斗殴、偶然防卫问题。

防卫挑拨,是指为了侵害对方,故意引起对方对自己进行侵害,然后以正当防卫为借口,给对方造成侵害的行为。这种行为之所以成立故意犯罪,不仅因为其主观上具有犯罪故意,而且因为其行为起先引起了对方的攻击行为,后来又造成了法益侵害事实。况且,挑拨行为往往本身就是不法侵害,是行为人的犯罪行为的一部分;防卫行为在客观上是一种避免法益受到侵害的行为,故防卫挑拨在客观上就不属于防卫行为。此外,对方的攻击行为大多属于正当防卫,对正当防卫当然不能再进行正当防卫。[195] 可见,防卫挑拨并非仅仅由于行为人不具有防卫意识而成立故意犯罪。[196]

相互斗殴,是指双方以侵害对方身体的意图进行相互攻击的行为,相互斗殴的双方都不是正当防卫。一方面,在相互斗殴中,由于相互同意他人的殴打,因而对方的殴打行为是基于承诺的行为(参见本节第四款),不具有侵害对方人身法益的违法性,故任何一方都不是针对不法侵害所实施的正当防卫。换言之,相互斗殴不成立正当防卫,并非因为双方缺乏防卫意识。另一方面,在相互斗殴中,双方的行为在客观上都不是制止不法侵害、保护法益的行为,故不成立正当防卫。但是,在斗殴中,也可能出现正当防卫的前提条件,

---

[194] 参见张明楷:《行为无价值论与结果无价值论》,北京大学出版社2012年版,第158页以下。

[195] 我国刑法理论所称的防卫挑拨,并不同于对正当防卫情形负有责任的一切情形(参见[德]乌尔斯·金德霍伊泽尔:《刑法总论教科书》,蔡桂生译,北京大学出版社2015年版,第174页以下)。阻却正当防卫的防卫挑拨,客观上表现为引起了理性的第三者或一般人会实施反击的挑拨行为,主观上是为了借正当防卫之名进行更为严重的攻击。因此,甲轻微的不法侵害意外地引起乙的严重攻击时,不属于防卫挑拨,甲仍然具有正当防卫的余地,但在防卫的必要性与防卫限度方面会受到限制。

[196] 关于否认防卫挑拨成立正当防卫的理由,国外刑法理论主要存在以下观点:(1)权利滥用说;(2)原因中的违法行为理论;(3)挑拨行为=着手实行说;(4)不法侵害的紧迫性否定说;(5)防卫意识否定说;(6)必要限度否定说;(7)社会相当性说;(8)个人保全原理与法确证原理。

因而也可能进行正当防卫:(1)在相互斗殴中,一方明显且实际停止斗殴乃至求饶或者逃走,另一方继续侵害的,"斗殴"事实上已经结束,前者可以进行正当防卫。但这已经不是斗殴"过程中"的正当防卫了。(2)在一般性的轻微斗殴中,甲方突然使用杀伤力很强的凶器,乙方生命受到严重威胁的,由于乙方并不承诺对生命和身体的重大侵害,甲方的行为属于不法侵害,乙方可以进行正当防卫。

特别需要指出的是,不能将防卫行为认定为相互斗殴。例如,甲与乙发生争吵或者纠纷时,还不存在不法侵害。但如果此时甲突然殴打乙,就属于不法侵害。只要甲可能继续殴打乙,就必须认定乙的反击属于正当防卫,不得认定为相互斗殴。换言之,在二人客观上表现为相互攻击的场合,必须查明谁先发起攻击行为。先发起攻击的属于不法侵害,先遭受攻击的人就可以进行正当防卫;先发起攻击的人就必须忍受对方的防卫行为。如果先发起攻击的人再次攻击,则属于新的不法侵害,对方可以继续进行正当防卫。如果不能查明谁先发动攻击,就只能根据存疑时有利于被告人的原则处理(双方都可能无罪)。

偶然防卫,是指故意或者过失侵害他人法益的行为,符合了正当防卫客观条件的情况。如甲故意枪击乙时,乙刚好正在持枪瞄准丙实施故意杀人行为,但甲对乙的行为一无所知。国外刑法理论对此有五种观点:(1)行为无价值论的既遂说认为,正当防卫的成立要求防卫意识(主观的正当化要素),偶然防卫缺乏防卫意识,且造成了侵害结果,因而成立犯罪既遂。(2)行为无价值论的未遂说认为,正当防卫的成立要求防卫意识,偶然防卫造成了正当的结果,缺乏结果无价值,但存在行为无价值,因而成立犯罪未遂。(3)结果无价值论的未遂说认为,正当防卫的成立虽然不要求防卫意识,但偶然防卫是由于偶然原因没有造成法益侵害结果,因而具有造成法益侵害的危险,故成立犯罪未遂。(4)结果无价值论的二分说认为,紧急救助型的偶然防卫属于正当防卫,自己防卫型的偶然防卫成立犯罪未遂。(5)结果无价值论的无罪说认为,正当防卫的成立不要求防卫意识,偶然防卫成立正当防卫。[197] 各种不同观点的分歧,主要表现在三个方面:首先,正当防卫的成立是否需要防卫意识?行为无价值论者采取防卫意识必要说;结果无价值论者采取防卫意识不要说。其次,如何判断行为的危险?亦即,偶然防卫行为是否具有侵害法益的危险?行为无价值论的未遂说与结果无价值论的未遂说,都可能得出肯定结论;但结果无价值论的无罪说则得出了否定结论。最后,违法性的实质是什么?换言之,阻却违法性的实质根据是什么?这是行为无价值论与结果无价值论的根本分歧所在。

行为无价值论的既遂说明显不当。偶然防卫人虽然在主观上出于犯罪意图,引起了其预期的结果,但是,偶然防卫的结果却是刑法允许的结果。因为结果是否被刑法所允许,只能进行客观的判断,而不以导致结果的行为人的意图好坏为转移。例如,在 Y 的生命处于紧迫的危险之中时,即使 X 出于犯罪意图,但只要 X 的行为客观上保护了 Y 的生命,就不能认定 X 的行为造成了坏的结果。再如,甲出于防卫意识攻击正在不法杀丁的丙,保护了丁的生命时,其结果当然被法律所允许;同样,乙偶然防卫攻击正在不法杀丁的丙,保护了丁的生命时,不能因为乙具有犯罪意图,就否认该结果是法律允许的结果。在

---

[197] 参见[日]关根彻:"论偶然防卫",载[日]川端博等编:《立石二六先生古稀祝贺论文集》,成文堂 2010 年版,第 191 页;Vgl., H. Jescheck/T. Weigend, Lehrbuch des Strafrechts: Allgemeiner Teil, 5. Aufl., Duncker & Humblot, 1996, S. 328ff.

客观结果完全相同的情况下，仅因行为人的意图不同就对结果做出不同评价，实际上是出于难以被人接受的主观主义立场。换言之，只要进行客观的考察就会发现，在乙偶然防卫的场合，其行为产生的是刑法允许乃至鼓励的结果。然而，作为犯罪既遂标志的结果，只能是刑法禁止的结果，而不可能是刑法允许的结果。所以，行为无价值论的既遂说明显不当。

行为无价值论的未遂说也存在疑问。此说的基本观点是，偶然防卫行为没有造成法益侵害结果，相反保护了法益，结果是有价值的；但由于其行为无价值，所以成立犯罪未遂。概言之，偶然防卫的结果是不被禁止的，但偶然防卫的行为是被禁止的。显然，在行为无价值论看来，即使偶然防卫造成了保护法益的好结果，也必须予以禁止。可是，如果刑法禁止偶然防卫行为，就必然禁止保护法益的好结果。换言之，既然行为无价值论不反对乃至赞成偶然防卫的结果，就不应当主张禁止该行为。因为如果禁止该行为，就禁止了好的结果。根据行为无价值论的观点，法律对一个出于犯罪故意的行为造成的好结果是不反对的，但仍然要反对这种行为本身。换言之，对行为的评价可以或者应当独立于行为所造成的结果之外。就偶然防卫而言，之所以要独立于结果之外评价其行为无价值，是因为如果不禁止这种行为，行为人或者其他人在其他条件下实施该行为时会造成法益侵害结果。于是，一个行为是否违法，并不是由该行为是否造成或者可能造成法益侵害来决定，而是完全由该行为应否需要一般预防来决定。可是，根据什么来确定某种行为是否需要一般预防呢？答案恐怕只能是该行为造成或者可能造成法益侵害结果。既然如此，就应当判断已经实施的行为是否造成或者可能造成法益侵害结果，而不能离开这一点确定某种行为是否需要一般预防。此外，行为无价值论的未遂说的结论也难以得到贯彻。例一：乙正在非法杀丙，不知情的甲恰好开枪射击乙。按照行为无价值论的思路，在甲“遵守”行为规范不开枪射击的情况下，无辜的丙被杀害，乙被处以故意杀人罪；在甲“违反”行为规范开枪射击的情况下，无辜的丙不被杀害，正在故意杀人的乙遭受枪击，甲被处以故意杀人罪。按照社会的一般观点考察这两种结局，恐怕没有人会认为“遵守”规范比“违反”规范好。例二：丙正在非法杀丁时，甲与乙没有意思联络却同时开枪射击丙，丙的心脏被两颗子弹击中；但甲知道丙正在杀丁，乙不知道丙正在杀丁。行为无价值论会得出如下结论：乙开枪是违法的，构成故意杀人罪；但甲不违法，不成立犯罪。言下之意，只有知道丙在杀丁时，挽救丁的生命的行为才是合法的；不知道丙在杀丁时，挽救丁的生命的行为是非法的。不难看出，行为无价值论对客观上完全相同的行为得出了截然相反的结论，这便难以令人赞成。

结果无价值论的未遂说认为，成立正当防卫虽然不要求防卫意识，但是，偶然防卫时之所以没有发生侵害结果，只是偶然原因，行为客观上具有造成法益侵害的危险。例如，乙的偶然防卫虽然客观上针对丙的不法侵害（丙正在杀害丁），但丙杀害丁只是偶然事件，故乙的偶然防卫行为客观上仍然具有侵害丙生命的危险。但是，第一，既然认为正当防卫的成立不需要防卫意识，那么，偶然防卫就完全符合正当防卫的条件，因而成为违法阻却事由。到此为止，就能够否认犯罪的成立，在此前提下又说偶然防卫成立未遂犯，就是不合适的。第二，倘若说乙的偶然防卫之所以存在法益侵害的危险，是因为丙当时可能没有实施杀害丁的行为，因而偶然防卫可能侵害没有实施杀害丁的丙的生命，则其判断资料存在疑问。在这种场合，上述观点只是将偶然防卫人认识到的事实作为判断资料，而没有将偶然防卫人没有认识到的客观事实作为判断资料。既然事后肯定了乙的行为属于偶然防卫,就意味着丙正在实施杀害丁的不法行为。在这种情况下,无论设想什么样的情形,丙没有正在杀害丁的盖然性都是没有或者极小的,反过来说,乙造成法益侵害结果的盖然性是没有或者极小的。

结果无价值论的二分说认为,紧急救助型的偶然防卫属于正当防卫,自己防卫型的偶然防卫成立犯罪未遂。二分说的结论显得不协调,亦即,保护了第三者法益的偶然防卫,不成立犯罪,但保护了自己法益的偶然防卫,则成立犯罪未遂。这多多少少将伦理的判断纳入了刑法领域。在刑法上,保护自己利益的正当防卫与保护他人利益的防卫是完全等价的。既然保护他人利益的偶然防卫是正当防卫,那么,保护自己利益的偶然防卫也是正当防卫。

本书坚持结果无价值论,主张偶然防卫行为不成立犯罪。[198] 这是因为,虽然行为人主观上具有犯罪故意,但其客观行为没有侵犯刑法所保护的法益,相反刑法还允许以造成损害的方式保护另一法益。概言之,偶然防卫行为缺乏法益侵害性(类似于不可罚的不能犯)。结果无价值论的观点,可以合理地处理相关案件。按照结果无价值的观点,在上述例一中,在甲开枪射击的情况下,无辜的丙不被杀害,正在故意杀人的乙遭受枪击,甲无罪;在上述例二中,甲与乙的行为客观上保护了值得保护的法益,都缺乏成立犯罪所要求的违法性,故甲与乙的行为都无罪。退一步而言,从刑法第 20 条的表述来看,防卫意识似乎是正当防卫的必要条件;[199] 但这并非意味着不具有防卫意识的行为必然成立犯罪。换言之,即使认为偶然防卫不成立正当防卫,也不能因为它不是正当防卫便直接以犯罪论处。基于同样的理由,过失乃至意外行为制止了不法侵害的,也成立正当防卫。[200]

关于偶然防卫,需要说明以下两点:第一,以上关于偶然防卫的讨论仅限于偶然防卫人的行为与故意针对客观上的不法侵害者而言。如果偶然防卫人的行为与故意是针对无辜者,而偶然造成不法侵害者伤亡时,则是需要另外讨论的问题。例如,逃犯甲、乙均持枪瞄准追逃的警察丙开枪射击,但甲的子弹射中了乙。在这种情况下,虽然甲对乙的行为属于偶然防卫,不成立犯罪,但由于甲是瞄准警察丙开枪的,其行为具有杀害警察丙的危险性,因而对丙成立故意杀人未遂。[201] 第二,说偶然防卫无罪,只是就偶然防卫行为本身而言。所以,并不排除偶然防卫之前的行为成立犯罪预备。例如,甲为了杀害乙而事前准备了凶器,调查了乙的行踪。后来杀害乙时,乙正在杀害丙。说偶然防卫无罪,只是说甲杀害乙的"实行行为"无罪。至于甲此前实施的预备行为,当然可能成立杀人预备。显然,得出上述结论没有任何矛盾。

本书虽然不赞成将防卫意识作为正当防卫的成立条件之一,但这并不意味着正当防卫人都没有防卫意识。事实上,在大多数场合,防卫人都具有防卫意识。在有关防卫意识

---

〔198〕 参见张明楷:"论偶然防卫",载《清华法学》2012 年第 1 期。

〔199〕 日本刑法第 36 条规定:"为了防卫自己或者他人的权利,对于急迫的不正当侵害不得已所实施的行为,不处罚。"这似乎要求防卫人具有防卫意识,但日本现在的通说是不要求防卫意识。

〔200〕 例一,甲因为疏忽(或者意外)误以为受到野兽的袭击而开枪,实际上袭击甲的不是野兽,而是人。例二,丙正在非法杀丁时,在附近擦猎枪的乙因为疏忽(或者意外),枪支走火打中了丙,保护了丁的生命。根据结果无价值论的无罪说,甲、乙的行为属于正当防卫,不成立犯罪。

〔201〕 参见[日]松原芳博:《刑法总论》,日本评论社 2013 年版,第 152 页。

方面,还需要注意以下几点:第一,防卫人事前与对方有矛盾(包括先前存在的矛盾)、发生争吵等,与防卫意识无关,不影响正当防卫的认定。有矛盾、争吵、拉扯等,还未形成不法侵害,也不意味着丧失防卫条件。当对方先动手对防卫人实施暴力时,不能因为该暴力由矛盾、争吵等引起,就否认其属于不法侵害(一般的故意杀人、故意伤害案件原本大多由矛盾引起);同样,也不能因为先前的矛盾、争吵等而使遭受暴力侵害的人丧失防卫条件。第二,在防卫人与对方发生争吵时,对方试图对防卫人实施暴力,防卫人警告对方"不要动手,否则我对你不客气",但对方仍然先动手对防卫人实施暴力的,防卫人仍然可以防卫。这种情况下,应当肯定防卫人具有防卫意识,而不能认定为相互斗殴。第三,在防卫人事先预见到他人将要进行不法侵害而做好防卫准备的案件中,当防卫人的预见变为现实,亦即他人正在进行不法侵害时,也应肯定防卫人具有防卫意识,而不能认为防卫人有相互斗殴的意识。即使认为事先做好防卫准备的行为同时具有攻击意识,也应当肯定其防卫意识与攻击意识并存,而不能否认防卫意识。

4. 必须针对不法侵害人本人进行防卫

防卫行为必须足以制止不法侵害、保护法益,在此意义上,防卫行为应当以必要性为前提。但是,防卫行为不以补充性为要件,并非只有不得已时才能实施防卫行为。当公民面临不法侵害时,不应当要求公民首先报告单位或者司法机关(在不法侵害尚未发生时,即使报告司法机关,司法机关也无能为力;在不法侵害正在进行时,即使报告司法机关也无济于事),更不得要求公民容忍不法侵害。

防卫行为本身既可能已经给不法侵害人的人身或者财产造成了实际损害,也可能只具有造成损害的危险。根据刑法第 20 条第 1 款的规定,似乎只有"对不法侵害人造成损害的"才成立正当防卫。但根据当然解释,既然造成损害时都是正当防卫不构成犯罪;那么,没有造成损害时更不成立犯罪,理当属于正当防卫。不过,也不要认为符合正当防卫前提条件的行为都是正当防卫。刑法之所以规定正当防卫,就是因为孤立地进行判断时,正当防卫符合某些犯罪的构成要件,或者说与某些犯罪的客观行为相似,所以需要将其排除在犯罪之外。行为人在面临正在进行的不法侵害时,实施了某种行为,也制止了不法侵害,但当其行为在客观上根本不可能被视为犯罪的客观行为时,可以直接否认犯罪的成立,不需要利用正当防卫这一违法阻却事由。例如,甲为了盗窃财物于夜间不法侵入乙的住宅,乙发现后喊了一声"谁",甲便逃走了。显然没有必要认定乙的行为是正当防卫。

防卫行为并不是"单纯避免"不法侵害的行为,也不限于"单纯制止"不法侵害的行为。例如,在不法侵害人持刀伤人时,不能将防卫行为限定为使用物品逃避伤害结果的行为,也不能将防卫行为限定为单纯夺刀的行为。事实上,在对方进行不法暴力侵害时,只有通过更为严重的暴力才能制止其不法侵害,而不可能通过比对方更为轻微的暴力制止对方的暴力侵害。例如,在乙先动手对甲胸部击一拳时,如果要求甲也使用相同力量对乙胸部反击一拳,那么,结局只能让二人一直持续相互拳击,而不可能制止不法侵害。只有当甲反击的力量大于乙的力量,或者使用有效工具压制乙的行为,才可能保护自己的法益。所以,将正当防卫理解为"单纯避免"或者"单纯制止"不法侵害是不符合生活常识的。从刑法上说,造成伤亡才需要通过正当防卫排除违法性,单纯制止不法侵害而没有造成伤亡的行为,原本就不符合任何犯罪的客观构成要件,根本不需要适用正当防卫排除违法性。

防卫行为制止了不法侵害时,当然属于正当防卫;但正当防卫的成立并不以防卫行为现实地排除了不法侵害为前提。换言之,只要具有排除不法侵害的可能性与必要性,即使客观上没有排除不法侵害,也依然成立正当防卫。例如,对正在进行的抢夺行为进行攻击的,即使不法侵害人仍然夺走了财物,攻击行为也成立正当防卫。

防卫行为只能针对不法侵害人本人进行,这是正当防卫的特点决定的。正当防卫是制止正在进行的不法侵害、保护法益的行为,不法侵害是由不法侵害人直接实施的,针对不法侵害人进行防卫,使不法侵害人不再继续实施不法侵害行为,才可能制止不法侵害、保护法益。针对不法侵害人以外的第三者进行防卫,就不可能制止不法侵害、保护法益。即使在面对共同不法侵害的情况下,也只能对客观上正在进行不法侵害的人或者具有义务防止侵害结果发生的人进行防卫。例如,A 在幕后唆使 B 杀害 C,在 B 正在杀害 C 的过程中,只能对 B 实施正当防卫。再如,甲唆使乙杀害丙,乙致丙重伤后逃离现场。在甲还在现场的情况下,丁使用暴力、胁迫方法强制甲救助丙的,是针对甲的不作为的防卫,而不是针对甲先前的教唆行为的防卫。

针对不法侵害人进行防卫通常包括两种情况:一是针对不法侵害人的人身进行防卫,如束缚不法侵害人的身体、造成不法侵害人伤害乃至死亡;二是针对不法侵害人的财产进行防卫,如不法侵害人使用自己的财产作为犯罪工具或者手段时,如果能够起到制止不法侵害、保护法益的作用,则可以通过损毁财产进行正当防卫。

对于针对第三者进行所谓防卫的,或者防卫行为造成第三者法益的损害的,应视不同情况处理。(1)如果故意针对第三者进行所谓防卫,应作为故意犯罪处理;如果误认为第三者是不法侵害人而进行所谓防卫的,则作为假想防卫处理。(2)甲追杀乙,乙将丙所有的花瓶砸向甲,导致花瓶毁损的,宜认定为紧急避险。(3)甲非法将丙所有的花瓶砸向乙的头部,乙用手或者工具挡开花瓶,导致花瓶毁损时,根据因果关系与结果归属的原理,应当直接将花瓶毁损的结果归属于甲的行为,没有必要认定乙的行为是正当防卫与紧急避险。[202] 同样,甲将丙推向乙,乙将丙推开,导致丙受伤的,也应当直接将丙的受伤结果归属于甲的行为。

问题是,防卫行为导致第三者伤亡时应当如何处理?例如,乙侵害甲,甲为了反击而向乙投掷石块,但没有击中乙而是导致丙受伤,或者在击中乙的同时也击中丙,使丙受伤。甲的行为针对乙而言,无疑是正当防卫。就对丙的伤害而言,国外刑法理论上存在不同观点:[203](1)甲对丙也是正当防卫。因为丙的伤害是由甲的正当防卫行为引起的结果;即使正当防卫行为对第三者产生了违法结果,也不使其丧失正当性。而且,既然甲的行为是正当防卫,就应当将所发生的全部结果作为整体进行评价。这种观点背后的观念是,不能认为甲的行为既是合法的(对乙而言)又是违法的(对丙而言)。但是,根据这种观点,没有实施不法侵害的丙必须忍受甲的防卫行为,这缺乏合理性。(2)甲的行为成立紧急避险。因为甲的行为不是对不法侵害本身的反击,而是对无关的第三者的反击,完全符合紧急避

---

[202] 倘若要归入违法阻却事由,也应认定为正当防卫。因为花瓶虽然并非不法侵害者甲所有,却是甲进行不法侵害的工具,刑法不可能禁止防卫人针对侵害工具进行正当防卫。将这种情形认定为正当防卫,或许不符合刑法第 20 条关于“对不法侵害人造成损害”的规定,但如前所述,防卫行为并不是必须造成不法侵害人的人身损害,只要防卫人的行为表现为符合构成要件且客观上是可能制止不法侵害的行为,就是正当防卫。

[203] 参见张明楷:《外国刑法纲要》,清华大学出版社 2007 年第 2 版,第 164 页以下。

险的条件。但是,紧急避险与正当防卫的条件不同,将甲的行为一概认定为紧急避险也有疑问。(3)如果甲对丙的伤害符合紧急避险条件,就认定为紧急避险;否则便成立故意犯或者过失犯。但这种观点缺乏实际意义。(4)甲的行为成立假想防卫。因为丙没有实施不法侵害,但甲的防卫行为导致了丙的伤害结果,所以应视为一种假想防卫,阻却故意责任。本书原则上赞成第(4)种观点,[204]但在甲(职务上、业务上负有特定责任的人除外)"不得已"实施防卫行为的情况下,对丙的伤害属于紧急避险。

5. 必须没有明显超过必要限度造成重大损害

旧刑法第17条第2款规定:"正当防卫超过必要限度造成不应有的危害的,应当负刑事责任;但是应当酌情减轻或者免除处罚。"针对这一规定,理论上对正当防卫的必要限度提出了不同学说。基本相适应说认为,正当防卫的必要限度,是指防卫行为必须与不法侵害相适应,相适应不意味着二者完全相等,而是指防卫行为所造成的损害从轻重、大小等方面来衡量大体相适应。[205] 必需说认为,应从防卫的实际需要出发进行全面衡量,将有效地制止不法侵害的客观实际需要作为防卫的必要限度。只要防卫在客观上有必要,防卫强度就可以大于、也可以小于、还可以相当于侵害强度。[206] 适当说认为,防卫的必要限度,是指防卫人的行为正好足以制止侵害人的不法侵害行为,而没有对不法侵害人造成不应有的危害,并认为应将基本相适应说与必需说结合起来进行判断。[207]

尽管理论上存在不同观点,但司法实践上对正当防卫必要限度的认定采取了较为严格的态度,使公民正当防卫的积极性受到了挫伤。有鉴于此,现行刑法第20条第2款与第3款放宽了正当防卫的限度。

刑法第20条第2款规定:"正当防卫明显超过必要限度造成重大损害的,应当负刑事责任,但是应当减轻或者免除处罚。"这是关于防卫过当的一般规定。本书认为,其中的"必要限度",应以制止不法侵害、保护法益的合理需要为标准。易言之,只要是制止不法侵害、保护法益所必需的,就是必要限度之内的行为。是否"必需",应通过全面分析案件得出结论。一方面要分析不法侵害行为的危险程度、侵害者的主观内容,以及双方的手段、强度、人员多少与强弱、在现场所处的客观环境与形势等。防卫工具通常是由现场的客观环境决定的,防卫人往往只能在现场获得最顺手的工具,一般不能要求防卫人在现场选择比较缓和的工具。[208] 问题在于如何使用防卫工具即防卫强度问题(包括打击部位与力度)。对此应根据各种客观情况,判断防卫人在当时的情况下应否控制防卫强度、能否控制防卫强度。另一方面,还应权衡防卫行为所保护的法益性质与防卫行为所造成的损害后果。即所保护的法益与所损害的利益之间,不能相差过大,不能为了保护微小权益而造成不法侵害者重伤或者死亡,即使是非杀死侵害人就不能保护微小权益的情况下,也不能认为杀死不法侵害人是必需的。

联系当前的司法现状,关于正当防卫必要限度的认定应当特别注意以下几点:

---

[204] 如果将这种情形作为事实认识错误来处理,不管是采取具体符合说还是法定符合说,也都只能在存在过失的前提下认定为过失犯(参见[日]松原芳博:《刑法总论》,日本评论社2013年版,第235页)。

[205] 参见杨春洗等:《刑法总论》,北京大学出版社1981年版,第174页。

[206] 参见曾宪信、江任天、朱继良:《犯罪构成论》,武汉大学出版社1988年版,第133页。

[207] 参见高铭暄主编:《中国刑法学》,中国人民大学出版社1989年版,第152页以下。

[208] 在防卫人事先已经预见到不法侵害的情况下,则可能要求防卫人选择适当的防卫手段。

第一,不能过分要求手段相适应,进而将正当防卫认定为防卫过当。例如,不法侵害人没有使用刀具等凶器,而防卫人使用了刀具等工具,造成不法侵害者伤害的,并不意味着防卫行为超过了必要限度。

第二,在判断防卫行为是否超过必要限度时,不能仅将不法侵害者已经造成的侵害与防卫人造成的损害进行比较,还必须对不法侵害者的侵害行为可能造成的侵害与防卫人造成的损害相比较。这是因为,不法侵害者可能造成而没有造成的侵害,正是防卫人实施防卫行为的结果。所以,仅从法益衡量的角度来说,只要防卫人造成的损害没有明显超过不法侵害者可能造成的侵害,就不可能属于防卫过当。

第三,不能忽视不法侵害者在被防卫过程中实施的新的暴力侵害,不能仅将防卫行为及其造成的损害与不法侵害人先前的不法侵害进行对比,而应当将防卫行为及其造成的损害与不法侵害者原有的不法侵害、新的暴力侵害、可能继续实施的暴力侵害进行比较。

第四,不能误解刑法第 20 条第 1 款与第 3 款的关系,亦即,不能认为,只要不法侵害不属于刑法第 20 条第 3 款规定的情形,防卫行为造成了不法侵害者伤亡,就属于防卫行为超过必要限度。如前所述,正当防卫所造成的损害可以大于不法侵害所造成的损害。例如,身体法益明显重于财产法益,但是,防卫行为导致正在盗窃的人轻伤乃至重伤的,也可能成立正当防卫。同样,即使不法侵害者的行为仅可能造成轻微伤时,防卫人对不法侵害者造成轻伤的,或者即使不法侵害者的行为仅可能造成轻伤时,防卫人对不法侵害者造成重伤的,也不应当认定为防卫过当。不可认为,只要造成伤亡,而不法侵害又不属于正在行凶等严重危及人身安全的暴力犯罪,就属于防卫过当。[209]

以上说明了正当防卫的必要限度的含义,但并非凡是超过必要限度的,都是防卫过当。只有"明显"超过必要限度造成重大损害的,才是防卫过当。(1)明显超过必要限度,意味着防卫行为明显超过了防卫的客观需要,即根据所保护的法益性质、不法侵害的强度与紧迫程度等,防卫行为显然缺乏必要性。所以,轻微超过必要限度的不成立防卫过当,只是能够被清楚、容易地认定为超过了必要限度时,才可能属于防卫过当。(2)造成重大损害,一方面意味着防卫行为所造成的损害与不法侵害可能造成的损害悬殊、明显失衡,或者说,与不法侵害可能造成的损害相比,防卫行为造成的损失过于重大;另一方面也意味着造成一般损害的不成立防卫过当,只是造成不法侵害人死亡、重伤时,才可能属于防卫过当。对于防卫行为造成不法侵害者轻伤的案件,由于不符合"重大损害"的条件,不得认定为防卫过当。(3)不存在所谓明显超过必要限度但没有造成重大损害的情况,换言之,只是在造成重大损害的情况下,才存在明显超过必要限度的问题;不存在所谓"手段过当"而"结果不过当"或者相反的现象;"明显超过必要限度造成重大损害的"才是防卫过当。(4)关于防卫过当的必要限度不适用针对严重危及人身安全的暴力犯罪所进行的防卫。

(二)防卫过当

如上所述,对于不属于"严重危及人身安全的暴力犯罪"的不法侵害进行防卫的,才存在防卫过当问题;即对于不属于"严重危及人身安全的暴力犯罪"的不法侵害进行防卫,明显超过必要限度造成重大损害的,成立防卫过当。

---

〔209〕 参见张明楷:"故意伤害罪司法现状的刑法学分析",载《清华法学》2013 年第 1 期。

防卫过当不是独立罪名。对于防卫过当应根据其符合的犯罪构成确定罪名,而不能定所谓“防卫过当罪”、“防卫过当致人死亡罪”、“防卫过当致人重伤罪”等罪名。从刑法第20条关于防卫过当的规定来看,通常只有在造成不法侵害人重伤或者死亡时,才存在防卫过当问题;造成他人轻伤以及针对一般财产进行防卫的,不存在防卫过当问题。因此,对防卫过当确定罪名的关键,是如何正确认识防卫过当的责任形式。

如果形式地理解构成要件与故意,即如果认为正当防卫符合犯罪的构成要件,故意是对符合构成要件的事实的认识与容认,那么,正当防卫时就具有犯罪的故意,防卫过当理所当然也属于故意犯罪。但是,这种形式的故意概念被我国刑法第14条所否认。所以,不能一般认为防卫过当都是故意犯罪。

关于防卫过当的责任形式,我国刑法理论上有以下不同主张:(1)防卫过当既可以是过失,也可以是故意(包括直接故意与间接故意);在防卫强度违反了自我约束性造成过当时,可以是过失与间接故意;在防卫行为违反了随时随地终止性的情况下,就是直接故意。[210] (2)防卫过当既可以是过失,也可以是间接故意,但不能是直接故意。[211] (3)防卫过当只能是间接故意,因为现行刑法规定,明显超过必要限度造成重大损害的,才是防卫过当。这表明了防卫人也清楚地认识到自己的行为超过了防卫限度,在这种情况下仍然实施其过当防卫行为,就是间接故意。[212] (4)防卫过当只能是过失,不存在故意。[213] (5)防卫过当只能是疏忽大意的过失。[214]

本书认为,对防卫过当的责任形式的讨论,必须明确以下三点:(1)刑法上的故意与一般生活意义上的“故意”不可等同,正当防卫的“故意”不是刑法上的犯罪故意,故不能认为防卫过当都是故意犯罪。(2)必须区分量的过当与典型的事前加害和事后加害。[215] 不能因为典型的事前加害与事后加害通常出于直接故意,就认为防卫过当也是直接故意。(3)应当根据防卫人对过当结果的心理态度确认防卫过当的责任形式。所以,总的来说,只要行为人对过当结果具有认识与希望或者放任态度,就成立故意的防卫过当;如果对过当结果仅有过失则成立过失的防卫过当。但是,由于防卫人是否具有防卫意识会影响故意、过失的认定,故有必要区分有无防卫意识以及假想防卫过当三种情形讨论。

首先,防卫人确实具有防卫意识,其行为又明显超过了必要限度造成了重大损害时,一般宜认定为过失,特殊情况下认定为故意。主张“一般宜认定为过失”的理由是:这类防卫过当的行为人在实施防卫行为时,认识到了不法侵害正在进行,并出于保护法益的意图。认定防卫人因为疏忽大意或者过于自信进而造成了防卫过当,与防卫意识相协调。另一方面,将具有防卫意识的防卫过当认定为过失,可以避免不当地限制公民的防卫权,

---

〔210〕 参见金凯:“试论正当防卫与防卫过当的界限”,载《法学研究》1981年第1期。
〔211〕 参见陈兴良:《正当防卫论》,中国人民大学出版社2006年第2版,第177页以下。
〔212〕 参见王政勋:《正当行为论》,法律出版社2000年版,第195页。
〔213〕 参见曾宪信、江任天、朱继良:《犯罪构成论》,武汉大学出版社1988年版,第134页以下。
〔214〕 参见利子平:“防卫过当罪过形式探讨”,载《法学评论》1984年第2期。
〔215〕 本书认为,事前加害不可能成立量的过当。

有利于充分保护法益。[216] 所以,防卫过当致人死亡或者重伤的,一般应分别成立过失致人死亡罪与过失致人重伤罪。"特殊情况下认定为故意",是指行为人虽有防卫意识,但同时对过当结果具有认识与希望或者放任的态度的情形。防卫意识与犯罪的故意完全可能并存。例如,面对他人实施盗窃行为时,防卫人明知只要将对方造成轻伤即可制止不法侵害、保护财产法益,却故意以造成重伤的防卫行为保护财产法益。对此,应认定为故意的防卫过当。在量的过当的场合,如果防卫人明知不法侵害者已经丧失侵害能力仍然防卫导致过当的,应认定为故意的防卫过当。如果不法侵害行为已经结束,但防卫人误以为不法侵害人会继续实施侵害行为,则应认定为过失的防卫过当。

其次,如果行为人没有防卫意识,同时肯定偶然防卫也是正当防卫,则偶然防卫过当的责任形式既可以是过失,也可以是故意(包括直接故意)。例如,行为人过失实施的重伤行为,客观上符合了正当防卫的前提条件(如他人正在实施盗窃行为),但即使行为人认识到了事实真相,其行为也明显超过必要限度造成了重大损害,此时宜认定为过失的防卫过当。又如,行为人在故意实施杀人行为时,客观上符合了正当防卫的前提条件(如他人正在实施伤害行为),但即使行为人认识到了事实真相,其行为也明显超过了必要限度造成了重大损害,此时宜认定为故意的防卫过当。

最后,虽然假想防卫本身要么仅成立过失犯罪,要么属于意外事件,但假想防卫过当(本来不存在正在进行的不法侵害,行为人却误认为存在而实施防卫行为,但即使所误想的侵害是真实的侵害,防卫行为也过当)同样既可能是过失,也可能是故意。例如,将他人的正当行为误认为盗窃行为,即使他人是在实施盗窃行为,也只需造成轻伤,但行为人因为疏忽大意或者过于自信造成重伤的,成立过失的假想防卫过当;如果行为人故意造成重伤的,则成立故意的假想防卫过当。

无论防卫人对过当是故意还是过失,对于防卫过当均应酌情减轻或者免除处罚。一般认为,之所以减免刑罚,是因为违法性与有责性的减少,同时出于刑事政策的考虑。违法性减少表现在,过当行为针对的是正在进行的不法侵害,而且保护了法益。[217] 有责性减少表现在期待可能性减少,亦即,在面对正在进行的不法侵害时,期待防卫人不过当的可能性减少。刑事政策的考虑是,减免刑罚有利于鼓励一般公民对不法侵害进行正当防卫,从而保护法益;另一方面,防卫过当者的特殊预防必要性明显减少乃至消灭。至于究竟是减轻还是免除处罚以及如何减轻处罚,则应考虑过当程度、防卫起因、所保护的法益性质、防卫人的责任形式等。从特殊预防必要性的角度来说,对于具有防卫意识的防卫过当,一般宜免除处罚;对于偶然防卫过当不宜免除处罚,只能减轻处罚。

对于假想防卫过当能否适用刑法第 20 条第 2 款关于防卫过当的减免处罚规定,还值得进一步研究。由于假想防卫过当并不符合刑法第 20 条第 2 款的防卫过当,故不能直接

---

[216] 上述关于防卫过当责任形式的第(2)种观点具有一定合理性。因为行为人在出于制止不法侵害的意图而进行防卫时,完全可能放任自己的行为造成重大损害。如同一般的间接故意犯罪,完全可能在追求正当目的的同时,放任结果的发生。但是,直接故意与间接故意在刑法上同属于故意,性质完全相同;在防卫人具有防卫意识而防卫过当的情况下,将间接故意的防卫过当适用刑法关于防卫过当的规定,而对直接故意的防卫过当不适用刑法关于防卫过当的规定,有悖刑法上故意概念的统一性。基于同样的理由,本书也不赞成前述第(3)种观点。

[217] 不过,能否将违法性减少作为减免处罚根据还存在疑问,因为不能将正当防卫的正当化根据同时作为防卫过当的减免处罚根据。

适用该款减免处罚的规定。但由于假想防卫过当与防卫过当具有部分类似性,也可能类推适用刑法第 20 条第 2 款的部分规定。本书的初步看法如下:(1)如果行为人对不法侵害事实与过当事实都没有过失,当然不成立犯罪。(2)如果行为人对不法侵害事实没有过失,但对过当事实有过失,应认定为过失犯罪,同时类推适用刑法第 20 条第 2 款减轻或者免除处罚的规定。(3)如果行为人对不法侵害事实有过失、对过当事实有故意,应认定为故意犯罪,同时类推适用刑法第20 条第2 款减轻处罚的规定,但不能免除处罚。(4)如果行为人对不法侵害事实没有过失,但对过当事实有故意,应认定为故意犯罪,同时类推适用刑法第 20 条第 2 款减轻处罚的规定,但不能免除处罚。(5)如果行为人对不法侵害事实与过当事实均有过失,应认定为过失犯罪,同时类推适用刑法第 20 条第 2 款减轻处罚的规定,但不能免除处罚。(6)如果行为人对不法侵害事实有过失,对过当事实没有责任,只能作为通常的假想防卫处理,同时类推适用刑法第 20 条第 2 款减轻处罚的规定,也不能免除处罚。

另需说明的是,上述对防卫过当责任形式的讨论,是以具体案件中的防卫人存在故意或者过失为前提的。倘若防卫行为虽然过当,但防卫人对过当没有故意与过失,当然不成立犯罪,只能认定为意外事件。例如,行为人不能预见过当事实的,或者一旦防卫就必然过当但又不得不防卫的,因为行为人缺乏有责性而不承担责任。

三、特殊正当防卫

刑法第 20 条第 3 款规定:“对正在进行行凶、杀人、抢劫、强奸、绑架以及其他严重危及人身安全的暴力犯罪,采取防卫行为,造成不法侵害人伤亡的,不属于防卫过当,不负刑事责任。”这便是特殊正当防卫,可以称为无过当防卫。

特殊正当防卫与一般正当防卫在成立条件上有两个区别:(1)特殊正当防卫所针对的只能是正在进行行凶、杀人、抢劫、强奸、绑架以及其他严重危及人身安全的暴力犯罪;而一般正当防卫所针对的是需要防卫的任何犯罪与其他一般违法行为(以需要防卫为前提)。因此,只有保护人身安全时,才可能属于特殊正当防卫;保护其他法益时,不得进行特殊正当防卫。(2)特殊正当防卫没有必要限度,因而不存在防卫过当;一般正当防卫具有必要限度,因而存在防卫过当。正因为如此,需要正确掌握特殊正当防卫的条件。

特殊正当防卫最重要的前提条件是,对正在进行行凶、杀人、抢劫、强奸、绑架以及其他严重危及人身安全的暴力犯罪进行防卫。如何理解这一前提条件,不仅取决于如何理解“严重危及人身安全”,也取决于如何理解本款的“造成不法侵害者伤亡的,不属于防卫过当”。显而易见的是,认为人身安全仅指生命安全,与认为人身安全包括身体安全,对前提条件的解释会不同。显然,不能对这一前提条件作过于宽泛的解释,否则会导致特殊防卫与一般正当防卫等同。另一方面,由于“伤亡”既包括伤害也包括死亡,所以,对上述前提条件宜做不同解释。现在,刑法理解基本上是着眼于造成“死亡”来解释前提条件的,这可能不妥当。总的来说,当防卫行为造成伤害时,对于上述前提条件(尤其是“行凶”)没有必要进行限制解释;反之,当防卫行为造成死亡时,则上述前提条件应适当进行限制解释。大体而言,需要注意如下几点:

1. 对于非暴力犯罪、一般违法暴力行为、轻微暴力犯罪以及一般暴力犯罪实施的防卫,不适用特殊正当防卫的规定,仍然存在防卫过当问题;只是对严重危及人身安全的暴力犯罪进行防卫,才不存在防卫过当(但不意味着对此外的暴力犯罪进行防卫造成死亡的必然过当,换言之,即使防卫行为造成了不法侵害者伤亡,也可能成立一般的正当防卫)。

2. 条文中的杀人、抢劫、强奸、绑架主要是对暴力犯罪的列举,其中的“杀人”限于故意杀人。至于对刑法规定的转化型杀人、抢劫等能否进行特殊正当防卫,则应具体分析,关键在于是否严重危及人身安全,而不能以其行为最终成立何种罪名为标准得出结论。

3. 在通常情况下,“行凶”包含了杀人与伤害界限不明,但有很大可能造成他人严重的重伤(重大伤害)或者死亡的行为。对于暴力犯罪造成一般重伤的,要区分不同情况,不能简单划一地得出是否属于“行凶”的结论。例如,根据《人体损伤程度鉴定标准》,“一手拇指离断或者缺失超过指间关节”即属于重伤。当不法侵害人只是意欲使用暴力砍掉被害人的拇指时,防卫人造成不法侵害人死亡的,有可能属于防卫过当,不适用特殊正当防卫的规定;如果防卫人只是造成不法侵害者重伤的,仍应认定为正当防卫。

4. 并不是对于行凶、杀人、抢劫、强奸、绑架等暴力犯罪进行防卫的都不存在防卫过当,只有当这些暴力犯罪严重危及人身安全时,才适用特殊正当防卫的规定。对此,也要区分不同情形进行判断。当暴力犯罪严重危及生命与重大身体安全时,防卫行为造成不法侵害者死亡的,应当适用特殊正当防卫的规定。当暴力犯罪严重危及一般身体安全时,防卫行为造成不法侵害者伤害(包括重伤)的,也应适用特殊正当防卫的规定。例一:不法侵害者以抢劫故意采用麻醉方法取得他人财物的,属于抢劫罪,但这种行为并非严重危及生命与重大身体安全,对之进行防卫造成不法侵害者死亡的,不适用特殊正当防卫的规定。例二:在抢劫犯取得财物后,现场还能挽回财产损失而实施防卫行为时,如果抢劫犯只是逃避,而没有新的严重危及生命与重大身体安全的暴力行为时,对之进行防卫造成不法侵害者死亡的,不能适用特殊正当防卫。例三:以一般暴力行为实施绑架,但并不以杀害或者重大伤害相威胁,没有严重危及生命与重大的身体安全,对之进行防卫造成不法侵害者死亡的,不适用特殊正当防卫的规定。但在上述三例中,如果防卫行为只是造成不法侵害者重伤的,仍有可能适用特殊防卫的规定(也可能适用一般正当防卫的规定),认定为正当防卫。需要说明的是,本书并不是将“行凶、杀人、抢劫、强奸、绑架以及其他严重危及人身安全的暴力犯罪”作过于宽泛的解释后,再提出防卫限度。因为刑法第 20 条第 3 款所规定的特殊防卫原本不存在防卫限度与防卫过当。但是,由于刑法第 20 条第 3 款规定的防卫结果包括造成不法侵害者伤害与死亡,所以,应当针对不同的防卫结果提出不同的前提条件。这样处理,一方面旨在说明,不能将刑法第 20 条第 1 款与第 3 款理解为对立或者相互独立的关系;另一方面旨在防止过度限制“严重危及人身安全的暴力犯罪”的范围,进而以造成伤亡为由将正当防卫认定为防卫过当。

5. 严重危及人身安全的暴力犯罪,并不限于刑法条文所列举的上述犯罪,还包括其他严重暴力犯罪,如抢劫枪支、弹药罪,劫持航空器罪等;也不限于直接对人的身体行使有形力的暴力犯罪,如果对物行使有形力但严重危及人身安全的,也属于严重危及人身安全的暴力犯罪,如严重放火罪、爆炸罪等。

6. 严重危及人身安全的暴力犯罪,是指符合构成要件且违法的行为,而不要求不法侵害者具备有责性。但是,应当严格限制对缺乏有责性的暴力犯罪的特殊正当防卫。

7. 即使是严重危及人身安全的暴力犯罪,但在暴力犯罪已经结束的情况下,不得因为防卫行为原本针对的是严重危及人身安全的暴力犯罪,而继续进行所谓“防卫”直至不法侵害者死亡。例如,在杀人犯已被防卫人制伏的情况下,防卫人应停止防卫行为;防卫人对杀人犯实施新的侵害行为的,不能适用特殊正当防卫的规定。当然,如果后行为并非独立的新的侵害行为,而是一体化的防卫行为,则仍然可以适用特殊正当防卫的规定。

第三款　紧急避险

一、紧急避险的概念与性质

紧急避险,是指为了使国家、公共利益、本人或者他人人身、财产和其他权利免受正在发生的危险,不得已损害另一较小或者同等法益的行为。分洪是紧急避险的适例。

紧急避险的特点是避免现实危险、保护较大或同等法益。紧急避险行为虽然造成了某种法益的损害,但联系到具体事态来观察,从行为的整体来考虑,该行为没有侵害法益。

紧急避险的观念晚于正当防卫的观念。与正当防卫一样,紧急避险也是一种紧急行为。二者最大的区别在于:正当防卫是对不法侵害的防卫,即所谓“正对不正”;而紧急避险是两个法益之间的冲突,即所谓“正对正”。在“正对正”的情况下之所以阻却违法,也是因为它保护了更大或至少同等的法益。

关于紧急避险的性质,在刑法理论上存在争议。(1)责任阻却事由说认为,紧急避险行为侵害了法益,因而是违法行为,但由于没有其他方法可以避免危险,不能期待行为人采取其他方法避免危险(不具有期待可能性),因而排除了行为人的责任。但这种观点存在疑问。首先,当行为人为了他人的利益而进行紧急避险时,不能用缺乏期待可能性来说明。其次,当行为人为了保护较小利益而损害较大利益时,也可能没有适法行为的期待可能性,如果采取责任阻却事由说,就应承认该行为阻却责任,但这与紧急避险要求严格的法益均衡并不一致。最后,如果认为紧急避险行为具有违法性,便对此行为可以进行正当防卫,这也不妥当。(2)违法阻却事由说认为,在两种法益产生冲突、没有其他方法可以避免的情况下,通过权衡法益而损害较小法益,就阻却了实质的违法性。(3)二分说分为原则上阻却违法的二分说与原则上阻却责任的二分说。原则上阻却违法的二分说(德国的通说)又有不同观点。一种观点认为,在避险行为保护较大法益损害较小法益时,是违法阻却事由;在避险行为所保护的法益与损害的法益价值相同时,是责任阻却事由。另一种观点认为,紧急避险原则上是违法阻却事由,但不得已以牺牲生命保护生命、以伤害身体保护身体时,则是责任阻却事由。原则上阻却责任的二分说认为,紧急避险原则上阻却责任,但在冲突的利益之间存在显著差异(所保护的法益明显优于损害的利益)时,属于违法阻却事由。[218]

本书原则上将紧急避险作为违法阻却事由处理。首先,紧急避险通常以通过损害较小的法益保护更大的法益,故从法益衡量角度来看,阻却了违法性。其次,在不得已的情况下,即使避险行为所损害的法益与保护的法益价值相等,也表明其没有造成法益侵害,因而阻却违法。最后,不得已通过侵害生命保护其他生命的避险行为(应设置更为严格的条件),既可能成立违法阻却事由,也可能成立责任阻却事由(在此一并讨论)。我国刑

〔218〕　参见张明楷:《外国刑法纲要》,清华大学出版社2007年第2版,第172页以下。

法第21条第1款关于紧急避险的规定,并没有将紧急避险限定为违法阻却事由,所以,对紧急避险原则上采取违法阻却事由说,例外地承认责任阻却事由,似乎并不存在法律障碍。但是,联系本条第3款的规定就会发现,本条第1款规定的紧急避险仅限于阻却违法的紧急避险。因为职务上、业务上负有特定责任的人,在自己的生命面临紧迫危险时采取紧急避险行为的(如持枪歹徒射杀没有持枪的警察时,警察闯入民宅躲避),虽然不阻却违法(不能适用刑法第21条第1款),但因为没有期待可能性而能够阻却责任,对此只能理解为超法规的责任阻却事由。

二、紧急避险的条件

紧急避险是通过损害一种法益保护另一种法益,故其成立条件比正当防卫更为严格。

(一)必须发生了现实危险

必须发生了现实危险,是指法益处于客观存在的危险的威胁之中,或者说,法益处于可能遭受具体损害的危险之中。危险的来源有:大自然的自发力量造成的危险;动物的袭击造成的危险;疾病、饥饿等特殊情况形成的危险;人的危害行为造成的危险;等等。

面临危险的既可能是国家利益、公共利益,也可能是本人或者他人的人身、财产和其他权利。但是,如果他人愿意使自己有权处分的法益遭受危险时,则不能进行紧急避险。换言之,不能为了保护他人自愿放弃的法益而实行紧急避险。[219]

需要研究的问题是,对自己招致的针对本人的危险(即甲的行为引起了对甲本人生命、身体等的危险)能否实行紧急避险?(1)肯定说认为,虽然不允许滥用紧急避险,但只要符合其他条件,对自招的危险也应允许紧急避险。因为法律并没有将危险限定为必须不是自己招致的危险,而且对于避险这种本能的行为应当宽容。此说受到的批判是,当行为人由于重大过失招来的危险侵害轻微的法益时,招致危险的人在一定范围内有忍受的义务,否则就是不公平的。(2)否定说认为,对危险的概念应理解为偶然的事实,不能包括由自己的故意、过失导致的危险。但不少人批判指出,如果行为人由于轻微的过失招来了对自己生命的危险,并且损害他人的轻微利益避免了危险时,应当认为是紧急避险。而且,自己招来的危险的事态、受侵害的种类、性质各不相同,不能一概否认对自己招致的危险进行紧急避险。(3)以原因中的违法行为的法理处理的学说认为,行为人招致危险进而实行避险行为时,其避险行为符合紧急避险条件的,虽然成立紧急避险因而阻却违法,但是,如果招致危险的行为是违法的,与避险行为造成的结果之间具有因果关系时,应当根据招致危险时的责任内容定罪量刑。(4)形式的二分说认为,故意招致危险时,应否定紧急避险;过失招致危险时,应肯定紧急避险。但上述对肯定说与否定说的批判,也适用于形式的二分说。(5)实质的二分说分为两种观点。其中一种观点指出,招致危险的行为与避险行为不具有紧密的因果关联时,成立紧急避险。例如,当甲向狗投掷石块,招致狗的袭击时,甲为了避免紧迫的危险而逃入乙的住宅时,符合紧急避险的要件,原则上成立紧急避险。但是,在招致危险的行为与避险行为的因果关联很强,可以视为整体上的一连串行为时,应例外地否认紧急避险的成立。因为在这种场合,在行为人实施招致危险的

---

[219] 在他人自杀的情况下能否实行紧急避险,是值得研究的问题。首先,在他人自杀的情况下,不得已损害其本人的其他法益挽救其生命的,应当排除违法性,即成立紧急避险。其次,不得已损害第三者的较轻法益挽救自杀者生命的,也可能成立紧急避险(如不得已强行让驾驶车辆的人将自杀者送往医院)。

行为时刻,就可以评价为避险行为的开始,故可以认为反击行为并不是“为了避免危险”的行为。另一种相当说认为,应根据具体情况判断是否允许紧急避险。意图利用紧急状态而招来危险时,理当不允许实行紧急避险。但是,对因偶然的事情而招来的危险(既包括过失自招的危险,也包括故意自招的危险),应当允许实行紧急避险。[220] 本书基本上赞成实质的二分说中的相当说。对于行为人有意识地制造自己与他人的法益之间的冲突,引起紧急避险状态的,可以认为制造者放弃了自己的法益,既然如此,就不存在对自己“法益”的紧迫危险,因而不能允许制造者实施紧急避险。但是,当行为人虽然故意、过失或者意外实施了某种违法犯罪行为,但不是故意制造法益之间的冲突,却发生了没有预想到的重大危险时,存在紧急避险的余地。在这种情况下,对自己招致的危险能否进行紧急避险,要通过权衡法益、考察自己招致危险的情节以及危险的程度等进行综合评价。

至于对自己招致的针对他人的危险,应允许紧急避险。例如,甲的行为导致对乙的生命产生危险,甲便可以通过适当地损害丙的利益避免对乙的生命危险。当然,其中也存在行为人对招致危险的违法行为应否承担责任的问题(原因中的违法行为的法理)。

现实危险不包括职务上、业务上负有特定责任的人所面临的对本人的危险。例如,执勤的人民警察在面临罪犯对自己进行侵害时,不能进行紧急避险;发生火灾时,消防人员不能为了避免火灾对本人的危险,而采取紧急避险(当然,不能将通常的灭火方法视为紧急避险行为)。[221] 因此,刑法第21条第3款规定:“第一款中关于避免本人危险的规定,不适用于职务上、业务上负有特定责任的人。”这是相对于阻却违法的紧急避险而言。但是,在职务上、业务上负有特定责任的人,为了保护自己的生命而实施紧急避险行为时,也可能以缺乏期待可能性为由而阻却责任。

如果事实上并不存在危险,而行为人误认为存在危险,实施所谓避险行为的,属于假想避险。对于假想避险,适用假想防卫的处理原则。

(二)必须是正在发生的危险

现实危险正在发生时,才能实行避险行为。危险正在发生,是指危险已经发生或迫在眉睫并且尚未消除,其实质是法益正处于紧迫的威胁之中,这要根据当时的具体情况进行综合判断。在危险尚未发生或者已经消除的情况下实行避险的,属于避险不适时,适用防卫不适时的处理原则。

(三)必须出于不得已损害另一法益

必须出于不得已,是指在法益面临正在发生的危险时,没有其他合理办法可以排除危险,只有损害另一较小或者同等法益,才能保护面临危险的法益(补充性要件)。换言之,在当时的紧急状态下,被牺牲的法益处于作为保护另一法益的手段的地位。或者说,被牺牲的法益属于危险转嫁的对象。因此,当濒临死亡的患者需要植入肾脏时,医生不得从偶尔来医院就诊的人身上摘出肾脏植入到患者身上。从行为当时来看,如果即使牺牲某种

---

〔220〕 参见[日]东京リ－ガルマインド:《刑法Ⅱ总论·结果无价值版》,东京リ－ガルマインド2002年版,第169页以下。

〔221〕 这并不意味着业务上负有特定责任的人,在任何情况下都必须履行特定义务,只是意味着不能实行紧急避险。因为履行特定义务也以具有履行义务的可能为前提。例如,当具体的灭火行为对消防员本人的生命存在显著危险时,不能要求消防员实施该灭火行为。

法益也不能保护其他法益时,也不得实施紧急避险。[222] 这样要求是因为,法益均受法律保护,如果能以不损害法益的方法保护法益,就不允许以损害一种法益的方法保护另一法益。这是紧急避险与正当防卫的重要区别。在可以或者具有其他合理方法避免危险的情况下,行为人采取避险行为的,应视行为的具体性质、情节以及行为人的责任形式分别认定为故意犯罪、过失犯罪或者意外事件。

损害另一法益,通常是指损害第三者的法益。但是否仅限于损害第三者的法益,还需要研究。例如,在遭遇持枪歹徒追杀的情况下,不得已破门闯入他人住宅藏匿的,固然属于紧急避险;但在同样的情况下,如果为了避险不得已破门闯入持枪歹徒的住宅,不使歹徒进入的,认定为紧急避险较为合理。[223]

(四)关于避险意识

避险意识由避险认识与避险意志构成。避险认识,是指行为人认识到国家、公共利益、本人或者他人的人身、财产和其他权利面临正在发生的危险,认识到只有损害另一法益才能保护较大或同等法益,认识到自己的避险行为是保护法益的正当行为。避险意志,是指行为人出于保护国家、公共利益、本人或者他人的人身、财产和其他权利免受正在发生的危险的目的。主张正当防卫需要防卫意识的,都会肯定紧急避险中的避险意识;主张正当防卫不需要防卫意识的,均会否认紧急避险中的避险意识。但无论如何,故意引起危险后,以紧急避险为借口侵犯他人法益的,是故意犯罪,而不是紧急避险。没有避险意识,其故意或者过失实施的侵害行为符合紧急避险客观要件的,属于偶然避险,与偶然防卫的处理原则相同。本书认为,偶然避险属于紧急避险。

(五)必须没有超过必要限度造成不应有的损害

由于紧急避险是用损害一种法益来保护另一种法益,故不允许通过对一种法益的无限制损害来保护另一法益,只能在必要限度内实施避险行为。

我国传统刑法理论认为,紧急避险的必要限度,是指紧急避险所引起的损害小于所避免的损害,即凡是避险行为所引起的损害小于所避免的损害时,就没有超过必要限度。本书认为,紧急避险的必要限度,是指在所造成的损害不超过所避免的损害的前提下,足以排除危险所必需的限度。由于紧急避险是两种法益之间的冲突,故应以尽可能小的损害去保护另一法益,即必须从客观实际出发,既保护一种法益,又将对另一法益的损害控制在最小限度内。因此,首先,避险行为造成的损害小于所避免的损害时,也可能超过了必要限度。例如,在发生森林火灾,为了防止火灾蔓延,不得已砍伐树木形成隔离带时,如果根据当时的客观情况,只要有 10 米宽的隔离带即可,行为人却下令大量砍伐树木形成 50 米宽的隔离带。尽管所保护的森林面积远远大于所砍伐的森林面积,但不能认为没有超过必要限度。其次,不得已损害同等法益的,也不一定超过了必要限度。即在甲法益与乙法益等值的情况下,如果保护甲法益的唯一方法是损害乙法益,那么,充其量只能认为,这种避险行为没有实质意义。因为紧急避险制度并非旨在保护相互关爱的伦理,而"是从

[222] 当然,这并不意味着失败的避险均成立犯罪。

[223] 德国刑法理论将紧急避险分为防御性紧急避险与攻击性紧急避险,前者是指针对危险源实施的避险行为(如杀害正在袭击人的野生动物,或者伤害无故意过失的侵害者),后者是指针对与危险源无关的第三者的法益实施的避险行为。

功利主义的见地防止社会整体利益减少的制度”。[224] 在上例中,从整体上说,法益并没有受到侵害。既然如此,就不宜将这种行为认定为犯罪。可见,紧急避险的必要限度与正当防卫的必要限度,存在重大区别。

法益价值的判断是一个重要问题。大体可以肯定,生命法益重于身体法益、身体法益重于财产利益,但现在还难以形成一般的、具体的标准,只能根据社会的一般观念进行客观的、合理的判断。此外,进行法益衡量时,还要考虑危险的紧迫性与重大性、危险源的具体情况、损害行为的程度、当事人的忍受义务等。在进行法益衡量时,首先要通过刑法分则规定的法定刑判断所损害的法益与所保护的法益在刑法中的地位(性质)。其次,在同一种法益产生冲突时,要判断可能遭受损害的数量(为了保护财产而牺牲他人财产时,只能通过财产的数量进行法益价值的判断)。最后,要比较被避免的危险与避险行为对法益的危险程度。例如,如果具有抽象危险的醉酒驾驶行为挽救了他人的生命或者避免了他人身体的重大危险,就应当阻却违法。[225]

至于能否牺牲一个人的生命以保护其他人的生命,是有重大争议的问题。如果说生命是等价的,那么,就可以用牺牲生命的方法来保护等价的生命,尤其是可以用牺牲一个人生命的方法保护多数人的生命。可是,生命是人格的基本要素,其本质是不可能用任何尺度进行比较的,法秩序不允许将人的生命作为实现任何目的的手段。例如,在一个人的肝脏可以供五个肝病患者进行肝脏移植进而挽救五个人的生命时,也不能任意取出一个人的肝脏进行移植。[226] 在此意义上说,将生命作为手段的行为都是违法的。然而,如果不允许以牺牲一个人的生命保护更多人的生命,则意味着宁愿导致更多人死亡,也不能牺牲一个人的生命,这难以为社会一般观念所接受,也不一定符合紧急避险的社会功利性质。在本书看来,虽然所有人的生命是等价的,但也要区分不同情形进行综合判断,对生命的紧急避险(对“不得已”的判断应当极为严格),既有可能成立违法阻却事由,也有可能成立责任阻却事由。

本书初步认为,下列情形大体成立违法阻却事由:(1)被牺牲者同意牺牲自己以保护他人生命时,对之实施紧急避险的;(2)被牺牲者已被特定化,即使不对之实施紧急避险也会立即牺牲时,对之实施紧急避险的;(3)被牺牲者客观上不可能行使自主决定权,尤其是不可能行使防卫权时,对之实施紧急避险的;(4)被牺牲者死亡的危险性大于其他人,如果不实施紧急避险,被牺牲者首先牺牲时,对之实施紧急避险的;(5)被牺牲者成为导致他人死亡的危险源时,对之实施紧急避险的;(6)为了保护多数人的生命而牺牲少数有过错地使自己的生命处于危险状态的人。在现实案件或者设例中,一个案件往往会同时存在上述几种情形。

承认对生命紧急避险可能遭受的非议是,该行为将他人作为手段,违反了只能将生命作为自我目的来对待的观念。诚然,人的生命不能作为他人的手段,如果从社会契约论的角度来看,理性的一般人事实上都会同意在上述几种情形下牺牲特定人(包括自己)的生

---

〔224〕［日］西田典之:《刑法总论》,弘文堂2010年第2版,第139~140页。

〔225〕参见［德］乌尔斯·金德霍伊泽尔:《刑法总论教科书》,蔡桂生译,北京大学出版社2015年版,第184页。

〔226〕也有学者认为,如果事实果真如此,医生取出一个人的肝脏进行移植的行为也是紧急避险。只不过在99.9%的情况下,都不存在这种“不得已”的情形(参见［日］西田典之:《刑法总论》,弘文堂2010年第2版,第143~144页)。

命。“具体而言,有时候自己会是遭受危险的一方,有时候又会是被转嫁危险的一方,在做如此假设的场合,与通过保证自己总会甘愿承受所降临的危险,而得到不被他人转嫁危险的保障这种选项相比,合理的个人应该会做另外一种选择:通过相互认可在一定范围之内的危险转嫁,以减轻也许会降临到自己头上的危险的风险。”[227] 以击落被恐怖分子劫持即将撞上大楼的飞机从而保护大楼内多数人生命的行为为例。“有那样的情况下,对乘客和机组人员来说,表达同意,或者不同意在实际上都不大可能。但是估计不会有很大的可能性,如果他们有机会表达自己的意愿,他们会选择被击落,然后和他们的绑架者一起立刻死亡,而不是作为导弹的一部分,瞄准和他们一样的好公民。在这种可怖的尴尬局面中,他们就无法避免被当做手段来使用。国家把他们当做手段,来达成一个目的(保护那些潜在的受害者),即便如此,这个手段之为手段的程度,也不比那些劫机者拿他们当做手段的程度,而这些人的目的更为恐怖……联合航空 93 号航班上的乘客和劫机者搏斗,夺回飞机的控制权,结果飞机坠毁在野外,而没有让劫机者得逞完成他们邪恶的目标,我们只需要回忆一下这些乘客的英雄主义,就可以知道乘客很可能会理性地同意,可以被那样对待。任何一群无辜的人,陷入到如此恶劣的境地,他们想要的难道不是一样?”[228] 事实上,在上述情况下,击落飞机是在社会一般成员彼此认可的合理范围内实施的保护更多生命的行为;这种行为不意味着将飞机上的乘客作为工具利用,或许可以认为维护了他们不被恐怖分子利用的尊严。反之,如果将击落飞机的行为作为阻却责任的紧急避险,意味着击落行为仍然违法,他人就可以阻止乃至防卫,因而会牺牲更多的生命。这样反而不合适。

但是,如果不加限制地承认可以牺牲一个人的生命保护其他人的生命,不仅会使人们生活在恐惧之中,导致法秩序的混乱,而且导致保护生命的法律目的难以实现。所以,对于生命的紧急避险,大多具有违法性,无辜的第三者仍然可以进行防卫,在符合紧急避险其他条件的情况下,只能认为避险者没有责任,即作为超法规的阻却责任的紧急避险处理。例如,在牺牲他人生命保护自己或者亲属生命的场合,原则上只能认定为超法规的阻却责任的紧急避险。例如,甲与乙遇到海难,二人同时抓住了一块木板,但该木板仅能承受一人。甲为了自己不死亡而将乙推开,导致乙溺水身亡的,成立阻却责任的紧急避险。再如,如果火车正常行使会导致铁轨上的五个小孩死亡,为了避免这一结果,司机转向另一条铁轨,导致一个小孩死亡。显然,即使认为上述情形属于超法规的紧急避险,也仅限于被牺牲者特定化的场合。亦即,只有当某人承诺牺牲自己,或者唯有某人处于被牺牲者的地位时,才能将牺牲其生命保护其他人的生命的行为认定为紧急避险。故在上述肝脏移植的设例中,不可以任意挑选一个健康的人进行肝脏移植。[229]

三、受强制的紧急避险

所谓受强制的紧急避险(Nötigungsnotstand,强迫的紧急避险或胁迫的紧急避险),是指受他人强制实施紧急避险的情形。例如,绑架犯 A 绑架了 B 的儿子,要求 B 抢劫银行巨额现金,否则杀害其子。B 为了挽救儿子的生命而实施了抢劫银行的行为。B 的行为

---

[227] [日]松原芳博:《刑法总论重要问题》,王昭武译,中国政法大学出版社 2015 年版,第 142 页。
[228] [英]迈克尔·罗森:《尊严:历史和意义》,石可译,法律出版社 2015 年版,第 95~96 页。
[229] 否则,成立故意杀人罪或者故意伤害罪。

是否成立紧急避险？这涉及紧急避险的多个条件。

限定说认为，如果被强制者B实施了盗窃等较轻的犯罪，当然成立紧急避险，但在实施了抢劫等重大犯罪的情况下，不成立紧急避险。该说同时认为，如果缺乏期待可能性，则阻却责任。此说的理由是，首先，如果认为B的行为成立紧急避险，则其行为属于合法行为。果真如此，银行职员等反击B的行为反而不成立正当防卫，这显然不妥当。因为银行职员并没有忍受B的抢劫行为的义务。其次，由于A意图通过B的行为实现自己的意图，故可以认为B分担了A的不法行为。所以，在衡量被强制者B的法益（其儿子的生命）与其侵害的法益（银行财产）时，必须考虑B分担了不法行为的事实。

本书倾向于非限定说。在受强制的紧急避险的场合，虽然应当考虑被强制者B分担了不法行为的事实，但从实质上看，只有当存在紧急避险以外的保全法益的方法而B却采取了紧急避险的方法时，才能认为B分担了不法行为。因此，应当在补充性要件（不得已）的范围内探讨B的行为是否成立紧急避险，而不能对此附加其他特别限制。换言之，刑法第21条并没有限定"危险"的来源，对于受强制者B而言，是谁威胁其儿子的生命，并不重要。只要B的行为符合紧急避险的条件，就成立紧急避险。银行职员不知真相对B实施的反击，属于假想防卫；[230]在这种情况下，由于银行职员不可能有过失，故并不成立犯罪。再如，甲威胁乙，如果不毁坏丙的摩托车就杀害丙。如果没有其他适当途径，乙毁坏丙的摩托车的行为，属于阻却违法的紧急避险。[231]

四、避险过当

避险行为超过必要限度造成不应有的损害的，成立避险过当。避险过当不是独立的罪名，故不能定"避险过当罪"，也不能定"避险过当致人重伤罪"、"避险过当致人死亡罪"等罪名；只能根据避险行为所符合的犯罪构成确定罪名。对于避险过当的责任形式，应与防卫过当的责任形式作相同理解。对于避险过当的，应当酌情减轻或者免除处罚。

第四款　因法益性的阙如阻却违法的事由

一、被害人承诺

（一）被害人承诺的一般概念

符合一定条件的被害人承诺，可以排除损害被害人法益的行为的违法性。罗马法上就有"得承诺的行为不违法"（Volenti non fit injuria）的格言，但不能望文生义地予以适用。被害人请求或者许可行为人侵害其法益，表明其放弃了该法益，放弃了对该法益的保护。既然如此，法律就没有必要予以保护；损害被放弃的法益的行为，就没有侵害法益，因而没有违法性。但这并不意味着只要行为得到了被害人的承诺就不成立犯罪。有些承诺并不影响犯罪的成立。如拐卖儿童的行为，即使得到儿童的承诺，也成立拐卖儿童罪。有些承诺是犯罪（如国外的得承诺杀人罪）的成立条件。由此可见，只有在以违反被害人意志为前提的犯罪中，被害人的承诺才可能阻却违法，如侵犯通信自由罪、故意毁坏财物罪

---

[230] 根据非限定说，银行人员知道真相时，不能实行正当防卫，也难以再实施紧急避险。

[231] 德国有部分学者认为，受强制的紧急避险在任何情况下都只能阻却责任，而不能阻却违法。本书不赞成这种观点。但是，受强制牺牲他人以保护自己或者亲属生命时，则可能阻却责任。

等。此处讨论的仅限于这种情况。

德国、日本的部分学者主张,被害人的同意阻却构成要件符合性,被害人的承诺阻却违法。例如,经被害妇女同意与之性交的,阻却强奸罪的构成要件符合性;经被害人承诺而毁坏其财物的,则阻却故意毁坏财物罪的违法性。但是,一方面,如果经被害人同意的行为不可能符合构成要件,就没有必要另作为阻却构成要件符合性的事由予以讨论。另一方面,在许多情况下,二者的区分又是相当困难的。例如,甲应乙的请求,将乙的电视机扔到垃圾堆的行为,既可以被评价为不符合构成要件的行为,也可能评价为符合构成要件但阻却违法的行为。这是因为,在"违反被害人意志"属于构成要件要素时,被害人承诺就意味着行为不符合构成要件;在"违反被害人意志"不属于构成要件要素时,被害人承诺只能成为违法阻却事由。但是,刑法分则一般没有将"违反被害人意志"规定为构成要件要素,刑法理论只是在部分犯罪中将"违反被害人意志"解释为构成要件要素。于是,在没有明确"违反被害人意志"是否属于构成要件要素的一些犯罪中,被害人承诺既可能是阻却构成要件符合性的事由,也可能是违法阻却事由。基于上述考虑,本书没有严格区分被害人同意与被害人承诺,在此一并讨论(当然主要讨论阻却违法的被害人承诺)。

(二)被害人承诺的有效条件

经被害人承诺的行为符合下列条件时,才阻却行为的违法性(在某些情况下也可能是阻却构成要件符合性):

1. 承诺者对被侵害的法益具有处分权限(承诺范围)。对于国家、公共利益与他人利益,不存在被害人承诺的问题,故只有承诺侵害自己的法益时,才有可能阻却违法。但即使是承诺侵害自己的法益,也有一定限度。如经被害人承诺而杀害他人的行为,仍然成立故意杀人罪。[232] 此外,承诺虽然原则上只能由法益主体做出,但在某些情况下,也可能代理承诺。就财产处理而言,只要存在民法上的有效授权,就可以代理承诺。在涉及治疗行为时,如果儿童或者丧失意志决定能力的人不能做出承诺时,其监护人或者法定代理人可以做出承诺。

2. 承诺者必须对所承诺的事项的意义、范围具有理解能力(承诺能力)。可以肯定的是,没有辨认控制能力的精神病人,缺乏承诺能力。就未成年人而言,不能单纯以年龄划定绝对的界限,必须联系承诺的事项(法益侵害的种类、程度等)进行判断。例如,17 周岁的人对自己的财物以及治疗行为具有承诺能力,但不应当认为其对出卖自己的器官具有承诺能力。

3. 承诺者不仅承诺行为,而且承诺行为的结果(承诺对象)。只有当法益主体承诺法益侵害的结果时,才能认为其放弃了自己的法益。如果只是承诺了被告人的行为,但没有承诺该行为造成的法益侵害结果,则不能认为其放弃了自己的法益。例如,甲明知乙酒后驾驶,仍然坐在甲的车上,乙交通肇事导致甲重伤。对此,不能认定为被害人承诺。当然,如果某种行为必然导致结果或者具有导致结果发生的高度盖然性,被害人对行为的承诺就意味着对结果的承诺。

4. 承诺必须出于被害人的真实意志,戏言性的承诺、基于强制或者威压做出的承诺,

---

[232] 经被害人承诺而造成其身体伤害的,是否阻却故意伤害罪的成立,还存在激烈争论。对此,将在罪刑各论(第二十一章第二节"三")予以说明。

不阻却违法。值得讨论的是基于错误的承诺的效力。全面无效说认为,任何因欺骗行为而引起的承诺,都是无效的。本质错误说(重大错误说、决定性动机错误说)认为,如果被害人没有陷入错误(或者知道真相)就不会做出承诺时,或者说,因欺骗行为引起了决定性的动机错误时,该承诺无效。法益关系错误说认为,如果仅仅是关于承诺动机的错误,应认为该承诺具有效力,阻却违法;如果因为受骗而对所放弃的法益的种类、范围或者危险性发生了错误认识(法益关系的错误),其所做出的承诺则无效。例如,行为人冒充妇女甲的丈夫实施奸淫行为时,黑夜中的甲以为对方是自己的丈夫而同意发生性关系。根据全面无效说、本质错误说与法益关系错误说,甲的承诺均无效。再如,为灾区募捐的行为人欺骗乙,导致乙捐款数额远远高于其他人的捐款数额。根据全面无效说,乙的承诺可能是无效的;但根据本质错误说与法益关系错误说,乙的承诺是有效的。又如,行为人欺骗丙将一个肾脏摘出后移植给丙的女儿,但事实上移植给他人。根据全面无效说、本质错误说,丙的承诺是无效的;根据法益关系错误说,丙的错误仅仅与承诺的动机有关,故不影响其承诺效力。在本书看来,法益关系错误说虽然原则上是妥当的,但是,(1)如何确定法益关系的错误的范围,还存在疑问,对此,需要联系具体犯罪的法益做出判断。一般来说,欺骗行为使被害人对于法益的有无、性质与范围产生错误而做出承诺的,该承诺无效。例如,欺骗行为使被害人误以为不会导致法益侵害而承诺,但事实上造成了法益侵害的,该承诺无效。又如,欺骗行为使被害人误以为只会造成轻微的法益侵害而承诺,但事实上造成了严重的法益侵害的,该承诺无效。再如,欺骗行为使被害人误以为仅损失财产,但事实上造成人身伤害的,该承诺无效。(2)需要考虑被害人承诺的重要目的是否得到实现。法益主体处分某种法益时,常常是为了保护、救助另一法益。如果其保护、救助另一法益的重要目的没有得到实现,就应当认定为法益关系的错误,难以认为其承诺有效。例如,甲欺骗乙向地震灾区捐款,乙为了救济灾民而捐款,但甲将所得捐款据为己有。乙的承诺无效,甲的行为构成诈骗罪。再如,甲欺骗乙,声称其子女需要移植眼角膜,乙献出了眼角膜,但甲将乙的眼角膜改作他用。乙的承诺无效,甲的行为成立故意伤害罪。又如,甲冒充监狱管理人员,欺骗在押犯的妻子乙,只要二人性交就可以提前释放在押犯,乙信以为真与甲性交。应当认为,乙的承诺是无效的。[233] (3)需要考虑欺骗行为对被害人做出承诺的影响程度。亦即,欺骗行为事实上使被害人不可能行使自己决定权,因而不可避免地陷入错误时,应认为承诺无效。因为在这种情况下,被害人事实上没有行使自主决定权。例如,谎称存在紧急避险情形,使被害人做出承诺的,该承诺无效。如甲谎称乙饲养的狗是疯狗,使乙承诺甲捕杀该狗的,乙的承诺无效。再如,欺骗行为使被害人误以为不论自己同意与否法益都会受侵害而承诺的,该承诺无效。如电梯司机在被害人进入电梯后,突然将电源关闭,谎称电梯事故,使被害人同意自己被关在电梯内的,不阻却拘禁行为的违法性。[234]

5. 必须存在现实的承诺。刑法理论对此存在意思方向说与意思表示说之争:前者认为,只要被害人具有现实的承诺,即使没有表示于外部,也是有效的承诺;后者认为,承诺

---

[233] 不过,即使承诺无效,但由于甲的行为并不符合强奸罪的构成要件,也不可能成立强奸罪。换言之,如果行为人没有采用暴力、胁迫或者其他手段,就可以从构成要件符合性阶段否认强奸罪的成立。

[234] 需要说明的是,行为人虽然没有实施欺骗行为,但同时明知被害人由于表达或者书写错误做出了一个违背本人意志的错误承诺时,仍然按照该错误承诺对被害人实施侵害行为的,应当认定为故意犯罪。

的意思必须以语言、举动等方式向行为人表示出来。行为无价值论一般主张意思表示说(但也有例外),本书采取结果无价值论,主张意思方向说。因为承诺本身是自我决定权的表现,只要存在于行为人的内心即可。相关的问题是,是否要求行为人认识到被害人的承诺?理论上也存在必要说与不要说的对立。本书认为,既然被害人同意行为人的行为与法益损害结果,就不存在受保护的法益,故不必要求行为人认识到被害人的承诺。

6. 承诺至迟必须存在于结果发生时,被害人在结果发生前变更承诺的,原来的承诺无效。换言之,法益主体在结果发生前的任何时间内都可以自由撤销承诺。[235] 事后承诺不影响行为成立犯罪(可能影响量刑);否则国家的追诉权就会受被害人意志的任意左右。

7. 经承诺实施的行为不得超出承诺的范围。例如,甲同意乙砍掉自己的一个小手指,而乙砍掉了甲的两个手指。这种行为仍然成立故意伤害罪。

符合上述条件的,阻却行为的违法性,即行为人对所承诺的法益造成损害的行为不具有违法性。但是,经承诺所实施的行为是否侵犯其他法益因而构成其他犯罪,则是另一问题。例如,即使妇女同意数人同时对其实施淫乱行为,但如果数人以不特定或者多数人可能认识到的方式实施淫乱行为时,虽不构成强奸罪,但不排除聚众淫乱罪的成立(就此罪而言,妇女已不再是被害人,而是犯罪主体)。

二、推定的承诺

现实上没有被害人的承诺,但如果被害人知道事实真相后当然会承诺,在这种情况下,基于对被害人意志的推定所实施的行为,就是基于推定的承诺的行为。如发生火灾之际,为了避免烧毁被害人的贵重财产,闯入屋内搬出贵重物品的行为,就是基于推定的承诺的行为。

基于推定的承诺的行为,必须具备以下条件:(1)被害人没有现实的承诺。但应注意的是,推定的承诺具有补充性,只有在不可能得到被害人的现实同意时才能考虑适用推定的承诺。换言之,只要有可能通过各种途径询问被害人的意志,就不允许推定被害人承诺。(2)推定被害人知道真相将承诺。一般认为,这种推定以合理的一般人的价值观念为标准,而不是以被害人的实际价值观念为标准。但应注意的是,只有在无法确定被害人自身的价值观念时,才能按照一般人的价值观念推定。因为起决定性作用的是被害人(法益主体)自身的价值观念,当有事实根据表明被害人的价值观念不同于一般人的价值观念时,只能根据被害人的价值观念推定其意志。(3)一般是为了被害人的一部分法益牺牲其另一部分法益(不排除为了自己或第三者的利益而牺牲被害人的利益[236]),但所牺牲的法益不得大于所保护的法益。(4)必须针对被害人有处分权限的个人法益实施行为。

问题是,被害人知道真相也不承诺的,应当如何处理?换言之,事后判断推定并不成立时,是否阻却违法性?如上所述,所谓推定被害人知道真相将承诺,一般是以合理的一般人意志为标准,而不是以被害人的实际意志为标准。但是,既然推定的承诺以被害人的

---

[235] 如果法益主体在侵害结果发生前撤销承诺,即使行为人的行为已经造成部分损害或者危险的,也阻却违法性,不能以犯罪未遂论处。

[236] 例如,邻居家的水管破裂浸害了自己或者第三者的家具时,砸坏邻居家的门进入邻居家中修复水管的行为,也属于基于推定承诺的行为(参见[日]山口厚:《刑法总论》,有斐阁 2016 年第 3 版,第 180 页)。

自我决定权为核心,那么,在事先不能知道被害人是否承诺的场合,也只能从事后的立场确认被害人的真实意志。如果事后判明行为人的介入行为违反法益主体的真实意志,就不能否认这种行为的违法性。例如,楼上的被害人因装修房屋在卫生间进行闭水试验时外出,楼下的行为人误以为被害人家没有关闭水龙头,为了防止被害人的财产遭受损失而撬门进入被害人住宅。在这种情形下,不能否认侵入住宅行为的违法性,只能作为事实认识错误处理,否认行为人具有故意,因而不成立犯罪。再如,在没有亲属的患者昏迷不醒,不立即截肢就有生命危险的情况下,基于推定的承诺而截肢,患者清醒后反对截肢的,虽然也应当肯定医生的行为具有伤害罪的构成要件符合性,但是,要么可能成立紧急避险,进而否认违法性;要么通过否认医生具有伤害故意与过失宣告无罪。行为人为了自己的利益而推定被害人会承诺所实施的行为,也是如此。

此外还需要说明的是,有些案件不需要作为推定的承诺处理。例如,部分推定的承诺完全可以归入现实的承诺(默示的承诺)。例如,店员暂时离开商店时,顾客按照标明的售价将现金置于柜台内将商品拿走。对于这样的行为,不需要认定为推定的承诺,而是应当认定为现实的承诺(默示的承诺)。再如,被害人住宅发生火灾时,行为人侵入住宅抢救卧病在床的老人的,可归入紧急避险。亦即,住宅主人没有同意老人死亡的权利,因而不可适用推定的承诺。

三、假定的承诺

假定的承诺(假定的同意),一般是指在治疗过程中,医生没有充分向患者履行告知说明义务,没有得到患者的承诺,便实施相关的治疗行为;但事后查明,即使医生向患者履行告知说明义务,患者也会同意该治疗行为。例如,外科医生甲在给患者乙做肩胛骨手术时,不小心将钻针折断并遗留在乙的体内,只有再次手术才能取出钻针。但是,甲隐瞒了这一事实,向乙谎称第一次手术引起了并发症,需要第二次手术才能完全康复,因而获得了乙的同意。所要讨论的问题是,第二次手术行为是否构成故意伤害罪?

在德国,相当多的学者认为,由于医生没有履行告知说明义务,所以侵害了患者的自我决定权;这种假定的承诺不足以事后阻却第二次手术行为的违法性。但有判例认为,由于患者知道真相后原本会同意,同意的表述并不重要,故医生的行为并不违法。还有少数学者认为,医生的行为仅成立犯罪未遂。[237]

本书的初步看法是,在假定的承诺的场合,行为人原本能够取得被害人的承诺,被害人在事先原本能够做出承诺,因此,被害人实际上并不存在法益关系的错误,而且医生实施的治疗行为完全符合患者的目的,客观上也保护了更为优越的法益,故应阻却行为的违法性。

四、自损行为

自损行为,是指自己损害自己法益的行为,如自伤、自己毁损自己所有的财物等,这些行为阻却违法(当然,在许多情形下阻却构成要件符合性)。但是,当自损行为同时危害国家、社会或他人法益时,则并不阻却针对国家、社会与他人法益的违法性。如军人战时自伤的,放火烧毁自己的财物但危害公共安全的,依然成立犯罪。附带说明的是,在未成

---

[237] 参见[德]乌尔斯·金德霍伊泽尔:《刑法总论教科书》,蔡桂生译,北京大学出版社 2015 年版,第 198 页以下。

年人实施自损行为时,负有保护义务的保证人不履行保护义务的,可能成立不作为犯罪。

五、危险接受

(一)危险接受概述

广义的危险接受,大体分为三种类型:

1. 狭义的自发的自己危险化:被害人在认识到自己的行为对自己的法益具有危险的情况下,仍然实施该行为,进而给自己造成了实害。在这种场合,只有被害人实施了与其法益遭受侵害之间具有因果关系的行为。例如,被害人认识到摔伤的危险却爬树采果实,果真摔成重伤。显然,这种案件本身不具有刑法上的意义,[238]故不需要讨论。

2. 自己危险化的参与:被害人意识到并实施了危险的行为,而且遭受了侵害结果,但被告人的参与行为与被害人的侵害结果之间具有物理的或者心理的因果性。简言之,被告人参与了被害人的自发的自己危险化。例如,德国曾发生如下案件:被害人是海洛因的持有人,让被告人将注射器给其使用,被害人利用该注射器注射海洛因,进而死亡。

3. 基于合意的他者危险化:虽然给被害人造成侵害结果的是他人的行为,但被害人认识到并且同意被告人行为给自己带来的危险(即被害人仅承诺了危险,而没有承诺侵害结果)。如德国的梅梅尔河案:在狂风暴雨之际,两位乘客不顾船工的"危险"警告,要求船工运送其过河。船工在运送乘客过河时,渡船翻沉导致乘客死亡。

上述自己危险化的参与和基于合意的他者危险化有三个共同特点:(1)侵害结果的发生,由被告人与被害人的不注意的态度相互作用而共同引起。(2)被告人与被害人都不希望、放任侵害结果发生,相反,都相信、期待侵害结果不发生。(3)被告人"过失地"参与了结果发生,所涉及的都是被告人最终应否承担过失犯刑事责任的问题。[239]

正因为自己危险化的参与和基于合意的他者危险化具有共同点,所以,刑法理论用危险接受概括二者。倘若认为对二者的处理结论相同,对二者的区分就没有意义;如若认为对二者应当做出不同处理,对二者的区分则具有意义。应当肯定的是,危险接受不是责任论领域的问题,而是不法的问题。[240] 本书主张,应在与正犯论相关联的意义上区分二者,区分标准在于是自己侵害还是他者侵害。亦即,被害人自己支配了侵害结果的发生时,被告人的行为属于自己危险化的参与;被告人的行为支配了侵害结果发生时,则是基于合意的他者危险化。换言之,在自己危险化的参与的场合,被告人是共犯、被害人是正犯;而在基于合意的他者危险化的场合,被告人是正犯、被害人是共犯(参见第八章第二节"三")。这样的区分标准,既比较明确,又具有实际意义。

危险接受与被害人承诺(同意)具有联系,甚至有可能作为被害人承诺处理。尽管如此,二者还是存在明显区别:(1)危险接受基本上是就过失犯罪而言;被害人承诺虽然也适用于过失犯,但主要是就故意犯罪而言。(2)危险接受时,被害人只认识到了行为的危险,并没有承诺侵害结果的发生,没有放弃自己的法益;被害人承诺时,被害人同意侵害结

---

[238] 当然,需要区分被害人的自己危险化是自发的还是由他人的行为引起的。总的来说,如果被告人的行为对被害人产生了物理的或者心理的强制,导致被害人实施自己危险化的行为时,就不能认定为自发的自己危险化。

[239] 参见[日]盐谷毅:《被害者的承诺与自己答责性》,法律文化社2004年版,第178页。

[240] 至于是构成要件(结果归责)的问题,还是违法性阶层的问题,在国外刑法理论上存在争议。可以肯定的是,该问题具有复杂性,可能涉及多个领域。本书暂且一并将其放在违法性阶层讨论。

果的发生,放弃了自己的法益。[241]

讨论危险接受问题,必须明确几个前提条件:(1)危险接受案件以发生侵害结果为前提。倘若被告人实施了被害人所同意的危险行为,但并没有发生侵害结果,则不具有刑法上的意义。(2)被害人必须具有认识能力与控制能力。例如,在被害人毒瘾发作,处于没有控制能力的状态时,被告人将大量毒品交付给被害人吸食,被害人吸食后死亡的,就不属于危险接受的问题,被告人的行为成立相应的犯罪。(3)被害人必须对危险事实具有明确认识。如果被告人隐瞒真相,使被害人缺乏相应的认识时,就不应当作为危险接受案件处理。例如,被告人知道自己患有严重性病,但隐瞒真相,与对方性交时不使用安全套,使对方感染严重性病的,成立故意伤害罪。(4)被告人在被害人还没有认识到危险的情况下实施了某种行为,导致被害人不得不陷入危险的,不属于危险接受案件。例如,被告人甲对乙家放火,放火燃烧的当时,乙为了救助家中的亲人,而冲入燃烧的家中,但因为丧失意识而倒下,因一氧化碳中毒而死亡。甲应对乙的死亡承担刑事责任。(5)对于侵害公法益的犯罪,不存在危险接受的问题。例如,乙明知卖淫女甲患有严重性病,但依然不采取预防措施而与之性交,进而感染了严重性病。就甲的行为是否对乙成立过失致人重伤罪而言,是危险接受问题。但是,即使否认甲的行为成立过失致人重伤罪,也不能否认其行为成立侵害公法益的传播性病罪。(6)被告人在实施自己危险化的参与行为或者基于合意的他者危险化的行为之后,仍然可以救助被害人而没有救助的场合,能否成立不作为犯,不是危险接受本身的问题。

(二)自己危险化的参与

自己危险化的参与的最大特征是,被害人的行为是导致侵害结果发生的直接原因,或者说,被害人自己支配了侵害结果的发生,被告人只是参与了被害人的自己危险化。本书的基本观点是,对于自己危险化的参与,只要符合前述危险接受的前提条件,就不能将侵害结果归属于被告人的行为(被告人的行为不成立犯罪)。换言之,可以通过否认构成要件符合性,并运用共犯从属性的原理,得出自己危险化的参与不构成犯罪的结论。

在自己危险化的参与的场合,被害人是正犯,正犯自冒风险时,其行为既不符合构成要件,也不具有违法性。例如,过失致人重伤,是指"过失伤害他人致人重伤"(刑法第235条);过失致人死亡时,其中的人也应指"他人",而不应当包括行为人本人。[242] 当被害人自己过失导致自己重伤、死亡时,其行为并不符合过失致人重伤罪、过失致人死亡罪的构成要件。既然正犯的行为不符合构成要件,那么,根据共犯从属性说的原理,不管在从属性程度上采取何种学说,教唆行为与帮助行为就都不可能成立犯罪。

例如,在校大学生甲、乙、丙相约来到一河边渡口游泳,丙提出到水最深的地方看河水到底有多深,甲、乙表示同意。因害怕危险,三人决定手牵手试水,由于三人手未拉稳,一起掉了下去,他人听到呼救赶到时,丙被冲向沙滩边,自己爬上岸,乙被人救起,而甲则沉

---

[241] 当然,如果认为被害人承诺只要同意危险行为即可,则在此问题上没有区别。

[242] 即使认为"故意杀人"中的"人"可以包含本人,也不应认为"过失致人死亡"中的"人"包含本人。任何人都不可能阻止他人的正当行为,但在日常生活中,人们可以阻止他人的自杀行为,似乎可以认为自杀是违法的,因而"故意杀人"中的"人"可以包含本人。但是,如果认为人们可以阻止他人可能对自己生命有危险的行为,则必然导致他人没有行为自由,因而不妥当。例如,当他人登山时,任何人不得以"可能过失摔死"为由阻止他人登山。

入水中,直到次日下午尸体才被发现。在本案中,三人手牵手试水的行为,对各自都是一种危险行为,但死者甲的行为并不符合过失致人死亡罪的构成要件。既然如此,实施了参与行为的丙、乙,就不可能成立过失的教唆犯与帮助犯。

再如,某日上午,警察依法将涉嫌寻衅滋事的A传唤至派出所进行讯问。在去派出所之前,A让其妹B买点农药送到派出所,准备以喝农药的方式吓唬警察。B购买两小瓶丁硫吡虫啉后送到派出所交给A。A接到农药后提出去洗手间,并在洗手间喝了农药,后因抢救无效死亡。本案的特点是,被告人B帮助A实施自己危险化的行为。但是,B对A的死亡结果并没有故意,A虽然并不希望或者放任自己的死亡,却实施了喝农药的危险行为。由于A的行为并不符合过失致人死亡罪的构成要件,对于过失提供帮助的B也不得以过失致人死亡罪论处。[243]

(三)基于合意的他者危险化

如前所述,基于合意的他者危险化与自己危险化的参与存在区别。但是,德国、日本的刑法理论,大多试图以同一原理说明二者均不可罚,而且,学者们的理由可谓五花八门。[244]

本书的观点是,对于基于合意的他者危险化,也只能从是否具备构成要件符合性、违法性的角度展开分析。就构成要件符合性而言,由于行为人造成了他人的重伤或者死亡,客观上完全符合过失致人死亡罪或者过失致人重伤罪的构成要件。即使采取客观归责理论,也不能认为基于合意的他者危险化行为,没有制造不被允许的危险,更不能否认危险的现实化,同样不能认为超出了构成要件的保护范围。在违法性层面,基于合意的他者危险化,也并没有保护更为优越的利益,因而并不存在违法阻却事由。[245] 既然如此,基于合意的他者危险化,就没有排除犯罪成立的理由。

例如,某年冬天,甲与乙(女)驾驶夏利牌轿车到某水库南侧游玩。为近距离观赏野鸭子,甲查看冰层约有30公分,又在冰面上向前走了大约七八十米,便提议驾车穿过冰面到对岸,乙表示同意。甲即驾驶该车载乙向水库北岸行驶,当车行至河岔中心偏北侧时,汽车落入冰下水中,乙溺水死亡。本书认为,甲的行为构成过失致人死亡罪。诚然,被害人乙可以不坐入车内,但是,不能因为乙有这个决定权,就认定她自己引起了发生死亡结果的危险,更不能认定她自己造成了死亡结果。无论如何都应当认为,甲的行为引起了发生死亡结果的危险,并且使危险现实化。换言之,乙虽然认识到了行为的危险,但是,危险完全掌控在甲手中,甲的过失行为支配了侵害结果的发生。由于甲的行为符合过失致人死亡罪的构成要件,也不具备违法阻却事由与责任阻却事由,故应认定其行为构成过失致人死亡罪。

如果梅梅尔河案发生在我国,也宜以过失犯论处。因为在梅梅尔河案中,船工对于渡河具有优越的知识,也负有使乘客安全渡河的义务。[246] 船工虽然是因为乘客的请求才驾

---

〔243〕 诚然,购买农药是"故意"的,但是,这种故意不是对被害人死亡的故意,因而不是刑法意义上的故意。

〔244〕 如被害人承诺论、因果过程操纵论、危险共同体论、被害人的管辖论、危险自己负担行为论、社会的相当性说、部分社会论、责任阻却说、被允许的危险说、信赖原则说、禁止溯及论等(参见[日]盐谷毅:《被害者的承诺与自己答责性》,法律文化社2004年版,第263页以下)。

〔245〕 如果像治疗行为那样保护更为优越的利益,则是另一回事(不必作为危险接受案件处理)。

〔246〕 倘若被告人不是负责摆渡的船工,只是普通渔民,或者被害人上船之后自己操纵船只,则会得出不同结论。

船,但乘客当然信赖船工会安全地使自己渡河。在这样的情形下,不能否认船工的行为符合过失致人死亡罪的构成要件。基于同样的理由,当乘客为了赶飞机,要求出租车司机超速行驶时,司机超速行驶过失导致乘客死亡的,也成立交通肇事罪(或者过失致人死亡罪)。

本书主张的基于合意的他者危险化并不阻却犯罪成立的观点,以被告人实施了符合构成要件的正犯行为为前提。因此,如果表面上看,是被告人的行为造成了法益侵害结果,但实际上被害人是间接正犯时,就不能肯定构成要件符合性,被告人便不对结果负责。亦即,虽然表面上看由被告人实施了导致结果发生的行为,但被告人处于被害人的压倒性的意思支配之下,实质上可以评价为被害人自己导致结果发生的场合,被告人不对结果负责。[247] 因为当被害人自己成为侵害自己法益的间接正犯时,其行为并不符合任何犯罪的构成要件,根据共犯从属性说的原理,被告人的参与行为也就不可能符合构成要件。这主要表现为两种情形:

第一,被害人对被告人实施强制行为,支配了因果发展进程。例如,某日下午,派出所的警察在公路上设卡进行交通检查,被告人甲无证驾驶无牌照摩托车路经此处,被警察乙扣留,乙责令甲驾驶该车搭载乙前往派出所接受处理。甲驾驶该车时车速过快,操作不当,致使该车与路边石块相撞,致乙受重伤(一级伤残)。在本书看来,甲的行为并不构成犯罪。在甲无证驾驶被查处的情况下,正在行使交通检查职权、查处违章行为的警察乙,明知甲无驾驶资格仍然要求其继续驾驶并搭乘自己,应当评价为一种强制行为。换言之,在当时的情况下,甲不可能拒绝乙的要求。既然如此,就应当认为乙的行为支配了结果的发生。乙自己使自己受伤的行为并不符合过失致人重伤罪的构成要件,根据共犯从属性说的原理,甲的行为也不成立犯罪。反之,如果本案甲身受重伤,乙反而应当承担刑事责任。

第二,被害人对危险行为具有优越的知识,支配了因果发展进程。日本千叶赛车案可谓适例:被害人有七年的赛车经验,发现初学赛车的被告人技术低劣,在被告人练习时,被害人要求坐在车上对被告人进行技术指导。被告人按照被害人的指示,在练习赛车时错误操作,致使赛车失去控制,撞到防护栏后翻车,防护栏的支柱刺穿被害人一侧的窗户,导致同乘的被害人死亡。法院宣告被告人的行为不构成犯罪。[248] 在本案中,被害人不仅认识到了赛车竞技运动的危险性,而且基于优越的知识,通过对被告人的建议、指示,在很大程度上掌控了危险,形式上是被告人造成了侵害结果,实质上被害人处于间接正犯的地位。换言之,实质上是被害人的自己侵害行为造成了自己的死亡。由于该行为并不符合任何犯罪的构成要件,根据共犯从属性说的原理,被告人的行为也不符合任何犯罪的构成要件。

第五款 基于法益衡量阻却违法的事由

一、法令行为

(一)法令行为概述

法令行为,是指基于成文法律、法令、法规的规定,作为行使权利或者承担义务所实施

---

〔247〕 [日]曽根威彦:"过失犯中的危险接受",载《早稻田法学》第73卷(1997年)第2号,第54页。

〔248〕 [日]西田典之等编:《刑法判例百选Ⅰ(总论)》,有斐阁2008年第6版,第314页。

的行为。由于法令行为是法律本身所允许乃至鼓励的、形成法秩序的一部分的行为,因而是合法行为,不是犯罪行为。但有的法令行为从形式上看,与某些犯罪的客观行为具有相似之处,故将法令行为作为违法阻却事由。

一般认为,法令行为包括四类行为:(1)法律基于政策理由阻却违法的行为,即某类行为本来会侵害法益,但法律基于政策上的考虑(也可谓法益的衡量),将其中的某种行为规定为合法行为。如发行彩票本来可谓赌博行为,但基于财政政策等理由,有关法律允许特定机构以特定形式发行彩票。这种行为便不成立犯罪。(2)法律有意明示了合法性条件的行为,即某类行为本来具有犯罪性,但法律特别规定,符合一定条件时属合法行为。〔249〕(3)职权(职务)行为,即公务人员根据法律行使职务或者履行职责的行为。既包括基于法律的直接规定实施的行为,也包括基于上级的职务命令实施的行为。〔250〕如司法工作人员对犯罪嫌疑人实行逮捕。(4)权利(义务)行为,即在法律规定上作为公民的权利(义务)的行为,如一般人扭送现行犯。

法令行为是基于法律、法令、法规的规定所实施的行为,因此,如果行为人所实施的行为没有法律、法令、法规的根据,或者虽有一定根据但在实体上或程序上违反了法律、法令或法规的规定,则不属于法令行为,相反可能构成犯罪。

(二)职务行为与正当防卫的关系

值得研究的是职务行为与正当防卫的关系,即所谓人民警察的正当防卫问题。"两高"、公安部、国家安全部、司法部1983年9月14日《关于人民警察执行职务中实行正当防卫的具体规定》做了如下具体规定:遇有下列情形之一,人民警察必须采取正当防卫行为,使正在进行不法侵害行为的人丧失侵害能力或者中止侵害行为:(1)暴力劫持或控制飞机、船舰、火车、电车、汽车等交通工具,危害公共安全时;(2)驾驶交通工具蓄意危害公共安全时;(3)正在实施纵火、爆炸、凶杀、抢劫以及其他严重危害公共安全、人身安全和财产安全的行为时;(4)人民警察保卫的特定对象、目标受到暴力侵袭或者有受到暴力侵袭的紧迫危险时;(5)执行收容、拘留、逮捕、审讯、押解人犯和追捕逃犯,遇有以暴力抗拒、抢夺武器、行凶等非常情况时;(6)聚众劫狱或看守所、拘役所、拘留所、监狱和劳改、劳教场所的被监管人员暴动、行凶、抢夺武器时;(7)人民警察遭到暴力侵袭,或佩带的枪支、警械被抢夺时。此外还规定:"人民警察采取的正当防卫行为,不负刑事责任。防卫超过必要限度造成不应有的危害的,应当负刑事责任,但是应当酌情减轻或者免除处罚。"上述规定"也适用于国家审判机关、检察机关、公安机关、国家安全机关和司法行政机关其他依法执行职务的人员。"

应当承认,在没有充分展开对法令行为的研究,旧刑法没有规定特殊正当防卫的情况下,上述规定的缺陷或许并不明显。但是,在现行刑法之下,仍然将人民警察制止犯罪的行为作为正当防卫处理,存在疑问。

---

〔249〕 如在规定了堕胎罪的国家,其优生法往往规定符合一定条件的堕胎行为不成立堕胎罪。在我国也可能找到类似的情形。

〔250〕 我国刑法理论一般将执行上级命令的行为,作为独立于法令行为之外的排除犯罪事由,这未尝不可。但下级执行上级命令本身也是有法律根据的,上级命令也必须以法律为根据,故可以将执行上级命令的行为归入法令行为。

1. 正当防卫不是法律义务，只是违法阻却事由。[251] 而职务行为是一种法律义务，如果不实施职务行为则是违法的失职行为。显然，将警察制止犯罪的行为称为正当防卫，有可能导致其不履行制止犯罪的职责。正因为如此，上述规定将正当防卫规定为警察的义务。但司法解释将正当防卫规定为警察的法律义务，缺乏妥当性。

2. 法律并不要求防卫人先实施警告行为，再实施较为缓和的制伏行为，最后实施杀伤行为。但警察面对不法侵害时，首先应当实施警告行为，在不得已的情况下，实施由轻到重的侵害行为。换言之，公民的正当防卫不以补充性（不得已）为要件，而警察为制止违法犯罪实施的杀伤行为，应以补充性（不得已）为要件。对警察制止违法犯罪的行为适用正当防卫的规定，必然导致不当侵害违法犯罪人的合法权益。

3. 防卫人对事前预见的不法侵害行为，能够进行正当防卫。但是，警察在事先知道有人会实施不法侵害行为的情况下，应当采取预防措施，而不是待他人实施不法侵害时进行正当防卫。否则，是违背职责甚至构成犯罪的行为。

4. 对于公民实施正当防卫所采取的手段，法律不作任何限定。在防卫人顺手获得猎枪的情况下，法律并不禁止其使用猎枪进行防卫。但对警察而言，并非面对任何违法犯罪时，都可以使用随身携带的警械与武器。例如，对于一般的违法犯罪，警察只能使用驱逐性、制伏性、约束性的警械，而不能使用枪支、弹药等武器。这也与正当防卫存在重大区别。如果对警察的职务行为适用正当防卫的规定，容易导致其随意使用警械与武器。

5. 作为违法阻却事由，只要防卫行为符合正当防卫的前提条件与限度条件，就成立正当防卫，防卫人对必要限度内的伤害结果并无救助义务。[252] 但警察的职务行为造成违法犯罪人伤害的，必须及时抢救（参见《人民警察使用警械和武器条例》第12条）。如果对警察的职务行为适用正当防卫的规定，可能导致警察不履行抢救等义务。

6. 警察的职务行为，必须符合严格的必要性与比例性要件。必要性原则，是指在可以不损害公民利益的情况下，不得损害公民的利益。比例性原则，是指在具备必要性的情况下，所实施的职务行为不得超过合理的限度。刑法赋予公民正当防卫的权利，是因为不法侵害具有紧迫性，不能得到国家机关救助。反过来说，如果能够得到国家机关的救助，公民也不应造成不法侵害人的伤亡。在司法实践中，经常出现这样的情形：防卫人对不法侵害进行正当防卫时，警察到达现场；此时防卫人不再继续进行防卫，而是由警察不以造成伤亡为目的地"制伏"不法侵害人。这表明，警察执行职务造成违法犯罪人伤亡的条件，比正当防卫造成不法侵害人伤亡的条件更为严格。在旧刑法对正当防卫的限度规定得比较严格的情况下，将警察的部分职务行为视为正当防卫，一般不会产生严重问题。但在现行刑法规定了特殊正当防卫的情况下，如果仍然对警察制止违法犯罪的行为适用正当防卫的规定，就会导致下列现象：只要警察遇到正在进行的严重危及人身安全的暴力犯罪，即可一律开枪将不法侵害人击毙。不能认为这是一种合理现象。因为警察遇到严重危及人身安全的暴力犯罪时，首先应尽量制伏罪犯，从而对罪犯绳之以法，实现法的确证，而不应以开枪击毙罪犯为最终目的。

7. 根据《人民警察法》、《监狱法》、《戒严法》、《军事设施保护法》的相关规定，完全可

[251] 理论上更多地肯定正当防卫是公民的权利，充其量认为正当防卫是一种道义上的义务。

[252] 当然，如果因为没有救助而造成了防卫过当的结果，则是防卫过当的问题。

以将警察、军人执行职务的行为作为法令行为合法化,无须适用正当防卫的规定。所以,本书认为,对警察执行职务的行为,不宜适用正当防卫的规定,至少不能一概适用正当防卫的规定,尤其不宜适用特殊正当防卫的规定。[253]

(三)过当及其他不当职务行为的处理

对过当或者不当的职务行为应如何处理,是我国刑法理论尚未展开讨论的问题,下面以人民警察的职务行为为中心略作说明。

警察的职务行为,大多是损害相对方利益的行为。职务行为的合法性要件之一,是职务行为的比例性;违反比例性要求的职务行为,不再具有合法性。职务行为的种类繁多,法律法规不可能作出具体规定。本书提倡必需的最小限度原则,即在具备必要性的条件下,必须将职务行为造成的损害控制在最小限度内。

首先,警察的职务行为,应以使违法犯罪人员停止违法犯罪行为为限度,而不能简单地进行法益衡量。在使用制伏性、驱逐性警械即可达到目的的情况下,不得使用约束性警械。无论多么凶恶的犯罪,只要采取制伏性、驱逐性、约束性等警械即可制止犯罪行为的,就不能使用武器。

其次,职务行为造成的损害不能大于、等于相对方的违法犯罪行为造成的损害。例如,不法侵害人正在实施伤害行为或者实施普通财产犯罪的,警察不能以杀害不法侵害人的方法执行职务。

最后,即使职务行为所造成的损害小于相对方的违法犯罪行为造成的损害,但如果职务行为造成的损害不具有必需性,也属于过当的职务行为。例如,在犯罪分子实施凶杀、劫持人质等暴力行为时,如果能够通过警告制止该犯罪行为,或者能够通过使用制伏性警械制止该犯罪行为时,就不得造成犯罪分子的伤害。

总之,对于警察等司法工作人员的职务行为(尤其是制止违法犯罪的行为)的限度,不能适用正当防卫的防卫限度,更不能适用特殊正当防卫取消限度条件,而应比紧急避险的限度更为严格。

之所以将比例性作为警察职务行为的合法性的要件,不仅因为警察的职务行为可能过当,而且过当的职务行为往往造成严重的结果。事实上,警察在实施职务行为的过程中违反比例性原则,造成过当的现象并不罕见。对于过当的职务行为应当如何处理,是刑法理论需要研究的问题。

例如,民警甲于某日晚带领两名治保人员抓赌。甲进入赌场时,赌场立刻混乱起来,参赌人员与围观者四处奔跑躲藏。几分钟后,聚众赌博人员 X 以为无事又从原道返回时,正好碰上甲等三人。一名治保人员喊道"他也是赌徒",于是,甲连开 3 枪,其中一枪击中 X 的心脏,导致 X 当场死亡。对这类构成犯罪的过当的职务行为的处理,面临着两大问题:(1)如何确定犯罪的责任形式?(2)能否类推相关法条从宽处罚?

1. 过当的职务行为,既可能出于故意也可能出于过失。

警察对过当的事实具有认识,对过当职务行为所造成的结果具有希望或者放任心理

---

[253] 显然,以上观点并不意味着警察绝对不可能实施正当防卫。事实上,警察为了防卫自己的生命、身体、财产法益等,完全可能进行正当防卫。但是,在可以通过职务行为正当化的情况下,应当以职务行为为根据排除犯罪的成立,而不能一概以正当防卫为根据排除犯罪的成立。

的,属于故意犯罪。例如,明知对方只是在非法举行集会、游行、示威,而使用武器伤害对方的,应认定为故意伤害罪。明知对方只是强行冲越警察为履行职责设置的警戒线,而使用武器杀害对方的,应认定为故意杀人罪。显然,上述甲的行为构成故意杀人罪。反之,如果警察对过当的事实缺乏认识但具有认识的可能性,或者已经预见过当行为可能造成不应有的结果,但轻信能够避免的,则属于过失犯罪。例如,手枪中本有子弹,但警察误以为没有子弹而举枪警告不法侵害人员却造成伤亡结果的,属于过失犯罪行为。

2. 对过当的职务行为构成犯罪的,不能类推适用刑法关于防卫过当、避险过当减免刑罚的规定。

首先,相关法律法规并没有对构成犯罪的过当的职务行为设立减免刑罚的规定(参见《人民警察法》第48条、第49条,《戒严法》第30条)。

其次,一般认为,防卫过当、避险过当减免刑罚的根据,主要是违法与责任减少。所谓责任减少,是指防卫行为、避险行为是在紧急状况下实施的,行为人一般会产生恐惧、惊慌心理,故即使过当,也不应受到强烈的非难。所谓违法减少,是指防卫过当、避险过当行为不同于单纯的法益侵害行为,因而违法性减少。但是,仅用责任减少或者违法减少,是难以说明防卫过当与避险过当减免刑罚的根据的。如果单纯采取责任减少说,对于假想防卫也应减免刑罚,但事实上并非如此。如果单纯采取违法减少说,则由于过当部分构成犯罪,不可能减免刑罚。所以,一般认为,责任与违法同时减少,是防卫过当、避险过当减免刑罚的根据。[254] 但是,警察是经过特别训练的人员,他们面对违法犯罪行为时,一般不会也不应当产生恐惧、惊慌心理,故其过当的职务行为并不使其责任减少。另一方面,警察不仅具有制止不法侵害的职责,而且具有保护不法侵害人的人身不受侵害的职责。所以其过当的职务行为也难以使其违法减少。刑法关于警察面对违法犯罪行为时,不能为了避免本人的危险而实施紧急避险的规定,也间接说明了这一点。既然如此,构成犯罪的过当的职务行为就缺乏比照防卫过当、避险过当减免刑罚的实质根据。

最后,“国家不仅必须尽力保护公民的自由,而且必须尽力促使公务员严格地遵守法律”。[255] 换言之,警察必须尽最大可能保护一般公民的法益,又尽最大可能保护不法侵害者的合法权益。如果对于警察构成犯罪的过当职务行为类推适用防卫过当、避险过当减免刑罚的规定,便不利于预防警察的过当职务行为,进而不利于限制警察的权力,不利于保护不法侵害者的合法权益。

除了过当的职务行为外,还存在缺乏必要性的其他不当职务行为。

1. 如前所述,如果不存在违法犯罪行为,警察就不得使用警械、武器侵犯公民的自由与权利。可事实上存在这样的情形:原本不存在违法犯罪行为,但警察误以为存在,而对他人使用警械乃至武器,剥夺他人自由或者造成他人伤亡。在这种情况下,如果警察没有进行任何审查,不管是否存在违法犯罪,执意实施侵害行为的,应认定为故意犯罪。如果警察没有履行认真审查义务,缺乏故意态度但存在过失心理的,则构成过失犯罪。如果履行了认真审查义务,则属于意外事件。

---

[254] 参见[日]团藤重光:《刑法纲要(总论)》,创文社1990年第3版,第241页;[日]前田雅英:《刑法总论讲义》,东京大学出版会2015年第6版,第280页;[日]山口厚:《刑法总论》,有斐阁2016年第3版,第142页。

[255] C. Roxin, Strafrecht Allgemeiner Teil, Band I, 4. Aufl., C. H. Beck, 2006, S. 792.

2. 即使存在违法犯罪行为,但在制止违法犯罪行为后,人民警察等司法工作人员除依法实施拘留等合法的职务行为外,不得继续侵害违法犯罪人的合法权益。对此,相关法律法规有明文规定(参见《人民警察使用警械和武器条例》第7条、第11条)。警察在制止违法犯罪行为后,继续开枪射击杀伤犯罪分子的,应认定为故意杀人罪或者故意伤害罪。[256]

二、正当业务行为

正当业务行为,是指虽然没有法律、法令、法规的直接规定,但在社会生活上被认为是正当的业务上的行为。业务是指基于社会生活中的地位反复实施的行为。但并非因为是"业务"就不成立犯罪,而是因为"正当"才阻却违法。"正当"意味着行为本身是维持或保护正当利益的行为。因此,只有正当业务中的正当行为才是违法阻却事由,超出正当范围的行为依然可能成立犯罪。例如,一般来说,记者的采访报道活动属正当业务行为,但记者捏造事实诽谤他人的,并不阻却违法。正当业务行为没有固定的种类。职业性的体育活动,属于正当业务行为;遵守了体育规则的行为,即使造成了他人伤害,也不成立故意伤害罪。律师的辩护活动也是正当业务行为。医生基于患者的承诺或推定的承诺,采取医学上所承认的方法,客观上伤害患者身体的治疗行为,可谓正当业务行为,但其阻却违法的条件更为严格:治疗行为在医学上是被承认的方法,其实质是具有安全性、有效性与必要性;必须有患者的承诺或推定的承诺。[257] 人体实验不属于正当业务行为。

三、自救行为

自救行为,是指法益受到侵害的人,在通过法律程序、依靠国家机关不可能或者明显难以恢复的情况下,依靠自己的力量救济法益的行为。[258] 例如,盗窃罪的被害人,在盗窃犯即将毁损所盗物品或者逃往外地等场合,来不及通过司法机关挽回损失,使用暴力等手段迅速从盗窃犯手中夺回财物的,就是自救行为。显然,自救行为是一种事后救济行为,在近代法治国家受到严格限制。自救行为必须符合以下条件:(1)法益已经受到了违法侵害,不问该侵害是刚刚结束还是经过了一定时间。换言之,法益侵害行为虽然已经结束,但法益受侵害的状态仍然存在。这是自救行为与正当防卫的关键区别。(2)行为人具有需要实现的请求权。(3)通过法律程序、依靠国家机关不可能或者明显难以恢复受侵害的法益,或者说不能及时获得公权力的救助。这表明,通过自救行为可以恢复受侵害的法益。债权人在债务人没有偿还债务的情况下,窃取债务人财物的,不成立自救行为,相反构成盗窃罪。(4)救济行为的手段具有适当性,所造成的侵害与救济的法益具有相当性。

四、行政许可

(一)行政许可的性质

不少犯罪以"未经……许可"、"未经……批准"为成立条件。例如,刑法第339条第2

---

〔256〕 当然,如果对方已经停止了违法犯罪行为,而警察误以为对方仍在实施违法犯罪行为,从而实施职务行为的,则不应认定为故意犯罪。

〔257〕 关于治疗行为的地位与正当化根据,在国外刑法理论上存在激烈争论。有人认为治疗行为阻却构成要件符合性,有人认为治疗行为阻却违法性。关于阻却违法性的根据,主要存在患者同意说、结果说(如优越利益说、价值衡量说等)与行为说(如社会相当性说)。

〔258〕 即使民法不承认自救行为,也不妨碍将自救行为作为阻却刑事违法性的事由。

款前段规定："未经国务院有关主管部门许可，擅自进口固体废物用作原料，造成重大环境污染事故，致使公私财产遭受重大损失或者严重危害人体健康的，处五年以下有期徒刑或者拘役，并处罚金。"显然，如果进口固体废物的行为得到了国务院有关主管部门的许可，那么，即使造成了环境污染事故，也不可能成立擅自进口固体废物罪。再如，《枪支管理法》第30条规定："任何单位或者个人未经许可，不得运输枪支。需要运输枪支的，必须向公安机关如实申报运输枪支的品种、数量和运输的路线、方式，领取枪支运输许可证件。"显然，经过有权机关的许可运输枪支的，不可能成立非法运输枪支罪。问题是，获得行政许可的行为是阻却构成要件符合性，还是阻却违法性？

德国的通说认为，行政许可（官方批准）既可能阻却构成要件符合性，也可能阻却违法性，但大多数行政许可阻却构成要件符合性。如果缺乏行政许可是构成要件要素，取得行政许可就阻却构成要件符合性；倘若缺乏行政许可是一种专门的违法性要素，取得行政许可便阻却违法性。[259]

本书的初步看法是，根据行政许可的类型区分获得行政许可的性质。行政许可分为两大类：(1)控制性许可。在这种场合，行为之所以需要获得行政许可，并不是因为所有人都不得实施该行为，也不是因为该行为本身侵犯其他法益，只是因为需要行政机关在具体事件中事先审查是否违反特定的实体法的规定。因此，只要申请人的行为符合实体法的规定，就应许可。(2)特别许可。在这种场合，法律将某种行为作为具有法益侵犯性的行为予以普遍禁止，但是又允许在特别规定的例外情况下，赋予当事人从事禁止行为的自由。借助特别许可，因法律抽象规定而产生的困境和困难得以消除。[260] 换言之，在特别规定的例外情况下，当事人从事禁止行为实现了更为优越至少同等的法益。显然，在前一种场合，行政许可的作用主要是提高公信力证明和合理配置资源，取得行政许可后实施的行为，不可能符合犯罪的构成要件，因而阻却构成要件符合性；在后一种场合，行政许可的作用主要是控制危险，取得行政许可后实施的行为，仍然是一种符合构成要件的行为，但阻却违法性。

例如，设立商业银行、证券交易所、期货交易所等金融机构的行为，原本并未侵犯法益。但是，只有符合相应实体法所规定的设立条件，才能设立相应的金融机构，否则便侵犯了国家对金融机构的管理秩序；而设立者是否符合实体法规定的设立条件，需要由国家有关主管部门审核；符合条件者，便可获准设立金融机构（控制性许可）。所以，经过国家有关主管部门批准而设立商业银行、证券交易所、期货交易所等金融机构的行为，阻却构成要件符合性。

又如，发行彩票的行为，原本侵害了以劳动取得财产这一国民健全的经济生活秩序。但是，国家出于财政政策的考虑，允许特定的机关发行彩票，从而弥补国家财力的不足，实现了更为优越的利益（特别许可）。所以，经过行政许可而发行彩票的行为，是违法阻却事由。换言之，发行彩票的行为是因为实现了更为优越的利益，而不具有违法性。再如，种植毒品原植物的行为，原本就具有侵害公众健康的危险。但是，国家为了保证医疗需

[259] 参见［德］冈特·施特拉腾韦特、洛塔尔·库伦：《刑法总论I——犯罪论》，杨萌译，法律出版社2006年版，第189页以下；Schönke/Schröder/Lenkner, Strafgesetzbuch, 26. Aufl., C. H. Beck, 2001, S. 568ff.

[260] ［德］哈特穆特·毛雷尔：《行政法学总论》，高家伟译，法律出版社2000年版，第209页以下。

要,特别允许一定的企业生产毒品原植物,进而保护更为优越的利益。所以,经过许可种植毒品原植物的行为,属于违法阻却事由。

(二)有瑕疵的行政许可

值得讨论的问题是,通过欺骗等不正当手段取得的行政许可,是否阻却构成要件符合性与违法性?

对此,德国刑法理论存在激烈争论。第一种观点认为,只有当行政许可完全符合实体法的规定,没有任何瑕疵时,才具有刑法上的效果,阻却构成要件符合性与违法性。第二种观点认为,只要是有效的行政许可,即使有瑕疵,在被撤销前,也可以阻却构成要件符合性与违法性。第三种观点认为,如果取得行政许可是滥用权利的结果,那么,这种许可在刑法上应视为无效。〔261〕 第三种观点是德国的主流观点。根据该主流观点,通过欺骗等手段获得的行政许可,是滥用权利的表现,即使该行政许可在行政法上可能是有效的,行为人也应当受到刑罚处罚。

但是,上述三种观点在我国都可能遇到困境。第一,有瑕疵的行政许可,也可能阻却犯罪的成立。例如,行为人甲在申请设立保险公司时,实施了欺骗行为,具有一定瑕疵,在取得主管部门批准后设立了保险公司。根据上述第一种观点,成立擅自设立金融机构罪。但是,既然行为人向主管机关提出了申请,且得到了批准,就不能认为行为人“擅自”设立金融机构。第二,在有瑕疵而无效的行政许可和有瑕疵但有效的行政许可之间做出区分,可能是相当困难的。第三,上述第三种观点,实际上与第一种观点的结论相同,故不为本书所取。

本书主张根据行政许可的两种类型做出区分。在特别许可的场合,未取得行政许可的行为,不仅侵犯了相应的管理秩序,而且侵犯了刑法保护的其他法益。通过欺骗等不正当手段取得了行政许可而实施的行为,因为侵犯了刑法保护的法益,应以犯罪论处。例如,通过欺骗、胁迫手段获得种植毒品原植物的许可的,并不阻却犯罪的成立,依然成立非法种植毒品原植物罪。

在控制性许可的场合,没有得到行政许可的行为,侵犯的是相应的管理秩序,而没有侵犯刑法保护的其他法益。故只要取得了行政许可,即使使用了欺骗等不正当手段,也应认为没有侵犯管理秩序,因而阻却构成要件符合性。在这种情况下,行为造成其他法益侵害结果构成犯罪的,只能按其他犯罪论处。例如,凡是得到国家有关主管部门批准而发行股票或者公司、企业债券的,即使使用了欺骗手段,也不成立擅自发行股票、公司、企业债券罪。再如,凡是获得了医生执业资格的人,即使其在申请医生执业资格时使用了欺骗手段,也不成立非法行医罪。如果行为人在行医过程中过失致人死亡,只能认定为医疗事故罪或者过失致人死亡罪。由此可见,对于控制性许可而言,从事刑事审判的法官只需要进行形式的判断,不应当进行实质的审查。换言之,行为人是否采取欺骗等不正当手段,不影响行为人取得行政许可的判断结论。

五、义务冲突

义务冲突,是指存在两个以上不相容的义务,为了履行其中的某种义务,而不得已不

---

〔261〕 参见[德]冈特·施特拉腾韦特、洛塔尔·库伦:《刑法总论 I——犯罪论》,杨萌译,法律出版社 2006 年版,第 190页。

履行其他义务的情况。例如,律师为了在法庭上维护被告人的法益,不得已泄露他人的隐私。再如,两个幼儿坠入急流中,父亲只能救助其中一个幼儿(两个作为义务之间冲突)。[262] 义务冲突与紧急避险有相似之处,但一般来说,紧急避险是一种作为的形式,义务冲突是一种不作为的形式;就紧急避险而言,本人法益面临危险时,如果愿意忍受危险,可以不实行紧急避险,就义务冲突而言,负有义务的人必须履行其中的某项义务。

阻却违法的义务冲突必须具备两个基本条件:首先,存在两个以上的作为义务。[263] 其次,必须权衡义务的轻重(义务的轻重只能根据履行义务所保护的法益的轻重进行判断),即必须是为了履行重要义务,放弃非重要的义务;否则可能成立犯罪(也可能阻却责任)。[264] 但是,如果两种义务具有等价性,即履行两种义务所保护的法益具有等价性,则履行其中任何一种义务都阻却违法。在权衡法益时,不必考虑伦理的因素。例如,一名医生面临两个受伤者,甲是事故的被害人,乙是事故的制造者,在两个受伤者的受伤程度相同而医生只能抢救其中一人的情况下,医生没有义务考虑谁对紧急状态有过错,换言之,即使医生抢救事故的制造者,也阻却违法。

在义务冲突的情况下,如果行为人没有履行任何义务,应当对违反哪一义务的不法承担责任呢?有人主张仅对最轻的不法承担责任,有人主张对所有不法承担责任。但是,这两种观点都存在缺陷。本书认为,行为人应当对其中的一个最重的不法承担责任。

此外,如果义务冲突由负有义务的人造成,则不能将义务冲突作为违法阻却事由。例如,夜晚值班的医生 A 擅离职守,第一个受伤者 B 被送到医院半小时后,A 才回到值班室,此时另一受伤者 C 被送到医院。原本只要半小时就可以抢救受伤者,不会形成义务冲突。如果 A 只抢救了 B 而导致 C 流血过多死亡的,则 C 的死亡应当归属于 A 的行为,而不能阻却违法。

---

〔262〕 德国学者所举之例:家庭专职医生确诊丈夫感染艾滋病,但丈夫没有打算将此事告诉不知情和无防备的妻子。一方面,医生基于与妻子的治疗关系,有义务保护妻子的生命与健康,因而有义务告诉妻子,否则成立杀人罪或伤害罪;另一方面,从职业上的信赖保护来看,医生有义务保守丈夫私生活的秘密,否则成立侵害他人秘密罪。这两种义务相冲突,但医生必须履行其中一项义务。这是作为义务与不作为义务的冲突。

〔263〕 作为义务与所谓不作为的义务之间不可能产生冲突。

〔264〕 例如,男子在发生火灾之际,原本可以救助年迈的母亲,却救出了即将与自己结婚的女友。倘若男子对女友没有刑法上的救助义务,就应当肯定男子的行为具有构成要件符合性与违法性,只能从期待可能性的角度判断其是否有责。

第六章 责 任

第一节 责任与责任要素概述

第一款 责任概述

一、责任的概念

责任也称有责性,[1]是指对符合构成要件的不法行为的非难可能性。[2] 这种非难可能性,并不是指一般意义上的主观恶性,也不是指人身危险性(再犯罪可能性),而是针对不法事实所进行的法的谴责(责任的不法关联性)。因此,责任以客观上存在不法事实为前提。与不法事实没有关系的主观内容,不是责任的内容。例如,犯罪后潜逃的,并不意味着责任严重。

"没有责任就没有刑罚"(责任主义)是近代刑法的一个基本原理。具体地说,即使某种行为符合刑法条文规定的构成要件,给法益造成了侵害或者危险,但仅此并不能科处刑罚,科处刑罚还要求对行为人具有非难可能性。不仅如此,刑罚的量也应与责任相当。简单地说,不具备责任就不成立犯罪(责任是犯罪成立条件),刑罚的量不能超出责任的程度(责任是量刑的基准)。

将责任作为犯罪成立要件,是尊重人的基本要求。对于人类的普遍尊重,是一种终极的态度。尊重人首先意味着将人作为自在目的,而不能作为实现其他任何目的的手段。在不能期待行为人实施合法行为的情况下,对其实施的不法行为追究责任,无非是为了通过惩罚这种行为以达到防止这种行为的目的,这便将行为人作为实现目的的手段对待了,

---

〔1〕 再次声明,这里的"责任"不同于作为犯罪法律后果的刑事责任,而是指作为犯罪成立条件之一的非难可能性。

〔2〕 我国传统刑法理论将故意与过失合称为"罪过",言下之意,只要行为人具有故意或过失,就存在罪过。这是心理责任论的观点。本书使用的"责任"概念源于德语的 Schuld。德语的 Schuld 一词有不同含义,在刑法上使用时,作为犯罪成立的第三个条件,被日本学者翻译为"责任"或"有责性"(台湾地区的一些学者译为"罪责"),我国学者根据日本学者的翻译也直接使用"责任"一词。其实,将 Schuld 一词翻译为汉语的"罪过"似乎更合适。首先,Schuld 既在法律上具有归责、罪责的意思,又在宗教上具有罪过、罪孽的意思;在汉语中,"罪过"一词刚好可以与 Schuld 的意思等同。其次,在日本刑法理论中,"责任曾经一直是在与故意、过失相同的意义上使用的,但随着客观违法性论下的违法性与责任的区分,责任便作为故意、过失的上位概念来理解。"([日]西田典之、山口厚编:《刑法的争点》,有斐阁 2000 年第 3 版,第 56 页)我国刑法理论也是将"罪过"作为故意、过失的同义词或者故意、过失的上位概念来理解。这说明,我国刑法理论中的"罪过"相当于日本刑法理论中的"责任",因而相当于德国刑法中的 Schuld。概言之,本书主张在非难可能性意义上理解"罪过"概念。但由于我国刑法理论仅将"罪过"作为故意与过失的上位概念,而本书采用的是规范责任论,故一般没有使用"罪过"概念。

背离了尊重人的基本观念。将责任作为犯罪成立要件,是实质的正义的基本要求。正义的理念要求犯罪构成与法律效果之间具有实质的适合关系。刑罚是对行为人的犯罪行为进行的非难,这种非难理所当然以具有非难可能性为前提。将责任作为犯罪成立条件,也是刑罚目的的基本要求。因为处罚没有责任的行为,不可能抑止在将来的同样状况下发生相同的"犯罪"行为(不存在预防犯罪的效果)。刑罚是以痛苦为本质内容的,但单纯的痛苦并不是刑罚的目的,包含在刑罚中的对行为的否定评价,由刑罚传达给行为人与一般人,从而抑止未然的犯罪。因此,对在刑罚不可能产生影响的心理状态下实施的行为处以刑罚,就收不到刑罚的效果。换言之,刑法通过对法益侵害行为的预告、制裁,使国民产生不犯罪的动机(对犯罪产生反对动机),只有当国民能够产生不犯罪的动机,即只有当国民在行为的当时可以选择其他合法行为时,对犯罪的预防才是有效的。概言之,只有当国民具有实施其他合法行为的可能性时,才能对其实施的不法行为给予法的非难。如果国民在行为的当时不可能选择其他合法行为,而对之给予法的非难,国民就只是因为运气不佳、命运不好而受到处罚。这不仅违背国民的法感情,而且不能实现刑罚的目的。

二、责任的本质

责任的本质,是犯罪论的重要课题。犯罪观、刑罚观乃至世界观的对立,必然反映在责任观上,使责任论产生对立。不仅如此,责任问题还与犯罪人的处遇密切联系,所以,责任论不仅影响犯罪论的结构,而且影响抑止犯罪的整体对策。

(一)行为责任论、性格责任论与人格责任论

在责任非难的对象(或责任的基础)是什么这一点上,存在行为责任论与性格责任论的对立。

行为责任论认为,责任非难的对象是各个犯罪行为,是指向各个犯罪行为的意思,因而又称个别行为责任论、意思责任论。行为责任论认为,应受处罚的不是行为人,而是行为;或者说,被追究责任的是行为,而不是其背后的性格、人格。这也是本书的立场。

性格责任论则认为,责任非难的对象不是各个犯罪行为,而是行为人对社会的危险性格。责任是应当被科处社会防卫处分的地位。据此,应受处罚的不是行为,而是行为人。但是,从人权保障的观点来看,如果仅有危险性格就成为处分对象,是不妥当的。所以,只有当具有危险性格的人现实地实施了犯罪行为时,他才能成为社会防卫处分的对象。犯罪行为只具有征表危险性格的意义。由于理论根基的不当,性格责任论已经退出了学术舞台。

人格责任论着眼于上述两种立场的缺陷,认为具有主体性的行为人的人格是责任的基础。此说认为,人格分为由素质、环境宿命地形成的部分和由行为人有责地形成的部分,只能就后一部分对行为人人格进行非难。有责的人格形成责任,是由日常生活的行状导致的,只要这种行状是可以改变的,就可能对行为人的人格进行非难。根据人格责任论的观点,犯罪行为是行为人人格的主体的实现,故责任的第一次基础是犯罪行为,但人格一方面是受素质、环境制约,同时又是行为人主体性地形成的,故在行为责任的背后,存在第二次的责任基础,即对人格形成的责任。换言之,犯罪行为是第一次基础,人格形成是第二次基础。但是,人格责任论存在缺陷。现实上能否区分宿命地形成的人格与行为人有责地形成的人格,就是一个根本的疑问。即使能够进行区分,而提出有关犯罪人生活的全部经历的证据,不仅在诉讼程序上是不可能的,而且如此介入个人生活也是不妥当的。

此外,追溯人格形成的全过程,只能对社会的弱者起到不利作用。

(二)心理责任论与规范责任论

作为责任内容的要素,其性质是什么?对此形成了心理责任论与规范责任论。

心理责任论认为,责任的实体是行为人的心理关系,基于心理关系不同,将责任分为故意与过失,行为人在具有责任能力之外,还具有故意、过失时,就能追究行为人的责任。这一学说在19世纪末20世纪初占统治地位。

规范责任论的特色在于,在与法律规范的关系上把握责任。法律规范终究是以对个人的命令、禁止表现出来的,这种命令、禁止就行为人一方而言,只有在能够遵从即能够实施犯罪行为以外的行为时,才是适当的。换言之,为了给予责任非难,仅仅具有故意、过失的心理要素并不够,还必须是能够期待行为人在具体情况下实施其他适法行为(具有期待可能性),只有在这种场合,才能考虑责任非难。换言之,行为人原本可以不实施符合构成要件的不法行为,却实施了这种行为时,才是值得谴责的。所以,责任的重要内容是,"不应当实施不法行为"的规范性评价(非难)。根据规范责任论的观点,在具体情况下,即使认定了具有故意、过失的心理事实,也存在不能给予非难的情形。规范责任论是当今的通说。

刑法第16条的规定,包含了规范责任论的思想。该条规定:"行为人在客观上虽然造成了损害结果,但不是出于故意或者过失,而是由于不能抗拒或者不能预见的原因所引起的,不是犯罪。"不可抗力具有三个特征:一是行为在客观上造成了损害结果;二是行为人主观上没有故意与过失;三是损害结果由于不能抗拒的原因所引起。所谓不能抗拒,是指行为人虽然认识到自己的行为会发生损害结果,但由于当时主客观条件的限制,不可能防止结果的发生。显然,不可抗力缺乏期待可能性,因而不能对行为人做出"不应当实施不法行为"的规范性评价。[3] 虽然刑法第16条的字面含义,似乎意味着不可抗力与意外事件中的行为人不具有故意与过失,但也可以认为,期待可能性是责任的前提或者基础。据此,我国刑法采取了规范责任论。

在本书看来,规范责任论并不是对心理责任论的否认,而是在行为人具有心理责任的前提下,进一步将违法性认识的可能性与期待可能性作为责任要素。所以,心理责任论与规范责任论不是对立关系;心理责任是从事实层面而言,规范责任则是从规范评价层面而言。

(三)道义责任论与法律责任论

关于责任非难的本质,存在道义责任论与法律责任论之分。

道义责任论认为,犯罪是基于人的自由意志实施的行为;具有责任能力的人,是具有自由意志的;故意、过失实际上是对基于自由的意志活动所实施的犯罪的认识要件;基于这种自由意志活动而实施犯罪行为时,才能受到伦理上的非难,对行为人处以作为报应的刑罚才是正当的。换言之,人都是有理性的,既然行为人以自己的意志去实施犯罪,就应当承担责任,这是人类当然的伦理要求。正是在此意义上,使用"道义的"责任这一用语。

法律责任论认为,责任非难是一种法律上的非难,而不是一种道德审判与伦理评价。

---

〔3〕 诚然,不可抗力之所以不成立犯罪,也可能通过"缺乏结果回避可能性因而不能将结果归属于行为"来说明。但是,仅作如此说明,有可能认为不可抗力成立未遂犯,但本书不接受这一结论。

因此,只能根据法律判断行为人是否具有责任,而不能根据伦理道德判断行为人是否具有责任。这也是本书的立场。

(四)其他责任论

机能的责任论认为,刑罚是由目的决定的东西,只有目的才能赋予责任概念的内涵。处罚犯罪是为了维护公民对一般规范的信赖,为了进行承认规范的一般性教化。刑罚的目的是积极的一般预防,保障规范得到普遍遵守。因此,责任的实质是,行为人在面对合法有效的规范时却欠缺对法律的忠诚。根据机能的责任论,行为人是否具有责任,取决于根据积极的一般预防的设定标准,是否有必要处罚行为人。在机能的责任论看来,责任与预防具有共同的本质,它们只是同一个事物的不同侧面,行为人曾经是否忠诚于法规范是责任问题,行为人将来是否忠诚于法规范还是责任问题,同时,行为人是否忠诚于法规范也决定了行为人将来是否犯罪,还会影响一般公众今后对法规范的态度,因此,也是预防问题。[4] 显然,在机能的责任概念中,责任不是行为人个人的问题,而是为了实现对法的忠诚的训练、对秩序的信赖的安定化而不可避免需要追究的东西。但是,这一理论多多少少在将个人作为社会的安定化的手段,有悖人的尊严。在本书看来,机能的责任论与社会责任论有相似之处。社会责任论的基本观点是,犯罪是人的素质与环境的产物,犯罪人并不具有选择犯罪行为与适法行为的能力,即不具有自由意志,因此就犯罪行为对行为人加以非难是不可能的;刑法是对犯罪人将来再犯罪的可能性即性格的危险性,进行社会防卫的手段;正因为犯罪人在性格上具有危险性,所以处于承受社会的防卫处分的地位,这就是责任。由于社会责任论是以社会防卫为中心的刑法理论,容易与国家主义、权威主义相结合,形成扩大刑罚权的倾向,导致无视责任主义的本来的机能,因而受到了批判。本书不赞成上述机能的责任论与社会责任论。

商谈的责任论认为,在一个民主社会里,自治且有人格的各个人,对于其利益应当得到怎样的协调和处理,有着相应的理解。当这种理解以法律的形式表示出来后,就形成了各种规范。行为人既是规范的缔造者,也是规范的接收者。行为人在作为规范的缔造者这个角色时,便和其他人之间确定了上述理解,因此,他只能以理解(商谈)的方式从事行为,而不应当与法律规范发生偏离。在民主社会中,每个人虽然都可以谋求各种规范的改变,但也必须诚实地注意到他人权利的存在,交往性地参与这种理解的过程。如果行为人以能够归责的方式破坏了这种规范,那么,他就否定了规范赖以存在的根基——所有参加者的理解。概言之,对于各种利益之间的合法协商,存在行为人的理解与其他人的理解。如果行为人不按照其他人的理解实施行为,通过犯罪行为表现出对其他人所占份额的不诚实(参与了规范的缔造,也是规范的接收者,却不按照规范行事),就是实质的责任。[5]

规范的应答可能性说认为,责任是不顾规范的应答可能性。当行为人在行为时,他的精神和心理处于能够应答规范的号召的状态,心理上具有做出以规范为导向的行为决定的可能性,在具体案件中存在健康的成年人都具有的心理的控制可能性时,就可以肯定行为人的责任。这种责任不涉及不可能证明的假说,而是涉及经验科学的智识。责任是经验的材料与规范的材料的混合;控制能力与规范的应答可能性是根据经验认定的;适法行

[4] 参见冯军:“刑法中的责任原则”,载《中外法学》2012年第1期。

[5] 参见[德]乌尔斯·金德霍伊泽尔:《刑法总论教科书》,蔡桂生译,北京大学出版社2015年版,第211页。

为的可能性,则是规范的要求。主张规范的应答可能性的罗克辛教授,还在责任概念的基础上,加入通过刑罚处罚的预防必要性的判断,形成答责性(Verantwortlichkeit)的概念。尽管行为人能够倾听规范的号召,具有控制能力,心理上具有实施适法行为的可能性,却实现了刑法上的不法时,就能够肯定责任。在这种场合,虽然通常能够肯定处罚的必要性,但例外地在阻却责任的紧急避险等场合,由于没有预防性的处罚必要性,故阻却答责性。[6]

三、责任的基础

责任可谓非难可能性,因而需要考虑在何种场合具有非难可能性。对此,因是否承认意志自由而出现了不同的立场。在此意义上说,意志自由问题是责任论的基础。

非决定论认为,人可以自由地决定其意志。人的意志,不仅可以遵从因果法则引起某种结果,而且是自发的、创造性的东西。因此,责任的实质内容在于,行为人具有他行为可能性,即能够实施其他合法行为却实施了不法行为。非决定论是形而上学的后期旧派的理论基础。但是,意志自由原来是指"人一般具有意志自由"这种"抽象的人"的意志自由,而刑法上的责任是对于"具体的个人"的具体行为的责任非难问题。可是,具体的个人在行为时是否存在意志自由是无法证明的。而且,既然人的意志完全自由,刑罚就不可能抑止犯罪。

决定论认为,人的所有意志决定与行为,都是遵从因果法则的原因的结果,因而是被决定的,人没有意志自由。换言之,人的意志决定由素质、环境来决定。因此,责任是对于具有社会危险性格的人,应当接受为了防卫社会而采取的一定处分的地位。于是,责任概念只不过是意味着这种社会的危险性。但是,这种决定论也没有得到科学证明,其不利于保障国民的自由的缺陷已被历史所证实。

本书采取相对的意志自由论(相对的非决定论)。人的意志受到环境、生理等各方面的制约和影响,不可能是完全自由的。但是,具有辨认控制能力的人,具有接受法律规范的要求、实施合法行为的可能性,因而具有相对的意志自由。具有相对的意志自由的人,如果不接受法律规范的要求,实施了符合构成要件的不法行为,就能够对之进行非难。之所以采取这一立场,是因为刑法上的责任概念,原本就是以自由意志为前提而形成的。如所周知,"确定体系性意义中的责任概念、对责任刑法的展开做出重大贡献的,是启蒙思想家S.普芬道夫(Samuel Pufendorf,1632~1694)。他将人作为具有理性、基于自由意志而行为的存在来把握,即将人作为可以基于自由意志决定实施好行为或者恶行为的存在来把握。于是,他认为,只有这样的自由的行为,可以主观地归属于行为人;只有在这样的场合,行为人对行为才是有责的。普芬道夫将行为理解为自由意志的产物,使自由意志占据归责中心的观点,对其后的学说产生了很大影响"。[7] 在刑法上,普芬道夫"由意思自由的前提出发,得出责任只有在具备归责能力和辨认能力的情况下才成立,由此创设出责任刑法的一个新学说。国家目的中合道德性的设立,限制了教育和威慑作为刑法的目的,预防代替了复仇。普芬道夫刑罚威慑的道德强制思想走在了费尔巴哈的心理强制学说的

---

〔6〕 Vgl.,C. Roxin, Strafrecht Allgemeiner Teil, Band I, 4. Aufl.,C. H. Beck,2006,S. 851ff.

〔7〕 [日]堀内捷三:"责任论的课题",载[日]芝原邦尔等编:《刑法理论的现代的展开——总论Ⅰ》,日本评论社1988年版,第172~173页。

前面”。[8] 可以认为,倘若不以行为人具有自由意志为前提,刑法学上恐怕难以存在当今的责任概念。

概言之,责任与自由意志不可分离,没有自由意志就没有选择,没有选择就没有责任。“责任归属以‘意志自由’为前提。尽管在哲学上有许多争论,实际上,意志自由的设定毫无疑问地进入了我们日常世界的相互作用和机制体制之中。例如,我们总是对他人行为的意图、而不只是对其后果作出愤恨或感激的反应。”[9]“当人的意志能够选择为或者不为该种行为时,意志的作用便是使人的行为受到称赞或者责难的惟一原因。”[10]选择与责任成为高度统一的哲学范畴。因为人是在特定的社会关系、特定的法律秩序范围内进行选择的,人的选择必然给社会关系带来某种影响,做出选择的人应当对此影响负责。如果行为及其实害不是人选择的结果,就不可能追究其刑事责任。

采取相对的意志自由论,还基于以下几个理由:(1)虽然自由意志难以得到证明,但自由意志是值得向往和保护的。刑法禁止的一些犯罪(如强奸罪、外国刑法规定的胁迫罪等),不仅保护人的行动自由,而且保护人的意识活动自由。如果人没有自由意志,其一举一动完全是被决定的,那么,法律就没有必要保护人的意识活动自由。(2)否认自由意志的结局,要么像新派的代表人物之一菲利那样,主张没有责任与刑罚的刑法典,[11]要么认为法律责任不以自由意志为前提。但是,前者行不通,后者不能说明刑法上的责任。(3)承认意志自由,可以解决刑法上的诸多问题。例如,正是因为人有自由意志,刑法规范可以影响人们做出适当的意志决定,预防犯罪才有可能,并且成为刑罚的目的。(4)刑法的重要机能是保障被告人的自由,承认意志自由,对被告人更有利。否认自由意志的结果,要么否认责任,从而使刑罚不能受到责任的限制,导致刑罚过重;要么完全由一般预防的必要性大小决定刑罚轻重,使被告人成为预防他人犯罪的工具。(5)即使认为自由意志是一种假定,这种假定也和社会契约论一样,具有积极意义。事实上,即使不(完全)承认自由意志或者不使用自由意志概念的刑法学者,其理论也往往以人具有自由意志为前提。概言之,承认人具有自由意志比否定人具有自由意志更好。

第二款 责任要素概述

一、责任要素的概念

责任要素,是指刑法规定成立犯罪必须具备的,表明行为的非难可能性的各种要素。按照本书的观点,责任要素包括故意、过失、目的与动机、责任能力、违法性认识的可能性以及期待可能性。如前所述,责任的基础,是具有辨认控制能力的人,具有接受法律规范的要求、实施合法行为的可能性,却不接受法律规范的要求,实施了符合构成要件的不法行为。所以,除了故意、过失外(在某些犯罪中还需要特定目的与动机),还有三个方面的责任要素:(1)要对行为主体进行法的谴责,就要求行为主体能够认识其行为的内容、社

[8] [德]格尔德·克莱因海尔、扬·施罗德主编:《九百年来德意志及欧洲法学家》,许兰译,法律出版社2005年版,第345页。

[9] [美]乔治·恩德勒等主编:《经济伦理学大辞典》,李兆雄、陈泽环译,上海人民出版社2001年版,第540页。

[10] 布莱克斯顿(Blackstone)语,转引自[英]哈特:《惩罚与责任》,王勇等译,华夏出版社1989年版,第166页。

[11] 参见[意]恩里科·菲利:《实证派犯罪学》,郭建安译,中国人民公安大学出版社2004年版,第185页以下。

会意义与危害结果,并能够控制自己不实施法律所禁止的行为。所以,如果行为主体不具有辨认控制能力(责任能力),就不能对之进行非难。(2)在行为主体认识到或者可能认识到自己的行为是刑法禁止的行为时(违法性认识的可能性),就应当产生反对动机。如果行为主体不可能认识到自己的行为是刑法禁止的行为而实施时(合理地认为自己的行为符合刑法时),就不能对行为主体进行非难。(3)只有在行为主体客观上可以实施法律所允许的行为(他行为可能性),却不实施法律所允许的行为时,才能对行为主体进行非难(期待可能性)。

首先,责任要素由刑法直接或者间接规定。刑法总则明文规定了故意与过失两种责任形式以及责任能力;刑法分则通过多种方式规定了具体犯罪的责任要素,如有的条文明确规定某种犯罪由故意或者过失构成,有的条文通过规定“意图”、“以……为目的”标明某种犯罪只能由故意构成,有些条文通过对客观行为的描述间接表明了责任要素的内容。违法性认识的可能性与期待可能性,不是源于刑法的直接规定,而是从刑法规定、刑法目的中推导出来的责任要素。

其次,责任要素说明行为人对法益的保护持背反态度,表明行为人应当受到非难、谴责。其中,犯罪的故意表明行为人对法益持敌视或蔑视态度(积极侵犯态度);犯罪的过失表明行为人对法益持漠视或者忽视态度(消极不保护态度)。因此,故意与过失是应当受到谴责的两种责任形式。

最后,责任要素是一切犯罪都必须具备的要素。在我国,不具有故意、过失的行为,都不成立犯罪。刑法明文规定,没有故意与过失的行为,即使造成了损害结果,也不成立犯罪(参见刑法第 16 条)。同样,如果行为人没有责任能力,也不可能对不法行为负刑事责任。

二、责任要素的机能

英美实行严格责任。“在某些特殊的犯罪中,即使被告的行为不具有对被控犯罪必要后果的故意、放任或过失,即使被告对必要的犯罪条件没有犯罪意识或行为过失……他也可能被定罪。”[12]严格责任制度虽然在一定程度上反映了社会生活复杂化的要求,但也是结果责任的残余。我国刑法第 14 条、第 15 条与第 16 条的规定明确否定了严格责任。虽然有人认为,我国刑法中存在严格责任的犯罪(表现在醉酒的人犯罪、奸淫幼女、法律认识错误的犯罪中),[13]但这种观点缺乏合理性。在我国,任何犯罪的成立都必须具备责任要素。

责任要素是区分罪与非罪的标准之一。由于责任要素是成立犯罪所必须具备的要素,所以,行为虽然造成了法益侵害结果,但主观上不具备责任要素(或者缺少责任要素)时,不可能构成犯罪(自由保障机能)。

责任要素是区分此罪与彼罪的标准之一。首先,责任形式与内容不同,往往导致罪名不同。例如,故意杀人罪与过失致人死亡罪、故意伤害(致死)罪虽然客观上侵害的法益相同(人的生命),却构成不同的犯罪,主要原因之一在于责任形式与内容不同(犯罪个别

---

〔12〕 [英]鲁珀特·克罗斯、菲利普·A. 琼斯:《英国刑法导论》,赵秉志等译,中国人民大学出版社 1991 年版,第 67 页。

〔13〕 参见刘生荣:“论刑法中的严格责任”,载《法学研究》1991 年第 1 期。

化机能)。其次,在某些情况下,是否具有特定目的与动机,也导致罪名不同。最后,责任能力、违法性认识的可能性与期待可能性也可能对罪名的认定产生影响。例如,16周岁的人绑架他人后故意杀害被绑架人的,被认定为绑架罪,而15周岁的人实施该行为的,只能认定为故意杀人罪。再如,倘若一个行为同时触犯了重罪与轻罪,原则上只能按重罪处罚。但是,倘若行为人对重罪缺乏违法性认识的可能性或者期待可能性,而对轻罪具有违法性认识的可能性与期待可能性,则只能按轻罪处罚。

责任形式与内容不同,就反映出主体对法益的不同态度。就犯罪主体主观上对法益的背反态度来看,故意较之过失、直接故意较之间接故意,显然要严重一些。即使责任形式相同而内容不同时,其反映的非难可能性大小也不相同。防止行为人再次犯罪是量刑的重要目的,故量刑必然考虑行为人的非难可能性大小。

三、责任要素的地位

德国、日本刑法理论中的行为构成要件说认为,故意、过失等主观要素,不是构成要件要素,只是责任要素。

在违法类型说内部,就构成要件是否包含故意、过失,可以分为两种立场。一种立场是,虽然认为构成要件是违法类型,但同时将故意、过失理解为违法要素,故构成要件包含了故意、过失。然而,违法性的实质内容是法益侵害与危险,而将故意、过失作为违法要素的观点,实际上是将行为或者行为人的无价值性作为违法要素。这是结果无价值论者难以赞成的。另一种立场是,承认构成要件的故意规制机能。因为属于构成要件的事实是违法的事实,故意的成立必须认识到属于构成要件的事实,所以,构成要件是违法类型,具有违法推定机能。于是,故意、过失只能作为责任要素考虑。

结果无价值论的违法有责类型说认为,构成要件是违法类型,还是违法有责类型,取决于使构成要件发挥何种机能;而构成要件的机能中最重要、最基本的机能是罪刑法定主义的机能;只有当构成要件是违法有责类型时,构成要件才能充分发挥罪刑法定主义的机能。因为立法者在刑罚法规中规定值得处罚的行为类型时,不仅考虑了行为的类型的违法性,而且考虑了类型的有责性;构成各个犯罪的要素,不仅包含违法要素,而且包含责任要素。例如,刑法分则所规定的主观要素,不管是主观的违法要素,还是主观的责任要素,都必须作为构成要件要素。这并不意味着违法与责任的混淆。将构成要件作为违法有责类型,依然应当严格区分违法判断与责任判断。[14] 可以肯定的是,结果无价值论的违法有责类型说,虽然认为故意、过失是构成要件要素,但它们不是违法要素,而是责任要素。

行为无价值论的违法有责类型说,则可谓五花八门。有人认为,期待可能性应当包含在作为有责类型的构成要件之中。如大塚仁教授指出:“认为犯罪的主观要素也具有作为违法性的要素的意义时(主观的违法要素),采取构成要件只是违法类型的立场,大体也有其理由。但是,例如,像适法行为的期待可能性等,本来是责任要素,也被认为是构成要件的内容。着眼于此,就必须认为构成要件不只是违法类型,而且是责任类型。于是,构成要件符合性应是违法性与责任的认识根据。”[15] 有人认为,行为人类型(如常习赌博

---

〔14〕［日］佐伯仁志:“构成要件论”,载《法学教室》第285号(2004年),第34页。

〔15〕［日］大塚仁:《刑法概说(总论)》,有斐阁2008年第4版,第122页。

罪中的常习性)也属于有责类型的构成要件。[16] 此外,行为无价值论的违法有责类型说,一般认为故意、过失既是违法要素,也是责任要素。例如,小野清一郎教授指出:"犯罪的实体是违法的行为、行为者对此负有道义上的责任的行为,是违法且有责的行为类型。但是要成为可罚的行为的话,要依据特殊的刑法各本条的规定。刑法各本条所规定的特殊的、类型的违法、有责的行为,即是构成要件。在前面表现出来的是构成要件,其背后是具有实体意义的违法性与道义的责任。"[17] 根据小野清一郎等人的观点,构成要件符合性,不仅推定违法性的存在,而且推定责任的存在。

违法有责类型说的重要目的是为了使构成要件具有个别化机能。例如,故意杀人罪、故意伤害(致死)罪、过失致人死亡罪的构成要件相同,只能以故意、过失为依据做出区分,所以,故意、过失也是构成要件要素。但是,违法有责类型也存在问题。首先,如果说构成要件是责任的"征表"或认识根据,则应根据符合构成要件的行为推定责任的存在;但事实上,必须积极地判断责任的有无,而不是推定责任的有无。其次,如果认为故意、过失既是违法要素也是责任要素,那么,就丧失了区分违法性与有责性的意义。最后,如果认为构成要件是违法有责类型,就不宜采取构成要件符合性、违法性、有责性的犯罪论体系,而只能采取构成要件符合性、违法阻却事由、责任阻却事由的犯罪论体系。

日本刑法理论在此问题上之所以存在争论,是因为对故意、过失本身及其与构成要件的关系,以及如何理解构成要件,存在不同看法。此外,缺乏一个统合构成要件符合性、违法性与有责性的上位概念,也是导致争论的原因。

如前所述,从实质上说,犯罪是不法且有责的行为。在实行罪刑法定主义的时代,什么行为违法、什么行为有责,都必须具有法律根据。具有违法性的行为可以被类型化为构成要件,对责任的要求也可以被类型化为责任要素。故意、过失就是类型化的责任形式。所以,本书将认定责任必须具备的条件,归入责任要素。另一方面,在德国、日本,否认故意、过失是责任形式即故意、过失不表明非难可能性的观点,是以形式的故意、过失概念为前提的,我国刑法第 14 条与第 15 条采取了实质的故意、过失概念。所以,本书认为故意、过失是表明非难可能性的两种责任形式。

在我国,如果保留犯罪构成概念,并且认为犯罪构成是认定犯罪的唯一依据,那么,犯罪构成就必然包括表明违法性的要素与表明有责性的要素。亦即,犯罪构成是违法有责类型,其中的构成要件是违法类型,责任要素反映出责任类型。

由于责任要素为责任奠定基础、提供根据,所以,只有表明非难可能性的要素,才能成为责任要素。基于同样的理由,对于刑法规定的责任要素内容,必须进行实质的解释。例如,不能从纯心理学的角度解释故意与过失、目的与动机,而应从表明行为人的非难可能性的意义上解释上述要素。

四、责任要素的内容

在三阶层体系中没有争议的是,责任能力、违法性认识的可能性与期待可能性,属于责任要素。同样没有争议的是,客观构成要件的要素不是责任要素。有争议的是故意、过失以及目的与动机。

---

〔16〕 [日]团藤重光:《刑法纲要总论》,创文社 1990 年第 3 版,第 124 页以下。

〔17〕 [日]小野清一郎:《犯罪构成要件的理论》,有斐阁 1953 年版,第 19 页。

至于哪些要素属于责任要素，是违法要素与责任要素的区分问题，在国内外刑法理论上都存在争议。

首先，行为无价值论主张故意、过失是违法要素，结果无价值论则主张故意、过失是责任要素。本书采取后一立场，同时否认二重的故意（认为故意既是违法要素，也是责任要素）。行为人具有故意时，就会唤起违法性的认识，从而认识到不应当实施该行为；行为人具有过失时，就意味着可能唤起违法性的认识，不应当实施该行为。这正是责任的重要内容。故意与过失属于心理态度的范畴，具有心理学的内容。故意与过失又是一对法学概念，具有刑法学的意义：它们是行为人对自己实施的法益侵害行为及其结果所持的心理态度。故意、过失与构成要件密切联系：故意、过失是对行为与结果的故意与过失；故意、过失必须表现在行为中；故意、过失只能是行为时的心理态度，对于故意、过失的有无及其形式与内容都应以行为时为基准进行判断。"责任与行为同时存在"是现代刑法理论公认的命题。

其次，有的学者将目的与动机（指成立犯罪所必须具备的目的与动机）作为主观的违法要素，有的学者将其作为责任要素。[18] 如果侧重于目的与动机对行为的指引作用，目的与动机似乎属于违法要素。但是，本书采取后一种主张。因为本书主张客观的违法性论，并认为只能根据客观事实，客观地判断行为是否侵犯法益及其侵犯程度；将目的与动机作为影响责任的有无以及责任的轻重的要素，也符合我国的用语习惯。

最后，还需要说明的是法定年龄或责任年龄。从成立犯罪要求行为主体达到一定年龄的意义上说，法定年龄是责任要素。但是，(1)不可否认的是，即使没有达到法定年龄的人，也可能具有责任能力。不少人呼吁降低法定年龄也说明了这一点。但是，国家基于刑事政策的考虑，不过早地处罚未成年人。在这个意义上讲，对没有达到一定年龄的人的违法且有责的行为不予处罚，主要是基于刑事政策的理由。(2)刑法规定责任年龄，主要是为了排除认定责任能力的恣意性。在认定犯罪时，对行为主体的质的要求是具有责任能力，成年人明显具有这种能力（某些精神病人除外）。问题是处于从幼年向成年过渡时期的人，其责任能力难以测定，现代科学发展水平还不能使司法机关很简单地测量过渡时期的人的责任能力；完全由司法人员根据经验判断一个人有无责任能力进而认定其是否符合行为主体的质的要求，既不现实，也有损法治。刑事立法考虑到年龄与责任能力之间的关系，便以规定年龄的方式来确定过渡时期的人是否具有责任能力，从而排除对责任能力认定的恣意性。但仅采用年龄标准也不全面，如某些精神病人达到了法定年龄却没有责任能力，于是刑事立法又就精神病人作了特别规定。(3)与上一点相联系，也可以认为，没有达到一定年龄的人，即使其明显具有责任能力，刑法也将其拟制为没有责任能力的人。由此可见，法定年龄主要与责任能力有关，故本书在责任能力中讨论未成年人问题。

五、责任要素的分类

基于刑法的规定方式与司法现状，可以将责任要素分为积极的责任要素与消极的责任要素。所谓积极的责任要素，是需要司法机关积极证明的责任要素。例如，故意、过失、目的与动机，就是积极的责任要素。如果要认定行为成立故意杀人罪，就必须积极证明行

---

〔18〕 这一争论与行为无价值、结果无价值之间的争论没有密切关系。即使结果无价值论者，也可能承认目的、动机是违法要素。

为人具有杀人故意。如果要认定行为构成拐卖妇女罪,就必须积极证明行为人具有出卖妇女的目的。所谓消极的责任要素,是指不需要司法机关积极证明该要素的存在,但如果行为人缺乏该要素,则表明行为人不具有责任。例如,刑法第 18 条并不是规定只有当行为人具有责任能力时才追究刑事责任,只是规定如果没有责任能力则不负刑事责任。在司法实践中,检察机关不需要证明行为人具有责任能力。但是,如果有证据证明行为人在行为时没有责任能力,则表明行为没有责任。再如,在司法实践中,不需要证明行为人具有违法性认识的可能性与期待可能性,但是,如果证据表明行为人不具有违法性认识的可能性或者不具有期待可能性,则表明行为人没有责任。

将责任要素分为积极的责任要素与消极的责任要素,并不意味着前者重要、后者不重要,它们都是为责任奠定基础的要素,只是认定方法不同而已。另一方面,消极的责任要素,也可谓责任阻却事由。但应注意的是,将责任能力、违法性认识的可能性与期待可能性作为消极的责任要素,与将缺乏责任能力、缺乏违法性认识的可能性与缺乏期待可能性作为责任阻却事由,并无任何本质的区别。[19] 正因为如此,国外有的学者在"责任"(或有责性)一章中依次讨论上述全部责任要素,[20]有的学者则在"责任要件"(或"主观的构成要件要素")一章中讨论故意、过失,在"责任阻却事由"一章中讨论责任能力、违法性认识的可能性与期待可能性。[21] 总之,上述要素都是必须在"责任"领域同时讨论的问题。

还需要说明的是,将消极的责任要素作为责任阻却事由时,积极的责任要素与责任阻却事由的关系,仅仅是积极判断与消极判断的关系,因而不同于构成要件符合性与违法阻却事由的关系。

六、责任要素的判断

在犯罪论体系中,责任与不法处于相对应的地位。不法判断是对行为的客观的、外部的判断,责任判断则是对行为所做出的主观的、内部的判断。

我国司法实践面临的较大问题是对故意与过失的判断。由于不少司法人员以为故意、过失决定行为的性质,习惯于从主观到客观判断犯罪构成符合性,于是,在许多场合,不得不依赖口供确定行为人的心理状态。本书认为,在判断行为人是否具有法定的故意、过失时,必须坚持从客观到主观的顺序,而不能相反;换言之,只有在查明了客观事实的前提下,才能判断主观心理状态。在此基础上应特别注意以下几点:(1)应当以行为人实施的客观行为为基础进行判断,先判断客观行为的性质及其结果,然后考察行为人对结果的认识因素与意志因素。(2)应当以行为的相关因素为参考进行判断。行为总是在一定的客观环境下实施的,行为人在实施行为之前与之后,总会以不同形式暴露出其心理态度。因此,行为的相关因素对判断行为人的心理态度能起重要参考作用。例如,行为的时间、

---

〔19〕 当然,如果说在没有责任能力、没有违法性认识的可能性与没有期待可能性之外,还存在虽然不是消极的责任要素却能够阻却责任的事由,那么,消极的责任要素与责任阻却事由就存在区别。例如,倘若认为良心行为阻却责任,但"没有良心"也不是消极的责任要素,则在消极的责任要素之外存在真正的责任阻却事由。然而,如若认为良心行为属于没有期待可能性的行为,则仍然可以将其归入消极的责任要素。

〔20〕 参见[日]西田典之:《刑法总论》,弘文堂 2010 年第 2 版,第 206 页以下;[日]山口厚:《刑法总论》,有斐阁 2016 年第 3 版,第 195 页以下。

〔21〕 参见[日]平野龙一:《刑法概说》,东京大学出版会 1977 年版,第 71 页以下;[日]前田雅英:《刑法总论讲义》,东京大学出版会 2015 年第 6 版,第 295 页以下。

地点、条件、行为人与被害人之间的关系、行为人的一般表现、事前的思想流露、事后的态度等,都能从某一方面证明行为人的心理态度是何种犯罪的故意与过失。(3)不能简单地用效果逆推动机(广义的,指行为人的心理态度)。动机与效果的统一并不是一个规律,二者不统一的现象是大量存在的。因为动机不等于行为,行为不等于效果,一个动机支配下实施的行为可能出现不同的结果,一个相同的行为可能出于不同的动机。结果作为一种客观事实,当然可以作为推测行为人心理态度的一种根据,但这仅仅是一种可能性,司法人员一定要想到有其他种种可能性;得出结论一定要经过周密的论证,排除其他各种可能,并提出充分的、切实可靠的证据。(4)合理采用推定方法。推定是英美刑事司法经常采用的一种证明方式,包括法律推定与事实推定。"事实的推定有时也称作暂时的推定。由于它往往是能够证明被告心理状态的唯一手段,因而在刑事司法中起着非常重要的作用。"推定的方法是"从被告已经实施了违禁行为的事实中,推断出被告是自觉犯罪或具有犯罪意图,如果被告未作任何辩解,推断通常成立。"[22]可见,推定是根据客观事实推导行为人的心理状态,客观事实正是检验行为人心理状态的根据;"通过运用证据而得出结论与通过推定而得出结论这种手段之间的区别仅仅是一种程度上的区别";[23]推定作为一种思维方式,是一个三段论推理的逻辑结构,符合三段论的公理;我国最高司法机关所作的司法解释,事实上也承认了推定是证明行为人主观心理状态的手段。[24] 因此,推定不是主观臆断,司法机关可以运用推定方法证明行为人有无故意心理状态,如根据行为人接受物品的时间、地点、品种、数量、价格等,推定行为人是否"明知"是犯罪所得。所应注意的是,推定必须以客观事实为根据;应允许被告人提出相反证据以推翻推定;推定方法只应在"故意"有无不清、又无法找出证据证明时加以运用,不得一概以推定方法代替调查取证。(5)在客观事实难以证明或者推定行为人的心理状态,也没有根据否认行为人对心理状态的供述时,应当采纳行为人的供述。

第二节 积极的责任要素

第一款 故 意

一、故意的概念

刑法第 14 条第 1 款规定:"明知自己的行为会发生危害社会的结果,并且希望或者放任这种结果发生,因而构成犯罪的,是故意犯罪。"据此,故意犯罪是故意实施的犯罪。故意,则是指明知自己的行为会发生危害社会的结果,并且希望或者放任这种结果发生的心理态度。故意是一种基本的责任形式。

---

〔22〕 [英]鲁珀特·克罗斯、菲利普·A. 琼斯:《英国刑法导论》,赵秉志等译,中国人民大学出版社 1991 年版,第 56 页。

〔23〕 [英]J. W. 塞西尔·纳特:《肯尼刑法原理》,王国庆等译,华夏出版社 1989 年版,第 486 页。

〔24〕 参见最高人民法院、最高人民检察院 2004 年 12 月 8 日《关于办理侵犯知识产权刑事案件具体应用法律若干问题的解释》第 9 条。

故意由两个因素构成:一是认识因素,即明知自己的行为会发生危害社会的结果;二是意志因素,即希望或者放任危害结果的发生。首先,这两个因素必须是现实的、确定的。易言之,在没有认识的情况下,不管具有怎样的认识可能性,也不能认为存在故意的认识因素;如果行为人还没有确定实现何种内容,就缺乏故意的认识因素与意志因素。例如,甲在与乙发生冲突时,立即取出手枪,但究竟只是威胁乙,还是要伤害抑或杀害乙,尚处于未决定的状态,而此时子弹便射中乙,造成死亡结果。这种现象虽在理论上称为"未确定的故意",但实际上并不存在故意,不仅不成立故意杀人既遂,也不成立故意杀人未遂与预备,只能认定为过失致人死亡罪。其次,这两个因素必须有机统一起来,才形成故意。"有机统一"有两层意思:一是任何犯罪的故意都必须同时存在认识因素与意志因素;二是认识因素与意志因素之间具有内在联系,突出地表现在行为人所认识到的结果与所希望或者放任发生的结果必须具有法定的同一性(刑法规范意义上的同一性,而不是具体的同一性),而且意志因素以认识因素为前提。因此,认识内容不同,故意内容就会不同。[25]

由于故意的认识内容是对构成要件事实的认识,而行为人可能发生事实认识错误。事实认识错误可能阻却故意的成立,但它本身并不是积极的责任要素。所以,本书在故意之后讨论事实认识错误(也可谓故意阻却事由)。

二、关于故意的学说

关于故意的学说,实际上是关于故意内容或本质的学说;由于对故意内容的认识与对过失的认识密切联系,因而也是关于故意与过失的界限的学说。虽然我国刑法对故意的本质有明确的规定,但了解国外刑法理论上的不同观点,有利于进一步理解我国刑法关于故意(尤其是间接故意)的规定。

(一)意志说、认识说、动机说

关于故意的本质,历来有意志说与认识说之争。即意欲实现构成要件内容才成立故意的学说为意志说(希望说),只要对构成要件事实有认识就成立故意的学说为认识说(表象说)。前者强调故意的意志因素,后者强调故意的认识因素。如果彻底依意志说,没有意欲的心理便排斥在故意之外,这就缩小了故意的范围;如果完全依认识说,则有认识的过失都会全部归入故意,这便扩大了故意的范围。

根据意志说,故意是对所认识到的结果的意识,必须具有"认识的要素"与"意志的要素"。但是行为人对实现意志以外的结果的心理态度,与故意的存否没有关系。故意是对能够支配犯罪结果的心理予以追究的意思责任,它与"恶的意思"存在严格区别。另一方面,对结果的实现意志以对结果的认识为前提,对没有认识到的结果是不存在实现意志的。但是,这种认识只有与实现意志结合起来后,才能成为故意。这就是动机说,它认为故意与过失的区别,要以行为人的认识与意志是否结合起来,即是否成为行为的动机为基准。亦即,在认识到行为可以产生结果时,应当产生反对这种行为的动机(反对动机),如果没有产生反对动机,便产生故意的责任。[26]

---

〔25〕 有观点认为,故意除了认识因素与意志因素外,还应当有情绪因素。其实,情绪也是基于某种认识的决定,换言之,情绪只是一种附属物,在故意中没有独立的价值。

〔26〕 参见[日]平野龙一:《刑法总论 I》,有斐阁 1972 年版,第 187 页以下。

(二)盖然性说、可能性说、风险理论与容认说

盖然性说以认识说为基础,也是只从认识因素方面区分故意与过失,即行为人认识到结果发生的盖然性(较大的可能性)时是故意,只认识到结果发生(或客观构成要件的实现)的可能性时是过失。[27] 这一学说的根据是,行为人的认识程度对其意欲具有征表意义,即行为人认识到结果的发生具有盖然性时,他意欲该结果发生;认识到结果的发生具有可能性时,他不意欲该结果发生。从实际来看,或许如此。但如果从逻辑或者理论上说,则并非总是如此,行为人认识到结果发生的盖然性时,也可能依赖自己的幸运或者侥幸而认为结果不会发生;认识到结果发生的可能性时,也可能意欲结果发生。所以,依据这一标准难以区分故意与过失。而且,盖然性与可能性只不过是程度的差异,而故意与过失的责任内容具有质的区别,以量为基准来区分故意与过失是存在疑问的。

可能性说是源于认识说的另一种学说。此说认为,不要求行为人认识到结果发生的盖然性,只要认识到结果发生的具体可能性便成立故意,因为行为人认识到结果发生的具体可能性时,一定对某个具体化的因果流程有所设想,此时就必须抑止其行为。反之,行为人相信结果不发生时,就包含了对这种可能性的否定;同样,如果行为人只是抽象地知道可能发生结果,也不能认定为故意。显然,具体可能性与盖然性是难以区分的。我国刑法理论一般认为,可能性说导致有认识的过失没有存在的余地。但是,在可能性说看来,所谓有认识的过失实际上也是没有认识,因为行为人起先认识到了结果,但后来又否定了结果的发生(如轻信能够避免结果),结局仍然是没有认识到结果。

在可能性说基础上进一步发展起来的风险理论认为,如果行为人的某个决定与法秩序的风险原则不相容,那么,其行为就是故意的。换言之,如果行为人有意地设置不被允许的风险,就表明他做出了侵犯法益的决定,应当认定为故意。

与上述学说相对,容认说以希望说为基础,认为行为人对结果发生的可能性有认识时,应根据其意志区分故意与过失,容认结果发生的是故意,不容认结果发生的是过失。换言之,行为人虽然不具有像希望或者意欲那种程度的侵害法益的积极态度,但只要行为人对可能发生的结果"不介意"、"完全不关心",就足以成立故意,即消极的容认就是故意。[28] 但是,根据什么判断行为人对结果的发生是容认还是不容认,仍然是一个难题。

(三)客观化的意志说、回避意志说与实现意志形成说

客观化的意志说认为,应当从客观上判断某种心理状态是故意还是过失,如果从客观上进行评价得出的结论是,结果与行为人的计划相符合,则认定为故意;否则即为过失。例如,有意识地引起某种事故,认识到第三者或许会在事故中受到侵害,即使并不希望第三者受到侵害,也应当认为行为人对第三者受侵害存在故意。反之,躺在宾馆床上吸烟的人,即使明知有发生火灾的危险,也不能认定为故意。

根据回避意志说,行为人在实现某种目的时,也会认识到发生一定附随结果的可能性;如果不希望该附随结果的发生,就会变更行为手段。因此,如果行为人所实施的不是

---

〔27〕 关于故意的各种学说,在讨论认识与意志因素时,有的学者是针对结果而言,有的学者是针对构成要件的实现而言。

〔28〕 容认说是德国帝国法院以来的一贯的实务见解,也是流传最广最久的学说。还有一种漠然说与容认说大体相似,即行为人对可能发生的附随危害结果表示欢迎或者不在乎地予以容认时,属于故意;行为人对附随的危害结果不予期待或者希望不发生时,属于过失。

实现附随结果而是回避附随结果的受到控制的行为,就缺乏故意的意志因素;反之,如果行为没有因回避附随结果而受到控制,则应认定为故意。换言之,要通过对实现结果的意志(实现意志)与回避结果的意志(回避意志)进行比较,看行为人实现了何种意志,来区分未必的故意与有认识的过失。如果认定行为人具有实现意志,就认定为故意;如果认定行为人具有回避意志,就认定为过失。正因为如此,此学说也被称为实现意志说。

以实现意志说为基础的实现意志形成说认为,实现意志的有无,不是单纯的情绪性的意欲,而是以认识因素为前提,通过判断行为人对客观的危险的认识进行了何种计算,对回避结果具有什么样的自信,来判断是否具有指向法益侵害行为的实现意志的形成。行为人认识到结果发生的盖然性,没有确实可以回避结果的自信,却仍然形成实现意志的,属于故意;行为人认识到结果发生的可能性,并且认真地计算了其可能性,但将其作为实现目的的要素而形成实现意志的,也是故意。反之,如果认识到结果发生的盖然性,但自信自己有能力回避结果时,也只能认定为过失。

此外,认真说认为,如果行为人严肃认真地认为结果可能发生而仍然实施该行为,则属故意;如果行为人并不真的认为结果会发生,则等于不认为结果有发生的可能,此时成立过失。德国、日本等国关于故意与过失的区别还存在许多学说。[29]

其实,某些学说之间未必存在明显的区别,可能只是语言表述的差异。例如,回避意志说、实现意志形成说与容认说之间并无明显区别,可以认为只是表述的不同。另一方面,不同学说对相同案件的判断结论也可能是完全相同的。

(四)我国刑法的立场

我国刑法采取了容认说,即行为人明知自己的行为会发生危害社会的结果,并且希望或者放任这种结果发生时,就成立故意。容认说具有妥当性。首先,在行为人认识到危害结果的发生时还放任其发生,就表明其不只是消极地不保护法益,而是积极地对法益持否定态度,与希望结果发生没有本质区别。其次,容认说将非难可能性明显小于间接故意的过于自信的过失排除在故意之外,同时将间接故意归入故意之中,使故意的范围适度。再次,放任具有心理实质,即行为人同意、认可危害结果的发生,从而反映出行为人对法益的蔑视态度。最后,其他学说存在缺陷。例如,认识因素的有无可以左右意志因素的有无,但也存在行为人对危害结果的认识程度并不左右意志因素的情形,在许多场合也难以判断行为人所认识到的是结果发生的盖然性还是可能性,难以评价行为人是否严肃认真地认为结果可能发生,故难以采取盖然性说与认真说。风险理论虽然追求在客观归责的语境中理解故意,但并没有提供明确的标准。客观化的意志说实际上也是一种盖然性说,事实上排除了故意的意志因素。行为人是否采取防止结果的措施,只是判断间接故意与过于自信过失的一个重要资料,但不能仅仅以此为根据区分故意与过失,所以,本书难以赞成回避意志说。动机说与实现意志形成说、容认说似乎并不存在明显区别。

现行刑法实施以来,由于某些犯罪的责任形式难以确定,有的学者提出了复合罪过说。亦即,同一罪名实际上包含了跨越故意(限于间接故意)与过失的两种责任形式。例如,滥用职权罪和玩忽职守罪的责任形式,既可能是故意,也可能是过失。[30] 再如,食品

---

〔29〕 参见张明楷:《外国刑法纲要》,清华大学出版社2007年第2版,第215页以下。

〔30〕 参见储槐植、杨书文:"复合罪过形式探析",载《法学研究》1999年第1期。

监管渎职罪的责任形式,应当是既包括故意(通常为间接故意)也包括过失(一般为过于自信的过失)。间接故意和过于自信的过失不仅在主观恶性程度上具有相当性,而且在司法实践中也具有模糊性,不容易区分,适用同一法定刑具有合理性。但直接故意的主观恶性远远大于间接故意与过失,故食品监管渎职罪不能出于直接故意。[31] 复合罪过说虽然使部分犯罪容易处理,但存在缺陷。(1)复合罪过说大体上是基于对现实案件的分析,存在以事实替代规范之嫌。(2)过失犯的处罚以刑法分则有明文规定为限,复合罪过说可能导致将分则没有规定的过失行为以犯罪论处,因而不合适。(3)我国刑法将共同犯罪限定为共同故意犯罪,而不处罚对过失犯的教唆、帮助和过失的教唆与帮助,因而必须明显区分故意与过失,复合罪过说显然不利于处理共同犯罪现象。(4)在我国刑法中,直接故意与间接故意具有等质性,过于自信的过失与疏忽大意的过失具有等质性,但复合罪过说导致责任分为直接故意、间接故意与过于自信的过失、疏忽大意的过失三种责任形式,因而不符合我国刑法总则的规定。

总之,在我国,过失与故意不具有等质性,应当严格区分故意与过失。故意与过失这两种责任形式的界限,是同时按照两个标准来区分的:一是行为人对自己的行为造成危害结果有无认识以及认识程度如何;二是行为人对危害结果的态度如何。只有同时依据这两个标准,才能说明不同责任形式所反映的非难可能性程度差异。当然,为了正确地理解和认定故意,在学理上也可能根据其他标准对故意进行分类。

三、故意的种类

(一)故意的种类概述

不管刑法是否规定故意的种类,刑法理论都可以根据不同标准对故意进行不同分类。

1. 根据故意的认识内容的确定程度可以将故意分为确定故意与不确定故意。一般认为,认识到犯罪的实现(发生结果)是确定的,就表明有确定的故意。"意图"与"确知"就是确定的故意(直接的故意)。意图是指行为人将犯罪结果作为目的的情况,不要求行为人认识到结果确实要发生。确知指行为人认识到结果确实要发生的情况,不要求行为人以犯罪结果为目的。例如,在用枪支射击距离较远的人时,行为人就具有杀人的意图与非法持有枪支的确知。

不确定的故意包括未必的故意、概括的故意、择一的故意。认识到结果可能(而非确实)发生(不是确知),并且不是积极希望结果发生(不是意图)的,属于未必的故意。换言之,发生结果本身是不确实的,但认识到或许会发生结果,而且认为发生结果也没有关系的,是未必的故意。

概括的故意主要包括两种情形:(1)行为人认识到结果发生是确实的,但结果发生的行为对象不特定,即行为对象的个数以及哪个行为对象发生结果是不确定的。例如,向一群人投掷炸弹的行为人,对因爆炸而死亡的具体范围是不确定的。倘若将这种行为认定为故意杀人罪,那么,行为人对死者承担故意杀人既遂的责任,对受伤者以及其他具有死亡危险的人承担故意杀人未遂的责任。行为人事先没有确定行为对象的(没有将行为对象限定为特定人或物),也不影响故意的成立。例如,在电话亭里放置加入了毒药的饮料,导致饮用者死亡的,成立故意杀人罪。(2)行为人不清楚自己的第一个行为是否导致

〔31〕 参见储槐植、李莎莎:"食品监管渎职罪探析",载《法学杂志》2012年第1期。

结果发生,为了确保结果发生,又实施第二个行为以确保结果发生。例如,甲向悬崖边的乙开枪射击,但不确定倒地后的乙是否死亡,于是将乙推至悬崖下。事后查明,乙中枪的当时并没有死亡。在这种情况下,能够没有疑问地肯定甲对具体的死亡结果具有故意。

行为人认识到数个行为对象中只有一个对象会发生结果,但不确定哪个行为对象发生结果时,就是择一的故意。不管如何理解故意的本质,择一的故意都是值得特别研究的一种重要现象。与概括的故意不同,择一的故意认识到结果只发生于一个行为对象上。例如,逃犯甲的手枪只有一发子弹,警察乙带着警犬在后面追捕,甲认识到回头射击既可能只打中警察,也可能只打中警犬,但不可能同时击中警察与警犬。客观方面则存在多种可能:(1)仅打中警犬;(2)仅打中警察;(3)既没有打中警察,也没有打中警犬(其中,又可能存在打死警察的危险大、打死警犬的危险大等情形);(4)同时打中了警察与警犬。对此,国外刑法理论存在不同观点。[32]

第一种观点认为,甲只对已经实现的构成要件成立既遂。据此,在上述第(1)种情况下,甲仅承担故意毁坏财物罪的责任,而不承担故意杀人未遂的责任;在上述第(3)种情况下,甲不承担任何责任。这显然不合适。

第二种观点认为,只处罚一个(既遂或者未遂的)重罪。据此,在上述第(4)种情况下,仅认定为故意杀人罪,而不能评价毁坏财物的事实。更为重要的是,将上述案例稍加改变,追捕逃犯的是两名警察,逃犯甲一枪打死两名警察时(即行为人所欲实现的是两个相同的构成要件时),不能确定孰轻孰重。

第三种观点(德国的通说)认为,甲对已经实现的构成要件成立既遂,对未实现的构成要件成立未遂,二者构成想象竞合。据此,在上述第(1)种情况下,甲成立故意毁坏财物既遂与故意杀人未遂,属于想象竞合。在第(2)种情况下,如果不处罚故意毁坏财物的未遂,就只认定为一个故意杀人既遂,没有必要再认定故意毁坏财物未遂。在第(3)种情况下,也只认定为一个故意杀人未遂。在第(4)种情况下,宜认定甲成立故意杀人既遂与过失毁坏财物,但由于刑法不处罚后者,故只能认定为一个故意杀人既遂。这种学说事实上将择一的故意与第一种情形的概括故意同等对待。可是,在择一故意的场合,行为人没有认识到可能同时实现两个构成要件。既然如此,就不能让行为人对两个构成要件事实承担故意责任。尽管如此,这种观点的缺陷还是少于前两种观点。本书的解释是,在择一的故意的场合,不可否认行为人对两个构成要件结果都有认识,既然如此,当行为导致两个结果发生时,行为人理当要对两个结果承担故意责任;同理,当行为仅导致轻罪结果发生但存在发生重罪结果的危险时,行为人也必须同时对重罪的未遂犯承担责任。在这种场合,并不是说行为人有数个故意,而是说行为人对数个结果均有故意。但由于行为人只实施了一个行为,所以按想象竞合犯处理。

2. 根据故意形成的时间可以将故意分为预谋故意与突发故意。前者是指行为人在实施行为之前的一段时间就已形成犯意;后者是指突然产生犯罪的故意并立即实施犯罪行为。这种区分不具有实质的意义。值得注意的是,如果在行为之前的一段时间形成了 A 犯罪的故意,而在着手实行犯罪时却是 B 犯罪的故意,则只能认定为 B 犯罪。

---

〔32〕 参见[德]乌尔斯·金德霍伊泽尔:《刑法总论教科书》,蔡桂生译,北京大学出版社 2015 年版,第 149 ~ 150 页;[日]松原芳博:《刑法总论》,日本评论社 2013 年版,第 218 页以下。

3. 根据故意是否依附于一定条件可以将故意分为无条件故意与附条件故意。前者是指行为人决意无条件地实施实行行为;后者是指行为人决意在具备一定条件之后便实施实行行为,由于“条件成熟就实施实行行为”的意思是确定的,故仍然成立故意。但是,对犯罪的认定,还必须考虑实行行为的有无与性质,考虑行为人是否具有实行的故意。例如,A 意欲强奸 B 女,但内心打算是,如果 B 长相难看就不奸淫。A 着手实施暴力行为后发现 B 长相难看,便放弃了奸淫行为。对此,可认定为强奸中止(有人主张认定为强奸未遂)。再如,甲在与乙见面前准备了手枪,内心打算是,如果乙拒绝自己的要求就杀害对方,但在乙的态度并不确定时,手枪走火导致乙死亡。由于甲没有实施杀人罪的实行行为的故意,对其行为只能认定为故意杀人(预备)罪与过失致人死亡罪的想象竞合。

4. 根据所认识和希望、放任的结果形态,可以将故意分为侵害故意与危险故意。前者认识到了行为对一定法益的侵害,而且希望或者放任其发生。后者认识到了行为对一定法益的危险状态,而且希望或者放任危险状态的发生。换言之,侵害犯的故意,就是侵害故意;危险犯的故意,就是危险故意。例如,成立刑法第 114 条规定的放火罪,就只需要认识到放火行为可能发生具体的公共危险,而不要求认识到放火行为会导致他人死亡的结果,这便是危险故意。但是,这并不意味着未遂犯的故意都是危险故意,未遂犯必须有导致法定结果发生的意志因素。

5. 根据犯罪形态,可以将故意分为既遂犯的故意与未遂犯的故意。在前一种场合,存在与故意内容完全对应的客观构成要件事实,或者说,故意的内容已经完全现实化。在后一种场合,不存在与意志因素相对应的构成要件事实(如希望死亡结果发生但死亡结果没有发生),所以,意志因素成为主观的超过要素(参见本节第四款)。

6. 我国刑法根据故意的认识因素与意志因素的内容,将故意分为直接故意与间接故意。

(二)直接故意

直接故意,是指明知自己的行为会发生危害社会的结果,并且希望这种结果发生的心理态度。直接故意是认识因素与意志因素的统一。

1. 认识因素

直接故意的认识因素是明知自己的行为会发生危害社会的结果。“明知自己的行为会发生危害社会的结果”与“认识到危害结果会发生”不是等同的含义,因为明知自己的行为会发生危害结果,意味着行为人认识到自己以何种行为对何种对象造成危害结果。换言之,不能简单地认为直接故意的认识内容就是认识到危害结果发生,而应认为认识内容包括明知自己行为的内容、社会意义与危害结果等。

(1)直接故意的一般认识内容

根据刑法第 14 条的规定,直接故意的一般认识内容包括以下几个方面:

第一,明知自己行为的内容与社会意义。行为人对自己行为的认识,并不只是对外部行为的物理性质的认识,而是必须认识到行为的社会意义。例如,行为人向他人头部开枪时,只有认识到该行为属于“杀人”行为时,才能评价为“明知自己行为的内容与社会意义”。换言之,对行为内容与社会意义的认识,实际上是对刑法所欲禁止的实体的认识。再如,贩卖淫秽物品时,只有认识到自己所贩卖的物品具有淫秽性,才属于对行为内容与社会意义的认识。如果不识外文的行为人认识到自己在贩卖外文书籍,但根本没有认识到该外文书籍是淫秽小说,就缺乏对行为的社会意义的认识,因而不具有贩卖淫秽物品的故意。

第二,明知自己的行为会发生某种危害结果(包括侵害结果与危险结果)。对危害结果的认识不要求很具体,只要求认识到是构成要件的结果。例如,故意杀人时,只要求认识到会有人死亡即可,不要求具体认识到死亡者是谁,也不要求认识到死亡的具体时刻。对危害结果的明知包括明知危害结果必然发生与可能发生;行为人所明知的是哪一种情况,应以行为人自身的认识为准,不以客观事实为准。在客观上只有发生结果的可能性,但行为人认识到发生结果的必然性时,也应认定行为人认识到了危害结果的必然发生;反之亦然。

需要进一步讨论的是,所谓"明知自己的行为会发生危害社会的结果",是指行为人必须认识到结果是"危害社会的",还是只要认识到结果,而该结果被一般人或法官评价为"危害社会的"即可?例如,甲认识到自己拘禁行为的结果是吸毒者乙的自由被剥夺,但同时认为该结果并不危害社会,而是有利于社会。在这种情况下,能否认定甲具有非法拘禁罪的故意?一般来说,只要行为人认识到自己行为的社会意义,就能够认识到自己行为的结果是危害社会的。而且,故意的认识内容是构成要件事实,并不要求行为人对事实予以评价。某种结果是有利于社会还是不利于社会,不能由行为人评价,只能根据刑法规定予以评价。"明知自己的行为会发生危害社会的结果",实际上是指行为人明知自己的行为会发生符合构成要件的法益侵害结果或者危险结果。[33] 既然甲认识到自己的行为发生了剥夺他人自由的结果,就表明他认识到了自己的行为发生的是法益侵害结果,因而具备了故意的认识要素。

由于故意的成立要求行为人对行为的内容与社会意义以及危害结果具有认识,而且故意犯的行为人都会利用因果法则造成危害结果,所以,没有必要将行为与危害结果之间的因果关系作为故意的独立认识内容。例如,甲明知自己向乙胸部开枪的行为会发生乙死亡的结果,但开枪行为仅造成了乙的轻伤,乙在去医院的途中不慎坠河身亡。在这种场合,不能否认甲具有杀人故意。至于甲应否对乙的死亡负责,则是需要通过因果关系与结果归属的判断,能否认定甲的行为造成了乙的死亡结果的问题(即在甲的犯罪案件中是否存在死亡结果)。即使要求行为人认识到行为与结果之间的因果关系,充其量也只是要求行为人认识到自己的行为通常会导致结果的发生,而不应当要求行为人认识到具体的因果进程。

第三,某些犯罪的故意还要求行为人认识到刑法规定的特定事实,如特定的行为时间、地点、方法、行为对象、特定的主体身份等。例如,成立掩饰、隐瞒犯罪所得罪,要求行为人明知自己掩饰、隐瞒的是犯罪所得。再如,行为人本来患有严重性病,但误认为自己没有患性病而卖淫或者嫖娼的,虽然其行为符合犯罪的构成要件,但由于没有认识到自己的特殊身份,因而没有认识到行为的社会意义与危害结果,不具有犯罪故意,不成立犯罪。

由上可见,我国刑法中的故意是一种实质的故意概念,即并不是认识到行为与结果的单纯事实(外部形态)就成立故意,还必须认识到行为的社会意义与法益侵害(危险)结果。可以认为,故意的成立要求行为人认识到实质的违法性。至于故意的成立是否需要

---

〔33〕 由于构成要件的结果多种多样,所以,刑法第14条用"危害社会的结果"来表述各种构成要件的结果。

认识到行为的形式违法性,以及事实认识错误对故意的影响,是下面要讨论的问题。

(2)规范的构成要件要素的认识

就符合记述的构成要件要素的事实而言,行为人在认识到单纯事实的同时,就能认识行为的社会意义,进而认识行为的实质违法性乃至形式违法性。例如,行为人在认识到自己向他人胸部开枪时(单纯事实的认识),必然认识到这是杀人行为(社会意义的认识),进而认识到杀人行为是侵害他人生命的违法行为(实质的违法性的认识),甚至认识到其行为是违反刑法条文规定的行为(形式违法性的认识)。

就符合规范的构成要件要素的事实而言,行为人在认识到单纯事实的同时,却不一定能够认识行为的社会意义,因而不一定认识到行为的实质违法性。例如,行为人认识到自己在贩卖某种书画(单纯事实的认识),却不一定认识到自己贩卖的是淫秽物品(社会意义的认识),因而不一定认识到了行为的法益侵犯性。这是因为规范的构成要件要素是需要根据法律法规、经验法则或者一般人的价值观念做出判断的要素,行为人的价值观不同于法律法规或者不同于一般人的价值取向时,就可能得出不同结论。例如,某种书画,一般人均认为是淫秽物品,而行为人却不认为是淫秽物品。再如,行为人认识到自己毁灭了印有文字的纸张,却不一定认识到自己毁灭了国家机关公文。在这种情况下,如果仅要求行为人具有单纯事实的认识(即只要认识到自己贩卖了书画、毁灭了纸张),就成立故意犯罪,显然不合适。例如,根本不识外文的人客观上贩卖了淫秽的外文小说,如果他没有被告知为淫秽物品,自身也没有认识到是淫秽物品,则因为没有认识到自己行为的社会意义,而不能认定其行为成立故意犯罪。所以,故意的成立要求行为人认识到自己行为的社会意义;但如果要求行为人认识到刑法上的规范性概念(如淫秽物品概念),也会不当缩小刑法的处罚范围,而且导致处罚的不公平。另一方面,由于表述规范的构成要件要素的是规范性概念,所以,行为人完全可能没有认识到规范性概念的法律意义(规范意义)。例如,行为人可能不认识刑法所规定的“淫秽”二字,也不理解刑法上的“淫秽”概念的规范意义。所以,倘若认为只有当行为人认识到了“淫秽”概念的规范意义时,才认定其认识到行为的社会意义,才以故意犯罪论处,就会不当缩小处罚范围。换言之,就故意犯罪而言,不能要求行为人像法学家或者法官那样理解规范的要素。〔34〕于是,外国学者提出了后述“行为人所属的外行人领域的平行评价”的理论。不过,这一理论针对的主要是社会的评价要素。

本书认为,就法律的评价要素而言,只要行为人认识到作为评价基础的事实,一般就能够认定行为人认识到了规范的要素。例如,只要行为人认识到自己的财产处于国家机关管理、使用、运输中,就应认定行为人认识到了该财产属于公共财产(参见刑法第 91 条第 2 款)。又如,只要行为人认识到警察持逮捕证逮捕嫌疑人,就可以认定行为人认识到了警察在“依法”执行职务。

就经验法则的评价要素而言,只要行为人认识到了作为判断基础或者判断资料的事实,原则上就应当认定行为人认识到了符合规范的构成要件要素的事实。例如,只要行为人认识到了自己的行为会使大量的对象物燃烧,或者认识到火势会蔓延到其他对象物,就能肯定行为人认识到自己的行为会“危害公共安全”。再如,只要行为人认识到自己所破

〔34〕 否则,只有具备良好的法律知识的人才能成立故意犯罪,这显然不合适。

坏的是正在使用中的公共汽车的关键部位(如刹车等),就可以肯定其认识到了自己的行为"足以使汽车发生倾覆、毁坏危险",因而具有破坏交通工具罪的故意。同样,只要行为人认识到自己破坏的是正在使用中的轨道上的枕木,就可以认定其明知自己的行为"足以使火车发生倾覆、毁坏危险",因而具有破坏交通设施罪的故意。

问题在于社会的评价要素。德国学者麦茨格尔在宾丁之后发展和完善的"行为人所属的外行人领域的平行评价"理论,一直得到普遍承认和适用。该理论认为,在规范的构成要件要素的场合,不要求行为人了解规范概念的法律定义,只要行为人以自己的认识水平理解了具体化在规范概念中的立法者的评价即可。[35] 换言之,对行为的社会意义的认识,不要求以刑法上的规范概念进行认识,只要认识到规范概念所指示的与犯罪性相关的意义即可;还可以说,只要行为人的认识内容与规范概念的实质相当即可。[36] 据此,当一般人将刑法上的淫秽物品理解为不能公开的黄色物品时,只要行为人认识到自己所贩卖的是黄色物品,那么,他就具有贩卖淫秽物品的故意。也有学者认为,在这种场合,法官对于行为人的语言必须"理念化",对于法律的语言必须"一般化";或者说,法官必须使行为人的日常语言世界与刑法的专业语言世界相联系,穿梭于民众的语言与法律的语言之间,从而进行判断。[37] 例如,当一般人使用"毛片"表述淫秽影片时,只要行为人认识到自己所贩卖的是"毛片",就可以肯定行为人认识到了自己所贩卖的是淫秽影片,因而成立故意犯罪。

在本书看来,在行为人不明知"淫秽"的法律概念,不确定其贩卖的是"淫秽"物品,但认为其贩卖的是黄色物品、下流物品、毛片,客观上贩卖的确实是淫秽物品时,可以适用"外行人领域的平行评价"理论,认定行为人认识到了自己贩卖的是淫秽物品。上述解释已经能够说明这一点。再如,当行为人不明知刑法第 246 条的"侮辱"的规范意义,却认识到自己实施的是"使他人很难堪"的行为时,也能认定行为人具有侮辱的故意。但是,还存在另外的情形:行为人不认为其贩卖的是淫秽物品,也不认为其贩卖的是黄色物品、下流物品,甚至认为是具有科学价值的艺术作品,但认识到一般人可能将其贩卖的物品评价为淫秽物品,客观上贩卖的确实是淫秽物品时,难以用"外行人领域的平行评价"理论进行归责。本书认为,在这种情况下,由于规范的构成要件要素(社会的评价要素)需要根据一般人的价值观念或者社会意义进行精神的理解,所以,应根据行为人在实施其行为时所认识到的一般人的评价结论,判断行为人是否具有故意。换言之,即使行为人自认为其贩卖的不是淫秽物品,也不是黄色物品、下流物品,甚至认为是具有科学价值的艺术作品,但只要行为人认识到了一般人会认为其贩卖的为淫秽物品,且事实上也是淫秽物品时,就可以认定行为人认识到了自己所贩卖的是淫秽物品,进而成立故意犯罪。

(3)无违法阻却事由的认识

当行为人认识到自己的行为存在违法阻却事由时,不可能存在犯罪故意。因为故意虽然是对构成要件事实的认识与容认,但由于构成要件是违法类型,构成要件事实是违法事实,所以,故意实际上是对为违法性提供根据的事实的认识与容认。当行为人认识到自

---

〔35〕 Vgl., H. Jescheck/T. Weigend, Lehrbuch des Strafrechts: Allgemeiner Teil, 5. Aufl., Duncker & Humblot, 1996, S. 295.

〔36〕 参见[日]町野朔:《刑法总论讲义案 I》,信山社 1995 年第 2 版,第 225 页。

〔37〕 Vgl., Arthur Kaufmann, Rechtsphilosophie, C. H. Beck, 1997, S. 129ff.

己的行为存在正当化事由时,就没有认识到为违法性奠定基础的事实,当然不能以故意犯罪论处。换言之,故意的成立要求行为人认识到自己的行为侵害或者威胁了法益,当行为人认识到存在正当化事由时,意味着行为人要么认识到法益性的阙如,要么认识到自己的行为保护了更为优越或者至少同等的法益,因而缺乏对实质违法性的认识,所以,不具备故意的非难可能性。例如,行为人以为对方正在进行不法侵害时,对之进行防卫的,属于假想防卫,不存在犯罪故意。在这类认识到存在违法阻却事由的场合,行为人没有认识到为自己行为的违法性提供根据的事实,故应作为事实错误阻却故意的成立。[38] 再如,一般认为,强奸罪的成立,要求行为人认识到自己的行为违反妇女意志,这一认识既是对符合构成要件要素的认识,也是对没有正当化事由的认识。总之,只有当行为人认识到前述构成要件事实,同时认识到并无违法阻却事由时,才能认定行为人具有犯罪的故意。

(4)不需要认识的内容

故意的成立并不要求行为人认识到所有的客观事实;易言之,有些客观事实或要素超出了故意的认识范围,笔者称之为"客观的超过要素"。[39]

首先,结果加重犯中的加重结果,属于不需要认识的内容,即不需要行为人已经认识到结果加重犯中的加重结果,但要求具有认识的可能性。当某些结果加重犯对加重结果仅要求过失时,如果行为人对加重结果具有认识,则可能不以结果加重犯处理,而是按更重的犯罪论处。例如,故意伤害致死的成立,不需要行为人认识到死亡结果;如果行为人认识到自己的行为会发生他人死亡的结果并实施该行为的,构成故意杀人罪。当对加重结果既可以持过失也可以持故意时,行为人是否认识到加重结果,不影响结果加重犯的成立。例如,行为人实施抢劫行为时,不管是否认识到死亡结果,都不影响抢劫致人死亡的成立,只是影响量刑。

其次,除结果加重犯中的加重结果外,还存在其他不需要认识的"客观的超过要素"。

德国、日本刑法理论中,存在"客观处罚条件"的概念,即在一些情况下,行为具有构成要件符合性、违法性、有责性时,并不能据此处罚行为人,还要求具备刑法所规定的一定的处罚条件,即客观处罚条件(参见第十章第二节)。

本书暂且维护犯罪构成是认定犯罪的唯一法律根据的原理,不采用客观处罚条件的概念。由于构成要件必须表明行为具有值得科处刑罚的违法性,故如果在一般情况下还没有达到这种程度,刑法就强调或者增加某个或者某些具体要素,使构成要件表明违法性达到这一程度。例如,刑法第264条规定,盗窃公私财物,数额较大的,或者多次盗窃、入户盗窃、携带凶器盗窃、扒窃的,构成盗窃罪。如果说"多次"是指三次以上,那么,只要行为人每次实施盗窃时具有故意即可,不要求行为人认识到自己"多次"盗窃。倘若行为人在第三次盗窃时误以为自己是第二次盗窃,也不影响其行为构成多次盗窃。又如,许多犯罪的成立以违法所得数额较大为要件,但是,成立这类犯罪只需要客观上违法所得数额较大,并不需要行为人认识到这一点。于是,违法所得数额较大就成为超出故意认识范围的

---

〔38〕 参见[日]西田典之:《刑法总论》,弘文堂2010年第2版,第214页;[日]山口厚:《刑法总论》,有斐阁2016年第3版,第209页以下。

〔39〕 "客观的超过要素"是笔者制造的一个概念,旨在解决现行刑法所规定的若干犯罪的责任形式。具体内容请参见张明楷:"'客观的超过要素'概念之提倡",载《法学研究》1999年第3期;张明楷:《犯罪构成体系与构成要件要素》,北京大学出版社2010年版,第218页以下。

客观要素。再如,依法配备公务用枪的人员,丢失枪支不及时报告的行为,其违法性还没有达到值得科处刑罚的程度,故刑法要求“造成严重后果”。“造成严重后果”也是丢失枪支不报罪的构成要件要素,但不需要存在与之相对应的故意内容,即该客观要素超出了故意的认识内容与意志内容的范围,所以称为“客观的超过要素”。因此,依法配备公务用枪的人员,认识到自己丢失枪支后故意不及时报告的,即使没有认识到会造成严重后果(当然应具有认识的可能性),也不希望或者放任严重结果的发生,但如果客观上造成了严重结果,也成立丢失枪支不报罪。又如,国家机关工作人员滥用职权的行为本身,还不具有值得科处刑罚的违法性,故刑法要求“致使公共财产、国家和人民利益遭受重大损失”;这种损失属于滥用职权罪的客观构成要件要素,但不需要存在与之相对应的主观内容,也属于“客观的超过要素”。所以,只要国家机关工作人员故意滥用职权,客观上造成了上述重大损失,就成立滥用职权罪,而不要求行为人认识到该重大损失。〔40〕

为了避免责任主义的违反,只有具备以下条件时,才可以考虑确定为“客观的超过要素”:第一,该客观要素虽然是成立犯罪不可缺少的条件,但刑法只是为了控制处罚范围,才要求具有该客观要素。第二,该客观要素在构成要件中不是唯一的要素;将某种结果确定为客观的超过要素时,该结果不是行为必然发生的结果,只是该行为可能发生的结果,而且还必须存在其他结果。第三,如果将某种结果确定为客观的超过要素,该犯罪的法定刑必须较低,明显轻于对结果具有故意心理的犯罪。第四,将该客观要素确定为客观的超过要素时,不影响行为人主观故意的完整内容。第五,该犯罪事实上只要求对客观的超过要素(结果)具有预见可能性,但又不能将该犯罪确定为过失犯罪,或者确定该犯罪为过失犯罪并不符合过失犯罪的观念。总之,不得随意扩大“客观的超过要素”的范围。

客观的超过要素虽然不是故意的认识与意志内容,但要求行为人对之具有预见可能性,即使是结果加重犯之外的客观的超过要素,也不例外。否则,便违反了责任主义。或许有人提出如下疑问:既然要求行为人对客观的超过要素具有预见可能性,为什么不直接肯定这些犯罪是过失犯罪?这是因为,将本书所称的需要用客观的超过要素概念来处理的犯罪,都认定为过失犯罪,并不合适。例如,将丢失枪支不报罪确定为过失犯罪,难以被人接受。道理很简单:既然过失行为都是犯罪,那么,与之相对应的故意行为更应是犯罪。再如,将滥用职权罪确定为过失犯罪,其与玩忽职守罪就基本等同了。还需要说明的是,即便承认故意与过失不是对立关系,只是位阶关系,也不宜将丢失枪支不报罪确定为过失犯罪。其中的一个重要原因是,我国刑法只承认故意的共同犯罪,而不承认过失的教唆犯与对过失犯的教唆犯。但是,丢失枪支不报罪完全可能存在共同犯罪。例如,甲、乙两名警察一起出差,途中,甲丢失了枪支,打算立即报告。但乙反复劝说甲不要报告,甲没有及时报告,最终导致发生严重结果。如果将丢失枪支不报罪确定为过失犯罪,同时认为故意包含了过失,也可以对甲的行为认定为丢失枪支不报罪。然而,一旦将丢失枪支不报罪确定为过失犯罪,就难以认定乙成立教唆犯。可是,如果不将乙作为丢失枪支不报罪的教唆犯处罚,则明显不合适。所以,将丢失枪支不报罪确定为故意犯罪,才是合适的。

此外,当刑法分则条文使用的“非法”一词只是对违法性的提示(或者说提示可能存在违法阻却事由)时,不要求行为人认识到自己的行为“非法”。例如,刑法第238条第1

〔40〕 如果将客观处罚条件作为犯罪成立条件之一,则本书所称“客观的超过要素”属于客观处罚条件。

款前段规定："非法拘禁他人或者以其他方法非法剥夺他人人身自由的，处三年以下有期徒刑、拘役、管制或者剥夺政治权利。"由于现实生活中存在合法剥夺人身自由因而欠缺违法性的情形，故本条特别提示司法人员注意：如果行为人合法剥夺他人人身自由（如依法拘留、逮捕、执行有期徒刑等），则具有违法阻却事由，不成立犯罪。本条中的"非法"只是对违法性的提示，不是故意的认识内容。换言之，只要行为人认识到自己的行为剥夺了他人的人身自由，也无违法阻却事由的认识，就具备了故意的认识因素。倘若行为人误以为自己剥夺吸毒者人身自由的行为是合法的，则属于违法性的认识错误，不影响故意的成立。

2. 意志因素

直接故意的意志因素是希望危害结果的发生。这里的"危害结果"是指行为人已经明知的结果。"希望"是指行为人积极追求结果发生；发生结果是行为人实施行为直接追求的结局；行为人主观上没有介入其他独立意识，不是为了实现其他意图而实施该行为；行为人主观上只有一个意志——追求危害结果的发生，除此之外，没有其他任何意图（当然会有犯罪动机）。正因为如此，才将这种故意称为直接故意。"希望"虽然意味着追求结果发生，但也有程度上的差异，强烈、迫切的希望与不很强烈、迫切的希望，都属于希望危害结果发生。

（三）间接故意

间接故意，是指明知自己的行为可能发生危害社会的结果，并且放任这种结果发生的心理态度。间接故意也是认识因素与意志因素的统一。

1. 认识因素是明知自己的行为可能发生危害社会的结果。与直接故意一样，间接故意的成立要求行为人认识到行为的内容、社会意义与危害结果，认识到刑法规定的特定事实。但是，间接故意只要求行为人认识到自己的行为可能发生危害社会的结果。行为人自认为可能发生危害结果并放任这种结果发生，而客观上必然发生危害结果的，也仅成立间接故意。

2. 意志因素是放任危害结果发生。这里的"危害结果"是指行为人已经明知可能发生的构成要件结果。"放任"是对结果的一种听之任之的态度。即行为人为了追求某种目的而实施一定行为时，明知该行为可能发生某种结果；行为人既不是希望结果发生，也不是希望结果不发生，但仍然实施该行为，也不采取措施防止结果发生，而是听任结果发生；结果发生与否，都不与行为人的意志相冲突。〔41〕换言之，只要行为人在心理上接受、认可结果的发生，就属于放任。例如，甲为了掩盖自己贪污大量公款的事实，企图放火烧毁会计室。甲深夜放火时发现乙在会计室睡觉，明知放火行为可能烧死乙，但仍然放火，也没有采取任何措施防止乙死亡，乙果真被烧死。甲旨在烧毁账簿，不是希望乙死亡，而是对乙的死亡持听之任之的态度，这便是放任的心理态度。

间接故意犯罪主要发生在以下两种情况：（1）为了实现某种非犯罪意图而放任危害结果的发生。如狩猎人为了击中野兽，对可能击中他人持放任态度。（2）为了实现某种

---

〔41〕 有学者将放任表述为对危害结果漠不关心；有学者则批判这种表述，而认为放任并不意味着对结果的发生与不发生采取半斤八两的态度，间接故意是"放任结果发生"，而非"放任结果不发生"（参见王作富：《中国刑法研究》，中国人民大学出版社1988年版，第162页以下）。在本书看来，上述两种观点并无区别。

犯罪意图而放任另一危害结果的发生。其中又可以分为两种情况:一是为了追求某种危害结果而对同一对象可能造成的另一危害结果持放任态度。例如,为了抢劫他人财物而使用暴力,对暴力致他人死亡持放任态度。二是对此对象实施犯罪行为时,放任对彼对象造成危害结果。例如,丈夫为了杀妻,在妻子的食物中投放毒药,明知孩子可能分食有毒食物,由于杀妻心切而放任孩子死亡。此外,还有一种在瞬间情绪冲动下,不计后果地实施危害行为,放任危害结果发生的情况。正是由于间接故意的行为人并不直接追求结果的发生,主观上介入了其他因素,故称其心理态度为间接故意。

(四)直接故意与间接故意的关系

间接故意与直接故意都是认识因素与意志因素的统一,但各自的认识内容与意志内容不同。就认识因素而言,直接故意的行为人是认识到危害结果发生的必然性与可能性;而间接故意的行为人只要求认识到危害结果发生的可能性。就意志因素而言,直接故意表现为希望危害结果发生;而间接故意表现为放任危害结果发生。

有一种观点认为,区分直接故意与间接故意只有一个标准,就是看对结果的发生持希望态度还是放任态度;明知结果必然发生而持放任态度时,也应属于间接故意。[42] 本书不采取这种观点。意志因素以认识因素为前提,反过来,意志因素的内容又限制认识因素的内容。放任是听之任之、发生也可以不发生也可以的心理态度,因此前提必须是具有发生结果与不发生结果两种可能性。如果认识到结果必然发生,则不可能再放任结果的发生。此外,在直接故意中,行为人对发生结果的希望态度的强弱程度会有差异,不应将不太迫切、不太强烈的希望态度认定为放任。从实质上说,认识到结果必然发生却仍然实施该行为,说明非难可能性严重,将其归入直接故意也是理所当然的。

直接故意与间接故意虽然存在区别,但二者不是对立关系,而且二者在法律上的地位是相同的,故区分二者的意义极为有限。换言之,应当注重直接故意与间接故意的统一性。第一,不可认为,"刑法分则条文规定的某些具体犯罪只能由间接故意构成,不能由直接故意构成"。因为既然间接故意都能成立,直接故意更能成立;事实上也不存在"某种行为出于直接故意时成立此罪、出于间接故意时成立彼罪"的情况。第二,也不可轻易说,"某种犯罪只能由直接故意构成,不能由间接故意构成"。因为在刑法分则中,凡是由故意构成的犯罪,刑法分则条文均未排除间接故意;当人们说某种犯罪只能由直接故意构成时,只是根据有限事实所作的归纳,并非法律规定。第三,只要查明行为人认识到了构成要件事实,并且对结果具有放任态度,即使不能查明行为人是否希望结果的发生,或者不能查明行为人是否认识到结果必然发生,也能认定为间接故意。而不能以事实不清为由,宣告行为人没有犯罪故意。

四、故意的认定

对故意的理解与认定除了掌握故意的种类与特征外,还要注意以下几点。

(一)严格区分犯罪的故意与一般生活意义上的"故意"

犯罪的故意具有特定内容,具体表现为对自己实施的法益侵害行为及其结果的认识与希望或放任态度。一般生活意义上的"故意"只是表明行为人有意识地实施某种行为,但不具有上述犯罪故意的内容。例如,行为人在黑暗处实施盗窃行为时,为了物色盗窃对

[42] 参见姜伟:《犯罪故意与犯罪过失》,群众出版社1992年版,第163页以下。

象而划火柴,却造成了火灾。在一般生活意义上说,划火柴的行为显然是“故意”的;但行为人在划火柴时并没有认识到可能发生火灾,或者已经预见但轻信能够避免,而没有希望或者放任危害结果发生,因而不是刑法上的故意。再如,行为人面对正在进行的不法侵害实施正当防卫时,在一般生活意义上说是“故意”的,但不是刑法上的故意,因为行为人有违法阻却事由的认识。因此,司法人员不能自觉或不自觉地将一般意义上的故意认定为刑法上的故意。

(二)合理区分犯罪故意与目的或单纯的认识

故意是认识因素与意志因素的统一,因此,既不能用意志因素代替故意,也不能用认识因素代替故意。用“具有……目的”代替故意,或者认为“认识到违反规章制度时是故意”,都不合适。前者会缩小故意的范围,后者会扩大故意的范围。在有些场合,用目的代替故意可能将间接故意排斥在故意之外。认识到行为违反规章制度,并不表明行为人一定认识到了危害结果发生,更不表明行为人希望或者放任危害结果发生。例如,司机故意超速行驶时,显然属于故意违反交通运输管理法规,但对造成的死伤结果完全可能是过失,其中对行政法规违反的“故意”并不等同于刑法上的故意,只能认定为过失犯罪。显然,“认识到违反规章制度时是故意”的观点,会将过失心理归入故意。因此,司法人员一定要牢记故意是认识因素与意志因素的有机统一。

基于上述理由,对于“双重罪过”的概念应慎重对待。〔43〕 如人们常说,在重大责任事故罪中,行为人虽然对致人死亡的结果持过失,但其违反有关安全管理规定的行为可能是故意的;于是形成了对行为持故意、对结果持过失的所谓双重罪过。实际上,单纯认识到行为违反有关安全管理规定,并不等于刑法上的故意。因为这种认识并不表明行为人希望或者放任危害结果的发生,故意的认识因素与意志因素并没有统一,故不成立刑法上的故意(充其量只是过于自信过失的一个因素)。特别应注意的是,认识到行为的性质与社会意义,只是故意的部分认识内容。不具备该认识内容的,不可能成立故意;具备该认识内容的,并不直接成立故意,也不直接排斥过失。还要说明的是,作为责任要素的故意,不同于行为人犯罪时的实际心态。不能将行为人犯罪时的实际心态,作为责任要素。

(三)正确理解总则规定的“明知”与分则规定的“明知”的关系

刑法总则规定,故意的认识因素是“明知”自己的行为会发生危害社会的结果;刑法分则某些条文对犯罪规定了“明知”的特定内容。这两种“明知”既有联系又有区别。总则中的“明知”是故意的一般因素,分则中的“明知”是故意的特定因素;只有具备分则中的“明知”,才能产生总则中的“明知”;但分则中的“明知”不等于总则中的“明知”,只是总则中的“明知”的前提。〔44〕 例如,刑法第312条规定的犯罪,以行为人明知是犯罪所得及其产生的收益为成立条件。行为人明知是犯罪所得及其产生的收益,然后才能明知自己行为的社会意义与危害结果;如果不明知是犯罪所得及其产生的收益,则不可能明知自己行为的社会意义与危害结果;如果行为人明知可能是犯罪所得及其产生的收益,则意味着行为人明知自己的掩饰、隐瞒行为可能产生妨害司法的危害结果,倘若行为人放任该结

---

〔43〕 像故意伤害致死这样的结果加重犯,可以认为行为人具有双重罪过(故意与过失的结合体)。

〔44〕 参见郑健才:《刑法总则》,台北三民书局1982年修订再版,第96页。

果的发生,便成立间接故意。[45] 因此,当分则规定以"明知"为要件时,并不排除间接故意的可能性。[46] 不过,明知是一种现实的认识,而不是潜在的认识,即明知是指行为人已经知道某种事实的存在或者可能存在(如在窝藏罪中,明知自己窝藏的是犯罪的人或者可能是犯罪的人),而不包括应当知道某种事实的存在(不包括应当知道但并不知道是犯罪的人),否则便混淆了故意与过失。

值得注意的是,司法解释乃至立法解释经常将"应当知道"规定为"明知"的一种情形,对此,不能仅从字面含义认为"应当知道"均属于故意。最高人民法院 2001 年 1 月 17 日《关于审理为境外窃取、刺探、收买、非法提供国家秘密、情报案件具体应用法律若干问题的解释》第 5 条规定:"行为人知道或者应当知道没有标明密级的事项关系国家安全和利益,而为境外窃取、刺探、收买、非法提供的,依照刑法第一百一十一条的规定以为境外窃取、刺探、收买、非法提供国家秘密罪定罪处罚。"其中的"应当知道"原本属于对过失心理的描述,但为境外窃取、刺探、收买、非法提供国家秘密罪属于故意犯罪,过失行为不成立本罪。所以,应当将上述司法解释中的"应当知道"理解为根据相关事实推定行为人知道。再如,全国人大常委会 2014 年 4 月 24 日通过的《关于〈中华人民共和国刑法〉第三百四十一条、第三百一十二条的解释》规定:"知道或者应当知道是国家重点保护的珍贵、濒危野生动物及其制品,为食用或者其他目的而非法购买的,属于刑法第三百四十一条第一款规定的非法收购国家重点保护的珍贵、濒危野生动物及其制品的行为。"其中的"应当知道"也是指根据相关事实推定行为人知道,而不意味着过失可以成立刑法第 341 条规定的犯罪。

(四)妥当处理犯意转化、另起犯意与行为对象转换的关系

犯意转化、另起犯意与行为对象转换是罪数论需要讨论的问题(亦即,根据区分罪数的标准就可以解决),由于与故意的认定密切相关,故在此略作说明。

犯意转化会导致行为人的行为方式、性质产生变化,因而影响故意内容的认定。

犯意转化的第一种情况是,行为人以此犯意实施犯罪的预备行为,却以彼犯意实施犯罪的实行行为。或者说,行为人在预备阶段是此犯意,但在实行阶段是彼犯意。例如,行为人在预备阶段具有抢劫的故意,为抢劫准备了工具、制造了条件;但进入现场后,发现财物的所有人、保管人等均不在场,于是实施了盗窃行为。行为人在实行犯罪时,由预备阶段的抢劫故意转化为盗窃故意,其实行行为便是盗窃行为。通常认为,在这种情况下,应以实行行为吸收预备行为,但事实上对此还难以一概而论。一方面,抢劫预备行为严重而盗窃行为并不严重时,以后者吸收前者明显不当。另一方面,因为抢劫预备行为严重而仅以抢劫预备论处,则没有评价盗窃既遂部分,导致评价不充分。所以,本书认为,对这种行为应当认定为想象竞合犯,从一重罪处罚(参见第九章第四节)。

---

〔45〕 判断具体案件中的行为人是否具有故意时,不是直接根据刑法总则第 14 条的规定进行判断,而是以第 14 条的规定为指导,判断行为人是否认识到了具体犯罪的构成要件事实以及是否希望或者放任构成要件结果的发生。

〔46〕 分则关于"明知"的规定,大多属于注意规定,即提醒司法人员注意的规定。即使分则没有"明知"的规定,也应根据总则关于故意的规定,确定必须明知的事实[参见张明楷:《刑法分则的解释原理》(下),中国人民大学出版社 2011 年第 2 版,第 628 页以下]。此外,在个别情况下,分则的"明知"主要是作为总则中的过于自信过失的具体化而规定的,刑法第 138 条便是如此。

犯意转化的第二种情况是，在实行犯罪的过程中犯意改变，导致此罪与彼罪的转化。这种犯意转化应限于两个行为所侵犯的法益具有包容关系的情形。例如，甲在故意伤害他人的过程中，改变犯意，意图杀死他人。又如，乙见他人携带装有现金的提包，起抢夺之念，在抢夺过程中转化为对人使用暴力，将他人打倒在地，抢走提包。再如，丙本欲杀死他人，在杀害过程中，由于某种原因改变犯意，认为造成伤害即可，没有致人死亡即停止侵害行为。对此，应作如下处理：犯意升高者，从新意（变更后的意思）；犯意降低者，从旧意（变更前的意思）。[47] 换言之，如果行为人本欲犯较轻的罪，后来改变犯意，犯较重的罪，则定较重的罪；如果行为人本欲犯较重的罪，后改变犯意，犯较轻的罪，则仍定较重的罪。依此观点，对上述甲、乙的行为应分别定故意杀人罪与抢劫罪，对丙的行为仍应认定为故意杀人罪，但存在犯罪中止的问题，即如果符合中止犯的条件，则成立故意杀人罪的中止犯。[48]

犯意转化与另起犯意具有区别，前者是由此罪转化为彼罪，因而不会实行数罪并罚；后者是在前一犯罪已经既遂、未遂或中止后，又另起犯意实施另一犯罪行为，因而应当实行数罪并罚。具体说，犯意转化与另起犯意有三个重要区别：(1)行为在继续过程中，才有犯意转化问题；如果行为已经终了，则只能是另起犯意。例如，甲以强奸故意对乙实施暴力之后，因为乙正值月经期而放弃奸淫，便另起犯意实施抢劫行为。由于抢劫故意与抢劫行为是在强奸中止之后产生的，故甲的行为成立强奸中止与抢劫二罪。(2)同一被害对象才有犯意转化问题；如果针对另一不同对象，则只能是另起犯意。例如，A以伤害故意举刀砍B，适逢仇人C出现在现场，A转而杀死C。A的行为针对不同对象，应成立故意伤害与故意杀人二罪。再如，甲为了入户抢劫乙的财产而准备了工具，但在前往乙家的途中发现很容易窃取丙的财物，在窃取丙的财物后放弃实施抢劫乙的财物的，盗窃行为属于另起犯意实施的行为，应认定为抢劫预备阶段的中止与盗窃既遂；对前者免予处罚，对后者单独定罪量刑。倘若甲并没有放弃抢劫只是等待时机，在着手前被查获的，则要对抢劫预备与盗窃既遂实行数罪并罚。(3)在两个法益之间具有包容关系时，才可能存在犯意转化，如果没有包容关系，则应认定为另起犯意。例如，A先对B实施伤害行为，导致B昏迷。此时，A发现B戴有首饰，见财起心将B的首饰转移为自己占有。A的行为属于另起犯意，成立故意伤害罪与盗窃罪，实行数罪并罚。

行为对象转换，是指行为人在实行犯罪的过程中，有意识地将原先设定的行为对象，转移到另一行为对象上。例如，甲原本打算抢劫他人名画而侵入住宅，但入室后抢劫了手提电脑。在这种情况下，由于行为对象的转换依然处于同一犯罪构成之内，且法益主体没有变更，故成立入户抢劫的既遂，而非入户抢劫的未遂与普通抢劫既遂。再如，乙原本打算盗窃A的财物，侵入了A、B合住的房间，但侵入房间后仅盗窃了B的财物。虽然法益主体不同，但由于财产法益并非个人专属法益，故仅认定为一个盗窃既遂即可。但是，如果行为对象的转换，导致个人专属法益的主体变化，或者导致法益性质变化，则属于另起

---

〔47〕 参见郑健才：《刑法总则》，台北三民书局1982年修订再版，第93页。

〔48〕 这里所说的仅成立故意杀人中止，限于行为人在杀人过程中已经造成了伤害结果，随后放弃杀人，认为只要造成伤害即可的情形。如果行为人虽然着手实行杀人，但在没有造成伤害结果时改变犯意，认为只要造成伤害即可，进而实施伤害行为造成伤害结果的，则成立故意杀人中止与故意伤害既遂，对前者免除处罚，对后者单独定罪量刑。

犯意。例如,甲为了强奸A女,在A女的饮食中投放了麻醉药。事后,甲发现A女与B女均昏迷,且B女更美丽,于是仅奸淫了B女。甲的行为成立对A女的强奸中止和对B女的强奸既遂。又如,乙为了抢劫普通财物而对X实施暴力,在强取财物时,发现X的提包内不仅有财物而且有枪支,便使用强力仅夺取了枪支。乙的行为成立抢劫中止与抢劫枪支既遂(数罪并罚)。

第二款 事实认识错误

一、事实认识错误概述

故意是认识因素与意志因素的统一,因此,对客观事实的认识错误可能影响故意(有时仅影响犯罪的既遂与未遂)。错误是指行为人的认识与实际情况不一致,并不一定意味着行为人产生了错误的认识。刑法理论总是在与故意犯的关联上讨论认识错误,并不是在与过失犯的关联上讨论认识错误。[49] 于是,错误论与故意犯的关系,就成为重要问题。[50]

一种观点认为,错误论是对故意实施的行为整体(包括发生结果)的评价,具有与故意论不同的独立的作用,因而具有与故意论不同的原理。[51] 这种观点的实质是,在不能根据故意论认定行为人对构成要件事实具有故意时,可能或者可以根据错误论认定行为人对构成要件事实具有故意。于是,错误论成为认定故意的另一途径。本书不赞成这种观点。我国刑法第14条明文规定了故意的一般定义,此外,具体犯罪的构成要件规制了具体犯罪故意的认识内容与意志内容。显然,在行为人的主观内容不符合刑法第14条规定的要求,对属于构成要件的事实缺乏认识时,不可能成立故意。在此情形下,当然不能将错误论作为认定行为人具有故意的途径。

另一种观点认为,错误论是故意论的反面。本书持此观点。因为,"刑法学中所讨论的错误,并非主观面与客观面之间存在不一致的所有情形,而是限于故意(犯)的成立与否成为问题的场合。客观面发生了某种重大的事项(如发生了人死亡的结果),主观面对一定的事态具有认识时,主观面的这种认识,可否认为是与该客观事实相对应的故意(如杀人罪的故意),才是刑法中的错误论的问题"。[52] 显然,认识错误与故意是表里关系,对认识错误的处理在于解决行为人对于构成要件事实是否具有故意责任。

不过,也不能走向另一极端,认为错误论与故意论是完全等同关系。有学者认为,成立故意不要求认识到符合构成要件的事实,只要认识到事实的意义即可;换言之,只要对作为构成要件内容的不法、责任内容具有认识,就成立故意。反之,在行为人由于认识错误,导致其主观认识与客观事实属于不同构成要件时,只要两者的不法、责任内容相同,行为人对于没有预见的客观事实也应承担故意既遂犯的责任。[53] 于是,错误论便是故意论

---

〔49〕 例如,行为人误以为是自己的财物而毁坏,但实际上毁坏了他人财物。这不是错误论所解决的问题。

〔50〕 认识错误本身显然既不是故意的要素,也不是责任的要素。

〔51〕 [日]佐久间修:"错误论中的结果归属理论",载福田平·大塚仁博士古稀祝贺论文集:《刑事法学的综合检讨》(上卷),有斐阁1993年版,第146页。

〔52〕 [日]井田良、丸山雅夫:《案例刑法》,日本评论社2004年第2版,第112页。

〔53〕 [日]町野朔:《刑法总论讲义案Ⅰ》,信山社1995年第2版,第229~230页。

本身。但是,一方面,这种观点否认构成要件的故意规制机能,不利于对故意的认定,使构成要件丧失罪刑法定主义的机能。另一方面,在行为人没有发生认识错误的情况下,不必适用错误论,只需适用故意论;反之,在行为人发生了认识错误的情况下,才既需要适用错误论,又必须适用故意论。所以,错误论与故意论虽然是表里关系,但不宜等同。

正因为错误论与故意论是表里关系,所以,行为人的主观认识与客观事实在何种程度上一致,既是故意的认识内容问题,也是错误论的问题。可以肯定的是,只有当行为人所认识的事实与实际发生的事实,在"构成要件的范围内"相符合时,才能在此限度内肯定故意的既遂犯。换言之,应当以构成要件为基准,判断某种事实是否属于作为故意的认识对象(或内容)的重要事实;如果对重要事实存在认识错误,就阻却故意的既遂犯;反之,则肯定故意的既遂犯。但问题在于,如何理解"构成要件"与"相符合"? 如后所述,刑法理论上存在不同观点。

事实认识错误分为具体的事实认识错误与抽象的事实认识错误,此外,对于违法阻却事由的认识错误,也需要说明。

二、具体的事实认识错误

具体的事实认识错误,也称具体的事实错误,是指行为人认识的事实与实际发生的事实虽然不一致,但没有超出同一犯罪构成的范围,即行为人只是在某个犯罪构成的范围内发生了对事实的认识错误,因而也被称为同一犯罪构成内的错误。刑法理论一般认为,具体的事实错误主要包括对象错误、打击错误与因果关系的错误。对于具体的事实错误,主要存在具体符合说与法定符合说的争论。前者认为,行为人所认识的事实与实际发生的事实具体地相一致时,才成立故意的既遂犯;后者认为,行为人所认识的事实与实际发生的事实,只要在犯罪构成范围内是一致的,就成立故意的既遂犯。此外还存在其他学说。

(一)对象错误

具体的事实错误中的对象错误,是指行为人误把甲对象当做乙对象加以侵害,而甲对象与乙对象处于同一犯罪构成内,行为人的认识内容与客观事实仍属同一犯罪构成的情况。[54] 例如,行为人本欲杀甲,黑夜里误将乙当做甲予以杀害。根据法定符合说,刑法规定故意杀人罪是为了保护人的生命,而不只是为了保护特定的甲或者特定的乙的生命,因此,只要行为人主观上想杀人,且客观上又杀了人,那么就符合故意杀人罪的犯罪构成,成立故意杀人既遂。具体符合说也认为,这种对象错误并不重要因而不影响故意犯罪既遂的成立。因为在行为的当时,行为人想杀的是"那个人",且事实上也杀了"那个人",因而属于具体的符合,成立故意杀人既遂。所以,就这种对象错误而言,具体符合说与法定符合说的结论完全相同。

(二)打击错误

打击错误也称方法错误,是指由于行为本身的差误,导致行为人所欲攻击的对象与实

---

〔54〕 行为人误将非犯罪对象当做犯罪对象加以侵害的(如行为人本欲杀害甲,黑夜里误将一只有害野兽当做甲杀死),或者,行为人误将犯罪对象当做非犯罪对象加以侵害的(如行为人本欲杀死有害野兽,黑夜里误认为邻人为野兽而开枪射击致人死亡),虽然也存在认识错误,也可谓对象错误,但主要属于未遂犯与不能犯、过失与意外事件的问题。

际受害的对象不一致,但这种不一致仍然没有超出同一犯罪构成。[55] 例如,A 举枪射击甲,但因没有瞄准而击中了乙,导致乙死亡。显然,A 的主观认识(对甲射击)与客观事实(乙死亡)并不一致。[56]

关于打击错误,具体符合说认为,由于客观事实与行为人的主观认识没有形成具体的符合,所以,在上例中,A 对甲承担杀人未遂的责任,对乙承担过失致人死亡的责任;由于只有一个行为,故二者属于想象竞合犯,从一重罪处罚。显然,具体的符合说重视法益主体的区别,要求故意的认识内容包括对具体的法益主体的认识。

1. 具体符合说的缺陷

(1)根据具体符合说,对上例只能认定为故意杀人未遂。但在行为人具有杀人故意,客观上也杀害了人的情况下,却认定为杀人未遂,有悖社会的一般观念。而且,不管是将故意理解为违法要素还是责任要素,不管违法的本质是法益侵害抑或规范违反,与对象错误相比,打击错误的违法性与有责性没有任何减少。因此,具体符合说缺乏实质根据。

(2)根据具体符合说,行为人开枪射击甲时,只要没有导致甲死亡,不管是否导致乙或者其他人死亡,其结局都只负杀人未遂的责任,这会导致罪刑不相适应。再如,A 想先后射杀躺在沙滩上的甲与乙,先瞄准甲开枪时却误击中乙,后瞄准乙(其时可能已经是尸体)开枪时却误击中甲。根据具体符合说,也只能按两个杀人未遂(甚至是一个杀人未遂和一个不能犯)处罚。这同样会导致罪刑不相适应。主张具体符合说的学者意识到了这一点,便解释道:“因为,按照我国刑法第 23 条第 2 款的规定,对未遂犯只是可以比照既遂犯从轻或减轻处罚(并不是应当从轻或者减轻处罚),这就意味着我们可能根据案件的具体情况,对未遂犯与既遂犯同样的处罚。这样,也不会出现对犯罪分子处刑过轻的不合理现象。”[57] 详言之:“对上述具体打击错误的杀人案件中的行为人,按故意杀人(未遂)罪定性,但考虑到其不仅想杀人而且杀死了人,只是由于打击错误使得杀死的不是想杀害的人,与杀人既遂的危害性程度相当,因而作为例外不从轻处罚。”[58] 言下之意,先将上述行为评价为犯罪未遂,但处罚时按既遂犯对待。本书认为,既然如此,倒不如根据法定符合说承认上述行为构成故意杀人既遂。更为重要的是,其中的“危害性”是什么意思?是否包括主观责任?按照具体符合说的观点,上述打击错误案件属于一个故意杀人未遂与过

---

〔55〕 我国传统刑法理论所说的手段错误(如行为人所使用的手段本来会发生结果,但行为人误认为不会发生结果;或者行为人本欲使用会发生结果的手段,但由于认识错误而使用了不会发生结果的手段;或者行为人所使用的手段不可能导致结果,但行为人误认为可以导致结果发生),虽然也可谓一种认识错误,但分别属于过失犯、未遂犯与不能犯的问题。

〔56〕 打击错误中的主观认识,是指犯罪的故意;客观事实,是指符合构成要件的事实(结果)。因此,其一,如果行为人主观上没有犯罪的故意,即使客观上发生了构成要件的结果,也不是方法错误的问题。例如,行为人本欲开枪杀死疯狗,但因为没有瞄准而射中了他人。由于行为人主观上没有犯罪的故意,因而不是方法错误,只是过失犯与意外事件的区分问题。基于同样的理由,如果行为人本欲开枪打死疯狗,但黑夜里误将他人当做疯狗而开枪射击,导致他人死亡的,也不是对象错误,而是过失犯与意外事件的区分问题。其二,如若行为人主观上具有犯罪的故意,但客观上没有造成构成要件的结果,也不是方法错误。例如,行为人本欲开枪杀害他人,但因为没有瞄准,射中了一条疯狗。由于没有发生构成要件的结果,故不属于方法错误,只是未遂犯的问题(如不具有杀害他人的危险性,则是不可罚的不能犯)。基于同样的理由,如果行为人本欲开枪射击他人,但黑夜里误将疯狗当做他人而开枪射击,导致疯狗死亡的,也不是对象错误,而是不能犯与未遂犯的区分问题。

〔57〕 刘明祥:《刑法中错误论》,中国检察出版社 2004 年第 2 版,第 181 页。

〔58〕 刘明祥:“论具体的打击错误”,载《中外法学》2014 年第 2 期。

失致人死亡的竞合。如果危害性是指客观的法益侵害,那么,它与杀人既遂的危害性的确相当。问题是,责任层面能否相当?杀人未遂的责任与过失致人死亡的责任相加,也不可能与杀人既遂的责任相当。所以,具体符合说的"例外不从轻处罚"并没有充分根据。

(3)具体符合说会导致许多可罚的行为不能受到处罚。例如,行为人本欲在公共汽车上扒窃甲的钱包,而事实上却扒窃了乙的钱包时,对甲成立盗窃未遂,对乙成立过失盗窃。这种结论并不合理。再如,行为人本欲射杀甲的狗,却误杀了乙的狗。根据具体符合说,行为人对甲的狗成立故意毁坏财物未遂,对乙的狗属于过失毁坏,结局也是二者都不可罚。这种结论也难成立。还如,行为人本欲砍伤甲的手指,但因为行为差误,却砍伤了乙的手指。根据具体符合说,行为人对甲成立故意轻伤未遂,对乙成立过失轻伤,结局是二者都不可罚。这种结论也不妥当。[59]

(4)具体符合说主张,行为人的主观认识与客观事实(结果)具体地相符合,才对结果承担故意责任,但是,"具体"到何种程度才承认其符合性,则是没有解决的问题。例如,甲原本想打伤乙的大腿,却造成了乙胳膊的伤害。这种具体的不符合是否影响故意责任?具体符合说也认为甲的行为成立故意伤害既遂。显然,具体符合说同样允许一定程度的抽象。既然如此,具体符合说就必须在抽象与具体之间说明"具体"符合到何种程度。可是,如果不以构成要件的符合作为标准,讨论"具体"符合的程度是相当困难的。再如,X的左手与右手都提着自己的电脑时,A原本想砸坏X左手的电脑,但因为方法错误砸坏了X右手的电脑。具体符合说中的一种观点认为,此时因为对象不具有同一性,应否认A对X右手的电脑具有毁坏的故意(以对象的同一性为基准的学说)。于是,A对X左手的电脑成立故意毁坏财物未遂,对X右手的电脑成立过失毁坏财物,结局是不构成任何犯罪。但是,在被害的法益主体相同的情况下,也认为A的行为无罪,似乎走向了极端,不利于保护法益。于是,具体符合说中的另一种观点认为,由于法益主体具有同一性,所以,依然认定A对X右手的电脑具有故意,进而认定A的行为成立故意毁坏财物罪既遂(以法益主体的同一性为基准的学说)。但是,倘若将案例略加改变,会发现具体符合说存在疑问。例如,X的左手提着自己的电脑,右手提着Y的电脑(设定X只是Y的电脑的占有辅助者,而非占有者),A原本想砸坏X左手的电脑,但因为方法的错误砸坏了X右手提着的Y的电脑。根据具体符合说,A的行为便不可罚。因为法益主体不同,A对X左手的电脑成立故意毁坏财物未遂(不可罚),对X右手的电脑成立过失毁坏财物(不可罚)。但是,上述两个案例,不仅在违法性上没有任何差异,而且行为人的故意内容没有任何区别。可是具体符合说却得出不同结论,难以令人赞同。

(5)如前所述,根据具体符合说,A误将Y当做X而杀害(对象错误)时,依然成立对Y的故意杀人既遂;而A原本想杀X,由于方法错误导致Y死亡时,对X成立杀人未遂,对Y成立过失致人死亡罪。但是,在对象错误与方法错误难以区分的场合,具体符合说会产生困惑。即使具体符合说能够提出区分对象错误与方法错误的合理标准,但司法实践中完全存在对于教唆犯而言属于方法错误,对实行犯而言属于对象错误的情况。例如,

---

〔59〕 有的学者认为,在这种情况下,"如果情节比较严重,确实有作为犯罪处罚的必要性,那么,将其按故意伤害(未遂)定罪处罚也未尝不可"(刘明祥:"论具体的打击错误",载《中外法学》2014年第2期)。可是,这一结论完全脱离中国历来不处罚轻伤未遂的司法实践。

甲将X的照片交给乙,并将X日常经过的场所告诉乙,让乙杀害X,但乙误将Y当做X予以杀害。在这种情况下,具体符合说必然得出不同结论,因而不可取。[60]

(6)具体符合说不利于解决选择性构成要件要素的认识错误问题。例如,拐卖妇女、儿童罪的对象既可以是妇女,也可以是儿童,行为人误以为自己拐卖的是已满14周岁的妇女,但实际上拐卖的是13周岁的男童。根据具体符合说,行为人成立拐卖妇女未遂(也可能是不能犯)与过失拐卖儿童,但后者不受处罚。这样的结论难以被人接受。再如,盗窃枪支、弹药罪的对象既可以是枪支、也可以是弹药,行为人误以为自己盗窃的是枪支,实际上盗窃的只是弹药。根据具体符合说,行为成立盗窃枪支的未遂(也可能是不能犯)与过失盗窃弹药(不受处罚),本书难以接受这样的观点。或许有人认为,上述两例属于对象错误,因而应当认定为犯罪既遂。然而,错误论是故意论的反面,既然主张具体符合说,就意味着行为人必须认识到构成要件的具体事实。可是,在上两例中,行为人并没有认识到具体的行为对象是13周岁的儿童与弹药,根据具体符合说的观点,不应当认定为犯罪既遂。

(7)具体符合说在某些方面又导致错误论与故意论完全等同,而且与对抽象的事实错误的处理不协调。具体符合说的基本思路是:首先确定现实发生的具体结果是什么,然后判断行为人对该具体结果是否具有认识。如果有认识,则对结果成立故意犯;如果没有,则对结果不成立故意犯。于是,错误论与故意论完全一体化。另一方面,持具体符合说的学者在处理抽象的事实错误时,完全采取的是法定符合说。可是,为什么对抽象的事实错误与具体的事实错误分别采取不同的学说,具体符合说的赞成者没有说明任何理由。

(8)具体的事实错误多种多样,就是否影响犯罪成立而言,任何构成要件要素都是等价的,但具体符合说唯独将方法错误进行特别处理,缺乏理论根据。[61]

2. 法定符合说的优势

本书赞成法定符合说。在故意致人死亡存在方法错误的情况下,行为人客观上的杀人行为导致了他人死亡,主观上也具有杀人故意,二者在故意杀人罪的犯罪构成内是完全一致的,因而成立故意杀人既遂。显然,法定符合说重视法益的性质,但并不重视法益主体的区别。

(1)采取法定符合说,有利于平等地保护法益。当A意欲杀X时,即使造成Y死亡,或者同时造成X与Y死亡,均应认定为故意杀人既遂,从而使X的生命与Y的生命得到平等保护,而不致因为行为人的认识错误影响了刑法对被害人生命的保护程度。

(2)采取法定符合说,与本书坚持的故意是责任要素的立场相吻合。具体符合说实际上将故意当做事前的行为计划或行为指引(违法要素)看待的。本书认为故意是责任要素,而不是行为人的事前的行为计划与行为指引。所以,必须在结果发生之后,判断行为人对该结果是否具有故意,而不是按行为人事先的计划判断故意的存在与否。例如,在A意欲杀甲,但开枪行为导致甲身旁的乙死亡的案件中,事实上不需要考虑A原本想杀谁,只是需要判断A对乙的死亡是否具有故意。按照法定符合说的立场,A的行为导致

---

〔60〕 其中一种观点认为,根据具体符合说以及共犯从属性原理,对乙按故意杀人既遂处罚,对甲仅按过失致人死亡罪处罚。但这种观点难以被人接受。

〔61〕 参见[日]林幹人:《刑法总论》,东京大学出版会2008年版,第253~254页。

了他人死亡，而且A在行为时认识到自己的行为会导致他人死亡，并且希望或者放任这种结果发生，因而应追究其故意杀人既遂的责任。

(3)采取法定符合说符合责任的本质，有利于实现刑罚目的。责任的本质是就符合构成要件的不法行为对行为人的非难。一方面，行为人A故意向X开枪击中了X，与行为人B故意向X开枪却击中了Y相比较，二者的责任非难程度不应当有区别。因为A与B不仅认识的事实相同，而且反对动机形成的可能性完全相同，合法行为的期待可能性也没有区别。在此意义上说，行为人对死亡结果是否具有故意，由其行为时的认识内容与意志内容决定，而不能根据事前或者事后的想法确定。另一方面，采取法定符合说有利于预防故意犯罪。亦即，对于以杀害X的犯罪故意开枪射击他人的行为人，即使其因为方法错误造成了Y死亡，其预防必要性也未减少。如若采取具体符合说，对B以故意杀人未遂论处，便与其预防必要性不协调；采用法定符合说以故意杀人既遂论处，正好与预防必要性相适应。[62]

(4)采取法定符合说，能够合理区分正犯与狭义的共犯。例如，A守在黑暗处准备杀害将要经过的X，B得知A的行为计划后，为了使自己的仇人Y死亡，便让Y经过A的守候地，A以为Y是X而杀害了Y。根据具体符合说，被害人是X还是Y，在构成要件上具有重要区别，于是必然得出B是杀Y的正犯而不是从犯的结论。[63] 但根据本书采取的法定符合说，由于A支配了杀人的事实，因而是杀害Y的正犯。B虽然导致A没有杀X而是杀害了Y，但由于Y与X的生命具有等价性，均为故意杀人罪的对象，B的行为对于杀“人”这一点没有起支配作用，故应认定B是从犯(共犯)。诚然，由于A已有杀人故意，故B不是A杀人的教唆犯。但是，由于A杀害Y只是对象错误，在行为当时，A就是要杀眼前的“那个人”(Y)，而B将Y引诱至A的守候处，正可谓帮助A杀害了Y。而且，可以肯定的是，在我国司法实践中，几乎不可能认定B是主犯，只能认定B是从犯。

3. 法定符合说的难题

不可否认的是，法定符合说也面临难题。例如，A本欲杀甲，但因为行为差误，同时导致甲与乙死亡的，应如何处理？根据具体符合说，A对甲成立故意杀人既遂，对乙成立过失致人死亡罪。这一结论具有合理性，能够被人接受。法定符合说中的一故意说认为，以一个故意(杀甲的故意)杀死甲、乙二人时，只成立对甲的故意杀人既遂和对乙的过失致人死亡罪，因为对甲的杀害目的已实现，对乙的死亡结果属于过剩结果，不能用故意去说明，只能认定为过失。然而，一故意说受到了诘难。例如，A意欲杀甲，但一枪导致甲受重伤和乙死亡，根据一故意说，A首先对乙成立故意杀人既遂，由于只有一个故意，对甲只成立过失致人重伤罪，一些人难以接受这样的结论。因为A原本对甲有杀人故意，一故意说的结论却是对甲仅成立过失致人重伤罪。再如，A瞄准甲开枪射击，但子弹没有打中甲，却将乙、丙两人同时打死。一故意说面临的难题是，A对乙、丙中的谁成立故意杀人既遂？还如，A雇请Y杀害甲，但Y错将乙当做甲杀害后，发现错杀了人，后寻找时机杀害了甲。按照一故意说，Y在杀害乙时，A便成立故意杀人既遂，因而对甲的死亡只能认定

---

〔62〕 即使认为故意是违法要素，打击错误的违法性、一般预防与特殊预防的必要性也没有丝毫减少。

〔63〕 有的认为B是(片面的)共同正犯(参见[日]山口厚:“实行行为与责任非难”，载[日]三井诚等编:《铃木茂嗣先生古稀祝贺论文集》上卷，成文堂2007年版，第211页)；有的认为B是间接正犯(Vgl.，C. Roxin, Strafrecht Allgemeiner Teil，Band II，C. H. Beck，2003，S. 45)。

为过失致人死亡。但这样的结论也极不自然。

法定符合说中的数故意说认为,在A本欲杀甲却导致甲与乙死亡时,A对甲与乙都成立故意杀人既遂。但是,数故意说也存在疑问。[64] 既然A只想杀甲,没有想杀乙,就不能认为A有数个故意。再如,张三为了抢劫财物而向李四开枪,结局不仅打伤了李四,而且打伤了王五,由于意志以外的原因没有取得财物。按照数故意说,张三对李四与王五均成立抢劫杀人未遂,再以想象竞合犯处理。可是,张三对王五根本没有抢劫故意。概言之,数故意说面临的最大难题是,既然行为人只有一个故意,就不能认定有数个故意,否则便违反了责任主义。

尽管数故意说存在缺陷,但在各种学说均有缺陷的情况下,可以认为法定符合说的数故意说是缺陷最少的,所以,本书继续采取数故意说。据此,A想杀甲但仅杀死乙时,对甲成立杀人未遂、对乙成立杀人既遂;A想杀甲但同时杀死甲与乙时,对甲与乙均成立杀人既遂;A想杀甲但导致甲死亡乙伤害时,对甲成立杀人既遂、对乙成立杀人未遂;A想杀甲但导致甲伤害乙死亡时,对甲成立杀人未遂、对乙成立杀人既遂;A想杀甲但造成甲与乙伤害时,对甲与乙均成立杀人未遂;A想杀甲但仅造成乙丙死亡时,对甲成立杀人未遂、对乙丙成立杀人既遂。在此有三点需要说明:(1)所谓的数故意说,并不是说行为人有数个故意,只是意味着行为人对数个结果均有故意。例如,A昨天杀害甲,今天杀害乙。对此应认定其有两个故意。反之,A认识到一枪能同时杀害甲与乙,且事实上也杀害了甲与乙。对此应认为A只有一个故意,但对两个人的死亡结果都有故意。所以,数故意说虽然认为行为人要对数个结果承担故意责任,是因为行为人对数个结果具有故意,而不是说行为人有数个故意。(2)从定罪角度来说,采取数故意说并不意味着最终要实行数罪并罚,而是按想象竞合犯处理。(3)在量刑时,应当将这种导致数人死亡的想象竞合犯与其他杀害数人的同种数罪相区别。例如,倘若在量刑实践上对于故意杀害二人以上的,判处死刑,那么,对于基于方法错误而导致二人以上死亡的想象竞合犯,则不宜判处死刑。

4. 行为计划理论

关于打击错误的处理,还存在一种折中的行为计划理论:如果方法错误导致行为计划失败,就不成立故意犯罪既遂;反之,则成立故意犯罪既遂。例如,A想杀害仇人,但因方法错误杀害了自己的女儿,对此不能认定为杀人既遂。再如,B出于恶作剧向过往行人扔雪球,但雪球没有击中所瞄准的人,而是击中后面散步人的脸部,对此应认定故意伤害既遂。[65] 但是,如何评价行为计划是否实现,缺乏明确标准;这种学说也只说明了部分案件的处理意见,如A想杀害仇人,但误将自己的女儿当做仇人杀害的,行为计划理论并没有提出处理意见。此外,行为计划理论以故意是违法要素为前提,故本书不采取这一学说。[66]

---

〔64〕 具体符合说中也存在一故意说与数故意说之争。例如,行为人以为卫生间里只有一人正在使用,出于杀害一人的意思投掷了炸弹,事实上炸死了里面的两人。具体符合说面临的难题是,行为人明明只想杀死一人,却要认定成立两个杀人既遂;倘若仅认定一个杀人既遂,则不可能确定故意的对象究竟是谁(参见[日]佐伯仁志:《刑法总论的思考方法、快乐路径》,有斐阁2013年版,第264页以下;[日]松原芳博:《刑法总论》,日本评论社2013年版,第219~220页)。

〔65〕 Vgl., C. Roxin, Strafrecht Allgemeiner Teil, BandI, 4. Aufl., C. H. Beck, 2006, S. 517ff.

〔66〕 参见张明楷:"论具体的方法错误",载《中外法学》2008年第2期。

（三）因果关系的错误

一般认为，因果关系的错误，是指侵害的对象没有错误，但造成侵害的因果关系的发展过程与行为人所预想的发展过程不一致，以及侵害结果推后或者提前发生的情况。因果关系的错误主要有三种情况：即狭义的因果关系的错误、事前的故意（结果的推迟发生、Weber 的概括的故意）与结果的提前发生（构成要件的提前实现）。[67]

1. 狭义的因果关系的错误

狭义的因果关系的错误，是指结果的发生没有按照行为人对因果关系的发展所预见的进程来实现的情况。例如，甲以杀人的故意用刀刺乙的心脏，乙为血友病患者，因流血过多而死亡。再如，甲为了使乙溺死而将乙推入井中，但井中没有水，乙摔死在井中。又如，甲以杀人故意向乙开枪射击，乙为了避免子弹打中自己而后退，结果坠入悬崖身亡。要解决因果关系的认识错误问题，关键是要明确因果关系的发展过程是不是故意的认识内容。可以认为，行为与结果之间的因果进程，并不是故意的独立认识内容，只是对结果的认识的附属内容；至于因果关系发展的具体样态，则更不是故意的认识内容。因为只要行为人认识到行为的内容与社会意义及其危害结果，就能说明行为人对法益的保护所持的背反态度。所以，指向同一结果的因果关系发展过程的错误，在构成要件的评价上并不重要。既然行为人具有实现同一结果的故意，现实所发生的结果与行为人所实施的行为也具有因果关系，就必须肯定行为人对现实所产生的结果具有故意，因而成立故意犯罪既遂。概言之，所谓狭义的因果关系错误，并不影响故意的成立。[68]

2. 事前的故意

事前的故意，是指行为人误认为第一个行为已经造成结果，出于其他目的实施第二个行为，实际上是第二个行为才导致预期结果发生的情况。[69] 例如，甲以杀人故意对乙实施暴力（第一个行为），造成乙休克。甲以为乙已经死亡，为了隐匿罪迹，将乙扔至水中（第二个行为），实际上乙是溺死于水中。刑法理论上对这种情况有多种处理意见：

（1）概括的故意说（单一行为说）认为，概括地看行为的全系列，与以单纯的杀人故意而实现杀人结果的情况完全相同，所以，作为整体成立一个故意犯。但这种学说在德国 19 世纪被否认。

（2）纯粹的因果经过错误说，将第二个行为作为介入事情，在可能预见的场合，第二个行为与结果处于相当因果关系的范围内，因果经过的错误并不重要，因此，能够肯定故意杀人既遂。

（3）行为计划说主张以行为人的计划为基准进行判断。如果行为人有意图地实施第一个行为，就意味着其计划实现了，成立故意杀人既遂；如果行为人是以未必的故意或消极容认的态度实施第一个行为（如为了强奸而施加暴行，以未必的故意使被害人“死亡”，

---

〔67〕 参见［日］山口厚：《问题探究　刑法总论》，有斐阁 1998 年版，第 130 页以下。

〔68〕 狭义的因果关系错误，以行为与结果之间具有因果关系（包括结果归属）为前提，如果行为与结果之间没有因果关系，则不存在错误问题。例如，甲出于杀人故意用刀砍乙导致乙受伤，乙在前往医院途中被交通肇事的车辆轧死。由于甲的行为与乙的死亡之间没有因果关系，故不存在因果关系的认识错误问题。

〔69〕 与事前故意有联系的是事后故意，即行为人没有故意地实施了可能造成结果的行为后才产生故意，其后放任事态的自然发展，导致了结果发生。例如，医生开始动手术后，对患者产生了杀人的故意，中途停止手术放置不管，导致患者死亡。这实际上是不作为犯罪问题。

在误以为妇女死亡的情况下实施第二个行为),由于行为人希望回避其结果的发生,故不再是行为计划的实现,不能认定为杀人既遂。

(4)未遂犯·过失犯并合罪说认为,在概括的故意事例中,行为人不是仅实施了一个行为,而是实施了两个行为,所以,不能援用因果关系的错误说,而应认为第一个行为是未遂犯,第二个行为是过失犯,实行数罪并罚(也有学者认为是想象竞合)。

(5)原因中有故意的行为说认为,在原因行为成为结果行为的原因的场合,采用类似原因自由行为的法理,对第一个杀人行为的责任非难,为对第二个行为的责任非难提供根据。换言之,由于没有第一个行为就没有作为死亡原因的第二个行为,所以,对不实施第二个行为的期待,与对不实施第一个行为的期待是相同的。

(6)相当因果关系说认为,应通过相当因果关系解决问题。如果第一个行为与结果具有相当因果关系,则认定为故意杀人既遂;否则只能认定为故意杀人未遂与过失致人死亡的想象竞合。

(7)客观的归责说认为,如果第二个行为处于第一个行为的客观归责可能性的范围内,就成立故意杀人既遂;如果在客观归责可能性范围外,则成立故意杀人未遂。故意只要存在于第一个行为时的杀害之点就足够了。因为在第一个行为制造了杀害结果发生的危险,由此制造的状况的危险处于存续期间,第二个行为是以由此诱发的行为人的自然的动机关联而产生的,危险实现关联也是应当肯定的。但是,第一个行为制造的危险几乎平常化之后而实施第二个行为的(如行为人射击的子弹没有击中,但被害人装出死亡的样子,行为人误信被害人死亡,将其扔入河中,导致被害人死亡),危险实现关联应被否定。此外,基于中止的动机实施第二个行为,但中止失败而发生结果的场合,危险实现关联被否定。〔70〕

根据本书的观点,因果关系的错误并不阻却故意的成立,事前的故意属于客观的因果关系的认定与结果归属的判断问题。在这种场合,由于第一个行为具有导致结果发生的重大危险(既然被害人已经休克,而且丧失反抗能力,表明第一个行为具有导致死亡结果发生的重大危险),介入行为人的第二个行为也不异常,应肯定第一个行为与结果之间的因果关系,能够将结果归属于第一个行为,〔71〕而且现实所发生的结果与行为人意欲实现的结果完全一致,故应以故意犯罪既遂论处。〔72〕

3. 结果的提前发生

结果的提前发生,是指提前实现了行为人所预想的结果。例如,甲准备使乙吃安眠药(前一行为)熟睡后将其绞死(第二行为),但未待甲实施绞杀行为时,乙由于安眠药过量而死亡。一种观点认为,倘若认为甲在实施前一行为时,还没有认识到该行为会致人死

---

〔70〕 参见[日]山中敬一:《刑法总论》,成文堂2015年第3版,第370页以下。

〔71〕 一般来说,如果第一个行为没有导致结果发生的重大危险,行为人就不会误以为第一个行为已经造成结果。所以,能够将最终结果归属于第一个行为。即便认为存在不能将结果归属于第一个行为的情形,这种情形也是极为罕见的。对于这种罕见情形,或许只能认定第一个行为是故意犯罪未遂,第二个行为成立过失犯罪,对二者实行数罪并罚。

〔72〕 倘若甲的暴力致乙休克后,甲以为乙已经死亡,让丙将乙扔至水中,实际上乙是溺死于水中,甲也应承担故意杀人既遂的责任(丙的行为可能同时触犯过失致人死亡罪与帮助毁灭证据罪,成立想象竞合犯)。

亡,因而不能认定甲对死亡具有故意,就不能认定为故意杀人既遂,只能认定为过失致人死亡。[73] 倘若甲在实施前一行为时没有过失,则只能认定为意外事件。这一观点虽然具有一定的合理性,但难以被人接受。本书的看法是,对此问题的处理,既要考虑到故意与结果的关联性,也要坚持行为与责任同时存在的原则。易言之,要认定甲成立故意杀人罪既遂,就必须证明甲在实施前一行为时已经认识到了死亡结果。对此,可以从两个方面展开说明。第一,当行为人计划的两个行为都具有致人死亡的危险性时,可以将两个行为作为一个整体来把握;因而可以认为,行为人在实施前一行为时,对该行为与结果之间的关联性就具有认识。[74] 第二,只有能够认定行为人实施前一行为时就已经着手实行犯罪,才可能符合行为与责任同时存在的原则。换言之,上述行为是否成立故意犯罪既遂,关键在于行为人的前一行为是否已经着手实行(是否存在具体危险)或者说是否存在类型化的实行行为,以及行为人是否具有实行的意思。如果能得出肯定结论,则应认定为故意犯罪既遂。对于上例可以认定甲已经着手实行犯罪,并且有实行的意思,故应认定为故意杀人既遂。如果前一行为不能评价为着手实行,则只能认定为犯罪预备与过失致人死亡的想象竞合。例如,妻子为杀害丈夫,准备了有毒咖啡,打算等丈夫回家后给丈夫喝。在丈夫回家前,妻子去超市购物。但在妻子回家之前,丈夫提前回家喝了有毒咖啡而死亡。由于妻子还没有着手实行的意思,只能认定该行为同时触犯了故意杀人预备与过失致人死亡罪,从一重罪处罚。

三、抽象的事实认识错误

抽象的事实认识错误,也即抽象的事实错误,是指行为人所认识的事实与现实所发生的事实,分别属于不同的构成要件的情形;或者说,行为人所认识的事实与所发生的事实跨越了不同的构成要件,因而也被称为不同犯罪构成间的错误。抽象的事实错误只有对象错误与打击错误两种情况:前者的情形是,行为人误把甲对象当做乙对象加以侵害,而甲对象与乙对象分属不同的构成要件。例如,行为人本欲盗窃普通财物,却误将枪支当做普通财物实施盗窃。这种认识错误超出了同一构成要件的范围,行为人所认识的事实(盗窃财物)与现实所发生的事实(盗窃枪支)分别属于不同的构成要件。后者的情形是,由于行为本身的差误,导致行为人所欲攻击的对象与实际受害的对象不一致,而且这种不一致超出了同一构成要件。例如,行为人本欲射击乙,但因没有瞄准,而将乙身边价值近万元的宠物打死。同样,行为人所认识的事实(杀人)与现实所发生的事实(毁坏财物)分别属于不同的构成要件。

对抽象的事实错误的处理,存在抽象符合说与法定符合说的争论。抽象的符合说认为,在行为人所认识的构成要件事实与现实发生的构成要件事实相一致的限度内,承认故意犯的既遂。其中又有不同的主张,但抽象的符合说大多违反了责任主义原理。[75] 法定符合说认为,不同犯罪构成之间的错误原则上阻却故意的成立或者仅成立故意犯罪未遂。

---

〔73〕 德国部分学者认为,甲继而实施绞杀行为时成立杀人未遂,与前面的过失致人死亡成立想象竞合(参见[德]乌尔斯·金德霍伊泽尔:《刑法总论教科书》,蔡桂生译,北京大学出版社 2015 年版,第 262 ~263 页)。但是,在甲没有实施第二行为时,不可能成立杀人未遂。而且,即使实施了第二行为,也可能属于不可罚的不能犯。

〔74〕 参见[日]山口厚:《刑法总论》,有斐阁 2016 年第 3 版,第 232 页以下。

〔75〕 参见张明楷:《外国刑法纲要》,清华大学出版社 2007 年第 2 版,第 231 页以下。

例如,甲本欲杀害宠物但实际上却致人死亡。根据法定符合说,甲虽然具有毁坏财物的故意,但对人的死亡充其量是过失;如果故意毁坏财物罪不处罚未遂,那么,只能成立过失致人死亡罪。反之,乙本欲杀人但实际上却打中了他人身边的宠物。乙具有杀人的故意与行为,行为也具有导致他人死亡的危险性,但客观上没有致人死亡;而过失毁坏财物不具有可罚性,故成立故意杀人未遂。法定符合说还认为,即使犯罪构成不同,但如果犯罪是同质的,那么,在重合的限度内,成立轻罪的故意既遂犯。

本书赞成法定符合说,主张在具有归责可能性的范围内认定犯罪。详言之,不能仅根据行为人的故意内容或仅根据行为的客观事实认定犯罪,而应在故意内容与客观事实相符合的范围内认定犯罪。抽象的事实错误实际上存在两种类型:一是故意内容重而不法内容轻,即行为人本欲犯重罪,客观上却是轻罪的犯罪事实,本欲杀人却打死宠物就是如此;二是故意内容轻而不法内容重,即行为人本欲犯轻罪,客观上却是重罪的犯罪事实,本欲毁坏财物却杀害他人就是如此。[76]

首先,就上述第一种类型而言,在行为人故意犯重罪,而且对该重罪的未遂犯的处罚重于轻罪的既遂犯的情况下,应认定为重罪的未遂犯。例如,甲以杀人故意向乙开枪,但由于没有瞄准,而将丙的宠物打死。在这种场合,只能认定为故意杀人未遂(甲对毁坏财物仅有过失,而过失毁坏财物不成立犯罪,故不能认定为一个行为触犯两个罪名)。但是,我国的司法实践并非处罚所有的未遂犯。倘若行为人本欲实施的重罪并不处罚未遂犯,或者行为人根本不可能实现重罪的构成要件(不能犯),或者在重罪的未遂犯的处罚轻于轻罪的既遂犯的处罚的情况下,如果重罪与轻罪同质,则在重合的限度内认定为轻罪的既遂犯。所谓重罪与轻罪同质,应是指两个罪的保护法益相同,或者两个罪的保护法益之间具有包容性(一个罪的法益能够包含另一个罪的法益)。所谓重合的限度内,是指两个罪的构成要件与责任要素具有重合性(事实上,只要构成要件具有重合性,那么,故意内容就必然具有重合性)。在不法内容是轻罪,故意内容是重罪的案件中,要判断行为人对重罪的主观认识,是否包含了对轻罪的主观认识,如果得出肯定结论,就应认定为轻罪的既遂犯。例如,甲误以为乙的提包内装的是枪支而实施抢夺行为,但取得的只是数额较大的普通财物。客观事实显然符合抢夺罪的构成要件,因为枪支也可以评价为财物,所以,甲抢夺枪支的故意实际上包含了抢夺财物的故意,所以,对甲应认定为抢夺罪。[77] 再如,A误以为自己销售的是假药,实际上却是劣药,且对人体健康造成了严重危害。倘若认定为销售假药罪的未遂犯,对其处罚就会轻于销售劣药罪既遂犯的处罚,[78] 那么,在这种情况下,由于两罪的保护法益相同,而且可以将销售假药的故意评价为销售劣药的故意,故应以销售劣药罪的既遂犯论处。

其次,就上述第二种类型而言,要判断重罪的客观事实能否评价为轻罪的客观事实。

---

〔76〕 这里的重罪与轻罪,是就行为所"触犯"的两罪之间的比较而言,与犯罪的分类没有关系。

〔77〕 在这种场合,所谓抢夺枪支的行为并不成立未遂犯(因为根本不存在枪支),而是不可罚的不能犯(对象不能犯),结局只是判断甲的行为是否符合抢夺罪的构成要件与责任要素。

〔78〕 销售假药或者劣药对人体健康造成严重危害的,法定刑均为"三年以上十年以下有期徒刑"。

如果得出肯定结论,就应认定为轻罪的既遂犯。[79] 例如,A 出于盗窃财物(轻罪)的故意实际上却盗窃了枪支(重罪)时,由于主观上没有盗窃枪支的故意,不能认定为盗窃枪支罪;A 实施了盗窃行为,所窃取的枪支同时具有财产价值,因而可以评价为财物,A 也具有盗窃罪的故意,于是,A 的行为同时符合了盗窃罪的构成要件,并具备盗窃罪的责任要素,故应认定为盗窃罪。又如,B 将他人占有的财物误认为是遗忘物而据为己有。B 虽然在客观上实施的是盗窃行为(重罪),具有盗窃罪的违法性,但主观上仅具有侵占遗忘物(轻罪)的故意,缺乏盗窃罪的责任要素;只有认定为侵占罪,才符合责任主义原则。[80] 再如,C 以为是尸体而实施奸淫行为,但事实上被害人当时并未死亡。行为虽然符合强奸罪(重罪)的构成要件,但主观上仅有侮辱尸体(轻罪)的故意,只能认定为侮辱尸体既遂。[81]

顺便指出的是,一般来说,容易判断是否存在事实认识错误,在存在事实认识错误的情况下,也不难区分属于哪种认识错误,但我国刑法分则的规定与罪名确定的特点,需要司法人员明确以下几点:(1)对于不可能影响故意的认定与犯罪形态的所谓错误,不需要作为事实认识错误处理。例如,原本想使用钱包中的伪造的信用卡,但客观上使用(冒用)了他人真实的信用卡骗取财物的,对成立信用卡诈骗既遂没有任何影响,不必作为事实错误处理。(2)发生在选择性罪名内的错误,宜作为具体的事实错误,按照法定符合说处理,不影响故意的认定与既遂的成立。例如,误以为是枪支而盗窃,但客观上盗窃了弹药的,应认定为盗窃弹药既遂(可谓具体的对象错误)。(3)同一犯罪的不同加重构成要件之间的认识错误,宜作为具体的事实认识错误,按照法定符合说处理,也不影响故意的认定与加重法定刑的适用。例如,误将抢险物资当做军用物资,或者误将军用物资当做金融机构资金抢劫的,不影响加重法定刑的适用(可谓具体的对象错误)。(4)同一犯罪的普通构成要件与加重构成要件之间的认识错误,应作为抽象的事实认识错误处理。例如,以为是普通财物而抢劫,但事实上抢劫了军用物资的,只能认定为普通抢劫罪,而不能适用加重的法定刑。反之,以为是军用物资而抢劫,但事实上抢劫了普通财物的,也只能认定为普通抢劫罪。

四、违法阻却事由的认识错误

违法阻却事由的认识错误,也称为正当化事由的认识错误,是指尽管不存在正当化事由(违法阻却事由)的事实前提,但行为人误以为存在的情形。假想防卫、假想避险就是正当化事由的错误。国外刑法理论争论的问题是,正当化事由的错误是什么性质的错误?

消极的构成要件要素理论认为,违法阻却事由是消极的构成要件要素,因此,关于违法阻却事由的错误,就是构成要件的认识错误,阻却构成要件的故意。这一结论具有合理性,只是消极的构成要件要素理论本身没有被多数人认可。

严格责任说(不是指英美刑法上的严格责任)认为,正当化事由的错误是禁止的错误

---

〔79〕《唐律·名例律》规定:“其本应重而犯时不知者依凡论,本应轻者听从本。”这里的“本”实际上指犯罪客观事实。据此,犯罪的客观事实构成重罪,但行为人没有认识到重罪事实时,以一般犯罪即轻罪论处;如果犯罪的客观事实构成轻罪,则不问行为人认识到的是轻罪事实还是重罪事实,都依轻罪论处。

〔80〕由于遗忘物中的“遗忘”是表面的构成要件要素,所以,他人占有的财物也可以评价为侵占罪的对象(参见张明楷:《犯罪构成体系与构成要件要素》,北京大学出版社 2010 年版,第 255 页以下)。

〔81〕将强奸行为评价为侮辱行为不存在障碍。此外,既然奸淫真正的尸体都成立侮辱尸体罪,那么,没有理由认为本案成立侮辱尸体未遂。况且,人体与“尸体”具有重合的要素,只不过人体存在多于“尸体”的要素。

(违法性的错误),行为人的错误可以避免时,作为故意犯处罚,但有减轻责任的可能性;在错误不可避免时,阻却责任。根据这种学说,错误分为构成要件的错误与禁止的错误,后者与故意的成立与否没有关系,只是责任问题;违法性认识的可能性,是与故意不同的责任要素;关于违法性评价的错误与关于正当化事由的错误,都是禁止的错误,因而不影响故意的成立。但是,认为假想防卫时行为人存在构成要件的故意,还是有疑问的。

限制责任说认为,正当化事由的错误是构成要件的错误(事实的错误),而不是禁止的错误,因而阻却故意的成立。这可谓国外的通说。

法律效果的限制责任论则认为,正当化事由的错误,既不是事实的错误,也不是禁止的错误,而是一种独立的错误类型。这种错误不影响构成要件的故意,但影响责任故意。此观点与本书的体系不一致,也动摇了责任与不法之间的关联性,[82]故本书不采取该观点。

本书认为,关于正当化事由的错误是一种事实错误,因而阻却故意。虽然违法性认识的可能性是与故意不同的责任要素,却不能据此得出正当化事由的错误是违法性的错误的结论。如前所述,成立故意犯罪的前提是行为人没有认识到违法阻却事由的存在,这是因为,故意实际上是对为违法性提供根据(奠定基础)的事实的认识与容认,当行为人认识到自己在实施正当行为(如正当防卫)时,就意味着其没有认识到为违法性提供根据的事实,因而不存在犯罪的故意。[83] 所以,对假想防卫、假想避险不能以故意犯罪论处。这一观点存在的疑问是,甲明知乙在假想防卫时而故意"帮助"乙的,应当如何处理?根据法律效果的限制责任论,由于乙具有构成要件的故意,故甲依然成立帮助犯。根据本书的观点,甲一般是故意利用他人过失行为的间接正犯。但是,如果甲客观上不符合间接正犯的条件,也能成立故意的帮助犯。因为成立帮助犯仅以正犯(假想防卫者)实施符合构成要件的不法行为为前提,而故意并不是构成要件要素与违法要素(参见第八章第五节"五")。

第三款 过 失

一、过失概述

(一)过失的概念

刑法第15条第1款规定:"应当预见自己的行为可能发生危害社会的结果,因为疏忽大意而没有预见,或者已经预见而轻信能够避免,以致发生这种结果的,是过失犯罪。"据此,过失犯罪是指过失实施的犯罪。犯罪过失,则是指应当预见自己的行为可能发生危害社会的结果,因为疏忽大意而没有预见或者已经预见而轻信能够避免,以致发生这种结果的心理态度。过失是责任的另一种形式。

(二)过失与故意的关系

过失与故意均属于责任形式,故二者具有相同之处,如过失与故意都说明行为人对法

---

〔82〕 根据这种观点,在假想防卫的场合,行为的不法与普通的故意犯相同,但责任轻于普通的故意犯。这便不能合理说明责任与不法的关联性。

〔83〕 本书这一观点与消极的构成要件要素理论没有实质区别。

益的保护所持的背反态度。但是,过失与故意又是两种不同的责任形式,各自的具体内容不同,过失所反映的非难可能性明显小于故意,所以刑法对过失犯罪的规定不同于故意犯罪。首先,过失犯罪不存在未遂、中止与预备形态。其次,刑法以处罚故意犯罪为原则、以处罚过失犯罪为例外。最后,刑法对过失犯罪规定的法定刑明显轻于对应的故意犯罪的法定刑。

故意与过失究竟是对立关系,还是位阶关系或等级关系,在刑法理论上存在争议。一种观点认为,“过失不是故意的减轻形式,而是与故意不同的概念……因为在过失情况下,行为人对法秩序的要求的违反不是有意识,而是因为不注意。因此,就同一事实而言,故意和过失是相互排斥的”。[84] 根据这种观点,不能将故意行为认定为过失犯罪;在行为人的心理状态不明的情况下,也不能认定为过失犯罪。另一种主流观点认为,故意和过失处于一种位阶关系,即在不清楚一个行为是出于故意还是出于过失时,根据存疑时有利于被告人的原则,能够认定为过失犯罪。这并不是说,故意概念中包含了过失的要素,因为一个放任结果发生的人,不可能轻信可以避免结果的发生;一个明知结果发生的人,不可能没有预见结果的发生。但不能据此否认故意与过失之间的规范性位阶关系,亦即,与过失相比,故意必须具备更多的要素。[85]

我国刑法明文规定了故意与过失的定义。如果按照刑法的字面含义理解,故意与过失似乎是一种对立关系。但是,如若从规范意义上理解刑法的规定,认识到表面的责任要素的存在,则应认为故意与过失是位阶关系而非对立关系。首先,根据刑法第 15 条的规定,只有当行为人“应当预见”且“没有预见”时,才是疏忽大意的过失。如果按字面含义理解,那么,在具有预见可能性的情况下,既不能证明行为人已经预见,也不能证明行为人没有预见时,就既不能认定为故意犯罪也不能认定为过失犯罪,形成明显的处罚漏洞。所以,只有认为“因为疏忽大意而没有预见”是一种不需要具备的表面的责任要素,才能避免这种漏洞。其次,根据刑法第 15 条的规定,只有当预见了危害结果的行为人“轻信能够避免”时,才是过于自信的过失。如果按字面含义解释,在查明行为人已经预见的前提下,既不能证明其希望或者放任结果发生,也不能证明其轻信能够避免时,就既不能认定为故意犯罪,也不能认定为过失犯罪,这明显不合适。同样,只有认为“轻信能够避免”是表面的责任要素,才能将该行为认定为过于自信的过失犯罪。

以上结论并非仅仅出于防止处罚漏洞的刑事政策的理由,而是具有法律上的根据。(1)从行为人是否具备责任要素的角度来说,在上述场合,实际上是将可能构成重罪的事实评价为性质相同的轻罪事实。换言之,只是在认定为故意尚存疑问时,才认定为过失。这对于被告人而言,并非不利而是有利。从诉讼法的角度而言,“没有……”、“尚未……”之类的要素一般是不需要证明的。(2)从实质角度来说,“因为疏忽大意而没有预见”与“轻信能够避免”并不是表明行为人具有非难可能性的因素,更不是表明非难可能性严重的因素,只是与故意相区别的要素。如果说没有预见是表明行为人值得谴责的要素,那么,故意犯罪时因为已经预见,责任就应更轻了,但事实上并非如此。应当认为,故意责任的本质是认识到了构成要件事实,但仍然以希望或者放任结果发生的心理状态实施行为;

---

〔84〕 H. Jescheck/T. Weigend, Lehrbuch des Strafrechts: Allgemeiner Teil, 5 Aufl., Duncker & Humblot, 1996, S. 563.

〔85〕 C. Roxin, Strafrecht Allgemeiner Teil, Band I, 4. Aufl., C. H. Beck, 2006, S. 1091.

过失责任的本质是具有认识构成要件事实的可能性,原本可以不实施行为却实施了行为。所以,在具有预见可能性的情况下,即使没有查明行为人是否没有预见,在已经预见的前提下,即使没有查明行为人是否轻信能够避免,也不表明行为人缺少过失犯的非难可能性。(3)从故意与过失的关系来说,不管是认为故意犯比过失犯的不法重(行为无价值论的观点),还是认为故意犯比过失犯的责任重(结果无价值论的观点),都只是表明二者是一种阶段关系或位阶关系,而不说明它们是对立关系。因为从不法角度来说,结果回避可能性是故意与过失的共同要件;从责任角度来说,他行为可能性是故意与过失的共同前提(或基础)。换言之,回避可能性是故意与过失的基础概念。所以,故意与过失之间的关系,是回避可能性的高低度关系,是责任的高低度关系,也是刑罚意义的高低度关系,因而是一种位阶关系。

由上可见,刑法规定"因为疏忽大意而没有预见"与"轻信能够避免"只是为了使过失犯罪与故意犯罪相区别,而不是为过失犯提供处罚根据。当案件事实表明行为人至少有过失,但又不能证明行为人具有故意时,当然只能以过失犯论处。这并不是意味着,一个犯罪的责任形式既可以是故意,也可以是过失,只是意味着故意与过失不是对立关系,而是位阶关系,可以将故意评价为过失。显然,承认故意与过失是位阶关系,是以承认"因为疏忽大意而没有预见"与"轻信能够避免"属于表面的责任要素为前提的。

(三)过失犯处罚的例外性

刑法第 14 条与第 15 条规定了故意与过失两种责任形式,其中,第 14 条第 2 款与第 15 条第 2 款分别规定:"故意犯罪,应当负刑事责任。""过失犯罪,法律有规定的才负刑事责任。"上述两款规定表明,刑法以处罚故意犯罪为原则,以处罚过失犯罪为例外;分则条文仅描述客观构成要件、没有规定责任形式的犯罪,只能由故意构成;只有当"法律"对处罚过失犯罪"有规定"时,才能将该犯罪确定为过失犯罪。[86]

1."法律有规定"的基本含义

大体而言,对"法律有规定"可能出现以下见解:

(1)将"法律有规定"理解为"法律有明文的规定",即只有当法律条文对某种犯罪使用了"过失"、"疏忽"、"失火"等明确指示过失犯罪的用语时,该犯罪才属于"法律有规定"的过失犯罪(以下简称"明文规定说")。明文规定说忠实法条的文字表述,明确划定了过失犯的处罚范围。但是,我们还不能贯彻这种学说。因为我国刑法分则并没有对所有过失犯罪使用"过失"、"疏忽"等概念。例如,刑法分则关于重大飞行事故罪、铁路运营安全事故罪的规定,没有使用"过失"、"疏忽"等概念,但这些犯罪无疑属于过失犯罪。

(2)将"法律有规定"理解为"法律有实质的规定",即为了实现分则刑法条文的法益保护目的,只要有必要处罚过失行为,即使没有"明文规定",也应认定为"法律有规定"(以下简称"实质规定说")。实质规定说着眼于刑法的法益保护目的,试图使侵害法益的过失行为受到处罚,似乎具有合理性。尽管如此,本书仍不赞成此说。这是因为,仅以法益保护目的或者实质的处罚根据为由,将"法律有规定"理解为"法律有实质的规定",必然架空罪刑法定主义,导致过失犯处罚的恣意性。

〔86〕 参见张明楷:"罪过形式的确定",载《法学研究》2006 年第 3 期。

(3)将“法律有规定”理解为“法律有文理的规定”,即法律条文虽然没有“过失”、“疏忽”、“失火”之类的“明文规定”,但根据具体条文的文理,能够合理认为法律规定了过失犯的构成要件时,就属于“法律有规定”,因而处罚过失犯(以下简称“文理规定说”)。这是本书的立场。一方面,以成文刑法规定犯罪与刑罚,是罪刑法定主义的基本要求。“一个刑罚法规的目的,必须在它实际使用的语言中去寻找,根据它明显的和清晰的含义来解释。”[87] 所以,应当根据法条文字及其文理,确定某种犯罪是否属于“法律有规定”的过失犯罪。另一方面,“法律有规定”并不一定指明文规定。刑法要以简短的语言表述罪刑规范,当分则条文对一个方面的表述足以表明另一方面的含义时,往往省略对另一方面的明文规定。所以,“法律有规定”既包括明文的规定,还包括隐含的规定。例如,刑法第400条第1款规定了私放在押人员罪(故意犯罪),第2款虽然没有使用“过失”概念,但从其使用的“严重不负责任”的表述,要求“造成严重后果”的规定,以及较轻的法定刑来看,[88] 应认为其规定了过失犯罪。否则,就不可能说明第2款与第1款的关系。

根据上述分析,可以得出以下结论:(1)分则条文使用“过失”概念的,其规定的犯罪无疑属于“法律有规定”的过失犯罪。(2)分则条文使用“严重不负责任”表述的,一般应确定为“法律有规定”的过失犯罪。(3)分则条文使用的“发生……事故”之类的表述,虽然是对构成要件要素的规定,但通常也能表明该犯罪属于“法律有规定”的过失犯罪。因为在日常用语中,“事故”一般是指过失或者意外造成的事件,而且分则条文对“发生……事故”的犯罪,往往规定了较轻的法定刑。(4)分则条文使用的“玩忽职守”一词,首先是对行为的描述,同时也表明该犯罪属于“法律有规定”的过失犯罪。

2.“法律有规定”的实质理由

上述文理的标准,为确定“法律有规定”提供了重要标准。但是,人们对相同的用语可能得出不同的结论,分则条文的用语并非十分规范(如刑法第138条、第304条),仅从文理上不能得出合理的结论时,需要更为实质的理由。

(1)根据尊重人权主义的原理,即使具有法律的文理规定,也只有当行为严重侵害了法益时,才能确定为过失犯罪。对过失犯罪的广泛处罚,意味着国民的行动受到严格限制,进而导致国民的行为萎缩,严重妨碍国民的自由。据此,只有当过失行为侵害了他人生命、身体以及公众生活的平稳与安宁(参见第十九章第一节),或者国家工作人员严重违反注意义务造成法益侵害结果时,才有可能确定为过失犯罪。此外的情形,不宜确定为过失犯罪。例如,对于单纯造成财产损失的行为,破坏经济秩序与扰乱公共秩序的行为,侵犯知识产权的行为,非国家工作人员实施的没有侵害重大法益的行为,不宜确定为过失犯罪。

(2)按照责任主义原理以及刑法的基本原则,将某种犯罪确定为过失犯罪时,以存在对应的故意犯罪为前提。[89] 换言之,如果将某种犯罪确定为过失犯罪时,并无对应的故意犯罪,那么,这种确定结论就不具有妥当性。因为故意的非难可能性程度重于过失,在

---

〔87〕 Jane C. Ginsburg, Legal Methods, 2nd ed, Foundation Press, 2003, p. 271.

〔88〕 不能直接将法定刑较轻的犯罪理解为“法律有规定”的过失犯罪。例如,危险驾驶罪与代替考试罪是法定刑很轻的犯罪,但它们不是过失犯罪,而是故意犯罪。

〔89〕 当然,并不要求一一对应。从我国的刑法分则体例来看,一个过失犯罪可能有几个与之对应的故意犯罪,一个故意犯罪可能有几个与之对应的过失犯罪。

客观事实相同或基本相同的情况下,不应出现非难可能性小的行为构成犯罪,非难可能性大的行为反而不构成犯罪的局面。换言之,在刑法分则缺少对应的故意犯罪的情况下,将某种犯罪确定为过失犯罪会存在疑问。例如,倘若将刑法第186条规定的违法发放贷款罪确定为过失犯罪,便没有与之对应的故意犯罪,所以,应当将此罪确定为故意犯罪。

(3)依循刑法的谦抑性与刑罚的目的,"法律有规定"不能以其他法领域规定的过错形式为标准。换言之,在其他法律针对同一侵害法益的事实既处罚故意行为又处罚过失行为,刑法也处罚该事实时,不能直接以其他法律规定为依据,将刑法中的犯罪确定为过失犯罪。

二、过失犯的构造

在国外刑法理论上,存在将预见可能性作为过失的实体的见解和将违反结果回避义务作为过失的实体的见解。

(一)旧过失论与修正的旧过失论

旧过失论的特点是重视结果的预见可能性。只要行为客观上造成了危害结果,就考察行为人有无结果预见可能性,如果得出肯定结论,便成立过失犯罪。过失、故意不影响客观的法益侵害性,故不是构成要件符合性与违法性阶段的问题,而是两种并列的责任形式。所以,旧过失论与结果无价值论具有亲和性。

但是,倘若只要行为人对发生的结果具有预见可能性就成立过失,就会不当扩大过失犯的处罚范围。所以,一部分学者采取了新过失论,另一部分学者则对旧过失论进行了修正。修正的旧过失论基于结果无价值论的立场,以旧过失论为基础,同时认为,只有具备发生构成要件结果的一定程度的实质危险的行为,才是符合过失犯构成要件的行为。所以,并不是只要事后的判断得出行为人对结果具有预见可能性的结论,就成立过失犯。根据这种修正的旧过失论,是否存在过失犯的实行行为是构成要件符合性的问题,而是否具有结果的预见可能性,则是责任问题。

(二)新过失论

1. 新过失论的意义

新过失论认为,即使对结果有预见可能性,但如果履行了结果回避义务,就不成立过失犯。新过失论重视结果回避义务;而且,将结果回避义务作为客观的行为基准而设定成客观的注意义务,使之成为违法要素。新过失论认为,过失的核心在于不符合一定的行为基准,所以,其背后是规范违反说与行为无价值论。新过失论基本上将过失犯理解成了不作为犯,结果回避义务就相当于不作为犯中的作为义务。

新过失论的发展基础是被允许的危险的理论。随着高速度交通工具的发展,矿山、工厂、土木建筑以及科学实验等社会生活的复杂化,危险行为明显增多。这些具有侵害法益危险的行为,在社会生活中不可避免地存在着,而且对社会的发展具有有用性与必要性。因此,即使这种行为发生了法益侵害的结果,在一定范围内也应当允许。这就是被允许的危险。实施这种危险行为的人,如果遵守了其行为所必需的规则,以慎重的态度实施其行为,即使造成了法益侵害结果,也应认为是合法的。这就是被允许的危险的理论。

在被允许的危险的理论基础上展开的新过失论,并不只是以结果回避义务为中心,而是重视对社会有用的行为,限定过失犯的处罚范围,这种限定是通过缓和结果回避义务来实现的。即为了社会的顺利发展,从防止危险的角度来看,并不要求履行100分的结果回避义务,只要求采取60分的回避措施(100分即满分,60分即合格标准)。例如,如果要求驾驶机动车的人过度地采取安全措施,就会造成交通堵塞,反而不利于整个社会的发展。

2. 新过失论的缺陷

被允许的危险的法理源于科学技术的发展、危险活动的增加。但是,被允许的危险的法理"这一主张,绝不是从历史性的科学技术进步中符合逻辑地演绎出来的结论。在社会存在诸多危险的前提下,认为即使造成一定的牺牲,也应当使科学技术的进步等社会整体利益优先,是一个价值判断。"[90] 同样,认为产业革命的发展、危险行为的增多要求采取新过失论,也只是一种价值判断,而不是必然结论。人们完全可以从另一角度得出如下结论:由于危险行为增多,法益更容易遭受侵害,所以,应当采取严格责任。这是因为,在危险增加的社会,一部分人会重视危险行为的危险性,另一部分人会重视危险行为的有用性;重视的内容不同,就会形成不同的价值判断。在一种社会现实导致人们做出两种相反的价值判断时,我们对其中任何一种价值判断形成的结论,都必须持谨慎的态度。质言之,我们既要对所谓风险刑法观保持警惕,也要慎用被允许的危险的法理;动辄以进入风险社会为由扩大处罚范围的观点与做法,或者动辄以被允许的危险为由为行为人开脱罪责的观点与做法,都是危险的。不仅如此,新过失论还存在明显的缺陷。

(1)新过失论在其构造上,没有与具体的预见可能性相联系,容易转化为后述超新过失论(危惧感说)。例如,主张新过失论的井田良教授指出,只要肯定预见可能性的法益关联性,就应当基本上支持危惧感说。[91]

(2)如何设定行为基准,是新过失论的一个重要问题。井田良教授指出:"在这个社会里,实施一定的危险行为时,我们必须遵守的无数的社会规则像网络一样存在着。社会的行为准则中,有一部分由道路交通法这样的法律规定而成文化了,但没有成文化的规则也非常多。为了回避一定的法益侵害结果,要求遵守这样的社会的行为准则时,结果回避义务的内容与社会的行动准则相一致。"[92] 但是,新过失论在设立"行为基准"时,舍弃了行为人本人的能力、经验、知识,脱离了结果的具体预见可能性,其"行为基准"必定是不明确和缺乏现实意义的。为了避免恣意的行为基准,新过失论便援引行政法规上的义务。于是,以引起一定结果为成立要件的过失犯,成为违反行政法规的结果加重犯。这不仅没有限定过失犯的处罚范围,反而扩大了过失犯的处罚范围。我国司法实践中的一些案件也能说明这一点。例如,在完全由被害人的过错导致自身死亡的情况下,只要驾驶汽车的司机事后逃逸,就被认定为交通肇事罪。[93] 之所以出现这种明显不当的现象,一个重要原因是,将行为违反成文的行政法律规则作为认定过失犯的根据。

(3)即使是行政法规,也只是行为的一般指针,不可能穷尽具体场合的特别要求。事实上,遵守了一般规则的行为,也可能违反了具体场合的特别要求,因而存在过失;反之,即使违反了一般规则,也可能没有过失。所以,仅以是否违反行为基准判断有无过失,并不妥当。例如,由于未能发现某种添加剂对人体的危害,行政法规没有禁止使用。行为人

---

[90] [日]前田雅英:《被允许的危险》,载[日]中山研一等编:《现代刑法讲座》(第三卷),成文堂1979年版,第25页。

[91] [日]井田良:《变革时代的理论刑法学》,庆应义塾大学出版会2007年版,第154页。

[92] [日]井田良:《讲义刑法学·总论》,有斐阁2008年版,第200页。

[93] 参见汤玉婷、范福华:"意外被撞逃跑 '跑'来有罪指控",载《检察日报》2007年2月4日。

在生产过程中使用该添加剂,但销售后发现其食品致人伤害乃至死亡。行为人认识到伤亡可能由添加剂造成,但依然生产销售该食品。按照新过失论,行为人的行为并不成立过失犯。可是,这种结论并不妥当。换言之,在这种情形下,行为人的行为不仅可能成立过失犯,而且可能成立故意犯。

(4)新过失论虽然强调过失犯的成立以违反行为基准为前提,却没有对故意犯提出相同的要求,于是出现了因主观内容不同而对同一客观行为是否具有实行行为性得出不同结论的奇怪现象。例如,X家的附近有一个乞丐A徘徊,多次持续在门外的垃圾箱寻找东西,X向垃圾箱扔了容易导致食物中毒的腐烂食物,A吃后中毒死亡。井田良教授指出:"根据行为无价值论的理论构造,倘若X想使A食物中毒,特意这样做,其行为就可能具有伤害或者杀人的实行行为性。与此相对,如果在没有故意的场合,即使对结果具有预见可能性,由于欠缺客观注意的外部行为的要件被否认,就能够认定该行为不是过失犯的实行行为。"[94]言下之意,不是基于伤害故意或者杀人故意而放置有毒垃圾的行为,没有违反客观的注意义务,是一种被允许的危险行为,所以,缺乏过失犯的实行行为。可是,同样是放置有毒垃圾的行为,认为出于故意时就具有实行行为性,而出于过失时则没有实行行为性,这显然是由行为人的主观内容决定客观行为是否具备实行行为性,因而难以被人接受。

(5)新过失论没有注意保护人的生命、身体,特别是在公害犯罪的情况下,容易给公害企业找到逃避责任的理由;也明显不符合我国刑法第15条关于过失犯的规定。此外,新过失论认为旧过失论扩大处罚范围,是因为扩张地理解了预见可能性。如果对预见可能性作限定性的理解,也完全可能限定过失犯的成立范围。[95]

(6)诚然,我国刑法分则的一些条文将"违反……法规"作为过失犯的成立条件,似乎采取了新过失论。其实,分则规定的以"违反……法规"为前提的过失犯罪,都是典型的业务过失,而且,这种规定属于对过失犯实行行为的规定。所以,修正的旧过失论也能与这种规定相吻合。

(三)超新过失论

旧过失论一般将预见可能性理解为具体的预见可能性。与此相反,日本的超新过失论认为,所谓预见可能性,并不需要具体的预见,仅有模糊的不安感、危惧感就够了。所以,超新过失论又称不安感说、危惧感说。

本书不赞成危惧感说。第一,危惧感说过于扩大了过失犯处罚的范围,容易违反责任主义。例如,驾驶机动车就会有发生事故的不安感、危惧感。再如,新药的开发者无论如何采取措施,仍然会对未知的副作用有不安感。但如果以此为基础而处罚过失犯,就会导致结果责任。第二,危惧感、不安感的概念极为含糊,究竟具有何种程度的危险意识才是有危惧感,难以正确认定。第三,新过失论原本旨在限定过失犯的处罚范围,但在预见可能性问题上采取了扩大过失犯处罚范围的危惧感说,这是自相冲突的。再者,结果回避义务以预见可能性为前提,结果回避措施则是具体的。可是,以存在模糊的不安感为根据,

---

〔94〕 [日]井田良:《刑法总论的理论构造》,成文堂2005年版,第112页。

〔95〕 参见[日]西田典之:《刑法总论》,弘文堂2010年第2版,第260页;[日]山口厚:《刑法总论》,有斐阁2016年第3版,第243页以下。

要求行为人采取具体的结果回避措施,也有自相矛盾之嫌。

（四）本书的立场

本书赞成修正的旧过失论。一般认为,过失是违反了注意义务,这种注意义务包括结果预见义务与结果回避义务。亦即,行为人原本能够预见行为的结果,但因为疏忽而没有预见,进而实施了行为导致结果发生;如果谨慎行事预见了结果,就不会实施该行为,进而避免结果发生;或者是,行为人在预见了结果的前提下,原本应当认真地对待自己将要实施的行为和所预见的结果,但没有认真对待,导致了结果的发生。这样的解释似乎符合刑法第15条的字面含义。但应注意的是,我国刑法第15条是关于"过失犯罪"的规定,而不是对"过失"的规定。过失犯罪必然包含了客观的构成要件要素的内容,而作为责任形式的过失本身,要从心理角度来理解和认定。显然,结果回避义务与结果预见义务是过失犯罪的两个要件,而不是过失本身的两个要素。

首先,没有履行结果回避义务,是过失犯的客观构成要件。严格地说,没有履行结果回避义务,是指没有回避结果的发生,因此,过失犯并不限于不作为。而没有回避结果的发生,一定是由于行为人实施了直接导致结果发生的行为(作为),或者没有履行防止结果发生的义务(不作为)。

其次,对结果具有预见可能性,是过失犯的责任要素(严格地说,没有履行结果预见义务的提法并不妥当。因为如前所述,我国刑法第15条中的"没有预见"只是表面的责任要素,它并不表明行为人具有非难可能性)。对结果具有预见可能性,是疏忽大意的过失与过于自信的过失的共同要件。易言之,如果没有结果预见可能性,就不可能有过失,也不可能有故意。刑法第16条"由于……不能预见的原因引起的,不是犯罪"的规定,充分说明了这一点。或许有人认为,在过于自信过失的场合,将结果的预见可能性作为其成立条件是不合适的。其实,过于自信过失的行为人,虽然预见过结果的发生,但是,他因为过于自信又否认了结果的发生。显然,之所以谴责过于自信过失的行为,仍然是因为他可能预见到结果的发生。由于故意与过失存在位阶关系,过失的核心是具有预见可能性,故意的成立以"已经明知"为前提,"因此,不应将预见义务违反作为过失犯的要素……过失中并非没有任何心理状态,而是存在可能预见犯罪事实特别是法益侵害的心理状态"。[96]

总之,过失犯在客观上表现为没有履行结果回避义务(包括没有履行结果回避义务的行为以及造成了法益侵害结果),主观上表现为对法益侵害结果具有预见可能性。

三、过失的种类

刑法理论对过失做出了不同分类。例如,理论上有普通过失与业务过失之分。前者是指日常生活或一般社会交往中的过失;后者是指业务活动中的过失。业务过失犯罪重于普通过失犯罪,仅从责任的轻重来说,前者的法定刑应重于后者。理论上还有重过失与轻过失之分,按照本书的观点,应当以结果预见可能性的大小以及回避结果发生的难易程度为标准区分重过失与轻过失。我国刑法根据行为人是否已经预见危害结果,将过失分为疏忽大意的过失与过于自信的过失。

---

〔96〕［日］高山佳奈子:《故意与违法性的意识》,有斐阁1999年版,第137页。

（一）疏忽大意的过失

1.疏忽大意过失的成立条件

依照刑法第 15 条的规定，疏忽大意的过失，是指应当预见自己的行为可能发生危害社会的结果，因为疏忽大意而没有预见，以致发生这种结果的责任形式。这种典型的过失被称为无认识的过失。

如前所述，“没有预见”只是表面的责任要素，而不是真正的责任要素。刑法第 15 条的规定只是为了使疏忽大意的过失与故意相区分；在行为人是故意还是过失存在疑问的场合，只要认定行为人“没有预见”，就表明行为人没有故意；在已经排除故意的场合，“因为疏忽大意而没有预见”就不是疏忽大意过失的真正要素。

“应当预见”意味着行为人有预见义务，这种义务不仅包括法律、法令、职务与业务方面的规章制度所确定的义务，而且包括日常生活准则所提出的义务。但是，刑法只是要求有能力履行义务的人履行义务。义务规范为一般人所设，无须具体确定；而能否预见则因人而异，需要具体判断；如果法律法令、规章制度、生活准则赋予一般人预见义务，属于一般人之列的行为人能够预见，那么便是应当预见的。因此，认定疏忽大意的过失时，关键在于判断行为人是否具有结果的预见可能性。换言之，“应当预见”实际上是指“能够预见”（刑法第 16 条的规定，也表明了这一点）。预见可能性的判断，包括对能够预见的对象以及能否预见结果的判断。

首先，我国刑法要求疏忽大意过失犯罪的行为人能够预见自己的行为可能发生危害社会的结果，但“危害社会的结果”是一个外延极广的概念，我们只能在法律规定的范围内理解。因为过失犯罪的成立要求发生构成要件的结果，故这里的危害社会的结果，只能是刑法分则对过失犯罪所规定的作为构成要件要素的具体结果。一方面，能够预见的对象只需要在构成要件层面上加以把握，不需要更为具体的预见可能性。例如，过失致人死亡时，只要能够认识到他人的死亡即可，不要求对死亡者是谁具有预见可能性；只要能够认识到自己行为与死亡结果之间的作为构成要件要素的因果关系即可，不需要对具体的因果进程有预见可能性。另一方面，具体结果又是相对的，在危害公共安全的过失犯罪中，行为人所能够预见的结果不一定很具体，但必须是刑法分则所要求的结果。

其次，应当分清判断基础、判断方法与判断基准来解决行为人能否预见结果的问题。

第一，判断基础（或资料）包括主客观方面的事实，即应当把行为人的知能水平与行为本身的危险程度以及行为时的客观环境相结合判断能否预见。有些行为人，按其本身的知能水平，能够预见危险程度高的行为可能发生结果，但不能预见危险程度低的行为可能发生结果；有些行为人，在一般条件下能够预见某种行为可能发生结果，但在特殊情况下，由于客观环境的限制，却不能预见某种行为可能发生结果；在相同客观环境下或对于危险程度相同的行为，有的行为人知能水平高因而能够预见，有的行为人知能水平低因而不能够预见。可见，离开行为本身的危险程度与行为时的客观环境，仅仅考虑行为人的知能水平，是难以得出正确结论的；只有将这些主客观事实结合起来进行判断，才能得出正确结论。

第二，判断方法（或过程）应坚持从客观到主观，把客观要求同行为人的知能水平相结合进行判断。法律法令、规章制度、生活准则针对一般人提出了客观要求，判断行为人能否预见结果，就要将行为人的知能水平与这种客观要求联系起来，看行为人所具有的主观能动性,是否达到了足以符合客观要求的程度。离开了这些要求,就失去了衡量的标准,不可能得出正确答案。只有从这些要求出发,对照行为人的知能条件,才能相对认定他有无适应客观要求的能力,进而判断其对于结果的发生能否预见、应否预见。[97]

第三,关于结果预见可能性的判断基准,国外刑法理论上存在争议。主观说认为,是否具有结果预见义务,应以具体的行为人的注意能力为标准。因为对行为人进行非难,不应超过其注意能力的范围。客观说认为,是否具有结果预见义务,应以抽象的一般人的注意能力为标准。折中说有不同的表述,有人指出,刑法以一般的当为为基础,但只能在行为人可能的范围内实行归责;有人提出,如果行为人的注意能力低于通常人的注意能力,则仍应采取主观说,只是在行为人的注意能力高于通常人的注意能力时,才采取客观说(即仍依通常人的注意能力为标准决定有无注意义务)。能力区别说认为,作为心理作用的"注意"本来是以通常人为标准的,但作为其结果的"预见",则应考虑行为人的身体条件、知识、经验、认识能力,采取主观的标准。根据此说,即使同等程度的紧张意识,也不可避免地因为人的身体条件等区别导致认识范围不同,故应以各人为基准判断预见可能性。有的学者则认为,疲劳、酩酊、兴奋等生理的方面,应采取主观的基准,规范心理的方面则应采取客观的基准。这种见解旨在说明,不能因为行为人在日常生活中粗心大意、丢三落四而免除其过失责任。[98] 本书认为,对于过失责任应当从知能水平到规范能力进行判断。从知能水平来说,只能采取主观的标准。由于每个人的知能水平不同,所以不能采取一般人的标准。但是,在司法实践中,可以按照从客观标准到主观标准的顺序判断行为人是否具有预见可能性。亦即,在行为导致了结果发生的情况下,应首先考察行为人所属的一般人或像行为人这样的一般人(而不是抽象的一般人)能否预见结果的发生。如行为人为普通农民,则首先考察一般的普通农民能否预见类似结果的发生;如果行为人为医生,则首先考察像行为人这样的医生能否预见类似结果的发生,如此等等。其次,考察行为人的知能水平是高于一般人还是低于一般人。如果一般人能够预见,但行为人的知能水平低于一般人,则不宜认定行为人具有过失;反之,一般人能够预见,而行为人的知能水平并不低于甚至高于一般人,则宜认定行为人具有过失。基于同样的理由,如果一般人不能预见,但行为人的知能水平明显高于一般人,则可能认定为过失(当然,将这种情形认定为过失犯,应当特别慎重)。不过,如果由于行为人一直粗心大意、马马虎虎就认为他不能预见结果的发生,进而否认过失,也是不合适的。因为过失责任表明的是行为人对法益的不保护、不尊重态度,法律对每一个人必须对法益持保护、尊重态度的要求是相同的,不能因为行为人一直对法益持不保护、不尊重的态度就否认其过失责任。所以,在规范能力方面必须采取一般人的标准。倘若行为人具有一般人对法益的保护、尊重态度就能预见结果发生时,便应认定行为人具有过失责任。"一言以蔽之,生理的方面应当采取主观的标准;规范心理的方面应当采用客观的标准。"[99]

2. 疏忽大意过失与意外事件的区别

认定疏忽大意的过失,最关键的是要将其与意外事件相区别。行为在客观上虽然造

---

〔97〕 参见曾宪信、江任天、朱继良:《犯罪构成论》,武汉大学出版社1988年版,第98页以下。

〔98〕 以上参见[日]山中敬一:《刑法总论》,成文堂2015年第3版,第687页以下。

〔99〕 [日]平野龙一:《刑法总论Ⅰ》,有斐阁1972年版,第206页。

成了损害结果,但是不是出于故意或者过失,而是由于不能预见的原因引起的,不是犯罪。这便是意外事件。[100]

意外事件具有三个特征:一是行为在客观上造成了损害结果;二是行为人没有故意与过失;三是损害结果由不能预见的原因所引起。[101] 例如,某汽车司机在雨夜行车,从农民放在公路上的稻草上驶过,轧死了睡在稻草下的一瘦小精神病人。在当时的情况下,司机不可能预见到有人雨夜睡在稻草下,因而是意外事件。[102]

意外事件与疏忽大意的过失犯罪有相似之处,表现在客观上都发生了结果,但前者是不能够预见,后者是能够预见。在这个问题上,应根据前述判断基础、判断方法与判断标准,全面、客观、准确地判断行为人能否预见,从而正确区分意外事件与疏忽大意的过失犯罪。尤其应注意以下几点:

(1)由于事件已经发生,行为与结果之间的因果关系的发展过程已清楚明了,故司法人员不应由此逆推行为人能够预见。这种做法容易扩大疏忽大意过失犯罪的范围。正确的方法是,根据行为本身的危险程度、行为的客观环境以及行为人的知能水平,判断行为人在当时的情况下能否预见结果的发生。例如,行为本身的危险程度越高,行为人预见结果的可能性就越大;行为在通常(或异常)环境下发生结果的可能性大,行为人在该通常(或异常)环境下实施行为时,其预见结果的可能性就越大;行为人的知能水平越高,其预见结果的可能性就越大。

(2)不能因为结果严重就断定行为人能够预见。行为人能否预见结果发生与实际发生的结果是否严重,具有一定联系;但不能由此认为,凡是结果严重的,行为人就能够预见。只要结果严重就千方百计以犯罪论处的做法,是结果责任的残余,违反责任主义。

(3)行为人在实施不道德、一般违法乃至犯罪行为时,有时也会发生行为人所不能预见的其他结果,不能因为行为人实施的是不道德、一般违法乃至犯罪行为,就断定他能够预见自己行为的一切结果。特别是不能因为行为人的行为本身不构成犯罪,就针对其不能预见的结果追究疏忽大意过失犯罪的责任。

(4)行为人不知道自己的生理缺陷,在实施行为时由于突发的生理缺陷(包括疾病)的作用导致结果发生的,应认定为意外事件。但是,如果行为人知道自己的生理缺陷,仍然实施某种行为造成结果,则应当认定为过失犯罪。例如,行为人知道自己患有癫痫病却驾驶汽车,在驾驶过程中癫痫病突发导致交通事故的,成立过失犯罪(不排除在某些情形下成立故意犯罪)。

---

[100] 刑法理论一般将刑法第16条规定的情况统称为意外事件。由于"意"一词具有意料、心愿(意志)、意思等多种含义,不能预见的原因所引起的事件可以说是意料之外的事件,不能抗拒的原因引起的事件可以说是一种意志以外的事件,故将上述二者统称为意外事件也未尝不可。但是,这种称谓意味着对一个概念中的同一词必须做出两种不同解释。从与其他法律的协调性来看,意外事件并不包括不可抗力。例如,《民法通则》第106条与第107条分别规定了意外事件与不可抗力,民法理论通常也是分别论述的。刑法第16条事实上也是分别规定的,并没有统称为意外事件。因此,本书将刑法第16条规定的两种情况分别称为不可抗力与意外事件。

[101] 第三个特征只是第二个特征的进一步说明,所回答的问题是,为什么行为人没有故意与过失却造成了构成要件的结果。从因果关系的角度来说,损害结果当然是由行为人的行为所引起,而不是其他原因所致。

[102] 根据刑法第16条的规定,某种犯罪只能由故意构成时,如果行为人过失实施了该行为的(如过失毁坏公私财物),虽然不构成犯罪,但也不属于意外事件。

（二）过于自信的过失

1. 过于自信的过失的特征

依照刑法第15条的规定，过于自信的过失，是指已经预见自己的行为可能发生危害社会的结果，但轻信能够避免，以致发生这种结果的责任形式。过于自信的过失被称为有认识的过失。

应当注意的是，这里的“已经预见”并不是真正的有认识，只是行为人曾经预见过结果的发生。由于行为人后来（或同时）否认了结果的发生，因而从结局或者整体上说，仍然是没有认识结果的发生。但是，行为人也能够预见结果可能发生。从一般意义上说，“轻信能够避免”是导致行为人实施该行为的主观原因。详言之，行为人在预见到结果可能发生的同时，又凭借一定的主客观条件，否认结果的发生（相信自己能够避免结果的发生），只是所凭借的主客观条件并非真实可靠。轻信能够避免主要表现为以下几种情况：（1）过高估计自己避免结果的能力；（2）过高估计了相关人员（如共同作业人员、被监督者等）避免结果的能力；[103]（3）不当地估计了现实存在的客观条件对避免结果的作用；（4）误以为结果发生的可能性很小，因而可以避免结果发生。但是，如前所述，“轻信能够避免”只是过于自信的过失与故意的分界要素或者表面要素，而不是真正的责任要素。

2. 过于自信的过失与间接故意的关系

过于自信的过失与间接故意有相似之处，而且处于位阶关系，但二者的成立条件明显不同。从本质上说，间接故意所反映的是对法益的积极蔑视态度，过于自信的过失所反映的是对法益消极不保护的态度。这种本质上的差别，又是通过各自的要素体现出来的。首先，成立间接故意要求行为人放任结果的发生，结果的发生符合行为人的意志；但成立过于自信的过失不要求行为人放任结果发生。其次，一般来说，间接故意的行为人是为了实现其他意图而实施行为，主观上根本不考虑是否可以避免结果的发生；过于自信过失的行为人之所以实施其行为，是因为考虑到可以避免结果的发生。[104] 最后，间接故意的行为人在行为时“明知”结果发生的可能性；过于自信过失的行为人是暂时地“预见”结果发生的可能性，在行为时又否认了结果发生的可能性。[105] 一般来说，如果行为人认识到结果发生的可能性很大，就不会再否认结果发生的可能性。在此意义上，前述盖然性说具有参考意义。

就典型案件而言，不管如何认识“放任”，都容易区分间接故意与过于自信的过失。就不典型的案件而言，人们总会得出不同结论。例如，甲、乙二人站在山顶，见山下有一老人，甲对乙说：“你说将这块石头推下去能否砸着那老头？”乙说：“能有那么巧？”于是二人合力将一块石头滚下山，结果将老人砸死。有学者认为，由于甲、乙对于老人死亡结果的发生与不发生都持认可态度，故属于间接故意。但有的学者则认为，“对本案或许认定为

---

[103] 如医生做手术时误以为护士会主动采取某项措施避免结果发生，而没有向护士履行告知义务，但护士能力有限，没有主动采取某项措施，因而导致结果发生。

[104] 客观上是否采取防止结果的措施，是判断行为人是间接故意还是过于自信过失的重要资料。一般来说，客观上没有采取结果防止措施的，既可能是间接故意也可能是过于自信的过失；但如果行为人明显采取了结果防止措施的，不宜认定为间接故意。

[105] 有的学者认为，间接故意是明知危害结果发生的现实可能性，过于自信的过失则是预见到危害结果发生的假定可能性（参见王作富：《中国刑法研究》，中国人民大学出版社1988年版，第174页以下）。

过失更合理。理由是:直接故意的意志因素是希望,与它对应的一极是'不希望',疏忽大意过失和轻信过失都符合'不希望'的特征,在希望和不希望之间,是听任、放任等摇摆不定的意志因素。但是,间接故意的'放任'并不完全等同于听任,而是在认真地估算之后所作的'听任'。如果没有进行认真估算就贸然行动,即使表面上看像'听任'结果发生,也不能评价为放任"。[106] 本书则认为,直接故意的意志因素是希望发生结果,与它对应的并非"不希望发生结果"。[107] 在希望发生结果与希望不发生结果之间,就是放任。上述甲、乙二人虽然不是希望发生结果,但也不是希望不发生结果,因而是放任结果发生,成立间接故意。换言之,在对结果的态度(意志)上,直接故意投了赞成票,间接故意投了弃权票,过失没有投票或者投了反对票。[108] 投弃权票的人,或者对投票结果漠不关心,或者内心决定随从多数人的投票结果。在间接故意的场合,行为人或者对结果的发生与否漠不关心,或者内心决定结果发生与否由决意实施的客观行为任意确定。在上例中,甲、乙或者对结果持漠不关心的无所谓态度,或者内心决定由推石头的客观行为任意决定老人死亡与否。无论哪一种情形,甲、乙都接受了老人死亡的结果,故应认定为间接故意。

四、过失犯的认定

(一)过失犯的构成要件

成立过失犯以行为发生法益侵害结果为条件,除此之外,与故意犯罪一样,还要求有实行行为与结果回避可能性。

1. 实行行为

过失犯的构成要件除结果外,还有实行行为;而实行行为是具有导致结果发生的紧迫危险的行为。在结果发生的情况下,首先要判断是否具有过失犯的实行行为。不可否认的是,过失犯的实行行为定型比故意犯的实行行为定型要缓和得多,这是因为刑法往往并没有严格规定过失犯的实行行为。但不能据此否认实行行为也是过失犯的构成要件要素。例如,村长甲号召农民冒雨抢救粮食,农民乙在抢救粮食过程中遭雷击身亡。即使甲对结果具有预见可能性,但因为缺乏过失犯的实行行为,并不成立过失致人死亡罪。

一种观点认为,如果行为的危险是被允许的,就否认构成要件符合性。例如,有学者指出:"被允许的危险,是指行为虽然创设了在法律上具有重要意义的危险,但这种危险一般(与具体事例无关)是被允许的。因此,与正当化事由不同,这种行为已经被认为阻却了对客观构成要件的归属。被允许的风险的典型范例是,在遵守了所有道路交通规则的情况下驾驶机动车……所以,尽管在遵守了所有交通法规之后仍然发生了一种法益侵害结果,但这种侵害的造成也不是一种符合构成要件的行为。这对过失犯罪与故意犯罪都同样适用。"[109] 但本书认为,将危险被允许作为阻却构成要件符合性的事由,存在疑问。

第一,被允许的危险的法理所要说明的是,当行为的危险被允许时,行为所造成的实

---

[106] 周光权:"论放任",载《政法论坛》2005年第5期。

[107] 因为"不希望发生结果"既可能指希望结果不发生,也可能指对结果发生不持希望态度。

[108] 一般来说,过失犯的行为人既不希望也不放任结果的发生,而是反对结果的发生。在此意义上说,过失应当投的是反对票。但这种说法是以故意与过失处于对立关系为前提的,也并不严谨。事实上,在已经排除了故意的前提下(如不能证明行为人已经明知结果的发生),过失的成立只以预见可能性为要件,并不需要判断行为人对结果是否希望或者是否放任。

[109] C. Roxin, Strafrecht Allgemeiner Teil, Band I, 4. Aufl., C. H. Beck, 2006, S. 383f.

害也被允许。亦即，被允许的危险的法理，并不是旨在说明遵守规则的驾驶行为不符合某种犯罪的构成要件，而是旨在说明遵守规则的驾驶行为不符合业务上过失致死伤罪的构成要件。可是，被允许的危险本身不符合犯罪的构成要件，并不意味着其造成实害时也不符合犯罪的构成要件。被允许的危险的法理，实际上是以行为本身被允许因而不符合犯罪的构成要件为根据，得出了行为造成侵害结果时也不符合犯罪的构成要件的结论。这难以被人接受。

第二，行为的危险被允许与行为没有制造危险，是难以甚至不可能区分的。倘若将符合规则的行为均视为危险被允许的行为，这便滥用了被允许的危险概念。一个行为没有实质的危险时，就不应当称为被允许的危险。

第三，被允许的危险的法理的基本逻辑是，由于某类行为必然有危险，而社会的发展不可能禁止这类行为，所以，这类行为的危险应当被允许，因而不符合犯罪的客观构成要件。例如，有学者指出："据统计，中国大陆每年因交通事故而死亡的人数约为 20 万人。尽管如此，立法者依然允许人们从事驾驶行为，因为更重要的利益依存于交通驾驶。"〔110〕但是，这些观点可能混淆了立法政策与刑法解释论。当一类行为存在发生法益侵害结果的危险时，采取何种立法政策，与现实生活中的某个具体行为是否制造了法益侵害的危险以及是否符合某个犯罪的客观构成要件，是两个不同的问题：前者是立法政策问题，后者是刑法解释论的问题。诚然，立法者事前能够在某种程度上预测到，交通驾驶行为每年会导致许多人死亡。能否因此而禁止一切交通驾驶行为，或者说立法者是否依然允许人们从事驾驶行为，这是一个立法政策问题。但是，这与是否将导致许多人死亡作为"被允许的事项"而不处罚，是完全不同的问题。

第四，由于高速交通被允许、核电站的建设被允许等命题只是一个立法政策问题，所以，其对作为刑法解释论的构成要件符合性判断并无意义。例如，刑法中并不存在高速交通的犯罪构成要件，也不存在建设核电站的犯罪构成要件。既然如此，说这些行为不符合构成要件，就没有任何意义。换言之，只有当刑法规定了某种犯罪的构成要件，再回答某种行为是否符合该构成要件，才具有意义。

第五，构成要件符合性虽然是类型性的判断，但行为是否符合构成要件，必然取决于具体案件的具体事实。可是，被允许的危险的法理认为，行为是否被允许，"与具体事例无关"。既然如此，就不可能以一般性的结论为根据判断具体事例是否符合某种犯罪的构成要件。

第六，构成要件具有罪刑法定主义的机能，构成要件的明确性就成为特别要求。但是，被允许的危险的法理存在的一个重要问题是，如何判断危险是"被允许的"？表面上看，回答相当清楚：危险是否被允许，取决于行为是否违反规则。但是，一方面，在符合规则的体育竞技致人伤亡的场合，也不能否认行为造成了法益侵害结果，因而不能否认构成要件符合性，只能通过判断是否存在违法阻却事由或者责任阻却事由来处理。另一方面，在任何场合完全按照行为是否遵守规则来判断行为是否被允许、是否符合构成要件，既可能不明确，因而有损构成要件的罪刑法定主义机能，也可能不当扩大构成要件符合性的范围。

---

〔110〕　冯军：《刑法问题的规范理解》，北京大学出版社 2009 年版，第 137 页。

新过失论认为,如果行为人遵守了其行为所必需的规则,以慎重的态度实施其行为,即使事先预见到了危险,事后造成了侵害法益的结果,也不能追究行为人过失犯罪的责任。例如,只要司机遵守了交通规则,即使发生了交通事故,也不能以过失犯论处。但是,交通规则只是大体的行动指南,而过失犯的成立与否,必须考察具体情况下的结果预见可能性。例如,并非只要鸣笛和没有超速就可以超车;并非只要是绿灯就可以不顾行人而向前行驶。所以,不能以遵守了一般的交通规则为由,否认过失犯的成立。[111]

新过失论基本上使过失犯成为不作为犯,为本书所不取。过失犯的实行行为同样可以分为作为与不作为。例如,甲以120公里的时速在限速60公里的路段驾驶车辆,撞死了路边的行人。应当认为,甲成立过失的作为犯,而不能以行为人没有将速度控制在60公里之内为由认定为过失的不作为犯。因为在上述路段以120公里的时速行驶就是具有导致结果发生的紧迫危险的行为。另一方面,过失的不作为犯以具有作为义务为前提,而不能简单地将过失犯的结果回避义务理解为作为义务,否则会不当扩大过失犯的处罚范围。这是因为,既然对故意犯的作为义务都需要从形式上与实质上进行限制,那么,对于过失犯的作为义务也需要进行同样的限定。显然,仅以行为人违反行政管理法规为由直接认定为过失犯,就明显不当。相反,应当注重判断过失犯的结果回避义务是否符合作为义务的产生根据(参见第五章第二节第三款)。

由于过失犯的实行行为缺乏定型性,所以,在具体案件中,将什么样的行为认定为过失犯的实行行为就成为争议问题。例如,汽车司机甲饮酒后开车,没有注意前方而轧死了人。过失阶段说(最接近过失说)认为,只有离结果最近的最后的行为是过失犯的实行行为,甲没有注意前方就是实行行为,其他行为都不是实行行为。与此相对,过失并存说则认为,对发生结果起作用的数个不注意的行为,全部作为一个过失行为。甲的饮酒与没注意前方加起来是过失的实行行为。但是,饮酒本身并不是直接导致结果的行为,过失并存说没有从结果发生的危险性上限定过失的实行行为。本书认为,只要是对结果的发生具有紧迫危险的行为,都属于实行行为。在上例中,酒后且不注意前方的驾驶行为,是过失犯的实行行为。再如,货车司机马虎装货,后来在高速公路上野蛮行驶,导致货物落下来砸死了后面的汽车司机。由于没有把货物装好,即使适当行驶也同样会出现事故。所以,马虎装货与野蛮行驶一并成为过失犯的实行行为。

顺便要指出的是,由于构成要件是违法性的存在根据,所以,当过失行为保护了优越的法益或者损害了没有保护必要的法益时,并不成立过失犯。例如,过失行为符合正当防卫、紧急避险条件的,也应认定为正当防卫、紧急避险,因而阻却违法性,而不能以过失犯论处。换言之,不仅存在偶然的正当防卫与紧急避险,也存在“过失”的正当防卫与“过失”的紧急避险,而且均阻却违法性。

2. 结果回避可能性

在某些情况下,行为人虽然对结果具有预见可能性,甚至已经预见,但不可能采取措施避免结果发生,或者虽然采取了避免结果发生的措施,但结果仍然不可避免。由于结果的回避可能性是故意犯罪与过失犯罪的共通前提,所以,对于这种不可抗力,既不能认定为过失犯罪,也不能认定为故意犯罪。

---

〔111〕 参见[日]西田典之:《刑法总论》,弘文堂2010年第2版,第260页。

但需要注意的是,即使行为人在靠近结果发生的时刻(A 点)不可能避免结果的发生,但在此之前的时刻(B 点)具有避免结果的可能性时,如果 B 点的行为具有危险性,则仍然可能认定为过失。例如,甲没有驾驶执照,却在马路上驾驶汽车;行至一急拐弯处时,因为缺乏驾车技能,而未能避免事故的发生。在这种情况下,不能以甲没有能力避免结果为由否认过失犯罪的成立;因为甲在没有驾驶执照的情况下驾驶汽车(B 点)本身就具有危险性,而且甲完全可以不驾驶汽车,也不应当驾驶汽车,事实上只要他不驾驶汽车就不会发生事故,所以,甲的行为成立过失犯罪。再如,乙持有驾驶执照,但在极度疲劳时驾驶汽车;行至一急拐弯处,因为无力控制汽车而发生交通事故。由于在极度疲劳时驾驶汽车本身(B 点)就具有危险性,故不能以事后无力控制汽车(A 点)为由而否认其行为成立交通肇事罪。又如,丙持有驾驶执照,在驾驶面包车时,让 6 岁的儿童坐在副驾驶位上。行至某商店门前,丙停车购物,但没有熄灭发动机,6 岁儿童便驾驶面包车前行。行人发现后大叫,丙急忙从商店跑出试图避免结果发生,但由于车速过快,丙不能采取有效措施,导致他人死亡。丙在靠近结果发生的时刻(A 点)确实不能避免结果的发生,但他在购物时不熄灭发动机的行为(B 点)就具有过失,而且该行为在当时的具体环境下具有危险性,因而也不能以丙当时没有能力避免事故为由而否认其行为构成过失犯罪。

(二)过失犯与信赖原则、危险分配法理

根据信赖原则,在行为人合理信赖被害人或第三者将采取适当行为时,如果由于被害人或第三者采取不适当的行为而造成了侵害结果,行为人对此不承担责任。信赖原则起先主要适用于交通领域。从事交通运输的人,在遵守交通规则而实施其行为时,只要没有特殊情况,就可以信赖其他有关人也会遵守交通规则;如果其他人不遵守交通规则,造成了事故,遵守交通规则的行为人就不承担责任。现在,不仅在交通事故领域,而且在企业活动与医疗活动及其他活动中,也适用信赖原则。

信赖原则的适用条件是:(1)行为人信赖他人将实施适当的行为,而且这种信赖在社会生活上是合理的;(2)存在着信赖他人采取适当行为的具体状况或条件,自己的行为不违法。据此,行为人不能信赖幼儿、酩酊者、身体障碍者会遵守规则、采取适当行为;在他人有采取不适当行为的具体先兆时,也不应当信赖他人采取适当行为;在自己实施违法行为时,不能信赖他人采取适当行为。

信赖原则与过失犯的客观构成要件相关联。亦即,当客观上存在合理信赖他人实施适当行为的条件时,就限定了结果回避义务的内容。例如,在封闭的高速公路上驾驶车辆的人,合理地信赖行人不会横穿公路,因此,驾驶者的结果回避义务就限定为避免与其他车辆的冲撞。信赖原则与过失犯的预见可能性也具有密切关系。在合理信赖被害人或第三者会采取适当行为时,通常应认为行为人不能预见被害人或第三者会采取不适当的行为。换言之,在合理信赖被害人或第三者会采取适当行为时,缺乏预见可能性或者预见可能性很低,因而不能追究过失责任。

与信赖原则密切相关的是危险分配的法理。危险分配的法理所讨论的是,在认定过失犯时,对加害人与被害人应分别提出什么注意义务。如果对加害人提出的义务范围较广,被害人的注意义务范围就会较窄;反之亦然。因此,基于现实社会的要求,应当对危险进行适当的分配。[112] 显然,当危险完全分配给了被害人时,既意味着行为人的行为不可能具有实行行为性,行为人没有结果回避义务,也意味着行为人对结果缺乏预见可能性。当危险部分分配给了被害人时,意味着行为人的行为的危险性减少,结果回避义务减少,对结果的预见可能性也减少。

我国的司法实践事实上也考虑了危险分配对过失犯罪认定的影响。例如,最高人民法院2000年11月10日《关于审理交通肇事刑事案件具体应用法律若干问题的解释》第2条规定,交通肇事具有下列情形之一的,处3年以下有期徒刑或者拘役:(1)死亡1人或者重伤3人以上,负事故全部或者主要责任的;(2)死亡3人以上,负事故同等责任的;(3)造成公共财产或者他人财产直接损失,负事故全部或者主要责任,无能力赔偿数额在30万元以上的。这便考虑了被害人的责任对行为人责任的影响;而被害人的责任由来于他对危险的负担,如果被害人不负担任何危险(如在人行道上行走),汽车冲进人行道将其轧死,被害人不可能有任何责任,只能是汽车驾驶人员负担全部责任;如果被害人负担全部危险(如被害人在全封闭的高速公路上骑自行车),则汽车驾驶人员不会承担过失责任。

(三)监督过失

由于业务及其他社会生活上的关系,在特定的人与人之间、人与事项之间形成了一种监督与被监督关系。监督者对被监督者的行为,在事前要进行教育、指导、指示、指挥,在事中要进行监督,在事后要进行检查;对自己所管理的事项,要确立安全的管理体制。进行这种监督与管理,是监督者的义务或职责。如果监督者不履行或者不正确履行自己的监督或者管理义务,导致被监督者产生过失行为引起了结果,或者由于没有确立安全管理体制,而导致结果发生,监督者主观上对该结果就具有监督过失。监督过失可以分为两种类型:一是因缺乏对被监督者的行为的监督所构成的狭义的监督过失;二是由于没有确立安全管理体制所构成的管理过失。

在狭义的监督过失中,存在着被监督者的过失行为。即被监督者的过失行为直接造成了结果,但监督者对被监督者的行为负有监督义务,即有义务防止被监督者产生过失行为,却没有履行这种义务(如没有对被监督者做出任何指示,或者做出了不合理的指示),导致了结果发生。例如,在外科手术时,医生对护士的行为有监督义务,如果因护士的过失导致事故的发生,医生同样应对这种事故承担监督过失的责任。由此可见,狭义的监督过失,实际上是二人以上的过失竞合,即被监督者的一般过失与监督者的监督过失竞合在一起导致了结果的发生。但是,并不是客观上没有履行监督义务就必然成立过失犯罪,还需要行为人主观上具有过失,亦即,能够预见不履行监督义务的行为可能造成法益侵害结果。例如,存在合理信赖的条件时,原则上应否认监督者的过失责任。反之,如果被监督者已经存在实施过失行为的先兆,就不能以信赖原则为根据否认监督者的过失责任。

在管理过失中,行为人因为过失没有采取必要的防范措施,或者没有指示他人采取防范措施,导致了结果发生,或者由于自然原因或第三者的意外行为导致了结果发生。例

---

[112] 例如,日本在第二次世界大战前,有专用轨道的火车、电车对行人造成事故时,行人负担危险的范围就相当广;而一般道路上的汽车对行人造成事故时,基本上是由驾驶员一方负担危险,但是在20世纪50年代以后,随着社会的复杂化,则增加了行人对危险的负担。

如,工厂负责人随意决定将贵重设备堆放在露天,由于雷电起火而烧毁了设备。该负责人客观上存在没有确立安全管理体制的客观行为,主观上存在管理过失。

监督过失并不是独立于疏忽大意过失与过于自信过失之外的一种过失,而是分别符合疏忽大意过失与过于自信过失的基本特征。(1)狭义的监督过失与疏忽大意的过失。在一般疏忽大意过失的情况下,行为人能够预见自己的行为可能直接造成危害社会的结果,表现为"自己的行为→结果"。在监督过失的情况下,监督者能够预见自己不履行或者不正确履行监督义务的行为可能引起被监督者的过失行为,从而发生结果。这里存在一个中间项(被监督者的过失行为),表现为"自己的行为→中间项→结果"。事实上二者没有本质区别。(2)狭义的监督过失与过于自信的过失。在一般的过于自信过失的情况下,行为人往往因为轻信自己的技术、经验等而轻信能够避免结果的发生;在监督过失的情况下,监督者是轻信了被监督者不会有过失行为,这也符合过于自信过失的特征。(3)管理过失与一般过失。在管理过失的情况下,监督人能够预见自己没有确立安全管理体制的行为,可能造成结果或者可能由于自然因素或第三者的意外行为导致结果发生,或者已经预见而轻信能够避免。行为人可能轻信自己所确立的管理体制是安全的,也可能是轻信不会有自然因素与第三者的意外行为造成结果。需要说明的是,不管是管理过失还是狭义的监督过失,都以行为人对结果具有具体的预见可能性为前提,不能以抽象的、一般的危惧感为根据认定过失责任。

我国的司法实践,一直追究监督过失的责任,许多具体的玩忽职守罪实际上表现为监督过失;现行刑法事实上也肯定了监督过失(参见刑法分则第135条、第138条、第139条等)。在日本,监督过失的行为人所成立的犯罪,与被监督者的过失犯罪相同。但是,在我国的司法实践中,监督过失既可能成立玩忽职守等与被监督者不同的过失犯罪,也可能成立与被监督者相同的过失犯罪。[113] 这需要根据刑法分则所规定的构成要件与责任要素进行合理判断。

(四)过失向故意的转化

认定过失犯罪时,还应注意过失转化为故意的情况。即行为人的过失行为导致对某种法益产生危险,但故意不消除危险,希望或者放任结果发生。例如,行为人不慎将烟头扔在仓库里,具有发生火灾的危险,行为人能够及时消除危险,但想通过造成火灾陷害仓库保管员,故意不消除危险,导致火灾发生。这便由一般过失转化为犯罪故意,应认定为放火罪而不是失火罪。再如,甲系乙聘请的家庭保姆,负责处理家务和照顾乙两岁多的儿子丙。某日下午五点半左右,甲给丙喂桂圆时,不料桂圆核卡住丙喉咙无法吐出,甲随即将丙送往附近药店救治。甲怕承担责任,向药店工作人员隐瞒了丙被桂圆核卡住咽喉的事实。返回乙家后,甲又向赶来的120急救医护人员隐瞒真相,致医护人员无法采取针对性急救措施,延误抢救时机。丙被送往某市儿童医院,经抢救无效于同日晚十点半因异物吸入、窒息、脑疝、多器官功能衰竭死亡。甲将有核的桂圆喂给丙吃,导致桂圆核卡住丙的喉咙无法吐出时,就对丙的生命产生了危险。如果甲对医护人员说出真相仍然未能避免死亡结果发生,甲成立过失致人死亡罪。但本案的甲因为怕承担责任,没有说出真相,虽

---

[113] 应否以及如何区分这两种情形(什么情形属于职务过失,成立玩忽职守等罪,什么情形属于监督过失,成立与被监督者相同的过失犯罪),还值得进一步研究。

然他并不希望死亡结果发生,但对结果持放任态度,应认定为间接故意的不作为犯罪(故意杀人罪)。

基于同样的理由,过失行为虽然已经造成了基本结果(成立基本的过失犯),但在能够有效防止加重结果发生的情况下(既有履行义务的能力,也有回避结果的可能性),行为人具有防止加重结果发生的义务却故意不防止的,对加重结果成立故意犯罪。如汽车司机甲于黑夜在车辆较少的道路上违反交通法规过失将三人撞成重伤后,下车察看情况,本可以将三人送往医院抢救,但想到被害人死亡也无所谓,便立即逃走,三名被害人后来全部死亡。甲的行为是只成立一个交通肇事罪,还是成立一个故意杀人罪,抑或成立数罪?甲的过失行为致三人重伤,本身就能成立交通肇事罪。甲下车后认识到如果不救助被害人就会死亡却逃走,导致了死亡结果的发生,是否成立不作为的故意杀人罪?如果三名被害人是濒死的重伤,即使救助也必然死亡,就只成立交通肇事罪。换言之,如果即使救助也不能防止死亡结果,就可以将死亡结果评价为先前的过失行为造成的结果,而不另成立不作为的故意犯罪。但是,如果被告人将三名被害人送往医院,就可以救助其生命,而被告人故意不救助的,则可能另成立不作为的故意犯罪。

第四款　目的与动机

一、主观的超过要素概述

就既遂犯罪而言,行为人一般存在与客观事实相对应的主观内容。例如,故意杀人既遂的客观要素为杀人行为致人死亡;与此相对应,故意内容是认识到自己的行为会致人死亡,并且希望或者放任死亡结果发生。[114] 不难看出,客观上完全存在与行为人主观故意相对应的事实。但是,在某些犯罪中,主观要素仅存在于行为人的内心即可,不要求有与之相对应的客观事实。目的犯中的目的以及某些犯罪的动机就是如此(存在个别例外情形)。例如,根据刑法第152条第1款的规定,只要行为人以牟利或者传播为目的走私淫秽物品即可构成走私淫秽物品罪,而不要求有牟利或者传播淫秽物品的客观事实。再如,根据刑法第399条第1款的规定,只要司法人员出于徇私动机追诉明知是无罪的人,即可构成徇私枉法罪,而不是要求有徇私的客观事实。这种目的与动机,是某些犯罪的责任要素,[115] 却是主观的超过要素。

在大陆法系国家,还存在倾向犯、表现犯的概念。所谓倾向犯,是指行为必须表现出行为人的特定内心倾向的犯罪,只有当这种内心倾向被发现时,才能认为其行为具有构成

[114] 杀人未遂时,行为人虽然对死亡结果具有希望或者放任的态度,但死亡结果并没有发生,所以,故意的意志因素便成了超出客观要素范围的要素,因而也被称为主观的超过要素。但应注意的是,即使将未遂犯中的故意的意志因素视为主观的超过要素,它也与目的犯中的目的这一主观的超过要素具有明显区别。前者仍然是故意的构成因素,后者则是故意内容之外的因素。

[115] 目的究竟是违法要素还是责任要素,一直存在争议。行为无价值论一般主张目的是违法要素,结果无价值论者既可能认为目的是违法要素,也可能认为目的是责任要素。本书暂且将目的作为责任要素。事实上,即使认为某些目的表明法益侵害因而是违法要素,但至少有部分目的与法益侵害没有直接关联,应当作为责任要素。

要件符合性。[116] 典型的倾向犯是各种猥亵罪,即只有当行为表现出行为人具有刺激或者满足性欲的内心倾向时,该行为才符合猥亵罪的构成要件,才具有违法性。如果外观上属于猥亵行为,但行为人并没有刺激或者满足性欲的内心倾向,则不符合猥亵罪的构成要件。本书认为,行为人是否出于性的刺激或者满足的内心倾向,并不影响猥亵行为是否侵害了被害人的法益;换言之,即使行为人出于报复心理实施猥亵行为,也同样侵害了被害人的法益。所以,本书不承认倾向犯。[117]

表现犯是指行为表现出行为人内心的、精神的经过或状态的犯罪。如果不将外部事情与行为人的精神经过或状态进行比较,就不能正确判断其构成要件符合性与违法性。例如,伪证罪中的"虚假证明",不是指违反客观事实的证明,而是不符合自己的记忆的证明(主观说),据此,证人的证言不符合其记忆或体验时,成立伪证罪。可是,只有当证人所作的证言违反客观事实时,才有必要由刑法规制;对于证人单纯违反内心记忆或体验做出的符合客观事实的证言,没有必要给予刑罚处罚(客观说)。所以,本书也不承认表现犯。

二、目的

(一)目的概述

目的(犯罪目的),是指犯罪人主观上通过犯罪行为所希望达到的结果(不限于法益侵害结果,包括犯罪行为所形成的状态等),即是以观念形态预先存在于犯罪人大脑中的犯罪行为所预期达到的结果。特定的目的,不是指直接故意的意志因素,[118] 而是故意的认识因素与意志因素之外的对某种结果、利益、状态、行为等的内在意向;它是比直接故意的意志因素更为复杂、深远的心理态度;其内容也不一定是观念上的危害结果。

从目的与刑法规定的关系来看,目的犯中的目的表现为两种情形:(1)刑法分则明文规定的目的(分别存在"目的"、"意图"两种表述),如刑法第 152 条、第 175 条、第 192 条、第 305 条等;(2)刑法分则虽无明文规定,但根据条文对构成要件的表述以及条文之间的关系,而为成立犯罪所必须具备的目的,如刑法第 194 条至 198 条规定的几种金融诈骗罪,条文本身虽未标明"以非法占有为目的",但根据金融诈骗罪的特征及其与相关犯罪的关系,该目的实际上属于金融诈骗罪的责任要素。

从目的与行为的关系考察,目的犯的目的表现为三种情形:(1)不属于主观的超过要素的目的,亦即存在与目的相对应的客观事实的情形。例如,刑法第 175 条第 1 款前段规定:"以转贷牟利为目的,套取金融机构信贷资金高利转贷他人,违法所得数额较大的,处三年以下有期徒刑或者拘役,并处违法所得一倍以上五倍以下罚金。"显然,转贷牟利目

---

〔116〕 显然,倾向犯并不是说行为人具有某种犯罪的倾向时就是犯罪,也不是说犯罪的倾向本身是处罚的根据,而是说除了故意之外,行为反映出特定内心倾向时才构成犯罪。或许这个概念容易引起误会,但已约定俗成,不必计较用语本身。

〔117〕 本书并不否认目的犯,也不否认动机犯。但是,即使承认目的犯与动机犯的概念,或者即使认为倾向犯是目的犯或者动机犯的一种,强制猥亵罪与猥亵儿童罪也不是目的犯、动机犯。或许有人认为,既然承认内心倾向是一种目的或者动机,就意味着仍然可以使用倾向犯的概念。但是,由于刑法理论上的倾向犯基本上限于各种猥亵罪,所以,只要否认了各种猥亵罪是倾向犯,倾向犯的概念就几乎没有存在的余地。

〔118〕 人们习惯于将直接故意中的意志因素,即行为人对自己的行为直接造成结果的希望,称为犯罪目的。如说"某某被告具有杀人目的"。在一般意义上说,希望他人死亡就是行为人的犯罪目的,但这种目的不是目的犯中的目的。

的与客观上的“转贷他人”、“违法所得数额较大”的构成要件要素相对应,亦即,转贷牟利目的并非存在于行为人内心即可,因而不属于主观的超过要素。[119] (2)只要实施了符合构成要件的行为就可以(但非必然)实现的目的。例如,只要实现了贷款诈骗罪的构成要件,就可以实现非法占有贷款的目的。这种目的犯称为断绝的结果犯。(3)实施符合构成要件的行为后,还需要行为人或第三者实施其他行为才能实现的目的。如实施了走私淫秽物品的行为,还不能直接实现牟利或者传播的目的,只有在走私行为完成之后实施其他相关行为,才能实现牟利或者传播目的。这种目的犯称为短缩的二行为犯。

短缩的二行为犯的基本特点是,“完整”的犯罪行为原本由两个行为组成,但刑法规定,只要行为人以实施第二个行为为目的实施了第一个行为(即短缩的二行为犯的实行行为),就以犯罪(既遂)论处,而不要求行为人客观上实施第二个行为;与此同时,如果行为人不以实施第二个行为为目的,即使客观上实施了第一个行为,也不成立犯罪(或者仅成立其他犯罪)。在此意义上说,短缩的二行为犯实际上是将二行为犯或复行为犯缩短为一行为犯或单行为犯。[120] 短缩的二行为犯的目的的实现与否,既不影响犯罪的成立,也不影响犯罪既遂的认定。换言之,短缩的二行为犯的既遂与未遂,应以第一个行为的结果发生与否为标准。

在断绝的结果犯中,行为人必须具有确定的目的;在短缩的二行为犯中,只要行为人知道或许有谁实施实现目的的行为就够了。如违规制造枪支罪,行为人以非法销售为目的,制造无号、重号、假号的枪支时,不要求具有确定的非法销售目的,只要知道可能有谁非法销售所制造的无号、重号、假号的枪支这种未必的意思即可。短缩的二行为犯中的目的,不以实行犯本人实现为限。例如,行为人走私淫秽物品时,不问走私者是意图亲自传播淫秽物品,还是意图以他人为媒介或者由他人传播淫秽物品,都不影响走私淫秽物品罪的成立。

(二)目的犯的存在范围

我国刑法理论的传统观点认为,目的犯只能由直接故意构成;易言之,如果刑法将某罪规定为目的犯,那么,该罪就不可能由间接故意构成。但本书认为,间接故意犯罪也可能是目的犯。

从规范层面而言,刑法总则规定的故意犯罪包括直接故意犯罪与间接故意犯罪,因此,只要刑法分则所规定的犯罪为故意犯罪,那么,就既可以由直接故意构成,也可以由间接故意构成。目的犯在刑法分则中都属于故意犯罪,当然也可以由间接故意构成。刑法将某种犯罪规定为目的犯时,并不表明该罪为直接故意犯罪,只是将不具有特定目的的行为排除在犯罪之外,而不是将间接故意行为排除在犯罪之外。例如,立法者通过牟利或者传播目的限制走私淫秽物品罪的处罚范围,因此,即使行为人具有直接故意,但如果缺乏牟利或者传播目的,也不成立走私淫秽物品罪;反之,即使行为人仅具有间接故意,但如果具有牟利或者传播目的,也应当以走私淫秽物品罪论处。

---

〔119〕 从立法论上说,可以删除本条中的“以转贷牟利为目的”的规定。

〔120〕 从这个角度来说,短缩的二行为犯减少了客观要件要素。但从另一角度来说,也可谓限制了处罚范围。例如,添加牟利或者传播目的,就限制了走私淫秽物品罪的处罚范围。此外,有的犯罪要求特定目的,不仅是对处罚范围的限定,而且限定了行为的性质(参见刑法第192条、第193条、第319条)。

从心理事实来说，当行为人所放任的结果与行为人所追求的目的不具有同一性时，即二者分别为不同的内容时，二者完全可能并不矛盾地存在于行为人的主观心理中。以短缩的二行为犯为例：第一个行为的结果与行为人实施第二个行为的目的并不相同，因此，对第一个行为的结果的放任与对第二个行为的目的完全可以并存。刑法理论公认，间接故意犯罪的发生情形之一是，行为人为了实现另一犯罪目的，而放任此种犯罪结果的发生。这正好说明间接故意的犯罪中可能存在目的。

（三）目的的机能

作为责任要素的目的具有两个方面的机能：（1）在部分犯罪中具有区分罪与非罪的机能。例如，不以营利为目的的侵犯著作权的行为、不以营利为目的的聚众赌博行为，不构成犯罪。（2）在部分犯罪中具有区分此罪与彼罪的机能。例如，就传播淫秽物品的行为而言，如果能认定行为人具有牟利目的，就应认定为传播淫秽物品牟利罪；否则，就只能认定为传播淫秽物品罪（参见刑法第363条、第364条）。再如，是否具有非法占有目的，是区分贷款诈骗罪与骗取贷款罪的关键要素。责任要素之外的目的，虽然不影响犯罪的成立，但可能对量刑产生影响。

三、动机

动机（犯罪动机），是指刺激、促使犯罪人实施犯罪行为的内心起因或思想活动，它回答犯罪人基于何种心理原因实施犯罪行为，故动机的作用是发动犯罪行为，说明实施犯罪行为对行为人的心理愿望具有什么意义。产生犯罪动机需要具备两个条件：一是行为人内在的需要和愿望；二是外界的诱因与刺激。

传统观点认为，只有直接故意犯罪具有动机。其实，哪些犯罪存在动机，取决于对动机的认识。如果认为动机是犯罪性动机，或者说是刺激犯罪人积极实施犯罪行为以达到犯罪目的的内心起因，似乎只有直接故意犯罪才存在犯罪的动机。如果认为动机不是犯罪性动机，只是事后回答行为人基于何种心理原因实施了犯罪行为，则除了疏忽大意的不作为犯罪（忘却犯）以外，其他犯罪都有动机。因为不管是故意犯罪还是过失犯罪（忘却犯除外），行为人都不会无缘无故地实施行为，相反都会有实施行为的心理动因；这些动因也能说明行为人非难可能性的大小。例如，汽车司机超速行驶致人死亡时，一定有超速行驶的内心起因；对于为了逃避法律责任而超速行驶，与为了将危重病人送往医院而超速行驶，其量刑结果必然不同。如果不将这种内心起因归入动机，则需要有另外的概念；而人们在否认其为动机的同时，并没有提出另外的概念，这会导致司法实践上忽视内心起因对量刑的影响。因此，本书认为，没有必要人为地限定动机存在的范围，可以将动机作后一种理解。

当特定的动机是犯罪的责任要素时，不具有特定的动机，就不成立犯罪。例如，“徇私”动机，是徇私枉法、徇私舞弊不移交刑事案件等罪的责任要素；“贪生怕死”动机是投降罪的责任要素。责任要素之外的动机，虽然不影响犯罪的成立，但可能对量刑产生影响。

第三节 消极的责任要素

第一款 责任能力

一、责任能力的概念

（一）责任能力的含义

行为人不具备有责地实施行为的能力时，不能对其进行法的非难。进行责任非难所要求的行为人的能力，就是责任能力。刑法并不是直接积极地规定责任能力，即不是直接规定犯罪的成立要求行为人具有责任能力，而是消极地规定无责任能力与限定责任能力。在具体案件中，不需要证明行为人具有责任能力，而是当行为人不具有责任能力时不得追究其刑事责任。

能力，是人的自觉能动性的表现，是人认识现实世界与支配现实世界的特征。刑法上的责任能力，由辨认能力与控制能力组成。辨认能力，是指行为人认识自己特定行为的内容、社会意义与结果的能力，因而也可以称为认识能力。能够认识自己行为的内容、社会意义与结果的，就具有辨认能力（会有程度的差异）；反之，则没有辨认能力。控制能力，是指行为人支配自己实施或者不实施特定行为的能力。行为人在犯罪时，总是处于既可以实施、也可以不实施的状态，行为人在认识到特定行为的内容、社会意义与结果后，能够控制自己实施或者不实施该行为时，就是有控制能力（会有程度的差异）；反之，则没有控制能力。控制能力与心理学上所讲的作为意志品质的自制力不是等同概念。自制力是控制自己的情感、爱好和冲动的能力，在道德体系中，自制力是可贵的品质。有自制力的人都具有控制能力，但有控制能力的人不一定有自制力。许多人是在有控制能力的情况下因缺乏自制力而实施了犯罪行为，故不可将控制能力与自制力相混淆。

一般认为，辨认能力是控制能力的基础与前提，没有辨认能力就谈不上有控制能力。控制能力则反映人的辨认能力，有控制能力就表明行为人具有辨认能力。但有辨认能力的人可能由于精神病而丧失控制能力，刑法认为这种情况不具有实施犯罪的能力。换言之，刑法要求行为人同时具备辨认能力与控制能力，只具有其中一种能力的，属于没有责任能力。

（二）责任能力的地位

责任能力是责任的要素，还是责任的前提，这是国外刑法理论争论的问题。

将责任能力作为责任前提的观点认为，责任能力是被作为责任前提的主体的适格性进行规定的，因此，责任能力应与其他责任要素相区别，必须先对责任能力进行判断，所以说是责任的前提。如果是无责任能力者，则并不判断有无故意过失，便认定为无罪。但这一观点存在疑问。因为责任能力在程度上存在差别（如存在因精神病而导致责任能力减弱的情形），这种差别对行为的非难可能性程度产生影响，故责任能力并不单纯是责任的前提。[121]

---

[121] 应当注意的是，责任能力程度的差别只能分为两种情形：通常的责任能力与减弱的责任能力，不存在加强的责任能力。因此，不存在因为责任能力加强而导致非难可能性加重的情形。

将责任能力作为责任要素的观点认为，责任能力虽是作为非难可能性前提的人格的适格性，但责任能力同时是能否辨认各个行为的是非善恶以及依据这种辨认实施行为的问题，所以，责任能力并不只是非难的前提，而且是对行为的意思形成的非难性本身。这并不意味着无责任能力与无违法性认识的可能性相混同，因为无责任能力是欠缺辨认控制能力所致，而无违法性认识的可能性则是由于其他原因所致。据此，无责任能力也可谓责任阻却事由。这是本书的立场。

（三）责任能力的性质

旧派认为，责任能力的本质是有责行为能力、意思能力或犯罪能力。责任能力问题实质上是意志自由的问题。人在具有从善去恶的意志自由的前提下，不决意从善，却决意从恶，因而应负责任。但并不是任何人都具有意志自由，具有意志自由的先决条件是，行为人能够认识其行为的价值或行为的是非善恶；具有这种认识能力的人，才产生对自己行为的责任，法律才认为其具有责任能力。所以，责任能力是辨别是非善恶的能力，或者说是意思能力。又由于具有这种能力的人，才能实施犯罪，故责任能力是犯罪能力；无责任能力，则是无犯罪能力。

新派认为，责任能力是刑罚适应能力。行为人并不能自由地决定自己的意志，犯罪是人的素质与环境的产物。刑法的机能是针对犯罪人将来再犯罪的可能性即性格的危险性，对社会进行防卫。旧派所谓的有能力之人与无能力之人，就其行为对社会应负的责任而言，在实质上并没有区别；只是法律因对象不同而采取不同的处罚方法，都是为了防卫社会。对于具有通常能力的人科处通常的刑罚，便足以实现刑罚的目的；对于精神异常的人或年幼者，因其不能适应刑罚而采取其他办法，并不是因为他们不应负责任。所以，责任能力是刑罚适应能力，即是被科处刑罚的一种资格。

我国有一种观点认为，责任能力是犯罪能力与刑罚适应能力的统一。[122] 本书采取犯罪能力说。因为根据我国刑法的规定，责任能力，是指对“自己行为”的辨认控制能力，这应是指犯罪行为能力；在行为时具有犯罪能力，当然也就表明行为人有承担责任的能力。但在认定行为人是否具备责任能力时，司法机关所要考虑的就是行为人对所实施的特定行为有无辨认控制能力，并不是直接考虑他有无刑罚适应能力，故应认为责任能力就是犯罪能力。如果说责任能力是犯罪能力与刑罚适应能力的统一，则意味着在认定犯罪时，还必须考察行为人在行为时能否认识刑罚的意义、能否承受刑罚处罚，但似乎没有这种必要。主张责任能力是犯罪能力与刑罚适应能力的统一的观点，也不能说明具有责任能力的人在实施犯罪行为后立即丧失责任能力（丧失刑罚适应能力）的是否成立犯罪的问题，难以回答没有责任能力的人的行为是不构成犯罪、还是仅仅不受刑罚处罚的问题。诚然，犯罪是适合科处刑罚的行为，责任能力可谓科处刑罚的前提条件，在此意义上说，责任能力与刑罚适应能力具有内在的关联。例如，刑法规定未满 14 周岁的人无责任能力是一种不能反证的推定，但这并不意味着 13 周岁的人一律缺乏辨别是非善恶的能力，换言之，13 周岁的人也可能具有责任能力。这意味着即使有犯罪能力也不一定成立犯罪，似乎可以得出责任能力不只是犯罪能力因而也是刑罚适应能力的结论。但本书认为，具有辨认控制能力但仅有 13 周岁的人，确实是有责任能力的人，刑法之所以不处罚他们是基于刑事

---

〔122〕 参见赵秉志：《犯罪主体论》，中国人民大学出版社 1989 年版，第 26 页。

政策的理由,而不是一律否定其责任能力。所以,责任能力是犯罪能力的结论依然可以得到维持。

二、责任能力的判断

(一)责任能力的判断概述

责任能力与法定年龄是既统一又矛盾的关系,有的人虽然达到了法定年龄但由于患精神病而没有辨认控制能力,这就需要在法定年龄之外就精神病的责任能力做出特别规定。换言之,由于达到了法定年龄的人通常具有责任能力,故刑法仅从消极角度规定责任能力,即除因精神病而导致没有责任能力的以外,其他达到法定年龄的人都是具有责任能力的人。于是,在通常情况下,对于达到法定年龄的人,司法机关无须举证证明其具有责任能力;只是在行为人患有精神病时,才需判断其是否因为精神病而无责任能力。基于同样的理由,如果行为人没有达到法定年龄,便可直接否认其行为构成犯罪,不必判断其有无辨认控制能力。在此意义上说,对于责任能力的判断以行为人达到法定年龄为前提。

需要注意的是,有精神病并不等于无责任能力。精神病的种类很多,既可能导致行为人无责任能力,也可能仅导致责任能力减弱,还可能对责任能力没有影响。

(二)责任能力的判断标准

责任能力的判断,实际上是无责任能力的判断。对于无责任能力的判断,在整个世界范围内都还没有找到令人满意的方法与标准。现在,多数国家刑法与司法实践采取的做法是,由于精神障碍而导致没有辨认是非善恶的能力,没有依据辨认能力控制行动的能力时,就是没有责任能力。这种做法以精神障碍的要素、辨认是非的能力及据此控制行为的能力为核心。在刑法上只规定精神障碍要素的方法称为生物学的方法;只规定辨认控制能力的方法称为心理学的方法;将二者相结合的方法称为混合的方法,即先确定影响责任能力的生理原因,再标明由此原因所致的影响责任能力的心理状态。我国刑法第 18 条采取的是混合的方法:“精神病人在不能辨认或者不能控制自己行为的时候造成危害结果,经法定程序鉴定确认的,不负刑事责任”。如上所述,由于精神病的种类繁多,一些精神病并不导致行为人丧失辨认控制能力,如果单纯采取生物学的方法,则会导致一些具有辨认控制能力的人可以随意实施符合构成要件的不法行为而不承担责任;反之,如果单纯采取心理学的方法,则会因为缺乏明确标准,导致对冲动犯罪、激情犯罪等不能追究责任。

根据刑法第 18 条第 1 款的规定,对责任能力要经过法定程序进行医学与法学判断:首先判断行为人是否患有精神病,其次判断行为人是否因为患有精神病而不能辨认或者不能控制自己的行为。前者由精神病医学专家鉴定,鉴定结论应说明行为人是否具有精神病以及精神病种类与程度轻重。后者由司法人员判断,但他们不应当否认精神病医学专家对有无精神病以及精神病的种类、程度所做出的结论(如果司法人员对原鉴定结论有合理怀疑,可以按照刑事诉讼法的规定,再次送请鉴定),只能在精神病医学专家的鉴定基础上进一步判断行为人是否具有辨认与控制自己行为的能力。如果精神病医学专家的鉴定结论是行为人没有患精神病,司法人员就必须肯定行为人具有责任能力;如果精神病医学专家的鉴定结论是行为人患有精神病,司法人员则应在此基础上进一步判断行为人是否具有责任能力。只有这样,才是坚持了医学标准与法学标准的统一,才能正确判断行为人是否具有辨认控制能力。

可是,我国司法实践上的通常做法是,完全由精神病专家鉴定行为人是否具有责任能力,即精神病鉴定专家直接得出有无责任能力的结论,检察官与法官不再作任何判断,完全采纳精神病专家的鉴定结论。其结局是,要么由精神病鉴定专家同时进行了医学与法学的判断,要么仅由精神病鉴定专家进行医学判断而没有法学判断。显然,这种做法严重违反了刑法第18条的规定,需要改正。

(三)责任能力判断的注意事项

哪些疾病属于精神病是根据精神病医学认定的。司法人员在判断精神病人有无责任能力时,除了以精神病医学专家的鉴定结论为基础外,还应注意以下几点:

1. 要审查精神病的种类以及程度轻重,因为精神病的种类与程度轻重对判断精神病人是否具有责任能力具有极为重要的意义。

2. 要在精神病人的左邻右舍调查其言行与精神状况,如果有足够证据表明该精神病人平时不能正确认识自己行为的性质、社会意义与结果,不能有意识地选择和控制自己的行为,则能作为精神病人没有责任能力的有力证据。

3. 要进一步判断精神病人所实施的行为与其精神病之间有无直接联系。因为精神病人的精神结构不一定完全错乱,它可能在某些方面是正常的。所以,要判断精神病人实施构成要件行为是否起因于精神病。如果精神病人所实施的行为与其精神病没有直接联系,就不能认为他没有责任能力。只有当他所实施的行为起因于精神病时,才可能认定他没有责任能力。所以,责任能力是就行为人已经实施的符合构成要件的特定行为而言,并非就一般行为而言。这里特别要注意对部分责任能力的判断。部分责任能力,是指行为人由于精神障碍对某一类犯罪没有责任能力,但对其他犯罪具有责任能力的情形。这里的“某一类犯罪”不是指严重犯罪,而是与其精神障碍有联系的某一类犯罪。例如,具有好诉妄想的偏执狂患者,对诬告陷害罪没有责任能力,但对与好诉妄想无关的犯罪,则具有责任能力。又如,癔病患者因某种刺激产生异常的环境反应时,对由这种反应所表现出来的侮辱、伤害等行为没有责任能力,但对与此无关的其他犯罪则具有责任能力。所以,一方面,不能因为精神病人对某些犯罪具有责任能力,就认定其对所有犯罪都具有责任能力;另一方面,也不能因为精神病人对某种犯罪没有责任能力,就认定其对一切犯罪都没有责任能力。

4. 行为人虽然患有某种精神病,但如果该精神病对其辨认与控制能力没有任何影响,就属于有完全责任能力的人,该精神病不能成为责任阻却事由。值得注意的是间歇性精神病人的责任能力判断问题。刑法第18条第2款规定:“间歇性的精神病人在精神正常的时候犯罪,应当负刑事责任。”据此,间歇性精神病人实施行为的时候,如果精神正常、具有责任能力,当然应对自己的行为承担责任;即使实施行为后精神不正常,也应承担责任。反之,如果实施行为的时候精神不正常、不具有责任能力,便阻却责任,该行为不成立犯罪;即使实施行为后精神正常,也不应承担责任。由此可见,间歇性精神病人的行为是否成立犯罪,应以其实施行为时精神是否正常、是否具有责任能力为标准,而不是以侦查、起诉、审判时精神是否正常为标准。对间歇性精神病人的责任能力的判断方法仍然是,首先由司法精神病鉴定人员鉴定其有无精神病以及精神病是否具有间歇性等,其次由司法人员判断其实施行为时精神是否正常。此外,间歇性精神病人在尚未完全丧失辨认控制能力时犯罪的,应当承担责任。

问题是,间歇性精神病人在精神正常的情况下决定并着手实行犯罪,在实行过程中精神病发作丧失责任能力的,应当如何处理?德国曾发生如下案件:被告人起先用铁锤殴打被害人但没有致人死亡,由此陷入无责任能力状态,在无责任能力状态下继续实施殴打行为导致被害人死亡。对此问题,国外学者提出了三个解决途径:(1)适用后述原因自由行为的法理。因为行为人在实施与结果有直接因果关系的行为时已经没有责任能力,所以与原因自由行为的事例相同。但是,实行中途丧失责任能力不同于原因自由行为,不应当适用原因自由行为的法理。(2)将具有责任能力时的实行行为与陷入无责任能力后的实行行为作为"一体"或"一个"行为来考虑,从而肯定行为人对陷入无责任能力时的引起结果发生的行为也具有责任能力。可是,为什么将二者作为"一体"或者"一个"行为来考虑,还缺乏充分理由;而且如何判断一体性、一个行为,也是不明确的。(3)作为因果关系的错误(或客观归责)问题来解决。即在陷入无责任能力状态前,就已经存在犯罪的未遂。对行为人是否适用既遂的刑罚,就取决于无责任能力状态的出现,是否表现为因果关系的非重大偏离。如果因果关系的偏离重大,行为人便不承担既遂责任。但一般来说,在上述场合,因果关系的偏离并不重大,行为人应负既遂的责任。[123] 本书认为,可以将上述第二、三种途径结合起来考虑。首先,可以肯定的是,行为人在精神正常的情况下实行终了时,即便在结果发生阶段精神不正常(无责任能力),也应当承担既遂犯的责任。例如,甲以杀人故意将有毒饮料交给乙后突发精神病,丧失责任能力,乙喝了毒药后死亡,应认定甲的行为成立故意杀人既遂。其次,虽然实行行为尚未终了,行为人在实施后半部分行为时精神不正常,但只要开始实施实行行为时具有责任能力,并且对全部实行行为及其结果具有故意、过失,丧失责任能力后所实现的是同一构成要件,而且结果应当归属于行为人的行为,即使结果是在其丧失责任能力的情况下发生,行为人也应负既遂责任,而不宜认定为犯罪未遂。例如,A以抢劫故意对B实施暴力压制其反抗后丧失责任能力,仍然强取B的财物的,成立抢劫既遂。但是,如果开始实施实行行为时具有责任能力与故意、过失,然后丧失责任能力,在无责任能力阶段实现的是另一构成要件行为,由后一行为导致结果发生的,则行为人仅对前行为承担未遂犯的责任(当然,如果前行为已经既遂,行为人当然承担既遂犯的责任)。例如,甲以强奸故意对妇女实施暴力,随后丧失责任能力强取妇女财物的,只能认定为强奸未遂。

三、醉酒人的责任能力与原因自由行为

(一)醉酒人的责任能力

醉酒是酒精中毒的俗称,分为生理性醉酒与病理性醉酒两种情况。

生理性醉酒即普通醉酒不是精神病,其引起的精神障碍属于非精神病性精神障碍。刑法理论一般认为,生理性醉酒的行为人具有责任能力,故对其实施的犯罪行为应当承担责任;即使其责任有所减弱,但由于醉酒由行为人自己造成,也不得从轻或者减轻处罚(其中具有刑事政策的理由)。刑法第18条第4款规定的"醉酒的人犯罪,应当负刑事责任",当然意味着生理性醉酒的人应当负刑事责任。

病理性醉酒则属于精神病状态,多见于通常并不饮酒或对酒精无耐受性,或并存感染、过度疲劳、脑外伤、癫痫症者,在偶然一次饮酒后发生。病理性醉酒人的行为紊乱、记忆缺失、出现意识障碍,并伴有幻觉、错觉、妄想等精神病症状,且其行为通常具有攻击性。

---

[123] 参见张明楷:《外国刑法纲要》,清华大学出版社2007年第2版,第211页以下。

一般认为,病理性醉酒属于精神病,醉酒人完全丧失责任能力。既然如此,在行为人没有意识到的首次病理性醉酒导致结果发生时,不能认定为犯罪。但行为人在得知了自己有病理性醉酒的历史,预见到自己饮酒后会实施攻击行为,造成结果的情况下,故意饮酒造成结果,或者由于饮酒过失导致结果发生的,则应当承担责任。这属于原因自由行为的一种情形。应当认为,刑法第 18 条第 4 款的规定,也能包含这种情形。

(二)原因自由行为概述

原因自由行为(actio libera in cause),是指具有责任能力的行为人,故意或者过失使自己一时陷入丧失或者尚未完全丧失(刑法第 18 条第 3 款)责任能力的状态,并在该状态下实施了符合构成要件的违法行为。使自己陷入丧失或者尚未完全丧失责任能力状态的行为,称为原因行为;在该状态下实施的构成要件行为,称为结果行为。由于行为人可以自由决定自己是否陷入上述状态,故称为原因自由行为。例如,明知自己有病理性醉酒史,饮酒后会实施暴力行为,造成他人伤亡结果,却故意饮酒,随即实施暴力行为造成伤亡结果的,即属原因自由行为。[124] 由上述定义可知,广义的原因自由行为分为四种情况:故意陷入丧失责任能力状态、过失陷入丧失责任能力状态、故意陷入尚未完全丧失责任能力的状态、过失陷入尚未完全丧失责任能力的状态。下面着重讨论前两种情况。

根据责任主义,责任能力必须存在于行为时,行为人只对在具有责任能力的状态下所实施的行为及其结果承担责任,不能追究其丧失责任能力状态下所实施的行为及其结果的责任。这便是"行为与责任同时存在"的原则(简称同时存在原则)。而在贯彻这一原则时,对原因自由行为产生了疑问:既然行为人在实施构成要件行为时,没有责任能力,怎么能够追究其责任呢?否定说的基本理由是,实施行为时处于无责任能力状态的人,其以前(原因行为时)的意识与行为时(结果行为时)的心理联系已经完全断绝;一个人不可能在丧失责任能力时,按照其在正常精神状态下所作的决定实施行为;如果能够按照原来的决定实施行为,就表明行为人在实施行为时具有责任能力,理当追究责任。因此,所谓原因自由行为的理论本身就自相矛盾。但现在一般肯定原因自由行为的可罚性。因为原因自由行为完全可能存在,如扳道工为了使火车与汽车相撞,在火车到来之前,故意使自己陷入丧失责任能力状态而不放下栏杆,导致火车与汽车相撞;证人为了作伪证,在出庭作证前服用精神药品,导致其在麻醉状态下作伪证;汽车司机在具有明显过度疲劳征兆的情况下继续驾驶车辆,以致在睡眠状态下将车开到人行道上,导致行人死亡。既然结果行为为不作为时应当承担责任,那么,在结果行为是作为时,就没有理由否认行为人的责任。从一般人的法感情考虑,由于醉酒等原因一时性地使自己陷入丧失辨认控制能力的状态时,其所实施的法益侵害行为仍然为社会所不能容忍,有追究刑事责任的必要。

---

[124] 我国刑法理论与司法实践没有将因吸毒产生幻觉的情形认定为精神病。对于因吸毒产生幻觉而实施构成要件行为的,要从两个方面进行判断。首先,要判断行为人因吸毒产生幻觉是否属于原因自由行为;其次,在不属于原因自由行为的情况下,判断幻觉对故意、过失的影响。例如,杨某经常吸毒,而且毒瘾越来越大。某日,杨某吸毒后产生了有人来伤害自己的幻觉。为防止被攻击便找来铁棍、菜刀、木椅等,并用打火机将塑料盆、床单和窗帘点燃。邻居见其房间冒出火烟赶来救火,却遭到杨某阻止和威胁,后警察赶到才将大火扑灭。某法院认定杨某构成放火罪。倘若杨某吸毒时明知自己吸毒后会产生幻觉进而实施放火行为,认定杨某的行为构成放火罪是妥当的。但是,如若杨某没有这样的经历,吸毒后第一次产生幻觉实施上述行为的,应当承认幻觉对故意认定的影响,即认定为过失才是合适的。

(三)原因自由行为的可罚性根据

为了说明原因自由行为的可罚性根据,刑法理论提出了各种不同主张。[125]

1.间接正犯构造说

以往的通说认为,设定原因的行为具有实行行为性,这就坚持了行为与责任同时存在的原则。即该原则中的行为,与未遂犯成立要件中的实行行为是同义的。因为责任能力不仅包括辨认行为是非的能力,而且包括相应的控制行为的能力,实行行为本身当然是受到这种控制所实施的行为。在原因自由行为中,行为人在实施通常的犯罪行为形态中的定型的实行行为时,处于无责任能力的状态。因此,为了贯彻同时存在原则,只好把设定原因的行为解释为定型的实行行为。

但是,设定原因的行为(如饮酒行为)原本没有实行行为性,在没有实行行为性的行为中寻找实行行为,正是以往通说的弱点。针对这一点,通说用间接正犯的理论进行类比。间接正犯是将他人作为工具予以利用,而原因自由行为是将自己的无责任能力状态作为工具予以利用,二者虽有区别,但就介入无责任状态的人的举动以实现犯罪意图而言,都是一种利用行为,故论理构造相同。如同间接正犯场合的利用行为是实行行为一样,在原因自由行为场合,设定原因的行为(也是一种利用行为)当然是实行行为。

如果依据以往的通说类比间接正犯,那么利用自己的限定责任能力时,则不能适用原因自由行为的法理。即行为人故意或过失使自己陷入限定责任能力(责任能力减弱)状态而引起危害结果时,限定责任能力状态时的举动是实行行为,当然不能类比间接正犯的法理。

但是,上述通说受到了许多批判:(1)在原因自由行为的场合,通说不适当地扩大了实行行为的范围,忽略了构成要件的定型性。如果彻底坚持这一观点,那么,打算在泥醉中杀人的,其设定原因的饮酒行为是实行行为,即使在泥醉后没有杀人也成立杀人未遂。这显然不合情理。(2)通说根据客观说的观点,认为开始实施定型的实行行为的时刻是实行的着手;在原因自由行为的场合,则认为在此之前的设定原因行为的开始是着手,这有自相矛盾之嫌。(3)即使类比间接正犯的法理,在间接正犯的场合,也不存在应当把利用行为当做实行行为的必然性。不仅如此,当行为人过失陷入无责任能力的状态,然后实施了符合构成要件的行为时,并不能类比间接正犯的法理。(4)如果坚持通说的观点,在行为人为了使自己陷入无责任能力的状态以实施一定的犯罪行为而设定原因行为的场合,如果行为人在陷入无责任能力状态之前的限定责任能力状态下实施了该犯罪行为时,一方面,原因行为终了即成立一个实行行为;另一方面,对在限定责任能力状态下实施的现实的犯罪行为,应作为限定责任能力者的行为予以评价,成立另一个实行行为。这是根据通说得出的逻辑结论。但是,将基于一个犯意实施的一种行为现象,认定为两个不同的实行行为,是不合理的。如果说在上述情况下只成立一个实行行为,即不适用原因自由行为的法理,那么应减轻其刑,这也是不合理的。[126]

2.正犯行为说

这种观点指出,正犯与实行的"同一性"虽然是共犯论的基底,但应当承认二者的分

---

〔125〕 参见[日]东京リ-ガルマインド:《刑法Ⅱ总论·结果无价值版》,东京リ-ガルマインド2002年版,第288页以下。

〔126〕 各国刑法一般规定对限定责任能力者的犯罪,减轻其刑。

离，只要正犯行为时具有责任能力，即使实行行为时没有责任能力，也应认为符合行为与责任同时存在的原则，应当追究责任。在原因自由行为的场合，原因行为是正犯行为，但这种正犯行为还不是实行行为，只有当行为人实施结果行为时，正犯行为才具有发生结果的具体危险，进而成为实行行为。于是，正犯行为与责任同时存在，因而既维护了行为与责任同时存在的原则，也说明了原因自由行为的可罚性。但这种观点似乎只是将实行行为分解为正犯行为与实行行为，容易引起概念上的混淆。类似观点认为，应当将行为与责任同时存在中的行为，理解为与责任相关的，以实现构成要件为导向的先前行为。但是，这种观点必然导致预备（乃至预备之前的）阶段的责任决定实行阶段的责任，明显不当。

3. 相当原因行为说

这种学说将具有责任能力的原因行为作为问责的对象，认为只要原因行为与结果行为及结果之间具有相当因果关系和责任关联（故意、过失），就可以追究原因自由行为的责任。其出发点是，为了追究结果的罪责，必须区别行为所必需的危险性与未遂犯成立的危险性。实行行为的概念是作为因果设定行为的因果链条的起始点，因此成为问责对象的行为，责任要素是实行行为时点的问题。与此相反，只有发生了具体危险时才能肯定未遂的成立。[127] 因此，实行的着手是实行行为的开始，但不是未遂的成立时点；实行行为只是作为问责对象的行为，未遂是与实行行为相分离的、发生具体危险时才成立的。换言之，实行行为可以分为“作为因果关系起点的实行行为”与“作为未遂犯的实行行为”。原因行为是作为因果关系起点的实行行为，[128] 因而对原因自由行为追究责任符合实行行为与责任同时存在的原则。

4. 原因行为时支配可能性说

此说认为，原因自由行为时的实行行为是结果行为，但行为人在实施原因行为时，对结果行为具有支配可能性，所以，应对结果行为承担责任。这虽然形式上违背实行行为与责任同时存在的原则，但符合该原则的实质要求。因为在原因自由行为中，无责任能力时的实行行为是有责任能力时的表象，或者通过支配可能性，在有责任能力时支配或者可能支配是否实施实行行为。因此，在实施原因行为的时点，就能够由行为人的规范意识抵抗实行行为（结果行为）。这一学说实际上是追究原因行为的责任，但原因行为不是符合构成要件的行为。

5. 意思决定行为时责任说

这种学说认为，行为开始时的最终的意思决定，贯穿于至结果发生的行为整体，因此，只要在最终的意思决定时具有责任能力，即使于现实的实行行为即结果行为时丧失责任能力，也不妨认为有责任能力而追究责任。其基本理由是，在规范的责任论中，责任判断是从意思决定规范的立场对意思决定进行的非难。故责任能力必须存在于作出实施行为的意思决定之时。刑法上的行为是特定意思的实现过程，一个特定意思贯穿于一个行为。由此可以得出以下结论：(1)对行为的责任能力，只要存在于对该行为的最终意思决定之时即可；(2)责任能力不必存在于违法行为本身的开始时，而是只要存在于包含违法行为的整体行为的开始时即可；(3)在有责任能力的状态下，预见会在无责任能力状态下实施

〔127〕 因此，并不是只要实施了实行行为就成立未遂；只有实施了实行行为且发生了具体危险，才成立未遂。

〔128〕 但不是未遂犯，所以克服了前述间接正犯的构造说的缺陷。

一定的行为时,只要这种预见在通常人看来并非不合理,就是可能实现的。这一学说对同时存在原则进行了修正,认为只要在事前有控制能力即可。但事前的控制并不能掩盖行为时无责任能力的事实。

6. 例外说

此说认为,原因行为不是实行行为,但与结果行为具有密切关联,原因行为是责任非难的根据。换言之,责任非难的根据不在于无责任能力状态下实现构成要件的行为,而在于行为人有责地实施原因行为。处罚原因自由行为虽然不符合实行行为与责任同时存在的原则,但该原则不必严格适用于原因自由行为,即原因自由行为是同时存在原则的例外。即使例外说具有实质理由,[129]也缺乏法律根据。

7. 本书的立场

上述前三种学说将原因行为作为处罚对象,因而维护了行为与责任同时存在的原则,后三种学说将结果行为作为处罚对象,因而多多少少违背或者否认了行为与责任同时存在的原则。本书的初步看法是,责任能力、故意、过失与行为同时存在的原则必须得到维护,不能为了说明原因自由行为的可罚性而承认该原则有例外。因为如果承认该原则的例外,则往往会因为例外的理由与范围不确定而导致在其他场合也承认例外,从而违反责任主义。此外,如果承认有例外,就必须有法律的特别规定,但我国并无特别规定。[130] 在本书看来,对于同时存在原则中的"行为"则不宜狭义地理解为着手后的行为,而宜理解为与结果的发生具有因果关系的行为。因为在故意犯罪的场合,行为人都会利用因果关系造成法益侵害结果;在过失犯的场合,则是行为符合因果法则地造成法益侵害结果。至于结果能否归属于行为人的行为,则是法官进行规范评价形成的结论,而不是由行为人决定。所以,只要行为人开始实施与结果的发生具有因果关系的行为时具有责任,就能够对之进行谴责。在行为人起先没有实施暴行等结果行为的意思,但由于饮酒等原因行为而产生了该意思时(非连续型),由于如果没有原因行为就没有结果行为,故可以肯定原因行为与结果之间存在因果关系。在行为人事先就有实施结果行为的意思,出于鼓起勇气等动机而饮酒导致丧失责任能力,进而在该状态下实施了结果行为时(连续型),也可以肯定原因行为与结果之间的因果关系。既然行为人在实施与结果的发生具有因果关系的行为时具有责任能力,而且具有故意或者过失,就具有非难可能性。[131]

需要注意的是,在故意的原因自由行为的场合,要使行为人对结果承担责任,要求其结果行为实现了故意内容。例如,甲想杀 A 而使自己陷入无责任能力状态,在无责任能力状态下实施了杀害 A 的行为,导致 A 死亡。在这种情况下,甲应对 A 的死亡承担故意杀人既遂的责任。再如,乙想以暴力抢劫 B 的财物而使自己陷入无责任能力状态,但其

---

〔129〕 因为例外说"符合一普遍通行的基本原理:若自己必须为某事负责,那么,他就不能再援引这个前提来为自己开脱"([德]乌尔斯·金德霍伊泽尔:《刑法总论教科书》,蔡桂生译,北京大学出版社 2015 年版,第 222 页)。

〔130〕 如果认为我国刑法第 18 条第 4 款的规定为例外说提供了法律根据,似乎也可以采取例外说。但是,即便如此,也只能解决部分问题而不能解决全部问题。例如,当原因行为为吸毒行为时,便不可能引用刑法第 18 条第 4 款的规定。

〔131〕 从立法论上来看,由刑法条文肯定例外说,似乎可以解决一切问题。但是,责任主义源于人的尊严,宪法保护人的尊严不受侵犯,因而可以说责任主义是宪法原则。既然如此,刑法就不得设置违反宪法原则的例外规定。

结果行为却是强奸行为。不管乙在实施暴力行为时是否具有责任能力,但如果实施奸淫行为时没有责任能力,对乙只能认定为抢劫未遂。又如,丙想以造成C重伤的手段实施抢劫行为,进而使自己陷入无责任能力状态,不管丙后来在实施暴力行为时是否具有责任能力,如果丙造成C重伤,就成立故意伤害罪与抢劫未遂的想象竞合;倘若暴力行为没有造成伤害,丙仅承担抢劫未遂的责任。需要说明的是,原因自由行为的认识错误发生在同一构成要件内的,不影响犯罪既遂的认定。例如,A意欲强奸X而故意使自己陷入无责任能力状态,但在陷入无责任能力状态后强奸了Y。如果说A的行为属于对象错误,那么,成立强奸既遂;如果说属于方法错误,根据法定符合说也成立强奸既遂(根据具体符合说成立强奸未遂)。

此外,根据原因自由行为的法理,对于故意或过失导致自己陷入限定责任能力状态进而实施犯罪的,应当追究责任,而且不能适用从轻或者减轻处罚的规定。

四、责任能力的程度

责任能力可能因精神病或生理缺陷而减弱。

行为人因精神病而使责任能力减弱,但又尚未完全丧失责任能力的情形,在刑法理论上称为限定责任能力。刑法第18条第3款规定:"尚未完全丧失辨认或者控制自己行为能力的精神病人犯罪的,应当负刑事责任,但是可以从轻或者减轻处罚。"首先,精神病的种类很多,不可认为精神病人都没有责任能力,因此,虽然患有精神病,但如果尚未完全丧失辨认控制能力,就表明还具有一定的自由意志,在其行为符合犯罪构成的情况下,应当承担刑事责任。其次,"尚未完全丧失辨认或者控制自己行为的能力",表明行为人对自己实施的行为具有一定的辨认控制能力,只是由于精神病而有所减弱而已。如果虽然患有精神病,但对其实施的行为具有与正常人相同的辨认控制能力,或者完全不具有辨认控制能力,则不能适用刑法第18条第3款的规定。最后,对于责任能力减弱的精神病人犯罪的,只是"可以"从轻或者减轻处罚,而不是"应当"从轻或者减轻处罚。因此,如果所实施的犯罪与辨认控制能力减弱具有直接联系,就得从轻或者减轻处罚;如果没有联系,则可以不从轻或者减轻处罚。

行为人因为生理缺陷,丧失听力和语言表达能力以及丧失视力的情形,也可谓责任能力的减弱。一方面,这些生理缺陷会导致行为人的辨认能力降低;另一方面,这些生理缺陷导致行为人受教育的机会减少,进而会间接导致行为人的控制能力下降。如前所述,只有因为精神病而导致丧失辨认和控制能力的,才没有责任能力,故丧失上述生理机能的,仍然具有责任能力。但是,上述生理机能的丧失,也会对责任能力产生影响,即导致责任能力减弱。所以,刑法第19条规定:"又聋又哑的人或者盲人犯罪,可以从轻、减轻或者免除处罚。"据此,又聋又哑的人或者盲人,由于生理机能丧失导致对具体犯罪行为的辨认控制能力有影响时,得从轻、减轻或者免除处罚;如果没有影响,则可以不从轻、减轻或者免除处罚。又聋又哑,一般应是先天性的又聋又哑,至少是自幼聋哑;盲人,应是指双目失明的人。因为先天性聋哑、自幼聋哑与双目失明,才限制其自幼接受教育与参加社会活动的机会,使得其责任能力低于一般人,故对其犯罪可以从轻、减轻或者免除处罚。

五、责任能力与法定年龄

(一)法定年龄的概念

法定年龄(责任年龄),是指刑法所规定的,行为人实施刑法禁止的犯罪行为所必须达到的年龄。如果没有达到法定年龄,其实施的行为就不可能成立犯罪,故法定年龄可谓犯罪年龄。

任何成年人,只要没有精神病,就认定其具有责任能力(不可反证)。但人的责任能力并非与生俱来,而是随着身心发育、通过接受教育和参加社会实践逐渐增长,这是一个很长的过程。所以,刑法主要规定法定年龄的起点,刑法理论主要研究从无责任能力到有责任能力的过渡阶段。

显然,对法定年龄的确定不可随心所欲,而应以本国公民在通常情况下达到多大年龄时具有责任能力为标准。要确定这一点,就必须考虑很多因素。例如,要考虑本国儿童的身心发育状况,而儿童的身心发育状况与本国的地理、气候条件密切相关。再如,要考虑儿童接受教育的情况,而儿童接受教育的情况与本国的文化教育发展水平、儿童教育的实施条件密切联系。又如,要考虑对儿童越轨行为的政策,而这与本国的政治体制、经济发展水平等具有密切关系。

(二)法定年龄的规定

我国刑法基于我国的政治、经济、文化的发展水平、少年儿童接受教育的条件,依据我国的地理、气候条件,根据国家对少年儿童的政策,对法定年龄作了如下规定:

1. 不满14周岁的人不承担责任(绝对无责任时期或完全无责任时期)。换言之,对不满14周岁的人所实施的符合构成要件的不法行为,不以犯罪论处。[132] 这是对刑法第17条的规定进行解释得出的当然结论。之所以如此规定,一方面是因为不满14周岁的人,还处于幼年时期,身心发育不成熟,一般来说,他们对自己行为的内容、社会意义与结果,还缺乏明确的认识,又很难控制自己的行为。另一方面是基于刑事政策的理由。刑法的这一规定具有严格性与绝对性,司法机关必须遵守。即使差一天乃至一小时,也不能突破刑法的规定,不允许以行为人发育早熟、具有责任能力为由,将不满14周岁的人的行为以犯罪论处。

2. "已满十四周岁不满十六周岁的人,犯故意杀人、故意伤害致人重伤或者死亡、强奸、抢劫、贩卖毒品、放火、爆炸、投毒罪的,应当负刑事责任。"这是刑法第17条第2款的明文规定。这一时期为相对负责任时期。刑法之所以这样规定,是基于以下理由:(1)已满14周岁不满16周岁的人,对严重犯罪行为已具有辨认控制能力,所以已满14周岁不满16周岁的人,实施刑法所列举的上述犯罪行为的,应当承担责任。已满14周岁不满16周岁的人实施此外的行为的,不成立犯罪。这一规定既有辨认控制能力程度的根据,也有刑事政策的理由。(2)刑法列举上述几种犯罪,除考虑犯罪的严重性外,还考虑了犯罪的常发性,即已满14周岁不满16周岁的人通常实施的严重行为的范围。事实上还有许多犯罪的严重性并不轻于上述几种犯罪,但由于已满14周岁不满16周岁的人往往难以甚至不能实施,故刑法未作规定。(3)刑法对已满14周岁不满16周岁的人承担责任的范围,不作概括性规定而予以明确具体规定,既是罪刑法定原则的明确性要求,又有利于更有效、更准确地处罚严重危害社会的犯罪,减少司法实践中的分歧,还充分体现了国家对

---

[132] 请注意,在这种情况下,并不是说,行为人的行为成立犯罪,只是因为其没有达到法定年龄,而不承担法律后果;而是说,行为人的行为虽然不法(在不法层面上也可谓一种犯罪),但缺乏非难可能性所需要的年龄,故其行为缺乏有责性,因而不成立犯罪。

有越轨行为的未成年人重教育、轻处罚的刑事政策。

刑法的这一规定也是严格的、绝对的,不允许超出这一规定的范围追究行为人的责任。值得注意、需要研究的是以下几点:

(1)上述规定中的"故意杀人"与"故意伤害致人重伤或者死亡",包括刑法分则所规定的以故意杀人罪、故意伤害罪(达到重伤程度)论处的情形。例如,已满14周岁不满16周岁的人非法拘禁他人的,并不构成犯罪;但是,如果他们在非法拘禁的过程中,使用暴力致人重伤或者死亡的,应以故意杀人、故意伤害致人重伤论处(参见刑法第238条)。

(2)上述规定中的"强奸"除了包括普通强奸外,也包括奸淫幼女行为。因为根据刑法第236条的规定,对奸淫幼女的以强奸论,从重处罚。但是,在确定应否承担责任时,必须注意案件的特殊情况。已满14周岁不满16周岁的男少年,与幼女交往密切,双方自愿性交的,便不宜以犯罪论处。

(3)上述规定中的"抢劫"是否应限于抢劫财物的犯罪(即抢劫罪)?一种观点认为,刑法第127条规定的抢劫枪支、弹药、爆炸物、危险物质,在性质上比第263条的抢劫财物更为严重,其违法性和社会危害性更为明显,更容易为青少年所认识,应将其包含在第17条第2款的"抢劫"中。[133] 这一观点具有一定的合理性,但也存在疑问:一方面,第17条第2款并非仅考虑犯罪的严重性,还考虑犯罪的常发性,而已满14周岁不满16周岁的人一般难以实施抢劫枪支、弹药、爆炸物、危险物质的行为。另一方面,"抢劫"一词通常是指抢劫财物,而不包括抢劫枪支、弹药等。尽管如此,本书仍然认为,这里的"抢劫"宜包含抢劫枪支、弹药、爆炸物、危险物质的行为。首先,枪支、弹药、爆炸物、危险物质事实上也属于财物,刑法考虑到抢劫这类物品的行为更为严重,所以将其从普通抢劫罪中分离出来予以特别规定。易言之,抢劫枪支、弹药、爆炸物、危险物质的行为原本属于普通抢劫罪。其次,如后所述,第17条第2款所规定的是具体犯罪行为,故将抢劫枪支、弹药、爆炸物、危险物质的行为包含在"抢劫"之中,在用语上不存在障碍。再次,将抢劫枪支、弹药、爆炸物、危险物质的行为包含在第17条第2款中,不会超出国民的预测可能性范围。最后,将抢劫枪支、弹药等行为包含在第17条第2款中,有利于处理事实认识错误,避免定罪处罚的不公正。例如,行为人以为是普通财物而实施抢劫行为,但客观上抢劫的是枪支、弹药,对此应认定为普通抢劫罪。既然如此,行为人故意抢劫枪支、弹药的,更应承担责任。即使认为已满14周岁不满16周岁的人仅对属于"抢劫罪"罪名的抢劫行为承担责任,对其故意实施的抢劫枪支、弹药的行为,也可以认定为抢劫罪。

(4)上述规定中的"抢劫"是否包括刑法第269条规定的准抢劫和第267条第2款规定的拟制性抢劫?最高人民法院的司法解释指出:"已满14周岁不满16周岁的人盗窃、诈骗、抢夺他人财物,为窝藏赃物、抗拒抓捕或者毁灭罪证,当场使用暴力,故意伤害致人重伤或者死亡,或者故意杀人的,应当分别以故意伤害罪或者故意杀人罪定罪处罚。"[134] 做出这种规定的理由可能是,已满14周岁不满16周岁的人不能犯盗窃、诈骗、抢夺罪,所以,也不能犯准抢劫罪。与此相反,最高人民检察院的准司法解释指出:"相对刑事责任年龄的人实施了刑法第二百六十九条规定的行为的,应当依照刑法第二百六十三条的规

---

[133] 参见何秉松主编:《刑法教科书》(上卷),中国法制出版社2000年版,第264页以下。

[134] 最高人民法院2006年1月11日《关于审理未成年人刑事案件具体应用法律若干问题的解释》第10条。

定,以抢劫罪追究刑事责任。但对情节显著轻微,危害不大的,可根据刑法第十三条的规定,不予追究刑事责任。”[135] 本书赞成后一种解释。因为刑法第 269 条规定的是抢劫罪,而刑法第 17 条第 2 款规定了已满 14 周岁不满 16 周岁的人对抢劫负责任。况且,刑法第 269 条所规定的准抢劫罪并不是身份犯,不应将其中的“犯盗窃、诈骗、抢夺罪”解释为完全符合盗窃、诈骗、抢夺罪的全部要件。基于同样的理由,对于已满 14 周岁不满 16 周岁的人携带凶器抢夺的,也应以抢劫罪论处。

(5)上述规定中的“投毒”包括投放毒害性、放射性、传染病病原体等物质。已满 14 周岁不满 16 周岁的人故意实施放火、爆炸、投放危险物质的行为,符合刑法第 114 条的构成要件,即使没有致人重伤、死亡或者使公私财产遭受重大损失的,也应以犯罪论处。或许有人认为,刑法第 114 条原本规定的是“投毒”,《刑法修正案(三)》将投毒修改为“投放毒害性、放射性、传染病病原体等物质”,却并未修改刑法第 17 条,这说明已满 14 周岁不满 16 周岁的人只对投放毒害性物质的行为承担责任,对投放放射性、传染病病原体等物质的行为不承担责任。本书不赞成这种观点。事实上,刑法第 56 条也保留了“投毒”概念。从补正解释的角度来说,可以认为《刑法修正案(三)》遗漏了对第 17 条与第 56 条的投毒概念的修改,故应当将这两个法条中的投毒补正解释为投放毒害性、放射性、传染病病原体等物质;从解释技巧的角度来说,对第 17 条与第 56 条中的投毒宜作扩大解释,即投毒包括投放毒害性、放射性、传染病病原体等物质。

(6)全国人大常委会法制工作委员会 2002 年 7 月 24 日《关于已满十四周岁不满十六周岁的人承担刑事责任范围问题的答复意见》指出:“刑法第十七条第二款规定的八种犯罪,是指具体犯罪行为而不是具体罪名。”其实,问题并不在于该款规定的 8 种犯罪是具体犯罪行为还是具体罪名,因为两种不同观点所得出的结论也可能完全相同。本书的看法是,只要已满 14 周岁不满 16 周岁的人所实施的行为,能够评价为第 17 条第 2 款规定的犯罪,就应当适用该款的规定追究刑事责任。换言之,只要已满 14 周岁不满 16 周岁的人所实施的行为包含了上述 8 种犯罪行为,就应以犯罪论处。例如,已满 14 周岁不满 16 周岁的人在绑架过程中故意杀人。如果已满 16 周岁的人实施该行为,根据刑法第 239 条的规定,应认定为绑架罪。但第 17 条第 2 款并没有规定已满 14 周岁不满 16 周岁的人对绑架罪承担责任。于是,有人担心,对上述行为追究责任有违反罪刑法定原则之嫌。本书认为,将已满 14 周岁不满 16 周岁的人在绑架过程中故意杀人的行为认定为故意杀人罪,并不违反罪刑法定原则。第一,绑架过程中的故意杀人行为完全符合刑法第 232 条规定的故意杀人罪的构成要件,并且具备责任要素,认定其行为构成故意杀人罪,并不缺少任何要素,相反舍弃了过剩的绑架部分。第二,在判断已满 14 周岁不满 16 周岁的人是否承担责任时,首先要将刑法第 17 条第 2 款规定的各种犯罪的犯罪构成作为大前提,然后将他们实施的具体行为作为小前提,再得出是否构成犯罪的结论。当已满 14 周岁不满 16 周岁的人单独或者共同绑架他人并故意杀害他人时,司法机关应当将故意杀人罪的犯罪构成作为大前提,然后将这一事实作为小前提,再得出结论。这样的判断结论必然是成立故意杀人罪,而且不违反罪刑法定原则。第三,将已满 14 周岁不满 16 周岁的人在绑架过程

---

〔135〕 最高人民检察院研究室 2003 年 4 月 18 日《关于相对刑事责任年龄的人承担刑事责任范围有关问题的答复》。

中故意杀人的行为认定为故意杀人罪，可能面临着这样的问题：同样的行为，为什么已满16周岁的人实施时认定为绑架罪，而已满14周岁不满16周岁的人实施时认定为故意杀人罪？这是因为，年龄影响犯罪的认定，年龄既然影响犯罪的成立与否，当然也可能影响罪名。另一方面，造成上述局面，是因为对行为的评价范围不同：即对已满16周岁的人评价了全部行为；对已满14周岁不满16周岁的人仅评价了其中的杀人行为（刑法不允许评价其绑架行为），故结论不完全一样。再者，认为罪名不协调是颠倒了定罪的大小前提所致。即先按照已满16周岁的人犯罪的标准，将已满14周岁不满16周岁的人的绑架杀人行为评价为绑架罪，然后提出罪名不协调的疑问。事实上，如果不是先评价为绑架罪，而是将第17条第2款规定的几种犯罪的犯罪构成作为大前提，则不存在上述疑问。又如，15周岁的人绑架他人后，对他人实施暴力过失致人死亡的，可以评价为非法拘禁使用暴力致人死亡。根据刑法第238条第2款以及第17条第2款的规定，对15周岁的人应当以故意杀人罪论处。基于同样的理由，已满14周岁不满16周岁的人，故意决水，造成他人死亡，或者故意破坏交通工具、交通设施等，造成他人死亡，如果明知自己的决水、破坏行为会发生他人死亡的结果，并且希望或者放任这种结果发生的，应认定为故意杀人罪；已满14周岁不满16周岁的人在拐卖妇女、儿童的过程中，强奸妇女或者奸淫幼女的，〔136〕应以强奸罪论处。概言之，对于已满14周岁不满16周岁的人所实施的包含了刑法第17条第2款规定的罪行的，应按照刑法第17条第2款的规定确定罪名。〔137〕

（7）刑法第17条第2款所规定的已满14周岁不满16周岁的人“犯……罪”的，应当负刑事责任，宜限于正犯（包括共同正犯与间接正犯）以及应以主犯论处的教唆犯，而不宜包括帮助犯。该款就毒品犯罪仅规定“贩卖毒品”便说明了这一点。走私、运输、制造毒品的行为完全可能同时是贩卖毒品的帮助行为。如果认为第17条第2款包含了帮助犯，就意味着已满14周岁不满16周岁的人对走私、运输、制造毒品的行为也要作为贩卖毒品的共犯承担刑事责任，但这明显不符合该款的规定。

3.“已满十六周岁的人犯罪，应当负刑事责任。”这是刑法第17条第1款的明文规定，意指已满16周岁的人对一切犯罪承担责任（完全负责任时期）。已满16周岁的人，已接受了较多的教育，身心发育比较成熟，对什么行为是犯罪、什么行为不是犯罪，都有比较明确的认识，也能够控制自己是否实施犯罪行为，具有辨认控制能力，故应对一切犯罪承担责任。

此外，刑法第17条第3款规定：“已满十四周岁不满十八周岁的人犯罪，应当从轻或者减轻处罚。”刑法理论通常称为减轻责任时期。这样规定，一方面是因为这些人还属于未成年人，身心发育不十分成熟，辨认控制能力比成年人要差一些，故其非难可能性低于犯罪的成年人。另一方面，未成年人的可塑性较大，比较容易接受教育改造。所以，根据罪刑相适应原则与刑罚目的的要求，对未成年人犯罪应当从轻或者减轻处罚。另外，我国一直关怀青少年的成长，重视对青少年的教育，这也是对未成年人犯罪从宽处罚的政策理由。

---

〔136〕 这种行为完全符合奸淫幼女类型的强奸罪的犯罪构成，当然可以评价为强奸罪。

〔137〕 最高人民检察院研究室2003年4月18日《关于相对刑事责任年龄的人承担刑事责任范围有关问题的答复》指出：“相对刑事责任年龄的人实施了刑法第十七条第二款规定的行为，应当追究刑事责任的，其罪名应当根据所触犯的刑法分则具体条文认定。对于绑架后杀害被绑架人的，其罪名应认定为绑架罪。”但是，这种解释有违反罪刑法定原则之嫌。因为这种解释导致定罪时评价了刑法不允许评价的部分。

刑法第17条之一规定:“已满七十五周岁的人故意犯罪的,可以从轻或者减轻处罚;过失犯罪的,应当从轻或者减轻处罚。”显然,这一规定并不是因为已满75周岁的人的责任能力减少,而是基于人道主义与刑事政策的理由(特殊预防的必要性减少)。

(三)法定年龄的认定

1. 法定年龄的计算。根据有关司法解释,刑法所规定的年龄,是指实足年龄,刑法特别使用“周岁”一词,旨在限定为实足年龄,而不是指虚岁。实足年龄以日计算,并且按公历的年、月、日计算。[138] 例如,已满14周岁,是指过了14周岁生日,从第二天起,才是已满14周岁。如行为人1992年4月5日出生,2006年4月6日即认为已满14周岁。[139] 已满16周岁、已满18周岁年龄的计算,也与此相同。[140]

2. 法定年龄计算的基准。即法定年龄是以实施行为时为基准进行计算、还是以结果发生时为基准进行计算?在行为与结果发生在同一天的情况下,这个问题没有意义;但在行为与结果不发生在同一天的情况下,则直接影响责任的有无与轻重。例如,行为人在实施行为时不满14周岁,但结果发生时已满14周岁;或者在实施行为时不满16周岁,但结果发生时已满16周岁。对此,有一种观点认为,行为与结果是一个不可分割的整体,在这种情况下,为了保护国家与人民利益,应以结果发生的时间为基准进行计算。[141] 但是,犯罪是行为,辨认控制能力是辨认与控制自己“行为”的能力,因此,辨认控制能力也必须是“行为时”的辨认控制能力;行为与结果虽然密切联系,但二者毕竟可能分离,一般的行为概念并不包含结果,结果概念也不包含行为。因此,法定年龄应以行为时为基准进行计算。但是,如果行为人在发生结果时具有防止结果发生的义务,则可能根据不作为犯罪的时间进行计算。例如,行为人在不满14周岁的时候安放了定时炸弹,而发生爆炸时,行为人已满14周岁。如果认定构成犯罪,就应认为,行为人已满14周岁后,对自己在不满14周岁时所安放的定时炸弹具有撤除的义务,或者说有义务防止自己的先前行为造成危害结果。问题是,对自己没有达到法定年龄时的危险行为是否具有防止结果发生的义务?本书持肯定回答。因为作为义务来源的先前行为本身并非等于犯罪行为,因而不必具备有责性。

3. 关于跨法定年龄阶段的犯罪问题。(1)行为人已满16周岁后实施了某种犯罪,并在已满14周岁不满16周岁期间也实施过相同的行为。至于应否一并追究责任,则应具体分析。如果在已满14周岁不满16周岁期间所实施的是刑法第17条第2款规定的特定犯罪,则应一并追究责任;否则,只能处罚已满16周岁以后的犯罪行为。(2)行为人在已满14周岁不满16周岁期间,实施了刑法第17条第2款规定的特定犯罪,并在未满14周岁时也实施过相同行为,对此不能一并追究责任,只能处罚已满14周岁后实施的特定

---

[138] 参见最高人民法院2006年1月11日《关于审理未成年人刑事案件具体应用法律若干问题的解释》。

[139] 值得研究的是,1996年(闰年)2月29日出生的人,是2010年3月1日已满14周岁,还是2010年3月2日已满14周岁?本书倾向于后者。

[140] 此外,根据最高人民检察院2000年2月21日《关于“骨龄鉴定”能否作为确定刑事责任年龄证据使用的批复》,犯罪嫌疑人不讲真实姓名、住址,年龄不明的,可以委托进行骨龄鉴定或其他科学鉴定,经审查,鉴定结论能够准确确定犯罪嫌疑人实施犯罪行为时的年龄的,可以作为判断犯罪嫌疑人年龄的证据使用。如果鉴定结论不能准确确定犯罪嫌疑人实施犯罪行为时的年龄,而且鉴定结论又表明犯罪嫌疑人年龄在刑法规定的法定年龄上下的,应当依法慎重处理。

[141] 参见何秉松:“关于犯罪主体的几个问题”,载《河北法学》1987年第2期。

犯罪行为。(3)如果行为从未达到法定年龄时一直持续到达到法定年龄时的,应当对达到责任年龄后的犯罪事实承担责任。例如,行为人在将满16周岁时开始非法拘禁他人,并持续拘禁到已满16周岁之后,行为人应对已满16周岁后的非法拘禁承担责任。(4)就敲诈勒索、诈骗这类犯罪而言,行为人在未达到法定年龄时实施恐吓、欺骗行为,达到法定年龄后取得财物的,不应认定为敲诈勒索、诈骗罪(不排除成立侵占罪的可能性)。

第二款 违法性认识的可能性

一、违法性认识可能性的概念

违法性认识,是指对自己的行为违反刑法的认识,即认识到自己的行为是违法的。违法性认识的可能性,是指行为人在实施构成要件行为时,能够认识到自己的行为是违法的。成立犯罪是否需要违法性的认识(可能性)、违法性的认识在犯罪论上处于何种地位,是存在争议的问题。违法性的认识问题,大多是作为违法性的错误(禁止的错误)问题从反面展开讨论的。违法性的错误,是指没有事实错误,但不知道其行为在法律上是不被允许的,或者错误地以为其行为被法律所允许的情形。违法性的错误可以分为两种情形:一是可以回避的违法性的错误,在此情形下,行为人具有违法性认识的可能性;二是不可回避的违法性的错误,于此情形下,行为人没有违法性认识的可能性。

二、违法性认识的对象

要明确成立犯罪是否需要违法性认识(可能性),首先必须明确违法性认识的对象。"违法性认识的对象"所讨论的是指违法性认识中的"违法性"的含义。对此,刑法理论上存在不同学说。

第一种观点将违法性的认识理解为前法律的规范违反的认识,即只要具有"反条理的认识"、"反社会的认识"、"道德危害性的认识"、"违反作为法规范的基础的国家、社会的伦理规范的认识",就具有违法性的认识。这种观点以违法一元论为根据,但导致"违法性"的认识非常宽泛,禁止的内容不明确。违反伦理道德的认识,充其量只是违法性的认识的手段,而不是违法性的认识本身。而且,在现代社会,社会伦理的评价具有多元化的特点,仅以伦理为基准进行评价是危险的。所以,本书不赞成这种观点。

第二种观点将违法性的认识理解为"行为在法律上是不被允许的认识","行为被法所禁止的认识"。其中的法与法律,并不限于刑法;换言之,对违反其他法律的认识,也属于违法性的认识。这种观点也以违法一元论为根据。问题是,法律上的禁止、命令违反的认识,是否意味着"实质的违法性的认识"?有人指出,违法性的认识是指对实质的违法的认识,而且只要是普通人的认识即可;但单纯认识到违反伦理,则不构成违法性的认识。也有学者将"在法律上不被允许"与"实质的违法性"并列作为违法性认识的对象。但是,其一,认为违法性的认识包括违反民法、行政法等法律的认识,是有疑问的。换言之,只要行为人具有违反民法的认识,就在刑法上肯定其非难可能性,并不一定合适。其二,我国刑法中的故意是一种实质的故意,要求行为人认识到行为的社会意义与法益侵害结果。如果将违法性的认识理解为实质的违法性的认识,那么,违法性的认识就成为故意的内容,在故意之外讨论违法性的认识就没有必要了。

第三种观点认为,违法性的认识是对刑法的禁止规范或者评价规范违反的认识,但不包括刑罚可罚性、法定刑的认识。换言之,对刑罚可罚性、法定刑的认识错误,不属于法律认识错误,不影响责任的程度。这种观点以违法相对论为前提。当行为人只能认识到自己的行为违反民法、行政法,而不能认识到自己的行为违反刑法时,刑法就不能过问。另一方面,虽然行为人不具有刑法禁止的认识可能性时,不能进行非难,但是,不能保护那些期待受到较轻的处罚(法定刑的认识错误)而实施重罪的情形。所以,法定刑的错误不能影响责任。

第四种观点将违法性的认识理解为可罚的刑法违反的认识,认为违法性的认识,不仅包括刑法违反的认识,而且包括可能被作为具体的可罚的违法的认识这种意义上的"可罚的刑法违反的认识"。因为刑罚具有一般预防的机能,换言之,刑罚威慑对违法行为具有抑止机能,对于缺乏对自己行为的可罚性的认识、认识可能性的行为人加以刑法上的非难,就是在背离刑罚抑止犯罪的目的追究刑法上的责任,因而是不妥当的。根据可罚的刑法违反说,违法的法律效果也是违法性认识的对象,故对法定刑的认识错误也可能成为违法性的错误。

上述第三、四种观点在司法实践上的区别意义并不大,因为在通常情况下,刑法违反的认识与刑事可罚性的认识总是联系在一起。但是,行为人对法定刑的认识错误不应当影响其责任。例如,根据刑法规定,对入户抢劫本应适用加重法定刑,但行为人在行为时误以为对入户抢劫仅适用基本法定刑。根据上述第四种观点,如果行为人的认识错误不可避免,就只能适用基本法定刑。但这种观点难以被人接受,[142]故本书采取上述第三种观点,即违法性的认识是对刑法的禁止规范或者评价规范违反的认识,换言之,违法性的认识,是对形式的刑事违法性的认识。

说"违法性"是认识的对象时,并不是指只要行为人认识到"抽象的禁止"就够了,而是要求行为人认识到作为各构成要件的具体的违法。例如,甲盗窃了博物馆里禁止出口的珍贵文物,然后将该珍贵文物私自赠送给外国人。甲知道其行为属于盗窃,但没有也不可能认识到其行为违反了刑法第325条关于禁止私自向外国人赠送禁止出口的珍贵文物的规定。根据违法性认识的不可分性理论,即使甲对将珍贵文物私自赠送给外国人存在违法性的认识错误,但由于甲能够通过认识自己的行为属于盗窃来抑制其行为,故甲也应对非法向外国人赠送珍贵文物罪承担责任。根据违法性认识的可分性理论,行为人不是有责地实现抽象的违法性,而是有责地实现特定的构成要件时,才能进行非难。换言之,行为人有责地实现了此构成要件时,并不意味着他已经或者能够认识另一构成要件行为的违法性。所以,应当承认违法性认识的可分性。据此,如果甲不可能认识到其私自将珍贵文物赠送给外国人的行为违反刑法,就只能承担盗窃罪的责任。本书赞成违法性认识的可分性说。

三、违法性认识(可能性)的地位

(一)国外的学说

英美法以往一直坚持不知法律不免责的原则,即故意的成立不要求行为人认识到行为的违法性。英美刑法判例主要反映出三个理由:(1)这一原则是维护公共政策的必要。公共政策的原则之一是,负有遵守法律义务的人,不得主张不知法律。(2)这一原则是维

〔142〕 当然,在适用加重法定刑时,可以从轻处罚。

护公共利益的必要。为了维护公共利益,任何人都必须遵守法律,否则公共利益就得不到保障。(3)这一原则是刑法得以有效实施的必要。如果否认这一原则,则意味着检察机关必须证明行为人是否不知法律,这不利于刑法的实施。英美刑法理论也一直赞同这一原则。理论上提出的理由是:具有辨认控制能力的人,都应当知道法律;如果不知法律是免责事由,事实上又难以证明行为人是否知道法律,必然导致裁判无法进行;法秩序具有客观性,当法律的客观含义与个人的信念相对立时,法律居于优先地位。正因为如此,在相当长时间内,不知法律不免责一直是英美法系国家审判实践上的铁则。但进入 20 世纪后,美国出现了承认这一原则的例外的判例。这种例外限定在基于相当理由完全不知法律存在的场合,以及信赖有关权威机关的意见的场合;不知法律也仅限于不知行政刑罚法规(行政刑罚);而且,能否成为抗辩事由,还取决于法院具体的、实质的认定。在美国,之所以有限地承认不知法律不免责存在例外,是因为社会的复杂化与行政刑罚法律的膨胀以及行政机关的决定权的扩大;尤其是那些信赖具有权限的行政机关的意见的人,与其说具有违反法律的意图,不如说具有遵守法律的意思,故不能因为行政机关意见的错误而将行为人认定为犯罪人。[143]

在大陆法系国家,关于成立犯罪是否需要行为人具有违法性认识或者违法性认识的可能性,以及故意与违法性认识的关系问题,存在不同学说。

违法性认识不要说认为,违法性的认识不是故意的要件,即使存在违法性的错误也不阻却故意,不影响犯罪的成立。同样,违法性认识的可能性也不是责任要素。不要说的理论根据,要么认为法是他律规范,受规范指令的人没有必要知道其违法性,要么假定国民都必然知道违法,要么认为故意概念中已经包含了违法性认识的内容。但是,上述观点要么是基于权威主义的法律观,要么只不过是为了处罚的方便而做出的没有根据的拟制,要么混淆了实质的违法性与形式的违法性。换言之,完全可能发生因为不懂或者误解刑法,甚至为了遵守刑法却触犯了刑法的现象;也可能发生认识到自己的行为会发生危害结果,但有充分理由相信该行为并不被刑法所禁止的现象。显然,违法性认识不要说采取了过度的必罚主义,违反责任主义。

严格故意说认为,违法性的认识是故意的要素。因此,要认定故意,就必须现实地存在违法性的认识。根据此说,违法性的错误阻却故意。在处罚过失犯的场合,行为人对违法性的错误存在过失时,作为过失犯处罚。但是,首先,激情犯、确信犯、常习犯等常常欠缺违法性的认识,而刑法仍然处罚甚至加重处罚。这是严格故意说不能解释的。其次,根据严格故意说,因过失而欠缺违法性的认识时可能阻却故意,但如果缺乏过失犯的处罚规定就不可罚,这在刑事政策上是不合理的。最后,在行政犯中,要证明违法性的认识是困难的,严格故意说导致行政刑法难以达到行政管理目的。

自然犯、法定犯区别说主张,就自然犯而言,不必将违法性的认识作为故意的要素,但法定犯要求将违法性的认识作为故意的要素。因为自然犯的反社会性不依赖于刑法所规定的构成要件,只要行为人认识到犯罪事实而实施行为,就征表其反社会性格;与此相对,法定犯自身并不是犯罪,将其作为犯罪是基于政策上的理由,因此,仅有犯罪事实的认识还不够,只有知道该事实是违法的而实施行为,才能认定其反社会性格。诚然,自然犯与

---

〔143〕 以上参见[日]木村光江:《主观的犯罪要素的研究》,东京大学出版会 1992 年版,第 82 页以下。

法定犯的区分,对于判断行为人是否具有违法性的认识具有一定意义。但是,自然犯与法定犯的区别是相对的,将违法性的认识的需要与否依存于这种不明确的区别,是不合理的。

限制故意说认为,故意的成立不要求现实的违法性认识,但要求违法性认识的可能性。根据此说,即使欠缺违法性的认识,但如果具有违法性的认识的可能性,就不阻却故意;如果没有该可能性,就阻却故意。限制故意说在“可能性的认识”中,加入了“认识的可能性”这种过失的要素。

责任说将违法性认识的可能性解释为与故意相区别的责任要素,因此,违法性的错误与故意的成立无关,但该错误不可能回避时阻却责任;可能回避时只能减轻责任。责任说又分为严格责任说与限制责任说,前者将正当化事由的错误(如假想防卫)理解为违法性的错误(认为假想防卫时成立故意犯罪),后者将正当化事由的错误理解为事实错误(认为假想防卫时成立过失犯罪或者意外事件)。

(二)我国的学说

在我国,对于违法性认识的讨论事实上限于对形式违法性认识的讨论。在是否需要违法性认识(可能性)的问题上,主要表现为以下几种观点:第一种观点坚持不知法律不免责的原则。[144] 但是,这种观点不利于保障国民的自由。第二种观点相反,认为犯罪故意中的认识只能是违法性的认识,而不是社会危害性的认识。因为社会危害性是一个需要价值评判的概念,要求行为人认识不合适;认识社会危害性应以违法性作为客观参照标准;违法性的认识符合罪刑法定原则的基本精神。[145] 根据这种观点,行为人认识到行为的违法性却实施了行为时,成立故意犯罪;行为人实施行为时虽然没有认识到行为的违法性,但存在认识的可能性时,就是过失犯罪;行为人没有认识也不可能认识其行为的违法性时,不成立犯罪。[146] 但是,这种观点可能导致对构成要件事实的认识(事实的故意)丧失应有的独立意义。第三种观点认为,在行为的社会危害性与违法性之间,只要认识其中之一即可。[147] 但是,这种观点同时存在上述两种观点的缺陷。第四种观点认为,认识行为的违法性一般来说不是犯罪故意的内容,但不能绝对化。根据行为人的具体情况,如果确实不知法律,而认为自己的行为是合法的,则不能认定为故意犯罪。[148] 但是,这种观点明显自相矛盾,亦即,违法性的认识通常不是故意的内容,特殊情况下又是故意的内容。第五种观点指出:“如果行为人认识自己的行为是社会危害性行为而有意识地实施,则不能因为他自称不知法律,而排除故意的罪过……如果行为人确因不认识行为的违法性,从而也不认识行为的社会危害性,则应排除犯罪的故意。”[149] 但是,这种观点忽略了违法性认识的可能性的地位与作用。

---

〔144〕 参见杨春洗、杨敦先主编:《中国刑法论》,北京大学出版社 1998 年第 2 版,第 108 页。

〔145〕 参见贾宇:“犯罪故意概念的评析与重构”,载《法学研究》1996 年第 4 期;黎宏:《刑法总论问题思考》,中国人民大学出版社 2007 年版,第 251 页。

〔146〕 参见冯军:“论违法性认识”,载赵秉志主编:《刑法新探索》,群众出版社 1993 年版,第 226 页以下。

〔147〕 参见高铭暄主编:《刑法专论》(上编),高等教育出版社 2002 年版,第 263 页以下。

〔148〕 参见高铭暄主编:《中国刑法学》,中国人民大学出版社 1989 年版,第 127 页。

〔149〕 曾宪信、江任天、朱继良:《犯罪构成论》,武汉大学出版社 1988 年版,第 109 页。另参见高铭暄、马克昌主编:《刑法学》,北京大学出版社、高等教育出版社 2016 年第 7 版,第 108 页。

在违法性认识的地位的问题上,有的学者主张,违法性认识是故意的要素,犯罪故意的成立以具有违法性认识为必要(严格故意说);有的学者主张,违法性认识(可能性)不是故意的要素,只是责任要素(责任说)。[150] 如前所述,严格故意说存在明显缺陷。

(三)本书的立场

1. 故意犯罪的成立不要求行为人现实地认识到形式的违法性,或者说不要求行为人现实地认识到自己的行为被刑法所禁止(以下所说违法性均指形式的违法性)。理由如下:

(1)当行为人认识到自己行为的内容、社会意义与危害结果,并希望或者放任这种结果发生时,就反映出行为人积极侵犯法益的态度;并不是只有认识到违法性时,才能反映这种态度。将这种态度认定为故意,不会扩大故意犯罪的处罚范围。另一方面,构成要件具有故意的规制机能,形式的违法性并不是构成要件要素,当然也不可能成为故意的认识对象。

(2)形式违法性是法益侵犯性的法律表现,既然要求行为人认识到行为的法益侵害结果,就没有必要还要求行为人认识到形式违法性。有学者认为,"大义灭亲"时"行为人认为自己行为是正义行为,有益于社会,应该说行为人没有认识到社会危害性,但是,行为人知道杀人犯法,应该说行为人认识到违法性"。[151] 以此说明,故意的成立要求行为人认识到形式的违法性。然而,刑法仅将具有法益侵犯性的行为规定为犯罪,既然认识到形式的违法性,就表明认识到了实质的违法性。因为任何人都知道法律禁止的行为是侵犯法益的行为,立法者不可能禁止对社会有利的行为。称"大义灭亲"为正义行为,只是看到了其中的一面,但这种行为的法益侵害性质可谓有目共睹,行为人不可能没有认识到。因此,认识到了形式的违法性时,不可能没有认识到行为的实质违法性。

(3)如果要求故意的成立以形式违法性的认识为前提,那么,司法机关一方面根据行为人对行为及结果的认识与意志来区分故意与过失,另一方面又要根据对形式违法性的认识来区分故意与过失,当二者存在冲突时便难以认定责任形式。例如,甲、乙均为严重性病患者,都明知自己卖淫的行为有传播性病的危险。根据前述故意的认识是违法性的认识以及故意的认识包含违法性认识的观点,如果甲知道该行为违法便成立犯罪;如果乙以为该行为不违法,但具有违法性认识的可能性,则属于过失传播性病。可是,传播性病罪的成立以故意为必要,结局是乙的行为不成立犯罪。这可能缺乏合理性。

(4)在特殊情况下,如果行为人由于不知法或者由于对法的误解而不能认识行为的社会意义与危害结果,进而不成立故意时,并不是因为缺乏违法性的认识而不成立故意,而是因为缺乏对行为的社会意义与危害结果的认识而不成立故意。例如,某种行为(如捕杀麻雀)历来不被法律禁止,人们历来不认为该行为是危害行为、该行为的结果是危害结果;但后来国家颁布法律宣告禁止实施该行为(将麻雀列入国家保护的鸟类);在这种情况下,如果行为人由于某种原因确实不知该法律,不知自己的行为是违法的,也就不可能明知自己的行为会发生危害社会的结果,因而不具备故意的认识因素,不成立故意。

2. 违法性认识的可能性,是故意与过失之外的独立的责任要素,而且是故意犯与过失

[150] 参见陈兴良、周光权:《刑法学的现代展开》,中国人民大学出版社2006年版,第204页以下。

[151] 冯军:"论违法性认识",载赵秉志主编:《刑法新探索》,群众出版社1993年版,第263页。

犯都必须具备的责任要素;但在具体案件中,不需要积极地证明行为人具有违法性认识的可能性(消极的责任要素);如果行为人缺乏违法性认识的可能性,意味着没有责任,因而也可谓责任阻却事由。

本书借鉴限制责任说,认为违法性认识的可能性是责任要素,但不是故意的内容;实施了符合违法构成要件的违法行为的行为人不具有违法性认识的可能性时,不能对其进行法的非难。一方面,具有违法性认识的可能性时,才能产生反对动机(才能产生遵从法的动机),对行为人而言才具有他行为可能性,法律才能要求他放弃实施构成要件行为,进而才具有非难可能性;不可能知道自己的行为被法律禁止的人,不能产生反对动机,不能从法律上要求他放弃该行为,因而不能追究其责任。唯有如此,才能保障行为人的行动自由。另一方面,刑法具有不完整性,且实行罪刑法定原则,侵犯法益的行为并不一定被刑法规定为犯罪。因此,即使在行为人认识到自己的行为侵犯了某种法益(具有故意),但合理地相信自己的行为并不被刑法所禁止时,亦即违法性的错误不可回避时,也不具有非难可能性。这一道理,不仅适用于故意犯,也适用于过失犯。换言之,违法性认识的可能性,是独立于故意、过失之外的,故意犯与过失犯共同的责任要素;缺乏违法性认识的可能性时,不阻却故意、过失,但阻却责任。

四、违法性错误的类型、判断与后果

(一)违法性错误的类型

违法性的错误,是指行为人认识到了符合构成要件的事实,但不知道自己的行为被法律所禁止的情形,也称为禁止的错误(行为原本被法律禁止,但行为人误以为不被法律禁止)。违法性的错误存在以下类型:

1. 直接的禁止的错误,即就禁止规范的存在有认识错误的情形。如误以为违法行为是合法行为而实施。

2. 间接的禁止的错误,即行为人虽然认识到行为被法律所禁止,但错误地认为,在其具体案件中存在正当化规范,因而不违法。其中又包括两种情形:一是对法秩序并不承认的正当化规范的存在本身的错误(允许的错误);[152] 二是对法秩序承认的正当化规范的界限作扩大解释的情形(允许界限的错误)。[153]

3. 涵摄的错误(包摄的错误),即错误地解释构成要件要素,误以为自己的行为不符合构成要件要素的情形。显然,这是一种解释的错误。涵摄的错误不是事实认识错误,并不阻却故意。但是,涵摄的错误只是在某些场合可能成为禁止的错误。例如,向主管机关询问后得到允许而以为其行为不符合构成要件的,就应认定为禁止的错误。

4. 有效性的错误,即行为人知道禁止规范,但误以为该规范无效的情形。

(二)回避可能性的判断

如前所述,行为人不可能认识到行为的违法性时,或者说不可避免地产生违法性的错误时,属于责任阻却事由。那么,以什么基准、如何判断违法性认识的“可能性”? 这与缺

---

〔152〕 例如,行为人误以为任何人都可以拘禁吸毒者,便对吸毒者实施了拘禁行为,但法律根本不承认这种正当化事由。

〔153〕 例如,法律允许任何公民将通缉在案的人扭送公安司法机关,但行为人误以为法律允许任何公民杀害通缉在案的人,于是杀害了后者。这便将刑事诉讼法承认的“扭送”这一正当化规范做出了超出允许界限的扩大理解。

乏违法性的认识“是否不可回避”是本质相同的问题。本书认为,不能对此作过于严格的解释,否则就会返回到“法的不知有害”的思想。因此,只要缺乏违法性的认识具有“相当的理由”,行为人认为其行为被法律允许具有“可以接受的理由”,就阻却责任。

要认定存在违法性错误的回避可能性,必须具备以下条件:(1)行为人具有认识违法性的主观能力;(2)行为人具有对其行为的法的性质进行考察的具体契机;(3)可以期待行为人利用向其提供的认识违法性的可能性。回避可能性的判断基准,不是“一般人”,而是具体状况下的“行为者个人的能力”。由于是责任的判断,所以,不能以平均人能否回避为基准。即使在涉及特殊的社会领域中的专门性法律的场合,也不能采取所谓规范化的、一般人的标准,只能采取主观的、个别化的标准。

要避免违法性的错误,就需要进行法的状况的确认。大体而言,下列三种情形提供了对法的状况进行确认的契机:(1)对法的状况产生了疑问时。行为人对法的状况产生疑问,意味着对行为的违法性产生疑问,但行为人没有真正地考虑该疑问,而是轻率地相信其行为具有合法性时,存在违法性的错误,而且该错误是可能避免的,行为人具备有责性。在行为人对法的状况进行了咨询等情况下,并非一概具有或者不具有避免可能性。例如,行为人遵从最高人民法院的判例产生了违法性错误时,或者在判例有分歧,行为人遵从了上级法院的判例而产生了违法性的错误时,以及行为人信赖了主管机关的见解产生了违法性的错误时,均应认定为不可避免的错误。行为人信赖作为私人的专家意见而产生违法性的错误时,并非均属于不可避免的错误,因为即使是律师、法律学者等专家,也不属于对刑罚法规的解释、运用、执行负有法律责任的司法人员,所以,如果允许信赖私人意见而实施行为,就有害于法制度的统一性。但另一方面,完全不允许国民信赖专家的意见,也是存在疑问的。所以,当行为人在信赖具有资格的法律家的意见时,应当进行具体的判断,有时也能阻却责任。例如,在行为人不可能获得司法机关、主管机关的意见,只能信赖律师、法律学者的意见时,因此而产生法律认识错误的,也应认为阻却责任。(2)知道要在法的特别规制领域进行活动时。行为人要在法的特别规制领域从事活动时,没有努力收集相关法律信息的,其违法性的错误原则上属于可能避免的错误,不阻却责任。例如,从事证券业务的人员,对证券犯罪具有违法性认识的可能性。(3)知道其行为侵害基本的个人、社会法益时。行为人认识到自己的行为侵害他人或者公共的安全时,即使具有违法性的错误,该错误也是可能避免的,不阻却责任。例如,私自关押他人的行为人,具有违法性认识的可能性。[154]

(三)违法性认识的法律后果

在违法性认识方面,大体存在四种情形,法律后果存在区别。

1. 行为人没有认识到自己行为的违法性,并且认为自己的行为不违法(存在违法性的错误),也不具有违法性认识的可能性(违法性的错误不可避免)。在这种情况下,行为人没有责任,对其行为不能以犯罪论处。

2. 行为人没有认识到自己行为的违法性,并且认为自己行为不违法(存在违法性的错误),但具有违法性认识的可能性(违法性的错误可以避免)。在这种情况下,行为人具

〔154〕　以上参见[日]山中敬一:《刑法总论》,成文堂2015年第3版,第710页以下。

有责任,但非难可能性有所减少,应当从轻处罚。[155] 在决定从轻程度时,应进一步判断违法性的错误的回避可能性的程度。因为越是难以避免违法性错误的,非难可能性就越小。

3. 行为人没有认识到自己行为的违法性,但具有违法性认识的可能性,也没有误以为自己的行为不违法(行为人没有思考行为的违法性)。在这种情况下,并不存在违法性的错误,但也可以从轻处罚。

4. 行为人已经认识到自己行为的违法性。这种情形属于知法犯法或者明知故犯,显然存在于故意犯罪,但不应作为从重处罚的酌定情节。首先,就故意的自然犯而言,知法犯法实际上是常态。因为一般人虽然不知道具体的刑法条文,但通常知道哪些行为是刑法所禁止的犯罪。例如,杀人犯、放火犯、强奸犯、抢劫犯、盗窃犯、诈骗犯、贿赂犯等都是明知故犯,都是知法犯法。如果因此而从重处罚,就意味着对所有的自然犯都要从重处罚。这显然不妥当。其次,就故意的行政犯或者法定犯而言,如果将明知故犯、知法犯法作为增加责任刑的情节,实际上是因为行为人知法而受到较重处罚,不知法却可以受到较轻的处罚。这显然难以被人接受。

在司法实践中,被告人及其辩护人不能以自己没有认识到违法性为由而否认犯罪的成立(当然可以要求从轻处罚),只能以没有违法性认识的可能性为由作无罪辩解或者辩护。如果被告人的违法性错误没有回避可能性,司法人员就必须采纳这种辩解或辩护意见,而不能以"不知法律不免责"或者"法律认识错误不影响刑事责任"为由拒不采纳。诚然,不能不承认的是,在信息发达的当今社会,缺乏违法性认识的可能性的情形比较少见,但不能据此否认这种情形的存在。例如,在地方政府违反法律发布文件等情形下,行为人不知法律而相信地方政府文件实施行为却触犯刑法的,应当以没有违法性认识的可能性为由,不以犯罪论处。

五、违法性错误与事实错误的界限

从事实的错误到违法性的错误之间,大致存在五种情形:(1)自然的物理的事实的错误,如将人误认为狗而杀害的情形。这是最明显的事实的错误,阻却杀人故意。对此没有任何争议。(2)社会意义的错误,如不识外文的行为人本来在贩卖淫秽小说,但误以为其贩卖的是普通小说。这种错误也属于事实的错误。但是,由于对事项的社会意义的认识,只要有行为人所属的外行人领域的平行评价就足够了,所以,只有在对这样的平行评价存在错误时(以为其他人都认为该文书不属于淫秽文书时),才是社会意义的错误。(3)规范的事实的错误,是指对由民法、行政法等提供意义的事实的错误。例如,对盗窃罪的构成要件中的"他人"这一要素,[156] 如果不进行法的性质的理解就不可能得出正确结论。行为人的所有物在国家机关管理之下时,根据法律规定属于公共财物,行为人误以为是自己的财物而取回的,究竟是事实的错误还是违法性的错误,还存在争议。(4)规范的评价的错误,即行为人对其行为的违法评价存在错误的情形,是典型的违法性的错误。(5)法的概念的错误(涵摄的错误)。例如,行为人将他人的笼中小鸟放出,但误以为其行为不属

---

[155] 从理论上说也可能减轻处罚,但在我国缺乏减轻处罚的法律根据(当然可能适用刑法第 63 条第 2 款的规定)。

[156] 盗窃行为只能是窃取"他人"占有的财物,而不可能窃取自己占有的财物;而"他人"的含义是由法律确定的,并不是从一般意义上理解的。

于“毁坏财物”。这种情形不影响毁坏财物罪的故意。再如，误以为共同占有的物不是“他人的财物”而出卖的，也不影响盗窃罪的成立。所以，这种错误并不具有重要意义。[157]

关于事实的错误与违法性的错误的区分基准，理论上存在不同学说。[158] 应当认为，只能根据行为人是对事实产生认识错误还是对规范的评价产生认识错误来区分二者。从形式三段论的角度来说，如果是对小前提产生误解，就是事实认识错误；如果是对大前提产生误解，就是法律认识错误。[159] 换言之，如果行为人的认识错误是通过对事实的认真观察、仔细判断就可能克服的，那么，这种认识错误就是事实的错误；如果行为人的认识错误是通过对刑法规范的进一步了解就可能克服的，那么，这种认识错误就是违法性的错误。[160] 据此，关于构成要件该当事实、违法阻却事由的前提事实的错误，是阻却故意的事实的错误；关于规范的评价的错误与法的概念的错误，是不阻却故意的违法性（法律）的错误。至于规范的事实的错误，则应当区分是对前提事实的认识错误，还是对规范评价的认识错误。[161]

作为故意内容的、对客观构成要件事实的认识，不是单纯的自然事实的认识，而是必须对事实的社会意义具有认识。社会意义的认识，不是一般性的“行为被禁止的认识”（违法性的认识），而是对具体的构成要件要素的一般的、社会的认识。据此，可以得出以下结论：（1）即使不知道构成要件要素中记述的概念本身，但知道其要素的形状、机能、效果、法益侵害性时，也能认定故意。例如，即使不知道“甲基苯丙胺”这一名称，但知道其形状、性质，知道它是“滥用后会形成身体的、精神的依赖，可能对个人、社会带来重大恶害的药物”，就可以认定故意。（2）就规范的构成要件要素而言，对法律的事实本身的错误，属于事实认识错误，对自己行为的规范评价属于法律认识错误。例如，行为人认识到自己的所有物在国家机关管理之中，但以为可以随时擅自取回该物便擅自取回该物的，没有事实认识错误（即具备盗窃罪的故意），但存在法律认识错误。如果行为人没有认识到其所有物在国家机关管理之中的，则属于事实认识错误。（3）假想防卫、假想避险等对正当化事由前提事实的认识错误，是一种事实认识错误；倘若误认为存在某种正当化事由的法律规范（事实上不存在），或者误解了有关正当化事由的法律规范的界限，则是法律认识错误。

值得讨论的是行政犯中与行政管理法规相关的认识错误。德国帝国法院以往采取的标准是，行为人对刑罚法规的认识错误是法律的认识错误，不阻却故意的成立；对非刑罚法规的认识错误属于事实的认识错误，阻却故意的成立。“根据这一理论，当其他法规范规定了刑罚法规的具体内容时，对该其他法规范的不知一般阻却故意。例如，租税实体法规定了课税的要件，在租税刑法规定处罚偷税的场合，不知租税实体法的规定而没有认识

---

〔157〕 以上参见［日］山中敬一：《刑法总论》，成文堂2015年第3版，第715页以下。

〔158〕 参见张明楷：《外国刑法纲要》，清华大学出版社2007年第2版，第253页以下。

〔159〕 以奸淫幼女为例。大前提是：奸淫不满14周岁的幼女的，以强奸罪从重处罚；小前提是：甲奸淫13周岁的乙女；结论是：对甲应以强奸罪从重处罚。倘若甲误以为乙女已满14周岁，则是事实认识错误；倘若甲认为只有奸淫不满13周岁的幼女才构成强奸罪，则是法律认识错误。

〔160〕 以前注为例。甲要避免事实认识错误，就必须对乙女的年龄进行认真观察、仔细判断；甲要避免法律认识错误，就必须进一步正确了解刑法的规定。

〔161〕 行为人可能同时存在事实认识错误与法律认识错误。例如，甲误为乙是越狱逃跑的犯人，同时误认为法律规定对越狱逃跑的犯人可以格杀勿论，于是杀害了乙。

到要交税的人,即使认识到作为课税要件的事实本身,也不能以故意犯罪处罚。"[162] 但是,这种学说不能得到全面贯彻。因为刑罚法规、非刑罚法规的区别本身对故意的成立与否并不具有意义;刑法是否将其禁止内容委任于非刑罚法规,只不过是立法技术上的问题。例如,刑法分则中有的条文像行政法一样描述了行为内容,而有的条文仅表述为"违反……法规"。其实,二者并没有本质区别。后者只是为了避免作冗长的表述,采取了"空白刑法"的规定方式。显然,如果采用上述理论,就会导致明显的不公平。

一般来说,行为人对符合行政法规定的禁止事项的认识错误,属于事实认识错误;对禁止事项的评价错误,属于法律认识错误。但是,考虑到行政犯的特点以及我国刑法关于犯罪故意的明文规定,如果因为误解行政管理法规,导致对行为的社会意义与法益侵害结果缺乏认识的,应认定为事实认识错误,阻却故意的成立。例如,刑法第 340 条规定:"违反保护水产资源法规,在禁渔区、禁渔期或者使用禁用的工具、方法捕捞水产品,情节严重的,处三年以下有期徒刑、拘役、管制或者罚金。"行为人事实上在禁渔期捕捞水产品,但他记错了行政管理法规规定的禁渔期间,以为自己不是在禁渔期捕捞水产品。对此,应认定为事实的认识错误,亦即,行为人没有犯罪的故意。反之,如果行为人对行为的社会意义与法益侵害结果具有认识,只是误以为自己的行为并不违反行政管理法规因而不构成犯罪,或者误以为自己的行为仅违反行政法而不被刑法所禁止的,则是法律认识错误,不影响故意的成立。例如,行为人拒绝按照卫生防疫机构提出的卫生要求,对传染病病原体污染的污水、污物、粪便进行消毒处理,引起了甲类传染病传播的严重危险;行为人主观上也认识到了上述危险,但误以为自己的行为并没有违反传染病防治法的规定。对此,应认定为法律认识错误,不阻却故意的成立。

第三款　期待可能性

一、期待可能性的概念

所谓期待可能性,是指根据具体情况,有可能期待行为人不实施不法行为而实施其他适法行为。期待可能性的理论认为,如果不能期待行为人实施其他适法行为,就不能对其进行法的非难,因而不存在刑法上的责任。期待可能性不仅存在着有无的问题(是否阻却责任),而且还存在程度问题(是否减轻责任)。

我国刑法理论上的期待可能性,实际上有不同含义。最为典型的是,有时在责任的基础意义上使用期待可能性概念,此时的期待可能性实际上是他行为可能性;有时是在责任要素的意义上使用期待可能性概念。[163] 显然,本款所讨论的应当是后者。

关于期待可能性在责任论中的地位,刑法理论上存在不同观点。有人认为,期待可能性是包含在故意、过失中的要素,或者说是故意、过失的构成要素。有人主张,期待可能性是与责任能力、故意、过失相并列的第三个责任要素。有人提出,责任能力、故意、过失是责任的原则要素,期待可能性则是责任的例外要素,因此,缺乏期待可能性是一种责任阻却事由。本书认为,期待可能性不是故意的构成要素,换言之,故意的成立不以具有期待

---

〔162〕［日］高山佳奈子:《故意与违法性的意识》,有斐阁 1999 年版,第 170 页。
〔163〕参见张明楷:"期待可能性理论的梳理",载《法学研究》2009 年第 1 期。

可能性为前提。例如,被拐卖的已婚妇女被迫与他人形成事实婚姻的,虽然缺乏期待可能性,但不能否认其有重婚罪的故意。期待可能性虽然是独立于故意、过失之外的责任要素,但是,由于一般人在行为时具有期待可能性,故并非在任何案件中都要积极证明;只是在例外情况下,才需要判断行为人是否缺乏期待可能性以及期待可能性是否减少。换言之,在具体案件中,不需要积极的判断行为人具有适法行为的期待可能性,但如果行为人没有期待可能性则没有责任(也可谓责任阻却事由);如果期待可能性减少则使责任减轻。所以,本书将缺乏期待可能性作为消极的责任要素。另一方面,由于刑法条文大多将缺乏期待可能性的行为排除在犯罪之外,〔164〕所以,在刑法明文规定之外因缺乏期待可能性而阻却责任的情形,并不多见。再者,期待可能性的概念比较模糊,其要件与界限并不明确,如果将缺乏期待可能性作为一般性的责任阻却事由,会导致法的不安定性。因此,只是在比较特殊的案件中以缺乏期待可能性为由,排除犯罪的成立。例如,行为人为配偶、近亲属作伪证的,帮助配偶、近亲属(当事人)毁灭、伪造证据的,或者窝藏、包庇犯罪的配偶或近亲属的,行为人原本无罪,在被司法机关错误关押后单纯脱逃的,均应认为缺乏期待可能性,不以犯罪论处。

二、期待可能性的判断标准

所谓期待可能性的判断标准,是指判断行为人在实施符合构成要件的违法行为时是否具有适法行为的期待可能性的标准。这是期待可能性理论中争议最大的问题。

行为人标准说主张,以行为时的具体状况下的行为人自身的能力为标准。如果在当时的具体状况下,不能期待该行为人实施适法行为,就表明缺乏期待可能性。可是,如果行为人本人不能实施适法行为,就不期待其实施,那么就没有法秩序可言。而且,这一学说不能说明确信犯的责任,因为确信犯大多认为自己的行为是正当的,倘若以行为人为标准,这些人就缺乏期待可能性,因而不能承担责任,但事实上并非如此。平均人标准人说认为,如果对处于行为人状态下的通常人、平均人,能够期待其实施适法行为,则该行为人也具有期待可能性;如果对处于行为人状态下的通常人、平均人,不能期待其实施适法行为,则该行为人也不具有期待可能性。但是,此说没有考虑到对平均人能够期待而对行为人不能期待的情况,这就不符合期待可能性理论的本意。法规范标准说或国家标准说主张,以国家或者国家的法秩序的具体要求为标准,判断是否具有期待可能性。因为所谓期待,是指国家或法秩序对行为人的期待,而不是行为人本人的期待,因此,是否具有期待可能性,只能以国家或法秩序的要求为标准,而不是以被期待的行为人或平均人为标准。然而,期待可能性的理论本来是为了针对行为人的人性弱点而给予法的救济,所以,应考虑那些不能适应国家期待的行为人,法规范标准说则没有考虑这一点;而且究竟在什么场合国家或法秩序期待行为人实施适法行为,是一个不明确的问题,因此,法规范标准说实际上没有提出任何标准。

其实,上述三种学说只是把握了期待可能性判断标准的部分侧面,其对立并无重要意义。换言之,行为人标准说,侧重于判断资料;平均人标准说,侧重于判断基准;法规范标准说,侧重于期待主体。因此,三者是可以并无矛盾地适用的。

---

〔164〕 例如,刑法第307条第2款规定:“帮助当事人毁灭、伪造证据,情节严重的”,成立犯罪。显然,当事人毁灭、伪造证据的并不成立犯罪。之所以如此,是因为当事人毁灭、伪造证据的行为缺乏期待可能性。

就行为人的身体的、心理的条件等能力而言,必须以具体的行为人为基准,而不可能以一般人为基准,但这并不意味着,以“因为是这个行为人所以没办法”为由而阻却责任。“平均人”也不意味着统计学意义上的平均人,而是具有行为人特性的其他多数人,是判断行为人是否具有期待可能性的技术性概念,因为只有与他人比较,才能判断特定的行为人是否具有期待可能性。所以,所谓行为人与平均人之间不一定有实质的差别。法规范标准说与个人标准说也不是对立的。因为期待可能性的判断,并不是单纯从行为人一方的他行为可能性的观察就可以得出合理结论,而是要考虑法秩序的需要。换言之,期待可能性的判断,是对个人与法秩序之间的紧张关系的一种判断。

结局只能是,站在法益保护的立场,根据行为人当时的身体的、心理的条件以及附随情况,通过与具有行为人特性的其他多数人的比较,判断能否期待行为当时的行为人通过发挥其能力而不实施违法行为。[165] 以已婚妇女的事实重婚为例,以下情形没有期待可能性,不应以重婚罪论处:结婚后因遭受自然灾害外流谋生,与他人形成事实婚姻的;因配偶长期外出下落不明,造成家庭生活严重困难,又与他人形成事实婚姻的;因强迫、包办婚姻或因婚后受虐待外逃,与他人形成事实婚姻的;已婚妇女在被拐卖后,与他人形成事实婚姻的。但是,上述妇女又与他人前往婚姻登记机关登记结婚的,并不缺乏期待可能性。

三、期待可能性的认识错误

一般来说,狭义的期待可能性的认识错误,属于对客观的责任要素的认识错误,主要存在两种情形。

(一)积极的错误

积极的错误,是指原本并不存在丧失期待可能性的事情,但行为人误以为存在。第一种观点认为,积极的错误阻却故意。[166] 倘若认为,故意的认识内容(认识对象)包含有责的事实,那么,这种观点便具有合理性。但是,故意是对符合构成要件的违法事实的认识与容认,期待可能性本身并不是故意的认识内容,而是故意之外的责任要素。第二种观点认为,对于期待可能性的积极错误,应当像禁止的错误一样处理:如果该错误不可避免,则阻却责任。[167] 这种观点虽然提出了处理原则,但缺乏根据。第三种观点认为,如果行为人对其陷入认识错误具有过失,便成立过失犯。[168] 这种观点也认为,缺乏期待可能性是责任阻却事由,但是,既然在行为人具有故意、过失与责任能力时,原则上就具有期待可能性,那么,在确定了行为人已经具有故意或者过失后,再以期待可能性的错误影响故意与过失的成立,显然不当。第四种观点认为,“在有关期待可能性的积极错误的场合,应当直接就行为人的心理状态本身判断有无期待可能性。亦即,不是以对错误是否有过失、错误是否可以避免为基准,而是应以是否存在足以否定期待可能性的心理状态为基准。因此,在有关期待可能性的积极错误的场合,应当认为已经在规范的责任的层面上,阻却或者减弱了责任”。[169] 但是,一概承认期待可能性的积极错误阻却或者减弱责任,会导致不当扩大责任阻却的范围,损害刑法的安定性。第五种观点认为,期待可能性的积极错误,

---

〔165〕 参见[日]山口厚:《刑法总论》,有斐阁2016年第3版,第270~271页。
〔166〕 参见[日]团藤重光:《刑法纲要总论》,创文社1990年第3版,第331页。
〔167〕 参见[日]福田平:《全订刑法总论》,有斐阁2004年第4版,第222页。
〔168〕 参见[日]中山研一:《刑法总论》,成文堂1982年第4版,第397页。
〔169〕 [日]浅田和茂:《刑法总论》,成文堂2007年补正版,第361页。

虽然使行为人缺乏期待可能性,但是,如果行为人发挥自己的主观能力,就可以认识到存在期待可能性时,应认为存在期待可能性。因此,对于期待可能性的积极错误,宜在期待可能性的判断内部予以解决。[170] 本书认为,对此应当区分为两种情形考虑:

1. 当刑法因为缺乏期待可能性而不处罚,而在构成要件中所规定的是不缺乏期待可能性的场合,积极的错误实际上是构成要件的错误,阻却故意的成立。例如,行为人甲误将他人的犯罪证据当做自己的犯罪证据而毁灭的,应当如何处理? 不可否认,毁灭自己犯罪证据的行为,因为缺乏期待可能性,而不可能成立犯罪。在此意义上,刑法是从责任角度将"帮助当事人毁灭"的要素纳入构成要件的。然而,一旦纳入构成要件,就应当认为是构成要件要素而不是责任要素。倘若不是如此,而是将"当事人"按照责任要素处理,那么,由于故意的成立不需要认识到责任要素,于是,误将自己的犯罪证据当做他人的犯罪证据而毁灭的,也因为不能肯定责任的减少,而具有可罚性。这显然违反刑法第307条第2款的规定。既然刑法第307条将构成要件表述为"帮助当事人毁灭"证据,就意味着要求行为人认识自己所毁灭的是他人的犯罪证据。在甲没有认识到自己毁灭的是他人的犯罪证据,以为毁灭了自己犯罪证据的情况下,就缺乏构成要件的故意,当然不成立犯罪。[171] 当然,严格地说,这种认识错误,已经不是期待可能性的认识错误,而是构成要件的事实认识错误。

2. 期待可能性的积极错误与故意无关时,宜采取上述第五种观点,在期待可能性的判断内部予以解决。例如,乙误认为自己的生命存在紧迫危险,误认为唯一办法是针对他人的生命实施紧急避险,进而杀害他人。如果能够期待行为人当时不产生这种错误,那么,就不能阻却责任,应认定其行为成立故意杀人罪。反之,如果不能期待行为人当时不产生这种错误,就阻却责任。

(二)消极的错误

消极的错误,是指原本存在丧失期待可能性的事情,但行为人误以为不存在。例如,行为人以为自己窝藏的是与自己没有亲属关系的犯罪人,实际上窝藏的是自己出走多年的儿子。既然客观上存在缺乏期待可能性的事情,理当阻却责任。另一方面,由于实际上存在缺乏期待可能性的事情,就没有对行为人进行特殊预防的必要性;又由于这种消极的错误极为罕见,因而也缺乏一般预防的必要性,故不能进行非难。[172]

---

[170] 参见[日]前田雅英:《刑法总论讲义》,东京大学出版会2015年第6版,第298页。

[171] 参见[日]山口厚:《刑法总论》,有斐阁2016年第3版,第33~34页。

[172] 参见[日]浅田和茂:《刑法总论》,成文堂2007年补正版,第361页。

第七章 犯罪的特殊形态

第一节 犯罪的特殊形态概述

一、犯罪的特殊形态概说

刑法理论在讨论犯罪的构成要件时,都会讨论构成要件的各个要素,如行为、结果等,而结果不仅是构成要件要素,也是犯罪既遂的标志。在此意义上说,前述讨论都是以既遂为模式展开的。但是,刑法并不是仅处罚犯罪既遂,而是有条件地将处罚范围扩张到犯罪预备、犯罪未遂、犯罪中止。本书将犯罪预备、犯罪未遂与犯罪中止称为犯罪的特殊形态。这些特殊形态与既遂形态,合称为故意犯罪形态。

犯罪行为是一个过程,但并非任何犯罪行为都能顺利得以完成。有的人为了实行犯罪而准备工具、制造条件,但由于意志以外的原因未能着手实行;有的人着手实行犯罪后,由于意志以外的原因而未得逞;有的人在犯罪过程中,自动地放弃犯罪或者自动有效地防止犯罪结果发生;有的人着手实行后造成了犯罪结果。于是,故意犯罪就会出现不同形态。

犯罪的特殊形态只能出现在犯罪过程中,在犯罪过程以外出现的某种状态,不是犯罪的特殊形态。例如,仅有犯意时并不构成犯罪,产生犯意后又打消犯意的,不是犯罪的特殊形态。再如,盗窃他人财物并于数日后自动返还被害人的,是犯罪既遂后所实施的行为,也不是犯罪的特殊形态(当然是量刑情节)。

犯罪的特殊形态是在犯罪过程中由于某种原因停止下来所呈现的状态,这种停止不是暂时性的停顿,而是终局性的停止,即该犯罪行为由于某种原因不可能继续向前发展。就同一犯罪行为而言,出现了一种犯罪形态后,不可能再出现另一种犯罪形态。例如,出现了犯罪预备形态之后,不可能出现未遂、中止形态;出现了犯罪未遂形态后,不可能出现中止、既遂形态。就基本犯而言,犯罪的特殊形态不是就犯罪行为的某一部分而言,而是就已经实施的基本犯罪行为的整体而言。但就加重犯、结合犯而言,犯罪的特殊形态可能只是就加重部分、结合部分而言。例如,虽然作为基本犯的抢劫罪既遂,但作为加重犯的抢劫杀人可能未遂;虽然作为基本犯的绑架罪既遂,但作为结合犯的绑架杀人可能未遂。

犯罪的特殊形态,只能存在于故意犯罪中。过失犯罪不可能有预备行为;没有发生结果时,也不会成立过失犯罪。所以,过失犯罪没有犯罪预备、未遂与中止形态。由于过失犯罪没有未遂形态,肯定其有犯罪既遂也没有实际意义(没有必要将过失犯罪称为犯罪既遂);对于过失犯罪而言,只有成立与否的问题(当然,说过失犯罪只有既遂一种形态也未尝不可)。我国的传统刑法理论认为,犯罪的特殊形态仅存在于直接故意中。因为间接故意是放任结果发生,所以不可能为犯罪准备工具、制造条件;在没有发生结果的情况下，不可能认定行为人有间接故意。所以，间接故意犯罪不可能有犯罪预备、未遂与中止形态，只有成立与否的问题。但事实上，司法实践中确实存在行为人放任结果发生，结果却没有发生，且值得科处刑罚的情况；从规范意义上说，间接故意犯罪与直接故意犯罪没有质的区别，没有理由仅处罚直接故意犯罪未遂，而不处罚间接故意犯罪未遂；况且，直接故意犯罪人与间接故意犯罪人可以成立共同犯罪，既然如此，在共同犯罪未遂的情况下，没有理由仅处罚直接故意的行为人而不处罚间接故意的行为人；至于在间接故意犯罪未遂的情况下，有无证据证明行为人放任结果的发生，则是个案的具体判断问题，而不是否认间接故意存在犯罪未遂与中止的理由。所以，本书认为，间接故意也存在犯罪未遂与犯罪中止形态。一般来说，由于犯罪预备以确定的犯意为前提，故间接故意原则上没有犯罪预备形态。

刑法理论通常将故意犯罪形态分为完成形态与未完成形态，即犯罪既遂是完成形态，犯罪预备、未遂与中止是未完成形态。但"完成形态"与"未完成形态"的概念本身尚需进一步澄清。"行为之全体，只算一个行为。所谓自开始至终了，不过形容行为之过程；过程如何，并不影响行为本身之价值。故严格言之，行为之价值，于着手（开始）时即已确定。并无所谓行为完成未完成之问题。惟因行为有发生结果者，如杀人行为，发生死亡之结果；有未发生结果者，如杀人行为，未发生死亡之结果。若称前者为行为之完成，后者为行为之未完成，亦未始不可。但应注意此时只系行为在事实上之效果问题，而非行为在法律上之地位问题。而行为在事实上之效果问题，亦仅与犯罪之既遂未遂有关，与犯罪之成立与否无关。故将未遂之犯罪，称为犯罪未完成，将既遂犯罪，称为犯罪完成，则属不正确。"[1]所以，与其称为完成形态与未完成形态，不如直接称为既遂形态与未既遂形态。

二、犯罪形态与犯罪阶段的关系

故意犯罪既存在形态，也存在阶段。故意犯罪行为是一个过程，由相互连接的预备阶段与实行阶段组成。犯意的形成还没有进入犯罪过程，故不是犯罪阶段。着手与终了不具有连续性的特征，故不是犯罪阶段。在某些情况下，虽然作为实行行为的身体动静已经结束，但经过一段时间才可能发生结果，形成既遂状态，可以认为这一阶段属于实行阶段，没有必要认为在实行阶段之后还有一个"实行后阶段"。

预备阶段与实行阶段密切相连，前者是为后者做准备的阶段，后者是前者的发展。一般认为，处在预备阶段的行为是预备行为，处在实行阶段的行为是实行行为。犯罪形态与犯罪阶段相互依存、相互制约。在预备阶段只能出现犯罪预备与中止形态，在实行阶段只能出现犯罪未遂、中止与既遂形态。犯罪形态与犯罪阶段又相互区别。前者是终局性的行为状态，后者是动态的发展过程；前者没有先后连续性，后者具有连续性；一个故意犯罪行为不可能出现几种形态，但可能经过几个阶段。

三、特殊形态与犯罪构成的关系

可以肯定的是，犯罪构成概念与故意犯罪形态概念所要解决的问题并不相同。犯罪构成所要回答的问题是，行为符合哪些要件才能成立犯罪，它标明罪与非罪的界限、此罪与彼罪的关系。犯罪的特殊形态，当然以行为符合犯罪构成为前提。显然，如果使用以既遂为模式的犯罪构成概念，只有犯罪既遂完全符合犯罪构成，作为特殊形态的犯罪预备、

---

〔1〕 郑健才：《刑法总则》，台北三民书局1982年修订再版，第133页。

犯罪未遂与犯罪中止,就不完全符合犯罪构成。于是,不得不认为犯罪的特殊形态符合"修正的犯罪构成"。如果使用成立犯罪的最低标准意义上的犯罪构成概念,那么,犯罪的特殊形态,都完全符合犯罪构成。不言而喻,两种观点并无实质分歧,只是因为使用了不同意义的犯罪构成概念而得出了不同结论。

我国刑法总则规定原则上处罚犯罪预备、犯罪未遂与犯罪中止,但事实上,犯罪预备、犯罪未遂与犯罪中止的处罚具有例外性。换言之,许多犯罪的预备、未遂、中止行为的不法与责任没有达到值得科处刑罚的程度。但是,刑法分则对于哪些犯罪应当处罚犯罪预备、犯罪未遂与中止,又没有设立明文规定。所以,必须实质性考察各种具体故意犯罪的特殊形态的可罚性。以犯罪未遂为例,应考察什么样的行为在未得逞的情况下,其行为的不法与责任达到了值得科处刑罚的程度。进行这样的考察后,会发现以下三种情况:(1)罪质严重的未遂应当以犯罪未遂论处,如故意杀人未遂、抢劫未遂、强奸未遂等;(2)罪质一般的未遂,只有情节严重时,才能以犯罪未遂论处,如盗窃未遂、诈骗未遂等;(3)罪质轻微的未遂不以犯罪论处,如非法侵入住宅未遂、侵犯通信自由未遂等。[2]一般来说,其中的罪质的轻重,取决于保护法益的重要程度。至于对犯罪预备的处罚,则极为例外。

第二节 犯罪预备

一、犯罪预备的概念与特征

刑法第22条第1款规定:"为了犯罪,准备工具、制造条件的,是犯罪预备。"但这一规定内容并不是犯罪预备形态的完整定义。应当认为,犯罪预备,是指为了实行犯罪,准备工具、制造条件,但由于行为人意志以外的原因而未能着手实行犯罪的特殊形态。据此,犯罪预备具有以下四个特征。

(一)主观上为了实行犯罪

成立犯罪预备,要求行为人主观上为了实行犯罪,即为了实施犯罪的实行行为,或者说行为主观上做出了实行某种犯罪的决定。

虽然刑法条文表述为"为了犯罪",但应理解为"为了实行犯罪"。因为预备行为是为实行行为制造条件的,实施预备行为就是为了进一步实施实行行为。"为了犯罪"的字面意义包括为了预备犯罪与为了实行犯罪,但为预备行为实施的"准备"行为,不能认定为犯罪预备。例如,为了实行杀人购买毒药的行为,可能是预备行为;但为了购买毒药而打工挣钱的行为,不是犯罪预备行为。可见,由于犯罪预备是犯罪,而为了实施犯罪预备行为所进行的"准备"又不是犯罪预备,故应将"为了犯罪"理解为"为了实行犯罪"。

为了实行犯罪,表明行为人具有确定的犯罪故意,因为行为人只有基于确定的犯罪故意,才能为具体犯罪的实行行为准备工具、制造条件;为了实行犯罪,表明行为人认识到预

---

〔2〕 此时所称的"未遂"只是一般意义上的未遂,亦即,形式上表现为已经着手实行且由于意志以外的原因未得逞,但因为缺乏可罚性,而不是真正意义上的犯罪未遂。

备行为为实行行为创造了便利，认识到预备行为对结果的发生起积极促进作用；为了实行犯罪，表明行为人在该心理支配下实施的行为是犯罪预备行为，因而与犯意的形成、犯意的表示具有本质区别。

（二）客观上实施了犯罪预备行为

预备行为是为犯罪的实行创造便利条件，以利于发生结果的行为，这种行为是整个犯罪行为的一部分，如果不是由于某种原因停顿下来，预备行为就会进一步发展为实行行为，从而造成结果。所以，预备行为已经对刑法保护的法益构成了威胁。另一方面，预备行为只是为实行行为创造便利条件，因而不可能直接造成实行行为所要造成的结果。

刑法将预备行为分为两类，即准备工具与制造条件。准备工具事实上也是为实行犯罪制造条件的行为，只因是最常见的预备行为，刑法便将其独立于制造条件之外予以规定。准备工具，即准备实行犯罪的工具，〔3〕具体表现为：购买某种物品作为犯罪工具，制造犯罪工具，改装物品使之适应犯罪需要，租借他人物品作为犯罪工具，盗窃他人物品作为犯罪工具等。制造条件，是指除准备工具以外的一切为实行犯罪制造条件的预备行为。制造条件主要表现为：(1)制造实行犯罪的客观条件，如调查犯罪场所与被害人行踪、出发前往犯罪场所或者守候被害人的到来、诱骗被害人前往犯罪场所、排除实行犯罪的障碍等；(2)制造实行犯罪的主观条件，如商议犯罪的实行计划等。〔4〕

（三）事实上未能着手实行犯罪

犯罪预备终结于预备阶段，即事实上未能着手实行犯罪；如果已经着手实行了犯罪，就不可能是犯罪预备。未能着手实行犯罪主要包括两种情况：一是没有完成预备行为，由于某种原因未能继续实施预备行为，因而不可能着手实行；二是虽已完成预备行为，但由于某种原因未能着手实行。

（四）未能着手实行犯罪是由于行为人意志以外的原因

犯罪预备终结于预备阶段，未能着手实行犯罪，必须是由于行为人意志以外的原因。即行为人本欲继续实施预备行为，进而着手实行犯罪，但由于违背行为人意志的原因，使得行为人客观上不可能继续实施预备行为，或者客观上不可能着手实行犯罪，或者使得行为人认识到自己客观上已经不可能继续实施预备行为与着手实行犯罪。刑法虽然没有明文要求犯罪预备是由于意志以外的原因而未能着手实行，但刑法规定了在犯罪过程中自动放弃犯罪的，成立犯罪中止。因此，如果行为人自动放弃犯罪预备行为，或者自动不着手实行犯罪，则属于犯罪中止。

符合上述特征的，就是犯罪预备。犯罪预备与犯罪预备阶段、犯罪预备行为虽有密切联系，但不是等同概念。预备阶段与预备行为概念，不以预备行为由于意志以外的原因未

---

〔3〕　准备用于预备行为的工具的，不成立犯罪预备。例如，准备进入他人办公室盗窃所需要的撬门工具的，不应认定为犯罪预备，因为撬办公室门不是盗窃罪的实行行为。但是，准备撬开保险柜的工具的，则可以认定为犯罪预备。

〔4〕　追踪被害人的性质不可一概而论，在某些情况下可谓预备行为，在某些情况下可谓实行行为。有教科书认为，筹集犯罪活动的资金、制造假象迷惑欺骗被害人、拟订犯罪计划，均属于犯罪预备行为［参见何秉松主编：《刑法教科书》（上卷），中国法制出版社2000年版，第428页］。但是，当筹集犯罪活动的资金是为了预备犯罪时（如为了购买犯罪工具而筹集资金），并不成立犯罪；制造假象迷惑欺骗被害人，在某些情况下可能是实行行为；单个人秘密拟订犯罪计划的，也不宜认定为犯罪预备行为。

能着手实行为前提,即使已经着手实行犯罪乃至犯罪既遂,也存在预备阶段与预备行为,只是该预备行为对定罪一般没有独立意义(预备行为构成另一既遂犯罪的情况除外)。但犯罪预备作为一种形态,只能存在于犯罪预备阶段,没有预备行为就没有犯罪预备,在成立犯罪预备的情况下,预备行为是定罪的客观事实根据。

二、犯罪预备的类型

(一)自己预备罪与他人预备罪

如前所述,犯罪预备的主观目的是为了实行犯罪。从文理上解释,为了实行犯罪包括为了自己实行犯罪(自己预备罪)与为了他人实行犯罪(他人预备罪)。

自己预备罪肯定属于犯罪预备,问题是,为了他人实行犯罪所实施的预备行为是否属于犯罪预备?亦即,是否承认他人预备罪。国外刑法理论上存在肯定说、否定说与二分说。肯定说认为,为了他人实行犯罪而实施的准备行为,完全符合预备罪的特征。否定说认为,为了他人实行犯罪而实施的准备行为,只不过是对预备的帮助,且行为的危险性很小,不应当作为预备罪处理。二分说认为,只有当刑法条文特别承认为了他人实行的预备行为时,才成立他人预备罪;此外的情形则不成立预备罪。[5] 本书采取限定的肯定说。刑法分则所规定的"为了……"并不限于为了行为人,而是包括为了第三者。所以,承认他人预备罪没有法律障碍。但是,由于预备罪的处罚具有例外性,所以,在甲为了乙实行犯罪实施预备时,只有当乙至少实施了预备行为时,甲才成立预备罪。

(二)从属预备罪与独立预备罪

一般来说,刑法将准备行为作为基本犯罪构成要件行为(实行行为)之前的行为予以规定的情形,就属于从属预备罪;刑法将准备行为规定为独立的犯罪类型时,就属于独立预备罪;

在我国,从属预备罪不是由分则规定,而是由总则规定的。但是,不管从属预备罪是由总则规定还是由分则规定,都存在一个争议问题:从属预备罪的行为是否属于实行行为?例如,甲为了抢劫银行而准备凶器后被查获,其准备凶器的行为是否属于实行行为?否定说认为,预备行为是无定型、无限定的行为,是实行行为之前的行为,因而不符合作为构成要件的实行行为的特点。[6] 肯定说认为,从属预备罪与独立预备罪均有其固有的构成要件,因而也有实行行为。[7] 折中说认为,独立预备罪中存在实行行为,从属预备罪中不存在实行行为。[8] 本书原则上赞成折中说。如果认为从属预备罪的行为也是实行行为,容易导致实行行为概念的混乱;事实上也没有必要将预备犯中的准备行为称为实行行为。[9] 但应注意的是,预备罪的行为是不是实行行为与实行行为能否成立预备罪,是两个不同的问题。倘若承认着手与实行行为的分离,主张实行行为可能存在于着手之前,那

---

〔5〕 参见张明楷:《未遂犯论》,中国法律出版社、日本国成文堂1997年联合出版,第451页以下。

〔6〕 参见[日]大塚仁:《刑法概说(总论)》,有斐阁2008年第4版,第324页。

〔7〕 参见[日]平野龙一:《刑法总论Ⅱ》,有斐阁1975年版,第350~351页。

〔8〕 参见[日]福田平:《刑法总论》,有斐阁2001年全订第3版增补,第251页。

〔9〕 这一点主要与共犯从属性相关联。甲知道乙将要抢劫银行而为其准备凶器时,甲在什么情况下成立预备犯?如果认为甲本人实施了预备罪的实行行为,那么,即使乙没有实施任何行为,甲也成立预备罪。但本书难以赞成这种结论。如上所述,只有当乙至少实施了预备行为时(如携带凶器前往犯罪现场等),才能对甲以预备罪论处。倘若乙着手实行了抢劫行为,甲当然也成立帮助犯。

么,着手之前的实行行为完全可能仅成立预备罪(参见本章第三节)。[10]

独立预备罪中的准备行为,由分则条文规定为构成要件行为,可谓预备行为的实行行为化,或者预备犯的既遂犯化。例如,刑法第120条之二第1款规定:“有下列情形之一的,处五年以下有期徒刑、拘役、管制或者剥夺政治权利,并处罚金;情节严重的,处五年以上有期徒刑,并处罚金或者没收财产:(一)为实施恐怖活动准备凶器、危险物品或者其他工具的;(二)组织恐怖活动培训或者积极参加恐怖活动培训的;(三)为实施恐怖活动与境外恐怖活动组织或者人员联络的;(四)为实施恐怖活动进行策划或者其他准备的。”本款所规定的行为原本是恐怖活动的预备行为,但本款将其规定为独立的犯罪(准备实施恐怖活动罪),不再适用刑法总则关于预备犯的处罚规定。关于独立预备罪,有诸多值得进一步研究的问题。

1. 对于分则条文没有明文规定的预备行为能否适用刑法总则关于从属预备罪的规定?就上述刑法第120条之二第1款而言,已经不存在这样的问题,因为该款第4项规定了“其他准备”。[11] 倘若某个独立预备罪中并未设置诸如“其他准备”的兜底规定,则仍然存在上述问题。本书的看法是,如若刑法分则规定独立预备罪,是为了限制预备罪的处罚范围,那么,对于分则没有明文规定的预备行为就不应当适用刑法总则关于从属预备罪的规定。如果分则规定独立预备罪,是为了扩大预备罪的处罚范围,并且加重对预备罪的处罚,那么,对于分则条文没有明文规定的其他准备行为,就必须适用刑法总则关于从属预备罪的规定。

2. 教唆、帮助他人实施独立预备罪的,应当如何处理?既然预备行为已经被实行行为化,那么,教唆、帮助独立预备罪的行为,当然成立教唆犯与帮助犯。例如,教唆或者帮助他人“组织恐怖活动培训”的,应以准备实施恐怖活动罪的教唆犯、帮助犯论处(当然,以他人实施了组织恐怖活动培训的行为为前提)。

3. 为了实行独立预备行为而实施的准备行为,能否适用刑法总则关于从属预备罪的规定?对此不可一概而论,而是需要具体判断。亦即,需要根据刑法总则关于预备犯的规定,判断具体行为是否值得作为预备犯处罚。例如,为了组织恐怖活动培训,已经联系了讲授人员与参加人员,或者准备了培训场所的,应按照刑法第22条的规定,以预备犯(从属预备罪)处罚。但是,为了准备危险物品而阅读相关书籍或者在网络上查询相关资料的行为,不能认定为预备犯;为了购买凶器而打工挣钱的行为,也不能认定为预备犯。概言之,只有当行为对法益具有一定的抽象危险时,才可能认定为预备犯。

---

〔10〕 我国刑法对预备犯的处罚并非像日本刑法那样以刑法分则明文规定为限,但刑法分则条文对构成要件的描述可能包含了预备行为。例如,根据刑法第198条的规定,即使认为投保人与保险人签订保险合同时故意虚构保险标的的行为就是实行行为,在行为人后来并未向保险人索赔就被发现时,对该行为也只能认定为预备犯。于是,虽然行为人实施了刑法分则所规定的“实行行为”,也仅成立预备犯。预备犯的行为就既包括了预备行为,也包括了部分着手前的实行行为。这有可能造成概念的混乱。另一方面,预备犯之所以包括部分实行行为(如投保人与保险人签订保险合同时故意虚构保险标的的行为),显然是因为这部分“实行行为”实质上只是预备行为。既然如此,不如直接承认刑法分则的某些条文规定了预备行为。基于以上考虑,本书暂且维持以下观点:应当承认我国刑法分则的部分条文规定了预备行为,但不同于独立预备罪,而是在描述实行行为的同时,也描述了部分预备行为。所以,不能认为分则条文规定的行为均为实行行为。

〔11〕 不过,倘若认为第(四)项中的“其他准备”只是本项的兜底规定,而不是本条的兜底规定,依然存在这样的问题。

4. 为他人实行犯罪活动而进行准备的行为是否成立独立预备罪？本书采取有限的肯定说。如前所述，刑法分则所规定的“为了……”包括为了他人。从文理上说，刑法第120条之二第1款第1、3、4项所规定的“为实施恐怖活动”，既包括“为自己实施恐怖活动”，也包括“为他人实施恐怖活动”。所以，承认刑法第120条之二第1款规定的犯罪包括他人预备罪没有文理障碍。但是，倘若甲以为乙将要实施恐怖活动，而为乙准备凶器时，乙根本不实施恐怖活动的，则难以认定甲的行为具有可罚性(属于不能犯)。换言之，在甲为了乙实行恐怖犯罪而实施准备行为时，只有当乙至少实施了恐怖犯罪的预备行为时，甲才成立他人预备罪。

5. 独立预备罪是否存在未遂犯？答案是肯定的。例如，行为人在为实施恐怖活动准备工具的过程中(即还尚未准备就绪时)被查获的，成立准备实施恐怖活动罪的未遂犯。

三、犯罪预备的处罚范围

我国刑法虽然原则上处罚犯罪预备，但在司法实践中，处罚犯罪预备(指从属预备罪)是极为例外的现象。事实上，也应当肯定处罚犯罪预备的例外性。第一，犯罪预备行为不能直接对法益造成侵害结果与具体危险状态，因而对法益的威胁并不紧迫，在通常情况下没有达到值得科处刑罚的程度。第二，犯罪预备行为的外部形态往往是日常生活行为(如行为人购买胡椒粉，打算在抢劫时撒向被害人眼睛)。如果大量处罚犯罪预备，就必然导致原本不是犯罪预备的日常生活行为也受到怀疑，极可能使一些外部形态类似于准备工具的日常生活行为受到刑罚制裁。[12] 第三，在犯罪预备阶段，行为人可能随时放弃犯罪决意。如果广泛地处罚预备行为，反而可能促使行为人着手实行犯罪。

基于以上理由，对犯罪预备的成立范围必须进行严格限制，即只能将实质上值得处罚的预备行为作为犯罪处罚。第一，只有从刑事政策的角度来看，需要尽早预防某些犯罪时，才有必要处罚犯罪预备。换言之，只有当某种预备行为的发展，必然或者极有可能造成重大法益或者大量法益的侵害时，才有必要处罚犯罪预备。第二，只有当行为人的犯罪故意确定，确实将实行某一特定犯罪，并实施了相应的预备行为时，才有必要作为犯罪预备处罚。恐怖主义组织实施的犯罪预备行为，都具备上述特征，应当予以处罚。此外，由于独立预备罪已经被规定为既遂犯罪，所以，不能过于限制独立预备罪的处罚范围，否则会违反刑法的宗旨。

至于不符合犯罪预备一般特征的行为，则绝对不能以犯罪论处。容易与犯罪预备相混淆的是犯意表示。犯意表示一般是指以口头、书面或者其他方法，将真实犯罪意图表现于外部的行为。其特征是：表示人具有真实的犯罪意图；表示人用口头、书面、手势或其他可以让人知晓的方法向他人表露犯罪意图；犯意表示是犯意的单纯流露，不能为犯罪制造条件。因此，犯意表示不成立犯罪。

四、预备犯的处罚原则

刑法第22条第2款规定：“对于预备犯，可以比照既遂犯从轻、减轻处罚或者免除处罚。”这一规定表明，预备犯应受刑罚处罚。但由于预备犯还没有着手实行犯罪，没有造

---

〔12〕 参见[德]冈特·施特拉腾韦特、洛塔尔·库伦：《刑法总论Ⅰ——犯罪论》，杨萌译，法律出版社2006年版，第250页。

成犯罪结果,对法益的侵犯小于既遂犯,故对于预备犯,可以比照既遂犯从轻、减轻或者免除处罚(对于刑法分则规定的独立预备罪,不再适用本规定)。在处罚预备犯时,应注意以下几个问题:

1. 对预备犯裁量刑罚时,"可以"比照既遂犯从轻、减轻或者免除处罚。"可以"是授权性法律规范的表达方式,具有允许、许可的意思,但同时也表明了刑事立法倾向性的意见。因此,在一般情况下,对预备犯得比照既遂犯从轻、减轻或者免除处罚;在特殊情况下,如行为人准备实行特别重大的犯罪、预备行为已经形成了重大危险时(如恐怖主义组织的犯罪预备行为),则可以不予从轻、减轻与免除处罚。

2. 对预备犯裁量刑罚时,可以"比照既遂犯"从轻、减轻或者免除处罚。所比照的既遂犯,应是在不法、责任方面与预备犯向前发展可能形成的既遂犯相同或相似的既遂犯,而不是随意想象的既遂犯。

3. 对于预备犯裁量刑罚时,可以比照既遂犯"从轻、减轻处罚或者免除处罚"。至于究竟是从轻处罚,还是减轻处罚、免除处罚,应当对犯罪预备的整个案件进行综合考察后来决定。主要应考虑的情况有:犯罪预备行为是否已经实施终了,犯罪预备行为可能起到的作用大小等。

4. 为了实行加重犯而预备,由于意志以外的原因未着手实行的,要区分加重犯的类型选择法定刑。如果只是量刑规则性质的加重犯,就只能适用基本犯的法定刑,并同时适用刑法第22条的规定。例如,为了抢劫数额巨大的财物而实施了预备行为,但未能着手实行。倘若该预备行为具有处罚的必要性,就只能适用普通抢劫罪的法定刑(同时适用刑法第22条的规定),而不能适用抢劫财物数额巨大的法定刑。如若为了实现加重的犯罪构成,则应适用加重的法定刑,并同时适用刑法第22条的规定。例如,为了冒充军警人员抢劫而准备了服装、警棍等工具,但未能着手实行。倘若该预备行为具有处罚的必要性,则应适用加重的法定刑(同时适用刑法第22条的规定)。

第三节　犯 罪 未 遂

一、犯罪未遂的处罚根据

刑法第23条第1款规定:"已经着手实行犯罪,由于犯罪分子意志以外的原因而未得逞的,是犯罪未遂。"该条第2款明文规定处罚未遂犯。在结果责任时代,只要造成结果便处罚行为人,所以实行的是客观归罪,通常不处罚犯罪未遂;责任主义的兴起,一方面将故意、过失等作为犯罪成立条件,另一方面也处罚没有造成结果的未遂犯。明确未遂犯的处罚根据,有利于理解犯罪未遂的特征与处罚原则。

客观的未遂论的基本观点是,未遂犯的处罚根据在于发生了法益侵害的客观危险性;即使存在犯罪的意思,但如果没有发生法益侵害的客观危险性,也不能作为未遂犯予以处罚。因为刑法的目的是保护法益,既遂犯是因为行为侵害了法益而受处罚,未遂犯则是因为行为具有侵害法益的危险性而受处罚,故未遂犯都是危险犯。客观的未遂犯论中又存在形式的客观说与实质的客观说。

形式的客观说认为,发生构成要件结果的现实危险性或者实现犯罪的现实危险性是未遂犯的处罚根据;是否具有上述现实危险,则应以各刑罚法规规定的构成要件为基准进行形式的判断。因为作为未遂犯处罚根据的危险,是一种"定型的、类型的危险",故危险的内容应根据构成要件来考察,危险的有无应根据行为是否符合构成要件进行判断。

实质的客观说认为,对法益侵害的危险是未遂犯的处罚根据,是否具有上述危险,应从实质上判断。实质的客观说又分为行为危险说、危险结果说与综合的危险说。行为危险说认为,作为未遂犯处罚根据的危险是"行为的危险"(行为的属性),即行为所具有的侵害法益的危险性。危险结果说认为,作为未遂犯处罚根据的危险是"作为结果的危险",即行为所造成的危险状态。综合的危险说认为,行为的危险与作为结果的危险是未遂犯的处罚根据。因为刑法是保护法益的,只有当行为具有侵害法益的客观危险(作为结果的危险)时,才可能作为犯罪处罚;但作为结果的危险是以行为的危险为前提的,如果没有行为的危险,就没有未遂犯的实行行为。因此,一方面要区分行为的危险与作为结果的危险,另一方面成立未遂犯又同时要求具备二者。如果虽有作为结果的危险,但行为不符合构成要件,不具有行为的危险时,则不能作为未遂犯处罚。

主观的未遂论的基本观点是,未遂犯的处罚根据在于显示出犯罪人的性格危险性的、与法相敌对的犯罪意思;如果某种行为已将这种犯罪意思表现在外部,则未遂犯的意思与既遂犯的意思没有差异;既然如此,未遂犯就应与既遂犯受到同等处罚。这种观点源于主观主义的犯罪理论。主观的未遂论所导致的结论是,不仅未遂犯应与既遂犯同等处罚,甚至预备犯、阴谋犯也应与既遂犯同等处罚。

在德国占支配地位的印象说,被认为是一种折中的学说(在本书看来实际上是主观的未遂犯论)。根据印象说,未遂犯的处罚根据是,行为人已经落实的法敌对意思在客观上动摇了对法秩序效力的信赖、动摇了法安定性的感觉。换言之,之所以处罚未遂犯,是因为行为人以其行为明确地表达他不想遵守法规范,因而使规范的效力恶化或者使人们遵守规范的信赖落空。

有关未遂犯处罚根据的争论,牵涉到一些根本问题:(1)应受处罚的究竟是行为人,还是行为?显然,客观的未遂论认为,刑法处罚的是行为而不是行为人,行为的法益侵害危险性是未遂犯的处罚根据;主观的未遂论认为,刑法处罚的是行为人,故犯罪的意思是未遂犯的处罚根据。(2)刑法所应重视的是社会防卫,还是国民自由的保障?客观的未遂论重视国民自由的保障,在行为没有侵害或者威胁法益的情况下,不得以刑罚处罚国民;主观的未遂论重视社会防卫,有危险性格的人都对社会存在着威胁,故只要发现行为人具有危险性格,就必须处罚。(3)是采取必罚主义,还是采取谦抑主义?客观的未遂论主张刑法谦抑主义,刑法没有必要无遗漏地处罚对社会有害的行为,只能处罚严重侵犯法益的行为。因此,并不是对于任何危害行为的未遂都给予处罚。主观的未遂论倾向于必罚主义,因为刑法的目的是防卫社会,而具有危险性格的人必然危害社会,故对于有危险性格的人必须处罚。[13]

有关未遂犯处罚根据的争论,直接影响对未遂犯的具体问题的看法。例如,关于着手的认定,客观的未遂论主张以行为对法益侵害的危险性达到紧迫程度时为着手;而主观的

〔13〕 参见[日]大沼邦弘:"未遂犯的实质的处罚根据",载《上智大学法学论集》第18卷第1号,第106页以下。

未遂论一般认为,客观行为征表出行为人具有特定的犯罪意思时就是着手。又如,未遂犯与不可罚的不能犯的区别,客观的未遂论坚持以行为有无侵害法益的危险来区分未遂犯与不可罚的不能犯;主观的未遂论基本上不区分未遂犯与不可罚的不能犯,充其量将迷信犯排除在未遂犯之外。

我国刑法第23条第2款规定:"对于未遂犯,可以比照既遂犯从轻或者减轻处罚。"虽然从该文字表述来看,难以断定现行刑法关于未遂犯的规定倾向于什么学说,但从实质上看,本书认为现行刑法采取了客观的未遂论。首先,刑法的目的是保护法益,犯罪的本质是侵犯法益,这是否认主观的未遂论的重要理由。其次,尽管刑法总则对未遂犯的处罚没有规定以分则有明文规定为限,但事实上绝大多数犯罪的未遂都没有作为未遂犯处罚。表面上看,我国刑法没有像德国、日本等国刑法那样规定未遂犯处罚的例外性,但仔细比较就会发现,德国、日本刑法对未遂犯的处罚范围实际上宽于我国刑法。例如,对于一些常见犯罪(如盗窃、诈骗),德国、日本刑法处罚未遂,而我国刑法则有限制地处罚未遂。又如,对于其他一些具体犯罪,德国、日本刑法处罚未遂,而在我国刑法中只有造成严重结果、情节严重或者数额较大才成立犯罪。由此可见,在我国,表面上任何一种故意犯罪都有成立未遂犯的可能性,但事实上并非如此。换言之,刑法文字上似乎处罚所有故意犯罪的未遂,但实际上未遂犯的处罚具有例外性。这种例外性,说明我国刑法采取了客观的未遂论。[14] 最后,关于着手的理解与认定,刑法理论与审判实践上并没有采取主观说。此外,虽然我国刑法规定,对于未遂犯"可以"从轻或者减轻处罚,但它表明了刑事立法的倾向性意见,即在通常情况下,对于未遂犯得比照既遂犯从轻或者减轻处罚。这也排除了主观的未遂论。

具体而言,本书采取实质的客观说中的危险结果说。形式的客观说事实上将构成要件作了形式的理解,进而可能将没有法益侵害的行为也作为未遂犯处罚。犯罪预备行为,也具有侵害法益的危险,如果将行为本身的危险作为未遂犯的处罚根据,就可能导致将预备犯作为未遂犯处罚,故本书不采取实质的客观说中的行为危险说。造成了危险结果的行为当然是具有法益侵害危险的行为,既然将危险结果作为未遂犯的处罚根据,就没有必要同时将行为的危险作为处罚根据,所以,本书不采取综合的危险说。印象说虽然建立在积极的一般预防理论基础之上,但同时也是以德国刑法明文规定处罚不能犯的未遂为根据的。而且,由于在具体案件中难以认定某种行为是否使规范的效力恶化或者使人们遵守规范的信赖落空,故印象说难以对犯罪未遂的认定起指导作用。不仅如此,印象说虽然被认为是一种折中学说,但实质上属于主观的未遂犯理论。有鉴于此,本书不采取印象说。

二、犯罪未遂的特征

根据刑法第23条第1款的规定,犯罪未遂必须具备以下特征。

(一)已经着手实行犯罪

我国刑法理论一般认为,着手是实行行为的起点,标志着犯罪行为进入了实行阶段,表明行为人所实施的行为是实行行为。这种观点大体是成立的。不可否认,着手标志着预备阶段已经结束,但着手不是预备行为的终点,因为许多犯罪在预备行为实施终了后,

---

〔14〕 详细论述参见张明楷:《刑法的基本立场》,中国法制出版社2002年版,第198页。

由于某种原因还没有着手实行犯罪。但是,着手是划定未遂犯的处罚时期的概念,甚至可以说是将某种行为作为未遂犯处罚的根据。[15] 对于既遂犯而言,根本不需要讨论着手问题;就没有既遂的案件讨论着手,就是为了判断该行为是否值得作为未遂犯处罚。

1. 关于着手的学说

关于着手及其认定,国外刑法理论上存在许多不同学说:[16]

主观说是新派的观点,认为犯罪是行为人危险性格的发现,故行为人意思的危险性或者说犯罪意思被发现时就是着手;也有人认为,当行为表示出行为者的犯罪意思没有二义的、不可能取消的确实性时,就是着手;还有人认为,当行为已经可以被理解为违背了规范时,就是着手。但主观说的不合理至为明显:(1)理论的破绽。即一方面主张根据行为人的意思的危险性认定着手,另一方面实际上暗中在客观方面谋求着手的认定。(2)标准的含糊。如果在认定着手时重视主观的要素,那么就丧失了着手所具有的区分未遂与预备的分水岭的机能。(3)着手的提前。根据主观说,为了盗窃而将办公室窗户玻璃打破的行为就是盗窃罪的着手;以抢劫目的携带凶器进入他人住宅时就是抢劫罪的着手。因为在这种场合,各行为人的犯意已经明显地表现于外部。但这种结论难以被人接受。(4)根基的错误。主观说将行为人的危险性格作为未遂犯的处罚根据或对象,要么以社会防卫为重点,要么采取的是将刑罚理解为教育即善的乐观主义,因而容易侵犯公民自由。

形式的客观说(也称定型说)认为,着手以实施一部分符合构成要件的行为(显示构成要件特征的行为)为必要,而且以此为足。德国也有学者认为,如果行为人的外部举止已经征表了实现构成要件的开端,就是着手。

实质的客观说分为实质的行为说与结果说。实质的行为说认为,开始实施具有实现犯罪的现实危险性的行为时就是着手。与形式的客观说一样,实质的行为说基本上重视行为无价值。结果说则认为,当行为发生了作为未遂犯的结果的危险性(危险结果)时,即侵害法益的危险达到紧迫程度时,才是着手。结果说重视结果无价值。事实上,就一般犯罪的着手而言,实质的行为说与结果说得出的结论没有区别,只是在隔离犯的场合,二

---

〔15〕 关于实行行为与实行的着手或者着手实行之间的关系,日本刑法理论有以下几种观点:第一种观点认为,实行行为 = 实行的着手 = 未遂犯的成立。据此,只要着手就意味着有实行行为(也可以说,只要有实行行为,就意味着有着手),因而成立未遂犯。第二种观点认为,实行行为 = 实行的着手,但是实行行为与未遂犯的成立相分离。故此,虽然有着手就有实行行为,或者有实行行为就有着手,但是成立未遂犯还需要具备"紧迫的危险"这一不成文的要素。第三种观点认为,实行的着手 = 未遂犯的成立,但是实行行为与实行的着手相分离。因此,有实行行为不等于有实行的着手(参见金光旭:"日本刑法中的实行行为概念",载于改之、周长军主编:《刑法与道德的视界交融》,中国人民公安大学出版社 2009 年版,第 136 页以下)。如果从未遂犯的处罚根据上考虑,笔者原则上赞成第三种观点。因为"实行的着手时期,应当是产生结果发生的危险的时期。所以,实行的着手是划定未遂犯的处罚时期的时间性概念"([日]西田典之:《刑法总论》,弘文堂 2010 年第 2 版,第 301 页)。于是,实行的着手既可能前置于实行行为,也可能后置于实行行为。例如,盗窃罪的实行行为是将他人占有的财物转移给自己或者第三者占有,但是,行为人进入他人办公室后开始物色财物时,就会被认定为盗窃罪的着手,这是实行的着手置前于实行行为的情形(物色财物在转移财物之前)。又如,行为人从甲地邮局寄送毒药给乙地的被害人。在甲地寄送毒药的行为虽然是杀人罪的实行行为,但只有当毒药寄送到被害人时乃至被害人开始利用时才有可能认定为故意杀人罪的着手(到达与利用在寄送行为之后)。

〔16〕 参见张明楷:《未遂犯论》,中国法律出版社、日本国成文堂 1997 年联合出版,第 51 页以下;[德]乌尔斯·金德霍伊泽尔:《刑法总论教科书》,蔡桂生译,北京大学出版社 2015 年版,第 297 页以下。

者的结论可能存在差异。例如,行为人通过邮局将毒药寄给外地的某人,希望某人饮用后死亡。实质的行为说一般认为,行为人在寄送毒药时就已经着手,因为该行为本身具有致人死亡的危险(寄送主义)。但结果说往往认为,只有当被害人收到毒药或者开始使用毒药时才产生紧迫的危险,此时才能认定为着手(到达主义、被利用者标准说)。

折中说中存在不同的观点。其中主观的折中说认为,应以行为人的"整体的计划"为基础,对构成要件的保护法益造成直接危险的行为明确地表现出行为人的犯罪意思时,就是着手。客观的折中说认为,行为是主客观的统一体,实行的着手也必须从主客观两个方面认定。因此,在故意犯罪的场合,主观上具有实现构成要件的意思(构成要件的故意),客观上实施一部分符合构成要件的行为时,就是着手。根据折中说,在判断行为侵害法益的危险性时,必须考虑行为人的犯罪计划;而考虑的结果是,不仅犯罪故意决定法益侵害的危险性,而且比犯罪故意更为具体的犯罪计划也决定法益侵害的危险性。于是,只有完全查明、证实了行为人的犯罪计划,才可能认定着手;然而,一旦不能证实行为人的犯罪计划,折中说就没有实践意义。此外,还有一种折中说认为,倘若按照行为计划,在行为人的行为与构成要件的实现之间不存在进一步的实质性中间步骤,使得其他人可以将这个事实发生过程统一起来把握时,就是着手。但是,如何理解和判断"实质性中间步骤"是一个重大疑问。例如,根据这种观点,为了入户盗窃而打死被害人家里的狗就是盗窃罪的着手。可是,盗窃罪构成要件的实现还需要行为人实施窃取行为。在打死狗与盗窃罪构成要件的实现之间还需要实质性中间步骤。

我国刑法理论的传统观点认为,所谓着手,就是开始实行刑法分则所规定的某一犯罪构成客观要件的行为。这可谓形式的客观说,但这一学说存在疑问:首先,没有从实质上说明什么是着手,说着手是实行行为的开始,实行行为是符合刑法分则所规定的构成要件的行为,只有开始实施符合分则规定的构成要件的行为时才是着手,似乎不存在逻辑上的缺陷,但问题在于:什么行为才是符合刑法分则规定的构成要件行为?形式的客观说却没有给予任何回答,因此,在许多情况下仍然不明确何时为着手。例如,根据传统观点,就故意杀人罪而言,开始实施分则规定的杀人行为为着手;就盗窃罪而言,开始实施分则规定的盗窃行为是着手。可是,究竟什么行为才是分则规定的杀人行为与盗窃行为,传统观点并没有给出任何答案。其次,在有些情况下,采取形式的客观说,会使着手提前。例如,刑法第198条规定的保险诈骗罪的客观要件中包括"故意造成财产损失的保险事故,骗取保险金"。根据形式的客观说,行为人制造保险事故的,就是保险诈骗罪的着手。[17] 但这使着手过于提前。在某些情况下,形式的客观说又可能使着手过于推迟。例如,根据该说,故意杀人的,扣动扳机时才是着手。实际上,瞄准被害人时就已经是杀人罪的着手了。[18]

---

〔17〕 如前所述,按照本书的观点,我国刑法分则的一些条文实际上规定了预备行为。例如,刑法第196条第3款规定:"盗窃信用卡并使用的,依照本法第二百六十四条的规定定罪处罚。"盗窃信用卡只是使用信用卡的预备行为(当然,入户盗窃、携带凶器盗窃、扒窃信用卡构成盗窃罪的,是另一回事)。正因为如此,在司法实践中,对于盗窃信用卡并使用的,根据行为人盗窃信用卡后使用的数额认定其盗窃数额。再如,刑法第265条规定:"以牟利为目的,盗接他人通信线路、复制他人电信码号或者明知是盗接、复制的电信设备、设施而使用的,依照本法第二百六十四条的规定定罪处罚。"应当认为,只有使用盗接的通信线路或者使用复制的电信码号时,才是盗窃罪的着手。单纯盗接他人通信线路、复制他人电信码号的行为,只是盗窃的预备行为[参见张明楷:《刑法分则的解释原理》(上),中国人民大学出版社2011年第2版,第492页以下]。

〔18〕 参见[日]平野龙一:《刑法总论Ⅱ》,有斐阁1975年版,第313页。

本书采取结果说。如前所述,其中的结果包括法益侵害的紧迫危险,故也可以表述为危险结果说。犯罪的本质是侵犯法益,故没有侵犯法益的行为不可能构成犯罪,当然也不可能成立未遂犯。不仅如此,即使某种行为具有侵害法益的危险,但这种危险非常微小时,刑法也不可能给予处罚。另一方面,刑法处罚犯罪预备行为,而预备行为也具有侵害法益的危险。因此,犯罪未遂只能是具有侵害法益的紧迫危险的行为;故侵害法益的危险达到紧迫程度(发生危险结果)时,就是着手。换言之,只有当行为产生了侵害法益的具体危险状态时,才是着手。所以,未遂犯都是具体的危险犯。至于何种行为具有侵害法益的紧迫危险,则应根据不同犯罪、不同案件的具体情况综合判断。例如,要考察行为是否已经接触或者接近犯罪对象,行为人是否已经开始使用为着手实行犯罪而准备的工具,[19]是否开始利用了所制造的条件,所实施的行为是否需要其进一步的行为就可以造成侵害结果(过程的自动性、时间的紧迫性),如此等等。例如,保险诈骗中造成保险事故的行为,只是为诈骗保险金创造了前提条件;如果行为人造成保险事故后并未到保险公司索赔,保险金融秩序与保险公司的财产受侵害的危险性并不紧迫;行为人到保险公司索赔的行为或提出支付保险金的请求时,才是保险诈骗罪的着手。为了达到与被害妇女性交的目的,投放恐吓信的行为,尽管存在胁迫行为,但还不是强奸罪实行行为的着手;只有接触或者接近被害人并开始实施了暴力或者胁迫行为时,才可能认定为强奸罪的着手。为了诈骗公私财物而伪造文书的,伪造文书的行为本身不可能使财产处于紧迫的危险之中,因而是预备行为,开始使用所伪造的文书实施欺诈行为时,才是诈骗罪的着手。

2. 几种类型的犯罪的着手

不可否认的是,危险结果说与形式的客观说,就具体的即成犯而言,大多得出的是相同结论。因为在即成犯的场合,实行行为与危险结果通常是一致的。但是,在隔离犯、间接正犯、不作为犯等场合,危险结果说与形式的客观说会得出不同的结论。

(1)隔离犯的着手。例如,甲乘乙出差之机,溜进乙的住宅,在乙的药酒中投放了毒药。根据形式的客观说,甲开始投放毒药时就是杀人的着手。但本书认为,虽然甲投放毒药后,其自然的、物理的行为已经终了,但是,只有在乙将要喝有毒药酒时(被利用者标准说),才产生杀人的紧迫危险。诚然,作为处罚对象的行为,是甲投放毒药的行为,但是,着手时期应当是产生危险结果之时,因为着手是划定未遂犯的处罚时期的概念。再如,A为了杀害B,于2015年8月1日中午通过邮局将有毒食物从甲地寄给乙地的B,B于8月3日中午收到但没有打开邮件,8月6日中午B正要食用时发现异味而将有毒食物扔弃。形式的客观说会采取寄送主义,即A于8月1日中午寄送时就是杀人的着手。但这种观点明显使着手提前,为本书所不采。危险结果说既可能采取到达主义(8月3日中午为着手),也可能采取被利用者标准说(8月6日中午为着手)。应当认为,只有当B准备或者

---

〔19〕 在预备行为中使用工具的,当然不可能认定为着手。

开始食用有毒食品时,才产生死亡的紧迫危险,故被利用者标准说是合适的。[20] 但应注意的是,如只是行为人以杀人故意邮寄爆炸物之类等案件,由于爆炸物具有随时爆炸的危险,故不能一概采取到达主义或被利用者标准说,应认为寄送时就是着手。

(2)间接正犯与原因自由行为的着手。例如,甲令精神病患者乙窃取他人财物。根据形式的客观说,当甲对乙说“你将某某人的钱包拿来”时,就是盗窃罪的着手(利用行为说)。但根据本书的观点,只有当乙现实地开始盗窃时,才能认定甲着手实行盗窃(被利用行为说)。因为只有当乙现实地实施盗窃行为时,才产生侵害财产的紧迫危险。基于同样的理由,在原因自由行为的场合,应当以行为人实施结果行为、造成了危险结果时为着手,而不是开始实施原因行为(如饮酒)时为着手。

(3)不真正不作为犯的着手。关于不真正不作为犯的着手,国外刑法理论上存在争议。第一种观点认为,在行为主体(作为义务人、保证人)具有作为可能性的最初阶段认定着手,因为对行为主体的命令存在于可以防止结果发生的最初阶段。如母亲为了使婴儿饿死而首次不喂奶时,就是着手。这基本上是主观主义的观点,为本书所不取。第二种观点认为,可以防止结果发生的最后阶段是着手,因为只需要保证人在最后防止结果发生即可。这种观点过于推迟了不作为犯的着手时期。第三种观点认为,延迟履行作为义务,给被害人造成直接危险或者使原来的危险增大时,才构成未遂,所以,在法益面临急迫并具体的危险时仍然不作为而导致结果可能发生时,就是不真正不作为犯的着手。[21] 本书原则上赞成第三种观点,即不履行义务的行为导致法益产生了紧迫危险(危险结果)时,是不真正不作为犯的着手。

(4)结合犯的着手。结合犯也可能成立未遂犯。刑法第240条第1款第3项对“奸淫被拐卖的妇女”的结合犯规定了加重的法定刑。由法条表述可以看出,行为人先实施拐卖行为后实施强奸行为的,就属于拐卖妇女罪与强奸罪的结合犯(但仍然认定为拐卖妇女罪),其中便存在未遂犯。例如,甲的计划内容是,先以实力控制妇女乙,然后使用暴力强奸乙,最后将乙出卖给丙。在这种情况下,只有当甲着手实施强奸行为时,才能适用刑法第240条第1款第3项的规定;如果强奸未得逞,则是结合犯的未遂犯,同时适用刑法总则关于未遂犯的规定。所以,在结合犯中,行为人着手实行后罪时,才是结合犯的着手。

(5)一连串行为的着手。行为人为了实现构成要件的结果,计划了一连串的行为时,应当如何认定着手?例如,甲为了杀害乙,计划首先将乙关在房间里,然后利用煤气使乙昏迷,最后勒乙的脖子。对此,应当在什么时间点认定为杀人的着手?再如,A为了使B体内积累毒素而死亡,打算分四次向B的食物中投放毒药。能否认定第一次投放毒药时

---

〔20〕 就这类隔离犯采取被利用者标准说认定着手时,可以溯及性地认定起初的寄送行为是实行行为,于是实行行为在着手之前(类似情况如,行为人犯盗窃罪,为抗拒抓捕而当场使用暴力或者以暴力相威胁的,按照刑法第269条的规定成立事后抢劫。可是,单纯的暴力与暴力威胁不具有财产犯罪的性质,但也只有当行为人开始实施暴力或者以暴力相威胁时,才能将作为前行为的盗窃行为理解为事后抢劫的实行行为,才能解释事后抢劫的财产犯罪性质。如果行为人没有实施暴力或者以暴力相威胁,则先前的盗窃行为不可能成为事后抢劫的实行行为)。而且,在这种隔离犯的场合,只要行为人在实施寄送行为时具备责任能力、故意等责任要素即可,不要求在到达时、被害人利用时具备责任要素。但是,倘若行为人寄送毒药后,并没有到达被害人手中,被害人并没有利用,则不能认定为故意杀人罪的着手。此时,也没有必要将先前的寄送行为认定为实行行为,而是作为杀人预备处理即可。

〔21〕 参见[韩]李在祥:《韩国刑法总论》,韩相敦译,中国人民大学出版社2005年版,第325页。

就是着手?对此,首先要判断行为从什么时候起具有导致结果发生的紧迫危险,其次要判断行为人是否认识到该行为会发生结果。换言之,只要行为具有导致结果发生的紧迫危险,而且行为人具有通过(利用)该行为实现结果的意思,就应认定为着手,而不能完全按照行为人的计划认定着手。[22] 据此,上述甲将乙关在房间时还不是杀人的着手,但利用煤气使乙昏迷时,则是杀人的着手。同样,如果A第一次投毒行为就有致人死亡的紧迫危险,就应认定第一次投毒时已经是杀人的着手;如若第一次只是投放了微量毒药,不足以致人死亡,则不能认定为着手,因而需要判断第二次投毒行为的危险性,然后得出妥当结论。

(二)犯罪未得逞

犯罪未得逞是犯罪未遂与犯罪既遂相区别的基本标志。在此意义上说,已经着手却又没有既遂的,就是犯罪未得逞。显然,既遂与未遂的区分,一方面取决于对犯罪构成的理解,另一方面只是文字表述问题。

首先,如果认为刑法规定的犯罪构成以既遂为模式,那么,犯罪既遂就完全符合犯罪构成,犯罪未得逞则不完全符合犯罪构成。如果认为刑法规定的犯罪构成以成立犯罪(包括犯罪未遂)为模式,则犯罪未得逞也是完全符合犯罪构成的行为。我国刑法理论的传统观点认为,犯罪未得逞,是指犯罪行为没有具备刑法分则规定的某一犯罪构成的要件,或者说犯罪行为没有齐备具体犯罪构成的全部要件。但是,这种观点存在问题。一方面,即使认为刑法规定的犯罪构成以既遂为模式,也不能认为未遂犯不符合犯罪构成。因为犯罪构成是认定犯罪的法律根据,犯罪未遂也是犯罪,也必须符合犯罪构成。所以,即便按照传统理论,也只能说未得逞是指未符合以既遂为模式的犯罪构成,却符合了未遂犯的犯罪构成的情形。但这种同义反复的表述没有意义。另一方面,没有完全齐备具体犯罪构成的全部要件的行为多种多样,例如,行为致人死亡,但行为人主观上没有故意、过失时,也没有齐备故意杀人罪的责任要素,但这种行为并不是犯罪未遂。所以,不直接说明"没有齐备具体犯罪构成的全部要件"的具体内容,也是没有现实意义的。

其次,除上述"没有齐备"说之外,刑法理论就犯罪未得逞还有多种表述。如有的说,犯罪未得逞,是指没有发生法律所规定的犯罪结果;有的说,犯罪未得逞,是指没有达到犯罪人主观上的犯罪目的(指直接故意的意志因素);有的说,犯罪未得逞,是指犯罪人所追求的、受法律制约的犯罪结果没有发生。然而,任何观点都认为,故意杀人罪的未得逞,是指没有发生死亡结果;故意伤害罪的未得逞,是指没有发生伤害结果;强奸罪的未得逞是指没有插入性器官。因为这些犯罪的既遂标准没有争议,相应地,未得逞的认定标准也没有疑问。至于放火罪、盗窃罪何时既遂,历来存在争议,相应地,对未得逞的认定也存在分歧。但是,在讨论具体犯罪的未得逞时,关于未得逞的各种观点,未必能贯彻自己的学说。例如,关于盗窃罪的既遂标准,是采取失控说、控制说,还是采取失控或者控制说、失控加控制说,这是难以用"行为是否齐备了构成要件"、"结果是否发生"、"犯罪目的是否实现"的标准进行判断的。而且,对未得逞采取不同观点的人,完全可能得出相同的结论。所以,关于未得逞的各种观点,恐怕只是文字表述上的差异,未必具有实质意义。

再次,没有疑问的是,犯罪未得逞,是指犯罪没有达到既遂。换言之,着手实行后没有

---

[22] 参见[日]山中敬一:《刑法总论》,成文堂2015年第3版,第778页。

既遂的，都是犯罪未得逞。因为“未得逞”本身就是一个消极要件。换言之，只要已经着手，既不是自动中止犯罪又没有既遂的，就属于犯罪未遂。在此意义上说，争论何谓“未得逞”没有重要意义。讨论具体犯罪的既遂标准，才是意义所在。

如果要对未得逞作一般性的界定，那么，本书认为，犯罪未得逞，一般是指没有发生行为人所希望或者放任的、实行行为性质所决定的侵害结果。(1)本书认为，直接故意犯罪与间接故意犯罪，都可以成立犯罪未遂，故行为人放任的侵害结果没有发生时，可能成立间接故意的犯罪未遂。(2)行为人所追求、放任的结果应限定于实行行为的性质本身所能导致的结果，即实行行为的逻辑结果。例如，故意杀人罪的逻辑结果是致人死亡，即使行为人还打算碎尸，碎尸也不是故意杀人罪的逻辑结果。在行为人的计划是杀人碎尸的场合，即使致人死亡后未能碎尸，也成立故意杀人既遂。在此意义上说，未得逞的认定受到构成要件的制约。(3)未得逞是指行为人希望、放任发生的危害结果没有发生，即故意的意志因素没有实现；不包括没有实现刑法分则“以……目的”的情况，即不包括没有实现目的犯中的目的的情况；换言之，目的犯中的目的是否实现，不影响犯罪既遂的成立(刑法第175条除外)。(4)由于未遂犯是具体的危险犯，存在危险结果(或未遂犯的结果)，所以，就侵害犯而言，发生了危险结果但没有发生侵害结果时，才是未得逞。(5)在抽象的危险犯的场合，刑法鉴于法益的重大性等原因，用另一种侵害结果替代了抽象危险的认定。只有发生替代的侵害结果，才能认定为犯罪既遂；没有发生替代的侵害结果，则是未得逞。例如，盗窃枪支、弹药罪是公共危险犯，也是抽象的危险犯。但是，只要发生了行为人控制枪支、弹药的侵害结果，就认为盗窃枪支、弹药罪已经既遂；否则便是未得逞。再如，危险驾驶中的醉酒驾驶，行为人在道路上醉酒驾驶机动车的事实，既是征表抽象危险的事实，也是构成要件的结果，应认定为犯罪既遂；在道路上发动了机动车但还没有行驶就被制止时，则是未得逞。(6)具体的危险犯可分为两种情况：第一，刑法分则条文将具体危险类型化为替代的侵害结果，在这种情况下，没有发生侵害结果的，就是未得逞。例如，刑法第127条第1款后段规定的“盗窃、抢夺毒害性、放射性、传染病病原体等物质，危害公共安全”的犯罪，一方面要通过考察行为方式、行为对象等是否具有危害公共安全的具体危险，另一方面，如果行为人窃取、夺取了上述物质，则发生了替代的侵害结果。如果已经着手实行盗窃、抢夺行为，且发生了具体的公共危险，但没有控制上述物质的，则属于未得逞。第二，刑法分则条文对具体危险犯与加重结果规定了独立的法定刑，但没有将具体危险类型化为侵害结果。如放火罪、破坏交通工具罪等，刑法条文按行为是否造成了严重后果规定了不同的法定刑。在危害公共安全的放火行为、破坏交通工具的行为，没有造成严重后果时，由于刑法对其规定了独立的法定刑(参见第114条、第116条)，故不能适用未遂犯的处罚规定。在此意义上说，这种具体的危险犯不存在犯罪未遂问题。[23] 从与侵害犯的比较来说，也可以认为，刑法对原本为未遂犯的具体危险犯，规定了独立的法定刑，故不再适用总则关于未遂犯的处罚规定。但是，由于刑法并没有将具体危险类型化为侵害结果，导致中止犯的成立范围具有特殊性。质言之，虽然发生了具体危险，但行为

---

〔23〕 例如，如果没有对公共安全产生具体危险，就不成立放火、破坏交通工具等罪。如果认为没有发生具体危险时，成立放火罪、破坏交通工具罪的未遂，必然扩大放火、破坏交通工具等罪的处罚范围。

人自动防止侵害结果发生的,应认定为犯罪中止。[24] 如果认为这种具体危险犯已经既遂,就必然否认中止犯的成立,或者认为既遂之后可以中止,但本书难以赞成这样的结论。[25]

最后,并不是只要在形式上发生了"侵害结果"的均不属于"未得逞"。在侵害结果必须经由特定因果过程而造成的犯罪中,倘若某种结果不是经由特定因果过程而造成的,应认定为"未得逞"。例如,在抢劫罪中,只有在暴力、胁迫等行为压制被害人的反抗后取得财物,才能认定为既遂。如果暴力、胁迫行为并没有压制被害人反抗,而是趁被害人没注意时取走财物的,只能认定为抢劫未遂与盗窃罪。再如,被告人以强奸故意从后面扑向L女士,将其拽倒在地,并造成轻微伤。L看出被告人的意图后,由于害怕更严重的伤害,就佯称自己很长时间没有性行为,愿意与被告人性交。被告人信以为真,认为先前使用的暴力已经不再起作用,而是L女士自愿与自己性交,后来在与L性交的过程中,L没有任何反抗。表面上看,被告人已经得逞,但是,在强奸罪中,只有当奸淫行为违反被害人意志,且行为人也明知奸淫行为违反被害人意志时,才能成立强奸既遂。本案中,被告人在性交时缺乏强奸的故意,所以只能认定为强奸未遂。[26]

还需要说明的是,"未得逞"只是未遂犯中的表面的要素,而不是为不法、责任提供根据的要素。所以,在不能查明行为是否造成了法益侵害结果时,必须将"未得逞"作为未遂犯的表面的构成要件要素,从而合理地认定未遂犯。例如,甲、乙二人在互不知情的情况下向丙开枪,其中一枪击中丙的头部,另一枪击中丙的心脏。事后虽能证明两枪均足以立即致人死亡,但无法进一步证明究竟谁击中何处以及哪一枪先击中被害人。[27] 显然,如果能够证明甲先击中被害人,那么,乙仅成立故意杀人未遂;反之亦然。易言之,甲、乙二人既都有成立杀人既遂的可能性,也都有成立杀人未遂的可能性。但是,倘若认为,只有确实证明甲、乙的行为"未得逞"时才能认定为杀人未遂,那么,对甲与乙的行为既不能认定为杀人既遂,也不能认定为杀人未遂。这显然违背常理,导致某种行为之所以不构成轻罪(未遂犯),是因为该行为可能构成重罪(既遂犯)。事实上,只要将"未得逞"解释为未遂犯的表面的构成要件要素,即已经着手实行犯罪,由于犯罪分子意志以外的原因没有既遂的,就可以认定为犯罪未遂。所以,即使不能确实证明上例中的甲、乙"未得逞",也应认定甲、乙均成立故意杀人未遂。由此看来,与其争论"未得逞"的含义,不如讨论具体犯罪的既遂标准。

---

〔24〕 例如,甲为了使火车倾覆、毁坏,便将一块大石头搬运到火车来往较为频繁的铁轨上,然后坐在一旁观望;但在火车到来之前突然悔悟,立即将石头搬走,防止了事故发生。应认定甲的行为成立犯罪中止。

〔25〕 有人认为,在行为人将石头搬到铁轨上后,就是刑法第117条的破坏交通设施罪的既遂,如果行为人在火车到来之前自动将石头搬走,防止了事故发生,则是刑法第119条的破坏交通设施罪的中止。于是,行为成立破坏交通设施罪的中止与既遂的竞合。可是,如果按刑法第119条的中止犯处理,认定行为构成刑法第117条的既遂犯就没有意义;如果按刑法第117条的既遂犯处理,就否认了认定为刑法第119条的中止犯的意义。此外,既然重罪的中止包含了轻罪的既遂犯,就不可能对该中止犯免除处罚。但这样的结论也不利于鼓励行为人中止犯罪。

〔26〕 参见[德]克劳斯·罗克辛:《德国最高法院判例·刑法总论》,何庆仁、蔡桂生译,中国人民大学出版社2012年版,第151页以下。

〔27〕 这是德国学者考夫曼(Arthur Kaufmann)设想的案例。参见蔡圣伟:《刑法问题研究(一)》,元照出版公司2008年版,第4页。

（三）犯罪未得逞是由于犯罪人意志以外的原因

犯罪人意志以外的原因，是指始终违背犯罪人意志的，客观上使犯罪不可能既遂，或者使犯罪人认为不可能既遂从而被迫停止犯罪的原因。在犯罪未遂的情况下，行为人希望、放任发生侵害结果的意志并没有改变；之所以没有发生行为人所希望、放任的结果，并非由于行为人放弃犯罪，而是某种原因使得行为人希望、放任的结果没有发生。换言之，只要不是行为人自动放弃犯罪或者自动有效地防止犯罪结果发生，就属于犯罪人意志以外的原因。具体地说，意志以外的原因包括三种情况：

第一，抑止犯罪意志的原因。即某种事实使得行为人认为自己客观上已经不可能继续实行犯罪，从而被迫停止犯罪。在这种情况下，对于是否继续实行犯罪，行为人主观上没有选择余地，只能被迫放弃犯罪。例如，行为人入户抢劫时，忽然听到警笛声，以为警察来抓捕自己，便被迫逃离现场。即使该车实为救护车或者虽是警车却并非来抓捕行为人的，但由于行为人认为自己客观上已经不可能继续实行犯罪，仍然属于意志以外的原因。

第二，抑止犯罪行为的原因，即某种情况使得行为人在客观上不可能继续实行犯罪。例如，行为人正在实行犯罪时，被第三者发现而制止、抓获。

第三，抑止犯罪结果的原因。即行为人已将其认为应当实行的行为实行终了，但某种情况阻止了侵害结果的发生。例如，行为人将被害人打昏后拖入水中，以为被害人必死无疑，但适逢过路人将被害人抢救脱险。

三、犯罪未遂的成立范围

在刑法理论上，哪些犯罪具有成立未遂犯的可能性，尚有研究的余地。需要研究的是结果加重犯、不作为犯、行为犯、企行犯以及加重的构成要件与量刑规则。

（一）结果加重犯

结果加重犯是否存在未遂，在国外存在激烈争论。持否定说的学者认为，结果加重犯以发生加重结果为成立条件，发生加重结果则成立结果加重犯，没有发生加重结果则不成立结果加重犯，也无结果加重犯的未遂。但更多的学者持肯定说，理由却各不相同。有人认为，对加重结果持故意时，如果没有发生加重结果就是结果加重犯的未遂。如行为人意欲造成妇女重伤以便奸淫，行为人虽然奸淫了妇女，但并没有造成妇女重伤。有人认为，发生了加重结果但没有发生基本结果时，就是结果加重犯的未遂。例如，行为人给被害妇女造成了重伤，但未能奸淫被害妇女。有人认为，结果加重犯是故意犯与过失犯的复合体，过失犯在观念上存在未遂，故结果加重犯有未遂。〔28〕

本书认为，肯定说的前两种主张值得借鉴。（1）我国的结果加重犯存在不同情况，有的对加重结果仅要求过失，有的对加重结果既可以是故意也可以是过失。在行为人故意造成加重结果却没有发生加重结果的情况下，成立“结果加重犯的未遂”（适用结果加重犯的法定刑，同时适用总则关于未遂犯的处罚规定）。例如，行为人以非法占有为目的故意将被害人杀死后立即取走财物的，成立抢劫罪。〔29〕 但如果行为人没有造成他人死亡与

---

〔28〕 参见张明楷：《未遂犯论》，中国法律出版社、日本国成文堂1997年联合出版，第16页以下。

〔29〕 参见最高人民法院2001年5月23日《关于抢劫过程中故意杀人案件如何定罪问题的批复》。应当认为，这种行为成立抢劫罪与故意杀人罪的想象竞合犯。

重伤,则应认定为结果加重犯的未遂,否则就与故意杀人罪不协调。[30] (2)我国的结果加重犯与基本犯成立的是相同罪名,而非不同罪名,故在造成了加重结果但基本犯未遂的情况下,可以认定为结果加重犯的既遂,但必须承认基本犯未遂。行为人故意造成了被害妇女的重伤,但未能奸淫被害妇女时,虽然是结果加重犯的既遂,但应同时肯定基本犯的未遂。[31] 这种情形称为“未遂的结果加重犯”。问题在于,在这种情况下,是否适用总则关于未遂犯的处罚规定。本书认为,由于我国的法定刑较重,宜适用总则关于未遂犯的规定,可以根据结果加重犯的法定刑从轻或者减轻处罚。但需要说明的是,由于这类行为可能同时触犯其他罪名,进而成立想象竞合犯,故需要权衡法定刑的选择与量刑情节的适用形成的处罚轻重,正确决定应当适用的法定刑。例如,甲以强奸故意对被害妇女实施伤害行为,且过失造成了死亡结果,但由于意志以外的原因未能实施奸淫行为。由于该行为触犯了故意伤害(致死)罪,故成立故意伤害(致死)罪与强奸罪(未遂的结果加重犯)的想象竞合。虽然二者的法定刑相同,但由于对前者不需要适用未遂犯的规定,故应适用故意伤害(致死)罪的法定刑处罚;而不应适用强奸致死的法定刑同时适用未遂犯的处罚规定。再如,A 为了抢劫财物而杀死 B,但由于意志以外的原因未能取得财物。就抢劫罪而言,是结果加重犯的既遂、基本犯的未遂。但是,由于该行为同时触犯了故意杀人罪,根据想象竞合犯的处理原则,认定行为成立数罪,但最终应适用故意杀人罪的法定刑,并且不适用未遂犯的处罚规定。

由于结果加重犯存在未遂,而结果加重犯与基本犯同属一个罪名,因而结果加重犯以及类似犯罪,存在着基本犯既遂而加重犯未遂、基本犯既遂而结合犯未遂的情形。例如,甲故意以杀人为手段实施抢劫行为,虽然取得了财物但没有致人死亡的,抢劫罪的基本犯既遂,但结果加重犯是未遂。又如,丙在拐卖妇女的过程中强奸妇女(参见刑法第 240 条),拐卖妇女罪既遂,但强奸行为未遂。由此可见,在我国,犯罪未遂不只是针对罪名而言,而可能针对同一罪名下的各种形态的犯罪而言。

(二)不作为犯

不真正不作为犯存在未遂犯。例如,以不作为方法杀人而未得逞的,成立故意杀人未遂。

真正不作为犯是否存在未遂,在刑法理论上存在争议。一种观点认为,真正不作为犯的作为义务成立与既遂成立是同时的,即何时产生作为义务,就何时犯罪既遂;如果不产生作为义务,就不成立不作为犯罪。所以,真正不作为犯没有成立未遂的余地。但本书认为,作为义务的产生时间,与实施违反作为义务的不作为时间,并非完全相同,或多或少存在间隔。况且,我国刑法规定的某些真正不作为犯,以发生侵害结果为要件(参见刑法第 429 条)。所以,真正不作为犯可能存在未遂犯。

(三)行为犯

我国刑法理论的传统观点认为,行为犯是指只要实施了(指实行终了)刑法分则所规

---

〔30〕 在此例中,行为人虽然有杀人故意但仅造成了重伤时,也成立抢劫致人重伤的结果加重犯,由于其与抢劫致人死亡的法定刑相同,故没有必要认定为抢劫致人死亡未遂。

〔31〕 如果认定为基本犯的既遂,恐怕连被害的妇女也会反对,但也不能因此认定为结果加重犯的未遂。此外,这种场合也是强奸罪与故意伤害罪的想象竞合犯。

定的某种实行行为,就构成既遂的犯罪。据此,在未实行终了的情况下,存在犯罪未遂。本书认为,行为犯是行为与结果同时发生的犯罪,行为犯存在犯罪未遂。

但是,对行为犯而言,也需要联系法益侵害来区分既遂与未遂。刑法理论与司法实践可能难以归纳行为犯的侵害结果内容,但这并不是说可以丝毫不顾及行为对法益的侵害与威胁,而是意味着必须通过行为的进程认定其对法益的侵害程度。因此,“认为单纯行为犯,只是将行为作为构成要件要素,没有将结果的发生作为构成要件要素,因而只是处罚行为本身的观点,并不妥当。单纯行为犯只是没有将对于对象的侵害这种意义上的结果作为构成要件要素,因而应当认为,行为所造成的法益侵害或者危险这种意义上的结果(如非法侵入住宅罪中对住宅权的侵害、伪证罪中误导审判作用的危险)仍然是成立犯罪所必需的”。[32] 所以,本书认为,即使是行为犯,也应以是否发生了行为人所追求或放任的、实行行为性质所决定的侵害结果为标准,而不能以是否实施了行为为标准。只是由于结果与行为同时发生,人们习惯于说行为实施终了就是既遂。事实上,在行为犯的场合,部分情形是行为实施终了特定结果就同时发生(如伪证罪),部分情形是开始实施构成要件行为就同时发生特定结果(如危险驾驶罪);即使应当区分既遂与未遂,也应以行为是否发生了特定结果为标准。[33]

近年来,不少教科书从行为犯中分解出举动犯的概念,认为行为犯是指以法定的犯罪行为的完成作为既遂标志的犯罪,如强奸罪、脱逃罪等;举动犯是指按照法律规定,行为人一着手犯罪实行行为即告犯罪完成和完全符合构成要件,从而构成既遂的犯罪,如组织、领导、参加黑社会性质组织罪,煽动民族仇恨、民族歧视罪等。[34] 据此,举动犯是不存在犯罪未遂的犯罪。本书以为,对此尚需进一步研究。行为犯与举动犯的关系就是值得推敲的问题。[35] 任何犯罪行为都是一个过程,即使是所谓的举动犯,也必然有一个过程(当然,过程的长短有异),并非一着手就既遂。以组织、领导、参加黑社会性质组织罪为例。仅实施了所谓的组织、领导行为时,如果没有黑社会性质组织的成立,不可能认定为本罪;而且,如果该组织在成立后没有实施刑法第 294 条第 5 款规定的标明黑社会性质组织特征的行为(如“以暴力、威胁或者其他手段,有组织地多次进行违法犯罪活动,为非作恶,欺压、残害群众”),司法机关也无从认定其是否为黑社会性质的组织。所以,并非“只要一开始实施组织、领导行为,不管黑社会性质的组织是否成立,都属于犯罪既遂”。至于参加黑社会性质组织的行为,也并非一经参加就既遂;更不是一旦声称参加就既遂。因为在司法实践中,“对于参加黑社会性质的组织,没有实施其他违法犯罪活动的,或者受蒙蔽、胁迫参加黑社会性质的组织,情节轻微的,可以不作为犯罪处理”。[36] 再如,煽动民族

---

〔32〕 [日]大浑邦弘:“行为与结果”,载[日]阿部纯二等编:《刑法基本讲座》(第 2 卷),法学书院 1994 年版,第 76 页。

〔33〕 当然,就行为犯而言,在认定犯罪既遂的具体结论上,本书与传统观点可能是相同的,但是理由不同。

〔34〕 参见高铭暄、马克昌主编:《刑法学》,北京大学出版社、高等教育出版社 2010 年第 4 版,第 160 页。

〔35〕 在大陆法系国家,行为犯与举动犯是一个概念,德语的 schlichtes Tätigkeitsdelikt 一词,被日本和我国台湾地区学者译为举动犯或行为犯(参见[日]大塚仁:《刑法概说(总论)》,有斐阁 2008 年第 4 版,第 129 页;林东茂:《危险犯与经济刑法》,台北五南图书出版公司 1996 年版,第 11 页)。当然,笔者并非基于这个原因反对区分行为犯与举动犯,而是因为这种区分存在疑问。

〔36〕 最高人民法院 2000 年 12 月 5 日《关于审理黑社会性质组织犯罪的案件具体应用法律若干问题的解释》第 3 条。

仇恨、民族歧视罪,只有一次煽动行为结束,司法机关才能认定其煽动内容是否符合刑法的规定,才可能认定为本罪。再者,如果举动犯的范围过宽,则不利于鼓励行为人中止犯罪,反而不利于保护法益。

(四)企行犯

我国刑法理论所称的举动犯,也许应当对应于德国、日本刑法理论中的企行犯或者计划犯(Unternehmensdelikt)。从理论上说,任何犯罪都可以分为既遂与未遂,而且在通常情况下,刑法对未遂犯实行从轻、减轻处罚制度。但是,有些犯罪的未遂与既遂,在对法益侵害程度上并不存在任何差异,故刑法将未遂犯与既遂犯等同看待。这种原本只是未遂但刑法将其作为既遂对待的犯罪,就是企行犯。[37] 根据德国学者的看法,立法者创设企行犯构成要件的理由主要有二:第一,行为人着手后虽停留于未遂阶段,但几乎已经不可能对于由此所产生的危险加以控制,如内乱罪。第二,未遂行为本身已经对法益造成了破坏,因而有必要将未遂与既遂相提并论。如在德国,处罚受贿罪是为了保护国民对职务行为公正性的信赖。行为人就职务行为要求、约定贿赂的,就已经侵害了国民对职务行为的公正性的信赖,无须等待行为人取得财物便可认定为既遂。[38] 显然,行为犯不同于企行犯,前者意味着行为与结果同时发生,不存在因果关系的判断问题,后者是指"未遂"与既遂等同看待。

虽然立法体例不完全相同,但我国刑法理论也可以承认企行犯,因为我国刑法分则中也存在将未遂与既遂等同看待的犯罪。按照本书的观点,组织、策划分裂国家(相对于实施分裂国家),为境外窃取、刺探、收买国家秘密或者情报(相对于非法提供),以出卖为目的拐骗、收买妇女(相对于出卖),索取贿赂(相对于收受贿赂)等,属于企行犯(当然,具体的范围还值得进一步研究)。在本书看来,企行犯也可以分为两种类型:一类是可能存在未遂的企行犯,亦即,当企行犯的未遂行为并没有达到与既遂可以等同看待的程度时,仍然可能成立未遂犯。例如,为境外窃取国家秘密时,虽然已经着手,但未能获得国家秘密的,应认定为未遂犯。另一类是不可能存在未遂犯的企行犯,亦即,行为要么着手后成立既遂,要么只是预备或者无罪,如组织、策划分裂国家的行为。后一类型的企行犯,也可谓我国刑法理论所称的举动犯,在此意义说,也可以承认和使用前述举动犯的概念。但应注意的是,我国刑法理论就举动犯所举之例,仍然是行为犯,而不是企行犯。此外,企行犯的处罚根据并不是行为本身的无价值性,而是行为造成的法益侵害与既遂犯相同。

(五)加重的构成要件与量刑规则

根据本书的观点,加重的构成要件可能存在未遂犯。例如,持枪抢劫未遂的,适用持枪抢劫的法定刑,同时适用刑法总则关于未遂犯的规定。再如,在公众场所当众强奸妇女未遂的,适用刑法第236条第3款规定的加重法定刑,同时适用刑法总则关于未遂犯的规定。但是,量刑规则是不可能存在未遂的。换言之,只有当案件事实完全符合某个量刑规定时,才能按照该规定量刑。例如,假定诈骗罪的数额较大、巨大与特别巨大的起点分别为3000元、3万元与50万元,甲试图骗取他人60万元的财物,虽然已经着手,但由于意志

---

〔37〕 Vgl., C. Roxin, Strafrecht Allgemeiner Teil, Band I, 4. Aufl., C. H. Beck, 2006, S. 338.

〔38〕 Vgl., U. Weber, Die Vorverlegung des Strafrechtsschutzes durch Gefährdungs- und Unternehmensdelikte, ZStW Beiheft, 1987, S. 9ff.

以外的原因未得逞。对此,不应认定为诈骗数额特别巨大的未遂,只能认为普通的诈骗未遂(参见第五章第一节第二款)。

四、犯罪未遂的类型

犯罪未遂有不同的类型;一方面,类型不同,其所反映的违法性程度就不同;另一方面,某些犯罪未遂的类型与非罪之间容易混淆,故研究犯罪未遂类型具有重要意义。

(一)实行终了的未遂与未实行终了的未遂

一般认为,实行终了的未遂,是指犯罪人已将其认为达到既遂所必需的全部行为实行终了,但由于意志以外的原因未得逞。如犯罪人向被害人食物中投放了毒药,被害人中毒后被他人发现送往医院抢救脱险。未实行终了的未遂,是指由于意志以外的原因,使得犯罪人未能将他认为达到既遂所必需的全部行为实行终了,因而未得逞。例如,在举刀杀人时,被第三者制服。"行为是否实行终了"中的行为,是指导致发生侵害结果的实行行为,不包括侵害结果发生后行为人为了其他目的所实施的行为。如行为人打算致人死亡后碎尸,行为是否实行终了,应以致人死亡所必需的行为是否实行终了为标准,不以是否碎尸为标准。由此可见,犯罪既遂与"实行终了"不是等同概念。〔39〕

在行为人的认识与客观事实相符合的情况下,实行终了的未遂与未实行终了的未遂,通常能反映出行为对法益的侵犯程度不同:前者离侵害结果的发生较近,后者离侵害结果的发生较远。但是,在行为人的认识与客观事实不相符合的情况下,实行终了的未遂与未实行终了的未遂,则不能准确反映行为对法益的侵犯程度。因为根据通说,实行终了的未遂与未实行终了的未遂,是以行为人的主观判断为标准做出的区分;倘若行为人的主观判断发生错误,如本来不必进一步实施行为便可以发生侵害结果(客观上已实行终了),而行为人误认为自己的行为未实行终了,或者相反,则不能认为实行终了的未遂对法益的侵犯程度重于未实行终了的未遂。所以,对实行终了的未遂与未实行终了的未遂,仍然应根据行为本身对法益的侵犯程度做出评价。〔40〕

(二)没有侵害结果的未遂与存在侵害结果的未遂

犯罪未遂存在两种情形:一是行为未造成任何侵害结果;二是造成了一定侵害结果,但不是行为人所希望或者放任的、实行行为性质所决定的侵害结果。以直接故意杀人为例,行为人开枪射击被害人,由于意志以外的原因没有打中,便属于前一种情况;如果开枪打中,造成伤害结果,但没有造成被害人死亡,则属于后一种情况。

区分这两种不同的犯罪未遂,有利于正确认识不同未遂对法益的侵犯程度。一般来说,后者的侵犯程度显然重于前者。

(三)能犯未遂与不能犯未遂

传统观点认为,能犯未遂,是指犯罪人所实施的行为本身可能达到既遂,但由于意志以外的原因而未得逞;不能犯未遂,是指犯罪人所实施的行为本身就不可能既遂因而未得逞。后者又进一步分为对象不能犯未遂与手段不能犯未遂。例如,使用枪支向人开枪而

---

〔39〕　在德国,犯罪既遂与犯罪的实质性终结(可罚的不法的完结)不是等同概念。例如,行为人扒窃他人钱包得手(如已将钱包放入自己衣服口袋),但还处于被他人追赶的过程中,就属于盗窃已经既遂,但还没有实质性终结的情形。

〔40〕　或许也可以认为,单纯以行为人的主观认识为标准判断是否实行终了的未遂,缺乏合理性。

未得逞的,是能犯未遂;以为是人实际上是向物开枪的,属于对象不能犯未遂。再如,使用砒霜杀害他人但由于抢救及时而未得逞的,是能犯未遂;本欲使用砒霜但因发生认识错误使用了砂糖因而未得逞的,属于手段不能犯未遂。并且认为,手段不能犯未遂与迷信犯具有本质区别,手段不能犯时,行为人所实施的行为与其所认识(或本欲实施)的行为完全不同,而迷信犯所实施的行为与其所认识(或本欲实施)的行为完全相同;手段不能犯是由于认识错误所致,迷信犯是由于愚昧无知所致。因此,传统观点认为,手段不能犯成立犯罪未遂,而迷信犯不成立犯罪。但是,对这种观点应当进行反思,下一节对此展开讨论。

五、未遂犯的处罚原则

刑法第23条第2款规定:"对于未遂犯,可以比照既遂犯从轻或者减轻处罚。"这一规定表明,未遂犯应受刑罚处罚。但由于未遂犯的不法与责任一般轻于相应的既遂犯的不法与责任,故对于未遂犯,可以比照既遂犯从轻或者减轻处罚。

第四节 不 能 犯

一、不能犯的概念

不可罚的不能犯[41](以下一般简称为不能犯)一般包括三种情况:(1)方法不能,即行为人具有实现犯罪的意思,但其采用的方法不可能导致结果发生。例如,本欲使用毒药杀人,但事实上投放了无害食物(如砂糖)。(2)对象不能,即行为人具有实现犯罪的意思,但其行为所指向的对象并不存在,因而不可能发生结果。例如,将稻草人当做仇人开枪射击。(3)主体不能,即行为人具有实施身份犯的意思,但其并不具备特殊身份,因而不可能成立身份犯。例如,一般公民以为自己是国家工作人员而收受"贿赂"。不能犯的本质是缺乏实现犯罪的危险性,所以不可能成立未遂犯(之前的行为可能成立预备犯)。所以,不能犯本身并不是犯罪的特殊形态。但是,一个行为究竟是未遂犯还是不能犯,常常存在争议。如何区分二者,取决于如何理解和贯彻未遂犯的处罚根据,尤其是取决于其中的危险的判断。不能犯的学说,基本上是有关如何区分未遂犯与不能犯的学说,也是关于危险判断的学说。由于未遂犯都是具体的危险犯,所以,不能犯的学说也可谓从反面说明未遂犯处罚根据的理论。

二、不能犯的学说

(一)纯粹主观说

该说认为,既然行为人以犯罪意思实施了行为,即使没有发生结果,也应以未遂犯论处,只是迷信犯不可罚。此说以行为人本人认识到的事实为基础,并且以行为人本人的认识为基准判断危险的有无。据此,除迷信犯外,因方法不能、对象不能与主体不能而未能既遂的,都成立未遂犯。换言之,只有意欲引起犯罪结果而采取超自然方法实施行为的,才是不能犯;意欲引起犯罪结果而采取自然方法实施行为的,都是犯罪。

---

〔41〕 本书在使用"不可罚的不能犯"表述时,并不意味着存在"可罚的不能犯",只是强调"不能犯是不可罚的"、"不能犯是不构成犯罪的"。

纯粹的主观说已被彻底否认,因为其存在许多问题:(1)根据纯粹主观说,只要认定行为人在实施行为时意欲发生犯罪结果,就均应以未遂犯论处,这既容易形成思想犯,又扩大了处罚范围。[42] (2)纯粹主观说一方面认为犯意表现为客观行为时就是未遂犯,但另一方面认为迷信犯不可罚,这也自相矛盾。(3)纯粹主观说将行为人的危险性格作为科处刑罚的基础,并不妥当。

(二)抽象的危险说

抽象的危险说(主观的危险说)认为,应当以行为人在行为当时所认识到的事实为基础,以一般人的见地判断有无危险;如果按照行为人的计划实施行为具有发生结果的危险性,就是未遂犯;即使按照行为人的计划实施行为也不具有发生结果的危险性,则是不能犯。[43] 例如,行为人本想以毒药杀人但误用了砂糖,如果按照行为人的计划以毒药杀人,就具有致人死亡的危险,因而是未遂犯。再如,行为人以为砂糖能致人死亡而使人饮用砂糖,即使按照行为人的计划实施该行为也不可能发生致人死亡的结果,因而属于不能犯。

抽象的危险说是主观主义刑法理论的产物,因为只要行为人计划实施可能发生结果的行为,征表出行为人的反社会性格,就应当作为犯罪处罚。抽象的危险说为迷信犯不受处罚找到了根据。抽象的危险说,也可谓行为无价值论的逻辑结论。因为当行为人想以毒药杀人但事实上投放了砂糖时,其规范违反意识已相当明显。按照行为无价值论的观点,规范违反意识正是违法性的根据。

我国传统刑法理论一般否认迷信犯的行为构成犯罪,但认为不能犯都属于未遂犯,实际上采取了抽象的危险说。传统观点认为,行为人误认为自己的手段可能产生侵害结果,事实上其手段不可能产生侵害结果时,成立未遂犯。行为人误认为犯罪客体存在,以致实施了危险行为的,成立未遂犯。但这种传统观点存在疑问。

1. 传统观点没有考虑行为在客观上是否侵犯了法益,导致客观上完全不可能侵犯法益的行为也成立犯罪未遂。根据传统观点,意图毒杀他人,误用了健身药品时,也成立故意杀人未遂;误以为某有害动物是被害人而开枪,结果导致有害动物死亡时,也成立故意杀人未遂;误以为是国家机关的真实印章而毁灭,但事实上毁灭了伪造的国家机关印章时,也成立毁灭国家机关印章未遂。可是,这些行为没有侵害法益的危险,将其作为犯罪未遂处理,就意味着行为根本不可能侵犯法益时也成立犯罪。事实上,上述行为并非"只是由于对犯罪工具实际效能的误解而致使犯罪行为未发生犯罪结果",而是由于行为人所实施的"行为"本身根本不具有任何侵害法益的危险性,才导致未发生犯罪结果;如果行为本身具有侵害法益的危险性,不管行为人主观上有无误解,都不可能影响行为的这种危险性。例如,行为人误将他人当做野兽而开枪射击,由于该行为本身具有侵害他人生命的危险性,不管行为人主观上如何误解,这种危险性都客观存在。行为是否构成未遂犯,首先必须考虑现实行为是否具有侵害法益的危险性,而不是考虑行为人主观上有无犯罪

---

〔42〕 因为"不能犯不是故意的问题,而是客观的行为问题,故着眼点在于行为本身的危险性"([日]团藤重光:《刑法纲要总论》,创文社1990年第3版,第167页),而不是故意的有无。

〔43〕 参见[日]牧野英一:《刑法总论(上卷)》,有斐阁1958年版,第331页。

故意,不是考虑行为人原本打算实施的行为是否具有侵害法益的危险性。[44]

2. 抽象的危险说不是根据行为的客观事实判断该行为有无侵害法益的危险,而是根据行为人的认识内容判断有无危险。于是,只要行为人认识的事实"是一般人认为有危险的事实",不管客观事实如何,都认定为有危险。换言之,只要行为人对"实行行为"有认识(有故意),不管客观上有无实行行为,都认为有危险。这有主观归罪之嫌。例如,甲意欲杀乙,本想使用砒霜,但由于认识上的错误使用了白糖,乙吃后安然无恙。A 没有杀人的意欲,将白糖给 B 吃,B 平安无事。从客观上看,甲的行为与 A 的行为完全相同,都没有导致他人死亡的危险性,唯一不同的是,甲具有杀人的故意而 A 没有杀人故意。可是,如果认定甲的行为构成故意杀人未遂,显然只是因为甲具有杀人故意。这是主观主义刑法理论的观点。人们常常认为,"行为人出于犯罪的目的,但其使用的手段或者精心选择的作案工具却无法实现犯罪的意图。在这类认识错误的案件中,因为行为人既有犯罪的故意,又有犯罪的行为,自然应当以故意犯罪定罪。但由于手段(工具)认识错误,不可能(事实上也没有)产生危害社会的结果,所以,也应以未遂认定"。[45] 然而,既然现实的行为不可能产生法益侵害结果,就不能认定它是犯罪的实行行为。易言之,不能认为凡是在杀人心理支配下实施的行为都是刑法规定的杀人行为;杀人行为具有类型性,将白糖给他人食用的行为,不具有致人死亡的危险性,故不是杀人行为;否则不能说明,为什么行为人想杀人而客观上求神拜佛的行为不成立故意杀人罪。

3. 与上述两点相联系,传统观点必然不适当地扩大刑法的处罚范围。这主要表现在,客观上完全没有危险性的行为,仅因为行为人的认识错误就作为犯罪处罚。然而,"即使行为人相信是手枪而扣动扳机,但事实上是完全不可能发射子弹的塑料玩具手枪时,就没有作为杀人未遂处罚的必要"。[46] 不仅如此,倘若将使用塑料手枪的行为认定为杀人未遂,就可能导致将其他诸多客观上完全无害的行为认定为犯罪未遂。

4. 传统观点以不能犯出于认识错误肯定其可罚性、以迷信犯出于愚昧无知否定其可罚性。但不管是认识错误、还是愚昧无知,都不能使没有任何危险的行为转变为具有危险的行为。而且,愚昧无知并不是无罪的理由,许多人因为愚昧无知而犯罪,却受到了刑事追究。有的人以为将被害人杀害后,被害人便可以升天,于是杀死被害人的,也可谓愚昧无知,但不可能被宣告无罪。迷信犯不受处罚,也不是因为愚昧无知,而是由于其采取了不可能侵害法益的方法。所以,问题的关键在于行为本身是否具有侵害法益的危险性及其危险程度。

5. 传统观点还会带来其他方面的不当结论与不合理现象。例如,根据传统观点,甲意图毒杀乙,而误将健身药品递给乙时,就已经着手实行杀人行为,而且是正在进行的不法侵害,因而可以制止乃至防卫。其实,不应当也不可能制止更不能防卫甲的行为。这反过来说明,甲的行为并不是不法侵害,因而不可能成立未遂犯。再如,A 明知前方是稻草人,且周围没有任何人,而"唆使"B 将稻草人当做仇人开枪射击。根据传统观点,B 成立故意

---

[44] 在因为行为人的认识错误,导致后来的行为没有侵害法益的危险因而不成立未遂犯的情况下,如果此前的预备行为具有侵害法益的抽象危险,并达到了值得科处刑罚的程度,则可以将预备行为认定为犯罪,但不能认定为犯罪未遂。

[45] 陈明华主编:《刑法学》,中国政法大学出版社 1999 年版,第 146 页以下。

[46] [日]前田雅英:《刑法总论讲义》,东京大学出版会 2011 年第 5 版,第 157 页。

杀人未遂。然而,A 不可能成立故意杀人罪的教唆犯。传统观点在此问题上明显造成了不合理现象。

(三)印象说

印象说认为,行为的客观危险性无法作为判断标准,只能将行为人的法敌对意思作为判断标准。亦即,只有当行为人实现法敌对意思的行为,动摇了公众对法秩序效力的信赖与法安定性的感觉(产生了受到动摇的印象)时,才能成立未遂犯。例如,行为人以杀人故意向被害人扣动扳机时,即使枪中没有子弹,也应认定为犯罪未遂。可以认为,印象说是将行为的危险性思考转换为社会心理学的思考,但如何判断某种行为是否产生了法秩序受到动摇的印象,恐怕没有明确、具体的标准。德国刑法第 23 条规定,即使行为人出于重大无知导致其行为根本不可能达到既遂,也要以未遂犯论处。印象说是为这种不能犯提供处罚根据的学说,为本书所不取。在本书看来,印象说基本上只是抽象的危险说的另一种表述。

(四)具体的危险说

具体的危险说也称新客观说。该说主张,以行为当时行为人特别认识到的事实以及一般人可能认识到的事实为基础,从客观的见地、作为对事后的预测(即站在行为时预测该行为事后会发生结果,也可谓事前判断),判断有无发生结果的危险。如果存在具体的危险,则成立未遂犯;否则,属于不能犯。[47] 例如,行为人以为硫磺可能致人死亡便使他人服用硫磺,或者以为向静脉注射少量空气可以致人死亡而注射少量空气。尽管从科学的观点来看没有发生死亡结果的危险,但由于一般人感到有危险,故应成立未遂犯,而非不能犯。又如,以为是活人而向尸体开枪时,如果在当时的情况下一般人认为对方是活人即一般人认为有致人死亡的危险,则成立未遂犯;如果行为人认为是活人,而一般人在当时的情况下均认为是尸体,则成立不能犯。[48] 反之,一般人认为让他人吃某种食物不会死亡,但行为人特别认识到具有特殊体质的被害人吃该食物会死亡时而使其吃该食物的,则存在危险,成立未遂犯。具体的危险说也不是十全十美的学说。

首先,具体的危险说主张以一般人的判断为基准判断行为是否具有危险性,但没有提出"一般人的判断"的基准。事实上,以一般人的判断为基准决定有无危险性,就意味着脱离客观事实进行判断。况且,一般人的判断结论并不一定是真实的。一般人认为没有危险的,客观上完全可能存在危险。实际上也存在这样的情形:一定剂量的药物有致人死亡的危险,科学上能够肯定因果法则,但该因果法则关系还没有纳入一般人的观念。如果以一般人的判断为基准就不能肯定危险的发生,这会导致不当缩小处罚范围,明显不利于保护法益。反之,一般人认为有危险的,客观上可能完全没有危险。于是,具体的危险说导致对连科学上完全没有危险的行为也肯定其危险性。可是,"刑法不应当处罚将来普及科学知识后就不被认为违法的行为"。[49] 此外,在不少情形下,一般人因为缺乏专门知识而不可能做出判断,只能依赖科学的判断。倘若采取具体的危险说,司法机关会束手无策。

---

〔47〕 主张具体的危险说的学者,既可能是行为无价值论者,也可能是结果无价值论者。

〔48〕 参见[日]平野龙一:《刑法总论 II》,有斐阁 1975 年版,第 330 页。

〔49〕 [日]井田良:《讲义刑法学 · 总论》,有斐阁 2008 年版,第 418 页。

其次,具体的危险说主张以行为人特别认识到的事实及一般人可能认识到的事实为判断资料,因此在以行为人特别认识到的事实为判断资料这一点上,与抽象的危险说得出的结论相同,容易导致以行为人认识的有无决定危险性的有无。然而,未遂犯作为危险犯,其客观存在的危险是故意的认识对象,行为人的特别认识应当属于故意的内容,而不是决定有无危险的要素。例如,当甲划破血友病患者乙的手指使之流血时,不管甲是否认识到乙是血友病患者,其行为都对乙的生命产生了危险。如果甲知道而其他人均不知道乙是血友病患者,也应认定甲的行为客观上产生了致乙死亡的危险,主观上具有杀人故意。反之,如果甲不知道而其他人均知道乙是血友病患者,其行为客观上也产生了致乙死亡的危险,只是甲没有故意因而需要判断有无过失的问题。

再次,具体的危险说主张以行为当时一般人的判断为基准决定是否存在危险性(事前判断),而完全不考虑事后判明的情况,这显然不科学。刑事诉讼法设立了鉴定制度,而鉴定制度意味着应当考虑事后判明的情况。有学者指出,不能犯与未遂犯的区分,终究取决于行为是否存在侵害法益的现实危险;同时认为,对现实危险性的判断只能采取事前判断,而不应当考虑事后查明的事实。例如,A 持枪进入 B 的卧室,向躺在床上的 B 开枪,并且击中了心脏,但事后查明,B 在 5 分钟前就已经死亡。由于在 A 开枪射击时,一般人都认为 B 是活人,所以,应当将"B 是活人"作为危险判断的资料。由于 A 是在向活人开枪,所以,其行为具有导致活人死亡的现实危险。[50] 然而,这里的"现实危险"并不是客观上的现实危险,而是一般人所想定的危险。

最后,具体的危险说与刑法保护法益的目的相矛盾。具体的危险说之所以以一般人为基准,可能考虑到了对国民安全感的保护。亦即,处罚未遂犯的根据在于它有害于一般国民的安全感,动摇了社会心理。这种观点实际上将消除国民主观上的不安全感当做刑罚的目的,导致未遂犯成为侵害"安宁"、"平稳"、"国民安全感"这种社会法益的犯罪。这显然不合适。"另一方面,一般国民也并非在现场目击犯罪,而是通过事后判明的事实和媒体了解案件事实,即使从侵害国民安全感的观点来看,也不是必然要求根据一般人在行为当时所能认识到的事实来判断危险。"[51]

(五)客观的危险说

该说认为,行为人所意欲的侵害结果一开始就不可能实现(绝对不能)时,不具有危险性,成立不能犯;行为自身虽然具有实现侵害结果的可能性,但在特定状况下未能发生侵害结果(相对不能)时,具有危险性,成立未遂犯;认定是绝对不能还是相对不能时,应以行为时存在的一切客观情况为基础,事后以科学的因果法则为标准进行判断。据此,行为人误将砂糖当成毒药给他人饮用时,属于绝对不能,成立不能犯。行为人以杀人故意将没有达到致死量的毒药给他人饮用时,则属于相对不能,成立未遂犯;但如果毒药的量极少,则有可能属于不能犯。行为人以硫磺杀人时,由于在科学法则上缺乏作为杀人手段的性质,故属于绝对不能,成立不能犯。行为人使用没有子弹的手枪向他人射击时,由于事后确认该手枪中没有子弹,以此事实为基础进行判断,只能得出绝对不能的结论。在对象并不存在的情况下,行为(如误将尸体当活人而开枪)通常成立不能犯。

---

〔50〕 参见[日]日高义博:《刑法总论》,成文堂 2015 年版,第 420 页以下。
〔51〕 [日]松原芳博:《刑法总论》,日本评论社 2013 年版,第 309 页。

客观的危险说存在以下问题：（1）绝对不能与相对不能之间的区别本身就是不明确的。“如果就各种具体情况进行考察，该说认定为相对不能的情况也可能解释为绝对不能，认定为绝对不能的情况也可能解释为相对不能，因此，这种绝对、相对的区别不是确定的，而是不确定的。”〔52〕（2）客观的危险说的判断结局是，所有没有造成结果的行为都是绝对不能，因而所有的未遂犯都成为不能犯。因为“对事物的经过进行事后的、科学的考虑时，一切都是必然的，没有发生结果也都是必然的。使他人吞服毒药但后来他人因服用解毒剂而得救的、因没有瞄准而没有打中他人的、由于被害人移动身体而没有打中的，都是符合因果法则的必然结论，只是行为当时行为人没有预测到而已。在这个意义上可以说，所有的未遂犯都是不能犯。因此，既然现行法的立场是承认未遂犯，那么，就不允许进行事后的科学判断”。〔53〕（3）客观的危险说过于缩小了未遂犯的处罚范围，这虽然符合刑法谦抑性的要求，但是否符合保护法益的目的，则存疑问。

（六）修正的客观的危险说

由于客观的危险说存在缺陷，很多学者对之进行了修正。如有学者提出，在侵害结果没有发生的场合，根据科学的因果法则事后考虑假定存在什么事实（假定的事实）时才能发生侵害结果，再考虑这种假定的事实有无存在的可能性，进而决定有无具体危险。〔54〕有学者认为，判断有无危险时，只能以行为时存在的一切客观事实作为基础，但如果彻底实行事后判断，则所有的危险犯都将成为不能犯，而立法者做出了能够以行为时的一定危险为根据进行处罚的政策决定。因此，在政策上有必要作为未遂犯处罚的场合，应当以行为时存在的一切客观事实为基础，以行为时作为判断时点，判断“从行为时来看结果发生的合理（科学）概率”；在进行危险性判断时，没有必要连细微的具体情况也考虑，对客观事实有必要进行某种程度的抽象化；对危险性的判断，不是以神的眼光进行判断，而是以人的眼光进行判断，所以，结果的发生要以概率的形式来表现，结果的发生也才成为可能，不致使所有的未遂都成为不能犯。〔55〕有人主张，应以客观的危险说为基础，以具体的危险说为补充进行判断。〔56〕在本书看来，各种修正的客观的危险说，主要是从不同侧面提出了判断客观危险的方法。

三、本书的观点

为了实现法益保护目的，同时保障国民的自由，必须贯彻客观的未遂犯论。首先要说明的是，不能犯是就个别犯罪而言，而不是就全部犯罪而言。例如，虽然就故意杀人而言是不能犯，但可能成立故意伤害罪（手段不能）。换言之，对于甲罪属于不能犯的，只是意味着不成立甲罪的未遂犯，但可能成立乙罪（以具有侵害乙罪的法益的危险性为前提）。其次要注意的是，不能犯是针对未遂犯而言，而不是针对预备犯而言，故不能犯也可能成立预备犯。例如，A准备了杀人的毒药后，却将食盐误当做毒药给他人食用的，虽然不成立故

---

〔52〕［日］木村龟二：《刑法总论》，有斐阁1978年增补版，第352页。

〔53〕［日］西原春夫：“刑法中的危险概念”，载《法学演习》1983年第27卷第12号，第31页。

〔54〕参见［日］山口厚：《危险犯的研究》，东京大学出版会1982年版，第164页以下。

〔55〕参见［日］前田雅英：《刑法的基础·总论》，有斐阁1993年版，第87页以下。

〔56〕参见［日］内田文昭：《刑法Ⅰ（总论）》，青林书院新社1979年版，第253页以下。

意杀人的未遂犯,但仍然可能成立故意杀人的预备犯。[57] 本书主张,只有当行为人主观上具有故意,客观上实施的行为具有侵害法益的紧迫危险时,才能认定为犯罪未遂;行为人主观上具有犯意,其客观行为没有侵害法益的任何危险时,就应认定为不能犯,不以未遂犯论处。至于客观行为是否具有侵害法益的紧迫危险,则应以行为时存在的所有客观事实为基础,站在行为时,根据客观的因果法则进行判断。

第一,要将行为时存在的所有客观事实(包括事后查明的客观事实)作为判断资料,而不是以行为人计划的内容作为判断资料。在行为人原本打算投放毒药,但事实上只投放了食盐时,要将投放食盐的事实作为判断资料。在行为人以为是仇人而开枪,但事实上射击了稻草人时,要将客观上射击稻草人的事实作为判断资料。显然,在这两种情况下,不可能成立未遂犯。

第二,要对客观事实进行一定程度的抽象(舍弃细微的、对危险判断通常不起关键作用的具体事实),并站在行为时进行判断,而不能进行事后的判断。例如,乙站在某地未动,甲瞄准其头部开枪。但甲刚扣动扳机时,乙移动了身体,甲的子弹没有打中乙。如果不对客观事实进行一定的抽象,且进行事后判断,那么,甲的行为也是不能犯。因为事后来看,在乙突然移动身体的情况下,甲瞄准乙原来的头部位置开枪,必然不能造成乙的死亡。但否认甲的行为构成未遂犯,显然不合适。如果将客观事实抽象为"甲向乙的头部开枪射击",则能得出甲的行为成立杀人未遂的合理结论。但是,也不能进行过度的抽象。[58] 例如,倘若100毫升敌敌畏才能致人死亡,行为人只故意投放了1毫升敌敌畏。在本案中,敌敌畏的数量是重要事实,而不是细微的具体事实,故不能舍弃。如果将本案事实抽象为"向他人饮食中投放农药",必然得出未遂犯的结论,但这种结论不妥当。

第三,对没有发生侵害结果的原因进行分析,考察具备何种要素时会发生侵害结果,在行为当时具备这种要素的可能性。例如,甲拦路抢劫,但行人(被害人)身无分文。没有发生侵害结果的原因,是行人没有随身携带财物。但是,行人随身携带财物的可能性非常大,故应认定甲的行为成立抢劫未遂,而不能认定为不能犯。再如,甲以杀人故意向人开枪,但射击的是早已死亡的尸体。甲的行为没有发生死亡结果,是因为甲射击的是尸体。由于不存在尸体变为活人的可能性,故甲的行为成立不能犯。在主体不能的情况下,由于不存在具备主体要素的可能性,故均应认定为不能犯。例如,邮政部门的临时清扫工,误认为自己是邮政工作人员,而私自开拆、隐匿或者毁弃邮件,由于行为人不具有邮政工作人员的特殊身份,故不成立刑法第253条规定的以邮政工作人员为主体的私自开拆、隐匿、毁弃邮件、电报罪。

第四,应当根据客观的因果法则,而不能根据行为人或者一般人的观念判断危险的有无。例如,甲为了杀人而使乙食用剪碎的头发。即使行为人或者一般人都认为吃了头发会死亡,但根据科学的因果法则,甲的行为不可能造成死亡,故甲的行为成立不能犯。

第五,行为虽然具有发生结果的危险,但危险性极小时,也不能认定为未遂犯。例如,向人的静脉注射空气的行为,具有导致他人死亡的危险。但是,假定通常1分钟内向他人

---

〔57〕 当然,在某些情况下,还可能存在要么属于不能犯要么成立既遂犯的问题。例如,行为人携带几枚手榴弹进入公共交通工具,但该手榴弹根本不可能爆炸。

〔58〕 关于"抽象的程度"是难以用文字表述的,要根据案件的具体事实来把握。

静脉注射120 毫升空气就足以致人死亡，行为人以为注射 3 毫升空气就能致人死亡，便只注射了 3 毫升空气。由于发生死亡的危险性几乎等于零，故只能认定为不能犯。但是，如果行为人 1 分钟内向被害人静脉里注射了 70 毫升空气，则应认为具有导致死亡的危险性，成立故意杀人未遂。或者，行为人将要注射 120 毫升空气，但在注射过程中被他人阻止，仅注射了 3 毫升，则仍有较大的危险，应认定为故意杀人的未遂犯。

据此，本书就常见情形发表以下看法：

首先，关于主体不能的情形。主体不能其实是不符合特定犯罪的构成要件的一种情形，不成立特定犯罪的未遂犯。例如，误以为自己是国家工作人员而收受他人财物的，不可能成立受贿罪的未遂犯；邮局的清洁工误以为自己是邮政工作人员，私自开拆了他人信件的，是私自开拆邮件罪的不能犯，但可能成立侵犯通信自由罪；银行的清洁工在以假币换取真币时，误以为自己是银行工作人员的，是金融工作人员以假币换取货币罪的不能犯，但应视其行为事实认定为盗窃罪或者诈骗罪。

其次，关于对象不能（客体不能）的情形。在荒山野外将稻草人当做活人开枪的，属于不能犯，不成立故意杀人未遂；[59]将尸体当做活人杀害的，属于不能犯，不成立故意杀人未遂；以为被害人在睡觉而向床上开枪，但被害人不在家的，是不能犯；[60]误将男子当做妇女实施所谓“强奸”行为的，属于不能犯；误以为是幼女经同意后与之性交，但对方已满 14 周岁的，属于不能犯；误以为是军人配偶而与之结婚或者同居的，是破坏军婚罪的不能犯，符合重婚罪的犯罪构成的，则成立重婚罪；原本属于自己占有的财物，但误以为是他人占有的财物而“窃取”、“骗取”的，属于不能犯；在公共汽车上实施扒窃行为，但碰巧所扒窃的口袋或者提包内没有财物的，属于未遂犯。

最后，关于手段不能（方法不能）的情形。误将不可能致人死亡的食物（如食盐、面粉、头发等）当做毒药使他人食用的，属于不能犯；[61]以杀人的犯意使他人食用不可能致人死亡的硫磺的，是故意杀人罪的不能犯，但有可能成立故意伤害罪；使用没有子弹的枪支向他人射击的，属于不能犯；使用装有子弹的枪支瞄准被害人扣动扳机，但由于偶然的故障没有造成死亡结果的，成立未遂犯；打开被害人家中的天然气阀门使之泄漏，但由于他人及时发现而没有致人死亡的，成立未遂犯；将足以致人死亡的毒药投放在他人的食物中，他人发现食物异常而没有食用的，成立未遂犯；将交通卡当做信用卡在自动取款机中取款的，属于不能犯；误将面粉等当做毒品出售的，属于不能犯，不成立贩卖毒品的未遂犯。

综上所述，我国传统刑法理论中的不能犯，既包括了应当作为犯罪未遂处理的情形（如向被害人食物中投放没有达到致死量的毒药），也包括了不可罚的不能犯。反过来说，我国传统刑法理论中的未遂犯，包括了不可罚的不能犯。根据本书的观点，不能犯的概念不宜作为犯罪未遂的一种类型来使用；事实上，未遂都是由于某种原因而不能既遂，故也没有必要将犯罪未遂分为能犯未遂与不能犯未遂。

---

〔59〕 倘若稻草人附近有其他人，行为有导致其他人死亡的危险，则可能成立未遂犯。

〔60〕 如果被害人原本在床上睡觉，而碰巧上卫生间不在床上时，则宜认定为故意杀人未遂。

〔61〕 如果行为人事前准备了杀人的毒药，则能认定为杀人预备。倘若行为人的柜子里存放了许多袋装毒药（如砒霜），但混入了一小袋白糖。行为人为了杀害客人而使用毒药时误用了白糖，则成立故意杀人未遂。

四、幻觉犯

所谓幻觉犯,是指某种事实并不违法,但行为人误认为违法。例如,行为人明知对方是已满14岁的少女,经少女同意与之性交。行为人以为在上述情况下与之性交是违法的,实际上该行为并不违法。可见,幻觉犯属于行为人对规范方面的认识错误。由于行为人的行为在法律上不是犯罪,因而是不可罚的。倘若认为前述不能犯是一种事实上的不能犯,那么,幻觉犯则可谓法律上的不能犯。

幻觉犯与违法性的错误不同。违法性的错误,是指某种事实本来是违法的,但行为人误认为不违法。例如,行为人知道女方不满14岁,但误认为得到了女方的同意而与之性交的行为不违法。可见,违法性的错误也是关于规范的认识错误,但与幻觉犯正相反。幻觉犯与不能犯相异。不能犯,是指本来不存在违法的事实,但行为人认为存在。例如,行为人认为女方只有13周岁而与之性交,实际上女方已有15周岁。幻觉犯与事实的错误有别。事实的错误,是指本来存在违法事实,但行为人误认为不存在。例如,女方只有12岁,行为人认为女方是已满14周岁的高中生,在得到其同意的情况下发生了性交。事实的错误是对事实的认识错误,这与幻觉犯不同。

显然,幻觉犯与未遂犯存在本质区别。未遂犯既具有形式的违法性,也具有实质的违法性,但幻觉犯既不具备形式的违法性,也不具备实质的违法性。未遂犯的行为人对符合构成要件的事实具有认识与希望或者放任态度,而幻觉犯并不具有真正意义上的犯罪故意(因为其主观上没有对符合构成要件事实的认识与意志),只是错误地以为自己在实施犯罪。

第五节　犯　罪　中　止

一、犯罪中止的概念

刑法第24条第1款规定:“在犯罪过程中,自动放弃犯罪或者自动有效地防止犯罪结果发生的,是犯罪中止。”据此,犯罪中止存在两种情况:一是未实行终了的中止,即在预备阶段或者实行行为还没有实行终了的犯罪过程中自动放弃犯罪;二是实行终了的中止,即在实行行为终了的情况下自动有效地防止犯罪结果发生。

作为故意犯罪特殊形态的犯罪中止,是指行为人已经开始实施犯罪,而又中止了犯罪所呈现的形态。犯罪中止与中止行为本身具有密切联系:没有中止行为就不可能有犯罪中止形态,中止行为是犯罪中止形态的决定性原因,犯罪中止形态是中止行为造成的结局。犯罪中止与中止行为又有严格区别:从自动放弃犯罪和防止犯罪结果的意义上而言,中止行为本身不是犯罪,而是刑法所鼓励的行为;[62]犯罪中止形态则是犯罪的状态。换言之,中止行为之前的行为是行为人应受处罚的根据;中止行为本身是应当免除或者减轻处罚的根据。因此,不可将犯罪中止与中止行为混为一谈。

---

〔62〕 行为人在甲罪终了后,为了防止甲罪的结果发生而采取有效措施的行为,也可能触犯乙罪。但这是另一回事。

二、犯罪中止的法律性质

我国刑法第 24 条规定，对于中止犯，根据其是否造成了损害，减轻或者免除处罚。那么，对中止犯减免刑罚的根据是什么，这实质上是中止犯的法律性质问题。理论上存在形形色色的观点，不同观点会对犯罪中止的成立条件产生直接影响。

（一）并合说

迄今为止，我国刑法理论基本上采用日本刑法理论的路径讨论中止犯减免处罚的根据，主流观点是法律说（违法性减少、责任减少）与政策说的并合或综合。〔63〕 大体而言，违法性减少，是指中止犯的法益侵害减少（主要表现为没有达到既遂程度）；责任减少，是指行为人因为自动中止犯罪而使得其非难可能性减少；政策说，一般是指李斯特提出的金桥理论。李斯特指出："在跨越不可罚的预备行为与可罚的实行行为的界限的瞬间，为未遂所规定的刑罚就具体化了。这种事实已经不能变更，也不允许废弃与抹杀。但是，立法基于刑事政策的理由，可以为应当被科处刑罚的行为人驾设返回的金桥。事实上，立法承认对任意中止免除处罚。"〔64〕 换言之，刑罚设立对中止犯免除处罚的规定，是为了在行为人实施犯罪行为的最后瞬间，通过期待、奖励中止来保护法益。所以，金桥理论与奖赏理论有相似之处。之所以在违法性减少、责任减少的基础上并入政策说，是因为单纯的违法性减少、责任减少只能说明对中止犯应当减轻处罚，而不能说明对中止犯应当免除处罚。但是，这种并合说存在缺陷。

1. 中止犯的违法性能否减少？

如果与既遂犯相比较，中止犯的违法性确实已经减少。这是因为，我国刑法第 24 条明文将没有发生犯罪结果作为中止犯的成立条件。所以，在违法性层面，只有将中止犯与既遂犯比较，才具有实际意义：如果已经发生犯罪结果因而已经既遂，就不成立中止犯。尽管如此，违法性减少说充其量只能为中止犯的减轻处罚提供部分根据，而不可能为中止犯的免除处罚提供根据。

如果与未遂犯比较，中止犯的违法性并没有减少。因为二者都可能表现为只是威胁了一定法益，也都可能表现为对法益造成了一定的损害。未遂犯因为没有发生犯罪结果，而可以从轻或者减轻处罚，但中止犯是应当减轻处罚或者免除处罚，就此而言，将违法性减少作为中止犯应当减免处罚的根据，明显缺乏说服力。不仅如此，（与未遂犯相比较的）违法性减少说不能说明共犯的中止问题。例如，在正犯中止的场合，教唆犯与帮助犯依然成立未遂犯，而不可能得到中止犯的待遇。如果说中止犯的违法性减少，那么，由于违法具有连带性，狭义的共犯从属于正犯，于是，不得不承认教唆犯、帮助犯的违法性也减少，因而相应地对教唆犯与帮助犯也应当减免处罚。但是，从法律上与事实上来说，都并非如此。

2. 中止犯的有责性能否减少？

倘若与既遂犯比较，可以得出肯定结论。因为责任是对不法的责任，在具有责任的前提下，责任的轻重首先由不法决定，由于中止犯的不法轻于既遂犯，所以，中止犯的责任也

---

〔63〕 参见陈兴良：《口授刑法学》，中国人民大学出版社 2007 年版，第 304 页；张明楷：《刑法学》，法律出版社 2011 年第 4 版，第 338 页；黎宏：《刑法学》，法律出版社 2012 年版，第 253 页。

〔64〕 转引自［日］香川达夫：《中止未遂的法的性格》，有斐阁 1963 年版，第 40 ~ 41 页。

轻于既遂犯。但是,与既遂犯比较得出的肯定结论,依然不能说明为什么对中止犯应当免除处罚或者减轻处罚。亦即,不法与责任消灭时,才能够放弃刑罚;单纯的减少时,充其量只能导致刑罚的减轻,而不可能导致刑罚的免除。

如果与未遂犯比较,实际上也难以得出中止犯的责任轻于未遂犯的结论。既然责任是对不法的非难可能性,那么,当行为人有责地实施了符合构成要件的不法行为时,责任就已经客观存在。这种已经存在的责任不可能因为事后的中止而减少。换言之,责任的大小在犯罪既遂或者行为终结时就已经确定了,事后的行为不可能减少已经确定的责任。

3. 政策说是否存在缺陷?

在本书看来,以金桥理论为内容的政策说本身就存在缺陷。其一,政策说只是对刑法规定的描述,并没有说明立法者为什么要架起这座中止犯罪的黄金桥。其二,政策说不能说明行为人中止犯罪的动机,因为毕竟多数犯罪人不知道刑法规定了中止犯免除处罚。"要想对不知道政策的人也给予中止犯的恩惠,就有必要提供相应的理论根据。"[65]但刑事政策说并没有提供。其三,政策说不能为中止犯的成立条件提供指导。例如,政策说不可能为任意性或自动性提供任何指导,也不能将中止犯的成立限定在没有发生既遂结果的情形。其四,我国现行刑法的规定不同于日本刑法,政策说不能说明为什么造成损害的减轻处罚,没有造成损害的免除处罚?为什么造成了损害时就不得奖赏?既然在最后瞬间可以返回,那么,在杀人既遂之前返回的,为什么不能免除处罚?

4. 政策说与法律说如何并合?

并合说并没有明确界定法律说与政策说的关系,只是简单地将二者综合起来。大体上说,由于人们认为中止犯只是违法性、有责性减少,但仅此还不可能为免除处罚提供根据,所以,加上刑事政策说的理由后,就可以说明为什么应当免除处罚。可是,这种理论依然不能回答的是,为什么有些中止犯在违法性、有责性减少后,加上刑事政策的考虑,仍然只是减轻处罚,而没有免除处罚。

(二)刑罚目的说

德国当下占主导地位的是刑罚目的论,主要有两种观点。第一种观点认为,在中止犯的场合,由于没有发生犯罪结果,所以没有积极的一般预防的必要;又由于行为人在关键时刻回到了忠实于法规范的立场,因而也没有特殊预防的必要,于是,对中止犯免除处罚。[66]"从积极的一般预防的角度看,这意味着:行为人通过其中止已经表示出,他想认可规范,因而没有使得公众对规范效力的信任落空,也就不需要加以处罚。"[67]第二种观点认为,对中止犯之所以免除处罚,是因为没有一般预防的必要性。因为中止犯的行为人在关键时刻以自己的具体行动回到了合法性的立场,证明了法的有效性,即使不处罚也不会损害刑罚一般预防的目的。[68]

由于德国刑法规定对中止犯免除处罚,又由于中止犯在中止之前所形成的不法与责任是客观存在的,而不可能消除,所以,只能从缺乏预防目的角度讨论中止犯免除处罚的

---

〔65〕［日］西田典之:《刑法总论》,弘文堂2010年第2版,第314~315页。

〔66〕Vgl., C. Roxin, Strafrecht Allgemeiner Teil, Band II, C. H. Beck, 2003, S. 481f.

〔67〕［德］乌尔斯·金德霍伊泽尔:《刑法总论教科书》,蔡桂生译,北京大学出版社2015年版,第302页。

〔68〕Vgl., E. Schmidhäuser, Strafrecht Allgemeiner Teil(Lehrbuch), 2. Aufl., J. C. B. Mohr, 1975, S. 623f.

根据。于是,刑罚目的说成为德国刑法理论的通说。如后所述,德国刑法理论的路径值得我国刑法理论借鉴。不过,联系德国有关刑罚正当化根据的理论来看,其具体内容也不无疑问,因而也不可能完全照搬到我国刑法理论中来。

第一,本书承认,刑罚具有积极的一般预防的功能。例如,刑罚的适用有利于增强国民的规范意识,提高国民的法律意识,促进国民的守法观念,强化国民的法律认同。但是,要判断某个中止犯是否存在一般预防的必要性,则相当困难乃至不可能。换言之,关于积极的一般预防必要性的说法都是不确定的,而且在经验上无法加以证明。即使是支持积极的一般预防论的学者也认为,这种理论还没有经验科学的基础。但是,在具体的个案中,因为不能判断是否具有积极的一般预防必要性,就不能决定应否免除处罚。例如,当行为人以杀人故意向被害人开了一枪,在能够继续开枪却自动不开枪时,司法人员如何判断已经没有积极的一般预防的必要性?这种行为是否"没有使得公众对规范效力的信任落空"?这是难以甚至不可能得出妥当结论的。既然如此,就难以根据一般预防必要性的丧失描述中止犯的成立条件。

第二,倘若从强化规范意识的角度来说,人们会认为,刑罚越是严厉就越能给国民产生深刻印象,因而越能强化国民的规范意识。果真如此,不仅会导致残酷的、不必要的刑罚,而且会使中止犯的免除处罚不复存在。事实上,不管在什么时间与地点,也不管犯罪发生与否,总是存在积极的一般预防必要性。所以,积极的一般预防理论并不能为中止犯的免除处罚提供根据。换言之,积极的一般预防虽然是量刑所期待的效果,事实上也会产生这样的效果,但它不是决定量刑内容的原理,因而不能成为中止犯免除处罚的根据。

第三,积极的一般预防论在很大程度上是为了论证,即使犯罪人没有特殊预防必要性,但只要具有一般预防的必要,就应当科处刑罚。这本身就是将犯罪人作为一般预防的工具看待的。况且,积极的一般预防恐怕永远都是有必要的,因为对于任何犯罪的量刑,人们都期待实现刑罚的学习效果、信赖效果、满足效果、确证效果。于是,在任何犯罪中都需要判处刑罚,这难以为中止犯的免除处罚提供根据。

第四,倘若认为只要没有一般预防的必要性,即使具有特殊预防的必要性,也不得科处刑罚,那么,就恐怕与中止犯免除处罚的目的相冲突。

由此看来,虽然刑罚目的说值得借鉴,但将积极的一般预防必要性的丧失作为中止犯免除处罚的根据,则存在疑问。

(三)本书的立场

如前所述,并合说本身存在明显的缺陷,而且我国现行刑法关于中止犯的处罚规定明显不同于日本刑法的规定,所以,不能继续采用日本刑法理论的路径。

我国刑法关于中止犯减免处罚的规定虽然不同于德国,但是,对于没有造成损害的中止犯免除处罚的规定,则与德国刑法完全相同。因此,我们可以借鉴德国刑法理论讨论中止犯减免处罚的根据。不过,一方面,我们不能笼统地讨论中止犯减免处罚的根据,而应首先着眼于讨论中止犯免除处罚的根据。另一方面,我们也不能完全割裂我国刑法第24条关于中止犯的两种法律后果的规定,不可能认为中止犯免除处罚的根据与中止犯减轻处罚的根据完全不同,因而分别确定两种中止的成立条件。例如,我们不可能认为,免除处罚的中止犯的自动性要求高于减轻处罚的中止犯;也不可能认为,二者的中止行为要求不同。所以,本书的看法是,首先说明中止犯免除处罚的根据,再思考为什么对造成损害的中止犯只是减轻处罚,而不是免除处罚。

在本书看来,刑罚目的包括一般预防与特殊预防,其中的一般预防包含积极的一般预防与消极的一般预防(参见第十一章第二节)。但是,法定刑的确定、量刑与刑罚的执行阶段,目的的侧重点并不相同。就具体案件而言,决定是否免除处罚是一种量刑活动,所以,应当围绕量刑目的讨论中止犯免除处罚的根据。

由于量刑时应当注重特殊预防,并且不能使一般预防优于特殊预防,[69]所以,缺乏特殊预防必要性,才是中止犯免除处罚的根据。换言之,特殊预防是刑法所期待的未来的目的,如果行为人没有再犯罪的危险性,当然就没有科处刑罚的必要。由于中止犯在中止之前的违法性与有责性只是减少而没有消灭,故只能以特殊预防必要性的丧失作为免除处罚的根据。中止犯的自动中止行为表明,不需要借助他人与国家机关,行为人就自动回到合法性的轨道,因而没有特殊预防的必要性,所以免除处罚。诚然,认为中止犯没有特殊预防的必要性或许是一个极为乐观的预测,在某些情况下不一定完全如此。但是,既然刑法做出免除处罚的规定,就应当认为刑法推定中止犯没有特殊预防的必要性,这一立法推定不允许反证。由于中止犯仍然存在违法性与有责性,故中止犯不是违法阻却事由与责任阻却事由。自动中止这一事实是表明行为人没有特殊预防必要性的情节,是一种法定的免除处罚的量刑事由。由于量刑的结局是免除刑罚处罚,且这一效果仅及于中止犯本人,因而也可谓一身的刑罚阻却事由。

此外需要说明的是,如果仅以特殊预防必要性的丧失作为中止犯免除处罚的根据,那么,当行为人实行终了后基于悔悟而为防止结果的发生做出了真挚努力但未能避免结果发生时,也应当免除处罚。但是,根据我国刑法第24条的规定,这种情形依然成立既遂犯,而不能认定为中止犯。所以,中止犯免除处罚的根据必须包括违法性与有责性的减少,亦即,客观上必须没有发生构成要件结果(没有既遂),主观上不具有既遂犯的非难可能性。如前所述,违法性与有责性的减少只是相对于既遂犯而言,而不是相对于未遂犯而言。

总之,与既遂犯相比,中止犯的违法性与有责性均有减少,仅此便能够减轻处罚。由于中止犯自动回到合法性的立场,导致特殊预防必要性的丧失,所以对中止犯应当免除处罚。在此意义上,本书也采取了并合说,只不过是违法性减少、责任减少与缺乏特殊预防必要性(量刑目的说)的并合说。倘若仅与未遂犯比较,认为中止犯必须像未遂犯一样没有既遂,那么,也可以认为本书仅采取了量刑目的说。[70]

三、犯罪中止的成立条件

犯罪中止与中止行为虽然具有本质区别,但中止行为是犯罪中止形态的决定性原因,犯罪中止的特征与中止行为的特征就成为表里关系,论述了中止行为本身的成立条件,也就说明了犯罪中止的特征或成立条件。

(一)中止的时间性

中止必须发生"在犯罪过程中",即在开始实施犯罪行为之后、犯罪呈现结局之前均可中止。"在犯罪过程中"首先表明,犯罪中止既可以发生在预备阶段,也可以发生在实

〔69〕 参见张明楷:《责任刑与预防刑》,北京大学出版社2015年版,第328页以下。
〔70〕 参见张明楷:"中止犯减免处罚的根据",载《中外法学》2015年第5期。

行阶段,这是犯罪中止与犯罪预备、未遂的重要区别。不过,从犯罪的实质考虑,一般没有必要处罚预备阶段的中止犯。“在犯罪过程中”也表明,中止前的行为处于犯罪过程中,已经是犯罪行为;产生犯意后没有实施任何犯罪行为便放弃犯意的,不成立中止犯。“在犯罪过程中”还表明,犯罪尚未形成结局,既不是既遂,也不是由于行为人意志以外的原因而未着手实行犯罪或未得逞,因而具有变更的可能性;犯罪预备、未遂、既遂都是一种结局状态,行为呈现结局状态后就不可能成立犯罪中止;因此,犯罪既遂后自动恢复原状的,不成立犯罪中止;成立犯罪预备与未遂后,也不可能有犯罪中止。[71]

中止的时间性,是由中止的有效性决定的,即“放弃犯罪或者有效地防止犯罪结果发生”,决定了中止必须发生在犯罪过程中。中止不能发生在既遂之后,但如果对犯罪既遂缺乏合理解释(使既遂标准提前),也可能人为地限制中止的成立范围。

(二)中止的自动性

成立犯罪中止,要求行为人“自动”放弃犯罪或者“自动”有效地防止犯罪结果发生。这是犯罪中止与犯罪预备、犯罪未遂在主观上的区分标志。

1.关于自动性的理论学说

关于中止的自动性(任意性)的理解,国外刑法理论上存在不同观点:[72]

(1)主观说认为,行为人放弃犯罪的动机是基于对外部障碍的认识时,就是未遂,此外的场合便是自动中止。其判断基准是弗兰克(Frank)公式:能达目的而不欲时,为犯罪中止;欲达目的而不能时,为犯罪未遂。这一学说所面临的问题是,如何判断“能”与“不能”?在客观上“能”但在伦理上“不能”的,如何处理?例如,儿子原本想在黑夜里抢劫他人财物,但实施暴力后发现对方是自己父亲而放弃的,是能达目的而不欲,还是欲达目的而不能?

(2)限定主观说认为,只有基于悔悟、同情等对自己的行为持否定评价的规范意识、感情或者动机而放弃犯罪的,才是自动中止,此外的都是未遂。这一学说受到的批判是,将中止的自动性与伦理性相混淆,过于缩小了犯罪中止的成立范围。

(3)客观说主张,根据社会的一般观念对没有既遂的原因(引起行为人放弃犯罪或防止结果发生的现象)进行客观评价,如果当时的情况对一般人不会产生强制性影响,即一般人处于该情况下不会放弃犯罪,而行为人放弃的,便是犯罪中止;如果当时的情况能对一般人产生强制性影响,即一般人在当时的情况下也会放弃犯罪时,行为人放弃的,便是犯罪未遂。这一学说遭到的质疑是,其判断标准与“自动性”这一主观要素不相符合。换言之,是否具有自动性,只能根据没有既遂的原因对行为人本身产生的影响进行判断,而不能根据没有既遂的原因对一般人产生的影响进行判断。

(4)折中说主张,通过客观地判断行为人是否认识以及如何认识外界现象,来看外界现象是否对行为人的意识产生强制性影响,进而区分未遂与中止。但这种学说似乎并没有提出明确的判断标准。

(5)主观的价值生活说的基本观点是,自动性的判断基准是行为人的主观的价值生

〔71〕 显然,所谓中止的时间性,并不是一个单纯的时间问题,而是中止的前提条件问题。亦即,在什么样的前提下才可能成立中止犯;在什么样的情形下不可能出现中止犯(不能中止的情形)。

〔72〕 参见张明楷:《外国刑法纲要》,清华大学出版社2007年第2版,第286页以下。

活。中止犯减免刑罚的根据在于通过克服其主观价值进行了理性的自我调整。继续实现行为人的企图对行为人无价值时,放弃继续实施的,不具有自动性;在考虑了所有契机的前提下,继续实现行为人的企图对于行为人并非无价值时,放弃继续实施的,具有自动性。但是,这一学说的根据与判断标准并不明确。

(6)犯罪人理性说,将犯罪人理性作为任意性的判断基准。犯罪人理性不同于常人的理性,犯罪人非常冷酷,会周密地考虑其具体行为的计划及其得失。犯罪人理性地放弃犯罪时,不具有自动性;反之,不理性、不合情理的放弃,则具有自动性。例如,以为被发觉而放弃的,对于犯罪人而言是理性的,因而不具有自动性。反之,实施犯罪行为时,没有任何具体的原因,只是突然感到强烈的恐惧而放弃的,对于犯罪人而言(根据犯罪人之间的“规范”),属于非理性的行为,因而具有任意性,成立中止。同样,基于羞耻心、后悔等而放弃犯罪的,都属于非理性的行为,成立中止。在判断放弃犯罪是否基于犯罪人理性时,犯罪人心理动机的强弱不是决定性因素。例如,在犯罪人以为被发觉而放弃犯罪时,即使他认为还存在可以继续完成犯罪而不受处罚的机会,也不具有自动性。反之,因为感到恐惧而放弃犯罪时,即使恐惧心理达到了无法克服的程度,也具有自动性。可是,犯罪人理性说存在诸多问题:犯罪人理性的概念本身缺乏严密性,因而容易导致认定的随意性,导致越是冷酷的犯罪人越容易肯定其自动性;难以适用于实行终了的中止;如果按照一般人的标准判断犯罪人的理性,则此说与客观说没有明显差异。

2. 本书的观点

我国刑法理论不仅在犯罪未遂论中讨论“意志以外的原因”,而且在犯罪中止论中讨论“自动性”,但未能联系地考虑二者之间的关系。显然,犯罪预备与犯罪未遂都是由于犯罪人意志以外的原因,故不属于犯罪人意志以外的原因而未着手实行犯罪或未得逞的,就应是犯罪中止。意志以外的原因,是指始终违背犯罪人意志的,客观上使犯罪行为不可能着手或者既遂,或者使犯罪人认为客观上不可能着手或既遂的原因,因此,对于中止的自动性应理解为,行为人认识到客观上可能继续实施犯罪或者可能既遂,但自愿放弃原来的犯罪意图。[73] 首先,行为人认识到客观上可能继续实施犯罪或者可能既遂。这就表明,行为人面临着两种可能性:或者继续实施犯罪、使犯罪既遂,或者不继续实施犯罪、不使犯罪既遂。在存在选择余地的情况下,行为人不继续实施犯罪、不使犯罪既遂,就表明行为人中止犯罪具有自动性。其次,行为人自愿放弃原来的犯罪意图,不再希望、放任犯罪结果发生,而是希望不发生犯罪结果。只有这样,才能表明行为人已经回到合法性的轨道,没有特殊预防的必要性。在判断具体的行为是否具有自动性时,要以犯罪中止的法律性质(免除处罚的根据)为指导,同时可以采取逐步判断的方法。

(1)首先采取限定主观说进行判断:行为人基于悔悟、同情等对自己的行为持否定评价的规范意识、感情或者动机而放弃犯罪的,充分表明行为人回到了合法性轨道,应认为具有自动性。

(2)在根据限定主观说得出了否定结论时,再根据主观说,采用上述弗兰克公式进行判断。“能达目的而不欲”中“能”,应以行为人的认识为标准进行判断,而不是根据客观事实进行判断,也不是同时根据主观认识与客观事实进行判断。即只要行为人认为可能

---

〔73〕 为了论述上的方便,下面仅述中止与未遂的区别。

既遂而不愿达到既遂的，即使客观上不可能既遂，也是中止（不能犯除外）；反之，只要行为人认为不可能既遂而放弃的，即使客观上可能既遂，也是未遂。

（3）不能不承认的是，主观说中的“能”与“不能”的界限可能并不明确。因为“能”与“不能”是一种可能性概念，可能性又具有多种情形，如伦理上的可能性、心理上的可能性、物理上的可能性。例如，儿子决意杀害父亲在瞄准父亲时放弃开枪。如果从心理的、物理的角度来说，开枪是可能的，但从伦理的角度来说，则是不可能的。在类似这样的根据主观说难以得出结论或者结论不具有合理性的场合，应当参考客观说进行判断。之所以应当参考客观说，是因为如果一般人在当时的情况下也会放弃犯罪时，行为人放弃的，不能表明行为人没有特殊预防的必要性；反之，如果一般人在当时的情况下不会放弃犯罪时，行为人放弃的，则能说明行为人没有特殊预防的必要性。例如，甲已经近距离地将枪对准了乙的头部，正欲扣动扳机时，警察在100米外喊“住手”，甲便逃走。事实上，甲在当时的情况下，完全可能在警察抓获自己之前将乙打死，他也意识到了这一点，但不想被警察当场抓获而逃走。如果说甲是为了逃避刑罚处罚而放弃，事实上属于能达目的而不欲，则不影响犯罪中止的成立。但恐怕很少有人赞成这一结论。在这种情况下，参考客观说，认定甲属于欲达目的而不能，进而得出不成立中止犯的结论更为合适。再如，A在外地打工期间，于黑夜里实施抢劫行为，抢劫过程中发现对方是自己的胞兄B，于是停止了抢劫行为。在适用弗兰克公式时，如果从客观的或者物理的角度考虑，A仍然能够抢劫其胞兄的财产却放弃，应属于犯罪中止；倘若从心理的角度考虑，A不能继续抢劫其胞兄的财产，故属于犯罪未遂。在这种场合，宜参考客观说，认定A属于欲达目的而不能，因而不成立中止犯。

总之，心理是一种复杂现象，单纯从心理意义上认定和评价“自动性”，难以得出妥当结论，故需要进行规范的判断，实质的标准是行为人是否回到合法性轨道，因而没有特殊预防的必要性。

3. 关于自动性的具体问题

行为人中止犯罪的原因多种多样，有的出于真诚悔悟，有的因为对被害人产生同情之心，有的由于惧怕刑罚处罚，有的为了争取宽大处理，如此等等。一方面，不能将引起行为人中止犯罪的原因，当做行为人意志以外的原因，从而否认中止的自动性。例如，在强奸案中，行为人见妇女正值月经期，知道可以实施强奸行为但又自愿放弃的，就具有自动性，[74]不能因为妇女来月经是行为人没有预见到的事实，就认定为意志以外的原因。另一方面，也不能因为存在客观障碍就否认中止的自动性。在存在客观障碍的情况下，有时行为人并没有认识到，而是出于其他原因放弃犯罪的，应认定为中止；有时行为人认识到了，但同时认为该客观障碍并不足以阻止其继续犯罪，而是由于其他原因放弃犯罪的，也应认定为中止。下面就几个具体问题略作说明。

（1）中止动机的伦理性。根据限定的主观说，自动性以中止动机的伦理性（悔悟、同情等）为前提。本书认为，虽然自动性的成立不以中止动机的伦理性为必要，但如果中止动机具有伦理性，则能肯定自动性。

---

〔74〕 当然，如果行为人误以为在这种情况下发生性关系会对自己产生危险（或者其他抑制行为人意志的原因）因而放弃奸淫行为的，则成立强奸未遂。

(2)放弃犯意的彻底性。我国刑法理论的通说认为,成立犯罪中止,要求行为人最终放弃犯意。本书认为,这里的最终放弃犯意,应是指完全放弃该次特定犯罪的犯意,而不是完全放弃一切犯罪的犯意。例如,行为人原本打算强奸妇女,但着手后发现其身上有巨额现金,认为与其强奸不如抢劫,进而使用暴力强取财物的,虽然成立抢劫既遂,但仍然成立强奸中止。如果只是暂时放弃犯行,等待时机完成犯罪计划,应认定为犯罪未遂。例如,甲用工具撬开仓库门后,在往外搬运财物时突遇狂风暴雨。甲便停止搬运,打算第二天完成犯罪计划。对此,不能认定为犯罪中止。

(3)基于惊愕、恐惧而放弃犯行。例如,以杀人故意砍杀一刀后,发现被害人流血异常而惊愕,进而停止了杀人行为。持主观说与限定的主观说的学者一般认为,这种情形不符合自动性的条件(也有例外)。但持相反观点的人认为,完全不被外界事实触动而产生中止动机的情况,是几乎不可能的,不能以放弃犯行是基于惊愕、恐惧为由,而否认中止行为的任意性。本书认为,在这种情形下,行为人依然认识到客观上可以继续实施犯罪,甚至可能是担心造成重大后果而放弃犯罪,故不影响中止犯的成立。

(4)因为嫌弃、厌恶而放弃犯行。例如,对妇女实施了暴力的强奸犯,发现妇女面部被泼洒过硫酸,产生了嫌弃、厌恶之情,没有实施奸淫行为。应当认为,嫌弃、厌恶之情与自动性是两个不同的问题。一般来说,在行为人认识到客观上可以实施奸淫行为的情况下,如果不是基于外部强制而放弃奸淫行为的,就应认定为中止犯。但是,如果嫌弃、厌恶之情压制了行为人的行为意志,导致其被迫放弃犯罪,则宜认定为犯罪未遂。

(5)担心被发觉而放弃犯行。对此需要具体分析:因为担心被当场发觉而不可能继续实施犯罪,所以放弃犯行的,不具有自动性;担心被当场发觉而使自己名誉受到损害,所以放弃犯行的,具有自动性;担心被当场逮捕而放弃犯行的,不具有自动性;担心日后被告发、逮捕与受处罚而放弃犯行的,具有自动性。

(6)被第三者发现而放弃犯行。一般来说,在犯罪过程中被第三者发现而放弃犯行的,不具有自动性。但是,倘若第三者与行为人具有密切关系,行为人知道第三者不会告发和抓捕自己,只是担心丢脸面等放弃犯行,仍然可以认定为犯罪中止。此外,在当时的情况下,如果第三者的发现对于行为人完成犯罪没有任何影响,第三者也没有实施阻止、报警等行为,行为人基于其他考虑放弃犯罪的,也应认定为犯罪中止。

(7)基于目的物的障碍而放弃犯行。这是指行为人在实施财产犯罪时,因为没有发现当初预想的目的物而放弃犯行的情况。对此应具体分析:行为人没有盗窃特定财物的意图,只是想窃取一般财物时,虽然财物达到了刑法上的数额较大标准,但行为人认为财物价值不高而不窃取的,宜认定为中止犯(当然可能存在争议);[75]行为人意图窃取特定财物,但不存在特定财物的,即使没有窃取其他财物,一般也不成立中止犯,如以窃取现金的意图进入女性宿舍,发现宿舍内只有女性衣物没有现金,而没有窃取财物的,不成立中止犯;打算抢劫巨额现金,但对方只有少量现金而没有劫取的,不成立中止犯。[76]

(8)基于被害人不符合行为计划而放弃犯行。这是指行为人在实施侵害个人专属法

---

〔75〕 行为人只是想窃取一般财物时,由于财物价值高而不窃取的,成立中止犯。

〔76〕 反之,以窃取女性衣物的意图进入女性宿舍,虽然发现没有适合自己的衣物,但发现有现金而不窃取的,考虑现金的通用性以及行为人改变计划的容易性,可以认定为犯罪中止。

益的犯罪时,因为发现对方不是自己所要侵害的对象而放弃犯行的情况。例如,甲想杀害仇人乙,在瞄准对方正要扣动扳机时发现对方不是乙而是他人,而放弃了犯行。对此,应认定杀人未遂,而不能认定为杀人中止。一方面,在这种情况下,已经成立杀人未遂,而不可能再中止。另一方面,这种情况下放弃犯行并不能表明甲已经回到合法性的轨道,或者说,甲还具有实施杀害乙的行为的可能性,因而依然具有特殊预防的必要性。

(9)发现存在手段障碍而放弃犯行。对此应区分为两类情形:其一,如果行为人发现自己准备的手段不能完成犯罪,而且在当时的情况下不存在通常的替代手段,或者虽然存在替代手段但行为人没有认识到这种手段的,只能认定为犯罪未遂。例如,甲向几十米外的被害人乙开枪射击,但由于子弹卡壳不能发射。由于行为人主观上没有选择的余地,只能认定为犯罪未遂。再如,行为人开枪后没有打中但误以为枪中没有子弹了,或者撬开车门后不知道如何发动汽车的,也只能认定为犯罪未遂。其二,如果行为人发现自己准备的手段不能完成犯罪,但当时容易采用替代手段,行为人也认识到可以采用替代手段但没有采用的,应认定为犯罪中止。例如,行为人为了杀害他人携带了多种凶器,在一种凶器不起作用时,行为人可以使用其他凶器但不使用的,应认定为杀人中止。

(10)发现对方是熟人而放弃犯行。对此,可能需要根据犯罪的类型与一般人的观念对"熟人"是否属于压制行为人犯罪意志的原因做出区别判断。例如,行为人夜间实施暴力意欲强奸妇女,但在实施暴力行为的过程中发现对方是熟人,进而放弃强奸行为。本书认为,对这种情形宜认定为强奸中止。因为行为人是在客观上可以继续强奸的情况下,放弃强奸行为的。但是,在夜间实施抢劫行为,在实施暴力的过程中发现是自己的父亲、同胞兄弟或者其他关系密切的人而放弃抢劫的,不成立中止犯。

(11)因为已经实现构成要件外的目标而放弃犯行。例如,甲为了阻止乙与自己的女儿丙谈恋爱,以杀人故意向乙开枪,但没有打中,乙随即答应不再与丙来往,甲没有继续开枪。倘若认为第一枪未打中成立实行终了的未遂,甲便不成立杀人中止。如若认为甲因实现了构成要件外的目标而放弃行为不值得褒奖,甲也成立杀人未遂。但本书认为,虽然甲的构成要件外的目标已经实现,但甲确实在可以继续开枪的情况下放弃了继续开枪的行为,宜认定为杀人中止。

(12)不能满足特定倾向而放弃犯罪。例如,具有性虐待倾向的甲意图强奸乙,乙意识到自己不能逃脱,反抗也没有意义,为了避免进一步伤害,表示愿意与甲性交。但由于乙的表现不能满足甲的性虐待倾向,甲放弃了奸淫行为。显然,甲并没有自动地回到了合法性轨道,因而只能认定为犯罪未遂。

(三)中止的客观性

中止不只是一种内心状态的转变,还要求客观上有中止行为。中止行为分为两种情况:一是自动放弃犯罪行为;二是自动有效防止犯罪结果发生。一般来说,在犯罪行为未实行终了,只要不继续实施就不会发生犯罪结果时,中止行为表现为放弃继续实施犯罪行为;在行为实行终了,不采取有效措施就会发生犯罪结果时,中止行为表现为采取积极措施有效地防止犯罪结果发生。

行为是否实行终了,在理论上存在不同学说,不同学说对相同案件会得出不同结论。例如,手枪中有八发子弹,行为人开了一枪、发射了一发子弹,但仅造成对方极为轻微的伤害,后来没有再开枪。(1)主观说主张以行为人的犯罪计划或者认识内容为标准确定终了时期。在上例中,如果行为人原本只想开一枪,其实行行为就已经终了,因而成立犯罪未遂;如果行为人原本打算发射两发以上子弹,则实行行为还没有终了,因而成立犯罪中止。(2)客观说主张以行为的外部形态或结果发生的客观危险性为标准确定终了时期。在上例中,向被害人开一枪的行为本身就属于足以致人死亡的行为,即具有发生结果的现实危险性,故不管行为人主观上如何考虑,该杀人行为已经实行终了,即成立犯罪未遂。(3)遮断说主张以是否引起了"不遮断因果关系就发生结果"这种状态为标准区分是否终了。行为是否引起了这种状态,与行为人的认识、计划、意志等主观内容无关,仅根据客观事实进行判断。在上例中,如果第一枪就击中,给被害人造成了倘若放任不管就死亡的重伤,便属于"不遮断因果关系就发生结果"的状态,故实行行为终了;如果第一枪没有击中被害人,实行行为就还没有终了;如果第一枪没有击中,接着开第二枪,但也没有打中被害人,实行行为也没有终了;如果第二枪造成了倘若放任不管就死亡的重伤,则实行行为终了。该说显然以是否需要采取积极措施防止结果发生为基准。(4)折中说主张根据行为当时的客观情况以及行为人的主观认识综合判断终了时期。在上例中,第一枪仅造成被害人极为轻微的伤害,没有致人死亡的危险,而且还有继续实施行为的可能性,故实行行为还没有终了。[77]

本书认为,在此所讨论的行为是否实行终了,应与是否需要采取积极措施防止犯罪结果发生以及行为人的主观认识内容联系起来考察:如果行为人认识到单纯放弃犯罪行为就不会发生犯罪结果,事实上也是如此,则应认为行为未实行终了;行为人自动放弃犯罪行为的,便成立犯罪中止。如果行为人认识到需要采取积极措施防止犯罪结果发生,事实上也是如此,则应认为行为实行终了;行为人采取措施防止结果发生的,就成立犯罪中止。如果行为在客观上并没有终了,但行为人误认为终了,因而不继续实施犯罪行为的,成立犯罪未遂;如果行为人自以为没有终了,而自动不继续实施犯罪,事实上由于其他原因防止了结果发生的,宜认定为犯罪中止(如果发生了犯罪结果,当然是犯罪既遂);如果行为人自以为没有终了,而自动实施了足以防止结果发生的中止行为,事实上没有发生犯罪结果的,成立犯罪中止。

在未实行终了的情况下,行为人必须是真实地放弃犯罪行为,而不是等待时机继续实施该行为。例如,行为人侵入仓库后发现财物过多,打算回去开车来窃取的,不是中止行为。再如,行为人打算窃取现金,但因为有宝石,而只窃取宝石、不窃取现金的,不是中止行为。但是,在未实行终了的情况下,自动放弃重复侵害行为的,是犯罪中止。即行为人实施了足以发生犯罪结果的行为后,犯罪结果并没有发生,行为人还可以继续实施犯罪,但自动放弃继续侵害的,成立犯罪中止,而不是犯罪未遂。例如,甲的手枪中有3发子弹,在第一枪没有射中且可以继续射击的情况下而不射击的,应认定为犯罪中止。否认成立犯罪中止的观点的基本理由是,甲在第一枪没有击中时就已经成立犯罪未遂,未遂后不可能成立中止。但是,按照这种观点的逻辑,行为人以杀人故意向被害人砍了一刀但未砍中,后来放弃砍杀行为的,也成立犯罪未遂。但这种结论难以令人赞成。[78] 不仅如此,即

---

〔77〕 参见张明楷:《未遂犯论》,中国法律出版社、日本国成文堂1997年联合出版,第386页。

〔78〕 与无疑成立犯罪中止的事例相比,也应当肯定放弃重复侵害的行为是犯罪中止。例如,乙击中被害人后将被害人送往医院抢救脱险的,无疑成立犯罪中止。既然如此,甲在没有击中时放弃再次射击的,更应当成立犯罪中止。

使在因果关系发展的短暂进程中，行为人一度误以为或者估计已经既遂，但在能够继续实施犯罪行为的情况下放弃犯罪或者自动有效防止犯罪结果发生的，也宜认定为犯罪中止。例如，乙以杀人故意掐住妻子X的脖子。在X脸色青紫、小便失禁时，乙便以为X已经死亡，进而松手观望。随后X苏醒要水喝，乙倒水喂给X喝，放弃杀X的念头。再如，丙为了杀害丈夫Y，在Y睡觉时将煤气阀门打开，然后到邻居家。20分钟后，丙估计Y已经死亡，于是回到家。到家后发现Y躺在床上表情痛苦，顿生悔意，将Y送往医院抢救脱险。本书认为，应当根据犯罪未遂的成立条件客观地判断行为是否已经形成终局状态，而不能因为乙误以为X已经死亡、丙估计Y已经死亡，就肯定他们的行为已经属于犯罪未遂。换言之，乙、丙在实施中止行为时，其先前的犯罪行为并没有形成终局状态，故宜认定其行为成立犯罪中止。[79]

在实行终了的情况下，中止行为必须是一种足以避免结果发生的、真挚的努力行为，但不以行为人单独实施为必要。没有做出真挚努力的，不成立中止。例如，行为人在其放火既遂前喊了一声“救火呀！”，然后便逃走的，即使他人将火扑灭，也不能认为是犯罪中止。对于不作为犯罪的中止而言，其中止行为一般表现为履行自己原本应当履行的义务。

（四）中止的有效性

不管是哪一种中止，都必须没有发生行为人原本所希望或者放任的、行为性质所决定的犯罪结果（侵害结果）。行为人虽然自动放弃犯罪，或者自动采取措施防止犯罪结果发生，但如果发生了行为人原本所希望或者放任的、行为性质所决定的犯罪结果，就不成立犯罪中止。例如，乙托甲购买胃药，甲却将毒药交给乙。甲产生悔意后于第二天到乙家欲取回该药，而乙谎称药已被服用。甲见乙没有什么异状就回家了，没有将真相告知乙。几天以后，乙服用甲提供的毒药而死亡。甲虽然为防止结果发生采取了措施，但由于仍然发生了侵害结果，故不成立犯罪中止，而是犯罪既遂。

行为原本实行终了但行为人误以为没有实行终了，只是单纯放弃犯行没有防止结果发生的，应当认定为犯罪既遂。例如，甲计划通过五次投放毒药致乙死亡，投放两次后，甲放弃了进一步的投放行为，以为乙不会死亡，但乙因为两次食用毒药而死亡。国外有一种观点认为，由于甲缺乏既遂的故意，依然成立杀人中止，但同时触犯故意伤害罪或者过失致人死亡罪。本书赞成另一种观点，在结果能够归属于行为人的前两次投毒行为时，只要行为人在前两次投毒时具有杀人故意，就可以认定行为人具有既遂的故意。[80] 因此，对上例中的甲应当认定为杀人既遂，而不能认定为杀人中止。

但应注意的是，在足以防止结果发生的A行为独立地导致发生了原犯罪的侵害结果时，如果应将侵害结果归责于A行为，则不妨碍原犯罪成立犯罪中止。例如，甲向乙的食物投放毒药，乙吃后呕吐不止，甲顿生怜悯之心，开车将乙送往医院，但车速过快发生交通事故导致乙死亡。由于乙被送往医院后有被救助的可能性，应认为甲的行为足以防止原犯罪的结果发生，而乙死亡的结果是由于甲的过失行为造成，甲成立故意杀人中止与过失

〔79〕 与明显成立犯罪中止的事例相比，也应当肯定乙、丙的行为成立犯罪中止。例如，妻子X向丈夫的食物中投放了毒药，丈夫食用后卧床不起。第二天妻子自动将丈夫送往医院抢救脱险，妻子的行为成立犯罪中止。而上例中的乙、丙实施中止行为的时点更早，因而更有理由成立犯罪中止。由此看来，仅因行为人误以为既遂或者估计已经既遂而否认犯罪中止的成立，并不合适。

〔80〕 Vgl.，C. Roxin，Strafrecht Allgemeiner Teil，Band II，C. H. Beck，2003，S. 351ff，S. 517ff.

犯罪(交通肇事罪或者过失致人死亡罪)。但是,如果行为人采取的是不足以防止结果发生的措施(无效的中止行为),因而发生了原犯罪的侵害结果的,则仍然成立犯罪既遂。[81]

基于同样的理由,如果行为人在行为终了后实施了足以防止结果发生的行为,但由于被害人或者第三者的原因导致结果发生,也应认定为犯罪中止。倘若在上例中,乙被送往医院后,因为不想活下去而拒绝接受医生的救助导致死亡的,仍应认定甲的行为成立犯罪中止。

需要研究的是,中止行为与犯罪结果没有发生之间不存在因果关系时,是否成立中止犯?即行为人为防止犯罪结果的发生做出了积极努力,但其行为本身偶然不能使犯罪结果发生或者由于他人行为防止了犯罪结果发生时,是否成立中止犯?本书持肯定说。大致而言,以下四种情况均成立犯罪中止:(1)中止行为独立防止了侵害结果发生时,成立犯罪中止。(2)中止行为与其他人的协力行为,共同防止了侵害结果发生时,只要能够认定行为人做出了真挚的努力,也成立犯罪中止。如行为人向被害人的食物投放毒药后,见被害人痛苦难忍而顿生悔意,立即拨打急救电话,将被害人送往医院,由医生抢救脱险的,理当成立犯罪中止。(3)中止行为足以防止侵害结果发生,但事实上是由与中止行为无关的其他人的行为防止侵害结果发生的,也应认定为犯罪中止。例如,甲向乙投放毒药后,心生悔悟,立即拨打120急救电话。但邻居丙在急救车到来之前将乙送往医院,乙经抢救脱险。根据本书观点,只要没有特殊情形(如急救车一直没有到达或者等急救车到达时乙的生命得不到救助),也应认定甲的行为成立犯罪中止。(4)行为人在犯罪过程中自动放弃犯罪,或者自动采取有效措施防止侵害结果发生,其行为足以避免侵害结果的发生,而且侵害结果没有发生,即使实行行为本身偶然不能导致侵害结果发生,也成立犯罪中止。换言之,只要中止行为足以避免侵害结果发生,即使实行行为本身原本未能造成侵害结果,也应认定为犯罪中止。例如,甲开枪射击乙,乙受惊吓而昏厥,甲误以为乙中弹倒地,又顿生悔意,将乙送往医院急救。虽然不予急救也不至于发生死亡结果,但也应认定为中止,而非未遂,也不是未遂与中止的竞合。[82] 又如,行为人1分钟内向被害人静脉里注射了70毫升空气,具有致人死亡的危险,后生悔意将被害人送往医院抢救。但事实上表明,由于被害人的体质、体重等原因,即使不抢救也不至于死亡。对此,也应当认定为犯罪中止。在上述场合,由于行为人是在认识到能够既遂的情况下放弃或者自动采取有效措施的,在结果没有发生的情况下,违法性与有责性同时减少了;[83] 而且事实表明行为人自动回到合法性轨道,没有特殊预防的必要性。如果认定为犯罪未遂或者犯罪既遂,就会导致刑罚的不均衡。[84] 刑法第24条要求"有效地防止犯罪结果发生",这表面上要求中止行为与结果没有发生之间存在因果关系,事实上是要求犯罪结果没有发生,要求行为人采取有效的措施、做出真挚的努力。因此,本书不赞成要求中止行为与侵害结果没有发生

---

〔81〕 当然,如何区分无效的中止行为与导致结果的"中止"行为,还存在许多值得探讨的问题。

〔82〕 不能认为开枪后没致人死亡就已经形成犯罪未遂的终局状态,否则就会导致处罚的不公平。

〔83〕 中止犯中的违法性减少与责任减少,并不限于中止行为本身使得违法性与责任减少,中止前的行为使得违法性、责任少于既遂犯的,就符合了违法性减少与责任减少的条件。

〔84〕 例如,倘若甲打中了乙造成重伤,不救助就有生命危险。此时甲救助乙,避免了死亡结果的,肯定成立犯罪中止。既然如此,在乙没有生命危险时,甲的救助行为更应成立犯罪中止。

之间必须存在因果关系的观点。[85]

但是,如果被告人的行为不足以防止结果发生,则不符合有效性的条件(也可能不符合中止行为的条件),不能认定为犯罪中止。例如,A 向丈夫 B 投放毒药后,见 B 呕吐不止心生悔意但不知所措,便跑到父母家将真相告诉父母。邻居 C 发现后将 B 送至医院,经抢救脱险。A 的行为并不足以防止结果发生,因而不成立犯罪中止(也可以认为 A 并没有实施中止行为)。

犯罪中止并非没有发生任何结果,而是没有发生行为人原本所希望或者放任的、行为性质所决定的犯罪结果。因此,可以将犯罪中止分为造成了一定侵害结果的犯罪中止与没有造成任何侵害结果的中止。这种区分不仅对于量刑具有重要作用,而且对于正确认识犯罪中止的特征具有重要意义。

四、特殊类型的中止

(一)结果加重犯的中止

如前所述,在行为人故意造成加重结果,却没有发生加重结果的情况下,应认定为结果加重犯的未遂(适用结果加重犯的法定刑,同时适用刑法总则关于未遂犯的处罚规定)。例如,行为人以非法占有为目的将被害人杀死后立即取走财物的,成立抢劫罪。但如果行为人没有造成他人死亡与重伤,即使取得了一定数量的财物,也应认定为结果加重犯的未遂,适用刑法第 263 条规定的“十年以上有期徒刑、无期徒刑或者死刑”的法定刑,并适用刑法总则关于未遂犯的处罚规定。

既然结果加重犯可能由于行为人意志以外的原因而没有既遂,当然也可能由于行为人自动的原因而没有既遂。例如,A 以抢劫故意对被害人实施抢劫行为,并且打算杀害被害人后立即取走财物,在着手实行杀人行为之后,被害人求情不要杀害自己,A 便自动放弃了杀人行为(未造成伤害),取得了被害人的财物。与单纯故意杀人时应当认定为故意杀人中止相比,在本案中,对 A 的行为也应认定为加重抢劫的中止。由于对没有造成损害的中止犯应当免除处罚,所以,对 A 不得适用加重犯的法定刑(或者说,对加重犯免除处罚),只能按普通抢劫罪的既遂论处。[86]

另外一种情形可谓中止的结果加重犯。例如,甲为了强奸妇女而对妇女实施暴力,在暴力行为导致妇女重伤后,甲自动放弃了奸淫行为。德国的少数说认为,甲对普通强奸罪成立中止,对强奸致人重伤的结果加重犯不成立中止,而是适用结果加重犯的法定刑同时适用未遂犯的规定。多数说认为,结果的加重以基本犯的实施为前提,由于行为人对基本犯成立不受处罚的中止,故结果加重犯也不受处罚,但对造成严重后果的行为应以故意伤害罪论处。[87] 这种情形属于结果加重犯的既遂与基本犯的中止,问题在于,是否适用总则关于中止犯的处罚规定(由于强奸的基本行为造成了损害结果,只能减轻处罚)?考虑到我国的法定刑较重,本书倾向于适用总则关于中止犯的规定减轻处罚。但甲的行为同

---

〔85〕 也可以说,只要按照假定的判断,中止行为与结果的不发生之间存在观念上的因果关系即可。亦即,倘若人们问:如果甲实施某种行为乙是否不会死亡?如若得到的是肯定回答,则甲的行为符合有效性的条件,成立犯罪中止。

〔86〕 也许可以认为,A 的行为虽然属于加重抢劫的中止,但由于造成了损害,所以,在加重抢劫的下一个量刑幅度内判处刑罚。不过,这样的思路可能不利于处理中止与既遂的关系。

〔87〕 参见[德]乌尔斯·金德霍伊泽尔:《刑法总论教科书》,蔡桂生译,北京大学出版社 2015 年版,第 321 页。

时触犯了故意伤害罪,因而成立想象竞合犯,故需要权衡法定刑与量刑情节形成的处罚轻重,最终从一重罪处罚。

(二)部分的中止

所谓部分的中止(Teilrücktritt),是指行为人在着手实行阶段,自动放弃了已经具备的加重要素,而仅完成基本构成要件的情形。[88] 其中的加重要素,不是指结果加重,而是指其他客观要素的加重。在这种场合,是按照加重犯的既遂处罚,还是仅按基本犯的既遂处罚,是我国刑法理论还没有展开研究的问题。

例如,A 以抢劫故意,持枪(显示枪支)对被害人实施胁迫行为,在还没有压制被害人反抗时,突然觉得使用枪支不合适,就自动将枪支抛在 20 多米外,然后对被害人拳打脚踢,进而压制被害人的反抗,强取了财物。对 A 是按照持枪抢劫的既遂犯处罚,适用“十年以上有期徒刑、无期徒刑或者死刑”的法定刑,还是按照普通抢劫罪(基本犯)的既遂犯处罚,适用“三年以上十年以下有期徒刑”的法定刑?换言之,对 A 的行为能否认定为持枪抢劫的中止犯?如果肯定这种部分的中止,那么,由于持枪抢劫的行为本身没有造成损害,而应免除处罚,故对 A 的行为只能认定为普通抢劫罪的既遂犯。如果否定这种部分的中止,则意味着对 A 应以持枪抢劫的既遂犯论处。

本书肯定部分的中止(就上例而言,对 A 的行为仅以普通抢劫罪的既遂犯论处),因为 A 的行为完全符合中止犯的成立条件。(1)A 的行为发生在犯罪过程中,不仅发生在加重犯既遂之前,而且发生在基本犯的既遂之前,[89] 完全符合中止犯的时间性要件。(2)A在完全可以继续使用枪支的情况下自动放弃了枪支的使用,就此而言具有自动性。(3)A 在重罪行为未实行终了的情况下,放弃了继续实施重罪行为,因而存在中止行为。(4)A 的行为虽然发生了普通抢劫罪的结果,但是,没有发生行为人原本所希望的持枪抢劫的结果。或者说,A 的行为并没有造成 A 原本希望的重罪结果,因而相对于加重犯罪而言,仍然没有既遂。

情节加重的犯罪中,都有可能出现部分的中止。例如,甲男于某日傍晚在某公园对被害妇女实施暴力,并打算在公园当众奸淫该妇女,在暴力压制被害妇女的反抗后,被害妇女恳求甲不要在公园当众奸淫自己,于是,甲主动将被害妇女挟持到无人发现的附近地下室内奸淫了该妇女。刑法没有对在公共场所故意杀人、故意伤害、抢劫、妨害公务的行为规定加重的法定刑,所以,在公共场所当众对被害妇女实施暴力行为本身,并不是加重处罚的根据。反过来说,只有在公共场所当众奸淫妇女才是加重处罚的根据。甲放弃在公共场所当众奸淫妇女,就丧失了不法加重的根据,又由于甲主动放弃加重的不法,因而完全符合加重犯的中止犯的成立条件。再如,A 等人明知是救灾物资而着手实施抢劫行为,被害人对 A 等人说:“这是救灾物资,你们抢走了会导致不少灾民难以生存。”A 等人便放弃抢劫救灾物资,仅抢劫了被害人的其他财物。在此案中,行为人自动放弃了加重犯的实施,只能以普通抢劫罪论处。

承认部分的中止,并不是对一个犯罪的任意分割,而是建立在正确理解和处理重罪与轻罪的关系之上。例如,关于持枪抢劫的规定,实际上是普通抢劫的特别规定,在行为人

---

〔88〕 Vgl.,C. Roxin,Strafrecht Allgemeiner Teil, Band II, C. H. Beck,2003,S. 573.

〔89〕 当然,部分的中止的成立,不一定以中止行为发生在基本犯既遂之前为要件,这取决于加重要素的内容。

中止了特别规定之犯罪,实施了普通犯罪时,承认对持枪抢劫的中止,仅按普通犯罪论处,没有任何不当之处。

需要说明的是,部分的中止也必须符合中止犯的成立条件,所以,不能随意扩大部分的中止的范围。(1)在行为人使用的加重手段已经发挥作用时,即使行为人后来不再使用该手段,也不能认定为部分的中止。例如,甲持枪实施暴力或者胁迫抢劫财物,在使用枪支压制被害人的反抗后,不再使用枪支而取得财物的,成立持枪抢劫的既遂。同样,假冒军警人员抢劫,在压制被害人反抗后,声称自己不是军警人员的,不成立部分的中止。(2)在行为对象加重的场合,如果行为已经对加重对象造成了既遂结果,事后自动退赔的,不成立部分的中止。例如,明知是救灾物资而着手实施抢劫行为,在取得了救灾物资(既遂)后,想到抢走救灾物资会导致灾民难以生存,便立即将救灾物资退回,仅抢劫了被害人的其他财物。由于抢劫救灾物资的行为已经既遂,故不得认定为部分的中止。(3)在加重法定刑的适用以既遂为前提时,不存在加重犯的中止。例如,二人以上共谋窃取数额巨大财物并且已经着手,但后来自动放弃了盗窃行为的,不能认定为部分的中止(即不应认定为盗窃数额巨大的中止),而宜认定为普通盗窃的中止。

如前所述,加重犯的中止没有造成损害的,对加重犯免除处罚,直接按基本犯罪的既遂犯论处即可。但是,如果加重犯的中止造成损害,则需要按照刑法第63条的规定,对加重犯减轻处罚所应适用的法定刑与基本犯的法定刑进行比较,然后适用其中较重的法定刑。例如,甲男在某运动场对被害妇女实施暴力,并打算在运动场当众奸淫妇女,在暴力致被害妇女轻伤后,被害妇女恳求甲不要在运动场当众强奸自己,于是,甲主动将被害妇女挟持到无人发现的附近地下室内奸淫了该妇女。根据刑法第63条的规定,对加重犯的中止造成了损害时,应当在下一个量刑幅度内判处刑罚,亦即,应当适用刑法第236条规定的"三年以上十年以下有期徒刑"的法定刑。另一方面,按照普通强奸的既遂犯论处,所适用的法定刑也是"三年以上十年以下有期徒刑"。但应优先考虑既遂犯法定刑的适用,故应按普通强奸的既遂犯论处。再如,乙等人在运送他人偷越国(边)境的过程中,准备了工具,意欲以暴力抗拒检查,在刚着手对检查人员实施暴力行为时,被检查人员说服,没有继续使用暴力行为。一方面,由于乙等人已经实施了运送他人偷越国(边)境的行为,本罪属于行为与结果同时发生的行为犯,故应认定乙等人的行为已经造成了损害,所以,根据刑法第63条的规定,对加重犯的中止造成了损害时,应当在下一个量刑幅度内判处刑罚,亦即,应当适用刑法第321条规定的"五年以上十年以下有期徒刑"的法定刑。另一方面,乙等人的行为也成立运送他人偷越国(边)境罪的基本犯的既遂犯,而该基本犯的法定刑是"五年以下有期徒刑、拘役或者管制"。比较的结局是,对乙等人的行为,应当在"五年以上十年以下有期徒刑"的幅度内裁量刑罚。

五、中止犯的处罚原则

刑法第24条第2款规定:"对于中止犯,没有造成损害的,应当免除处罚;造成损害的,应当减轻处罚。"显然,明确了"造成损害"的内涵与外延,也就确定了"没有造成损害"的含义。

(一)造成损害的含义

对于"损害"的理解,必须以刑法的法益保护目的为指导,并考虑犯罪之间的关系与罪刑相适应原则。本书的看法如下:

1.“损害”仅限于行为造成的实害,不包括行为造成的危险。因为中止前的犯罪行为都是已经造成了危险的行为,如果将危险归入“损害”,意味着中止犯没有免除处罚的余地,明显违反刑法的规定。

2.“损害”必须是刑法规范禁止的侵害结果,这是刑法的目的与犯罪的本质决定的。倘若将刑法规范并不禁止的结果作为中止犯中的“损害”,实际上违反了罪刑法定原则,导致刑法规范并不禁止的结果成为处罚对象。据此,A使用暴力强奸妇女,在奸淫之前实施了猥亵行为,后来放弃奸淫行为的,应认定为“造成损害”。B着手入户盗窃后中止盗窃行为的,如果入户行为造成了非法侵入住宅罪所要求的构成要件结果(侵害了他人的住宅安宁),就应认定为“造成损害”。这是因为,前者造成了刑法第237条所禁止的侵害妇女性的自主权的结果;后者造成了刑法第245条所禁止的侵害他人住宅安宁的结果。反之,甲中止杀人或抢劫行为,但其行为造成了被害人暂时的身体疼痛或者轻微伤害的,不应认定为“造成损害”。乙向特定个人实施诈骗或者敲诈勒索行为,使被害人受骗或者产生了恐惧心理,但后来自动放弃犯罪,不要求被害人交付财物的,不应认定为“造成损害”。[90] 这是因为,造成身体疼痛或者轻微伤害、使特定个人单纯受骗或者单纯产生恐惧心理,都不是刑法规范禁止的侵害结果,因而不能评价为中止犯中的“造成损害”。

3.“损害”不限于物质性结果,也包括非物质性结果。例如,故意杀人的暴力行为构成对被害人的侮辱,给被害人的名誉造成损害后,自动中止杀害行为的,也属于“造成损害”。[91] 又如,行为人谎称已向大型商场投放了爆炸物,胁迫商场交付金钱,后来自动放弃勒索行为,不要求商场交付金钱,但编造虚假恐怖信息的行为已严重扰乱商场秩序的,也属于“造成损害”。

4.“损害”仅限于对他人造成的损害,而不包括对自己造成的损害。

5.“损害”必须是能够主观归责的结果,而不包括意外造成的结果。所谓能够主观归责的结果,是指行为人对损害具有责任,尤其是指行为人对损害具有故意或者过失;如果某种损害虽然由行为造成,但行为人对此没有故意与过失,则不属于中止犯中的“造成损害”。

不难看出,综合上述五个内容可以得出如下结论:只有当行为符合了某种重罪的中止犯的成立条件,同时又构成了某种轻罪的既遂犯时,才能认定为中止犯中的“造成损害”。如强奸罪的中止犯已经构成了强制猥亵罪的既遂犯,故意杀人罪的中止犯已经构成了故意伤害罪的既遂犯,入室抢劫的中止犯已经构成了非法侵入住宅罪的既遂犯,敲诈勒索罪的中止犯已经构成编造虚假恐怖信息罪的既遂犯;如此等等。

(二)造成损害的原因

需要讨论的问题是,中止犯中的“造成损害”,是仅限于中止前的犯罪行为造成的损害,还是包括中止行为(或中止过程中的行为)造成的损害?

这里涉及的基本问题是,中止前的犯罪行为(以着手实行为例)与中止行为是什么关系?如果认为,中止犯是着手实行与中止行为的一体化(整体考察方法),那么,就可以认为,中止行为本身造成损害的,属于中止犯中的“造成损害”;倘若认为,着手实行与中止

---

〔90〕 如果刑法规定了以侵害他人意志自由为内容的胁迫罪,则可以认定为“造成损害”。
〔91〕 当然,这种属于告诉才处理的犯罪,对“造成损害”的认定,是否以被害人的告诉为前提,则是另一回事。

行为是两种性质不同的行为，则可能认为，中止行为造成损害的，不属于中止犯中的“造成损害”。

本书不赞成这种整体的考察方法。违法的着手实行（被刑法所禁止）与不违法的中止行为（被刑法所鼓励），具有本质的不同。对中止犯的整体的考察方法，不利于发挥刑法的行为规范的机能，不利于对第三者阻止行为人中止的行为做出合理判断。例如，甲实施故意杀人行为导致被害人重伤后顿生悔悟，正要将被害人送往医院抢救时，路经此地的乙却使用暴力阻止甲的抢救行为，导致甲未能完成抢救行为，致使被害人死亡。如果采取整体的考察方法，很难对乙的行为得出妥当结论。倘若采取分割的考察方法，则能认为乙阻止了合法行为，而且阻止的是救助他人生命的行为，该阻止行为与他人死亡结果之间具有因果关系，因而应当将死亡结果归属于乙的阻止行为。整体的考察方法，可能与中止行为本身存在冲突。例如，丙以强奸故意对被害人使用暴力，被害人为了避免强奸，提出将自己的3000元现金给丙，丙拿走3000元现金，放弃了强奸行为。如果采取整体的考察方法，就可能认为丙中止强奸的行为造成了被害人的财产损害，即属于强奸中止犯中的“造成损害”。可是，这一结论并不妥当。这是因为，在这种场合，只要单纯放弃强奸行为即可成立强奸罪的中止犯，而不需要采取积极措施防止结果发生。然而，单纯放弃强奸的中止行为，不可能造成他人财产损害。

据此，中止犯中“造成损害”的行为只能是中止行为之前的犯罪行为。例如，甲将被害人锁在屋内并打开天然气后，离开现场。但后来又产生中止之意，在室外将被害人家的门窗砸破，挽救了被害人的生命，却给被害人造成价值近万元的财产损失。对此，不能认定为“造成损害”。再如，乙向被害人的食物投放了毒药，被害人疼痛难忍，没有取得驾驶证的乙顿生悔意，立即开车将被害人送往医院，但途中过失导致汽车撞向电线杆，使被害人身受重伤，被害人被送往医院后，经抢救脱险。对此，也不能认定为“造成损害”。在上述两例中，应认定甲、乙的行为成立故意杀人罪的中止犯，虽然“没有造成损害”，但另成立故意毁坏财物罪与过失致人重伤罪（或者交通肇事罪），亦即，对故意杀人罪免除处罚，对故意毁坏财物罪与过失致人重伤罪单独定罪量刑。[92] 因为当行为人设定了只能通过损害A法益才能避免B法益受到侵害的因果进程时，必须将A法益的侵害结果归属于行为人的行为。如果行为人故意设定了这一因果进程，就必须对A法益的损害承担故意责任。

（三）造成损害的量刑

如前所述，对中止犯之所以免除处罚，是因为中止犯没有特殊预防的必要性。那么，为什么对“造成损害”的中止犯只能减轻处罚，而不能免除处罚呢？这是因为中止前的行为已构成另一轻罪的既遂，因而是对另一轻罪的处罚，而就该既遂的轻罪而言，不存在免除处罚的根据。

如所周知，德国刑法对中止犯仅规定了免除处罚一种法律后果。如果对造成伤害结果的故意杀人罪中止犯也免除处罚，就必然导致罪刑不均衡。所以，德国刑法理论的通说与审判实践的做法是，重罪的中止犯造成轻罪的既遂时，属于重罪的中止犯与轻罪的既遂

〔92〕 参见［日］大塚仁：《刑法概说（总论）》，有斐阁2008年第4版，第263页。

犯的竞合。其中既可能是想象竞合,也可能是法条竞合,但均按轻罪的既遂犯定罪量刑。[93] 但是,我国刑法理论与司法实践没有采取德国的做法,因为我国刑法第 24 条第 2 款后段明确规定了对“造成损害”的中止犯减轻处罚。如果采取德国做法,在中止前的行为构成轻罪的既遂犯时以轻罪的既遂犯定罪量刑,就使我国刑法第 24 条第 2 款后段的规定丧失了意义,或者说没有存在的余地,也不符合文理解释的基本要求。

不过,这只是形式上的差异,事实上都是对中止前的犯罪行为造成的既遂轻罪承担刑事责任,只不过德国的做法是直接按照既遂的轻罪定罪量刑,我国是按照所中止的重罪定罪,但减轻处罚的量刑大体上实际相当于对既遂的轻罪的量刑。例如,杀人行为造成重伤后中止杀人行为的,减轻处罚的结局是适用“三年以上十年以下有期徒刑”的法定刑,这正是故意重伤的法定刑。再如,侵入住宅后对被害妇女以暴力相威胁,后来中止强奸行为的,对其减轻处罚的结局相当于对非法侵入住宅罪的处罚。

当然,由于法定刑的错综复杂,刑法第 24 条所规定的减轻处罚的情形,也不可能完全与既遂的轻罪的处罚相对应。但是,由于中止犯中的“造成损害”实际上是指构成另一轻罪的既遂犯,所以,对“造成损害”的中止犯量刑时,既要受刑法第 63 条规定的制约,也要与轻罪的法定刑及其量刑实践相协调,即不应超过轻罪的法定刑裁量刑罚。例如,一般情节的故意杀人中止,如果造成了轻伤,原本应在轻伤害的法定刑(“三年以下有期徒刑、拘役或者管制”)之内裁量刑罚。但是,由于受刑法第 63 条关于减轻处罚规定的制约,只能在下一个量刑幅度内(“三年以上十年以下有期徒刑”)裁量刑罚,所以,此时判处三年徒刑乃至缓刑,才是合适的;倘若判处更重的刑罚,则明显难以实现罪刑之间的协调。入户抢劫、持枪抢劫致人轻伤后自动中止抢劫行为的,或者在公共场所当众强奸妇女致人轻伤后自动中止奸淫行为的,也应如此。[94]

特别需要指出的是,根据刑法第 24 条的规定,对于没有造成损害的中止犯,应当免除处罚。但是,司法实践中,大量存在对没有造成损害(或扩大“损害”范围)的中止犯没有免除处罚而仅减轻处罚的现象。例如,某判决认定的犯罪事实为:2014 年 4 月 13 日凌晨 2 时许,被告人张某突然张开双手扑向被害人李某面前,企图以惊吓的方式抢走李某手里挽着的一个手提包。李某受到惊吓后立即蹲下并大声呼叫求救。张某遂放弃抢劫并逃走,随后被巡逻民警抓获。判决指出:“被告人张某在犯罪过程中自动放弃犯罪,是犯罪中止,依法应当减轻处罚。被告人张某归案后能如实供述自己的犯罪行为,依法可以从轻处罚……判决如下:被告人张某犯抢劫罪(中止),判处有期徒刑六个月,并处罚金人民币 1000 元。”[95] 然而,既然认定张某的行为成立抢劫罪的犯罪中止,由于其抢劫行为没有造成任何损害,就不能减轻处罚,只能免除处罚。

---

〔93〕 Vgl., H. Jescheck/T. Weigend, Lehrbuch des Strafrechts. Allgemeiner Teil, 5. Aufl., Duncker & Humblot, 1996, S. 549.

〔94〕 参见张明楷:“中止犯中的‘造成损害’”,载《中国法学》2013 年第 5 期。

〔95〕 (2014)佛城法刑初字第 601 号。

第八章 共同犯罪

第一节 共同犯罪的理论前提

一、共同犯罪的基本术语

根据我国刑法第25条的规定，共同犯罪是指二人以上共同犯罪。[1] 例如，甲欲入户盗窃，乙知情并将一个撬锁工具交给甲，甲利用该工具窃取了他人财物。我国刑法理论认为，甲、乙成立盗窃罪的共同犯罪。甲、乙就是共同犯罪人，也可能被称为共犯人或者共同犯罪的参与人。[2] 刑法第26条至29条基于地位与作用的区别分别对各共犯人规定了不同的处罚原则。

刑法理论上经常使用"共犯"一词，但共犯一词有不同含义。最广义的共犯，是指二人以上共同实现犯罪的情形，不问行为人是故意还是过失（既包括故意的共同犯罪，也包括过失的共同犯罪）。中间意义的共犯，是指二人以上故意共同实现犯罪的情形。此外，也可能将共犯人简称为共犯（在上例中称甲、乙为共犯）。为了正确认定与区别对待共犯人，刑法与刑法理论对共犯人会进行分类。例如，有的分为正犯、组织犯、教唆犯、帮助犯，有的分为主犯、从犯、胁从犯等。狭义的共犯是指正犯之外的教唆犯与帮助犯。在上例中，甲是正犯，乙是狭义的共犯（帮助犯）。正犯不仅包括单独正犯，还包括同时正犯、共同正犯与间接正犯。当然，共同正犯究竟是正犯还是共犯，在国外刑法理论上存在争议（既可能属于广义的正犯，也可能属于广义的共犯）。不难看出，共同犯罪的基本术语比较混乱，需要读者在相关语境下准确识别。

二、传统理论的基本框架

我国传统刑法理论，从共同犯罪的成立条件入手展开讨论，然后说明共同犯罪的形式（如事前通谋的共同犯罪与事先无通谋的共同犯罪等），最后论述主犯、从犯、胁从犯、教唆犯的刑事责任。

传统理论认为，成立共同犯罪必须具备三个条件：(1)"共同犯罪的主体，必须是两个以上达到刑事责任年龄、具有刑事责任能力的人或者单位。"(2)"构成共同犯罪必须二人以上具有共同的犯罪行为。所谓共同的犯罪行为，指各行为人的行为都指向同一犯罪，相互联系，互相配合，形成一个统一的犯罪活动整体。""各行为人所实施的行为，必须是犯罪行为，否则不可能构成共同犯罪。"(3)"构成共同犯罪必须二人以上具有共同的犯罪故

---

〔1〕 德国、日本刑法理论基本不使用"共同犯罪"一词，但我国刑法与刑法理论均使用这一概念。

〔2〕 但"参与人"也可能仅指教唆犯与帮助犯。

意。"〔3〕显然,认定共同犯罪的传统方法是,不区分共同犯罪的不同形态,统一确定共同犯罪的成立条件;符合共同犯罪成立条件的,即认定为共同犯罪;共同犯罪中的参与人便是共犯人。这种方法有三个基本特点:(1)不区分不法与责任,混合认定共同犯罪是否成立。在上述三个条件中,第一个基本上是责任条件,第二个是违法条件,第三个又是责任条件。(2)不区分正犯与狭义的共犯,整体认定共同犯罪是否成立。上述三个条件所讨论的是二人以上是否成立共同犯罪,而不是在确定正犯后,讨论哪些人的行为成立狭义的共犯(教唆犯与帮助犯)。(3)仅判断共犯人是否实施了共同的犯罪行为,而不分别考察共犯人的行为与结果之间是否具有因果性,〔4〕抽象认定共同犯罪是否成立。但在本书看来,传统理论存在明显的缺陷。

首先,混合认定共同犯罪,表现为同时在不法与责任层面认定共同犯罪,而且先判断责任,再判断不法。但这种认定方法并不妥当。例如,15 周岁的甲入户盗窃时,请 17 周岁的乙为其盗窃望风。在乙的帮助下,甲顺利窃取了丙的 2 万元现金。按照通说,由于甲没有达到责任年龄,故甲与乙不成立共同犯罪,对乙不能以共犯论处。可是,这种结论不能被人接受。倘若乙为 18 周岁的盗窃犯望风,肯定成立盗窃罪的共犯;既然如此,其为 15 周岁的人望风,更应认定为犯罪。或许有人认为,对乙的行为可以直接以单个人犯盗窃罪论处。然而,其一,对乙不可能以直接正犯论处,因为乙没有直接实施将丙占有的财物转移给自己或第三者占有的实行行为,其望风行为根本不符合盗窃罪的直接正犯的条件。其二,对乙也不可能以间接正犯论处,因为只有作为幕后人控制或者支配了构成要件实现的人,才是间接正犯。乙应邀为甲盗窃望风的行为,不可能成立间接正犯。由此可见,传统方法不利于共犯的认定。当直接实施构成要件行为的人缺乏责任能力、违法性认识的可能性、期待可能性等责任要素时,也存在完全相同的问题。

其次,整体认定共同犯罪,表现为将二人以上的行为作为整体进而判断该整体是否成立共同犯罪,并且同时确定共同犯罪的性质;得出成立共同犯罪的结论之后,对各共犯人按照该犯罪定罪,再考虑共犯人在共同犯罪中所起的作用予以量刑。这种认定方法存在诸多问题。例如,在司法实践中,难以判断"共同的"犯罪行为。一方面,正犯行为与教唆行为、帮助行为并不相同。另一方面,一些日常生活行为也可能成立帮助行为,但离开了正犯行为,很难判断该行为是不是"犯罪行为"。〔5〕再如,在司法实践中,难以认定"共同的"故意,因为二人以上原本就可能存在不同的故意。

最后,抽象判断参与人是否实施了所谓犯罪行为,而不具体考察其行为是否与结果之间具有因果性的传统认定方法,要么不当扩大了共犯的范围,要么不当扩大了既遂犯的范围。例如,甲潜入丙家盗窃时,刚好被乙发现。乙知道甲将要实施盗窃行为,就主动为甲的盗窃望风,但甲对此并不知情,乙的望风行为在客观上也没有为甲的盗窃起作用。按照传统的认定方法,乙实施了帮助行为,且有帮助故意,故成立盗窃罪的共犯。但是,乙的行为与甲窃取他人财物的结果之间,缺乏物理的因果性与心理的因果性,事实上也没有促进

---

〔3〕 高铭暄、马克昌主编:《刑法学》,北京大学出版社、高等教育出版社 2016 年第 7 版,第 164～166 页。

〔4〕 诚然,通说也认为,共同犯罪行为与危害结果之间具有因果性。但是,通说强调的是共同犯罪行为作为有机整体与危害结果之间具有因果性;而且,通说是在认定结局的意义上说明因果关系的,亦即,只要二人以上具有共同行为与共同故意,全部参与人的行为就与危害结果之间具有因果关系。

〔5〕 例如,A 将一把菜刀借给 B,如果不考察 B 的行为,就根本不知道 A 的行为是不是某个犯罪的帮助行为。

甲的盗窃行为。对乙以盗窃罪的共犯论处，并没有根据。[6]

在本书看来，传统理论之所以存在缺陷，主要是因为没有正确理解共同犯罪的立法宗旨。

三、共同犯罪的立法宗旨

共同犯罪，是指二人以上共同实施的犯罪。从不法的层面来说，共同犯罪的立法与理论所解决的问题是，将不法事实归属于哪些参与人的行为。就具体案件而言，司法机关认定二人以上的行为是否成立共同犯罪，是为了解决二人以上行为的结果归属（客观归责）问题。亦即，只要认定成立共同犯罪，就要将法益侵害结果（包括危险，下同）归属于各参与者的行为（而不论各参与者是否具有责任）。显然，要将结果归属于参与人的行为，就要求参与人的行为与结果之间具有物理的因果性或者心理的因果性。在成立共同犯罪的前提下，即使查明侵害结果由其中一人直接造成，或者不能查明侵害结果由谁的行为直接造成，但只要能够肯定参与者的行为与结果之间具有物理的或者心理的因果性，就应肯定参与者的行为是结果发生的原因，进而将结果归属于参与者的行为。

在二人以上参与实施的犯罪中，当甲的行为直接造成了结果时，即使不考察其他人的行为，也能认定甲的行为是结果发生的原因；如果甲具有责任，则认定其行为构成犯罪。但是，对于没有直接造成结果的参与者来说，就需要通过共同犯罪的立法与理论来解决其结果归属问题。例如，甲与乙基于意思联络共同向丙开枪，甲射中丙的胸部致丙死亡，乙没有射中丙。即使不考察乙的行为，也能认定甲的行为造成了丙的死亡结果。甲若具备杀人故意等责任要素，便成立故意杀人既遂。但是，倘若单独认定乙的行为，则不能将丙的死亡结果归属于乙的行为。即使乙具备杀人故意等责任要素，也仅成立故意杀人未遂。不言自明，这种结论并不妥当。共同犯罪的立法与理论的目的之一就是让乙对丙的死亡结果负责。亦即，只要认定乙与甲是共同犯罪，那么，丙的死亡结果也要归属于乙的行为。如果乙具备杀人故意等责任要素，便成立故意杀人既遂。又如，B 为 A 入户盗窃提供了钥匙，C 为 A 入户盗窃实施了望风行为，A 利用 B 提供的钥匙盗窃了他人 1 万元现金。即使单独判断 A 的行为，A 也要对被害人 1 万元的财产损失结果承担盗窃罪的责任。但是，倘若单独判断 B、C 的行为，B、C 的行为就不可能构成犯罪。不言而喻，这种结论并不可取。共同犯罪的立法与理论，使得司法人员也可以将被害人的 1 万元财产损失结果归属于 B、C 的行为。因为 B 为 A 的盗窃提供了物理的帮助，或者说 B 的行为与结果之间具有物理的因果性；C 为 A 的盗窃提供了心理上的帮助，或者说 C 的行为与结果之间具有心理的因果性。所以，只要 B、C 具备责任要素，就要对被害人 1 万元的财产损失结果承担刑事责任。不难看出，共同犯罪的立法与理论主要是为了解决法益侵害结果归属于谁的行为这一问题，至于各参与人是否具有责任，只要根据前述第六章的责任要素进行判断即可。在此意义上说，共同犯罪是不法形态。

显而易见的是，在二人以上的行为都是结果发生的原因的案件中（不法层面上的共同犯罪），[7]各参与人的责任不可能完全相同，更不可能连带。根据责任主义的要求，即

〔6〕参见张明楷："共同犯罪的认定方法"，载《法学研究》2014 年第 3 期。

〔7〕同"犯罪"具有不法层面的犯罪与不法且有责意义上的犯罪一样，"共同犯罪"首先是不法层面的共同犯罪，其次才是不法且有责意义上的共同犯罪。

使行为符合构成要件且违法,但倘若行为人没有责任,就不得以犯罪论处,不得科处刑罚。在判断参与人是否值得处罚时,只能以每一个参与人是否具有责任为根据,而不能因为此参与人有责任,便处罚彼参与人。事实上,责任能力、责任年龄、故意内容、违法性认识的可能与期待可能性等责任要素,都只能进行个别判断。参与人甲具有责任能力,不意味着参与人乙也具有责任能力;参与人 A 具有期待可能性,不等于参与人 B 具有期待可能性。

以故意为例。共同犯罪中的一人具有杀人故意时,不意味着其他人也具有杀人故意。例如,甲向乙提议"报复丙",乙同意并与甲共同对丙实施暴力,导致丙死亡。事后查明,甲具有杀人的故意,乙仅具有伤害的故意。在这种场合,甲与乙的故意内容并不相同,但不能据此否认甲、乙共同造成了丙的死亡,不能否认甲、乙成立共同犯罪。刑法第 25 条第 1 款规定:"共同犯罪是指二人以上共同故意犯罪。"这表面上是要求二人以上的故意相同,实际上只是意味着将共同犯罪限定在故意犯罪之内。倘若要在上述规定中加一个"去"字,就应当说"共同犯罪是指二人以上共同去故意犯罪",而不是说"共同犯罪是指二人以上共同故意去犯罪"。[8] 所以,该款规定并没有否认共同犯罪是一种不法形态。刑法第 25 条第 2 款规定:"二人以上共同过失犯罪,不以共同犯罪论处;应当负刑事责任的,按照他们所犯的罪分别处罚。"这一规定明显承认了共同过失犯罪的事实,只是对共同过失犯罪不按共同犯罪论处而已,也没有否认共同犯罪是一种不法形态。

再以责任能力与法定年龄为例。有责任能力者与无责任能力者,也可能成立共同犯罪。但最终承担责任的是谁,则不是共同犯罪的立法与理论所要解决的问题,而是责任层面的问题。例如,甲与乙共同对丙实施暴力,导致丙死亡,但不能查明谁实施了致命的行为。事后查明,乙是不具有责任能力的精神病患者,但甲对此并不知情。如果否认甲与乙成立共同犯罪,则不能将丙的死亡结果归属于甲的行为,但这种结论并不妥当。由于甲不知道乙是无责任能力的人,所以,甲也没有间接正犯的故意。只有肯定甲与乙在不法层面成立共同犯罪(共同正犯),才能将丙的死亡结果归属于甲的行为。如果甲具有杀人故意,则成立故意杀人既遂。虽然也应当将丙的死亡结果归属于乙的行为,但由于其没有责任能力,因而不承担责任。又如,16 周岁的甲应邀为 15 周岁的乙的入室盗窃行为望风。按照传统的共同犯罪理论,甲与乙因为不符合共同犯罪的主体条件,所以不成立共同犯罪。然而,倘若不当共同犯罪处理,则不能认定甲的行为构成盗窃罪。这是因为,如若单独考察甲的行为,那么,只有当甲本人实施了符合盗窃罪构成要件的实行行为时,才可能认定其行为构成盗窃罪。但是,甲只是望风,并没有实施盗窃罪的实行行为。人们习惯于说甲是间接正犯。可是,不管是采取犯罪事实支配理论,还是采取工具论,甲应邀为乙望风的行为,都不可能成立间接正犯。只要意识到共同犯罪是一种不法形态,那么,各参与人的责任就不会影响共同犯罪的成立。据此,甲与乙成立盗窃罪的共同犯罪,乙是正犯(不法层面的正犯),甲是帮助犯。由于乙没有达到法定年龄,故不承担责任,但对甲必须以盗窃罪的帮助犯(从犯)论处。再如,16 周岁的甲与 13 周岁的乙共同轮奸妇女丙。只要意识到共同犯罪是一种不法形态,就会得出甲、乙二人成立共同正犯的结论,即属于轮奸(乙只是因为没有责任而不对之定罪量刑)。因此,对甲应当适用轮奸的法定刑,而不是适用一般强奸罪的法定刑。

---

〔8〕 我国的传统刑法理论一直是按后者理解的。

正因为共同犯罪是一种不法形态,各参与人的行为对法益侵害(危险)结果所起的作用可能不同,责任程度与范围也会不同,需要区别对待,所以,刑法分别对主犯、从犯、胁从犯规定了不同的处罚原则,同时对教唆犯作了特别规定。

四、共同犯罪的认定方法

(一)以不法为重心

如上所述,共同犯罪是不法形态。处理共同犯罪案件时,应当首先从不法层面判断是否成立共同犯罪,然后从责任层面个别地判断各参与人是否具有责任以及具有何种责任。换言之,共同犯罪的特殊性只是表现在不法层面,共同犯罪的立法与理论只是解决不法层面的问题;在责任层面,共同犯罪与单个人犯罪没有区别。所以,必须以不法为重心认定共同犯罪。

由于不法是指行为符合构成要件且违法,所以,在认定共同犯罪时,首先要判断参与人中谁的行为符合什么罪的构成要件,法益侵害结果由哪些人的行为造成(或者说,哪些人的行为对结果的发生做出了贡献)。这方面的判断可谓构成要件符合性的判断,基本上表现为共犯的因果性的判断。

例如,15 周岁的甲入户盗窃造成了他人财产损失的结果(实施了符合盗窃罪构成要件的行为),17 周岁的乙帮甲望风的行为与结果之间具有心理的因果性。所以,该结果应当同时归属于甲乙二人的行为。在不法层面,甲是正犯,乙是帮助犯或者从犯。在此前提下,分别判断各自的责任。由于甲没有达到责任年龄,其行为最终不成立犯罪。乙具备各种责任要素,最终成立盗窃罪,而且应当以从犯论处。基于同样的理由与认定方法,倘若上例中的甲是缺乏其他责任要素的人,乙也成立盗窃罪的从犯。

再如,第三者帮助本犯窝藏赃物的行为,是否成立共犯,取决于不处罚本犯的根据何在。如果说之所以不处罚本犯,是因为本犯窝藏赃物的行为不具备构成要件符合性或不违法,那么,第三者的帮助行为也没有违法性,因而不可能构成共犯;反之,如果本犯窝藏赃物的行为具备构成要件符合性且违法,只是缺乏有责性,则第三者的帮助行为也具有违法性,因而与本犯在不法层面成立共同犯罪,本犯只是由于缺乏有责性而不可罚;第三者如果具有责任,则依然成立共犯。如所周知,德国、日本等国刑法将赃物犯罪规定在财产罪中,盗窃犯(本犯)盗窃了他人财物后再窝藏赃物的,之所以不成立赃物犯罪,是因为没有侵犯新的法益(财产),本犯实施的窝藏行为,属于不可罚的事后行为。[9] 在这种情况下,对于第三者帮助本犯窝藏赃物的行为,难以认定为犯罪。但在我国,赃物犯罪属于妨害司法的犯罪,盗窃犯(本犯)窃取他人财物后再实施窝藏等行为的,也妨害了司法,具备构成要件符合性与违法性。本犯之所以不成立赃物犯罪,不是因为没有侵犯新的法益,而是因为缺乏期待可能性(即缺乏责任)。根据限制从属性原理,只要正犯的行为具备构成要件符合性与违法性,共犯便得以成立。所以,如果认识到共同犯罪是不法形态,那么,就可以得出如下结论:第三者帮助本犯窝藏赃物的,也与本犯成立赃物犯罪的共同犯罪,本犯仍然是正犯,第三者是共犯(从犯)。但是,本犯由于不具有期待可能性而不可罚,第三者并不缺乏期待可能性,故依然成立赃物犯罪的从犯。

在通常情况下,行为符合构成要件就能推定行为具有违法性。但是,由于法益主体对

---

〔9〕 参见[日]山口厚:《刑法各论》,有斐阁 2010 年第 2 版,第 349 页以下。

自己法益造成的损害不可能具有违法性(如伤害自己身体、毁损自己财物的行为不违法),而法益主体完全可能与他人共同造成自己的法益损害,所以,在共同犯罪中,各参与人行为的违法性可能具有相对性,因而需要进一步在违法性层面做出判断(参见本章第五节)。

以不法为重心,并不意味着最终意义上的共同犯罪不需要责任,而是说对共同犯罪中各参与人的责任认定与单个人犯罪的责任认定没有区别(当然,各共犯人的故意认识内容会有所不同)。所以,在认定共同犯罪时,没有必要也不应当将责任内容作为重要问题。既不能将责任要素作为判断共同犯罪成立与否的条件,更不能先判断责任后判断不法。"共同犯罪"并不意味着各参与人最终均成立犯罪。第一,虽然在不法层面成立共同犯罪,但是,其中的部分参与人可能因为缺乏责任要素,最终并不成立犯罪,仅部分参与人乃至一个参与人最终成立犯罪(也可能所有参与人都没有责任,因而最终都不构成犯罪)。第二,即使所有参与人均有所谓的共同行为与共同故意,但部分参与人可能存在违法阻却事由,而不可能成立犯罪。第三,由于共同犯罪只是不法形态,而参与人的行为最终构成何罪还取决于责任的内容,所以,在最终成立共同犯罪的情况下,虽然所有参与人都成立犯罪,但完全可能成立不同罪名的犯罪。

(二)以正犯为中心

司法人员没有必要抽象地讨论共同犯罪的成立条件,只需要明确正犯、共同正犯的成立条件,教唆犯、帮助犯的成立条件(在某些场合还需要明确首要分子的成立条件)并做出合理的判断。

"正犯是实现符合构成要件的实行行为这一过程中的中心人物或者核心人物。"〔10〕因为犯罪的本质是侵害或者威胁法益,具体表现为对法益造成侵害结果或者危险结果,而支配这种结果发生的人正是正犯。所以,在处理共同犯罪案件时,要先确认正犯,在正犯的行为符合构成要件且违法的前提下,判断是否存在教唆犯、帮助犯,就变得相对容易。这是认定共同犯罪的最佳路径。

正犯的行为与结果之间的因果关系(包括结果归属)是容易判断的。当A持枪射中被害人心脏导致其死亡时,我们很容易将该死亡结果归属于A的射击行为。例如,17周岁的乙为15周岁的甲入户盗窃望风,甲顺利窃取了丙的2万元现金。我们丝毫不会怀疑丙的2万元财产损失由甲的行为造成,而且能肯定甲的行为符合盗窃罪的构成要件,具有违法性。在肯定了甲的行为在不法层面成立盗窃罪之后,再判断乙的行为是否对甲造成的法益侵害结果做出了贡献,就可以从不法层面得出乙是否成立帮助犯的结论。由此可见,不需要讨论帮助犯与正犯构成共同犯罪的条件,只需要讨论帮助犯的成立条件。再如,A用尖刀杀害了C(此时即可认定A是正犯),且对C的死亡具有故意,并具备其他责任要素。即使不考虑其他因素(如是否有其他人介入),也能认定A的行为成立故意杀人既遂。法院同时查明,A实施杀害C的行为是B的教唆行为所致。由此可以肯定B的教唆行为成立,C的死亡结果客观上也要归属于B的教唆行为。倘若法院查明,B以杀人故意教唆A对C实施暴力,则B也成立故意杀人既遂;倘若B只有伤害C的故意,而没有杀害C的故意,那么,B仅承担故意伤害罪的责任。但B能够预见到A的暴力行为可能

〔10〕 C. Roxin, Strafrecht Allgemeiner Teil, Band II, C. H. Beck, 2003, S. 9.

导致C死亡,所以,B最终承担故意伤害致死的责任。由此可见,不需要讨论教唆犯与正犯构成共同犯罪的条件,只需要讨论教唆犯的成立条件。显然,以正犯为中心,可以使共同犯罪的认定更为容易。

但应注意的是,共同正犯不同于单独正犯,而且都是正犯,相互之间不具有从属性,所以,需要讨论共同正犯的成立条件。

(三)以因果性为核心

由于犯罪有既遂与未遂之分,所以,在共同犯罪案件中,参与人是不是共犯人与参与人应否对法益侵害结果负责,是两个不同的问题。共犯的因果性问题,既关系到共犯成立与否,也关系到共犯应在什么范围内承担责任。

例如,甲、乙二人同时开枪射击丙,但只有一发子弹击中丙。设定A、B两种情形:A情形为,甲击中了丙;B情形为,不能查明谁击中了丙。根据共同犯罪的立法,如果甲、乙二人成立共同犯罪,那么,在A情形中,乙也要对丙的死亡负责,在B情形中,甲、乙均要对丙的死亡负责;倘若甲、乙二人不成立共同犯罪,那么,在A情形中,乙仅成立杀人未遂,在B情形中,甲、乙均只成立杀人未遂。问题是,为什么一旦成立共同犯罪,甲、乙二人就都要对丙的死亡结果负责?或许人们会说,这是因为刑法的规定。可是,刑法为什么这样规定?答案只能是:因为丙的死亡结果能够归属于甲、乙二人的行为,或者说,甲、乙二人的行为与丙的死亡结果之间都具有因果性。所以,共犯的因果性成为共犯论中特别重要的内容。正如日本学者所言:"共犯论的核心,是能否认定共犯行为(共同或者间接)引起了法益侵害、危险的共犯的因果性问题,以及在具有因果性的前提下,将共犯构成要件限定在何种范围的共犯的限定性问题。"[11]

因果关系是归责的必要要件,对教唆犯与帮助犯也不例外。就单独正犯以及共同犯罪中的正犯而言,因果关系是将结果归属于正犯的必要条件。如果结果的发生与正犯的行为之间没有因果关系,就不可能令正犯对结果负责。教唆犯、帮助犯是刑罚扩张事由,既然将结果归属于正犯以因果关系为前提,那么,对于教唆犯、帮助犯而言,也必须提出这样的要求,否则,就与教唆犯、帮助犯的这种刑罚扩张事由明显不相当。所以,只有当教唆行为、帮助行为与正犯结果之间具有物理的因果性或者心理的因果性时,教唆犯、帮助犯才对正犯结果负责。

如后所述,所谓共犯的脱离,实际上也是共犯的因果性问题。亦即,共犯放弃或者被迫停止共犯行为后,由他人导致结果发生时,在什么样的情况下,否认共犯的先前行为与正犯结果之间具有因果性(即肯定共犯的脱离),从而只让共犯承担中止犯或者未遂犯的刑事责任。换言之,在某些情形下,行为人虽然实施了共犯(教唆或者帮助)行为,但是,如果后来又消除了该行为对犯罪的促进作用,导致先前的共犯行为与结果之间不具有因果性时,就属于共犯的脱离。因此,所谓共犯的脱离,实际上是指同时消除已经实施的共犯行为与结果之间的物理因果性与心理因果性。

根据本书的观点,刑法理论与司法实践完全可以淡化"共同犯罪"的概念。换言之,只要以不法为重心(从不法到责任),以正犯为中心(从正犯到共犯),以因果性为核心(从物理因果性到心理因果性)判断数人参与犯罪的案件,那么,首先,要在不法层面认定正

〔11〕[日]佐伯仁志:《刑法总论的思考方法、享乐方式》,有斐阁2013年版,第370页。

犯(包括共同正犯),确定了正犯之后,就必须将结果或者危险客观归属于正犯行为;其次,判断哪些参与人的行为与正犯结果之间具有因果性,只要具有因果性,就可以肯定其为不法层面的共犯;再次,分别判断各参与人的责任(如责任年龄、故意的内容等),进而确定参与人所触犯的罪名;最后,按照我国刑法关于主犯、从犯、胁从犯、教唆犯的处罚原则,分别给各参与人量刑。不难看出,在其中的任何一个步骤,都没有必要提出和回答"谁和谁成立共同犯罪"、"共同犯罪犯的什么罪"这样的问题。所以,即使不使用"共同犯罪"的概念,也完全可以处理数人共同参与犯罪的现象。

第二节　共同犯罪的基础理论

一、任意的共犯与必要的共犯

共同犯罪可以分为任意的共犯与必要的共犯。刑法总论一般研究前者,但对后者涉及的问题也需要讨论。

任意的共犯,是指一人可以实施的犯罪,由二人以上共同实施的情况。例如,二人以上共同故意犯盗窃罪的,是任意的共犯。这种任意的共犯及其处罚原则,规定于刑法总则,是刑法总论所要研究的内容。

必要的共犯,是指刑法分则所规定的,必须由二人以上共同实行的犯罪。在我国,必要的共犯包括三种情形。

(一)对向犯

对向犯(对立的犯罪),是指以存在二人以上相互对向的行为为要件的犯罪。对向犯分三种情形:一是双方的罪名与法定刑相同,如重婚罪、代替考试罪;二是双方的罪名与法定刑都不同,如贿赂罪中的行贿罪与受贿罪;三是只处罚一方的行为(片面的对向犯),如贩卖淫秽物品牟利罪,只处罚贩卖者,不处罚购买者。[12] 问题是,在第三种情况下能否直接根据刑法总则的规定将购买者作为共犯(教唆犯或帮助犯)处罚?理论上存在不同学说。[13]

立法者意思说认为,在具有对向犯性质的A、B两个行为中,立法者仅将A行为作为犯罪类型予以规定时,当然预想到了B行为,既然立法者没有规定处罚B行为,就表明立法者认为B行为不可罚。如果将B行为以教唆犯或帮助犯论处,则不符合立法意图。在立法者意思说看来,B行为之所以不可罚,是因为其对向性的参与行为的定型性、通常性。因此,如果参与行为超出了定型性、通常性的程度,就应以教唆犯、帮助犯论处。例如,购买淫秽物品的人即使主动请求卖主出售给自己,也不构成教唆犯与帮助犯。但是,如果对

---

〔12〕 第三种情形并不是共同犯罪,称为对向"犯"似乎不合适,但这种犯罪以存在购买方的行为为要件,故刑法理论仍然称之为对向犯。此外,第一种情形虽然从不法层面成立共同犯罪,但其中的参与人也可能缺乏责任要素;第二种情形的对向犯也不必然构成共同犯罪,例如,完全存在受贿人构成受贿罪,但提供贿赂的人并不构成行贿罪的情形。尽管如此,刑法理论依然认为这些情形均属于对向犯(参见[日]大塚仁:《刑法概说(总论)》,有斐阁2008年第4版,第275页)。

〔13〕 参见[日]山中敬一:《刑法总论》,成文堂2015年第3版,第837页以下。

方并不出售淫秽物品,而购买者积极地推动对方,劝导其出售淫秽物品给自己的,则成立教唆犯。

实质说主张个别地、实质地说明片面的对向犯的参与行为的不可罚性。实质根据之一是,当处罚规定以保护实施参与行为的被害人为目的时,由于参与行为缺乏违法性而不可罚。例如,即使幼女唆使成年男子与之性交,对幼女也不能认定为(奸淫幼女类型的)强奸罪的教唆犯。因为刑法禁止奸淫幼女,是为了保护幼女的法益,不能为了保护幼女的法益而处罚幼女。再如,甲唆使乙杀害甲的,乙成立故意杀人罪,甲不成立故意杀人罪的教唆犯。实质根据之二是,参与者不具备有责性时不可罚。例如,犯人毁灭证据的行为,也妨害了国家的司法活动,因而具有违法性,但刑法之所以不处罚该行为,是因为其不具有期待可能性。所以,犯人教唆他人为自己毁灭证据、教唆他人窝藏自己的,也不具有期待可能性,因而不可罚。但是,这种学说难以解决上述购买淫秽物品的行为是否成立共犯的问题。

可罚的规范目的说认为,不处罚片面的对向犯的一方的参与行为,是基于犯罪论上的实质理由与处罚的必要性意义上的政策判断。持本说的学者认为,实质说所举的缺乏违法性与缺乏责任之例,并不是完全没有违法性与责任,只是缺乏可罚的违法性与可罚的责任。将参与行为排除在构成要件之外,本来是立法性的政策的当罚性判断。不处罚片面的对向犯的一方的参与行为,是因为从规范的目的出发,基于对处罚目的的考虑和刑事政策的可罚性评价的判断而不可罚。这种学说提出的基准并不明确。

其实,实质说与可罚的规范目的说,不只是在讨论必要的共犯的处罚范围问题,更多的是超出对向犯的范围讨论何种教唆行为、帮助行为不具有违法性、有责性与可罚性。本书认为,就真正意义上的片面的对向犯而言,立法者意思说基本上具有妥当性。但是,所谓立法者意思,并不是反映立法者当初的所谓原意或者本意,而是指刑法的客观含义或者刑法的精神。因为从刑法规定了非法买卖枪支罪,分别规定了非法出售增值税专用发票罪与非法购买增值税专用发票罪,而仅规定贩卖淫秽物品牟利罪却没有规定购买淫秽物品罪的体例就可以发现,刑法并不处罚购买淫秽物品的行为。但刑法的客观含义不一定明确,有时可能难以做出形式的判断,故必要时应当考虑违法性的实质标准。

(二)聚众共同犯罪

一般认为,聚众共同犯罪是由首要分子组织、策划、指挥众人所实施的共同犯罪。[14]

认识聚众犯罪是认识聚众共同犯罪的前提。聚众犯罪是由首要分子组织策划、聚集纠合多人所实施的犯罪。"聚众"是实施犯罪的形式。聚众犯罪有如下特点:(1)参与人的复杂性。主要表现在:有首要分子,即在犯罪中起组织、策划、指挥作用的犯罪分子。有众人参与,"称众者,三人以上"(《唐律·名例》);参与人可能随时增加或减少,而非处于固定状态。参与人虽为三人以上,但参与人不一定是犯罪人。(2)行为的公然性。聚众犯罪由于人多势众,常使犯罪处于可见可闻的情况,首要分子正是要利用这一点实现自己的犯罪意图。(3)行为的多样性。由于参与人复杂,使得聚众犯罪行为呈现多样性的特点。

---

〔14〕 不排除在特殊情形下没有首要分子。例如,在货车侧翻后,附近的众人不约而同地哄抢财物的,宜认定为聚众哄抢。

聚众犯罪与聚众共同犯罪不是等同的概念。根据刑法规定,聚众犯罪可以分为两类:

一类是属于共同犯罪的聚众犯罪。如刑法第317条第2款规定的聚众持械劫狱罪,其首要分子、积极参加者与其他参加者,成立共同犯罪。这种聚众共同犯罪,是典型的必要的共犯。但应注意的是,刑法并不一定处罚所有的参与者。例如,刑法第292条的聚众斗殴罪,仅对首要分子与积极参加者规定了法定刑。在这种情况下,不能根据总则规定处罚其他参加者。因为聚众犯罪涉及的人较多,立法者规定只处罚部分参与行为,正是为了限定处罚范围;如果另外根据总则规定处罚其他参与行为,则违反了立法精神。当然,教唆他人积极参加聚众犯罪的,仍然适用共犯规定。

另一类聚众犯罪是否属于共同犯罪,则要依案件的具体情况而定。例如,刑法第291条规定的聚众扰乱公共场所秩序、交通秩序罪,只处罚首要分子,而不处罚其他参与人。当首要分子为二人以上,共同组织、策划、指挥聚众犯罪时,构成共同犯罪自不待言。但当首要分子只有一人时,就是一人以聚众方式犯罪,无共同犯罪可言。由此可见,聚众犯罪不一定是共同犯罪。[15] 一种观点认为,聚众犯罪都是共同犯罪,在上述情况下也存在主犯、从犯与胁从犯的区别,其中的首要分子是主犯,其余的参加者是从犯或胁从犯,但立法者根据打击少数、争取教育改造多数的刑事政策,只规定处罚首要分子。[16] 可是,从法律上判定某种行为是否为犯罪的标志,是法律是否对该行为规定了刑罚后果(法定刑);如果没有规定刑罚后果,即使明文禁止,也不是犯罪。既然刑法没有规定处罚其他参加者,就表明其他参加行为不是犯罪行为,参加者也不可能是从犯与胁从犯。可见,上述观点有违反罪刑关系的一般原理之嫌,也不利于区分共同犯罪与单独犯罪,甚至可能导致扩大处罚范围。

(三)集团共同犯罪

集团共同犯罪,简称集团犯罪,是指三人以上有组织地实施的共同犯罪。集团共同犯罪既可能是必要的共犯,也可能是任意的共犯。例如,组织、领导、参加恐怖活动组织罪,组织、领导、参加黑社会性质组织罪,属于必要的共犯,直接根据分则规定的法定刑处罚各种参与人。集团性的杀人、集团性的抢劫等,则是任意的共犯;在处罚任意的集团犯罪的各种参与人时,必须适用刑法总则的规定。

实施犯罪的集团组织,称为犯罪集团。因此可以说,集团犯罪是犯罪集团实施的共同犯罪;认定集团犯罪的关键在于认定犯罪集团。

犯罪集团是三人以上为共同实施犯罪而组成的较为固定的犯罪组织。犯罪集团具有以下特征:(1)人数较多。即三人以上,二人不足以成为集团。(2)较为固定。表现在有明显的首要分子,有的首要分子是在纠集过程中形成的,有的人在纠集开始时就是首要分子;重要成员固定或基本固定;集团成员以首要分子为核心结合得比较紧密;集团成员实施一次或数次犯罪行为后,其组织形式继续存在(当然,出于某种原因而解散的,也可能被认定为犯罪集团)。(3)目的明确。犯罪集团的形成是为了反复多次实施一种或数种犯罪行为;集团的犯罪活动通常有预谋、有计划地进行,即便是突发性的作案,往往也是在集团的总的犯罪故意支配下进行的。(4)危害严重。犯罪集团成员较多,形成一个集体

---

〔15〕 单纯从参与人必须二人以上的角度来说,也可谓一般意义上的必要的共犯。

〔16〕 参见何秉松主编:《刑法教科书》,中国法制出版社1995年版,第302页。

的行动力量。这种力量使得犯罪集团可能实施单个人或一般共同犯罪人难以实施的重大犯罪;使得犯罪集团的活动计划周密,易于得逞,给法益造成重大损害;犯罪后也易于转移赃物、消灭罪迹、逃避侦查。即使犯罪集团实际实施的犯罪次数不多,但犯罪集团的形成本身就对社会具有严重的危险性。

日常生活中经常使用"犯罪团伙"或"团伙犯罪"的概念;司法机关往往是在没有确定共同犯罪的性质与形式时使用团伙犯罪一语。但是,团伙犯罪或犯罪团伙并非法律概念。因此,办理团伙犯罪案件,凡其中符合犯罪集团基本特征的,应按犯罪集团处理;不符合犯罪集团基本特征的,应按一般共同犯罪,并根据其共同犯罪的事实和情节处理。

近年来,出现了国际性犯罪集团与黑社会性质的犯罪集团。前者表现为境内不法分子与境外不法分子相勾结,形成以实施国际性犯罪为目的的犯罪组织(如走私集团、贩毒集团)。后者的特点是成员众多,组织严密,等级森严,有自己的"势力范围",有逃避法律规制的防护体系,有暴力作后盾,或者直接采用帮派形式,或者以"公司"、"企业"等作掩护。此外,恐怖活动组织也是典型的犯罪集团。

二、正犯与共犯

我国刑法虽然没有使用正犯与狭义的共犯概念,但必须肯定的是,刑法分则就单独犯罪的规定,实际上是关于正犯的规定。刑法总则关于教唆犯、帮助犯的规定,也从反面肯定了正犯。从解释论的角度来说,也完全可能将我国刑法第 26 条规定的主犯解释为正犯,将第 27 条规定的从犯解释为帮助犯,第 28 条规定的胁从犯则是帮助犯的亚类型。有的学者以比较简单的共同犯罪案件为例,否认正犯概念的必要性,认为正犯概念对于解决行为人之间是否构成共同犯罪不起什么根本性作用。[17] 其实,这样的观点旨在维护我国传统的共同犯罪理论及其认定方法,但没有发现问题的实质,没有认清共同犯罪的本质。事实上,如果不是以正犯为中心,我们对许多犯罪束手无策。反过来说,从理论上研究正犯及其与狭义的共犯的区别,对于解决共同犯罪的相关问题,具有重要意义。如前所述,认定共同犯罪必须以正犯为中心,或者说狭义的共犯的认定依赖于正犯的认定;认定了正犯,才能进一步认定教唆犯与帮助犯。

(一)正犯的概念

正犯是与狭义的共犯(教唆犯、帮助犯)相对的概念。根据正犯者的人数、意思联络的有无,可以将正犯分为单独正犯、同时正犯(同时犯)与共同正犯。另外,一般根据行为人是否以自己的身体动静实现构成要件,将正犯分为直接正犯与间接正犯。

单独正犯,是指一人实行犯罪的情形。同时正犯,是指二人以上在没有意思联络的情况下,同时对同一客体实行同一犯罪的情形。同时正犯虽然一般发生在同一地点,但不要求行为的地点同一。例如,甲从 A 地、乙从 B 地分别以杀人罪的故意,同时将毒药寄给丙,构成故意杀人罪的同时正犯。同时正犯既可以是故意犯,也可以是过失犯。由于同时正犯是二人以上没有意思联络的犯罪,所以不成立共同犯罪,各行为人仅对自己的行为与结果负责。

正犯概念,大体上分为单一的正犯概念、扩张的正犯概念与限制的正犯概念。

单一的正犯概念认为,凡是参与犯罪的人都是正犯。我国有学者以刑法第 29 条第 2

---

〔17〕 参见杨兴培:"共同犯罪的正犯、帮助犯理论的反思与批评",载《法治研究》2012 年第 8 期。

款的规定为根据,认为我国刑法采取了单一正犯体系,即所有参与犯罪的人均为正犯,"实行犯、教唆犯和帮助犯并无严格加以区分的必要……实行犯、教唆犯和帮助犯的行为都是相互联系、互相利用的,不能单独抽取出来进行独立的评价"。[18] 这是以该款的其中一种字面含义为根据选择的立场,而没有考虑到单一的正犯概念的固有缺陷,为本书所不取。单一的正犯概念将因果关系的起点视为构成要件的实现,既无限扩张了刑事可罚性的范围,也有违反罪刑法定原则之嫌。例如,根据这种观点,刑法分则所规定的行为原本就包括了教唆行为与帮助行为,因此,对于教唆行为与帮助行为可以直接根据分则的规定定罪量刑,对于教唆未遂与帮助未遂,也可以直接按照正犯未遂处罚。但是,这种结论难以令人赞成。另一方面,在身份犯的场合,这种观点又会限制共犯的处罚范围。例如,根据这种观点,教唆犯与帮助犯都是正犯,于是,贪污罪、受贿罪等身份犯的教唆犯与帮助犯,也必须具有特殊身份,否则不成立教唆犯与帮助犯。但是,这种结论不可能被人接受。

扩张的正犯概念认为,任何对犯罪的实现起条件作用的人,或者说凡是引起了构成要件结果的人,都是正犯;但是,刑法例外地将教唆犯与帮助犯规定为狭义的共犯。刑法的这种规定限制了正犯的处罚范围,即本来教唆犯与帮助犯也是正犯,但刑法将其规定为共犯,限制了刑罚处罚(表现为其处罚比正犯轻)。此即所谓刑罚限制事由。根据这一观点,间接正犯自然是正犯,不需要有间接正犯的概念。但是,教唆犯、帮助犯在社会观念上是与正犯不同的类型,扩张的正犯概念却认为它们的实质相同,因而不妥当。

限制的正犯概念认为,原则上,以自己的身体动静直接实现分则规定的构成要件的是正犯,此外的参与者都是共犯。所以,刑法规定对正犯以外的共犯进行处罚,是对处罚范围的扩大,即所谓刑罚扩张事由。这里特别涉及间接正犯的问题,由于间接正犯是利用他人实施犯罪行为,因而是共犯。由于这一结论不妥当,所以,主张限制的正犯概念的学者,必须说明间接正犯是正犯。本书采用限制的正犯概念。限制的正犯概念虽然面临着间接正犯的难题,但如后所述,刑法理论完全可以解决这一难题。更为重要的是,限制的正犯概念,有利于维护构成要件的类型性,也符合社会的一般观念。

(二)正犯与共犯的区别

关于正犯与狭义的共犯的区别,刑法理论上存在形形色色的学说。

1. 主观说

主观说以因果关系理论中的条件说为基础,认为对结果设定条件的人,都是对结果设定原因的人,所有的条件都是原因,所有的条件均属等价,故从因果关系的见地来看,不可能区分正犯与共犯,只能从行为人的主观方面寻求二者的区别。其中,目的说或利益说认为,为了实现自己的目的或者为了自己的利益而实施行为的,是正犯;为了实现他人的目的或者为了他人的利益而实施行为的,是共犯。这一学说存在明显的缺陷。因为根据该说,行为人受嘱托杀人的,为了第三者的利益而盗窃、抢劫的,都不可能成为正犯,这显然不合理。再者,当行为人同时为了实现他人的利益与自己的利益而实施犯罪行为时,或者直接为了他人的利益、间接为了自己的利益(或者相反)而实施犯罪行为时,可能无法区分正犯与共犯。故意说认为,以自己行为的意思而实施行为的,是正犯;以加担行为的意思而实施行为的,是共犯。但是,如何区分自己行为的意思与加担行为的意思,明显是一

---

〔18〕 刘明祥:"'被教唆的人没有犯被教唆的罪'之解释",载《法学研究》2011年第1期。

个难题;而且,即使以所谓加担行为意思实施的行为,也可能是正犯行为。例如,产妇甲意欲杀死婴儿,但由于身体虚弱,便请求乙女将婴儿置入浴缸中溺死。按照故意说,乙女只是帮助犯。可是,即使乙女出于加担的意思,也应认定为正犯。

2. 客观说

形式的客观说(实行行为性说)认为,以自己的身体动静实施符合基本构成要件的实行行为的人是正犯,用符合修正构成要件的教唆行为、帮助行为对正犯的实行行为进行加担的人,则是共犯。换言之,完全或者部分实施了构成要件所规定的行为的,均是正犯;实施构成要件外的行为的,皆为共犯。这一理论面临的最大难题是间接正犯。由于间接正犯是利用他人实施犯罪行为,而没有亲手实施符合构成要件的行为,根据该说本应是共犯,但这一结论并不妥当。于是,主张形式的客观说的学者,不得不想方设法说明间接正犯的正犯性。此外,有些共同正犯并不一定亲手实施实行行为,这也是形式的客观说不能解释的。

实质的客观说是为了克服形式客观说的缺陷而产生的学说。实质的客观说认为,形式的客观说一方面强调构成要件所具有的定型性,另一方面又扩张构成要件,或者从整体上认定构成要件符合性,这是自相矛盾的,而且使构成要件的定型性丧失意义。因此,应当用实质的观点考察正犯与共犯的区别。其中,重要作用说认为,从实质上看,对结果的发生起重要作用的就是正犯,反之则是共犯。必要性说认为,对于犯罪事实属于不可或缺的加功者,就是正犯,其余皆为共犯。优势说认为,对于犯罪事实具有优势关系的是正犯,仅加功了犯罪事实的附属部分的是共犯。危险程度说认为,正犯原则上是侵害犯,而共犯是危险犯。

以因果关系理论中的原因说为基础的客观说认为,行为对结果的发生起原因作用的,就是正犯;行为对结果的发生起条件作用的,就是共犯。但原因说已被彻底淘汰,故这一学说也被彻底否认。

3. 规范的综合判断理论

规范的综合判断理论认为,正犯的意思并不是法官可以确定的内心事实,而是一种评价性的判断。行为人是否具有正犯的意思,需要对案件的全部情况进行评价判断后得出结论,这种评价所依据的事实应包括行为人从犯罪结果中获得利益的程度、参与犯罪的范围、对于犯罪事实的支配、意欲进行犯罪事实支配的意思。显然,这种规范的综合判断理论,实际上是前述主观说与后述犯罪事实支配理论的综合或者折中,但它不能说明为什么依据上述评价要素确定正犯,未能给出这些要素之间的优先次序,缺乏统领性的原则,因而导致正犯与共犯的区分的不确定性。

4. 犯罪事实支配理论

犯罪事实支配理论指出,正犯是具体犯罪事实的核心角色,犯罪过程的关键人物,共犯则是配角。

根据德国学者罗克辛的观点,[19] 在大多数犯罪中,可以根据犯罪事实支配理论区分正犯与共犯:犯罪的核心角色是支配犯罪实施过程的人,共犯虽然对犯罪事实存在影响,但却不是能够决定性地支配犯罪过程的人。罗克辛将这类犯罪称为支配犯。就支配犯而

---

〔19〕 Vgl., C. Roxin, Strafrecht Allgemeiner Teil, Band II, C. H. Beck, 2003, S. 14ff.

言,犯罪事实支配分为三种情形:

(1)行为支配。自己实施犯罪行为的人,通过对行为的支配从而支配整个犯罪事实。原则上,亲自实施符合构成要件的犯罪行为的人,都对犯罪事实具有行为支配,成立直接正犯。即使实施符合构成要件的犯罪行为的人受到强制或者陷入阻却责任的认识错误,也不影响其成立直接正犯。但是,行为人仅实施部分行为而不能直接支配符合构成要件的全部事实的,不成立直接正犯。例如,在抢劫犯罪中没有实施暴力,仅取得他人财物的人,只成立盗窃罪的正犯,不成立抢劫罪的正犯。但是,如果存在事先约定,由他人实施暴力行为,自己负责取得财物,则成立抢劫罪的共同正犯。

(2)意思支配。通过他人实施犯罪行为的人,是通过意思的支配进而支配整个犯罪事实的,属于间接正犯。意思支配包括通过强制的支配、通过错误的支配和通过权力组织的支配。

(3)功能性支配。多人共同实施犯罪的行为人,通过功能性支配,支配整个犯罪事实,成立共同正犯。形成功能性支配必须具备三个条件:其一,存在共同的犯罪计划,因为行为的分工以及共同实行均以具有共同计划为前提。这是共同正犯与同时犯的区别所在。但是,共同的犯罪计划,并不要求由参与者共同拟定与共同决定,如果甲制定了犯罪计划,并请求乙参加,乙同意参加的,就形成了共同的犯罪计划。其二,在犯罪实行阶段共同参与犯罪的实行,仅参与预备行为的人不成立共同正犯。其三,在实行阶段做出了重大的贡献,即对于犯罪的完成承担了不可或缺的功能。当多人分担犯罪的实行行为时,可以认为他们是共同正犯。例如,A 压制被害人,再由 B 实施强奸行为的,成立强奸罪的共同正犯;为入室盗窃的人望风使其盗窃行为得以实现的,成立盗窃罪的共同正犯。

5. 本书的立场

如前所述,主观说存在明显的缺陷。形式的客观说是一种容易被我国接受的观点。但是,形式的客观说并没有提出明确的标准。换言之,何种行为是符合基本构成要件的正犯行为,何种行为是符合修正构成要件的教唆、帮助行为,往往是难以确定的。例如,为入室盗窃者望风的行为,是符合基本构成要件的行为,还是符合修正构成要件的行为,答案必然因人而异。再如,将受胁迫分担了很少实行行为的人认定为正犯,也不一定合适。犯罪事实支配理论具有可取性,但是,在本书看来(按照结果无价值论的观点),犯罪事实支配理论与重要作用说并没有明显区别。因为对犯罪事实的支配,应理解为对构成要件事实的支配,尤其应理解为对法益侵害、危险结果的支配。所以,从实质上看,对侵害结果或者危险结果的发生起支配作用的就是正犯。亦即,行为人自己直接实施符合构成要件的行为造成法益侵害、危险结果的(直接正犯),或者通过支配他人的行为造成法益侵害、危险结果的(间接正犯),以及共同对造成法益侵害、危险结果起实质的支配作用的(共同正犯),都是正犯。据此,对于集团犯罪与聚众共同犯罪中的首要分子,宜认定为正犯。

一般来说,行为人具有犯罪的故意时,才会支配犯罪事实。但在本书看来,对犯罪事实的支配,并不以行为人具有犯罪的故意为前提。如前所述,共同犯罪是不法形态,而故意是责任要素;即使行为人主观上没有故意,但其客观行为依然可能支配了犯罪事实。

三、共同犯罪与犯罪构成

这里所讨论的是,共同犯罪应否以符合同一个犯罪构成为前提(所谓共犯的本质问题)?换言之,二人以上的行为在哪些方面是共同的才成立共同犯罪?国外刑法理论对此存在两种对立观点，即犯罪共同说与行为共同说。[20]

犯罪共同说认为，共同犯罪必须是数人共同实行特定的犯罪，或者说二人以上只能就完全相同的犯罪成立共同犯罪。例如，甲以杀人的故意、乙以伤害的故意，共同对丙实施暴力行为导致了丙死亡。犯罪共同说的部分主张者认为，由于甲与乙都是正犯，但各自触犯的罪名不同，因而不成立共同正犯，只能分别以单独犯论处。根据这一观点，A以杀人故意、B以伤害的故意向X开枪射击，只能查明X因为中了A或者B射击的一发子弹死亡，但不能查明该子弹具体由谁的枪支所射出时，A只成立故意杀人未遂，B也只能成立故意伤害未遂（如果刑法不处罚故意伤害未遂，则充其量成立暴行罪；如刑法没有规定暴行罪，则不成立犯罪）。这样的结论虽然严格限定了共同正犯的成立范围，但却没有考虑法益侵害的事实。于是，犯罪共同说一般主张，在上例的甲与乙共同实施暴力的案例中，甲与乙成立故意杀人罪的共同正犯，但对乙只能判处故意伤害致死的刑罚（因为不能超越行为人的责任科处刑罚）。可是，这种观点一方面导致没有杀人故意的乙也成立故意杀人罪，另一方面导致刑罚与罪名分离。正因为如此，犯罪共同说基本上被淘汰。

部分犯罪共同说主张，二人以上虽然共同实施了不同的犯罪，但当这些不同的犯罪之间具有重合的性质时，则在重合的限度内成立共同犯罪。例如，甲以杀人的故意、乙以伤害的故意共同加害于丙时，只在故意伤害罪的范围内成立共同正犯。但由于甲具有杀人的故意与行为，对甲应认定为故意杀人罪。再如，A教唆B敲诈勒索他人财物而B实施了抢劫行为时，A、B在重合的限度内即敲诈勒索罪的限度内成立共同犯罪。但由于B具有抢劫的故意与行为，对B应认定为抢劫罪。

行为共同说（事实共同说）认为，共同犯罪是指数人共同实施了行为，[21]而不是共同实施特定的犯罪。或者说，各人以共同行为实施各人的犯罪时也成立共同正犯。换言之，在“行为”方面，不要求共同实施特定的犯罪，只要行为具有共同性就可以成立共同犯罪；在“意思联络”方面，也不要求数人必须具有共同实现犯罪的意思联络，只要就实施行为具有意思联络就可以成立共同犯罪。

本书采取行为共同说。如前所述，共同犯罪是不法形态，共同犯罪中的“犯罪”首先是指不法层面意义上的犯罪。而完全意义上的犯罪包含符合构成要件的不法与责任两个层面，所以，对共同犯罪应当采取行为共同说。换言之，共同犯罪是指数人共同实施了刑法上的不法行为，而不是共同实施特定的犯罪。例如，只要查明甲、乙共同对丙实施暴力导致丙死亡，就应认定二人成立共同犯罪，并将死亡结果归属于二人的行为。至于甲与乙的责任（各自的故意内容、构成何罪）则需要个别认定；如果甲、乙的故意内容不同，各自会成立不同的犯罪。所以，在二人成立共同犯罪时，对二人所认定的罪名可能并不相同。不难看出，部分犯罪共同说回答了“共同犯罪犯的是什么罪”这种并无实际意义的问题。例如，甲、乙共同对丙实施暴力，导致丙死亡。事后查明，甲具有杀人故意，乙仅具有伤害的故意。根据部分犯罪共同说，甲、乙在故意伤害罪的范围内成立共同正犯，但结局依然

---

〔20〕在刑法理论上，关于共犯的本质的范围存在不同认识。有人认为，共犯的本质只是共同正犯的问题；有人指出，广义的共犯中也存在是采取犯罪共同说还是采取行为共同说的问题。可以肯定的是，共犯的本质基本上是共同正犯的问题。

〔21〕以往的主观主义者的行为共同说所称的行为共同，是指前构成要件的或前法律的自然的行为相同；当今的行为共同说所称的行为共同，是指违法的构成要件该当（符合）行为相同。

是对甲认定为故意杀人罪,对乙认定为故意伤害(致死)罪。显然,认定"甲、乙在故意伤害罪的范围内成立共同正犯"没有实际意义,只要认定"甲、乙成立共同正犯"即可得出最终的处理结论。

行为共同说能够合理地全面认定共同犯罪,而且没有扩大处罚范围。一方面,在认定共同正犯时,行为共同是指构成要件的重要部分共同;另一方面,即使承认成立共同犯罪,各共犯人也只能在自己故意、过失的限度内承担责任。正因为行为共同说要求构成要件的重要部分共同,所以,就具体案件而言,行为共同说与部分犯罪共同说得出的结论基本上是相同的。但是,考虑到共同犯罪是不法形态,以及后述狭义的共犯的处罚根据(惹起说),应当认为行为共同说比部分犯罪共同说更具有合理性。

起先,犯罪共同说与行为共同说的实质分歧在于行为主义与行为人主义的对立、客观主义与主观主义的对立。但是,现在有不少学者站在客观主义的立场采取行为共同说。例如,前田雅英教授指出,只要构成要件的重要部分是共同的,就成立共同正犯,不要求所有共犯人的罪名相同。例如,"一方以杀人故意、另一方以伤害故意,共同持刀砍人时,各人既与他人共同实行,又分别在实现各自的犯罪。在这样的场合,既然没有共同行为就不能完成犯罪,因而成立共同正犯,但双方可以成立不同的犯罪(共同正犯)"。[22] 再如,山口厚教授认为,只要就共犯的处罚根据采取因果的共犯论或惹起说,就应当支持行为共同说。之所以处罚共犯,是因为共犯通过介入其他共犯者的行为而导致构成要件的结果,共犯具有其固有的违法性与责任,所以,就应将共犯现象理解为"数人实施数罪"。共同正犯以介入共同者实现符合构成要件的事实为必要,故关于符合构成要件的事实的因果性的检讨具有重要意义。即在与自己的行为具有因果性和介入其他共同者的因果性而实现了构成要件事实的范围内,在共同者的责任限度内追究共同正犯的罪责。[23] 因此,共同正犯的成立不需要故意的共同,也不要求罪名相同。

采取行为共同说,并不违反我国刑法的规定。刑法第 25 条第 1 款将共同犯罪定义为"二人以上共同故意犯罪"。如前所述,对此规定完全可以解释为"二人以上共同去故意犯罪"。因此,第 25 条第 1 款只是限制了共同犯罪的成立范围,而不是否认了行为共同说。现行刑法关于共犯人处罚原则的规定,为行为共同说扫清了障碍。众所周知,旧刑法第 23 条第 2 款规定了对主犯应当从重处罚的原则;第 24 条第 2 款规定:"对于从犯,应当比照主犯从轻、减轻处罚或者免除处罚。"第 25 条规定,对于胁从犯,应当"比照从犯减轻处罚或者免除处罚"。显然,在旧刑法时代,采取行为共同说存在立法障碍。因为既然对从犯必须比照主犯从轻、减轻或者免除处罚,就要求对主犯与从犯适用相同的法定刑;如果对主犯与从犯适用不同的法定刑,对从犯便难以适用"比照主犯从轻、减轻处罚或者免除处罚"的规定。但现行刑法取消了"比照"的规定,因此,不管对主犯、从犯、胁从犯是否适用不同的法定刑,对从犯与胁从犯都可以根据各自的法定刑从轻、减轻处罚或者免除处罚。这从一个方面说明,行为共同说具有立法上的根据;至少在立法上不存在障碍,或者说不会与立法相矛盾。

---

〔22〕 [日]前田雅英:《刑法总论讲义》,东京大学出版会 2015 年第 6 版,第 344 页。
〔23〕 参见[日]山口厚:《刑法总论》,有斐阁 2016 年第 3 版,第 317 ~ 318 页。

第三节 共同正犯

一、共同正犯概述

(一)共同正犯的概念

一般来说,共同正犯是指二人以上共同实行犯罪的情况,我国刑法理论称之为简单共同犯罪。

如果分别考察,当各行为人只实施了部分实行行为时,就应当只承担部分责任。但在共同正犯的场合,由于各正犯者相互利用、补充其他人的行为,便使自己的行为与其他人的行为成为一体导致了结果的发生(即结果应当归属于每一个人的行为)。因此,即使只是分担了一部分实行行为的正犯者,也要对共同的实行行为所导致的全部结果承担正犯的责任。例如,甲、乙二人共同枪杀丙,即使只是甲的一发子弹实际造成了丙死亡,乙也承担杀人既遂的责任。又如,甲、乙共同持刀杀害丙,造成丙的死亡,但不能查清谁的行为导致了丙的死亡。由于成立共同正犯,甲、乙均对丙的死亡负责。再如,A 以强奸的故意、B 以抢劫的故意共同对 C 实施暴力,由 A 的行为导致 C 死亡。A、B 成立共同正犯,均对 C 的死亡承担责任(A 承担强奸致死的责任,B 承担抢劫致死的责任)。这就是部分实行全部责任的原则。显然,其中的"全部责任"既不是指主观责任,也不是指作为法律后果的刑事责任,而是指对结果的客观归属。亦即,即使共同正犯人只实施了部分行为,也要将全部结果归属于其行为。在此基础上,只要共同正犯人对结果具有责任,就必须对全部结果承担刑事责任。

由于我国刑法分别对主犯、从犯、胁从犯规定了处罚原则,所以,对共同正犯采取部分实行全部责任的原则,并不意味着否认区别对待与罪责自负的原则。在坚持部分实行全部责任原则的前提下,对各共犯人应区别对待,依照刑法规定的处罚原则予以处罚。不言而喻的是,各共犯人只能在自己有责的范围内对共同造成的不法事实承担责任,对他人超出共同故意实行的犯罪不承担责任。

此外,在共同正犯的场合,也应当例外承认违法的相对性(参见本章第五节)。例如,甲、乙、丙三名逃犯共同计划,如果有人追捕就开枪射击。在夜间逃亡的过程中,逃犯甲错将同案犯乙当做追捕者,以杀人的故意向其射击,但没有造成死亡。德国最高法院的判决认为,对被害人乙也要以谋杀未遂论处。德国也有学者支持这一判决结论。[24] 诚然,如果甲射击的是追捕者或者其他人,三名逃犯都要承担谋杀未遂的刑事责任。因为相对于三名逃犯而言,其他任何人的生命都是其不得侵犯的法益。然而,乙的生命、身体虽然是甲、丙不得侵犯的法益,但不是乙不得损害的利益。[25] 既然如此,就必须承认,乙与甲、丙的共谋行为虽然与乙的生命危险之间具有心理的因果性,但是,由于乙对自己的生命危险

---

〔24〕 Vgl., H. Jeschck/T. Weigend, Lehrbuch des Strafrechts, Allgemeiner Teil, 5. Aufl., Duncker & Humblot, 1996, S. 675.

〔25〕 即便认为自杀违法,自杀者也不会承担任何法律后果。

阻却了违法性,故在不法层面,只有甲与丙承担谋杀未遂的刑事责任。[26]

(二)共同正犯的一般成立条件

共同正犯的部分实行全部责任原则,似乎意味着共同正犯要求各行为人都实施了符合基本构成要件的实行行为。根据形式的正犯概念,只有当二人以上基于共同实行的意思共同实施了符合构成要件的实行行为时,才成立共同正犯。例如,甲、乙二人基于意思联络同时向丙开枪射击,便是共同正犯。诚然,这种情形无疑成立共同正犯。但是,如前所述,正犯与共犯的区分并不是只看行为人是否实施了构成要件行为,而是要看行为人对构成要件实现所起的作用。例如,甲、乙基于意思联络,乙从后面抱住丙,甲拳击丙的胸部,造成丙的重伤。形式上看,乙并没有实施符合伤害罪构成要件的行为。尽管如此,也必须认定乙是故意伤害的共同正犯。概言之,对构成要件实现起到了重要或者关键作用的人,即使形式上看所实施的不是构成要件的实行行为,也属于共同正犯。所以,共同正犯的部分实行全部责任原则中的"部分实行",并不是指形式上部分地实施了构成要件行为,而是指实质上对构成要件的实现起到了重要或者关键作用。

总的来说,共同正犯必须是各行为人在共同实现构成要件的意思下,相互利用、补充对方的行为,从而使各行为人的行为成为一个整体行为,进而实现构成要件的情形。因此,成立共同正犯,要求客观上有共同实施行为的事实(行为的分担),主观上有共同的行为意思(意思的联络)。

所谓共同实施行为的事实,是指分担了导致结果发生的重要行为,或者说行为人对构成要件的实现起到了重要或者关键作用。对此,只需要根据前述正犯与共犯的区分标准进行判断即可。如上所述,不要求行为人分担构成要件的实行行为。

所谓共同的行为意思,是指共同实现构成要件的意思。诚然,共同的行为意思,一般表现为共同的犯罪故意,但由于共同正犯也是不法形态,故并不要求二人以上具有共同的犯罪故意,只要求行为人具有和他人共同实施行为的意思。例如,甲邀约乙共同对丙实施暴力,乙接受邀约的,即可认定二人具有共同的行为意思。即使甲与乙的故意内容不同,也不影响共同正犯的成立。

共同的行为意思,不要求一定以明示的方法产生,只要行为人相互之间形成默契就行了。共同的实行意思,不要求数人之间直接形成,通过某个行为人分别向其他行为人联络的,也存在共同的行为意思。共同的行为意思,只要求存在于行为时,不要求事前通谋,不要求行为人一起商谈。因此,共同的行为意思,可以形成于行为之前或行为之时。在实施行为时,偶然地产生共同的行为意思的共同正犯,被称为偶然的共同正犯。由于形成了共同的行为意思,所以不同于同时正犯。

二、共同正犯的类型

(一)共同实行的共同正犯

共同正犯的基本类型是共同实行的共同正犯,即参与者均实施了构成要件行为的共

---

[26] 当然,倘若甲的射击行为对追捕者产生了生命危险,则乙也应就此承担杀人未遂的刑事责任。但乙不可能对自己的生命承担杀人未遂的刑事责任。此外,在本案中,虽然乙不对自己的生命危险承担杀人未遂的责任,但由于乙与甲、丙共同计划杀害追捕者,所以,即使甲的射击行为没有对追捕者的生命造成危险,乙也应当承担杀人预备的刑事责任。

同正犯,[27]其中主要有三种具体类型。

1. 在单一行为的犯罪中,各参与人均实施了足以直接造成结果的实行行为,但只有一人的行为直接造成了结果。例如,甲与乙基于意思联络,同时开枪向丙射击,但只有甲打中丙的胸部造成丙死亡。[28] 甲的行为无疑是造成丙死亡的原因,应当将丙的死亡结果归属于甲的行为;如果甲具备杀人故意等责任要素,就成立故意杀人罪既遂(正犯)。乙的行为虽然与丙的死亡之间不具有物理的因果性,但乙实施了典型的正犯行为,而且其行为与丙的死亡之间具有重要的心理因果性;如果乙具备故意杀人罪的责任要素,就成立故意杀人既遂(共同正犯)。

2. 在单一行为或者复合行为的犯罪中,各参与人均实施了足以直接造成结果的实行行为,而且,各参与人的行为均是结果的原因。例如,甲与乙基于意思联络同时向丙开枪,都没有击中要害部位,但由于两个伤口同时出血,导致丙失血过多死亡。虽然分别判断也能肯定甲、乙的行为都是死亡结果的原因,但由于二人共同实施,应认定为共同正犯。再如,A、B 基于意思联络,共同对丙实施抢劫行为,二者都实施了暴力行为与强取财物的行为。A、B 对暴力造成的伤亡结果与财产损失结果,均应承担责任。

3. 在复合行为的犯罪中,各参与人分担了一部分实行行为。例如,甲与乙基于意思联络,甲对丙实施暴力压制被害人反抗后,乙对丙实施奸淫行为。在这种场合,甲与乙对暴力造成的伤亡以及丙的性行为自主权受侵害的结果,均应承担责任。

(二)重要作用的共同正犯

行为人虽然没有直接实施构成要件的实行行为,但对构成要件的实现起到了重要或者关键作用的,可谓重要作用的共同正犯。例如,甲用工具撬开他人房门,乙随后从房屋中拿走财物的,成立共同正犯。[29] 再如,在需要借助机动车搬运赃物的场合,或者犯罪既遂后需要迅速利用机动车逃离的场合(如抢劫银行),基于意思联络,在他人取得财物后驾驶机动车搬运赃物,或者犯罪既遂后驾驶机动车使共犯人得以迅速逃离的,应认定为共同正犯。[30] 不可否认的是,"重要或者关键作用"的认定缺乏具体标准,所以,下面需要就一些特殊类型展开讨论。

1. 共谋共同正犯

从客观外部行为特征上考察,在共同犯罪中,可能出现一部分人已着手实行,另一部分人并未参与实行的现象。例如,甲、乙二人共谋杀丙,相约次日晚到丙家共同下手,但届时乙未去,甲一人将丙杀死。甲、乙二人是否共犯?一种观点认为,甲与乙的行为不是共同犯罪行为,"甲单独构成杀人既遂罪,而乙参与了密谋杀人,只应对杀人的预备行为负责"。[31] 另一种观点认为,甲与乙的行为构成共同犯罪。[32] 前一观点有自相矛盾之嫌,

---

〔27〕 在这种场合,行为人对构成要件的实现当然也起到了重要或者关键性作用。

〔28〕 丙身中一弹,但不能查明由谁的射击行为造成时,也属于这种情形。

〔29〕 严格地说,乙是直接正犯,甲是共同正犯。

〔30〕 国外对共同正犯是正犯还是共犯存在争论。主张共同正犯是共犯的理论,可能是以上述共同实行的共同正犯类型为根据的;主张共同正犯是正犯的观点,或许是以上述重要作用的共同正犯类型为根据的。本书倾向于认为共同正犯是正犯。所以,共同正犯与共同实行犯不是等同概念。

〔31〕 高格:"关于共同犯罪的几个理论问题的探讨",载《吉林大学社会科学学报》1982 年第 1 期。

〔32〕 参见高铭暄、马克昌主编:《刑法学》,北京大学出版社、高等教育出版社 2016 年第 7 版,第 165 页。

本书持后一种观点。不过,在承认上述情况构成共同犯罪的前提下,对乙应如何处罚(是按既遂犯处罚、还是按预备犯处罚),倒是值得研究的问题。这种情况在日本属于共谋共同正犯的一种情形。

共谋共同正犯所指的现象是,二人以上共谋实行某犯罪行为,但只有一部分人基于共同的意思实行了犯罪,没有直接实行犯罪的共谋人构成所共谋之犯罪的共同正犯。[33] 例如,甲与乙共谋杀丙,事后,只有甲一人实施杀人行为导致丙死亡。在这种情况下,甲是杀人罪的直接正犯;乙构成杀人罪的共谋共同正犯,应对杀人行为及其结果承担责任。但究竟应否承认共谋共同正犯的概念,则存在诸多争议。即只有共谋,而客观上没有共同实行行为时,能否成立共同正犯?

日本以前的通说是否认共谋共同正犯。因为既然是共同正犯,就至少要求各行为人实施了一部分实行行为;承认共谋共同正犯,就是承认没有分担实行行为的人也是共同正犯。否定说基于三个前提:(1)共同正犯是正犯;(2)正犯是分担了实行行为的人;(3)单纯的共谋(者)不是实行行为(者)。

但是,现在日本有较多的学者肯定共谋共同正犯,只是肯定的理由不完全相同。[34] 间接正犯类似说认为,在共谋共同正犯的场合,直接实行犯罪的人是作为全体共谋者的手足而实行犯罪,没有分担实行行为的人,实际上是将其他人作为犯罪的工具进行利用;另一方面,直接实行犯罪的人,由于认识到自己背后有共谋者存在,就得到了精神上的支持。因此,共谋者之间由于存在相互利用、相互补充的关系,因而应视为有共同实行的事实。实质的正犯论从实质上理解实行行为,进而肯定共谋共同正犯。[35]

在本书看来,对于共同犯罪起到了实质的支配作用的共谋者,宜认定为共谋共同正犯。例如,甲与乙共谋实施诈骗,甲将自己策划的周密诈骗方案告诉乙,由乙按照甲策划的内容具体实施诈骗行为,可以认定甲起到了实质的支配作用。但是,对于在共谋过程中随声附和,又没有亲手参与实行的,只能认定为心理的帮助犯。另一方面,在我国现行立法例之下,即使否认共谋共同正犯概念,但由于共谋者对直接正犯实行犯罪和造成结果至少具有心理上的因果性,也应对直接正犯的行为与结果承担责任。所以,在直接正犯既遂的情况下,共谋者当然必须承担既遂的责任。

2. 附加的共同正犯

附加的共同正犯,是指为了确保犯罪既遂,二人以上共同针对同一对象或目标实行犯罪的情形。例如,为了确保暗杀的成功,10 个杀手同时向一名被害人开枪射击,被害人身中数弹,但不能查明哪些杀手射中了被害人。在这种场合,所有的杀手都是故意杀人罪的共同正犯。因为每个杀手都在实施符合构成要件的杀人行为,而且,每个杀手的行为都使得犯罪的成功更为确定因而确保了结果发生,对犯罪行为的实施具有重要功能。

3. 择一的共同正犯

择一的共同正犯是指如下情形:多个杀手基于共同计划分别在不同马路上伏击被害

---

〔33〕 与共谋共同正犯相对应的是实行共同正犯,即二人以上均直接实施了实行行为的共同正犯。

〔34〕 德国虽然没有共谋共同正犯的概念,但主流观点认为,在预备阶段实施的加功行为对后来实现构成要件具有决定性意义时,也成立共同正犯。

〔35〕 参见张明楷:《外国刑法纲要》,清华大学出版社 2007 年第 2 版,第 318 页以下。此外,着眼于共犯的社会心理特点却严重违反责任主义的共同意思主体说,已被彻底否定。

人，最终由其中一个杀手杀害被害人。有人认为，此时只有杀害被害人的杀手是故意杀人罪的正犯，另外潜伏在其他马路上的杀手，不是共同正犯。有人则认为，对于这种情形需要区别对待。如果杀手们堵住了被害人房屋的所有出口或者封堵了被害人的所有逃跑线路，即使最终仅由一个杀手杀害了被害人，也应认为所有杀手都是共同正犯。反之，如果在多个城市分散地埋伏一些杀手，被害人出现在哪个城市就由哪个城市的杀手杀害，则只有杀害者是正犯，其他杀手不成立共同正犯。本书原则上同意后一种观点，至于在多个城市分散埋伏杀手的情形是否成立共谋共同正犯，则是另一回事。

三、过失的共同正犯

刑法第25条第2款规定："二人以上共同过失犯罪，不以共同犯罪论处；应当负刑事责任的，按照他们所犯的罪分别处罚。"传统刑法理论据此认为，刑法否认了过失的共同犯罪，当然也否认了过失的共同正犯。

但是，从理论与实践上说，承认过失的共同正犯的观点具有合理性。(1)认定是否成立共同正犯的重要结局，在于是否适用部分实行全部责任的原则。故意犯与过失犯都有各自的实行行为，从现实上看二人以上既可能共同实施故意犯罪，也可能共同实施过失犯罪，既然对故意的共同正犯能够适用该原则，就没有理由否认对过失的共同正犯适用该原则。(2)之所以对共同正犯适用该原则，从客观上而言，是因为二人以上的行为共同引起法益侵害，然而，对是否"共同"引起了法益侵害只能进行客观的判断；从主观上来说，是因为二人以上具有意思联络，意思的联络不应当限定为犯罪故意的联络，只要就共同实施构成要件的不法行为具有一般意义的意思联络即可。因为一般意义的意思联络也完全能够起到相互促进、强化对方不履行结果回避义务的作用，从而使任何一方的行为与他方行为造成的结果具有因果性，因而任何一方对他方造成的结果，只要具有预见可能性，就必须承担责任。概言之，根据行为共同说，应当承认过失的共同正犯。(3)如前所述，共同犯罪是不法形态。过失犯的构成要件是没有履行结果回避义务，即没有回避结果的发生。二人以上完全可能具有共同的结果回避义务，并且都没有回避结果的发生，因此完全可能在不法层面形成共同犯罪。在此基础上，如果二人以上均存在过失且具备其他责任要素，则均应对结果承担刑事责任。(4)从司法实践中看，也需要承认过失的共同正犯。例如，甲与乙两人相约在一阳台上，选中离阳台8.5米左右处一个树干上的废瓷瓶为目标比赛枪法（共用一支JW-20型半自动步枪）。两人轮流各射击子弹3发，均未打中，但其中一发子弹穿过树林，将离阳台100余米的行人丙打死。只有承认过失的共同正犯，才能追究甲与乙的责任。总之，承认过失的共同正犯具有正当性与必要性，问题是，如何解释刑法第25条第2款的规定？如何使该规定适应司法实践的需要？

有的学者区分"过失共同犯罪"与"共同过失犯罪"两个概念，前者是指二人以上负有防止结果发生的共同注意义务，由于全体行为人共同的不注意，以致发生结果的一种共同犯罪形态；后者是指二人以上的过失行为共同造成了一个结果，但是在各行为人之间不存在共同注意义务和违反共同注意义务的共同心情。并且主张，对过失共同犯罪应以共同犯罪论处，但应将过失共同犯罪限定于过失共同正犯，只有在直接参与实施造成结果的过失行为的行为人之间,才能成立过失共同犯罪。[36]

从解释论上来说,由于现行刑法明文规定"共同过失犯罪"的不按共同犯罪处理,因此,特意区分"共同过失犯罪"与"过失共同犯罪"两个概念,主张在现行刑法之下,对共同过失犯罪以共同犯罪论处的观点,还缺乏说服力。

事实上,还有其他解释的可能性。(1)刑法第 25 条第 1 款"共同犯罪是指二人以上共同故意犯罪"中的"共同犯罪",仅指教唆犯与帮助犯,只是意味着否认了过失的教唆犯与过失的帮助犯。第 2 款的规定则意味着对过失的共同犯罪采取单一的正犯体系,对二人以上共同过失犯罪的,均按正犯处罚,于是,仅存在过失的共同正犯。(2)由于共同犯罪首先是不法形态,所解决的是结果能否客观地归属于参与人的行为的问题,所以,只要将第 25 条第 1 款中的"共同故意犯罪"理解为"共同有意识地犯罪",就完全可能包含过失的共同正犯的情形。由于过失犯的实行行为较为缓和,凡是违反客观注意义务的行为均可谓实行行为,故没有必要将其作为共同正犯处理,分别处罚即可。因此,第 25 条第 2 款规定"不以共同犯罪论处"。(3)第 25 条第 2 款的"不以共同犯罪论处","按照他们所犯的罪分别处罚",只是意味着不区分主从犯,都以直接正犯论处。这样处理意味着不处罚过失的教唆犯与帮助犯。(4)既然法条承认存在二人以上"共同过失犯罪"的情形,同时又主张"按照他们所犯的罪分别处罚",那么,我们既可以肯定现实生活中存在共同过失犯罪的客观事实,也可以肯定共同过失犯罪应当分别受到处罚。但是,如果要分别处罚行为人,前提必然是采取了部分实行全部责任的原则,承认过失的共同正犯。否则,不可能分别处罚。在上述甲、乙比赛枪法致丙死亡的案件中,如果不采取部分实行全部责任的原则,就不能认定谁的行为造成了丙的死亡,因而根据事实存疑时有利于被告人的原则,对甲、乙均不能追究过失犯的刑事责任。但这一结论又违反了刑法第 25 条第 2 款的规定。所以,只有对甲、乙采取部分实行全部责任的原则,才能将丙的死亡结果归属于甲与乙的行为。但是,部分实行全部责任原则的根据,在于"部分实行"与结果之间具有物理的或者心理的因果性。换言之,这一原则并不是法律的拟制,而是以"部分实行"与结果之间具有因果性为前提。既然甲、乙二人有共同实施行为的意思联络,并且能够将结果归属于甲、乙的行为,就意味着二人构成了不法层面的共同犯罪。所以,刑法第 25 条第 2 款实际上肯定了过失的共同正犯。换言之,刑法第 25 条第 2 款是在对共同过失犯罪的行为人采取共同结果归属的前提下,再实行分别处罚的原则。如果不能将结果归属于行为人,就不可能"按照他们所犯的罪分别处罚"。这种"分别处罚"的规定,实际上只能适用于正犯与共同正犯。所以,刑法第 25 条第 2 款在肯定过失的共同正犯的同时,也否认了过失的教唆犯与帮助犯。以上只是本书提出的四种解释的可能性。至于是否具有可行性,还值得进一步研究。在本书看来,如果照顾到用语的通常含义,第四种解释是切实可行的(第三种解释与第四种解释并不矛盾,可以并合采用)。

如果能够在理论上肯定过失的共同正犯,那么,随之便可以肯定结果加重犯的共同正犯。既然二人以上共同实施了基本行为,并且由基本行为导致了加重结果,即二人以上的共同行为造成了加重结果,而且二人以上均对加重结果具有预见可能性,故二人以上都应

---

〔36〕 参见冯军:"论过失共同犯罪",载《西原先生古稀祝贺论文集》,中国法律出版社、日本成文堂 1997 年版,第 165 页以下。

对加重结果承担责任;即使加重结果在表面上由其中一人的行为所致,但该行为依然是共同基本行为的一部分,从整体上仍然能够肯定是二人以上的共同行为所致,故应适用部分实行全部责任的原则。

第四节　间 接 正 犯

一、间接正犯的概念

构成要件行为,不一定只限于行为人自身的直接的身体动作,和利用动物、工具一样,将他人作为媒介实行犯罪,既有可能,也不罕见。这种通过利用他人实现犯罪的情况,就是间接正犯。〔37〕 我国刑法理论一直使用刑法没有明文规定的间接正犯概念。

关于间接正犯的正犯性,以前是用"工具理论"来说明的。即被利用者如同刀枪棍棒一样,只不过是利用者的工具;既然利用刀枪棍棒的行为符合构成要件,那么也应肯定利用他人的行为符合构成要件。但是,被利用者是有意识的人,毕竟与工具不同。所以,现在占通说地位的是犯罪事实支配说。即对犯罪实施过程具有决定性影响的关键人物或核心角色,具有犯罪事实支配性,是正犯。其中,行为人不必出现在犯罪现场,也不必参与共同实施,而是通过强制或者欺骗手段支配直接实施者,从而支配构成要件实现的,就是间接正犯。由于间接正犯并不以自己的身体动作直接实现构成要件,故被利用者必须客观上实施了符合构成要件的不法行为(由于违法具有相对性,利用被害人行为与利用合法行为的除外)。概言之,之所以肯定间接正犯的正犯性,是因为间接正犯与直接正犯、共同正犯一样,支配了犯罪事实,支配了构成要件的实现。间接正犯既可以表现为作为,也可以表现为不作为。

肯定间接正犯,意味着间接正犯必须对被利用者所造成的法益侵害结果承担责任。例如,甲令6岁的儿童窃取邻居桌上的手机(价值6000元)的,应认定甲的行为成立盗窃罪,盗窃数额为6000元。值得研究的是以下情形:乙令10岁的X进入某办公楼盗窃他人财物,X正欲进入办公楼时,遇到了10岁的Y,二人合意后进入办公室共同盗窃,X窃取了一部手提电脑(价值8000元),Y窃取了一部手机(价值3000元)。本书的初步看法是,由于共同犯罪是不法形态,所以,X与Y在不法层面构成共同正犯;又由于对共同正犯采取部分实行全部责任的原则,故应将被害人价值1.1万元的财产损失归属于X的行为;又由于乙应当对被利用者X的法益侵害结果承担责任,所以,乙犯盗窃罪的数额为1.1万元,而不是8000元。而且,在这种场合,既不能否认乙的利用行为与被害人价值1.1万元的财产损失结果之间具有因果性,也不能否认乙对该财产损失结果具有故意。

二、间接正犯的类型

德国学者罗克辛将支配犯的间接正犯归纳为三种情形:"第一,幕后者能够通过迫使直接实施者实施符合构成要件的行为,从而达成自身对于犯罪事实的支配(通过强制达成的意思支配)。第二,幕后者可以隐瞒犯罪事实,从而欺骗直接实施者并且诱使对真相

〔37〕 间接正犯是正犯的一种样态,不可单纯理解为行为人。

缺乏认知的实施者实现幕后者的犯罪计划(通过错误达成的意思支配)。第三,幕后者可以通过有组织的权力机构将实施者作为可以随时替换的机器部件进行操纵,并且据此不再将实施者视为个别的正犯而命令,进而达成对犯罪事实的关键支配(通过权力组织的支配)。除了上述三种基本支配情形之外,不可想象其他情形。利用无责任能力、减轻责任能力和未成年人的情形,在构造上只是强制性支配与错误性支配的结合而已。"〔38〕这是着眼于利用者(间接正犯)的手段进行的区分。

在我国,可以将通过权力组织的支配类型,归入通过强制达成的支配类型。换言之,间接正犯主要表现为强制他人实行犯罪,或者利用他人的错误支配犯罪事实。其中的强制(包括物理的强制与心理的强制)既可能是完全压制了他人意志,使他人丧失自由意志的情形,也可能是虽然没有丧失自由意志,但面临着紧迫的危险,不得不按照利用者的意志实施犯罪行为的情形。利用他人错误,主要表现为导致被利用者没有责任的情形。

倘若从被利用者的角度来考虑,则可以将间接正犯分为被利用者欠缺构成要件的特定要素,被利用者具有违法阻却事由(如利用他人的合法行为,利用被害人进行自我侵害)、被利用者欠缺责任(如利用没有故意、没有责任能力、没有违法性认识的可能性的他人实施符合构成要件的行为)三大类。〔39〕但是,其中的第一类还存在疑问。

(一)被利用者欠缺构成要件要素

按照行为无价值论将故意、目的等归入构成要件的观点,被利用者欠缺构成要件要素的情形包括被利用者没有故意、没有目的的情形。本书采取结果无价值论,将故意、目的作为责任要素,所以,将这种情形归入上述第三类。

倘若认为构成要件的行为必须是有意识的行为,那么,利用他人的反射举动或者睡梦中的动作实现犯罪的,也属于被利用者欠缺构成要件要素(行为)的情形。但是,倘若采取身体动作说(有意性不是行为的要素),则不能认为被利用者欠缺构成要件行为。亦即,利用他人的反射举动或者睡梦中的动作实现犯罪时,被利用者的行为也是符合构成要件的行为。事实上,在这种场合,也可以肯定被利用者没有责任。本书持后一立场。

存在争论的是身份犯中被利用者欠缺身份的情形。有些犯罪的成立要求行为人具有一定的身份。刑法理论一般认为,当身份是构成要件的要素时,缺乏该构成要件要素的行为,就是不符合构成要件的行为;利用不符合构成要件的行为,成立间接正犯(所谓利用有故意的工具的一种情形)。但是,也有学者反对这种结论。从犯罪事实支配的角度来考察,由于直接实施者具有犯罪故意,故难以肯定幕后者操纵或支配了其行为,因而难以认定为间接正犯。从自由意志的角度来考察,由于直接实施者完全具有意志自由,能够将行为的结果归责于直接实施者,故能否一概将利用者认定为间接正犯,也存在疑问。不过,持反对意见的人,也并非一概否定上述情形属于间接正犯,而是对其中的部分情形以其他理由认定为间接正犯。对此,应联系间接正犯的本质与我国刑法的规定进行判断。

例如,国家工作人员甲指使知情的妻子乙接受贿赂时,甲是否成立受贿罪的间接正犯?第一种观点认为,甲成立受贿罪的间接正犯,乙成立受贿罪的帮助犯。理由是,有关

---

〔38〕 C. Roxin, Strafrecht Allgemeiner Teil, Band II, C. H. Beck, 2003, S. 23.

〔39〕 参见[德]乌尔斯·金德霍伊泽尔:《刑法总论教科书》,蔡桂生译,北京大学出版社2015年版,第411页以下。

受贿罪的法规范，只针对具有一定身份的人，只有具有该身份的人才可能实施违反法规范的实行行为。因此，甲利用不能实施实行行为的非身份者收受贿赂的行为，可谓利用欠缺规范障碍的人的行为，具有实现犯罪结果的现实危险性，可以肯定为间接正犯。就乙而言，因为其不具有法规范所要求的身份，因而不能实施受贿罪的实行行为，故不能成立正犯，只能成立帮助犯。第二种观点认为，甲成立受贿罪的教唆犯，乙成立受贿罪的帮助犯。理由为，就甲而言，在利用有故意的人的场合，由于被利用者具有规范的障碍，而不可能成立单纯的工具。因此，利用者不能随心所欲地对之进行支配与利用；利用者不可能像自己实行犯罪那样，具有实现犯罪计划的确实性。所以，利用者的行为不能成立实行行为，只能成立教唆犯。就乙而言，由于其欠缺身份，不可能成立正犯，只能成立帮助犯。第三种观点认为，应当根据非身份者的参与情况进行区分。如果身份者甲对非身份者乙处于单方的支配关系，则甲是间接正犯，乙是帮助犯；如果甲与乙处于相互协力的状态，则成立受贿罪的共同正犯。本书的基本看法是，甲虽然没有直接接受贿赂，但受贿罪的构成要件并不是单纯地接受财物，而是要求利用职务上的便利，或者说要求财物与职务行为的交换性。因此，甲当然是受贿罪的直接正犯。换言之，甲直接支配了对职务行为不可收买性的侵害，因而是直接正犯；乙缺乏侵犯职务行为不可收买性的国家工作人员身份，故不能成为正犯，仅成立帮助犯。

此外，在利用被害人自我侵害时，也可谓被利用者缺乏构成要件的行为对象要素。例如，甲强迫乙自我伤害造成轻伤的，乙的行为不符合伤害“他人”的对象要件，但甲仍然成立故意伤害罪的间接正犯。当然，这种情况也可以说被利用者具有违法阻却事由。[40]

（二）被利用者具有违法阻却事由

1. 利用他人的合法行为

利用他人的合法行为实现犯罪的，成立间接正犯。[41] 例如，A为了使B死亡，以如不听命将杀害B相威胁，迫使B攻击Y，Y正当防卫杀害了B。此时，B与Y都是A的工具，应认定A成立故意杀人罪的间接正犯。但应注意的是，如果利用者没有达到支配犯罪事实的程度，则不能认定为间接正犯。例如，甲诱导X对乙进行不法侵害，乙正当防卫杀害了X。乙的行为是正当防卫，但甲不成立故意杀人罪的间接正犯。因为在本例中，只能认定X支配了犯罪事实，而不是甲支配了犯罪事实。但由于甲教唆X实施不法侵害行为，故甲仅针对X成立教唆犯。

2. 利用被害人的自我侵害行为

刑法理论一般认为，当利用者使被害人丧失自由意志，或者使被害人对结果缺乏认识或产生其他法益关系的错误，导致被害人实施了损害自己法益的行为时，由于不能认定被害人对自己的法益侵害具有违法性，故应认定利用者成立间接正犯。例如，甲谎称乙饲养

---

〔40〕 由此看来，只有当被利用者的行为符合构成要件时（被利用者为被害人时，行为对象要素除外），利用者才可能成立间接正犯。或者说，被利用者欠缺构成要件要素，仅限于被利用者为被害人时欠缺行为对象要素的情形。

〔41〕 不过，刑法理论上所举之例，大多为利用不知情的第三者行为。事实上，如果第三者知情，则难以称之为利用正当行为。例如，甲为了非法拘禁乙，谎称乙是现行犯，使警察拘留了乙。刑法理论一般认为甲是利用正当行为的间接正犯。其实，这种情况也可谓利用不知情者（无故意）的间接正犯。如果警察明知乙不是现行犯而拘留，甲难以成立非法拘禁罪的间接正犯。

的狗为疯狗,使乙杀害该狗的,是故意毁坏财物罪的间接正犯。再如,行为人强迫被害人自杀的,成立故意杀人罪的间接正犯。[42]

(三)被利用者欠缺责任

1. 利用欠缺故意的行为

利用缺乏故意的行为,也就是所谓利用不知情者的间接正犯。例如,医生指使不知情的护士给患者注射毒药,医生构成故意杀人罪的间接正犯。再如,甲明知前方为人,却对乙谎称前方有野兽,将自己的猎枪给乙射击,乙开枪射击导致他人死亡。乙成立过失致人死亡罪,甲是故意杀人罪的间接正犯。[43] 再如,A 将一把装有子弹的手枪交给 B,并谎称枪中没有子弹只是用手枪吓唬 C,B 在利用手枪吓唬 C 时打中了 C,造成 C 死亡。无论 B 是否有过失,A 都成立故意杀人罪的间接正犯。概言之,被利用者对任何一个构成要件要素缺乏认识时,利用者都可能成立间接正犯。但是,在选择性要素的场合,由于各种要素具有等价性,利用者对被利用者实施欺骗行为的,不成立间接正犯。例如,甲拐骗了已满 14 周岁的少女丙后,谎称丙是不满 14 周岁的男童,让乙出卖给他人。甲不是间接正犯,换言之,甲与乙均为直接正犯。

被利用者虽然具有其他犯罪的故意但缺乏利用者所具有的故意时,利用者也可能成立间接正犯。例如,甲明知丙坐在丙家某贵重财物后的椅子上,但乙不知情,甲唆使乙开枪毁坏贵重财物,乙开枪致丙死亡。乙虽然具有毁坏财物的故意,但没有杀人故意。故意杀人罪的结果应归责于甲,甲成立间接正犯。[44] 在行为人对加重犯中的加重要素必须具有故意时,被利用者对加重要素缺乏故意时,利用者有可能成立加重犯的间接正犯。例如,乙知道抢劫军用物资可能被判死刑决意不抢劫军用物资。甲唆使乙抢劫时,谎称被害人运送的是普通财物,乙客观上抢劫了军用物资,但误以为自己抢劫的是普通财物。乙因为没有认识到加重要素而不可能承担抢劫军用物资的责任,只能承担普通抢劫的责任。在这种情况下,应当认定甲成立抢劫军用物资的间接正犯。但是,如果利用者的行为缺乏对行为的支配性,则只能认定为教唆犯(参见本章第五节)。

问题是,就身份犯而言,一般人故意利用有身份的不知情者的,应当如何处理?例如,一般公民甲冒充警察,声称取证需要,让邮政工作人员乙开拆若干信件。甲的行为是否成立私自开拆邮件罪(刑法第 253 条)的间接正犯?本书持否定回答(如后所述,能够成立教唆犯)。由于乙没有犯私自开拆邮件罪的故意,所以,其行为不可能构成该罪。虽然甲利用了乙的行为,但仅此并不能肯定甲的行为成立私自开拆邮件罪。因为在真正身份犯的场合,特殊身份是针对正犯而言的,间接正犯也是正犯,理当具备特殊身份。如果认为间接正犯可以不需要具有特殊身份,就必然使构成要件丧失定型性,有违反罪刑法定原则

---

〔42〕 参见[日]山口厚:《刑法总论》,有斐阁 2016 年第 3 版,第 71 页。

〔43〕 德国学者罗克辛指出:“在 A 忘乎所以要向稻草人开枪时,B 虽然认识到 A 其实是将野宿者 L 误认为是稻草人,却仍然将自己的猎枪借给 A,导致 A 错误地杀死了 L 时,B 是故意杀人罪的间接正犯”(C. Roxin, Strafrecht Allgemeiner Teil, Band II, C. H. Beck 2003, S. 30)。倘若采取结果无价值论与限制从属性说,则应认为,B 不是故意杀人罪的间接正犯,而是故意杀人罪的帮助犯。亦即,A 实施了符合故意杀人罪构成要件的不法行为(只是缺乏故意杀人罪的责任要素),B 故意实施了帮助行为,因而成立故意杀人罪的帮助犯。

〔44〕 如果乙具有过失,则成立过失致人死亡罪。

之嫌。[45] 再如,普通公民 A 欺骗国家工作人员 B,声称自己需要现金购买住房,可以在10 天之内归还。B 将公款挪给 A 后,A 将该款用于贩卖毒品,10 天之内归还公款。如果B 明知 A 借用公款是为了贩卖毒品,B 的行为当然构成挪用公款罪(参见刑法第 384 条,A 可能与 B 构成挪用公款罪的共犯)。但 B 并不明知这一真相,A 又不具有国家工作人员身份,因此,A 的行为不构成挪用公款罪的间接正犯(仅成立挪用公款罪的教唆犯)。[46]

2. 利用欠缺目的的行为

有些犯罪的成立除了要求有故意之外,还要求有特定目的(目的犯)。刑法理论认为,被利用者虽然有故意但没有特定目的时,利用者就该目的犯成立间接正犯(所谓利用有故意的工具的一种情形)。因为当目的是责任要素时,缺乏该目的的行为并不构成目的犯;利用不具备责任要素的行为,成立间接正犯。但是,也有学者反对这种结论,认为直接实施者具有犯罪故意,幕后者并没有操纵其行为,故不成立间接正犯。而且,直接实施者完全具有意志自由,能够将行为的结果归责于直接实施者,故能否一概将利用者认定为间接正犯,也存在疑问。不过,持反对意见的人,也并非一概否定上述情形属于间接正犯,而是对其中的部分情形以其他理由认定为间接正犯。

例如,甲以牟利目的利用没有牟利目的的乙传播淫秽物品。如果乙明知甲具有牟利目的,则乙与甲就传播淫秽物品牟利罪成立共同犯罪。如果甲支配了犯罪事实,则成立传播淫秽物品牟利罪的间接正犯,否则成立教唆犯或者帮助犯。刑法理论一般认为,如果乙不仅自己没有牟利目的,也不明知甲有牟利目的,则应认为甲支配了犯罪事实,成立传播淫秽物品牟利罪的间接正犯。

3. 利用无责任能力者的行为

无责任能力者缺乏辨认控制能力,不具有非难可能性,只能将结果归责于其背后的利用者,肯定利用者的行为支配了犯罪事实。例如,利用幼儿、严重精神病患者的身体活动实现犯罪的,是间接正犯。问题在于,利用未达到法定年龄的人实施犯罪的是否均成立间接正犯?本书的观点是,虽然一般来说,这种情形成立间接正犯,但是,在被利用者具有辨认控制能力,利用者并没有支配被利用者时,不能认定为间接正犯。换言之,未达到法定年龄的人与达到法定年龄的人共同犯罪时,并非后者均为间接正犯。只有当后者支配了犯罪事实时,才能将其认定为间接正犯。例如,18 周岁的甲唆使 15 周岁的乙盗窃他人财物的,不是间接正犯(而是教唆犯)。15 周岁的乙只是因为缺乏有责性,而不承担责任。教唆限制责任能力者实施犯罪的,不宜认定为间接正犯。因为减轻责任能力者依然具有一定的辨认控制能力,难以认定教唆犯支配了犯罪事实。

4. 利用他人缺乏违法性认识的可能性的行为

例如,司法人员甲欺骗乙说:"捕杀麻雀是完全合法的行为,你可以大量捕杀。"乙信以为真,实施捕杀行为。甲成立间接正犯。利用他人缺乏期待可能性的行为,也成立间接正犯。

---

[45] 甲仅成立侵犯通信自由罪(刑法第 252 条)的间接正犯。

[46] 在上述场合,日本刑法理论的一种观点认为,A 的行为成立间接正犯。因为日本刑法第 65 条第 1 款规定:"对于因犯罪人身份而构成的犯罪行为进行加功的人,虽不具有这种身份的,也是共犯。"刑法理论将这里的"共犯"解释为包括正犯在内的广义的共犯,故没有身份的人"也是正犯"。但我国刑法没有这样的规定,故难以采纳日本刑法理论的通说观点。

间接正犯的成立,并不意味着共同犯罪的否定。正如德国学者罗克辛所说:“幕后者成立间接正犯和实施者成立直接正犯,二者之间并不是绝对相互排斥的关系。相反,在强制性支配的情形下,幕后者的意思支配以实施者的行为支配为前提。”[47]例如,具有牟利目的的甲支配没有牟利目的的乙传播淫秽物品的,甲、乙依然成立共同犯罪,只不过由于各自的责任不同,因而导致罪名不同而已。又如,甲欺骗乙说:“丙欠我100万,你帮我把他关起来。”乙信以为真,关押了丙。此后,甲向丙的亲属勒索财物。甲是绑架罪的间接正犯,但乙与甲仍然是共同犯罪,只不过乙仅承担非法拘禁罪的责任而已(参见刑法第238条)。再如,甲以杀害胁迫乙,强迫乙伤害丙,乙对丙实施了伤害行为。甲是故意伤害罪的间接正犯,乙是直接正犯,二者构成共同犯罪。

三、亲手犯

通说认为,亲手犯(或自手犯)不可能存在间接正犯(也不存在共同正犯)。一般来说,亲手犯是指必须由正犯者自己直接实行的犯罪。但是,关于亲手犯的含义与范围,在刑法理论上并不统一。文本说认为,如果描述某种犯罪的构成要件的文字含义中没有包含亲手实施之外的行为方式,那么,该犯罪就是亲手犯。这种学说以“只有亲手实施构成要件的人才是正犯”的命题为前提,然而该命题并不成立。身体行为说认为,如果只要有相应的行为就可以实现构成要件,而不必发生结果,那么,该犯罪就是亲手犯。据此,行为犯就是亲手犯。例如,非法侵入他人住宅是亲手犯,不可能有间接正犯。但是,在行为人利用无责任能力者闯入他人住宅,侵犯了他人的居住安宁时,没有理由不认定为间接正犯。根据德国学者罗克辛的观点,亲手犯分为三种类型:第一类是行为关联性犯罪,这是指犯罪的不法并非取决于侵害结果,而是取决于行为本身的可谴责性的犯罪。最典型的是乱伦罪。第二类是生活方式性犯罪,即诸如流浪罪或游荡罪等以特定的生活方式作为可罚性基础的犯罪。第三类是陈述性犯罪,“依法宣誓作证的人”的伪证罪等属于这一类。[48]

本书认为,我国刑法没有规定亲手犯。诚然,参加恐怖活动组织罪、参加黑社会性质组织罪,似乎属于亲手犯。但由于行为人完全可能强迫他人参加恐怖活动组织与黑社会性质组织,故上述犯罪仍然可能有间接正犯。强奸罪也不是亲手犯,相反,妇女可以成为强奸罪的间接正犯与共同正犯。同样,危险驾驶罪也不是亲手犯。例如,甲明知乙将要驾驶机动车,却暗中在乙的饮料中添加酒精,导致乙在不知情的情况下醉酒驾驶。乙客观上实施了醉酒驾驶的行为,但并无犯罪故意;甲成立危险驾驶罪的间接正犯。[49]

第五节　狭义的共犯

一、共犯的处罚根据

狭义的共犯,是指教唆犯与帮助犯。刑法为什么处罚狭义的共犯?这就是共犯的处

---

〔47〕 C. Roxin, Strafrecht Allgemeiner Teil, Band II, C. H. Beck, 2003, S. 23.

〔48〕 Vgl., C. Roxin, Strafrecht Allgemeiner Teil, Band II, C. H. Beck, 2003, S. 117ff.

〔49〕 如果乙知情后仍然醉酒驾驶,则甲只是危险驾驶罪的帮助犯。

罚根据问题。

责任共犯说认为,由于共犯者将正犯者引诱至责任与刑罚中,或者说由于共犯使正犯者堕落,所以共犯者也应受处罚。其经典表述是,“正犯实行了杀人行为,教唆犯制造了杀人犯”。根据责任共犯论,共犯的成立以正犯具有构成要件符合性、违法性、有责性为前提(极端从属性说)。据此,甲唆使乙重伤甲的身体的,乙成立故意伤害罪,甲成立故意伤害罪的教唆犯。但这种观点显然不能被人接受。

不法共犯说(违法共犯论)认为,由于共犯者诱使正犯者实施了符合构成要件的不法行为,或者以某种援助行为促进了不法的正犯行为(行为无价值),因而应受处罚。根据不法共犯论,共犯的成立只要求正犯的行为具有构成要件符合性、违法性;如果正犯行为是违法的,共犯行为(只要不存在固有的违法阻却事由)也就是违法的,因而承认违法的连带性。不法共犯论容易说明对真正身份犯的共犯的处罚根据。例如,一般公民教唆国家工作人员受贿的,因为其导致国家工作人员实施了符合构成要件的不法行为,所以承担受贿罪的责任。但是,不法共犯论也会导致不当结论。例如,A 请求正犯 B 杀害自己(A),正犯 B 杀害 A 未遂。由于 A 使正犯 B 实施了杀人未遂的不法行为,因而成立杀人未遂的教唆犯。但这种结论不合理。

惹起说(因果共犯论)认为,共犯的处罚根据,在于通过介入正犯的行为引起了法益侵害(构成要件该当事实)。据此,直接引起法益侵害的是正犯,介入正犯行为间接引起法益侵害的是共犯,正犯与共犯的差异在于引起法益侵害的样态不同。据此,在上例中,由于刑法并不要求 A 保护自己的生命,故 A 没有引起法益侵害,因而不可罚。惹起说内部又可以分为纯粹惹起说、混合惹起说、修正惹起说等不同学说(但国外刑法理论的归纳并不完全相同)。[50]

本书的看法如下:与单个人犯罪的本质一样,共同犯罪的本质也是侵害法益。单独正犯是直接引起法益侵害的犯罪类型,共同正犯是共同引起法益侵害的犯罪类型,间接正犯是通过支配他人的行为引起法益侵害的犯罪类型,教唆犯与帮助犯则是间接引起法益侵害的犯罪类型。换言之,共犯的处罚根据在于,共犯通过正犯者间接地侵害了法益,即处罚共犯者,是因为其诱使、促成了正犯直接造成法益侵害。共犯的违法性由来于共犯行为自身的违法性和正犯行为的违法性。共犯行为自身的违法性,并不是指共犯行为本身具有行为无价值,而是指共犯不具有违法阻却事由(有限地承认违法的相对性)。第一,“正犯”必须实施了符合构成要件的不法行为,否则,不能处罚教唆者与帮助者。所以,教唆未遂(教唆行为失败)是不可罚的,但未遂的教唆(被教唆者着手实行犯罪而未得逞)具有可罚性。第二,在正犯实施了符合构成要件的不法行为时,只要共犯没有违法阻却事由,就必须肯定共犯的行为也是违法的。换言之,如果正犯侵犯的法益,不是教唆者、帮助者必须保护的法益(共犯具有违法阻却事由),则只有正犯的行为成立犯罪,教唆者、帮助者的行为不成立犯罪。例如,A 按照被害人 X 的请求对 X 实施重大伤害行为的,A 的行为违法,X 的教唆行为不违法。但是,B 唆使 Y 实施自伤行为的,由于 Y 的自伤行为不违法,故 B 的唆使行为也不违法。再如,乙欲盗窃丙安置在湖中的渔网,甲知情并提供了盗窃工具,但乙误将甲的渔网当作丙的渔网盗走。乙成立盗窃既遂,但甲不可能对自己的财

---

〔50〕 参见[日]曾根威彦:《刑法学基础》,黎宏译,法律出版社 2005 年版,第 137 页以下。

产损失承担盗窃罪的刑事责任。[51] 不难看出,违法的连带性并不是绝对的。

在通常情况下,行为符合构成要件就能推定行为具有违法性。但是,由于法益主体对自己法益造成的损害不可能具有违法性(如伤害自己身体、毁损自己财物的行为不违法),而法益主体完全可能与他人共同造成自己的法益损害,所以,在共同犯罪中,各参与人行为的违法性可能具有相对性,因而需要进一步在违法性层面做出判断。附带说明的是,如果正犯的行为侵害了法益,但共犯对该法益侵害缺乏责任的,正犯与共犯虽然在不法层面属于共同犯罪,但共犯并不成立犯罪。

二、共犯的性质

(一)共犯从属性说与共犯独立性说

"共犯的从属性,是指共犯成立犯罪至少要求正犯者着手实行了犯罪的原理。主张共犯的从属性的学说称为共犯从属性说,与共犯独立性说相对立。共犯独立性说主张共犯的独立性,认为共犯的可罚性在于共犯的行为本身,共犯成立犯罪不一定要求正犯者着手实行犯罪。"[52] 换言之,共犯从属性说与共犯独立性说所争论的基本问题是:在被教唆者、被帮助者没有着手实行犯罪的情况下,能否处罚教唆者与帮助者?共犯从属性说认为,如果被教唆的人没有实行被教唆的罪,教唆者不成立犯罪;如果被帮助的人没有实行被帮助的罪,帮助者的行为不成立犯罪。[53]

共犯从属性说的基本理由是:(1)共犯的处罚根据与正犯的处罚根据相同,既然正犯的处罚根据在于引起了发生结果的具体危险,那么,在被教唆者、被帮助者没有着手实行犯罪时,教唆、帮助行为本身还不具有足以作为未遂犯处罚的发生结果的具体的危险性。(2)从立法政策上考虑,共犯独立性说过于扩大了处罚范围;在被教唆者、被帮助者没有实施威胁法益的行为时,即使不处罚教唆者与帮助者,也可以确保人们的平稳生活。(3)共犯独立性说将教唆行为、帮助行为解释为实行行为,并不妥当。(4)未遂以着手实行犯罪为前提,故教唆、帮助的未遂不得独立适用未遂犯的处罚规定;只有当被教唆者、被帮助者着手实行犯罪后,才可能对教唆者、帮助者适用未遂处罚规定。(5)由于刑法分则条文没有就教唆犯、帮助犯的未遂设立处罚规定,故只有当实行犯着手实行了犯罪时,才能适用共犯规定,对教唆犯、帮助犯以未遂论处。[54]

共犯独立性说的理论基础首先是犯罪征表说。根据这种立场,确定地征表出犯意的外部行为,就是实行行为。由于教唆行为也是法益侵害意欲(犯意)的征表,故也属于实行行为,教唆行为的着手就是实行行为的着手。[55] 共犯独立性说的其他理论根据有:(1)等待被教唆者、被帮助者着手实行犯罪后才处罚教唆犯与帮助犯的做法,不当地延迟了针对社会危险者的社会防卫。(2)犯罪是社会危险性的表现,故不可能从属于他人的犯罪而成立;从属性说使教唆犯、帮助犯成为"附停止条件的犯罪",使教唆犯、帮助犯因为他人的行为而承担责任。(3)教唆、帮助行为是为了各自的犯罪而利用他人的行为,与

[51] 由于乙并未着手盗窃丙的渔网,故甲也不承担盗窃未遂的刑事责任。

[52] [日]西原春夫:《刑法总论》(下卷),成文堂1993年改订准备版,第377页。

[53] 根据共犯从属性理论,在处罚预备的情况下,只有当被教唆者、被帮助者实施了预备行为,教唆者、帮助者才成立预备犯。

[54] 参见张明楷:《刑法的基本立场》,中国法制出版社2002年版,第302页以下。

[55] 参见[日]西原春夫:《刑法总论》(下卷),成文堂1993年改订准备版,第379页。

利用自然力没有区别；教唆、帮助行为自身就是实行行为；刑法就未遂犯所规定的着手实行，包括教唆犯、帮助犯的着手实行，故教唆者、帮助者开始实施教唆行为、帮助行为后，被教唆者、被帮助者没有实行犯罪的，对于教唆者、帮助者而言也是已经着手实行犯罪。

我国刑法理论没有具体讨论帮助犯的性质，但对教唆犯的性质展开了争论。下面以教唆犯的性质为中心展开论述。

（二）二重性说

共犯从属性说与共犯独立性说，从具体观点到理论基础都是非此即彼、完全对立的，无论如何也看不出来二者可以调和、折中。但我国刑法理论的通说却认为教唆犯既具有从属性，也具有独立性，此即所谓二重性说。本书不赞成二重性说。

1. 二重性说的理由之一是，教唆犯的犯罪意图必须通过被教唆人的决意，并且去实施他所教唆的犯罪行为，才能达到犯罪目的；所以，就教唆犯与被教唆人的关系来讲，教唆犯具有从属性。同时，教唆犯给予他人以犯罪意图这一行为本身就应该认为是犯罪，所以，教唆犯在共犯中又具有相对的独立性。但是，只有当被教唆的人产生犯罪决意并且实施被教唆的犯罪行为，教唆犯才能实现自己的犯罪意图，这是教唆犯的共同特点，而非教唆犯的从属性。如果说这一特点就是教唆犯的从属性，那么，在采取共犯独立性说的刑事立法例与刑法理论中，其教唆犯也具有这一特点，因而也包含了从属性。这是不可思议的。不仅如此，间接正犯的犯罪意图也必须通过被利用者的行为才能实现，如果按照上述观点，间接正犯也具有从属性。此外，按照二重性说，共谋共同正犯也具有从属性，因为成立共谋共同正犯，也需要有人实行犯罪。这难以被人接受。

2. 二重性说的理由之二是，“教唆他人犯罪的，应当按照他在共同犯罪中所起的作用处罚”的规定，表明教唆犯不具有独立性；“如果被教唆的人没有犯被教唆的罪，对于教唆犯可以从轻或者减轻处罚”这一规定，表明教唆犯又是相对“独立的犯罪”。可是，前一规定不能直接表明教唆犯是具有独立性还是具有从属性，它旨在确立共同犯罪中的教唆犯的处罚原则。对后一规定也可能做出多种解释，不能断言它是有关教唆犯独立性的规定。

3. 二重性说的理由之三是，从属性说与独立性说都“不可能正确地解决教唆犯一系列问题。例如，教唆犯在实施了教唆行为以后，如果被教唆的人没有去犯被教唆的罪，这时，应该怎样定罪？”有人主张定犯罪预备、有人主张定犯罪未遂、有人主张定犯罪既遂。三种意见都各有一定理由，但都不能全面说明问题。〔56〕然而，从属性说主张，这种情况不成立犯罪，当然不存在预备、未遂与既遂的问题；独立性说主张，这种情况成立犯罪未遂。换言之，真正的从属性说与独立性说对于解决上述问题是非常容易的，也是分别与其基本理论协调一致的。所谓主张定犯罪预备或犯罪既遂的观点，并非从属性说与独立性说的观点；不能将我国学者的一些主张所导致的缺陷归结为从属性说与独立性说的缺点。

4. 二重性说的另一方面的理由是，刑法第 29 条第 1 款规定的教唆犯，只有在被教唆人实施犯罪时才能成立。这时教唆人与被教唆人构成共同犯罪关系，被教唆人实施的犯罪行为是犯罪预备、未遂或既遂，教唆犯也是犯罪预备、未遂或既遂，这就是教唆犯的从属性。但对此时的教唆犯，是依其在共同犯罪中的作用处罚，而不是依照实行犯的刑罚处罚，这就是教唆犯处罚的独立性。第 29 条第 2 款规定的教唆犯，是被教唆人没有犯被教

〔56〕　以上三种理由，参见伍柳村：“试论教唆犯的二重性”，载《法学研究》1982 年第 1 期。

唆之罪的情况。在这种情况下,教唆犯与被教唆人根本不成立共同犯罪关系,刑法却仍然处罚教唆犯。这里的教唆犯既无犯罪的从属性,也无刑罚的从属性,亦即只有独立性。[57]但本书认为,这种二重性说也存在疑问。(1)根据上述观点,刑法第29条第1款规定的教唆犯,只有在被教唆的人实施犯罪时才能成立。如果认为这是关于教唆犯从属性的规定,本书并不反对。但是,如果承认教唆犯也具有独立性,那么,当甲与乙共同教唆丙杀人,而丙并不接受教唆时,甲与乙也成立教唆犯。由于甲与乙在共同教唆中所起的作用不同,按照二重性说的观点,对甲与乙既要适用第29条第2款,也要适用第29条第1款。于是,第29条第1款也不是单纯对教唆犯从属性的规定。显然,二重性说并没有理顺第29条第1款与第2款之间的关系。其实,第29条第1款规定的是教唆犯的处罚原则。(2)持上述观点的学者认为,在教唆者与被教唆者构成共同犯罪关系时,被教唆者实施的犯罪行为是犯罪预备、未遂或既遂,教唆犯也是犯罪预备、未遂或既遂,这就是教唆犯从属性的表现。但是,二重性说在此也存在矛盾。联系我国刑法的规定来考虑,如果说被教唆的人犯被教唆的罪而又只是犯罪预备时,根据刑法理论的通说,应当成立共同犯罪;[58]根据持二重性说学者的前述观点,适用第29条第1款时表明教唆犯具有从属性。果真如此,则出现了以下矛盾:如果被教唆的人没有犯被教唆的罪(如连预备行为也没有实施),则适用第29条第2款,可以从轻或者减轻处罚;如果被教唆的人开始实施被教唆之罪的预备行为但没有着手实行,成立犯罪预备,则教唆犯也成立犯罪预备,而根据刑法第22条的规定,“对于预备犯,可以比照既遂犯从轻、减轻或者免除处罚。”本来后者重于前者,可后者的处罚却轻于前者。这显然导致了不协调。持上述二重性说的学者认为:“这一不协调,不论依从属性原则或者不依从属性原则都难以解决。”[59]但如后所述,倘若采取教唆犯从属性说,可以解决这一不协调问题。(3)持上述观点的学者认为,从属性包括犯罪的从属性与处罚的从属性,处罚的从属性是指对教唆犯依照正犯的刑罚来处罚。实际上,从属性并不包含这种处罚程度的从属性。一方面,即使采取单一的正犯概念的刑事立法例,对教唆犯的处罚也可能不一致。另一方面,当刑法对教唆犯规定了一个处罚原则时,有人采取从属性说、有人采取独立性说。例如,日本刑法第61条规定,对教唆犯,“判处正犯的刑罚”。但牧野英一、木村龟二主张教唆犯的独立性,而小野清一郎、团藤重光、平野龙一等人主张教唆犯的从属性。再如,面对德国旧刑法的相同规定,宾丁主张教唆犯独立性说,李斯特主张教唆犯从属性说。这表明,不管教唆犯是具有从属性还是独立性,刑法都可能规定按照正犯的刑罚来处罚教唆犯。换言之,“依照正犯的刑罚处罚”,不是教唆犯从属性的标志,当然也不是教唆犯独立性的标志。

总之,二重性说在逻辑上有自相矛盾之嫌。从属性说与独立性说的基本差别表现在当被教唆人没有实施被教唆的行为时,对于教唆者是否以教唆未遂论处。真正的从属性说和独立性说都容易得出与其理论根基相一致的结论,而二重性说恰恰不能解决这一问题。不能不认为,所谓的二重性说,其实就是一种独立性说。因为从理论上来看,二重性论者都承认教唆犯具有独立性,但同时将教唆犯从属性说和独立性说都承认的教唆犯本

[57] 参见马克昌:“论教唆犯”,载《法律学习与研究》1987年第5期。

[58] 参见马克昌主编:《犯罪通论》,武汉大学出版社1999年第3版,第506页。

[59] 马克昌:《马克昌文集》,武汉大学出版社2005年版,第120页。

身的特征作为教唆犯从属性的根据。就被教唆人没有实施被教唆行为时,对教唆者的处罚结论上,二重性说与独立性说得出的结论是完全一致的。既然如此,就表明教唆犯二重性说实际上是教唆犯独立性说的另一种文字表述。[60]

(三)独立性说

有学者指出:"在一部刑法里,要么采取独立性说,即完全以教唆人所教唆之罪作为定罪基础;要么采取从属性说,即完全以被教唆人所实施之罪作为定罪基础……根据刑法第 26 条(即新刑法第 29 条,下同——引者注)第 2 款规定:'如果被教唆的人没有犯被教唆的罪,对于教唆犯,可以从轻或者减轻处罚。'这里,教唆犯不具有从属性,大概没有人会提出异议……刑法第 26 条第 1 款的立法精神,同该条第 2 款一样,都是体现确定教唆犯刑事责任的独立性,并不对实行犯存在任何从属性。"[61]

本书赞成上述"在一部刑法里,教唆犯不可能具有二重性"的观点,但不同意"我国刑法中的教唆犯具有独立性"的观点。

共犯独立性说,是过度的权威主义或过度关心社会防卫的结果,因而其理论根基与具体结论存在诸多疑问。况且,我国现行刑法事实上倾向于客观主义立场,教唆犯独立性说缺乏理论的根基与刑法的实质依据。因为只要承认犯罪的本质是侵犯法益、刑法的目的是保护法益,就难以采取共犯独立性说。例如,旧派学者宾丁之所以主张共犯独立性说,在很大程度上由来于他的规范说。李斯特认为,侵害法所保护的利益即法益的行为就是犯罪,所以三张共犯从属性说。

(四)从属性说

本书认为,我国刑法采取了教唆犯从属性说。

我国刑法理论之所以采取二重性说与独立性说,实际上是因为就教唆犯的处罚根据,基本上采取了责任共犯论的立场。如我国刑法理论一般认为,教唆犯是犯罪的病源,教唆犯制造了犯罪意图,并通过他人实现其犯罪意图。[62] 但是,责任共犯论与犯罪的本质、刑法的目的不相符合,故按照责任共犯论得出的结论也难以被人接受。

"与正犯一样,共犯的处罚根据在于引起了法益侵害的危险性,这得到了广泛的认同。如果共犯的处罚根据与正犯的处罚根据相同,那么,对于共犯在什么阶段可以作为未遂犯处罚这一问题的回答,与对于正犯在什么阶段可以作为未遂犯处罚这一问题的回答,应当基本上是相同的。"[63] 概言之,之所以处罚教唆犯,是因为教唆犯通过使正犯实施实行行为,参与引起了法益侵害的结果。既然如此,就应当将正犯着手实行犯罪作为处罚共犯的条件。[64] 亦即,只有当正犯着手实行犯罪,使法益受到紧迫的危险时,才能处罚教唆犯、帮助犯。正犯的实行着手,不是单纯的因果关系发展过程中的一个阶段,而是从实质

---

[60] 教唆犯二重性说之所以在我国成为通说,一个重要原因是对学派之争以及旧派与新派的基本理论缺乏系统与合理的评价。人们一再强调旧派与新派的不科学性,总是认为两个学派都在走向极端,于是需要调和、需要折中。过于追求折中的结局是,将旧派与新派中非此即彼、决然对立的学说也进行调和。二重性说便是其典型。

[61] 余淦才:"试论教唆犯的刑事责任",载《安徽大学学报(哲学社会科学版)》1983 年第 2 期。

[62] 参见高铭暄主编:《刑法学原理》(第 2 卷),中国人民大学出版社 1993 年版,第 485 页以下。

[63] [日]佐伯仁志:"教唆的未遂",载[日]阿部纯二等编:《刑法基本讲座》(第 4 卷),法学书院 1992 年版,第 209 页以下。

[64] 在处罚预备犯的情况下,只有当正犯实施了预备行为,才能处罚教唆犯与帮助犯。

上看必须产生了发生结果的具体的、紧迫的危险;处罚未遂不是因为该行为是行为人的危险性或反道义性的定型的征表,而是因为产生了发生结果的具体的、紧迫的危险。因此,将正犯着手实行犯罪作为处罚教唆犯的条件,意味着发生了法益侵害的具体的、紧迫的危险才处罚,这不仅没有不妥之处,而且理所当然。[65] 据此,只有当被教唆者着手实行犯罪,使法益受到具体的、紧迫的危险时,才处罚教唆犯。这正是教唆犯从属性说的结论。

坚持教唆犯从属性说,就使罪刑法定主义得以坚持,构成要件的机能得以维护,教唆犯的处罚界限得以明确,"避免刑法将所有与结果具有因果性的行为都视为狭义的共犯,以致造成刑法界限之过度泛滥,严重破坏法的安定性(Rechtssicherheit)"。[66] 坚持教唆犯从属性说,有利于防止处罚不当罚的行为。事实上,当教唆者只是说了一句"杀死某人"时,即使对方完全默认,但仅此还没有处罚的必要性。因为在被教唆者没有实施威胁法益的行为时,即使不处罚教唆者,也可以确保国民的平稳生活。同样,当乙提供一把刀给甲,但甲并没有使用该刀实行犯罪时,对乙也不应以犯罪论处。否则,许多正当行为都会受到司法机关的怀疑,因而侵害国民的自由。共犯从属性还可以从我国刑法分则有关共犯行为正犯化的规定中找到法律根据。[67]

问题在于,如何解释刑法第 29 条第 2 款?因为该款规定"如果被教唆的人没有犯被教唆的罪,对于教唆犯,可以从轻或者减轻处罚",从字面含义来说,该规定是教唆犯独立性说的重要根据,因而成为坚持教唆犯从属性说的重大障碍。换言之,要采取教唆犯从属性说,就必须重新解释该款规定。

有的学者为了贯彻教唆犯从属性说,提出刑法第 29 条规定的是广义的教唆犯,即第 1 款规定的是狭义或真正意义的教唆犯,且采取的是教唆犯从属性说。"如果被教唆的人没有犯罪,就不应该处罚教唆者,对狭义的教唆犯的处罚以共同犯罪的成立为前提,条文中所谓'按照他在共同犯罪中所起的作用处罚'就是此义。"第 2 款规定的是以教唆的行为方式实施的间接正犯;"刑法第 29 条第 2 款规定'可以'从轻或者减轻处罚是合理的,因为该款明确规定的是间接正犯未遂的处罚,对间接正犯未遂的处罚应该与直接正犯未遂的处罚一样,只'可以'而不是'应当'从轻或者减轻处罚,并且,只能像一般的未遂犯一样比照相应的既遂犯从轻或者减轻处罚"。[68]

应当承认,这一解释颇有见地,使教唆犯从属性得以贯彻。但是,这一解释存在如下疑问:为何刑法仅规定以教唆的行为方式实施的间接正犯?在刑法并没有明文规定对于间接正犯作为正犯处罚的情况下,为什么却规定了间接正犯的未遂的处罚原则?这些恐怕是上述解释难以回答的问题。

可以认为,刑法第 29 条第 2 款规定的是未遂犯的教唆犯,即可以将其中的"被教唆的人没有犯被教唆的罪"解释为"被教唆的人没有犯被教唆的既遂罪"或"被教唆的人没有犯罪既遂"。详言之,该款的基本含义是,如果被教唆的人着手实行犯罪后,由于意志以外的原因未得逞(未遂)或者自动放弃犯罪或有效地防止结果发生(中止),对于教唆犯,可以从轻或者减轻处罚。这一解释不仅维持了教唆犯从属性说,使教唆犯的处罚根据明

---

〔65〕 参见[日]平野龙一:《刑法总论 II》,有斐阁 1975 年版,第 347 页以下。
〔66〕 何庆仁:"我国刑法中教唆犯的两种涵义",载《法学研究》2004 年第 5 期。
〔67〕 参见周光权:"'被教唆的人没有犯被教唆的罪'之理解",载《法学研究》2013 年第 4 期。
〔68〕 何庆仁:"我国刑法中教唆犯的两种涵义",载《法学研究》2004 年第 5 期。

确、得当,而且在解释论上具有根据。

首先,从文理解释来看,“犯罪”或“犯……罪”这一用语具有多种含义,有时仅指客观行为(如刑法第115条第2款中的“犯前款罪”),有时指排除了犯罪预备情形的犯罪(如刑法第22条第1款中的“为了犯罪”),有时指符合犯罪成立条件的一切形态的犯罪(如刑法第13条、第14条中的“犯罪”)。刑法理论一般认为,刑法分则规定的犯罪是以既遂为模式的,既然如此,就不可避免地会出现“犯罪”或“犯……罪”仅指既遂犯罪或犯既遂罪的情形。所以,将刑法第29条第2款所规定的“被教唆的人没有犯被教唆的罪”,解释为“被教唆的人没有犯被教唆的既遂罪”,不存在文理上的障碍。

其次,从教唆犯的特点来看,也可以做出上述解释。因为教唆犯唆使被教唆的人犯罪,旨在唆使被教唆的人犯罪既遂。在此意义上说,被教唆的人着手实行犯罪但未能既遂,就没有实现教唆犯的旨意,因而可以解释为“没有犯被教唆的罪”。

最后,从论理解释来看,做出上述解释也不存在疑问。(1)对刑法第29条第2款做出上述解释,区分了正犯的实行未遂与教唆犯的未遂教唆,即正犯实行未遂的,适用刑法第23条的处罚规定,教唆犯的未遂教唆的,适用刑法第29条第2款。(2)对刑法第29条第2款做出上述解释,避免了教唆犯独立性说导致的处罚不协调现象。即教唆者唆使他人犯罪,但他人没有实施犯罪的,教唆者不成立犯罪;教唆者唆使他人犯罪,他人实施了犯罪预备行为的,如果需要处罚预备犯,则对于教唆犯同时适用刑法第29条第1款与第22条,对于教唆犯,可以从轻、减轻处罚或者免除处罚;教唆者唆使他人犯罪,他人已经着手实行犯罪,由于意志以外的原因而未遂或者自动中止的,对于教唆犯,同时适用刑法第29条第1款与第2款的规定,可以从轻或者减轻处罚;教唆者唆使他人犯罪,他人着手实行犯罪后既遂的,对于教唆犯适用刑法第29条第1款。(3)做出上述解释,使未遂教唆的处罚更为合理。即正犯的未遂是“比照”既遂犯从轻或者减轻处罚,而未遂的教唆是在“按照他在共同犯罪中所起的作用处罚”的基础上,予以从轻或者减轻处罚,这便为未遂的教唆犯的处罚提供了统一的未遂标准与处罚标准。(4)做出上述解释,意味着刑法第29条第1款与第2款都是对于共同犯罪中的教唆犯的规定,也使刑法第29条与第25条至第28条相协调,不至于出现教唆犯独立性说所导致的刑法第29条第2款与共同犯罪无关的局面。进一步而言,刑法第29条第1款成为教唆犯成立与处罚的一般规定,第2款是教唆犯罪的减轻形态,但也应当在第1款原则的指导下适用。换言之,只要被教唆的人犯了被教唆的罪,无论既遂与否,对于教唆犯都需要适用刑法第29条第1款。(5)做出上述解释,有利于妥当解决无身份人构成真正身份犯的共犯问题。无身份人构成真正身份犯的共犯,是以共犯从属性为前提的。按照传统观点,刑法第29条第2款规定的是非共同犯罪中的教唆犯,于是,在无身份人教唆公务员贪污、受贿,而公务员没有实施贪污、受贿犯罪行为时,无身份人单独成立贪污罪、受贿罪。这种结论导致构成要件丧失应有的机能,也有悖罪刑法定原则。按照本书的观点,无身份人教唆公务员贪污、受贿,而公务员没有实施贪污、受贿行为的,无身份的教唆者不成立犯罪;如果公务员着手实行贪污、受贿而未遂,则对无身份的教唆者适用刑法第29条第1款与第2款,使无身份者从属于正犯而构成贪污、受贿罪。(6)作出上述解释,有利于教唆犯性质与帮助犯性质的统一。刑法第27条第1款规定:“在共同犯罪中起次要或者辅助作用的,是从犯。”这意味着帮助犯只能存在于共同犯罪之中,即如果帮助者帮助他人实行犯罪,但他人并没有实施犯罪的,帮助者并不成立犯罪。质言之,刑法对帮助犯采取了从属性说。既然如此,对教唆犯采取从属性说,也能与帮助犯的性质相一致。(7)作出上述解释,有利于使教唆犯的处罚与间接正犯的着手相协调。如前所述,间接正犯的着手以被利用者的行为具有侵害法益的紧迫危险为标准。与之相适应,只有当被教唆者着手实行犯罪时,对于教唆犯才能适用第29条第2款。如果采取教唆犯独立性说,意味着刑法对教唆犯的处罚比对间接正犯的处罚更严厉,这显然不妥当。

总之,对共犯应当采取从属性说。关于从属性的程度,存在四种学说:(1)最小从属性说:只要正犯的行为单纯地符合构成要件,共犯即成立。果真如此,则参与他人并不违法的行为时也可能成立共犯,例如,劝他人实施符合构成要件的某种正当业务行为时,也能成立共犯。这就没有考虑共犯的实质。(2)限制从属性说:正犯的行为符合构成要件而且违法时,共犯才成立。其理由在于,共犯的成立虽然仅仅要求正犯的行为单纯地符合构成要件并不够,但不能要求正犯具有责任,因为责任是个别的,正犯是否具有责任不影响共犯的成立。(3)极端从属性说:正犯的行为具备构成要件符合性、违法性与有责性时,才成立共犯。如果坚持这一观点,则帮助没有责任能力的人实施犯罪行为时,就没有可罚性,这显然不合理。此外,刑法规定的实行犯罪,是指只要客观上有犯罪的实行就够了,并不要求实际上构成犯罪。(4)夸张从属性说(最极端从属性说):正犯的行为除了具备构成要件符合性、违法性与有责性之外,还要具备一定的可罚条件时,共犯才成立。这一极端的主张明显不当。本书采取限制从属性说。[69]

三、教唆犯

(一)教唆犯的概念与成立条件

故意唆使并引起他人实施符合构成要件的违法行为的,是教唆犯。

1. 教唆对象。对教唆对象的限定,涉及教唆犯与间接正犯的关系。如果采取极端从属性说,则教唆行为的对象必须是有责任能力的人。如果采取限制从属性说,则教唆对象可以是无责任能力的人;但这里的无责任能力的人,也必须是有一定规范意识的人,如果教唆像幼儿或高度的精神病患者这样的缺乏规范意识的人犯罪,则应以间接正犯论处。在我国,由于教唆犯与间接正犯的区别意义小于外国,为了确定规范的标准,本书主张,教唆对象原则上必须是实际具有责任能力的人,但不必是达到法定年龄的人。换言之,虽然没有达到法定年龄,但事实上具有责任能力的人,也能成为教唆对象。另一方面,就真正身份犯而言,在被教唆者具有特殊身份却又具有责任阻却事由的情况下,仍应肯定教唆犯的成立。例如,乙通过篡改年龄,在不满16周岁时就成为警察。甲教唆不满16周岁的警察乙刑讯逼供,乙接受教唆实施刑讯逼供行为的,对于甲应认定为刑讯逼供罪的教唆犯,而非间接正犯。

一般认为,教唆行为的对象,必须是特定的(可以确定被教唆者的具体范围);但特定并不意味着只能对一人教唆,对特定的二人以上实施教唆行为,也能成立教唆犯。如果唆使的对象不特定,则叫"煽动";煽动是比教唆更为缓和的概念。

由于教唆行为的特点是使他人产生实施符合构成要件的违法行为的意思,故在被教

---

〔69〕 行为无价值论者将故意作为违法要素,据此,教唆犯、帮助犯的成立以正犯具有故意为前提。本书将故意作为责任要素,所以,教唆犯、帮助犯的成立不以正犯具有故意为前提。

唆者已经产生了该意思的情况下，不可能再成立教唆犯，只能成立帮助犯。但是，在B有犯甲罪的决意时，A教唆B实施乙罪的，A仍然成立乙罪的教唆犯。同样，在B打算将来实行犯罪，而A唆使B现在实行犯罪的，也成立教唆犯（但反过来的情形不成立教唆犯）。在他人具有附条件故意的场合，原本并不具备条件，但行为人创造条件或者谎称具备条件，使他人故意实现构成要件的，也宜认定为教唆犯。例如，丙欠甲的债，甲对乙说："你去问丙是否还债，如果不还债，我就关押他的妻子。"乙明知丙会立即还债，但仍然对甲说"丙不还债"，于是，甲关押了丙的妻子。甲是非法拘禁罪的直接正犯，乙是非法拘禁罪的教唆犯。[70]

争议问题是，在B具有实施某种犯罪的决意，A唆使B实施加重犯罪的，是否成立教唆犯？对此，德国刑法理论上存在四种学说：[71]（1）拆解分析说主张，唆使者仅对正犯没有决意的构成要件部分成立教唆犯。例如，B打算对C实施盗窃行为，但A教唆B对C实施暴力抢劫。A除了成立盗窃罪的帮助犯外，另成立暴行罪或者伤害罪的教唆犯。但是，这种观点似乎将抢劫视为盗窃与暴行或者伤害的简单相加，因而受到了批判。（2）综合考察说主张，唆使者对所唆使的重罪成立教唆犯。在上例中，A不仅使B实施了暴行或者伤害，而且使B实现了一个独立的违法性，故A成立抢劫罪的教唆犯。同样，正犯原本仅想盗窃1000元，而行为人唆使其盗窃10万元的，也成立教唆犯。（3）规范性支配说认为，只有当进行加重教唆的幕后者具有规范性支配时，才就加重犯罪成立教唆犯。在上例中，A成立抢劫罪的教唆犯。但是，如果B具有盗窃的决意，A只是教唆B在盗窃时携带武器，则不成立教唆犯（仅成立帮助犯），因为在后一种情况下，行为的重点仍然在于对财产的侵犯。不过，规范性支配的概念比较模糊，缺乏明确的标准。（4）折中说认为，行为人唆使正犯实施的加重构成要件行为是一个独立的犯罪时，成立教唆犯；行为人唆使正犯实施的只是加重犯而非独立的犯罪时，不成立教唆犯。本书原则上赞成折中说。在我国，加重构成要件大多没有被确定为独立的罪名，但是，加重构成要件不同于基本犯的构成要件，也明显不同于量刑规则。所以，不能简单地以行为人所教唆的犯罪是不是独立罪名为标准进行判断，只能根据行为人教唆他人实施的行为是属于加重构成要件的行为，还是属于量刑规则中的行为，得出行为人是成立教唆犯还是成立帮助犯的结论。概言之，在他人有基本犯的故意时，行为人唆使他人实施加重构成要件行为的，成立加重犯的教唆犯。例如，乙已有强奸犯意，甲唆使乙与丙共同轮奸妇女的，甲成立强奸罪（轮奸）的教唆犯。同样，乙仅有普通抢劫的犯意，甲唆使其入户抢劫或者持枪抢劫的，甲成立加重抢劫的教唆犯。但是，倘若乙已有盗窃犯意，甲唆使其盗窃数额巨大财物的，甲只成立盗窃数额巨大财物的帮助犯，不成立教唆犯。

当正犯决意实施加重犯罪时，行为人说服或者建议其实施基本犯的，行为人不成立教唆犯。例如，乙决意持枪抢劫，甲劝说乙使用麻醉药品抢劫的，不成立抢劫罪的教唆犯。虽然不排除甲的行为成立帮助犯，但在具体案件中，完全可能因为其行为减轻了法益侵害而否认结果归属。

2. 教唆行为。成立教唆犯，必须有唆使他人实行犯罪的教唆行为。教唆行为必须引

---

〔70〕 当然，能否将乙认定为间接正犯，也是值得进一步讨论的。

〔71〕 Vgl.，C. Roxin，Strafrecht Allgemeiner Teil，Band II，C. H. Beck，2003，S. 161ff.

起他人实施符合构成要件的违法行为的意思,进而使之实行犯罪。[72] 行为人故意地导致他人实施过失犯罪的,原则上成立间接正犯。

需要说明的是,成立教唆犯,虽然以被教唆者实施符合构成要件的违法行为为前提(限制从属性说),但并不以被教唆者产生犯罪故意为前提。换言之,虽然要求教唆行为引起了被教唆者产生实施符合构成要件的违法行为的意思,但不意味着必须使被教唆者产生了犯罪的故意。例如,甲教唆乙说:"丙是坏人,你将这个毒药递给他喝。"乙却听成了"丙是病人,你将这个土药递给他喝",于是将毒药递给丙,丙喝下毒药后死亡,但乙并无杀人故意("土药案")。如果要求教唆行为引起被教唆者的犯罪故意,那么,由于甲没有引起乙的杀人故意,甲不成立教唆犯。另一方面,尽管甲在不法层面是间接正犯,但对甲也不可能以间接正犯论处,因为甲不具有间接正犯的故意,仅具有教唆的故意。于是,甲不成立任何犯罪。[73] 这种结论显然不妥当。事实上,乙实施了符合构成要件的违法行为,其实施该行为的意思是由甲的教唆行为引起的,甲当然成立故意杀人罪的教唆犯。再如,A 为普通公民,B 为国有公司出纳(国家工作人员),二人关系密切。A 谎称购房需要首付,唆使 B 将公款挪给自己使用,并谎称两周后自己的定期存款到期,即可归还。B 信以为真,便将公款 50 万元挪出交给 A。A 使用该公款贩卖毒品获利后,两周内将 50 万元归还给 B 所在的国有公司("无身份挪用案")。根据刑法第 384 条的规定,如果 B 知道 A 使用该公款贩卖毒品,B 不仅成立挪用公款罪,而且成立贩卖毒品罪的共犯。[74] 但是,B 对于 A 使用 50 万元贩卖毒品的事实并不知情,且误以为 A 将公款用于购房,没有认识到 A 利用公款进行非法活动与营利活动,所以,B 既不具有贩卖毒品的故意,也不具有挪用公款罪的故意。概言之,A 的行为客观上引起了 B 实施挪用公款的行为,但没有引起 B 挪用公款罪的故意。反过来说,B 的行为在客观上仍属于挪用公款进行非法活动,只不过其没有挪用公款进行非法活动的故意而已。[75] 如果要求教唆行为引起被教唆者的犯罪故意,那么,A 不成立挪用公款罪的教唆犯,因为他没有引起 B 挪用公款罪的故意。或许有人认为,A 成立挪用公款罪的间接正犯。但是,这种观点并不成立。挪用公款罪是真正身份犯,在真正身份犯的场合,只有具备身份的人才可能成为正犯。在此案中,A 虽然有间接正犯的故意与利用行为,但因为缺乏间接正犯的身份,而不可能成立间接正犯。[76]

---

〔72〕 在独立预备罪的场合,教唆行为必须引起他人实施预备行为的意思,进而使之实施独立预备行为。

〔73〕 日本刑法理论通过认识错误认定甲成立教唆犯。但是,这种做法意味着原本并不符合教唆犯成立条件的行为,经由认识错误理论便符合了教唆犯的成立条件,因而并不妥当(参见张明楷:"共犯对正犯故意的从属性之否定",载《政法论坛》2010 年第 5 期)。

〔74〕 最高人民法院 1998 年 4 月 29 日《关于审理挪用公款案件具体应用法律若干问题的解释》第 7 条第 2 款规定:"挪用公款进行非法活动构成其他犯罪的,依照数罪并罚的规定处罚。"

〔75〕 在 A 于三个月内将公款归还给 B 所在的国有公司的前提下,B 挪用公款给 A 用于购房首付的"故意",并不是真正意义上的挪用公款罪的故意。

〔76〕 德国刑法理论与判例几乎没有争议地认为,在身份犯中,间接正犯必须具有身份,否则只能成立教唆犯与帮助犯,而不可能成为间接正犯,因为间接正犯是正犯而不是共犯,刑法所规定的身份就是针对正犯而言的(Vgl. ,C. Roxin, Strafrecht Allgemeiner Teil, Band II, C. H. Beck ,2003 , S. 109 ,S. 138;[德]冈特·施特拉腾韦特、洛塔尔·库伦:《刑法总论 I——犯罪论》,杨萌译,法律出版社 2006 年版,第 292 页、第 309 页)。如果认为间接正犯可以不需要特殊身份,就必然使构成要件丧失定型性,进而违反罪刑法定原则。例如,国家工作人员甲外出时,让非国家工作人员的妻子乙收受贿赂,国家工作人员是受贿罪的正犯,其妻子为帮助犯。反之,即使妻子乙胁迫甲索取贿赂,并由乙亲手接受财物,乙也不可能成立受贿罪的间接正犯。

另一方面，由于A引起了B实施挪用公款行为的意思，且B的行为是符合挪用公款罪构成要件的违法行为，故A成立挪用公款罪的教唆犯。由此可见，共犯只是从属于正犯的符合构成要件的违法行为，而不从属于正犯的故意。[77]

教唆行为的方式没有限制，既可以是口头的，也可以是书面的，还可以是示意性的动作（如使眼色、做手势）。教唆行为的方法也没有限制，如劝告、嘱托、哀求、指示、引诱、怂恿、命令、威胁、强迫等。但如果威胁、强迫导致被教唆者丧失意志自由时，则成立间接正犯。至于教唆行为是明示的、还是暗示的，也不影响教唆行为的成立。概言之，只要使他人产生实施符合构成要件的违法行为的意思，就属于教唆行为。教唆行为的成立不要求教唆者与被教唆者之间具有精神联系、交流动作或者不法串通，更不要求教唆者支配行为计划。

教唆行为必须是唆使他人实施较为特定犯罪的行为。让他人实施所谓不特定犯罪的，难以认定为教唆行为。但是，只要所教唆的是较为特定的犯罪，即使该犯罪的对象还不存在，而是以出现对象为条件的，也不失为教唆行为。例如，教唆怀孕妇女在分娩后杀死婴儿的，也成立教唆行为（当然，只有当妇女开始实施杀婴行为时，教唆者才成立教唆犯）。另一方面，教唆行为的成立不要求行为人就具体的犯罪时间、地点、方法等做出指示。

3. 教唆故意。唆使行为只要引起他人实施符合构成要件的违法行为，就是一种教唆行为（也可谓不法层面的教唆犯）。但是，成立违法且有责意义上的教唆犯，还必须有责任，因而必须有教唆故意（包括直接故意与间接故意）。教唆故意的内容是相当复杂的问题，关键在于，是否要求教唆犯明知并希望或放任危害结果的发生，这又与未遂的教唆相联系。

这里所说的未遂的教唆，是指教唆者故意教唆他人实施不能既遂的行为。教唆者在实施教唆行为时就认识到，被教唆人产生犯罪决意后实行犯罪的结局只能是未得逞，不可能是既遂。例如，甲将一支没有子弹的手枪交给乙，指示乙当场开枪杀害丙，乙接受教唆开枪射击，因没有子弹而未能致丙死亡。这种未遂的教唆是否具有可罚性（是否成立教唆犯）与对教唆故意如何理解，是一个问题的两个方面。

可罚说的理由不同。一种观点认为，教唆行为不是符合基本构成要件的行为，而是符合修正构成要件的行为，因此，教唆犯的故意内容没有必要涉及基本构成要件的全部内容，仅要求教唆者认识到被教唆者将实施犯罪行为即可。这是以往的共犯从属性论者所持的观点。另一种观点认为，教唆犯的处罚根据在于，教唆者使被教唆者堕落；如果被教唆者实施了被教唆的犯罪，只要刑法有处罚未遂的规定，就表明教唆者已经使被教唆者堕落，因而具有可罚性。这可谓责任共犯论的观点。还有一种观点认为，教唆者使被教唆者实施未遂行为，就具有结果发生的危险性，在观念上可以认为存在结果，教唆者对此结果有认识，因而成立教唆犯。这是部分共犯从属性论者的观点。

不可罚说原本是共犯独立性论者的主张，其理由是，教唆行为是独立的犯罪行为，教唆犯的故意必须是一定的犯罪本身的故意，教唆犯对被教唆者的行为所导致的基本构成要件的结果，必须具有故意的认识因素与意志因素。既然行为人唆使他人实施不可能既

〔77〕　参见张明楷："共犯对正犯故意的从属性之否定"，载《政法论坛》2010年第5期。

遂的行为,就表明缺乏教唆犯的故意,故不成立教唆犯。现在也有相当多的共犯从属性论者主张此说。有人认为,既然教唆者确实能够阻止被教唆者行为的结果,就表明他没有认识和容认结果发生的危险性,因而不可罚。〔78〕

我国刑法理论一般认为,教唆犯的故意内容是,认识到自己的教唆行为会使被教唆人产生犯罪意图进而实施犯罪,以及被教唆人的犯罪行为会发生危害社会的结果,希望或者放任被教唆人实施犯罪行为及其危害结果的发生。如果严格坚持这一观点,则前述未遂的教唆不成立教唆犯。在本书看来,上述问题同时包含了教唆犯的故意以及所教唆的行为是不能犯还是未遂犯两个方面的内容。第一,如果教唆者所唆使的行为是不能犯,则不问教唆者的故意内容如何,均不成立犯罪。第二,如果教唆者所唆使的行为是可能导致结果发生的未遂犯,则需要判断教唆犯是否具有教唆犯罪的故意。可以肯定的是,既然故意犯罪的成立要求行为人希望或者放任危害结果的发生,那么,如果能够肯定教唆者并不希望或者放任危害结果的发生,就不应认定为犯罪。但是,如果被教唆者按照教唆者教唆的内容所实施的行为仍然具有导致结果发生的危险性,则难以否认教唆者具有犯罪故意,〔79〕而应以教唆犯论处。此外还要考虑到的是,是否指示犯罪方法以及指示何种犯罪方法,并不影响教唆犯的成立;教唆行为通常引起被教唆者实施符合构成要件的违法行为的意思,而将实施违法行为的具体问题交由被教唆者决定;在被教唆者产生了实施违法行为意思的情况下,即使教唆犯原本指示的是难以甚至不能导致结果发生的方法,但被教唆者完全可能改变方法直至发生结果。在这种情况下,不得免除教唆犯的责任。

值得讨论的是所谓侦查陷阱的情形。一般来说,当出于国家公职机关的动因或者基于国家公职机关的允许,促使他人实施犯罪行为或者对他人已经计划的犯罪行为施加影响和控制,以便能够逮捕犯罪嫌疑人或者证明相关罪行时,成立侦查陷阱。侦查陷阱必须唤起了被唆使者的犯罪决意或者显著强化了被唆使者的犯罪计划,通过单纯的询问而获取犯罪信息或者单纯接受建议的行为都不能成立侦查陷阱。〔80〕 如果侦查陷阱没有使犯罪嫌疑人犯罪既遂(如着手后即被制止),则不可罚。但是,以下两种情形并不一定排除教唆犯的成立:第一,唆使行为导致被唆使者犯罪既遂,且唆使者对犯罪既遂具有故意时,唆使者的行为符合教唆犯的成立条件。如果该行为没有保护更为优越或者至少同等价值的法益(如不符合紧急避险等条件),应以教唆犯论处。第二,唆使没有任何犯罪嫌疑的人实施犯罪的,应当认定为教唆犯。例如,唆使没有任何犯罪嫌疑的人贩卖毒品的,应以贩卖毒品罪的教唆犯论处。

(二)教唆犯的认定

1. 教唆犯只对与自己的教唆行为具有心理因果性的结果承担责任。例如,甲教唆乙杀害A,乙在寻找A的过程中遇见了自己的仇人B,进而杀害B的,乙对B的死亡承担故意杀人既遂的责任,但甲不承担故意杀人既遂的责任,因为甲的教唆行为与B的死亡结果之间不具有因果性。由于乙已经开始实施了杀害A的预备行为,故甲仅负杀人预备的

〔78〕 以上参见[日]东京リ-ガルマインド:《刑法Ⅱ总论·结果无价值版》,东京リ-ガルマインド2002年版,第426页以下。

〔79〕 教唆者至少具有间接故意。如甲教唆乙杀害丙,同时将丙可能被杀害的事实告知丙,让丙穿好防弹衣。在这种情况下,乙仍然可能杀害丙,不能排除甲具有放任丙死亡的态度。

〔80〕 参见王钢:“不容许的侦查陷阱对被唆使者刑事责任的影响”,载《清华法学》2009年第4期。

责任。

2. 对教唆犯,应当依照他所教唆的罪定罪,而不能笼统定教唆罪。如教唆他人犯抢劫罪的,定抢劫罪;教唆他人犯放火罪的,定放火罪。当然,应当同时考虑教唆犯的从属性质以及认识错误问题。如果被教唆者对被教唆的罪产生误解,实施了其他犯罪,或者在犯罪时超出了被教唆之罪的范围,教唆犯只对自己所教唆的犯罪承担责任。例如,甲教唆乙实施抢劫行为,但乙到达现场后只实施了盗窃行为的,对甲只能认定为盗窃罪。反之,A 教唆 B 实施盗窃行为,但 B 实施了抢劫行为的,对 A 仍应认定为盗窃罪。

3. 当刑法分则条文将教唆他人实施特定犯罪的行为规定为独立犯罪时(所谓共犯的正犯化),对教唆者不能依所教唆的罪定罪,而应依照分则条文规定的犯罪定罪,不适用刑法总则关于教唆犯的规定(参见刑法第 104 条第 2 款)。

4. 教唆犯教唆他人实施几种较为特定犯罪中的任何一种犯罪时,对教唆犯按被教唆者具体实施的犯罪定罪。例如,甲教唆乙对丙实施财产犯罪,言明使用盗窃、抢夺、诈骗、抢劫方法均可。如果乙实施了盗窃罪,则对甲也定盗窃罪;如果乙实施了抢夺罪,则对甲亦定抢夺罪。如果乙没有实施上述犯罪,根据教唆犯从属性原理,对甲不能以教唆犯论处。

四、帮助犯

(一)帮助犯概述

帮助正犯的,是帮助犯。成立帮助犯,要求有帮助的行为与帮助的故意,共犯从属性说还要求被帮助者实行了犯罪。

帮助行为既可以是有形的,也可以是无形的。前者是指提供犯罪工具、犯罪场所等物质性的帮助行为,后者是指精神上的帮助行为,如提供建议、强化犯意等。帮助行为既可以是作为,也可以是不作为(参见本章第七节)。至于帮助降低危险的行为,则不可能成立帮助犯。例如,在甲绑架儿童后,知道真相的乙单纯照顾该儿童的行为,不成立绑架罪的帮助犯。

帮助行为可以在实行行为之前实施(所谓预备的帮助犯),也可以与实行行为同时实施(伴随的帮助犯),还可以在正犯者实行了一部分犯罪后实施(承继的帮助犯)。从刑法史上看,还有事后的帮助犯,即在正犯实行终了之后的赃物罪、毁灭证据罪、隐匿犯人罪。在大陆法系国家,这些犯罪都成立独立的犯罪,而不被认为是一种共犯,因而不再承认事后的帮助犯的概念。在我国,事前无通谋的窝藏、包庇行为,以及事前无通谋的掩饰、隐瞒犯罪所得及其产生的收益的行为,不成立帮助犯。但如果事前有通谋的,则成立帮助犯(参见刑法第 310 条第 2 款)。

本书对共犯采取限制从属性说,因此,只要正犯的行为是符合构成要件的违法行为,即使正犯没有故意,以帮助故意实施帮助行为者,也可能成立帮助犯。例如,乙误以为甲女想杀死其丈夫,便将毒药交给甲女。甲女虽然给丈夫喂了毒药并且造成了丈夫死亡的结果,但她在行为时却误以为自己喂的是一种治病的药物("毒药案")。由于甲女客观上实施了符合构成要件的违法行为,故乙依然成立故意杀人罪的帮助犯。由此可见,否认帮助犯对正犯故意的从属性,并不意味着承认没有正犯的帮助犯,只不过正犯是构成要件符合性与违法性意义上的正犯,而不要求是有责意义上的正犯。[81]

帮助的故意的内容,与教唆的故意的内容一样存在争议,即是否要求帮助者认识到正犯的实行行为的结果。对此不再赘述。过失的帮助在事实上是可能的,但与过失的教唆一样,过失帮助他人实行犯罪的,不成立帮助犯(可能成立过失正犯)。以间接正犯的故意"帮助"过失行为的,可能成立间接正犯。

(二)帮助犯的因果性

之所以处罚帮助犯,是因为帮助行为促进了法益侵害,因此,帮助行为与正犯的行为结果之间必须具有因果关系。显而易见的是,由于正犯行为是正犯结果的原因,所以,如果帮助行为与正犯行为没有因果性,那么,就不可能与正犯结果之间具有因果性。问题是,当帮助行为仅对正犯行为具有促进作用,而没有对正犯结果起促进作用时,或者说与正犯结果之间没有因果性时,能否将正犯的行为结果归属于帮助犯?

抽象的危险说认为,一般来说,在正犯实行之际使正犯的实行更为容易的行为,就间接地对法益产生了危险,这便是作为从犯处罚的理由。因此,不仅不要求帮助行为与正犯结果之间具有因果性,而且不需要帮助行为与正犯行为之间具有因果性。例如,只要一般性地来看,行为强化、助长了他人的犯罪意思,就成立帮助犯。[82] 但是,这种抽象的危险说,没有区分可罚的帮助与不可罚的帮助,不可能适用于我国。例如,乙与丙吵架后,甲以为乙会杀害丙,便将一把长刀递给乙,但乙根本没有杀害丙。按照抽象的危险说,甲的行为也"一般性地"助长了乙的犯意。可是,我国刑法规定的未遂犯是针对正犯而言,刑法第27条规定的帮助犯仅存在于共同犯罪之中,所以,甲的行为不可罚。由此可见,抽象的危险说并不符合我国刑法的规定。另一方面,如果认为只要行为人实施了帮助行为,即使帮助行为对正犯行为没有产生影响也成立帮助犯,就不能区分对既遂犯的帮助与对未遂犯的帮助,更不能区分对未遂犯的帮助与帮助未遂。例如,甲欲入户盗窃丙的财物,让乙将丙家的钥匙放在自己家楼下的信箱里,乙答应后将丙家的钥匙错放在他人家的信箱里。甲没有发现钥匙,就采用其他方法入户盗窃了丙家的财物。如果采取抽象的危险说,也会认为乙应当承担盗窃既遂的责任。可是,乙的所谓帮助行为与甲的盗窃行为、盗窃结果之间没有因果性。乙的帮助行为未遂,而不是对未遂犯的帮助,更不是对既遂犯的帮助。所以,不应当将甲的盗窃结果归属于乙的行为。

具体的危险说认为,帮助行为的因果性尤其是心理的因果性是难以限定的,应当予以放弃,而有必要采取"促进"公式,亦即,采用客观归责原理的"危险增加论",从行为时点有专门知识的人的视点来考察,如果认为帮助行为提高了正犯行为的成功机会,就成立既遂的帮助。据此,向入户盗窃的人提供入户钥匙的,即使正犯没有使用该钥匙,但只要事前能够认定该钥匙可能是必要的,就应认定为既遂的帮助。[83] 显然,具体的危险说同样不能区分对既遂犯的帮助与对未遂犯的帮助,也不能区分对未遂犯的帮助与帮助未遂。例如,正犯甲决意入户盗窃,乙知情并提供了入户的钥匙,但是,甲出门时忘了带乙提供的钥匙,到现场后翻窗入户窃取了财物。虽然事前能够肯定入户盗窃需要钥匙,但将乙的行

---

〔81〕 参见张明楷:"共犯对正犯故意的从属性之否定",载《政法论坛》2010年第5期。

〔82〕 参见[日]野村稔:《刑法总论》,成文堂1998年补订版,第421页以下。

〔83〕 Vgl., R. D. Herzberg, Anstiftung und Beihilfe als Straftatbestände, GA 1971, S. 7.

为认定为既遂的帮助,明显不当。

正犯行为说认为,只要帮助行为与正犯行为具有因果性即可,或者说,只要帮助行为使正犯行为可能、容易,或者促进、强化了正犯行为,就足以认定帮助的因果性。据此,B将仓库的钥匙交给A,但A认为该钥匙对侵入仓库不起作用,最后用另外的方法侵入仓库窃取了财物时,或者B将铁钳作为侵入仓库使用的工具交给了A,但A没有使用铁钳而用别的方法侵入仓库窃取了财物时,B要被认定为盗窃既遂的帮助。正犯行为说有两点理由:一是帮助犯是指帮助正犯者,因此,应当将帮助犯的因果关系理解为在物理上或者心理上使正犯行为更为容易;二是帮助行为只能使正犯行为容易,而不可能成为结果的直接原因。但是,第一,从文理上说,刑法所规定的帮助正犯者,并不意味着只是对正犯行为起促进作用。第二,诚然,帮助行为与正犯结果之间不可能有直接的因果关系,但帮助犯的特点本来就是通过他人间接地引起法益侵害结果。因此,完全可以判断帮助行为是否与正犯结果之间具有间接的因果性,亦即,帮助行为是否经由正犯行为对结果起到了促进作用。第三,所谓对正犯行为起促进作用的认定标准是相当模糊的。在正犯没有使用帮助者提供的侵入仓库的工具时,难以判断该帮助行为对正犯行为起到了促进作用。第四,如果认为只要帮助行为与正犯行为具有因果性就够了,就无法区分对正犯未遂的帮助与对正犯既遂的帮助。于是,仅仅为未遂的可罚性提供基础的行为,同时也成为对既遂承担责任的根据。这明显不妥当。

正犯结果说认为,只有当帮助行为与正犯结果之间存在因果性时,才能使帮助犯承担既遂的责任。本书赞成这一观点。

首先,既然采取因果共犯论,就只能采取正犯结果说。根据因果共犯论,共犯的处罚根据在于通过正犯引起符合构成要件的法益侵害结果,因此,只有当帮助行为从物理上或者心理上促进、强化了正犯结果时,才能为帮助犯的处罚提供正当化根据。否则,就不可能说,帮助行为通过介入正犯行为造成了法益侵害结果。例如,甲潜入丙家盗窃时,刚好被乙发现。乙知道甲会盗窃,就主动为甲的盗窃望风,但甲对此并不知情。乙的望风行为客观上没有对甲的盗窃结果产生任何影响,因而没有物理的因果性;又由于甲不知道乙在为自己的盗窃望风,乙的望风行为没有从心理上强化、促进甲的犯意,因而与甲的盗窃结果之间没有心理的因果性。不仅如此,乙的望风行为与甲的盗窃行为本身也没有任何因果性。所以,乙对甲的盗窃不可能承担任何刑事责任。

其次,只要区分对未遂的帮助与对既遂的帮助,就必须采取正犯结果说。如果将对结果没有促进的行为作为对既遂的帮助犯予以处罚,便使得对未遂犯的帮助与对既遂犯的帮助之间丧失了界限。例如,甲意欲盗窃他人汽车,让乙提供了用于盗窃汽车的钥匙,但甲在使用乙提供的钥匙时,却不能打开车门。于是,甲用其他方法盗走了汽车。甲着手实行盗窃行为时,使用的就是乙所提供的钥匙。就此而言,乙的帮助行为还只是对未遂犯的帮助。但是,乙提供的钥匙对甲盗走汽车的结果并没有起促进作用。因此,乙仅承担盗窃未遂的刑事责任。

最后,因果关系是归责的必要条件,对帮助犯也不例外。就单独正犯以及共同犯罪中的正犯而言,因果关系是将结果归属于正犯的必要条件。如果结果的发生与正犯的行为之间没有因果关系,就不可能让正犯对结果负责。帮助犯是刑罚扩张事由,既然将结果归责于正犯以因果关系为前提,那么,对于帮助犯而言,也必须提出这样的要求,否则,就与帮助犯的这种刑罚扩张事由明显不相当。也可以说,认为帮助犯对与自己的行为没有因果关系的结果也要承担既遂犯的刑事责任,是主观主义刑法理论的结论,为当今刑法理论所不取。

综上所述,只有当帮助行为与正犯结果之间具有物理的因果性或者心理的因果性时,帮助犯才对正犯结果负责。帮助行为与正犯结果的物理因果性,主要表现为如下情形:(1)没有帮助行为,就不可能发生正犯结果;或者说,正犯利用帮助犯提供的帮助造成了结果。例如,帮助犯向正犯提供盗窃保险柜的钥匙,正犯因此窃取了保险柜内的现金。再如,帮助犯向正犯描述了被害人的特征,使正犯得以识别进而加害被害人。(2)帮助行为使正犯结果范围扩大。例如,正犯向帮助犯借枪杀人,帮助犯提供了手榴弹,导致多人死亡。(3)帮助行为使正犯结果程度加重。例如,正犯向帮助犯索要麻醉剂抢劫,帮助犯提供了致人死亡的化学品,导致正犯抢劫时致人死亡。(4)帮助行为使正犯结果提前。例如,帮助犯提供被害人的行踪,使正犯迅速杀害被害人。(5)帮助行为使正犯结果发生的危险性增大(使结果发生更为容易)。例如,正犯准备撬窗入户盗窃,帮助犯提供了入户盗窃的钥匙,使正犯盗窃更为容易。帮助行为与正犯结果的心理因果性,主要表现为强化正犯造成结果的决意,或者使正犯安心实施法益侵害行为、造成法益侵害结果。例如,与乙男具有不正当关系的甲女,得知乙想杀害自己的妻子丙时便对乙说:“如果你杀了丙,我就会和你结婚。”甲强化了乙的杀人动机,降低了乙放弃犯意的可能性,乙杀害了丙。对此,应当肯定甲的行为与正犯结果之间具有心理的因果性。当然,在具体案件中,有的帮助行为可能与正犯结果之间既具有物理的因果性,也具有心理的因果性。例如,望风行为不仅使正犯安心盗窃,而且在客观上阻止了被害人立即发现正犯行为,从而使正犯盗窃既遂时,便是如此。

在采取正犯结果说时,还有几个需要讨论的问题:

1. 在采取正犯结果说的同时,是否还要求帮助行为与正犯行为之间具有因果性?从逻辑上说,只有与正犯行为具有因果性的帮助行为,才可能进一步与正犯结果之间具有因果性。但事实上,如果能够肯定帮助行为与正犯结果之间具有因果性,就必然能够肯定帮助行为与正犯行为之间具有因果性。另一方面,在否定了帮助行为与正犯结果之间具有因果性时,如果能够肯定帮助行为与正犯行为具有因果性,则能认定为未遂犯的帮助犯。

2. 在采取正犯结果说时,是否要求帮助行为与正犯结果之间具有“没有前者就没有后者”的条件关系?这取决于是否同意对条件关系进行修正以及如何理解正犯结果(是否采取具体的结果观)。例如,甲决意杀害丁,知情的乙丙二人并无意思联络,却均向甲提供了性能相同的枪支,甲使用乙提供的枪支杀害了丁。根据条件关系必要说的观点,乙与丙的行为都难以成立帮助犯,因为即使没有乙提供的枪支,甲也会用丙提供的枪支杀害丁,反之亦然。但是,其一,如果对条件关系进行修正,〔84〕那么,乙、丙的行为与丁的死亡之间均有条件关系。其二,如果认为死亡结果并不是抽象意义上的丁的死亡,而是丁在什么时间、被什么枪支击中什么部位而死亡,则能肯定乙的帮助行为与丁的死亡之间具有条

〔84〕 亦即,在数个行为引起一个结果的情况下,如果除去一个行为结果将发生,除去全部行为结果将不发生,则全部行为都是结果发生的原因。

件关系。换言之,只要存在如若没有该帮助行为,就不会出现此时、此种形态的正犯结果,就可以肯定帮助的因果性。在上例中,乙提供的枪支合法则地引起了丁死亡的结果,必须肯定乙的行为与丁死亡之间的物理的因果性。

3. 帮助行为与正犯结果缺乏物理的因果性时,并不必然意味着同时缺乏心理的因果性。在缺乏物理的因果性时,需要判断有无心理的因果性,反之亦然。当然,由于物理的因果性比较容易判断,故应先判断物理的因果性。〔85〕 在上例中,虽然丙的行为事实上与丁的死亡结果之间没有物理的因果性,但丙的行为也强化、促进了甲的犯意,因而与丁的死亡结果之间具有心理的因果性。再如,甲打算入户盗窃,乙知情后将撬门工具提供给甲。甲携带该撬门工具和自己准备的万能钥匙前往丙家,甲先使用万能钥匙打开了丙家的门,窃取了巨额财物。在此案中,乙提供撬门工具的行为,虽然与甲的盗窃结果之间没有物理的因果性,但该行为强化、促进了甲的盗窃犯意,因而与结果之间具有心理的因果性。

由此可见,物理的帮助与心理的帮助,并不等同于物理的因果性与心理的因果性。在上例中,乙实施的是物理的帮助行为,但与正犯结果之间仅具有心理的因果性。再如,帮助犯只是向盗窃正犯口述如何打开他人汽车门以及如何发动汽车的方法,正犯按照帮助犯所述方法盗走汽车的,帮助犯的行为与正犯结果之间具有物理的因果性。又如,帮助犯向盗窃正犯提供了盗窃汽车所需要的钥匙,如果帮助犯不提供该钥匙,正犯就不会决意实行犯罪时,该帮助犯的物理的帮助行为,实际上与结果之间也具有心理的因果性。

问题是,在什么情况下,物理的帮助行为会产生心理的因果性？一种观点认为,即使正犯已经具有盗窃的故意,甚至在实行过程中也没有使用帮助犯提供的钥匙,但是,提供钥匙的行为也可能与正犯结果之间具有心理的因果性。据此,任何物理的帮助行为都与正犯结果之间具有心理的因果性,这种绝对观点会使因果性的判断丧失意义。本书认为,就这类案件而言,可以区分三种情形:(1)乙知道甲将入户盗窃,而将入户钥匙提供给甲,但甲到了现场后首先使用自己携带的工具入户盗窃了他人财物。在这种情况下,仍能肯定乙的帮助行为与甲的盗窃结果之间具有心理的因果性。因为甲在盗窃过程中清楚地知道,即使自己的钥匙打不开门,但还有乙提供的钥匙,所以,乙的帮助行为强化了甲的犯意。(2)甲到了现场后首先使用乙提供的钥匙,但发现乙的钥匙根本不起作用,于是使用自己的钥匙入户盗窃了财物。在这种情况下,乙的帮助行为只是与正犯的着手实行盗窃的行为之间具有物理的因果性,但与正犯结果之间既没有物理的因果性,也没有心理的因果性。既然甲明知乙的钥匙不起任何作用,就不能认为乙的帮助行为仍然在强化甲的犯意。所以,乙仅成立未遂犯的帮助犯。(3)如若甲到现场后首先使用乙提供的钥匙,并且打开门窃取了财物,则可以认为,乙提供钥匙的行为与甲的盗窃结果之间既具有物理的因果性,也具有心理的因果性。

4. 帮助行为与正犯结果的因果性,同时也是区分对正犯的帮助与对帮助的帮助的实质标准。帮助犯是对正犯的帮助,据此,单纯对帮助行为进行帮助的,不成立帮助犯。但应注意的是,只要帮助行为与正犯结果具有因果性,即使正犯并没有意识到这种帮助行

---

〔85〕 当然,在存在物理的因果性的情况下,也可以再进行心理的因果性的判断。不过,这种判断只对量刑有一定意义,对定罪不起实质作用。

为,也应认定为对正犯的帮助,因而成立帮助犯。例如,甲入户盗窃时邀约乙在楼下望风,乙担心被害人回家时来不及告诉甲,便让丙在小区门口帮忙望风,丙在小区门外发现被害人后立即告诉乙,乙让甲拿走财物迅速逃离。在本案中,能够肯定丙的行为与正犯结果具有因果性,应认定为对正犯的帮助,而不是对帮助行为的帮助。反之,如果对帮助行为进行帮助的行为与正犯结果没有因果性,则不能认定为帮助犯。在上例中,倘若丙知道乙在望风,而为乙提供被害人的照片,但被害人并没有出现。丙提供照片的行为与正犯结果之间没有任何因果性,故丙不成立帮助犯。

此外要说明的是,帮助行为与正犯结果之间是否具有因果性(尤其是心理的因果性),与帮助者有没有故意,是两个不同的问题。不要以为,心理的因果性以有共同故意为前提。例如,乙只是单纯描述仓库门窗破损、无人看守、容易被盗的事实,却强化了甲的盗窃犯意,甲实施了盗窃行为。可以肯定,乙的行为与甲的行为结果之间具有心理的因果性,但是,乙并没有帮助故意。这再一次说明,在不法层面理解和认定共同犯罪,是完全妥当和可行的。

(三)中立的帮助行为

理论上争论的一个重要问题是,一种外表无害的"中立"行为(日常生活行为),客观上帮助了正犯时,是否成立帮助犯?例如,出租车司机A明知甲要前往某地实施杀人行为仍然将其运往该地;五金商店的店员B明知乙将螺丝刀用于盗窃仍向乙出售螺丝刀;丙在撬他人保险箱时口干舌燥,C递给丙一瓶矿泉水,使丙得以继续撬保险箱。有的观点认为,A、B、C分别成立杀人罪与盗窃罪的帮助犯;有的观点则认为,A、B、C均不应承担帮助犯的责任;有的观点则认为,A、B不应承担帮助犯的责任,但C应承担帮助犯的责任。

从判断标准来看,可以分为主观说、客观说与折中说。主观说将行为人的"知"与"欲"作为判断标准。其中有人认为,如果行为人知道正犯要实施犯罪而仍然提供援助,那么,其提供援助的行为就不再具有日常行为的性质,应认定为帮助犯。有人认为,行为人意图通过自己的援助行为积极推动犯罪结果的发生时,应认定为帮助犯,据此,间接故意实施的援助行为不成立帮助犯。客观说以一种客观的标准决定中立的帮助行为是否成立帮助犯,认为中立的或者职业范围内的行为(与职业相当的行为)应当排除在帮助犯之外。折中说主张,将客观要素与主观要素联系在一起,判断其与犯罪的意义关联。如果行为人通过相应的援助行为有意识地直接促进犯罪,或者援助行为本身虽然是合法的,但行为人明知该行为的唯一目的是犯罪时,就认定为帮助犯。各种学说内部又有诸多不同的观点。〔86〕

总的来说,应当为中立行为设置可罚的帮助犯的界限。但是,如果采取主观说,可能导致客观上缺乏因果关系的帮助行为,也成立帮助犯。客观说虽然有一定的合理性,可是,没有理由认为,具有一定职业的人可以为犯罪提供帮助。例如,甲知道乙要杀人,便用私家车将乙送往杀人现场的,甲无疑成立帮助犯。出租车司机A知道B要杀人,便用出租车将B送往杀人现场的,为什么可以不受处罚?此外,职业行为之外的日常行为的范围,也是难以确定的。例如,将斧头、汽车借给他人是否属于日常行为?将家里不用的危

〔86〕 参见陈洪兵:《中立行为的帮助》,法律出版社2010年版,第71页以下。

险物品出卖给他人是否属于日常行为?这些都是难以回答的问题。折中说也具有一定的合理性,但是,其标准并不明确。不仅如此,只要客观上对正犯提供了帮助,主观上对此具有认识,其客观行为、主观认识便就与犯罪产生意义关联,于是难以为可罚的帮助设置界限。

本书初步认为,应当通过综合考虑正犯行为的紧迫性,行为人(帮助者)对法益的保护义务,行为对法益侵害所起的作用大小以及行为人对正犯行为与结果的确实性的认识等要素,得出妥当结论。例如,如果甲的杀人行为并不紧迫,或者A只是大体上估计对方将来可能实施犯罪行为,对于A的日常生活行为不宜认定为帮助犯。反之,向正在斗殴的人出售利刃的,成立帮助犯。上述C的行为也应认定为帮助犯(与结果的发生具有物理的因果性)。再如,甲坐上乙驾驶的出租车后,发现前方丙女手上提着包,就让乙靠近丙行驶,乙知道甲的用意,依然靠近丙行驶。甲夺得丙的提包后,让乙加速行驶,乙立即提速并将甲送往目的地。对乙应以抢夺罪的帮助犯论处。

需要注意的是,在行为人实施的多种行为中,既有中立的帮助也有正犯行为时,两种行为侵害同一法益的,应当直接按正犯论处,而不能以中立的帮助为由为其开脱罪责。例如,甲公司在网络上提供了某种播放器,网民可以通过该播放器下载、上传淫秽影片,播放器同时对淫秽影片予以缓存,使得其他网民能够迅速观看淫秽影片。相对于上传淫秽影片的行为人来说,甲公司的行为可谓一种"中立的帮助";但缓存淫秽影片的行为相当于"陈列"淫秽影片,陈列行为本身就属于传播淫秽物品的正犯行为。因此,对甲公司应以传播淫秽物品犯罪的正犯论处。

(四)对非特定正犯的帮助行为

在司法实践中,存在帮助者不是针对特定的正犯实施帮助行为,而是针对不特定的正犯实施帮助行为的案件。例如,某公司出售一种设备,该设备安装在汽车前部时,即使夜间超速行驶,道路上的超速监控装置也无法对其进行摄影监控。日本大阪高等裁判所认为,公司董事的行为使他人实施超速驾驶变得容易,成立道路交通法上的超速驾驶犯罪的帮助犯。[87]

不难看出,所谓针对非特定的正犯实施帮助行为,只是就事前帮助而言。当正犯着手实行犯罪时,行为人就是针对特定的人实施帮助行为,只不过行为人不一定知道正犯的姓名以及正犯的人数多少。但是,这一点并不是帮助犯的故意认识内容,因而不影响帮助犯的成立。概言之,在事前帮助的场合,即使不能确定自己的帮助行为会对哪些正犯结果起作用,但只要事后查明帮助行为促进了正犯结果,并且对该结果具有故意,就应认定为帮助犯。

但是,上述对非特定正犯的帮助行为,仅限于行为人所提供的设备、方法等只能或者通常用于犯罪的情形。例如,行为人出售用于窃电的设备,该设备没有其他正当用途。在这种情况下,只要正犯将该设备用于窃电,出售者便构成盗窃的帮助犯(可能同时触犯其他罪名)。如果行为人提供的设备、方法等具有正当用途,但正犯利用该设备、方法实施犯罪的,事先提供该设备、方法的人,不成立帮助犯。例如,甲公司在网络上免费提供下载工具,正犯乙利用该工具下载淫秽视频出售的,甲公司不成立帮助犯。

---

[87] 日本大阪高等裁判所2000年6月30日判决,载日本《高等裁判所刑事判例集》第53卷第2号,第103页。

五、教唆犯、帮助犯与正犯的区别

一般来说,容易区分正犯、教唆犯与帮助犯。需要讨论共同正犯与有形帮助犯、教唆犯与无形帮助犯,以及教唆犯、帮助犯与间接正犯的关系。

(一)共同正犯与有形帮助犯

根据形式的客观说,共同正犯与有形帮助犯的区别基准在于:前者是以共同实行的意思,共同实施符合基本构成要件的实行行为;后者是以帮助的意思,实施符合修正的构成要件的行为。这一标准在表面上是清楚的,但在具体认定上则格外困难。根据实质的客观说,共同正犯与有形帮助犯的区别,取决于参与者对犯罪行为整体所起作用的实质重要性。根据犯罪事实支配理论,共同正犯与有形帮助犯的区别,在于参与人是否支配了犯罪事实。不过,即使采取相同学说的人,也会对具体事例得出不同结论。争论特别多的是如何认识望风行为。

例如,甲与乙通谋盗窃丙家财物,甲在门外望风,乙在室内盗窃,甲是共同正犯,还是帮助犯?对此,形成了以下学说:(1)共同正犯说认为,从整体上观察各行为人的行为,即使没有直接下手,但由于共谋犯罪,而且分担了望风行为,可以认为是共同正犯。(2)共谋共同正犯说认为,望风人没有实施构成要件的行为,但由于与正犯共谋,因而是共谋共同正犯。(3)帮助犯说认为,望风行为并不符合基本构成要件,只能以帮助犯论处。但是,非法拘禁中为了防止被害人逃走的望风行为,在现场进行指挥形式的望风行为,则具有实行行为性,是共同正犯。(4)实质的客观说认为,倘若望风行为对犯罪的完成起到了重要作用,就是共同正犯;如果仅起从属作用,则是帮助犯。望风行为所起作用如何,取决于行为人对犯罪行为的意识,在共犯者内部的地位,对实行行为加功的有无、样态及程度。(5)犯罪事实支配理论认为,应当结合犯罪计划判断望风行为是否对犯罪实施做出了重大贡献。如果得出肯定结论,则望风行为是共同正犯,否则为帮助犯。前三种学说提出了明确的区分标准与结论,但过于形式化;后两种观点注重望风行为的实质重要性,但缺乏明确的判断标准,只能根据具体案件的情形得出具体结论。本书认为,望风行为大多是帮助犯,但当望风行为支配了犯罪的发展进程,对正犯结果起到重要作用时,则宜认定为共同正犯。详言之,望风行为仅与正犯结果具有心理因果性的,宜认定为帮助犯。望风行为与正犯结果同时具有物理的因果性和心理的因果性的,应认定为共同正犯。例如,乙入户盗窃时,在门外望风的甲发现被害人即将进入家门时,利用欺骗等手段拖延被害人进入家门的时间,进而使乙盗窃得逞的,应认定为共同正犯。此外,望风行为与正犯结果没有心理的因果性但具有物理的因果性的,既可能认定为片面的帮助犯,也可能认定为片面的共同正犯。

(二)教唆犯与无形帮助犯

强化他人实行特定犯罪的决意,或者是提供建议使他人更容易地实行犯罪的,是无形帮助犯(心理的帮助犯);使他人产生实施符合构成要件的违法行为的意思的,是教唆犯。所以,是否使他人产生实施符合构成要件的违法行为的意思,是教唆犯与无形帮助犯的基本区别。在正犯已有实施意思的情况下,教唆者对之进行“教唆”的,属于教唆未遂;如果教唆者的唆使行为使正犯的实施意思得以加强,就可能成立心理上的帮助犯。当正犯已决意实施A罪,而教唆者唆使正犯实施B罪的,仍然成立教唆犯。当正犯已经决定实施犯罪,只是心存一丝疑虑时,教唆者对之进行“教唆”的,不成立教唆犯,也仅构成帮助犯。

当正犯起初决定实施犯罪,但是后来放弃犯意时,教唆者重新激起正犯的犯罪决意的,依然成立教唆犯。当正犯欲盗窃 A 的此财物(如现金),而教唆者唆使正犯盗窃 A 的彼财物(与金银首饰)时,仅成立帮助犯。对于已有实行意思的正犯的行为方式(犯罪时间、地点、工具)的指示,一般仅成立帮助犯。

(三)教唆犯、帮助犯与间接正犯的关系

我国刑法没有肯定共犯对正犯故意的从属性,但刑法理论将引起被教唆者的故意或者使被教唆者产生犯罪决意,作为教唆犯的成立条件,将正犯故意作为帮助犯的成立条件。[88] 在本书看来,提出这样的要求,只是为了明确教唆犯与间接正犯、帮助犯与间接正犯的界限。在此意义上说,"引起被教唆者的故意"以及"正犯故意"只是部分情形下的界限要素,因而是表面的要素或者虚假的要素。换言之,就教唆犯与帮助犯而言,"引起被教唆者的故意"以及"正犯故意"并不是刑法明文规定的要素,只是刑法理论就部分情形提出的一个分界要素。因此,"正犯故意"并不是教唆犯、帮助犯的真正成立条件,只是在需要区分教唆犯与间接正犯、帮助犯与间接正犯时才起作用。

首先,就教唆犯与间接正犯的关系而言。诚然,对于已经产生了特定犯罪故意的人,不可能就该特定犯罪再实施教唆行为。换言之,成立教唆犯,要求教唆行为引起被教唆者产生实施符合构成要件的违法行为的意思,进而实施该行为。但是,"实施符合构成要件的违法行为的意思"并不等于犯罪故意(参见本节前述"土药案")。不过,在被教唆者或被利用者缺乏故意时,只要利用者的确是犯罪事实的支配者,主观上具有间接正犯的故意,就成立间接正犯。因此,正犯是否具有故意,只是区分教唆犯与间接正犯的一个要素(不是唯一要素),而不意味着正犯产生犯罪故意是教唆犯的成立条件。

由此可见,否认共犯对正犯故意的从属性,将正犯故意作为界限要素,不意味着将部分间接正犯归入教唆犯。而且,依然可以采取通行的标准区分教唆犯与间接正犯。例如,甲与乙一起狩猎,甲明知前方是人却对乙说"前面有只熊",乙信以为真,没有确认就开枪,导致被害人死亡。甲利用了不知情的乙的行为造成被害人死亡的结果,且具有间接正犯的故意,因而成立间接正犯。概言之,否认教唆犯对正犯故意的从属性,一方面使得仅有教唆故意,但客观上造成了间接正犯事态的人,可以合理地成立教唆犯(如"土药案");另一方面,在真正身份犯中,使得既有间接正犯的故意,也造成了"间接正犯"事态,但缺乏特殊身份的人,可以合理成立教唆犯(如本节前述"无身份挪用案")。

其次,就帮助犯与间接正犯的关系而言。只要故意帮助他人实施了符合构成要件的违法行为,就符合帮助犯的客观要件。在此前提下,倘若正犯具有故意,帮助者也具有帮助的故意,就成立帮助犯;倘若正犯没有犯罪的故意,帮助者客观上造成了间接正犯的效果,但只要帮助者没有间接正犯的故意,就只能认定为帮助犯(如本节前述"毒药案")。所以,正犯是否具有故意,只是区分帮助犯与间接正犯的一个要素(不是唯一要素),而不意味着正犯具有犯罪故意是帮助犯的成立条件。

由此可见,教唆犯、帮助犯与间接正犯不是对立关系,而是包容关系。就一般犯罪而言,客观上引起他人实施了符合构成要件的违法行为这一条件,对于教唆犯与间接正犯来

〔88〕 我国刑法理论的传统观点认为,"所谓教唆,就是唆使具有刑事责任能力没有犯罪故意的他人产生犯罪故意"(高铭暄、马克昌主编:《刑法学》,北京大学出版社、高等教育出版社 2016 年第 7 版,第 177 页)。

说是相同的。或者说,只要客观上引起他人实施了符合构成要件的违法行为,就既可能成立教唆犯,也可能成立间接正犯:(1)正犯具有故意时,引起者成立教唆犯;(2)正犯没有故意时,引起者具有间接正犯故意的,成立间接正犯;(3)正犯没有故意时,引起者不具有间接正犯故意的,仅成立教唆犯。概言之,在正犯没有故意的情况下,引起者既可能是教唆犯,也可能是间接正犯。帮助犯与间接正犯的关系,也按这一原理解决。就身份犯而言,直接行为者有无故意,不是区分教唆犯与间接正犯的唯一标准。在这种场合,需要同时考虑直接行为者与引起者的身份和故意:(1)直接行为者具有特殊身份,并实施了符合构成要件的违法行为,且具有犯罪故意时,引起者仅成立教唆犯;(2)直接行为者具有特殊身份,并实施了符合构成要件的违法行为,但没有故意时,没有身份的引起者仅成立教唆犯,而不成立间接正犯;(3)直接行为者具有特殊身份,并实施了符合构成要件的违法行为,但没有故意时,具有身份的引起者成立间接正犯;(4)直接行为者不具有特殊身份,但实施了具备其他构成要件要素的违法行为,不管有无故意,具有身份的引起者成立间接正犯。

(四)共犯的正犯化

刑法分则存在将狭义的共犯规定为正犯的现象,这便是共犯的正犯化,包括教唆犯的正犯化与帮助犯的正犯化。

例如,胁迫、勾引、收买国家机关工作人员进行武装叛乱或者武装暴乱的,原本属于武装叛乱、暴乱罪的教唆犯,但刑法第104条第2款将其规定为正犯。这属于教唆犯的正犯化。在这样的场合,对于实施胁迫、勾引、收买行为的人,不是按教唆犯处罚,而是直接按刑法第104条第2款的规定定罪量刑。即使被胁迫、勾引、收买的国家机关工作人员没有实施武装叛乱、暴乱行为的,对于行为人也应以本罪论处。唆使或者帮助他人实施胁迫、勾引、收买行为的人,则成立本罪的教唆犯或者帮助犯。

所谓帮助犯的正犯化,是指刑法分则条文直接将某种帮助行为规定为正犯行为,并且设置独立的法定刑。[89] 但是,这并不意味着只要分则条文对帮助犯设置了独立法定刑,就是帮助犯的正犯化。总的来说,刑法分则条文对帮助犯设置独立法定刑时,存在帮助犯的绝对正犯化、帮助犯的相对正犯化以及帮助犯的量刑规则三种情形。

1. 帮助犯的绝对正犯化

所谓帮助犯的绝对正犯化(典型的帮助犯的正犯化),是指帮助犯已经被分则条文提升为正犯,与其他正犯没有任何区别,只不过分则条文可能使用了"帮助"、"资助"、"协助"等用语的情形。

例如,刑法第120条之一第1款规定:"资助恐怖活动组织、实施恐怖活动的个人的……处五年以下有期徒刑、拘役、管制或者剥夺政治权利,并处罚金;情节严重的,处五年以上有期徒刑,并处罚金或者没收财产。"这一规定就是帮助犯的绝对正犯化。帮助犯的绝对正犯化产生三个法律后果:(1)从定罪角度来说,帮助犯被正犯化后,不再以正犯实施符合构成要件的不法行为为前提。换言之,根据共犯从属性说的原理以及作为通说的限制从属性说,只有当正犯实施了符合构成要件的不法行为时,才能将帮助犯作为共犯处罚。例如,甲认识到乙将要绑架丙,便将丙的行踪提供给乙。然而,乙并没有实施绑架

---

〔89〕 不同学者可能对"帮助犯的正犯化"存在不同理解,但无论如何都必须以正犯的性质与特点为中心来理解。

丙的任何行为。根据共犯从属性说的原理,对甲不能以绑架罪的帮助犯论处。但是,在帮助行为被正犯化之后,就不需要以其他正犯实施符合构成要件的不法行为为前提。这并不意味着帮助犯的正犯化采取了共犯独立性说,而是原本的帮助行为已经被提升为正犯行为,故不需要存在另外的正犯即可成立犯罪(而且成立的是正犯)。(2)从量刑角度来说,帮助犯被正犯化后,不再按照刑法总则规定的从犯处理,不得适用刑法第27条关于对从犯"应当从轻、减轻处罚或者免除处罚"的规定,而必须直接按分则条文规定的法定刑处罚,这便没有免除处罚的可能性。[90] (3)从对他人定罪量刑的影响角度来说,帮助犯被正犯化后,由于原本的帮助行为提升为正犯行为,于是对该正犯行为的教唆、帮助行为又能成立共犯(教唆犯与帮助犯)。因为教唆犯是指唆使他人实施符合构成要件的不法行为,教唆他人实施帮助行为的,并不是按教唆犯处罚,而是按帮助犯处理;[91] 帮助犯是指帮助正犯者,所以,单纯对帮助犯进行帮助,而没有对正犯起帮助作用的,并不成立帮助犯,因而不得处罚。[92] 但是,一旦对帮助犯实行正犯化,就意味着原本的帮助行为成为刑法分则规定的正犯行为,故教唆他人实施该正犯行为的,就成立对正犯的教唆犯(而非帮助犯),帮助他人实施该正犯行为的,也会成立对正犯的帮助犯(而非不处罚)。

2. 帮助犯的相对正犯化

帮助犯的相对正犯化,是指帮助犯是否被提升为正犯不可一概而论,需要独立判断帮助行为是否值得科处刑罚的情形。换言之,在这种场合,帮助犯既可能被正犯化,也可能没有被正犯化。在没有其他正犯的场合,帮助犯是否值得处罚,取决于该帮助行为本身是否侵害法益以及侵害的程度。

例如,刑法第358条第1款规定了组织卖淫罪,第4款规定:"为组织卖淫的人招募、运送人员或者有其他协助组织他人卖淫行为的,处五年以下有期徒刑,并处罚金;情节严重的,处五年以上十年以下有期徒刑,并处罚金。"在本书看来,为他人组织卖淫所实施的招募、运送人员的行为是否成立协助组织卖淫罪,一方面取决于正犯是否实施了组织卖淫的行为,另一方面在正犯没有实施组织卖淫行为时,取决于协助行为本身是否严重侵害了社会管理秩序(参见第二十三章第九节"二")。所以,刑法第358条第4款属于帮助犯的相对正犯化。

3. 帮助犯的量刑规则

所谓帮助犯的量刑规则,是指帮助犯没有被提升为正犯,帮助犯依然是帮助犯,只是因为分则条文对其规定了独立的法定刑,而不再适用刑法总则关于帮助犯(从犯)的处罚规定的情形。[93] 例如,刑法第287条之二第1款规定:"明知他人利用信息网络实施犯

〔90〕 当然,另具有免除处罚情节的除外,但该"帮助"行为本身不可能成为免除处罚的情节。

〔91〕 例如,A得知B要杀害甲,于是教唆C将杀人凶器提供给B,B使用该凶器杀害了甲。A并没有唆使他人实施符合构成要件的行为,只是唆使他人实施帮助行为,故只能认定为帮助犯。

〔92〕 显然,应当合理区分某种行为是对正犯的帮助还是对帮助的帮助。如前所述,只要帮助行为与正犯结果具有因果性(即使正犯没有意识到这种帮助行为),就应认定为对正犯的帮助,因而成立帮助犯。可以肯定的是,在通常情况下,对帮助犯的帮助行为与正犯结果之间存在因果性(参见[日]大谷实:《刑法讲义总论》,成文堂2012年新版第4版,第447~448页)。

〔93〕 倘若将这类情形也称为帮助犯的正犯化,也只能认为是帮助犯量刑的正犯化。换言之,如若将帮助犯的正犯划分为定罪的正犯化与量刑的正犯化,那么,刑法第287条之二第1款的规定就属于后者。但在本书看来,不宜将这种情形归入帮助犯的正犯化。

罪,为其犯罪提供互联网接入、服务器托管、网络存储、通讯传输等技术支持,或者提供广告推广、支付结算等帮助,情节严重的,处三年以下有期徒刑或者拘役,并处或者单处罚金。”本规定只是帮助犯的量刑规则。例如,在甲明知乙可能或者将要实施网络诈骗犯罪,便主动为乙提供互联网技术支持,但乙根本没有实施网络诈骗犯罪时,甲的行为没有直接或者间接侵害法益,对于甲的行为不可能以犯罪论处(也可以认为,甲的行为属于不能犯)。再如,张三明知李四正在实施网络诈骗犯罪,便主动为李四提供互联网技术支持,但李四并不利用甲所提供的技术时,张三的行为也没有直接或者间接侵害法益,也不能以犯罪论处。

在刑法分则对帮助犯设置量刑规则时,不能将帮助犯作为正犯看待。首先,为他人犯罪提供互联网技术支持的行为依然是帮助行为,其成立犯罪以正犯实施了符合构成要件的不法行为为前提。其次,教唆他人实施上述帮助行为的,不成立教唆犯,仅成立帮助犯;单纯帮助他人实施帮助行为,而没有对正犯结果起作用的,就不受处罚。最后,对于实施本款行为构成犯罪的行为人不得依照刑法总则第 27 条的规定从轻、减轻处罚或者免除处罚,只能直接按照刑法第 287 条之二第 1 款的法定刑处罚。

需要注意的是,如果正犯化的共犯行为同时构成其他犯罪的,应当依照处罚较重的规定定罪处罚。其中有两种情况:(1)被正犯化的教唆、帮助同时构成其他犯罪的正犯,并且按其正犯定罪会处罚更重,但这种情况很罕见。例如,刑法第 104 条第 2 款与第 358 条第 2 款规定的行为,基本上不可能同时构成其他犯罪的正犯。(2)被正犯化的教唆、帮助行为同时构成其他犯罪的共犯,并且按其他犯罪的共犯定罪会处罚更重。刑法第 287 条之二规定的犯罪就可能出现这样的情况。例如,明知他人利用信息网络实施危害国家安全犯罪而为其提供帮助的,应按危害国家安全罪论处。

第六节 承继的共同犯罪

一、承继的共同犯罪的概念

我国刑法理论认为,共同犯罪可以分为事前通谋的共同犯罪与事前无通谋的共同犯罪。在着手实行犯罪之前,各共犯人已经形成共同犯罪故意,就实行犯罪进行了策划和商议的,就是事前通谋的共同犯罪。“通谋”一般是指二人以上为了实行特定的犯罪,以将各自的意思付诸实现为内容而进行谋议。由于共犯人在着手实行前就犯罪的性质、目标、方法、时间、地点等进行了策划,故其犯罪易于得逞,危害程度严重。在刚着手或实行犯罪的过程中形成共同犯罪故意的,则是事前无通谋的共同犯罪。

事前无通谋的共同犯罪中,可能存在承继的共同犯罪现象。其中,承继的共同正犯,是指前行为人已经实施了一部分正犯行为之后,后行为人以共同实施的意思参与犯罪,并对结果的发生起重要作用的情况。例如,甲以抢劫罪的故意对被害人实施暴力,压制了被害人的反抗,此时知道真相的乙与甲共同强取财物。再如,甲实施盗窃行为时被当场抓获,知道真相的乙与甲共同对抓捕者实施暴力,从而使甲避免被抓捕。上述两例中的乙为承继的共同正犯。承继的帮助,是指前行为人(正犯)实施了一部分实行行为之后,知道真相的后行为人以帮助的故意实施了帮助行为。例如，A实施抢劫杀人行为，在A杀死被害人后强取财物的过程中，知道真相的B拿着手电筒使A在黑暗中更容易取得财物。[94] 显然，不可能存在承继的教唆。[95]

关于承继的共同犯罪的理论，不能简单地归纳为肯定说、否定说与折中说。因为对承继的共同犯罪的处理，涉及承继的时间范围、承继的行为性质、承继的责任范围等侧面。在此侧面持否定说的，在彼侧面可能持肯定说；反之亦然。

二、承继的时间范围

在即成犯的场合，行为在法律上已经既遂，但还没有实质性完结时，能否成立承继的共同正犯或承继的帮助犯？例如，A窃取他人财物既遂后被被害人追赶，B使用欺骗手段使A摆脱被害人的追赶，使A最终获得财物。肯定说认为，在“实质性完结”之前均可以成立承继的共犯。可是，实质性完结并没有明确的标准，故这种观点既会导致共犯处罚范围的不当扩张，也会导致共犯处罚的不确定性。况且，犯罪既遂后实质性完结前的所谓帮助行为，一般也能以妨害司法的犯罪处理。所以，本书在此问题上采取否定说，除了继续犯（持续犯）以外，[96] 承继的共犯只能存在于犯罪既遂之前。换言之，犯罪既遂之后不可能有承继的共犯。在犯罪行为实质性完结之后，更不可能成立承继的共同正犯与帮助犯。上例中的B不成立盗窃罪的共同正犯与帮助犯，有可能成立窝藏罪。

三、承继的行为性质

当前行为人实施了A犯罪的一部分实行行为之后，后行为人故意参与A犯罪时，能否就A犯罪成立共同犯罪？例如，甲以抢劫故意对丙实施暴力行为之后，乙故意参与犯罪，夺取了财物（承继的抢劫案）。乙是否成立抢劫罪？[97]

肯定说认为，在上述场合，乙与甲构成抢劫的共同犯罪，因为乙参与的是抢劫行为，而不是单纯的盗窃行为。根据该说，甲绑架被害人后，没有参与绑架的乙与甲共同杀害被害人的，也属于绑架杀人，但本书难以赞成这一结论。

否定说认为，后行为人只对参与后的行为与结果承担责任。在上例中，乙只承担盗窃罪（或抢夺罪）的责任，而不承担抢劫罪的责任。再如，A恐吓被害人，使被害人处分财产，B协助A取得财产的，不成立敲诈勒索的共同犯罪。因为B参与后的行为并不符合任何犯罪的构成要件。只有在A正在实施恐吓时B参与恐吓的，才成立敲诈勒索罪的共同正犯。但是，这种观点割裂了前行为人的行为与后行为人的行为之间的内在联系。如后所述，由于我国刑法规定的犯罪起点较高，采取否定说会不当缩小处罚范围。

中间说有不同的观点。有人认为，在诈骗之类的犯罪中，前行为人实施了欺诈行为之后，后行为人只是参与接受财物的，不构成承继的共同犯罪。抢劫之类的犯罪，其自身是一种独立的犯罪类型。由于抢劫罪是以暴力、胁迫为手段而取得财物，即使后行为人只参

---

〔94〕 当然，如何区分承继的共同正犯与承继的帮助犯，取决于区分正犯与帮助犯的标准。

〔95〕 所谓不存在承继的教唆，是相对于正犯而言，即在正犯产生犯意之后，不可能再对正犯进行教唆。但相对于教唆犯而言，依然也会存在承继的教唆。例如，在甲劝诱丙实施抢劫罪的过程中，乙在丙产生抢劫犯意之前加入教唆的，也可谓承继的教唆。倘若由于甲、乙的共同劝诱使丙产生抢劫的犯意进而实施抢劫行为，则甲、乙均成立教唆犯。

〔96〕 甲非法拘禁被害人三天后，知道真相的乙参与拘禁的，乙也成立非法拘禁罪。

〔97〕 显然，由于涉及定罪问题，因而不可能仅在不法层面讨论，需要涉及责任层面的内容（如故意）。

与了取走财物的行为,但由于了解前行为人所实施的暴力、胁迫行为,并且基于利用的意图而与前行为人共同夺取财物,就应认为是实行了抢劫罪的"强取"行为,因而成立抢劫罪的共同正犯(有人认为仅成立抢劫罪的帮助犯)。有人指出,在通常情况下,对与自己的行为没有因果关系的参与之前的前行为人的行为不承担责任。但是,如果参与前的先行行为的效果在持续,后行为人利用这种状态时,则后行为人对所利用的状态承担责任。在抢劫罪中,认识到前行为人实施了暴力或胁迫行为,并且以利用意思与前行为人共同夺取财物时,应当认为利用暴力的效果"强取"财物。[98] 有人提出,前行为人(抢劫犯)实施暴力、胁迫后,就产生了消除被害人不能反抗状态的作为义务;如果后行为人与前行为人共谋分担部分行为,就使自己也产生了作为义务,后行为人便成立不作为犯(相对于暴力、胁迫而言)的抢劫,与前行为人成立抢劫罪的共同正犯。[99]

本书采取立足于肯定说的中间说。原则上,后行为人参与的行为性质与前行为人的行为性质相同。亦即,中途参与他人的抢劫行为,成立抢劫罪;中途参与杀人的,成立故意杀人罪;中途参与他人的诈骗行为的,成立诈骗罪;如此等等。但是,也存在应当否定共同犯罪的情形。值得说明的是以下几种情形:

1. 在诈骗、敲诈勒索之类的犯罪中,前行为人实施了欺骗、恐吓行为之后,后行为人只是参与接受财物的,宜认定为承继的帮助犯。因为后行为人的行为的确与结果的发生具有物理的因果性。如果采取否定说,意味着后行为人不成立犯罪,但这种观点难以被人接受。

2. 在抢劫罪中,前行为人实施了暴力、胁迫等行为,后行为人参与了取走财物的行为的,后行为人成立抢劫罪。因为抢劫罪是一个独立的犯罪类型(在我国,抢劫罪并不是两个独立的犯罪类型的简单相加),后行为人所参与的就是抢劫行为,当然应成立抢劫罪。至于后行为人是承继的共同正犯还是承继的帮助犯,则取决于其所起的实质作用。国外有力的学说认为,对这种后行为人只能认定为盗窃罪的正犯。但是,我国的立法不同于国外,难以采用国外这一学说。盗窃罪一般以数额较大为起点,如果将后行为人认定为盗窃罪的正犯,可能导致后行为人不承担刑事责任。这并不合适。

再以事后抢劫为例。甲实施了盗窃行为后,知道真相的乙为了帮助甲窝藏赃物,与甲共同对 A 实施暴力,但并没有造成伤害结果。根据国外的否定说,乙不成立抢劫罪,但成立暴行罪。可是,我国刑法没有规定暴行罪,一般只能按无罪处理。[100] 但这种结论不合理。显然,只有肯定承继的共同犯罪,才能视具体情况肯定后行为人成立承继的共同正犯或者承继的帮助犯。按肯定说解决上述案例时,所遇到的最大障碍是:既然乙并没有实施盗窃行为,只是参与了暴力行为,乙就只能对暴力行为负责,而不能对自己参与前的甲所实施的盗窃行为负责。因为甲的盗窃使甲的行为具有财产犯罪(事后抢劫)的性质,而乙

---

〔98〕 以上参见[日]东京リ－ガルマインド:《刑法Ⅱ总论・结果无价值版》,东京リ－ガルマインド2002 年版,第 388 页以下。

〔99〕 参见[日]山口厚:"承继的共犯论的新展开",载《法曹时报》第 68 卷(2016 年)第 2 号。

〔100〕 在被害人只是为了使前行为人返还财物时,为了使前行为人不返还财物而对他人实施的暴力行为,并不一定是妨害司法的掩饰、隐瞒犯罪所得的行为。同样,为了抗拒抓捕、毁灭罪证对而他人实施的暴力行为,也不一定符合其他犯罪的成立条件。

的行为与甲的盗窃并无因果性,故乙不能承担事后抢劫的责任。[101] 本书的回答是:首先,在上例中,乙的行为与甲最终取得赃物具有因果性;即使甲盗窃的赃物最终被A夺回,乙的行为也为A夺回财物制造了困难(危险)。结果是具体的,而不是抽象的。甲先前造成的是盗窃罪的结果,乙的参与行为使得甲、乙最终造成的是抢劫罪的结果。其次,乙的行为并不是单纯的暴力,而是同时具有使甲的盗窃行为成为事后抢劫的实行行为的机能。因为在事后抢劫中,盗窃等前行为,原本只是盗窃等罪的实行行为,而不是事后抢劫的实行行为;[102] 只有当行为人出于特定目的着手实施暴力或者以暴力相威胁的后行为时,才使盗窃等前行为成为事后抢劫的实行行为。所以,上例中乙的行为,不是单纯的暴力行为,而是同时起到了使甲的盗窃行为成为事后抢劫的实行行为的作用。即使乙是为了使甲逃避抓捕或者为了毁灭罪证而与甲共同对被害人A实施暴力,也依然起到了这种作用。既然如此,就应当肯定乙的行为对甲的行为转化为事后抢劫起到了作用,乙理当承担事后抢劫的责任。最后,就上述案例而言,乙形式上参与的是暴力行为,但该行为是甲事后抢劫的一部分,故乙参与的是事后抢劫行为的一部分。另一方面,乙是在知情后与甲共同对A实施暴力的,而其中的"知情"包括乙明知甲是为了窝藏赃物,故乙具有事后抢劫的故意与特定目的。[103]

按肯定说解决上述案例还可能遇到另一障碍:亦即,按国外的否定说,对上述案例中的乙以暴行罪、胁迫罪的共同正犯论处;我国没有暴行罪、胁迫罪,意味着我国的处罚范围窄,但肯定说却导致对乙反而以更重的事后抢劫罪论处。换言之,肯定说导致的局面是:原本对乙的行为应按轻罪处理,由于我国刑法没有轻罪,反而导致对乙按重罪处理。但是,这只是一种表面现象,肯定说不会导致处罚的不均衡。根据形式的客观说,只要实施了刑法分则所规定的实行行为的人,就是正犯。由于暴力行为是事后抢劫罪实行行为的一部分,上例中的乙实施了该行为,因而与甲构成事后抢劫的共同正犯。但如前所述,形式的客观说缺乏合理性。即使按照实质的客观说认定乙是抢劫的共同正犯,但由于我国刑法将共犯人分为主犯、从犯与胁从犯;就事后抢劫的整体犯罪而言,乙通常仅起到了次要作用,故应认定乙构成事后抢劫的从犯,应当从轻、减轻或者免除处罚。[104] 显然,与在国外将乙认定为暴行罪的正犯(否定说)相比,在我国将乙认定为事后抢劫的从犯,可能导致对乙的处罚更轻。

3. 在其他复行为犯中,后行为人参与后一行为的,原则上也应按前行为人的行为性质认定。例如,甲以强奸故意对妇女实施暴力行为,压制了妇女的反抗。中途参与的乙实施奸淫行为或者帮助甲实施奸淫行为的,成立强奸罪的承继的共同正犯或者承继的帮助犯。

4. 在结合犯中(参见第九章第二节),后行为人仅参与后一犯罪的,则不构成结合犯,仅成立后一犯罪。因为结合犯是两个独立的犯罪类型的结合,换言之,两个犯罪原本是独立的、分离的,既然如此,就应当分别认定各参与人的行为性质。例如,甲绑架被害人后,没有参与绑架的乙与甲共同杀害被害人的,甲属于"绑架杀人",但乙仅成立故意杀人罪,

[101] 参见[日]松原芳博:《刑法总论》,日本评论社2013年版,第382页以下。

[102] 不能认为,行为人开始实施盗窃等行为时,就是事后抢劫的着手。

[103] 如果乙不知情,则不能认为其有事后抢劫的故意与特定目的,当然不成立事后抢劫的共犯。

[104] 如若乙与甲的暴力行为致被害人伤亡,且乙对致人伤亡起主要作用,那么,对乙以主犯论处,也理所当然。

不得对乙适用“绑架杀人”的法定刑(参见刑法第239条)。[105] 再如,甲以出卖为目的拐骗妇女丙之后,乙虽然与甲共同强奸了丙,没有实施其他行为。乙仅成立强奸罪,不得对其适用“奸淫被拐卖的妇女”的法定刑(参见刑法第240条第1款)。

5. 在轮奸犯罪中,前行为人使用暴力强奸妇女后,后行为人强奸同一妇女的,后行为人仅成立普通强奸罪;只要前行为人应当对后行为人的强奸结果负正犯责任(如前行为人的暴力行为使妇女丧失反抗能力,并且明知后行为人强奸该妇女),就对前行为人适用轮奸的规定。

四、承继的责任范围

后行为人对参与之前的前行为人的行为产生的结果是否承担责任?例如,当甲以抢劫的故意对被害人丙实施暴力且导致丙死亡后,乙参与夺取财物的,乙是否负抢劫致死的责任?

肯定说认为,乙应承担抢劫致死的责任。其主要理由是:(1)既然后行为人了解前行为人的意图,并利用前行为人已经造成的事态,便表明二者就行为整体形成了共同故意。(2)在法律上,共同犯罪(共同正犯)是因为相互了解和参与实施而对他人的行为也承担责任,至于相互了解的时间则不是一个重要问题。(3)后行为人利用前行为人已经造成的结果,就如同利用自己引起的结果,理应对此结果承担责任。[106] 否定说则认为,后行为人对参与前的前行为人的行为造成的结果不承担责任。主要理由有两点:(1)前行为人实施的行为已经造成结果时,后行为人的行为不可能成为该结果的原因,因而不可能对该结果承担责任。(2)后行为人虽然了解前行为人的行为及其结果,但这并不表明二人对结果有共同故意,也不表明该结果由二人共同造成。[107]

本书赞成否定说。利用前行为人已经造成的结果不等于后行为人的行为与该结果之间具有因果关系;后行为人不应对与自己行为没有任何因果关系的结果承担责任。上例中的乙仅成立普通抢劫罪,不得对其适用“抢劫致人死亡”的法定刑。又如,甲非法拘禁丙三天后,乙参与实施继续拘禁丙的行为。乙对甲单独实施的非法拘禁丙三天的结果不承担责任。再如,A连续实施诈骗行为,在已经实施三起诈骗行为后,乙参与其中与甲共同实施了另四起诈骗行为。乙仅对后四起诈骗数额承担责任,而不对前三起诈骗数额承担责任。由上可见,承继的共犯人,只能对与自己的行为具有因果性的结果承担责任。

特别要指出的是,在中途参与实施伤害、杀人的案件中,如果能够证明伤亡结果是后行为人参与后造成的,则前行为人与后行为人均对伤亡结果承担责任;如果不能证明伤亡结果是后行为人参与后造成的(伤亡结果可能是前行为人单独造成的),则前行为人必须对伤亡结果承担责任,后行为人只承担未遂犯的责任。

顺便指出的是,后行为人对前行为人已经造成的其他加重情节,也不承担刑事责任。例如,A入户后在着手实行抢劫的过程中,电话通知B为自己的抢劫行为望风。B到户外为A望风的,A成立入户抢劫,B是普通抢劫的共犯。因为B的望风行为与A入户的加重情节没有因果性。

---

[105] 甲绑架被害人后,乙唆使甲杀害了被害人的,乙成立故意杀人罪的教唆犯。但这并不是所谓承继的教唆。

[106] 参见[日]木村龟二:《刑法总论》,有斐阁1959年版,第408页。

[107] 参见[日]平野龙一:《刑法总论Ⅱ》,有斐阁1975年版,第382页以下。

第七节　片面的共同犯罪

一、片面的共同犯罪的概念

片面的共同犯罪,也称"片面共犯",是指参与同一犯罪的人中,一方认识到自己是在和他人共同实施符合构成要件的违法行为,而另一方没有认识到有他人和自己共同实施的情形。

片面的共同犯罪可能存在三种情况:(1)片面的共同实行(片面的共同正犯),即实行的一方没有认识到另一方的实行行为。例如,乙欲对丙实施强奸行为时,甲在乙不知情的情况下,使用暴力将丙打伤,乙得以顺利实施奸淫行为。(2)片面的教唆,即被教唆者没有意识到自己被教唆的情况。例如,甲将乙的妻子丙与他人通奸的照片和一支枪放在乙的桌子上,乙发现后立即产生杀人故意,将丙杀死。(3)片面的帮助,即实行的一方没有认识到另一方的帮助行为。例如,甲明知乙正在追杀丙,由于其与丙有仇,便暗中设置障碍物将丙绊倒,从而使乙顺利地杀害丙。

二、片面的共同犯罪的学说

是否承认片面的共犯,以及在什么范围内承认片面的共犯,在中外刑法理论上都存在较大争议。有人否认片面共犯的概念,认为片面共犯不成立共同犯罪。[108] 有人肯定片面共犯概念,认为所有片面共犯都成立共同犯罪;[109] 有人只承认片面教唆犯与片面帮助犯;[110] 有人仅承认片面帮助犯。[111]

是否承认片面共犯,关键在于如何认识共同犯罪的因果性。在共同犯罪中,正犯行为(实行行为)直接引起结果;教唆行为与帮助行为通过正犯行为而引起结果。共同犯罪的因果关系包括物理的因果关系与心理的因果关系,前者是指物理地或客观上促进了犯罪的实行与结果的发生;后者是指引起犯意、强化犯意、激励犯行等从精神上、心理上促进犯罪的实行与结果的发生。如果肯定共同犯罪的物理的因果性,那么,片面共犯也可以共同引起法益侵害,因而成立共同犯罪。而且,暗中教唆、帮助他人犯罪乃至片面共同实行的现象确实可能存在;如果承认片面帮助,就没有理由否认片面教唆与片面实行。如果只是强调共同犯罪的心理的因果性,即强调相互沟通、彼此联络所产生的心理上的影响,那么,片面共犯似乎并不符合共同犯罪的特征。可是,既然是片面共犯,当然仅对知情的一方适用共同犯罪的处罚原则,对不知情的一方不适用共同犯罪的处罚原则。例如,甲明知乙(二人无通谋)将要入室抢劫丙的财物,便提前将丙殴打致昏造成重伤;乙进入丙家后发现丙昏迷,便窃取了财物。在这种情况下,由于乙并不知情,当然对乙不适用共同犯罪的规定,即乙不承担抢劫罪的责任,更不能对丙的重伤结果负责。但对甲应当适用共同犯罪

---

〔108〕 参见[日]曾根威彦:《刑法的重要问题(总论)》,成文堂2005年第2版,第319页以下;何秉松主编:《刑法教科书》(上卷),中国法制出版社2000年版,第440页。

〔109〕 参见[日]山口厚:《刑法总论》,有斐阁2016年第3版,第365页以下。

〔110〕 参见[日]前田雅英:《刑法总论讲义》,东京大学出版会2015年第6版,第343页、第382页。

〔111〕 参见李光灿、马克昌、罗平:《论共同犯罪》,中国政法大学出版社1987年版,第37页以下。

的规定,即甲不仅应当对自己行为造成的重伤结果负责,而且应当对乙造成的财产损失结果负责(对甲的行为宜认定为抢劫既遂,适用抢劫致人重伤的法定刑)。

首先,应当肯定片面的帮助犯。例如,某日晚上,乙发现曾多次实施盗窃行为的甲将要侵入丙家盗窃,乙在甲不知情的情况下,主动为甲望风。在望风过程中,乙发现丙回来,于是与丙聊天,拖延丙回住宅的时间,待甲窃取财物从丙家出来后,乙才离开。显然,如果没有乙的行为,甲的盗窃就不能得逞。因此,乙的行为与甲的盗窃结果之间具有物理的因果性。既然如此,就应当将盗窃结果同时归属于乙的行为。又由于乙具备帮助的故意等责任要素,因此,对乙应当以盗窃罪论处。如果否认片面的帮助犯,就意味着乙的行为不成立犯罪,但这种结论难以被人接受。显然,片面的帮助犯仅限于帮助行为与正犯结果之间具有物理的因果性的场合。

其次,应当肯定片面的教唆犯。引起他人实施符合构成要件的不法行为的意思的行为,就是教唆行为。如果他人实施了该不法行为,教唆者也具备教唆故意等责任要素,就当然成立教唆犯。至于被教唆者是否明确意识到自己的行为意思由他人的教唆行为引起,则并不重要。前述甲引起乙枪杀妻子丙的案例,就说明了这一点。

最后,应当肯定片面的共同正犯。例如,甲得知乙将要强奸丙女,便提前给丙投放了安眠药,并暗中观察乙的奸淫行为,但乙并不知情。在乙离开现场后,甲又奸淫了丙。甲是轮奸的片面的共同正犯,不仅要对自己的行为与结果承担责任,而且要对乙的行为与结果承担责任,但乙并不成立共同正犯(轮奸),仅承担普通强奸既遂的责任。再如,B 入户盗窃时,邀约 A 为自己望风,商定被害人回家时立即通知 B。但 A 在被害人回家时,以暴力手段阻止被害人回家,造成被害人重伤,对此不知情的 B 窃取财物后逃离现场。按照本书的观点,B 成立盗窃既遂,A 成立抢劫罪的结果加重犯(既遂)。显然,如果知情者的行为与结果之间不具有因果性,则不能认定为片面的共同正犯。例如,乙正在举枪射击丙,甲为了确保丙的死亡,在乙的背后于乙不知情的情况下,与乙同时开枪射击。丙中弹身亡,但不能查明丙被谁击中。一方面,不能查明甲的行为与丙的死亡之间具有物理的因果性;另一方面,由于乙并不知情,不能肯定甲的行为强化了乙的杀人心理,因而不能肯定甲的行为与丙的死亡之间具有心理的因果性。所以,甲不成立片面的共同正犯(只是同时犯),不应对其适用部分实行全部责任的原则,只能认定甲成立故意杀人未遂。乙同样仅负故意杀人未遂的刑事责任。

第八节　不作为的共同犯罪

一、不作为的共同犯罪概述

在二人均有防止同一结果发生的作为义务(共同义务)的情况下,却基于意思联络而均不履行作为义务的,无可争议地成立不作为的共同正犯。例如,夫妻二人基于意思联络都不给婴儿提供食物,导致婴儿死亡的,成立故意杀人罪的共同正犯。

不作为的共同犯罪,存在两个方面的问题:一是对不作为犯的共犯,如教唆他人实施不作为犯罪,或者帮助他人实施不作为犯罪;二是以不作为方式实施的共犯行为,如以不作为方式帮助他人实行犯罪。此外,还有共犯人的作为义务问题也值得讨论。

二、对不作为的共犯

如前所述,不作为犯也可谓身份犯,亦即,负有特定作为义务的人是保证人,其不履行义务的行为才能成立不作为犯。但是,身份犯中的身份是就正犯而言,教唆犯与帮助犯的成立并不以具有特殊身份为前提。因此,对不作为的共犯是完全可能成立的。显而易见的是,成立对不作为的共犯,以正犯具有作为义务为前提;根据限制从属性说,只有当正犯的不作为属于符合构成要件的不法行为时,教唆者与帮助者才能对不作为犯成立共犯。例如,第三者教唆"对于患病的人负有扶养义务的人"不抚养病人,被教唆者接受教唆拒绝扶养,情节严重的,第三者成立遗弃罪的教唆犯。又如,对于婴儿负有扶养义务的母亲,为了拒不抚养婴儿,让保姆将婴儿抱到集市抛弃。母亲成立遗弃罪的正犯,保姆成立遗弃罪的帮助犯。再如,甲的行为造成了丙的重伤后,打算立即救助丙。过路人乙劝说甲不要救助丙,甲接受教唆没有救助丙,导致丙死亡。乙成立不作为的故意杀人罪的教唆犯。

存在争议的是不具有作为义务的人能否成为不作为犯的共同正犯。有学者认为,不具有身份的人,可以通过有身份者的介入而实现构成要件,因此,不具有作为义务的人也能成为不作为犯的共同正犯。[112] 这涉及共同正犯究竟是正犯还是狭义的共犯的问题。如果认为共同正犯是狭义的共犯,那么,共犯就不需要具备特殊身份,因而可以成立共同正犯。上述观点正是以此为前提的。本书认为共同正犯是正犯,在身份犯中,正犯必须具有特殊身份。因此,不具有作为义务的人,只能成立不作为犯的教唆犯或者帮助犯,或者成立作为犯的同时正犯。例如,普通公民与国家工作人员共同贪污的,国家工作人员是正犯,普通公民只能成立贪污罪的教唆犯或者帮助犯,但不能成为贪污罪的共同正犯(可能同时成立盗窃、诈骗等罪的正犯)。

三、不作为方式的共犯

总的来说,不作为方式的共犯包括三种情形:以不作为方式与作为犯形成共同正犯,以及不作为的教唆与不作为的帮助。首先需要说明的是,成立不作为方式的共犯,以不作为者具有作为义务为前提。换言之,只有保证人才能成立不作为方式的共犯。

以不作为方式与作为犯形成共同正犯,意味着肯定不作为犯与作为犯的共同正犯的可能性。例如,甲与乙基于意思联络杀害乙的女儿丙,甲将丙推入深水池,现场的乙不予救助。对此,应当肯定甲与乙成立故意杀人罪的共同正犯。[113]

不作为的教唆犯一般被否定,因为教唆行为是引起他人实施符合构成要件的不法行为的意思的行为,而不作为不可能引起这一意思。但值得研究的是,当甲的行为客观上引起了乙的犯意,甲知道乙的犯意由自己的先前行为引起时,是否具有阻止乙实行犯罪的义务。例如,甲知道乙追求丙女被拒绝,便开玩笑地对乙说:"如果你强奸了丙,丙自然就会和你谈恋爱。"乙将甲的玩笑当真,强奸了丙女。本书的初步看法是,由于甲的行为客观上引起了乙的犯意,乙事实上也实施了强奸行为,能够认定甲因为先前行为引起了阻止义务。如果甲在能够履行阻止义务的情况下不履行义务,可以根据甲的不作为对构成要件结果的重要程度,分别认定为不作为的帮助犯或者共同正犯。因为在这种场合,乙的犯意

---

〔112〕 参见[日]山口厚:《刑法总论》,有斐阁2016年第3版,第389页。

〔113〕 参见[日]山中敬一:《刑法总论》,成文堂2015年第3版,第920页。

毕竟不是甲的不作为引起的(而是甲先前的没有故意的作为引起的),既然如此,就不能认定为不作为的教唆犯。

不作为的帮助犯应当得到肯定。例如,剧场负责人目睹演员演出淫秽节目而不制止的,就成立不作为的帮助犯。概言之,在法律上,对正犯的犯罪行为具有防止义务的人,故意不履行该义务的,至少成立不作为的帮助犯。如果与作为者共同支配了犯罪事实,则成立不作为的共同正犯。

一种观点认为,只要行为人处于保证人地位却没有履行作为义务,就符合正犯的要件,而不可能成立帮助犯。[114] 这是行为无价值论的观点,为本书所不取。还有一种观点认为,没有履行法益保护义务的是正犯,没有履行犯罪防止义务的是帮助犯。[115] 也有观点主张,违反对特定法益的保护义务的均为正犯;违反对危险源的监督义务的,根据实质作用区分正犯与帮助犯。[116] 但是,仅凭义务来源区分不作为的正犯与帮助犯,显得过于形式化。本书的初步看法是,按照前述正犯与共犯的区分标准,保证人的不作为是成立帮助犯还是成立正犯,取决于该不作为在共同犯罪中所起的作用大小;反过来说,取决于履行作为义务对防止结果发生所起的作用大小。所以,在只要履行作为义务就"确实"能够避免结果发生的场合,应认为该不作为对结果的发生起到了重要作用,不履行义务的保证人成立不作为的共同正犯。[117] 一般来说,在保证人不履行阻止犯罪的义务时,实际上只是使正犯的行为更为容易,因而认定为帮助犯较为合适。但是,如果公安人员对他人的犯罪不予阻止,则应认定为正犯。基于同样的理由,没有履行法益保护义务的行为,既可能成立共同正犯,也可能成立帮助犯。

四、共犯人的作为义务

如前所述,故意的犯罪行为也可能产生作为义务,既然如此,共犯人的犯罪行为也可能产生阻止其他共犯人的犯罪行为的义务。如果共犯人不阻止其他共犯人的犯罪行为,则应对其他共犯人造成的犯罪结果承担责任。

首先,在甲的犯罪行为使被害人处于不能反抗等(使被害人陷入需要保护的)状态下,乙继而对被害人实施相同或者不同犯罪行为,甲不阻止乙的犯罪行为的,应对乙行为造成的犯罪结果承担责任。例如,甲以强奸故意使用暴力致丙女昏迷后奸淫了丙女,随后乙到现场也要奸淫昏迷的丙女。由于甲的先前行为使丙女处于不能反抗的状态,导致丙女的法益处于紧迫的危险中,因而产生了作为义务。如果甲不阻止乙的强奸行为,则甲对乙的行为与结果承担责任,即承担轮奸的责任。乙仅承担普通强奸既遂的责任。倘若乙到现场后发现丙女昏迷便要窃取丙女的财物,甲不阻止乙的行为的,也要承担盗窃罪的刑事责任。

其次,在甲、乙共谋犯罪的场合,甲在犯罪过程中明知乙实施超出共谋范围的行为时,只要甲的先前行为使法益处于危险状态或者使被害人陷入需要保护的状态,就有义务阻止乙实施超出共谋范围的行为。例如,甲、乙二人共同入户抢劫,甲捆绑了被害人丙女的

---

〔114〕 参见[日]井田良:《刑法总论的理论构造》,成文堂2005年版,第442页。

〔115〕 参见[日]中义胜:《讲述刑法总论》,有斐阁1980年版,第266页。

〔116〕 参见[德]乌尔斯·金德霍伊泽尔:《刑法总论教科书》,蔡桂生译,北京大学出版社2015年版,第407页。

〔117〕 参见[日]西田典之:《刑法总论》,弘文堂2010年第2版,第362页。

手脚,乙在一旁搜寻财物。随后,乙打算强奸丙女。此时,由于甲的捆绑行为使丙女陷入无法反抗的状态,因而有义务阻止乙的强奸行为。若不阻止,甲也成立强奸罪。但应注意的是,如果共犯人的先前行为并没有使法益处于危险状态,没有使被害人陷入需要保护的状态,则没有义务阻止其他共犯人超出共谋范围的行为。例如,甲、乙共谋入户盗窃。二人进入丙家后,分别在不同房间物色财物。乙发现房间里有被害人丙,便起意杀害丙,知情的甲既没有参与乙的行为,也没有阻止乙的杀人行为。甲与乙的共谋以及入户盗窃的行为,并没有使丙的生命处于危险状态,丙的生命陷入需要保护的状态也不是甲的行为造成,所以,甲仅承担盗窃罪的责任,而不成立故意杀人罪的共犯。

最后,甲、乙二人对共谋的犯罪内容产生不同认识时,如果甲的先前行为使法益处于危险状态或者使被害人陷入需要保护的状态,甲就有义务阻止乙的犯罪行为。例如,甲、乙曾因共同抢劫受到刑罚处罚。某年七夕节下午,二人手机短信联系"骗个人来搞一下"。当晚二人将丙女骗上车并开车带至某公园。乙拉丙女往树林里走,丙女不愿意,甲朝丙女大吼"你知道我是谁吗?"丙女害怕,到树林后,乙一巴掌将丙女打倒在地,并强迫丙女脱掉衣服,丙女不从,乙就对站在旁边的甲说"你去拿刀"。甲知道他们没有带刀,也知道乙这么说是为了吓唬丙女,于是站着没动,也没说话。接着,乙强奸了丙女,强奸时乙让甲翻丙女的背包,甲从丙背包中获得手机一部、现金400元,二人均分。事后查明,关于事先预谋时说的"搞",乙称是指劫色,甲称是指劫财。在这种场合,没有必要整体判断二人是否具有共同的强奸故意、共同的强奸行为。正确的做法是,先肯定乙的行为是符合强奸罪的构成要件且违法的行为,成立强奸既遂。接下来判断甲的行为与乙的强奸既遂之间是否具有因果性。首先,从作为角度来说,甲虽然在乙强奸丙之前就对丙实施过暴力、胁迫行为,客观上对乙的强奸既遂起到了促进作用,但此时甲并没有强奸的故意。在此意义上说,甲此时虽然也是不法层面的共犯,但因为其缺乏故意,最终不能认定为强奸罪的共犯。其次,从不作为角度来看,甲先前实施的行为(包括将丙带至公园、对丙实施恐吓)客观上使丙处于孤立无援的境地,在当时的情形下使丙的性行为自主权陷入需要保护的状态,故对丙的性行为自主权具有保护义务,但甲没有履行这一义务,因而与丙被强奸的结果之间具有因果性,且甲具有帮助的故意,所以成立强奸罪的共犯。

第九节 共犯与身份

一、共犯与身份概述

关于共犯与身份的理论,主要是为了解决两个问题:一是在真正(构成)身份犯的场合,非身份者与有身份者共同犯罪时,如何处理?与此相联系的是不同身份者的共同犯罪如何处理的问题;二是在不真正(加减)身份犯场合,对非身份者如何处理?

对此问题的处理,一些国家的刑法有明文规定。例如,日本刑法第65条第1项规定:"对于因犯罪人身份而构成的犯罪行为进行加功的人,虽不具有这种身份的,也是共犯。"第2项规定:"因身份而特别加重或者减轻刑罚时,对于没有这种身份的人,判处通常的刑罚。"德国刑法第28条第1款规定:"正犯的可罚性取决于特定的个人要素(第十四条第一款)时,共犯(教唆犯或帮助犯)欠缺此要素的,依照第四十九条第一款减轻刑罚。"第2款规定:"法律规定因特定的个人要素而加重、减轻或者免除刑罚的,其规定仅适用于具有此要素的行为人(正犯或共犯)。"不过,如何理解上述规定,在日本、德国的刑法理论上仍有激烈争议。[118]

我国刑法总则没有关于共犯与身份的直接规定(可以认为存在间接规定),但刑法分则存在部分规定(参见刑法第382条第3款)。综合总则与分则的规定,大体也能解决共犯与身份的问题。

二、无身份者与有身份者的共同犯罪

无身份者(不具有构成身份的人)与有身份者(具有构成身份的人)共同实施真正身份犯时,构成共同犯罪(无身份者构成真正身份犯的共犯)。例如,一般公民不能单独犯脱逃罪,但可以教唆、帮助依法被关押的罪犯、被告人、犯罪嫌疑人脱逃,因而构成该罪的共犯。第一,刑法分则所规定的特殊身份仅就正犯而言;至于教唆犯与帮助犯,则完全不需要特殊身份。第二,虽然我国刑法没有像日本刑法第65条那样就身份犯的共犯做出规定,但我国刑法有关共犯人的规定已经指明了这一点。例如,我国刑法第29条第1款前段规定:"教唆他人犯罪的,应当按照他在共同犯罪中所起的作用处罚。"其中的"犯罪"与"共同犯罪"当然包括以特殊身份作为构成要件要素的故意犯罪;因此,只要被教唆的人犯被教唆的罪,教唆犯与被教唆犯就构成共同犯罪。根据刑法第27条第1款的规定,从犯只能存在于共同犯罪之中;这表明,起帮助作用的人,也与被帮助的人成立共同犯罪。当然,帮助犯也可能是胁从犯,但第28条的规定说明,胁从犯也只存在于共同犯罪之中。这三条足以表达以下含义:一般主体教唆、帮助具有特殊身份的人实施以特殊身份为构成要件要素的犯罪的,以共犯论处。第三,如果认为无身份者与有身份者共同故意实施以特殊身份为构成要件要素的犯罪时,一概不成立共同犯罪(除有明文规定的贪污罪之外),刑法总则关于共同犯罪的规定几近一纸废文,总则也不能起到指导分则的作用。例如,无身份者教唆国家机关工作人员叛逃的,无身份者教唆、帮助司法人员刑讯逼供的,无身份者帮助在押人员脱逃的,无身份者教唆国家工作人员挪用公款的,均不成立共犯,而且通常只能宣告无罪。但这些结论无论如何不能得到国民的赞同。

我国刑法理论与司法实践一直讨论的问题是,在上述情况下,应如何确定共同犯罪的性质?源于司法解释的观点是,对上述情况应当按照主犯犯罪的基本特征来确定共同犯罪的性质。"两高"1985年7月18日《关于当前办理经济犯罪案件中具体应用法律的若干问题的解答(试行)》(已废止)指出:"内外勾结进行贪污或者盗窃活动的共同犯罪……应按其共同犯罪的基本特征定罪。共同犯罪的基本特征一般是由主犯犯罪的基本特征决定的。"以一般公民与国家工作人员共同骗取财物为例。根据这一观点,如果主犯是国家工作人员,则将共同犯罪认定为贪污罪(参见刑法第382条);如果主犯是一般公民,则将共同犯罪认定为诈骗罪。这种观点虽然具有合理性,但也存在缺陷:第一,在我国,行为人在共同犯罪中所起的作用大小,是确定共犯人种类的依据,而不是定罪的依据;主从犯是在确定了共同犯罪性质的前提下认定的,而不宜相反;否则便是先确定量刑情节

[118] 参见[日]西田典之:《刑法总论》,弘文堂2010年第2版,第399页以下;张明楷:《外国刑法纲要》,清华大学出版社2007年第2版,第332页。

后认定犯罪性质。第二,如果无身份者与有身份者在共同犯罪中都起相同的主要作用,便无法确定罪名。第三,为共犯人避重(刑)就轻(刑)指明了方向。

正因为如此,不少学者主张应当按照实行犯(正犯)的犯罪性质决定共同犯罪的性质,虽然这一观点具有一定的合理性,但也面临着难题:第一,如何确定实行行为?因为实行行为具有相对性,甲罪中的帮助行为可能是乙罪中的实行行为。如作为保险事故财产评估人的中介组织人员故意提供虚假的证明文件,为他人诈骗保险金提供条件的,是保险诈骗罪的帮助行为,却是提供虚假证明文件罪的实行行为。如果均为实行犯,又如何确定罪名?第二,难以保证罪刑相适应。刑法第 382 条之所以明文规定内外勾结的以贪污罪的共犯论处,一个重要原因是贪污罪的法定刑重于盗窃罪的法定刑。如果法定刑存在相反的情况,即如果以一般主体的行为性质定罪法定刑更重时,上述观点就暴露出明显的缺陷。

其实,上述设问与回答是以犯罪共同说为前提的,而且没有实际意义。一方面,如前所述,共同犯罪的立法与理论所要解决的基本问题是,应当将法益侵害结果及其危险归属于哪些人的行为。但是,各个人的行为成立何种犯罪还取决于各自的特殊身份与责任内容。另一方面,认定共同犯罪时,首先要判断正犯。在正犯实施了符合构成要件的不法行为的前提下,应当以正犯为中心判断教唆行为与帮助行为,然后判断教唆者与帮助者的责任内容,进而确定其触犯的罪名。在不存在共犯过剩与认识错误(参见本章第十节)等影响责任判断的通常场合,无身份者与正犯一般触犯的是相同罪名。例如,当作为国家工作人员的正犯利用职务上的便利实施了贪污行为时,就应当肯定其行为成立贪污罪。在此前提下,故意实施了教唆行为或者帮助行为的教唆者或帮助者,当然成立贪污罪的教唆犯或帮助犯。但是,在身份不同、责任内容不同的情况下,教唆者与帮助者所触犯的罪名,也可能不同于正犯。例如,甲应乙之约为乙的盗窃行为望风,事实上乙入室后实施了抢劫行为。正犯乙的行为成立抢劫罪,甲的望风行为与乙的抢劫结果之间具有因果性,客观上是抢劫罪的帮助行为。但是,由于乙仅具有盗窃罪的故意,故只能认定其行为成立盗窃罪。

由于正犯行为具有相对性,所以,在定罪时应当注意运用想象竞合犯的原理。第一,在有身份者为正犯,无身份者对正犯实施了教唆、帮助行为,也没有触犯其他犯罪的情况下,只能按照身份犯触犯的罪名定罪量刑。如一般公民教唆国家工作人员收受贿赂的,对一般公民只能认定为受贿罪(教唆犯)。第二,在有身份者与无身份者共同犯罪,而有身份者为 A 罪的正犯(可能是 B 罪的从犯),无身份者为 B 罪的正犯(可能是 A 罪的从犯)时,应当认定无身份者与有身份者的共同故意犯罪行为同时触犯了两个以上罪名,构成想象竞合。如果对其中一方认定按较重罪的从犯处罚,导致对其处罚轻于较轻罪的正犯时(按较轻罪的正犯处罚更符合罪刑相适应原则时),则应将其按较轻罪的正犯处罚。于是,有身份者与无身份者存在罪名不同的可能性(参考以下论述)。

三、不同身份者的共同犯罪

刑法理论与司法实践还经常面临具有不同身份的人共同犯罪时,如何定罪的问题。例如,非国有公司的工作人员甲与国有公司委派到该非国有公司从事公务的国家工作人员乙共同侵占该非国有公司的财产时,应当如何定罪处罚?

最高人民法院 2000 年 6 月 30 日《关于审理贪污、职务侵占案件如何认定共同犯罪几个问题的解释》指出:“公司、企业或者其他单位中,不具有国家工作人员身份的人与国家工作人员勾结,分别利用各自的职务便利,共同将本单位财物非法占为己有的,按照主犯的犯罪性质定罪。”最高人民法院2003年11月13日《全国法院审理经济犯罪案件工作座谈会纪要》指出:“对于在公司、企业或者其他单位中,非国家工作人员与国家工作人员勾结,分别利用各自的职务便利,共同将本单位财物非法占有的,应当尽量区分主从犯,按照主犯的犯罪性质定罪。司法实践中,如果根据案件的实际情况,各共同犯罪人在共同犯罪中的地位、作用相当,难以区分主从犯的,可以贪污罪定罪处罚。”但根据前述讨论,这两个解释值得商榷。从两个解释的立场出发,后一解释中“难以区分主从犯的,可以贪污罪定罪处罚”的规定,也违反事实存疑时有利于被告的原则。事实上,在公司、企业或者其他单位中,不具有国家工作人员身份的甲与国家工作人员乙相勾结,分别利用各自的职务便利,共同将本单位的财产非法占为已有时,甲与乙都同时触犯了贪污罪与职务侵占罪,应按贪污罪的共犯论处。因为一般公民与国家工作人员相勾结伙同贪污者,都成立贪污罪的共犯,不具有国家工作人员身份的公司、企业人员,更应与国家工作人员构成贪污罪的共犯。不过,如果将甲认定为贪污罪的从犯,导致对其处罚轻于职务侵占罪的正犯(主犯)时,则对甲认定为职务侵占罪的正犯(此时,甲与乙虽然是共犯,但罪名不同)。此外,如果甲与乙仅利用了国家工作人员乙的职务便利,也成立贪污罪的共犯。但是,如果甲与乙仅利用了甲的职务便利,则乙的国家工作人员身份不具有意义,仅成立职务侵占罪的共犯。

再如,被保险人与国有保险公司工作人员相勾结骗取保险金时,就保险诈骗而言,被保险人实施的是实行行为;就贪污罪而言,国有保险公司工作人员实施的是实行行为。另一方面,由于教唆、帮助行为也具有相对性,就贪污罪而言,被保险人的行为是教唆、帮助行为;就保险诈骗罪而言,国有保险公司工作人员的行为可能属于教唆、帮助行为。所以,在被保险人与国有保险公司工作人员相互勾结骗取保险金的情况下,被保险人便既是保险诈骗罪的正犯,又是贪污罪的教唆犯、帮助犯;国有保险公司工作人员则既是贪污罪的正犯,又是保险诈骗罪的教唆犯、帮助犯。既然如此,就表明被保险人与国有保险公司工作人员的行为都同时触犯了贪污罪与保险诈骗罪,成立想象竞合。[119] 假如对被保险人按贪污罪的从犯处罚,导致对其处罚轻于保险诈骗罪的正犯的处罚时,则应将被保险人按保险诈骗罪的正犯处罚。即二人虽构成共同犯罪,但对国有保险公司工作人员按贪污罪的正犯处罚,对被保险人按保险诈骗罪的正犯处罚。

又如,分管政法的党委副书记甲利用职务上的便利指使法官乙将有罪的人宣告无罪时,甲实施了滥用职权罪的正犯行为,也实施了徇私枉法罪的共犯(教唆)行为;由于徇私枉法罪是滥用职权罪的特别条款,所以,乙实施的徇私枉法罪的正犯行为,也可谓滥用职权罪的正犯行为。于是,甲、乙均同时触犯滥用职权罪与徇私枉法罪。根据处理法条竞合的原则,对乙只能按徇私枉法罪论处;对甲则既可能以滥用职权罪的正犯处罚,也可能以徇私枉法罪的共犯(教唆犯)处罚,此时需要比较法定刑的轻重,从一重罪处罚。

四、不真正身份犯的共同犯罪

不具有加减身份的人与具有加减身份的人共同实施不真正身份犯时,固然构成共同犯罪,但刑法关于刑罚加减的规定仅适用于具有加减身份的人,而不适用于不具有加减身

[119] 对于法定刑的轻重,需要根据犯罪数额与具体的法定刑进行比较,此处只是进行了一般比较。

份的人。例如,刑法第243条第2款规定,国家机关工作人员犯诬告陷害罪的,从重处罚。非国家机关工作人员与国家机关工作人员共同故意实施诬告陷害行为时,构成该罪的共犯;对国家机关工作人员应从重处罚,对非国家机关工作人员则不能适用该规定从重处罚。[120]

事实上,除了身份以外,对其他特定的主观要素与共同犯罪的关系,也应按上述结论处理。例如,某种犯罪的成立以行为人主观上具有特定目的为要件,不具有该特定目的的甲,明知乙具有该特定目的,而与之共同故意犯罪的,成立以该特定目的为主观要素的犯罪的共犯。[121] 同理,如果特定目的影响刑罚轻重,则对无特定目的的共犯人适用通常之刑。因此,可以得出如下结论:凡参与以特定的个人要素为构成要件要素之犯罪的人,虽不具有这种要素,仍是共犯;因特定的个人要素致刑罚有轻重时,不具有这种要素的共犯人,仍科处通常刑罚。[122]

第十节 共犯与认识错误

一、共同犯罪的认识错误概述

共同犯罪人的认识错误,是相当复杂的问题。如果共犯人具有法律认识或事实认识错误,原则上也适用处理法律认识错误与事实认识错误的原则。但共同犯罪的认识错误也存在特殊之处,其中主要是共犯的事实认识错误。

二、同一共犯形式内的错误

(一)共同正犯的认识错误

共同正犯的认识错误,包括同一构成要件内的错误与相异构成要件间的错误。

根据本书的观点,对同一构成要件内的错误,应采取法定符合说予以解决。例如,甲、乙共谋杀害丙,在共同实行时,都认为前方是丙,但实际上杀死的是丁。这是对象错误的情况,甲与乙成立故意杀人既遂的共同正犯。又如,甲、乙共谋杀害丙,在共同实行时,没有击中丙,却击中了丙身边的丁。根据法定符合说,甲与乙成立故意杀人既遂的共同正犯。

对相异构成要件间的错误,也应按法定符合说处理。例如,甲、乙共谋杀害丙,以为丙在草丛中,共同开枪射击,但草丛中不是丙而是丙的一只狗。由于客观方面与主观方面不

---

[120] 从理论上说,如果认为此时的国家机关工作人员身份是责任身份(即特殊身份只是使得行为人的非难可能性严重),那么,即使非国家工作人员知道另一方是国家机关工作人员,对前者也不可能从重处罚。因为责任不可能具有连带性。如果认为此时的国家机关工作人员是违法身份(即特殊身份使得法益侵害更为严重),那么,只要非国家机关工作人员知道另一方是国家机关工作人员,对前者似乎具有从重处罚的可能性。因为共同犯罪中的违法通常是连带的。但是,刑法分则的上述规定以及其他关于加减身份的规定,并不是一种特别的构成要件规定,只是量刑规定,这种规定显然只是针对有身份者而言,故对无身份者不应适用身份犯的量刑规定。

[121] 参见曾宪信、江任天、朱继良:《犯罪构成论》,武汉大学出版社1988年版,第161页以下。

[122] 多数国家刑法规定了共犯与身份问题,而德国现行刑法规定的是共犯与特定的个人要素,使之包含了身份、目的等特定要素,避免了目的等是否身份的争论,使共犯的规定更为完善(参见德国刑法第28条)。

存在重合的部分,甲与乙都无罪(不可罚的不能犯)。[123] 再如,甲、乙共谋杀害丙,都开枪向丙射击。甲打中了丙身边的狗(狗的价值数额较大),乙什么也没有打中。应当认为,甲与乙构成杀人未遂的共同正犯;由于过失毁坏财物不可罚,因而不成立毁坏财物罪。

(二)间接正犯的认识错误

间接正犯的认识错误,是指间接正犯所认识的事实与被利用者所实现的构成要件事实不一致。[124] 包括同一构成要件内的错误与相异构成要件间的错误。

例如,医生甲想杀害丙(起先住在医院A病房),便将毒药交给不知情的护士乙,让乙给A病房的患者注射。由于丙换了病房,乙到A病房后实际上给新来的患者丁注射了毒药,导致丁死亡。一种观点认为,甲成立故意杀人(丙)未遂与过失致人(丁)死亡的想象竞合犯。本书采取法定符合说,主张甲对丁成立故意杀人既遂。不仅如此,即使采取具体符合说,也不能排除甲对丁有杀人故意,也只能认定为故意杀人既遂。[125]

再如,A让无责任能力的B盗窃C的手提电脑,但B却毁坏了C的手提电脑。如果B客观上已经着手实施盗窃行为,那么,A成立盗窃未遂的间接正犯。如果B没有着手实行盗窃行为,只是单纯地毁坏了财物,则A由于缺乏毁坏财物的故意而不成立犯罪。

(三)教唆犯的认识错误

教唆犯的认识错误,是指教唆犯所认识的事实与正犯所实现的结果不一致。这里有两种情况:一是教唆者的意思与正犯的意思不一致;二是教唆者的意思与正犯的意思及结果不一致。这两种情形又都可以分为同一构成要件内的错误与相异构成要件间的错误。

例如,丙与丁并排站立,甲教唆乙"杀死站在右边的丁",乙却听成了"杀死站在左边的丙",开枪射击后导致丙死亡。这是同一构成要件内的错误,乙构成故意杀人罪,甲是故意杀人罪的教唆犯。[126] 再如,甲教唆乙杀死丙,乙开枪射击丙,却打中了丁(打击错

---

〔123〕 甲、乙对毁坏财物持过失,但刑法仅处罚故意毁坏财物的行为。甲、乙虽有杀害丙的故意,但由于丙并不存在于草丛中,甲、乙不可能致人死亡,故属于不能犯。倘若丙同时也在草丛中,只是甲、乙没有打中,则成立故意杀人未遂。

〔124〕 关于间接正犯的其他认识错误,参见后述内容。

〔125〕 参见[德]乌尔斯·金德霍伊泽尔:《刑法总论教科书》,蔡桂生译,北京大学出版社2015年版,第428页。

〔126〕 德国对此问题的讨论也相当激烈。例如,被告人B企图杀害自己的儿子S,但是又觉得自己"没有能力实施犯罪",于是花钱雇请正犯实施杀害行为。为了不误伤他人,B向正犯讲述了S的习惯与相貌,并将S的照片交给正犯;正犯事前也见过了S(并没有完全记住S的相貌)。1985年11月25日晚上,正犯潜伏在马厩中(S习惯于穿过马厩回家),伺机杀害S。当时四周非常黑暗,大约19点的时候,身材与S很相似的邻居N进入了院子并且打开了马厩的门。正犯将N误认为S,从而近距离枪杀了N(庄园继承人案)。此案的正犯无疑构成谋杀罪,但对B的处理则存在不同见解:(1)认为B成立教唆未遂(通说)。因为虽然相对于正犯而言是客体错误,但相对于B而言,属于打击错误。而德国的通说对于打击错误采取的是具体符合说。宾丁的观点也佐证了这一结论。根据宾丁的观点,如果正犯误杀之后继续等待并杀害了S,那么,正犯成立两个谋杀罪,B仅对S的谋杀成立教唆犯。(2)认为B成立未遂的教唆犯。因为正犯射杀N的行为也是杀害S的未遂行为,而B教唆了杀害S的行为。但反对者认为,正犯对N实施的既遂的谋杀不能同时被认定为对S的杀害未遂。(3)认为B成立既遂罪的教唆犯。理由是,正犯的错误对于教唆者而言并没有影响。(4)认为应当区别对待。有人认为,如果正犯的错误对于B而言是可以预见的,则错误对于教唆者而言并没有影响,B应负教唆既遂的责任;如果正犯的错误对于B而言是不可预见的,则B成立教唆未遂。有人指出,如果正犯遵循了B对被害人的描述实施行为,就成立既遂罪的教唆犯;否则,就属于教唆未遂。存在更大争议的问题是,甲教唆乙杀丙,乙因为对象错误而杀害了丁,发现错杀之后,乙后来又杀害了丙。可以肯定的是,乙对丙与丁的死亡均应承担刑事责任。问题是对甲应当如何处理?具体符合说与法定符合说中的一故意说一般认为,甲仅对丙的死亡承担故意杀人罪的教唆犯的刑事责任;法定符合说中的数故意说会认为,甲对丙与丁均承担故意杀人罪的教唆犯的刑事责任。此外,也可能发生乙因为打击错误而杀害了丁,后来又杀害丙的案件。对此,法定符合说与具体符合说的结论也不相同。

误)。本书认为,乙构成故意杀人罪,甲是故意杀人罪的教唆犯。

相异构成要件间的错误的处理,同样采取法定符合说。例一,甲教唆乙杀死隐藏在草丛中的丙,乙开枪射击,但实际上草丛中没有人,乙杀死的是丙饲养的狗。根据本书的观点,甲与乙都无罪。因为过失毁坏财物不可罚,乙没有实施杀“人”行为,因而不构成故意杀人罪,甲也不成立故意杀人罪的教唆犯。例二,甲教唆乙打死右边的丙的狗,乙听成打死左边的丙的狗(实际上左边为一儿童),乙开枪射击,打死了左边的儿童。本书认为,乙成立过失致人死亡罪,甲无罪。例三,甲教唆乙“杀死那条狗”,乙开枪射击此狗,没有瞄准,打死了一儿童。乙成立过失致人死亡罪,甲无罪。

(四)帮助犯的认识错误

对于帮助犯的认识错误,适用上述关于教唆犯的认识错误的理论。

三、不同共犯形式的错误

由于共犯的犯罪形式不同并不影响罪质,因此,关于不同共犯形式的错误,应当在有责的不法限度内,成立其中较轻的共犯形式。例如,行为人以共同正犯的意思望风,但实际上只起帮助作用时,只成立帮助犯。行为人以帮助的故意实施心理的帮助行为,事实上起到了教唆的作用的,只能认定为帮助犯。再如,他人已经产生犯罪的决意,行为人以为还没有产生犯罪的决意而实施教唆行为的,也只成立帮助犯。

关于所谓狭义的共犯与间接正犯的错误,有以下几种情形值得研究:

1. 以间接正犯的意思利用他人犯罪,但产生了教唆的结果。例如,甲误以为乙是没有责任能力的精神病患者,便引诱乙杀人,但乙具有责任能力,按甲的旨意杀了人。主观说以行为人实际所具有的故意为标准,认为甲是故意杀人罪的间接正犯(未遂)。客观说以实际所产生的事态为标准,认为甲只成立故意杀人罪的教唆犯。因为利用者的行为是正犯还是共犯,应由法官判断,而不是取决于利用者的故意内容。折中说则认为,不能超越客观的事实关系确定责任,因此,甲只成立杀人罪的教唆犯。在本书看来,仅以主观面为标准进行判断是片面的,必须同时考虑主观与客观两方面;从责任的实质来看,间接正犯的故意也符合教唆的故意,故认定为故意杀人罪的教唆犯并不违反罪刑法定原则。此外,在我国,教唆犯是按照其在共同犯罪中所起的作用处罚,因此,认定为教唆犯比认定为间接正犯的未遂更具合理性。

2. 以教唆犯的意思实施教唆行为,但产生了间接正犯的结果。例如,甲误以为乙具有责任能力,教唆乙杀人,实际上乙没有责任能力,乙在无责任能力的状态下杀了人。就结论而言,甲只成立故意杀人罪的教唆犯。但是,这并不属于所谓认识错误的情形,而是教唆犯的从属性程度问题。将这种情形作为认识错误处理的论证过程表现为,甲的行为没有引起被教唆者的故意,原本不符合教唆犯的成立条件,但根据认识错误理论,甲又成立教唆犯。然而,问题的关键是:教唆犯的成立是否以引起被教唆者的故意为前提?显然,上述论证的前提与其结论是自相矛盾的:前提是教唆犯的成立必须引起被教唆者的故意,结论是没有引起被教唆者的故意时也可能成立教唆犯。[127] 既然得出甲成立教唆犯的结论,就表明教唆犯的成立不以引起被教唆者的故意为前提,只要引起乙实施符合构成要件的违法行为即可。乙确实实施了符合构成要件的违法行为,故甲成立教唆犯。

---

〔127〕 参见[日]松宫孝明:《刑事立法与犯罪体系》,成文堂2003年版,第259页。

3.被利用者起初具有工具性质,但后来知道了真相。例如,医生甲意图杀死患者丙,将毒药给不知情的护士乙,乙后来发现是毒药,但仍然注射了该毒药。一种观点认为,甲是故意杀人罪的间接正犯。因为不管乙是否知情,甲的实行行为(利用行为)已经实行完毕,而且导致了丙死亡的结果,因此,甲与乙是竞合的故意杀人罪的正犯;甲的行为引起了乙的杀人决意,这虽然也是一种教唆,但应被正犯吸收。但是,间接正犯的成立要求利用者支配犯罪事实,但在上述场合,由于乙已知情,故甲不符合间接正犯的条件。另一种观点认为,甲是杀人未遂的间接正犯。由于乙知情后产生了杀人故意,因而甲的行为与乙的行为之间不具有因果关系,故甲只成立杀人未遂的间接正犯。但是,既然甲的行为与丙的死亡之间具有物理的因果性,就不可能仅承担未遂的责任。本书认为,甲通常是故意杀人罪的教唆犯。因为在这种场合,完全可以肯定甲的行为引起了乙实施符合构成要件的违法行为的意思,因而属于教唆行为,又由于间接正犯的故意也符合(包含)教唆犯的故意,故对甲的行为应以故意杀人罪的教唆犯论处。而且,在我国的共犯立法体例下,认定甲的行为成立故意杀人既遂的教唆犯比认定为杀人未遂的间接正犯,更有合理性。

四、共犯过剩

大体来说,共犯过剩,是指正犯的行为与结果超出了共同正犯、教唆犯、帮助犯的故意内容的情形。

例如,甲邀约乙对丙实施暴力,乙以为甲希望杀害丙,事实上甲仅具有伤害丙的故意,甲、乙共同对丙实施暴力,导致丙死亡。在这种情况下,应认定甲与乙构成共同正犯,并都对丙的死亡结果承担责任。但由于乙具有杀人故意与杀人行为,对乙应认定为故意杀人罪;甲仅有伤害的故意,只能成立故意伤害(致死)罪。

再如,甲、乙共谋杀害在某博物馆工作的丙,并同时举枪向丙射击,甲击中了国家保护的珍贵文物,乙没有击中任何目标。由于甲、乙对丙有共同杀人故意,但没能造成丙的死亡,故成立故意杀人未遂的共同正犯。甲的行为另触犯了过失损毁珍贵文物罪,故甲是故意杀人未遂与过失损毁珍贵文物罪的想象竞合犯(实际上只能以杀人未遂论处),但乙不成立想象竞合犯。

又如,甲教唆乙盗窃,但乙实施了抢劫;A 教唆 B 伤害,B 实施了杀人行为。在这种场合,甲、A 只能在与其认识的事实相重合的范围内承担既遂责任。即甲只承担盗窃罪(既遂)的责任(不能认为乙没有犯被教唆的罪,因为在规范意义上说,抢劫包含了盗窃),A 只承担故意伤害致死的责任。

还如,A 入户盗窃时邀约 B 为其盗窃望风,A 入户后见被害人在家,便使用暴力抢劫了财物。A 成立抢劫罪,但 B 仅成立盗窃罪的帮助犯。

第十一节　共犯与犯罪形态

一、共犯与犯罪形态概述

在单独犯罪中,行为人已经着手实行犯罪,但由于意志以外的原因而未得逞时,该犯罪属犯罪未遂形态,该行为人是未遂犯;行为人自动中止犯罪时,该犯罪属犯罪中止形态,该行为人是中止犯；依此类推。但共同犯罪是二人以上共同犯罪，在同一共同犯罪中可能有的共犯人是未遂犯，有的共犯人是中止犯，这是因为犯罪未遂与犯罪中止在客观上存在共同点——没有发生特定的犯罪结果，而之所以没有发生特定犯罪结果，相对于部分共犯人而言，是基于自动中止，相对于另一部分人而言属于意志以外的原因，因而对不同的犯罪人应当确定为不同的犯罪形态。在此意义上说，共同犯罪的形态，应是共同犯罪中的各共犯人的犯罪形态。一般来说，在共同犯罪中，只要共犯人中没有人中止与脱离，那么，共同犯罪的形态与各个共犯人的犯罪形态，基本上是统一的（如前所述，教唆犯可能存在例外；承继的共同犯罪与片面的共同犯罪也可能存在例外）。例如，如果共犯人中一人的行为导致既遂，其他共犯人均成立既遂（共犯关系的脱离者除外）；如果共犯人中的一人着手实行犯罪，其他共犯人不可能成立犯罪预备（共犯关系的脱离者除外）。

二、共同犯罪的着手

根据共犯从属性的原理，当正犯着手实行时，教唆犯、帮助犯也进入着手实行阶段。如果正犯由于意志以外的原因未得逞，对教唆犯与帮助犯也应以未遂犯论处。对此没有疑问。

存在争议的是，如何确定共同正犯的着手？个别考察说认为，应当分别考察各个共同正犯是否已经为着手做出了贡献。整体考察说认为，只要共同正犯中有人已经着手实行犯罪，就应认为其他共同正犯也已经着手实行犯罪；如果最早着手实行的共同正犯未得逞，那么，其他共同正犯也成立犯罪未遂，而不是犯罪预备。就现实的具体案件来说，两种观点的结论不会存在明显的差异，但个别考察说不符合部分实行全部责任的原理，故应采取整体考察说。

三、共同犯罪的中止

就共同正犯而言，当所有正犯者都自动中止犯罪时，均成立中止犯。共同正犯中的一部分正犯自动停止犯罪，并阻止其他正犯实行犯罪或防止结果发生时，这部分正犯就是中止犯；其他没有自动中止意图与中止行为的正犯，则是未遂犯。共同正犯中的一部分正犯中止自己的行为，但没有消除自己的行为与结果之间的因果性，由其他正犯的行为直接导致结果发生时，也不成立中止犯，而应成立既遂犯。因为在这种场合，即使中止了自己的"行为"，但由于没有消除自己已经实施的行为与结果之间的因果性，也不能认为中止了"犯罪"。例如，甲、乙、丙三人共谋对丁女实施轮奸，共同对丁女实施暴力后，甲、乙实施了奸淫行为，但丙自动地没有实施奸淫行为。对此，不得认定丙成立强奸罪的中止。因为对共同正犯采用部分实行全部责任的原则，丙不仅要对自己的行为结果负责，还要对甲、乙的行为结果负责；既然甲、乙的行为已经造成了侵害结果或者说已经既遂，丙理当对甲、乙的犯罪既遂承担责任。所以，丙只是放弃了自己的行为，并没有中止犯罪。当然，丙放弃奸淫行为的情节，对丙而言是一个十分重要的酌定量刑情节。

总之，只有当共犯人自动消除了自己的行为与结果之间的因果性，才能成立中止犯。[128] 例如，在正犯着手实行并导致结果发生后，共犯人放弃犯罪行为的，不可能成立中止犯。在正犯的行为终了后，共犯人自动防止结果发生的，共犯人成立中止犯。在正犯尚

---

〔128〕 根据本书的观点，共犯人为消除自己的行为与结果之间的因果关系作出了真挚的努力，即使由于其他原因导致结果没有发生的，也应认定为中止犯。

未实行终了,共犯人说服正犯使之放弃犯罪的,共犯人与正犯均成立中止犯。在正犯尚未实行终了,共犯人报警阻止正犯的行为结果的,或者自己亲手阻止正犯的行为结果的,共犯人成立中止犯,正犯成立未遂犯。已经开始为正犯的着手盗窃望风的帮助者,中途默默离开的,不成立中止犯。即使明确告诉正犯自己要离开现场,但如果先前承诺望风的行为对正犯决意实施盗窃起到了促进作用的,也不成立中止犯。

教唆犯、帮助犯自动中止教唆行为、帮助行为,并阻止正犯的行为及其结果时,成立教唆犯、帮助犯的中止犯。反之,正犯在着手实行后自动中止犯罪,对于教唆犯、帮助犯来说属于意志以外的原因时,正犯是中止犯,教唆犯、帮助犯属未遂犯。在处罚犯罪预备的情形下,正犯在预备阶段自动中止犯罪,对于教唆犯、帮助犯来说属于意志以外的原因时,正犯是中止犯,教唆犯、帮助犯属预备犯。

四、共犯关系的脱离

共犯关系的脱离与共犯人的中止相关联,但不是相同问题。

如前所述,只有当共犯的行为与结果之间具有因果性时,才能将结果归属于共犯的行为。所谓共犯的脱离,实际上也是共犯的因果性问题。亦即,共犯放弃或者被迫停止共犯行为后,由他人导致结果发生时,在什么样的情况下,否认共犯的先前行为与正犯结果之间具有因果性(即肯定共犯的脱离),从而只让共犯承担中止犯或者预备犯、未遂犯的刑事责任。换言之,在某些情形下,行为人虽然实施了共犯行为(如教唆、帮助行为或者共同正犯行为),但是,如果后来又消除了该行为对犯罪结果的促进作用,导致先前的共犯行为与结果之间不具有因果性时,就属于共犯关系的脱离。不难看出,所谓共犯关系的脱离,实际上是同时消除已经实施的共犯行为与结果之间的物理的因果性与心理的因果性。但是,共犯关系的脱离,并不以脱离者的自动性(任意性)为前提。

(一)着手前的脱离

如果脱离者在正犯着手之前脱离,那么,就仅对预备行为负责(如自动脱离,则是预备阶段的中止犯),如果不处罚预备,该脱离者就不承担任何责任。

首先,教唆行为与正犯的行为结果之间是一种心理的因果性。因此,教唆者引起了他人的犯意后,只有消除了教唆行为所产生的心理的因果性,才能承认教唆犯的脱离。所谓消除教唆行为产生的心理的因果性,是指教唆者使被教唆者放弃犯意。被教唆者放弃犯意后,自己再起犯意实行犯罪的,教唆者不对正犯的行为结果承担刑事责任。但是,如果教唆者努力劝说被教唆者,被教唆者执意不放弃犯意,造成了法益侵害结果的,教唆者仍然应当承担既遂犯的责任。

其次,帮助行为与正犯的行为结果之间既可能是物理的因果性,也可能是心理的因果性,还可能既有物理的因果性,也有心理的因果性。只有消除了物理的因果性与心理的因果性,才能承认帮助犯的脱离。例如,将凶器提供给正犯后,在正犯着手之前取回凶器的,或者答应按时望风的人,在正犯着手之前告诉对方自己不实施望风行为,就是共犯关系的脱离。正犯仍然着手犯罪的,帮助者不承担未遂犯与既遂犯的责任。

最后,(预备阶段的)共同正犯的脱离,按照帮助犯的脱离的条件予以判断即可。[129]

---

〔129〕 以上参见[日]山口厚:《刑法总论》,有斐阁2016年第3版,第376页以下。

(二)着手后的脱离

如果脱离者在正犯着手之后结果发生之前脱离,则仅在未遂的限度内承担共犯的责任(如果是自动脱离,则成立中止犯)。

从理论上说,在正犯着手后,教唆者与帮助者至少要负未遂犯的刑事责任。但是,教唆行为与帮助行为虽然与正犯的犯罪未遂具有因果性,但如果在正犯着手后消除了其行为对既遂结果可能具有的因果影响力,即使正犯既遂,教唆者与帮助者也可能视其有无自动性成立中止犯或者未遂犯。例如,甲决意盗窃并邀约乙为自己的入户盗窃望风,在甲入户物色财物的过程中,乙打电话告诉甲自己不再实施望风行为。甲知道乙离开后继续实施盗窃行为既遂的,乙成立盗窃罪的中止犯,不承担既遂责任。再如,甲入户盗窃,邀约乙为其盗窃望风,乙同意并为甲望风。但在甲入户后,乙悄悄溜走了,甲不知情,后盗窃既遂。由于甲一直以为乙在为自己的盗窃望风,所以,即使乙离开了望风现场,其行为依然使得甲安心盗窃,因而与甲的盗窃结果之间具有心理的因果性。由于乙并没有脱离共犯关系,所以,依然应负盗窃既遂的责任。

再如,甲、乙共谋杀害丙,相约翌日到丙家共同将丙杀死;甲如期到丙家,而乙未去,甲一人将丙杀死。一种观点指出:“共谋……是共同犯罪预备行为,共谋而未实行者无疑亦具备成立共同犯罪所需要的主客观要件……甲一人杀死丙的行为与乙参与密谋杀人是密不可分的,乙同样应负杀人罪既遂的罪责。”[130] 其实对此不能一概而论。换言之,乙并没有如约到达现场,实际上将自己不参与杀害行为的决定通知到了甲,所以,乙是否对甲造成的死亡结果负责,取决于甲与乙的共谋内容。例如,如果乙与甲共谋了杀害丙的地点、方法等内容,甲按照二人的共谋内容杀害了丙,或者共谋内容表现为乙促使甲产生杀害丙的决意,都可以肯定乙的共谋行为与甲杀害丙的结果之间具有因果性。但是,倘若甲提出杀害丙,只是邀约乙次日一同前往丙家共同杀害丙或者让乙为自己的杀害行为望风,乙次日却没有到达现场的,则不能认为乙的共谋行为与甲的杀害结果之间具有因果性。此时,乙脱离了共犯关系,充其量仅成立故意杀人的预备犯。

共同正犯的脱离也是因果性的判断问题。例如,一对夫妻想杀死其女儿的非婚生孩子,在二人以为已经杀死孩子后,丈夫先行离开。妻子后来发现孩子还活着,就独自将孩子杀死。丈夫与妻子先前共同实施的杀害行为,与孩子生命处于危险状态具有因果性,因此,二人成立故意杀人未遂的共同正犯。但是,在丈夫离开后,妻子独自将孩子杀害的结果就不能归属于丈夫先前的行为,因此,妻子必须独自承担杀人既遂的刑事责任。反之,即使部分正犯放弃了自己的行为,但只要其已经实施的行为与其他正犯结果之间具有因果性,就必须对该结果负责。

第十二节　共犯人的处罚原则

一、共犯人的分类

共犯人的分类,是指按照一定标准将共同犯罪成员划分为不同的类别。一般认为,国

〔130〕 高铭暄主编:《刑法专论》(上编),高等教育出版社2002年版,第362～363页。

内外刑法主要存在两种分类:一是将共犯人分为(共同)正犯、教唆犯、帮助犯,有的还增加一个组织犯;二是将共犯人分为主犯、从犯,有的还增加一个胁从犯。我国刑法理论的通说认为,我国刑法采取的是后一种分类方法,将共犯人分为主犯、从犯与胁从犯。如所周知,德国、日本关于正犯与共犯的区分,并不是采取形式的客观说,而是采取了犯罪事实支配理论或者实质的客观说。因此,其中的正犯也可谓主犯。反过来说,即使从解释论的角度来说,也可能认为我国刑法规定的主犯就是正犯,从犯与胁从犯就是帮助犯。然而,应当注意的是,我国刑法与司法实践中关于主从犯的区分标准,比国外的正犯、教唆犯与帮助犯的区分标准更为实质。所以,在国外属于共同正犯的,在我国依然可能仅成立从犯。

我国刑法第 26 条至第 29 条分别规定了主犯、从犯、胁从犯与教唆犯(旧刑法第 23 条至第 26 条也是如此)。刑法理论的通说认为,刑法将共犯人分为主犯、从犯、胁从犯与教唆犯四类,使作用分类法与分工分类法统一起来;于是,教唆犯是与主犯、从犯、胁从犯并列的共犯人。本书认为,如果认为上述两种分类的标准不一,那么,我国刑法仅将共犯人分为主犯、从犯、胁从犯三类,刑法对教唆犯作了专门规定,但教唆犯并不是与主犯、从犯、胁从犯并列的共犯人。[131] 根据本书的观点,主犯、从犯、胁从犯的概念具有相对性,即有的共犯人可能属于共同犯罪中的主犯或者从犯,但由于存在责任阻却事由,而不得对其以犯罪论处,但不影响对其他共犯人定罪量刑。

总之,我国刑法将共犯人分为主犯、从犯与胁从犯,同时规定了相应的处罚原则,并特别规定了教唆犯的处罚原则。此外,关于单位犯罪中的共同犯罪处罚,也需要说明。

二、主犯及其处罚原则

(一)主犯的概念与种类

刑法第 26 条第 1 款规定:"组织、领导犯罪集团进行犯罪活动的或者在共同犯罪中起主要作用的,是主犯。"据此,主犯包括两类:一是组织、领导犯罪集团进行犯罪活动的犯罪分子;二是其他在共同犯罪中起主要作用的犯罪分子。

组织、领导犯罪集团进行犯罪活动的犯罪分子,就是犯罪集团的首要分子。"组织"主要是指为首纠集他人组成犯罪集团,使集团成员固定或基本固定。联系刑法第 97 条,[132]"领导"就是指"策划"、"指挥"。"策划"主要是指为犯罪集团的犯罪活动出谋划策,主持制定犯罪活动计划。"指挥"主要是指根据犯罪集团的计划,直接指使、安排集团成员的犯罪活动。从司法实践上看,犯罪集团的组织者通常也策划、指挥集团的犯罪活动,但有的也存在分工情况。只要从事上述活动之一的,便是首要分子,故犯罪集团中的首要分子既可以是一人,也可以不止一人。

在共同犯罪中起主要作用的犯罪分子,是指除犯罪集团的首要分子以外的在共同犯罪中对共同犯罪的形成、实施与完成起决定或重要作用的犯罪分子。其中的"共同犯罪"包括各种形式的共同犯罪。判断犯罪分子是否起主要作用,一方面要分析犯罪分子实施了哪些具体犯罪行为,对结果的发生起什么作用;另一方面要分析犯罪分子对其他共犯人

---

[131] 参见张明楷:"教唆犯不是共犯人中的独立种类",载《法学研究》1986 年第 3 期。

[132] 刑法第 97 条规定:"本法所称首要分子,是指在犯罪集团或者聚众犯罪中起组织、策划、指挥作用的犯罪分子。"

的支配作用。

(二)主犯与首要分子的关系

根据刑法第97条的规定,首要分子分为两类:一是犯罪集团中的首要分子;二是聚众犯罪中的首要分子。如前所述,犯罪集团中的首要分子都是主犯。但犯罪集团中的主犯不一定是首要分子,因为在犯罪集团中,除了首要分子是主犯以外,其他起主要作用的犯罪分子也是主犯,却不是首要分子。

在一律构成共同犯罪的聚众犯罪中(如聚众斗殴罪),虽然可以以刑法分则对首要分子规定了较重的法定刑为依据,认为首要分子是主犯。但对这种首要分子不能适用刑法总则关于主犯的规定。

在是否属于共同犯罪应视案件情况确定的聚众犯罪中(如聚众扰乱公共场所秩序、交通秩序罪),刑法分则规定只处罚首要分子。如果案件中的首要分子只有一人,则只有一人的行为构成犯罪,无所谓共同犯罪,也无所谓主犯与从犯之分。如果案件中的首要分子为二人以上,则构成共同犯罪;首要分子起什么作用,应在首要分子之间进行比较、分析,不能将首要分子与不构成犯罪的其他参与人进行比较;如果二人以上均在组织、策划、指挥聚众犯罪中起主要作用,则皆为主犯;如果有人起主要作用、有人起次要作用,则应分别认定为主犯与从犯。

由上可见,聚众犯罪中的首要分子不一定是主犯。认为聚众犯罪的首要分子均为主犯的观点,既不符合刑法第26条的规定,也不符合刑法分则关于聚众犯罪的具体规定以及聚众犯罪的实际情况。

(三)主犯的处罚原则

刑法第26条第3款规定:"对组织、领导犯罪集团的首要分子,按照集团所犯的全部罪行处罚。"该条第4款规定:"对于第三款规定以外的主犯,应当按照其所参与的或者组织、指挥的全部犯罪处罚。"

1. 首要分子的处罚原则

犯罪集团中的首要分子,除了对自己直接实施的具体犯罪行为及其结果承担责任外,还要对集团所犯的全部罪行承担责任,即还要对其他成员按该集团犯罪计划所犯的全部罪行承担责任,因为这些罪行是由首要分子组织、策划、指挥实施的。所应注意的是,对犯罪集团的首要分子,是按"集团"所犯的全部罪行处罚,不是按"全体成员"所犯的全部罪行处罚。换言之,集团成员超出集团犯罪计划,独自实施的犯罪行为,不属于集团所犯的罪行,首要分子对此不承担责任。

(1)犯罪集团首要分子对集团成员在其总体性、概括性故意之内的,总体策划、指挥下的罪行,即使不知详情,也应当承担责任。例如,盗窃集团的首要分子,要求集团成员有机会就实施盗窃行为。即使首要分子对其成员何时、何地实施具体盗窃行为完全不知,也应承担相应的责任。再如,黑社会性质组织的首要分子,要求组织成员维护其组织的经济利益,对于侵害其组织经济利益的人,应不惜一切代价予以报复。在这种情况下,只要集团成员为了维护黑社会性质组织经济利益而报复(杀人、伤害等)"侵害者"的,都应当认为是首要分子策划、指挥的罪行,首要分子应当对此承担责任。反之,集团成员完全超出首要分子的总体上、概括性故意的行为,只能由实施者承担责任。例如,盗窃集团的首要分子,要求集团成员有机会就实施盗窃行为,但集团成员在实施盗窃的过程中强奸妇女的,首要分子对强奸行为不承担责任。

(2)虽然犯罪集团的首要分子事先确定、指示了集团的犯罪范围,但当集团成员超出该犯罪范围,实施某种犯罪行为(首次犯罪行为)后,首要分子并不反对,而是默认,甚至赞同、怂恿,导致集团成员以后实施该种犯罪的,虽然首要分子对成员的"首次犯罪行为"不应当承担责任,但对集团成员后来实施的相同犯罪行为,应当承担责任。例如,抢劫集团的首要分子甲,事先只是确定、指示其成员实施抢劫财物的行为。一段时间后,其成员乙、丙为了勒索财物,实施了绑架行为。事后,甲在集团内部"夸奖"乙、丙的行为。时隔不久,其他集团成员因为甲"赞成"绑架也实施了绑架行为。虽然首要分子甲对乙、丙的绑架罪不承担责任,但对于其他成员后来实施的绑架行为应当承担责任。因为在乙、丙实施了绑架行为之后,甲的概括性故意及其预定的犯罪内容,实际上除抢劫罪之外,已经包含了绑架罪。

(3)在首要分子对集团成员的犯罪内容做出某种程度的确定、指示,但没有明确限定具体目标、具体罪名等情况下,集团成员实施的犯罪行为没有明显超出首要分子的确定范围,或者说,集团成员实施的犯罪行为仍然处于首要分子确定、指示的范围之内时,首要分子仍应承担责任。例如,盗窃集团的首要分子指示成员实施盗窃行为,而没有限定盗窃的目标等内容,集团成员盗伐林木时,首要分子仍然对该盗伐林木的犯罪承担责任。同样,集团成员盗窃危险物质,危害公共安全的,首要分子也应对盗窃危险物质罪承担责任。

(4)在首要分子对集团成员的犯罪内容做出某种程度的确定、指示,但集团成员发生误解,实施了其他犯罪的情况下,首要分子应当在有责的限度内承担刑事责任。从抽象的事实认识错误的角度来说,如果集团成员所犯之罪,与首要分子所确定、指示的犯罪之间具有重合的性质,首要分子应当在性质重合的范围内承担责任。例如,首要分子指示集团成员实施盗窃行为,但集团成员误解为抢劫,并实施了抢劫行为。首要分子虽然不对该抢劫行为承担责任,但应当在盗窃罪的范围内,与集团成员成立共同犯罪,因而对盗窃罪承担责任。从共犯过剩的角度来说,首要分子对直接正犯所实施的超出首要分子故意内容的行为与结果,不承担刑事责任。

(5)如果首要分子策划、指挥的犯罪是容易转化的犯罪,那么,当集团成员在实施首要分子策划、指挥的犯罪过程中转化为另一重罪时,首要分子原则上应当对转化后的犯罪承担责任。例如,首要分子策划、指挥集团成员实施盗窃行为,集团成员在犯盗窃罪的过程中,为窝藏赃物、抗拒抓捕或者毁灭罪证,当场使用暴力或者以暴力相威胁,因而转化为抢劫罪的,首要分子一般应当对该抢劫罪承担责任。当然,如果盗窃集团的首要分子明确指示其成员在盗窃时不得转化为抢劫,则另当别论。

(6)如果首要分子策划、指挥某种基本犯罪行为,但集团成员在实施基本犯罪时造成加重结果的,首要分子也应承担结果加重犯的责任。

(7)虽然犯罪集团的首要分子要对集团所犯的全部罪行承担责任,但这并不意味着首要分子要对其中的任何具体罪行都承担主要责任。首要分子对于具体犯罪所承担的责任,应当根据其在该起犯罪中的具体地位、作用来确定。换言之,首要分子完全可能对某些具体的犯罪并不起主要作用。

2. 其他主犯的处罚原则

对于犯罪集团首要分子以外的主犯,应分为两种情况处罚:对于组织、指挥共同犯罪的人(如聚众共同犯罪中的首要分子),应当按照其组织、指挥的全部犯罪处罚;对于没有从事组织、指挥活动但在共同犯罪中起主要作用的人,应按其参与的全部犯罪处罚。这意味着现行刑法对这种主犯只是像单独犯那样处罚,而没有像旧刑法那样规定对主犯从重处罚。

当一个共同犯罪案件有两个以上的主犯时,他们在起主要作用的前提下仍有区别,其非难可能性会有差异,故对于主犯也需区别对待。

三、从犯及其处罚原则

刑法第 27 条第 1 款规定:“在共同犯罪中起次要或者辅助作用的,是从犯。”据此,从犯包括两种人:一是在共同犯罪中起次要作用的犯罪分子,即对共同犯罪的形成与共同犯罪行为的实施、完成起次于主犯作用的犯罪分子;二是在共同犯罪中起辅助作用的犯罪分子,即为共同犯罪提供方便、帮助创造条件的犯罪分子,主要是指帮助犯。

从犯是相对于主犯而言的。没有主犯就不可能成立共同犯罪,只有主犯(须二人以上)没有从犯可以成立共同犯罪。但共同犯罪中不可能只有两个以上的从犯而无主犯,[133]故不应任意扩大或缩小从犯的范围。认定从犯时,要根据行为人在共同犯罪中所处的地位、对共同故意形成的作用、实际参与的程度、具体行为的样态、对结果所起的作用等进行具体分析,判断其是否在共同犯罪中起次要或辅助作用。

刑法第 27 条第 2 款规定:“对于从犯,应当从轻、减轻处罚或者免除处罚。”特别需要指出的是,对于从犯也是按照其参与的全部犯罪处罚。只是由于从犯在共同犯罪中起次于主犯的作用,故刑法采取了上述必减原则。

四、胁从犯及其处罚原则

根据刑法第 28 条的规定,胁从犯是被胁迫参加犯罪的人,即在他人威胁下不完全自愿地参加共同犯罪,并在共同犯罪中起较小作用的人。要求胁从犯在共同犯罪中起较小作用(即未起主要作用)虽不是刑法的明文规定,却是对刑法第 26 条至第 29 条进行体系解释得出的合理结论。由于行为人是被胁迫参加犯罪,其合法行为的期待可能性减少,所以,即使客观上在共同犯罪中起次要作用,也只能按胁从犯处罚。如果行为人起先是被胁迫参加共同犯罪,但后来发生变化,积极主动实施犯罪行为,在共同犯罪中起主要作用,则应按主犯处罚。[134]

值得注意的是,行为人身体完全受强制、完全丧失意志自由或者符合紧急避险条件实施了某种行为的,不构成胁从犯。例如,抢劫犯持枪劫持出租车司机,令司机将其送往某银行实施抢劫行为的,出租车司机因为完全丧失意志自由,不构成抢劫罪的胁从犯。再如,民航飞机在飞行中突遭武装歹徒劫持,机长为避免机毁人亡,不得已将飞机开往歹徒指定地点。机长的行为是紧急避险,不成立劫持航空器罪的胁从犯。[135]

刑法第 28 条规定:“对于被胁迫参加犯罪的,应当按照他的犯罪情节减轻处罚或者免除处罚。”刑法之所以做出这样的规定,是因为胁从犯主观上不完全自愿参加犯罪,特别

---

〔133〕 至于“主犯”是否具有责任阻却事由因而是否成立犯罪,则是另一问题。例如,15 周岁的甲邀约 18 周岁的乙为其盗窃行为望风的,甲是主犯,乙是从犯。只不过甲具有责任阻却事由,而不得以盗窃罪论处。

〔134〕 不排除在特殊情况下按从犯处罚。

〔135〕 参见王作富:《中国刑法研究》,中国人民大学出版社 1988 年版,第 257 页。

预防的必要性小,客观上在共同犯罪中起较小作用。在处罚胁从犯时,一定要以其犯罪情节为依据。这里的犯罪情节主要包括两个方面:一是被胁迫的程度;二是在共同犯罪中所起的作用。

五、教唆犯的处罚原则

刑法第 29 条对教唆犯规定了以下三个处罚原则:

1.“教唆他人犯罪的,应当按照他在共同犯罪中所起的作用处罚。”在被教唆者实施了被教唆的罪因而与教唆犯成立共同犯罪(包括既遂与未遂)的情况下,如果教唆犯在共同犯罪中起主要作用,就以主犯论处;如果教唆犯在共同犯罪中起次要作用,则以从犯论处(在个别特殊情况下,教唆犯也可能是胁从犯,应以胁从犯论处)。因此,将教唆犯一概视为主犯或一概视为从犯的观点,有悖刑法规定。司法实践一概将教唆犯作为主犯、对教唆犯的量刑重于正犯的做法,产生了诸多弊害,应当杜绝。即使对教唆犯以主犯论处时,在相同条件下,对教唆犯的量刑也应当轻于正犯。[136] 此外需要说明的是,在被教唆的人只是实施了犯罪预备行为的情况下(以处罚犯罪预备为前提),教唆犯与被教唆者成立共同犯罪,对教唆犯适用本规定的同时,还应适用刑法第 22 条第 2 款。

2.“教唆不满十八周岁的人犯罪的,应当从重处罚。”这是因为选择不满 18 周岁的人作为教唆对象,既说明行为人的非难可能性严重,又说明教唆行为本身的腐蚀性大,危害程度严重,理应从重处罚。此外,保护青少年健康成长,也是上述规定的政策理由。其中的“不满十八周岁的人”包括没有达到法定年龄的人。如教唆 13 岁的人犯罪的,应当从重处罚。或许有人认为,这种情形属于间接正犯,不应当适用教唆犯的规定。其实,即使肯定这种行为成立间接正犯,但由于间接正犯与教唆犯并不是对立关系,相反应当认为这种情形的间接正犯也完全符合教唆犯的成立条件,故应当对其适用上述规定。否则,会导致刑法的不协调。

3.“如果被教唆的人没有犯被教唆的罪,对于教唆犯,可以从轻或者减轻处罚。”根据共犯从属性立场,这种情况属于未遂犯的教唆犯。例如,甲教唆乙杀人,乙着手实行杀人但未得逞(未遂犯)。在这种情况下,一方面,要适用刑法第 29 条第 1 款,判断教唆犯甲在共同犯罪中的作用;另一方面,对于教唆犯甲适用刑法第 29 条第 2 款,对于正犯乙则适用刑法第 23 条。

六、单位共同犯罪的处罚原则

刑法第 25 条第 1 款明文规定,共同犯罪的行为主体必须是“二人以上”。由于刑法规定了单位犯罪,故二个以上的单位以及单位与自然人共同实施的犯罪,可能构成共同犯罪。单位犯罪时,直接负责的主管人员及其他直接责任人员,与该单位本身不成立共同犯罪,只认定为一个单位犯罪;但是,直接负责的主管人员与其他直接责任人员仍然成立共

---

[136] 将教唆犯一概当做主犯的做法,必然导致诸多冤假错案。亦即,由于对教唆犯的处罚重于正犯,所以,正犯常常谎称自己的行为是由他人教唆所致,以便减轻自己的责任;司法机关也往往轻信正犯的这一说法,当他人否认自己实施了教唆行为时,司法机关反而认为他人认罪态度不好,导致没有实施教唆行为的他人遭受更重的处罚。倘若对正犯的处罚重于教唆犯,正犯就不会也没有必要谎称自己的行为是由他人教唆所致,因而可以减少冤假错案。

同犯罪。[137] 应当注意的是,由于刑法明文规定仅处罚这两类人员,所以,其他人员即使对单位犯罪起到了作用,也不得处罚。

对单位共同犯罪的处罚,应以刑法总则关于共同犯罪以及单位犯罪的法律规定为依据。对单位共同犯罪,应根据主体在单位共同犯罪中所起的作用大小,分清主犯、从犯,并根据相应的原则处罚;对单位犯罪中的直接负责的主管人员与直接责任人员,也应当分清主犯、从犯,分别适用不同的处罚原则。

〔137〕 单位犯罪不等于共同犯罪。一个单位犯罪时,该单位是犯罪的行为主体,就单位而言只有一个主体,因而不同于共同犯罪;一个单位犯罪时,该单位成员并不一定是犯罪人,该单位也并不一定是非法组织,因而不同于集团犯罪。

第九章 罪 数

第一节 罪数的区分

一、区分罪数的意义

罪数,是指一人所犯之罪的数量;区分罪数,也就是区分一罪与数罪。被告人的行为究竟是构成一罪还是成立数罪,是司法实践中经常遇到的重要问题之一,也是犯罪论的基本理论问题之一(同时也是刑法理论中的混乱问题之一)。正确区分一罪与数罪,具有非常重要的意义。

正确区分罪数,有利于准确定罪。准确定罪的含义,除了包括准确地认定行为是否构成犯罪、是构成此罪还是构成彼罪之外,还包括准确地认定行为构成的是一罪还是数罪,这三者又密切联系。例如,行为人以抢劫的故意持刀杀死被害人后,立即取走被害人的财物。如果认定为一罪,就是抢劫罪;如果认定为数罪,就可能是故意杀人罪与侵占罪(或盗窃罪)。

正确区分罪数,有利于合理量刑。根据罪刑关系的基本原理,对一罪只能一罚,对数罪虽然也可能只科处一个刑罚,但大多数数罪都应当并罚。将一罪定为数罪时,通常会导致无根据地加重行为的法律后果;将数罪定为一罪时,往往会导致无根据地减轻行为的法律后果。例外地也可能出现相反情况。因此,一罪与数罪的混乱,必然造成量刑上的畸轻畸重现象;只有正确区分罪数,才能为合理量刑提供前提条件。

正确区分罪数,还有利于维护刑法的权威性与严肃性,有利于依法执行刑事诉讼程序,有利于对犯罪人的教育改造,有利于在全体公民中树立法治观念。

二、区分罪数的标准

(一)理论学说

行为说主张,以行为的数量为标准区分一罪与数罪,实施一个行为的为一罪,实施数个行为的为数罪。因为犯罪是行为,符合犯罪成立要件的是行为,故只能以行为的数量为标准区分犯罪的数量。至于如何区分行为的单复,则又存在自然意义标准说、社会意义标准说与法律意义标准说。然而,行为数量的区分本身就是一个很大的难题,即使是复数行为,也可能被刑法规定为一罪。

法益说(结果说)认为,犯罪的本质是侵犯法益,故应以行为侵犯的法益数量为标准区分一罪与数罪,行为侵犯一个法益的为一罪,行为侵犯数个法益的为数罪。这一区分标准具有实质的合理性,但是,一个犯罪的保护法益完全可能是复数的,这是区分罪数时必须注意的现象。

犯意说（主观说、意思说）提出，具有一个犯意的为一罪，具有数个犯意的为数罪。因为犯意表明行为人的危险性格，犯罪行为是在犯意支配下实施的，是犯意的外部表现。这是主观主义的观点，为本书所不取。

构成要件说主张，以行为符合的构成要件数量为标准区分一罪与数罪，行为符合一个犯罪的构成要件的为一罪，行为符合数个犯罪的构成要件的为数罪，行为数次符合一个犯罪构成要件的也为数罪。在我国，犯罪构成是犯罪成立条件，故采用"构成要件说"可能意味着采取了"犯罪构成说"，即以行为符合犯罪构成的数量为标准区分一罪与数罪。"但是，对这一学说可能提出的批判是'什么都说了，但什么都没有说'。这是因为，即使犯罪的个数取决于构成要件的评价次数，但仍然存在着以什么标准来决定构成要件的评价次数的问题，对此必须做出明确的回答。"〔1〕

个别化说主张，应根据罪数的不同种类采取不同的区分标准。在该说看来，行为说、法益说、犯意说与构成要件说都是基于"一个标准"区分罪数的。如果要么是一罪、要么是数罪，以一个标准进行区分也是可能的。但是，罪数也有不同种类，以一个标准对所有种类的罪数进行区分，则相当困难。例如，构成要件标准说对于区分是否属于单纯一罪是合适的，但不可能根据该标准说明连续犯、包括的一罪等现象的一罪性。具体地说，在区分是否成立单纯一罪时，应以构成要件说为标准；在连续犯、吸收一罪等包括一罪的场合，应将行为说与法益说结合起来作为标准；在想象竞合犯、牵连犯等科刑上一罪的场合，应以行为说为标准。〔2〕

（二）本书的观点

在理论上区分罪数，首先要明确一罪与数罪的含义。换言之，一罪与数罪究竟是单纯评价意义上的一罪与数罪，还是在科刑意义上的一罪与数罪？因为单纯评价意义上的数罪，完全可能是科刑意义上的一罪。例如，想象竞合犯在科刑上属于一罪，但在评价上是一罪还是数罪，就取决于采取什么学说。如果采取行为说，就会认为是一罪；如果采取法益说，就会认为是数罪；如果采取构成要件说（或者犯罪构成说），就难以得出结论。因为行为与结果都是构成要件要素，在一个行为造成了两个法益侵害结果时，对行为的评价结论是一，而对结果的评价结论是二，因而争论不休。

在本书看来，一罪与数罪的区分，与对数罪是否并罚是两个不同的问题。

首先，对一罪与数罪的区分，虽然可能以犯罪构成为标准（即行为符合一个犯罪构成的，是一罪；行为符合数个犯罪构成的，成立数罪；行为数次符合同一个犯罪构成的，也是数罪），但由于犯罪构成包含了成立犯罪所要求的全部要素，一个案件完全可能在某一方面只符合一个犯罪构成的相关要件，而在另一方面完全符合两个犯罪构成的相关要件，故需要以实质标准来决定犯罪构成符合性的评价次数。结局是，只能以犯罪的本质为标准判断行为符合几个犯罪构成。质言之，由于刑法的目的是保护法益，犯罪的本质是侵害法益，所以，应当根据行为所侵犯的法益数量评价其符合几个犯罪构成或者构成几个犯罪。〔3〕或者说，行为侵犯了一个犯罪的保护法益时，成立一罪；行为侵犯了数个犯罪的保

〔1〕［日］山口厚：《刑法总论》，有斐阁2016年第3版，第392页。

〔2〕参见［日］平野龙一：《刑法总论Ⅱ》，有斐阁1975年版，第408页。

〔3〕不过，当一个犯罪的保护法益为复数时，侵害该复数法益的行为仅成立一罪。

护法益时,成立数罪;行为数次侵犯一个犯罪的保护法益时,成立数罪。

其次,行为侵犯了数个犯罪的保护法益,并不意味着必然并罚。例如,当行为虽然侵害了数个法益,但仅适用一个重法定刑就可以全面清算(评价)数罪的不法与责任时,就不必实行并罚。这是因为,“罪数论·竞合论是在实体法上经过了对某一行为的违法、责任的判断阶段后,为量刑提供基础的领域的讨论”。[4] 罪数论也好、竞合论也罢,就是为了解决量刑问题。或者说,“正确的刑罚裁量终究是整个竞合理论的目的”。[5] 另一方面,犯罪现象特别复杂,侵犯数个犯罪构成保护的法益的数罪,事实上会存在密切的关联性乃至存在重合的部分,如果一概实行并罚,必然导致量刑畸重(在某些情况下,也可能导致量刑畸轻)。所以,即使是数罪,也需要区分不并罚的数罪与并罚的数罪。在科处刑罚的意义上,可以将仅适用一个法定刑而不并罚的数罪,归入包括的一罪或者科刑的一罪。[6]

(三)具体判断

根据上述观点,对罪数的区分实际上存在两个方面的判断:一是行为究竟成立一罪还是数罪?二是对于数罪是实行并罚还是不并罚?

1. 一罪与数罪的判断

如上所述,虽然可以将犯罪构成作为一罪与数罪的区分标准,但结局只能通过行为侵犯的法益数量评价行为符合几个犯罪构成。所以,在判断一罪与数罪时,首先必须明确犯罪构成的实质内容,其实质内容又决定了它有特定的外延,因此,如果现实发生的事实完全属于某一犯罪构成及其加重构成所预定的内容,只侵犯了一个犯罪构成的保护法益,就应认为行为符合一个犯罪构成。例如,刑法第263条将“入户抢劫”规定为抢劫罪的加重情节,该加重情节不仅包括以暴力、胁迫或者其他方法强取公私财物的行为,而且包括非法侵入住宅的行为,所以,对入户抢劫只能评价为一个犯罪。显然,采取犯罪构成标准说,首先要求对各种犯罪构成本身有正确认识,尤其是对一个犯罪的保护法益具有正确认识。

其次,在判断现实所发生的犯罪事实是否完全属于某一犯罪构成所预定的内容时,必须从不法到责任进行判断。行为人在实施犯罪行为时,可能采取不同的方式、步骤,这些方式、步骤可能仅侵犯一个法益,行为人主观上只有一个故意或者一个过失内容,因此,一个犯罪行为可能包含几个具体的动作或环节。反过来,表面上看只是一罪的行为,实际上可能侵犯两个法益,行为人对两个法益侵害具备有责性,成立两个犯罪。例如,甲在某火车站偷扒上一辆待发的货车,意欲进县城游玩。甲上车后,见车厢内只有一名妇女乙(贩卖天麻的小贩),顿生恶念。列车开动后,甲猛扑上去,将乙按倒,在强行脱乙的裤子时,突然发现其裤带上串有一黑色钱包,遂将其钱包抢归己有。这时,乙吓得发抖,甲再也没有理睬她。大约20分钟后,列车减速进站,甲跳车逃走。甲的行为形似一个抢劫罪,其实不然。甲事先并不知道某乙裤带上串有钱包,按倒乙并解其裤带是为了强奸乙,此行为侵犯了妇女的性行为自主权,是强奸行为;发现钱包后,甲另起抢劫故意,实施了抢劫行为,

[4] [日]只木诚:“罪数论·竞合论”,载[日]山口厚、甲斐克则编:《21世纪日中刑事法的重要课题》,成文堂2014年版,第73页。

[5] [德]Ingeborg Puppe:“基于构成要件结果同一性所形成不同构成要件实现之想象竞合”,陈志辉译,载《东吴法律学报》第17卷第3期,第321页。

[6] 本章后述的“数罪”一词,既可能指评价意义上的数罪,也可能指并罚意义上的数罪,恳请读者根据语境识别。

此行为侵犯了被害人的人身与财产。如果不注重分析现实发生的事实,不注意分析行为人的责任内容,即使以犯罪构成为标准,也可能出现罪数认定上的错误。

2. 并罚与否的判断

行为成立一罪,不可能并罚;行为侵犯数个犯罪构成的保护法益时,也可能不并罚。并罚与否,也是罪数论所要解决的问题。

(1)行为虽然侵犯了数个犯罪构成的保护法益,但如果可以进行包括的评价,仅以一罪论处也能实现量刑的合理化时,就不必实行并罚,只要认定为包括的一罪即可。例如,故意杀人的同时将被害人的衣服毁坏的行为,虽然存在两个法益侵害事实,但仅认定为故意杀人罪即可,没有必要另认定为故意毁坏财物罪。

(2)行为虽然侵犯了数个犯罪构成的保护法益,在判决时也应宣告行为构成数罪,但如果适用一个重罪的法定刑即可实现量刑的合理化,就不必实行并罚。例如,盗窃电力设备的行为同时破坏了电力设备,危害公共安全的,虽然构成数罪,但由于只有一个行为,仅适用一个重罪的法定刑处罚即可。

(3)行为侵犯了数个犯罪构成的保护法益,只有实行数罪并罚才能实现量刑的合理化时,则应认定为并罚的数罪,分别定罪量刑后,再根据刑法的规定决定应当执行的刑罚。例如,在非法采矿时发现珍贵文物而盗窃的,为了杀人而盗窃枪支并利用所盗枪支杀人的,故意造成被保险人死亡、伤残,然后骗取保险金的行为,都侵犯了数个犯罪构成的保护法益,成立数罪,既不能包括地评价为一个犯罪,也不能仅适用一个重罪的法定刑,而必须实行数罪并罚。

(4)我国刑法总则没有规定数罪的区分标准与并罚的标准,分则条文的规定则缺乏统一性。例如,有些行为原本成立数罪,但刑法分则却基于某种理由将其规定为一罪。例如,以勒索财物的目的绑架他人后杀害被绑架人的,符合绑架罪与故意杀人罪的犯罪构成,但刑法规定仅以绑架罪论处(参见刑法第239条)。再如,三次抢劫行为,每次都独立地符合抢劫的犯罪构成,原本成立三个抢劫罪,但刑法规定按一罪处理(参见刑法第263条)。又如,司法工作人员因收受贿赂而徇私枉法的,符合刑法第399条规定的徇私枉法罪的犯罪构成和第385条规定的受贿罪的犯罪构成,但刑法第399条第4款规定对这种行为依照处罚较重的规定定罪处罚。而且,既然是特殊规定,就不一定有规律可循(参见刑法第157条2款与第321条第3款)。所以,对于并罚与否的问题,必须注意刑法分则的相关规定。

三、罪数的种类

(一)德国的学说

近年来,有学者主张以德国的竞合论取代现有的罪数论。其实,罪数论与竞合论所讨论的具体现象相同、目的相同,只是研究路径略有不同(但不矛盾),部分用语与归类有所不同,因而导致对部分问题(现象)的处理不同。德国竞合论的下位概念与我国罪数论对应的下位概念的内涵、外延存在明显区别;我们虽然可以吸收竞合论的部分内容,但不可能完全由竞合论取代罪数论。

德国竞合论的基本特点是,将所有问题归入三个竞合(法条竞合、想象竞合与实质竞合)之中。亦即,将仅适用一个法条的情形均作为法条竞合处理,所以,法条竞合就是法条单一的情形;虽然应当适用数个法条,但只有一个行为或者两个行为之间有重合时,就是想象竞合,所以,想象竞合就是行为单一;如果既不是法条单一,也不是行为单一,就是实质竞合(数罪)。在我国的既有学术背景下,难以采取德国的这种学说。

首先,德国的法条竞合并不以法条之间存在包容、交叉关系为前提,法条竞合的吸收关系包括了许多并非一个行为的现象。换言之,一个行为通常同时触犯A罪与B罪时,就属于法条竞合。例如,故意杀人与故意毁坏财物两个罪是中立关系,在杀人行为捅破被害人衣服的场合,认为杀人与故意毁坏财物是法条竞合(吸收关系)。再如,入户盗窃与故意毁坏财物(指破坏门窗等)是法条竞合关系(吸收关系)。盗窃枪支后非法持有枪支也是法条竞合关系(吸收关系)。概言之,在德国,某个可罚行为的不法内容能够由一个法条予以充分、全面评价时,就适用该法条而排除其他法条的适用,此时便是法条竞合。〔7〕但是,我国刑法理论已经将法条竞合限定为法条之间具有包容与交叉的情形。〔8〕这可谓约定俗成,再改变这一形式标准并不合适。

其次,德国的判例与占绝对主流的观点认为,在触犯数罪的行为中,只要其中有一部分具有同一性就足以成立想象竞合犯。亦即,数行为中只要任何一部分对数罪的构成要件的形成产生共同作用就成立想象竞合。于是,德国的想象竞合犯实际上包含了数行为触犯数法条的情形,因而包含了在我国被认定为典型数罪的情形。例如,德国的判例与通说认为,第一个构成要件行为既遂后在完全终了前实现另一构成要件的,均属想象竞合。如醉酒的盗窃犯在窃取他人财物后驾驶交通工具逃跑的,被认定为想象竞合犯。但这种情形在我国是典型的数罪。又如,在德国,正在逃跑的抢劫犯对追捕者进行射击的,构成普通抢劫与谋杀罪的想象竞合。这与我国审判实践的做法以及刑法理论的观点相反。

再次,德国没有牵连犯的概念,牵连犯的现象大多分别属于德国的想象竞合与法条竞合中的吸收关系,少数情形属于实质竞合。我国刑法理论与司法实践普遍使用牵连犯的概念。

最后,德国的实质竞合理论也不符合我国刑法的相关规定。在当今的德国竞合论中,连续犯与集合犯均被认定为实质竞合,要作为数罪处理。但是,我国刑法大多将连续犯规定为一罪。例如,刑法分则条文将“多次”犯罪规定为一罪或者法定刑升格的情形,其中就包含了大量的连续犯;再如,刑法分则规定的数额犯,也包含了大量的连续犯。集合犯中的职业犯,也被我国刑法规定为一罪,而不是数罪。

刑法学不是自然科学,当某些概念已有约定俗成的定义时,要改变其定义是相当困难的。例如,当我国刑法理论已经完全习惯于将法条竞合限定为法条之间具有包容与交叉关系的情形时,推翻这种观念的做法,既不现实,也得不偿失。例如,在我国,不管是根据“竞合”的日常含义,还是根据学术传统,恐怕没有人可以接受故意杀人罪与故意毁坏财物罪之间存在法条竞合的结论。再如,虽然有学者主张转向德国的竞合论,放弃使用一些概念,但在刑法理论已经使用诸多概念的理论背景下,要放弃这些概念也几乎不可能。一位学者可以放弃使用许多概念,但一个学界只能使概念越来越多,而不可能使概念越来越少。

---

〔7〕显然,在德国,法条竞合并非名副其实。正因为如此,德国有学者建议,以法条单一的概念替代传统的且有争论的法条竞合概念更为妥当(Vgl.,H. Jescheck/T. Weigend, Lehrbuch des Strafrechts, Allgemeiner Teil, 5. Aufl., Duncker & Humblot, 1996, S. 732)。

〔8〕如后所述,本书认为交叉关系不是法条竞合而是想象竞合。

那么,能否在体系上采用德国的竞合论,而在具体内容上仍然沿用我国刑法理论既有的罪数观点呢？答案也是否定的。例如,倘若要采用德国的竞合论,就必须将附随犯、共罚的事后行为等包括的一罪纳入法条竞合。果真如此,就必须认为法条竞合不以法条之间具有包容与交叉关系为前提。这便不可能维持我国刑法理论既有的法条竞合理论。再如,如果要采用德国的竞合论,就必须将多数牵连犯归入想象竞合犯,因而也不可能维持我国既有的想象竞合理论。

(二)本书的分类

罪数的种类包括一罪的种类与数罪的种类。从典型的或者单纯的一罪到并罚的数罪之间,存在各种不同的形态。本书借鉴日本的罪数论体系,将罪数的诸形态区分为单纯的一罪(包括连续犯、法条竞合等)、包括的一罪、科刑的一罪(包括想象竞合与不并罚的牵连犯)与并罚的数罪。单纯的一罪,是指无论依据什么标准,都只能评价为一罪,只能适用一个刑法分则条文的情形;包括的一罪,是指对行为进行孤立的评价,可能得出数罪的结论,但如果进行整体的评价,只需要适用一个刑法分则条文的情形;科刑的一罪,是指行为构成数个犯罪,应当适用数个刑法分则条文,但只需要适用一个重法定刑的情形;并罚的数罪,是指行为构成数个犯罪,应当适用数个刑法分则条文,而且需要分别定罪量刑后实行并罚的情形。

需要特别说明的是为什么要有包括的一罪？最根本的理由是,我国没有像德国的竞合论那样承认中立关系的法条之间存在法条竞合,而是将法条竞合限定在法条之间具有包容或者交叉关系的情形。因此,德国法条竞合中的吸收关系所讨论的现象,在我国均不能归入法条竞合,事实上,存在吸收关系的犯罪并非仅实施了一个行为,而是存在数行为(如共罚的事前行为与共罚的事后行为)。所以,在我国,这类现象既不能归入法条竞合,也不能归入想象竞合,因此,必须借鉴日本的罪数论,将包括的一罪作为与单纯的一罪、科刑的一罪相并列的一类现象。

此外,应否保留科刑的一罪,虽然值得进一步讨论,但本书初步认为,由于我国刑法理论与司法实践普遍接受牵连犯概念,牵连犯事实上侵害数个法益、成立数罪,而且除刑法明文规定并罚的情形之外,均只适用一个重法定刑,故仍有必要将不并罚的牵连犯归入科刑的一罪。

数罪当然指数个犯罪。数罪可以分为同种数罪与异种数罪,前者是指行为人实施二次以上相同性质的行为,二次以上符合相同的犯罪构成;后者是指行为人实施二次以上不同性质的行为,二次以上符合不相同的犯罪构成。异种数罪必须实行并罚。同种数罪既可能并罚(原则上应当并罚),也可能不并罚;但同种数罪不并罚时,也不意味着仅成立一罪。

应当注意的是,虽然所有的罪数现象均可以归入上述四类,但不意味着某个既有的特定概念所包含的现象只能归入上述某一类。例如,转化犯这一概念所包含的现象,既可能属于包括的一罪,也可能属于想象竞合,还可能属于并罚的数罪。

第二节　单纯的一罪

一、单纯的一罪概述

单纯的一罪，是指一个行为侵害一个法益的情形。例如，向特定被害人的食物中投放毒药致其死亡，一刀砍掉被害人的一只手致其重伤，就是单纯的一罪。单纯的一罪，也可谓本来的一罪。亦即，这种犯罪仅有一个行为、侵害了一个法益，本来就是一个犯罪，不可能也不应当评价为数罪。但是，即使一个行为侵害了一个法益，也可能由于行为的持续性或者法条之间的包容关系，影响罪数的认定。在此，需要讨论的便是继续犯与法条竞合。

二、继续犯

(一)继续犯的概念与特征

一般认为，继续犯(持续犯)，是指行为从着手实行到终止以前，一直处于持续状态的犯罪。非法拘禁罪被认为是典型的继续犯，即行为人从着手非法剥夺他人人身自由到恢复他人人身自由为止，其非法剥夺他人自由的行为一直处于持续状态中。继续犯具有以下特征：

1. 实行行为与不法状态同时继续，而不仅仅是不法状态的继续。这是继续犯与状态犯的主要区别。状态犯是指一旦发生法益侵害的结果，犯罪便同时终了，但法益受侵害的状态仍然在持续的情况。如盗窃罪，行为人窃取他人财物后，犯罪便终了，但行为人非法占有他人财物的状态仍然在持续。而继续犯是实行行为本身的持续，行为的持续导致不法状态也在持续。换言之，继续犯时，行为对法益的侵害在持续，行为的构成要件符合性在持续；而且，在行为持续期间，法益受侵害的程度没有减轻。状态犯时，发生侵害结果后，行为的构成要件符合性没有持续(没有持续地“窃取”他人财物)。继续犯的实行行为可以分为两种类型：(1)被评价为实行行为的身体动作本身的持续。例如，危险驾驶一定距离时，行为就发生了公共危险(已经既遂)，但驾驶机动车的实行行为一直在持续。(2)被评价为实行行为的身体动作本身并没有持续，但能够将其行为评价为或者拟制为实行行为的持续。例如，甲将乙关押在他人不知的房间，并在房间里放置了一定的食物，然后到外地度假一周，度假结束后才将乙释放。在甲度假期间，并没有在身体动作上持续实施非法拘禁的行为，但乙的人身自由被剥夺(法益侵害)的程度，自始至终没有任何差异。因此，可以肯定，甲在外地度假时，也在持续地造成法益侵害结果，其行为的构成要件符合性一直在持续，因而可以将其行为评价为持续性的实行行为。

2. 实行行为在一定时间内(成立继续犯所需的时间内)持续。继续犯的实行行为必须具有时间上的继续性，即在一定时间内持续，持续时间的长短不影响继续犯的成立，但瞬间性的行为不可能构成继续犯。至于中间是否有间断，对于继续犯的认定并不重要，只是是否另构成连续犯或者同种数罪的问题。例如，行为人先拘禁他人几天，间断几天后又拘禁他人的，是两次实施了继续犯。再如，醉酒驾驶一段路程后在路边休息一会，然后继续醉酒驾驶的，依然成立继续犯(仅评价为一罪即可)。

3. 一个行为侵犯了同一具体的法益，即实行行为自始至终都针对同一对象、侵犯同一法益。如具数行为侵犯同一法益,或者一行为侵犯数种法益,则不是单纯一罪的继续犯。

继续犯可以分为两大类:一类是法定的继续犯,即构成要件行为必须具有持续性,否则不成立犯罪,如非法拘禁罪、非法持有毒品罪等。另一类是事实的继续犯,即分则条文没有要求构成要件行为必须具有持续性,但行为人实施的实行行为具有持续性。例如,窝藏罪的窝藏行为不必具有持续性,但为犯罪人提供隐藏处所等行为的确可能成为继续犯。再如,诽谤罪的诽谤行为不必具有持续性,但网络诽谤行为完全可能成为继续犯。

(二)继续犯的处理

对于继续犯,不论其持续时间的长短,均应以一罪论处。因为持续性的行为仅针对同一对象、侵犯同一法益;规定继续犯的犯罪构成,也预定了该罪行为会持续一定时间,故行为的持续性包含在犯罪构成所预定的范围内。继续犯的既遂时间与行为终了时间并不一致,故在继续犯的行为持续期间参与犯罪的,成立共同正犯或者帮助犯。根据刑法第89条的规定,对继续犯的追诉期限,从犯罪行为终了之日起计算,这也说明对继续犯只能以一罪论处。此外,在继续犯的持续时间跨越新旧两法时,应适用新法(依然成立一罪)。〔9〕

三、法条竞合

(一)法条竞合的概念

法条竞合,是指一个行为同时符合了数个法条规定的犯罪构成,但从数个法条之间的逻辑关系来看,只能适用其中一个法条,当然排除适用其他法条的情况。换言之,法条竞合是指法条之间具有竞合(重合)关系,而不是犯罪的竞合。显然,法条竞合关系不同于法条关系。只有当两个法条之间存在包容关系(如特别关系、补充关系)时,才能认定为法条竞合关系。

法条竞合关系,并不限于形式上的此条(第X条)与彼条(第X条)之间的关系;同一法条内的不同款项之间,以及同一款项内的不同构成要件之间,也可能存在法条竞合关系。例如,刑法第263条只有一款,其中后段规定的8项加重抢劫与前段规定的普通抢劫,就是典型的法条竞合(特别关系)。

概括起来,法条竞合具有如下特点:(1)存在一个符合犯罪构成的事实;(2)该犯罪行为仅侵害了一个犯罪的保护法益;(3)该犯罪行为表面上符合刑法分则的数个法条;(4)行为所符合的数个法条之间存在某种逻辑关系;(5)对该行为最终只能适用一个法条,因而排除其他法条的适用;(6)属于单纯的一罪。

为什么在法条竞合时只能适用一个法条而排除其他法条的适用呢?这是因为,法条竞合时,只有一个法益侵害事实,或者说行为仅侵害了一个犯罪的保护法益;只是由于刑法错综复杂的规定,导致此一法条规定的犯罪,可能是另一法条规定的犯罪的一部分。显然,如果同时适用两个以上的法条,必然形成对行为的重复评价。然而,对行为的重复评价,会导致对行为人的重复处罚,明显有悖刑法的人权保障机能。

那么,两个法条存在什么样的逻辑关系时才可能属于法条竞合呢?反之,两个法条处于什么样的逻辑关系时,不可能属于法条竞合呢?

首先,如果两个法条所规定的犯罪处于相互对立关系(异质关系、排他关系)时,就不

---

〔9〕 适用新法的前提是,行为人在新法适用期间仍然有持续的作为或者不作为。如果只是结果持续发生至新法适用时期,但行为在新法适用之前已经结束的,就只能适用旧法。

可能属于法条竞合。对立关系表现为属于 A 概念的事项不可能也属于 B 概念,反之亦然。因此,一个行为只能触犯其中一个法条,不可能同时触犯两个法条。例如,规定盗窃罪的第 264 条与规定诈骗罪的第 266 条是一种对立关系,针对一个行为对象或者一个法益侵害结果而言,某个行为不可能既触犯刑法第 264 条,又触犯第 266 条。

其次,我国刑法理论的通说认为,两个法条处于交叉关系时,存在法条竞合关系。交叉关系表现为,属于 A 概念的事项中有一部分属于 B 概念,属于 B 概念的事项中有一部分同时属于 A 概念。换言之,A 法条与 B 法条所规定的构成要件存在部分重合时,就属于交叉关系。例如,刑法第 260 条第 1 款规定:"虐待家庭成员,情节恶劣的,处二年以下有期徒刑、拘役或者管制。"刑法第 260 条之一第 1 款规定:"对未成年人、老年人、患病的人、残疾人等负有监护、看护职责的人虐待被监护、看护的人,情节恶劣的,处三年以下有期徒刑或者拘役。"显然,当行为人虐待的对象既是家庭成员,又是自己负有监护职责的未成年人、老年人、患病的人或者残疾人时,就形成了交叉关系。刑法理论的通说认为,对于法条竞合的交叉关系,采取重法条优于轻法条的原则。但本书认为,交叉关系时必须认定为想象竞合,而不能认定为法条竞合(参见本章第四节)。

再次,如果两个法条处于中立关系时,也不可能属于法条竞合。从法条的文字表述及其内容来看,二者之间不存在对立关系、交叉关系与包容关系,但是一个行为可能同时触犯两个法条时,这两个法条便是中立关系。例如,故意杀人罪与故意毁坏财物罪,二者既不是对立的,也不是交叉与包容的,但是,故意杀人行为完全可能同时触犯故意毁坏财物罪。再如,规定盗窃罪的第 264 条与规定故意杀人罪的第 232 条是一种中立关系。当一个行为同时触犯盗窃罪与故意杀人罪时,只能认定为想象竞合,而不能认定为法条竞合。

最后,只有当两个法条处于包容关系时,才能成立法条竞合。包容关系(包摄关系)表现为,属于 A 概念的所有事项都属于 B 概念,但反过来则不成立。[10] 例如,所有的故意杀人罪(刑法第 232 条)都触犯故意伤害罪(刑法第 234 条第 1 款),但不能说故意伤害罪同时触犯故意杀人罪,所以,故意杀人罪包含了故意伤害罪,二者存在法条竞合(故意杀人罪是故意伤害罪的特别法条)。再如,只要放火行为危害公共安全,即使没有造成严重后果,也成立放火罪(刑法第 114 条)。如果放火行为不仅危害公共安全,而且造成他人重伤、死亡等严重后果,则适用刑法第 115 条第 1 款的规定。如果以第 114 条为基准观察,那么,第 114 条包含了第 115 条第 1 款;[11] 反过来说,如果以第 115 条第 1 款为基准观察,则第 114 条补充了第 115 条第 1 款。所以,两个法条之间存在法条竞合。

大陆法系国家刑法理论以往一般将法条竞合分为四种情况:(1)特别关系,指一个行为既符合普通法(条)规定的犯罪构成,又符合特别法(条)规定的犯罪构成;其适用原则是特别法(条)优于普通法(条)。(2)补充关系,指一个犯罪构成具有补充另一犯罪构成的缺漏的作用时,一个行为同时符合这两个犯罪构成的情况;其适用原则是基本法优于补充法。(3)吸收关系,指一个行为所符合的数个犯罪构成之间,其中的一个犯罪构成包含了其他犯罪构成的内容,因而一个犯罪构成吸收其他犯罪构成的情况;其适用原则是完全

---

〔10〕 如果 A 概念的所有事项都属于 B 概念,B 概念的所有事项也都属于 A 概念,则称为同一关系。一般不存在这种同一关系现象。

〔11〕 刑法第 114 条中的"尚未造成严重后果"属于表面的构成要件要素。

法优于不完全法。(4)择一关系，指一个行为所符合的数个犯罪构成之间，在理论上存在不可两立的排他关系的情况；对此还没有明确的适用原则。[12] 除了第一种特别关系以外，对其他三种情况及处理原则还存在较大争议。而且可以肯定的是，由于法条竞合至少以构成要件的行为部分重叠为前提，故择一关系被否定。[13]

我国有些学者将法条竞合概括为四种情况：(1)独立竞合，指一个罪名概念的外延为另一罪名概念的外延的一部分，而犯罪行为正适合于这一部分的情形。其适用原则是特别法优于普通法。(2)包容竞合，指一个罪名概念的外延是另一罪名概念的外延的一部分，但犯罪构成的内容已超出外延窄的罪名概念的情形。其适用原则是全部法优于部分法。(3)交叉竞合，指两个罪名概念之间各有一部分外延相互重合。其适用原则是重法优于轻法。(4)偏一竞合，指两个法条交叉重合，但犯罪行为已经超出重合范围的情形。其适用原则是基本法优于补充法。[14]

本书认为，从实质上看，法条竞合的基本类型是特别关系。与一个普通法条相对应的，可能不止一个特别法条，而是多个特别法条。如前所述，择一关系并不是法条竞合；补充关系虽然值得独立讨论，但只是特别关系的另一种表述；吸收关系要么属于包括的一罪，要么属于想象竞合；所谓包容关系，也只是特殊关系的外在表现。交叉关系则是想象竞合，而不是法条竞合。

(二)特别关系

1. 特别关系的概念与范围

特别关系的基本特征是，甲法条(刑罚法规)记载了乙法条的全部特征(或要素)，但同时至少还包含一个进一步的特别特征(要素)使之与乙法条相区别。[15] 其中的甲法条是特别法条，乙法条是普通法条。例如，刑法第 258 条规定了重婚罪，第 259 条规定："明知是现役军人的配偶而与之……结婚的，处三年以下有期徒刑或者拘役。"符合后一法条的行为必然符合了前一法条，但符合前一法条的并不必然符合后一法条。因为后一法条增加了"现役军人的配偶"这一特别要素，使之与普通法条相区别。特别法条所增加的特征或者要素，既可能是表明不法增加或者减少的要素，也可能是表明责任增加或者减少的要素。[16] 特别关系表现为以下几种情形。

(1)加重构成要件

加重构成要件有不同类型。其中，有的加重构成要件成立新罪，因而与基本犯罪成立不同的罪名。[17] 例如，强奸罪是强制猥亵罪的特别法条，猥亵儿童罪是强制猥亵罪的特别法条。有的加重构成要件并不成立新罪，但仍然属于特别法条。例如，相对于基本犯罪

---

〔12〕 以上参见[日]大塚仁：《刑法概说(总论)》，有斐阁 2008 年第 4 版，第 494 页以下。

〔13〕 Vgl., H. Jescheck/T. Weigend, Lehrbuch des Strafrechts, Allgemeiner Teil, 5. Aufl., Duncker & Humblot, 1996, S. 734；[日]平野龙一：《刑法总论 II》，有斐阁 1975 年版，第 412 页；[日]前田雅英：《刑法总论讲义》，东京大学出版会 2015 年第 6 版，第 392 页；[日]井田良：《讲义刑法学 · 总论》，有斐阁 2008 年版，第 524 页。

〔14〕 参见陈兴良主编：《刑法各论的一般原理》，内蒙古大学出版社 1992 年版，第 403 页以下；姜伟：《犯罪形态通论》，法律出版社 1994 年版，第 414 页以下。

〔15〕 Vgl., C. Roxin, Strafrecht Allgemeiner Teil, Band II, C. H. Beck, 2003, S. 848.

〔16〕 当然，不排除立法者滥设特别法条的情形。例如，虽然设置特别法条，但法定刑完全相同。从立法论上来说，这样的特别法条是没有实际意义的，只是徒增法条数量而已。

〔17〕 在我国刑法分则中，加重构成要件既可能规定在基本构成要件之后，也可能规定在基本构成要件之前。

(普通法条)而言,结果加重犯就是特别法条。刑法第 263 条规定的“抢劫致人重伤、死亡”,相对于普通抢劫而言就是特别法条。在发生抢劫致人重伤、死亡的案件时,虽然仍然认定为抢劫罪,但必须适用结果加重犯的法定刑,而不能适用普通抢劫的法定刑。同样,属于加重构成要件的具体情节加重犯,相对于基本犯而言都可谓特别法条(但不变更罪名)。例如,相对于普通抢劫而言,刑法第 263 条规定的“入户抢劫”、“持枪抢劫”是特别法条,虽然仍然认定为抢劫罪,但必须适用加重的法定刑。再如,奸淫幼女相对于普通强奸而言,也是特别法条,虽然仍认定为强奸罪,但应适用从重处罚的规定;相对于普通强奸而言,“二人以上轮奸”属于特别法条。[18]

(2)减轻构成要件

减轻构成要件在我国刑法分则中比较少见。例如,刑法第 280 条第 1 款规定,“伪造、变造、买卖……国家机关的公文、证件、印章……情节严重的,处三年以上十年以下有期徒刑,并处罚金”。同条第 3 款规定:“伪造、变造、买卖居民身份证、护照、社会保障卡、驾驶证等依法可以用于证明身份的证件……情节严重的,处三年以上七年以下有期徒刑,并处罚金。”居民身份证等证明身份的证件属于国家机关证件,伪造、变造、买卖居民身份证的行为原本符合刑法第 280 条第 1 款,但同条第 3 款对伪造、变造、买卖居民身份证等证明身份的证件情节严重的行为,规定了低于第 1 款的法定刑,因而属于减轻构成要件,成为特别法条。[19]

(3)结合犯的构成要件

结合犯,是指数个原本独立的犯罪行为,根据刑法的明文规定,结合成为一个犯罪的情况。结合犯相对于被结合的犯罪而言,就是特别法条。结合犯具有以下特征:

第一,结合犯所结合的数罪,原为刑法上数个独立的犯罪。所谓独立的犯罪,是指不依附于其他任何犯罪,符合独立的犯罪构成的行为。数个独立的犯罪,必须是数个不同的犯罪,而不是数个相同的犯罪。

第二,结合犯是将数个原本独立的犯罪,结合成为一个犯罪。典型的结合犯表现为:甲罪十乙罪 = 丙罪,丙罪便是结合犯。但这与罪名的确定有关系。例如,我国刑法第 239 条规定了绑架罪与绑架杀人、绑架伤人致人重伤或者死亡,但司法解释仅确定为一个罪名(绑架罪)。可以肯定的是,如果这一条文存在于德国、日本刑法中,有可能确定为四个罪名:绑架罪、绑架杀人罪、绑架伤人罪、绑架伤人致死罪。于是,绑架杀人、绑架伤人致人重伤或者死亡属于结合犯。我国刑法理论以往一直要求结合犯将数个独立的犯罪确定为另一新的独立犯罪。但这种要求可能是以日本刑法中最典型的结合犯(强盗强奸罪或抢劫强奸罪)为根据的。[20] 与强盗强奸罪相比,我国刑法第 239 条规定的绑架杀人、绑架伤人

---

〔18〕 当刑法分则将“数额巨大”、“数额特别巨大”、“情节严重”、“情节特别严重”规定为法定刑升格的条件,而没有变更构成要件类型时,属于量刑规则。只要行为符合相应的条件,就必须适用相应的法定刑,在此意义说,它们与基本犯罪之间也存在特别关系。

〔19〕 当刑法分则规定了基本构成要件之后,将“情节较轻”规定为法定刑降格的条件,而没有变更构成要件类型时(参见刑法第 232 条),属于量刑规则。只要行为符合情节较轻的条件,就必须适用相应的法定刑,在此意义说,它们与基本犯罪之间也存在特别关系。

〔20〕 日本刑法分则第 236 条与第 177 条分别规定了强盗罪(抢劫罪)与强奸罪,其第 241 条规定:“强盗犯强奸女子的,处无期或者七年以上惩役;因而致女子死亡的,处死刑或者无期徒刑。”该条所规定的罪名为强盗强奸罪与强盗强奸致死罪。显然,强盗强奸罪就是强盗罪与强奸罪的结合。

致人重伤、绑架伤人致人死亡似乎不属于结合犯。但值得注意的是,日本刑法理论在定义结合犯时,并没有附加“规定为一个新罪”的特征。如大谷实教授指出:“结合犯,是指将分别独立成罪的二个以上的行为结合起来的犯罪。”〔21〕事实上,是将甲罪与乙罪结合为丙罪,还是将甲罪与乙罪结合为甲罪或乙罪的加重情形,并不存在实质差异。因为如上所述,是否结合为新罪名,在很大程度上取决于对罪名的理解与确定。而且,结合犯的概念应根据本国刑法的相关规定予以确定。〔22〕 所以,可以肯定,绑架杀人以及绑架伤人致人重伤、死亡就是结合犯。〔23〕 再如,刑法第240条规定的“奸淫被拐卖的妇女”也是结合犯。

第三,数个原本独立的犯罪被结合为一个犯罪后,失去了原有的独立犯罪的意义,成为结合犯的一部分。例如,根据刑法第318条第1款的规定,组织他人偷越国(边)境时,以暴力、威胁方法抗拒检查的,适用加重的法定刑,其中的妨害公务罪成为加重的组织他人偷越国(边)境罪的一部分,因而丧失了作为独立犯罪的意义。

第四,数个原本独立的犯罪结合为一个犯罪,是基于刑法的明文规定。刑法之所以将数个原本独立的犯罪规定成为另一独立新罪,有的是因为原本独立的数罪之间存在密切联系,容易同时发生;有的是因为一罪是为另一罪服务的;有的是因为数罪的实施条件相同。

由于规定结合犯的法条属于特别法条,所以,对于结合犯自然以所结合的犯罪论处,即以一罪论处,而不能以数罪论处。例如,对于绑架后杀害被绑架人的,只能适用刑法第239条关于绑架后杀害被绑架人的规定,而不能适用故意杀人罪(被结合的犯罪)的规定,也不能实行数罪并罚。

(4)加重责任要素

例如,与传播淫秽物品罪(刑法第364条即普通法条)相比,传播淫秽物品牟利罪(刑法第363条第1款)增加了“以牟利为目的”的责任要素,后者是特别法条。再如,与骗取贷款(刑法第175条之一即普通法条)相比,贷款诈骗罪(刑法第193条)增加了“以非法占有为目的”的责任要素,后者是特别法条。从逻辑上说,也可能存在减轻责任要素。

2. 特别关系的条件

我国刑法理论与司法实践不当扩大了特别关系的范围,没有将特别关系限定在合理的范围内。在本书看来,特别关系必须符合以下三个条件(旨在与想象竞合相区别)。

(1)逻辑的包容性

不需要借助具体案件事实的联结,而是通过对构成要件的解释就可以发现一个构成要件包容了另一构成要件的全部内容时,才有可能肯定特别关系。例如,通过对滥用职权罪(刑法第397条)与私放在押人员罪(刑法第400条)的构成要件进行解释便可以得知,私放在押人员是一种特殊的滥用职权行为,不管私放在押人员的行为表现为何种样态,都不影响两个法条之间的包容关系。倘若不考虑其他标准,后者是前者的特别法条。

倘若只有借助特定的案件事实,才能使两个法条之间产生关联(甚至是包容关系),

---

〔21〕 [日]大谷实:《刑法讲义总论》,成文堂2012年新版第4版,第479页。

〔22〕 在旧刑法时代,由于刑法没有规定绑架杀人之类的犯罪类型,根据国外典型的结合犯确定结合犯的定义也未尝不可。但在现行刑法规定了绑架杀人之类的犯罪类型的情况下,没有必要援用旧刑法时代的结合犯定义。

〔23〕 至于是否承认结合犯的未遂,则是另一回事,需要根据刑法的规定及法条之间的关系予以确定。

案件事实改变后,两个法条之间处于中立关系乃至对立关系时,就不应当认定为法条竞合。例如,规定破坏电力设备罪的第 118 条、第 119 条与规定盗窃罪的第 264 条,不存在特别关系。一方面,前者的行为是“破坏”,只要使电力设备的效用减少或者丧失,就属于破坏,而不要求转移电力设备的占有;后者的行为是“盗窃”,要求转移财物的占有,而不要求使财物的效用减少或者丧失。因此,一个行为能否同时触犯刑法第 118 条与第 264 条取决于具体的案件事实。亦即,如果行为人仅仅毁坏电力设备,就不可能同时触犯刑法第 264 条。只有当行为人将电力设备转移给自己或者第三者占有,同时使电力设备的效用减少或者丧失时,才同时触犯刑法第 118 条与第 264 条。所以,这种情形不可能是特别关系。

(2)法益的同一性

两个法条之间具有包容关系,并不必然形成特别关系。例如,刑法第 275 条规定的故意毁坏财物罪的最高刑为 7 年有期徒刑,刑法第 309 条规定的扰乱法庭秩序罪包括“毁坏法庭设施……情节严重”的行为。单纯从逻辑关系来看,由于后者的行为地点与行为对象具有特殊性,因而人们会认为后者是特别法条。然而,倘若得出这种结论,适用特别法条优于普通法条的结局是,毁坏普通财物的最高可能判处 7 年有期徒刑,而毁坏法庭设施的最高只能处 3 年有期徒刑,这明显不妥。[24] 所以,特别关系还必须有实质的标准即法益的同一性。

只要承认犯罪的本质是侵害法益,同时承认特别关系时适用一个特别法条就可以充分、全面评价行为的不法内容,那么,就必须承认法益的同一性是特别关系的存在前提。因为在行为侵害了数个犯罪的保护法益时,如果仅适用一个法条,就不可能充分、全面评价行为的不法内容。反过来说,只有当两个法条的保护法益同一时,只适用一个法条才可能充分、全面评价行为的不法内容。

根据法益的同一性这一实质区分标准,一般来说,刑法分则中不同章节所规定的犯罪基本上不可能是法条竞合。例如,生产、销售伪劣产品罪与诈骗罪的保护法益分别为经济秩序(消费者享用合格产品的权利)与财产,使用假币罪与诈骗罪的保护法益分别为货币的公共信用与财产,过失致人死亡罪与交通肇事罪的保护法益分别为人的生命与公共安全,诈骗罪与招摇撞骗罪的保护法益分别为财产与国家机关工作人员的信用,盗窃罪与盗伐林木罪的保护法益分别为财产与森林资源,报复陷害罪与滥用职权罪的保护法益分别为公民的民主权利与国家机关公务的合法、公正、有效执行以及公民对此的信赖,它们之间都不可能成为法条竞合的特别关系,而应认定为想象竞合。再如,过失致人死亡罪的保护法益是个人的生命,医疗事故罪的保护法益是公众生命、身体的安全和国家的卫生管理秩序。虽然说保护社会法益以保护个人法益为最终目的,但不能说个人法益等同或者包括社会法益或者国家法益。因此,过失致人死亡罪与医疗事故罪不是法条竞合的特别关系,而是想象竞合。基于同样的理由,诈骗罪与合同诈骗罪、诈骗罪与金融诈骗罪、合同诈骗罪与金融诈骗罪都不是法条竞合的特别关系。

法益的同一性还意味着法益主体的同一性。亦即,如果行为侵害了不同法益主体的相

---

〔24〕 当然,肯定会有人说“这是立法问题,只能通过修改法律来解决,而不能通过另设法条竞合与想象竞合的区分标准来解决”。本书则认为,这是解释论的问题,而不是立法论的问题。

同法益,也不可能属于法条竞合。例如,虽然故意杀人罪与故意伤害罪是特别关系,但是,这只是就同一法益主体而言;一个行为同时致 A 死亡和 B 伤害时,不可能属于法条竞合,而要认定为想象竞合。再如,公司人员甲将自己职务上占有的手提电脑,谎称是自己所有而出卖给乙。甲的行为虽然侵犯的只是财产,但由于法益主体不同(分别为公司与乙),二者之间不可能形成法条竞合。如果认为甲只实施了一个行为,则只能认定为想象竞合。〔25〕

(3)不法的包容性

法益的同一性,只是解决了对行为的不法性质的评价问题,而没有解决对不法程度的评价问题。对不法性质的充分、全面评价,不等于对不法程度的充分、全面评价。然而,充分、全面评价不法程度具有重要意义。将一个严重侵害 A 法益的行为,评价为轻微侵害 A 法益的行为,明显不当;反之亦然。刑法分则所规定的法定刑之所以存在区别,一个重要原因是不法内容(程度)不同。所以,在符合法益的同一性标准的场合,只有当适用一个法条也能充分、全面评价行为的不法内容,且法条之间具有包容关系时,才应认定为特别关系。否则,只能认定为想象竞合。于是,法条竞合与想象竞合的区分并不是固定不变的,而是取决于适用一个法条能否充分、全面评价行为的不法内容。换言之,当 A、B 两个法条在通常情况下是法条竞合时,不排除在特殊情况下(适用一个法条不能充分、全面评价行为的不法内容)是想象竞合。〔26〕

例如,刑法第 151 条第 3 款规定:"走私珍稀植物及其制品等国家禁止进出口的其他货物、物品的,处五年以下有期徒刑或者拘役,并处或者单处罚金;情节严重的,处五年以上有期徒刑,并处罚金。"刑法第 153 条第 1 款规定:"走私本法第一百五十一条、第一百五十二条、第三百四十七条规定以外的货物、物品的,根据情节轻重,分别依照下列规定处罚:(一)走私货物、物品偷逃应缴税额较大或者一年内曾因走私被给予二次行政处罚后又走私的,处三年以下有期徒刑或者拘役,并处偷逃应缴税额一倍以上五倍以下罚金。(二)走私货物、物品偷逃应缴税额巨大或者有其他严重情节的,处三年以上十年以下有期徒刑,并处偷逃应缴税额一倍以上五倍以下罚金。(三)走私货物、物品偷逃应缴税额特别巨大或者有其他特别严重情节的,处十年以上有期徒刑或者无期徒刑,并处偷逃应缴税额一倍以上五倍以下罚金或者没收财产。"倘若以第 151 条为基准,可以认为第 153 条为补充法条;倘若以第 153 条为基准,则第 151 条是特别法条。当走私珍稀植物制品偷逃应缴税额较大或者巨大时,可以肯定第 151 条第 3 款是法条竞合的特别法条。但是,这一结论只是就走私珍稀植物制品不需要判处无期徒刑的情形而言。换言之,当走私珍稀植物制品偷逃应缴税额特别巨大时,如果依然认为第 151 条第 3 款是特别法条,认定为走私国家禁止进出口的货物、物品罪,就不能充分、全面评价偷逃数额特别巨大关税的不法内容,所以,必须认定为想象竞合,认定行为同时构成走私国家禁止进出口的货物、物品罪与走私普通货物、物品罪,才能既评价走私国家禁止进出口的货物、物品的不法内容,又评价偷逃数额特别巨大关税的不法内容(参见本章第四节)。

3. 特别关系的处理原则

如果合理确定特别关系的范围,那么,对于特别关系可以严格地采取特别法条优于普

---

〔25〕 Vgl. ,C Roxin, Strafrecht Allgemeiner Teil, Band II, C. H. Beck, 2003, S. 822.

〔26〕 以上所称不法内容,是指有责的不法内容。

通法条的原则。例如,对于强奸既遂行为,只能认定为强奸罪,既不得认定为强制猥亵罪,也不得认定行为同时构成两个罪。

以往,由于刑法理论不当扩大了特别关系的范围,导致许多想象竞合现象被归入特别关系,按特别法条优于普通法条的原则处理,会出现罪刑不相适应的局面。所以,本书前几版采取了有严格限制的重法条优于轻法条的原则。〔27〕

"在特别关系的法条竞合中,能否采用重法优于轻法原则,始终是我国刑法学界关于法条竞合理论关注的一个核心问题,而且争论时间持续达25年之长,至今仍然没有平息的迹象。"〔28〕虽然在解释论上原本不应当有形式解释论与实质解释论的争论,但在对待法定刑不均衡的"特别法条"方面,的确存在形式解释论与实质解释论的分歧。形式解释论者只是对法条竞合进行逻辑上的思考,不权衡法条之间是否协调,不顾虑个案的判决是否符合罪刑相适应原则,或者将问题推给立法者;实质解释论者则认为,法条竞合并不是一个单纯的逻辑关系,而是要将公平正义贯彻于法条竞合与具体个案之中。这是因为,"如果一项罪行与对之设定的刑罚之间存在着实质性的不一致,那么就会违背一般人的正义感"。〔29〕同样,一项判决与所判之罪之间存在实质性的不一致,也会违背一般人的正义感。

长期以来,我国刑法理论基本上采用了单一的形式标准区分法条竞合与想象竞合,甚至通过介入案件事实判断两个法条之间是否存在包容关系,结局是将大量的想象竞合纳入法条竞合的特别关系。许多学者虽然严格坚持德国、日本处理法条竞合特别关系的原则(即特别法条优于普通法条),却又没有按照德国、日本的刑法理论确定特别关系,导致特别关系的范围包含了德国、日本的吸收关系与想象竞合。这是值得反思的一种现象。本书反对宽泛地确定特别关系的范围,不顾及处理结论是否合理而坚持特别法条优于普通法条原则的做法。换言之,为了处理结论合理,实现刑法的正义理念,要么有限地适用重法条优于轻法条的原则,要么合理确定特别关系的范围,将需要适用重法条的情形排除在特别关系之外。本书前几版赞成有限地适用重法条优于轻法条的原则,采取的是前一路径;本书采取了后一路径。虽然前后的路径不同,但对具体案件的处理结论相同。

对于特别法条,虽然适用特别法条优于普通法条的原则,但并不意味着普通法条完全丧失意义。〔30〕(1)当适用特别法条的犯罪由于实体上或者程序上的原因不受处罚时,被排除适用的普通法条会重新得到适用。例如,甲已着手持枪抢劫,但在没有压制被害人反抗,也没有造成任何损害的情况下,主动放弃使用枪支,以其他方法劫取财物。对甲的行为原本应适用"持枪抢劫"的特别法条,但由于甲中止了持枪抢劫,因而只能适用普通法条。再如,倘若特别法条规定的是告诉才处理的犯罪,在被害人没有告诉时,如果适用普

---

〔27〕 前几版提出的重法条优于轻法条的适用条件是:第一,行为触犯的是同一法律的普通法条与特别法条。第二,同一法律的特别法条规定的法定刑,明显低于普通法条规定的法定刑,并缺乏法定刑减轻的根据,而且,根据案件的情况,适用特别法条明显违反罪刑相适应原则。第三,刑法没有禁止适用普通法条,或者说没有指明必须适用特别法条。即当刑法条文规定了"本法另有规定的,依照规定"时,禁止适用普通法条,或者虽然没有这样的规定,但从立法精神来看,明显只能适用特别法条时,禁止适用普通法条。后者如,军人实施违反军人职责罪的行为,同时触犯普通法条时,只能适用刑法分则第十章的法条,不得适用普通法条。

〔28〕 陈兴良:"法条竞合的学术演进——一个学术史的考察",载《法律科学》2011年第4期。

〔29〕 [美]E. 博登海默:《法理学:法律哲学与法律方法》,邓正来译,中国政法大学出版社1999年版,第287页。

〔30〕 Vgl. ,C. Roxin,Strafrecht Allgemeiner Teil, Band II, C. H. Beck,2003,S. 864ff.

通法条不违反告诉才处理的法律宗旨时,可能适用普通法条。(2)只要不违背量刑原则,在量刑时就应当考虑被排除适用的法条。例如,刑法第236条规定,“在公共场所当众强奸妇女的”,“处十年以上有期徒刑、无期徒刑或者死刑”;刑法第237条规定,在公共场所当众犯强制猥亵罪的,“处五年以上有期徒刑”。显然,前者是后者的特别法条。但是,当行为人在公共场所当众强奸未遂的行为同时构成强制猥亵罪的既遂时,如果按照特别法条认定为强奸罪并适用未遂犯的规定减轻处罚(即适用“三年以上十年以下有期徒刑”)时,所判处的刑罚不得低于五年有期徒刑。[31] (3)在共同犯罪案件中,可能对一部分共犯人适用特别法条,对另一部分共犯人适用普通法条。例如,在正犯持枪抢劫时,帮助犯不知道正犯有持枪行为的,对前者适用特别法条(即持枪抢劫),对后者适用普通法条。

4. 特别法条的适用前提

一般来说,特别法条的适用,以行为符合普通法条为前提。因为特别法条的要素不仅完全包含普通法条的要素,而且通过特别要素的增加,或者概念要素的特殊化,缩小了犯罪构成的范围。特别法条的犯罪构成是较狭义的“种”,普通法条的犯罪构成是较广义的“属”;前者是下位概念,后者是上位概念。因此,特别法条的犯罪构成的实现,必然包含普通法条的犯罪构成的实现。

首先,当特别法条与普通法条表现为完全包容关系时,特别法条的适用以行为完全符合普通法条为前提。所谓特别法条与普通法条的完全包容,是指特别法条所规定的犯罪行为,原本完全包含在普通法条规定的犯罪之中,特别法条只是将普通法条中的某一方面或者某几个方面的因素进行特别限定,导致适用特别法条的条件比适用普通法条的条件更为严格,因而特别法条的适用范围比普通法条的适应范围更为窄小。特别法条往往只是重点描述其增加的特别特征或要素,而不注重描述一般要素,故可能导致误解:似乎不符合普通法条的行为,也能符合特别法条。其实不然,只有在符合普通法条所规定的构成要件的基本要素的前提下,才可能进一步符合特别法条。例如,刑法第237条第1款规定了强制猥亵罪,第2款规定的“公共场所当众犯前款罪”属于特别法条。第2款的适用以行为完全符合强制猥亵罪的构成要件为前提。

其次,当特别法条与普通法条表现为部分包容关系时,就包容部分而言,特别法条的适用仍然以行为符合普通法条为前提。如前所述,就与现役军人配偶结婚而言,第259条属于特别法条,第258条属于普通法条。显然,只有符合第258条“明知他人有配偶而与之结婚”的构成要件,才可能进一步符合“明知是现役军人的配偶而与之结婚”的构成要件。但是,就没有包容的部分而言,则不存在特别关系。例如,明知是现役军人的配偶而与之同居的,并不包含在重婚罪的构成要件之内,因而不存在特别关系。

5. 特别法条内容不周全的处理

特别法条内容不周全,是指特别法条将普通法条中的某种行为予以特别规定时,由于某种原因,其内容相对于普通法条而言,存在缺失。例如,特别法条所规定的行为方式少于普通法条所规定的行为方式,或者特别法条所规定的行为对象少于普通法条所规定的行为对象,如此等等。

特别法条内容的不周全,既可能是立法者的疏漏所致,也可能是立法者有意为之,还

---

〔31〕 当然,对于这种情形能否认定为想象竞合,也是值得进一步研究的(参见本章第四节)。

可能出于其他原因。此外,还存在因司法解释不当而造成的特别法条内容不周全的情形。对此,应区分不同情形,确立不同的处理原则。

(1)当立法者并非为了限制处罚范围,而是因为特别法条的地位等原因导致特别法条内容不周全时,对不符合特别法条却符合普通法条的行为,应按普通法条处理。因为特别法条并非必须规定所有的"特别情形",相反,完全可能只规定某一种特别情形,既然如此,对其他没有规定的情形,理当适用普通法条,而不能以特别法条没有规定为由,认定为无罪。

例如,刑法第398条第1款规定:"国家机关工作人员违反保守国家秘密法的规定,故意或者过失泄露国家秘密,情节严重的,处三年以下有期徒刑或者拘役;情节特别严重的,处三年以上七年以下有期徒刑。"本条属于普通法条。规定军人违反职责罪的刑法分则第十章的第432条第1款规定:"违反保守国家秘密法规,故意或者过失泄露军事秘密,情节严重的,处五年以下有期徒刑或者拘役;情节特别严重的,处五年以上十年以下有期徒刑。"完全可能出现这样的案件:现役军人泄露的国家秘密并非军事秘密。在这种情况下,主体虽然具有特殊性,似乎属于一种"特别情形",但该行为并没有危害国家军事利益,因而不符合刑法第432条第1款的规定。但是,解释者不能认为,现役军人只有泄露国家军事秘密时才成立犯罪,泄露其他国家秘密时不构成犯罪。因为现役军人泄露军事秘密以外的其他国家秘密,与其他国家机关工作人员泄露国家秘密没有任何本质区别。因此,对于现役军人泄露其他国家秘密的行为,应适用刑法第398条第1款的规定。

(2)当立法者由于疏漏导致特别法条内容不周全时,对特别法条没有规定的行为仍应按普通法条处理。即普通法条完整地规定了某种犯罪行为,而特别法条只是规定了普通法条中的部分犯罪行为;普通法条已经规定而特别法条没有规定的行为,并非不值得科处刑罚,而是由于表述疏漏等原因造成特别法条处罚上的空隙;对特别法条没有规定而完全符合普通法条规定的行为,必须适用普通法条(此时并不存在法条竞合)。

例如,刑法第280条第1款规定了6种行为:伪造、变造、买卖或者盗窃、抢夺、毁灭国家机关公文、证件、印章,而刑法第375条第1款只规定了5种行为,即没有规定毁灭武装部队的公文、证件、印章的行为,那么,对于毁灭武装部队公文、证件、印章的行为,应当如何处理呢?答案是,适用刑法第280条第1款定罪量刑。虽然刑法第375条第1款所规定的法定刑,与刑法第280条第1款所规定的法定刑完全相同,但可以肯定,刑法第375条第1款的设立是为了特别保护武装部队的公文、证件、印章的公共信用。因为在一般意义上说,与对其他国家机关的公文、证件、印章的公共信用的保护必要性相比,对武装部队的公文、证件、印章的公共信用更加具有保护必要性。从另一角度来说,在情节相同的情况下,毁灭武装部队公文、证件、印章行为的不法与责任程度,并不轻于毁灭其他国家机关公文、证件、印章的行为。既然如此,就没有理由只处罚毁灭其他国家机关的公文、证件、印章的行为,而不处罚毁灭武装部队公文、证件、印章的行为。但由于刑法第375条第1款并没有规定毁灭行为,故对毁灭武装部队公文、证件、印章的行为,只能适用刑法第280条第1款,以毁灭国家机关公文、证件、印章罪论处。就毁灭武装部队公文、证件、印章而言,刑法第280条第1款与第375条并不存在法条竞合关系。

(3)在刑事立法为了限制处罚范围而使特别规定不周全时,对不符合特别法条的行为不得依普通法条处理。即普通法条的规定比较完整,但为了避免扩大处罚范围,或者为了限制处罚范围,刑法分则条文将普通法条所规定的部分行为做出了特别限制规定,导致符合普通法条的部分行为不成立犯罪。在这种情况下,对不符合特别法条规定的行为,不得依普通法条论处。

例如,前述刑法第280条第1款规定了伪造、变造、买卖、盗窃、抢夺、毁灭国家机关的公文、证件、印章的犯罪,其第3款又将“伪造、变造、买卖居民身份证、护照、社会保障卡、驾驶证等依法可以用于证明身份的证件的”行为规定为独立的犯罪。问题是,对于盗窃、抢夺、毁灭居民身份证等证件的行为,能否认定为盗窃、抢夺、毁灭国家机关证件罪?本书持否定回答。刑法第280条第3款之所以将居民身份证等证件从第1款的国家机关证件中独立出来,仅规定伪造、变造、买卖行为成立犯罪,而且其法定刑低于伪造、变造国家机关证件罪的法定刑,说明在立法者看来,盗窃、抢夺、毁灭居民身份证等证件的行为,不值得科处刑罚。[32] 所以,立法者设立第280条第3款就是为了限制处罚范围,防止将不值得科处刑罚的行为以犯罪论处。既然如此,对盗窃、抢夺、毁灭居民身份证等证件的行为,又以刑法第280条第1款规定的盗窃、抢夺、毁灭国家机关证件罪论处,便有违反立法精神之嫌。

(4)刑法本身并不存在特别法条不周全的现象,但司法解释导致特别法条不周全时,在司法解释具有法律效力的情况下,对相关行为可以适用普通法条。

例如,刑法第266条要求诈骗数额较大;刑法第192条、第194条、第196条至第198条关于金融诈骗罪的规定也要求数额较大。但是,司法解释对金融诈骗罪所规定的数额较大的标准高于普通诈骗罪。倘若贷款诈骗、保险诈骗以1万元为数额较大的起点,普通诈骗罪以3000元为数额较大的起点,同时认为贷款诈骗、保险诈骗是普通诈骗的特别法条,[33]那么,行为人贷款诈骗、保险诈骗8000元的,应当如何处理?

第一种方案是修改司法解释,使数额标准保持一致。该方案可谓上策,但在司法解释没有修改的情况下,这一方案不能解决现实发生的案件。而且在司法解释修改后,也就不存在本问题了。

第二种方案是对上述行为宣告无罪。理由可能是,既然刑法规定了金融诈骗罪的构成要件,现实行为也属于金融诈骗,在行为没有达到金融诈骗罪的数额的情况下,当然只能宣告无罪。这一方案似乎旨在维护罪刑法定原则,但本书难以赞成。首先,从整体上说,金融诈骗实际上是比普通诈骗更为严重的犯罪,不管是从法益侵害的角度来考察,还是从刑法的规定方式来考虑,都可以得出这一结论。既然如此,对于采取其他方法骗取3000元以上的便以诈骗罪论处,而对于贷款诈骗、保险诈骗8000元的,反而不以犯罪论处,便有悖于刑法的公平正义性。

第三种方案是以贷款诈骗罪、保险诈骗罪的未遂犯论处。本方案具有部分合理性。从司法实践来看,大体可以分为两种情形:其一,客观上足以骗取数额较大甚至巨大的财物,但由于意志以外的原因未得逞。对此,能够以未遂犯追究刑事责任。其二,行为人主观上没有打算骗取贷款诈骗、保险诈骗罪所要求的数额较大的财物,故未能骗取数额较大

〔32〕 入户盗窃、携带凶器盗窃、扒窃身份证的,可能成立盗窃罪。

〔33〕 本书不承认这种情形属于法条竞合,而是将其归入想象竞合。由于刑法理论普遍认为二者之间存在特别关系,故有必要展开讨论。

财物。例如,A 打算骗取 8000 元的贷款,也只骗取了 8000 元贷款。显然,在这种情形下,不能认定 A 由于意志以外的原因而未得逞,故不能认定 A 的行为属于犯罪未遂。由此可见,第三种方案仍然存在缺陷。

第四种方案是对上述行为以普通诈骗罪论处。此方案虽然可以克服第三种方案中的缺陷,但又会出现新的问题,即贷款诈骗、保险诈骗的未遂犯均成立普通诈骗罪,既遂与未遂具有区分此罪与彼罪的机能;这多少有点类似于故意杀人既遂的成立故意杀人罪,故意杀人未遂的成立故意伤害罪的不当情形。此外,果真如此,还会出现以下局面:普通诈骗罪可能处罚犯罪未遂,而金融诈骗罪则不可能处罚犯罪未遂。这似乎不合适。因为如前所述,从整体上说,贷款诈骗罪、保险诈骗罪的法益侵害性重于普通诈骗罪,既然普通诈骗罪都可能处罚犯罪未遂,那么,金融诈骗罪也应可能处罚犯罪未遂。

基于上述分析,本书采取以下方案:行为人实施金融诈骗行为时,主观上打算(包括概括故意等情形)、客观上也足以骗取数额较大甚至巨大的财物,但由于意志以外的原因未得逞的,宜以相应金融诈骗罪的未遂犯定罪处罚。例如,行为人打算骗取 10 万元保险金,并实施了相应的保险诈骗行为,但没有得逞。对此,宜以保险诈骗罪的未遂犯定罪处罚。行为人实施金融诈骗行为时,主观上没有打算骗取金融诈骗罪所要求的数额较大的财物,客观上所骗取的财产数额没有达到相应金融诈骗罪的定罪标准,但达到了普通诈骗罪的数额标准的,应认定为普通诈骗罪。如对于前述仅打算诈骗 8000 元贷款的 A,应认定为普通诈骗罪。

特别要指出的是,以上处理方案并没有违反特别法条优于普通法条的原则。因为特别法条中的数额较大本身就是构成要件要素,既然 A 的行为不符合贷款诈骗罪、保险诈骗罪的数额要求,当然就没有符合特别法条的构成要件。但是,不符合特别法条的行为完全可能符合普通法条的构成要件,但在这种情况下 A 的行为仅符合一个诈骗罪的构成要件,因而并不存在法条竞合的问题,当然也不违反特别法条优于普通法条的原则。

回过来看,司法解释对金融诈骗罪所规定的数额较大的标准高于普通诈骗罪,也并不存在明显的缺陷。因为刑法分则对各种数额较大的金融诈骗罪所规定的法定刑均为“五年以下有期徒刑或者拘役”,而刑法第 266 条对数额较大的诈骗罪所规定的法定刑为“三年以下有期徒刑、拘役或者管制”。所以,将没有达到金融诈骗罪数额标准的行为认定为普通诈骗罪,可以防止轻罪重判,实现罪刑协调。[34]

(三)补充关系

一般认为,补充法条的特点在于,为了避免基本法条对法益保护的疏漏,有必要补充规定某些行为成立犯罪。补充法条所规定的构成要件要素,少于或者低于基本法条的要求,或者存在消极要素的规定。换言之,补充法条所规定的构成要件相当于兜底构成要件,从实质上说,补充法条所规定的犯罪的不法程度必然轻于基本法条的犯罪。“因此,如果已经实施了真正的或者更严重的侵害并应受到处罚,则不再适用补充性的法条。”[35]

---

〔34〕 参见张明楷:《诈骗罪与金融诈骗罪研究》,清华大学出版社 2006 年版,第 335 页以下;张明楷:“法条竞合中特别关系的确定与处理”,载《法学家》2011 年第 1 期。

〔35〕 [德]冈特·施特拉腾韦特、洛塔尔·库伦:《刑法总论 I——犯罪论》,杨萌译,法律出版社 2006 年版,第 437 页。

这便是国外刑法理论所称的基本法条优于补充法条的原则。补充关系分为明示的补充关系(形式的补充关系)与默示的补充关系(实质的补充关系)。

在明示的补充关系的场合,刑法分则条文要么通过对构成要件的描述显示出补充性,要么通过对适用法条的规定显示出补充性。因此,在明示的补充关系的场合,应当直接根据刑法分则的明文规定适用法条。

例如,刑法第 151 条与第 152 条规定了各种走私特定物品的犯罪(如武器、弹药、核材料、假币、淫秽物品等),第 347 条规定了走私毒品罪,第 153 条规定:"走私本法第一百五十一条、第一百五十二条、第三百四十七条规定以外的货物、物品的,根据情节轻重,分别依照下列规定处罚……"显然,第 153 条成为对各种走私犯罪的兜底规定。需要注意的是,第 153 条与前两条并不是互相排斥的关系,而是补充关系。[36] 当行为符合第 151 条或者第 152 条的犯罪构成时,原则上不得适用第 153 条。但是,第一,当行为客观上符合 151 条或者第 152 条的构成要件,但行为人仅有第 153 条的故意时(如误将贵重金属当做普通金属走私出境),则依然适用第 153 条。第二,虽然黄金、白银等贵重金属属于刑法第 151 条规定的货物、物品,但走私贵重金属入境的,应当适用刑法第 153 条的规定。第三,由于补充法条所规定的犯罪的不法程度必然轻于基本法条的犯罪,所以,当行为人走私第 151 条第 3 款、第 152 条第 2 款规定的货物、物品偷逃关税的数额特别巨大,应当判处无期徒刑,而按第 151 条第 3 款、第 152 条第 2 款的规定只能判处有期徒刑时,则应当否认补充关系,而应认定为想象竞合。

再如,刑法第 140 条规定了生产、销售伪劣产品罪,以销售金额 5 万元为成立条件,第 141 条至第 148 条规定了生产、销售特殊伪劣产品的犯罪,但不要求销售金额达到 5 万元,在此意义上说,第 141 条至 148 条是第 140 条的补充法条。另一方面,第 141 条至第 148 条规定的犯罪大多将侵害结果或者具体危险作为构成要件要素(第 141 条与第 144 条除外),而第 140 条没有将侵害结果与具体危险作为构成要件要素,在此意义上说,第 140 条是 141 条至 148 条的补充法条。于是,刑法第 149 条规定:"生产、销售本节第一百四十一条至第一百四十八条所列产品,不构成各该条规定的犯罪,但是销售金额在五万元以上的,依照本节第一百四十条的规定定罪处罚。""生产、销售本节第一百四十一条至第一百四十八条所列产品,构成各该条规定的犯罪,同时又构成本节第一百四十条规定之罪的,依照处罚较重的规定定罪处罚。"[37]

默示的补充关系,是指根据法条竞合的基本理论推导出来的补充关系。我国刑法分

---

〔36〕 要承认上述法条是补充关系,就必须承认第 153 条的"本法第一百五十一条、第一百五十二条、第三百四十七条规定以外"这一表述内容属于表面的构成要件要素。

〔37〕 长期以来,刑法理论一直认为,刑法第 140 条是普通法条,第 141 条至 148 条是特别法条,但刑法第 149 条规定了重法条优于轻法条的例外原则。现在看来,这种观点也值得反思。例如,刑法第 140 条所规定的生产、销售伪劣产品罪的最高刑为无期徒刑。刑法第 148 条规定:"生产不符合卫生标准的化妆品,或者销售明知是不符合卫生标准的化妆品,造成严重后果的,处三年以下有期徒刑或者拘役,并处或者单处销售金额百分之五十以上二倍以下罚金。"倘若说第 148 条是特别法条,再联系第 149 条的规定,就不能回答如下问题:立法者对生产、销售不符合卫生标准的化妆品的犯罪究竟是想科处较轻的刑罚,还是想科处较重的刑罚?主张第 148 条是特别法条的观点实际上意味着,立法者原本打算对生产、销售不符合卫生标准的化妆品的犯罪科处较轻的刑罚,于是设置了第 148 条。但是,随即又担心处罚较轻,于是再设置第 149 条。或许否认特别关系,认定为相互补充关系(部分情形或许属于想象竞合),才能理顺关系。

则大体存在两类默示的补充关系,均应当直接按照刑法分则的明文规定适用法条。

第一类情形是,独立预备罪的不法程度轻于原本的既遂犯时,独立预备罪属于补充法条。例如,刑法第 120 条之二将"为实施恐怖活动准备凶器、危险物品或者其他工具"的行为规定为独立的犯罪。如果行为人利用其准备的工具进一步实施了爆炸、杀人、绑架等行为,且后者的不法程度重于独立预备罪时,不适用独立预备罪的规定。但是,由于只有当 B 法条所规定之罪的不法程度轻于 A 法条所规定之罪时,才可能成立补充关系,所以,如果"为实施恐怖活动准备凶器、危险物品或者其他工具"的行为(准备实施恐怖活动罪)情节严重应当"处五年以上有期徒刑",而其实施的爆炸行为没有造成严重后果(只能适用"三年以上十年以下有期徒刑")时,就不属于补充关系,应以准备实施恐怖活动罪论处(参见刑法第 120 条之二第 2 款)。

第二类情形是,危险犯相对于侵害同一法益的实害犯而言,属于补充法条。以刑法第 114 条与第 115 条第 1 款为例。一般认为,两个条文之间具有竞合关系,前者为补充法,后者为基本法。对于造成严重后果的放火、爆炸等行为,不得适用第 114 条。当然,二者的关系并不是单一的基本法与补充法的关系。

首先,当行为人实施了放火、爆炸等危害公共安全的行为,造成不特定或者多数人的伤亡实害结果,并且对该结果具有认识并且持希望或者放任态度时,应当适用刑法第 115 条第 1 款。这种情形属于普通的结果犯。与结果犯相对应,刑法第 114 条规定的便是未遂犯。因为第 114 条与第 115 条第 1 款是以是否造成严重伤亡实害结果作为区分标准的,所以,是否造成严重伤亡实害结果,成为区别适用这两个条文的基本标准。例如,即使行为人以希望或者放任不特定或者多数人伤亡的故意,实施了放火、爆炸等危害公共安全的行为,但只要没有造成严重伤亡实害结果,就只能适用第 114 条(不再适用刑法总则第 23 条关于未遂犯的规定);并不是适用第 115 条第 1 款,同时适用刑法总则第 23 条关于未遂犯的规定。所以,与普通的结果犯相对应,第 114 条便是对第 115 条第 1 款的未遂犯的特别规定(也可谓对未遂犯的既遂犯化)。在一个犯罪从着手到既遂并无间断的情形下,没有必要考虑法条竞合的问题;在第一次着手后未得逞,第二次又着手并既遂的情况下,则是包括的一罪。[38]

其次,当行为人只是对具体的公共危险具有故意,对发生的伤亡实害结果仅具有过失(并不希望或者放任实害结果发生)时,属于典型的结果加重犯。不言而喻,第 115 条第 1 款规定的犯罪,完全具备结果加重犯的特征。从表面上看,第 115 条第 1 款虽然没有像第 114 条那样要求"危害公共安全",但适用第 115 条第 1 款显然以"危害公共安全"(发生具体的公共危险)为前提。否则,第 115 条第 1 款就不属于危害公共安全的犯罪。既然适用第 115 条第 1 款以发生具体的公共危险(基本结果)为前提,就表明第 115 条第 1 款是因为发生了伤亡实害结果(加重结果)而提高了法定刑。所以,第 115 条第 1 款的规定包含了结果加重犯。与结果加重犯相对应,刑法第 114 条又是对基本犯的规定。换言之,即使行为人主观上只是希望或者放任具体的公共危险的发生,但只要行为人对实际发生的实

〔38〕 参见[日]平野龙一:《刑法总论 II》,有斐阁 1975 年版,第 412 页;[日]西田典之:《刑法各论》,弘文堂 2010 年第 2 版,第 414 页;[日]前田雅英:《刑法总论讲义》,东京大学出版会 2015 年第 6 版,第 394 页;[日]山口厚:《刑法总论》,有斐阁 2016 年第 3 版,第 396 页;[日]井田良:《讲义刑法学 · 总论》,有斐阁 2008 年版,第 524 页。

害结果具有过失,就必须适用刑法第115条第1款。[39] “特别关系总是存在于基本的构成要件与其结果加重和特殊的变异之间。”[40] 所以,从基本犯罪与结果加重犯的关系来说,第114条与第115条第1款是特别关系。

最后,第115条第1款以“致人重伤、死亡或者使公私财产遭受重大损失”为要件,第114条以“尚未造成严重后果”为适用前提。表面上看,二者既相互衔接,又相互排斥;其间既无遗漏,也无重叠交叉。但事实上并非如此。因为“尚未造成严重后果”只是表面的构成要件要素,两个法条之间并不存在相互排斥的关系。[41] 因此,在行为人实施了放火等危险行为,客观上也存在一人死亡的事实,却不能证明被害人的死亡由放火行为造成时,也能适用第114条。显然,凡是符合第115条第1款的行为必然符合第114条,第115条第1款只是在第114条规定的基础上增加了加重结果的要素。所以,在这个意义上说,第115条第1款是特别法条,第114条是普通法条。

从上面的论述可以看出,补充关系与特别关系大多没有实质区别,主要是由于观察角度不同而形成了两种关系。换言之,“补充关系的形成,系指截阻规范与基准规范的关系,亦属规范内部之静态关系,此种关系的观察,应为由下而上的观察方向,从此一观点而言,补充关系的观察方向,正好与特别关系形成反向关系,二者则形成规范彼此间静态观察的双向关系”。[42] 以前述第153条与第151条、第152条、第347条的关系为例,如果以第151条、第152条、第347条为基准条款观察,那么,第153条为补充法条;反之,如果以第153条为基准条款观察,则第151条、第152条、第347条是特别法条。

第三节　包括的一罪

一、包括的一罪概述

包括的一罪,一般是指存在数个法益侵害事实,但是,通过适用一个法条就可以对数个事实进行包括的评价的情形。所谓数个法益侵害事实,既可能是一个行为侵害了数个法益,也可能是多个行为多次侵害同一法益。

既然存在数个法益侵害事实,为什么适用一个法条却可以进行包括的评价呢?主要是因为法益侵害的一体性或者行为的一体性。大体表现为以下情形:(1)对主法益侵害事实的评价,可以包括对次法益侵害事实的评价,或者一个行为具有侵害两个法益的必然性或者高度盖然性(如附随犯);(2)对多次实施的对同一法益的多次侵害行为可以进行

---

〔39〕 倘若既承认过失的结果加重犯,又承认故意的结果加重犯,也可以认为,刑法第114条规定的是基本犯,第115条规定的是结果加重犯。亦即,一方面,当行为人对具体的公共危险(基本结果)具有故意,对所发生的伤亡实害结果(加重结果)具有过失时,是过失的结果加重犯,理当适用刑法第115条第1款;另一方面,当行为人不仅对具体的公共危险(基本结果)具有故意,而且对所发生的伤亡实害结果(加重结果)具有故意时,是故意的结果加重犯,也应适用刑法第115条第1款。

〔40〕 H. Jescheck/T. Weigend, Lehrbuch des Strafrechts, Allgemeiner Teil, 5. Aufl., Duncker & Humblot, 1996, S. 733.

〔41〕 参见张明楷:《犯罪构成体系与构成要件要素》,北京大学出版社2010年版,第355页以下。

〔42〕 柯耀程:《刑法竞合论》,中国人民大学出版社2008年版,第142页。

包括的评价(如集合犯);(3)数个法益侵害事实由数个行为引起,但数个行为具有连续性或者一体性(如连续犯等);(4)一个行为对同一被害人造成了数个法益侵害结果,或者数个行为造成一个法益侵害结果(如狭义的包括一罪)。

包括的一罪,可以分为同质的包括一罪与异质的包括一罪。前者如连续犯、集合犯、发展犯,后者如附随犯。共罚的事后行为(不可罚的事后行为),既可能是同质的包括一罪,也可能是异质的包括一罪。

二、连续犯

(一)连续犯的特征

连续犯,是指基于同一的或者概括的犯罪故意,连续实施性质相同的数个行为,触犯同一罪名的犯罪。其基本特征如下:

1. 连续犯必须是行为人基于同一的或者概括的犯罪故意。同一的犯罪故意,是指行为人具有数次实施同一犯罪的故意;概括的犯罪故意,是指行为人主观上具备只要有条件就实施特定犯罪的故意。这两种心理状态没有本质区别。

2. 必须实施性质相同的数个行为。只实施一次行为的,不可能成立连续犯。数个行为是指两个以上的行为。通说认为,连续犯仅限于每次行为能独立构成犯罪的情形。如果连续实施同一种行为,但每次都不能独立构成犯罪,只是这些行为的总和才构成犯罪,则可以称为徐行犯。但从我国刑法的规定来看,连续犯的数次行为,应包括数次行为都独立构成犯罪,数次行为都不独立构成犯罪,数次行为中有的独立构成犯罪有的不独立构成犯罪三种情况。例如,行为人连续诈骗,每次诈骗都数额较大的,每次诈骗都没有达到数额较大但整体上达到数额较大的,数次中有的达到数额较大有的没有达到数额较大的,都宜认定为诈骗罪的连续犯。这样认定,一方面可以防止行为人逃避刑罚处罚,另一方面有利于正确计算追诉时效。

3. 数次行为具有连续性。是否具有连续性,应从主客观两个方面进行判断。既要通过分析客观行为的性质、对象、方式、环境、结果等来判断是否具有连续性,又要看行为人有无连续实施某种犯罪行为的故意。

4. 数次行为必须触犯同一罪名。触犯同一罪名,是指数次行为触犯同一具体罪名,而不包括触犯同类罪名的情况。一般来说,刑法分则的不同条文保护不同的法益,既然连续犯只触犯同一具体罪名,那么,必然只侵害同一法益。问题是,同一法益是指"同一个法益"(同一法益说),还是"同一种法益"(同种法益说)?这又与法益性质(专属性法益与非专属性法益)相关联。例如,倘若采取同一法益说,连续伤害三个不同人的,不成立连续犯;而按照同种法益说,仍然成立连续犯。本书认为,对于侵犯个人专属法益的犯罪,尤其是其中法定刑较低的犯罪,宜采取同一法益说,否则难以做到罪刑相适应。例如,对于连续故意造成三个不同人轻伤的行为,宜认定为同种数罪且实行并罚。对于侵犯非专属法益的犯罪如侵犯财产罪,则宜采取同种法益说。如连续诈骗不同被害人的财物的,可认定为连续犯,以一罪论处。值得注意的是,有的条文规定了不同的具体犯罪,因此,触犯同一条文的,不等于触犯同一罪名。例如,行为人先非法剥夺公民宗教信仰自由,后侵犯少数民族风俗习惯的,虽然只触犯了刑法第 251 条,但成立两个独立的犯罪,因而不是连续犯。

（二）连续犯的处理

将连续犯以一罪论处，具有刑法上的依据。例如，刑法第 89 条规定，对于连续犯的追诉期限应从犯罪行为终了之日起计算，也表明对连续犯是以一罪论处的。

分则条文规定的“多次”既包括连续犯，也包括了同种数罪。在同种数罪不并罚的情况下，区分连续犯与同种数罪并不具有现实意义。但是，在对同种数罪实行并罚的情况下，区分连续犯与同种数罪具有现实意义。

三、集合犯

集合犯，是指犯罪构成预定了数个同种类的行为的犯罪，包括常习犯、职业犯与营业犯。犯罪构成预定具有常习性的行为人反复多次实施行为的，称为常习犯；犯罪构成预定将一定的犯罪作为职业或业务反复实施的，称为职业犯；犯罪构成预定以营利为目的反复实施一定犯罪的，称为营业犯。[43]

我国刑法没有规定常习犯。刑法第 303 条所规定的“以赌博为业的”行为，属于营业犯。以赌博为业意味着行为人以营利为目的，反复实施赌博行为。每次赌博行为本身并不构成独立的犯罪，刑法将反复实施的赌博行为类型化为一个犯罪构成，故只成立一罪。刑法第 336 条规定的非法行医罪，可谓职业犯，即未取得医生执业资格的人将行医作为一种业务而反复从事行医活动。如果不是将行医作为一种业务，则不成立本罪。

营业犯与职业犯具有相同点：首先，都要求行为人主观上具有反复、多次实施犯罪行为的意思。其次，都将犯罪行为作为一种业务、职业而反复多次实施。但只要性质上是要反复、继续实施的，或者只要行为人是以反复、继续实施的意思实施犯罪活动的，其第一次实施犯罪行为时，就可能被认定为营业犯或者职业犯（如非法行医）。[44] 再次，都不要求行为人将犯罪行为作为唯一职业，行为人在具有其他职业的同时，将犯罪行为作为副业、兼职的，也不影响营业犯、职业犯的成立。最后，都不要求具有不间断性，只要行为具有反复实施的性质，即使具有间断性，也不影响对营业犯、职业犯的认定。一般认为，营业犯与职业犯的关键区别在于，刑法是否要求行为人主观上出于营利目的，要求具有营利目的的，属于营业犯，不要求具有营利目的的，属于职业犯。

四、数额犯、多次犯与情节犯

当分则条文根据数额较大、巨大与特别巨大规定了轻重不同的法定刑时（如刑法第 264 条），即使行为人数次实施的相同行为均独立构成犯罪，也不需要认定为数罪，而是包括地评价为一罪并且累计数额，适用相应的法定刑。

多次犯虽然可能是连续犯，但不等同于连续犯。当分则条文将“多次”规定为法定刑升格条件时（如刑法第 263 条规定的“多次抢劫”），或者规定对“多次”犯罪累计数额时（如刑法第 153 条第 3 款规定：“对多次走私未经处理的，按照累计走私货物、物品的偷逃应缴税额处罚”，与数额犯存在重合），即使行为人多次实施的相同行为均独立构成犯罪，也不需要认定数罪，而是包括地评价为一罪。但是，当刑法将“多次”作为基本构成要件时（如第 264 条的“多次盗窃”、第 267 条的“多次抢夺”），则是单纯的一罪，而不是包括的一罪。

---

〔43〕 参见［日］大谷实：《刑法讲义总论》，成文堂 2012 年新版第 4 版，第 480 页。

〔44〕 难以以第一次赌博行为为根据认定“以赌博为业”，是因为难以认定营利目的。

当分则条文将情节严重、特别严重规定为法定刑升格条件时(如刑法第310条),即使行为人数次实施的相同行为均独立构成犯罪,也可能包括地评价为一罪,适用升格(情节严重、情节特别严重)的法定刑。

五、吸收一罪

吸收一罪,是指事实上数个不同的行为,其一行为吸收其他行为,仅成立吸收行为一个罪名的犯罪。[45] 吸收一罪主要包括以下情形。

(一)附随犯

附随犯,是指一个行为引起了数个法益侵害,但附随对主法益的侵害而引起的对次法益的侵害部分,不作为处罚对象,仅在侵害主法益的犯罪的法定刑内一并考虑的情形。例如,开枪射击他人致人死亡,同时导致他人价值近万元的西服毁损。由于毁坏财物是伴随杀人产生的结果,故仅评价为故意杀人罪。

(二)发展犯

发展犯,是指针对同一法益的犯罪,根据其阶段性的发展形态,被设计为复数的犯罪类型的情形。例如,从杀人预备到着手杀人再到杀人既遂,就属于发展犯,仅认定为故意杀人既遂。其中,相对于杀人既遂而言,之前的杀人未遂,就属于共罚的事前行为。相对于杀人未遂,之前的杀人预备,也属于共罚的事前行为。[46]

(三)共罚的事后行为

共罚的事后行为,也被称为不可罚的事后行为(即不能独立定罪的事后行为——仅针对实施了前行为的人而言,故仅参与事后行为的人,依然可能成立犯罪),是指在状态犯的场合,利用该犯罪行为的结果的行为,如果孤立地看,符合其他犯罪的犯罪构成,具有可罚性,但由于被综合评价在该状态犯中,故没有必要另认定为其他犯罪。

共罚的事后行为,之所以并不另成立其他犯罪,主要是因为事后行为没有侵犯新的法益(缺乏违法性),也可能是因为事后行为缺乏期待可能性(缺乏有责性)。例如,一般认为,甲将盗窃的财物予以毁坏的行为,没有侵犯新的法益,[47] 所以,不另成立故意毁坏财物罪。[48] 但是,如果事后行为侵犯了新的法益,且不缺乏期待可能性,则应认定为数罪。例如,将盗窃的仿真品(价值数额较大)冒充文物出卖给他人骗取财物的,应将盗窃罪与诈骗罪实行并罚。再如,盗窃他人生产的伪劣产品后又销售,销售金额达到法定数量的,应当将盗窃罪与销售伪劣产品罪实行数罪并罚。又如,国有企业收受贿赂(如回扣款)归企业所有后,对此直接负责的主管人员又利用职务上的便利贪污回扣款的,也应当实行数罪并罚。

(四)共犯的竞合

在一个共同犯罪中,行为人既实施教唆行为,又与被教唆者共同实施正犯行为的,或者既实施教唆行为又实施帮助行为的,又或既实施教唆、帮助行为又实施正犯行为的,属

---

[45] 这里的吸收一罪,并不同于德国法条竞合中的吸收关系。

[46] 从法条关系来看,这种情形属于补充关系,即未遂法条补充既遂法条、预备法条补充未遂法条。

[47] 也有学者认为侵害了新的法益,因而不属于共罚的事后行为。

[48] 但是,如果乙明知是甲盗窃的他人财物,而与甲共同毁坏该财物的,乙依然成立故意毁坏财物罪。

于包括的一罪,仅以一罪论处。[49] 需要说明的是,这是从罪数角度得出的结论。在我国,共犯人是主犯还是从犯、胁从犯,需要根据其在共同犯罪中所起的作用认定,而这种作用大小必须综合考察,故不存在吸收问题。换言之,共犯人的所有行为,都是认定其属于主犯、从犯还是胁从犯的事实根据,不存在一部分行为吸收另一部分行为的问题。

六、狭义的包括一罪

本书所称狭义的包括一罪,大体包括以下情形:

第一,一个行为对同一被害人造成数个法益侵害结果。例如,以伤害故意向被害人发射散弹,导致被害人身体一处重伤、一处轻伤。对此不实行并罚,仅以一个重罪(重伤)论处。

第二,数个行为造成一个法益侵害结果。例如,以杀人故意,在不同时间、场所数次对同一人实施暴力,最终导致被害人死亡。对此,仅认定一个故意杀人罪。再如,以伤害故意,在不同时间、场所数次对同一人实施伤害行为的,仅按一个故意伤害罪论处。

第三,数个行为具有前后发展关系(前行为是后行为的所经阶段,后行为是前行为发展的当然结果),侵害相同法益的,从一重罪论处。例如,盗窃枪支后私藏在家里。两个行为触犯了两个罪名,但侵犯的是相同法益,仅以盗窃枪支罪论处,不另认定为非法持有、私藏枪支罪。再如,伪造货币后将伪造的货币出售给知情的第三者的,仅认定为伪造货币罪,不另认定出售假币罪。

第四,数个行为触犯数个不同罪名,但数个行为之间具有紧密的关联性,且仅侵害一个法益(或者一个法益能够包含另一法益)的,从一重罪论处。例如,起先实施敲诈勒索行为,但由于未能使对方产生恐惧心理,便当场以暴力或者胁迫方法抢劫对方财物的(转化犯的一种情形),仅包括地评价为一个抢劫罪。[50] 还如,在对同一被害人由伤害转化为杀人,仅包括地评价为一个故意杀人罪。

日本刑法理论认为,不同罪名的数个犯罪之间具有关系时,属于混合的包括的一罪。例如,窃取他人所有的财物后,利用所窃取的财物骗取财物所有人的其他财物的,属于两个行为触犯两个罪名,但由于实质上指向一个财产,从一重罪论处即可。再如,以借为名骗取了被害人的财物后,在被害人要求返还财物时,以暴力手段迫使被害人免除返还债务的,诈骗罪与抢劫罪(对象为财产性利益)属于混合的包括的一罪,以抢劫罪论处即可,不实行并罚,因为诈骗与抢劫实质上指向的是同一财产,而且两个行为具有紧密的关联性。[51] 这是着眼于法益侵害结果得出的结论。

但在本书看来,上述两种情形并不完全相同。在后例中,财产性利益实际上是源于(或者依附于)财物,故可以认为诈骗与抢劫行为实质上指向的是同一财产,仅以一罪论处即可。但在前例中,行为人窃取的财物与骗取的另一财物,不具有同一性。行为人窃取前一财物后就已经既遂,后来骗取另一财物的行为侵害了新的法益。因此,对二者实行数罪并罚,或许更为合适。

---

〔49〕 参见[日]井田良:《讲义刑法学·总论》,有斐阁2008年版,第528页。

〔50〕 Vgl. ,C. Roxin ,Strafrecht Allgemeiner Teil, Band II, C. H. Beck,2003 ,S. 812f.

〔51〕 参见[日]山口厚:《刑法总论》,有斐阁2016年第3版,第403页。

第四节 科刑的一罪

一、科刑的一罪概述

科刑的一罪,是指存在数个单纯一罪或者数个包括一罪,应评价为数罪,但仅需要按其中较重犯罪的法定刑量刑的情形。科刑的一罪包括一个行为侵犯数个法益的想象竞合犯,以及两个行为之间具有类型性关联的牵连犯。科刑的一罪与包括的一罪存在明显区别。包括的一罪时,虽然也可能存在数个法益侵害,但只需要包括地评价为一罪,也仅适用一个分则条文;但科刑的一罪时,不仅存在数个法益侵害,而且应当评价为数罪,也应适用数个分则条文,只是按其中较重犯罪的法定刑处罚而已。

二、想象竞合犯

(一)想象竞合犯的概念与特征

想象竞合犯,也称想象的数罪、观念的竞合、一行为数法,是指一个行为触犯了数个罪名的情况。例如,开一枪而致一人死亡、一人重伤,一个开枪行为同时触犯了杀人与伤害两个罪名。再如,盗窃整体性珍贵文物的一部分,造成珍贵文物毁损的,同时触犯了盗窃罪与故意损毁文物罪。又如,盗窃电力设备,导致电力设备被破坏,因而危害公共安全的,同时触犯了盗窃罪与破坏电力设备罪。我国刑法总则没有明文规定想象竞合犯,但刑法理论普遍承认这一概念。想象竞合犯具有以下两个基本特征:

1. 行为人只实施了一个行为。所谓一个行为,不是从犯罪构成的评价上看是一个行为,而是基于自然的观察,在社会的一般观念上被认为是一个行为。但是,这里的一个行为与触犯数个罪名相关联,因此,除了进行社会一般观念的理解外,还要进行某种程度的规范评价。即当某个行为还能被分成两个行为时,要根据二者之间有无重合关系来判断是否一个行为。至于达到何种程度的重合关系时,才被认定为一个行为,在理论上存在争议。例如,不法持有枪支的人故意杀人,可以分为两个行为:非法持有枪支与杀人;在判断其是否属于想象竞合犯时,必须考虑两个行为之间具有何种程度的重合关系,才是一个行为。主要部分重合说认为,符合构成要件的各自然行为至少其主要部分重合时,才是一个行为;一部重合说认为,只要各自然行为在某一点上重合,就是一个行为;着手一体说认为,各自然行为在着手实行阶段一体化时,则是一个行为;不能分割说认为,实施其中一种自然行为就必然实施另一自然行为时,方为一个行为。[52] 日本多数学者采取主要部分重合说,但德国的通说是一部重合说。本书采取主要部分重合说。在上例中,如果行为人以前一直非法持有枪支,后来产生杀人故意,则主要部分不是重合的,不是一个行为,不成立想象竞合犯,而是数罪;如果行为人仅仅是为了杀人而不法持有枪支的,则主要部分是重

〔52〕 参见[日]大谷实:《刑法总论》,黎宏译,法律出版社2003年版,第363页。

合的,属于一个行为,成立想象竞合犯。[53] 再如,行为人参加恐怖活动组织后,作为恐怖活动组织成员实施爆炸犯罪的,虽然有一部重合,但主要部分并不重合,不能认定为想象竞合,而应实行数罪并罚。

问题是,如何评价不作为犯中的一个行为。例如,甲负有两个法律上的作为义务,但只要实施一个积极行为,便可以同时履行两个作为义务,但甲没有实施积极行为,因而违反两个作为义务,造成两个法益侵害结果。假定的作为同一性说认为,由于不可能根据不作为的外观判断其行为的数量,故应以设想的履行作为义务所需要的行为数量来判断一行为与数行为。因此,当一个积极行为可以履行数个作为义务时,一个积极行为可以防止数个法益侵害时,就是一个行为。[54] 在这种情况下,即使违反了数个作为义务,也仅认定为一罪(想象竞合)。反之,如果行为人负有数个作为义务,且需要数个积极行为履行该义务,则是数行为,不成立想象竞合。时间的同一性说(同时性说)则认为,在同一时间发生的,属于一个行为;在数个不同时间发生的,成立数个行为。[55] 而且,根据这种观点,A在应当抢救落水的子女时,不仅没有抢救子女,反而对第三者实施抢劫行为的,也属于想象竞合。但本书难以接受这一观点(亦即,对A应当实行并罚)。况且,时间的同一性也具有偶然性。所以,假定的作为同一性说具有合理性。

2. 一个行为必须触犯数罪名,即在犯罪构成的评价上,该行为符合数个犯罪构成。一个行为触犯数罪名,是因为该行为造成了多种法益侵害结果。至于这里的罪名是否包括同种罪名,理论上存在否定说与肯定说。根据肯定说,既存在异种类的想象竞合犯,也存在同种类的想象竞合犯。本书认为,承认同种类的想象竞合犯,对于解决认识错误等问题具有一定意义。[56] 此外,数罪名包括过失犯罪。例如,妨害公务行为过失致人死亡的,成立妨害公务罪与过失致人死亡罪的想象竞合。

(二)想象竞合的明示机能

想象竞合的明示机能,是指由于被告人的行为具有数个有责的不法内容,在判决宣告时,必须将其一一列出,做到充分、全面评价,以便被告人与一般人能从判决中了解其行为触犯了数个犯罪,从而得知什么样的行为构成犯罪,进而有利于实现特殊预防与一般预防。[57] 换言之,想象竞合时并不是只适用一个法条,而是同时适用行为所触犯的数个法条,在判决中应当明示被告人的行为触犯数个罪名。

例如 甲在乙心脏病发作时盗窃乙的急救药品(假定数额较大),导致乙死亡。虽然只有一个行为,但同时构成两个罪。因为故意杀人罪的保护法益是生命而不包括财产,盗

---

〔53〕 在一次走私活动中,同时走私毒品与武器的,主要部分并不重合,应认定为数罪,而非想象竞合犯。国家工作人员利用职务上的便利,将单位公款直接用于个人行贿的,主要部分不重合,应认定为数罪(贪污罪与行贿罪)。

〔54〕 其中对作为同一性的判断又存在如下学说:事实说认为,数个作为义务能否由一个积极行为履行,应当通过事后预测做出判断;必然性说认为,一个积极行为必然履行数个作为义务时,就是一个行为,数个积极行为才能履行数个作为义务时,就是数个行为;可能性说认为,只要一个积极行为可能履行数个作为义务,就是一个行为。

〔55〕 参见[日]只木诚:《罪数论的研究》,成文堂2004年版,第54页以下。

〔56〕 不过,同种类的想象竞合与前述包括的一罪可能难以区分。比较妥当的观点可能是:对于侵害个人专属法益的犯罪,承认同种类的想象竞合;对于侵害非个人专属法益的犯罪,没有必要承认同种类的想象竞合。

〔57〕 Vgl. ,C. Roxin, Strafrecht Allgemeiner Teil, Band II, C. H. Beck, 2003, S. 831; H. Jescheck/T. Weigend, Lehrbuch des Strafrechts, Allgemeiner Teil, 5. Aufl. , Duncker & Humblot, 1996, S. 718.

窃罪的保护法益是财产而不包括生命,甲的行为侵害了两个犯罪的保护法益,属于想象竞合,在判决中必须说明甲的行为构成两个犯罪。那么,为什么要重视想象竞合的明示机能呢?

首先,刑法的机能是保护法益和保障国民自由。对任何一个案件的不法内容,只有既充分、全面评价又不重复评价,才能既保护法益,也保障国民自由。如果一个人的行为同时侵害了公共安全与他人财物,而法官仅评价其行为构成恐怖犯罪,便没有对他人财产予以保护,这不利于实现刑法的保护法益机能。如前所述,竞合论或者罪数论都是为量刑服务的。量刑的基准是责任,或者说是有责的不法。〔58〕 如果A法条的不法内容(程度)完全能够包容B法条的不法内容(程度),那么,就只需要适用A法条。如果A法条的不法内容不能包容B法条的不法内容,当甲的行为同时存在A法条的不法内容与B法条的不法内容时,那么,适用其中任何一个法条,都不能对甲的行为内容进行全面评价。例如,张三为了对李四实行入户抢劫而准备了凶器,但进入李四家后发现家里没有人,便盗窃了价值3万元的财物(转化犯的一种情形)。倘若仅评价为抢劫预备,就没有评价其盗窃既遂的不法内容;倘若仅评价为盗窃既遂,则没有评价其抢劫预备的内容。在这种场合,就必须认定为想象竞合。"通过设立想象竞合,能够在判决中充分评价行为人的法益侵害态度(想象竞合的明示机能)……对一个行为必须在妥当的、所有的法律观点之下作出判断。"〔59〕

其次,刑法虽然具有行为规范的一面,但行为人与一般人并不直接阅读刑法,而是通过各种途径了解判决内容来了解刑法。另一方面,刑法只有运用到现实生活中才具有意义。判决书是对刑法的活生生的解读,解读得越明确,刑法的内容就越容易被一般人理解,刑法就越能发挥行为规范的作用,从而实现特殊预防与一般预防。〔60〕 要发挥刑法的行为规范的作用,就必须重视想象竞合的明示机能。在上述盗窃急救药品案件中,倘若判决仅宣告甲的行为构成故意杀人罪,可能使被告人与一般人产生盗窃药品的行为不构成盗窃罪的误解,这便不利于特殊预防与一般预防。再如,被告人甲、乙、丙等人酒后无故殴打被害人A、B、C,造成A轻伤、B轻微伤,并摔坏了C的iphone6手机(数额较大)。倘若判决仅宣告甲、乙、丙等人的行为构成寻衅滋事罪,就可能使被告人与一般人误认为醉酒后致人轻伤的行为不构成故意伤害罪、酒后毁坏他人财物的行为不构成故意毁坏财物罪,这便不利于发挥刑法的行为规范的作用。只有同时指明甲、乙、丙等人的行为除构成寻衅滋事罪之外,同时构成故意伤害罪、故意毁坏财物罪,才有利于实现对酒后伤人行为、酒后故意毁坏他人财物行为的特殊预防与一般预防。

最后,刑事判决不仅对被害人的心理起安抚作用,而且还涉及对被害人的赔偿等问题。在法条竞合的场合,没有必要将被告人所触犯的法条全部列举出来,就可以解决问题。但是,在上述甲、乙、丙等人寻衅滋事的案件中,如果仅认定甲、乙、丙等人的行为构成寻衅滋事罪,由于该罪是对公共秩序的犯罪,因而不足以对A起安抚作用,也不利于通过附带提起民事诉讼使C获得赔偿。

---

〔58〕 参见张明楷:《责任刑与预防刑》,北京大学出版社2015年版,第239页以下。

〔59〕 H. Jescheck/T. Weigend, Lehrbuch des Strafrechts, Allgemeiner Teil, 5. Aufl., Duncker & Humblot, 1996, S. 718.

〔60〕 参见张明楷:"明确性原则在刑事司法中的贯彻",载《吉林大学社会科学学报》2015年第4期。

（三）想象竞合与法条竞合的区别

法条竞合与想象竞合的法律后果存在两个区别：第一，在法条竞合的特别关系中，当减轻法条属于特别法条时，根据特别法条优于普通法条的原则，不能从一重罪论处，必须适用减轻法条。与之不同，想象竞合采取从一重罪处罚的原则。第二，即使对于法条竞合的其他关系（如补充关系、吸收关系）适用重法条，但法条竞合时只能适用一个法条，其他法条被排斥适用。与之相反，想象竞合时并不是只适用一个法条，而是同时适用行为所触犯的数个法条，在判决中应当明示被告人的行为触犯数个罪名，只是按其中最重的犯罪量刑而已。正因为如此，法条竞合时仍属单纯的一罪（或本来的一罪），而想象竞合原本为数罪只是作为科刑的一罪处理。[61] 诚然，"如果将想象竞合与法条竞合的法律后果相比较，就会证实一个论断，即除了在法条竞合里也可能优先适用较轻的刑罚，它们的法律后果几乎没有差异"。但"不应由此得出结论认为，除了特殊关系，法条竞合的其他情况都可以被当做想象竞合处理"。[62] 正因为如此，各国刑法理论与司法实践都区分法条竞合与想象竞合；采用不区分二者的大竞合论的观点，[63] 并不可取。本章第二节已经对特别法条的实质标准有所论述，下面仅就三个问题再作说明。

1. 交叉关系与想象竞合

如前所述，两个法条之间可能存在交叉关系。本书的基本观点是，只要承认想象竞合的明示机能，就不能承认交叉关系属于法条竞合，只能认为交叉关系属于想象竞合。

例如，日本刑法第 224 条规定："略取或者诱拐未成年人的，处三个月以上七年以下惩役。"第 225 条规定："以营利、猥亵、结婚或者对生命、身体的加害为目的，略取或者诱拐他人的，处一年以上十年以下惩役。"于是，在以营利、猥亵等目的略取、诱拐未成年人这一部分，略取、诱拐未成年人罪与营利目的等略取、诱拐罪就形成交叉关系。日本有学者认为，在以营利、猥亵等目的略取、诱拐未成年人这一部分，略取、诱拐未成年人罪与营利目的等略取、诱拐罪就形成交叉关系，适用重法条优于轻法条的原则。[64] 但是，德国的竞合论重视想象竞合的明示机能，不承认法条竞合的交叉关系。因为倘若承认法条竞合的交叉关系，就只能适用一个重法条，其他法条被排斥适用。与之相反，想象竞合时，要同时适用行为所触犯的数个法条，在判决中应当明示被告人的行为触犯数个罪名，从而实现充分、全面的评价，只是按其中最重犯罪的法定刑量刑而已。就日本刑法第 224 条与第 225 条而言，虽然形式上存在外延上的交叉关系，但是，当行为人以营利、猥亵等目的略取、诱拐未成年人时，如果仅适用第 224 条，就没有评价其不法目的；如果仅适用第 225 条，就没有评价略取、诱拐未成年人这一内容。只有认定为想象竞合，在判决中明示行为同时触犯第 224 条与第 225 条，才能实现全面评价。

我国有学者指出，当行为人冒充国家机关工作人员招摇撞骗，骗得财物时，就成立外

---

〔61〕 参见［日］前田雅英：《刑法总论讲义》，东京大学出版会 2015 年第 6 版，第 392 页、第 399 页；［日］山口厚：《刑法总论》，有斐阁 2016 年第 3 版，第 393 页、第 406 页；［日］井田良：《讲义刑法学 · 总论》，有斐阁 2008 年版，第 523 页、第 532 页。

〔62〕 ［德］冈特 · 施特拉腾韦特、洛塔尔 · 库伦：《刑法总论 I——犯罪论》，杨萌译，法律出版社 2006 年版，第 445 ~ 446 页。

〔63〕 参见陈洪兵："不必严格区分法条竞合与想象竞合——大竞合论之提倡"，载《清华法学》2012 年第 1 期。

〔64〕 参见［日］山口厚：《刑法总论》，有斐阁 2016 年第 3 版，第 396 页。

延上的交叉关系。据此,刑法第 266 条与第 279 条存在交叉关系,属于法条竞合的交叉关系,适用原则是重法条优于轻法条。[65] 可是,第 279 条所规定的招摇撞骗罪并没有将财物作为保护法益,因而不以骗取财物为要件,如果仅适用其中一个法条,就没有对不法内容进行全面评价。亦即,如果仅认定为招摇撞骗罪,就没有评价行为对财产的不法侵害内容;如果只认定为诈骗罪,就没有评价行为对国家机关公共信用的不法侵害内容。只有认定为想象竞合,在判决中明示行为触犯上述两个罪名,只是适用一个重法定刑,才能全面评价行为的不法内容。

再如,刑法第 120 条之四规定的利用极端主义破坏法律实施罪与刑法第 278 条规定的煽动暴力抗拒法律实施罪存在交叉关系。即当行为人利用极端主义煽动群众暴力抗拒国家法律实施时,同时触犯了两个法条。但是,如果仅认定为利用极端主义破坏法律实施罪,就没有评价其中的煽动群众"暴力抗拒"的不法内容;如果仅认定为煽动暴力抗拒法律实施罪,就没有评价其中的利用极端主义的不法内容。所以,只有认定为想象竞合,在判决中明示行为同时触犯两个罪名,最后仅适用一个重法定刑,才能实现全面评价。

总之,在法条之间存在交叉关系时,仅适用一个法条要么不能全面保护法益(两个法条的保护法益不同),要么不能全面评价行为的不法内容(虽然侵害相同法益,但不法内容存在区别),故不应当认定为法条竞合,而应当认定为想象竞合。

2. 特别关系与想象竞合

由于罪数论或竞合论都是为了实现合理量刑,所以,特别关系与想象竞合的关系并不是一个形式上的区别。换言之,"特别关系的确定,也并不一定总是一个纯粹的逻辑问题。必须通过对被排除适用一方的构成要件的不法程度进行目的论的考量予以补充的现象并不罕见"。[66] 在日本,刑法理论在区分法条竞合与想象竞合时,充分考虑法定刑的轻重,判断适用一个法条能否充分、全面评价行为的不法内容,进而区分特别关系与想象竞合。例如,日本刑法第 223 条第 1 项对强制罪作了如下规定:"以加害生命、身体、自由、名誉或者财产相通告进行胁迫,或者使用暴行,使他人实施并无义务实施的事项,或者妨害他人行使权利的,处三年以下惩役。"日本刑法第 193 条规定:"公务员滥用职权,使他人履行没有义务履行的事项,或者妨害他人行使权利的,处二年以下惩役或者监禁。"从逻辑关系上看,两个法条之间也存在特别关系或者交叉关系。但是,由于公务员滥用职权罪的法定刑轻于强制罪的法定刑,仅适用一个法条不能充分、全面评价行为的不法内容,因此,日本刑法理论的通说认为,"公务员使用暴力、胁迫手段实施滥用职权的行为时,成立本罪与强制罪的想象竞合"。[67]

如前所述,在符合法益的同一性标准的场合,只有当适用一个法条也能充分、全面评价行为的不法内容,且法条之间具有包容关系时,才应认定为法条竞合。于是,法条竞合的特别关系与想象竞合的区分并不是固定不变的,而是取决于适用一个法条能否充分、全面评价行为的不法内容。换言之,当 A、B 两个法条在通常情况下是法条竞合时,不排除

---

〔65〕 参见陈兴良:《规范刑法学》(上册),中国人民大学出版社 2008 年第 2 版,第 277 ~ 279 页。

〔66〕 C. Roxin, Strafrecht Allgemeiner Teil, Band II, C. H. Beck, 2003, S. 850.

〔67〕 [日]山中敬一:《刑法各论》,成文堂 2015 年第 3 版,第 829 页。另参见[日]团藤重光:《刑法纲要(各论)》,创文社 1990 年第 3 版,第 125 页;[日]大塚仁:《刑法概说(各论)》,有斐阁 2005 年第 3 版增补版,第 622 页;[日]大谷实:《刑法讲义各论》,成文堂 2013 年新版第 4 版,第 631 页。

在特殊情况下(适用一个法条不能充分、全面评价行为的不法内容)是想象竞合。

(1)既遂的A重罪与较轻的B罪是法条竞合时,未遂的A重罪与较轻的B罪可能是想象竞合。

例如,在德国,虽然抢劫罪是盗窃罪的特别法条,但如果一个行为同时构成抢劫未遂与盗窃既遂时,则不再是法条竞合,而是想象竞合。[68] 因为在这种情况下,如果仅认定为抢劫未遂,就没有评价盗窃既遂的不法内容;仅评价为盗窃既遂,则没有评价抢劫未遂的不法内容,所以,必须用想象竞合来评价这一犯罪事实。再如,规定杀人罪与伤害罪的条文是特别关系,但"在杀人罪与多种形态的伤害罪中,对杀人罪的处罚不能充分包含案件的不法内容时,就可能存在想象竞合"。[69] 换言之,如果认定为杀人罪导致处罚轻,因而不能评价特殊伤害的不法内容时,就不得按照法条竞合处理,而应认定为想象竞合,按特殊的伤害既遂量刑。

我国刑法也存在这样的情形。例如,一般来说,故意杀人罪是故意伤害罪的特别法条,所以,在通常情况下,对故意杀人行为(不管是既遂还是未遂)都要适用特别法条按故意杀人罪论处。但是,在行为人以特别残忍手段实施杀人行为致人重伤造成严重残疾时,如果再按特别法条认定为故意杀人未遂,就会对行为人从轻或者减轻处罚。然而,这样的处罚不能充分评价行为人"以特别残忍手段致人重伤造成严重残疾"的不法内容,所以,此时应认定为想象竞合,从一重罪处罚。亦即,适用故意伤害罪中"十年以上有期徒刑、无期徒刑或者死刑"的法定刑,不再适用未遂犯的从宽处罚规定。[70]

或许有人认为,刑法第234条第2款有"本法另有规定的,依照规定"的表述,上述观点违反了这一规定。其实不然。因为这一规定只是就法条竞合而言,在想象竞合的场合,只能从一重罪处罚。

(2)B罪与A罪的基本条款是法条竞合时,B罪与A罪的加重条款(或其中一部分)可能是想象竞合。

例如,刑法第198条规定:"有下列情形之一,进行保险诈骗活动,数额较大的,处五年以下有期徒刑或者拘役,并处一万元以上十万元以下罚金;数额巨大或者有其他严重情节的,处五年以上十年以下有期徒刑,并处二万元以上二十万元以下罚金;数额特别巨大或者有其他特别严重情节的,处十年以上有期徒刑,并处二万元以上二十万元以下罚金或者没收财产……"。刑法第266条规定:"诈骗公私财物,数额较大的,处三年以下有期徒刑、拘役或者管制,并处或者单处罚金;数额巨大或者有其他严重情节的,处三年以上十年以下有期徒刑,并处罚金;数额特别巨大或者有其他特别严重情节的,处十年以上有期徒刑或者无期徒刑,并处罚金或者没收财产。"倘若学者们坚持认为保险诈骗罪是普通诈骗的特别法条,[71] 那么,在行为人保险诈骗数额较大财物时,也可以认为保险诈骗与普通诈

---

〔68〕 Vgl., C. Roxin, Strafrecht Allgemeiner Teil, Band II, C. H. Beck, 2003, S. 851; H. Jescheck/T. Weigend, Lehrbuch des Strafrechts, Allgemeiner Teil, 5. Aufl., Duncker & Humblot, 1996, S. 720.

〔69〕 Vgl., C. Roxin, Strafrecht Allgemeiner Teil, Band II, C. H. Beck, 2003, S. 856.

〔70〕 或许有人认为,将上述行为认定为故意杀人未遂但不从轻、减轻处罚,也能实现罪刑相适应。在法定刑相同,认定为故意伤害罪没有法定的从宽处罚情节,而认定为故意杀人罪有从宽处罚情节的情况下,当然应认定为前者,否则便没有对不法内容进行充分、全面评价。

〔71〕 严格地说,二者是想象竞合而不是法条竞合[参见吕英杰:"刑法法条竞合理论的比较研究",载陈兴良主编:《刑事法评论》(第23卷),北京大学出版社2008年版,第483页]。

骗是法条竞合的特别关系;适用特别法条认定为保险诈骗罪,大体能够充分、全面评价行为对保险秩序与财产的不法侵害内容。但是,如若行为人保险诈骗数额特别巨大(如2000万元),那么,此时保险诈骗与普通诈骗便是想象竞合。因为在司法实践中,对普通诈骗2000万元的行为,如果没有减轻处罚的情节,都会判处无期徒刑。如果仍然认定为特别关系,适用特别法条认定为保险诈骗罪,此时适用的法定刑为"十年以上有期徒刑",只能评价对保险秩序和数额巨大财产的不法侵害内容,而不能充分、全面评价对数额特别巨大财产的不法侵害内容,所以,必须认定为想象竞合,认定行为同时触犯两罪,并按重罪(普通诈骗罪)的法定刑处罚。

同样,刑法第266条中的"本法另有规定的,依照规定"也只是就法条竞合而言。例如,在保险诈骗数额较大财物时,就属于"本法另有规定",因而应依照保险诈骗罪论处。

又如,倘若学者们坚持认为盗窃罪与盗伐林木罪是法条竞合的特别关系,[72]那么,按照不法的包容性的实质标准,这种特别关系仅限于盗伐林木的财物价值(不法程度)没有超出15年有期徒刑程度的情形。换言之,当盗伐林木所造成的财产侵害程度需要判处无期徒刑时,其与盗窃罪之间便是想象竞合。这是因为,如果仅认定为法条竞合的特别关系,就没有对重大财产侵害这一不法内容进行充分、全面评价,而仅认定为盗窃罪就没有评价对森林资源的侵害内容。所以,只有认定为想象竞合,才能充分、全面评价行为的不法内容。

那么,如何判断适用一个法条是否充分、全面评价了行为的不法内容呢?答案是,根据法定刑与量刑规范(量刑实践)做出判断。例如,倘若从2016年起,司法实践对盗窃价值100万元以上财物的行为判处无期徒刑,那么,在盗伐林木价值低于100万元时,认定为盗伐林木罪仍然可能充分、全面评价行为的不法内容。一旦盗伐林木价值超过了100万元,则应认为,仅认定为盗伐林木罪就不能充分、全面评价该行为对财产的不法侵害程度,所以,需要认定为想象竞合,从一重罪(盗窃罪)处罚。显然,在此问题上,只要对法定刑与量刑规范(量刑实践)稍作比较,就能得出合理结论,而不会导致定罪量刑的恣意性。

(3)结果加重犯与基本犯是法条竞合,但与加重结果所触犯的罪之间则是想象竞合。

结果加重犯与基本犯是最典型的特别关系。例如,就与基本抢劫的关系而言,抢劫致人死亡是特别法条,因而不能适用基本法条认定为普通抢劫。但是,抢劫致人死亡与故意杀人罪、过失致人死亡罪则是想象竞合。换言之,"如果并不缺乏结果加重犯的基本构成要件,加重结果不仅可以由过失而且可以由故意实现时,就必须承认结果加重犯与该故意构成要件或过失构成要件之间是想象竞合。因为只有采用这样的认定方法,才能说明具体案件中加重结果是由故意引起还是由过失引起"。[73]

以抢劫故意致人死亡为例。将其认定为抢劫致人死亡与故意杀人的想象竞合,不仅能够发挥想象竞合的明示机能,而且在基本犯未遂时,有利于量刑的合理化。例如,行为人计划杀死他人后取得财物,但杀害他人后因害怕刑罚处罚而自动放弃了取得财物的行为,或者由于意志以外的原因而未能取得财物。在这种情况下,如果仅认定为抢劫(致死)罪,首先存在是否适用中止犯、未遂犯的规定的问题,如果适用则明显导致罪刑不相

---

〔72〕 如前所述,本书认为二者是想象竞合。因为二者不符合法益的同一性的标准,因而不是法条竞合。

〔73〕 H. Jescheck/T. Weigend, Lehrbuch des Strafrechts, Allgemeiner Teil, 5. Aufl., Duncker & Humblot, 1996, S. 723.

适应。倘若认定为抢劫(致死)罪与故意杀人罪的想象竞合,则最终可以按故意杀人罪的法定刑处罚,不适用中止犯、未遂犯的规定,从而保证量刑的合理性。

存在疑问的是,将上述情形认定为想象竞合,是否存在重复评价的嫌疑?答案是否定的。一方面,上述评价首先旨在实现想象竞合的明示机能,从而有利于实现一般预防与特殊预防目的,而不是为了使行为人受到双重处罚。另一方面,想象竞合时,虽然认定行为触犯数罪,但只适用一个最重的法定刑,故并不存在对行为人不利的重复评价。

此外,结果加重犯与基本法条之间是法条竞合,但形式上属于结果加重而刑法没有加重法定刑,因而不成立结果加重犯的,属于想象竞合。例如,在《刑法修正案(九)》施行之前,绑架致人死亡是绑架罪的结果加重犯,故前者属于特别法条。亦即,绑架致人死亡时,只能适用特别法条,不能认定为普通绑架罪。但是,《刑法修正案(九)》没有将绑架致人死亡规定为结果加重犯。于是,对行为人绑架致人死亡的,不能仅定绑架罪,必须认定为绑架罪与过失致人死亡罪的想象竞合,再按绑架罪的法定刑处罚。

3. 补充关系与想象竞合

由于补充法条所规定之罪的不法程度必然轻于基本法条的犯罪,所以,补充关系与想象竞合的区别也不是固定不变的。如前所述,当行为人走私第 151 条第 3 款、第 152 条第 2 款规定的货物、物品,偷逃关税数额特别巨大,应当判处无期徒刑,而按第 151 条第 3 款、第 152 条第 2 款的规定只能判处有期徒刑时,则不应当认为存在补充关系,而应认为是想象竞合。

(四)想象竞合犯的处理原则

对想象竞合犯应当认定为数罪,即在判决书中应当逐一列出行为所触犯的罪名,但仅按其中较重犯罪的法定刑处罚(科处一个刑罚)。在行为所触犯的两个罪名的法定刑相同的情况下,不是按所谓目的行为所触犯之罪的法定刑量刑,而是按照事实情节较重的犯罪的法定刑处罚。例如,行为同时触犯了甲罪与乙罪,其中符合乙罪构成要件的事实情节重于符合甲罪构成要件的事实情节时,应按乙罪的法定刑量刑。

我国刑法总则虽然没有明文规定想象竞合犯及其处理原则,但刑法分则的一些条文明显承认了想象竞合犯,并且规定对想象竞合犯仅适用一个较重法定刑。不过,分则条文的表述一般是“有前款行为,同时构成其他犯罪的,依照处罚较重的规定定罪处罚”(如第 260 条之一第 3 款)。本书按照想象竞合的明示机能提出的上述处理原则,与刑法分则的这类表述并不矛盾。一方面,既然行为“同时构成其他犯罪”,判决书当然必须写明行为构成哪些犯罪(实现想象竞合的明示机能),否则就不可能“依照处罚较重的规定定罪处罚”。另一方面,判决书不可能既肯定行为构成数罪,同时又否认较轻犯罪的成立。所谓“依照处罚较重的规定定罪处罚”,也可以理解为在指出行为同时构成数罪的情况下,按照行为所构成的较重犯罪选择法定刑。

至于按较重犯罪的法定刑处罚时,是否需要再从重处罚,也是值得研究的问题。一般来说,想象竞合犯的特点决定了可以在较重犯罪的法定刑内再从重处罚,但不排除少数情况下不需要从重处罚。还需要注意的是,在选择了较重犯罪的法定刑之后,对想象竞合的量刑不得低于较轻犯罪的法定最低刑。

关于对想象竞合不实行并罚的理由,刑法理论上存在不同观点。第一种观点认为,对想象竞合犯科处一个刑罚,是刑罚适用上的合目的性的要求;第二种观点认为,对想象竞合犯科处一个刑罚,是因为行为人只实施了一个行为,作为评价对象的只有一个行为;第三种观点认为,之所以存在想象竞合犯的观念,是因为对行为进行了重复评价,实际上只存在一个不法事实;第四种观点认为,对想象竞合犯科处一个刑罚,是因为行为人只是基于一个或者准一个意思活动而实施行为,只是一次突破规范意识。[74] 其实,上述几种观点并不一定冲突,想象竞合犯虽然侵犯了数个法益,但客观上的一个行为与主观上的一个或准一个意思,导致量刑情节高度重合,应是科处一个刑罚的最主要根据。

三、牵连犯

一般认为,牵连犯,是指犯罪的手段行为或结果行为,与目的行为或原因行为分别触犯不同罪名的情况。即在犯罪行为可分为手段行为与目的行为时,如手段行为与目的行为分别触犯不同罪名,便成立牵连犯;在犯罪行为可分为原因行为与结果行为时,若原因行为与结果行为分别触犯不同罪名,便成立牵连犯。例如,以伪造国家机关公文的方法(手段行为)骗取公私财物(目的行为)的,被认为是牵连犯。再如,绑架他人(原因行为)后勒索到财物(结果行为)的,也是牵连犯。

牵连犯有两个特征:(1)必须是其手段行为或结果行为又触犯了其他罪名;(2)数行为之间存在手段行为与目的行为、原因行为与结果行为的牵连关系。[75] 关于牵连关系,在理论上有不同主张:客观说认为,只要客观上两种行为之间具有手段行为与目的行为、原因行为与结果行为之间的关系,就具有牵连关系;主观说认为,只要行为人主观上将某种行为作为目的行为的手段行为或者作为原因行为的结果行为,就存在牵连关系;折中说认为,只有在行为人主观上与客观上都具有牵连关系时,才具有牵连关系;类型说认为,根据刑法规定与司法实践,将牵连犯的手段与目的、原因与结果的关系类型化;[76] 只有具有类型化的手段与目的、原因与结果的关系时,才存在牵连关系。本书认为,如果承认牵连犯的概念,则应采取类型说。即只有当某种手段通常用于实施某种犯罪,或者某种原因行为通常导致某种结果行为时,才宜认定为牵连犯。例如,非法侵入住宅杀人的,宜认定为牵连犯(如果不承认牵连犯的概念,则可以将这种情况认定为想象竞合犯);但非法盗窃枪支后杀人的,不宜认定为牵连犯,应实行并罚(虽然枪支经常用于杀人,但盗窃枪支并不是杀人的通常手段行为)。再如,伪造武装部队公文、证件、印章冒充军人招摇撞骗的,可以认定为牵连犯;但盗窃军车后冒充军人招摇撞骗的,不应认定为牵连犯,而应实行并罚。采取类型说的实质理由是,牵连犯事实上存在两个行为,原本成立数罪应当并罚,只是由于手段行为与目的行为、结果行为与原因行为之间具有密切关联性,行为人实施该目的行为时通常会使用该手段行为,实施该原因行为时通常会实施该结果行为,才不实行数罪并罚。如果将不具有类型性关联的行为均认定为牵连犯,必然导致罪刑不相适应。我

---

〔74〕 参见[日]丸山治:"观念的竞合与牵连犯",载[日]阿部纯二等编:《法学基本讲座》(第4卷),法学书院1992年版,第289页以下。

〔75〕 传统观点还提出了另一个条件,即必须出于一个犯罪目的,如果行为人主观上具有多个犯罪目的,则不构成牵连犯。但是,这一条件不具有合理性。如果说其中的犯罪目的是指目的犯中的目的,则意味着只有目的犯才存在牵连犯,但事实上并非如此;如果说其中的犯罪目的是指直接故意的意志因素,也不合适,因为牵连犯的行为人并非仅具有一个故意,而是存在两个以上的故意。如伪造国家机关证件诈骗财物的人,既有伪造国家机关证件罪的故意,也有诈骗罪的故意。

〔76〕 参见甘添贵:《罪数理论之研究》,台北元照出版有限公司2006年版,第212页以下。

国司法实践一直不当扩大牵连犯成立范围的做法,需要纠正。

刑法总则没有明文规定牵连犯的处罚原则,刑法理论上一般认为,对牵连犯应从一重处罚,或者从一重从重处罚。刑法分则条文对大多数牵连犯的处罚原则没有作明文规定。我国刑法理论与司法实践并没有按照我国刑法分则的相关规定,而是按照日本的牵连犯定义确定牵连犯的范围。于是认为,我国刑法分则对牵连犯没有实行统一的处理原则。例如,有的条文规定对牵连犯从一重处罚,有的条文规定对牵连犯从一重从重处罚,有的条文对牵连犯规定了独立的较重法定刑,有的条文规定对牵连犯实行数罪并罚。

本书的初步看法是,可以从处理原则出发确定牵连犯的范围。第一,将刑法分则明文规定实行数罪并罚的情形排除在牵连犯之外。这是因为,既然将牵连犯归入科刑的一罪,那么,实行数罪并罚的情形就不能归入牵连犯。第二,刑法分则对牵连犯规定独立的较重法定刑的情形,也应当排除在牵连犯概念之外,完全可以作为结合犯理解和把握(如刑法318条第1款第5项)。第三,剩下的具有类型性关联的牵连犯是按照较重的法定刑处罚,还是按照较重的法定刑从重处罚,则不是重大分歧。但是,按照本书的观点,在牵连犯的场合,判决书也必须明确指出行为触犯数罪(可谓牵连犯的明示机能),从而有利于实现特殊预防与一般预防。

第五节　并罚的数罪

一、并罚的数罪概述

从广义上说,数罪可以分为不并罚的数罪与并罚的数罪。例如,前述想象竞合犯与牵连犯也是数罪,只是属于不并罚的数罪。并罚的数罪,则是指需要对数罪分别定罪量刑,然后根据刑法的规定实行并罚的情形。

在犯罪论中研究一罪与数罪问题,不仅要阐明划分一罪与数罪的标准,还应就司法实践中难以划清一罪还是数罪的现象进行说明;这种现象除了貌似数罪实为一罪的现象以外,还有貌似一罪实为数罪的现象。

数罪分为同种数罪与异种数罪。异种数罪均属于并罚的数罪(当然,前述包括的一罪、科刑的一罪不属于并罚的数罪),至于同种数罪应否并罚,也值得进一步研究。

二、貌似一罪实为数罪的情况

典型的数罪是容易认定的,难以认定的是貌似一罪实为数罪(指并罚的数罪)的情况。

(一)行为触犯一个分则条文实为数罪的情况

在通常情况下,一个分则条文规定一个具体的犯罪。正因为如此,容易造成一种假象:凡是触犯刑法分则的一个条文的,就是一罪。事实上也有人认为,一个分则条文规定的是一罪,故区分一罪与数罪的标准,是看行为实际触犯几个分则条文,触犯一个分则条文的是一罪,触犯两个分则条文是两罪,依此类推。[77] 诚然,如果刑法分则的每个条文确

---

〔77〕 参见李守芹:“论犯罪构成的要件”,载《河北学刊》1983年第3期。

实只规定了一罪,这种观点完全成立。然而,我国刑法分则的体例并非如此。分则不少条文规定了数罪,于是,有的行为虽只触犯一个分则条文,却可能成立数罪。至于我国刑法分则有哪些条文规定的是数罪,则是罪刑各论所要具体解决的问题。

(二)行为侵害同一对象实为数罪的情况

行为侵害同一对象,常常成立一罪。但在许多情况下,行为虽然侵害的是同一对象,却构成数罪。行为侵害同一对象而构成数罪,同一罪与数罪的区分标准并不矛盾。区分一罪与数罪,原则上以行为符合几个犯罪构成为标准,而不是以行为侵害了几个对象为标准。对于同一对象,行为人可以基于不同犯意实施不同性质的犯罪行为。例如,对于同一妇女,行为人可能先实施强奸行为,再实施杀人行为。同一对象具有多种属性:可以体现不同性质的法益,如财物既可能体现公共安全,也可能体现财产权,还可能体现社会管理秩序;人享有多种权利,因而可能体现多种法益。所以,对侵害同一对象的行为,不能均认定为一罪,应注意其中的数罪情况。

(三)着手实行犯罪后另起犯意构成数罪的情况

行为人在着手实行犯罪后,由于某种原因另起犯意,实施另一犯罪行为的,构成数罪。在某些情况下,行为人另起犯意表现得十分明显。例如,行为人将一名赶路的妇女拦住,并将其打昏,拖到路旁树林,脱掉其衣裤,正欲行奸时,发现其正值月经期,便不再实施奸淫行为。行为人觉得"划不来",于是趁妇女昏迷之机将其手表和手提包窃走。显然,行为人着手实行强奸行为后,由于妇女正值月经期而中止了强奸行为,另起盗窃犯意,实施了盗窃行为,其行为成立强奸罪与盗窃罪。但在某些情况下,行为人另起犯意表现得不明显,这往往是因为另起犯意前的行为与另起犯意后的行为在客观上很相似,使得其行为貌似一罪。例如,以抢劫罪的故意着手实行抢劫罪中的暴力后,由于被害人的反抗而害怕,为了逃走而继续使用暴力致被害人重伤。在这种情况下,行为人的行为成立数罪,而非一罪。在着手实行犯罪后,另起犯意实施另一犯罪行为,之所以构成数罪,是因为行为人实施了数个犯罪行为,有数个犯罪故意,符合数罪的犯罪构成。

(四)在犯罪过程中超出原犯罪的范围成立数罪的情况

犯罪行为是一个过程,对一个犯罪过程中的行为,一般认定为一罪。但在某些情况下,行为人在犯罪过程中的不法行为,超出了原犯罪的范围,另成立其他独立犯罪,对此应认定为数罪。例如,行为人长期虐待被害人,情节恶劣,但最后一次实施了伤害行为,造成被害人重伤,这种致人重伤的行为已经超出了虐待罪的范围。对此,应认定为虐待罪与故意伤害罪。再如,行为人在运送他人偷越国(边)境的过程中,对被运送人实施的杀害、伤害、强奸、拐卖等犯罪行为,超出了运送他人偷越国(边)境罪的范围,另成立独立的犯罪,故属于数罪。又如,收买被拐卖的妇女后,非法剥夺其人身自由、强行与其发生性关系的,超出了收买被拐卖的妇女罪的范围,成立数罪。至于哪些行为超出了原犯罪的范围,要根据刑法规定的犯罪构成的预定范围予以确定。

(五)刑法分则特别规定实行并罚的情况

任何理论归纳都不得违反刑法的规定。当刑法分则条文特别规定实行并罚时,即使形式上属于包括的一罪或者科刑的一罪,也必须实行并罚。

例如,刑法第157条第2款规定:"以暴力、威胁方法抗拒缉私的,以走私罪和本法第二百七十七条规定的阻碍国家机关工作人员依法执行职务罪,依照数罪并罚的规定处罚。”据此,不能以这种情形属于牵连犯为由,作为科刑的一罪处理。

再如,刑法第204条第1款规定了骗取出口退税罪,第2款规定:“纳税人缴纳税款后,采取前款规定的欺骗方法,骗取所缴纳的税款的,依照本法第二百零一条的规定定罪处罚;骗取税款超过所缴纳的税款部分,依照前款的规定处罚。”据此,纳税人缴纳10万税款后,采取假报出口等欺骗方法,一次骗取50万元税款的,对10万元成立逃税罪,对40万元成立骗取出口退税罪。虽然只有一个行为,符合想象竞合的特征,但不能作为科刑的一罪处理,必须认定并罚的数罪。

三、同种数罪

如前所述,行为是构成一罪还是数罪,与对数罪是否并罚,是两个不同的问题。关于同种数罪是否并罚,是值得深入研究的问题。

本书主张,对一人犯同种数罪的,原则上应当并罚。其中的所谓“原则上”应当并罚,是从原理、规则上而言,亦即,实行并罚是需要坚持的原则,但原则总是有例外,不并罚只是例外。这里的原则与例外的关系,并非从数量上而言。换言之,即使从结局上说,不并罚的情形较多,也只是表明例外情形较多,而不意味着不并罚是应当遵循的原则。

(一)“一罪一刑”的罪刑关系原理决定了对同种数罪原则上应当实行并罚

犯罪是刑罚的前提,刑罚是犯罪的后果。因此,行为人实施一个犯罪的,就应当针对该罪科处一个刑罚;[78]行为人实施数个犯罪的,就必须针对每一个犯罪判处相应的刑罚,同种数罪也不能例外。一罪数刑,是明显不妥当的;除刑法有特别规定的以外,数罪一刑,在原理上也是不成立的。根据我国刑法第69条的规定,除死刑与无期徒刑外,我国刑法对数罪并罚采取了加重综合刑主义(分别定罪量刑后再决定应当执行的刑罚)。而加重综合刑主义,明显以“一罪一刑”的思想为基础。这足以说明,我国刑法贯彻了“一罪一刑”的原则。既然如此,对于同种数罪,也应当坚持“一罪一刑”的原则,亦即,应当实行数罪并罚。

(二)行为责任论决定了对同种数罪原则上应当实行并罚

根据新派所采取的性格责任论,责任非难的对象不是各个犯罪行为,而是行为人对社会的危险性格。顺理成章的是,对数个行为背后的危险性格,必须进行综合判断、整体评价,故不可能采取“一罪一刑”的并罚方法。然而,从人权保障的观点来看,将危险性格作为处罚对象,明显不当;认为犯罪行为只具有征表危险性格的意义的观点,与违法性的本质(法益侵害)不协调,与刑法的目的(保护法益)不一致。正因为如此,性格责任论已退出学术舞台。作为通说的行为责任论认为,责任非难的对象是各个犯罪行为以及指向各个犯罪行为的意思。行为责任论决定了责任是对特定违法事实的非难可能性,既不存在无违法的责任,也不存在超出违法事实范围的责任。顺理成章的是,行为人实施了一个符合构成要件的违法行为时,就要针对这一违法行为判断行为责任;即使行为人另外实施的违法行为与前一违法行为的性质相同,也需要重新判断行为责任。所以,行为责任论要求对同种数罪实行并罚。

(三)量刑情节的差异性决定了对同种数罪原则上应当实行并罚

量刑公正依赖于量刑的精确,而量刑是否精确,取决于如何处理量刑情节。同种数

---

〔78〕 显然,这里的“一个刑罚”是就主刑而言,而不包含附加刑在内(下同)。

罪,只是意味着行为人的数次犯罪行为触犯了相同罪名,并不意味着每次犯罪的量刑情节完全相同。但是,每次犯罪的量刑情节,只能对本次犯罪的量刑起作用,而不能对另一次犯罪的量刑起作用。对同种数罪实行并罚,可以促使量刑的精确化,使刑罚与犯罪相适应。如果不实行并罚,就不利于分别考虑每次犯罪的量刑情节,既不利于实现罪刑相适应原则,也会导致忽略对被告人有利的量刑情节。例如,甲两次行贿,但在被追诉前主动交待了第一次行贿事实,而没有主动交待第二次行贿事实;乙第一次抢劫 1000 元是为了赌博,时隔三年之后第二次抢劫 1000 元是为了给母亲治病;丙第一次聚众斗殴时不满 18 周岁,第二次聚众斗殴时已满 18 周岁。类似这样的案件,只有实行并罚,才能妥当处理各自的量刑情节,从而实现量刑的精确化与合理性。最为重要的是,对判决宣告以前一人犯同种数罪实行并罚时,有利于自首的认定。例如,行为人甲于 2015 年 3 月 1 日犯抢劫罪,次日投案自首,如实交待了此次的抢劫罪行。侦查人员后来发现甲还于 2014 年 12 月 1 日实施过一次抢劫行为,虽然证据确实充分,但甲拒不承认。倘若对甲的行为实行并罚,就能理所当然地认定甲对前一次抢劫不成立自首,对后一次抢劫成立自首。但是,如果仅以一罪论处,对自首的认定就出现困难。显然,对同种数罪不实行并罚,对被告人存在不公平的一面。

(四)对同种数罪实行并罚有利于刑事诉讼的进行与特殊情况的处理

对同种数罪分别定罪量刑后实行并罚,可以清楚地看出法官对每个罪是如何定罪量刑的。被告人可以据此考量自己能否接受每一个定罪量刑,从而决定是否上诉;检察院可以据此判断每一个量刑是否公正,从而决定是否抗诉;上级法院也能顺利处理上诉、抗诉案件。在发现同种数罪中的某一罪行不成立或超过追诉时效,或者对某一犯罪的定性不准、量刑不当的特殊情形下,如果先前的判决按照"一罪一刑"的原则实行并罚,改判就很容易,而且能维持其中正确判决的权威性。从理论上说,在刑罚执行过程中,也可能发生对某一时间之前的犯罪实行赦免的情况。显然,实行并罚就有利于赦免。

当然,由于刑法分则规定的法定刑升格条件存在不同情形,所以,对于同种数罪也可能例外不并罚。换言之,从具体层面来说,对于同种数罪应当区分必须并罚、不应并罚与需要灵活处理的具体情形(参见第十三章第五节)。

第三编　法律后果论

第十章　犯罪的法律后果概说

第一节　法律后果与刑事责任

一、法律后果与刑事责任的概念

一般来说，法律后果是指法律对具有法律意义的行为所赋予的结果，可以分为肯定性（对行为人有利）法律后果与否定性（对行为人不利）法律后果。刑法是规定犯罪及其法律后果的规范，犯罪的法律后果仅限于否定性法律后果，表现为对犯罪人的惩罚，即对犯罪人的生命、自由、财产、政治权利的剥夺与限制，以及在生活上、名誉上的不利反应。刑法分则针对各种具体犯罪所规定的法定刑，是具体犯罪的法律后果；刑法总则对刑罚种类、非刑罚制裁措施以及有罪宣告作了一般性、指导性规定。

刑法大量使用了“刑事责任”概念，刑法理论对刑事责任形成了几种具有代表性的定义：后果说认为，刑事责任是依照刑事法律规定，行为人实施刑事法律禁止的行为所必须承担的法律后果。〔1〕 义务说主张，刑事责任是犯罪人因其犯罪行为而负有的承受国家依法给予的刑事处罚的特殊义务。〔2〕 刑事法律关系说指出，刑事责任是刑事的、刑事诉讼的以及劳动改造的法律关系的总和。〔3〕 责难说提出，刑事责任是指犯罪人因实施犯罪行为而应当承担的，由代表国家的司法机关依照刑事法律对其犯罪行为所作的否定性评价以及对其本人的谴责；〔4〕或者说，刑事责任是刑事法律规定的，因实施犯罪行为而产生的，由司法机关强制犯罪者承受的刑事惩罚或单纯否定性法律评价的负担。〔5〕

在本书看来，上述四种学说并不相互排斥与互相矛盾。但是，前三种定义似乎没有揭示刑事责任的实质。导致这种局面的原因主要是，人们事先形成了“犯罪—刑事责任—刑罚”的模式，在这种模式下，刑事责任只是犯罪与刑罚的中介，难以具有实质意义。前三种定义只从这一模式中抓住问题的一个方面。例如，后果说看到犯罪与刑事责任之间的因果关系；义务说看到犯罪人受刑罚处罚是因为他具有受刑罚处罚的义务，这便是刑事责任；刑事法律关系说则从中看到国家与犯罪人在认定犯罪、确定刑罚、执行刑罚上的关系。

首先，大体可以肯定的是，刑法一般是在犯罪的法律后果这一意义上使用刑事责任概

---

〔1〕 参见张令杰：“论刑事责任”，载《法学研究》1986 年第 5 期。

〔2〕 参见张京婴：“也论刑事责任”，载《法学研究》1987 年第 2 期。

〔3〕 参见［苏］巴格里—沙赫马托夫：《刑事责任与刑罚》，韦政强等译，法律出版社 1984 年版，第 18 页。

〔4〕 参见曲新久：《刑法学原理》，高等教育出版社 2014 年第 2 版，第 14 页。

〔5〕 参见高铭暄、马克昌主编：《刑法学》，北京大学出版社、高等教育出版社 2016 年第 7 版，第 201 页。

念,所以,刑事责任与本书前面使用的"有责性"、"责任"概念不同。例如,刑法第14条第2款规定:"故意犯罪,应当负刑事责任。"本款的含义是,故意犯罪的,应当承担相应的法律后果。再如,刑法第17条第1款规定:"已满十六周岁的人犯罪,应当负刑事责任。"该款意味着,已满16周岁的人犯罪,应当承担法律后果。又如,刑法第20条规定"……正当防卫,不负刑事责任",这并不是说正当防卫属于不法行为但缺乏有责性,而是指正当防卫并不违法因而不承担犯罪的法律后果。其次,在我国,给刑事责任下定义时需要顾及以下事实:一是行为构成犯罪,依法追究刑事责任,并给予刑罚处罚(可能同时给予保安处分,参见第十五章第四节);二是行为构成犯罪,依法追究刑事责任,只给予非刑罚处罚(刑法第37条)、保安处分;三是行为构成犯罪,依法追究刑事责任,但既免除刑罚处罚,也不给予非刑罚处罚与保安处分,即单纯宣告有罪。应当肯定,这三种情况不仅客观存在,而且都追究了行为人的刑事责任,给刑事责任下定义必须能够包括这三种情况。据此,本书认为,刑事责任,是指行为人因其犯罪行为所应承受的,代表国家的司法机关根据刑事法律对该行为所作的否定评价和对行为人进行的谴责的责任。刑事责任本身具有实体的惩罚性意义。

基于上述定义,本书将刑事责任与犯罪的法律后果作为大体等同的概念使用。

二、法律后果的特点

犯罪是刑法所禁止的行为,所以,犯罪的法律后果必然是对行为人不利的否定性法律后果。对犯罪赋予否定的法律后果,体现了对犯罪的法的报应,体现了刑法的正义性。使犯罪人承担因犯罪而引起的不利后果,旨在预防其再次实施犯罪,以及预防其他人犯罪。

犯罪的实体是不法与责任,所以,犯罪的法律后果的实质与内容就是对犯罪行为的否定评价和对犯罪人的谴责。对犯罪行为的否定评价和对犯罪人的谴责,由显而易见的具体制裁措施体现,并非口头的指责,而且具体制裁措施由代表国家的司法机关施行。一般人对犯罪行为的憎恨与对犯罪人的谴责,不是犯罪的法律后果。

犯罪是最严重的不法行为(相对于一般违法行为而言),与之相应,犯罪的法律后果是最严重的法律后果。在现阶段,犯罪的法律后果的基本表现形式是刑罚,刑罚是一种最严厉的强制方法。另一方面,犯罪的法律后果具有一身专属性,即只能由犯罪人承担,不能由无辜的第三者承担。

犯罪的法律后果经历了由随意性发展为法定性,由残酷发展为人道,由单一化发展为多元化,由团体承担发展为由个人承担,由人、物(动物与物体)承担发展为由人承担,由不平等承担发展为平等承担的过程。[6]

第二节 法律后果与处罚条件

一、客观处罚条件

(一)客观处罚条件的概念

行为成立犯罪,就导致法律后果,承受相应的处罚。但德国、日本等大陆法系国家的

---

〔6〕 参见张明楷:《刑事责任论》,中国政法大学出版社1992年版,第4页以下。

刑法理论认为,存在一种例外情形:就某些犯罪而言,除了具备构成要件符合性、违法性、有责性之外,还要具备其他事由时才能处罚,这种事由就是处罚条件(或称客观处罚条件)。

例如,日本刑法第197条第2项规定:"将要成为公务员的人,就其将要担任的职务,接受请托,收受、要求或者约定贿赂,事后成为公务员的,处五年以下惩役。"日本刑法理论认为,行为人就其将要担任的职务收受、要求或约定贿赂就成立犯罪,但只有当行为人后来确实成为公务员时,才能给予处罚。事后成为公务员,就是一种处罚条件。根据以往的通说,处罚条件是基于一定的政策理由而设,与犯罪的成立与否无关。换言之,不具备处罚条件时,犯罪仍然成立,只是不能处罚而已。因此,处罚条件存在与否,不影响行为的不法;处罚条件本身也不是故意的认识内容。

大陆法系国家刑法理论起先承认的这些客观处罚条件,与行为本身没有直接关系,通常是第三者行为的结果,[7]因此,与行为人的故意内容没有任何关系。后来,出现了扩大客观处罚条件的内容或范围的趋势。德国近数十年来的刑法改革,运用了不少客观处罚条件,特别是一些行为的结果也被认为是客观处罚条件。例如,德国刑法第227条规定:"参与斗殴或者参与由多人实施的攻击行为,如果该斗殴或者攻击造成人的死亡或者重伤的,对参与行为者处三年以下自由刑或者罚金。"德国刑法理论认为,其中的"造成人的死亡或者重伤"就是客观处罚条件,行为人对此不必有故意。即行为人参与斗殴或者数人的共同攻击时,原本就构成犯罪,但刑法规定只有在致人死亡或重伤时才处罚,而致人死亡或者重伤却与行为人的互殴故意无关。

(二)客观处罚条件的地位

1. 争议观点

在一些故意犯罪中,将某些客观要素作为客观处罚条件来对待,从而不要求行为人对其具有认识与希望、放任态度,就解决了将其作为构成要件要素而要求行为人具有故意所带来的问题。[8] 但是,刑法理论对这种解决方法存在激烈争议。最有争议的是客观处罚条件的地位或性质问题。

第一种观点即传统观点认为,客观处罚条件与行为人的故意无关,不是构成要件要素,也不影响行为的不法与责任,只是立法者基于刑事政策的考虑而设立的处罚条件;行为人不具备客观处罚条件时,其行为仍然成立犯罪,只是不能处罚而已。于是,客观处罚条件是刑罚论所研究的问题,而非犯罪论的课题。但是,这种观点的根基是人的违法观、行为无价值论,而且确实忽视了客观处罚条件对违法性的影响。

第二种观点认为,影响违法性的客观处罚条件应属于违法性要素,因而应是构成要件要素;只有不影响违法性的要素,才是客观处罚条件。如日本学者平野龙一指出:"能否说这些条件(指客观处罚条件——引者注)与违法性完全没有关系,还有疑问。例如,在事前受贿的场合,可以说,已经收受贿赂的人成为公务员时,人们对公务的公正性的怀疑

---

〔7〕 如德国刑法第283条中的"驳回"申请是由法院决定的,日本刑法第197条第2款中的"成为公务员"是由他人任命的。

〔8〕 需要指出的是,客观处罚条件概念的提出,虽然事实上解决了这一问题,但起先提出这一概念并非为了解决这一问题,而是因为客观处罚条件与行为无关、与违法性无关。

就进一步增强。因此,将所谓的处罚条件,区分为作为单纯条件的真正处罚条件或外部的处罚条件和与违法性有关的不真正处罚条件或客观的处罚条件,要求对后者至少有过失,则是适当的。"〔9〕还有学者指出,在刑法之外,立法者基于利益衡量所设的限制实体可罚性的要件,才是真正的客观处罚条件。

第三种观点认为,所有的客观处罚条件,都是构成要件要素。因为所有的客观处罚条件,实际上都是使违法性程度增高的要素,因而是构成要件的要素。这种观点实际上否认了客观处罚条件。

第四种观点认为,客观处罚条件也是犯罪成立的外部条件,于是犯罪成立条件便是构成要件符合性、违法性、有责性与客观处罚条件。这种观点并不要求行为人对客观处罚条件的事实具有认识、希望或放任态度。

2. 本书的立场

我国刑法理论认为,行为是否符合法定的犯罪构成,是能否追究刑事责任的唯一依据。换言之,行为符合法定的犯罪构成,行为便成立犯罪,应承担相应的法律后果;否则,行为便不成立犯罪,因而不承担犯罪的法律后果。在此意义上说,承担法律后果的条件,就是犯罪成立条件,属于犯罪构成的内容。

本书依然维持上述观点,没有在犯罪构成之外另将客观处罚条件作为成立犯罪的条件。即没有采取"不法→责任→处罚条件"的体系,而是将类似于上述处罚条件的要素纳入了构成要件。因为构成要件是违法性的存在根据,故表明违法性及其程度的事实,应纳入构成要件。例如,依法配备公务用枪的人员,丢失枪支后不及时报告的,其违法性还没有达到值得科处刑罚的程度,故刑法第 129 条增加了"造成严重后果"的客观要素。由于这一客观要素对表明行为的违法性程度具有重大意义,因而应当作为构成要件的要素。

应当认为,我国刑法一般是出于限制处罚范围的目的增加这类客观要素的。但是,如果进一步要求行为人对这类客观要素具有认识与希望、放任的态度,则不当缩小了处罚范围。所以,本书将这些类似于德国、日本刑法理论上的处罚条件的要素作为"客观的超过要素"处理。概言之,这类条件虽然也是构成要件要素,但不需要行为人对之具有现实的认识与希望、放任的态度,只要具有认识可能性即可。

按照本书的体系,法律后果的实现以行为符合犯罪构成为前提;换言之,只要行为符合犯罪构成,就可以将法条规定的法律后果变为现实。本书并没有认为,行为符合犯罪构成,标志行为成立犯罪,但只有另具备处罚条件时,才能赋予犯罪的法律后果。因此,符合犯罪构成就导致法律后果,其间不存在其他条件。

二、处罚阻却事由

处罚阻却事由,是指对已经成立的犯罪阻止发动刑罚权的事由。可以认为,处罚阻却事由,是消极的客观处罚条件。根据通说,处罚阻却事由只是阻止刑罚权的发动,在理论上对犯罪本身的成立并无影响。我国刑法规定的处罚阻却事由包括两大类:

第一类是阻却刑事责任追究的情形。亦即,具有这类处罚阻却事由时,就不得启动刑事诉讼程序。例如,刑法第 201 条第 1 款规定了逃税罪的构成要件与法定刑,第 4 款规

---

〔9〕[日]平野龙一:《刑法总论 I》,有斐阁 1972 年版,第 163 页。德国也有刑法学者将客观处罚条件分为纯正的客观处罚条件与不纯正的客观处罚条件。

定:“有第一款行为,经税务机关依法下达追缴通知后,补缴应纳税款,缴纳滞纳金,已受行政处罚的,不予追究刑事责任;但是,五年内因逃避缴纳税款受过刑事处罚或者被税务机关给予二次以上行政处罚的除外。”其中的“经税务机关依法下达追缴通知后,补缴应纳税款,缴纳滞纳金,已受行政处罚”就是逃税罪的处罚阻却事由。反过来说,追究逃税罪的刑事责任必须具备如下客观处罚条件:行为人经税务机关依法下达追缴通知后,不补缴应纳税款,不缴纳滞纳金,不接受行政处罚。

第二类是阻却刑罚处罚的情形。亦即,具有这类处罚阻却事由时,依然可能启动诉讼程序,但不得对行为人科处刑罚,此即免予刑罚处罚的事由。我国刑法理论一般将其作为量刑情节对待。例如,根据刑法第 24 条的规定,没有造成损害的中止犯,属于阻却刑罚处罚的情形。

在国外,一般是基于一定的身份关系而规定处罚阻却事由,故其刑法理论也将处罚阻却事由称为人的处罚阻却事由或者一身的处罚阻却事由。但我国刑法既存在人的处罚阻却事由,也存在事的处罚阻却事由。

第三节　法律后果与制裁措施

一、法律后果的实现

刑法所规定的法律后果,可谓一种观念上的、抽象意义的法律后果。当有人实施了犯罪行为时,法条记载的法律后果才可能成为现实的法律后果。犯罪发生后的刑事追诉过程,就是实现法律后果的过程。

法律后果的实现,是指代表国家的司法机关,依法使对犯罪行为的否定评价和对犯罪人的谴责成为事实,其具体表现是犯罪人实际感受到由上述否定评价和谴责所引起的,在社会生活上、名誉上的不利反应。这种能够使犯罪人实际感受的,而且可以使一般人感知的不利反应,就是刑事制裁措施。

二、法律后果的表现形式

法律后果由刑事制裁措施予以实现,故也可以认为,刑事制裁措施是法律后果的表现形式。因为犯罪的法律后果的实质是对犯罪行为的否定评价与对犯罪人的谴责,某种措施能否成为法律后果的表现形式,关键在于它能否体现国家对犯罪行为的否定评价与对犯罪人的谴责,显然,体现这种否定评价与谴责的措施,必须是一种限制、剥夺犯罪人权益的制裁措施和对犯罪人的生活、名誉产生不利反应的措施。这种刑事制裁措施由刑法明文规定,司法机关不能随意确定犯罪的法律后果的表现形式。根据我国刑法的规定,作为犯罪的(广义的)法律后果的表现形式,存在以下三种情形:

第一,通过给予刑罚处罚使行为人承担犯罪的法律后果。刑罚处罚是法律后果的最基本、最主要的表现方式。刑罚是用以惩罚犯罪的一种强制方法,它建立在对犯罪人的剥夺性痛苦之上,是最严厉的强制方法;它只适用于实施了犯罪的行为人;而且只能由代表国家的法院依据刑事诉讼法的规定予以适用。我国刑法规定的刑罚包括主刑与附加刑。管制、拘役、有期徒刑、无期徒刑、死刑属于主刑;罚金、剥夺政治权利、没收财产以及驱逐出境属于附加刑。

第二,通过适用实体上的非刑罚处罚与保安处分方法使犯罪人承担法律后果。[10] 例如,刑法第 37 条规定:“对于犯罪情节轻微不需要判处刑罚的,可以免予刑事处罚,但是可以根据案件的不同情况,予以训诫或者责令具结悔过、赔礼道歉、赔偿损失,或者由主管部门予以行政处罚或者行政处分。”这几种非刑罚方法,都是犯罪的法律后果的表现形式。再如,刑法第 38 条第 2 款规定:“判处管制,可以根据犯罪情况,同时禁止犯罪分子在执行期间从事特定活动,进入特定区域、场所,接触特定的人。”本款规定的是保安处分措施。

第三,通过宣告行为构成犯罪使犯罪人承担法律后果。在我国,使犯罪人承担法律后果的一种情况是仅宣告行为构成犯罪,即宣告行为人的某种行为成立犯罪,但免除刑罚处罚,并且不给予非刑罚处罚与保安处分。宣告免除刑罚处罚的判决,要“一律公开进行”(参见《刑事诉讼法》第 196 条);公开宣布行为人的行为是犯罪行为,就是对所实施的犯罪行为的否定评价和对犯罪人的谴责。这种否定评价与谴责必然对行为人的生活与名誉产生不利反应。正因为如此,刑事法律规定,在上述情况下,行为人不服免除刑罚处罚的判决时,仍有权提出上诉与申诉(参见《刑事诉讼法》第 216 条、第 241 条)。可见,刑事法律的规定本身就表明,免除刑罚处罚同样是对犯罪行为的否定评价和对犯罪人的谴责,因而具有刑事制裁的实质内容,不可否认其也是犯罪的一种法律后果。

由上可见,犯罪的法律后果分为两大类:刑罚与非刑罚的法律后果。上述非刑罚处罚、保安处分与单纯宣告有罪,即属于非刑罚的法律后果。

---

〔10〕 严格地说,保安处分不是犯罪的法律后果。但由于保安处分是以犯罪(至少是不法层面的犯罪)为前提的,所以,本书将其归入广义的法律后果。

第十一章　刑罚的观念

第一节　刑罚的概念

一、刑罚与刑罚权

刑罚，是国家为了防止犯罪行为对法益的侵犯，由法院根据刑事立法，对犯罪人适用的建立在剥夺性、限制性痛苦基础上的最严厉的强制措施。据此，对刑罚概念应从以下几个方面予以把握：

第一，刑罚的属性。刑罚作为国家对犯罪行为的否定评价与对犯罪人的谴责的一种最严厉的形式，当然地对犯罪人具有身体的、精神的、财产的剥夺性、限制性痛苦，相对于其他强制措施而言，是最强烈的痛苦。这是刑罚的惩罚性质，是刑罚的本质属性，也是刑罚有别于其他强制措施的重要之处。在我国，将刑罚当做摧残人、折磨人的报复手段，固然是错误的，但如果超越国情、社会的平均价值观念，以及人道主义所能允许的限度，将刑罚视为仁慈的东西，似乎不应有任何剥夺性的痛苦，甚至将服刑人的生活待遇提高到超过国民的一般水平而令人向往的地步，也是背离刑罚的基本属性，不能为国民所接受的。

第二，刑罚的社会政治内容。什么样的国家为着什么人的利益而适用刑罚，是刑罚最为重要的社会政治内容。在我国，刑罚是国家保护各种法益的重要手段。

第三，刑罚的法律特征。刑罚及其内容由刑法明文规定。不仅如此，刑罚还只能由国家的审判机关严格遵循法律规定的管辖权限和诉讼程序适用。

第四，刑罚的目的性。剥夺犯罪人享有的某些权益而使之感受到一定痛苦，是刑罚的本质属性，却不是刑罚的目的。我国刑罚的目的，在于预防犯罪。刑罚既具有惩罚的一面，也具有教育改造的一面，但二者都是达到刑罚目的的手段。把给予犯罪人必要的剥夺性、限制性痛苦同教育改造结合起来，即坚持惩罚与教育改造相结合的方针，牢牢把握和针对预防犯罪的目的，乃是我国刑罚不可或缺的科学内容。

由上可见，刑罚在严厉程度、适用对象、适用主体、适用根据、确立机关等方面，与其他法律制裁存在重大区别。

与刑罚概念密切联系的是刑罚权的概念。刑罚权是基于犯罪行为对犯罪人实行刑罚惩罚的国家权能，是国家主权的组成部分，其内容表现为国家对犯罪人实行刑罚惩罚。刑罚权分为一般的刑罚权与个别的刑罚权。只要发生犯罪，国家就可以对犯罪人实行刑罚惩罚这种一般、抽象意义上的刑罚权，就是一般的刑罚权；发生具体的犯罪时，国家可以对具体犯罪人实行刑罚惩罚的这种个别、具体意义上的刑罚权，就是个别的刑罚权。与刑罚权相对应的是犯罪人承受刑罚的义务，国家刑罚权与犯罪人的刑罚承受义务之间的关系，就是刑罚法律关系。[1]

刑罚权的内容包括制刑权、求刑权、量刑权与行刑权。制刑权是国家立法机关在刑事立法中创制刑罚的权力,其内容主要包括确定刑种,建立刑罚体系,规定刑罚裁量的原则、刑罚执行方法、刑罚执行制度以及具体犯罪的法定刑。求刑权是指对犯罪行为提起刑事诉讼的权力。这种权力原则上由检察机关行使,但国家也将部分轻微犯罪的求刑权赋予被害人(自诉)。量刑权是法院对犯罪人决定科处刑罚的权力。这种权力只能由法院在认定有罪的基础上行使,其内容为决定是否判处刑罚、判处何种刑罚,以及是否适用缓刑等。行刑权是特定机关将法院对犯罪人所判处的刑罚付诸现实执行的权力。执行非刑罚措施不是行刑权的内容。

二、刑罚的正当化根据

(一)刑罚的正当化根据概述

"任何法律都必须有其根据,即根据某种明确的观点或信念,否则便无法解释和毫无意义。"[2]刑罚是由刑法规定的一种痛苦(恶害),表现为对犯罪人权利与利益的剥夺或限制,并且对国家与社会具有相当多的副作用。所以,刑罚的存在必须具有充足的合理根据。刑罚的正当化根据所回答的问题是,作为一种恶害的刑罚,为什么对犯罪人的适用具有正当性?对犯罪人科处什么样的刑罚,才是正当的?讨论刑罚的正当化根据,并非只具有抽象的理论价值,而是同时具有具体的现实意义。因为刑罚的正当化根据不仅是制定法定刑的正当化根据,同时也是个案量刑与个案行刑的正当化根据。

量刑公正的标准不等于刑罚的正当化根据。相反,离开了刑罚的正当化根据,单纯探讨量刑公正的标准,必然使量刑公正丧失根基。刑罚目的与刑罚的正当化根据不是等同概念,为了实现刑罚目的而科处的刑罚不一定是正当的。因为目的正当并不能直接导致手段正当,合目的性不等于正义性,反之亦然。旧派与新派在刑罚论领域中的绝对主义(报应刑论)与相对主义(目的刑论)之争,并不是关于刑罚目的本身的争论,而是关于刑罚的正当化根据的争论。

(二)报应刑论

报应刑论将刑罚理解为对犯罪的报应,即刑罚是针对恶行的恶报,恶报的内容必须是恶害,恶报必须与恶行相均衡。恶有恶报、善有善报是古老的、朴素的正义观念,基于报应的原理对恶害的犯罪以痛苦的刑罚进行报应,就体现了正义,这便是刑罚的正当化根据。"因为有犯罪而科处刑罚",是报应刑论的经典表述。

刑法理论对报应刑存在三种立场:第一,赞成将报应刑作为刑罚的唯一正当化根据,并且反对将预防犯罪的目的作为刑罚的正当化根据(绝对报应刑论);第二,赞成将报应刑作为刑罚的正当化根据之一,同时承认预防犯罪的目的也是刑罚的正当化根据(相对报应刑论);第三,彻底否认报应刑,仅将预防犯罪的目的作为刑罚的正当化根据(报应刑否定论)。本书持第二种立场,主张报应刑并非刑罚的目的,只是刑罚的正当化根据之一。

从报应根据上说,报应是指法律报应。亦即,对犯罪人科处作为报应的刑罚,所根据

---

〔1〕 参见[日]大塚仁:《刑法概说(总论)》,有斐阁2008年第4版,第515页。

〔2〕 [英]鲍桑葵:《关于国家的哲学理论》,汪淑钧译,商务印书馆1995年版,第78页。

的是刑法，而不是神意与社会道义。因此，犯罪的本质既不是违背神意，也不是违反社会伦理，而是侵害刑法所保护的法益。就报应对象来说，报应是指责任报应。此即，犯罪人基于自己的意志选择了犯罪行为，刑罚作为对其责任的清算具有正当性。“责任报应”以人是理性的、具有相对意志自由为前提，换言之，对行为人的处罚以行为人有责任为前提。反过来说，行为人的责任限定了刑罚的有无与程度。所以，报应刑就是责任刑。

经过洗练的报应与报复具有明显的区别。(1)报复的基准是单一的、几乎没有变化，这就是人们通常所说的“以眼还眼、以牙还牙”。但报应的基准是随着时代而发展的。(2)以眼还眼、以牙还牙的“对等报应法”，是结果责任时代只强调犯罪行为的物质内容和实害结果，而不重视主观责任的产物。换言之，报复基本上与客观损害相联系，因而与实害相适应。报应以行为人的主观责任为前提，并且与责任相应。于是出现了这样的现象：客观上只是造成了危险，没有造成实害，但具有责任和处罚必要的，可能不会遭受报复，但有报应的必要(如未遂犯)。(3)报复不具有限制刑罚的意义，甚至是任意而漫无节制的。但当今的报应刑具有限定刑罚的意义。客观上造成了损害但没有责任的，可能遭受报复，但不可能遭到报应。(4)报复使得被害人所经历的痛苦(罪行)与报复者所造成的痛苦(惩罚)之间没有距离，在加害者与被害人之间没有距离。而报应在罪行与惩罚之间、加害人与被害人之间存在恰当距离，这种距离正是公正所需要的。报应由第三者完成，而不是由被害人一方完成。(5)报复是受害者个人的情绪化反应，旨在满足激愤感情，与宽恕之间没有相容性，是非正义的。但报应是社会大众对他人受害的理性化反应，与宽恕之间具有相容性，是为了实现正义。(6)报复与赎罪没有关系，因为报复不可能使加害者赎罪，反而会使加害者产生新一轮的报复。但报应与赎罪有紧密联系，能使行为人赎罪。(7)报复不以建立和平关系为目的，只是为了单纯给对方造成痛苦。但报应总是以建立和平关系为目的，所以，绝大多数报应刑论者都赞成预防犯罪的目的，尤其赞成一般预防目的。

将报应作为刑罚的唯一正当化根据的绝对报应刑论，存在没有考虑预防犯罪的目的的缺陷，因而与明显具有特定目的的刑罚本身、刑事诉讼制度以及刑罚执行制度不协调。

报应刑否定论也不可取。报应刑可以避免不正义的惩罚，有利于维护正义的法秩序。报应作为刑罚的正当化根据之一，至少在以下方面发挥作用：(1)禁止处罚没有实施不法行为的无辜者；即使处罚无辜者能够实现一般预防目的，也不例外。(2)禁止处罚没有责任的行为。报应与责任主义具有亲和性，要求实行没有责任就没有刑罚的消极责任主义。[3] (3)刑罚的上限不能超出报应的需要，即不能超过责任的程度(当然可以低于罪行的程度)。(4)实施报应的第三者(法官)，不能将充满报复情绪的被害人及其家属的刑罚要求当做刑罚的正当化根据。

(三)目的刑论

相对主义则属于新派的理论，以目的刑论为内容，故相对主义与目的刑论是意义等同的概念。目的刑论认为，刑罚本身并没有什么意义，只有在为了实现一定目的即预防犯罪的意义上才具有价值，因此，在预防犯罪所必要而且有效的限度内，刑罚才是正当的。目的刑论与预防论基本等同。预防论分为一般预防论与特殊预防论。一般预防论分为消极

---

〔3〕 参见[日]西田典之：《刑法总论》，弘文堂2010年第2版，第15页以下。

的一般预防论(一般威慑)与积极的一般预防论;特殊预防论中的惩罚论或威慑论,主张通过惩罚或威慑犯罪人使其不再犯罪;特殊预防论中的教育刑论或改善刑论,主张通过教育或者改善犯罪人使其不再犯罪。根据目的刑论的观点,刑罚的正当化根据在于刑罚目的的正当性与有效性。"为了没有犯罪而科处刑罚",是相对主义刑罚理念的经典表述(具体内容参见本章第二节)。

预防刑论旨在说明刑罚目的的正当性。但是,单纯将预防犯罪的目的作为刑罚的正当化根据,或者说将预防犯罪的目的作为刑罚的唯一的正当化根据,则不无疑问。

预防刑论中的消极的一般预防论与特殊预防论中的威慑刑论常常过分强调刑罚的威吓功能,然而,"过分强调刑罚的威吓功能,而把'重典'当作刑事政策的万灵丹,误信杀一可儆百,并期杀一奸之罪而得止境内之邪,造成严刑峻法之局。这在表面上似乎颇具刑事政策的目的性,可是事实上却无抗制犯罪之功能,这是古今中外均有过的现象。在欧洲各国的刑罚史上,也曾出现过这种过分强调一般预防的刑事政策,而造成在刑事立法与刑事司法上,均有超越罪责程度相称的刑罚主张"。[4] 由于刑罚越重威慑效果越明显的观念相当普遍,因此,只考虑预防犯罪的目的,会导致刑罚没有上限,于是造成恶性循环:社会治安形势严峻,便适用重刑;重刑之后,社会治安不仅没有根本好转,而且恶性案件上升,于是适用更重的刑罚。显然,没有报应刑的限制,预防刑论是行不通的。

预防刑论中的一般预防,强调通过对犯罪人适用刑罚来预防一般人实施犯罪,这必然导致将犯罪人作为"防止犯罪的工具"进行利用的现象。因为通过威慑进行一般预防,或者为了增强国民的规范意识而适用刑罚,意味着犯罪人不仅因为犯罪本身而受处罚,而且为了他人而受处罚,意味着将犯罪人作为预防其他人犯罪的工具或手段,这便侵害了人的尊严。国家不能将个人作为可以利用的资源,个人在国家之前便存在,是国家应当保护的人格价值的担当者,在人皆平等的法秩序里,不应将人作为其他目的的手段。这说明,预防刑论侧重对社会的防卫,而忽视对个人的保护。所以,需要有其他根据(责任报应)限制国家对一般预防目的的追求。

预防刑论中的教育刑论、改善刑论,常常追求将犯罪人教育改造成伦理上高尚的人,从而导致以刑罚方法迫使行为人接受一定的伦理观念。然而,刑罚的消极作用相当明显,并非维护社会伦理秩序的理想手段。以刑罚教育行为人成为伦理上高尚的人,必然得不偿失。[5]

总之,预防犯罪的目的具有正当性,但是刑罚目的的正当性并不等于刑罚的正当化根据。预防刑论的缺陷,恰恰需要报应刑弥补。

(四)并合主义

并合主义是一种折中的观点,以相对报应刑论为内容,故并合主义与相对报应刑论乃意义等同的概念。相对报应刑论认为,刑罚的正当化根据一方面是为了满足恶有恶报、善有善报的正义要求,同时也必须是防止犯罪所必需且有效的,应当在报应刑的范围内实现一般预防与特殊预防的目的。"因为有犯罪并为了没有犯罪而科处刑罚",是并合主义刑罚理念的经典表述。

---

[4] 林山田:《刑罚学》,台湾商务印书馆1983年第2版,第70页。
[5] 参见[日]平野龙一:《刑法总论 I》,有斐阁1972年版,第44页以下。

如上所述，报应刑论与预防刑论都可以说明刑罚的正当化根据，为什么要将二者结合起来形成并合主义，而不承认各自本身的完全合理性呢？这是因为对刑罚的正当化根据的回答，不仅是为了从总体上回答国家为什么能够以刑法规定刑罚、司法机关为什么可以对犯罪人适用和执行刑罚，而且是为了回答对具体犯罪的量刑根据以及具体刑罚制度的取舍，以便对刑罚的适用起限制作用，以免侵害公民的正当权利。“就合理的刑事政策而言，本质的问题是，赋予制裁以意义与目的，即所创设的法律效果体系，应根据行为责任的轻重划分层次，同时能够避免再犯。倘若单方面地强调两个方面的某一方，其结局要么陷入非人道的刑事政策，要么坠入不公正的刑事政策。亦即，如果仅将刑罚理解为对责任的报应，那么，行为人就会仅仅由于该原则而遭受显著痛苦，这不会给行为人与其他人带来任何好处。如果仅着眼于刑罚的社会目的（如威吓或者‘治疗’行为人），常常就会对行为人判处与其有责地实现的不法不相均衡的制裁。”[6]对具体犯罪的量刑以及具体刑罚制度的取舍，都取决于对刑罚功能、本质与目的的认识。例如，如果采取报应刑论，刑罚的程度就应当与犯罪本身的危害程度相适应，尤其应与客观的犯罪结果相适应；如果采取特殊预防刑论，刑罚的程度则必须与犯罪人的反社会性格或者再犯罪的危险性相适应。再如，倘若主张报应刑论，就会反对不定期刑论；倘若主张特殊预防刑论，就会赞成不定期刑论。又如，如若采取报应刑论，即使没有一般预防与特殊预防的必要性，也必须科处刑罚；如若采取积极的一般预防论，只要没有一般预防的必要性，就不得科处刑罚。可见，关于刑罚的正当化根据的争论，实际上是关于刑罚本质的争论。而一旦具体到量刑根据以及刑罚制度的取舍问题上来，就会发现报应刑论与预防刑论各有利弊，并合主义则可以使二者优势互补、弊害互克。例如，预防刑论往往导致刑罚过重，报应刑论正好给刑罚划定了上限，使得刑罚不得超出报应的范围；但报应刑论导致从预防角度而言不需要判处刑罚时也必须科处刑罚，预防刑论正好解决了这一问题。如果没有预防犯罪的效果或者从预防犯罪的角度而言不需要判处刑罚，就不应当判处刑罚，这为免除刑罚处罚找到了根据。从刑罚制度来说，缓刑、减刑、假释制度都是预防刑论的产物，而对这些制度适用条件的限定，在很大程度上取决于报应刑观念。可见，预防刑论的缺陷正好需要报应刑论的优点来克服，报应刑论的缺陷恰好需要预防刑论的优点来弥补。于是，并合主义成为理想的刑罚观念。

并合主义是长期的政治与学术争论形成的结论，在新旧两派争论的最激烈时期，就有学者试图调和二者以与刑事司法的实际必要性相适应。此后，报应刑并不只是在哲学的思考领域自由漂移，而是作为犯罪人和社会生活的现实，充分发挥其社会机能而被正当化。报应刑维护了社会秩序，满足了一般人的法感情，并最大限度地保护了法益。行为人获得了他认为公正的刑罚，刑罚对其起到了警告作用，并在可能的范围内受到了教育。因此，只有公正的刑罚，才能对一般人产生威慑作用，对一般人的法律意识起强化作用，并对行为人产生威慑与教育作用。报应刑通过责任与刑罚程度的均衡关系，以宽大的干预方式保护法秩序。预防刑虽然在支配近代刑法的犯罪预防目的中具有正当性，但是，只有当刑罚满足正义的要求时才能实现这一目的。[7] 报应刑既可以限制刑罚的程度，以免为了追求预防犯罪的目的而滥施刑罚，也有利于刑罚目的的实现。预防刑使刑罚不再是无目

---

〔6〕 H. Jescheck/T. Weigend, Lehrbuch des Strafrechts, Allgemeiner Teil, 5. Aufl., Duncker & Humblot, 1996, S. 741.

〔7〕 H. Jescheck/T. Weigend, Lehrbuch des Strafrechts, Allgemeiner Teil, 5. Aufl., Duncker & Humblot, 1996, S. 76f.

的的报复,也使没有预防目的的报应刑丧失意义,从而使得刑罚更为轻缓。

如果离开了公正的报应,预防犯罪的目的是难以实现的。“社会科学暗示,偏离于大众的正义直观(经验论应得惩罚观念来源于此)却可能会造成现实的犯罪控制困境。众所周知,我们正越来越多地知道社会性影响(social influence)和内化观念(internalized norms)的巨大力量。人们在日常生活中一直在做的行为决定,首要地受到其对其他人如何看待他们和他们如何看待他们自己的这样的问题的影响。如果刑法获得了道德权威的声音——即,如果人们将刑法视为按照与人们的正义直观相符合的方式妥当地施加刑罚——它就能够利用这些规范性力量。但如果刑事法律体系被认为缺乏道德可信赖性,那么它就会失去利用社会性影响和内化观念之力量的能力。”[8]

并合主义面临的一个重要批判是,“把各种学说相互混合地聚在一起的方法,对于刑法学来说是毫无用处的。即使把若干个破碎的衣服拼补起来,也不能做成国家制度的基础这一件衣服,这是早就能想象得到的。由于组成混合说的各个体系当中存在不能支持混合说的地方,所以,其必然走向崩溃”。[9] 换言之,“如果相对报应刑论只是单纯地将报应刑论与目的刑论结合在一起,那么,两者的问题也只能加算起来,进而增添了问题”。[10]

其实,并合主义强调的是并合报应刑论与预防刑论的优点,同时避免二者的缺陷,而不是并合二者的缺陷,也不能以一种理论的缺陷排斥另一理论的优点,而是应当以一种理论的优点克服另一种理论的缺陷,并且针对不同的人群发挥对应的刑罚功能。此外,刑罚的正当化根据是多元的,即使是预防犯罪的目的也可以分为一般预防与特殊预防,而且赖以实现一般预防与特殊预防的功能并不完全相同。另一方面,刑罚分为刑罚的制定(制刑)、刑罚的裁量(量刑)与刑罚的执行(行刑)三个阶段,在不同阶段,刑罚正当化根据的侧重点并不相同。在法定刑的制定(制刑)阶段首先考虑的是报应刑与一般预防的需要,其次也兼顾了特殊预防的必要性。量刑主要根据犯罪情节,重点考虑犯罪人的再犯罪危险性,故量刑阶段的重点在于特殊预防。与此同时,一般预防在某些情况下也会起作用。行刑的直接目标,在于使服刑人接受教育改造(死刑立即执行除外),消除其再犯罪的危险性。显然,行刑过程着眼于犯罪人的人身危险性程度的消长变化,强调的是特殊预防。

“不管怎么说,刑罚的理论之争就是不能把报应主义和结果主义(目的刑论——引者注)的观点截然分开,这就说明没有哪种理论能够真正证明刑罚现象的正当性。”[11] 换言之,只有并合报应刑论与预防刑论,才能真正证明刑罚的正当性。但不可否认的是,由于报应刑与预防刑存在区别,甚至在某些场合还会存在对立现象,所以,如何克服并合主义的二律背反现象,正是并合主义理论必须解决的问题(参见本书第十三章)。

---

〔8〕 [美]保罗·H.罗宾逊:“进行中的刑罚理论革命:犯罪控制意义上的公正追求”,王志远译,载《当代法学》2012年第2期。

〔9〕 [德]特奥多尔·赫布:“刑罚学说的主要分类”,任学良译,载邱兴隆主编:《比较刑法(第二卷)刑罚基本理论专号》,中国检察出版社2004年版,第303页。

〔10〕 [日]佐伯仁志:“刑法的基础理论”,载《法学教室》第283号(2004年)。

〔11〕 [英]威廉姆·威尔逊:《刑法理论的核心问题》,谢望原、罗灿、王波译,中国人民大学出版社2014年版,第69页。

第二节　刑罚的目的

一、刑罚目的的概念

刑罚目的，是指国家制定、适用、执行刑罚的目的，也即国家的刑事立法采用刑罚作为对付犯罪现象的强制措施及其具体适用和执行所预期实现的效果。这种效果不是立法、审判、行刑三个环节之一或其二所能达到的，只有三者协同一致，才能得以实现。因此，将刑罚目的解释为审判机关对犯罪人适用刑罚的目的，并不全面。刑罚目的决定或制约着刑罚的其他全部问题，是刑罚论的要害。

刑罚目的制约着刑罚的根据。如果认为刑罚目的是预防犯罪（预防主义），包括消除犯罪人的再犯可能性，使犯罪人改恶从善，那么，只能将不法且有责的犯罪作为刑罚事实根据。奴隶制、封建制国家主张威吓主义、神意报应主义，因而实行的是客观责任。因为不管行为人是否具备有责性，在其行为造成了客观损害的情况下，科处刑罚就能起到威吓、报应作用，使他们不实施造成客观损害的行为。

刑罚目的制约着刑罚承受主体的范围。古代社会不仅对自然人科处刑罚，而且对动物、物品施用刑罚；就对自然人科处刑罚而言，其范围也极为广泛，不问行为人是否具有责任能力，对儿童、精神病人也科处刑罚。之所以如此，是因为当时所采取的是威吓主义、神意报应主义的刑罚目的观。近代国家主张道义报应主义、法律报应主义或预防主义，这就决定了承受刑罚的主体只能是人，而不能是动物或者物品。因为针对动物与物品不可能实行道义与法律报应，道义观只有人类才具有，法律是人类共同体的规范。预防主义也决定了承受刑罚的主体只能是人。

刑罚目的制约着刑罚的体系与种类。刑罚的体系和种类是为实现刑罚目的服务的，因而确定刑罚的体系与种类时必须考虑刑罚目的的需要。确切地说，刑种的选择、排列以及各刑种在体系中所处的地位和所占的比重，都是按照刑罚目的的要求来决定的。从历史上看，严酷的刑种，往往容易被威吓主义、神意报应主义的主张者所赞同，并广为采纳和适用。因为刑罚越严酷，就越能体现报应、实现威吓。反之，预防主义主张者，通常赞成刑罚种类的人道化、合理化与多样化。因为严酷的刑罚并不利于预防犯罪，相反，根据犯罪与犯罪人的具体情况，给予适当的刑事制裁，就足以实现刑罚的目的。因此，一些有关刑种问题的争论，如死刑、短期自由刑的存废之争，莫不与刑罚目的观的分歧有着直接的联系。

刑罚目的关系到刑罚具体适用原则的制定。对犯罪科处刑罚应当有一定的尺度或基准，刑法理论在此问题上的争论，也是基于不同的刑罚目的观。单纯注重刑罚的社会威慑与心理强制效果的人，一般重视罪刑等价和因果报应的影响作用，从而主张量刑应以形之于外的罪质及其实害大小为标准；而单纯着眼于防止犯罪者再次犯罪的人，由于强调刑罚仅在于实现对犯罪者本人的矫正改善，因此主张以主体自身的性格危险程度作为量刑轻重的标准，即何种刑罚能使犯罪人矫正改善，就给予何种处罚，乃至采取不定期刑。

刑罚目的关系到刑罚的执行。行刑方式直接影响刑罚的社会效应。国家希望行刑产生何种社会效应,又总是以其希望刑罚达到什么目的为转移的。所以,行刑方法必然受到刑罚目的的制约。

刑罚目的还制约着刑罚执行制度的取舍。主张采取哪些刑罚执行制度,与刑罚目的也有直接关系。例如,重视特殊预防的人,极力主张采取减刑、假释等制度;而重视威吓效果、单纯强调报应的人,则反对采取这种刑罚变更制度。

"根本不可能存在这样的情况,即立法者将特定行为规定为犯罪,却并未因而表现出预防此类[犯罪]行为的意愿与目的。因此,预防似乎成为了首要且唯一普遍的惩罚目的。"[12] 当今刑法理论,均将预防犯罪作为刑罚的正当目的。我国刑罚预防犯罪的目的,包括特殊预防与一般预防。

二、特殊预防

特殊预防,是指防止犯罪人再犯罪。一般认为,特殊预防目的,是通过刑罚的保安、威慑与再社会化功能实现的。[13] 保安功能,即限制、剥夺再犯条件的功能,是指通过适用刑罚,可以从外部来限制、消除犯罪人再次犯罪的条件,使之永远或者在一定时期内不能再犯。除死刑外,徒刑的保安功能最为明显。威慑功能表现为使犯罪人承受一定的痛苦,使其认识到,犯罪后刑事责任的不可避免性和罪有应得,从而不敢再次犯罪,重受痛苦处遇。再社会化功能即教育感化功能,通过制定、适用和执行刑罚,使犯罪人养成良好的规范意识,树立和强化对法的信仰与忠诚,从而不愿再次犯罪。特殊预防论受到了一些批判,有必要展开说明。

第一个批判:特殊预防论具有国家恣意干涉公民自由的倾向,这一倾向比报应刑论更强烈。例如,"一位累犯者,即使所犯之罪轻微,但由于该犯罪显示其具有犯罪的倾向,因此必须受到彻底的治疗处分或者保安处分,这与其实施的犯罪的严重程度是没有关系的"。[14]

如果仅将特殊预防作为刑罚的正当化根据,的确可能存在上述问题。需要将哪些行为人置于刑法的处遇之下,并不是由特殊预防必要性本身决定,而是由刑法对犯罪的规定来决定。恣意干涉公民自由的不是特殊预防,而是刑法对犯罪的过度处罚,或者违反罪刑法定原则的恣意处罚。但是,刑罚的正当化根据不只是目的的合理性,还有报应的正义性,故不能超出报应的限度追求特殊预防目的。

第二个批判:根据特殊预防论,在没有再犯罪危险的情况下,即使是极为严重的犯罪,也可以不处罚。例如,"谋杀犯中的许多人,以嗜虐的动机残忍地杀害了无数没有罪的人。现在,这些谋杀犯人大抵毫不起眼地生活在社会中,因此没有'再社会化'的必要;他们也不存在必须通过威慑予以阻止或者必须针对他们保护我们的再犯的危险。那么,对他们不处罚真的合适吗?……但是,在这样的场合,没有人真正地主张不处罚的结论。尽管如此,在此有必要科处刑罚的理由,就不是由来于特殊预防论"。[15]

从抽象层面来说,上述批判涉及一般预防与特殊预防的关系。如前所述,在法定刑的

---

〔12〕 [美]霍姆斯:《法律的生命在于经验——霍姆斯法学文集》,明辉译,清华大学出版社 2007 年版,第 122 页。

〔13〕 参见[日]城下裕二:《量刑基准的研究》,成文堂 1995 年版,第 133 页。

〔14〕 H. Jescheck/T. Weigend, Lehrbuch des Strafrechts, Allgemeiner Teil, 5. Aufl., Duncker & Humblot, 1996, S. 75.

〔15〕 [德]Claus Roxin:《刑法中的责任与预防》,宫泽浩一监译,成文堂 1984 年版,第 12 页。

制定方面,可以说是一般预防优于特殊预防;在量刑与行刑阶段,则应当是特殊预防优于一般预防。从具体层面而言,上述批判涉及免予刑罚处罚与缓刑的适用问题。在德国,对谋杀罪不能免予刑罚处罚和适用缓刑,这或许是德国部分学者反对特殊预防目的、仅肯定一般预防的一个重要原因。但在我国,则不存在这样的问题。不可否认,杀人犯没有再社会化的必要和再犯的危险的情形,是客观存在的。例如,行为人基于特殊原因犯故意杀人罪,这种特殊原因不可能重现,且行为人悔过自新,因而没有再犯罪的危险性,但没有免予刑罚处罚的情节。在这种场合,虽然不能免予刑罚处罚,但只要适用缓刑即可,而不需要判处实刑。换言之,此时,不应当以一般预防必要性为由对被告人宣告实刑。

第三个批判:"如今赞成特殊预防的人不能以此为由对过去的法侵害行为(Rechtsverletzung)进行'惩罚',而最多只能针对将来的违法行为进行'防卫'。"〔16〕亦即,如果将特殊预防作为刑罚的正当化根据,就丧失了对已然的犯罪行为予以处罚的根据。言下之意,如果将特殊预防作为刑罚的正当化根据,则可以处罚将要犯罪但事实上还没有犯罪的危险个体。

显然,这样的批判只是社会政策或者刑事政策方面的不当构想,而且多少有些强词夺理。因为刑罚的适用以犯罪为前提,特殊预防原本就意味着防止已经犯罪的人再次犯罪,故只能以行为人已经犯罪为前提,而不可能在犯罪行为发生之前就处罚所谓危险的个体。退一步说,虽然采取预防性的刑罚措施或许是更有效的,但现代科学还没有达到事先能够预测一个人将来是否会犯罪的水平;只有当一个人实施犯罪行为后,我们才推测他可能还会犯罪。只要一个人没有实施犯罪,就没有根据说他将来一定会犯罪。所以,一方面,只有等行为人实施犯罪之后,才能对之科处刑罚。另一方面,特殊预防必须以报应为基础,否则,就会导致刑罚的泛滥。

第四个批判:根据特殊预防的观点,必须考虑的是犯罪人再犯罪的危险性的有无、程度以及犯罪人对刑罚的感受力的有无、程度。但是,对再犯罪危险性的大小只能依赖经验性的各种条件予以判断,因而并不明确;对刑罚感受力的判断,则缺乏一般性的标准。〔17〕

事实上,不管采取什么样的理论,量刑的标准都难以精确化,因为我们对犯罪没有计算单位。根据经验性的各种条件或者因素判断犯罪人再犯罪的危险性的大小与对刑罚感受力的有无与程度,恰恰是一条比较可靠的路径。例如,当法官面对一位刑罚刚执行完毕的累犯时,不仅会认为他再犯罪的危险性大,而且会认为他的刑罚感受力差。反之,当法官面对一位有明显悔悟、期待从宽处罚的初犯时,则会认为他再犯罪的危险性小,而且会因为他期待从宽处罚而认为他的刑罚感受力可能很强。另一方面,正是因为量刑不可能精确地把握犯罪人再犯罪危险性的大小与刑罚感受力的强弱,所以,我国刑法不仅规定了假释制度,而且规定了减刑制度。这两种制度事实上对于纠正量刑偏差起到了重要作用,也彰显了刑罚的特殊预防目的。

第五个批判:特殊预防中的再社会化理论,在某些情况下根本行不通。这是因为,"如果社会复归是唯一的刑事责任和刑罚配置的原则,刑事法律体系中可能应释放所有

---

〔16〕 费尔巴哈语,转引自[美]马库斯·德克·达博:"积极的一般预防与法益理论",杨萌译,载陈兴良主编:《刑事法评论》(第21卷),北京大学出版社2007年版,第446页。

〔17〕 Vgl., M. Köhler, Strafrecht, Allgemeiner Teil, Springer, 1997, S. 44ff.

那些不能被矫正的犯罪人——这样的人可能占据了现在被拘禁的人当中的大多数。不用说,这在任何人眼里都可能是不可行的,无论其所关注的是犯罪控制还是实现正义”。[18]

不可否认,对不可能被矫正的人实行再社会化当然不可能达到目的。然而,第一,我们依据什么说哪些犯罪人是不可能被矫正的？又根据什么说服刑中的多数人是不可能被矫正的？只有执行了刑罚判决,才可能得出结论,而不可能事先得出结论。第二,当犯罪人执行完刑罚判决后,仍然表明其不可能被矫正,当然不应当再继续执行刑罚,充其量只能采取保安处分措施。第三,将再社会化作为刑罚唯一的正当化根据当然不符合现实(不管是在美国还是在中国,判处犯罪人死刑立即执行就不可能以再社会化为由予以说明),但是,这并不意味着将再社会化作为对部分犯罪人适用刑罚的部分正当化根据也不符合现实。第四,再社会化有利于监狱采取合理的矫正政策。

总之,将特殊预防作为刑罚的唯一的正当化根据,并不能说明法定刑的制定与刑罚的实际运用情况,但也不能完全否认特殊预防的目的。事实上,我国刑法的相关规定,明显肯定了特殊预防目的。例如,刑法规定了累犯从重处罚的制度,而且对累犯不得适用缓刑,也不得假释。这些制度都是基于特殊预防目的所设计的。如果否认特殊预防的目的,就无法解释刑法的上述规定。当然,肯定特殊预防的目的,并不意味着仅将特殊预防作为刑罚的目的。事实上,在法定刑的制定阶段,法定刑的轻重所依据的主要是罪行的轻重与一般预防的必要性大小,对特殊预防必要性大小的考虑则是次要的。在量刑阶段,对特殊预防必要性大小的考虑则是相当重要的。

特殊预防主要通过两个途径实现:第一,对罪行极其严重的犯罪人适用死刑,永远剥夺其重新犯罪的能力。这种方式虽然简单、有效,但在当今社会不应成为实现特殊预防的主要途径。第二,对犯罪人适用刑罚,使犯罪人不能犯罪、不敢犯罪乃至不愿犯罪。例如,通过剥夺犯罪人的人身自由,使其终身或在一定期间内与社会隔离,因而不可能实施犯罪行为;通过限制犯罪人的人身自由,使其在一定期间内难以实施犯罪行为;通过剥夺犯罪人的财产,使其在一定时间内丧失再犯罪的物质条件;通过剥夺犯罪人的某种权利,防止其利用这些权利再次犯罪。而这些方法同时对犯罪人具有威慑与教育改造作用,促使他们认识到,如果再次犯罪,就必将承受剥夺性、限制性痛苦;只有不再犯罪,才能享受本来拥有的法益;于是,他们不敢再以身试法、不愿再以身试法,从而实现特殊预防目的。

三、一般预防

(一)消极的一般预防

传统的一般预防论是消极的一般预防论,也称威慑预防论。费尔巴哈的心理强制说代表了这种预防论,即通过对犯罪规定和适用刑罚而向一般人宣告:谁实施犯罪行为谁就受到刑罚处罚;从而威慑一般人,使其不敢犯罪。但这种消极的一般预防论受到了批判。

1. 国家对什么样的行为具有威慑的权限,并不明确;消极的一般预防论不能划定可罚行为的范围,也必然导致刑罚过于严厉。因为对于任何可能犯罪的人来说,死刑的威慑力总会大于其他刑罚的威慑力,重刑的威慑力总是大于轻刑的威慑力,于是存在着刑罚愈严厉威慑力愈强预防效果愈佳的倾向。例如,在战时,对轻微犯罪也可能科处重刑乃至死

---

〔18〕［美］保罗·H. 罗宾逊:“进行中的刑罚理论革命:犯罪控制意义上的公正追求”,王志远译,载《当代法学》2012年第2期。

刑,其目的旨在实现一般预防,但即使对于国家来说,正当目的也不能使所有的手段都正当化。[19]

但是,要求消极的一般预防论划定可罚行为的范围,并不妥当。因为讨论刑罚的正当化根据以所针对的行为是犯罪为前提,划定可罚行为的范围,不必以刑罚的正当化根据为前提。诚然,倘若没有报应刑的限制,消极的一般预防论的确存在使得刑罚过于严厉的缺陷。所以,消极的一般预防不可能独立成为刑罚的正当化事由。相反,消极的一般预防本身反而可能使刑罚丧失正当性。只是经由报应的限制,消极的一般预防才可能针对部分意欲犯罪的人发挥积极作用。

2. 威慑的效果至少仍然不能得到科学的证明。对于职业犯、冲动的机会犯而言,刑罚的威慑根本不起作用。"没人清楚死刑到底有多少震慑增量,以及就此而言终身监禁有多少震慑增量。"[20]在杀人犯、风俗犯等场合,刑罚的威慑力也极为有限。而且,许多人犯罪并非基于合理的计算,而是(至少多数是)在期待不被发觉的侥幸心理下实施犯罪。对这些犯罪人来说,威慑的效果也不明显。

可是,刑罚的效果本身就不可能得到清晰的证明,因为犯罪的原因过于复杂,即使某个国家或者地区的某一段时间内犯罪明显减少,也难以认为刑罚产生了良好的效果。刑罚对职业犯、冲动的机会犯乃至杀人犯、风俗犯的预防作用的确有限,但这主要基于其他原因,而不是消极的一般预防论本身的缺陷。行为人在期待不被发觉的侥幸心理下实施犯罪,只是说明刑罚的威慑效果不明确,但"期待不被发觉"的心理至少能够说明刑罚具有威慑效果。

3. 通过威慑进行一般预防,意味着不是因为犯罪受处罚,而是为了他人不犯罪才受处罚,犯罪人成为预防他人犯罪的工具,侵犯了人的尊严。[21]

本书的看法是,法定刑的制定与刑罚制度的设计是针对一般人而言,即使承认刑罚的威慑效果,也没有将任何人当做预防他人犯罪的工具。例如,倘若刑法为了防止非法偷越国(边)境,而对该罪规定了无期徒刑乃至死刑,也只能认为该法定刑违反罪刑均衡原则(超出报应的限度),而不能认为该法定刑将某人当作了预防犯罪的工具。事实上,费尔巴哈的消极的一般预防论,也是从宣示法定刑的角度而言的。

4. 即使将消极的一般预防论限定为单纯的法定刑理论(即法定刑的制定是为了威慑预防一般人),也仍然存在疑问。因为法定刑的确定标准并不是威慑预防。例如,按照消极的一般预防论的观点,当行为人为了获得数百欧元的财物而谋杀他人时,数千欧元的罚金就足以产生预防的效果;反之,当行为人为了维护人际关系或者促进职业生涯而犯诽谤罪时,或许只有多年的自由刑才足以产生预防效果。然而,针对这种犯罪的不法内容来说,这样的刑罚绝对是不合理的。[22]

上述批判不无道理。犯罪类型具有多样性,同样是杀人,但行为人的动机可能完全不同。刑法不可能根据动机的区别规定杀人罪的类型,因而也不可能根据动机规定法定刑。另一方面,由于刑罚种类相对较少,犯罪人因犯罪所获得的利益与刑罚对其造成的不利益

---

〔19〕 [德]Claus Roxin:《刑法中的责任与预防》,宫泽浩一监译,成文堂1984年版,第14~15页。

〔20〕 [美]理查德·波斯纳:《波斯纳法官司法反思录》,苏力译,北京大学出版社2014年版,第75页。

〔21〕 [德]Claus Roxin:《刑法中的责任与预防》,宫泽浩一监译,成文堂1984年版,第16页。

〔22〕 Vgl., G. Jakobs, Strafrecht Allgemeiner Teil, 2. Aufl., Walter de Gruyter, 1993, S. 21f.

之间,一般难以比较。所以,将威慑的必要性作为法定刑轻重的根据,的确存在不能回答的问题。这似乎从另外一个角度说明,确定法定刑的根据是报应刑,只不过这种报应刑对一般人会产生威慑效果。但是,这样的结论未免草率。事实上,除了特殊情形以外,立法者在确定法定刑时,会考虑一般预防的必要性,而且其中不可避免会通过威慑来实现一般预防。例如,盗窃罪的法定刑之所以重于故意毁坏财物罪的法定刑,就是因为后者的一般预防必要性小。所以,不能完全否认一般预防的必要性对法定刑的影响。

5. 消极的一般预防论需要一个基本的前提,威慑对象必须知道相关的刑法规定,但事实表明,威慑对象一般不知道刑法的规定,故不能取得威慑效果。研究表明,“犯罪人通常不知道法律规则……有多少中国人知道涉毒犯罪的‘特别再犯’规定或者加重抢劫罪的具体规定? 我想也不会有很多……从相关的研究当中我们所知道的却是:即便是犯罪人,往往也不知道刑法规则,即使他们认为自己知道,也经常是错误的”。[23] 概言之,由于行为人不知道刑法规则,知道了也不合理计算行为的各种后果,故刑法的威慑效果难以实现。

的确,并不是任何人都知道刑法的具体内容,但是,一般国民都会知道犯罪后会受到刑罚处罚。国民或者通过直接阅读刑法条文,或者通过媒体等途径得知刑事判决的内容,进而大体上了解刑法的内容。威慑效果的实现,并不以威慑对象全面、具体了解刑法的全部内容为前提,只要威慑对象知道犯罪后会受到一定的刑罚处罚,刑罚就必然具有一定的威慑效果。诚然,如果威慑对象能够全面了解刑法的具体规定,并且能够合理计算行为的各种后果,威慑效果就更加理想,但是,谁都知道这是不可能的。然而,我们也不可否认,从经验上说,的确有一部分人是因为知道犯罪后会受到刑罚处罚,才不实施犯罪行为的。

综合上述讨论,可以得出如下结论:(1)消极的一般预防论并不是将威慑本身作为目的,而是通过威慑达到预防一般人(尤其是意欲犯罪的人)实施犯罪的目的。所以,威慑只不过是刑罚的功能。(2)如果没有报应刑的限制,消极的一般预防论必然导致将犯罪人作为预防犯罪的工具,而且会使得刑罚过于严厉,违反比例原则,损害刑法的正义性。所以,不能过度重视消极的一般预防,只能在报应刑限度内实现消极的一般预防。(3)从法定刑的制定来说,消极的一般预防论不可能被完全否定,因为法定刑的轻重的确会考虑一般预防必要性的大小。刑法对各种犯罪规定法定刑时,所针对的是一般人,不存在将犯罪人当做工具予以利用的问题。在此意义上说,消极的一般预防论主要是一种法定刑理论,当然也是有一定缺陷的法定刑理论。(4)合理的量刑也会对意欲犯罪的人起到一定的威慑作用,只不过无法对这种作用进行数理统计。(5)不能为了发挥刑罚的威慑功能进而实现预防犯罪的目的,而没有限制地适用刑罚。概言之,消极的一般预防虽然是法定刑的制定根据之一,但难以成为量刑的正当化根据。

(二)积极的一般预防

积极的一般预防论也称为规范预防论,其内容是,唤醒和强化国民对法的忠诚、对法秩序的存在力与贯彻力的信赖,从而预防犯罪。换言之,通过对犯罪人的适当处罚,以事实证明刑法规范的妥当性,从而使国民的法意识安定化,增强国民的规范意识,实现一般

---

〔23〕[美]保罗·H.罗宾逊:“进行中的刑罚理论革命:犯罪控制意义上的公正追求”,王志远译,载《当代法学》2012年第2期。

预防。具体地说,刑罚通过四个方面的效果来实现一般预防:一是对法的忠诚训练所形成的社会教育学上的学习效果;二是使公民都知道法律正在得到贯彻实施的信赖效果;三是平静一般法意识,平息事态的满足效果;[24] 四是对法规范的妥当性的确证效果。[25] 积极的一般预防论也受到了一些质疑。

1. 学习效果意味着通过维持或者唤醒国民的规范意识实现预防犯罪的目的,具有两个明显的特点:(1)消极的一般预防论旨在使国民不敢犯罪,积极的一般预防论旨在使国民不愿犯罪,即通过使国民的规范意识内在化而不产生犯意。可以认为,消极的一般预防论针对可能犯罪的人,而积极的一般预防论针对一般国民。换言之,在积极的一般预防论来看,社会成员并不是潜在的犯罪者;但根据消极的一般预防论,人们都是潜在的犯罪者。[26] (2)由于规范意识也可以在各种教育与日常生活中内在化,所以,刑罚只需要在补充的限度内起到维持规范意识的作用,因而对刑罚不必产生过度的期待,于是可以防止重刑。而且,过度的重刑反而可能切断规范意识的内在化。

但是,学习效果也存在疑问。(1)国家对国民进行规范意识训练的观念是权威主义的表现,规范意识的内容,并不是建立在服从关系基础上的"应当遵守国家决定的规范"的意识,而应理解为国民的平等或者立场的交换可能性的"法益尊重意识";规范意识的维持与唤醒,不能依靠他律的方法,而应依赖各人内心的自觉。(2)为什么可以为了维持、唤醒规范意识而适用刑罚这种"恶害"? 积极的一般预防论者的回答是,刑罚旨在传达法规范的重要性和对犯罪行为的真实非难。但这样的说明并不充分,而且最终可能陷入消极的一般预防论。(3)与消极的一般预防论的快乐与否或者利害关系的计算相比,规范意识更为复杂,这会导致刑罚更难以发挥作用。[27]

2. 信赖效果所针对的是被害人或者善良的国民,而不是潜在的犯罪人。它旨在向被害人或者善良的国民说明,即使有人违反了规范、侵害了法秩序,但由于国家对之适用了刑罚,所以,规范与法秩序还是值得信赖的,从而消除国民不安的感觉。不难看出,信赖效果可谓刑罚的安抚功能。

"诚然,对法秩序的信赖对于社会的安定是重要的,倘若丧失了通过法律维护法秩序的真实感,善良国民的守法精神或许会降低。但是,一旦只是为了确保'作为潜在的被害人'的国民的信赖,就容易通过刑罚追求国民不安感的消解。作为潜在的被害人的国民的'信赖',指向的是国民所希望的处罚的实现,信赖的'确保'只是国民处罚感情的满足。国民信赖的确保,是作为抑止或者规范意识的觉醒所形成的防止犯罪的结果而产生的东西,不应当作为独立的目的来看待。"[28] 换言之,信赖效果既具有报应的内容,也只是一种反射效果,而不一定具有独立的意义。

3. 满足效果的特点是,犯罪案件发生后,国民会产生某种内心的不安,对犯罪人科处刑罚可以使一般国民的法意识得到平静,使国民与犯罪人之间的矛盾得到解决。

在本书看来,满足效果只不过是报应刑的另一种表述,因为所谓使国民的法意识得到

---

〔24〕 Vgl., C. Roxin, Strafrecht Allgenmeiner Teil, Band I, 4. Aufl., C. H. Beck, 2006, S. 80f.

〔25〕 Vgl., W. Hassemer, Einführung in die Grundlagen des Strafrechts, 2. Aufl., C. H. Heck, 1990, S. 325f.

〔26〕 参见[日]松村良之:"社会学、社会心理学与刑罚论",载《法律时报》第78卷(2006年)第3号。

〔27〕 参见[日]松原芳博:《刑法总论》,日本评论社2013年版,第6~7页。

〔28〕 [日]松原芳博:《刑法总论》,日本评论社2013年版,第7页。

平静,基本上是指国民的报应感情得到满足。德国学者指出:积极的一般预防的首要优点是,"能够理所当然地说明,即使在没有再犯罪危险性的场合,也不一定要完全放弃刑罚。因为如果不处罚行为人,就会使人们产生模仿犯罪的兴趣,所以,制裁是必要的"。[29] 然而,这一点与报应刑论极为相似乃至相同。

4.确证效果(规范确证论)的特点是,犯罪是违反法规范的行为,对犯罪行为科处刑罚,确证了法规范的妥当性。如果说信赖效果是一种作为经验事实的社会心理的信赖,那么,确证效果则旨在说明,科处刑罚本身能够证实规范的妥当性。

但是,这种规范确证论,无非是说"刑罚确证了以预防犯罪为目的的规范",而不是真正将预防犯罪作为目的。可是,这样的规范确证论存在诸多问题。(1)确证法规范的方法有很多,为什么不用其他方法,而偏偏要用刑罚?(2)这种规范确证论与其所反对的报应论已经没有什么区别。因为规范被动摇的程度是由犯罪行为造成的,所以,规范确证的必要性(预防的必要性)就必须与犯罪行为相适应。(3)根据这种规范确证论,在一个盗窃频发的社会,"不得盗窃他人财物"的法规范被严重动摇,那么,为了确定被严重动摇的规范,就必须提升刑罚的严厉程度。反之,在一个多年才发生一起杀人案的社会里,"不得杀人"的法规范坚若磐石,故必须降低刑罚的严厉程度。但这样的结论恐怕又与积极的一般预防中的信赖效果、满足效果相冲突。(4)如何评价犯罪行为对规范的动摇程度,是一个重大的难题。或许持上述观点的学者心中有杆秤,但是,其他人(包括法官)未必能恰当地评价出这一程度。

积极的一般预防论虽然受到了批判,但对之完全持否认态度也是不合适的。尤其是对于绝大多数守法公民而言,采取积极的一般预防是完全合理的。

(三)两种一般预防的关系

消极的一般预防与积极的一般预防并不是对立的。两者的目的都是预防犯罪,这一点没有任何区别。二者的区别在于对刑罚功能的强调不同:消极的一般预防论旨在通过发挥刑罚的威慑功能,使一般人不敢犯罪(有的人可能想犯罪但担心受刑罚处罚而不敢犯罪),而积极的一般预防论则旨在发挥刑罚的规范强化功能、教育功能、安抚功能等使一般人不愿犯罪。从不敢犯罪到不愿犯罪,无疑是一种递进的效果;前者不是出于良心而后者出于良心,故后者比前者理想;国家在追求威慑预防的效果同时,当然追求规范预防的效果。但是,一方面,刑罚是一种具有消极作用的制裁,而非教育人彬彬有礼、举止端庄的手段,况且社会上确实存在一些意欲犯罪而需要威慑的人。因此,对于意欲犯罪的人以威慑预防为主,对于其他人则以规范预防为主,并无不当之处。另一方面,刑罚具有各种各样的功能,甚至具有消极的功能,所以,讨论刑罚的正当化根据时,重点在于如何发挥刑罚的各种积极功能,而没有必要以其中某些功能否认另外一些功能。

如果从法定刑的制定来说,人们很难说法定刑的制定是为了追求消极的一般预防的效果,还是为了追求积极的一般预防的效果。某些罪行严重的行为,即使很少乃至基本上没有人实施,刑法也可能规定很重的法定刑。例如,我国刑法所规定的危害国家安全罪与军人违反职责罪中的大部分犯罪,很少甚至没有人实施,但法定刑特别重,这不是积极的一般预防论所能说明的,相反是可以由报应刑论与消极的一般预防论说明的。

---

〔29〕 C. Roxin, Strafrecht Allgenmeiner Teil, Band I, 4. Aufl., C. H. Beck, 2006, S. 81.

四、综合预防

综合预防也可谓双面预防,亦即,同时承认特殊预防与一般预防。当然,有的学者所称的综合预防是指特殊预防与消极的一般预防,有的学者所称的综合预防则是指特殊预防与积极的一般预防。不仅如此,持综合预防的学者,也可能对特殊预防有不同的理解。

就刑罚目的而言,本书赞成综合预防。特殊预防与一般预防显然不是对立关系,相反完全可以并存。既然对于一般国民都有预防犯罪的必要,那么,对于已经犯罪的人更有预防其再犯罪的必要。刑罚完全可能非常协调地对一般国民、可能犯罪的人与已经犯罪的人发挥不同的功能。况且,对一般国民、可能犯罪的人进行预防并不会促使已经犯罪的人再犯罪,同样,对已经犯罪的人进行预防也不会促使一般国民、可能犯罪的人实施犯罪。

特殊预防与一般预防密切联系,不可分割。任何犯罪行为都侵犯了法益,都预示着犯罪人有再次犯罪的现实可能性;同时表明我国还存在各种诱发犯罪的原因以及可能实施犯罪行为的人。通过制定、适用和执行刑罚,防止已经犯罪的人再次犯罪,是保护法益最实际、最紧迫的任务;通过制定、适用和执行刑罚,警告、教育社会上其他人不犯罪和抵制他人犯罪,则是防患未然,保证社会长治久安的战略要求。因此,特殊预防与一般预防并重的必要性,是不言而喻的。从事实上看,制定、适用和执行刑罚,都具有对犯罪人的特殊预防和对社会上其他人的一般预防两方面的目的。特殊预防的实现,有利于一般预防的实现;同样,一般预防的实现,也有助于特殊预防的实现。

当然,特殊预防与一般预防的统一,并不排除在某种情况下对某一方面有所侧重。在我国,特殊预防与一般预防应是同时出现的,两者之间存在相互结合、相辅相成的关系。但这只是从国家追求刑罚结果的总体意义而言,并不排除在立法上与执法上分别对特殊预防与一般预防的某一方面有所侧重。在刑事立法上,侧重一般预防;在量刑与刑罚执行上,侧重特殊预防。刑罚执行时侧重特殊预防是理所当然的,不仅如此,在量刑上也应主要考虑特殊预防。因为如果在量刑时过于重视一般预防的效果,就必然使犯罪人成为实现一般预防目的的工具,必然造成刑罚与罪行不相适应,从而伤害报应的正义性。例如,行为人实施了一种具有蔓延危险(他人可能效仿)的犯罪,但其罪行较轻且特殊预防的必要性小,本应判处较轻的刑罚;如果着眼于一般预防的需要,就会对行为人判处过于严厉的刑罚,使其成为一般预防的牺牲品。正因为如此,新旧刑法对量刑原则的规定,都没有要求法官考虑一般预防的需要。对此,需要说明以下几点:(1)所谓量刑时不应过于重视一般预防的需要,是指量刑时不能出于一般预防的考虑而使刑罚超出责任的程度,只能在责任范围内考虑一般预防的需要,而且,不能因为一般预防的必要性大就从重处罚。这是因为,"除了人们自身的要求外,不得为了某种目的而将人工具化,即不得将人用来作为实现超越他自身要求或强加于他的某种'目标'的工具,是尊重人的最基本要求"。〔30〕尊重被告人权利的最基本要求,是避免将被告人作为预防他人犯罪的工具予以利用。(2)在量刑时不应过于重视一般预防,不等于量刑没有一般预防的效果。一方面,刑法所指向的是一般人与一般事件,因而刑罚的制定所重视的是一般预防,量刑以法定刑为依据,当然也就具有了一般预防的效果。〔31〕况且,特殊预防本来就是在一定背景下考虑的,

---

〔30〕［意］杜里奥·帕多瓦尼:《意大利刑法学原理》,陈忠林译,法律出版社1998年版,第181页。

〔31〕例如,盗窃罪的法定刑重于故意毁坏财物罪的原因之一是,前者的一般预防必要性大于后者。

其中的一定背景,自然包含了一般预防的背景。在责任范围内科处的足以预防行为人再犯罪的刑罚,就能够被一般国民接受,从而增强国民对法秩序的存在力与贯彻力的信赖。所以,对特殊预防的考虑本身也会具有一般预防的效果。(3)如果一般预防的必要性小,不妨碍法官从宽处罚。

我国的刑事审判,可谓两个预防并重,但法院一般因下列情况不同,适用刑罚的思想侧重点也有所不同:(1)因人不同。例如,对于惯犯、累犯等特殊预防必要性大的犯罪人,侧重于特殊预防的需要;对初犯、偶犯等特殊预防必要性小的犯罪人,则侧重于一般预防的需要。(2)因罪不同。例如,对少发、偶发的犯罪,往往侧重于特殊预防的需要;对多发、常发的犯罪,则侧重于一般预防的需要。(3)因社会形势不同。例如,对一定时期、一定地区危害重大的犯罪,适用刑罚侧重考虑一般预防的需要;反之,则侧重考虑特殊预防的需要。应当注意的是,无论侧重哪一方面的需要,适用刑罚的轻重程度都必须以法定刑为标准,而且不能超出责任的程度。[32]

第三节 刑罚的功能

一、刑罚功能的概念

刑罚的目的是预防犯罪,但并非只要一经制定、适用和执行刑罚,就能自然而然地达到预防犯罪的目的;刑罚从制定、适用、执行到实现预防犯罪的目的,中间还须借助发挥刑罚功能的重要环节。

刑罚功能是指国家制定、适用、执行刑罚所直接产生的社会效应,如威慑功能,安抚补偿功能、教育感化功能等。这些社会效应,可以分为对犯罪人的效应和对社会其他成员的效应。刑罚目的正是通过这两方面的社会效应得以实现的。不考虑刑罚的社会效应,或者超越它自身所能产生的社会效应的限度,刑罚目的就会变成空中楼阁,无从实现。所以,刑罚功能既是确定刑罚目的的前提,也是实现刑罚目的的中介因素。

另一方面,也不能认为,刑罚目的只能消极顺应刑罚功能,相反,刑罚目的一经确定,它又对刑罚功能的发挥有着重要的制约作用。因为刑罚功能作为刑罚的一种客观效应,它是多种多样的。它相对于一定的刑罚目的而言,既有积极的成分,也有消极的因素。国家的立法与司法机关,总是按照既定的刑罚目的的需要,有选择地充分发挥有利于实现刑罚目的的积极功能,极力抑制、防止不利于实现刑罚目的的消极功能。例如,报复就是刑罚所固有的一种功能,在中世纪以前的欧洲大陆国家,基于"以眼还眼、以牙还牙"的残余思想的影响,这种功能曾受到公认而广为发挥。可是,随着预防犯罪的刑罚目的论的发展,它相对于这种刑罚目的而言,已是一种消极的功能,理当受到抑制和防止,而不是听任它自由泛滥。所以,忽视刑罚功能的重要性固然不当,但若片面夸大刑罚功能的意义,甚至认为刑罚目的只能被动地由刑罚功能来决定,而不注意目的对功能的制约作用,以致放任、迁就某些消极功能,那也必然妨碍目的的实现,这当然也是不能容许的。

---

〔32〕 本节引用了恩师江任天先生的研究成果。

全面探讨刑罚功能,以便充分发挥其积极方面,抑制其消极方面,为刑罚的制定、适用和执行与实现其预期的结果之间铺设桥梁,以加速刑罚目的实现的进程,是刑法学界和司法部门共同的具有深刻的理论与实践意义的任务。

二、刑罚功能的内容

如前所述,特殊预防的对象是犯罪者本人,一般预防的对象是犯罪人以外的一般人。这两类对象各自与犯罪事实的关系不同,彼此的法律地位相异,所以,国家期望刑罚对他们所发生的影响大相径庭。前者是已经犯罪的人,一般地说,刑罚对他们的影响应是人身强制与心理效应并重;后者是没有犯罪的人,刑罚对他们的影响,只能限于心理效应。这就是说,赖以实现特殊预防与一般预防的刑罚功能,是有所区别的。

(一)赖以实现特殊预防的刑罚功能

1. 限制、消除再犯条件的功能。一个人实施了犯罪行为,不仅表明其行为已经侵犯了法益,而且显示他对法益的未来具有潜在的危险。因此,通过刑罚,从外部来限制、消除其再次犯罪的条件,使之永远不能再犯或者在一定时期内不能再犯,乃是刑罚实现特殊预防所必需的最紧迫、最重要、最起码的功能。具体表现在立法和司法方面,就是针对各种犯罪的罪行轻重与犯罪人的再犯罪可能性大小,分别适用最有效的刑罚。一般是对其可能再犯的条件予以限制,如人身自由的限制(徒刑、拘役、管制)、物质条件的限制(罚金、没收财产)、政治条件的限制(剥夺政治权利);对个别罪行特别严重,再犯可能性极大的犯罪人,还可能永远消除其再犯罪的条件,即依法适用死刑、剥夺生命。

2. 个别威慑功能。这一功能是通过对犯罪人的权利的剥夺、限制而得以发挥的。刑罚的固有属性,就是使犯罪人从自身权益被剥夺、限制中,感受到一定的痛苦。在我国,刑罚的剥夺性、限制性痛苦,仅仅是为了促使犯罪人体会刑事法律的公正与严肃,认识到法律后果的不可逃避性和罪有应得,从而接受刑罚处罚,今后不敢再以身试法,重受痛苦处遇。所以,超越个别威慑所需的酷刑和重刑,是不应有的;相反,无原则的轻刑,或者把监狱和劳改场所办成对服刑人毫无精神压力的普通教育阵地,也将妨碍发挥刑罚的个别威慑功能,不利于特殊预防的实现,也是不应有的。

3. 教育感化功能。刑罚通过制定、适用和执行,使犯罪人从中受到教育(包括审判过程的教育、执行过程的教育),养成良好的规范意识,消除犯罪的思想根源,自觉地把自己转变为去恶从善、遵纪守法、自食其力的公民。

上述三个方面的功能,有着紧密的内在联系。限制、消除行为人再犯条件的措施本身,如剥夺自由、剥夺财产、剥夺政治权利等,是个别威慑的力量所在和促使其养成良好的规范意识的前提。但是,如果不把限制、消除再犯条件和个别威慑的功能,同教育感化结合起来,这种限制、消除再犯条件和个别威慑的措施,就不能使犯罪人从思想上摒弃犯罪,那么,监狱和劳改场所都不足以真正预防再犯,而只会推迟再犯的发生。所以,对每一个受到刑罚处罚的犯罪人,都必须注意全面发挥上述三方面的刑罚功能,依次递进,获取最佳效果:受刑人由不能再犯到不敢再犯,最终达到不愿再犯。这就是特殊预防的圆满结果。

(二)赖以实现一般预防的刑罚功能

1. 一般威慑功能。国家通过刑事法律的制定与颁布,声明罪刑关系的实在性,并通过司法机关的确证,向有犯罪意念的人宣告,谁敢以身试法,谁就必将自食其果,使自己坠入相应的痛苦境遇,从而迫使他们不得不在趋利避害的心态支配下,掂量得失,放弃犯罪意念,避免走上犯罪道路。

2. 法制教育功能。一个国家犯罪率的高低,总是同这个国家公民的法律观念的强弱和法律文化程度的高低密切相关。目前,我国公民中,因法制观念淡薄和缺乏法律知识,不认识自己行为的犯罪性质,而误触法网的人,为数不少。为了改变这种状况,就要加强法制宣传教育,增强法律意识。国家对刑罚的制定、适用和执行本身,就带有法律解释宣传的意义,也是法律教育功能的一种表现。立法与司法机关,在刑罚的制定、适用和执行过程中,自觉地增加工作的透明度,充分发挥宣传教育的社会效应,指导公众明辨什么是犯罪行为、什么是合法行为,以便在行为时能够作出理智的抉择,这肯定是实现刑罚一般预防目的所必不可少的。

3. 安抚、补偿功能。安抚,是指慰藉被害人及其亲属因犯罪侵害而受到的精神创伤和引起的愤恨情绪,平息众怒,使受到犯罪破坏的社会心态回复平衡;补偿,则是指依法弥补被害人所受的物质损失。正常发挥这两方面的功能,就可以防止被害人、被害人的亲属以及社会上“爱打抱不平”的人士对犯罪人采取私人报复,以致矛盾转化,酿成新的犯罪。所以,发挥刑罚的安抚和补偿功能,乃是实现刑罚一般预防目的所必不可少的社会效应。

4. 强化规范意识功能。在我国,依靠全社会的力量,进行多渠道的综合治理,是预防犯罪的极其重要的措施。刑罚就要通过本身的制定、适用和执行,弘扬正气,体现法律的公正性;唤醒和强化国民对法秩序的信赖与维护,增强国民的规范意识;鼓励、支持广大守法公民维护法秩序、保护法益的行为,从而实现一般预防。

上述赖以实现一般预防的四个功能密切联系,形成一个整体。一般威慑功能以有犯罪意念的危险分子为首要对象;法制教育功能以法制观念淡薄的不稳定分子为首要对象;安抚、补偿功能以刑事被害人及其亲属为首要对象;强化规范意识功能以其他守法公民为对象。这些功能既预防可能犯罪的人实施犯罪行为,也引导守法公民积极预防他人犯罪。〔33〕

〔33〕 本节主要内容为恩师江任天先生的研究成果。

第十二章　刑罚的体系

第一节　刑罚的体系概述

一、刑罚体系的概念

刑罚体系，是指国家的刑事立法以有利于发挥刑罚的积极功能、实现刑罚目的为指导原则，选择刑种、实行分类并依其轻重程度排成的序列。

首先，刑罚体系以刑事立法选择的刑罚种类（刑种）为内容，并且按照一定次序排列而成。对刑罚可以从不同角度进行分类，如以刑质的轻重为标准，可以分为轻刑与重刑；以剥夺犯人的权益性质为标准，可以分为生命刑、自由刑、财产刑、资格刑等。在当今世界刑事立法例中，对司法实践具有指导意义的刑罚分类方法，主要是将刑罚体系所属的刑种，分为主刑与附加刑（从刑）。一种刑罚在刑罚体系中被划为主刑或附加刑，是由立法者确认该刑种服务于刑罚目的的作用大小来决定的。一般地说，主刑总是在刑罚体系中居于主要地位，在分则的法定刑中所占比重较大，并在审判实践中实际适用较多的刑罚；附加刑则是居于次要地位，在分则规范和审判实践中适用相对较少的刑种。

其次，刑罚体系由刑法明文规定。组成刑罚体系的刑种，是由刑事立法选择确定的；刑种的排列也是刑法明文规定的，排列的方法不同，反映出刑事立法的价值取向不同。在我国刑法中，主刑与附加刑是分别按照严厉程度由轻到重进行排列的。

最后，刑罚体系以有利于发挥刑罚的积极功能、实现刑罚目的为指导原则。体系是若干有关事物或某些意识互相联系而构成的一个整体。如果没有一定的目标与指导原则，各有关事物便无从互相联系成为整体而失去体系的意义。刑罚体系理所当然地必须明确展示刑法规定刑罚的选择、分类与排列时所确立的目标和遵循的指导原则。而有利于发挥刑罚的积极功能、实现预防犯罪的目的，便是建立刑罚体系所必须遵循的指导原则。刑罚体系，只有在刑种的选择、分类和排列方面，都有利于发挥刑罚的积极功能、有利于实现预防犯罪的目的，才有其合理存在的根据，才符合社会的需要。因此，仅将刑罚体系理解为刑罚方法的总和或由刑罚方法构成的统一体，并不合适。

二、确立刑罚体系的思想基础

确立刑罚体系的思想基础，是指国家在建立刑罚体系时，为了最大限度地发挥刑罚的积极功能、实现预防犯罪的目的，根据本国的历史、文化传统和现实状况，所应坚持的基本思想。我国建立刑罚体系的基本思想如下。

（一）适应现阶段一般人的价值观念

刑罚的固有属性是使犯罪人承受一定的剥夺性痛苦，任何被法律规定为刑罚的措施，首先都要具有这种固有属性,否则就不成其为国家最严厉的强制手段,无从体现国家对犯罪行为的否定评价与对犯罪人的严厉谴责。可是,人们衡量什么是剥夺性痛苦以及痛苦程度如何,又是以一定社会条件下的价值观念为标准的。在某一社会条件下,人们认为具有剥夺性痛苦或者痛苦程度强烈的某些措施,在另一社会条件下则可能不被认为痛苦强烈,甚至不被认为是一种剥夺性痛苦;反之亦然。所以,一个国家不同历史时期的刑罚体系,都不是立法者随心所欲的创作,而是该特定政治、经济、文化背景下的社会价值观念影响的产物,或者说它至少不能背离这种价值观念的基准。易言之,国家总是根据一定社会条件下的平均价值观念,将剥夺犯罪人具有或者可能具有而又最为需要的利益的措施作为刑罚方法,绝不可能将剥夺犯罪人不具有或者可有可无的“利益”的措施作为刑罚方法。

我国刑法理应从自己的国情出发,照顾国民的心理承受能力,顺应现阶段一般人的平均价值观念,来选择刑种和建立刑罚体系。任何不被现阶段的平均价值观念认为具有剥夺性痛苦的措施,固然不应作为刑种而列入刑罚体系;但也不应超越人们平均价值观念所能承受和顺应的程度,过早地采取标新立异的惩罚措施,或者过早地将某些有历史传统意义、至今仍能适应人们平均价值观念的刑种,排除在刑罚体系之外。

(二)贯穿惩罚与教育相结合的方针

通过刑罚处罚,对犯罪人实行惩罚与教育改造,既是刑罚的正当化根据(并合主义)在刑罚体系上的具体表现,也是宽严相济刑事政策派生出来的一项基本方针。事实证明,单纯强调刑罚对犯罪分子实行惩罚的报复情绪和片面讲究教育改造的“教育万能”观点,都不利于实现预防犯罪的目的。因此,刑罚体系必须贯穿惩罚与教育相结合的方针,首先使刑种和刑度的宽严程度符合惩罚与教育相结合的需要,其次使每一刑种的具体内容都包含惩罚与教育改造的机制。而何种刑罚符合惩罚与教育相结合的需要,还取决于行刑的客观条件。

(三)体现人权保障精神

虽能有效地预防犯罪但却侵害人权、侵犯人的尊严的措施,不可以成为刑罚。换言之,刑法要保障人权,要将犯罪人当做人看待,尊重犯罪人的人格,而不得摧残他们的肉体。所以,列入刑罚体系的刑种,固然要适应一定历史阶段的平均价值观念,使犯罪人感受相当的剥夺性痛苦,但又不是使他们感受的痛苦愈烈愈好。一切侮辱人格、损害人的尊严以及毁损人体健康、徒增皮肉与精神之苦的残酷、野蛮的刑罚,都没有也不能见容于我国的刑罚体系。

(四)吸收有益的法律文化成果,反映世界立法趋势

历史上任何统治者,都是按照各自的国情需要,建立自己的刑罚体系的。可是,事实证明,有些刑罚方法确有其固有的优越性,并为执法者所通晓,也为普通公民了解和熟悉,而成为公认的法律文化遗产的一部分。对于这样的刑罚方法,国家在建立自己的刑罚体系时,理应有选择地予以吸收。

我国的刑事立法虽然不能盲目搬套国外的立法,但当今世界各国刑事立法又无可避免地正在发生交互影响的作用。我国是立于世界民族之林的大国,而且加入了许多相关的国际条约,刑事立法决不能使自己处于孤立、封闭状态,而应适当反映世界立法趋势。各国刑罚体系由原来的以生命刑、身体刑为中心转变为以自由刑、罚金刑为中心;刑种数

量由多变少、刑种内容由残酷变为轻缓;刑罚的适用由积极变为消极。“二战”结束以来,许多国家普遍重视所谓“有效的刑罚方法”和“刑罚执行的有效性”,力图适应战后政治、经济、文化以及人们生活方式的变化而导致的价值观念的急剧变化,大力改革了某些传统刑种的内容与执行方式,同时创造了一些新的制裁措施,收到了可观的实效。因此,参考这种改革的思路,有选择地吸收一些国外的改革成果,对于建立我国合理的刑罚体系,是很有价值的。[1]

三、我国刑罚体系的特点

上述确立刑罚体系的思想基础表现在刑罚体系上,就形成了我国刑罚体系的特点:(1)宽严相济、目标统一。刑罚体系由轻重不一的刑种组成,使得刑罚体系有宽有严,宽严相济。确立这种刑罚体系,目标是通过贯穿惩罚与教育相结合的方针,收到预防犯罪的实效。(2)内容合理、方法人道。整个刑罚体系的内容符合我国国情,符合惩罚与教育改造的需要;各个刑罚都包含惩罚与教育改造的机制;刑种由轻到重的排列也符合刑罚的发展方向;任何刑罚方法都能使犯罪分子感受相当的剥夺性痛苦,但又不以造成剧烈痛苦为目的;任何刑种都不包含侮辱人格、损害尊严、摧残肉体、折磨精神、牵连亲属的内容。(3)体系完整、结构严谨。刑罚由主刑与附加刑构成一个完整体系,主刑与附加刑相互补充、相得益彰,避免了单一刑种的局限性。主刑(本刑、基本刑罚、单独刑)是指只能独立适用的主要刑罚方法。主刑只能独立适用,不能附加适用;一个罪只能适用一个主刑,不能同时适用两个以上主刑。不管是从法定刑来说、还是从宣告刑来看,主刑都是主要的刑罚方法。根据刑法第33条的规定,主刑包括管制、拘役、有期徒刑、无期徒刑与死刑。附加刑(从刑)是指补充主刑适用的刑罚方法。附加刑既可以附加主刑适用,也可以独立适用。刑法第34条规定了罚金、剥夺政治权利与没收财产三种附加刑,第35条规定了适用于犯罪的外国人的驱逐出境附加刑。

第二节　主　　刑

一、管制

管制是对罪犯不予关押,但限制其一定自由,实行社区矫正的刑罚方法。管制可谓我国特有的一种轻刑,它具有以下特点与内容:

1. 不予关押,即不剥夺犯罪人的人身自由。不剥夺自由与执行的开放性,可以避免短期自由刑的固有弊害;使罪犯仍然留在原来的工作单位或居住地工作或劳动,得以保持正常的工作与生活。

2. 限制犯罪人的一定自由,使管制有别于免予刑罚处罚。根据刑法第39条的规定,限制自由的内容是:被判处管制的人,必须遵守法律、行政法规,服从监督;未经执行机关批准,不得行使言论、出版、集会、结社、游行、示威自由的权利;按照执行机关规定报告自己的活动情况;遵守执行机关关于会客的规定;离开所居住的市、县或者迁居,应当报经执

---

〔1〕 本节以上主要内容为恩师江任天先生的研究成果。

行机关批准。但是,对犯罪人的劳动报酬不得进行限制,即对于被判处管制的犯罪分子,在劳动中应当同工同酬。

3. 具有一定期限,不得对犯罪人进行无限期的管制。根据刑法第38条、第40条与第41条、第69条的规定,管制的期限为3个月以上2年以下,数罪并罚时不得超过3年。管制的刑期从判决执行之日起计算;判决执行前先行羁押的,羁押1日折抵刑期2日。判决以前指定居所监视居住的,监视居住1日折抵刑期1日。[2] 如果管制期满,执行机关应即向本人和其所在单位或者居住地的群众宣布解除管制。

4. 实行社区矫正。亦即,将罪犯置于社区内,在相关社会团体和民间组织以及社会志愿者的协助下,在判决确定的期限内,由专门的国家机关对罪犯的行为与心理进行矫正。

根据刑法第38条第2款的规定,对于被判处管制的犯罪分子,可以根据犯罪情况,同时禁止其在执行期间从事特定活动,进入特定区域、场所,接触特定的人(参见第十五章第四节)。

被判处管制的犯罪人在管制执行期间实施违反法律、行政法规或有关监督管理规定的行为,尚未构成犯罪的,或者违反禁止令的,应当依法予以治安处罚;依法给予治安处罚的,应当在治安拘留执行期满后继续执行管制(治安拘留期间不得折抵管制的刑期);构成犯罪的,应当依法定罪量刑(实行数罪并罚)。

从管制的上述特点与内容可以看出,管制是很好的刑罚方法。但由于种种原因,司法机关很少适用管制。于是,应否取消管制这一刑种,就成为争议的问题。现行刑法保留了管制,《刑法修正案(八)》进一步完善了管制。一方面,管制具有前述优点、符合刑罚的发展方向;另一方面,管制刑在执行过程中出现的问题不能归结于管制刑本身,如果将监督管制执行工作纳入社会治安综合治理的经常任务之中,并对管制执行方式予以灵活变通,[3] 管制刑将显示出其科学性与优越性。

二、拘役

(一)拘役的概念与特点

拘役是短期剥夺犯罪人自由,就近实行劳动改造的刑罚方法。它具有以下特点与内容:

1. 拘役是剥夺自由的刑罚方法。拘役剥夺犯罪人的自由,所以与管制具有明显区别。拘役是刑罚方法,所以它与行政拘留、刑事拘留、司法拘留在法律属性、适用对象、适用机关、适用依据、适用程序、适用期限上都有明显区别。

2. 拘役是短期剥夺自由的刑罚方法。我国一般将拘役视为短期自由刑。根据刑法第42条、第44条以及第69条的规定,拘役的期限为1个月以上6个月以下,数罪并罚时不得超过1年。拘役的刑期从判决执行之日起计算,判决执行以前先行羁押的,羁押1日折抵刑期1日。

---

[2] 判处管制、拘役、有期徒刑的,应当在刑事裁判文书中写明刑种、刑期和主刑刑期的起止日期及折抵办法。刑期从判决执行之日起计算。判决执行以前先行羁押的,羁押1日折抵刑期1日(判处管制刑的,羁押1日折抵刑期2日),即自××××年××月××日(羁押之日)起至××××年××月××日止。羁押期间取保候审的,刑期的终止日顺延。

[3] 原则上就地在原单位执行,但如有正当理由和可靠保证,经执行机关批准,也可以改换单位或易地执行。

3. 拘役是由公安机关就近执行的刑罚方法。拘役由公安机关在就近的看守所执行；在执行期间，受刑人每月可以回家一至两天；参加劳动的，可以酌量发给报酬。

拘役与前述管制、后述有期徒刑的刑期，都存在判决执行以前先行羁押折抵刑期的问题。先行羁押，除包括因同一犯罪行为被刑事拘留、逮捕而羁押外，还包括因同一行为而被行政拘留、海关扣留等剥夺人身自由的措施。例如，如果被告人被判处刑罚的犯罪行为和被行政拘留的行为系同一行为，其被行政拘留的日期可以折抵刑期；亦即，行政拘留1日折抵有期徒刑或拘役的刑期1日，折抵管制的刑期2日。法院对犯走私罪的被告人做出拘役和有期徒刑的判决后，海关扣留1日折抵刑期1日；对于被判处管制的，扣留1日折抵刑期2日。此外，指定居所监视居住的，监视居住2日折抵拘役、有期徒刑1日。但是，非指定居所的监视居住和取保候审的，因为没有剥夺人身自由，不得折抵刑期。

（二）短期自由刑的争议问题

关于"短期"的含义已经争论了一个多世纪，有力的主张有3个月说、6个月说与1年说，此外还有1周说、2周说、6周说、4个月说、9个月说等，最极端的主张是短期自由刑的最下限应为6小时或12个小时。本来，短期应以多长刑期以下对受刑者的改善、教育不起作用而定，换言之，短期自由刑的最下限应以改善受刑者所必需的最低限期为依据。根据我国刑种的现状以及拘役与行政拘留的关系，将拘役视为短期自由刑是比较合适的。

短期自由刑的存废是世界范围内争议的重大问题。以往一般认为，短期自由刑存在如下主要弊害：(1)由于时间短，不足以教育、改善受刑人；而且给受刑人贴上了犯罪人的标签，不利于其重返社会。(2)因为时间短、严厉性弱而没有威慑力，难以产生一般预防的效果。(3)由于时间短，执行机关并不重视短期自由刑的执行。(4)如果没有合格的执行官指导，受刑人反而会感染恶习，使其人身危险性增大。(5)由于短期自由刑的受刑人大多是初犯，故适用这种刑罚会使他们丧失对拘禁的恐惧感，也造成他们的自尊心低下，不利于防止他们再次犯罪。(6)短期自由刑的受刑人大多处于社会的下层，处于社会上层的人往往只被科处罚金，这导致刑罚的不公正。因此，在整个世界范围内都有废除短期自由刑的呼声，我国也有不少人主张废除拘役。

但是，各国刑法都没有废除短期自由刑；从各国司法实务来看，至少对交通犯罪者与经济犯罪者，比较大量地适用短期自由刑；有的国家短期自由刑的适用率相当高。之所以如此，是因为短期自由刑对初犯者、机会犯人、过失犯人具有冲击作用，有利于防止他们再次犯罪；与罚金刑相比，短期自由刑给受刑人造成的痛苦更为明显，更具刑罚的意义；从一般预防的观点来看，短期自由刑也具有必要性；由于短期自由刑属于自由刑，在不分贫富对受刑人起相同作用这一点上，符合公平的观念，可以避免罚金刑的不公平；刑期短会提高拘禁场所的利用率，这反而是短期自由刑的优点。正因为如此，我国刑法保留了拘役。

当然，对拘役的执行必须引起足够的重视，即应当注重在短期内采取有效措施防止恶习感染，力求改造犯罪人。荷兰从60年代开始，以"三S"(short、sharp、shock)理论为指导，采取类似军事训练一样的改造方法，频繁适用短期自由刑且收到引人注目的成效。德国、日本等国也相对稳定地适用着短期自由刑。这说明如果注重短期自由刑的执行，还是可以避免其弊端的。[4]

---

〔4〕 参见张明楷：《外国刑法纲要》，清华大学出版社2007年第2版，第381页以下。

管制虽然轻于拘役,但其期限却明显长于拘役。对轻罪是判处管制还是判处拘役,会对犯罪人产生重要影响。在本书看来,拘役适合于经过短期的强制训练足以实现特殊预防目的的犯罪人,而管制适合于经过较长的规范意识的训练足以实现特殊预防目的的犯罪人。尽管如此,何种情形判处拘役、何种情形判处管制仍然存在诸多不明确之处。但比较两种刑罚的特点可以看出,拘役是具有诸多明显弊害的刑种,而管制并不存在明显缺陷。既然如此,一般说来,在难以做出决定的场合,选择判处管制或许是较为合适的。

三、有期徒刑

有期徒刑是剥夺犯罪人一定期限的自由,实行强制劳动改造的刑罚方法。有期徒刑是自由刑的代表,但自由刑的地位也受到了冲击。这主要表现在,许多国家的罚金刑的适用数量占绝大多数,开放或半开放的监狱设施使自由刑的面目有所改变。不过,从各国刑法规定来看,绝大多数犯罪的法定刑都有自由刑,而且以自由刑为主;有些国家刑法规定的所有犯罪的法定刑都有自由刑。罚金刑适用数量多,固然是就一切犯罪而言,但基本上都只适用于轻罪,而轻罪的比例又占了大多数,所以造成罚金刑适用比例大的现象;但对传统犯罪而言,或者说对一般犯罪与严重犯罪而言,一般仍然适用自由刑。

有期徒刑是我国适用面最广的刑罚方法,可谓名副其实的主刑。其特点与内容如下:

首先,有期徒刑剥夺犯罪人的自由。主要表现在将犯罪人拘押于监狱或其他执行场所,这是有期徒刑区别于生命刑、财产刑、资格刑以及管制刑的基本特征。

其次,有期徒刑具有一定期限。根据刑法第45条、第47条与第69条的规定,有期徒刑的期限为6个月以上15年以下;数罪并罚时,有期徒刑总和刑期不满35年的,最高不能超过20年,总和刑期在35年以上的,最高不能超过25年。[5] 刑期从判决执行之日起开始计算,判决执行以前先行羁押的,羁押1日折抵刑期1日。死缓减为有期徒刑时,有期徒刑的期限为25年(可能再减刑)。有期徒刑的下限与拘役的上限相衔接,也使得有期徒刑与拘役相区别。正是由于有期徒刑有幅度较大的期限,可以适用于轻重不同的犯罪,所以,刑法分则对各种犯罪规定的法定刑中,除第133条之一、第280条之一、第284条之一第4款外,都有有期徒刑;正是由于法定刑中的有期徒刑也有一定幅度,能够适应各种犯罪的罪行程度,所以,各地司法机关大量地适用有期徒刑。但是,由于有期徒刑的幅度很大,如果不在法定刑中进一步对有期徒刑的刑度做出规定,就会导致法官的自由裁量权过大,出现量刑不均衡的现象,因此,刑法分则对有期徒刑的刑度作了规定,具体表现为以下几种情况:1年以下、2年以下、3年以下、5年以下、1年以上7年以下、2年以上5年以下、2年以上7年以下、3年以上7年以下、3年以上10年以下、5年以上10年以下、7年以上10年以下、5年以上、7年以上、10年以上、15年。[6]

最后,有期徒刑的基本内容是对犯罪人实行劳动改造。刑法第46条规定,被判处徒刑的人,"凡有劳动能力的,都应当参加劳动,接受教育和改造"。劳动改造具有强制性,除丧失劳动能力的以外,都必须参加劳动。因为通过劳动,可以改掉好逸恶劳的习性;学

---

〔5〕 被判处有期徒刑、拘役的犯罪人的刑满释放日期,应为判决书确定的刑期的终止之日。例如,犯罪人被判处有期徒刑1年,判决书确定刑期自2015年1月1日起至2015年12月31日止,其刑满释放日期应为2015年12月31日。

〔6〕 以往存在"格"的概念,于是,有期徒刑形成了1年、2年、3年、5年、7年、10年、15年共7个格。但在现行刑法中,"格"的概念没有意义。

会一定的生产技能,养成良好的生活习惯,从而得以改造成自食其力、遵纪守法的公民。正因为如此,我国的徒刑不同于西方一些国家刑法中单纯剥夺犯罪人自由的监禁刑。

有期徒刑同样存在固有的缺陷。尽管如此,却从来没有人主张废除有期徒刑,这是因为有期徒刑具有相当多的积极功能。一方面,进入19世纪后,基于预防犯罪与改造犯人的功利主义观念,监狱成为集惩罚与教养于一体的"理想"场所。"惩罚与教养应该是在犯人和监督者之间展开的过程。这些过程应能对个人的全面改造发生效用,通过强制他从事日常劳动,改造他的身体和他的习惯,通过精神上对他监督,改造他的精神和意志……这种改造完全由监狱当局负责……监狱虽然是一个行政管理机构,但同时也是一个改造思想的机器。"[7] 监狱中的"严格管制与训诫是改造的方式……'旨在会给社会带去一个信号'。监狱将'训练社会失序的最明显的受害者遵守法律,教会他们抵制堕落……监狱将增进对秩序和权威的新的尊重'。这很重要,因为'社会稳定离开个人化的和真切的对权威的尊重就无法实现'"。[8] 正因为监狱成为集惩罚与教养于一体的理想场所,于是,徒刑成为最普遍的刑罚措施。另一方面,"我们面对的问题是缺乏可以代替丧失自由、代替囚禁的东西。供认这点相当于承认我们社会的一种集体的失败。我们不拥有任何可取消监禁的可行的计划。余下的任务,是要保存囚犯能够被自由公民的社群重新接纳的前景,恢复囚犯完全的公民身份的计划。我们的任务是:在刑满之时恢复囚犯重新成为完全公民的可能性,结束囚禁所体现的在身体和象征上的排斥"。[9] 在广泛适用有期徒刑的我国,必须坚持实行惩罚与改造相结合、教育和劳动相结合的原则,健全有期徒刑的执行制度,改进有期徒刑的执行方法,最大限度地发挥有期徒刑的积极功能。

四、无期徒刑

无期徒刑是剥夺犯罪人终身自由,实行强制劳动改造的刑罚方法。

无期徒刑是自由刑中最严厉的刑罚方法,主要表现在剥夺犯罪人终身人身自由。正因为如此,刑法对非常严重的犯罪(主要是针对严重犯罪的结果加重犯、情节加重犯等)规定了无期徒刑,规定的方式主要表现为两种情况:一是对于规定了死刑的犯罪,一般同时规定将无期徒刑作为选择刑(个别条文例外);二是将无期徒刑规定为法定刑中的最高刑,在这种情况下同时规定将较长的有期徒刑作为选择刑。一方面,由于对于未成年人不得判处死刑,所以,未成年人犯罪只有罪行极其严重的,才可以适用无期徒刑。对已满14周岁不满16周岁的人犯罪一般不判处无期徒刑。[10] 另一方面,尽管从法律规定与理论上说,无期徒刑是剥夺终身自由,但由于法律同时规定了减刑、假释、赦免等制度,被判处无期徒刑的犯罪人事实上很少终身服刑。由于无期徒刑是剥夺终身自由,故判决确定前的羁押时间不可能折抵刑期;由于判决确定以前先行羁押并不是"实际执行",故羁押时间也不能计算在作为减刑、假释前提条件的实际执行刑期之内。

无期徒刑的基本内容也是对犯罪人实行劳动改造。根据刑法第46条的规定,被判处徒刑的犯罪分子,在监狱或者其他执行场所执行;凡具有劳动能力的,应当参加劳动,接受

---

〔7〕[法]米歇尔·福柯:《规训与惩罚》,刘北成、杨远婴译,生活·读书·新知三联书店1999年版,第140~141页。

〔8〕[美]弗里德曼:《选择的共和国》,高鸿钧等译,清华大学出版社2005年版,第171页。

〔9〕[法]利科:"公正与报复",载杜小真编:《利科北大讲演录》,北京大学出版社2000年版,第9页。

〔10〕参见最高人民法院2006年1月11日《关于审理未成年人刑事案件具体应用法律若干问题的解释》。

教育和改造。刑法规定对被判处无期徒刑的犯罪人可以减刑、假释,也在于促使犯罪人积极改造。因此,无期徒刑不同于某些国家刑法中的终身监禁。

无期徒刑不可能孤立适用,即对于被判处无期徒刑的犯罪分子,应当附加剥夺政治权利终身(刑法第 57 条)。

无期徒刑虽然是仅次于死刑的严厉刑罚方法,但同时作为死刑的替代起到了积极作用,事实上给应当判处死刑的犯罪人提供了改恶从善的机会。相当多的死缓犯被减为无期徒刑,然后再被减为有期徒刑或者假释,也说明了这一点。

根据刑法第 383 条第 4 款和第 386 条的规定,因贪污、受贿数额特别巨大,并使国家和人民利益遭受特别重大损失,被判处死刑缓期执行的,“人民法院根据犯罪情节等情况可以同时决定在其死刑缓期执行二年期满依法减为无期徒刑后,终身监禁,不得减刑、假释”。(1)这里的“终身监禁”并不是独立的刑种,只是对贪污、受贿罪的死缓减为无期徒刑后的一种特殊执行方式。(2)这里的“终身监禁”并不同于国外的单纯关押式监禁,故有劳动能力的依然应参加劳动。(3)这里的“终身监禁”只是意味着不得减刑、假释,或者说,“终身监禁”与“不得减刑、假释”是同位语,故符合暂予监外执行条件的应当暂予监外执行。〔11〕(4)这里的“终身监禁”只是基于特殊的社会背景,为了限制对贪污、受贿罪判处死刑而采取的过渡性措施,并不代表刑事立法的发展方向。〔12〕

五、死刑

(一)死刑的概念及其评价

死刑是剥夺犯罪人生命的刑罚方法,包括立即执行与缓期二年执行两种情况。由于死刑的内容是剥夺犯罪人的生命,故被称为生命刑;由于生命具有最宝贵的、剥夺后不可能恢复的价值,死刑成为刑罚体系中最为严厉的刑罚方法,故被称为极刑。

自从启蒙运动思想家提出废除死刑的主张以来,对于死刑的评价已经争论了二百多年。人们大多是围绕人的生命价值、死刑是否具有威慑力、是否违宪、是否人道、是否符合罪刑相适应原则、是否助长人们的残忍心理、是否符合刑罚目的、是否容易错判、是否容易改正、是否符合历史发展趋势等方面评价死刑的。其中一部分人得出应当保留死刑的结论,一部分人得出应当废除死刑的结论。

可以肯定的是,废除死刑是一种必然的趋势,因为社会的发展决定了刑罚的惩罚性由重到轻是一种历史的必然。在这个意义上说,保留死刑与废除死刑之争,实际上是应当何时废除死刑之争,即是现在立即废除死刑还是将来废除死刑之争。我国新旧刑法都规定了死刑,保留死刑、暂时不废除死刑,是我国当前的死刑政策内容之一。根据多数人的观点,在现阶段,手段极为残忍、方法极为野蛮、后果极为严重的犯罪还大量存在,一些犯罪分子气焰相当嚣张、屡教不改,只有保留死刑,才有利于抑止这些极其严重的犯罪,才能保

---

〔11〕 根据《刑事诉讼法》第 254 条的规定,被判处无期徒刑的罪犯,只有属于“怀孕或者正在哺乳自己婴儿的妇女”时,才可以暂予监外执行,其他情形不得监外执行。但是,这一规定是在刑法不存在“不得减刑、假释”规定的情况下做出的。换言之,刑事诉讼法关于监外执行的规定是以可以减刑、假释为前提的。既然如此,就应当认为,刑事诉讼法关于无期徒刑暂予监外执行的规定并不适用于“不得减刑、假释”的情形。所以,适用刑法第 383 条规定的“终身监禁”时,应当允许暂予监外执行。

〔12〕 从立法论上来说,“终身监禁”不具备刑罚的正当化根据,也与削减、废除死刑的根据不协调。倘若认为死刑侵犯了人的尊严,不得减刑、假释的终身监禁同样侵犯了人的尊严。

卫国家安全、维护社会安定、保护公民法益；当前，社会治安状况没有根本好转，保留死刑有利于警戒某些不稳定分子以身试法；我国还处在社会主义初级阶段，根据社会的一般价值观念，保留死刑符合社会心理的需要；国外确实有一些国家废除了死刑，但离开中国国情盲目照搬国外废除死刑的做法，并不可取。对死刑的评价不能离开本国国情。我们既不能立足于中国国情指责他国废除死刑，也没有必要因为有人立足于他国国情指责我国保留死刑，便对保留死刑产生抵触感或不安感。

现行刑法保留死刑，但保留死刑决不意味着可以多杀、错杀。坚持少杀、防止错杀也是我国死刑政策的内容。事实证明，犯罪现象相当复杂，犯罪原因多种多样，大量适用死刑并不能充分抑止各种犯罪，减少乃至废除死刑并不会使犯罪增加；死刑存在诸多消极作用；死刑是剥夺生命的刑罚方法，生命一经剥夺便不可能恢复，故必须杜绝错杀，而少杀、慎杀也有利于防止错杀。从废除死刑的道路来说，一般是先减少死刑条款，减少死刑的执行，最后从法律上与实际执行上完全废除死刑。所以，少杀有利于将来废除死刑。

我国旧刑法典只对极少数犯罪规定了死刑，后来由于恶性犯罪增加，单行刑法增加了一些死刑规定。1997 年修订后的刑法表面上没有减少死刑条款，但在总则与分则中对死刑的适用明确作了进一步限制。〔13〕现行刑法施行以后，死刑的适用也大量减少。《刑法修正案（八）》与《刑法修正案（九）》废除了 20 余个罪的死刑，显示了减少死刑的立法倾向。司法实践的当务之急是减少死刑的适用；从报应刑的角度考虑，尤其对经济犯罪、没有危及人身安全的财产犯罪不宜适用死刑；只有实际上减少死刑的适用，才能减轻人们为了保护法益而对死刑产生的依赖感，进而在刑法中进一步减少乃至废除死刑条款。

总之，“保留死刑，严格控制死刑”是我国的基本死刑政策。但是，刑法理论应当倡导废除死刑。（1）从报应刑的角度来看。死刑背后的观念，是以眼还眼、以牙还牙的报复刑观念，而不是经过洗练的报应刑观念；相对于 20 年的追诉时效而言，对最严重犯罪判处死刑，也是不公正的；在我国，判处死刑大多是为了满足被害人的报复感情，不符合报应的要求；死刑不能体现宽恕，没有给犯罪人一个未来，这与报应刑观念不协调。〔14〕（2）从特殊预防的角度来说。认为死刑有利于特殊预防，是因为人们过度地期待了刑罚的特殊预防功能；国内外的统计资料表明，已经服刑 15 年左右的人，在释放后基本上很少重新犯罪，故死刑没有必要。（3）从一般预防的角度来说。死刑是导致恶性犯罪上升的重要原因，因为一旦行为人触犯了死罪，知道自己被司法机关发现后会被判处死刑，那么，就会产生“反正是一死”的想法，于是实施恶性犯罪；死刑威慑力并不大于徒刑，因为许多人以为犯罪后不会被发现才实施犯罪，不少人犯罪是基于冲动，还有一些犯罪是任何刑罚都不可能阻止的；死刑更难以实现积极的一般预防。倡导立即废除死刑可能是不符合中国现实的，但是完全符合现实的理论是没有价值的。刑法理论应当将削减死刑的刑法理念落实于具

---

〔13〕立法者希望减少死刑的适用而又没有减少死刑条款的原因之一，在于立法技术不完善。例如，对于某些犯罪，过多地考虑了其中极为稀罕的严重情形。实际上“立法者不应尊重稀罕之事”；过多地考虑某种犯罪的极为稀罕的严重情形，必然使法定刑幅度过宽，最高刑过重。又如，对故意的结果加重犯与过失的结果加重犯没有进行规范化的区分，导致对许多过失的结果加重犯规定死刑。

〔14〕根据法国哲学家利科（P. Ricoeur）的观点，大多数西方国家废除死刑是出于两个原因：一是“给犯人一个未来”；二是“国家的自制”，即“国家禁止自己对犯人使用同样的暴力”（杜小真编：《利科北大讲演录》，北京大学出版社 2000 年版，第 24～25 页）。

体的解释结论,从而使削减死刑的理念得以实现。另一方面,刑法学者应当向百姓宣传死刑的弊害,使百姓不继续处于死刑的迷信与狂热之中;向决策者证实死刑的弊害,使决策者不继续相信死刑是维护社会秩序的有效手段。[15]

(二)死刑的适用

我国刑法贯彻了保留死刑、严格控制死刑的政策,适用死刑时也必须以这一政策为指导。根据我国刑法的有关规定,在适用死刑时应注意以下几点:

1. 必须恪守罪刑法定原则,只有对分则条文明文规定了死刑的犯罪,才可能判处死刑。既不能擅自对没有规定死刑的犯罪判处死刑,也不能为了判处死刑而将法定刑没有死刑的犯罪认定为法定刑具有死刑的犯罪。

2. 应当把握死刑规定的精神。虽然只能对刑法分则条文规定了死刑的犯罪判处死刑,但又决不意味着对分则条文规定了死刑的犯罪都应判处死刑。(1)从分则的规定来看。第一,刑法将可以判处死刑的犯罪及其情节规定得较为具体,并非触犯了死刑条款的行为都必须判处死刑。死刑总是与极其严重犯罪的最严重情节相联系,故即使是极其严重的犯罪也不意味着一定要判处死刑。第二,除个别条文外,死刑总是与无期徒刑等刑罚方法共同构成一个量刑幅度,所以,即使是极其严重犯罪的最严重情节,也并非必须绝对判处死刑。例如,即使是对国家和人民危害特别严重,情节特别恶劣的分裂国家罪,也只是"可以判处死刑",而不是必须判处死刑(刑法第103条、第113条)。第三,面对"十年以上有期徒刑、无期徒刑或者死刑"之类的法定刑时,法官应当对相应犯罪分配合理的刑罚。例如,根据刑法第263条的规定,"抢劫致人重伤、死亡的",处"十年以上有期徒刑、无期徒刑或者死刑"。但是,这绝对不意味着抢劫致人重伤的,可以判处死刑。抢劫致人重伤、死亡,分为对重伤为过失、对死亡为过失、对重伤为故意(抢劫伤人)、对伤害有故意但对死亡为过失、对死亡为故意(抢劫杀人)等情形。应当认为,对前三种情形,不应当分配死刑;对后两种情形,才可能(而不是必须)分配死刑。如果考虑到致人死亡的数量,则应当认为,故意致一人死亡的,原则上也不应当分配死刑。(2)从总则的规定来看。首先,刑法第48条明文规定"死刑只适用于罪行极其严重的犯罪分子"。"罪行极其严重"并不是指客观危害极其严重,而是指有责的不法极其严重。因此,适用死刑时,必须综合评价不法与责任。其次,总则规定了死刑缓期执行制度。在必须判处死刑时,应优先适用死刑缓期执行。

3. 对犯罪的时候不满18周岁的人和审判的时候怀孕的妇女不得适用死刑(刑法第49条第1款)。[16] 这里的不适用死刑,既包括不适用死刑立即执行,也包括不适用死刑缓期二年执行,因为后者也属于死刑。对案件起诉到法院以前,被告人在羁押期间做人工流产的,以及怀孕妇女因涉嫌犯罪在羁押期间自然流产后,又因同一事实被起诉、交付审判的,应当视为"审判的时候怀孕的妇女",依法不适用死刑;在羁押期间已经怀孕的被告人,无论其怀孕是否属于违反国家政策,也不论其是自然流产还是人工流产以及流产后移

---

〔15〕 参见张明楷:"刑法学者如何为削减死刑作贡献",载《当代法学》2005年第1期。

〔16〕 这一事项不宜作为量刑情节,而应作为法定刑的修正。例如,17周岁的人犯故意杀人罪的,因为对其不能适用死刑,故将刑法第232条的法定刑修正为"无期徒刑或者十年以上有期徒刑"。适用经过修正的法定刑之后,还应当适用刑法第17条第3款的规定。

送起诉或审判期间的长短,都不应适用死刑;更不能为了判处死刑而强制怀孕的被告人做人工流产。[17]

4. 审判的时候已满75周岁的人,不适用死刑,但以特别残忍手段致人死亡的除外(刑法第49条第2款)。其中的不适用死刑,既包括不适用死刑立即执行,也包括不适用死刑缓期二年执行。"以特别残忍手段致人死亡的除外",并不限于以特别残忍手段故意杀人,还包括以特别残忍手段实施其他暴力犯罪致人死亡。例如,以特别残忍手段故意重伤他人造成死亡的,或者以特别残忍手段实施爆炸等行为致人死亡的,属于"除外"之列。但应注意的是,如果手段特别残忍,但没有致人死亡的,仍然不得适用死刑。

5. 不得违反法定程序适用死刑。根据刑事诉讼法的规定,死刑案件只能由中级以上法院进行一审,即基层法院不得判处被告人死刑。根据刑法第48条以及刑事诉讼法的规定,死刑除依法由最高人民法院判决的以外,都应当报请最高人民法院核准。中级法院判处死刑的第一审案件,被告人不上诉的,应当由高级法院复核后,报请最高人民法院核准;高级法院判处死刑的第一审案件被告人不上诉的,以及判处死刑的第二审案件,都应当报请最高人民法院核准。死刑缓期执行的,可以由高级法院判决或者核准。违反上述法定程序适用死刑的,应认为是非法适用死刑。

6. 不得任意采用死刑执行方法。《刑事诉讼法》第252条第2款规定:"死刑采用枪决或者注射等方法执行。""等"字虽有列举后表示省略的含义,但也有列举后表示煞尾的含义。对上述条文中的"等"字宜作后一种含义的理解,即执行死刑只能采用枪决或注射方法,否则,后果便不堪设想。[18]

(三)死刑缓期执行

1. 死缓的概念与适用条件

刑法第48条第1款后段规定:"对于应当判处死刑的犯罪分子,如果不是必须立即执行的,可以判处死刑同时宣告缓期二年执行。"这就是死刑缓期执行制度,简称为死缓。死缓不是独立的刑种,而是死刑适用制度。死缓制度是我国刑事立法的独创,它对于贯彻少杀政策,缩小死刑立即执行的适用范围,促使罪犯改过自新具有重要意义。[19]

根据上述规定,宣告死缓必须具备两个条件:(1)"应当判处死刑",即根据刑法的规定(法定刑规定了死刑)与罪行的严重程度(罪行极其严重),应当判处死刑。这是宣告死缓的前提条件。(2)"不是必须立即执行的",即根据案件的具体情况,可以不立即执行死刑。从刑罚的正当化根据来说,"不是必须立即执行"应是指犯罪人的人身危险性(再犯罪可能性)有所减少,以及基于刑事政策的理由而不应立即执行的情形。例如,犯罪后自首、立功、坦白或者有其他法定任意从轻情节的;被害人的过错导致被告人激愤犯罪或者有其他表明容易改造的情节的;因婚姻家庭等民间纠纷激化引发的犯罪,被害人及其家属

---

〔17〕 在审判的时候没有怀孕而判处死刑,但执行时怀孕的,不应当执行死刑。

〔18〕 不可否认,如果将来采用某种比注射更为人道的死刑执行方式,并得到有权机关的确认,便可以将"等"字解释为表示省略的含义。但是,本书认为,任何死刑执行方式,都必须有立法机关的明文认可,执行机关不能以"等"字为由,随意采用其他死刑执行方式。

〔19〕 规定死缓制度的重要意义在于减少死刑的执行,事实上,绝大多数被判处死缓的犯罪人也都被减为无期徒刑甚至有期徒刑。但不能因为判处死缓的结局与判处无期徒刑、长期徒刑的结局大体相同,而对那些本应判处无期徒刑或长期徒刑的犯罪人,也判处死缓。

对被告人表示谅解的;对被害人积极进行赔偿,并认罪、悔罪的。根据刑事审判经验,在共同犯罪中罪行不是最严重的,或者其他在同一或同类案件中罪行不是最严重的情形,也被视为“不是必须立即执行的”情形。但在本书看来,这种情形原本不属于“罪行极其严重”,因而不应当判处死刑。从死刑适用的发展趋势来说,司法机关应当扩大“不是必须立即执行”的范围,而不是相反。例如,对于具有酌定从轻处罚情节的,以及虽然极其严重罪行的证据充分、确凿但量刑情节存在疑问因而应当留有余地的,均应视为“不是必须立即执行”的情形。

2. 死缓的适用结局

由于死缓不是独立刑种,故判处死缓后会出现不同结局。根据刑法第 50 条第 1 款的规定,对于被判处死缓的犯罪人,处理结局有四种情况:第一,在死刑缓期执行期间,如果没有故意犯罪,二年期满以后,减为无期徒刑。第二,在死刑缓期执行期间,如果确有重大立功表现,二年期满以后,减为 25 年有期徒刑。其中的重大立功表现,应根据刑法第 78 条予以确定。第三,在死刑缓期执行期间,如果故意犯罪,情节恶劣的,由最高人民法院核准,执行死刑。第四,在死刑缓期执行期间故意犯罪,但情节不恶劣的,死刑缓期执行的期间重新计算,并报最高人民法院备案。

(1)被判处死缓的罪犯,在死刑缓期执行期间,如果没有故意犯罪,死刑缓期执行期满,应当予以减刑,由执行机关提出书面意见,报请高级人民法院裁定。

(2)上述第三、四种情况中的“故意犯罪”,需要经过法院审判才能确定。即使被判处死缓的人在监狱内故意犯罪十分明显,也需要经过法院的审判予以确认,否则便会导致死刑执行与重新计算死刑缓期执行期间的随意性,也不符合刑事诉讼法的相关规定。

(3)对上述第三种情形中的“故意犯罪,情节恶劣”,应根据死缓制度的精神与目的予以理解和认定。在应当判处死刑的前提下,对犯罪人适用死缓的重要原因之一是犯罪人还具有改善的可能。因此,只有当故意犯罪本身的情节恶劣,并且表明其抗拒改造情节恶劣时,才能执行死刑。〔20〕

(4)在上述第三种情况下,是否需要二年期满后才能执行死刑?由于刑法对前两种情况都规定了“二年期满以后”,而没有对第三种情况作相同规定,从文理上看,似乎故意犯罪情节恶劣的,不需要等到二年期满以后就可以执行死刑。但是,规定死缓制度的第 48 条告诉人们,死缓是判处死刑同时宣告“缓期二年执行”,如果没有等到二年期满后就执行,是否违反死缓的本质?死缓的宗旨是给犯罪人自新之路,这就要综合考察犯罪人在二年缓期执行期间的表现,没有等到二年期满就执行死刑,是否有悖死缓的宗旨?然而,如果故意犯罪情节恶劣要等到二年期满以后才执行死刑,是否会因为故意犯罪与执行死刑的时间间隔长,而出现根据法律应当执行死刑,但基于情理不需要执行死刑的情况?权衡利弊,尤其是为了减少死刑执行,应承认故意犯罪二年期满以后再执行死刑的合理性。解释为二年期满以后执行死刑,并不只是让犯人多活几天,而是具有减少执行死刑的可能

〔20〕 旧刑法规定的对死缓犯人执行死刑的条件是“抗拒改造情节恶劣”,1997 年刑法修改为“故意犯罪”,只是因为司法实践认为旧刑法的标准不明确,而非标准本身存在缺陷。但是,对死缓犯人犯任何故意犯罪都执行死刑,明显不当。因为从死缓制度的精神来看,有的死缓犯基于可以宽恕的原因实施了故意犯罪,该故意犯罪并不表明行为人抗拒改造情节严重时,应当排除在执行死刑的情况之外。于是,2015 年的《刑法修正案(九)》又修改为“故意犯罪,情节恶劣”。

性。这涉及先故意犯罪后有重大立功表现的应如何处理的问题。如果认为即使故意犯罪后也要待二年期满以后执行死刑，那么，犯人便有可能通过重大立功免除死刑的执行。这正好实现了减少死刑执行的理念与目的。

（5）上述第二、三种情况同时存在时，应当如何处理？首先，如果在死刑缓期执行期间，先有重大立功表现，后又故意犯罪情节恶劣的，应如何处理？由于确有重大立功表现也必须二年期满后才能减为有期徒刑，故不管故意犯罪后是当即执行死刑还是二年期满后执行死刑，都面临着上述问题。本书认为，既然刑法规定了罪刑法定原则，而该原则旨在限制国家权力，故在上述情况下，应限制死刑执行权的适用，即不得执行死刑。况且，规定死缓制度本身就是为了减少死刑执行，既然出现了可以不执行死刑的机遇，就不应执行死刑。其次，从法条的表述来看，只有在没有重大立功表现且故意犯罪情节恶劣时，才应执行死刑。但由于犯罪人在有重大立功表现的同时又故意犯罪情节恶劣，故减为有期徒刑有不当之处，似应减为无期徒刑。基于上述理由，对先故意犯罪，后有重大立功表现的，也不宜执行死刑。

（6）上述第二、四种情况同时存在时，应当如何处理？如果在死刑缓期执行期间，先故意犯罪后有重大立功表现的，显然是先重新计算死刑缓期执行期间，重新计算的二年期满后，再减为25年有期徒刑。问题出在先有重大立功表现，后又故意犯罪的情形。本书的看法是，依然按照上述方法处理，即在重新计算的二年期满后，再减为25年有期徒刑。因为先前的死刑缓期执行期间与新确定的死刑缓期执行期间，性质完全相同，都属于死刑缓期执行期间，所以，犯罪人仍然符合“在死刑缓期执行期间……确有重大立功表现”的条件。

（7）在死刑缓期执行期间过失犯罪的应当如何处理？虽然死刑缓期执行期间并不是刑罚执行期间，但肯定在“刑罚执行完毕之前”。所以，对此应根据刑法第71条的规定，将对过失犯罪所判处的刑罚与原来的死缓进行并罚，并罚的结局也只能是重新计算死刑缓期执行期间。

（8）死缓犯人在二年期满后故意犯罪的，即使在实施该故意犯罪时没有减为有期徒刑或者无期徒刑，不管情节是否严重，都不得适用第50条第1款执行死刑，只能将前罪的死缓与新实施的故意犯罪实行并罚。如果新实施的故意犯罪被判处死缓或者无期徒刑以下刑罚，并罚的结局依然只是重新计算死刑缓期执行期间。

3. 死缓的期间计算

刑法第51条规定：“死刑缓期执行的期间，从判决确定之日起计算。死刑缓期执行减为有期徒刑的刑期，从死刑缓期执行期满之日起计算。”根据司法解释的规定，死刑缓期执行的期间，从判决或者裁定核准死刑缓期2年执行的法律文书宣告或者送达之日起计算。〔21〕死缓判决确定之前的羁押时间，不计算在缓期二年的期限之内，因为规定二年的考验期就是为了观察犯罪人在这二年内有无悔改表现，如果将先前羁押的时间计算在内，就减少了考验时间、丧失了考验的意义。死缓减为有期徒刑的，不管何时裁定（当然应在二年期满后尽快做出裁定），有期徒刑的期限从死刑缓期执行期满之日起计算，而不是从裁定之日起开始计算。

---

〔21〕 参见最高人民法院2002年11月5日《关于死刑缓期执行的期间如何确定问题的批复》。

问题是,对于故意犯罪未执行死刑的,死刑缓期执行期间重新计算时,是应当从故意犯罪之日起重新计算,还是从法院裁定或者判决确定之日起计算?本书主张从故意犯罪之日起重新计算。倘若从裁定之日起计算,就会因为裁判经过的时间较长,而对被告人产生明显不利的后果。

4.死缓的减刑限制

刑法第50条第2款规定:“对被判处死刑缓期执行的累犯以及因故意杀人、强奸、抢劫、绑架、放火、爆炸、投放危险物质或者有组织的暴力性犯罪被判处死刑缓期执行的犯罪分子,人民法院根据犯罪情节等情况可以同时决定对其限制减刑。”(1)本款所规定的累犯没有犯罪性质的限制;有组织的暴力性犯罪,并不限于本款所列举的7种暴力性犯罪,而是包括其他对人实施的暴力性犯罪,如故意伤害、破坏交通工具、破坏交通设施等。(2)本款所规定的“限制减刑”是根据犯罪人的犯罪性质与再犯罪可能性做出的,而不是根据执行过程中的表现做出的。因此,“限制减刑”并不是真正意义上的刑罚执行制度,而是量刑制度。(3)限制减刑的制度的设立,旨在减少死刑立即执行,而不是为了报应和报复。因此,只有对原本应当立即执行死刑的罪犯,才宜在宣告死缓的同时决定限制减刑。换言之,应当对“限制减刑”进行严格的限制。[22] 因为即使是第50条第2款所列举的被判处死缓的罪犯,其中的绝大多数经过10多年的关押就不致再危害社会(国内外的实证研究充分说明了这一点),[23]所以,对于第50条第2款所列举的绝大多数被判处死缓的罪犯,都不应当决定限制减刑。(4)“可以同时决定”限制减刑,是相对于法院是否决定限制减刑而言,而不意味着法院既“可以同时决定”也“可以事后决定”限制减刑。换言之,法院不得在宣告死缓判决后,再决定限制减刑。[24]

第三节　附　加　刑

一、罚金

(一)罚金的概念及其评价

罚金是法院判处犯罪分子向国家缴纳一定数额金钱的刑罚方法。罚金属于财产刑的一种,它在处罚性质、适用对象、适用程序、适用主体、适用依据等方面与行政罚款、赔偿损失等处罚措施具有严格区别。

罚金是一种古老的刑罚方法。罚金刑的执行以犯罪人具有一定金钱为前提,罚金的惩罚作用依赖于对金钱的价值观念,因此,罚金到了近代才开始真正发挥作用。罚金的优点相当明显:罚金不剥夺犯罪人的人身自由,犯罪人不被关押,从而避免了狱中的“交叉

---

〔22〕 从立法论上来看,限制减刑不是一项可取的制度,只应作为特例适用(参见张明楷:《责任刑与预防刑》,北京大学出版社2015年版,第440页以下)。

〔23〕 参见张明楷:“死刑的废止不需要终身刑替代”,载《法学研究》2008年第2期。

〔24〕 当然,对此还有进一步研究的余地。亦即,存在另一种解释的可能性:限制减刑是死缓执行制度,在死刑缓期执行的期间届满时,人民法院在将死缓减为无期徒刑或者25年有期徒刑时,再根据犯罪情节等情况宣告限制减刑。但本书不赞成这种解释,现行的司法实践都是在宣告死缓时同时宣告限制减刑。

感染”；罚金使犯罪人仍然过着正常的社会生活，避免因入狱而与社会隔离导致对社会不适应，也不影响犯罪人的家庭生活，有利于犯罪人的改造；[25] 罚金的执行不仅不需要费用，而且可以增加国库收入；罚金能适应罪行的轻重程度以及犯罪人的收入、性格、家庭状况等情况，具有一定的特殊预防作用；罚金既给基于营利目的的犯罪人以迎头痛击，还剥夺了他们继续实施经济犯罪的资本，从客观上防止了他们重新犯罪；罚金误判后容易纠正；罚金还可以适用于单位犯罪。正因为如此，许多国家刑法将罚金刑规定为主刑，并且大量适用。[26]

现行刑法与旧刑法一样，没有将罚金刑规定为主刑。一方面，重视罚金的适用是理所当然的，但是否重视罚金的立法与适用，并不完全取决于罚金是主刑还是附加刑；不能认为，所有的附加刑都是立法者不予重视的刑罚方法；也不能说，司法机关只需重视主刑的适用，不必重视附加刑的适用；不将罚金规定为主刑，也可以扩大罚金刑的适用范围；将罚金规定为附加刑，也可以独立适用，对轻微犯罪可以单处罚金，对于严重犯罪能够并处罚金。另一方面，罚金的缺陷也十分明显：罚金的效果因贫富之差而完全不同，对于富者罚金是轻微负担，对于穷者罚金是深重痛苦，这就导致明显的不公正性；罚金是针对与受刑人的人格没有关系的财产进行适用的，而且其执行往往是一时的，犯罪人罚金缴纳完毕后就不再有受刑的观念，同生命刑、自由刑相比，其作为刑罚的效果差、作用小；法律上难以规定罚金数额，规定低了不起作用，规定高了难以执行，即使规定了罚金数额，一旦发生通货膨胀，就丧失了刑罚效果；罚金可以由本人以外的人支付，犯罪人的亲友可能代替其缴纳罚金，因而容易违反刑罚的一身专属性的本质；罚金对营利性犯罪没有力量，营利性犯罪人可能把罚金当做税金或其他必要开支，而继续从事该犯罪活动；罚金还面临着难以执行的问题。由此可见，不能过分强调罚金的优点而忽视其缺陷。[27] 正是因为罚金刑具有上述缺陷，所以在适用罚金刑时，一定要针对其缺陷采取相应措施。

（二）罚金的适用

旧刑法典只有20个条文规定了罚金；而现行刑法共有180个左右的条文规定了罚金，明显扩大了罚金的适用范围，适用对象主要是破坏社会主义市场秩序罪、侵犯财产罪、妨害社会管理秩序罪、贪污贿赂罪。刑法分则对罚金的规定方式有四种情况：一是选处罚金；二是单处罚金；三是并处罚金；四是并处或者单处罚金。刑法规定“并处”罚金的犯罪，法院在对犯罪分子判处主刑的同时，必须依法判处罚金；刑法规定“可以并处”罚金的犯罪，法院应当根据案件具体情况及犯罪分子的财产状况，决定是否适用罚金。对自由刑与罚金刑均可选择适用的案件（如盗窃罪），在决定刑罚时，既要避免以罚金刑代替自由刑，又要克服机械执法只判处自由刑的倾向。对于应当并处罚金刑的犯罪，如被告人能积

---

〔25〕 美国的实证研究证明：“无论是初犯还是累犯，受到罚金处罚后的再犯率低于受到缓刑处理的再犯率”（[美]克莱门斯·巴特勒斯：《矫正导论》，孙晓雳等译，中国人民公安大学出版社1991年版，第128页）。

〔26〕 在德国，罚金刑在全部刑罚中所占的比率，1915年为51.8%，1955年为70%，1983年为81%，1991年为84%。法国的轻罪裁判所中罚金刑所占的比率，1947年为39.6%，1955年为56.3%。瑞典从1953年起就达到了90%。日本从1980年到1985年的五年间，罚金刑超过了95%，1995年为93.8%，1996年为93.7%，1997年为93.7%，1998年为93.5%，1999年为93.2%，2000年为91.9%，2002年为91.4%，2003年为90.6%，2004年为88.8%（参见[日]藤本哲也：《刑事政策概论》，青林书院2006年全订5版，第159页）。

〔27〕 参见张明楷：“罚金刑若干问题的再思考”，载《中国法学》1991年第4期。

极缴纳罚金,认罪态度较好,且判处的罚金数量较大,自由刑可适当从轻,或考虑宣告缓刑。这符合罪刑相适应原则,因为罚金刑也是刑罚。对于可执行财产刑且罪行又不严重的犯罪人,可单处罚金刑。根据最高人民法院 2000 年 11 月 15 日《关于适用财产刑若干问题的规定》(以下简称《财产刑规定》),在所适用的刑法分则条文规定了可以单处罚金的情况下,对于犯罪情节较轻,适用单处罚金不致再危害社会并具有下列情形之一的,可以依法单处罚金:(1)偶犯或者初犯;(2)自首或者有立功表现的;(3)犯罪时不满 18 周岁的;(4)犯罪预备、中止或者未遂的;(5)被胁迫参加犯罪的;(6)全部退赃并有悔罪表现的;(7)其他可以依法单处罚金的情形。罚金刑对于任何犯罪人来说,都是其生活质量的一种可感知的损失,也确实有利于特殊预防;在法定刑规定了可以"单处罚金"时,法官应尽可能单处罚金。

刑法第 52 条规定:"判处罚金,应当根据犯罪情节决定罚金数额。"以犯罪情节为根据决定罚金数额,主要是由罪刑相适应原则决定的。罚金作为犯罪的法律后果,必须与犯罪的危害程度以及犯罪人的人身危险程度相适应,而犯罪的危害程度与犯罪人的人身危险程度又是由所有的犯罪情节决定的。但是,由于罚金意味着犯罪人向国家缴纳一定数额的金钱,故在判决罚金时,既要考虑犯罪人现有的支付能力,又要考虑其将来的职业状况与其他情况。问题在于,如何"考虑"财产状况?本书的基本看法如下:(1)被告人的财产富裕,不能成为增加责任刑的情节。因为被告人的财产富裕,既不能表明其犯罪的不法增加,也不能表明其犯罪的责任加重。(2)基于同样的理由,被告人的贫穷也不能成为减少责任刑的情节。(3)被告人的财产富裕,不能成为增加预防刑的情节。因为并不是富人犯罪的可能性大,穷人犯罪的可能性小,再犯罪的可能性与其财产的多少没有直接关系。(4)被告人的贫穷是减少其预防刑的情节。对贫穷的被告人判处高额罚金,不仅导致罚金刑难以执行,而且引起被告人的不满,难以促使其悔过自新。此外,高额罚金反而可能促使被告人再次实施财产犯罪,因而不能实现特殊预防的目的。所以,在裁量罚金刑时,对于贫穷的被告人应当减少罚金数额。概言之,所谓判决罚金时要考虑犯罪人的财产状况,是指在犯罪人不可能缴纳按照责任刑确定的罚金数额时,必须减少罚金数额,而不是在犯罪人富裕的情况下,在按照责任刑确定的罚金数额基础上增加罚金数额。

决定罚金数额时,除了掌握上述原则外,还要遵循刑法分则的规定。刑法分则对罚金数额的规定分为三种情况:(1)没有规定具体数额。根据《财产刑规定》,刑法没有明确规定罚金数额标准的,罚金的最低数额不能少于 1000 元。对未成年人犯罪应当从轻或者减轻判处罚金,但罚金的最低数额不能少于 500 元。[28] (2)规定了相对确定的数额。如刑法第 192 条规定,对集资诈骗数额巨大的,并处 5 万元以上 50 万元以下罚金。(3)以违法所得或犯罪涉及的数额为基准,处以一定比例或者倍数的罚金,此即浮动刑。如刑法第

---

〔28〕 刑法对盗窃、抢劫等财产罪都规定了罚金刑,而没有经济收入的未成年人所实施的大多是财产犯罪。于是形成了这样的局面:如果不判罚金,可能违反刑法分则的规定;如果判处罚金,可能"株连"家属。最高人民法院 2006 年 1 月 11 日《关于审理未成年人刑事案件具体应用法律若干问题的解释》第 15 条规定:"对未成年罪犯实施刑法规定的'并处'没收财产或者罚金的犯罪,应当依法判处相应的财产刑;对未成年罪犯实施刑法规定的'可以并处'没收财产或者罚金的犯罪,一般不判处财产刑。对未成年罪犯判处罚金刑时,应当依法从轻或者减轻判处,并根据犯罪情节,综合考虑其缴纳罚金的能力,确定罚金数额。但罚金的最低数额不得少于500 元人民币。对被判处罚金刑的未成年罪犯,其监护人或者其他人自愿代为垫付罚金的,人民法院应当允许。"

225条规定,对非法经营罪处违法所得1倍以上5倍以下的罚金;刑法第202条至第204条规定,对部分妨害税收的犯罪分别判处拒缴税款、欠缴税款、骗取税款1倍以上5倍以下的罚金;刑法第158条规定,对虚报注册资本罪处虚报注册资本金额1%以上5%以下罚金。后两种规定使得罚金的裁量有了较为具体的标准。依法对犯罪分子所犯数罪分别判处罚金的,应当实行并罚,将所判处的罚金数额相加,合并执行总和数额。

根据刑法第53条的规定,罚金在判决指定的期限内一次或者分期缴纳。期满不缴纳的,强制缴纳。对于不能全部缴纳罚金的,法院在任何时候发现被执行人有可以执行的财产,应当随时追缴。如果由于遭遇不能抗拒的灾祸等原因缴纳确实有困难的,经人民法院裁定,可以延期缴纳、酌情减少或者免除。《财产刑规定》指出,刑法第53条规定的"判决指定的期限"应当在判决书中予以确定;"判决指定的期限"应为从判决发生法律效力第2日起最长不超过3个月。但这一规定似乎没有考虑罚金刑的缺陷,换言之,如果考虑到罚金刑因为执行具有一时性,犯罪人罚金缴纳完毕后就不再有受刑的观念,因而惩罚作用降低,以及罚金刑执行难的缺陷,"判决指定的期限"应当更长。最高人民法院2014年10月30日《关于刑事裁判涉财产部分执行的若干规定》第3条规定:"人民法院办理刑事裁判涉财产部分执行案件的期限为六个月。有特殊情况需要延长的,经本院院长批准,可以延长。"

刑法第53条规定的"由于遭遇不能抗拒的灾祸等原因",主要是指因遭受火灾、水灾、地震等灾祸而丧失财产;罪犯因重病、伤残等而丧失劳动能力,或者需要罪犯抚养的近亲属患有重病,需支付巨额医药费;犯罪单位由于破产或者严重亏损导致缴纳确实有困难。"缴纳确实有困难"包括不同情形:对于当时以及以后都没有能力缴纳的,可以免除缴纳;对于暂时难以缴纳的,可以延期缴纳;灾祸等原因使财产明显减少,因而导致难以执行原判罚金,但仍有一定缴纳能力的,可以酌情减少缴纳。根据《财产刑规定》,具有刑法第53条规定"可以延期缴纳、酌情减少或者免除"事由的,由罪犯本人、亲属或者犯罪单位向负责执行的法院提出书面申请,并提供相应的证明材料。执行法院经审查认为符合法定延期或者减免条件的,应当在收到申请后1个月内依法作出裁定准予延期或者减免;认为不符合法定延期与减免条件的,裁定驳回申请。自判决指定的期限届满第2日起,法院对于没有法定延期与减免事由不缴纳罚金的,应当强制其缴纳。对于隐藏、转移、变卖、损毁已被扣押、冻结财产情节严重的,应依法定罪处罚。此外,被判处罚金,同时又承担刑事附带民事诉讼赔偿责任的被执行人,应当先履行对被害人的民事赔偿责任。

罚金刑是一种优点与弊端都非常明显的刑罚方法,对罚金刑的适用一定要注意发挥其积极功能、避免消极功能。本书认为,为了克服罚金刑的弊端,解决罚金刑的执行难等问题,可以采取以下措施:(1)在决定罚金的数量时,应适当考虑犯罪人的现有经济条件以及潜在的经济能力;对于具有经济能力的人,应判处与犯罪相适应的罚金;对于明显没有缴纳罚金能力的罪犯,不宜判处罚金或者判处少额罚金。这一措施旨在克服罚金刑可能导致的不公正性。(2)应实行说明罚金来源制度,避免由亲属缴纳,防止犯罪人以违法所得缴纳罚金。对于未成年人犯罪,应尽量不判处罚金;即使必须判处罚金,也应免除罚金的执行。这一措施旨在克服罚金刑可能违反刑罚一身专属性的缺陷,同时克服犯罪人因不能缴纳罚金而再次犯罪的现象。(3)对营利性、利欲性犯罪应加强罚金刑的适用,并提高罚金数额。这一措施旨在防止营利性、利欲性犯罪人将罚金作为必要开支而继续犯罪。(4)少采取一次缴纳,多实行分期缴纳,而且指定缴纳的期限应相对长一些,不能过短(不超过3年可能较合适);即使犯罪人具有一次缴纳的能力,也宜令其分期缴纳。这一措施旨在延长罚金刑的效果,克服罚金刑效果差、作用小以及执行难的缺陷。(5)适当扩大延期缴纳的范围,对于收入不定期或限定了收入时间的犯罪人,可实行延期缴纳制度。这一措施也有利于克服罚金刑执行难的缺陷。(6)对一旦构成犯罪便应当判处罚金刑的被告人的财产,应事先采取一定的监控措施(如依法冻结、查封等),防止犯罪人或者其家属转移财产,而导致罚金刑执行难。

二、剥夺政治权利

(一)剥夺政治权利的概念与内容

剥夺政治权利,是指剥夺犯罪人参加管理国家和政治活动的权利的刑罚方法。根据刑法第54条规定,剥夺政治权利是剥夺下列权利:一是选举权与被选举权;二是言论、出版、集会、结社、游行、示威自由的权利;三是担任国家机关职务的权利;四是担任国有公司、企业、事业单位和人民团体领导职务的权利。一般来说,剥夺政治权利不是只剥夺上述部分权利,而是同时剥夺上述四项权利。剥夺上述四项权利,不以犯罪人已经具有上述权利为前提,所以,对于被判处死刑或者无期徒刑的外国人,仍应剥夺上述四项权利。被剥夺政治权利的犯罪人,在执行期间,应当遵守法律、行政法规和国务院公安部门有关监督管理的规定,服从监督,不得行使上述四项权利。

(二)剥夺政治权利的适用对象

剥夺政治权利的适用对象比较广泛。在实践中,剥夺政治权利也是适用较多的附加刑。在适用方式上,剥夺政治权利既可以附加适用,也可以独立适用。

1. 剥夺政治权利附加适用于严重犯罪的,由刑法总则规定。具体分为两种情况:

(1)应当附加剥夺政治权利。在这种情况下,法院必须依法附加剥夺政治权利。根据刑法第56条与第57条的规定,对下列两类犯罪人应当附加剥夺政治权利:第一,对于危害国家安全的犯罪分子,应当附加剥夺政治权利。这是从犯罪性质上确定剥夺政治权利的适用对象,故不管对其判处的主刑种类。但是,刑法分则对危害国家安全罪中一些情节较轻的犯罪,规定了可以单处剥夺政治权利,如果法院独立适用了剥夺政治权利,就不应再附加剥夺政治权利。第二,对于被判处死刑、无期徒刑的犯罪分子,应当剥夺政治权利终身。这是从主刑种类上确定剥夺政治权利的适用对象,故不论其犯罪的性质与类型。对这类犯罪人规定应当附加剥夺政治权利,既是对他们政治上的否定评价,又可以防止他们被特赦或假释后利用政治权利再犯罪,还有利于处理与他们有关的某些民事法律关系。

(2)可以附加剥夺政治权利。在这种情况下,是否附加剥夺政治权利,由法院具体裁量,但"可以"表现了立法机关的倾向性意见,即在通常情况下得附加剥夺政治权利。刑法第56条规定:"对于故意杀人、强奸、放火、爆炸、投毒、抢劫等严重破坏社会秩序的犯罪分子,可以附加剥夺政治权利。"据此,除了对该条所列举的犯罪人以外,对其他严重破坏社会秩序的犯罪人,也可以附加剥夺政治权利。例如,对故意伤害、盗窃等其他严重破坏社会秩序的犯罪,犯罪情节恶劣、犯罪分子人身危险性严重的,也可以依法附加剥夺政治权利。[29] 此外,

---

〔29〕 参见最高人民法院1997年12月31日《关于对故意伤害、盗窃等严重破坏社会秩序的犯罪分子能否附加剥夺政治权利问题的批复》。

本书认为,对严重经济犯罪分子、严重的贪污受贿犯罪分子、严重的渎职犯罪分子,也可以附加剥夺政治权利。因为从与刑法第56条第1款前段的关系来看,“可以剥夺政治权利”的适用对象显然是危害国家安全罪以外的犯罪,包括严重的经济犯罪、贪污贿赂犯罪与渎职犯罪;从刑法第56条第1款后段所列举的犯罪来看,“可以剥夺政治权利”的适用对象并不限于单纯破坏狭义的社会秩序的犯罪,而应包括严重破坏经济秩序、国家机关工作秩序的犯罪;从特殊预防的角度考虑,对实施严重的经济犯罪(尤其是利用职务上的便利实施的严重经济犯罪)、贪污受贿以及渎职犯罪的人,也有附加剥夺政治权利的必要;被判处死刑、无期徒刑的严重经济犯罪分子、严重的贪污受贿犯罪分子,应当附加剥夺政治权利终身,据此,对其他严重经济犯罪分子、严重的贪污受贿犯罪分子,也可以附加剥夺一定期限政治权利。此外,除刑法规定“应当”附加剥夺政治权利外,对未成年罪犯一般不判处附加剥夺政治权利。

2. 剥夺政治权利独立适用于罪质较轻的犯罪或罪质严重但情节较轻的犯罪的,由刑法分则规定。如果刑法分则没有规定独立适用剥夺政治权利,就不得予以适用。

(三)剥夺政治权利的期限与执行

剥夺政治权利的期限分为以下四种情况:(1)对于判处死刑、无期徒刑的犯罪分子,应当剥夺政治权利终身。(2)在死刑缓期执行减为有期徒刑,或者无期徒刑减为有期徒刑的时候,应当将附加剥夺政治权利的期限改为3年以上10年以下。(3)独立适用或者判处有期徒刑、拘役附加适用剥夺政治权利的期限,为1年以上5年以下。(4)判处管制附加剥夺政治权利的期限与管制的期限相等。

剥夺政治权利的刑期起算与执行分为以下几种情况:(1)被判处管制附加剥夺政治权利的刑期,与管制的期限同时起算、同时执行。[30] (2)独立适用剥夺政治权利的,按照执行判决的一般原则,从判决执行之日起计算并执行。(3)判处有期徒刑、拘役附加剥夺政治权利的刑期,以及死缓、无期徒刑减为有期徒刑附加剥夺政治权利的刑期,从徒刑、拘役执行完毕之日起或者从假释之日起开始计算;剥夺政治权利的效力当然施用于主刑执行期间。即对于这类犯罪人,在有期徒刑、拘役执行期间,当然剥夺政治权利。被判处有期徒刑、拘役、管制而没有附加剥夺政治权利的犯罪人,在执行期间仍然享有政治权利。(4)判处死刑、无期徒刑因而剥夺政治权利终身的,从主刑执行之日起开始执行剥夺政治权利。

由于数罪并罚时,被判处有期徒刑(或拘役)与管制的,在有期徒刑(或拘役)执行完毕后,管制仍需执行,因此,需要分情况执行附加剥夺政治权利。第一,如果只是有期徒刑(或拘役)附加剥夺政治权利,管制没有附加剥夺政治权利的,按上述(3)处理。第二,如果只是管制附加剥夺政治权利的,按上述(1)处理。第三,如果有期徒刑(或拘役)与管制均被剥夺政治权利的,需要根据相关规定做出合理解释。例如,甲犯A罪被判处有期徒刑3年附加剥夺政治权利3年,犯B罪被判处管制2年同时附加剥夺政治权利。有期徒

[30] 由于被判处管制的犯罪人在判决前可能被羁押,羁押日期应当折抵管制刑期,会出现“期限相等”与“同时执行”相矛盾的情况。例如,被判处管制1年的犯罪人,附加剥夺政治权利的期限也应是1年,但犯罪人被先行羁押3个月,应折抵6个月管制刑期。如果要做到“期限相等”,就不可能“同时执行”;如果要“同时执行”,就不可能“期限相等”。本书认为,在“期限相等”与“同时执行”出现矛盾的情况下,应优先坚持同时执行。故对上例的犯罪人,实际只能执行6个月的管制与6个月的附加剥夺政治权利。

刑从2016年1月1日起开始执行,2018年12月31日刑罚执行完毕,同日开始执行管制。根据刑法第69条第3款的规定,对两罪的剥夺政治权利应合并执行。有期徒刑附加剥夺政治权利3年的期限,必须从2018年12月31日开始计算,而不能从管制执行完毕之日起开始计算(否则违反刑法第58条)。与此同时,管制附加剥夺政治权利2年的期限,也只能从2018年12月31日开始计算(否则违反刑法第55条第2款)。于是,其中有2年同时在执行有期徒刑附加的剥夺政治权利与管制附加的剥夺政治权利(尽管违反了刑法第69条第3款,但只能容忍)。

除剥夺政治权利终身的以外,剥夺政治权利的期限届满时,应宣布恢复政治权利;恢复政治权利后,便享有政治权利。但有的政治权利因为法律的特别规定却不可能再享有。例如,根据《人民法院组织法》、《检察官法》的规定,受过刑事处罚的人(当然包括被剥夺过政治权利的人),不能担任法官、检察官。

三、没收财产

没收财产是将犯罪人所有财产的一部或者全部强制无偿地收归国有的刑罚方法。一般认为,没收财产与没收犯罪物品具有本质区别。刑法第64条规定:"犯罪分子违法所得的一切财物,应当予以追缴或者责令退赔;对被害人的合法财产,应当及时返还;违禁品和供犯罪所用的本人财物,应当予以没收。没收的财物和罚金,一律上缴国库,不得挪用和自行处理。"据此,追缴犯罪所得的财物,不属于没收财产;没收违禁品和供犯罪所用的本人财物,也不属于没收财产。可见,没收财产事实上是没收犯罪人合法所有并且没有用于犯罪的财产;不得以追缴犯罪所得、没收违禁品与供犯罪所用的本人财物来代替或折抵没收财产。

没收财产只能适用于刑法分则明文规定可以判处没收财产的那些犯罪,从刑法分则的规定来看,主要适用于危害国家安全罪、破坏社会主义市场经济秩序罪、侵犯财产罪、贪污贿赂罪。刑法规定"并处"没收财产的犯罪,法院在对犯罪分子判处主刑的同时,必须依法判处没收财产;刑法规定"可以并处"没收财产的犯罪,法院应当根据案件具体情况及犯罪分子的财产状况,决定是否适用没收财产。

没收财产只能没收犯罪人已经拥有的、现实存在的财产,而不可能没收犯罪人将来可能拥有的财产。判处没收部分财产的,应当明确指出没收的具体财物或者金额。例如,犯罪人现实具有的财产为20万元现金以及A、B两套住房。法院在判决没收财产时,必须确定没收其中的哪一项或者哪几项财产(如没收现金20万元,或者没收现金20万元以及A住房等),而不能判决"没收100万元现金"。

根据刑法第59条的规定,判处没收财产时,既可以判处没收犯罪人所有的全部财产,也可以判处没收犯罪人所有的部分财产;至于是没收全部财产还是没收部分财产,要根据罪行轻重与犯罪人再犯罪可能性大小确定。根据刑法规定,行为人犯数罪依法同时并处罚金和没收财产的,应当分别执行;判处两个没收部分财产的,也应分别执行。但是,对一个犯罪判处没收全部财产,对另一个犯罪判处没收部分财产的,只需要执行没收全部财产。需要注意的是,"没收全部财产的,应当对犯罪分子个人及其扶养的家属保留必要的生活费用"。"在判处没收财产的时候,不得没收属于犯罪分子家属所有或者应有的财产。”这有利于维护社会秩序安定,贯彻责任主义原则。[31]

根据刑法第60条的规定,没收财产以前犯罪人所负的正当债务,需要以没收的财产偿还的,经债权人请求,应当偿还。“没收财产以前犯罪分子所负的正当债务”,是指犯罪分子在判决生效前所负他人的合法债务。此外,被判处没收财产,同时又承担刑事附带民事诉讼赔偿责任的被执行人,应当先履行对被害人的民事赔偿责任。此外,还有如下几点值得讨论:

首先,“没收财产以前犯罪分子所负的正当债务”,是仅指犯罪分子在判决生效前所欠他人的合法债务,还是包括本次犯罪对被害人形成的赔偿债务?本书认为,只能是前者。这是因为,刑法第36条第2款对本次犯罪被害人的民事赔偿做出了更有利于被害人的规定。刑法第36条第2款规定:“承担民事赔偿责任的犯罪分子,同时被判处罚金,其财产不足以全部支付的,或者被判处没收财产的,应当先承担对被害人的民事赔偿责任。”不难看出,适用第36条时,是先对被害人承担民事赔偿责任,后执行罚金或者没收财产。[32]

其次,“需要以没收的财产偿还”,是指“需要以已经没收的财产偿还”还是指“需要以拟没收的财产偿还”?显然,二者的程序不同。如果是前者,那么,债权人应当向国家机关请求,由国家机关偿还。如果是后者,则意味着债权人仍然只能是向被告人请求,由被告人偿还。但是,一方面,在人民法院还没有判决没收财产时,怎么可能有拟没收的财产呢?显然,只有当法院已经判处了没收财产后,才存在“需要以没收的财产偿还”的问题。另一方面,如果在判决没收财产之前,由被告人与债权人自行处理债权债务关系,必然导致被告人转移财产,不利于没收财产刑的执行。所以,本书认为,应当在人民法院做出没收财产的判决后,判决执行前或者执行过程中,经债权人请求,返还给债权人。在这种场合,人民法院应当审查债务的正当性,由于没收财产还没有执行,故偿还的主体依然是被告人,而不是国家机关。

最后,需要以没收的财产偿还,是仅限于没收全部财产的情形,还是包括没收部分财产的情形?换言之,在人民法院判处没收部分财产时,是否存在需要以没收的财产偿还正当债务的问题?本文持肯定回答。否则,不利于保护第三者的合法权益。例如,被告人有一套住宅和若干现金,法院判处没收全部现金,而没有判处没收住宅。在这种情况下,即使住宅的价值多于全部现金,但是,让被告人变卖住宅后偿还第三者的正当债务并不现实。在这种情况下,应当认为需要以没收的部分财产偿还正当债务,适用刑法第60条的规定。

四、驱逐出境

驱逐出境是强迫犯罪的外国人离开中国国(边)境的刑罚方法。

---

〔31〕 最高人民法院2014年10月30日《关于刑事裁判涉财产部分执行的若干规定》指出:“执行没收财产或罚金刑,应当参照被扶养人住所地政府公布的上年度当地居民最低生活费标准,保留被执行人及其所扶养家属的生活必需费用。”

〔32〕 最高人民法院2014年10月30日《关于刑事裁判涉财产部分执行的若干规定》第13条第1款与第2款分别规定:“被执行人在执行中同时承担刑事责任、民事责任,其财产不足以支付的,按照下列顺序执行:(一)人身损害赔偿中的医疗费用;(二)退赔被害人的损失;(三)其他民事债务;(四)罚金;(五)没收财产。”“债权人对执行标的依法享有优先受偿权,其主张优先受偿的,人民法院应当在前款第(一)项规定的医疗费用受偿后,予以支持。”

刑法第35条规定:“对于犯罪的外国人,可以独立适用或者附加适用驱逐出境。”由于驱逐出境既可以独立适用也可以附加适用,故符合附加刑的基本特征;由于驱逐出境仅适用于犯罪的外国人(包括具有外国国籍与无国籍的人),故是一种特殊的附加刑。由于刑法中的驱逐出境是附加刑,故其与《出境入境管理法》规定的由公安机关决定、适用于违反出入境管理法的外国人、作为行政处罚的驱逐出境具有本质区别。

在我国境内的外国人必须遵守我国法律,不得违反我国刑法实施犯罪行为。如果犯罪的外国人继续居留我国境内有害于我国国家、社会与公民利益,有在我国境内再犯罪的可能性,就可以单处或者并处驱逐出境。但是,应当慎重适用驱逐出境,适用时不仅要考察犯罪的性质、情节与犯罪人的具体情况,而且要考虑我国与其所属国之间的关系以及相关国际形势。因此,对犯罪的外国人,不是“应当”驱逐出境,而是“可以”驱逐出境。独立适用驱逐出境的,从判决确定之日起执行;附加适用驱逐出境的,从主刑执行完毕之日起执行。

第十三章 刑罚的裁量

第一节 量刑概述

一、量刑概念

刑罚的裁量即量刑,就是依法对犯罪人裁量刑罚。具体地说,是指审判机关在查明犯罪事实,认定犯罪性质的基础上,依法对犯罪人裁量刑罚的审判活动。量刑对应于定罪,是整个审判工作两个环节之一。

首先,量刑的主体是审判机关。根据宪法及有关法律规定,只能由法院量刑。进一步说,也不是任何法院都可以裁量任何刑罚,根据刑事诉讼法的有关规定,基层法院不能判处无期徒刑与死刑。

其次,量刑的基础是查明犯罪事实、认定犯罪性质。换言之,法院只有在查明了犯罪事实,认定了犯罪的性质,确定了应当适用的刑法条文以后,才能量刑,即只能先定罪后量刑,决不能先量刑后定罪。但是,定罪本身并不属于量刑的内容。

再次,量刑的内容是裁量刑罚。关于裁量刑罚的含义,以往一般认为,量刑是"依法判处适当刑罚的一种审判活动",[1]据此,量刑就是判处刑罚,如果实际上没有判处刑罚,则无所谓量刑。但现在一般认为,量刑是"依法确定对犯罪人是否判处刑罚、判处何种刑罚以及判处多重刑罚,并决定所判刑罚是否立即执行的审判活动"。[2] 因此,量刑不限于实际判处刑罚,还包括决定不判处刑罚。应当认为,后一种见解比较妥切。如果把量刑限于决定判处刑罚,那么,当决定对犯罪人不判处刑罚时,在逻辑上它就理应属于量刑之外的另一审判活动了,这是事实上与法律上都不存在的。所以,量刑的内容,首先是决定是否对犯罪人判处刑罚;其次在决定判处刑罚的前提下,进一步决定判处何种刑罚(选择刑种)、判处多重的刑罚(确定刑度)和是否立即执行(是否缓期执行);在一人犯数罪的情况下,量刑还包括如何并罚的内容。

最后,量刑的性质是一种刑事审判活动。量刑是将法定的罪刑关系转变为实在的罪刑关系的必要条件,是行刑的先决条件。量刑适当与否,是衡量刑事审判质量的一个重要标准,它直接影响刑罚积极功能的发挥与刑罚目的的有效实现,关系到国民对刑事审判的尊重信赖或贬抑轻蔑。

---

〔1〕 杨春洗、甘雨沛等:《刑法总论》,北京大学出版社 1981 年版,第 243 页。

〔2〕 高铭暄、马克昌主编:《刑法学》,北京大学出版社、高等教育出版社 2016 年第 7 版,第 250 页。

二、量刑原则

(一)罪刑均衡与罪刑相适应的关系

传统的或狭义的罪刑均衡侧重于报应刑,强调刑罚与罪行的轻重相适应。

刑法第5条规定:“刑罚的轻重,应当与犯罪分子所犯罪行和承担的刑事责任相适应。”这就是罪刑相适应原则(也被不少学者称为罪责刑相适应原则)。罪刑相适应虽然是刑法的基本原则,但在刑法根据该原则对各种犯罪规定了相应的法定刑之后,该原则主要是量刑原则。由于“罪行”、“刑事责任”具有不同含义,故对刑法第5条可能出现不同理解。

首先,可以将“罪行”解释为犯罪的客观危害即法益侵害程度(不法程度),将“刑事责任”解释为非难可能性程度(责任)。据此,刑罚的轻重应当与犯罪的不法和责任相适应。单纯从字面上考虑,这一解释并无不当。但是,这种解释只是表述了传统的罪刑均衡的要求,不能适应目的刑的需要。即没有考虑刑罚对行为人将来社会生活的影响,因而不利于预防犯罪人再次犯罪。不仅如此,这一解释还可能导致无责任的不法事实也会成为量刑根据(情节),因而违反责任主义。所以,本书不采取这种解释。

其次,可以将“罪行”解释为有责的不法,将“刑事责任”理解为案件外的影响行为人刑事责任(再犯罪可能性大小)的事实。本书采取这一解释。将罪行解释为有责的不法具有法律根据。例如,刑法第48条规定:“死刑只适用于罪行极其严重的犯罪分子。”这里的“罪行”显然不是仅指不法程度,也不是单指所谓主观恶性大,而是指有责的不法(另参见刑法第9条、第26条、第103条至105条等),在量刑基准中,就是指对不法的责任。如果将刑事责任理解为犯罪的法律后果,那么,一般来说,罪行重则刑事责任重,罪行轻则刑事责任轻。但是,由于罪行本身的轻重是由犯罪的主客观事实本身决定的,而刑事责任的轻重虽然主要由犯罪的主客观事实决定,可是许多案件外的表明犯罪人再犯罪可能性大小的事实或情节,能够说明刑事责任的轻重,却不能说明罪行的轻重。例如,自首与立功可以说明行为人的再犯罪可能性小,但不表明其所犯罪行也减轻,而这是制刑与量刑时必须考虑的因素。因此,可以认为,刑法第5条关于罪刑相适应原则的规定,实际上是要求刑罚的轻重必须与罪行的轻重以及犯罪人的再犯罪可能性相适应。与罪行的轻重相适应,是报应刑对刑罚的限制;与犯罪人的再犯罪可能性相适应,是目的刑的要求。其出发点和归宿,都在于最大限度发挥刑罚的积极功能,实现刑罚的正义和预防犯罪的目的。由于刑罚必须与罪行的轻重相适应,故可以防止为了追求预防目的而出现畸轻畸重的刑罚;因为刑罚必须与犯罪人的再犯罪可能性相适应,“刑罚的严厉程度应该只为实现其目标而绝对必需”,[3]故可以防止为了追求报应而科处不必要的刑罚。

由上可见,我国刑法第5条规定的罪刑相适应原则,并不等同于不考虑预防目的的狭义的罪刑均衡。但不可否认的是,刑法第5条规定的内容存在二律背反的现象。

(二)报应刑与预防刑的二律背反

如前所述,刑罚的正当化根据是报应的正当性与预防犯罪目的的合理性。与报应相当的刑罚称为报应刑(责任刑),适合预防犯罪需要的刑罚称为预防刑。报应刑与预防刑虽然存在可能完全一致的情形(如报应刑正好能够实现预防目的),但也可能存在明显不

---

〔3〕[英]吉米·边沁:《立法理论——刑法典原理》,李贵方等译,中国人民公安大学出版社1993年版,第78页。

一致的情形。主要表现在,以报应为基础的刑罚(报应刑),和预防犯罪所需要的刑罚(预防刑)不同时(如罪行重大但预防的必要性小,或者罪行轻微但预防的必要性大),应当如何确定刑罚?这便是刑罚根据的二律背反问题。

二律背反的问题主要表现在量刑环节。这不仅因为报应刑与预防刑在量刑阶段会存在明显的不一致,而且因为刑法仅规定了量刑的一般原则与部分量刑情节,没有规定处理报应刑与预防刑的关系的原则与方法,导致量刑理论的分歧。然而,如果不能处理好报应刑与预防刑的二律背反关系,就意味着量刑缺乏正当化根据。缺乏正当化根据的量刑,就不是合理的量刑。

在如何解决二律背反问题上,需要注意以下几点:(1)不能认为,报应是刑罚的表层目的,预防是刑罚的深层目的。因为将报应作为刑罚目的并不可取,将报应与预防同时作为目的并不能妥当处理二者之间的冲突。(2)不能认为报应是主要目的、预防是次要目的,或者报应为主、预防为辅。因为报应与预防不是谁主谁辅的问题。一方面,在已经确定的报应刑限度内,重要的乃至唯一的考虑就是预防犯罪的目的。此时,说预防是辅并不妥当。另一方面,在完全没有预防必要的场合,就必须放弃报应、放弃刑罚。此时,也不能说报应是主要的。(3)不能认为,罪刑均衡即报应是主要原则、刑罚个别化即特殊预防是第二位原则。因为这种观点未能解决报应刑与特殊预防的二律背反关系。事实上,罪行轻重与行为人的再犯可能性大小,并不总是成正比例关系,前者重后者小或者前者轻后者大的现象,并不罕见。例如,甲所犯罪行比较严重,与之相均衡的刑罚为10年有期徒刑。但是,甲事前事后的诸多情节表明其特别预防的必要性很小,仅判处3年有期徒刑就足以预防其再次犯罪。如果说罪刑均衡是首要原则,实际上会放弃刑罚个别化。倘若法院仅判处甲3年有期徒刑,实现了刑罚的个别化,就意味着量刑没有与甲的罪行相适应,违反了首要原则。(4)不能认为,只要将预防目的纳入罪刑均衡论,或者将罪刑均衡纳入预防目的,就可以解决报应与预防的冲突。因为在A1与A2有冲突时,将A2并入A1,或者将A1与A2并入A的做法,都不可能克服和避免A1与A2之间的冲突。(5)不要认为通过刑事责任这个中介来调节犯罪与刑罚之间的关系(所谓罪责刑相适应),就可以解决报应与预防的二律背反。因为罪责刑相适应只是表达了刑罚必须与罪行轻重以及犯罪人的人身危险性相适应的基本含义;而且,作为法律后果的刑事责任并不能调节犯罪与刑罚,犯罪与刑罚之间也不需要刑事责任的中介,因为刑罚本身就是刑事责任的表现形式。

本书主张以责任刑(报应刑)为基准,亦即,只有在坚持责任主义的前提下追求预防犯罪的目的,才能解决二律背反问题。

"没有责任就没有刑罚"的消极责任主义是刑法的基本原则。在报应与预防关系的层面上,消极的责任主义意味着"责任是刑罚的上限","禁止刑罚超过责任程度"。如前所述,报应刑的最大优势在于限定了刑罚的程度,防止为预防犯罪而超出报应程度裁量刑罚,但其缺陷在于导致积极的责任主义,使得没有处罚必要性(没有预防必要性)的犯罪也必须受刑罚处罚。预防刑的最大优势在于使刑罚具有合目的性,杜绝为惩罚而惩罚的现象,但其缺陷在于容易导致为了预防犯罪而惩罚无辜或者为了预防犯罪而科处严厉刑罚,将犯罪人作为预防犯罪的工具,侵犯犯罪人的尊严。所以,必须用报应刑的优势克服预防刑的缺陷,同时必须用预防刑的优势克服报应刑的缺陷。只有这样,才能避免并合主义出现弊害相加的局面。

总之,在量刑时,对特殊预防与一般预防的追求不能超出责任刑的限度。问题是,责任刑是一个确定的点,还是一个幅度?是在责任刑的点之下考虑预防犯罪的目的,还是在责任刑的幅度之内考虑预防犯罪的目的?这便是量刑基准问题。

三、量刑基准

(一)量刑基准概述

在我国,由于不同的学者在不同的意义上使用"量刑基准"一词,导致量刑基准在我国刑法理论与司法实践中成为一个相当混乱的概念。

我国当下刑法理论所讨论的量刑基准,是指暂时不考虑(排除)各种法定与酌定情节时,对某个犯罪所应确定的刑罚。一种观点认为,量刑基准,是指"对已确定适用一定幅度法定刑的抽象个罪,在不考虑任何量刑情节的情况下,仅依其构成事实所应当判处的刑罚量"。[4] 根据这种观点,任何盗窃数额较大财物的犯罪的量刑基准是相同的。另一种观点则认为,量刑基准,是指"对已确定适用法定刑幅度的个罪,对应于既遂状态下反映该罪手段特点或者犯罪实害程度的事实所预定的刑量。特殊情况下,量刑基准是指个罪法定刑等级间上一幅度的下限"。[5] 根据这种观点,只能针对特定的盗窃罪确定量刑基准。

本书认为,上述抽象个罪的量刑基准论与具体个罪的量刑基准论,只是责任刑的起点刑理论。二者的区别恐怕仅在于,前者侧重于相对的均衡,后者侧重于绝对的均衡。[6] 但上述两种观点以及类似的说法,都没有联系刑罚的正当化根据考虑责任刑与预防刑的关系,都不是处理刑罚正当化根据的二律背反的量刑基准论,只是提出了处理量刑情节的方法。无非是说,量刑时,先不考虑法定与酌定的量刑情节,按裸的犯罪事实确定应当判处何种刑罚,然后通过法定与酌定的量刑情节,对先前确定的刑罚进行上下浮动。但是,从这种量刑基准论中,看不出责任主义对量刑的任何制约,相反可以看出为了预防犯罪的需要可以突破责任刑的局面。

"解明量刑基准时,首先要从刑法理论特别是刑罚理论中围绕刑罚的'正当化根据'的议论出发,这是不可缺少的前提。"[7] 本书所称的量刑基准,是指处理刑罚正当化根据的二律背反的理论,亦即,在肯定了只能在责任刑的限度内考虑预防目的的前提下,是在责任刑的"点"之下考虑预防目的,还是在责任刑的"幅度"内考虑预防目的。这个意义上的量刑基准,源于德国、日本的刑法理论。

幅的理论(Spielraumtheorie)与点的理论(Punktstrafetheorie),是有关量刑基准的两种基本观点,是处理责任刑与预防刑关系的理论,因而也是与刑罚的正当化根据密切相关的理论。只要在刑罚正当化根据问题上采取并合主义,或者虽然不采取并合主义,仅将预防犯罪的目的作为刑罚的正当化根据,但同时主张以责任限制对预防犯罪目的的追求,就必

---

〔4〕 周光权:《刑法诸问题的新表述》,中国法制出版社 1999 年版,第 348 页。

〔5〕 王利荣:"对常见犯罪量刑基准的经验分析",载《法学研究》2009 年第 2 期。

〔6〕 绝对的均衡(也称基数的均衡性,cardinal proportionality)所考虑的问题是,对甲罪所判处的刑罚,是否与甲罪的罪行相均衡;相对的均衡(也称序数的均衡性,ordinal proportionality)所考虑的问题是,对甲罪所判处的刑罚,是否与对乙罪所判处的刑罚相均衡(See Von Hirsch, Sensure and Sanctions, Oxford university press, 1993, pp. 18 – 19)。

〔7〕 [日]城下裕二:《量刑基准的研究》,成文堂 1995 年版,第 39 页。

然面对是采取幅的理论还是采取点的理论的问题。

(二)幅的理论

幅的理论认为,与责任相适应的刑罚(或以责任为基础的刑罚)具有一定的幅度,法官应当在此幅度的范围内考虑预防犯罪的目的,最终决定刑罚。幅的理论的具体内容如下:(1)量刑不得超过与责任相适应的刑罚;(2)但是,与责任相适应的刑罚并不是作为确定的东西而存在的,亦即,客观上并不存在与责任相适应的确定的刑罚(点),主观上也不可能认识到这种确定的刑罚;(3)取而代之的是,在各种具体的场合,存在由上限与下限所划定的幅度范围,在此幅度范围内,存在与责任相适应的几种或几个刑罚;(4)只能在与责任相适应的幅度范围内考虑预防犯罪的目的,可以接近甚至达到幅度的上限与下限。不过,幅的理论主张者,对于客观上是否存在与责任相适应的确定的刑罚(点),以及能否超过幅的上限和下限量刑,还存在不同看法。

关于责任刑的幅的性质,理论上存在认识困难说与事物本质说。认识困难说认为,真正的责任刑在客观上存在于某一点,但由于人们难以认识这个点,故不得不承认责任刑是一个幅。可是,责任刑有没有点,与法官能否认识到这个点,是两回事。诚然,如果责任刑客观上存在一个点,但法官无论如何不可能认识这个点,那就只能采取幅的理论。但事实并非如此。采取幅的理论也需要确定上限与下限,而确定上限与下限实际上是确定两个点。既然能够确定作为上限与下限的两个点,那么,就可以进一步考虑上限能否往下移动,下限能否往上移动,从而形成一个点。况且,最终的宣告刑都是点,而不是幅。既然如此,就说明法官能够确定刑罚的点。

事物本质说认为,按事物的本质,责任刑只能以幅的形式存在。因为刑罚针对犯罪人而言是一种感觉的痛苦,即使刑罚的量有所增减,也仍然是报应、是正当的刑罚。换言之,不会有人认为,如果对犯罪人所科处的刑罚稍微有所增减,其刑罚便不具有正当性。这种观点的核心内容是,由于正义感觉不可能精确到点,只能感觉到一种幅度,故责任刑原本就是一个幅度。但是,责任本身不是一个幅度,而是一个确定的内容。不管是盗窃他人价值3000元的财物,还是故意造成他人轻伤,抑或非法侵入他人住宅,不法具有特定的、确定的内容,行为责任也具有特定的、确定的内容,而不可能是一个幅度。既然要求刑罚与责任相适应,那么,与特定的、确定的责任相适应的刑罚,就不可能是一个幅度。

(三)点的理论

点的理论认为,不法以及对不法的责任都有特定的、确定的内容,与责任相适应的刑罚只能是正确确定的某个特定的刑罚(点),而不是幅度;不能认为在某种幅度内的刑罚都是等价的制裁、正当的报应;与责任相适应的刑罚常常是一种唯一的存在,即使人们不能确定地把握这个点,但也不能否认这个点的存在。根据点的理论,在确定了与责任相适应的具体刑罚(点)之后,只能在这个点之下考虑预防犯罪的需要。点的理论有两个基本内容:(1)客观上存在与责任相适应的确定的刑罚(点),法官主观上也能够认识到这种确定的刑罚;(2)法官只能在点之下考虑预防犯罪的需要;当然在具有减轻处罚情节的场合,法官能够在点之下低于法定刑考虑预防犯罪的需要。本书赞成点的理论。

并合主义为点的理论提供了充分根据。并合主义并不是报应与预防的简单相加,而是辩证的结合。报应刑为刑罚划定了上限;只能在报应刑的限度内追究预防目的。显然,在责任刑(点)之下考虑预防犯罪的需要,正是并合主义在量刑上的具体表现。

点的理论充分体现并且正好对应了刑法的人权(自由)保障机能与法益保护机能的协调关系。处罚犯罪人是为了预防犯罪,保护法益,但是,如果对预防犯罪目的追求不受到责任刑的限制,就会侵害犯罪人的人权乃至将无辜者作为预防犯罪的工具。所以,刑法只能在责任刑的范围内发挥预防犯罪的机能,或者说只能在人权保障的框架内实现刑罚目的。

点的理论是消极的责任主义在量刑中的具体表现。在我国,不能违反责任主义,不得将被告人作为工具这样的观念,显得尤为重要。责任主义的核心是保障行为人的自由与权利。采取点的理论,意味着法官在考虑预防必要性大小之前,必须确定责任刑这个点。即使确定这个点比较困难,所确定的点也可能并不十分精确,但这个点的确定,可以限制法官对预防刑的考虑,防止法官量刑的恣意性,从而保障被告人的权利。

点的理论可以防止不必要的重刑。如所周知,目的刑论(一般预防论与特殊预防论中的威慑刑论)常常过分强调刑罚的威吓功能,造成在刑事立法与刑事司法上,有超越责任程度的刑罚主张。积极的一般预防论同样可能导致重刑。点的确定,划定了与责任相适应的刑罚上限,使得法官不能超出上限裁量刑罚,从而避免了不必要的重刑。

(四)量刑基准中的责任

作为量刑基准的责任,究竟是什么含义?对此,国外刑法理论上存在两种不同观点:德国的通说认为,量刑责任是“有责的不法”,不同于犯罪论中与不法相分离而使用的责任概念。日本也有学者认为,责任主义可以分为归责中的责任主义(没有责任就没有犯罪)与量刑中的责任主义(刑罚与责任相适应),后者的“责任”,与作为犯罪成立条件之一的责任(有责性)不是完全等同的含义,而是指违法性与狭义的有责性相乘。“因为刑法上的责任意味着从事了违法行为(不法)的行为者所应承受的规范性非难或谴责,最终决定责任大小的就是违法性的大小和有责性的大小(狭义的责任)相乘而得到的后果——即犯罪本身的轻重(广义的责任)。”〔8〕第二种观点认为,作为量刑基础的责任与归责中的责任并无区别。因为根据消极的责任主义与点的理论,责任是刑罚的上限,其中的责任就是规范的非难可能性。换言之,作为犯罪成立条件的非难可能性,划定了刑罚的上限。〔9〕

上述第一种观点,一般以幅的理论为前提;第二种观点,则以点的理论为前提。在通常情况下,两种观点对责任刑不会产生明显影响。例如,甲盗窃了乙的一辆价值1500元的自行车,但始终不知道自行车的车把中藏有3000元人民币。按照第一种观点,甲对客观上盗窃3000元人民币的事实虽然是不法的,但不是有责的,所以,只能按照甲盗窃价值1500元自行车这一有责的不法事实确定责任刑。按照第二种观点,甲对盗窃3000元人民币的事实没有责任,所以,甲对盗窃价值1500元自行车的责任,就划定了责任刑的上限。

但是,一旦行为人具有责任减轻事由,上述两种观点得出的结论就不一定相同。〔10〕

---

〔8〕［日］曾根威彦:“量刑基准”,载［日］西原春夫主编:《日本刑事法的形成与特色》,中国法律出版社、日本成文堂1997年联合出版,第147页。

〔9〕［日］城下裕二:“消极的责任主义的归趋”,载［日］川端博等编:《理论刑法学的探究2》,成文堂2009年版,第36页。

〔10〕在不法没有加重,但责任本身加重时(当然,这种情形比较少见),也是如此。

第一种观点往往难以积极承认减轻责任对责任刑的影响，导致责任减轻事由对于量刑几乎不起作用。因为幅的理论将作为量刑基础的责任理解为可归责的不法，当行为人的责任能力减轻时，其不法也是可归责的，于是责任能力减轻时，责任刑的幅并没有减轻，责任减轻的事实在幅的理论中基本上丧失了意义。上述第二种观点则承认责任不仅存在有无问题，而且承认减轻责任对责任刑产生影响。在此意义上说，本书赞成第二种观点，亦即责任虽然是对不法行为的非难可能性，但责任仍然有轻重之分。

问题是，如何理解归责中的责任？如果认为，归责中的责任，仅指成立犯罪所必须具备的责任，那么，归责中的责任与作为量刑基准的责任，仍然存在区别。如若认为归责中的责任，是指所有责任要素所表明的责任程度，则归责中的责任与作为量刑基准的责任是等同的。例如，故意杀人罪的成立不需要特定的动机，在甲基于义愤杀害一人、乙基于报复杀害一人的情况下，都不缺少成立故意杀人罪所要求的不法与责任要素。倘若归责中的责任，仅考虑成立犯罪所必需的责任要素，即不考虑杀人的动机，那么，甲、乙的归责中的责任似乎是相同的；但作为量刑基准的责任，甲、乙显然是不同的，因为二者的不同动机，使得其非难可能性程度明显不同。但是，如若认为归责中的责任，也需要考虑必要的责任要素之外的表明非难可能性的因素，即在上例中也需要考虑动机，那么，甲、乙的归责中的责任就是不同的，作为量刑基准的责任也因此不同。

总之，不管如何理解归责中的责任，作为量刑基准的责任，一方面是对不法的责任，另一方面也包含由各种表明非难可能性的因素（不管其是否属于成立犯罪所必需的责任要素）所形成的责任程度。

（五）责任刑与特殊预防

责任刑与特殊预防的关系，也可谓罪刑均衡与特殊预防（刑罚个别化）的关系。如前所述，刑法第5条的实质在于，既要罪刑均衡，又要与犯罪人的再犯罪可能性相适应。我国刑法理论一直强调要将二者统一起来，但一直停留于空洞的表述，而且难以自圆其说。这是因为，罪行重而特殊预防必要性小时，如果按罪行科处重刑，就意味着没有实现刑罚个别化；如果按刑罚个别化的要求科处轻刑，就意味着刑罚没有与罪行相均衡。于是，二者并不能统一。其实，只要考虑了处理责任刑与预防刑关系的量刑基准问题，罪刑均衡与刑罚个别化的关系，才能实现真正的统一。根据点的理论，罪刑均衡只是意味着确定刑罚的上限，即刑罚不得超出责任的上限，只要特殊预防必要性小或者没有特殊预防的必要，就可以在责任刑之下从轻、减轻处罚或者免除处罚。只有这样，才能解决报应与特殊预防的二律背反关系。这正是并合主义的要义所在。所以，要求刑罚在任何场合都必须与罪行相均衡的观点，既不现实，也不利于预防犯罪的考虑，使并合主义形同虚设。

（六）责任刑与一般预防

责任刑与一般预防的关系，也可谓罪刑均衡与一般预防的关系。一般来说，发生率高的犯罪如盗窃罪、伤害罪，就是一般预防必要性大的犯罪；反之，则是一般预防必要性小的犯罪。与罪行相均衡的报应刑，在通常场合可以让一般民众满意，基本上能够满足一般预防的要求。但必须明确的是以下几点：第一，与罪行均衡的报应刑，虽然以理想的形式考虑了一般预防的目的，但并没有得到证明，常常只是推定。第二，仅从一般预防目的角度考虑，将罪行的轻重作为量刑的唯一根据的观点，实际上的结局与绝对报应刑论完全相同。况且，不考虑特殊预防的刑罚，是完全不现实的。第三，罪行相同并不等于一般预防的必要性相同。所以,不能认为,只要是与罪行相均衡的报应刑,就能实现一般预防。

首先要讨论的问题是,能否因为一般预防的必要性大,而在责任刑(点)之下从重处罚?例如,甲所犯之罪的法定刑为3年以上10年以下有期徒刑,法官根据其罪行确定的责任刑(点)为7年有期徒刑。但是,甲所犯之罪具有蔓延的可能性,极容易被其他人效仿。能否在3年以上7年以下的范围内,对甲从重处罚(如判处7年有期徒刑)?本书对此持否定回答。诚然,在点之下因为一般预防的必要性大而从重处罚,因为没有突破责任刑的点,并没有违反责任主义。但是,"除了人们自身的要求外,不得为了某种目的而将人工具化,即不得将人用来作为实现超越他自身要求或强加于他的某种'目标'的工具,是尊重人的最基本要求"。[11] 所以,量刑时不能以一般预防必要性大为由,在点之下从重处罚。

其次要讨论的是,能否因为一般预防的必要性小,而在责任刑(点)之下从轻处罚?例如,在上例中,倘若甲所犯之罪没有蔓延的可能性,难以被其他人效仿。能否在3年以上7年以下的范围内,对甲从轻处罚(如判处3年有期徒刑)?本书对此持肯定回答。并合主义原本就是为了避免不必要的刑罚而产生的。既然一般预防的必要性小,就没有必要科处较重的刑罚。基于并合主义所形成的点的理论,正是为了能够在点之下判处较轻的刑罚,甚至免除刑罚。所以,只要采取点的理论,就必然对上述问题持肯定回答。

(七)责任刑与双面预防

确定了责任刑(点)之后,如果认为一般预防与特殊预防的必要性都小,法官当然应在点之下从轻处罚;如果被告人具备减轻或者免除处罚的情节,还应当减轻或者免除处罚。但是,在具体案件中,一般预防与特殊预防必要性大小,也不完全一致。如何处理这类案件,或者说,是一般预防优先还是特殊预防优先,便需要研究。

第一,在点的理论之下,如果特殊预防的必要性小,应当科处轻刑,但一般预防的必要性大,应当科处较重刑罚时,能否科处较重刑罚?本书对此持否定回答。如前所述,在这种情况下科处较重刑罚的做法虽然没有违反责任主义,却明显将被告人作为预防他人犯罪的工具予以利用,因而不可取。

第二,在点的理论之下,如果一般预防的必要性小,应当科处较轻刑罚时,能否因为特殊预防的必要性大,而科处较重刑罚?本书对此持肯定回答。刑法规定的法定刑,已经考虑了一般预防的需要,而特殊预防只能由法官在量刑时、执行机关在行刑时考虑。如果法官在量刑时不考虑特殊预防必要性的事实,就不可能发挥刑罚的特殊预防机能。所以,当法官根据量刑资料,确信特殊预防的必要性大时,就可以在责任刑(点)之下从重处罚。

(八)罪刑均衡的基本含义

由上可见,只要考虑预防犯罪的需要,所宣告的刑罚就几乎不可能是与罪行相均衡的刑罚。对于罪刑均衡原则与刑罚个别化原则的关系,以及罪刑均衡与预防犯罪的关系,都只能按照点的理论来处理。基于上述关于责任刑与预防目的的关系,可以对罪刑均衡的基本含义作如下归纳:

第一,罪刑均衡中的"罪"是指责任,即刑罚必须与行为人的责任相均衡。据此,在责任减轻的场合,责任刑也相应减轻。这并不意味着量刑时不考虑不法事实。因为责任是

---

〔11〕 [意]杜里奥·帕多瓦尼:《意大利刑法学原理》,陈忠林译,法律出版社1998年版,第181页。

对不法的责任,所以,只是将没有责任的不法排除在外。

第二,不能采取积极的均衡原则。积极的均衡,是指积极追求与犯行的重大性相均衡的刑罚的决定原理,这种理论要求积极地寻找尽可能与犯行的重大性相适应的刑罚。但是,在一般预防与特殊预防的必要性较小时,不应当追求刑罚与罪行的重大性相均衡。如前所述,所谓罪刑均衡实际上是报应刑的要求,报应是指责任报应,报应刑就是责任刑。责任刑所考虑的是犯罪人的利益,旨在使对预防目的的追求受到责任刑的限制,所以,如果最终宣告的刑罚没有超过责任刑的点,即便低于责任刑的点,也完全符合犯罪人的利益,并不违反罪刑均衡原则。

第三,只能采取非对称性的罪刑均衡原则。亦即,罪刑均衡中的均衡,虽然可能表现为轻罪轻判,但并不意味着重罪必须重判,而是指刑罚不得超出责任的上限。所以,即使罪行重大,也可能因为预防的必要性小,而科处较轻的刑罚。同样,所谓"刑罚与责任相适应"、"刑罚以责任为基础",都只能是非对称性的,亦即,刑罚可以达到责任刑的点,但不能以任何理由超过这个点;反之,刑罚可以基于预防必要性小以及其他刑事政策的理由,低于责任刑的点。换言之,所谓"刑罚与责任相适应"、"刑罚以责任为基础",并不意味着在任何场合刑罚的程度必须与责任程度相应,只是要求刑罚在任何场合都不得超过责任程度。

第四,受法定刑的制约,在没有减轻处罚的情况下,不得低于法定最低刑判处刑罚;在没有免除处罚的情况下,不得免除处罚。

通过上述分析,可以得出以下结论:(1)重罪重判、轻罪轻判意义上的罪刑均衡,只是就责任刑而言,而不是就宣告刑而言。因为宣告刑是在责任刑之下考虑预防目的而形成的刑罚。由于责任刑与预防刑并不成正比例关系,所以,宣告刑不可能、也不应当完全与罪行相均衡。(2)从宣告刑上来说,重罪也可能轻判。因为即使责任刑重,但如果一般预防或特殊预防的必要性小,就可以从轻判处刑罚。(3)从宣告刑上来讲,轻罪能否重判,便取决于如何理解"重判"。倘若认为重判是指为了一般预防或者特殊预防的需要,突破轻罪的责任刑重判,那么,对轻罪就不可能重判。倘若认为重判是指为了实现特殊预防的需要,而在责任刑之下从重处罚,那么,对轻罪就可以重判。但需要重申的是,不能为了一般预防的需要而在责任刑之下从重处罚。

四、量刑根据

刑法第61条规定:"对于犯罪分子决定刑罚的时候,应当根据犯罪的事实、犯罪的性质、情节和对于社会的危害程度,依照本法的有关规定判处。"这是对量刑的事实根据与法律根据的规定。

(一)以犯罪事实为根据(事实根据)

以犯罪事实为根据,是指以犯罪的事实、犯罪的性质、情节和对于社会的危害程度为根据。要全面贯彻这一原则,就必须做到如下几点:

1. 认真查清犯罪事实。这里的犯罪事实,是指符合刑法规定的犯罪构成的主客观事实。认真查清犯罪事实,是正确量刑的第一个关键。

2. 准确认定犯罪性质。这里的犯罪性质,是犯罪构成所表现的犯罪性质(犯罪的质的规定性)。不同的罪质,标志着各该犯罪行为侵害、威胁法益的锋芒所向不同。法官在量刑时,要先确定与该犯罪的罪质相对应的法定刑是什么。认准了这一点,就在总体上为正确量刑提供了根本保证,即使在具体选择刑种、刑度时略有偏颇,也不致刑罚畸轻畸重。概言之,确定了犯罪性质,也就确定了应当适用的刑法条文,从而基本选定了与该犯罪的性质相对应的法定刑。[12]

3. 全面掌握犯罪情节。这里的犯罪情节,是指不具有犯罪构成事实的意义,却与不法责任具有密切联系,从而影响犯罪的不法与责任程度的各种事实情况。认定犯罪性质,只是确定了应当适用的刑法条文,并没有完全选定法定刑,故不等于量刑的结果完全正确。在犯罪性质相同的犯罪中,犯罪情节不尽相同,因此犯罪的不法与责任程度也不一样。在刑法规定了不同层次的法定刑的犯罪中,分清各该犯罪行为的情节属于哪个层次,对于正确量刑具有特别重要的意义。从刑法规定自首、立功等制度的精神来看,量刑时应考虑一些案外情节,如犯罪人的某些个人情况、犯罪前的表现与犯罪后的态度等。换言之,量刑时还必须考虑犯罪人的再犯罪可能性大小程度。

4. 综合评价犯罪的社会危害程度。刑法第 61 条中的"对于社会的危害程度",是指对罪行的综合评价。即在量刑时,应当通过分析、考察犯罪事实、性质与情节,综合评价罪行的程度。但是,这里的综合评价,并不是指不法与责任的相加,而是指有责的不法程度和行为人再犯罪可能性的大小。特别要说明的是,行为人没有责任的不法事实,不能成为量刑根据。

(二)以刑事法律为准绳(法律根据)

正确认定和评价了犯罪的事实、性质、情节和危害程度,并不意味着量刑必然适当。要做到量刑适当,还必须以刑事法律为准绳。

1. 必须依照刑事法律关于各种刑罚方法的适用权限与适用条件的规定裁量刑罚。例如,死刑只适用于罪行极其严重的犯罪分子;对于危害国家安全的犯罪分子,必须附加剥夺政治权利。又如,对于一个犯罪不能同时判处两个主刑;附加刑既可以独立适用,也可以附加适用。这些都是法院量刑时必须严格遵守的规定。

2. 必须合理选择刑法分则规定的法定刑,并依照法定刑裁量刑罚。行为触犯哪一个分则条文,就以哪一个条文规定的法定刑为标准;然后在法定刑内选择刑种与刑度;即使是从重、从轻、减轻处罚,也要以选定的法定刑为标准。[13] 在分则条文就同一犯罪规定了几个不同法定刑的情况下,应当根据罪行本身的程度合理选择法定刑。[14]

3. 必须依照刑法关于刑罚裁量制度的规定裁量刑罚。例如,刑法规定了缓刑、数罪并罚等制度。在裁量刑罚时,必须遵循这些制度。

4. 必须依照刑法关于各种量刑情节的适用原则裁量刑罚。刑法规定了各种从重、从轻、减轻与免除处罚的情节,从重、从轻、减轻或者免除处罚又有其特定含义。法院裁量刑罚时,必须遵守刑法关于量刑情节的各种规定,正确把握刑法所规定的从重、从轻处罚、减

---

〔12〕 由于有的犯罪存在数个法定刑,故确定了犯罪性质还不等于完全选定了法定刑。

〔13〕 我国刑法规定的法定刑的幅度比较大,也比较重;司法实践中的重刑主义倾向也相当明显。为了扭转判刑过重的局面,本书作者建议有权机关作出如下规定:在没有特殊理由的情况下,不得判处法定刑"中间线"(大体意义)以上的刑罚。如法定刑为 3 年以上 10 年以下有期徒刑时,如果没有特别理由,不得判处 7 年以上有期徒刑;法定刑为 10 年以上有期徒刑、无期徒刑或者死刑时,如果没有特殊理由,不得判处死刑;如此等等。

〔14〕 再犯罪可能性的大小,不是选择法定刑的根据。

轻与免除处罚的含义。

不难看出,如何理解和运用量刑情节以及理解刑法所规定的从重、从轻、减轻处罚与免除处罚的制度(量刑制度),对于量刑具有重要意义。

第二节　量　刑　情　节

一、量刑情节的概念

量刑情节,是指在某种行为已经构成犯罪的前提下,法院对犯罪人裁量刑罚时应当考虑的,据以决定量刑轻重或者免除刑罚处罚的各种情况。

量刑情节必须是在某种行为已经构成犯罪的前提下,于量刑时应考虑的各种情况。因此,量刑情节是不具有犯罪构成事实意义的事实情况。如果它本身属于犯罪构成的内容,则是区分罪与非罪、此罪与彼罪的事实因素,而不是量刑情节。如刑法第314条规定:"隐藏、转移、变卖、故意毁损已被司法机关查封、扣押、冻结的财产,情节严重的,处三年以下有期徒刑、拘役或者罚金。"这里的"情节严重"是作为构成要件规定的,因而不是量刑情节。[15] 有些事实情况,兼有犯罪构成事实与量刑情节两种功能,这就要根据刑法的具体规定予以区分。如死亡结果,相对于过失致人死亡罪而言,是构成要件要素,不是量刑情节;但相对于污染环境罪而言,则是量刑情节。量刑情节虽然不具有犯罪构成事实的意义,但与不法、责任以及行为人的再犯罪可能性大小具有密切联系。

量刑情节是反映罪行轻重以及行为人的再犯罪可能性大小,从而影响刑罚轻重的各种情况。既然是量刑情节,当然是影响量刑的情节,但只有当某种事实情况反映罪行轻重以及行为人的再犯罪可能性大小时,才能影响量刑(个别量刑情节是基于政策或者人道主义的理由)。

量刑情节是选择法定刑与决定宣告刑的依据。在一个犯罪具有几个层次的法定刑时,法官应当根据刑法规定的情节选择法定刑。例如,刑法第274条规定:"敲诈勒索公私财物,数额较大或者多次敲诈勒索的,处三年以下有期徒刑、拘役或者管制,并处或者单处罚金;数额巨大或者有其他严重情节的,处三年以上十年以下有期徒刑,并处罚金;数额特别巨大或者有其他特别严重情节的,处十年以上有期徒刑,并处罚金。"是否达到"数额巨大"以及是否"有其他严重情节"便成为选择法定刑的标准。既然该情节影响法定刑的选择,当然就影响量刑,在这个意义上说,数额巨大等严重情节,属于敲诈勒索罪的量刑情节。[16] 所应注重的是,在刑法对犯罪只规定了一个法定刑的情况下,量刑情节便不是选择法定刑的依据。宣告刑以法定刑为基准,法院以法定刑为基准选择具体的刑种与刑度或者免除刑罚处罚时,同样以量刑情节为依据。宣告刑虽以法定刑为基准,但又可能根据

---

〔15〕 当然,作为构成要件的情节的严重程度依然会对量刑产生影响。

〔16〕 这种影响法定刑选择的情节应否视为量刑情节,取决于对量刑概念的理解。如果认为量刑包括法定刑的选择,则影响法定刑选择的情节属于量刑情节;如果认为量刑情节是在既定法定刑之下影响量刑的情节,则影响法定刑选择的情节不是量刑情节。

刑法总则的规定突破法定最低刑（禁止突破法定最高刑），如具有减轻、免除刑罚处罚的情节时，可能低于法定刑判处刑罚或者免除刑罚处罚，故量刑情节也成为突破法定最低刑的依据。由于法定刑有一定幅度，并且可以在一定条件下突破法定刑，这便使法官具有一定的自由裁量权，而法官行使自由裁量权的事实根据，就是量刑情节。

二、量刑情节的分类

（一）量刑情节的分类概述

量刑情节繁多，可以根据不同标准从不同角度对其进行分类。

以刑法有无明文规定为标准，可以将量刑情节分为法定情节与酌定情节。前者是刑法明文规定在量刑时应当予以考虑的情节；后者是刑法未作明文规定，根据刑法精神与有关刑事政策，在量刑时需要酌情考虑的情节。以刑法是否就法定情节的功能做出绝对性规定为标准，可以将法定情节分为应当型情节与可以型情节。前者是指刑法明文规定的，对量刑应当产生从宽或从严影响的情节，如中止犯与累犯；后者是指刑法规定的，对量刑可能产生从宽影响的情节（刑法没有规定对量刑可能产生从严影响的情节），如未遂犯。

以情节对量刑产生的轻重影响为标准，可以将量刑情节分为从宽情节与从严情节。前者是指对犯罪人的量刑产生从宽或有利影响的情节，包括免除处罚的情节、减轻处罚情节与从轻处罚情节；后者是对犯罪人的量刑产生从严或不利影响的情节，即从重处罚情节。

以情节与报应、预防的关系为标准，可以将量刑情节分为影响责任刑的情节与影响预防刑的情节。例如，犯罪的结果，是影响责任刑的情节；犯罪人的一般表现，是影响预防刑的情节。当然，不排除少数情节具有双重功能。例如，犯罪后如实供述自己罪行，避免特别严重后果发生，则既是减少预防刑的情节，也是减少责任刑的情节。例如，行为人犯绑架罪后被抓捕，如实供述自己罪行，避免了被绑架人伤亡结果。就如实供述自己罪行而言，是减少预防刑的情节，也有政策的奖励；就避免了被绑架人伤亡结果而言，则因为减少了绑架行为的不法程度，因而使其责任刑减少。

以情节与犯罪行为在时间上的关系为标准，可以将量刑情节分为案中情节与案外情节。前者是犯罪过程中出现的各种情节，如犯罪手段、犯罪动机等；后者是在犯罪行为之前或之后出现的情节，如犯罪人的一贯表现、犯罪后的态度。一般来说，案中情节是影响责任刑的情节；案外情节是影响预防刑的情节。但如后所述，也有例外。

以同一量刑情节对量刑影响的功能多少为标准，可以将量刑情节分为单功能情节与多功能情节。前者是只对量刑具有单一功能的量刑情节，它对量刑的影响仅有一种可能性，如累犯只能对量刑产生从重影响，属于单功能情节；后者是对量刑具有两种以上功能的量刑情节，它对量刑的影响具有两种以上可能性，如从犯情节可能产生从轻、减轻与免除处罚的效果。

（二）法定量刑情节

法定量刑情节（法定情节），包括刑法总则规定的情节与刑法分则（包括单行刑法）规定的情节。[17]

---

〔17〕 以下排列的法定情节，不包括影响法定刑升格与降低的情节，除有特别说明的以外所列条款均指刑法典的条款。

1. 应当免除处罚的情节：没有造成损害的中止犯（第24条第2款前段）。

2. 可以免除处罚的情节：（1）犯罪较轻且自首的（第67条第1款后段）；（2）非法种植毒品原植物在收获前自动铲除的（第351条第3款）。

3. 应当减轻或者免除处罚的情节：（1）防卫过当（第20条第2款）；（2）避险过当（第21条第2款）；（3）胁从犯（第28条）。

4. 应当减轻处罚的情节：造成损害的中止犯（第24条第2款后段）。

5. 可以免除或者减轻处罚的情节：在国外犯罪，已在外国受过刑罚处罚的（第10条）。

6. 可以减轻或者免除处罚的情节：（1）有重大立功表现的（第68条后段）；（2）在被追诉前主动交待向非国家工作人员等行贿行为的（第164条第4款）；（3）拒不支付劳动报酬，尚未造成严重后果，在提起公诉前支付劳动者的劳动报酬，并依法承担相应赔偿责任的（第276条之一第3款）；（4）在被追诉前主动交待向国家工作人员行贿事实，行贿情节较轻的，对侦破重大案件起关键作用的，或者有重大立功表现的（第390条第2款后段）；（5）介绍贿赂人在被追诉前主动交待介绍贿赂行为的（第392条第2款）。

7. 应当从轻、减轻或者免除处罚的情节：从犯（第27条第2款）。

8. 可以从轻、减轻或者免除处罚的情节：（1）又聋又哑的人或者盲人犯罪（第19条）；（2）预备犯（第22条第2款）；（3）个人贪污、受贿数额较大或者有其他较重情节，在提起公诉前如实供述自己罪行、真诚悔悟、积极退赃，避免、减少损害结果发生的（第383条第3款前段）。

9. 应当从轻或者减轻处罚的情节：（1）已满14周岁不满18周岁的人犯罪（第17条第3款）；（2）已满75周岁的人过失犯罪的（第17条之一后段）。

10. 可以减轻处罚的情节：犯罪后如实供述自己罪行，避免特别严重后果发生的（第67条第3款后段）。

11. 可以从轻或者减轻处罚的情节：（1）已满75周岁的人故意犯罪的（第17条之一前段）；（2）尚未完全丧失辨认或者控制自己行为能力的精神病人犯罪的（第18条第3款）；（3）未遂犯（第23条第2款）；（4）被教唆的人没有犯被教唆的罪时的教唆犯（第29条第2款）；（5）自首的（第67条第1款中段）；（6）有立功表现的（第68条前段）；（7）收买被拐卖的妇女后，按照被买妇女的意愿，不阻碍其返回原居住地的（第241条第6款后段）；（8）行贿人在被追诉前主动交待向国家工作人员行贿行为的（第390条第2款前段）。

12. 可以从轻处罚的情节：（1）犯罪后如实供述自己罪行的（第67条第3款前段）；（2）收买被拐卖的儿童后，对被买儿童没有虐待行为，不阻碍对其进行解救的（第241条第6款前段）；（3）个人贪污、受贿数额巨大或者有其他严重情节，以及数额特别巨大或者有其他特别严重情节，在提起公诉前如实供述自己罪行、真诚悔悟、积极退赃，避免、减少损害结果发生的（第383条第3款后段）。

13. 应当从重处罚的情节：（1）教唆不满18周岁的人犯罪的（第29条第1款后段）；（2）累犯（第65条第1款）；（3）策动、胁迫、勾引、收买国家机关工作人员、武装部队人员、人民警察、民兵进行武装叛乱或者武装暴乱的（第104条第2款）；（4）与境外机构、组织、个人相勾结犯刑法第103条、第104条、第105条规定之罪的（第106条）；（5）掌握国家秘密的国家工作人员犯叛逃罪的（第109条第2款）；（6）武装掩护走私的（第157条第1

款);(7)国有公司、企业、事业单位的工作人员,徇私舞弊犯刑法第168条第1款与第2款之罪的(第168条第3款);(8)伪造货币并出售或者运输伪造的货币的(第171条第3款);(9)银行或者其他金融机构的工作人员利用职务上的便利,窃取、收买或者非法提供他人信用卡信息资料的(第177条之一第3款);(10)银行或者其他金融机构的工作人员违反国家规定,向关系人发放贷款的(第186条第2款);(11)奸淫幼女的(第236条第2款);(12)猥亵儿童的(第237条第3款);(13)非法拘禁具有殴打、侮辱情节的(第238条第1款后段);(14)国家机关工作人员利用职权犯刑法第238条前3款规定之罪的(第238条第4款);(15)国家机关工作人员犯诬告陷害罪的(第243条第2款);(16)司法工作人员滥用职权犯非法搜查罪或非法侵入住宅罪的(第245条第2款);(17)刑讯逼供或暴力取证致人伤残、死亡的(第247条);(18)虐待被监管人致人伤残、死亡的(第248条第1款);(19)邮政工作人员私拆、隐匿、毁弃邮件、电报而窃取财物的(第253条第2款);(20)将在履行职责或者提供服务过程中获得的公民个人信息,出售或者提供给他人的(第253条之一第2款);(21)暴力袭击正在依法执行职务的人民警察的(第277条第5款);(22)冒充人民警察招摇撞骗的(第279条第2款);(23)引诱未成年人参加聚众淫乱活动的(第301条第2款);(24)司法工作人员以暴力、威胁、贿买等方法阻止证人作证、指使他人作伪证或者帮助当事人毁灭、伪造证据的(第307条第3款);(25)提起虚假诉讼,非法占有他人财产或者逃避合法债务,又构成其他犯罪的(第307条之一第3款);(26)司法工作人员利用职权,与他人共同实施虚假诉讼行为的,以及同时构成其他犯罪的(第307条之一第4款);(27)盗伐、滥伐国家级自然保护区内的森林或者其他林木的(第345条第4款);(28)利用、教唆未成年人走私、贩卖、运输、制造毒品或者向未成年人出售毒品的(第347条第6款);(29)缉毒人员或者其他国家机关工作人员掩护、包庇走私、贩卖、运输、制造毒品的犯罪分子的(第349条第2款);(30)引诱、教唆、欺骗或者强迫未成年人吸食、注射毒品的(第353条第3款);(31)因走私、贩卖、运输、制造、非法持有毒品罪被判过刑,又实施毒品犯罪的(第356条);(32)组织、强迫未成年人卖淫的(第358条第2款);(33)旅馆业、饮食服务业、文化娱乐业、出租汽车业等单位的主要负责人利用本单位的条件,组织、强迫、引诱、容留、介绍他人卖淫的(第361条第2款);(34)制作、复制淫秽的电影、录像等音像制品组织播放的(第364条第3款);(35)向不满18周岁的未成年人传播淫秽物品的(第364条第4款);(36)战时破坏武器装备、军事设施、军事通信的(第369条);(37)挪用用于救灾、抢险、防汛、优抚、扶贫、移民、救济款物归个人使用的(第384条第2款);(38)索取贿赂的(第386条后段);(39)徇私舞弊犯食品监管渎职罪的(第408条之一第2款);(40)战时阻碍军人执行职务的(第426条后段);(41)伪造、变造海关签发的报关单等凭证和单据,并用于骗购外汇的(《关于惩治骗购外汇、逃汇和非法买卖外汇犯罪的决定》第1条第2款);(42)海关、外汇管理部门以及金融机构、从事对外贸易经营活动的公司、企业或者其他单位的工作人员与骗购外汇或者逃汇的行为人通谋,为其提供购买外汇的有关凭证或者其他便利条件的,或者明知是伪造、变造的凭证和单据而售汇、付汇的(上述《决定》第5条)。[18]

上述法定量刑情节中,分则规定的情节在罪刑各论中研究;总则规定的量刑情节,除

---

〔18〕 我国的司法解释规定了不少从重处罚的情节。本书认为,司法解释规定的量刑情节均属于酌定量刑情节。

累犯、自首、立功与坦白外，在前面已有论述。

（三）酌定量刑情节

酌定量刑情节，简称酌定情节，它虽然不是刑法明文规定的情节，但对量刑仍然起着重要影响作用。其中，有的是影响责任刑的情节，有的是影响预防刑的情节。酌定的量刑情节不可能类型化，凡是能够影响不法、责任的轻重，或者能够说明预防必要性大小的事实，都可能成为酌定的量刑情节（具体内容参见本章第四节）。

符合法定从宽处罚情节的部分条件的，如虽然投案但不符合自首条件的，虽然有中止行为但没有阻止结果发生的，虽然提供他人犯罪证据但不符合立功条件的，均属于酌定从宽处罚情节。[19] 酌定从宽处罚情节并非仅适用于轻罪，而是同样适用于重罪。换言之，不管罪行轻重如何，只要行为人具备酌定从宽处罚情节，就应酌情从宽处罚。将酌定从宽处罚的情节仅适用轻罪的观念与做法，明显有悖于刑罚的正当化根据。

对于酌定从重情节的适用必须进行严格限制。例如，犯罪人在18周岁之前的过失犯罪、一般违法行为与其他不良表现，都不得作为从重处罚的情节。这也是对累犯的刑法规定进行当然解释的原理决定的。亦即，既然18周岁之前受到有期徒刑以上处罚的故意犯罪，都不能成为从重处罚的情节（不成立累犯），那么，18周岁之前的较之更轻的过失犯罪、一般违法行为和其他不良表现，就更不能成为从重处罚的情节。

三、累犯

（一）累犯的概念

累犯，是指被判处一定刑罚的犯罪人，在刑罚执行完毕或者赦免以后，在法定期限内又犯一定之罪的情形。作为量刑情节，累犯是一种特定的再次犯罪的事实（recidivism）；作为量刑对象，累犯是指特定的累犯人（recidivist）。

在当今刑法理论中，累犯与再犯已不是等同概念。凡是第二次犯罪的，均可谓再犯，但累犯的成立条件比再犯更为严格。累犯与常习犯也存在严格区别。常习犯是反复实施某种犯罪而形成了犯罪习癖的情况。累犯仅具有形式的基准，即基于纯粹偶然的原因而再次犯罪的，也可能成立累犯；而常习犯的成立具有实质的标准，即必须是作为习癖的发现而反复实施某种犯罪。累犯是因为无视刑罚的体验再次犯罪而被认为再犯罪可能性大；常习犯是因为具有反复实施犯罪的危险性格而被认为反复犯罪的可能性大。但常习犯中可能包含了累犯的情况，累犯也可能发展为常习犯。

对累犯从重处罚，是基于特殊预防的考虑。问题在于，对累犯从重处罚是否违反了禁止重复评价的原则？对此应持否定回答。对累犯从重处罚，是对行为人所犯的新罪从重处罚，对新罪从重处罚的根据是其无视以往刑罚的体验而再次犯罪；而不是动摇对前罪所判的刑罚，更不是针对前罪判处刑罚。

对累犯从重处罚，是否违反责任主义？在日本，刑罚的加重减轻方法，使累犯加重的规定违反责任主义。例如，日本刑法第235条规定："窃取他人财物的，是盗窃罪，处十年以下惩役或者五十万元以下罚金。"当行为人属于累犯时，其法定刑便修正为"十五年以下惩役或者五十万元以下罚金"。但正如日本学者所言："即使符合累犯加重的要件，就后罪而言，也难以认为其行为的违法性与有责性严重到超出通常的法定刑范围的程度。

---

〔19〕 但是，不符合法定从重处罚条件的，不能以部分符合为由从重处罚。

即使肯定类型性地责任加重,也不能说明现行法所认可的这种大幅度的刑罚加重。所以,应当从刑事政策的见地将累犯规定理解为责任主义的例外的一种制度。”[20] 我国的刑罚从重处罚制度,则能避免日本的问题。由于对累犯从重并不意味着法定刑的修正,所以,对累犯依然只能在责任刑的点以下裁量刑罚,因而符合责任主义原则。

(二)累犯的种类与成立条件

根据刑法第65条和第66条的规定,累犯分为一般累犯与特殊累犯,其成立条件不同,但法律后果没有区别。

1.一般累犯

刑法第65条第1款规定:“被判处有期徒刑以上刑罚的犯罪分子,刑罚执行完毕或者赦免以后,在五年以内再犯应当判处有期徒刑以上刑罚之罪的,是累犯,应当从重处罚,但是过失犯罪和不满十八周岁的人犯罪的除外。”这是关于一般累犯的规定。据此,一般累犯的成立条件如下:

(1)前罪与后罪都必须是故意犯罪,如果前后两罪或者其中一罪是过失犯罪,就不成立累犯。这样规定是因为,过失犯罪的有责性,轻于故意犯罪的有责性,过失犯罪人的再犯罪可能性也比较小,过失犯罪事实上也比故意犯罪少得多,而累犯制度的设立以遏制犯罪人再次犯罪为目的,故没有必要对过失犯罪设立累犯制度。

(2)行为主体实施前罪与后罪时,都必须已满18周岁。犯后罪时不满18周岁的,不得认定为累犯;同样,犯前罪时不满18周岁但犯后罪时已满18周岁的,也不构成累犯。一方面,未成年人容易接受教育改造,不以累犯从重处罚,也足以预防其再次犯罪。另一方面,对未成年人犯罪不以累犯论处,符合我国注重对未成年犯罪人进行保护性教育的刑事政策。

(3)前罪被判处有期徒刑以上刑罚,后罪应当判处有期徒刑以上刑罚。其中,前罪被判处有期徒刑以上刑罚,是指法院最后确定的宣告刑为有期徒刑以上刑罚。前罪因为数罪并罚而被宣告有期徒刑以上刑罚的,只要其中的故意犯罪被判处有期徒刑以上刑罚,也符合成立累犯所要求的“前罪”条件。例如,甲因盗窃被判处6个月有期徒刑,因过失致人死亡被处2年有期徒刑,数罪并罚决定执行2年有期徒刑;甲刑罚执行完毕后经过了4年6个月时又犯抢劫罪的,应认定为累犯。但是,倘若其中的盗窃仅被判处6个月拘役,即使数罪并罚决定执行2年有期徒刑,也不能认定为累犯。后罪应当判处有期徒刑以上刑罚,不是指法定刑为有期徒刑以上刑罚,而是指根据后罪的事实以及刑法规定,应当判处有期徒刑以上刑罚。这一条件表明,只有当前罪与后罪都是比较严重的犯罪时,才成立累犯,这便将从重处罚的累犯限定在严重犯罪的范围内。

需要说明的是,后罪为数罪时,对应当判处拘役、管制或者单处附加刑的犯罪,不得适用累犯从重处罚的规定。例如,甲犯故意伤害罪被判处有期徒刑3年,在3年有期徒刑执行完毕以后的五年内又犯盗窃罪与使用虚假身份证件罪,其中的盗窃罪应当判处有期徒刑4年,使用虚假身份证件罪应当判处管制。此时,只能将盗窃罪作为累犯从重处罚,而不能将使用虚假身份证件罪也作为累犯从重处罚。

值得注意的是,在行为人已经执行了有期徒刑以上刑罚的情况下,考虑后罪应否判处

---

[20] [日]井田良:《讲义刑法学·总论》,有斐阁2008年版,第558~559页。

有期徒刑时,不能将前罪与执行前罪刑罚的事实作为量刑情节;只有当后罪本身的罪行与再犯罪可能性决定了应当判处有期徒刑以上刑罚时,才符合累犯的条件。特别是当后罪的成立以"情节严重"为要件时,不能将犯前罪的事实作为后罪的严重情节予以考虑,否则便严重违反了禁止重复评价的原则。司法实践中存在这样的做法:后行为本身是否成立犯罪尚有疑问,考虑到行为人曾经犯罪并被判处有期徒刑的事实,于是,不仅将后行为认定为犯罪,而且作为累犯从重处罚。但这种重复评价的做法应当杜绝。此外,为了作为累犯从重处罚,而有意识地将不应判处有期徒刑的后罪判处有期徒刑的做法,也是错误的。

需要研究的是,被国外法院判处并执行有期徒刑以上刑罚后再犯罪的,能否认定为累犯?如果对国外的刑事判决采取积极承认的做法,则无疑应宣告为累犯。我国采取的是消极承认,尽管如此,仍然应认定为累犯。因为消极承认的前提是考虑到行为人在外国受到刑罚处罚的事实,而免除或者减轻处罚;同样,在行为人于我国犯新罪时,我国法院也应该考虑行为人在外国受到刑罚处罚的事实,如果符合我国刑法规定的累犯条件,就应以累犯论处。这与消极承认并不矛盾。

(4)后罪发生的时间,必须在前罪所判处的刑罚执行完毕或者赦免以后的5年之内。据此,犯罪人在刑罚执行完毕或者赦免5年以后再次犯罪的,不构成累犯,只是酌定量刑情节。旧刑法将这种时间条件规定为3年,现行刑法改为5年。修改的理由是:在3年以后重新犯罪的仍占相当大的比例;适当延长构成累犯的期间,有利于巩固劳动改造成果;外国刑法一般也将时间期限规定为5年甚至更长。上述5年的期限,从刑罚执行完毕之日或者赦免之日起计算;[21] 对于被假释的犯罪人,应从假释期满之日起计算。由于累犯的成立以前罪"刑罚执行完毕或者赦免以后"5年内再犯罪为条件,故被假释的犯罪人在假释考验期内再犯新罪的,被判处缓刑的犯罪人在缓刑考验期内再犯新罪的,以及被判处缓刑的犯罪人在缓刑考验期满后再犯新罪的,都不成立累犯。此外,刑罚执行完毕是指主刑执行完毕,附加刑是否执行完毕不影响累犯的成立。

问题是,如何理解"在五年以内再犯……罪"?亦即,在数额犯、徐行犯、集合犯、持续犯、隔时犯之类的场合,行为人在5年内产生犯罪故意并着手实行犯罪,但综合5年外的行为才达到成立犯罪的数额、情节、时间标准的,是否成立累犯?例如,甲在刑罚执行完毕后,在5年内销售伪劣产品的金额为4万元(销售金额5万元以上才成立犯罪),在5年外销售伪劣产品的金额为6万元(假定销售伪劣产品10万元的应当判处有期徒刑)。甲是否成立累犯?从法条的字面含义来看,只有在5年内再"犯……罪"的,才是累犯,这似乎意味着只在当5年内的行为完全达到成立犯罪的数额、情节标准时,才是累犯。但是,累犯从重处罚的根据在于行为人在一定期间内无视刑罚的体验再次故意实施犯罪。所以,只要能够认定行为人在5年内再次故意实施犯罪行为,即可认定为累犯。据此,对甲应以累犯论处。再如,乙在刑罚执行完毕后,在5年内实施了连续犯中的一次犯罪,在5年外

---

[21] 这是存在争议的问题,即5年的起算日是指前罪的受刑最终日,还是受刑最终日的次日?因为在司法实践中,并不是受刑最终日的次日才释放受刑人,而是在受刑最终日的当天释放受刑人。当行为人于释放之日再犯应当判处有期徒刑之罪时,既可以说是在受刑最终日犯罪,也可能说是在刑罚执行完毕之后犯罪。如果采取前者的立场,则不是累犯,而是数罪并罚的问题(后罪的刑罚与前罪尚未执行的1天实行并罚);如果采取后者的立场,则属于累犯,应从重处罚,不存在数罪并罚的问题。本书倾向于前一立场。

实施了连续犯中的另几次犯罪。即使对连续犯以一罪论处,对甲也宜认定为累犯。以上只是本书的初步看法,合适与否还需要进一步研究。

值得研究的另一问题是,由于有期徒刑与管制的并罚是在有期徒刑执行完毕后再执行管制,而累犯的前后两罪的刑罚都是有期徒刑以上刑罚,所以,当前罪(数罪)的有期徒刑执行完毕或者赦免时,管制才开始执行,在这种情况下,前罪的"刑罚执行完毕或者赦免以后"中的刑罚是指有期徒刑以上刑罚,还是指管制?例如,甲因犯盗窃罪与使用虚假身份证件罪,于2016年1月1日分别被判处有期徒刑1年和管制1年;2016年12月31日有期徒刑执行完毕,同时起开始执行管制;管制执行完毕的日期是2017年12月30日。那么,"在五年之内再犯……罪"应当从哪一天开始计算?本书看法是,应当从有期徒刑执行完毕或者赦免之日起开始计算,而不是从管制执行完毕之日起开始计算。如果甲在管制期间再犯罪的,不仅成立累犯,而且应当刑法第71条的规定,将管制与新罪实行数罪并罚。

2. 特殊累犯

刑法第66条规定:"危害国家安全犯罪、恐怖活动犯罪、黑社会性质的组织犯罪的犯罪分子,在刑罚执行完毕或者赦免以后,在任何时候再犯上述任一类罪的,都以累犯论处。"这是关于特殊累犯的规定。据此,特殊累犯的成立条件如下:

(1)前罪和后罪都必须是危害国家安全犯罪、恐怖活动犯罪、黑社会性质的组织犯罪。只要前罪与后罪是这三类罪之一,如前罪是危害国家安全犯罪,后罪是恐怖活动犯罪的,或者前罪是恐怖活动犯罪,后罪是黑社会性质的组织犯罪的,均成立特殊累犯。如若前后两罪或者其中一罪不是这三类犯罪,则不成立特殊累犯,符合条件的成立一般累犯。倘若行为人的前罪发生在旧刑法时代,被认定为反革命罪,现行刑法也将该罪规定为危害国家安全罪(如投敌叛变罪、间谍罪等),行为人在现行刑法实施后犯危害国家安全罪的,应认定为特殊累犯。如果前罪发生在旧刑法时代,被认定为反革命罪,但现行刑法未将该罪规定为危害国家安全罪(如组织越狱罪、聚众持械劫狱罪等),行为人在现行刑法实施后犯危害国家安全罪的,则不能认定为特殊累犯。如果前罪发生在旧刑法时代,未被认定为反革命罪,但现行刑法将该行为规定为危害国家安全罪,行为人在现行刑法实施后犯危害国家安全罪的,也不应认定为特殊累犯。

(2)必须是在刑罚执行完毕或者赦免以后再犯罪。因此,如果前罪是免予刑罚处罚,也不属于被赦免的,就不成立特殊累犯。至于前罪所判处的刑罚种类,后罪应当判处何种刑罚,以及前罪与后罪的相隔时间,都不影响特殊累犯的成立。

刑法第69条第2款前段规定:"数罪中有判处有期徒刑和拘役的,执行有期徒刑。"这一规定影响了特殊累犯的认定。例如,甲因犯诈骗罪被判处有期徒刑3年,因犯参加黑社会性质组织罪被判处拘役3个月,数罪并罚时仅执行有期徒刑。甲在3年有期徒刑执行完毕后的第6年,实施了为境外窃取情报的犯罪行为。甲的前后两罪所间隔的时间已经不符合普通累犯的成立条件。按照刑法第66条规定的精神,甲所犯前后罪均有成立特殊累犯所要求之罪,理应成立特殊累犯。但是,甲此前的参加黑社会性质组织罪所判处的刑罚(拘役)并没有执行,也并非被赦免,所以,不符合"刑罚执行完毕或者赦免"的条件。那么,能否认为甲所执行的诈骗罪的有期徒刑包含了因参加黑社会性质组织罪被判处的拘役呢?倘若认为有期徒刑"吸收"了拘役,亦即,执行有期徒刑意味着同时执行了拘役,或许也能得出这种结论。于是,甲仍然构成特殊累犯。可是,第 69 条第 2 款前段的表述,意味着拘役不是被有期徒刑"吸收",而是完全不执行。进一步联系第69 条第1 款的表述还可以看出,当死刑吸收无期徒刑、有期徒刑与管制等刑罚时,绝对不可能说在执行死刑的同时也执行了无期徒刑、有期徒刑与管制;同样,当无期徒刑吸收拘役与管制时,绝对不可能说在执行无期徒刑时同时执行了拘役与管制。既然如此,就不能认为执行有期徒刑时同时执行了拘役。事实上,执行有期徒刑时也不可能同时执行拘役。既然如此,就不能认为甲已经执行了因参加黑社会性质组织罪被判处的 3 个月拘役。此外,由于"赦免"有特定含义,在二例中,也不能认为甲因参加黑社会性质组织罪被判处的拘役被"赦免"了。概言之,虽然甲实质上符合特殊累犯的条件,但由于形式上确实不符合特殊累犯的条件,故不能以特殊累犯论处。这一结论虽然缺乏实质合理性,但似乎没有更好的解决方案。

(三)累犯的法律后果

与初犯相比,累犯因无视前刑的体验而具有更大的再犯罪可能性,故许多国家的刑法采取有效措施对累犯进行严厉制裁。其中,有的国家刑法采取加重处罚主义,即高于法定刑判处刑罚;有的国家刑法采取刑罚与保安处分并科主义,即在判处刑罚的同时,科以一定的保安处分;有的国家刑法采取不定期刑主义,即对累犯宣告不定期刑,待其得到改善后才予释放;有的国家刑法采取从重处罚主义。

我国刑法第 65 条对累犯采取了从重处罚主义。首先,对累犯必须从重处罚,即不管是一般累犯还是特殊累犯,都必须从重处罚。其次,只能在责任刑之下从重处罚。最后,在决定从重的幅度时,除了考虑后罪的事实、性质、情节和对社会的危害程度外,还要考虑后罪与刑罚执行完毕或赦免时间的间隔、后罪与前罪的关系、犯后罪的原因等。

特别要指出的是,虽然累犯是最能说明特殊预防必要性大的情节,但这是就一般情形而言,不能排除在极少数情况下,犯罪人不是因为无视自己的刑罚体验而再次犯罪,而是由于其他特殊原因导致其再次犯罪(如因受被害人的严重迫害而故意犯罪,但又不具备违法阻却事由)。如果是后者,就并不说明犯罪人的特殊预防必要性大,从重处罚就不一定适当。正因为如此,日本等国刑法只是规定对累犯加重最高刑,而并不提高最低刑。据此,在犯罪人基于特殊原因导致其再次犯罪,并不表明其特殊预防必要性大时,就仍然可以判处通常之刑。但是,我国刑法明文规定了对累犯应当从重处罚。在这种情况下,法官必须通过考察犯罪人再次犯罪的原因、刑罚执行完毕与再次犯罪的期间长短等因素,来决定从重的幅度。对基于特殊原因再次犯罪的,从重幅度应当控制在极小的范围内。

四、自首

(一)自首概述

根据刑法第 67 条的规定,自首,是指犯罪以后自动投案,如实供述自己的罪行的行为。被采取强制措施的犯罪嫌疑人、被告人和正在服刑的罪犯,如实供述司法机关还未掌握的本人其他罪行的,以自首论。据此,自首可以分为一般自首与准自首。

刑法总则规定的自首制度适用于一切犯罪(包括故意犯罪与过失犯罪、自然人犯罪与单位犯罪),旨在通过鼓励犯罪人自动投案,一方面促使犯罪人悔过自新,不再继续作案;另一方面使案件及时侦破与审判。这两个方面既是设立自首制度的目的,也是设立自首制度的根据。换言之,将自首规定为任意的("可以"而非"应当")从轻、减轻处罚事由,一方面是考虑到犯罪人可能具有悔过自新之意,因而其再犯罪可能性减小;另一方面是基于使案件得以及时侦破与审判的政策理由。在讨论自首的成立条件时,应以自首的立法理由为依据。问题在于,上述两方面的根据或理由是只要具备其中之一即可,还是必须同时具备?本书认为,正确的是前者而非后者。行为人虽自动投案后如实供述自己的罪行,但无悔过自新之意的,也因为其行为使案件的侦查与审判变得更加容易而应认定为自首。[22]

(二)一般自首的成立条件

一般自首,是指犯罪以后自动投案,如实供述自己的罪行的行为。根据刑法的规定及相关司法解释,[23]一般自首的成立条件如下:

1. 犯罪以后自动投案。自动投案,一般是指犯罪事实或者犯罪嫌疑人未被公安、检察、审判等办案机关发觉,或者虽被发觉,但犯罪嫌疑人尚未受到办案机关的调查谈话、讯问,或者未被宣布采取调查措施或者强制措施、未被群众扭送时,主动将自己置于办案机关的合法控制下,接受审查与裁判的行为。

自动"投案",一般应是犯罪人向公安、检察、审判机关等办案机关投案;对于犯罪人向所在单位、城乡基层组织或者其他有关负责人员投案的,也应视为投案。投案的实质是将自己置于或最终置于公安、检察、审判机关的合法控制下,接受司法机关的审查与裁判。按照司法解释的规定,犯罪嫌疑人具有以下情形之一的,应当视为自动投案:(1)犯罪后主动报案,虽未表明自己是作案人,但没有逃离现场,在司法机关询问时交待自己罪行的;(2)明知他人报案而在现场等待,抓捕时无拒捕行为,供认犯罪事实的;(3)在司法机关未确定犯罪嫌疑人,尚在一般性排查询问时主动交待自己罪行的;(4)因特定违法行为被采取劳动教养、行政拘留、司法拘留、强制隔离戒毒等行政、司法强制措施期间,主动向执行机关交待尚未被掌握的犯罪行为的(如后所述,这种情形属于一般自首还是准自首,还值得研究);(5)其他符合自首的立法宗旨,应当视为自动投案的情形。此外,交通肇事后保护现场、抢救伤者,并向公安机关报告的,以及交通肇事逃逸后又自动投案的,均应认定为自动投案。

犯罪人先投案交待罪行,后又潜逃的,不能认为是自动投案;[24]以不署名或化名将非法所得寄给司法机关或报刊、杂志社的,也不是自动投案。[25]

自动"投案",一般应是犯罪人直接向上述有关机关投案,但犯罪人因病、因伤或者为了减轻犯罪后果,委托他人先代为投案,或者先以电信投案的,也应视为投案。

自动"投案",应是在犯罪人尚未归案之前投案。如在犯罪事实未被发觉时投案;在犯罪事实虽被发觉,但没查清犯罪嫌疑人的时候投案;犯罪事实和犯罪嫌疑人都被发觉,但犯罪嫌疑人未受到讯问、未被采取强制措施、未被群众扭送时投案;犯罪后逃跑,在通缉、追捕的过程中投案;经查实犯罪人确已准备投案,或者正在投案途中,被司法机关捕获

---

〔22〕 如果行为人自动投案如实供述自己的罪行,并有悔过自新之意,则必然使案件的侦查与审判变得更为容易,应认定为自首。

〔23〕 参见最高人民法院1998年4月17日《关于处理自首与立功具体应用法律若干问题的解释》,最高人民法院2010年12月22日《关于处理自首和立功若干具体问题的意见》,"两高"2009年3月12日《关于办理职务犯罪案件认定自首、立功等量刑情节若干问题的意见》。

〔24〕 但潜逃后又投案并不再潜逃的,仍应认定为自动投案。

〔25〕 但犯罪人后来向司法机关投案,并如实供述所犯罪行的,不影响自首的成立。

的,也应视为投案。被采取强制措施后逃跑然后再“投案”的,相对于被采取强制措施的犯罪而言,不能认定为自动投案,但对新犯之罪仍能成立自动投案。例如,甲犯抢劫罪后被逮捕,脱逃后又投案的,只成立脱逃罪的自动投案,不成立抢劫罪的自动投案。再如,乙犯盗窃罪被取保候审,逃往外地时又犯抢劫罪,然后向司法机关投案,如实供述抢劫事实的,只成立抢劫罪的自动投案,不成立盗窃罪的自动投案。

“自动”投案,是指犯罪人基于自己的意志积极主动地投案。但是,在罪行尚未被司法机关发觉,仅因形迹可疑,被有关组织或者司法机关盘问、教育后,主动交待自己的罪行的,也应认为是自动投案(如果有关部门、司法机关在其身上、随身携带的物品、驾乘的交通工具等处发现与犯罪有关的物品,导致行为人的交待对确定犯罪嫌疑人不具有实际意义的,不能认定为自动投案);并非出于犯罪嫌疑人主动,而是经亲友规劝、陪同投案的,应视为自动投案;公安、检察机关通知犯罪嫌疑人的亲友,或者亲友主动报案后,将犯罪嫌疑人送去投案的,同样视为自动投案。但是,犯罪嫌疑人被亲友采用捆绑等手段送到司法机关,或者在亲友带领侦查人员前来抓捕时无拒捕行为,并如实供认犯罪事实的,不能认定为自动投案。

“自动投案”不要求出于特定动机与目的。出于真心悔悟,为了争取宽大处理,因为亲友劝说、由于潜逃后生活所迫等,都可能成为自动投案的动机与目的,而不会影响自首的成立。自动投案意味着犯罪人自己主动投案,但任何投案都必然基于一定的原因;不要将引起犯罪人投案的原因,作为否定自动性的根据;不要因为出于争取宽大处理或生活所迫的动机、而否认投案的自动性。

2. 如实供述自己的罪行。即犯罪人自动投案后,如实交待自己的主要犯罪事实。“如实”的实质是既不缩小也不扩大自己的罪行。所供述的“自己的罪行”,是否已被司法机关掌握,原则上不影响自首的成立。犯罪嫌疑人自动投案时虽然没有交待自己的主要犯罪事实,但在司法机关掌握其主要犯罪事实之前主动交待的,应认定为如实供述自己的罪行。

根据司法解释,如实供述自己的罪行,“除供述自己的主要犯罪事实外,还应包括姓名、年龄、职业、住址、前科等情况。犯罪嫌疑人供述的身份等情况与真实情况虽有差别,但不影响定罪量刑的,应认定为如实供述自己的罪行。犯罪嫌疑人自动投案后隐瞒自己的真实身份等情况,影响对其定罪量刑的,不能认定为如实供述自己的罪行。”但本书认为,刑法第 67 条所规定的如实供述“自己的罪行”,侧重于客观犯罪事实。单纯隐瞒年龄、与犯罪无关的职业或者住址、前科的,以及隐瞒故意内容的,不影响自首的成立。例如,犯罪嫌疑人自动投案如实供述了犯罪的客观事实,但谎称自己犯罪时不满 18 周岁的,或者如实供述了致人死亡的客观犯罪事实,但声称自己主观上只有伤害故意的,都应当认定为如实供述自己的罪行。因为这种供述行为至少使公安、检察、审判机关的侦查、审查、审判活动更为容易。当然,如果行为人隐瞒了表明其真实内心的重要客观事实的,则不能认定为如实供述自己的罪行。

犯有数罪的犯罪嫌疑人,仅如实供述所犯数罪中部分犯罪的,只对如实供述的部分犯罪认定为自首。其中,犯有不同种数罪时,自动投案后如实供述部分犯罪的,就如实供述的犯罪成立自首,未交待的犯罪不成立自首。犯有同种数罪时,如果同种数罪不并罚,行为人自动投案后如实供述了主要犯罪事实的(虽然投案后没有交待全部犯罪事实,但如实交待的犯罪情节重于未交待的犯罪情节,或者如实交待的犯罪数额多于未交待的犯罪数额,一般应认定为如实供述自己的主要犯罪事实),可就全案认定为自首。仅交待非主要犯罪事实的(无法区分已交待的与未交待的犯罪情节的严重程度,或者已交待的犯罪数额与未交待的犯罪数额相当,一般不认定为如实供述自己的主要犯罪事实),虽不能将全案认定为自首,但仍然是量刑的酌定情节。犯有同种数罪时,如果对同种数罪实行并罚的,则就所交待的犯罪认定为自首,自首的法律后果仅及于所交待的犯罪。

共同犯罪案件中的犯罪嫌疑人,除如实供述自己的罪行,还应当供述所知的同案犯,主犯则应当供述所知其他同案犯的共同犯罪事实。否则,不能认定为自首。特别要注意的是,犯罪人出于掩护其他共犯人的目的,有预谋地投案包揽共同犯罪的全部责任的,不能视为如实供述自己的罪行。

犯罪嫌疑人自动投案并如实供述自己的罪行后又翻供的,不能认定为自首;但在一审判决前又能如实供述的,应当认定为自首。犯罪人自动投案如实供述自己的罪行后,为自己进行辩护,提出上诉,或者更正、补充某些事实的,应当允许,不能将这些行为视为没有如实供述自己的罪行。犯罪人自动投案后如实供述自己的罪行,但不退还赃物的,原则上也不影响自首的成立。

(三)准自首的成立条件

准自首(特殊自首),是指被采取强制措施的犯罪嫌疑人、被告人或者正在服刑的罪犯,如实供述司法机关还未掌握的本人其他罪行的行为。其成立条件如下:

1. 主体必须是被采取强制措施的犯罪嫌疑人、被告人或者正在服刑的罪犯。一般认为,被"采取强制措施"是指根据刑事诉讼法的规定,被采取拘传、拘留、取保候审、监视居住与逮捕。[26] 但需要研究的是,因特定一般违法行为被采取行政拘留、司法拘留、强制隔离戒毒等剥夺人身自由措施期间,主动向执行机关交待尚未被掌握的其他犯罪行为的,应如何处理?根据当然解释的原理,对这种行为应当认定为自首。认定自首有两条路径:其一,认定这种行为属于刑法第67条第1款规定的"自动投案";其二,对于刑法第67条第2款的"被采取强制措施的犯罪嫌疑人"作扩大解释,即包括被采取行政拘留、司法拘留、强制隔离戒毒等剥夺人身自由措施的行为人。本书采取后一条路径。(1)即使司法解释明显扩大了自动投案的范围,投案也至少以行为人仍在现场或者前往办案机关等为前提。换言之,投案需要一定的身体动作,如实交待本身不能替代自动投案的要求。但是,被关押的人缺乏投案的身体动作。(2)刑法第67条第2款的规定充分表明,因为甲罪而被拘留、逮捕的人主动交待乙罪的,不属于自动投案。换言之,如果将这种情形认定为自动投案,第67条第2款就没有存在的余地。既然如此,被采取劳动教养、行政拘留、司法拘留、强制隔离戒毒等剥夺人身自由措施的行为人主动交待未被司法机关发现的罪行的,当然也不可能成立自动投案。所以,只能通过上述第二条路径认定这种情形成立准自首。(3)从刑法第67条第2款中的"被采取强制措施的……正在服刑的

〔26〕 参见高铭暄、马克昌主编:《刑法学》,北京大学出版社、高等教育出版社2016年第7版,第267页。

罪犯”的表述来说，其中的强制措施显然不限于刑事诉讼法意义上的强制措施，[27]而是广义的强制措施，即包括了行政强制措施。(4)由于这些被采取行政强制措施的人事实上犯有司法机关尚未掌握的罪行，认为其属于刑法第67条第2款的“犯罪嫌疑人”也并无不当。(5)即使认为第二条路径是类推解释，也不违反罪刑法定原则。当今的罪刑法定原则并不禁止有利于被告人的类推解释，因为禁止不利于被告人的类推解释对限制司法权力起着重要作用，而允许有利于被告人的类推解释则起到了实现公平、正义的作用。

2. 必须如实供述司法机关还未掌握的本人其他罪行。首先，行为人必须如实供述本人罪行；其次，所供述的罪行必须尚未被司法机关掌握。

根据司法解释，对于司法机关已掌握与还未掌握的判断，应区分不同情形：如果该罪行已被通缉，一般应以该司法机关是否在通缉令发布范围内做出判断，不在通缉令发布范围内的，应认定为还未掌握，在通缉令发布范围内的，应视为已掌握；如果该罪行已录入全国公安信息网络在逃人员信息数据库，应视为已掌握。如果该罪行未被通缉、也未录入全国公安信息网络在逃人员信息数据库，应以该司法机关是否已实际掌握该罪行为标准。

需要研究的是，如何理解和认定司法机关还未掌握的“本人其他罪行”？即如实供述司法机关还未掌握的本人其他同种罪行的，是否成立自首？司法解释的态度是，“被采取强制措施的犯罪嫌疑人、被告人和已宣判的罪犯，如实供述司法机关尚未掌握的罪行，与司法机关已掌握的或者判决确定的罪行属不同种罪行的，以自首论。”“犯罪嫌疑人、被告人在被采取强制措施期间如实供述本人其他罪行，该罪行与司法机关已掌握的罪行属同种罪行还是不同种罪行，一般应以罪名区分。虽然如实供述的其他罪行的罪名与司法机关已掌握犯罪的罪名不同，但如实供述的其他犯罪与司法机关已掌握的犯罪属选择性罪名或者在法律、事实上密切关联，如因受贿被采取强制措施后，又交待因受贿为他人谋取利益行为，构成滥用职权罪的，应认定为同种罪行。”“被采取强制措施的犯罪嫌疑人、被告人和已宣判的罪犯，如实供述司法机关尚未掌握的罪行，与司法机关已掌握的或者判决确定的罪行属同种罪行的，可以酌情从轻处罚；如实供述的同种罪行较重的，一般应当从轻处罚。”

司法解释似乎只是从形式上理解刑法的规定，没有考虑自首制度的实质根据，也有自相矛盾之嫌；[28]在坦白成为法定从轻处罚情节之后，上述司法解释导致坦白与自首不协调；[29]不仅如此，司法解释还扩大了“同种罪行”的范围，导致部分主动交待不同种罪行的，也不成立自首，这种对有利于被告人的刑法规定作限制解释的做法，难以被本书认可。本书基于自首制度的根据，提出如下观点：(1)被关押的正在服刑的罪犯，[30]如实供述司

---

[27] 或许有人认为，其中的“被采取强制措施”并不限定(修饰)正在服刑的罪犯，只是限定犯罪嫌疑人与被告人。但这样的理解存在疑问。因为根据这种解释，正在服管制刑的罪犯，对司法机关还未掌握的本人其他罪行成立自首时，不需要具备自动投案的条件，仅凭如实供述罪行就能认定为自首。这显然不妥当。

[28] 一方面不认定为自首，另一方面又规定“应当从轻处罚”，但根据刑法的规定，即使认定为自首，也只是“可以”从轻或者减轻处罚。

[29] 既然在司法机关掌握全部罪行的情况下坦白的，也是法定从宽处罚情节，那么，在司法机关没有掌握的情况下主动交待同种主要罪行的，就没有理由不认定为自首。

[30] 未被关押而正在服管制刑的罪犯，只能就未被发现的犯罪成立一般自首。

法机关还未掌握的同种罪行或者非同种罪行的,以自首论。[31] (2)被采取强制措施的犯罪嫌疑人、被告人,如实供述司法机关还未掌握的非同种罪行的,对该非同种罪行,以自首论。(3)被采取强制措施的犯罪嫌疑人、被告人,如实供述司法机关还未掌握的同种罪行中的主要罪行的,应对全案以自首论。例如,司法机关掌握了嫌疑人盗窃价值 2000 元财物的犯罪事实,并逮捕了嫌疑人;而嫌疑人后来如实供述了司法机关尚未掌握的盗窃价值2万元财物的犯罪事实。如果认定为一个盗窃罪,则宜将该罪认定为自首。[32] (4)被采取强制措施的犯罪嫌疑人、被告人,如实供述司法机关还未掌握的同种罪行,而所供述的同种罪行需要并罚的,对所供述的犯罪应认定为自首。例如,司法机关只掌握了一个故意伤害事实并逮捕了嫌疑人,嫌疑人被捕后如实供述了另一故意伤害事实;倘若对两个故意伤害罪应实行并罚,那么,对嫌疑人如实供述的故意伤害罪,应以自首论。再如,司法机关发现一起抢劫事实并逮捕了嫌疑人,嫌疑人在被捕后如实供述了 10 年前所实施的一起抢劫行为;如果对这两起抢劫罪应实行并罚,那么,对嫌疑人如实供述的抢劫罪,应认定为自首。(5)行为人因甲罪被采取强制措施,但主动交待与甲罪有关联的乙罪的,不管甲罪成立与否,对乙罪均应认定为自首。例如,因受贿被逮捕后,在司法机关还未掌握其相关滥用职权罪事实时,行为人主动交待因受贿为他人谋取利益的行为,构成滥用职权罪的,成立滥用职权罪的自首。再如,因挪用公款被逮捕后,主动交待司法机关还未掌握的因挪用公款而收受了贿赂的事实的,成立受贿罪的自首。又如,因巨额财产来源不明而被检察机关逮捕后,主动交待巨额财产源于受贿的,对受贿应认定为自首。(6)导致采取强制措施的犯罪事实因为证据不充分等原因而不成立,行为人在此范围外交待性质相同的犯罪事实的,成立自首。例如,国家工作人员甲因收受 A 的贿赂而被拘留,但查无实据,在此期间,甲主动交待办案机关并未掌握的收受 B 的贿赂的犯罪事实的,成立自首。

(四)单位犯罪的自首

刑法没有将自首制度限定为自然人犯罪,因此,对单位犯罪也应适用自首制度。单位犯罪案件中,单位集体决定或者单位负责人决定而自动投案,如实交待单位犯罪事实的,或者单位直接负责的主管人员自动投案,如实交待单位犯罪事实的,应当认定为单位自首。单位自首的,直接负责的主管人员和直接责任人员未自动投案,但如实交待自己知道的犯罪事实的,可以视为自首;拒不交待自己知道的犯罪事实或者逃避法律追究的,不应当认定为自首。单位没有自首,直接责任人员自动投案并如实交待自己知道的犯罪事实的,对该直接责任人员应当认定为自首。

(五)自首的法律后果

刑法第 67 条第 1 款后段规定:“对于自首的犯罪分子,可以从轻或者减轻处罚;其中,犯罪较轻的,可以免除处罚。”据此,对于自首的犯罪人应分清不同情况区别处理:

1. 犯罪以后自首的,无论罪行轻重,均可以从轻或者减轻处罚;犯罪以后自首,犯罪较轻的,可以免除处罚。这是因为自首反映出犯罪人的再犯罪可能性有所减小,也使得司法

---

[31] 如果主动供述的同种罪行,并不需要与已经判决的犯罪并罚,而是需要通过审判监督程序变更原判决的,那么,如果主动供述的是主要罪行,则应认定为自首;否则,不能认定为自首。

[32] 在这种场合,由于是以一罪论处,故没有必要说嫌疑人对 2 万元盗窃成立自首、对 2000 元盗窃不成立自首,只要在对盗窃罪量刑时,认定其有自首情节即可。只有在以数罪论处的情况下,才需要说明嫌疑人对哪一个犯罪成立自首。

机关能够尽快审查与裁判。据此，在对有自首情节的犯罪分子量刑时，首先要根据不法与责任程度区分罪行轻重。如果犯罪较重，则应根据犯罪分子交待犯罪事实的完整性、稳定性以及悔罪表现等具体情节，决定从轻处罚还是减轻处罚。

2. 犯罪以后自首的，只是“可以”从宽处罚，不是“应当”从宽处罚。因为有些犯罪的情节特别恶劣，罪行特别严重，如果在结局上从宽处罚，必然不符合罪刑相适应原则；自首不以悔过自新为必要前提，因此，规定只是“可以”从宽处罚，能够防止犯罪人恶意利用自首制度达到其不当目的。但是，“可以”是一种倾向性的立法规定，所以，只要没有特殊原因，对自首就要从宽处罚。

3. 一人犯数罪时，犯罪人仅对其中部分犯罪自首的，自首的上述法律效果只是适用于其中自首的犯罪，对于没有自首的犯罪，不得以自首为由从宽处罚。

4. 二人以上共同犯罪时，自首的法律效果只适用于自首的共犯人，不能适用于没有自首的其他共犯人。

五、坦白

坦白，是指犯罪人被动归案后（如被司法人员当场抓获，被群众扭送至司法机关等不具备自动投案情节的情形），如实供述自己罪行的行为。自首与坦白存在相同之处：都以自己实施了犯罪行为为前提；都是在归案后如实供述自己的罪行；都是从宽处罚的情节。一般自首与坦白的关键区别在于是否自动投案；一般自首是犯罪人自动投案后，如实供述自己的罪行；坦白是被动归案后如实供述自己的罪行。准自首与坦白的关键区别在于是否如实供述司法机关还未掌握的本人其他罪行，如实供述司法机关还未掌握的本人其他罪行的，是自首；如实供述司法机关已经掌握的本人其他罪行的，是坦白。因此，自首更能说明犯罪人的再犯罪可能性减小。

坦白原为酌定量刑情节，《刑法修正案（八）》增设了第 67 条第 3 款，使坦白成为法定量刑情节。根据本款规定，如实供述自己罪行的，可以从轻处罚；因其如实供述自己罪行，避免特别严重后果发生的，可以减轻处罚。显然，这里并不要求行为人以自己的身体动作直接避免特别严重后果发生，只要行为人的如实供述使得司法机关或者被害人等能够采取措施避免特别严重后果发生，或者说，只要行为人的如实供述对避免特别严重后果的发生起到了重要作用，便符合上述条件。例如，归案后的绑架犯如实供述人质的所在地点，使人质被司法机关解救的，归案后的爆炸犯如实供述爆炸物的安放地，使司法机关得以解除爆炸装置，避免了爆炸事故的，均可以减轻处罚。[33] 实施经济犯罪、财产犯罪、贪污受贿后如实供述自己罪行，并且退赔或退赃的，不属于坦白中“避免特别严重后果发生”的情形。因为退赔、退赃不是坦白的成立条件与内容，而是坦白之外的行为。况且，在经济犯罪、财产犯罪、贪污受贿犯罪既遂即结果发生之后退赔或者退赃的，并不是避免了后果发生。

六、立功

（一）立功的概念与立法根据

立功，是指犯罪人犯罪后揭发他人犯罪行为，查证属实，或者提供重要线索，从而得以侦破其他案件，以及其他有利于预防、查获、制裁犯罪的行为。

---

〔33〕 归案后的绑架犯不如实供述人质所在地的，归案后的爆炸犯不如实供述爆炸物安放地的，不成立坦白。

刑法之所以设立立功制度,其实质根据有两点:一是从法律上说,行为人在犯罪后揭发他人犯罪行为,或者提供重要线索,从而得以侦破其他案件,表明行为人对犯罪行为的痛恨,因而其再犯罪可能性会有所减小。二是从政策上说,揭发他人犯罪行为,或者提供重要线索,有利于司法机关发现、侦破其他犯罪案件,从而实现刑法的确证。

(二)立功的时间与内容

最高人民法院1998年4月17日《关于处理自首和立功具体应用法律若干问题的解释》第5条指出:"根据刑法第六十八条第一款的规定,犯罪分子到案后有检举、揭发他人犯罪行为,包括共同犯罪案件中的犯罪分子揭发同案犯共同犯罪以外的其他犯罪,经查证属实;提供侦破其他案件的重要线索,经查证属实;阻止他人犯罪活动;协助司法机关抓捕其他犯罪嫌疑人(包括同案犯);具有其他有利于国家和社会的突出表现的,应当认定为有立功表现。"首先,该解释将"其他有利于国家和社会的突出表现"都认定为立功,显然是有利于被告人的扩大解释;另一方面,该解释将立功限定为"到案后"的表现,则是不利于被告人的限制解释。[34] 这便涉及以下三种情形究竟应当如何处理的问题:(1)行为人到案后向地震灾区捐款1000万元的,是否属于立功?(2)行为人犯罪后到案前揭发他人犯罪行为的,能否认定为立功?(3)行为人犯罪后到案前向地震灾区捐款1000万元的,是否属于立功?

可以肯定的是,既然法条表述的立功主体是"犯罪分子",就表明行为人在犯罪后才可能有立功表现。其次,按照同类解释规则,立功应当仅限于与抑止犯罪有关的举止。因为第68条所列举的两种立功表现是有利于查获犯罪的举止,即使进行扩大解释,也只能限于与预防、查获、制裁犯罪有关的举止。再次,前述有关立功的立法根据也表明,只有表明犯罪人对犯罪的痛恨、再犯罪可能性有所减少,有利于司法机关发现、侦破其他犯罪案件的举止,才属于立功。所以,不能将犯罪人的任何"良好表现"都认定为立功。犯罪人到案后向地震灾区捐款1000万元,不一定表明他对犯罪行为的痛恨和再犯罪可能性减少,更不是有利于司法机关发现、侦破其他犯罪案件的行为。所以,不管是根据同类解释规则,还是根据立功制度的根据,都不宜将与预防、查获、制裁犯罪无关的举止认定为立功。据此,对上述第(1)、(3)种情形都不应认定为立功。如果行为人与预防、查获、制裁犯罪无关的举止确实表明行为人具有悔罪表现,也只能作为酌定的量刑情节。最后,将立功限定为到案后的表现,并不合适。从理论上说,因为行为人犯罪后所实施的有利于预防、查获、制裁犯罪的行为,都在某种程度上表明行为人对犯罪的痛恨,其再犯罪的可能性减少;而不是只有在到案后所实施的有利于预防、查获、制裁犯罪的举止,才能成为从宽处罚的根据。在此意义上说,司法解释将立功限定为到案后的表现,是对行为人不利的限制解释,也是不利于保障人权的解释。从事实上说,否认到案前有立功表现也明显不当。例如,甲与乙、丙、丁等人共同实施重大犯罪后各自逃匿。过了一段时间后,甲向公安机关打电话,告知乙、丙、丁的藏匿地址,希望公安机关先抓获乙、丙、丁,并向公安机关说明:"如果我先投案,乙、丙、丁肯定会杀害我的亲属。"公安机关根据甲提供的地址,抓获了乙、丙、丁。对于这样的案件,不管甲事后是自动归案,还是被公安机关抓获归案,均应认定其

---

[34] "两高"2009年3月12日《关于办理职务犯罪案件认定自首、立功等量刑情节若干问题的意见》没有要求"到案后"。

有立功表现。[35] 总之,立功限于犯罪后有利于预防、查获、制裁犯罪的举止。

（三）立功的类型与认定

根据刑法第68条第1款的规定,立功表现可分为三种类型:一是揭发他人犯罪行为,查证属实的,包括共同犯罪案件中的犯罪分子揭发同案犯共同犯罪以外的其他犯罪,经查证属实;二是提供重要线索,从而得以侦破其他案件的;三是其他立功表现,如阻止他人犯罪活动,协助司法机关抓捕其他犯罪嫌疑人(包括同案犯),阻止其他犯罪人逃跑等。

检举、揭发他人对自己的犯罪行为,或者协助司法机关抓捕对自己实施了犯罪行为的嫌疑人的,也构成立功。例如,宋某(女)因涉嫌盗窃被逮捕。在押期间,如实交待了自己的盗窃犯罪事实。当公安人员讯问其能否检举揭发他人犯罪行为时,宋某揭发了卢某、朱某曾对其进行强奸的犯罪事实。对宋某应认定为立功。

立功行为虽然是针对犯罪行为的,但不要求立功者检举揭发的是完全符合犯罪构成的犯罪行为。(1)揭发了他人的"犯罪行为",事后查明他人在实施客观危害行为时不具有责任能力的,属于立功。(2)揭发了他人的"犯罪行为",但他人在行为时并没有故意与过失,而是意外事件造成的,也应认定为立功。(3)揭发了他人的"犯罪行为",但他人的行为未达到司法解释所规定的犯罪数额的,不影响立功的成立。此外,揭发了他人的"犯罪行为",事后查明"他人"已经死亡的,构成立功;揭发了他人的"犯罪行为",但是该犯罪行为已超过规定时效的,不影响立功的成立。相反,下列几种情形不属于立功:(1)"揭发"他人正当防卫、紧急避险等排除犯罪的行为的;(2)揭发的他人犯罪行为,不能适用中国刑法的;(3)揭发他人实施的告诉才处理的犯罪的。

至于所揭发的他人犯罪事实、所提供的他人犯罪的重要线索源于何处,一般并不重要。即使原本不是行为人掌握的,而是行为人的亲友等(司法工作人员等除外)先前告知行为人,后来由行为人揭发或者提供的,也不影响立功的成立。但是,犯罪分子通过贿买、暴力、胁迫等非法手段,或者被羁押后与律师、亲友会见过程中违反监管规定,获取他人犯罪线索并"检举揭发"的,不能认定为有立功表现。犯罪分子将本人以往查办犯罪职务活动中掌握的,或者从负有查办犯罪、监管职责的国家工作人员处获取的他人犯罪线索予以检举揭发的,不能认定为有立功表现。犯罪分子亲友为使犯罪分子"立功",向司法机关提供他人犯罪线索、协助抓捕犯罪嫌疑人的,不能认定为犯罪分子有立功表现。

"协助司法机关抓捕其他犯罪嫌疑人",包括下列情形:(1)按照司法机关的安排,以打电话、发信息等方式将其他犯罪嫌疑人(包括同案犯)约至指定地点的;(2)按照司法机关的安排,当场指认、辨认其他犯罪嫌疑人(包括同案犯)的;(3)带领侦查人员抓获其他犯罪嫌疑人(包括同案犯)的;(4)提供司法机关尚未掌握的其他案件犯罪嫌疑人的联络方式、藏匿地址等信息的。犯罪分子提供同案犯姓名、住址、体貌特征等基本情况,或者提供犯罪前、犯罪中掌握、使用的同案犯联络方式、藏匿地址,司法机关据此抓捕同案犯的,不能认定为协助司法机关抓捕同案犯。

---

[35] 司法解释之所以将立功限定为到案后的表现,是因为其将"其他有利于国家和社会的突出表现"都视为立功。亦即,倘若与预防、查获、制裁犯罪无关而有利于国家和社会的突出表现都是立功,又不将立功限定为到案后的表现,那么,立功就会漫无边际因而难以认定了。但本书认为,解决问题的出路不应当是将立功限定在到案后的表现,而应当将立功内容限定为在犯罪后所实施的有利于预防、查获、制裁犯罪的行为。

(四)自首、坦白与立功的竞合

首先,自首与坦白中的如实供述,只要求是对自己所犯罪行的如实供述。换言之,供述的内容只要经查证属实就能认定被告人构成犯罪的,就属于如实供述。如果如实供述的内容,超出了自首或者坦白的要求,另构成立功,则应同时认定为自首(或坦白)与立功。例如,A 持有数量较大的毒品,但没有证据证明 A 具有走私、贩卖、运输、制造毒品的故意与行为,司法机关只能认定 A 的行为构成非法持有毒品罪。如果 A 自动投案后如实供述自己持有毒品的时间、数量、品种,并说明毒品是从他人那里购买的,即使没有说明贩卖者为 B,也应认为 A 如实供述了自己非法持有毒品罪的犯罪事实,成立自首。如果 A 向司法机关说明自己所持毒品是从 B 处购买,因而揭发了 B 贩卖毒品事实的,则超出了"如实供述自己的罪行"(非法持有毒品)的范围,宜另认定为立功。[36]

其次,如果如实供述的内容,既是自首或坦白的表现,也是立功表现,则只能择一认定,选择最有利于行为人的量刑情节。例如,甲向国家工作人员乙行贿后,主动投案,向司法机关交待了自己向乙行贿和乙收受甲提供的贿赂的事实。此时,一个如实供述行为同时符合了自首(或坦白)与立功的条件,只能认定其中一个最有利于行为人的情节。如果认定为自首对行为人最有利,就认定为自首;如果认定为立功对行为人最有利,就认定为立功。一方面,甲只有交待了自己向谁行贿(谁收受贿赂)的事实,才能认定为如实供述了自己所犯罪行(成立自首或坦白),而供述乙收受贿赂的事实,也的确属于揭发他人罪行的立功表现。但是,甲只有一个行为,如果认定为自首,就不能再认定为立功;反之亦然。另一方面,在自首(或坦白)与立功竞合的情况下,应选择最有利于行为人的情节,这便需要具体判断。例如,在行为人犯数罪时,自首与坦白只是相对于所自首或者坦白的犯罪而言是从宽量刑情节,而立功相对于全部犯罪而言都是从宽量刑情节。在这种场合,一般应认定为立功。再如,行为人犯一罪且犯罪较轻,其供述(揭发)内容不属于重大立功的,认定为自首对行为人最有利。

(五)立功的法律后果

根据刑法第 68 条的规定,犯罪人有立功表现的,可以从轻或者减轻处罚;有重大立功表现的,可以减轻或者免除处罚。根据司法解释的规定,犯罪分子有检举、揭发他人重大犯罪行为,经查证属实;提供侦破其他重大案件的重要线索,经查证属实;阻止他人重大犯罪活动;协助司法机关抓捕其他重大犯罪嫌疑人(包括同案犯);对国家和社会有其他重大贡献等表现的,应当认定为有重大立功表现。上述"重大犯罪"、"重大案件"、"重大犯

---

〔36〕 最高人民法院 2008 年 12 月 1 日《全国部分法院审理毒品犯罪案件工作座谈会纪要》指出:"共同犯罪中同案犯的基本情况,包括同案犯姓名、住址、体貌特征、联络方式等信息,属于被告人应当供述的范围。公安机关根据被告人供述抓获同案犯的,不应认定其有立功表现。"在本书看来,这一规定过于绝对化。毒品犯罪不同于贿赂犯罪。至为明显的是,只要 A 主动交待了自己非法持有毒品或者贩卖毒品的事实,并经查证,即便 A 没有交待、司法机关未能查明贩卖毒品的上家,也能认定 A 的行为构成非法持有毒品罪或者贩卖毒品罪,因而应认定 A 如实供述了自己的罪行,故成立自首。倘若 A 提供了贩卖毒品的上家的姓名、住址、体貌特征、联络方式等信息的,就应当属于立功。但是,倘若甲主动向检察机关交待自己实施了行贿行为,却不说明收受贿赂的人是谁,由于没有查明受贿者,就不可能认定甲的行为构成行贿罪,因而不能认定甲如实供述了自己的罪行。换言之,只有当甲不仅交待自己实施了行贿行为,而且交待向谁行贿,才属于如实供述自己的罪行。但是,不能不承认的是,甲虽然相对于自己的行贿而言属于自首,但相对于受贿者而言,则属于立功。只不过这种情形属于自首与立功的竞合,只能择一适用。

罪嫌疑人”的标准,一般是指犯罪嫌疑人、被告人可能被判处无期徒刑以上刑罚或者案件在本省、自治区、直辖市或者全国范围内有较大影响等情形。

根据司法解释的规定,在共同犯罪案件中,对具有自首、立功情节的被告人的处罚,应注意共同犯罪人以及首要分子、主犯、从犯之间的量刑平衡。犯罪集团的首要分子、共同犯罪的主犯检举揭发或者协助司法机关抓捕同案地位、作用较次的犯罪分子的,从宽处罚与否应当从严掌握,如果从轻处罚可能导致全案量刑失衡的,一般不从轻处罚;如果检举揭发或者协助司法机关抓捕的是其他案件中罪行同样严重的犯罪分子,一般应依法从宽处罚。对于犯罪集团的一般成员、共同犯罪的从犯立功的,特别是协助抓捕首要分子、主犯的,应当充分体现政策,依法从宽处罚。

七、量刑情节的适用

量刑是否适当,在很大程度上取决于对各种量刑情节的适用是否得当。

(一)正确认识和处理不同情节之间的关系

1. 正确处理法定的应当型情节、可以型情节与酌定情节之间的关系。总的来说,三者的地位与作用依次递减:关于应当型情节的规定是一种硬性规定,法官具有遵守义务,没有自由斟酌、任意选择的权利;关于可以型情节的规定是一种授权性规定,法官有权根据案件的具体情况,决定是否实现刑法规定的内容,但该规定同时表明了一种倾向性意见,即在通常情况下,应实现刑法规定的内容;酌定情节是刑法没有做出任何明文规定的,由法官适当考虑、具体斟酌的情节。法官在量刑时,必须正确认识不同情节的不同地位与作用,不能将上述不同情节同等看待,而应根据刑法的规定区别对待。法定的应当型情节优于可以型情节,可以型情节优于酌定情节。

但是,对此不能绝对化。成文法的特点决定了其不可避免存在局限性,刑法完全可能忽略了部分明显影响责任刑的情节,或者由于难以规定的原因而委任于法官。质言之,有些酌定情节对责任刑的影响可能大于法定情节。例如,在故意杀人罪中,杀人的动机虽然不是构成要件要素,但是,被告人为什么杀人则是影响责任大小的一个重要情节。这种杀人动机对责任刑的影响,在某些场合可能比责任年龄对责任刑产生的影响更重大。例如,甲女为了摆脱丈夫的长期虐待而杀害丈夫,17 周岁的乙男基于图财动机而杀人。虽然乙具有法定的从宽处罚的情节,但是,甲的责任刑必须轻于乙的责任刑。[37]

又如,关于基于悔罪而返还财物的情形。通说认为,如果犯罪已经既遂,行为人自动恢复原状或者主动赔偿损失的,不成立犯罪中止,但可作为从宽情节处罚时酌情考虑。但也有观点认为,“在非毁灭性的犯罪结果发生以后,暗中自动放弃对犯罪财物的非法占有,并将其返还事主。这种犯罪通常发生在财产性犯罪之中,对这种情形以犯罪中止论处,有利于鼓励犯罪分子弃暗投明,挽回犯罪造成的损失”。[38] 如果从中止犯的成立条件来说,前一种观点当然是正确的。但由于通说认为酌定情节的作用轻于法定情节的作用,所以出现了后一种观点。换言之,在后一种观点看来,将基于悔罪而返还财物的行为仅认

---

〔37〕 或许有人会提出这样的问题,既然动机如此重要,为什么刑法没有将动机规定为法定的量刑情节?这是因为,动机多种多样,动机对责任刑的影响不可能用一个具体的标准,只能由法官在量刑时自由裁量(参见张明楷:《责任刑与预防刑》,北京大学出版社 2015 年版,第 320 页以下)。

〔38〕 陈兴良:《刑法适用总论》(上卷),法律出版社 1999 年版,第 448 页。

定为酌定量刑情节,不利于对被告人的量刑。但是,后一种观点明显不符合中止犯的原理。于是,有人提出立法建议,将返还财物规定为法定量刑情节。其实,刑法不可能将所有影响量刑的情节法定化。在本书看来,解决问题的真正办法,不在于将哪些情节法定化,也不在于将基于悔罪而返还财物的行为以中止犯论处,而是正确评价酌定情节的作用,不能一概认为酌定情节的作用轻于法定情节的作用;相反应当承认,酌定情节的作用可能大于法定情节的作用。

总之,就情节是否影响量刑而言,在具体案件中,一旦承认酌定情节对责任刑或者预防刑产生影响,那么,它与法定情节就没有区别。就情节对量刑影响的大小而言,虽然在通常情况下,法定量刑情节的作用大于酌定情节的作用,但是,对此不能绝对化,必须承认酌定情节的作用大于法定情节的情形。

2. 正确处理影响责任刑的情节与影响预防刑的情节之间的关系。首先,由于责任刑与预防刑的地位不同,即只能在责任刑之下考虑预防刑,所以,必须合理区分为责任刑提供根据的量刑情节与为预防刑提供根据的情节。其次,对责任刑情节与预防刑情节不能等量齐观,也不能将二者总合考虑。责任刑情节是确定责任刑的根据。在确定责任刑时,不得考虑预防的必要性大小。一旦确定了责任刑(点),那么,预防刑情节就只能在责任刑的点之下起作用。所以,预防刑情节的作用受责任刑的制约。例如,普通抢劫罪的法定刑为3年以上10年以下有期徒刑。甲以胁迫方法抢劫他人价值3000元的财物,假定责任刑为4年有期徒刑,在没有减轻处罚情节的情况下,便形成了3年以上4年以下的选择空间。在这种情况下,即使考虑到累犯应当从重处罚,也只能在此空间内选择刑罚,即所选择的刑罚不得超过4年有期徒刑。这种做法完全符合责任主义,是点的理论的当然结论。

3. 正确对待数个量刑情节。一个犯罪人可能具有数个从严情节,或具有数个从宽情节,或同时具有从严与从宽情节。在这种情况下,不能任意改变量刑情节所具有的功能。

在犯罪人同时具有几个减少责任刑的情节,或者同时具有几个增加责任刑的情节时,应当按照从作用大到作用小的情节顺序对量刑起点进行调节。在一个犯罪人同时具有增加责任刑与减少责任刑的情节时,不能采取简单的折抵或者抵消的办法,而应考虑不同情节的地位与作用,分别适用各种量刑情节。特别要注意的是,法官不应当自觉或者不自觉地使从重处罚的情节优于从轻处罚的情节。在从重情节与从轻情节的作用相当的情况下,不能因为具有从重情节而增加责任刑;在从轻情节的作用大于从重情节时,法官应当适当减少责任刑。

按照点的理论,责任刑的从重情节与预防刑的从轻情节,责任刑的从轻情节与预防刑的从重情节,绝对不可以相互抵消。例如,甲因犯盗窃罪被判处2年有期徒刑,刑满释放后1年,又与他人共同实施抢劫罪,但在共同犯罪中是从犯。从犯是责任刑情节,累犯是预防刑情节。倘若甲的抢劫行为原本应处7年徒刑,由于其为从犯,法院决定从轻处罚,减少3年徒刑,那么,其责任刑(点)便是4年徒刑,即使其为累犯、特殊预防的必要性很大,也不得在4年之上判处刑罚。如果认为责任刑的从轻情节(从犯)与预防刑的从重情节(累犯)可以抵消,则意味着对甲仍然可以判处7年徒刑。但这种做法明显违反责任主义。

（二）正确适用多功能情节

我国刑法规定的从宽情节，绝大多数属于多功能情节，其核心是从某一量刑情节所包含的多种功能中选择其中一种功能，并将其适用于具体案件的量刑。(1)要考虑罪行的轻重程度，罪行相当轻微的，应选择较大的从宽功能；反之，则选择较小的从宽功能。例如，不满18周岁的人犯相同的罪，甲犯罪的情节严重，应考虑从轻处罚；乙犯罪的情节轻微，应考虑减轻处罚。(2)要考虑是否存在酌定情节，如果存在酌定从轻情节，又存在法定的多功能从宽情节，则宜减轻处罚甚至免除处罚。(3)要考虑量刑情节本身的情况。例如，同样是自首，甲是犯罪后立即自动投案，并如实供述了全部罪行，宜减轻处罚；乙是犯罪后过了较长时间才自动投案，并如实供述了自己的主要罪行，宜从轻处罚。(4)要考虑刑法规定的顺序，如有的规定可以"免除或者减轻处罚"，有的则规定可以"减轻或者免除处罚"。这种顺序的排列反映了刑事立法的倾向性意见，启示法官首先考虑排列在前面的功能。

在多功能量刑情节本身与被告人的罪行轻重具有重合性质的情况下，不排除对罪行的评价与对多功能量刑情节的评价存在不一致的情形，但需要避免重复评价。例如，防卫过当致人死亡的情况下，倘若防卫人出于过失，那么，应当按照过失致人死亡罪的常态确定量刑起点。在此基础上，通过考虑防卫过当的情节，决定是减轻处罚还是免除处罚。在考虑防卫过当的情节时，不应当将"致人死亡"作为不得免除处罚的根据。

（三）禁止重复评价量刑情节

量刑时，虽然对各种有意义的情节必须全面评价，但也不能重复评价。重复评价导致一罪多罚、轻罪重罚（或者重罪轻罚），违反罪刑法定与罪刑相适应原则。

"情节"有不同的种类：第一类是作为符合犯罪构成事实的情节；第二类是作为选择法定刑依据的情节；第三类是在既定法定刑之下影响具体量刑的情节。前两类情节发挥了各自的作用后，就不能再作为第三类的量刑情节予以考虑；第三类情节对量刑起点发挥作用后，也不能再对调节量刑起作用。

首先，作为符合犯罪构成的事实，已经在定罪和确定相应的法定刑时，起到了应有的作用，不能再作为量刑情节考虑。这是立法与司法的分工协同关系决定的。详言之，为了追求适正的刑罚，立法者与法官承担了不同的任务。如果是立法者承担的任务范围，法官不仅不再承担该任务，而且不得侵入立法者承担的任务范围。立法者根据刑法的目的确定不法要素与责任要素，并规定了相应的法定刑。在此，立法者已经就不法与责任进行了类型性评价。所以，法官在量刑时，不能再评价立法者已经做了类型性评价的要素，已经作为犯罪构成的事实，不能再次成为量刑评价的对象。〔39〕至为明显的是，如果认定为过失致人死亡罪，并且选择了法定刑之后，再将该死亡结果作为增加责任刑的情节，就是应当禁止的重复评价。

其次，我国刑法分则常常根据犯罪的轻重类型，对具体犯罪规定了两个以上档次的法定刑。当某种事实已经作为情节严重或者情节特别严重的根据，因而选择了情节严重或者情节特别严重的法定刑之后，如果再将该事实作为在选择的法定刑内从重处罚的情节，便将同一事实进行了双重评价，明显不当。显而易见的是，根据死亡结果对故意伤害行为

〔39〕　参见[日]川崎一夫：《体系的量刑论》，成文堂1991年版，第145～146页。

选择了“十年以上有期徒刑、无期徒刑或者死刑”的法定刑后,再将该死亡结果作为在该法定刑内增加责任刑的情节,就是必须杜绝的重复评价。同样,已经将某种事实作为情节较轻的根据,因而选择了情节较轻的法定刑之后,不应当再将该事实作为在法定刑内从轻处罚的情节。

例如,刑法第275条规定:“故意毁坏公私财物,数额较大或者有其他严重情节的,处三年以下有期徒刑、拘役或者罚金;数额巨大或者有其他特别严重情节的,处三年以上七年以下有期徒刑。”其中的“数额较大或者有其他严重情节”是构成要件,故符合这种构成要件的事实作为认定犯罪的依据起了作用后,不能再作为量刑情节进行重复评价;同样,其中的“数额巨大或者有其他特别严重情节”是作为选择法定刑依据的情节,如果行为人毁坏公私财物的数额巨大,就应选择3年以上7年以下的法定刑,不能将数额巨大再作为既定法定刑之下的量刑情节;只有除此之外的情节,才能在既定法定刑之下影响量刑。

再如,刑法第268条规定:“聚众哄抢公私财物,数额较大或者有其他严重情节的,对首要分子和积极参加的,处三年以下有期徒刑、拘役或者管制,并处罚金;数额巨大或者有其他特别严重情节的,处三年以上十年以下有期徒刑,并处罚金。”假如数额较大的起点为1万元,数额巨大的起点为10万元,当行为人聚众哄抢10万元时,该情节便成为法定刑升格的根据;法院根据这一情节选择了3年以上10年以下有期徒刑的法定刑后,不得再将聚众哄抢10万元作为在该法定刑内从重处罚的根据。同样,倘若行为人的聚众哄抢情节特别严重,法院根据这一情节选择了3年以上10年以下有期徒刑的法定刑后,不得再将该特别严重情节作为在该法定刑内从重处罚的根据。否则,就会出现同一情节既是法定刑升格的根据,又是在升格的法定刑内从重处罚的根据的重复评价现象。但是,在行为人具有两个特别严重情节的情况下,则可以将一个特别严重情节作为法定刑升格的根据,将另一个特别严重情节作为在升格的法定刑内从重处罚的根据。例如,行为人聚众哄抢公私财物,数额巨大并且具有其他特别严重情节,在观念上可以将数额巨大作为选择3年以上10年以下有期徒刑的法定刑的根据,再将其他特别严重情节作为在该法定刑内从重处罚的根据,反之亦然。这并不违反禁止重复评价的原则。

问题出在一个特别严重情节的场合。例如,行为人聚众哄抢公私财物,数额特别巨大(如200万元),将这一情节作为选择3年以上10年以下有期徒刑这一法定刑的根据之后,可否因为数额特别巨大而在该法定刑内从重处罚。本书持肯定回答。由于10万元便属于数额巨大,应在3年以上10年以下有期徒刑的法定刑内处罚,可是行为人聚众哄抢200万,远远超出了数额巨大的起点标准,故可以将10万元以外的数额作为从重处罚的根据。但在情节不可能量化与分割的情况下,区分法定刑升格的依据与在升格的法定刑内从重处罚的根据,只能是观念的或者抽象的,但仍然需要牢记禁止重复评价的原则。[40]

由此可见,构成要件的多余部分,或者法定刑升格条件的多余部分,只要能够说明责任加重,就能作为增加责任刑的情节。例如,最高人民法院2000年11月10日《关于审理交通肇事刑事案件具体应用法律若干问题的解释》第2条第1款规定:“交通肇事具有下列情形之一的,处3年以下有期徒刑或者拘役:(一)死亡1人或者重伤3人以上,负事故

〔40〕 如果刑法将“情节特别严重”作为法定刑升格的条件,则一个特别严重的情节只能作为法定刑升格的依据,不能再将该特别严重的情节作为在升格的法定刑之内从重处罚的根据。

全部或者主要责任的;(二)死亡3人以上,负事故同等责任的;(三)造成公共财产或者他人财产直接损失,负事故全部或者主要责任,无能力赔偿数额在30万元以上的。"第4条规定:"交通肇事具有下列情形之一的,属于'有其他特别恶劣情节',处3年以上7年以下有期徒刑:(一)死亡2人以上或者重伤5人以上,负事故全部或者主要责任的;(二)死亡6人以上,负事故同等责任的;(三)造成公共财产或者他人财产直接损失,负事故全部或者主要责任,无能力赔偿数额在60万元以上的。"据此,如果被告人对2人死亡负事故同等责任,那么,其行为的结果就没有构成要件的多余部分,因而不能将其中1人的死亡作为量刑情节。但是,如果被告人对2人死亡负事故全部或者主要责任,就符合法定刑升格的条件,在选择了"三年以上七年以下有期徒刑"的法定刑后,不能将导致2人而非1人死亡这一情节为由从重处罚。否则,就是重复评价。但是,如果被告人对3人死亡负事故全部或者主要责任,由于2人死亡是法定刑升格的条件,所以,第3个被害人的死亡,可以成为在升格的法定刑内增加责任刑的情节。就此而言,并不存在重复评价。

最后,从我国的量刑实践上来说,当一个量刑情节对确定量刑起点发挥作用后,就不能再对量刑的调节起作用。例如,最高人民法院2013年12月23日《关于常见犯罪的量刑指导意见》以下简称(《量刑指导意见》)规定:"强奸妇女一人的,可以在三年至五年有期徒刑幅度内确定量刑起点。奸淫幼女一人的,可以在四年至七年有期徒刑幅度内确定量刑起点。"对奸淫幼女确定的量刑起点明显重于普通强奸妇女的犯罪,这便表明,奸淫幼女的量刑起点已经考虑了从重处罚的情节。既然如此,就不能在确定了较重的量刑起点之后,又将奸淫幼女作为增加刑罚的情节。

再如,《量刑指导意见》在规定了故意伤害罪的量刑起点后指出:"在量刑起点的基础上,可以根据伤害后果、伤残等级、手段残忍程度等其他影响犯罪构成的犯罪事实增加刑罚量,确定基准刑。故意伤害致人轻伤的,伤残程度可在确定量刑起点时考虑,或者作为调节基准刑的量刑情节。"显然,倘若在确定量刑起点时已经考虑了伤残程度,那么,在确定了量刑起点后,就不能再将伤残程度作为增减刑罚的情节。否则,就是典型的重复评价。

八、间接处罚的禁止

如前所述,影响量刑的情节很多,但不能认为任何情节都影响量刑。对于罪刑规范并不禁止的事实(行为、结果等)以及犯罪人没有责任的不法事实,不能作为量刑情节考虑,否则就会形成间接处罚。下面以结果为例说明。

结果可以分为法定刑基础的结果与非法定刑基础的结果。显然,作为法定刑基础的结果,不能再作为量刑情节考虑,只有非法定刑基础的结果,才能成为量刑情节。非法定刑基础的结果对量刑(主要是从重量刑)的影响,应根据不同类型予以区分。

首先,能够作为从重量刑情节的结果,必须是罪刑规范阻止的结果。对此,应区分三种类型。

一是法定刑基础的结果(广义)的强化或者加重。这种结果的性质与法定刑基础的结果的性质相同而且更为严重;或者说,原本可谓加重结果,但刑法没有因为加重结果的发生规定为结果加重犯。从刑法规范的意义上说,这种结果仍然是行为所违反的罪刑规范所欲阻止的结果。这里又分为几种情况:第一种情况是,刑法规定的法定刑基础是抽象的危险,但行为发生了具体的危险,刑法没有对具体危险加重法定刑时(即属于非法定刑基础的结果),行为所发生的具体危险是影响量刑的因素。例如,刑法第144条规定的生产、销售有毒、有害食品罪属于抽象的危险犯。如果行为没有对人体健康造成严重危害,也不具备其他严重情节,但造成了具体的危险,那么,法官在选择了"五年以下有期徒刑,并处罚金"法定刑的前提下,可以将具体危险作为量刑情节。因为刑法规定抽象的危险犯,是为了提前保护法益,不仅旨在避免侵害结果,而且意欲阻止具体危险。所以,具体危险也是罪刑规范(第144条)所欲阻止的结果,因而是影响法益侵犯性的结果。换言之,具体危险的出现,使得法律规定的抽象的危险犯的违法性加重。既然如此,这种具体危险当然影响责任刑。第二种情况是,刑法规定的法定刑基础是具体的危险,但行为发生了侵害结果,刑法没有将侵害结果规定为法定刑升格的条件时,这种侵害结果影响量刑。例如,遗弃他人的行为导致他人重伤,[41]刑法没有将重伤规定为遗弃罪的结果加重犯,但该结果是对生命、身体的危险的加重,所以,属于非法定刑基础的结果。刑法规定遗弃罪是为了防止遗弃行为对生命、身体的危险,当然也阻止生命、身体危险的现实化。显然,这种结果是可归责的结果,因而影响量刑。当然,因发生加重结果而成立法定的结果加重犯时,加重结果只是法定刑升格的结果,即属于法定刑基础的结果,在合理选择了法定刑之后,不再对量刑起影响作用。第三种情况是,加重的侵害结果,即超出了法定刑基础的侵害结果。例如,可以认为,一人死亡是故意杀人罪法定刑基础的结果,而第二人死亡则是非法定刑基础的结果,这种结果仍然是罪刑规范(第232条)所欲阻止的结果,影响量刑。

二是并非行为触犯的罪刑规范所欲阻止的结果(也可谓非特定规范所欲阻止的结果),而是相关罪刑规范所欲阻止的结果。即行为触犯的是A法条,但行为所发生的结果并不是A法条所阻止的结果,而是B法条阻止的结果。例如,行为人故意以暴力手段强制猥亵妇女的行为造成了被害妇女的轻伤(对轻伤持故意)。罪刑规范(第237条)所欲阻止的是侵害妇女的性的自己决定权的结果,并不是旨在禁止伤害妇女身体的结果。但是,刑法第234条阻止伤害身体的结果。这种结果也影响量刑。因为行为人造成的伤害结果仍然是罪刑规范所阻止的结果,这表明行为对法益侵害的范围扩大,说明违法性严重,当然成为确定责任刑的重要根据。

三是并非罪刑规范所欲阻止的结果,即不仅行为触犯的罪刑规范并不阻止这种结果,而且其他罪刑规范也不阻止这种结果。这种结果应否影响量刑,是值得研究的问题,也是这里所要探讨的一个重要问题——禁止"间接处罚"。例如,A在抢夺B的财物时,导致B身体遭受轻微伤。B的轻微伤能否成为对A从重量刑的根据?本书持否定回答。刑法分则各本条都是为了保护特定的法益,其中有的只保护单一的法益,有的保护多种法益。如果某种结果并不表现为对刑法所保护的法益的侵害,就不能说明违法性的程度,不能作为量刑情节考虑。上述A的行为造成的轻微伤,并不是对刑法规范所保护的法益所造成的侵害。

顺便指出的是故意杀人后的碎尸行为。可以肯定的是,故意杀人隐藏尸体的行为,不能成为增加责任刑的情节。因为对于故意杀人罪的行为人而言,这种行为没有期待可能性。但是,由于杀人后碎尸会受到社会一般人的更严厉的谴责,杀人后的碎尸行为在我国

---

〔41〕 遗弃罪究竟是抽象的危险犯还是具体的危险犯,是国外刑法理论长期争论的问题。这里暂且作为具体的危险犯来对待。

司法实践中成为增加责任刑的重要情节。一个原本可以判处无期徒刑或者死缓的杀人犯，很可能因为碎尸而被判处死刑立即执行。可是，毁坏尸体罪的最高法定刑仅为 3 年有期徒刑（况且杀人犯为了毁灭证据而碎尸的，并不成立毁坏尸体罪），在原本不应当判处死刑的情况下，因为碎尸而判处死刑，就对碎尸行为的不法程度进行了过度评价，实际上形成了间接处罚。[42] 换言之，因为碎尸而判处死刑或者大幅增加责任刑的做法，缺乏正当化根据。

其次，能够作为从重量刑情节的结果，必须是行为人有责地造成的结果。

例如，甲过失导致乙重伤，乙被送往医院治疗，共花费 50 万元医疗费。乙损失 50 万元的结果能否作为甲的从重量刑情节？本书持否定回答。因为作为从重量刑情节的结果，不仅应当是构成要件行为造成的结果，而且必须是行为人有责地造成的结果。但乙 50 万的财产损失，并不是过失致人重伤的行为造成的结果，而且行为人对被害人的财产损失，不具备刑法所要求的责任要素。

总之，罪刑规范并不阻止的结果，或者虽然罪刑规范阻止但行为人没有责任的结果，并不是从重量刑情节。将罪刑规范并不阻止的结果以及行为人没有责任的结果作为量刑的从重处罚情节，实际上违反了罪刑法定原则。一方面，罪刑法定原则不仅支配定罪，而且支配量刑。换言之，量刑也必须受罪刑法定原则的支配。根据罪刑法定原则，过失造成财产毁损的行为，属于法无明文规定不处罚的行为；不管是对过失毁损财产的行为单独定罪处罚，还是在处罚其他犯罪时附带对过失毁损财产的行为进行处罚（即间接处罚），都违反了罪刑法定原则。另一方面，为了贯彻罪刑法定原则，必须将犯罪划分为不同的具体犯罪，各种具体犯罪都有自己的犯罪构成，只有符合具体犯罪的犯罪构成的行为才成立犯罪。所以，犯罪构成具有罪刑法定主义的机能。但是，一个犯罪构成不可能保护所有的法益。将罪刑规范并不阻止的结果作为量刑的从重处罚情节，意味着一个犯罪构成所保护的法益无边无际，这便导致犯罪构成丧失罪刑法定主义的机能。

在上例中，如果将乙 50 万元的财产损失作为从重处罚的情节，则形成了间接处罚。即某种行为及结果原本不是刑罚处罚的对象，但由于该行为及其结果存在于某一犯罪中，导致对该行为及结果给予刑罚处罚。详言之，过失导致他人 50 万元财产损失的行为，原本并不成立犯罪，不会受刑罚处罚。如果过失致人重伤的行为间接引起他人财产损失，进而在量刑时从重处罚，便间接地处罚了过失毁坏财产的行为。假定上述甲的过失致人重伤的行为，原本只应判处 3 年有期徒刑，但法官考虑到其行为造成了他人 50 万元的财产损害，便判处有期徒刑 5 年。这意味着过失毁坏财产的行为受到了 2 年有期徒刑的处罚。然而，这种行为原本在刑法上并不受刑罚处罚。这便形成了应当禁止的间接处罚。再如，如果将上述 B 的轻微伤作为抢夺罪从重处罚的根据，也形成了间接处罚。即单纯故意或者过失致人轻微伤的行为（具有公共危险性质等行为除外），原本不是刑罚处罚的对象，但由于该行为及其结果存在于抢夺犯罪中，导致对该行为及结果给予刑罚处罚。详言之，故意或者过失导致他人轻微伤的行为，原本并不成立犯罪，不会受刑罚处罚。如果抢夺行

---

〔42〕 碎尸行为当然也是毁灭证据的行为，但由于任何犯罪人对于毁灭自己犯罪的证据都不承担刑事责任（刑法第 307 条第 2 款规定："帮助当事人毁灭、伪造证据，情节严重的，处三年以下有期徒刑或者拘役"），所以，将碎尸行为评价为毁灭证据的行为没有意义。

为同时导致他人轻微伤,进而在量刑时从重处罚,便间接地处罚了轻微伤害行为。假定上述A的抢夺的行为,原本只应判处1年有期徒刑,但法官考虑到其行为造成了B的轻微伤,便判处有期徒刑3年。这意味着轻微伤害行为受到了2年有期徒刑的处罚。这便形成了应当禁止的间接处罚。

将罪刑规范并不阻止的结果以及行为人没有责任的结果作为从重处罚情节,有悖刑法的性质。一方面,刑法因具有补充性,而必然具有不完整性。从应然层面来说,刑法不可能介入国民生活的各个角落,不可能处罚所有的法益侵害行为,只能处罚值得科处刑罚的法益侵害行为。从实然层面来说,刑法不可能将所有的法益侵害行为规定为犯罪。也正因为如此,刑法实行罪刑法定原则。但是,间接处罚的做法,必然导致任何法益侵害行为,都可能受到刑罚处罚。例如,过失毁坏财物、故意或者过失造成轻微伤、过失造成名誉毁损等,原本处于刑法并不介入的"角落"。如果直接或者间接地处罚这种行为,则导致刑法丧失补充性与不完整性的性质,使刑法介入国民生活的各个方面,形成刑法处罚的膨胀化,结局是过于限制国民的自由。另一方面,过失造成的财产毁损、故意或过失造成的轻微伤、过失造成的轻伤、过失造成的名誉毁损等结果,只是民法、行政法规制的对象,而不是罪刑规范禁止的结果,所以,对于犯罪行为造成这类结果,只能通过刑事附带民事诉讼等方式处理,而不能作为量刑的从重情节。如果仅因行为人的相关行为成立犯罪,便将原本只能通过民事赔偿方式处理的现象(结果)提升为犯罪结果的一部分,从而作为从重量刑的情节,便混淆了刑法与民法的关系,导致刑法不当地介入民法领域。

第三节 量刑制度

一、从重与从轻处罚

(一)从重与从轻处罚的含义

从重与从轻处罚,都"应当在法定刑的限度以内判处刑罚"(刑法第62条),因此,大体上可以说,从重处罚,是指在法定刑的限度内判处较重的刑罚;从轻处罚,是指在法定刑的限度内判处较轻的刑罚。

首先,从重处罚与从轻处罚,都必须是在法定刑的限度内判处刑罚,而不能高于法定刑或者低于法定刑判处刑罚。

其次,从重处罚并不意味着在法定刑的"中间线"以上判处刑罚,从轻处罚也不意味着在法定刑的"中间线"以下判处刑罚。因为刑法并没有以法定刑的"中间线"为标准区分从重处罚与从轻处罚;绝大多数法定刑也不存在清晰的"中间线"(只有大体意义的"中间线");如果从重处罚与从轻处罚以法定刑的"中间线"为标准,就必然造成轻罪重判或者重罪轻判的局面。

再次,一般来说,从重处罚是相对于既没有从重处罚情节又没有从轻处罚情节的一般情况下所应判处的刑罚而言,即比没有上述情节时所应判处的刑罚相对重一些;从轻处罚也是相对于既没有从轻处罚也没有从重处罚情节的一般情况下所应判处的刑罚而言,即比没有上述情节时所应判处的刑罚相对轻一些。因此,从重处罚不是一律判处法定最高刑,从轻处罚也不是指一律判处法定最低刑。

最后,从重处罚不得违反责任主义,即不得超出行为人应负的责任从重处罚。

(二)从轻与从重处罚的适用

如前所述,量刑情节分为影响责任刑的情节与影响预防刑的情节,所以,从轻处罚的情节也包括责任刑的从轻处罚情节与预防刑的从轻处罚情节,二者分别对责任刑的裁量与预防刑的裁量起作用,不可混淆。

虽然从轻处罚以被告人具有从轻处罚的情节为根据,但是,从轻处罚的情节(尤其是预防刑的从轻处罚情节)相当宽泛,因为凡是表明责任有所降低或者预防必要性有所减少的情节,都能成为从轻处罚的情节(只是从轻幅度不同)。相对确定的法定刑,就是为了保证法官可以按照刑罚的正当化根据合理宣告刑罚。期待任何一种从轻处罚情节,都有刑法上的明文规定,或者随意否认从轻处罚情节,不是法官应有的态度。

同样,从重处罚的情节也包括责任刑的从重处罚情节与预防刑的从重处罚情节,二者分别对责任刑的裁量与预防刑的裁量起作用,不可混淆。亦即,责任刑的从重处罚情节,导致法定刑内的责任刑增加;而预防刑的从重处罚情节,只能导致在责任刑的点之下从重处罚。例如,被告人猥亵儿童且构成累犯。倘若强制猥亵罪的量刑起点为2年徒刑,由于被告人猥亵儿童,责任刑增加至3年,那么,拘役至3年以下就是裁量预防刑的空间。在此空间内,由于被告人具有累犯情节,应当从重处罚,因而可以选择3年或者接近3年的有期徒刑作为宣告刑。

从刑罚的正当化根据与量刑情节的性质可以看出,不能将“从重处罚”理解为宣告刑的从重处罚。倘若被告人在责任刑方面有从重处罚的情节,但在预防刑方面有从轻或者减轻处罚的情节,那么,从重处罚就只能体现在责任刑中,而不可能体现在宣告刑中。

从轻处罚有利于被告,从重处罚不利于被告。所以,扩大从轻处罚的范围,不会违反罪刑法定原则,但随意扩大从重处罚的范围,则会违反罪刑法定原则。与从轻处罚一样,只有当某种情节说明被告人的责任增加或者特殊预防的必要性增加时,才能成为从重处罚的情节。可是,没有根据地从重处罚,是我国刑事司法的一个重要特点。

例如 最高人民法院2011年12月30日《关于进一步加强危害生产安全刑事案件审判工作的意见》指出:“国家工作人员违反规定投资入股生产经营企业,构成危害生产安全犯罪的”,依法从重处罚。诚然,国家工作人员违反规定投资入股生产经营企业,可能违反了相关行政法规或者部门规章,但是,不能因此将这一行为作为危害生产安全犯罪的从重处罚情节。(1)国家工作人员投资入股生产经营企业,不可能使危害生产安全犯罪的法益侵害加重,也不可能使其责任程度加重。(2)国家工作人员投资入股生产经营企业,并不表明其特殊预防的必要性增大。(3)如果将国家工作人员投资入股生产经营企业,作为危害生产安全犯罪的从重处罚的情节,必然导致间接处罚。亦即,这种行为原本并不成立任何犯罪,不可能受到任何刑罚处罚,但由于国家工作人员的行为触犯了危害生产安全犯罪,导致该行为受到了刑罚处罚。

针对我国的司法实践,本书特别提出以下几点意见:(1)不能将一般违法行为作为责任刑从重处罚的根据,一般违法行为足以说明被告人再犯罪的可能性较大时,才可以成为预防刑从重处罚的根据。(2)不能将犯罪的常态作为对责任刑从重处罚的根据。例如,基于报复动机伤害他人、基于奸情杀害他人,是犯罪的常态,不能以动机卑鄙、恶劣为由从重处罚。(3)不能将犯罪后的常态作为预防刑从重处罚的根据。例如,挥霍财产犯罪所得,是犯罪后的常态,不可能成为从重处罚的情节。同样,将犯罪所得用于违法活动,只要没有侵害新的法益,就不能成为从重处罚的情节。如果事后行为构成新的犯罪,则是新罪的处罚根据,而不是前罪的从重处罚情节。(4)被告人不能左右的客观事实,不应成为从重处罚的情节。例如,被告人的犯罪行为给他人造成了财产损失,但被告人没有赔偿能力的,不能作为责任刑从重或者预防刑从重的情节。在有赔偿能力的前提下,是否赔偿是被告人可以左右的,因而能够反映被告人有无悔罪表现。但是,如果将没有赔偿能力作为从重处罚的情节,明显违反责任主义。

总之,鉴于我国法定刑较重的立法现状以及量刑较重的司法现实,本书主张,除了法定情节以外,法官应尽可能多地考虑酌定从轻情节,尽可能少地考虑酌定从重处罚的情节。

二、减轻处罚

减轻处罚包括法定减轻处罚与酌定减轻处罚,需要分别讨论。

(一)法定减轻处罚

在被告人具有法定的"应当"减轻处罚情节时,不管是使责任刑减轻的情节,还是使预防刑减轻的情节,法官都应当适用减轻处罚的规定。

在被告人具有法定的"可以"减轻处罚情节时,法官通常也应减轻处罚。因为"可以"表达了刑法的倾向性意见。换言之,在刑法规定"可以"减轻处罚时,对被告人减轻处罚不再需要其他理由,只是不减轻处罚时才需要特别理由。所以,在没有特别理由表明不得减轻处罚的情况下,法官应减轻处罚。

在被告人具有法定的"从轻或者减轻处罚"情节时,本书也主张尽可能减轻处罚。因为我国的法定刑较重,重刑又具有诸多弊端,减轻处罚可以减少重刑的弊害。但我国的司法机关常常只是对轻罪减轻处罚,对重罪仅从轻处罚。这种做法不妥当。罪行严重并不等于特殊预防必要性大;自首、坦白、立功的规定并不是只适用于轻罪,同样适用于重罪;在刑法规定"从轻或者减轻处罚"时,并不是说对轻罪减轻处罚、对重罪从轻处罚。所以,以罪行重为由不得减轻处罚的做法,并不符合刑法的规定。

(二)酌定减轻处罚

有的国家刑法规定,法官可以酌定减轻刑罚,不需要经过上级核准。我国旧刑法第59条第2款规定:"犯罪分子虽然不具有本法规定的减轻处罚情节,如果根据案件的具体情况,判处法定刑的最低刑还是过重的,经人民法院审判委员会决定,也可以在法定刑以下判处刑罚。"在旧刑法时代,酌定减轻处罚的可能性较大,也是比较容易的。但是,现行刑法第63条第2款规定:"犯罪分子虽然不具有本法规定的减轻处罚情节,但是根据案件的特殊情况,经最高人民法院核准,也可以在法定刑以下判处刑罚。"于是,减轻处罚成为程序相当复杂的事情,这就导致酌定减轻处罚的适用范围小。

尽管如此,法官还是应当具有"只要符合条件就减轻处罚"的意识。法官应当意识到,适当减轻处罚,有利于刑罚朝着合理方面发展。在法定刑较重的立法例之下,尤其要意识到这一点,并通过减轻处罚顺应刑罚的发展趋势。法官应当充分认识到,量刑关系到被告人的人权保障乃至国家的人权状况。在法治国家,人权实际上完全是通过法院得到保障和实施的;法官的任务就是解释宪法和法律赋予公民的权利,以便确定他人诉讼请求是否有效,法官和法院是为宪法和法律确认的权利服务的。所以,如果法官与法院都不能保障人权,那么,这个国家的人权是不可能得到保障的。法官应当意识到,剥夺一两天的人身自由,也是一种重大痛苦。所以,本书建议,法官没有必要将刑法第 63 条第 2 款视为特殊的例外规定,而应看作一般性规定。换言之,法官应当具有"只要符合条件就减轻处罚"的意识,充分利用刑法第 63 条第 2 款。至于减轻处罚是否妥当,当然取决于是否存在减轻处罚的根据。但法官形成减轻处罚的动机,产生减轻处罚的想法,是减轻处罚的前提条件。在本书看来,至少在以下两种情况下,法官应当特别考虑减轻处罚:

第一,法定刑过重时,应当有减轻处罚的意识。例如,与故意杀人、抢劫、非法拘禁等罪的法定刑相比,绑架罪的法定刑过重。因此,在绑架行为没有造成伤亡后果与财产损失的情况下,应当减轻处罚。再如,入户抢劫的法定刑也过重,必要时应当减轻处罚。

第二,罪行明显轻于法定最低刑对应的程度时,应当有减轻处罚的意识。法定刑是根据具体犯罪的通常情形设定的,而不可能考虑到各种案件的特殊情况。但案件事实总是复杂的,许多案件都会存在特殊情况,所以,刑法针对各种具体犯罪规定的法定刑,可能难以与具体案件的特殊情况相适应,需要减轻处罚,以实现罪刑相适应原则。当然,"特殊情况"并不是泛指任何特殊情形,而是指表明存在减轻处罚根据的情况。

(三)如何减轻处罚

刑法第 63 条第 1 款规定:"犯罪分子具有本法规定的减轻处罚情节的,应当在法定刑以下判处刑罚;本法规定有数个量刑幅度的,应当在法定量刑幅度的下一个量刑幅度内判处刑罚。"本款规定的前段与后段都存在需要研究的问题。

1. 关于前段规定

减轻处罚时仍然应判处一定刑罚,如果不判处刑罚,就意味着免除处罚而不是减轻处罚了。根据第 1 款前段的规定,在犯罪只有一个量刑幅度(一个法定刑)的情形下,减轻处罚没有格的限制,而且可能减为更轻的刑种。例如,法定最低刑为 3 年有期徒刑时,一般在有期徒刑内减轻处罚。但是,如果法定最低刑是拘役,或者虽是有期徒刑但徒刑的起点为最低刑期时,可以减轻至其他刑种。例如,战时自伤身体的,法定刑为 3 年以下有期徒刑;如果具有减轻处罚情节,就只能选择拘役。再如,刑法第 414 条规定的法定刑为 5 年以下有期徒刑或者拘役,如果具有减轻处罚情节,便应选择管制。如果法定最低刑为管制,就面临着能否由主刑减为附加刑的问题。本书认为,既然决定对犯罪人减轻处罚,就只能是低于法定最低刑判处刑罚,故在最低刑为管制的情况下,只能选择附加刑。但由于刑法第 56 条明文规定"独立适用剥夺政治权利的,依照本法分则的规定",对于罚金与没收财产则没有类似规定,故应选择没收财产与罚金。

2. 关于后段规定

刑法第 63 条第 1 款的后段规定,是针对应当适用较重量刑幅度的情形而言。例如,刑法第 234 条之一第 1 款规定:"组织他人出卖人体器官的,处五年以下有期徒刑,并处罚金;情节严重的,处五年以上有期徒刑,并处罚金或者没收财产。"在行为人所犯之罪情节严重,又具有减轻处罚的情节时,应当在"五年以下有期徒刑,并处罚金"的幅度内量刑。显然,如果行为人所犯之罪情节并不严重,又具有减轻处罚情节(即应当适用最低量刑幅度时),则应按上述只有一个量刑幅度的情形处理。

但是,在现实生活中,完全可能存在这样的情形:由于各种原因,下降一个量刑幅度仍然显得量刑偏重乃至畸重,那么,在什么样的条件下,可以下降两个量刑幅度?

(1)当行为人具有可以(或者应当)“减轻或者免除处罚”的法定情节,而又不宜免除处罚时,减轻处罚时可以下降两个量刑幅度。例如,从犯乙帮助正犯甲盗窃财物 100 万元。根据刑法第 264 条的规定,对甲、乙应当适用“十年以上有期徒刑或者无期徒刑”的法定刑。但乙是从犯,根据刑法第 27 条的规定,“应当从轻、减轻处罚或者免除处罚”;根据刑法第 63 条的规定,如果对乙减轻处罚,就应当在“三年以上十年以下有期徒刑”的范围内宣告刑罚。但是,根据当然解释的原理,[43] 既然有免除处罚的可能性,那么,如果认为对乙判处 3 年以上有期徒刑过重,就可以再下降一个量刑幅度,适用“三年以下有期徒刑、拘役或者管制”的法定刑。

(2)当行为人具有“可以免除处罚”的法定情节,但根据案件情况不应免除处罚时,根据当然解释的原理,既可以下降一个量刑幅度减轻处罚,也可以下降两个量刑幅度减轻处罚。例如,刑法第 351 条第 3 款规定:“非法种植罂粟或者其他毒品原植物,在收获前自动铲除的,可以免除处罚。”倘若以法条仅规定了“可以免除处罚”为由,主张对行为人要么免除处罚,要么只能酌定从轻处罚,就明显不符合情理与法理。本书认为,在这种情况下,完全可以根据案件情况下降一个或者两个量刑幅度裁量刑罚。

(3)当被告人具备两个以上减轻处罚的情节时,原则上也可以下降两个量刑幅度。首先,在被告人具有两个“应当”减轻处罚的情节时,宜下降两个量刑幅度裁量刑罚。因为刑法第 63 条第 1 款后段是以被告人具有一个法定的减轻处罚情节为模式所做的规定,并没有包含具有数个减轻处罚情节的情形。其次,在被告人具有一个“应当”减轻处罚与一个“可以”减轻处罚的情节,或者具有两个“可以”减轻处罚的情节时,需要对量刑情节进行综合考察,判断下降一个量刑幅度所判处的刑罚是否适当。如果得出否定结论,就可以下降两个量刑幅度。最后,如果具有三个以上的减轻处罚的情节,通常应当下降两个量刑幅度裁量刑罚。

(4)当被告人仅具有一个减轻处罚的情节,但下降一个量刑幅度裁量刑罚仍然导致宣告刑过重,不符合报应刑原理,导致不必要的刑罚时,法官应当适用刑法第 63 条第 2 款,经最高人民法院核准,下降两个量刑幅度宣告刑罚。或许有人认为,本书的这一观点违反刑法第 63 条第 2 款的规定,因为该款规定的是“不具有本法规定的减轻处罚的情节”的情形,而上面所讨论的是具有一个减轻处罚情节的情形。刑法理论上也有观点认为,适用酌定减轻处罚的前提是犯罪分子不具有刑法所规定的减轻处罚情节。[44] 但是,其一,犯罪分子是否具有法定减轻处罚情节并不影响酌定减轻处罚的适用。根据当然解释的原理,在被告人不具有减轻处罚的情节时,都可以下降一个幅度减轻处罚,那么,在被告人具有一个减轻处罚的情节时,当然也可以下降两个幅度裁量刑罚。其二,退一步说,在被告人的一个减轻处罚的情节作为下降一个量刑幅度起作用后,被告人便不具有再下降一个量刑幅度的减轻处罚的情节,故仍然属于刑法第 63 条第 2 款规定的“不具有本法规定的减轻处罚的情节”的情形。

---

〔43〕 举重以明轻的当然解释原理,并不只是适用于定罪(出罪),而是同样适用于量刑。

〔44〕 参见胡学相:“论量刑中减轻处罚和免除处罚的适用”,载《人民司法》2004 年第 8 期。

三、免除处罚

免除处罚，是指对行为作有罪宣告，但对行为人免除刑罚处罚，即不判处任何刑罚。可以肯定的是，在被告人具有法定的应当免除处罚的情节时，应当免除处罚。例如，对于没有造成损害的中止犯，应当免除处罚。在被告人具有可以免除处罚的情节时，原则上也应免除处罚。例如，对于犯罪较轻且自首的，或者非法种植毒品原植物在收获前自动铲除的，通常宜免除处罚。对此，下面将有专章（第十五章）探讨。

第四节　量刑方法

一、量刑方法概述

量刑方法，是指审判人员裁量刑罚所使用的手段、方法、步骤的总和。要保证量刑适当，除了遵循量刑原则外，还要求有正确的量刑方法。

我国当前的量刑，一般采用传统的经验量刑法，或称为综合估量式的量刑方法，即首先审理案件，掌握案情，在法定刑范围内，参照司法实践经验，大致地估量出对犯罪人应处的刑罚；然后考虑各种法定的从重处罚、从轻、减轻和免除处罚的情节，并考虑其他影响刑罚轻重的非法定情节；最后综合地估量出对犯罪人判处的刑罚。这种量刑方法简便易行，具有一定的可行性，在目前乃至相当长时间内是一种基本的量刑方法；而且，只要审判人员对案情的掌握全面，所参照的经验适当，裁量刑罚时的心态、情绪与情感正常，一般也不会出现偏差。但是，由于这种方法没有科学标准作保障，难免会出现量刑不适当的局面。正因为如此，不少人提出了新的量刑方法。新的量刑方法包括层次分析法、数学模型法、定量分析法以及电脑量刑法等，各种方法虽然存在一定区别，但核心观点都是将各种量刑情节进行定量分析，然后根据量的总和确定宣告刑。但是，各种量刑方法与目前实行的量刑规范化，都没有注重责任主义对量刑的制约，没有考虑责任刑情节与预防刑情节的关系，没有将预防刑限定在责任刑之内。

在没有或难以推行更科学的量刑方法的情况下，应当注重采取措施促使经验量刑法更加完善。从观念上说，不应当使不能影响量刑的因素影响量刑，不能使案外的人为因素干扰量刑；审判人员应当坚持平等适用刑法、罪刑相适应的原则，切实做到以犯罪事实为根据、以刑事法律为准绳裁量刑罚；要摒弃重刑主义观念；应当在正常心态、情绪、情感状态下裁量刑罚。从方法上说，要注重以责任主义限制量刑，采取合法的量刑步骤：（1）合理选择法定刑，即确定罪名后根据案件的不法与责任事实确定法定刑。（2）合理裁量责任刑，其中可分为两个小步骤：其一，暂时不考虑各种法定与酌定量刑情节，大体确定一个量刑起点；其二，根据影响责任刑的情节，确定责任刑（点）。例如，不能将累犯作为影响责任刑的情节，也不能将故意、过失作为影响预防刑的情节。（3）合理裁量预防刑，即在责任刑的点之下根据预防必要性的大小，确定拟宣告的刑罚。（4）确定合理的宣告刑。

二、法定刑的选择

与国外刑法相比，我国刑法分则关于法定刑的规定有两个明显的特点：一是法定刑较重；二是法定刑档次多。这两个特点决定了司法人员必须慎重选择法定刑，尤其要慎重选择加重法定刑或者升格法定刑。[45] 如果法定刑选择错误,无论坚持什么量刑原则、不管秉持何种量刑理论、不论采取什么量刑方法,量刑结论都不可能具有正当化根据。[46]

(一)升格法定刑的根据

1. 责任加重是法定刑升格的根据

只有责任加重,才能适用升格的法定刑,预防情节不可能成为法定刑升格的根据。当一个法定刑有几个幅度时,法官只能根据所选定的法定刑,考虑预防犯罪的需要。倘若影响责任刑的情节与影响预防刑的情节都成为法定刑升格情节,就不可避免出现这样的现象:按照责任轻重,只能适用最低档法定刑,但按照预防需要却应适用较高档法定刑,于是,预防刑突破了责任刑;或者,按照责任轻重,应当适用较高档法定刑,但按照预防需要,只能适用最低档法定刑。于是,即使没有减轻处罚情节,也会减轻处罚。这明显违反了刑法的规定。

法定刑升格的根据虽然是责任加重,但并不意味着将不法排除在加重根据之外。一方面,责任是对不法的责任,而不是单纯的心理状态或者主观恶性。没有不法就没有责任,所以,责任加重以存在不法为前提。另一方面,在行为人具备法定责任要素且责任形式相同的前提下,责任的轻重主要取决于不法的轻重。例如,故意致人轻伤与故意杀人的行为人都是出于故意,但由于二者的不法程度不同,行为人对不法的认识内容不同,所以责任不同。反之,在不法事实相同的情况下,如果责任形式不同,则责任程度也不同。例如,同样是致人死亡,故意致死与过失致死就导致责任程度不同。所以,认为法定刑升格的根据是责任加重,没有不当之处。

刑法关于对累犯只能从重处罚而不得加重处罚的规定,直接、充分说明了法定刑升格的根据只能是责任加重。累犯是表明行为人特殊预防必要性大的最重要情节,因为行为人无视以往刑罚的体验而再次犯罪,根据社会生活经验,如果对其再宣告缓刑或者从轻判处刑罚,行为人很可能再次犯罪。尽管如此,刑法也没有规定对累犯加重处罚,只是在其责任刑的范围内从重处罚。换言之,累犯并没有成为法定刑升格的根据。既然如此,其他表明特殊预防必要性大的情节,就更不可能成为法定刑升格的根据。

2. 与加重结果不相当的情节不能成为法定刑升格的根据

法定刑升格的情形中,最典型的是结果加重犯。但是,刑法分则条文常常为了避免疏漏,而在加重结果之后,另规定了其他严重情节。加重结果直接表明行为对法益的侵害程度,行为人对加重结果具有故意或者过失时,便使得其责任加重,因而具备法定刑升格的根据。但是,不能随意扩大与加重结果并列的其他情节,相反,只有与加重结果相当的情节,才能成为法定刑升格的根据。

例如,刑法第 141 条第 1 款规定,"生产、销售假药的,处三年以下有期徒刑或者拘役,并处罚金;对人体健康造成严重危害或者有其他严重情节的,处三年以上十年以下有期徒刑,并处罚金;致人死亡或者有其他特别严重情节的,处十年以上有期徒刑、无期徒刑或者死刑,并处罚金或者没收财产。"问题是,对"其他严重情节"与"其他特别严重情节"应当

---

〔45〕 本书在等同意义上使用这两个概念。

〔46〕 法定刑的选择,首先存在一个观念问题。如果司法人员存在重刑主义观念,或者认为量刑必须注重发挥刑罚的一般威慑功能,那么,就会尽可能选择较重档次的法定刑。本书仅从规则与技术层面展开讨论。

如何理解？质言之，是只能根据行为人所生产、销售的假药对被害人造成的伤亡情况来判断，还是可以单纯根据行为人生产、销售的假药的数量进行判断？本书的回答是，只能根据前者判断。

3. 不能归责于不法行为的结果不能成为法定刑升格的根据

就基本犯而言，如果某个结果不能归责于行为人的不法行为，那么，行为人就不能对该结果负责，只能成立基本犯的未遂。基于同样的理由，如果某个加重结果不能归责于行为人的基本行为，那么，行为人就不能对该加重结果负责，只能成立基本犯的既遂或者未遂。

不仅如此，根据刑法理论的通说，结果加重犯的客观归责条件，比一般基本犯的客观归责条件更为严格。除了按照一般的客观归责条件能够将加重结果归责于行为的基本行为外，还要求基本行为具有发生结果的高度危险，基本行为与加重结果之间具备直接性要件。

4. 没有责任的不法加重事实不应成为法定刑升格的根据

如果说责任加重才是法定刑升格的根据，而责任是对不法的责任，那么，选择升格的法定刑时，不仅要求有加重的不法事实，而且要求行为人对加重的不法事实具有责任。所以，没有责任的加重不法事实，不应成为法定刑升格的根据。例如，故意实施伤害行为时，意外造成死亡结果的，死亡结果不能成为量刑根据。即使是对客观的法定刑升格情节的认定，也以行为人对之具备非难可能性为前提。例如，在行为人仅有抢劫普通财物的故意，没有认识到所抢劫的是军用物资或者抢险、救灾、救济物资时，不能适用刑法第 263 条第 8 项的“抢劫军用物资或者抢险、救灾、救济物资”的法定刑。再如，适用刑法第 236 条的“致使被害人重伤、死亡”的规定时，要求行为人至少对重伤、死亡具有预见可能性。

（二）升格法定刑的援引

我国刑法分则有不少条文采用了援引法定刑的规定方式，其中，有些援引比较明确，司法人员容易识别是否以及在何种情形下适用援引的升格法定刑。但是，有的法条在规定援引法定刑时表述不明确，在适用援引的升格法定刑时会存在争议。

例如，刑法第 180 条第 1 款规定，从事内幕交易、泄露内幕信息“情节严重的，处五年以下有期徒刑或者拘役，并处或者单处违法所得一倍以上五倍以下罚金；情节特别严重的，处五年以上十年以下有期徒刑，并处违法所得一倍以上五倍以下罚金”。同条第 4 款规定，利用未公开信息交易“情节严重的，依照第一款的规定处罚”。问题是，如果行为人利用未公开信息交易，情节特别严重的，是只能按本条第 1 款的情节严重的法定刑量刑，还是应当选择本条第 1 款情节特别严重的升格法定刑？

可能出现的一种理解是，第 4 款仅规定了“情节严重”，而没有规定“情节特别严重”，故实施第 4 款行为的，不可能适用升格的法定刑。

其实，上述理解并不妥当。在刑法分则条文采用援引法定刑时，只要就基本构成要件做出表述即可，没有必要同时表述基本构成要件与加重构成要件（或加重情节），否则不能达到减少法条表述的目的。既然刑法条文对利用未公开信息交易罪援引了内幕交易、泄露内幕信息罪的法定刑，就表明这两个罪的不法与责任程度是相当的。在刑法分则中，凡是前一款规定了两个以上法定刑，而后一款采用援引法定刑时，后一款都只是表述了基本犯的构成要件，而没有表述法定刑升格的条件。由于第 1 款以“情节严重”为基本条件,所以,如果第4款不使用"情节严重"的表述,必然带来另一难以解决的问题,亦即,利用未公开信息交易罪的成立不以情节严重为前提。可是,这样的结论又是不妥当的。

总之,当刑法分则条文规定援引法定刑时,不管法条如何表述,所援引的都是被援引条款的全部法定刑(包括升格法定刑),而不是仅援引基本法定刑。

(三)减轻法定刑的选择

例如,刑法第232条规定:"故意杀人的,处死刑、无期徒刑或者十年以上有期徒刑;情节较轻的,处三年以上十年以下有期徒刑。"如何理解上述"情节较轻"中的"情节",同样是值得研究的问题。

责任主义决定了升格法定刑的根据与减轻法定刑的根据不完全相同。如前所述,升格法定刑的根据是责任加重,因此,如果行为人对加重的不法没有责任,就不能选择升格的法定刑,否则就违反了责任主义。但是,减轻法定刑是有利于被告人的规定,选择减轻的法定刑不会违反责任主义。但是,减轻法定刑的适用受罪刑均衡的制约。例如,如果说故意杀人罪的"死刑、无期徒刑或者十年以上有期徒刑"所对应的是一般情节以上的杀人罪行,那么,"三年以上十年以下有期徒刑"所对应的只能是轻于一般情节的杀人罪行。所以,只要罪行较轻,就可以评价为情节较轻。单纯客观不法的减轻以及责任的减轻,都足以使罪行减轻,因而成为适用减轻法定刑的根据。

例如,部分故意杀人的未遂,被司法实践认定为情节较轻的故意杀人。[47] 杀人未遂是由于被告人意志以外的原因而未得逞,因而属于客观不法的减轻。由于责任是对不法的责任,所以,客观不法的减轻,意味着罪行减轻,当然导致被告人所承担的责任相应减轻。再如,被告人基于值得宽恕的动机杀害他人的,虽然客观不法没有减轻,但非难可能性明显减轻,完全可能认定为情节较轻的故意杀人。

因此,法官需要根据犯罪的行为、结果等不法要素,以及故意、动机、目的、责任能力、违法性认识的可能性、期待可能性等责任要素,判断被告人所犯之罪是否属于情节较轻,进而选择减轻的法定刑。至于表明特殊预防必要性大小的因素,则是在选择了减轻法定刑之后所要考虑的因素,而不是选择减轻法定刑的根据。

三、责任刑的裁量

(一)责任刑的裁量概述

在选择了法定刑后,如何裁量责任刑,显得尤为重要。

责任刑是与责任对应或者相当的刑罚。但是,与责任相当的刑罚,是与对不法的非难可能性程度相当的刑罚。由于责任是对不法的责任,所以,在行为人不具有责任减轻事实的场合,与责任相当的刑罚,也可谓与有责的不法相当的刑罚。但是,在行为人具有责任减轻事实时,则不是仅由有责的不法决定责任刑的量。因为责任划定了刑罚的上限,既然责任减轻,那么,责任刑就必须相应减轻。例如,达到法定年龄的甲与乙均故意杀害一人既遂,杀人手段相同,被害人的情形相同。就此而言,有责的不法是相同的。但是,倘若甲是具有刑事完全责任能力的人,而乙是限制刑事责任能力的人,虽然二者有责的不法相同,但二者的责任程度不同。由于乙具有责任减轻的事由,所以,乙的责任刑必须轻于甲

---

〔47〕 这个问题还值得进一步研究。如果没有其他表明罪行较轻的情节,杀人未遂不一定能评价为情节较轻的故意杀人。

的责任刑。

责任刑与预防必要性大小无关,只是与责任报应相关。所以,在责任刑的裁量层面,要求罪刑均衡是妥当的。如前所述,重罪重判、轻罪轻判意义上的罪刑均衡,只是就责任刑而言,既不是就预防刑而言,也不是就宣告刑而言。所以,责任刑或者与责任相当的刑罚,绝对不是与所谓人身危险性或者主观恶性相当的刑罚。

(二)责任刑起点的确定

裁量责任刑时,首先要确定责任刑的起点。责任刑的起点不可能以某种数学公式或者计算方式确定,只能以责任主义与比例原则为指导予以确定,法官除了应当摒弃重刑主义观念外,特别需要注意以下几点。

1. 重视法定刑的分配

刑法分则所规定的法定刑均有幅度,而且幅度较大,一个幅度中可能含有由轻到重的不同刑种。在这种场合,并不意味着法官正确地选择了法定刑之后,可以随意科处其中的任一刑罚,而是要考虑到法定刑的分配。亦即,法定刑由轻到重,其罪状与标明的类型或情节也是由轻到重,必须让轻刑与轻类型相对应、让重刑与重类型相对应。

例如,根据刑法第263条的规定,抢劫致人重伤、死亡的,"处十年以上有期徒刑、无期徒刑或者死刑"。这个法定刑有一个明确的幅度,与之相应,抢劫致人重伤、死亡的不法与责任也存在不同的程度,所以,需要进行适当的分配。换言之,撇开其他情节不论,抢劫致人重伤、死亡至少可以分为四种情形:(1)抢劫过失致人重伤;(2)抢劫故意致人重伤;(3)抢劫过失致人死亡;(4)抢劫故意致人死亡。将法定刑的内容与罪状所包含的情形进行比较和分配,就可以得出如下结论:对第(1)、(2)两种情形,只能适用有期徒刑;对第(3)种情形通常也只能适用有期徒刑,或者充其量在特殊情况下可能适用无期徒刑;只有第(4)种情形,才有可能(而不是必须)适用死刑。

不仅如此,法官还应当意识到,即使某个法条所规定的升格法定刑在形式上适用于其所规定的几项罪状,但绝对不意味着对每项罪状都可以适用升格法定刑中的最重刑。例如,刑法第263条对8种加重情形规定了"十年以上有期徒刑、无期徒刑或者死刑"的法定刑,其中第一种情形是"入户抢劫"。可是,从责任刑的角度来说,对于单纯的入户抢劫,无论如何都不应当判处无期徒刑或者死刑;对某些案件而言,甚至判处10年至15年有期徒刑,也显得过重。

2. 正确评价案件的罪行

如何正确评价案件的罪行轻重,是裁量责任刑的关键。法官不要动辄认为自己手中的案件罪行严重。这是因为,如果动辄判处最重的刑罚,那么,将来发生更严重的犯罪时,也只能判处最重的刑罚,于是前后的判决违反了比例原则与公平原则。反过来说,法官应当意识到,迄今为止,还没有发生过最严重的案件,最严重的案件永远发生在以后。

与此同时,法官在评价案件的罪行时,既不能将犯罪的常态视为后果严重或者动机卑鄙,也不能认为,只要罪行不轻微就是罪行严重。任何一个类型的犯罪在不法与责任方面都存在一种常态,对罪行轻重的评价,只能通过与行为人所犯之罪的常态进行比较后得出结论。不能动辄用"后果特别严重"、"情节特别恶劣"、"主观恶性极大"来评价案件的罪行。

犯罪的常态,是指某种犯罪最通常的情形或者绝大多数的情形。犯罪的常态并不是指某种犯罪的中间形态,或者说,不是指某种犯罪的中等罪行状态。由于任何一种犯罪都必然存在最通常的情形或者绝大多数的情形,所以,任何一种犯罪都有其常态。

犯罪的常态,只能就同一具体类型的犯罪而言,而不是就整体或者全部犯罪而言。例如,我们只能分别认识故意杀人罪的常态或故意伤害罪的常态,而不能将二者混杂在一起描述其中一种犯罪的常态。再如,我们只能分别了解盗窃罪的常态或抢劫罪的常态,而不得将二者糅杂在一起说明其中一种犯罪的常态。

犯罪的常态,只能根据刑法规定与统计资料予以确定。所谓根据刑法规定,主要是指根据罪状(犯罪构成)的规定。犯罪构成是成立犯罪的最低起点条件,所以,如果某个案件事实刚刚达到犯罪的起点,就意味着该具体案件是这种犯罪中最轻的情形。加重的犯罪构成是成立加重犯罪的最低起点条件,因此,如果某个案件事实刚刚达到加重犯罪的起点,就意味着该具体案件的罪行是加重犯罪中最轻的情形。所谓根据统计资料,是指现实发生的某种具体案件中,绝大多数的罪行居于何种程度,必须有统计数据的证明。这种绝大多数案件的罪行状况,就是犯罪的常态。

由于犯罪的实体是不法与责任,所以,只有正确把握了犯罪的不法常态与责任常态,才能正确把握犯罪的常态。不法的常态,是指某种犯罪通常具有的不法程度或法益侵害程度。结果是表明不法程度的要素。对常态结果的认识,需要根据构成要件的结果内容进行分析,而不能在抽象层面得出结论。例如,就故意杀人罪来说,致一人死亡是常态。就强奸罪而言,奸淫一名妇女既遂的结果就是常态结果。责任的常态,是指某种犯罪通常的非难可能性程度。例如,在故意犯罪中,绝大多数是直接故意、预谋故意,所以,直接故意、预谋故意是常态,不是增加责任刑的情节。反之,间接故意、突发故意轻于常态,可以成为略微减少责任刑的情节。再如,在故意杀人罪中,基于报复动机或者基于奸情杀人、为了与第三者结婚而杀害配偶,也是常态。反之,无缘无故杀人、伤人,或者看对方不顺眼就杀人、伤人的,其非难可能性高于常态;大义灭亲的杀人、伤人,其非难可能性则低于常态。

由上可见,如果认识到杀害一人是故意杀人罪的常态,就不会认为故意杀害一人的"罪行极其严重";如果认识到基于报复动机杀人是常态,就不会认为行为人的"动机卑鄙";如果认识到预谋故意、明知故犯、知法犯法是故意犯罪的常态,就不会以此为由从重处罚。

3. 按照犯罪常态确定责任刑的起点

至为明显的是,要确定责任刑的起点,就必须考虑犯罪的常态与法定刑的对应关系,亦即,常态犯罪与法定刑中的何种刑罚相对应?与常态犯罪所对应的刑罚就是责任刑的起点幅度,在此基础上,将具体案件与常态犯罪进行比较,进而确定具体案件的责任刑起点。

法定刑的下限对应的是最轻的犯罪,法定刑的上限对应的是最重的犯罪,于是,由低到高的法定刑,对应的就是由轻到重的犯罪。但是,法定刑的中间刑所对应的是思维或者想象中的中等程度的犯罪,而不是常态犯罪。因为现实生活中频繁发生的常态犯罪,并不是中等程度的犯罪,而是对应于法定刑中间刑偏下的位置。换言之,从经验上看,在大多数犯罪中,并不是常态犯罪占50%,较轻犯罪占25%,较重犯罪占25%;相反,常态犯罪一般占绝大多数(如80%左右),而且通常靠近起点犯罪。这一点在国外已经得到了统计资料的充分证明，我国的司法现状也能说明这一点。

从构成要件的形成来看，常态犯罪所对应的也是中间刑偏下乃至接近最低刑的刑罚。因为犯罪构成是对现实发生的绝大多数犯罪的描述与类型化，或者说，犯罪构成是对常态犯罪的类型化。反过来说，符合犯罪构成的行为，主要也是常态犯罪。[48]

因此，如果采用以既遂为模式的量刑起点，那么，与量刑起点对应的犯罪只能是该犯罪的常态情形；而常态犯罪并不是罪行程度居于中间程度的犯罪，而是比中间程度更轻的犯罪。所以，应当在法定刑的中间刑偏下的位置乃至接近最低刑的位置确定量刑起点（幅度）。

（三）影响责任刑的情节

确定了责任刑的起点之后，就需要根据影响责任刑的情节，确定责任刑的点。

1. 影响责任刑情节的基本内容

根据责任主义的观点，影响责任刑的量刑情节，包括两个方面的内容：一是不法事实（法益侵害事实）；二是表明责任程度的事实（已经作为定罪事实或者法定刑升格的事实进行评价的除外）。由于对责任刑的影响包括从重与从宽两种情形，所以，需要分情形讨论。

（1）增加责任刑的情节必须是有责的不法事实

没有责任的不法事实，既不能成为定罪的根据，也不能成为增加责任刑的情节。道理很简单。当行为人的某个行为意外造成他人死亡时，不可能对其定罪量刑。既然如此，当行为人实施 A 罪时意外造成他人死亡的，也只能就 A 罪定罪量刑，而不可能因为其意外造成他人死亡就对之从重处罚，否则就是典型的间接处罚。所以，增加责任刑的不法事实，以行为人对之具有责任为前提。

至于对不法事实具有何种形式的责任，才能作为增加责任刑的情节，则必须根据法益侵害结果的内容以及刑法的相关规定进行具体分析。概言之，当罪刑规范阻止的结果，以行为人具有故意为前提时，只能将故意造成的结果作为增加责任刑的情节；当罪刑规范阻止的结果，只需要过失时，可以将过失造成的结果作为增加责任刑的情节。

（2）减少责任刑的情节可以是降低不法的纯客观事实

客观事实使不法程度降低或者减少的，即使行为人对此没有认识，或者不是基于自己的意思减少不法程度，也成为减少责任刑的情节。例如，已经着手实行犯罪，由于犯罪分子意志以外的原因没有造成法益侵害结果的，是减少责任刑的情节。这是因为，责任是对不法的责任，当不法程度减少时，行为人的责任便是对已经减少的不法的责任。

当法益侵害结果由被告人与被害人共同引起或者应当部分归责于被害人时，由于结果的发生不是完全由被告人的行为所引起，故被告人所犯之罪的不法程度降低，成为减轻责任刑的情节。不言而喻，如果行为人基于自己的意志降低不法程度，则是使责任刑更为减少的情节，中止犯便是如此。

---

〔48〕 在刑法针对不同数额规定了不同法定刑，司法解释又明确规定了数额标准的情况下，需要根据被告人的犯罪数额确定责任刑。例如，假定盗窃罪的数额巨大标准是 5 万元至 50 万元，那么，盗窃 25 万元至 30 万元的行为所对应的是 5 年至 6 年责任刑。当数额犯的常态不是处于中间刑偏下的位置，而是处于接近最低刑的位置时，则应当在接近最低刑的位置确定量刑起点。

(3)增加或者减少责任程度的事实是影响责任刑的情节

如前所述,责任程度不仅是由有责的不法程度决定的,同时也是由责任要素本身决定的。例如,在毒品犯罪中,不管是犯意引诱还是数量引诱,被告人的责任都轻于没有引诱的情形。特别是在犯意引诱的场合,"由于行为人之前没有犯意,只是因为被特情引诱犯罪,其责任等级就较低,还可以让法官减轻处罚甚至免除处罚"。"法官对这些案件作出很轻的处罚是符合犯罪人责任的,公众的公平感不会受到损害。"[49] 再如,没有达到完全责任年龄(已满14周岁不满18周岁)、已满75周岁,以及仅具有限制责任能力,又聋又哑或者盲人,是减少责任刑的情节。又如,被害人的过错,既可能导致被告人的动机值得宽恕,也可能导致被告人的期待可能性减少,因而成为减少责任刑的情节。

(4)与责任无关事实不能成为影响责任刑的情节

具体案件中存在许多与责任无关的事实,即使能够表明行为人再犯罪可能性的大小,也不能成为影响责任刑的情节。

2. 影响责任刑的酌定情节

构成要件与法定的责任要素之外的表明不法减少、责任减少的情节,都是酌定从宽处罚(减少责任刑)情节;表明有责的不法增加或者责任增加的情节,则是酌定从重处罚的情节。下面简要分析常见的酌定情节(其中有的情节在某些情况下只影响预防刑,有的情节可能不应作为量刑情节考虑)。

(1)构成要件外的结果

从影响量刑(酌定从重处罚)的角度来说,构成要件外的结果(包括行为造成的危险)可以包括三种情形:其一,实施A罪行为,但在造成了A罪结果的同时,还造成了B罪的结果。如强奸犯在使用暴力过程中故意致人轻伤,必然增加强奸罪的责任刑。其二,实施A罪行为,不仅造成了成立A罪所要求的构成要件结果,而且在结果的数量上多于成立A罪所要求的结果。如一个行为造成三人轻伤。其中一人轻伤是构成要件所要求的结果,另外两人轻伤也可谓构成要件外的结果(但从定罪角度而言,不宜称为构成要件外的结果),则是增加责任刑的结果。其三,实施A罪行为,不仅造成了成立A罪既遂所要求的结果,而且发生了更严重的结果。例如,一个伤害行为给被害人造成的重伤达到了最高等级。[50]

(2)行为的手段

对于行为的手段,应当围绕法益侵害进行判断,而不应当将手段的反伦理性、行为无价值性作为增加责任刑的情节。人们习惯于认为,用数十刀捅死一个人与开一枪打死一个人,造成的结果相同,但前者的手段更残忍,所以,手段残忍是增加责任刑的情节。诚然,用数十刀捅死一个人,可以成为增加责任刑的情节,但这并不是因为手段残忍或者手段具有重大的反伦理性,或者手段具有行为无价值,而是因为用数十刀捅死一个人时,同时产生了数十个伤害结果。[51] 而开一枪打死一人时,没有如此多的伤害结果。不难看

〔49〕[德]弗兰茨·施特伦:"德国量刑理论的基本问题与最新进展",陈学勇、罗灿编译,载《人民法院报》2014年6月6日。

〔50〕从成立犯罪的角度来说,这种结果并不是构成要件外的结果。但从量刑角度来说,由于该结果多于构成要件所要求的结果,因而成为增加责任刑的情节。

〔51〕倘若只有一刀致人死亡,此外的数十刀均未接触到被害人身体,则不可能被认定为手段残忍。

出,依然是法益侵害结果导致从重处罚,而不是行为方式本身导致从重处罚。

(3)犯罪的时空条件与行为对象

一般来说,犯罪的时间、地点、环境条件不同,也能说明法益侵害程度与范围不同,因而罪行的轻重程度不同,成为酌定量刑情节。例如,在发生地震等严重自然灾害时犯罪,其罪行就重于在平时的犯罪,是酌定从重处罚情节。在刑法没有将特定对象规定为构成要件要素的情况下,如果行为对象的具体差别能够反映罪行的轻重程度,就成为酌定量刑情节。例如,一般来说,盗窃救灾、抢险款物的罪行就重于盗窃普通公私财物,成为酌定从重处罚情节。

(4)行为的次数

行为的次数通常是增加不法程度的事实。在一次行为就造成一个构成要件的法益侵害结果的犯罪中,多次行为就意味着造成了多个法益侵害结果。例如,多次非法侵入他人住宅,就意味着多次侵害了他人住宅安宁,因而增加行为的不法程度。在构成犯罪的前提下,多次行为一般成为酌定从重处罚情节。

(5)犯罪的目的与动机

当被告人的目的与动机值得宽恕时,该目的与动机应当成为减少责任刑的情节。例如,为了给亲属治病筹措资金而盗窃财物的,其非难可能性减少,因而是酌定从轻处罚情节。再如,为了救济穷人而盗窃贪官财物的,也是减少责任刑的情节。在各种犯罪中,目的非法或者目的不当、动机卑鄙或者动机不良都是犯罪的常态,不应作为酌定从重处罚情节。除非某种目的或者动机明显超出犯罪的常态,能够充分说明犯罪人的非难可能性增加,才可以成为增加责任刑的情节,但这种情形是极为罕见的。

(6)违法性认识

行为人没有认识到自己行为的违法性,并且认为自己行为不违法(存在违法性的错误),但具有违法性认识的可能性(违法性的错误可以避免)的,是酌定从轻处罚的情节。行为人没有认识到自己行为的违法性,但具有违法性认识的可能性,也没有误以为自己的行为不违法(行为人没有思考行为的违法性)的,也可以成为酌定从轻处罚情节。知法犯法或者明知故犯是故意犯罪的常态,虽然不是从轻处罚情节,但也不能成为从重处罚情节。

(7)期待可能性

具有期待可能性是成立犯罪的责任要素,不可能成为增加责任刑的情节,故不能以所谓"被告人的期待可能性大"为由从重处罚。但是,期待可能性减少是从轻处罚情节。例如,当行为人具有实施犯罪的强大动因,而且能够被一般人"理解"或宽恕时,那么,期待可能性就会明显减少,因而成为从宽处罚的情节。

(8)被害人过错

被害人的过错,既可能导致被告人的动机值得宽恕,也可能导致被告人的期待可能性减少,因而成为酌定从宽处罚情节。被害人的过错有不同的类型,其中,被害人的挑拨(或者挑衅)是从宽处罚的重要情节;[52]即使被害人的过错程度较轻,也是酌定从轻处罚

---

〔52〕 在英美普通法上,由于被害人(死者)的挑拨导致被告人处于激愤状态而杀害被害人的,不以谋杀罪论处,而减轻为故杀罪(非预谋杀人罪)。在我国,被害人的挑拨一般不会导致罪名的变更。如果被害人的挑拨导致被告人的行为构成正当防卫,则另当别论。

的情节。

(9)余罪

余罪是指在刑事审判中没有被起诉但得到证实的犯罪事实。需要讨论的是如下情形:甲的行为原本构成 A、B 二罪,但公诉机关仅起诉了其中的 A 罪,没有被起诉的 B 罪事实能否作为增加已被起诉之 A 罪的从重处罚的情节?本书的看法是,倘若余罪的事实表现为被起诉事实的手段、结果,因而使被起诉之罪的不法程度增加,或者表现为被起诉事实的动机、目的,因而使被起诉之罪的责任程度增加,或者说明被告人再犯罪的危险性大时,可以成为酌定从重处罚的情节。例如,行为人 6 次盗窃,但检察机关只起诉了 4 次盗窃时,作为余罪的两次盗窃,可以成为表明被告人特殊预防必要性大的事实(被告人盗窃的常习性严重),因而成为酌定量刑情节。但是,余罪的事实对量刑的影响,应当控制在较小的范围内。[53]

(10)疑罪

疑罪是指认定成立犯罪的证据不足的情形。被告人成立 A 罪的行为被起诉,该行为有成立更重犯罪的嫌疑,但现有证据不能证明其行为成立更重的犯罪。法官在对 A 罪量刑时,能否将可能触犯的更重的疑罪作为从重处罚的情节?本书持否定回答。前述余罪是已经被证明的犯罪,只不过检察机关没有提起诉讼。而疑罪是没有得到证明的事实。根据认定犯罪的证据标准以及事实存疑时有利于被告的原则,只能否认疑罪的存在。例如,现有证据证明甲强奸一名妇女,虽然甲供述自己还强奸过另外一名妇女,但得不到其他证据的证实。只有被告人的口供,不能作为定案的根据。所以,只能认定甲强奸一名妇女。即使甲事实上可能强奸了两名妇女,但在量刑时,不能将甲可能强奸了另一名妇女的疑罪作为从重处罚的情节。

(11)社会影响

我国的司法实践在量刑时普遍考虑犯罪行为造成的社会影响。根据司法解释的规定,社会影响对量刑的作用主要表现为以下两种情形:一是将行为造成的恶劣社会影响作为法定刑升格的条件之一;二是将行为造成的恶劣社会影响作为在法定刑内裁量刑罚的情节。联系我国的立法体例与重刑主义的司法现状,本书不主张将社会影响作为酌定从重处罚情节。第一,倘若认为社会影响是一种法益侵害结果,那么,这种结果应当包含在构成要件结果中,因而已经被法定刑所考虑,不应当再作为增加责任刑的情节。例如,放火、爆炸等危害公共安全的犯罪,其法定刑当然考虑到了这种行为对公众生活的平稳与安宁所造成的侵害。第二,当某种犯罪的社会影响不属于构成要件结果时,不应当作为构成要件外的法益侵害结果来考虑。第三,常态犯罪所造成的社会影响,更不可能成为从重处罚情节。例如,通常的故意杀人行为、故意伤害行为,即使引起了社会公众的心理恐慌,也不能作为从重处罚情节。因为常态犯罪所造成的社会影响,已经被法定刑所考虑。第四,虽然他人容易模仿的犯罪属于一般预防必要性较大的犯罪,但不应以一般预防必要性大为由加重刑罚。一般来说,犯罪样态的"模仿性",立法者已经在规定法定刑时做了考虑,故不应在量刑时再予考虑,否则不仅会重复评价,而且将犯罪人作为一般预防的工具对

---

〔53〕 如果将余罪作为增加责任刑或者预防刑的情节对已经起诉的犯罪起作用后,后来通过审判监督程序对余罪再行起诉,那么,对余罪量刑时,必须从轻处罚(相当于减少原来增加的部分),从而避免重复评价。

待，侵犯了犯罪人的尊严。[54] 第五，一般意义上的社会影响，是难以甚至不可能评估和测量的。如果要将社会影响作为增加责任刑的情节，必然导致法官量刑的恣意性。第六，社会影响的大小受媒体的影响特别大，因而具有偶然性与不确定性。同样的犯罪，经过媒体大量报道后会产生重大社会影响，但没有经过媒体报道的则不会产生社会影响。而且，媒体的报道也可能不真实，夸大或者缩小的现象相当普遍。如果将社会影响作为增加责任刑的情节，不仅导致处罚不公平，而且导致媒体左右量刑。

与社会影响相联系甚至有等同含义的是民愤。耳熟能详的"不杀不足以平民愤"，表明了量刑时应当考虑民愤，但本书反对将民愤作为从重处罚的情节。首先，对罪行轻重必须进行规范评价，即必须以不法和责任为根据，以法律为准绳。如果一般人的评价与规范评价相一致，结论是罪行严重，那么，此时并不是因为民愤大而导致罪行重。如若一般人的评价与规范评价不一致，那么，就不能由一般人的评价影响规范评价。其次，为了威慑一般人而将民愤作为从重量刑情节，显然是将被告人作为预防他人犯罪的工具，而且必然导致量刑过重，侵害了被告人的尊严。

(12)被害感情

被害感情，一般是指被害人及其家属因犯罪所遭受的精神损害以及由此产生的处罚感情或科刑意见。[55] 精神损害与处罚感情不一定成正比关系，需要分开讨论。

这里的精神损害，不是指侮辱、诽谤等罪造成的名誉毁损，而是指杀人、伤害、交通肇事、强奸等行为给被害人造成的精神痛苦(狭义的被害感情)。本书不赞成将精神损害作为增加责任刑的情节。首先，应当认为，犯罪行为给被害人造成的通常的精神损害，已经被法定刑所考虑。例如，立法者当然预想到故意杀人行为会给被害人家属造成巨大的精神痛苦。再如，强奸罪的法定刑之所以重，一个重要原因也是考虑到了强奸行为会给被害人造成巨大的精神痛苦。所以，在法益侵害结果之外再将精神损害作为构成要件外的结果，实际上有重复评价之嫌。其次，从罪刑法定原则的保障机能来看，对不法程度的评价，必须以符合构成要件的事实为根据。故意杀人罪的构成要件，决定了其结果限于被害人死亡(未遂时包括伤害)。如果将被害人家属的精神痛苦也作为故意杀人罪的一种结果，必然导致结果漫无边际。最后，被害感情因人而异，不同的被害人对相同的犯罪行为产生的被害感情不可能相同；法官对被害感情也难以进行客观判断，将被害感情作为增加责任刑的情节，必然导致量刑的不公平。

处罚感情存在相反的情形：一是要求严厉处罚；二是希望宽大处罚。

首先，在我国的量刑实践中，被害人及其家属的严厉处罚要求，事实上成为增加责任刑的情节。不仅如此，就故意杀人等案件而言，如果没有取得被害方的谅解，就会判处被告人死刑立即执行。但是，将被害方的严厉处罚要求作为从重处罚情节，明显不当。被害人及其家属要求严厉处罚被告人，主要是因为他们是被害人家属，而不是因为犯罪本身的不法程度重或者责任重。因为被害程度与处罚要求并不呈现正比关系，不同的被害人对相同的犯罪会产生不同的处罚要求。对罪行的评价，不可能以被害人及其家属的价值观

---

[54] 参见[日]城下裕二："量刑事情的意义与界限"，载《现代刑事法》第3卷(2001年)第1号，第30页以下。

[55] 参见[日]小池信太郎："评论"，载大阪刑事实务研究会编著：《量刑实务大系第2卷关于犯罪情节的诸问题》，判例时报社2011年版，第128页。

为标准,只能根据刑法与一般人的价值观做出评价。倘若认为,被害人及其家属要求严厉处罚被告人,是因为被告人的罪行严重,对被告人从重处罚的根据就是罪行严重,而不是被害人的处罚感情。

其次,在我国的量刑实践中,被害人及其家属的谅解(希望宽大处罚),成为从宽处罚的重要理由。德国、日本的刑法理论与审判实践也将被害人的谅解作为量刑时必须考虑的情节。问题是,被害人的谅解使得量刑从宽的根据是什么?本书的初步看法是,被害人的谅解是表明一般预防必要性减少的情节。一般预防的对象是犯罪人以外的社会成员。除了具有犯罪危险的人、容易犯罪的人以外,犯罪被害人也是一般预防的对象。被害人因为直接或间接受到犯罪行为的侵犯,往往具有报复性倾向,也容易通过犯罪手段达到报复目的;对犯罪人适用刑罚,有利于消除被害人的报复心理,增强被害人的规范意识。反过来说,被害人的谅解表明其报复性倾向减少,不会通过犯罪手段实现报复目的。根据本书的观点,一般预防必要性大虽然不能成为加重量刑的理由,但一般预防必要性小则是从宽量刑的理由。

四、预防刑的裁量

(一)预防刑的裁量概述

在责任刑的点之下,对预防刑的裁量是实现刑罚目的的关键。如果确定了责任刑的点之后,不进行预防刑的裁量,就意味着采取了绝对报应刑论。如果在责任刑的点之上裁量预防刑,则意味着仅采取预防刑论。倘若在责任刑的点之下裁量的预防刑不当,就不利于预防目的的实现。

预防刑的裁量仍然存在刑种的选择问题。因为我国刑法对大部分犯罪都规定了两种以上的刑罚。因此,即使确定了责任刑的点,点之下仍然可能存在不同的刑种。例如,对故意轻伤害的犯罪确定了1年有期徒刑的责任刑之后,1年徒刑之下还有拘役与管制,最终是选择徒刑,还是选择拘役或者管制,是预防刑的裁量所要解决的问题。例如,如果实行社区矫正就足以预防犯罪人重新犯罪,那么,法官原则上就应当选择管制。

在选择了刑种之后,预防刑的裁量主要是刑度或刑量的决定。例如,对一个普通抢劫罪确定了7年有期徒刑的责任刑之后,如果没有减轻处罚与免除处罚的情节,那么,就只能在3年以上7年以下有期徒刑的范围内进行预防刑的裁量,此时仅有刑量的决定。刑量的决定,则完全取决于影响预防刑的情节以及对犯罪人再犯罪危险性的评估。

预防刑裁量的另一个重要内容,是刑罚的具体形态的决定,即在具备适用缓刑的前提条件下,是判处实刑还是宣告缓刑。实质的标准显然是特殊预防目的及其实现条件:如果没有再犯罪的危险,原则上就应当宣告缓刑;如果不执行刑罚就有再犯罪的危险,则不宜宣告缓刑。对于累犯不适用缓刑,就是因为犯罪人有过刑罚体验之后仍然再次犯罪,这便表明,如果适用缓刑就不能避免再犯罪的危险。

(二)裁量预防刑的观念

如前所述,量刑时难以考虑积极的一般预防,不能考虑消极的一般预防,但可以考虑一般预防必要性小的情形。

特殊预防是刑法所期待的未来的目的,但法官在追求特殊预防目的裁量刑罚时,必须以已经发生或者已经存在的反映犯罪人的再犯罪危险性的事实为根据。在此意义上说,刑罚必须与犯罪人的再犯罪危险性相适应。显而易见,犯罪人罪前一贯品行较好或素有劣迹、是否累犯、有无前科等,以及罪后自动投案或畏罪潜逃、主动坦白或嫁祸于人、积极退赃或隐藏赃物、对被害人赔礼道歉或扬言报复等与犯罪行为有关的表现,虽然对他所实施的犯罪本身没有直接影响,或者说不能对责任刑产生影响,却可预示其改造的难易程度和再犯罪的危险性大小,将这种再犯罪危险性作为决定刑罚轻重的根据之一,符合特殊预防的需要。不仅如此,犯罪人再犯罪的危险性大小,还与其人格、家庭及社会环境、职业状况、交往关系等密切相关。因此,认定再犯罪危险性程度的依据,包括两大方面:(1)犯罪人在罪前罪后的与犯罪行为有联系的表现。刑法关于自首、立功与累犯的规定,也都说明罪前罪后的表现是裁量预防刑的依据。(2)犯罪人的人格、家庭及社会环境、职业状况等影响再犯罪的危险性的因素。例如,行为人是否生活在健全的家庭环境中,从特殊预防的观点来看,对刑种的选择以及对缓刑与实刑的选择起着重要作用。家庭生活的健全性,是判处管制、缓刑的有利因素;反之,如果行为人生活在像犯罪温床那样的家庭里,则影响管制、缓刑的适用。

由于在量刑时基本上考虑的是特殊预防目的,所以必然导致对罪行相同的犯罪宣告不同的刑罚。所以,必须正确认识所谓量刑平衡观念。

所谓量刑平衡观念(相对的均衡),是指对相同的案件应当判处相同的刑罚。但是,特殊预防的必要性大小是在责任刑之下最应当重视的量刑因素,而每个罪犯的特殊预防必要性大小不可能相同,因此,不存在相同的案件。既然如此,要求量刑统一就不可行了。退一步说,即使量刑需要考虑一般预防的必要性大小,同一犯罪的一般预防的必要性大小在各地也不相同。反过来说,不同地区对相同或者相似犯罪的量刑存在一定区别,并不是异常现象,更不能认为这种现象"破坏了法制的统一性"。即使是在同一地区发生的所谓相同案件,也不意味着罪行轻重程度是相同的,因为在社会急速变化的时代,人们对今天发生的案件的评价,与对昨天发生的案件的评价,就可能不相同。同样,不管发生在什么地区、什么时期的所谓相同案件,犯罪人特殊预防必要性的大小是绝对不可能相同的。既然如此,就没有相同的案件。对量刑平衡的追求,必然对预防刑的裁量产生不利影响。刑罚的正当化根据是报应与预防,法官不能为了追求量刑平衡,而放弃对此地此时此案件的责任刑与预防刑的合理裁量,相反,必须根据此地此时此案件的责任程度与此被告人的特殊预防必要性大小,做出符合刑罚正当化根据的量刑判断。

(三)影响预防刑的情节

1. 影响预防刑的情节概述

量刑只能以过去的事实为根据判断犯罪人将来再次犯罪的危险性大小,所以,对影响预防刑的情节的判断,实际上也是对特殊预防必要性大小的判断。预防刑的裁量以特殊预防为目的,需要确定什么样的刑罚就可能或者才能使被告人改善更生,属于对将来的预测;为了使预测尽可能准确,需要尽可能全面、广泛收集被告人的相关情节。

影响预防刑的情节十分宽泛,但只有一部分被类型化。其中,有的被刑法条文类型化(如累犯、自首、立功、坦白),有的被司法解释类型化(如退赃、退赔、当庭自愿认罪等)。除此之外,还有大量没有被类型化,但的确能够表明犯罪人特殊预防必要性大小的情节。所以,法官在裁量预防刑时,既要考虑类型化的情节,也要考虑非类型化的情节。概言之,法官在量刑时应当合理行使自由裁量权,不能期待所有情节都由刑法明文规定。刑法不可能将所有量刑情节法定化,不可能对各种量刑情节的裁量制定具体规则,不可能对各种量刑情节的作用予以数学式的量化。“即便能够制定规则,裁量往往也是更优的。没有裁量的规则就无法全面考虑使结果适应具体案件的特定事实和情况。证成裁量正义的理由通常是个别化正义的需要。”“在许多情况下,机械地适用规则的就意味着非正义;我们需要的是个别化的正义,也就是说,正义的程度要适应单个案件的需要。只有通过裁量方能实现个别化正义目标。”[56]法官的判决,不只是要实现刑法规定的抽象制度,还要实现一位真正的法官的正义感觉。法官的裁量,不能只是机械地套用刑法的一般性规定,更要考虑一般性规定背后的实质根据与理由。预防刑的裁量特别需要法官明确刑罚的正当化根据,全面掌握非类型化的情节,以此为基础正确判断被告人特殊预防必要性的大小,从而实现刑罚目的。

2. 影响预防刑的酌定情节

本章第二节已经说明了影响预防刑的法定情节(累犯、自首、坦白、立功),下面对影响预防刑的酌定情节略作说明。

(1)一般违法事实

一般违法事实,是指违反其他法律但没有构成犯罪的事实。如果一般违法行为与犯罪相关联,足以说明被告人的特殊预防必要性大时,则成为影响预防刑的情节。例如,行为人的一次盗窃达到数额较大的标准,但另有违反《治安管理处罚法》的盗窃行为。应当认为,作为一般违法行为的盗窃,因为表明行为人再次盗窃的可能性较大,所以,成为增加预防刑的情节。再如,行为人随意殴打他人情节恶劣,在根据该事实确定责任刑之后,其不构成犯罪的追逐、拦截、辱骂、恐吓行为或者强拿硬要或者任意损毁、占用公私财物的一般违法行为,由于表明行为人再次犯寻衅滋事罪的可能性较大,可以成为增加预防刑的情节。

但是,与行为人所犯之罪无关的不能表明行为人再次犯罪可能性大的一般违法行为,不应当成为增加预防刑的情节,否则会形成间接处罚。例如,在对故意杀人罪、故意伤害罪量刑时,就不能将违反《治安管理处罚法》的盗窃行为当做增加预防刑的情节;在对强奸罪量刑时,不能将其吸毒行为作为增加预防刑的情节;在对毒品犯罪量刑时,不能将其毁损财物的一般违法行为当成增加预防刑的情节。

(2)犯罪前的表现

犯罪人的一贯表现既不是定罪的根据,也不是确定责任刑的依据。但是,能够表明行为人的再犯罪可能性大小的一贯表现,属于影响预防刑的情节。例如,两个盗窃相同数额财物的罪犯,一个平时经常有小偷小摸行为,一个没有不良表现,对于前者的量刑就可能重于后者。两位责任程度相同的过失犯,一位平时总是马马虎虎、粗心大意,另一位平时一直兢兢业业、小心谨慎,对后者的量刑就应当轻于前者。

但是,不良的一贯表现对预防刑的影响应当控制在很小的范围,否则会导致间接处罚。此外,也不是任何不良的一贯表现都是增加预防刑的情节。因为法官在考虑犯罪人特殊预防必要性大小时,重点在于判断被告人将来是否可能再次实施相同的犯罪,基本上不可能判断被告人将来是否实施其他犯罪。例如,在对盗窃犯量刑时,法官判断的是该被告人将来再犯盗窃罪的可能性大小,而不可能判断该被告人将来是否可能犯故意杀人罪。

[56] [美]肯尼斯·卡尔普·戴维斯:《裁量正义》,毕洪海译,商务印书馆2009年版,第17页、第20页。

反之亦然。同样,在对强奸犯量刑时,法官判断的是该被告人将来再犯强奸罪的可能性大小,而不可能是判断该被告人将来是否可能犯盗窃罪。反之亦然。既然如此,法官就只能围绕被告人的已犯之罪收集、判断犯罪前的表现,只有这种与已犯之罪相关的一贯表现,才可能影响预防刑的裁量。所以,在对故意杀人罪、强奸罪量刑时,将小偷小摸的一贯表现作为增加预防刑的情节,是不合适的。

良好的一贯表现,如果能说明行为人再犯罪的可能性小,当然成为减少预防刑的情节。例如,一直具有规范意识的行为人,由于某种特殊的原因实施了故意犯罪或者过失犯罪的,可以认为其再犯罪可能性小,应当减少预防刑。

(3)犯罪后的态度

第一,反省、悔罪与赔礼道歉。反省,意味着被告人对自己实施的犯罪行为及其心理活动的一种回忆与检查,表明被告人认识到了自己的罪行。悔罪,意味着被告人对自己犯罪行为的后悔、悔恨,表明被告人以后不愿意再次实施相同的犯罪行为。赔礼道歉,意味着被告人向被害人或者向社会承认自己的罪过。真诚的反省、悔罪与赔礼道歉能够表明犯罪人再犯罪的可能性小,是减少预防刑的情节。赔礼道歉还能缓解被害人与社会大众的报应感情,使一般预防的必要性减少。反省、悔罪与赔礼道歉虽然不是法定的量刑情节,但就事后态度所表明的特殊预防必要性大小来说,其作用未必小于坦白。换言之,坦白只是对犯罪行为的如实供述,并不等于被告人对自己犯罪行为的后悔、悔恨。所以,反省、悔罪与赔礼道歉虽然不属于法定量刑情节,但在裁量预防刑时必须受到重视。此外,不能因为被告人在法庭上为自己辩解,就否认其反省、悔罪。[57]

第二,积极退赃、赔偿损失与挽回损失。这类行为中的部分情形已成为法定情节(参见刑法第 383 条第 3 款,刑法第 276 条之一第 3 款),此外,大量的司法解释都肯定了积极退赃、赔偿损失与积极挽回损失是从宽处罚的情节。事后积极退赃、赔偿损失与积极挽回损失的行为,是减少预防刑的情节。被告人基于自己悔罪的意思积极退赃、赔偿损失与积极挽回损失的,或者虽然没有完全退赃、赔偿损失与挽回损失,但为此付出了真挚的努力的,或者强烈要求家属、亲友帮助自己赔偿损失与挽回损失的,能够表明被告人的认罪、悔罪态度,因而表明其特殊预防的必要性减少,属于减少特殊预防刑的情节。即使被告人不是基于自己的意思退赃、赔偿损失与挽回损失,而是由亲属或者亲友帮助赔偿损失与挽回损失的,由于能够缓解被害人的报应感情与社会的处罚感情,可以认为一般预防的必要性减少,也可以成为减少预防刑的情节。当然,对家属或者亲友帮助赔偿损失与挽回损失的情节,应当与被告人主动赔偿损失与挽回损失的情节有所区别。

第三,隐瞒事实、毁灭证据与负案潜逃。在我国的司法实践中,被告人犯罪后为逃避刑事责任而隐瞒事实、毁灭证据与负案潜逃(逃逸)的,通常被作为从重处罚的情节。但在本书看来,被告人犯罪后为逃避刑事责任而隐瞒事实、毁灭证据与负案潜逃,属于行为

---

〔57〕 公安、司法机关的一些做法(特别是在涉及非法占有目的等主观要素的认定方面)常常使行为人陷入两难境地。例如,行为人认为自己与他人只是合同纠纷,并不具有合同诈骗罪的故意与非法占有目的。但是,公安、司法机关可能先要求行为人认罪、退赃。如果认罪、退赃,意味着行为人承认自己有合同诈骗罪的故意与非法占有目的;如果不认罪、退赃,行为人会担心自己将受到更严厉的处罚。于是,不管是否认罪、退赃,一起原本无罪的案件,无形之中演变成犯罪案件。不难看出,在案件事实没有查明时,要求行为人认罪、退赃的做法,明显不当。

人犯罪后的常态。这种常态只是表明行为人希望逃避刑事责任,而不意味着其特殊预防的必要性大。换言之,这种常态意味着行为人惧怕承担刑事责任,表明刑罚能够对其起到威慑作用。既然如此,就不能将这种情节当做增加预防刑的情节。更为重要的是,对于犯罪人而言,隐瞒事实、毁灭证据与负案潜逃都是没有期待可能性的行为(参见刑法第307条第2款),如果将这类行为作为增加预防刑的情节,就成为典型的间接处罚,与刑法规定相抵触。

第四,犯罪行为对犯罪人自身造成的损害。犯罪行为对被告人自身造成的损害结果,不可能影响不法与责任。[58] 例如,交通肇事致他人死亡的同时,也导致行为人身受重伤的,并不因此减轻对交通肇事行为的不法与责任的评价。但是,一方面,由于预防刑必须考虑刑罚对犯罪人未来生活的影响,所以,对行为人自身造成的结果,完全可能成为预防刑所考虑的因素。另一方面,特殊预防目的,是通过刑罚的保安、威慑与再社会化功能实现的。在犯罪人身受重伤后,通过保安功能实现特殊预防的必要性减少。所以,对行为人自身的结果是可以作为预防刑的情节考虑的。

(四)预防刑的裁量方法

按照本书的观点,在确定了责任刑的点之后,再考虑影响预防刑的情节,依据特殊预防必要性的大小,在责任刑的点之下从重或者从轻处罚。例如,甲以暴力抢劫他人价值7000元的财物,并且致人轻伤。假定量刑起点为4年,根据抢劫的数额与致人轻伤的情节,将责任刑确定为6年,那么,在甲具有坦白、悔罪、退赃等减少预防刑的情节时,就必须在3年以上6年以下的幅度内从宽处罚。再如,乙出于报复动机故意杀害2人,假定其责任刑是死刑立即执行,但乙具有坦白、悔罪等减少预防刑的情节,就必须从宽处罚,宣告刑不得为死刑立即执行。由此可见,不管罪行与责任刑的轻重,只要被告人具有减少预防刑的情节,就必须从宽处罚。

五、宣告刑的确定

一般来说,在责任刑的点之下妥当裁量了预防刑,所形成的刑罚便是宣告刑。但是,在许多场合,还会有一些相关事项要求法官做出进一步判断,最后决定宣告刑。[59]

例如,在裁量了责任刑与预防刑之后,法官完全可能考虑到被告人已经受到的社会制裁或者不公正的追诉过程,而做出略微对被告人有利的宣告刑。

再如,在共同犯罪案件中,法官分别对各被告人确定了责任刑与预防刑之后,会权衡对各被告人所宣告的刑罚是否协调,防止宣告刑的不公平、不合理。我国刑法将共犯人区分为主犯、从犯与胁从犯,并规定了不同的处罚原则,另外还规定了教唆犯的处罚原则。主犯、从犯、胁从犯只是就责任而言,换言之,对从犯应当从轻、减轻或者免除处罚,只是对责任刑的从轻、减轻与免除处罚。反过来说,对主犯不从轻、减轻和免除处罚,只是就责任

---

〔58〕 即使在一般意义上可以认为,犯罪行为对犯罪人造成的损害是一种"报应",但这种"报应"不是现代报应刑论的责任报应。

〔59〕 广义的宣告刑并不限于对刑罚的宣告,而是包括了对保安处分以及其他非刑罚处罚措施的宣告。例如,是否宣告禁止令,是否没收犯罪工具等,都必须在判决时一并处理。在实行依法治国的时代,这是不可轻视的重要问题。

刑而言。当主犯具有减少预防刑的情节时，对主犯当然需要从宽处罚。[60] 责任刑与预防刑的关系表明，主犯、从犯与胁从犯的再犯罪可能性大小，并不取决于责任的大小。换言之，主犯的责任重，并不等于其再犯罪可能性也大；从犯的责任轻，并不意味着其再犯罪可能性也小。所以，不能片面追求主从犯的量刑均衡。例如，乙为了帮助甲伤害丙，将丙引诱至甲约定的偏僻处，甲造成丙的重伤。甲（主犯）的责任刑明显重于乙（从犯）的责任刑，但甲犯罪后投案自首，并且有立功表现，而乙是累犯，对预防刑裁量的结局，很可能是乙的宣告刑重于主犯。

又如，在被告人犯数罪，法官分别对各罪确定责任刑与预防刑之后，只有进行综合判断，才能确定宣告刑。被告人犯数罪的，首先应当分别裁量责任刑与预防刑，然后再综合裁量宣告刑。在对数罪量刑时，需要分清哪些情节对哪一犯罪的责任刑起作用，哪些情节对哪一犯罪的预防刑起作用。例如，甲犯了故意伤害罪与盗窃罪，其犯故意伤害罪的动机，不可能对盗窃罪的责任刑产生作用。同样，其盗窃数额也不可能对故意伤害罪的责任刑起作用。又如，倘若甲在故意伤害罪被发现后，主动交待司法机关尚未掌握的盗窃事实的，对盗窃罪成立自首，自首情节仅影响盗窃罪的预防刑。但如果甲有检举揭发他人犯罪的立功表现，则该情节适用于所有犯罪。倘若甲是累犯，累犯也同时成为增加故意伤害罪与盗窃罪的预防刑的情节。不过，在这种场合，累犯对两个犯罪的预防刑所起的作用可能存在区别，因为同种累犯与不同种累犯对说明被告人再犯罪的可能性大小所起的作用并不相同。倘若甲以前曾因盗窃罪受到刑罚处罚，那么，这一累犯事实，对甲的故意伤害罪的预防刑所起的作用，就应当小于对盗窃罪的预防刑所起的作用。

《量刑指导意见》规定了确定宣告刑的方法："（1）量刑情节对基准刑的调节结果在法定刑幅度内，且罪责刑相适应的，可以直接确定为宣告刑；如果具有应当减轻处罚情节的，应依法在法定最低刑以下确定宣告刑。（2）量刑情节对基准刑的调节结果在法定最低刑以下，具有法定减轻处罚情节，且罪责刑相适应的，可以直接确定为宣告刑；只有从轻处罚情节的，可以依法确定法定最低刑为宣告刑；但是根据案件的特殊情况，经最高人民法院核准，也可以在法定刑以下判处刑罚。（3）量刑情节对基准刑的调节结果在法定最高刑以上的，可以依法确定法定最高刑为宣告刑。（4）综合考虑全案情况，独任审判员或合议庭可以在20%的幅度内对调节结果进行调整，确定宣告刑。当调节后的结果仍不符合罪责刑相适应原则的，应提交审判委员会讨论，依法确定宣告刑。（5）综合全案犯罪事实和量刑情节，依法应当判处无期徒刑以上刑罚、管制或者单处附加刑、缓刑、免刑的，应当依法适用。"

关于上述规定，有以下几点需要说明：第一，由于《量刑指导意见》没有区别责任刑与预防刑，更没有主张在责任刑之下裁量预防刑，所以出现了第（3）项所称的"对基准刑的调节结果在法定最高刑以上的"情形。本书主张在法定刑之内确定责任刑，并在责任刑之下裁量预防刑，因而不可能出现这样的现象。第二，上述各项规定，实际上肯定了宣告刑的确定需要综合判断。换言之，单纯根据各种情节所确定的刑罚，不等于宣告刑。本书对此持肯定态度。第三，上述各项规定，只是就刑罚的宣告而言，而没有考虑保安处分与非刑罚处罚措施。但在宣告狭义刑罚的同时，通常也要宣告保安处分与非刑罚处罚措施。

---

〔60〕 所以，在司法实践中，一直存在对主犯不适用"可以型"从宽处罚情节，或者不考虑酌定从宽处罚情节，或者从严掌握从宽情节适用的现象，值得商榷。

第四,《量刑指导意见》虽然将缓刑的决定纳入宣告刑的确定,但缓刑的宣告首先是预防刑的裁量问题。另一方面,被告人的家庭状况等也是能否宣告缓刑的重要判断资料,但家庭状况本身不能直接说明被告人再犯罪可能性的大小。在此意义上说,难以绝对区分预防刑的裁量与宣告刑的确定。

第五节 数罪并罚

一、数罪并罚的概念

数罪并罚,是指法院对一人犯数罪分别定罪量刑,并根据法定原则与方法,决定应当执行的刑罚。据此,数罪并罚具有以下特征:

1. 一人犯数罪。一人犯两个或两个以上的罪是实行数罪并罚的前提。数人共同犯数罪的,实际上对数人应分别量刑,仍然属于一人犯数罪,存在数罪并罚问题。

2. 数罪发生在法定期间以内。换言之,只有当刑罚执行完毕以前发现犯罪人犯有数罪的,才适用数罪并罚。具体包括以下情况:(1)判决宣告以前一人犯数罪;(2)判决宣告后,刑罚执行完毕以前,发现被判刑的犯罪人在判决宣告以前还有其他罪没有判决的(漏罪);(3)判决宣告后,刑罚执行完毕以前,被判刑的犯罪人又犯罪的(新罪);(4)被宣告缓刑或假释的犯罪人在缓刑或假释考验期内又犯罪或发现漏罪的。由此可见,数罪并罚与累犯从重处罚具有区别;刑罚执行完毕之后又犯罪的,属于是否构成累犯的问题,而非数罪并罚问题。刑罚执行完毕以后发现犯罪人在判决宣告以前还有其他罪没有判决的,如果没有超过追诉时效,应依法定罪量刑,不涉及数罪并罚与累犯问题。

3. 对数罪分别定罪量刑后,根据法定原则与方法,决定执行的刑罚。即先对犯罪人所犯数罪分别定罪量刑,然后决定合并执行的刑罚。实行数罪并罚的结局,是对数罪产生一个判决结果,而不是相互独立的几个判决结果。对数罪产生一个判决结果,不是采取“估堆”方法将数罪作为一个整体进行综合判断,而是先分别定罪量刑,后根据一定原则与方法决定合并执行的刑罚。具体表现为两种情况:(1)在判决宣告以前一人犯数罪的,要分别逐一定罪量刑,然后根据法定原则与方法,决定合并执行的刑罚;(2)在判决宣告后刑罚执行完毕以前发现漏罪或者再犯新罪,或者在缓刑、假释考验期内再犯新罪或发现漏罪的,只需要对漏罪或新罪定罪量刑,然后根据法定原则与方法,与前罪刑罚合并决定应执行的刑罚。

数罪并罚制度的主要意义如下:(1)使犯罪人受到应有刑罚处罚,有利于实现刑罚的目的和保障被告人的合法权益;(2)便于法官对一人犯数罪进行正确处理,也便于各级法院和公民分析判断对一人犯数罪的并罚过程与方法,便于上级法院监督、检查和处理上诉、申诉案件;(3)有利于特殊情况的处理,如在发现超过追诉时效或出现赦免等问题时,只需撤销或免除其中特定的判决或刑罚,不涉及其他判决的法律效力,因而有利于保持判决的稳定。

二、数罪并罚的原则

(一)数罪并罚原则概述

数罪并罚原则,是指对一人犯数罪合并处罚所依据的原则。各国刑法所采取的原则主要有吸收原则、并科原则、限制加重原则与混合原则。吸收原则的内容是将数罪分别定罪量刑，然后选择最重的一种刑罚作为执行的刑罚，其余较轻的刑罚都被最重的刑罚吸收（即不执行）。并科原则也即相加原则，其内容是将数罪分别定罪量刑后，然后将各罪所处的刑罚相加在一起全部执行。限制加重原则的内容是，以数罪中的最高刑罚为基础，再加重一定的刑罚作为执行的刑罚，或者在数刑的合并刑期以下，依法酌情决定执行的刑罚。其中又分为加重单一刑主义与加重综合刑主义。加重单一刑主义，是指首先确定加重的处断刑（根据法律提高重罪的法定刑），然后在处断刑的范围内确定执行的刑罚。〔61〕这种做法是为了综合考虑对数个犯罪或多或少共同起作用的行为人的人格与环境。加重综合刑主义，是指对数罪分别定罪量刑，然后在总和刑内，根据一定规则，确定应当执行的刑罚。这种做法以"一罪一刑"的思想为基础。混合原则是指根据刑种分别采取上述不同原则的做法。

吸收原则、并科原则与限制加重原则，就部分特定的刑种而言具有合理性，但对另一些刑种而言则具有不合理性。例如，就死刑、无期徒刑与其他刑种的并罚而言，采取吸收原则较为合理，但对有期徒刑采取吸收原则就不妥当。再如，对主刑与附加刑的并罚采取并科原则较为合适，但对主刑与主刑之间采取并科原则，就会造成刑罚过重而且不符合实际的局面。限制加重原则对有期徒刑、拘役、管制等刑种而言，具有合理性，但对死刑、无期徒刑而言难以适用。因此，根据刑种分别采取不同原则的混合原则，才是可取的。

（二）我国的数罪并罚原则

刑法第 69 条规定："判决宣告以前一人犯数罪的，除判处死刑和无期徒刑的以外，应当在总和刑期以下、数刑中最高刑期以上，酌情决定执行的刑期，但是管制最高不能超过三年，拘役最高不能超过一年，有期徒刑总和刑期不满三十五年的，最高不能超过二十年，总和刑期在三十五年以上的，最高不能超过二十五年。""数罪中有判处有期徒刑和拘役的，执行有期徒刑。数罪中有判处有期徒刑和管制，或者拘役和管制的，有期徒刑、拘役执行完毕后，管制仍须执行。""数罪中有判处附加刑的，附加刑仍须执行，其中附加刑种类相同的，合并执行，种类不同的，分别执行。"据此，刑法对数罪并罚采取的是混合原则。

1. 对判处死刑或者无期徒刑及其他主刑并罚的，以及有期徒刑与拘役并罚的，采取吸收原则。（1）数罪中判处几个死刑或者最重刑为死刑时，只执行一个死刑，不执行其他主刑。（2）数罪中判处几个无期徒刑或者最重刑为无期徒刑时，只执行一个无期徒刑，不执行其他主刑。在这种情况下，不能将两个以上的无期徒刑决定合并执行死刑。一方面，两个以上无期徒刑相加，也是无期徒刑。另一方面，无期徒刑与死刑是性质截然不同的两个刑种；刑法严格控制死刑的适用，将两个以上的无期徒刑合并为死刑，就扩大了死刑的适用范围；而且既然被告人所犯各罪都只应判处无期徒刑，就说明罪行并非极其严重，不能

---

〔61〕 例如，日本刑法第 47 条规定："并合罪中有两个以上判处有期惩役或者有期监禁的犯罪时，应将最重的罪所规定的刑罚的最高刑期加其二分之一作为最高刑罚，但不得超过对各罪所规定的刑罚的最高刑期的总和。"据此，当行为人触犯了甲罪与乙罪，其中甲罪是重罪，法定刑为 3 年以上 10 年以下惩役，乙罪为轻罪，法定刑为 1 年以上 4 年以下惩役时，并合处罚时处断刑的最高刑就是 15 年惩役（10 年加 10 年的 1/2）。但甲罪与乙罪的最高刑的总和为 14 年，故甲、乙二罪的处断刑的最高刑为 14 年惩役。于是，法官就在 3 年以上 14 年以下惩役（处断刑）的范围内，同时考虑行为人的甲罪与乙罪，决定一个刑罚。可见，在采取加重单一刑主义时，并不是对每一个罪都分别量刑。

决定合并执行死刑。(3)数罪中有判处有期徒刑和拘役的,只执行有期徒刑。

2. 对于数罪所判处的刑种均为有期徒刑、均为拘役或者均为管制的,采取限制加重原则中的加重综合刑主义(有期刑之间的并罚)。有期徒刑、拘役、管制都有期限,本身可以合并,但如果采取相加原则,就显得过严,而且不符合实际;如果采取吸收原则,就显得过宽,既不符合正义观念,也不利于预防犯罪。于是,我国刑法规定了限制加重原则。“限制”表现为两个方面:一是受总和刑期的限制;二是受数罪并罚法定最高刑期的限制。以有期徒刑为例,A 犯了两个罪,所判处的刑罚分别为 10 年和 8 年,总和刑期为 18 年,最高刑为 10 年,故应在 10 年以上 18 年以下决定执行的刑罚,此时受总和刑期的限制。B 犯了三个罪,所判处的刑罚分别为 10 年、8 年和 6 年,总和刑期为 24 年,最高刑为 10 年,但法律规定总和刑期不满 35 年时,数罪并罚有期徒刑不得超过 20 年,故只能在 10 年以上 20 年以下决定执行的刑期,此时受数罪并罚法定最高刑期的限制。C 犯了三个罪,分别被判处 12 年、13 年和 14 年有期徒刑,此时,总和刑期在 35 年以上,故应在 14 年以上 25 年以下决定执行的刑期,此时受数罪并罚法定最高刑期的限制。[62] “加重”表现为在所判数刑中的最高刑期以上,而且可以超过有期徒刑、拘役、管制的一般法定最高刑期限度,决定执行的刑期。有期徒刑在数罪并罚时视总和刑期可以超过 15 年达到 20 年乃至 25 年,拘役可以超过 6 个月达到 1 年,管制可以超过 2 年达到 3 年。当然,由于刑法第 69 条所规定的“应当在总和刑期以下、数刑中最高刑期以上,酌情决定执行的刑期”中的“以下”、“以上”包括本数,故如果以总和刑期(以不超过刑法规定为前提)作为数罪应执行的刑期,就与并科原则没有区别;如果以数刑中的最高刑期作为数罪应执行的刑期,则与吸收原则没有差异。这种做法并没有被刑法禁止,也为限制加重原则所允许,但司法实践通常是在总和刑期与数刑的最高刑期之间决定执行的刑期。

3. 数罪中有判处有期徒刑和管制,或者拘役和管制的,实行并科原则,即有期徒刑、拘役执行完毕后,管制仍须执行。[63]

4. 数罪中有判处附加刑的,附加刑仍须执行(主刑与附加刑的并罚)。即对判处附加刑的,采取附加刑与主刑并科的原则。如一人犯数罪,其中一个罪被判处剥夺政治权利,那么,在执行主刑的同时,剥夺政治权利附加刑仍须执行。因为附加刑与主刑的性质不同,不得换算与吸收,却可以并科执行。

5. 数罪中判处数个附加刑,附加刑种类相同的,合并执行;种类不同的,分别执行(附加刑之间的并罚)。所谓“合并执行”,不是指重合执行,而是相加执行(并科原则)。例如,一个罪判处罚金 5 万元,另一个罪判处罚金 10 万元的,要合并执行 15 万元。又如,一个罪判处罚金,另一个罪判处剥夺政治权利的,要分别执行两种附加刑。再如,数罪分别被判处罚金与没收全部财产时,也应分别执行。特别要注意的是,在数刑中的拘役被有期徒刑吸收时,附加刑不得吸收,仍需合并执行或者分别执行。例如,甲犯 A 罪被判处拘役 3 个月,附加剥夺政治权利 1 年,犯 B 罪被判处有期徒刑 2 年,附加剥夺政治权利 3 年。数罪并罚时,虽然主刑只执行有期徒刑,但剥夺政治权利需合并执行 4 年。

---

〔62〕 一种观点认为,在总和刑期超过 35 年的情况下,应当在 20 年以上 25 年以下决定应当执行的刑罚。但这种不利于被告人的观点没有法律根据,因而不可取。

〔63〕 从立法论上来说,刑法第 69 条第 2 款的规定明显不当,产生了诸多难以解决的问题。参见张明楷:“数罪并罚的新问题”,载《法学评论》2016 年第 2 期。

三、数罪并罚的类型

根据刑法第69条、第70条与第71条的规定，数罪并罚的适用分为三种类型。

(一)判决宣告以前一人犯数罪的并罚

判决宣告以前一人犯数罪，并且数罪均已被发现时，根据刑法第69条规定的上述数罪并罚原则予以并罚。

对判决宣告以前一人犯不同种数罪的应实行并罚，没有任何异议。问题在于，判决宣告以前一人犯同种数罪的，是以一罪论处，还是以数罪进行并罚？例如，行为人两次犯故意杀人罪，对此是以一个故意杀人罪论处，还是以两个故意杀人罪实行并罚？一罚说主张，对同种数罪一概不并罚，而应作为一罪的从重情节或法定刑升格的情节处罚即可。并罚说主张，对同种数罪一概实行并罚。折中说主张，以一罚作为基本处罚方法，以并罚作为补充方法，即所犯之罪具有两个以上法定刑幅度时，不实行并罚，只有一个法定刑幅度时，则实行并罚。本书提出以并罚说为原则(参见第九章第五节)的折中说，并认为应当区分必须并罚、不应并罚与需要灵活处理的具体情形。

1. 判决宣告以前一人犯同种数罪必须并罚的情形

根据罪刑相适应与“一罪一刑”的原则，如果对判决宣告以前一人犯同种数罪不实行并罚，便不能做到罪刑相适应时，就必须实行并罚。此外，如果将同种数罪作一罪处理，难以判断预防必要性的大小时，也应当实行并罚。

(1)当犯罪只有一个幅度的法定刑时，对同种数罪应当并罚。例如，以暴力分别干涉两个人的婚姻自由的，应当实行并罚。又如，两次盗窃尸体的，应当以两个盗窃尸体罪实行并罚。

(2)犯罪虽有两个以上幅度的法定刑，但不可能将同种数罪作为法定刑升格的情节时，对同种数罪以一罪论处，不符合罪刑相适应原则的要求，应当实行并罚。例如，故意伤害罪虽然有3个幅度的法定刑，但不可能将同种数罪作为法定刑升格的情节。即使行为人3次造成3人轻伤且情节严重，也不可能按照“致人重伤”的法定刑处罚，可是，仅以一罪论处或者虽主张成立同种数罪但不并罚，就只能处3年以下有期徒刑、拘役或者管制。这样的处罚，明显过轻。同样，即使行为人3次造成3人重伤且情节严重，也不可能按照“致人死亡或者以特别残忍手段致人重伤造成严重残疾”的法定刑处罚。如果不实行并罚，就只能科处3年以上10年以下有期徒刑。可是，这样的量刑，明显不当。在这种情况下，只有实行数罪并罚，才能做到罪刑相适应。

(3)当司法解释确定的一个罪名包含了两种不同的犯罪，而行为人实施了该罪名下的两种不同类型的行为时，应当实行数罪并罚。例如，刑法第277条规定了四种行为类型，每种情形的对象不同、职务的内容不同，其中第四种情形对行为与结果的要求不同，法条所规定的法定刑单一且较轻(“三年以下有期徒刑、拘役、管制或者罚金”)，但司法解释将其确定为一个罪名(妨害公务罪)，如果对该同种数罪不实行并罚，就会造成量刑的不均衡。例如，甲在一年内，以暴力方法分别阻碍国家机关工作人员、人大代表、红十字会工作人员执行职务、履行职责，还阻碍国家安全机关依法执行国家安全工作任务，造成严重后果。按照司法解释的规定，甲仅触犯了一个罪名。但是，如若采取同种数罪不并罚的做法，便明显违反罪刑相适应原则。只有实行并罚，才能克服这一缺陷。

(4)行为人个人实施某种犯罪，同时作为单位犯罪的直接负责的主管人员或者其他直接责任人员承担刑事责任时,应实行数罪并罚。例如,甲个人实施了走私犯罪,构成自然人的走私犯罪,甲同时也是单位走私犯罪的直接责任人员,对甲应当实行数罪并罚。

(5)相隔时间长的同种数罪,应当实行并罚。将相隔时间长的同种数罪以一罪论处,有不合适之处。例如,被告人前后所犯的一般情节的强奸罪相隔10年。若将前后两个强奸罪作为一罪论处,认定为情节恶劣,就可以处10年以上有期徒刑、无期徒刑或者死刑,明显过重;如将前后两个强奸罪作为一罪论处,不认定为情节恶劣,适用3年以上10年以下有期徒刑的法定刑,则显得过轻。若实行数罪并罚,结局是在3年以上20年以下有期徒刑的范围内裁量刑罚,就能够使刑罚适当。此外,在这样的场合,法官难以就前后相隔10年的两次犯罪综合地判断预防必要性的大小,尤其不能判断一般预防必要性的大小(因为某种犯罪10年前与10年后的一般预防必要性大小不可能完全相同)。只有分别判断,才有利于得出合理结论。

2. 判决宣告以前一人犯同种数罪不应并罚的情形

从原理上说,对判决宣告以前一人犯同种数罪的,均应当实行并罚。但是,刑罚的正当化根据既是量刑的正当化根据,同样也是数罪并罚的正当化根据。根据并合主义的原理,当对同种数罪不实行并罚,更能使量刑正当时,就可以不实行并罚。显而易见的是,对判决以前一人犯同种数罪以一罪论处,能否使量刑正当,不只是取决于案件的具体情况,更重要的是取决于刑法分则对相关犯罪的规定。例如,如果刑法分则条文规定的罪状事实上包括了同种数罪,就意味着相应的法定刑与该同种数罪相适应。因此,根据刑法分则的规定,只要对判决宣告以前一人犯同种数罪以一罪论处能够做到罪刑相适应,就不必并罚。本书认为,以下两种情形不应当并罚:

(1)刑法分则条文所规定的法定刑升格条件包含了多次犯罪时,不应当并罚。例如,刑法第236条将强奸妇女、奸淫幼女多人作为法定刑升格的情节;第263条将多次抢劫作为法定刑升格的情节。这不仅意味着对强奸多人、多次抢劫的同种数罪不并罚,而且意味着不并罚反而能够做到罪刑相适应。换言之,如果在这种情况下,对同种数罪实行并罚,不仅违反了刑法的规定,而且不能做到罪刑相适应。

(2)刑法分则条文将数额(或数量)较大作为犯罪起点,并针对数额(数量)巨大、数额(数量)特别巨大的情形规定了加重法定刑时,不应当并罚。例如,对于多次诈骗、多次走私、多次逃税、多次贪污、多次受贿等情形,不管刑法分则条文是否明文规定"累计"犯罪数额,[64]都应当累计犯罪数额,以一罪论处,不实行并罚。在这种情况下,即使行为人多次实施的是同一犯罪的不同类型的行为,也只需要按照累计数额(数量)适用相应的法定刑,而不必并罚。例如,行为人使用伪造的信用卡骗取2万元,使用作废的信用卡骗取3万元,冒用他人信用卡骗取4万元。对此,不应以3个信用卡诈骗罪实行并罚,而应按一个信用卡诈骗罪,适用与信用卡诈骗9万元相对应的法定刑。

3. 判决宣告以前一人犯同种数罪需要灵活处理的情形

所谓灵活处理,是指即使外表相同的情况,有时应并罚,有时不应并罚。之所以存在这种现象,也是由我国刑法分则规定的特点造成的。换言之,完全可能出现同时存在不应

〔64〕 就数额犯或数量犯而言,刑法分则条文关于"累计"的规定只是注意规定,所以,即使没有规定"累计"时,也应当累计。

并罚和必须并罚的根据或理由,或者说可能出现上述1与2相交叉的情况。在这种情况下,只能以刑法规定为根据,以罪刑相适应原则为指导,灵活地处理。

(1)原则上并罚、例外不并罚的情形

对于数个同种的想象竞合犯与牵连犯,原则上实行并罚,但有时不应当或者没有必要并罚。

例如,按照刑法理论的通说,对想象竞合犯从一重罪处罚。但是,想象竞合犯侵害了两个以上的法益,行为人对侵害两个以上法益的事实,都具备有责性。在许多情况下,如果对想象竞合犯的同种数罪不实行并罚,就明显不公平。例如,甲两次冒充国家机关工作人员分别骗取数额特别巨大财物。显然,每次行为都同时触犯了招摇撞骗罪与诈骗罪,但由于每次只有一个行为,故对每次行为只适用一个重罪的法定刑。倘若仅对前一次行为适用诈骗罪的法定刑(从一重罪处罚),只将后一次行为适用招摇撞骗的法定刑(从一轻罪处罚),或者相反,进而形成异种数罪,对甲就必然实行并罚。既然如此,在将前后两次行为均从一重罪处罚时,更应实行并罚。否则,就明显不协调、不公平。与下面的案例相比,更应得出对甲应实行并罚的结论。乙一次招摇撞骗没有骗取财物,另一次单纯诈骗财物,乙的行为明显成立不同种数罪,肯定实行并罚。与乙相比,无论是从不法角度还是责任的角度,抑或从预防必要性的角度,甲的行为比乙的行为都有过之而无不及。倘若对乙肯定实行并罚,对甲却不实行并罚,就必然导致对甲与乙的处罚不均衡,有悖刑法的公平正义。只有对甲也实行并罚,才能避免这样的缺陷。

但是,当想象竞合犯的同种数罪,属于前述不应并罚的情形时,则需要权衡按照哪一种方式处理更利于实现罪刑相适应原则。例如,甲两次盗窃公用电信设施,每次盗窃数额巨大,累计数额特别巨大,盗窃行为同时破坏了公用电信设施,但对公共安全没有造成严重后果。如果并罚,不管是按两个盗窃罪并罚,还是按两个破坏公用电信设施罪并罚,抑或按盗窃罪与破坏公用电信设施罪并罚,都不合适,仅适用盗窃数额特别巨大的法定刑,才能做到罪刑相适应。再如,乙也是两次盗窃公用电信设施,每次盗窃数额较大,累计也没有达到数额巨大,每次盗窃行为同时破坏了公用电信设施,危害了公共安全,但没有造成严重后果。显然,即使将前一次行为评价为盗窃(以轻罪处罚,或者假定前一次行为没有危害公共安全),将后一次行为以破坏公用电信设施罪论处(以重罪处罚),也应按异种数罪实行并罚。既然如此,对乙的行为就只能实行并罚,即以两个破坏公用电信设施罪论处,实行并罚。不难看出,虽然甲与乙都是盗窃公用电信设施,都实施了两个同一类型的想象竞合犯,但对甲不必并罚,对乙应当并罚。

再如,行为人数次实施仅按一重罪处罚的同种牵连犯的,原则上应实行并罚。例如,甲两次侵入他人住宅,强制猥亵妇女。倘若仅将前一次行为认定为强制猥亵罪(从一重罪),仅将后一次行为认定为非法侵入住宅罪(从一轻罪),或者相反,进而形成异种数罪,对甲就应当实行并罚。既然如此,在将前后两次强制猥亵行为均从一重罪论处认定为强制猥亵罪时,更应实行并罚。再如,乙一次非法侵入住宅,另一次强制猥亵妇女。乙明显构成异种数罪,只能并罚。倘若对乙肯定实行并罚,对甲却仅以一罪论处,就必然导致对甲与乙的处罚不均衡,有悖刑法的公平正义。只有对甲也实行并罚,才能避免这样的缺陷。

但是,当牵连犯的同种数罪,属于前述不应并罚的情形时,也需要权衡按照哪一种方式处理更利于实现罪刑相适应原则。例如,甲第一次伪造国家机关证件骗取他人财物2.5万元,第二次伪造公司印章骗取他人财物 2.5 万元。根据相关司法解释,[65]认定为一个诈骗罪(诈骗数额为 5 万元)所适用的法定刑可能是“三年以上十年以下有期徒刑”,而认定为两个诈骗罪实行并罚所形成的处断刑是“6 年以下有期徒刑”。显然,对甲的行为不实行并罚具有合理性。

(2)原则上不并罚、例外并罚的情形

第一,刑法分则条文将情节严重(后果严重)、情节特别严重(后果特别严重)作为法定刑升格条件,规定了相应的加重法定刑时,对同种数罪原则上不需要并罚。例如,刑法第 152 条第 2 款规定:“逃避海关监管将境外固体废物、液态废物和气态废物运输进境,情节严重的,处五年以下有期徒刑,并处或者单处罚金;情节特别严重的,处五年以上有期徒刑,并处罚金。”行为人多次走私废物的,认定为情节特别严重,处 5 年以上有期徒刑即可做到罪刑相适应,没有必要实行并罚。

但是,如果两次行为不能达到情节严重或者特别严重的要求时,仍然要实行并罚。例如,行为人两次强迫他人卖淫,并不符合强迫卖淫罪的法定刑升格的条件,对此应实行并罚。

第二,法定最高刑为无期徒刑或者死刑的同种数罪,原则上不需要并罚。这是因为,一般来说,对于最高刑为无期徒刑或者死刑的犯罪,以一罪论处,也能够做到罪刑相适应。因为即使实行并罚,也没有现实意义。在此意义上说,对于最高刑为无期徒刑或者死刑的同种数罪,不需要并罚。

但是,对此也不应当绝对化。在刑法分则条文并不是因为多次、数额增加、情节(特别)严重,而是因为罪质严重而规定了无期徒刑或者死刑的情况下,将同种数罪完全按一罪论处,会导致对行为的综合评价,作出对行为人不利的判决。例如,乙三次基于义愤杀人,每一次都不应当判处死刑,实行数罪并罚的结局,也不可能是死刑。但是,如果以一个故意杀人罪论处,很可能因为“杀死三人”而判处行为人死刑。但作出死刑判决,是将“多次杀人”作为一个整体来评价的,而刑法第 232 条并没有像第 263 条那样,将多次行为作为一个整体来评价。既然如此,对于乙的三次杀人,就应当分别评价。

此外需要说明的是,结合犯的同种数罪(如两次绑架杀人)与连续犯的同种数罪(如两次连续故意毁坏财物),以及以数行为侵害数法益的包括的一罪,只能根据前述原理灵活处理。[66]

(二)刑罚执行完毕以前发现漏罪的并罚

刑法第 70 条规定:“判决宣告以后,刑罚执行完毕以前,发现被判刑的犯罪分子在判决宣告以前还有其他罪没有判决的,应当对新发现的罪作出判决,把前后两个判决所判处的刑罚,依照本法第六十九条的规定,决定执行的刑罚。已经执行的刑期,应当计算在新判决决定的刑期以内。”这种数罪并罚的特点是:(1)一人所犯数罪均发生在原判决宣告

---

〔65〕 根据“两高”2011 年 3 月 1 日《关于办理诈骗刑事案件具体应用法律若干问题的解释》,诈骗公私财物价值 3000 元至 1 万元以上的,属于“数额较大”;3 万元至 10 万元以上的,属于“数额巨大”;50 万元以上的,属于“数额特别巨大”。

〔66〕 参见张明楷:“论同种数罪的并罚”,载《法学》2011 年第 1 期。

以前;(2)原判决只对其中的部分犯罪作出判决,对另一部分犯罪没有判决;(3)将新发现的漏罪定罪量刑,依照刑法第 69 条规定的原则与原判决的刑罚实行并罚;(4)已执行的刑期计算在新判决决定的刑期以内。这种方法称为“先并后减”。

1.“先并后减”的方法

例如,A 在判决宣告以前犯有甲乙二罪,但法院只判决甲罪 8 年有期徒刑;执行 3 年后发现乙罪,法院对乙罪判处 9 年有期徒刑;根据先并后减的方法,法院应在 9 年以上 17 年以下决定执行的刑期,如果决定执行 14 年,那么,已经执行的 3 年便计算在这 14 年之中,A 应再执行 11 年有期徒刑。这种并罚效果,与刑法第 69 条规定的数罪并罚效果相同。如果已经判决的是两个以上的罪,仍应按各罪单独确定的刑罚计算总和刑。因为发现漏罪的并罚与判决宣告以前一人犯数罪的并罚,应当是一样的。不能因为被告人没有主动交待漏罪,就受到更重的处罚;也不能因此而受到较轻的处罚。例如,B 在判决宣告以前犯有甲乙丙丁 4 个罪,但法院只判决甲罪 8 年有期徒刑、乙罪 12 年有期徒刑,决定合并执行 18 年有期徒刑。执行 5 年后,发现丙罪与丁罪,法院判处丙罪 5 年有期徒刑、丁罪 7 年有期徒刑。此次并罚的“数刑中最高刑期”仍应是 12 年,而不是 18 年。于是,法院应在 12 年以上 32 年以下决定应执行的刑期;但此时的并罚不得超过 20 年,故只能在 12 年以上 20 年以下决定应执行的刑期。如果决定执行 19 年,则还需要执行 14 年。

这种情形的并罚还涉及如何确定总和刑期的问题。例如,C 在判决宣告以前犯有甲乙丙丁 4 个罪,但法院只判决甲罪 11 年有期徒刑、乙罪 12 年有期徒刑,决定合并执行 18 年有期徒刑。执行 5 年后,发现丙罪与丁罪,法院判处丙罪 6 年有期徒刑、丁罪 7 年有期徒刑。此次并罚的“数刑中最高刑期”应是 12 年,而不是 18 年。于是,法院应在 12 年以上 36 年(11 +12 +6 +7)以下决定应执行的刑期;但此时的并罚不得超过 25 年,故只能在 12 年以上 25 年以下决定应执行的刑期。[67] 倘若认为此次并罚的“数刑中最高刑期”应是 18 年(即将甲乙二罪并罚后的判决结果理解为刑法第 70 条所称的前判决),那么,法院应在 18 年以上 31 年(18 +6 +7)以下决定应当执行的刑期,此时的并罚就不得超过 20 年,于是导致第 70 条的并罚轻于第 69 条的并罚。可是,刑法第 70 条的并罚结局应当与第 69 条的并罚结局完全相同(因为被告人都是在判决宣告以前犯罪),故不能采取后一种并罚方法。[68]

根据最高人民法院 2012 年 1 月 18 日《关于罪犯因漏罪、新罪数罪并罚时原减刑裁定应如何处理的意见》,罪犯被裁定减刑后,因被发现漏罪而依法进行数罪并罚时,经减刑裁定减去的刑期不计入已经执行的刑期;在此后对因漏罪数罪并罚的罪犯依法减刑,决定减刑的频次、幅度时,应当对其原经减刑裁定减去的刑期酌情予以考虑。[69]

根据上述司法解释的精神,无期徒刑或者死缓减为有期徒刑后,发现判决以前还有漏罪的,应当将漏罪的刑罚与原判的无期徒刑或者死缓实行并罚,决定执行无期徒刑或者死缓,但此后应适当放宽减刑频次与幅度。但在本书看来,在并罚之后可以追认原来的减刑。

---

〔67〕 考虑到总和刑不同对决定宣告刑的影响,本书修改了第四版的观点。当然,这一问题还值得进一步研究。

〔68〕 对刑法第 70 条的“前后两个判决”不能按字面含义理解,而应解释为“以前作出的判决与发现漏罪后作出的判决”。

〔69〕 不过,由于减刑是以罪犯在服刑期间的表现为根据的,故在数罪并罚之后追认原来的减刑更为合适。

在依审判监督程序提起再审的过程中发现漏罪的,由于再审意味着重新判决,故应当按照刑法第69条的规定,将再审的犯罪与漏罪实行并罚(已经执行的刑罚,计算在并罚的判决之内)。

实践中还存在刑满释放后再犯罪并发现漏罪的情况。在处理被告人刑满释放后又犯罪的案件时,发现他在前罪判决宣告以前,或者在前罪判处的刑罚执行期间,还犯有其他罪行,未经过处理,并且没有超过追诉时效的,如果漏罪与新罪属于不同种数罪,就应对漏罪与刑满后又犯的新罪分别定罪量刑,并依照刑法第69条的规定,实行数罪并罚。

2."漏罪"的范围

所要研究的是,漏罪与新罪属于同种数罪时,应当如何处理?最高人民法院1993年4月16日《关于判决宣告后又发现被判刑的犯罪分子的同种漏罪是否实行数罪并罚问题的批复》指出:"人民法院的判决宣告并已发生法律效力以后,刑罚还没有执行完毕以前,发现被判刑的犯罪分子在判决宣告以前还有其他罪没有判决的,不论新发现的罪与原判决的罪是否属于同种罪,都应当依照刑法的规定实行数罪并罚。"〔70〕这也是通说的观点。但是,这种做法与观点值得反思。

首先,一概并罚的观点存在不协调之处。判决宣告以前的同种数罪,与判决宣告以后,刑罚执行完毕以前发现同种漏罪,本质上没有任何区别。正因为如此,刑法第70条与第69条所规定的并罚原则相同。既然如此,对判决宣告以后,刑罚执行完毕以前发现的同种漏罪是否并罚,与对判决宣告以前的同种数罪是否并罚,就必须采取相同的原则与做法。既然判决宣告前的同种数罪,例外地不并罚,那么,对于判决执行完毕以前发现同种漏罪的,也应当例外地不并罚。

其次,一概并罚的做法导致罪刑不均衡。例如,甲在不同场所3次犯强奸罪,每次强奸1名妇女。对甲作出第一次判决前,就发现其3次强奸妇女的事实,适用刑法第236条第3款,最低处10年有期徒刑,最高处死刑。乙同样在不同场所3次犯强奸罪,每次强奸1名妇女。但是,在判决前仅发现乙1次强奸妇女的事实,于是法院按照刑法第236条第1款的法定刑,所判处的刑罚只能是3年以上10年以下有期徒刑;在乙服刑3年后,发现他所犯另外2次强奸妇女的事实。如果按同种漏罪一概并罚的做法,法院对2次强奸漏罪所判处的刑罚,如不并罚只能是3年以上10年以下有期徒刑,如并罚只能是3年以上20年以下有期徒刑;于是,对已判决的罪与新发现的罪实行数罪并罚的结局是,对乙最低处3年有期徒刑,最高处20年有期徒刑。显然,这样的处理明显不公平、不协调。〔71〕在刑法条文将多次(如多次抢劫)、数额巨大或特别巨大(如盗窃、诈骗、走私等)作为法定刑升格条件以及其他不应当并罚的场合,都存在完全相同的问题。〔72〕为了使量刑正当,

〔70〕 该解释接着规定:"但如果在第一审人民法院的判决宣告以后,被告人提出上诉或者人民检察院提出抗诉,判决尚未发生法律效力的,第二审人民法院在审理期间,发现原审被告人在第一审判决宣告以前还有同种漏罪没有判决的,第二审人民法院应当依照刑事诉讼法的规定,裁定撤销原判,发回原审人民法院重新审判,第一审人民法院重新审判时,不适用刑法关于数罪并罚的规定。"

〔71〕 参见胡同春:"我国同种数罪处罚方法通说的内在矛盾及其解决",载《河南司法警官职业学院学报》2008年第4期。

〔72〕 当然,一概并罚也会形成量刑畸重的现象。例如,倘若贪污数额特别巨大的起点是300万元。甲因贪污300万元被判处10年有期徒刑,执行8年后,发现另有贪污300万元的漏罪。如果实行并罚,必然导致量刑过重。

在不应当并罚的情况下，就只能通过审判监督程序，对上述情形中的乙重新定罪量刑，适用刑法第236条第3款的法定刑，决定执行的刑罚；已经执行的刑期，计算在重新决定的刑期之内。[73]

此外，在第一审法院的判决宣告以后，被告人提出上诉或者检察院提出抗诉，在判决尚未发生法律效力时，第二审法院在审理期间，发现原审被告人在第一审判决宣告以前还有漏罪没有判决的，应裁定撤销原判，发回原审法院重新审判。第一审法院重新审判时，不适用先并后减的并罚方法，只能适用刑法第69条的规定。

3.“发现”的含义

这里所讨论的是，如何理解刑法第70条的“发现”？换言之，以哪一个机关“发现”漏罪为标准来判断应否适用刑法第70条？

例如，A犯故意伤害罪被判处有期徒刑9个月，执行8个月时公安机关发现A使用虚假身份证件的漏罪。半个月后，公安机关将案件移送检察机关起诉，1个月后检察机关向人民法院提起公诉，人民法院认为对A所犯使用虚假身份证件罪应当判处5个月拘役。

倘若认为，刑法第70条的“发现”，是指公安司法机关（包括刑罚执行机关）中任何一个机关的最早发现，由于公安机关发现漏罪时，A的前罪刑罚尚未执行完毕，那么，A就属于在刑罚执行完毕以前发现漏罪的情形（以下简称“最早发现说”）。于是，必须根据刑法第70条的规定，将前罪的有期徒刑与后罪的拘役实行并罚，结局是仅执行有期徒刑。但是，如果认为刑法第70条的“发现”是指人民法院的发现，那么，由于法院受理案件时，A的前罪有期徒刑已经执行完毕，因而不能适用刑法第70条，于是，A在执行了9个月的有期徒刑后，仍然需要再执行5个月的拘役（以下简称“法院发现说”）。

从刑法第70条的规定来看，由于并罚的主体（或者第70条的主语）是法院，似乎“发现”的主体也是法院。据此，采取法院发现说具有一定的合理性。尽管如此，本书还是倾向于最早发现说。刑事诉讼法规定的诉讼期间是具有弹性的，即只是规定了最长期限，而没有规定最短期限，而且最长期限还可以延长。例如，《刑事诉讼法》第154条规定：“对犯罪嫌疑人逮捕后的侦查羁押期限不得超过二个月。案情复杂、期限届满不能终结的案件，可以经上一级人民检察院批准延长一个月。”《刑事诉讼法》第169条规定：“人民检察院对于公安机关移送起诉的案件，应当在一个月以内作出决定，重大、复杂的案件，可以延长半个月。”不难看出，即使不考虑先前的刑事拘留时间与可能延长的期间，从逮捕之日到提起公诉之日也有三个月的时间。倘若采取法院发现说，那么，当前罪为轻罪或者前罪的刑罚剩余期间不长时，大多会导致漏罪不能与前罪并罚，在漏罪被判处拘役时，拘役就不能被前罪的有期徒刑吸收，从而加重了对被告人的处罚。但是，发现漏罪的并罚与判决宣告前的数罪并罚，不应当产生不同的刑罚效果，故符合条件的漏罪不与前罪并罚的做法并不符合刑法第70条的立法精神。另一方面，当前罪为重罪或者前罪的刑罚剩余期间较长时，反而会因为并罚使得漏罪所判处的拘役被有期徒刑吸收。这显然违反刑法的公平正义性。反之，如果采取最早发现说，即公安司法机关中的任一机关发现了漏罪时，不管

---

〔73〕与此类似的情形是连续犯。对于连续犯应以一罪论处，所以，当人民法院已经根据刑法的规定以连续犯论处后，在刑罚执行过程中，发现判决遗漏了连续犯中的部分犯罪行为的，不应将遗漏的部分作为独立的犯罪定罪量刑，再与原判决的刑罚进行并罚。在原判决不适当的情况下，只能通过审判监督程序，重新定罪量刑（参见张明楷：《刑法格言的展开》，北京大学出版社2013年第3版，第516页以下）。

起诉、审判时前罪的刑罚是否已经执行完毕,均应当适用刑法第70条的规定实行并罚,就能克服上述缺陷。据此,对上例中的A,应当将其9个月的有期徒刑与5个月的拘役实行并罚,仅执行有期徒刑,由于在法院审理时有期徒刑已经执行完毕,故不必再执行任何刑罚。[74]

(三)刑罚执行完毕以前又犯新罪的并罚

刑法第71条规定:"判决宣告以后,刑罚执行完毕以前,被判刑的犯罪分子又犯罪的,应当对新犯的罪作出判决,把前罪没有执行的刑罚和后罪所判处的刑罚,依照本法第六十九条的规定,决定执行的刑罚。"这种数罪并罚的特点是:(1)犯罪人在原判决宣告以后,刑罚执行完毕之前又犯新罪;(2)不管新罪是否与原判决的罪性质相同;(3)将新罪定罪量刑;(4)将前罪没有执行的刑罚与新罪所判处的刑罚,依照刑法第69条的原则进行并罚;(5)已经执行的刑期不得计算在新判决所决定的刑期以内。这种方法称为"先减后并"。

例如,A因犯某罪被判处有期徒刑15年,执行10年后又犯新罪,对新罪判处有期徒刑8年。依照先减后并的方法,应当将没有执行的5年与新罪的8年实行并罚,即在8年以上13年以下决定执行的刑期,如果决定执行12年,则A还需服刑12年。加上已执行的刑期,A实际执行的刑期为22年。显然,先减后并的结果重于先并后减的结果:一是实际执行的起点刑期提高了;二是实际执行的刑期可能超过刑法规定的数罪并罚法定最高刑的限制。就上例而言,如果采取先并后减的方法,实际执行的起点刑为15年,最高刑期不得超过20年;而采取先减后并的方法,实际执行的起点刑为18年,最高刑期可能是23年。刑法这样规定,是因为犯罪人在刑罚执行期间又犯新罪,说明其再犯罪可能性很大,需要给予更重的处罚。此外,先减后并的方法还有一个特点:犯罪人在刑罚执行期间所犯新罪的时间距离前罪所判刑罚执行完毕的期限越近(即犯罪人再犯新罪时前罪所判刑罚的残余刑期越短),数罪并罚时决定执行刑罚的最低期限,以及实际执行的刑期的最低期限就越长。这对巩固教育改造成果、提高刑罚执行效益,具有重要意义。

但是,由于总和刑期不同导致决定的刑期上限不同,可能会出现"先减后并"反而轻于"先并后减"的不正常现象。例如,A因甲乙两罪,分别判处12年、13年有期徒刑,应当在13年以上20年以下决定执行的刑期,法院决定执行16年有期徒刑。执行3年后,发现漏罪(丙罪),对丙罪判处11年有期徒刑。按"先并后减"计算,则应当在13年以上25年以下决定应当执行的刑期,可能执行的最长刑期为25年。但是,倘若将丙罪改为新罪,采取"先减后并"的方法,则只能将没有执行完的13年徒刑(16年减3年)与新罪的11年徒刑进行并罚,即在13年以上20年以下决定执行的刑罚,加上已经执行的3年,可能执

---

[74] 由于上述情形中的拘役会被有期徒刑吸收,公安与司法机关不能为了避免出现这种有利于犯罪人的局面,而在A的有期徒刑执行期间发现漏罪后,故意隐瞒真相或者故意拖延,等到A的有期徒刑执行完毕后,才开始对A的漏罪进行立案侦查。公安司法人员不能将自己的智慧全部用于严惩犯罪人,还要善于运用自己的智慧保障犯罪人的合法权益。需要重复说明的是,不能因为对漏罪判处拘役会被有期徒刑吸收,就将原本应当判处拘役的漏罪判处管制。

行的最长刑期为 23 年，比“先并后减”反而少 2 年。[75] 对此，只能依赖法官根据具体案件做出适当裁决，没有其他更好的办法。[76]

如果犯罪人在刑罚执行期间又犯新罪，并且发现其在原判决宣告以前的漏罪，则先将漏罪与原判决的罪，根据刑法第 70 条规定的先并后减的方法进行并罚；再将新罪的刑罚与前一并罚后的刑罚还没有执行的刑期，根据刑法第 71 条规定的先减后并的方法进行并罚。[77] 例如，犯罪人所犯甲罪已被法院判处 8 年有期徒刑，执行 5 年后，又犯乙罪，法院判处 7 年有期徒刑，对所发现的原判决宣告以前的漏罪判处 6 年有期徒刑。于是，先将漏罪的 6 年有期徒刑与甲罪的 8 年有期徒刑实行并罚，在 8 年以上 14 年以下决定应当执行的刑罚，如果决定执行 12 年有期徒刑，则犯罪人还需执行 7 年有期徒刑。然后，再将乙罪的 7 年有期徒刑与没有执行的 7 年实行并罚，在 7 年以上 14 年以下决定应当执行的刑罚，如果决定执行 11 年，则犯罪人实际上执行 16 年。[78]

值得讨论的是以下情形：A 犯盗窃罪被判处有期徒刑 1 年 8 个月，执行 1 年 6 个月时实施故意伤害行为，造成的伤害刚刚达到轻伤程度，根据量刑情节与量刑规则，应当判处 5 个月拘役。根据刑法第 71 条的规定，只要被判刑的犯罪分子是在“判决宣告以后，刑罚执行完毕以前……又犯罪的”，不管何时发现新罪，也不管新罪由谁发现，都应当将新罪所判处的刑罚与前罪没有执行的刑罚实行并罚。据此，倘若迅速地在 1 个月之后审理 A 的故意伤害罪，那么，按照刑法第 71 条的规定，就必须将 1 年 8 个月的有期徒刑中没有执行的 1 个月有期徒刑与故意伤害罪的 5 个月拘役相并罚，结局是不执行拘役，A 再执行 1 个月有期徒刑即可（第一种情形）。反之，倘若在 A 的 1 年 8 个月有期徒刑执行完毕之后才审理故意伤害罪，那么，由于 A 的前罪没有执行的刑罚是 0，将 0 与 5 个月拘役并罚的结局是，仍然需要执行 5 个月拘役（第二种情形）。

在此首先要解决的一个问题是，刑法第 71 条规定的先减后并方法是“把前罪没有执行的刑罚和后罪所判处的刑罚”实行并罚，那么，在上述第二种情形下，由于 A 已经不存

---

〔75〕 在这种场合，不能像第 70 条那样并罚，即不能将第 71 条所称的“前罪没有执行的刑罚”解释为先前数罪的刑罚相加再减去已执行的刑罚（在本案中，不能理解为前罪没有执行的刑罚是 22 年）。因为应当执行的刑罚并不是数罪的刑罚相加后的刑罚，而是经过并罚的刑罚。所以，“前罪没有执行的刑罚”是指经过并罚后没有执行的刑罚。否则，在多数场合会导致第 71 条的并罚与第 70 条的并罚相同，因而不当。

〔76〕 更为麻烦的是以下情形：A 犯甲乙丙三罪，分别定罪量刑后的总和刑期为 36 年有期徒刑，法院决定执行 24 年有期徒刑。A 执行 1 年后又犯丁罪（故意伤害他人致人重伤），应当判处有期徒刑 9 年。按照刑法第 71 条的规定，应当将 23 年与 9 年实行数罪并罚，总和刑期没有达到 35 年。根据刑法第 69 条的规定，应当在 23 年以上 20 年以下决定应当执行的刑期。这显然是一个悖论。首先，如上所述，在这种情况下，难以认为“前罪没有执行的刑罚”是 35 年有期徒刑。因为虽然前一判决分别对甲乙丙三罪定罪量刑，但法院依照刑法第 69 条“决定执行的刑期”是 24 年有期徒刑。所以，“前罪没有执行的刑罚”是 23 年有期徒刑，而不是 35 年有期徒刑；由于总和刑期没有达到 35 年，故不得在 23 年以上 25 年以下之间决定执行的刑罚。其次，不应当将 20 年作为应当执行的刑期，否则就意味着犯新罪可以减少刑罚的执行。可是，任何人不得因为不法行为而获得好处。而且，因为 A 再犯罪而决定执行 20 年有期徒刑，与刑法的基本性质相冲突。在刑法没有修改数罪并罚规定的情况下，要么对 A 所犯丁罪忽略不计，即不追究丁罪的刑事责任，继续执行原判刑罚，要么过几年后再追究丁罪的刑事责任。但这些都不是解决问题的根本办法，而且还会产生其他问题。在本书看来，《刑法修正案（八）》与《刑法修正案（九）》对刑法第 69 条的两次修改都是草率的。

〔77〕 如果漏罪与新罪是同种罪，也只能采取同样的并罚方法。倘若将同种的漏罪与新罪作为一罪处理，会违反刑法第 70 条与第 71 条的规定。

〔78〕 在前一判决已并罚了数罪的情形下，总和刑期依然是前一判决中各罪的刑期与新罪刑期、漏罪刑期的总和刑罚。

在“没有执行的刑罚”,是否意味着对A不能适用刑法第71条,而只能单独定罪量刑?本书对此持否定回答。第一,A完全符合先减后并的前提条件,即在判决宣告后,刑罚执行完毕以前又犯新罪。第二,所谓“前罪没有执行的刑罚”是指前罪所判处的刑罚减去已经执行的刑罚,由于A已经执行了全部刑罚,所以“前罪没有执行的刑罚”就是0,在此意义上,A仍然符合刑法第71条的规定。第三,就第二种情形而言,在前罪刑罚已经执行完毕的情况下,对A的新罪单独定罪量刑的结局,与对A按照先减后并的原则进行并罚的结局是完全相同的,都是需要再执行5个月拘役。既然如此,就应当适用刑法第71条的规定以并罚的方式处理,以避免对应当适用刑法第71条的情形却不适用的不当局面。

可是,当新罪应当判处拘役时,在前罪的有期徒刑执行完毕以前审理新罪,与在执行完毕之后审理新罪的结局存在重大差异。前者即上述第一种情形使得拘役不再执行,而后者即上述第二种情形却导致拘役必须全部执行。而且,两种情形的不同处理结局,主要取决于司法机关的处理速度,[79]明显具有偶然性。就上例中的A而言,只要是在盗窃罪的1年8个月有期徒刑之内(即犯新罪之日起剩余2个月的刑期内)审理新罪的,[80]新罪的拘役就会被剩余的有期徒刑所吸收,只要是在1年8个月有期徒刑执行完毕之后(即在犯新罪的2个月以后)审理新罪的,新罪的拘役就必须全部执行。这显然不公正,而且可以完全由公安司法机关在刑事诉讼法规定的期间内任意决定,甚至可能通过延长办案期间等方法使A执行新罪的拘役。

一个方案是,重新理解刑法第71条所规定的“前罪没有执行的刑罚”。亦即,“前罪没有执行的刑罚”不是指人民法院审理新罪时还没有执行的刑罚,而是指服刑人员犯新罪时还没有执行的刑罚。这样,上述两种情形的处理就完全相同。实行并罚后,再将犯新罪之日至新判决确定之日的期间计算到新判决确定的刑期之内。在上例中,由于A是在执行1年6个月时犯新罪,所以,即使法院在2个月后即1年8个月的有期徒刑执行完毕后才审理新罪,A犯新罪时没有执行的刑罚仍然是2个月有期徒刑,其与新罪的5个月拘役并罚时,就只执行2个月有期徒刑。由于该2个月的有期徒刑在审理前业已执行,故A不需要再执行任何刑罚。这一方案的结局是,拘役仍不执行,仅执行前罪的1年8个月有期徒刑即可,于是明显有利于犯罪人。另一个方案是,对于前罪没有执行的有期徒刑期限较短的情形,只要没有超过刑事诉讼法规定的办案期限,就可以乃至尽可能在前罪的刑罚执行完毕以后再审理新罪,进而让犯罪人执行新罪的拘役。这一方案的结局是,拘役仍需执行,于是明显不利于犯罪人。[81]

前一方案虽然有利于犯罪人,但是导致先减后并的结局与先并后减的结局完全相同,可能不合适。既然犯罪人在刑罚执行期间又犯新罪,就表明其再犯罪的危险性大,所以仍有执行刑罚的必要。倘若由前罪的有期徒刑吸收新罪的拘役,就明显不符合刑罚目的。采取后一方案,则可以避免这一缺陷;而且,后一方案也并不违反刑法第69条第2款与第

---

〔79〕 当然,少数情形取决于服刑人犯新罪的具体时间。

〔80〕 为了论述方便,暂且不考虑上诉与抗诉等程序。

〔81〕 关于其他方案,参见张明楷:“数罪并罚的新问题”,载《法学评论》2016年第2期。

71 条的规定。[82]

此外，根据司法解释的规定，在执行附加刑剥夺政治权利期间犯新罪的，应作如下处理：(1)对判处有期徒刑并处剥夺政治权利的罪犯，主刑已执行完毕，在执行附加刑剥夺政治权利期间又犯新罪，如果所犯新罪无须附加剥夺政治权利的，依照刑法第 71 条的规定实行数罪并罚。(2)前罪尚未执行完毕的附加刑剥夺政治权利的刑期从新罪的主刑有期徒刑执行之日起停止计算，并依照刑法第 58 条规定从新罪的主刑有期徒刑执行完毕之日或者假释之日起继续计算；附加刑剥夺政治权利的效力施用于新罪的主刑执行期间。(3)对判处有期徒刑的罪犯，主刑已执行完毕，在执行附加刑剥夺政治权利期间又犯新罪，如果所犯新罪也剥夺政治权利的，依照刑法第 55 条、第 57 条、第 71 条的规定并罚。[83]

第六节　缓　　刑

一、缓刑的概念

在我国，对于被判处拘役、3 年以下有期徒刑的犯罪人，由于其犯罪情节较轻，有悔罪表现，没有再犯罪的危险，暂不执行刑罚对所居住社区没有重大不良影响的，就可以规定一定的考验期，暂缓刑罚的执行；如果犯罪人在考验期内遵守一定条件，原判刑罚就不再执行。这便是缓刑。简言之，缓刑是有条件地不执行所判决的刑罚。其特点是，既判处一定刑罚，又暂不执行，但在一定期间保留执行的可能性。缓刑不是独立的刑种。从裁量是否执行所判刑罚的意义上说，缓刑是量刑制度；从刑罚执行的意义上说，缓刑也可谓刑罚执行制度。

缓刑不同于死刑缓期执行。二者虽然都是有条件地不执行原判刑罚，都不是独立的刑种，但在适用对象、执行方法、考验期限和法律后果等方面存在本质区别。

缓刑不同于暂予监外执行。根据刑事诉讼法的规定，对于被判处有期徒刑或者拘役的罪犯，有严重疾病需要保外就医的，怀孕或者正在哺乳自己婴儿的妇女，以及生活不能自理，适用暂予监外执行不致危害社会的，可以暂予监外执行；此外，被判处无期徒刑的罪犯属于怀孕或者正在哺乳自己婴儿的妇女的，也可以暂予监外执行。缓刑与暂予监外执行具有严格区别：(1)缓刑适用于被判处拘役、3 年以下有期徒刑的犯罪人；暂予监外执行对有期徒刑没有期限限制(且包含无期徒刑的情形)。(2)宣告缓刑后，事实上没有执行刑罚；暂予监外执行时，仍然在执行刑罚。(3)缓刑是有条件地不执行所判刑罚，如果犯罪人遵守了法定条件，原判刑罚就不再执行；而暂予监外执行的情形消失后，犯罪人刑期未满的，应当及时收监执行。

---

〔82〕 当然，法官可能为了避免麻烦，不顾刑罚的正当化根据与量刑规则，强行对新罪判处有期徒刑或者管制。所以，本问题的现实意义不大。但是，倘若对新罪只能判处拘役时，本问题仍然是法官无法避免的。例如，不可能完全排除服刑犯人醉酒驾驶机动车或者违反危险化学品安全管理规定运输危险化学品，危及公共安全，因而只能判处拘役的情形。

〔83〕 参见最高人民法院 2009 年 5 月 25 日《关于在执行附加刑剥夺政治权利期间犯新罪应如何处理的批复》。

缓刑不同于免除处罚。缓刑以判处一定刑罚为前提,而免除处罚时并没有判处刑罚;缓刑具有执行所判刑罚的可能性,免除处罚不存在这种可能性。

缓刑与对军人的“战时缓刑”具有区别。刑法第 449 条规定:“在战时,对被判处三年以下有期徒刑没有现实危险宣告缓刑的犯罪军人,允许其戴罪立功,确有立功表现时,可以撤销原判刑罚,不以犯罪论处。”不难看出,战时缓刑虽然可谓一种特殊缓刑,但其与缓刑在适用的时间、对象、条件与考验的内容、法律后果等方面存在相当明显的区别。

缓刑制度体现了刑罚目的:对暂不执行所判刑罚不致再危害社会的犯罪人宣告缓刑,正说明适用缓刑可以达到特殊预防的目的,没有执行刑罚的必要;缓刑也可以避免短期自由刑的弊害,不会导致犯罪人在狱中感染恶习,对预防其再犯罪能起到有效作用。缓刑制度体现了罪刑相适应原则:缓刑只适用于罪行轻微的人,而不适用于罪行严重的人。缓刑体现了宽严相济的刑事政策:犯罪情节轻微并有悔改表现的,才可能适用缓刑;在考验期内遵守法定条件的,原判刑罚就不再执行;但对没有悔改表现的不适用缓刑;在考验期内没有遵守法定条件的,就执行原判刑罚乃至数罪并罚。缓刑制度体现了专门机关与民众相结合的司法路线:缓刑由法院宣告,实行社区矫正。

二、缓刑的适用条件

根据刑法第 72 条、第 74 条的规定,适用缓刑必须符合以下条件:

首先,缓刑只适用于被判处拘役或者 3 年以下有期徒刑的犯罪人。(1)所谓被判处拘役或者 3 年以下有期徒刑,是就宣告刑而言,而不是指法定刑;即使法定最低刑高于 3 年有期徒刑,但因具有减轻处罚情节而判处 3 年以下有期徒刑的,也可能适用缓刑。(2)对被判处管制或者单处附加刑的,不能适用缓刑。因为管制与附加刑都没有剥夺犯罪人的人身自由,适用缓刑没有实际意义。(3)如果一人判决前犯数罪,[84]实行数罪并罚后,[85]决定执行的刑罚为 3 年以下有期徒刑或者拘役的,也可以适用缓刑。[86] 刑法之所以规定这一条件,是因为刑期的长短与罪行轻重以及犯罪人的再犯罪可能性大小是相适应的,一般来说,如果所判处的刑罚超过 3 年有期徒刑,就表明其罪行严重,再犯罪可能性大,如果暂不执行刑罚,他们还可能再犯罪;从保护法益和预防犯罪考虑,缓刑只能适用于罪行较轻的犯罪人。

其次,适用缓刑确实不致再危害社会。具体而言,只有同时具备以下四个条件,才能适用缓刑:(1)犯罪情节较轻;(2)悔罪表现;(3)没有再犯罪的危险;(4)宣告缓刑对所居住社区没有重大不良影响。前三个条件的设定是基于法律理由,其中,(3)是实质条件,(1)与(2)是判断没有再犯罪危险的资料。悔罪表现,是指犯罪后悔恨自己罪行的表现,如犯罪后积极退赃,真诚向被害人道歉,在羁押期间遵守监管法规等。据此,即使犯罪情节较轻,但没有悔罪表现的,法院也不得认为其没有再犯罪的危险。第(4)个条件的设定是基于政策理由。值得注意的是,宣告缓刑对所居住社区是否具有重大不良影响,需要根

---

〔84〕 行为人犯甲罪被宣告缓刑后,在缓刑考验期内再犯新罪,撤销缓刑后实行并罚,依然判处 3 年以下有期徒刑的,不得再适用缓刑。因为事实已经表明,行为人具有再犯罪的危险。

〔85〕 一人判决前犯数罪的,不应就其中的一个罪先行宣告缓刑,然后再与其他犯罪并罚。只能是先并罚,后决定能否判处缓刑。

〔86〕 最高人民法院 1996 年 6 月 26 日《关于对贪污、受贿、挪用公款犯罪分子依法正确适用缓刑的若干规定》第 3 条规定:对于犯有数罪的贪污、受贿、挪用公款犯罪分子,不适用缓刑。但本书认为,这一规定并不妥当。

据社区环境(包括犯罪人家庭环境),联系犯罪人所犯之罪与社区环境的关系,进行客观判断。只要适合在所居住的社区实行社区矫正的,就应认为符合第(4)个条件。不能以社区部分居民反对缓刑为由,认定宣告缓刑对所居住社区有重大不良影响。

最后,必须不是累犯和犯罪集团的首要分子。换言之,对于累犯和犯罪集团的首要分子,不适用缓刑。因为累犯在执行一定刑罚之后无视受刑的体验而再次犯罪,说明其再犯罪可能性大;如果不执行所判处的刑罚,他们再次犯罪的可能性更大,故对累犯不能适用缓刑。犯罪集团的首要分子,因为其罪行严重,如适用缓刑,依然可能组织、领导犯罪集团的犯罪活动,故不得适用缓刑。

具备上述条件的,就可以宣告缓刑。对其中不满 18 周岁的人、怀孕的妇女和已满 75 周岁的人,应当宣告缓刑。

根据“两高”2012 年 8 月 8 日《关于办理职务犯罪案件严格适用缓刑、免予刑事处罚若干问题的意见》,具有下列情形之一的职务犯罪分子,一般不适用缓刑:(1)不如实供述罪行的;(2)不予退缴赃款赃物或者将赃款赃物用于非法活动的;(3)属于共同犯罪中情节严重的主犯的;(4)犯有数个职务犯罪依法实行并罚或者以一罪处理的;(5)曾因职务违纪违法行为受过行政处分的;(6)犯罪涉及的财物属于救灾、抢险、防汛、优抚、扶贫、移民、救济、防疫等特定款物的;(7)受贿犯罪中具有索贿情节的;(8)渎职犯罪中徇私舞弊情节或者滥用职权情节恶劣的;(9)其他不应适用缓刑、免予刑事处罚的情形。

同许多国家相比,我国缓刑的适用率相当低,原因是多方面的。由于缓刑确实具有许多优点,如不致在监狱中“交叉感染”,不影响犯罪人的家庭生活与工作劳动,不需要执行费用,故对于符合缓刑条件的,特别是对一些符合缓刑条件的过失犯罪人,应当尽量宣告缓刑。

三、缓刑的考验期限与考察

缓刑的考验期限,是指对被宣告缓刑的犯罪人进行考察的一定期间。缓刑是对所判处的刑罚有条件的不执行,为了考验犯罪人是否遵守这种条件,在决定缓刑的同时,必须确定对犯罪人进行考验的一定期限,这便是缓刑的考验期限。

根据刑法第 73 条的规定,拘役的缓刑考验期限为原判刑期以上 1 年以下,但是不能少于 2 个月;有期徒刑的缓刑考验期限为原判刑期以上 5 年以下,但是不能少于 1 年。可见,缓刑考验期限不得短于原判刑期,可以等于或者长于原判刑罚。(1)拘役的考验期限最低不能少于 2 个月,最长不得超过 1 年,有期徒刑的缓刑考验期限最低不能少于 1 年,最高不能超过 5 年,在此范围内,缓刑考验期限等于或者长于原判刑罚。(2)必须注意原判刑罚与缓刑考验期限的比例关系,一般来说,考验期限应适当长于原判刑罚。在不具备特殊理由的情形下,对于被判处 1 年有期徒刑的犯罪人宣告缓刑考验期限为 5 年,对于被判处 3 年有期徒刑的犯罪人宣告缓刑考验期限为 3 年,就不具有合理性。(3)缓刑的考验期限,从判决确定之日起计算。判决确定以前先行羁押的,不能折抵考验期限。因为缓刑考验期限不是刑罚执行期限,不应折抵;规定考验期限是为了考察犯罪人在此期限内是否遵守一定条件,如果将羁押日期折抵考验期限,就导致考验期限过短,丧失了规定考验期限的意义;先前的羁押期限实际上也是法院考察犯罪人有无悔罪表现的期限,不能折抵考验期限。

给宣告缓刑的犯罪人规定一定的考验期限,是为了对其进行考察,从而使缓刑起到应有作用。根据刑法第 75 条的规定,被宣告缓刑的犯罪人,应当遵守下列规定:(1)遵守法律、行政法规,服从监督;(2)按照考察机关的规定报告自己的活动情况;(3)遵守考察机关关于会客的规定;(4)离开所居住的市、县或者迁居,应当报经考察机关批准。此外,根据有关司法解释,为严肃缓刑的考察执行,被判处徒刑宣告缓刑仍留在原单位工作的犯罪人,在缓刑考验期内一般不得调动工作。对缓刑考验期已经过 1/2 以上,并有认罪、悔罪态度,工作表现良好,确因工作特殊需要调动的,应当由所在单位报经执行机关批准后办理调动手续。根据刑法第 72 条第 2 款的规定,宣告缓刑的,可以根据犯罪情况,同时禁止犯罪分子在缓刑考验期限内从事特定活动,进入特定区域、场所,接触特定的人。在此情形下,犯罪人必须同时服从禁止令(参见第十五章第四节)。根据刑法第 76 条的规定,对宣告缓刑的犯罪分子,在缓刑考验期限内,依法实行社区矫正。

此外,根据刑法第 72 条第 3 款的规定,被宣告缓刑的犯罪人,如果被判处附加刑的,附加刑仍须执行。这说明,缓刑的效力不及于附加刑。

四、缓刑考验期满与缓刑的撤销

缓刑考验期满,是指犯罪人在缓刑考验期内,没有再犯新罪,没有发现判决宣告以前还有其他罪没有判决,没有严重违反有关缓刑的监督管理规定,没有严重违反禁止令,并且经过了考验期限。根据刑法第 76 条的规定,被宣告缓刑的犯罪人,如果没有上述四种情形,缓刑考验期满,原判的刑罚就不再执行,并公开予以宣告。“原判的刑罚就不再执行”,是指原判决的有罪宣告仍然有效,原判的刑罚也没有错误,但由于犯罪人在考验期内符合法定条件,原判决所宣告的刑罚不再执行。在这种情况下,不可认为原判的刑罚已经执行完毕。

缓刑的撤销,是指由于犯罪人在缓刑考验期内,没有遵守法定条件,或者发现了漏罪,而将原判决宣告的缓刑予以撤销,使犯罪人执行原判刑罚甚至实行数罪并罚。缓刑的撤销包括四种情况:

1. 被宣告缓刑的犯罪人,在缓刑考验期内犯新罪的,应当撤销缓刑,对新犯的罪作出判决,将前罪和后罪所判处的刑罚,依照刑法第 69 条的规定,决定执行的刑罚(即使决定执行的刑罚符合适用缓刑的条件,也不得再宣告缓刑,否则便不符合缓刑制度的目的,也与后述第三、四种情形相冲突)。如果原判决宣告以前先行羁押的,羁押日期应当折抵刑期。在这种情况下,即使在经过了缓刑考验期后才发现行为人在缓刑考验期内所犯新罪的,也应当撤销缓刑。而且,即使其中的新罪超过了追诉时效,也应撤销缓刑,执行原判刑罚(只是不追诉新罪)。

2. 被宣告缓刑的犯罪人,在缓刑考验期内发现判决宣告以前还有其他罪没有判决的,应当撤销缓刑,对新发现的罪作出判决,把前罪和后罪所判处的刑罚,依照刑法第 69 条的规定,决定执行的刑罚(符合缓刑条件的,仍可再次宣告缓刑)。如果原判决宣告以前先行羁押的,羁押日期应当折抵刑期。问题是,在经过了缓刑考验期后才发现判决宣告以前还有其他罪没有判决的,应否撤销缓刑?本书持否定回答。因为刑法第 77 条明文规定,只有在缓刑考验期内发现判决宣告以前还有其他罪没有判决,才能撤销缓刑;既然在缓刑考验期内没有发现判决宣告以前还有其他罪没有判决,就不能撤销缓刑,只能对新发现的罪作出判决并执行。

3. 被宣告缓刑的犯罪人,在缓刑考验期内,违反法律、行政法规或者国务院有关部门有关缓刑的监督管理规定,情节严重的,应当撤销缓刑,执行原判刑罚。这种缓刑的撤销,并不是以被宣告缓刑的犯罪人,在缓刑考验期内,违反法律、行政法规或者国务院有关部门有关缓刑的监督管理规定为充足条件;换言之,只有具有上述违反行为,并且情节严重的,才应当撤销缓刑。根据相关规定,〔87〕被宣告缓刑的罪犯在缓刑考验期间有下列情形之一的,由与原裁判人民法院同级的执行机关提出撤销缓刑的建议:(1)人民法院、监狱、看守所已书面告知罪犯应当按时到执行地执行机关报到,罪犯未在规定的时间内报到,脱离监管3个月以上的;(2)未经执行机关批准擅自离开所居住的市、县或者迁居,脱离监管3个月以上的;(3)未按照执行机关的规定报告自己的活动情况或者不遵守执行机关关于会客等规定,经过3次教育仍然拒不改正的;(4)有其他违反法律、行政法规或者国务院有关部门有关缓刑、假释的监督管理规定行为,情节严重的。另一方面,其中的"违反法律",原则上不包括违反刑法。如果违反刑法,则属于上述第一类缓刑撤销,应当实行并罚,而不只是执行原判刑罚。〔88〕在这种情况下撤销缓刑,不存在数罪并罚的问题。原判决宣告以前先行羁押的,应当折抵刑期。

4. 被宣告缓刑的犯罪人,在缓刑考验期内,违反人民法院判决中的禁止令,情节严重的,应当撤销缓刑,执行原判刑罚。原作出缓刑裁判的人民法院应当自收到当地社区矫正机构提出的撤销缓刑建议书之日起一个月内依法作出裁定。人民法院撤销缓刑的裁定一经作出,立即生效。原判决宣告以前先行羁押的,应当折抵刑期。根据"两高"、公安部、司法部2011年4月28日《关于对判处管制、宣告缓刑的犯罪分子适用禁止令有关问题的规定(试行)》的规定,违反禁止令,具有下列情形之一的,应当认定为"情节严重":(1)三次以上违反禁止令的;(2)因违反禁止令被治安管理处罚后,再次违反禁止令的;(3)违反禁止令,发生较为严重危害后果的;(4)其他情节严重的情形。

实践中会出现被告人在缓刑判决未生效时又犯新罪的情况。由于缓刑考验期限从判决确定之日起计算,而被告人并不是在"缓刑考验期内"犯新罪或者发现其他罪,故不符合直接"撤销缓刑"的条件。对此,宜分不同情况处理:(1)如果在二审期间发现,且宣告缓刑的判决被检察机关抗诉,则不管被告人是否上诉,二审法院可直接对前罪的缓刑予以改判,并与新罪实行并罚。(2)如果在二审期间发现但检察机关没有抗诉,或者在缓刑考验期经过后才发现新罪,则宜通过审判监督程序对缓刑予以改判,并与新罪实行并罚。

五、缓刑与数罪并罚的相关问题

如上所述,即使数罪均被判处有期徒刑,并罚后依然可能乃至应当判处缓刑。另一方面,当行为人犯乙罪应当判处管制,而甲罪被判处有期徒刑且符合缓刑条件时,就应当对甲罪判处缓刑、对乙罪判处管制。因为即使在行为人犯数罪的情况下,也不意味着其再犯罪的可能性大;而且,犯乙罪的可能性较大,不意味着犯甲罪的可能性也较大。例如,17周岁的未成年人因为母亲重病无钱治疗而盗窃数额巨大的财物,同时犯有代替考试罪。对此,完全可能得出这样的结论:行为人没有再犯盗窃罪的危险性,因而应当对盗窃罪适

〔87〕　参见中央社会治安综合治理委员会办公室、最高人民法院、最高人民检察院、公安部、司法部2009年6月25日《关于加强和规范监外执行工作的意见》第15条。

〔88〕　已满14周岁的人因抢劫等罪被判处缓刑后,在未满16周岁的考验期内实施刑法第17条第2款规定之外的犯罪行为的,属于第三种情形,应当撤销缓刑,执行原判刑罚。

用缓刑,但行为人有再犯代替考试罪的危险性,应当判处管制。问题是,当甲罪被判处缓刑,而乙罪被判处管制时,应当如何处理?这里存在诸多需要解决的问题。

1. 管制与缓刑并罚时,管制从何时开始执行?例如,A 犯甲罪与乙罪,其中甲罪被判处有期徒刑 2 年,符合应当判处缓刑的条件,被宣告缓刑 3 年,乙罪被判处管制 1 年。那么,管制从什么时候开始执行?

由于刑法第 69 条第 2 款规定有期徒刑与管制并罚时,有期徒刑执行完毕后执行管制,而根据刑法第 76 条规定,对宣告缓刑的犯罪分子,在缓刑考验期限内,依法实行社区矫正,如果没有撤销缓刑的情形,缓刑考验期满,"原判的刑罚就不再执行"。换言之,如果缓刑未被撤销且缓刑考验期满时,原判的有期徒刑就不再执行。既然如此,就不存在有期徒刑执行完毕的问题。然而,不可能因为有期徒刑不存在执行完毕的问题,就得出管制不得执行或者不再执行的结论。

可供选择的只有两个方案:(1)在缓刑考验期满后,开始执行管制;(2)从判决确定之日起,亦即从有期徒刑的缓刑考验期限开始计算之日起执行管制。这两个方案均不符合"有期徒刑执行完毕后"的条件,也不可能从逻辑上判断哪一方案妥当,只能进行价值判断。本书初步主张第二个方案。这是因为,既然被告人所犯之两罪均相对轻微,就没有必要等到缓刑考验期满后再开始执行管制。否则,会导致对被告人限制自由的时间过长,与其所犯的轻罪不相适应。况且,如果采用第一个方案,还存在不协调的地方。亦即,在缓刑考验期内,犯罪人可以行使言论、出版、集会、结社、游行、示威自由的权利,但在缓刑考验期满后开始执行管制时,反而未经执行机关批准,不得行使言论、出版、集会、结社、游行、示威自由的权利。本来,缓刑的适用条件之一是"没有再犯罪的危险";在缓刑未被撤销且考验期满后,犯罪人就更没有再犯罪的危险性了。但开始执行管制后,却对自由的限制更严格,这明显不利于犯罪人重返社会。采取第二个方案则可以避免这种不协调的现象。

采取第二个方案时,意味着缓刑考验与管制的执行存在重合。在执行管制期间,犯罪人未经执行机关批准,不得行使言论、出版、集会、结社、游行、示威自由的权利。管制执行完毕后,如果有期徒刑、拘役的缓刑考验期未满,此时犯罪人可以行使言论、出版、集会、结社、游行、示威自由的权利。概言之,当管制的刑期长于有期徒刑、拘役的缓刑考验期限时,由于二者是重合的,故只要执行了管制内容,就同时执行了缓刑考验期限的内容;当管制的刑期短于有期徒刑、拘役的缓刑考验期限时,在管制的刑期内执行刑法第 39 条第 1 款第 2 项的内容,管制期满后仅执行刑法第 75 条的内容。

2. 在缓刑考验期间严重违反关于缓刑的监督管理规定的,撤销缓刑时如何执行管制?例如,B 犯甲罪与乙罪,其中甲罪被判处有期徒刑 2 年缓刑 3 年,乙罪被判处管制 1 年。按照前述第二个方案开始同时执行管制与进行缓刑考验,执行 6 个月时,发现 B 严重违反关于缓刑的监督管理规定。根据刑法第 77 条第 2 款的规定,应当对 B 撤销缓刑,执行原判刑罚。问题是,B 已经执行的 6 个月管制是否计算在 1 年的管制期限内?

本书的看法是,在这种情况下,当然不可能再继续执行管制,或者说不可能等管制执行完毕后再执行原判的有期徒刑,否则便违反了刑法第 69 条第 2 款的规定。所以,只能在有期徒刑执行完毕以后,再执行剩余的 6 个月管制刑。

3. 在管制与缓刑考验的重合期间犯新罪的,如何并罚?例如,C 犯甲罪与乙罪,其中甲罪判处有期徒刑 2 年缓刑 3 年,乙罪被判处管制 1 年 6 个月。在管制执行 1 年时,亦即在缓期考验期仅经过 1 年时,C 犯丙罪(在缓刑考验期间再犯新罪),应当判处有期徒刑 3 年的,应当如何并罚?

如上所述,由于管制的执行期间与缓刑的考验期间重合,所以,C 属于"在缓刑考验期内犯新罪",根据刑法第 77 条第 1 款的规定,应当撤销缓刑,对新犯的罪作出判决,把前罪和后罪所判处的刑罚,依照刑法第 69 条的规定,决定执行的刑罚。

就甲罪与丙罪的并罚关系而言,按照通常的并罚方法实行并罚,亦即将丙罪的 3 年有期徒刑与甲罪的 2 年有期徒刑实行并罚,倘若在 3 年以上 5 年以下的期限内决定执行 4 年有期徒刑,那么,C 应当执行 4 年有期徒刑。此时,似乎不需要将乙罪纳入并罚的范畴,只要在 4 年有期徒刑执行完毕后,再执行剩余的 6 个月管制即可。但是,根据刑法第 71 条的规定,行为人属于在刑罚执行过程中又犯新罪,应当采取先减后并的方法实行并罚。据此,应当将甲罪的 2 年有期徒刑、乙罪的 6 个月管制与丙罪的 3 年有期徒刑实行并罚。倘若决定执行 4 年有期徒刑,那么,仍然是在 4 年有期徒刑执行完毕以后,再执行剩余的 6 个月管制。概言之,在这种情形下,既存在普通并罚(按刑法第 69 条并罚)的问题,也存在先减后并的问题,但由于管制与有期徒刑分别执行,故不会产生并罚的差异。

4. 在管制与缓刑考验的重合期间发现漏罪的,如何并罚?例如,D 犯甲罪与乙罪,其中甲罪被判处有期徒刑 2 年缓刑 3 年,乙罪被判处管制 1 年 6 个月。在管制执行 1 年时,亦即在缓期考验期仅经过 1 年时,发现 D 在判决宣告以前还犯有丙罪,应当判处有期徒刑 3 年。对此应当如何并罚?

在这种情况下,对于丙罪与甲罪应当按照刑法第 69 条的规定实行并罚,即将甲罪的 2 年有期徒刑与丙罪的 3 年有期徒刑实行并罚。倘若决定执行 4 年有期徒刑,那么,还需要根据刑法第 70 条的规定,采用先并后减的方法,将 1 年 6 个月的管制与 4 年有期徒刑实行并罚,再减去已经执行的 1 年的管制。按照本书的前述观点,应当在 4 年有期徒刑执行完毕后,再执行剩余的 6 个月管制。

5. 在缓期考验期满但管制尚未执行完毕时再犯新罪的,如何处理?例如,E 犯甲罪与乙罪,其中甲罪被判处有期徒刑 10 个月缓刑 1 年,乙罪被判处管制 1 年 6 个月。在管制执行 1 年 1 个月时,亦即在缓期考验期满但管制尚未执行完毕时,E 犯应当判处 2 年有期徒刑的丙罪。对此应当如何处理?

首先,由于 E 没有在缓刑考验期内再犯新罪,也不具备撤销缓刑的其他条件,所以不得撤销缓刑。其次,违反刑法第 39 条第 1 款关于管制的执行规定,并不会导致管制刑期的延长或者已执行的管制无效等后果。所以,只能按照刑法第 71 条的规定,将没有执行的 5 个月的管制与 2 年有期徒刑实行并罚。在 2 年有期徒刑执行完毕以后,再执行剩余的 5 个月管制。

6. 在管制与缓刑考验的重合期间再犯应当判处管制之罪的,如何处理?例如,F 犯甲罪与乙罪,其中甲罪被判处有期徒刑 2 年缓刑 3 年,乙罪被判处管制 1 年 6 个月。在管制执行 1 年时,亦即在缓期考验期仅经过 1 年时,F 犯丙罪(如代替考试罪),应当判处 1 年管制的,应当如何并罚?

由于 F 在缓刑考验期内犯丙罪,所以,一方面要撤销缓刑,另一方面要根据刑法第 71 条第 1 款的规定,将丙罪的 1 年管制与乙罪没有执行完毕的 6 个月管制实行并罚,倘若决定执行管制 1 年 3 个月,那么,F 应当在 2 年有期徒刑执行完毕后再执行 1 年 3 个月的管制。

第十四章　刑罚的执行

第一节　刑罚执行概述

一、刑罚执行的概念

刑罚执行，是指法律规定的刑罚执行机关，依法将发生法律效力的刑事裁判所确定的刑罚内容付诸实施，并解决由此产生的法律问题所进行的各种活动。此外，刑法理论还有行刑的概念。但行刑概念具有广义与狭义之分，广义的行刑，包括一切刑罚的执行；狭义的行刑，仅指监狱对自由刑的执行。行刑概念一般在狭义上使用。

刑罚执行的主体是法律规定的刑罚执行机关。在我国，法院、公安机关、司法行政机关（监狱）都是特定刑罚的执行机关。例如，死刑立即执行、没收财产、罚金由人民法院执行；拘役、剥夺政治权利由公安机关执行；死刑缓期二年执行、无期徒刑、有期徒刑由监狱执行。检察机关虽然是刑罚执行的监督机关，但本身不是刑罚执行机关。

刑罚执行的对象是受刑人。受刑人，即因实施犯罪行为受刑罚处罚的人。受刑人与犯罪人具有同一性，不可能对没有犯罪的人执行刑罚。

刑罚执行的依据是发生法律效力的刑事裁判。根据刑事诉讼法的规定，判决和裁定发生法律效力后执行。下列判决与裁定是发生法律效力的判决与裁定：已过法定期限没有上诉、抗诉的判决和裁定；终审的判决和裁定；最高人民法院核准的死刑判决和高级人民法院核准的死刑缓期二年执行的判决。

任何刑罚方法都有特定的内容，法院的判决与裁定进一步将具有特定内容的刑罚具体化。例如，刑法规定有期徒刑的一般期限为6个月以上15年以下（数罪并罚除外），法院对犯罪人科处有期徒刑时，其判决与裁定必然就有期徒刑的期限做出确定的判决与裁定。刑罚执行则要将刑事判决与裁定所确定的刑罚种类及其期限、数量具体付诸实施、实现。刑罚执行是法院刑事判决与裁定准确实施的保证，是惩罚和教育改造罪犯的实践过程，也是预防犯罪的重要措施。

自由刑执行（行刑）的直接目标，在于使受刑人接受教育改造，消除其再犯罪的可能性，并对社会起一般预防作用。每个犯罪人在服刑期间的表现不同，反映了他们各自的再犯罪可能性变化情况不一致。执行机关要及时有针对性地分别进行有效的改造教育，并扩大社会影响；对于其中确有悔改、立功表现，再犯罪的可能性明显降低的受刑人，还可以依法予以减刑、假释。显然，自由刑的执行过程是一个进行性的实现刑罚目的的过程。

刑罚执行并不只是单纯地实施刑事裁判所处刑罚的内容，事实上还要解决由此产生的一些法律问题，最典型的是通过减刑、假释等方式，与法院一道对原判决作一定限度的修正和调整，减刑、假释也就成为重要的刑罚执行制度。

二、刑罚执行的原则

刑罚执行的原则,是刑罚执行机关在执行刑罚的过程中必须遵循的、保证刑罚目的得以实现的准则。

根据刑法规定的刑种内容,以及监狱法规定的刑罚执行原则,刑罚执行必须遵循以下原则:(1)合法性原则。刑罚执行必须合法:执行机关必须是合法的刑罚执行机关;刑罚执行的依据必须是法院具有法律效力的刑事判决与裁定;刑罚执行的内容与方法必须严格依据刑法的规定;刑罚执行的程序必须符合刑事诉讼法的规定。(2)惩罚和改造相结合、教育和劳动相结合的原则。刑罚执行既不能只讲惩罚与劳动,也不能只讲改造与教育;惩罚是改造的前提,改造是惩罚的目的;劳动是教育的手段,教育是劳动的目的。因此,应当将惩罚和改造相结合、教育和劳动相结合。所以,监狱法规定,监狱应根据罪犯的需要,组织罪犯从事生产劳动,对罪犯进行思想教育,文化教育与技术教育;还规定,罪犯必须严格遵守法律、法规和监狱纪律,服从管理,接受教育,参加劳动。(3)人道主义原则。即在刑罚执行过程中,必须尊重犯罪人的人格,关心犯罪人的实际困难,实行文明监管,禁止使用残酷的、不人道的刑罚执行手段。我国刑法将殴打、体罚虐待被监管人的行为规定为独立的犯罪;监狱法规定,犯罪人的人格不受侮辱,其人身安全、合法财产和辩护、申诉、控告、检举以及其他未被依法剥夺或者限制的权利不受侵犯。这是人道主义原则的具体体现。(4)个别化原则。刑罚执行的个别化,是指根据犯罪人本人的具体情况,给予不同的处遇、采取不同的教育改造方法。其中所说的本人的具体情况,包括年龄、性别、性格特点、生理状况、犯罪性质及情节、犯罪人的再犯罪可能性大小、受刑种类与刑期等。监狱法规定,对未成年犯和女犯的改造,应当照顾其生理心理特点;监狱应当根据犯罪人的犯罪类型、刑罚种类、刑期、改造表现等情况,对罪犯实行分别关押,采取不同方式管理。这是个别化原则的具体规定。(5)效益性原则。即刑罚执行应以较少的实际执行获得较大的执行效果。刑法规定的减刑、假释制度,是效益性原则的重要体现。

关于具体刑罚的执行,在相关章节已有说明。下面仅探讨减刑与假释。

第二节　减　　刑

一、减刑的概念

减刑,是指对于被判处管制、拘役、有期徒刑、无期徒刑的犯罪人,在刑罚执行期间,如果认真遵守监规,接受教育改造,确有悔改表现,或者有立功表现的,适当减轻原判刑罚的制度。如被判处无期徒刑的犯罪人,在执行期间有立功表现,便将无期徒刑减为20年有期徒刑;被判处8年有期徒刑的犯罪人,在执行期间确有悔改表现,便将8年有期徒刑减为7年有期徒刑。

根据刑法第78条的规定,减刑分为两种情况:一是可以减刑,即具备一定条件时,法院可以裁定减刑;二是应当减刑,即有重大立功表现时,法院应当减刑。从减刑的方法与效果来看,减刑也分为两种情况:一是将无期徒刑减为有期徒刑,这是刑种的变更;二是将管制、拘役、有期徒刑的刑期减少,不能变更刑种。

减刑不同于改判。改判是指原判决有错误,故撤销原判决而重新作出判决;改判的结果多种多样。减刑并不改变原判决,而是在肯定原判决的基础上,基于法定原因将原判决的刑罚予以减轻或者减少。减刑与减轻处罚的区别则更为明显。

减刑制度是特殊预防目的的产物。刑罚的执行侧重于特殊预防。犯罪人在刑罚执行期间遵纪守法,积极改造,悔改立功,说明其积极悔罪自新,改恶从善,不必将原判刑罚执行完毕,就可以预防其再次犯罪;另一方面,减刑制度的设立,也能鼓励犯罪人积极改造,弃恶从善。

二、减刑的条件

根据刑法第78条的规定,减刑必须具备两个基本条件。

(一)前提条件

只能对被判处(包括裁定)管制、拘役、有期徒刑、无期徒刑的犯罪人减刑。这是可以减刑与应当减刑的共同前提条件。这里只有刑种的限制,没有刑期与罪质的限制。首先,对于死缓依法减为无期徒刑或者有期徒刑的,虽然实质上减轻了刑罚,也可谓特殊减刑,但不是刑法第78条规定的减刑。但是,对于被判处死缓的犯罪分子,在根据刑法第50条减为无期徒刑或者有期徒刑后,依然可以根据刑法第78条的规定再减刑。其次,附加刑的减轻也不是刑法第78条规定的减刑。例如,在死刑缓期执行减为有期徒刑或者无期徒刑减为有期徒刑时,应当将附加剥夺政治权利的期限改为3年以上10年以下;被判处罚金的犯罪人,如果由于遭遇不能抗拒的灾祸等原因缴纳确实有困难的,可以酌情减少。但这种附加刑的减轻,与刑法第78条规定的减刑在适用对象、适用条件、适用后果等方面都存在区别。最后,根据最高人民法院2012年1月17日《关于办理减刑、假释案件具体应用法律若干问题的规定》(以下简称《减刑、假释规定》),对判处拘役或者3年以下有期徒刑并宣告缓刑的犯罪分子,一般不适用减刑。如果罪犯在缓刑考验期限内有重大立功表现的,可以参照刑法第78条的规定,予以减刑,同时应依法缩减其缓刑考验期限。拘役的缓刑考验期限不能少于2个月,有期徒刑的缓刑考验期限不能少于1年。缓刑考验期限的缩减,不是刑法第78条规定的减刑,但其前提是对原判刑罚予以减刑。

(二)实质条件

1. 可以减刑的实质条件是,犯罪人在刑罚执行期间,认真遵守监规,接受教育改造,确有悔改表现,或者有立功表现。具体地说,在下列两种情形下,可以减刑:

(1)犯罪人在执行期间,认真遵守监管法规,接受教育改造,确有悔改表现的。根据《减刑、假释规定》,"确有悔改表现"是指同时具备以下四个方面情形:一是认罪悔罪;二是认真遵守法律法规及监规,接受教育改造;三是积极参加思想、文化、职业技术教育;四是积极参加劳动,努力完成劳动任务。对罪犯在刑罚执行期间提出申诉的,要依法保护其申诉权利,对罪犯申诉不应不加分析地认为是不认罪悔罪。罪犯积极执行财产刑和履行附带民事赔偿义务的,可视为有认罪悔罪表现,在减刑、假释时可以从宽掌握;确有执行、履行能力而不执行、不履行的,在减刑、假释时应当从严掌握。

未成年(即减刑时不满18周岁)罪犯的减刑,可以比照成年罪犯依法适当从宽。未成年罪犯能认罪悔罪,遵守法律法规及监规,积极参加学习、劳动的,应视为确有悔改表现,减刑的幅度可以适当放宽,起始时间、间隔时间可以相应缩短。

老年、身体残疾(不含自伤致残)、患严重疾病罪犯的减刑,应当主要注重悔罪的实际表现。基本丧失劳动能力、生活难以自理的老年、身体残疾、患严重疾病的罪犯,能够认真遵守法律法规及监规,接受教育改造,应视为确有悔改表现,减刑的幅度可以适当放宽,起始时间、间隔时间可以相应缩短。

(2)具有立功表现的。根据《减刑、假释规定》,具有下列情形之一的,应当认定为具有"立功表现":一是阻止他人实施犯罪活动的;二是检举、揭发监狱内外犯罪活动,或者提供重要的破案线索,经查证属实的;三是协助司法机关抓捕其他犯罪嫌疑人(包括同案犯)的;四是在生产、科研中进行技术革新,成绩突出的;五是在抢险救灾或者排除重大事故中表现突出的;六是对国家和社会有其他贡献的。

问题是,并未认真遵守监规、接受教育改造,但有立功表现的,可否减刑?本书持肯定回答。有立功表现的人通常以认真遵守监规、接受教育改造为前提,但也不排除没有这种前提的立功表现。正因为如此,刑法规定"可以"减刑。另一方面,如果立功以具有悔改表现为前提,那么,对立功条件的规定就实属多余了。

2. 应当减刑的实质条件是,犯罪人在刑罚执行期间,有重大立功表现。根据《减刑、假释规定》的规定,有下列情形之一的,应当认定为具有"重大立功表现",因而应当减刑:(1)阻止他人实施重大犯罪活动的;(2)检举监狱内外重大犯罪活动,经查证属实的;(3)协助司法机关抓捕其他重大犯罪嫌疑人(包括同案犯)的;(4)有发明创造或者重大技术革新的;(5)在日常生产、生活中舍己救人的;(6)在抗御自然灾害或者排除重大事故中,有特别突出表现的;(7)对国家和社会有其他重大贡献的。[1] 这七类重大立功表现,不以其他悔改表现为前提。

三、减刑的限度与幅度

具备上述两个条件的,便可以或者应当减刑。但是,减刑得有一定限度。如果减得过多,则不利于特殊预防,也有损法院判决的严肃性;如果减得过少,就难以对犯罪人的改造产生鼓励作用,也丧失了减刑制度的意义。刑法第78条第2款规定:"减刑以后实际执行的刑期不能少于下列期限:(一)判处管制、拘役、有期徒刑的,不能少于原判刑期的二分之一;(二)判处无期徒刑的,不能少于十三年;(三)人民法院依照刑法第五十条第二款规定限制减刑的死刑缓期执行的犯罪分子,缓期执行期满后依法减为无期徒刑的,不能少于二十五年,缓期执行期满后依法减为二十五年有期徒刑的,不能少于二十年。"其中的第(二)项,包括从由死缓减为无期徒刑(但没有被限制减刑)的情形。显然,如果管制、拘役、有期徒刑减刑后的刑期只有原判刑期的二分之一,无期徒刑减刑后只有13年有期徒刑,死缓被限制减刑后分别只有25年与20年有期徒刑的,就不得再减刑。从这个意义上说,减刑的限度也是减刑的条件。

需要研究的问题是,如何理解和计算"实际执行的刑期"?实际执行的刑期,应是原判决发生法律效力,将判决交付执行后,犯罪人实际服刑改造的期间。既然如此,判决宣告以前先行羁押的日期,就不能计算在实际执行的刑期以内。因为先行羁押的日期虽然

---

〔1〕 刑法第78条第1款仅规定了6项重大立功表现。上述7项中的第(3)项为《减刑、假释规定》所增加。由于增加内容有利于服刑人,因而并不违反罪刑法定原则。但是,在刑法第78条的明文规定之外增加此项是否合适,也值得研究。从解释论的角度来说,将第(3)项的内容解释为"对国家和社会有其他重大贡献"更为妥当。此外,《减刑、假释规定》还在第(6)项中将刑法第78条第1款第5项的"有突出表现"改为"有特别突出表现"。增加"特别"一词意味着缩小突出表现的范围。这一修改明显违反罪刑法定原则。

可以折抵刑期,但毕竟不是实际执行刑罚;再者,无期徒刑原本就没有折抵刑期的问题。减刑以受刑人在刑罚执行期间的悔改、立功表现为根据,将先前羁押日期折抵实际执行的刑期,并不合适,而且会造成一些混乱,也与刑法第80条的规定相矛盾;刑法特意使用“实际”二字,也是为了排除先行羁押的日期。

减刑不仅有法定的限度,而且应有一定的幅度,包括从何时起可以减刑、一次可以减刑多少、间隔多长时间可以再次减刑的问题。本书认为,总的原则应是,既要有利于鼓励犯罪人积极改造,又要维护法律与判决的严肃性。就可以减刑而言,一般来说,服刑后开始减刑的时间,应与原判决的刑期成正比。如无期徒刑在服刑2年以后,才可以减刑;较长的有期徒刑,在服刑1年6个月以后,才可以减刑;较短的有期徒刑、拘役与管制,则应相应缩短。就应当减刑而言,发现有重大立功表现时就可以减刑。一次减刑的期限,不宜过长,也不宜过短,基本上也与原判决的刑期成正比。较长的有期徒刑,一次可减刑6个月到2年,较短的有期徒刑、拘役、管制,一次可减刑1个月到6个月。刑法虽然没有明文规定可以多次减刑,但从减刑制度的精神来看,只要符合条件,应可以多次减刑,只是每一次减刑的限度,均应以原判决的刑罚为标准计算,而不能以前一次减刑后的刑期为标准进行计算。对于较长的有期徒刑而言,两次减刑之间应有一定的间隔;对于较短的有期徒刑、拘役、管制而言,两次减刑之间的间隔应相应缩短。但对应当减刑的,则不应有间隔期限的限制。在决定减刑的幅度时,除了考虑原判决的刑罚外,还必须考虑犯罪人的悔改、立功表现的具体情况,考虑犯罪人本身的具体情况。例如,对于既有悔改又有立功乃至重大立功表现的,或者有多次立功表现的,在减刑时应适当放宽幅度;对未成年的犯罪人,其减刑的幅度可以适当放宽,间隔的时间可以相应缩短。

《减刑、假释规定》对减刑限度与幅度作了如下规定:(1)有期徒刑罪犯在刑罚执行期间,符合减刑条件的,减刑幅度为:确有悔改表现,或者有立功表现的,一次减刑一般不超过1年有期徒刑;确有悔改表现并有立功表现,或者有重大立功表现的,一次减刑一般不超过2年有期徒刑。(2)有期徒刑罪犯的减刑起始时间和间隔时间为:被判处5年以上有期徒刑的罪犯,一般在执行1年6个月以上方可减刑,两次减刑之间一般应当间隔1年以上。被判处不满5年有期徒刑的罪犯,可以比照上述规定,适当缩短起始和间隔时间。确有重大立功表现的,可以不受上述减刑起始和间隔时间的限制。有期徒刑的减刑起始时间自判决执行之日起计算。(3)无期徒刑罪犯在刑罚执行期间,确有悔改表现,或者有立功表现的,服刑2年以后,可以减刑。减刑幅度为:确有悔改表现,或者有立功表现的,一般可以减为20年以上22年以下有期徒刑;有重大立功表现的,可以减为15年以上20年以下有期徒刑。(4)无期徒刑罪犯经过一次或几次减刑后,其实际执行的刑期不能少于13年,起始时间应当自无期徒刑判决确定之日起计算。(5)死刑缓期执行罪犯减为无期徒刑后,确有悔改表现,或者有立功表现的,服刑2年以后可以减为25年有期徒刑;有重大立功表现的,服刑2年以后可以减为23年有期徒刑。死刑缓期执行罪犯经过一次或几次减刑后,其实际执行的刑期不能少于15年,死刑缓期执行期间不包括在内。死刑缓期执行罪犯在缓期执行期间抗拒改造,尚未构成犯罪的,此后减刑时可以适当从严。(6)被限制减刑的死刑缓期执行罪犯,缓期执行期满后依法被减为无期徒刑的,或者因有重大立功表现被减为25年有期徒刑的,应当比照未被限制减刑的死刑缓期执行罪犯在减刑的起始时间、间隔时间和减刑幅度上从严掌握。(7)判处管制、拘役的罪犯,以及判决生效后剩余刑期不满1年有期徒刑的罪犯,符合减刑条件的,可以酌情减刑,其实际执行的刑期不能少于原判刑期的二分之一。(8)有期徒刑罪犯减刑时,对附加剥夺政治权利的期限可以酌减。酌减后剥夺政治权利的期限,不能少于1年。(9)被判处10年以上有期徒刑、无期徒刑的罪犯在刑罚执行期间又犯罪,被判处有期徒刑以下刑罚的,自新罪判决确定之日起2年内一般不予减刑;新罪被判处无期徒刑的,自新罪判决确定之日起3年内一般不予减刑。

四、减刑的程序与减刑后的刑期计算

为了保证减刑的合法性与正当性,避免减刑制度的错用与滥用,维护刑法与判决的权威性与严肃性,刑法第79条特别规定:"对于犯罪分子的减刑,由执行机关向中级以上人民法院提出减刑建议书。人民法院应当组成合议庭进行审理,对确有悔改或者立功事实的,裁定予以减刑。非经法定程序不得减刑。"可见,减刑有两个关键程序:第一,必须由执行机关向中级以上法院提出减刑建议书。基层法院无权裁定减刑;中级以上法院在执行机关没有提出减刑建议书的情况下,不能直接减刑;执行机关本身也不能直接减刑。第二,法院应当组成合议庭进行审理,裁定减刑。中级以上法院在没有组成合议庭的情况下,不得裁定减刑;裁定减刑时,理当以事实为根据,以法律为准绳。此外,人民法院按照审判监督程序重新审理的案件,维持原判决、裁定的,原减刑裁定效力不变;改变原判决、裁定的,应由刑罚执行机关依照再审裁判情况和原减刑情况,提请有管辖权的人民法院重新作出减刑裁定。

减刑后的刑期计算方法,因原判刑罚的种类不同而有所区别:对于原判刑罚为管制、拘役、有期徒刑的,减刑后的刑期应从原判决执行之日起计算;原判刑期已经执行的部分时间,应计算到减刑后的刑期以内。对于无期徒刑减为有期徒刑的,有期徒刑的刑期从裁定减刑之日起计算;已经执行的刑期以及判决宣告以前先行羁押的日期,不得计算在裁定减刑后的有期徒刑的刑期以内。对于无期徒刑减为有期徒刑以后再次减刑的,其刑期的计算,则应按照有期徒刑减刑的方法计算。对于曾被依法适用减刑,后因原判决有误,经再审后改判的,原来的减刑仍然有效,所减刑期应从改判后的刑期中扣除。

被判处死缓的犯罪分子,减为无期徒刑后再减刑的,其实际执行的刑期,从死刑缓期执行期满之日起计算。被判处死缓并同时被决定限制减刑的犯罪分子,减为无期徒刑后再减为有期徒刑的,或者直接减为有期徒刑的,其应当实际执行的刑期,也从死刑缓期执行期满之日起计算(亦即,缓期执行期满后依法减为无期徒刑的,判决确定后的实际关押时间不少于27年,缓期执行期满后依法减为25年有期徒刑的,判决确定后的实际关押时间不少于22年)。[2]

第三节　假　释

一、假释的概念

假释,是指对于被判处有期徒刑、无期徒刑的部分犯罪人,认真遵守监规,接受教育改

〔2〕 刑法第51条后段规定:"死刑缓期执行减为有期徒刑的刑期,从死刑缓期执行期满之日起计算。"对此宜作扩大解释,即其中的"死刑缓期执行减为有期徒刑"包括死刑缓期执行减为无期徒刑后再减为有期徒刑的情形。

造,确有悔改表现,没有再犯罪的危险,经过执行一定刑罚之后,附条件地予以提前释放的制度。附条件,是指被假释的犯罪人,如果遵守一定条件,就认为原判刑罚已经执行完毕;倘若没有遵守一定条件,就收监执行原判刑罚乃至数罪并罚。

假释是附条件地提前释放,但不同于释放。释放既可能是无罪释放,也可能是刑罚执行完毕而释放,还可能是赦免释放,但都不是附条件释放,不存在再执行的可能性。

假释是追求积极的刑罚效果而采取的处遇手段,但不同于暂予监外执行。假释适用于被判处有期徒刑或无期徒刑的犯罪人,暂予监外执行适用于被判处有期徒刑、拘役的犯罪人;假释适用于执行了一定刑期,且执行期间认真遵守监规,接受教育改造,确有悔改表现,没有再犯罪的危险的犯罪人,暂予监外执行适用于因法定特殊情况不宜在监内执行的犯罪人;假释后如果没有遵守法定条件,余刑仍需执行,所经过的考验期不能计入原判刑期之内,暂予监外执行的期间,均计入原判刑期之内。

假释是对自新向善而有悔改表现的受刑人的一种奖赏,但不同于减刑。假释适用于被判处有期徒刑或无期徒刑的犯罪人,减刑适用于被判处管制、拘役、有期徒刑和无期徒刑的犯罪人;假释只能适用一次,减刑可以适用多次;假释有考验期,如果再犯罪或有其他法定理由,就撤销假释,减刑没有考验期,减刑后不会被撤销;假释的直接结果是提前释放犯罪人,减刑的直接结果只是减轻原判刑罚。

假释也可谓余刑的暂缓执行,但不同于缓刑。假释在原判刑罚的执行过程中予以适用,缓刑在判决一定刑罚时同时宣告;假释的根据是犯罪人在刑罚执行过程中的悔改表现,缓刑的根据是犯罪情节与判决前的悔改表现;假释适用于被判处有期徒刑与无期徒刑的犯罪人,缓刑适用于被判处拘役或者3年以下有期徒刑的犯罪人;假释是有条件地不执行余刑,缓刑是有条件地不执行原判全部刑罚;在假释考验期内遵守法定条件的,认为原判刑罚已经执行完毕,在缓刑考验期内遵守法定条件的,原判刑罚就不再执行。

从假释的特点可以看出,假释制度是目的刑论的产物。假释制度从三个方面体现了预防犯罪的目的:(1)假释制度鼓励被判处有期徒刑、无期徒刑的受刑人,积极悔改,自新向善。因为假释制度使自由刑事实上具有不定期刑的性质,即使受刑人被判处的刑期较长乃至无期徒刑,但只要认真遵守监规,接受教育改造,确有悔改表现,也可以提前出狱。这不仅对受刑人的悔改起积极鼓励作用,而且对预防其再犯罪起到了积极作用。(2)假释制度能避免不必要的刑罚执行,并使受刑人得以在狱外继续悔过自新。因为假释是促使受刑人再社会化而放弃执行余刑的一种"行刑措施",被假释的犯罪人在假释考察期内受到有关机关的监督,这便使其在不执行余刑的情况下也能得到改造。(3)假释制度为受刑人重返社会搭起了桥梁。由于受刑人长时间在监狱服刑,与社会完全隔离,如果刑期届满突然从被剥夺自由的状态进入完全自由的社会,不免产生适应社会的困难。假释实际上属于受刑人从无自由的拘禁生活进入完全自由的社会生活之间的一个过渡阶段,对预防受刑人因不适应社会而再次犯罪起到了积极作用。[3]

从世界范围内来看,以前的假释具有恩典性质,即对于在刑罚执行期间具有良好表现

---

〔3〕 事实上,假释制度还可以救济长期徒刑的量刑不当。量刑时必然考虑受刑人需要改善的时间,但这在量刑时往往难以确定,故法官的量刑可能有所不当。但在定期刑制度下,判决一经确定基本不能改变。如果受刑人已经改善,仍使其继续拘禁于监狱,则殊有不当。假释制度则可以救济这一弊端。

的受刑人给予假释的恩惠，但现在的假释几乎成为受刑人的权利。于是，以前的假释只是对少数受刑人的例外优待，而当今的假释成为对多数受刑人适用的制度。由于国情不同，刑法规定的处罚范围不同，假释考验的方式不同，目前我们虽然不能期待大幅度地实行假释，但根据法定条件适当提高假释率，也是理所当然的。

二、假释的适用条件

适用假释得当，才有利于发挥假释制度的积极功能；而适用假释得当与否，取决于是否遵守了刑法规定的假释条件。根据刑法第81条的规定，适用假释必须具备如下条件。

（一）前提条件

假释只适用于被判处有期徒刑、无期徒刑的犯罪人。判处管制的，因为没有剥夺犯罪人的人身自由，不存在假释问题；被判处拘役的，由于刑期很短，适用假释缺乏实际意义；被判处死刑立即执行的，不可能被假释。被判处死缓的犯罪分子减为无期徒刑或者有期徒刑后，也可以假释。

（二）执行刑期条件

假释只适用于已经执行一部分刑罚的犯罪人。这一方面是因为只有经过一定的服刑期，才能判断犯罪人是否具有悔改表现；另一方面是为了防止滥用假释，避免引起刑罚执行的混乱，避免损害刑罚的严肃性与法院判决的稳定性。根据刑法第81条规定，被判处有期徒刑的犯罪人，执行原判刑期二分之一以上，被判处无期徒刑的犯罪人，实际执行13年以上，才可以假释。刑法条文针对有期徒刑使用的是“执行”一词，针对无期徒刑使用了“实际执行”一语。前者因为是有期徒刑，包括判决前先行羁押而折抵的日期在内；后者因为是无期徒刑，不存在折抵问题，所以是“实际执行”。换言之，对判处有期徒刑的罪犯假释，执行原判刑期二分之一以上的起始时间，应当从判决执行之日起计算，判决执行以前先行羁押的，羁押1日折抵刑期1日。如果是无期徒刑，实际执行13年的起始时间，从判决执行之日起计算，判决前先行羁押的日期不能折抵已经执行的刑期。但是，为了保障犯罪人的合法权益，对于超期羁押的期间，应计算在实际执行的刑期之内。

犯罪人被减刑后，符合条件的仍然可以假释；但执行刑期的条件，应以原判决的有期徒刑的刑期或无期徒刑为基准进行计算，而不是以减刑后的刑期为基准计算。根据《减刑、假释规定》，罪犯减刑后又假释的间隔时间，一般为1年；对一次减去2年有期徒刑后，决定假释的，间隔时间不得少于2年；罪犯减刑后余刑不足2年，决定假释的，可以适当缩短间隔时间。

根据刑法第81条规定，如果有特殊情况，经最高人民法院核准，可以不受上述执行刑期的限制。“特殊情况”是指与国家、社会利益有重要关系的情况。

（三）实质条件

假释只适用于在刑罚执行期间，认真遵守监规，接受教育改造，确有悔改表现，没有再犯罪的危险的犯罪人。这是适用假释的一个最重要条件。“认真遵守监规”与“接受教育改造”是悔改表现的判断资料。如果认定确有悔改表现，则需要进一步根据犯罪的具体情节、原判刑罚情况，在刑罚执行中的一贯表现，罪犯的年龄、身体状况、性格特征，假释后生活来源以及监管条件等因素进行综合判断，只要认为没有再犯罪的危险，就可以假释。根据刑法第81条第3款的规定，对犯罪分子决定假释时，应当考虑其假释后对所居住社区的影响。本书认为,对此应联系假释后是否具有再犯罪的危险予以判断,而不能单纯以居住社区的居民是否反对为标准做出决定。对于未成年罪犯以及老年、身体残疾(不含自伤致残)、患严重疾病罪犯的假释,宜适度放宽。

(四)消极条件

"对累犯以及因故意杀人、强奸、抢劫、绑架、放火、爆炸、投放危险物质或者有组织的暴力性犯罪被判处十年以上有期徒刑、无期徒刑的犯罪分子,不得假释"(刑法第 81 条第 2 款)。首先,不管对累犯所判处的是什么刑种与刑期,都不得假释。这是因为累犯是已经执行过刑罚又犯罪的,再犯罪的危险性大,适用假释难以预防其再次犯罪。其次,对实施了故意杀人、强奸、抢劫、绑架、放火、爆炸、投放危险物质 7 种犯罪,并且被判处 10 年以上有期徒刑、无期徒刑的犯罪人,不得假释。其中的"强奸"包括强奸被拐卖的妇女、幼女而被认定为拐卖妇女、儿童罪的情形。再次,有组织的暴力性犯罪,不限于本款所列举的 7 种犯罪,还包括其他暴力性犯罪,如武装叛乱、武装暴乱、劫持航空器等罪。刑法这样规定,是考虑到上述严重暴力性犯罪的罪行严重、行为人的再犯罪可能性大,适用假释不利于防止其再次犯罪。[4] 最后,对于被判处 10 年以上有期徒刑、无期徒刑以及死缓的暴力性犯罪人,即使减刑后其刑期低于 10 年有期徒刑,也不得假释。否则,本款规定就完全丧失了意义。

此外,根据刑法第 82 条的规定,对于犯罪人假释的,由执行机关向中级以上法院提出假释建议书,法院应当组成合议庭进行审理,对符合假释条件的,裁定予以假释。非经法定程序不得假释。人民法院按照审判监督程序重新审理的案件,维持原判决、裁定的,原假释裁定效力不变;改变原判决、裁定的,应由刑罚执行机关依照再审裁判情况和原假释情况,提请有管辖权的人民法院重新作出假释裁定。

三、假释的考验期限与假释的撤销

(一)假释的考验期限与考察

假释是附条件的提前释放,所附条件是犯罪人在一定期限内应当遵守和符合法定条件。这里的一定期限就是假释的考验期限。考验期限如果过短,就不能发挥假释的作用;如果过长,也不利于犯罪人的改造。所以,刑法规定了与原判刑罚轻重相适应的考验期,即有期徒刑的假释考验期限,为没有执行完毕的刑期;无期徒刑的假释考验期限为 10 年。假释考验期限,从假释之日起计算。

对假释的犯罪分子,在假释考验期限内,依法实行社区矫正。被假释的犯罪人,应当遵守下列规定:(1)遵守法律、行政法规,服从监督;(2)按照监督机关的规定报告自己的活动情况;(3)遵守监督机关关于会客的规定;(4)离开所居住的市、县或者迁居,应当报经监督机关批准。被假释的犯罪人,如果在假释考验期限内,遵守一定条件,没有再犯新罪,没有发现判决宣告以前的漏罪,没有违反法律、行政法规或者国务院有关部门有关假释的监督管理规定,假释考验期满,就认为原判刑罚已经执行完毕,并公开予以宣告。

---

[4] 对数罪并罚的情形应分别考虑:(1)甲因犯抢劫罪被判处有期徒刑 8 年,因犯盗窃罪被判处有期徒刑 5 年,合并执行 12 年的,可以假释;(2)乙因犯抢劫罪被判处有期徒刑 8 年,因犯强奸罪被判处有期徒刑 6 年,合并执行 12 年的,不能假释;(3)丙因犯抢劫罪被判处有期徒刑 12 年,因犯盗窃罪被判处有期徒刑 5 年,合并执行 14 年的,不能假释。

（二）假释的撤销

由于假释是附条件的提前释放，因此，如果被假释的犯罪人在考验期限内没有遵守法定条件，或者出现了不符合条件的事实，就应当撤销假释。根据刑法第86条的规定，假释的撤销包括以下三种情形：

1. 被假释的犯罪人，在假释考验期限内犯新罪的，应当撤销假释，按照刑法第71条规定的先减后并的方法实行并罚。即将新罪所判处的刑罚与前罪还没有执行的刑罚，实行并罚，已经执行的刑期，不得计算在新判决确定的刑期之内。假释后所经过的考验期，也不得计算在新判决确定的刑期之内。如果前罪为无期徒刑，则将新罪所判处的刑罚与前罪的无期徒刑实行并罚。需要说明的是，只要是在假释考验期内犯新罪，即使经过了假释考验期限后才发现新罪，也应当撤销假释，按照先减后并的方法实行并罚。

2. 在假释考验期限内，发现被假释的犯罪人在判决宣告以前还有其他罪没有判决的，应当撤销假释，按照刑法第70条规定的先并后减的方法实行并罚。即将漏罪所判处的刑罚与前罪所判处的刑罚，实行并罚，已经执行的刑期，计算在新判决确定的刑期以内，但假释后所经过的考验期，不得计算在新判决确定的刑期以内。值得注意的是，如果在假释考验期满后，才发现被假释的犯罪人在判决宣告以前还有其他罪没有判决的，不得撤销假释，只能对新发现的犯罪另行侦查、起诉、审判，不得与前罪并罚。

3. 被假释的犯罪人，在假释考验期限内，有违反法律、行政法规或者国务院有关部门有关假释的监督管理规定的行为，尚未构成新的犯罪的，应当依照法定程序撤销假释，收监执行尚未执行完毕的刑罚。在这种情况下，由于违反监督管理规定的行为，没有构成新的犯罪，故不存在数罪并罚问题。根据有关规定，[5]被假释的罪犯在假释考验期间有下列情形之一的，由与原裁判人民法院同级的执行地公安机关提出撤销假释的建议：（1）人民法院、监狱、看守所已书面告知罪犯应当按时到执行地公安机关报到，罪犯未在规定的时间内报到，脱离监管3个月以上的；（2）未经执行地公安机关批准擅自离开所居住的市、县或者迁居，脱离监管3个月以上的；（3）未按照执行地公安机关的规定报告自己的活动情况或者不遵守执行机关关于会客等规定，经过3次教育仍然拒不改正的；（4）有其他违反法律、行政法规或者国务院有关部门有关缓刑、假释的监督管理规定的行为，情节严重的。

此外，罪犯在监狱内犯罪，假释期间被发现的，由审判新罪的人民法院撤销假释，并书面通知原裁定假释的人民法院和社区矫正机构。撤销假释的决定作出前，根据案件情况需要逮捕的，由人民检察院或者人民法院批准或者决定逮捕，公安机关执行逮捕，并将被逮捕人送监狱所在地看守所羁押，同时通知社区矫正机构。

四、假释与数罪并罚的相关问题

1. 当有期徒刑与管制并罚时，有期徒刑执行二分之一以上后被假释的，是否应当从假释之日起开始执行管制？例如，A因故意伤害罪被判处有期徒刑6年，因代替考试罪被判处管制1年。有期徒刑执行4年后被假释，管制是否应从假释之日起开始执行？从刑法的相关规定来看，只能给予否定回答。一方面，根据刑法第69条第2款的规定，有期徒刑

[5] 中央社会治安综合治理委员会办公室、“两高”、公安部、司法部2009年6月25日《关于加强和规范监外执行工作的意见》第15条。

或者拘役与管制并罚的,“有期徒刑、拘役执行完毕后,管制仍须执行。”另一方面,刑法第85条规定:“对假释的犯罪分子,在假释考验期限内,依法实行社区矫正,如果没有本法第八十六条规定的情形,假释考验期满,就认为原判刑罚已经执行完毕,并公开予以宣告。”由于假释考验期间刑罚并没有执行完毕,所以,管制不能从假释之日起开始执行,只能从假释考验期满后开始执行管制。

2. 如何处理假释的考验内容与管制的协调关系?根据刑法第38条第3款与第85条的规定,对于被宣告管制的犯罪分子与被假释的犯罪分子,都需要实行社区矫正。但是,根据刑法第84条的规定,“被宣告假释的犯罪分子,应当遵守下列规定:(一)遵守法律、行政法规,服从监督;(二)按照监督机关的规定报告自己的活动情况;(三)遵守监督机关关于会客的规定;(四)离开所居住的市、县或者迁居,应当报经监督机关批准。”但刑法第39条第1款规定的管制多一项“未经执行机关批准,不得行使言论、出版、集会、结社、游行、示威自由的权利”的执行内容。于是,可能产生二者的执行不协调的现象。例如,B犯抢夺罪与使用虚假身份证件罪,抢夺罪被判处有期徒刑6年,使用虚假身份证件罪被判处管制1年6个月。B执行有期徒刑3年后被假释。由于B的抢夺罪没有被附加剥夺政治权利,所以,在假释考验期内,B可以行使言论、出版、集会、结社、游行、示威自由的权利。在假释考验期满之后,才认为有期徒刑已经执行完毕。此时开始执行管制时,B反而在未经执行机关批准的情况下,不得行使言论、出版、集会、结社、游行、示威自由的权利。这虽然不协调,但也只能如此。既不能为了避免不协调,而禁止B在假释考验期内行使言论、出版、集会、结社、游行、示威自由的权利,也不可能在假释考验期之前执行管制。更为重要的是,倘若法院对B宣告禁止令,就意味着管制的执行比假释考验更为严格。

3. 在假释考验期满后,管制执行过程中,发现应当撤销假释的,应当如何处理?例如,C犯诈骗罪被判处有期徒刑8年,犯使用虚假身份证件罪被判处管制1年6个月。执行有期徒刑6年后被假释,假释考验期满后,开始执行管制。执行1年管制后,发现C在假释考验期内犯盗窃罪,应当判处有期徒刑2年。根据刑法第86条第1款的规定,应当将诈骗罪没有执行的2年有期徒刑、使用虚假身份证件罪没有执行的6个月管制,与盗窃罪的2年有期徒刑实行并罚。倘若决定执行3年有期徒刑、6个月管制,那么,应当在3年有期徒刑执行完毕后,再执行6个月管制。

此外,对于在假释考验期内发现漏罪或者再犯新罪,漏罪或者新罪应当判处拘役时,也应当按照前述相关内容妥善处理相关问题。

第十五章　非刑罚的法律后果

第一节　非刑罚的法律后果概述

一、非刑罚的法律后果的概念

非刑罚的法律后果，即刑罚之外的法律后果（从广义而言，不限于严格意义上的法律制裁）。我国刑法规定了三种非刑罚的法律后果：(1)单纯宣告有罪；(2)非刑罚处罚（即刑法第37条规定的内容），以免予刑罚处罚为前提；(3)保安处分（如刑法第64条规定的部分内容，以及刑法关于禁止令、从业禁止的规定），既可能适用于犯罪，也可能适用于仅具有不法而缺乏责任的行为人，既可能具有惩罚性，也可能不具有惩罚性。

以上几种非刑罚的法律后果，与其适用前提相联系，形成了如下几种情形：(1)对行为单纯有罪宣告，既不判处刑罚，也不给予非刑罚处罚与保安处分；(2)对行为作有罪宣告，虽然不判处刑罚，但给予非刑罚处罚；(3)对行为作有罪宣告，虽然不判处刑罚，但给予保安处分；(4)对行为作有罪宣告，虽然不判处刑罚，但既给予非刑罚处罚，也给予保安处分；(5)对行为作有罪宣告，判处刑罚，同时给予保安处分；(6)对行为不作有罪宣告，但认定行为不法（即具备构成要件符合性与违法性），由于行为人不具有责任而给予保安处分。

二、非刑罚的法律后果的意义

非刑罚的法律后果虽然不表现为刑罚，但并非没有意义。

有的行为虽然构成犯罪，但行为人缺乏特殊预防的必要性。在这种情况下，如果宣告无罪，则不利于发挥刑法的行为规范作用；如果科处刑罚，则不符合刑罚目的；所以，需要宣告该行为构成犯罪。

有的行为虽然构成犯罪，行为人也缺乏特殊预防的必要性，但为了修复行为人与被害人之间的关系，需要给予非刑罚处罚，如责令赔礼道歉、责令赔偿损失等。

有的行为构成犯罪，但仅给予刑罚处罚还不足以预防其犯罪，倘若为了预防其犯罪而科处更重的刑罚又违反责任主义，所以，需要在适用刑罚的同时给予保安处分。例如，对被判处管制的犯罪分子同时宣告禁止令，以及在判处刑罚的同时没收供犯罪所用的本人财物，便是如此。

此外，有的行为仅具备构成要件符合性与违法性，行为人不具有责任，因而不能科处刑罚，但如果放任不管，则不能预防其再次实施不法行为，所以也需要给予保安处分。

由此可见，非刑罚的法律后果对于发挥刑法的行为规范作用以及预防犯罪具有重要意义。

第二节 单纯宣告有罪

一、单纯宣告有罪的概念

单纯宣告有罪,表现为对行为作有罪宣告,但既免除刑罚处罚,也不给予非刑罚处罚与保安处分。

单纯宣告有罪,以行为构成犯罪为前提,对没有构成犯罪的行为,不能作有罪宣告。单纯宣告有罪又意味着既不给予刑罚处罚,也不适用非刑罚处罚与保安处分。

宣告有罪判决,"一律公开进行"(参见《刑事诉讼法》第196条)。公开宣告行为人的行为构成犯罪,就是对所实施的犯罪行为的否定评价和对犯罪人的谴责,这必然对行为人在社会生活上产生不利影响。正因为如此,被告人对单纯宣告有罪的判决有权提出上诉与申诉(参见《刑事诉讼法》第216条、第241条)。可见,刑事法律的规定本身就肯定了单纯宣告有罪是对犯罪行为的否定评价与和对犯罪人的谴责,是犯罪的一种法律后果。当然,这是无须凭借其他更为严厉的具体措施而追究刑事责任的起码方式。

二、单纯宣告有罪的适用

单纯宣告有罪,以行为构成犯罪为前提,但"未经人民法院依法判决,对任何人都不得确定有罪"(《刑事诉讼法》第12条)。这意味着只有法院才有权依法单纯宣告有罪,其他机关不得宣告行为构成犯罪。《刑事诉讼法》第173条第2款规定:"对于犯罪情节轻微,依照刑法规定不需要判处刑罚或者免除刑罚的,人民检察院可以作出不起诉决定。"这种相对不起诉,实际上相当于单纯宣告有罪。

单纯宣告有罪,只能适用于具有法定的免除刑罚的情节,并且不需要给予非刑罚处罚与保安处分的犯罪。因此,不能滥用单纯宣告有罪的方式。一方面,对不具有法定免除刑罚情节的,在任何情况下都不能适用单纯宣告有罪的方式;另一方面,犯罪情节轻微不需要判处刑罚,但需要适用非刑罚处罚与保安处分的,不能单纯宣告有罪。

第三节 非刑罚处罚

一、非刑罚处罚的前提

一般来说,只有在免除刑罚的情况下,才给予刑法第37条规定的非刑罚处罚。[1] 所以,需要讨论免除刑罚概念的相关问题。

(一)免除刑罚的概念

免除刑罚(刑罚的免除),也称免除处罚、免除刑事处罚、免除刑罚处罚,是指对行为

[1] 之所以表述为"一般来说",是因为在司法实践中,即使给予犯罪行为刑罚处罚,也可能给予口头训诫、责令赔礼道歉、责令赔偿损失等非刑罚处罚。

作有罪宣告,但对行为人免除刑罚处罚,即不判处任何刑罚。免除刑罚虽然是免除了刑罚处罚,但并不意味着免除了犯罪的法律后果。

免除刑罚以行为构成犯罪为前提,换言之,免除刑罚以原则上应当给予刑罚处罚为前提。如果行为不构成犯罪,不应当受刑罚处罚,那么,就只能是不处罚。

免除刑罚以具备刑法规定的免除刑罚的情节为前提,这种情节表明罪行轻微,犯罪人的特殊预防必要性小或者没有特殊预防的必要性,即使不判处刑罚,也能够实现特殊预防目的。免除刑罚虽然以犯罪情节轻微为前提,却与刑法第 13 条但书所规定的"情节显著轻微危害不大的,不认为是犯罪"的情形具有本质区别。后者不构成犯罪,不能给予刑罚处罚,也不能给予非刑罚处罚,因而不是免除刑罚的问题。

(二)免除刑罚的事由

我国刑法规定了 16 种免除刑罚的事由,其中,有的是应当免除刑罚的事由,如没有造成损害的中止犯(刑法第 24 条);有的是可以免除刑罚的事由,如自首且犯罪较轻的(刑法第 67 条)、非法种植毒品原植物在收获前自动铲除的(刑法第 351 条);有的是单一免除刑罚的事由(如刑法第 24 条、第 67 条、第 351 条);有的是减轻或者免除刑罚的事由(如刑法第 10 条、第 20 条、第 21 条、第 28 条、第 68 条、第 164 条、第 276 条之一第 3 款、第 390 条第 2 款、第 392 条第 2 款);有的是从轻、减轻或者免除刑罚的事由(刑法第 19 条、第 22 条、第 27 条、第 383 条第 3 款)。

根据"两高"2012 年 8 月 8 日《关于办理职务犯罪案件严格适用缓刑、免予刑事处罚若干问题的意见》,具有下列情形之一的职务犯罪分子,一般不免予刑罚处罚:(1)不如实供述罪行的;(2)不予退缴赃款赃物或者将赃款赃物用于非法活动的;(3)属于共同犯罪中情节严重的主犯的;(4)犯有数个职务犯罪依法实行并罚或者以一罪处理的;(5)曾因职务违纪违法行为受过行政处分的;(6)犯罪涉及的财物属于救灾、抢险、防汛、优抚、扶贫、移民、救济、防疫等特定款物的;(7)受贿犯罪中具有索贿情节的;(8)渎职犯罪中徇私舞弊情节或者滥用职权情节恶劣的;(9)其他不应免予刑事处罚的情形。

需要研究的问题是,刑法第 37 条所规定的"对于犯罪情节轻微不需要判处刑罚的,可以免予刑事处罚"是否独立的免除刑罚的事由?换言之,在不具有刑法规定的上述 16 种免除刑罚事由的情况下,能否直接根据刑法第 37 条的规定免除刑罚?

上述刑法第 37 条即旧刑法第 32 条。以往,许多论著将上述规定视为独立的免除刑罚的情节或事由。如有的教科书指出:"《刑法》(指旧刑法——引者注)第 32 条关于'免予刑事处分'(新刑法改为'免予刑事处罚'——引者注)的根据是'犯罪情节轻微不需要判处刑罚','免除处罚'的根据是法定的免除处罚的情节,其犯罪情节可能是较重的……因此,在决定不判处刑罚的时候,如果具备免除处罚的情节,需要免除处罚时,应当依照规定免除处罚情节的有关条文,判决免除处罚。如果不具备法定免除处罚情节,而又不需要判处刑罚的,则应当依照刑法第 32 条规定,判决免予刑事处分。"[2] 据此,可以直接根据上述第 37 条的规定免除刑罚。还有一些论著将该条规定的内容列为法定的量刑情节,即

---

〔2〕 何秉松主编:《刑法教科书》,中国法制出版社 1995 年版,第 448 页。另参见王作富:《中国刑法研究》,中国人民大学出版社 1988 年版,第 323 页。

法定的可以免除刑罚处罚情节。[3] 现行刑法实施以来,刑法理论上的通说以及司法解释也认为,刑法第 37 条规定了独立的免除刑罚的事由。[4]

本书认为,刑法第 37 条所规定的不是独立的免除刑罚的事由,只是其他具体的免除处罚情节的概括性规定。

1. 刑法所规定的免除刑罚的情节都是具体的,而不是抽象的;而刑法第 37 条并没有规定具体的免除刑罚处罚的情节,其中的“情节轻微”是一个相当抽象的概念,将其作为独立的、具体的免除处罚的根据,明显不合适。刑法第 37 条旨在概括规定,具有免除处罚情节因而免除刑罚处罚时,可以适用非刑罚的法律后果,而不在于规定具体的免除处罚情节。刑法在“刑罚的种类”设立本规定,而不是在“自首和立功”(量刑情节)之后设立本规定,说明其规定的不是独立的免除处罚的情节。

2. 刑法第 63 条第 2 款规定,对不具有刑法规定的减轻处罚情节而又需要减轻处罚的,只有经过最高人民法院核准,才可以减轻处罚;如果可以直接根据刑法第 37 条的规定免除处罚,也不必经最高人民法院核准,便极不协调。所以,不能认为,刑法规定对不具有法定减轻处罚情节的减轻处罚需经最高人民法院核准,而对不具有法定免除处罚情节的免除处罚可以由任何法院、任何法官决定。现在,不仅在司法实践中,而且在司法解释中都出现了这种不协调的现象。例如,最高人民法院 1998 年 4 月 29 日《关于审理挪用公款案件具体应用法律若干问题的解释》第 2 条第 1 款第 2 项规定:“挪用公款数额较大,归个人进行营利活动的,构成挪用公款罪,不受挪用时间和是否归还的限制。在案发前部分或者全部归还本息的,可以从轻处罚;情节轻微的,可以免除处罚。”最高人民法院 009 年 11 月 16 日修正后的《关于审理非法制造、买卖、运输枪支、弹药、爆炸物等刑事案件具体应用法律若干问题的解释》第 9 条指出:“因筑路、建房、打井、整修宅基地和土地等正常生产、生活需要,以及因从事合法的生产经营活动而非法制造、买卖、运输、邮寄、储存爆炸物,数量达到本解释第一条规定标准,没有造成严重社会危害,并确有悔改表现的,可依法从轻处罚;情节轻微的,可以免除处罚。”这种要么只能从轻处罚、要么就免除处罚的不符合逻辑的规定,显然源于对刑法第 37 条的误解。

3. 如果认为刑法第 37 条规定的是独立的免除处罚的事由,其消极后果(事实上已经出现)便不堪设想:导致对任何犯罪,不问罪质轻重,都可以免除刑罚处罚,因而违反罪刑相适应原则;导致刑法分则规定的法定刑的威慑作用大为减小,因而违背刑罚目的;导致法官的自由裁量权过大,因而与罪刑法定原则相抵触;导致适用刑罚必然出现不平等现象,因而不符合平等适用刑法的原则。

4. 根据通说的观点,在犯罪人因中止犯罪而免除刑罚处罚时,不能适用刑法第 37 条给予非刑罚处罚;只有当犯罪人不具备法定的具体免除处罚的情节,仅因情节轻微而免除刑罚处罚时,才能适用刑法第 37 条给予非刑罚处罚。这显然不合适。

5. 在我国刑法中,免除刑事处分、免除刑事处罚、免除处罚等都是一个含义,适用根据都应是刑法规定的具体的免予刑罚处罚的情节。将结局都是免除刑罚处罚的一个概念,仅因所谓适用根据不同而区分为不同概念,只会引起概念上的混乱。

---

[3] 参见苏惠渔主编:《刑法学》,中国政法大学出版社 1994 年版,第 338 页。

[4] 参见最高人民法院 2006 年 1 月 11 日《关于审理未成年人刑事案件具体应用法律若干问题的解释》第 17 条。

6. 对于犯罪情节轻微，也没有免除处罚的具体情节，但没有再犯罪的危险性的，完全可以适用缓刑，从而解决量刑过重的问题。

总之，不宜直接根据刑法第 37 条的规定免除刑罚；只有当行为人具有刑法规定的具体的免除刑罚的情节时，才能免予刑罚处罚。

二、非刑罚处罚的概念

非刑罚处罚，是指刑法第 37 条规定的刑罚以外的实体上的处罚方法。

非刑罚方法，是非基本的法律后果。刑罚虽然是犯罪的基本法律后果，但不是唯一的法律后果。因为刑罚的目的是预防犯罪，包括特殊预防与一般预防，但犯罪千姿百态，罪行轻重各不相同，再犯罪可能性各不一样，其中必然出现这样的情形：虽然不需要判处刑罚（刑法对免除刑罚的规定本身就肯定了这一点），但为了伸张正义、保护法益和教育犯罪人，为了有效地防止犯罪，对于不需要判处刑罚但又需要适用其他强制方法的犯罪人，确有必要适用其他非刑罚处罚。

无可否认，非刑罚处罚中，包括行政处罚、行政处分、责令赔偿损失等处罚方法，但对这些方法的认识不能表面化、绝对化。不能认为，在任何场合，只要适用这些方法的，就是行政责任、民事责任的实现方法；而应当认为，当它们被用作追究犯罪人刑事责任的方法时，就是犯罪的法律后果，况且这种方法也是刑法明文规定的。如果不这样认识，要么就自相矛盾——对构成犯罪的只追究行政责任、民事责任；要么就以结果否认前提——既然给予的是行政处分、民事制裁，其行为就不是犯罪行为。应当认识到，即使某些非刑罚处罚轻于行政责任、民事责任的实现方式，但从实质上看，其给犯罪人在社会生活上所造成的不利影响更为严重。

随着社会的不断进步，刑罚总是由重变轻，犯罪的法律后果总是由单一化向多元化发展；刑事制裁概念不再等同于刑罚概念，也将成为历史发展的必然；[5] 非刑罚处罚也将由适用较少发展为适用较多。虽然应当肯定这将是一个漫长的过程，但在目前肯定非刑罚处罚是犯罪的法律后果，属于理所当然。

司法机关应当正确适用非刑罚处罚。第一，对构成犯罪却免除刑罚处罚但需要给予非刑罚处罚的，应当给予一定的非刑罚处罚；第二，对本应判处刑罚的，不能仅适用非刑罚处罚。

三、非刑罚处罚的种类

根据刑法第 37 条的规定，非刑罚处罚包括“予以训诫或者责令具结悔过、赔礼道歉、赔偿损失，或者由主管部门予以行政处罚或者行政处分”。

（一）训诫

训诫，是指法院对犯罪人当庭予以批评、谴责，责令其改正，不再犯罪的方法。许多国家的刑法规定了训诫，其中有的规定为刑罚的一种，有的规定为保安处分措施。1956 年，最高人民法院通过总结，将各地使用过的刑罚整理为 10 种，其中包括公开训诫。这说明了训诫的惩罚性。旧刑法与现行刑法均将训诫规定为非刑罚方法的一种，其基本内容与

---

〔5〕 如南斯拉夫刑法典规定的“刑事制裁”包括四类：刑罚、缓刑与司法警告、保安措施、教育措施，其中的保安措施又包括七种具体措施。德国、意大利、瑞士等国刑法也都规定了许多非刑罚的刑事制裁方法。这些都说明，刑事制裁不等于刑罚。

重要意义在于,通过有罪判决,宣布训诫,表明国家对犯罪行为的否定评价和对犯罪人的谴责态度,促使犯罪人认识自己行为的违法性,并保证不再犯罪。

关于训诫的方式,最高人民法院 1964 年 1 月 18 日《关于训诫问题的批复》曾指出:“人民法院对于情节轻微的犯罪分子,认为不需要判处刑罚,而应予以训诫的,应当用口头的方式进行训诫。在口头训诫时,应当根据案件的具体情况,一方面严肃地指出被告人的违法犯罪行为,分析其危害性,并责令他努力改正,今后不再重犯;另一方面也要讲明被告人的犯罪行为尚属轻微,可不给予刑事处分。”事实上,训诫不仅可以采取口头的方式,而且可以采取书面的方式,后者的效果更为明显。〔6〕

(二)责令具结悔过

责令具结悔过,是指法院责令犯罪人用书面方式保证悔改,不再犯罪。这一方式,促使犯罪人认识到自己行为的不法性质,承认自己的主观责任,反思犯罪的思想根源,从而按照自己的保证改恶从善,重新做人。

刑法没有规定责令具结悔过的适用方式。根据司法实践,既可以在宣告有罪判决后,要求犯罪人在一定期限内写出不再犯罪的书面保证;也可以让犯罪人事先写好悔罪书,在宣告有罪判决时当庭宣读;还可以将悔罪书印成多份,交给有关单位或组织,以示悔罪。

(三)责令赔礼道歉

责令赔礼道歉,是指法院责令犯罪人公开向被害人当面承认罪错,表示歉意,并保证今后不再侵犯被害人的法益。责令赔礼道歉,不同于一般意义上的赔礼道歉;由于赔礼道歉由法院责令犯罪人实行,故仍然反映了国家对犯罪行为的否定评价和对犯罪人的谴责。这种方式对于促使犯罪人悔过自新,平息被害人及周围群众的愤怒,促进犯罪人与被害人及周围群众的和解,都具有重要意义。

赔礼道歉应当公开进行,既可以在宣判时公开向被害人赔礼道歉,也可以专门召开有关人员参加的会议由犯罪人公开道歉;既可以通过口头方式公开赔礼道歉,也可通过书面方式公开赔礼道歉。采取这种方式时,应当作成笔录并记录在档。

(四)责令赔偿损失

责令赔偿损失,是指由于犯罪行为侵害了被害人的法益,法院责令被告人给予被害人一定经济赔偿的处理方法。这种方法以没有给予刑罚处罚为前提。

刑法第 36 条规定:“由于犯罪行为而使被害人遭受经济损失的,对犯罪分子除依法给予刑事处罚外,并应根据情况判处赔偿经济损失。”“承担民事赔偿责任的犯罪分子,同时被判处罚金,其财产不足以全部支付的,或者被判处没收财产的,应当先承担对被害人的民事赔偿责任。”本条规定的判决赔偿经济损失,是刑事附带民事诉讼的结果,换言之,判处赔偿经济损失,以给予刑罚处罚为前提;它仅适用于犯罪行为给被害人造成了经济损失的情况;基于同样的理由,判处赔偿经济损失只是实现民事赔偿责任的方式。作为犯罪的法律后果的非刑罚处罚,以免除刑罚为前提,故本节的非刑罚处罚不包括刑法第 36 条规定的判处赔偿经济损失。

刑法第 37 条规定的责令赔偿损失,以免除刑罚为前提。在做出责令赔偿损失的判决前,被害人也可能提起了民事诉讼,但由于没有判处刑罚,责令赔偿损失实际上就不只是

〔6〕 参见马克昌主编:《刑罚通论》,武汉大学出版社 1999 年第 2 版,第 737 页以下。

民事责任的实现方式，同时也是犯罪的法律后果。责令赔偿损失适用于犯罪行为给被害人法益造成了侵害的情况，除了给被害人直接造成经济损失外，对犯罪行为侵害了被害人其他法益的，也可能通过赔偿损失给予补偿。换言之，责令赔偿损失，包括责令赔偿物质损失与补偿精神损害。对于补偿精神损害的范围，可参考民法的规定予以决定。责令赔偿损失并不以被害人提起民事诉讼为前提，在免除刑罚的情况下，即使被害人没有提起民事诉讼，法院也可以根据案件的具体情况责令赔偿损失。

不难看出，刑法第 36 条规定的判决赔偿经济损失，与刑法第 37 条规定的责令赔偿损失，具有重要区别。将二者等同视之的观点，并不可取。

（五）行政处罚与行政处分

行政处罚与行政处分，是指法院根据案件情况，向主管部门提出对犯罪人予以一定行政处罚或者行政处分的司法建议，并由主管部门具体确定的处理方法。

这种方法的特点在于，不是由法院直接给予行政处罚或者行政处分，而是法院提出建议，由有关主管部门给予行政处罚或者行政处分。行政处罚与行政处分的种类很多，各种行政处罚与行政处分的决定部门并不相同。因此，主管部门，应是指有权对犯罪人做出行政处罚或行政处分的部门，而不仅指犯罪人的所在单位。所以，法院应该根据案件的性质与特点，向特定的主管部门，提出具体的有针对性的司法建议，而不是单纯地向犯罪人的所在单位提出建议。如法院认为需要给予勒令停业处分的，应向工商管理机关提出司法建议；法院认为需要给予记过处分的，应向犯罪人的所在单位提出司法建议。

第四节　保安处分

一、保安处分的概念

最广义的保安处分，是指为了防止犯罪的危险，保持社会治安，对一切被认为有害的特定的人或物所采取的刑事司法或行政处分，以及为了保护或者矫正行为人，而采取的改善、教育、保护措施。这个意义上的保安处分，包括对物的保安处分和保护处分。[7] 最广义的保安处分，不以犯罪行为的存在为前提。

广义的保安处分，是指最广义的保安处分中除保护处分以外的保安处分。包括对人的保安处分与对物的保安处分。当人们将保安处分与保护处分相提并论时，其中的保安处分，便是指广义的保安处分。

狭义的保安处分，是指为了防止再次犯罪，由法院宣告的代替刑罚或者补充刑罚而适用的对人的保安处分。其中包括剥夺自由的保安处分（收容保安处分）与限制自由的保安处分。

最狭义的保安处分，是仅指剥夺自由的保安处分。这种处分有三个特色：一是犯罪后的处分，即以行为人实施了犯罪行为为前提；二是司法处分，即只能是法院宣告；三是具有

〔7〕 保护处分也具有多种含义。保护处分虽然也具有保护社会的一面，但侧重于对行为人尤其是少年犯的保护。如我国刑法第 17 条第 4 款规定的“由政府收容教养”就是一种保护处分。

代替刑罚或者补充刑罚的机能。

保安处分是着眼于行为人所具有的危险性格,为了保持社会治安,同时以改善行为人为目的,而施行的一种国家处分。国家对于侵害社会的犯罪行为,科处一定的刑罚,期待抑止犯罪和矫正犯罪人。但侵害社会的行为并非都是犯罪,而且对犯罪也不能仅靠刑罚来实现抑止与矫正,例如,对无责任能力的人(达到刑事责任年龄而无责任能力的人)的行为,不管其行为具有多么严重的危险性,也只能在刑罚的范围外处理,因而对刑罚起补充作用的保安处分就是必要的。又如,对某些犯罪人,单凭刑罚并不能实现矫正目的,如对于利用职业便利实施犯罪的,对他们除了适用刑罚以外,还必须采取禁止其从事相关职业的方法,这些方法对社会的保安才是有效的,这就是保安处分。再如,对由于性格缺陷而实施犯罪行为的人,必须实行特别监护,并进行治疗(我国尚无这类保安处分),才能满足社会一般大众的保安需求。社会保安的思想、保安处分具有有效性的思想、对性格缺陷者的治疗思想,就是保安处分的理论基础。

对人的保安处分包括两种情况:一是剥夺自由的保安处分,如对实施暴力行为的精神病人进行强制治疗,将无责任能力的人、限定责任能力的人、醉癖者、常用麻药者收容于监护设施内;二是不剥夺自由但限制自由的保安处分,如禁止行为人从事一定的职业。

对物的保安处分,主要是指没收违法所得、没收违禁品和没收供犯罪使用的本人财物。

二、保安处分的性质

所谓保安处分的性质,实际上指保安处分与刑罚的关系,即保安处分在本质上与刑罚是不同的处分(二元主义),还是同一的处分(一元主义)?

二元主义认为刑罚与保安处分具有以下区别:(1)虽然刑罚与保安处分均以存在犯罪行为为前提,但是,刑罚是以责任为根据的;而保安处分是以行为人实施犯罪的危险性为根据的。(2)刑罚是对犯罪行为的制裁,以报应为本质;而保安处分是对再犯的预防,以隔离、改善为本质。或者说,犯罪预防不是刑罚的本质,却是保安处分的本质。(3)刑罚以痛苦或者恶害为其本质内容;保安处分则不以痛苦、恶害为本质内容。(4)刑罚作为镇压犯罪的手段,将一般预防作为首要目的,同时也为特殊预防目的服务;而保安处分作为预防犯罪的手段,所追求的只是特殊预防目的。(5)刑罚是非难的表现形式;保安处分不具有非难的意义。(6)刑罚是以过去的犯罪行为为根据,对过去的犯罪行为给予相均衡的报应,故刑罚的期限是确定的;保安处分以行为人有实施犯罪的危险性为根据,因此,只要存在这种危险性,就要继续不定期地实行保安处分。

一元主义可以分为保安处分一元主义与保安刑一元主义。保安处分一元主义主张废除刑罚与保安处分的区别,将二者统合为社会防卫处分(通常所称的一元主义,是指保安处分一元主义)。菲利于1921年起草的意大利刑法典草案贯彻了保安处分一元主义的观点,这一草案取消了刑罚的概念,代之以制裁的概念,但这一草案没有被意大利当局采用。此外,1962年的瑞典刑法将刑罚与保安处分统一为制裁,彻底实行了保安处分一元主义。保安刑一元主义主张,通过将保安处分的机能融入刑罚而消解二者的本质区别。据此,不是根据行为人的责任的轻重,而是根据行为人的危险性的程度,科处不定期的自由刑(保安刑,Sicherungsstrafe)。显然,保安刑一元主义放弃了刑罚的本质内容。

从事实上看,一般采取的是二元主义,我国刑法也采取了二元主义。根据我国刑法的规定,对保安处分的性质可作如下分析:(1)保安处分是对各具体犯罪人的处分,并不将一般人作为防范处分的对象;(2)保安处分以存在犯罪或者不法为前提;(3)做出保安处分时,必须认定犯罪人的特定行为所显示的将来的危险性,危险程度不同,保安处分的种类便不同;(4)保安处分的基本性格是隔离、防范、改善,剥夺、限制自由是从属于隔离、防范、改善的;(5)保安处分原则上是一种行政处分,有的处分可以由行政机关决定,有的处分只能由法院宣告。

三、保安处分的一般要件

从保安处分的性质来看,确定保安处分的一般要件必须具备合目的性与合理性。

首先,合目的性决定了保安处分的一般要件必须符合保安处分的目的。保安处分的目的是为了防止对社会有危险的人侵害社会及治疗、改善有危险的人,所以,保安处分的一般要件必须首先着眼于行为人的危险性,这就决定了适用保安处分的主观要件是行为人对社会具有危险性。所谓危险性,是指行为人有实施不法行为的可能性与盖然性。但这里的可能性或盖然性不是随意决定的,而应当是以某种客观事实或状况为基础形成的。关于这个问题,基本上有三种立法例:(1)由法官或检察官根据不同事件的具体情况进行自由确定,这种情况比较少见。(2)在立法上规定了衡量危险性的标准,法官应当依照法定的标准衡量行为人的危险性及其程度。(3)折中主义,首先在立法上以一定的形式规定危险性的表现,在此基础上法官再根据具体事件确定危险性及其程度。我国刑法大体上采取了折中主义的立法例。

其次,不能为了社会的保安而随意对行为人适用保安处分。换言之,不能为了社会的保安而侵害国民的自由权利,因此,只有当行为人实施了不法行为时才能适用保安处分。这里的不法行为,一般是指具有构成要件符合性与违法性的行为(没收违禁品时,则无此要求),但是,有些保安处分也适用于具有构成要件符合性、违法性、有责性的犯罪行为。这需要根据刑法的规定具体判断。

四、保安处分的类型

根据我国刑法的规定,保安处分具有以下几种类型。

(一)收容教养

刑法第17条第4款规定:“因不满十六周岁不予刑事处罚的,责令他的家长或者监护人加以管教;在必要的时候,也可以由政府收容教养。”这一规定表明,对于实施了不法行为但未达到法定年龄的人,虽不给予刑事处罚,但也不能姑息放纵,而应加强教育和看管,乃至由政府收容教养。其中的由政府收容教养,可谓保护处分。这一规定还表明,不能因为行为人没有达到法定年龄,就否认其行为的构成要件符合性与违法性。

(二)强制医疗

刑法第18条第1款规定,对于不负刑事责任的精神病人,“应当责令他的家属或者监护人严加看管和医疗,在必要的时候,由政府强制医疗”。根据《刑事诉讼法》第284条的规定,实施强制医疗必须同时符合三个条件:(1)行为人实施暴力行为,危害公共安全或者严重危害公民人身安全;(2)行为人是经法定程序鉴定依法不负刑事责任的精神病人;(3)有继续危害社会的可能,即具有继续实施暴力行为的危险性。对精神病人的强制医疗,由人民法院决定。

(三)禁止令

刑法第38条规定:“判处管制,可以根据犯罪情况,同时禁止犯罪分子在执行期间从事特定活动,进入特定区域、场所,接触特定的人。”刑法第72条规定:“宣告缓刑,可以根据犯罪情况,同时禁止犯罪分子在缓刑考验期限内从事特定活动,进入特定区域、场所,接触特定的人。”这两条规定的内容被称为禁止令。

关于禁止令的性质,刑法理论上有不同看法。一种观点认为,禁止令是管制刑与缓刑的执行方式或者执行内容。[8] 但在本书看来,这种观点难以成立。首先,并不是对被判处管制和宣告缓刑的犯罪人都宣告禁止令,难以认为一种刑罚的执行内容与方式会因人而异,既然如此,就不能认为禁止令是管制刑与缓刑本身的内容或者执行方式。其次,缓刑本身就是暂缓执行原判刑罚,将禁止令视为缓刑的执行内容,意味着缓刑实际上是在执行刑罚,这不符合缓刑的本质。最后,如果将禁止令视为管制刑与缓刑的执行方式或者执行内容,会导致管制与缓刑成为内容相同的刑罚。然而,根据我国刑法的规定,对管制不能宣告缓刑,管制与缓刑存在明显区别。所以,本书认为,禁止令只是一种保安处分。在此意义上说,禁止令的适用不是刑罚的适用。但由于适用禁止令是为了防卫社会,与特殊预防目的完全一致,因此,属于广义的预防刑的裁量。换言之,在责任刑之下裁量预防刑时,倘若宣告管制或者缓刑,就需要决定是否适用禁止令以及禁止的具体内容。

由于禁止令不是管制与缓刑本身的内容,所以,并不是对任何被判处管制的罪犯和宣告缓刑的罪犯,都必须做出禁止令。只有根据犯罪情况,认为从促进犯罪分子教育矫正、有效维护社会秩序的需要出发,确有必要做出禁止令时,才宜做出禁止令。禁止令的具体内容,以特殊预防为根据。因此,人民法院宣告禁止令,应当根据犯罪分子的犯罪原因、犯罪性质、犯罪手段、犯罪后的悔罪表现、个人一贯表现等情况,充分考虑禁止内容与犯罪人所犯罪行的关联程度,有针对性地决定禁止其在管制执行期间或者缓刑期间“从事特定活动,进入特定区域、场所,接触特定的人”的一项或者几项内容。例如,对于利用从事特定生产经营活动实施犯罪的,禁止其从事相关生产经营活动;对于危险驾驶的犯罪人,可以禁止其驾驶机动车。又如,对于寻衅滋事扰乱公共场所秩序的犯罪人,可以禁止其进入夜总会、酒吧、迪厅等娱乐场所,以及举行大型群众性活动的场所。再如,对于侵犯儿童的罪犯,可以禁止其接触儿童。当然,即使在有必要做出禁止令的情况下,所做出的禁止令也不能限制犯罪人的正常生活。禁止令的期限,既可以与管制执行、缓刑考验的期限相同,也可以短于管制执行、缓刑考验的期限,但判处管制的,禁止令的期限不得少于3个月,宣告缓刑的,禁止令的期限不得少于2个月。判处管制的犯罪分子在判决执行以前先行羁押以致管制执行的期限少于3个月的,禁止令的期限不受上述规定的最短期限的限制。禁止令的执行期限,从管制、缓刑执行之日起计算。[9]

(四)从业禁止

1. 从业禁止的概念与性质

刑法第37条之一第1款规定:“因利用职业便利实施犯罪,或者实施违背职业要求的

---

〔8〕 参见高铭暄:《中华人民共和国刑法的孕育诞生和发展完善》,北京大学出版社2012年版,第220页、第264页。

〔9〕 参见“两高”、公安部、司法部2011年4月28日《关于对判处管制、宣告缓刑的犯罪分子适用禁止令有关问题的规定(试行)》。

特定义务的犯罪被判处刑罚的,人民法院可以根据犯罪情况和预防再犯罪的需要,禁止其自刑罚执行完毕之日或者假释之日起从事相关职业,期限为三年至五年。”这便是关于从业禁止的规定。

从业禁止是防止犯罪人利用特定职业再犯罪的保安处分措施,而不是刑种与刑罚执行方式。上述“禁止其自刑罚执行完毕之日……起从事相关职业”的表述,就足以说明从业禁止只是保安处分。另一方面,根据刑法第 81 条第 1 款的规定,假释的实质条件是“没有再犯罪的危险”,而从业禁止的适用条件之一则是“预防再犯罪的需要”,似乎显然相冲突。亦即,既然假释已经意味着没有再犯罪的危险,为什么又根据预防再犯罪的需要宣告从业禁止?本书的回答是,刑法第 81 条第 1 款所称的“没有再犯罪的危险”,是指没有必要以刑罚执行的方式预防犯罪人再犯罪;而从业禁止中的“预防再犯罪的需要”,则是指有必要以保安处分方式预防犯罪人再犯罪。显然,如果将从业禁止解释为刑罚或者刑罚执行方式,就必然导致上述两个条文的矛盾。只有将从业禁止解释为保安处分,才能使二者保持协调关系。

2. 从业禁止的适用

适用从业禁止必须具备两个基本条件:(1)因利用职业便利实施犯罪,或者实施违背职业要求的特定义务的犯罪被判处刑罚。其中的利用职业便利实施犯罪包括利用职务便利实施犯罪。对于利用职业便利实施一般违法行为的,不能适用刑法第 37 条之一宣告从业禁止。(2)根据犯罪情况,在刑罚执行完毕或者假释后仍有预防其再犯罪的必要。但是,如果其他法律、行政法规对从业禁止的适用条件另有规定的,人民法院应根据其他法律、行政法规的规定宣告从业禁止。

可以肯定的是,对于被判处有期徒刑或者拘役的犯罪分子,可能宣告从业禁止。问题是,对于判处其他刑罚(包括缓刑)的犯罪人,可否宣告从业禁止?首先,对于被判处管制以及被宣告缓刑的犯罪分子,因为可以宣告禁止令,原则上不宜宣告从业禁止。但是,如果按其他法律、行政法规规定了从业禁止的,则应当宣告从业禁止。其次,对于被判处无期徒刑或者死缓的犯罪分子,在减刑后刑罚执行完毕或者假释后,也可能宣告从业禁止。唯有如此,才能与对被判处有期徒刑的罪犯可以宣告从业禁止相协调。而且,被判处无期徒刑或者死缓的罪犯的再犯罪可能性大,故更有理由宣告从业禁止。当然,在这种情况下,并不是在做出无期徒刑或者死缓时宣告从业禁止,而是在做出减刑或者假释裁定时宣告从业禁止。

从业禁止的期限为 3 年至 5 年,自刑罚执行完毕之日或者假释之日起开始计算。但是,如果其他法律、行政法规对从业禁止的期限另有规定的,人民法院应根据其他法律、行政法规规定宣告从业禁止的时间。例如,《证券法》第 233 条第 1 款与第 2 款分别规定:“违反法律、行政法规或者国务院证券监督管理机构的有关规定,情节严重的,国务院证券监督管理机构可以对有关责任人员采取证券市场禁入的措施。”“前款所称证券市场禁入,是指在一定期限内直至终身不得从事证券业务或者不得担任上市公司董事、监事、高级管理人员的制度。”据此,当被告人的犯罪行为符合上述第 1 款的规定时,人民法院可以宣告终身从业禁止。从业禁止的效力,不能适用于刑罚(主刑)执行期间。这并不会形成明显的矛盾(即刑罚执行期间可以从业,而刑罚执行完毕或者假释后反而不能从业),因为在拘役、徒刑执行期间,服刑人原本就不可能从事其他职业。

刑法第37条之一第3款规定:“其他法律、行政法规对其从事相关职业另有禁止或者限制性规定的,从其规定。”这里的“从其规定”,并不是指由其他机关宣告从业禁止,而是指在行为构成犯罪的情况下,由人民法院根据犯罪情节与预防再犯罪的需要,按照其他法律、行政法规规定的条件与期限,宣告从业禁止。否则,就会出现后述不协调的现象。

3. 违反从业禁止的后果

刑法第37条之一第2款规定:“被禁止从事相关职业的人违反人民法院依照前款规定作出的决定的,由公安机关依法给予处罚;情节严重的,依照本法第三百一十三条的规定定罪处罚。”因为从业禁止是人民法院的判决或者裁定内容,如果行为人违反从业禁止的规定,情节严重,便符合拒不执行判决、裁定罪的成立条件。

可以肯定,其他法律、行政法规规定的从业禁止,原本是最具有必要性的。在构成犯罪的情况下,如果仅由其他机构宣告长期或者终身从业禁止时,行为人违反从业禁止的,就不可能构成拒不执行判决、裁定罪,这显然不妥当。所以,在行为构成犯罪的情况下,必须由人民法院根据其他法律、行政法规规定的条件与期限,宣告从业禁止。[10]

(五)没收

没收是指将原本不属于国家所有的财物,强制性地无偿收归国有、上缴国库。根据我国刑法总则第64条以及分则的规定,除了作为附加刑的没收财产之外,作为保安处分的没收包括以下几类。

1. 没收违法所得的财物

刑法第64条规定:“犯罪分子违法所得的一切财物,应当予以追缴或者责令退赔”。责令退赔不属于保安处分,需要讨论的是追缴违法所得财物的性质。追缴后返还被害人的,既不是刑罚也不是保安处分,但追缴后应当无偿收归国有、上缴国库的,大体上属于保安处分(下面表述为没收违法所得)。

首先,没收违法所得的“财物”包括以下两种财物:(1)犯罪行为所得之物,即行为人通过实施犯罪行为取得了原本存在的物。例如,赌博犯赢得的金钱,受贿犯收受的贿赂,就是犯罪行为所得之物。对刑法第64条的“违法所得的财物”应当进行扩大解释,亦即,不仅包括违法所得的财物本身,而且包括违法所得的财物产生的收益。一方面,刑法第191条明文规定了应当没收洗钱罪的上游犯罪所得产生的收益。另一方面,刑法第312条明文将“犯罪所得及其产生的收益”规定为掩饰、隐瞒的对象。这表明,任何人都不得掩饰、隐瞒任何犯罪的违法所得及其产生的收益,从而肯定了违法所得产生的收益的非法性。倘若认为违法犯罪所得产生的收益是合法的,不应当没收,就与刑法第191条、第312条的规定相冲突。换言之,刑法第191条、第312条的规定肯定了各种违法所得产生的收益的非法性,既然如此,违法所得产生的收益就当然属于没收的对象。(2)作为犯罪行为的报酬而得到的财物,受嘱托杀人所得到的酬金属于这一类。

其次,“追缴”的对象必须是现实存在的违法所得,既包括犯罪分子占有的违法所得的财物,也包括转移至他人但依然应当追缴的违法所得的财物(如本犯为了销赃而将受贿所得的财物转移给销赃者保管时,也应追缴)。

---

〔10〕 关于从业禁止的其他内容,参见武晓雯:“论《刑法修正案(九)》关于职业禁止的规定”,载《政治与法律》2016年第2期。

再次,对刑法第64条的“犯罪分子”应作广义理解,除了包括自然人之外,也包括犯罪组织与犯罪单位。此外,“违法所得”,既不是指一般违法行为所得,也不是要求完全符合犯罪成立条件的犯罪所得,而是指符合犯罪构成要件的违法行为所得。亦即,不以行为人具有责任为前提。例如,对于15岁的人走私毒品犯罪所得,也应当没收。与此相应,其中的“犯罪分子”只要求是实施了符合构成要件的不法行为的人或者单位,而不要求是具备有责性的人。〔11〕

最后,对于违法所得及其收益的没收,是只能采取纯益主义(扣除成本的违法所得),还是应当采取总额主义(不扣除成本的违法所得)?〔12〕这种纯益主义与总额主义之分,是建立在将没收违法所得与没收供犯罪所用的本人财物等同看待的基础之上的。在本书看来,没收违法所得与没收供犯罪所用的本人财物虽然都不是刑罚,但多少有些性质上的区别。就没收违法所得而言,只能采取纯益主义。而其中的用于犯罪的成本,则属于供犯罪所用的本人财物。

2. 没收“违禁品”

刑法第64条规定:“违禁品……应当予以没收。”违禁品是指毒品、枪支、弹药等禁止个人持有的物品。如果某种物对于公共安全或社会秩序具有危险性,而且不问这种特定物由谁持有,均应从防卫社会出发予以没收,那么,这种没收就属于保安处分。违禁品是任何人都不得持有的物品,因为这种物品对社会具有危险性(有被用于违法犯罪的危险),所以,即使持有者没有责任,也应当没收。例如,严重精神病患者所持有的枪支、毒品等,应当没收。不难看出,没收违禁品属于保安处分,而不是刑罚。

违禁品包括两类:一类是原本存在,但由于具有公共危险,而禁止个人持有的物品,如行为人购买的枪支、弹药等;另一类是由犯罪行为产生的违禁品,〔13〕即在行为人实施犯罪

---

〔11〕 例如,教唆者给予不满14周岁的某甲10000元,让甲抢劫并杀害被害人的,如何处理?一种观点指出:“首先,由于没有责任能力者不能成为犯罪主体,故其不是刑法上的‘犯罪人’,因而不能将其理解为‘犯罪分子’。其次,中国刑法第64条规定的‘违法所得’,应当是指刑法意义上的犯罪人通过违法犯罪所获得的一切财物。由于没有责任能力者不是刑法意义上的犯罪人,故对其不能适用刑法第64条规定的‘追缴’。其三,本例中,没有责任能力者实施抢劫行为虽然不构成抢劫罪,但是其行为符合《治安管理处罚法》第42条第1项关于‘以其他方法威胁他人人身安全’以及第43条第1款关于‘故意伤害他人身体’的规定,因此,对本案中没有责任能力者非法获得的10000元,可以按照《治安管理处罚法》第11条第2款处理——‘违反治安管理所得的赃物,追缴退还被侵害人;没有被侵害人的,登记造册,公开拍卖或者按照国家有关规定处理,所得款项上缴国库。’由于《治安管理处罚法》没有规定没收这一行政处罚方法,故对本例中没有责任能力者非法获得的10000元可以追缴后上交国库”(谢望原:“刑法中的没收制度”,载《中国刑事法杂志》2009年第6期)。在本书看来,上述观点过于形式化,也反映出四要件犯罪构成体系的缺陷。第一,《治安管理处罚法》规定,已满14周岁的人才承担治安管理处罚责任。倘若认为,对于不满14周岁的人的违法所得,因为其没有达到责任年龄而不能适用刑法第64条,那么,对其同样不能适用《治安管理处罚法》予以追缴。第二,既然认为《治安管理处罚法》没有规定没收这一行政处罚方法,那么,认为对没有责任能力者非法获得的10000元可以追缴后上交国库,就是自相矛盾的。因为追缴后上交国库,实际上也是没收违法所得。第三,只要采取三阶层或者两阶层犯罪论体系,认为犯罪的实体是不法与责任,犯罪就具有双重含义:不法层面意义上的犯罪(符合构成要件且违法)与不法且有责意义上的犯罪,并且在不法层面上理解刑法第64条的“犯罪分子”与“违法所得”,那么,对于没有责任能力、没有达到责任年龄的人实施的符合构成要件的违法行为所取得的财物,就可以直接适用刑法第64条的规定。

〔12〕 德国刑法在1992年以前对犯罪所得的没收采取的是纯益主义,但1992年后采取了总额主义。

〔13〕 一般违法行为产生的违禁品虽然也应当予以没收,但通常不需要适用刑法第64条,只需要适用《治安管理处罚法》等法律即可,故本文不将其列入刑法的没收之中。

前并不存在这种物,行为人通过实施犯罪行为制造出这种物。例如,伪造货币罪中的伪造的货币、伪造有价证券罪中的伪造的有价证券,属于违禁品。需要说明的是,没收的违禁品是否收归国有、上缴国库,不可一概而论。由于国家不可能变卖违禁品,所以,对没收的违禁品,通常只能作两种处理:第一,供有权使用的国家机关管理、使用,如没收的枪支、弹药等;第二,没收之后予以销毁,使其不能使用,如毒品、伪造的货币等。

由于没收违禁品属于保安处分,所以,不问行为是否构成犯罪,凡属对于社会有危险的违禁品,均予没收。当行为人犯伪造、变造类犯罪,真正的部分与伪造、变造的部分能够分割时,仅没收伪造、变造的部分;如果不能分割,则全部没收。

3. 没收"供犯罪所用的本人财物"

刑法第 64 条规定:"……供犯罪所用的本人财物,应当予以没收。"(1)供犯罪所用的本人财物,包括已经用于犯罪的财物和以犯罪为目的而准备使用的财物。例如,准备用于犯罪,即使在现场没有使用的长刀,也应当没收。(2)供犯罪使用的本人财物,不仅包括一般所称的犯罪工具,而且包括组成犯罪行为之物。前者如杀人用的刀具、走私集团所用的船只、无行医执照的人在行医过程中所使用的器材;后者如聚众赌博者的赌资、走私的货物或物品、行贿人用于行贿的财物。(3)供犯罪所用的本人财物,不仅包括供符合构成要件的行为使用的财物,而且包括在构成要件的行为完成后当场为了确保犯罪结果而使用的财物。(4)供犯罪使用的本人财物,仅包括在故意犯罪中使用的财物,而不包括在过失犯罪中起作用的财物。这是因为,没收供犯罪所用的本人财物属于保安处分,即使过失犯罪人也会具有再犯罪的可能性,但是难以认为行为人的下次过失犯罪也会使用该财物,所以,没收该财物并不对特殊预防起作用。(5)供犯罪使用的本人财物,仅限于行为人所有的财物。因此,供犯罪所用的他人财产,不得没收。但是,如果他人是共犯人,则可能针对共犯人没收。此外,如果财物已由第三者善意所有,则不应当没收。

可以肯定的是,如果供犯罪所用的本人财物属于违禁品,那么,对其没收属于上述保安处分。但是,如果所没收的供犯罪所用的本人财物并非违禁品(以下所称的"供犯罪所用的本人财物",均指违禁品之外的本人财物),这种没收是应当归入刑罚(以下简称"附加刑说"),还是应当归入保安处分(以下简称"保安处分说"),则值得深入研究。本书主张"保安处分说"。[14] 但"保安处分说"的最大问题是,由于其不需要考虑罪刑相适应原则,不需要将处分限定在责任之下,结局导致行为人遭受比刑罚更重的痛苦。换言之,"保安处分说"所要解决的问题是,当甲使用合法所有的 10 亿元资金操纵证券市场时,以什么理由和法律根据不没收该 10 亿元资金?当乙使用自己价值 100 万元的越野车撞毁他人价值 5000 元的简易房屋时,以什么理由和法律根据不没收该越野车?当丙容留他人在自己的房屋内卖淫时,以什么理由和法律根据不没收该房屋?[15] 本书的观点是,刑法第 64 条所规定的"供犯罪所用的本人财物"应当限制解释为"供犯罪使用的,并且与违禁品相当的本人财物"。所谓"供犯罪使用",是指直接供犯罪使用,不仅包括犯罪工具,而且包括犯罪行为组成之物;所谓"与违禁品相当",是指虽然不属于法律、法规明文规定的

---

〔14〕 参见张明楷:"论刑法中的没收",载《法学家》2012 年第 3 期。

〔15〕 事实上,我国的司法实践已经重视对"没收供犯罪所用本人财物"的限制。参见吴燕、赵祥东:"'供犯罪所用的本人财物'的认定与没收",载最高人民法院刑事审判第一庭、第二庭编:《刑事审判参考》(第 45 集),法律出版社 2006 年版,第 56 页以下。

违禁品,但该财物是行为人主要或者通常用于犯罪的财物。做出上述限制解释的理由如下:(1)既然"供犯罪所用的本人财物"是与"违禁品"并列规定的,当然意味着二者具有类似性。所以,做出限制解释,符合同类解释规则。(2)既然是保安处分而不是刑罚,就只能从预防犯罪的角度做出限制,而不能仅从字面含义理解和适用。保安处分以防卫社会为目的,不具有非难的意义。既然将没收供犯罪所用的本人财物作为保安处分,那么,该财物就只能限于主要或者通常用于犯罪的财物。(3)做出上述限制解释的实质理由是,避免保安处分违反比例原则,避免行为人受到不公平的对待。诚然,保安处分不是惩罚措施,但是,如果不加限制地没收行为人所使用的本人财物,必然导致在某些场合其结局比没收财产刑和罚金刑更为严厉。所以,保安处分虽然不受责任的限制,但依然受比例原则的限制。只有做出上述限制解释,才能贯彻比例原则,避免行为人受到不公平的对待。根据上述限制解释,前述甲、乙、丙的10亿资金、越野车与房屋,都不是与违禁品相当的财物,故不应当没收。(4)上述解释是有利于被告人的限制解释,并不违反罪刑法定原则。即使被认为是类推解释,也不违反罪刑法定原则。

问题是,如何判断财物是否与违禁品相当?违禁品不具有生活用途,几乎专门用于违法犯罪,只需要进行抽象判断。与违禁品相当的供犯罪所用的本人财物,则需要进行具体判断。(1)行为人用于犯罪的物品基本上没有生活用途,该物品也通常被其他犯罪人用于违法犯罪时,该物品与违禁品相当,应当没收。例如,并非家庭生活所用的长刀、长铁棒等,虽不属于毒品但用于麻醉他人的药品等,虽不属于违禁品但主要用于窃听、窃照的器材等,应当没收。(2)虽然具有生活用途,但是,行为人长期或者多次将该物品用于犯罪的,该物品与违禁品相当,应当没收。换言之,主要或者通常用于犯罪的物品,是针对具体的行为人而言,而不是针对一般人而言。例如,危险驾驶机动车的,机动车一般不属于与违禁品相当的财物。但是,如果行为人反复利用自己的机动车追逐竞驶,或者反复醉酒驾驶自己的机动车、特别喜欢醉酒驾驶机动车,则宜认为该机动车与违禁品相当,可以没收。(3)在犯罪过程中偶然使用的财物(没有供犯罪所用的意思而使用的财物),一般与违禁品不相当,不应当没收。例如,用脚踢伤被害人的,所穿的皮鞋不应作为供犯罪所用的财物。但是,主要用于蒙面抢劫、蒙面盗窃时所使用的头巾、帽子等则属于供犯罪所用的财物。〔16〕

一般来说,金钱不可能是与违禁品相当的财物。在此特别要提到的是赌资的没收。"两高"2005年5月11日《关于办理赌博刑事案件具体应用法律若干问题的解释》第8条第1款与第2款分别规定:"赌博犯罪中用作赌注的款物、换取筹码的款物和通过赌博赢取的款物属于赌资。通过计算机网络实施赌博犯罪的,赌资数额可以按照在计算机网络上投注或者赢取的点数乘以每一点实际代表的金额认定。""赌资应当依法予以追缴;赌博用具、赌博违法所得以及赌博犯罪分子所有的专门用于赌博的资金、交通工具、通讯工具等,应当依法予以没收。"不难看出,该解释所称的赌资,既包括了供犯罪所用的财物(赌博犯罪中用作赌注的款物),也包括了违法所得的财物(通过赌博赢取的款物)。既然如此,就需要区别对待。(1)行为人将贪污、挪用、职务侵占的公款当做赌资的,应当追缴后返还被害单位,而不得没收。(2)通过赌博赢得的款物属于违法所得的财物,对其没收

〔16〕　参见[日]山中敬一:《刑法总论》,成文堂2015年第3版,第1101页。

属于保安处分或者行政措施。(3)行为人正在用作赌注的款物、换取筹码的款物,属于犯罪行为组成之物,应根据该款物相对于行为人而言是否与违禁品相当的标准做出判断,决定是否没收。(4)行为人已经输掉的财物,不可能再没收。在司法实践中,经常出现行为人输掉10万元,就要再根据刑法第64条没收其10万元的做法。但这种做法明显错误。因为既然行为人已经输掉,就不可能针对行为人再没收。在这种场合,司法机关实际上是借刑法第64条之名,行没收财产刑之实,应当杜绝。(5)行为人随身携带的尚未直接用于赌博的金钱,一般不应当没收。这是因为,在通常情况下,金钱并不是主要或者通常用于犯罪的物品。

第十六章　法律后果的消灭

第一节　法律后果的消灭概述

一、法律后果消灭的概念

法律后果消灭,是指由于法定的或事实的原因,使基于具体犯罪而产生的法律后果适用权消灭。法律后果的消灭,意味着代表国家的司法机关不能对犯罪人适用犯罪的法律后果。法律后果消灭以应当适用犯罪的法律后果为前提,而应当适用犯罪的法律后果以行为构成犯罪为前提,所以,法律后果消灭事实上以行为构成犯罪为前提。

法律后果消灭必须基于一定的事由。其中,有些主要是由于法律的规定而导致法律后果消灭,如超过追诉时效。在这种情况下,虽然司法机关事实上可能适用法律后果,但法律规定不得适用法律后果。有些主要是由于特定事实的出现而导致法律后果消灭,如犯罪嫌疑人、被告人死亡。在这种情况下,虽然也有法律规定(参见《刑事诉讼法》第15条),但即使没有法律的规定,司法机关事实上也不可能适用法律后果。

我国刑法理论一直使用刑罚消灭的概念。言下之意,出现超过追诉时效、被告人死亡等事由时,代表国家的司法机关不得行使刑罚权。可是,在出现这种事由时,不仅不能行使刑罚权,而且也不能施加非刑罚的法律后果,如超过追诉时效时,不能适用刑法第37条与第37条之一,也不能作出有罪宣告的判决。所以,以“法律后果消灭”取代“刑罚消灭”较为合适。

二、法律后果消灭的事由

法律后果消灭事由,分为在判决确定前使观念的法律后果适用权消灭的事由与在判决确定后使现实的法律后果适用权消灭的事由,其中有些事由兼有双重性质。法律后果消灭事由大体有:(1)超过追诉时效;(2)经特赦令免除法律后果(主要是刑罚);(3)告诉才处理的犯罪,没有告诉或者撤回告诉;(4)犯罪嫌疑人、被告人死亡;(5)其他法定事由。下面仅说明时效与赦免两种事由。

第二节　时　　效

一、时效概述

时效分为追诉时效与行刑时效。

追诉时效,是刑法规定的,对犯罪人进行刑事追诉的有效期限;在此期限内,司法机关有权追诉;超过了此期限,司法机关就不能再行追诉。因此,超过追诉时效,意味着不能行使求刑权、量刑权与行刑权,也不能适用非刑罚的法律后果,因而导致法律后果消灭。[1]

行刑时效,是指刑法规定的,对被判处刑罚的人执行刑罚的有效期限;在此期限内,执行机关有权执行法院判处的刑罚;超过了此期限,执行机关就不能执行法院判处的刑罚。因此,超过行刑时效,意味着在作出了罪刑宣告后也不能行使行刑权。

关于规定时效的根据,在普鲁士一般邦法时代,采取的是改善推测说。其基本观点是,既然犯罪后长时间没有再犯罪,可预想犯罪人已经得到改善,没有处刑与行刑的必要。19 世纪的法国采取证据湮灭说与准受刑说。证据湮灭说认为,犯罪证据因时间流逝而失散,难以达到正确处理案件的目的。准受刑说认为,犯罪人犯罪后虽然没有受到刑事追究,但长时期的逃避与恐惧所造成的痛苦,与执行刑罚没有多大差异,可以认为已经执行了刑罚。在日本,有的学者采取规范感情缓和说,即随着时间的经过,社会对犯罪的规范感情得以缓和,不一定要求给予现实的处罚;[2]有的学者采取尊重事实状态说,该说认为,由于规范感情的缓和,社会秩序的恢复,行为人产生了与一般人相同的社会生活关系,对由此而形成的事实状态应当予以尊重,这是时效制度的本旨。[3]

上述学说各具道理,也不一定相互矛盾,但都只是从一个方面论述了时效制度的根据。显然,如果仅采取证据湮灭说,就意味着只要容易收集证据,不管经过多长时间,都可以追诉。这显然不合适。所以,证据湮灭说充其量只能成为补充理由。本书以为,应当联系刑罚的正当化根据,将准受刑说、改善推测说与规范感情缓和说结合起来考虑追诉时效的根据。准受刑说意味着行为人在犯罪后实际上遭受了一定的痛苦,[4]因而没有再以刑罚予以报应的必要。改善推测说意味着行为人经过长时间后没有再犯新罪,说明其没有再犯罪危险性,缺乏特殊预防的必要,故没有追诉与行刑的必要。规范感情缓和说意味着在犯罪经过一定时间后,不处罚行为人也能得到社会的认同,没有一般预防的必要,因而不需要追诉。

我国刑法规定了追诉时效制度。规定追诉时效制度显然不是故意放纵犯罪,而是为了有效地实现刑法的目的。规定追诉时效制度体现了刑罚目的,体现了宽严相济的刑事政策,体现了"历史从宽、现行从严"的政策,有利于司法机关集中精力追诉现行犯罪,有利于社会秩序的安定,有利于调动一切积极因素、团结一切可以团结的力量。

我国刑法没有规定行刑时效。一般认为,判处刑罚而没有执行的原因主要是,战争或者重大自然灾害,司法机关的疏漏,罪犯的脱逃。但前两种情况没有出现过,后一种情况不能成为法律后果消灭的正当理由。

二、追诉时效的期限

根据刑法第 87 条的规定,犯罪经过下列期限不再追诉:(1)法定最高刑为不满 5 年有期徒刑的(包括最高刑为拘役的),经过 5 年;(2)法定最高刑为 5 年以上不满 10 年有期徒刑

---

[1] 但可能给予保安处分。例如,即使经过了追诉时效,也应当没收违禁品。

[2] 参见[日]大塚仁:《刑法概说(总论)》,有斐阁 2008 年第 4 版,第 591 页。

[3] 参见[日]大谷实:《刑法总论》,成文堂 2012 年新版第 4 版,第 559 页。

[4] 即使享受着富裕的物质生活,但不可避免地一直存在心理恐惧。

的,经过10年;(3)法定最高刑为10年以上有期徒刑的,经过15年;(4)法定最高刑为无期徒刑、死刑的,经过20年。如果20年以后认为必须追诉的,须报请最高人民检察院核准。本规定显然是就自然人犯罪而言,由于对单位犯罪只能判处罚金,不可能适用该规定,故应认为,对单位犯罪的追诉时效,应以对应的自然人犯罪的法定刑决定追诉时效的期限。

刑法规定的追诉时效期限有两个方面的根据:一方面,追诉时效的期限长短,与罪行的轻重、刑罚的轻重相适应。即罪行轻、刑罚轻的,追诉时效期限就短;反之,罪行重、刑罚重的,追诉时效期限就长。可以认为,这是罪刑相适应原则在追诉期限上的体现。另一方面,刑法充分估计到行为人犯罪后隐匿、逃避的时间,使得犯罪人利用时效制度逃避法律制裁的可能性相当小。

追诉时效期限以法定最高刑为标准,不是以实际应当判处的刑罚为标准。或许以实际应当判处的刑罚为标准更具有合理性,但在没有追诉、没有审判的情况下,以应当判处的刑罚为标准不具有可操作性,会导致追诉与否的随意性,从而有损刑罚的公正性,故只能以法定最高刑为标准。

以法定最高刑为标准,是指根据行为人所犯罪行的轻重,判定应当适用的刑法条款或相应的量刑幅度,按其法定最高刑来计算追诉期限。如果所犯罪行的刑罚,分别规定有几条或几款时,即按其罪行应当适用的条或款的法定最高刑计算;如果同一条或同一款中有几个量刑幅度时,就按其罪行应当适用的量刑幅度的法定最高刑计算;如果条文只规定了单一的量刑幅度,则按此条的法定最高刑计算。

共同犯罪并非适用统一的追诉时效标准,而是按各共犯人应当适用的法定刑幅度,分别计算追诉期限。例如,甲、乙共同故意伤害他人致人重伤,甲为主犯,应适用"三年以上十年以下有期徒刑"的法定刑,其追诉期限为15年。乙为从犯,应当减轻处罚适用"三年以下有期徒刑、拘役或者管制"的法定刑,其追诉期限为5年。在共同犯罪的情况下,如果一部分人超过了追诉时效,另一部分人没有超过追诉时效,就只能对后者进行追诉。例如,甲以杀人故意、乙以伤害故意,共同对丙实施暴力,导致丙重伤。甲成立故意杀人(未遂)罪,乙成立故意伤害罪。经过15年后,只能追诉甲,而不能追诉乙。再如,A与B共同犯故意杀人罪,根据案件情况,对A应适用"死刑、无期徒刑或者十年以上有期徒刑"的法定刑,对B(从犯)应适用"三年以上十年以下有期徒刑"的法定刑。经过15年后,只能追诉A,不能追诉B。对于结合犯,应当按照刑法对结合犯所规定的法定刑确定追诉时效的期限。对于想象竞合犯与牵连犯,应当按所触犯的各罪的法定刑分别计算追诉时效的期限;如果其中的重罪在追诉时效内,而轻罪超过了追诉时效,就按单一的重罪追诉,不再按想象竞合犯、牵连犯处理(个别说)。[5] 例如,甲于某日伪造国家机关公文(情节一般)并骗取了数额特别巨大的财物,经过5年后,诈骗罪在追诉时效内,而伪造国家机关公文罪已经超过了追诉时效。在这种情况下,仅追究单一的诈骗罪的刑事责任,伪造国家机关公文的事实不得追诉、也不得作为从重量刑情节。

如果法定最高刑为无期徒刑、死刑,20年以后认为必须追诉的,须报请最高人民检察院核准。如果法定最高刑为有期徒刑的,经过15年以后即使认为必须追诉的,也不得追诉;只有法定最高刑为无期徒刑、死刑,20年以后认为必须追诉的,经过最高人民检察院

---

〔5〕 与此不同的一体说认为,对于想象竞合犯与牵连犯,应当将全部犯罪行为视为一个整体计算追诉时效。

核准，才能追诉。“认为必须追诉的”犯罪，应限于那些罪行特别严重，行为人的再犯可能性特别大，所造成的社会影响极大、经过20年以后仍没有被社会遗忘的一些重大犯罪。报请核准追诉的案件应当同时符合下列条件：(1)有证据证明存在犯罪事实，且犯罪事实是犯罪嫌疑人实施的；(2)涉嫌犯罪的行为应当适用的法定量刑幅度的最高刑为无期徒刑或者死刑的；(3)涉嫌犯罪的性质、情节和后果特别严重，虽然已过20年追诉期限，但社会危害性和影响依然存在，不追诉会严重影响社会稳定或者产生其他严重后果，而必须追诉的；(4)犯罪嫌疑人能够及时到案接受追诉的。[6]

为了促进祖国和平统一大业，“两高”先后于1988年3月14日和1989年9月7日就去台人员（包括犯罪后去台湾地区或者其他地区和国家的人员）去台前的犯罪追诉问题宣布了两个公告，这两个公告的精神仍然适用于新刑法施行后。(1)去台人员在中华人民共和国成立前在大陆犯有罪行的，根据刑法关于追诉时效的规定精神，对其当时所犯罪行，不再追诉。(2)对去台人员在中华人民共和国成立后、犯罪地地方人民政权建立前所犯罪行，不再追诉。(3)去台人员在中华人民共和国成立后、犯罪地地方人民政权建立前犯有罪行，并连续或继续到当地人民政权建立后的，追诉期限从犯罪行为终了之日起计算。凡超过刑法规定的追诉时效期限的，不再追诉。

三、追诉期限的计算

根据刑法第88条、第89条的规定，追诉期限的计算有四种情况。

（一）一般犯罪追诉期限的计算

这里的一般犯罪，是指没有连续与继续状态的犯罪。这种犯罪的“追诉期限从犯罪之日起计算”（第89条第1款前段）。关于“犯罪之日”的含义，理论上有不同说法。有的说是犯罪成立之日，有的说是犯罪行为实施之日，有的说是犯罪行为发生之日，有的说是犯罪行为完成之日，有的说是犯罪行为停止之日。[7] 就即成犯而言，上述说法不致产生实质性的差异，但就隔离犯而言，上述说法则会导致起算日期的不同。本书认为，正确的说法应是犯罪成立之日，即行为符合犯罪构成之日。由于刑法对各种犯罪规定的犯罪构成不同，因而认定犯罪成立的标准也就不同。例如，对不以侵害结果为要件的犯罪（如刑法第114条第1款规定的放火、爆炸等罪）而言，实施行为之日即是犯罪之日；对以侵害结果为要件的犯罪（如玩忽职守罪）而言，实害结果发生之日，才是犯罪之日。[8] 在共同犯罪的场合，应以共犯人中的最终的行为终了之日，起算对所有共犯人的追诉期限。

以上只是说明了起始时间。需要研究的是，从犯罪之日起计算到何时为止？或者说，刑法第87条所说的不再“追诉”是什么含义？例如，计算到侦查时没有超过追诉期限，而

[6] 参见最高人民检察院2012年10月9日《关于办理核准追诉案件若干问题的规定》。

[7] 参见马克昌主编：《刑罚通论》，武汉大学出版社1999年第2版，第676页。

[8] 不过，有些犯罪的“危害结果发生之日”难以确定。例如，某国有公司主管人员甲，为徇私情，于2005年10月1日擅自将公司巨额公款存入某不良金融机构（约定高额利息归公司所有），但到期之日（2006年1月1日）不能取回本息；行为人随即与该金融机构签订协议，将上述公款续存6个月，6个月后（2006年7月1日）金融机构保证还本付息，但金融机构届时也未能履行协议；2007年7月1日，国有公司提起民事诉讼，人民法院判处金融机构还本付息，但因为金融机构没有财产一直未能执行；该金融机构宣告破产后，国有公司于2011年4月1日向公安机关检举揭发甲的行为。成立刑法第168条规定的犯罪，要求“造成严重损失”（修改前为“严重亏损”），那么，在本案中，何时为造成严重损失之日呢？对此，应采取经济损失的观点，而不能以存在债权为由而否认存在严重损失。

起诉时超过了追诉期限的,如何处理?计算到起诉时没有超过追诉期限,但审判时超过了追诉期限的,怎样解决?这就涉及对“追诉”含义的理解。本书认为,追诉不只是起诉的含义,而是包括了侦查、起诉、审判的全过程。因此,追诉期限应从犯罪之日计算到审判之日为止。换言之,只有在审判之日还没有超过追诉期限的,才能追诉。对刑法第88条的反对解释,也能得出上述结论。[9]

(二)连续或继续犯罪追诉期限的计算

“犯罪行为有连续或者继续状态的,从犯罪行为终了之日起计算”(刑法第89条第1款后段)。犯罪行为有连续状态的,属于连续犯;犯罪行为有继续状态的,属于继续犯或持续犯。对于集合犯的追诉期限的计算,刑法没有明文规定,但从刑法规定的精神以及集合犯与连续犯的关系来看,对于集合犯的追诉期限,也应从最后一次犯罪之日起计算。

(三)追诉时效的延长

追诉时效的延长,是指在追诉时效的进行期间,因为发生法律规定的事由,而使追诉时效暂时停止执行。我国刑法规定了两种追诉时效延长的情况:

1. 刑法第88条第1款规定:“在人民检察院、公安机关、国家安全机关立案侦查或者人民法院受理案件以后,逃避侦查或者审判的,不受追诉期限的限制。”据此,这种时效延长必须具备两个条件:(1)检察院、公安机关、国家安全机关已立案侦查或者法院受理了案件;(2)行为人逃避侦查或者审判。具备这两个条件的,不论经过多长时间,任何时候都可以追诉。在司法机关立案侦查或者受理案件以后,行为人并没逃避侦查与审判的,仍然受追诉期限的限制。这里的“逃避侦查与审判”,应限于积极的、明显的、致使侦查、审判工作无法进行的逃避行为,主要是指在司法机关已经告知其不得逃跑、藏匿甚至采取强制措施后而逃跑或者藏匿;对于行为人实施毁灭证据、串供等行为的,不宜认定为“逃避侦查与审判”。如果对“逃避侦查与审判”作过于宽泛的理解,追诉时效制度会丧失应有的意义。在共同犯罪中,逃避侦查或者审判的共犯人,不受追诉期限的限制,但没有逃避侦查或者审判的共犯人,仍然受追诉期限的限制。

2. 刑法第88条第2款规定:“被害人在追诉期限内提出控告,人民法院、人民检察院、公安机关应当立案而不予立案的,不受追诉期限的限制。”因此,被害人在追诉期限内提出控告,符合立案条件而应当立案的,不管司法机关出于何种原因没有立案,不论行为人是否逃避侦查或者审判,不论经过多长时间,任何时候都可以追诉。即使被害人在追诉期限内的控告不符合管辖规定,也不妨碍追诉时效的延长。

上述两种情况虽然不受追诉期限的限制,但其后的犯罪行为仍然受追诉期限的限制。例如,A的甲罪被司法机关立案侦查,但A逃避侦查与审判,其后又犯了乙罪。甲罪虽然不受追诉期限的限制,但乙罪仍然受追诉期限的限制。

(四)追诉时效的中断

追诉时效的中断,也称追诉时效的更新,是指在时效进行期间,因发生法律规定的事由,而使以前所经过的时效期间归于无效,法律规定的事由终了之时,时效重新开始计算。

刑法第89条第2款规定:“在追诉期限以内又犯罪的,前罪追诉的期限从犯后罪之日

---

〔9〕 有关反对观点,参见高铭暄、马克昌主编:《刑法学》,北京大学出版社、高等教育出版社2016年第7版,第305页。

起计算。”即在追诉期限以内又犯罪的,前罪的追诉时效便中断,其追诉时效从后罪成立之日起重新计算。例如,甲于2005年1月1日犯一般情节的抢劫罪,法定最高刑为10年有期徒刑,但甲在2013年1月1日又犯了一般情节的强奸罪。这时,抢劫罪的时效就中断,即先前的抢劫罪的追诉期限从2013年1月1日起重新开始计算,再经过15年,才不追诉。在本案中,先前的抢劫罪,实际上要经过23年才不追诉。

对于数行为触犯数罪名但仅以一罪论处的犯罪(如牵连犯),也应按上述规定处理。例如,乙于2011年1月1日伪造国家机关证件(情节一般,法定最高刑为3年有期徒刑),2011年6月1日利用该伪造的证件诈骗数额较大的财物(法定最高刑为3年有期徒刑)。按照前述个别说,应当分别计算乙所触犯的两个罪的追诉时效,但由于乙在伪造国家机关证件后又犯了诈骗罪,所以,伪造国家机关证件罪的追诉时效也应从2011年6月1日起开始计算。倘若2016年3月1日审理此案,则仍应将乙的行为以牵连犯论处,而不能作为单一的诈骗罪处理。

在共同犯罪中,在追诉期限以内又犯罪的共犯人,其前罪追诉的期限从犯后罪之日起计算;在追诉期限内没有再犯罪的共犯人,其犯罪的追诉期限并不中断。

对于追诉时效的中断,可以从追诉时效的根据中寻找立法理由。既然行为人实施了某种犯罪之后又重新犯罪,就说明其并没有悔改,或者说前罪所反映的再犯可能性并没有消失,故需要从犯后罪之日起重新计算。

在前罪的追诉期限从犯后罪之日起计算时,如果后罪的法定最高刑轻于前罪,后罪的追诉期限届满,而前罪的追诉期限未满,则只追诉前罪。例如,行为人于2003年12月1日犯一般情节的抢劫罪,追诉期限为15年;他于2010年12月1日又犯了故意伤害罪(轻伤),其追诉期限为5年;抢劫罪的追诉期限从2010年12月1日起重新计算;到2015年12月2日,后罪(故意伤害罪)已超过追诉期限,但前罪(抢劫罪)没有超过追诉期限。在这种情况下,只能追诉抢劫罪,不能再追诉故意伤害罪。

追诉时效的中断与追诉时效的延长相竞合(或结合)时,应适用追诉时效延长的规定。例如,行为人于2008年1月1日犯抢劫罪,在公安机关立案侦查后逃避侦查,并于2013年1月1日犯故意伤害罪。在这种情况下,对抢劫罪不能适用追诉时效中断的规定,而应适用追诉时效延长的规定。

第三节 赦 免

一、赦免的概念

赦免包括大赦与特赦。

大赦,通常是指国家对某一时期内犯有一定罪行的不特定犯罪人免予追诉和免除刑罚执行的制度。大赦的对象既可能是国家某一时期的各种犯罪人,也可能是某一地区的全体犯罪人,还可能是某一类或者某一事件的全体犯罪人;大赦的效果涉及罪与刑两个方面,既赦其罪,也赦其刑,即罪与刑同时免除。

特赦,一般是指国家对较为特定的犯罪人免除执行全部或者部分刑罚的制度。特赦的对象是较为特定的犯罪人；特赦的效果只是免除刑罚执行，而不免除有罪宣告。

我国1954年宪法规定了大赦与特赦制度，并将大赦的决定权赋予全国人民代表大会，特赦的决定权赋予全国人民代表大会常务委员会，大赦令与特赦令均由国家主席发布。但后来的宪法包括现行宪法仅规定了特赦制度，这表明我国已经取消了大赦制度；刑法第65条、第66条所指的赦免便仅限于特赦。根据《刑事诉讼法》第15条的规定，“经特赦令免除刑罚的”，属于法律后果消灭事由。现行宪法规定的特赦，由全国人大常委会决定，由国家主席发布特赦令。

二、我国特赦的特点

建国后，我国共实行过八次特赦。对前七次特赦的特点可概括如下：

1. 特赦的对象基本上只限于战争罪犯。除第一次特赦包括部分反革命罪犯与普通刑事犯外，其他几次特赦的对象都是战争罪犯。

2. 特赦的范围是一类或几类犯罪人，而不是个别犯罪人。例如，第一次特赦的内容是：(1)释放关押已满10年，确实改恶从善的蒋介石集团和伪满洲国的战争罪犯；(2)释放判处5年以下有期徒刑(包括判处5年有期徒刑)、服刑时间经过1/2以上、确实改恶从善，或者判处5年以上有期徒刑、服刑时间经过2/3以上、确实改恶从善的反革命罪犯；(3)释放判处5年以下有期徒刑(包括判处5年有期徒刑)、服刑时间经过1/3以上、确实改恶从善，或者判处5年以上有期徒刑、服刑时间经过1/2以上、确实改恶从善的普通刑事犯；(4)判处死刑缓期二年执行的罪犯，缓刑时间已满1年、确实有改恶从善表现的，可以减为无期徒刑或者15年以上有期徒刑；(5)判处无期徒刑的罪犯，服刑时间已满7年、确实有改恶从善表现的，可以减为10年以上有期徒刑。其他几次特赦也都是针对战争罪犯中的几类犯罪人，而没有针对特定个别犯罪人。

3. 特赦的前提是犯罪人在服刑过程中确实有改恶从善的表现。一方面，对尚未宣告刑罚或者没有开始执行刑罚的，不实行特赦；另一方面，也并非对执行过一定刑期的战争罪犯均予以特赦，只是对其中确有改恶从善表现的犯罪人，才予以特赦。

4. 对需要特赦的犯罪人，根据其罪行轻重与悔改表现实行区别对待：罪行轻因而所判刑罚轻的，予以释放；罪行重因而所判刑罚重的，只是减轻刑罚。

5. 特赦的效力只及于刑而不及于罪。即特赦的效力只是免除执行剩余刑罚或者减轻原判刑罚，不是免除执行全部刑罚，更不是使宣告刑与有罪宣告无效。

十二届全国人大常委会第十六次会议于2015年8月29日通过了《关于特赦部分服刑罪犯的决定》，国家主席同日签署特赦令。根据特赦令，对依据2015年1月1日前人民法院作出的生效判决正在服刑，释放后不具有现实社会危险性的四类罪犯实行特赦(经人民法院依法作出裁定后，予以释放)：(1)参加过中国人民抗日战争、中国人民解放战争的(共特赦50人)；(2)中华人民共和国成立以后，参加过保卫国家主权、安全和领土完整对外作战的，但犯贪污受贿犯罪，故意杀人、强奸、抢劫、绑架、放火、爆炸、投放危险物质或者有组织的暴力性犯罪，黑社会性质的组织犯罪，危害国家安全犯罪，恐怖活动犯罪的，有组织犯罪的主犯以及累犯除外(共特赦1428人)；(3)年满75周岁、身体严重残疾且生活不能自理的(共特赦122人)；(4)犯罪的时候不满18周岁，被判处3年以下有期徒刑或者剩余刑期在1年以下的，但犯故意杀人、强奸等严重暴力性犯罪，恐怖活动犯罪，贩卖毒品犯罪的除外(共特赦29927人)。

法 学 阶 梯
INSTITUTIONES

普通高等教育**法学精品教材**

第五版

刑法学 下

CRIMINAL LAW

张明楷 著

法律出版社
LAW PRESS · CHINA

简　　目

第三编　法律后果论

第四编 罪刑各论

详　目

第四编　罪刑各论

第四编　罪 刑 各 论

第十七章 罪刑各论概说

第一节 罪刑各论的研究对象与研究方法

一、罪刑各论的研究对象

罪刑各论（也称罪刑分论、刑法各论、刑法分论）所研究的是具体犯罪及其法律后果；换言之，其研究对象是规定具体犯罪及其法律后果的法律规范；这种规范又分为三类：刑法典分则、单行刑法与附属刑法。

刑法典分则即《中华人民共和国刑法》的第二编，系统地规定了具体犯罪及其法律后果。总则与分则是抽象与具体、一般与个别、普遍与特殊的关系。总则以分则为依托，同时又指导、补充分则。例如，对具体犯罪的构成要件、责任要件以及法定刑的理解与确定，应以总则规定为指导；当分则条文没有完整地规定犯罪构成的全部要素时，应以总则规定予以补充。

单行刑法一般仅规定具体犯罪及其法律后果，较少有总则性规定。可以认为，单行刑法与刑法典分则基本上处于平行并列地位，均应以刑法典总则为指导和补充。刑法典总则第101条规定："本法总则适用于其他有刑罚规定的法律，但是其他法律有特别规定的除外。"可见，单行刑法原则上要以刑法典总则为指导和补充。但是，单行刑法是特别法，刑法典属普通法，根据特别法优于普通法的原则，行为同时触犯单行刑法与刑法典分则时，或者单行刑法有总则性的特别规定时，应适用单行刑法。

真正的附属刑法都是关于具体犯罪及其法律后果的规定，具体适用也应以刑法典总则为指导和补充。不过，我国现在还没有真正的附属刑法。

研究罪刑各论对于刑事司法、刑事立法与刑法理论，都具有十分重要的意义。

二、罪刑各论的理论体系

罪刑各论的理论体系与刑法分则的体系既有联系，也有区别。

刑法分则体系，是指分则对犯罪的分类及排列次序。分则规定具体犯罪及其法律后果，而具体犯罪的种类繁多，这就需要以一定标准将具体犯罪分为若干类（类罪），再以一定标准对类罪进行合理排列，同时对各类罪中的具体犯罪进行排列，从而形成分则体系。由此可见，分则体系实际上是犯罪分类问题。

犯罪分类是罪刑法定原则的要求。罪刑法定原则要求以成文刑法明确规定犯罪的成立条件（犯罪构成）与法律后果；只有对各种犯罪进行合理分类，进而规定各种犯罪的成立条件，才能实现罪刑法定原则的要求。如果不对犯罪进行分类，就意味着没有具体犯罪的成立条件与法律后果，意味着刑法规定"凡犯罪者处……"就够了，这便违反了罪刑法定原则。

犯罪分类有利于司法机关正确定罪量刑。不仅具体犯罪的分类具有这种意义,类罪划分也具有这种意义。因为现实犯罪比较复杂,司法机关总是先认定现实犯罪属于哪一类罪,然后再进一步认定属于该类犯罪中的哪一种具体犯罪。可见,类罪的划分具有实际意义。

我国刑法典的分则将具体犯罪分为十类,每一章规定一类犯罪,其排列顺序依次为:危害国家安全罪,危害公共安全罪,破坏社会主义市场经济秩序罪,侵犯公民人身权利、民主权利罪,侵犯财产罪,妨害社会管理秩序罪,危害国防利益罪,贪污贿赂罪,渎职罪,军人违反职责罪。刑法分则体系就是根据上述分类建立起来的,其特点如下:(1)原则上依据犯罪的同类法益对犯罪进行分类。[1] 不同种类的犯罪所侵犯的法益不同,因而其违法性程度不同;根据犯罪的同类法益对犯罪进行分类,有利于把握各类犯罪的性质与特征,有利于贯彻区别对待的政策,有利于司法机关正确定罪量刑。(2)总体上依据各类犯罪的危害程度对类罪进行排列。类罪的排列反映了立法者对各类犯罪的认识与态度。我国刑法基本上以各类犯罪的法益重要程度为依据,按由重到轻的顺序进行排列。[2] (3)大体上依据犯罪的罪行轻重以及犯罪之间的内在联系对具体犯罪进行安排。刑法分则在安排各类犯罪中的具体犯罪时,首先考虑的是具体犯罪的罪行轻重,如将背叛国家罪、放火罪、故意杀人罪、抢劫罪等分别规定在各章之首,就是因为这些犯罪在各章之中最为严重。与此同时,刑法分则又考虑了具体犯罪之间的内在联系,如在故意杀人罪之后规定过失致人死亡罪,在重婚罪之后规定破坏军婚罪,就是照顾到它们之间的内在联系。(4)基本上依据犯罪侵犯的主要法益对犯罪进行归类。如果某种犯罪同时侵犯了两种以上的法益,刑法分则就根据该犯罪侵犯的主要法益将其归入不同的类罪。如将抢劫罪归入侵犯财产罪,将合同诈骗罪归入破坏社会主义市场经济秩序罪,如此等等。

德国、日本等大陆法系国家刑法理论,一般以犯罪侵犯的法益为标准,采取二分法或三分法。二分法将犯罪分为对公法益的犯罪与对私法益的犯罪;三分法将犯罪分为对国家法益的犯罪、对社会法益的犯罪与对个人法益的犯罪。第二次世界大战前,大陆法系国家的罪刑各论一般按照刑法分则的体系,将对国家法益的犯罪放在首位、对个人法益的犯罪放在最后。第二次世界大战后,一些国家(如奥地利、瑞士)对刑法分则体系作了调整,将对个人法益的犯罪置于刑法分则之首;另一些国家(如德国、日本)的刑法分则依然维持了传统的体系,但其罪刑各论一般将对个人法益的犯罪放在首位,将对国家法益的犯罪放在最后。由此可见,罪刑各论不一定要与刑法分则体系完全一致。

我国的罪刑各论体系一直与刑法分则体系保持一致,但应肯定的是,按照对个人法益的犯罪、对社会法益的犯罪与对国家法益的犯罪安排罪刑各论体系,体现了一种合理的价值取向。但本书基于以下考虑,依然采取与刑法分则体系相一致的罪刑各论体系:如果严格地采取上述三分法的体系,那么,妨害社会管理秩序罪中的妨害司法罪、贪污贿赂罪中的贿赂罪等,都应纳入对国家法益的犯罪;还有其他章节(如扰乱公共秩序罪)中的部分

---

〔1〕 将妨害婚姻家庭的犯罪归入“侵犯公民人身权利、民主权利罪”,将“贪污贿赂罪”独立规定为一种类罪,就难以说是按同类法益进行的分类。

〔2〕 由重到轻的排列,只是就总体而言,并不意味着后面一类犯罪中的所有具体犯罪,都比前一类犯罪轻微。

犯罪也应纳入对国家法益的犯罪;而破坏社会主义市场经济秩序罪中的部分犯罪、妨害社会管理秩序罪中的部分犯罪,应纳入对个人法益的犯罪。结局必然完全打乱刑法分则的条文顺序,而不只是打乱刑法分则的章节顺序。但完全打乱刑法分则的条文顺序,不利于读者阅读。另一方面,在我国,一个具体犯罪是侵犯国家法益还是侵犯非国家法益,可能取决于犯罪的具体状况。例如,贪污行为与挪用公款行为,当行为主体是国家机关工作人员,贪污、挪用了国有财物时,可谓对国家法益的犯罪;而当行为主体并非国家机关工作人员,贪污、挪用的是非国有的公共财产时,不能认为是对国家法益的犯罪。概言之,在现行立法体例之下,难以实现真正的二分法或者三分法。

三、罪刑各论的研究方法

研究罪刑各论要以总论的原理为指导,认识具体犯罪的规律、特征及法律后果,从而加深对总论的理解。例如,研究了具体犯罪的概念、构成要件、特殊形态等问题,就能加深对总论中的犯罪概念、犯罪构成、犯罪的特殊形态等原理的理解;研究了具体犯罪的法定刑与量刑规则,就能加深对总论中有关刑罚体系、种类、量刑等原理的理解。[3]

(一)关于具体构成要件的解释

对具体犯罪构成要件的理解与认定,必须以该罪的保护法益为指导,而不能对分则法条的表述作望文生义的解释。例如,刑法第 243 条第 1 款前段规定:“捏造事实诬告陷害他人,意图使他人受刑事追究,情节严重的,处三年以下有期徒刑、拘役或者管制。”那么,得到被害人同意的诬告行为是否成立诬告陷害罪?向外国警方诬告中国公民在境外犯罪的行为是否构成诬告陷害罪?这样的问题,是不可能从上述规定的文字含义中找到答案的,只有把握了诬告陷害罪的保护法益,才能回答这样的问题。再如,所有权人窃回质押给他人的财物的行为是否成立盗窃罪?也只有明确了盗窃罪的保护法益,才能得出合理结论。所以,在解释任何一个犯罪的构成要件时,首先必须明确该罪的保护法益内容。

对具体犯罪构成要件的理解与认定,也需要适当考虑该罪的法律后果(法定刑轻重)。虽然犯罪是刑罚的前提,但法律后果必然影响对构成要件的解释。例如,当某罪的法定刑较重时,就不能将较轻的不法行为解释为符合该罪构成要件的行为。同样,只有当较重的不法行为不符合较重犯罪的构成要件时,才有可能将其解释为符合较轻犯罪构成要件的行为。或许可以认为,法定刑越重就越需要进行限制解释。

对具体犯罪构成要件的理解与认定,必须使具体犯罪之间协调一致,使得轻重不同的犯罪得到轻重不同的处理。刑法分则规定了 460 多个犯罪,使每个犯罪之间相协调,可谓刑法分则的最好解释方法。如果某种解释导致较轻的不法行为有罪而较重的不法行为无罪,或者造成轻罪重判与重罪轻判,这种解释必然是不合理的。[4] 为了使具体犯罪之间保持协调关系,解释者必须熟悉刑法分则的全部条文;在解释任何一个条文时,都必须想到相关的法条;必须尽可能避免使具体犯罪形成对立关系,充分考虑到法条之间各种竞合的可能性。

对罪刑各论的学习与研究,需要紧密联系各种具体案例。既要通过典型案例理解相

[3] 正因为如此,国外有的大学先讲授罪刑各论,后讲授刑法总论。

[4] 当然,不排除在个别情形下,由于成文法的局限性与罪刑法定原则的要求,导致个别重罪只能轻判,乃至严重的不法行为不能被定罪量刑。

关犯罪的构成要件,也要运用特殊案例、罕见案例、新型案例检验、反思已有的定义与理论。例如,刑法理论一般将抢夺定义为“趁人不备、公然夺取”。倘若了解到一些特殊、罕见的抢夺案件,就会发现这一定义并不妥当。此外,还要善于从具体判决中总结刑事司法的动态,提炼出一般规则。

现行刑法虽然制定于1997年,但刑法分则中许多概念(如盗窃、抢夺、诈骗等)的定义(有的概念如暴力甚至没有定义,只有列举而已),都是在20世纪80年代初就形成的。然而,在当时的情况下,刑法学的研究并不深入,一些定义不是经过充分讨论而形成的。况且,社会在不断发展变化,罪刑各论必须适应不断变化的社会生活事实。所以,对构成要件的解释不要拘泥于传统的定义;要在遵守罪刑法定原则的前提下,对相关犯罪的构成要件进行新的解释,使刑法充分发挥应有的法益保护与人权保障机能。

(二)关于罪与非罪的区分

罪刑各论的重要任务之一,是正确区分具体犯罪与非罪的界限。罪与非罪的区分存在于两个层面。

1. 法条解释层面的罪与非罪的区分。亦即,在暂时撇开具体案件事实时,在对犯罪构成进行解释的过程中,如何将不值得科处刑罚的行为,排除在犯罪构成之外。例如,刑法第234条第1款规定:“故意伤害他人身体的,处三年以下有期徒刑、拘役或者管制。”第2款前段规定:“犯前款罪,致人重伤的,处三年以上十年以下有期徒刑。”司法实践一般将伤害分为重伤、轻伤、轻微伤以及不构成轻微伤(以下称为微伤)的情形。问题是,上述第1款所规定的“伤害”是仅限于轻伤,还是包括轻微伤乃至微伤?这是离开具体案件事实就可以展开讨论的问题。再如,刑法第389条第1款规定:“为谋取不正当利益,给予国家工作人员以财物的,是行贿罪。”那么,对于为谋取不正当利益,给予国家工作人员以少量财物的行为,能否以行贿罪论处?这也是离开具体案件事实就可以得出结论的问题。

这一层面的罪与非罪的区分,就是犯罪构成的解释问题,尤其是构成要件的解释问题。反过来说,对刑法分则所规定的构成要件的解释,在很大程度上是在确定罪与非罪的界限。显然,在此问题上,不能望文生义地进行形式化的解释,必须以刑法的基本原则为指导,充分考虑刑法的谦抑性特点,并以犯罪的基本特征为根据,对构成要件进行合理的解释,将不值得科处刑罚的行为排除在构成要件之外。

2. 事实认定层面的罪与非罪的界限。亦即,某个具体案件事实是构成犯罪还是不构成犯罪?例如,甲擅自将邻居乙房前屋后的树谎称为自己的树而出卖给第三者丙,得款8000余元。再如,身体健康的A冒充残疾人向行人乞讨,行人误以为A是残疾人,才向其交付财物。在类似这样的案件中,需要讨论的是,甲的行为是否符合盗窃罪(对象为乙的树)与诈骗罪(对象为丙的现金)的构成要件?A的行为是否符合诈骗罪的构成要件?如果能够得出肯定结论,就成立犯罪;反之,则不成立犯罪。

概言之,事实认定层面的罪与非罪的界限,基本上是犯罪构成符合性的判断问题。一般来说,如果对具体犯罪的犯罪构成进行了妥当解释,那么,只需要判断具体案件事实是否符合某个犯罪构成即可。在此问题上,司法工作人员必须把应当判决的具体个案与规定犯罪构成要件的刑法规范联系起来;要从案件到规范,又从规范到案件,对二者进行比较、分析、判断。对于案件事实,要以可能适用的刑法规范为指导进行归纳与分析;反之,对于刑法规范,要通过特定个案或者案件类型进行解释。换言之,司法工作人员要以犯罪的保护法益为指导,以刑法分则的用语可能具有的含义为限度,目光不断往返于案件事实与刑法规范之间,反复对刑法规范进行解释、对案件事实进行归纳,直至得出妥当结论。

从司法实践上看,所谓罪与非罪的界限,主要是一般违法行为与犯罪之间的区别。在此特别应当注意以下两点:

首先,刑法虽然具有谦抑性的特点,但刑法的谦抑性并不意味着对于任何个案都首先考虑、判断能否按照其他法律处理,只有当其他法律的处理不能令人满意时,才适用刑法。其一,侵犯人身、财产的案件,几乎都可以在民法上找到处理根据。如果认为对于这些案件都优先运用民法,就意味着对这些案件都必须首先考虑能否适用民法解决争端。但事实上并非如此。其二,倘若认为对任何具体案件都必须首先考虑能否按照其他法律处理,会形成如下局面:任何案件都先采取民事诉讼程序,只有当采取民事诉讼程序的处理方法不能令人满意时,才采取刑事诉讼程序。于是,大多数刑事案件都要经过两种诉讼程序。但这是难以想象的,也与刑事附带民事诉讼的制度不相符合。换言之,刑事附带民事诉讼制度的设立,就意味着民事违法行为可能构成犯罪,构成犯罪的行为可能同时触犯民法。其三,倘若认为对任何具体案件都必须首先考虑能否按照其他法律处理,就会导致刑法的私事化,使刑法丧失安定性、公平性。例如,甲基于特殊原因故意杀害家庭贫困的乙后,拿出 100 万补偿乙的家属。乙的家属很满意,且不告发甲的杀人行为。这种"民事"处理能够使当事人满意,所以,对甲可以不追究刑事责任。A 杀害 B 后因为无钱补偿,就必须承担刑事责任。于是,刑法关于故意杀人罪的规范适用,完全取决于案外事实。这是不能令人接受的局面。不可否认,刑法的谦抑性既是立法原理,也是指导司法工作人员解释刑法、适用刑法的原理,但它不是处理个案的规则。一旦解释者在遵循罪刑法定原则的前提下,对刑法所规定的犯罪构成做出了合理解释,那么,对于符合犯罪构成的行为,就应当以犯罪论处。

其次,一般违法行为与犯罪行为并不是对立关系,不能因为某个行为符合一般违法行为的特征,就否认其构成犯罪。例如,在刑事案件事实属于民法上的不当得利时,不能以"该行为属于民法上的不当得利"为由,得出不成立财产犯罪的结论。这是因为,任何故意或者过失(乃至无过错地)侵犯他人财产的行为,不管其是否触犯了刑法,都可谓违反了民法,成为需要承担民事责任的行为。但是,刑法仅将部分值得科处刑罚的侵犯财产的行为类型化为财产犯罪,这些被类型化为财产犯罪的行为,并不因为被刑法禁止后,而不再成为民事违法行为。换言之,财产犯罪都具有双重性质,一是违反了刑法,二是违反了民法。所以,侵犯财产的行为,只有不触犯刑法时,才仅依照民法处理。刑法并没有规定不当得利罪,所以,民法上的不当得利不可能一概成为刑法上的犯罪行为。但是,民法上的不当得利行为,也可能触犯刑法上的侵占、盗窃等罪。如同不能因为杀人、伤害行为是民法上的侵权行为而否认其构成刑法上的犯罪一样,也不能因为某种行为在民法上是不当得利,而否认其构成刑法上的财产犯罪。

其实,所谓民事违法与刑事犯罪的界限,基本上是一个假问题。因为民事违法与刑事犯罪的关系大体上相当于财物与汽车的关系,我们不可能讨论二者之间有什么界限,只能承认汽车属于财物。司法工作人员在认定行为成立刑事犯罪后,通常不必再追问该行为是否属于民事违法行为(附带民事诉讼的除外)。民事违法与刑事犯罪也可能是一种交叉关系。例如,财产犯罪与不当得利大体上是一种交叉关系,在部分场合也是特别关系

(如拾得他人财产拒不返还的,都是不当得利,但只有其中一部分构成侵占罪);所谓财产犯罪与不当得利的界限,也只能是财产犯罪与不构成财产犯罪的不当得利的界限。而认定财产犯罪的标准,是看行为是否符合财产犯罪的犯罪构成。所以,凡是符合财产犯罪的犯罪构成的行为,就成立财产犯罪,而不必追问该行为在民法上是否属于不当得利。

(三)关于此罪与彼罪的关系

刑法分则规定了大量的具体犯罪,如何正确认识与处理此罪与彼罪的关系,也是罪刑各论的重要任务之一。

由于犯罪错综复杂,为了避免处罚空隙,刑法不得不从不同侧面、以不同方式规定各种类型的犯罪。因此,部分条文规定的犯罪之间具有相似性,一些条文之间形成了包容关系与交叉关系。另一方面,由于行为人并非按照刑法规定的构成要件实施犯罪,一个行为可能具有多重属性,侵犯多个法益,因而触犯多个罪名。于是,刑法理论与司法实践特别希望在此罪与彼罪之间找出所谓关键区别或者区分标志;"此罪与彼罪的区分"成为刑法教科书不可或缺的内容,成为司法实践经常讨论的话题。但是,在绝大多数情况下,寻找犯罪之间的区分,实际上是使犯罪之间形成对立关系,既非明智之举,也非有效之策。在本书看来,与其重视和增加犯罪之间的对立,不如注重犯罪之间的竞合,减少犯罪之间的对立。

综合国内外学者的归纳,刑法规定的具体犯罪类型之间的关系(法条关系并不等于法条竞合关系),主要存在如下情形:(1)排他关系(或对立关系、异质关系):即肯定行为成立甲罪,就必然否定行为成立乙罪;反之亦然。通常认为,盗窃与诈骗的关系便是如此。因为盗窃罪是违反他人的意志取得他人财物,而诈骗罪是使他人产生认识错误取得他人财物。针对一个结果(或行为对象)而言,一个行为不可能既成立盗窃罪,也成立诈骗罪。(2)同一关系:即符合甲罪构成要件的行为,必然同时符合乙罪的构成要件,反之亦然。显然,这意味着两个法条规定的犯罪类型完全相同,因而一般不可能存在于同一刑法体系内,但可能存在于国际刑法中。(3)中立关系:即肯定行为成立甲罪时,既可能肯定也可能否定行为成立乙罪。换言之,两个犯罪类型原本不同,但既不是对立关系,也不是并存关系,二者的联系取决于案件事实。故意毁坏财物罪与故意伤害罪、盗窃罪与故意杀人罪的关系便是如此。(4)交叉关系:即甲犯罪类型中的一部分属于乙犯罪类型,但甲犯罪类型中的另一部分并不属于乙犯罪类型;反之亦然。刑法第260条与第260条之一的关系就是如此。(5)特别关系(或包摄关系):即肯定行为成立此罪,就必然肯定行为同时成立彼罪。在这种场合,由于特别关系实际上是广义概念与狭义概念、上位概念与下位概念的关系,所以,狭义概念、下位概念排除广义概念、上位概念。(6)补充关系:即为了避免基本法条对法益保护的疏漏,有必要补充规定某些行为成立犯罪。补充法条所规定的构成要件要素,或者少于、低于基本法条的要求,或者存在消极要素的规定。

显然,只有在排他关系或对立关系的场合,刑法理论才需要讨论此罪与彼罪的区别或界限。因为在对立关系的场合,不管是从构成要件而言,还是从案件事实而言,一种行为要么成立此罪,要么成立彼罪,而不可能同时触犯此罪与彼罪,因而需要讨论行为究竟成立何罪。但是,在其他场合,并不需要讨论此罪与彼罪的区别。例如,我们不需要讨论盗窃罪与故意杀人罪的区别(中立关系),也不需要讨论虐待罪与虐待被监护、看护人罪的区别(交叉关系),以及抢劫罪与抢夺罪的区别(特别关系)、走私普通货物、物品罪与走私国家禁止进出口的货物、物品罪的区别(补充关系)。即使是具有包容关系的犯罪之间,也不是二者区分问题,而是犯罪的构成要件内容的解释问题。例如,抢劫罪与抢夺罪之间不是区分问题,而是各自构成要件内容的解释问题。

我国刑法理论与司法实践一直习惯于找出此罪与彼罪之间的关键区别,实际上旨在使此罪与彼罪形成对立关系。但仔细考察各种观点提出的界限或区别,发现其中要么没有法律根据,要么曲解了构成要件,要么没有现实意义。

例如,刑法理论与司法实践在论述故意伤害罪的构成要件时,一般会指出,故意伤害罪的成立不需要出于特定动机。言下之意,出于任何动机故意伤害他人的,都成立故意伤害罪。可是,当实践中发生了行为人随意殴打他人致人轻伤的案件时,刑法理论与司法实践为了说明随意殴打类型的寻衅滋事罪与故意伤害罪的界限,便会说:"寻衅滋事罪出于流氓动机,而故意伤害罪并非出于流氓动机。"言下之意,如果行为人出于流氓动机,便不成立故意伤害罪,仅成立寻衅滋事罪。这便存在以下问题:(1)既然成立故意伤害罪并不要求出于特定动机,那就表明,出于任何动机故意伤害他人的,都不能排除在故意伤害罪之外。可是,为什么在区分故意伤害罪与寻衅滋事罪时,要把出于流氓动机的故意伤害排除在故意伤害罪之外呢?(2)既然基于可以理解的动机(如激愤)故意伤害他人的,也能成立故意伤害罪,为什么基于流氓动机的故意伤害行为,反而不成立故意伤害罪呢?(3)主张寻衅滋事罪必须出于流氓动机的刑法理论同时认为,如果寻衅滋事行为致人重伤、死亡的,不能认定为寻衅滋事罪,而应认定为故意伤害罪或者故意杀人罪。[5] 这表明,故意杀人罪、故意伤害(重伤)罪,也是可以出于流氓动机的。可是,为什么同属于故意伤害罪中的故意轻伤,不能出于流氓动机,而故意造成重伤因而构成故意伤害罪的,却又可以出于流氓动机呢?之所以出现这些难以甚至不能回答的问题,显然是因为刑法理论与司法实践所提出的作为区分标准的"流氓动机",缺乏法律根据。

再如,为了区分强奸罪与强制猥亵罪(以及奸淫幼女与猥亵儿童罪),刑法理论提出,猥亵行为只能是性交以外的行为的观点。但这种观点人为缩小了猥亵罪的构成要件和处罚范围。诚然,强行与妇女或者幼女性交的行为,成立强奸罪,但这并不意味着性交行为不是猥亵行为。例如,猥亵幼男的行为就包括性交行为,即已满16周岁的妇女与幼男发生性交的,构成猥亵儿童罪。从理论上看,将妇女与幼男性交的行为解释为猥亵行为,符合罪刑法定原则。换言之,猥亵行为本来是包括强奸行为的,只是由于刑法对强奸罪有特别规定,才导致对强奸行为不认定为强制猥亵妇女罪;但在刑法没有对其他不正当性交行为做出特别规定的情况下,其他不正当性交行为当然应包括在猥亵概念之中。

事实上,许多区分标准没有任何意义。例如,有的教科书在论述敲诈勒索罪与抢劫罪的区别时指出:"两罪的区别主要是:(1)威胁实施的方法不同。本罪的威胁既可以是当着被害人的面,也可以通过书信或第三者转达;而抢劫的胁迫必须是面对被害人直接实施。(2)威胁内容不同。本罪的威胁内容比较广泛,除以实施暴力相威胁外,还可以毁坏名誉、破坏财产等相威胁,而且威胁的不利行为,也不以违法为必要条件;而抢劫罪威胁的内容以实施暴力为限。如以杀害、伤害相威胁。(3)威胁的程度不同。本罪的威胁和要挟,主要是以以后将实施暴力或其他对被害人不利的行动相威胁(但包括要求承诺于指

[5] 参见王作富主编:《刑法分则实务研究》(中),中国方正出版社2013第5版,第1136页。

定的时间、地点交付财物,否则将当场实现威胁的内容),被害人在威胁面前尚有选择的余地;而抢劫罪的威胁是以当场实施暴力相威胁,被害人在威胁面前无选择的余地。(4)索取利益的性质不同。本罪取得的可以是动产或不动产,也可以是财产性的利益;而抢劫罪获取的一般只能是动产。(5)获取利益的时间不同。本罪既可以在当场取得,而绝大多数情况下是在事后取得财物;而抢劫罪只能是在当场取得。"[6]不可否认,上述区分标准在"一般"案件中具有意义,可是,在"一般"案件中原本就不存在区分此罪与彼罪的困难,恰恰是在疑难案件中难以区分此罪与彼罪,而上述标准在疑难案件中便丧失了意义。第一,既然敲诈勒索罪也可以直接威胁被害人,那么,当案件事实为行为人直接威胁被害人时,上述第(1)个区别就没有意义。第二,既然敲诈勒索罪可以实施暴力相威胁,那么,当行为人以暴力相威胁时,上述第(2)个区别就没有作用。第三,既然威胁行为使被害人尚有选择余地时,能够成立敲诈勒索罪,那么,威胁行为导致被害人没有选择余地时,更能成立敲诈勒索罪。只不过是能否另成立抢劫罪的问题。换言之,只是敲诈勒索罪与抢劫罪的竞合问题。于是,上述第(3)个区别缺乏价值。况且,其中的"主要是"以及特殊情况下又可以"当场实现威胁内容"的表述,不能解决"非主要"的案件。第四,既然敲诈勒索取得的可以是动产,而抢劫罪获取的一般只能是动产,那么,一方面,当行为人获得的是动产时,上述第(4)个区别便没有意义。另一方面,既然抢劫罪获取的"一般"只能是动产,那么,当特殊情况下行为人抢劫了动产以外的财产时,也可能成立抢劫罪。上述第(4)个区别也没有意义。第五,既然敲诈勒索罪可以在当场取得财物,抢劫罪只能是当场取得财物,那么,当行为人当场取得财物时,上述第(5)个区别就形同虚设。概言之,在疑难案件中,上述五个区分标准都难以发挥作用。

在本书看来,刑法理论关于此罪与彼罪的区分标准的论述,基本上都是多余的,故不必讨论所谓此罪与彼罪的界限(或许对立关系的场合除外)。即使认为此罪与彼罪之间存在区别,其区别也是构成要件的区别,而不可能是构成要件之外的区别。因为构成要件之外的区别,对于区分犯罪没有任何意义。既然刑法理论已经论述了此罪与彼罪各自的构成要件,就没有必要再讨论此罪与彼罪的界限。

对刑法分则条文的解释,主要是对构成要件的解释。刑法以保护法益为目的,将值得科处刑罚的法益侵害行为,类型化为构成要件。所以,刑法理论应当以法益保护为指导,准确理解、正确解释各种犯罪的构成要件。只要行为所侵害的法益处于刑法条文的保护范围内,只要行为、结果等事实处于刑法条文的用语可能具有的含义内,就应当将该行为解释为符合构成要件的行为。由于刑法所规定的各种犯罪的构成要件,只是表述了成立(既遂)犯罪所必须具备的最低要求,所以,刑法理论只需要表述这种最低要求的内容。不能为了区分此罪与彼罪,而在最低要求之外另提出最高的限制条件。例如,在解释盗窃罪的构成要件时,不能提出"盗窃行为必须采取平和手段";在解释抢夺行为时,不得提出"抢夺行为不得使用暴力手段"。

刑法分则所规定的大部分犯罪之间并不是非此即彼的关系,一个案件事实完全可能亦此亦彼。换言之,由于用语具有多义性、边缘模糊性等特征,使得一个案件事实符合多个构成要件的现象极为普遍。刑法理论应当承认一个案件事实可能触犯多个罪名。一方

---

〔6〕 马克昌主编:《刑法学》,高等教育出版社2003年版,第529页。

面，即使从法条关系上看是毫不相干的两个犯罪，也可能由一个行为同时触犯，从而成立想象竞合。另一方面，为了准确适用刑法条文，还必须注重法条竞合关系。所以，在明确了构成要件最低要求的前提下，司法工作人员要初步判断案件事实可能触犯的罪名，既可能由重罪到轻罪做出判断，也可能由轻罪到重罪做出判断。例如，在行为人随意殴打他人致人轻伤的场合，不必讨论寻衅滋事罪与故意伤害罪的区别何在，而是首先判断行为是否成立故意伤害罪；如果得出肯定结论，还应当继续判断行为是否符合寻衅滋事罪的犯罪构成；如果得出肯定结论，则成立故意伤害罪与寻衅滋事罪的想象竞合，从一重罪处罚。又如，在行为人以暴力威胁手段，不法取得他人财物的场合，不必讨论抢劫罪与敲诈勒索罪的区别，而是首先判断行为是否符合敲诈勒索罪的犯罪构成；如果得出肯定结论，还应当继续判断行为是否达到了压制他人反抗的程度，即是否构成抢劫罪；如果得出肯定结论，就仅认定为抢劫罪（法条竞合）。

总之，刑法理论与司法实践需要以犯罪的保护法益为指导，正确解释各种犯罪的构成要件，减少犯罪之间的对立关系，合理归纳案件事实，妥当判断案件事实符合哪种或哪些犯罪的构成要件，并善于运用想象竞合与法条竞合的原理，正确处理此罪与彼罪的关系。

第二节　刑法分则的条文结构与基本内容

一、刑法分则的条文结构概述

刑法分则条文通常由罪状与法定刑构成。分则各本条（规定具体犯罪与法定刑的条文）的表述方式均为“……的，处……。”（少数条文表述为：“……的，对……，处……。”）“……的，”所表述的内容为罪状（假定条件），“处……。”所表述的内容为法定刑（法律后果）。例如，刑法第236条第1款规定：“以暴力、胁迫或者其他手段强奸妇女的，处三年以上十年以下有期徒刑。”其中“的，”之前的内容为罪状或假定条件，“处”之后的内容为法定刑（法律后果）。这种规范被认为是典型的罪刑规范。

刑法分则条文本身对罪刑规范的表述并不完整，这主要表现在其对罪状的规定只是包含成立具体犯罪所必须具备的特有构成要件要素与责任要素，而共性（或共通）的构成要件要素与责任要素规定在刑法总则中。上述第236条规定的罪状，只限于客观的构成要件要素的部分内容，至于构成要件中的行为主体与责任要素，则必须根据刑法总则的相关规定予以确定。此外，一些法定刑的具体期限，也必须根据刑法总则的规定确定。

二、罪状

罪状是分则罪刑规范对犯罪具体状况的描述，指明适用该罪刑规范的条件，行为只有符合某罪刑规范的罪状，才能适用该规范。

（一）罪状的标识

刑法分则各本条中的“……的，”是罪状的标志，即只要分则条文所规定的是具体犯罪与法定刑，那么，“处……”之前的“……的，”所表示的就是罪状。

“……的，”（即分则条文中表述罪状后使用“的”字，并且“的”后紧接着有逗号）表明该条文对一种罪状（或具体犯罪的一种情形）的表述已经完结；如果“……的，”后面还有其他表述,则是另一种罪状(或具体犯罪的另一种情形)。例如,刑法第 385 条规定:“国家工作人员利用职务上的便利,索取他人财物的,或者非法收受他人财物,为他人谋取利益的,是受贿罪。”由于“或者非法收受他人财物”之前,已经使用了“的,”,故索取他人财物构成受贿罪的,不以“为他人谋取利益”为要件。如果分则条文表述两种以上罪状(或具体情形),而在对第一种罪状的表述中没有使用“的,”,在第二种罪状的表述后,又有补充或者递进规定时,需要合理判断后面的补充或者递进规定,是否也是第一种罪状的内容。但一般来说,后面的补充或者递进规定,同时也是前面罪状的内容。例如,刑法第 291 条之一规定:“投放虚假的爆炸性、毒害性、放射性、传染病病原体等物质,或者编造爆炸威胁、生化威胁、放射威胁等恐怖信息,或者明知是编造的恐怖信息而故意传播,严重扰乱社会秩序的,处五年以下有期徒刑、拘役或者管制;造成严重后果的,处五年以上有期徒刑。”根据“的,”这一标识,本条所规定的三种行为,都只有“严重扰乱社会秩序”时,才成立犯罪。

(二)罪状的分类

罪状可以分为两大类,一类是对具体犯罪成立条件的描述(基本罪状),另一类是对加重或减轻法定刑的适用条件的描述(加重、减轻罪状)。例如,刑法第 236 条第 1 款与第 2 款规定的罪状,就是基本罪状,它是对强奸罪构成要件的描述,不符合这种基本罪状的,就不可能构成强奸罪。该条第 3 款规定的“强奸妇女、奸淫幼女”等五项内容则属于加重罪状,可以认为是对法定刑升格条件的描述。再如,刑法第 232 条前半段规定的是基本罪状,后半段规定的“情节较轻”,就属于减轻罪状。加重罪状既可能是加重犯罪构成,也可能只是量刑规则。[7] 刑法分则对任何犯罪都规定了基本罪状,但并非任何犯罪都有加重、减轻罪状。刑法分则对两种罪状又有不同的描述方式。

一般认为,分则条文对基本罪状的描述方式,可以分为四种情况,即简单罪状、叙明罪状(说明罪状)、引证罪状、空白罪状(参见罪状)。

简单罪状,是指对犯罪特征进行简单描述的情形。例如,刑法第 232 条中的“故意杀人的”,第 233 条的“过失致人死亡的”,是简单罪状。之所以采用简单罪状,往往是因为犯罪特征为众人所知、无须具体描述。简单罪状的特点是,简单概括、避免繁琐。

叙明罪状的特点,是在罪刑规范中对具体犯罪的构成特征作了详细的描述。例如,刑法第 305 条规定:“在刑事诉讼中,证人、鉴定人、记录人、翻译人对与案件有重要关系的情节,故意作虚假证明、鉴定、记录、翻译,意图陷害他人或者隐匿罪证的,处三年以下有期徒刑或者拘役;情节严重的,处三年以上七年以下有期徒刑。”它对伪证罪的犯罪构成作了较为详细的描述,属于叙明罪状。之所以采用叙明罪状,常常是因为这些犯罪的特征不为一般人所知,也难以从总则的规定中予以把握,需要作详细规定。叙明罪状的特点是,要件明确、避免歧义。

引证罪状表现为引用刑法的其他条款来说明和确定某一犯罪的构成特征。如刑法第 124 条第 1 款规定了破坏广播电视设施、公用电信设施罪的罪状与法定刑,其第 2 款规定:“过失犯前款罪的,处三年以上七年以下有期徒刑;……”该款便是引用第 1 款的罪状,来表述过失损坏广播电视设施、公用电信设施罪的罪状。之所以采用引证罪状,是因

---

[7] 参见张明楷:《刑法分则的解释原理》(上),中国人民大学出版社 2011 年第 2 版,第 181 页以下。

为犯罪特征在刑法条文中已有规定，不必重复描述。引证罪状的特点是，条文简练、避免重复。

空白罪状没有具体说明某一犯罪的成立条件，但指明了必须参照的其他法律、法令，规定空白罪状的法条也称为空白刑法或白地刑法。从它没有具体说明犯罪的成立条件来说，是空白罪状；从它指明了必须参照的法律、法令而言，是参见罪状。不过，我国的刑法分则中，被称为空白罪状的条文，在指明了参照法规的同时，也描述了部分构成要件要素（如刑法第345条第2款规定："违反森林法的规定，滥伐森林或者其他林木，数量较大的，处三年以下有期徒刑、拘役或者管制，并处或者单处罚金。"）之所以采用空白罪状，是因为这些犯罪首先以触犯其他法规为前提，行为内容在其他法规中已有规定，刑法条文又难以作简短表述。空白罪状的特点是，参照其他法规、避免复杂表述。

应当注意的是，刑法分则有些条文规定了两种以上的行为，其中有的是一个犯罪有供选择的几个基本罪状（参见刑法第347条），有的则是几个犯罪的基本罪状（参见刑法第247条），这是研究罪刑各论所不能忽视的。此外，有些分则条文采用了两种以上的罪状描述方式，主要表现为同一基本罪状中既有空白罪状，又有叙明罪状，有学者称之为混合罪状。[8]

加重、减轻罪状分为加重罪状与减轻罪状。

刑法分则对加重罪状的规定有三种情况：一是设专条规定加重罪状与法定刑，如第119条；二是设专款规定加重罪状与法定刑，如第257条第2款；三是在基本罪状与法定刑之后，紧接着在同款内规定加重罪状与法定刑，如第254条。加重罪状的内容即加重法定刑的条件主要有：特殊身份、特殊对象、造成严重后果、致人重伤死亡、情节严重、情节特别严重、情节恶劣、情节特别恶劣、犯罪数额巨大、犯罪数额特别巨大等。

刑法分则对减轻罪状的规定，一般设立在规定基本罪状与法定刑的同一条款内，没有设专条或专款规定减轻罪状。减轻罪状的内容都是"情节较轻"。

三、罪名

（一）罪名的概念

罪名就是犯罪名称，是对具体犯罪本质的或主要特征的高度概括。

罪名旨然概括了犯罪内容，但罪名本身并不是确定和解释该犯罪具体犯罪构成的依据；换言之，在确定具体犯罪的构成要件与责任要件时，应以刑法分则明文规定的罪状、总则条文的相关规定以及其他相关条文的内容为依据，而不能直接以罪名为依据确定犯罪构成的具体内容。例如，不能因为司法解释将刑法第191条规定的犯罪称为洗钱罪，就认为行为的对象只能是现金；不能因为司法解释将刑法第400条第1款规定的犯罪称为私放在押人员罪，就认为私放行政拘留、司法拘留人员的行为也成立本罪。在罪名的确定没有反映犯罪的本质与结构时，根据罪名确定构成要件与责任要件会导致偏差。例如，倘若忽视刑法第360条的规定，直接根据"传播性病罪"的罪名确定该罪的构成要件与责任要素，就会将引起性病传播的认识与意志作为故意内容，将具有传播性病的具体危险或实害作为构成要件要素；如果根据刑法第360条的规定确定该罪的构成要件与责任要素，则不致如此。

---

〔8〕　参见何秉松主编：《刑法教科书》（下卷），中国法制出版社2000年版，第641页。

（二）罪名的分类

这里的罪名分类，不是指刑法分则规定了哪些具体的罪名，而是归纳现有罪名的类型，从而进一步明确罪名的含义，正确适用罪名。一般来说，罪名可分为以下几类。

1. 类罪名与具体罪名

类罪名是某一类犯罪的总名称。在我国刑法中，类罪名是以犯罪的同类法益（或同类保护客体）为标准进行概括的，共有十个类罪名，如危害国家安全罪、危害公共安全罪等。类罪名之下，包括了具有该类性质的所有具体罪名。因此，理解类罪名有助于理解该类具体犯罪的性质。在刑法分则中，类罪名是章的标题，没有具体的罪状与法定刑。但刑法理论仍然能够根据其性质抽象出共同构成要件与责任要素，形成类罪的犯罪构成。所以，理解类罪名，也有利于理解该类具体犯罪的犯罪构成。由于现实中的犯罪都是具体的，故类罪名不能成为定罪时引用的根据，不能根据类罪名定罪。

具体罪名是各种具体犯罪的名称。每个具体罪名都有其定义、成立条件与法定刑。如刑法第263条规定的抢劫罪、第258条规定的重婚罪等，都是具体罪名，它们都有其成立条件与法定刑。具体罪名是定罪时得以引用的罪名，即只能根据具体罪名定罪。

事实上，还可能存在一种介于类罪名与具体罪名之间的罪名（可谓小类罪名），如刑法分则第三章与第六章的类罪名之下，分别存在若干小类罪名。刑法理论也可以将类罪名之下的具体罪名进行分类，形成小类罪名，如将刑法分则第四章的具体犯罪分为侵犯人身权利罪、侵犯民主权利罪与侵犯其他权利罪，如此等等。

2. 单一罪名与选择罪名、概括罪名

单一罪名，是指所包含的犯罪构成的具体内容单一，只能反映一个犯罪行为，不能分解拆开使用的罪名。例如，故意杀人罪、故意伤害罪、非法捕捞水产品罪等，它们所表示的是具体犯罪行为，不可能对它们进行分解。行为触犯一个单一罪名的，没有疑问地构成一罪。我国刑法分则中的大部分罪名是单一罪名。

选择罪名，是指所包含的犯罪构成的具体内容复杂，反映出多种行为类型，既可概括使用，也可分解拆开使用的罪名。例如，拐卖妇女、儿童罪是一个罪名，但它包括了拐卖妇女的行为与拐卖儿童的行为，于是可以分解为两个罪名。只拐卖妇女的，定拐卖妇女罪；仅拐卖儿童的，定拐卖儿童罪；既拐卖妇女又拐卖儿童的，定拐卖妇女、儿童罪，不实行数罪并罚。[9] 选择罪名大致分以下三种情况：(1)行为选择，即罪名中包括了多种行为，如引诱、容留、介绍卖淫罪，包括了三种行为，可以分解成多个罪名。(2)（广义的）对象选择，即罪名中包括了多种对象，如上述拐卖妇女、儿童罪。(3)行为与对象同时选择，即罪名中包括了多种行为与多种对象，如非法制造、买卖、运输、邮寄、储存枪支、弹药、爆炸物罪，包括五种行为和三种对象，可以分解成诸多罪名。选择罪名的特点是，可以包括许多具体行为类型，又避免具体罪名繁杂。

概括罪名是指其包含的犯罪构成的具体内容复杂，反映出多种具体行为类型，但只能概括使用，不能分解拆开使用的罪名。如信用卡诈骗罪，包括了使用伪造的信用卡或者使用以虚假的身份证明骗领的信用卡、使用作废的信用卡、冒用他人信用卡、恶意透支等具

---

〔9〕 需要注意的是，对数行为触犯一个选择性罪名的并不是都不实行数罪并罚；而是应在罪刑相适应原则的指导下，根据罪数区分的原理决定是否实行数罪并罚（参见第九章第五节）。

体行为类型。不管行为人是实施其中一种还是数种行为,都定信用卡诈骗罪。例如,仅恶意透支的,定信用卡诈骗罪,而非定恶意透支罪;实施了上述几种行为的,仍定信用卡诈骗罪,一般也不实行数罪并罚。

(三)罪名的确定

罪名的确定有两个含义:一是司法机关对已经发生的犯罪行为如何定罪,即对某种犯罪行为适用何种罪名;二是如何根据刑法分则的规定概括各种具体犯罪的罪名。例如,对刑法第238条的规定,是概括成非法拘禁罪,还是归纳为非法剥夺人身自由罪?当然,这两个问题又密切联系。这里主要侧重后一种含义进行讨论。

不管现实中发生的犯罪行为如何,人们都可以事先根据刑法分则的规定,概括各种具体犯罪的罪名。如果事先概括的具体罪名适当,司法机关在定罪时就应适用这种罪名,不能随意进行变更。在此意义上说,事先根据刑法的规定概括具体犯罪的罪名,是司法机关正确定罪的前提之一,因而具有重要意义。

罪名确定实际上包含三个方面的内容:(1)刑法分则的某一条款所规定的是一个罪名还是数个罪名?例如,刑法第277条规定的是一个犯罪(一个罪名)还是四个犯罪(四个罪名)?刑法第415条规定的是一个犯罪还是数个犯罪?这方面的罪名确定不仅直接影响一罪与数罪,而且也会间接影响此罪与彼罪。(2)对结果加重犯、结合犯等,应否确定独立的罪名?例如,能否存在抢劫致死罪、绑架杀人罪的罪名?[10](3)如何确定每一个具体犯罪的名称?例如,刑法第360条第1款所规定的犯罪,是概括为传播性病罪合适,还是概括成性病患者卖淫、嫖娼罪合适?

现行刑法颁布后,刑法理论上对部分罪名的确定存在分歧。"两高"以司法解释的形式确定罪名之后,理论上对罪名的争论已经平息。尽管如此,司法解释所确定的某些罪名,也缺乏合理性。特别是上述前两个方面的内容,更是值得刑法理论深入研究的问题。

四、法定刑

(一)法定刑的概念

所谓法定刑,是指刑法分则(包括单行刑法)条文对各种具体犯罪所规定的刑种与刑度(刑罚的幅度)。刑法总则规定了五种主刑和四种附加刑。分则中的法定刑,是依照总则的规定,根据具体犯罪的罪行程度与预防需要而确定的刑种与刑度。

法定刑与刑种不是等同概念,一个法定刑中既可能只有一个刑种,也可能包括几个刑种。例如,刑法第232条规定的故意杀人罪,共有两档法定刑(两个量刑幅度),前一档法定刑为"死刑、无期徒刑或者十年以上有期徒刑",其中包含了三个刑种,但应认为只是一个法定刑,而不能认为其中有三个法定刑。因此,当适用这一法定刑减轻处罚时,只能判处低于10年有期徒刑的刑罚。判处死缓、无期徒刑或者十年以上有期徒刑时,不属于减轻处罚。

法定刑首先反映出国家对犯罪行为的否定评价和对犯罪人的谴责态度。犯罪是刑法所禁止的行为,刑法通过法定的刑种与刑度禁止犯罪行为。法定刑还反映出国家对具体

---

〔10〕 大陆法系国家刑法理论与审判实践的观点和做法是:对任何一个罪状都概括出一个罪名,因此存在"抢劫致死罪"、"伤害致死罪"、"杀人预备罪"等罪名。我国刑法理论与审判实践没有采取这种做法,即不认为加重、减轻罪状中包含独立罪名。

罪行程度的评价。因为具体犯罪法定刑的确定,是以一定时期内通常情况下该罪行可能达到的最高程度和最低程度为依据的。如果国家认为某种犯罪的罪行严重,就会规定较重的法定刑;反之,则会规定较轻的法定刑。如果形势发生变化,某种犯罪的罪行程度也随之产生变化,原来的法定刑显得过重或者过轻,国家就会修改法定刑,使重新确定的法定刑与该罪的罪行相适应。法定刑重在对各种犯罪的罪行程度的宏观预测和遏制手段的总体设计,至于各具体案件中的犯罪情节与犯罪人的再犯罪可能性的不同,相对来说,属于微观方面的差异,不可能在规定法定刑时逐一规定与之相适应的具体规范,而是在法定刑中预留一定的幅度,由法院灵活适用。另一方面,法定刑也会考虑预防犯罪尤其是一般预防的需要。盗窃罪的法定刑重于故意毁坏财物罪,就说明了这一点。

刑事立法上的罪刑相适应,是刑事司法上的罪刑相适应的前提。如果法定刑与犯罪不相适应,刑事司法上就不可能做到罪刑相适应;法定刑是法官量刑的法律依据,即在通常情况下,法官只能在法定刑的范围内选择与犯罪相适应的刑种与刑度。在法律有减轻处罚的特别规定时,可以低于法定刑量刑,但这种减轻仍应以法定刑为依据,而不是摆脱法定刑任意减轻。

(二)法定刑的种类

根据立法实践与刑法理论,以法定刑的刑种、刑度是否确定以及确定的程度为标准,可以将法定刑分为绝对确定的法定刑、相对确定的法定刑与浮动法定刑。[11]

1. 绝对确定的法定刑

绝对确定的法定刑,是指在条文中仅规定单一的刑种与固定的刑度。例如,1951年颁布的《惩治反革命条例》第5条规定:"持械聚众叛乱的主谋者、指挥者及其他罪恶重大者处死刑。"这就是绝对确定的法定刑。由于这种法定刑缺乏灵活性,法院没有自由裁量的余地,难以针对案件的具体情况判处轻重适当的刑罚,不利于贯彻宽严相济、区别对待的政策,故我国1979年刑法没有规定这种法定刑。但是,以往的单行刑法少量地规定了绝对确定的法定刑。现行刑法有个别条文规定了绝对确定的法定刑。例如,刑法第121条规定:"以暴力、胁迫或者其他方法劫持航空器的,处十年以上有期徒刑或者无期徒刑;致人重伤、死亡或者使航空器遭受严重破坏的,处死刑。"应当认为,该条后段规定的是绝对确定的法定刑。但是,一方面,它只是针对劫持航空器罪中"致人重伤、死亡或者使航

---

〔11〕 刑法理论一般认为,还有一种绝对不确定的法定刑,即在条文中不规定刑种与刑度,只笼统规定对某种犯罪应予惩处。如对具体犯罪只规定"依法制裁"、"依法严惩"、"依法追究刑事责任"等,至于如何具体处刑,完全由审判机关决定。这种法定刑没有统一的量刑幅度,实际上没有提供处刑标准,不利于贯彻罪刑相适应的原则。设立、承认绝对不确定的法定刑,与法治相抵触。在实行罪刑法定主义的时代,不得承认绝对不确定的法定刑;易言之,当刑法只是规定对某种行为依法制裁,而事实上没有规定法定刑,也没有可以援引的法定刑时,对该行为不得以犯罪论处。所以,我国刑法没有规定这种法定刑。旧刑法第138条对诬告陷害罪没有直接规定刑种与刑度,而是规定"参照所诬陷的罪行的性质、情节、后果和量刑标准给予刑事处分"。从形式上看,这似乎是绝对不确定的法定刑,但实际上并非如此。因为该条规定了参照所诬陷的罪行的量刑标准予以处罚,即参照所诬陷的犯罪的法定刑给予处罚。因此,该条实际上规定的是一种援引法定刑,而被援引的法定刑是相对确定的法定刑(援引法定刑是指刑法条文对某些犯罪规定援引其他条款的法定刑处罚。它不是根据刑种、刑度是否确定的标准而形成的概念,而是根据规定方式形成的概念。不少学者认为援引法定刑是相对确定法定刑的一种,其实不然)。另外,我国行政法律、经济法律中的相关条款大多只规定"依法追究刑事责任",但这并非绝对不确定的法定刑。因为刑法典对上述条款中所规定的犯罪,已经规定了罪状与相对确定的法定刑,上述条款只是重申刑法典的规定,而不是一种法定刑。

空器遭受严重破坏”的情形而言，并不是针对该种犯罪的所有情形；另一方面，它不是出于对法官的不信任，而是因为立法者认为对劫持航空器并发生上述结果的犯罪，应当而且只能判处死刑。在这个意义上说，它有别于一般意义上的绝对确定的法定刑。

2. 相对确定的法定刑

相对确定的法定刑，是指在条文中规定一定的刑种与刑度，并明确规定最高刑与最低刑。其特点是立法上有确定的刑种与刑度，司法上有具体裁量的余地。这种法定刑适应我国的实际情况，有利于刑事司法的协调统一；适应惩罚犯罪的需要，有利于贯彻宽严相济、区别对待的政策；适应具体犯罪的不同情况，有利于实践罪刑相适应的原则；适应罪行程度的变化，有利于刑法的相对稳定。相对确定的法定刑又分为以下情形：

(1)规定最高限度的法定刑。即分则规范只规定刑罚的最高限度，刑罚的最低限度根据刑法总则的规定确定。例如，刑法第433条第1款前段规定：“战时造谣惑众，动摇军心的，处三年以下有期徒刑。”依据刑法总则第45条的规定，有期徒刑的最低期限为6个月。因此，人民法院应在6个月以上3年以下的幅度内裁量刑罚。依照刑法第99条的规定，“以上”、“以下”包括本数。

(2)规定最低限度的法定刑。即分则规范只规定刑罚的最低限度，刑罚的最高限度根据总则规定确定。例如，刑法第317条前段规定：“组织越狱的首要分子和积极参加的，处五年以上有期徒刑。”依据刑法总则第45条的规定，有期徒刑的最高刑期为15年。所以，人民法院应在5年以上15年以下的幅度内裁定刑期。

(3)规定最高限度与最低限度的法定刑。即分则规范同时规定了刑罚的最高刑期与最低刑期，无须再根据刑法总则的规定确定最高刑期与最低刑期。例如，刑法第118条规定：“破坏电力、燃气或者其他易燃易爆设备，危害公共安全，尚未造成严重后果的，处三年以上十年以下有期徒刑。”显然，人民法院应在此幅度内决定刑期。

以上三种相对确定的法定刑主要是针对有期徒刑而言，因为死刑与无期徒刑没有刑度问题，拘役、管制以及剥夺政治权利的期限幅度较小，不必在分则条文中详细规定，直接根据刑法总则规定的期限进行裁量即可。

(4)规定两种以上主刑或者规定两种以上主刑并规定附加刑的法定刑。由于规定了两种以上的主刑，法官既有刑期的选择权限，又有刑种的选择权限。在其规定的两种以上的主刑中，对有期徒刑又可分为前述三种情况。例如，刑法第304条规定：“邮政工作人员严重不负责任，故意延误投递邮件，致使公共财产、国家和人民利益遭受重大损失的，处二年以下有期徒刑或者拘役。”该条规定了两种主刑，对其中的有期徒刑又规定了最高限度。法官在量刑时酌情选择其中一种主刑；选定一种主刑后，又根据有关规定确定具体刑期。由于这种法定刑有可供选择的几种刑罚，故法理上称之为选择法定刑。

3. 浮动法定刑

浮动法定刑，也称浮动刑、机动刑，是指法定刑的具体期限或具体数量并非确定，而是根据一定的标准升降不居，处于一种相对不确定的游移状态。如刑法第227条规定，对犯倒卖车票、船票罪的，并处或单处票证价额1倍以上5倍以下罚金。浮动法定刑具有以下特点：(1)只见之于罚金刑，因为罚金刑的数额可以根据刑法规定的某种事实标准予以确定。(2)只适用于经济犯罪、财产犯罪，对其他犯罪难以甚至不可能规定浮动法定刑。(3)刑罚(罚金)的具体幅度(数量)要根据案件的一定事实确定。这是浮动法定刑与相对确定法定刑的区别。就相对确定的法定刑而言,不管案件发生与否,人们可以事先得知刑罚的具体幅度;就浮动法定刑而言,只有查清了刑法规定的特定事实,才能得知刑罚的具体幅度。所以,浮动法定刑不同于相对确定的法定刑。也必须肯定的是,浮动法定刑与相对确定的法定刑,在既限制司法权力、又允许法官根据案件的具体情况进行一定的自由裁量这一实质上,具有共同点。又由于浮动法定刑中的浮动幅度是相对确定的,在此意义上,也可以认为浮动法定刑属于相对确定的法定刑。

将罚金刑规定为浮动刑,具有以下优点:(1)有利于实现罪刑相适应原则。决定罚金数额时,应以犯罪情节为根据,而犯罪数额是经济犯罪、财产犯罪的一个重大情节。根据犯罪数额确定罚金的幅度,在此幅度内再考虑其他情节,就能做到罪刑相适应。(2)有利于考虑犯罪人的经济状况。罚金刑的缺陷之一在于其效果因贫富之差而完全不同,这就决定了确定罚金数额时,必须考虑犯罪人的经济状况以实现罚金刑的实质公平性。浮动的罚金刑则有利于法官考虑犯罪人的经济状况。(3)有利于刑法的稳定。刑法的相对稳定性要求法条能够适应社会形势变化后的各种情况。各国立法者都对罚金数额的规定感到棘手,即使艰难地规定了相对确定的罚金数额,但出现通货膨胀后,原来规定的罚金数额必然显得过低,不得不修改刑法。浮动的罚金刑不存在上述问题,因而有利于刑法的稳定。

从世界范围的刑事立法史来看,法定刑经历了三个阶段:(1)与罪刑擅断相适应的绝对的专断刑主义(绝对不确定的法定刑)。在此,没有法治可言。(2)绝对的法定刑主义(绝对确定的法定刑)。这显然是出于对法官的不信任,是形式法治的表现。但在这种情况下,法官不能应情科处相应刑罚,难以实现实质正义。(3)相对的法定刑主义(相对确定的法定刑、浮动法定刑)。这反映出对法官权力的限制,希望避免法官恣意量刑;同时也说明了立法的局限性,旨在使法官实现量刑的公平与合理。这是形式法治与实质法治相统一的表现。同样,禁止不定(期)刑,也不只是对司法机关的要求,同样是对立法机关的要求。一方面,立法机关不能笼统规定"犯……罪的,处刑"(不定刑);倘若出现这样的规定,则应认为其规定的行为并不成立犯罪,因为"没有刑罚就没有犯罪"。另一方面,立法机关不能规定"犯……罪的,处徒刑"(不定期刑);如果出现这样的规定,则应认为其规定无效,因为该规定极不明确。基于同样的理由,法官在判决时,必须宣告具体的刑罚,而不能宣告不定(期)刑。

(三)法定刑与处断刑、宣告刑的区别

在一些国家,对于具体犯罪适用法定刑时,往往要对法定刑进行修正。详言之,当存在刑罚的加重或者减轻事由时,就要对法定刑本身进行加重或者减轻,从而确定处断范围。对法定刑本身进行加重与减轻后所形成的处断范围,就是处断刑。可见,这里的加重与减轻事由,是加重与减轻法定刑的事由,因而是修正法定刑的事由,而不是直接加重与减轻宣告刑的事由。之所以如此,是因为这些国家刑法中的加重、减轻刑罚,与我国的加重、从重、减轻处罚并非等同概念。例如,日本刑法规定对累犯应加重刑罚,加重的幅度是对其犯罪所规定的惩役的最高刑期的2倍以下(日本刑法第57条)。假如行为人犯甲罪,又是累犯,而甲罪的法定刑为3年以上10年以下惩役,由于应当加重刑罚,所以必须将最高刑期提高到其2倍,于是形成了3年以上20年以下惩役的处断范围。即行为人所犯甲罪的法定刑为3年以上10年以下惩役,由于累犯应加重刑罚,法官应在3年以上20年以

下懲役的幅度内裁量刑罚。这个“3 年以上 20 年以下懲役”就是处断刑。再如,根据日本刑法第 68 条的规定,有期懲役或者监禁减轻时,将其最高刑期与最低刑期减去二分之一。例如,犯罪人心神耗弱,应当减轻刑罚。假如其所犯之罪的法定刑为 3 年以上 10 年以下懲役,那么,减轻刑罚时,应当将该法定刑减为 1 年 6 个月以上 5 年以下懲役,然后法官在该幅度内裁量刑罚,这个“1 年 6 个月以上 5 年以下懲役”就是处断刑。

显然,在刑法规定了基于法定事由可以对法定刑进行修正的国家,才有真正意义上的处断刑。但是,我国也会出现类似处断刑的现象。例一:当不满 18 周岁的人犯故意杀人罪时,由于对其不得适用死刑,对其适用的故意杀人罪的法定刑被修正为“处无期徒刑或者十年以上有期徒刑”。例二:刑法规定了数罪并罚的原则与方法,当一个人犯数罪时,会出现类似处断刑的现象。甲犯 A、B 两罪,A 罪的法定刑为 3 年以上 10 年以下有期徒刑,法官决定判处 6 年有期徒刑;B 罪的法定刑为 2 年以上 7 年以下有期徒刑,法官决定判处 4 年有期徒刑。根据数罪并罚的原则与方法,法官必须进一步在 6 年以上 10 年以下的有期徒刑的幅度内裁量需要执行的刑罚。这个“6 年以上 10 年以下有期徒刑”,就相当于处断刑。例三:当刑法条文规定,犯 A 罪具有加重情节时,按照 B 罪定罪处罚或者适用 B 罪的法定刑,但 B 罪的法定最低刑可能低于 A 罪的法定最低刑。在这种情况下,对行为人的处罚不得轻于 A 罪的法定最低刑,否则便有悖刑法的正义理念。这里也会出现类似处断刑的现象(参见第二十三章第六节“五”)。

宣告刑是法官对具体犯罪判决宣告的应当执行的刑罚。法定刑不同于宣告刑。法定刑是立法机关在制定刑法时确定的,宣告刑是司法机关在审理具体案件时确定的;法定刑有可供选择的刑种与刑度,宣告刑只能是特定的刑种与刑度。但宣告刑必须以法定刑为依据,即使从轻、从重、减轻处罚时,也要以法定刑为依据。可见,法定刑是立法上的规定,宣告刑是司法中的适用。

执行刑是犯罪分子实际执行的刑罚。由于宣告刑所宣告的是犯罪分子应当执行的刑罚,故宣告刑是执行刑的根据。执行刑既可能与宣告刑相等,也可能因为减刑、赦免而低于、少于宣告刑(但不可能重于、多于宣告刑)。执行刑与法定刑有明显区别:法定刑是刑法规定的刑种与刑度,执行刑是犯罪分子实际执行的刑罚。因此,执行刑可能低于法定刑。例如,某罪的法定刑为 3 年以上 10 年以下有期徒刑,法官判处犯罪分子 4 年有期徒刑。由于犯罪分子在服刑过程中有悔改和立功表现,依法减刑 2 年,这样,执行刑便是 2 年,低于法定最低刑。

第三节 刑法分则的注意规定与法律拟制

一、注意规定的概念与特征

注意规定是在刑法已作基本规定的前提下,提示司法人员注意、以免司法人员忽略的规定。注意规定有两个基本特征:

1. 注意规定的设置并不改变基本规定的内容,只是对基本规定内容的重申;即使不设置注意规定,也存在相应的法律适用根据(按基本规定处理)。例如,刑法第 285 条与第

286 条分别规定了非法侵入计算机信息系统罪与破坏计算机信息系统罪;第 287 条规定:"利用计算机实施金融诈骗、盗窃、贪污、挪用公款、窃取国家秘密或者其他犯罪的,依照本法有关规定定罪处罚。"此条即属注意规定。一方面,它旨在引起司法人员的注意,对上述利用计算机实施的各种犯罪,应当依照有关金融诈骗、盗窃、贪污、挪用公款等罪的规定定罪处罚;不能因为规定了两种计算机犯罪,便对利用计算机实施的金融诈骗、盗窃、贪污、挪用公款等罪也以计算机犯罪论处。另一方面,即使没有这一规定,对上述利用计算机实施的各种犯罪,也应当依照刑法的相关基本规定定罪处罚。可见,注意规定并没有对基本规定做出任何修正与补充。具体而言,刑法第 287 条的规定,并没有对金融诈骗、盗窃、贪污、挪用公款、窃取国家秘密等罪的犯罪构成增设特别内容和减少某种要件。

2. 注意规定只具有提示性,其表述的内容与相关基本规定的内容完全相同,因而不会导致将原本不符合相关规定的行为也按相关规定论处。换言之,如果注意规定指出:"对 A 行为应当依甲罪论处",那么,只有当 A 行为完全符合甲罪的犯罪构成时,才能将 A 行为认定为甲罪。例如,刑法第 271 条第 1 款规定了职务侵占罪,第 2 款规定:"国有公司、企业或者其他国有单位中从事公务的人员和国有公司、企业或者其他国有单位委派到非国有公司、企业以及其他单位从事公务的人员有前款行为的,依照本法第三百八十二条、第三百八十三条的规定定罪处罚。"显然,只有当国家工作人员的行为完全符合刑法第 382 条规定的贪污罪的犯罪构成时,才能以贪污罪论处。所以,第 271 条第 2 款是注意规定,它不会导致将原本不符合贪污罪要件的行为也认定为贪污罪。

根据上述特征,刑法第 156 条、第 183 条第 2 款、第 184 条、第 185 条、第 198 条第 4 款、第 234 条之一第 2 款与第 3 款、第 242 条第 1 款、第 248 条第 2 款、第 272 条第 2 款等均属注意规定。

需要说明的是,刑法分则关于"明知"的规定,大多属于注意规定,即提醒司法工作人员注意的规定。即使分则没有"明知"的规定,也应根据总则关于故意的规定,确定必须明知的事实。例如,刑法第 171 条规定:"出售、购买伪造的货币或者明知是伪造的货币而运输,数额较大的,处三年以下有期徒刑或者拘役,并处二万元以上二十万元以下罚金;……"从表面上看,运输假币时,才需要"明知是伪造的货币";出售、购买假币时,不需要明知是伪造的货币。其实并非如此。在本罪中,行为对象是特定的,属于构成要件要素,行为人对此必须有认识;如果不明知是假币而出售或者购买,就不可能明知自己的行为会发生破坏金融管理秩序的危害结果,就不会存在犯罪故意。刑法第 171 条之所以这样规定,是因为在运输时不明知是假币的可能性较大,所以,为了提醒司法工作人员注意,特别写明"明知是伪造的货币而运输"。而出售、购买假币时,一般表现为以少量真货币换取大量假币,或者将大量假币换取少量真货币,行为人通常明知是假币,所以没有必要特别提醒。尽管如此,司法工作人员仍然要查明行为人在出售、购买假币时,是否明知是伪造的货币。例如,不识外币的人基于合理需要购买了大量假外币,但根本不知其购买的是伪造的货币时,不可能认定为购买假币罪。所以,尽管刑法第 171 条未要求出售、购买伪造的货币时必须"明知是伪造的货币",但根据刑法总则关于故意的规定,仍然需要行为人明知是伪造的货币。基于同样的理由,即使分则第 312 条没有规定"明知是犯罪所得及其产生的收益",但根据总则关于故意的规定,由于赃物犯罪不能由过失构成,因而要求行为人明知是犯罪所得及其产生的收益。据此,尽管刑法分则关于奸淫幼女的规定没有写明“明知是幼女”，但由于幼女是特定的行为对象，属于构成要件要素，行为人必须明知是幼女，否则不成立犯罪。

二、法律拟制的概念与特征

法律拟制（或法定拟制）的特点是，将原本不符合某种规定的行为也按照该规定处理。“法学上的拟制是：有意地将明知为不同者，等同视之……法定拟制的目标通常在于：将针对一构成要件（T1）所作的规定，适用于另一构成要件（T2）。”〔12〕换言之，在法律拟制的场合，尽管立法者明知 T2 与 T1 在事实上并不完全相同，但出于某种目的仍然对 T2 赋予与 T1 相同的法律效果，从而指示法律适用者，将 T2 视为 T1 的一个事例，对 T2 适用 T1 的法律规定。例如，刑法第 269 条规定：“犯盗窃、诈骗、抢夺罪，为窝藏赃物、抗拒抓捕或者毁灭罪证而当场使用暴力或者以暴力相威胁的，依照本法第二百六十三条的规定定罪处罚。”此即法律拟制。因为该条规定的行为（T2）原本并不符合刑法第 263 条（相关规定）的构成要件（T1），但第 269 条对该行为（T2）赋予与抢劫罪（T1）相同的法律效果；如果没有第 269 条的规定，对上述行为就不能以抢劫罪论处，而只能对前一阶段的行为分别认定为盗窃、诈骗、抢夺罪，对后一阶段的行为视性质与情节认定为故意杀人罪、故意伤害罪，或者仅作为前罪的量刑情节。再如，刑法第 267 条第 2 款规定：“携带凶器抢夺的，依照本法第二百六十三条的规定定罪处罚。”携带凶器抢夺（T2）与刑法第 263 条规定的抢劫罪（T1）在事实上并不完全相同，或者说，携带凶器抢夺的行为原本并不符合抢劫罪的犯罪构成，但立法者赋予该行为（T2）与抢劫罪（T1）相同的法律效果。如果没有刑法第 267 条第 2 款的法律拟制，对于单纯携带凶器抢夺的行为，只能认定为抢夺罪，而不能认定为抢劫罪。由此可见，法律拟制可谓一种特别规定。〔13〕特别之处在于：即使某种行为原本不符合刑法的相关规定，但在刑法明文规定的特殊条件下也应按相关规定论处。

刑法之所以设置法律拟制，主要是基于两个方面的理由：（1）形式上的（外在的）理由是基于法律经济性的考虑，避免重复。亦即，“在法律理论中，吾人通常把法律拟制称为隐藏的指示，藉由规定，对案件 T 适用 T1 法律效果；在此，立法者是基于法律经济性的缘故，以避免重复”。〔14〕（2）实质上的（内在的）理由是基于两种行为对法益侵害的相同性或相似性。“亦即，拟制，是在 B 实际上不同于 A，但基于某种重要的构成要件要素的相似性（本质的相似性），而将 B 视为 A。因此，拟制的根本在于意识到 B 与 A 的不同，同时意识到 A、B 之间的本质的类似性的重要性。”〔15〕例如，刑法第 267 条第 2 款与第 269 条两个法律拟制的设立，一方面避免了重复规定抢劫罪的法定刑；另一方面是因为携带凶器抢夺、事后抢劫的行为与抢劫罪的行为，在法益侵害上具有相同性或相似性。因此，立法者绝非可以无限制地设立拟制规定。例如，立法者不可以将非法侵入住宅的行为拟制为盗窃罪，不可以将非法搜查的行为拟制为抢劫罪，因为各自的前者与后者对法益的侵害存在重大差异。

法律拟制不同于司法拟制（作为法院判决理由的拟制）。例如，刑法条文并没有规定

〔12〕［德］Karl Larenz：《法学方法论》，陈爱娥译，台北五南图书出版公司 1996 年版，第 160 页。

〔13〕拟制规定只是特别规定的一种情形，即特别规定还有其他种类，如在法条竞合时不适用普通规定而适用特别规定。

〔14〕［德］亚图·考夫曼：《类推与“事物本质”》，吴从周译，台北学林文化事业有限公司 1999 年版，第 57～59 页。

〔15〕［日］笹仓秀夫：《法哲学讲义》，东京大学出版会 2002 年版，第 419 页。

"任何人都知道刑法"。在面对行为人确实不可能知道自己的行为违反了刑法,进而实施了违反刑法的行为的案件时,倘若法官以"任何人都知道刑法"为由,依然认定行为人有罪,那么,其中的"任何人都知道刑法"就可谓一种司法拟制。[16] 至于这种司法拟制是否妥当,则需要具体分析,不能因为刑法上存在法律拟制,就对所有的司法拟制持肯定态度。例如,"任何人都知道刑法"的司法拟制就不具有合理性。依据这一拟制,即使不具有违法性认识可能性的人,也要承担刑事责任,这便违反了责任主义原理。

三、注意规定与法律拟制的区分意义

区分注意规定与法律拟制的基本意义,在于明确该规定是否修正或补充了相关基本规定,是否导致将不同的行为等同视之。换言之,将某种规定视为法律拟制还是注意规定,会导致适用条件的不同,因而形成不同的认定结论。例如,刑法第 247 条前段规定了刑讯逼供罪与暴力取证罪;后段规定:"致人伤残、死亡的,依照本法第二百三十四条、第二百三十二条的规定定罪从重处罚。"如果认为本规定属于注意规定,那么,对刑讯逼供或暴力取证行为,以故意杀人罪定罪处罚的条件是,除了要求该行为致人死亡外,还要求行为人主观上具有杀人的故意(如后所述,本书不赞成此观点)。如果认为本规定属于法律拟制,那么,只要刑讯逼供或者暴力取证行为致人死亡的,不管行为人主观上有无杀人故意,[17] 都必须认定为故意杀人罪;换言之,尽管该行为原本不符合故意杀人罪的成立条件,但法律仍然赋予其故意杀人罪的法律效果。再如,刑法第 382 条第 3 款规定,与国家工作人员、受委托管理、经营国有财产的人员"勾结,伙同贪污的,以共犯论处"。倘若认为该款属于法律拟制,则意味着一般主体参与以特殊身份为要件的犯罪时,原本并不成立共同犯罪;因此,对于一般主体参与以特殊身份为要件的犯罪的,只要没有这种拟制规定,就不得认定为共犯(如后所述,本书不赞成此观点);如果说该款只是注意规定,则意味着一般主体参与以特殊身份为要件的犯罪时,根据总则规定原本构成共同犯罪;所以,不管分则条文中有无这一注意规定,对一般主体参与以特殊身份为要件的犯罪的,均应认定为共犯。

区分注意规定与法律拟制的另一意义在于,注意规定的内容属"理所当然",因而可以"推而广之";而法律拟制的内容并非"理所当然",只是立法者基于特别理由才将并不符合某种规定的情形(行为)赋予该规定的法律效果,因而对法律拟制的内容不能"推而广之"。例如,刑法第 312 条规定,"明知是犯罪所得及其产生的收益"而窝藏、转移、收购、代为销售或者以其他方法掩饰、隐瞒的,才成立赃物犯罪,而在该赃物犯罪中,犯罪所得及其产生的收益属于特定的犯罪对象,由此可以"推而广之":凡是特定的犯罪对象,都是故意的认识内容,行为人对此必须有认识,否则不成立故意犯罪。之所以能够"推而广之",是因为注意规定本身只是提醒司法工作人员注意的规定,注意规定之外存在着作为注意规定的基础的相关规定;在此意义上说,人们不是将注意规定推而广之,而是根据作为注意规定的基础的相关规定所作的解释。"明知是犯罪所得及其产生的收益"这一注意规定,是源于刑法第 14 条关于故意犯罪的规定;而第 14 条关于故意犯罪的规定,适用于所有的故意犯罪;所以,人们根据第 14 条的规定,也完全可以得出"故意的成立要求行

[16] 在本书看来,司法机关对刑法上的法律拟制规定的适用,不是所谓的司法拟制。

[17] 当然,根据责任主义的要求,行为人对死亡结果必须有预见可能性(存在过失)。

为人认识到符合犯罪的客观构成要件的事实"的结论。而法律拟制则只能适用于具有拟制规定的情形,不得适用于没有拟制规定的情形。例如,刑法第 269 条只是规定,对于犯盗窃罪、诈骗罪、抢夺罪,出于特定目的,当场使用暴力或者以暴力相威胁的,赋予抢劫罪的法律效果;因此,对于犯敲诈勒索罪,出于特定目的,当场使用暴力或者以暴力相威胁的,不得比照刑法第 269 条认定为抢劫罪。

区分注意规定与法律拟制,还有一个重要意义:对于注意规定,应当按照基本规定做出解释;对于法律拟制,应当按照该拟制规定所使用的用语的客观含义进行解释。例如,如果认为刑法第 267 条第 2 款属于注意规定,那么,只能按照刑法第 263 条规定的抢劫罪的构成要件解释"携带凶器抢夺"(如要求使用凶器——暴力;显示凶器——胁迫);如果认为刑法第 267 条第 2 款属于法律拟制,则只能根据"携带凶器抢夺"的客观含义做出解释(不要求使用、显示凶器)。又如,刑法第 289 条的规定属于法律拟制,司法工作人员应按该条用语的客观含义进行解释和适用。因聚众"打砸抢"毁坏公私财物的,对首要分子应以抢劫罪定罪处罚。但"毁坏"公私财物,显然是指行为导致公私财物的使用价值丧失或者减少,既不可能是以非法占有为目的毁坏财物,也不可能将这里的"毁坏"公私财物解释为以非法占有为目的转移公私财物。因此,不可能按照抢劫罪的构成要件与责任要件解释刑法第 289 条的"毁坏"公私财物。

四、注意规定与法律拟制的区分方法

与旧刑法相比,现行刑法既增加了法律拟制,也增加了注意规定。如何区分法律拟制与注意规定,是解释刑法分则面临的重大课题。在区分二者时,必须全面考虑以下几点:

第一,是否存在设立注意规定的必要性?如果有必要做出注意规定的,可能是注意规定;如果根本没有必要做出注意规定的,所作的规定可能是法律拟制。例如,刑法第 198 条第 4 款规定的行为,原本符合保险诈骗的共同犯罪的成立条件,但立法者为了防止司法工作人员将为保险诈骗提供虚假证明文件的行为认定为提供虚假证明文件罪,所以设立注意规定,提醒司法工作人员将该行为认定为保险诈骗罪的共犯。再如,刑法第 267 条第 2 款规定,对携带凶器抢夺的,应认定为抢劫罪。在赤手空拳也能成立抢劫罪的情况下,刑法不需要提醒人们注意"使用凶器能成立抢劫罪"。据此,可以认为,该款不属于注意规定。

所应注意的是,现行刑法增加的一些注意规定事实上或许没有必要性,完全可以删除,但不能仅以缺乏做出注意规定的必要性为由,而将其解释为法律拟制。

第二,是否存在做出法律拟制的理由?如果不具有拟制的理由,则宜解释为注意规定;反之,则应解释为法律拟制。例如,刑法第 259 条第 2 款规定:"利用职权、从属关系,以胁迫手段奸淫现役军人的妻子的,依照本法第二百三十六条的规定定罪处罚。"如果认为,本条属于法律拟制,即只要利用职权、从属关系奸淫现役军人的妻子,即使不符合强奸罪的犯罪构成,也应以强奸罪论处,那么,其理由何在?但解释者恐怕找不出合适理由。所以,本规定属于注意规定。

当然,对于公认的法律拟制,也会有人否认其合理性。例如,否认刑法第 267 条第 2 款的合理性的不乏其人。但如果否认者所得出的结论只是取消该规定,而不是将该规定解释为注意规定,则意味着将该规定解释为注意规定更不具有合理性,故仍应肯定该规定为法律拟制。

第三,某条款的内容与基本条款的内容是否相同?如果相同,原则上应解释为注意规定;否则,具有解释为法律拟制的可能性。例如,刑法第183条第2款所表述的内容,与刑法第382条所规定的贪污罪的部分罪状内容相同,故应认为,该款属于注意规定。再如,刑法第269条所规定的罪状,与刑法第263条所规定的抢劫罪的罪状内容存在区别,但仍然对前者赋予了后者的法律效果,因而第269条属于法律拟制。

第四,解释为法律拟制时,其规定的行为与基本条款规定的犯罪行为,在法益侵害上是否存在重大区别?法律拟制虽然是将两种不同的行为赋予相同的法律效果,但之所以能够做出拟制规定,是因为这两种行为在法益侵害上没有明显区别。例如,刑法第300条第3款规定:"犯第一款罪又有奸淫妇女、诈骗财物等犯罪行为的,依照数罪并罚的规定处罚。"如果将本款解释为法律拟制,即只要行为人组织和利用会道门、邪教组织或者利用迷信与妇女性交,即使没有采取暴力、胁迫或者其他强制手段,没有违背妇女意志,也应以强奸罪定罪处罚,那么,就会发现,这种行为与强奸罪的法益侵害性存在重大区别,即上述行为只是侵犯了社会管理秩序,而强奸罪侵犯的是妇女的性的自己决定权。因此,宜将上述规定解释为注意规定,即组织和利用会道门、邪教组织或者利用迷信奸淫妇女的行为,只有完全符合强奸罪的犯罪构成时,才能以强奸罪定罪处罚。

第五,条款是否具有特殊内容?注意规定常常只具有提示性,或者虽有具体内容但没有在基本规定之外增添特殊内容;而法律拟制则增添了特殊内容。例如,前述刑法第287条的规定,只是提示性规定,明显属于注意规定。再如,刑法第184条第1款规定:"银行或者其他金融机构的工作人员在金融业务活动中索取他人财物或者非法收受他人财物,为他人谋取利益的,或者违反国家规定,收受各种名义的回扣、手续费,归个人所有的,依照本法第一百六十三条的规定定罪处罚。"该规定虽有具体内容,但并未在刑法第163条规定的内容之外增添任何特殊内容,也属于注意规定。相反,刑法第267条第2款、第269条、第289条,都在刑法第263条所规定的抢劫罪的罪状之外增添了特殊内容,使原本不符合抢劫罪犯罪构成的行为也成立抢劫罪,因而属于法律拟制。

总之,要通过体系解释、目的论解释等多种解释方法,准确区分刑法分则中的注意规定与法律拟制。[18]

---

〔18〕 参见张明楷:《刑法分则的解释原理》(下),中国人民大学出版社2011年第2版,第622页以下。

第十八章　危害国家安全罪

第一节　危害国家安全罪概述

一、危害国家安全罪的概念与犯罪构成

（一）危害国家安全罪的概念与法益

危害国家安全罪，是指故意危害中华人民共和国的主权、领土完整与安全，颠覆国家政权、推翻社会主义制度的行为。危害国家安全罪的保护法益是国家安全，即国家政权、主权、统一和领土完整、人民福祉、经济社会可持续发展和国家其他重大利益相对处于没有危险和不受内外威胁的状态，以及保障持续安全状态的能力。

旧刑法曾使用“反革命罪”的类罪名。现行刑法虽然取消了反革命罪名，但并非将旧刑法规定的具体反革命罪实行“非犯罪化”，也不是将旧刑法分则第一章的规定全部删除，而是以危害国家安全罪的类罪名取代了反革命罪的类罪名，并对一些具体犯罪的归类进行了调整。

（二）危害国家安全罪的犯罪构成

1. 构成要件的内容为，实施危害国家安全的行为，造成危害国家安全的抽象危险或者具体危险。危害国家安全的行为，是指侵害国家的独立与完整、危害国家的安全与存在，破坏国家的国体与政体，妨害国家的机能与作用的行为，其具体表现形式是刑法第102条至第112条规定的行为。因此，判断行为是否属于危害国家安全的行为，应以刑法的具体规定为法律标准，不能任意扩大其范围。仅有某种政治偏见，而没有实施危害国家安全行为的，不可能构成危害国家安全罪。

危害国家安全罪中包括几种煽动性犯罪，因而需要处理煽动罪与言论自由的关系。宪法第35条规定：“中华人民共和国公民有言论、出版、集会、结社、游行、示威的自由。”这一规定的核心目的是政治性的，即旨在促使公民通过发表言论参与公共事务的管理。首先应当肯定的是，对于公民就公共事务所发表的言论，必须给予特别保护。虽然“直接煽动‘暴力反抗’的言论应当受到惩罚，但对于仅仅是指评政府政策的言论——无论委婉还是露骨，都不在此列”。[1] 其次应当注意的是，言论既包括对事实的陈述，也包括基于事实表达个人的价值判断或者见解。宪法规定言论自由的目的旨在保护言论者的个人见解。“见解究竟‘富有价值’或‘分文不值’，‘正确’或‘错误’，抑或它是带有感情或理性，

---

〔1〕［美］安东尼·刘易斯：《言论的边界》，徐爽译，法律出版社2010年版，第34页。

在此毫不相关。"[2]当公民基于公开的事实发表价值判断时,无论价值判断的内容是什么,都不应作为犯罪处理。最后还要承认的是,公民在对公共事务的自由讨论过程中,不可避免会出现错误表述或者不实言论。如果要求公民等到完全知道事实全部真相后才能发表看法与评论,则明显不利于实现言论自由的宪法价值,不利于公民参与公共事务的讨论。[3]

2. 责任形式为故意,即明知自己危害国家安全的行为会发生危害中华人民共和国国家安全的结果,并且希望或者放任这种结果的发生。

二、危害国家安全罪的类型

危害国家安全罪与对国家法益的犯罪,不是等同的概念。对国家法益的犯罪分为对国家存在的犯罪和对国家作用的犯罪。危害国家安全罪,基本上只是对国家存在的犯罪。根据刑法第102条至第112条的规定,可以将危害国家安全罪分为以下三类:危害国家、颠覆政权的犯罪,叛变、叛逃的犯罪和间谍、资敌的犯罪。

第二节　危害国家、颠覆政权的犯罪

一、背叛国家罪

背叛国家罪,是指勾结外国或与境外机构、组织、个人相勾结,危害中华人民共和国的主权、领土完整和安全的行为。

"境外机构、组织",包括境外机构、组织在中华人民共和国境内设立的分支(代表)机构和分支组织;"境外个人"包括居住在中华人民共和国境内不具有中华人民共和国国籍的人。"勾结"外国实施危害中华人民共和国的主权、领土完整和安全的行为,是指与外国或境外机构、组织、人员共同策划或者进行危害中华人民共和国的主权、领土完整和安全的活动;接受外国或境外机构、组织、人员资助或者指使,进行危害中华人民共和国的主权、领土完整和安全的活动;与外国或境外机构、组织、人员建立联系,取得支持、帮助,进行危害中华人民共和国的主权、领土完整与安全的活动。

刑法第102条规定,犯背叛国家罪的,处无期徒刑或者10年以上有期徒刑。根据刑法第113条规定,犯背叛国家罪,对国家和人民危害特别严重、情节特别恶劣的,可以判处死刑;犯危害国家安全罪的,可以并处没收财产。刑法第56条规定,犯危害国家安全罪的,应当附加剥夺政治权利。

二、分裂国家罪

分裂国家罪,是指组织、策划、实施分裂国家、破坏国家统一的行为。

组织、策划、实施分裂国家、破坏国家统一,是指就另立伪政府、实行地方割据、拒绝中央政府的领导,或者制造民族分裂、破坏国家统一的事项进行组织、密谋策划或者具体实

---

〔2〕 德国联邦宪法法院对 Sampaign Slurh 案的判词,转引自张千帆:《法国与德国宪政》,法律出版社 2011 年版,第 387 页。

〔3〕 参见张明楷:"言论自由与刑事犯罪",载《清华法学》2016 年第 1 期。

施。组织和利用邪教组织，组织、策划、实施分裂国家、破坏国家统一活动的，成立本罪。[4] 只要实施了组织、策划、实施行为之一，即构成本罪的既遂。

值得研究的问题是：勾结外国犯本罪的，应如何处理？或许只有两个结论：要么认为刑法第106条所规定的“与境外机构、组织、个人相勾结”，包括勾结外国，因而勾结外国犯分裂国家罪的，以分裂国家罪从重处罚；要么认为刑法第106条所规定的“与境外机构、组织、个人相勾结”，不包括勾结外国，因而勾结外国犯分裂国家等罪的，均以刑法第102条的背叛国家罪论处。后一种结论会导致定罪量刑不协调，本书采取前一种结论。

犯分裂国家罪的，根据刑法第103条第1款、第113条、[5]第56条的规定处罚；根据刑法第106条的规定，与境外机构、组织、个人相勾结犯本罪的，从重处罚。

三、煽动分裂国家罪

煽动分裂国家罪，是指煽动分裂国家，破坏国家统一的行为。

本罪的“煽动”，是指为了实现分裂国家、破坏国家统一的犯罪，而对不特定人或者多数人实施的，使其产生分裂国家的犯罪决意，或者刺激、助长其已产生的分裂国家的犯罪决意的行为。煽动行为包括口头、书面与其他方式（如利用信息网络煽动），煽动内容必须能够为不特定或者多数人所知悉；被煽动者是否实施分裂国家、破坏国家统一的行为，不影响本罪的成立。明知出版物中载有煽动分裂国家、破坏国家统一的内容，而予以出版、印刷、复制、发行、传播的，成立本罪。[6] 组织和利用邪教组织，煽动分裂国家、破坏国家统一的，以及利用突发传染病疫情等灾害，制造、传播谣言，煽动分裂国家、破坏国家统一的，构成本罪。

根据“两高”、公安部2014年9月9日《关于办理暴力恐怖和宗教极端刑事案件适用法律若干问题的意见》，明知图书、文稿、图片、音像制品、移动存储介质、电子阅读器中载有煽动分裂国家、破坏国家统一的内容，而提供仓储、邮寄、投递、运输、传输及其他服务的，以煽动分裂国家罪的共犯定罪处罚。网站、网页、论坛、电子邮件、博客、微博、即时通讯工具、群组、聊天室、网络硬盘、网络电话、手机应用软件及其他网络应用服务的建立、开办、经营、管理者，明知他人煽动分裂国家、破坏国家统一，允许或者放任他人在其网站、网页、论坛、电子邮件、博客、微博、即时通讯工具、群组、聊天室、网络硬盘、网络电话、手机应用软件及其他网络应用服务上发布的，以煽动分裂国家罪的共同犯罪定罪处罚。[7]

犯煽动分裂国家罪的，根据刑法第103条第2款、第106条、第113条和第56条的规定处罚。

四、武装叛乱、暴乱罪

武装叛乱、暴乱罪，是指组织、策划、实施武装叛乱、武装暴乱的行为。

“实施”，是指直接实施武装叛乱或者武装暴乱的行为。“组织、策划”，不仅包括负责

---

〔4〕 参见“两高”1999年10月20日《关于办理组织和利用邪教组织犯罪案件具体应用法律若干问题的解释》第7条。

〔5〕 应当认为，第113条的规定仅适用于首要分子与罪行重大者。

〔6〕 参见最高人民法院1998年12月17日《关于审理非法出版物刑事案件具体应用法律若干问题的解释》第1条。

〔7〕 在《刑法修正案（九）》施行后，对于该意见所规定的“组织、纠集他人，宣扬、散布、传播宗教极端、暴力恐怖思想”等行为，应以相关的恐怖犯罪论处。

组织武装叛乱、武装暴乱成员,领导、指挥他人进行武装叛乱、武装暴乱的行为,而且包括策动、胁迫、勾引、收买他人进行武装叛乱、武装暴乱的行为。策动,是指利用某种事件、某种观念鼓动、煽动他人进行武装叛乱或武装暴乱;胁迫,是指以使人产生恐惧心理的方法,迫使他人进行武装叛乱或武装暴乱;勾引,是指利用名利、地位、情色等引诱他人进行武装叛乱或武装暴乱;收买,是指利用金钱、物资等收买他人进行武装叛乱或武装暴乱。据此,策动、胁迫、勾引、收买他人或特定人员武装叛乱或者武装暴乱的,不是独立犯罪,即刑法第104条第2款没有规定独立罪名。[8] 武装叛乱与武装暴乱,都是以武装或暴力方式及较大规模形式实施的危害国家安全的破坏行为,区别在于叛乱具有叛变或投奔境外的性质,而暴乱则是在境内实施的烧杀抢夺等破坏行为。

犯武装叛乱、暴乱罪的,根据刑法第104条、第106条、第113条和第56条的规定处罚。

五、颠覆国家政权罪

颠覆国家政权罪,是指组织、策划、实施颠覆国家政权、推翻社会主义制度的行为。颠覆国家政权、推翻社会主义制度,是指采取暴力等不法手段使国家政权、社会主义制度覆灭。组织和利用邪教组织,组织、策划、实施颠覆国家政权、推翻社会主义制度活动的,成立本罪。犯本罪的,根据刑法第105条第1款,第106条、第113条和第56条的规定处罚。

六、煽动颠覆国家政权罪

煽动颠覆国家政权罪,是指以造谣、诽谤或者其他方式煽动颠覆国家政权、推翻社会主义制度的行为。造谣、诽谤是指编造、捏造歪曲、损害、诋毁、污蔑国家政权与社会主义制度的事实;其他方式是指除造谣、诽谤以外的方式。行为人所采取的各种方式,都旨在鼓动不特定人或多数人颠覆国家政权、推翻社会主义制度。明知出版物中载有煽动颠覆国家政权、推翻社会主义制度的内容,而予以出版、印刷、复制、发行、传播的,或者利用互联网煽动颠覆国家政权、推翻社会主义制度的,以本罪论处。组织和利用邪教组织,煽动颠覆国家政权、推翻社会主义制度的,构成本罪。犯本罪的,根据刑法第105条第2款、第106条、第113条和第56条的规定处罚。

七、资助危害国家安全犯罪活动罪

资助危害国家安全犯罪活动罪,是指境内外机构、组织、个人资助实施背叛国家罪、分裂国家罪、煽动分裂国家罪、武装叛乱、暴乱罪、颠覆国家政权罪、煽动颠覆国家政权罪的行为。

本罪的构成要件行为是资助危害国家安全犯罪活动的行为。资助,是指向有特定的危害国家安全犯罪行为的组织或者个人提供经费、场所和物资;向犯罪组织、个人提供用于进行危害国家安全活动的经费、场所和物资。资助方式没有限制;资助时间没有限定,在犯罪组织或个人实施上述特定犯罪之前、之中、之后进行资助的,都成立本罪。如果境内外机构、组织或者个人的行为超出了资助的范围,与犯罪组织或者个人,共同故意组织、

---

[8] 之所以这样认识,一方面是因为,刑法第104条第2款没有规定独立的法定刑,只是将策动、胁迫、勾引、收买特定人员进行武装叛乱或者暴乱的行为,规定为从重处罚的情节;另一方面是因为,如果认为刑法第104条第2款规定的是独立犯罪,就会出现以下不协调现象:策动、胁迫、勾引、收买国家机关工作人员、人民警察、民兵进行武装叛乱或者武装暴乱的,成立独立的犯罪;而策动、胁迫、勾引、收买其他人员武装叛乱或者武装暴乱的,成立另一独立犯罪(按刑法第104条第1款论处)。

策划、实施刑法第102条至第105条规定的上述犯罪的，应以上述犯罪的共犯论处。本罪的责任形式为故意，要求行为人认识到他人即将实施、正在实施或者已经实施了上述特定的危害国家安全犯罪行为。因此，不能简单地认为，刑法只是将特定共同犯罪中的帮助行为规定为独立的犯罪。换言之，本罪既包括特定共同犯罪中的部分帮助行为，又包括不成立共同犯罪的资助行为，但对于构成共同犯罪的组织、策划、实行、煽动、教唆行为，应以其他相应犯罪论处。

犯资助危害国家安全犯罪活动罪的，根据刑法第107条、第113条和第56条的规定处罚。

第三节　叛变、叛逃的犯罪

一、投敌叛变罪

投敌叛变罪，是指中国公民投奔敌人营垒进行危害国家安全的活动，或者在被敌人捕俘后投降敌人进行危害国家安全活动的行为。

行为主体必须是中国公民。构成要件行为表现为投敌叛变，主要有两种情况：一是投奔敌人营垒，为敌人效劳，进行危害国家安全的活动；二是被敌人捕俘后屈膝投降，进行危害国家安全的活动。行为人既可能是主动投敌叛变，也可能是在他人策动、勾引、收买下投敌叛变。行为主体必须具有危害国家安全的故意，不具有这种故意投奔敌人占领区域而偷越国（边）境，没有实施危害国家安全活动的，不能认定为投敌叛变罪。

行为人投奔敌人营垒或屈膝投降后进行其他危害国家安全活动的，从一重罪处罚。因为投奔敌人营垒或屈膝投降后，没有进行危害国家安全活动的，很难认定为投敌“叛变”；故进行危害国家安全活动是“叛变”的表现形式，换言之，投敌叛变罪本身就包括了其他危害国家安全的活动。因此，对上述情况宜认定为投敌叛变情节严重或情节特别恶劣，没有必要实行数罪并罚。

犯投敌叛变罪的，根据刑法第108条、第113条和第56条的规定处罚。

二、叛逃罪

叛逃罪，是指国家机关工作人员在履行公务期间，擅离岗位，叛逃境外或者在境外叛逃的行为，以及掌握国家秘密的国家工作人员，叛逃境外或者在境外叛逃的行为。

国家机关工作人员构成本罪的，要求在履行公务期间，擅离岗位，叛逃境外或者在境外叛逃。（1）必须在履行公务期间叛逃。（2）必须是擅离岗位叛逃；没有离开自己工作岗位的，不可能成为叛逃行为。（3）必须有叛逃行为，包括两种方式：一是在境内履行公务期间叛逃至境外；二是在境外履行公务期间叛逃。掌握国家秘密的国家工作人员构成本罪的，只需要有叛逃境外或者在境外叛逃的行为。本条原本将“危害中华人民共和国国家安全”规定为构成要件要素，但《刑法修正案（八）》删除了这一要素。或许可以认为，删除这一要素只是意味着将本罪由具体的危险犯修改为抽象的危险犯。

犯叛逃罪的，根据刑法第109条、第113条和第56条的规定处罚。

第四节 间谍、资敌的犯罪

一、间谍罪

间谍罪,是指参加间谍组织,接受间谍组织及其代理人的任务,或者为敌人指示轰击目标,危害国家安全的行为。

本罪构成要件包括三种危害国家安全的行为:一是参加间谍组织充当间谍;二是接受间谍组织及其代理人的任务,在我国进行间谍活动;间谍组织代理人,是指受间谍组织或者其成员的指使、委托、资助,进行或者授意、指使他人进行危害中华人民共和国国家安全活动的人;三是为敌人指示轰击目标。[9] 实施上述三种行为之一,危害国家安全的,即构成本罪,同时实施这三种行为的,也不实行并罚。本罪只能由故意构成,故意的认识内容因行为方式不同而不完全相同:参加间谍组织的,必须明知是间谍组织而参加;接受间谍任务的,必须明知是间谍组织或其代理人派遣的任务而接受;指示轰击目标的,必须明知对方是敌人而向其指示轰击目标。

犯间谍罪,根据刑法第 110 条、第 113 条和第 56 条的规定处罚。根据《反间谍法》第 27 条、第 28 条的规定,"实施间谍行为,有自首或者立功表现的,可以从轻、减轻或者免除处罚;有重大立功表现的,给予奖励"。"在境外受胁迫或者受诱骗参加敌对组织、间谍组织,从事危害中华人民共和国国家安全的活动,及时向中华人民共和国驻外机构如实说明情况,或者入境后直接或者通过所在单位及时向国家安全机关、公安机关如实说明情况,并有悔改表现的,可以不予追究。"

二、为境外窃取、刺探、收买、非法提供国家秘密、情报罪

(一)为境外窃取、刺探、收买、非法提供国家秘密、情报罪的概念与犯罪构成

本罪是指为境外的机构、组织或者个人窃取、刺探、收买、非法提供国家秘密或者情报的行为。

1. 本罪构成要件的内容是,为境外的机构、组织或者个人窃取、刺探、收买、非法提供国家秘密或者情报。

(1)必须是为境外的机构、组织、个人窃取、刺探、收买、非法提供国家秘密或者情报。境外机构、组织、个人的性质没有限定,即境外机构、组织与个人是否与我国为敌,并不影响本罪的成立,但宜限定为境外企图搜集我国国家秘密与情报的机构、组织与个人。此外,为境内的机构、组织、个人或出于其他目的窃取、刺探、收买国家秘密或者情报后,非法

---

[9] 《反间谍法》第 38 条规定:"本法所称间谍行为,是指下列行为:(一)间谍组织及其代理人实施或者指使、资助他人实施,或者境内外机构、组织、个人与其相勾结实施的危害中华人民共和国国家安全的活动;(二)参加间谍组织或者接受间谍组织及其代理人的任务的;(三)间谍组织及其代理人以外的其他境外机构、组织、个人实施或者指使、资助他人实施,或者境内机构、组织、个人与其相勾结实施的窃取、刺探、收买或者非法提供国家秘密或者情报,或者策动、引诱、收买国家工作人员叛变的活动;(四)为敌人指示攻击目标的;(五)进行其他间谍活动的。"显然,刑法第 110 条仅将其中的部分行为以间谍罪论处;对于刑法第 110 条规定之外的其他行为,只能以其他犯罪(如背叛国家罪、投敌叛变罪等)论处。

提供给境外机构、组织或者个人的,仍然成立为境外非法提供国家秘密、情报罪。

(2)行为表现为四种方式:一是窃取,是指通过盗取文件或者使用计算机、电磁波、照相机等方式取得国家秘密或者情报(抢劫、抢夺国家秘密或者情报的行为,也符合窃取的基本要求);二是刺探,是指使用探听、侦察、搜集、骗取等方式获取国家秘密或者情报;三是收买,是指利用金钱、物质或其他利益换取国家秘密或者情报;四是非法提供,是指违反法律规定,直接或者间接地使境外机构、组织或者个人知悉国家秘密、情报的内容,通过互联网将国家秘密或者情报非法发送给境外的机构、组织、个人的,属于非法提供。前三种行为以实际获得国家秘密或者情报为既遂标准;后一种行为以将国家秘密或者情报提供给境外机构、组织、人员为既遂标准。

(3)行为对象是国家秘密或者情报。国家秘密是关系国家安全和利益,依照法定程序确定,在一定时间内只限一定范围的人员知悉的事项。详言之,涉及国家安全和利益,泄露后可能损害国家在政治、经济、国防、外交等领域的安全和利益的下列事项属于国家秘密:国家事务重大决策中的秘密事项;国防建设和武装力量活动中的秘密事项;外交和外事活动中的秘密事项以及对外承担保密义务的秘密事项;国民经济和社会发展中的秘密事项;科学技术中的秘密事项;维护国家安全活动和追查刑事犯罪中的秘密事项;经国家保密行政管理部门确定的其他秘密事项。政党的秘密事项中符合上述条件的,属于国家秘密。国家秘密的密级分为绝密、机密、秘密三级。绝密级国家秘密是最重要的国家秘密,泄露会使国家安全和利益遭受特别严重的损害;机密级国家秘密是重要的国家秘密,泄露会使国家安全和利益遭受严重的损害;秘密级国家秘密是一般的国家秘密,泄露会使国家安全和利益遭受损害。根据最高人民法院2001年1月17日《关于审理为境外窃取、刺探、收买、非法提供国家秘密、情报案件具体应用法律若干问题的解释》,本条中的"情报",是指关系国家安全和利益、尚未公开或者依照有关规定不应公开的事项。人民法院审理案件时,需要对有关事项是否属于情报进行鉴定的,由国家保密工作部门或者省、自治区、直辖市保密工作部门鉴定。

由于本罪是危害国家安全的犯罪,所以,必须根据本罪的保护法益进行实质解释。例如,当境外人员参加国家统一司法考试时,行为人为其提供属于国家秘密的试题或者答案的,不应以本罪论处,只能认定为泄露国家秘密罪或者非法提供试题、答案罪。

2. 责任形式为故意,即明知是国家秘密或者情报,而为境外机构、组织、个人窃取、刺探、收买或者非法提供。相对于窃取、刺探、收买行为而言,"为境外机构、组织、个人"属于责任要素,即只要行为人为了提供给境外机构、组织、个人而窃取、刺探、收买国家秘密或者情报,即构成本罪。相对于非法提供行为而言,"为境外机构、组织、个人"属于构成要件要素,即只要行为人将国家秘密或者情报非法提供给境外机构、组织、个人,即构成本罪;当然,要求行为人明知对方为境外机构、组织、个人。根据上述司法解释,"行为人知道或者应当知道没有标明密级的事项关系国家安全和利益",而为境外窃取、刺探、收买、非法提供的,以本罪论处。不过,将"应当知道"而实际上并不知道的情形,认定为故意犯罪,意味着将过失行为认定为故意犯罪,因而存在疑问。所以,应将司法解释中的"应当知道"理解为根据事实推定行为人知道。行为人明知是国家秘密但误以为对方是境内机构、组织、人员而非法提供的,或者过失(没有认识到是国家秘密)将国家秘密提供给境外机构、组织、人员,只能分别认定为故意泄露国家秘密罪与过失泄露国家秘密罪。

(二)为境外窃取、刺探、收买、非法提供国家秘密、情报罪的处罚

根据刑法第 111 条、第 113 条和第 56 条的规定,犯本罪的,处 5 年以上 10 年以下有期徒刑;情节特别严重的,处 10 年以上有期徒刑或者无期徒刑;情节较轻的,处 5 年以下有期徒刑、拘役、管制或者剥夺政治权利;对国家和人民危害特别严重、情节特别恶劣的,可以判处死刑。犯本罪的,可以并处没收财产,应当附加剥夺政治权利。[10]

三、资敌罪

资敌罪,是指战时供给敌人武器装备、军用物资资敌的行为。

构成要件的内容为,战时供给敌人武器装备、军用物资资敌。其中的"敌人"不是指个别的敌对分子,而是指敌对营垒或敌对的武装力量;资助的时间仅限于战时(参见刑法第 451 条);资助的方法仅限于供给敌人武器装备、军用物资。责任形式为故意,即明知处于战时,明知对方为敌人,而故意供给武器装备、军用物资予以资助。

犯资敌罪的,根据刑法第 112 条、第 113 条和第 56 条的规定处罚。

〔10〕 具体处罚标准,参见最高人民法院 2001 年 1 月 17 日《关于审理为境外窃取、刺探、收买、非法提供国家秘密、情报案件具体应用法律若干问题的解释》第 2 ~4 条。

第十九章　危害公共安全罪

第一节　危害公共安全罪概述

一、危害公共安全罪的概念与犯罪构成

（一）危害公共安全罪的概念与法益

传统观点认为，危害公共安全罪是指故意或者过失地实施危害不特定多数人的生命、健康或者重大公私财产安全的行为。

危害公共安全罪的保护法益是公共安全；行为具有公共危险时才可能危害公共安全，反之，危害公共安全意味着行为具有公共危险，因此，这些犯罪被称为公共危险犯。

问题之一：公共安全中的"公共"是什么含义？国外刑法理论上存在不同观点：第一种观点认为，公共危险是指对不特定人的生命、身体或者财产的危险；第二种观点认为，不问是否特定，只要是对多数人的生命、身体或者财产的危险，就是公共危险；第三种观点认为，公共危险是指对不特定并且多数人的生命、身体或者财产的危险；第四种观点认为，公共危险是指对不特定或者多数人的生命、身体或财产的危险。[1] 我国刑法理论大多采取上述第三和观点，认为公共安全是指不特定多数人的生命、健康、重大公私财物以及公共生产、生活的安全。但是，"不特定多数人"的表述意味着特定的多数人的生命、健康等安全，以及不特定人的生命、健康等安全，都不是公共安全。这似乎缩小了危害公共安全罪的范围，也与司法实践不相符合。例如，有些违反交通规则造成事故的行为只是危害了特定多数人生命、健康等安全，或者只是危害了不特定人的生命、健康等安全，但司法实践中没有争议地将其认定为危害公共安全的交通肇事罪。

本书认为，作为危害公共安全罪的保护法益的公共安全中的"公共"，是指不特定或者多数人。因为危害公共安全罪，是以危害公众的生命、健康等为内容的犯罪，故应注重行为对"公众"利益的侵犯；刑法规定危害公共安全罪的目的，是将生命、身体等个人法益抽象为社会利益作为保护对象的，故应当重视其社会性。"公众"与"社会性"要求重视量的"多数"。换言之，"多数"是"公共"概念的核心。"少数"的情形应当排除在外。但是，如果是"不特定的"，则意味着随时有向"多数"发展的现实可能性，会使多数成员遭受危险和侵害。因此，不特定或者多数人的生命、健康等安全，就是"公共"安全。

所谓"不特定"，是指犯罪行为可能侵犯的对象和可能造成的结果事先无法确定，行为人对此既无法具体预料也难以实际控制，行为造成的危险或者侵害结果可能随时扩大

---

〔1〕 参见［日］大塚仁：《刑法概说（各论）》，有斐阁2005年第3版增补版，第358页以下。

或增加。“不特定”并不是“谁碰到谁倒霉”的意思。例如,楼下有许多行人,行为人抱着“砸着谁谁倒霉”的心理从高楼窗户扔出一块砖头,砸中一位行人,使其身受重伤。不能认为该行为侵害了不特定人的生命、身体安全,亦即,不能认定为危害公共安全罪,而应认定为故意伤害罪。所谓“多数人”,则难以用具体数字表述,行为使较多人(即使是特定的多数人)的生命、健康受到威胁时,应认为危害了公共安全。“安全”是指不特定或者多数人的生命、健康等不受不法侵害与威胁而存续的状态。只要行为危害了不特定或者多数人的生命、健康等安全,就属于危害公共安全。倘若行为仅侵犯了特定的少数人的生命、健康等法益,则不构成危害公共安全罪。

问题之二:单纯的财产安全,是否属于公共安全?我国刑法理论均将重大公私财产的安全作为公共安全的内容,但这种观点值得反思。其一,如果说只要行为侵害了价值重大的财产就属于危害公共安全罪,那么,一方面,盗窃银行、博物馆并取得重大价值财物的行为,构成危害公共安全罪;另一方面,还会出现明显的不协调现象:刑法只处罚故意毁坏财物罪,而过失毁损价值重大的财产时,反而成立危害公共安全罪。这令人难以理解。其二,倘若说只要行为侵害了不特定或者多数人的财产就属于危害公共安全罪,那么,面向不特定或者多数人实施的集资诈骗行为,流窜犯盗窃多人财物的行为,都成立危害公共安全罪。这也令人难以接受。事实上,刑法第115条规定的“使公私财产遭受重大损失”,是以危害不特定或者多数人的生命、身体安全为前提的。〔2〕反对本书观点的学者指出:“是否构成危害公共安全罪,还取决于行为人的行为方式。银行、博物馆的财产不仅不属于公众重大财物,而且盗窃等行为方式并不属于刑法分则第二章所规定的行为方式。所以,将公众重大财产纳入公共安全的范围,并非意味着‘只要是取得’重大财产的行为就属于危害公共安全罪,而是以危险方式‘危害’公众之重大财产的方能构成危害公共安全罪。”〔3〕可是,一方面,盗窃银行、博物馆的,不能成立危害公共安全罪,而盗窃交通设施、电力设备、公用电信设施以及枪支弹药的,能够成立危害公共安全罪;破坏尚未投入使用的铁轨的,不成立危害公共安全罪,而破坏正在使用中的铁轨的,成立危害公共安全罪。这说明是否构成危害公共安全罪,并不只是取决于行为方式。另一方面,如果认为公众的重大财产安全就是公共安全,那么,盗窃、骗取公众重大财产的行为,就成为危害公共安全的行为。按照上述反对意见,盗窃、骗取公众重大财产的行为,在本质上危害了公共安全,只不过刑法分则没有将其规定为危害公共安全罪,但本书难以赞成这样的结论。

问题之三:除了不特定或者多数人的生命、身体之外,公共安全还应包括什么内容?显然,规定在危害公共安全罪中的犯罪,并不都是侵害、威胁生命、身体的犯罪。例如,刑法第124条规定的破坏广播电视设施、公用电信设施罪以及对应的过失犯罪,通常并不直接侵害和威胁人的生命、身体,而是扰乱了公众生活的平稳与安宁。在当今社会,如果某种行为使得多数人不能观看电视、不能使用电话,就会使公众生活陷入混乱。刑法第124条的规定,就是为了保护公众生活的平稳与安宁。刑法第114条、第115条所规定的犯罪,也包括对公众生活的平稳与安宁的保护。例如,明知多数人的住房内无人,但放火烧毁多数人的住房的,也应认定为放火罪,因为这种行为严重侵害了多数人生活的平稳与安

〔2〕 从刑法第115条与第114条的关系来看,也能得出这一结论。

〔3〕 曲新久:“论刑法中的‘公共安全’”,载《人民检察》2010年第9期。

宁。反对将‘公众生活的平稳与安宁”作为公共安全内容的学者指出:“对于司法实践中发生的破坏广播电视设施行为来说,没有危害而且也不可能威胁公众生命、身体健康,而只是危害重大财产安全的,若是财产属于公众,那么行为就具有公共危险性,应当以破坏广播电视设施罪论处。反之,若是属于个人财产法益,应当归入故意毁坏财物罪,过失者,不构成犯罪。”[4]可是,这种观点基本上废除了破坏广播电视设施罪。其一,破坏广播电视设施的行为,一般不可能危害公众的生命、身体安全;其二,广播电视设施虽然一般是公共财产,但难以认定为公众的重大财产,而且,破坏广播电视设施的行为,通常不可能危害重大财产安全。在本书看来,刑法第124条的法定刑之所以明显轻于刑法第114条至第119条的法定刑,就是因为其仅侵犯了公众生活的平稳与安宁,而没有(也不要求)侵犯公众的生命、身体安全。

综上所述,危害公共安全罪的保护法益,是不特定或者多数人的生命、身体的安全以及公众生活的平稳与安宁。据此,危害公共安全罪,是指故意或者过失危害不特定或者多数人的生命、健康的安全以及公众生活的平稳与安宁的行为。

(二)危害公共安全罪的犯罪构成

1. 构成要件的基本内容表现为,实施了危害不特定或者多数人的生命、健康或者公众生活的平稳与安宁的行为,并造成了相应的危险或侵害结果。这类行为的特点,或者是以危险方法实施行为,或者破坏公用工具或设施,或者实施恐怖活动,或者针对具有极大杀伤力的枪支、弹药、爆炸物进行犯罪,或者违反安全规则造成重大事故。不管是何种行为,都必须具有危害公共安全的性质。本章故意犯罪的成立,不要求发生危害公共安全的侵害结果(但有些犯罪要求发生危险结果,有些犯罪要求发生替代的侵害结果);本章过失犯罪的成立,要求行为造成具体的侵害结果。

2. 责任形式既包括故意,也包括过失。值得研究的问题是,当刑法分则第二章规定的故意犯罪为具体的公共危险犯时,是否要求行为人认识到具体的公共危险?肯定说主张,行为人必须认识到具体的公共危险。因为刑法所规定的具体公共危险犯,以发生具体的公共危险为构成要件要素,根据责任主义的观点,行为人对构成要件要素必须有认识,否则便是一种结果责任。否定说认为,不需要行为人认识到具体的公共危险。因为要求行为人认识到具体的公共危险就可能否认结果加重犯,而且也难以认定行为人是否认识到了具体的公共危险。[5] 本书采取肯定说。

(1)构成要件规制故意的认识内容。如果构成要件要求实施某种性质的行为时,行为人必须认识到自己实施的行为具有该性质;构成要件要求发生某种特定的结果时,行为人必须认识到自己的行为会发生这种特定的结果(客观的超过要素除外)。基于同样的理由,当具体的公共危险是构成要件要素时,行为人必须认识到这种具体的公共危险。

(2)要求行为人认识到自己行为的具体公共危险,是指行为人必须认识到自己的行为对不特定人或者多数人的生命、身体造成危险,[6]而不是指要求行为人认识到自己的行为会发生致人重伤、死亡的侵害结果,所以,不会否认结果加重犯。例如,行为人实施刑

---

[4] 曲新久:“论刑法中的‘公共安全’”,载《人民检察》2010年第9期。

[5] 参见[日]西田典之:《刑法各论》,弘文堂2012年第6版,第306页以下。

[6] 如果在实施某种行为时应当预见行为的公共危险,但因为疏忽大意而没有预见,只能成立过失犯罪。

法第116条规定的破坏交通工具的行为时,必须对交通工具发生倾覆、毁坏的危险具有认识,并且希望或者放任这种危险发生。即使行为人并不希望或者放任他人的死亡,但如果发生了这种结果时,也能成立结果加重犯,适用刑法第119条的规定。

(3)行为人是否认识到自己行为的具体的公共危险,确实是难以判断的问题。但这不能成为不要求行为人认识到具体的公共危险的理由,难以判断也不意味着不能判断,只要司法机关全面调查、分析案件,就完全可能判断出行为人是否认识到行为的具体的公共危险。

二、危害公共安全罪的类型

对于危害公共安全的犯罪,可以从处罚根据上分为四类:第一类是结果加重犯(如第115条第1款和第119条第1款的部分情形);第二类是普通的实害犯(侵害犯),如失火罪、交通肇事罪等;第三类是具体的危险犯,如放火罪、爆炸罪、投放危险物质罪(第114条)等;[7]第四类是抽象的危险犯,如非法制造、买卖、运输、邮寄、储存枪支、弹药、爆炸物罪,抢劫枪支、弹药、爆炸物罪等。需要注意的是,有的条款规定的一个罪名,同时包括具体危险犯与抽象危险犯。例如,刑法第127条第1款规定了盗窃、抢夺枪支、弹药、爆炸物、危险物质罪,其中的盗窃、抢夺枪支、弹药、爆炸物罪是抽象的危险犯,盗窃、抢夺危险物质罪则是具体的危险犯。有的条款规定的一个罪名,同时包括抽象的危险犯与实害犯。例如,司法解释将刑法第128条第2、3款规定的犯罪确定为非法出租、出借枪支罪一个罪名,但第2款规定的是抽象的危险犯,第3款规定的是实害犯。

本书将刑法分则第二章规定的危害公共安全罪,分为以下几类论述:以危险方法危害公共安全的犯罪,破坏公用工具、设施危害公共安全的犯罪,实施恐怖、危险活动危害公共安全的犯罪,违反枪支、弹药管理规定危害公共安全的犯罪,违反安全管理规定危害公共安全的犯罪。

第二节 以危险方法危害公共安全的犯罪

一、放火罪、失火罪

(一)放火罪

1. 放火罪的概念与犯罪构成

放火罪,是指故意引起火灾,危害公共安全的行为。

(1)构成要件的内容为,实施放火行为,危害公共安全。"放火"是指故意使对象物燃烧、引起火灾的行为;火灾是指在时间上或者空间上失去控制的燃烧所造成的灾害。放火的方法没有限制,既可以是作为,也可以是不作为;既可以直接使对象燃烧,也可以通过媒介物使对象燃烧,还可以通过既存的火力引起对象燃烧。燃烧的对象物既可以是财物,也可能是财物以外的其他物质。自焚行为足以危害公共安全的,也成立放火罪。燃烧财物

---

〔7〕 称这些犯罪为具体危险犯时,仅限于成立犯罪但尚未造成严重后果的情形;如果行为造成了严重结果,则不再属于具体危险犯(危险犯与实害犯不是就罪名而言,而是就具体的犯罪形态而言)。本章以下就相关犯罪所称"具体危险犯",也是就成立犯罪但尚未造成严重后果的情形而言。

时,不管财物是他人所有还是自己所有,只要足以危害公共安全,就属于放火。燃烧他人财物不足以危害公共安全的,只能构成故意毁坏财物罪;燃烧自己财物不足以危害公共安全的,不构成犯罪。由于放火是危险性很大的行为,故只要发生了危害公共安全的具体危险就构成放火罪(具体危险犯),不要求造成侵害结果。

使对象物燃烧的行为是否属于放火行为,关键在于它是否危害公共安全,这便需要正确判断。首先,要将所有客观事实作为判断资料,如行为本身的危险性,对象物本身的性质、结构、价值,对象物周围的状况,对象物与周围可燃物的距离,行为时的气候、风力、气温等。其次,要根据客观的因果法则进行判断,对象物燃烧的行为是否足以形成在时间上或空间上失去控制的燃烧状态。对于放火烧毁现在有人居住或者现有人在内的建筑物、矿井等对象的,一般均可认定为危害公共安全。

放火行为是危害公共安全的行为,可能造成多种结果。在司法实践中,对行为人实施一个故意放火行为,造成多种结果(致人死亡、重伤,造成财产损失等)的,只认定为一个放火罪。但在本书看来,如果行为人放火时对他人死亡、重伤结果持故意的,宜认定为放火罪与故意杀人罪、故意伤害罪的想象竞合,从一重罪处罚。此外,行为人实施了其他犯罪行为后为了销毁罪证而放火,或者为了骗取保险金而放火并且已经着手骗取保险金的,应实行数罪并罚。

被害人承诺对自己的建筑物等放火的,如果放火行为危害公共安全,则该承诺无效,不影响放火行为构成放火罪。如果“放火”行为并不危害公共安全,被害人的真实承诺只是对毁坏财物的承诺,阻却行为的违法性,“放火”行为不成立犯罪。

(2)责任形式为故意,但在结果加重犯的场合,只需要对加重结果有过失。在此需要明确的是刑法第114条与第115条第1款的关系。

首先,当行为人实施了放火行为,造成不特定或者多数人的伤亡实害结果,并且对该结果具有认识并且持希望或者放任态度时,应当适用刑法第115条第1款。这种情形属于普通的结果犯。与之相对应,刑法第114条规定的便是未遂犯(也可谓对未遂犯的既遂犯化)。例如,即使行为人以希望或者放任不特定或者多数人伤亡的故意,实施了放火、爆炸等危害公共安全的行为,但只要没有造成严重伤亡实害结果,就只能适用刑法第114条,并且不再适用刑法总则第23条关于未遂犯的规定;而不是适用刑法第115条第1款,同时适用刑法总则第23条关于未遂犯的规定。

其次,当行为人只是对具体的公共危险具有故意,对发生的伤亡实害结果仅具有过失(并不希望或者放任伤亡实害结果发生)时,属于典型的结果加重犯。显然,适用第115条第1款以发生具体的公共危险为前提,亦即,第115条第1款是因为发生了伤亡实害结果(加重结果)而提高了法定刑。所以,刑法第115条第1款的规定包含了结果加重犯。据此,即使行为人主观上只是希望或者放任具体的公共危险的发生,但只要行为人对实际发生的伤亡实害结果具有过失,就必须适用刑法第115条第1款。[8]

---

[8] 倘若既承认过失的结果加重犯,又承认故意的结果加重犯,也可以认为,刑法第114条规定的是基本犯,第115条第1款规定的是结果加重犯。亦即,一方面,当行为人对具体的公共危险(基本结果)具有故意,对所发生的伤亡实害结果(加重结果)具有过失时,是过失的结果加重犯,理当适用刑法第115条第1款;另一方面,当行为人不仅对具体的公共危险(基本结果)具有故意,而且对所发生的伤亡实害结果(加重结果)具有故意时,是故意的结果加重犯,也应适用刑法第115条第1款。不过,按照本书的观点,即使承认故意的结果加重犯,也应认为刑法第115条第1款包括了普通的结果犯。

由上可见,刑法第114条与第115条第1款之间同时存在两种关系:第一,将刑法第115条第1款规定的犯罪作为普通的结果犯时,刑法第114条规定的犯罪便是未遂犯;第二,将刑法第114条规定的犯罪作为基本犯时,刑法第115条第1款规定的犯罪便是结果加重犯。此外,第115条也是量刑规则,亦即,只有发生了致人重伤、死亡或者重大财产损失结果时,才能适用刑法第115条。

基于上述讨论,对放火罪的责任形式可以得出如下结论:第一,就成立刑法第114条规定的放火罪而言,只要行为人明知自己的放火行为会产生具体的公共危险,并且希望或者放任这种危险结果发生,就具备了本罪的故意。第二,就成立刑法第115条第1款规定的放火罪而言,既可能是对具体的公共危险具有故意,对发生的伤亡实害结果仅具有过失(此时属于典型的结果加重犯);也可能是对造成不特定或者多数人的伤亡实害结果具有故意(情形属于普通的结果犯)。[9]

2. 放火罪的处罚

刑法第114条与第115条第1款对放火罪规定了两个层次的法定刑:犯放火罪尚未造成严重后果的,适用第114条,处3年以上10年以下有期徒刑;犯放火罪致人重伤、死亡或者使公私财产遭受重大损失的,适用第115条第1款,处10年以上有期徒刑、无期徒刑或者死刑。"尚未造成严重后果"是指尚未造成严重的实害后果,包括两种情况:一是放火行为没有造成任何实害后果;二是放火行为造成了一定的实害后果,但并不严重。只有当放火行为造成他人重伤、死亡或者使公私财产遭受重大损失时,才能根据刑法第115条第1款的法定刑处罚。

但应注意的是,虽然第115条第1款以"致人重伤、死亡或者使公私财产遭受重大损失"为要件,第114条以"尚未造成严重后果"为适用前提。表面上看二者处于对立关系,但事实上并非如此。因为"尚未造成严重后果"只是表面的构成要件要素,两个法条之间并不存在相互排斥的关系。[10] 因此,在行为人实施了放火等危险行为,客观上也存在一人死亡的事实,却不能证明被害人的死亡由放火行为造成时,也应适用第114条,而不能以事实不清为由宣告无罪。

日本等国刑法将"烧毁"作为放火罪既遂的标准,但其刑法理论对"烧毁"存在不同理解。重视放火罪的公共危险性质的独立燃烧说认为,当放火行为导致对象物在离开媒介物的情况下能够独立燃烧时,就是烧毁。重视放火罪的财产罪性质的丧失效用说认为,对象物的重要部分由于被燃烧而失去效用时,就是烧毁。同时强调放火罪的公共危险性质与财产罪性质的重要部分燃烧说认为,对象物的重要部分起火开始燃烧时,就是烧毁。同时强调上述两种性质,并旨在提供具体认定标准的毁弃说认为,由于火力而使对象物达到了毁弃罪(故意毁损财物罪)中的损坏程度时,就是烧毁。[11] 在我国,由于第114条与第115条第1款是以是否造成严重伤亡实害结果作为区分标准的,所以,是否造成严重伤亡实害结果,成为区别适用这两个条文的基本标准。例如,即使行为人以希望或者放任不特定或者多数人伤亡的故意,实施了放火行为,但只要没有造成严重伤亡实害结果,就只能

---

〔9〕 当然,该行为是否另触犯刑法第232条、第234条,以及对一个行为同时触犯第115条第1款与第232条、第234条的行为应当如何认识和处理,则是另一问题。

〔10〕 参见张明楷:《犯罪构成体系与构成要件要素》,北京大学出版社2010年版,第355页以下。

〔11〕 参见张明楷:《未遂犯论》,法律出版社1997年版,第164页以下。

适用第114条(不再适用刑法总则第23条关于未遂犯的规定);而不是适用第115条第1款,同时适用刑法总则第23条关于未遂犯的规定。但是,在尚未造成严重后果的情况下,行为人自动中止犯罪,避免了严重后果的,应认定为犯罪中止,适用刑法第114条以及总则关于中止犯的处罚规定。

(二)失火罪

失火罪,是指过失引起火灾,危害公共安全,致人重伤、死亡或者使公私财产遭受重大损失的行为。

失火罪的成立要求引起了火灾,造成了他人重伤、死亡或者使公私财物遭受重大损失,危害了公共安全。根据立案标准,[12]具有下列情形之一的,符合失火罪的结果要件:(1)造成死亡1人以上,或者重伤3人以上的;(2)造成公共财产或者他人财产直接经济损失50万元以上的;(3)造成10户以上家庭的房屋以及其他基本生活资料烧毁的;(4)造成森林火灾,过火有林地面积2公顷以上,或者过火疏林地、灌木林地、未成林地、苗圃地面积4公顷以上的;(5)其他造成严重后果的情形。需要注意的是,失火行为虽然造成了严重后果,但没有侵害不特定或者多数人的生命、身体的安全与公众生活的平稳与安宁的,也不能认定为失火罪。失火罪的责任形式为过失。由于不能预见或不能抗拒的原因导致火灾的,不构成失火罪。

根据刑法第115条第2款的规定,犯失火罪的,处3年以上7年以下有期徒刑;情节较轻的,处3年以下有期徒刑或者拘役。

二、决水罪、过失决水罪

(一)决水罪

决水罪,是指利用水的破坏作用,制造水患,危害公共安全的行为。

构成要件的内容为,实施决水行为,危害公共安全(具体危险犯)。"决水"是指使受到控制的水的自然力解放出来,造成水的泛滥。解放的手段没有限制,既可以是作为(如决溃堤防、破坏水闸),也可以是不作为(如不开放水库闸门导致溃决);所解放的水既可以是河流中的水,也可以是贮存的水。责任形式为故意,行为人明知自己的行为会造成水患,并且希望或者放任水患的发生。

关于决水罪的既遂标准,国外刑法理论上有财物浸没说(财物被水淹没)、物质毁损说(财物被毁损)、效用灭失说(财物丧失效用)、公共危险说(足以危害公共安全)与水流开始说(所决之水开始流动)。我国刑法对于尚未造成严重后果与造成严重后果的决水罪规定了不同的法定刑,对其认定与放火罪相同。

根据刑法第114条、第115条第1款的规定,犯决水罪尚未造成严重后果的,处3年以上10年以下有期徒刑;致人重伤、死亡或者使公私财产遭受重大损失的,处10年以上有期徒刑、无期徒刑或者死刑。

(二)过失决水罪

过失决水罪,是指过失造成水患,危害公共安全,致人重伤、死亡或者使公私财产遭受

---

〔12〕 参见最高人民检察院、公安部2008年6月25日《关于公安机关管辖的刑事案件立案追诉标准的规定(一)》。此外,最高人民检察院2006年7月26日公布了《关于渎职侵权犯罪案件立案标准的规定》,最高人民检察院、公安部2010年5月7日公布了《关于公安机关管辖的刑事案件立案追诉标准的规定(二)》。如无特别说明,本书以下所称"根据立案标准",一般是指根据上述规定。

重大损失的行为。犯本罪的,根据刑法第115条第2款的规定处罚。

三、爆炸罪、过失爆炸罪

(一)爆炸罪

爆炸罪,是指故意引起爆炸物或其他设备、装置爆炸,危害公共安全的行为。

构成要件的内容为,引起爆炸物或其他设备、装置爆炸,危害公共安全。引起爆炸物爆炸,主要是指引起炸弹、炸药包、手榴弹、雷管及各种易爆的固体、液体、气体物品爆炸。引起其他设备、装置爆炸,主要是指利用各种手段,导致机器、锅炉等设备或装置爆炸。爆炸行为必须危害公共安全,即必须足以危害不特定或者多数人的生命、健康的安全或者公众生活的平稳与安宁(具体危险犯);但成立本罪不要求发生具体侵害结果。责任形式为故意,即明知自己的爆炸行为会发生危害公共安全的结果,并且希望或者放任这种结果发生。

行为人采用爆炸方法引起火灾,因火灾而危害公共安全的,应认定为放火罪;采用爆炸方法决堤制造水患,危害公共安全的,应认定为决水罪。但在爆炸引起火灾、水患的情况下,如果爆炸行为本身(即使不发生火灾、水患)也足以危害公共安全的,则宜认定为包括的一罪,从一重罪处罚。由于法定刑相同,只能通过考察爆炸与放火、决水各自的情节轻重确定罪名,即爆炸情节重于放火、决水情节时,应认定为爆炸罪;反之亦然。

根据刑法第114条和第115条第1款的规定,犯爆炸罪尚未造成严重后果的,处3年以上10年以下有期徒刑;致人重伤、死亡或者使公私财产遭受重大损失的,处10年以上有期徒刑、无期徒刑或者死刑。

(二)过失爆炸罪

过失爆炸罪,是指过失引起爆炸,危害公共安全,致人重伤、死亡或者使公私财产遭受重大损失的行为。犯本罪的,根据刑法第115条第2款的规定处罚。

四、投放危险物质罪、过失投放危险物质罪

(一)投放危险物质罪

投放危险物质罪,是指故意投放毒害性、放射性、传染病病原体等物质,危害公共安全的行为。

1. 构成要件的内容为,投放毒害性、放射性、传染病病原体等物质,危害公共安全。[13](1)投放的必须是毒害性、放射性、传染病病原体等危险物质,包括危险气体、液体、固体。(2)必须有投放行为。例如,将危险物质投放于供不特定或多数人饮食的食品或饮料中;将危险物质投放于供人、畜等使用的河流、池塘、水井等中;释放危险物质,如将放射性物质、传染病病原体释放于不特定或者多数人通行、生活的场所;等等。投放危险物质不限于将危险物质放置于固定的容器、场所内,还包括将危险物质投放(释放)于土地、大气中。因此,非法开启装有放射性物质的容器,危害公共安全的,也属于"投放"危险物质(将放射性物质投放于大气中)。(3)投放危险物质的行为必须危害公共安全(具体危险犯),因此,故意使用危险物质杀害特定个人或特定牲畜的,不构成投放危险物质罪。

---

〔13〕 2001年12月29日颁布的《刑法修正案(三)》将刑法第114条、第115条的"投毒"修改为"投放毒害性、放射性、传染病病原体等物质",但相关条款(第17条、第56条)依然使用的是"投毒"一词。应当认为,相关条款中的"投毒"并不限于"投放毒害性物质",而是指"投放毒害性、放射性、传染病病原体等物质"。

2. 责任形式为故意,行为人明知自己投放危险物质的行为会发生危害公共安全的结果,并且希望或者放任这种结果的发生。

根据刑法第 114 条与第 115 条第 1 款的规定,犯投放危险物质罪尚未造成严重后果的,处 3 年以上 10 年以下有期徒刑;致人重伤、死亡或者使公私财产遭受重大损失的,处 10 年以上有期徒刑、无期徒刑或者死刑。

(二)过失投放危险物质罪

过失投放危险物质罪,是指过失投放毒害性、放射性、传染病病原体等物质,危害公共安全,致人重伤、死亡或者使公私财产遭受重大损失的行为。犯本罪的,根据刑法第 115 条第 2 款的规定处罚。

五、以危险方法危害公共安全罪、过失以危险方法危害公共安全罪

以危险方法危害公共安全罪,是指故意使用放火、决水、爆炸、投放危险物质以外的危险方法危害公共安全的行为。过失以危险方法危害公共安全罪,则是指过失使用放火、决水、爆炸、投放危险物质以外的危险方法危害公共安全,致人重伤、死亡或者使公私财产遭受重大损失的行为。刑法将(过失)以危险方法危害公共安全罪与放火、爆炸等罪并列规定在相同法条中,并且规定了相同的法定刑。

刑法条文没有明文规定本罪的具体行为结构与方式,导致"其他危险方法"没有限定,这与罪刑法定原则的明确性要求还存在距离;司法实践中常常将危害公共安全但不构成其他具体犯罪的行为,均认定为(过失)以危险方法危害公共安全罪,导致本罪囊括了刑法分则没有明文规定的、具有危害公共安全性质的全部行为(使"以其他危险方法"的表述成为危害公共安全罪的"兜底"条款)。本书对本罪的构成要件采取限制解释的态度:一方面,"以其他危险方法"仅限于与放火、决水、爆炸、投放危险物质相当的方法,〔14〕而不是泛指任何具有危害公共安全性质的方法。因为刑法将本罪规定在第 114 条与第 115 条之中,根据同类解释规则,它必须与前面所列举的行为相当;根据该罪所处的地位,"以其他危险方法"只是刑法第 114 条、第 115 条的"兜底"规定,而不是刑法分则第二章的"兜底"规定。换言之,对那些与放火、爆炸等危险方法不相当的行为,即使危害公共安全,也不宜认定为本罪。另一方面,如果某种行为符合其他犯罪的犯罪构成,以其他犯罪论处符合罪刑相适应原则,应尽量认定为其他犯罪,不宜认定为本罪。例如,在公共场所故意驾车撞人、开枪射击或者乱刺他人的,宜认定为故意杀人罪、故意伤害罪,不宜认定为本罪;对劫持火车、电车的行为,宜认定为破坏交通工具罪,而不宜认定为本罪。〔15〕 对于盗窃公路井盖的行为,即使危害公共安全,也宜认定为破坏交通设施罪。对于盗窃消防设备的行为,应认定为盗窃罪。〔16〕

---

〔14〕 如在高速公路上逆向高速行驶的,在具有瓦斯爆炸高度危险的情形下令多人下井采煤的,在多人通行的场所私设电网的,可以认定为以危险方法危害公共安全罪。

〔15〕 因为刑法第 114 条与第 115 条在修改前使用的动词是"破坏",所以,与其认定劫持火车、电车的行为属于以危险方法实施破坏行为,不如直接认定为破坏交通工具罪。

〔16〕 "两高"2003 年 5 月 14 日《关于办理妨害预防、控制突发传染病疫情等灾害的刑事案件具体应用法律若干问题的解释》第 1 条规定:"故意传播突发传染病病原体,危害公共安全的,依照刑法第一百一十四条、第一百一十五条第一款的规定,按照以危险方法危害公共安全罪定罪处罚。""患有突发传染病或者疑似突发传染病而拒绝接受检疫、强制隔离或者治疗,过失造成传染病传播,情节严重,危害公共安全的,依照刑法第一百一十五条第二款的规定,按照过失以危险方法危害公共安全罪定罪处罚。"这一解释的合理性还值得研究。

司法实践明显扩大了本罪的适用范围,分析其原因以及提出相应的规则,对本罪的适用具有重要意义。

第一,有的司法机关由于没有认识到以危险方法危害公共安全罪是具体危险犯,或者由于没有正确判断具体危险的有无,导致将原本不构成犯罪的行为认定为本罪。如将使对象物燃烧但没有危害公共安全的行为认定为本罪。对此应当确立的规则是:采用放火、爆炸、决水、投放危险物质的行为方式,却又不能构成放火罪、爆炸罪、决水罪、投放危险物质罪的行为,也不可能成立本罪。

第二,有的司法机关由于没有意识到以危险方法危害公共安全罪必须是足以造成他人重伤、死亡或者使公私财物遭受重大损失的物质性结果的行为,导致将只能造成非物质性结果的行为也认定为本罪。如将造成特定人精神上的高度紧张,同时引起周围人们的恐慌的行为认定为本罪。对此应当确立的规则是:以危险方法危害公共安全罪足以造成或者已经造成的侵害结果,仅限于致人重伤、死亡或者使公私财物遭受重大损失;不足以造成这三类物质性结果的行为,即使造成了其他物质性或者非物质性结果,也不可能成立本罪。换言之,单纯造成多数人心理恐慌或者其他轻微后果,不足以造成刑法第 114 条、第 115 条第 1 款规定的具体的公共危险或者侵害结果的行为,不得认定为本罪。

第三,有的司法机关由于误解了危害公共安全罪中的作为行为对象的“不特定人”的含义,导致将其他犯罪认定为本罪。如将从人行天桥上往下扔砖头的行为认定为本罪。对此应当确定的规则是:如果行为只能导致少数人伤亡,而不可能随时扩大或者增加被害范围的,即使事前不能确定伤亡者是谁,也不能认定为本罪。

第四,有的司法机关由于误以为社会法益优于个人法益,导致将故意杀伤多人的行为均认定为本罪。如将行为人随意刺杀、刺伤多人的行为认定为本罪。显然,司法工作人员应当确立社会法益并不优越于个人法益的观念,并应遵守以下规则:对于以危险方法杀害他人(包括多人)的行为,应当认定为故意杀人罪与危害公共安全罪的想象竞合犯,按故意杀人罪的法定刑处罚;对于并非以危险方法杀害或者伤害多人的行为(如持刀刺人),只能认定为故意杀人罪、故意伤害罪。

第五,有的司法机关由于误以为刑法第 114 条关于以危险方法危害公共安全罪的规定是刑法分则第二章的兜底规定,没有遵循同类解释规则,导致将危险性没有达到与放火、决火、爆炸等程度相当的行为,认定为本罪。如将盗窃多个消防栓铜芯的行为认定为本罪。对此应当确定的规则是:行为方法不是像放火、决水、爆炸等那样,一旦发生就无法立即控制结果的情形,不能成立本罪。例如,在没有发生火灾之际,损坏灭火用具的行为,并不属于危害公共安全的犯罪,或者说并不具有危害公共安全的具体危险,只具有抽象危险。正因为如此,在没有发生火灾之际,损坏灭火用具的行为,只能认定为故意毁坏财物罪。即使在发生火灾之际,隐藏或者损坏灭火用具的行为所产生的公共危险,与放火并不相当,一般也只是认定为其他犯罪。

第六,有的司法机关由于误以为罪名具有威慑功能,或者误以为以危险方法危害公共安全罪重于其他法定刑相同的犯罪,导致将原本应当认定为其他犯罪的案件认定为本罪。如将过失毁损道路的行为认定为过失以危险方法危害公共安全罪,将符合危险物品肇事罪构成要件的行为认定为过失以危险方法危害公共安全罪。对此应当确立的规则是:在行为完全符合刑法分则第二章规定的其他犯罪的构成要件,法定刑也相同的情形下,不能以(过失)以危险方法危害公共安全罪的罪名更重为由,认定为(过失)以危险方法危害公共安全罪。

第七,有的司法机关由于难以区分具体案件符合何种犯罪的构成要件,将原本应当认定为其他犯罪的案件认定为(过失)以危险方法危害公共安全罪。例如,在难以确定对行为是应以破坏易燃易爆设备罪论处,还是以爆炸罪或者故意杀人罪论处的情况下,以本罪论处。对此应当确立的规则如下:其一,只要行为符合刑法分则规定的其他犯罪的构成要件,即使就其他犯罪而言存在区分此罪与彼罪的困难,也应当在其他犯罪中选择,而不能认定为本罪。其二,既要正确处理此罪与彼罪的关系,又要善于运用想象竞合犯、包括的一罪的原理,妥当处理行为同时触犯两个以上罪名的案件。

第八,有的司法机关由于将其他法院先前的判决当做认定(过失)以危险方法危害公共安全罪的理由,导致适用本罪的判决不当增加。但是,司法机关不可将其他法院的判决结论当做自己做出相同判决的理由。换言之,判断行为是否成立本罪时,司法机关不能因为其他法院已有认定成立本罪的判决,就盲目地遵循这一判决。司法机关应当充分意识到,任何判决结论本身都不是判决理由,所以,司法机关需要正确判断先前的判决结论是否妥当,判决理由是否充分。如果已有的判决结论不妥当、判决理由不充分,就绝不可盲从。[17]

第三节 破坏公用工具、设施危害公共安全的犯罪

一、破坏交通工具罪、过失损坏交通工具罪

(一)破坏交通工具罪

破坏交通工具罪,是指故意破坏火车、汽车、电车、船只、航空器,足以使其发生倾覆、毁坏危险的行为。

1. 构成要件的内容为,破坏火车、汽车、电车、船只、航空器,足以使其发生倾覆、毁坏危险。

(1)行为破坏的对象是关涉不特定或者多数人的生命、健康安全的火车、汽车、电车、船只、航空器。刑法理论一般对其中的"汽车"作扩大解释,即包括大型拖拉机,因为破坏大型拖拉机也会发生危害公共安全的结果。电瓶车、缆车应包含在"电车"中。破坏自行车、人力三轮车、马车等非机动交通工具的,由于不足以危害公共安全,故不构成本罪。本罪属于危害公共安全的犯罪,故只有当火车、汽车等交通工具关涉公共安全时,才能成为本罪对象。火车、汽车等交通工具是否关涉公共安全,主要从交通工具所处的状态进行判断。一般来说,对处于下列状态的交通工具实施的破坏行为足以危害公共安全:第一,交通工具正在行驶(飞行)中;第二,交通工具处于已交付随时使用的状态;第三,交通工具不需再检修便可以使用的状态,例如,交付检修的汽车的刹车系统并无故障,但汽车检修人员首先破坏刹车系统,然后只检修其他部件,再交付使用的,仍然构成破坏交通工具罪。

(2)实施了破坏行为,通常是指对上述交通工具的整体或者重要部件的破坏;不影响

---

〔17〕 以上内容参见张明楷:"论以危险方法危害公共安全罪",载《国家检察官学院学报》2012 年第 4 期。

交通运输安全的行为不包括在内。劫持火车、电车的行为也足以使火车、电车发生倾覆、毁坏危险,故应将劫持火车、电车的行为视为本罪的破坏行为。

(3)破坏行为足以使火车、汽车、电车、船只或者航空器发生倾覆、毁坏危险(具体危险犯)。倾覆,是指火车出轨、汽车电车翻车、船只翻沉、航空器坠落等;毁坏,是指造成交通工具的性能丧失、报废或者其他重大毁损,因而对人的生命、身体产生危险;危险,是指具有倾覆、毁坏的具体危险。实际上的倾覆与毁坏是本罪法定刑升格的条件;行为人窃取交通工具的部件且数额较大或者多次窃取,但不可能发生上述危险的,仅成立盗窃罪。所以,并不是任何破坏交通工具的行为都成立本罪(如毁坏公交车窗户玻璃的行为,不可能成立本罪)。

2. 责任形式为故意,即明知自己破坏火车、汽车、电车、船只、航空器的行为会发生使其倾覆、毁坏进而危及他人生命、身体的结果,并且希望或者放任这种结果的发生。行为人本想破坏汽车,但实际上破坏了电车的,不影响本罪的成立。

根据刑法第116条和第119条第1款的规定,犯本罪尚未造成严重后果的,处3年以上10年以下有期徒刑;造成严重后果的,处10年以上有期徒刑、无期徒刑或者死刑。特别要注意的是,严重后果必须是破坏行为使火车、汽车、电车、船只或者航空器发生倾覆、毁坏危险的现实化,而不是破坏行为造成的任何严重后果。例如,行为人在砸毁火车的重要部件时,砸掉的金属击中行人头部致人死亡的,不能认定为本罪的严重后果,只能认定为普通的破坏交通工具罪(尚未造成严重后果)与过失致人死亡罪的想象竞合。

刑法理论对破坏交通工具罪是否存在既遂与未遂之分存在不同看法:否定说认为,只要发生足以使交通工具倾覆、毁坏的危险,就成立本罪的既遂;如果没有发生这种危险,则不构成本罪。所以,本罪没有成立未遂的余地。肯定说认为,行为人已着手实行破坏交通工具的行为,但尚不足以造成倾覆、毁坏危险的,成立破坏交通工具罪的未遂犯。[18] 本书的看法是,由于我国刑法第116条与第119条第1款按照是否造成严重结果规定了不同的法定刑,所以,按照前述刑法第114条与第115条第1款的关系处理第116条与第119条第1款的关系即可(参见本章第二节关于放火罪的论述)。行为人在着手实行破坏交通工具的行为,尚未造成严重后果的情况下,自动中止犯罪避免了严重后果的,则应认定为犯罪中止,适用刑法第116条以及刑法总则关于中止犯的处罚规定。[19]

(二)过失损坏交通工具罪

过失损坏交通工具罪,是指过失破坏火车、汽车、电车、船只、航空器,危害交通运输安全,造成严重后果的行为。犯本罪的,根据刑法第119条第2款的规定处罚。

二、破坏交通设施罪、过失损坏交通设施罪

(一)破坏交通设施罪

破坏交通设施罪,是指故意破坏轨道、桥梁、隧道、公路、机场、航道、灯塔、标志或者进

---

〔18〕 参见林亚刚:《危害公共安全罪新论》,武汉大学出版社2001年版,第153页以下。

〔19〕 一种观点认为,由于该行为已经构成了刑法第116条的既遂,故只能认定为第119条的中止犯。可是,既然认定为第116条的既遂,就必须适用该条规定的法定刑,而不可能认定为第119条的中止犯。如前所述,当行为人具有造成第119条的严重后果的故意但客观上尚未造成严重后果时,虽然可谓未遂犯,但只需要适用第116条的规定(此时第116条是对未遂犯的规定),而不必再适用刑法总则关于未遂犯的规定。基于同样的理由,当行为人自动中止或者防止了严重后果时,当然成立第116条的中止犯。

行其他破坏活动,足以使火车、汽车、电车、船只、航空器发生倾覆、毁坏危险的行为。

1. 构成要件的内容为,破坏轨道、桥梁、隧道、公路、机场、航道、灯塔、标志或者进行其他破坏活动,足以使火车、汽车、电车、船只、航空器发生倾覆、毁坏危险。(1)行为对象是关涉公共安全的交通设施。凡是可供汽车、电车通行的道路、桥梁、隧道均应认定为本罪中的公路、桥梁与隧道。破坏民用机场的,成立本罪;破坏军用机场的,成立破坏军事设施罪。(2)实施了破坏行为,包括使交通设施本身遭受毁损和使交通设施丧失应有性能的行为,如拆卸铁轨、拔掉轨道枕木、毁损交通标志、在公路或机场上挖坑掘穴、熄灭灯塔上的灯光、改变信号灯颜色等。(3)破坏行为足以使火车、汽车、电车、船只或者航空器发生倾覆、毁坏危险(具体危险犯),实际上的倾覆与毁坏是本罪法定刑升格的条件。对于盗窃高速公路附属设施的行为,需要具体分析。例如,盗窃高速公路中央栅栏,如果中间没有其他隔离物的,宜认定为破坏交通设施罪(如果除中央栅栏外,还有花草等隔离物,则宜认定为盗窃罪)。再如,盗窃高速公路旁边的栅栏,如果栅栏外是没有车辆、多人通行的庄稼地、山地等的,宜认定为盗窃罪;如果栅栏外是车辆、多人通行的辅路,则应认定为破坏交通设施罪。

2. 责任形式为故意。犯罪动机不影响本罪的成立。出于贪利动机窃取交通设施或其关键部件,足以使交通工具发生倾覆或毁坏危险的,也成立本罪。主观上打算破坏军用机场,实际上破坏了民用机场,或者相反的,属于抽象的事实认识错误,在重合的范围内成立轻罪的既遂犯。

根据刑法第 117 条和第 119 条第 1 款的规定,犯本罪尚未造成严重后果的,处 3 年以上 10 年以下有期徒刑;造成严重后果的,处 10 年以上有期徒刑、无期徒刑或者死刑。严重后果必须是破坏行为使火车、汽车、电车、船只或者航空器发生倾覆、毁坏危险的现实化,而不是破坏行为造成的任何严重后果。例如,行为人破坏轨道,使火车发生倾覆、毁坏危险,虽然没有造成火车倾覆、毁坏,但导致长时间的交通瘫痪。即便因此而造成了重大经济损失,也不能适用刑法第 119 条第 1 款。

(二)过失损坏交通设施罪

过失损坏交通设施罪,是指过失破坏轨道、桥梁、隧道、公路、机场、航道、灯塔、标志,危害交通运输安全,造成严重后果的行为。犯本罪的,根据刑法第 119 条第 2 款的规定处罚。

三、破坏电力设备罪、过失损坏电力设备罪

(一)破坏电力设备罪

破坏电力设备罪,是指故意破坏电力设备,危害公共电力安全的行为。

1. 构成要件的内容为,破坏电力设备,危害公共电力安全。行为对象是关涉公共电力安全(正在使用、已交付使用)的电力设备。电力设备包括各种发电设备、供电设备与输变电设备。[20] 破坏行为的方式没有限定,既可以是作为,也可以是不作为。破坏行为必须危害公共电力安全。例如,向供电线路投掷石块,足以造成电线断路的,属于危害公共电力安全的破坏行为。

2. 责任形式为故意,即明知自己破坏电力设备的行为会发生危害公共供电安全的结

---

〔20〕 具体范围参见国务院 1998 年 1 月 7 日的《电力设施保护条例》。

果，并且希望或者放任这种结果的发生。

实践中，破坏电力设备的案件时有发生，既涉及罪与非罪的界限，也涉及本罪与盗窃等罪的关系。根据有关司法解释，[21]在认定本罪时，应注意以下几点：（1）尚未安装完毕或者已经安装完毕但尚未交付使用的电力设备，不属于正在使用中的电力设备。即使行为人盗走其中架设好的部分电线，也不致对公共安全造成危害，对其行为应以盗窃罪定性。（2）已经通电使用，只是由于枯水季节或电力不足等原因而暂停使用的电力设备，属于本罪的对象。行为人盗窃这类电力设备构成犯罪的，应以破坏电力设备罪论处。（3）已经交付使用但尚未通电的电力设备，也是本罪对象，对于偷割已经安装完毕，但还未供电的电力线路的行为，应分别不同情况处理。如果偷割的是未正式交付电力部门使用的线路，应按盗窃案件处理。如果行为人明知线路已交付电力部门使用而偷割电线的，应认定为破坏电力设备罪。（4）对拆盗某些排灌站、加工厂等生产单位正在使用中的电机设备等，没有危及社会公共安全，但构成犯罪的，可以根据案件的不同情况，按盗窃罪、破坏生产经营罪或者故意毁坏财物罪处理。（5）在一个行为同时触犯了数个罪名的情况下，应按想象竞合犯从一重罪处罚。例如，盗窃电力设备数额特别巨大，虽然危害公共安全，但没有造成严重后果的，应按盗窃罪的法定刑处罚。

根据刑法第118条和第119条第1款的规定，犯本罪尚未造成严重后果的，处3年以上10年以下有期徒刑；造成严重后果的，处10年以上有期徒刑、无期徒刑或者死刑。[22]

（二）过失损坏电力设备罪

过失损坏电力设备罪，是指过失破坏电力设备，危害公共电力安全，造成严重后果的行为。犯本罪的，根据刑法第119条第2款的规定处罚。

四、破坏易燃易爆设备罪、过失损坏易燃易爆设备罪

（一）破坏易燃易爆设备罪

破坏易燃易爆设备罪，是指故意破坏燃气或者其他易燃易爆设备，危害公共安全的行为。

1. 构成要件的内容为，破坏燃气或者其他易燃易爆设备，危害公共安全。首先，行为对象是正在使用、已交付使用等关涉公共安全的燃气或者其他易燃易爆设备。正在使用的油田输油管道，属于易燃易爆设备。在实施盗窃油气等行为过程中，采用切割、打孔、撬砸、拆卸、开关等手段，破坏正在使用中的油气设备，[23]危害公共安全的，成立本罪。[24]其次，必须实施了破坏行为。破坏的方式没有限定，既可以是作为，也可以是不作为。最

---

〔21〕 参见最高人民检察院1986年12月9日《关于破坏电力设备罪几个问题的批复》；最高人民法院1993年8月4日《关于破坏生产单位正在使用的电动机是否构成破坏电力设备罪问题的批复》；最高人民法院2007年8月15日《关于审理破坏电力设备刑事案件具体应用法律若干问题的解释》。

〔22〕 根据最高人民法院2007年8月15日《关于审理破坏电力设备刑事案件具体应用法律若干问题的解释》，具有下列情形之一的，属于造成严重后果：（1）造成1人死亡、3人以上重伤或者10人以上轻伤的；（2）造成1万以上用户电力供应中断6小时以上，致使生产、生活受到严重影响的；（3）造成直接经济损失100万元以上的；（4）造成其他危害公共安全严重后果的。

〔23〕 "油气"，是指石油、天然气。其中，石油包括原油、成品油；天然气包括煤层气。"油气设备"，是指用于石油、天然气生产、储存、运输等易燃易爆设备。

〔24〕 同时触犯盗窃罪的，按照处罚较重的规定处罚（参见"两高"2007年1月15日《关于办理盗窃油气、破坏油气设备等刑事案件具体应用法律若干问题的解释》）。

后，破坏行为必须危害公共安全（具体危险犯）。

2. 责任形式为故意，即明知自己破坏燃气或者其他易燃易爆设备的行为会发生危害公共安全的结果，并且希望或者放任这种结果的发生。

根据刑法第118条和第119条第1款的规定，犯本罪尚未造成严重后果的，处3年以上10年以下有期徒刑；造成严重后果的，处10年以上有期徒刑、无期徒刑或者死刑。[25]

（二）过失损坏易燃易爆设备罪

过失损坏易燃易爆设备罪，是指过失破坏燃气或者其他易燃易爆设备，危害公共安全，造成严重后果的行为。根据刑法第119条第2款的规定，犯本罪的，处3年以上7年以下有期徒刑；情节较轻的，处3年以下有期徒刑或者拘役。

五、破坏广播电视设施、公用电信设施罪、过失损坏广播电视设施、公用电信设施罪

（一）破坏广播电视设施、公用电信设施罪

破坏广播电视设施、公用电信设施罪，是指故意破坏广播电视、公用电信设施，危害公共安全的行为。

1. 构成要件的内容为，破坏广播电视、公用电信设施，危害公共安全。首先，行为对象是正在使用、已交付使用等关涉公共安全的广播电视、公用电信设施；其中的电信设施必须是公用的，包括公用电报、电话及其他通讯设施。破坏没有安装完毕、没有交付使用或者已经报废的广播电视、公用电信设施的行为，不成立本罪。其次，实施了破坏行为。破坏行为表现为两种情况：一是使上述设施物理上毁损；二是使上述设施丧失应有性能。最后，破坏行为必须危害公共安全。

本罪属于具体危险犯，不以造成侵害结果为要件。但最高人民法院2004年12月30日《关于审理破坏公用电信设施刑事案件具体应用法律若干问题的解释》第1条指出："采用截断通信线路、损毁通信设备或者删除、修改、增加电信网计算机信息系统中存储、处理或者传输的数据和应用程序等手段，故意破坏正在使用的公用电信设施，具有下列情形之一的，属于刑法第一百二十四条规定的'危害公共安全'，依照刑法第一百二十四条第一款规定，以破坏公用电信设施罪处3年以上7年以下有期徒刑：（一）造成火警、匪警、医疗急救、交通事故报警、救灾、抢险、防汛等通信中断或者严重障碍，并因此贻误救助、救治、救灾、抢险等，致使人员死亡1人、重伤3人以上或者造成财产损失30万元以上的；（二）造成2000以上不满1万用户通信中断1小时以上，或者1万以上用户通信中断不满1小时的；（三）在一个本地网范围内，网间通信全阻、关口局至某一局向全部中断或网间某一业务全部中断不满2小时或者直接影响范围不满5万（用户×小时）的；（四）造成网间通信严重障碍，一日内累计2小时以上不满12小时的；（五）其他危害公共安全的情形。"这一规定将破坏公用电信设施罪解释为侵害犯，存在疑问。诚然，对本条第1款的"危害公共安全"设立如此高的定罪标准，旨在使相应的过失行为也受到处罚。但是，这样的规定使故意犯罪的成立范围不当缩小，现在的司法实践表明，这样的解释明显行不

---

〔25〕　根据"两高"2007年1月15日《关于办理盗窃油气、破坏油气设备等刑事案件具体应用法律若干问题的解释》第2条的规定，实施破坏油气设备行为，具有下列情形之一的，属于"造成严重后果"：(1)造成1人以上死亡、3人以上重伤或者10人以上轻伤的；(2)造成井喷或者重大环境污染事故的；(3)造成直接经济损失数额在50万元以上的；(4)造成其他严重后果的。

通。将本罪解释为侵害犯的原因,在于未能正确处理后述刑法第 124 条第 1 款与第 2 款的关系。相比之下,最高人民法院 2011 年 6 月 7 日《关于审理破坏广播电视设施等刑事案件具体应用法律若干问题的解释》第 1 条的规定较为妥当。该条规定:"采取拆卸、毁坏设备,剪割缆线,删除、修改、增加广播电视设备系统中存储、处理、传输的数据和应用程序,非法占用频率等手段,破坏正在使用的广播电视设施,具有下列情形之一的,依照刑法第一百二十四条第一款的规定,以破坏广播电视设施罪处 3 年以上 7 年以下有期徒刑:(一)造成救灾、抢险、防汛和灾害预警等重大公共信息无法发布的;(二)造成县级、地市(设区的市)级广播电视台中直接关系节目播出的设施无法使用,信号无法播出的;(三)造成省级以上广播电视传输网内的设施无法使用,地市(设区的市)级广播电视传输网内的设施无法使用 3 小时以上,县级广播电视传输网内的设施无法使用 12 小时以上,信号无法传输的;(四)其他危害公共安全的情形。"

2. 责任形式为故意,即明知自己破坏广播电视、公用电信设施的行为会发生危害公共安全的结果,并且希望或者放任这种结果的发生。

盗窃广播电视设施、公用电信设施价值数额不大,但危害公共安全的,依照破坏广播电视设施、公用电信设施罪论处;盗窃与公共安全无关的广播电视设施、公用电信设施,并不危害公共安全的,应认定为盗窃罪;盗窃广播电视设施、公用电信设施同时构成盗窃罪和破坏广播电视设施、公用电信设施罪的,属于想象竞合犯,从一重罪处罚。破坏正在使用的广播电视设施未危及公共安全,或者故意毁坏尚未投入使用的广播电视设施,造成财物损失数额较大或者有其他严重情节的,以故意毁坏财物罪定罪处罚。实施破坏广播电视设施犯罪,并利用广播电视设施实施煽动分裂国家、煽动颠覆国家政权、煽动民族仇恨、民族歧视或者宣扬邪教等行为,同时构成其他犯罪的,依照处罚较重的规定处罚(不排除实行数罪并罚的可能)。根据"两高"、公安部、国家安全部 2014 年 3 月 14 日《关于依法办理非法生产销售使用"伪基站"设备案件的意见》,非法使用"伪基站"设备干扰公用电信网络信号,危害公共安全的,以破坏公用电信设施罪追究刑事责任;同时构成其他犯罪的,依照处罚较重的规定追究刑事责任。利用"伪基站"设备实施诈骗等其他犯罪行为,同时构成破坏公用电信设施罪的,依照处罚较重的规定追究刑事责任。

根据刑法第 124 条的规定,犯本罪的,处 3 年以上 7 年以下有期徒刑;造成严重后果的,处 7 年以上有期徒刑。[26]

(二)过失损坏广播电视设施、公用电信设施罪

过失损坏广播电视设施、公用电信设施罪,是指过失破坏广播电视设施、公用电信设施,危害公共安全,造成严重后果的行为。

由于刑法第 124 条第 1 款规定了破坏广播电视、公用电信设施危害公共安全(尚未造成严重后果)与造成严重后果两种情况,而第 2 款规定的是"过失犯前款罪的"情形,故从该条的关系上看,过失破坏广播电视设施、公用电信设施尚未造成严重后果的也成立犯

---

〔26〕 关于严重后果的认定,参见最高人民法院 2004 年 12 月 30 日《关于审理破坏公用电信设施刑事案件具体应用法律若干问题的解释》第 2 条,最高人民法院 2011 年 6 月 7 日《关于审理破坏广播电视设施等刑事案件具体应用法律若干问题的解释》第 2 条,以及"两高"、工业和信息化部、公安部 2014 年 8 月 28 日公布的《公用电信设施损坏经济损失计算方法》。

罪。但本书认为,对这种行为不能认定为犯罪。(1)根据刑法总则第 15 条的规定,过失行为只有造成结果的才成立犯罪。(2)同过失损坏交通工具、交通设施、电力设备等犯罪相比,过失破坏广播电视、公用电信设施行为的危害程度较轻,而前者要求造成严重后果才成立犯罪,后者理当以造成严重后果为构成要件要素。[27] (3)如果对过失损坏广播电视设施、公用电信设施尚未造成严重后果的也处罚,则其法定刑与故意实施上述行为的法定刑相同,这显然不合适。因此,应当认为,刑法第 124 条第 2 款规定的"过失犯前款罪"仅指过失犯前款中造成严重后果的犯罪。其实,与刑法第 114 条至第 119 条相比较,就知道刑法第 124 条第 1 款前段所表示的是尚未造成严重后果的情形。唯一不同的是,刑法第 114 条、第 116 条至第 118 条使用了"尚未造成严重后果"的表述。但是,"尚未造成严重后果"只是表面的构成要件要素,而不是真正的构成要件要素。

根据刑法第 124 条第 2 款的规定,犯本罪的,处 3 年以上 7 年以下有期徒刑;情节较轻的,处 3 年以下有期徒刑或者拘役。

第四节　实施恐怖、危险活动危害公共安全的犯罪

一、组织、领导、参加恐怖组织罪

组织、领导、参加恐怖组织罪,是指组织、领导或者参加恐怖活动组织的行为。

根据全国人大常委会 2011 年 10 月 29 日《关于加强反恐怖工作有关问题的决定》,恐怖活动,是指以制造社会恐慌、危害公共安全或者胁迫国家机关、国际组织为目的,采取暴力、破坏、恐吓等手段,造成或者意图造成人员伤亡、重大财产损失、公共设施损坏、社会秩序混乱等严重社会危害的行为,以及煽动、资助或者以其他方式协助实施上述活动的行为。根据全国人大常委会 2015 年 12 月 27 日通过的《反恐怖主义法》第 3 条的规定,恐怖活动,是指恐怖主义性质的下列行为:(1)组织、策划、准备实施、实施造成或者意图造成人员伤亡、重大财产损失、公共设施损坏、社会秩序混乱等严重社会危害的活动的;(2)宣扬恐怖主义,煽动实施恐怖活动,或者非法持有宣扬恐怖主义的物品,强制他人在公共场所穿戴宣扬恐怖主义的服饰、标志的;(3)组织、领导、参加恐怖活动组织的;(4)为恐怖活动组织、恐怖活动人员、实施恐怖活动或者恐怖活动培训提供信息、资金、物资、劳务、技术、场所等支持、协助、便利的;(5)其他恐怖活动。恐怖主义,是指通过暴力、破坏、恐吓等手段,制造社会恐慌、危害公共安全、侵犯人身财产,或者胁迫国家机关、国际组织,以实现其政治、意识形态等目的的主张和行为。恐怖活动组织,是指三人以上为实施恐怖活动而组成的犯罪组织。组织,主要是指组建恐怖活动组织;领导,主要是指策划、指挥恐怖活动组织的具体活动;参加,是指加入恐怖活动组织,使自己成为该组织成员。行为人实施组织、领导、参加行为之一的,便成立本罪;事实上是否开始实施恐怖活动,不影响本罪的成立。但对于被胁迫参加恐怖活动组织,没有实施恐怖活动的,不宜以犯罪论处。犯本罪

---

〔27〕 不能否认过失损坏交通工具、交通设施、电力设备等犯罪的成立,以行为"造成严重后果"为前提,因为这是刑法第 119 条的明确规定。既然如此,就只能以该明确规定为根据,解释刑法第 124 条不明确的规定。

并实施杀人、爆炸、绑架等犯罪的,实行数罪并罚。本罪只能由故意构成,即明知恐怖活动危害公共安全,但以实施恐怖活动为目的组织、领导或者参加恐怖活动组织。

根据刑法第120条的规定,组织、领导恐怖活动组织的,处10年以上有期徒刑或者无期徒刑,并处没收财产;积极参加的,处3年以上10年以下有期徒刑,并处罚金;其他参加的,处3年以下有期徒刑、拘役、管制或者剥夺政治权利,可以并处罚金。

二、帮助恐怖活动罪

(一)帮助恐怖活动罪的概念与犯罪构成

帮助恐怖活动罪,是指故意资助恐怖活动组织、实施恐怖活动的个人,或者资助恐怖活动培训,以及为恐怖活动组织、实施恐怖活动或者恐怖活动培训招募、运送人员的行为。

1. 本罪构成要件行为包括以下类型:(1)资助恐怖活动组织;(2)资助实施恐怖活动的个人;(3)资助恐怖活动培训;(4)为恐怖活动组织招募、运送人员;(5)为实施恐怖活动招募、运送人员;(6)为恐怖活动培训招募、运送人员。

所谓"资助",是指为恐怖活动组织、实施恐怖活动的个人或者恐怖活动培训筹集、提供经费、物资(如通讯设备、设施)或者提供活动场所、训练基地以及其他物质便利的行为。资助的具体方式没有限制;资助的时间也没有限定。但是,精神上的帮助不属于本罪的资助。"恐怖活动组织",既包括境内的恐怖活动组织,也包括境外的恐怖活动组织;既包括由官方确认的恐怖活动组织,也包括未经官方确认的恐怖活动组织(以符合相关特征为前提)。"实施恐怖活动的个人",包括预谋实施、准备实施和实际实施恐怖活动的个人,不问其国籍。"恐怖活动培训",既包括为实施恐怖活动而组织培训的行为,也包括参加或者接受恐怖活动培训的行为,不问培训是在境内还是境外。"招募"是指通过各种途径与方法,面向特定或者不特定的群体募集、征集人员。"运送",是指利用各种交通工具运送自己或者他人招募的人员。

2. 本罪只能由故意构成。不管实施哪一种资助行为,行为人都必须认识到所资助的是恐怖活动组织、实施恐怖活动的个人或者恐怖活动培训;实施招募、运送人员的行为时,必须明知自己是为恐怖活动组织、实施恐怖活动或者恐怖活动培训而招募、运送人员。

(二)帮助恐怖活动罪的认定

可以认为,本罪的主要内容是帮助犯的正犯化。[28] 因此,资助行为以及招募、运送行为本身就是正犯行为。这种行为对公共安全虽然只有抽象的危险,但由于恐怖活动组织实施的犯罪具有极大的法益侵害性,恐怖活动组织本身具有实施恐怖犯罪的极大危险性,一般预防与特别预防的必要性大,所以,将这种抽象的危险行为规定为犯罪具有正当性。

由于本罪行为就是正犯行为,故本罪的成立不以恐怖活动组织或者人员实施具体的恐怖活动犯罪为前提。例如,只要行为人提供的资助被恐怖活动组织或者人员接收,就成立本罪的既遂。再如,只要恐怖组织或者人员接收了行为人所招募、运送的人员,招募、运送行为就成立本罪的既遂犯;行为人所招募、运送的人员没有被恐怖活动组织或者人员接收的,招募、运送行为成立本罪的未遂犯。基于同样的理由,教唆或者帮助他人实施本罪的资助行为或者招募、运送人员的,成立本罪的教唆犯与帮助犯。

---

〔28〕 本罪既包括具体恐怖活动犯罪的部分帮助行为,也包括一般性的,并非针对具体恐怖活动的资助行为与招募、运送人员的行为。

如果行为超出了资助的范围，与恐怖活动组织或者个人共同故意组织、领导恐怖活动组织，策划、实施恐怖犯罪活动，则同时触犯本罪与相关恐怖活动犯罪，根据具体情况认定为想象竞合或者数罪。即使没有超出资助的范围，但同时触犯其他犯罪的，应认定为想象竞合，从一重罪处罚。

（三）帮助恐怖活动罪的处罚

根据刑法第120条之一的规定，犯本罪的，处5年以下有期徒刑、拘役、管制或者剥夺政治权利，并处罚金；情节严重的，处5年以上有期徒刑，并处罚金或者没收财产。单位犯本罪的，对单位判处罚金，并对其直接负责的主管人员和其他直接责任人员，依照上述法定刑处罚。犯本罪的，不得适用刑法第27条关于对从犯"应当从轻、减轻处罚或者免除处罚"的规定。[29]

三、准备实施恐怖活动罪

（一）准备实施恐怖活动罪的概念与犯罪构成

准备实施恐怖活动罪，是指为实施恐怖活动准备凶器、危险物品或者其他工具的，组织恐怖活动培训或者积极参加恐怖活动培训的，为实施恐怖活动与境外恐怖活动组织或者人员联络的，以及为实施恐怖活动进行策划或者其他准备的行为。

大体而言，本罪的构成要件行为表现为恐怖犯罪活动的准备行为（独立预备罪）。"凶器"是足以致人伤亡的武器、刀具等器具；"危险物品"，是指具有燃烧性、爆炸性、腐蚀性、毒害性、放射性等特性的物品；"其他工具"是指其他类似的实施恐怖犯罪活动所需要的工具。"准备"的方法没有限定，包括购买、制造、租用等。"恐怖活动培训"，既包括传授、灌输恐怖主义思想、主张的培训，也包括实施具体恐怖活动的方法、技能的培训。培训的方法没有限定，如当面讲授、开办培训班、举办论坛、组织收听相关音频视频资料等。组织与积极参加恐怖活动培训的，成立本罪。讲授恐怖活动内容的行为，至少属于本罪的"积极参加"行为。偶然接受培训的行为，不以本罪论处。"与境外恐怖活动组织或者人员联络"，既包括利用各种通讯方式联络（如电话、电子邮件、短信等），也包括直接见面联络；联络的目的是"为实施恐怖活动"，其内容既可以是参加境外恐怖活动组织或者具体恐怖活动，也可以是向对方提供相关情报，还可以是寻求支持、支援与帮助等。"为实施恐怖活动进行策划"，是指就实施恐怖活动的时间、地点、目标、方法等进行筹划、谋划。"其他准备"似乎只是第4项的兜底规定。但是，倘若这样理解，第120条之二第1款前三项的规定就没有任何意义。因为相对于"为实施恐怖活动进行策划"而言，前三项的规定都属于"其他准备"。所以，只能认为，"其他准备"实际上是第120条之二第1款的兜底规定，故其他准备行为都能够包括在其中。亦即，对于"其他准备"行为必须直接适用刑法第120条之二第1款的规定，并直接根据该款规定的法定刑处罚，而不必适用刑法总则关于从属预备罪的规定。

本罪只能由故意构成。不仅如此，部分类型还属于目的犯。例如，准备凶器、危险物品或者其他工具的行为，以及与境外恐怖活动组织或者人员联络的行为，必须以"实施恐怖活动"为目的。但是，本罪的成立只要求行为人具有将要实施恐怖活动的一般目的即可，不要求行为人在行为时已经具备实施特定恐怖活动的具体目的。例如，只要行为人准

---

〔29〕 当然只具有从宽处罚情节的除外，但该"帮助"行为本身不可能成为从宽处罚的情节。

备危险物品是为了将来用于实施恐怖活动即可,不要求行为人在准备危险物品时已经确定了恐怖活动的具体时间、地点与目标。

(二)准备实施恐怖活动罪的认定

由于本罪属于预备行为的实行行为化(预备犯的既遂化),所以,对于教唆、帮助他人实施本罪行为的,应当以教唆犯、帮助犯论处。行为人完成了本罪行为的即构成犯罪既遂,不适用刑法总则关于预备犯的规定。行为人已经着手实行本罪的准备行为,由于意志以外的原因而没有完成准备行为的,成立本罪的未遂犯。为了实施本罪而实施的准备行为(可谓独立预备罪的预备行为),如果具有危害公共安全的抽象危险,也可能(但不是必然)适用刑法总则第22条关于从属预备罪的规定。例如,为了组织恐怖活动培训,已经联系了讲授人员与参加人员,或者准备了培训场所的,应按照刑法第22条的规定,以预备犯(从属预备罪)处罚。为他人实施恐怖活动而实施本罪的准备行为的,也能成立本罪。但是,倘若他人根本不实施恐怖活动犯罪的,则对实施准备行为的人不能以本罪论处(参见第七章第二节)。

(三)准备实施恐怖活动罪的处罚

根据刑法第120条之二的规定,犯本罪的,处5年以下有期徒刑、拘役、管制或者剥夺政治权利,并处罚金;情节严重的,处5年以上有期徒刑,并处罚金或者没收财产。

实施本罪行为同时构成其他犯罪的,依照处罚较重的规定定罪处罚。例如,为实施恐怖活动准备危险物品的行为(第120条之二第1款第1项)同时构成非法储存爆炸物罪的正犯时,应认定为想象竞合,适用非法储存爆炸物罪的法定刑予以处罚。需要说明的是,行为所触犯的"其他犯罪"包括相应的从属预备罪。例如,甲、乙等人为实施大规模杀人的恐怖活动进行了策划,准备了大量危险凶器,并且对参加人员进行了培训。在这种情况下,倘若认定为准备恐怖活动罪(即独立预备罪),按刑法第120条之二第1款规定的法定刑处罚,最高刑为15年有期徒刑。但是,倘若按故意杀人罪的预备犯(即从属预备罪)处罚,并且根据案件事实不应从轻、减轻处罚时,则完全可能判处无期徒刑。如果后者更符合罪刑相适应原则,则应按故意杀人罪的预备犯处罚。

四、宣扬恐怖主义、极端主义、煽动实施恐怖活动罪

本罪是指以制作、散发宣扬恐怖主义、极端主义的图书、音频视频资料或者其他物品,或者通过讲授、发布信息等方式宣扬恐怖主义、极端主义的,或者煽动实施恐怖活动的行为。恐怖主义,是指通过暴力、破坏、恐吓等手段,制造社会恐慌、危害公共安全、侵犯人身财产,或者胁迫国家机关、国际组织,以实现其政治、意识形态等目的的主张和行为。极端主义,是指歪曲宗教教义和宣扬宗教极端,以及其他崇尚暴力、仇视社会、反对人类等极端的思想、言论和行为。宣扬,是指广泛宣传,使不特定人或者多数人接受恐怖主义、极端主义的行为。煽动实施恐怖活动,是指公然向不特定人或者多数人实施的,使其产生实施恐怖活动的决意,或者刺激、助长其已产生的实施恐怖活动的决意的行为。犯本罪的,根据刑法第120条之三的规定处罚。

五、利用极端主义破坏法律实施罪

本罪是指利用极端主义煽动、胁迫群众破坏国家法律确立的婚姻、司法、教育、社会管理等制度实施的行为。行为同时构成其他犯罪的,依照处罚较重的规定处罚。犯本罪的,根据刑法第120条之四的规定处罚。

六、强制穿戴宣扬恐怖主义、极端主义服饰、标志罪

本罪是指以暴力、胁迫等方式强制他人在公共场所穿着、佩戴宣扬恐怖主义、极端主义服饰、标志的行为。

“暴力”一词在不同场合具有不同含义。最广义的暴力，包括不法行使有形力的一切情况，其对象不仅可以是人（对人暴力），而且可以是物（对物暴力）。广义的暴力，是指不法对人行使有形力的行为，但不要求直接对人的身体行使，只要对人的身体施以强烈的物理影响即可，如在他人身边播放高分贝噪音。狭义的暴力，是指对人的身体不法行使有形力，但不要求达到足以抑制对方反抗的程度，如打人一耳光。最狭义的暴力，是指对人行使有形力，并达到了足以抑制对方反抗的程度，但不要求直接对人的身体行使有形力。本罪的暴力应是指最广义的暴力。胁迫，是指以使他人产生恐惧心理为目的，以恶害相通告的行为。广义的胁迫，是指以使他人产生恐惧心理为目的，以恶害相通告的一切行为；恶害的内容、性质，通告的方法没有限制，也不问对方是否产生了恐惧心理。狭义的胁迫，主要是指限定了所通告的恶害内容的胁迫，不要求达到足以抑制对方反抗的程度。最狭义的胁迫，是指胁迫程度足以抑制对方反抗的行为。本罪的胁迫，应是指广义的胁迫。除暴力、胁迫外，其他使他人难以或不能反抗的方法均包含在内。“公共场所”是指不特定人或者多数人可以自由出入的场所，如商店、影剧院、体育场、街道、马路以及学校、医院等。本罪的“强制”行为，是指以暴力、胁迫等方式强迫他人穿着含有宣扬恐怖主义、极端主义的符号、旗帜、徽记、口号、标语、图形的服饰或者佩戴宣扬恐怖主义、极端主义的标志。但是，只有当“穿着”、“佩戴”方式足以使不特定人或者多数人发现该服饰、标志时，才能以本罪论处。强迫他人留有宣扬恐怖主义、极端主义发型的，或者强迫他人将宣扬恐怖主义、极端主义的标志作为文身图案的，因为不符合“穿着、佩戴”的条件，难以认定为本罪。[30]

根据刑法第120条之五的规定，犯本罪的，处3年以下有期徒刑、拘役或者管制，并处罚金。实施本罪行为，同时构成宣扬恐怖主义、极端主义罪的，依照处罚较重的规定定罪处罚。事实上，强制者的行为一般同时成立宣扬恐怖主义、极端主义罪的间接正犯。[31]

七、非法持有宣扬恐怖主义、极端主义物品罪

本罪是指明知是宣扬恐怖主义、极端主义的图书、音频视频资料或者其他物品而非法持有，情节严重的行为。其中的“持有”既可以是秘密的，也可以是公开的，既可以藏于家中，也可以携带于公共场合。倘若携带于公共场合的行为同时触犯了宣扬恐怖主义、极端主义罪，则应认定为想象竞合犯，从一重罪处罚。犯本罪的，根据刑法第120条之六的规定处罚。

八、劫持航空器罪

（一）劫持航空器罪的概念与犯罪构成

劫持航空器罪，是指以暴力、胁迫或者其他方法劫持航空器的行为。

1. 构成要件的内容是，以暴力、胁迫或者其他方法劫持航空器。

（1）行为对象是航空器。多数观点认为，作为本罪对象的航空器，必须是使用中或者

---

〔30〕 但是，强迫他人佩戴象征恐怖主义、极端主义假发的，可以成立本罪。当然，强制行为可能成立宣扬恐怖主义、极端主义罪的间接正犯。

〔31〕 被强制者也可能成立宣扬恐怖主义、极端主义罪的共犯。

飞行中的航空器。根据《蒙特利尔公约》规定,从地面人员或机组为某一特定飞行而对航空器进行飞行前的准备时起,直到降落后24小时为止,该航空器被认为是正在使用中;在任何情况下,使用的期间包括航空器在飞行中的整个时间。航空器从装载完毕,机舱外部各门均已关闭时起,直至打开任一机舱门以便卸载时止,属于正在飞行中;航空器被迫降落时,在主管当局接管该航空器及机上人员与财产的责任以前,视为仍在飞行中。但是,这一限定缺乏合理性。例如,当机组人员已进入航空器,还没有关闭机舱门时,行为人对机组人员使用暴力、胁迫手段进而以实力支配航空器的,也宜认定为劫持航空器。但是,窃走没有他人在内的航空器的,不能认定为本罪。

一种观点认为,只有劫持民用航空器的行为,才成立本罪。[32] 但是,这种观点可能混淆了本罪的构成要件与普遍管辖权问题。本书认为,作为本罪对象的航空器既可以是民用航空器,也可以是国家航空器(用于军事、海关、警察部门的航空器)。[33] 虽然根据有关国际公约,劫持航空器犯罪中的航空器仅限于民用航空器,[34]但是,不能完全根据国际刑法规范解释国内刑法;国内刑法也没有对航空器做出任何限定,因为国内刑法在规定某种犯罪时完全可能超出国际犯罪的外延;劫持供军事、海关、警察部门使用的国家航空器的犯罪行为也可能发生,且必然危害公共安全,[35]应以本罪论处;事实上,国家航空器与民用航空器的界限并不清晰,将本罪的对象限定为民用航空器,会人为地导致本罪认定上的困惑。但是,当外国人劫持外国的航空器进入我国领域后,我国行使刑事管辖权时,必须遵守国际公约的有关规定。换言之,在上述情况下,对劫持民用航空器的行为可以行使普遍管辖权;对劫持国家航空器的行为,只能适用其他管辖原则。在此不存在所谓"逻辑上不够统一"的问题。倘若将本罪的对象限定为民用航空器,那么,对于劫持供军事、海关、警察部门使用的国家航空器的犯罪行为,不可能宣告无罪,而只能认定为其他犯罪,反而导致处理结论不协调,而且可能违反罪刑法定原则。

(2)行为主体没有特别限制,航空器的驾驶人员与乘务组其他人员均可以成为本罪主体。

(3)行为内容是以暴力、胁迫或者其他方法劫持航空器。本罪的暴力,应是指最狭义的暴力,只要是对机组成员等人不法行使有形力,并达到足以抑制其反抗的程度,便属于本罪的暴力。本罪中的胁迫,应限于最狭义的胁迫。[36] 行为人为了使机组成员等人产生恐惧心理,实施对物暴力行为,足以抑制其反抗的,应属于本罪的胁迫。其他方法,是指与暴力、胁迫性质相当的,使航空器内的机组成员或其他人员不能反抗、不敢反抗或者不知反抗的方法,如暗中投放麻醉药品,使机组成员丧失反抗能力等。"劫持"主要表现为两

---

〔32〕 参见王作富主编:《刑法分则实务研究》(上),中国方正出版社2013年第5版,第97页以下。

〔33〕 如果对无人驾驶的航空器也能实施劫持行为(当然以对自然人实施暴力、胁迫或者其他方法为前提),那么,无人驾驶的航空器也能成为本罪对象。

〔34〕 《海牙公约》第3条与《蒙特利尔公约》第4条规定:"本公约不适用于供军事、海关或警用航空器。"

〔35〕 虽然国家航空器上有时人员很少,但劫持国家航空器的行为不仅可能导致航空器的毁坏,还可能导致地面上不特定或者多数人的伤亡。

〔36〕 有人鉴于劫持航空器犯罪的危险性,将其中的暴力、胁迫作更为宽泛的解释。但是,一方面,轻微暴力、胁迫不足以劫持航空器,也可能成立其他犯罪(如暴力危及飞行安全罪);另一方面,本罪的法定刑很重,不宜包括轻微暴力、胁迫行为(如乘机人在座位上向空姐说:"如果你们不飞往利比亚,我就打断你的腿。"对此显然不能认定为劫持航空器罪)。

种情况:一是劫夺航空器,犯罪人直接驾驶或者操作航空器;二是强迫航空器驾驶、操作人员按照自己的意志驾驶、操作,从而控制航空器的起飞、航行线路、速度与降落地点。行为人控制了航空器或者控制了航空器的航行,成立本罪的既遂。由此可见,一个行为可能同时触犯劫持航空器罪与抢劫罪(抢劫航空器),对此,应按想象竞合犯从一重罪处罚。

2. 责任形式为故意,即明知劫持航空器的行为会发生危害航空安全的结果,并且希望或者放任这种结果的发生。从实践上看,劫持者总是为了达到特定目的,但犯罪目的与动机的内容不影响本罪的成立。

(二)劫持航空器罪的处罚

根据刑法第 121 条的规定,犯本罪的,处 10 年以上有期徒刑或者无期徒刑;致人重伤、死亡或者使航空器遭受严重破坏的,处死刑。本书认为,本条中的"致人重伤、死亡",不仅包括暴力、胁迫行为过失致人重伤、死亡,而且还宜包括故意致人重伤与故意杀人(否则会导致刑罚不协调);不仅包括暴力、胁迫行为导致机组人员重伤、死亡,而且包括劫持行为导致其他人员(如地面人员)重伤、死亡。

九、劫持船只、汽车罪

劫持船只、汽车罪,是指使用暴力、胁迫或者其他方法劫持船只、汽车的行为。劫持火车、电车的行为不成立本罪,宜以破坏交通工具罪论处。使用暴力、胁迫方法迫使小型出租车司机开往某地的,一般不应认定为本罪(行为人不付出租车费用的,可认定为抢劫罪)。但是,使用暴力、胁迫方法逼使出租车司机横冲直撞,或者劫夺后直接驾驶出租车横冲直撞的,则应认定为劫持汽车罪。换言之,本罪虽然是抽象的危险犯,但仍然需要司法机关大体判断行为是否危害公共安全(是否危及被劫持的船只、汽车或者其他船只、汽车的行驶安全);客观上并不危害公共安全的行为,不应以本罪论处。劫持船只、汽车的行为同时触犯抢劫罪的,按想象竞合犯处理。根据刑法第 122 条的规定,犯本罪的,处 5 年以上 10 年以下有期徒刑;造成严重后果的,处 10 年以上有期徒刑或者无期徒刑。

十、暴力危及飞行安全罪

暴力危及飞行安全罪,是指对飞行中的航空器上的人员使用暴力,危及飞行安全的行为。

本罪构成要件的内容为,对飞行中的航空器上的人员使用暴力,危及飞行安全。首先,必须使用了暴力,即不法对人行使有形力的一切行为(广义的暴力)。采取传送虚假情报等非暴力方式危及飞行安全的,不成立本罪。其次,必须对航空器上的人员(包括机组人员与乘客等航空器上的其他人员)使用暴力。再次,航空器必须处于飞行中。最后,必须危及飞行安全,对飞行安全构成了威胁(具体危险犯)。另一方面,成立本罪也不要求暴力行为造成侵害结果。责任形式既可以是直接故意,也可以是间接故意。

行为人以杀人、伤害等罪的故意,对飞行中的航空器上的人员使用暴力,危及飞行安全的,属于想象竞合犯。劫持航空器的行为必然危及飞行安全,但不以本罪论处。换言之,以暴力手段劫持航空器的行为,必然同时触犯了劫持航空器罪与本罪,但只能认定为劫持航空器罪,不能将其与本罪并罚。

根据刑法第 123 条的规定,犯本罪的,处 5 年以下有期徒刑或者拘役;造成严重后果的,处 5 年以上有期徒刑。

第五节 违反枪支、弹药管理规定危害公共安全的犯罪

一、非法制造、买卖、运输、邮寄、储存枪支、弹药、爆炸物罪

(一)本罪的概念与犯罪构成

非法制造、买卖、运输、邮寄、储存枪支、弹药、爆炸物罪,是指违反国家有关枪支、弹药、爆炸物管理法规,擅自制造、买卖、运输、邮寄、储存枪支、弹药、爆炸物,危害公共安全的行为。由于枪支、弹药、爆炸物的杀伤力与破坏力相当大,故刑法将本罪以及其他有关枪支、弹药、爆炸物的犯罪,规定为危害公共安全的犯罪,并将本罪及其他重大犯罪规定为抽象的危险犯。因此,成立本罪不要求发生具体危险。

1. 构成要件的内容是,违反国家有关枪支、弹药、爆炸物管理法规,擅自制造、买卖、运输、邮寄、储存枪支、弹药、爆炸物的行为。(1)行为主体既可以是自然人,也可以是单位。(2)制造、买卖、运输、邮寄、储存的必须是枪支、弹药与爆炸物。根据《枪支管理法》的规定,枪支、弹药是指军用手枪、步枪、冲锋枪、机枪、射击运动的各种枪支、狩猎用的有膛线枪、散弹枪、火药枪、麻醉动物用的注射枪和能发射金属弹丸的气枪,以及上述枪支所使用的弹药;发射金属弹丸的钢珠枪,也包含在内。[37] 以火药为动力发射弹药的大口径武器,属于本罪的枪支。此外,对私自制作土枪出售,或者将体育运动用枪改装成火药枪的,应根据具体情况,区别对待:构成犯罪的,以非法制造、买卖枪支罪予以处罚;如果情节显著轻微危害不大的,则不以犯罪论处。不能发射子弹的仿真手枪等,不属于本条的枪支。至于爆炸物,则是指具有较大爆破性或杀伤性的爆炸物,既包括军用的爆炸物,如地雷、炸弹、手榴弹,也包括《民用爆炸物品安全管理条例》所列的爆破器材。[38] (3)必须有非法制造、买卖、运输、邮寄、储存枪支、弹药、爆炸物的行为。非法制造,是指未经国家许可擅自制造(包括改装、配装)枪支、弹药、爆炸物。非法买卖,是指违反有关法规,购买或者出售枪支、弹药、爆炸物(不要求买入后再卖出);介绍买卖枪支、弹药、爆炸物的,以买卖枪支、弹药、爆炸物罪的共犯论处。对于以枪支换枪支、以弹药换弹药或者以枪支换弹药的行为,需要判断其是否增加了公共危险,如果得出肯定结论,也应以本罪论处。例如,甲持有两支手枪而无相应的子弹,而乙持有多发子弹却无相应的手枪,乙用部分子弹换取甲的一支手枪。对此,应认定甲、乙成立非法买卖枪支、弹药罪。一般来说,上述各种交换行为都会增加公共危险,只有当交换对象的性能与数量完全相同时,才可能认为没有增加公共危险。非法运输,是指违反有关法规,转移枪支、弹药、爆炸物存放地的行为。运输行为必须

---

〔37〕 参见最高人民法院1993年12月17日《关于办理非法制造、买卖、运输、私藏钢珠枪犯罪案件适用法律问题的通知》。

〔38〕 参照《烟花爆竹安全管理条例》以及其他相关规定(如"两高"、公安部、国家安全监管总局2012年9月6日《关于依法加强对涉嫌犯罪的非法生产经营烟花爆竹行为刑事责任追究的通知》),对于非法生产、经营烟花爆竹及相关行为涉及非法制造、买卖、运输、邮寄、储存黑火药、烟火药,应认定为本罪。但是,对于非法买卖、运输、邮寄、储存烟花爆竹的,不应认定为非法制造、买卖、运输、邮寄、储存爆炸物罪。

是与非法制造、买卖相关联的行为。联系刑法第130条的规定,并非任何在公共交通工具上持有枪支、弹药的,都属于运输枪支、弹药。刑法第151条规定了走私武器、弹药罪,但没有规定走私爆炸物罪;走私爆炸物的行为,同时触犯走私普通货物、物品罪与非法运输爆炸物罪,宜认定为想象竞合犯,从一重罪处罚。非法邮寄,是指违反有关法规,通过邮政部门寄递枪支、弹药、爆炸物。根据最高人民法院2009年11月16日修正后的《关于审理非法制造、买卖、运输枪支、弹药、爆炸物等刑事案件具体应用法律若干问题的解释》(以下简称《枪支案件解释》),非法储存,是指明知是他人非法制造、买卖、运输、邮寄的枪支、弹药而为其存放的行为,或者非法存放爆炸物的行为。这一司法解释虽然对区分储存行为与持有行为具有意义,但使储存行为的范围过于窄小。[39] 本书认为,除司法解释所规定的情形之外,对于非法保存、控制大量枪支、弹药的行为,即使与非法制造、买卖、运输、邮寄没有关联,也应认定为储存。

2. 责任形式为故意,行为人必须明知是枪支、弹药、爆炸物而非法制造、买卖、运输、邮寄或者储存。不明知是枪支、弹药、爆炸物而实施上述行为的,不成立本罪。

(二)本罪的认定

本罪属于重罪,对构成要件必须进行实质的解释。例如,不能认为非法买卖1发子弹的行为符合非法买卖弹药罪的构成要件。根据《枪支案件解释》第1条的规定,有下列情形之一的,以本罪论处:(1)非法制造、买卖、运输、邮寄、储存军用枪支1支以上的;(2)非法制造、买卖、运输、邮寄、储存以火药为动力发射枪弹的非军用枪支1支以上或者以压缩气体等为动力的其他非军用枪支2支以上的;(3)非法制造、买卖、运输、邮寄、储存军用子弹10发以上、气枪铅弹500发以上或者其他非军用子弹100发以上的;(4)非法制造、买卖、运输、邮寄、储存手榴弹1枚以上的;(5)非法制造、买卖、运输、邮寄、储存爆炸装置的;(6)非沄制造、买卖、运输、邮寄、储存炸药、发射药、黑火药1000克以上或者烟火药3000克以上、雷管30枚以上或者导火索、导爆索30米以上的;(7)具有生产爆炸物品资格的单位不按照规定的品种制造,或者具有销售、使用爆炸物品资格的单位超过限额买卖炸药、发射药、黑火药10千克以上或者烟火药30千克以上、雷管300枚以上或者导火索、导爆索300米以上的;(8)多次非法制造、买卖、运输、邮寄、储存弹药、爆炸物的;(9)虽未达到上述最低数量标准,但具有造成严重后果等其他恶劣情节的。[40]

行为人确因合法生产、生活所需而非法制造、买卖、运输枪支、弹药、爆炸物,数量较小,没有造成危害后果的,不宜轻易认定为本罪。

(三)本罪的处罚

根据刑法第125条第1款与第3款的规定,犯本罪的,处3年以上10年以下有期徒刑;情节严重的,处10年以上有期徒刑、无期徒刑或者死刑。单位犯本罪的,对单位判处罚金,并对其直接负责的主管人员和其他直接责任人员,依照上述法定刑处罚。[41] 因筑路、建房、打井、整修宅基地和土地等正常生产、生活需要,以及因从事合法的生产经营活

〔39〕 这一解释导致非法储存大量枪支、弹药的行为仅成立非法持有、私藏枪支弹药罪,但由于此罪的法定刑较轻,又导致地方司法机关将这种行为认定为以危险方法危害公共安全罪。

〔40〕 实施非法制造、买卖、运输、邮寄、储存其他弹药、爆炸物品等行为,参照该规定标准。

〔41〕 关于情节严重的认定,参见《枪支案件解释》第2条。

动而非法制造、买卖、运输、邮寄、储存爆炸物,数量达到上述司法解释规定的标准,没有造成严重社会危害,并确有悔改表现的,可依法从宽处罚。

二、非法制造、买卖、运输、储存危险物质罪

本罪是指非法制造、买卖、运输、储存毒害性、放射性、传染病病原体等物质,危害公共安全的行为。本罪属于具体的危险犯。行为主体既可以是自然人,也可以是单位。行为内容为非法制造、买卖、运输、储存毒害性、放射性、传染病病原体等物质;[42] 其中的"非法买卖",是指违反法律和国家主管部门规定,未经有关主管部门批准许可,擅自购买或者出售危险物质的行为,并不需要兼有买进和卖出的行为。行为必须危害公共安全。危害公共安全的邮寄行为与走私行为,属于本罪中的"运输"。非法制造、买卖、运输、储存毒鼠强等禁用剧毒化学品(国家明令禁止的毒鼠强、氟乙酰氨、氟乙酸钠、毒鼠硅、甘氟),危害公共安全的,应以本罪论处。[43] 本罪责任形式为故意,行为人必须明知自己制造、买卖、运输、储存的是危险物质(但不要求认识到其具体种类),明知自己的行为会产生公共危险,并且希望或者放任这种危险的发生。自然人或者单位犯本罪的,根据刑法第 125 条第 2 款与第 3 款的规定处罚。

三、违规制造、销售枪支罪

违规制造、销售枪支罪,是指依法被指定、确定的枪支制造企业、销售企业,违反枪支管理规定,擅自制造、销售枪支的行为。

行为主体是依法被指定、确定的枪支制造企业、销售企业;其他企业及个人非法制造、销售枪支的,构成刑法第 125 条的非法制造、买卖枪支罪。客观行为包括三种类型:一是超过限额或者不按规定的品种制造、配售枪支;二是制造无号、重号、假号的枪支;三是非法销售枪支或者在境内销售为出口制造的枪支。责任形式为故意,其中,非法制造、配售枪支的行为必须具有非法销售目的;非法销售枪支的行为不要求具有特定目的。根据《枪支案件解释》,具有下列情形之一的,应以本罪论处:(1)违规制造枪支 5 支以上的;(2)违规销售枪支 2 支以上的;(3)虽未达到上述最低数量标准,但具有造成严重后果等其他恶劣情节的。

根据刑法第 126 条的规定,犯本罪的,对单位判处罚金,并对其直接负责的主管人员和直接责任人员,处 5 年以下有期徒刑;情节严重的,处 5 年以上 10 年以下有期徒刑;情节特别严重的,处 10 年以上有期徒刑或者无期徒刑。[44]

四、盗窃、抢夺枪支、弹药、爆炸物、危险物质罪

本罪是指以非法占有为目的,窃取或者抢夺枪支、弹药、爆炸物的,或者窃取、抢夺毒害性、放射性、传染病病原体等危险物质,危害公共安全的行为。

盗窃是指违反占有者的意思,将他人占有的枪支、弹药、爆炸物或者其他危险物质转移为自己或者第三者占有;抢夺一般是指当场直接夺取他人紧密占有的枪支、弹药等。至于他人占有枪支、弹药等是否合法,则不影响本罪的成立。盗窃、抢夺枪支、弹药、爆炸物,

---

〔42〕 国家严格监督管理的氰化钠等剧毒化学品,易致人中毒或者死亡,对人体、环境具有极大的毒害性和危险性,属于"毒害性"物质。

〔43〕 参见"两高"2003 年 9 月 4 日《关于办理非法制造、买卖、运输、储存毒鼠强等禁用剧毒化学品刑事案件具体应用法律若干问题的解释》。

〔44〕 关于情节严重与情节特别严重的认定,参见《枪支案件解释》第 3 条。

属于抽象的危险犯；只要行为人实施了盗窃、抢夺枪支、弹药、爆炸物的行为，便可根据社会一般生活经验，得出具有公共危险的结论。但这并不意味着一旦着手实行就是本罪的既遂，只有发生了替代的侵害结果（行为人或第三者控制了枪支、弹药、爆炸物），才成立犯罪既遂。盗窃、抢夺危险物质的，属于具体的危险犯，需要根据危险物质的种类、盗窃与抢夺的行为方式等判断行为是否发生了具体的公共危险。行为人或第三者控制了危险物质的，成立本罪既遂。骗取枪支、弹药、爆炸物、危险物质的行为，不成立本罪，视行为性质与情节，按普通诈骗罪、运输枪支、弹药、爆炸物罪、运输危险物质罪等论处。

本罪的责任形式为故意，并具有非法占有目的。实践中有时发生行为人为了窃取一般财物而实际上窃取了枪支、弹药的案件，由于行为人并不明知是枪支、弹药，不能认定为本罪，只能认定为盗窃罪；如果盗窃后非法持有、私藏的，则另构成非法持有、私藏枪支、弹药罪，实行数罪并罚。

根据《枪支案件解释》，有下列情形之一的，应以本罪论处：(1)盗窃、抢夺以火药为动力的发射枪弹非军用枪支1支以上或者以压缩气体等为动力的其他非军用枪支2支以上的；(2)盗窃、抢夺军用子弹10发以上、气枪铅弹500发以上或者其他非军用子弹100发以上的；(3)盗窃、抢夺爆炸装置的；(4)盗窃、抢夺炸药、发射药、黑火药1000克以上或者烟火药3000克以上、雷管30枚以上或者导火索、导爆索30米以上的；(5)虽未达到上述最低数量标准，但具有造成严重后果等其他恶劣情节的。

根据刑法第127条第1款的规定，犯本罪的，处3年以上10年以下有期徒刑；情节严重的，处10年以上有期徒刑、无期徒刑或者死刑。盗窃、抢夺国家机关、军警人员、民兵的枪支、弹药、爆炸物的，处10年以上有期徒刑、无期徒刑或者死刑。根据《枪支案件解释》，情节严重是指下列情形：盗窃、抢夺枪支、弹药、爆炸物的数量达到成立本罪的最低数量标准5倍以上的；盗窃、抢夺军用枪支的；盗窃、抢夺手榴弹的；盗窃、抢夺爆炸装置，危害严重的；达到成立本罪的最低数量标准，并具有造成严重后果等其他恶劣情节的。

五、抢劫枪支、弹药、爆炸物、危险物质罪

本罪是指以非法占有为目的，以暴力、胁迫或者其他方法抢劫枪支、弹药、爆炸物的，或者抢劫毒害性、放射性、传染病病原体等危险物质，危害公共安全的行为。

本罪分为两种情形：(1)使用暴力、胁迫或者其他使人不能反抗、不敢反抗、不知反抗的强制方法，劫取枪支、弹药、爆炸物的行为；只要抢劫的是枪支、弹药与爆炸物，不问其所有者、占有者与使用者是谁，均成立本罪。这种情形属于抽象的危险犯。(2)使用暴力、胁迫或者其他强制方法，劫取毒害性、放射性、传染病病原体等危险物质，危害公共安全的行为。这种情形属于具体的危险犯。不论哪种情形，均以行为人或第三者控制了行为对象为犯罪既遂。本罪责任形式为故意，并具有非法占有目的。行为人必须明知是枪支、弹药、爆炸物、危险物质，而使用暴力、胁迫或者其他方法进行抢劫。为了抢劫一般财物而实际上抢劫了枪支、弹药、爆炸物或者危险物质的，由于行为人并不明知是枪支、弹药、爆炸物与危险物质，不能认定为本罪，只能认定为普通抢劫罪。

根据刑法第127条第2款的规定，犯本罪的，处10年以上有期徒刑、无期徒刑或者死刑。

六、非法持有、私藏枪支、弹药罪

（一）非法持有、私藏枪支、弹药罪的概念与犯罪构成

非法持有、私藏枪支、弹药罪，是指违反枪支、弹药管理规定，非法持有、私藏枪支、弹

药的行为。

非法持有,是指没有合法根据地实际占有或控制枪支、弹药,非法替他人保管枪支、弹药的行为,也属于非法持有;[45]接受枪支、弹药质押进而实际占有或者控制枪支的,属于非法持有枪支、弹药。非法私藏实际上是非法持有的一种表现形式。根据《枪支案件解释》的规定,“非法持有”,是指不符合配备、配置枪支、弹药条件的人员,违反枪支管理法律、法规的规定,擅自持有枪支、弹药的行为。“私藏”,是指依法配备、配置枪支、弹药的人员,在配备、配置枪支、弹药的条件消除后,违反枪支管理法律、法规的规定,私自藏匿所配备、配置的枪支、弹药且拒不交出的行为。但本书认为,这种区别并无实际意义。行为人非法持有的枪支、弹药的来源没有限制,如他人赠与的、自己拾得的,但非法制造后又持有、私藏的,应以非法制造枪支、弹药罪论处,不实行数罪并罚。本罪责任形式为故意,行为人必须认识到持有、私藏的是枪支、弹药。

(二)非法持有、私藏枪支、弹药罪的认定

1. 正确区分罪与非罪的界限。根据《枪支案件解释》,具有下列情形之一的,以非法持有、私藏枪支、弹药罪定罪处罚:(1)非法持有、私藏军用枪支1支的;(2)非法持有、私藏以火药为动力发射枪弹的非军用枪支1支或者以压缩气体等为动力的其他非军用枪支2支以上的;(3)非法持有、私藏军用子弹20发以上,气枪铅弹1000发以上或者其他非军用子弹200发以上的;(4)非法持有、私藏手榴弹1枚以上的;(5)非法持有、私藏的弹药造成人员伤亡、财产损失的。

2. 正确处理本罪与刑法第125条规定的非法储存枪支、弹药的行为的关系。非法储存与非法持有、私藏都是非法保存、控制、支配枪支、弹药的行为,难以从行为本身的表现形式上区分这两种犯罪。根据《枪支案件解释》的规定,非法储存,是指明知是他人非法制造、买卖、运输、邮寄的枪支、弹药而为其存放的行为,故此外的保存、控制枪支、弹药的行为,成立非法持有、私藏枪支、弹药罪。从非法储存枪支、弹药是与非法制造、买卖、运输枪支、弹药相并列规定在同一条款,以及两罪差别悬殊的法定刑来看,做出上述区分具有一定合理性。但是,本书认为,对与非法制造、买卖、运输没有直接关联,但保存、控制大量枪支、弹药的行为,也宜认定为非法储存枪支、弹药罪,而不应认定为非法持有、私藏枪支、弹药罪。[46] 从法条关系上说,可以认为,第128条第1款是普通法条,第125条第1款是特别法条。

(三)非法持有、私藏枪支、弹药罪的处罚

根据刑法第128条第1款的规定,犯本罪的,处3年以下有期徒刑、拘役或者管制;情节严重的,处3年以上7年以下有期徒刑。[47]

七、非法出租、出借枪支罪

非法出租、出借枪支罪,是指依法配备公务用枪的人员与单位,非法出租、出借枪支的,或者依法配置枪支的人员与单位,非法出租、出借枪支,造成严重后果的行为。本罪分

---

〔45〕 具有合法根据的持有,阻却行为的违法性。本罪中的“非法”属于对违法阻却事由的提示。

〔46〕《枪支案件解释》同时规定,“非法存放爆炸物的行为”属于非法储存爆炸物,而不要求明知是他人非法制造、买卖、运输的爆炸物而为其存放。既然如此,对于非法存放大量枪支、弹药的行为,就没有理由不认定为非法储存枪支、弹药罪。

〔47〕 关于情节严重的认定,参见《枪支案件解释》第5条。

为两种类型：

1. 依法配备公务用枪的人员与单位，非法出租、出借枪支。行为主体是依法配备公务用枪的人员与单位，至于什么人员、何种单位可以配备公务用枪，应根据《枪支管理办法》确定。非法持有枪支的人，出租、出借枪支的，不成立本罪。本罪客观行为内容为非法出租、出借公务用枪。非法出租，是指违反《枪支管理办法》的规定，擅自将公务用枪在一段时间内有偿提供给他人使用的行为；如果是永久性地有偿转让给他人，则成立非法买卖枪支罪。非法出借，一般是指违反《枪支管理办法》的规定，擅自将公务用枪在一段时间内无偿提供给他人使用的行为；但是，非法将公务用枪赠予他人的，可以评价为永久性无偿提供给他人使用的行为，应认定为非法出借枪支。依法配备公务用枪的人员，违反法律规定，将公务用枪用作借债质押物，使枪支处于非依法持枪人的控制、使用之下的，成立非法出借枪支罪。非法出租、出借的对方，应是没有配备公务用枪资格的人员与单位。换言之，将公务用枪出租、出借给其他具有配备公务用枪资格的人员与单位的，不宜认定为本罪。本罪责任形式为故意，行为人明知是公务用枪，却故意非法出租、出借给他人使用。

2. 依法配置枪支的人员与单位，非法出租、出借枪支，造成严重后果的行为。本类型犯罪的责任形式为故意，但“造成严重后果”宜理解为客观的超过要素，只要求行为人具有认识的可能性即可。

行为人明知他人使用枪支实施杀人、伤害、抢劫、绑架等犯罪行为，而出租、出借枪支给他人的，成立本罪与相应的共同犯罪的想象竞合，从一重罪处罚。

非法持有、私藏枪支、弹药的人将枪支、弹药出租、出借给他人的，对双方均以非法持有、私藏枪支、弹药罪论处。

根据刑法第128条的规定，犯本罪的，处3年以下有期徒刑、拘役或者管制；情节严重的，处3年以上7年以下有期徒刑。单位犯本罪的，对单位判处罚金，并对其直接负责的主管人员和其他直接责任人员，依照上述法定刑处罚。

八、丢失枪支不报罪

（一）丢失枪支不报罪的概念与犯罪构成

丢失枪支不报罪，是指依法配备公务用枪的人员，丢失枪支不及时报告，造成严重后果的行为。

1. 构成要件的内容为，依法配备公务用枪的人员，丢失枪支不及时报告，并且造成了严重后果。行为主体只能是依法配备公务用枪的人员。不及时报告是一种不作为。根据《枪支管理办法》，行为人丢失枪支后有及时报告的义务，但行为人没有履行这种义务。所谓及时报告，是指行为人发现丢失枪支后立即报告。不及时报告包括两种情况：一是丢失枪支后根本不报告；二是丢失枪支后拖延一段时间才报告。[48] 不及时报告以丢失枪支为前提，丢失枪支，即遗失枪支，包括枪支被盗、被抢等情况。丢失枪支不及时报告，只有造成严重结果的，才成立本罪。这里的严重后果，应当包括直接危害结果与间接危害结果，但一般表现为枪支落入不法分子之手后，不法分子利用行为人丢失的枪支实施犯罪行

---

〔48〕 司法实践对丢失枪支并及时报告，但造成严重后果的行为，一般认定为玩忽职守罪。但玩忽职守罪的法定刑重于本罪，故需要考虑两罪之间的协调（参见第二十六章第二节“二”）。

为造成严重后果;[49]丢失枪支本身不是本罪所说的“严重后果”。

2. 本罪的责任形式,在理论上存在争议。有人认为本罪只能是故意,有人认为本罪只能是过失,有人认为本罪只能是过失与间接故意。(1)主张本罪由故意构成的观点,主要考虑的是不及时报告的行为。因为就不及时报告而言,显然是故意的,即明知丢失枪支后应立即报告,但故意不及时报告。但是,行为与结果都是故意的认识因素,只考虑对行为的认识,而不考虑对结果的认识与意志内容,可能与刑法关于故意的规定相冲突。(2)主张本罪只能是过失的观点,主要考虑的是对造成严重后果的心理态度,即对于丢失枪支不及时报告的行为可能导致严重后果具有预见可能性,或者已经预见而轻信能够避免。如同行为人有意识地违反交通规则,但对造成的结果是过失一样。但是,本罪与交通肇事等由行为直接造成结果的犯罪还不完全相同,事实上,行为人完全可能对丢失枪支不及时报告所可能造成的严重结果持故意态度。再者,既然对严重结果持过失也构成本罪,便没有理由将对严重结果持故意的情形排除在本罪之外。因为在丢失枪支不报的情况下,即使行为人对严重结果持故意,也不可能另成立其他犯罪。(3)主张本罪是过失与间接故意的观点,主要考虑的是行为人对严重结果的心理状态。即对丢失枪支造成严重后果既可能是过失,也可能是间接故意。但是,如果对严重结果持间接故意也构成本罪,就没有理由将对严重结果持直接故意的情形排除在本罪之外。因为对严重结果持希望发生的态度时,也不可能另成立其他犯罪。退一步而言,倘若认为对严重结果持间接故意时成立本罪,持直接故意时成立其他犯罪,则人为地瓦解了故意概念的统一性。

本书认为,本罪的责任形式为故意。(1)就丢失枪支而言,通常表现为过失,但也包括没有过失而丢失枪支的情况(如被盗、被抢的某些情况)。但丢失枪支本身只是成立本罪的前提,丢失枪支的心理状态,不能决定本罪的责任形式与内容。(2)依法配备公务用枪的人员,在枪支丢失的情况下不及时报告,就有危害公共安全的危险,因为枪支的杀伤力大,丢失后会造成严重后果。但刑法为了控制处罚范围,认为单纯的不及时报告行为还不值得科处刑罚,于是在客观上要求“造成严重后果”。从司法实践上看,严重后果通常表现为枪支落入不法分子之手后,成为其作案工具,进而造成严重后果。事实上,只要行为人丢失枪支不及时报告,因而造成严重后果的,不管行为人是否希望或者放任严重后果发生(可以肯定,行为人能够预见严重后果发生的可能性),就应当以犯罪论处。因此,本罪中的“造成严重后果”虽然是构成要件要素,但不需要行为人对之具有认识与希望或者放任态度,“造成严重后果”便成为超出故意内容的客观要素,即本书所说的“客观的超过要素”。承认本罪的责任形式为故意,并不违反刑法总则的规定。行为人丢失枪支不及时报告的直接结果,是导致有关国家机关不能及时知道枪支丢失,因而使枪支继续处于失控状态,间接后果便是他人利用行为人所丢失的枪支造成严重后果。详言之,本罪的故意内容是,行为人明知自己丢失枪支不及时报告的行为,导致有关国家机关不能及时知道枪支丢失,因而使枪支继续处于失控状态,并且希望或者放任这种结果发生。所以,认为本罪的责任形式为故意,并不是仅指行为人对行为本身持故意,而是包括对枪支继续处于失控状态这一结果持故意。(3)本罪完全有成立共同犯罪的可能性,将本罪的责任形式确

---

〔49〕 法律要求行为人妥善保管枪支以及丢失枪支后及时报告,显然旨在阻止第三者的犯罪行为;行为人违反这种规定,导致第三者利用枪支实施犯罪行为的,也应将第三者的犯罪结果归责于行为人。

定为故意,有利于处理共同犯罪案件。[50]

(二)丢失枪支不报罪的处罚

根据刑法第129条的规定,犯本罪的,处3年以下有期徒刑或者拘役。量刑时应考虑所丢失的枪支数量、种类,隐瞒不报的情节,后果的严重程度等。

九、非法携带枪支、弹药、管制刀具、危险物品危及公共安全罪

本罪是指非法携带枪支、弹药、管制刀具或者爆炸性、易燃性、放射性、毒害性、腐蚀性物品,进入公共场所或者公共交通工具,危及公共安全,情节严重的行为。

本罪客观行为中的携带,是指在进入公共场所或者公共交通工具时,将枪支、弹药、管制刀具及其他危险物品带在身上或者置于身边,使其置于行为人现实的支配之下的行为。由于本罪是具体的危险犯,故需要根据携带物品的种类、数量、杀伤力的强弱,公共场所与公共交通工具的特点,携带的方式、方法、次数,已经形成的危险状态等判断携带行为是否危及公共安全。本罪属于故意犯罪,行为人明知是枪支、弹药、管制刀具或者其他危险物品而携带,并明知自己进入了公共场所或者公共交通工具的,才可能成立本罪。此外,成立本罪还要求情节严重,根据《枪支案件解释》的规定,具有下列情形之一的,属于"情节严重":(1)携带枪支或者手榴弹的;(2)携带爆炸装置的;(3)携带炸药、发射药、黑火药500克以上或者烟火药1000克以上、雷管20枚以上或者导火索、导爆索20米以上的;(4)携带的弹药、爆炸物在公共场所或者公共交通工具上发生爆炸或者燃烧,尚未造成严重后果的;(5)具有其他严重情节的。行为人非法携带上述第(3)项爆炸物进入公共场所或者公共交通工具,虽未达到上述数量标准,但拒不交出的,依照本罪处罚;携带的数量达到最低数量标准,能够主动、全部交出的,可不以犯罪论处。

从本条的表述来看,行为应当表现为:先携带枪支、弹药、管制刀具或者爆炸性、易燃性、放射性、毒害性、腐蚀性物品,然后进入公共场所或者公共交通工具。问题是,行为人在进入公共场所或者公共交通工具后,取得枪支、弹药、管制刀具或者爆炸性、易燃性、放射性、毒害性、腐蚀性物品,进而携带的,能否适用刑法第130条的规定?不管是非法携带枪支、弹药进入公共场所或者公共交通工具,还是在进入公共场所或者公共交通工具后,取得枪支、弹药而继续携带,都可以认定为非法持有枪支、弹药罪。所以,就携带枪支、弹药而言,讨论的意义不大。但是,就管制刀具等危险物品而言,讨论上述问题具有现实意义。例如,甲上火车后,发现车厢里放着无人持有(如他人遗忘)的管制刀具等危险物品而携带,[51]假定危及公共安全,情节严重(下同),应否适用刑法第130条?本书倾向于否定回答。从刑法第130条的表述可以看出,本条的目的旨在使公共场所、公共交通工具不存在危及公共安全的管制刀具等危险物品,从而保证公共场所、公共交通工具的安全性。因此,本罪的行为必须表现为将管制刀具等危险物品带入公共场所或者公共交通工具。在上例中,因为没有事前的通谋,不存在共犯关系,不能认定甲的行为本身符合刑法第

---

〔50〕 例如,警察甲与乙均携带公务用枪外出追捕逃犯。其间,甲遗失枪支后,意欲及时报告。乙则唆使甲不报告,于是,甲没有报告。后来,该枪支落入不法分子之手,造成了严重后果。如果认为本罪只能由过失构成,则对乙的行为难以按本罪的共犯论处,显然不合适。

〔51〕 倘若甲与乙事前通谋,由乙将管制刀具等危险物品带入火车车厢,乙下车后由甲在火车上携带该危险物品,则作为共同犯罪,适用刑法第130条。

130 条的规定。[52] 值得进一步研究的是,倘若在上例中,甲在火车的第一节车厢发现他人遗留下的管制刀具等危险物品,然后携带该危险物品进入火车的第二、三节车厢的,应否适用刑法第 130 条的规定? 本书认为,需要考虑甲携带上述物品从火车的第一节车厢进入第二、三节车厢的行为是否增加了公共危险。如果得出肯定结论(如第一节车厢没有乘客,第二、三节车厢有乘客),则应适用刑法第 130 条的规定;否则,就不应适用刑法第 130 条的规定。

由于携带是持有的一种表现形式,故应正确处理本罪与非法持有枪支、弹药罪的关系。非法携带枪支、弹药进入公共场所或者公共交通工具,危及公共安全、情节严重的行为,同时触犯了非法持有枪支、弹药罪,应认定为非法持有枪支、弹药罪。如果行为人将自己一直非法持有的枪支、弹药携带进入公共场所或者公共交通工具,危及公共安全,情节严重的,应当将非法持有枪支、弹药罪与本罪实行数罪并罚。本罪与非法运输枪支、弹药罪的关系,也是如此。

根据刑法第 130 条的规定,犯本罪的,处 3 年以下有期徒刑、拘役或者管制。

第六节　违反安全管理规定危害公共安全的犯罪

一、重大飞行事故罪

重大飞行事故罪,是指航空人员违反规章制度,致使发生重大飞行事故,造成严重后果的行为。

行为主体为航空人员,包括空勤人员与地面人员。空勤人员,包括驾驶员、领航员、飞行机械人员、飞行通信员与乘务员;地面人员,包括航空器维修人员、空中交通管制员、飞行签派员与航空电台通信员(参见《民用航空法》第 39 条)。违反航空规章制度,是指违反《航空法》及其他相关制度。违章行为造成重大飞行事故,造成严重后果的,才成立本罪。本罪的责任形式是过失,故意造成飞行事故的,按其他相应的犯罪论处。

根据刑法第 131 条的规定,犯本罪的,处 3 年以下有期徒刑或者拘役;造成飞机坠毁或者人员死亡的,处 3 年以上 7 年以下有期徒刑。其中的"人员"既包括航空人员,也包括此外的人员。

二、铁路运营安全事故罪

铁路运营安全事故罪,是指铁路职工违反规章制度,致使发生铁路运营安全事故,造成严重后果的行为。犯本罪的,根据刑法第 132 条的规定处罚。

三、交通肇事罪

(一)交通肇事罪的概念与犯罪构成

交通肇事罪,是指违反交通运输管理法规,因而发生重大交通事故,致人重伤、死亡或者使公私财产遭受重大损失的行为。

---

〔52〕 至于甲的行为是否成立侵占罪,则是另一回事。

1. 构成要件的内容为，违反交通运输管理法规，因而发生重大交通事故，致人重伤、死亡或者使公私财产遭受重大损失。

(1)从法律规定上看，本罪不属于身份犯。公路、水上运输人员以及其他相关人员造成公路、水上交通事故的，成立本罪；航空人员、铁路职工以外的人员造成重大飞行事故或铁路运营事故的，成立本罪；航空人员违反交通运输法规，造成飞行事故以外的交通事故的，成立本罪；铁路职工违反交通运输法规，造成铁路运营安全事故以外的交通事故的，成立本罪。在偷开机动车辆过程中因过失撞死、撞伤他人或者撞坏车辆的，成立交通肇事罪。根据最高人民法院 2000 年 11 月 10 日《关于审理交通肇事刑事案件具体应用法律若干问题的解释》(以下简称《交通案件解释》)，单位主管人员、机动车辆所有人或者机动车辆承包人指使、强令他人违章驾驶造成重大交通事故的，以交通肇事罪定罪处罚。监督过失理论可以为这一解释结论提供理论根据。基于同样的理由，车主将自己的机动车交给醉酒者、无驾驶资格者驾驶，没有防止伤亡结果发生的，驾驶者与车主均成立交通肇事罪。此外，在高速公路上实施拉车乞讨等行为，引起交通事故的，也可能构成交通肇事罪。由此可见，非交通运输人员也能成为本罪主体，而且对非交通运输人员不必做出某种限制。一方面，刑法并没有对行为主体做出限定；另一方面，没有从事交通运输的人员也完全可能违反交通运输管理法规，造成交通事故，而且对之认定为交通肇事罪具有合理性。

(2)必须有违反交通运输管理法规的行为。这里的交通运输管理法规，主要指公路、水上交通运输中的各种交通规则、操作规程、劳动纪律等，同时也包括铁路、航空交通运输中的各种管理法规。

(3)必须发生重大交通事故，致人重伤、死亡或者使公私财产遭受重大损失。单纯违反交通运输管理法规的行为，不成立本罪。

(4)重大交通事故必须发生在交通过程中以及与交通有直接关系的活动中。问题是，利用非机动交通工具从事交通运输违章造成重大事故的，能否以本罪论处？对此，理论上存在肯定说与否定说。本书认为，如果这种行为发生在公共交通管理的范围内，具有危害公共安全的性质，就应以本罪处理，否则只能认定为其他犯罪。例如，在城区或其他行人较多、有机动车往来的道路上违章骑三轮车，造成重大事故的，就具有危害公共安全的性质，应认定为交通肇事罪。但是，在行人稀少、没有机动车来往的道路上违章骑三轮车致人重伤或死亡的，就不具有危害公共安全的性质，只能分别认定为过失致人重伤罪或过失致人死亡罪。

(5)交通肇事的结果必须由违反规范保护目的的行为所引起。换言之，行为虽然违反交通运输管理法规，也发生了结果，但倘若结果的发生超出了规范保护目的，就不能认定为本罪。例如，交通运输管理法规禁止酒后驾驶的目的，是为了防止驾驶者因为饮酒而导致驾驶能力减退或者丧失进而造成交通事故。如果酒后驾驶并未导致驾驶能力减退或者丧失，而是由于车辆出现了驾驶者不能预见的刹车故障而造成交通事故，对驾驶者不能以交通肇事罪论处。再如，禁止驾驶没有经过年检的车辆的目的，是为了防止因车辆故障导致交通事故。如果行为人驾驶没有年检的车辆，但该车并无故障，而是由于被害人横穿高速公路造成了交通事故，对行为人也不以交通肇事罪论处。

2. 本罪的责任形式分为两种情形：(1)一般的交通肇事罪为过失，既可能是疏忽大意的过失，也可能是过于自信的过失。行为人也可能有意识地违反交通运输管理法规，这在日常生活中可以说是“故意”的,但不一定成立刑法上的故意。在这种情况下,行为人往往是轻信能够避免结果发生,因而仍然是过失。(2)本罪既可能是危险驾驶罪的结果加重犯,也可能与危险驾驶罪构成想象竞合。危险驾驶是故意犯罪,但危险驾驶行为过失造成他人伤亡,符合交通肇事罪的犯罪构成的,应以交通肇事罪论处。此时,行为人对基本犯(危险驾驶罪)是故意,对加重结果为过失。当危险驾驶罪与交通肇事罪构成想象竞合时,行为人虽然对危险驾驶罪是故意的,但对交通肇事罪仍然是过失。

(二)交通肇事罪的认定

1. 正确区分交通肇事罪与一般违章行为。虽然违反交通运输管理法规,但并没有造成重大交通事故的,或者虽然造成了严重后果,但行为人主观上没有过失的,不能认定为交通肇事罪。发生交通事故的原因往往比较复杂,在许多情况下,行为人与被害人均有责任,如果行为人对事故不应负全部责任或主要责任,则不能认定为交通肇事罪。

根据《交通案件解释》的规定,违反交通运输管理法规,发生重大交通事故,在分清事故责任的基础上,定罪处罚。交通肇事具有下列情形之一的,以本罪论处:(1)死亡1人或者重伤3人以上,负事故全部或者主要责任的;(2)死亡3人以上,负事故同等责任的;[53](3)造成公共财产或者他人财产直接损失,负事故全部或者主要责任,无能力赔偿数额在30万元以上的。交通肇事致1人以上重伤,负事故全部或者主要责任,并具有下列情形之一的,以交通肇事罪定罪处罚:(1)酒后、吸食毒品后驾驶机动车辆的;(2)无驾驶资格驾驶机动车辆的;(3)明知是安全装置不全或者安全机件失灵的机动车辆而驾驶的;(4)明知是无牌证或者已报废的机动车辆而驾驶的;(5)严重超载驾驶的;(6)为逃避法律追究逃离事故现场的。[54]

《交通案件解释》将财产损失数额限定为“无能力赔偿数额”,据此,在没有造成人员伤亡的情况下,不管交通肇事行为造成何种财产损失,只要行为人能够赔偿,便不成立犯罪。但这会导致定罪的不均衡。例如,甲的交通肇事行为造成财产损失31万,但他最多只能赔偿几千元,因而成立交通肇事罪;乙的交通肇事行为造成财产损失310万,但由于他具有赔偿能力,只要他已经赔偿的数额超过了280万,便不成立交通肇事罪。这种使国民形成不公平感觉的解释,难免受到非议。

交通肇事罪与一般违章行为的区分,以正确区分刑法上的责任与交通行政管理上的责任为前提。如前所述,行为是否构成交通肇事罪,在很大程度上取决于对行为人责任的认定。在发生交通事故的场合,通常由交通管理部门认定行为人的责任,而交通管理部门只是根据交通运输管理法规认定责任,这种认定常常是出于交通管理的需要,并不是刑法上的责任。因此,法院在审理行为是否构成交通肇事罪时,不能直接采纳交通管理部门的责任认定,而应根据刑法所规定的交通肇事罪的构成要件进行实质的分析判断。例如,行为人白天将货车停在马路边后下车小便,后面的小客车飞速驶来,撞到货车尾部,司机当场死亡。行为人拨打110后迅速逃离。《道路交通安全法实施条例》第92条规定:“发生交通事故后当事人逃逸的,逃逸的当事人承担全部责任。”但这里的全部责任只是行政责任,司法机关不能据

---

[53] 本书认为,在造成特别严重交通事故的情况下,对违反交通运输法规但负次要责任的行为人,也应以交通肇事罪定罪量刑。

[54] 在这种情况下,不能再适用“交通肇事后逃逸”的法定刑,否则会形成重复评价。

此认定行为人构成交通肇事罪。即使因为行为人逃逸导致事实不清,在刑法上也必须适用事实存疑时有利于被告人的原则,不能将行政责任的法律根据直接当做刑事责任的法律根据。

2. 正确处理交通肇事罪与其他犯罪的关系。过失损坏交通工具、过失损坏交通设施导致他人发生交通事故,造成伤亡结果的,应认定为过失损坏交通工具罪、过失损坏交通设施罪。行为人利用交通工具故意杀害或者伤害他人,应认定为故意杀人罪、故意伤害罪。对于符合重大飞行事故罪、铁路运营安全事故罪的犯罪构成的行为,不能认定为交通肇事罪。

值得讨论的是交通肇事罪与(过失)以危险方法危害公共安全罪的关系。首先,从客观方面来说,交通肇事罪与(过失)以危险方法危害公共安全罪不是对立关系。只要行为违反交通运输管理法规,造成了伤亡实害结果,行为人对伤亡实害结果具有过失,就成立交通肇事罪;但是,倘若行为人违反交通运输管理法规的驾驶行为,产生了与放火、爆炸、投放危险物质相当的具体的公共危险,且行为人对具体的公共危险具有故意,就不能仅认定为交通肇事罪,而应认定为以危险方法危害公共安全罪。所以,(过失)以危险方法危害公共安全罪的成立,并不是对交通肇事罪的否定。其次,从责任形式来说,虽然交通肇事罪是过失犯罪,以危险方法危害公共安全罪是故意犯罪,但二者不是对立关系,而是责任的高低度关系(参见第六章第二节第三款)。据此,可以得出如下结论:(1)行为人实施高度危险驾驶行为,对具体的公共危险与伤亡的实害结果仅有过失时,可能同时触犯交通肇事罪与过失以危险方法危害公共安全罪。例如,行为人应当预见到刹车存在缺陷,仍然以危险的高速度驾驶车辆的,属于一个行为同时触犯交通肇事罪与过失以危险方法危害公共安全罪,一般宜认定为交通肇事罪。(2)行为人实施高度危险驾驶行为,客观上存在与放火、爆炸、投放危险物质相当的具体的公共危险,行为人对具体的公共危险具有认识和希望或放任态度,但对已经发生的伤亡实害结果仅有过失的,同时触犯交通肇事罪与以危险方法危害公共安全罪,应当认定为以危险方法危害公共安全罪。[55] 概言之,任何危险驾驶行为,凡是造成伤亡实害结果的,只要不是意外事件,首先成立交通肇事罪;在此前提下,还需要作出进一步的判断:其一,行为是否已经产生了与放火、爆炸、投放危险物质相当的具体的公共危险,行为人对具体的公共危险是否具有故意,如得出肯定结论,就应认定为以危险方法危害公共安全罪;其二,在行为产生了与放火、爆炸、投放危险物质相当的具体的公共危险且发生了伤亡实害结果的前提下,如果行为人对伤亡实害结果持过失,则是过失的结果加重犯,适用刑法第 115 条第 1 款;如果行为人对伤亡实害结果有故意,则是结果犯(也可能被人们认定为故意的结果加重犯),依然适用刑法第115 条第1 款;不过,对二者的量刑是应当有区别的。[56] 在本书看来,下列行为不可能成立以危险方法危

---

〔55〕 最高人民法院 2009 年 9 月 11 日发布的《关于印发醉酒驾车犯罪法律适用问题指导意见及相关典型案例的通知》指出:"行为人明知酒后驾车违法、醉酒驾车会危害公共安全,却无视法律醉酒驾车,特别是在肇事后继续驾车冲撞,造成重大伤亡,说明行为人主观上对持续发生的危害结果持放任态度,具有危害公共安全的故意。对此类醉酒驾车造成重大伤亡的,应依法以危险方法危害公共安全罪定罪。"

〔56〕 最高人民法院 2009 年 9 月 11 日《关于印发醉酒驾车犯罪法律适用问题指导意见及相关典型案例的通知》指出:"具体决定对被告人的刑罚时,要综合考虑此类犯罪的性质、被告人的犯罪情节、危害后果及其主观恶性、人身危险性。一般情况下,醉酒驾车构成本罪的,行为人在主观上并不希望、也不追求危害结果的发生,属于间接故意犯罪,行为的主观恶性与以制造事端为目的而恶意驾车撞人并造成重大伤亡后果的直接故意犯罪有所不同,因此,在决定刑罚时,也应当有所区别。此外,醉酒状态下驾车,行为人的辨认和控制能力实际有所减弱,量刑时也应酌情考虑。"

害公共安全罪,但在发生伤亡实害结果的情况下,能成立交通肇事罪:行为违反交通运输法规,虽然具有公共危险,但不具有与放火、爆炸、投放危险物质相当的具体的公共危险;行为虽然具有与放火、爆炸、投放危险物质相当的具体的公共危险,但行为人对该具体的公共危险仅有过失。

3. 正确区分交通肇事罪的一罪与数罪。在盗窃他人机动车过程中或者盗窃后,违反交通运输管理法规,造成交通事故,构成犯罪的,应当以交通肇事罪与盗窃罪实行并罚。先前的行为构成交通肇事罪,后来的行为构成以危险方法危害公共安全罪或者故意杀人等罪的,应当实行数罪并罚。

(三)交通肇事罪的处罚

根据刑法第 133 条的规定,犯交通肇事罪的,处 3 年以下有期徒刑或者拘役;交通运输肇事后逃逸或者有其他特别恶劣情节的,处 3 年以上 7 年以下有期徒刑;因逃逸致人死亡的,处 7 年以上有期徒刑。

《交通案件解释》指出,"交通运输肇事后逃逸",是指行为人在发生了构成交通肇事罪的交通事故后,为逃避法律追究而逃跑的行为。交通肇事具有下列情形之一的,属于"其他特别恶劣情节":(1)死亡 2 人以上或者重伤 5 人以上,负事故全部或者主要责任的;(2)死亡 6 人以上,负事故同等责任的;(3)造成公共财产或者他人财产直接损失,负事故全部或者主要责任,无能力赔偿数额在 60 万元以上的。但是,将"逃逸"解释为"为逃避法律追究而逃跑"不具有合理性。犯罪后为逃避法律追究而逃跑,对于犯罪人而言可谓"人之常情"。换言之,犯罪后为逃避法律追究而逃跑,是不具有期待可能性的行为。正因为如此,自首成为法定的从宽处罚情节。如果将"逃逸"解释为为逃避法律追究而逃跑,那么,刑法为什么不将逃逸规定为杀人、放火、抢劫等罪的法定刑升格的情节?显然,刑法之所以仅在交通肇事罪中将逃逸规定为法定刑升格的情节,是因为在交通肇事的场合,有需要救助的被害人,进而促使行为人救助被害人。由于行为人的先前行为(包括构成交通肇事罪的行为)使他人生命处于危险状态,产生了作为义务,不履行作为义务的行为,当然能够成为法定刑升格的根据。所以,应当以不救助被害人(不作为)为核心理解和认定逃逸。换言之,逃逸是指逃避救助被害人的义务。一般来说,只要行为人在交通肇事后不救助被害人的,就可以认定为逃逸。例如,发生交通事故后,行为人虽然仍在原地,但不救助受伤者的,应认定为逃逸。行为人造成交通事故后,让自己的家属、朋友等救助伤者,自己离开现场的,不应认定为逃逸。行为人造成交通事故,警察立即到达现场后,行为人并非为了逃避救助义务而逃跑的,不应认定为逃逸(因为在这种情况下,应由警察负担救助被害人的责任)。行为人将被害人送至医院后逃跑的,不应认定为逃逸。[57] 行为人造成交通事故后,没有需要救助的被害人(如被害人已经死亡或者没有救助的可能性等)而逃走的,不应认定为逃逸。发生交通事故后立即逃离现场,随后又返回现场救助被害人,不应认定为逃逸。[58]

---

〔57〕 司法实践中经常发生行为人将被害人送至医院大门口后就逃走的案件。对此应当具体分析,如果是深夜等情形,被害人难以被发现的,仍应认定为逃逸;如果被害人容易被及时发现因而容易得到救助的,不宜认定为逃逸。

〔58〕 单纯的不保护现场、不立即向警察报告,不应当成为法定刑升格的根据,只能受到行政处罚。换言之,将原本应当仅受行政处罚的行为作为刑法上的法定刑升格的根据,必然是间接处罚,违反罪刑法定原则。

根据《交通案件解释》的规定,"因逃逸致人死亡",是指行为人在交通肇事后为逃避法律追究而逃跑,致使被害人因得不到救助而死亡的情形,刑法理论的通说也赞成这种观点。[59] 本书对此发表如下看法:

首先,如上所述,将逃逸作为法定刑升格条件,是因为行为人对被害人负有救助义务。所以,因不救助而导致被害人死亡的,属于因逃逸致人死亡。[60] 但是,将逃逸的动机限定为逃避法律追究明显不当。例如,甲驾车追杀骑摩托车的乙,过失发生交通事故,导致丙重伤,甲为了追杀乙而没有救助丙导致丙死亡。根据《交通案件解释》,甲不属于逃逸。这显然不合理。

其次,"因逃逸致人死亡"以逃逸前的行为已经构成交通肇事罪为前提。行为人超速驾驶致一人重伤后逃逸,进而导致其死亡的,不能适用"因逃逸致人死亡"的规定,只能认定为一般的交通肇事罪(处 3 年以下有期徒刑或者拘役)。

再次,"因逃逸致人死亡"实际上是指逃逸这一不作为引起了被害人死亡。因为肇事后的单纯逃逸实际上属于受刑罚处罚的不作为行为(至少是一种遗弃行为),只不过不是独立地处罚(事实上也不可能有独立的逃逸),而是作为交通肇事罪的法定刑升格条件予以处罚。行为人对逃逸及其产生的具体危险显然是故意的,对于这一基本行为引起的死亡结果,则至少需要过失(类似于结果加重犯)。基于同样的理由,行为人在交通肇事后,以为被害人已经死亡,为了隐匿罪迹,将被害人沉入河流中,导致被害人溺死的,应将后行为认定为过失致人死亡罪,而不能认定为因逃逸致人死亡;如果前行为已构成交通肇事罪,则应实行数罪并罚。

最后,因不救助被害人导致被害人死亡的行为,可能同时触犯遗弃罪、过失致人死亡罪与故意杀人罪。对此,应按照想象竞合犯从一重罪处罚。行为人在交通肇事后,将被害人带离事故现场后隐藏或者遗弃,致使被害人无法得到救助而死亡或者严重残疾的,应当分别以故意杀人罪或者故意伤害罪定罪处罚。

值得研究的是,《交通案件解释》第 5 条第 2 款的规定:"交通肇事后,单位主管人员、机动车辆所有人、承包人或者乘车人指使肇事人逃逸,致使被害人因得不到救助而死亡的,以交通肇事罪的共犯论处。"对此解释持肯定态度的理由是:交通肇事后的逃逸行为是故意的,指使者在明知肇事已发生的情况下,仍指使、教唆肇事人实施逃逸行为的,与肇事者对肇事后的逃逸具有共同的故意,应共同对这一后果承担责任。但这一解释结论及其理由存在如下疑问:(1)如果说刑法第 133 条规定的"因逃逸致人死亡"属于结果加重犯,而"因逃逸致人死亡"属于间接故意犯罪,则意味着过失的交通肇事罪包含了故意的

---

〔59〕 关于对"因逃逸致人死亡"的各种不同观点,参见王作富主编:《刑法分则实务研究》(上),中国方正出版社 2013 年第 5 版,第 142 页以下。

〔60〕 值得研究的是,能否认为,刑法将逃逸规定为法定刑升格条件的另一个根据是,行为人在造成交通事故后因为高度紧张,其驾驶机动车逃离的行为具有造成新的交通事故的危险性。如果这一结论得以成立,那么,因逃逸致人死亡还应包括连续造成两次交通事故的情形,即已经发生交通事故后,行为人在驾车逃逸过程中又发生交通事故,导致他人死亡。换言之,"因逃逸致人死亡"中的"人"既包括先前交通肇事中的被害者,也包括肇事后逃逸过程中致死的其他人。因为这种情形完全符合刑法规定的"因逃逸致人死亡"的条件:发生了交通事故,行为人驾车逃逸,发生了死亡结果;将这种情形适用"因逃逸致人死亡"的法定刑比采取其他方式处理更符合罪刑相适应原则。果真如此,则"逃逸"既包括不救助被害人的不作为,也包括驾驶机动车逃离的作为。

结果加重犯,换言之,存在着"过失的基本犯+故意的加重犯"的情形,这是难以被人理解和接受的。(2)如果说"因逃逸致人死亡"是数罪或者是特殊的结合犯(一般交通肇事罪+故意杀人罪),则与其法定刑不协调。(3)如果说"因逃逸致人死亡"属于不作为的故意杀人罪,则导致罪刑不均衡:一般情形的故意不作为致人死亡,被认定为故意杀人罪,处死刑、无期徒刑或者10年以上有期徒刑;而在交通肇事后故意不作为致人死亡的,反而仅处7年以上有期徒刑。(4)逃逸行为虽然是故意的,但对致人死亡并不必然出于故意,不能以逃逸出于"故意"为由,认定司机与指使者对死亡结果持故意。事实上,指使司机逃逸并不意味着指使者对被害人的死亡持间接故意,换言之,指使者完全可能对被害人的死亡只有过失的心理态度。(5)逃逸本身是否属于间接故意致人死亡的行为,也需要具体判断。在行为人没有采取积极措施防止结果发生时,并不能简单地认为所发生的结果就是行为人的"不作为"所致,而应当考虑法益基于何种原因(前行为)处于危险状态、危险的程度,法益对行为人的依赖程度,行为人履行义务的可能性大小,行为人的"不作为"是不是造成结果的原因,是将结果归责于前行为合适还是归责于"不作为"合适,如此等等。(6)"因逃逸致人死亡"属于交通肇事罪的一种加重情节,但根据《交通案件解释》,其前提是行为人因为违反交通规则而发生了交通事故,导致被害人受伤害(基本犯)。将指使司机逃逸因而导致被害人死亡认定为交通肇事罪的共犯,则缺乏基本犯这一前提条件。例如,甲使用暴力抢劫丙的财物,已经导致丙受伤害,也已取得财物。此时甲的朋友乙经过现场,指使甲尽快逃逸。甲逃逸后,丙因为没有人救助而死亡。在这种情况下,显然难以认定乙与甲构成抢劫罪的共犯。所以,要做到既否认过失的教唆犯与帮助犯,又赞成上述《交通案件解释》的规定,是比较困难的。同样,即使驾驶人因为醉酒驾驶而导致交通事故,也属于结果加重犯。在基本行为结束后,不可能存在对结果加重犯的教唆犯。

不可否认的是,《交通案件解释》肯定逃逸的指使者构成犯罪的结论具有妥当性。问题在于对指使者应当认定为什么犯罪?就此存在两条路径。

第一条路径是为《交通案件解释》的结论寻找理论与法律根据。《交通案件解释》的问题出在两个方面:(1)因逃逸致人死亡的责任形式难以确定。由于交通肇事是过失犯罪,将逃逸致人死亡作为交通肇事罪的法定刑升格条件时,也只能认为其责任形式是过失。根据责任主义原理,要求行为人对于因逃逸致人死亡具有过失是理所当然的。但是,我国刑法并没有肯定对过失犯的教唆犯与帮助犯,这也是《交通案件解释》受到批评的另一重要原因。其实,故意与过失不是对立关系,而是位阶关系,故意也符合过失的条件。在此意义上,即使行为人对因逃逸致人死亡的真实心理是故意,也不能否认其行为属于因逃逸致人死亡。(2)没有将交通肇事后逃逸确定为独立的罪名,而是作为交通肇事罪的一个法定刑升格条件。但在将指使逃逸的行为认定为交通肇事罪的共犯时,又是将逃逸行为作为独立犯罪对待的。然而,交通肇事罪一般属于过失犯罪(危险驾驶造成交通事故的结果加重犯除外),而过失犯罪是没有教唆犯的,但《交通案件解释》直接肯定了过失犯罪的教唆犯。倘若将交通肇事后逃逸作为一个独立的罪名,那么,逃逸致人死亡就是结果加重犯。于是,逃逸致人死亡就不是单纯的过失犯,而是相当于国外刑法规定的遗弃致人死亡的结果加重犯。亦即,交通肇事只是交通肇事后逃逸的前提,逃逸行为有致人死亡的具体危险,其本身就是成立犯罪,致人死亡则是加重结果,行为人对加重结果只要有过失即可。于是,基本犯(交通肇事后逃逸)仍然是故意犯,指使他人逃逸的就是教唆犯。

在肇事者的逃逸行为致人死亡时,只要教唆者对死亡结果具有预见可能性,教唆者就要对死亡结果承担责任。亦即,当指使者指使肇事者逃逸,对肇事者适用因逃逸致人死亡的法律规定时,对指使者也应适用因逃逸致人死亡的规定。但应肯定的是,由于肇事者是负有作为(救助)义务的人,所以,指使者只是逃逸的教唆犯。基于同样的理由,帮助肇事者逃逸的,也能成立帮助犯。[61]

第二条路径是,对于《交通案件解释》所规定的上述情形,根据行为的性质与内容,认定指使者的行为成立窝藏罪(正犯)或者遗弃罪(教唆犯);在逃逸致人死亡符合不作为的故意杀人罪的犯罪构成时,对死亡结果具有故意的指使者则是故意杀人罪的教唆犯。[62]

需要说明的是,不管采取哪一条路径,在上述情形下,只要肇事人的行为违反交通运输管理法规,客观上造成交通事故即可,不要求肇事人具有责任。例如,15 岁的乙违章驾驶机动车发生了交通事故,车主甲指使乙逃逸,导致被害人因得不到救助而死亡。对此,也应认定甲的行为成立上述相应的犯罪。

四、危险驾驶罪

(一)危险驾驶罪的概念与类型

危险驾驶罪,是指在道路上驾驶机动车追逐竞驶,情节恶劣,或者在道路上醉酒驾驶机动车,以及从事校车业务或者旅客运输,严重超过额定乘员载客或者严重超过规定时速行驶,或者违反危险化学品安全管理规定运输危险化学品,危及公共安全的行为。本罪分为四个类型。

1. 追逐竞驶

一般来说,追逐竞驶,是指行为人在道路上高速、超速行驶,随意追逐、超越其他车辆,频繁、突然并线,近距离驶入其他车辆之前的危险驾驶行为。追逐竞驶属于危害公共安全的危险犯,但刑法没有将本罪规定为具体的公共危险犯,而是以情节恶劣限制处罚范围。换言之,只要追逐竞驶行为具有类型化的抽象危险,并且情节恶劣,就构成犯罪。(1)本罪行为不要求发生在公共道路(公路)上,只需要发生在道路上即可。在校园内、大型厂矿内的道路上,以及在人行道上追逐竞驶的,因为对不特定或者多数人的生命、身体产生了抽象的危险,依然可能成立本罪。(2)追逐竞驶以具有抽象危险性的高速、超速驾驶为前提,缓慢驾驶的行为不可能成立本罪。但是,单纯的高速驾驶或者超速驾驶,并不直接成立本罪。换言之,不能将本罪等同于国外的超速驾驶罪。(3)追逐竞驶要求以产生抽象的交通危险的方式驾驶,行为的基本方式是随意追逐、超越其他车辆,频繁并线、突然并线,或者近距离驶入其他车辆之前等。(4)追逐竞驶既可能是二人以上基于意思联络而实施,也可能是单个人实施。机动车驾驶人员出于竞技、追求刺激、斗气或者其他动机,在道路上曲折穿行、快速追赶行驶的,属于追逐竞驶。驾驶机动车针对救护车、消防车等车辆实施追逐竞驶行为的,可能成立本罪。(5)成立本罪要求情节恶劣。情节恶劣的基本判断标准是追逐竞驶行为的危险程度。对此,应以道路上车辆与行人的多少、驾驶的路段

---

〔61〕 即使将逃逸致人死亡作为独立的罪名对待,其与不作为的故意杀人罪也不是对立关系,而是想象竞合。换言之,如果行为同时符合不作为的故意杀人罪的成立条件,则应按故意杀人罪的法定刑处罚。

〔62〕 第二条路径与第一条路径也不是对立关系,倘若第一条路径的结论是妥当的,也可以认为第二条路径的定罪结论与第一条路径的定罪结论形成想象竞合关系。

与时间、驾驶的速度与方式、驾驶的次数等进行综合判断。大体可以肯定的是,如果发生了具体的公共危险,就能够得出情节恶劣的结论。换言之,追逐竞驶虽未造成人员伤亡或财产损失,但综合考虑超过限速、闯红灯、强行超车、抗拒交通执法等严重违反道路交通安全法的行为,足以威胁他人生命、财产安全的,属于危险驾驶罪中"情节恶劣"的情形。在没有其他车辆与行人的荒野道路上追逐竞驶的行为,不应认定为情节恶劣。追逐竞驶的罪过形式为故意,不要求行为人以赌博竞技或者追求刺激为目的。因为基于任何目的与动机的故意追逐竞驶行为,只要产生了抽象的公共危险且情节恶劣,就值得科处刑罚。

2. 醉酒驾驶

醉酒驾驶,是指在醉酒状态下在道路上驾驶机动车的行为。[63] 根据"两高"、公安部2013年12月18日《关于办理醉酒驾驶机动车刑事案件适用法律若干问题的意见》(以下简称《酒驾案件意见》),在道路上驾驶机动车,血液酒精含量达到80毫克/100毫升以上的,属于醉酒驾驶机动车,以危险驾驶罪定罪处罚。[64] 本罪是抽象的危险犯,不需要司法人员具体判断醉酒行为是否具有公共危险。一方面,抽象的危险犯实际上是类型化的危险犯,司法人员只需要进行类型化的判断即可。另一方面,没有抽象危险的行为,不可能成立本罪。例如,在没有车辆与行人的荒野道路上醉酒驾驶机动车的,因为不具有抽象的危险,不应以本罪论处。

关于醉酒型危险驾驶罪的责任形式,刑法理论存在不同观点。一种观点认为,本罪的责任形式为过失,如果行为人持故意则构成以危险方法危害公共安全罪。[65] 但是,将本罪的责任形式确定为过失,缺乏刑法第15条第2款所要求的"法律有规定"的文理根据,导致将故意的醉酒驾驶均作为以危险方法危害公共安全罪处理。然而,一方面,行为是否产生具体的公共危险,并不是取决于醉酒驾驶的行为是出于故意还是过失。即使认为故意是违法要素,也不可能得出只要是故意醉酒驾驶就产生具体公共危险的结论。另一方面,将故意的醉酒驾驶均作为以危险方法危害公共安全罪处理,既不符合司法实践,也会导致刑罚畸重。还有一种观点认为,本罪是过失的抽象危险犯,但故意醉酒驾驶的行为没有发生具体公共危险的,依然成立危险驾驶罪。[66] 这种观点实际上肯定了本罪既可以由过失构成也可能由故意构成,但这一观点同样缺乏法律根据;而且将故意犯与过失犯等同处罚,并不符合罪刑相适应原则。本书认为,醉酒驾驶属于故意犯罪,行为人必须认识到自己是在醉酒状态下驾驶机动车。但是,对于醉酒状态的认识不需要十分具体(不需要认识到血液中的酒精具体含量),只要有大体上的认识即可。一般来说,只要行为人知道自己喝了一定量的酒,事实上又达到了醉酒状态,并驾驶机动车的,就可以认定其具有醉酒驾驶的故意。认为自己只是酒后驾驶而不是醉酒驾驶的辩解,不能排除故意的成立。

---

〔63〕 醉酒驾驶航空器的行为,是否成立本罪,取决于如何解释"道路"与"机动车"以及如何认识航线与航空器。一般认为,本罪的"道路"、"机动车",适用《道路交通安全法》的有关规定。

〔64〕 《酒驾案件意见》还规定,血液酒精含量检验鉴定意见是认定犯罪嫌疑人是否醉酒的依据。犯罪嫌疑人经呼气酒精含量检验达到醉酒标准,在抽取血样之前脱逃的,可以呼气酒精含量检验结果作为认定其醉酒的依据。犯罪嫌疑人在公安机关依法检查时,为逃避法律追究,在呼气酒精含量检验或者抽取血样前又饮酒,经检验其血液酒精含量达到醉酒标准的,应当认定为醉酒。本书认为,虽然前一规定大体上具有合理性,但后一规定并不符合事实存疑时有利于被告的原则。

〔65〕 参见冯军:"论《刑法》第133条之一的规范目的及其适用",载《中国法学》2011年第5期。

〔66〕 参见梁根林:"《刑法》第133条之一第2款的法教义学分析",载《法学》2015年第3期。

即使行为人没有主动饮酒（饮料中被他人掺入酒精），但驾驶机动车之前或者当时意识到自己已经饮酒的，也应认定具有醉酒驾驶的故意。当然，如果没有主动饮酒，也没有意识到自己已经饮酒的，排除故意的成立。[67]

醉酒驾驶既不是亲手犯，也不是身份犯。教唆他人醉酒驾驶的，成立教唆犯；明知他人即将驾驶机动车，而暗中在其饮料中掺入酒精，驾驶者不知情而驾驶机动车的，对掺入酒精者应以间接正犯论处。

3. 超员、超速行驶

超员、超速行驶，是指从事校车业务或者旅客运输，严重超过额定乘员载客，或者严重超过规定时速行驶的行为。本类型的危险驾驶罪属于抽象危险犯。依照国务院《校车安全管理条例》的规定，"校车"是指用于接送接受义务教育的学生上下学的机动车。[68] 本罪中的校车既包括依照国家规定取得使用许可的校车，也包括没有取得使用许可的违章从事接送学生业务的校车。[69] 从事旅客运输的车辆，是指从事公路客运、公交客运、出租客运、旅游客运等从事旅客运输的车辆；既包括具有营运资格的车辆，也包括非法从事旅客运输的车辆。一般超员、超速的行为不成立本罪，只有严重超员、超速的行为才成立本罪。本罪的成立不以发生人员伤亡等后果为要件。机动车所有人、管理人对严重超员、超速行驶负有直接责任的，以本罪论处。例如，机动车所有人、管理人强令、指使驾驶人员超员、超速行驶的，或者明知驾驶人员超员、超速行驶而放任的，应以本罪论处。概言之，所谓"负有直接责任"，是指超员、超速行驶的状态能够归属于机动车所有人、管理人的作为或者不作为的情形。本类型的危险驾驶罪只能由故意构成。

4. 违规运输危险化学品

违规运输危险化学品，是指违反危险化学品安全管理规定运输危险化学品，危及公共安全的行为。本类型的危险驾驶罪属于具体危险犯。危险化学品，是指具有毒害、腐蚀、爆炸、燃烧、助燃等性质，对人体、设施、环境具有危害的剧毒化学品和其他化学品。根据《危险化学品安全管理条例》规定，从事危险化学品道路运输的，应当取得危险货物道路运输许可，并向工商行政管理部门办理登记手续；危险化学品道路运输企业应当配备专职安全管理人员；危险化学品道路运输企业的驾驶人员、装卸管理人员、押运人员、申报人员、集装箱装箱现场检查员应当经交通运输主管部门考核合格，取得从业资格；运输危险化学品，应当根据危险化学品的危险特性采取相应的安全防护措施，并配备必要的防护用品和应急救援器材；用于运输危险化学品的槽罐以及其他容器应当封口严密，能够防止危险化学品在运输过程中因温度、湿度或者压力的变化发生渗漏、洒漏；槽罐以及其他容器的溢流和泄压装置应当设置准确、起闭灵活；通过道路运输危险化学品的，应当按照运输车辆的核定载质量装载危险化学品，不得超载；危险化学品运输车辆应当符合国家标准要求的安全技术条件，并按照国家有关规定定期进行安全技术检验；运输危险化学品途中因住宿或者发生影响正常运输的情况，需要较长时间停车的，驾驶人员、押运人员应当采取

〔67〕 参见张明楷："危险驾驶罪的基本问题"，载《政法论坛》2012 年第 6 期。

〔68〕 如果在此遵循这一定义，就只能将接送幼儿园幼儿、高中生、大学生以及学校教师的机动车归入从事旅客运输的车辆。当然，这不是一个重要问题。

〔69〕《校车安全管理条例》所称校车是指七座以上的载客汽车，但本书认为，对本罪"校车"的理解和认定没有必要作如此限制。

相应的安全防范措施;如此等等。违反上述《条例》的规定,并且危及公共安全的,成立本罪。行为是否危及公共安全,要根据行为人所运输的危险化学品的种类、数量、运输的时间、路线、车辆的安全状况、发生实害事故的可能性程度等进行综合判断。机动车所有人、管理人对上述违规行为负有直接责任的,以本罪论处。本类型的危险驾驶罪的责任形式只能是故意,行为人必须认识到自己违规运输的是危险化学品(不必认识到具体种类),并且希望或者放任公共危险的发生。

(二)危险驾驶罪的罪数

危险驾驶行为同时构成其他犯罪的,依照处罚较重的规定定罪处罚。例如,追逐竞驶或者醉酒驾驶行为,过失造成他人伤亡或者重大财产损失结果,构成交通肇事罪的,应以交通肇事罪论处(此时的交通肇事罪属于结果加重犯)。但是,如果致人伤亡的交通事故不是由追逐竞驶或者醉酒驾驶行为引起,而是由其他违反交通运输管理法规的行为(如无视交通信号)所引起,则应对危险驾驶罪与交通肇事罪实行数罪并罚。再如,违规运输化学危险品,发生重大事故,造成严重后果的,应以危险物品肇事罪论处(此时的危险物品肇事罪属于结果加重犯)。但是,如果违规运输化学危险品,危及公共安全,又由于闯红灯而造成交通事故的,则应对危险驾驶罪与交通肇事罪实行数罪并罚。

危险驾驶行为具有与放火、爆炸等相当的具体的公共危险,行为人对该具体的公共危险具有故意的,应当认定以危险方法危害公共安全罪。例如,在高速公路上逆向追逐竞驶或者醉酒高速驾驶,但没有造成严重后果的,应当适用刑法第114条,认定为以危险方法危害公共安全罪。当然,对以危险方法危害公共安全罪的认定必须采取严格的限制态度。危险驾驶行为具有与放火、爆炸等相当的具体的公共危险,且造成人身伤亡等严重后果(如在高速公路上逆向追逐竞驶或者醉酒高速驾驶造成他人死亡),行为人对该具体的公共危险或者人身伤亡等严重后果具有故意的,应当适用刑法第115条第1款。[70]

实施危险驾驶行为,以暴力、威胁方法阻碍公安机关依法检查,又构成妨害公务罪等其他犯罪的,依照数罪并罚的规定处罚。

(三)危险驾驶罪的处罚

根据第133条之一的规定,犯危险驾驶罪的,处拘役,并处罚金。依照《酒驾案件意见》的规定,醉酒驾驶机动车,具有下列情形之一的,从重处罚:(1)造成交通事故且负事故全部或者主要责任,或者造成交通事故后逃逸,尚未构成其他犯罪的;(2)血液酒精含量达到200毫克/100毫升以上的;(3)在高速公路、城市快速路上驾驶的;(4)驾驶载有乘客的营运机动车的;(5)有严重超员、超载或者超速驾驶,无驾驶资格驾驶机动车,使用伪造或者变造的机动车牌证等严重违反道路交通安全法的行为的;(6)逃避公安机关依法检查,或者拒绝、阻碍公安机关依法检查尚未构成其他犯罪的;(7)曾因酒后驾驶机动车受过行政处罚或者刑事追究的;(8)其他可以从重处罚的情形。

五、重大责任事故罪

重大责任事故罪,是指在生产、作业中违反有关安全管理的规定,因而发生重大伤亡

---

〔70〕根据立法精神与从一重罪处罚的基本原则,对轻罪中的特定行为依照某一重罪处罚时,如果重罪没有附加刑而轻罪有附加刑,在判处重罪的主刑的同时,应当判处轻罪的附加刑。因此,对危险驾驶构成交通肇事罪、以危险方法危害公共安全罪的,在科处刑法第133条、第114条或者第115条规定的主刑的同时,应当根据刑法第133条之一并处罚金。

事故或者造成其他严重后果的行为。

行为主体为自然人，包括对生产、作业负有组织、指挥或者管理职责的负责人、管理人员、实际控制人、投资人等人员，以及直接从事生产、作业的人员。至于企业的性质，则不影响本罪的成立。例如，在押罪犯是劳改企业中直接从事生产的人员，可以成为本罪的行为主体；无照施工经营者以及群众合作经营组织或个体经营户的从业人员，无证开采的小煤矿从业人员，均可成为本罪的行为主体。行为与结果的内容为，在生产、作业中实施违反有关安全管理规定的行为，因而发生重大伤亡事故或者造成其他严重后果。重大事故必须发生在生产、作业活动中，并同有关职工、从业人员的生产、作业活动有直接联系。根据"两高"2015 年 12 月 14 日《关于办理危害生产安全刑事案件适用法律若干问题的解释》（以下简称《安全案件解释》），具有下列情形之一的，应当认定为"发生重大伤亡事故或者造成其他严重后果"：（1）造成死亡 1 人以上，或者重伤 3 人以上的；（2）造成直接经济损失 100 万元以上的；（3）造成其他严重后果或者重大安全事故的情形。本罪的责任形式为过失。

对于厂（矿）区内机动车作业期间发生的伤亡事故案件，应根据不同情况，区别对待：在公共交通管理范围内，因违反交通运输管理法规，造成重大事故的，应认定为交通肇事罪；因违反安全生产规章制度，发生重大伤亡事故，造成严重后果的，应认定为重大责任事故罪；在公共交通管理范围外发生重大事故的，应认定为重大责任事故罪。[71]

根据刑法第 134 条第 1 款的规定，犯本罪的，处 3 年以下有期徒刑或者拘役；情节特别恶劣的，处 3 年以上 7 年以下有期徒刑。根据《安全案件解释》的规定，具有下列情形之一的，属于情节特别恶劣：（1）造成死亡 3 人以上或者重伤 10 人以上，负事故主要责任的；（2）造成直接经济损失 500 万元以上，负事故主要责任的；（3）其他造成特别严重后果、情节特别恶劣或者后果特别严重的情形。具有下列情形之一的，从重处罚：（1）未依法取得安全许可证件或者安全许可证件过期、被暂扣、吊销、注销后从事生产经营活动的；（2）关闭、破坏必要的安全监控和报警设备的；（3）已经发现事故隐患，经有关部门或者个人提出后，仍不采取措施的；（4）一年内曾因危害生产安全违法犯罪活动受过行政处罚或者刑事处罚的；（5）采取弄虚作假、行贿等手段，[72]故意逃避、阻挠负有安全监督管理职责的部门实施监督检查的；（6）安全事故发生后转移财产意图逃避承担责任的；（7）其他从重处罚的情形。在安全事故发生后积极组织、参与事故抢救，或者积极配合调查、主动赔偿损失的，可以酌情从轻处罚。国家工作人员违反规定投资入股生产经营，构成本罪的，或者国家工作人员的贪污、受贿犯罪行为与安全事故发生存在关联性的，从重处罚；同时构成贪污、受贿犯罪和危害生产安全犯罪的，依照数罪并罚的规定处罚。对于实施本罪适用缓刑的犯罪分子，可以根据犯罪情况，禁止其在缓刑考验期限内从事与安全生产相关联的特定活动；对于被判处刑罚的犯罪分子，可以根据犯罪情况和预防再犯罪的需要，禁止其自刑罚执行完毕之日或者假释之日起 3 年至 5 年内从事与安全生产相关的职业。

六、强令违章冒险作业罪

强令违章冒险作业罪，是指强令他人违章冒险作业，因而发生重大伤亡事故或者造成

---

〔71〕　最高人民检察院 1992 年 3 月 23 日《关于在厂（矿）区内机动车造成伤亡事故的犯罪案件如何定性处理的问题的批复》。

〔72〕　同时构成行贿罪的，应当实行数罪并罚。

其他严重后果的行为。行为主体为自然人,包括对生产、作业负有组织、指挥或者管理职责的负责人、管理人员、实际控制人、投资人等人员。不具有上述职责的生产、作业人员,也能成为本罪主体。行为与结果的内容为,强令他人违章冒险作业,因而发生重大伤亡事故或者其他严重后果。“强令”既包括利用职权、地位命令指使他人,也包括采取威胁等方式逼迫他人。“违章”是指违反生产、作业中有关安全管理规定。“冒险”是指对人的生命、身体存在的客观危险。根据《安全案件解释》,明知存在事故隐患、继续作业存在危险,仍然违反有关安全管理的规定,实施下列行为之一的,应当认定为“强令他人违章冒险作业”:(1)利用组织、指挥、管理职权,强制他人违章作业的;(2)采取威逼、胁迫、恐吓等手段,强制他人违章作业的;(3)故意掩盖事故隐患,组织他人违章作业的;(4)其他强令他人违章作业的行为。如果行为人强令他人违章作业,但所违反的规章与安全生产无关,因而并不存在对人的生命、身体的危险,则不成立本罪(可能成立强迫劳动罪)。一般认为,本罪的责任形式为过失。行为不符合本罪的犯罪构成,但符合重大责任事故罪的犯罪构成的,应认定为重大责任事故罪。犯本罪的,根据刑法第134条第2款的规定处罚。[73]

七、重大劳动安全事故罪

重大劳动安全事故罪,是指安全生产设施或者安全生产条件不符合国家规定,因而发生重大伤亡事故或者造成其他严重后果的行为。

行为主体是直接负责的主管人员和其他直接责任人员,即对安全生产设施或者安全生产条件不符合国家规定负有直接责任的生产经营单位负责人、管理人员、实际控制人、投资人,以及其他对安全生产设施或者安全生产条件负有管理、维护职责的人员(如对安全生产设施或者安全生产条件负有管理、维护职责的电工、瓦斯检查工等人员)。客观行为与结果应包括两种情形:一是负责生产设施或安全生产条件的人员,没有设置合格的安全生产设施与安全生产条件,因而发生重大伤亡事故或者造成其他严重后果;二是在安全生产设施或者安全生产条件不符合国家规定的情况下,直接负责的主管人员或者其他直接责任人员,不改善安全生产设施与安全生产条件,因而发生重大伤亡事故或者造成其他严重后果。本罪的责任形式为过失。

安全生产设施或者安全生产条件的主管或管理人员不采取措施消除事故隐患,在生产、作业中直接从事领导、指挥的人员强令他人违章冒险作业,因而发生重大伤亡事故或者造成其他严重后果的,对于前者应以重大劳动安全事故罪论处,对于后者应以强令违章冒险作业罪论处。需要研究的是,如果行为人既对安全生产设施或安全生产条件负有管理责任,又强令他人违章冒险作业时,应如何处理? 在这种情况下,造成结果的原因有两个行为:一个是行为人的不作为,另一个是作为,似乎实行数罪并罚较为合理。但是,只有一个结果,将一个结果作为两个过失犯罪的构成要件事实,并不合适,故应从一重罪论处(狭义的包括一罪)。由于强令违章冒险作业罪的法定刑高于重大劳动安全事故罪的法定刑,故应按强令违章冒险作业罪论处。

依照刑法第135条的规定,犯本罪的,处3年以下有期徒刑或者拘役;情节特别恶劣

---

〔73〕 具体处罚标准,参见《安全案件解释》第6~7条、第12~14条、第16条。

的，处3年以上7年以下有期徒刑。[74]

八、大型群众性活动重大安全事故罪

本罪是指举办大型群众性活动违反安全管理规定，因而发生重大伤亡事故或者造成其他严重后果的行为。犯本罪的，对直接负责的主管人员和其他直接责任人员依照刑法第135条之一的规定处罚。[75]

九、危险物品肇事罪

危险物品肇事罪，是指违反爆炸性、易燃性、放射性、毒害性、腐蚀性物品的管理规定，在生产、储存、运输、使用中发生重大事故，造成严重后果的行为。

成立本罪，必须具有违反爆炸性、易燃性、放射性、毒害性、腐蚀性物品的管理规定的行为；必须在生产、储存、运输、使用中发生重大事故，造成严重后果。

本罪的责任形式分为两种情形：(1)一般的危险物品肇事罪为过失。行为人也可能有意识地违反相关管理规定，这在日常生活中可以说是"故意"的，但不一定成立刑法上的故意。在这种情况下，行为人往往是轻信能够避免结果发生，因而仍然是过失。(2)本罪既可能是违规运输危险化学品类型的危险驾驶罪的结果加重犯，也可能与危险驾驶罪构成想象竞合。危险驾驶是故意犯罪，但危险驾驶行为过失造成他人伤亡，符合危险物品肇事罪的犯罪构成的，应以危险物品肇事论处。此时，行为人对基本犯(危险驾驶罪)是故意，对加重结果为过失。当危险驾驶罪与危险物品肇事罪构成想象竞合时，行为人虽然对危险驾驶罪是故意的，但对危险物品肇事罪仍然是过失。实施本罪行为同时触犯过失投放危险物质罪、过失爆炸罪的，以本罪论处；对于完全符合本罪成立条件的行为，不得以过失以其他方法危害公共安全罪论处。

根据刑法第136条的规定，犯本罪的，处3年以下有期徒刑或者拘役；后果特别严重的，处3年以上7年以下有期徒刑。

十、工程重大安全事故罪

工程重大安全事故罪，是指建设单位、设计单位、施工单位、工程监理单位违反国家规定，降低工程质量标准，造成重大安全事故的行为。

从法条的表述来看，行为主体似乎是建设单位、设计单位、施工单位与工程监理单位，但刑法只处罚直接责任人员，故不应认定本罪属于单位犯罪。客观行为包括违反国家规定，降低建设工程质量标准，具有导致结果发生危险的一切行为。"造成重大安全事故"，不限于造成对人的生命、身体的安全事故，还应包括造成工程本身的安全事故(以对人的生命、身体安全具有危险为前提)，如导致工程本身不合格，无法投入使用等。本罪的责任形式为过失，即对于违反国家规定、降低工程质量标准的行为，可能发生重大安全事故，具有预见可能性，或者已经预见而轻信能够避免。

从司法实践来看，常常在施工完成之后的相当长时间才会发生重大安全事故。由于本罪是过失犯，结果发生之日才是犯罪之日，故追诉时效应从结果发生之日起开始计算。

根据刑法第137条的规定，犯本罪的，对直接责任人员，处5年以下有期徒刑或者拘

---

〔74〕 具体处罚标准，参见《安全案件解释》第6~7条、第12~14条、第16条。
〔75〕 具体处罚标准，参见《安全案件解释》第6~7条、第12~14条、第16条。

役,并处罚金;后果特别严重的,处5年以上10年以下有期徒刑,并处罚金。[76]

十一、教育设施重大安全事故罪

教育设施重大安全事故罪,是指明知校舍或者教育教学设施有危险,而不采取措施或者不及时报告,致使发生重大伤亡事故的行为。

行为主体是对教育教学设施负有管理责任的人员。例如,村办小学的校舍有危险,小学校长不采取措施或不及时报告,因而发生重大伤亡事故的,成立本罪;如果小学校长向村民委员会分管小学的领导报告后,该领导不采取措施,以致发生重大伤亡事故的,则该领导构成本罪。客观行为与结果的内容为,在校舍或其他教育教学设施存在危险的情况下,不采取措施消除、避免危险或者不及时向有关部门报告,以致发生重大伤亡事故的行为。可见,本罪行为表现为不作为。如果行为人采取了一定有效措施或者及时向有关部门报告情况,即使造成了重大伤亡事故,也不成立本罪。本罪的责任形式为过失,法条中的"明知"并不等同于故意犯罪中的"明知",只是表明行为人已经预见到发生侵害结果的危险。

建设单位、设计单位、施工单位、工程监理单位违反国家规定,降低校舍质量标准,有关人员明知校舍有危险,而不采取措施或者不及时报告,致使发生重大伤亡事故的,前者成立工程重大安全事故罪,后者成立教育设施重大安全事故罪。

根据刑法第138条的规定,犯本罪的,对直接责任人员,处3年以下有期徒刑或者拘役;后果特别严重的,处3年以上7年以下有期徒刑。[77]

十二、消防责任事故罪

消防责任事故罪,是指违反消防管理法规,经消防监督机构通知采取改正措施而拒绝执行,造成严重后果的行为。"消防监督机构通知"既包括书面通知,也包括口头通知;既包括直接通知,也包括经由第三者的间接通知。"拒绝执行"包括完全不执行和不按照消防监督机构的要求执行。犯本罪的,对直接责任人员按照刑法第139条的规定处罚。[78]

十三、不报、谎报安全事故罪

不报、谎报安全事故罪,是指在安全事故发生后,负有报告职责的人员不报或者谎报事故情况,贻误事故抢救,情节严重的行为。

"负有报告职责的人员",是指负有组织、指挥或者管理职责的负责人、管理人员、实际控制人、投资人,以及其他负有报告职责的人员。对安全事故本身负有责任的人员(即其行为已经构成相关安全事故犯罪的人员),在生产经营单位负责或者直接从事安全管理事务的人员,属于负有报告职责的人员。生产经营单位的普通员工、过路人、参观者等,不属于负有报告职责的人员。但是,在安全事故发生后,教唆或者帮助负有报告职责的人员不报或者谎报情况,贻误事故抢救,情节严重的,构成本罪的共犯。

不报或者谎报行为,必须发生在安全事故之后,但不要求发生在安全事故完全结束之后。"安全事故"是指刑法第131条、第132条以及第134条至第139条规定的安全事

---

〔76〕 具体处罚标准,参见《安全案件解释》第6~7条、第12~14条、第16条。

〔77〕 具体处罚标准,参见《安全案件解释》第6~7条、第12~14条、第16条。

〔78〕 具体处罚标准,参见《安全案件解释》第6~7条、第12~14条、第16条。

故，[79]既包括过失导致的事故，也包括意外造成的事故。不报或者谎报事故情况的行为，造成贻误事故抢救的后果，并且情节严重的，才成立犯罪。显然，如果发生了没有必要抢救的安全事故（结果不可能加重或扩大），因为缺乏本罪的结果要素，而不可能成立本罪。换言之，只有在结果可能加重或者扩大的情况下，不报或者谎报事故情况的行为，才可能成立本罪。例如，在安全事故已经导致5人死亡，此外并不存在需要救助的被害人时，不报事故的行为不成立犯罪。在这种情况下，行为人谎称只造成1人死亡的，也不属于本罪的谎报行为。基于同样的理由，在安全事故发生后，虽然负有报告职责的人员没有报告，但是他人已经及时报告的，负有报告职责的人员的不报告行为，不成立本罪（也不成立本罪的未遂犯）。因为负有报告职责的人员的不报告行为，不可能贻误事故抢救。根据《安全案件解释》的规定，具有下列情形之一的，属于“情节严重”：（1）导致事故后果扩大，增加死亡1人以上，或者增加重伤3人以上，或者增加直接经济损失100万元以上的；（2）实施下列行为之一，致使不能及时有效开展事故抢救的：决定不报、迟报、谎报事故情况或者指使、串通有关人员不报、迟报、谎报事故情况的；在事故抢救期间擅离职守或者逃匿的；伪造、破坏事故现场，或者转移、藏匿、毁灭遇难人员尸体，或者转移、藏匿受伤人员的；毁灭、伪造、隐匿与事故有关的图纸、记录、计算机数据等资料以及其他证据的；（3）其他情节严重的情形。

本罪的责任形式为故意，即明知不报或者谎报事故情况的行为，会发生贻误事故抢救的结果，并且希望或者放任这种结果发生。

在司法实践中，应注意本罪与不作为的故意杀人等罪的竞合。本罪的行为表现为不报或者谎报事故情况，在发生安全事故后，负有救助他人生命、身体职责的人员，故意不报或者谎报事故情况，也不履行救助义务，导致他人死亡、重伤的，属于想象竞合，按照（不作为的）故意杀人罪、故意伤害罪的法定刑处罚。在安全事故发生后，直接负责的主管人员和其他直接责任人员故意阻挠开展抢救，导致人员死亡或者重伤，或者为了逃避法律追究，对被害人进行隐藏、遗弃，致使被害人因无法得到救助而死亡或者重度残疾的，分别以故意杀人罪或者故意伤害罪定罪处罚。

根据刑法第139条之一的规定，犯本罪的，处3年以下有期徒刑或者拘役；情节特别严重的，处3年以上7年以下有期徒刑。根据《安全案件解释》的规定，具有下列情形之一的，应当认定为“情节特别严重”：（1）导致事故后果扩大，增加死亡3人以上，或者增加重伤10人以上，或者增加直接经济损失500万元以上的；（2）采用暴力、胁迫、命令等方式阻止他人报告事故情况，导致事故后果扩大的；（3）其他情节特别严重的情形。[80]

---

〔79〕刑法第133条规定了交通肇事后逃逸，故对于发生交通事故后不报或者谎报情况，贻误事故抢救的，应直接认定为逃逸，不再适用刑法第139条之一的规定。

〔80〕关于其他处罚标准，参见《安全案件解释》第12～14条、第16条。

第二十章　破坏社会主义市场经济秩序罪

第一节　破坏社会主义市场经济秩序罪概述

一、破坏社会主义市场经济秩序罪的概念与犯罪构成

（一）破坏社会主义市场经济秩序罪的概念与法益

破坏社会主义市场经济秩序罪，是指违反国家市场经济管理法规，破坏社会主义市场经济秩序，严重危害市场经济发展的行为。

刑法规定本类犯罪，是为了保护社会主义市场经济秩序。市场经济秩序，是指由市场经济活动所必须遵循的经济准则与行为规范所调整的模式、结构及有序状态。经济秩序本质上是社会经济利益的直接或间接表现，一定的经济秩序总是作为维系相应的经济利益格局而存在的；经济利益的任何调整与变动，都将导致经济秩序状态某种程度的变化。因此，可以认为，本章犯罪最终侵犯的是国家、社会与市场主体的经济利益。从刑法的规定来看，市场经济秩序包括正当竞争秩序、对外贸易秩序、对公司企业的管理秩序、金融管理秩序、税收征管秩序、市场活动秩序等。

（二）破坏社会主义市场经济秩序罪的犯罪构成

1. 构成要件的内容为，违反国家的市场经济管理法规，破坏社会主义经济秩序，危害市场经济发展。本章犯罪的行为主体，大部分既可以是自然人，也可以是单位。客观行为一般以违反国家的市场经济管理法规为前提，如走私罪以违反海关法规为前提，危害税收征管的犯罪以违反税法为前提，如此等等。但是，违反市场经济管理法规的行为并非都是犯罪，只有其中的严重破坏市场经济秩序，严重危害市场经济发展的行为，才被刑法规定为犯罪。所以，本章许多犯罪以情节严重、数额较大为构成要件要素。这是本章犯罪的重要特点。

2. 责任形式大多数为故意，其中许多犯罪要求具有特定目的，如金融诈骗犯罪，要求出于非法占有的目的。

二、破坏社会主义市场经济秩序罪的类型

破坏社会主义市场经济秩序罪，在类型上有两大特点：第一，既有自然犯（如伪造货币罪），也有较多的法定犯。正因为如此，现行刑法颁行以来，立法机关对本章条款作了不少修正，可以预见以后还将对本章作出修正。第二，既有自然人犯罪，也有大量单位犯罪。刑法分则第三章，将破坏社会主义市场经济秩序罪分为以下八类：生产、销售伪劣商品罪，走私罪，妨害对公司、企业的管理秩序罪，破坏金融管理秩序罪，金融诈骗罪，危害税收征管罪，侵犯知识产权罪，扰乱市场秩序罪。

第二节　生产、销售伪劣商品罪

一、生产、销售伪劣产品罪

（一）生产、销售伪劣产品罪的概念与犯罪构成

生产、销售伪劣产品罪，是指生产者、销售者在产品中掺杂、掺假，以假充真，以次充好或者以不合格产品冒充合格产品，销售金额较大的行为。[1]

1. 构成要件

(1)行为主体包括自然人与单位。虽然法条将本罪行为主体表述为“生产者、销售者”，但这并不意味着本罪为身份犯。因为一般自然人与单位均可能成为生产者与销售者。所以，行为主体只是疑似身份犯。其中的“生产者”既包括产品的制造者，也包括产品的加工者；“销售者”则包括批量销售者、零散销售者以及生产后的直接销售者。至于生产者、销售者是否取得了有关产品的生产许可证或营业执照，不影响本罪的成立。倘若认为只有合法的生产者、销售者才能成为本罪的行为主体，就会放纵大量的犯罪，造成不合理的现象。

(2)生产、销售的是伪劣产品。其中的伪产品主要是指“以假充真”的产品，劣产品是指掺杂、掺假的产品、以次充好的产品及冒充合格产品的不合格产品。这里的“产品”，应是指经过加工、制作，用于销售的产品。不管是工业用品还是农业用品，不管是生活用品还是生产资料，不管是有危害人身、财产安全的产品还是没有危害人身、财产安全的产品，都可能包括在本罪的伪劣产品之中。例如，生产、销售伪劣卷烟、雪茄烟等烟草专卖品（包括卷烟、雪茄烟、烟丝、复烤烟叶、烟叶、卷烟纸、滤嘴棒、烟用丝束、烟草专用机械），符合其他条件的，成立本罪。[2] 再如，生产、销售不符合食品安全标准的食品添加剂，用于食品的包装材料、容器、洗涤剂、消毒剂，或者用于食品生产经营的工具、设备等产品的，也成立本罪。还如，明知油脂经销者向饲料生产企业和药品生产企业等单位销售豆油等食用油，仍将用餐厨废弃油（即“地沟油”）加工而成的劣质油脂销售给对方，导致劣质油脂流向饲料生产企业和药品生产企业等单位的，构成生产、销售伪劣产品罪。[3]

(3)行为表现为四种情况：在产品中掺杂、掺假，以假充真，以次充好，以不合格产品冒充合格产品。根据“两高”2001 年 4 月 9 日《关于办理生产、销售伪劣商品刑事案件具

---

[1] 许多论著在给本罪下定义时，加上“违反国家产品质量管理法规”的内容，但这种做法不一定合适。一方面，法条没有这样的表述，因为本罪实际上是自然犯，即使刑法没有规定本罪，对本罪也可能以诈骗等罪论处。诚然，本罪的行为肯定违反了产品质量管理法规，但法条对罪状的描述已经将客观行为具体化，故不应再添加“违反国家产品质量管理法规”的内容。另一方面，在法条明文规定了“违反……法规”的情况下，是否要求行为人明知该法规，是一个存在严重分歧的重大问题。所以，在法条没有明文规定的情况下，不宜随意添加“违反……法规”的表述。

[2] 参见“两高”2010 年 3 月 2 日《关于办理非法生产、销售烟草专卖品等刑事案件具体应用法律若干问题的解释》。

[3] 参见最高人民检察院 2014 年 2 月 20 日《关于印发第四批指导性案例的通知》（检例第 12 号 · 柳立国等人生产、销售有毒、有害食品，生产、销售伪劣产品案）。

体应用法律若干问题的解释》(以下简称《伪劣商品案件解释》)的规定,“在产品中掺杂、掺假”,是指在产品中掺入杂质或者异物,致使产品质量不符合国家法律、法规或者产品明示质量标准规定的质量要求,[4]降低、失去应有使用性能的行为。如在芝麻中掺砂子,在磷肥中掺入颜色相同的泥土等。“以假充真”,是指以不具有某种使用性能的产品冒充具有该种使用性能的产品的行为。如将党参冒充人参、将猪皮鞋冒充牛皮鞋等。“以次充好”,是指以低等级、低档次产品冒充高等级、高档次产品,或者以残次、废旧零配件组合、拼装后冒充正品或者新产品的行为。“不合格产品”,是指不符合《产品质量法》第26条第2款规定的质量要求的产品。产品是否合格,应按特定产品的质量标准进行判断。例如,行为人生产、销售电动车,其产品虽然完全符合摩托车的质量标准,却不符合电动车的质量标准的,依然属于不合格产品。不能以产品完全符合摩托车的质量标准为由,否认该产品属于“不合格电动车”。对本条规定的伪劣产品难以确定的,应当委托法律、行政法规规定的产品质量检验机构进行鉴定。不过,在本书看来,上述四种行为很难绝对地区分,有些行为既可以说是以次充好,也可以说是以假充真,还可以说以不合格产品冒充合格产品,司法机关只要能认定行为属于某一类即可。只要实施其中一种行为便可能构成生产、销售伪劣产品罪,同时实施多种行为的,也只以一罪论处。

(4)销售金额在5万元以上。“销售金额”,是指生产者、销售者出售伪劣产品后所得和应得的全部违法收入。这里的“违法收入”并不是指扣除成本后的纯利润,而是按伪劣产品的销售数量与出卖价格计算。难以计算的,按照《扣押、追缴、没收物品估价管理办法》的规定,委托估价机构进行确定。多次实施生产、销售伪劣产品行为,未经处理的,伪劣产品的销售金额累计计算。在伪劣产品与合格产品不可分地一体化时,行为人予以销售的,应就其整体计算销售金额。不管是个体生产、销售者,还是集体生产、销售者,都必须达到这个数额,否则不以本罪论处。从表面上看,这一规定只是单纯考虑了一种情节,仔细分析却并非如此。因为销售金额反映了行为人生产、销售伪劣产品的规模、行为持续时间、危害范围以及行为人的非难可能性。即销售金额与上述情节的严重程度都成正比关系,销售金额大,就能反映出行为人生产、销售伪劣产品的规模大、行为持续时间长、危害范围广;反之亦然。而且,这种规定具有可操作性,便于司法机关准确认定和处罚犯罪。

值得研究的问题是,伪劣产品尚未销售或者销售金额没有达到5万元的,能否认定为本罪的未遂犯?

肯定说认为,只要生产者生产了伪劣产品、销售者购入了伪劣产品,如果将来销售后的金额可能达到5万元,即使并没有销售的也构成本罪未遂。[5] 这种观点显然认为,销售金额是犯罪既遂条件,没有达到法定销售金额的便是犯罪未遂。《伪劣商品案件解释》指出:“伪劣产品尚未销售,货值金额达到刑法第一百四十条规定的销售金额3倍以上的,以生产、销售伪劣产品罪(未遂)定罪处罚。”这一解释在肯定说与否定说之间有所折中,

---

[4] 在本书看来,“致使产品质量不符合国家法律、法规或者产品明示质量标准规定的质量要求”这一要素,是完全没有必要的。例如,即使在柴油中掺入少量煤料油,柴油依然符合质量标准的,也属于在产品中掺杂、掺假。另一方面,由于一些产品(如原材料)具有特殊性,对掺杂、掺假的认定也需要考虑买卖双方的合同内容。倘若合同约定,购买方每次验货和付款时按掺杂、掺假程度降低购买价格,那么,即使供货方提供了掺杂、掺假产品,也不应按犯罪处理。

[5] 何秉松主编:《刑法教科书》(下卷),中国法制出版社2000年版,第742~743页。

其思路大体是:“销售金额5万元以上”不是犯罪成立要件,只是犯罪既遂条件;但并非任何犯罪的未遂都应处罚,只有情节严重的未遂才处罚;伪劣产品尚未销售,但货值金额达到刑法第140条规定的销售金额3倍以上的,应认为情节严重,宜追究刑事责任。

本书持否定说,不赞成肯定说与司法解释的观点。第一,仅生产或者仅购入伪劣产品的行为,还没有使伪劣产品进入市场,既没有破坏市场竞争秩序,也没有损害消费者的合法权益。第二,刑法规定销售金额5万元以上的才以犯罪论处,既是为了明确处罚条件,也是为了限制处罚范围。换言之,根据刑法的规定,销售金额不满5万元的行为,其行为的法益侵害性没有达到值得科处刑罚的程度;否则,立法机关会降低销售金额标准。第三,刑法第140条所规定的销售金额,既是对本罪结果的要求,也是对本罪行为内容(程度)的要求;没有达到规定数额时,其行为内容不符合本罪的构成要件,不能以未遂犯论处,如同酒后驾驶行为并不成立醉酒驾驶的未遂犯一样。第四,购入并储存伪劣产品的行为,并不是构成要件中的销售行为。按照司法解释的观点,只要行为人购入了15万元的假冒产品,即使没有销售,也成立犯罪。这有违反罪刑法定原则之嫌。第五,根据刑法第140条的规定,对销售伪劣产品金额5万元以上不满20万元的,处2年以下有期徒刑或者拘役,并处或者单处销售金额50%以上2倍以下的罚金。这间接表明,只有销售了假冒产品,才可能成立犯罪。第六,将销售金额不满5万元的行为认定为未遂犯,会形成明显的处罚不均衡。例如,甲已经销售了4.8万元的伪劣产品,没有储存伪劣产品;乙储存了5万元乃至15万元以上的伪劣产品,但是没有销售。从法益侵害的角度来说,甲的行为肯定重于乙的行为。[6] 可是,甲的行为无论如何都不可能成立犯罪(也不可能成立未遂犯)。既然如此,就不应当将乙的行为认定为犯罪。第七,对销售金额没有达到5万元以上的行为,根据《产品质量法》予以处罚即可。第八,尽管我国刑法总则规定原则上处罚未遂犯,司法实践上却对许多未遂行为没有当未遂犯处理。可以肯定的是,对于一般犯罪,只有情节严重时才处罚未遂犯。换言之,许多未遂行为并不当犯罪处理。因为对未遂犯的理解与认定,也必须以刑法第13条为指导,而刑法第13条的但书规定“情节显著轻微危害不大的,不认为是犯罪”。同样,购买了伪劣产品,并且已经开始销售但销售金额没有达到5万元的,虽然从形式上说符合了未遂的条件,但从实质上说没有达到值得科处刑罚的程度,或者说仍然属于情节显著轻微危害不大的行为,故不以犯罪论处。第九,虽然本罪的罪名为“生产、销售伪劣产品罪”,似乎单纯生产伪劣产品的行为也构成犯罪,但是,刑法第140条对构成要件的描述,并不包括单纯生产行为;虽然行为主体包括生产者,但生产者必然都是销售者,也不能说明本罪包括单纯生产行为。易言之,只有销售了伪劣产品的生产者,才可能成立本罪。此外,如果说生产了伪劣产品就成立生产伪劣产品罪,那么,销售伪劣产品的行为就是销售伪劣产品罪与赃物犯罪的竞合。但这种结论并不妥

---

〔6〕 如果一个生产者只是生产伪劣产品,而不销售所生产的伪劣产品,一个销售者只是购入伪劣产品,而不销售所购入的伪劣产品,那么,只会给自己带来各种损失,因为没有参与市场竞争而不可能破坏市场竞争秩序,由于没有将伪劣产品销售给消费者而不可能侵犯消费者的合法权益。不难看出,侵犯市场竞争秩序与消费者合法权益的行为,不在于单纯生产伪劣产品,也不在于单纯购入伪劣产品,而在于销售伪劣产品。这也正是刑法将销售金额规定为构成要件要素的重要理由。大体可以肯定的是,生产者生产伪劣产品、销售者购入伪劣产品,在主观上都是为了销售。但是,仅有主观上的销售故意,客观上没有销售行为的,既不可能破坏市场竞争秩序,也不可能侵犯消费者的合法权益。因此,主观上的销售故意并不能等于也不能代替客观上的销售行为。

当。基于上述理由,本书得出以下结论:只有销售金额达到 5 万元,才可能构成本罪;销售金额没有达到 5 万元的,不应以本罪的未遂犯论处。

2. 责任

责任形式为故意,行为人明知自己在生产、销售的产品中掺杂、掺假,以假充真,以次充好或以不合格产品冒充合格产品的行为会发生破坏市场经济秩序、侵害消费者合法权益的结果,并且希望或者放任这种结果发生。据此,过失不可能构成本罪。例如,生产者在生产过程中因疏忽大意造成产品配方出现错误,使该产品成为伪劣产品的,不构成本罪。但是,当生产者疏忽大意生产出伪劣产品后,明知该产品为伪劣产品,仍然推向市场并符合本罪的其他要件的,则应以销售伪劣产品罪论处(只能计算明知后的销售金额)。再如,个体经销人员不知道自己购入的是伪劣产品而销售的,不成立本罪。即使行为人应当知道其为伪劣产品,但事实上没有认识到是伪劣产品的,也不构成本罪。但是,如果事后明知自己所购入的是伪劣产品,却仍然销售并符合本罪的其他要件的,应认定为销售伪劣产品罪(只能计算明知后的销售金额)。

至于"获取非法利润的目的"是否属于本罪的不成文的责任要素,刑法理论上存在否定说与肯定说。肯定说具有一定的合理性。但是,根据刑法第 149 条的规定,生产、销售本节任何伪劣商品的行为,都可能成立本罪;如果采取肯定说,则必然要求本节所有犯罪具有"获取非法利润的目的",但这会不当缩小处罚范围,故本书采取否定说。问题是,行为人减价销售伪劣产品(价格与伪劣产品的价值相当),销售金额 5 万元以上的,应当如何处理?对此,可通过判断行为是否具有欺骗性、行为人是否具有本罪的故意来解决。如果行为人将真相告知消费者,则不能认定行为人希望或者放任发生破坏市场经济秩序、侵害消费者权益的结果,因而不具有本罪的故意;反之,依然可能以本罪论处。

(二)生产、销售伪劣产品罪的认定

在通常情况下,如果发现有人销售伪劣产品,就能表明有人生产了伪劣产品。司法机关在认定销售伪劣产品罪的过程中,一定要查出伪劣产品的生产者(生产者也一定是销售者)。但这一点也并非绝对,即可能出现只有伪劣产品的销售者而无生产者的现象。因为即使所有的生产者都生产合格产品,销售者也可能在销售过程中掺杂、掺假,以假充真,以次充好或者以不合格产品冒充合格产品。例如,生产者生产的是合格产品,在推向市场时离有效使用期限还有一定时间;销售者购进该产品后,由于某种原因长期积压,事后明知产品超过有效使用期限,却仍然销售;销售者购进猪排后改换成牛排的包装高价出售。在类似情况下,就只有伪劣产品的销售者,却没有伪劣产品的生产者。因此,司法机关在查处销售伪劣产品罪的过程中,要保障无辜的生产者不受刑事追究。

知道他人实施生产、销售伪劣产品罪,而为其提供贷款、资金、账号、发票、证明、许可证件,或者提供生产、经营场所或者运输、仓储、保管、邮寄等便利条件,或者提供制假生产技术的,以本罪的共犯论处。[7] 共犯人应当对共同犯罪范围内的销售金额负责,而不只是对自己直接销售的金额负责。

---

〔7〕《伪劣商品案件解释》指出,行为人"应当知道"他人实施本罪,而提供各种帮助行为,也应以共犯论处。本书不采纳这一表述。因为"应当知道"而不知道的,不具备故意的认识因素。宜将司法解释中的"应当知道"理解为推定行为人已经知道。

生产、销售伪劣产品，同时构成侵犯知识产权、诈骗、合同诈骗、非法经营等犯罪的，属于想象竞合，依照处罚较重的犯罪处罚。犯本罪，又以暴力、威胁方法抗拒查处，构成妨害公务等罪的，依照数罪并罚的规定处罚。

（三）生产、销售伪劣产品罪的处罚

刑法第140条根据销售金额，对生产、销售伪劣产品罪规定了四个幅度的法定刑：犯本罪销售金额5万元以上不满20万元的，处2年以下有期徒刑或者拘役，并处或者单处销售金额50%以上2倍以下罚金；销售金额在20万元以上不满50万元的，处2年以上7年以下有期徒刑，并处销售金额50%以上2倍以下罚金；销售金额在50万元以上不满200万元的，处7年以上有期徒刑，并处销售金额50%以上2倍以下罚金；销售金额在200万元以上的，处15年有期徒刑或者无期徒刑，并处销售金额50%以上2倍以下罚金或者没收财产。根据刑法第150条的规定，单位犯本罪的，对单位判处罚金，并对其直接负责的主管人员和其他直接责任人员，依照上述规定处罚。

二、生产、销售假药罪

（一）生产、销售假药罪的概念与犯罪构成

生产、销售假药罪，是指自然人或者单位故意生产、销售假药的行为。本罪是抽象的危险犯。

1. 构成要件的基本内容是生产、销售假药。

（1）生产、销售的必须是假药。刑法明确规定，本罪中的假药，“是指依照《中华人民共和国药品管理法》的规定属于假药和按假药处理的药品、非药品”。根据《药品管理法》第48条的规定，有下列情形之一的为假药：第一，药品所含成份与国家药品标准规定的成份不符的；第二，以非药品冒充药品或者以他种药品冒充此种药品的。有下列情形之一的药品，按假药论处：第一，国务院药品监督管理部门规定禁止使用的；第二，依照《药品管理法》必须经过批准而未经批准生产、进口，或者依照《药品管理法》必须检验而未经检验即销售的；第三，变质的；第四，被污染的；第五，使用依照《药品管理法》必须取得批准文号而未取得批准文号的原料药生产的；第六，所标明的适应症或者功能主治超出规定范围的。上述假药都限于用于人体的药品与非药品，[8]如果生产、销售假农药、假兽药则不构成本罪。因为《药品管理法》所称的药品，是指用于人体的药品；刑法对生产、销售假农药、假兽药的行为另设了规定，故生产、销售假药罪中的假药只限于人用药品与非药品。但这又不意味着上述药品客观上都能够用于人体，有些物品本来不能用于人体，但行为人将其假冒为药品而提供给人使用的，就是本罪中的假药。由此看来，这取决于行为人的行为与主观意图，当行为人将某种物品假冒为对人体使用的药品时，它就是假药，而不管这种物品实际上能否用于人体；当行为人将某种物品假冒为对兽类使用的药品时，它就不是假药，也不问这种物品能否用于人体。但是，出售民间有效偏方的，不应以本罪论处。

（2）具有生产、销售假药的行为。一切制造、加工、配制、采集、收集某种物品充当合格或特定药品的行为，都是生产假药的行为。以某种原材料制造、加工成不合格药品，采

[8] 药品，是指用于预防、治疗、诊断人的疾病，有目的地调节人的生理机能并规定有适应症或者功能主治、用法和用量的物质，包括中药材、中药饮片、中成药、化学原料药及其制剂、抗生素、生化药品、放射性药品、血清、疫苗、血液制品和诊断药品等。

集非药品充当药品，将他种药品充当此种药品，收集禁止使用的、变质不能药用的物品或被污染不能药用的物品充当药品等，都是生产假药的行为。例如，以生产、销售假药为目的，合成、精制、提取、储存、加工炮制药品原料的行为，将药品原料、辅料、包装材料制成成品过程中，进行配料、混合、制剂、储存、包装的行为，印制包装材料、标签、说明书的行为等，均属于生产假药的行为。一切向不特定或者多数人有偿提供假药的行为，都是销售假药的行为。销售的方式既可能是公开的，也可能是秘密的；既可能是批量销售，也可能是零散销售；既可能是行为人请求对方购买，也可能是对方请求行为人转让；既可能是直接交付对方，也可能是间接交付对方；有偿转让假药既可能是获取金钱，也可能是获取其他利益；既可能是在交付假药的同时获得利益，也可能是先交付假药后获取利益或者先获取利益后交付假药。假药的来源既可能是自己生产的，也可能是自己购买的，还可能是通过其他方法取得的。销售的对方（购买者）没有限制。但是，从境外或者异地代购特定药品交付特定个人的，即使提高了药品价格，也不应认定为本罪的销售假药。

（3）本罪的行为主体为自然人与单位（非身份犯）。"两高"2014 年 11 月 3 日《关于办理危害药品安全刑事案件适用法律若干问题的解释》（以下简称《药品案件解释》）规定："医疗机构、医疗机构工作人员明知是假药而有偿提供给他人使用，或者为出售而购买、储存的行为，应当认定为……'销售'。"[9] 为他人生产、销售假药提供帮助的（如提供资金、贷款、账号、发票、证明、许可证件的，提供生产、经营场所、设备或者运输、储存、保管、邮寄、网络销售渠道等便利条件的，提供生产技术或者原料、辅料、包装材料、标签、说明书的，以及提供广告宣传等帮助的），以生产、销售假药罪的共犯论处。

2. 责任形式为故意，行为人必须明知自己生产、销售的是假药。本罪不要求以获取非法利润为目的，即使低于成本价出售假药，也不影响本罪的成立。

（二）生产、销售假药罪的处罚

根据刑法第 141 条和第 150 条的规定，犯本罪的，处 3 年以下有期徒刑或者拘役，并处罚金；对人体健康造成严重危害或者有其他严重情节的，处 3 年以上 10 年以下有期徒刑，并处罚金；致人死亡或者有其他特别严重情节的，处 10 年以上有期徒刑、无期徒刑或者死刑，并处罚金或者没收财产。单位犯本罪的，对单位判处罚金，并对其直接负责的主管人员和其他责任人员，依照上述规定处罚。根据《药品案件解释》第 1 条的规定，具有下列情形之一的，应当酌情从重处罚：（1）生产、销售的假药以孕产妇、婴幼儿、儿童或者危重病人为主要使用对象的；（2）生产、销售的假药属于麻醉药品、精神药品、医疗用毒性药品、放射性药品、避孕药品、血液制品、疫苗的；（3）生产、销售的假药属于注射剂药品、急救药品的；（4）医疗机构、医疗机构工作人员生产、销售假药的；（5）在自然灾害、事故灾难、公共卫生事件、社会安全事件等突发事件期间，生产、销售用于应对突发事件的假药的；（6）2 年内曾因危害药品安全违法犯罪活动受过行政处罚或者刑事处罚的；（7）其他应当酌情从重处罚的情形。根据《药品案件解释》第 2 条的规定，具有下列情形之一的，应当认定为"对人体健康造成严重危害"：（1）造成轻伤或者重伤的；（2）造成轻度残疾或者中度残疾的；（3）造成器官组织损伤导致一般功能障碍或者严重功能障碍的；（4）其他对人体健康造成严重危害的情形。

---

〔9〕 但本书认为，为了出售而购买、储存的行为，只是销售的预备行为，而非实行行为。

问题是,如何理解和认定本罪的“其他严重情节”与“其他特别严重情节”?《药品案件解释》第3条规定,生产、销售假药,具有下列情形之一的,应当认定为“其他严重情节”:(1)造成较大突发公共卫生事件的;(2)生产、销售金额20万元以上不满50万元的;(3)生产、销售金额10万元以上不满20万元,并具有本解释第1条规定情形之一的;(4)根据生产、销售的时间、数量、假药种类等,应当认定为情节严重的。第4条规定,生产、销售假药,具有下列情形之一的,应当认定为“其他特别严重情节”:(1)致人重度残疾的;(2)造成3人以上重伤、中度残疾或者器官组织损伤导致严重功能障碍的;(3)造成5人以上轻度残疾或者器官组织损伤导致一般功能障碍的;(4)造成10人以上轻伤的;(5)造成重大、特别重大突发公共卫生事件的;(6)生产、销售金额50万元以上的;(7)生产、销售金额20万元以上不满50万元,并具有本解释第1条规定情形之一的;(8)根据生产、销售的时间、数量、假药种类等,应当认定为情节特别严重的。但是,这样的规定存在疑问。

如前所述,没有进口批文的药品也属于假药。然而,危害患者生命、健康的假药与没有取得批准文号或者进口批文但有明显疗效的药品(也被认定为假药)是无法相提并论的,销售前一种假药是典型的自然犯(侵害他人的身体与生命),销售后一种假药则是法定犯(单纯违反药品管理秩序)。但由于自然犯与法定犯的一体化规定,[10]导致将二者规定在同一个法条中。尽管形式规定如此,但从实质上看,刑法第141条第1款前段旨在保护药品管理秩序,中段与后段则是在此基础上保护公民的身体与生命。因此,只有危害公民身体与生命方面的事实或者结果,才能认定为“其他严重情节”与“其他特别严重情节”。反过来说,与侵害公民身体与生命没有直接关系的情节,不能认定为“其他严重情节”与“其他特别严重情节”。例如,行为人贩卖未获批准的进口药品,没有对患者造成任何危害的,即使贩卖数量再大,也不得认定为“其他严重情节”与“其他特别严重情节”,不得选择升格的法定刑。但上述司法解释没有意识到这一点,必然导致量刑的不公正。例如,根据司法解释,对于销售典型的假药造成他人死亡或者3人以上重伤的甲,与销售没有进口批文的药品价值50万元却使3名以上患者痊愈的乙,均应适用相同的升格法定刑(“十年以上有期徒刑、无期徒刑或者死刑”)。恐怕没有人会认为这样适用升格法定刑具有合理性。所以,本书主张,对于销售未经批准的进口药品以及其他实际上不会危害人体健康的药品,即使认定为生产、销售假药罪,也只能适用最低档法定刑。[11]

三、生产、销售劣药罪

生产、销售劣药罪,是指生产、销售劣药,对人体健康造成严重危害的行为。

本罪的构成要件为,生产、销售劣药,对人体健康造成严重危害。根据《药品管理法》第49条的规定,药品成份的含量不符合国家药品标准的,为劣药。有下列情形之一的药品,按劣药论处:(1)未标明有效期或者更改有效期的;(2)不注明或者更改生产批号的;(3)超过有效期的;(4)直接接触药品的包装材料和容器未经批准的;(5)擅自添加着色剂、防腐剂、香料、矫味剂及辅料的;(6)其他不符合药品标准规定的。由于劣药一般比假药的危害小,故生产、销售劣药对人体健康造成严重危害的,才成立犯罪。根据《药品案

---

〔10〕 参见张明楷:“自然犯与法定犯一体化立法体例下的实质解释”,载《法商研究》2013年第4期。

〔11〕 在本书看来,这种行为并不符合刑法第140条规定的构成要件。

件解释》,具有下列情形之一的,属于“对人体健康造成严重危害”:造成轻伤或者重伤的;造成轻度残疾或者中度残疾的;造成器官组织损伤导致一般功能障碍或者严重功能障碍的;其他对人体健康造成严重危害的情形。本罪的责任形式为故意,即明知生产、销售劣药的行为会发生破坏市场秩序、危害人体健康的结果,并且希望或者放任这种结果的发生。在行为人对假药与劣药发生认识错误的情况下,应在重合的范围内认定为生产、销售劣药罪。

根据刑法第 142 条和第 150 条的规定,犯生产、销售劣药罪的,处 3 年以上 10 年以下有期徒刑,并处销售金额 50% 以上 2 倍以下罚金;后果特别严重的,处 10 年以上有期徒刑或者无期徒刑,并处销售金额 50% 以上 2 倍以下罚金或者没收财产。[12] 单位犯本罪的,对单位判处罚金,并对其直接负责的主管人员和其他直接责任人员,依照上述规定处罚。

四、生产、销售不符合安全标准的食品罪

生产、销售不符合安全标准的食品罪,是指生产、销售不符合食品安全标准的食品,足以造成严重食物中毒事故或者其他严重食源性疾病的行为。食品,是指各种供人食用或者饮用的成品和原料以及按照传统既是食品又是药品的物品。不符合食品安全标准的食品,是指不符合《食品安全法》规定的安全标准的食品(参见《食品安全法》第 33 条、第 34 条),但对生产、销售有毒、有害食品的不以本罪论处。根据“两高”2013 年 5 月 2 日《关于办理危害食品安全刑事案件适用法律若干问题的解释》(以下简称《食品案件解释》),具有下列情形之一的,应当认定为“足以造成严重食物中毒事故或者其他严重食源性疾病”:(1)含有严重超出标准限量的致病性微生物、农药残留、兽药残留、重金属、污染物质以及其他危害人体健康的物质的;(2)属于病死、死因不明或者检验检疫不合格的畜、禽、兽、水产动物及其肉类、肉类制品的;(3)属于国家为防控疾病等特殊需要明令禁止生产、销售的;(4)婴幼儿食品中生长发育所需营养成分严重不符合食品安全标准的;(5)其他足以造成严重食物中毒事故或者严重食源性疾病的情形。在食品加工、销售、运输、贮存等过程中,违反食品安全标准,超限量、超范围滥用食品添加剂,或者在食用农产品种植、养殖、销售、运输、贮存等过程中,违反食品安全标准,超限量、超范围滥用添加剂、农药、兽药等,足以造成严重食物中毒事故或者其他严重食源性疾病的,以本罪论处。生产、销售不符合食品安全标准的食品,无证据证明足以造成严重食物中毒事故或者其他严重食源性疾病,不构成本罪但构成生产、销售伪劣产品罪等其他犯罪的,依照该其他犯罪定罪处罚。本罪的责任形式为故意。

根据刑法第 143 条与第 150 条的规定,犯本罪的,处 3 年以下有期徒刑或者拘役,并处罚金;对人体健康造成严重危害或者有其他严重情节的,处 3 年以上 7 年以下有期徒刑,并处罚金;后果特别严重的,处 7 年以上有期徒刑或者无期徒刑,并处罚金或者没收财产。单位犯本罪的,对单位判处罚金,并对其直接负责的主管人员和其他直接责任人员,依照上述规定处罚。[13]

---

〔12〕 关于“后果特别严重”的认定标准,参见《药品案件解释》第 4 条、第 5 条。

〔13〕 关于“对人体健康造成严重危害”、“其他严重情节”、“后果特别严重”的认定标准,参见《食品案件解释》第 2 ~ 4 条。

五、生产、销售有毒、有害食品罪

(一)生产、销售有毒、有害食品罪的概念与犯罪构成

本罪是指在生产、销售的食品中掺入有毒、有害的非食品原料,或者销售明知掺有有毒、有害的非食品原料的食品的行为。

1. 客观行为表现为三种类型:(1)在生产的食品中掺入有毒、有害的非食品原料,亦即,利用非食品原料生产、制造食品;(2)在销售的食品中掺入有毒、有害的非食品原料(包括在非食品原料中掺入食品);(3)明知是掺有有毒、有害的非食品原料的食品而销售,亦即,销售含有有毒、有害的非食品原料的食品,或者直接将含有非食品原料的有毒、有害物质当做食品销售。

有毒的范围容易确定;有害的范围则较广,但不能扩大"有害"的范围。根据《食品案件解释》的规定,下列物质应当认定为"有毒、有害的非食品原料":(1)法律、法规禁止在食品生产经营活动中添加、使用的物质;(2)国务院有关部门公布的《食品中可能违法添加的非食用物质名单》、《保健食品中可能非法添加的物质名单》上的物质;(3)国务院有关部门公告禁止使用的农药、兽药以及其他有毒、有害物质;(4)其他危害人体健康的物质。总之,只有与有毒相当,足以造成严重食物中毒或者其他严重食源性疾患的物质,才是"有害"物质。[14]

"食品"是一个很普通的概念,在普通用语中,"食品"是指"商店出售的经过加工制作的食物","食物"是指"可以充饥的东西"。[15] 但是,在对刑法第144条中的"食品"进行解释时,不能直接采用这种普通用语的含义,而必须联系本条的保护法益对食品进行规范的解释。(1)"食品"不一定要求是商店出售的。例如,行为人将自己制造的有毒、有害食品直接出售给消费者的,成立销售有毒、有害食品罪。(2)"食品"也不要求是经过加工制作的。例如,行为人将自己打捞的有毒鱼虾拿到市场上出卖,没有经过任何加工的,也可能成立销售有毒食品罪。(3)"食品"完全可能是活着的动物。在刑法上,活猪等将来可能被人们食用的动物,都是"食品"。例如,使用盐酸克仑特罗等禁止在饲料和动物饮用水中使用的药品或者含有该类药品的饲料养殖供人食用的动物,或者销售明知是使用该类药品或者含有该类药品的饲料养殖的供人食用的动物的,以本罪论处。[16] 其他可能被食用的鲜活动物,也都是"食品"。(4)"食品"还包括不适合人食用的物品。例如,将工业用酒精勾兑成散装白酒出售给他人的,将工业用猪油冒充食用油出售给他人的,也成立销售有毒食品罪。

行为主体是自然人与单位,本罪不是身份犯。根据司法解释的规定,明知是使用盐酸克仑特罗等禁止在饲料和动物饮用水中使用的药品或者含有该类药品的饲料养殖的供人食用的动物,而提供屠宰等加工服务,或者销售其制品的,成立本罪。其中的"提供屠宰等加工服务",属于生产有毒、有害食品的行为。

---

〔14〕 销售含有苍蝇、头发等的食品,也可谓销售有害食品,但不可能成立本罪。但应注意的是,对"有毒、有害的非食品原料"应当具体判断。即使原料本身无害,但掺入某种食品中会使食品有毒、有害的,也属于"有毒、有害的非食品原料"。

〔15〕 参见中国社会科学院语言研究所词典编辑室:《现代汉语词典》,商务印书馆2005年第5版,第1239页。

〔16〕 "两高"2002年8月16日《关于办理非法生产、销售、使用禁止在饲料和动物饮用水中使用的药品等刑事案件具体应用法律若干问题的解释》。

2. 责任形式为故意,即明知是有毒、有害的非食品原料,而掺入自己生产、销售的食品中,或者明知是掺有有毒、有害的非食品原料的食品而销售,明知自己的行为会发生破坏市场经济秩序、造成食物中毒或者其他食源性疾患的结果,并且希望或者放任这种结果发生。

(二)生产、销售有毒、有害食品罪的认定

1. 根据"两高"、公安部2012年1月9日《关于依法严惩"地沟油"犯罪活动的通知》,对于利用"地沟油"生产"食用油"的,以及明知是利用"地沟油"生产的"食用油"而予以销售的,以生产、销售有毒、有害食品罪论处。对于利用"地沟油"生产的"食用油",已经销售出去没有实物,但是有证据证明系已被查实生产、销售有毒、有害食品犯罪事实的上线提供的,以生产、销售有毒、有害食品罪追究刑事责任。此外,明知对方是食用油经销者,仍将用餐厨废弃油(即"地沟油")加工而成的劣质油脂销售给对方,导致劣质油脂流入食用油市场供人食用的,构成生产、销售有毒、有害食品罪。[17]

2.《食品案件解释》第9条第1款与第2款分别规定:"在食品加工、销售、运输、贮存等过程中,掺入有毒、有害的非食品原料,或者使用有毒、有害的非食品原料加工食品的,依照刑法第一百四十四条的规定以生产、销售有毒、有害食品罪定罪处罚。""在食用农产品种植、养殖、销售、运输、贮存等过程中,使用禁用农药、兽药等禁用物质或者其他有毒、有害物质的,适用前款的规定定罪处罚。"上述第1款规定的行为完全符合生产、销售有毒、有害食品罪的构成要件。问题在于,上述第2款规定的行为,是否符合"在生产、销售的食品中掺入有毒、有害的非食品原料的"构成要件?一般来说,在食品中"添加"禁用物质,也属于在食品中"掺入"禁用物质。然而,并不是任何"使用"禁用农药、兽药等禁用物质或者其他有毒、有害物质的行为,都属于在"食品"中"掺入"、"添加"有毒、有害的非食品原料。例如,在种植稻谷的过程中,只要秧苗出现病态,即使还没有抽穗,也会使用农药。即便将并未成熟、更没有加工的稻谷评价为"食品"(这种解释是否属于类推解释也不无疑问),但在秧苗还没有抽穗时使用禁用农药的行为,根本不可能属于在"食品"中"掺入"、"添加"有毒、有害的非食品原料。所以,上述第2款的解释有类推解释之嫌。

3. 本罪与生产、销售不符合安全标准的食品罪是特别关系,成立本罪的行为,也必然符合生产、销售不符合安全标准的食品罪的犯罪构成。[18] 由于规定本罪的法条是特别法条,故对符合本罪犯罪构成的行为,应当认定为本罪。另一方面,不符合本罪犯罪构成的行为,也完全可能符合生产、销售不符合安全标准的食品罪的犯罪构成。行为人在生产、销售的食品中掺入非食品原料,没有达到有毒、有害程度,但该食品不符合食品安全标准,足以造成严重食物中毒事故或者其他严重食源性疾病的,应以生产、销售不符合安全标准的食品罪论处。生产、销售的食品有毒、有害,但行为特征与本罪不相符合的,只能视行为的具体内容与结果,认定为生产、销售不符合安全标准的食品罪或者危害公共安全的犯罪。

---

〔17〕 参见最高人民检察院2014年2月20日《关于印发第四批指导性案例的通知》(检例第12号·柳立国等人生产、销售有毒、有害食品,生产、销售伪劣产品案)。

〔18〕 对此或许存在疑问。本罪没有要求"足以造成严重食物中毒事故或者其他严重食源性疾病",据此,如果生产、销售有毒、有害食品但并不足以造成严重食物中毒事故或者其他严重食源性疾病的,虽然成立本罪,却不成立生产、销售不符合安全标准的食品罪。可是,既然是有毒、有害食品,就必然足以造成严重食物中毒事故或者其他严重食源性疾病。在此意义上说,本罪与生产、销售不符合安全标准的食品罪是特别关系。

4. 生产、销售有毒、有害食品罪与投放危险物质罪有相似之处，但本罪是抽象的危险犯，后者是具体的危险犯。尽管如此，也不能认为二者是对立关系。生产、销售有毒、有害食品的行为，同时触犯投放危险物质罪的，属于想象竞合犯，应当从一重罪处罚。

（三）生产、销售有毒、有害食品罪的处罚

根据刑法第 144 条和第 150 条的规定，犯本罪的，处 5 年以下有期徒刑，并处罚金；对人体健康造成严重危害或者有其他严重情节的，处 5 年以上 10 年以下有期徒刑，并处罚金；致人死亡或者有其他特别严重情节的，依照刑法第 141 条的规定处罚。[19] 单位犯本罪的，对单位判处罚金，并对其直接负责的主管人员和其他直接责任人员，依照上述规定处罚。

六、生产、销售不符合标准的医用器材罪

生产、销售不符合标准的医用器材罪，是指生产不符合保障人体健康的国家标准、行业标准的医疗器械、医用卫生材料，或者销售明知是不符合保障人体健康的国家标准、行业标准的医疗器械、医用卫生材料，足以危害人体健康的行为。医疗器材，是指用于治疗人体疾病的机械设备、仪器、用具等；医用卫生材料，是指在医疗过程中使用的辅助性、消耗性物品。国家标准，是指国务院标准化行政主管部门制定的，在全国范围内的统一技术要求；行业标准，是指对于没有国家标准的产品，由国务院有关行政主管部门制定的，在全国某个行业范围内的统一技术要求。没有国家标准、行业标准的医疗器械，注册产品标准可视为"保障人体健康的行业标准"；足以危害人体健康，是指具有危害人身健康的具体危险。本罪责任形式为故意。

《伪劣商品案件解释》指出："医疗机构或者个人，知道或者应当知道是不符合保障人体健康的国家标准、行业标准的医疗器械、医用卫生材料而购买、使用，对人体健康造成严重危害的，以销售不符合标准的医用器材罪定罪处罚。"[20] 这一规定存在疑问。（1）本罪只能由故意构成，成立本罪的共犯也必须具有故意，但"应当知道"并不意味着"明知"，易言之，"应当知道"不成立故意。所以，只能将上述解释中"应当知道"理解为推定行为人知道。（2）将医疗机构或者个人的购买行为一概认定为本罪，并不合适。关于买卖特定对象的行为，刑法分则的规定并不完全相同，可以分为三种类型：第一，将购买与出售（出卖）行为规定为同一犯罪的构成要件行为，此时均使用"买卖"一词（如刑法第 125 条）；第二，既处罚出售行为，也处罚购买行为，但是，立法者认为购买行为的法益侵害程度轻于出售行为，所以，将出售与购买规定为不同类型的犯罪，法定刑存在明显差异（如第 207 条规定了非法出售增值税专用发票罪，第 208 条规定了非法购买增值税专用发票罪）；第三，仅规定处罚出售行为，从刑法的用语与体例可以清楚地看出，在此情形下，并不处罚购买行为。由于刑法第 145 条仅处罚销售不符合标准的医用器材的行为，所以，将购买不符合标准的医用器材的行为认定为销售行为，并不妥当。（3）将医疗机构或者个人的使用行为一概认定为本罪，也不合适。使用包括有偿使用与无偿使用。可以肯定的是，购买不符合

---

〔19〕 关于"对人体健康造成严重危害"、"其他严重情节"、"其他特别严重情节"的认定标准，参见《食品案件解释》第 2～8 条。

〔20〕 "两高"2003 年 5 月 14 日《关于办理妨害预防、控制突发传染病疫情等灾害的刑事案件具体应用法律若干问题的解释》第 3 条也有类似规定。

标准的医用器材后供自己使用或者无偿提供给他人使用的行为,不可能属于销售不符合标准的医用器材的行为。问题在于,购买不符合标准的医用器材后有偿使用的行为,是否均属于销售不符合标准的医用器材？显然,有偿使用医用器材,并不当然属于销售医用器材。因为销售意味着物品从销售者一方转移给购买者一方,当医疗机构的有偿使用只是表现为医疗机构为患者提供服务(检查),医疗机构所收取的只是服务费用,而不是医用器材的对价时,就没有将医疗器材转移给患者,因而不能评价为销售。只有当医疗机构的“使用”方法是将医用器材、医用卫生材料出卖给患者,收取的是医疗器材等的对价,才属于销售行为。所以,将使用行为一概解释为销售行为,也不合适。

根据刑法第 145 条和第 150 条的规定,犯本罪的,处 3 年以下有期徒刑或者拘役,并处销售金额 50% 以上 2 倍以下罚金;对人体健康造成严重危害的,处 3 年以上 10 年以下有期徒刑,并处销售金额 50% 以上 2 倍以下罚金;后果特别严重的,处 10 年以上有期徒刑或者无期徒刑,并处销售金额 50% 以上 2 倍以下罚金或者没收财产。根据《伪劣商品案件解释》的规定,造成轻伤或者其他严重后果的,应认定为对人体健康造成严重危害;造成感染病毒性肝炎等难以治愈的疾病、1 人以上重伤、3 人以上轻伤或者其他严重后果的,应认定为后果特别严重;致人死亡、严重残疾、感染艾滋病、3 人以上重伤、10 人以上轻伤或者造成其他特别严重后果的,应认定为情节特别恶劣。单位犯本罪的,对单位判处罚金,并对其直接负责的主管人员和其他直接责任人员,依照上述规定处罚。

七、生产、销售不符合安全标准的产品罪

本罪是指生产不符合保障人身、财产安全的国家标准、行业标准的电器、压力容器、易燃易爆产品或者其他不符合保障人身、财产安全的国家标准、行业标准的产品,或者销售明知是以上不符合保障人身、财产安全的国家标准、行业标准的产品,造成严重后果的行为。自然人或者单位,故意生产、销售不符合安全标准的产品的行为,造成了严重结果,即造成了他人伤害、死亡或者重大财产损失等后果的,才成立本罪。行为与结果之间是否具有因果关系,主要取决于产品是否符合国家标准、行业标准。应当注意的是,有些生产者、销售者所生产、销售的产品,虽然整体上符合标准,但也不排除其中的个别产品不符合标准。在这种情况下,需要查明被害人使用的产品是否符合标准,从而得出正确结论。犯本罪的,根据刑法第 146 条与第 150 条的规定处罚。

八、生产、销售伪劣农药、兽药、化肥、种子罪

本罪是指生产假农药、假兽药、假化肥,销售明知是假的或者失去使用效能的农药、兽药、化肥、种子,或者生产者、销售者以不合格的农药、兽药、化肥、种子冒充合格的农药、兽药、化肥、种子,使生产遭受较大损失的行为。其中的“兽药”应包括禽类药品;“种子”应包括树苗。根据刑法第 147 条与第 150 条的规定,犯本罪的,处 3 年以下有期徒刑或者拘役,并处或者单处销售金额 50% 以上 2 倍以下罚金;使生产遭受重大损失的,处 3 年以上 7 年以下有期徒刑,并处销售金额 50% 以上 2 倍以下罚金;使生产遭受特别重大损失的,处 7 年以上有期徒刑或者无期徒刑,并处销售金额 50% 以上 2 倍以下罚金或者没收财产。根据《伪劣商品案件解释》的规定,“使生产遭受较大损失”一般以 2 万元为起点;“重大损失”一般以 10 万元为起点;“特别重大损失”一般以 50 万元为起点。单位犯本罪的,对单位判处罚金,并对其直接负责的主管人员和其他直接责任人员,依照上述规定处罚。

九、生产、销售不符合卫生标准的化妆品罪

本罪是指生产不符合卫生标准的化妆品，或者销售明知是不符合卫生标准的化妆品，造成严重后果的行为。犯本罪的，根据刑法第148条和第150条的规定处罚。

十、关于本节犯罪的认定与处罚的规定

刑法第149条第1款规定："生产、销售本节第一百四十一条至第一百四十八条所列产品，不构成各该条规定的犯罪，但是销售金额在五万元以上的，依照本节第一百四十条的规定定罪处罚。"这是一项注意规定。一般来说，刑法第141条至第148条所规定的都是生产、销售特定伪劣产品的犯罪。根据上述规定，生产、销售特定伪劣产品，但并不符合刑法第141条至第148条规定的构成要件时，并不意味着绝对不成立犯罪，如果销售金额在5万元以上，则依照刑法第140条的规定认定为生产、销售伪劣产品罪。所谓"生产、销售本节第一百四十一条至第一百四十八条所列产品，不构成各该条规定的犯罪"，主要是指行为人虽然生产、销售了刑法第141条至第148条所列的特定伪劣产品，却没有发生各该条所规定的侵害结果或具体危险。例如，生产、销售劣药，却没有对人体造成严重危害；生产、销售不卫生化妆品，却没有造成严重后果；如此等等。在这种情况下，如果销售金额达到了5万元，则认定为刑法第140条的生产、销售伪劣产品罪。不过，刑法第141条规定的生产、销售假药罪和第144条规定的生产、销售有毒、有害食品罪，是抽象的危险犯，不要求发生具体危险，更不要求发生侵害结果，所以，生产、销售假药或者有毒、有害食品的，难以因为没有发生具体危险或侵害结果，而适用刑法第140条认定为生产、销售伪劣产品罪。

刑法第149条第2款规定："生产、销售本节第一百四十一条至第一百四十八条所列产品，构成各该条规定的犯罪，同时又构成本节第一百四十条规定之罪的，依照处罚较重的规定定罪处罚。"例如，行为人生产、销售劣药，对人体造成了严重危害，但没有造成特别严重危害，然而销售金额在50万元以上。根据第142条的规定，对这种行为最高只能处10年有期徒刑；而根据第140条的规定，生产、销售一般伪劣产品销售金额在50万元以上不满200万元的，最高可处15年有期徒刑，销售金额在200万元以上的，最高可处无期徒刑。本来前者的罪行重却处罚轻，后者的罪行轻却处罚重。为了避免这种罪刑不相适应的现象，刑法第149条第2款规定按照处罚较重的规定定罪处罚。即在行为符合刑法第141条至第148条规定的某种犯罪的犯罪构成，同时又符合刑法第140条规定的犯罪构成时，通过考虑犯罪的情节与可能适用的法定刑，选择处罚较重的规定作为定罪量刑的依据。在上例中，对生产、销售劣药的行为，应适用刑法第140条认定为生产、销售伪劣产品罪。[21]

刑法理论普遍认为（本书前几版亦同），刑法第140条是关于生产、销售伪劣商品犯罪的普通法条（对生产、销售的产品种类没有任何限定），第141条至第148条是关于生产、销售伪劣商品犯罪的特别法条（对生产、销售的产品种类作了特别规定），在特别关系的场合，原本应当采取特别法条优于普通法条的原则，但第149条第2款采取了重法条优于轻法条的原则。本书则认为，上述法条之间的关系不是特别关系，而是相互补充关系或者想象竞合关系（参见第九章第二节）。[22]

---

〔21〕 存在疑问的是，行为人销售没有获得进口批文的具有疗效的"假药"的，是否同时符合刑法第140条规定的构成要件？本书持否定回答。

〔22〕 倘若说补充关系也是特别关系，则上述法条之间是相互特别关系。

第三节 走 私 罪

一、走私武器、弹药罪

(一)走私武器、弹药罪的概念与犯罪构成

走私武器、弹药罪,是指违反海关法规,走私武器、弹药的行为。[23]

1. 构成要件的内容为,违反海关法规,走私武器、弹药。(1)走私对象为武器、弹药。根据"两高"2014年8月12日《关于办理走私刑事案件适用法律若干问题的解释》(以下简称《走私案件解释》)的规定,"武器、弹药"的种类,参照《海关进出口税则》及《禁止进出境物品表》的有关规定确定;走私枪支散件,构成犯罪的,以走私武器罪定罪处罚(成套枪支散件以相应数量的枪支计,非成套枪支散件以每30件为一套枪支散件计);走私各种弹药的弹头、弹壳,构成犯罪的,以走私弹药罪定罪处罚。但是,走私报废或者无法组装并使用的各种弹药的弹头、弹壳,构成犯罪的,以走私普通货物、物品罪定罪处罚;属于废物的,以走私废物罪定罪处罚;走私国家禁止或者限制进出口的仿真枪、管制刀具,构成犯罪的,以走私国家禁止进出口的货物、物品罪定罪处罚。(2)客观行为是违反海关法规的走私行为。本罪的走私行为主要表现为以下几种形式:一是未经国务院或国务院授权的部门批准,不经过设立海关的地点,非法运输、携带武器、弹药进出国(边)境;二是虽然通过设立海关的地点进出国(边)境,但采取隐匿、伪装、假报等欺骗手段,逃避海关监管、检查,非法盗运、偷带或者非法邮寄武器、弹药;三是直接向走私人非法收购武器、弹药;四是在内海、领海运输、收购、贩卖武器、弹药;五是与走私武器、弹药的罪犯通谋,为其提供贷款、资金、账号、发票、证明,或者为其提供运输、保管、邮寄或者其他方便。

2. 责任形式为故意,行为人必须明知是(包括明知可能是)国家禁止进出口的武器、弹药而走私。"两高"、海关总署2002年7月8日《关于办理走私刑事案件适用法律若干问题的意见》第6条指出:"走私犯罪嫌疑人主观上具有走私犯罪故意,但对其走私的具体对象不明确的,不影响走私犯罪构成,应当根据实际的走私对象定罪处罚。但是,确有证据证明行为人因受蒙骗而对走私对象发生认识错误的,可以从轻处罚。"据此,甲以走私贵重金属的故意,客观上走私了武器、弹药的,也应认定为走私武器、弹药罪。但是,这种做法违反了责任主义原则。本书认为,只能在故意内容与客观事实重合的限度内认定为轻罪的既遂犯,对甲的行为,只能认定为走私国家禁止进出口的货物、物品罪。再如,行为人误以为自己走私的是普通货物,但客观上走私了武器的,也只能认定为走私普通货物罪。但是,客观上走私了武器,行为人误以为走私的是弹药的,由于属于同一犯罪构成内的错误,不影响走私武器罪(既遂)的成立。《走私案件解释》第5条第2款规定:"走私的仿真枪经鉴定为枪支,构成犯罪的,依照刑法第一百五十一条第一款的规定,以走私武

---

〔23〕 法条虽无"违反海关法规"的表述,但由于法条将行为表述为"走私",而对走私行为的认定,只能以海关法规为根据。所以,"违反海关法规"是走私罪的不成文的构成要件要素。

器罪定罪处罚。不以牟利或者从事违法犯罪活动为目的,且无其他严重情节的,可以依法从轻处罚;情节轻微不需要判处刑罚的,可以免予刑事处罚。"本书的看法是,由于一般人对仿真枪的理解并不相同,如果行为人认为自己走私的仿真枪不具有枪支的功能,就缺乏走私枪支的故意,即使事后鉴定为枪支,也只能认定为走私国家禁止进出口的货物、物品罪。

(二)走私武器、弹药罪的认定

走私武器、弹药的行为,可能同时触犯非法买卖、运输、邮寄、储存枪支、弹药罪,由于走私行为包含了运输、邮寄、储存等行为,所以,凡是符合走私武器、弹药罪的犯罪构成的,不再认定为非法运输、邮寄、储存枪支、弹药罪。但是,行为人走私武器、弹药进境后,又非法出售的,应另成立非法买卖枪支、弹药罪。此外,根据刑法第157条第2款的规定,对以暴力、威胁方法抗拒缉私的,应以走私武器、弹药罪和妨害公务罪实行数罪并罚。

(三)走私武器、弹药罪的处罚

根据刑法第151条的规定,犯本罪的,处7年以上有期徒刑,并处罚金或者没收财产;情节特别严重的,处无期徒刑,并处没收财产;情节较轻的,处3年以上7年以下有期徒刑,并处罚金。[24] 单位犯本罪的,对单位判处罚金,并对其直接负责的主管人员和其他直接责任人员,依照上述规定处罚。[25] 具备下列特征的,可以认定为单位走私犯罪:(1)以单位的名义实施走私犯罪,即由单位集体研究决定,或者由单位的负责人或者被授权的其他人员决定、同意;(2)为单位谋取不正当利益或者违法所得大部分归单位所有。此外,根据单位人员在单位走私犯罪活动中所发挥的不同作用,对其直接负责的主管人员和其他直接责任人员,可以确定为一人或者数人。对于受单位领导指派而积极参与实施走私犯罪行为的人员,如果其行为在走私犯罪的主要环节起重要作用的,可以认定为单位犯罪的直接责任人员。

二、走私核材料罪

走私核材料罪,是指违反海关法规,走私核材料的行为。走私对象为核材料;走私行为的表现形式与走私武器、弹药罪的表现形式相同。犯本罪的,根据刑法第151条第1款、第4款和第157条的规定处罚。

三、走私假币罪

走私假币罪,是指违反海关法规,走私伪造的货币的行为。走私的对象是伪造的货币。本罪的"货币",包括正在流通的人民币和境外货币(伪造的境外货币数额,折合成人民币计算)。走私假币的行为方式与走私武器、弹药罪的行为方式相同。行为人必须明知是伪造的货币而走私;不明知是伪造的货币而携带、运输其进出境的,不成立本罪。犯本罪的,根据刑法第151条第1款、第4款和第157条的规定处罚。[26]

四、走私文物罪

走私文物罪,是指违反海关法规,走私国家禁止出口的文物的行为。"国家禁止出口

---

〔24〕 刑法第151条的规定似乎存在空档现象,即只有基本犯(情节一般)、情节特别严重与情节较轻三种情形,而缺乏情节严重一类情形。其实,将其中的情节特别严重理解为情节严重即可。

〔25〕 具体定罪处罚标准,参见《走私案件解释》第1条。

〔26〕 具体处罚标准,参见《走私案件解释》第6条。

的文物”,依照《文物保护法》规定的“国家禁止出境的文物”的范围认定。但根据立法解释的规定,其中的文物,包括具有科学价值的古脊椎动物化石、古人类化石。[27] 走私行为方式与走私武器、弹药罪相同,但本罪仅限于将文物从境内走私至境外的行为。如果将文物从境外走私至境内的,仅成立走私普通货物、物品罪。犯本罪的,根据刑法第 151 条第 2 款、第 4 款和第 157 条的规定处罚。[28]

五、走私贵重金属罪

走私贵重金属罪,是指违反海关法规,走私国家禁止出口的黄金、白银或者其他贵重金属的行为。走私行为方式与走私武器、弹药罪相同,但本罪仅限于将贵重金属从境内走私至境外的行为。将贵重金属从境外走私至境内的,成立走私普通货物、物品罪。本罪的法定刑与走私文物罪相同。

六、走私珍贵动物、珍贵动物制品罪

走私珍贵动物、珍贵动物制品罪,是指违反海关法规,走私国家禁止进出口的珍贵动物或者珍贵动物制品的行为。走私对象仅限于珍贵动物及其制品。“珍贵动物”,包括列入《国家重点保护野生动物名录》中的国家一、二级保护野生动物,《濒危野生动植物种国际贸易公约》附录Ⅰ、附录Ⅱ中的野生动物,以及驯养繁殖的上述动物。不以牟利为目的,为留作纪念而走私珍贵动物制品进境,数额不满 10 万元的,可以免予刑事处罚;情节显著轻微的,不作为犯罪处理。本罪的走私行为与走私武器、弹药罪中的走私行为相同;责任形式为故意。本罪的法定刑,与走私文物罪相同。[29] 将珍贵野生动物走私入境后又杀害的,应将本罪和非法杀害珍贵野生动物罪实行并罚。

七、走私国家禁止进出口的货物、物品罪

本罪是指违反海关法规,走私珍稀植物及其制品等国家禁止进出口的其他货物、物品的行为。走私行为与走私武器、弹药罪中的走私行为相同。“珍稀植物”,包括列入《国家重点保护野生植物名录》、《国家重点保护野生药材物种名录》、《国家珍贵树种名录》中的国家一、二级保护野生植物、国家重点保护的野生药材、珍贵树木,《濒危野生动植物种国际贸易公约》附录Ⅰ、附录Ⅱ中的野生植物,以及人工培育的上述植物。“国家禁止进出口的其他货物、物品”需要根据行为时有效的海关法规确定,包括仿真枪、管制刀具、旧机动车、旧机电产品等。《走私案件解释》第 21 条第 1 款与第 3 款分别规定:“未经许可进出口国家限制进出口的货物、物品,构成犯罪的,应当依照刑法第一百五十一条、第一百五十二条的规定,以走私国家禁止进出口的货物、物品罪等罪名定罪处罚;偷逃应缴税额,同时又构成走私普通货物、物品罪的,依照处罚较重的规定定罪处罚。”“租用、借用或者使用购买的他人许可证,进出口国家限制进出口的货物、物品的,适用本条第一款的规定定罪处罚。”但是,将限制进出口的货物、物品等同于禁止进出口的货物、物品,究竟是扩大解释还是类推解释,值得进一步研究。本罪的走私行为与走私武器、弹药罪的走私行为相

---

〔27〕 参见全国人大常委会 2005 年 12 月 29 日《关于〈中华人民共和国刑法〉有关文物的规定适用于具有科学价值的古脊椎动物化石、古人类化石的解释》。

〔28〕 具体处罚标准,参见“两高”2015 年 12 月 30 日《关于办理妨害文物管理等刑事案件适用法律若干问题的解释》第 1 条。

〔29〕 具体处罚标准,参见《走私案件解释》第 9 条。

同。犯本罪的,根据刑法第 151 条第 3 款、第 4 款和第 157 条的规定处罚。[30]

八、走私淫秽物品罪

走私淫秽物品罪,是指违反海关法规,以牟利或者传播为目的,走私淫秽的影片、录像带、录音带、图片、书刊或者其他淫秽物品的行为。走私对象为淫秽物品。淫秽物品是指具体描绘性行为或者露骨宣扬色情的诲淫性的书刊、影片、录像带、录音带、图片及其他淫秽物品。走私非淫秽的影片、影碟、录像带、录音带、音碟、图片、书刊、电子出版物等物品的,按走私普通货物、物品罪定罪处罚。本罪的走私行为与走私武器、弹药罪中的走私行为相同。责任要素除故意外,还要求以牟利或者传播为目的。行为人是否具有这种目的,应主要通过走私淫秽物品的种类、数量、次数等进行判断。行为人以牟利、传播为目的,从境外走私淫秽物品,然后在境内贩卖、传播走私进境的淫秽物品的,应当实行数罪并罚。因为行为人实施了两个行为,侵犯了两个不同的法益,而且完全符合两个犯罪的犯罪构成;不应当认为两个罪之间存在吸收关系与类型性的牵连关系。[31] 犯本罪的,根据刑法第 152 条第 1 款、第 3 款与第 157 条规定处罚。[32]

九、走私废物罪

走私废物罪,是指逃避海关监管将境外固体废物、液态废物和气态废物运输进境,情节严重的行为。本罪的走私仅限于将废物运输进境的行为。根据刑法第 339 条第 3 款的规定,以原料利用为名,进口不能用作原料的固体废物、液态废物和气态废物的,以本罪论处。犯本罪的,根据刑法第 152 条第 2 款、第 3 款和第 157 条的规定处罚。[33]

十、走私普通货物、物品罪

(一)走私普通货物、物品罪的概念与犯罪构成

走私普通货物、物品罪,是指违反海关法规,走私刑法第 151 条、第 152 条、第 347 条规定以外的货物、物品,偷逃应缴税额较大,或者一年内曾因走私被给予二次行政处罚后又走私的行为。

1. 构成要件的内容为,违反海关法规,走私"普通"货物、物品,偷逃应缴税额较大,或者一年内曾因走私被给予二次行政处罚后又走私的行为。

从法条表述来看,走私对象是除前九种走私犯罪以及走私毒品罪以外的货物、物品。前九种走私与走私毒品罪的对象一般是国家禁止进出口的货物、物品,但不能据此认为本罪的走私对象就是国家允许进出口的货物、物品,也不能认为,凡是前述九种走私罪与走私毒品罪的对象,都不能成为本罪对象。例如,走私贵重金属入境的,以及误将贵重金属当做普通金属走私出境的,都构成刑法第 153 条规定的犯罪。显然,刑法第 153 条所规定的"本法第一百五十一条、第一百五十二条、第三百四十七条规定以外"的货物、物品这一要素,只是对区分不同的走私犯罪起作用,属于表面的构成要件要素。本罪对象包括应当缴纳关税的货物、物品,以及特殊情况下的特定免税货物、物品。至于本罪的对象是否包括限制进出口的货物、物品,取决于限制进出口的货物、物品能否归入禁止进出口的货物、

---

〔30〕 具体处罚标准,参见《走私案件解释》第 11 条。

〔31〕 参见张明楷:"论短缩的二行为犯",载《中国法学》2004 年第 3 期。

〔32〕 具体处罚标准,参见《走私案件解释》第 13 条。

〔33〕 具体处罚标准,参见《走私案件解释》第 14 条。

物品(参见前述《走私案件解释》第21条第1款)。如果得出否定结论,则本罪的对象当然包括限制进出口的货物、物品。一般来说,第153条是走私罪的普通法条,其他有关走私罪的规定是特别法条。因此,不构成其他走私犯罪的走私行为,都有可能构成走私普通货物、物品罪。但是,由于本条的最高档法定刑重于第151条第3款与第152条的法定刑,所以,当行为人走私第151条第3款与第152条规定的货物、物品,偷逃应缴税额特别巨大或者有其他特别严重情节时,应当认定为想象竞合,从一重罪处罚,否则就不能充分评价行为的不法内容。[34]

走私行为包括以下方式:(1)未经国务院或国务院授权的部门批准,不经过设立海关的地点,非法运输、携带国家禁止或限制进出口的货物、物品或者依法应当缴纳关税的货物、物品进出国(边)境的。(2)虽然通过设立海关的地点进出国(边)境,但采取隐匿、伪装、假报等欺骗手段,逃避海关监管、检查,非法盗运、偷带或者非法邮寄国家禁止或限制进出口的货物、物品或者依法应当缴纳关税的货物、物品的。(3)未经国务院批准或者海关许可并补缴关税,擅自将批准进口的来料加工、来件配装、补偿贸易的原材料、零部件、制成品、设备等保税货物或者海关监管的其他货物、进境的海外运输工具等,非法在境内销售牟利的。其中的"保税货物",是指经海关批准,未办理纳税手续进境,在境内储存、加工、装配后应予复运出境的货物,包括通过加工贸易、补偿贸易等方式进口的货物,以及在保税仓库、保税工厂、保税区或者免税商店内等储存、加工、寄售的货物。"销售牟利",是指为了牟取非法利益而擅自销售海关监管的保税货物、特定减免税货物等海关监管的其他货物。该种行为是否构成犯罪,应当根据偷逃的应缴税额是否达到刑法第153条及相关司法解释规定的数额标准予以认定。实际获利与否或者获利多少并不影响其定罪。但是,在货物由于质量等问题不可能复运出境的情况下,行为人为避免损失而擅自在境内销售的,不应认定为犯罪。(4)假借捐赠名义进口货物、物品,或者未经海关许可并补缴关税,擅自将减税、免税进口捐赠货物、物品或者其他特定减税、免税进口用于特定企业、特定地区、特定用途的货物、物品,非法在境内销售牟利的。(5)直接向走私人非法收购国家禁止进口物品的,或者直接向走私人非法收购走私进口的其他货物、物品,数额较大的。"直接向走私人非法收购走私进口的货物、物品",是指明知是走私行为人而向其非法收购走私进口的货物、物品。对这类走私行为应按正犯处罚,而不是按帮助犯处罚。(6)在内海、领海、界河、界湖运输、收购、贩卖国家禁止进出口物品的,或者运输、收购、贩卖国家限制进出口货物、物品,数额较大,没有合法证明的。[35]"内海"包括内河的入海口水域。[36](7)与走私罪犯通谋,为其提供贷款、资金、账号、发票、证明,或者为其提供运输、保管、邮寄或者其他方便的。这类行为一般属于走私罪的帮助犯(从犯)。"通谋",是

---

〔34〕 按照本书观点,前述《走私案件解释》第21条第1款的规定,并不是关于特别法条适用原则的规定,而是关于想象竞合的规定。既然行为人走私限制进出口的货物、物品,偷逃应缴税额,同时触犯走私普通货物、物品罪,应当从一重罪处罚,那么,当行为人走私国家禁止进出口的货物、物品,同时触犯走私普通货物、物品罪时,没有理由不从一重罪处罚。

〔35〕 第(5)、(6)行为构成犯罪的,应当按照走私货物、物品的种类,分别依照刑法第151条、第152条、第153条、第347条、第350条的规定定罪处罚。

〔36〕 对刑法第155条第2项规定的实施海上走私犯罪行为的运输人、收购人或者贩卖人应当追究刑事责任。对运输人,一般追究运输工具的负责人或者主要责任人的刑事责任,但对于事先通谋的、集资走私的、或者使用特殊的走私运输工具从事走私犯罪活动的,可以追究其他参与人员的刑事责任。

指犯罪行为人之间事先或者事中形成的共同的走私故意。对明知他人从事走私活动而同意为其提供上述方便的,或者多次为同一走私犯罪分子的走私行为提供上述方便的,可以认定为通谋。与走私犯通谋,要求走私犯走私特定物品,然后直接向走私犯非法收购走私进口的货物、物品的,按上述第(5)类走私正犯处理,而不应按第(7)类的帮助犯处罚。

根据刑法规定,成立本罪要求偷逃应缴税额较大或者一年内曾因走私被给予二次行政处罚后又走私。根据《走私案件解释》的规定,"应缴税额",包括进出口货物、物品应当缴纳的进出口关税和进口环节海关代征税的税额。应缴税额以走私行为实施时的税则、税率、汇率和完税价格计算;多次走私的,以每次走私行为实施时的税则、税率、汇率和完税价格逐票计算;走私行为实施时间不能确定的,以案发时的税则、税率、汇率和完税价格计算。走私普通货物、物品,偷逃应缴税额在10万元以上不满50万元的,应当认定为刑法第153条第1款规定的"偷逃应缴税额较大"。"一年内曾因走私被给予二次行政处罚后又走私"中的"一年内",以因走私第一次受到行政处罚的生效之日与"又走私"行为实施之日的时间间隔计算确定;"被给予二次行政处罚"的走私行为,包括走私普通货物、物品以及其他货物、物品;"又走私"行为仅指走私普通货物、物品。但是,因走私小额自用商品二次受行政处罚后,又走私小额自用商品的,不宜认定为走私普通货物、物品罪。

2. 责任形式为故意,故意的认识因素的具体内容,因走私行为的具体方式以及走私对象的不同而有所区别。行为人是否具有走私罪的故意,常常是司法实践难以认定的问题。根据立案标准以及"两高"、海关总署2002年7月8日《关于办理走私刑事案件适用法律若干问题的意见》,具有下列情形之一的,可以认定或者推定行为人具有走私故意:(1)逃避海关监管,运输、携带、邮寄国家禁止进出境的货物、物品的;(2)用特制的设备或者运输工具走私货物、物品的;(3)未经海关同意,在非设关的码头、海(河)岸、陆路边境等地点,运输(驳载)、收购或者贩卖非法进出境货物、物品的;(4)提供虚假的合同、发票、证明等商业单证委托他人办理通关手续的;(5)以明显低于货物正常进(出)口的应缴税额委托他人代理进(出)口业务的;(6)曾因同一种走私行为受过刑事处罚或者行政处罚的;(7)其他有证据证明的情形。行为人误以为是普通货物、物品而走私,但客观上走私了其他禁止进出口的货物、物品的,属于抽象的事实认识错误,只能认定为走私普通货物、物品罪。

(二)走私普通货物、物品罪的认定

加工贸易登记手册、特定减免税批文等涉税单证是海关根据国家法律法规以及有关政策性规定,给予特定企业用于保税货物经营管理和减免税优惠待遇的凭证。利用购买的加工贸易登记手册、特定减免税批文等涉税单证进口货物,实质是将一般贸易货物伪报为加工贸易保税货物或者特定减免税货物进口,以达到偷逃应缴税款的目的,应当以走私普通货物、物品罪定罪处罚。如果行为人与走私分子通谋出售上述涉税单证,或者在出卖批文后又以提供印章、向海关伪报保税货物、特定减免税货物等方式帮助买方办理进口通关手续的,对卖方以走私罪的共犯定罪处罚。

在加工贸易经营活动中,以假出口、假结转或者利用虚假单证等方式骗取海关核销,致使保税货物、物品脱离海关监管,造成国家税款流失,情节严重的,以走私普通货物、物品罪追究刑事责任。但有证据证明因不可抗力原因导致保税货物脱离海关监管,经营人无法办理正常手续而骗取海关核销的,不认定为走私犯罪。

取得许可,但超过许可数量进出口国家限制进出口的货物、物品,构成犯罪的,以走私普通货物、物品罪定罪处罚。未经许可进出口国家限制进出口的货物、物品,同时偷逃应缴税额又构成走私普通货物、物品罪的,依照处罚较重的规定定罪处罚。

在走私的货物、物品中藏匿刑法第 151 条、第 152 条、第 347 条、第 350 条规定的货物、物品(以明知为前提),构成犯罪的,以实际走私的货物、物品定罪处罚(不明知实际走私的货物、物品的,按抽象的事实认识错误处理);构成数罪的,实行数罪并罚。在一次走私活动中,既走私普通货物、物品,又走私武器、弹药等物品的,应当认定行为人实施了数行为(不属于想象竞合犯),实行数罪并罚。

根据《走私案件解释》的规定,实施走私犯罪,具有下列情形之一的,应当认定为犯罪既遂:(1)在海关监管现场被查获的;(2)以虚假申报方式走私,申报行为实施完毕的;(3)以保税货物或者特定减税、免税进口的货物、物品为对象走私,在境内销售的,或者申请核销行为实施完毕的。

(三)走私普通货物、物品罪的处罚

根据刑法第 153 条的规定,犯本罪的,处 3 年以下有期徒刑或者拘役,并处偷逃应缴税额一倍以上五倍以下罚金;走私货物、物品偷逃应缴税额巨大或者有其他严重情节的,处 3 年以上 10 年以下有期徒刑,并处偷逃应缴税额一倍以上五倍以下罚金;走私货物、物品偷逃应缴税额特别巨大或者有其他特别严重情节的,处 10 年以上有期徒刑或者无期徒刑,并处偷逃应缴税额一倍以上五倍以下罚金或者没收财产。

根据《走私案件解释》的规定,偷逃应缴税额在 10 万元以上不满 50 万元的,应当认定为"偷逃应缴税额较大";偷逃应缴税额在 50 万元以上不满 250 万元的,应当认定为"偷逃应缴税额巨大";偷逃应缴税额在 250 万元以上的,应当认定为"偷逃应缴税额特别巨大"。走私普通货物、物品,具有下列情形之一,偷逃应缴税额在 30 万元以上不满 50 万元的,应当认定为"其他严重情节";偷逃应缴税额在 150 万元以上不满 250 万元的,应当认定为"其他特别严重情节":(1)犯罪集团的首要分子;(2)使用特种车辆从事走私活动的;(3)为实施走私犯罪,向国家机关工作人员行贿的;(4)教唆、利用未成年人、孕妇等特殊人群走私的;(5)聚众阻挠缉私的。

一年内曾因走私被给予二次行政处罚后又走私的偷逃应缴税额巨大、特别巨大或者情节严重、特别严重的,应适用对应的法定刑,而不能适用最低档法定刑。对多次走私未经处理(包括未经行政处理和刑事处理)的,按照累计走私货物、物品的偷逃应缴税额处罚。根据刑法第 157 条的规定,武装掩护走私的,依照刑法第 151 条第 1 款的规定从重处罚。以暴力、威胁方法抗拒缉私的,实行数罪并罚。

单位犯本罪的,对单位判处罚金,并对其直接负责的主管人员和其他直接责任人员,处 3 年以下有期徒刑或者拘役;情节严重的,处 3 年以上 10 年以下有期徒刑;情节特别严重的,处 10 年以上有期徒刑。单位和个人(不包括单位直接负责的主管人员和其他直接责任人员)共同走私的,单位和个人均应对共同走私所偷逃应缴税额负责。

第四节　妨害对公司、企业的管理秩序罪

一、虚报注册资本罪

虚报注册资本罪，是指申请公司登记使用虚假证明文件或者采取其他欺诈手段虚报注册资本，欺骗公司登记主管部门，取得公司登记，虚报注册资本数额巨大、后果严重或者有其他严重情节的行为。

构成要件包括三个要素：(1)申请公司登记使用虚假证明文件或者采取其他欺诈手段虚报注册资本，欺骗公司登记主管部门。虚报注册资本，既可以表现为没有达到登记注册的资本数额，却采取欺诈手段证明达到了法定数额；也可以表现为虽然达到了法定数额却虚报具有更高数额的资本；还可以表现为变更登记时虚报注册资本。(2)已经取得公司登记，即已被公司登记机关批准登记注册并已发给《企业法人营业执照》。欺诈手段被登记机关发觉而未予登记的，不成立本罪。(3)虚报注册资本数额巨大、后果严重或者有其他严重情节，具备三者之一，即可成立本罪。责任形式为故意。根据全国人大常委会2014年4月24日通过的《关于〈中华人民共和国刑法〉第一百五十八条、第一百五十九条的解释》，本罪只适用于依法实行注册资本实缴登记制的公司。

根据立案标准，具有下列情形之一的，应予追诉：(1)超过法定出资期限，实缴注册资本不足法定注册资本最低限额，有限责任公司虚报数额在30万元以上并占其应缴出资数额60%以上的，股份有限公司虚报数额在300万元以上并占其应缴出资数额30%以上的；(2)超过法定出资期限，实缴注册资本达到法定注册资本最低限额，但仍虚报注册资本，有限责任公司虚报数额在100万元以上并占其应缴出资数额60%以上的，股份有限公司虚报数额在1000万元以上并占其应缴出资数额30%以上的；(3)造成投资者或者其他债权人直接经济损失累计数额在10万元以上的；(4)虽未达到上述数额标准，但2年内因虚报注册资本受过行政处罚2次以上，又虚报注册资本的，或者向公司登记主管人员行贿的，或者为进行违法活动而注册的；(5)其他后果严重或者有其他严重情节的情形。

根据刑法第158条的规定，犯本罪的，处3年以下有期徒刑或者拘役，并处或者单处虚报注册资本金额1%以上5%以下罚金。单位犯本罪的，对单位判处罚金，并对其直接负责的主管人员和其他直接责任人员，处3年以下有期徒刑或者拘役。上述"虚报注册资本金额"不是指行为人申报的全部金额，而是指超过实际资本部分的金额。

二、虚假出资、抽逃出资罪

虚假出资、抽逃出资罪，是指公司发起人、股东违反公司法的规定，未交付货币、实物或者未转移财产权，虚假出资，或者在公司成立后又抽逃其出资，数额巨大、后果严重或者有其他严重情节的行为。本罪名为选择性罪名。行为表现为违反公司法的规定，或者在

公司成立前虚假出资,或者在公司成立后抽逃出资,[37]并要求具备数额巨大、后果严重或其他严重情节之一。其中的公司仅限于依法实行注册资本实缴登记制的公司。[38] 责任形式为故意。根据立案标准,有下列情形之一的,应予追诉:(1)超过法定出资期限,有限责任公司股东虚假出资数额在30万元以上并占其应缴出资数额60%以上的,股份有限公司发起人、股东虚假出资数额在300万元以上并占其应缴出资数额30%以上的;(2)有限责任公司股东抽逃出资数额在30万元以上并占其实缴出资数额60%以上的,股份有限公司发起人、股东抽逃出资数额在300万元以上并占其实缴出资数额30%以上的;(3)造成公司、股东、债权人的直接经济损失累计数额在10万元以上的;(4)虽未达到上述数额标准,但致使公司资不抵债或者无法正常经营的,或者公司发起人、股东合谋虚假出资、抽逃出资的,或者2年内因虚假出资、抽逃出资受过行政处罚2次以上又虚假出资、抽逃出资的,或者利用虚假出资、抽逃出资所得资金进行违法活动的;(5)其他后果严重或者有其他严重情节的情形。

如何处理抽逃出资与职务侵占等罪的关系,是值得研究的问题。因为出资人出资后,资金属于公司所有,抽逃出资意味着非法占有公司所有的资金。对此存在许多思路:(1)抽逃出资经过了其他股东同意的,成立本罪,否则成立职务侵占等罪;(2)具有归还出资的意思的,成立本罪(但存在与挪用资金罪的关系问题),否则成立职务侵占等罪;(3)经过其他股东同意且具有归还意思的,成立本罪,否则成立职务侵占等罪;(4)在公司成立前抽逃出资的,成立本罪,在公司成立后抽逃出资的,成立职务侵占等罪;(5)出资前与其他股东达成了事后抽逃出资协议的,成立抽逃出资罪,其他情形成立职务侵占罪;(6)凡属于公司法中的抽逃出资的行为,均认定为本罪,不管其是否触犯职务侵占等罪;(7)由于本罪仅适用于实缴登记制的公司,故所有抽逃出资行为均成立职务侵占罪;(8)规定本罪的法条与规定职务侵占罪的法条,是特别法条与普通法条的关系,对抽逃出资行为适用特别法条,以本罪论处;(9)由于出资后资金属于公司所有而不再属于出资人所有,实施本罪行为会同时触犯职务侵占等罪,因而属于想象竞合,从一重罪处罚;如此等等。本书采取第(9)种思路。

根据刑法第159条的规定,犯本罪的,处5年以下有期徒刑或者拘役,并处或者单处虚假出资金额或者抽逃出资金额2%以上10%以下罚金。单位犯本罪的,对单位判处罚金,并对其直接负责的主管人员和其他直接责任人员,处5年以下有期徒刑或者拘役。

三、欺诈发行股票、债券罪

欺诈发行股票、债券罪,是指自然人或者单位在招股说明书、认股书、公司、企业债券募集办法中,隐瞒重要事实或者编造重大虚假内容,发行股票或者公司、企业债券,数额巨大、后果严重或者有其他严重情节的行为。根据立案标准,具有下列情形之一的,应当追诉:(1)发行数额在500万元以上的;(2)伪造、变造国家机关公文、有效证明文件或者相关凭证、单据的;(3)利用募集的资金进行违法活动的;(4)转移或者隐瞒所募集资金的;

---

[37] 根据最高人民法院2010年12月6日《关于适用〈中华人民共和国公司法〉若干问题的规定(三)》(2014年2月20日修改)第12条的规定,下列行为属于抽逃出资:(1)制作虚假财务会计报表虚增利润进行分配;(2)通过虚构债权债务关系将其出资转出;(3)利用关联交易将出资转出;(4)其他未经法定程序将出资抽回的行为。

[38] 就实行认缴登记制的公司而言,行为人实际出资后又抽逃的,是否成立抽逃出资罪,还值得进一步研究。

(5)其他后果严重或者有其他严重情节的情形。犯本罪的,根据刑法第160条的规定处罚。

四、违规披露、不披露重要信息罪

违规披露、不披露重要信息罪,是指依法负有信息披露义务的公司、企业,向股东和社会公众提供虚假的或者隐瞒重要事实的财务会计报告,或者对依法应当披露的其他重要信息不按照规定披露,严重损害股东或者其他人利益,或者有其他严重情节的行为。"不按照规定披露"包括不披露、披露不真实、不全面、不及时以及披露程序不妥当。从法条表述上看,本罪主体似乎是公司、企业,但刑法仅处罚直接负责的主管人员与其他直接责任人员,所以,不应认定为单位犯罪。

根据立案标准,具有下列情形之一的,应当追诉:(1)造成股东、债权人或者其他人直接经济损失数额累计在50万元以上的;(2)虚增或者虚减资产达到当期披露的资产总额30%以上的;(3)虚增或者虚减利润达到当期披露的利润总额30%以上的;(4)未按照规定披露的重大诉讼、仲裁、担保、关联交易或者其他重大事项所涉及的数额或者连续12个月的累计数额占净资产50%以上的;(5)致使公司发行的股票、公司债券或者国务院依法认定的其他证券被终止上市交易或者多次被暂停上市交易的;(6)致使不符合发行条件的公司、企业骗取发行核准并且上市交易的;(7)在公司财务会计报告中将亏损披露为盈利,或者将盈利披露为亏损的;(8)多次实施本罪行为的;(9)其他严重损害股东、债权人或者其他人利益,或者有其他严重情节的情形。犯本罪的,根据刑法第161条的规定处罚。

五、妨害清算罪

妨害清算罪,是指公司、企业在进行清算时,隐匿财产,对资产负债表或者财产清单做虚伪记载或者在未清偿债务前分配公司、企业财产,严重损害债权人或者其他人利益的行为。

构成要件要素如下:(1)行为主体必须是直接负责的主管人员与其他直接责任人员,公司、企业本身不能成为本罪主体。(2)行为发生在公司、企业清算财产时。(3)实施了以下四种行为之一:一是隐匿财产;二是对资产负债表作虚假记载,如夸大负债数额,作实际上并不存在的负债记载,对特定债权人作不符合事实的负债记载等;三是对财产清单做虚伪记载,如减少公司、企业的收入,降低固定资产的价格等;四是在清偿债务前分配公司、企业财产,但如果行为同时触犯私分国有资产罪的,应从一重罪处罚。(4)严重损害债权人或者其他人的利益。责任形式为故意。

根据立案标准,具有下列情形之一的,应当追诉:(1)隐匿财产价值在50万元以上的;(2)对资产负债表或者财产清单做虚伪记载涉及金额在50万元以上的;(3)在未清偿债务前分配公司、企业财产价值在50万元以上的;(4)造成债权人或者其他人直接经济损失数额累计在10万元以上的;(5)虽未达到上述数额标准,但应清偿的职工的工资、社会保险费用和法定补偿金得不到及时清偿,造成恶劣社会影响的;(6)其他严重损害债权人或者其他人利益的情形。犯本罪,根据刑法第162条的规定处罚。

六、隐匿、故意销毁会计凭证、会计账簿、财务会计报告罪

本罪是指故意隐匿、销毁依法应当保存的会计凭证、会计账簿、财务会计报告,情节严重的行为。

行为对象是依法应当保存的会计凭证、会计账簿、财务会计报告。行为表现为隐匿与销毁。隐匿,是指妨害他人依法发现会计凭证、会计账簿、财务会计报告的一切行为;销毁,是指妨害会计凭证、会计账簿、财务会计报告的本来效用的一切行为。行为主体包括单位和自然人。成立本罪要求情节严重。本罪的责任形式为故意。表面上看,刑法只要求销毁行为出于故意,事实上隐匿行为也必须出于故意;由于隐匿行为一般表现为故意,刑法条文便没有必要予以强调;但实践中可能存在过失销毁行为,于是,刑法条文作出了注意规定,提醒司法机关只处罚故意销毁行为。

根据立案标准,具有下列情形之一的,应当追诉:(1)涉及金额在 50 万元以上的;(2)依法应当向司法机关、行政机关、有关主管部门等提供而隐匿、故意销毁或者拒不交出会计凭证、会计账簿、财务会计报告的;(3)其他情节严重的情形。犯本罪的,根据刑法第 162 条之一的规定处罚。

七、虚假破产罪

虚假破产罪,是指公司、企业通过隐匿财产、承担虚构的债务或者以其他方法转移、处分财产,实施虚假破产,严重损害债权人或者其他人利益的行为。其中的"虚假破产"包括两种情形:一是实体上并没有真实的破产,以假破产的方式严重损害债权人或者其他人的利益;二是实体上真实破产,但在破产前或者破产程序中实施了严重损害债权人或者其他人利益的行为。其中的"处分"并不限于民法上的处分行为,而是指广义的处分财产(包括债权)的行为。故意在破产前以设立分公司、子公司或者其他新公司的方式,将财产转移或者处分给新公司,然后申请旧公司破产,损害他人利益的,应以本罪论处。从法条表述上看,本罪主体似乎是公司、企业,但刑法仅处罚直接负责的主管人员与其他直接责任人员,所以,不应认定为单位犯罪。根据立案标准,具有下列情形之一的,应当追诉:(1)隐匿财产价值在 50 万元以上的;(2)承担虚构的债务涉及金额在 50 万元以上的;(3)以其他方法转移、处分财产价值在 50 万元以上的;(4)造成债权人或者其他人直接经济损失数额累计在 10 万元以上的;(5)虽未达到上述数额标准,但应清偿的职工的工资、社会保险费用和法定补偿金得不到及时清偿,造成恶劣社会影响的;(6)其他严重损害债权人或者其他人利益的情形。犯本罪的,根据刑法第 162 条之二的规定处罚。

八、非国家工作人员受贿罪

(一)非国家工作人员受贿罪的概念与犯罪构成

非国家工作人员受贿罪,是指公司、企业或者其他单位的工作人员利用职务上的便利,索取他人财物或者非法收受他人财物,为他人谋取利益,数额较大的行为。

1. 构成要件内容如下:(1)本罪为身份犯,行为主体必须是公司、企业或者其他单位的工作人员。"其他单位",既包括事业单位、社会团体、村民委员会、居民委员会、村民小组等常设性的组织,也包括为组织体育赛事、文艺演出或者其他正当活动而成立的组委会、筹委会、工程承包队等非常设性的组织。但是,国有公司、企业或者其他国有单位中从事公务的人员以及其他国家工作人员利用职务上的便利索取、收受贿赂的,成立刑法第 385 条规定的受贿罪。国家机关、国有公司、企业、事业单位中并不从事公务的非国家工作人员,可以成为非国家工作人员受贿罪的行为主体。(2)行为内容为利用职务上的便利,索取或者非法收受他人数额较大的财物,为他人谋取利益的行为。其一,必须利用职务上的便利,即他人有求于行为人的职务行为时,行为人以实施职务行为或者允诺实施或不实施职务行为作为条件,实施受贿行为。其二,必须索取或者非法收受他人财物,并且数额较大。根据"两高"2016 年 4 月 18 日《关于办理贪污贿赂刑事案件适用法律若干问题的解释》(以下简称《贪污贿赂案件解释》)的规定,索取、收受的财物价值在 6 万元以上的为数额较大。[39] 这里的财物不仅包括金钱和实物,而且包括可以用金钱计算数额的财产性利益,如提供房屋装修、含有金额的会员卡、代币卡(券)、旅游费用等。其三,不管是索取他人财物,还是收受他人财物,都必须为他人谋取利益。[40] 但"为他人谋取利益"的最低限度是允诺为他人谋取利益,不要求行为人实际上为他人谋取了利益。明知他人有请托事项而收受他人财物的,便应认定为允诺为他人谋取利益。其四,公司、企业或者其他单位的工作人员在经济往来中,利用职务上的便利,违反国家规定,收受各种名义的回扣、手续费,归个人所有的,成立本罪。违反国家规定,是指违反全国人民代表大会及其常委会制定的法律和决定,国务院制定的行政法规、规定的行政措施、发布的决定和命令,不包括单纯违反地方性规定的行为。

2. 责任形式为故意,行为人明知自己索取、收受贿赂的行为会发生侵犯职务行为不可收买性的结果,并且希望或者放任这种结果发生。

(二)非国家工作人员受贿罪的认定

认定本罪时,应将违反国家规定,收受各种名义的回扣、手续费的行为,与正当业务行为相区别。《反不正当竞争法》第 8 条第 1 款规定:"经营者不得采用财物或者其他手段进行贿赂以销售或者购买商品。在账外暗中给予对方单位或者个人回扣的,以行贿论处;对方单位或者个人在账外暗中收受回扣的,以受贿论处。"根据国家工商行政管理局 1996 年 11 月 15 日《关于禁止商业贿赂行为的暂行规定》,回扣,是指经营者销售商品时在账外暗中以现金、实物或者其他方式退给对方单位或者个人的一定比例的商品价款;账外暗中,是指未在依法设立的反映其生产经营活动或者行政事业经费收支的财务账上按照财务会计制度规定明确如实记载,包括不记入财务账、转入其他财务账或者做假账等。回扣具有极为严重的危害性。回扣不是市场经济的必然产物,市场经济下的回扣的危害性大于计划经济下的回扣的危害性;回扣是伪劣产品泛滥的重要原因;回扣导致商品价格不正当提高,损害消费者的合法权益;回扣导致国家税收流失;回扣破坏了平等、公平竞争的市场秩序;回扣不是国际惯例,相反,国际社会都禁止回扣。不能认为回扣有利于市场经济,从而对收受回扣的行为不以犯罪论处;也不能因为收受回扣的现象比较普遍,从而对回扣视而不见。应当充分认识回扣的危害性,正确理解刑法规定的精神,严格将收受回扣的行为认定为受贿。

根据《反不正当竞争法》第 8 条第 2 款的规定,经营者销售或者购买商品,可以以明

---

〔39〕 需要说明的是,刑法第 163 条所规定的"数额较大",不是指为他人谋取利益的数额较大,而是索取或者收受财物的数额较大。

〔40〕 一种观点认为,本罪的索取贿赂不要求为他人谋取利益[参见王作富主编:《刑法分则实务研究》(上),中国方正出版社 2013 年第 5 版,第 311 页]。本书不赞成这一观点。因为从刑法第 163 条的表述来看,为他人谋取利益与数额较大这两个条件,显然同时适用于索取他人财物与非法收受他人财物。刑法第 163 条的表述与第 385 条的表述存在明显差异,不宜根据对刑法第 385 条的规定来理解刑法第 163 条。由于刑事立法认为非国家工作人员的受贿与国家工作人员的受贿,在违法性质与程度上存在差异,前者确实轻于后者,故对前者索取贿赂的,要求为他人谋取利益,对后者索取贿赂的,不要求为他人谋取利益。

示方法给对方折扣,可以给中间人佣金;但经营者给对方折扣、给中间人佣金的,必须如实入账;接受折扣、佣金的经营者也必须如实入账。折扣,即商品购销中的让利,是指经营者在销售商品时,以明示并如实入账的方式给予对方的价格优惠;佣金,是指经营者在市场交易中给予为其提供服务的具有合法经营资格的中间人的劳动报酬。对合法接受折扣、佣金的,不能认定为受贿;但对违反国家规定,利用职务上的便利收受各种名义的回扣、手续费,归个人所有的,应认定为受贿。

根据"两高"2008 年 11 月 20 日《关于办理商业贿赂刑事案件适用法律若干问题的意见》对下列行为应以非国家工作人员受贿罪定罪处罚:(1)医疗机构中的医务人员,利用开处方的职务便利,以各种名义非法收受药品、医疗器械、医用卫生材料等医药产品销售方财物数额较大,为医药产品销售方谋取利益的;(2)学校及其他教育机构中的非国家工作人员,在教材、教具、校服或者其他物品的采购等活动中,利用职务上的便利,索取销售方数额较大财物,或者非法收受销售方数额较大财物,为销售方谋取利益的;(3)学校及其他教育机构中的教师,利用教学活动的职务便利,以各种名义非法收受教材、教具、校服或者其他物品销售方财物数额较大,为教材、教具、校服或者其他物品销售方谋取利益的;(4)依法组建的评标委员会、竞争性谈判采购中谈判小组、询价采购中询价小组的组成人员,在招标、政府采购等事项的评标或者采购活动中,索取他人财物或者非法收受他人财物数额较大,为他人谋取利益的。

临时担任各种项目的评审委员的人员,利用评审职务的便利索取或者收受他人财物的,视聘任单位的性质与评审事项的性质,判断其是成立刑法第 385 条的受贿罪还是第 163 条的非国家工作人员受贿罪。本书的初步看法是,受国家机关、国有公司、企业、事业单位聘任或者委托,就国家机关、国有公司、企业、事业单位依法处理的公共事项参与评审的人员,应认定为国家工作人员,其索取或者收受财物的行为成立受贿罪。受此外的单位聘任或者委托从事评审工作,或者虽然受国家机关、国有公司、企业、事业单位聘任或者委托,但参与评审的内容与公共事项无关的,不属于国家工作人员,其索取或者收受财物的行为成立非国家工作人员受贿罪。

(三)商业贿赂的概念

《关于禁止商业贿赂行为的暂行规定》第 2 条规定:"本规定所称商业贿赂,是指经营者为销售或者购买商品而采用财物或者其他手段贿赂对方单位或者个人的行为。"可以认为,凡是发生在商业领域的行贿、受贿与介绍贿赂现象,都可以称为商业贿赂。换言之,在商业活动中,经营者为了销售商品或者购买商品、提供服务或者接受服务,违反国家规定,要求、收受、约定或者给予对方财物或者财产性利益,以及在双方之间介绍贿赂的,都属于商业贿赂行为。显然,"商业贿赂"是着眼于贿赂发生的领域而形成的概念,即发生在商业领域的贿赂就是商业贿赂;而刑法主要是根据主体性质的区别规定了各种不同的受贿罪与行贿罪。所以,商业受贿与商业行贿在刑法上分别对应的并不是一个条文,而是多个条文。换言之,商业贿赂、商业受贿、商业行贿都不是刑法概念。反过来说,刑法分则中并不存在专门规定商业贿赂犯罪的条款。

人们习惯于认为,刑法第 163 条规定的是商业受贿罪。其实,本条是针对非国家工作人员的受贿行为所作的规定,其中包括了商业受贿行为,但并不限于商业受贿行为。例如,在大型非国有公司任职的 B,为了谋取更高一级的职务,向该公司的经理 A 行贿,A 接受贿赂,使B担任了更高一级的职务。A触犯了刑法第163条第1款,构成非国家工作人员受贿罪;B触犯了刑法第164条,构成对非国家工作人员行贿罪。但二者并不属于商业受贿与商业行贿。反之,刑法第385条规定的国家工作人员的受贿罪,也能包含商业受贿情形。

商业贿赂并非刑法意义上的类罪,也不是刑法意义上的独立的犯罪类型。因此,不仅完全没有必要,而且不应当在刑法意义上讨论所谓"商业贿赂"的犯罪构成。换言之,既然刑法并没有规定所谓商业贿赂罪,刑法理论上就不能也不应当编造出所谓商业贿赂罪的犯罪构成。[41] 另一方面,由于我国刑法对各种贿赂犯罪规定得比较全面,即使从立法角度而言,也不必另行增设所谓商业贿赂罪。所以,司法工作人员需要掌握的是刑法所规定的各种贿赂犯罪的法益与犯罪构成,然后判断现实发生的事实是否符合刑法所规定的犯罪构成。因为离开刑法的规定,另行确定商业贿赂的犯罪构成,再依据所谓商业贿赂罪的犯罪构成认定犯罪的做法,必然违反罪刑法定原则。此外,司法机关也不能因为国家在某个时期开展治理商业贿赂的专项工作,就忽略对其他领域的贿赂犯罪的查处。

(四)非国家工作人员受贿罪的处罚

根据刑法第163条的规定,犯本罪的,处5年以下有期徒刑或者拘役;数额巨大的,处5年以上有期徒刑,可以并处没收财产。[42] 收受银行卡的,不论受贿人是否实际取出或者消费,卡内的存款数额一般应全额认定为受贿数额。使用银行卡透支的,如果由给予银行卡的一方(行贿方)承担还款责任,透支数额也应当认定为受贿数额。

九、对非国家工作人员行贿罪

对非国家工作人员行贿罪,是指自然人或者单位为谋取不正当利益,给予公司、企业或者其他单位的工作人员以财物,数额较大的行为。客观行为必须是给予公司、企业或者其他单位的工作人员以数额较大的财物。这里的公司、企业或者其他单位的工作人员与非国家工作人员受贿罪中的公司、企业或者其他单位的工作人员的范围相同。根据《贪

---

[41] 当然,犯罪学与刑事政策学可以讨论商业贿赂的成因与对策。

[42] 《贪污贿赂案件解释》第11条第1款规定:"刑法第一百六十三条规定的非国家工作人员受贿罪……中的'数额较大''数额巨大'的数额起点,按照本解释关于受贿罪……相对应的数额标准规定的二倍、五倍执行。"首先,《贪污贿赂案件解释》第1条第1款规定,受贿数额在3万元以上不满20万元的,应当认定为刑法第383条第1款规定的"数额较大"。据此,非国家工作人员受贿罪的数额较大标准应是6万元以上。《贪污贿赂案件解释》第1条第3款规定,受贿数额在1万元以上不满3万元,但具有多次索贿等8种情节之一的,属于有"其他较重情节",应当追究刑事责任。那么,能否认为非国家工作人员受贿数额在2万元以上不满6万元,同时具有多次索贿等八种情节之一的,也属于数额较大,因而应当追究刑事责任呢?其次,《贪污贿赂案件解释》第2条第1款规定,受贿数额在20万元以上不满300万元的,应当认定为刑法第383条第1款规定的"数额巨大"。据此,非国家工作人员受贿罪的数额巨大标准应是100万元以上。《贪污贿赂案件解释》第2条第3款规定,受贿数额在10万元以上不满20万元,具有多次索贿等8种情节之一的,应当认定为刑法第383条第1款规定的"其他严重情节"。那么,非国家工作人员受贿50万元以上不满100万元,同时具有多次索贿等八种情节之一的,是否也属于非国家工作人员受贿数额巨大呢?本书对上述两个问题持否定回答。因为刑法第163条仅将数额较大、数额巨大作为成立犯罪的条件与法定刑升格条件,而刑法第383条、第385条关于受贿罪的规定是将数额与情节作为选择性的成立条件与法定刑升格条件的;司法解释针对受贿罪就情节较重、情节严重所做的规定不能直接适用于非国家工作人员受贿罪中的数额较大与数额巨大。概言之,非国家工作人员受贿罪的数额较大与数额巨大的标准分别为6万元以上与100万元以上,除此之外没有其他标准。

污贿赂案件解释》的规定,向非国家工作人员行贿数额在 6 万元以上的,应当追究刑事责任。[43] 责任要素除故意外,还要求为了谋取不正当利益。谋取不正当利益,是指行贿人谋取的利益违反法律、法规、规章、政策规定,或者要求公司、企业或者其他单位的人员违反法律、法规、规章、政策、行业规范的规定,为自己提供帮助或者方便条件。违背公平、公正原则,在经济、组织人事管理等活动中,谋取竞争优势的,应当认定为谋取不正当利益。利益是否正当,应进行具体判断,而非抽象判断。至于实际上是否获取了不正当利益,则不影响本罪的成立。参照刑法第 389 条的规定,因被勒索给予公司、企业或者其他单位的工作人员以财物,没有获得不正当利益的,不宜认定为犯罪。犯本罪的,根据刑法第 164 条的规定处罚。行贿人在被追诉前主动交待行贿行为的,可以减轻处罚或者免除处罚。

十、对外国公职人员、国际公共组织官员行贿罪

本罪是指为谋取不正当商业利益,给予外国公职人员或者国际公共组织官员以财物,数额较大的行为。

本罪的行为主体既可以是自然人,也可以是单位。根据《联合国反腐败公约》的规定,外国公职人员,是指外国无论是经任命还是经选举而担任立法、行政、行政管理或者司法职务的任何人员,以及为外国包括为公共机构或者公营企业行使公共职能的任何人员。国际公共组织官员,是指国际公务员或者经此种组织授权代表该组织行事的任何人员,国籍没有限制(包括具有中国国籍的国际公共组织官员)。至于上述人员是长期任职还是临时任职,是计酬还是不计酬,都不影响对其身份的认定。"财物"包括金钱、实物与财产性利益。本罪的责任要素除故意外,还要求为谋取不正当商业利益。"谋取"包括直接谋取与间接谋取;"商业利益"是指与国际商务有关的经济利益与商业机会。至于是否实际谋取利益,则不影响本罪的成立。本罪的处罚与对非国家工作人员行贿罪的处罚相同。

贿赂罪是对向犯,所以,值得研究的问题是,具有中国国籍的国际公共组织官员甲在中国境内收受财物的(以及其他应当由我国管辖的类似案件),应当如何处理?本书的看法是,依然可以适用刑法第 163 条认定为非国家工作人员受贿罪。换言之,第 163 条中的公司、企业或者其他单位,并不限于国内的公司、企业与其他单位,而是包括外国公司、企业与其他单位以及国际组织(当然,如果行为人在境外收受财物则存在刑法适用范围的问题)。在此意义上说,即使刑法不增设对外国公职人员、国际公共组织官员行贿罪,对这种行为也可以直接认定为对非国家工作人员行贿罪(如果行为人在境外给予上述人员以财物则存在刑法适用范围的问题)。

犯本罪的,根据刑法第 164 条的规定处罚。行贿人在被追诉前主动交待行贿行为的,可以减轻处罚或者免除处罚。

十一、非法经营同类营业罪

非法经营同类营业罪,是指国有公司、企业的董事、经理利用职务便利自己经营或者为他人经营与其所任职公司、企业同类的营业,获取非法利益,数额巨大的行为。

公司、企业的董事、经理,应当忠实履行职务,维护该公司、企业的合法权益。董事、经

---

[43] 《贪污贿赂案件解释》第 11 条第 3 款规定:"刑法第一百六十四条第一款规定的对非国家工作人员行贿罪中的'数额较大''数额巨大'的数额起点,按照本解释第七条、第八条第一款关于行贿罪的数额标准规定的二倍执行。"对这一规定的理解和适用,同样存在前一注释所说的两个问题,本书持否定回答。

理拥有管理公司、企业事务的权利，熟知该公司、企业的内情；如果允许其在该公司、企业外与该公司、企业自由竞业，就会为了自己或者他人谋取私利而损害该公司、企业的利益。因此，公司法禁止公司、企业的董事、经理自营或者为他人经营与其所任职公司企业同类的营业，刑法进一步将其中的严重行为规定为非法经营同类营业罪。本罪行为主体只能是国有公司、企业的董事、经理。[44] 客观行为内容为利用职务上的便利，自己经营与其所任职公司、企业同类的营业，或者为他人经营与其所任职公司、企业同类的营业，获取非法利益，数额巨大的行为。同类营业，是指经营项目属于同一类别的营业。行为人使国有公司与自己经营的公司从事正常交易的，不等于行为人从事同类营业，而是需要根据各自的经营范围进行具体判断。国有公司、企业的董事、经理非法经营同类营业，并且虚设交易环节，非法占有公共财物，同时构成贪污罪的，视行为数量与情节从一重罪处罚或者实行数罪并罚。例如，A 国有公司经理甲一直自己经营与 A 国有公司同类的营业（成立了 C 公司），与此同时，甲还另外虚设交易环节，非法占有公司财物。即 A 国有公司原本直接从 B 公司购买某产品，但甲决定由 C 公司从 B 公司购买该产品后提高价格卖给 A 国有公司，从而使 C 公司获利、A 国有公司受损。显然，后一行为构成贪污罪。如果贪污行为之外的非法经营同类营业的行为构成本罪，则应当将本罪与贪污罪实行数罪并罚。根据立案标准，非法经营同类营业获取非法利益，数额在 10 万元以上的，应予追诉。本罪的责任形式为故意。犯本罪的，根据刑法第 165 条的规定处罚。

十二、为亲友非法牟利罪

为亲友非法牟利罪，是指国有公司、企业、事业单位的工作人员，利用职务上的便利，违背任务，非法为亲友牟利，致使国家利益遭受重大损失的行为。

旧中国刑法及其他许多国家的刑法都规定了背信罪（或背任罪）。背信罪，是指为他人处理事务的人，为谋求自己或者第三者的利益，或以损害委托人的利益为目的，而违背其任务，致使委托人的财产受到损失的行为。我国旧刑法没有规定背信罪，在修订刑法的过程中，只是增加了一些特殊的背信罪，为亲友非法牟利罪即是背信罪的一种表现形式。[45]

构成要件内容如下：(1)本罪为身份犯，行为主体必须是国有公司、企业、事业单位的工作人员。国有公司、企业委派到国有控股、参股公司从事公务的人员，属于国有公司、企业人员。[46] (2)利用职务上的便利（即利用自己主管、管理、经营、经手公司、企业业务的便利）实施了下列三种行为之一：一是将本单位的盈利业务交由自己的亲友进行经营；二是以明显高于市场的价格向自己的亲友经营管理的单位采购商品，或者以明显低于市场的价格向自己的亲友经营管理的单位销售商品；三是向自己的亲友经营管理的单位采购不合格商品。实施其中一种行为的即可成立本罪，同时实施上述行为的也只成立一罪。(3)致使国家利益遭受重大损失。根据立案标准，具有下列情形之一的，应当追诉：一是造成国家直接经济损失数额在 10 万元以上的；二是使其亲友非法获利数额在 20 万元以

---

〔44〕 从立法论上来说，应当将本罪主体扩大到其他公司、企业的董事、经理，并且不应当限于董事、经理，而应包括其他可能利用职权为自己谋取利益的管理者。

〔45〕 参见张明楷："关于增设背信罪的探讨"，载《中国法学》1997 年第 1 期。

〔46〕 参见最高人民法院 2005 年 8 月 1 日《关于如何认定国有控股、参股股份有限公司中的国有公司、企业人员的解释》。

上的;三是造成有关单位破产,停业、停产6个月以上,或者被吊销许可证和营业执照、责令关闭、撤销、解散的;四是其他致使国家利益遭受重大损失的情形。本罪的责任形式为故意。实施本罪的行为同时触犯贪污罪的,应作为想象竞合,从一重罪处罚(也不排除数罪并罚的可能性)。例如,A国有公司原本直接从B公司购买电子产品,但A国有公司的负责人甲让近亲属成立C公司,由C公司从B公司购买电子产品后高价卖给A国有公司,从而使C公司获利、A国有公司受损。对此,应认定为贪污罪与本罪的想象竞合,从一重罪处罚。倘若甲在此之外还有其他非法为亲友牟利构成本罪的行为,则应当将贪污罪与本罪实行数罪并罚。

根据刑法第166条的规定,犯本罪的,处3年以下有期徒刑或者拘役,并处或者单处罚金;致使国家利益遭受特别重大损失的,处3年以上7年以下有期徒刑,并处罚金。实践中遇到的相关问题是,案发后司法机关从被告人亲友处追回的违法所得,是应当上缴国库还是应当返还给被害单位?本书的看法是,对于实施刑法第166条第1项行为的违法所得,应当上缴国库;对于实施本条第2、3项行为的违法所得,应当返还给被害单位。

十三、签订、履行合同失职被骗罪

签订、履行合同失职被骗罪,是指国有公司、企业、事业单位的直接负责的主管人员,在签订、履行合同过程中,因严重不负责任被诈骗,致使国家利益遭受重大损失的行为。

行为主体只限于国有公司、企业、事业单位的直接负责的主管人员。客观行为与结果的内容为,在签订、履行合同的过程中,因严重不负责任被诈骗,致使国家利益遭受重大损失。所应注意的是,并非在签订、履行合同过程中严重不负责任的一切行为,都成立本罪。因严重不负责任而不能履行合同,致使国家利益遭受重大损失的,不成立本罪;只有因严重不负责任被诈骗,从而致使国家利益遭受重大损失的,才成立本罪。此外,其中的“被诈骗”,不限于对方的行为构成刑法上的普通诈骗、金融诈骗与合同诈骗等罪,还应包括对方的行为属于民事欺诈的情形。另一方面,认定本罪时,也不以对方已被人民法院认定为诈骗罪或者民事欺诈为前提。根据《关于惩治骗购外汇、逃汇和非法买卖外汇犯罪的决定》第7条的规定,金融机构、从事对外贸易经营活动的公司、企业的工作人员严重不负责任,造成大量外汇被骗购或者逃汇,致使国家利益遭受重大损失的,依照刑法第167条的规定定罪处罚。“致使国家利益遭受重大损失”包括造成大量财物被诈骗、因为被骗造成停产等损失。对于损失的认定应采取经济的观点(仅进行经济的、事实上的评价,而不是进行法的评价)。在遭受利益损失的同时享有所谓“债权”的,不影响损失的认定。[47]根据立案标准,具有下列情形之一的,应当追诉:(1)造成国家直接经济损失数额在50万元以上的;(2)造成有关单位破产,停业、停产6个月以上,或者被吊销许可证和营业执照、责令关闭、撤销、解散的;(3)其他致使国家利益遭受重大损失的情形。金融机构、从

---

〔47〕 最高人民检察院2006年7月26日《关于渎职侵权犯罪案件立案标准的规定》“附则”规定:“有下列情形之一的,虽然有债权存在,但已无法实现债权的,可以认定为已经造成了经济损失:(1)债务人已经法定程序被宣告破产,且无法清偿债务;(2)债务人潜逃,去向不明;(3)因行为人责任,致使超过诉讼时效;(4)有证据证明债权无法实现的其他情况。”最高人民法院2003年11月13日《全国法院审理经济犯罪案件工作座谈会纪要》指出:“在司法实践中,有以下情形之一的,虽然公共财产作为债权存在,但已无法实现债权的,可以认定为行为人的渎职行为造成了经济损失:(1)债务人已经法定程序被宣告破产;(2)债务人潜逃,去向不明;(3)因行为人责任,致使超过诉讼时效;(4)有证据证明债权无法实现的其他情况。”

事对外贸易经营活动的公司、企业的工作人员严重不负责任,造成100万美元以上外汇被骗购或者逃汇1000万美元以上的,应予追诉。本罪的责任形式为过失。

根据刑法第167条的规定,犯本罪的,处三年以下有期徒刑或者拘役;致使国家利益遭受特别重大损失的,处三年以上七年以下有期徒刑。

十四、国有公司、企业、事业单位人员失职罪、国有公司、企业、事业单位人员滥用职权罪

国有公司、企业、事业单位人员失职罪,是指国有公司、企业、事业单位的工作人员,由于严重不负责任,造成国有公司、企业、事业单位破产或者严重损失,致使国家利益遭受重大损失的行为。本罪属于过失犯罪。根据立案标准,具有下列情形之一的,应当追诉:(1)造成国家直接经济损失数额在50万元以上的;(2)造成有关单位破产,停业、停产1年以上,或者被吊销许可证和营业执照、责令关闭、撤销、解散的;(3)其他致使国家利益遭受重大损失的情形。本书认为,从本罪的保护法益来看,本罪的损失仅限于财产、经济方面的损失,而不包括其他方面的损失。

国有公司、企业、事业单位人员滥用职权罪,是指国有公司、企业、事业单位的工作人员滥用职权,造成国有公司、企业、事业单位破产或者严重亏损,致使国家利益遭受重大损失的行为。本罪属于故意犯罪。根据立案标准,具有下列情形之一的,应当追诉:(1)造成国家直接经济损失数额在30万元以上的;(2)造成有关单位破产,停业、停产6个月以上,或者被吊销许可证和营业执照、责令关闭、撤销、解散的;(3)其他致使国家利益遭受重大损失的情形。本罪的损失也仅限于财产、经济方面的损失。

"两高"2010年11月26日《关于办理国家出资企业中职务犯罪案件具体应用法律若干问题的意见》第4条规定:"国家出资企业中的国家工作人员在公司、企业改制或者国有资产处置过程中严重不负责任或者滥用职权,致使国家利益遭受重大损失的,依照刑法第一百六十八条的规定,以国有公司、企业人员失职罪或者国有公司、企业人员滥用职权罪定罪处罚。"在本书看来,这一规定值得商榷。因为"国家出资企业"不一定是"国有公司、企业";[48]"国家出资企业中的国家工作人员"并不一定属于"国有公司、企业的工作人员"。所以,上述解释实际上偷换了概念,因而有违反罪刑法定原则之嫌。

根据刑法第168条的规定,犯上述罪的,处三年以下有期徒刑或者拘役;致使国家利益遭受特别重大损失的,处三年以上七年以下有期徒刑。徇私舞弊犯上述罪的,从重处罚。

十五、徇私舞弊低价折股、出售国有资产罪

本罪是指国有公司、企业或者其上级主管部门直接负责的主管人员,徇私舞弊,将国有资产低价折股或者低价出售,致使国家利益遭受重大损失的行为。[49] 根据立案标准,具有下列情形之一的,应当追诉:(1)造成国家直接经济损失数额在30万元以上的;

---

〔48〕 因为该《意见》第7条规定:"本意见所称'国家出资企业',包括国家出资的国有独资公司、国有独资企业,以及国有资本控股公司、国有资本参股公司。"

〔49〕 "两高"2010年11月26日《关于办理国家出资企业中职务犯罪案件具体应用法律若干问题的意见》第4条规定:"国家出资企业中的国家工作人员在公司、企业改制或者国有资产处置过程中徇私舞弊,将国有资产低价折股或者低价出售给其本人未持有股份的公司、企业或者其他个人,致使国家利益遭受重大损失的,依照刑法第一百六十九条的规定,以徇私舞弊低价折股、出售国有资产罪定罪处罚。"在本书看来,这一规定同样存在偷换概念的问题。

(2)造成有关单位破产,停业、停产6个月以上,或者被吊销许可证和营业执照、责令关闭、撤销、解散的;(3)其他致使国家利益遭受重大损失的情形。对于本罪行为主体私自将国有资产低价折股或者低价出售给自己、配偶、子女的,或者形式上低价出售给他人而自己获利的,以及其他符合贪污罪的犯罪构成的行为,应认定想象竞合,按贪污罪的法定刑处罚。犯本罪,根据刑法第169条的规定处罚。

十六、背信损害上市公司利益罪

背信损害上市公司利益罪,是指上市公司的董事、监事、高级管理人员,违背对公司的忠实义务,利用职务便利,操纵上市公司从事损害上市公司利益的活动,致使上市公司利益遭受重大损失的行为,以及上市公司的控股股东或者实际控制人,指使上市公司董事、监事、高级管理人员从事损害上市公司利益的活动,致使上市公司利益遭受重大损失的行为。本罪分为两种类型:

第一种类型是,上市公司的董事、监事和高级管理人员,违背对公司的忠实义务,利用职务便利,操纵上市公司从事损害上市公司利益的活动,致使上市公司利益遭受重大损失。其中的损害上市公司利益的活动是指:(1)无偿向其他单位或者个人提供资金、商品、服务或者其他资产;(2)以明显不公平的条件,提供或者接受资金、商品、服务或者其他资产;(3)向明显不具有清偿能力的单位或者个人提供资金、商品、服务或者其他资产;(4)为明显不具有清偿能力的单位或者个人提供担保,或者无正当理由为其他单位或者个人提供担保;(5)无正当理由放弃债权、承担债务;(6)采用其他方式损害上市公司利益。

第二种类型是,上市公司的控股股东或者实际控制人,指使上市公司董事、监事、高级管理人员实施上述损害上市公司利益的活动,致使上市公司利益遭受重大损失。

根据立案标准,具有下列情形之一,应当追诉:(1)实施本罪行为,致使上市公司直接经济损失数额在150万元以上的;(2)致使公司发行的股票、公司债券或者国务院依法认定的其他证券被终止上市交易或者多次被暂停上市交易的;(3)其他致使上市公司利益遭受重大损失的情形。

依照刑法第169条之一第1款的规定,犯本罪的,处3年以下有期徒刑或者拘役,并处或者单处罚金;致使上市公司利益遭受特别重大损失的,处3年以上7年以下有期徒刑,并处罚金。实施上述第二种类型犯罪的上市公司的控股股东或者实际控制人是单位的,对单位判处罚金,并对其直接负责的主管人员和其他直接责任人员,依照刑法第169条之一第1款的规定处罚。实施本罪行为,同时触犯职务侵占罪或者贪污罪的,属于想象竞合,从一重罪处罚。

第五节　破坏金融管理秩序罪

一、伪造货币罪

(一)伪造货币罪的概念与法益

伪造货币罪,是指没有货币制作、发行权的人,非法制造外观上足以使一般人误认为是货币的假货币,妨害货币的公共信用的行为。

我国刑法理论一般认为,刑法规定伪造货币罪是为了保护货币制度,但这样的理解不利于对本罪构成要件的解释,也不能说明各种假币犯罪的不法程度。国外刑法理论存在两种观点:一种观点认为,伪造货币罪的法益是货币的真实性的公共信用;另一种观点认为,伪造货币罪的法益还包括货币发行权。[50] 可以肯定的是,刑法规定伪造货币罪,首先是为了保护作为经济交易重要手段的货币的公共信用。随着商品交换、经济交易的发展,货币的公共信用日益增强,刑法通过保护货币的公共信用,以保障交易安全和金融秩序。伪造货币的行为使人们对货币的真实性产生怀疑,从而侵犯了货币的公共信用。问题是,没有侵犯货币的公共信用,但侵犯了国家的货币发行权的行为,是否成立本罪？所涉及的具体问题是,行为人伪造了国家不得不承认有效的、可以流通的货币的,是否成立本罪？例如,甲伪造了大量硬币(纪念币)并置入流通,但国家不能分辨真伪,不得不承认其所伪造的硬币也有效时,对甲的行为能否认定为伪造货币罪？有的学者认为,甲的行为虽然没有侵犯货币的公共信用,但侵害了国家的货币发行权(即对货币发行量进行调节的金融政策权限),因而构成伪造货币罪。所以,货币发行权也是本罪第二位的法益。[51] 本书也主张对甲的行为以伪造货币罪论处,因为甲的行为导致国民对货币的真实性产生疑问,依然侵犯了货币的公共信用。此外,保护货币发行权也是为了保护货币的公共信用,故仅将货币的公共信用作为本罪的保护法益即可。

(二)伪造货币罪的犯罪构成

1. 构成要件的内容为,没有货币制作、发行权的人,制造外观上足以使一般人误认为是货币的假货币。(1)伪造,是指制造外观上足以使一般人误认为是货币的假货币的行为。典型的伪造行为表现为,仿照货币的形状、特征、图案、色彩等制造出与真货币的外观相同的假货币。在这种情况下,存在与伪造的货币相对应的(或相当的)真货币。值得研究的是另一种情况,即自行设计制作足以使一般人误认为是货币的假货币,如根据人民币的一般形状、基本特征等自行设计制作出面额为200元或者1000元的假货币。在这种情况下,不存在与伪造的货币相当的真货币。我国刑法理论通常只承认前一种行为是伪造货币,但这种观点可能人为地缩小了伪造货币罪的成立范围。事实上,行为人完全可能设计制作一种外观上足以使一般人误认为是货币的假货币,特别是可能设计出所谓外国货币以侵犯货币的公共信用,因此,不能排除后一种情况也是伪造货币。最高人民法院2010年10月20日《关于审理伪造货币等案件具体应用法律若干问题的解释(二)》(以下简称《货币案件解释(二)》)第1条规定:“仿照真货币的图案、形状、色彩等特征非法制造假币,冒充真币的行为,应当认定为刑法第一百七十条规定的‘伪造货币’。”但本书认为,这一规定并不是伪造货币的定义,事实上也没有否认无对应真币的伪造行为成立伪造货币罪。这是因为,即使是无对应真币的伪造行为,也必须仿照真货币的图案、形状、色彩等特征,否则,不可能足以使一般人误认为是货币。此外,故意伪造“错版”人民币的,也应认定为伪造货币。至于伪造的方法,则没有任何限制,如机器印制、石印、影印、复印、手描等。根据最高人民法院2000年9月8日《关于审理伪造货币等案件具体应用法律若干

〔50〕 参见[日]前田雅英:《刑法各论讲义》,东京大学出版会2015年第6版,第352页。
〔51〕 参见[日]西田典之:《刑法各论》,弘文堂2012年第6版,第328页。

问题的解释》(以下简称《货币案件解释》),行为人制造货币版样或者与他人事前通谋,为他人伪造货币提供版样的,以本罪论处。[52] (2)伪造货币包括伪造正在流通的中国货币(人民币)、正在流通的外国货币及香港、澳门、台湾地区的货币,包括硬币与纸币、普通纪念币和贵金属纪念币。随着国际贸易的发展,对货币的保护成为各国共同的任务,刑法基于世界主义的立场处罚伪造中国货币与境外货币的一切行为。根据《货币案件解释(二)》的规定,行为人所伪造的货币必须是正在流通的货币。境外正在流通的货币,即使在我国不能流通和兑换,也是我国刑法的保护对象。伪造停止流通的货币,或者使用伪造的停止流通的货币的,以诈骗罪定罪处罚。但应注意的是,如果行为人仅伪造停止流通的货币而没有使用,则只是诈骗罪的预备行为。(3)所伪造以及可能伪造出来的货币应在外观上足以使一般人误认为是货币。[53] 行为人制造的物品完全不可能被人们误认为是货币的,不成立伪造货币罪。但是,也不要求伪造的货币与真货币完全相同,且不以与真货币所具有的特征完全一致为条件。如不具有真货币的号码或印章的,也是伪造的货币。[54]

2. 责任形式为故意,即明知自己伪造货币的行为会发生侵犯货币的公共信用的结果,并且希望或者放任这种结果发生。我国刑法没有要求行为人主观上具有特定目的。国外刑法一般规定本罪以行使(置于流通)为目的。从立法论的角度考虑,或许要求"以使用为目的"较为合适,但我国刑法鉴于伪造货币行为的严重法益侵害性,没有作出类似要求。而且,对仅伪造货币并不使用伪造的货币的行为,也以本罪论处。事实上不以使用为目的而伪造货币的行为,也会侵犯货币的公共信用。因此,从解释论上而言,没有必要将本罪确定为目的犯。但是,在不将"以使用为目的"作为本罪的责任要素的情况下,要求行为人明知行为的内容、社会意义与结果,并且希望或者放任结果的发生。因此,如果行为人虽不具有使用的目的,但明知伪造的货币会落入他人之手置于流通的,就应认定为本罪。反之,如果行为人不仅没有使用目的,而且没有认识到伪造的货币会落入他人之手,则不存在伪造货币罪的故意,不能以本罪论处。[55]

(三)伪造货币罪的处罚

根据刑法第170条的规定,犯伪造货币罪的,处3年以上10年以下有期徒刑,并处罚金;有下列情形之一的,处10年以上有期徒刑、无期徒刑,并处罚金或者没收财产:(1)伪造货币集团的首要分子;(2)伪造货币数额特别巨大的;(3)有其他特别严重情节的。其中的首要分子,是指在伪造货币集团中起组织、策划、指挥作用的犯罪人。货币面额应当以人民币计算。假境外货币犯罪的数额,按照案发当日中国外汇交易中心或者中国人民银行授权机构公布的人民币对该货币的中间价折合成人民币计算。中国外汇交易中心或者中国人民银行授权机构未公布汇率中间价的境外货币,按照案发当日境内银行人民币对该货币的中间价折算成人民币,或者该货币在境内银行、国际外汇市场对美元汇率,与人民币对美元汇率中间价进行套算。伪造普通纪念币的犯罪数额,以面额计算;伪造贵金

---

〔52〕 当然,制造货币版样充其量只能认定为伪造货币罪的着手,而不能认定为伪造货币罪的既遂。

〔53〕 这只是对伪造行为的限定,并不意味着本罪不存在未遂犯。只要实施了伪造行为,客观上可能制造出足以使一般人误认为真货币的假币,即使没有完成全部印制工序,也构成伪造货币(未遂)罪。

〔54〕 参见林山田:《刑法各罪论》(下册),作者发行2005年修订5版,第362页。

〔55〕 例如,制造外观上足以使一般人误认为是货币的假币后立即全部当做冥币烧掉的,不应认定为伪造货币罪。

属纪念币的犯罪数额,以贵金属纪念币的初始发售价格计算。[56]

二、出售、购买、运输假币罪

出售、购买、运输假币罪,是指明知是伪造的货币而出售、购买或者运输,数额较大的行为。[57]

构成要件的内容为,出售、购买、运输伪造的货币,数额较大。出售,是指有偿转让、有偿交付伪造的货币。购买,是指有偿取得假币。刑法理论与司法实践一般没有对购买行为进行限制,但本书认为,为了自己使用而购买的行为,不宜认定为购买假币罪;否则,会造成法定刑的不协调。为了自己使用而购买且已使用的,认定为使用假币罪;没有使用的,可认定为持有假币罪(参见本节"四")。行为人将报纸等冒充假币出卖给他人的,成立诈骗罪;购买者不成立购买假币罪的未遂犯,因为行为人客观上不可能购买到假币,因而属于不能犯。运输,应是指转移假币的存在地点。为了自己使用在外地购买假币后,携带假币乘坐交通工具返回居住地的行为,不构成运输假币罪(可能成立持有假币罪)。在运输行为已经既遂的情况下,行为人主动毁灭假币的,不得认定为犯罪中止。行为人出售此种类假币,购买彼种类假币的,不实行数罪并罚。本罪的责任形式为故意,行为人必须明知是假币而出售、购买或者运输。[58]

伪造货币并出售或者运输伪造的货币的,以伪造货币罪从重处罚,不另成立出售、运输假币罪,但这仅限于行为人出售、运输自己伪造的假币的情形。如果行为人不仅伪造货币,而且出售或者运输他人伪造的货币,即伪造的假币与出售、运输的假币不具有同一性时,则应当实行数罪并罚。

根据刑法第 171 条第 1 款的规定,犯本罪数额较大的,处 3 年以下有期徒刑或者拘役,并处 2 万元以上 20 万元以下罚金;数额巨大的,处 3 年以上 10 年以下有期徒刑,并处 5 万元以上 50 万元以下罚金;数额特别巨大的,处 10 年以上有期徒刑或者无期徒刑,并处 5 万元以上 50 万元以下罚金或者没收财产。依照《货币案件解释》,总面值额在 4000 元以上不满 5 万元的,为数额较大;总面额在 5 万元以上不满 20 万元的,属于数额巨大;总面额在 20 万元以上的,属于数额特别巨大。在出售假币时被抓获的,除现场查获的假币应认定为出售假币的犯罪数额外,现场之外在行为人住所或者其他藏匿地查获的假币,亦应认定为出售假币的犯罪数额;[59] 但有证据证实后者是行为人有实施其他假币犯罪的除外。

三、金融工作人员购买假币、以假币换取货币罪

金融工作人员购买假币、以假币换取货币罪,是指银行或者其他金融机构工作人员,购买伪造的货币,或者利用职务上的便利,以伪造的货币换取货币的行为。

行为主体必须是银行或者其他金融机构工作人员,至于金融机构的所有制性质,则在所不问。客观行为表现为两种类型:(1)购买假币。对金融机构工作人员购买假币的行为作特别规定并提高法定刑,是因为他们的身份决定了随时可能将假币调换成为真货币,

---

〔56〕 具体数额标准,参见《货币案件解释》第 1 条。

〔57〕 本节以下的"假币",仅指伪造的货币,不包括变造的货币。

〔58〕 参见张明楷:《刑法分则的解释原理》(下),中国人民大学出版社 2011 年第 2 版,第 629 页以下。

〔59〕 本书认为,这一解释存在疑问。对于行为人没有出售的假币数额,没有必要计算为出售假币的犯罪数额,而应视假币来源认定为伪造货币、购买假币既遂的数额。

使假币通过金融机构置于流通,更严重地损害了货币的公共信用。(2)利用职务上的便利,以假币换取货币,即利用职务上管理金库、出纳现金、吸收付出存款等便利条件,将假币调换成真货币。调换假币没有利用职务之便的,应视行为的具体情况认定为盗窃等罪。购买假币与调换假币通常密切联系,但刑法并不要求两种行为同时实施,同时实施这两种行为的,也以一罪论处。责任形式为故意,行为人必须明知是假币而购买,或者明知是假币而将其调换成真货币。

金融机构工作人员利用职务上的便利,以少量面额(如100元)的假币换取大量面值(如1万元)真币的,成立贪污罪或者职务侵占罪。以假币换取货币的行为同时触犯本罪与贪污罪、职务侵占罪的,应作为想象竞合犯,从一重罪处罚。犯本罪的,根据刑法第171条第2款的规定处罚。[60]

四、持有、使用假币罪

(一)持有、使用假币罪的概念与犯罪构成

持有、使用假币罪,是指明知是伪造的货币而持有、使用,数额较大的行为。

1. 构成要件的内容为,持有、使用伪造的货币,数额较大。持有,是指将假币置于行为人事实上的支配之下,不要求行为人实际上握有假币。使用,是将假币作为真货币而置于流通。[61] 既可以是以外表合法的方式使用假币,如购买商品、存入银行、赠与他人,或者将假币用于交纳罚金或者罚款等,也可以是以非法的方式使用货币,如将假币用于赌博。此外,将假币交付给不知情的他人使用的,以及向自动售货机中投入假币以取得商品的,均成立使用假币罪。行为人持有、使用自己所伪造的货币的,仅认定为伪造货币罪。行为人出售、运输假币构成犯罪,同时有使用假币行为的,应当实行数罪并罚。问题之一:使用假币是否以对方不知情为前提?本书持肯定回答。向知情的人交付假币、[62]伪造货币的共犯人之间分配假币、向知情的人出售假币等,都不属于使用假币的行为。问题之二:将假币作为证明自己信用能力的资本而给他人察看的,是否属于使用?如为了与对方签订合同,将假币给对方察看,以证明自己有能力履行合同。本书认为,使用应是指将假币作为真货币直接置于流通的行为,故该行为不是使用。成立本罪还要求持有、使用假币数额较大。

2. 责任形式为故意,即明知是假币而非法持有或者使用。需要研究的是持有假币罪的责任要素。一般来说,行为人明知是假币而持有,数额较大,根据现有证据不能认定行为人是为了进行其他假币犯罪的,以持有假币罪定罪处罚;如果有证据证明其持有的假币已构成其他假币犯罪的,应当以其他假币犯罪定罪处罚。问题是,以单纯收藏为目的而持有假币的行为,是否成立持有假币罪?或者说,应否将“以使用为目的”作为持有假币罪的责任要素?本书的看法是,由于刑法并没有要求出于使用目的而持有,假币属于违禁品,禁止个人收藏,行为人收藏数额较大的假币也会侵犯货币的公共信用,故只要明知是假币而持有并达到数额较大要求的,原则上应以持有假币罪论处,但量刑时可以酌情从轻处罚。

---

〔60〕 具体数额标准,参见《货币案件解释》第4条。

〔61〕 将铁片置入自动贩卖机以获得商品的,由于铁片本身不是假币,故不属于使用假币,只能认定为盗窃。

〔62〕 向知情的人交付假币的行为,可能成立持有假币罪。

(二)使用假币罪的认定

1. 使用假币罪与出售假币罪的关系

在通常情况下,使用假币罪与出售假币罪表现为两种完全不同的行为,但行为人使用假币兑换另一种货币时,如行为人使用假美元兑换真美元时,究竟是使用还是出售假币,尚需进一步研究。从刑法的规定来看,使用假币罪的法定刑轻于出售假币罪的法定刑,因此,前者的法益侵害程度应轻于后者。从司法实践上看,出售假币往往表现为以远远低于假币面值的价格出售,如将面额100元的假币以50元的价格出售,将面额100美元的假币以人民币100元的价格出售;而使用通常表现为依照假币的面额予以流通。从表面上看,使用假币的行为人所获得的利益或许更大,但事实上,由于出售的数量较多,故法益侵害程度更为严重。从对方的心理状态来看,使用假币时,对方并不明知是假币;而出售假币时,对方一般明知是假币。从使用的含义来看,在金融机构用假币兑换另一种真货币,是将假币直接置于流通的行为,故属于使用假币;基于同样的理由,使用假币与他人进行黑市交易以通常价格兑换另一种真货币的,也应认为是使用假币。

2. 使用假币罪与购买假币罪的关系

从对货币的公共信用的侵犯来说,使用假币是侵害犯,而购买假币只是危险犯。[63]例如,甲购买了面值1万元的货币还没有使用,乙拾得面值1万元的货币后在商场使用。就对货币的公共信用的侵害而言,后者明显重于前者。可是,我国刑法第171条所规定的购买假币罪的法定刑重于使用假币罪。在本书看来,之所以如此,是因为第171条规定的购买假币行为,是与出售假币相关联的行为。亦即,为了出售而购买假币的行为,一般会数量多、规模大,对货币的公共信用的侵害更为广泛(严重),所以其法定刑重。因此,只有为了出售而购买假币的行为,才成立购买假币罪。既然如此,对于为了自己使用而购买假币的,就不应认定为购买假币罪。换言之,为了自己使用而购买且已使用的,认定为使用假币罪;没有使用的,可认定为持有假币罪。这样处理,才有利于贯彻罪刑相适应原则。

《货币案件解释》第2条规定:"行为人购买假币后使用,构成犯罪的,依照刑法第一百七十一条的规定,以购买假币罪定罪,从重处罚。"据此,行为人购买假币后使用,不另认定为使用假币罪。但是,这种规定建立在没有限制解释"购买假币"的基础之上,因而会导致量刑的不协调。本书认为,对此应分清三种不同情形:(1)如上所述,为了自己使用而购买假币的,仅认定为持有、使用假币罪。(2)为了出售而购买假币后,并未出售而是使用的,以购买假币罪处罚即可。(3)一方面为了出售而购买假币后使用了一部分,另一方面为了自己使用而购买假币后使用的,对于前者应认定为购买假币罪,对于后者应认定为持有、使用假币罪,应当实行数罪并罚。

3. 使用假币罪与盗窃罪的关系

在此讨论的问题是,行为人使用真实有效的信用卡或者存折,通过ATM成功存入假币,然后从其他ATM中取出真币的行为,应当如何处理?本书的观点是,行为人通过ATM存入假币的行为构成使用假币罪,其后从ATM上取出真币的行为构成盗窃罪。具体理由如下:(1)ATM是供存款人存款取款的机器,在此时由此人存入的现金,在彼时就被他人取走或者被银行利用。所以,将假币存入ATM完全属于将假币作为真币置于流

[63] 参见[日]山口厚:《刑法各论》,有斐阁2010年第2版,第424页。

通的使用行为。[64] (2)行为人在存入假币时,旨在使自己的银行债权增加。在此意义上说,行为人是将假币作为手段使自己获得银行债权。但是,即使行为人完全放弃债权,其将假币置于流通的行为,也侵害了货币的公共信用,具有值得科处刑罚的违法性。退一步说,即使行为人通过某种方法将假币置于ATM,而并不使自己增加债权,该行为也因为侵害了货币的公共信用,而值得科处刑罚。(3)通过存入假币而获取银行债权的行为,与后面的从ATM中取出真币的行为,所指向的对象不同(前者为财产性利益,后者为货币),所以,不能因为行为人之前非法获取了银行债权,就否认后面从ATM取款的行为成立盗窃罪。(4)存入假币行为侵害的是货币的公共信用,从ATM中取出真币的行为侵害的是银行财产。行为人明显实施了两个行为,具有两个故意,而且二者之间并不存在所谓类型性的牵连关系,也不属于其他应当以一罪论处的情形,故应数罪并罚。

行为人趁人不注意秘密用假币"换取"他人真币的,对真币成立盗窃罪。行为人盗窃假币后而持有的,一般仅认定为盗窃罪。[65] 但是,故意盗窃假币后又使用的,应当以盗窃罪与使用假币罪实行并罚。

4. 使用假币罪与诈骗罪的关系

如前所述,行为人将报纸等冒充假币出卖给他人的,成立诈骗罪,而不可能成立使用假币罪;购买者不成立购买假币罪(属于不可罚的不能犯)。在使用假币罪与诈骗罪的关系问题上,有两个问题值得讨论。

首先,二者之间是否存在法条竞合关系?本书持否定回答。首先,使用假币罪与诈骗罪之间,并不存在触犯一个法条必然触犯另一法条的关系。在以往货币只能对人使用不可能在机器上使用的时代,使用假币或许必然触犯诈骗罪,但随着科学技术的发展,现在可以在机器上使用货币,而诈骗罪以欺骗自然人为前提,所以,使用假币更不一定表现为诈骗行为。如将假币置入自动贩卖机或者存入ATM,就是使用行为,但不可能成立诈骗罪。从实质上说,使用假币骗取财物的场合,并不是只侵害了一个法益,而是侵害了货币的公共信用与他人财产两个法益,只适用一个法条不可能充分评价行为的不法内容,因而不属于法条竞合。

其次,使用假币同时触犯诈骗罪的应当如何处理?例如,行为人将假币当做真币在商场购物时,一方面使用了假币,另一方面骗取了商品。对这种行为应当如何处理?在我国,使用假币罪的法定刑轻于诈骗罪的法定刑。[66] 因此,如果认为,在我国使用假币罪吸收诈骗罪,就会造成明显的罪刑不均衡。由于使用假币骗取财物的行为,既侵害了货币的

---

〔64〕 不可否认,单纯委托他人保管假币的行为,不成立使用假币罪。但是,将假币存入ATM中,与委托银行保管存在本质区别。首先,货币具有高度的可替代性,所以谁占有谁所有。存款人将货币存入ATM后,就丧失了对货币的所有,取得了银行债权。其次,委托保管时,是由保管者占有财物。但货币存入ATM后,银行并不是替存款者保管,而是直接使用货币且享有所有权。再次,委托保管时,只要保管者不处分,委托人的财物就不会落入他人之手,但将货币存入ATM时,很快就可能由他人取走(此时取走的仍然是银行的货币)。最后,既然认为存入假币是行为人后来取真币的依据,就不能认为存入假币的行为与委托银行保管相似。

〔65〕 行为人在盗窃其他财物的同时窃取了假币(并无窃取假币的故意),事后持有该假币的,宜将盗窃罪(假币数量不计算在盗窃罪数额之中,因为行为人对盗窃假币没有故意)与持有假币罪实行并罚。

〔66〕 日本刑法中的使用假币罪(行使伪造的货币)的法定刑高于诈骗罪,故日本刑法理论的通说与判例认为,诈骗罪被使用假币罪吸收(少数观点认为,二者具有牵连关系)。我国刑法中的诈骗罪的法定刑高于使用假币罪,故不能照搬日本的通说。

公共信用,又侵害了他人财产,但仅有一个行为,故完全符合想象竞合的特征。再如,行为人使用欺骗手段,使他人交付真币,然后以种种借口将自己持有的假币冒充真币退还给他人。对此应如何处理?本书的看法是,行为人骗取他人真币的行为成立诈骗罪;将假币冒充真币退还给被害人的行为,虽然可谓诈骗行为的一部分,但同时也是使假币置于流通的使用行为。但由于两个行为的主要部分是重合的,即应评价为一个行为,应当以想象竞合处理。

5. 使用假币罪与持有假币罪的关系

持有假币,是指将假币置于行为人事实上的支配之下的行为,是对货币公共信用的危险犯。使用假币,则是对货币的公共信用的侵害犯。当行为人持有与使用的假币具有同一性时,二者存在发展关系(发展犯),亦即,由危险犯发展到侵害犯,如同从杀人未遂到杀人既遂。一般来说,使用假币的行为必然以持有假币为前提,如使用假币到商场购物时,就以持有假币为前提。甚至可以认为,在许多场合,使用假币的行为与持有假币的行为具有重合关系。所以,当行为人持有与使用的假币具有同一性时,从实质上说,只是由危险犯(持有)发展到侵害犯(使用);从行为的关联性上看,使用假币的行为必然触犯持有假币罪。既然如此,将这种情形仅认定为一罪,就是完全合理的。例如,当行为人已经使用了自己所持有的全部6万元假币时,认定为持有、使用假币罪,而且按6万元的数额处罚,就是合理的。

在司法实践中,存在大量的行为人既使用了此假币又持有彼假币的案件,对此应如何处理?例如,甲已经使用了3万元假币,同时还另持有3万元假币。在这种场合,倘若认定为持有、使用假币一罪,不实行并罚,那么,所认定的犯罪数额应当是6万元,而不只是已经使用的3万元。否则,就意味着完全没有评价持有3万元假币的行为。本书对同种数罪持原则上的并罚说,因而认为选择性罪名也存在并罚的可能性。但是,当刑法分则条文将数额较大作为犯罪起点,并针对数额巨大、数额特别巨大规定了加重法定刑时,不实行并罚,也能做到罪刑相适应。例如,根据《货币案件解释》第5条的规定,明知是假币而持有、使用,总面额在4000元以上不满5万元的,属于"数额较大";总面额在5万元以上不满20万元的,属于"数额巨大";总面额在20万元以上的,属于"数额特别巨大"。对于上述甲的行为,如果不实行并罚时,按6万元计算,适用的是数额巨大的法定刑(3年以上10年以下有期徒刑);实行并罚时,分别按3万元计算,适用的都是数额较大的法定刑(3年以下有期徒刑或者拘役)。显然,前者实现罪刑相适应的空间更大。

(三)持有、使用假币罪的处罚

根据刑法第172条的规定,犯持有、使用假币罪的,处3年以下有期徒刑或者拘役,并处或者单处1万元以上10万元以下罚金;数额巨大的,处3年以上10年以下有期徒刑,并处2万元以上20万元以下罚金;数额特别巨大的,处10年以上有期徒刑,并处5万元以上50万元以下罚金或者没收财产。

五、变造货币罪

变造货币罪,是指没有货币制作、发行权的人对真正的货币进行各种方式的加工,使其改变为面额、形态、含量不同的货币,数额较大的行为。变造的方式没有限制。中国人民银行发布的《假币收缴、鉴定管理办法》规定:"变造的货币是指在真币的基础上,利用挖补、揭层、涂改、拼凑、移位、重印等多种方法制作、改变真币原形态的假币。"《货币案件解释(二)》第1条第2款规定:“对真货币采用剪贴、挖补、揭层、涂改、移位、重印等方法加工处理,改变真币形态、价值的行为,应当认定为刑法第173条规定的‘变造货币’。”变造一般表现为增加货币面额,如将50元的真货币变造成为100元的货币。但是,减少货币面额的变造行为,也可能成立变造货币罪。此外,通过各种手段将真币变为“错版”人民币,以及减少金属货币的金属含量的行为,也属于变造货币。没有改变面额但改变货币形态的,属于变造货币。例如,将1964年、1967年制造的面值1分的硬币,变造为具有收藏价值的1961年制造的面值1分的硬币。再如,行为人减少硬币的含量(将周边的金属剥离下来),虽然没有使硬币的面值减少,也属于变造货币。变造货币数额较大的,才成立犯罪。变造货币罪的责任形式为故意。

在许多国家,伪造与变造货币属于同一犯罪,法定刑相同,故刑法理论并不严格区分伪造与变造。但我国刑法将伪造与变造货币的行为规定为不同的犯罪,不仅构成要件不同,法定刑相差较大,而且还影响相关犯罪(如使用假币罪)的认定,因此需要严格区分。变造是对真货币的加工行为,故变造的货币与变造前的货币具有同一性(如变造金属货币上的发行年份)。如果加工的程度导致其与真货币丧失同一性,则属于伪造货币。以真货币为材料,制作成丧失了真货币外观的假币的行为,成立伪造货币罪。如将金属货币熔化后,制作成较薄的、更多的金属货币的行为,属于伪造货币。将日元涂改成欧元的,已经使货币发生了本质变化,应当认定为伪造货币罪。变造伪造的货币的,或者同时采用伪造和变造手段制造真伪拼凑货币的,属于伪造货币。以货币碎片为材料,加入其他纸张,制作成假币的,成立伪造货币罪。例如,甲偶然翻动造纸厂内的碎纸堆时,发现纸堆下面有碎币(后查实属报废的货币碎片),拿回家后将货币碎片粘贴成残币10元、50元、100元券若干张,合计5000余元,并以该货币被老鼠咬破为由将粘贴的残币带到某银行兑换。甲的行为成立伪造货币罪(同时触犯诈骗罪)。

与前一犯罪相关联,使用变造的货币数额较大的,应当如何处理?对此可能形成三种处理意见:(1)对“伪造”作相对解释。在一般情况下,伪造不包括变造,但“使用伪造的货币”,包括使用变造的货币。可是,就货币犯罪而言,刑法明确区分了伪造与变造,而且是在规定了“使用伪造的货币”之后才规定变造货币罪。所以,本书难以赞成这种观点。(2)作无罪处理。但是,这种行为明显具有严重的法益侵害性与非难可能性,以无罪处理并不合适。(3)以诈骗罪论处。本书持此观点。当然,只有符合诈骗罪犯罪构成的使用行为,才能认定为诈骗罪。不过,以诈骗罪论处似乎造成处罚的不协调:因为诈骗罪的法定刑(最高刑为无期徒刑)高于使用假币罪的法定刑;使用变造的货币的行为法益侵害较轻,却反而可能判处重于使用伪造货币行为的刑罚。但本书认为,事实上不可能形成这种局面。一方面,使用变造的货币的行为,几乎不可能达到判处无期徒刑的数额标准。另一方面,如前所述,使用假币罪与诈骗罪也能成立想象竞合关系,使用假币骗取数额特别巨大的财物时,应按诈骗罪的法定刑处罚。所以,对使用变造的货币骗取财物的行为以诈骗罪论处,既可以与诈骗罪协调,也可以与使用假币罪协调。

根据刑法第173条的规定,犯本罪的,处3年以下有期徒刑或者拘役,并处或者单处1万元以上10万元以下罚金;数额巨大的,处3年以上10年以下有期徒刑,并处2万元以上20万元以下罚金。根据《货币案件解释》的规定,变造货币的总面额在2000元以上不满3万元的,属于“数额较大”;总面额在3万元以上的,属于“数额巨大”。

六、擅自设立金融机构罪

擅自设立金融机构罪，是指未经国家有关主管部门批准，擅自设立商业银行、证券交易所、期货交易所、证券公司、期货经纪公司、保险公司或者其他金融机构的行为。

构成要件的内容为，未经有关主管部门批准，设立商业银行、证券交易所、期货交易所、证券公司、期货经纪公司、保险公司或者其他金融机构。[67] 未经批准设立金融机构，既可能是没有依法提出设立金融机构的申请便自行设立金融机构，也可能是虽然依法提出申请但在没有获得正式批准时自行设立金融机构。擅自设立的金融机构包括金融机构的筹备组织。对于合法的金融机构擅自设立分支机构的，需要具体分析：如果该分支机构的设立需要国家有关主管部门批准，那么，擅自设立该分支机构的，成立本罪；如果分支机构的设立只需要该金融机构内部批准，擅自设立该分支机构的，就不成立本罪。经国家有关主管部门批准设立，但未经办理工商登记即予开业的，不成立本罪。合法的金融机构在许可证失效后仍经营金融业务的，不成立本罪（可能成立非法经营罪）。私下经营放贷、融资等货币业务的地下"钱庄"，不成立本罪（可能成立非法经营罪、非法吸收公众存款罪）。本罪的成立，不以开展相应的金融业务活动为前提。亦即，只要擅自设立了金融机构，就属于本罪的既遂。本罪主体既可以是自然人，也可以是单位。责任形式为故意，明知设立金融机构应依法获得主管部门批准，明知擅自设立金融机构的行为会发生扰乱金融秩序的结果，并且希望或者放任这种结果的发生。

根据刑法第174条第1款与第3款的规定，犯本罪的，处3年以下有期徒刑或者拘役，并处或者单处2万元以上20万元以下罚金；情节严重的，处3年以上10年以下有期徒刑，并处5万元以上50万元以下罚金。单位犯本罪的，对单位判处罚金，并对其直接负责的主管人员和其他直接责任人员，依照上述规定处罚。

七、伪造、变造、转让金融机构经营许可证、批准文件罪

本罪是指自然人或者单位伪造、变造、转让商业银行、证券交易所、期货交易所、证券公司、期货经纪公司、保险公司或者其他金融机构的经营许可证或者批准文件的行为。金融机构经营许可证，包括金融机构法人许可证、金融机构营业许可证、经营外汇业务许可证以及各目的正本与副本。伪造，是指没有制作、发放权的人，擅自制造金融机构经营许可证、批准文件的行为；变造，是指对真正的金融机构经营许可证、批准文件进行加工的行为，如更改金融机构名称、编号、注册资本数额、业务范围、有效期限等；转让，是指将金融机构经营许可证、批准文件有偿或者无偿地让与他人，包括出租、出借、出卖等行为。犯本罪的，根据刑法第174条第2款与第3款的规定处罚。

八、高利转贷罪

（一）高利转贷罪的概念与犯罪构成

高利转贷罪，是指以转贷牟利为目的，套取金融机构信贷资金高利转贷他人，违法所得数额较大的行为。

1. 构成要件的内容为，套取金融机构信贷资金高利转贷他人，违法所得数额较大。根据中国人民银行发布的《贷款通则》的规定，不得套取贷款用于借贷牟取非法收入；可以

---

[67] "未经国家有关主管部门批准"而设立金融机构的，即属于"擅自"设立金融机构。故"擅自"仅具有语感意义。

认为,凡是以用于借贷牟取非法收入为目的而取得金融机构贷款的,均属于套取金融机构贷款。由于相关法规禁止套取贷款转贷牟利,所以,行为主体一般会以虚假的贷款理由或者贷款条件向金融机构申请贷款。但是,这并不意味着本罪行为必须具有欺骗性质。在行为人与金融机构负责人通谋,金融机构负责人知道真相仍然发放贷款时,转贷行为依然成立本罪(对金融机构负责人的行为视具体情形认定为违法发放贷款罪或者其他犯罪)。本罪中的金融机构包括银行及其他金融机构,其所有制性质没有限制。信贷资金是金融机构作为贷款发放的资金,包括担保贷款资金与信用贷款资金。高利转贷他人,是指从金融机构套取信贷资金后,再以更高的利率借贷给他人(包括其他单位)。〔68〕"高利"不限于高利贷,而是高于金融机构同期贷款利率。实施高利转贷行为违法所得数额较大的,才以犯罪论处。根据立案标准,具有下列情形之一的,应予追诉:(1)高利转贷,违法所得数额在10万元以上的;(2)虽未达到上述数额标准,但二年内因高利转贷受过行政处罚2次以上,又高利转贷的。

2. 责任要素除故意外,还要求具有转贷牟利的目的。一种观点认为,行为人在套取金融机构信贷资金后产生转贷牟利目的的,也能成立本罪。〔69〕本书不赞成这种观点。(1)由于套取金融机构信贷资金是本罪构成要件行为的一部分,所以,行为人在获取金融机构信贷资金时,就必须具有转贷牟利的目的。否则,就违反了行为与责任同时存在的原则。(2)贷款时没有转贷牟利目的,也没有采取欺骗手段,取得贷款后将贷款转贷他人的,只是单纯改变贷款用途的行为,不可能成立任何犯罪。不能因为行为人事后改变贷款用途,而认定前行为属于套取或者骗取金融机构贷款。(3)贷款时没有转贷牟利目的与非法占有目的,但采取欺骗手段取得贷款,然后将贷款转贷他人的,只能认定为后述骗取贷款罪。(4)贷款时具有转贷牟利目的,但事后没有实施高利转贷行为的,虽然成立本罪的未遂犯,但没有必要以本罪论处(可能成立骗取贷款罪)。此外,行为人以非法占有目的套取金融机构信贷资金的,应以贷款诈骗罪论处。

(二)高利转贷罪的认定

在认定本罪时,应注意区分罪与非罪的界限。行为人出于正当目的取得金融机构信贷资金,然后产生将信贷资金高利转贷他人的意图进而实施这种行为的,不应以犯罪论处。对于高利转贷信贷资金,违法所得数额较小的,不能认定为本罪。

在认定本罪时,应注意变相高利转贷的情形。行为人以转贷牟利目的套取金融机构信贷资金后,表面上将该部分资金用于生产经营,但将自有资金高利借贷他人,违法所得数额较大的,应认定为本罪;行为人以转贷牟利目的套取金融机构的信贷资金,高利借贷给名义上有合资合作关系但实际上并不参与经营的企业,违法所得数额较大的,也应认定为本罪。

(三)高利转贷罪的处罚

根据刑法第175条的规定,犯高利转贷罪的,处3年以下有期徒刑或者拘役,并处违法所得1倍以上5倍以下罚金;数额巨大的,处3年以上7年以下有期徒刑,并处违法所

〔68〕 一种观点认为,本罪是身份犯,即必须是已经套取了金融机构信贷资金的个人与单位(参见郎胜主编:《〈中华人民共和国刑法〉释解》,群众出版社1997年版,第213页)。但刑法规定的构成要件行为是"套取金融机构信贷资金高利转贷他人",而不是"将套取的金融机构信贷资金高利转贷他人",故不能认为本罪是身份犯。

〔69〕 参见刘宪权:《金融犯罪刑法学新论》,上海人民出版社2014年版,第208页。

得1倍以上5倍以下罚金。单位犯本罪的,对单位判处罚金,并对其直接负责的主管人员和其他直接责任人员,处3年以下有期徒刑或者拘役。其中的单位,不仅包括非金融机构的公司、企业或者其他单位,而且包括金融机构所设立的企业或者单位。

九、骗取贷款、票据承兑、金融票证罪

骗取贷款、票据承兑、金融票证罪,是指自然人或者单位以欺骗手段取得银行或者其他金融机构贷款、票据承兑、信用证、保函等,给银行或者其他金融机构造成重大损失或者有其他严重情节的行为。

在认定本罪时,不能认为任何欺骗行为都属于本罪的欺骗手段,只有在对金融机构发放贷款、出具保函等起重要作用的方面有欺骗行为,才能认定为本罪。另一方面,也不能认为只要行为人提供了真实担保就不成立本罪。因为担保只是取得贷款、票据承兑、信用证、保函的条件之一,而不是全部条件。即使提供了真实担保,但如果金融机构知道真相时不会发放贷款、出具保函的,仍然可能成立本罪。例如,甲曾因未归还贷款而被银行列入征信黑名单,此后,甲冒用他人名义贷款的,即使提供了真实担保,也不妨碍本罪的成立。此外,本罪并不是身份犯,亦即,即使并未直接取得贷款、票据承兑、信用证、保函的人也能独立构成本罪。例如,贷款人甲为了取得银行贷款,请乙提供担保。乙同意,但提供了虚假的担保材料,甲不知情,金融机构因为受骗而发放贷款。应当认为,乙的行为独立构成骗取贷款罪。

应当指出的是,欺骗手段必须是针对金融机构工作人员实施的。换言之,如果金融机构中具有发放贷款、出具金融票证权限的工作人员知道真相,甚至唆使行为人提供虚假材料,使行为人取得金融机构贷款、票据承兑、信用证、保函等的,不能认定行为人采取了欺骗手段,因而不得认定行为人构成本罪。相反,应认定金融机构工作人员构成违法发放贷款、违规出具金融票证等罪。

取得贷款,是指取得金融机构发放的贷款(包括委托金融机构发放的贷款)。取得票据承兑,是指导致金融机构作为付款人,根据承兑申请人(出票人)的申请,承诺对有效商业汇票按约定的日期向收款人或被背书人无条件支付汇票款。取得信用证,是指使得金融机构出具信用证。取得保函,是指金融机构应行为人(申请人)的请求,向第三方开立的一种书面信用担保凭证。行为人取得保函,意味着在行为人未能按双方协议履行责任或义务时,由金融机构(担保人)代其履行一定金额、一定期限范围内的某种支付责任或经济赔偿责任。“等”是指与信用证、保函等相当的金融凭证,如票据、资信证明、银行结算凭证等。

本罪责任形式为故意,不要求具有特定目的。如果行为人具有非法占有目的,则按照相应的金融诈骗罪或者其他犯罪论处。例如,以非法占有为目的,骗取银行贷款的,成立贷款诈骗罪;以非法占有为目的,骗取信用证的,成立信用证诈骗罪。

根据立案标准,具有下列情形之一的,应当追诉:(1)骗取数额在100万元以上的;(2)给金融机构造成直接经济损失数额在20万元以上的;[70](3)虽未达到上述数额标

〔70〕 其中的直接经济损失,不应当包括利息等在内。例如,甲使用欺骗手段骗取贷款15万元,几年后的利息达到5万元,一直未能还本付息,随后案发。在这种情况下,只能认定直接经济损失为15万元,而不得认定为20万元。否则,会导致事后发现或者报案的时间,直接影响行为是否构成犯罪,造成犯罪成立与否由事后的偶然因素决定的不当局面。

准,但多次实施本罪行为的;(4)其他给金融机构造成重大损失或者有其他严重情节的情形。

根据刑法第175条之一的规定,犯本罪的,处3年以下有期徒刑或者拘役,并处或者单处罚金;给银行或者其他金融机构造成特别重大损失或者有其他特别严重情节的,处3年以上7年以下有期徒刑,并处罚金。单位犯本罪的,对单位判处罚金,并对其直接负责的主管人员和其他直接责任人员,依照上述规定处罚。

十、非法吸收公众存款罪

(一)非法吸收公众存款罪的概念与犯罪构成

非法吸收公众存款罪,是指非法吸收公众存款或者非法变相吸收公众存款,扰乱金融秩序的行为。

1. 客观行为表现为两种情况:(1)非法吸收公众存款,即未经主管机关批准,面向社会公众吸收资金,出具凭证,承诺在一定期限内还本付息的活动。(2)变相吸收公众存款,即未经主管机关批准,不以吸收公众存款的名义,向社会不特定对象吸收资金,但承诺履行的义务与吸收公众存款相同,即都是还本付息的活动。[71]"非法"一般表现为主体不合法(主体不具有吸收存款的资格)或者行为方式、内容不合法(如擅自提高利率吸收存款)。"公众"是指多数人或者不特定人(包括单位)。

最高人民法院2010年12月13日《关于审理非法集资刑事案件具体应用法律若干问题的解释》(以下简称《集资案件解释》)第1条规定:"违反国家金融管理法律规定,向社会公众(包括单位和个人)吸收资金的行为,同时具备下列四个条件的,除刑法另有规定的以外,应当认定为刑法第176条规定的'非法吸收公众存款或者变相吸收公众存款':(1)未经有关部门依法批准或者借用合法经营的形式吸收资金;(2)通过媒体、推介会、传单、手机短信等途径向社会公开宣传;(3)承诺在一定期限内以货币、实物、股权等方式还本付息或者给付回报;(4)向社会公众即社会不特定对象吸收资金。未向社会公开宣传,在亲友或者单位内部针对特定对象吸收资金的,不属于非法吸收或者变相吸收公众存款。"本书对此说明如下:

首先,未经有关部门依法批准是"非法"的一种表现形式,但这并不意味着凡是经过有关部门依法批准的吸收公众存款的行为,就不可能成立非法吸收公众存款罪。行为人完全可能骗取有关部门的批准进而实施吸收公众存款的行为。在这种场合,也可谓经过了有关部门依法批准,但不可能排除非法吸收公众存款罪的成立。如果将非法限定为未经有关部门依法批准,就意味着仅考虑了程序上的非法性,而忽视了实体上的非法性。再如,依法成立的金融机构也可能利用自己的地位与条件实施非法吸收公众存款行为。由此可见,所谓吸收资金,是指违反了法律、法规、规章有关吸收资金的实体规定或者程序规定,而不限于"未经有关部门依法批准"。正因为如此,《集资案件解释》第1条第1款第1项表述为"未经有关部门依法批准或者借用合法经营的形式吸收资金"。

其次,《集资案件解释》第1条所规定的第二个条件,似乎表明非法吸收公众存款行为必须具有公开性。"两高"、公安部2014年3月25日《关于办理非法集资刑事案件适用法律若干问题的意见》(以下简称《集资案件意见》)指出:"向社会公开宣传",包括以各

---

[71]　参见国务院1998年7月13日颁布的《非法金融机构和非法金融业务活动取缔办法》第4条。

种途径向社会公众传播吸收资金的信息,以及明知吸收资金的信息向社会公众扩散而予以放任等情形。[72] 问题是,如何理解"公开性"?换言之,"公开性"是否意味着为某一区域或者行业的全体人员知悉?或者说,除了出资者以外,是否还要求其他人知悉?非法吸收公众存款行为对于出资者而言,肯定是公开的。显然,问题在于,是否要求非法吸收公众存款行为被非出资人所知悉?本书对此持否定回答。虽然从非法吸收公众存款罪的表现形式与特点来看,其行为或多或少具有公开性,但是,本罪的成立并不以非出资者知悉为前提,也不以某一区域或者行业内的多数人知悉为前提。[73] 换言之,非法吸收公众存款行为完全可能只是出资人知悉。从事实上看,一些非法吸收公众存款者常常只给可能出资的人发送短信或者传单等。从实质上考虑,在出资者具有多众性或不特定性的情况下,公开与否,并不是决定非法吸收公众存款行为是否破坏金融秩序的关键因素。由此看来,非法吸收公众存款行为的公开性,也只是意味着其行为对象的公众性。

再次,由于本罪行为是非法吸收或者变相吸收公众存款,而"存款"是会取得回报的,所以,要求行为人承诺在一定期限内以货币、实物、股权等方式还本付息或者给付回报。承诺回报是指承诺"只要出资即可通过出资行为获得回报",而不是指承诺出资人在出资后通过出资人的生产、经营等行为可以获得报酬。所承诺的回报不必具有确定性,只要承诺的回报具有可能性即可。

最后,根据《集资案件解释》,非法吸收公众存款的对象为"社会公众即社会不特定对象"(包括个人与单位[74])。对于"不特定对象"应从两个方面理解:(1)出资者是与吸收者之间没有联系(没有关系)的人或者单位。一方面,向亲朋好友吸收存款的,不成立本罪。但是,出资的社会公众中偶尔包含少数亲朋好友的,不影响本罪的成立。另一方面,在单位内部集资的,如果出资者是与吸收者之间没有联系的人,也不排除本罪的成立。至于出资者之间是否具有联系,则在所不问。(2)出资者可能随时增加,这是非法吸收公众存款的行为方式决定的。但是,本罪的成立并不以行为人实际上已经吸收了多数人的存款为条件。只要行为人主观上具有向多数人吸收存款的故意,客观上所采取的手段可能从多数人处吸收存款,即使事实上只从少数人或个别人处吸收了数额较大的资金,也可能成立本罪的既遂。根据《集资案件意见》,在向亲友或者单位内部人员吸收资金的过程中,明知亲友或者单位内部人员向不特定对象吸收资金而予以放任的,以及以吸收资金为目的,将社会人员吸收为单位内部人员,并向其吸收资金的,应当认定为向社会公众吸收资金。

值得研究的是,行为人吸收公众存款用于货币、资本经营以外的正当的生产、经营活动的,能否以本罪论处?对此存在肯定说与否定说,《集资案件解释》则采取了折中的态度:"非法吸收或者变相吸收公众存款,主要用于正常的生产经营活动,能够及时清退所吸收资金,可以免予刑事处罚;情节显著轻微的,不作为犯罪处理。"这种折中的做法,显

---

〔72〕 据此,行为人虽然只是向少数人传达集资的信息,但少数人传播给社会公众后,其他人主动要求出资而行为人吸收其出资的,符合"向社会公开宣传"的条件。

〔73〕 中国人民银行和国家工商管理局《关于进一步打击非法集资等活动的通知》(银发[1999]289号)所指出的"非法集资"的行为就包括了利用民间会社形式或者利用传销或秘密串联的形式非法集资(《集资案件解释》第2条也有类似规定)。

〔74〕 但不应当包括具有发放贷款资格的金融机构。

然有结果责任之嫌。本书认为,只有当行为人非法吸收公众存款,用于货币、资本的经营时(如发放贷款),才能认定为扰乱金融秩序,才应以本罪论处。(1)从法条关系上看,刑法第174条规定的是擅自设立金融机构罪与伪造、变造、转让金融机构经营许可证、批准文件罪,旨在禁止擅自从事金融业务;第175条所禁止是从金融机构套取信贷资金从事金融业务;刑法第176条所禁止的应是从民间获得资金从事金融业务。(2)刑法第176条没有表述为非法吸收公众资金,而是表述为非法吸收公众"存款",也直接表明成立本罪要求行为人从事金融业务。(3)如果将吸收公众存款用于货币、资本经营之外的生产、经营活动,认定为本罪,实际上就意味着否定了部分民间借贷行为的合法性。然而,在当前以及今后的很长一段时间,许多民营企业的发展都依靠民间借贷。如果将这种行为认定为犯罪,显然不利于经济发展。

争论的另一问题是,金融机构能否成为本罪行为主体?除了肯定说与否定说两种对立学说之外,还有一种观点认为,不具有吸收存款资格的金融机构,可以成为本罪主体,但具有吸收存款资格的金融机构,不能成为本罪主体。[75] 本书的看法如下:(1)不具有吸收存款资格的金融机构可以成为本罪行为主体;(2)经营范围包括存贷款业务的金融机构,因为存贷款业务获得了主管机关批准,一般难以成立前述第一种情形(狭义的"非法吸收公众存款")的犯罪,但如果以擅自提高利率等不法方式吸收存款的,因为严重扰乱了金融秩序,应以本罪论处;(3)经营范围包括存贷款业务的金融机构,也可能成立变相吸收公众存款的犯罪,因为即使经营范围包括存贷款业务的金融机构,未经批准也不能以存款外的名义向社会公众吸收资金。

2. 责任形式为故意,不另要求特定目的。以非法占有目的骗取公众存款的,成立集资诈骗罪或者其他相应犯罪。

(二)非法吸收公众存款罪的认定

行政部门对于非法集资的性质认定,不是非法集资刑事案件进入刑事诉讼程序的必经程序。行政部门未对非法集资作出性质认定的,不影响非法集资刑事案件的侦查、起诉和审判。公安机关、人民检察院、人民法院应当依法认定案件事实的性质,对于案情复杂、性质认定疑难的案件,可参考有关部门的认定意见,根据案件事实和法律规定作出性质认定。

根据《集资案件解释》第2条与第3条的规定,实施下列行为之一,符合非法吸收公众存款行为特征的,应当以非法吸收公众存款罪定罪处罚:(1)不具有房产销售的真实内容或者不以房产销售为主要目的,以返本销售、售后包租、约定回购、销售房产份额等方式非法吸收资金的;(2)以转让林权并代为管护等方式非法吸收资金的;(3)以代种植(养殖)、租种植(养殖)、联合种植(养殖)等方式非法吸收资金的;(4)不具有销售商品、提供服务的真实内容或者不以销售商品、提供服务为主要目的,以商品回购、寄存代售等方式非法吸收资金的;(5)不具有发行股票、债券的真实内容,以虚假转让股权、发售虚构债券等方式非法吸收资金的;(6)不具有募集基金的真实内容,以假借境外基金、发售虚构基金等方式非法吸收资金的;(7)不具有销售保险的真实内容,以假冒保险公司、伪造保险单据等方式非法吸收资金的;(8)以投资入股的方式非法吸收资金的;(9)以委托理财的

---

〔75〕 参见王作富主编:《刑法分则实务研究》(上),中国方正出版社2013年第5版,第401页。

方式非法吸收资金的;(10)利用民间“会”、“社”等组织非法吸收资金的;(11)其他非法吸收资金的行为。成立本罪的数额与情节条件是:(1)个人非法吸收(包括变相吸收,下同)数额在20万元以上的,单位非法吸收数额在100万元以上的;(2)个人非法吸收存款对象30人以上的,单位非法吸收存款对象150人以上的;(3)个人非法吸收给存款人造成直接经济损失数额在10万元以上的,单位非法吸收给存款人造成直接经济损失数额在50万元以上的;(4)造成恶劣社会影响或者其他严重后果的。[76]

行为人在非法吸收公众存款的过程中,也可能存在正常的贷款与民间借贷,不能因为行为人实施了非法吸收公众存款的行为,就将正常的贷款与民间借贷也认定为非法吸收公众存款。例如,甲向不特定的多人非法吸收公众存款5000万元,同时以自己的别墅作抵押向朋友乙借款1000万元,以厂房作抵押向银行贷款2000万元。有抵押的借款与贷款明显不符合非法吸收公众存款罪的特征,故后3000万元不得计入非法吸收公众存款罪的数额。

行为人擅自设立金融机构后,又非法吸收公众存款的,或者非法吸收公众存款后,又擅自设立金融机构的,宜实行数罪并罚。但是,如果行为人擅自设立金融机构的目的仅仅是为了吸收公众存款,而且事实上也是如此,则可以认定为牵连犯,从一重罪处罚。

(三)非法吸收公众存款罪的处罚

根据刑法第176条的规定,犯本罪的,处3年以下有期徒刑或者拘役,并处或者单处2万元以上20万元以下罚金;数额巨大或者有其他严重情节的,处3年以上10年以下有期徒刑,并处5万元以上50万元以下罚金。单位犯本罪的,对单位判处罚金,并对其直接负责的主管人员和其他直接责任人员依照上述规定处罚。[77] 非法吸收或者变相吸收公众存款的数额,以行为人所吸收的资金全额计算。案发前后已归还的数额,可以作为量刑情节酌情考虑。

此外,向社会公众非法吸收的资金属于违法所得。以吸收的资金向集资参与人支付的利息、分红等回报,以及向帮助吸收资金人员支付的代理费、好处费、返点费、佣金、提成等费用,应当依法追缴。集资参与人本金尚未归还的,所支付的回报可予折抵本金。将非法吸收的资金及其转换财物用于清偿债务或者转让给他人,有下列情形之一的,应当依法追缴:(1)他人明知是上述资金及财物而收取的;(2)他人无偿取得上述资金及财物的;(3)他人以明显低于市场的价格取得上述资金及财物的;(4)他人取得上述资金及财物系源于非法债务或者违法犯罪活动的;(5)其他依法应当追缴的情形。

十一、伪造、变造金融票证罪

(一)伪造、变造金融票证罪的概念与犯罪构成

伪造、变造金融票证罪,是指伪造、变造汇票、本票、支票、委托收款凭证、汇款凭证、银行存单及其他银行结算凭证、信用证或者附随的单据、文件以及伪造信用卡的行为。

1. 构成要件的内容为伪造、变造各种金融票证。其中的伪造包括两种情况:一是有形伪造,即没有金融票证制作权的人,假冒他人(包括虚无人)的名义,擅自制造外观上足以

---

〔76〕 许多司法解释都对自然人犯罪与单位犯罪规定了不同的数额标准,但这种做法并不妥当。此外,过于绝对的数额标准,也未必可取。

〔77〕 具体处罚标准,参见《集资案件解释》第3条。

使一般人误认为是真实金融票证的虚假金融票证。至于采取何种方法,虚假金融票证是否具有法律上的有效形式与要件、其记载的内容与事实是否相符合等,都不影响伪造的成立。二是无形伪造,即具有金融票证制作权的人,超越其制作权限,违背事实制造内容虚假的金融票证,如银行职员制作虚假的银行存单交付他人。变造,是指擅自对真正的金融票证进行各种形式的加工,改变数额、日期或者其他内容。伪造、变造金融票证,包括下列情形:

(1)伪造、变造汇票、本票、支票。汇票,是指出票人签发的,委托付款人在见票时或者在指定日期,无条件支付确定的金额给收款人或持票人的票据。本票,是指出票人签发的,承诺由自己在见票时无条件支付确定的金额给收款人或持票人的票据。支票,是指出票人签发的,委托办理支票存款业务的银行或者其他金融机构在见票时无条件支付确定的金额给收款人或持票人的票据。行为人伪造、变造其中一种票证的,便成立犯罪。伪造票据,是指无权限人假冒他人或者虚构人名义签章的行为;变造票据,是指无权更改票据内容的人,对票据上签章以外的记载事项加以改变的行为;但签章的变造属于伪造。

(2)伪造、变造委托收款凭证、汇款凭证、银行存单等银行结算凭证。委托收款凭证,是指收款人向银行提供的,委托其向付款人收取款项的结算凭证。汇款凭证,是指汇款人委托银行给异地收款人进行汇兑结算的凭证,包括信汇凭证与电汇凭证。银行存单,是银行发行的可以用于支付债务的工具,一般不记名、定额、可自由流通。其他银行结算凭证,是指除上述结算凭证以外的结算凭证。行为人伪造、变造其中一种票证的,便成立犯罪。

(3)伪造、变造信用证或者附随的单据、文件。信用证,是指应客户要求和指示,或主动向受益人签发的,如受益人满足约定条件开证行就向其支付规定金额的书面文件。附随的单据、文件,是指由信用证受益人向金融机构提供的,与信用证条款规定相一致的代表货物的单据、文件。行为人伪造、变造其中一种票证的,便成立犯罪。

(4)伪造信用卡。信用卡,是指由商业银行或者其他金融机构发行的具有消费支付、信用贷款、转账结算、存取现金等全部功能或者部分功能的电子支付卡。根据"两高"2009年12月3日《关于办理妨害信用卡管理刑事案件具体应用法律若干问题的解释》(以下简称《信用卡案件解释》),伪造信用卡,主要表现为复制他人信用卡、将他人信用卡信息资料写入磁条介质、芯片或者以其他方法非法制造信用卡。刑法没有规定变造信用卡,于是,对于变造信用卡应如何处理,便成为争论问题之一。一种观点认为,对于变造信用卡的行为不能以伪造信用卡罪论处,并建议将刑法第177条的"伪造信用卡"修改为"伪造、变造信用卡"。[78] 另一种观点认为,不存在所谓的变造信用卡。[79] 在本书看来,形成这种争论的一个重要原因是,我国刑法理论与司法实践一直没有妥当地区分伪造与变造,主要表现在仅凭是否在真实的文书、票证上进行加工来区分伪造与变造。其实,即使在真实的文书、票证上加工,也完全可能属于伪造。换言之,变更文书、票证的实质内容的,属于伪造。事实上,对信用卡进行非本质的变造,一般不具有实际意义。一旦行为人对信用卡的实质内容进行加工,使加工后的信用卡与原信用卡丧失实质的同一性,则应认

---

〔78〕 参见王晨:《诈骗犯罪研究》,人民法院出版社2003年版,第208页。

〔79〕 参见曲新久:"认定信用卡诈骗罪若干问题研究",载姜伟主编:《刑事司法指南》(总第19集),法律出版社2004年版,第24页以下。

定为伪造信用卡。所以，在起草《刑法修正案（五）》的过程中，立法机关“在立法调研时了解到，所谓的‘变造’形式多样，有的是在过期卡、作废卡、盗窃卡、丢失卡等各种信息完整的真实信用卡上修改关键要素，如重新压印卡号、有效期和姓名，甚至对信用卡磁条重新写磁；有的是对非法获取的发卡银行的空白信用卡进行凸印、写磁，制成信用卡。立法机关经研究后认为，这种所谓的‘变造’，除只保留有信用卡的外形以外，其信用卡的内容与银行发行的真实信用卡都已经有很大不同，其实质就是一张伪造的信用卡，应当按伪造信用卡定性。因此，《刑法修正案（五）》没有对‘变造’信用卡作规定”。[80]

根据立案标准，具有下列情形之一的，应当追诉：（1）伪造、变造票据等金融凭证，总面额在1万元以上或者数量在10张以上的；（2）伪造信用卡1张以上，或者伪造空白信用卡10张以上的。

2. 责任形式为故意，虽然刑法并没有将本罪规定为目的犯，但将使用或行使的目的作为本罪的责任要素，是比较合适的。行为人是否具有非法占有他人财物的目的，不影响本罪的成立。例如，乙单位欠甲40万元，甲反复催讨后，乙单位开出10万元（没填大写）的现金支票给甲。甲持支票向银行询问乙单位账户上的存款数额，银行回答有31万元。于是甲回家将自己的9万元存入乙的账户，然后将支票数额改为40万元，从银行取出40万元。对甲的行为应认定为变造金融票证罪。

（二）伪造、变造金融票证罪的处罚

根据刑法第177条的规定，犯本罪的，处5年以下有期徒刑或者拘役，并处或者单处2万元以上20万元以下罚金；情节严重的，处5年以上10年以下有期徒刑，并处5万元以上50万元以下罚金；情节特别严重的，处10年以上有期徒刑或者无期徒刑，并处5万元以上50万元以下罚金或者没收财产。单位犯本罪的，对单位判处罚金，并对其直接负责的主管人员和其他直接责任人员，依照上述规定处罚。[81]

十二、妨害信用卡管理罪

（一）妨害信用卡管理罪的类型

根据刑法第177条之一的规定，妨害信用卡管理罪分为四种类型：

1. 明知是伪造的信用卡而持有、运输的，或者明知是伪造的空白信用卡而持有、运输，数量较大的。持有、运输伪造的信用卡的，不以数量较大为要件；持有、运输伪造的空白信用卡的，以数量较大为要件（根据立案标准，数量累计在10张以上的属于数量较大）。伪造的空白信用卡，是指未经国家主管部门批准的单位或者个人制作的未输入用户信息的信用卡。

2. 非法持有他人信用卡，数量较大的。他人信用卡，是指他人名义的信用卡，没有必要将他人信用卡限定为他人真实有效的信用卡。非法持有他人信用卡，是指持有他人信用卡的行为本身违法，亦即违反信用卡管理规定持有他人信用卡。虽然获得信用卡的行为是否违法并不直接决定持有行为是否违法，但是违法获得他人信用卡后而持有的，其持有行为便具有非法性。例如，拾得他人多张信用卡而持有的，即属于非法持有他人信用卡。经持卡人同意而持有他人信用卡的，需要具体判断。为持卡人保管、取款而持有他人

---

〔80〕 黄太云：“《刑法修正案（五）》的理解与适用”，载《人民检察》2005年第6期。

〔81〕 关于伪造信用卡案件的具体处罚标准，参见《信用卡案件解释》第1条。

信用卡的,不成立本罪;但是,购买他人信用卡后而持有的,属于非法持有他人信用卡。经持卡人同意,收藏他人没有余额、不能透支的借记卡的,不宜认定为本罪;但收藏他人没有作废、可以透支的贷记卡的,即使征得持卡人同意,也属于非法持有他人信用卡。概言之,非法持有他人信用卡,并不要求信用卡的来源非法,而是要求持有行为本身违反信用卡管理规定。根据立案标准,非法持有他人信用卡,数量累计在5张以上的属于数量较大。

3. 使用虚假的身份证明骗领信用卡的。其中包括两种情形:一是以伪造、变造的身份证明骗领信用卡;二是使用他人真实身份证明(包括居民身份证、军官证、士兵证、港澳居民往来内地通行证、台湾居民来往大陆通行证、护照等身份证明)为自己骗领信用卡。[82] 虚假的身份证明既包括“持卡人”(申领人)的虚假身份证明,也包括保证人的虚假身份证明。骗领信用卡,既包括骗领原始的信用卡,也包括以他人的身份证明挂失他人的信用卡并骗领补办的信用卡。将自己的真实身份证件提供给他人用于骗领信用卡的,成立使用虚假的身份证明骗领信用卡的共犯(或共同正犯)。

4. 出售、购买、为他人提供伪造的信用卡或者以虚假的身份证明骗领的信用卡的。“为他人提供”是指将伪造的信用卡或者以虚假的身份证明骗领的信用卡交付他人的行为,包括出租、出借、赠送等。

本罪的四种类型均只能由故意构成,行为人对构成要件的要素必须有认识。例如,不明知是伪造的信用卡而持有,只能认定为非法持有他人信用卡。行为人以为是伪造的信用卡而非法持有,但实际上持有的是他人真实的信用卡的,只能认定为非法持有他人信用卡,因而只有数额较大时,才能以本罪论处。同样,行为人以为是他人的真实信用卡而非法持有,但实际上持有的是伪造的信用卡的,由于行为人没有认识到是伪造的信用卡,根据责任主义原理,不能适用持有伪造的信用卡的规定,只能适用非法持有他人信用卡的规定,因而只能数额较大时,才能以本罪论处。[83]

(二)妨害信用卡管理罪的认定

伪造空白的信用卡后又持有、运输、出售或者提供给他人的,应认定为本罪。非法购买他人真实的信用卡后持有该信用卡的,成立本罪。[84] 非法购买他人盗窃所得的信用卡后持有该信用卡的,也成立本罪;同时构成赃物犯罪,属于想象竞合,从一重罪处罚。伪造信用卡后又持有、运输、出售或者提供给他人的,属于狭义的包括的一罪,以伪造金融票证罪论处。使用虚假的身份证明骗领信用卡的行为,同时触犯使用虚假身份证件、盗用身份证件罪的,属于想象竞合,从一重罪处罚。以使用虚假的身份证明骗领信用卡后,又出售或者向他人提供骗领的信用卡的,原本属于同种数罪,但可以不并罚,而适用情节严重的法定刑。购买伪造的信用卡或者以虚假的身份证明骗领的信用卡后予以使用,使用行为

---

〔82〕《信用卡案件解释》规定,以他人真实身份证明骗领信用卡成立犯罪的,以“违背他人意愿”为前提。据此,征得他人同意而以他人名义申领信用卡的,不成立本罪。本书认为,如果帮助他人申领信用卡,当然不可能构成犯罪。但是,征得他人同意而申领信用卡的行为,并不一概不构成本罪。例如,准备实施电信诈骗的人,征得他人同意后,利用他人身份证明申领信用卡的,也能成立本罪。

〔83〕由此可见,将本条的“非法持有他人信用卡”限定为他人真实有效的信用卡,必然导致难以处理认识错误的情形,因而造成处罚的漏洞。

〔84〕在司法实践中,出卖真实信用卡的现象较为常见,虽然其中的部分行为可能构成共犯(如明知他人实施信用卡诈骗罪而出卖信用卡的行为),但部分行为无法认定为共犯。由于购买人在购买真实信用卡后属于非法持有,故可以认为,出卖行为成立非法持有他人信用卡的共犯。

构成信用卡诈骗罪或者其他犯罪的，属于牵连犯，从一重罪处罚。

盗窃信用卡后非法持有的，需要根据具体案情判断。例如，甲从他人轿车内窃取他人提包后，发现其中有50余张信用卡（属于本罪的数量巨大），但没有其他财物，此后一直持有这些信用卡。对此应考虑以下问题：(1)如果说信用卡本身就是财物，50多张信用卡的工本费共1000余元（达到盗窃罪数额较大的起点），则甲的行为成立盗窃罪（对象为信用卡本身），非法持有信用卡的行为（妨害信用卡管理罪）与盗窃罪属于狭义的包括的一罪，应当从一重罪论处，认定为妨害信用卡管理罪。(2)如果说信用卡本身的价值没有达到较大标准，应认定为妨害信用卡管理罪。(3)如果行为人原本认识到被害人提包中有许多信用卡，打算盗窃信用卡再使用，但事实上没有使用，也应当认定为妨害信用卡管理罪，既不能认定为盗窃未遂，也不能认定为盗窃预备。(4)如果行为人使用了部分信用卡，就必须对盗窃罪与妨害信用卡管理罪实行并罚。因为即使不使用信用卡也成立妨害信用卡管理罪，而使用所盗窃的信用卡的行为，另触犯了盗窃罪，二者之间不存在以一罪论处的根据与理由。再如，入户盗窃、携带凶器盗窃、扒窃行为构成盗窃罪的，不以数额较大为起点。乙扒窃了他人2张信用卡后而持有的，仅成立盗窃罪；如果扒窃他人5张信用卡后而持有的，属于狭义的包括一罪，应从一重罪论处。

（三）妨害信用卡管理罪的处罚

根据刑法第177条之一的规定，犯本罪的，处3年以下有期徒刑或者拘役，并处或者单处1万元以上10万元以下罚金；数量巨大或者有其他严重情节的，处3年以上10年以下有期徒刑，并处2万元以上20万元以下罚金。[85]

十三、窃取、收买、非法提供信用卡信息罪

本罪是指故意窃取、收买或者非法提供他人信用卡信息资料的行为。根据立案标准，实施本罪行为，足以伪造可进行交易的信用卡，或者足以使他人以信用卡持卡人名义进行交易，涉及信用卡1张以上的，应当追诉。犯本罪的，根据刑法第177条之一的规定处罚；银行或者其他金融机构工作人员利用职务上的便利犯本罪的，从重处罚。

十四、伪造、变造国家有价证券罪

本罪是指自然人或者单位伪造、变造国库券或者国家发行的其他有价证券，数额较大的行为。有价证券，是指具有一定货币票面价值，代表一定的财产所有权，并借以取得一定的收益，而且被作为金融工具的一种凭证。根据立案标准，伪造、变造国库券或者国家发行的其他有价证券，总面额在2000元以上的，应予追诉。犯本罪的，根据刑法第178条第1款与第3款的规定处罚。

十五、伪造、变造股票、公司、企业债券罪

本罪是指自然人或者单位伪造、变造股票或公司、企业债券，数额较大的行为。股票，是指股份公司为筹集资金公开发行的证明股东在公司中拥有一定权益的有价证券。公司、企业债券，是指公司、企业发行的，保证按规定时间向债券持有人（债权人）偿还本金和支付利息的凭证。根据立案标准，伪造、变造股票或者公司、企业债券，总面额在5000元以上的，应予追诉。犯本罪的，根据刑法第178条第2款与第3款的规定处罚。

---

〔85〕 具体处罚标准，参见《信用卡案件解释》第2条。

十六、擅自发行股票、公司、企业债券罪

本罪是指自然人或者单位未经国家有关主管部门批准，擅自发行股票或者公司、企业债券，数额巨大、后果严重或者有其他严重情节的行为。根据立案标准，具有下列情形之一的，应当追诉：(1)发行数额在50万元以上的；(2)虽未达到上述数额标准，但擅自发行致使30人以上的投资者购买了股票或者公司、企业债券的；(3)不能及时清偿或者清退的；(4)其他后果严重或者有其他严重情节的情形。本罪行为同时触犯欺诈发行股票、债券罪的，属于想象竞合，从一重罪处罚；但由于两种犯罪的法定刑相同，故应比较触犯法条的严重程度，即如果擅自发行比欺诈发行的程度严重，就认定为本罪，反之，则认定为欺诈发行股票、债券罪。犯本罪的，根据刑法第179条的规定处罚。

十七、内幕交易、泄露内幕信息罪

(一)内幕交易、泄露内幕信息罪的概念与犯罪构成

内幕交易、泄露内幕信息罪，是指证券、期货交易内幕信息的知情人员或者非法获取证券、期货交易内幕信息的人员，在涉及证券的发行，证券、期货交易或者其他对证券、期货交易价格有重大影响的信息尚未公开前，买入或者卖出该证券，或者从事与该内幕信息有关的期货交易，或者泄露该信息，或者明示、暗示他人从事上述交易活动，情节严重的行为。

1. 构成要件的内容如下：(1)行为主体必须是证券、期货交易内幕信息的知情人员或者非法获取证券、期货交易内幕信息的人员与单位。“内幕信息”，是指为内幕人员所知悉的、尚未公开的并对证券的发行，证券、期货交易或者价格有重大影响的信息，其具体范围，根据法律、行政法规的规定确定。“知情人员”，是指由于持有发行人的证券，或者在相关公司中担任董事、监事、高级管理人员，或者由于其会员地位、管理地位、监管地位或者职业地位，或者作为雇员、专业顾问履行职务，能够接触或者获得内幕信息的人员，其范围依照法律、行政法规的规定确定。这类主体可谓特殊主体。根据“两高”2012年3月29日《关于办理内幕交易、泄露内幕信息刑事案件具体应用法律若干问题的解释》(以下简称《内幕案件解释》)，下列人员属于“非法获取证券、期货交易内幕信息的人员”：利用窃取、骗取、套取、窃听、利诱、刺探或者私下交易等手段获取内幕信息的；内幕信息知情人员的近亲属或者其他与内幕信息知情人员关系密切的人员，在内幕信息敏感期内，[86]从事或者明示、暗示他人从事，或者泄露内幕信息导致他人从事与该内幕信息有关的证券、期货交易，相关交易行为明显异常，[87]且无正当理由或者正当信息来源的；在内幕信息敏感

---

〔86〕 根据《内幕案件解释》第5条的规定，“内幕信息敏感期”是指内幕信息自形成至公开的期间。《证券法》第67条第2款所列“重大事件”的发生时间，第75条规定的“计划”、“方案”以及《期货交易管理条例》第82条第11项规定的“政策”、“决定”等的形成时间，应当认定为内幕信息的形成之时。影响内幕信息形成的动议、筹划、决策或者执行人员，其动议、筹划、决策或者执行初始时间，应当认定为内幕信息的形成之时。内幕信息的公开，是指内幕信息在国务院证券、期货监督管理机构指定的报刊、网站等媒体披露。

〔87〕 根据《内幕案件解释》第3条的规定，“相关交易行为明显异常”，要综合以下情形，从时间吻合程度、交易背离程度和利益关联程度等方面予以认定：(1)开户、销户、激活资金账户或者指定交易(托管)、撤销指定交易(转托管)的时间与该内幕信息形成、变化、公开时间基本一致的；(2)资金变化与该内幕信息形成、变化、公开时间基本一致的；(3)买入或者卖出与内幕信息有关的证券、期货合约时间与内幕信息的形成、变化和公开时间基本一致的；(4)买入或者卖出与内幕信息有关的证券、期货合约时间与获悉内幕信息的时间基本一致的；(5)买入或者卖出证券、期货合约行为明显与平时交易习惯不同的；(6)买入或者卖出证券、期货合约行为，或者集中持有证券、期货合约行为与该证券、期货公开信息反映的基本面明显背离的；(7)账户交易资金进出与该内幕信息知情人员或者非法获取人员有关联或者利害关系的；(8)其他交易行为明显异常情形。

期内，与内幕信息知情人员联络、接触，从事或者明示、暗示他人从事，或者泄露内幕信息导致他人从事与该内幕信息有关的证券、期货交易，相关交易行为明显异常，且无正当理由或者正当信息来源的。(2)行为表现为三种类型：一是在涉及证券的发行，证券、期货交易或者其他对证券、期货交易价格有重大影响的信息尚未公开前，买入或者卖出该证券，或者从事与该内幕信息有关的期货交易；二是泄露该信息，使内幕信息处于使不应知悉该信息的人知悉或者可能知悉的状态；三是明示、暗示(如建议、推荐等)他人从事上述交易活动。根据《内幕案件解释》的规定，具有下列情形之一的，不属于从事与内幕信息有关的证券、期货交易：持有或者通过协议、其他安排与他人共同持有上市公司百分之五以上股份的自然人、法人或者其他组织收购该上市公司股份的；按照事先订立的书面合同、指令、计划从事相关证券、期货交易的；依据已被他人披露的信息而交易的；交易具有其他正当理由或者正当信息来源的。(3)情节严重。根据《内幕案件解释》的规定，具有下列情形之一的，应当认定为"情节严重"：证券交易成交额在 50 万元以上的；期货交易占用保证金数额在 30 万元以上的；获利或者避免损失数额在 15 万元以上的；3 次以上实施本罪行为的；具有其他严重情节的。2 次以上实施内幕交易或者泄露内幕信息行为，未经行政处理或者刑事处理的，应当对相关交易数额依法累计计算。

2. 责任形式为故意，行为人必须明知涉及证券的发行，证券、期货交易或者其他对证券、期货交易价格有重大影响的信息尚未公开而实施本罪行为。

(二) 内幕交易、泄露内幕信息罪的处罚

根据刑法第 180 条的规定，犯本罪的，处 5 年以下有期徒刑或者拘役，并处或者单处违法所得 1 倍以上 5 倍以下罚金；情节特别严重的，处 5 年以上 10 年以下有期徒刑，并处违法所得 1 倍以上 5 倍以下罚金。单位犯本罪的，对单位判处罚金，并对其直接负责的主管人员和其他直接责任人员，处 5 年以下有期徒刑或者拘役。根据《内幕案件解释》的规定，具有下列情形之一的，应当认定为"情节特别严重"：(1)证券交易成交额在 250 万元以上的；(2)期货交易占用保证金数额在 150 万元以上的；(3)获利或者避免损失数额在 75 万元以上的；(4)具有其他特别严重情节的。同一案件中，成交额、占用保证金额、获利或者避免损失额分别构成情节严重、情节特别严重的，按照处罚较重的数额定罪处罚。构成共同犯罪的，按照共同犯罪行为人的成交总额、占用保证金总额、获利或者避免损失总额定罪处罚，但判处各被告人罚金的总额应掌握在获利或者避免损失总额的 1 倍以上 5 倍以下。"违法所得"，是指通过内幕交易行为所获利益或者避免的损失。内幕信息的泄露人员或者内幕交易的明示、暗示人员未实际从事内幕交易的，其罚金数额按照因泄露而获悉内幕信息人员或者被明示、暗示人员从事内幕交易的违法所得计算。

十八、利用未公开信息交易罪

利用未公开信息交易罪，是指证券交易所、期货交易所、证券公司、期货经纪公司、基金管理公司、商业银行、保险公司等金融机构的从业人员以及有关监管部门或者行业协会的工作人员，利用因职务便利获取的内幕信息以外的其他未公开的信息，违反规定，从事与该信息相关的证券、期货交易活动，或者明示、暗示他人从事相关交易活动，情节严重的行为。根据立案标准，具有下列情形之一的，应当追诉：(1)证券交易成交额累计在 50 万元以上的；(2)期货交易占用保证金数额累计在 30 万元以上的；(3)获利或者避免损失数额累计在 15 万元以上的；(4)多次利用内幕信息以外的其他未公开信息进行交易活动的;(5)其他情节严重的情形。本罪的处罚与内幕交易、泄露内幕信息罪的处罚相同。情节特别严重的,应当适用升格的法定刑。[88]

十九、编造并传播证券、期货交易虚假信息罪

本罪是指编造并且传播影响证券、期货交易的虚假信息,扰乱证券、期货交易市场,造成严重后果的行为。"编造",是指捏造虚假信息,既包括虚构本不存在的信息,也包括篡改、加工、隐瞒真实的信息。"传播",是指使用各种方式使虚假信息处于不特定人或者多数人知悉或可能知悉的状态。虽然法条在编造与传播之间使用了"并且"一词,使得本罪的实行行为似乎由编造与传播两个行为构成,但事实上并非如此。一方面,单纯编造影响证券、期货交易的虚假信息的行为,并不是本罪的实行行为,不成立未遂犯。因为单纯编造而没有让他人知悉的行为,不可能侵害法益。另一方面,明知是他人编造的影响证券、期货交易的虚假信息而传播的,即使与编造者没有通谋,也能成立本罪。"编造并且传播"的规定,只是为了将缺乏故意的传播行为排除在犯罪之外。[89] "虚假信息"是就事实而言,而且必须是足以扰乱证券、期货交易市场的重大事实,对此可按照《禁止证券欺诈行为暂行办法》第5条所规定的内容进行判断。单纯对证券、期货市场发表的评价,不属于编造虚假信息。本罪的责任形式为故意,既可以是直接故意,也可以是间接故意;牟利目的不是本罪的责任要素,动机不影响本罪的成立。根据立案标准,具有下列情形之一的,应当追诉:(1)获利或者避免损失数额累计在5万元以上的;(2)造成投资者直接经济损失数额在5万元以上的;(3)致使交易价格和交易量异常波动的;(4)虽未达到上述数额标准,但多次编造并且传播影响证券、期货交易的虚假信息的;(5)其他造成严重后果的情形。根据刑法第181条第1款与第3款的规定,犯本罪的,处5年以下有期徒刑或者拘役,并处或者单处1万元以上10万元以下罚金。单位犯本罪的,对单位判处罚金,并对其直接负责的主管人员和其他直接责任人员,处5年以下有期徒刑或者拘役。

二十、诱骗投资者买卖证券、期货合约罪

诱骗投资者买卖证券、期货合约罪,是指证券交易所、期货交易所、证券公司、期货经纪公司的从业人员,证券业协会、期货业协会或者证券、期货监督管理部门的工作人员与单位,故意提供虚假信息或者伪造、变造、销毁交易记录,诱骗投资者买卖证券、期货合约,造成严重后果的行为。本罪为身份犯。"诱骗"包括使投资者产生认识错误的欺骗,但不限于欺骗。在投资者原本基于某种原因不打算买卖某种证券、期货合约,行为人通过提供虚假信息等手段,使投资者买卖该证券、期货合约的,当然属于诱骗。在投资者虽有买卖某种证券、期货合约的念头,但心存犹豫时,行为人通过提供虚假信息等手段,使投资者买卖该证券、期货合约的,也属于诱骗。根据立案标准,具有下列情形之一的,应当追诉:(1)获利或者避免损失数额累计在5万元以上的;(2)造成投资者直接经济损失数额在5万元以上的;(3)致使交易价格和交易量异常波动的;(4)其他造成严重后果的情形。犯本罪的,根据刑法第181条第2款、第3款的规定处罚。

二十一、操纵证券、期货市场罪

操纵证券、期货市场罪,是指自然人或者单位,故意操纵证券、期货市场,情节严重的

---

〔88〕 参见张明楷:《责任刑与预防刑》,北京大学出版社2015年版,第227页以下。

〔89〕 参见张明楷:《刑法分则的解释原理》(上),中国人民大学出版社2011年第2版,第498页以下。

行为。行为表现为下列四种类型:(1)单独或者合谋,集中资金优势、持股或者持仓优势或者利用信息优势联合或者连续买卖,操纵证券、期货交易价格或者证券、期货交易量;(2)与他人串通,以事先约定的时间、价格和方式相互进行证券、期货交易,影响证券、期货交易价格或者证券、期货交易量;(3)在自己实际控制的账户之间进行证券交易,或者以自己为交易对象,自买自卖期货合约,影响证券、期货交易价格或者证券、期货交易量;(4)以其他方法操纵证券、期货市场。[90] 责任形式为故意。构成本罪,还要求情节严重。根据立案标准,具有下列情形之一的,应予追诉:(1)单独或者合谋,持有或者实际控制证券的流通股份数达到该证券的实际流通股份总量30%以上,且在该证券连续20个交易日内联合或者连续买卖股份数累计达到该证券同期总成交量30%以上的;(2)单独或者合谋,持有或者实际控制期货合约的数量超过期货交易所业务规则限定的持仓量50%以上,且在该期货合约连续20个交易日内联合或者连续买卖期货合约数累计达到该期货合约同期总成交量30%以上的;(3)与他人串通,以事先约定的时间、价格和方式相互进行证券或者期货合约交易,且在该证券或者期货合约连续20个交易日内成交量累计达到该证券或者期货合约同期总成交量20%以上的;(4)在自己实际控制的账户之间进行证券交易,或者以自己为交易对象,自买自卖期货合约,且在该证券或者期货合约连续20个交易日内成交量累计达到该证券或者期货合约同期总成交量20%以上的;(5)单独或者合谋,当日连续申报买入或者卖出同一证券、期货合约并在成交前撤回申报,撤回申报量占当日该种证券总申报量或者该种期货合约总申报量50%以上的;(6)上市公司及其董事、监事、高级管理人员、实际控制人、控股股东或者其他关联人单独或者合谋,利用信息优势,操纵该公司证券交易价格或者证券交易量的;(7)证券公司、证券投资咨询机构、专业中介机构或者从业人员,违背有关从业禁止的规定,买卖或者持有相关证券,通过对证券或者其发行人、上市公司公开作出评价、预测或者投资建议,在该证券的交易中谋取利益,情节严重的;(8)其他情节严重的情形。犯本罪的,根据刑法第182条的规定处罚。

二十二、背信运用受托财产罪

背信运用受托财产罪,是指商业银行、证券交易所、期货交易所、证券公司、期货经纪公司、保险公司或者其他金融机构,违背受托义务,擅自运用客户资金或者其他委托、信托的财产,情节严重的行为。其中的“客户资金”不同于后述吸收客户资金不入账罪中的客户资金,而是指限定了特定用途的客户资金。因此,公众的普通存款、购买方支付的货款或者股权对价款等,不属于本罪的“客户资金”。概言之,凡是金融机构可以自主决定使用的资金,都不属于本罪的“客户资金”。本罪只能由故意构成,但不要求特定目的(既不要求行为人具有牟利目的,也不要求行为人对委托人具有加害目的)。根据立案标准,具有下列情形之一的,应当追诉:(1)擅自运用数额在30万元以上的;(2)虽未达到上述数额标准,但多次擅自运用,或者擅自运用多个客户资金、财产的;(3)其他情节严重的情形。犯本罪的,依照刑法第185条之一第1款的规定处罚。

---

〔90〕《禁止证券欺诈行为暂行办法》第8条规定的操纵市场行为有:(1)通过合谋或者集中资金操纵证券市场价格;(2)以散布谣言等手段影响证券发行、交易;(3)为制造证券的虚假价格,与他人串通,进行不转移证券所有权的虚买虚卖;(4)出售或者要约出售其并不持有的证券,扰乱证券市场秩序;(5)以抬高或者压低证券交易价格为目的,连续交易某种证券;(6)利用职务便利,人为地压低或者抬高证券价格;(7)其他操纵市场的行为。

二十三、违法运用资金罪

违法运用资金罪,是指社会保障基金管理机构、住房公积金管理机构等公众资金管理机构,以及保险公司、保险资产管理公司、证券投资基金管理公司,违反国家规定运用资金,情节严重的行为。根据立案标准,具有下列情形之一的,应当追诉:(1)违法运用资金数额在 30 万元以上的;(2)虽未达到上述数额标准,但多次违法运用资金的;(3)其他情节严重的情形。犯本罪的,依照刑法第 185 条之一第 2 款的规定处罚。

二十四、违法发放贷款罪

违法发放贷款罪,是指银行或者其他金融机构的工作人员或者单位违反国家规定发放贷款,数额巨大或者造成重大损失的行为。凡是不符合国家规定的贷款条件却发放贷款的,均属于违反国家规定发放贷款。根据立案标准,违法发放贷款数额在 100 万元以上的,或者造成直接经济损失数额在 20 万元以上的,应当追诉。是否造成了重大损失,不是用法律的观点判断,而是用经济的观点判断,即不是从法律上考察金融机构是否丧失了财产(法律上的损害概念),而是从经济上、事实上考察金融机构是否受到了损失(经济上的损害概念)。例如,行为人向关系人发放 1000 万元的贷款后,借款人到期不能偿还。从法律的观点来看,金融机构还存在 1000 万元及利息的债权,没有受到损失;但从经济的观点来看,贷款到期不能收回,就是造成了较大损失。因此,违法向关系人发放贷款,到期不能收回的贷款或者利息数额重大的,就应认为造成了重大损失。[91] 关于本罪的责任形式,刑法理论上存在形形色色的观点,[92]本书认为,本罪的责任形式为故意,但其中的重大损失属于客观的超过要素。犯本罪的,依照刑法第 186 条第 1 款的规定处罚。违反国家规定向关系人发放贷款的,从重处罚。根据《商业银行法》的规定,关系人,是指商业银行及其他金融机构的董事、监事、管理人员、信贷业务人员及其近亲属,以及上述人员投资或者担任高级管理职务的公司、企业和其他经济组织。

二十五、吸收客户资金不入账罪

吸收客户资金不入账罪,是指银行或者其他金融机构的工作人员以及单位,吸收客户资金不入账,数额巨大或者造成重大损失的行为。其中的"客户资金"既包括个人存款,也包括单位存款;既包括以合法方式吸收的存款,也包括以违规方式吸收的存款。"吸收客户资金不入账",是指不记入金融机构的法定存款账目,以逃避国家金融监管,至于是否记入法定账目以外设立的账目,则不影响该罪成立。根据立案标准,吸收客户资金不入账数额在 100 万元以上的,或者造成直接经济损失数额在 20 万元以上的,应当追诉。犯本罪的,依照刑法第 187 条的规定处罚。

二十六、违规出具金融票证罪

违规出具金融票证罪,是指银行或者其他金融机构的工作人员以及单位,违反规定,

---

〔91〕《不良贷款认定暂行办法》第 7 条规定:"贷款虽未逾期,或逾期未满规定年限,但有下列情况之一,应列入呆滞贷款:(一)借款人被依法撤消、关闭、解散,并终止法人资格;(二)借款人虽未依法终止法人资格,但生产经营活动已停止,借款人已名存实亡;(三)借款人的经营活动虽未停止,但产品无市场,企业资不抵债,亏损严重并濒临倒闭。"第 8 条规定:"按第七条规定列入呆滞贷款后,经确认已无法收回的贷款,列入呆账贷款。"不少学者认为,只有当发放的贷款被列为呆滞贷款或者呆账贷款时,才能认定为造成重大损失;甚至有学者认为,即使列入呆账贷款,也不能一概认定为造成重大损失。这些观点不当限制了本罪的成立范围,为本书所不取。

〔92〕参见刘宪权:《金融犯罪刑法学新论》,上海人民出版社 2014 年版,第 236 页以下。

为他人出具信用证或者其他保函、票据、存单、资信证明,情节严重的行为。其中的“违反规定”,是指违反有关金融法律、行政法规、规章及银行或其他金融机构内部制定的规章制度与业务规则。“为他人”不仅包括为自然人,而且包括为单位。“保函”,是指金融机构应申请人的请求,向第三方开立的一种书面信用担保凭证。“票据”指金融票据。“存单”即银行存单。“资信证明”,是指提供客户的财产状况、偿还能力、信用程度等情况的证明文件。但是,对于无形伪造金融票证的(如在他人没有存款的情况下,给他人开具存单的),应认定为伪造金融票证罪。关于本罪的责任形式,刑法理论上存在故意说、过失说、过失或间接故意说以及故意或过失说,本书主张故意说,过失出具违反规定的金融票证的,不应当以本罪论处。根据立案标准,具有下列情形之一的,应当追诉:(1)出具金融票证数额在100万元以上的;(2)造成直接经济损失数额在20万元以上的;(3)多次违规出具的;(4)接受贿赂违规出具的;(5)其他情节严重的情形。犯本罪的,根据刑法第188条的规定处罚。

二十七、对违法票据承兑、付款、保证罪

对违法票据承兑、付款、保证罪,是指银行或者其他金融机构的工作人员以及单位,在票据业务中,对违反票据法规定的票据予以承兑、付款或者保证,造成重大损失的行为。

构成要件的内容为,银行或者其他金融机构的工作人员以及单位,在票据业务中,对违反票据法规定的票据予以承兑、付款或保证,造成重大损失。违反票据法规定的票据,包括票据记载事实不符合票据法规定的金融票据。承兑,是指汇票付款人承诺在汇票到期日支付汇票金额的票据行为;付款,是指票据债务人向票据债权人支付票据金额的行为;保证,是指对已经存在的票据上的债务进行担保的票据行为。对造成重大损失(造成直接经济损失数额在20万元以上),也应用经济的观点考察。

《票据法》第104条规定:“金融机构工作人员在票据业务中玩忽职守,对违反本法规定的票据予以承兑、付款或者保证的,给予处分;造成重大损失,构成犯罪的,依法追究刑事责任。”据此,一种观点认为本罪只能由过失构成。[93] 但是,直接根据《票据法》的规定确定本罪的责任形式,并不妥当。因为刑法条文中没有“玩忽职守”的规定,也没有规定本罪由过失构成,而刑法总则规定“过失犯罪,法律有规定的才负刑事责任”,故难以认为本罪的责任形式为过失。也有观点认为,本罪的责任形式多表现为过失与间接故意,或者认为本罪的责任形式为故意,少数情况下也可能存在过失犯。[94] 但是,这种观点只不过是将自己设定的事实强加于刑法规范所形成的结论。本书认为,本罪应为故意犯罪,行为人必须明知是违反票据法规定的票据,而予以承兑、付款或者保证。“造成重大损失”可作为客观的超过要素,不需要行为人具有希望或者放任的心理态度。但是,倘若行为构成金融诈骗罪、贪污罪(或职务侵占罪)的共犯,则应按想象竞合从一重罪处罚。

根据刑法第189条规定,犯本罪的,处5年以下有期徒刑或者拘役;造成特别重大损失的,处5年以上有期徒刑。单位犯前款罪的,对单位判处罚金,并对其直接负责的主管人员和其他直接责任人员,依照上述规定处罚。

---

〔93〕 参见何秉松主编:《刑法教科书》(下卷),中国法制出版社2000年版,第802页。

〔94〕 参见刘宪权:《金融犯罪刑法学新论》,上海人民出版社2014年版,第308页以下。

二十八、逃汇罪

逃汇罪,是指公司、企业或者其他单位,违反国家规定,擅自将外汇存放境外,或者将境内的外汇非法转移到境外,数额较大的行为。根据外汇管理法规的规定,外汇,是指以外币表示的可以用作国际清偿的外国货币、外币支付凭证、外币有价证券、特别提款权、欧洲货币单位及其他外汇资产。外汇管理法规规定的逃汇行为多种多样,但刑法只处罚上述两种逃汇行为。根据立案标准,逃汇行为单笔在200万美元以上或者累计数额在500万美元以上的,应认定为数额较大。本罪责任形式为故意。犯本罪的,根据刑法第190条的规定处罚。逃汇行为同时触犯走私罪的,属于想象竞合犯,从一重罪处罚。

二十九、骗购外汇罪

骗购外汇罪,是指使用伪造、变造的海关签发的报关单、进口证明、外汇管理部门核准件等凭证和单据,重复使用海关签发的报关单、进口证明、外汇管理部门核准件等凭证和单据,或者以其他方式骗购外汇,数额较大的行为。本罪由全国人大常委会《关于惩治骗购外汇、逃汇和非法买卖外汇犯罪的决定》规定。根据立案标准,骗购外汇数额在50万美元以上的,属于数额较大。

伪造、变造海关签发的报关单、进口证明、外汇管理部门核准件等凭证和单据,并用于骗购外汇的,按骗购外汇罪的法定刑从重处罚。明知用于骗购外汇而提供人民币资金的,以共犯论处。海关、外汇管理部门以及金融机构、从事对外贸易经营活动的公司、企业或者其他单位的工作人员与骗购外汇或者逃汇的行为人通谋,为其提供购买外汇的有关凭证或者其他便利的,或者明知是伪造、变造的凭证和单据而售汇、付汇的,以共犯论,从重处罚。

根据上述《决定》的规定,犯本罪的,处5年以下有期徒刑或者拘役,并处骗购外汇数额百分之5%以上30%以下罚金;数额巨大或者有其他严重情节的,处5年以上10年以下有期徒刑,并处骗购外汇数额5%以上30%以下罚金;数额特别巨大或者有其他特别严重情节的,处10年以上有期徒刑或者无期徒刑,并处骗购外汇数额5%以上30%以下罚金或者没收财产。单位犯本罪的,对单位依照上述规定判处罚金,并对其直接负责的主管人员和其他直接责任人员,处5年以下有期徒刑或者拘役;数额巨大或者有其他严重情节的,处5年以上10年以下有期徒刑;数额特别巨大或者有其他特别严重情节的,处10年以上有期徒刑或者无期徒刑。

三十、洗钱罪

(一)洗钱罪的概念与法益

洗钱罪,是指明知是毒品犯罪、黑社会性质的组织犯罪、恐怖活动犯罪、走私犯罪、贪污贿赂犯罪、破坏金融管理秩序犯罪、金融诈骗犯罪的所得及其产生的收益,为掩饰、隐瞒其来源与性质,而提供资金账户,协助将财产转换为现金、金融票据、有价证券,通过转账或者其他结算方式协助资金转移,协助将资金汇往境外,或者以其他方法掩饰、隐瞒犯罪所得及其收益的来源和性质的行为。

通说认为,“洗钱罪侵犯的客体是复杂客体,包括国家金融管理秩序和司法机关的正常活动”。[95] 这一观点的根据是，刑法将洗钱罪规定在“破坏金融管理秩序罪”中，因而直接表明，洗钱罪的法益首先是国家的金融管理秩序。另一方面，洗钱罪的对象是上游犯罪的所得及其产生的收益，而犯罪所得及其产生的收益是需要由司法机关依法追缴（包括追缴后返还给被害人）、没收的。洗钱行为无疑妨害了司法机关依法进行追缴、没收，所以，洗钱罪的客体也包括司法机关的正常活动。

可以肯定的是，金融管理秩序是洗钱罪的保护法益。虽然一般来说，洗钱行为都会妨害司法，但这只是客观事实，并不意味着刑法规定洗钱罪是为了保护司法活动。例如，虽然诬告陷害行为都会妨害司法，但不能认为刑法规定诬告陷害罪是为了保护司法活动。况且，刑法分则第六章将掩饰、隐瞒犯罪所得罪规定为“妨害司法罪”，否认洗钱罪的法益包括司法活动，不会削弱刑法对司法活动的保护。换言之，当洗钱行为同时构成掩饰、隐瞒犯罪所得、犯罪所得收益罪时，按想象竞合处理，反而有利于发挥想象竞合的明示机能，有利于实现一般预防与特殊预防的目的。反之，如果认为洗钱罪的保护法益包括司法活动，就会导致洗钱罪成为掩饰、隐瞒犯罪所得、犯罪所得收益罪的特别规定，反而不利于发挥想象竞合的明示机能。不可否认的是，如果认为洗钱罪的法益只是金融管理秩序，那么，只有当行为主体是金融机构及其工作人员，或者行为人利用金融机构、或者利用金融领域的相关活动（手段）时，才能成立洗钱罪。诚然，这样的观点会使洗钱罪的成立范围有所缩小，但不会放纵犯罪，因为对于没有破坏金融管理秩序的掩饰、隐瞒行为，完全能够以掩饰、隐瞒犯罪所得、犯罪所得收益罪论处。[96]

（二）洗钱罪的犯罪构成

1. 构成要件

（1）行为主体既可以是自然人，也可以是单位。问题是，上游犯罪人自己实施洗钱行为的（即“自洗钱”），是否成立洗钱罪？本书采取否定说。否认上游犯罪者可以成为洗钱罪的行为主体，并不是因为洗钱行为是不可罚的事后行为，而是因为否定说符合罪刑法定原则。从立法论上来说，将“自洗钱”规定为洗钱罪或许更合适，但在解释论上，只能在刑法条文规定的范围内确定行为主体范围。刑法第 191 条的规定明显采取了否定说。一方面，刑法第 191 条规定“明知是毒品犯罪……”。之所以强调“明知”，就是因为洗钱者不是上游犯罪人。另一方面，第 191 条一处使用“提供”、三处使用“协助”概念，这本身就说明本罪行为仅限于“帮助”他人洗钱，“自洗钱”被排除在外。

（2）洗钱罪的对象是上游犯罪的所得及其产生的收益。对此，应作广义理解。犯罪所得包括犯罪行为的直接所得与间接所得，还包括犯罪行为所取得的报酬。例如，帮助他人实施金融诈骗犯罪所获得的报酬，也是犯罪所得。“产生的收益”既包括上游犯罪所得产生的收益，也包括没有犯罪所得的上游犯罪行为直接产生的收益（参见后述内容）。

根据第 191 条的规定，上游犯罪包括“毒品犯罪、黑社会性质的组织犯罪、恐怖活动犯罪、走私犯罪、贪污贿赂犯罪、破坏金融管理秩序犯罪、金融诈骗犯罪”。

毒品犯罪，是指刑法分则第六章第七节所规定的犯罪，对此，没有必要再作限制解释。因为刑法第 191 条明文规定的毒品犯罪，当然包括了所有的毒品犯罪，刑法理论不能没有

---

〔95〕 王作富主编：《刑法分则实务研究》（上），中国方正出版社 2013 年第 5 版，第 488 页。

〔96〕 本书第四版认为，只要行为侵犯了金融管理秩序或者妨害了司法，就可以成立洗钱罪。

根据地随便限制毒品犯罪的范围。例如,帮助他人持有毒品原植物种子、幼苗所获得的报酬,因为包庇毒品犯罪分子而从被包庇者那里获得的报酬,也都应当认定为毒品犯罪所得。

黑社会性质的组织犯罪与恐怖活动犯罪,是指以黑社会性质组织、恐怖活动组织及其成员为主体实施的各种犯罪。所以,不能简单地认为财产犯罪不是洗钱罪的上游犯罪。因为黑社会性质组织、恐怖活动组织及其成员所实施的财产犯罪的所得及其产生的收益,仍然是洗钱罪的对象。

走私犯罪是指刑法分则第三章第二节所规定的全部走私犯罪。

贪污贿赂犯罪究竟包括哪些犯罪,还值得讨论。第一,刑法第163条的非国家工作人员受贿罪的所得及其产生的收益,能否成为洗钱罪的对象?本书持肯定回答,理由如下:刑法第191条所表述的是"贪污贿赂犯罪",而没有直接采用刑法分则第八章的章名"贪污贿赂罪"。故不能将"贪污贿赂犯罪"等同于分则第八章的"贪污贿赂罪"。我国刑法规定的上游犯罪范围比较窄,在不违反罪刑法定原则的前提下,宜对上游犯罪作扩大解释。第二,职务侵占罪能否成为洗钱罪的上游犯罪?本书持否定态度。因为在我国刑法中,职务侵占罪与贪污罪完全属于两个不同的概念,将职务侵占罪归入贪污罪中,有违反罪刑法定原则之嫌。第三,挪用公款罪是否属于上游犯罪?本书认为,对此需要具体分析。所挪用的公款本身不是上游犯罪"所得",因为挪用公款只是暂时使用公款,而不要求将公款据为己有。例如,A挪用公款在境外开公司,B知道真相帮助A将公款汇往境外的,不应当认定为洗钱罪。[97] 但是,挪用公款行为产生的收益,则是上游犯罪产生的收益,能够成为洗钱罪的对象。例如,挪用公款存入银行的利息,可以成为洗钱罪的对象。基于同样的理由,因行贿所获得的财产,也能成为洗钱罪的对象。第四,隐瞒境外存款罪难以成为上游犯罪。因为隐瞒境外存款罪所处罚的是隐瞒不报的行为,而该隐瞒行为本身不可能有犯罪所得及其收益。

破坏金融管理秩序犯罪与金融诈骗犯罪,是指刑法分则第三章第四节与第五节所规定的犯罪。

洗钱罪的成立,应当以上游犯罪事实成立为认定前提。上游犯罪尚未依法裁判,但查证属实的,不影响对洗钱罪的审判。上游犯罪事实可以确认,因行为人死亡等原因依法不予追究刑事责任的,不影响洗钱罪的认定。上游犯罪事实成立,依法以其他罪名定罪处罚的,也不影响洗钱罪的认定。例如,只要上游犯罪人的行为符合破坏金融管理秩序犯罪或金融诈骗犯罪的犯罪构成,即使由于某种原因(如牵连犯、想象竞合犯、包括的一罪等)认定为其他犯罪时,其犯罪所得及其产生的收益,也能成为洗钱罪的对象。

(3)行为分为五种类型:第一,提供资金账户。不仅包括提供银行的存款账户、储蓄账户,而且包括提供股票交易账户、期货交易账户等。提供资金账户,包括将自己现有的资金账户提供给上游犯罪人使用,将他人已有的资金账户提供给上游犯罪人使用,为上游犯罪人开设用于洗钱的资金账户。第二,协助将财产转换为现金、金融票据、有价证券。既包括将实物(包括不动产)转换为现金、金融票据、有价证券,也包括将现金、有价证券

---

〔97〕 基于同样的理由,协助高利转贷的行为人将贷款转入其他账户的,也难以成立洗钱罪(可能成立高利转贷罪的共犯)。

转换为金融票据或者将金融票据、有价证券转换成现金,[98]还包括将此种现金(如人民币)转换为彼种现金(如美元),将此种金融票据(如外国金融机构出具的票据)转换为彼种金融票据(如中国金融机构出具的票据),将此种有价证券转换为彼种有价证券。第三,通过转账或者其他结算方式协助资金转移。这是指通过利用支票、本票、汇票等金融票据或者采取汇兑、委托收款等结算方式,使上游犯罪所得及其产生的收益形式上成为合法收入,从而掩饰、隐瞒上游犯罪所得的非法来源及其不法性质。第四,协助将资金汇往境外。这是指帮助上游犯罪人将犯罪所得的资金或者作为犯罪所得产生的收益的资金,从境内汇往境外。其中的境外,不仅包括国外,而且包括我国的香港、澳门与台湾地区。第五,以其他方法掩饰、隐瞒犯罪所得及其收益的来源和性质。根据最高人民法院2009年11月4日《关于审理洗钱等刑事案件具体应用法律若干问题的解释》(以下简称《洗钱案件解释》)规定,这类行为主要是指:通过典当、租赁、买卖、投资等方式,协助转移、转换犯罪所得及其收益的;通过与商场、饭店、娱乐场所等现金密集型场所的经营收入相混合的方式,协助转移、转换犯罪所得及其收益的;通过虚构交易、虚设债权债务、虚假担保、虚报收入等方式,协助将犯罪所得及其收益转换为"合法"财物的;通过买卖彩票、奖券等方式,协助转换犯罪所得及其收益的;通过赌博方式,协助将犯罪所得及其收益转换为赌博收益的;协助将犯罪所得及其收益携带、运输或者邮寄出入境的;通过其他方式协助转移、转换犯罪所得及其收益的。

2. 责任

本罪的责任形式为故意(包括间接故意),行为人明知自己的行为会发生掩饰、隐瞒他人犯罪所得及其收益的来源和性质的结果,并且希望或者放任这种结果发生。其中特别重要的是,行为人必须明知是上游犯罪所得及其产生的收益。《洗钱案件解释》规定,对于"明知",应当结合被告人的认知能力,接触他人犯罪所得及其收益的情况,犯罪所得及其收益的种类、数额,犯罪所得及其收益的转换、转移方式以及被告人的供述等主、客观因素进行认定。具有下列情形之一的,可以认定被告人明知系犯罪所得及其收益,但有证据证明确实不知道的除外:(1)知道他人从事犯罪活动,协助转换或者转移财物的;(2)没有正当理由,通过非法途径协助转换或者转移财物的;(3)没有正当理由,以明显低于市场的价格收购财物的;(4)没有正当理由,协助转换或者转移财物,收取明显高于市场的"手续费"的;(5)没有正当理由,协助他人将巨额现金散存于多个银行账户或者在不同银行账户之间频繁划转的;(6)协助近亲属或者其他关系密切的人转换或者转移与其职业或者财产状况明显不符的财物的;(7)其他可以认定行为人明知的情形。此外,被告人将刑法第191条规定的某一上游犯罪的犯罪所得及其收益误认为是刑法第191条规定的上游犯罪范围内的其他犯罪所得及其收益的,不影响洗钱罪"明知"的认定。

"为掩饰、隐瞒其来源和性质",属于构成要件的内容,而不是洗钱罪的目的。易言之,掩饰、隐瞒上游犯罪的所得及其产生的收益的来源和性质,是洗钱行为的基本特征,当然也是故意的认识内容。亦即,行为人实施洗钱行为时,当然也认识到自己的行为是在掩饰、隐瞒上游犯罪的所得及其产生的收益的来源和性质。所以,不应当将"为掩饰、隐瞒其来源和性质"理解为洗钱罪的目的。

---

〔98〕 将现金、有价证券等转换为实物的,宜归入下述第五种类型。

(三)洗钱罪的处罚

根据刑法第191条的规定,犯洗钱罪的,没收实施以上犯罪的所得及其产生的收益,处5年以下有期徒刑或者拘役,并处或者单处洗钱数额5%以上20%以下罚金;情节严重的,处5年以上10年以下有期徒刑,并处洗钱数额5%以上20%以下罚金。单位犯本罪的,对单位判处罚金,并对其直接负责的主管人员和其他直接责任人员,处5年以下有期徒刑或者拘役;情节严重的,处5年以上10年以下有期徒刑。

本条规定的"没收"包含了不同的内容:第一,对于贪污犯罪、金融诈骗犯罪的所得,黑社会性质组织实施的财产犯罪所得等,应当在追缴后及时返还给被害人,而不应当上缴国库。概言之,凡是有被害人的,应当将犯罪所得返还给被害人。这显然不同于"没收"的含义。第二,对于贪污犯罪、金融诈骗犯罪、黑社会性质组织等实施的财产犯罪所得的收益,应当追缴并上缴国库,这属于没收。例如,行为人利用贪污犯罪所得购买房产后变卖房产所得的收益,应当没收。第三,对于没有被害人的犯罪,如毒品犯罪、走私犯罪、贿赂犯罪所得及其产生的收益,应当追缴并上缴国库,这也属于没收。不难看出,刑法第191条所规定的"没收",实际上与第64条的"追缴"基本上是一个含义。

第六节　金融诈骗罪

一、集资诈骗罪

(一)集资诈骗罪的概念与犯罪构成

集资诈骗罪,是指以非法占有为目的,使用诈骗方法非法集资,数额较大的行为。

1. 构成要件的内容为,使用诈骗方法非法集资,并且数额较大。

根据前述《集资案件解释》,只要客观行为属于非法吸收或者变相吸收公众存款(参见本章第五节"十"),并具有非法占有目的,就以集资诈骗罪论处。然而,非法吸收公众存款,并不以行为人实施诈骗行为为前提。换言之,只有使用诈骗方法非法集资,才能成立集资诈骗罪。诈骗罪的构造为:行为人实施欺骗行为→使对方陷入认识错误→对方基于认识错误处分财产→行为人或第三者取得财产→被害人遭受财产损失。集资诈骗罪的构造与诈骗罪的构造相同。刑法第192条所规定的"诈骗方法"就是指"欺骗行为"。欺骗行为,表现为向受骗者表示虚假的事项,或者说向受骗人传递不真实的资讯,但这种欺骗行为必须是使受骗者陷入或者继续维持(或强化)处分财产的认识错误的行为。就集资诈骗而言,只要某种行为足以使对方陷入"行为人属合法募集资金"、"行为人属正当募集资金"、"行为人的集资获得了有权机关的批准"、"出资后会有回报"等认识错误,进而导致对方"出资",那么,这种行为就属于集资诈骗罪中的诈骗方法。至于行为人是就事实进行欺骗,还是就价值进行欺骗,均不影响欺骗行为的性质。因此,对集资诈骗罪的"诈骗方法"只能进行实质的限定,而不可能穷尽其具体表现,故不能人为地将集资诈骗罪的欺骗行为局限为几种特定的手段。

非法集资,是指单位或者个人,违反法律、法规,向社会公众募集资金的行为。集资仅限于向社会公众募集资金,不包括募集资金以外的财物。集资行为必须面向社会公众,但不要求实际上已经骗取了多数人的资金。

非法集资表现为虚假承诺回报。承诺还本付息或者承诺分红的,承诺以货币、股权、债权或实物回报的,都符合承诺回报的要素。首先,承诺回报必须是虚假的,而不是真实的。其次,承诺回报应限于行为人承诺"只要出资即可通过出资行为获得回报",而不是指承诺出资人在出资后通过出资人的生产、经营等行为可以获得报酬。最后,所承诺的回报不必具有确定性。换言之,集资诈骗的行为人,既可能通过虚构确定的回报骗取资金,也可能通过虚构不确定的回报骗取资金。实践中发生的虚拟股票交易骗取股民资金的案件,便属于后一种情形。再如,以非法占有为目的,以发行彩票的方式向社会公众非法募集资金的,也成立集资诈骗罪。虽然彩票的中奖率极低,购买者获得回报的可能性极小,但以非法发行彩票的方式实施集资诈骗的行为人,通过彩票的特点承诺了回报的可能性。由此可见,只要承诺的回报具有可能性即可。

成立集资诈骗罪还要求数额较大。根据《集资案件解释》,个人集资诈骗数额在10万元以上的,单位集资诈骗数额在50万元以上的,应当认定为数额较大。[99] 集资诈骗的数额以行为人实际骗取的数额计算,案发前已归还的数额应予扣除。行为人为实施集资诈骗活动而支付的广告费、中介费、手续费、回扣,或者用于行贿、赠与等费用,不予扣除。行为人为实施集资诈骗活动而支付的利息,除本金未归还可予折抵本金以外,应当计入诈骗数额。

2. 责任形式为故意,此外还要求具有非法占有的目的,具体表现为具有不归还集资款的意思。根据《集资案件解释》,使用诈骗方法非法集资,具有下列情形之一的,可以认定为"以非法占有为目的":(1)集资后不用于生产经营活动或者用于生产经营活动与筹集资金规模明显不成比例,致使集资款不能返还的;(2)肆意挥霍集资款,致使集资款不能返还的;(3)携带集资款逃匿的;(4)将集资款用于违法犯罪活动的;(5)抽逃、转移资金、隐匿财产,逃避返还资金的;(6)隐匿、销毁账目,或者搞假破产、假倒闭,逃避返还资金的;(7)拒不交代资金去向,逃避返还资金的;(8)其他可以认定非法占有目的的情形。

（二）集资诈骗罪的认定

认定集资诈骗罪,应注意区分罪与非罪的界限。对骗取数额较小资金且情节较轻的行为,不宜认定为犯罪。但情节严重的,即使实际上没有非法占有集资款的,也应认定为集资诈骗未遂。对没有非法占有目的,在特定范围内(如面向单位职工)筹集资金,即使使用了一定欺诈手段的,也不能认定为犯罪,而应当按债务纠纷处理。

集资诈骗等金融诈骗犯罪都是以非法占有为目的的犯罪。对于非法占有目的的认定,既不能单纯根据损失结果认定,也不能仅凭被告人自己的供述认定,而应当根据案件的全部情况具体分析和判断。行为人的部分非法集资行为具有非法占有目的的,对该部分非法集资行为所涉集资款以集资诈骗罪定罪处罚;非法集资共同犯罪中部分行为人具有非法占有目的,其他行为人没有非法占有集资款的行为和目的的,对具有非法占有目的的行为人以集资诈骗罪定罪处罚。

欺诈发行股票、债券罪,擅自发行股票、公司、企业债券罪与非法吸收公众存款罪,都

---

[99] 规定如此高的数额要求明显不当。在司法解释具有法律效力的前提下,对于集资诈骗没有达到该数额较大标准的,应以诈骗罪或者集资诈骗(未遂)罪论处。

是非法筹集资金的行为。这几种犯罪也具有民法意义上的非法占有目的。但是,这些犯罪的行为人,都是将出资人对金钱的所有权转移为真实的债权、股权,行为人承认这种债权、股权,并具有履行债务(还本付息)或给予回报的意思,且将所占有的资金用于可以实现或者打算实现出资人债权或股权的生产经营等过程中。集资诈骗罪的行为人虽然表面上也将出资人对金钱的所有权转移为债权或股权,但这种债权、股权并不真实,而是虚假的,行为人没有履行债务和给予回报的意思,也没有将其占有的资金用于可以实现或打算实现出资人债权与股权的生产经营等过程中,或者只是将筹集的少量资金用于生产经营以便欺骗社会公众。以刑法上的非法占有目的,通过欺诈发行股票、债券等方式非法集资,触犯其他罪名的,属于想象竞合犯,应从一重罪(集资诈骗罪)处罚。

(三)集资诈骗罪的处罚

根据刑法第192条和第200条的规定,犯本罪的,处5年以下有期徒刑或者拘役,并处2万元以上20万元以下罚金;数额巨大或者有其他严重情节的,处5年以上10年以下有期徒刑,并处5万元以上50万元以下罚金;数额特别巨大或者有其他特别严重情节的,处10年以上有期徒刑或者无期徒刑,并处5万元以上50万元以下罚金或者没收财产。单位犯本罪的,对单位判处罚金,并对其直接负责的主管人员和其他直接责任人员,处5年以下有期徒刑或者拘役,可以并处罚金;数额巨大或者有其他严重情节的,处5年以上10年以下有期徒刑,并处罚金;数额特别巨大或者有其他特别严重情节的,处10年以上有期徒刑或者无期徒刑,并处罚金。[100] 在量刑时,不能仅以集资诈骗的数额为根据,还要考虑诈骗手段、诈骗次数、危害结果等情节。

二、贷款诈骗罪

(一)贷款诈骗罪的概念与犯罪构成

贷款诈骗罪,是指以非法占有为目的,使用欺骗方法,骗取银行或者其他金融机构的贷款,数额较大的行为。

1. 构成要件的内容是,使用欺骗方法,骗取银行或者其他金融机构的贷款,数额较大。贷款诈骗罪(既遂)的构造为:行为人实施欺骗行为→金融机构工作人员产生认识错误→基于认识错误发放贷款→行为人或第三者取得贷款→金融机构遭受财产损失。欺骗方法是指:(1)编造引进资金、项目等虚假理由的;(2)使用虚假的经济合同的;(3)使用虚假的证明文件的;(4)使用虚假的产权证明作担保或者超出抵押物价值重复担保的;使用虚假证明,将犯罪所得赃物作为自己的所有物向金融机构作抵押从而取得贷款的,属于使用虚假的产权证明作担保骗取贷款;(5)以其他方法诈骗贷款的。行为人虽然没有使用前四种方法,客观上的贷款条件与程序等完全符合相关规定,但行为人在贷款过程中,以非法占有为目的,隐瞒了通过事后转移贷款、担保物或者携款潜逃等而拒不归还贷款的意图,从而骗取贷款的,属于以其他方法骗取贷款。使用上述方法之一骗取贷款的,即可成立本罪;同时使用几种方法骗取贷款的,也只成立一罪。其中的贷款,是指贷款人向借款人提供的并按约定的利率和期限还本付息的货币资金。行为人合法取得贷款后,由于某种原因不能还本付息,采取欺骗手段将用于贷款的抵押物隐匿、转移,使贷款人不能对抵押物行使权利的,不能认定为贷款诈骗罪。如果欺骗手段使贷款人产生认识错误,进而作出免

---

〔100〕 具体处罚标准,参见《集资案件解释》第5条。

除债务的处分，则成立普通诈骗罪（骗取财产性利益）。诈骗贷款数额较大的才成立本罪。根据立案标准，诈骗贷款数额达到2万元的，应当追诉。没有达到该追诉标准的，应视具体情况以诈骗罪或者本罪的未遂犯论处。

2. 责任要素除故意外，还要求具有非法占有的目的，具体表现为不归还贷款的意思。值得研究的问题是，行为人合法取得贷款后，因情势变更而产生犯罪意图，并实施转移、隐匿贷款等行为的，应当如何处理？有的主张认定为侵占罪，有的主张认定为合同诈骗罪，有的主张认定为贷款诈骗罪。本书的基本观点是，行为人合法取得贷款后产生非法占有目的，拒不还本付息，但没有采取欺骗方法使贷款人免除其还本付息义务的，不成立贷款诈骗罪，也不成立侵占罪与诈骗罪，只宜作为民事案件处理。但是，如果采取欺骗方法使贷款人免除了其还本付息的义务，则成立普通诈骗罪（骗取财产性利益）。[101]

（二）贷款诈骗罪的认定

贷款诈骗罪与骗取贷款罪存在特别关系。亦即，使用欺骗方法获取金融机构贷款的，均成立骗取贷款罪，但是，如果行为人具有非法占有目的，则应认定为贷款诈骗罪。在判断非法占有目的时，除考察行为手段外，还需要考虑以下因素：取得贷款后是否按贷款用途使用；是否使用贷款进行违法犯罪活动；是否携款潜逃；到期后是否积极准备偿还贷款等。对于具有下列情形之一的，应认定为具有非法占有目的：（1）假冒他人名义贷款的；（2）贷款后携款潜逃的；（3）未将贷款按贷款用途使用，而是用于挥霍致使贷款无法偿还的；（4）改变贷款用途，将贷款用于高风险的经济活动造成重大经济损失，导致无法偿还贷款的；（5）为谋取不正当利益，改变贷款用途，造成重大经济损失，致使无法偿还贷款的；（6）使用贷款进行违法犯罪活动的；（7）隐匿贷款去向，贷款到期后拒不偿还的；等等。对于不能证明行为人具有非法占有目的的，不能以贷款诈骗罪论处。例如，因不具备贷款的条件而采取了欺骗手段获取贷款，案发时有能力履行还贷义务，或者案发时不能归还贷款是因为意志以外的原因，如因经营不善、被骗、市场风险等，只能认定为骗取贷款罪。此外，对于合法取得贷款后，没有按规定的用途使用贷款，到期没有归还贷款的，既不能以贷款诈骗罪论处，也不能以骗取贷款罪论处。

刑法没有将单位规定为贷款诈骗罪的行为主体。对于单位实施的贷款诈骗行为，应当对组织、策划、实施贷款诈骗行为的自然人，以贷款诈骗罪论处。[102]

行为人采取欺骗手段使他人为其提供担保（如抵押），从而骗取金融机构贷款的，应认定为对担保人的（合同）诈骗罪（对象为财产性利益）与对金融机构的贷款诈骗罪（对象为贷款），宜实行数罪并罚。[103] 一方面，行为人欺骗他人使之为自己提供担保，意味着使

---

〔101〕 参见张明楷：《诈骗罪与金融诈骗罪研究》，清华大学出版社2006年版，第534页以下。

〔102〕 最高人民法院2001年1月21日《全国法院审理金融犯罪案件工作座谈会纪要》曾指出："根据刑法第30条和第193条的规定，单位不构成贷款诈骗罪。对于单位实施的贷款诈骗行为，不能以贷款诈骗罪定罪处罚，也不能以贷款诈骗罪追究直接负责的主管人员和其他直接责任人员的刑事责任。但是，在司法实践中，对于单位十分明显地以非法占有为目的，利用签订、履行借款合同诈骗银行或其他金融机构贷款，符合刑法第224条规定的合同诈骗罪构成要件的，应当以合同诈骗罪定罪处罚。"这一规定与全国人大常委会2014年4月24日《关于〈中华人民共和国刑法〉第三十条的解释》的规定相矛盾，不得继续适用。

〔103〕 当然，能否认为两个行为的重要部分是重合的，因而认定为想象竞合，抑或认为二者存在牵连关系。因而认定为牵连犯，还值得进一步讨论。

他人处分了财产性利益,自己取得了财产性利益,故成立(合同)诈骗罪。[104] 另一方面,行为人以欺骗手段取得了金融机构的贷款,无疑成立贷款诈骗罪。倘若仅认定对担保人的(合同)诈骗罪,就没有评价其对贷款的诈骗。即使金融机构最终通过实现抵押权等方式挽回了损失,也不能否认其贷款被行为人骗取;正是因为行为人的欺骗行为造成了金融机构的贷款损失,金融机构才通过实现抵押权等方式挽回损失。倘若仅认定对金融机构的贷款诈骗罪,就没有评价其对担保人的诈骗(事实上,在许多案件中,担保人成为最终受损失的人)。此外,仅认定为一罪的观点,违背了财产犯罪中的素材同一性的基本要求(行为人取得的财产与被害人损失的财产必须具有同一性)。

假借他人名义贷款并占有贷款,使他人成为贷款人的,成立贷款诈骗罪。金融机构工作人员利用其管理信贷的职务便利,以假冒他人名义或者虚构姓名等方式骗取本金融机构贷款归个人占有的,宜认定为贪污罪或者职务侵占罪。一般公民与金融机构负责贷款的全部人员串通,以非法占有为目的获取贷款的,不成立贷款诈骗罪,应认定为贪污、职务侵占等罪的共犯。一般公民与金融机构的贷款最终决定者串通,虽然可能欺骗了信贷员与部门审核人员,但作出处分行为的人并没有陷入认识错误,故一般公民不成立贷款诈骗罪,应视有无非法占有目的与行为性质,认定为贪污、职务侵占、违规发放贷款等罪的共犯。一般公民与金融机构的信贷员或者部门审核人员串通,以非法占有为目的,共同欺骗分管领导等具有处分决定权的人员,使后者产生认识错误并核准贷款的,同时触犯了贪污罪(或职务侵占罪)与贷款诈骗罪,应以想象竞合犯处理。[105] 行为人为了骗取贷款,所实施的欺骗行为超出了刑法第193条所规定的行为范围,与贷款诈骗的目的行为不具有类型性的牵连关系的,应实行数罪并罚。例如,为了骗取贷款而虚报注册资本取得公司登记的,应当实行数罪并罚。

(三)贷款诈骗罪的处罚

根据刑法第193条的规定,犯本罪的,处5年以下有期徒刑或者拘役,并处2万元以上20万元以下罚金;数额巨大或者有其他严重情节的,处5年以上10年以下有期徒刑,并处5万元以上50万元以下罚金;数额特别巨大或者有其他特别严重情节的,处10年以上有期徒刑或者无期徒刑,并处5万元以上50万元以下罚金或者没收财产。

三、票据诈骗罪

(一)票据诈骗罪的概念与犯罪构成

票据诈骗罪,是指以非法占有为目的,利用金融票据进行诈骗活动,骗取数额较大财物的行为。

1. 构成要件的内容为,利用金融票据进行诈骗活动,骗取数额较大财物。利用金融票据进行诈骗是指以下行为:

(1)使用伪造、变造的汇票、本票、支票骗取财物。使用,是指按照票据的功能及其通常使用方式,将伪造、变造的票据作为真实票据予以利用,从而骗取财物。如使用伪造、变造的票据汇兑;使用伪造、变造的票据支付货款以骗取财物;转让伪造、变造的票据;使用伪造、变造的票据结算等。

---

〔104〕 即使行为人没有贷款诈骗的故意,其骗取他人提供担保的行为也成立(合同)诈骗罪。

〔105〕 参见张明楷:《诈骗罪与金融诈骗罪研究》,清华大学出版社2006年版,第435页以下。

（2）使用作废的汇票、本票、支票骗取财物。作废的汇票、本票、支票，是指根据法律和有关规定不能使用的票据，包括过期的票据、无效的票据与依法宣布作废的票据。当然，如果使用作废的票据，使自己的一般民事债权消灭，没有造成相对人财产损失的，不能认定为票据诈骗罪。

（3）冒用他人的汇票、本票、支票。这是指擅自以合法持票人的名义使用自己没有支配权利的他人票据的行为。冒用的对方必须是不明真相的人。行为人所冒用的票据的来源，不影响冒用他人票据的性质。重复使用支票提取现金的行为，应认定为冒用他人支票。

（4）签发空头支票或者与其预留印鉴不符的支票，骗取财物。空头支票，是指出票人所签发的支票超过其付款时在付款人处实有的存款金额。签发空头支票，是指行为人制作并交付空头支票。但开始制作空头支票时，并不是本罪的着手；以非法占有为目的，将空头支票交付给他人时，才是本罪的着手。签发空头支票不是为了骗取财物，而是为了延缓债务履行的，不成立本罪。先骗取他人货物，事后将空白支票交付给对方的，不应认定为本罪，只能认定为（合同）诈骗罪。签发与预留印鉴不符的支票，一般是指票据签发人在其签发的支票上加盖与其预留于银行或者其他金融机构印鉴不一致的财务章或者支票签发人的名章。但是，对"印鉴"应作扩大解释，即对于签发与预留签名不同、与预留密码不同的支票，骗取财物的，也认定为本罪。

（5）汇票、本票的出票人签发无资金保证的汇票、本票或者在出票时做虚伪记载，骗取财物。签发汇票、本票的行为人有无资金保证，不能单纯从时间上作形式的认定，而要从实质上考察签发行为是否足以造成持票人、承兑人、付款人财产损失。在出票时做虚伪记载，仅限于汇票、本票的出票环节，而不包括票据的背书、提示承兑、付款以及保证环节，而且只有作影响汇票、本票效力的虚假记载，才成立票据诈骗罪。

利用金融票据实施诈骗行为，骗取数额较大财物的，才成立本罪。根据立案标准，个人诈骗数额在 1 万元以上的，单位诈骗数额在 10 万元以上的，应当追诉。没有达到该追诉标准的，应视具体情况以诈骗罪或者本罪的未遂犯论处。

2. 责任要素除故意外，还要求具有非法占有目的。行为人使用伪造、变造、作废的票据时，必须明知是伪造、变造、作废的票据；冒用他人票据时，必须明知是他人真实有效的票据。误将伪造的票据作为他人真实有效的票据而冒用的，属于同一构成要件内的错误，不影响本罪的成立。虽然刑法分则第三章第五节仅对部分犯罪规定了"以非法占有为目的"，但应认为，非法占有目的是所有金融诈骗罪的责任要素。

（二）票据诈骗罪的认定

盗窃支票并使用的行为性质比较复杂，需要具体分析。（1）盗窃定额支票的，不管行为人盗窃后是否使用、如何使用，都成立盗窃罪。（2）盗窃定额支票之外的不记名、不挂失支票的，成立盗窃罪。（3）盗窃记名的空白支票，然后补记收款人或支票金额并使用的，成立票据诈骗罪。（4）盗窃记名支票后，无论在挂失之前还是之后使用的，均应认定为票据诈骗罪。（5）盗窃格式票据（票据用纸）并偷盖印章或者伪造印鉴，记载相关事项，无论在挂失之前还是之后使用的，都触犯了伪造金融票证罪与票据诈骗罪，应从一重罪处罚（在票据诈骗未遂的情况下，宜认定为伪造金融票证罪既遂）。

内外勾结使用伪造、变造的票据的，需要根据诈骗罪的构造得出结论。票据诈骗罪的成立,要求有受骗者,受骗者要么是占有财产的人,要么是虽然没有占有财产却对财产具有处分权限或地位的人。如果在一个案件中根本没有受骗者,就不可能成立票据诈骗罪。因此,一般公民与银行内部具有财产处分权限的人相勾结,使用伪造的票据从银行取得财产的,由于没有受骗者,不能认定为票据诈骗罪,而应认定为贪污罪或者职务侵占罪的共同犯罪。一般公民与银行内部不具有财产处分权限的人相勾结,使用伪造的票据从银行取得财产的,由于存在受骗者,成立票据诈骗罪;但该行为同时成立贪污罪或者职务侵占罪的共同犯罪时,应按想象竞合从一重罪处罚。

(三)票据诈骗罪的处罚

根据刑法第194条和第200条的规定,犯票据诈骗罪的,处5年以下有期徒刑或者拘役,并处2万元以上20万元以下罚金;数额巨大或者有其他严重情节的,处5年以上10年以下有期徒刑,并处5万元以上50万元以下罚金;数额特别巨大或者有其他特别严重情节的,处10年以上有期徒刑或者无期徒刑,并处5万元以上50万元以下罚金或者没收财产。单位犯本罪的,对单位判处罚金,并对其直接负责的主管人员和其他直接责任人员,处5年以下有期徒刑或者拘役,可以并处罚金;数额巨大或者有其他严重情节的,处5年以上10年以下有期徒刑,并处罚金;数额特别巨大或者有其他特别严重情节的,处10年以上有期徒刑或者无期徒刑,并处罚金。

四、金融凭证诈骗罪

金融凭证诈骗罪,是指使用伪造、变造的委托收款凭证、汇款凭证、银行存单或其他银行结算凭证,骗取财物的行为。以伪造的银行存单作抵押(质押),通过签订借款合同骗取银行贷款的,成立本罪与贷款诈骗罪的包括一罪,从一重罪处罚。本罪的法定刑与票据诈骗罪的法定刑相同。

五、信用证诈骗罪

信用证诈骗罪,是指以非法占有为目的,进行信用证诈骗的行为。行为的具体表现形式是:(1)使用伪造、变造的信用证或者附随的单据、文件;(2)使用作废的信用证;(3)骗取信用证;(4)以其他方法进行信用证诈骗活动。

争论最大的问题是,如何理解"骗取信用证"? 对此存在形形色色的观点。[106] 本书认为,单纯骗取信用证的行为,既不构成信用证诈骗罪的既遂,也不构成信用证诈骗罪的未遂,而是信用证诈骗罪的预备行为。骗取信用证的行为实际上包含两种情形:一是通过欺骗手段使银行开具信用证(骗开信用证);二是通过欺骗手段骗取他人已经持有的信用证(骗得信用证)。对于后一种情形,仅认定为信用证诈骗罪的预备犯即可(自动放弃骗取财物的行为的,成立中止犯)。前一种骗开信用证的行为,不仅是信用证诈骗罪的预备行为,而且是无形伪造信用证的间接正犯。换言之,行为人虚构交易事项,使开证银行工作人员信以为真,开具了无交易背景的信用证的,该信用证属于内容虚假的信用证。这种内容虚假的信用证,是开证银行工作人员受行为人欺骗所开,因此,骗开信用证的行为人,是无形伪造信用证的间接正犯,成立伪造金融票证罪(间接正犯)的既遂犯。由于只有一个行为,宜认定为想象竞合犯,从一重罪(伪造金融票证罪)处罚。

犯本罪的,根据刑法第195条和第200条的规定处罚。

---

[106] 参见张明楷:《诈骗罪与金融诈骗罪研究》,清华大学出版社2006年版,第617页以下。

六、信用卡诈骗罪

(一)信用卡诈骗罪的概念与犯罪构成

信用卡诈骗罪,是指以非法占有为目的,利用信用卡进行诈骗活动,骗取数额较大财物的行为。

1. 构成要件的内容为,利用信用卡进行诈骗活动,骗取数额较大的财物。

(1)使用伪造的信用卡或者使用以虚假的身份证明骗领的信用卡,骗取财物。刑法规定的信用卡,是指由商业银行或者其他金融机构发行的具有消费支付、信用贷款、转账结算、存取现金等全部功能或者部分功能的电子支付卡。使用,是指按照信用卡的通常使用方法,将伪造的信用卡作为真实有效的信用卡予以利用。使用伪造的信用卡,仅限于对自然人使用。在机器上使用伪造的信用卡取得财物的,成立盗窃罪。使用所谓"变造"的信用卡(如磁条内的信息被变更的信用卡)的,应认定为使用伪造的信用卡。利用伪造的信用卡私下质押担保骗取他人财物的,不成立信用卡诈骗罪,宜认定为(合同)诈骗罪。

(2)使用作废的信用卡,骗取财物。使用作废的信用卡的行为主体既可以是持卡人,也可以是其他人。使用行为仅限于对自然人使用。在机器上使用作废的信用卡取得财物的,成立盗窃罪。

(3)冒用他人信用卡,骗取财物。冒用他人信用卡,一般表现为非持卡人以持卡人名义使用持卡人的信用卡进而骗取财物(但没有必要将他人信用卡限定为他人真实有效的信用卡)。使用自己名义的信用卡的行为,不成立信用卡诈骗罪。行为人所冒用的信用卡,既可能是拾得的,也可能是通过其他方法取得的(但盗窃或抢劫信用卡后使用的情形存在例外)。冒用他人信用卡,以违反持卡人的意志为前提;征得持卡人同意使用其信用卡的,不构成犯罪。根据前述《信用卡案件解释》(参见本章第五节"十一"),具有下列情形之一的,属于冒用他人信用卡:拾得他人信用卡并使用的;骗取他人信用卡并使用的;窃取、收买、骗取或者以其他非法方式获取他人信用卡信息资料,并通过互联网、通讯终端等使用的;其他冒用他人信用卡的情形。但本书认为,冒用他人信用卡,只限于对自然人使用,在机器上使用他人信用卡取款的,成立盗窃罪。因为"冒用"一词本身就包括了欺骗的含义,冒用他人信用卡的诈骗行为,必须是欺骗他人使之陷入处分财产的认识错误的行为。反过来说,对于机器不存在"冒用"与"诈骗"的问题,因为机器不可能存在是否产生认识错误的问题。只要符合操作规程、输入的密码正确,任何人都可以从机器中取款;反之,即使是合法持卡人,只要不符合操作规程、输入密码有误,就不可能从机器中取款。最高人民检察院2008年4月18日《关于拾得他人信用卡并在自动柜员机(ATM机)上使用的行为如何定性问题的批复》指出:"拾得他人信用卡并在自动柜员机(ATM机)上使用的行为,属于刑法第一百九十六条第一款第(三)项规定的'冒用他人信用卡'的情形,构成犯罪的,以信用卡诈骗罪追究刑事责任。"本书认为,这一解释不符合信用卡诈骗罪的基本原理。因为诈骗罪以欺骗自然人为前提,对机器使用他人信用卡时,并没有对任何自然人实施欺骗行为。[107] 而且,这一解释与最高人民检察院的相关解释自相矛盾。最高人

---

[107] 关于机器不能被骗的观点与论证,参见张明楷:《诈骗罪与金融诈骗罪研究》,清华大学出版社2006年版,第89页以下;张明楷:"也论用拾得的信用卡在ATM机上取款的行为性质",载《清华法学》2008年第1期;张明楷:"非法使用信用卡在ATM机取款的行为构成盗窃罪",载《清华法学》2009年第1期。

民检察院2003年4月2日《关于非法制作、出售、使用IC电话卡行为如何适用法律问题的答复》明确指出:"明知是非法制作的IC电话卡而使用或者购买并使用,造成电信资费损失数额较大的,应当依照刑法第二百六十四条的规定,以盗窃罪追究刑事责任。"按照前一司法解释的逻辑,行为人使用非法制作的IC电话卡在机器上打电话的,应当成立诈骗罪。显然,正确的是后一司法解释,错误的是前一司法解释。

冒用他人信用卡,不需要行为人现实地持有他人的信用卡。例如,甲盗窃了乙的借记卡与身份证,记下了借记卡的卡号后将借记卡偷偷放回原处。随后,甲持乙的身份证并冒充乙向银行挂失,由于甲能向银行工作人员准确提供借记卡的姓名、卡号与密码,使银行工作人员信以为真。但甲并没有要求银行工作人员为其补办新的借记卡,而是让银行工作人员将乙借记卡中的7000余元全部转入自己的另一借记卡。甲虽然没有现实地持有乙的借记卡,但宜认定为冒用他人信用卡。

(4)恶意透支。恶意透支,是指持卡人以非法占有为目的,超过规定限额或者规定期限透支,并且经发卡银行催收后仍不归还的行为。恶意透支的持卡人属于身份犯,应是指合法持卡人。以虚假的身份证明骗领信用卡的行为人不是持卡人,因为刑法第196条第1款已经将使用以虚假的身份证明骗领信用卡的行为规定为独立的行为类型,再将这类主体划入持卡人进而认定为恶意透支,并不合适。窃取了他人信用卡的人,也不是持卡人;行为人盗窃并使用信用卡后又透支的,应当认定为其实施了两个行为。虽然两个法益的性质相同,但应认为其透支行为侵害了新的财产法益,认定为数罪较为妥当。换言之,盗窃信用卡的行为人对于透支部分(限于在银行柜台或特约商户对自然人冒用为前提)不可能成立恶意透支型信用卡诈骗罪,只能认定为"冒用他人信用卡";对于没有透支的部分,不管如何使用,按照刑法第196条第3款的规定,均应认定为盗窃罪。所以,对于行为人的盗窃罪与信用卡诈骗罪应当实行数罪并罚。此外,如果非法持卡人在ATM上"恶意透支"的,由于不存在受骗者与处分人,对"透支"部分也只能认定为盗窃罪。实际用卡人也不是持卡人,但可能与持卡人构成共犯;在持卡人不知情的情况下,对实际用卡人的透支行为可以认定为冒用他人信用卡。"催收"既包括书面催收,也包括口头催收,但仅限于对持卡人催收,对保证人或者持卡人家属催收的,不属于"催收"。不过,只要持卡人透支后发卡银行实施过催收行为,持卡人按照信用卡的通常使用情形认识到发卡银行实施过催收行为并仍不归还,即使持卡人没有直接或间接收到发卡银行的催收,也应认定为"经发行银行催收后仍不归还"。《信用卡案件解释》规定:"持卡人以非法占有为目的,超过规定限额或者规定期限透支,并且经发卡银行两次催收后超过3个月仍不归还的,应当认定为刑法第196条规定的'恶意透支'。"显然,《信用卡案件解释》对恶意透支作了限制解释,旨在防止将善意透支行为认定为信用卡诈骗罪。《信用卡案件解释》还规定,有以下情形之一的,应当认定为刑法第196条第2款规定的"以非法占有为目的":第一,明知没有还款能力而大量透支,无法归还的;第二,肆意挥霍透支的资金,无法归还的;第三,透支后逃匿、改变联系方式,逃避银行催收的;第四,抽逃、转移资金,隐匿财产,逃避还款的;第五,使用透支的资金进行违法犯罪活动的;第六,其他非法占有资金,拒不归还的行为。需要说明的是,下级司法机关不能望文生义地理解该解释。根据行为与责任同时存在的原理,非法占有目的必须存在于透支时;透支时没有非法占有目的或者说具有归还意思的,因为缺乏责任要素,无论如何都不能认定为信用卡诈骗罪。[108]

成立本罪需要诈骗数额较大,根据《信用卡案件解释》的规定,前三种行为以5000元为数额较大起点,恶意透支以1万元为数额较大的起点。[109] 在恶意透支的情况下,持卡人在银行交纳保证金的,其恶意透支数额以超出保证金的数额计算。没有达到上述标准的,应视具体情况以诈骗罪或者本罪的未遂犯论处。

2. 责任要素除故意外,还要求有非法占有目的。使用伪造、作废的信用卡时,必须明知是伪造、作废的信用卡;以为是他人真实有效的信用卡而使用,但实际上使用了伪造的信用卡的,属于同一构成要件内的错误,不影响信用卡诈骗罪的成立。不具有非法占有目的的善意透支行为,不成立信用卡诈骗罪。

(二)信用卡诈骗罪的认定

1. 根据刑法第196条第3款的规定,盗窃信用卡并使用的,依照刑法第264条关于盗窃罪的规定定罪处罚。[110] (1)本款所规定的"信用卡"是指他人持有的信用卡,但没有必要限定为他人真实有效的信用卡。如果明知是伪造或作废的信用卡而盗窃并对自然人使用的,应认定为信用卡诈骗罪(使用伪造的信用卡、使用作废的信用卡)。如果以为真实有效的信用卡而盗窃并对自然人使用,但事实上盗窃和使用的是伪造或者作废的信用卡的,也属于盗窃信用卡并使用。(2)"使用"既包括盗窃者本人使用,也包括盗窃者利用不知情的第三者使用(间接正犯)。例如,甲盗窃信用卡后,指使12周岁的乙使用。由于乙没有责任,甲成立刑法第196条第3款规定的盗窃罪的间接正犯。明知是他人盗窃的信用卡而使用的,也应认定为盗窃罪。例如,甲盗窃信用卡后交给乙,乙知道真相而使用的,甲与乙均成立盗窃罪。因为乙虽然没有就盗窃信用卡与甲通谋,但既然乙在使用时明知信用卡为甲盗窃所得,那么,就应认为乙使用甲盗窃的信用卡的行为,是刑法第196条第3款所规定的盗窃罪的一部分。[111] 因此,乙与甲构成刑法第196条第3款所规定的盗窃罪的共犯。[112] "使用"是指按照信用卡的通常使用方法使用。盗窃信用卡后出售信用卡的,不属于盗窃信用卡并使用,只能分别判断盗窃行为与出售行为是否构成其他相关犯罪。(3)盗窃了他人真实有效的信用卡但并不使用的行为,不构成信用卡诈骗罪(可能成立妨害信用卡管理罪),一般也不成立盗窃罪(但如果是入户盗窃信用卡、携带凶器盗窃信用卡或者扒窃信用卡的,成立盗窃罪)。所以,不能一概认为盗窃信用卡并使用的,是牵连犯或者结合犯。根据刑法的规定,也不应当对盗窃信用卡并使用的行为实行数罪并罚。(4)行为人盗窃他人信用卡后在ATM上使用的,理所当然成立盗窃罪。换言之,即

---

[108] 透支时不具有归还的意思,但经发卡银行催收后予以归还的,因为不符合恶意透支的构成要件,也不能以信用卡诈骗罪追究刑事责任。

[109] 由于数额起点不同,在行为人实施了数个行为时,需要折算。例如,行为人冒用他人信用卡2500元,恶意透支5000元的,应认为达到数额较大的标准。

[110] 盗窃数额根据行为人盗窃信用卡后使用的数额认定。

[111] 一种观点认为,对甲以盗窃罪论处,对乙只能认定为冒用他人信用卡类型的信用卡诈骗罪。但是,由于在数额较大、巨大的情况下,盗窃罪的法定刑低于信用卡诈骗罪的法定刑,所以,这样的观点会导致对乙的处罚反而重于甲,明显不合适。

[112] 至于甲盗窃信用卡后丢失,乙捡拾该信用卡后在银行柜台或者特约商户使用的,即使乙明知该信用卡为甲盗窃后丢失的信用卡,但由于乙与甲不成立共同犯罪,对乙只能视情形认定为信用卡诈骗罪(冒用他人信用卡)或者盗窃罪(从自动取款机提取现金),不适用刑法第196条第3款。

使没有刑法第196条第3款的规定,对于这种行为也应认定为盗窃罪。因为这种行为完全符合盗窃罪的犯罪构成,并不符合诈骗罪与信用卡诈骗罪的基本构造。所以,就盗窃他人信用卡并从ATM中取款的情形而言,刑法第196条第3款的规定属于注意规定,而非法律拟制。[113] (5)行为人盗窃他人信用卡后并对自然人使用的行为(在银行柜台或者特约商户使用),就使用信用卡而言,应属于冒用他人信用卡,理应成立信用卡诈骗罪。但是,刑法第196条第3款明文规定对盗窃信用卡并使用的,应按盗窃罪定罪处罚;或者说,该款规定将部分信用卡诈骗行为认定为盗窃罪。就此而言,该规定属于法律拟制,而非注意规定。即盗窃信用卡并对自然人使用的行为,原本符合信用卡诈骗罪的犯罪构成,但刑法仍然赋予其盗窃罪的法律后果。正因为本款属于法律拟制,而非注意规定,因此,不能将本规定"推而广之"。例如,行为人骗得他人信用卡之后又对自然人使用的,不能认定为诈骗罪,而应认定为信用卡诈骗罪;行为人拾得他人信用卡并对自然人使用的,不能认定为侵占罪,也应认定为信用卡诈骗罪。(6)窃取他人信用卡资料后使用的,也应认定为盗窃信用卡并使用。前述《信用卡案件解释》规定,窃取他人信用卡信息资料,并通过互联网、通讯终端等使用的,属于冒用他人信用卡,认定为信用卡诈骗罪。本书不赞成这种观点。既然能将其中的使用行为认定为冒用他人信用卡,那么,整个行为就属于盗窃信用卡并使用,[114] 因而应当认定为盗窃罪。

2. 拾得(侵占)、骗取、抢夺、勒索他人信用卡后,并不使用的,不成立信用卡诈骗罪,但可能成立妨害信用卡管理罪。拾得(侵占)、骗取、抢夺、勒索他人信用卡使用的,应视使用的方式确定犯罪性质。如果在机器上使用,应认定为盗窃罪;如果对自然人使用,则属于冒用他人信用卡类型的信用卡诈骗罪。[115] 因为侵犯财产的行为是使用行为,所以,必须根据使用行为的性质确定罪名,而不能根据并不侵犯他人财产的取得信用卡的行为方式确定罪名。概言之,在涉及信用卡的犯罪中,首先要确定被害人与结果内容,再判断是什么行为造成了结果,然后判断该行为符合何种犯罪的成立条件。不能想当然地认为前面的行为是主行为,后面的行为是从行为,也不能动辄认为后行为是前一行为的延伸、后行为是前行为的一部分。例如,被害人乙到银行办理开户手续,银行的离职员工甲主动接待,乙声称只需要存折不办理银行卡,甲独自到柜台为乙办理开户手续,告诉柜台人员既需要存折也要办理银行卡,柜台人员因与甲熟悉就在客户本人不在场的情况下为乙办理了存折与银行卡,一并交给甲。甲将存折交给乙,自己留下了银行卡。后来,乙向账户存款5万元,甲利用银行卡从ATM中取走该款。显然,甲从ATM中取款的行为,才是造成他人财产损失的原因,该行为是盗窃行为而不是诈骗行为,故应认定甲的行为成立盗窃

---

[113] 如果认为,对于盗窃他人信用卡后在机器上使用的案件,直接根据刑法第264条定罪量刑,而不需要引用刑法第196条第3款,那么,就可以仅将第196条第3款理解为法律拟制。反之,如果认为,对于盗窃他人信用卡后在机器上使用的案件,需要同时引用刑法第264条与第196条第3款,则第196条第3款相对于这种情形属于注意规定。这不是本质性的问题,只要明确其问题所在即可。不过,本书倾向于采取前一种观点,亦即,对于盗窃他人信用卡后在机器上使用的案件,直接根据刑法第264条定罪量刑即可。

[114] 认为行为人没有盗窃信用卡却使用了信用卡,是自相矛盾的。

[115] 虽然抢夺行为也完全符合盗窃罪的构成要件,对于抢夺信用卡后对自然人使用的,似乎也能适用刑法第193条第3款的规定以盗窃罪论处。但是,由于信用卡诈骗罪的法定刑高于盗窃罪,既然在拾得信用卡后对自然人使用的行为以信用卡诈骗罪论处,那么,对于抢夺信用卡后对自然人使用的行为就不宜以盗窃罪论处,否则会导致量刑不协调。

罪。虽然甲先前实施了骗取信用卡的行为,但在本案中,该行为只是盗窃罪的预备行为,而不能认为盗窃行为是诈骗行为的延伸。况且,单纯骗取信用卡的行为,并不能使他人遭受财产损失。

3. 对于抢劫信用卡的案件,应具体分析:(1)抢劫信用卡并以实力控制被害人,当场提取现金的,应认定为抢劫罪。[116] 抢劫数额为所提取的现金数额。(2)使用暴力、胁迫或者其他强制手段抢劫信用卡但并未使用的,应认定为抢劫罪。抢劫数额为信用卡本身的数额(工本费等),或者不计数额,按情节处罚。(3)抢劫信用卡并在事后使用的,应分为不同情形处理:如果事后在机器上使用的,应将抢劫罪(不包括信用卡记载的数额)与盗窃罪(数额为从机器上取得的现金数额)实行并罚;如果事后对自然人使用的,应将抢劫罪与信用卡诈骗罪实行并罚。(4)抢劫信用卡当场取款一部分,事后取款一部分的,对当场取得的财物认定为抢劫罪,对事后取得的财物视使用方式认定为盗窃罪(在机器上使用)或信用卡诈骗罪(对自然人使用),实行数罪并罚。[117] (5)一方抢劫信用卡后仍然控制着被害人,知情的另一方帮助取款的,成立抢劫罪的共犯。甲抢劫信用卡后并未控制被害人,事后乙使用甲所抢劫的信用卡的,对乙的行为应视使用性质认定为盗窃罪(在机器上使用)或信用卡诈骗罪(对自然人使用)。

4. 特约商户职员利用工作之便,在顾客使用信用卡购物、消费结算时,私下重复刷卡,非法占有顾客信用卡账户内资金的行为,成立盗窃罪。特约商户职员在捡拾顾客信用卡后,伪造客户签单,购买商品或者消费的,成立信用卡诈骗罪;但捡拾信用卡的特约商户职员接收到发卡银行止付通知后,假冒他人签名,在该特约商户为自己购物的,由于不存在受骗者与处分人,而且遭受财产损失的是特约商户,故应认定为职务侵占罪(或贪污罪)。

(三)信用卡诈骗罪的处罚

根据刑法第196条的规定,犯本罪的,处5年以下有期徒刑或者拘役,并处2万元以上20万元以下罚金;数额巨大或者有其他严重情节的,处5年以上10年以下有期徒刑,并处5万元以上50万元以下罚金;数额特别巨大或者有其他严重情节的,处10年以上有期徒刑或者无期徒刑,并处5万元以上50万元以下罚金或者没收财产。[118] 恶意透支的行为人在公安机关立案后人民法院判决宣告前已偿还全部透支款息的,可以从轻处罚,情节轻微的,可以免除处罚。恶意透支数额较大,在公安机关立案前已偿还全部透支款息,情节显著轻微的,可以依法不追究刑事责任。

七、有价证券诈骗罪

有价证券诈骗罪,是指使用伪造、变造的国库券或者国家发行的其他有价证券,进行诈骗活动,数额较大的行为。国家发行,包括国家直接发行与国家间接发行,后者是指国家通过证券商承销出售证券的方式发行。国家发行,不限于中央人民政府发行,而是包括代表国家的国家职能部门(如财政部)发行。由财政部主管的彩票,应属于国家发行的有

---

〔116〕 虽然现金由银行占有,但不妨碍抢劫罪的认定。因为抢劫罪的行为对象不限于财物的被害人,而是包括对有权处分财物的人、财物的辅助占有者以及其他协助占有、管理财物的人或者抵制抢劫的人。

〔117〕 最高人民法院2005年6月8日《关于审理抢劫、抢夺刑事案件适用法律若干问题的意见》第6条指出:“抢劫信用卡后使用、消费的,其实际使用、消费的数额为抢劫数额。”可是,事后使用所抢劫的信用卡取得财物的行为,难以评价为抢劫罪中的“强取财物”,宜另评价为盗窃罪或者信用卡诈骗罪。

〔118〕 具体处罚标准,参见《信用卡案件解释》第5条、第6条。

价证券。使用,是指对不知情的自然人的使用。向知情的对方倒卖伪造的国家发行的有价证券的,因为不存在受骗者,只能认定为倒卖伪造的有价票证罪。犯本罪的,根据刑法第197条的规定处罚。

八、保险诈骗罪

(一)保险诈骗罪的概念与犯罪构成

保险诈骗罪,是指投保人、被保险人、受益人,以使自己或者第三者获取保险金为目的,采取虚构保险标的、保险事故或者制造保险事故等方法,骗取保险金,数额较大的行为。

1. 构成要件的内容为,使用各种欺骗方法,骗取数额较大的保险金。

行为主体是投保人、被保险人与受益人,但刑法根据行为方式对主体范围作了具体限定。如虚构保险标的的,只限于投保人(疑似身份犯);虚构保险事故的,包括投保人、被保险人与受益人;如此等等。投保人,是指与保险人签订保险合同并向保险人交付保险费的人。被保险人,是指受保险合同保障的人。受益人,是指在人身保险中有权领取保险金的人。单位可以成为本罪的行为主体。

客观行为表现为以下五种情形:(1)投保人故意虚构保险标的,骗取保险金的;(2)投保人、被保险人或者受益人对发生的保险事故编造虚假的原因或者夸大损失的程度,骗取保险金的;(3)投保人、被保险人或者受益人编造未曾发生的保险事故,骗取保险金的;(4)投保人、被保险人故意造成财产损失的保险事故,骗取保险金的;(5)投保人、受益人故意造成被保险人死亡、伤残或者疾病,骗取保险金的。

将他人的财产谎称为自己的财产而投保,进而骗取保险金的,属于"虚构保险标的,骗取保险金"。[119] 恶意复保险、隐瞒保险危险骗取保险金的行为,属于"故意虚构保险标的,骗取保险金"。复保险是指投保人对于同一个保险利益、同一保险事故,在同一时期向数个保险人分别订立数个合同的保险。如果复保险的各保险金额的总数没有超过保险标的的价值,而且告知各保险人,则通常是被允许的,不可能成立犯罪;但是,如果超过保险标的的价值,对保险人隐瞒复保险的事实,以取得双倍乃至更多的赔偿为目的进行保险,则属于被法律所禁止的恶意的复保险(法律特殊允许的除外)。在恶意复保险的情况下,行为人实际上是将价值较小的保险标的虚构为价值较大的保险标的。隐瞒保险危险骗取保险金,是指行为人隐瞒已经存在的危险,与保险公司签订某种保险合同,从而骗取保险金。例如,行为人隐瞒自己的严重疾病与保险公司签订健康保险合同,然后向保险公司通知病情,骗取保险金。行为人并不存在健康保险合同所要求的健康,通过隐瞒疾病的真相,虚构了身体健康的事实,这便是虚构标的。标的物灭失后,隐瞒真相向保险人投保,骗取保险金的,属于虚构保险标的。酒后驾驶机动车发生事故后,谎称由第三者驾驶机动车,进而骗取保险金的,属于编造虚假的原因骗取保险金。

投保人、受益人将他人作为被保险人的替身而杀害,然后骗取保险金的,不属于"故

---

〔119〕 当然,是否构成犯罪还需要考虑其他相关因素。例如,甲承包了3000亩土地后,全部转承包给他人(承包户)种植棉花。由于承包户不愿意投保,甲担心一旦遇到自然灾害,承包户不能交纳承包费,自己会遭受财产损失,便以其个人名义将3000亩土地上的棉花投保,并按规定支付了保险费用。后来确实发生了自然灾害,保险公司对甲进行了理赔。由于承包户没有交纳承包费,甲将保险公司赔偿的保险金全部据为己有。甲的行为虽然形式上属于虚构保险标的,但不应以保险诈骗罪论处。

意造成被保险人死亡,骗取保险金",而属于"编造未曾发生的保险事故,骗取保险金"(实行数罪并罚)。

2. 责任形式为故意,刑法条文对上述第(1)种、第(4)种与第(5)种行为,特别强调必须是故意实施的,第(2)种与第(3)种行为显然也只能故意实施。此外,行为人必须具有非法获取保险金的目的。

(二)保险诈骗罪的着手认定

实行行为是具有侵害法益的紧迫危险的行为。就保险诈骗而言,虚构保险标的、造成保险事故等行为,只是为诈骗保险金创造了前提条件;如果行为人造成保险事故后并未到保险公司索赔,保险活动秩序与保险公司的财产受侵害的危险性就比较小;只有当行为人向保险公司索赔时,才能认为保险活动秩序与保险公司的财产受侵害的危险达到了紧迫程度。因此,对于保险诈骗罪而言,到保险公司索赔的行为或者提出支付保险金的请求的行为,才是本罪的着手,而不应以开始实施虚构保险标的、开始制造保险事故等为着手。[120] 例如,行为人为了骗取保险金,而放火烧毁已经投保的房屋,进而骗取保险金的,开始放火烧毁房屋时,还不是保险诈骗罪的着手;以房屋被烧毁为根据向保险人提出给付保险金的请求时,才是保险诈骗罪的着手。[121] 行为人已经着手实施保险诈骗行为,但由于其意志以外的原因未能获得保险赔偿的,是诈骗未遂,情节严重的,应依法定罪量刑。

(三)保险诈骗罪的共犯认定

刑法第198条第3款规定:"保险事故的鉴定人、证明人、财产评估人故意提供虚假的证明文件,为他人诈骗提供条件的,以保险诈骗罪的共犯论处。"本款属于注意规定。一方面,由于刑法第229条规定了提供虚假证明文件罪,保险事故的鉴定人、证明人、财产评估人故意提供虚假的证明文件,为他人诈骗保险金提供条件的行为,也可能符合第229条的规定,故本款旨在引起司法人员的注意,对于上述行为不得以提供虚假证明文件罪处罚,而应以保险诈骗罪的共犯论处。另一方面,即使没有本款规定,按照刑法总则关于共犯的规定,上述行为也成立保险诈骗罪的共犯。因此,对于其他金融诈骗罪而言,即使没有关于共犯的注意规定,对于故意为金融诈骗的行为人提供虚假证明文件或其他便利条件的,也应当认定为金融诈骗罪的共犯。[122] 基于同样的理由,还可以得出以下两个结论:第一,除了保险事故的鉴定人、证明人、财产评估人故意提供虚假的证明文件,为他人诈骗保险金提供条件之外,其他行为人只要符合刑法总则规定的共犯(教唆犯、帮助犯)成立条件,即应以保险诈骗罪的共犯论处;第二,即使在类似的条文中没有与本款类似的规定,也应当根据刑法总则关于共犯成立条件的规定,认定共同犯罪。

根据刑法第183条的规定,"保险公司的工作人员利用职务上的便利,故意编造未曾发生的保险事故进行虚假理赔,骗取保险金归自己所有的",以职务侵占罪定罪处罚;国有保险公司工作人员和国有保险公司委派到非国有公司从事公务的人员实施上述行为的,以贪污罪定罪处罚。上述规定,显然是就保险公司的工作人员单独行为而言。保险诈

[120] 关于本观点的详细论证以及对批判意见的反批判,参见张明楷:《诈骗罪与金融诈骗罪研究》,清华大学出版社2006年版,第772页以下。

[121] 参见[日]前田雅英:《刑法各论讲义》,东京大学出版会2015年第6版,第226页。

[122] 当然,这种行为属于保险诈骗罪与提供虚假证明文件罪的想象竞合。

骗的行为人与保险公司的工作人员相勾结骗取保险金,构成共同犯罪时,应当根据刑法总论中的共犯与身份的原理以及共同犯罪的其他原理定罪量刑(参见第八章第九节)。

(四)保险诈骗罪的罪数认定

根据刑法第198条第2款的规定,投保人、被保险人故意造成财产损失的保险事故,投保人、受益人故意造成被保险人死亡、伤残或者疾病,骗取保险金,同时构成其他犯罪的,依照数罪并罚的规定处罚。例如,投保人或被保险人放火烧毁已经投保的房屋,危害公共安全,并以此为根据骗取保险金的,应以放火罪和保险诈骗罪实行并罚。再如,投保人或受益人故意杀害被保险人,然后骗取保险金的,应以故意杀人罪和保险诈骗罪实行并罚。刑法之所以规定实行数罪并罚,是因为制造保险事故的行为本身已经构成了独立的犯罪,而骗取保险金便是利用制造的保险事故实施的另一犯罪行为,理当以数罪论处。这里有两个问题需要研究。

1. 仅实施了制造保险事故的犯罪行为,而没有向保险人索赔时,应否认定为数罪?例如,甲租用某建筑公司场地开舞厅,并为舞厅财产购买了30余万元保险。后因甲无力支付租金,场地被建筑公司封锁。甲决定放火烧毁舞厅:一来可以解对建筑公司之恨,二来可以从保险公司获取保险赔偿金。甲在放火后败露,未到保险公司索赔即被当地公安机关抓获。甲的行为构成放火罪无疑,但还没有着手实行保险诈骗罪,能否实行数罪并罚?本书持否定回答。(1)第198条第1款第4项、第5项并不只是规定了制造保险事故的行为,同时规定了"骗取保险金";而"骗取保险金"不包括尚未向保险人骗取保险金的行为。甲放火烧毁舞厅的行为虽然为骗取保险金创造了条件,但他还没有开始实施向保险人骗取保险金的行为,故不能认为其行为符合第198条第1款第4项、第5项的规定。(2)即使认为以放火、杀人等手段制造保险事故骗取保险金的属于牵连犯;并且以刑法对不少牵连犯作出了并罚的规定为由,主张对牵连犯实行并罚,也不能对此处所讨论的行为实行数罪并罚。这是因为,对牵连犯的并罚以手段行为或者结果行为超出了其中一个罪的犯罪构成范围为前提。但在行为人还没有向保险人提出索赔时,意味着行为人仅仅实施了放火行为,而该行为并没有超出放火罪的范围,因而没有并罚的可能性。(3)如果认为,行为人为了骗取保险金而以放火等手段制造保险事故,但还没有向保险人提出索赔的行为,属于想象竞合犯,也不应实行并罚。

2. 单位制造保险事故的,对单位能否进行数罪并罚?刑法第198条第2款就数罪并罚作出规定后,在第3款又规定,单位可以成为保险诈骗罪的主体。于是可能出现这样的情况:单位采取放火等方法故意造成财产损失的保险事故,骗取保险金。对此应当实行数罪并罚,而不仅以保险诈骗罪处理。但刑法并没有规定单位可以成为放火罪的主体,如果对单位以放火罪论处,就必然违反罪刑法定原则。显然,要做到不违反刑法的规定,对单位放火骗取保险金的案件只能作如下处理:就保险诈骗罪而言,成立单位犯罪,对单位判处罚金,同时处罚直接负责的主管人员和其他直接责任人员;就放火罪而言,处罚组织、策划、实施放火行为的自然人。这样既实现了数罪并罚的规定,又符合单位不能成为放火等罪主体的规定。

(五)保险诈骗罪的处罚

根据刑法第198条的规定,犯本罪的,处5年以下有期徒刑或者拘役,并处1万元以上10万元以下罚金;数额巨大或者有其他严重情节的,处5年以上10年以下有期徒刑,并处2万元以上20万元以下罚金;数额特别巨大或者有其他特别严重情节的,处10年以上有期徒刑,并处2万元以上20万元以下罚金或者没收财产。单位犯本罪的,对单位判处罚金,并对其直接负责的主管人员和其他直接责任人员,处5年以下有期徒刑或者拘役;数额巨大或者有其他严重情节的,处5年以上10年以下有期徒刑;数额特别巨大或者有其他特别严重情节的,处10年以上有期徒刑。按照本书的观点,保险诈骗数额特别巨大或者有其他特别严重情节的,与(合同)诈骗罪成立想象竞合关系,应从一重罪处罚。欺骗保险人,所骗取的财物数额没有达到保险诈骗罪的标准但达到(合同)诈骗罪的标准的,由于并不符合保险诈骗罪的构成要件,不属于法条竞合,应当以(合同)诈骗罪论处。

第七节　危害税收征管罪

一、逃税罪

(一)逃税罪的概念与犯罪构成

逃税罪,是指纳税人采取欺骗、隐瞒手段进行虚假纳税申报或者不申报,逃避缴纳税款数额较大并且占应纳税额10%以上,或者缴纳税款后,以假报出口或者其他欺骗手段,骗取所缴纳的税款的行为,以及扣缴义务人采取欺骗、隐瞒等手段,不缴或者少缴已扣、已收税款,数额较大的行为。

1. 构成要件的内容包括两类行为主体、三种手段行为、一种目的行为和两个情节要求。

两类行为主体为纳税人与扣缴义务人(身份犯)。纳税人是指法律、行政法规规定的负有纳税义务的单位或者个人;扣缴义务人是指法律、行政法规规定的负有代扣代缴、代收代缴税款义务的单位或者个人。[123] 教唆、帮助纳税人或者扣缴义务人实施逃税行为的,以逃税罪的共犯论处。税务机关的工作人员与纳税人或者扣缴义务人相勾结,共同实施逃税行为的,成立逃税罪的共犯;行为同时触犯徇私舞弊不征、少征税款罪的(参见刑法第404条),属于想象竞合,从一重罪处罚。

纳税人主体的三种手段行为分别为:(1)采取欺骗、隐瞒手段进行虚假纳税申报。例如,采取隐匿账簿、记账凭证,或者在账簿上多列支出或者不列、少列收入,或者报送虚假的纳税申报表、财务报表、代扣代缴、代收代缴税款报告表或者其他纳税申报资料(如提供虚假申请,编造减税、免税、抵税、先征收后退还税款等虚假资料)进行虚假的纳税申报。(2)不申报。因不申报而成立逃税罪的,不需要采取欺骗、隐瞒手段。但本书认为,对此应作另一种限制解释,即只有经税务机关通知申报而不申报的,才能认定为逃税罪。具有下列情形之一的,应当认定为"经税务机关通知申报":第一,纳税人、扣缴义务人已经依法办理税务登记或者扣缴税款登记的;第二,依法不需要办理税务登记的纳税人,经税务机关依法书面通知其申报的;第三,尚未依法办理税务登记、扣缴税款登记的纳税人、

〔123〕 单位的会计或者出纳等个人,擅自为单位实施逃税行为的,不能认定为单位犯罪,而应认定为自然人犯逃税罪。

扣缴义务人,经税务机关依法书面通知其申报的。但是,“经税务机关通知申报而拒不申报”以行为人负有纳税义务、扣缴义务为前提。(3)根据刑法第204条的规定,缴纳税款后,以假报出口或者其他欺骗手段,骗取所缴纳的税款的,符合其他要件的,也成立逃税罪。

一个目的行为是指逃避缴纳税款,包括不缴或者少缴应纳税款或已扣、已收税款,以及不符合退税条件却通过虚假手段取得的退税款。扣缴义务人书面承诺代纳税人支付税款的,应当认定扣缴义务人“已扣、已收税款”。行为人实施了伪造、变造、隐匿、擅自销毁账簿、记账凭证等行为,但并未逃税的,不成立本罪。

两个情节要求是,纳税人逃避缴纳税款数额较大并且占应纳税额10%以上。根据立案标准,数额较大的起点为5万元。虽然刑法第204条第2款前段的规定具有法律拟制的性质,但本书认为,缴纳税款后骗取所缴纳的税款成立逃税罪的,除了要求数额较大外,也要求骗取所缴纳的税款占应纳税额10%以上。需要说明的是,扣缴义务人构成逃税罪的,只要求不缴或者少缴已扣、已收税款,数额较大,不要求占应缴税款的10%以上。

2. 责任形式为故意,即明知自己的行为会发生逃避缴纳税款的结果,并且希望或者放任这种结果发生。单位为了私设小金库而在财务账上少列收入,因而导致少缴税款,符合前述条件的,依然成立逃税罪。漏税行为不成立逃税罪。漏税,是指纳税单位或者个人过失漏缴或少缴税款的行为,如因工作粗心大意,错用税率、漏报应税项目等。

(二)逃税罪的认定

1. 如何确定逃税数额及其比例? 逃税数额,是指在确定的纳税期间,不缴或者少缴各税种税款的总额。逃税数额占应纳税额的百分比,是指一个纳税年度中的各税种逃税总额与该纳税年度应纳税总额的比例。不按纳税年度确定纳税期的其他纳税人,逃税数额占应纳税额的百分比,按照行为人最后一次逃税行为发生之日前一年中各税种逃税总额与该年纳税总额的比例确定。纳税义务存续期间不足一个纳税年度的,逃税数额占应纳税额的百分比,按照各税种逃税总额与实际发生纳税义务期间应当缴纳税款总额的比例确定。逃税行为跨越若干个纳税年度,只要其中一个纳税年度的逃税数额及百分比达到刑法第201条第1款规定的标准,即构成逃税罪。各纳税年度的逃税数额应当累计计算,逃税百分比应当按照最高的百分比确定。

但应注意的是,追诉时效不能一概从年底起计算。例如,逃税人在2015年3月10逃税,按纳税年度计算达到了法定标准,但其追诉时效应从2015年3月10日起计算,而不是从2015年12月31日起计算。

2. 如何处理避税行为? 一般认为,避税是指利用税法的漏洞或模糊之处,通过对经营活动和财务活动的安排,以达到免税或者少缴税款目的的行为。从与税收法规的关系上看,避税行为表现为以下四种情况:一是利用选择性条文避税;二是利用不清晰的条文避税;三是利用伸缩性条文避税;四是利用矛盾性、冲突性条文避税。第一种行为并不违法,其他三种行为虽然违反税法精神,但由于这些行为不符合逃税罪的犯罪构成,故只能根据税法的有关规定作补税处理,不能认定为逃税罪。

3. 对多次实施逃税行为,未经处理的,按照累计数额计算。参照最高人民法院2002年11月5日《关于审理偷税抗税刑事案件具体应用法律若干问题的解释》,“未经处理”,是指纳税人或者扣缴义务人在5年内多次实施逃税行为。

4. 行为人在实施其他违法犯罪行为的过程中，有逃税行为且符合本罪的犯罪构成的，对逃税行为应以犯罪论处。例如，使用伪造、变造、盗窃的武装部队车辆号牌，不缴或者少缴应纳的车辆购置税、车辆使用税等税款，逃税数额较大且占应纳税额的10%以上，依照逃税罪的规定定罪处罚。[124] 行为人非法购买并使用武装部队车辆号牌，情节严重，同时不缴或者少缴应纳的车辆购置税、车辆使用税等税款，构成逃税的，应以非法买卖军用标志罪与逃税罪实行数罪并罚。

（三）逃税罪的处罚阻却事由

刑法第201条第4款规定："有第一款行为，经税务机关依法下达追缴通知后，补缴应纳税款，缴纳滞纳金，已受行政处罚的，不予追究刑事责任；但是，五年内因逃避缴纳税款受过刑事处罚或者被税务机关给予二次以上行政处罚的除外。"本款但书前所规定的是逃税罪的处罚阻却事由。亦即，即使行为符合逃税罪的犯罪构成，但只要具备本款规定的处罚阻却事由的，也不追究行为人的刑事责任。

1. 任何逃税案件，首先必须经过税务机关的处理。税务机关没有处理或者不处理的，司法机关不得直接追究行为人的刑事责任。

2. 一般来说，只有经税务机关依法下达追缴通知后，行为人补缴应纳税款（包括执行追缴退税款），缴纳滞纳金，已受行政处罚的，才不追究刑事责任。但是，如果税务机关只要求行为人补缴应纳税款，缴纳滞纳金，而没有给予行政处罚的，只要行为人补缴应纳税款和缴纳滞纳金，就不应追究刑事责任。概言之，只要行为人接受了税务机关的处理，就不应追究刑事责任。至于税务机关的处理是否全面，不影响处罚阻却事由的成立。行为人不能因为税务机关存在处理缺陷而承担刑事责任。

3. 只有当行为人超过了税务机关的规定期限而不接受处理，司法机关才能追究刑事责任。行为人不服税务机关的行政处罚而申请复议的，不影响处罚阻却事由的成立。但是，行为人在进入刑事司法程序后补缴应纳税款，缴纳滞纳金，接受行政处罚的，不成立处罚阻却事由。

4. 但书所规定的"二次以上行政处罚"中的"二次"，应是指因逃税受到行政处罚后又逃税而再次被给予行政处罚。亦即，已经受到二次行政处罚，第三次再逃税的，才否定处罚阻却事由的成立。例如，行为人2012年3月因逃税受到行政处罚，2016年3月第二次逃税又受到行政处罚。此时，仍然可能成立处罚阻却事由，不能因为行为人5年内受到了第二次行政处罚，就直接否定处罚阻却事由的成立。另需说明的是，"二次以上行政处罚"并不限于因符合逃税罪的犯罪构成所给予的行政处罚；即使不符合逃税罪的犯罪构成，但属于税法所规定的逃税行为，因而受到的行政处罚，也属于但书规定的行政处罚。但是，因漏税而受行政处罚的，不包含在内。此外，行为人在一段时期内逃税，同时分别受到国税机关与地税机关处罚的，只能认定为一次行政处罚。

5. 本款关于处罚阻却事由的规定，不适用于扣缴义务人的逃税行为。但是，本款规定可以类推适用于刑法第204条第2款规定的"纳税人缴纳税款后，采取前款规定的欺骗方法，骗取所缴纳的税款的，依照本法第二百零一条的规定定罪处罚"的情形。刑法第201

---

[124] 参见最高人民法院2002年4月10日《关于审理非法生产、买卖武装部队车辆号牌等刑事案件具体应用法律若干问题的解释》第3条第1款。

条第1款规定的是采取欺骗方法不缴纳税款的行为,而第204条第2款规定的是先缴纳税款后骗回税款的行为,两者对国家税收造成的损害没有区别,只是欺骗行为的先后不同,因而不存在实质性差异。既然如此,就应当适用同样的处罚阻却事由。另一方面,刑法第201条的处罚阻却事由,也难以直接适用于第204条第2款规定的情况,因为就后者规定的情形而言,不会出现税务机关"补缴应纳税款,缴纳滞纳金"的情形,所以只能类推适用。

(四)逃税罪的处罚

根据刑法第201条、第211条和第212条的规定,犯本罪的,处3年以下有期徒刑或者拘役,并处罚金;数额巨大并且占应纳税额30%以上的,处3年以上7年以下有期徒刑,并处罚金。单位犯本罪的,对单位判处罚金,并对其直接负责的主管人员和其他直接责任人员,依照上述规定处罚。判处罚金的,在执行前,应当先由税务机关追缴税款。

二、抗税罪

抗税罪,是指纳税人以暴力、威胁方法拒不缴纳税款的行为。

本罪的构成要件为,纳税人使用暴力、威胁方法拒不缴纳税款。行为主体必须是纳税人;非纳税人单独以暴力、威胁方法阻碍税务机关工作人员履行税收职责的,成立妨害公务罪;非纳税人与纳税人共同故意抗税的,成立抗税罪的共犯。本罪的暴力包括两种情况:一是对人暴力,即对履行税收职责的税务人员的人身不法行使有形力,使其不能正常履行职责;二是对物暴力,即冲击、打砸税务机关,使税务机关不能从事正常的税收活动。威胁方法,是指对履行税收职责的税务人员实行恐吓,使其不敢或者难以正常履行税收职责。暴力、威胁是手段行为,拒绝缴纳税款是目的行为。实施抗税行为致人重伤、死亡,构成故意伤害罪、故意杀人罪的,属于想象竞合,应依照刑法第234条第2款、第232条的规定处罚。[125] 责任形式为故意,行为人对暴力、威胁造成的结果,以及拒不缴纳税款的结果持希望或者放任态度。

根据刑法第202条、第212条的规定,犯抗税罪的,处3年以下有期徒刑或者拘役,并处拒缴税款1倍以上5倍以下罚金;情节严重的,处3年以上7年以下有期徒刑,并处拒缴税款1倍以上5倍以下罚金。执行罚金前,应当先由税务机关追缴税款。[126]

三、逃避追缴欠税罪

逃避追缴欠税罪,是指纳税人(包括自然人与单位)欠缴应纳税款,采取转移或者隐匿财产的手段,致使税务机关无法追缴欠缴的税款,数额较大的行为。

构成要件的内容为,纳税人在欠缴税款的情况下,采取转移、隐匿财产的手段,致使税务机关无法追缴欠缴的税款,数额在1万元以上。在没有欠税的情况下转移、隐匿财产的,不成立本罪。转移财产,主要是指行为人从开户银行或者有关金融机构将存款转入他人账号或者提走存款,或者将其商品、产品、货物或者其他财产转移至通常存放地点以外的地点。隐匿财产,是指行为人将其财产予以隐藏,使税务机关难以或者不能发现。将财产用于经营活动或者履行债务的,不能认定为转移、隐匿财产;但没有根据地将财产转移

---

[125] 实施抗税行为致人轻伤,构成故意伤害罪的,也是想象竞合,但应按抗税罪情节严重的法定刑处罚。

[126] 关于情节严重的认定,参见最高人民法院2002年11月5日《关于审理逃税抗税刑事案件具体应用法律若干问题的解释》第5条。

至关联公司的,则属于转移、隐匿财产。转移、隐匿财产的行为必须使税务机关无法追缴欠缴的税款。对"无法追缴"可以出现不同理解:一是理解为客观上绝对不能追缴;二是理解为通过一般程序不能追缴;三是理解为难以追缴;四是理解为行为人主观上认为自己的行为使税务机关无法追缴;五是理解为足以使行为人逃税。前四种理解都存在各自的缺陷,作出第五种理解较为合适。即只要行为人转移、隐匿财产的行为达到了足以使行为人逃税的程度,就可以认定为本罪。根据刑法的规定,成立本罪要求数额在1万元以上。这里的"数额"既不是指转移、隐匿财产的数额,也不是欠税数额,而是指使税务机关无法追缴的数额。责任形式为故意,在其他目的与本罪故意并存的情况下实施本罪行为的,不影响本罪的成立。

犯本罪的,根据刑法第203条、第211条与第212条的规定处罚。

四、骗取出口退税罪

骗取出口退税罪,是指以假报出口或者其他欺骗手段,骗取国家出口退税款,数额较大的行为。

根据最高人民法院2002年9月17日《关于审理骗取出口退税刑事案件具体应用法律若干问题的解释》(以下简称《退税案件解释》),"假报出口",是指以虚构已税货物出口事实为目的,具有下列情形之一的行为:(1)伪造或者签订虚假的买卖合同;(2)以伪造、变造或者其他非法手段取得出口货物报关单、出口收汇核销单、出口货物专用缴款书等有关出口退税单据、凭证;(3)虚开、伪造、非法购买增值税专用发票或者其他可以用于出口退税的发票;(4)其他虚构已税货物出口事实的行为。具有下列情形之一的,属于"其他欺骗手段":(1)骗取出口货物退税资格的;(2)将未纳税或者免税货物作为已税货物出口的;(3)虽有货物出口,但虚构该出口货物的品名、数量、单价等要素,骗取未实际纳税部分出口退税款的;(4)以其他手段骗取出口退税款的。此外,有进出口经营权的公司、企业,明知他人意欲骗取国家出口退税款,仍违反国家有关进出口经营的规定,允许他人自带客户、自带货源、自带汇票并自行报关,骗取国家出口退税款的,以本罪论处。

骗取出口退税罪,只有在没有缴纳税款的情况下才可能成立。纳税人缴纳税款后,采取假报出口等欺骗方法,骗取所缴纳的税款的,成立逃税罪。对于骗取税款超过所缴纳的税款部分,则应认定为骗取出口退税罪,与逃税罪实行数罪并罚。

犯本罪的,根据刑法第204条、第211条与第212条的规定处罚。[127]

五、虚开增值税专用发票、用于骗取出口退税、抵扣税款发票罪

本罪是指个人或者单位故意虚开增值税专用发票或者虚开用于骗取出口退税、抵扣税款的其他发票的行为。

客观行为内容为虚开专用发票,包括虚开增值税专用发票,虚开用于骗取出口退税、抵扣税款的其他发票。虚开专用发票,包括为他人虚开、为自己虚开、让他人为自己虚开、介绍他人虚开专用发票四种情况。刑法规定的"出口退税、抵扣税款的其他发票",是指除增值税专用发票以外的,具有出口退税、抵扣税款功能的收付款凭证或者完税凭证。[128]

---

〔127〕关于数额与情节的认定,参见《退税案件解释》第3~5条。

〔128〕参见全国人大常委会2005年12月29日《关于〈中华人民共和国刑法〉有关出口退税、抵扣税款的其他发票规定的解释》。

参照有关司法解释,[129]具有下列情形之一的,属于虚开专用发票:(1)没有货物购销或者没有提供或接受应税劳务而为他人、为自己、让他人为自己、介绍他人开具专用发票;(2)有货物购销或者提供或接受了应税劳务但为他人、为自己、让他人为自己、介绍他人开具数量或者金额不实的专用发票。根据立案标准,虚开的税款数额在1万元以上或者致使国家税款被骗数额在5000元以上的,应当追诉。虚开上述专用发票的犯罪人与骗取税款的犯罪人,均应对虚开的税款数额和实际骗取的国家税款数额承担责任。[130] 本罪的责任形式为故意,因过失而误开、错开增值税等发票的,不成立本罪。

本罪属于抽象的危险犯,司法机关应以一般的经济运行方式为根据,判断是否具有骗取国家税款的危险(造成国家税款损失的危险)。[131] 如果虚开、代开增值税等发票的行为不具有骗取国家税款的危险,则不宜认定为本罪。例如,甲、乙双方以相同的数额相互为对方虚开增值税专用发票,并且已按规定缴纳税款,不具有骗取国家税款的故意与现实危险的,不应认定为本罪。又如,行为人为了虚增公司业绩,所虚开的增值税专用发票没有抵扣联的,不应认定为本罪。再如,代开的发票有实际经营活动相对应,没有而且不可能骗取国家税款的,也不能认定为本罪。国家税务总局2014年7月2日发布的《关于纳税人对外开具增值税专用发票有关问题的公告》(国家税务总局公告2014年第39号)指出:纳税人通过虚增增值税进项税额偷逃税款,但对外开具增值税专用发票同时符合以下情形的,不属于对外虚开增值税专用发票:(1)纳税人向受票方纳税人销售了货物,或者提供了增值税应税劳务、应税服务;(2)纳税人向受票方纳税人收取了所销售货物、所提供应税劳务或者应税服务的款项,或者取得了索取销售款项的凭据;(3)纳税人按规定向受票方纳税人开具的增值税专用发票相关内容,与所销售货物、所提供应税劳务或者应税服务相符,且该增值税专用发票是纳税人合法取得、并以自己名义开具的。受票方纳税人取得的符合上述情形的增值税专用发票,可以作为增值税扣税凭证抵扣进项税额。[132] 需要注意的是,该公告仅仅界定了纳税人的某一行为不属于虚开增值税专用发票,并不意味着非此即彼,从本公告并不能反推出不符合三种情形的行为就是虚开增值税专用发票。比如,某一正常经营的研发企业与客户签订了研发合同,收取了研发费用,开具了专用发票,但研发服务还没有发生或者还没有完成。这种情况下不能因为本公告列举了"向受票方纳税人销售了货物,或者提供了增值税应税劳务、应税服务",就判定研发企业虚开增值税专用发票。

---

[129] 最高人民法院1996年10月17日《关于适用〈全国人民代表大会常务委员会关于惩治虚开、伪造和非法出售增值税专用发票犯罪的决定〉的若干问题的解释》。

[130] "国家税款"不限于应当上缴国家税务局的税款,而应包括上缴地方税务局的税款。

[131] 刑法理论的另一种见解认为,应当将本罪解释为目的犯,亦即,成立本罪要求行为人具有骗取税款的目的[参见陈兴良:《规范刑法学》(下册),中国人民大学出版社2008年第2版,第627页]。就具体案件的处理而言,这种见解与本书的观点不会产生差异。但本书主张从客观方面判断虚开行为是否具有造成国家税款损失的危险,相应地也要求行为人主观上认识到这种危险,并且希望或者放任这种危险的发生。

[132] 需要说明的是,纳税人对外开具的销售货物的增值税专用发票,纳税人应当拥有货物的所有权,包括以直接购买方式取得货物的所有权,也包括"先卖后买"方式取得货物的所有权。所谓"先卖后买",是指纳税人将货物销售给下家在前,从上家购买货物在后。以挂靠方式开展经营活动在社会经济生活中普遍存在,如果挂靠方以被挂靠方名义,向受票方纳税人销售货物、提供增值税应税劳务或者应税服务,应以被挂靠方为纳税人。被挂靠方作为货物的销售方或者应税劳务、应税服务的提供方,按照相关规定向受票方开具增值税专用发票的,不属于虚开增值税发票。

司法机关习惯于认为本罪是所谓只要实施虚开行为就构成犯罪的“行为犯”。这一观点为本书所不取。刑法第205条原第2款规定：“有前款行为骗取国家税款，数额特别巨大，情节特别严重，给国家利益造成特别重大损失的，处无期徒刑或者死刑，并处没收财产。”显然，原第2款并没有规定虚开增值税专用发票骗取税款数额较大或者巨大的情形。换言之，倘若原第2款未被删除，对虚开增值税专用发票骗取税款数额较大或者巨大的行为，也仅成立虚开增值税专用发票罪，而不可能另成立新罪。原第2款的删除只是为了废除本罪的死刑，而没有改变本罪的性质。而且，在原第2款被删除后，即使虚开增值税专用发票骗取税款数额特别巨大的，也仅成立虚开增值税专用发票罪。由此可见，本罪实际上包括了骗取税款的内容。然而，将虚开增值税专用发票并骗取税款的行为，与虚开增值税发票却没有骗取税款危险的行为相提并论的观点，明显导致处罚的不协调，违背刑法的公正性。因此，司法机关必须放弃只要虚开增值税专用发票即构成本罪的观点。

实施骗取出口退税犯罪，同时构成虚开增值税专用发票罪等其他犯罪的，依照刑法处罚较重的规定处罚。

犯本罪的，根据刑法第205条和第212条的规定处罚。在执行罚金、没收财产前，应当先由税务机关追缴税款和所骗取的税款。

六、虚开发票罪

虚开发票罪，是指自然人或者单位故意虚开刑法第205条规定以外的其他发票，情节严重的行为。应当注意的是，“刑法第205条规定以外”属于界限要素，而不是真正的构成要件要素。例如，行为人以为是普通发票而虚开，但客观上虚开的是增值税专用发票的，应认定为本罪。再如，行为人虚开增值税专用发票或者虚开用于骗取出口退税、抵扣税款的发票，但不具有骗取、抵扣税款的危险的行为，也应认定为本罪。根据立案标准，具有下列情形之一的，应予追诉：(1)虚开发票100份以上或者虚开金额累计在40万元以上的；(2)虽未达到上述数额标准，但5年内因虚开发票行为受过行政处罚2次以上，又虚开发票的；(3)其他情节严重的情形。犯本罪的，根据刑法第205条之一的规定处罚。

七、伪造、出售伪造的增值税专用发票罪

本罪是指自然人或者单位，伪造增值税专用发票或者出售伪造的增值税专用发票的行为。这里的伪造，不仅包括无制作权的人制造足以使一般人误认为是真实增值税专用发票的假增值税专用发票的行为，而且包括对真实增值税发票进行加工的变造增值税专用发票的行为。根据立案标准，伪造或者出售伪造的增值税专用发票25份以上或者票面额（百元版以每份100元、千元版以每份1000元、万元版以每份1万元计算，以此类推）累计10万元以上的，应当追诉。伪造并出售同一宗增值税专用发票的，数量或者票面额不重复计算。犯本罪的，根据刑法第206条的规定处罚。

八、非法出售增值税专用发票罪

本罪是指自然人或者单位，违反国家发票管理法规，故意非法出售增值税专用发票的行为。行为人所出售的必须是真实的增值税专用发票。根据立案标准，非法出售增值税专用发票25份以上或者票面额累计在10万元以上的，应当追诉。犯本罪的，根据刑法第207条与第211条的规定处罚。

九、非法购买增值税专用发票、购买伪造的增值税专用发票罪

本罪是指自然人或者单位违反国家发票管理法规，故意非法购买增值税专用发票，或

者购买伪造的增值税专用发票的行为。就购买事项与出卖者进行具体协商时,可以认定为本罪的着手(寻找卖主的行为不是着手);已经取得专用发票时(不管是否支付对价)成立本罪既遂。根据立案标准,非法购买25份以上或者票面额累计达10万元以上的,应当追诉。非法购买真、伪两种增值税专用发票的,数量累计计算,不实行数罪并罚。实施本罪行为又虚开或者出售的,分别以虚开增值税专用发票、用于骗取出口退税、抵扣税款发票罪、出售伪造的增值税专用发票罪、非法出售增值税专用发票罪论处。犯本罪的,根据刑法第208条与第211条的规定处罚。

十、非法制造、出售非法制造的用于骗取出口退税、抵扣税款发票罪

本罪是指自然人或者单位故意伪造、擅自制造或者出售伪造、擅自制造的增值税专用发票以外的可以用于骗取出口退税、抵扣税款的其他发票的行为。伪造,是指没有印制权的人,印制足以使一般人误认为是可以用于骗取出口退税、抵扣税款的发票;擅自制造,是指发票印制的指定企业,超出税务机关批准的范围,私自印制上述发票。根据立案标准,伪造、擅自制造或者出售本罪的发票50份以上或者票面额累计在20万元以上的,应当追诉。就出售发票事项与购买者进行具体协商(签订合同)时,可以认定为出售行为的着手(寻找买主的行为不是着手);已经交付发票时(不管是否取得对价)成立既遂。犯本罪的,根据刑法第209条第1款和第211条的规定处罚。

十一、非法制造、出售非法制造的发票罪

本罪是指自然人或者单位故意伪造、擅自制造或者出售伪造、擅自制造的除增值税专用发票、可以用于骗取出口退税、抵扣税款以外的其他发票的行为。前述"以外"属于界限要素,而不是真正的构成要件要素。例如,行为人以为自己出售的假发票是不能骗取出口退税、抵扣税款的发票,但事实上该发票能够用于骗取出口退税、抵扣税款的,应认定为本罪。根据立案标准,伪造、擅自制造或者出售本罪的发票100份以上或者票面额累计在40万元以上的,应予立案追诉。犯本罪的,根据刑法第209条第2款和第211条的规定处罚。

十二、非法出售用于骗取出口退税、抵扣税款发票罪

本罪是指自然人或者单位故意非法出售除增值税专用发票以外的可以用于骗取出口退税、抵扣税款的其他发票的行为。行为人所出售的必须是真实发票。其中的"以外"属于界限要素,而不是真正的构成要件要素。根据立案标准,非法出售本罪的发票50份以上或者票面额累计在20万元以上的,应当追诉。犯本罪的,根据刑法第209条第3款和第211条的规定处罚。

十三、非法出售发票罪

本罪是指自然人或者单位故意非法出售除增值税专用发票、可以用于骗取出口退税、抵扣税款以外的其他发票的行为。行为人所出售的必须是真实发票。其中的"以外"属于界限要素,而不是真正的构成要件要素。根据立案标准,非法出售普通发票100份以上或者票面额累计在40万元以上的,应当追诉。犯本罪的,根据刑法第209条第4款和第211条的规定处罚。

十四、持有伪造的发票罪

本罪是指自然人或者单位明知是伪造的发票而持有,数量较大的行为。本罪中的"伪造的发票",包括前述各种类型的伪造的发票。但是,伪造发票后而持有的,不再认定为本罪,而应认定为相应的伪造发票的犯罪。根据立案标准,具有下列情形之一的,应当追诉:(1)持有伪造的增值税专用发票50份以上或者票面额累计在20万元以上的;(2)持有伪造的可以用于骗取出口退税、抵扣税款的其他发票100份以上或者票面额累计在40万元以上的;(3)持有伪造的其他发票200份以上或者票面额累计在80万元以上的。犯本罪的,根据刑法第210条之一的规定处罚。

第八节 侵犯知识产权罪

一、假冒注册商标罪

(一)假冒注册商标罪的概念与犯罪构成

假冒注册商标罪,是指未经注册商标所有人的许可,在同一种商品上使用与其注册商标相同的商标,情节严重的行为。

1. 构成要件的内容为,未经注册商标所有人的许可,在同一种商品上使用与其注册商标相同的商标,且情节严重。

(1)在同一种商品上使用与他人注册商标相同的商标。一方面,使用商标的商品与注册商标的商品必须属于同一种商品;另一方面,所使用的商标与他人的注册商标相同。

所谓使用,是指将注册商标或者假冒的注册商标用于商品、商品包装或者容器以及产品说明书、商品交易文书,或者将注册商标或者假冒的注册商标用于广告宣传、展览以及其他商业活动等行为。需要研究的是,反向假冒行为是否成立本罪?所谓反向假冒,是指擅自更换他人商品上的注册商标,并将该更换商标的商品再投入市场的行为。换言之,反向假冒是在他人的商品上使用自己的商标。由于行为人只是使用了他人的商品,而没有使用他人的商标,故不应认定为本罪。[133] 如果该行为损害了他人的商业信誉、商品声誉,给他人造成重大损失或者有其他严重情节的,应当以损害商业信誉、商品声誉罪论处;如果该行为符合生产、销售伪劣产品罪的犯罪构成,则以生产、销售伪劣产品罪论处。

对"商品"应当作广义解释,除了狭义的商品外还包括服务在内。[134] 对"同一种商品"的认定,应以国家有关部门颁发的商品分类为标准。名称相同的商品以及名称不同但指同一事物的商品,可以认定为"同一种商品"。"名称"是指国家工商行政管理总局商标局在商标注册工作中对商品使用的名称,即《商标注册用商品和服务国际分类》中规定的商品名称。"名称不同但指同一事物的商品"是指在功能、用途、主要原料、消费对象、

---

〔133〕 相反观点参见王作富主编:《刑法分则实务研究》(中),中国方正出版社2013年第5版,第593页以下。

〔134〕 诚然,刑法第222条、第226条明确区分了商品与服务,但是刑法用语具有相对性。第一,服务是满足人们特定需求的一种活动与好处,服务商标对人们选择不同服务商起着重要作用,没有理由不予保护。第二,与第222条、第226条相比较可以看出,既然对服务作虚假宣传与对商品作虚假宣传的行为同样成立犯罪,强买强卖商品与强迫他人提供或接受服务的行为成立同样的犯罪,那么,对于假冒商品商标与假冒服务商标的,也应当同等对待。第三,从文字可能具有的含义来说,认为商品包括服务也没有超出商品用语可能具有的含义。例如,人们常说"商品是为交换而产生(或用于交换)的对他人或社会有用的劳动产品",人们同样使用"保险产品"、"金融产品"、"理财产品"等用语,但它们实际上是一种服务。况且,《商标法》第4条明文规定"本法关于商品商标的规定,适用于服务商标"。

销售渠道等方面相同或者基本相同,相关公众一般认为是同一种事物的商品。认定“同一种商品”,应当在权利人注册商标核定使用的商品和行为人实际生产销售的商品之间进行比较。

对于“相同”的认定,则应以是否足以使一般消费者误认为是注册商标为标准。商标的构成要素是文字、图形、字母、数字、三维标志、颜色组合和声音等,以及上述要素的组合。可以肯定的是,与注册商标的构成要素相同的商标,就是相同的商标。但是,“相同”并不要求所假冒的商标与他人注册商标的构成要素没有任何差异。假冒商标与注册商标总会在某些方面存在细微差别,认定是否“相同”应考虑消费者的通常识别能力,因为商标具有区别不同生产者或经营者生产或经营同种商品的功能,具有宣传商品的作用,而消费者在购买商品时,不可能携带真正的注册商标并进行比较,只能根据自己的记忆或印象选购商品;如果要求假冒商标与注册商标没有任何差异,才确定为假冒注册商标,则不利于保护消费者的合法权益,也会过于缩小假冒注册商标犯罪的范围。因此,相同的商标,包括与被假冒的注册商标完全相同,以及与被假冒的注册商标在视觉上、听觉上基本无差别,足以对公众产生误导的商标。根据“两高”、公安部2011年1月10日《关于办理侵犯知识产权刑事案件适用法律若干问题的意见》(以下简称《知识产权案件意见》),具有下列情形之一,可以认定为“与其注册商标相同的商标”:第一,改变注册商标的字体、字母大小写或者文字横竖排列,与注册商标之间仅有细微差别的;第二,改变注册商标的文字、字母、数字等之间的间距,不影响体现注册商标显著特征的;第三,改变注册商标颜色的;第四,其他与注册商标在视觉上、听觉上基本无差别,足以对公众产生误导的商标。

行为人所假冒的商标,必须是他人的注册商标。“他人”是指向商标局申请商标注册,并依法取得商标专用权的企业、事业单位及个体工商业者,包括外国企业和外国人。“商标注册”,是指商标所有人为了取得商标专用权,将其使用的商标,依照法律规定的注册条件、原则和程序,向商标局提出注册申请,商标局经过审核,准予注册的法律事实。根据《商标法》第3条的规定,经商标局核准注册的商标,便是注册商标,享有商标专用权。注册商标包括商品商标、服务商标和集体商标、证明商标。其中的集体商标,是指以团体、协会或者其他组织名义注册,供该组织成员在商事活动中使用,以表明使用者在该组织中的成员资格的标志;证明商标,是指由对某种商品或者服务具有监督能力的组织所控制,而由该组织以外的单位或者个人使用于其商品或者服务,用以证明该商品或者服务的原产地、原料、制造方法、质量或者其他特定品质的标志。服务商标是指金融、运输、广播、建筑、旅馆等服务行业为把自己的“服务”业务同他人的“服务”业务相区别而使用的商标。上述四种注册商标,均属于假冒注册商标罪的规制范围。例如,在同一种服务项目上,使用与他人注册的服务商标相同的商标的,也是假冒他人注册商标的行为,可能构成假冒注册商标罪。

(2)使用与他人注册商标相同的商标,未经注册商标所有人许可。《商标法》第43条第1款前段规定:“商标注册人可以通过签订商标使用许可合同,许可他人使用其注册商标。”据此,经过注册商标所有人许可,在同一种商品上使用该注册商标的,是合法行为,不构成假冒注册商标罪。《商标法》第43条第2款规定:“经许可使用他人注册商标的,必须在使用该注册商标的商品上标明被许可人的名称和商品产地。”实践中有的被许可人使用他人注册商标,却不在商品上标明被许可人的名称和商品产地。这种行为违反了

《商标法》,也侵犯消费者的合法权益。但既然使用注册商标本身得到了被注册商标所有人的许可,就不能构成假冒注册商标罪。

(3)情节严重。根据"两高"2004年12月8日《关于办理侵犯知识产权刑事案件具体应用法律若干问题的解释》(以下简称《知识产权案件解释》),具有下列情形之一的,属于情节严重:第一,非法经营数额在5万元以上或者违法所得数额在3万元以上的;第二,假冒两种以上注册商标,非法经营数额在3万元以上或者违法所得数额在2万元以上的;第三,其他情节严重的情形。根据《知识产权案件解释》的规定,"非法经营数额",是指行为人在实施本罪行为过程中,制造、储存、运输、销售侵权产品的价值。已销售的侵权产品的价值,按照实际销售的价格计算。制造、储存、运输和未销售的侵权产品的价值,按照标价或者已经查清的侵权产品的实际销售平均价格计算。侵权产品没有标价或者无法查清其实际销售价格的,按照被侵权产品的市场中间价格计算。多次实施本罪行为,未经行政处理或者刑事处罚的,非法经营数额、违法所得数额或者销售金额累计计算。在计算制造、储存、运输和未销售的假冒注册商标侵权产品价值时,对于已经制作完成但尚未附着(含加贴)或者尚未全部附着(含加贴)假冒注册商标标识的产品,如果有确实、充分证据证明该产品将假冒他人注册商标,其价值计入非法经营数额。

2. 责任形式为故意。行为人认识到自己使用的商标与他人已经注册的商标相同,认识到自己的行为未经注册商标所有人许可,但有意在同一种商品上使用与他人注册商标相同的商标。成立本罪不要求行为人具有销售假冒注册商标商品的目的,动机不影响犯罪的成立。

(二)假冒注册商标罪的认定

1. 正确注意区分罪与非罪的界限。(1)擅自在类似商品上使用与他人注册商标相同或者相似的商标的,以及在同一种商品上使用与他人注册商标相似的商标的行为,不构成假冒注册商标罪。例如,在汽车上使用他人在自行车上注册的"凤凰"商标,虽然也是侵犯商标权的行为,但不构成犯罪。(2)假冒他人没有注册的商标的,不构成假冒注册商标罪。(3)《反不正当竞争法》第5条第2项至第4项规定了以下与假冒注册商标相关的不正当竞争行为:"擅自使用知名商品特有的名称、包装、装潢,或者使用与知名商品近似的名称、包装、装潢,造成和他人的知名商品相混淆,使购买者误认为是该知名商品";"擅自使用他人的企业名称或者姓名,使人误认为是他人的商品";"在商品上伪造或者冒用认证标志、名优标志等质量标志,伪造产地,对商品质量作引人误解的虚假表示"。这三类行为虽然都是不正当竞争行为,但不是假冒注册商标的行为,故不构成假冒注册商标罪。这里特别要注意商标与商品装潢的区别。装潢是商品包装上的装饰,装潢的目的是为了美化商品,吸引消费者购买,而商标的目的主要在于区别不同生产者与经营者;装潢着力于渲染、美化商品,商标着力于显著性即区别于其他生产者与经营者的商品的特征;装潢往往与商品内容一致,而商标不能与商品内容相同;装潢不是专用的,可以随时变动和改进,而商标是专用的,一般很少改变。当然,商标一般附着于装潢上,但只要商标不同,即使擅自使用他人商品的特有装潢,也不构成假冒注册商标罪;反之,如果使用与他人注册商标相同的商标,即使装潢完全不同,也可能构成假冒注册商标罪。

2. 正确处理本罪与以假冒注册商标方式生产、销售伪劣商品犯罪的关系。对以假冒注册商标方式生产、销售伪劣商品的行为性质,人们会有不同的认识:有人认为该行为构成牵连犯,因为假冒注册商标是生产、销售伪劣商品的手段行为;有人认为这是一种法条竞合;有人认为属于一行为触犯数罪名的想象竞合犯。但这三种观点都肯定对这种行为不能实行数罪并罚。本书认为,这种行为侵害了两个不同的法益,属于想象竞合,应从一重罪处罚。

(三)假冒注册商标罪的处罚

根据刑法第213条和第220条的规定,犯本罪的,处3年以下有期徒刑或者拘役,并处或者单处罚金;情节特别严重的,处3年以上7年以下有期徒刑,并处罚金。单位犯本罪的,对单位判处罚金,并对其直接负责的主管人员和其他直接责任人员,依照上述规定处罚。[135]

二、销售假冒注册商标的商品罪

销售假冒注册商标的商品罪,是指明知是假冒注册商标的商品,而予以销售,销售金额数额较大的行为。

构成要件的内容为,销售假冒注册商标的商品,销售金额数额较大。以任何有偿方式出卖、转让假冒注册商标的商品的行为,都是"销售"。"假冒注册商标的商品"是指未经注册商标所有人许可,使用与其注册商标相同的商标的同一种商品。至于这种商品的质量与真正注册商标的商品质量有无差异,则在所不问。"销售金额",是指销售假冒注册商标的商品后所得和应得的全部违法收入。根据《知识产权案件解释》,销售金额在5万元以上的,属于"数额较大"。[136]

责任形式为故意,其核心是要求行为人"明知是假冒注册商标的商品"。具有下列情形之一的,可以认定或推定为"明知":(1)知道自己销售的商品上的注册商标被涂改、调换或者覆盖的;(2)因销售假冒注册商标的商品受到过行政处罚或者承担过民事责任、又销售同一种假冒注册商标的商品的;(3)伪造、涂改商标注册人授权文件或者知道该文件被伪造、涂改的;(4)行为人曾被有关部门或消费者告知所销售的是假冒注册商标的商品的;(5)销售商品的进价和质量明显低于被假冒的注册商标商品的进价和质量的;(6)从非正常渠道取得商品后销售的;(7)根据行为人本人的经验和知识,知道自己销售的是假冒注册商标的商品的;(8)其他能够推定行为人知道是假冒注册商标的商品的情形。

行为人明知是假冒注册商标的商品而销售的,并不与假冒注册商标的犯罪人构成共同犯罪。但是,如果行为人事先与假冒注册商标的犯罪人通谋,然后分工合作,其中有的人制造假冒注册商标的商品,有的人销售假冒注册商标的商品的,构成假冒注册商标罪的共同犯罪,对行为人均应以假冒注册商标罪论处。

销售假冒注册商标的商品罪可能同时触犯销售伪劣产品罪,因为假冒注册商标的商品通常属于伪劣产品,由于行为人仅实施了一个销售行为,故成立一个行为触犯数个罪名的想象竞合犯,从一重罪处罚。

假冒注册商标的犯罪人销售自己假冒注册商标的商品的,只成立假冒注册商标罪,不

---

〔135〕 关于情节特别严重的认定,参见《知识产权案件解释》第1条。

〔136〕 《知识产权案件意见》第8条规定:"销售明知是假冒注册商标的商品,具有下列情形之一的,依照刑法第二百一十四条的规定,以销售假冒注册商标的商品罪(未遂)定罪处罚:(一)假冒注册商标的商品尚未销售,货值金额在15万元以上的;(二)假冒注册商标的商品部分销售,已销售金额不满5万元,但与尚未销售的假冒注册商标的商品的货值金额合计在15万元以上的。"本书不赞成这种做法(参见本章第二节"一")。

另成立本罪。但是,上述结论仅就同一商品而言。如果行为人在此商品上假冒他人注册商标,同时又销售他人假冒注册商标的彼商品,则成立数罪,实行并罚。[137]

根据刑法第 214 条与第 220 条的规定,犯本罪的,处 3 年以下有期徒刑或者拘役,并处或者单处罚金;销售金额数额巨大的,处 3 年以上 7 年以下有期徒刑,并处罚金。单位犯本罪的,对单位判处罚金,并对其直接负责的主管人员和其他直接责任人员,依照上述规定处罚。根据《知识产权案件解释》,销售金额在 25 万元以上的,属于"数额巨大"。

三、非法制造、销售非法制造的注册商标标识罪

本罪是指自然人或者单位,故意伪造、擅自制造他人注册商标标识,或者销售伪造、擅自制造的注册商标标识,情节严重的行为。商标标识,是指商品本身或其包装上使用的附有文字、图形或文字与图形的组合所构成的商标图案的物质实体,如商标纸、商标标牌、商标标识带等。根据《知识产权案件解释》,具有下列情形之一的,属于"情节严重":(1)伪造、擅自制造或者销售伪造、擅自制造的注册商标标识数量在 2 万件以上,或者非法经营数额在 5 万元以上,或者违法所得数额在 3 万元以上的;(2)伪造、擅自制造或者销售伪造、擅自制造两种以上注册商标标识数量在 1 万件以上,或者非法经营数额在 3 万元以上,或者违法所得数额在 2 万元以上的;(3)其他情节严重的情形。犯本罪的,根据刑法第 215 条与第 220 条的规定处罚。

四、假冒专利罪

假冒专利罪,是指自然人或者单位,违反专利管理法规,故意假冒他人专利,情节严重的行为。刑法规定假冒专利罪,不只是为了保护他人的专利权,而且是为了保护市场竞争秩序。换言之,本罪不只是对个人法益的犯罪,而且是对超个人法益的犯罪。因此,只要行为在侵犯专利权的同时侵犯了市场竞争秩序,并且符合属于"假冒他人专利"用语范围之内的行为,就是本罪中的假冒他人专利。所以,下列行为属于"假冒他人专利":(1)未经许可,在其制造或者销售的产品、产品的包装上标注他人专利号的;(2)未经许可,在广告或者其他宣传材料中使用他人的专利号,使人将所涉及的技术误认为是他人专利技术的;(3)未经许可,在合同中使用他人的专利号,使人将合同涉及的技术误认为是他人专利技术的;(4)伪造或者变造他人的专利证书、专利文件或者专利申请文件的。成立假冒专利罪还需要情节严重,根据《知识产权案件解释》的规定,具有下列情形之一的,属于"情节严重":(1)非法经营数额在 20 万元以上或者违法所得数额在 10 万元以上的;(2)给专利权人造成直接经济损失 50 万元以上的;(3)假冒两项以上他人专利,非法经营数额在 10 万元以上或者违法所得数额在 5 万元以上的;(4)其他情节严重的情形。犯本罪的,根据刑法第 216 条与第 220 条的规定处罚。

五、侵犯著作权罪

(一)侵犯著作权罪的概念与犯罪构成

侵犯著作权罪,是指自然人或者单位,以营利为目的,侵犯他人著作权,违法所得数额较大或者有其他严重情节的行为。

1. 客观行为内容为侵犯他人著作权。《著作权法》规定了多种侵犯他人著作权的表

---

[137] 在此意义上说,销售假冒注册商标的商品罪的行为主体,应是本犯(假冒注册商标的犯罪人)以外的自然人或单位。

现形式,但刑法第217条仅规定了以下四种行为可以成立侵犯著作权罪:

(1)未经著作权人许可,复制发行其文字作品、音乐、电影、电视、录像作品、计算机软件及其他作品。

"未经著作权人许可",是指没有得到著作权人授权或者伪造、涂改著作权人授权许可文件或者超出授权许可范围的情形。根据《知识产权案件意见》,"未经著作权人许可"一般应当依据著作权人或者其授权的代理人、著作权集体管理组织、国家著作权行政管理部门指定的著作权认证机构出具的涉案作品版权认证文书,或者证明出版者、复制发行者伪造、涂改授权许可文件或者超出授权许可范围的证据,结合其他证据综合予以认定。在涉案作品种类众多且权利人分散的案件中,上述证据确实难以一一取得,但有证据证明涉案复制品系非法出版、复制发行,且出版者、复制发行者不能提供获得著作权人许可的相关证明材料的,可以认定为"未经著作权人许可"。但是,有证据证明权利人放弃权利、涉案作品的著作权不受我国著作权法保护,或者著作权保护期限已经届满的除外。

关于"复制发行"的理解,理论上存在不同观点。

第一种观点认为,复制发行,是指复制或者发行以及复制且发行的行为。例如,根据"两高"2007年4月5日《关于办理侵犯知识产权刑事案件具体应用法律若干问题的解释(二)》(以下简称《知识产权案件解释(二)》),"复制发行",包括复制、发行或者既复制又发行的行为。侵权产品的持有人通过广告、征订等方式推销侵权产品的,属于"发行"。根据《知识产权案件解释》,通过信息网络向公众传播他人文字作品、音乐、电影、电视、录像作品、计算机软件及其他作品的行为,应当视为"复制发行"。根据《知识产权案件意见》,"发行",包括总发行、批发、零售、通过信息网络传播以及出租、展销等活动。这种解释有利于保护著作权,但导致刑法第218条成为废条。

第二种观点认为,"复制发行"是指复制且发行。仅有复制行为或者仅有发行行为的,不能成立侵犯著作权罪。〔138〕类似观点认为,仅有复制行为或者仅有发行行为的,只能成立侵犯著作权罪的未遂犯。〔139〕但是,这种观点不当缩小了处罚范围,不利于保护著作权。侵犯著作权罪的成立以违法所得数额较大或者具有其他严重情节为前提,在司法实践中,几乎不存在处罚侵犯著作权罪的未遂犯的做法。

第三种观点认为,应将刑法第217条中的"复制发行"解释为单纯的"复制",即复制行为构成侵犯知识产权罪,发行行为成立销售侵权复制品罪。〔140〕这种解释虽然使刑法第218条存在适用的余地,但将法条中的"复制发行"限制解释为单纯的"复制",恐怕不符合文理解释的逻辑。而且,就对著作权的侵害程度而言,发行比复制更为严重。但该观点导致对发行行为的处罚反而轻于复制行为,因而不符合罪刑相适应原则。

本书的看法是,"复制发行"包括复制或者发行以及复制且发行的行为。但是,对发行应当作限制解释。换言之,对于刑法第217条中的"发行",没有必要按照《著作权法》的规定解释,只要按照日常用语含义解释即可。在日常用语中,"发行"往往意味"第一次"印制和批量销售作品。换言之,可以将刑法第217条中的"发行"理解为批量销售或

〔138〕 参见姜伟主编:《知识产权刑事保护研究》,法律出版社2004年版,第239~242页。
〔139〕 参见聂洪勇:《知识产权的刑法保护》,中国方正出版社2000年版,第122页。
〔140〕 参见赵永红:《知识产权犯罪研究》,中国法制出版社2004年版,第297~298页。

者大规模销售（但不限于第一次销售），而将刑法第218条中的“销售”理解为零售。这样解释既符合“发行”在日常用语中的含义，也能协调刑法第217条与第218条的关系，使两罪的处罚相均衡。此外，《著作权法》将网络传播权规定为一种独立的权利，而不属于发行权。倘若根据《著作权法》解释“发行”，那么，对于未经著作权人许可，通过信息网络向公众传播他人文字作品、音乐、电影、电视、录像作品、计算机软件及其他作品的行为，就不能以侵犯著作权论处，这便不当缩小了处罚范围，不利于保护著作权。当然，本书的理解也存在以下问题：第一，成立刑法第217条的侵犯著作权罪以违法所得数额较大为前提，成立刑法第218条的销售侵权复制品罪，以违法所得数额巨大为前提，将后者理解为零售，其违法所得数额一般难以达到数额巨大，事实上有可能导致第218条几乎没有被适用的余地。尽管如此，本书的观点不至于从理论上否定第218条的存在。第二，刑法第217条第4项所规定的行为是“制作、出售假冒他人署名的美术作品”，这里使用的是“出售”一词，而没有使用“发行”概念。如果按字面含义解释这里的“出售”，那么，其与刑法第218条的“销售”就是完全等同的含义，导致对销售假冒他人美术作品的行为不可能适用刑法第218条。本书的初步看法是，对于刑法第217条第4项中的“出售”，也可以限制解释为批量销售或者大规模销售，从而使两个条文相协调。第三，如果将刑法第217条中的发行与出售解释为批量销售或者大规模销售，那么，对于行为人既批量销售、大规模销售，又零售的案件，似乎应当分别适用刑法第217条与第218条，实行数罪并罚。但是，《知识产权案件解释》第14条规定：“实施刑法第二百一十七条规定的侵犯著作权犯罪，又销售该侵权复制品，构成犯罪的，应当依照刑法第二百一十七条的规定，以侵犯著作权罪定罪处罚。”本书认为，在一段时间内，既批量销售、大规模销售又零售的行为，属于包括的一罪，从一重罪论处即可。

司法实践中经常发生的深度链接行为，属于通过信息网络向公众传播他人作品的行为。例如，甲申请注册网站域名后设立X网站，并租用服务器，通过安装相关软件完成网站和服务器的链接。然后未经著作权人许可，通过X网站管理后台，链接至Y资源网获取影视作品的种子文件索引地址，以设置目录、索引等方式向用户推荐作品，并通过强制提供特定播放软件等方式，为X网站用户提供浏览、下载上述影视作品的网络服务。这种深度链接行为扩大了侵权产品的传播范围，宜认定为侵犯著作权罪的正犯行为。

（2）出版他人享有专有出版权的图书。出版，是指将作品编辑加工后，经过复制向公众发行。根据《著作权法》的规定，图书出版者对著作权人交付出版的作品，在合同约定期间享有专有出版权。

（3）未经录音录像制作者许可，复制发行其制作的录音录像。录音录像制作者，是指录音录像制品的首次制作人。未经录音录像制作者许可，通过信息网络传播其制作的录音录像制品的行为，属于“复制发行”。

（4）制作、出售假冒他人署名的美术作品。美术作品，是指绘画、书法、雕塑等以线条、色彩或者其他方式构成的有审美意义的平面或者立体的造型艺术作品。属于本项的典型行为是，复制名人的美术作品，签署名人的姓名，假冒名人的亲笔作品（侵犯了名人的著作权），或者将第三者的美术作品签署名人的姓名，假冒名人的美术作品（侵犯了第三者的著作权）。由于本项行为属于侵犯著作权罪，所以，行为人在自己制作的美术作品上假冒他人（如著名画家）署名的，只是侵犯了他人的姓名权，而没有侵犯他人的署名权，不应认定为本罪。出售该作品的,成立诈骗罪或者其他相应犯罪(如合同诈骗罪)。[141] 基于同样的理由,行为人所制作、出售的美术作品的署名为虚无人的,也不成立本罪。[142]

出版单位与他人事前通谋,向其出售、出租或者以其他形式转让该出版单位的名称、书号、刊号、版号,他人实施侵犯著作权行为,构成犯罪的,对该出版单位应当以共犯论处。

成立本罪还要求违法所得数额较大或者有其他严重情节。根据《知识产权案件解释》,违法所得数额在3万元以上的,属于"违法所得数额较大";具有下列情形之一的,属于"有其他严重情节":(1)非法经营数额在5万元以上的;(2)未经著作权人许可,复制发行其作品,复制品数量合计在500张(份)以上的;(3)其他严重情节的情形。

2. 责任要素除故意外,还要求具有营利目的。例如,出于教学、研究等非营利目的复制他人作品的,不构成犯罪。再如,单纯制作假冒他人署名的美术作品,不出售、交付给他人,不具有营利目的的,不成立本罪。根据《知识产权案件意见》的规定,除销售外,具有下列情形之一的,可以认定为"以营利为目的":(1)以在他人作品中刊登收费广告、捆绑第三方作品等方式直接或者间接收取费用的;(2)通过信息网络传播他人作品,或者利用他人上传的侵权作品,在网站或者网页上提供刊登收费广告服务,直接或者间接收取费用的;(3)以会员制方式通过信息网络传播他人作品,收取会员注册费或者其他费用的;(4)其他利用他人作品牟利的情形。

(二)侵犯著作权罪的罪数认定

侵犯知识产权罪的行为,同时触犯生产、销售伪劣产品罪或者诈骗罪的,属于想象竞合犯,从一重罪处罚。

根据最高人民法院1998年12月17日《关于审理非法出版物刑事案件具体应用法律若干问题的解释》,违反国家规定,出版、印刷、复制、发行严重危害社会秩序和扰乱市场秩序的非法出版物(构成其他较重犯罪的除外),情节严重的,以非法经营罪论处。但是,《知识产权案件解释(二)》第2条第3款规定:"非法出版、复制、发行他人作品,侵犯著作权构成犯罪的,按照侵犯著作权罪定罪处罚。"亦即,对这种行为,即使触犯了非法经营罪,也不再以非法经营罪定罪处罚。可是,这种解释可能导致适用刑罚的不均衡。亦即,非法出版、复制、发行他人作品,侵犯著作权构成犯罪的,认定为侵犯著作权罪,最高只能判处7年以下有期徒刑;而非法出版、复制、发行没有著作权的作品,没有侵犯他人著作权的,认定为非法经营罪,最高可能处15年有期徒刑。此外,"两高"2010年3月2日《关于办理非法生产、销售烟草专卖品等刑事案件具体应用法律若干问题的解释》第5条规定:"行为人实施非法生产、销售烟草专卖品犯罪,同时构成生产、销售伪劣产品罪、侵犯知识产权犯罪、非法经营罪的,依照处罚较重的规定定罪处罚。"《知识产权案件解释(二)》第2条第3款的规定与该规定也不一致。总之,不管是侵犯著作权的行为,还是销售侵权复制品的行为,只要能评价为销售伪劣产品或者非法经营行为,就应认为该行为同时触犯了

[141] 即使认为在自己制作的美术作品上假冒他人(如著名画家)署名的行为,侵犯了他人的署名权,出售该作品的行为也同时触犯了诈骗罪(或合同诈骗罪),属于想象竞合,应从一重罪(诈骗罪)处罚。诚然,著作权法理论基于保护著作权的目的,可能将这种对姓名权的侵犯认定为对署名权的侵犯,进而认定为对著作权的侵犯。但是,在刑法上,出售上述作品的行为更为严重地侵犯了购买者的财产,应按较重的财产犯罪处罚。

[142] 未经著作权人许可,复制发行其创作的美术作品的,属于第217条第1项规定的行为类型。所以,在实践中适用本条第4项的情形比较少见。

销售伪劣产品罪或非法经营罪,因而属于想象竞合犯,应从一重罪处罚。

(三)侵犯著作权罪的处罚

根据刑法第217条和第220条的规定,犯本罪的,处3年以下有期徒刑或者拘役,并处或者单处罚金;违法所得数额巨大或者有其他特别严重情节的,处3年以上7年以下有期徒刑,并处罚金。单位犯本罪的,对单位判处罚金,并对其直接负责的主管人员和其他直接责任人员,依照上述规定处罚。[143]

六、销售侵权复制品罪

销售侵权复制品罪,是指自然人或者单位,以营利为目的,销售明知是侵权复制品的物品,违法所得数额巨大的行为。侵权复制品,是指犯侵犯著作权罪而形成的复制品,即刑法第217条规定的侵权复制品。行为主体必须明知是他人犯侵犯著作权罪而形成的侵权复制品而销售,并具有营利目的。根据《知识产权案件解释》,实施销售侵权复制品的行为,违法所得数额在10万元以上的,应以本罪论处。实施侵犯著作权罪,又销售该侵权复制品的,以侵犯著作权罪论处;实施侵犯著作权罪,又销售明知是他人的侵权复制品,构成犯罪的,应当实行数罪并罚。犯本罪的,根据刑法第218条与第220条的规定处罚。

七、侵犯商业秘密罪

(一)侵犯商业秘密罪的概念与犯罪构成

侵犯商业秘密罪,是指以盗窃、利诱、胁迫、披露、擅自使用等不正当手段,侵犯商业秘密,给商业秘密的权利人造成重大损失的行为。

1. 构成要件的内容为,实施侵犯商业秘密的行为,并且给权利人造成了重大损失。

(1)行为对象为商业秘密。商业秘密,是指不为公众所知悉,能为权利人带来经济利益,具有实用性并经权利人采取保密措施的技术信息和经营信息。第一,商业秘密是一种技术信息与经营信息。技术信息与经营信息,既可能以文字、图像为载体,也可能以实物为载体,还可能存在于人的大脑或操作方式中。技术信息与经营信息,包括设计、程序、产品配方、制作工艺、制作方法、管理诀窍、客户名单、货源情报、产销策略、招投标中的标底及标书内容等信息。第二,商业秘密是不为公众所知悉、仅限于一定范围内的人知悉的事项。第三,商业秘密能为权利人带来经济利益。权利人,是指商业秘密的所有人和经商业秘密所有人许可的商业秘密使用人。第四,商业秘密具有实用性,即具有直接的、现实的使用价值,权利人能够将商业秘密直接运用于生产、经营活动。第五,商业秘密经权利人采取了保密措施。[144] 此外,商业秘密还具有使用权可以转让、没有固定的保护期限、内容广泛等特点。

(2)行为内容包括以下类型:第一,以盗窃、利诱、胁迫或者其他不正当手段获取权利人的商业秘密。盗窃,一般是指通过窃取商业秘密的载体而获取商业秘密;利诱,是指以金钱、物品或者其他利益为诱饵,使知悉商业秘密内容的人提供商业秘密;胁迫,是指对知悉商业秘密的人进行恐吓、威胁,迫使他人提供商业秘密。其他不正当手段,是指除盗窃、

---

[143] 具体量刑标准,参见《知识产权案件解释》第5条;《知识产权案件解释(二)》第1条。

[144] 具有下列情形之一,在正常情况下足以防止涉密信息泄露的,应当认定权利人采取了保密措施:(1)限定涉密信息的知悉范围,只对必须知悉的相关人员告知其内容;(2)对于涉密信息载体采取加锁等防范措施;(3)在涉密信息的载体上标有保密标志;(4)对于涉密信息采用密码或者代码等;(5)签订保密协议;(6)对于涉密的机器、厂房、车间等场所限制来访者或者提出保密要求;(7)确保信息秘密的其他合理措施。

利诱、胁迫以外的其他不正当手段,如抢夺载有商业秘密的图纸。第二,披露、使用或者允许他人使用以上述第一种手段获取的权利人的商业秘密。这是上述第一种行为的继续。披露,是指将其非法获得的商业秘密告知权利人的竞争对手或其他人,或者将商业秘密内容公布于众;使用,是指将自己非法获取的商业秘密用于生产或者经营;允许他人使用,是指允许他人将自己非法获得的商业秘密用于生产或者经营,包括有偿与无偿两种情况。第三,违反约定或者违反权利人有关保守商业秘密的要求,披露、使用或者允许他人使用其所掌握的商业秘密。这是指合法知悉商业秘密内容的人披露、使用或者允许他人使用商业秘密的行为,包括公司、企业内部的工作人员,曾在公司、企业内工作的调离人员、离退休人员以及与权利人订有保守商业秘密协议的有关人员。第四,明知或应知前述第一种至第三种违法行为,而获取、使用或者披露他人商业秘密。[145]

(3)结果内容为给权利人造成了重大损失。这里的重大损失,是指经济方面的重大损失。根据立案标准,具有下列情形之一的,应当追诉:第一,给商业秘密权利人造成损失数额在50万元以上的;第二,因侵犯商业秘密违法所得数额在50万元以上的;[146]第三,致使商业秘密权利人破产的;第四,其他给商业秘密权利人造成重大损失的情形。在计算财产损失时,要考虑权利人取得商业秘密的成本(包括采取保密措施的成本),权利人的商业秘密被侵犯前后的利润差额,侵权人在侵权期间"因侵权"所获得的利润(而非侵权期间的全部利润)等。商业秘密本身的价值原则上不能作为被害人的损失数额,但是,如果侵犯商业秘密的行为导致被害人丧失了商业秘密(不可能再利用该商业秘密)的,可以将该商业秘密本身的价值作为损失数额。

2. 责任形式为故意,行为人明知自己的行为侵犯了他人商业秘密,会给权利人造成重大损失,并且希望或者放任这种结果发生。刑法第219条第2款中的"应知"不是指应当知道(即不是指过失可以构成本罪),而是指推定行为人已经知道。

(二)侵犯商业秘密罪的认定

成立侵犯商业秘密罪要求"给商业秘密的权利人造成重大损失",但是,倘若行为人只是以不正当手段获取了权利人的商业秘密,既没有披露,也没有使用或者允许他人使用,权利人依然可以继续使用该商业秘密,那么,该行为就不可能给权利人造成重大损失。[147] 因此,刑法第219条第1款第1项规定的"以盗窃、利诱、胁迫或者其他不正当手段获取权利人的商业秘密"以及第2款规定的"获取……他人的商业秘密"并非是可以直接导致重大损失的行为。易言之,只有当获取商业秘密的行为人使用、允许他人使用或者披露该商业秘密时,才可能导致权利人遭受重大损失。所以,单纯获取商业秘密的行为,并不是侵犯商业秘密罪的实行行为。真正的实行行为是,"行为人使用、允许他人使用或

---

[145] 由于商业秘密不以内容的合法性为前提,所以,披露内容不合法的商业秘密(如所谓的食品秘方实际上只是加入罂粟壳)的行为阻却违法性,不成立本罪。当然,如果认为商业秘密以内容的合法性为前提,则披露内容不合法的商业秘密的行为原本就不符合本罪的构成要件。

[146] 显然,这一项规定明显违反刑法第219条。因为在本罪中,行为人的违法所得数额与被害人的损失数额并不是完全等同的。当违法所得数额达到50万元以上,但被害人的损失数额没有50万元以上时,就不能以本罪论处。

[147] 由于被害人依然能够使用其商业秘密,故不能将商业秘密的研发成本或者商业秘密本身的价值认定为权利人的损失数额。

者披露商业秘密”。

在甲、乙共同拥有商业秘密的场合，甲擅自使用该商业秘密的，一般不成立侵犯商业秘密罪；但是，甲违反约定，披露、允许他人使用该商业秘密，导致乙遭受重大损失的，对甲应以侵犯商业秘密罪论处。在甲对商业秘密享有所有权、乙对商业秘密具有使用权的情况下，如果合同约定甲不得使用商业秘密，但甲违反约定使用商业秘密，给乙造成重大损失的，对甲应以侵犯商业秘密罪论处。

对于以盗窃、利诱、胁迫或者其他不正当手段获取他人商业秘密，然后使用该商业秘密制造产品并假冒他人注册商标的，原则上应以侵犯商业秘密罪和假冒注册商标罪实行并罚。同样，对于单纯非法使用他人商业秘密制造产品并且假冒他人注册商标的，由于存在两个行为并且侵害了两个法益，应当实行数罪并罚。

实施本罪行为同时触犯为境外窃取、刺探、收买、非法提供国家秘密、情报罪、非法获取国家秘密罪、故意泄露国家秘密罪的，属于想象竞合犯，从一重罪处罚。

科技人员参与单位科研项目，在未取得研制单位同意的情况下，擅自以个人设计的名义与其他单位签订技术转让协议，获取转让费的，符合职务侵占罪的犯罪构成，应以职务侵占罪论处。科技人员违反约定，披露、使用或者允许他人使用其所掌握的单位所有的商业秘密的，应以侵犯商业秘密罪论处。

（三）侵犯商业秘密罪的处罚

根据刑法第 219 条与第 220 条的规定，犯本罪的，处 3 年以下有期徒刑或者拘役，并处或者单处罚金；造成特别严重后果的，处 3 年以上 7 年以下有期徒刑，并处罚金。单位犯本罪的，对单位判处罚金，并对其直接负责的主管人员和其他直接责任人员，依照上述规定处罚。

第九节　扰乱市场秩序罪

一、损害商业信誉、商品声誉罪

（一）损害商业信誉、商品声誉罪的概念与犯罪构成

损害商业信誉、商品声誉罪，是指捏造并散布虚伪事实，损害他人的商业信誉、商品声誉，给他人造成重大损失或者有其他严重情节的行为。

1. 客观行为内容为，捏造并散布虚伪事实，损害他人的商业信誉、商品声誉。捏造，是指虚构、编造不符合真相或并不存在的事实；捏造并不限于全部虚构与编造，换言之，通过对真实视频、影像等进行剪裁、添加等方式，改变真实视频、影像的内容的，也属于捏造。例如，将 30 分钟的完整视频剪裁成 3 分钟的视频，使后者与前者表述的意思丧失同一性时，就属于捏造。再如，在真实视频上添加虚假说明的，也属于捏造。散布，是指使不特定人或者多数人知悉或可能知悉行为人所捏造的虚伪事实。[148] 他人，必须是特定的、具体

〔148〕 行为人为了损害竞争对手的商业信誉、商品声誉，在自己生产的劣质产品上假冒他人优质产品的注册商标，从而使他人受到重大损失。对此，应以假冒注册商标罪论处，不宜认定为本罪。

的人;不仅包括竞争对手,也包括其他生产者与经营者;不仅包括个人,而且包括单位。商业信誉,包括商业信用与商业名誉。商业信用,是指商业行为与经济能力在经济活动中所受到的信赖;商业名誉,是指社会对他人在商业活动中的价值和地位的客观评价。商品声誉,是指社会对商品的良好称誉。

单纯从字面含义来看,本罪的实行行为是复数行为:捏造虚伪事实与散布虚伪事实;似乎单纯散布虚伪事实的行为,不可能成立本罪。但本书认为,捏造不是本罪的实行行为,散布才是本罪的实行行为。换言之,本罪的实行行为是散布捏造的事实。(1)实行行为只能是发生了危险结果(或者紧迫的危险)的行为。但是,单纯捏造虚伪事实的行为本身并不具有法益侵害的紧迫危险。例如,甲在纸条上写着"A啤酒厂的啤酒罐里有一具尸体,大家不要买A啤酒厂的啤酒",然后放入抽屉。这种行为不可能侵害他人的商业信誉与商品声誉。既然如此,就不可能成为实行行为。(2)具有侵害法益危险或者能够造成法益侵害的是散布虚伪的损害他人的商业信誉、商品声誉事实的行为。例如,甲某日在地上捡了一张纸条,上面写着:"A啤酒厂的啤酒罐里有一具尸体",甲明知这是虚假的,但仍然向社会公众大声宣读该纸条(即散布虚假事实),导致A啤酒厂遭受重大损失。不难看出,单纯散布虚伪事实就能够侵害他人的商业信誉与商品声誉,使他人遭受重大损失。(3)不可否认的是,从文理上说,要将刑法第221条中的"捏造"解释为修饰"虚伪事实"的形容词,是相当困难甚至是不可能的。然而,语言是不准确的,其含义也可能是不确定的。在这种场合,需要通过考察用语的语境与目的揭示用语的真实含义。一方面,某个事实是否属于"捏造",是需要对方或第三者判断的,没有向对方或第三者传达的事实,也难以被判断为捏造。所以,捏造本身就包含了向外部传达的意思。另一方面,在本书看来,刑法第221条使用"捏造并散布虚伪事实"这种极为重复的表述,实际上只是为了防止将误以为是真实事实而散布的行为认定为犯罪,亦即,是为了防止处罚没有犯罪故意的行为。(4)倘若坚持认为本罪的实行行为是复数行为(即捏造虚伪事实并散布),就会产生诸多消极后果。例如,这种观点意味着捏造行为是实行行为的一部分,于是,开始实施捏造行为时就是着手,这是难以被人接受的。或许有人认为,如果行为人以散布为目的开始实施捏造行为,就是本罪的预备行为。但这种说法也存在问题:一方面,既然认为捏造行为是实行行为,就不能认为为了散布而捏造是预备行为。如同暴力、胁迫是抢劫行为的实行行为的一部分一样,不能认为为了强取财物而实施暴力、胁迫的行为只是抢劫罪的预备行为。另一方面,即使将捏造行为认定为犯罪预备行为,也不利于保障国民自由。因为这种观点导致的结局是,写日记、在私人电脑上写文章,都可能成为犯罪的预备行为。由此看来,将单一行为解释成复数行为,并不一定有利于保障国民的自由。[149]

成立本罪要求给他人造成重大损失或者有其他严重情节。根据立案标准,具有下列情形之一的,应当追诉:(1)给他人造成直接经济损失数额在50万元以上的;(2)虽未达到上述数额标准,但利用互联网或者其他媒体公开损害他人商业信誉、商品声誉的,或者造成公司、企业等单位停业、停产6个月以上或者破产的;(3)其他给他人造成重大损失或者有其他严重情节的情形。

2. 责任形式为故意,即明知自己的行为会损害他人的商业信誉、商品声誉,并且希望

---

〔149〕 参见张明楷:《刑法分则的解释原理》(上),中国人民大学出版社2011年第2版,第498页以下。

或者放任这种结果发生。对于没有商业诽谤的故意，听信他人传谣，而散布虚伪事实乃至对虚伪事实进行某种程度的加工的行为，不应认定为本罪。此外，消费者及新闻单位对经营者的产品质量、服务质量进行合理批评、评论的，不得认定为本罪。

（二）损害商业信誉、商品声誉罪的处罚

根据刑法第221条与第231条的规定，犯本罪的，处2年以下有期徒刑或者拘役，并处或者单处罚金。单位犯本罪的，对单位判处罚金，并对其直接负责的主管人员和其他直接责任人员，依照上述规定处罚。

二、虚假广告罪

（一）虚假广告罪的概念与犯罪构成

虚假广告罪，是指广告主、广告经营者、广告发布者，违反国家规定，利用广告对商品或者服务作虚假宣传，情节严重的行为。

1. 构成要件的内容为，广告主、广告经营者、广告发布者违反国家规定，利用广告对商品或者服务作虚假宣传，情节严重的行为。违反国家规定，主要是指违反《广告法》及相关法律、法规的规定。广告，是指商业性广告。作虚假宣传主要包括两种情况：(1)对商品或者服务作夸大失实的宣传，即对生产、经销的产品质量、制作成分、性能、用途、生产者、有效期限、产地、来源等情况，或者对所提供的服务的质量规格、技术标准、价格等交易资料进行夸大、无中生有的与实际情况不符的宣传。(2)对商品或者服务作语意含糊、令人误解的宣传，即通过措词的技巧、明示或者暗示、省略或者含糊的手段，使消费者对商品或者服务产生误解。成立本罪要求情节严重。对此，应从作虚假广告的手段、动机、散布范围、次数、持续时间、不良后果等方面进行综合判断。根据立案标准，具有下列情形之一的，应当追诉：(1)违法所得数额在10万元以上的；(2)给单个消费者造成直接经济损失数额在5万元以上的，或者给多个消费者造成直接经济损失数额累计在20万元以上的；(3)假借预防、控制突发事件的名义，利用广告作虚假宣传，致使多人上当受骗，违法所得数额在3万元以上的；(4)虽未达到上述数额标准，但2年内因利用广告作虚假宣传，受过行政处罚2次以上，又利用广告作虚假宣传的；(5)造成人身伤残的；(6)其他情节严重的情形。

2. 责任形式为故意，即明知利用广告对商品或者服务作虚假宣传的行为会扰乱市场秩序，损害消费者的权益，并且希望或者放任这种结果的发生。

（二）虚假广告罪的认定

1. 正确区分虚假广告罪与非罪的界限。商品或者服务的广告，大多带有夸张性质，在此意义上说，广告或多或少都是夸大广告，消费者也都认识到了广告的夸大性质，故不能将具有夸大性质的广告都认定为虚假广告。一方面，只有当某种夸大广告超出了社会容忍的界限时，才能认定为虚假广告。换言之，对商品或者服务的夸大宣传，足以使一般人陷入认识错误时，才能认为是虚假广告。是否使一般人陷入认识错误，要根据行为当时的具体情况考察，其中最为重要的是考察广告的内容。广告的内容极为抽象时，通常不能使一般人陷入认识错误；广告的内容比较具体时，就足以使一般人陷入认识错误。例如，声称某种产品"性能优良、经久耐用"时，即使并不符合客观事实，一般也不能认定为虚假广告；但如果将某种野山椒说成是抗癌物质，就属于虚假广告。另一方面，还要考察情节是否严重，对于虽作虚假广告，但情节并不严重的，不能认定为虚假广告罪。

2. 正确处理虚假广告罪与其他犯罪的关系。(1)损害商业信誉、商品声誉的行为,也可能通过广告的形式实施,虚假广告行为也可能通过诋毁他人商品声誉来对自己的商品或者服务作虚假宣传。不排除一个行为同时触犯上述两个罪名的情况,在这种情况下,只能以想象竞合犯从一个重罪处罚。但两者的法定刑相同,故"重罪"的确定只能以行为的基本性质与危害程度为依据。(2)行为人可能利用广告对自己生产、销售的伪劣商品作虚假宣传,或者说利用广告生产、销售伪劣商品。在这种情况下,可以认为是行为的手段触犯了其他罪名,属于牵连犯,从一个重罪处罚,即适用生产、销售伪劣商品犯罪的法定刑。(3)虚假广告行为不要求达到诈骗财产的程度,因此,如果行为人利用虚假广告骗取他人财物,则是虚假广告罪与诈骗罪的想象竞合,应从一重罪处罚。(4)明知他人从事欺诈发行股票、债券,非法吸收公众存款,擅自发行股票、债券,集资诈骗或者组织、领导传销活动等集资犯罪活动,为其提供广告等宣传的,是本罪与相关共同犯罪的想象竞合,从一重罪处罚。

(三)虚假广告罪的处罚

根据刑法第 222 条与第 231 条的规定,犯本罪的,处 2 年以下有期徒刑或者拘役,并处或者单处罚金。单位犯本罪的,对单位判处罚金,并对其直接负责的主管人员和其他直接责任人员,依照上述规定处罚。

三、串通投标罪

串通投标罪,是指投标人相互串通投标报价,损害招标人或者其他投标人的利益,情节严重,或者投标人与招标人串通投标,损害国家、集体、公民的合法权益的行为。

本罪分为两种类型:(1)投标人相互串通投标报价,损害招标人或者其他投标人的利益,并且情节严重的行为。相互串通投标的报价,是指投标人私下串通,联手抬高标价或者压低标价,以损害招标人的利益或者排挤其他投标者。甲以 A、B、C 三个投标人的身份参与投标的,不应认定为串通投标;乙分别与 A、B、C 三个投标人约定,由后者以 A、B、C 的名义投标,中标后将项目转包给乙的,只要 A、B、C 之间没有串通投标报价,就不能认定为串通投标。(2)投标人与招标人串通投标,损害国家、集体、公民的合法权益。这里的串通投标,不限于对投标报价的串通,还包括就报价以外的其他事项进行串通。由于这种行为的法益侵害重于前一种行为,故其成立犯罪不以情节严重为要件。[150] 在拍卖过程中相互串通的,不成立本罪。本罪的责任形式为故意,即使为了防止过分竞争而串通的,原则上也成立本罪。

需要研究的是如何理解和认定本罪的行为主体。例如,A 公司就一项重大工程招标时,意欲投标的 B 公司委托 C 公司代理投标事项。C 公司的甲为了能够使 B 公司中标,而与 A 公司中参与管理投标事项的乙串通,乙将其他投标公司的投标报价告诉给甲,甲以最低报价使 B 公司中标,导致重大工程遭受损失。甲与乙的行为是否成立串通投标罪?《招标投标法》第 8 条规定:"招标人是依照本法规定提出招标项目、进行招标的法人或者其他组织。"第 25 条规定:"投标人是响应招标、参加投标竞争的法人或者其他组织。"据此,只有 A 公司与 B 公司分别是招标人与投标人,C 公司以及甲与乙都不是招标

〔150〕 由于法条表述的关系,有一种观点认为第二种情况仍要求情节严重[参见王作富主编:《刑法分则实务研究》(中),中国方正出版社 2013 年第 5 版,第 656 页]。

人与投标人。但是,本书认为,不能完全按照《招标投标法》的规定解释刑法第 223 条所规定的招标人与投标人。(1)刑法规定串通投标罪,是为了保护招标投标竞争秩序,但并不是只有法人或者其他组织的行为才能侵害招标投标竞争秩序。(2)刑法第 231 条规定:"单位犯本节第二百二十一条至第二百三十条规定之罪的,对单位判处罚金,并对其直接负责的主管人员和其他直接责任人员,依照本节各该条的规定处罚。"这表明,刑法第 223 条所规定的串通投标罪,不仅没有排除自然人犯罪主体,而且其规定的就是自然人主体。倘若按照《招标投标法》的规定解释刑法第 223 条的招标人与投标人,就意味着自然人不可能成为串通投标罪的主体,这便违反了刑法的规定。(3)在司法实践中,串通投标既可能是招标、投标的法人或者单位之间进行串通,也可能是主管、负责、参与招标、投标的人,为了谋取个人利益,就招投标事项进行串通。倘若将后一种情形排除在串通投标罪之外,必然不利于保护招标投标竞争秩序。基于上述理由,本书认为,应当将刑法第 223 条中的招标人与投标人,解释为主管、负责、参与招标、投标事项的人。这一解释虽然不符合《招标投标法》的规定,但符合刑法的规定。符合刑法规定的解释,不会违反罪刑法定原则。

根据立案标准,具有下列情形之一的,应当追诉:(1)损害招标人、投标人或者国家、集体、公民的合法利益,造成直接经济损失数额在 50 万元以上的;(2)违法所得数额在 10 万元以上的;(3)中标项目金额在 200 万元以上的;(4)采取威胁、欺骗或者贿赂等非法手段的;(5)虽未达到上述数额标准,但 2 年内因串通投标,受过行政处罚 2 次以上,又串通投标的;(6)其他情节严重的情形。犯本罪的,根据刑法第 223 条与第 231 条的规定处罚。

四、合同诈骗罪

(一)合同诈骗罪的概念与犯罪构成

合同诈骗罪,是指以非法占有为目的,在签订、履行合同过程中,使用欺骗手段,骗取对方当事人财物,数额较大的行为。

合同诈骗罪是诈骗罪的一种特殊形式,刑法规定本罪,是为了保护市场秩序与对方当事人的财产。因为合同是市场经济活动的重要手段,利用经济合同骗取对方当事人财物的行为,使人们对合同这种手段丧失信心,从而侵犯了市场秩序。与此同时,利用合同诈骗的行为,也侵犯了对方当事人的财产。本罪的犯罪构成如下:

1. 构成要件的内容为,在签订、履行合同过程中,使用欺骗手段,骗取对方当事人数额较大的财物。欺骗手段是指下列情形:(1)以虚构的单位或者冒用他人名义签订合同的;(2)以伪造、变造、作废的票据或者其他虚假的产权证明作担保的;(3)没有实际履行能力,以先履行小额合同或者部分履行合同的方法,诱骗对方当事人继续签订和履行合同的;(4)收受对方当事人给付的货物、货款、预付款或者担保财产后逃匿的;(5)以其他方法骗取对方当事人财物的。实施上述行为之一,骗取对方当事人数额较大财物的,即可成立本罪。根据立案标准,合同诈骗数额在 2 万元以上的,应当追诉。

2. 责任要素除故意外,还必须具有非法占有目的。非法占有目的既可以存在于签订合同时,也可以存在于履行合同的过程中,但非法占有目的必须存在于诈骗行为时;产生非法占有目的后并未实施诈骗行为的,不能成立合同诈骗罪。例如,就上述第(3)种情形而言,行为人必须在"诱骗对方当事人继续签订和履行合同"时,具有非法占有目的。特别需要研究的是刑法第 224 条第 4 项规定的"收受对方当事人给付的货物、货款、预付款或者担保财产后逃匿”。本书认为,这种情况仅限于行为人在收受对方当事人给付的货物、货款、预付款或者担保财产之前便存在非法占有目的,而且对方之所以给付货物、货款、预付款或者担保财产,必须是由于行为人的诈骗行为所致。行为人收受对方当事人给付的货物、货款、预付款或者担保财产之后,才产生非法占有目的,但仅仅是逃匿,而没有采取虚构事实、隐瞒真相的手段使对方免除其债务的,不能认定为合同诈骗罪。因为既然是“骗取对方当事人财物”,就意味着在对方当事人交付财物前,行为人便以非法占有目的实施了欺骗行为,否则不可能成立合同诈骗罪。当然,如果行为人收受了对方并未转移所有权的财产后逃匿的,则可以认定为侵占罪。概言之,行为人收受了对方已经转移所有权的财产后,才产生非法占有目的,此后除据为已有外并没有实施其他犯罪行为的,不能以犯罪论处。如果收受了对方已经转移所有权的财产后,产生非法占有目的,并通过欺骗方法使对方免除自己的债务的,则是新的(合同)诈骗行为。此时的诈骗对象并不是先前的财产,而是免除债务这一财产性利益。

(二)合同诈骗罪的认定

1. 正确处理合同诈骗罪与民事欺诈的关系。人们习惯于认为,合同诈骗与民事欺诈是罪与非罪的界限问题,于是想方设法提出二者的区分标准。其实,民事欺诈完全包括了合同诈骗行为,二者是一种包容关系,合同诈骗只是民事欺诈中的特殊情形。因此,重要的问题并非二者之间的界限,而是行为是否符合合同诈骗罪的犯罪构成。如果得出肯定结论,行为就构成合同诈骗罪;此时不得以行为属于民事欺诈为由,否认合同诈骗罪的成立。还有一种观点认为,合同诈骗与民事欺诈的关键区别在于行为人是否具有非法占有目的。诚然,如果说民事欺诈都是没有非法占有目的的行为,这一区分标准或许也是成立的。然而,民法并没有将非法占有目的排除在民事欺诈外。另一方面,可以肯定的是,如果行为人利用合同欺骗他人使之处分财产,而且具有非法占有目的,就能肯定合同诈骗罪的成立。由于主观目的的认定难于客观行为的认定,所以,行为人是否具有非法占有对方当事人财物的目的,成为认定合同诈骗罪的一个关键问题。[151] 在判断行为人主观上是否具有非法占有的目的时,首先要考察行为人是否采取了刑法所规定的欺骗手段。凡是使用刑法所规定的欺骗手段的,原则上应认定为具有非法占有目的。其次要综合考虑其他情节,包括行为前、行为过程中以及行为后的各种情节。例如,对下列情形可以认定为具有非法占有目的:挥霍对方当事人交付的货物、货款、预付款、定金或者保证金,致使上述款物无法返还的;使用对方当事人的货物、货款、预付款或者定金、保证金进行违法犯罪活动的;合同签订后,以支付部分货款、开始履行合同为诱饵,骗取全部货物后,在合同规定的期限内或者双方约定的付款期限内,无正当理由拒不支付其余货款的;收到对方货款后,不按合同规定或双方约定组织货源,而是用于冒险投资的;等等。所应注意的是,刑法规定合同诈骗罪的行为是“在签订、履行合同过程中”实施的,因此,行为人在签订合同时没有非法占有的目的,但在履行过程中产生了非法占有目的,进而实施诈骗行为,骗取对方当事人财物的,应认定为合同诈骗罪。反之,在签订合同时具有非法占有目的,但在履

〔151〕 在我国,使用欺骗手段促使对方与自己签订合同,并且履行合同义务,对方实现了相应权利的,不可能认定为合同诈骗罪。同样,使用欺骗手段使对方提前履行义务的,也不会认定为合同诈骗罪(但日本判例认为这种行为构成诈骗罪)。

行过程中由于某种原因而放弃非法占有目的,积极履行全部合同义务的,不应认定为合同诈骗罪。

特别要指出的是,行为是否成立合同诈骗罪,与该合同在民法上是否有效是两个不同的问题,不能因为合同有效就否认合同诈骗罪的成立,也不能因为合同无效就肯定合同诈骗罪的成立。换言之,合同诈骗罪的成立不以合同无效为前提。此外,也不能因为行为人为被害人实施了某种行为或者存在交易行为,就直接否认合同诈骗罪的成立(不能用“空手套白狼”来表述合同诈骗罪的构成要件,不能将合同诈骗罪限定为没有交易的情形)。换言之,如果行为人具有非法占有目的,并不履行合同所要求的义务,即使表面上为被害人实施了某种行为或者存在交易行为,也不能据此否认合同诈骗罪的成立。例如,曾经在旅行社工作的甲,冒充旅行社工作人员与乙签订了为乙等人办理去 A 国签证的合同。按合同要求,乙先支付甲 2 万元。甲虽然声称自己向旅行社打过一次电话咨询此事,但除此之外没有做任何事情,并且在明知自己不能办理的情况下,要求乙支付剩余的 2 万元。显然,不能因为甲向旅行社打过电话,就否认其行为构成合同诈骗罪。再如,甲公司通过伪造产权证明,利用合同将没有产权的住房冒充有产权的住房出售给他人的,即使客观上将房屋交付给他人,也不妨碍合同诈骗罪的成立。

2. 正确处理合同诈骗罪与普通诈骗罪的关系。通说认为,合同诈骗罪与普通诈骗罪是一种特别关系。符合诈骗罪的犯罪构成,且利用了合同的,就成立合同诈骗罪。所以,如何理解和认定合同,就成为是否认定为合同诈骗罪的关键。本书的基本看法是,合同诈骗罪中的“合同”不限于书面合同,也包括口头合同,但就合同内容而言,宜限于经济合同(不包括单纯的借款合同),即合同的文字内容是通过市场行为获得利润,这是由本罪性质决定的。基于同样的理由,至少对方当事人应是从事经营活动的市场主体,否则也难以认定为合同诈骗罪。例如,甲得知自己的朋友乙(一般公民)有大量存款,便产生诈骗故意。甲声称,自己有一笔绝对赚钱的生意,投资 50 万元后,3 个月内可以赚 100 万元,但自己一时没有 50 万元,希望乙投资 30 万元,3 个月后返还乙 60 万元。甲按上述内容起草了一份书面合同,双方在合同上签字后,乙交付 30 万元给甲,甲获得乙的 30 万元后逃匿。本书认为,甲的行为成立普通诈骗罪,而非合同诈骗罪。需要注意的是,虽然在诈骗过程中存在合同,但使对方产生认识错误的并非合同而是合同之外的欺骗行为的,应认定为普通诈骗罪。换言之,并非只要有合同就成立合同诈骗罪。此外,利用合同骗取他人财物,没有达到司法解释所规定的合同诈骗罪数额较大的标准但达到普通诈骗罪数额较大标准的,应认定为普通诈骗罪。因为行为并不符合合同诈骗罪的客观要件,故不存在合同诈骗罪与普通诈骗罪的法条竞合问题。如同行为不符合故意杀人罪的某个要件但符合故意伤害罪的犯罪构成一样,当然应认定为故意伤害罪。

3. 正确处理合同诈骗罪与金融诈骗罪、生产、销售伪劣产品犯罪的关系。刑法规定的各种金融诈骗罪,大多也会利用经济合同的形式,如保险诈骗罪事实上利用了保险合同,贷款诈骗罪事实上利用了贷款合同。但由于刑法对金融诈骗罪另有规定,所以,凡是符合金融诈骗罪的犯罪构成的,原则上应以金融诈骗罪论处(也有例外,参见第九章第二节、第四节)。如利用合同诈骗银行或者其他金融机构的贷款的,应认定为贷款诈骗罪。但是,金融诈骗罪中也有一些不需要利用合同的,在这种情况下,不发生竞合问题。此外,行为人与他人签订合同,收到他人货款后,提供伪劣产品的,是合同诈骗罪与生产、销售伪劣产品犯罪的想象竞合,从一重罪处罚。

(三)合同诈骗罪的处罚

根据刑法第224条与第231条的规定,犯本罪的,处3年以下有期徒刑或者拘役,并处或者单处罚金;数额巨大或者有其他严重情节的,处3年以上10年以下有期徒刑,并处罚金;数额特别巨大或者有其他特别严重情节的,处10年以上有期徒刑或者无期徒刑,并处罚金或者没收财产。单位犯本罪的,对单位判处罚金,并对其直接负责的主管人员和其他直接责任人员,依照上述规定处罚。

五、组织、领导传销活动罪

(一)组织、领导传销活动罪的概念与犯罪构成

组织、领导传销活动罪,是指组织、领导以推销商品、提供服务等经营活动为名,要求参加者以缴纳费用或者购买商品、服务等方式获得加入资格,并按照一定顺序组成层级,直接或者间接以发展人员的数量作为计酬或者返利依据,引诱、胁迫参加者继续发展他人参加,骗取财物,扰乱经济社会秩序的传销活动的行为。

1.构成要件的内容为,组织、领导传销活动。传销活动可以分为两大类:一类可谓原始型传销,其传销的是商品,以销售商品的数量作为计酬或者返利依据;另一类可谓诈骗型传销,并不是真正传销商品,只是以发展人员的数量作为计酬或者返利依据。本罪的传销活动,是指后一种传销活动。

本罪禁止的传销活动,是指组织者、领导者通过收取"入门费"非法获取利益的行为。加入传销活动的人,要么直接缴纳"入门费",要么以购买商品、服务等方式获得加入资格。在后一种情形下,"商品、服务"或者仅仅是名义上的或者是虚拟的,或者虽有真实内容但物非所值,参加者不是为了获取商品、服务,只是为了获得加入传销组织的资格。参加者需要通过发展下线获取利益,而不是通过销售商品等方式获取利益。所以,层级越高的参加者(其中部分人属于组织者、领导者)就获利越多;案发时,层级最低的参加者就成为受害者。[152] 需要指出的是,"团队计酬"式传销活动是否属于本罪的传销活动,不可一概而论。根据"两高"、公安部2013年11月14日《关于办理组织领导传销活动刑事案件适用法律若干问题的意见》(以下简称《传销案件意见》),传销活动的组织者或者领导者通过发展人员,要求传销活动的被发展人员(下线)发展其他人员加入,形成上下线关系,并以下线的销售业绩为依据计算和给付上线报酬,牟取非法利益的,是"团队计酬"式传销活动。以销售商品为目的、以销售业绩为计酬依据的单纯的"团队计酬"式传销活动,不作为犯罪处理。形式上采取"团队计酬"方式,但实质上属于"以发展人员的数量作为计酬或者返利依据"的传销活动,应当以组织、领导传销活动罪定罪处罚。

---

[152] 在判断是否属于传销活动时,首先要判断是否存在商品(包括服务),如果没有商品,符合其他条件的,就可以认定为传销活动。其次,倘若存在商品,则需要进一步判断商品是不是道具(如商品存放在何处、有没有人消费该商品)。如果商品只是道具(如事实上不转移占有,或者名义上转移占有与所有),符合其他条件的,则应认定为传销活动。再次,商品发生占有转移时,是仅转移给参与传销的人员,还是会转移给真正的消费者。如果仅仅在传销活动的参与者之间转移,参与者并不以使用商品为目的,而是为了获得参加资格,并符合其他条件的,也应认定为传销活动。最后,倘若有部分真正的消费者时,则要进一步判断行为人是主要通过销售商品获利,还是主要通过收取"入门费"获利。倘若主要通过收取"入门费"获利,符合其他条件的,也应认定为传销活动。

本罪的实行行为是组织、领导诈骗型传销活动的行为，故参与传销的行为不成立本罪。根据《传销案件意见》的规定，组织内部参与传销活动人员在30人以上且层级在3级以上的，应当对组织者、领导者追究刑事责任。组织、领导多个传销组织，单个或者多个组织中的层级已达3级以上的，可将在各个组织中发展的人数合并计算。组织者、领导者形式上脱离原传销组织后，继续从原传销组织获取报酬或者返利的，原传销组织在其脱离后发展人员的层级数和人数，应当计算为其发展的层级数和人数。下列人员可以认定为传销活动的组织者、领导者：(1)在传销活动中起发起、策划、操纵作用的人员；(2)在传销活动中承担管理、协调等职责的人员；(3)在传销活动中承担宣传、培训等职责的人员；(4)曾因组织、领导传销活动受过刑事处罚，或者1年以内因组织、领导传销活动受过行政处罚，又直接或者间接发展参与传销活动人员在15人以上且层级在3级以上的人员；(5)其他对传销活动的实施、传销组织的建立、扩大等起关键作用的人员。以单位名义实施组织、领导传销活动犯罪的，对于受单位指派，仅从事劳务性工作的人员，一般不予追究刑事责任。

问题是，如何理解和认定本罪的“骗取财物”？

第一种观点认为，“组织、领导传销活动不以骗取财物为必要。所以，‘骗取财物’属于本罪可有可无的概念。”[153]这一观点实际上认为，“骗取财物”并不是组织、领导传销活动罪的要素。但是，这种解释的合理性存在疑问。在分则条文明确规定了“骗取财物”的情况下，解释者既不能直接宣布其为多余的要素，也不能直接删除该要素；而且，否认“骗取财物”是组织、领导传销活动罪的要素，意味着减少犯罪的成立条件，是对行为人不利的解释，需要特别慎重。

第二种观点指出：“虽然《刑法修正案(七)》在界定传销时使用了‘骗取财物’的表述，但是从实际发生的传销活动看，‘骗取财物’并不是传销活动的唯一目的，因此不能将组织、领导传销活动罪的目的仅限于诈骗财物。”[154]这种观点也值得商榷。诚然，将“骗取财物”解释为传销活动的目的，或许具有一定的合理性。但是，既然认为刑法条文已经将本罪的目的限定为骗取财物，就不能认为本罪还包括其他目的，否则就违反了罪刑法定原则。

第三种观点认为，“骗取财物——这是传销活动的最本质特征。传销活动的一切最终目的，都是为了骗取钱财。”[155]这种观点实际上将组织、领导传销活动罪的处罚对象理解为骗取财物，据此，只有当行为人客观上骗取了财物时，才能成立组织、领导传销活动罪。但如下所述，这种观点存在缺陷。

《传销案件意见》规定：“传销活动的组织者、领导者采取编造、歪曲国家政策，虚构、夸大经营、投资、服务项目及盈利前景，掩饰计酬、返利真实来源或者其他欺诈手段，实施刑法第224条之一规定的行为，从参与传销活动人员缴纳的费用或者购买商品、服务的费用中非法获利的，应当认定为骗取财物。参与传销活动人员是否认为被骗，不影响骗取财物的认定。”但这一规定只是说明了应当认定为骗取财物的部分情形，而没有界定“骗取

---

〔153〕曲新久：《刑法学》，中国政法大学出版社2009年第2版，第378页。

〔154〕赵秉志主编：《刑法修正案最新理解适用》，中国法制出版社2009年版，第75页。

〔155〕黄太云：“《刑法修正案(七)》解读”，载《人民检察》2009年第6期。

财物”的性质与外延。

本书认为,“骗取财物”是对诈骗型传销组织(或者活动)的描述,亦即,只有当行为人组织、领导的传销活动具有“骗取财物”的性质时,才成立组织、领导传销活动罪(如果行为人组织、领导的是提供商品与服务的传销组织,则不可能成立本罪)。换言之,“骗取财物”是诈骗型传销组织(或者活动)的特征。这是因为,传销组织许诺或者支付给参加者的回报,来自于参加者的“入门费”;由于组织者、领导者需要给参加者一定的返利,所以,要保证传销组织的生存,就必须不断成倍增加参加者。然而,由于参加者不可能无限量增加,所以,资金链必然断裂,刚参加的人或者最低层级的参加者,就必然成为受害者。这便具备“骗取财物”的特征。由于刑法第224条之一的处罚对象是对诈骗型传销组织进行组织、领导的行为,所以,不以客观上已经骗取了他人财物为前提。首先,《关于〈中华人民共和国刑法修正案(七)〉(草案)的说明》指出:“当前以‘拉人头’、收取‘入门费’等方式组织传销的违法犯罪活动,严重扰乱社会秩序,影响社会稳定,危害严重。目前在司法实践中,对这类案件主要是根据实施传销行为的不同情况,分别按照非法经营罪、诈骗罪、集资诈骗罪等犯罪追究刑事责任的。为更有利于打击组织传销的犯罪,应当在刑法中对组织、领导传销组织的犯罪做出专门规定。”不难看出,《刑法修正案(七)》的宗旨就是处罚组织、领导诈骗型传销活动的行为。其次,将刑法第224条之一理解为对诈骗型传销组织的组织、领导行为的处罚,非法设立诈骗型传销组织的行为便成为组织、领导传销活动罪的实行行为,从而有利于禁止传销组织。最后,如果将组织、领导传销活动罪中的“骗取财物”解释为必须客观上骗取了他人财物,就会造成处罚的不协调。反之,只要认为“骗取财物”是显示诈骗型传销组织(或者活动)特征的要素,那么,如果行为人确实骗取了财物,则另触犯了集资诈骗罪或者普通诈骗罪,属于想象竞合,从一重罪处罚。唯此,才能实现刑法的正义性。

2. 责任形式为故意。行为人明知自己组织、领导诈骗型传销活动会扰乱经济社会秩序,并且希望或者放任这种结果的发生。

(二)组织、领导传销活动罪的认定

1. 组织、领导诈骗型传销活动的行为,同时触犯集资诈骗等罪的,属于想象竞合,应从一重罪处罚。一方面,成立诈骗型传销组织的行为,同时就是骗取他人财物的行为,因而属于一行为触犯数罪名的想象竞合。另一方面,不应认为组织、领导传销活动罪与集资诈骗罪存在法条竞合关系,因为二者侵害的法益不同。

2. 犯组织、领导传销活动罪,并实施故意伤害、非法拘禁、敲诈勒索、妨害公务、聚众扰乱社会秩序、聚众冲击国家机关、聚众扰乱公共场所秩序、交通秩序等行为,构成犯罪的,依照数罪并罚的规定处罚。

3. 一般参与行为不可能成立组织、领导传销活动罪,但是,这并不意味着参与行为不成立任何犯罪。就诈骗型传销活动而言,参与人员的行为仍然可能成立集资诈骗等犯罪。一方面,受害者并不是阻却犯罪成立的事由,充其量仅构成酌情从宽处罚的量刑事由。另一方面,认定参与人员的行为仍然可能构成集资诈骗等犯罪,能够维护刑法的公平正义性:组织者、领导者是诈骗犯罪的主犯,对参与人员可以作为诈骗犯罪的从犯乃至胁从犯处理。

(三)组织、领导传销活动罪的处罚

根据刑法第224条之一和第231条的规定,犯本罪的,处5年以下有期徒刑或者拘役,并处罚金;情节严重的,处5年以上有期徒刑,并处罚金。单位犯本罪的,对单位判处罚金,并对其直接负责的主管人员和其他直接责任人员,依照上述规定处罚。

六、非法经营罪

(一)非法经营罪的概念与犯罪构成

非法经营罪,是指自然人或者单位,违反国家规定,故意从事非法经营活动,扰乱市场秩序,情节严重的行为。[156]

非法经营是指以下四类行为:(1)未经许可,经营法律、行政法规规定的专营、专卖物品或者其他限制买卖的物品;(2)买卖进出口许可证、进出口原产地证明以及法律、行政法规规定的其他经营许可证或者批准文件;(3)未经国家有关主管部门批准,非法经营证券、期货、保险业务,或者非法从事资金支付结算业务;(4)其他严重扰乱市场秩序的非法经营行为。

(二)非法经营罪的认定

成立非法经营罪的前提,是违反国家规定,即违反全国人民代表大会及其常务委员会制定的法律和决定,国务院制定的行政法规、规定的行政措施、发布的决定和命令。没有违反国家规定的,即使在某种意义上属于非法经营,也不得认定为本罪。非法经营罪的前三种行为往往容易认定,难以认定的是"其他严重扰乱市场秩序的非法经营行为"。根据近几年的立法与司法解释,对下列行为应认定为非法经营罪:

1. 根据全国人大常委会《关于惩治骗购外汇、逃汇和非法买卖外汇犯罪的决定》第4条,在国家规定的交易场所以外非法买卖外汇,扰乱市场秩序,情节严重的,以非法经营罪论处(如果属于"非法从事资金支付结算业务",则适用第225条第3项的规定)。[157]

2. 根据最高人民法院1998年12月17日《关于审理非法出版物刑事案件具体应用法律若干问题的解释》,违反国家规定,出版、印刷、复制、发行严重危害社会秩序和扰乱市场秩序的非法出版物(构成其他较重犯罪的除外),或者非法从事出版物的出版、印刷、复制、发行业务,严重扰乱市场秩序,情节严重的,以非法经营罪论处。

3. 根据最高人民法院2000年5月12日《关于审理扰乱电信市场管理秩序案件具体应用法律若干问题的解释》,最高人民检察院2002年2月6日《关于非法经营国际或港澳台地区电信业务行为法律适用问题的批复》,违反国家规定,采取租用国际专线、私设转接设备或者其他方法,[158]擅自经营国际电信业务或者涉港澳台电信业务进行营利活动,[159]扰乱电信市场管理秩序,情节严重的,以非法经营罪论处。

---

[156] 关于情节严重的认定,参见最高人民检察院、公安部2010年5月7日《关于公安机关管辖的刑事案件立案追诉标准的规定(二)》第79条。

[157] 认定犯罪的具体标准,参见最高人民法院1998年8月28日《关于审理骗购外汇、非法买卖外汇刑事案件具体应用法律若干问题的解释》。

[158] "其他方法",是指在边境地区私自架设跨境通信线路;利用互联网跨境传送IP话音并设立转接设备,将国际话务转接至我境内公用电话网或转接至其他国家或地区;在境内以租用、托管、代维等方式设立转接平台;私自设置国际通信出入口等方法。

[159] 对于未取得国际电信业务(含涉港澳台电信业务,下同)经营许可证而经营,或被终止国际电信业务经营资格后继续经营,应认定为"擅自经营国际电信业务或者涉港澳台电信业务"。

4. 根据“两高”2002 年 8 月 16 日《关于办理非法生产、销售、使用禁止在饲料和动物饮用水中使用的药品等刑事案件具体应用法律若干问题的解释》,未取得药品生产、经营许可证件和批准文号,非法生产、销售盐酸克仑特罗等禁止在饲料和动物饮用水中使用的药品,扰乱药品市场秩序,情节严重的,依照刑法第 225 条第 1 项的规定,以非法经营罪论处。在生产、销售的饲料中添加盐酸克仑特罗等禁止在饲料和动物饮用水中使用的药品,或者销售明知是添加有该类药品的饲料,情节严重的,依照刑法第 225 条第 4 项的规定,以非法经营罪论处。

5. 根据最高人民检察院 2002 年 9 月 4 日《关于办理非法经营食盐刑事案件具体应用法律若干问题的解释》,违反国家有关盐业管理规定,非法生产、储运、销售食盐,扰乱市场秩序,情节严重的,以非法经营罪论处。

6. 根据“两高”2003 年 5 月 14 日《关于办理妨害预防、控制突发传染病疫情等灾害的刑事案件具体应用法律若干问题的解释》,违反国家在预防、控制突发传染病疫情等灾害期间有关市场经营、价格管理等规定,哄抬物价、牟取暴利,严重扰乱市场秩序,违法所得数额较大或者有其他严重情节的,以非法经营罪定罪,依法从重处罚。

7. 根据“两高”、公安部 2004 年 7 月 19 日《关于依法开展打击淫秽色情网站专项行动有关工作的通知》,对于违反国家规定,擅自设立互联网上网服务营业场所,或者擅自从事互联网上网服务经营活动,情节严重,构成犯罪的,以非法经营罪论处。

8. 根据“两高”2005 年 5 月 11 日《关于办理赌博刑事案件具体应用法律若干问题的解释》,未经国家批准擅自发行、销售彩票,构成犯罪的,依照刑法第 225 条第 4 项的规定,以非法经营罪论处。

9. 根据“两高”、公安部、中国证券监督管理委员会 2008 年 1 月 2 日《关于整治非法证券活动有关问题的通知》,对于中介机构非法代理买卖非上市公司股票,涉嫌犯罪的,应当以非法经营罪论处(对此应适用第 225 条第 3 项)。

10. 根据“两高”2009 年 12 月 3 日《关于办理妨害信用卡管理刑事案件具体应用法律若干问题的解释》,违反国家规定,使用销售点终端机具(POS 机)等方法,以虚构交易、虚开价格、现金退货等方式向信用卡持卡人直接支付现金,情节严重的,以非法经营罪定罪处罚。[160]

11. 根据 2010 年 3 月 2 日“两高”《关于办理非法生产、销售烟草专卖品等刑事案件具体应用法律若干问题的解释》,未经烟草专卖行政主管部门许可,无生产许可证、批发许可证、零售许可证,而生产、批发、零售烟草制品,情节严重的,以非法经营罪定罪处罚(对此应适用第 225 条第 1 项)。

12. 根据最高人民法院 2010 年 12 月 13 日《关于审理非法集资刑事案件具体应用法律若干问题的解释》,违反国家规定,未经依法核准擅自发行基金份额募集基金,情节严重的,以非法经营罪论处。

13. 根据“两高”2013 年 5 月 2 日《关于办理危害食品安全刑事案件适用法律若干问题的解释》,以提供给他人生产、销售食品为目的,违反国家规定,生产、销售国家禁止用

---

〔160〕 但是,迄今为止并不存在相关的国家规定,故本规定属于超前规定,下级司法机关在相关的国家规定公布之前,不应直接根据该解释认定非法经营罪。

于食品生产、销售的非食品原料,情节严重的,以非法经营罪定罪处罚。违反国家规定,生产、销售国家禁止生产、销售、使用的农药、兽药,饲料、饲料添加剂,或者饲料原料、饲料添加剂原料,情节严重的,以非法经营罪定罪处罚。[161] 违反国家规定,私设生猪屠宰厂(场),从事生猪屠宰、销售等经营活动,情节严重的,以非法经营罪定罪处罚。[162]

14. 根据"两高"、公安部、农业部、食品药品监管总局 2013 年 5 月 21 日《关于进一步加强麻黄草管理严厉打击非法买卖麻黄草等违法犯罪活动的通知》,违反国家规定采挖、销售、收购麻黄草,没有证据证明以制造毒品或者走私、非法买卖制毒物品为目的,依照刑法第 225 条的规定构成犯罪的,以非法经营罪定罪处罚。

15. 根据"两高"2013 年 9 月 6 日《关于办理利用信息网络实施诽谤等刑事案件适用法律若干问题的解释》,违反国家规定,以营利为目的,通过信息网络有偿提供删除信息服务,或者明知是虚假信息,通过信息网络有偿提供发布信息等服务,扰乱市场秩序,情节严重的,以非法经营罪定罪处罚。

16. 根据"两高"、公安部、国家安全部 2014 年 3 月 14 日《关于依法办理非法生产销售使用"伪基站"设备案件的意见》,非法生产、销售"伪基站"设备,情节严重的,以非法经营罪论处。[163] 明知他人实施非法生产、销售"伪基站"设备,为其提供资金、场所、技术、设备等帮助的,以共同犯罪论处。

17. 根据"两高"、公安部 2014 年 3 月 26 日《关于办理利用赌博机开设赌场案件适用法律若干问题的意见》,以提供给他人开设赌场为目的,违反国家规定,非法生产、销售具有退币、退分、退钢珠等赌博功能的电子游戏设施设备或者其专用软件,情节严重的,以非法经营罪论处。

18. 根据"两高"2014 年 11 月 3 日《关于办理危害药品安全刑事案件适用法律若干问题的解释》,违反国家药品管理法律法规,未取得或者使用伪造、变造的药品经营许可证,非法经营药品,情节严重的,以非法经营罪论处(对此应适用第 225 条第 1 项)。以提供给他人生产、销售药品为目的,违反国家规定,生产、销售不符合药用要求的非药品原料、辅料,情节严重的,以非法经营罪论处。[164]

19. 根据最高人民法院 2015 年 5 月 18 日《全国法院毒品犯罪审判工作座谈会纪要》,行为人出于医疗目的,违反有关药品管理的国家规定,非法贩卖国家规定管制的能够使人形成瘾癖的麻醉药品或者精神药品,扰乱市场秩序,情节严重的,以非法经营罪论处。

最高人民法院 2011 年 4 月 8 日发布了《关于准确理解和适用刑法中"国家规定"的有关问题的通知》。通知指出:"各级人民法院审理非法经营犯罪案件,要依法严格把握刑法第二百二十五条第(四)的适用范围。对被告人的行为是否属于刑法第二百二十五条第(四)规定的'其他严重扰乱市场秩序的非法经营行为',有关司法解释未作明确规定

---

[161] 实施上述行为,同时又构成生产、销售伪劣产品罪,生产、销售伪劣农药、兽药罪等其他犯罪的,属于想象竞合,从一重罪处罚。

[162] 行为同时构成生产、销售不符合安全标准的食品罪,生产、销售有毒、有害食品罪等其他犯罪的,属于想象竞合,从一重罪处罚。

[163] "伪基站"设备是未取得电信设备进网许可和无线电发射设备型号核准的非法无线电通信设备,具有搜取手机用户信息,强行向不特定用户手机发送短信息等功能,使用过程中会非法占用公众移动通信频率,局部阻断公众移动通信网络信号。

[164] 行为同时构成生产、销售伪劣产品罪、以危险方法危害公共安全罪等犯罪的,属于想象竞合,从一重罪处罚。

的,应当作为法律适用问题,逐级向最高人民法院请示。”

(三)非法经营罪的处罚

根据刑法第225条与第231条的规定,犯本罪的,处5年以下有期徒刑或者拘役,并处或者单处违法所得1倍以上5倍以下罚金;情节特别严重的,处5年以上有期徒刑,并处违法所得1倍以上5倍以下罚金或者没收财产。单位犯本罪的,对单位判处罚金,并对其直接负责的主管人员和其他直接责任人员,依照上述规定处罚。

七、强迫交易罪

强迫交易罪,是指自然人或者单位,以暴力、胁迫手段强买强卖商品,强迫他人提供或者接受服务,强迫他人参与或者退出投标、拍卖,强迫他人转让或者收购公司、企业的股份、债券或者其他资产,强迫他人参与或者退出特定的经营活动,情节严重的行为。

本罪的强迫主要包括以下几种情况:一是在他人不愿意从事某种活动时,强迫他人从事某种活动;二是在他人不愿意以某种方式从事某种活动时,强迫他人以某种方式从事活动;三是在他人不愿意以某种价格从事活动时,强迫他人以某种价格从事活动。

认定本罪时,需要正确处理本罪与抢劫罪、敲诈勒索罪的关系。最高人民法院2005年6月8日《关于审理抢劫、抢夺刑事案件适用法律若干问题的意见》指出:“从事正常商品买卖、交易或者劳动服务的人,以暴力、胁迫手段迫使他人交出与合理价钱、费用相差不大钱物,情节严重的,以强迫交易罪定罪处罚;以非法占有为目的,以买卖、交易、服务为幌子采用暴力、胁迫手段迫使他人交出与合理价钱、费用相差悬殊的钱物的,以抢劫罪定罪处刑。在具体认定时,既要考虑超出合理价钱、费用的绝对数额,还要考虑超出合理价钱、费用的比例,加以综合判断。”这种观点试图通过价格、费用是否悬殊区分本罪与抢劫罪。其实,本罪与抢劫罪、敲诈勒索罪之间不是对立关系,符合本罪的犯罪构成时,并不当然排除抢劫罪、敲诈勒索罪的成立。也不能因为刑法规定了强迫交易罪,就认为凡是有交易的行为都不成立抢劫罪与敲诈勒索罪。换言之,强迫交易行为完全可能同时触犯抢劫罪、敲诈勒索罪,因而属于想象竞合犯,应从一重罪处罚。例如,教师以暴力强迫学生以200元购买其价值2元的圆珠笔的行为,应当认定为抢劫罪。在处理本罪与抢劫罪、敲诈勒索罪的关系时,需要明确的是各自的犯罪构成内容,而不是相互间的对立点。例如,轻微的暴力、胁迫行为,并没有压制被害人反抗的,不可能成立抢劫罪,只能成立本罪与敲诈勒索罪。

最高人民检察院2014年4月17日《关于强迫借贷行为适用法律问题的批复》指出:“以暴力、胁迫手段强迫他人借贷,属于刑法第二百二十六条第二项规定的‘强迫他人提供或者接受服务’,情节严重的,以强迫交易罪追究刑事责任;同时构成故意伤害罪等其他犯罪的,依照处罚较重的规定定罪处罚。以非法占有为目的,以借贷为名采用暴力、胁迫手段获取他人财物,符合刑法第二百六十三条或者第二百七十四条规定的,以抢劫罪或者敲诈勒索罪追究刑事责任。”但在本书看来,强迫他人借贷的行为,也可能构成对财产性利益的抢劫与敲诈勒索;归还借款只是对借款本身没有非法占有目的,但对于借贷利益本身仍然具有非法占有目的。概言之,不要试图提出区分强迫交易罪与敲诈勒索、抢劫罪、故意伤害罪的标准,而应注重犯罪之间的想象竞合。

根据立案标准,具有下列情形之一的,应当追诉:(1)造成被害人轻微伤或者其他严重后果的;(2)造成直接经济损失2000元以上的;(3)强迫交易3次以上或者强迫3人以上交易的;(4)强迫交易数额1万元以上,或者违法所得数额2000元以上的;(5)强迫他人购买伪劣商品数额5000元以上,或者违法所得数额1000元以上的;(6)其他情节严重的情形。犯本罪的,根据刑法第226条与第231条的规定处罚。

八、伪造、倒卖伪造的有价票证罪

伪造、倒卖伪造的有价票证罪,是指自然人或者单位,伪造车票、船票、邮票或者其他有价票证,或者倒卖伪造的车票、船票、邮票或者其他有价票证,数额较大的行为。本罪中的"伪造",是指广义的伪造,不仅包括没有制作权的人制作出足以使一般人信以为真的车票、船票、邮票或其他有价票证,而且包括变造有价票证的行为。本罪的倒卖,是指出售、贩卖,不要求先购入后出售。伪造后倒卖的,不实行并罚。行为人必须伪造或倒卖伪造的有价票证。伪造、变造支票、本票、汇票等金融票证的,成立伪造、变造金融票证罪。倒卖金融票证以及伪造的有价证券等,如果不符合金融诈骗罪的犯罪构成的,应认定为本罪。倒卖伪造的有价票证行为,同时触犯诈骗罪的,应作为想象竞合犯,从一重罪处罚。非法制作或者出售非法制作的IC电话卡,数额较大的,应以本罪论处。[165] 变造或者倒卖变造的邮票数额较大的,应以本罪定罪处罚。[166] 本罪的责任形式为故意,行为人不明知是伪造的有价票证而出卖的,不成立犯罪。犯本罪的,根据刑法第227条第1款与第231条的规定处罚。

九、倒卖车票、船票罪

倒卖车票、船票罪,是指自然人或者单位、倒卖车票、船票,情节严重的行为。其中的车票、船票,必须是真实的车票、船票。倒卖其他交通运输乘用证的,不成立本罪。本罪的倒卖应是先购入后出售的行为。为特定他人代购车票、船票而收取代购费用的,不成立本罪。高价、变相加价倒卖车票或者倒卖坐席、卧铺签字号及订购车票凭证,票面数额在5000元以上,或者非法获利数额在2000元以上的,属于"倒卖车票情节严重"。[167] 犯本罪的,根据刑法第227条第2款和第231条的规定处罚。对于铁路职工倒卖车票或者与其他人员勾结倒卖车票,组织倒卖车票的首要分子,曾因倒卖车票受过治安处罚2次以上,2年内又倒卖车票,构成倒卖车票罪的,依法从重处罚。

十、非法转让、倒卖土地使用权罪

非法转让、倒卖土地使用权罪,是指自然人或单位,以牟利为目的,违反土地管理法规,非法转让、倒卖土地使用权,情节严重的行为。"违反土地管理法规",是指违反土地管理法、森林法、草原法等法律以及有关行政法规中关于土地管理的规定。[168] 例如,未经法定程序,擅自转让、倒卖农民集体所有的土地的使用权的,[169] 未经法定程序,擅自将划拨取得或者受让取得的土地使用权转让给他人的,擅自改变城市土地用途予以出售的,属

---

〔165〕 参见最高人民检察院法律政策研究室2003年4月2日《关于非法制作、出售、使用IC电话卡行为如何适用法律问题的答复》。

〔166〕 参见最高人民法院2000年12月5日《关于对变造、倒卖变造邮票行为如何适用法律问题的解释》。

〔167〕 参见最高人民法院1999年9月6日《关于审理倒卖车票刑事案件有关问题的解释》。

〔168〕 参见全国人民代表大会常务委员会2001年8月31日《关于〈中华人民共和国刑法〉第二百二十八条、第三百四十二条、第四百一十条的解释》。

〔169〕 如直接变卖农村集体土地,将农村土地作为宅基地出售给他人,将承包经营的耕地转让给他人用于开发房地产等。

于非法转让、倒卖土地使用权。本罪的成立,不以土地使用权的变更登记为前提,只要事实上转让、倒卖了土地使用权即可。在公司享有土地使用权的情况下,股东转让部分或者全部股份的,不能认定为本罪。根据最高人民法院2000年6月19日《关于审理破坏土地资源刑事案件具体应用法律若干问题的解释》,具有下列情形之一的,属于非法转让、倒卖土地使用权"情节严重":(1)非法转让、倒卖基本农田5亩以上的;(2)非法转让、倒卖基本农田以外的耕地10亩以上的;(3)非法转让、倒卖其他土地20亩以上的;(4)非法获利50万元以上的;(5)非法转让、倒卖土地接近上述数量标准并具有其他恶劣情节的,如曾因非法转让、倒卖土地使用权受过行政处罚而又实施本罪行为或者造成严重后果等。犯本罪的,根据刑法第228条与第231条的规定处罚。

十一、提供虚假证明文件罪、出具证明文件重大失实罪

(一)提供虚假证明文件罪、出具证明文件重大失实罪的概念

提供虚假证明文件罪,是指承担资产评估、验资、验证、会计、审计、法律服务等职责的中介组织或者中介组织的人员,故意提供虚假证明文件,情节严重的行为。本罪为身份犯,行为主体必须是承担资产评估、验资、验证、会计、审计、法律服务等职责的中介组织或者上述中介组织的人员。客观行为内容为,提供与事实不相符合的资产评估报告、验资证明、验证证明、会计报告、审计报告、法律文书等虚假的证明文件。这里的提供不只是单纯的交付行为,而应包括制作(无形伪造)与交付。成立本罪还要求情节严重。根据立案标准,具有下列情形之一的,应当追诉:(1)给国家、公众或者其他投资者造成直接经济损失数额在50万元以上的;(2)违法所得数额在10万元以上的;(3)虚假证明文件虚构数额在100万元且占实际数额30%以上的;(4)虽未达到上述数额标准,但在提供虚假证明文件过程中索取或者非法接受他人财物的,或者2年内因提供虚假证明文件,受过行政处罚2次以上,又提供虚假证明文件的;(5)其他情节严重的情形。本罪的责任形式为故意,即明知是虚假的证明文件而提供。

出具证明文件重大失实罪,是指承担资产评估、验资、验证、会计、审计、法律服务等职责的中介组织或者中介组织的人员,严重不负责任,出具的证明文件有重大失实,造成严重后果的行为。证明文件的瑕疵本身不等于重大失实,只有当证明文件的内容与事实存在重大出入时,才能认定为重大失实。行为人出具证明文件是为他人实施某种行为提供依据的,所以,他人依据重大失实的证明文件实施行为进而造成严重后果的,应当认定为出具证明文件的行为造成了严重后果。但是,他人明知证明文件重大失实,仍然依照该证明文件实施行为的,不得将严重后果归属于出具证明文件的行为。本罪为过失犯罪。根据立案标准,给国家、公众或者其他投资者造成直接经济损失数额在100万元以上,或者造成严重后果的,应当追诉。

公证员在履行公证职责过程中,故意提供虚假的公证文书情节严重的,或者严重不负责任,出具的公证书有重大失实,造成严重后果的,分别以提供虚假证明文件罪、出具证明文件重大失实罪论处。[170]

---

〔170〕 最高人民检察院2009年1月7日《关于公证员出具公证书有重大失实行为如何适用法律问题的批复》仅规定了公证员在履行公证职责过程中,严重不负责任,出具的公证书有重大失实,造成严重后果的,以出具证明文件重大失实罪追究刑事责任。但这并不意味着公证员故意提供虚假公证书的行为不成立提供虚假证明文件罪。

承担资产评估、验资、验证、会计、审计、法律服务等职责的中介组织或其人员，为信用卡申请人提供虚假的财产状况、收入、职务等资信证明材料，应当追究刑事责任的，分别以提供虚假证明文件罪和出具证明文件重大失实罪定罪处罚。[171]

地质工程勘测院和其他履行勘测职责的单位及其工作人员在履行勘察、勘查、测绘职责过程中，故意提供虚假工程地质勘察报告等证明文书，情节严重的，以提供虚假证明文件罪论处；上述单位及其工作人员在履行勘察、勘查、测绘职责过程中，严重不负责任，出具的工程地质勘察报告等证明文件有重大失实，造成严重后果的，以出具证明文件重大失实罪论处。[172]

（二）提供虚假证明文件罪、出具证明文件重大失实罪的处罚

根据刑法第229条第1款、第2款和第231条的规定，犯提供虚假证明文件罪的，处5年以下有期徒刑或者拘役，并处罚金。中介组织的人员索取他人财物或者非法收受他人财物，犯本罪的，处5年以上10年以下有期徒刑，并处罚金。单位犯本罪的，对单位判处罚金，并对其直接负责的主管人员和其他直接责任人员，依照上述规定处罚。

关于中介组织人员索取他人财物或者非法收受他人财物犯本罪的行为性质，即该行为是属于结合犯，还是属于特殊类型的受贿罪，抑或属于提供虚假证明文件罪的情节加重犯，还需要研究。本书认为，对该行为应视为提供虚假证明文件罪的情节加重犯；但由于该行为的法定刑为5年以上10年以下有期徒刑，而非国家工作人员受贿罪中的数额巨大的法定刑为5年以上有期徒刑，所以，如果中介组织人员在提供虚假证明文件的同时，索取或者非法收受他人财物数额巨大的，是本罪的情节加重犯与非国家工作人员受贿罪的想象竞合，宜从一重罪处罚。此外，中介组织人员，提供虚假证明文件后，索取、收受他人财物构成犯罪的，因为不符合刑法第229条第2款的规定，宜实行数罪并罚。

根据刑法第229条第3款和第231条的规定，犯出具证明文件重大失实罪的，处3年以下有期徒刑或者拘役，并处或者单处罚金。单位犯本罪的，对单位判处罚金，并对其直接负责的主管人员和其他直接责任人员，依照上述规定处罚。

十二、逃避商检罪

逃避商检罪，是指自然人或者单位，违反进出口商品检验法的规定，故意逃避商品检验，将必须经商检机构检验的进口商品未报经检验而擅自销售、使用，或者将必须经商检机构检验的出口商品未报经检验合格而擅自出口，情节严重的行为。根据立案标准，具有下列情形之一的，应当追诉：（1）给国家、单位或者个人造成直接经济损失数额在50万元以上的；（2）逃避商检的进出口货物货值金额在300万元以上的；（3）导致病疫流行、灾害事故的；（4）多次逃避商检的；（5）引起国际经济贸易纠纷，严重影响国家对外贸易关系，或者严重损害国家声誉的；（6）其他情节严重的情形。犯本罪的，根据刑法第230条与第231条的规定处罚。

---

〔171〕 参见"两高"2009年12月3日《关于办理妨害信用卡管理刑事案件具体应用法律若干问题的解释》第4条。

〔172〕 参见最高人民检察院2015年10月27日《关于地质工程勘测院和其他履行勘测职责的单位及其工作人员能否成为刑法第二百二十九条规定的有关犯罪主体的批复》。

第二十一章　侵犯公民人身权利、民主权利罪

第一节　侵犯公民人身权利、民主权利罪概述

一、侵犯公民人身权利、民主权利罪的概念与犯罪构成

（一）侵犯公民人身权利、民主权利罪的概念与法益

侵犯公民人身权利、民主权利罪，是指故意或者过失侵犯公民人身权利，以及故意侵犯公民民主权利的行为。公民的人身权利与民主权利，是公民最基本、最重要的个人专属法益。民主权利并非每一位公民都享有，例如，被剥夺政治权利的犯罪分子就没有选举权与被选举权。人身权利与民主权利密切联系，人身权利是公民行使民主权利的前提和基础，民主权利的实现又有利于保障人身权利。国家的存在就是为了保护公民的各种法益，人们之所以认为侵害国家法益的犯罪严重，也是因为对国家法益的侵害意味着对绝大多数公民个人法益的侵害；社会法益并不高于个人法益，只是个人法益的集合，保护好每一个人的法益，是保护社会法益的最佳途径；个人的一切法益都得到法律的承认并受法律保护，而社会法益的保护则受到限制。因此，刑事立法、刑法理论与刑事司法实践，都必须重视对个人法益的保护。

（二）侵犯公民人身权利、民主权利罪的犯罪构成

1. 构成要件的内容为非法侵犯公民人身权利、民主权利的行为与结果。这里的“侵犯”包括剥夺、破坏、妨害、损害、限制等行为；从表现形式上看，包括作为与不作为，当然，有些犯罪，如绑架罪，拐卖妇女、儿童罪，诽谤罪等，一般只能由作为构成。从侵害结果上看，有的要求发生侵害结果才成立犯罪，如过失致人死亡罪、过失致人重伤罪；有的未发生侵害结果时，仅成立未遂犯，如故意杀人罪、强奸罪等。

2. 责任形式包括故意与过失，即除过失致人死亡罪、过失致人重伤罪以外，其他犯罪均为故意，行为人明知自己的行为会发生侵犯公民人身权利、民主权利的结果，并且希望或者放任这种结果的发生。具体犯罪的故意内容各不相同。

二、侵犯公民人身权利、民主权利罪的类型

侵犯公民人身权利、民主权利罪包括两类犯罪：(1)侵犯公民人身权利罪。公民的人身权利，是指法律所规定的与公民的人身不可分离的权利，只有权利人本人才享有，包括生命权、健康权、性的决定权、人身自由权、名誉权、隐私权等。(2)侵犯公民民主权利罪。公民的民主权利，是公民行使依法享有的管理国家和参加社会政治活动的权利及其他民主权利，包括选举权与被选举权、批评权、控告权、申诉权、宗教信仰自由权、通信自由权等。本书根据犯罪侵犯的法益，将本章犯罪分为以下几类：侵犯生命、健康的犯罪，侵犯性

的决定权的犯罪，侵犯自由的犯罪，侵犯名誉、隐私的犯罪，侵犯民主权利的犯罪，妨害婚姻的犯罪。

第二节　侵犯生命、健康的犯罪

一、故意杀人罪

（一）故意杀人罪的概念与犯罪构成

故意杀人罪，是指故意非法剥夺他人生命的行为。生命是行使其他一切权利的基础和前提，任何公民的生命都受法律保护。

1. 构成要件为非法剥夺他人生命。

（1）刑法第232条所规定的行为对象为“人”，但刑法理论一般认为本罪的行为对象为“他人”，这是考虑到自杀行为不成立本罪所作的限定。至于“他人”的范围则没有限定，既不问是中国人、外国人抑或无国籍人，也不问被害人的种族、性别、生理、心理、职业、身份等状况。因此，所谓“大义灭亲”的行为，也不排除故意杀人罪的成立。

人的生命，始于出生，终于死亡。关于出生的标准，在刑法理论上有不同学说，如阵痛说（分娩开始说）、一部露出说、全部露出说、独立呼吸说等。我国一般采取独立呼吸说，但本书倾向于全部露出说。亦即，只要胎儿的全部身体脱离母体（全部露出母体），就应当作为人来保护。全部露出说的基准相当明确，而且也符合社会的一般观念。[1] 出生后的婴儿享有受法律保护的生命，可以成为故意杀人罪的对象，易言之，溺婴是故意杀人行为，应以故意杀人罪论处。基于同样的理由，全部露出之前的胎儿不能成为故意杀人罪的对象。我国刑法没有规定堕胎罪，堕胎与杀人具有本质区别。

关于死亡的标准，传统上采取综合标准说，即自发呼吸停止、心脏跳动停止、瞳孔反射机能停止。这一标准容易被国民接受。晚于综合标准说出现的是脑死亡概念。但是，脑死亡的认定标准还具有不明确性，有的人虽然被医院宣告脑死亡，后来却恢复了健康；脑死亡的概念要被一般国民接受也需要一个过程；采用脑死亡概念还特别要求有一整套防止恶意利用脑死亡概念非法剥夺他人生命的有效措施。考虑到这些因素，本书认为，在通常情况下，我国目前仍宜采取综合标准说。例如，在道路上将因交通事故而陷入脑死亡状态的人的手脚砍断的行为，应当以故意伤害罪论处；“对于‘用刀刺杀陷入脑死亡状态而在医院继续治疗的被害人的胸部，使其停止心脏机能的行为’，不能以损坏尸体罪处断”，[2] 而应以故意杀人罪论处。但是，在死亡标准问题上，不能不考虑的是器官移植。根据2007年5月1日起施行的《人体器官移植条例》的相关规定，人体器官移植包括活体器官移植。该条例虽然没有明文规定采取脑死亡标准，但在符合严格条件的前提下，[3]

---

〔1〕　当然，如果胎儿在全部露出之前已经死亡，即便在全部露出之后也不得认定为“人”。

〔2〕　［日］前田雅英：《刑法各论讲义》，东京大学出版会2015年第6版，第9页。

〔3〕　例如，必须经过严格程序认定被害人确实已经脑死亡；被害人同意将自己的器官移植给他人；在被害人意思不明的情况下，必须得到近亲属的许可。

应当允许摘取脑死亡者的身体器官移植于他人。换言之,在符合《人体器官移植条例》规定进行活体器官移植的情况下,不宜将脑死亡者作为杀人罪的对象。在此意义上说,可以就死亡判断采取二元标准:通常情况下采取综合标准说,在器官移植的场合采取脑死亡标准说。[4]

尸体不能成为故意杀人罪的对象。行为人误认尸体为活人而进行"杀害"的,在刑法理论上称为对象不能犯,只有具有导致活人死亡的可能性时(如尸体附近有其他人),才能按故意杀人未遂处理,否则应认定为不能犯。

(2)行为内容为剥夺他人生命即杀人,其特点是直接或者间接作用于人的肌体,使人的生命在自然死亡之前终结。剥夺他人生命的方式,既可以是作为,如刀砍、斧劈、拳击、枪杀等,也可以是不作为,如母亲故意不给婴儿哺乳致其死亡等;既可以是物理的方式,如刺杀、毒杀,也可以是心理的方法,如以精神冲击方法致心脏病患者死亡。但不管是什么杀人行为,都必须具有致人死亡的紧迫危险性。杀人行为导致死亡结果发生的,成立故意杀人既遂;没有导致死亡结果发生的,根据具体情形成立故意杀人未遂、中止或者预备,当然也可能同时触犯故意伤害罪。

(3)杀人行为必须具有非法性。依法执行命令枪决罪犯、符合法定条件的正当防卫杀人等行为,阻却违法性,不构成故意杀人罪。

实施积极的安乐死的行为,不阻却违法性,应以故意杀人罪论处。所谓安乐死,通常是指为免除患有不治之症、濒临死亡的患者的痛苦,受患者嘱托而使其无痛苦地死亡。安乐死分为不作为的安乐死与作为的安乐死。不作为的安乐死(消极的安乐死),是指对濒临死亡的患者,经其同意不再采取治疗措施(包括撤除人工的生命维持装置)任其死亡的安乐死。这种行为不成立故意杀人罪。作为的安乐死包括三种情况:一是没有缩短患者生命的安乐死(本来的安乐死、真正的安乐死),这种行为不成立犯罪。二是具有缩短生命危险的安乐死(间接安乐死)。这种行为虽然具有缩短患者生命的危险,但事实上没有缩短患者生命,也不成立故意杀人罪。三是作为缩短患者生命手段的安乐死(积极的安乐死),即为了免除患者的痛苦,而提前结束其生命的方法。现在,世界上只有个别国家对积极的安乐死实行了非犯罪化。在我国,救死扶伤是公民的道义责任,是医务人员的职业责任。对生命垂危、痛不欲生的患者,应尽量给予医务上的治疗和精神上的安慰,以减轻其痛苦。人为地提前结束患者生命的行为,还难以得到一般国民的认同;即使得到被害人同意,这种杀人行为也是对他人生命的侵害。特别是在法律对实行积极的安乐死的条件、方法、程序等没有明确规定的情况下,实行积极的安乐死所产生的其他一系列后果不堪设想。概言之,在法律未允许实行积极安乐死的情况下,实行积极安乐死的行为,仍然构成故意杀人罪;既不能认为这种行为不符合故意杀人罪的犯罪构成,也不宜以刑法第13条的但书为根据宣告无罪。当然,量刑时可以从宽处罚(也可能认定为"情节较轻"的故意杀人罪,并且从轻处罚)。

与安乐死相联系的是尊严死(自然死)的概念。由于医学的进步,对植物人等也可能依靠某种装置、药物来维持其生命,撤除植物人等的生命维持装置,停止无益的、多余的延

---

[4] 二元标准说受到的批判是,"人的死亡是一个客观的概念,其性质不是可以由本人的意志决定的"([日]松原芳博:《刑法各论》,日本评论社2016年版,第9页)。

长生命的措施，让其自然地死亡，就是所谓的尊严死。由于认为这种做法维护了患者的尊严，所以称为尊严死。这种行为在我国刑法中还没有取得合法性。

2. 责任形式为故意，即明知自己的行为会发生他人死亡的结果，并且希望或者放任这种结果的发生。此外，行为人必须没有认识到正当化事由，如果行为人以为自己是在实施正当防卫行为，即使是假想防卫，也不得认定为故意杀人罪。故意杀人的动机复杂多样，不同的杀人动机，对构成故意杀人罪没有影响，但对量刑具有一定意义。但是，基于报复、奸情等动机杀人，属于杀人的常态，不能成为从重处罚的情节。

（二）故意杀人罪的认定

1. 根据刑法第238条、第247条、第248条、第289条、第292条的规定，对非法拘禁使用暴力致人死亡的，刑讯逼供或暴力取证致人死亡的，虐待被监管人致人死亡的，聚众"打砸抢"致人死亡的，聚众斗殴致人死亡的，应以故意杀人罪论处。根据本书的观点，这些条文属于拟制规定，而非注意规定。换言之，在上述场合，不需要行为人对死亡具有故意（根据责任主义原理，行为人至少对死亡必须有过失）。当然，对于这些拟制的故意杀人罪的量刑，应当轻于典型的故意杀人罪。

2. 未经本人同意摘取其器官，或者摘取不满18周岁的人的器官，或者强迫、欺骗他人捐献器官，致人死亡或者具有致人死亡危险，行为人对死亡结果有故意（包括间接故意）的，应当认定为故意杀人罪。

3. 对于以放火、爆炸、投放危险物质等危险方法杀人案件的定性，我国刑法理论一直认为，凡是以放火、爆炸等危害公共安全的危险方法故意杀人的，不能认定为故意杀人罪，只能认定为放火、爆炸等危害公共安全的犯罪。事实上，以放火、爆炸等危险方法故意杀人时，其行为不仅符合放火、爆炸等罪的犯罪构成，而且符合故意杀人罪的犯罪构成，应认定为想象竞合；而无论从性质上、还是从法定刑上看，故意杀人罪都重于放火、爆炸等罪，适用故意杀人罪的法定刑，才符合想象竞合的处理原则。如果将以放火、爆炸等危险方法故意杀人的案件认定为放火、爆炸等罪，在未造成严重后果时，会导致罪刑不协调。[5] 反之，将以放火、爆炸等危险方法故意杀人的行为适用故意杀人罪的法定刑，则有利于做到罪刑相适应。将故意以放火、爆炸等危险方法杀人的案件认定为危害公共安全罪，也不利于处理故意杀人罪与放火等罪的关系。例如，根据传统观点，很难认定以投放危险物质的方法杀害三五人案件的性质。反之，承认以危险方法杀人的行为构成故意杀人罪，则不致造成定性上的困难。此外，认为以危险方法杀人的行为构成故意杀人罪，还有利于处理刑法第17条第2款在适用中遇到的问题，有利于统一对结果加重犯的认识与处理，有利于量刑时全面评价案件情节，有利于削减死刑条款。[6]

4. 对与自杀有关的案件应具体分析，区别处理。自杀本身不构成犯罪，但引起、促成自杀的原因比较复杂，需要具体分析。

（1）相约自杀。即二人以上相互约定自愿共同自杀的行为。如果相约双方均自杀身

---

〔5〕 根据传统观点，行为人欲以爆炸方法杀一人而未造成严重后果的，成立故意杀人罪，法定刑为"死刑、无期徒刑或者十年以上有期徒刑"，同时适用未遂犯的规定；欲以爆炸方法杀多人而未造成严重后果的，成立爆炸罪，法定刑为"三年以上十年以下有期徒刑"。这显然不符合罪刑相适应原则。

〔6〕 参见张明楷："论以危险方法杀人案件的性质"，载《中国法学》1999年第6期。

亡,自不存在犯罪问题;如果相约双方各自实施自杀行为,其中一方死亡,另一方自杀未得逞,未得逞一方也不构成犯罪;如果相约自杀,由其中一方杀死对方,继而自杀未得逞的,对杀死对方的行为应以故意杀人罪论处,但量刑时可以从轻处罚。如果相约自杀的一方为对方提供自杀工具,则属于后述帮助自杀的行为。

(2)引起他人自杀。即行为人所实施的某种行为引起他人自杀身亡。第一,正当行为引起他人自杀的,不可能构成犯罪。第二,错误行为或者轻微不法行为(如一般辱骂)引起他人自杀的,也不成立犯罪。不能因为引起了他人自杀,就将其错误行为或者轻微不法行为当做犯罪处理。第三,严重不法行为引起他人自杀身亡,将严重不法行为与引起他人自杀身亡的后果进行综合评价,其法益侵害达到犯罪程度时,应以相关犯罪论处。如诽谤他人,行为本身的情节并不严重,但引起他人自杀身亡,便可综合起来认定行为情节严重,将该行为以诽谤罪论处。第四,犯罪行为引起他人自杀身亡,不符合故意杀人罪的犯罪构成的,应按该犯罪行为定罪并可从重处罚。例如,强奸妇女引起被害妇女自杀的,一般以强奸罪从重处罚,但不能认定为强奸致人死亡。换言之,自杀身亡一般不可能成为结果加重犯中的加重结果。第五,少数加重结果包括了自杀身亡的,应按照结果加重的法定刑处罚。例如,暴力干涉婚姻自由引起被害人自杀的,应适用刑法第 257 条第 2 款的法定刑。虐待行为致使被害人不堪忍受而自杀的,属于刑法第 260 条第 2 款规定的虐待“致使被害人……死亡”。[7]

(3)教唆或帮助自杀。教唆自杀,是指行为人故意采取引诱、怂恿、欺骗等方法,使他人产生自杀意图。以相约自杀为名诱骗他人自杀的,也是一种教唆自杀的行为。帮助自杀,是指在他人已有自杀意图的情况下,帮助他人自杀。[8] 我国刑法对杀人罪规定得比较简单,没有将教唆、帮助自杀的行为规定为独立的犯罪。在这种立法体例之下,是认为教唆、帮助自杀的行为根本不成立犯罪,还是认为教唆、帮助自杀的行为成立普通的故意杀人罪,涉及诸多问题。可以肯定的是,形式上的教唆、帮助行为,具有杀人的间接正犯性质时,应当认定为故意杀人罪。首先,欺骗、唆使不能理解死亡意义的儿童或者精神病患者等人,使其自杀的,属于故意杀人罪的间接正犯。[9] 其次,凭借某种权势或利用某种特殊关系,以暴力、威胁或者其他心理强制方法,促使他人自杀身亡的,成立故意杀人的间接正犯。例如,组织和利用邪教组织制造、散布迷信邪说,指使、胁迫其成员或者其他人实施自杀行为的,邪教组织成员组织、策划、煽动、教唆、帮助邪教组织人员自杀的,应以故意杀人罪论处。[10] 最后,行为人教唆自杀的行为使被害人对法益的有无、程度、情况等产生错误,其对死亡的同意无效时,也应认定为故意杀人罪。例如,医生对可能治愈的患者说“你得了癌症,只能活两周了”,进而使其自杀的,对医生应认定为故意杀人罪。此外,对自杀者负有救助义务的人故意不予救助的,可能成立不作为的故意杀人罪。

---

[7] 刑法第 257 条第 2 款与第 260 条第 2 款规定的情形并不是真正意义上的结果加重犯。

[8] 经意欲自杀者的请求,将毒药喂入其口中、输入其体内的,宜认定为杀人的实行行为,而不是帮助自杀。

[9] 联系刑法第 234 条之一第 2 款的规定,对于唆使、欺骗不满 18 周岁的人自杀的,宜认定为故意杀人罪的间接正犯。

[10] 参见“两高”1999 年 10 月 20 日《关于办理组织和利用邪教组织犯罪案件具体应用法律若干问题的解释》第 4 条;“两高”2001 年 6 月 4 日《关于办理组织和利用邪教组织犯罪案件具体应用法律若干问题的解释(二)》第 9 条。

对于不具有间接正犯性质的教唆、帮助自杀的行为，我国的司法实践一般作为情节较轻的故意杀人罪处理。[11] 中国人的自杀不是厌倦生活，更不是行使自由，“而是因为不可遏制的愤怒，或者他知道他的死会陷对手于不义”。在西方，人们面对他人自杀会问“为什么”；在中国，人们更关注“谁逼他自杀”，“谁应该对此负责”。概言之，中国人的自杀一般不是一种主体性行为。[12] 在此意义上说，司法实践的上述做法具有妥当性。但是，刑法实行罪刑法定原则，所以，刑法理论必须寻找处罚教唆、帮助自杀行为的刑法根据。

下列不同路径有可能为司法实践的做法提供刑法根据，但都可能存在疑问：(1)虽然分则条文规定的一般是正犯行为，但是刑法第 232 条所规定的“情节较轻”是例外，其中包括了教唆与帮助行为。换言之，刑法之所以没有特别规定教唆自杀罪与帮助自杀罪，就是因为存在“情节较轻”的例外规定。但是，这种解释并没有提供法理根据，而且导致解释的随意性，因而并不可取。(2)教唆他人自杀且引起他人自杀时，教唆者具有救助义务(先前行为引起的义务)，不救助的教唆者成立不作为的故意杀人罪。但是，这种路径扩大了先前行为的范围，也不能完全解决教唆自杀的问题(如教唆者不在现场时，就没有作为可能性，因而也不成立不作为犯罪)，更不能解释帮助自杀行为。(3)采取单一的正犯概念，认为教唆行为与帮助行为都是符合刑法分则规定的构成要件的行为。换言之，分则规定的各种行为都包括正犯行为、教唆行为与帮助行为。但是，单一的正犯概念存在诸多疑问，也为本书所不取。(4)采取纯粹惹起说，既承认没有共犯的正犯，也承认没有正犯的共犯。据此，甲教唆乙自杀的，虽然乙无罪，但甲仍构成故意杀人罪的教唆犯。但是，纯粹惹起说存在明显的缺陷。(5)与故意伤害罪、过失致人重伤罪的行为对象为“他人”不同，故意杀人罪与过失致人死亡罪的行为对象是“人”，因而包括本人，而不限于“他人”。与此同时，采取最小从属性说。于是，自杀者实施了符合故意杀人罪构成要件的行为，即使其行为不违法，也不影响教唆犯、帮助犯的成立。最小从属性说虽然具有一定的优势，但在其他场合，也可能不当扩大教唆犯、帮助犯的处罚范围。(6)由于刑法没有将故意杀人罪的行为对象限定为他人，所以，自杀行为符合故意杀人罪的构成要件，也具有违法性(因此，人们可以制止他人的自杀行为)，只是由于自杀者缺乏责任(如无期待可能性)，才不以故意杀人罪论处。教唆、帮助他人自杀，就是教唆、帮助他人实施符合构成要件的不法行为，根据限制从属性的原理，对教唆、帮助自杀者，以故意杀人罪的共犯论处。上述哪一路径合适，还需要进一步讨论。倘若不能找到刑法上的处罚根据，就只能认为司法实践的上述做法违反了罪刑法定原则。

(三)故意杀人罪的处罚

根据刑法第 232 条的规定，故意杀人的，处死刑、无期徒刑或者 10 年以上有期徒刑；

---

〔11〕 日本刑法不处罚自杀，但明文规定处罚教唆、帮助自杀的行为。在欧洲大陆国家，“自杀和自杀未遂都是不予处罚的，所以有一种强烈的倾向认为，既然自杀本身是合法的，参与其间的帮助行为自然也是合法的。这原则上是法国和德国的通行立场。不过，暗中也有不少惩罚帮助自杀者的技巧。法国学者赞同使用总括性的制定法，要求行为人必须为处于痛苦中的人提供主动的帮助，通过这个媒介，处罚那些未能防止自杀的人。德国的一个有争议的案件则采用了另外的主张：未能防卫妻子或近亲自杀的，可按以不作为形式构成的杀人来处罚……英美的造法者尚未接受自杀合法的暗示。尽管在这个问题上还少有权威观点，但在英美的许多司法区域，帮助他人自杀仍然是一种谋杀行为”([美]乔治·弗莱彻：《反思刑法》，邓子滨译，华夏出版社 2008 年版，第 245～246 页)。

〔12〕 参见海青：“始于自杀，终于‘自我’”，载《读书》2010 年第 6 期。

情节较轻的,处3年以上10年以下有期徒刑。这一规定要求司法机关正确区分一般故意杀人与情节较轻的杀人,以便准确选择相应的法定刑幅度。一般来说,当场基于义愤的杀人、因受被害人长期迫害的杀人、基于被害人请求的杀人及“大义灭亲”的杀人等,属于情节较轻的杀人。总的来说,“情节较轻”是指罪行较轻(减轻),包括不法程度的减轻与责任的减轻。一般认为,故意的防卫过当杀人属于故意杀人情节较轻的情况。[13] 问题是,将防卫过当认定为情节较轻的故意杀人罪之后,是否还应当适用刑法总则关于防卫过当的处罚规定?刑法第20条第2款规定:对于防卫过当“应当减轻或者免除处罚”。如果对防卫过当的杀人选择了“情节较轻”的法定刑后,不再适用上述规定,就意味着对防卫过当的不能免除处罚。这显然违反刑法关于防卫过当的规定。再如,倘若对杀人预备选择了“情节较轻”的法定刑后,不再适用刑法总则关于“对于预备犯,可以比照既遂犯从轻、减轻处罚或者免除处罚”的规定,就意味着对预备犯不能免除处罚。这明显不符合刑法关于犯罪预备的规定。由此看来,既不能重复评价,也不能做出对被告人不利的选择。在本书看来,可以确立以下原则:在被告人具有法定的从轻或者减轻处罚的情节时,如果以该情节为根据选择了减轻的法定刑,原则上就不能再适用从轻或者减轻处罚的具体规定;在被告人具有法定刑的减轻或者免除处罚的情节时,既可能在选择了减轻的法定刑后,再适用刑法关于减轻或者免除处罚的具体规定,也可能在选择普通法定刑后,适用刑法关于减轻或者免除处罚的具体规定,这取决于犯罪的其他情节,难以一概而论。

在量刑时,应当破除不当观念,尤其应摒弃“杀人偿命”的陈旧观念。要综合全部案情,正确评价罪行轻重和行为人的再犯罪可能性,给罪犯以适当的刑罚处罚。对于因婚姻家庭、邻里纠纷等民间矛盾激化引发的故意杀人犯罪,应当与其他故意杀人犯罪案件有所区别,适用死刑一定要十分慎重。对于被害人一方有明显过错或对矛盾激化负有直接责任,或者被告人有法定从轻处罚情节的,不应判处死刑。[14] 此外,将杀人后的碎尸行为作为判处死刑根据的做法,具有严重的不合理性,应予杜绝。

二、过失致人死亡罪

(一)过失致人死亡罪的概念与犯罪构成

过失致人死亡罪,是指过失造成他人死亡结果的行为。构成要件的内容为,实施了致人死亡的行为,并且已经造成死亡结果。责任形式为过失,行为人对自己的行为造成他人的死亡结果具有预见可能性,或者已经预见而轻信能够避免。

(二)过失致人死亡罪的认定

1. 刑法分则某些条文规定的过失犯罪,如失火罪、过失爆炸罪、交通肇事罪等,也往往发生过失致人死亡的结果,但它们都是因为危害公共安全或者是业务过失而导致他人死亡的结果。由于危害公共安全罪的保护法益不同于过失致人死亡罪的保护法益,应当认为二者属于想象竞合,而不宜认定为法条竞合。[15] 实施抢劫、强奸等暴力犯罪时,过失致

---

〔13〕 但应注意的是,对出于过失的防卫过当不能认定为故意杀人罪。

〔14〕 参见最高人民法院1999年10月27日《全国法院维护农村稳定刑事审判工作座谈会纪要》;最高人民法院2010年2月8日《关于贯彻宽严相济刑事政策的若干意见》;最高人民法院刑三庭2010年4月14日《在审理故意杀人、伤害及黑社会性质组织犯罪案件中切实贯彻宽严相济刑事政策》。

〔15〕 日本刑法将业务上过失致死伤罪规定在过失致死伤罪之后,二者的保护法益相同,于是二者之间属于特别关系,但我国刑法的规定不同于日本刑法。

人死亡的,成立相应犯罪的结果加重犯,此时属于抢劫、强奸的结果加重犯与过失致人死亡罪的想象竞合,按抢劫、强奸的结果加重犯的法定刑处罚。[16]

2. 正确区分过于自信的过失致人死亡与间接故意杀人:前者的行为人并不放任死亡结果的发生,后者的行为人对死亡结果持放任态度,发生死亡结果并不违背其意志;前者的行为人在预见到死亡结果可能发生的情况下,仍然实施其行为,是因为他认为凭借一定的主客观条件可以避免死亡结果的发生,后者的行为人,在明知死亡结果可能发生的情况下,仍然实施其行为,是为了实现其他目的,行为人没有考虑凭借一定的主客观条件避免死亡结果的发生。当然,由于二者并非对立关系,所以,在行为人对死亡结果具有预见可能性的情况下,不能证明行为人放任死亡结果发生的,就只能认定为过失致人死亡罪。

3. 疏忽大意的过失致人死亡与意外事件致人死亡的关键区别,在于行为人能否预见自己的行为可能导致他人死亡。应当根据行为人的知能水平、行为本身的危险程度以及客观环境,判断行为人对死亡结果能否预见,从而得出正确结论。

4. 对过失重伤进而引起被害人死亡的,只要对死亡结果具有预见可能性,就应直接认定为过失致人死亡罪,不能套用故意伤害致死的模式,认定为"过失伤害致人死亡"。倘若在特殊情形下,行为人仅对重伤具有预见可能性,而对死亡没有预见可能性,根据责任主义原理,只能认定为过失致人重伤罪。

(三)过失致人死亡罪的处罚

根据刑法第233条的规定,犯本罪的,处3年以上7年以下有期徒刑;情节较轻的,处3年以下有期徒刑。

三、故意伤害罪

(一)故意伤害罪的概念与法益

一般认为,故意伤害罪,是指故意非法损害他人身体健康的行为。

在刑法理论上,"伤害罪"一词有不同含义。广义的伤害罪包括各种故意伤害罪、过失致人伤害罪与暴行罪;中间意义的伤害罪是除暴行罪以外的伤害罪;狭义的伤害罪仅限于故意伤害罪。有人指出:"伤害罪章所要保护的法益乃是个人的身体法益,包括身体的完整性与身体的不可侵害性、生理机能的健全与心理状态的健康等。"[17] 显然,将"身体的不可侵害性"作为伤害罪的法益,主要是为了说明暴行罪的性质;我国刑法没有规定暴行罪,故不宜将"身体的不可侵害性"视为伤害罪的法益。"心理状态的健康"是内容宽泛的概念,例如,行为人采取某种方法导致被害人长时期存在焦虑感,这可谓损害了被害人"心理状态的健康",却不可能构成伤害罪。如果行为造成被害人精神失常,无疑构成伤害罪,但这种情形可以包含在损害"生理机能的健全"之中,因为大脑机能的健全是生理机能健全的一部分。

可以肯定的是,人的生理机能的健全是伤害罪的法益,问题是"身体的完整性"是否属于伤害罪的法益,而这又在一定程度上取决于如何理解"身体的完整性"。如果将"身体的完整性"理解为器官的完整性,那么,身体的完整性无疑属于伤害罪的法益,但人体

---

〔16〕 刑法第233条在规定了过失致人死亡罪的罪状与法定刑之后指出:"本法另有规定的,依照规定。"这一规定仅就法条竞合而言,而不适用于想象竞合的情形。

〔17〕 林山田:《刑法各罪论》(上册),作者发行2005年修订5版,第131页。

的器官都有一定机能,如果破坏了器官的完整性,就会损害生理机能。故这个意义上的"身体的完整性"属于"生理机能的健全"。但是,如果将"身体的完整性"解释为身体外形的完整性,结论则异。人的头发与指甲是身体外形的一部分,如果将身体外形的完整性作为故意伤害罪的法益,那么,使用暴力或者其他方法去除他人头发或指甲的行为,便成立故意伤害罪。但我国司法机关对这种行为不会以故意伤害罪论处。换言之,去除他人头发情节严重的,可以侮辱罪论处;去除他人指甲的,不以犯罪论处(对手指造成伤害的除外)。因此,在我国,应将生理机能的健全视为伤害罪的法益。需要说明的是,"健全"是指生理机能没有障碍地发挥作用,即使行为没有使他人生理机能永久性地产生障碍,只是在一定时间内产生障碍的,也侵害了伤害罪的法益。[18]

(二)故意伤害罪的犯罪构成

1. 构成要件的内容为伤害他人身体。

(1)行为对象是他人身体。伤害自己身体的,不成立故意伤害罪;自伤行为侵犯了国家或社会法益而触犯了刑法规范时,可能构成其他犯罪。例如,军人为了逃避军事义务,在战时自伤身体的,应适用刑法第434条。他人的身体不包括假肢、假发与假牙,但是,已经成为身体组成部分的人工骨、镶入的牙齿,也是身体的一部分。毁坏尸体的行为,不成立故意伤害罪。基于同样的理由,伤害胎儿身体的,也不构成本罪。

需要研究的问题是,倘若行为人故意使用药物或者其他器具伤害胎儿,旨在使该胎儿出生后成为严重精神病患者或者造成四肢缺乏等严重残疾,事实上也造成了这种伤害的(以下简称胎儿伤害),应当如何处理?由于故意伤害罪的对象是他"人"的身体,而胎儿不是人,伤害胎儿的行为不符合伤害他"人"的要件,故认定为故意伤害罪还存在障碍。然而,如果对这种行为不认定为犯罪,也有悖于刑法保护法益的目的。因此,在国外刑法理论上呈现形形色色的学说。有罪说包括两种观点:第一种观点认为,应将上述行为认定为对出生后的"人"的伤害。因为"胎儿何时成为人"属行为对象的时期问题,而对其生命、身体的"侵害行为何时可能成立杀人罪、伤害罪"乃行为的时期问题,二者并非同一议题。第二种观点认为,上述行为属于对母体的伤害。无罪说认为,故意伤害罪的对象是"人",将伤害胎儿的行为认定为伤害他人,属于不利于行为人的类推解释,有违反罪刑法定原则之嫌。[19] 本书认为,对胎儿的伤害导致的是对出生后的"人"的伤害,严重侵犯了出生后的"人"的法益,具有处罚的必要性,问题在于如何理解和认定"行为时必须存在被害人"这一命题。

本书第四版采取的观点是,只要论证了"着手实行伤害时存在人",就不致违反罪刑法定原则。要论证这一点,就必须从规范意义上理解和认定着手。亦即,着手是具有侵害法益的紧迫危险的行为,当行为人实施伤害胎儿的举动时,由于该行为对"人"的伤害的危险并不紧迫,因而还只是预备行为;而当胎儿出生为"人"时,便产生了伤害"人"的紧迫危险,随之导致了对"人"的伤害结果。[20] 即将伤害的身体动作时期与伤害的着手时期作

[18] 行为人使用麻醉等方法,使他人产生意识障碍昏睡几小时的,也能够认定为伤害;只是如何评价伤害程度的问题。

[19] 参见张明楷:《外国刑法纲要》,清华大学出版社2007年第2版,第454页以下。

[20] 与此类似的情形是,行为人在建筑物的基地施工过程中安放定时爆炸物,待建筑物建成后爆炸。这种行为当然成立对建筑物的爆炸罪(修改前的刑法第114条明文将公共建筑物规定为爆炸罪的对象)。

分离的考察:在实施伤害胎儿的举动时,由于伤害"人"的身体的危险并不紧迫,尚不是伤害的着手;但胎儿出生为人时,便使先前的胎儿伤害行为现实化为对"人"的伤害行为,因而才存在伤害行为的着手;于是,在着手伤害时存在作为伤害对象的"人"。[21] 本书继续维持上述观点,只是试图从另一角度进行论证。亦即,被害人或行为对象并不需要存在于实行行为时,而是仅需要存在于实行行为发挥作用或者产生影响之时。例如,刑法第137条规定:"建设单位、设计单位、施工单位、工程监理单位违反国家规定,降低工程质量标准,造成重大安全事故的,对直接责任人员,处五年以下有期徒刑或者拘役,并处罚金;后果特别严重的,处五年以上十年以下有期徒刑,并处罚金。"其中的重大安全事故,主要是指被害人伤亡。倘若施工单位在5年前建造房屋时降低质量标准,5年后倒塌导致2名3岁儿童死亡的,不会有人否认其行为成立工程重大安全事故罪。这是因为,虽然行为时2名儿童尚未出生,但在行为产生影响(作用)的时点确实存在儿童,或者说,确实有儿童处于行为的影响(作用)范围之内。再如,行为人通过技术手段向胎儿投放药物,导致胎儿出生后不久,由于药物的作用而死亡。倘若行为人对此有故意,也不可能否认故意杀人罪的成立。这是因为,虽然行为人实施杀人行为时,胎儿还不是人,但在杀人行为发挥作用的时点的确存在人。胎儿伤害也是如此。虽然行为人在实施伤害行为时,胎儿还不是人,但行为在发挥作用的过程中,胎儿成为了人,因此,行为成立故意伤害罪。概言之,只要行为对象存在于行为产生影响或者发挥作用之时,就满足了行为对象的要求。[22]

(2)行为内容为伤害他人身体。伤害,一般是指非法损害他人身体健康的行为。关于伤害的具体含义,刑法理论上存在分歧:第一种观点认为,伤害是指对身体的完整性(包括身体外形)的侵害;第二种观点认为,伤害是指造成生理机能的障碍;第三种观点认为,伤害是指造成生理机能的障碍以及身体外形的重大变化。[23] 上述三种观点在实践中的差异并不多见,因为破坏身体完整性的行为大多损害了生理机能。例外的有两种情况:一是外形的完整性没有受到损害,但生理机能受到了侵害,如使人视力降低、听力减退;二是外形的完整性受到损害,但没有妨害其生理机能,典型的是去除他人头发或指甲。显然,如果行为侵害了生理机能,即使没有损害外形的完整性,也应当认定为伤害行为;反之,只是去除头发或者指甲的,则没有必要认定为伤害。但是,如果去除头发或者指甲的行为,导致他人不能再生长头发或者指甲的,则属于对生理机能的损害。此外,如果是毁损面容、损伤皮肤的,则不仅损害了外形的完整性,而且也是对生理机能的损害。因此,应当认为,只有侵害了他人生理机能的行为,才是伤害行为。此外,对生理机能的损害,不要求是永久性的,即使一时性地侵害了生理机能的,也属于伤害。

伤害行为既可以是作为,也可以是不作为。以不作为方式致人伤害构成故意伤害罪的,要求行为人负有特定的保护他人身体健康的作为义务;其义务来源应当根据不作为犯罪义务来源的一般原理予以确定。伤害行为既可以是有形的,也可以是无形的。前者如使用暴力殴打、行凶等方法致人伤害;后者如故意以性行为等方式使他人染上严重疾病,欺骗被害人服用毒药而造成生理机能损伤,以胁迫等方法致使被害人精神严重失常等。

---

[21] 参见张明楷:"故意伤害罪探疑",载《中国法学》2001年第3期。

[22] 还可以认为,只要在结果发生时存在"人",就满足了行为对象要件(参见[日]松原芳博:《刑法各论》,日本评论社2016年版,第24页)。

[23] 参见[日]前田雅英:《刑法各论讲义》,东京大学出版会2015年第6版,第21页以下。

根据刑法第234条之一第2款的规定,未经本人同意摘取其器官,或者摘取不满18周岁的人的器官,或者强迫、欺骗他人捐献器官的,依照故意伤害罪论处(符合故意杀人罪的犯罪构成的,以故意杀人罪论处)。

伤害行为的结果也是多种多样的,如内伤、外伤、肉体伤害、精神伤害等。根据我国刑法规定,伤害结果的程度分为轻伤、重伤与伤害致死。这三种情况直接反映伤害行为的罪行轻重,因而对量刑起重要作用。[24]

(3)伤害行为必须具有非法性,因正当防卫、紧急避险而伤害他人,因治疗上的需要经患者同意为其截肢,体育运动项目中规则所允许的伤害等,阻却违法性,不成立犯罪。

基于他人承诺伤害他人身体的行为,是否成立故意伤害罪,是较为棘手的问题。许多国家的刑法只是明文规定处罚基于承诺的杀人,并且其法定刑轻于普通故意杀人罪,但没有对基于承诺的伤害做出规定。于是有人认为,既然刑法仅特别规定基于承诺的杀人,就表明基于承诺的伤害一概无罪。有人则得出相反结论:既然刑法只对基于承诺的杀人罪规定减轻的法定刑,而没有对基于承诺的伤害作类似规定,就表明对基于承诺的伤害一概按普通伤害罪处理。[25] 二者似乎都走向了极端,于是出现了折中观点:一种观点认为,在被害人承诺的伤害案中,如果行为违反了公序良俗,就不问伤害的轻重,以故意伤害罪论处;如果不违反公序良俗,即使造成了重大伤害,也不认定为故意伤害罪。[26] 但是,这种观点导致故意伤害罪的保护法益是公序良俗,而不是被害人的健康,因而不妥当。另一种观点则认为,在基于被害人承诺的伤害案中,如果行为造成了重大伤害,就认定为故意伤害罪。[27]

本书认为,对此应分为三种情形处理:第一,在被害人为了保护另一重大法益而承诺伤害的情形下(如采取合法途径将器官移植给患者),应当尊重法益主体的自己决定权,肯定其承诺的有效性。刑法第234条之一第2款的规定,为此提供了根据。在这种情况下,承诺的主体必须已满18周岁,行为人不得以强迫、欺骗方法获取承诺,否则承诺无效。第二,在单纯伤害而没有保护另一重大法益的情形下,虽然得到被害人承诺,但造成了有生命危险的重伤的,宜认定为故意伤害罪。首先,如果法益主体行使自己决定权(承诺伤害)导致其本身遭受重大伤害时,作为个人法益保护者的国家,宜适当限制其自己决定权。其次,从与得承诺杀人的关联来考虑,经被害人承诺的杀人(包括未遂)没有例外地构成故意杀人罪,既然如此,将造成了生命危险的同意伤害(即重伤)行为认定为故意伤害罪比较合适。最后,聚众斗殴的行为人可能存在对伤害的承诺,而刑法第292条规定,聚众斗殴造成重伤的,以故意伤害罪论处,这表明对生命有危险的重伤的承诺是无效的。[28] 第三,对基于被害人承诺造成轻伤的,不应认定为故意伤害罪。生活中经常发生

---

〔24〕 司法实践中普遍使用"轻微伤"的概念,同时认为,行为仅造成轻微伤的,不成立故意伤害罪。显然,这只是司法惯例,刑法第234条第1款的规定,并没有将伤害结果限定为轻伤(没有将轻微伤排除在外)。换言之,从法律规定上说,认为轻微伤符合故意伤害罪的结果要件,并不违反罪刑法定原则。从国外的立法与司法现状来看,造成轻微伤的行为几乎无一例外地成立故意伤害罪。

〔25〕 参见[日]前田雅英:《刑法总论讲义》,东京大学出版会2015年第6版,第245页以下。

〔26〕 参见[日]大塚仁:《刑法概说(总论)》,有斐阁2008年第4版,第419页。

〔27〕 参见[日]平野龙一:《刑法总论II》,有斐阁1975年版,第249页。

〔28〕 应当认为,重伤都是有生命危险的;人们认为某些重伤没有生命危险,是考虑到了事后治疗的及时性与有效性。

两人相互斗殴致人轻伤的案件，司法实践一般认定为故意伤害罪。本书认为，在两人相互斗殴时，虽然双方都具有攻击对方的意图，但既然与对方斗殴，就意味着双方都承诺了轻伤害结果。所以，当一方造成另一方的轻伤害时，因被害人承诺而阻却行为的违法性，不以故意伤害罪论处。

2. 责任形式为故意。我国刑法没有规定暴行罪，故意伤害罪不可能成为暴行罪的结果加重犯。因此，成立故意伤害罪要求行为人具有伤害的故意，即对伤害结果具有认识和希望或放任的态度。但是，不要求行为人对伤害的具体程度有认识，只要行为人认识到自己的行为会发生轻伤以上的伤害结果并且希望、放任这种结果的发生即可。所谓认识到自己的行为会发生轻伤以上的伤害结果，只要求一般性的认识而非具体的认识，或者说，只要行为人认识到自己的行为会造成并非轻微的伤害结果即可。如果行为人仅具有殴打意图，旨在造成被害人暂时的肉体疼痛或者轻微的神经刺激，则不能认定有伤害的故意。因此，在仅出于一般殴打意图而无伤害故意的情况下，造成他人伤害的，不宜认定为故意伤害罪。基于同样的道理，在殴打行为偶然导致他人死亡的情况下，不应认定为故意伤害致人死亡。另一方面，在通常情况下，故意伤害的行为人对于伤害行为会给被害人造成何种程度的伤害，事先不一定有明确认识。因此，如果实际造成轻伤结果的，就按轻伤害处理；实际造成重伤结果的，就按重伤害处理。这并不违反责任主义原则，因为无论是造成重伤还是轻伤，都包括在行为人的故意内容之内。

需要讨论的是同时伤害的问题。所谓同时伤害，是指二人以上没有意思联络而同时伤害他人的情形。我国刑法没有将同时伤害特别规定为共同伤害，所以，对同时伤害不能认定为共同伤害，而应按照以下原则处理：(1)同时伤害行为没有造成伤害结果的，都不构成犯罪。(2)同时伤害行为造成了轻伤结果，证据表明该轻伤由一人行为所致，却不能辨认该轻伤为何人造成时，对任何一方都不应以犯罪论处。[29] (3)同时伤害行为造成了重伤结果，但证据表明该重伤由一人行为所致，却不能辨认该重伤为何人造成时，可以对各行为人以故意伤害未遂论处。(4)同时伤害行为造成了轻伤或者重伤，并能认定各自的行为造成了何种伤害的，应当分别定罪处罚。

根据刑法第238条、第247条、第248条、第289条、第292条、第333条的拟制规定，对非法拘禁使用暴力致人伤残的，刑讯逼供或暴力取证致人伤残的，虐待被监管人致人伤残的，聚众"打砸抢"致人伤残的，聚众斗殴致人重伤的，非法组织或强迫他人出卖血液造成伤害的，应以故意伤害罪论处。行为人实施上述行为造成法定伤害结果时，即使没有伤害故意，也应以故意伤害罪论处（根据责任主义原理，要求行为人至少对伤害结果有过失）。当然，对于拟制的故意伤害罪的量刑应当轻于典型的故意伤害罪。

（三）故意伤害罪的形态

根据司法实践，对故意轻伤的未遂不以犯罪论处，即行为人主观上希望或者放任造成轻伤结果发生，但实际上未造成轻伤结果的，不以故意伤害罪的未遂犯论处。重伤意图非常明显，且已经着手实行重伤行为，由于意志以外的原因未造成任何伤害的，应按故意伤害（未遂）论；造成轻伤的，认定为故意伤害（既遂）罪。故意伤害致死的，属于结果加重犯，行为人对伤害持故意，对致人死亡具有预见可能性。

---

〔29〕 虽然从逻辑上说，二人均属于轻伤害的未遂。但由于我国司法实践不处罚轻伤未遂，故只能作无罪处理。

故意实施伤害行为,造成他人身体伤害,达到轻伤程度的,即可认定为故意伤害罪的既遂。故意伤害造成重伤的,包含两种情况:一是行为人明显只具有轻伤的故意,但过失造成重伤;二是行为人明显具有重伤的故意,客观上也造成了重伤。在量刑上,对这两种重伤害必须区别对待。故意伤害行为没有致人死亡的,即使明显存在死亡的重大危险,也不得认定为故意伤害致死的未遂犯。

故意伤害致死的成立,首先要求伤害行为与死亡结果之间具有直接性因果关系。亦即,要么是伤害行为直接造成死亡结果,要么是伤害行为造成了伤害结果,进而由伤害结果引起死亡。[30] 这两种情形都必须是伤害行为所包含的致人死亡危险的直接现实化。行为人实施伤害行为后,被害人介入异常行为导致死亡的,不能认定为故意伤害致死。在被害人存在特殊体质或者患有特殊疾病的情况下,由普通伤害行为引发死亡结果的,不宜认定为故意伤害致死,如果行为人对死亡有过失的,应认定为普通的故意伤害罪与过失致人死亡罪的想象竞合。例如,甲的暴力行为导致乙的鼻骨骨折(轻伤),但同时引起乙的心脏病发作进而造成死亡结果。倘若行为人对死亡有过失,就只能认定为故意伤害罪(轻伤)与过失致人死亡罪的想象竞合。特别应当注意的是,在患有特殊疾病(如心脏病)的被害人的死亡是由双方的争执、相互厮打或者被害人的情绪激动引发的情况下,不应将死亡结果归属于行为人。

故意伤害致死的成立,还要求行为人对死亡具有预见可能性。既然是伤害致死,当然应将死亡者限定为伤害的对象,即只有导致伤害的对象死亡时才能认定为伤害致死。但对于伤害的对象不能作僵硬的理解,尤其应注意事实认识错误的处理原则。易言之,应根据行为人对死亡者的死亡是否具有预见可能性以及有关事实认识错误的处理原则,认定是否属于伤害致死。(1)甲对乙实施伤害行为,虽然没有发生打击错误与对象认识错误,但明知自己的行为会同时伤害丙却仍然实施伤害行为,因而造成丙死亡的,应认定为故意伤害致死。(2)A 本欲对 B 实施伤害行为,但由于对象认识错误或者打击错误,而事实上对 C 实施伤害行为,导致 C 死亡的,应认定为故意伤害致死。根据法定符合说,刑法规定故意伤害罪不只是为了保护特定人的身体健康,而是为了保护一切人的身体健康;只要 A 有伤害他人的故意,实施了伤害他人的行为,结果也伤害了他人,就成立故意伤害罪,而不要求其中的"他人"完全同一。故意伤害致死也是如此。B 与 C 的身体均受刑法保护,发生对象认识错误或打击错误并不影响 A 的伤害行为性质,理当以故意伤害致死论处。(3)张三对李四实施伤害行为,既没有发生事实认识错误,也不明知自己的行为会同时伤害王五,由于某种原因致使王五死亡的,则难以认定张三的行为成立故意伤害致死。

前行为人已经着手对被害人实施伤害行为,后行为人中途参与伤害行为,被害人身体遭受重伤,但不能证明该重伤结果由谁的行为引起时(不能证明该重伤是在后行为人参与之前形成还是参与之后形成),前行为人的行为成立故意伤害既遂,后行为人的行为属于故意伤害未遂。如果上述行为使被害人遭受轻伤的,则对前行为人的行为以故意伤害(既遂)罪论处,对后行为人的行为可不以犯罪论处。

(四)故意伤害罪的罪数

对于故意伤害罪的罪数区分,应当按照区分一罪与数罪的标准予以解决。所要注意

---

〔30〕 国外有一种观点认为,只有后一种情形成立故意伤害致死。本书难以赞成这一观点。

的是，当伤害行为属于其他重罪的法定手段时，不得认定为数罪，而应认定为其他重罪。例如，为了抢劫他人财物而伤害他人的，不管是否取得财物，均应认定为抢劫罪，而不得认定为数罪。

对连续伤害多人的，是认定为连续犯以一罪论处，还是认定为同种数罪，以及认定为同种数罪时是否并罚，都是值得研究的问题。连续伤害多人的行为是否属于连续犯，取决于连续犯的成立是否要求行为人连续实施的行为侵犯同一法益。如果仅要求连续实施的行为侵犯同种法益，那么，多名被害人的身体健康都属于同种法益，连续伤害多人的也可以成立连续犯。如果要求连续实施的行为侵犯同一法益，那么，多名被害人的身体健康便不属于同一法益。德国的判例一直采取同一法益说：如果是对个人生命、身体、自由或名誉的侵犯，只有对象同一才成立连续犯；如果对象不同，如连续杀害 3 人，或连续伤害 3 人的身体，都不作为连续犯处理。根据同一法益说的观点，连续伤害多人的，不成立连续犯，而成立同种数罪。这样认定颇有道理。因为将法益分为个人专属法益与非个人专属法益，就是为了强调对个人专属法益的保护；将侵犯不同个人的专属法益的行为认定为数罪，肯定了不同个人的专属法益价值，肯定了生命、身体、健康、自由、名誉的不可替代性。

我国刑法总则没有规定连续犯的概念与处罚原则，只是分则的部分条文对连续犯的处罚存在两种立法例：一是对于经济犯罪、财产犯罪等涉及财物的犯罪，刑法规定对其中的连续犯按累计数额处理。二是对连续犯规定了更高的法定刑。这两种处理方式都可以做到罪刑相适应原则。但是，在刑法没有类似规定，也没有因“情节严重”、“情节特别严重”、“情节恶劣”、“情节特别恶劣”而提高法定刑并且法定刑本身也不重的情况下，将连续侵犯不同被害人的个人专属法益的行为均认定为连续犯，不可避免地违反罪刑相适应原则。[31] 故意伤害罪即属如此情形，即将连续导致 3 人以上轻伤害的，认定为连续犯，仅以一个故意轻伤处理，必然导致处罚的不合理性。因此，本书认为，对于连续伤害他人的，即使法益是同种的，但只要不是同一的，认定为同种数罪不存在疑问。况且，这种现象属于多次行为符合一个犯罪构成，按照罪数的区分标准，也成立数罪。另外，刑法也没有对多次伤害他人或者伤害多人的规定较重法定刑。因此，将连续伤害他人的行为认定为同种数罪，并不违反刑法的原则与精神。

将连续伤害多人的行为认定为同种数罪，面临着应否并罚的问题。本书的观点是，对判决宣告以前一人犯同种数罪的，原则上应当并罚。在以一罪论处不符合罪刑相适应原则时，更应当实行并罚。故意伤害罪虽然有 3 个幅度的法定刑，但不可能将同种数罪作为法定刑升格的情节，如果按一罪论处，难以实现罪刑相适应。例如，即使行为人 3 次造成 3 人轻伤并情节严重，也不可能按照“致人重伤”的法定刑处罚，但仅以一罪论处或者虽主张成立同种数罪但不并罚，就只能处 3 年以下有期徒刑、拘役或者管制；再如，即使行为人 3 次造成 3 人重伤并情节严重，也不可能按照“致人死亡或者以特别残忍手段致人重伤造成严重残疾”的法定刑处罚。只有实行数罪并罚，才能做到罪刑相适应。这也启示人们，对于故意伤害罪，不能轻易承认连续犯。

司法机关习惯于将行为人基于某种动机，持刀连续造成多人轻伤的案件认定为以危

---

〔31〕 在法定刑较重（如最高刑为无期徒刑或者死刑）的情况下，是认定为连续犯以一罪论处还是认定为数罪实行并罚，不会存在悬殊，故不至于违反罪刑相适应原则。

险方法危害公共安全罪。但这样的处理并不妥当。一方面,持刀连续伤人,与放火、爆炸等行为并不相当,并不符合以危险方法危害公共安全罪的本质特征。另一方面,如果否认连续犯的成立,认定为同种数罪且实行并罚,反而有利于做到罪刑相适应。

(五)故意伤害罪的相关界限

1. 故意伤害与一般殴打的界限。一般殴打行为只是给他人造成暂时性的肉体疼痛,或使他人神经受到轻微刺激,但没有破坏他人人体组织的完整性和人体器官的正常机能,故不构成犯罪。有些殴打行为表面上给他人身体造成了一定的损害,但显著轻微,不构成轻伤的,不能以故意伤害罪论处。因此,在区分故意伤害与一般殴打时,既要考虑行为是否给人体组织及器官机能造成了损害,又要考察损害的程度。

2. 重伤与轻伤的界限。根据刑法第95条的规定,重伤是指使人肢体残废、毁人容貌、丧失听觉、丧失视觉、丧失其他器官机能或者其他对于人身健康有重大伤害的损害。重伤包括重伤一级和重伤二级。轻伤,是指使人肢体或者容貌损害,听觉、视觉或者其他器官功能部分障碍或者其他对于人身健康有中度伤害的损伤,包括轻伤一级和轻伤二级。[32]

伤害程度的鉴定,应当遵循实事求是的原则,坚持以致伤因素对人体直接造成的原发性损伤及由损伤引起的并发症或者后遗症为依据,全面分析,综合鉴定。对于以原发性损伤及其并发症作为鉴定依据的,鉴定时应以损伤当时伤情为主,损伤的后果为辅,综合鉴定。对于以容貌损害或者组织器官功能障碍作为鉴定依据的,鉴定时应以损伤的后果为主,损伤当时伤情为辅,综合鉴定。以原发性损伤为主要鉴定依据的,伤后即可进行鉴定;以损伤所致的并发症为主要鉴定依据的,在伤情稳定后进行鉴定。以容貌损害或者组织器官功能障碍为主要鉴定依据的,在损伤90日后进行鉴定;在特殊情况下可以根据原发性损伤及其并发症出具鉴定意见,但须对有可能出现的后遗症加以说明,必要时应进行复检并予以补充鉴定。疑难、复杂的损伤,在临床治疗终结或者伤情稳定后进行鉴定。

3. 故意伤害罪与故意杀人罪的关系。关于二者的关系(从既遂层面而言),存在两种理论:对立理论认为,杀人与伤害是两个相互排斥的概念,杀人故意排除伤害故意,所以,杀人不包含伤害。单一理论认为,杀人行为必然包含伤害行为,杀人故意必然包含伤害故意。第一,在不能查明是杀人行为还是伤害行为时,根据对立理论只能宣告无罪,而根据单一理论可以认定为故意伤害罪。第二,在甲以杀人故意、乙以伤害故意共同攻击丙时,即使采取行为共同说,根据对立理论也不构成共同犯罪;根据单一理论可以成立共同犯罪。第三,在行为人起先以伤害故意、后以杀人故意对他人实施暴力,但不能证明是前行为致人死亡还是后行为致人死亡时,根据对立理论,不能使行为人对死亡负责;根据单一理论,可以将该行为认定为一个故意伤害致死。[33] 显然,单一理论具有合理性。事实上,任何杀人既遂都必然经过了伤害过程,任何杀人未遂也必然造成了伤害结果或者具有造成伤害结果的危险性。在此意义上说,故意杀人与故意伤害是特别关系。当然,也不排除二者在特殊情形下成立想象竞合(参见第九章第四节)。

故意伤害致死与故意杀人既遂、故意伤害与故意杀人未遂,在结果上没有区别,但故意伤害罪与故意杀人罪在构成要件与责任要素方面的区别相当明显,只是在司法实践中

---

〔32〕 参见"两高"、公安部、国家安全部、司法部2013年8月30日《人体损伤程度鉴定标准》。

〔33〕 参见张明楷:《刑法分则的解释原理》(上),中国人民大学出版社2011年第2版,第243页以下。

难以认定。刑法理论与司法实践上的各种区分杀人与伤害的观点，都将二者视为对立关系。例如，目的说认为，故意杀人罪与故意伤害罪的区别在于犯罪目的不同；故意说认为，故意杀人罪与故意伤害罪的区别在于故意内容不同；事实说认为，区分故意杀人罪与故意伤害罪，应当以案件的客观事实为标准，而不能以犯罪人的主观故意内容为标准。[34] 目的说显然忽视了间接故意杀人与间接故意伤害的情况。故意说看到了目的说的上述缺陷，成为现在的通说。但是，仅根据故意的内容不同认定犯罪并不合适。一个客观上绝对不可能致人死亡的行为，即使行为人具有所谓杀人故意，也不成立故意杀人罪。从事实认定的角度来说，故意说与事实说并不对立，相反完全可以统一。亦即，客观上实施了杀人行为，主观上对死亡具有认识和希望或放任心理的，成立故意杀人罪；客观上实施的是伤害行为，仅对伤害结果具有认识和希望或放任心理的，构成故意伤害罪；即使客观上是杀人行为，但行为人没有认识到死亡结果（没有杀人故意）的，也不能认定为故意杀人罪。

认定故意杀人罪与故意伤害罪时，应当采取从客观到主观的路径。在行为已经致人死亡，以及虽然仅造成伤害结果但具有致人死亡的紧迫危险的情形下，首先要肯定该行为是杀人行为，进而判断行为人是否具有杀人故意；如果没有杀人故意，再判断行为人是否具有伤害故意。[35] 至于行为人是否具有杀人的故意，也需要通过考察客观事实来认定。例如，持枪瞄准被害人心脏开枪的，无论行为人怎样否认其杀人故意，司法机关都会将其行为认定为故意杀人罪；反之，行为人使用木棒，在完全可以打击被害人头部等要害部位的场合，却选择打击被害人背部、腿部的，即使他承认有杀人故意，司法机关也不应将其行为认定为故意杀人罪。[36] 所以，应当坚持罪刑法定与责任主义的原理，综合考虑案件的全部事实，正确认定故意杀人罪与故意伤害罪。在实践中，只要查明以下情况，不仅能直接说明行为是杀人性质还是伤害性质，而且能说明行为人的故意内容：(1)行为人使用的是何种犯罪工具？该犯罪工具的杀伤力如何？犯罪工具是预先选择的还是随手取得的？(2)打击的部位是什么？是要害部位还是非要害部位？是特意选择要害部位打击，还是顺手可能打击某部位就打击某部位？(3)打击的强度如何？行为人是使用最大力量进行打击还是注意控制打击力度？(4)犯罪行为有无节制？在被害人丧失反抗能力的情况下，行为人是否继续打击？在他人劝阻的情况下行为人是否终止犯罪行为？(5)犯罪的时间、地点与环境如何？是行为人特意选择的时间、地点还是随机的时间、地点？案发当时是否有其他人在场？(6)行为人是否抢救被害人？对死亡结果表现出何种态度？(7)行为人有无犯罪预谋？行为人是如何预谋的？(8)行为人与被害人平时是什么关系？是素有怨仇还是关系较好，是素不相识还是相互认识？此外，对那些目无法纪、胆大妄为、动辄行凶、不计后果一类的侵犯人身权利的案件，应根据案情，区别对待：凡明显具有杀人故意，实施了杀人行为的，应按故意杀人罪论处；凡明显具有伤害故意，实施了伤害行为的，应按故意伤害罪论处；主观上不顾被害人死伤的，应按实际造成的结果确定犯罪行为的性质，因为在这种情况下，死亡与伤害的结果都在行为人的犯意之内；有些确实难以认

---

〔34〕 参见王作富主编：《刑法分则实务研究》（中），中国方正出版社 2013 年第 5 版，第 747 页以下。

〔35〕 如果没有伤害故意，就再判断行为人对死亡或者伤害结果是否具有过失［参见张明楷：《刑法分则的解释原理》（上），中国人民大学出版社 2011 年第 2 版，第 407 页以下］。

〔36〕 如果打击背部、腿部是由于被害人躲闪、固体物对行为形成的障碍等所致，而又有其他客观事实证明行为人具有杀人故意，当然可以认定为故意杀人罪。

定的案件,应按存疑时有利于被告的原则,以较轻的犯罪处理。

4. 故意伤害致死与过失致人死亡罪的关系。从法律规定上说,故意伤害致死是过失致人死亡的特别法条,对故意伤害致死的行为,不应另认定为过失致人死亡罪。在司法实践中,需要区分某种行为是成立故意伤害致死,还是仅成立过失致人死亡。二者在客观上都造成了被害人死亡的结果,主观上对死亡结果均出于过失。过失致人死亡时,行为人既无杀人故意,也无伤害故意。显然,故意伤害致死包含了过失致人死亡。故意伤害致死以行为人具有伤害故意为前提,过失造成的死亡结果,则是故意伤害罪的加重结果。因此,不能将所有的"故意"殴打致人死亡的案件,都认定为故意伤害致死。换言之,一般生活意义上的"故意"不等于刑法上的故意。行为人只具有一般殴打的意图,并无伤害的故意,由于某种原因或条件引起了被害人死亡的,不能认定为故意伤害致死;如果行为人对死亡结果具有过失,就应认定为过失致人死亡罪。特别是对于父母为教育子女而实施惩戒行为导致子女死亡,邻里之间由于民间纠纷一方殴打另一方造成死亡,以及其他轻微暴行致人死亡的案件,不能轻易认定为故意伤害致死。

5. 故意伤害罪与包含伤害内容的其他犯罪的关系。首先,刑法第 234 条规定:"本法另有规定的,依照规定。"[37] 即行为人在实施其他犯罪的过程中造成伤害结果,刑法另有规定的,应按有关条文定罪量刑。换言之,当其他犯罪相对于故意伤害罪属于特殊法条时,应按其他法条处理。例如,由于杀人包含了伤害,杀人既遂与伤害是特别关系,所以,在杀人既遂的情况下,必须适用故意杀人罪的规定。其次,如果其他犯罪与故意伤害罪是想象竞合关系时,则必须认定行为触犯数个罪名,并从一重罪处罚。例如,由于强奸、抢劫致人重伤属于结果加重犯,行为人对结果加重至少必须有过失,但在行为人对重伤结果持故意的情况下,就必须发挥想象竞合的明示机能,认定行为同时触犯强奸罪或者抢劫(致人重伤)罪与故意伤害罪,并按前者(重罪)的法定刑处罚。

(六)故意伤害罪的处罚

根据刑法第 234 条的规定,犯故意伤害罪的,处 3 年以下有期徒刑、拘役或者管制;致人重伤的,处 3 年以上 10 年以下有期徒刑;致人死亡或者以特别残忍手段致人重伤造成严重残疾的,处 10 年以上有期徒刑、无期徒刑或者死刑。量刑时应当注意以下问题:

1. 法条内部关系的理解。人们习惯于认为,刑法第 234 条第 1 款规定的是轻伤害,第 2 款规定的是重伤害与伤害致死,于是,两款之间要么是对立关系,要么是并列关系。其实,第 1 款并没有将伤害结果限定为轻伤。应当认为,第 1 款是故意伤害罪的普通法条,第 2 款是故意伤害罪的特别法条。所以,在鉴定人对轻伤害与重伤害存在争议的情况下,完全可以适用第 1 款的法定刑。

2. 伤害未遂的法定刑选择。(1)对于出于重伤意图但没有造成任何伤害的案件,应认定为故意伤害罪的未遂,适用第 234 条第 1 款的法定刑,同时适用总则关于未遂犯的规定,而不应适用第 234 条第 2 款前段的法定刑,否则会造成量刑不均衡。[38] (2)对出于重

---

[37] 该规定并非仅针对刑法第 234 条第 2 款而言,而是同时适用于本条第 1 款。

[38] 例如,对于出于重伤故意实施伤害行为但仅造成轻伤结果的,均认定为故意伤害(轻伤)罪既遂,适用"三年以下有期徒刑、拘役或者管制"的法定刑。倘若认为,对于以重伤故意实施伤害行为但没有造成伤害结果的,适用重伤的"三年以上十年以下有期徒刑"法定刑,再适用刑法总则关于未遂犯的规定,则其处罚反而重于前者,因而明显不合适。

伤意图但没有造成重伤却造成了轻伤的案件，不宜认定为故意重伤的未遂，而应认定为故意轻伤的既遂，直接适用第234条第1款的法定刑，不再适用总则关于未遂犯的规定。

3.“以特别残忍手段致人重伤造成严重残疾”的认定。以特别残忍手段、致人重伤、造成严重残疾，是必须同时具备的三个条件。参照国家技术监督局1996年发布的《职工工伤与职业病致残程度鉴定标准》，刑法第234条第2款规定的“严重残疾”是指下列情形之一：被害人身体器官大部缺损，器官明显畸形，身体器官有中等功能障碍，造成严重并发症等。残疾程度可以分为一般残疾（10至7级）、严重残疾（6至3级）、特别严重残疾（2至1级），6级以上视为“严重残疾”。实践中，并不是只要达到“严重残疾”就判处死刑，还要根据伤害致人“严重残疾”的具体情况，综合考虑犯罪情节和危害后果来决定刑罚。故意伤害致人重伤造成严重残疾，只有犯罪手段特别残忍，后果特别严重的，才能考虑适用死刑（包括死刑缓期2年执行）。行为人出于杀人故意，以特别残忍的手段杀人但没有造成死亡结果，只是致人重伤造成严重残疾的，属于故意杀人未遂与本项犯罪的想象竞合，适用本项规定的法定刑处罚，不再适用未遂犯的处罚规定。

四、组织出卖人体器官罪

（一）组织出卖人体器官罪的概念与法益

组织出卖人体器官罪，是指组织他人出卖人体器官的行为。

刑法将本罪规定在故意伤害罪与过失致人重伤罪之间，意味着本罪的法益与故意伤害罪的法益相同。但是，如果认为本罪的法益是他人生理机能的健全或者人体器官的完整性，那么，只要有被害人的真实承诺，组织出卖他人器官用于移植的行为，便阻却违法性，因而不成立本罪。但是，这样的结论明显不当。联系刑法第234条之一第2款的规定可以看出，即使出卖者真实承诺出卖器官，也不影响组织出卖人体器官罪的成立。显然，要认定组织他人出卖器官用于移植的行为成立侵害出卖者身体健康的犯罪（对个人法益的犯罪），就必须论证出卖者的真实承诺无效。一方面，如前所述，法益主体对危及生命的重伤的承诺是无效的，摘除出卖者的人体器官会对出卖者的生命产生危险，故出卖者对器官出卖的承诺应当无效。另一方面，器官买卖为法律所禁止，只有通过合法途径捐献器官时，捐献者的承诺才可能有效。总之，就身体法益而言，法益主体的自己决定权受到内在的制约；通过非法途径捐献器官的，其承诺的有效性被刑法否定。

（二）组织出卖人体器官罪的犯罪构成

1. 构成要件的内容为，组织出卖他人人体器官的行为。

（1）人体器官，是指由不同类型的人体组织构成的，能够发挥特定生理机能的集合体。《人体器官移植条例》第2条规定：“本条例所称人体器官移植，是指摘取人体器官捐献人具有特定功能的心脏、肺脏、肝脏、肾脏或者胰腺等器官的全部或者部分，将其植入接受人身体以代替其病损器官的过程。”该条还规定：“从事人体细胞和角膜、骨髓等人体组织移植，不适用本条例。”是否按照该条例解释本罪的人体器官，会有不同意见。本书认为，对于本罪的人体器官没有必要按照行政法规解释。换言之，应当根据本罪的保护法益与“器官”可能具有的含义确定本罪器官的范围。只要某种人体组织的丧失会侵害被害人的身体健康，且该人体组织能够被评价为“器官”，就应包含在本罪的对象之内。在本书看来，本罪的人体器官不仅包括上述条例所称的器官，而且包括眼角膜、皮肤、肢体、骨头等，但血液、骨髓、脂肪、细胞不是器官。作为本罪对象的人体器官，必须是活体的器官，而不包括尸体的器官。器官既包括某个器官的全部,也包括某个器官的一部分。

(2)被组织的他人没有特别限定,既可以是已经打算出卖器官的人,也可以是没有打算出卖器官的人;既包括境内人,也包括境外人;既可能是直接出卖器官的人,也可能是组织他人出卖器官的人(对组织者再组织的,也成立本罪)。但需要注意的是,使不满18周岁的人或者精神病人出卖人体器官的,同时触犯了本罪与故意杀人罪、故意伤害罪(狭义的包括一罪),从一重罪论处。

(3)组织他人出卖人体器官,是指经营人体器官的出卖或者以招募、雇佣(供养器官提供者)、介绍、引诱等手段使他人出卖人体器官的行为。第一,法条虽然使用了"组织"一词,但本罪并不是所谓的集团犯、组织犯。一方面,组织者既可以是一人,也可以是多人。另一方面,被组织出卖人体器官的人也不要求是数人。亦即,组织一人出卖人体器官的,也成立本罪。组织者本人是否出卖其器官,不影响本罪的成立;被组织者的行为是否构成犯罪,也不影响本罪的成立。第二,本罪的行为不仅包括经营人体器官出卖活动,而且包括以招募、雇佣、介绍、引诱等手段使他人出卖人体器官的行为。从事人体器官买卖的中介行为的,成立本罪。换言之,只要行为人所从事的行为中包含了组织出卖的内容,即可成立本罪。但是,组织他人捐献人体器官的行为,不成立本罪。使用强迫、欺骗手段组织他人出卖人体器官的,同时触犯了故意杀人罪、故意伤害罪(狭义的包括一罪),从一重罪论处。第三,由于本罪的行为并不是出卖行为,而是组织出卖的行为,所以,出卖者直接将自己的器官出卖给他人的,不成立本罪。基于同样的理由,单纯购买人体器官的行为,也不成立犯罪。〔39〕但是,为了购买而组织他人出卖的,依然成立本罪。第四,由于刑法将本罪规定为侵犯他人身体健康的犯罪,所以,只要对被摘取人体器官的出卖者的身体达到了伤害程度,就成立本罪的既遂。

2. 责任形式为故意,是否出于营利目的不影响本罪的成立。

(三)组织出卖人体器官罪的处罚

根据刑法第234条之一的规定,犯本罪的,处5年以下有期徒刑,并处罚金;情节严重的,处5年以上有期徒刑,并处罚金或者没收财产。由于本罪是侵犯身体健康的犯罪,所以,情节严重包括以下两种情形:(1)被组织出卖人体器官的人数较多;(2)导致出卖者死亡或者身体遭受严重伤害。

五、过失致人重伤罪

过失致人重伤罪,是指过失伤害他人身体,致人重伤的行为。过失造成轻伤(包括过失造成多人轻伤)的,不构成本罪。行为人明显具有轻伤的故意,但由于过失造成他人重伤的,应定为故意伤害罪;过失行为当场致人重伤,但因抢救无效死亡的,应定过失致人死亡罪;如果过失重伤结果,是由于包含该结果的其他犯罪行为所造成,刑法条文另有规定的,则依照有关条文定罪量刑。根据刑法第235条的规定,犯过失致人重伤罪的,处3年以下有期徒刑或者拘役。

六、遗弃罪

(一)遗弃罪的概念与法益

遗弃罪,是指对于年老、年幼、患病或者其他没有独立生活能力的人,负有扶养义务而

---

〔39〕 对于患者及其家属有偿寻找供体的行为,宜认定为购买行为。

拒绝扶养,情节恶劣的行为。

由于旧刑法将本罪规定在妨害婚姻家庭罪中,故传统观点认为,本罪的法益是"被害人在家庭中受扶养的权利"、"被害人在家庭中的平等权利"、"家庭成员之间互相扶养的权利义务关系",进而要求行为主体与被害人属于同一家庭成员,而且按照亲属法的规定解释行为主体与"扶养义务"。但这种传统观点值得反思。

第一,在旧中国以及其他国家,遗弃罪都是指将需要扶助的人置于不受保护的状态,进而使其生命、身体处于危险状态的犯罪。[40] 在结果无价值论看来,认为遗弃罪的保护法益是家庭成员间的伦常关系的观点,并不妥当;遗弃罪的保护法益应是被害人的生命、身体的安全。换言之,遗弃罪是对被害人的生命、身体产生危险的犯罪。既然如此,就应将遗弃行为解释为对被害人的生命、身体产生危险的行为;或者说应当将"拒不扶养"解释为使被害人的生命、身体处于危险状态的行为。显然,并非只有家庭成员之间的遗弃行为才能产生对被害人生命、身体的危险,非家庭成员但负有扶养义务的其他人的遗弃行为,也可能对被害人的生命、身体产生危险。既然如此,就不应当继续将遗弃罪限定于家庭成员之间。第二,在我国,事实上存在对遗弃罪作重新解释的必要性,只有承认非家庭成员之间也存在遗弃行为,才能克服某些行为要么无罪、要么成立故意杀人罪的奇怪现象(可以肯定的是,不将遗弃对象限定为家庭成员,有利于适当缩小故意杀人罪的成立范围)。况且,随着社会的发展,扶养呈现出社会化的趋势,如各种养老院、福利院、孤儿院就成为专门的社会扶养机构,非家庭成员间的遗弃以及不履行救助义务的遗弃行为不仅客观存在,而且有多发趋势。[41] 因此,需要对遗弃罪做出同时代的解释,使刑法实现保护法益的目的。在刑法只做出了概括性规定的情况下,人为地严格区分扶养义务与扶助义务、扶养义务与救助义务,只能导致部分法益得不到应有的保护,使刑法不能适应社会发展的需要。第三,单纯从婚姻法上理解刑法上的"扶养义务"概念,只是一种思维惯性。不可否认,婚姻法确认了配偶、亲属之间的扶养义务,但这并不意味着除此之外不存在其他的扶养义务。更为重要的是,"扶养"概念并非产生于婚姻法之后,而是存在于婚姻法颁布之前。既然如此,就没有理由按照婚姻法的规定理解扶养概念。[42] 第四,现行刑法并没有将遗弃罪规定为妨害婚姻家庭的犯罪,而是规定为侵犯公民人身权利的犯罪,具有重新解释遗弃罪的余地。诚然,根据沿革解释,遗弃罪是对家庭成员的犯罪,[43] 可是,既然现行刑法没有明文将其规定为对家庭成员的犯罪,就有可能适应社会生活的发展变化

---

〔40〕 德国、奥地利刑法将遗弃罪规定为对生命的危险的犯罪;瑞士刑法将遗弃罪规定为对生命造成危险以及对健康造成严重危险的犯罪;日本刑法在伤害罪之后规定了遗弃罪,多数说认为遗弃罪是使生命、身体处于危险状态的犯罪(参见[日]山中敬一:《刑法各论》,成文堂2015年第3版,第107页)。我国刑法规定的遗弃罪的对象是"没有独立生活能力的人",而且司法实践上一般不处罚轻伤害未遂,故本书认为,我国的遗弃罪是使他人生命、身体处于危险状态的犯罪。当然,其中的对身体的危险,应当是对身体的重大危险。

〔41〕 1996年至1999年8月,被告人刘晋新、田玉莲、沙依丹·胡加基、于永枝在乌鲁木齐市精神病福利院院长王益民的指派下,安排该院工作人员将精神病福利院的28名无家可归、无依无靠、无生活来源,由国家拨款救治的"三无"公费病人遗弃在甘肃省及新疆昌吉附近。28名被遗弃的"三无"公费病人中,只有一人已安全回到家中,其他27名被遗弃的病人均下落不明[参见国家法官学院、中国人民大学法学院编:《刑事审判案例要览》(2003年卷),人民法院出版社、中国人民大学出版社2004年版,第218页以下]。

〔42〕 即使按照传统观点,对于刑法第261条中的"扶养",也不可能按照婚姻法上的"扶养"概念进行解释。

〔43〕 其实,这种沿革解释也只是追溯到了1979年刑法;倘若再往前追溯(如旧中国刑法),就会发现遗弃罪原本就是对生命、身体产生危险的犯罪。

而做出客观解释。在语义解释与沿革解释之间存在矛盾的情况下,不应当一概以沿革解释优先。如果语义解释得出符合刑法目的的结论,就应当采取这一解释。换言之,根据语义解释,扶养义务包括社会扶养机构的扶养义务,扶养包括家庭成员间的扶养与非家庭成员间的扶养,而且这样解释完全符合刑法保护被害人生命、身体安全的目的,就应当认为遗弃罪可以发生在非家庭成员之间,而不应当产生"非家庭成员间的扶养是否包括在遗弃罪的扶养概念中"的疑问。反之,如果沿革解释不能得出符合刑法目的的结论,就不应当采取沿革解释。而且,如果对任何法条都以沿革解释优先,必然导致刑法的修改丧失意义。所以,本书将遗弃罪作为使生命、身体处于危险状态的犯罪予以说明。

(二)遗弃罪的犯罪构成

1. 构成要件的内容为,对于年老、年幼、患病或者其他没有独立生活能力的人,负有扶养义务而拒绝扶养。

(1)行为主体必须是对于年老、年幼、患病或者其他没有独立生活能力的人,负有扶养义务的人。义务来源不限于亲属法的规定,而应按照刑法总论中所讨论的作为义务来源予以确定。例如,孤儿院、养老院、精神病院、医院的管理人员,对所收留的孤儿、老人、精神病人、患者具有扶养义务;将他人的未成年子女带往外地乞讨的人,对该未成年人具有扶养义务;先前行为使他人生命、身体处于危险状态的人,具有扶养义务;如此等等。

(2)行为对象是年老、年幼、患病或者其他没有独立生活能力的人。其中的年老、年幼并无清晰的年龄界限,患病的种类与程度也无确定的标准,[44]都需要联系"没有独立生活能力"来理解和认定。严重的酩酊者,因吸毒而缺乏生活能力的人,手脚被捆绑的人,事故的受伤者,溺水者以及其他生命、身体陷入危险境地的人,均应包括在本罪的行为对象之内。行为对象不必与行为主体具有亲属关系。

(3)行为内容为"拒绝扶养"。对此,应做出符合法益保护目的的解释。扶养实际上是指扶助没有独立生活能力的人,使其能够像人一样生存。因此,除了提供生存所必需的条件外,在其生命、身体处于危险状态的情况下,必须给予救助,更不能将其置于危险境地。所以,"拒绝扶养"应意味着使他人生命、身体产生危险,以及在他人生命、身体处于危险状态时不予救助。即使将扶养的内容解释为"除了向受扶养人提供物质的即经济的供给外,对生活不能自理的还应包括必须的生活上的照顾",但是根据当然解释(举轻以明重)的原理,将他人生命、身体置于危险境地,或者不救助他人生命、身体的行为,也应属于"拒绝扶养"的遗弃行为。例如,乙与甲系母子关系,在寒冷之夜从外地步行回家时,年迈的乙实在无力行走,累倒在地上,甲有能力救助却出于某种动机不予救助,而是自己独自回家。乙第二天早晨被人发现时已冻死。可以肯定,甲的行为成立遗弃罪。概言之,拒绝扶养应当包括以下行为:第一,将需要扶养的人移置于危险场所。这里的"危险场所"只是相对于特定的被害人而言。如父母将婴儿置于国家机关门前的,属于将需要扶养的人移置于危险场所。第二,将需要扶养的人从一种危险场所转移至另一种更为危险的场所。第三,将需要扶养的人遗留在危险场所,如将事故的受害人遗留在现场。第四,离开需要扶养的人,如行为人离家出走,使应当受其扶养的人得不到扶养。第五,妨碍需要扶养的人接近扶养人。第六,不提供扶助,如不提供经济供给,不给予必要照料。这些

[44] 可以肯定的是,其不仅包括生理疾病,而且包括精神疾病。

行为的实质是使年老、年幼、患病或者其他没有独立生活能力的人不能得到扶养。

(4)成立遗弃罪要求情节恶劣。对此，应根据遗弃行为的方式、行为对象、结果等进行综合判断。根据司法实践，对被害人长期不予照顾、不提供生活来源的，驱赶、逼迫被害人离家，致使被害人流离失所或者生存困难的，遗弃患严重疾病或者生活不能自理的被害人的，遗弃行为致使被害人身体严重损害或者造成其他严重后果的，以及其他类似情形，均属于情节恶劣。

(5)经被害人有效承诺的遗弃行为，一般阻却违法性。例如，老年人让其子女将其送往外地乞讨的，子女的行为不构成遗弃罪。但是，与对有生命危险的重伤的承诺无效相对应，遗弃行为对生命具有具体危险时，被害人的承诺无效。

2. 责任形式为故意，即明知自己的行为会使年老、年幼、患病或者其他没有独立生活能力的人的生命、身体处于危险状态，并希望或者放任危险状态的发生。

(三)遗弃罪与故意杀人罪的关系

按照本书的观点，遗弃罪是给被害人的生命、身体造成危险的犯罪；故意杀人罪是剥夺被害人生命的犯罪。二者的性质与法益侵害程度相差较大，但并不是对立关系。换言之，在行为人对他人的生命具有救助义务的前提下，拒不救助的行为，既可能成立不作为的故意杀人罪，也可能成立遗弃罪。在这种情况下，应重点考察生命所面临的危险是否紧迫，生命对作为义务的依赖程度，行为人履行义务的难易程度，行为是否会立即导致他人死亡等因素，决定是以遗弃罪论处还是以故意杀人罪论处。就故意内容而言，成立遗弃罪并不要求行为人希望或者放任被害人死亡，但要求行为人对被害人生命、身体的危险持希望或者放任态度；成立故意杀人罪，要求行为人希望或者放任被害人死亡。例如，将生活不能自理的被害人弃置在福利院、医院、派出所等单位或者广场、车站等行人较多的场所，希望被害人得到他人救助的，只能认定为遗弃罪。反之，如果将婴儿置于人迹罕至的场所，将行动艰难的老人带往悬崖边上、寒冷的荒山野外扔下不管的，则应认定为故意杀人罪。

(四)遗弃罪的处罚

依照刑法第261条的规定，犯遗弃罪的，处5年以下有期徒刑、拘役或者管制。国外刑法一般规定了遗弃罪的结果加重犯，即遗弃致人伤害或者死亡的情形；我国刑法没有规定遗弃罪的结果加重犯。遗弃行为过失致人重伤或者死亡的，遗弃罪与过失致人重伤罪、过失致人死亡罪形成狭义的包括一罪，从一重罪论处。

第三节　侵犯性的决定权的犯罪

一、强奸罪

(一)强奸罪的概念

强奸罪分为两种类型：一是普通强奸，即使用暴力、胁迫或者其他手段，强行与妇女性交的行为；二是奸淫幼女(准强奸)，即与不满14周岁的幼女性交的行为。

强奸罪的法益是妇女(包括幼女)的性的自己决定权(性自主权)，其基本内容是妇女按照自己的意志决定性行为的权利。由于幼女缺乏决定性行为的能力,因此,与幼女性交的行为,即使征得其同意,也应认为侵犯了其性的自己决定权。

妇女的性的自己决定权不仅包括是否性交的决定权,也包括性交对象、时间、地点等方面的决定权。因此,妇女同意性交以男子使用安全套为前提,而男子采取暴力、胁迫手段不使用安全套与妇女性交的,成立强奸罪。又如,妇女同意与男子在宾馆房间性交,但男子在歌厅强行与女子性交的,也成立强奸罪。再如,妇女虽然同意与男子性交,但不同意在月经期性交,男子强行在妇女月经期与之性交的,同样成立强奸罪。还如,卖淫女仅同意分别与甲、乙二人性交,而不同意甲、乙二人同时在场时性交,但甲、乙二人强行同时在场与之性交的,也成立强奸罪。再如,男子与妇女约定所谓包夜服务,妇女与男子性交后借故离开,男子追回妇女后,使用暴力、胁迫等强制手段与之性交的,也应认定为强奸罪。如果以所谓包夜服务为由否认后一行为成立强奸罪,则意味着包夜服务的非法协议受刑法保护,显然不当。[45]

(二)普通强奸的犯罪构成

1. 构成要件的内容为,采用暴力、胁迫或者其他手段,强行与妇女性交。

(1)行为主体一般是男子,其中单独的直接正犯只能是男子。[46] 妇女可以成为强奸罪的教唆犯、帮助犯,也可以成为强奸罪的间接正犯与共同正犯。所以,强奸罪既不是亲手犯,也不是身份犯。

丈夫能否成为强奸妻子的主体(即丈夫使用暴力等强制手段强行与妻子性交的行为是否构成强奸罪),是近几年来刑法学界争议激烈的问题。有人主张一律不构成强奸罪,有人主张一律构成强奸罪,有人主张在提起离婚诉讼期间或者分居期间构成强奸罪。这一争论涉及如何确定夫妻之间的权利义务关系,如何认识夫妻关系及妻子被迫与丈夫性交的现状,强奸罪侵犯的是何种法益,"违背妇女意志"是否因为婚姻关系而被否定,"奸淫"概念是否限于婚姻外,如何认识丈夫对妻子的强制猥亵,事实婚姻内有无强奸,丈夫为生育子女而强行与妻子性交的行为属于何种性质等诸多问题。不可否认的是,现行刑法第236条的表述,并没有明文将强奸妻子的行为排除在强奸罪之外;[47] 可以肯定的是,社会发展到一定时期后,丈夫强行与妻子性交的行为必然成立强奸罪。但在当下,一概承认所谓婚内强奸或许还为时尚早,需要区别对待。

第一,在婚姻关系正常持续期间,丈夫强行与妻子性交的,不应认定为强奸罪。首先,根据社会的一般观念,已婚妇女的性自主权的最核心内容是不与丈夫以外的男子性交和不公开性交,丈夫使用强制手段与妻子性交的行为虽然不具有正当性,但没有侵害妻子的性自主权的核心内容。在此基础上考虑到双方的婚姻关系,丈夫行为的违法性就明显降低,不应对丈夫以强奸罪论处。事实上,在通常情况下,丈夫也没有犯强奸罪的故意。其次,鉴于包办婚姻以及夫妻在家庭中地位不平等的现象,至今还在一些地区严重存在,以致丈夫不顾妻子的意愿而强行与之性交的现象还较多,如果一概以强奸罪论处,则不符合

---

〔45〕 基于同样的理由,即使妇女并没有借故离开,男子使用暴力、胁迫手段与之性交的,也成立强奸罪。但是,在这种情况下,男子在妇女熟睡时与之性交的,不成立强奸罪。

〔46〕 如果不将"强奸"限定为狭义的性交行为,妇女也可以成为单独的直接正犯。

〔47〕 难以认为"强奸"、"奸淫"概念本身就排除了丈夫对妻子成立强奸罪。例如,日本刑法第177条规定了强奸罪,使用了"奸淫"一词,但承认丈夫对妻子的强奸罪。

我国当前的社会状况。最后，根据现行刑法的规定，强奸罪是严重犯罪，而且属于非亲告罪，对强奸罪还可能实行特殊正当防卫，如果将婚姻关系正常持续期间的所谓婚内强奸认定为强奸罪，势必带来诸多不利后果与消极影响。[48]

第二，将在离婚诉讼期间或者因各种纠纷分居期间，丈夫强行与妻子性交的行为认定为强奸罪，不失为限制处罚范围的一种办法，事实上也有这样的判决。但是，以是否提起离婚诉讼或者是否分居为标准，决定丈夫的行为是否构成强奸罪，还缺乏合理根据。例如，在离婚诉讼期间，夫妻也可能在一起共同生活；而没有提出离婚诉讼的夫妻，也可能由于感情破裂等原因而长期分居。更为重要的是，离婚诉讼期间、分居期间仍然存在法定的婚姻关系，在法律上与非离婚诉讼期间、共同生活期间的婚姻性质完全相同。对离婚诉讼期间、分居期间的重婚行为认定为重婚罪的司法实践，也表明了这一点。所以，本书倾向于认为，对于在离婚诉讼期间或者分居期间，丈夫强行与妻子性交的，也不宜以强奸罪论处。少数涉及虐待、伤害，达到犯罪程度，妻子告诉或者自诉的，可按虐待罪、故意伤害罪论处，不必认定为强奸罪。

第三，对于丈夫教唆、帮助他人强奸妻子的，丈夫与他人共同轮奸妻子的，以及丈夫当众强行与妻子性交的，应当认定为强奸罪。这是因为，不与丈夫以外的男子性交的决定权、不公开从事性交的决定权，是妇女的性自主权的最核心内容（但不是全部内容）。当丈夫的行为侵害了妻子的性自主权的最核心内容时，有理由对丈夫的行为以强奸罪论处。

（2）行为对象是“妇女”。妇女的社会地位、思想品德、生活作风、结婚与否等均不影响本罪的成立。联系刑法第 236 条第 2 款的规定，普通强奸的行为对象似乎只能是已满 14 周岁的少女与成年妇女，但是，刑法理论上没有必要做出这种限制。例如，甲合理地以为 13 周岁的乙已满 18 岁（不能预见乙为幼女），并使用暴力、胁迫手段强行与之性交的，应认定为普通强奸。如果将普通强奸的行为对象限定为已满 14 周岁的妇女，对甲的行为就只能宣告无罪。这显然不合适。换言之，刑法第 236 条第 1 款与第 2 款不是排他的择一关系，而是基本条款与特别条款的关系。此外，妇女使用暴力、胁迫等手段与男子性交的，以及男子强行与其他男子实施非自然性交的（如口交、肛交），不成立强奸罪，但成立强制猥亵罪。

（3）行为内容为使用暴力、胁迫或者其他手段与妇女性交。强奸行为以违背妇女意志为前提，即在妇女不同意性交的情况下，强行与之性交。或者说，以违反妇女意愿的方式，强行与之性交。[49] 换言之，被害妇女的性的自己决定权是否受到侵害或者威胁，与她本人的意愿密不可分；只有当行为人的行为实际上违背了妇女意志时，才意味着她的性的自己决定权受到了侵害或者威胁。因此，即使行为人以为自己的行为违背妇女意志，但实际上妇女完全同意或者自愿的，也不应认定为强奸罪。是否违背妇女意志，不应只从表面上看妇女有无反抗、拒绝的表示，还应考虑妇女是否能够反抗、是否知道反抗、是否敢于反

---

〔48〕 倘若像旧中国刑法与日本刑法那样，将普通强奸罪规定为告诉才处理的犯罪，那么，主张丈夫可以成为强奸妻子的主体就不会存在明显的障碍。

〔49〕 我国刑法没有明文规定“性交”的含义，因此，对于性交概念完全可能做出不同于传统观念的解释，亦即，将以往被认定为猥亵的部分行为纳入强奸行为。例如，男子强行将阴茎插入妇女肛门或者口中的行为，已被许多国家和地区的刑法明文规定为强奸行为。在我国，将这样的行为认定为强奸罪，并不存在刑法上的障碍，只是存在观念上的障碍。

抗等情况。由于强奸行为违背妇女意志,所以,行为人必须采取某种足以使妇女不能反抗、不敢反抗或不知反抗的手段,这便是暴力、胁迫或者其他手段,这些手段是强奸行为的组成部分。如果行为人没有采取这些强制手段,即使其行为客观上违背妇女意志,也不成立强奸罪。[50]

暴力手段,是指不法对被害妇女行使有形力的手段,即直接对被害妇女采取殴打、捆绑、堵嘴、卡脖子、按倒等危害人身安全或人身自由,使妇女不能反抗的手段。强奸罪中的暴力可以是故意致人重伤的暴力,亦即,行为人故意使用暴力导致妇女重伤,然后实施奸淫行为的,也成立强奸罪(致人重伤的结果加重犯)。从客观上说,强奸罪的暴力也可能是致人死亡的暴力。但是,其一,如果行为人先故意杀害妇女,然后再实施奸尸或者其他侮辱行为的,即使行为人在杀害妇女时具有奸尸的意图,也不宜认定为强奸罪,而应认定为故意杀人罪与侮辱尸体罪(当然以符合本罪的犯罪构成为前提,下同),实行数罪并罚。其二,如果行为人为了强奸以杀人的故意对妇女实施足以致人死亡的暴力,在妇女死亡后奸尸或者对尸体实施其他侮辱行为,那么,前行为是故意杀人罪与强奸(未遂)罪的想象竞合,后行为成立侮辱尸体罪,与前行为实行数罪并罚。其三,如果行为人为了强奸妇女而以杀人的故意对妇女实施足以致人死亡的暴力,在妇女昏迷期间奸淫妇女,不管妇女事后是否死亡,都应认定为故意杀人罪与强奸(或致人死亡)罪的想象竞合。[51] 此外,暴力是压制妇女意志的手段,必须直接针对被强奸的妇女实施。如果行为人为了强奸妇女,不仅对被害妇女实施暴力,而且对阻止其实施强奸行为的第三者实施暴力,则不仅构成强奸罪,而且构成另一独立的犯罪(故意伤害罪等)。

胁迫手段,是指为了使被害妇女产生恐惧心理,而以恶害相通告的行为;胁迫的实质是足以引起被害妇女的恐惧心理,使妇女不敢反抗的手段,从而实现强行奸淫的犯意。行为人以加害自己相通告的,不属于胁迫。例如,行为人对妇女说"如果不同意性交我就自杀"的,不成立强奸罪。胁迫的手段多种多样,既可以直接对被害妇女进行威胁,也可以通过第三者进行威胁;既可以是口头胁迫,也可以是书面胁迫;[52] 既可以以暴力进行威胁,如持刀胁迫,也可以以非暴力进行威胁,如以揭发隐私、毁坏名誉相胁迫。需要注意的是,利用教养关系、从属关系、职务权利等与妇女性交的,不能一律视为强奸。关键在于行为人是否利用了这种特定关系进行胁迫而使妇女不敢反抗,而不在于有没有这种特定关系。换言之,特定关系只是认定是否构成胁迫的线索,而不是认定胁迫的根据。

其他手段,是指采用暴力、胁迫以外的使被害妇女不知抗拒、不敢反抗或者不能抗拒的手段,具有与暴力、胁迫相同的强制性质。常见的其他手段有:用酒灌醉或者药物麻醉

---

〔50〕 参见江任天:"对强奸罪中'违背妇女意志'问题的再认识",载《法学研究》1984 年第 5 期。

〔51〕 上述"其三"的处罚似乎与"其二"的处罚不均衡,其实不然。这是因为"其三"中是强奸既遂与故意杀人罪的竞合,而"其二"中是强奸未遂与故意杀人罪的竞合,由于故意杀人罪的法定刑高于强奸罪,导致"其三"与"其二"对强奸既遂与未遂的区别评价未能起作用。

〔52〕 但是,通过第三者胁迫或者书面胁迫时,由于不存在紧迫的危险,还不能认定为强奸罪的着手。再如,行为人以强奸故意通过电话、短信等方式胁迫被害人前往宾馆某房间。被害人基于恐惧心理到达房间后,行为人没有进一步实施暴力、胁迫等手段,随后被害人乘行为人进入卫生间之机逃走的,也不能认定为强奸罪的着手,只能认定为强奸预备。

的方法强奸妇女;[53]利用妇女熟睡之机进行强奸;冒充妇女的丈夫或情夫进行强奸;利用妇女患重病之机进行强奸;造成或利用妇女处于孤立无援的状态进行强奸;组织和利用会道门、邪教组织或者利用迷信奸淫妇女等。

我国理论与实践的基本态度是不问上述暴力、胁迫、其他手段的大小强弱程度。但是,如果不对暴力、胁迫、其他手段的程度作一定限制,就难以区分强奸与通奸的界限。本书认为,上述暴力、胁迫与其他手段都必须达到使妇女明显难以反抗的程度。例如,当女子将要离开男子住宅时,男子以轻微力量拉着女子的手,要求发生性关系的,不能认定为暴力手段。当考生感觉可能不及格,而要求考官关照时,考官说"如果不和我发生关系,就不给你及格"的,不能认定为胁迫手段。男子对女子说"我是警察",进而要求发生性关系的,不能认定为其他手段。

刑法理论的通说认为,强奸罪是复行为犯,由暴力、胁迫等手段行为与性交行为(目的行为)构成。其实,这样的理解未必合适。一方面,在许多情况下,不一定能明确区分手段行为与目的行为。例如,利用妇女熟睡之机与之性交的,或者冒充妇女的丈夫与之性交的,利用妇女患重病之机与之性交的,很难评价为复行为。另一方面,法条的表述只是要求行为人使用强行方法与妇女性交,使用强行方法意味着违反妇女意志,而不要求在性交之外存在手段行为。如后所述,明知是精神病妇女而与之性交的,无疑成立强奸罪,但并没有所谓手段行为。这是因为,当被害人是精神病妇女时,其与之性交的行为本身就可以评价为使用了违反被害人意志的强行方法。

2. 责任形式为故意。传统观点认为,强奸犯罪的行为人主观上具有奸淫的目的。但这种表述并不准确,而且容易将通奸行为认定为强奸罪。强奸罪的故意内容是,明知自己以暴力、胁迫等手段与妇女性交的行为,会发生侵害妇女的性的自己决定权的结果,并且希望或者放任这种结果的发生。行为人误以为对方是自己的妻子或者情妇而实施性交行为的,不成立强奸罪,但对方发现不是自己的丈夫或情夫而拒绝时,行为人以暴力、胁迫等方法继续实施性交行为的,成立强奸罪。

(三)奸淫幼女的犯罪构成

奸淫幼女属于强奸罪的一种类型,但与前述普通强奸存在区别。符合下列条件的,属于奸淫幼女:

1. 与不满 14 周岁的幼女性交。不满 14 周岁的为幼女,这是法定的统一标准,故不能撇开年龄以是否发育成熟为标准判断是否为幼女。由于幼女身心发育不成熟,缺乏辨别是非的能力,不能理解性行为的后果与意义,也没有抗拒能力,因此,不论行为人采用什么手段,也不问幼女是否愿意,只要与幼女性交,就侵害了其性的决定权,成立强奸罪。例如,以金钱财物等方式引诱幼女与自己发生性关系的,明知卖淫女肯定是或者可能是幼女而与之性交的,成立强奸罪。[54]

2. 具有奸淫幼女的故意。故意是认识因素与意志因素的统一。就奸淫幼女而言,认识内容包括奸淫对象是不满 14 周岁的幼女以及奸淫行为的社会意义与结果。在本罪中,

[53] 醉酒的妇女主动要求男子与其性交时,即使男子知道妇女处于醉酒状态仍与之性交的,也不宜以强奸罪论处。

[54] 在特定场合,以为卖淫者为幼女而与之性交,但事实上不是幼女的,不能认定为强奸未遂。

幼女属于特定对象,是构成要件要素,行为人对此必须有认识,或者明知女方一定是幼女,或者明知女方可能是幼女,或者不管女方是否幼女,在此基础上决意实施奸淫行为的,就具备奸淫幼女的故意。换言之,只要行为人认识到女方一定或者可能是幼女,或者不管女方是否幼女,而决意实施奸淫行为,被奸淫的女方又确实是幼女的,就成立奸淫幼女类型的强奸罪。因此,间接故意也可以构成奸淫幼女犯罪。〔55〕但是,过失不可能构成奸淫幼女的犯罪。幼女早熟,身材高大,且虚报年龄,行为人在不知道其为幼女的情况下,经幼女同意性交的,不能认定为强奸罪。因为行为人并不明知对方是幼女,缺乏奸淫幼女的故意。一种观点认为,本罪的成立不要求行为人认识到对方是不满 14 周岁的幼女,主要理由是刑法分则条文并没有要求行为人"明知是幼女"。〔56〕但这一观点没有正确认识和处理刑法分则中的"明知"与总则中的"明知"的关系,违反了责任主义原则。

最高人民法院 2003 年 1 月 17 日《关于行为人不明知是不满 14 周岁的幼女,双方自愿发生性关系是否构成强奸罪问题的批复》指出:"行为人明知是不满 14 周岁的幼女而与其发生性关系,不论幼女是否自愿,均应依照刑法第二百三十六条第二款的规定,以强奸罪定罪处罚;行为人确实不知对方是不满 14 周岁的幼女,双方自愿发生性关系,未造成严重后果,情节显著轻微的,不认为是犯罪。"这一批复的后段并不意味着"行为人确实不知对方是不满 14 周岁的幼女,双方自愿发生性关系,造成严重后果,情节严重的,以强奸罪论处";而宜理解为:"行为人确实不知对方是不满 14 周岁的幼女,双方自愿发生性关系,造成严重后果的,按照后果的性质与责任形式,以相应的犯罪(如故意伤害罪、过失重伤罪等)论处。"

"两高"、公安部、司法部 2013 年 10 月 23 日《关于依法惩治性侵害未成年人犯罪的意见》(以下简称《性侵害意见》)指出:"知道或者应当知道对方是不满 14 周岁的幼女,而实施奸淫等性侵害行为的,应当认定行为人'明知'对方是幼女。对于不满 12 周岁的被害人实施奸淫等性侵害行为的,应当认定行为人'明知'对方是幼女。对于已满 12 周岁不满 14 周岁的被害人,从其身体发育状况、言谈举止、衣着特征、生活作息规律等观察可能是幼女,而实施奸淫等性侵害行为的,应当认定行为人'明知'对方是幼女。"在本书看来,所谓"应当知道"并不是指过失,而是指根据相关事实推定行为人知道对方可能是幼女。虽然与不满 12 周岁的幼女性交的行为原则上可以肯定行为人明知其为幼女,但也不能绝对化。换言之,不排除个别不满 12 周岁的幼女因为身材高大、发育成熟,导致行为人不明知其为幼女,因而不能认定行为人"明知"的情形。

(四)强奸罪的认定

1. 正确处理奸淫女精神病患者的案件。患有精神病或先天痴呆症的妇女,缺乏正常的认识能力与意志能力,其承诺无效。所以,行为人明知妇女是精神病患者或(程度严重的)痴呆者而与之性交的,即使征得其"同意",也属于以"其他手段"强奸妇女("其他手段"的相对性)。如果行为人确实不知妇女是精神病患者或痴呆者,也未采用暴力、胁迫等手段的,则不构成强奸罪。在间歇性的精神病妇女精神正常期间,经本人同意与之性交的,也不成立强奸罪。此外,行为人与女精神病患者共同生活形成事实婚姻的,或者为了

〔55〕 参见张明楷:"间接故意也可构成奸淫幼女罪",载《法学季刊》1984 年第 3 期。

〔56〕 参见何秉松主编:《刑法教科书》(上卷),中国法制出版社 2000 年版,第 312 页。

形成事实婚姻而与女精神病患者共同生活的，不应当以强奸罪论处。但是，仅与女精神病患者具有性生活，而没有其他方面的共同生活与婚姻关系的，仍然应认定为强奸罪。

2. 严格区分强奸与通奸。通奸是双方或一方有配偶的男女，自愿发生的不正当性交行为。从理论上讲，强奸与通奸不难区分。在实践上难以区分，是因为证据采信困难所致。强奸一般发生在没有第三者在场的场合，被害人的陈述与被告人的供述也常有不真实的现象，这给本罪的认定带来了一定的困难。所以，在认定强奸罪时，必须进行大量的调查，掌握充分的证据，对双方平时的关系、性交的时间、地点、环境、女方事后的态度、告发原因等情况进行全面分析，得出正确结论，不能把妇女的"告发"作为定罪的唯一依据。例如，有的妇女与人通奸，一旦翻脸，关系恶化，或者事情败露后担心名誉受到损害、夫妻关系恶化或者恋爱关系破裂，或者为了推卸责任，嫁祸于人等，便将通奸说成强奸的，不能认定为强奸（相反，应认定妇女的行为属于诬告陷害）。区分强奸与通奸还应注意以下几个问题：

（1）求奸未成与强奸未遂的界限。这里的"求奸"是指要求通奸，亦即，求奸者主观上意欲与妇女通奸（意欲通过平和手段征得妇女的同意），不具有强奸故意；客观上往往表现为口头提出要求，或者以举动进行挑逗，甚至拥抱猥亵，拉衣扯裤；一旦妇女表示拒绝，便停止自己的行为，而不使用暴力、胁迫等手段强行与妇女性交。在区分求奸未成与强奸未遂的界限时，要考察行为人是否采用了暴力、胁迫等强制手段，是否适时停止自己的行为，为什么停止行为；要考察妇女的态度与举止。特别应注意的是，不能把求奸过程中的拉扯行为认定为强奸中的暴力手段；也不能将以暴力、胁迫等手段要求妇女同意性交的行为，认定为求奸行为。

（2）强奸与通奸的转化。可以肯定的是，第一次性交违背妇女意志，事后行为人对被害妇女实施精神上的威胁，迫使其继续忍辱屈从的，应以强奸罪论处。这里不存在强奸与通奸的转化问题。转化情形分为两种类型：一种类型是，起先是通奸，但女方后来不愿意继续通奸，男子纠缠不休，并以暴力、胁迫等手段强行与妇女性交。显然，对此应认定为强奸罪。另一种情形是，第一次性交违背妇女意志，但女方并未告发，而后又"多次自愿"与该男子性交。以往的司法解释曾规定，对该男子一般不宜以强奸罪论处。[57] 一般来说，公安机关不可能在没有人告发的情况下主动就强奸罪进行立案侦查，所以，在没有人告发的情况下，即使女方后来没有"多次自愿"与男子性交的，事实上对男子也不可能以强奸罪论处。问题是，当女方（或其他人）由于某种原因，事后告发男子第一次实施的强奸行为时，应当如何处理？如果证据表明第一次性交确实属强奸，恐怕没有理由否认强奸罪的成立。所以，上述司法解释存在疑问。其一，既然第一次性交属于强奸，而强奸又是公诉罪，理当成立强奸罪。其二，男子强奸女子后，女子后来自愿与男子性交是否达到"多次"，不是决定男子第一次性交行为是否构成强奸罪的根据与理由。换言之，不可能根据事后的"多次自愿"性交，推定第一次不是强奸。其三，这一解释适用于共同作案时，会出现不协调现象。例如，甲、乙、丙三男共同强奸丁女，甲为主犯，后丁女自愿多次与甲性交。如果仅认定乙、丙的行为构成强奸罪，而对甲不以犯罪论处，则难以被国民接受。如果对甲、乙、丙均不以强奸罪论处，也不合适。但是，从现实来看，对于上述第二种情形下的强

[57] "两高"、公安部1984年4月26日《关于当前办理强奸案件中具体应用法律的若干问题的解答》（已作废）。

奸罪的认定,的确需要特别慎重。

(3)利用职权的强奸与基于相互利用的通奸的界限。利用职权进行胁迫,违背妇女意志与妇女性交的,构成强奸罪。男女双方相互利用,各有所图,女方以肉体作为换取私利的条件,从而性交的,属于通奸行为,不能按强奸处理。区分的关键在于男方是否利用职权进行胁迫。对已满14周岁的未成年女性负有特殊职责的人员,利用其优势地位或者被害人孤立无援的境地,迫使未成年被害人就范,而与其发生性关系的,应当以强奸罪论处。

(4)“半推半就”现象的处理。“半推半就”是就妇女的意志而言,即妇女对男方要求性交的行为,既有不同意的表示——推,也有同意的表示——就,这是一种犹豫不决的心理;也可能表现为违心的允诺、委屈的许可、无奈的顺从、被迫的同意等矛盾心理。在妇女犹豫不决或者心理矛盾时,男子实施了奸淫行为。在这种情况下,仍应正确判断行为人的行为是否符合强奸罪的犯罪构成。如果行为人认为自己的行为并不违背妇女的意志,把妇女“推”的表示视为妇女羞愧的表现,又没有明显使用暴力、胁迫等手段的,就不能认定为强奸罪。反之,如果行为人明知自己的行为违背妇女意志,实际上也违背妇女意志,又使用暴力、胁迫等手段强行与妇女性交的,则构成强奸罪。

3. 正确处理特殊的奸淫幼女案件。奸淫幼女是一种严重犯罪,应依法定罪处罚。但是,又要看到这类案件存在许多特殊问题,需要区别对待,慎重处理。个别幼女染有淫乱习性,主动与多名男子性交的,对这些男子也不宜都以强奸罪论处。已满14周岁不满16周岁的人偶尔与幼女性交,情节轻微、未造成严重后果的,不以犯罪论处。

4. 正确认定轮奸案件。轮奸是指二男以上在同一段时间内,共同对同一妇女(或幼女)连续地轮流或同时强奸(或奸淫)的行为。轮奸是强奸罪的一种特殊形式(共同正犯)。[58] 其中的“连续”并不意味着完全没有间隔,换言之,短暂的时间与场所的间隔,不排除轮奸的成立。需要研究的是以下问题:(1)轮奸的成立是否要求各行为人均达到法定年龄、具有责任能力?本书持否定回答。例如,已满16周岁的甲与不满14周岁的乙共同轮奸妇女的,在不法层面就是共同正犯,对甲依然适用轮奸的法定刑。再如,A教唆两名不满14周岁的人轮奸妇女的,对A也应适用轮奸的法定刑。(2)是否存在片面的轮奸?本书持肯定回答。即虽然客观上二名以上的男子连续对同一妇女实施了强奸行为,但完全可能只对其中一人适用轮奸的法定刑。换言之,在甲与乙客观上连续强奸了丙女的情况下,如果乙对甲的强奸不承担正犯的责任,但甲应当对乙的强奸承担共同正犯的责任时,对甲应适用轮奸的法定刑。例如,甲使用暴力使丙女丧失反抗能力并奸淫丙女,随后让没有参与前行为的乙强奸没有反抗能力的丙女。不管乙是否知情,乙都不能对甲的

---

〔58〕 对此还值得进一步研究。旧刑法第139条第4款规定:“二人以上犯强奸罪而共同轮奸的,从重处罚。”据此,轮奸是共同正犯类型的强奸。但现行刑法将“二人以上轮奸”规定为加重类型,因此,继续将轮奸限定为共同正犯类型的强奸,似乎缺乏文理根据。在此,首先需要明确的是,刑法对轮奸加重刑罚的根据是什么?如果认为加重刑罚的根据是使妇女连续遭受奸淫,那么,当甲强奸妇女离开现场后,与甲没有通谋的乙立即强行奸淫该妇女的,也属于轮奸。但是,在这种情形下,不可能认定甲的行为属于轮奸。既然如此,乙一个人的行为就明显不属于刑法所规定的“二人以上轮奸”。而且,如果将这种观点彻底化,一个人连续奸淫妇女的也属于轮奸,这显然不当。应当认为,刑法之所以对轮奸加重刑罚,不仅因为被害人连续遭受了强奸,而且还因为共同轮奸的行为人,既要对自己的奸淫行为与结果承担责任,也要对他人的奸淫行为与结果承担责任。所以,应当将轮奸限定为共同正犯类型的强奸,上述乙的行为不属于轮奸。

强奸负责，但甲应当对乙的强奸承担共同正犯的责任。所以，对甲应适用轮奸的规定，对乙仅适用普通强奸罪的规定（参见第八章第七节）。但是，如果前行为人对后行为人的强奸结果仅负教唆或者帮助责任的，则不能对前行为人适用轮奸的规定。例如，甲乘丙女熟睡之机强奸丙女后，又唆使乙强奸丙女，乙接受教唆使用暴力强奸丙女。甲虽然要对乙的强奸行为负教唆犯的责任，但不承担轮奸的责任。（3）轮奸是量刑规则还是加重的犯罪构成？换言之，轮奸是否存在未遂形态？本书的看法是，轮奸不是单纯的量刑规则，而是加重的犯罪构成，因而存在未遂形态。例如，张三与李四以轮奸犯意共同对丙女实施暴力，但均未得逞的，应认定为轮奸未遂，适用轮奸的法定刑，同时适用未遂犯的从宽处罚规定。再如，甲与乙以轮奸犯意共同对丙女实施暴力，甲奸淫后，乙放弃奸淫或者由于意志以外的原因未得逞的，虽然也成立轮奸未遂，但同时要认定甲、乙二人强奸既遂的成立。此时是轮奸未遂与强奸既遂的想象竞合（明示机能），因为如果仅认定轮奸未遂，则没有评价其中甲已经既遂的不法事实；仅认定为强奸既遂，就没有评价共同轮奸的不法事实。只有认定为想象竞合，才能实现对不法事实的全面评价与妥当量刑。需要说明的是，由于对共同正犯采取部分实行全部责任的原则，所以，即使乙中止了自己的行为或者未得逞，也应对甲的强奸既遂承担责任。又如，A、B、C 以轮奸的犯意对 D 女实施暴力，A、B 均奸淫了 D，C“中止”了自己的行为的，对 A 与 B 无疑应适用轮奸的法定刑；C 虽然没有实施奸淫行为，但由于成立共同正犯，C 应当对 A、B 的行为与结果承担责任，由于 A、B 的行为属于轮奸，故对于 C 也宜适用轮奸的法定刑。[59]（4）对构成轮奸的行为人有无可能适用从犯的规定？一般来说，由于轮奸是共同正犯，故通常均属于主犯，但也存在例外。例如，X、Y 共谋轮奸妇女，Z 知情后将被害人骗到现场但自己不参与轮奸行为的，对 Z 仍然适用轮奸的法定刑，但应认定为轮奸的从犯。由于轮奸是强奸的共同正犯形态，所以，两个以上的男子在同一时间、同一地点轮流与一个或几个成年女子自愿性交的，不是轮奸（轮流与幼女性交的，属于轮奸），如果具有公然性，成立聚众淫乱罪。当然，如果在作案时，既有男女之间的淫乱行为，又挟持妇女进行强奸或者轮奸的，则应将后者认定为强奸罪。

5. 正确认定强奸既遂与未遂。通说及司法解释认为，普通强奸时，只有双方生殖器结合（插入）时，方为既遂（结合说或插入说）；奸淫幼女时，只要行为人的性器官与幼女的性器官接触，就是既遂（接触说）。本书认为，对奸淫幼女也应采取结合说。奸淫幼女也表现为性交行为，单纯的性器官接触并没有完成性交行为；接触说使奸淫幼女的既遂标准过于提前，导致较轻犯罪（猥亵儿童罪）的基本行为成为较重犯罪（奸淫幼女）的既遂标准（如同将伤害结果作为杀人罪的既遂标准），也不利于正确处理奸淫幼女与猥亵儿童罪的关系；接触说不利于鼓励行为人中止犯罪，也不利于保护被害人的名誉；对奸淫幼女案件的既遂标准采取结合说，并不会降低对幼女的特殊保护；更不能因为“难以插入”而对奸淫幼女的既遂标准采取接触说。

（五）强奸罪的处罚

根据刑法第 236 条的规定，强奸妇女的，处 3 年以上 10 年以下有期徒刑；奸淫幼女的，从重处罚。有下列情形之一的，处 10 年以上有期徒刑、无期徒刑或者死刑：（1）强奸

〔59〕 当然，对 C 的量刑应与 A、B 有所区别。

妇女、奸淫幼女情节恶劣的;(2)强奸妇女、奸淫幼女多人的;[60](3)在公共场所当众强奸妇女的;(4)二人以上轮奸的;(5)致使被害人重伤、死亡或者造成其他严重后果的。由于对奸淫幼女从重处罚是一个原则规定,所以,针对幼女的奸淫行为具备上述情形之一的,应当适用加重的法定刑并从重处罚。其中的"情节恶劣",包括了以上列举之外的恶劣情节,如在公共场所劫持并强奸妇女,聚众强奸妇女、奸淫幼女但不构成轮奸等。在公共场所当众奸淫幼女的,应属于奸淫幼女情节恶劣。只要在不特定或者众人可能看到、感觉到的公共场所强奸妇女,就属于在公共场所"当众"强奸妇女。[61] 根据《性侵害意见》的规定,在校园、游泳馆、儿童游乐场等公共场所对未成年人实施强奸犯罪,只要有其他多人在场,不论在场人员是否实际看到,均可认定为在公共场所"当众"强奸妇女。"当众强奸"中的"众"不应当包括行为人。例如,乙、丙、丁在现场帮助甲强奸妇女,而现场没有其他人的,不应认定甲当众强奸妇女。其中的"致使被害人重伤、死亡",是指强奸行为导致被害人性器官严重损伤,或者造成其他严重伤害,甚至当场死亡或者经抢救无效死亡(不包括被害人事后自杀身亡)。对于强奸犯出于报复、灭口等动机,在实施强奸的过程中或强奸后,杀死或者伤害被害人的,应分别认定为强奸罪、故意杀人罪或故意伤害罪,实行数罪并罚。

根据《性侵害意见》,具有下列情形之一的,应当从重处罚:(1)对未成年人负有特殊职责的人员、与未成年人有共同家庭生活关系的人员、国家工作人员或者冒充国家工作人员,实施强奸犯罪的;(2)进入未成年人住所、学生集体宿舍实施强奸犯罪的;(3)采取暴力、胁迫、麻醉等强制手段实施奸淫幼女犯罪的;(4)对不满 12 周岁的幼女、农村留守幼女、严重残疾或者精神智力发育迟滞的未成年人实施强奸的;(5)多次实施强奸未成年人;(6)造成未成年被害人轻伤、怀孕、感染性病等后果的;(7)有强奸、猥亵犯罪前科劣迹的。

根据《性侵害意见》的规定,对强奸未成年人的成年犯罪分子判处刑罚时,一般不适用缓刑。对于强奸未成年人的犯罪分子确定是否适用缓刑,人民法院、人民检察院可以委托犯罪分子居住地的社区矫正机构,就对其宣告缓刑对所居住社区是否有重大不良影响进行调查。受委托的社区矫正机构应当及时组织调查,在规定的期限内将调查评估意见提交委托机关。对于判处刑罚同时宣告缓刑的,可以根据犯罪情况,同时宣告禁止令,禁止犯罪分子在缓刑考验期内从事与未成年人有关的工作、活动,禁止其进入中小学校区、幼儿园园区及其他未成年人集中的场所,确因本人就学、居住等原因,经执行机关批准的除外。

二、强制猥亵、侮辱罪

(一)强制猥亵、侮辱罪的概念与犯罪构成

强制猥亵、侮辱罪,是指以暴力、胁迫或者其他方法强制猥亵他人或者侮辱妇女的行为。

---

[60] 强奸妇女、奸淫幼女的被害人总数达到三人以上的,就应认定为强奸妇女、奸淫幼女多人。多次强奸妇女或者奸淫幼女,但被害人没有达到三人的,只能认定为情节恶劣。

[61] 例如,行为人在公共女厕所内强奸妇女,女厕所外有许多人听见或者感觉到行为人正在强奸妇女的,属于"在公共场所当众强奸妇女"。

1. 构成要件的内容为，以暴力、胁迫或者其他方法强制猥亵他人或者侮辱妇女。

（1）行为主体不限于男性，妇女不仅可以成为强制猥亵、侮辱罪的教唆犯与帮助犯，而且可以成为直接正犯、间接正犯与共同正犯。[62] 需要研究的是，丈夫可否成为强制猥亵妻子的主体？对此似应分清两种情形回答。首先，对于公然强制猥亵妻子的部分行为，[63]仍应认定为本罪。如丈夫在公共场所强行扒光妻子衣裤的，仍应认定为强制猥亵罪。因为即使在具有夫妻关系的前提下，这种可以使他人有目共睹的行为，明显伤害了其妻子的性的决定权（妻子同意的除外）。对此应当没有疑问。其次，对于非公然强制猥亵妻子的行为，不能认定为强制猥亵罪。将丈夫强制猥亵妻子的行为分为公然与否来认定是否构成强制猥亵妇女罪，是因为在具有夫妻关系这种特殊场合，丈夫的行为是否侵害了妻子的性的决定权，主要取决于是否公然这一因素，而不是认为强制猥亵、侮辱罪以公然为前提。换言之，"公然"并不是强制猥亵、侮辱罪的构成要件要素，但为了限制处罚范围，在丈夫强制猥亵妻子的情况下，不得不将"公然"作为限制条件，而这一限制条件又是以本罪的性质为根据的。

（2）强制猥亵的对象没有限制，强制侮辱的对象是妇女。男子强制猥亵男子以及妇女强制猥亵男子的，也成立本罪。行为人故意杀害被害人后，再针对尸体实施猥亵、侮辱行为的，不应认定为强制猥亵、侮辱罪，而应认定为故意杀人罪与侮辱尸体罪，实行数罪并罚。

（3）行为内容为强制猥亵、侮辱。

首先，猥亵行为具有质的规定性。猥亵他人是指针对他人实施的，具有性的意义，侵害他人的性的决定权的行为。"针对他人实施"主要包括以下情况：一是直接对他人实施猥亵行为，或者迫使他人容忍行为人或第三人对之实施猥亵行为（如强行抠摸他人阴部，强行捏摸妇女乳房，强行脱光他人衣裤，强行与他人接吻、搂抱等）；二是迫使他人对行为人或者第三者实施猥亵行为（如强迫他人为行为人或第三者手淫）；三是强迫他人自行实施猥亵行为（如当场强迫他人手淫、当场强迫妇女捏摸自己的乳房等）；四是强迫他人观看他人的猥亵行为（如强迫他人观看男性的鸡奸活动，强迫妇女观看男性阴部等）。"具有性的意义"是指行为与性相关，而不是单纯地侵害他人的名誉。[64] 人类社会的发展，在性方面形成了（广义的）性行为非公开化、非强制性等准则。违反这些准则的行为，就是广义的猥亵行为。"侵害他人的性的自己决定权"，是指猥亵行为违反了他人的意志，使他人对（广义的）性行为的自己决定权受到侵害。强制猥亵行为不以公然实施为前提，即使在非公开的场所，只有行为人与被害人在场，而没有也不可能有第三者在场，行为人强制实施猥亵行为的，也成立本罪。行为人在他人熟睡时将精液射在他人身体上的，应认定为强制猥亵。[65]

---

〔62〕 当然，妇女构成强制猥亵罪时，其行为的范围明显窄于男子构成强制猥亵罪的情形，这是由普通人的性的羞耻感情和妇女的性的自主权决定的。例如，男子强行与妇女接吻、搂抱的，一般成立强制猥亵罪；但妇女强行与另一妇女接吻、搂抱的，则不一定成立强制猥亵罪。

〔63〕 这里的"公然"不是在一般意义上使用的，仅意味着有第三者在场，而不要求有不特定或者多数人在场。

〔64〕 虽然强制猥亵、侮辱行为一般会侵害他人性的羞耻心，但没有必要将侵害性的羞耻心作为本罪的成立条件。例如，强制猥亵卖淫女时，即使卖淫女没有产生羞耻心，也不妨碍本罪的成立。

〔65〕 行为人将精液射在他人身边的，不宜认定为强制猥亵。

互联网的发达,使得强制猥亵的认定产生了新问题。例如,行为人以胁迫手段迫使他人向自己发送他人的裸照、手淫等淫秽图片的,不应认定为强制猥亵。但是,行为人以胁迫手段迫使他人与自己进行淫秽视频、裸聊之类的行为的,宜认定为强制猥亵。

其次,猥亵行为与侮辱行为具有同一性。刑法第 237 条第 1 款明文并列规定了猥亵行为与侮辱行为,并且将侮辱的对象限定为妇女,似乎意味着猥亵与侮辱是两种不同的行为。但本书认为,侮辱行为并不是独立于猥亵行为之外的一种行为。因为猥亵行为包括了侵害他人性的决定权的一切行为,而侮辱行为不可能超出这一范围;任何针对他人实施的与猥亵行为性质相同的侮辱行为,都必然侵害他人的性的自己决定权。由于刑法第 237 条第 3 款仅规定了"猥亵儿童"而没有规定侮辱儿童,如果坚持区分猥亵行为与侮辱行为,就必然造成以下两种结局之一:一是猥亵儿童的是犯罪行为,但侮辱儿童的不是犯罪行为,这不合理。二是猥亵儿童的是猥亵儿童罪,侮辱儿童的成立第 246 条的侮辱罪,这不妥当。

《刑法修正案(九)》仅将本罪中的猥亵对象修改为"他人",但没有删除侮辱妇女的规定,也没有将作为侮辱对象的"妇女"修改为"他人"。据此,有些属于侵害妇女性自主权的侮辱行为不能归入猥亵行为;有些属于侵害男性的性自主权的侮辱行为依然不能认定为强制猥亵罪。显然,从立法论上来说,这一修改存在明显的缺陷。立法机关工作人员指出:"妇女、儿童虽然是猥亵行为的主要受害群体,但实践中猥亵男性的情况也屡有发生,猥亵十四周岁以上男性的行为如何适用刑法并不明确,对此,社会有关方面多次建议和呼吁,要求扩大猥亵罪适用范围,包括猥亵十四周岁以上男性的行为,以同等保护男性的人身权利。因此,《刑法修正案(九)》将第一款罪状中的'猥亵妇女'修改为'猥亵'他人,使该条保护的对象由妇女扩大到了年满十四周岁男性。""本款规定的'侮辱妇女',主要指对妇女实施猥亵行为以外的,损害妇女人格尊严的淫秽下流、伤风败俗的行为。例如,以多次偷剪妇女的发辫、衣服,向妇女身上泼洒腐蚀物、涂抹污物,故意向妇女显露生殖器,追逐、堵截妇女等手段侮辱妇女的行为。"[66] 但是,这样的说明不无疑问。其一,既然要平等保护男性的人身权利,为什么对针对男性实施的上述"侮辱"行为(如向男性身上泼洒腐蚀物、涂抹污物)不处以相同的刑罚?其二,多次偷剪妇女的发辫、衣服,向妇女身上泼洒腐蚀物、涂抹污物的行为,没有侵害妇女的性自主权,不可能与强制猥亵相提并论,只能认定为刑法第 246 条的侮辱罪。倘若偷剪妇女衣服、向妇女身上泼洒腐蚀物,导致妇女身体裸露,当然属于强制猥亵。其三,行为人显露生殖器时没有使用暴力、胁迫等强制方法强迫妇女观看的,只是公然猥亵行为,根本不构成强制猥亵、侮辱罪。其四,"追逐、拦截"是刑法第 293 条明文规定的寻衅滋事行为,倘若将追逐、拦截妇女的行为认定为侮辱妇女,就意味着第 293 条的追逐、拦截对象仅限于男性,这显然不合适。更为重要的是,刑法第 237 条第 2 款规定"在公共场所当众"侮辱妇女的,"处五年以上有期徒刑"。根据上述观点,在公众场所当众追逐、拦截妇女的,就必须适用该法定刑,这显然不符合罪刑相适应原则。总之,上述观点所归纳的"侮辱妇女"行为,要么属于侮辱罪、寻衅滋事罪的行为,要么属于强制猥亵行为,要么不构成犯罪。因此,本书主张,司法机关应当淡化"侮辱妇女"的概念,凡是属于强制猥亵行为的,均认定为强制猥亵罪;不属于强制猥亵行

---

〔66〕 郎胜主编:《中华人民共和国刑法释义》,法律出版社 2015 年第 6 版,第 389 ~ 390 页。

为的,分别按其他犯罪处理或者不以犯罪论处。

再次,猥亵行为具有相对性。[67] 在不同的猥亵罪中,猥亵行为的范围并不完全相同。例如,男子强行与妇女性交的,应认定为强奸罪;但妇女强行与男子性交的,成立强制猥亵罪;妇女与幼男性交的行为,则成立猥亵儿童罪。[68] 同样,假如公然猥亵被刑法规定为犯罪,那么,其中的猥亵行为也包括性交。如男女自愿在公共场所性交的,没有争议地属于公然猥亵。再如,强制猥亵妇女的行为,包括强行与妇女接吻、搂抱的行为,但男女自愿在公共场所公开接吻、搂抱的,则不属于公然猥亵;与儿童接吻尤其是与婴儿接吻的,在认定为猥亵行为时则应当特别慎重。又如,强行脱掉男性上衣或者搂抱男性的,不应认定为强制猥亵罪,但强行脱掉妇女上衣或者搂抱妇女的,则应认定为强制猥亵罪。[69]

最后,猥亵行为还具有变易性。随着人们的性观念的变化,猥亵行为的外延会发生变化。在当今时代,强行拉住妇女的手,乘机拍打妇女的腿,不可能属于强制猥亵。

(4)必须以暴力、胁迫或者其他使他人不能反抗、不敢反抗、不知反抗的方法强制猥亵他人、侮辱妇女。换言之,对于本罪中"暴力、胁迫或者其他方法",应当与强奸罪中的"暴力、胁迫或者其他手段"做出相同的解释。首先,两罪的性质相同。不管是强制猥亵、侮辱罪还是强奸罪,其侵犯的法益都是他人性的自己决定权。其次,两罪手段行为的性质相同。都是因为违背他人意志,而采取强制手段征服他人意志,迫使被害人忍辱屈从。最后,目的行为的差异也非本质性的。值得注意的是,在不少案件中,暴力本身也可能是猥亵行为;反之某些猥亵行为本身也是暴力行为。例如,强行将手指插入妇女阴道的,其暴力行为本身就是猥亵行为。[70] 再如,乘妇女站在墙边无法反抗时,突然强行与妇女接吻的,或者乘妇女不注意时突然触摸妇女阴部,或者在妇女难以脱身的场所直接强行用生殖器顶擦妇女臀部,或者乘他人未注意强行剥光他人内裤、强行鸡奸他人等行为,既是暴力行为,也是猥亵行为。在这种情况下,应认定为强制猥亵罪既遂,而不能认为行为人仅实施了暴力行为,从而认定为强制猥亵罪的未遂,更不能认为行为人仅实施了猥亵行为,从而否认强制猥亵罪的成立。由于本罪具有强制性,所以,偷拍他人裸照、偷看他人裸体以及不具有强制性的公然猥亵行为(如露阴、公然性交等),均不成立本罪。

2. 责任形式为故意,行为人明知自己的猥亵、侮辱行为侵犯了他人的性的自己决定权,但仍然强行实施该行为。问题是,强制猥亵、侮辱罪的责任要素除故意外,是否还需要行为人出于刺激或者满足性欲的内心倾向?传统观点以及我国刑法理论的通说持肯定态度。要求本罪主观上具有刺激或者满足性欲的内心倾向,或许有利于区分猥亵行为与非罪行为的界限,有利于区分猥亵罪与刑法第246条规定的侮辱罪的界限。尽管如此,本书仍然认为,本罪的成立并不需要上述内心倾向。不要求行为人出于刺激或者满足性欲的倾向,是因为即使没有这种倾向的猥亵、侮辱行为也严重侵犯了他人的性自主权。事实上,完全可以从客观上区分是否猥亵、侮辱行为,因而完全可以区分罪与非罪;完全可以区分本罪与侮辱罪的界限。要求行为人出于刺激或者满足性欲的倾向,会导致不当缩小或

---

〔67〕 为了说明猥亵行为的相对性,这里暂且将公然猥亵行为也列入讨论范围。

〔68〕 旧中国司法院1932年院字第718号解释例认定,妇女诱令未满16岁男子与其相奸的行为,构成猥亵儿童罪。至于幼男本人具有奸淫的意图时,妇女的行为能否构成猥亵儿童罪,则另当别论。

〔69〕 男性以暴力、胁迫手段强制妇女和自己一起观看淫秽图片、视频、影片的,宜认定为强制猥亵罪。

〔70〕 参见日本大审院1918年8月20日判决,载日本《大审院刑事判决录》第24卷,第1203页。

者不当扩大处罚范围;[71]会导致本罪与刑法第246条的侮辱罪的不平衡,而且有违反罪刑相适应原则之嫌。[72]

(二)强制猥亵、侮辱罪的认定

不能按照旧刑法第160条所规定的流氓罪中的“侮辱妇女”的内涵与外延,理解强制猥亵、侮辱罪中的“侮辱妇女”。旧刑法流氓罪中的“侮辱妇女”是扰乱公共秩序的犯罪,故不以强制手段为前提。本罪中的“侮辱妇女”是侵犯妇女性自主权的犯罪,以暴力、胁迫或者其他强制手段为前提。[73] 所以,如前所述,向妇女身上涂抹污物的,偷剪妇女发辫的,以淫秽语言辱骂妇女的,或者追逐、拦截妇女的,都不成立本罪(可能成立刑法第246条的侮辱罪或者第293条的寻衅滋事罪);在公共场所露阴、自慰但并不强迫妇女观看的,以及偷看妇女洗澡的,不成立任何犯罪。

为了区分强奸罪与强制猥亵、侮辱罪(以及奸淫幼女与猥亵儿童罪),有学者提出,猥亵行为只能是性交以外的行为的观点。[74] 但这种观点人为缩小了猥亵罪的构成要件和处罚范围。诚然,强行与妇女或者幼女性交的行为成立强奸罪,但这并不意味着性交行为不是猥亵行为。如前所述,妇女猥亵幼男的行为就包括性交行为。从理论上看,将妇女与幼男性交的行为解释为猥亵行为,符合罪刑法定原则。即使对猥亵概念不作规范性解释,而按照汉语词义理解为淫乱、下流的语言或动作,不正当的性交也应当是最淫乱、最下流的行为。换言之,强制猥亵、侮辱罪与(普通)强奸罪都是侵犯他人性自主权的犯罪,二者不是对立关系,[75]而是特别关系。亦即,强奸行为也是强制猥亵行为的一种,但由于刑法特别规定了强奸罪,所以,对强奸行为不再认定为强制猥亵罪。但在刑法没有对其他不正当性交行为做出特别规定的情况下,其他不正当性交行为当然应包括在猥亵概念之中。例如,妇女强行与男子性交的,也成立强制猥亵罪。此外,从实践上看,如果一概认为猥亵行为必须是性交以外的行为,那么,妇女对幼男实施性交以外的行为构成猥亵儿童罪,而与幼男性交的反而不构成犯罪,这明显导致刑法的不协调。

强奸过程中实施的猥亵行为,不另认定为强制猥亵罪,作为包括的一罪以强奸罪论处。行为人以强制猥亵的故意对妇女实施暴力,压制其反抗后对其实施奸淫行为的,也应以强奸罪论处。

(三)强制猥亵、侮辱罪的处罚

根据刑法第237条规定,犯本罪的,处5年以下有期徒刑或者拘役;聚众或者在公共场所当众犯本罪的,或者有其他恶劣情节的,处5年以上有期徒刑。“聚众”是指由首要分子纠集多人实施猥亵、侮辱行为,但不要求参加者均亲手实施猥亵、侮辱行为;一人亲手

---

〔71〕 例如,甲男婚后发现妻子无生育能力,于是某日将邻居未婚乙女骗入房间后,要求乙女为自己生育子女。乙女拒绝,甲男便强行脱掉乙女内裤,用注射器将自己的精液注入乙女阴道。倘若要求刺激或者满足性欲的内心倾向,甲男的行为就不构成任何犯罪。本书不能接受这样的观点。

〔72〕 关于本罪的详细论述,参见张明楷:“试论强制猥亵、侮辱妇女罪”,载《法律应用研究》(2001年第5辑),中国法制出版社2001年版,第1页以下。

〔73〕 不能将本罪分解为强制猥亵罪与侮辱(妇女)罪,即使要分解,也只能分解为强制猥亵罪与强制侮辱(妇女)罪。

〔74〕 参见高铭暄主编:《新编中国刑法学》(下册),中国人民大学出版社1998年版,第704页;王作富主编:《刑法分则实务研究》(中),中国方正出版社2013年第5版,第770页。

〔75〕 如果认为二者是对立关系,那么,在男子对妇女实施强行扒光衣服等行为,不能证明男子是否具有强奸故意时,就会使定罪陷入困境。反之,如果承认二者为特别关系,那么,对上述行为就可以认定为强制猥亵罪。

实施猥亵、侮辱行为其他参加者围观起哄的，也属于聚众实施本罪。在校园、游泳馆、儿童游乐场等公共场所对未成年人实施本罪，只要有其他多人在场，不论在场人员是否实际看到，均应认定为在公共场所"当众"强制猥亵、侮辱。"其他恶劣情节"，需要根据行为对象、行为次数、猥亵内容、[76]侵害结果等方面的事实进行综合判断。

问题是，强制猥亵他人致人重伤、死亡的应如何处理？刑法对此没有明文规定，本书发表如下看法：

1. 如果行为人为了猥亵他人而以杀人的故意对他人实施足以致人死亡的暴力，在他人死亡后侮辱尸体的，那么，前行为是故意杀人罪与强制猥亵（未遂）罪的想象竞合，后行为成立侮辱尸体罪，实行数罪并罚。如果行为人为了猥亵他人而以杀人的故意对他人实施足以致人死亡的暴力，在他人昏迷期间猥亵他人，不管他人事后是否死亡，都应认定为故意杀人罪与强制猥亵罪的想象竞合。

2. 在行为人缺乏杀人故意的场合，一般成立强制猥亵罪与故意伤害罪的想象竞合。(1)强制猥亵致人伤亡，要么是其中的暴力行为致人重伤、死亡，要么是猥亵行为本身致人重伤、死亡。既然客观行为已经导致他人重伤或者死亡，就表明行为本身已经具有了伤害的性质，或者至少包含了伤害的内容，符合了故意伤害罪的构成要件。(2)由于暴力、猥亵行为本身就具有伤害的性质，行为人实施这种行为时，主观上就具有了伤害的故意（包括间接故意）。(3)在刑法没有规定强制猥亵罪的结果加重犯的情况下，强制猥亵致人重伤或者死亡的行为，便成立想象竞合。行为人只实施了一个强制猥亵他人的行为；该行为具有双重属性：既是强制猥亵行为又是伤害行为；该行为造成了双重结果；因此一个行为触犯了两个罪名。(4)将强制猥亵致人重伤、死亡的行为认定为想象竞合从一重罪处罚，能够做到罪刑相适应，符合刑法的基本原则。根据上述理由，可以得出以下具体结论：(1)不管是否聚众或者是否在公共场所强制猥亵他人，只要造成他人死亡的，就应认定为想象竞合，适用故意伤害致死的法定刑。(2)非聚众并且在非公共场所强制猥亵他人，但致人重伤的，能够评价为有其他恶劣情节，仍适用刑法第 237 条第 2 款的法定刑。(3)聚众或者在公共场所当众强制猥亵他人致人重伤的，仍适用刑法第 237 条第 2 款的法定刑。

3. 如果在例外情况下，行为人对重伤、死亡只有过失，则成立强制猥亵、侮辱罪与过失致人重伤罪或过失致人死亡罪的想象竞合。

三、猥亵儿童罪

猥亵儿童罪，是指猥亵不满 14 周岁的儿童的行为。猥亵行为既可以是强制性的，也可以是非强制性的；儿童主动对行为人实施猥亵行为的，行为人具有阻止义务，不阻止的行为成立猥亵儿童罪；对具有一定意识的儿童露阴的行为，可能成立猥亵儿童罪；让儿童和自己或者其他人一起观看淫秽图片、视频、影片的，可以认定为猥亵儿童罪。猥亵对象是不满 14 周岁的幼男或幼女；猥亵行为出于故意，且行为人必须明知被害人是或者可能是儿童；儿童为幼女时，男性具有奸淫故意与奸淫行为的，成立强奸罪；但如果儿童为幼男，妇女对之实施性交行为或者其他猥亵行为的，成立猥亵儿童罪。

犯猥亵儿童罪的，根据刑法第 237 条的规定从重处罚。

---

〔76〕 强吻妇女与强行指奸虽然都是猥亵行为，但二者的法益侵害程度明显不同。

第四节 侵犯自由的犯罪

一、非法拘禁罪

(一)非法拘禁罪的概念与法益

非法拘禁罪,是指故意非法拘禁他人或者以其他方法非法剥夺他人人身自由的行为。

本罪的法益是人的身体活动的自由。但如何理解身体活动自由的内容,则存在争议。可能的自由说认为,本罪的法益是只要想活动身体就可以活动的自由。现实的自由说认为,本罪的法益是在被害人打算现实地活动身体时就可以活动的自由。两种学说虽然对大多数案件不会产生分歧结论,但在某些情况下会得出不同结论。例如,甲将夜间熟睡的乙反锁在房间里,次日清晨在乙醒来之前就打开了锁。甲的行为是否构成非法拘禁罪?根据可能的自由说,本罪的成立不要求被害人具有现实的、具体的行动意思能力,只要具有这种可能性即可。在此例中,乙任何时候都有醒来的可能性,因此,甲的行为侵害了乙可能的自由,构成非法拘禁罪(无限定说)。根据现实的自由说,非法拘禁罪的对象只能是有现实的、具体的行动意思或能力的自然人,一时丧失这种意思或能力的人,只有在他们恢复了这种意思或能力后,才能成为本罪的对象,所以,甲的行为不构成非法拘禁罪(限定说)。

本书原则上赞成现实的自由说。非法拘禁罪不是危险犯,而是实害犯。在上例中,甲的行为只是具有侵害乙的身体活动自由的可能性,而没有现实地侵害乙的身体活动自由。即便乙知道门被反锁但不想离开房间时,也没有必要认定其被拘禁。如果乙夜间打算现实地离开房间却因为甲的反锁行为而不能离开房间时,则现实地侵害了乙的身体活动自由,属于非法拘禁。现实的自由主要包括身体的场所移动自由,从一定场所离开的自由以及在场所内的身体活动自由。

(二)非法拘禁罪的犯罪构成

1. 构成要件的内容为,非法拘禁他人或者以其他方法非法剥夺他人人身自由。

(1)作为行为对象的“他人”没有限制,但必须是具有身体活动自由的自然人;身体活动自由虽以意识活动自由为前提,但只要具有基于意识从事身体活动的能力即可,不要求具有刑法上的责任能力与民法上的法律行为能力,故能够行走的幼儿、精神病患者、能够依靠轮椅或者其他工具移动身体的人,均可成为本罪的对象。此外,能够借助他人或者机械器具移动身体的人,能够用语言、动作等表明自己意思的幼儿等,也能成为本罪的对象。根据限定说,如果某人没有认识到自己被剥夺自由,就表明行为没有妨害其意思活动,因而没有侵犯其人身自由;换言之,成立本罪,要求被害人认识到自己被剥夺自由的事实,但不要求认识到有人对自己实施非法拘禁行为。例如,民航机长载乘客从甲地飞往乙地后,谎称乙地不能降落而又返回甲地。乘客虽然没有认识到机长对自己实施了非法拘禁行为,但认识到自己的自由被剥夺。机长的行为成立非法拘禁罪。

(2)行为内容是非法拘禁他人或者以其他方法非法剥夺他人人身自由。显然,剥夺人身自由的方法没有限制,如非法逮捕、拘留、监禁、扣押、办封闭式“学习班”、“隔离审查”等，均包括在内。概言之，非法剥夺人身自由包括两类：一类是直接拘束他人的身体，剥夺其身体活动自由，如捆绑他人四肢，使用手铐拘束他人双手。[77] 另一类是间接拘束人的身体，剥夺其身体的场所移动自由，如将他人监禁于一定场所，使其不能或明显难以离开、逃出。剥夺人身自由的方法既可以是有形的，也可以是无形的。例如，将妇女洗澡时的换洗衣服拿走，使其基于羞耻心无法走出浴室的行为，就是无形的方法。此外，无论是以暴力、胁迫方法拘禁他人，还是利用他人的恐惧心理予以拘禁（如使被害人进入货车车厢后高速行驶，使之不敢轻易跳下车），均不影响本罪的成立。非法拘禁还可能由不作为成立，即负有使被害人逃出一定场所的法律义务的人，故意不履行义务的，也可能成立非法拘禁罪。非法拘禁是一种持续行为，该行为在一定时间内处于继续状态，使他人在一定时间内失去身体自由。时间持续的长短原则上不影响本罪的成立，只影响量刑。但时间过短、瞬间性的剥夺人身自由的行为，则难以认定为本罪。

（3）剥夺人身自由的行为必须具有非法性，不具备违法阻却事由。司法机关根据法律规定，对于有犯罪事实和重大嫌疑的人，依法采取拘留、逮捕等限制人身自由的强制措施的行为，阻却违法性。但发现不应拘捕时，借故不予释放，继续羁押的，或者故意超期羁押的，构成非法拘禁罪。[78] 公民将正在实行犯罪或犯罪后及时被发觉的、通缉在案的、越狱逃跑的、正在被追捕的人，依法扭送至司法机关的，阻却违法性。对实施暴力行为，危害公共安全或者严重危害公民人身安全的精神病患者进行强制医疗的，也不成立犯罪（将精神正常的人或者不符合强制医疗条件的精神病患者拘禁在精神病院的，属于非法拘禁；明知精神病患者已不具有人身危险性，不需要继续强制医疗，却继续实行强制医疗的，也属于非法拘禁）。为了防止凶暴的醉汉危害他人的生命或身体，不得已拘束其身体的行为，不构成犯罪。被害人基于真实的自由意志，嘱托或同意将自己置于特定场所的，阻却拘禁行为的违法性。使用欺骗方法剥夺他人自由，违反了被害人的现实意思，侵害了其身体活动自由的，依然成立非法拘禁罪。换言之，欺骗行为使具有场所移动意思的被害人误以为客观上不能移动场所的，属于非法拘禁（承诺无效）。例如，被害人进入电梯后，行为人关闭电源，谎称电梯停电，使被害人不能走出电梯的，属于非法拘禁。[79] 但是，如果欺骗行为只是使被害人不产生场所移动（如离开某场所）的意思，则不成立非法拘禁（承诺有效）。例如，甲欺骗乙呆在某房间，直到丙来该房间为止，乙可以随时离开该房间却一直等在该房间的，其承诺有效，甲不成立非法拘禁。

2. 责任形式为故意。行为人明知自己的行为会发生剥夺他人身体自由权利的结果，并希望或者放任这种结果的发生。当前，出于迫使他人偿还债务的动机而非法扣押、拘禁他人的案件比较突出，应严格依法处理。

（三）非法拘禁罪的认定

1. 严格区分本罪与合法拘捕而发生错误的界限。例如，司法机关依照法定程序拘捕

---

〔77〕 国外一种刑法理论认为，本罪的法益是人的身体移动自由，因此，用手铐拘束他人双手的，由于他人仍然有身体移动自由，故不成立非法拘禁罪，只成立暴行罪。我国刑法没有规定暴行罪，如果该行为具有可罚性，对该行为只能认定为非法拘禁罪。

〔78〕 如果同时构成滥用职权罪、玩忽职守罪的，则属于想象竞合，从一重罪处罚。

〔79〕 司机甲为了拘禁行人乙，谎称可以将乙从 A 地带到 B 地。乙上车后，甲到达 B 地时不让乙下车，一直将乙拉到 C 地。在这种情况下，应当认定从 A 地至 C 地均为非法拘禁期间。

了重大犯罪嫌疑分子,但后经查证该人无罪,予以释放的,只能认为是错误拘捕,不能认定为非法拘禁。

2. 非法拘禁情节显著轻微的,不宜认定为本罪。根据立案标准,涉嫌下列情形之一的,应予立案:(1)非法剥夺他人人身自由24小时以上的;(2)非法剥夺他人人身自由,并使用械具或者捆绑等恶劣手段,或者实施殴打、侮辱、虐待行为的;(3)非法拘禁,造成被拘禁人轻伤、重伤、死亡的;(4)非法拘禁,情节严重,导致被拘禁人自杀、自残造成重伤、死亡,或者精神失常的;(5)非法拘禁3人次以上的;(6)司法工作人员对明知是没有违法犯罪事实的人而非法拘禁的;(7)其他非法拘禁应予追诉的情形。[80]

3. 非法拘禁行为与结果又触犯其他罪名的,应根据其情节与有关规定处理。例如,以非法绑架、扣留他人的方法勒索财物的,成立绑架罪;以出卖为目的非法绑架妇女、儿童的,构成拐卖妇女、儿童罪;收买被拐卖的妇女、儿童后,非法剥夺其人身自由的,应实行数罪并罚。

(四)非法拘禁罪的处罚

刑法第238条第1款规定,犯本罪的,"处三年以下有期徒刑、拘役、管制或者剥夺政治权利。具有殴打、侮辱情节的,从重处罚"。第2款规定:"犯前款罪,致人重伤的,处三年以上十年以下有期徒刑;致人死亡的,处十年以上有期徒刑。使用暴力致人伤残、死亡的,依照本法第二百三十四条、第二百三十二条的规定定罪处罚。"第3、4款分别规定:"为索取债务非法扣押、拘禁他人的,依照前两款的规定处罚。""国家机关工作人员利用职权犯前三款罪的,依照前三款的规定从重处罚。"

1. "具有殴打、侮辱情节的,从重处罚"规定的适用范围,应具体分析。刑法第238条第1款是一项基本规定。对非法拘禁的认定,必须符合第1款的规定,换言之,适用第2款的法定刑,以行为符合第1款规定的构成要件为前提。所以,第1款的规定,除法定刑以外,仍然适用于第2款与第3款。基于同样的理由,"具有殴打、侮辱情节的,从重处罚"是一项基本规定,应当适用于第2款与第3款。但是,第一,在行为人非法拘禁他人,使用暴力致人伤残、死亡的情况下,则不能再适用"具有殴打……情节的,从重处罚"的规定。第二,在行为人非法拘禁他人,使用暴力致人伤残、死亡的情况下,是否适用"具有……侮辱情节的,从重处罚"的规定,应具体分析。如果侮辱行为表现为暴力侮辱,原则上不能再适用"具有……侮辱情节的,从重处罚"的规定,否则违反了禁止重复评价的原则。如果侮辱行为表现为暴力以外的方式,则应适用"具有……侮辱情节的,从重处罚"的规定。

2. 非法拘禁致人重伤、死亡,是指非法拘禁行为本身致被害人重伤、死亡(结果加重犯),重伤、死亡结果与非法拘禁行为之间必须具有直接的因果关系(直接性要件)。行为人在实施基本行为之后或之时,被害人自杀、自残、自身过失等造成死亡、伤残结果的,因缺乏直接性要件,不宜认定为结果加重犯。但是,由于非法拘禁会引起警方的解救行为,故正常的解救行为造成被害人伤亡的,具备直接性要件,应将伤亡结果归责于非法拘禁者,成立结果加重犯。当然,如果警方判断失误,导致其解救行为造成被拘禁者伤亡的,则

[80] 本书认为,这些立案标准过高,不利于保护公民的人身自由。

不能认定为结果加重犯。此外,行为人对重伤、死亡结果必须具有预见可能性。[81]

3. 非法拘禁他人,使用暴力致人伤残、死亡的,应分别以故意伤害罪、故意杀人罪论处。[82] 刑法第238条第2款后段的规定,属于法律拟制,而非注意规定。[83] 即只要非法拘禁的行为人使用暴力致人死亡的,即使其没有杀人的故意,也应认定为故意杀人罪。当然,根据责任主义的原理,要求行为人对伤残、死亡具有预见可能性(过失)。因此,如果行为人在非法拘禁过程中,产生杀人故意并实施杀人行为的,应以非法拘禁罪和故意杀人罪实行数罪并罚,不需要引用刑法第238条第2款后段的规定。因为非法拘禁罪是持续犯,当拘禁行为成立犯罪时,就已经既遂。在非法拘禁既遂并持续期间,行为人侵犯被害人的另一法益的,理当认定为独立的新罪。例如,在非法拘禁期间强奸被害人的,当然应以非法拘禁罪与强奸罪实行并罚。这进一步说明,刑法第238条第2款后段属于法律拟制。因为在非法拘禁期间故意杀人的,没有理由仅认定为故意杀人罪。由上可见,非法拘禁(使用暴力)致人死亡,应分为五种情形处理:(1)非法拘禁致人死亡,但没有在拘禁行为之外另使用暴力的(拘禁行为没有超出其所需要的暴力范围),仍然适用刑法第238条第2款前段的规定,以非法拘禁罪的结果加重犯论处。(2)在拘禁行为之外另使用了暴力,但不是该暴力行为致人死亡,而是拘禁行为本身致人死亡的,也应适用刑法第238条第2款前段的规定,以非法拘禁罪的结果加重犯论处,同时适用"具有殴打……情节的,从重处罚"的规定。(3)在非法拘禁的过程中,产生杀人故意实施杀人行为的,不适用刑法第238条第2款的规定,而应直接认定为数罪(非法拘禁罪与故意杀人罪),同时适用刑法第238条第1款与刑法第232条的规定。[84] (4)非法拘禁过程中在拘禁行为之外另使用了暴力且致人死亡,而没有杀人故意的(以对死亡具有预见可能性为前提),适用第238条第2款后段的规定。[85] 非法拘禁行为本身也可能表现为暴力,但作为非法拘禁行为内容的暴力导致他人伤残、死亡的,不属于"使用暴力致人伤残、死亡"。只有当非法拘禁行为以外的暴力致人死亡时,才能认定为故意杀人罪。(5)在非法拘禁的过程中,故意实施伤害行为过失导致被害人死亡的,适用第238条第2款后段的规定,认定为故意杀人罪。此外,非法拘禁行为本身致人轻伤的,属于想象竞合,从一重罪处罚。但是,非法拘禁之外的行为致人轻伤的,则成立数罪,应实行并罚。

---

[81] 行为人明知某种拘禁行为本身会导致他人死亡,却实施该拘禁行为,因而致人死亡的,成立非法拘禁罪与故意杀人罪的想象竞合。

[82] 由于是拟制的故意伤害罪与故意杀人罪,故在通常情况下,对其量刑应轻于典型的故意伤害罪与故意杀人罪。

[83] 参见张明楷:《刑法分则的解释原理》(下),中国人民大学出版社2011年第2版,第645页以下。

[84] 一种观点将刑法第238条第2款后段理解为注意规定,认为只有当行为人在非法拘禁的过程中使用暴力致人伤残、死亡且具有伤害、杀人故意时,才能认定为故意伤害罪、故意杀人罪。但是,在立法上并不存在设置注意规定的必要性。这种观点实际上又在罪数问题上将刑法第238条第2款理解为法律拟制。详言之,对于在非法拘禁的过程中,产生杀人故意实施杀人行为的,原本应当认定为非法拘禁罪与故意杀人罪,但这种观点却主张只认定为一个故意杀人罪。这便将典型的数罪拟制为一罪。然而,刑法第238条第2款的规定旨在严厉禁止在非法拘禁中致人伤残或者死亡。但上述观点导致的结局却是,在非法拘禁过程中故意伤害致人伤残或者故意杀人的,反而仅成立故意伤害罪、故意杀人罪。人们不禁要问:刑法第238条第2款为什么将典型的数罪拟制为一罪?显然,上述观点是缺乏实质理由的。任何解释者都不应当以一句"法律就是这样规定的"为由,维持法律条文的不协调、不公平局面。

[85] 如果对这种行为不适用第238条第2款后段的规定,就与非法拘禁致人死亡的结果加重犯的处罚明显不协调。

4. 为索取债务非法扣押、拘禁他人的,必须适用刑法第238条第1、2款的规定。即为索取债务非法扣押、拘禁他人,致人重伤、死亡的,成立非法拘禁罪的结果加重犯;使用暴力致人伤残、死亡的,应认定为故意伤害罪、故意杀人罪。

5. 国家机关工作人员利用职权犯本罪的,从重处罚。"利用职权"表现为以行使职权的外观非法拘禁他人。以拘留、逮捕为名非法拘禁他人,以调查、审查特定事项为名非法拘禁他人,都属于利用职权(可能同时触犯滥用职权罪)。

二、绑架罪

(一)绑架罪的概念与法益

绑架罪,是指利用被绑架人的近亲属或者其他人对被绑架人安危的忧虑,以勒索财物或满足其他不法要求为目的,使用暴力、胁迫或者麻醉方法劫持或以实力控制他人的行为。

我国刑法理论对本罪的保护法益存在不同观点。第一种观点认为,绑架罪的法益包括他人的人身自由权、健康、生命权以及公私财产所有权。[86] 本书不赞成这种观点。一方面,人身自由权、健康、生命权的表述过于宽泛,不利于指导对绑架罪构成要件的解释。另一方面,将公私财产所有权纳入本罪的保护法益,并不符合刑法的规定。换言之,不能因为行为人具有勒索财物的目的,就认为财产成为绑架罪的保护法益。第二种观点认为,本罪的保护法益是人身自由,但财产与其他合法利益是本罪可能侵犯的法益。[87] 可是,绑架行为可能同时侵犯财产与其他合法利益只是客观事实,但并不意味着财产与其他合法利益是绑架罪的保护法益。第三种观点认为,绑架罪的法益是"被绑架者的身体安全和其亲权者的保护监督权,有的情况下还包括他人的财产权"。[88] 然而,这种观点导致享有监护权的父母不能成为绑架自己亲生子女的主体,其结论并不合理。[89] 第四种观点认为,绑架罪的保护法益不仅包括被绑架人的生命、身体利益,而且包括担忧被绑架者的安危的第三者的精神上的自由即自己决定是否向他人交付财物的自决权。[90] 本文也不赞成这种观点。第一,生命、身体利益的表述过于抽象,不利于指导绑架罪构成要件的解释。第二,勒索财物只是绑架罪的一种目的,而不是全部目的,法条并没有要求行为人实施勒索行为。所以,将相关第三者决定是否向他人交付财物的自决权作为绑架罪的保护法益,并不合适。第三,这种观点不能解释绑架分子向政府提出其他不法要求的犯罪现象。

对绑架罪保护法益的确定,必须有利于解决绑架罪的各种特殊问题。所以,人身自由虽然是绑架罪的保护法益,但必须将人身自由的内容具体化。换言之,绑架罪的保护法益的确定,意味着绑架罪处罚范围的确定。例如,婴儿能否成为绑架对象?亲生父母能否成为绑架儿童的行为主体?绑架罪的成立是否要求行为人使被绑架人离开原本的生活场所?这些都是在确定绑架罪的保护法益时必须考虑的问题。本书认为,绑架罪的法益是被绑架人在本来的生活状态下的行动自由以及身体安全。绑架婴儿的行为,虽然没有侵

---

〔86〕 参见高铭暄、马克昌主编:《刑法学》,北京大学出版社、高等教育出版社2016年第7版,第469页。

〔87〕 参见王作富主编:《刑法分则实务研究》(中),中国方正出版社2013年第5版,第783页以下。

〔88〕 周光权:《刑法各论》,中国人民大学出版社2016年第3版,第42页。

〔89〕 例如,犯下重大罪行的父母可能将亲生子女作为人质,以达到不被警察逮捕的目的。在这种情况下,父母的行为不存在侵害保护监督权的问题,但仍然应认定为绑架罪。

〔90〕 参见黎宏:《刑法学》,法律出版社2012年版,第665~666页。

犯其行动自由,但使婴儿脱离了本来的生活状态,侵害了其身体安全;父母绑架未成年子女将其作为人质的行为,也侵害了子女在本来的生活状态下的身体安全或行动自由;绑架行为虽然没有使他人离开原本的生活场所,但如果以实力控制了他人,使其丧失行动自由或者危害其身体安全的,同样成立绑架罪。即使经过监护人同意,但如果绑架行为对被绑架者的行动自由或身体安全造成侵害的,也成立绑架罪;至于征得被绑架者本人同意但违反监护人意志,使被害人脱离监护人监护的案件,如果本人的同意是有效的,被告人的行为不成立绑架罪;如果本人的同意是无效的,则被告人的行为成立绑架罪。

(二)绑架罪的犯罪构成

1. 构成要件的内容为,使用暴力、胁迫或者麻醉方法劫持或以实力控制他人。行为对象是任何他人,包括妇女、儿童和婴幼儿乃至行为人的子女或者父母。绑架的实质是使被害人处于行为人或第三者的实力支配下,事实上存在着使未成年人的父母离开生活场所而以实力控制未成年人的情况,也存在使被害人滞留在本来的生活场所但使其丧失行动自由与身体安全的绑架案件(如2002年的俄罗斯人质案),所以,绑架不要求使被害人离开原来的生活场所。绑架行为应具有强制性,亦即,使用暴力、胁迫或者麻醉方法控制他人。对于缺乏或者丧失行动能力的被害人,采取偷盗、运送等方法使其处于行为人或第三者实力支配下的,也可能成立绑架罪。例如,以勒赎为目的,偷盗婴幼儿的,成立绑架罪。[91]

一种观点认为,只有把绑架罪的客观行为解释为复合行为(绑架行为与勒索行为),才能使绑架罪与抢劫罪相协调;[92]或者认为,只有将绑架罪的客观行为解释为复合行为,才能说明绑架行为对第三者自决权的侵害。[93] 尽管这些观点具有一定的实质合理性,但本书难以赞成。(1)绑架罪并不是侵犯财产的犯罪,而是侵犯人身权利的犯罪,因此,将侵犯财产的勒索行为纳入绑架罪的实行行为,并不符合本罪的本质。以勒索财物为目的的绑架,只不过是绑架罪的一种常见情形,所以刑法第239条将其从"绑架他人作为人质"中独立出来。(2)要求绑架行为同时给第三者(被勒索者)的自决权造成侵害,也是对绑架罪的多余要求。因为绑架罪不同于国外的胁迫罪,其侵犯的法益并不包括意思决定自由。(3)即使在《刑法修正案(七)》颁布之前,绑架罪法定刑过高的情形下,也可以通过其他途径限制绑架罪的成立范围,而不宜通过改变绑架罪的构造来限制绑架罪的成立范围。在《刑法修正案(七)》降低法定刑之后,绑架罪的法定刑也不存在过高的问题。(4)根据复合行为说,当恐怖组织绑架数人后还没有来得及向政府提出不法要求时就被警察抓捕的,也仅成立绑架未遂。这样的结论并不妥当。事实上,有一些恐怖组织绑架人质后,不一定主动向政府提出不法要求。还有一些情形是,行为人绑架他人后,只是通过媒体对外发布信息,声称自己已控制某人,但不提出任何要求。如果采取复合行为说,这样的情形也都必须认定为绑架未遂。本书不能接受这样的结论。再如,根据复合行为说,当绑架犯向第三者提出勒索财物或者其他不法目的后,第三者由于某种原因并不关心,没有产生恐惧与忧虑的,也仅成立绑架未遂。本书难以采纳这样的结论。(5)根据复合行

---

〔91〕 偷盗婴幼儿的行为本身,就是一种暴力行为。

〔92〕 参见黄祥青:"绑架罪的既遂标准及认定思路",载《人民法院报》2008年2月20日。

〔93〕 参见黎宏:《刑法学》,法律出版社2012年版,第666页。

为说的观点,在甲以暴力手段绑架了丙之后,乙知道真相帮助甲向丙的亲属索要财物的,即使后来没有参与以实力支配被绑架人的行为,也可能认定为绑架罪的共同正犯。这种结论恐怕存在疑问。由此也可以看出,复合行为说的观点本来是想限制绑架罪的处罚程度,但在共同犯罪中,却适得其反。(6)上述观点明显不符合刑法第239条的规定,或者说缺乏刑法上的文理根据。因为刑法第239条明确将勒索财物作为行为人的目的,而没有要求该目的现实化。

那么,能否认为《刑法》第239条第1款所规定的"以勒索财物为目的绑架他人"是单一行为,而"绑架他人作为人质"的情形属于复合行为呢?本书仍持否定回答。

首先,全国人大常委会1991年9月4日《关于惩治拐卖、绑架妇女、儿童的犯罪分子的决定》所规定的绑架罪只限于"以勒索财物为目的绑架他人"的行为,而现行刑法增加了"绑架他人作为人质"的行为。其实,前者也是绑架他人作为人质,只要规定"绑架他人作为人质"就可以涵盖一切绑架行为,但现行刑法为了保持连续性,避免人们的误会,除保留原来的规定外,另增加了"绑架他人作为人质"。"以勒索财物为目的绑架他人"也属于"绑架他人作为人质",而且是"绑架他人作为人质"的主要情形。既然"以勒索财物为目的绑架他人"是单一行为犯,那么,"绑架他人作为人质"也应当是单一行为犯。换言之,既然"勒索财物"只是目的,那么,"作为人质"也只是目的。

其次,不可否认,当行为人使用暴力、胁迫或者麻醉手段实力支配被害人后,如果不向第三者提出非法要求,很难认定行为人将被害人作为"人质"。但是,行为人主观上是否具有勒索财物的目的,与是否具有提出其他不法要求的目的,在性质上是相同的,都需要司法工作人员判断。不能以"作为人质"难以判断为由,将主观目的的"作为人质"变为客观行为。

最后,与国外刑法相比较,也能得出相同结论。例如,日本刑法典规定了绑架勒赎罪,其他将被害人作为人质的情形则规定在特别刑法中。日本《关于处罚人质强要行为等的法律》第1条将两种行为规定为人质强要罪:一是逮捕或者监禁他人,将其作为人质,要求第三者实施没有义务实施的行为或者不行使权利;二是为了要求第三者实施无义务实施的行为或者不行使权利,以作为人质为目的,逮捕或者监禁他人。前一种行为虽然是复合行为,但后一种行为则是单一行为(短缩的二行为犯)。之所以将二者等同看待,就是因为本罪是侵犯人身权利的犯罪,而不是侵犯其他权利的犯罪。行为人在对被害人进行持续绑架的过程中,是否向第三者提出某种要求,并不影响对被绑架人的自由与安全的侵害程度。甚至可以认为,行为人越是尽快向第三者提出不法要求,被绑架人就会越早、越有机会获救。既然如此,就没有必要将向第三者提出不法要求作为绑架罪的实行行为。再如,德国刑法第239条a规定了绑架勒赎罪,在此之外,德国刑法第239条b规定了扣押人质罪,该条同样只是将不法要求作为目的,而没有要求行为人必须有提出不法要求的行为。我国刑法第239条所规定的"绑架他人作为人质",也只是意味着行为人的目的在于将被绑架人作为人质。

综上所述,将绑架罪的实行行为理解为复合行为并不妥当,只能将其解释为单一行为。单一行为说符合法条的表述,因为刑法第239条并没有将勒索财物或者提出不法要求作为实行行为的一部分予以规定;单一行为说与绑架罪的保护法益相吻合,并且与拐卖妇女、儿童罪的规定相协调;单一行为说能够妥当处理绑架罪的未完成形态与共同犯罪问题,不会导致处罚过重的局面。换言之,绑架罪是典型的短缩的二行为犯,其基本特点是,"完整"的或犯罪人预定的犯罪行为原本由两个行为组成,但刑法规定,只要行为人以实施第二个行为为目的实施了第一个行为(即短缩的二行为犯的实行行为),[94]就以犯罪(既遂)论处,而不要求行为人客观上实施了第二个行为;与此同时,如果行为人不以实施第二个行为为目的,即使客观上实施了第一个行为,也不成立犯罪(或者仅成立其他犯罪)。在此意义上说,短缩的二行为犯实际上是将复合行为犯缩短为一行为犯或单行为犯。短缩的二行为犯的结果是第一个行为所造成的结果,而不是第二个行为所造成的结果。所以,绑架罪的结果是使他人的行动自由、身体安全受到侵害,而不要求使第三者遭受财产损害或者其他损失;即使行为人没有提出勒索财物或者其他不法要求,或者虽然提出了勒索财物等不法要求但没有实现目的,但只要发生了侵害人身自由与安全的结果,也成立绑架既遂。

2. 责任要素的内容如下:(1)具有故意,行为人对于侵害他人行动自由与身体安全的结果,具有希望或者放任态度。(2)具有利用被绑架人的近亲属或者其他人(包括单位乃至国家)对被绑架人安危的忧虑的意思。这是主观的超过要素,只要行为人具有这种意思,即使客观上没有通告被绑架人的近亲属或者其他人,或者虽然通告他人但他人并没有产生忧虑,也不影响本罪的成立。行为人不具备这一意思,在以实力控制被害人后,让被害人隐瞒被控制的事实向亲属打电话索要财物的,不成立绑架罪(视行为性质认定为抢劫、非法拘禁等罪)。但是,行为人以实力控制他人后,让被害人告知近亲属自己被绑架的,成立绑架罪。"安危"不仅包括生命的安危,也包括身体、自由的安危。对被绑架人的危险不限于非法行为造成的危险,也包括利用合法行为对被绑架人造成的"危险"。例如,甲绑架了脱逃的死刑犯人乙后,向乙的亲属声称"如不交付巨额赎金,就将乙移送司法机关"。甲的行为依然成立绑架罪。(3)具有勒索财物或满足其他不法要求的目的,其中的"财物"包括财产性利益,"不法"不限于刑法上的不法。以勒赎为目的,偷盗婴幼儿的,应以本罪论处。同样,为了将婴儿作为人质以实现其他不法要求,而偷盗婴幼儿的,也成立本罪。第(3)项内容也是主观的超过要素,不需要客观化。如上所述,只要行为人具有这种目的,即使客观上没有对被绑架人的近亲属或其他人勒索财物或提出其他不法要求,也成立绑架罪;即使行为人客观上向被绑架人的近亲属或其他人勒索财物或提出了其他不法要求,一般也应当认定为牵连犯。但是,如果绑架他人是为了直接向被绑架人索取财物,则应认定为抢劫罪。此外,对以下两种行为也应以绑架罪论处:其一,行为人出于其他目的、动机以实力支配他人后,才产生勒索财物意图进而勒索财物的;其二,收买被拐卖的妇女、儿童后,以暴力、胁迫手段对其进行实力控制,进而向其近亲属或有关人员勒索财物或提出其他不法要求的。

(三)绑架罪的认定

对于没有使用暴力、胁迫与麻醉方法的,或者虽然使用了暴力、胁迫方法但没有达到压制他人反抗程度的行为,不应认定为绑架罪。行为人扣押人质,索取微不足道的财物或提出其他轻微不法要求的,不宜认定为绑架罪。例如,行为人借岳母来访之机,不准岳母

---

[94] "第一个行为"指短缩的二行为犯的实行行为。"第二个行为"则是指短缩的二行为犯的目的内容,而非短缩的二行为犯的构成要件的实行行为。

回家,要求妻子早日从娘家返回的,只能认定为非法拘禁罪。

已满14周岁不满16周岁的人实施绑架行为,不以犯罪论处。故意杀害被绑架人的,应认定为故意杀人罪(不得认定为绑架罪);故意伤害被绑架人致人重伤的,应以故意伤害罪追究刑事责任(不得认定为绑架罪)。

甲单独绑架丙之后,乙知情并协助甲向丙的亲属勒索财物的,需要判断乙的行为与甲的继续绑架之间是否具有物理的或者心理的因果性。如果没有因果性,就只能认定乙的行为成立敲诈勒索罪,而不能认定为绑架罪的承继的共犯。一般来说,只是单纯协助勒索财物的,不应认定为绑架罪的承继的共犯。

行为人没有实施绑架行为,直接杀害被害人后,向被害人家属勒索财物的,分别成立故意杀人罪、敲诈勒索罪与诈骗罪(后二者应为想象竞合),实行数罪并罚。行为人实施了绑架行为,因未勒索到财物或者出于其他原因杀害被绑架人后,再次掩盖事实勒索赎金的,分别成立绑架罪、敲诈勒索罪与诈骗罪(后二者应为想象竞合),应当数罪并罚。

绑架罪与非法拘禁罪不是对立关系,虽然不能将非法拘禁评价为绑架,但可以将绑架评价为非法拘禁。明确这一点,对于犯罪的认定具有意义。例如,15周岁的A绑架X后,使用暴力致使X死亡,但A既没有杀人故意,也没有伤害故意。由于绑架可以评价为非法拘禁,根据刑法第238条的规定,非法拘禁使用暴力致人死亡的,应以故意杀人罪论处,故对A应以故意杀人罪论处。倘若认为绑架罪与非法拘禁罪是对立关系,则对A的行为只能宣告无罪(因为根据刑法第17条第2款的规定,甲既不对绑架负责,也不对过失致人死亡负责)。本书难以赞成这种观点。

根据刑法第238条第3款的规定,行为人为索取债务非法扣押、拘禁他人的,只构成非法拘禁罪,不成立绑架罪。不能将"债务"理解为存在经济纠纷,原则上应理解为合法的债务、相对确定的债务。最高人民法院2000年7月13日《关于对为索取法律不予保护的债务非法拘禁他人行为如何定罪问题的解释》指出,行为人为索取高利贷、赌债等法律不予保护的债务,非法扣押、拘禁他人的,依照非法拘禁罪定罪处罚。司法实践中也出现了这样的现象:只要行为人与被害人之间存在债务,不管是不是合法债务,不管是双方承认的债务还是行为人单方面主张的债务,也不管行为人对被害人人身自由的剥夺程度,均认定为非法拘禁罪。本书认为,认定行为构成的是绑架罪还是非法拘禁罪,不能仅以行为人与被害人之间是否存在债务为唯一标准,更应考虑被绑架人与债务人的关系、行为本身对人身自由的剥夺程度和对身体安全的侵害程度。(1)为了索取正当债务,使用暴力、胁迫或者麻醉方法将债务人作为人质,要求其亲属偿还债务的,或者将与债务人有共同财产关系、扶养、抚养关系的第三者作为人质,要求债务人偿还债务的,应认定为非法拘禁罪。(2)为了索取债务,使用暴力、胁迫或者麻醉方法将与债务人没有共同财产关系、扶养、抚养关系的第三者作为人质的,不管债务正当与否,均应认定为绑架罪。(3)行为人为了索取不正当债务,使用暴力、胁迫或者麻醉方法将债务人作为人质,要求其亲属偿还债务的,或者将与债务人有共同财产关系、扶养、抚养关系的第三者作为人质,要求债务人偿还债务的,需要根据对被绑架人的人身安全与自由的侵害程度判断是成立非法拘禁罪还是绑架罪。这是因为,刑法第238条第3款使用的是"非法扣押、拘禁"概念,因此,超出非法扣押、拘禁程度的行为,即使存在法律不予保护的债务,依然可能成立绑架罪。例如,对于为了索取法律不予保护的债务,而非法扣押、拘禁他人,但不以杀害、伤害等相威胁,声称只要还债便放人的行为，宜认定为非法拘禁罪。但是，对于为了索取法律不予保护的债务或者单方面主张的债务，以实力支配、控制被害人后，以杀害、伤害被害人相威胁的，宜认定为绑架罪。

故意制造骗局使他人欠债，然后以索债为由扣押被害人作为人质，要求被害人近亲属偿还债务的，应以绑架罪论处。[95] 行为人为索取债务而将他人作为人质，所索取的数额明显超出债务数额的，或者为索取债务而将他人作为人质，同时提出其他不法要求的，属于绑架罪与非法拘禁罪的想象竞合，从一重罪处罚。

绑架罪与抢劫罪不是对立关系，同一行为完全可能同时触犯绑架罪与抢劫罪。例如，乙女带着幼儿行走时，甲男突然抱着幼儿，将刀架在幼儿脖子上，威胁乙女交付财物，否则杀害幼儿。应当认为，甲的行为同时触犯绑架罪与抢劫罪，但由于只有一个行为，故应认定为想象竞合，从一重罪处罚。

绑架他人后勒索了数额较大财物的，虽然另符合敲诈勒索罪的犯罪构成，但通常可以评价为牵连犯，从一重罪处罚，不必实行数罪并罚。但是，如果绑架后对第三者的行为超出勒索的程度而另构成抢劫罪的，则宜实行数罪并罚。例如，A 等人绑架了 B 的子女 C 之后，前往 B 的住宅以杀害 C 相威胁，要求 B 交付财物的，宜分别认定为绑架罪与抢劫罪，实行数罪并罚。

（四）绑架罪的处罚

根据刑法第 239 条的规定，犯绑架罪的，处 10 年以上有期徒刑或者无期徒刑，并处罚金或者没收财产；情节较轻的，处 5 年以上 10 年以下有期徒刑，并处罚金；杀害被绑架人的，或者故意伤害被绑架人，致人重伤、死亡的，处无期徒刑或者死刑，并处没收财产。

"杀害被绑架人"即绑架杀人既不是结果加重犯，也不是情节加重犯与所谓包容犯，而应理解为结合犯。之所以将其规定为结合犯而且提高法定刑，是因为两种行为常常容易一起发生，而且一起发生时导致不法程度明显加重。杀害被绑架人的行为不只是容易在绑架既遂后发生，同样容易在着手绑架时因为被害人反抗等原因而发生。因此，"杀害被绑架人"不以绑架既遂为前提，换言之，在着手绑架后既遂前杀害被绑架人的，也属于"杀害被绑架人"。但是，杀人行为应当是指在绑架的机会中又独立于绑架行为之外的杀人。[96] 杀人故意既包括直接故意也包括间接故意。

问题是，绑架他人后，出于某种动机，故意对被绑架人实施杀害行为，但未能造成死亡结果的（绑架杀害未遂），[97] 应当如何处理？在此问题上，可能存在许多方案：（1）绑架杀人未遂的，依然适用刑法第 239 条"杀害被绑架人的……处无期徒刑或者死刑"的规定，而且不适用刑法关于未遂犯从轻、减轻处罚的规定。（2）绑架杀人未遂的，依然适用刑法第 239 条"杀害被绑架人……处无期徒刑或者死刑"的规定，同时适用刑法关于未遂犯从轻、减轻处罚的规定。（3）绑架杀人未遂的，认定为普通绑架罪与故意杀人罪（未遂），实

---

〔95〕 对行为触犯的诈骗罪与绑架罪可作为牵连犯处理，不必实行数罪并罚。

〔96〕 没有参与绑架的人在他人绑架既遂后参与杀害被绑架者的，仅成立故意杀人罪。

〔97〕 例如，三名被告人以勒索财物为目的将无证出租车司机李某绑架后，用刀砍李某的脖子，用尼龙绳捆绑李某双手和双脚，然后将李某活埋于农田的渣土中，并用石头压着李某的身体。李某被埋一夜后，于次日清晨被过路人救出。三名被告人不知道李某被解救，次日早晨仍然向李某家打电话勒索财物。

行数罪并罚。本书提倡第(3)种方案。[98]

第(1)种方案明显不当,既然没有造成被害人死亡,就应当适用未遂犯的规定。换言之,虽然绑架既遂,但绑架杀人没有既遂;结合犯的既遂与未遂不是以前罪是否既遂为标准,而是以后罪是否既遂为标准。所以,既然主张适用"杀害被绑架人"的法定刑,就必须同时适用未遂犯的规定。

只要法官根据刑罚的正当化根据与案件事实裁量刑罚,第(2)种方案与第(3)种方案就不会对量刑产生明显的差异。但是,至少有两个方面的内容是要充分考虑的:一是与伤害被绑架人造成轻伤的比较;二是与绑架后强奸、强制猥亵被绑架人的比较。

刑法第239条第2款关于"故意伤害被绑架人,致人重伤、死亡"的规定,是指行为人在着手绑架后的过程中对被绑架人故意实施伤害行为,并造成重伤或者死亡。[99] 这一规定明显意味着对故意伤害被绑架人致人轻伤的,不适用"处无期徒刑或者死刑"的规定。换言之,"故意伤害被绑架人,致人重伤、死亡"的规定,显然仅指既遂情形,而不包括未遂情形。另一方面,刑法第239条第2款没有将强奸、强制猥亵被绑架人作为升格条件,故可以肯定的是,行为人绑架妇女后对妇女实施普通强奸或者普通强制猥亵行为的,必须实行并罚。但在这种场合,无论如何也只能判处无期徒刑。可是,故意伤害致人轻伤的法定刑轻于强奸罪与强制猥亵罪。如果认为故意对被绑架人造成轻伤时,适用"无期徒刑或者死刑"的法定刑同时适用未遂犯"可以"从轻或者减轻处罚的规定,意味着有可能判处死刑,重于绑架妇女后对其实施普通强奸或者强制猥亵的情形,这显然不合适。由此看来,对"故意伤害被绑架人,致人重伤、死亡"的规定,必须理解为既遂,而不包括未遂的情形。换言之,对于伤害未遂或者仅造成轻伤的场合,应当实行数罪并罚。

既然认为"故意伤害被绑架人,致人重伤、死亡"仅指既遂而不包含未遂,或者说,对于故意伤害仅造成轻伤的情形应当将绑架罪与故意伤害罪实行并罚,那么,与之相协调的处理方法便是第(3)种方案,即"故意杀害被绑架人"是指故意杀人既遂,对于杀人未遂的应当将绑架罪与故意杀人(未遂)罪实行并罚。倘若认为,在杀害被绑架人未遂时,适用"杀害被绑架人……处无期徒刑或者死刑"的规定,同时适用未遂犯的规定,而在故意伤害仅造成轻伤的情形应当将绑架罪与故意伤害罪实行并罚,则显得不够协调。所以,本书倾向于肯定第(3)种方案。

但是,第(3)种方案也面临一个问题:如果绑架犯以杀人故意对被绑架人实施杀人行为但仅造成重伤的,应当如何处理?可以肯定的是,既然故意伤害被绑架人致人重伤的,应当适用"处无期徒刑或者死刑"的法定刑,那么,故意杀人致人重伤的,就没有理由不适用该法定刑。本文的看法是,对这种情况应当评价为"故意伤害被绑架人,致人重伤",不再实行并罚,直接适用"故意伤害被绑架人,致人重伤……的,处无期徒刑或者死刑"的规定。一方面,从法条关系上说,故意杀人罪与故意伤害罪是特别关系。另一方面,从事实评价方面看,任何杀人行为必然经过一个伤害的过程。既然如此,将针对被绑架人的杀人致人重伤的行为评价为故意伤害致人重伤,就不存在任何疑问。此外,第(3)种方案还出

---

[98] 由于《刑法修正案(九)》修改了加重构成要件的内容与法定刑,故本书观点不同于本书前几版的观点。

[99] 即使行为人没有重伤的故意只有轻伤的故意,但只要造成重伤结果,行为人对重伤具有预见可能性,就应当适用本规定。故意伤害致人死亡时,行为人必须对死亡具有预见可能性。

现了杀人既遂与否影响罪数区分的现象。但这不是重要问题，因为罪数论的目的（包括区分一罪与数罪的目的）就是为了合理量刑。既然第（3）种方案能够实现合理量刑的目的，而且与伤害被绑架人的情形相协调，那么，由既遂与未遂影响罪数区分也没有不当之处。

基于上述考虑，本书倾向于主张第（3）种方案。第（3）种方案不会出现罪刑不相均衡的局面，对于杀人未遂应当判处死刑的，依然可以判处死刑；对于杀人未遂不应当判处死刑的，依然可以从轻或者减轻处罚。例如，在绑架行为情节较轻且杀人行为仅造成轻伤的情况下，实行数罪并罚就能实现量刑的合理化。再如，即使绑架行为的情节并不轻微，在杀人行为造成轻伤的情况下，实行数罪并罚，也能根据杀人的情节实现量刑合理化。第（3）种方案有利于处理绑架杀人中止。对于绑架杀人中止的，应当将绑架罪与故意杀人的中止犯实行并罚，这样有利于鼓励绑架犯中止杀人行为。如果中止前的杀人行为已经造成重伤的，则依然适用"故意伤害被绑架人，致人重伤"的规定，中止行为可以作为酌定从宽处罚的情节，而不至于适用死刑。[100] 第（3）种方案也与"杀害"一词的通常含义相符合。刑法第239条特意使用"杀害"一词，而没有使用"杀人"概念，也能表明对杀人未遂的不适用"杀害被绑架人"的规定。

《刑法修正案（九）》删除了"致使被绑架人死亡"的结果加重犯。据此，绑架行为本身过失致人死亡的，成立绑架罪与过失致人死亡罪的想象竞合。绑架行为过失致人死亡，但绑架行为没有达到以实力控制被害人程度的，成立绑架未遂与过失致人死亡的想象竞合。绑架行为本身致人伤害的，属于想象竞合，从一重罪处罚。将被害人绑架至车上后因为发生车祸导致被绑架人死亡的，成立绑架罪与交通肇事罪（或其他过失犯），实行数罪并罚。绑架后故意伤害被绑架人造成轻伤的，或者绑架后强奸被绑架人的，实行数罪并罚。

三、拐卖妇女、儿童罪

（一）拐卖妇女、儿童罪的概念与保护法益

拐卖妇女、儿童罪，是指以出卖为目的，拐骗、绑架、收买、贩卖、接送、中转妇女、儿童的行为。本罪是选择性罪名，可分解为拐卖妇女罪与拐卖儿童罪。

关于本罪的法益，国外刑法理论上存在争议。第一种观点认为，本罪的法益是被拐卖者的自由。但这种观点不能说明拐卖婴儿的行为也构成拐卖儿童罪。第二种观点认为，本罪的法益是监护人对被拐卖者的监护权或者人与人之间的保护关系。但这种观点没有考虑拐卖正常成年人的情况。第三种观点认为，本罪的法益原则上是被拐卖者的自由，但当被拐卖者为未成年人或者精神病患者时，也包括被害人与监护人之间的人身保护关系。但这种观点导致父母不可能拐卖自己的未成年子女，因而不妥当。第四种观点认为，本罪的法益是被拐卖者的行动自由以及被拐卖者的身体安全。[101] 本书原则上赞成第四种观点，即拐卖妇女、儿童罪的保护法益是被拐卖者在本来的生活状态下的身体安全与行动自由。在被拐卖人没有监护人的情况下，拐卖行为当然成立拐卖妇女、儿童罪；拐卖婴儿的行为，虽然没有侵犯其行动自由，但使婴儿脱离了本来的生活状态，侵害了其身体安全；父母拐卖未成年子女的行为，也侵害了子女在本来的生活状态下的身体安全与行动自由；即

---

〔100〕 同样，对于绑架杀人预备的，也应当将绑架罪与故意杀人（预备）罪实行数罪并罚。

〔101〕 参见张明楷：《外国刑法纲要》，清华大学出版社2007年第2版，第482页。

使经过监护人同意,但如果拐卖行为对被拐卖者的自由或身体安全造成侵害的,也成立拐卖妇女、儿童罪。

(二)拐卖妇女、儿童罪的犯罪构成

1. 构成要件的内容为,拐骗、绑架、收买、贩卖、接送、中转妇女、儿童。

(1)行为对象仅限于妇女与儿童,既包括具有中国国籍的妇女与儿童,也包括具有外国国籍和无国籍的妇女与儿童。被拐卖的外国妇女、儿童没有身份证明的,不影响本罪的成立。妇女包括真两性畸形人和女性假两性畸形人。儿童是指不满 14 周岁的男女。出卖捡拾的婴儿的,成立拐卖儿童罪。拐卖已满 14 周岁的男性公民的行为,不成立本罪,符合其他犯罪构成的,可按其他犯罪论处。

问题是,出卖亲生子女或者所收养的子女的行为,是否成立本罪?根据最高人民法院 1999 年 10 月 27 日《全国法院维护农村稳定刑事审判工作座谈会纪要》的精神,对那些迫于生活困难、受重男轻女思想影响而出卖亲生子女或收养子女的,可不作为犯罪处理;对于出卖子女确属情节恶劣的,可按遗弃罪处罚。根据“两高”、公安部、民政部、司法部、中华全国妇女联合会 2000 年 3 月 20 日联合发布的《关于打击拐卖妇女儿童犯罪有关问题的通知》,以营利为目的,出卖不满 14 周岁子女,情节恶劣的,应以拐卖儿童罪论处。出卖 14 周岁以上女性亲属或者其他不满 14 周岁亲属的,以拐卖妇女、儿童罪论处。“两高”、公安部、司法部 2010 年 3 月 15 日《关于依法惩治拐卖妇女儿童犯罪的意见》(以下简称《拐卖犯罪意见》)指出:“以非法获利为目的,出卖亲生子女的,应当以拐卖妇女、儿童罪论处……对私自送养导致子女身心健康受到严重损害,或者具有其他恶劣情节,符合遗弃罪特征的,可以遗弃罪论处。”[102] 上述三个司法解释的内容虽然不完全一致,但基本精神相同。特别是后两个解释,均将营利、获利目的作为出卖亲生子女的行为构成拐卖妇女、儿童罪的主观要素。

本书认为,只要是将子女作为商品出卖的,就应认定为拐卖妇女、儿童罪。第一,本罪是侵犯人身自由与身体安全的犯罪,出卖者是否具有获利目的,并不影响其行为是否侵犯了被出卖者的人身自由与身体安全。第二,在法定的出卖目的之外,另外添加获利目的,并无必要。第三,出卖者与被出卖者之间具有父子、母子关系,也不影响对被出卖者人身自由与身体安全的侵害。第四,既然出卖 14 周岁以上女性亲属或者其他不满 14 周岁亲属的,应以拐卖妇女、儿童罪论处,那么,出卖亲生子女的,更应以拐卖妇女、儿童罪论处。本书也赞成《拐卖犯罪意见》中“迫于生活困难,或者受重男轻女思想影响,私自将没有独立生活能力的子女送给他人抚养,包括收取少量‘营养费’、‘感谢费’的,属于民间送养行为,不能以拐卖妇女、儿童罪论处”的结论。但是,这种行为之所以不成立拐卖妇女、儿童罪,是因为其本身就不是出卖行为,而不是因为没有获利目的。反之,明知对方没有抚养目的或者没有扶养能力,仍然将亲生幼儿交付给对方以获取一定对价的,就应认定为拐卖儿童罪。

---

[102] 《拐卖犯罪意见》规定:“具有下列情形之一的,可以认定属于出卖亲生子女,应当以拐卖妇女、儿童罪论处:(1)将生育作为非法获利手段,生育后即出卖子女的;(2)明知对方不具有抚养目的,或者根本不考虑对方是否具有抚养目的,为收取钱财将子女‘送’给他人的;(3)为收取明显不属于‘营养费’、‘感谢费’的巨额钱财将子女‘送’给他人的;(4)其他足以反映行为人具有非法获利目的的‘送养’行为的。”

(2)行为内容为拐骗、绑架、收买、贩卖、接送、中转妇女、儿童。拐骗是指以欺骗、利诱等方法将妇女、儿童拐走;以出卖为目的"收养"子女的,属于这一类。绑架是指使用暴力、胁迫或者麻醉方法劫持、控制妇女、儿童;以出卖为目的强抢儿童的,属于这一类。收买是指以金钱或其他财物买取妇女、儿童。贩卖是指出卖妇女、儿童。接送是指为拐卖妇女、儿童的罪犯接收、运送妇女、儿童。中转是指为拐卖妇女、儿童的罪犯提供中途场所或机会。此外还包括偷盗婴幼儿的行为。上述行为的共同特点是,将被害人置于自己或者第三者的非法支配之下。其中的支配,是指通过对被害人施加物理的或者心理的影响,进而左右被害人的意志,使其难以摆脱行为人的影响,但不以完全拘束被害人的自由为必要。只要实施上述其中一种行为的,就构成本罪。同时实施上述几种行为的,或者既拐卖妇女、又拐卖儿童的,只以一罪论处,不实行数罪并罚。

(3)行为主体没有特殊要求。医疗机构、社会福利机构等单位的工作人员将所诊疗、护理、抚养的儿童贩卖给他人的,以拐卖儿童罪论处。明知他人系拐卖妇女、儿童的"人贩子",仍然利用从事诊疗、福利救助等工作的便利或者了解被拐卖方情况的条件,居间介绍的,或者明知他人拐卖妇女、儿童,仍然向其提供被拐卖妇女、儿童的健康证明、出生证明或者其他帮助的,以拐卖妇女、儿童罪的共犯论处。有关场所的经营管理人员事前与拐卖妇女的犯罪人通谋的,对该经营管理人员以拐卖妇女罪的共犯论处;一个行为同时构成拐卖妇女罪和组织卖淫罪的,从一重罪处罚。根据《拐卖犯罪意见》,多名家庭成员或者亲友共同参与出卖亲生子女,或者"买人为妻"、"买人为子"构成收买被拐卖的妇女、儿童罪的,一般应当在综合考察犯意提起、各行为人在犯罪中所起作用等情节的基础上,依法追究其中罪责较重者的刑事责任。对于其他情节显著轻微危害不大,不认为是犯罪的,依法不追究刑事责任;必要时可以由公安机关予以行政处罚。

(4)由于本罪是侵犯妇女、儿童人身自由与身体安全的犯罪,所以,如果行为得到了妇女的具体承诺,就阻却构成要件符合性,不应以犯罪论处。例如,甲征得妇女同意,将妇女带往某地使之成为乙的妻子,妇女也愿意成为乙的妻子的,即使甲从乙处收受了巨额财物或者从形式上看是将妇女作为商品而取得了对价,也不应认定为"拐卖"行为。[103] 但是,如果妇女虽然愿意离开居住地却不愿意成为乙的妻子,而甲却将其卖给乙的,则依然成立拐卖妇女罪。再如,A 征得妇女同意,将其介绍至卖淫场所,妇女也愿意在此地卖淫的,即使 A 获得了卖淫组织者给付的巨额财物或者从形式上看是将妇女作为商品而取得了对价,也只能成立协助组织卖淫罪或者介绍卖淫罪,而不成立拐卖妇女罪。当然,联系刑法第 234 条之一第 2 款的规定,妇女有效同意的年龄应为 18 周岁以上。此外,拐卖儿童的,即使征得儿童同意,也成立拐卖儿童罪。

2. 责任形式为故意。行为人必须明知自己拐卖的是妇女、儿童,误以为是妇女但拐卖了儿童,或者相反的,属于同一构成要件内的事实认识错误,不影响犯罪的成立。除了故意外还要求以出卖为目的。出卖目的不等于营利目的。为了报复他人而贩卖妇女、儿童的,成立本罪。出卖目的不限于永久性的出卖目的,即使行为人打算出卖一段时间后再买回或者通过其他途径使被害人回原住所的,也不影响本罪的成立。但是,假借出卖骗取他

---

[103] 或许可以认为,这种行为不是违法阻却事由,而是行为本身就不符合"拐卖"的构成要件。

人财物的,不能认定为具有出卖目的。[104] 至于行为人实施拐卖妇女、儿童的行为后实际上是否获利,更不影响本罪的成立。在共同犯罪案件中,没有出卖目的的人认识到他人具有出卖目的,并分担拐卖妇女、儿童的行为的,成立本罪的共犯。

(三)拐卖妇女、儿童罪的认定

1. 借为男女双方做婚姻介绍人的机会,向其中一方或双方索取财物的行为,不成立拐卖妇女罪。介绍收养儿童索取财物的行为,不成立拐卖儿童罪。此外,需要严格区分借送养之名出卖亲生子女与民间送养行为的界限。对此,应通过审查将子女"送"人的背景和原因、有无收取钱财及收取钱财的多少、对方是否具有抚养目的及有无抚养能力等事实,进行综合判断。

2. 行为人与妇女通谋,将该妇女介绍与某人成婚,获得钱财后,行为人与该妇女双双逃走的(俗称"放鸽子"),是共同诈骗行为,不能认定为拐卖妇女罪;如果诈骗数额较大,应以诈骗罪论处。此外,以介绍对象为名,获取他人钱财后便携款携物潜逃的,也只能认定为诈骗行为,不能认定为本罪。

3. 拐卖妇女、儿童罪包括以出卖为目的"绑架"妇女、儿童的行为,这里的"绑架"与绑架罪中的"绑架"只是客观行为相似,但责任要素不同:拐卖妇女、儿童罪以出卖为目的(将妇女、儿童当做商品出卖的目的),绑架罪以勒索财物或满足其他不法要求为目的(将被害人作为人质以实现不法要求)。当然,不能绝对排除一个行为同时触犯这两个罪名的情形。

4. 已满14周岁不满16周岁的人拐卖妇女、儿童的,不成立犯罪;但是,如果在拐卖妇女、儿童的过程中强奸妇女或者奸淫幼女的,应以强奸罪论处。

5. 拐卖妇女、儿童又组织、教唆被拐卖的妇女、儿童进行犯罪的,以拐卖妇女、儿童罪与其所组织、教唆的罪实行数罪并罚。《拐卖犯罪意见》规定:"以抚养为目的偷盗婴幼儿或者拐骗儿童,之后予以出卖的,以拐卖儿童罪论处。"这一观点可能借鉴了刑法第241条第5款的规定。但是,第241条第5款属于法律拟制(将数罪拟制为一罪),只适用于被拟制的场合。所以,本书认为,对上述行为应当以拐骗儿童罪与拐卖儿童罪实行数罪并罚。

6. 拐卖妇女、儿童罪的既遂标准,应具体分析。以出卖为目的,拐骗、绑架、收买妇女、儿童时,只要使被害人转移至行为人或第三者的非法支配范围内,即为既遂。中转、接送行为,要么是行为人在拐骗、绑架妇女、儿童后自己实施,要么是由其他共犯人实施,故依然应适用上述标准。但是,出卖捡拾的儿童的,出卖亲生子女的,收买被拐卖的妇女、儿童后才产生出卖犯意进而出卖妇女、儿童的,应以出卖了被害人为既遂标准。

(四)拐卖妇女、儿童罪的处罚

根据刑法第240条的规定,拐卖妇女、儿童的,处5年以上10年以下有期徒刑,并处罚金。拐卖妇女、儿童有下列情形之一的,处10年以上有期徒刑或者无期徒刑,并处罚金或者没收财产;情节特别严重的,处死刑,并处没收财产:(1)拐卖妇女、儿童集团的首要分子;(2)拐卖妇女、儿童3人以上的;(3)奸淫被拐卖的妇女的;(4)诱骗、强迫被拐卖的妇女卖淫或者将被拐卖的妇女卖给他人迫使其卖淫的;(5)以出卖为目的,使用暴力、胁

---

[104] 例如,甲假装将自己的1岁的儿子丙卖给乙,得到乙的金钱后,暗中尾随抱着丙的乙,然后乘乙不备打伤乙,将丙抢回。甲的行为成立诈骗罪与故意伤害罪,不成立拐卖儿童罪。

迫或者麻醉方法绑架妇女、儿童的;(6)以出卖为目的,偷盗婴幼儿的;(7)造成被拐卖的妇女、儿童或者其亲属重伤、死亡或者其他严重后果的;(8)将妇女、儿童卖往境外的。上述第(2)种情形,是指拐卖人数达到3人以上;3次拐卖同一被害人的,应认定为拐卖3人以上。但是,在3个以上行为环节(拐骗、绑架、收买、贩卖、接送、中转)中针对同一被害人实施不同行为,只能认定为拐卖1人。一般认为,第(3)种情形是指犯罪分子在拐卖过程中,与被害妇女(包括幼女)性交的行为。不论犯罪分子是否使用了暴力或者胁迫手段,也不论被害人是否有反抗行为或表示,都包括在内。但本书认为,如果与妇女(不包括幼女)的性交行为不具有强制性,则应排除在外;[105] 否则便形成了间接处罚。在拐卖过程中轮奸妇女的,要区分两种情形:如果能评价为拐卖妇女情节特别严重的,则以拐卖妇女罪处罚;如果不能评价为拐卖妇女罪情节特别严重的,则应以强奸罪与拐卖妇女罪实行并罚。由于第(3)种情形与第(4)种情形仅将奸淫行为与引诱、强迫卖淫的行为规定为法定刑升格条件,所以,拐卖妇女、儿童,又对被拐卖的妇女、儿童实施故意杀害、伤害、猥亵、侮辱等行为,构成其他犯罪的,应当依照数罪并罚的规定处罚。此外,先引诱、强迫妇女卖淫,然后再拐卖妇女的,应当实行数罪并罚。第(5)种情形包括对被拐卖的妇女、儿童及其亲属、监护人等使用暴力、胁迫或者麻醉方法。第(7)种情形是指由于拐卖妇女、儿童的行为,造成被拐卖的妇女、儿童或者其亲属重伤、死亡或者其他严重后果。[106] 但是,如果对被害人进行故意杀害、伤害,则应当将故意杀人罪、故意伤害罪与拐卖妇女、儿童罪实行并罚。

拐卖妇女、儿童罪大多以共同犯罪的形式实施。根据《拐卖犯罪意见》的观点,对于拐卖妇女、儿童犯罪的共犯,应当根据各被告人在共同犯罪中的分工、地位、作用,参与拐卖的人数、次数,以及分赃数额等,准确区分主从犯。对于组织、领导、指挥拐卖妇女、儿童的某一个或者某几个犯罪环节,或者积极参与实施拐骗、绑架、收买、贩卖、接送、中转妇女、儿童等犯罪行为,起主要作用的,应当认定为主犯。对于仅提供被拐卖妇女、儿童信息或者相关证明文件,或者进行居间介绍,起辅助或者次要作用,没有获利或者获利较少的,一般可认定为从犯。

四、收买被拐卖的妇女、儿童罪

(一)收买被拐卖的妇女、儿童罪的概念与犯罪构成

收买被拐卖的妇女、儿童罪,是指故意用金钱或其他财物收买被拐卖的妇女、儿童的行为。刑法之所以将这种行为规定为犯罪,是基于以下理由:首先,收买行为严重侵犯了被害妇女、儿童的人身自由与身体安全,主要表现在将妇女、儿童当做商品置于自己的非法支配范围内。其次,收买行为在客观上助长了拐卖妇女、儿童的犯罪活动。有的犯罪分子之所以大胆进行拐卖妇女、儿童的活动,就是因为有人收买。事实上,有的犯罪人是在先找到收买方之后才实施拐卖妇女、儿童的行为。所以,打击收买妇女、儿童的行为,也有利于遏制拐卖妇女、儿童的犯罪活动。收买被拐卖的妇女、儿童罪的犯罪构成如下:

---

[105] 当然,对于"强制性"的判断应当充分考虑被拐卖妇女处于行为人的非法支配下这一特殊环境。一般来说,只要相关事实表明性交行为违反被拐卖妇女的意志,就足以认定为具有"强制性"。

[106] 例如,行为人在拐卖妇女、儿童时被亲属阻拦,行为人对亲属实施暴力、胁迫等行为,导致亲属重伤、死亡。但是,如果拐卖行为导致被害人的亲属自杀身亡的,不能适用本规定。

1. 构成要件的内容为收买被拐卖的妇女、儿童。(1)行为对象必须是被拐卖的妇女、儿童。据此,如果行为人收买已满14周岁的男性公民,则不构成本罪。此外,行为人具有收买的故意,但对方"放鸽子"的,由于不存在行为对象,属于不能犯,不得以本罪的未遂犯论处。(2)必须有收买行为。所谓收买,是指行为人用金钱或者其他财物,作为被拐卖的妇女、儿童的代价,将妇女、儿童买归自己非法支配。这里的支配,是指通过对妇女、儿童产生物理的或者心理的影响,将妇女、儿童置于自己可以左右其意思的状态,使其难以摆脱收买者的影响,但不要求完全剥夺或者限制妇女、儿童的自由。[107] 收买的基本特征是将妇女、儿童当做商品买回,因此不同于收养。后者表现为单纯接受妇女、儿童为自己的家庭成员,而不是将妇女、儿童置于非法支配之下。

2. 责任形式为故意。行为人一方面明知自己所收买的是被他人拐卖的妇女、儿童,另一方面也明知自己的收买行为侵犯了妇女、儿童的人身自由与身体安全,并且希望或者放任这种结果发生。但是,如果行为人具有出卖目的,则成立拐卖妇女、儿童罪。[108] 不仅如此,收买被拐卖的妇女、儿童后,产生出卖的意图并出卖妇女、儿童的,也以拐卖妇女、儿童罪论处。收买妇女、儿童的动机,不影响本罪的成立。例如,收买妇女是为了使妇女成为自己妻子,为了给自己生育子女,为了供自己奸淫,为了让妇女给自己提供其他各种服务;收买儿童是为了传宗接代,为了对其进行奴役。如此等等,都不影响犯罪的成立。

(二)收买被拐卖的妇女、儿童罪的认定

根据《拐卖犯罪意见》的规定,明知是被拐卖的妇女、儿童而收买,具有下列情形之一的,以收买被拐卖的妇女、儿童罪论处;同时构成其他犯罪的,依照数罪并罚的规定处罚:(1)收买被拐卖的妇女后,违背被收买妇女的意愿,阻碍其返回原居住地的;(2)阻碍对被收买妇女、儿童进行解救的;(3)非法剥夺、限制被收买妇女、儿童的人身自由,情节严重,或者对被收买妇女、儿童有强奸、伤害、侮辱、虐待等行为的;(4)所收买的妇女、儿童被解救后又再次收买,或者收买多名被拐卖的妇女、儿童的;(5)组织、诱骗、强迫被收买的妇女、儿童从事乞讨、苦役,或者盗窃、传销、卖淫等违法犯罪活动的;(6)造成被收买妇女、儿童或者其亲属重伤、死亡以及其他严重后果的;(7)具有其他严重情节的。

(三)收买被拐卖的妇女、儿童罪与拐卖妇女、儿童罪的关系

从构成要件上说,拐卖妇女、儿童罪包括拐骗、绑架、收买、贩卖、接送、中转、出卖等行为;而收买妇女、儿童罪只有收买一种行为。从责任要素上看,拐卖妇女、儿童罪以出卖妇女、儿童为目的;而收买妇女、儿童罪不要求具有出卖妇女、儿童的目的。但是,两个犯罪并不是对立关系。可以肯定的是,凡是收买了被拐卖的妇女、儿童的行为,首先成立收买被拐卖的妇女、儿童罪。在此基础上,如果查明行为人具有出卖目的的,则仅以拐卖妇女、儿童罪论处。

---

〔107〕 参见[日]山口厚:《刑法各论》,有斐阁2010年第2版,第101页。

〔108〕 明确要求本罪的行为人"不以出卖为目的",是存在疑问的。因为如果明确要求行为人不以出卖为目的,那么,在不能查明收买者是否具有出卖目的时,根据存疑时有利于被告人的原则,一方面不能认定收买者具有出卖目的,故不能认定为拐卖妇女、儿童罪;另一方面不能认定行为人"不以出卖为目的",也不能认定为收买被拐卖的妇女、儿童罪。这显然不合适。只有并不要求本罪的行为人"不以出卖为目的"时,上述行为才成立本罪。所以,没有必要强调行为人"不以出卖为目的";只需说明:如果具有出卖目的,便成立拐卖妇女、儿童罪。

帮助收买被拐卖的妇女、儿童的,成立收买被拐卖的妇女、儿童罪的共犯,而不成立拐卖妇女、儿童罪的共犯。例如,甲得知乙是人贩子,想到自己的表弟丙没有妻子,便对乙说:“你下次弄到人后我给你联系卖。”后乙两次拐卖妇女,将第二次拐骗的妇女带到甲家,甲与其表弟丙将该女买下给丙做妻子。在本案中,由于甲的行为并没有超出收买的范围,故不应认定为拐卖妇女罪的共犯。如果收买人教唆没有拐卖故意的人拐卖妇女、儿童的,则成立拐卖妇女、儿童罪的共犯。

(四)收买被拐卖的妇女、儿童罪的罪数

刑法第241条规定了收买被拐卖的妇女、儿童罪,第5款规定:“收买被拐卖的妇女、儿童又出卖的,依照本法第二百四十条的规定定罪处罚。”显然,其中的“收买”是指不具有(或者未查明具有)出卖目的的收买。既然如此,收买被拐卖的妇女、儿童后,又出卖所收买的妇女、儿童的,理当成立数罪。如果说刑法第241条第5款是注意规定,就意味着对上述行为依然应认定为数罪;如果说该规定是法律拟制,就意味着必须将上述数罪以一罪论处。本书倾向于后一结论。首先,根据刑法第240条的规定,出卖妇女、儿童的行为只要符合其他要件的,必然成立拐卖妇女、儿童罪,对此没有做出注意规定的必要。其次,刑法第241条第4款规定了数罪并罚的情形,在此之后设立的第5款,不应当是指数罪并罚的情形。换言之,如果对收买被拐卖的妇女、儿童后又出卖的行为实行数罪并罚,就会在第4款一并规定,而不会单设第5款规定。再次,刑法第241条第5款不是仅表述为“收买被拐卖的妇女、儿童后出卖”,而是表述为“收买被拐买的妇女、儿童又出卖”,这就意味着由“又”字所并列的两个行为,是适用法律后果的前提条件,亦即,收买并出卖的,以拐卖妇女、儿童罪论处。最后,由于行为人实施了出卖行为,且拐卖妇女、儿童罪的法定刑较重,上述拟制规定不会产生处罚上的缺陷。

从司法实践上看,由于被收买人通常采取一定的抗拒措施,因而行为人收买妇女、儿童后,常常对被害人实行其他犯罪行为。例如,有的采取暴力、胁迫或者其他方法,强行与被害妇女性交;有的对收买的妇女、儿童进行伤害、非法剥夺人身自由;有的对被害人实行侮辱、虐待;如此等等。由于这些行为都是收买后的行为,分别符合强奸、故意伤害、非法拘禁、侮辱等罪的犯罪构成,且不可能包含在收买行为之中,故应将这些犯罪与收买被拐卖的妇女、儿童罪实行数罪并罚。

需要研究的问题是,行为人收买被拐卖的妇女、儿童后,对其实施了强奸、非法拘禁等行为,后来又将其出卖的,应当认定为一罪还是数罪?本书的基本观点是,由于刑法规定“收买被拐卖的妇女、儿童后又出卖的”,依照拐卖妇女、儿童罪论处,而拐卖妇女、儿童罪的行为包括了非法拘禁行为,法定刑升格情节中包括了强奸行为,故仅认定为拐卖妇女、儿童罪即可,没有必要实行数罪并罚。否则,会造成量刑的不协调。但是,如果行为人在收买被拐卖的妇女、儿童后实施了拐卖妇女、儿童罪不能包含的其他犯罪行为,如故意伤害行为,即使以后又出卖的,也应以拐卖妇女、儿童罪与故意伤害罪实行数罪并罚。

需要讨论的另一问题是,行为人为了收买妇女、儿童,教唆或者帮助他人拐卖妇女、儿童,随后又收买了该被拐卖的妇女、儿童时,应当如何处理?首先应当肯定,行为人实施了两个行为,分别构成拐卖妇女、儿童罪的共犯(教唆犯)与收买被拐卖的妇女、儿童罪(正犯)。其次需要讨论,是实行数罪并罚还是按一罪处理的问题。本书主张数罪并罚,理由如下:(1)教唆、帮助他人拐卖妇女、儿童的行为,与收买妇女、儿童的行为,是两种类型不同的行为,应当予以不同的法律评价。(2)教唆、帮助他人拐卖妇女、儿童的行为人无论出于何种动机,即无论行为人是否为了自己收买,都构成拐卖妇女、儿童罪。既然如此,它就不能包含收买妇女、儿童的行为,在认定行为人的行为构成拐卖妇女、儿童罪之后,还应当肯定收买被拐卖的妇女、儿童罪的成立。(3)教唆、帮助他人拐卖妇女、儿童的行为与收买该他人拐卖的妇女、儿童的行为之间,不存在类型性的牵连关系。

收买被拐卖的妇女、儿童,又组织、教唆被收买的妇女、儿童进行犯罪的,以收买被拐卖的妇女、儿童罪与其所组织、教唆的罪实行并罚。

(五)收买被拐卖的妇女、儿童罪的处罚

根据刑法第 241 条的规定,收买被拐卖的妇女、儿童的,处 3 年以下有期徒刑、拘役或者管制。

刑法第 241 条第 6 款规定:“收买被拐卖的妇女、儿童,对被买儿童没有虐待行为,不阻碍对其进行解救的,可以从轻处罚;按照被买妇女的意愿,不阻碍其返回原居住地的,可以从轻或者减轻处罚。”做出这样的规定,主要是基于两个理由:一是上述行为使被害人的人身自由得以恢复,同时说明行为人的特殊预防必要性减少;二是上述行为使解救工作得以顺利进行;同时鼓励行为人保护被害人的法益,鼓励行为人悔过自新。从这种立法理由出发,收买人收买儿童后,没有虐待行为,又主动将儿童送回其家庭或监护人的,以及收买妇女后主动劝说、并将妇女送回原居住地的,也可以从宽处罚。值得注意的是,上述行为只是收买被拐卖的妇女、儿童罪的从宽处罚情节,而不是其他犯罪行为的从宽处罚情节。

《拐卖犯罪意见》指出:“明知他人收买被拐卖的妇女、儿童,仍然向其提供被收买妇女、儿童的户籍证明、出生证明或者其他帮助的,以收买被拐卖的妇女、儿童罪的共犯论处,但是,收买人未被追究刑事责任的除外。”然而,这基本上是最极端从属性说的观点。[109] 本书采取限制从属性说(参见第八章第四节“三”),据此,当收买人(正犯)实施了收买被拐卖的妇女、儿童的行为时,就是实施了符合构成要件的违法行为,如果收买人因为具备责任阻却事由或者处罚阻却事由而未被追究刑事责任,共犯不具备责任阻却事由与处罚阻却事由时,共犯仍然成立犯罪,应当追究刑事责任。

五、聚众阻碍解救被收买的妇女、儿童罪

本罪是指首要分子聚集多人阻碍国家机关工作人员解救被收买的妇女、儿童的行为。构成要件的内容是,以聚众方式阻碍国家机关工作人员解救被收买的妇女、儿童;如果阻碍国家机关工作人员解救已被拐骗、绑架但尚未被出卖(未被收买)的妇女、儿童,则构成拐卖妇女、儿童罪的共犯。责任形式为故意,动机内容不影响本罪的成立。以本罪论处的只是首要分子;其他参与者使用暴力、威胁方法的,构成刑法第 277 条的妨害公务罪。此外,不以聚众方式,但以暴力、威胁方法阻碍国家机关工作人员解救被收买的妇女、儿童的,也成立刑法第 277 条的妨害公务罪。根据刑法第 242 条的规定,犯本罪的首要分子,处 5 年以下有期徒刑或者拘役。

---

〔109〕 最极端从属性说(夸张从属性说)主张,只有当正犯实施了符合构成要件的违法行为,并且具备责任与客观处罚条件时,才能处罚共犯。

六、诬告陷害罪

(一)诬告陷害罪的概念与法益

诬告陷害罪,是指故意向公安、司法机关或有关国家机关告发捏造的犯罪事实,意图使他人受刑事追究,情节严重的行为。

关于诬告陷害罪的法益,显然只能在以下几种观点中进行选择:(1)人身权利说,即刑法规定诬告陷害罪是为了保护被诬陷人的人身权利(个人法益说);[110] 据此,诬告陷害行为必须具有侵犯他人人身权利的性质,否则不成立该罪。(2)司法(审判)作用说,即刑法规定诬告陷害罪是为了保护国家的司法作用尤其是审判作用或司法机关的正常活动(国家法益说);[111] 据此,即使诬告行为没有侵犯他人的人身权利,但只要妨害了客观公正的司法活动本身,就成立该罪。(3)择一说,即刑法规定诬告陷害罪既是为了保护公民的人身权利,也是为了保护司法作用;[112] 据此,只要诬告陷害行为具有其中一种性质,就成立该罪。择一说中也存在侧重点的不同,即有的将国家法益放在首位,有的将个人法益放在首位,有的认为二者没有主次之分、轻重之别。(4)并合说,即只有既侵犯公民的人身权利,又侵害司法机关的正常活动的行为,才能成立诬告陷害罪。

与上述分歧直接相关的问题是,没有侵犯他人人身权利的诬告行为是否构成诬告陷害罪?有三种典型情况:(1)甲得到被害人承诺的诬告行为是否构成诬告陷害罪?(2)乙诬告虚无人的行为是否构成犯罪?(3)丙向外国司法机关诬告中国公民的是否成立诬告陷害罪?根据人身权利说,甲与乙的行为没有侵犯或者不可能侵犯他人的人身权利,因而不成立本罪;丙的行为依然侵犯了中国公民的人身权利,故成立本罪。根据司法作用说,甲与乙的行为妨害了国家的司法作用,因而构成本罪;丙的行为没有侵犯我国司法机关的正常活动,所以不成立本罪。[113] 根据择一说,甲、乙、丙的行为都构成诬告陷害罪,因为甲、乙的行为侵犯了司法机关的正常活动,丙的行为侵犯了他人的人身权利。根据并合说,甲、乙、丙的行为均不成立诬告陷害罪,因为三人的行为都只是侵犯了其中一种法益。

我国刑法将诬告陷害罪置于侵犯公民人身权利、民主权利罪一章中,这说明刑法规定本罪是为了保护公民的人身权利;刑法没有将本罪规定在刑法分则第六章第二节的"妨害司法罪"中,说明立法者规定本罪不是为了保护司法活动。因此,应当采取人身权利说,而不能采取司法作用说、择一说与并合说。或许有人认为,任何诬告陷害行为都必然侵犯司法活动,因为刑法规定本罪必然保护司法作用。但这只是客观事实(况且肯定会有例外),而不是法律规定。对此,可以联系伪证罪来考虑。伪证罪在旧刑法中属于侵犯人身权利、民主权利的犯罪,但其构成要件中却包含了"隐匿罪证"的情况;而隐匿罪证的行为并没有侵犯他人的人身权利,只不过妨害了司法活动。为了克服这种保护法益与构成要件内容不协调的现象,现行刑法将伪证罪调整到分则第六章第二节的妨害司法罪中。妨害司法罪的法益是司法活动,伪证行为根本没有侵犯他人的人身权利,但妨害了司法活

---

〔110〕　参见[日]平野龙一:《刑法概说》,东京大学出版会1977年版,第290页。

〔111〕　参见[日]团藤重光:《刑法纲要各论》,创文社1990年第3版,第108页。

〔112〕　参见[日]大塚仁:《刑法概说(各论)》,有斐阁2005年第3版增补版,第613页。

〔113〕　如果认为诬告陷害罪的法益是国家的司法作用,那么,自我诬告(诬告自己犯罪)行为也侵害了该法益。但由于我国刑法明文限定为诬告陷害"他人",故不管采取何种观点,自我诬告在我国都不可能成立犯罪。

动时,也成立伪证罪。可是,现行刑法没有将诬告陷害罪调整到妨害司法罪中,仍然将人身权利作为该罪的法益,故我们必须坚持人身权利说的立场。据此,基于被害人承诺的诬告行为以及诬告虚无人的行为,不属于刑法所规定的诬告陷害行为。

(二)诬告陷害罪的犯罪构成

1. 构成要件的内容为,向公安、司法机关或有关国家机关告发捏造的犯罪事实,足以引起司法机关的追究活动。

(1)行为对象为"他人"。第一,向司法机关虚告自己犯罪的,不成立诬告陷害罪。第二,所诬告的对象应当是实在的人,而不是虚无人,否则就不可能导致司法机关的刑事追究活动,因而不会侵犯他人的人身权利。当然,不要求行为人指名道姓,只要告发的内容足以使司法机关确认具体对象,就可以成立诬告陷害罪。第三,诬告没有达到法定年龄或者没有责任能力的人犯罪的,仍构成诬告陷害罪。虽然司法机关查明真相后不会对这些人科处刑罚,但将他们作为侦查的对象,使他们卷入刑事诉讼,就侵犯了其人身权利。第四,形式上诬告单位犯罪,但所捏造的事实导致可能对自然人进行刑事追诉的,也成立本罪。

(2)行为与结果的内容为,向公安、司法机关或有关国家机关告发捏造的(虚构的)犯罪事实,足以引起司法机关的追究活动。第一,必须自发诬告。在公安、司法机关调查取证时,作虚假陈述的,不成立诬告陷害罪。第二,实行行为的内容是,向有权行使刑事追究活动的公安、司法机关,或者向事实上能够对被诬陷人采取限制、剥夺人身自由等措施的机关告发捏造的犯罪事实(虚假告发)。[114] 如将所捏造的犯罪证据交付公安机关,向检察院口头"控告"他人犯罪。利用刑事案件的被害人、其他单位或个人诬告他人的,只有当被害人、其他单位或个人,向上述公安、司法等机关转达、移送告发资料、信息时,才是诬告陷害罪的着手。捏造犯罪事实,既包括凭空捏造犯罪事实,也包括在发生了犯罪事实的情况下捏造"犯罪人",还包括将不构成犯罪的事实夸大为犯罪事实,以及将轻罪事实捏造为重罪事实予以告发,其共同点是违背客观真实捏造虚假犯罪事实。行为人虽然具有诬告陷害的故意,但所告发的事实偶然符合客观事实的,不成立诬告陷害罪。利用流传的虚假事实作虚假告发的,也成立本罪。例如,明知他人私下散布的是虚假的犯罪事实,但故意据此向司法机关告发的,构成诬告陷害罪。但是,虚假告发他人实施了违反《治安管理处罚法》的行为的,不成立诬告陷害罪。因为刑法明文要求行为人主观意图必须是"使他人受刑事追究"。第三,告发行为足以引起公安、司法机关刑事追究活动。这需要从告发方式与告发内容两个方面进行判断。虽然不要求告发的内容具有详细情节与证据,但仅向司法机关声称"某人是罪犯",或者向110报警称"某地有人犯罪"的,并不成立诬告陷

---

[114] 人们可能认为,诬告陷害罪在客观上有两种行为,一是捏造事实,二是诬告陷害。其实,本罪只要求一个单一行为,即向公安、司法等机关作虚假告发。例如,甲事先在纸条上写着"某A于2010年10月24日盗窃某公司笔记本电脑一台",装入信封后,递交给公安人员,该行为无疑属于诬告陷害(不考虑情节是否严重的要求)。乙事先并没有在纸条上写上这句话,却直接向公安人员说"某A于2010年10月24日盗窃某公司笔记本电脑一台"的,不可能被排除在诬告陷害之外(乙的诬告行为就包含了捏造事实的内容)。同样,丙在地上捡了一张写着"某A于2010年10月24日盗窃某公司笔记本电脑一台"的纸条,明知纸条的内容是虚假的,仍然将该纸条交给公安机关的,依然属于诬告陷害。显而易见,告发之前的"捏造事实"(打印他人"犯罪"资料,撰写"控告信"等行为)不是本罪的实行行为。

害罪。

(3)情节严重。一般来说,只要行为的告发方式与告发的虚假内容足以引起公安、司法等机关的刑事追究活动,就应认定为情节严重;不足以引起刑事追究活动的诬告,应视为情节轻微,不以犯罪论处。此外,告发财产犯罪时虚报犯罪数额的,只要因此而加重了对财产犯的处罚,就应当认定为情节严重。对方原本只是盗窃,但行为人捏造事实诬告对方犯抢劫罪的,应认定为诬告陷害情节严重。但是,乙犯轻罪,甲告发后司法机关不立案、不受理,甲诬告乙犯重罪,旨在使司法机关追究乙的轻罪的刑事责任的,不应认定为诬告陷害罪。

(4)由于本罪的法益是公民的人身权利,故征得他人同意或者经他人请求而诬告他人犯罪的,阻却违法性,不成立诬告陷害罪。[115]

2. 责任要素除故意外,还需要特定目的。

(1)责任形式为故意,行为人明知自己所告发的是虚假的犯罪事实,明知诬告陷害行为会发生侵犯他人人身权利的结果,并且希望或者放任这种结果的发生。需要研究的问题是,应否要求行为人认识到所告发的确实是虚假的犯罪事实?换言之,行为人认识到所告发的可能是虚假的犯罪事实时,是否成立诬告陷害罪?国外存在未必的认识说与确定的认识说之争。前者的理由是,刑法并没有将未必的认识排除在外。但本书认为,为了防止不当限制公民的告发权,应当要求行为人明知自己所告发的确实是虚假的犯罪事实(确定的认识说)。因此,当行为人估计某人实施了犯罪行为,认识到所告发的犯罪事实仅具有可能性时而予以告发的,不宜认定为本罪。[116] 由于不处罚过失诬告行为,所以,错告或检举失实的,不成立犯罪。虽然错告与检举失实在客观上也表现为向国家机关作不真实的告发,但行为人以为自己告发的是真实犯罪事实,没有陷害他人的故意。[117]

(2)必须具有使他人受到刑事追究的目的(意图);但不要求将该目的作为其行为的唯一目的或者主要目的,只要行为人存在该目的即可。换言之,只要行为人意识到自己的诬告行为可能使他人受刑事追究(未必的认识),就足以认定行为人具有本罪的目的。"意图使他人受刑事追究",不等同于意图使他人受刑罚处罚。行为人虽然明知自己的诬告行为不可能使他人受刑罚处罚,但明知自己的行为会使他人被刑事拘留、逮捕等,意图使他人成为犯罪嫌疑人而被立案侦查的,也应认定为"意图使他人受刑事追究"。

(三)诬告陷害罪的处罚

根据刑法第243条规定,犯诬告陷害罪的,处3年以下有期徒刑、拘役或者管制;造成严重后果的,处3年以上10年以下有期徒刑;国家机关工作人员犯本罪的,从重处罚。"造成严重后果",主要是指诬告陷害行为已经引起了司法机关对被诬陷人的刑事追究活动。从立法论上讲,规定诬告反坐与对诬告陷害规定相对确定的法定刑,各有利弊。在刑法规定了相对确定法定刑的情况下,应利用间接正犯与想象竞合犯理论克服其缺陷。例如,如果诬告陷害行为导致他人被错判死刑的,应认定为诬告陷害罪与故意杀人罪(间接

---

[115] 如果将本罪规定在妨害司法活动罪中,则该行为可能成立犯罪。

[116] 由于侵害结果不能完全由行为人所左右,所以,即便行为人对于虚假的犯罪事实有确定的认识,也可能只是放任侵害结果发生。

[117] 要判明这一点,就必须查明行为人告发的背景、原因、告发的事实来源、告发人与被告人之间的关系等。

正犯)的想象竞合,从一重罪处罚。

七、强迫劳动罪

强迫劳动罪,是指自然人或者单位以暴力、威胁或者限制人身自由的方法强迫他人劳动,或者明知他人以暴力、威胁或者限制人身自由的方法强迫他人劳动,而为其招募、运送人员或者以其他方式协助强迫他人劳动的行为。本罪分为两种类型:一是直接强迫劳动;二是协助强迫劳动。

直接强迫劳动类型的行为内容是,以暴力、威胁或者限制人身自由的方法强迫他人劳动。暴力,是指广义的暴力,只要求暴力针对被害人实施,而不要求直接针对被害人的身体实施,也不要求达到压制被害人反抗的程度。威胁,是指广义的胁迫,包括以恶害相通告的一切行为;恶害的内容、性质,通告的方法没有限制,也不要求达到压制被害人反抗的程度。限制人身自由的方法,是指将他人的人身自由控制在一定范围、一定限度内的方法,如不准他人外出,不准他人参加社交活动等。如果采取剥夺人身自由的方法(如将他人长时间关闭在车间里),则成立非法拘禁罪与本罪的想象竞合。强迫劳动,是指违反被害人意愿迫使其从事劳动。既包括被害人不愿意从事某一类劳动而迫使其从事该类劳动的情形,也包括被害人虽愿意从事某类劳动但不愿意从事超强度、超体力、超时间的劳动,而迫使其从事超强度、超体力、超时间的劳动的情形;既包括强迫体力劳动,也包括强迫脑力劳动。强迫行为使被害人开始从事其不愿意从事的劳动的,成立本罪的既遂。行为人是否提供劳动报酬,不影响本罪的成立。监狱强制犯人劳动的,是执行刑罚的合法行为,不成立本罪。企业、事业单位依法对职工的劳动作严格要求的,不成立本罪。本罪的责任形式为故意,不要求具有特定的目的与动机。

协助强迫劳动类型的行为内容是,明知他人以暴力、威胁或者限制人身自由的方法强迫他人劳动,而为其招募、运送人员或者以其他方式协助强迫他人劳动。这一类型的犯罪表面上是帮助犯的正犯化,但实际上只是帮助犯的量刑规则(或只是量刑的正犯化)。换言之,成立这一类型的犯罪仍以被害人被他人强迫劳动为前提。如果行为人以欺骗、利诱等方法将被害人招募、运送至特定地点,但被害人没有被他人强迫劳动的,由于没有侵害被害人的人身自由,不应认定为犯罪。例如,在甲明知乙将要或者正在实施强迫他人劳动的行为,便采取发微信的方式为乙招募人员,但乙并没有接收甲所招募的人员,或者虽然接收了甲招募的人员,但根本没有强迫他们参加劳动。在这种情况下,乙对甲所招募的人员的行为既缺乏强迫劳动罪的构成要件符合性,也缺乏违法性,即没有侵犯甲所招募的人员是否参加劳动的自由。甲的行为既没有作为正犯直接侵犯他人是否参加劳动的自由,也没有作为共犯间接侵犯他人是否参加劳动的自由。既然如此,对甲的行为就不应以强迫劳动罪论处。至于行为人采取非法拘禁等手段将被害人运送至特定地点,但被害人没有被他人强迫劳动的,应认定为非法拘禁等罪。

根据刑法第244条的规定,犯本罪的,处3年以下有期徒刑或者拘役,并处罚金;情节严重的,处3年以上10年以下有期徒刑,并处罚金。单位犯前两款罪的,对单位判处罚金,并对其直接负责的主管人员和其他直接责任人员,依照上述规定处罚。

八、雇用童工从事危重劳动罪

雇用童工从事危重劳动罪,是指违反劳动管理法规,雇用未满16周岁的未成年人从事超强度体力劳动的,或者从事高空、井下作业的,或者在爆炸性、易燃性、放射性、毒害性等危险环境下从事劳动,情节严重的行为。

客观行为表现为三种类型:(1)雇用未满16周岁的未成年人从事超强度体力劳动;(2)雇用未满16周岁的未成年人从事高空、井下作业;(3)雇用未满16周岁的未成年人在爆炸性、易燃性、放射性、毒害性等危险环境下从事劳动,情节严重。"雇用"既包括支付劳动报酬的情形,也包括不支付劳动报酬的情形。[118] 问题是,"情节严重"这一要素,是仅就第(3)种类型而言,还是同时就上述三种类型而言?本书认为,正确的答案应是前者。一方面,条文在第(1)种与第(2)种类型后面已经使用了"的,",表明其对前两种类型的表述已经完结。另一方面,"危险环境"的范围很广,只有情节严重,才宜认定为犯罪。本罪责任形式为故意,要求行为人明知是未满16周岁的未成年人而雇用。

雇用童工从事危重劳动,同时以暴力、威胁或者限制人身自由的方法强迫其劳动的,应当实行数罪并罚。非法雇用童工,造成事故,又构成其他犯罪的,依照数罪并罚的规定处罚。犯本罪的,根据刑法第244条之一的规定处罚。

九、非法搜查罪

非法搜查罪,是指无权搜查的人擅自非法对他人的身体或者住宅进行搜查的行为。首先,必须有搜查行为,如搜索、检查、翻阅、挖掘、搜身、抄家等。其次,搜查的范围包括他人的人身与住宅。当车辆、船只可以评价为住宅时,对车辆、船舶的搜查也成立本罪。例如,有的渔民以船为家,非法搜查其船只,实际上是非法搜查其住宅,应以非法搜查罪论处。搜查住宅,实际上是指进入住宅搜查住宅内的物品。例如,进入住宅后翻箱倒柜的,属于搜查住宅。再次,搜查行为必须具有非法性,即无权搜查的人擅自对他人的人身或住宅进行搜查,或者有权搜查的人,不经批准擅自对他人的人身或住宅进行搜查。得到被害人有效承诺的搜查行为,以及警察依法搜查的行为,阻却违法性。责任形式为故意,动机不影响本罪的成立。法条虽然没有将"情节严重"规定为本罪的构成要件要素,但并不能因此将不值得处罚的搜查行为认定为犯罪。根据立案标准,具有下列情形之一的,应当追诉:(1)非法搜查他人身体、住宅,并实施殴打、侮辱等行为的;(2)非法搜查,情节严重,导致被搜查人或者其近亲属自杀、自残造成重伤、死亡,或者精神失常的;(3)非法搜查,造成财物严重损坏的;(4)非法搜查3人(户)次以上的;(5)司法工作人员对明知是与涉嫌犯罪无关的人身、住宅非法搜查的;(6)其他非法搜查应予追诉的情形。根据刑法第245条的规定,犯非法搜查罪的,处3年以下有期徒刑或者拘役;司法工作人员滥用职权犯本罪的,从重处罚。

十、非法侵入住宅罪

(一)非法侵入住宅罪的概念与法益

一般认为,非法侵入住宅罪是指非法强行闯入他人住宅,或者经要求退出仍拒绝退出,影响他人正常生活和居住安宁的行为。

关于本罪的法益,德日刑法理论一直有争议。(1)安宁说或平稳说认为,本罪的法益是个人利益中的居住平稳或者安宁。其中有人认为是事实上的居住的平稳状态,有人认为是在自己支配下的住宅中的意思活动的平稳状态。(2)公共秩序说认为,侵入住宅罪

---

[118] 既然支付报酬的行为构成本罪,那么,没有支付报酬的行为更应成立本罪。所以,对"雇用"应当作扩大解释(包括狭义的雇用与利用)。

的法益是公共秩序或者社会利益。(3)占有权说认为,本罪的法益是个人利益中的占有权或与占有保护权相近似的权利。其中一种倾向是仅从占有要素考虑本罪的法益,另一种倾向是在考虑其他要素的同时,强调占有的要素。(4)住宅权说认为,本罪的法益是他人的住宅权。其中,旧住宅权说认为,住宅权的内容是居于家长地位的人对他人进入住宅的许诺权。新住宅权说认为,住宅权不是家长的许诺权,而是管理住宅的一种权利以及是否许可他人进入的自由权利(许诺权)。其中,有人重视住宅权中的意思活动的自由,有人重视住宅权中的决定的自由或主观的决定意思,有人重视住宅权中的处分意思,有人重视住宅权中的排除的权利,有人则正面肯定包含多种要素的住宅权。(5)综合说认为,本罪的法益是对自己的住宅的平稳利用、支配权。(6)相对化说主张,本罪的法益应根据不同领域(侵入对象)相对化。[119]

本书原则上采取安宁说。刑法将非法侵入住宅罪规定为侵犯公民人身权利罪,所以,不能采纳德国的公共秩序说与占有说。同样,旧住宅权说与综合说、相对化说,也不符合我国的现实与刑法规定。所以,应当联系我国的国情与刑事政策,在新住宅权说与安宁说中作取舍。(1)我国居民几代同堂的现象并不罕见。如果采取新住宅权说,可能面临着住宅成员对是否承诺他人进入看法不一致时如何处理的难题。而采取安宁说,则不会产生这样的问题。(2)从整体上看,我国刑法处罚的范围较窄,如果采取新住宅权说,只要进入住宅的行为没有得到住宅成员的承诺就构成非法侵入住宅罪,明显会扩大处罚范围。(3)我国刑法第245条仅将住宅规定为侵入对象,而没有将其他建筑物作为对象。可是,其他建筑物一般也有人看守、管理,除公共场所外,进入建筑物的也应得到看守者的承诺。但是,没有得到他人承诺而侵入住宅以外的建筑物的,并不成立非法侵入住宅罪。显然,如果采取新住宅权说,则与刑法仅处罚非法侵入住宅的行为不协调。而采取安宁说,正好符合住宅的性能与国民对住宅安宁的愿望。(4)在我国,侵入住宅的行为违反了住宅内的数人的意思时,仅成立一罪,而非数罪。采取安宁说正好符合这一结论。而采取新住宅权说,则难以说明上述行为仅构成一罪。(5)刑法规定非法侵入住宅罪固然存在保护住宅权的一面,但是,保护住宅权并不是为了保护形式上的权限,而是为了保护存在于住宅权背后的利益——居住者生活的平稳与安宁。(6)从我国的司法现状来看,被认定为非法侵入住宅罪的行为,都是严重妨害了住宅成员的平稳与安宁的行为。对于单纯违反被害人意志侵入住宅的行为,都没有认定为犯罪。[120]

(二)非法侵入住宅罪的犯罪构成

1. 构成要件的内容为,非法侵入他人住宅。

(1)行为对象是住宅。有人认为,住宅必须是供人起居寝食的日常使用场所。[121] 有人主张,住宅是人的日常生活所使用的场所。[122] 两种观点虽并无实质的对立,但后一种观点更可取。可以肯定的是,单纯的办公室、研究室应排除在住宅之外。本书认为,对于“住宅”,应从本质意义上理解,除供人起居寝食之用的场所以外,用于日常生活所占居的

---

[119] 参见张明楷:《法益初论》,中国政法大学出版社2003年修订版,第443页以下。

[120] 当然,随着社会的发展,不排除将来会采取新住宅权说。

[121] 参见[日]曾根威彦:《刑法各论》,弘文堂2012年第5版,第79页。

[122] 参见[日]山口厚:《刑法各论》,有斐阁2010年第2版,第120页。

场所,也属于住宅。例如,住在郊外但在市中心上班的人,在市中心租有一套住房,仅用于中午休息时,该套住房也属于住宅。再如,大学生们虽然一般不在宿舍吃饭,但其宿舍也是住宅。至于住宅的结构、形式如何,则在所不问;住宅不限于普通建筑物,供人居住的山洞、地窖等也不失为住宅。由于住宅是日常生活使用的场所,所以要求有一定日常生活设备。天桥下、野外的土洞、寺院的檐下等地方,即使是乞丐、流浪者从事日常生活的场所,也不能认为是住宅。但另一方面,住宅只要求具有能够从事普通的日常生活的设备,所以,一间小屋、一个帐篷也可能被视为住宅,故住宅与建筑物不是等同概念。住宅不要求被害人永久居住其间,一时的日常生活场所也不失为住宅。因此,供人起居的帐篷以及供人住宿的宾馆房间,也属于住宅。他人定期或不定期使用的别墅,当然属于住宅。住宅只需是事实上供人从事日常生活所使用的场所,不要求居住者一直生活在其中,即居住者暂时不生活在其中时,也应认为是住宅。新购住宅可以直接入住的,可以成为本罪的对象;不能直接入住的住宅,难以成为本罪的对象。住宅不要求是建筑物的全部,住宅的屋顶、周围相对封闭的围绕地,同样可以成为本罪对象。根据刑法规定,只有侵入"他人"住宅的,才可能成立本罪。"他人"包括住宅所有权人、对住宅有居住或出入权利的人,以及暂住在某住处的人。换言之,只要不是行为人生活在其中的住宅,就认为是他人的住宅。行为人以前曾经在某住宅与他人共同生活过,如果后来离开了该住宅的,则该住宅属于他人的住宅。住宅不要求他人合法占有。因为即使是不适法地占有住宅,事实上也存在着需要保护的生活安宁。例如,房东为了将未交付房租的房客赶走而侵入房客居住的房间时,也属于侵入他人住宅。无人居住的空房、仓库等,不应认定为住宅。

(2)行为内容是"侵入"住宅。行为是否构成侵入,与保护法益具有直接联系。根据安宁说,侵入是以侵害他人住宅安宁的形式进入(侵害安宁说)。至于进入的行为是否侵害了他人住宅的安宁,应综合考虑。例如,将尸体抬入他人住宅内甚至埋藏在他人住宅内,使他人不能或者难以在住宅内生活的,以撬门扭锁、破坏门窗等方式进入他人住宅的,携带凶器进入他人住宅的,以聚众哄闹方式进入他人住宅的,深夜进入他人住宅的,以犯罪意图进入他人住宅的,多次进入他人住宅的,应认定为侵害了他人住宅的平稳。

根据安宁说,非法侵入住宅罪是一种继续犯,即行为人从侵入时起到退去时止,对住宅的安宁的侵害处于继续之中。[123] 侵入的着手时期,是开始侵入他人住宅时。行为人的身体全部进入住宅时才是侵入既遂。

国外刑法明文将"不退去"(经权利人要求退去而拒不退去)规定为犯罪行为的类型,故不退去行为构成犯罪。我国刑法第245条并没有将"不退去"规定为非法侵入住宅罪的行为类型,可刑法理论几乎没有争议地认为"不退去"属于非法侵入住宅罪的表现形式。[124] 但这种解释有类推解释之嫌,因为难以将"不退去"本身评价为"侵入"。

(3)侵入行为必须具有"非法"性。法令行为、紧急避难行为,阻却违法性。例如,司法工作人员基于法令,以扣押、搜查等目的,进入他人住宅的,警察为了执行逮捕令,进入嫌疑人住宅逮捕嫌疑人的,为了避免狂犬等的袭击而侵入他人住宅的,都阻却违法性。得

〔123〕 也有部分持新住宅权的学者持此观点(参见[日]西田典之:《刑法各论》,弘文堂2010年第5版,第95页以下)。

〔124〕 参见高铭暄、马克昌主编:《刑法学》,北京大学出版社、高等教育出版社2016年第7版,第477页;王作富主编:《刑法》,中国人民大学出版社2011年第5版,第386页。

到居住人、看守人真实承诺或推定的承诺而进入他人住宅的,不构成非法侵入住宅罪。但是,承诺必须是居住人、看守人自由、真实的意思表示,如果行为人使用胁迫方法使居住人、看守人表示承诺,或者使居住人、看守人陷入法益关系的错误而表示承诺,则不影响犯罪的成立。例如,隐瞒犯罪的意图同时征得居住人同意而进入的,不影响本罪的成立。[125] 此外,如果居住人、看守人同意行为人进入住宅的某一房间,而行为人无故侵入其他房间时,不影响犯罪的成立。

2. 责任形式为故意,行为人必须明知自己侵入的是"他人"的"住宅"。一方面,将他人住宅误以为是自己的住宅或者自己有权进入的住宅而进入的,不成立本罪。另一方面,"住宅"属于规范的构成要件要素,不要求行为人认识到自己侵入的是刑法意义上的"住宅",只要行为人认识到自己侵入的是他人进行日常生活的场所即可。例如,行为人侵入渔民的渔船时,误以为渔船不是住宅。但只要行为人认识到自己侵入了他人日常生活的渔船,即可构成非法侵入住宅罪。

从司法实践来看,非法侵入他人住宅,常常与其他犯罪结合在一起。例如,非法侵入他人住宅后,进行杀人、伤害、强奸等犯罪活动,在这种情况下,非法侵入他人住宅只是为了实现另一犯罪目的,也可以说是实施其他犯罪的必经步骤。因此,只应按照行为人旨在实施的主要罪行定罪量刑,不按数罪并罚处理。通常只是对那些非法侵入他人住宅,严重妨碍了他人的居住与生活安宁,而又不构成其他犯罪的,才以非法侵入住宅罪论处。入户抢劫或者入户盗窃的,仅认定为抢劫罪、盗窃罪,不实行并罚。非法侵入住宅后非法搜查住宅的,从一重罪处罚。

(三)非法侵入住宅罪的处罚

根据刑法第245条的规定,犯非法侵入住宅罪的,处3年以下有期徒刑或者拘役;司法工作人员滥用职权犯本罪的,从重处罚。

十一、刑讯逼供罪

(一)刑讯逼供罪的概念与犯罪构成

刑讯逼供罪,是指司法工作人员对犯罪嫌疑人、被告人使用肉刑或者变相肉刑,逼取供述的行为。本罪的法益,首先是犯罪嫌疑人、被告人的人身权利,其次是司法活动的正当性。

1. 构成要件的内容为,司法工作人员对犯罪嫌疑人、被告人使用肉刑或者变相肉刑,逼取供述。(1)本罪为身份犯,行为主体必须是司法工作人员,即有侦查、检察、审判、监管职责的工作人员。企业事业单位的公安机构在机构改革过程中虽尚未列入公安机关建制,其工作人员在行使侦查职责时,可以成为本罪主体。未受公安机关正式录用,受委托履行侦查、监管职责的人员或者合同制民警,也可以成为本罪主体。需要说明的是,这里的司法工作人员虽然一般是指办案人员,但非办案人员出于其他原因利用司法工作人员的职务之便实施刑讯逼供的,也应以本罪论处。其他人员与司法工作人员伙同刑讯逼供的,以刑讯逼供罪的共犯论处。(2)行为对象是侦查过程中的犯罪嫌疑人和起诉、审判过程中的刑事被告人。但是,不能完全按照刑事诉讼法的规定理解犯罪嫌疑人,只要是被公安、司法机关作为嫌疑人对待或者被采取刑事追诉手段的人,都属于本罪中的嫌疑人。例

〔125〕 丈夫不在家时,行为人以与妇女通奸的目的进入住宅的,虽然违反了丈夫的意志,但不应认定为本罪。

如,警察为了决定是否立案,对被举报人、被控告人刑讯逼供的,也应认定为本罪。再如,警察为了查明对方实施的是犯罪行为还是违反《治安管理处罚法》的行为,而对其刑讯逼供的,也应认定为本罪。"被告人"仅限于刑事案件的被告人,虽然一般是公诉案件的被告人,但也不能完全排除自诉案件的被告人。犯罪嫌疑人、被告人的行为实际上是否构成犯罪,对本罪的成立没有影响。(3)必须采用刑讯方法,即必须使用肉刑或者变相肉刑。所谓肉刑,是指对被害人的肉体施行暴力,如吊打、捆绑、殴打以及其他折磨人的肉体的方法。所谓变相肉刑,一般是指对被害人使用类似于暴力的摧残和折磨,如冻、饿、烤、晒,不准睡觉等。二者不存在实质区别,无论是使用肉刑还是变相肉刑,均可成立本罪。没有使用肉刑与变相肉刑的诱供、指供,不成立刑讯逼供罪。(4)必须有逼供行为,即逼迫犯罪嫌疑人、被告人做出某种供述(包括口供与书面陈述)。但不限于逼取有罪供述,强迫犯罪嫌疑人作无罪辩解的,也成立本罪(同时触犯其他犯罪的,从一重罪处罚)。至于行为人是否得到供述,被害人的供述是否符合客观真实,并不影响本罪的成立。使用肉刑或变相肉刑,但并不逼取供述的,不是刑讯逼供。(5)根据法律规定与实际需要,对犯罪嫌疑人、被告人使用械具进行审问的,阻却违法性,不能以刑讯逼供论处。

2. 责任形式为故意,犯罪动机不影响本罪成立。司法实践中常常因为行为人的动机出于"为公"(如为了迅速结案),就不以犯罪论处;动机出于"为私"(如为了挟嫌报复)时,才以犯罪论处。本书不赞成这种做法。因为不管是"为公"还是"为私",刑讯逼供行为都侵犯了他人的人身权利。上述不同动机不应影响定罪。

（二）刑讯逼供罪的认定

1. 正确区分刑讯逼供罪与非罪的界限。刑法并没有将"情节严重"规定为本罪的构成要件,但是,不能将情节显著轻微危害不大的刑讯逼供行为解释为本罪。依照立案标准,涉嫌下列情形之一的,应予追诉:(1)以殴打、捆绑、违法使用械具等恶劣手段逼取口供的;(2)以较长时间冻、饿、晒、烤等手段逼取口供,严重损害犯罪嫌疑人、被告人身体健康的;(3)刑讯逼供造成犯罪嫌疑人、被告人轻伤、重伤、死亡的;(4)刑讯逼供,情节严重,导致犯罪嫌疑人、被告人自杀、自残造成重伤、死亡,或者精神失常的;(5)刑讯逼供,造成错案的;(6)刑讯逼供3人次以上的;(7)纵容、授意、指使、强迫他人刑讯逼供,具有上述情形之一的;(8)其他刑讯逼供应予追诉的情形。

2. 正确处理刑讯逼供罪与非法拘禁罪的关系。二者并非对立关系,一个行为同时触犯两个罪的,从一重罪处罚。司法工作人员非法对犯罪嫌疑人与被告人以外的人予以拘禁,逼取陈述的,非法对犯罪嫌疑人与被告人予以拘禁,而不逼取供述的,一般公民将他人非法拘禁后进行"审问"的,均只成立非法拘禁罪。

3. 正确处理刑讯逼供罪与故意伤害罪、故意杀人罪的关系。刑法第247条明文规定:刑讯逼供"致人伤残、死亡的",依照故意伤害罪、故意杀人罪定罪并从重处罚。首先,这里的"伤残"应理解为重伤或残废,对刑讯逼供造成轻伤的,可以在刑讯逼供罪的法定刑内从重处罚,无须以故意伤害罪从重处罚。刑讯逼供致人死亡,是指由于暴力摧残或者其他虐待行为,致使被害人当场死亡或者经抢救无效死亡。刑讯逼供导致被害人自杀的,要根据具体情节分析认定,一般不宜认定为刑讯逼供致人死亡。其次,该规定属于法律拟制,即只要刑讯逼供致人伤残或者死亡,不管行为人对伤害或死亡具有何种心理状态(以具有预见可能性为前提),均应认定为故意伤害罪或故意杀人罪,[126]并从重处罚。最后,司法工作人员先实施刑讯逼供行为构成犯罪,后产生杀人、伤害故意并杀害、伤害被害人的,应当以刑讯逼供罪和故意杀人罪、故意伤害罪实行数罪并罚。

4. 正确处理刑讯逼供导致犯罪嫌疑人、被告人被错判死刑的案件。对此需要根据具体案情进行判断。一般来说,这种行为会同时触犯徇私枉法罪或者故意杀人罪(间接正犯),应按想象竞合从一重罪处罚。

(三)刑讯逼供罪的处罚

根据刑法第247条的规定,犯刑讯逼供罪的,处3年以下有期徒刑或者拘役。

十二、暴力取证罪

暴力取证罪,是指司法工作人员使用暴力逼取证人证言的行为。

构成要件的内容为,司法工作人员使用暴力逼取证人证言。行为主体为司法工作人员。暴力是指对证人使用有形力的一切方法,暴力的程度没有限定。暴力的对象是证人,但对这里的"证人"宜作广义理解:被害人、鉴定人属于本罪中的证人;不具有作证资格的人,不知道案件真相的人,也可能成为本罪中的证人;此外,民事诉讼、行政诉讼中的证人,也能成为本罪中的证人。逼取证人证言,是指强迫证人做出证言(口头陈述与书面陈述)。在刑事诉讼中主要存在三种情形:(1)证人不提供任何证言时,行为人逼取证言,但不明确要求证人提供他人有罪或者无罪的证言;(2)证人提供了他人无罪、罪轻的证言,行为人向证人逼取有罪、罪重的证言;(3)证人提供了他人有罪、罪重的证言,行为人向证人逼取无罪、罪轻的证言。责任形式为故意,动机不影响本罪的成立。暴力取证行为同时触犯伪证罪、徇私枉法罪的,属于想象竞合,从一重罪处罚。

依照立案标准,具有下列情形之一的,应予追诉:(1)以殴打、捆绑、违法使用械具等恶劣手段逼取证人证言的;(2)暴力取证造成证人轻伤、重伤、死亡的;(3)暴力取证,情节严重,导致证人自杀、自残造成重伤、死亡,或者精神失常的;(4)暴力取证,造成错案的;(5)暴力取证3人次以上的;(6)纵容、授意、指使、强迫他人暴力取证,具有上述情形之一的;(7)其他暴力取证应予追诉的情形。

根据刑法第247条的规定,犯暴力取证罪的,处3年以下有期徒刑或者拘役。致人伤残、死亡的,认定为故意伤害罪、故意杀人罪并从重处罚。这也是法律拟制。

十三、虐待被监管人罪

(一)虐待被监管人罪的概念与犯罪构成

虐待被监管人罪,是指监狱、拘留所、看守所等监管机构的监管人员,对被监管人进行殴打或体罚虐待,或者指使被监管人殴打或体罚虐待其他被监管人,情节严重的行为。

1. 构成要件包括以下要素:(1)行为主体是监管机构的监管人员,既包括监狱、拘留所、看守所的监管人员,也包括缉捕戒毒所、收容教养所等监管机构的监管人员。最高人

---

[126] 一种观点认为,刑法第247条所规定的"致人伤残、死亡的,依照本法第二百三十四条、第二百三十二条的规定定罪从重处罚"属于注意规定,即只有当司法工作人员在刑讯逼供时产生了杀人故意进而实施杀人行为的,才能认定为故意杀人罪。然而,第一,既然司法工作人员的行为是"逼供",就不会有杀人故意。换言之,杀人故意与逼供目的是完全冲突的。第二,在刑讯逼供过程中产生杀人故意进而实施杀人行为的,应当实行数罪并罚,没有理由仅认定为一个故意杀人罪。显然,这种观点实际上将数罪拟制为一罪,但缺乏合理根据。

民检察院 2015 年 2 月 15 日《关于强制隔离戒毒所工作人员能否成为虐待被监管人罪主体问题的批复》指出，强制隔离戒毒所是对符合特定条件的吸毒成瘾人员限制人身自由，进行强制隔离戒毒的监管机构，其履行监管职责的工作人员属于监管人员。实践中存在检察院、法院的司法警察在押解被监管人的途中或者在提讯时、法院休庭时殴打或体罚虐待被监管人的现象，对此如何处理还值得研究。本书认为，虽然检察院、法院不是监管机构，在此意义上说，检察院、法院的司法警察不是监管机构的监管人员，但是，检察院与法院在押解途中、提讯或者开庭审理期间，实际上在行使监管机构的权力，可谓特定期间的监管机构；其司法警察在特定期间代为行使监管机构的监管人员的监管职责，因而能够成为本罪主体。基于同样的理由，在对嫌疑人拘留后送至看守所之前，负责看管的司法工作人员对其进行虐待的，也应以本罪论处。(2)行为对象与上述主体相对应，包括被拘留、逮捕的犯罪嫌疑人、被告人，被判处拘役、徒刑、死刑的犯罪人，以及被强制戒毒人员、被行政拘留人员、被司法拘留人员等。(3)行为内容为，在执行职务的过程(机会)中对被监管人实施殴打或体罚虐待。殴打，是造成被监管人肉体上的暂时痛苦的行为。体罚虐待，是指体罚或者虐待，而非仅限于以体罚方法虐待。殴打以外的对被监管人实行折磨、摧残的行为，均可归入体罚虐待。殴打、体罚虐待不要求具有一贯性，一次性殴打、体罚虐待情节严重的，就足以构成本罪。行为人直接实施殴打、体罚虐待行为，或者利用被监管人实施殴打、体罚虐待行为的，均可成立本罪。对被监管人实施性虐待，同时触犯强奸罪、强制猥亵罪的，属于想象竞合，从一重罪处罚。(4)情节严重。依照立案标准，具有下列情形之一的，应予追诉：以殴打、捆绑、违法使用械具等恶劣手段虐待被监管人的；以较长时间冻、饿、晒、烤等手段虐待被监管人，严重损害其身体健康的；虐待造成被监管人轻伤、重伤、死亡的；虐待被监管人，情节严重，导致被监管人自杀、自残造成重伤、死亡，或者精神失常的；殴打或者体罚虐待 3 人次以上的；指使被监管人殴打、体罚虐待其他被监管人，具有上述情形之一的；其他情节严重的情形。

在犯人可能有逃跑、暴行或其他危险性行为时或者正在押解途中，对犯人依法使用械具的，以及依法对犯人给予禁闭处罚的，阻却违法性，不成立本罪。但是，在使用械具的必要性消失后，监管人员仍然使用械具虐待被监管人的，不排除本罪的成立。

2. 责任形式为故意，动机的内容不影响本罪的成立。司法工作人员为逼取口供而对犯罪嫌疑人、被告人实行殴打或体罚虐待的，成立刑讯逼供罪。

(二)刑法第 248 条第 2 款的理解与认定

刑法第 248 条第 2 款规定："监管人员指使被监管人殴打或者体罚虐待其他被监管人的，依照前款的规定处罚。"

问题一：本款属于注意规定还是法律拟制？本书认为，即使没有此款的规定，对监管人员指使被监管人殴打或者体罚虐待其他被监管人的行为，也应以虐待被监管人罪论处，故本款属于注意规定。

问题二：刑法第 248 条第 1 款将"情节严重"规定为构成要件要素，但第 2 款没有明文要求"情节严重"，那么，监管人员指使被监管人殴打或者体罚虐待其他被监管人，因而构成犯罪的，是否需要"情节严重"？本书持肯定回答。因为第 248 条第 1 款属于基本规定，而第 2 款属于注意规定。注意规定的适用，以行为完全符合基本规定为前提，所以，监管人员实施刑法第 248 条第 2 款的行为，只有情节严重的，才能认定为犯罪。不过，对第 2

款行为是否情节严重的判断,既要考虑监管人员的“指使”行为是否情节严重,也要考虑被指使者的殴打、体罚虐待行为是否情节严重。因为在这种情况下,无论监管人员与被指使者是否构成共犯,监管人员不仅要对自己直接实施的行为与结果承担责任,而且应当对被指使者的行为与结果承担责任。

问题三:对于被监管人员指使实施殴打、体罚虐待的被监管人(被指使者),应当如何处理?如果指使行为达到了一定强度,可以评价为对被指使者形成了物理上或者精神上的强制,则对被指使者不应以犯罪论处。如果指使行为没有达到上述强度,被指使者的行为构成犯罪的,监管人员仍然是本罪的正犯,被指使者成立本罪的共犯(参见第二十三章第三节“十五”)。

(三)虐待被监管人罪的处罚

根据刑法第248条的规定,犯虐待被监管人罪的,处3年以下有期徒刑或者拘役;情节特别严重的,处3年以上10年以下有期徒刑;致人伤残、死亡的,依照刑法第234条、第232条关于故意伤害罪、故意杀人罪的规定定罪从重处罚,这属于法律拟制。

十四、暴力干涉婚姻自由罪

(一)暴力干涉婚姻自由罪的概念与犯罪构成

暴力干涉婚姻自由罪,是指以暴力干涉他人结婚或离婚自由的行为。本罪的法益是婚姻自由和人身自由。婚姻自由包括结婚自由与离婚自由。

1. 构成要件的内容为,以暴力干涉他人婚姻自由。首先,要求行为人实施暴力行为,即实施捆绑、殴打、禁闭、抢掠等对人行使有形力的行为。仅有干涉行为而没有实施暴力的,不构成本罪;仅以暴力相威胁进行干涉的,也不构成本罪;暴力极为轻微的(如打一耳光),不能视为本罪的暴力行为。其次,暴力行为只是干涉他人婚姻自由的手段,易言之,必须有干涉他人婚姻自由的行为。干涉婚姻自由主要表现为强制他人与某人结婚或者离婚,禁止他人与某人结婚或者离婚,这里的“某人”包括行为人与第三者。暴力行为不是干涉婚姻自由的手段,或者干涉婚姻自由而没有使用暴力的,均不构成本罪。暴力干涉恋爱的,不能认定为本罪。

2. 责任形式为故意,行为人明知自己暴力干涉婚姻自由的行为会发生侵害他人婚姻自由与人身自由的结果,并且希望或者放任这种结果发生。犯罪的动机不影响本罪的成立。

(二)暴力干涉婚姻自由罪的认定

1. 没有使用暴力或使用极为轻微的暴力干涉他人婚姻自由的,属于一般违反婚姻法的行为,不能认定为暴力干涉婚姻自由罪。反之,以故意杀人、故意重伤、非法拘禁等方法干涉他人婚姻自由的,宜认定为想象竞合,从一重罪处罚。长期以暴力干涉婚姻自由,只要其中一次属于故意杀人或故意伤害行为,就构成暴力干涉婚姻自由罪与故意杀人罪或故意伤害罪,实行数罪并罚。

2. 丈夫因不同意妻子与自己离婚而对妻子实施暴力的,不排除本罪的成立。但考虑到夫妻之间的特定关系,应当特别慎重。

3. 对抢婚案件应具体分析,区别处理。某些少数民族地区的抢婚习俗,是结婚的一种方式,不能以本罪论处。因向女方求婚遭到拒绝,而纠集多人使用暴力将女方劫持或绑架于自己家中,强迫女方与自己结婚的,应以本罪论处;如符合非法拘禁罪的犯罪构成,则属于想象竞合犯,从一重罪处罚。因向女方求婚遭到拒绝,为造成既成事实,而纠集多人使用暴力将女方劫持或拘禁于自己家中,强行与之性交的,成立想象竞合,应按强奸罪的法定刑处罚。女方与男方已办理结婚登记手续,尔后由于种种原因女方不愿与男方同居,男方使用暴力将女方抢到自己家中甚至强行同居的,一般不宜以犯罪论处。

(三)暴力干涉婚姻自由罪的处罚

依照刑法第257条的规定,暴力干涉婚姻自由罪的处罚分为两种情况:第一,犯暴力干涉婚姻自由罪的,处2年以下有期徒刑或者拘役,但只有被害人告诉的才处理。第二,犯暴力干涉婚姻自由罪致使被害人死亡的,处2年以上7年以下有期徒刑,并且不适用告诉才处理的规定。"致使被害人死亡"是指在实施暴力干涉婚姻自由行为的过程中过失导致被害人死亡,[127] 以及因暴力干涉婚姻自由而直接引起被害人自杀身亡。其中的"被害人"应限于受到暴力干涉的被害人,而不包括其他人。例如,父亲甲以暴力干涉儿子乙与丙女结婚事宜(未对丙女实施暴力),丙女因此而自杀的,对甲不应适用"致使被害人死亡"的规定。

十五、虐待罪

(一)虐待罪的概念与犯罪构成

虐待罪,是指以打骂、冻饿、强迫过度劳动、有病不予治疗、限制自由、凌辱人格等手段,对共同生活的家庭成员从肉体上和精神上进行摧残、折磨,情节恶劣的行为。

1. 构成要件的内容为,对家庭成员进行肉体上与精神上的摧残、折磨,情节严重。(1)行为主体必须是共同生活的同一家庭成员,即虐待人与被虐待人之间存在一定的亲属关系或收养关系。如丈夫虐待妻子、父母虐待子女、子女虐待父母、媳妇虐待公婆等。一般来说,虐待者都是在经济上或亲属关系上占优势地位的人,但这只是案件事实而不是法律要求。实践中存在雇主虐待家庭雇员(如保姆)情节恶劣但又不构成伤害罪的案件,如果能够将雇员评价为事实上的家庭成员的,可以本罪论处。(2)实施虐待行为。虐待行为的内容必须表现为进行肉体上的摧残与精神上的折磨,包括使被害人产生肉体上或者精神上痛苦的一切行为。前者如殴打、冻饿、强迫过度劳动、有病不予治疗等;后者如侮辱、咒骂、讽刺、不让参加社会活动等。两种虐待手段既可能同时使用,也可能单独使用或交替使用。虐待行为的方式既可能有作为,也可能有不作为,还可能同时包含了作为与不作为。但是,单纯的不作为难以成立虐待罪。换言之,单纯的有病不予治疗、不提供饮食等行为,构成遗弃罪。(3)必须达到情节恶劣的程度。情节是否恶劣,要从虐待的手段、持续的时间、对象、结果等方面进行综合评价。根据司法实践,具有虐待持续时间较长、次数较多;虐待手段残忍;虐待造成被害人轻微伤或者患较严重疾病;对未成年人、老年人、残疾人、孕妇、哺乳期妇女、重病患者实施较为严重的虐待行为等情形,属于情节恶劣。

2. 责任形式为故意,行为人明知自己的虐待行为侵害了被害人的人身权利,并且希望或者放任这种结果发生。

(二)虐待罪的认定

虐待罪主观上表现为有意识地对被害人进行肉体上与精神上的摧残、折磨,因此,由

---

[127] 但如果行为构成故意伤害(致死)罪的,则不应适用本规定,而应按故意伤害(致死)罪处罚。

于教育方法简单粗暴或者因为家庭纠纷而动辄轻微打骂的行为,一般不应以虐待罪论处。基于同样的理由,行为人故意造成被害人伤害或死亡的,应认定为构成故意伤害罪或故意杀人罪。对此,应根据被告人所实施的暴力手段与方式、是否立即或者直接造成被害人伤亡后果以及被告人的主观故意内容等进行综合判断。对于长期或者多次实施虐待行为,逐渐造成被害人身体损害,进而导致被害人重伤或者死亡,但行为人对重伤与死亡结果仅有过失的,不能认定为故意伤害罪与故意杀人罪。但是,这并不意味着只有一次行为致人伤亡的,才能认定为故意伤害罪与故意伤害罪。行为人的虐待行为虽然呈现出经常性、持续性、反复性的特点,但其手段表现为持凶器实施暴力,暴力手段残忍,暴力程度较强,直接或者立即造成被害人重伤或者死亡的,应当以故意伤害罪或者故意杀人罪论处。此外,在情节恶劣的经常性虐待过程中,其中一次产生伤害或杀人故意,进而实施伤害或杀人行为的,则构成虐待罪与故意伤害罪或故意杀人罪,实行数罪并罚。但是,行为人在长期虐待的过程中同时实施伤害行为,最终导致被害人重伤或者死亡,却不能证明重伤或者死亡由伤害行为引起的,只能认定为虐待罪。[128] 以禁闭方式虐待被害人的,属于本罪与非法拘禁罪的想象竞合,从一重罪处罚。虐待行为同时构成其他犯罪的,应当从一重罪处罚。

(三)虐待罪的处罚

依照刑法第260条的规定,虐待罪的处罚分为两种情况:第一,虐待家庭成员,情节恶劣的,处2年以下有期徒刑、拘役或者管制。犯本款罪,告诉的才处理,但被害人没有能力告诉,或者因受到强制、威吓无法告诉的除外。第二,犯虐待罪致使被害人重伤、死亡的,处2年以上7年以下有期徒刑,并且不适用告诉才处理的规定。所谓致使被害人重伤、死亡,是指由于被害人经常受虐待逐渐造成身体的严重损伤或导致死亡,或者由于被害人不堪忍受虐待而自杀、自伤,造成死亡或重伤。

十六、虐待被监护、看护人罪

虐待被监护、看护人罪,是指对未成年人、老年人、患病的人、残疾人等负有监护、看护职责的人虐待被监护、看护的人,情节恶劣的行为。

本罪的行为对象仅限于未成年人、老年人、患病的人、残疾人等没有独立生活能力或者独立生活能力低下的人。行为主体是对上述人员负有监护、看护职责的人,包括自然人与单位。至于哪些人负有监护、看护职责,应当根据不作为义务的来源进行判断。例如,养老院、孤儿院、幼儿园等单位的相关工作人员,对于老年人、孤儿、儿童等具有监护、看护职责;被雇请看护未成年人、老年人、患病的人、残疾人的人员,能够成为本罪主体。虐待行为既包括以积极的方式给被害人造成肉体上或者精神上痛苦的一切行为,也包括以消极的方式不满足未成年人、老年人、患病的人、残疾人生活需要的行为。本罪的责任形式为故意。

根据刑法第260条之一的规定,实施本罪行为同时构成其他犯罪的,依照处罚较重的规定定罪处罚。特别要说明的是,本罪与虐待罪存在交叉关系,但不是法条竞合关系,而是想象竞合。换言之,当行为人不仅对未成年人、老年人、患病的人、残疾人等负有监护、看护职责,而且与被虐待的被监护、看护的人属于家庭成员时,行为同时触犯了本罪与虐

---

〔128〕 在被害人身上有刀杀、钝器伤等伤害结果时,能够认定该结果由伤害行为引起。

待罪,成立想象竞合。[129] 由于本罪的法定刑高于虐待罪,故应按本罪的法定刑处罚。

根据刑法第260条之一的规定,犯本罪的,处3年以下有期徒刑或者拘役。单位犯本罪的,对单位判处罚金,并对其直接负责的主管人员和其他直接责任人员,依照上述规定处罚。

十七、拐骗儿童罪

拐骗儿童罪,是指采用蒙骗、利诱或其他方法,使不满14周岁的未成年人脱离家庭或者监护人的行为。本罪的法益是未成年人的人身自由与身体安全,而非监护权。因此,监护人可以成为本罪主体。一方面,虽然未成年人的同意不影响本罪的成立,但是,未成年人的反对则是应当考虑的事实,故不能完全按照监护人的意志决定本罪的成立范围。换言之,行为人征得监护人的同意但违反未成年人的意志使未成年人离开家庭的行为,侵害了未成年人的人身自由与身体安全时,也应以本罪论处。另一方面,监护权应当是为了未成年人的利益而行使,滥用监护权的行为不可能成为排除犯罪的理由。既然如此,就不能在未成年人保护之外认可监护权的独立意义。

行为对象是不满14周岁的未成年人。行为内容为拐骗不满14周岁的儿童脱离家庭或者监护人;拐骗行为既可以针对未成年人实施,也可以针对未成年人的家长或监护人实施;拐骗的手段主要表现为蒙骗、利诱,将儿童偷走、抢走的行为也成立本罪。[130] 从收买者、拐骗者、拐卖者处拐骗儿童的,也成立本罪。但是,拒不将他人寄养的儿童交给他人的,以及解救被拐卖的儿童后自己抚养的,不宜认定为本罪。拐骗行为征得未成年人同意的,不影响本罪的成立。责任形式为故意,行为人必须明知是不满14周岁的未成年人而拐骗,不要求有特定目的。客观上拐骗了儿童,且主观上具有故意,但不能证明行为人的目的的,应认定为拐骗儿童罪。以出卖为目的拐骗儿童的,成立拐卖儿童罪;以勒索财物或者满足其他不法要求为目的,以暴力、胁迫等手段控制儿童作为人质的,成立绑架罪。拐骗儿童后产生出卖或勒赎目的,进而出卖儿童或者以暴力、胁迫等手段对儿童进行实力支配以勒索钱财的,应另认定为拐卖儿童罪或绑架罪,与拐骗儿童罪实行并罚。拐骗行为本身导致儿童伤亡的,按想象竞合犯处理。

依照刑法第262条的规定,犯拐骗儿童罪的,处5年以下有期徒刑或者拘役。

十八、组织残疾人、儿童乞讨罪

组织残疾人、儿童乞讨罪,是指以暴力、胁迫手段组织残疾人或者不满14周岁的未成年人乞讨的行为。行为主体没有特别限制,父母、监护人也能成为本罪的行为主体。行为手段仅限于最广义的暴力与广义的胁迫;以利诱、欺骗等手段组织他人乞讨的,不成立本罪;以暴力、胁迫手段组织已满14周岁的没有残疾的人乞讨的,不成立本罪,但可能成立强迫劳动罪。[131] "组织",是指行为人让残疾人或者不满14周岁的未成年人在自己的支配下从事乞讨活动。被组织者不必达到3人以上。本罪的责任形式为故意,即明知是残疾人或者不满14周岁的人而以暴力、胁迫手段组织乞讨。是否出于牟利目的,以及客观

---

〔129〕 如果仅评价为一罪,则既不能全面评价行为的不法内容,也不能发挥想象竞合的明示机能。

〔130〕 联系刑法第240条考虑,"拐"并不限于欺骗、利诱等平和方法,而是包括暴力、胁迫等强制方法。所以,不能按字典含义理解刑法用语。

〔131〕 以暴力、胁迫手段组织残疾人或者不满14周岁的未成年人乞讨的行为,同时符合强迫劳动罪的犯罪构成的,属于想象竞合,应从一重罪处罚。

上是否牟利,不影响本罪的成立。犯本罪的,根据刑法第262条之一的规定处罚。暴力行为、胁迫手段另构成其他犯罪的,视具体案情从一重罪处罚或者实行数罪并罚。

十九、组织未成年人进行违反治安管理活动罪

本罪是指组织未成年人进行盗窃、诈骗、抢夺、敲诈勒索等违反治安管理活动的行为。

关于本罪的认定,需要注意以下几个方面的协调关系:(1)法条表述为"违反治安管理活动",显然意味着不要求未成年人的行为符合刑法所规定的犯罪构成。如果认为,本条之所以规定为"违反治安管理活动",是因为未成年人不具有刑法上的责任年龄与责任能力,其行为不可能构成犯罪,因此,即使未成年人客观上盗窃、诈骗、抢夺、敲诈勒索的财物数额较大或者巨大,只要没有达到法定年龄,就必须将组织者的行为认定为本罪,那么,就导致处罚的不协调。换言之,行为人组织未成年人进行盗窃、诈骗、抢夺、敲诈勒索等犯罪活动的,必然同时触犯盗窃、诈骗、抢夺、敲诈勒索等罪,要么是相关犯罪集团的首要分子,要么是相关犯罪的教唆犯或者间接正犯。从总体来说,盗窃、诈骗、抢夺、敲诈勒索等罪的法定刑重于本罪的法定刑。既然如此,就不能对同时触犯盗窃、诈骗、抢夺、敲诈勒索等罪的组织者,仅按本罪处罚。(2)法条表述为"违反治安管理活动",只是不要求未成年人的行为符合刑法所规定的犯罪构成,而不是说未成年人的行为不得符合刑法所规定的犯罪构成。这是因为,既然组织未成年人进行盗窃、诈骗、抢夺、敲诈勒索等违反治安管理活动的行为,能够成立本罪,那么,即使未成年人盗窃、诈骗、抢夺、敲诈勒索的财物数额较大,也完全符合违反治安管理活动的条件。所以,当行为人组织未成年人进行盗窃、诈骗、抢夺、敲诈勒索等活动,未成年人的盗窃、诈骗、抢夺、敲诈勒索的财物数额较大或者巨大时,组织者的行为就属于一个行为同时触犯两个罪名的想象竞合犯。例如,当行为人甲组织未成年人盗窃,盗窃数额较大时,如果按盗窃罪处罚,只能适用"三年以下有期徒刑、拘役或者管制,并处或者单处罚金"的法定刑;如果认定甲的行为属于刑法第262条之二规定的情节严重的情形,则应依照想象竞合犯的原理,按本罪处罚。(3)不排除组织未成年人进行盗窃、诈骗、抢夺、敲诈勒索等活动的行为,既触犯盗窃、诈骗、抢夺、敲诈勒索等罪,也触犯本罪,并且应当数罪并罚的情形。例如,行为人既组织未成人进行盗窃、诈骗、抢夺、敲诈勒索等违反治安管理活动,又组织未成年人进行盗窃、诈骗、抢夺、敲诈勒索等犯罪活动的,应当实行数罪并罚。

根据刑法第262条之二的规定,犯本罪的,处3年以下有期徒刑或者拘役,并处罚金;情节严重的,处3年以上7年以下有期徒刑,并处罚金。

第五节 侵犯名誉、隐私的犯罪

一、侮辱罪

(一)侮辱罪的概念与犯罪构成

侮辱罪,是指使用暴力或者其他方法,公然败坏他人名誉,情节严重的行为。

本罪的法益是他人的名誉。名誉有三种含义:一是外部的名誉(社会的名誉),指社会对人的价值评判;二是内部的名誉,指客观存在的人的内部价值;三是主观的名誉(名誉感情),本人对自己所具有的价值意识、感情。作为侮辱罪与后述诽谤罪法益的名誉应限于外部的名誉,外部名誉又可以区分为本来应有的评价(规范的名誉)与现实通用的评价(事实的名誉)。[132] 本罪属于抽象的危险犯。

1. 构成要件的内容为,使用暴力或者其他方法,公然败坏他人名誉,情节严重。

(1)必须有侮辱行为。侮辱,是指对他人予以轻蔑的价值判断的表示,所表示的内容通常与他人的能力、德性、身份、身体状况等相关。即使行为人所表示的内容是公知的事实,但只要该内容是毁损他人名誉的事实,就属于侮辱。例如,即使周围的人都知道某人是卖淫女,行为人公然辱骂其为"婊子"的,也属于侮辱。侮辱方式可以分为四种:一是暴力侮辱。这里的暴力不是指杀人、伤害、殴打,而是指使用强力败坏他人的名誉。如使用强力逼迫他人做难堪的动作;强行将粪便塞入他人口中等。二是非暴力的动作侮辱。"例如:与人握手后,随即取出纸巾擦拭,作嫌恶状。"[133] 三是言词侮辱,表现为使用言词对被害人进行戏弄、诋毁、谩骂。四是文字或图画侮辱,即书写、张贴、传阅有损他人名誉的大字报、小字报、漫画、标语等。

(2)侮辱行为必须公然进行。所谓"公然"侮辱,是指采用不特定或者多数人可能知悉的方式对他人进行侮辱。不特定人,是指对方不是由特定关系所限定的人,例如,在马路上、街道里谩骂他人的,属于公然侮辱。"多数人"并无确定的数量要求,需要结合行为的时间、场所以及对方与被害人的关系等进行判断。例如,在住宅内向一家四口侮辱他人的,一般不具有公然性。但是,在被害人工作单位向三位同事侮辱被害人的,则具有公然性。侮辱行为不要求发生在公共场所;公然也不要求被害人在场。但是,如果仅仅面对着被害人进行侮辱,没有第三者在场,也不可能被第三者知悉,则不构成侮辱罪。另一方面,只要不特定的人或者多数人可能知悉,即使现实上没有知悉,也不影响本罪的成立。利用电子邮件、网络侮辱他人的,也成立本罪。传播性理论认为,行为人直接面对特定的少数人实施行为,但此特定少数人可能进行传播,进而能够使不特定人或者多数人认识行为内容时,侮辱结果具有公然性,应认定为侮辱罪。本书不赞成传播性理论。刑法所要求的是侮辱行为的公然性,而不是结果的公然性;传播性理论导致由听者是否传播决定行为人的行为是否构成犯罪,缺乏合理性;导致侮辱罪的危险更为抽象,与本罪的性质不相符合;导致私下议论也可能触犯刑法,殊有不当。但是,利用新闻记者、媒体传播的,或者多次向特定少数人侮辱他人的,则属于公然侮辱,成立本罪。

(3)侮辱对象必须是特定的人。特定的人既可以是一人,也可以是数人,[134] 但必须是具体的,可以确认的。即使是恶人或者徒有虚名的人,也能成为侮辱的对象。但是,对于公然揭露有损社会公众人物名誉的事实的,不应轻易认定为本罪。在大庭广众之中进行无特定对象的谩骂,不构成侮辱罪。死者不能成为本罪的侮辱对象,但如果表面上侮辱死者,实际上是侮辱死者家属的,则应认定为侮辱罪。法人也不能成为本罪对象,但如果表面上侮辱法人,实际上是侮辱法定代表人等自然人的,则应认定为侮辱罪。

(4)情节严重。情节严重主要是指以下情形:手段恶劣的,如当众将粪便塞入他人口

[132] 参见[日]西田典之:《刑法各论》,弘文堂2012年第6版,第109页。

[133] 林东茂:《刑法综览》,中国人民大学出版社2009年版,第268页。

[134] 由于名誉是个人专属法益,一句话辱骂特定数人的,属于同种的想象竞合犯。

中等;侮辱行为造成严重后果的,如被害人不堪侮辱自杀的,因受侮辱导致精神失常的;多次实施侮辱行为的等。

散布有损他人名誉的真实事实,客观上保护了公共利益的,阻却违法性。例如,当众揭露候选人的真实的不道德行为的,不成立侮辱罪。这种情形阻却违法性的具体条件是:一是所散布的事实与公共利益有关,是公众进行民主自治等应当知道的事实;二是散布行为有利于保护公共利益,这需要根据行为的时间、地点等判断;三是所散布的事实是真实的,而不是虚假的(否则可能成立诽谤罪)。行为人误将虚伪事实当做真实事实散布的,属于事实认识错误,不成立侮辱罪与诽谤罪。

2. 责任形式为故意,行为人明知自己的侮辱行为会造成败坏他人名誉的结果,并且希望或者放任这种结果的发生。

(二)侮辱罪与强制猥亵、侮辱罪的关系

侮辱罪的法益是他人的名誉,强制猥亵、侮辱罪的法益是他人的性的自己决定权。但是,强制猥亵、侮辱他人的行为,一般也会同时侵犯他人的名誉。所以,侮辱罪与强制猥亵、侮辱罪,不是对立关系。换言之,公然对他人实施的强制猥亵、侮辱行为,虽然损坏了他人的名誉,触犯了侮辱罪,但由于侵害了更为重要的法益,应按强制猥亵、侮辱罪处罚。

需要讨论的是,出于报复等心理对他人实施猥亵行为,侵犯其性的自己决定权行为应当如何定罪?例如,甲出于报复动机当众或者在非公共场所强行脱掉乙的衣裤的行为,应当如何处理?对他人的性的自己决定权的侵犯,一般也是对他人名誉的侵犯,但性的自己决定权的法益性质重于名誉,于是刑法对侵犯他人性的自己决定权的行为作了特别规定。因此,凡是使用暴力、胁迫等强制手段侵犯他人性的自己决定权的行为,均触犯了强制猥亵、侮辱罪。易言之,除强奸罪之外,对于侵犯他人性的自己决定权的行为,应认定为刑法第237条规定的强制猥亵、侮辱罪。据此,不管出于什么动机与目的,不管在什么场所,强行剥光他人衣裤的行为,都构成强制猥亵、侮辱罪。如果将上述甲的行为认定为侮辱罪,则存在疑问。与单纯侵犯名誉的侮辱罪相比,甲的行为更为严重地侵害了乙的性的自己决定权,仅以侮辱罪论处导致评价不全面,也不符合罪刑相适应原则。

(三)侮辱罪的处罚

根据刑法第246条的规定,犯侮辱罪的,处3年以下有期徒刑、拘役、管制或者剥夺政治权利。犯本罪的,告诉的才处理。

二、诽谤罪

(一)诽谤罪的概念与犯罪构成

诽谤罪,是指散布捏造的事实,足以败坏他人名誉,情节严重的行为。

1. 构成要件的内容为,散布捏造的事实,足以败坏他人名誉。捏造,是指无中生有、凭空制造虚假事实。所捏造的事实,是有损对他人的社会评价的、具有某种程度的具体内容的事实。由于捏造事实,容易使人误信,因而对他人名誉的损害程度比侮辱更为严重。如果行为人散布的是有损他人名誉的真实事实,则不构成诽谤罪。单纯的捏造并非本罪的实行行为。将捏造的事实予以散布,才是诽谤的实行行为。换言之,不应当将刑法第246条第1款规定的"捏造事实诽谤他人",理解为先捏造事实、后诽谤他人(或散布事实),而应解释为"利用捏造的事实诽谤他人"或者"以捏造的事实诽谤他人"。据此,明知是损害他人名誉的虚假事实而散布的,也属于诽谤。[135] 例如,行为人故意将他人捏造的虚假事实由“网下”转载至“网上”的,或者从不知名网站转发至知名网站的,或者从他人的封闭空间(如加密的QQ空间)窃取虚假信息后发布到互联网的,以及其他以捏造的事实诽谤他人的,都属于诽谤。“两高”2013年9月6日《关于办理利用信息网络实施诽谤等刑事案件适用法律若干问题的解释》(以下简称《诽谤案件解释》)也指出:具有下列情形之一的,应当认定为“捏造事实诽谤他人”:(1)捏造损害他人名誉的事实,在信息网络上散布,或者组织、指使人员在信息网络上散布的;(2)将信息网络上涉及他人的原始信息内容篡改为损害他人名誉的事实,在信息网络上散布,或者组织、指使人员在信息网络上散布的;(3)明知是捏造的损害他人名誉的事实,在信息网络上散布,情节恶劣的。诽谤的行为对象应是特定的人。特定的人既可以是一人,也可以是数人。诽谤时虽未具体指明被害人的姓名,但能推知具体被害人的,仍构成诽谤罪。成立本罪还要求情节严重,如手段恶劣、内容恶毒、后果严重等。

2. 责任形式为故意,行为人明知自己散布的是足以损害他人名誉的虚假事实,明知自己的行为会发生损害他人名誉的结果,并且希望或者放任这种结果的发生。行为人将虚假事实误认为是真实事实加以扩散,或者将某种虚假事实进行扩散但无损害他人名誉的故意的,不构成诽谤罪。

(二)诽谤罪的认定

《宪法》第35条规定:“中华人民共和国公民有言论、出版、集会、结社、游行、示威的自由。”发表言论是人民管理国家事务,管理经济和文化事业,以及管理社会事务的最常见、最有效方式;宪法规定言论自由就是为了实现人民对公共事务的管理。参与公共事务的管理与对公众人物的批评密切联系。“公众人物是指那些‘深入参与重要的公共问题之解决过程的人,或由于其名望而在广受关注的事件中有影响的人’。”[136] 由于对公众人物的看法与评论基本上直接属于对公共事务的看法与评论,而这种看法与评论是宪法规定言论自由的主要目的,所以,对公众人物的看法与评论可以阻却行为的违法性。首先,对公众人物的批评具有值得宪法保护的重大社会价值。因此,即使对公众人物的批评可能在事实与评价方面均存在不当,经过法益衡量,也能阻却行为的违法性。这是因为,言论自由不仅是发言者的权利,而且也是听众的权利;不仅是个人的权利,而且是宪政的基础;不仅具有社会的效用,而且是政治权力正当化的源泉。所以,言论自由具有优越的地位,远远高于公众人物的名誉权。另一方面,一个人愿意成为公众人物时,就意味着其在一定限度内放弃了法律对自己名誉权的保护。其次,公众人物掌握了许多公共资源,容易消除公民的错误陈述对其造成的不利影响。换言之,在公众人物容易利用公共平台回应不实言论的情况下,针对公众人物的不实言论所造成的不利影响就能够迅速减少乃至消除。既然如此,就没有必要通过追究法律责任的方式禁止针对公众人物的不实言论。最后,一般人都会意识到对公众人物的批评可能存在不实言论或者错误表述。既然如此,公众人物的名誉就不会受到明显的贬损;即使针对公众人物的不实言论或者错误表述可能

---

[135] 参见张明楷:“网络诽谤的争议问题探究”,载《中国法学》2015年第3期。

[136] [美]阿兰·艾德斯、克里斯托弗·N.梅:《美国宪法个人权利案例与解析》,项焱译,商务印书馆2014年版,第401页。

使公众人物的名誉受到了一定影响,也不可能达到值得科处刑罚的程度。此外,公民不可能在提出批评之前查明公众人物的所有言行,也不能期待公民在彻底查清事实之后再发表言论。概言之,只有当行为人针对公众人物陈述的虚假事实没有任何根据,全部内容均为捏造,而且陈述虚假事实的唯一目的是毁损公众人物的名誉,没有任何其他正当目的时,才能认定为诽谤罪。

根据刑法第246条第1款的规定,诽谤行为情节严重的,才成立犯罪。《诽谤案件解释》第2条规定了四项情节严重的情形:"(1)同一诽谤信息实际被点击、浏览次数达到五千次以上,或者被转发次数达到五百次以上的;(2)造成被害人或者其近亲属精神失常、自残、自杀等严重后果的;(3)二年内曾因诽谤受过行政处罚,又诽谤他人的;(4)其他情节严重的情形。"其中第(1)项规定引起了学界的争议,有的人认为,该规定会导致一个人是否构成犯罪并不完全由犯罪人自己的行为来决定;有的人认为,该规定导致处罚范围过于扩大。其实,在网络活动中,他人的点击、浏览、转发都是一种相当自然、正常的行为,不具有异常性。所以,散布行为与被害人名誉毁损的结果之间的因果关系不可能被中断,结果必须归属于散布行为。此外,在网络诽谤的场合,即使事实上只有少数人点击、浏览、转发诽谤内容,但客观上则是多数人随时可能点击、浏览、转发诽谤内容,因此被害人的名誉总是面临被毁损的危险。即使行为人删除了相关信息,但诽谤信息仍然可能继续传播。例如,行为人在微信上散布捏造的事实后,通常会被多人转发;即使行为人撤回或者删除了所散布的诽谤言论,他人还可能继续转发。即便所有的诽谤信息均被删除,但浏览过诽谤信息的人依然会相信诽谤信息是真实的。所以,网络诽谤的特点,决定了其本身就是值得处罚的情节严重的行为。不仅如此,在信息网络上发表诽谤言论的行为,实际上属于持续犯,应认定为情节严重。可以肯定的是,当行为人在信息网络上发表诽谤他人的言论时,其行为就已经既遂。但是,只要信息网络上的诽谤言论没有被删除,其"捏造事实诽谤他人"的实行行为就没有终了,仍然处于持续状态。即使认为这种行为属于状态犯,但只要诽谤内容仍然存在于信息网络上,其对被害人的名誉毁损所具有的抽象危险,就会在一定时间内持续增加,应当认定为情节严重。在本书看来,《诽谤案件解释》并没有扩大诽谤罪的处罚范围,相反可能缩小了诽谤罪的处罚范围。

诽谤罪与侮辱罪都属于侵犯名誉的犯罪,都是抽象的危险犯。但是,诽谤罪的方法只能是口头或文字的,不可能是暴力的、动作的;侮辱罪的方法既可以是口头、文字的,也可以是暴力的、动作的。诽谤罪必须有散布损害他人名誉的虚假事实的行为;侮辱罪既可以不用具体事实,也可以用真实事实损害他人名誉。例如,被害妇女并无婚外性行为的事实,但行为人捏造并散布被害妇女有婚外性行为的事实,情节严重的,构成诽谤罪。如果被害妇女有婚外性行为,行为人为了损害其名誉,散布这种婚外性行为的事实,情节严重的,成立侮辱罪。所散布的事实不足以使人信以为真的,不是诽谤,但可能属于侮辱。例如,说某人长着"猪脑袋"的,骂一家数人均为妓女所生的,属于侮辱行为。

诽谤罪与诬告陷害罪的共同点是捏造事实,而且诽谤罪也可能捏造犯罪事实,但前者是对名誉的犯罪,后者是对人身自由的犯罪。前者是向没有限定的他人散布虚假事实败坏他人名誉,后者是向公安、司法等机关告发虚假的犯罪事实。所以,向一般人散布所捏造的犯罪事实的,只成立诽谤罪。

（三）诽谤罪的处罚

根据刑法第246条的规定，犯诽谤罪的，处3年以下有期徒刑、拘役、管制或者剥夺政治权利。

刑法第246条第2、3款规定，犯侮辱、诽谤罪，“告诉的才处理，但是严重危害社会秩序和国家利益的除外”；“通过信息网络实施第一款规定的行为，被害人向人民法院告诉，但提供证据确有困难的，人民法院可以要求公安机关提供协助”。

所谓“告诉的才处理”，是指被害人告诉才处理，如因受强制、威吓无法告诉的，人民检察院和被害人的近亲属也可以告诉。刑法之所以将侮辱罪、诽谤罪规定为告诉才处理的犯罪，主要是因为侮辱、诽谤行为大都发生在邻居、同事之间，在多数场合可以通过调解方式解决。此外，被害人可能不愿意让更多的人知道自己受侮辱、诽谤的事实，如果违反被害人的意志提起诉讼，会产生相反的效果。通过信息网络实施侮辱罪、诽谤罪，被害人向人民法院告诉，但提供证据确有困难的，人民法院可以要求公安机关提供协助。

根据《诽谤案件解释》的规定，利用信息网络诽谤他人，具有下列情形之一的，应当认定为“严重危害社会秩序和国家利益”：（1）引发群体性事件的；（2）引发公共秩序混乱的；（3）引发民族、宗教冲突的；（4）诽谤多人，造成恶劣社会影响的；（5）损害国家形象，严重危害国家利益的；（6）造成恶劣国际影响的；（7）其他严重危害社会秩序和国家利益的情形。需要说明的是，这一规定也可以适用于以其他方式实施侮辱、诽谤行为的情形。此外，侮辱、诽谤情节严重，引起了被害人自杀身亡或者精神失常等后果，被害人丧失自诉能力的，应归入“严重危害社会秩序”的情形。至于对地方机关工作人员的侮辱、诽谤，则应排除在“严重危害社会秩序和国家利益”的情形之外。

三、煽动民族仇恨、民族歧视罪

本罪是指向不特定人或多数人鼓动民族仇恨、民族歧视，情节严重的行为。煽动民族仇恨，是指向不特定人或多数人煽动汉族与少数民族之间的仇恨、此少数民族与彼少数民族之间的仇恨。煽动民族歧视，是指向不特定人或多数人宣扬、鼓动对某一民族予以歧视。只要实施煽动行为情节严重的，便成立本罪。犯本罪的，根据刑法第249条的规定处罚。

四、出版歧视、侮辱少数民族作品罪

本罪是指在出版物中刊载歧视、侮辱少数民族的内容，情节恶劣，造成严重后果的行为。成立本罪不要求某一出版物完全是歧视、侮辱少数民族的内容；只要出版物中具有歧视、侮辱少数民族的部分内容，情节恶劣并造成严重后果的，就成立本罪。责任形式为故意。犯本罪的，根据刑法第250条的规定处罚。

五、侵犯公民个人信息罪

侵犯公民个人信息罪，是指违反国家有关规定，向他人出售或者提供公民个人信息，或者将在履行职责或者提供服务过程中获得的公民个人信息，出售或者提供给他人，以及窃取或者以其他方法非法获取公民个人信息，情节严重的行为。

作为本罪行为对象的“公民个人信息”包括公民的姓名、年龄、有效证件号码、婚姻状况、工作单位、学历、履历、家庭住址、电话号码等能够识别公民个人身份或者涉及公民个人隐私的信息、数据资料。因此，公民生理状态、遗传特征、经济状况、电话通话清单、个人具体行踪等也包括在内。“公民”不包含单位与死者在内。

本罪包括三个行为类型:第一种类型是违反国家有关规定,向他人出售或者提供公民个人信息。"出售"也属于"提供",因为出售是一种常见类型,故法条将其独立规定。提供的方式没有限定,凡是使他人可以知悉公民个人信息的行为,均属于提供。第二种类型是违反国家有关规定,将在履行职责或者提供服务过程中获得的公民个人信息,出售或者提供给他人。"在履行职责或者提供服务过程中获得的公民个人信息",包括作为主体的单位以及自然人在履行职责或者提供服务过程中正当、正常获得的公民个人信息。例如,银行工作人员在工作中获得的储户个人信息,宾馆工作人员在工作中获得的旅客个人信息,网络、电信服务商在提供网络、电信服务过程中获得的公民个人信息,如此等等。第三种类型是窃取或者以其他方法非法获取公民个人信息。"窃取"也是"非法获取"的一种方式,只是由于窃取的方式较为常见,故法条将其独立规定。凡是非法获得公民个人信息的行为,均属于"以其他方法非法获取",如购得、骗取、夺取等。行为人采取冒充司法工作人员等方法,欺骗国家机关或者金融、电信、交通、教育、医疗等单位的工作人员,使后者提供公民个人信息的,属于第三种类型的犯罪。前两种类型均以违反国家规定为前提,后一种类型要求非法获取。这一规定的实质是提示违法阻却事由。例如,向司法机关提供公民个人信息以便查处犯罪的,就属于违法阻却事由。

上述三种类型的行为,均要求情节严重。对于将获得的公民个人信息出售或者非法提供给他人,被他人用以实施犯罪,造成受害人人身伤害或者死亡,或者造成重大经济损失、恶劣社会影响的,或者出售、非法提供公民个人信息数量较大,或者违法所得数额较大的,以及窃取或者以购买等方法非法获取公民个人信息数量较大,或者违法所得数额较大,或者造成其他严重后果的,均应当认定为情节严重。

本罪的责任形式为故意,特定目的与动机不是本罪的责任要素。需要说明的是,"窃取或者以其他方法非法获取",既包括为了使本人获得而窃取或非法获取,也包括为了使第三者获得而窃取或者非法获取。

根据刑法第 253 条之一的规定,犯本罪的,处 3 年以下有期徒刑或者拘役,并处或者单处罚金;情节特别严重的,处 3 年以上 7 年以下有期徒刑,并处罚金。单位犯本罪的,对单位判处罚金,并对其直接负责的主管人员和其他直接责任人员,依照上述规定处罚。非法获取公民个人信息后,又出售或者提供给他人的,视情节分别认定为情节严重或者情节特别严重,不必实行数罪并罚。

第六节　侵犯民主权利的犯罪

一、非法剥夺公民宗教信仰自由罪

本罪是指国家机关工作人员非法剥夺公民宗教信仰自由,情节严重的行为。本罪的法益是公民的宗教信仰自由权利。宗教信仰自由包括,信仰宗教的自由与不信仰宗教的自由,信仰这种宗教的自由和信仰那种宗教的自由,进行正当的宗教活动的自由等。

构成要件包括以下要素:(1)主体必须是国家机关工作人员。因为国家机关工作人员是国家方针政策的执行者,他们滥用职权非法剥夺公民宗教信仰自由,就会直接妨害国家的宗教政策的落实，其法益侵害性才能达到犯罪程度。非国家机关工作人员也可能实施剥夺公民宗教信仰自由的行为，但法益侵害性没有达到上述程度，不能以本罪论处。(2)行为内容为剥夺公民宗教信仰自由。例如，采取暴力、胁迫或其他手段，制止他人加入宗教团体，或者强迫他人退出宗教团体；或者强迫不信教的人信教；或者强迫他人信仰这种宗教，而不准信仰那一种宗教；或者破坏他人的宗教信仰活动；或者对信仰宗教的人或不信仰宗教的人进行打击迫害等。(3)剥夺公民宗教信仰自由的行为必须具有非法性。制止封建迷信活动，取缔反动会道门，打击邪教活动的，不成立犯罪。(4)情节严重。如采取暴力等强制手段非法剥夺他人宗教信仰自由，非法封闭或捣毁宗教场所设施，造成严重后果等。责任形式为故意，行为人明知自己的行为会发生非法剥夺他人宗教信仰自由的结果，并且希望或者放任这种结果发生。

根据刑法第251条的规定，犯本罪的，处2年以下有期徒刑或者拘役。

二、侵犯少数民族风俗习惯罪

本罪是指国家机关工作人员以强制手段非法干涉、破坏少数民族的风俗习惯，情节严重的行为。本罪的法益是少数民族保持与改革本民族风俗习惯的权利。

构成要件的内容为，国家机关工作人员以强制手段非法干涉、破坏少数民族风俗习惯。干涉、破坏的形式表现为使用暴力、胁迫、利用权势、运用行政措施等。从内容上看，主要表现为强迫少数民族公民改变自己的风俗习惯，干涉或破坏少数民族根据自己的风俗习惯所进行的正当活动。例如，强制回族群众食用猪肉，禁止少数民族过自己的节日等。需要注意三个问题：(1)侵犯少数民族风俗习惯的客观行为，必须具有强制性。以宣传教育的方法，劝说少数民族自愿放弃、改革落后风俗习惯的，不构成本罪。(2)所侵犯的必须是少数民族(汉族以外的民族)的风俗习惯；这种风俗习惯必须是在长期的生产、生活过程中形成的、具有群众基础的风俗习惯。因此，侵犯汉族风俗习惯，或者干涉少数民族的个别人并非基于风俗习惯所进行的活动的，不构成本罪。(3)侵犯少数民族风俗习惯的行为，必须具有非法性，即对少数民族风俗习惯的干涉不具有合法根据。成立本罪还要求情节严重。手段恶劣的，引起民族纠纷、发生械斗的，应认定为情节严重。由于政策水平不高，或者对少数民族的风俗习惯缺乏了解，导致对具体问题处理失当，引起少数民族地区的公民不满的，一般不能以本罪论处。责任形式为故意，行为人明知自己的行为会发生侵犯少数民族保持与改革本民族风俗习惯的结果，并且希望或者放任这种结果的发生。

根据刑法第251条的规定，犯本罪的，处2年以下有期徒刑或者拘役。

三、侵犯通信自由罪

侵犯通信自由罪，是指故意隐匿、毁弃或者非法开拆他人信件，侵犯公民通信自由权利，情节严重的行为。[137]

构成要件的内容为，隐匿、毁弃或者非法开拆他人信件。行为对象为他人信件。信件是特定人向特定人转达意思、表达感情、记载事实的文书、语音(包括电子邮件以及微信、

---

〔137〕 本罪与私自开拆、隐匿、毁弃邮件、电报罪也可能侵犯公民的隐私，但由于明信片、不具有隐私内容的邮件也能成为隐匿、毁弃的对象，故本书未将本罪与私自开拆、隐匿、毁弃邮件、电报罪归入侵犯隐私的犯罪。

QQ 中的语音等)。[138] 信件不要求通过邮政局投递。明信片是隐匿、毁弃的对象,但不能成为非法开拆的对象。此外,他人信件是指他人所有的信件(只要发件人与收件人中有一方为公民即可),不包括单位之间的公函。[139] 行为人已经寄给他人的信件(他人已经收悉),也可能成为本罪的对象。行为内容为隐匿、毁弃或者非法开拆。隐匿,是指妨害权利人发现信件的一切行为;毁弃,是指妨害信件本来效用的一切行为;非法开拆,是指擅自使他人信件内容处于第三者(指发件人与收件人以外的人,包括行为人)可能知悉的状态的一切行为,但不要求第三者已经知悉信件的内容。由于非法开拆的实质是侵犯他人保守通信秘密的自由权利,所以,对于形式上未予开拆但采取科技手段得知他人信件内容的行为,可以认定为非法开拆。私自打开他人电子邮件的,也属于非法开拆信件。实施隐匿、毁弃、非法开拆他人信件三种行为之一的,即可构成侵犯通信自由罪;同时实施上述几种行为的,也只成立一罪,不实行数罪并罚。成立本罪还要求情节严重。情节严重主要是指,隐匿、毁弃、非法开拆他人信件,次数较多,数量较大的;致使他人工作、生活受到严重妨害,或者身体、精神受到严重损害以及造成家庭不睦、夫妻离异等严重后果的;非法开拆他人信件,涂改信中的内容,侮辱他人人格的;等等。根据刑事诉讼法的规定,侦查人员经公安机关或检察院的批准而扣押被告人的邮件、电报的,阻却违法性,不能认定为本罪。本罪的责任形式为故意,过失毁损或者遗失、误拆他人信件的,不成立本罪。

根据刑法第 252 条的规定,犯侵犯通信自由罪的,处 1 年以下有期徒刑或者拘役。非法开拆他人信件,侵犯公民通信自由权利,情节严重,并从中窃取少量财物,或者窃取汇票、汇款支票,骗取汇兑款数额不大的,以侵犯通信自由罪论处;非法开拆他人信件,侵犯公民通信自由权利,并从中窃取数额较大财物的,属于本罪与盗窃罪的想象竞合,从一重罪处罚。非法开拆他人信件,侵犯公民通信自由权利,情节严重,并从中窃取汇票或汇款支票,冒名骗取汇兑款数额较大的,应以侵犯通信自由罪和(票据)诈骗罪实行并罚。[140]

四、私自开拆、隐匿、毁弃邮件、电报罪

本罪是指邮政工作人员私自开拆、隐匿、毁弃邮件、电报的行为。

本罪为身份犯(加重身份犯),行为主体必须是邮政工作人员,包括邮政部门的管理人员、营业员、分拣员、投递员、押运员。根据有关法律规定,国际邮件的出入境、开拆与封发,由海关人员监管,故监管国际邮件的海关人员应视为邮政工作人员,他们私自开拆、隐匿、毁弃邮件的,也应以本罪论处。行为对象为邮件、电报。邮件,是指通过邮政部门寄递的信件、印刷品、邮包、汇款通知、报刊等。行为内容为在执行职务时私自开拆、隐匿、毁弃邮件、电报。[141] 私自开拆,是指未经合法批准,使邮件、电报内容处于第三者(指发件人与收件人以外的人,包括行为人)可能知悉的状态的一切行为,但不要求第三者已经知悉信

---

[138] 根据全国人大常务委员会 2000 年 12 月 28 日《关于维护互联网安全的决定》,非法截获、篡改、删除他人电子邮件或者其他数据资料,侵犯公民通信自由和通信秘密构成犯罪的,依照刑法有关规定定罪量刑。

[139] 对隐匿、毁弃、非法开拆单位信函的,应视具体情况处理:如果符合毁灭国家机关公文罪或故意泄露国家秘密罪的犯罪构成,则以犯罪论处;如果不符合犯罪构成,则不得认定为犯罪。

[140] 参见最高人民检察院 1989 年 9 月 15 日《关于非邮电工作人员非法开拆他人信件并从中窃取财物案件定性问题的批复》。

[141] 邮政工作人员不具有私自开拆、隐匿、毁弃邮件、电报的一般职务权限,故本罪不属于滥用职权的犯罪,不需要利用职务上的便利。换言之,只要行为人在履行职务过程中实施本罪行为即可构成犯罪。

件的内容。隐匿，是指妨害权利人发现邮件、电报的一切行为；毁弃，是指妨害邮件、电报本来效用的一切行为。根据有权机关的合法指示，扣押有关邮件的，阻却违法性。本罪的责任形式为故意，过失造成邮件、电报毁损的，不成立本罪。

根据刑法第 253 条的规定，犯私自开拆、隐匿、毁弃邮件、电报罪的，处 2 年以下有期徒刑或者拘役。犯本罪而窃取财物的，属于本罪与盗窃罪的想象竞合，按盗窃罪的法定刑从重处罚。[142]

五、报复陷害罪

（一）报复陷害罪的概念与犯罪构成

报复陷害罪，是指国家机关工作人员滥用职权、假公济私，对控告人、申诉人、批评人、举报人实行报复陷害的行为。本罪的法益是公民的控告权、申诉权、批评监督权与举报权。

1. 构成要件的内容为，国家机关工作人员滥用职权、假公济私，对控告人、申诉人、批评人、举报人实施报复陷害。（1）本罪为身份犯，行为主体必须是国家机关工作人员。（2）行为对象为控告人、申诉人、批评人与举报人。控告人是向司法机关或其他有关国家机关告发国家工作人员违法失职行为的人；申诉人是指对自己或亲属所受的处分不服，请求改变或撤销处分的人；批评人是指对国家机关及其工作人员提出批评建议的人；举报人是指向司法机关及其他有关部门检举、报告违法犯罪行为的人。上述控告人、申诉人、批评人与举报人，并不限于对实施本罪的国家机关工作人员进行控告、申诉、批评与举报的人。例如，被害人向国家机关工作人员甲提出控告，国家机关工作人员乙滥用职权进行报复陷害的，仍然构成报复陷害罪。再如，被害人控告某国家机关工作人员子女的犯罪行为，该国家机关工作人员滥用职权进行报复陷害的，也构成报复陷害罪。因为一切公民的控告权、申诉权、批评权与举报权都受法律保护，要做到这一点，就不能允许国家机关工作人员对任何控告人、申诉人、批评人与举报人进行报复陷害，否则就不利于保护公民的民主权利。（3）行为内容为滥用职权、假公济私，实行报复陷害。问题是，“滥用职权”与“假公济私”是必须同时具备的要素，还是仅具备其中之一即可？在本书看来，本罪中的“滥用职权”与刑法第 397 条所规定的“滥用职权”，并不是等同含义。本罪中的“滥用职权”显然是针对他人实施的行为，其实质是妨害控告人、申诉人、批评人、举报人行使权利，或者使控告人、申诉人、批评人、举报人实施没有义务实施的行为。换言之，本罪中的“滥用职权”类似于日本刑法规定的滥用职权罪。日本刑法中的“滥用职权，是指公务员就属于其一般的职务权限的事项，假借行使职权，而实施实质的、具体的违法、不当的行为。其中存在两种类型：（1）尽管是私人的行为，却假装职务行为而实施（假装职务型）；（2）尽管不符合职务行为的要件，却仍然实施（遂行职务型）”。[143] 由此看来，“假公济私”也只是“滥用职权”的一种表现形式，而不是独立于“滥用职权”之外的一种行为类型。报复陷害的方式多种多样，如制造种种“理由”或“借口”，非法克扣工资、奖金，或开除公职，或降职、

---

[142] 邮政工作人员利用职务上的便利犯本罪而窃取财物，符合贪污罪的犯罪构成的，属于本罪与贪污罪的想象竞合，应当按贪污罪的法定刑处罚。本书认为，本条第 2 款属于注意规定，而没有将贪污行为拟制为盗窃罪。

[143] ［日］山口厚：《刑法各论》，有斐阁 2010 年第 2 版，第 607 页。

降薪,或压制学术、技术职称的评定等。如果所采取的报复陷害行为与职权没有关系,则不构成本罪。例如,对控告人进行身体伤害的,应以故意伤害罪论处。国家机关工作人员利用职权的报复陷害行为同时触犯其他罪的,属于想象竞合犯,从一重罪处罚。

2. 责任形式为故意,行为人明知自己的报复陷害行为会发生侵犯他人民主权利的结果,并且希望或者放任这种结果的发生。

依照立案标准,具有下列情形之一的,应予追诉:(1)报复陷害,情节严重,导致控告人、申诉人、批评人、举报人或者其近亲属自杀、自残造成重伤、死亡,或者精神失常的;(2)致使控告人、申诉人、批评人、举报人或者其近亲属的其他合法权利受到严重损害的;(3)其他报复陷害应予追诉的情形。

(二)报复陷害罪的处罚

根据刑法第254条的规定,犯报复陷害罪的,处2年以下有期徒刑或者拘役;情节严重的,处2年以上7年以下有期徒刑。所谓情节严重,通常是指对多人进行报复陷害,报复陷害的手段恶劣,报复陷害造成严重后果,如此等等。

六、打击报复会计、统计人员罪

本罪是指公司、企业、事业单位、机关、团体的领导人,对依法履行职责、抵制违反会计法、统计法行为的会计、统计人员实行打击报复,情节恶劣的行为。本罪的打击报复行为,应是基于行为主体的职权所实施的行为。对会计、统计人员实施杀害、伤害行为的,成立故意杀人罪、故意伤害罪。根据刑法第255条的规定,犯本罪的,处3年以下有期徒刑或者拘役。

七、破坏选举罪

破坏选举罪,是指在选举各级人民代表大会代表和国家机关领导人员时,以暴力、威胁、欺骗、贿赂、伪造选举文件、虚报选举票数等手段,破坏选举或者妨害选民和代表自由行使选举权与被选举权,情节严重的行为。

构成要件的内容为,在选举各级人民代表大会代表或国家机关领导人员时,以暴力、威胁、欺骗、贿赂、伪造选举文件、虚报选举票数等手段,破坏选举,或者妨害选民与代表自由行使选举权与被选举权的行为。破坏"选举",是指破坏各级人民代表大会代表的选举与国家机关领导人员的选举。其中的"国家机关"不限于中央国家机关,而且包括地方国家机关。破坏村民委员会选举、居民委员会选举的,不成立本罪。"破坏"选举的行为主要表现为三个方面:一是破坏选举工作的正常进行,如伪造选举文件,虚报选举票数,扰乱选举会场,强行宣布合法选举结果无效等;二是妨害选民与代表自由行使选举权与被选举权,如诱使或迫使选民违反自己的意志选举某人或不选举某人,阻碍他人充当被选举人;三是采取不正当方式影响选举结果。破坏选举的手段有暴力、胁迫、欺骗、贿赂、伪造选举文件、虚报选举票数等。破坏选举的行为情节严重的,才构成本罪。根据立案标准,具有下列情形之一的,应予追诉:(1)以暴力、威胁、欺骗、贿赂等手段,妨害选民、各级人民代表大会代表自由行使选举权和被选举权,致使选举无法正常进行,或者选举无效,或者选举结果不真实的;(2)以暴力破坏选举场所或者选举设备,致使选举无法正常进行的;(3)伪造选民证、选票等选举文件,虚报选举票数,产生不真实的选举结果或者强行宣布合法选举无效、非法选举有效的;(4)聚众冲击选举场所或者故意扰乱选举场所秩序,使选举工作无法进行的;(5)其他情节严重的情形。

责任形式为故意。由于过失影响了选举工作的正常进行,例如,将本无选举权的人列入选民名单、对候选人的介绍失实、误报选票数等,不构成破坏选举罪。

实施破坏选举罪的行为,其手段又触犯其他罪名的,通常应从一重罪处罚。如以暴力手段破坏选举致人重伤的,应按故意伤害罪的法定刑处罚。

根据刑法第256条的规定,犯破坏选举罪的,处3年以下有期徒刑、拘役或者剥夺政治权利。

第七节 妨害婚姻的犯罪

一、重婚罪

(一)重婚罪的概念与犯罪构成

重婚罪,是指有配偶而又与他人结婚,或者明知他人有配偶而与之结婚的行为。

1. 构成要件的内容为,有配偶而重婚或者明知他人有配偶而与之结婚。

(1)行为主体分为两种人:一是重婚者,即已有配偶并且没有解除婚姻关系,又与他人结婚的人。所谓"有配偶",是指男子有妻、女子有夫,而且夫妻关系处于存续期间。这种夫妻关系既包括经过合法的登记结婚而形成的夫妻关系,也包括事实上形成的夫妻关系。二是相婚者,即明知对方有配偶而与之结婚的人。后一种主体就其本身而言,并没有"重婚",但从重婚关系的整体来看,这种主体仍然是重婚的一方,在性质上与重婚者的行为完全相同,故我国刑法明文规定这种主体构成重婚罪。

(2)实施重婚行为。例如,重婚者又和第三者登记结婚,或者相婚者明知他人有配偶而与之登记结婚;重婚者又和第三者建立事实婚姻,或者相婚者明知他人有配偶而与之建立事实婚姻(可称之为事实重婚)。[144] 有争议的是后一种情况。以往承认事实婚姻,故事实重婚也成立重婚罪,但新的《婚姻登记管理条例》第24条规定,事实婚姻无效,不受法律保护;于是人们会认为事实重婚不应继续作为重婚罪的表现形式。本书认为,不能因为事实婚姻没有得到婚姻法的承认,而否认后一种情况构成重婚罪。一方面,事实婚姻是公开以夫妻名义长期生活在一起,而且周围民众也认为二人存在夫妻关系。事实重婚关系的存在,侵犯了一夫一妻制的婚姻关系,有必要认定为重婚罪。另一方面,事实婚姻是否有效与事实婚姻是否构成重婚罪并非同一议题;任何重婚罪中至少有一个婚姻关系无效,不受法律保护;要求两个以上的婚姻关系均有效才构成重婚罪,有自相矛盾之嫌。当然,不能扩大事实婚姻的范围。一般的同居关系、包养关系等不被民众认为是夫妻关系的情形,不能认定为事实婚姻。

2. 责任形式为故意。重婚者明知自己有配偶而又故意与他人结婚,如果认为自己的配偶死亡或者认为自己与他人没有配偶关系而再结婚的,不构成重婚罪。相婚者必须明知他人有配偶而与之结婚;如果确实不知道对方有配偶而与之结婚的,不构成重婚罪。

---

[144] 事实上还可能出现另一种情况,即一人同时与另外二人成立婚姻关系。如一名男子同时与两名女子举行婚礼,此后,两名女子均以妻子的名义、身份与男子共同生活。

结婚后因遭受自然灾害外流谋生,或者因配偶长期外出下落不明,造成家庭生活严重困难,又与他人形成事实婚姻的,因强迫、包办婚姻或因婚后受虐待外逃,或者已婚妇女在被拐卖后,与他人形成事实婚姻的,都是由于受客观条件所迫,不具有期待可能性,因而阻却责任,不宜以重婚罪论处。但是,上述妇女又与他人前往婚姻登记机关登记结婚的,并不缺乏期待可能性,仍应认定为重婚罪。

(二)重婚罪的认定

1.重婚行为是两个婚姻关系的重合,故行为人先与一方有事实婚姻,在解除了该事实婚姻后,与他人登记结婚或形成事实婚姻的,不构成重婚罪。同理,有配偶而与他人通奸或临时姘居的,以及明知他人有配偶而与之通奸或临时姘居的,也不构成重婚罪。

2.已经登记结婚但未同居,或者在提出离婚、提起离婚诉讼的期间,由于已经存在合法的婚姻关系,此时双方或一方与第三者登记结婚或者形成事实婚姻的,构成重婚罪。即使先前的婚姻关系并不合法(如采用欺骗手段与16周岁的人登记结婚),但在没有解除该婚姻关系期间又与他人结婚的,仍然构成重婚罪。

3.办理假离婚手续后又结婚的,依是否解除了婚姻关系而判断是否构成重婚罪。例如,夫妻为了达到某种目的而商议假离婚,并从法律上解除了婚姻关系,其中一方再结婚的,不成立重婚罪。反之,如果夫妻只是宣布离婚,但并没有解除婚姻关系,其中一方再结婚的,成立重婚罪。

4.在我国,同性婚姻还没有得到承认,故行为人有一个异性婚姻,同时有事实上的同性婚姻的,不宜以重婚罪论处。但是,倘若行为人在承认同性婚姻的国外登记了同性婚姻,在国内同时存在异性婚姻的,则应认定为重婚罪。

5.一方变性后导致形式上存在两个婚姻关系的,也不宜以重婚罪论处。例如,甲男与乙女登记结婚后,甲变性为女性,在没有解除与乙的婚姻关系时,与丙男结婚;乙女见甲变性为女性,而与丁男登记结婚。对甲、乙、丙、丁都不宜认定为重婚罪。

(三)重婚罪的处罚

依照刑法第258条的规定,犯重婚罪的,处2年以下有期徒刑或者拘役。量刑时,应主要考虑重婚的手段、动机、非法婚姻的数量、造成的结果等,同时要结合我国的现实情况。在对重婚罪定罪量刑的同时,应宣告解除其已形成的非法婚姻关系。

二、破坏军婚罪

(一)破坏军婚罪的概念与犯罪构成

破坏军婚罪,是指明知是现役军人的配偶,而与之结婚或者同居的行为。

1.构成要件的内容为,与现役军人的配偶结婚或者同居。现役军人,是指具有军籍并正在中国人民解放军或者人民武装警察部队服役的军人,不包括复员军人、退伍军人、转业军人、人民警察以及在部队、人民武装警察部队中工作但没有军籍的工作人员。现役军人的配偶,是指现役军人的妻子或丈夫,即与现役军人登记结婚,建立了婚姻关系的人。不包括仅与现役军人有婚约关系的"未婚夫"与"未婚妻"。结婚,是指与现役军人的配偶登记结婚,或者形成事实婚姻。同居,是指在一定时期内与现役军人的配偶姘居且共同生活。同居以两性关系为基础,同时还有经济上或其他生活方面的特殊关系,包括公开与秘密同居两种情况。一方面,不能将同居理解为事实婚姻,因为这不利于对军人婚姻的特殊保护,也使同居一词失去独立的意义。另一方面,也不能将同居理解为通奸,因为这与刑法特地使用“同居”一词以缩小打击面的意图相矛盾。最高人民法院曾指出,对长期与现役军人配偶通奸而给军人婚姻造成严重破坏后果的行为,直接以破坏军婚罪论处。[145] 但这一解释有类推解释之嫌。

2. 责任形式为故意,行为人必须明知是现役军人的配偶而与之结婚或者同居。由于某种原因不知对方是现役军人的配偶,而与之结婚或者同居的,不构成本罪。

(二)破坏军婚罪与重婚罪、强奸罪的关系

破坏军婚罪的行为,基本上(除同居以外)是重婚行为。刑法将其规定为不同的犯罪,旨在对现役军人的婚姻关系进行特殊保护。如果重婚行为符合破坏军婚罪的犯罪构成的,应以破坏军婚罪论处。

刑法第259条第2款规定,“利用职权、从属关系,以胁迫手段奸淫现役军人的妻子的”,依照刑法第236条的强奸罪定罪处罚。本规定属于注意规定,因此,只有当行为符合刑法第236条规定的强奸罪的犯罪构成时,才能适用刑法第236条。换言之,行为人以暴力、胁迫或者其他手段,违反现役军人妻子的意志,强行与之性交的,应认定为强奸罪。行为人虽然利用了职权或者从属关系,而没有进行胁迫的,不能认定为强奸罪。

(三)破坏军婚罪的处罚

依照刑法第259条的规定,犯破坏军婚罪的,处3年以下有期徒刑或者拘役。

---

〔145〕 参见最高人民法院1985年7月18日《印发〈关于破坏军人婚姻罪的四个案例〉的通知》。

第二十二章　侵犯财产罪

第一节　侵犯财产罪概述

一、侵犯财产罪的概念与犯罪构成

(一)侵犯财产罪的概念与法益

侵犯财产罪(财产罪、财产犯、财产犯罪),是指以非法占有为目的,非法取得公私财物,或者挪用单位财物,故意毁坏公私财物以及拒不支付劳动报酬的行为。

侵犯财产罪的法益,直接影响各种行为的性质与认定。例如,对以不法手段取回或者夺回自己所有而又由他人占有的财物的行为,应当如何处理？第三者窃取或者骗取他人无权占有的赃物或者违禁品的行为,是否构成犯罪？债权人使用胁迫手段实现自己债权的行为,是否构成敲诈勒索罪？受骗人基于不法原因将财物交付给对方的,对方是否成立诈骗罪？要回答这些问题,就必须明确刑法规定财产犯罪是为了保护什么法益。总的来说,侵犯财产罪的保护法益是公私财产。但是,如何理解“财产”,在理论上存在不同观点。

1. 法律的财产说

法律的财产说认为,一切财产罪都是侵害财产上的权利的犯罪。换言之,刑法规定财产罪是为了保护民事法上的权利。因此,财产犯罪的成立不以行为造成经济损害为前提,只要行为侵害了民事法上的权利,即使在经济上没有损害,也成立财产犯罪;反之,只要没有侵害民事法上的权利,即使造成了重大经济损害,也不成立财产犯罪。其基本理由是,经济生活中存在各种各样的经济利益、财产关系,哪些内容受法秩序保护,由规制私人财产关系的民事法决定,决定的表现是民事法上的权利。刑法规定财产罪就是为了保护民事法上的权利,刑法上的财产便是民事法上的权利的总和。例如,行为人实施诈骗行为,被害人基于不法原因给付的,不成立诈骗罪。第三者从盗窃犯那里骗取所盗财物的,由于没有欺骗原所有权人,故不成立诈骗罪。但是,法律的财产说在理论与实践上的缺陷相当明显,已完全崩溃。

2. 经济的财产说

经济的财产说(也称纯粹经济的财产说)认为,作为整体的具有经济价值的利益就是财产,因而是财产罪的保护法益;经济价值一般与金钱价值是等同的,金钱上的得失就是判断有无损害的标准。因此,第一,由于盗窃犯对赃物的占有,就是在享受经济上的利益,这种占有也是其财产,故所有权人从盗窃犯处骗回被盗财物的,只要没有提供相当价值的财物,就使盗窃犯遭受了经济损失,成立诈骗罪。债权人从债务人处骗取与债权额相当的财产的,也是如此。第二,受骗人基于不法原因给付的,也不影响对其财产损害的认定,即实施诈骗的行为人成立诈骗既遂。例如,行为人将废报纸冒充假币出卖给他人的,成立诈骗罪。再如,妓女对嫖资享有的债权虽然是无效债权,但只是在民事诉讼上不能实现,对妓女而言事实上具有金钱价值,也属于财产。而且,只要将劳动力视为财产,卖淫这种劳动力与一般劳动力就没有区别。所以,采取欺骗行为使妓女免收嫖资的,也成立诈骗既遂。第三,没有金钱价值的东西,即使被害人对其享有民事上的权利,也不属于财产;侵害这种权利的,不成立财产罪。第四,虽然侵害了具有金钱价值的利益,但如果提供了相当对价,没有造成金钱价值的整体减少的,就不存在刑法上的财产损害,因而不成立财产罪。

3. 法律的·经济的财产说(折中说)

法律的·经济的财产说认为,所谓财产,是指法秩序所保护的(违法的利益除外)、作为整体的具有经济价值的利益。因此,关于不法原因给付与诈骗罪的问题,折中说与法律的财产说在本质上相同(也存在一些具体差异);关于成立财产罪是否需要经济损害的问题,折中说与经济的财产说相同。[1]

本书对财产概念采取以经济的财产说为基础的折中说。

首先,本书不赞成法律的财产说。从理论上说,法律的财产说的两个基本前提(刑法从属于民法、违法一元论)难以成立。刑法的目的是保护法益,因此,刑法只能将违反这一目的的事态作为禁止对象;刑法所规定的构成要件,都是对违反保护法益目的事态所作的记述。既然如此,刑法上的违法性便与其他法律上的违法性存在区别。在财产犯罪理论中,刑法没有必要原封不动地以民法为基础确定犯罪的构成要件。从实践上说,法律的财产说已经不适应复杂的财产关系,不能有效地保护财产与财产秩序。例如,根据法律的财产说,行为人实施诈骗行为,被害人基于不法原因给付的,不成立诈骗罪;第三者从盗窃犯处骗取其所盗财物的,由于没有欺骗原所有权人,不成立诈骗罪。这显然不利于保护财产。

其次,经济的财产说虽有可取之处,但至少存在两个方面的缺陷:一是不利于保护财产所有权人的财产,导致对单纯占有的保护超出了对财产所有权的保护。例如,根据经济的财产说,由于盗窃犯对赃物的占有具有经济上的价值,故所有权人从盗窃犯处骗回被盗财物的,只要没有提供相当对价,就使盗窃犯在经济上遭受了损失,属于刑法上的财产损失。债权人以欺骗方法实现债权的,也成立诈骗罪。这有本末倒置之嫌。二是过于扩大财产罪的处罚范围,至少与中国的国情、刑事政策不相符合。例如,根据经济的财产说,欺骗妓女,使其与自己发生性行为的,也存在财产损失,构成诈骗罪。这可能难以被国民接受。

最后,法律的·经济的财产说,适当限制了处罚范围,总体思路具有可取性,但从我国的情形来看,其个别具体结论尚存疑问。本书采取以经济的财产说为基础的折中说(类似于但不完全等同于上述法律的·经济的财产说)。原则上,只要造成了他人经济损失,就可以认定为存在财产损失。例如,行为人实施诈骗行为,被害人基于不法原因给付的,成立诈骗罪。再如,第三者从盗窃犯处骗取赃物的,造成了财产损失,成立诈骗罪。因为在相对于第三者的关系上说,盗窃犯的占有也值得法秩序保护。没有造成经济损失的,就

---

[1] 参见张明楷:《法益初论》,中国政法大学出版社2003年修订版,第503页以下。

没有造成财产损失。例如,欺骗妓女使其与自己实施性行为的,由于性行为本身不是经济利益,所以,妓女没有遭受财产损失,对方不成立诈骗罪。但是,其一,如果造成他人经济损失的行为挽回了更大或者同等法益,则不能认定为造成了财产损失。例如,所有权人从盗窃犯处骗回被盗财物的,不存在财产损失。因为盗窃犯的利益不能与所有权人的利益相对抗。再如,债权人使用胁迫手段迫使债务人清偿到期债务的,不成立敲诈勒索罪。其二,单纯使他人免除非法债务的,不应认定为造成了财产损失。例如,与卖淫女性交后,使用欺骗手段使之免除嫖资的,不成立诈骗罪。但是,在妓女已经获得嫖资后,嫖宿者使用欺骗手段骗回所给付的嫖资的,妓女存在财产损失,嫖宿者的行为构成诈骗罪。

(二)侵犯财产罪的构成要件

1. 行为对象

总的来说,侵犯财产罪的对象是财物(拒不支付劳动报酬罪除外)。德国、日本等国刑法明文区分了财物与财产性利益,但我国刑法一概使用"财物"这一概念。因此,需要根据我国刑法的规定对财物的内涵与外延展开讨论。

可以肯定的是,作为财产犯罪对象的财物,必须具有以下三个特征(否则,要么他人不可能侵犯,要么不值得刑法保护):第一,具有管理可能性。这是相对于被害人而言,如果被害人根本不可能管理,我们就不能说被害人对某种财物具有占有权或者所有权,因而也不能认定其丧失了某种财物。而且,盗窃、抢劫等罪都表现为将他人占有的财物转移给自己或者第三者占有。所以,只有被害人具有管理可能性(可以占有)的东西,才可能成为财物。第二,具有转移可能性。这是相对于行为人而言,如果行为人不可能转移被害人管理的财物,就不可能取得被害人的财物。是否具有转移可能性,要以同时代的科学技术水平与能力为标准做出判断。第三,具有价值性。这是相对于保护法益而言,如果一种对象没有任何价值,就不值得刑法保护。问题在于如何理解价值性?这一点留在下面讨论。从具体层面来说,需要讨论的是以下问题:

(1)财物是否仅限于有体物?

有体性说认为,财物只限于有体物,包括固体物、液体物与气体物。无体物不是刑法上的财物,不能成为财产罪的对象。液化气、蒸汽等是财物,但光、热等不是财物。物理管理可能性说认为,财物不限于有体物,还包括其他具有物理管理可能性的财物,即在物理上属于物的,就是刑法上的财物。有体物以及光、热、水力、冷气等是财物,但债权、人的劳动力、牛马的牵引力等不是财物。事务管理可能性说认为,凡是可以作为事务进行管理的物,都是刑法上的财物。有体物、无体物以及债权、人的劳动力、牛马的牵引力等都是财物。本书认为,刑法上的财物应包括有体物与无体物。随着社会的发展,许多无体物的经济价值越来越明显,无体物虽然无体,但也可以对之进行管理,使之成为所有权的对象,故应作为财产罪的对象。不过,由于侵犯商标权、专利权、著作权、商业秘密等无形财产的行为,被刑法规定为侵犯知识产权罪,故商标权等一般不属于财产罪的对象。

问题是,财产性利益能否成为盗窃、诈骗等财产罪的对象。财产性利益,大体是指狭义(普通)财物以外的财产上的利益,包括积极财产的增加与消极财产的减少。例如,使他人负担某种债务(使自己或第三者取得某种债权),使他人免除自己的债务(不限于民法意义上的债务)。一些国家的刑法明文区分了财物与财产性利益,故财产性利益不属于财物。我国刑法分则第五章仅使用了"财物"一词,本书认为,财产性利益应包括在"财物”概念中。第一,刑法分则第五章规定的是“侵犯财产罪”,而财产性利益包括在财产中。第二,财产性利益与狭义的财物对人的需要的满足,没有实质的差异。况且,财产性利益具有财产价值,甚至可以转化为现金或其他财物,因而是值得保护的重要利益,将其作为盗窃、诈骗等罪的对象,具有现实的妥当性。例如,通过技术手段将他人存折中的存款转入自己的存折中,即使尚未取出现金,也应以盗窃(既遂)罪论处。如果不将财产性利益作为盗窃、诈骗等罪的对象,就会导致处罚的不公平。第三,司法实践中,一般将财产性利益作为财产罪的对象。例如,最高人民法院 2002 年 4 月 10 日《关于审理非法生产、买卖武装部队车辆号牌等刑事案件具体应用法律若干问题的解释》第 3 条第 2 款规定,“使用伪造、变造、盗窃的武装部队车辆号牌,骗免养路费、通行费等各种规费,数额较大的,依照诈骗罪的规定定罪处罚”。[2] 所谓骗免养路费、通行费等各种规费,实际上是指使用欺骗方法,使他人免除自己的债务;债务的免除意味着行为人取得了财产性利益。第四,刑法的相关规定表明财产性利益可以成为盗窃、诈骗等罪的对象。例如,刑法第 224 条规定的合同诈骗罪的表现形式之一是,“收受对方当事人给付的货物、货款、预付款或者担保财产后逃匿”。其中的担保财产就包括了债权等财产性利益。再如,刑法第 265 条、第 276 条之一明确肯定了财产性利益是财产罪的对象。当然,将财产性利益归入财物,要求财产性利益的内容具有管理可能性、转移可能性和价值性,行为人取得利益时能够导致他人遭受财产损害。[3]

总之,作为财产罪对象的财物包括狭义财物(有体物与无体物)与财产性利益。问题是,劳务、服务本身是否属于财产性利益?无限定说认为,劳务、服务本身就是财产性利益;有偿劳务说认为,事先预定了对价的劳务、服务才是财产性利益;免除对价说认为,劳务、服务本身不是财产性利益,但免除其对价时,则属于取得财产性利益。[4] 本书赞成免除对价说。首先,从事实上说,虽然他人付出了劳务或者提供了服务,但是难以认为他人的劳务、服务本身转移给行为人占有或者所有,只能认为基于劳务或者服务产生的债权属于财产性利益。例如,在他人提供劳务、服务后,使用暴力迫使他人免除债务的,不是对劳务、服务成立抢劫罪,而是对相应的债权成立抢劫罪。再如,使用暴力手段迫使他人驾驶车辆将自己送往某地的,即使认定为抢劫罪,也只能认定为对相应债权的抢劫罪。其次,从法律上说,如果说劳务、服务本身就是财产性利益,那么,刑法规定的强迫劳动罪、强迫交易罪就完全没有适用的余地。换言之,将劳动、服务本身作为财产性利益,与刑法关于强迫劳动罪、强迫交易罪的规定不协调。

(2)财物是否仅限于有价值之物?

如所周知,大多数国家的刑法并没有将数额较大作为财产罪的要素。但是,没有任何价值的物品,不可能成为财产罪的对象,所以,国外刑法理论也讨论财物的价值性。第一

---

[2] 该解释虽然于 2013 年 4 月 8 日被废止,但这并不意味着对骗免养路费、通行费等各种规费的行为不得以诈骗罪论处。之所以废止该解释,是因为该解释内容已存在于其他司法解释中。例如,“两高”2011 年 7 月 20 日《关于办理妨害武装部队制式服装、车辆号牌管理秩序等刑事案件具体应用法律若干问题的解释》第 6 条规定,伪造、盗窃、买卖或者非法提供、使用武装部队车辆号牌等专用标志,同时又构成逃税、诈骗、冒充军人招摇撞骗等犯罪的,依照处罚较重的规定定罪处罚。

[3] 参见张明楷:“财产性利益是诈骗罪的对象”,载《法律科学》2005 年第 3 期。

[4] 参见[日]松原芳博:《刑法各论》,日本评论社 2016 年版,第 173~174 页。

种观点认为,财物的价值包括客观价值与主观价值,但主观价值必须能够用金钱来评价。[5] 据此,名人的情书、照片可能成为盗窃罪的对象,而普通人的情书、照片就难以成为盗窃罪的对象。第二种观点则认为,财物的价值包括客观价值与主观价值,亦即,只要物品具有客观价值或者主观价值,就能成为财产罪的对象;既无客观价值也无主观价值的物品,则不能成为财产罪的对象。其中的客观价值,是指财物所具有的客观的经济价值。例如,汽车、自行车、食品、金钱等,都具有客观价值。其中的主观价值,是指所有者、占有者主观的、感情的价值,不需要能够用金钱评价,如情书、照片等。[6] 第三种观点认为,财物的价值包括交换价值(金钱价值)与使用价值。没有交换价值的物品也可能具有使用价值。例如,普通人的情书、照片就是没有交换价值却具有使用价值的物品。[7]

第一种观点存在疑问。如果要求具有主观价值的物品能够用金钱来评价,意味着只有当物品具有客观的经济价值时,才能成为财产罪的对象,事实上否认了具有主观价值的物品可以成为财产罪的对象,因而难以被人接受。第二种观点与第三种观点实质上没有区别,或许只是用语不同而已。换言之,作为财产罪的行为对象,具有主观价值的物品与具有使用价值的物品是等同的。因为所谓使用价值,当然包括阅览、观赏价值,包括满足所有者、占有者精神需求的价值。所以,普通人的情书、照片具有主观价值,当然也具有使用价值(至于某封情书、某张照片的主观价值或使用价值是否值得刑法保护则是另一回事)。所以,财物的价值性包括财物的交换价值(客观价值)与使用价值(主观价值)。[8]

可以肯定的是,作为财产罪对象的财物必须具有价值。从实际上看,作为财产罪对象的财物,一般都是具有客观价值的财物。也正因为如此,构成财产罪一般以数额较大为前提。其中的数额较大,基本上可以按财物的经济价值计算。但是,某些纪念品(如具有纪念意义的照片、信件等)、身份证、出入境证件、信用卡、存折等,本身不一定具有经济价值或者经济价值很小,但对所有权人、占有人具有一定使用价值,社会观念也认为对这种物品的占有值得刑法保护,因而属于财物。刑法第263条规定的抢劫罪不要求数额较大,第264条规定的入户盗窃、携带凶器盗窃、扒窃类型也不以数额较大为前提,就肯定了仅有使用价值而无交换价值的物属于刑法上的财物。

由上可见,凡是具有一定交换价值或者一定使用价值的财物,原则上就是财产罪的行为对象;[9] 只有既无交换价值也无使用价值的物,才不是财产罪的对象。其中的所谓具有一定使用价值的物品,主要是指所有者、占有者经常使用的物品(身份证、出入境证件、信用卡、存折、住宅钥匙等),或者虽然不是经常使用但对所有者、占有者具有客观作用或者精神(感情)意义的物品(如具有纪念意义的照片、值得保存的书信等)。对此,应当根据所有者、占有者对物品占有的具体情形,以像所有者、占有者那样的一般人观念为标准进行判断。当然,也不能走向另一极端,认为一切有体物与无体物都是财产罪的行为对

---

[5] 参见[日]江家义男:《刑法各论》,青林书院1963年增补版,第264页。

[6] 参见[日]团藤重光:《刑法纲要(各论)》,创文社1990年第3版,第551页;[日]大塚仁:《刑法概说(各论)》,有斐阁2005年第3版增补版,第173页。

[7] 参见[日]山中敬一:《刑法各论》,成文堂2015年第3版,第256页。

[8] 这里的使用价值不是经济学意义上的使用价值,只是意味着对所有权人、占有人具有客观作用或者精神(感情)意义。

[9] 不具有交换价值但具有使用价值的财物,至少能成为抢劫罪、盗窃罪的行为对象。

象。因为刑法规定财产罪虽然是为了保护被害人的财产，但是，根据刑法的性质、地位及其与其他法律的关系，如果行为对财产的侵害极为轻微，就不应当成为刑法的规制对象。不能认为，凡是他人口袋里的物品，都是盗窃罪的对象。例如，他人口袋里的餐巾纸、价值低廉的手帕、已经使用且没有利用价值的作废车票、普通信件、普通圆珠笔、名片等，大体上没有交换价值，而且使用价值低廉或者没有使用价值，故不能成为盗窃罪的行为对象。也不能认为，凡是他人住宅内的物品，都是盗窃罪的对象。例如，他人住宅内的价值低廉的书籍、普通水杯、牙刷、牙膏、毛巾等，虽然具有使用价值，但使用价值低廉，不值得刑法保护。

根据通说的观点，对于所有权人、占有人来说没有积极价值，但落入他人之手后可能被直接用于不当活动，进而使所有权人、占有人遭受财产损害的物，也属于有价值之物（所谓消极的价值或者规范的价值），能够成为财产罪的对象。例如，银行收回准备销毁的破损货币，对于银行没有积极价值，但只要具有使用的可能性，就不能落入他人手中；甲窃取这种破损货币的，也成立盗窃罪。再如，啤酒生产商收回的已经兑奖的瓶盖，对于啤酒生产商没有积极价值，然而，一旦落入他人之手依然可能再次兑奖。乙窃取该瓶盖的，成立盗窃罪。[10] 但是，对于所有权人、占有人没有积极价值，也不能被他人直接利用的物，不能视为财物。例如，已经使用过的实名车票，如果对所有权人、占有人不再具有利用价值，他人就不具有直接利用的可能性，因而不应认定为财物。[11]

（3）财物是否仅限于动产？

动产与不动产都是财产，均能成为财产罪对象。但由于财产罪的具体表现形式不同，不动产只能成为某些犯罪的对象。例如，诈骗罪、侵占罪、敲诈勒索罪、故意毁坏财物罪、破坏生产经营罪的对象既可以是动产，也可以是不动产；抢夺罪、聚众哄抢罪、挪用资金罪的对象只能是动产；至于能否盗窃、抢劫不动产，则存疑问。但按理说，这并非不动产能否成为财产罪对象的问题，而是非法取得不动产的行为，能否被评价为“盗窃”、“抢劫”的问题。事实上，科技的发展使抢劫、盗窃不动产成为可能。不过，就具体案件而言，需要区分不动产本身与法益主体对不动产享有的权利。例如，行为人的行为虽然没有转移不动产本身，但可能实际上转移了不动产的使用权、所有权。所以，行为对象究竟是不动产还是对不动产享有的权利，是狭义财物还是财产性利益，就需要根据具体案件进行判断。

（4）财物是否包括违禁品？

违禁品，一般是指法律禁止个人持有的物品。违禁品属于财物已无争议，但理由五花八门。有人说，行为人可能以占有违禁品为目的，因而违禁品可能成为财产罪的对象；有人讲，违禁品既不是无主物，也不是脱离占有的物，因而能成为财产罪的对象；有人称，违禁品只是行政法上禁止个人持有的物品，并不妨碍它成为刑法上的财物；有人道，没收违禁品需要通过一定的法律程序，在没有通过法律程序还不能没收时，他人的占有是可能

---

〔10〕 当然，通说的这种观点还值得进一步研究。因为银行与啤酒生产商的财产没有因为甲、乙的盗窃行为而遭受损失。如果甲、乙盗窃后分别利用准备销毁的破损货币或者已经兑奖的瓶盖骗取财物，则应当以诈骗罪论处。但为了防止甲、乙实施诈骗罪，而将其前行为认定为盗窃罪，可能存在疑问（参见［日］松原芳博：《刑法各论》，日本评论社 2016 年版，第 170 页）。不过，如果认为盗窃罪是对个别财产的犯罪，不以造成财产损失为要件，或者认为被害人丧失财物的占有本身就是财产损失，则应当认定上述行为构成盗窃罪。

〔11〕 在对所有权人、占有人具有利用价值的情况下（如需要作为报销凭证时），依然应认定为财物。

的,故对于没有通过法律程序的夺取行为,应当处罚;如此等等。本书认为,违禁品能够成为刑法上的财物。例如,盗窃、诈骗、抢劫他人占有的毒品的,也成立盗窃、诈骗、抢劫罪。这是因为,虽然他人没有占有违禁品的权利,但对违禁品的没收、追缴必须依照法定程序进行,任何人都不得随意取得他人占有的违禁品,否则就没有财产秩序可言。

(5)财物是否包括葬祭物?

有的国家(如日本)刑法明文规定了取得葬祭物的犯罪,而且其法定刑明显低于盗窃罪。尽管如此,刑法理论上仍然有人认为,窃取葬祭物的行为,是取得葬祭物罪与盗窃罪的想象竞合。[12] 我国刑法没有规定取得葬祭物罪,但对窃取葬祭物的行为有进行刑法规制的必要。根据社会的一般观念,葬祭物仍然由死者亲属占有和所有。因此,葬祭物可以成为财产罪的对象。此外,古墓葬中的文物,也是刑法上的财物。

(6)财物是否包括人的身体?

人的身体本身不是财物。安装在人体上的假肢、假牙等,理当属于财物,是财产罪的对象。从人的身体分离出来的器官、血液、精液、头发等,也是财物。虽然法律禁止买卖器官,但从人体分离出来的器官、血液等确实具有财产价值,故可以将其解释为财物。例如,盗窃他人从人体分离出来用于移植的器官的,盗窃已与人体分离的血液的,同样成立盗窃罪。

(7)财物是否包括债权凭证?

债权凭证的种类很多。债权凭证本身(如存折本身、信用卡本身)是有体物,也具有财产价值。有的债权凭证的丧失,并不意味着该凭证所记载的财产丧失,但一般来说也是值得刑法保护的。例如,入户盗窃被害人一张存单的,应认定为盗窃罪(盗窃的对象是存单本身这一有体物,而不是存单所记载的存款)。有的债权凭证一经丧失,就丧失了该凭证所记载的财产。这种债权凭证当然属于刑法上的财物。概言之,债权凭证本身是刑法上的财物,至于其能够成为哪些财产罪的对象,则取决于具体财产罪的构成要件。另一方面,就具体案件而言,需要分清行为侵害的对象是债权凭证本身还是债权。例如,甲盗窃乙的债权凭证后,通过欺骗手段将乙享有的债权变更为自己享有的债权时,盗窃行为的对象是债权凭证,诈骗行为的对象则是债权本身,二者不可混为一谈。

(8)财物是否包括虚拟财产?

本书主张,虚拟财产属于刑法上的财物。第一,虚拟财产是他人可以管理的东西。如所周知,虚拟财产的管理可能性主要是通过账户实现的。一个人只要注册了账户,就可以将自己购买的或者通过其他途径获得的虚拟财产存入该账户,形成对该虚拟财产的支配与控制。换言之,账户既是存放虚拟财产的仓库,也是主体占有、管理虚拟财产的标志。事实上,人们对虚拟财产的管理可能性,不只是事务的管理可能性,而是接近物理上的管理可能性。第二,虚拟财产具有转移可能性。文化部 2010 年 6 月 3 日发布的《网络游戏管理暂行办法》也指出:"'网络游戏虚拟货币'是指由网络游戏经营单位发行,网络游戏用户使用法定货币按一定比例直接或者间接购买,存在于游戏程序之外,以电磁记录方式存储于服务器内,并以特定数字单位表现的虚拟兑换工具。"正是因为虚拟财产具有转移可能性,才使得虚拟财产成为侵害的对象。第三,虚拟财产具有使用价值。例如,Q 币可

---

〔12〕 参见[日]团藤重光:《刑法纲要各论》,创文社 1990 年第 3 版,第 365 页。

以供人们用于电话充值或者购买网络产品,游戏币可以供人们用于购买游戏产品或者玩游戏,游戏装备本身也能供人们玩游戏。再如,游戏装备以及网络游戏中的角色不仅可以满足玩家的精神需求,而且可以通过游戏过程使游戏装备升值或者通过升级攻关来提高自己的等级获得游戏装备。夫妻离婚时双方都争着要游戏装备而不要房产的案件表明,对于游戏玩家来说,虚拟财产的价值可能重于现实生活中的财产价值。另一方面,虚拟财产的有偿转让已经成为普遍现象,所以,虚拟财产事实上具有客观价值(交换价值)。

将虚拟财产解释为刑法上的财物,并非类推解释。第一,我国刑法没有区分财物与财产性利益,只有一个"财物"的概念。概念越抽象外延越宽泛,况且,"财物"这一概念并不是狭义的有体物与财产性利益的简单相加,而是可以包括一切值得刑法保护的财产。所以,将虚拟财产解释为财物在德国、日本可能是类推解释,但在中国则不一定是类推解释。第二,将虚拟财产解释为财物可以得到刑法第265条、第367条的印证。以后者为例。网络或者计算机信息系统中的淫秽影片不可能拿到现实生活中来,否则就看不见、摸不着,但仍然属于淫秽"物品"。既然如此,当然也可以认为虚拟货币、游戏装备等属于网络"物品"。第三,在日常生活中一直存在无体物的概念,既然如此,将虚拟财产解释为财物,就不会侵犯国民的预测可能性。况且,虚拟财产的概念已经家喻户晓,将虚拟财产解释为财物,就完全能够被国民接受。即使在虚拟财产的产生之初将其认定为财物可能属于类推解释,但时至今日,这样的解释已经不再是类推解释。

当然,承认虚拟财产是刑法上的财物,并不意味着任何虚拟产品都是刑法上的财物。虚拟财产的类型很多,如网络游戏的虚拟财产(如游戏账号、武器装备、角色属性、身份、等级、宠物等),虚拟货币(如Q币、百度币、U币等),网络账号(如QQ号、EMAIL账号、BBS论坛账号、微博账号等)以及域名等。我们没有必要定义虚拟财产的概念,只要在个案中判断行为人所侵害的虚拟财产是否具有管理可能性、转移可能性与价值性即可。如果得出肯定结论,就将其认定为财物;否则,即使被公认为虚拟财产,也不能认定为刑法上的财物。例如,普通的QQ号码、EMAIL账号虽然具有管理可能性与转移可能性,但不具有价值性,故不能认定为刑法上的财物。所以,并不是任何虚拟产品都是刑法上的财物。本书也只是认为,具备财物特征的虚拟财产,才是刑法上的财物。

总之,作为财产罪对象的财物,包括具有价值与管理、转移可能性的一切有体物、无体物与财产性利益。财产罪中的财产包括公共财产与公民私人所有的财产。根据刑法第91条的规定,公共财产包括国有财产,劳动群众集体所有的财产,用于扶贫和其他公益事业的社会捐助或者专项基金的财产。此外,在国家机关、国有公司、企业、集体企业和人民团体管理、使用或者运输中的私人财产,以公共财产论。根据刑法第92条的规定,公民私人所有的财物,包括公民的合法收入、储蓄、房屋和其他生活资料,依法归个人、家庭所有的生产资料,个体户和私营企业的合法财产,依法归个人所有的股份、股票、债券和其他财产。

2. 行为

侵犯财产罪包括广义的取得行为、毁坏行为与不履行债务(不支付劳动报酬)的行为。取得行为分为两类:一是通过各种方式使他人的财产(包括公共财产与他人所有的财产)转变为自己的财产(如盗窃、诈骗、抢夺等);二是暂时非法占有、使用他人财产(挪用)。毁坏也包括两种行为:一是直接使财产丧失或者减少使用价值的行为;二是通过使生产资料的使用价值丧失或者减少来破坏生产经营的行为。不履行债务是指拒不支付劳动报酬的行为。

3. 结果

总的来说,侵犯财产罪的构成要件结果是使被害人遭受财产损失。但是,不同类型的侵犯财产罪,要求不同的构成要件结果。例如,盗窃罪的构成要件结果是被害人丧失对财物(包括财产性利益)的占有乃至所有;诈骗罪的结果是被害人丧失了对财物的占有乃至所有,或者导致债权减少或丧失;故意毁坏财物罪的结果是被害人的财物被毁损;如此等等。当然,就具体犯罪而言,如何认定财产损失,还存在不少争议。例如,就诈骗罪的财产损失而言,根据法律的财产说,只要权利受到侵害,不问有无经济的损害,就认定为刑法上的财产损害;只要没有侵害权利,即使造成了重大的经济损害,也不能认定为刑法上的财产损害。根据经济的财产说,债权人以欺骗方法行使权利实现债权的成立诈骗罪。根据法律的·经济的财产说,虽然行为给他人造成经济利益损失时,原则上可以认定为财产损害,但无效债权的丧失不能视为财产损失(例如,采取欺骗行为使妓女免收嫖资的,不成立诈骗罪);另一方面,即使提供了相当对价,但如果没有实现被害人的交换目的,仍应认定存在财产损失。

(三)侵犯财产罪的责任要素

侵犯财产罪只能由故意构成。毁坏财物的犯罪,要求行为人明知自己的行为会发生使他人财物丧失或者减少使用价值的结果,并且希望或者放任这种结果的发生。挪用型犯罪以外的取得财物的犯罪除要求故意外,还要求非法占有目的或不法所有目的。但非法占有目的是不是盗窃等罪的主观要素,[13]以及如何理解该要素,还存在争议。

二、侵犯财产罪的类型

我国刑法分则第五章规定的财产罪,分为三大类:取得罪、毁弃罪与不履行债务的犯罪。取得罪是指不法取得财产的犯罪(如盗窃罪、诈骗罪等);毁弃罪是指消灭财产价值的犯罪;不履行债务是指拒不支付劳动报酬。取得罪是财产罪的中心。

取得罪又可进一步分为夺取罪与交付罪,前者是违反被害人意志取得财产的犯罪(如盗窃罪、抢劫罪、抢夺罪),后者是被害人基于意思瑕疵而交付财产的犯罪(如诈骗罪、敲诈勒索罪)。[14] 取得罪还可以分为取得财物罪与取得利益罪。前者是指对狭义财物的犯罪,行为对象是狭义财物;后者是指对财产性利益的犯罪,行为对象是财产性利益。取得罪也能分为转移占有的取得罪与不转移占有的取得罪,前者如盗窃、抢劫、抢夺罪,后者则是指侵占罪。

根据成立犯罪是否要求造成整体财产损失,可以将财产犯罪分为对个别财产的犯罪和对整体财产的犯罪。对个别财产的犯罪,是指对被害人的个别财产(如财物、债权、无体财产权等)进行侵害的犯罪。其特点是,只要行为使被害人丧失了个别(特定)财产,即使同时使被害人获得了相应的利益,也成立犯罪。盗窃罪、侵占罪等都属于对个别财产的

---

[13] 非法占有目的是违法要素还是责任要素,抑或其中既有违法要素又有责任要素,是国外刑法理论尚有争论的问题。本书对此不展开详细讨论,暂且作为责任要素。

[14] 挪用资金罪虽然也可以归入取得罪,但该罪只是一种暂时取得类型的犯罪,因而不同于盗窃、抢夺、诈骗等取得罪。

犯罪。例如，即使甲在进入乙的办公室盗窃乙价值5000元的手机时，将自己的5000元现金（乃至更多）放在乙的办公桌上，也对手机（个别财产）成立盗窃罪。不能以甲自愿给乙5000元现金为由，否认乙的财产损失。因为盗窃手机的行为违反了乙的意志，乙对手机的占有是值得刑法保护的。甲自愿给乙5000元现金的行为，不能阻却其违反被害人意志的窃取行为的违法性。当然，如果行为人的行为得到了被害人的承诺或者推定的承诺，则由于没有违反被害人的意志而不成立盗窃。例如，A去商店买手机时，店员不在场，A将标价2000元的手机拿走，同时将自己的2000元现金放在柜台里的，不成立盗窃罪。但这并不意味着盗窃罪有时是对整体财产的犯罪，而是因为A的行为并不违反被害人的意志，因而不成立盗窃罪。对整体财产的犯罪，是指对被害人的财产状态整体进行侵害的犯罪，或者说是使被害人的整体财产状况恶化的犯罪。其特点是，将财产的丧失与取得作为整体进行综合评价，如果整体财产没有减少就意味着没有损害，因而否认犯罪的成立。国外刑法中规定的背信罪属于对整体财产的犯罪。本书认为，我国刑法中的财产罪都是对个别财产的犯罪。[15]

考虑到相关犯罪的联系，照顾到论述方便，本书将财产罪分为以下五类展开论述：(1)盗窃罪与侵占罪。盗窃罪的对象是他人占有的财物，与之相反，侵占罪的对象是行为人自己占有的他人财物或者是所有权人丧失占有的财物。(2)抢劫罪与抢夺罪（包括聚众哄抢罪）。二者均为夺取罪，虽有相同之处但也存在明显差异。(3)诈骗罪与敲诈勒索罪。二者都是基于被害人的意思瑕疵而交付财物的犯罪。(4)职务侵占罪与挪用罪（包括挪用资金罪与挪用特定款物罪）。这是职务型的财产犯罪，行为主体必须具有特殊身份。(5)毁坏罪与拒付报酬罪（包括故意毁坏财物罪、破坏生产经营罪与拒不支付劳动报酬罪）。

第二节　盗窃罪与侵占罪

一、盗窃罪

（一）盗窃罪的概念与保护法益

盗窃罪，是指以非法占有为目的，窃取他人占有的数额较大的财物，或者多次盗窃、入户盗窃、携带凶器盗窃、扒窃的行为。盗窃罪在任何国家都是发案率最高的犯罪，许多国家的刑法都将盗窃罪规定为财产犯罪之首，我国刑法将盗窃罪规定在抢劫罪之后。

盗窃罪的法益直接影响盗窃罪构成要件的解释与盗窃案件的认定。不仅如此，关于盗窃罪法益的观点，不仅适用于抢劫罪中的财产法益部分，而且也适用于抢夺罪、聚众哄抢罪乃至诈骗罪、敲诈勒索罪等取得罪。

〔15〕　日本刑法理论对此存在三种不同观点：第一种观点认为，日本刑法中不存在对整体财产的犯罪（如内田文昭）；第二种观点认为，只有背信罪（背任罪）是对整体财产的犯罪，其他犯罪都是对个别财产的犯罪（如大谷实）；第三种观点认为，背信罪以及对财产性利益的犯罪是对整体财产的犯罪，其他犯罪是对个别财产的犯罪（如大塚仁）（参见［日］山中敬一：《刑法各论》，成文堂2015年第3版，第252～253页）。

1. 国外的本权说、占有说与中间说

本权说、占有说与中间说主要是日本刑法理论展开的讨论。由于日本刑法没有将财产性利益作为盗窃罪的对象,所以,这些学说都是针对有体物而言的。

(1)本权说

本权说认为,盗窃罪的保护法益是所有权及其他本权。其中的本权,是指合法占有的权利(如基于质押权而占有他人财物的权利、基于租赁而占有他人财物的权利等)。根据本权说,行为人对自己所有的财物不可能成立盗窃罪(狭义的本权说);盗窃罪的法益只限于在民法上具有权原的利益(作为形式的保护法益论的本权说);盗窃罪的成立只限于具有实质的财产侵害的场合(作为实质的保护法益论的本权说)。据此,盗窃罪的被害人从盗窃犯处盗窃所盗财物的,不成立盗窃罪;第三者从盗窃犯人那里盗窃所盗财物的,是对原所有权人的权利的侵害,成立盗窃罪;债权人在合同期满后取回财产的,不成立盗窃罪。本权说明显不当缩小了盗窃罪的处罚范围,现在很少有人采取本权说。

(2)占有说

占有说认为,盗窃罪的法益是他人对财物事实上的占有本身。根据占有说,行为人盗回自己所有而由他人不法占有的财物的,成立盗窃罪(狭义的占有说);盗窃罪的法益不限于在民法上具有权原的利益,他人没有合法根据占有的利益乃至非法利益也是盗窃罪的法益(作为形式的保护法益论的占有说)。根据占有说,盗窃罪的被害人窃回自己所有的被盗财物的行为,成立盗窃罪,这明显不妥当。

(3)中间说

中间说(通说)是为了克服本权说与占有说的缺陷而产生的学说,意在既不扩大也不缩小盗窃罪的处罚范围。

基于本权说的中间说存在形形色色的学说。有人说,所有权以及其他至少大体上有理由的占有,才是盗窃罪的法益。有人讲,盗窃罪的法益,首先是所有权,其次是作为占有的基础的本权以及作为占有的实质所反映的财产利益。有人道,盗窃罪的法益是显示了具有权利人外观的占有本身。有人曰,基于法秩序,不直接受非难而享有的财产上的利益(享有财产上的利益不直接受非难),是盗窃罪的法益。有人言,刑法所保护的财产,只限于民事法上合法的、由民事法秩序保护的财产,故盗窃罪的成立与否,取决于被害人的占有是否受民事法的保护。有人称,盗窃罪的法益,原则上是所有权及其他本权与占有(第一原则);在本权与占有发生冲突时,只有可以与本权对抗的合法占有,值得以刑法保护,赤裸裸的违法占有,在本权面前必须让步(第二原则);例外地存在着单纯的占有就是保护法益的情况(第三原则),对违禁品的占有就是如此。

基于占有说的中间说同样存在五花八门的观点。有人认为,盗窃罪的保护法益是平稳的占有,即在法律关系需要通过民事诉讼强制恢复的场合,一方对财物的占有应作为平稳的占有予以刑法上的保护。有人提出,保护所有权及其他本权的前提是保护对财物的占有本身,所以,占有本身是法益。但是,在事实上的占有与本权相对立的场合,如果事实上的占有者没有可以与本权者对抗的合理理由,其占有不受保护。有人指出,当侵害占有的行为达到了值得科处刑罚的程度时,被侵害的占有便是盗窃罪的保护法益。具体地说,作为构成要件的解释,侵害并非基于权原的占有,也构成盗窃罪,因为在没有任何理由的情况下侵犯他人缺乏法律根据的占有,同样具有盗窃罪的可罚性。但是,基于权利而窃取他人没有法律根据而占有的财物时，则可能成为正当化事由。

2. 我国的所有权说

我国刑法理论一直没有争议地认为，盗窃罪（乃至所有的财产犯罪）的法益是财产的所有权（与民法意义的所有权相同），即盗窃罪所侵犯的是公私财产的所有权，而且是对所有权全部权能的侵犯，对所有权整体的侵犯。

但是，所有权说在理论上存在疑问。(1)我国刑法理论的通说并没有将盗窃罪的对象限定为有体物，而是包括了财产性利益。既然如此，就不能仅将民法上的所有权作为盗窃罪的保护法益。众所周知，物权可以分为自物权与他物权；自物权是指权利人依法对自有物享有的物权，他物权是指权利人根据法律或合同的具体规定，对他人所有之物享有的物权；所有权是唯一的自物权种类，即自物权就是所有权。根据所有权说，刑法只保护自物权，而不保护他物权。然而，他物权的内容比所有权丰富，应当受到刑法的保护。例如，债务人或者第三人盗窃质权人所占有的质物的，侵害了质权人对质物的占有与收益，应认定为盗窃罪。换言之，通说仅将财产所有权作为财产罪的保护法益，这使得刑法的保护范围过窄。因为通说是根据民法规定以及民法理论来论述所有权的含义的，而民法上的所有权与债权相并列；如果认为刑法只保护所有权，就意味着刑法并不保护债权，这当然不符合刑事立法精神与刑事司法实践。《刑法修正案（八）》增设的第 276 条之一将拒不支付劳动报酬的行为规定为犯罪，进一步表明了债权也是财产罪的保护法益。(2)所有权说与刑法第 91 条第 2 款的规定不相符合。例如，根据民法原理，行为人交付邮局寄送的物品，依然属于行为人所有。根据所有权说，行为人盗窃该物品的，没有侵犯所有权，因而不构成犯罪。但这一结论不符合刑法第 91 条第 2 款的规定。(3)所有权的权能包括占有、使用、收益和处分。所有权说认为，盗窃等大部分财产罪所侵犯的并不仅仅是四项权能中的某一项，而是侵犯了财产所有权整体，使财物所有权人在事实上永久、完全地丧失对财产占有、使用、收益和处分的可能性。但是，一方面，既然占有、使用、收益、处分是所有权的权能，故只要侵害其中一个权能，就是对所有权的侵犯。换言之，对占有的侵害也是对所有权的侵害。另一方面，商品经济的发展使得所有权的部分权能与作为整体的所有权在一定时空条件下发生分离；这种分离是有条件的、暂时的，它既可能给所有权人带来相应的价值，也会给占有、使用该财产的非所有权人带来利益。对于这种相对独立的从所有权中分离出来的权能，刑法当然应予保护。如果认为刑法只是保护所有权整体，结局只是保护处分权，那么，实际上就否认了所有权的权能可以分离，也过于缩小了刑法的保护范围。

所有权说在实践中也存在困惑。(1)根据所有权说，对于盗窃自己所有而由他人合法占有的财物的行为，不能认定为盗窃罪，因而缺乏合理性。例如，在分期付款购买商品的情况下，双方约定，在买方付清全部货款以前，商品由买主占有，但所有权属于卖方；在买方交付一部分货款后，卖方将商品窃回。按照所有权说，卖方的行为没有侵害他人的财产所有权，而只是取回了自己的所有物，故不构成盗窃罪。这一结论难以令人接受。(2)根据所有权说，对于盗窃他人占有的违禁品的行为，难以认定为盗窃罪。因为这种行为没有侵犯占有者的所有权。为了肯定这种行为构成犯罪，通说不得不认为这种行为侵犯了国家的财产所有权，但这种理由并不成立。就没收而言，国家现实地实施了没收行为时，才取得对所没收之物的所有权；在国家应当没收而还没有没收的情况下，国家对应当没收之物实际上并没有所有权。(3)所有权说难以回答盗窃他人用于违法犯罪的财物(主要包括犯罪工具与犯罪组成之物)的行为,是否构成盗窃罪的问题。(4)所有权说不能回答行为人甲窃取盗窃犯人乙所盗窃的财物(丙所有)的行为,是否构成盗窃罪的问题。因为在上述情况下,乙对所盗窃的财物没有所有权。如果说丙是被害人,甲的行为侵害了丙的所有权,则难以解释盗窃行为(将他人占有的财物转移给自己或者第三者占有)。[16] (5)所有权说不能说明正当防卫问题。根据所有权说,甲盗窃了乙的财物后,丙正在盗窃甲所盗窃的财物时,甲不能进行正当防卫,这显然存在疑问;或者虽然主张甲能够进行正当防卫,但不是为了自己的利益进行防卫,而是为了乙的利益进行防卫,这明显存在矛盾。事实上,我国的司法实践已经不再采取所有权说。

3. 本书的观点

首先要说明的是,由于盗窃罪的对象不仅包括狭义的财物,而且包括财产性利益,所以,原本应当分开讨论。例如,就狭义的财物而言,应当使用占有、所有之类的概念;就债权与其他财产性利益而言,由于并不存在类似于占有与所有之分,只需要使用享有、具有、拥有之类的概念。例如,我们可以说,“甲占有的《论盗窃》这本书属于乙所有”,但是,很难想象“A 占有的债权属于 B 所有”这种现象。换言之,对于狭义的财物而言,占有与所有是可以分离的,但对于债权而言,基本上只存在谁享有、谁拥有的问题。可是,由于我们认可了“盗窃罪是转移占有的犯罪”,认可了“盗窃行为是将他人占有的财物转移给自己或者第三者占有”这样的定义,又承认债权等财产性利益能够成为盗窃罪的对象,所以,不得不就财产性利益也使用占有的概念。因此,以下所使用的占有、所有等概念,并不是完全与民法上的占有、所有相对应的概念,而是同时包括了对债权等财产性利益的享有、拥有。此外,“财产”一词,也包括了债权等财产性利益。

本书认为,盗窃罪的法益首先是财产所有权及其他财产权,其次是需要通过法定程序改变现状(恢复应有状态)的占有;但在非法占有的情况下,相对于权利人(本权者)恢复权利的行为而言,该占有不是盗窃罪的法益。就狭义的财物而言,这里的“财产所有权”可以根据民法确定,即包括财物的占有权、使用权、收益权与处分权;“其他财产权”既包括合法占有财物的权利(如他物权),也包括债权以及享有其他财产性利益的权利;在合法占有财物的情况下,占有者虽然享有占有的权利,却不一定享有其他权利,尤其不一定享有处分权。“需要通过法定程序改变现状(恢复应有状态)的占有”的意思是,如果要违背占有人的意志改变其占有现状(如没收、追缴、将财物转移给他人占有、将债权转移给他人等),就需要通过法定程序来实现(其中的占有,不限于对财物的占有,还包括对财产性利益的占有或享有)。例如,A 盗窃了毒品,不存在返还问题,但需要通过法定程序销毁毒品。A 对毒品的占有,就是需要通过法定程序改变现状(形成合法状态)的占有。任何人窃取 A 基于盗窃所占有的毒品的,都成立盗窃罪。[17] 再如,甲盗窃了乙的手机后,在不符合自救行为的条件下,需要通过法定程序将甲所盗窃的手机返还给乙;甲对手机的占有,就是需要通过法定程序改变现状的占有。但是,即使本权者乙在不符合自救行为的

---

〔16〕 根据德国的所有权说,当被害人 X 的财物被 A 盗窃后,B 从 A 处窃取该财物、C 再从 B 处窃取该财物、D 又从 C 处窃取该财物的,A、B、C、D 的行为都因为侵害了 X 的所有权而构成盗窃罪。但这种观点不符合客观事实,难以被人接受。

〔17〕 国家机关依法没收、销毁的行为是法令行为,阻却违法性。

条件下从甲处窃回手机,相对于乙恢复权利的行为而言,甲对手机的占有,就不是盗窃罪的保护法益,故乙不构成盗窃罪。但是,相对于第三者而言,甲对手机的占有仍然是盗窃罪的保护法益。换言之,第三者窃取该手机的,成立盗窃罪。还需要说明的是,“需要通过法定程序改变现状(恢复应有状态)的占有”不只是一种事实状态,而且是一种利益,因为不管是对狭义财物的占有还是对财产性利益的占有,相对于占有者而言都是一种利益。总之,本书的观点旨在将被害人恢复权利的行为(权利人从非法占有者处取回自己所有或合法占有的财产的行为以及合法行使其他权利的行为)排除在盗窃罪之外。采取上述观点的理由如下:

(1)刑法分则第五章在规定盗窃罪的行为对象时,使用的是“公私财物”一词。从语词上看,公私财物既可以理解为公私所有的财物,也可以理解为公私占有的财物,因此,本书的观点不致违反刑法的规定。

(2)随着社会的发展,财产关系日益复杂化。推行市场经济体制以来,所有权与经营权相分离的现象普遍存在,所有者可以通过各种形式转让经营权,并可以凭所有权取得利益。首先,股份公司大量产生。股份公司中,所有权人对其所有物的支配权,转化为仅对财产价值形态享有收益权为主的股权。其次,物权与债权相互交融,二者界限日益模糊。最后,信托业蓬勃发展,而受托人、信托人、受益第三人对有关财产享有何种权利则不甚明了。在如此复杂的财产关系面前,不能仅以民法上的所有权作为盗窃罪的保护法益,而应当将所有权以外的值得刑法保护的某些利益也作为盗窃罪的保护法益。

(3)根据刑法第2条与第13条的规定,刑法应当保护财产所有权。但是,保护财产所有权的前提是,有效地保护对财物的占有本身。如果只是保护所有权本身,反而不利于保护所有权。这是因为,对于所有权人来说,虽然占有本身并不是最终目的,但“它是所有人行使对财产的其他权利的前提,没有这个前提,便无所谓使用、收益和处分”。另一方面,“作为所有权的一项权能,占有可以通过一定方式转移给非所有人。当占有依照法律规定或所有人的意思与所有人相分离时,非所有人获得的是相对独立的占有权,这种占有又称他主的合法占有”。[18] 他主的合法占有,并不是以单纯占有为目的,也是为了使用、收益。所以,无论是对于所有权人本人而言,还是对非所有权人而言,占有都是实现其他权能的前提。既然如此,对占有本身就必须进行保护,否则必然造成财产关系的混乱。然而,为了保护基于正当合法理由的占有,其前提是有必要保护占有本身。将需要通过法定程序恢复应有状态的占有作为刑法保护的法益,实际上才更有利于保护财产所有权。

(4)根据本书的观点,可能导致这样的现象:在民法上属于非法占有,而刑法却予以保护。但是,即使民法上的非法占有,也不意味着该占有本身不受法律保护。诚然,在与所有权人相对抗的意义上说,行为人的占有确实是非法的,但法律并不允许他人任意侵害行为人非法占有的财物。也就是说,民法上认定为非法占有,意味着应当根据民法将财物返还给所有权人;而刑法保护这种占有,意味着他人不得随意侵害该占有。

(5)根据本书的观点,可能出现保护法益与构成要件要素相重合的现象。例如,一方面说盗窃罪的行为对象是他人占有的财物,另一方面又将该占有作为保护法益。但这一点并不奇怪,相反正好说明了刑法要保护他人对财物的占有。再如,财产损失是财产罪的

---

〔18〕 张俊浩主编:《民法学原理》,中国政法大学出版社1997年版,第363页。

结果要素,但财产本身就是财产罪的保护法益。这并不意味着将保护法益降低为构成要件要素,而是保护法益指导了构成要件要素的确定。换言之,行为对象与保护法益相一致、结果要素与保护法益相一致,正好体现了保护法益对构成要件要素的指导作用。

(6)占有说往往被人们认为扩大了处罚范围,最为典型的是,根据占有说,盗窃罪的被害人从盗窃犯处窃回自己的被盗财物的行为,也成立盗窃罪。但本书对占有作了两个限制:一是应当通过法定程序改变现状的占有;二是相对于权利人恢复权利的行为而言,对方对财物的非法占有不是盗窃罪的保护法益。因此,本书的观点不会扩大处罚范围。

(7)根据本书的观点,司法实践上的一些难题可以得到解决。例如,当自己所有的财物由他人合法占有(如被依法扣押)时,所有者盗窃该财物的,当然成立盗窃罪。盗窃他人占有的违禁品的行为,构成盗窃罪。盗窃他人用于违法犯罪的财物(主要包括犯罪工具与犯罪组成之物)的行为,构成盗窃罪。甲从诈骗犯乙处窃取乙所骗取的丙的所有物的,构成盗窃罪。在盗窃行为已经侵害了他人的所有权或者其他本权的情况下,同一行为人针对该财物实施的其他行为,不另构成其他财产罪。例如,在所有权人乙将摩托车借给丙使用的过程中,甲盗走摩托车的,由于盗窃罪的保护法益不仅包括一定的占有而且包括财产的所有,故甲的行为既侵害了丙对摩托车的占有,也侵害了乙对摩托车的所有。因此,如果甲事后毁坏了该摩托车,可以作为共罚的事后行为处理,而不另认定为故意毁坏财物罪。不过,在A的盗窃行为侵害了他人本权的情况下(如A盗窃了C的摩托车),B针对该财产实施的盗窃行为(如B窃取该摩托车),构成独立的盗窃罪。因为A的行为侵害了C的财产(包括占有与所有),B的行为侵害了A对摩托车的占有。

(二)盗窃罪的构成要件

盗窃罪构成要件的内容为,窃取他人占有的数额较大的财物,或者多次盗窃、入户盗窃、携带凶器盗窃、扒窃他人财物的行为。

1. 盗窃罪的行为对象是他人占有的财物。

财物包括有体物和无体物以及财产性利益(以下所称财物,一般包括狭义财物与财产性利益)。根据刑法第196条、第210条和第265条的规定,盗窃信用卡并使用的,盗窃增值税专用发票或者可以用于骗取出口退税、抵扣税款的其他发票的,以牟利为目的,盗接他人通信线路、复制他人电信码号或者明知是盗接、复制的电信设备、设施而使用的,以盗窃罪论处。将电信卡非法充值后使用,造成电信资费损失数额较大的,以盗窃罪定罪处罚。盗用他人公共信息网络上网账号、密码上网,造成他人电信资费损失数额较大的,以盗窃罪定罪处罚。[19] 盗窃枪支、弹药、公文、印章等物的,不以盗窃罪论处。但是,以盗窃财物的故意窃取了枪支、弹药、公文、印章等物的,依然可能成立盗窃罪。

根据现行刑法的规定,作为盗窃罪对象的财物,不限于数额较大的财物。换言之,即使数额较小的财物,但如果值得刑法保护的,也能成为盗窃罪的对象。例如,入户盗窃他人具有纪念意义的照片的,扒窃了他人信用卡、身份证件的,也成立盗窃罪。但是,既不具有交换价值,也不具有使用价值的财物,难以成为盗窃罪的对象。

盗窃罪的对象必须是他人占有的财物,对于自己占有的他人财物不可能成立盗窃罪。

---

〔19〕 参见最高人民法院2000年5月12日《关于审理扰乱电信市场管理秩序案件具体应用法律若干问题的解释》。

其中的占有是指事实上的占有,或者说是指事实上的支配、现实的支配。对财物的事实上的支配,意味着被害人在通常情况下能够左右财物,对财物的支配没有障碍。事实上的支配,不是根据物理的事实或者现象进行判断,而是根据社会的一般观念进行判断。因为当社会一般观念认为财物属于他人占有时,就意味着一般人认为不得擅自转移该占有。于是,按照社会的一般观念进行判断符合一般预防的要求。所谓“不是根据物理的事实进行判断”,是指不能将物理的事实本身作为判断标准,但并不否认物理的事实是判断资料。由于社会的一般观念侧重于通过考虑财物的所有者、生活经验以及财物的特性来判断占有者,所以,物理的事实(财物是否在被害人身边、是否处于被害人支配的空间范围内等)对占有判断的影响不是绝对的。[20] 例如,甲将蔬菜分装在袋中后,标明每袋的价格,明确告示购买者将相应货款投入特定铁盒中,然后回到3公里外的家中或者在3公里外的另一市场从事经营活动。虽然从物理的事实上看,甲离蔬菜的距离很远,其对蔬菜缺乏物理上的支配,但根据社会的一般观念,甲仍然占有其蔬菜。再如,乙买了一部新手机,上班时丙要求看一看乙的新手机,乙将手机递给丙后,即便丙的两手紧握手机,该手机也是由乙占有,而不是由丙占有。[21]

不难看出,刑法上的占有与民法上的占有不是等同的概念。例如,民法上一般要求占有人具有为了自己的利益而占有的意思,但刑法上的占有可以是为了他人的利益而占有;民法上的代理占有、间接占有与占有改定,不是刑法上的占有;此外,刑法上也不承认占有的继承。刑法上的占有重在事实上的支配,占有意思往往只是对认定是否占有起补充作用。一方面,刑法上的占有只要求他人对其事实上支配的财物具有概括的、抽象的支配意识(或自然的支配意识),既包括明确的支配意识,也包括潜在的支配意识,而且不要求有为了自己而占有的意思。另一方面,当物理上的占有虽然明显松弛甚至短暂脱离了占有,但他人所具有的明显、强烈的占有意思,对事实上支配的认定起补充作用。例如,处于不特定人通行的道路上的钱包,一般来说属于脱离他人占有的财物;但如果A不慎从阳台上将钱包掉在该道路上后,一直在阳台上看守着该钱包时,该钱包仍然由A占有。不过,由于刑法上对于事实上的支配是根据社会一般观念判断的,民法上的某些“观念占有”也可能被认定为刑法上的占有,但民法上的“观念占有”不一定都是刑法上的占有。

对占有的判断分为占有的有无以及占有的归属的判断,两个判断所起的作用不同:如果是没有人占有的财物,就不能成为盗窃罪的对象(如果是遗忘物,可以成为遗忘物侵占罪的对象);如果是自己基于委托关系而占有的他人财物,也不能成为盗窃罪的对象(可以成为普通侵占罪的对象)。由于二者密切联系,下面一并讨论。

(1)一般来说,他人(尤其是所有权人)手提、肩背的财物,处于他人的直接支配下,属于他人占有的财物,对此当无疑问。但是,如果手提、肩背只是表现为对他人占有的辅助,则并没有占有该财物。例如,秘书或者助理与上司同行时帮助上司提着公文包的,该公文

---

〔20〕 德国有学者认为,盗窃罪中的他人占有,是由两个要素结合而成:事实上的支配与社会上对于该支配的承认、认可。事实上的支配越强烈,社会上的承认就可以越薄弱;反之,社会上的承认越强烈,事实上的支配就可以越薄弱(参见[德]Ingeborg Puppe:《法学思维小学堂》,蔡圣伟译,元照出版有限公司2010年版,第108页)。

〔21〕 切不可将占有区分为所谓事实的占有与规范的占有。换言之,对占有的判断,不是先判断事实上的占有再判断规范上的占有,而是将相关事实作为判断资料,以社会的一般观念为标准判断是否存在“事实上的占有”。

包依然由上司占有。再如,在帮助乘客从火车站内搬运行李至站外的过程中,行李依然由乘客占有。

(2)只要是在他人的事实支配领域内(他人支配的空间内)的财物,即使他人没有现实地握有或监视,也属于他人占有的财物。例如,他人住宅内、车内、信箱内的财物,即使他人完全忘记其存在,也属于他人占有。住在宾馆的行为人即使穿着宾馆提供的睡衣,该睡衣也由宾馆主人占有。商店里的衣服,即使顾客试穿在身上,也由店主或店员占有,而不是由顾客占有。

(3)虽然表面上处于他人支配领域之外,但存在可以推知由他人事实上支配的状态时,也属于他人占有的财物。例如,他人门前停放的自行车,即使没有上锁,也应认为由他人占有。[22] 他人停在路边或者停车场内的汽车(不管是否已经锁门),由他人占有。他人果园里的果实、农民地里的作物、他人鱼池中的水产品,即使没有围墙、栏杆,也属于他人占有。又如,挂在他人门上、窗户上的任何财物,都由他人占有。大学生在校园食堂先用自己的钱包、手提电脑等占座位,然后购买饭菜时,该钱包、电脑依然由大学生占有。房主甲将房屋租给乙居住,但约定乙不得转移、使用衣柜里的财物的,应认为衣柜里的财物属于房主甲占有,而非乙占有。再如,大海发生沉船事故后,即使货主或者运输者离开原地,也应认为该船舶以及船中的货物由货主或者运输者占有。还如,因为地震或者其他自然灾害,他人的房屋倒塌,即使财物显露在外,没有人看管,也应认为该财物由他人占有。此外,主人饲养的具有回到原处的能力或习性的宠物,不管宠物处于何处,都应认定为饲主占有。

(4)明显属于他人支配、管理的财物,即使他人短暂遗忘或者短暂离开,但只要财物处于他人支配力所能涉及的范围,或者说只要他人可以没有障碍地取回财物,也应认定为他人占有该财物。例如,甲在餐馆就餐时,将提包放在座位上,付款时忘记拿提包,或者离店时忘了拿提包,但只要时间比较短暂,就仍应认定甲仍然占有着自己的提包。再如,乙在售楼处与售楼员商谈购房事宜后,一时忘了拿走提包,但只要离开的时间不长,就应认定乙仍然占有自己的提包。但是,乘客下车后,车已开走时,其遗忘在公共汽车、地铁上的财物,不再由乘客占有;由于是公共场所,也难以认为由司机占有。[23] 顾客将财物遗忘在大型商店的,如果经过了一定时间,也不再占有财物。

(5)即使原占有者丧失了占有,但当该财物转移为建筑物的管理者或者第三者占有时,也应认定为他人占有的财物。例如,旅客遗忘在旅馆房间的财物,属于旅馆管理者占有,而非遗忘物;他人遗忘在银行储蓄所大厅内的现金等财物,由银行管理者占有。[24] 甲遗忘在乙家的财物,由乙占有。再如,游人向公园水池内投掷的硬币,属于公园管理者占

---

〔22〕 对于自行车篮中的财物,需要具体判断,不可一概而论,更不能简单地以车主是否“遗忘”为标准得出结论。例如,大学生下课后骑自行车去食堂吃饭,不管是有意地将装有电脑的书包放在自行车篮里,还是忘在了自行车篮里,书包均为大学生占有。再如,在居民住宅小区的自行车停车场所里,自行车篮中的财物为车主占有。但是,自行车主将车停在大街旁后离开了一定时间的,其自行车篮中的财物,一般难以评价为自行车主占有(如果车篮具有封闭性,则应认定为自行车主占有)。

〔23〕 这是根据我国当下的社会一般观念得出的结论,随着社会观念的变化,结论也可能改变。德国判例认为,乘客遗忘在电车里的财物,由电车管理者占有。

〔24〕 虽然任何人都能够进入储蓄所大厅,但储蓄所大厅一直有日常的管理者,储户遗忘在储蓄所大厅的财物,应属于银行管理者占有。

有。高尔夫运动员抛弃在高尔夫球场内的高尔夫球,属于球场管理者占有(关于乘客遗忘在小型出租车上的财物的占有判断,参见本节“二”)。

(6)是否肯定死者的占有,也直接影响行为的性质。死者的占有主要有三种情况:第一,行为人以抢劫故意杀害他人后,当场取得他人财物;第二,行为人出于其他目的杀害他人后,产生非法占有他人财物的意思,取得死者的财物;第三,无关的第三者从死者身上取得财物。对于第一种情况,应认定为抢劫罪。在国外争论较大的是后两种情况。死者占有肯定说认为,后两种情况成立盗窃罪;死者占有否定说认为,后两种情况成立侵占罪;此外还有不同的折中看法,如认为第二种情况成立盗窃罪,第三种情况成立侵占罪,或者主张根据死亡时间长短决定死者是否继续占有。应当肯定,后两种行为值得科处刑罚。在日本等国,即使否认死者的占有,也因为其侵占脱离占有物罪的对象包括“其他脱离占有的他人的财物”,能够以侵占脱离占有物罪论处。[25] 在我国,如果将侵占罪中的“遗忘物”作字面意义的解释,又采取死者占有否定说,对上述两种行为就难以认定为犯罪,这显然不合适。所以,解决的方法有两种:第一,肯定死者的占有,对上述行为认定为盗窃罪。但是,既然财物的占有者已经死亡,他就不可能在客观上继续支配财物,也不可能有支配财物的意思。另一方面,盗窃行为必须是违反被害人意志的行为,既然对方已经死亡,就不存在违反其意志的问题。而且,死者身边或者身上的财物,不管相对于先前的杀害者、还是相对于无关的第三者,性质应是相同的。所以,肯定死者的占有存在疑问。第二,将遗忘物作规范意义的解释(参见本节“二”),将死者身上或者身边的财物归入“遗忘物”,从而将上述两种行为认定为侵占罪。本书认为,国民现在能够接受对遗忘物的规范解释结论。故本书否认死者的占有,主张对上述行为认定为侵占罪,而不认定为盗窃罪。

(7)在封闭的特定空间,只要所有权人、占有人在场,原则上应认定为所有权人、占有人占有,而不是由场所的管理者占有。例如,飞机上的乘客的手提行李,不管其放在何处,都由乘客占有。再如,乙提着自己的包去甲家做客时,应当认定该包由乙占有,而不是甲占有;即使乙与甲一起到户外散步聊天、短暂离开甲家,乙放置在甲家的包也仍由乙占有。

(8)存款的占有归属,是国内外刑法理论均有争议的问题。“存款”具有不同含义:一是指存款人对银行享有的债权;二是存款债权所指向的现金。本书的基本观点是,不管是从事实上还是从法律上,存款人都占有(享有)了债权,因此,利用技术手段将他人存款债权转移于行为人账户中的,当然成立对债权的盗窃罪。至于存款债权所指向的现金,则由银行管理者占有,而不是存款人占有。例如,乙将存款误划入甲的储蓄卡,甲利用储蓄卡从自动取款机取出相应现金的,应认定为盗窃罪;盗窃的对象是银行管理者占有的现金,而不是乙占有的现金(因为乙根本没有占有现金)。[26] 再如,B 公司需要向 A 支付 1 万元现金,由于公司没有现金,公司管理者将公司的储蓄卡(内有 10 万元存款)交给 A,让 A 自行取款 1 万元后归还储蓄卡,但 A 从自动取款机中取出了 10 万元现金据为己有。根据本书的观点,A 对银行管理者占有的 9 万元现金成立盗窃罪。[27]

---

〔25〕 参见[日]前田雅英:《刑法各论讲义》,东京大学出版会 2015 年第 6 版,第 169 页以下。

〔26〕 在这种场合,一方面,在民法上银行或许不对乙的损失承担赔偿责任,但不能据此否认甲的行为成立盗窃罪,因为刑法与民法的目的不同。另一方面,银行最终没有受损失,不意味着银行没有损失,而是因为银行立即以减少乙的债权的方式弥补了自己的现金损失。

〔27〕 倘若 A 从银行柜台取出了 10 万元,则属于冒用他人信用卡,成立信用卡诈骗罪(数额为 9 万元)。

(9)当数人共同管理某种财物,而且存在上下主从关系时,下位者是否也占有该财物?这关系到下位者的犯罪行为性质。例如,私营商店的店主与店员共同管理商店的财物,店员是否占有商店的财物?如持肯定回答,则店员取走该财物的行为不构成盗窃罪;如持否定回答,则店员取走该财物的行为可能成立盗窃罪。本书认为,在这种情况下,刑法上的占有通常属于上位者(店主),而不属于下位者(店员)。即使下位者物理上握有财物,或者物理上支配财物,也只不过是单纯的监视者或者占有辅助者。因此,下位者基于非法占有目的取走财物的,成立盗窃罪。但是,如果上位者与下位者具有高度的信赖关系,下位者被授予某种程度的处分权时,就应承认下位者的占有,下位者任意处分财物,就不构成盗窃罪,而构成其他犯罪(如侵占罪)。[28]

(10)行为人受他人委托占有某种封缄的包装物时,是否同时占有封缄物的内容(财物)?区别说认为,封缄物整体由受托人占有,但内容物为委托人占有。受托人不法取得封缄物整体的,成立侵占罪;取出其中的内容物的,成立盗窃罪。修正区别说认为,封缄物整体由受托人占有,但内容物由受托人与委托人共同占有。因此,受托人不法取得封缄物整体的,成立侵占罪;不法取得内容物的,成立盗窃罪与侵占罪的竞合,以盗窃罪论处。非区别说认为,封缄物整体与其中的内容物没有区别,性质相同;其中有人认为均由受托人占有,有人认为均由委托人占有。[29] 上述几种观点似乎混淆了不同的问题。单纯从占有的角度来说,本书采取区别说。因为认定封缄物整体由受托人占有,内容物由委托人占有,完全符合客观事实。据此,受托人将内容物转移给自己占有的,当然成立盗窃罪。至于受托人将封缄物整体据为己有的行为成立何罪,则取决于该行为是否不法占有了内容物。如果受托人不法取得了封缄物整体,但只要不能认定受托人已经不法占有了其中的内容物(如行为人一直将封缄物整体置于自己住宅内),被害人对内容物的占有就没有受到侵害,难以认定为盗窃;如果受托人不法取得封缄物的整体,并能够认定受托人因为打开封缄物、出卖封缄物整体等行为而不法占有了内容物,当然应认定为盗窃罪。公共汽车上的投币箱中的货币由谁占有,取决于投币箱的钥匙掌握在谁的手中。如果掌握在司机手中,则应认为司机占有了其中的货币;如果司机没有掌握钥匙,则其并没有占有其中的货币。

(11)关于运输中的财物(非封缄物)的占有,在所有权人安排了押运员的情况下,财物由所有权人占有(也可能由押运人占有,或者所有权人与押运人共同占有);在所有权人没有安排押运员的场合,需要根据运输距离、财物的种类(特别是移动的难易程度)、所有权人是否控制行车路线等事实进行判断。换言之,运输距离越短、财物的移动难度越大,所有权人对行车路线的控制越强,就越容易认定为所有权人占有,而不是运输司机占有。

(12)占有包括共同占有。共同占有是指二人以上共同占用财物,例如,夫妻对共同财产的占有就是同等的共同占有。"共管账户"应认定为共同占有(债权)。是否属于共同占有,也要根据社会的一般观念判断。在共同占有的场合,其中一人没有经过其他共同

---

〔28〕 类似情形如,单位司机与单位会计一同到银行取款后,现金由会计占有,而不是由司机占有。即使会计中途短暂下车,放在车里的现金也由会计占有。司机为非法占有现金而驾车逃离的,对现金成立盗窃罪。

〔29〕 参见[日]东京リ-ガルマインド:《刑法 III 各论》,东京リ-ガルマインド2006年第3版,第134页。

占有者的同意,将财物转移为自己单独占有或者转移给第三者占有的,由于侵害了其他共同占有者对财物的占有,因而成立盗窃罪。

2. 盗窃罪的行为是窃取他人占有的财物。窃取是指违反被害人的意志,将他人占有的财物转移为自己或第三者(包括单位)占有。

首先,窃取行为虽然通常具有秘密性,其原本含义也是秘密窃取,但如果将盗窃限定为秘密窃取,则必然存在处罚上的空隙,造成不公正现象。所以,国外刑法理论与司法实践均不要求秘密窃取,事实上完全存在公开盗窃的情况。本书也认为,盗窃行为并不限于秘密窃取。

我国刑法理论的通说认为,盗窃是指秘密窃取公私财物,同时指出,只要行为人自认为被害人没有发觉而取得的,就是秘密窃取。但是,其一,通说混淆了主观要素与客观要素的区别。既然是"自认为",就意味着"秘密"是主观认识内容,而不是客观构成要件内容。其二,根据通说,同样在客观上都是公开取得他人财物的行为,当行为人自认为被害人没有发觉时成立盗窃罪,自认为被害人发觉时就成立抢夺罪。但本书不赞成这种由"自认为"决定行为性质的观点。其三,完全可能存在这样的情形:行为人在以平和方式取得他人财物时,根本不考虑自己的行为是否被他人发觉。根据通说,便无法确定该行为的性质。通说也可能认为,此时应根据客观上是否具有秘密性区分盗窃与抢夺。但这又与通说的定义("自认为"秘密)相矛盾。其四,仅凭行为人"自认为"秘密或公开决定行为性质,也容易造成定罪的困难,因为在许多情况下难以判断"自认为"的内容。其五,故意的内容与客观构成要件的内容是一致的(构成要件规制故意的内容),一方面,凡属于客观构成要件要素的事实(包括法定刑升格的事实,下同),就属于故意的认识与意志内容(客观的超过要素除外)。如就故意杀人既遂而言,其客观要素是杀人行为致人死亡,与此相对应,故意内容是认识到自己的行为会致人死亡,并且希望或者放任这种死亡结果。另一方面,凡是不属于客观构成要件要素的事实,就不可能成为故意的认识内容与意志内容。例如,杀人可以是公开的,故不要求行为人自认为在秘密杀人。反之亦然。但是,通说一方面认为,客观的盗窃行为既可以是公开的,也可以是秘密的;另一方面又要求行为人必须"自认为以不会使被害人发觉的方法占有他人财物";换言之,即使行为在客观上表现为公开盗窃时,行为人主观上也必须认识到自己是在秘密窃取。这便不可思议!既然客观上可以表现为公开盗窃,那么,主观上就可以认识到自己是在公开盗窃。[30] 其六,公开盗窃的情形大量存在。例如,行为人进入他人住宅后,明知卧床不起或者胆小的占有

〔30〕 如果将行为人的主客观内容综合起来进行考察,可以发现以下四种情形:(1)行为在客观上是秘密窃取,行为人也认识到自己在秘密窃取。这种行为成立盗窃罪当无疑问。(2)行为在客观上是公开取得,行为人却认为自己在秘密窃取。根据通说,这种行为仍然成立盗窃罪。但通说没有回答如下问题:为什么客观上公开取得他人财物时,也要求行为人认识到自己在秘密窃取?为什么要求行为人认识到客观上并不存在的事实?(3)行为在客观上是公开取得他人财物,行为人也认识到自己在公开取得他人财物。根据通说,这种行为成立抢夺罪。如后所述,只要取得财物的行为具有公开性就成立抢夺罪的观点,大有商榷的余地。(4)行为人在客观上是秘密取得他人财物,行为人却认为自己是在公开取得。按照通说的观点,这种情形属于客观上符合盗窃罪的特征,主观上却是抢夺罪的故意。换言之,行为人自认为自己是在抢夺他人财物时,具有抢夺罪的故意;而其客观上表现为秘密取得他人财物,符合盗窃罪的特征。果真如此,这种跨越了不同构成要件的认识错误,应当属于抽象的事实认识错误。可是,一方面,通说从来不认为这种情况属于抽象的事实认识错误,更没有运用抽象的事实认识错误的处理原则来解释这种现象。另一方面,即使按照抽象的事实认识错误来处理这种现象,也只会导致案件的处理过于复杂。

者盯着自己,但依然搬走他人的电视机。再如,行为人明知停车场管理者看守着他人的自行车,仍然偷走自行车。既然如此,刑法理论就必须面对现实,承认公开窃取行为构成盗窃罪。〔31〕

其次,窃取行为是排除他人对财物的支配,建立新的支配关系的过程。倘若只是单纯排除他人对财物的支配,如将他人喂养的鱼放走,便不是窃取行为。只是使他人的占有变得更为松弛或者缓和的行为,也不是窃取行为。例如,将他人的自行车锁打开,但并不转移自行车的,不能认定为窃取行为。同样,单纯逃避债务的行为也不可能属于窃取。换言之,窃取行为意味着行为人设立了新的占有。至于是否设立了新的占有,要以具体事实作为判断资料,根据社会的一般观念进行判断。其中最为重要的是,行为人能否在没有先前占有者的妨害的情况下支配财物,先前的占有者能否在不排除行为人的支配的情况下自主地处置财物。

窃取的手段与方法没有限制,既可以亲手实施,也可以利用无责任能力的人实施,既可以利用机器、装置或者动物实施,也可以利用被害人的举动实施。例如,行为人利用信息网络,诱骗他人点击虚假链接而实际通过预先植入的计算机程序窃取财物的,成立盗窃罪。换言之,即便使用了欺骗方法,但如果该欺骗行为并不具有使对方基于认识错误处分财产的性质,仍然成立盗窃罪。又如,行为人将他人从室内骗至室外,然后进入室内窃取财物的,成立盗窃罪。再如,行为人伪装成顾客,到商店试穿高档西服,然后逃走的,成立盗窃罪。又如,行为人假装购买车辆,在车主规定的场所试车时驾车逃走的,成立盗窃罪。〔32〕

就不动产而言,由于一般难以转移不动产本身,所以,对不动产本身难以建立新的事实上的占有。但是,如果行为人对不动产的产权建立了新的事实上的占有,则能认定为对财产性利益的盗窃。例如,违反产权人的意志,擅自将他人的不动产的产权转移给自己所有的,对产权本身成立盗窃罪。违反产权人的意志,将产权人的不动产谎称为自己的不动产出卖给第三者的,对产权人成立盗窃罪,对第三者成立诈骗罪(二者属于想象竞合)。但是,单纯盗窃他人不动产的产权证书的行为,仅对产权证书本身成立盗窃,对不动产本身及不动产的产权不成立盗窃罪。

被害人丧失占有的财物与行为人设立新的支配的财物必须具有同一性(素材的同一性)。所以,当行为人持他人的信用卡从自动取款机中取出现金时,应认定其盗窃的是银行的现金,而不是持卡人的债权。对于盗窃不记名、不挂失的债权凭证后并使用的行为,仅认定为盗窃罪即可,并且应当按照票面数额认定盗窃数额。因为不记名、不挂失的债权凭证,不仅具有财产价值,而且如同货币一样流通;行为人窃取了该债权凭证,就应评价为窃取了财物。由于债权凭证不记名、不挂失,被害人难以通过正常途径挽回自己的损失,因此,盗窃不记名、不挂失的债权凭证的行为本身就给被害人造成了财产损失。行为人窃取不记名、不挂失的债权凭证后的使用行为,难以另成立诈骗行为。这是因为,既然债权凭证不记名、不挂失,那么,行为人在使用时,既不需要冒用他人名义,也不需要说明债权

〔31〕 参见张明楷:“盗窃与抢夺的界限”,载《法学家》2006年第2期。

〔32〕 当然,如果行为人使用欺骗手段,使车主同意行为人单独驾车远离特定场所,进而非法占有该车辆的,则宜认定为诈骗罪。

凭证来源,因而不存在欺骗行为;接收债权凭证的人,就不会审查领取人的姓名以及债权凭证的来源,故不存在受骗问题。进一步而言,即使行为人窃取了不记名、不挂失的债权凭证后并未使用,也不影响盗窃罪的成立。因为当行为人窃取了不记名、不挂失的债权凭证后,就完全可以无障碍地使用,与窃取货币后没有使用的情形相同。所以,即使行为人没有使用,也应按照票面数额认定盗窃数额。

需要说明的是,行为人在转移被害人财物时,以类似物品进行"填补"的,不影响盗窃罪的成立。例如,在盗窃他人提包中的现金时,将同等面额的假币放入他人提包的,在盗窃油罐中的汽油时,将等量燃料油输入油罐车的,在盗窃他人优质煤时,将等量的煤渣掺入其中的,均不影响盗窃罪的成立。即便填补的价值明显超过了被害人的财产价值,也不影响盗窃罪的成立。

最后,盗窃行为必须违反被害人(占有者)的意志。亦即,不是基于占有者的意志或者违背占有者的意志而转移财物的占有的,才能认定为侵害了他人的占有。基于被害人承诺或推定的承诺而转移财物的,不属于窃取。例如,店主暂时离开商店时,顾客按照标价放置相当的现金取走商品的,不能认定为盗窃罪。另一方面,不能因为被害人发现了盗窃事实而未制止,就认定行为没有违反被害人意志。例如,被害人发现了行为人的扒窃行为但不敢制止的,不影响盗窃罪的成立。再如,被害人为了使行为人盗窃既遂而不制止的,也不影响盗窃罪的成立。〔33〕 此外,在附条件转移占有的场合,不符合条件的转移占有,应认定为违反占有者的意志。例如,使用假币取得自动售货机中的商品的,对商品成立盗窃罪(与使用假币罪成立想象竞合)。再如,利用自动取款机的故障取得其中的现金的,对现金成立盗窃罪。

当然,所谓违反被害人的意志,不是指违反被害人的任何意志,而是指违反被害人有关盗窃罪的保护法益的意志。例如,乙利用自动贩卖机贩卖香烟时,即便贩卖机上标明"未满18周岁的人不得购买香烟",但17周岁的甲利用自动贩卖机购买香烟的,也不成立盗窃罪。这是因为,甲的行为只是违反了乙有关"未满18周岁的人不得购买香烟"的意志,而没有违反乙"禁止不付对价而取得香烟"的这一有关盗窃罪的保护法益的意志。

3. 窃取公私财物数额较大,或者多次盗窃、入户盗窃、携带凶器盗窃、扒窃的,才成立盗窃罪。前一种类型可谓普通盗窃,后四种类型可谓特殊盗窃。

根据"两高"2013年4月2日《关于办理盗窃刑事案件适用法律若干问题的解释》(以下简称《盗窃案件解释》)的规定,盗窃公私财物价值1000元至3000元以上的,应当认定为"数额较大"。盗窃毒品等违禁品,应当按照盗窃罪处理的,根据情节轻重量刑。〔34〕

不过,"数额较大"是一个相对的概念。首先是相对于地区而言:由于中国地域辽阔,各地经济发展不平衡,故各省、自治区、直辖市高级人民法院、人民检察院可以根据本地区经济发展状况,并考虑社会治安状况,在上述规定的数额幅度内,确定本地区执行的具体

〔33〕 被害人多次被盗后,故意将财物置于某处让人盗窃,旨在抓获盗窃犯的,宜认定被害人对最后一次盗窃具有承诺。至于行为人的行为是成立盗窃的不能犯还是未遂犯,则需要根据案件事实进行具体判断。

〔34〕 这一规定在解释论上还存在疑问。盗窃行为情节严重或者情节特别严重的,可以无障碍地适用相应的法定刑。然而,刑法第264条并没有就盗窃罪规定"一般情节"的情形,如果盗窃毒品等违禁品的行为没有达到情节严重与情节特别严重的要求,也不属于入户盗窃等特殊类型的盗窃时,就必须符合数额较大的要件,否则便违反了罪刑法定原则。所以,必要时应计算违禁品的数额。

数额标准,报“两高”批准。在跨地区运行的公共交通工具上盗窃,盗窃地点无法查证的,盗窃数额是否达到“数额较大”,应当根据受理案件所在地省、自治区、直辖市高级人民法院、人民检察院确定的有关数额标准认定。故各省、自治区、直辖市高级人民法院可根据本地区经济发展状况,并考虑社会治安状况,在上述数额幅度内,分别确定本地区执行的“数额较大”标准。其次是相对于不法情节而言:如果其他的不法情节严重,数额要求则应相对低一些;如果其他的不法情节轻微,数额要求则应相对高一些。正因为如此,《盗窃案件解释》指出,盗窃公私财物,具有下列情形之一的,“数额较大”的标准可以按照上述规定标准的50%确定:(1)曾因盗窃受过刑事处罚的;(2)一年内曾因盗窃受过行政处罚的;(3)组织、控制未成年人盗窃的;(4)自然灾害、事故灾害、社会安全事件等突发事件期间,在事件发生地盗窃的;(5)盗窃残疾人、孤寡老人、丧失劳动能力人的财物的;(6)在医院盗窃病人或者其亲友财物的;(7)盗窃救灾、抢险、防汛、优抚、扶贫、移民、救济款物的;(8)因盗窃造成严重后果的。

本书对上述第(3)至(8)项规定不存疑问。因为这几项规定的内容都是表明不法程度的要素,盗窃数额也是表明不法程度的要素,当盗窃行为没有达到司法解释规定的“数额较大”的一般性要求,但具备上述不法加重的要素时,综合评定其不法达到值得处罚的程度,是可以理解和接受的。但是,上述第(1)、(2)项规定的内容只是表明行为人再犯罪可能性较大的要素,将其再犯罪可能性较大作为不法内容看待,明显不当。从具体层面来说,这样的规定会导致诸多不公平的现象。例如,曾因盗窃受过刑事处罚,其后的盗窃数额达到规定标准的50%的,成立盗窃罪;但是,曾因杀人、抢劫受过刑罚处罚后再盗窃,其盗窃数额仅达到规定标准的50%的,不成立盗窃罪。再如,一年内曾因盗窃受过行政处罚,再次盗窃的数额达到规定标准的50%的,构成盗窃罪;但是,一年内曾因抢夺、诈骗受过行政处罚,再次盗窃的数额达到规定标准的50%的,不成立盗窃罪。

此外,根据《盗窃案件解释》的规定,盗窃公私财物数额较大,行为人认罪、悔罪,退赃、退赔,且具有下列情形之一,情节轻微的,可以不起诉或者免予刑事处罚;必要时,由有关部门予以行政处罚:(1)具有法定从宽处罚情节的;(2)没有参与分赃或者获赃较少且不是主犯的;(3)被害人谅解的;(4)其他情节轻微、危害不大的。

多次盗窃,是指三次以上盗窃。按照《盗窃案件解释》,二年内盗窃三次以上的,应当认定为多次盗窃。在本书看来,对于“多次”盗窃,不能像后述多次抢劫那样作过于严格的限制解释。因为刑法原则上将盗窃罪的成立限定为数额较大的情形时,明显过于缩小了刑罚处罚范围。反过来说,刑法第264条规定多次盗窃是为了扩大盗窃罪的处罚范围。既然如此,对多次盗窃就不能再作过于严格的限制解释。(1)多次盗窃以每次行为符合盗窃行为的特征为前提,亦即,每次行为都必须是违反被害人的意志,将他人占有的财物转移给自己或者第三者占有。倘若只有两次行为符合盗窃特征,另一次行为属于侵占行为,则不可能成立多次盗窃。[35]　(2)在同一时间、同一地点针对同一被害人所实施的盗

〔35〕　例如,甲在刑满释放后的一个月内,3次“偷走”他人电动车3辆(价值共992元),但其中第3辆电动车未上锁也没有电瓶,甲认为是他人盗窃后所抛弃的赃物。经查证,乙盗窃该电动车后将电瓶取走、将车身抛弃至另一小区内,后被甲推走。由于第3辆电动车已经不是他人占有的财物,相对于所有权人而言属于遗忘物(如果该电动车仍然在所有权人所住小区,则应认定为所有权人占有),故甲推走第3辆电动车的行为不符合盗窃行为的特征,甲的行为不成立多次盗窃。

窃，就是一次盗窃。在同一地点盗窃三位被害人财物的，应认定为多次盗窃。在不同时间、不同地点盗窃同一被害人的财物的，也是多次盗窃。(3)对于"次"应当根据客观行为认定，而不能根据行为人的主观心理状态认定。例如，对于基于一个概括的犯意，连续在一定场所三次盗窃不同被害人的财物，或者对一栋办公室楼中的几个办公室连续实施盗窃的，应当按客观行为认定为多次盗窃，而不能按主观心理状态认定为一次盗窃。(4)已经受到刑罚处罚的盗窃次数不能计算在内，但是，仅受到治安处罚的盗窃，仍然可以计算在内。[36] 因为行政处罚与刑罚处罚的性质不同，对此不存在重复处罚的问题(当然，先前的羁押应当折抵刑罚)。(5)多次盗窃不以每次盗窃既遂为前提；成立多次盗窃，也不要求行为人实施的每一次盗窃行为均已构成盗窃罪。(6)多次盗窃不以行为人具有盗窃的惯常性为前提，既不要求客观上达到所谓惯窃的程度，也不要求行为人具有盗窃的习癖。

当然，对"多次盗窃"行为是否以盗窃罪论处，首先要考虑行为是否可能盗窃值得刑法保护的财物；其次要综合考虑行为的时间、对象、方式，以及已经窃取的财物数额等。一般来说，行为人以窃取数额较大财物为目的，多次盗窃的财物接近数额较大的标准，宜认定为盗窃罪；三次以上盗窃他人信用卡、身份证件等具有重要使用价值的财物的，宜认定为盗窃罪。反之，行为人三次以上在菜市场小偷小摸的，不宜认定为盗窃罪。又如，每次只在超市盗窃一支圆珠笔，没有取得数额较大财物的意图，即使短期内三次以上盗窃的，也不能认定为盗窃罪。

入户盗窃，是指非法进入他人户内盗窃。根据《盗窃案件解释》，非法进入供他人家庭生活，与外界相对隔离的住所盗窃的，应当认定为入户盗窃。(1)其中的"户"，应包括封闭的院落、牧民的帐篷、渔民作为家庭生活场所的渔船、为生活租用的房屋等。在本书看来，要求"户"与外界相对隔离是必要的，但没有必要将"户"限定为"供他人家庭生活"的住所。换言之，没有家庭成员关系的人员一起共同生活的住所，也应当认定为"户"。(2)入户盗窃并不是非法侵入住宅罪与盗窃罪的结合犯，因为如果分别独立判断"入户"与"盗窃"，入户行为可能并不成立非法侵入住宅罪，盗窃行为也不一定成立盗窃罪。由于入户盗窃不是结合犯，所以，既不要求入户行为本身构成非法侵入住宅罪，也不要求盗窃数额较大。入户盗窃也不是牵连犯，因为单纯的入户行为与单纯的盗窃行为本身不一定分别成立非法侵入住宅罪与盗窃罪。所以，"入户盗窃"成立盗窃罪并不是牵连犯从一重罪处罚的法律根据。(3)"入户"并不是盗窃行为本身的组成部分，而是限制处罚范围的要素(同时为不法提供根据)。所以，一方面，合法进入他人住宅后盗窃的，不应认定为入户盗窃。虽然刑法第264条没有明文表述为"非法入户盗窃"，但是，如果将合法入户后的盗窃行为认定为盗窃罪，就不当扩大了处罚范围，特别是扩大了亲属间、朋友间小额盗窃的处罚范围。另一方面，只要是非法进入他人住宅并实施盗窃的，即使非法进入住宅时没有盗窃的故意，也应认定为盗窃罪。例如，为了实施诈骗行为而入户，因诈骗未得逞而乘机实施盗窃行为的，应认定为入户盗窃；即使不是以实施犯罪为目的，只是以实施一般违法行为为目的入户，入户后实施盗窃行为的，也应当认定为入户盗窃。此外，利用熟

---

〔36〕 刑法理论对此存在争议，相反观点认为，已受到治安处罚的盗窃不得计算在内。但是，这种观点会导致同样的多次盗窃行为，由是否受到治安处罚的偶然性(每次盗窃是否受到治安处罚具有很大的偶然性)决定盗窃罪的成立与否，因而值得商榷。

人身份入户盗窃的,应当认定为入户盗窃。(4)入户盗窃的成立,不要求被害人在户内。进入一段时间没人居住的户内盗窃的,也属于入户盗窃。此外,在户外为入户盗窃的正犯望风的,是入户盗窃的共犯。(5)入户盗窃成立犯罪,要求行为人窃取值得刑法保护的财物,包括两种情形:其一,入户盗窃具有交换价值的财物的,虽然不要求达到数额较大,但也要求达到一定的数额。例如,入户盗窃他人价值一二百元的财物的,应认定为盗窃罪。其二,入户盗窃他人不具有交换价值但具有一定使用价值的财物。例如,入户盗窃他人有保存价值的照片、信件的,也可能认定为盗窃罪。但是,入户盗窃交换价值与使用价值均低廉的财物的,不应认定为盗窃罪。例如,非法进入农户窃取一两个鸡蛋之类的财物的,不宜认定为盗窃罪。

携带凶器盗窃构成盗窃罪,不以数额较大为前提。换言之,携带凶器盗窃具有一定交换价值或者使用价值的财物的,即可认定为盗窃罪。一般来说,凶器是指在性质上或者用法上,足以杀伤他人的器物。凶器必须是可以用于杀伤他人的物品,与犯罪(作案)工具不是等同概念,[37]故仅具有毁坏物品的特性而不具有杀伤他人机能的物品,不属于凶器。例如,为了入户盗窃而携带的各种钥匙以及用于划破他人衣服口袋、手提包的不足以杀伤他人的微型刀片,不应评价为凶器。凶器分为性质上的凶器与用法上的凶器。性质上的凶器,是指枪支、管制刀具等本身用于杀伤他人的物品。性质上的凶器无疑属于凶器。用法上的凶器,是指从使用的方法来看,可能用于杀伤他人的物品。如家庭使用的菜刀,用于切菜时不是凶器,但用于或准备用于杀伤他人时则是凶器。

问题在于,在何种情形下,可以将具有杀伤力的物品认定为凶器?对此,应综合考虑以下几个方面的因素:(1)物品的杀伤机能的高低。某种物品的杀伤机能越高,被认定为凶器的可能越大。因此,各种仿制品,如塑料制成的手枪、匕首等,虽然在外观上与真实的凶器一样,但由于其杀伤他人的物理性能较低,不能认定为凶器。(2)物品供杀伤他人使用的盖然性程度。一方面,在司法实践中,行为人所携带的物品是否属于违法犯罪人通常用于违法犯罪的凶器。如果得出肯定结论,则被认定为凶器的可能性大。另一方面,行为人所携带的物品在本案中被用于杀伤他人的盖然性程度。这一点与"携带"的认定密切联系。(3)根据一般社会观念,该物品所具有的对生命、身体的危险感的程度。当不具有持有资格的人持有枪支时,一般人会产生很强的危险感。但是,并非具有杀伤机能的物品都是凶器,物品的外观也是需要考虑的因素。领带可能勒死人,但系着领带盗窃的,不属于携带凶器盗窃。这是因为一般人不会因为领带而产生危险感。(4)物品被携带的可能性大小。即在通常情况下,一般人外出或在马路上通行时,是否携带这种物品。换言之,根据一般人的观念,在当时的情况下,行为人携带该物品是否具有合理性。一般人在马路上行走时,不会携带菜刀、杀猪刀、铁棒、铁锤、斧头、锋利的石块、金属制成的仿真手枪等;携带这些物品盗窃的,理当认定为携带凶器盗窃。此外,凶器并不限于固体物,具有杀伤力的液体(如硫酸)乃至凶猛动物(藏獒),也可能被评价为凶器。《盗窃案件解释》规定:"携带枪支、爆炸物、管制刀具等国家禁止个人携带的器械盗窃,或者为了实施违法犯罪携带其他足以危害他人人身安全的器械盗窃的,应当认定为'携带凶器盗窃'。"在本书看来,这一规定不当缩小了盗窃罪中凶器的范围。

---

[37] 当然,犯罪(作案)工具与凶器也不是对立关系,不排除一种器物既是作案工具也是凶器。

携带凶器盗窃,不要求行为人显示、暗示凶器,更不要求行为人对被害人使用凶器。针对被害人使用凶器实施暴力,或者使用凶器胁迫被害人,进而取得财物的,成立抢劫罪。如后所述,根据刑法第 267 条第 2 款的规定,携带凶器抢夺的,以抢劫罪定罪处罚(参见本章第三节“二”)。从字面含义来说,刑法第 264 条中的“携带凶器”与第 267 条第 2 款中的“携带凶器”的含义似乎相同,因为使用的用语完全相同。但是,二者实际上存在重大区别。刑法第 267 条第 2 款的规定属于法律拟制,对携带凶器抢夺的以抢劫罪论处;携带凶器盗窃的,依然成立盗窃罪,而不是成立抢劫罪。所以,对携带凶器盗窃的解释,就不应当像解释携带凶器抢夺那样进行严格限制。(1)携带凶器盗窃中的凶器,虽然也包括性质上的凶器与用法上的凶器,却只需要器物可能使人产生危险感、可能攻击他人即可,而不需要具有明显的杀伤力。盗窃所用的一些工具(如老虎钳、扳手等),也应当评价为凶器。(2)携带凶器盗窃不要求具有随时使用凶器的可能性,只要能评价为携带即可。所谓携带,是指在从事日常生活的住宅或者居室以外的场所,将某种物品带在身上或者置于身边附近,将其置于现实的支配之下的行为。因此,A 将凶器放在车内,下车后步行一段距离(如十几米或几十米)盗窃的,也可以认定为携带凶器盗窃。(3)携带凶器盗窃时,虽然要求行为人认识到自己随身携带了凶器,但不要求行为人具有随时对被害人使用的意思。换言之,即使行为人仅具有对物使用的意思而携带凶器盗窃的,也能认定为携带凶器盗窃。

“扒窃”原本是一个核心含义并不清晰的概念,既然刑法使用了该概念,就需要明确其含义。根据《盗窃案件解释》的规定,在公共场所或者公共交通工具上盗窃他人随身携带的财物的,应当认定为扒窃。扒窃行为成立盗窃罪,客观上必须具备以下条件:(1)行为发生在公共场所,亦即,不特定人可以进入、停留的场所以及有多数人在内的场所,如人行道、公共汽车、地铁、火车、公园、影剧院、大型商场等。只要行为发生在公共场所,即使公共场所的人不是很多,也不影响扒窃的成立。例如,在公共汽车上只有少数几人时,行为人实施扒窃行为的,也应认定为盗窃罪。(2)所窃取的应是他人随身携带的财物,亦即他人带在身上或者置于身边附近的财物。例如,在公共汽车上窃取他人口袋内、提包内的财物,在飞机、火车、地铁上窃取他人置于货架上、床底下的财物的,均属于扒窃。但是,已经交付托运的行李,不属于随身携带的财物(在交付托运之前,依然属于随身携带的财物)。(3)所窃取的财物应是值得刑法保护的财物。例如,扒窃他人口袋里的信用卡、交通卡、身份证件等财物的,宜认定为盗窃罪。但是,扒窃他人口袋内的餐巾纸、名片、廉价手帕等物品的,不应认定为盗窃罪。

关于扒窃,还需要说明以下几点:(1)携带凶器不是对扒窃的要求,亦即,携带凶器并不修饰扒窃,否则就完全没有必要规定扒窃。(2)扒窃的财物不限于体积微小的财物。例如,将他人火车货架上体积较大的行李盗走的行为,也属于扒窃。(3)扒窃并不要求具有技术性。一次扒窃行为就可能构成犯罪,司法机关难以根据一次扒窃行为认定该行为是否具有技术性。事实上,许多扒窃本身并不表现出技术性。(4)扒窃不要求行为人具有惯常性。刑法规定了多次盗窃,如果要求扒窃具有惯常性,就意味着在多次盗窃的基础上提出了更高的入罪标准,这显然不符合增加扒窃规定的立法宗旨。此外,既然一次扒窃就能构成盗窃罪,就不可能要求扒窃行为具有惯常性。(5)扒窃不需要秘密窃取,公开扒窃的也成立盗窃罪。

(三)盗窃罪的责任要素

1. 故意

盗窃罪只能由故意构成。成立盗窃罪,要求行为人认识到自己所窃取的是他人占有的财物。误认为是自己占有、所有的财物而取回的,不成立盗窃罪。但是,不能简单地认为,只要行为人误以为是遗忘物的,就缺乏盗窃的故意。因为他人"占有"是一个规范的要素,只要行为人认识到了被法官评价为他人占有的前提事实,就应认为行为人具备了盗窃罪的认识内容。例如,即使行为人误以为高尔夫球场内水池中的高尔夫球是遗忘物而取走,也应认定其有盗窃罪的故意。此外,即使是自己所有的财产,行为人明知处于他人合法占有的状态而窃回的,也成立盗窃罪。例如,行为人通过铁路运营部门将自己的财物从甲处托运至乙处,交付托运后又窃取该财物的,应认定为盗窃罪。就普通盗窃而言,还要求行为人认识到自己盗窃的财物数额较大。行为人将数额较大、巨大乃至特别巨大的财物误认为是价值微薄的财物而窃取,又不属于多次盗窃、入户盗窃、携带凶器盗窃、扒窃的,不应认定为盗窃罪。

成立多次盗窃,要求行为人具有"盗窃"的故意,要求行为人在每次盗窃时都认识到自己在实施盗窃行为,但不要求行为人认识到"多次"盗窃。成立入户盗窃,要求行为人认识到自己进入的是他人的日常生活住所。误将他人日常生活住所当做卖淫场所、普通商店而实施盗窃的,不应认定为入户盗窃。但是,非法进入后发现是"户"仍然盗窃的,则是入户盗窃。基于同样的理由,成立携带凶器盗窃,需要行为人认识到自己携带了凶器。

如前所述,根据《盗窃案件解释》的规定,盗窃公私财物,具有下列情形之一的,"数额较大"的标准可以按一般标准的50%确定:"……(3)组织、控制未成年人盗窃的;(4)自然灾害、事故灾害、社会安全事件等突发事件期间,在事件发生地盗窃的;(5)盗窃残疾人、孤寡老人、丧失劳动能力人的财物的;(6)在医院盗窃病人或者其亲友财物的;(7)盗窃救灾、抢险、防汛、优抚、扶贫、移民、救济款物的;(8)因盗窃造成严重后果的。"当盗窃数额没有达到一般标准而认定为盗窃罪时,要求行为人主观上对相应的客观事实具有认识。例如,实施第(4)项行为的,需要认识到自己是在突发事件期间、在事件发生地实施盗窃行为;实施第(5)项行为的,需要认识到对方是残疾人、孤寡老人、丧失劳动能力人;实施第(7)项行为的,需要行为人认识到自己所盗窃的是救灾、抢险等物质;如此等等。

此外,根据刑法第265条的规定,以牟利为目的,盗接他人通信线路、复制他人电信码号或者明知是盗接、复制的电信设备、设施而使用的,成立盗窃罪。根据司法实践,这里的"以牟利为目的",是指为了出售、出租、自用、转让等谋取经济利益的目的。

2. 非法占有目的

刑法第264条没有明文将非法占有目的规定为盗窃罪的责任要素,刑法理论对此也存在争议。

非法占有目的不要说认为,只要行为人具有盗窃、诈骗等罪的故意即可,不必另具有非法占有目的。首先,可以从客观上区分盗窃罪与故意毁坏财物罪,不必借助非法占有目的。其次,暂时擅自使用他人财物的行为,之所以不构成盗窃罪,并非因为行为人缺乏非法占有目的,而是因为行为本身不能被认定为盗窃行为。最后,刑法并没有将非法占有目的规定为盗窃等罪的主观要素。

本书认为,成立盗窃罪应以非法占有目的为要件。(1)不能以刑法没有明文规定非法占有目的为由,否认非法占有目的是盗窃罪的主观要素,因为许多犯罪中都存在不成文的构成要件要素与责任要素。(2)由于构成要件具有故意的规制机能,将非法占有目的纳入故意内容,就意味着增加了盗窃罪的构成要件要素,也导致不当推迟认定盗窃罪的既遂,因而不妥当。(3)非法占有目的具有区分此罪与彼罪的机能。例如,甲进入位于六楼(最高层)的被害人乙家,搬出彩色电视机后,从五楼与六楼之间的过道窗户将电视机扔至楼下毁坏。倘若甲是因为乙家的窗户小、无法从窗户扔至楼下,特意搬至过道扔至楼下的,当然成立故意毁坏财物罪;如若甲因发现乙正在上楼,为避免乙发现自己的盗窃行为而将电视机扔至楼下的,则应认定为盗窃罪。如果没有非法占有目的的要素,就难以认定该行为是盗窃还是故意毁坏财物。(4)非法占有目的具有区分罪与非罪的机能。不可罚的盗用行为与盗窃行为在外形上几乎不能区分,必须借助于非法占有目的。(5)将非法占有目的视为不成文的主观要素,与对盗窃罪的法益持限定的占有说并不矛盾。因为法益问题与被害人方面的情况相关,非法占有目的与行为人方面的情况相关,两者属于不同的领域。

关于非法占有目的的基本含义,在国外刑法理论上存在不同学说:第一说认为,非法占有目的,是指排除权利人,将他人财物作为自己的所有物(排除意思),并遵从财物的(经济)用途,对之进行利用或者处分的目的(利用意思)。第二说认为,非法占有目的,是指将自己作为财物的所有权人进行支配的目的(仅有排除意思即可)。因为盗窃罪的本质是侵犯财产,使自己或者第三者成为财物的所有权人。第三说认为,非法占有目的,是指遵从财物的(经济)用途进行利用的意图(仅有利用意思即可)。因为盗窃罪不是单纯地转移财物的占有,而是以转移占有后积极地利用财物为目的。[38] 英国普通法一直将"永久性剥夺他人财产的意图"作为盗窃罪的主观要素。但是,一方面,英国刑法并不要求行为人具有获利意思,即使以毁坏的意思窃取他人财物的,依然成立盗窃罪。另一方面,由于英国刑法明文要求盗窃罪具有"永久性剥夺他人财产的意图",所以,暂时的盗用行为不构成盗窃罪。

由于非法占有目的是盗窃故意之外的主观要素,所以,其内容不能包含在盗窃故意之内。盗窃罪的故意内容为,明知自己的盗窃行为会发生侵害公私财产的结果,并且希望或者放任这种结果的发生。由于盗窃罪是转移财产占有的犯罪,所以,"侵害公私财产的结果"也可以被解释为转移公私财产的结果,所谓"转移"实质上就是剥夺了公私财产的占有。在此意义上,可以将"侵害公私财产的结果"解释为"剥夺公私财产的结果"。由此可见,在我国,如果认为非法占有目的仅指"永久性剥夺公私财产的意图",就与故意内容重叠,而且不利于区分取得罪与毁弃罪。

本书认为,非法占有目的,是指排除权利人,将他人的财物作为自己的财物进行支配,并遵从财物的用途进行利用、处分的意思。非法占有目的由"排除意思"与"利用意思"构成,前者重视的是法的侧面,后者重视的是经济的侧面,二者的机能不同。

排除意思的主要机能是,将不值得以刑罚谴责的盗用行为排除在犯罪之外。所以,难以事先形式地确定排除意思的含义,而应根据刑法目的、刑事政策等从实质上确定不值得以刑罚谴责的盗用行为的界限,再确定排除意思的含义。说到底,排除意思是达到了可罚

---

〔38〕 参见[日]东京リ－ガルマインド:《刑法 III 各论》,东京リ－ガルマインド2006 年第 3 版,第 137 页以下。

程度的妨害他人利用财物的意思,或者说,排除意思是引起可罚的法益侵害(妨害利用)的意思。可以肯定的是,行为人具有永久或者长期不法占有他人财物的意思时,当然具有排除意思。除此之外,对以下三种情形也应认定为具有排除意思:(1)行为人虽然只有一时使用的意思,但没有返还的意思,相反,具有在使用后毁弃、放置的意思而窃取财物的,由于具有持续性地侵害他人对财物的利用可能性的意思,应认定存在排除意思,成立盗窃罪。例如,盗用他人轿车,开到目的地后,将轿车抛弃在目的地的,存在排除意思,构成盗窃罪。(2)行为人虽然具有返还的意思,但具有侵害相当程度的利用可能性的意思时,应肯定排除意思的存在,认定为盗窃罪。对此,需要通过考察被害人的利用可能性与必要性的程度、预定的妨害被害人利用的时间、财物的价值等来判断是否具有可罚性。例如,在2015年司法考试前窃取他人正在使用的2015年司法考试指导用书(假定数额较大),即使具有返还的意思,且在2015年司法考试结束后归还的,也有必要认定为盗窃罪。(3)行为人虽然具有返还的意思,而且对被害人的利用可能性的侵害相对轻微,但具有消耗财物中的价值的意思时,应认定具有排除意思,成立盗窃罪。例如,为了伪装退货、取得商品对价,而从超市拿出商品的,应认定具有排除意思。又如,盗窃他人车牌,或者窃取他人手机,以便短时间内让被害人用金钱赎回的,存在排除意思。[39]

利用意思的机能在于使盗窃罪与故意毁坏财物罪相区别。本书认为,利用意思,是指遵从财物可能具有的用法进行利用、处分的意思。(1)利用意思不限于遵从财物的经济用途进行利用、处分的意思。例如,男性基于癖好窃取女士内衣的,虽然不是基于遵从内衣的经济用途进行利用、处分,但仍然具有利用意思,成立盗窃罪。(2)利用意思不限于遵从财物的本来用途进行利用、处分的意思。例如,为了燃柴取暖而窃取他人家具的,具有利用意思。再如,窃取他人钢材作为废品卖给废品回收公司的,存在利用意思。(3)一般来说,凡是以单纯毁坏、隐匿意思以外的意思而取得他人财物的,或者说,凡是具有享用财物可能产生的某种效用、利益的意思的,都可能评价为具有遵从财物可能具有的用法进行利用、处分的意思。(4)以毁坏的意思取得他人财物后予以隐瞒,能够评价为毁坏财物的,成立故意毁坏财物罪,因为该行为导致被害人丧失了财物的效用。以毁坏的意思取得他人财物后,并不毁坏而是利用该财物的,成立侵占罪。以毁坏的意思取得他人财物后,放置在他人容易发现的场所,也不利用的,不成立犯罪。

司法人员在认定行为人是否具有非法占有目的时,需要先确定案件的焦点所在。亦即,如果案件事实并不涉及盗窃罪与毁弃罪的界限,或者说如果行为人明显具有利用意思乃至已经利用了财物,就只需要判断行为人是否具有排除意思。反之,如果行为人已经转移了财物,被害人也因此丧失了财物,或者说行为人明显具有排除意思,仅涉及盗窃罪与毁弃罪的界限时,就只需要判断行为人是否具有利用意思。例如,甲女为了收集离婚诉讼所需要的证据,窃取了丈夫送给情妇乙女的财物。在本案中,甲女具有利用意思,所需要讨论的只是有无排除意思。这便需要根据甲女是否返还、返还的时间、乙女对财产的利用必要性等做出判断。再如,A杀害B后,用C的车将B的尸体运往外地,然后将该车抛弃在外地。在本案中,A已经具有排除意思,所需要讨论的只是有无利用意思(用C的车运B的尸体前往外地是否属于具有利用意思的行为),本书持肯定回答。

---

〔39〕 参见[日]山口厚:《刑法各论》,有斐阁2010年第2版,第199页以下。

关于非法占有的对象，德国刑法理论存在物质理论（物体理论）、价值理论与结合理论（综合理论）之争。物质理论认为，非法占有目的，是指行为人具有将他人的财物本身（物质、物体）予以非法占有的意思。价值理论认为，非法占有目的，是指行为人具有非法占有他人财物的价值的意思。结合理论认为，只要行为人具有非法占有他人的财物本身或者财物的价值的意思，就具有非法占有目的。显然，结合理论实际上是择一理论。根据物质理论，行为人取走他人财物后，将依附于财物的经济价值抽出后将该物返还的，不成立盗窃罪，这显然不合适。根据价值理论，取得缺乏经济价值的财物的行为，不成立盗窃罪，这在德国也不妥当。所以，综合理论成为德国刑法理论与审判实践的通说。如前所述，在我国，盗窃罪的对象既包括狭义财物，也包括财产性利益，所以，非法占有目的中的占有对象既包括财物本身，也包括财产性利益。其中的财物，不仅包括财物本身，也包括附着于财物的经济价值（附着于财物的经济价值有时也可能被评价为财产性利益）。例如，行为人窃取被害人的购物卡后，使用该购物卡购买商品归自己所有，然后将购物卡还给被害人的，就购物卡的经济价值具有非法占有目的，对购物卡成立盗窃罪。

非法占有的目的，既包括以使行为人自己非法占有为目的，也包括以使第三者（包括单位）非法占有为目的。例如，为了单位非法占有而盗窃他人财物的，也成立盗窃罪。因为以使第三者非法占有为目的实施的盗窃行为，同样侵犯了他人的财产；以使第三者非法占有为目的，并不意味着毁坏、隐匿财产，仍然能够被评价为具有遵从财物可能具有的用法进行利用、处分的意思；以使第三者非法占有为目的，仍然说明行为人具有利欲动机，非难可能性重于故意毁坏财物罪。当然，这里的第三者，应是与行为人有一定关系的第三者，而不是任何第三者。例如，从超市扔出商品，让不相识的过路人捡走的，不应认定为盗窃罪，而宜认定为故意毁坏财物罪。

非法占有目的虽然是主观要素，但对于是否“非法”来说，必须进行客观判断，而不是以行为人的内心想法为标准。换言之，对于非法占有目的中的“非法”，应根据财产罪的保护法益进行理解和判断：只要是侵害了盗窃罪的保护法益的，就可以认定为非法，进而认定行为人的占有目的具有非法性。因此，一般来说，行为人没有占有他人财产的合法根据，或者说没有使他人转移财产给行为人或第三者的合法根据，却具有占有他人财产的目的的，就属于非法占有目的。这里的合法根据，通常是指具有相关财产法的根据（但也要考虑到刑法的特别规定）。例如，如果行为人没有转移财产的民法根据或者民法上的权利，就可以认定行为人占有目的的非法性。再如，行为人虽然对某种财物享有所有权，但如果对方具有合法占有的权利时，行为人窃取该财物的，侵犯了盗窃罪的保护法益，行为人的占有目的也具有非法性。反之，当自己所有的特定物被他人非法占有时，窃回该特定物的，则不能认定为具有非法占有目的。但是，对特定物享有债权的行为人，窃取债务人的金钱或者其他财物的，则应认定具有非法占有目的。

在此问题上，不可忽视刑法对所有权的拟制规定。亦即，虽然行为人（或权利主体）在民法上对某种财产享有所有权，但根据刑法的拟制规定，行为人（或权利主体）在刑法上并不享有所有权。例如，刑法第 91 条第 2 款规定：“在国家机关、国有公司、企业、集体企业和人民团体管理、使用或者运输中的私人财产，以公共财产论。”据此，A 将邮件交付邮局投递后，该邮件在邮局的运输过程中，民法依然认为该邮件的所有权属于 A，邮局只是占有了邮件；但根据刑法的拟制规定，该邮件已经属于公共财产，而非 A 的私人财产。

如果A窃取邮件的,依然具有非法占有目的。再如,B所有的卡车因为违章被国家机关扣押,国家机关依法作出罚款决定,B只有缴纳罚款后才能将卡车取回。根据民法的规定,卡车在国家机关扣押期间,依然属于B所有;但根据刑法的拟制规定,该卡车属国家机关的公共财产,而非B所有。同样,如果B从国家机关窃回卡车的,也存在非法占有目的,构成盗窃罪。

有观点认为,在上述案例中,只有当B要求国家机关赔偿卡车时,才能认定具有非法占有目的。[40] 本书不赞成这种观点。第一,倘若B在窃回卡车后,隐瞒事实要求国家机关赔偿,则是新的诈骗行为,显然不能将新的诈骗行为及其非法占有目的作为前一盗窃罪的非法占有目的的内容。第二,盗窃罪的非法占有目的,是对所窃取之物的物体或者物体价值的非法占有目的,而不是对此外之财物的非法占有目的。在上例中,倘若B骗取了国家机关赔偿的现金,只能表明行为人对诈骗所得的现金具有非法占有目的,而该目的并不是对卡车具有非法占有目的,二者不可混淆。第三,B事后索赔的行为,侵害了新的法益,也不缺乏期待可能性,不可认定为共罚的事后行为或者不可罚的事后行为。[41] 第四,倘若认为只有当B要求国家机关赔偿卡车时,才能认定B对盗窃卡车的行为具有非法占有目的,那么,当B在事后才起意要求赔偿时,意味着非法占有目的产生于盗窃既遂之后,这也是难以被人接受的。

(四)盗窃罪与其他犯罪的关系

盗窃广播电视设施、公用电信设施价值数额不大,也不属于多次盗窃、入户盗窃、携带凶器盗窃、扒窃,但危害公共安全的,依照刑法第124条的规定定罪处罚;盗窃广播电视设施、公用电信设施同时构成盗窃罪和破坏广播电视设施、公用电信设施罪的,属于想象竞合,从一重罪处罚。盗窃使用中的电力设备,同时构成盗窃罪和破坏电力设备罪的,按想象竞合犯处理。

客观上盗窃枪支、弹药、爆炸物、危险物质的,只要行为人认识到对象可能是枪支、弹药、爆炸物、危险物质,就成立盗窃枪支、弹药、爆炸物、危险物质的犯罪。相反,没有认识到对象可能是枪支、弹药、爆炸物、危险物质的,只能认定为盗窃罪。

偷开机动车,导致车辆丢失的,以盗窃罪定罪处罚。为盗窃其他财物,偷开机动车作为犯罪工具使用后非法占有车辆,或者将车辆遗弃导致丢失的,被盗车辆的价值计入盗窃数额。为实施其他犯罪,偷开机动车作为犯罪工具使用后非法占有车辆,或者将车辆遗弃导致丢失的,以盗窃罪和其他犯罪数罪并罚;将车辆及时送回的,按照其所实施的其他犯罪从重处罚。

采用破坏性手段盗窃公私财物,造成其他财物损毁的,以盗窃罪从重处罚;同时构成盗窃罪和其他犯罪的,按想象竞合犯处理;实施盗窃犯罪后,为掩盖罪行或者报复等,故意毁坏其他财物构成犯罪的,以盗窃罪和构成的其他犯罪数罪并罚;盗窃行为未构成犯罪,但损毁财物构成其他犯罪的,以其他犯罪定罪处罚。偷开机动车辆造成车辆损坏,不构成盗窃罪的,按照刑法第275条的规定定罪处罚。

行为人盗窃记名的存单等债权凭证后,并不骗领现金等财物的,不可能认定为诈骗

---

〔40〕 参见陈兴良:《判例刑法学》(下卷),中国人民大学出版社2009年版,第287页以下。

〔41〕 至于两个行为是成立牵连犯还是应当实行数罪并罚,则是另一回事。本书倾向于实行数罪并罚。

罪。在通常情况下，被害人也可以通过办理挂失等手段使自己免受财产损失。如前所述，如果行为人采取多次盗窃、入户盗窃、携带凶器盗窃、扒窃的方式窃取了记名的债权凭证，则应认定为盗窃罪。但是，所盗窃的对象只是作为有体物的债权凭证，而不包括债权凭证所记载的债权。这是因为，在上述情况下，债权仍然由被害人享有，并没有转移给行为人。问题是，行为人盗窃记名的债权凭证后销毁、丢弃该凭证，导致失主无法通过挂失、补领、补办手续等方式避免实际损失的，应当如何处理？一个简单的方案或许是，对这种行为以盗窃罪论处，而且按照票面数额计算盗窃数额。但是，在本书看来，这个方案缺乏根据。首先，盗窃是指将他人占有的财物转移给自己或者第三者占有。上述行为人只是盗窃了作为有体物的债权凭证，并没有窃取、占有债权。其次，司法实践对行为人盗窃记名的债权凭证后骗领现金的行为仅认定为盗窃罪，一个重要原因是将骗领现金的行为视为盗窃行为的继续或者延伸，可是，事后销毁、丢弃凭证的行为，根本不具备盗窃的特征，不可能成为盗窃行为的继续或者延伸。最后，也不能认为盗窃是主行为，销毁、丢弃债权凭证是从行为。因为导致被害人丧失债权的主要是销毁、丢弃债权凭证的行为。在本书看来，认定财产犯罪的最基本方法应当是，首先确定被害人及其财产损失的具体内容，然后确定造成被害人财产损失的原因（什么行为），再判断该行为符合何种犯罪构成。在被害人丧失债权是由于行为人销毁、丢弃债权凭证所造成的情形下，本书倾向于认定为故意毁坏财物罪。将后行为认定为故意毁坏财物罪，并不是指行为人毁坏了作为有体物的债权凭证，而是指行为人通过销毁、丢弃债权凭证使他人丧失债权，毁损了他人的财产性利益。

盗窃商业秘密的行为，符合侵犯商业秘密罪的犯罪构成的，按照刑法第 219 条的规定定罪处罚。入户盗窃、携带凶器盗窃、扒窃他人的商业秘密载体（有体物），如果不符合侵犯商业秘密罪的犯罪构成的，成立盗窃罪。

（五）盗窃数额的计算

盗窃数额的计算，涉及直接损失与间接损失，买进价与卖出价，批发价与零售价、作案地价与销售地价、作案时价与处理时价等。依照《盗窃案件解释》，盗窃数额应根据被盗物品的具体情况进行计算。

1. 被盗财物有有效价格证明的，根据有效价格证明认定；无有效价格证明，或者根据价格证明认定盗窃数额明显不合理的，应当按照有关规定委托估价机构估价。

2. 盗窃外币的，按照盗窃时中国外汇交易中心或者中国人民银行授权机构公布的人民币对该货币的中间价折合成人民币计算；中国外汇交易中心或者中国人民银行授权机构未公布汇率中间价的外币，按照盗窃时境内银行人民币对该货币的中间价折算成人民币，或者该货币在境内银行、国际外汇市场对美元汇率，与人民币对美元汇率中间价进行套算。

3. 盗窃电力、燃气、自来水等财物，盗窃数量能够查实的，按照查实的数量计算盗窃数额；盗窃数量无法查实的，以盗窃前 6 个月月均正常用量减去盗窃后计量仪表显示的月均用量推算盗窃数额；盗窃前正常使用不足 6 个月的，按照正常使用期间的月均用量减去盗窃后计量仪表显示的月均用量推算盗窃数额。

4. 明知是盗接他人通信线路、复制他人电信码号的电信设备、设施而使用的，按照合法用户为其支付的费用认定盗窃数额；无法直接确认的，以合法用户的电信设备、设施被盗接、复制后的月缴费额减去被盗接、复制前 6 个月的月均电话费推算盗窃数额；合法用户使用电信设备、设施不足6个月的,按照实际使用的月均电话费推算盗窃数额。

5. 盗接他人通信线路、复制他人电信码号出售的,按照销赃数额认定盗窃数额。

6. 盗窃不记名、不挂失的有价支付凭证、有价证券、有价票证的,应当按票面数额和盗窃时应得的孳息、奖金或者奖品等可得收益一并计算盗窃数额。

7. 盗窃记名的有价支付凭证、有价证券、有价票证,已经兑现的,按照兑现部分的财物价值计算盗窃数额;没有兑现,但失主无法通过挂失、补领、补办手续等方式避免损失的,按照给失主造成的实际损失计算盗窃数额(但这一规定值得商榷,参见本章第四节"一")。

此外,根据"两高"2015年12月30日《关于办理妨害文物管理等刑事案件适用法律若干问题的解释》的规定,盗窃一般文物、三级文物、二级以上文物的,应当分别认定为盗窃"数额较大""数额巨大""数额特别巨大"。盗窃文物,无法确定文物等级,或者按照文物等级定罪量刑明显过轻或者过重的,按照盗窃的文物价值定罪量刑。

需要指出的是,对盗窃数额的计算,虽然是以被盗财物的客观价值为标准进行计算,但同样的财物对不同的被害人所起的作用并不完全相同,故应同时考虑被盗财物对被害人的生产、生活等起的作用大小(主观价值或使用价值)。对于入户盗窃、携带凶器盗窃、扒窃具有一定主观价值的物品构成盗窃罪的,也不一定需要计算其客观价值。

关于虚拟财产的数额,本书主张按照虚拟财产与法益主体的不同类型分别判断。(1)第一类是用户从网络服务商或者第三者那里购买的价格相对稳定、价值不因用户的行为而产生变化的虚拟财产(如Q币、U币、游戏币等)。这类虚拟财产有两个特点:其一,服务商出售这类虚拟货币时有明确的价格,且其价格相对稳定,不会轻易发生变化。其二,这类虚拟货币不属于服务商所有,而是由用户即普通消费者通过购买方式获得,而不是凭借自己的劳动或者游戏活动获得。基于这两个密切联系的特点,对于行为人窃取或者骗取这类虚拟财产的,应当按照服务商的官方价格计算财产价值。[42] (2)第二类是用户从网络服务商或者第三者那里购买的,经过加工后使之升级的虚拟财产(如游戏装备、用Q币装饰过的QQ空间等)。这类虚拟财产也有两个特点:其一,服务商出售这类虚拟财产时虽有明确的价格,但价格较低,用户花费大量时间、精力使得其级别更高,因而更有价值。其二,这类虚拟财产不属于服务商所有,而是由用户所有。可以肯定的是,对这类虚拟财产不能按网络服务商最初的出卖价格计算犯罪数额。这是因为,被害人在获得虚拟财产时,支付了虚拟装备或原料的费用;在获得虚拟财产后又有大量的投入(包含在线网络游戏的费用、上网费用、投入时间以及投入的技术等)。如果按照购买价格计算,就没有考虑被害人在购买虚拟财产后的各种投入。所以,可以按照市场平均价格确定虚拟财产的数额。(3)第三类是网络服务商的虚拟财产。显然,如果按照网络公司的官方价格与市场价格计算,会导致数额巨大乃至特别巨大,因而造成量刑畸重。本书看法是,行为人非法获取网络服务商的虚拟财产时,在具备数额较大(可以按官方价格计算)或者其他成立犯罪所必需的条件(如多次盗窃虚拟财产)的前提下,按情节量刑而不按数额量刑。在判断情节是否严重时,应综合考虑行为的次数、持续的时间、非法获取虚拟财

〔42〕 需要指出的是,在这类案件中,不能按行为人的销赃数额计算犯罪数额。因为行为人的销赃数额通常低于官方价格,因而不同于被害人的损失数额。如果按销赃数额计算犯罪数额,便不利于保护被害人的法益。

产的种类与数量、销赃数额等。采用本书的方案时，原则上对盗窃上述第三类虚拟财产的行为应尽可能避免适用情节特别严重的法定刑。

（六）盗窃罪的着手与既遂标准

司法实践中存在大量盗窃未遂的案件。对于盗窃未遂既不是一概处罚，也不是一概不处罚。根据《盗窃案件解释》，盗窃未遂，具有下列情形之一的，应当依法追究刑事责任：(1)以数额巨大的财物为盗窃目标的；(2)以珍贵文物为盗窃目标的；(3)其他情节严重的情形。

本书认为，只有当盗窃行为具有使他人丧失财产的紧急危险时，才是盗窃罪的着手。至于何时产生该危险，需要根据盗窃类型具体判断。例如，对于入户盗窃的案件，应以开始实施具体的物色财物的行为时为着手；对于扒窃案件，应以行为人的手接触到被害人实际上装有钱包或者现金的口袋或者提包外侧为着手；窃取他人车内财物的，以打开车门或者车窗为着手；盗窃锁门的机动车的，以开始实施开锁行为为着手；盗窃没有锁门的机动车的，以打开车门为着手；对于侵入无人看守的仓库的盗窃案件，以开始侵入仓库时为着手。[43] 使用银行卡从自动取款机盗窃现金的，仅插入银行卡还不是着手，开始进行取款操作时才是着手。在进行取款操作前查询余额的，不宜认定为着手。[44]

关于盗窃罪的既遂标准，理论上有接触说、转移说、隐匿说、失控说、控制说（取得说）、失控加控制说。应当认为，只要行为人取得（控制）了财物，就是盗窃既遂。但是，不能将取得理解为行为人转移了财物的场所，更不能将取得理解为行为人藏匿了财物，而应理解为行为人事实上占有了财物（建立了新的支配关系）。在间接正犯的场合，如果被利用者控制了财物，即使利用者还没有控制财物，也应认定为既遂。一般来说，只要被害人丧失了对财物的控制，就应认定行为人取得了财物。例如，行为人以非法占有为目的，从火车上将他人财物扔到偏僻的轨道旁，打算下车后再捡回该财物。不管行为人事后是否捡回了该财物，均应认定为犯罪既遂。再如，通过网上银行盗窃他人存款，已经将现金转入支付宝的，应认定为盗窃既遂。又如，盗窃机动车的，应以已经发动车辆开始移动时为既遂。被害人是否对财物设置了报警系统，不影响既未遂的认定；盗窃行为是否被他人监视，也不直接影响既未遂的认定。[45]

所应注意的是，在认定盗窃罪的既遂与未遂时，必须根据财物的性质、形状、体积大小、被害人对财物的占有状态、行为人的窃取样态等进行判断。如在商店行窃，就体积很小的财物（如戒指）而言，行为人将该财物夹在腋下、放入口袋、藏入怀中时就是既遂。概言之，就小型财物而言，只要行为人将其置于其个人专属领域，就必须认定为既遂。因为财物一旦进入行为人的个人专属领域，在社会观念上就处于行为人的支配空间，排除了被害人的占有。换言之，财物进入行为人的个人专属领域后，基于人格权等缘故，被害人就不可能没有障碍地取回财物。但就体积很大的财物（如冰箱）而言，一般只有将该财物搬出商店才能认定为既遂。上述盗窃既遂标准，也能适用于入户盗窃与在户盗窃。例如，住

---

〔43〕 参见张玥楷：《未遂犯论》，法律出版社 1997 年版，第 123 页以下。

〔44〕 对此还值得进一步研究。日本曾有判例认为，查询余额行为与窃取现金的行为不可分离，故查询余额的行为就是盗窃着手。但“不可分离”恐怕难以成为提前认定着手的理由，事实上，行为人查询余额时不一定就有确定的故意（不排除行为人因为余额多或者余额少而不取款）。

〔45〕 当然，监视行为导致行为人的盗窃行为绝对不可能既遂的，则另当别论。

在雇主家里的雇员,将窃取的财物藏在自己的行李包内或者隐藏在雇主家的隐蔽场所,雇主不可能发现的,成立盗窃既遂。在超市盗窃的场合,将商品放进购物车或者购物篮的,既不能认定为着手,更不能认定为既遂,只有通过了收费处,才能认定为盗窃既遂。

再如,盗窃工厂内的财物,如果工厂是任何人可以出入的,则将财物搬出原来的仓库、车间时就是既遂;如果工厂的出入相当严格,出入大门必须经过检查,则只有将财物搬出大门外才是既遂。盗窃他人土地上的财物的,原则上只要将财物转移至他人的支配领域之外,就应当认定为既遂。当然,"他人的支配领域之外"不是一个物理的概念,而是需要根据社会一般观念做出判断。

此外,如果行为人所取得的财物极为低廉时,不应认定为盗窃既遂。例如,张某准备了盗窃工具前往银行盗窃金库,将保险柜撬开后,发现其中只有10元人民币,没有其他财物。张某取走10元现金后逃走。根据司法解释,即使张某分文未得,但由于其以盗窃数额巨大财物为目标,也应定罪处罚。张某取得了"财物",但不宜认定为盗窃既遂。我国刑法所规定的作为财产罪对象的财物,应限于具有一定价值的财物,而不包括价值低廉的财物。根据法益侵害说,只有当行为对法益的侵犯达到值得科处刑罚的程度时,才具有刑法意义上的实质的违法性。因此,刑法所保护的财产,是价值相对较大的财产。〔46〕既然如此,在认定财产犯罪是既遂还是未遂时,也不能只是考虑行为人是否取得了财物,还必须进一步考虑行为人取得的财物是否达到了一定数额。刑法上作为构成要件的财产损失是比较严重的损失,同样,作为既遂标准的财产损失也必须是比较严重的损失。换言之,既然价值低廉的财物不是刑法意义上的财物,那么,取得价值低廉的财产也不能成为财产犯罪的既遂标准。因此,对于上述案例,应认定为盗窃未遂,而不能因为行为人取得了"财物"就认定为盗窃既遂。〔47〕

值得研究的是,多次盗窃、入户盗窃、携带凶器盗窃、扒窃的,是否存在未遂,以及对于未遂应当如何处理的问题。本书的看法是,首先,由于盗窃罪是侵犯财产罪,所以,不能将多次盗窃、入户盗窃、携带凶器盗窃、扒窃视为所谓行为犯,亦即,不能认为,只要是多次盗窃、入户盗窃、携带凶器盗窃、扒窃的,即使分文未取,也成立盗窃既遂。换言之,对于多次盗窃、入户盗窃、携带凶器盗窃、扒窃的,也应以行为人取得了值得刑法保护的财物为既遂标准。因此,多次盗窃、入户盗窃但分文未取的,或者携带凶器盗窃、扒窃但取得的是不值得刑法保护的物品的,只能认定为盗窃未遂。其次,对于多次窃取、入户盗窃、携带凶器盗窃、扒窃未遂的,既不能一概以犯罪论处,也不能一概不以犯罪论处,只能将其中情节严重的情形以盗窃罪的未遂犯论处。

(七)盗窃罪的罪数

行为人携带凶器入户盗窃数额较大财物的,只成立一个盗窃罪,但可能评价为"有其

〔46〕 对此应辩证地、相对地考虑。所谓"刑法所保护的财产,是价值相对较大的财产",意指只有当行为侵犯了具有一定交换价值或者使用价值的财产时,才成立刑法所规定的犯罪。但数额的大小,在不同的犯罪乃至同一犯罪的不同类型中是相对的,如以普通盗窃方式窃取300元现金不构成犯罪,但抢劫300元现金的行为肯定成立犯罪,入户盗窃300元现金的行为也成立犯罪。再如,虽然一般来说,盗窃300元现金不构成犯罪,但如果是进入银行、博物馆等盗窃,未能获得巨额财物,只是盗窃了价值300元的财物的,仍然成立盗窃罪(未遂)。然而,在这种情况下,显然难以认定为盗窃既遂,但在量刑时又不可能不考虑已经盗窃了价值300元财物的事实。

〔47〕 参见张明楷:《刑法的基本立场》,中国法制出版社2002年版,第233页以下。

他严重情节”。行为人一次携带凶器盗窃,一次入户盗窃的,属于同种数罪,如果不属于“有其他严重情节”,则不排除数罪并罚的可能性。入户盗窃他人的身份证件、护照等物品之后,利用该身份证件、护照等实施诈骗等罪的,应当实行数罪并罚。盗窃自动贩卖机中的现金,然后再利用该现金“购买”该贩卖机中的商品的,实施了两个盗窃行为,应当累计现金与商品价值。一般认为,盗窃财物后,为掩盖盗窃罪行或者报复等,故意破坏所盗财物的,仅以盗窃罪论处。后一行为属于共罚的事后行为,不另认定为故意毁坏财物罪。[48] 但是,盗窃他人财物后,在他人要求返还时,使用暴力、胁迫手段迫使他人免除返还义务的,如果符合事后抢劫的成立要件,按事后抢劫论处;不符合事后抢劫的成立条件的,应认定为对财产性利益的抢劫罪;宜将先前的盗窃财物与后来的抢劫财产性利益作为狭义的包括的一罪处罚,亦即从一重罪论处。

多次盗窃、入户盗窃、携带凶器盗窃、扒窃债权凭证后,向银行工作人员等自然人骗领现金的,应将盗窃罪与诈骗罪(或金融诈骗罪)实行数罪并罚。在这种情形下,盗窃罪的对象是作为有体物的债权凭证本身;诈骗罪的对象是银行管理者等人占有的现金。

(八)盗窃罪的处罚

根据刑法第 264 条的规定,犯盗窃罪的,处 3 年以下有期徒刑、拘役或者管制,并处或者单处罚金;数额巨大或者有其他严重情节的,处 3 年以上 10 年以下有期徒刑,并处罚金;数额特别巨大或者有其他特别严重情节的,处 10 年以上有期徒刑或者无期徒刑,并处罚金或者没收财产。单位组织、指使盗窃行为,符合刑法第 264 条以及司法解释的相关规定的,以盗窃罪追究组织者、指使者、直接实施者的刑事责任。根据《盗窃案件解释》的规定,因犯盗窃罪,依法判处罚金刑的,应当在 1000 元以上盗窃数额的 2 倍以下判处罚金;没有盗窃数额或者盗窃数额无法计算的,应当在 1000 元以上 10 万元以下判处罚金。

需要注意的是,行为人虽然客观上窃取了数额巨大或者特别巨大的财物,但是仅认识到财物的数额较大的,根据责任主义原理,只能适用数额较大的法定刑。

值得研究的是,对于行为人潜入银行、博物馆等意图盗窃数额巨大或者特别巨大的财物,但由于意志以外的原因而未得逞的,应当如何选择法定刑?《盗窃案件解释》规定:“盗窃既有既遂,又有未遂,分别达到不同量刑幅度的,依照处罚较重的规定处罚;达到同一量刑幅度的,以盗窃罪既遂处罚。”本书的看法是,刑法第 264 条所规定的法定刑升格条件,都不是真正意义上的加重构成要件,只是量刑规则,因而不存在加重犯罪的未遂问题。例如,在盗窃情节并不严重时,不可能认定为盗窃情节严重的未遂犯;基于同样的理由,在盗窃数额并非巨大时,不能认定为数额巨大的未遂犯。所以,对于上述行为人只能适用基本法定刑,并且适用刑法总则关于未遂犯的处罚规定。如果行为人的多次盗窃行为中,既有既遂又有未遂的,只能按既遂数额选择法定刑,未遂行为作为量刑情节考虑。[49] 当然,如果潜入银行、博物馆等意图盗窃数额巨大或者特别巨大的财物,虽然未能得逞,但行为本身属于情节严重或者情节特别严重的,则应适用情节严重或者情节特别严重的法定刑,同时适用未遂犯的处罚规定。

---

〔48〕 这种毁坏行为是否属于共罚的事后行为,在德日刑法理论中还存在争议。

〔49〕 参见张明楷:《刑法分则的解释原理》(上),中国人民大学出版社 2011 年第 2 版,第 181 页以下。

二、侵占罪

(一)侵占罪概述

侵占罪,是指将代为保管的他人财物非法占为己有,数额较大,拒不退还的,或者将他人的遗忘物或者埋藏物非法占为已有,数额较大,拒不交出的行为。前者属于侵占委托物(委托物侵占或普通侵占);后者属于侵占脱离占有物(脱离占有物侵占)。[50]

侵占罪以占有他人财物或者他人丧失财物的占有为前提。换言之,侵占罪是将占有的他人财物非法转变为所有或者将脱离他人占有的财物非法转变为所有的行为,故侵占罪的法益不包括占有。详言之,委托物侵占的法益是财物的所有权、财产性利益的所有以及委托关系。由于委托物侵占的对象是"代为保管的他人财物",所以,财物的所有权是首要的保护法益,而占有则不属于其保护法益(这一理解,与对盗窃罪的法益采取何种学说没有关系)。另一方面,由于侵占罪的对象包括财产性利益,所以,他人对财产性利益的所有同样是保护法益(以下合称为财产的所有)。其次,委托关系也是委托物侵占的保护法益。如果没有侵害委托关系,则属于侵占脱离占有物。侵占脱离占有物是侵占罪的基本类型,其保护法益是财产的所有。

侵占罪的法定刑之所以轻于盗窃罪,可以从三个方面说明:第一,盗窃罪侵害了他人对财物的占有,而侵占罪没有侵害他人对财物的占有,故侵占罪的不法程度轻于盗窃罪。第二,在侵占罪的场合,财物处于行为人可以自由处分的状态,对行为人具有诱惑性,导致非难可能性程度轻于盗窃罪。第三,盗窃罪的发案率远远高于侵占罪,为了实现一般预防,刑法对盗窃罪规定的法定刑重于侵占罪。

(二)委托物侵占的犯罪构成

1. 构成要件

(1)行为主体必须是代为保管他人财物的人,或者说是他人财物的占有者,因而本罪属于身份犯。

(2)行为对象是自己代为保管的他人财物。首先,这里的财物是他人所有的财物,既可能是自然人所有的财物,也可能是单位所有的财物。对自己所有的财物不可能成立侵占罪。"代为保管"是指受委托而占有,即基于委托关系对他人财物具有事实上或者法律上的支配力的状态,易言之,包括事实上的占有与法律上的占有。

事实上的占有,与盗窃罪对象——他人占有的财物中的占有含义相同。[51] 一方面,只要行为人对财物具有事实上的支配即可,不要求物理上的控制。因此,事实上的支配(或占有)不同于民法上的占有,只要根据社会的一般观念可以评价为行为人占有,即使在民法上不认为是占有,也可能成为本罪的对象。另一方面,并不是当他人说了一声"帮我看管一下"时,行为人就"代为保管"了他人财物。如果行为人只是占有的辅助者,而没

---

〔50〕 司法解释将这两种情形归入一个罪名,实有不妥之处。在旧中国以及其他任何国家与地区,这两种情形都属于不同类型的犯罪。

〔51〕 就"代为保管"中的事实上的占有而言,只有这样解释,才能妥当处理盗窃罪与侵占罪的关系:对他人占有的财物成立盗窃罪;对自己占有的财物成立侵占罪。如果将代为保管解释得比占有宽,就意味着一部分代为保管与占有相重叠,导致盗窃罪与侵占罪难以区分;如果将代为保管解释得比占有窄,就意味着盗窃罪与侵占罪之间存在漏洞。更为重要的是,侵占罪是仅侵害所有、没有侵害占有的犯罪,故应当将代为保管解释为占有(普通用语的规范化)。

有占有他人财物,也不属于"代为保管"。例如,在车站、码头帮上下乘客搬运随身行李的人,并没有事实上占有乘客的财物,只是乘客占有的辅助者。

法律上的占有,是指行为人虽然没有事实上占有财物,但在法律上对财物具有支配力。例如,不动产的名义登记人,在法律上占有该不动产;提单等有价证券的持有人,在法律上占有提单等有价证券所记载的财物。因为侵占罪的特点是将自己占有的财产不法转变为所有,只要某种占有意味着行为人具有处分的可能性,便属于侵占罪中的代为保管(占有)。不动产的名义登记人完全可能处分不动产;提单等有价证券的持有人也完全可能处分提单等记载的财物;所以,应认定为侵占罪中的代为保管(占有)。例如,在乙借用甲的身份证在银行存款时,甲在法律上占有了乙的存款。当单位基于某种原因以A的个人名义向银行存款时,A在法律上占有了单位的存款。甲与A取出存款据为己有的,成立侵占罪。同样,单位购房时将不动产登记在张三个人名下,张三将该不动产出卖给他人的,对该不动产成立侵占罪(对不知情的购买者成立诈骗罪)。

不管是事实上的支配还是法律上的支配,都应以财物的所有权人与行为人之间存在委托关系为前提,委托关系发生的原因多种多样,如租赁、担保、借用、委任、寄存等。委托关系不一定要有成文的合同,根据日常生活规则,事实上存在委托关系即可。至于基于什么原因保管他人财物,则没有限定。以违法目的代为保管他人财物时,一般不影响委托关系的成立,但对基于不法原因而委托给付的财物与赃物的代为保管,则需要进一步研究。

关于基于不法原因而委托给付的财物能否成为本罪的对象,刑法理论上存在争论。例如,甲欲向国家工作人员行贿,而将财物委托给乙转交,但乙将该财物据为己有,乙的行为是否构成侵占罪?肯定说认为,虽然甲在民法上没有返还请求权,但并没有因此丧失财物的所有权,相对于乙而言,该财物仍然属于"自己占有的他人财物";刑法与民法的目的不同,即使上述委托关系在民法上不受保护,也不影响侵占罪的成立。否定说认为,甲对该财物没有权利请求返还,故可以认为该财物所有权已经不属于甲,因此,乙没有将"他人财物"据为己有;如果将乙的行为认定为犯罪,则破坏了法秩序的统一性,违反了刑法的谦抑性;侵占罪不只是侵犯财产,还有破坏委托信任关系的一面,而甲的委托与乙的收受之间,并不存在一种法律上的委托信任关系。折中说主张分清不法原因给付与不法原因委托,前者是基于不法原因终局性地转移财物;后者只是基于不法原因将财物暂时委托给他人。将不法原因给付物据为己有的,不成立犯罪;但将不法原因委托物据为己有的,则成立侵占罪。[52] 本书赞成否定说。因为甲毕竟没有财物返还请求权,不能认定乙侵占了甲的财物;另一方面,由于财物由乙占有,也不能认为该财产已经属于国家财产。肯定说有损法秩序的统一性。折中说是基于对不法原因给付物的误解而形成的观点,因而存在疑问。此外,区分不法原因给付与不法原因委托欠缺实质的理由。

窝藏或者代为销售的赃物能否成为委托物侵占的对象,也是需要研究的问题。例如,甲为盗窃犯,将其盗窃的财物委托乙窝藏或者代为销售,但乙知道真相却将该财物据为己有或者将销售后所得的现金据为己有。肯定说认为,虽然乙接受的是盗窃犯的委托,但其受托占有的财物仍然是他人的财物,而且事实上占有着该财物,故其行为属于将自己占有

〔52〕 参见[日]东京リ－ガルマインド:《刑法Ⅲ各论》,东京リ－ガルマインド2006年第3版,第242页以下。

的他人财物据为己有,成立委托物侵占。否定说认为,乙虽然接受了盗窃犯的委托,但盗窃犯并不是财物的所有权人;既然如此,甲与乙之间就不存在任何形式的所有权人与受托人之间的委托关系,故不成立委托物侵占;相对于原所有权人而言,赃物属于脱离占有物,乙将赃物据为己有的行为,属于侵占脱离占有物,但由于乙将赃物或犯罪所得收益据为己有的行为,成立赃物犯罪,侵占脱离占有物的行为被吸收,仅以赃物犯罪论处。[53] 本书赞成否定说的结论,主张对侵占赃物的行为以赃物犯罪(刑法第312条)论处。如果乙不知是赃物而据为己有,则仅成立侵占脱离占有物(原所有权人的遗忘物)的犯罪。

(3)行为内容为侵占。关于侵占行为的性质,刑法理论上存在取得行为说与越权行为说。越权行为说认为,侵占是指破坏委托信任关系,对委托物实施超越权限的行为。取得行为说认为,侵占是指将占有变为不法所有的一种取得行为。我国刑法要求"非法占为己有"、"拒不退还",显然采取了取得行为说。即将自己暂时占有的他人财物不法转变为自己所有的财物;或者以财物的所有权人自居,享受财物的所有权的内容,实现其不法所有的意图。但这里的"己有"并不限于行为人所有,还包括由"第三者"所有。侵占行为既可以是作为,也可以是不作为,具体表现为将自己代为保管的财物出卖、赠与、消费、抵偿债务等。总的来说,侵占既可以是基于法律行为的侵占,也可以是基于事实行为的侵占。将自己占有的他人财物出卖或者赠与第三者的,是典型的基于法律行为的侵占。就自己名义的他人存款而言,以自用目的取出现金或者将存款转入自己账户的,也属于基于法律行为的侵占。将自己占有的他人财物作为质押物的,原则上也属于侵占(确实能够如期解除质押的除外)。基于事实行为的侵占,包括消费、隐藏他人的财物等。代为保管他人的机动车时,或者租用他人机动车时,改装汽车或者涂改汽车颜色的,属于基于事实行为的侵占。但是,单纯使用受托保管的财物,而且没有消耗财物价值的,不属于侵占。单纯损坏财物的不构成侵占,而应认定为故意毁坏财物罪。为了所有权人的利益而针对财物实施的行为,也不成立侵占。根据刑法的规定,只有非法侵占他人数额较大的财物才成立犯罪;侵占数额较小的财物的,不当犯罪处理。

所谓侵占后的侵占,也是需要讨论的问题。例如,甲受托管理乙的不动产,但为了自己的融资需要,擅自将乙的不动产作为抵押物。后来,又将乙的不动产出卖给丙,并进行了转移登记。将乙的不动产设定抵押权,本身就是一种侵占行为。此后将不动产出卖,也是侵占行为。但是,对这两种行为不可能认定为数罪,一般来说,只要将后一种行为认定为侵占行为即可,这便是侵占后的侵占。

"非法占为己有"与"拒不退还"的关系,值得深入研究。通说认为,非法占为己有之后,经他人要求而退还的,就不成立犯罪;易言之,只有在非法占为己有之后,又经要求退还而拒不退还的,才成立侵占罪。倘若如此,大体只有想进监狱的人才可能构成本罪。本书认为,"非法占为己有"与"拒不退还"表达的是一个含义:将自己占有的他人财物变为自己所有的财物。(1)就现金以外的财物而言。倘若行为人已经非法占为己有,如将自己代为保管的财物出卖、赠与、消费、抵偿债务等时,就充分表明他拒不退还。反之,行为人拒不退还时,也表明他"非法占为己有"。而且,当行为人将自己占有的他人财物变为自己所有的财物时,就已经表明他"拒不退还"。当然,行为人没有以所有权人自居处分

---

〔53〕 参见[日]西田典之:《刑法各论》,弘文堂2012年第6版,第242页以下。

财产,仍然保管着财物时,只要所有权人或其他权利人未要求归还,即使超过了归还期限,也难以认定为"非法占为己有",因而不宜认定为侵占罪。但如果所有权人或其他权利人要求行为人归还而行为人拒不归还的,即使没有进行财产处分,也表明其"非法占为己有"。所以,"拒不退还"只是对"非法占为己有"的强调,或者说只是对认定行为人是否"非法占为己有"的一种补充说明。(2)就现金而言。由于现金只要转移占有便转移所有(封缄物中的现金除外),所以,乙将现金委托给甲管理时,即使甲使用了该现金,也因为不属于"他人财物"而不直接成立委托物侵占;只有当乙要求甲退还而甲不退还时,才能认定为委托物侵占。在这种情况下,"拒不退还"似乎与"非法占为己有"相并列,其实也不尽然。因为当乙向甲索要现金,甲如数归还时,根本无法认定甲已经"非法占为己有";只有当甲拒不退还时,才能认定"非法占为己有"。所以,"拒不退还"依然只是对"非法占为己有"的强调,而不是与"非法占为己有"相并列的独立要素。[54] (3)做出上述解释结论的实质根据是,行为人将自己占有的他人财物变为不法所有(如已经出卖、赠与他人等)后,即使后来赔偿了被害人损失(退还)的,也具有值得科处相应刑罚的法益侵害性。一方面,刑法将"数额较大"规定为构成要件要素,从司法实践来看,本罪"数额较大"的起点远远超过了盗窃罪"数额较大"的起点;将自己占有的数额较大财产变为不法所有的行为,已经严重侵害了他人的财产。另一方面,刑法对侵占罪规定了较轻的法定刑,如果在法定刑较低的情况下,对法益侵害性作过高的要求,会造成刑法的不协调。

2. 责任要素

委托物侵占的责任形式为故意,并具有不法所有的目的。概言之,行为人必须明知是代为保管的他人财物,而不法据为己有或者使第三者所有。这里的不法所有的目的,应是指遵从财物的用法,将自己作为财物的所有权人进行利用、处分的意图。[55] 因此,在使用自己占有的他人所有的金钱时,只要在行为时具有返还、填补的意思,就应当否认不法所有目的。将代为保管的他人财物单纯予以毁坏的,仅成立故意毁坏财物罪。

(三)脱离占有物侵占的犯罪构成

根据我国刑法的规定,脱离占有物侵占的行为对象是他人的遗忘物或者埋藏物。

关于遗忘物,首先需要研究的问题是:它与遗失物之间是否存在区别?一种观点认为,遗忘物与遗失物存在区别,前者是财物的所有权人或持有人将所持财物放在某处,因疏忽而忘记拿走的财物;后者是指失主丢失的财物。具体区别为:(1)前者一经回忆一般都能知道财物所在位置,也较容易找回;后者一般不知道失落何处,也不易找回。(2)前者一般尚未完全脱离物主的控制范围;而后者则完全脱离了物主的控制。(3)前者一般脱离物主的时间较短;后者一般脱离物主的时间较长。据此,侵占所谓遗失物的行为不构成侵占罪。[56] 本书认为,不应区分遗忘物与遗失物,换言之,刑法上的遗忘物概念应当包含遗失物。上述观点的第(1)个区别,导致行为是否成立犯罪取决于被害人记忆力的强弱,其合理性值得怀疑;而且当被害人起先不知失落何处,后经回忆知道财物所在位置时,

---

〔54〕 能否将"拒不退还"解释为主观目的的内容,也是值得进一步研究的。

〔55〕 不法所有的目的必须具有客观的外在表现,其外在表现就是前述侵占行为。保管他人财物的行为人内心产生了将他人财物据为己有的想法,但没有客观的外在表现时,不可能认定为侵占罪。反过来说,从某种行为发现行为人具有不法所有目的时,该行为就是侵占行为,并且已经既遂。

〔56〕 参见高铭暄主编:《刑法专论》(下编),高等教育出版社 2002 年版,第 751 页。

行为人的行为又由无罪变为有罪,这也不合适。上述观点的第(2)、(3)个区别,有将被害人占有的财物与遗忘物相混淆之嫌,因为根据社会的一般观念,当财物尚未脱离被害人的控制范围或者脱离时间较短时,应属于被害人占有的财物,而非遗忘物。事实上,区别遗忘物与遗失物是相当困难甚至是不可能的。即使可以明确区分二者,从实质上说,对侵占遗失物数额较大的行为,也有必要以刑法进行规制。其次,对遗忘物也不能完全作字面意义的理解,而宜作规范意义的解释,即"非基于他人本意而脱离他人占有,偶然(即不是基于委托关系)由行为人占有或者占有人不明的财物"。因此,他人因为认识错误而交付给行为人的财物,邮局误投的邮件,楼下飘落的衣物,河流中的漂流物,死者身上的财物等,只要他人没有放弃所有权的,均属于遗忘物。

埋藏物,是指埋于地下或者藏于他物之中的财物。藏在墙缝中、沉在水下的财物,也应属于埋藏物。埋藏物必须是他人所有(包括国家、单位所有)的财物,而且应是所有权人明确的财物。例如,乙从祖辈得知自己房屋的墙缝中藏有金条(但不知道具体位置与数量),后来将房屋出卖给甲并与甲约定,如果甲拆建房屋时发现金条,金条归乙所有。但甲在拆建房屋发现金条时却将金条据为己有。甲的行为成立侵占罪。在既不属于国家所有又所有权人不明的情况下,根据存疑时有利于被告的原则,不得以侵占罪论处。因为既然所有权人不明,就有可能由行为人所有。所有权人明确,不必是事先明确,只要行为人在实施侵占行为时明确即可。行为人据为己有后才查明所有权人的,不应认定为侵占罪。但是,他人有意埋藏于特定地下,且具有占有意思的财物,属于他人占有的财物,而非埋藏物。行为人不法取得该财物的,成立盗窃罪。概言之,埋藏物是埋于地下或者藏于他物之中的,他人(包括国家、单位)所有但并未占有,偶然由行为人发现的财物。

侵占脱离占有物中的侵占行为,也是取得行为,即据为己有的行为。"拒不交出"只是对"非法占为己有"的强调,而不是与"非法占为己有"相并列的独立要素。

成立侵占脱离占有物的犯罪,要求行为人明知是他人的遗忘物或者埋藏物而不法据为己有。本来是他人占有的财物,但行为人误以为是遗忘物或者埋藏物而取得该财物的,属于抽象的事实认识错误,只能认定为侵占罪。

(四)侵占罪与盗窃罪的关系

盗窃罪只能是盗窃他人占有的财物,对自己占有的财物不可能成立盗窃罪;委托物侵占是侵占自己占有的他人财物,侵占脱离占有物是侵占遗忘物或者埋藏物。所以,判断财物由谁占有、是否脱离占有,是判断行为成立侵占罪还是盗窃罪的关键。例如,沈某骑自行车到摩托车修理店,见有一辆摩托车停在修理店门口,遂起占有之念,又见该修理店里货架上没有摩托车锁,于是问店主:"你店里有没有摩托车锁?"店主说:"这里没有,你要的话,等一会我回去拿。"沈某便说:"你快点去拿吧,我要办事去呢。"店主在沈某的催促下,离开了修理店到50米外的家里取锁,临走时对沈某讲:"我去拿锁,你帮我看下店。"店主离开后,沈某骑走摩托车。在本案中,虽然沈某欺骗店主使其离开修理店,但店主并没将财产转移给沈某占有。店主虽然说了一声"帮我看下店",但此时沈某充其量只是修理店财物的占有辅助者。根据社会的一般观念,即使店主暂时离开了修理店,修理店中的财物仍然由店主占有,所以,沈某的行为成立盗窃罪。再如,帮他人照看房屋的人,并没有占有房屋与房屋内的财物,其将他人房屋内的财物据为己有的,应认定为盗窃罪,而非侵占罪。

关于乘客"遗忘"在小型出租车内的财物(暂时不考虑数额要求),本书的基本看法如下:(1)乘客刚下车时,将行李"遗忘"在车内,在短暂的时间内,只要出租车尚未离开,该行李仍由乘客占有。司机在乘客刚下车后,发现车内留有行李而迅速逃离的,应当认定为盗窃罪。基于同样的理由,在前乘客刚下车、后乘客立即上车的情形下,后乘客立即将前乘客"遗忘"在出租车座位上的行李据为己有的,也成立盗窃罪。(2)前乘客遗忘在出租车后备箱的行李,如果脱离了前乘客的占有,就当然转移为司机占有。司机事后据为己有的,成立侵占罪。如果后乘客也将自己的行李放在后备箱,在下车时同时将前乘客的行李一并取走的,成立盗窃罪。(3)前乘客遗忘在出租车座位上的行李,如果脱离了前乘客的占有,就当然转移给司机占有。因为出租车虽然是任何人都可以乘坐的车辆,但出租车本身由司机占有。既然如此,出租车内的财物也当然由司机占有。即使司机没有意识到前乘客将行李遗忘在出租车的座位上,由于财物处于司机的支配范围内,根据社会的一般观念,也应认定司机事实上支配了前乘客的行李。所以,如果后乘客将前乘客的行李转移为自己占有的,应认定为盗窃罪;司机将前乘客的财物据为己有的,成立侵占罪。

他人利用行为人的银行卡存款,实际上属于行为人受委托管理他人的存款(法律上占有了存款),行为人以拒不归还的意思从银行取款据为己有的(不管是从柜台取款还是从自动取款机取款),只成立侵占罪,不成立其他犯罪(行为人对银行不存在犯罪行为)。他人要求行为人取款,行为人拒不为他人取款的,也成立侵占罪。拾得他人信用卡后,在自动取款机取款的,成立盗窃罪(在银行柜台取款的,成立信用卡诈骗罪)。

实践中经常发生他人误转存款被行为人取走的案件。例如,乙原本应向丙的账户汇入10万元存款,但由于操作失误,将10万元存款汇入到甲的账户。在本书看来,虽然甲形式上享有了10万元债权,但由于缺乏享有债权的任何根据,故不应认定甲对银行享有10万元债权,或者说,不能认定甲在法律上占有他人10万元存款,更不能认为甲占有相应的现金。因此,如果甲从自动取款机中取出现金的,应认定为对银行现金的盗窃;如果甲从自动转款机上将10万元转入自己的其他账户的,应认定为对存款债权的盗窃;如果甲从银行柜台取出现金或者转入其他账户的,则成立诈骗犯罪。[57]

在分期付款购物的场合,如果在买方付清货款之前,货物的所有权由卖方享有(所有权保留),买主在付清货款之前处分货物的,属于(委托物)侵占行为(如果具有付清货款的意思,则缺乏侵占罪的故意与目的,而不成立犯罪);反之,卖方违反买方的意志窃回货物的,成立盗窃罪。在动产质押的场合,质物由债权人合法占有。债务人窃取质物的,成立盗窃罪;债权人在债务履行期未满时处分质物的,属于(委托物)侵占行为,同时具备责任要素的,成立侵占罪。

一般来说,侵占罪与盗窃罪是一种对立关系。但是,对此不能绝对化。因为侵占脱离占有物犯罪中的"遗忘"与"埋藏"是表面的构成要件要素,亦即,它不是为违法性提供根据的要素,而是为了与盗窃罪相区别所规定的要素。因此,即使客观上不是遗忘物与埋藏物,而是他人占有的财物,也可能成为侵占罪的对象。例如,在误将他人占有的财物当做遗忘物而转移为自己占有时,虽然客观行为符合盗窃罪的构成要件,但主观上不具有盗窃罪的故意时,应认为符合侵占罪的犯罪构成(既遂)。

---

〔57〕　这一问题在国内外均存在争议,本书采取了日本的判例与刑法理论的通说观点。

(五)侵占罪的处罚

根据刑法第270条第1款的规定,犯侵占罪的,处2年以下有期徒刑、拘役或者罚金;数额巨大或者有其他严重情节的,处2年以上5年以下有期徒刑,并处罚金。犯本罪的,告诉的才处理。如果侵占的是国家所有的财物,则应由检察院提起公诉。

第三节 抢劫罪与抢夺罪

一、抢劫罪

(一)抢劫罪的概念与犯罪构成

抢劫罪,是指以非法占有为目的,以暴力、胁迫或者其他方法,强取公私财物的行为。抢劫罪虽然是侵犯财产的犯罪,但同时具有侵害他人生命、身体、自由的性质。这既是抢劫罪区别于其他财产犯罪的重要标志,又使抢劫罪成为财产罪中最严重的犯罪。抢劫罪保护法益中的财产法益,与盗窃罪的保护法益相同。

1. 构成要件的内容是,当场使用暴力、胁迫或者其他强制方法,强取公私财物。一般认为,暴力、胁迫或者其他强制方法,是手段行为;强取公私财物,是目的行为。

暴力方法,是指对被害人不法行使有形力,使其不能反抗的行为,如殴打、捆绑、伤害、禁闭等。暴力一词在不同场合具有不同含义(参见第十九章第四节“六”),抢劫罪中的暴力只能是最狭义的暴力。这种暴力必须针对人实施,直接或者间接作用于人的身体,并要求足以压制对方的反抗,但不要求具有危害人身安全的性质。将被害人监禁在室内的,属于间接的对人暴力。[58] 暴力的对象并不限于财物的占有者,而是包括其他具有保护占有的意思的人。例如,对有权处分财物的人、财物的辅助占有者、财物占有者的家人以及其他协助占有、管理财物的人或者抵制抢劫的人使用暴力的,均不影响抢劫罪的成立。[59] 对具有一定看守能力的儿童实施暴力强取财物的,也成立抢劫罪。[60]

胁迫方法,是指以恶害相通告,使被害人产生恐惧心理因而不敢反抗的行为,这种胁迫也应达到足以压制对方反抗的程度。[61] 恶害是指对被害人生命、身体、自由的加害;以当场立即实现损毁名誉的内容进行威胁的,不应认定为抢劫罪;以毁损更高价值的财产相

---

〔58〕 例如,甲乘机将被害人乙锁在一个房间后,从另一房间取走财物的,应认定为抢劫罪。但是,抢劫罪的暴力不应当包括所谓不作为的暴力。例如,A出于其他目的将被害人B锁在一个房间后,在应当释放B却不释放的情况下,在B能够看到的情形下转移了B的财物。本书认为,对A后来单纯利用B不能反抗的状态取走财物的行为,不应认定为抢劫罪,只能认定为盗窃罪,并与非法拘禁罪实行数罪并罚。

〔59〕 对无关的第三者实施暴力取得财物的,不宜认定为抢劫罪。例如,乙将摩托车停在楼下后,没有取走钥匙就上楼取东西,无关的丙站在摩托车旁。路经此地的甲误以为丙是车主,使用暴力将丙推倒在地,骑着摩托车逃走。本书认为,不能因为甲具有所谓抢劫的故意就认定其行为构成抢劫罪。换言之,甲的客观行为并不符合抢劫罪的构成要件,对摩托车仅成立盗窃罪。如果对丙造成伤害,则应认定为故意伤害罪,与盗窃罪并罚。如果没有造成伤害,就只能认定为盗窃罪。

〔60〕 对没有看守能力的幼儿实施暴力,使其父母交付财物的,应认定为对父母的胁迫,依然成立抢劫罪。

〔61〕 暴力、胁迫行为虽然足以压制他人反抗,但在没有压制他人反抗的情形下取得他人的财物,属于抢劫未遂与敲诈勒索既遂的想象竞合。

威胁，要求被害人交付财产的，也不应认定为抢劫罪（应认定为敲诈勒索罪）。恶害的实现必须是行为人能够左右或者佯装能够左右，而且使得被害人信以为真的。换言之，胁迫并不意味着被害人不交付财物或者进行反抗时，行为人就必然实现胁迫内容；只要行为人的胁迫内容使被害人以为行为人会实现胁迫内容即可。例如，甲将一包废纸装入背包，进入储蓄所后威胁工作人员："我包里装着炸药，给我 20 万元现金，否则我就引爆！"尽管甲客观上不可能实现威胁内容，但依然属于抢劫罪中的胁迫。反之，向被害人声称如不交付财产会遭天打雷劈的，不属于胁迫。胁迫方式可以是使用语言或者动作、手势。[62] 为了使抢劫罪与敲诈勒索罪相区别，我国刑法理论的通说将抢劫罪的胁迫方法限定为"以当场实施暴力相威胁"，[63] 亦即，胁迫的内容是当场立即对被害人实施暴力，其特点是如不交付财物或者进行反抗，便立即实现胁迫的内容（暴力）。但有学者认为，这样的人为限定"可能导致对财产所有者、占有者的权利保护不力的局面出现"。[64] 在本书看来，从构成要件上说，通说的限定并没有法律根据，因为即使并非以当场实施暴力相威胁，也完全可能压制对方的反抗。但是，从司法认定的角度来说，如果不作这样的限定，则容易扩大抢劫罪的处罚范围。又由于我国刑法规定的敲诈勒索罪的法定刑并不低，将没有以当场实施暴力相威胁的行为认定为敲诈勒索罪，基本上是合适的。所以，以将来实施暴力相威胁的，一般不认定为抢劫罪。但是，不排除少数例外情形。例如，甲在乙家安放了炸弹，威胁乙"三天之内交付 100 万，否则遥控爆炸"的，宜认定为抢劫。此外，对"当场"的理解不能过于狭窄。通告恶害的时间与所通告的实现恶害的时间之间比较短暂的，也应认定为当场。

其他方法，是指暴力、胁迫以外的造成被害人不能反抗的强制方法。显然，这种方法也可谓压制了被害人反抗的方法。最典型的是采用药物、酒精使被害人暂时丧失自由意志，然后劫走财物。[65] 只是单纯利用被害人不能反抗的状态取走财物的，仅成立盗窃罪。

至于以什么为基准判断暴力、胁迫等行为是否达到了足以压制对方反抗的程度，在理论上存在主观说与客观说。前者主张以被害人的主观状态为基准，后者主张以一般人的主观状态为基准。主观说可能导致被害人的胆量大小直接决定行为人的行为性质，客观说可能导致已经压制了被害人反抗而取得财物的行为仅成立抢劫未遂或者仅成立敲诈勒索罪。本书的基本看法是，暴力、胁迫等达到足以压制被害人的反抗，是客观的构成要件要素，必须进行客观的判断。但这种客观的判断，不可能是一般性的抽象判断，只能是通过考察暴力、胁迫的程度、样态、手段、时间、场所、行为人与被害人的人数、年龄、性别等因素进行的具体判断。如果被害人胆小，行为人的暴力、胁迫虽然不能压制一般人的反抗，但事实上已经压制了被害人的反抗，就应认定符合抢劫罪的构成要件。如果行为人知道被害人胆小，则能肯定行为人具有抢劫罪的故意，进而认定为抢劫罪；反之，如果行为人不

---

[62] 行为人使用凶器面对被害人打砸财物（对物暴力），迫使被害人交付财物的，虽然不一定能评价为对人暴力，但能评价为以暴力相威胁。

[63] 高铭暄、马克昌主编：《刑法学》，北京大学出版社、高等教育出版社 2016 年第 7 版，第 494 页。

[64] 周光权：《刑法各论》，中国人民大学出版社 2016 年第 3 版，第 103 页。日本刑法理论与审判实践上也没有将抢劫罪的胁迫限定为以当场实施暴力相威胁。

[65] 旧版认为，"将具有反抗意识与能力的被害人反锁在一个房间而取走其他房间财物的，也属于其他方法"。但考虑到事后抢劫罪仅限于暴力和以暴力相威胁，为了使处罚范围协调，本书将监禁行为归入暴力行为。

知道被害人胆小,则应否定行为人具有抢劫罪的故意,只能认定为敲诈勒索罪。如果被害人胆大,行为人的暴力、胁迫等行为虽然足以压制一般人的反抗,但未能压制被害人的反抗,就只能认定为抢劫未遂(可能同时触犯敲诈勒索罪)。

强取财物,是指违反被害人的意志将财物转移给自己或者第三者占有。例如,行为人自己直接夺取、取走被害人占有的财物;迫使被害人交付(处分)财物;实施暴力、胁迫等强制行为,乘被害人没有注意财物时取走其财物;在使用暴力、胁迫等行为之际,被害人由于害怕而逃走,将身边财物留在现场,行为人取走该财物。概言之,强取财物意味着,行为人以暴力、胁迫等强制手段压制被害人的反抗,与夺取财产之间必须存在因果关系。一方面,只要能够肯定上述因果关系,就应认定为抢劫(既遂),故并不限于"当场"取得财物。例如,明知被害人当时身无分文,但使用严重暴力压制其反抗,迫使对方次日交付财物的,应认定为抢劫罪(视对方次日是否交付成立抢劫既遂与未遂)。[66] 另一方面,如果不能肯定上述因果关系,即使当场取得财物,也不能认定为强取财物。例如,实施的暴力、胁迫等行为虽然足以压制反抗,但实际上没有压制对方的反抗,对方基于怜悯而交付财物的,只成立抢劫未遂。再如,甲以抢劫故意实施暴力,导致被害人逃跑时失落财物,甲在追赶时"拾得"该财物的,不属于强取财物,宜认定为抢劫未遂与侵占罪(或者盗窃罪),[67] 实行数罪并罚。因为甲取得的财物,并不是"强取"行为的结果,或者说,并非压制了被害人为确保自己的占有而进行的反抗所取得的财物。又如,A 将熟睡的被害人反锁在房间,旨在使被害人不能抵制自己转移财物的行为,但 A 在转移财物时被害人没有醒来。对此,也只能认定为抢劫未遂与盗窃罪(实行数罪并罚)。[68]

值得研究的是抢劫对象变更的情形。德国的判例认为,如果行为人取得的财物与其打算取得的财物完全不同,由于缺乏目的关系,对所取得的物只能认定为盗窃。本书认为,只要是客观上压制了被害人的反抗而取得财物的,均应认定为抢劫既遂。例如,甲为了抢劫他人户内的现金,在使用暴力压制他人反抗后,在寻找现金的过程中发现了金银首饰时,将金银首饰拿走。对此,应认定为抢劫既遂。但是,当行为人针对特定财物实施抢劫行为,而被害人对该特定财物并没有丧失反抗能力时,行为人乘机取得被害人没有防备、没有保护的其他财物的,对后者应认定为盗窃。例如,A、B 共谋抢劫,入户后以暴力相威胁要进入被害人卧室强取财物时,被害人将 A、B 堵在卧室外。A 乘被害人未注意时,顺手将客厅桌上的手机装入自己口袋后,与 B 一起逃离现场。对此,应认定为入户抢劫的未遂与(入户)盗窃既遂,实行数罪并罚。

抢劫罪的对象包含财产性利益,所以在抢劫财产性利益时,由于压制他人的反抗,而使财产性利益在法律上或者事实上发生了转移时,应认定为强取财产性利益。例如,债务

---

〔66〕 我国刑法理论常常要求抢劫罪具备两个"当场"的条件,即当场实施暴力、胁迫和当场取得财物。但本书认为,取得财物不必具有当场性。此外,即使将"当场"作为强取财物的要件,对于"当场"的理解不能过于狭窄,暴力、胁迫或者其他方法与取得财物之间间隔一定时间,也不属于同一具体场所的,仍有可能认定为当场取得财物。例如,甲对乙实施暴力,迫使其交付财物,但乙身无分文,甲令乙立即从家中取来财物,或者一道前往乙家中取得财物的,应认定为抢劫罪。

〔67〕 如果根据时间、距离、场所等情形,能够肯定甲在"拾得"财物时,被害人依然占有自己的财物,则应认定为盗窃罪。

〔68〕 德国刑法理论与判例只是重视手段目的关系的主观性,因而将这种情形认定为抢劫既遂。本书不赞成这种观点。

人乙向甲借款后一直未还，后使用暴力、胁迫方法迫使甲向自己书写收条的，应认定为抢劫罪（既遂）。再如，债务人为了逃避债务而杀害债权人的（与故意杀人罪成立想象竞合），乘坐出租车后使用暴力迫使司机放弃出租车费的，成立抢劫罪（既遂）。此外，抢劫的对象也不排除不动产（当然应区分作为有体物的不动产与不动产的权益等财产性利益）。例如，使用暴力、胁迫手段迫使他人将不动产过户给自己的，成立抢劫罪（针对财产性利益）。以长期居住为目的，使用暴力、胁迫手段将房屋主人赶走，事实上控制了房屋的，也宜认定为抢劫罪（针对不动产本身）。

2. 责任要素除故意外，还要求具有非法占有目的。抢劫的故意，是指行为人明知自己的抢劫行为会发生侵犯他人人身与财产的危害结果，并且希望或者放任这种结果的发生。行为人对他人造成财产上的损害虽然一般出于希望心理（不排除例外情况下存在放任心理），但对侵害他人人身权利的结果，则可能持放任态度。为索取到期合法债务而使用暴力的，不成立抢劫罪，视情形成立故意伤害、非法拘禁、非法侵入住宅等罪。行为人出于其他目的实施暴力行为，暴力行为致人昏迷或者死亡，然后产生非法占有财物的意图，进而取走财物的，不成立抢劫罪。例如，以强奸故意使用暴力，在被害妇女昏迷后发现了财物进而取得该财物的，不管强奸行为是否既遂，均应认定为强奸罪与盗窃罪。但是，行为人出于其他故意，于正在实施暴力、胁迫的过程中（暴力、胁迫没有结束时）产生夺取财物的意思，并夺取财物的，则成立抢劫罪。〔69〕此外，行为人以其他故意对被害人实施暴力后，为了获得财物，而实施了新的暴力、胁迫的，成立抢劫罪。〔70〕例外情况是，根据刑法第289条的规定，在实行聚众"打砸抢"行为过程中，毁坏公私财物的，即使没有非法占有目的，对首要分子也应认定为抢劫罪。

（二）事后抢劫的成立条件

根据刑法第269条的规定，犯盗窃、诈骗、抢夺罪，为窝藏赃物、抗拒抓捕或者毁灭罪证而当场使用暴力或者以暴力相威胁的，依照刑法第263条关于抢劫罪的规定定罪处罚。这一规定属于法律拟制，其规定的情形在理论上称为事后抢劫或准抢劫（罪名仍为抢劫罪）。事后抢劫罪必须具备以下三个条件。

1. 犯盗窃、诈骗、抢夺罪（事后抢劫的前提行为）

可以肯定的是，已经构成盗窃、诈骗、抢夺罪的行为，能够成为事后抢劫的前提行为。例如，盗窃公私财物数额较大、多次盗窃、入户盗窃、携带凶器盗窃、扒窃等都属于"犯盗窃罪"。

问题一：行为人盗窃、诈骗、抢夺数额较小的财物时，出于窝藏赃物等法定目的而当场使用暴力或者以暴力相威胁的，是否成立抢劫罪？

第一种观点认为，在刑法要求盗窃等行为取得数额较大的财物才成立犯罪时，只有当行为人取得的财物数额较大，才可能成立事后抢劫罪。但是，不同学者所持的理由并不完全相同。

---

〔69〕例如，出于其他故意捆绑被害人后，在捆绑状态持续期间强取被害人财物的，由于暴力行为仍在持续，而且事实上压制了被害人反抗，应认定为抢劫罪。

〔70〕男子以强奸故意对妇女实施暴力，妇女为了避免被强奸，主动将某财物交付给男子，男子接受财物后放弃强奸念头的，仅成立强奸中止。但是，如果男子为了获得更多的财物，以不交付更多财物便强奸妇女相威胁的，则除成立强奸罪外，另成立抢劫罪。

有学者将事后抢劫罪理解为所谓转化犯,亦即,行为人实施某一犯罪行为时,由于主客观条件的变化,致使对该行为应当按另一重罪论处的情形,这种转化犯是从轻罪到重罪、从此罪向彼罪的转化,而不是由一般违法行为向犯罪行为的转化。所以,先前的盗窃等行为取得数额较大的财物时,才能转化为抢劫罪。[71] 但这种观点难以成立。其实,真正的转化型抢劫,是指行为人入室盗窃时发现有人进而实施抢劫,或者抢夺财物时被害人抓住财物不放手,行为人进而实施暴力强取财物等情形。刑法第 269 条所规定的情形并不是真正意义上的转化,而是将原本不符合抢劫罪犯罪构成的行为拟制为抢劫罪。况且,通常所称的转化犯,并不依赖刑法的特别规定,就可以按后实施的重罪论处。

有学者认为,从严格的罪刑法定主义的立场而言,只有盗窃、诈骗、抢夺数额较大的财物,因而构成了犯罪时,才能进而成立事后抢劫罪。但同时指出:“作上述严格解释,又有不合理之处。因为普通抢劫罪的成立并无数额限制,而事后抢劫罪与普通抢劫罪只是在暴力、胁迫与取财先后顺序上有差别,并无实质的不同,在成立犯罪的条件上也不应该有差别……我国刑法将事后抢劫罪的前行为规定为‘犯盗窃、诈骗、抢夺罪’存在缺陷,有必要予以修改。”[72] 在本书看来,这种解释存在方法论的缺陷。既然论者认为将“犯盗窃、诈骗、抢夺罪”解释为盗窃、诈骗、抢夺数额较大的财物存在缺陷,就不要做出这样的解释。换言之,先将刑法第 269 条做出有缺陷的解释,然后再进行批判,进而要求修改法条的做法,并不可取。

第二种观点认为,只要行为人实施了盗窃等行为,即可进而构成事后抢劫罪。因为抢劫罪的成立不以数额较大为前提,事后抢劫属于抢劫罪,所以,事后抢劫罪的成立不要求先前的盗窃等行为达到数额较大的要求,不要求先前的盗窃等行为构成犯罪,盗窃少量财物的行为也可能成立事后抢劫罪。[73]

但是,这种观点存在疑问。刑法第 269 条使用了“犯盗窃、诈骗、抢夺罪”的表述,《治安管理处罚法》第 49 条规定,“盗窃、诈骗……抢夺……公私财物的”,给予行政处罚。显然,并非凡是实施盗窃、诈骗、抢夺行为的,均属于“犯盗窃、诈骗、抢夺罪”。而且,事后抢劫罪属于财产罪,如果前行为不构成财产罪时也能成立事后抢劫罪,就否定了事后抢劫罪的财产罪性质。

第三种观点以司法解释为代表,采取的是综合判断的做法。最高人民法院 2005 年 6 月 8 日《关于审理抢劫、抢夺刑事案件适用法律若干问题的意见》(以下简称《两抢意见》)第 5 条指出:“行为人实施盗窃、诈骗、抢夺行为,未达到‘数额较大’,为窝藏赃物、抗拒抓捕或者毁灭罪证当场使用暴力或者以暴力相威胁,情节较轻、危害不大的,一般不以犯罪论处;但具有下列情节之一的,可依照刑法第二百六十九条的规定,以抢劫罪定罪处罚:(1)盗窃、诈骗、抢夺接近‘数额较大’标准的;(2)入户或在公共交通工具上盗窃、诈骗、抢夺后在户外或交通工具外实施上述行为的;(3)使用暴力致人轻微伤以上后果的;(4)使用凶器或以凶器相威胁的;(5)具有其他严重情节的。”最高人民法院 2016 年 1 月 6 日《关于审理抢劫刑事案件适用法律若干问题的指导意见》(以下简称《抢劫案件指导》)基

---

[71] 张国轩:《抢劫罪的定罪与量刑》,人民法院出版社 2001 年版,第 237 页。
[72] 刘明祥:《财产罪比较研究》,中国政法大学出版社 2001 年版,第 146 页。
[73] 参见郑泽善:“转化型抢劫罪新探”,载《当代法学》2013 年第 2 期。

本上重申了上述观点。[74]

在本书看来,《两抢意见》存在诸多缺陷:其一,将法条前面规定的“犯盗窃、诈骗、抢夺罪”的判断转化为后面的“使用暴力或者以暴力相威胁”的判断。这显然不合适。后面的暴力严重,并不表明前行为符合“犯盗窃、诈骗、抢夺罪”的条件;后面的暴力不严重时,前行为也可能符合“犯盗窃、诈骗、抢夺罪”的条件。其二,对于“使用暴力或者以暴力相威胁”,采取了情节是否严重的整体性判断。然而,由于刑法规定的事后抢劫罪与普通抢劫罪具有等质性,所以,对于“使用暴力或者以暴力相威胁”的判断,只能像普通抢劫罪一样,以暴力或者威胁行为是否足以压制被害人的反抗为标准,而不能以所谓情节是否严重为标准。其三,导致一些具体案件的结论不合理。例如,甲在公交车上看到站在车门边的被害人手拿一个价值微薄的手机,抢夺手机立即下车后,为抗拒抓捕而对被害人实施足以压制其反抗的暴力行为。根据《两抢意见》,对甲也应以事后抢劫罪论处。可是,该手机价值微薄,甲也明知该手机价值微薄,根据刑法第 267 条的规定,不可能成立抢夺罪。既然如此,就不符合刑法第 269 条“犯抢夺罪”的规定。再如,根据《两抢意见》,盗窃他人几个苹果后,当场使用凶器相威胁的,也成立事后抢劫罪。可是,根据刑法与《治安管理处罚法》的规定,盗窃几个苹果的行为,也不可能成立盗窃罪,因而不符合事后抢劫罪的前提条件。

第四种观点指出:“对于‘犯盗窃、诈骗、抢夺罪’,既不能理解为是指行为人实际占有的财物必须达到数额较大的标准,也不能根本不考虑行为人主观上意图和可能非法占有的财物数额较大。”[75] 据此,即使盗窃未遂,也可以成立事后抢劫罪。

本书原则上赞成第四种观点。刑法第 269 条的表述是“犯盗窃、诈骗、抢夺罪”,其描述的是行为的动态过程,意味着行为人有实施盗窃罪、诈骗罪、抢夺罪的行为与故意,而不意味着行为事实上已经构成盗窃、诈骗、抢夺罪的既遂。换言之,只有当前行为能被评价为犯盗窃、诈骗、抢夺“罪”时(不管这种“罪”是既遂还是未遂),才能进而成立事后抢劫罪。首先,事后抢劫罪之所以是财产罪,就是因为前行为是盗窃等财产罪。如果前行为不成立财产罪(只是一般违法行为),那么,不管后面的暴力行为如何严重,也不可能成立财产罪。其次,“犯……罪”是一个动态过程,并不一定指犯罪既遂,而是包括了犯罪未遂。虽然一般认为刑法分则规定的犯罪以既遂为模式,但这只是就法条对其规定了法定刑的独立犯罪而言,而不是针对独立犯罪中所包含的前提犯罪。就刑法第 269 条所规定的事后抢劫罪而言,可谓以既遂为模式,但作为其前提犯罪的盗窃、诈骗、抢夺罪,则不必然以既遂为模式。再次,抗拒抓捕或者毁灭罪证是事后抢劫罪的目的,这意味着即使前罪没有获得财物,也可能成立事后抢劫罪。最后,抢劫罪的成立没有数额限制,故事后抢劫也不应有数额要求。据此,只要行为人着手实行的盗窃、诈骗、抢夺行为,具有取得数额较大财物的危险性,行为人主观上具有盗窃、诈骗、抢夺数额较大财物的故意,不管是既遂还是未遂,无论所取得的财物数额大小,都符合“犯盗窃、诈骗、抢夺罪”的条件。诚然,在我国,盗窃、诈骗、抢夺未遂的,不一定以犯罪论处。但是,这与本书的上述观点并不冲突。对于

---

〔74〕《抢劫案件指导》同时指出:认定事后抢劫时,“一般不考察盗窃、诈骗、抢夺行为是否既遂。但是所涉财物数额明显低于‘数额较大’的标准,又不具有《两抢意见》第五条所列五种情节之一的,不构成抢劫罪”。

〔75〕高铭暄主编:《刑法专论》(下编),高等教育出版社 2002 年版,第 735 页。

盗窃、诈骗、抢夺未遂的不追究刑事责任,只是司法实践限制处罚范围的一种做法,并不意味着盗窃、诈骗、抢夺未遂不属于刑法第 269 条规定的“犯盗窃、诈骗、抢夺罪”。根据本书的观点,客观上不可能盗窃、诈骗、抢夺数额较大财物的情形,以及主观上没有盗窃、诈骗、抢夺数额较大财物的故意的情形,都不符合“犯盗窃、诈骗、抢夺罪”的条件。

需要说明的是,在现行刑法之下,虽然诈骗罪的成立以数额较大为前提,没有任何例外,但多次盗窃、入户盗窃、携带凶器盗窃与扒窃四种类型的行为成立盗窃罪,不以盗窃数额较大财物为前提。所以,只要行为人实施上述四种特别类型的盗窃行为,原则上就符合了“犯盗窃罪”的条件。当然,根据我国的立法与司法实践,也只有当上述四种盗窃行为值得以犯罪论处时,[76]才能进而成立事后抢劫罪。同样,只有当多次抢夺值得以犯罪论处时,才能进而成立事后抢劫罪。

问题二:行为人实施特殊的盗窃、诈骗、抢夺行为(如盗伐林木、金融诈骗、抢夺国有档案等),出于窝藏赃物等法定目的而当场实施暴力或者以暴力相威胁的,是否成立事后抢劫罪?

否定说指出:“从严格的罪刑法定主义的立场而言,我国刑法第 269 条规定的‘犯盗窃、诈骗、抢夺罪’,自然只限于侵犯财产罪一章所规定的普通盗窃、诈骗、抢夺罪,因为其他特殊类型的盗窃、诈骗、抢夺既然刑法规定了单独的罪名和法定刑,就有别于普通盗窃、诈骗、抢夺的犯罪,在刑法没有明文规定的条件下,认为实施这类犯罪也可能转化为抢劫罪,这同样是违反罪刑法定主义的。”[77]据此,先前实施盗伐林木、金融诈骗、合同诈骗等行为的,不可能成立事后抢劫罪。

否定说的基本理由可取,但由于将案件事实固定化,导致出现不合理的结论。例如,与盗窃已被伐倒的林木以及盗伐农民房前屋后的树木的行为(盗窃罪)可以成立事后抢劫罪相比,更应当肯定盗伐林木的行为可以成立事后抢劫罪。再如,倘若认为不能将合同诈骗行为评价为诈骗罪,于是,犯普通诈骗罪为窝藏赃物而当场以暴力相威胁的,成立抢劫罪,实施合同诈骗行为为窝藏赃物而当场以暴力相威胁的,仅成立合同诈骗罪,这样的处理结论显然有违公正。

肯定说指出:“肯定财产罪性质的特殊盗窃、诈骗、抢夺罪包含在刑法第 269 条的前提条件之中并不违背罪刑法定原则……根据刑法第 269 条‘犯盗窃、诈骗、抢夺罪’的规定,并不能得出该前提条件仅限于第 264、266、267 条的普通盗窃、诈骗、抢夺罪的结论。”[78]据此,先前实施盗伐林木、金融诈骗、合同诈骗等行为的,同样可以成立事后抢劫罪。

肯定说的结论大体可取,但同样将案件事实固定化,导致其基本理由存在疑问。在我国,刑法理论与司法实践所称的盗窃罪、诈骗罪与抢夺罪,就是指刑法第 264 条、第 266 条、第 267 条规定的普通盗窃、诈骗、抢夺罪。而且,按照肯定说的逻辑,行为人盗窃国家机关的一张公文后,也能再成立事后抢劫罪。可是,这一结论值得怀疑,事实上,持肯定说的学者也不认为这种行为可以成立事后抢劫罪。

---

〔76〕 参见张明楷:“盗窃罪的新课题”,载《政治与法律》2011 年第 8 期。

〔77〕 刘明祥:《财产罪比较研究》,中国政法大学出版社 2001 年版,第 147 页。

〔78〕 刘艳红:“转化型抢劫罪前提条件范围的实质解释”,载赵秉志主编:《刑法论丛》(第 13 卷),法律出版社 2008 年版,第 407 页。

折中说认为:“刑法第269条言及的盗窃、诈骗、抢夺仅仅泛指一般的盗窃、诈骗、抢夺罪的犯罪行为,而不是特指第264条盗窃罪、第266条诈骗罪、第267条抢夺罪这些特定的犯罪行为。”同时指出:“盗窃正在使用中的属于危害公共安全犯罪中的对象物,例如交通工具上的设备装置、交通设施、电力动力设施,易燃易爆设施、广播电视设施、公用电信设施的行为,只是行为外在表现的一种形式,就法律性质而言,它们已属于破坏行为,属于危害公共安全的行为,它们和盗窃财物的行为在法律的评价上不具有同一性。因此这些行为与盗窃犯罪不属于法条竞合现象。所以这种行为当然不发生转化的问题(即不成立事后抢劫——引者注)。”[79]

折中说同样存在缺陷。其一,以盗窃交通工具上的设备装置、交通设施(数额较大)的方式破坏交通工具、交通设施的行为,不仅符合破坏交通工具罪、破坏交通设施罪的成立条件,而且符合盗窃罪的成立条件,属于典型的想象竞合犯。不能因为这种行为是“破坏行为”,就否认其同时也是盗窃行为。换言之,承认这种行为是想象竞合犯,就承认了这种行为同时构成盗窃罪。既然如此,就不能否认这种行为符合“犯盗窃罪”的条件。其二,将想象竞合犯中的“犯盗窃罪”排除在刑法第269条之外,既缺乏法律根据,也导致案件处理不公平、不协调。因为想象竞合犯侵犯数个法益,具有数罪的性质,而法条竞合侵犯一个法益,不具有数罪的性质。按照折中说,必然出现如下不公平的现象:前罪重(想象竞合)时反而不能成立事后抢劫罪,因而处罚轻;前罪轻(法条竞合)时能够成立事后抢劫罪,因而处罚重。这是难以被人接受的。而且,在没有合理区分法条竞合与想象竞合的我国,折中说也会导致案件的处理不协调。

在本书看来,刑法的特性决定了对“犯盗窃、诈骗、抢夺罪”的解释既要符合罪刑法定原则,又要使案件获得公平的处理。显然,如果适用一种解释结论的后果是,不法与责任重的行为受到较轻的处罚,而不法与责任轻的行为受到较重的处罚,或者不法与责任重的行为被宣告无罪,而不法与责任轻的行为被宣告有罪,那么,这种解释结论就是不协调的、非正义的,因而是不可取的。本书认为,刑法第269条所规定的“犯盗窃、诈骗、抢夺罪”应当限定为犯第264条的盗窃罪、第266条的诈骗罪、第267条的抢夺罪。这样解释不存在违反罪刑法定原则的问题。同时应当认为,凡是可以评价为盗窃、诈骗、抢夺罪的行为,都可能再成立事后抢劫罪。例如,承认盗伐林木的行为可以成立事后抢劫罪(即适用刑法第269条),并不意味着、也不需要将刑法第269条所规定的“犯盗窃罪”扩大到(或类推到)“犯盗伐林木罪”,而是说,盗伐林木的行为完全符合刑法第264条规定的盗窃罪的成立要件,因此,可以将其评价为盗窃罪;在盗伐林木的行为人为了窝藏赃物而当场使用暴力时,司法机关可以将事实评价为行为人在犯盗窃罪时,为了窝藏赃物而当场使用暴力,因而应当适用刑法第269条的规定,以事后抢劫罪论处。基于同样的理由,各种金融诈骗罪与合同诈骗罪也完全符合诈骗罪的成立要件,因而可能成立事后抢劫罪。这样解释,既得出了合理结论,也符合罪刑法定原则。

根据上述观点,在必要时,完全可以将普通抢劫行为评价为盗窃罪(或视情形评价为抢夺罪),使其也可以再成立事后抢劫罪。例如,甲犯盗窃罪时(窃取现金5000元),为抗拒抓捕而当场使用暴力,导致被害人重伤。甲的行为无疑符合刑法第269条的规定,成立

[79]　杨兴培:“合同诈骗能否成为转化型抢劫罪的实例分析”,载《政治与法律》2008年第3期。

事后抢劫;根据刑法第263条的规定,其适用的法定刑为“十年以上有期徒刑、无期徒刑或者死刑”。乙使用暴力抢劫他人现金5000元(暴力本身致人轻伤),为抗拒抓捕而当场使用暴力,导致另一被害人重伤。倘若认为,不能将乙先前的普通抢劫评价为盗窃,因而不能对乙适用刑法第269条,就意味着乙的行为成立普通抢劫与故意伤害两个罪;数罪并罚的结局是,对乙可能判处的刑罚为3年以上20年以下有期徒刑。可是,任何人都不会认为,乙行为的法益侵害性与有责性轻于甲。既然如此,就不能使乙承担比甲更轻的刑事责任。人们习惯于说,乙的处罚轻于甲的处罚是法律问题,不是解释问题。但本书认为,这是解释问题,而不是法律问题。只要妥当地理解盗窃的含义,只要认为盗窃与抢劫不是对立关系而是包容关系,亦即抢劫中包含了盗窃,就能将乙的行为评价为事后抢劫,进而适用“十年以上有期徒刑、无期徒刑或者死刑”的法定刑,从而实现刑法的公平正义。[80] 基于同样的理由,对于携带凶器抢夺的(根据刑法第267条的规定,以抢劫罪论处),必要时也可以评价为抢夺罪,进而以事后抢劫罪论处。

至于可以评价为盗窃、诈骗、抢夺罪的行为,与刑法第264条、第266条、第267条规定的普通盗窃、诈骗、抢夺罪是法条竞合关系还是想象竞合关系,则在所不问。因为如上所述,在这两种关系中,行为人的前行为的确都符合普通盗窃、诈骗、抢夺罪的成立条件。只是在行为既构成其他犯罪也构成事后抢劫罪时,需要比较法定刑的轻重,从一重罪论处。例如,由于枪支、弹药、爆炸物也可以评价为财物,行为人盗窃、抢夺枪支、弹药、爆炸物,出于窝藏赃物等目的而当场使用暴力或者以暴力相威胁的,成立事后抢劫罪。此时,应比较行为的情节与所适用的法定刑,如果按盗窃、抢夺枪支、弹药罪处罚,应适用“十年以上有期徒刑、无期徒刑或者死刑”的法定刑,而按照事后抢劫罪处罚,只能适用“三年以上十年以下有期徒刑”的法定刑,最终只能以盗窃、抢夺枪支、弹药罪论处。如果评价为事后抢劫罪,且应适用加重抢劫的法定刑时,就应以事后抢劫罪论处。

根据本书的观点,如果某种行为不能评价为侵犯财产的盗窃、诈骗、抢夺罪时,则不能成立事后抢劫罪。例如,盗窃、抢夺国家机关公文、证件、印章的行为,由于公文、证件、印章的财产价值微薄,在不可能评价为刑法上的盗窃罪、抢夺罪时,就不可能成立事后抢劫罪。再如,骗取出境证件的行为,不可能评价为刑法上的诈骗罪,故不可能成立事后抢劫罪。

问题三:已满14周岁不满16周岁的人,实施盗窃等行为,为窝藏赃物等目的而当场使用暴力或者以暴力相威胁的,应否以事后抢劫罪追究刑事责任?

最高人民法院2006年1月11日《关于审理未成年人刑事案件具体应用法律若干问题的解释》第10条规定:“已满十四周岁不满十六周岁的人盗窃、诈骗、抢夺他人财物,为窝藏赃物、抗拒抓捕或者毁灭罪证,当场使用暴力,故意伤害致人重伤或者死亡,或者故意杀人的,应当分别以故意伤害罪或者故意杀人罪定罪处罚。”根据这种观点,如果行为人使用暴力或者以暴力相威胁的行为没有致人重伤、死亡,则不以犯罪论处(以下简称否定说)。[81] 本

---

〔80〕 甚至还有可能将乙先前的暴力致人轻伤的行为,另评价为故意伤害罪,对故意伤害罪与事后抢劫实行并罚。这样的做法既实现了全面评价,也没有重复评价。

〔81〕 也有相反的准司法解释。最高人民检察院法律政策研究室2003年4月18日《关于相对刑事责任年龄的人承担刑事责任范围有关问题的答复》指出:“相对刑事责任年龄的人实施了刑法第二百六十九条规定的行为的,应当依照刑法第二百六十三条的规定,以抢劫罪追究刑事责任。但对情节显著轻微,危害不大的,可根据刑法第十三条的规定,不予追究刑事责任。”

书不赞成这种观点。

第一,否定说的逻辑理由是,事后抢劫罪以行为人犯盗窃、诈骗、抢夺罪为前提,但根据刑法第17条的规定,已满14周岁不满16周岁的人不能犯盗窃、诈骗、抢夺罪,所以,也不能犯事后抢劫罪。[82] 但是,人们完全可以作另外的逻辑解释:根据刑法第17条的规定,已满14周岁不满16周岁的人应当对抢劫罪负刑事责任,事后抢劫罪是抢劫罪的一种,所以,已满14周岁不满16周岁的人应当对事后抢劫罪承担刑事责任。

第二,否定说采取的判断方法是,先判断盗窃等罪的构成要件符合性、违法性与有责性,然后判断事后抢劫的构成要件符合性、违法性与有责性。显然,这种判断将事后抢劫罪当做两个犯罪,导致事后抢劫罪有两个责任。但在我国,事后抢劫罪并不是真正意义上的结合犯,只是一个犯罪,因而只能按照一个事后抢劫罪,先判断构成要件符合性与违法性,然后判断有责性。

第三,否定说可能将事后抢劫罪理解为身份犯,并将行为人的年龄理解为身份的一个具体内容。但是,将事后抢劫罪理解为身份犯,并不妥当。其一,任何人都可能实施盗窃、诈骗、抢夺罪,故这些犯罪并不是身份犯。将事先实施盗窃作为身份看待,过于扩大了身份的范围。因为事后抢劫是一种独立的犯罪,由两个特定行为组成;两个行为之间,不仅具有时间与场所的紧密性,而且具有心理的联系性。倘若将实施前行为作为身份,那么,由两个以上行为构成的犯罪(如普通抢劫、强奸等),都会被理解为身份犯。例如,根据上述观点,我国刑法第239条所规定的绑架杀人也属于身份犯(即绑架犯杀人的才成立绑架杀人)。这可能难以被人接受。其二,事后抢劫罪属于财产罪,其实行行为必须具有侵犯财产的内容。倘若将犯盗窃等罪作为主体身份的要素对待,那么,事后抢劫的实行行为就只剩下暴力与胁迫。可是,单纯的暴力与胁迫不具有财产罪的性质。只有将盗窃等行为理解为事后抢劫的实行行为的一部分,才能解释事后抢劫的财产罪性质。[83] 其三,倘若认为事后抢劫属于身份犯,那么,先前的盗窃等行为只是表明身份的要素,而不是事后抢劫的实行行为的一部分。然而,身份的有无虽然影响犯罪的成立却并不影响犯罪的既遂与未遂的区分,故作为前行为的盗窃既遂与否便与事后抢劫既遂与否无关。于是,当行为人犯盗窃等罪未遂时,为了抗拒抓捕或者毁灭罪证而当场实施暴力的,也成立事后抢劫罪的既遂。这显然与事后抢劫的既遂、未遂区分标准相冲突。其四,身份犯说的一个重要理由是,如果将先前的盗窃解释为事后抢劫罪的实行行为的一部分,那么,当行为人以事后抢劫的故意开始实施盗窃等行为时,即使后来没有实施暴力与胁迫行为,也成立事后抢劫罪的未遂,但这并不妥当。可是,着手实行并不是一个形式的概念,而是指具备作为未遂犯处罚根据的实质概念。就事后抢劫罪而言,只有当行为人开始对被害人实施暴力或者胁迫行为时,才能认定为事后抢劫罪的着手。易言之,即使不采取身份犯说,也不会导致将单纯实施了盗窃等行为的情形认定为事后抢劫罪的未遂。其五,我国刑法第269条的表述,并没有为构成的身份犯提供文理根据。由上可见,以事后抢劫罪是身份犯为由要求行为主体必须已满16周岁的观点,难以成立。况且,即使将事后抢劫罪理解为身份犯,也并不必然要求将其中的"犯盗窃、诈骗、抢夺罪"解释为完全符合盗窃、诈骗、抢夺罪全部

---

〔82〕 参见黎宏:《刑法学》,法律出版社2012年版,第179页。

〔83〕 参见[日]高桥则夫:《规范论与刑法解释论》,成文堂2007年版,第210页。

要件的行为。换言之,即使理解为身份犯,也可能将“犯盗窃、诈骗、抢夺罪”理解为不包括责任年龄要素的盗窃、诈骗、抢夺罪。

第四,还有观点指出,事后抢劫罪的社会危害性不同于普通抢劫罪的社会危害性。所以,已满14周岁不满16周岁的人虽然应对危害较重的普通抢劫罪负刑事责任,但不能对危害较轻的事后抢劫罪承担刑事责任。可是,既然刑法规定对事后抢劫行为以抢劫罪定罪量刑,就意味着二者的社会危害性是相当的。

本书采取肯定说,亦即,已满14周岁不满16周岁的人应当对事后抢劫承担刑事责任。事后抢劫与普通抢劫具有等质性,而且,事后抢劫属于抢劫罪的一种类型。既然刑法第17条规定已满14周岁不满16周岁的人应当对抢劫罪负刑事责任,当然就应对事后抢劫负刑事责任。本书采取的判断方法是,先判断行为本身是否具备事后抢劫的构成要件符合性与违法性,再判断责任。在行为具备事后抢劫罪的构成要件符合性与违法性的前提下,只要行为具备事后抢劫罪的有责性,即应认定为事后抢劫罪。

比较实质的理由是,在犯罪低龄化的趋势相当明显的情况下,一方面从立法论上主张降低刑事责任年龄,另一方面又主张已满14周岁不满16周岁的人对事后抢劫罪不负刑事责任的做法,显然不协调。多数国家刑法规定已满14周岁的人对一切犯罪承担刑事责任,而我国刑法规定已满16周岁的人才对一切犯罪承担刑事责任。所以,在现行刑法之下,将刑法第17条所规定的已满14周岁不满16周岁的人应当承担刑事责任的抢劫罪,解释为包括事后抢劫罪在内是合适的。此外,我国的《治安管理处罚法》也规定已满14周岁的人对违反治安管理的行为承担法律责任,既然承认已满14周岁的人对违反治安管理的行为具有责任能力,就应当承认已满14周岁的人对事后抢劫罪具有责任能力。而且,《治安管理处罚法》所规定的违反行为,并没有普通抢劫与事后抢劫,这也能从一个方面说明,已满14周岁不满16周岁的人应当对事后抢劫承担刑事责任。

2. 当场使用暴力或者以暴力相威胁

总的来说,“当场”是指在盗窃、诈骗、抢夺的现场以及行为人刚离开现场即被他人发现并抓捕的情形。“当场”既不只是一个表示时间的概念,也不只是一个表示空间的概念,而是综合表示时间与空间的概念。亦即,只有当暴力、胁迫与盗窃等行为具有时间与空间上的紧密性时,才能认定为“当场”。从实质上说,只有当暴力、胁迫与之前的盗窃等行为在时间与空间上具有紧密性时,才可能被评价为一个犯罪;将在时间与空间存在明显距离的两个行为评价为一个行为,难以被一般社会观念所接受。

在本书看来,以下情形应当得出肯定结论:(1)在盗窃等行为的现场当时对他人实施暴力或者胁迫行为的,属于“当场”。(2)在行为人刚离开盗窃等现场时被人发现而对他人实施暴力或者胁迫行为的,也属于“当场”。(3)行为人实施盗窃等行为后,离开现场的时间短暂而被警察、被害人等发现时,也应认定为“当场”。(4)行为人实施盗窃等行为,当场被人发现因而被追捕时,被追捕的整个过程,均应认定为“当场”;即使中途有短暂的中断,但只要行为人没有摆脱追捕人,就应当认定为“当场”。

反之,下列情形应当得出否定结论:(1)行为人实施盗窃等行为后,离开现场一段时间,基于其他原因再回到盗窃等行为现场时,被警察、被害人等发现的,不属于“当场”。(2)行为人实施盗窃等行为后,离开现场一定距离,基于其他原因偶然被警察或者被害人等发现的,不应认定为“当场”。(3)行为人实施盗窃等行为,当场被人发现因而被追捕,在行为人完全摆脱追捕后，又被偶然发现时，不应当认定为“当场”。

在抓捕主体变更的场合，行为人实施暴力或者胁迫行为，是否成立事后抢劫罪，也取决于是否符合“当场”条件。例如，在被害人的追赶与警察的抓捕之间，存在短暂的时间与空间的距离，但仍然具有连续性与紧密性，被害人并没有完全摆脱追捕，而是持续处于被抓捕的状态的，应认定为“当场”。

问题是，先前的盗窃等罪属于连续犯的情形时，应当如何定罪？亦即，行为人连续犯盗窃等罪，在最后一个盗窃行为的当场，出于窝藏赃物等目的实施暴力或者胁迫行为的，应当如何定罪？例如，甲、乙、丙三人开着面包车在A镇盗窃两个电瓶（每个价值4000元）放在面包车中后，继续开车前往另一镇盗窃第三个电瓶时（其间约30余分钟），被警察在监控中发现。当甲等三人将第三个电瓶（价值4000元）装上面包车后，警察便立即开车追赶。警察追上后，甲等三人对警察使用暴力，导致其中一名警察轻伤。甲等三人的第三次盗窃行为虽然与暴力行为具有时间和空间上的紧密性，但是，甲等三人的第一、二次盗窃行为与暴力之间却没有时间和空间上的紧密性。不能因为三次盗窃行为之间具有连续性，就认为三次盗窃行为均与暴力行为之间具有时间和空间的紧密性。例如，行为人第一、二次盗窃发生在两三天之前，第三次盗窃被发现时，出于窝藏赃物等目的当场实施暴力行为。如若认定为一个事后抢劫罪，亦即，认为暴力行为与三次盗窃行为均存在时间与空间上的紧密性，便明显不符合客观事实。由此看来，先前的盗窃等行为是成立一罪还是成立数罪是一个问题，而暴力行为是否属于“当场”实施，则是另一问题。不能因为先前的多个行为被评价为一罪，其中一次行为与暴力行为之间具有时间与空间上的紧密性，就认定暴力行为与先前的多个行为之间均存在时间与空间上的紧密性。据此，对甲等三人应当认定为两个犯罪：前两次盗窃成立盗窃罪（盗窃数额为8000元），后一次盗窃与当场实施暴力的行为成立事后抢劫罪（抢劫数额为4000元），实行数罪并罚。

如果行为人所实施的欺骗行为与被害人交付财物（行为人取得财物）的行为发生在同一时间、同一地点，那么，上述关于“当场”的判断，也完全适用于诈骗罪。然而，在诈骗罪的场合，行为人实施欺骗行为的时间、地点，与行为人取得财物（被害人交付财物）的时间、地点可能并不相同，二者之间会存在时间与场所的距离。本书的基本观点是，实施欺骗行为的当场，以及取得财物（被害人交付财物）的当场，行为人出于窝藏赃物等目的实施暴力或者胁迫行为的，均可成立事后抢劫罪。因为欺骗行为与取得财物的行为，均为诈骗罪的行为，“犯诈骗罪”的“当场”，理当包括实施欺骗行为的当场与取得财物的当场；“犯诈骗罪”包括犯诈骗罪未遂，行为人实施欺骗行为时，便符合了“犯诈骗罪”的条件；在行为人实施欺骗行为时，虽然还没有取得财物，但完全可能为抗拒抓捕或者毁灭罪证而当场实施暴力或者胁迫行为；在被害人交付财物或者行为人取得财物时，行为人既可能为了窝藏赃物，也可能为了抗拒抓捕或者毁灭罪证而当场使用暴力或者以暴力威胁。但是，在行为人实施诈骗行为的过程中，尚未取得财物被人发现后，为了获得财物而对他人使用暴力或者以暴力相威胁的，则成立普通抢劫罪，而非事后抢劫罪。

事后抢劫罪中的暴力和以暴力相威胁，应当与普通抢劫罪中的暴力和以暴力相威胁作相同解释。换言之，事后抢劫罪中的暴力和以暴力相威胁，也必须达到足以压制他人反抗的程度。至于这种行为是否足以造成被害人的身体伤害或者死亡，则是另一问题。换言之，即便行为人的行为不会导致被害人身体伤害或者死亡，但只要属于暴力或者以暴力相威胁,并且足以压制被害人的反抗,就能够成立事后抢劫罪。单纯持所盗窃的刀具等逃窜,或者单纯持原本持有的凶器逃跑的,不应认定为以暴力相威胁。行为人为了迫使他人不对自己实施抓捕等行为,以加害自己(如自杀、自伤)相通告的,不属于以暴力相威胁。根据《抢劫案件指导》,对于以摆脱的方式逃脱抓捕,暴力强度较小,未造成轻伤以上后果的,可不认定为"使用暴力",不以抢劫罪论处。

值得讨论的是暴力或者以暴力相威胁的对象。刑法理论一般认为只能是被害人或者抓捕人,甚至要求被害人、抓捕人认识到行为人实施了盗窃、诈骗、抢夺罪。但是,刑法第269条既没有对暴力、胁迫的对象做出特别限定,也没有要求暴力、胁迫行为起因于先前的盗窃等行为被发现。换言之,刑法第269条仅要求犯盗窃等罪的行为人出于窝藏赃物等目的而当场实施暴力或者胁迫行为。这是因为,在盗窃等罪行被发现时当场实施暴力、胁迫行为,与盗窃等罪行没有被发现时实施暴力、胁迫行为,在不法与责任方面没有差异:不能因为暴力、胁迫的对象是无关的第三者,就认为暴力、胁迫行为的不法减轻;也不能因为其盗窃等罪行没有被发现,就认为其实施暴力、胁迫行为的责任减少。而且,只要符合"当场"的条件,就不能否认暴力、胁迫行为与先前的盗窃等罪在时间上与空间上的紧密性,因而可以评价为一个犯罪。但应注意的是,事后抢劫罪中的暴力或者以暴力相威胁必须针对特定的他人实施。一般来说,暴力是针对特定人实施的,而以暴力相威胁则不尽然。行为人犯盗窃等罪后,虽然出于窝藏赃物等目的威胁他人,但如果并没有特定的威胁对象时,不应认定为事后抢劫罪。

3. 以窝藏赃物、抗拒抓捕或者毁灭罪证为目的

窝藏赃物,是指保护已经取得的赃物不被返回、追缴等,而不要求达到使赃物不能被人发现或者难以被人发现的程度。"窝藏赃物"中的"赃物"与先前所取得的"赃物"必须具有同一性。如果行为人先前仅盗窃了A财物,为窝藏B财物而当场实施暴力或者胁迫行为的,并不成立事后抢劫罪。抗拒抓捕,是指抵抗、拒绝司法人员的拘留、逮捕和一般公民的扭送。毁灭罪证,是指毁坏、消灭其盗窃、诈骗、抢夺罪的证据。只要行为人实施暴力或者以暴力相威胁是出于上述目的之一即可,目的是否实现,不影响事后抢劫罪的成立与既遂的认定。倘若行为人在实行盗窃、诈骗、抢夺过程中,尚未占有被害人的财物时就被他人发现,行为人为了非法占有(强取)财物(不是出于刑法第269条规定的目的),而使用暴力或者以暴力相威胁的,应直接适用刑法第263条认定为普通抢劫罪,不适用刑法第269条。[84] 特别要指出的是,不能将"非法占有目的"作为事后抢劫罪的主观要素(当然,行为人犯盗窃、诈骗、抢夺罪时必须具有非法占有目的)。例如,行为人在实施盗窃行为时没有占有他人财物,客观上也没有占有他人财物的可能,不得不放弃占有意图,只是为了抗拒抓捕或者毁灭罪证,而使用暴力或者以暴力相威胁的,同样成立抢劫罪。

最高人民法院2001年5月23日《关于抢劫过程中故意杀人案件如何定罪问题的批复》(以下简称《抢劫案件批复》)指出:"行为人实施抢劫后,为灭口而故意杀人的,以抢劫罪和故意杀人罪定罪,实行数罪并罚。"至于对犯盗窃等罪后为了灭口而故意杀人的应当如何处理,司法解释并没有明确规定。刑法理论一般认为,对这种情形应认定为盗窃等罪

---

〔84〕 例如,甲男抢夺乙女的手提包(价值不到100元),乙不松手,相互拉扯后乙倒地,甲连包带人拖行2米多远,见乙仍不松手便大声吼道:"还不松手,想死啊!"乙随即松手。对甲的行为只能直接适用刑法第263条。

与故意杀人罪实行并罚。但是，所谓毁灭罪证，应是指妨碍证据显现，使证据的证明价值减少或者消灭的一切行为。隐匿证人、杀害证人，都属于使证据不能显现的行为。所谓灭口的动机，实际上就是为了使目击证人无法提供自己犯盗窃等罪的证据。既然如此，就可以认为灭口的动机就是毁灭罪证的目的。因此，行为人犯盗窃等罪时，当场为了灭口而杀人的，依然成立事后抢劫罪。虽然这种行为同时触犯了故意杀人罪，但由于抢劫致人死亡的法定刑重于故意杀人罪，故对上述行为应作为想象竞合，适用事后抢劫罪的法定刑予以处罚。

（三）抢劫罪与其他犯罪的关系

1. 抢劫罪与故意杀人罪的关系。可以肯定的是，为了继承遗产而杀害被继承人或者其他继承人的，成立故意杀人罪，不成立抢劫罪。因为这种行为并不是通过暴力行为直接进行财产的转移。通说认为，抢劫财物后，为了灭口而杀害他人的，成立抢劫罪与故意杀人罪，实行数罪并罚。[85] 由于其他原因故意实施杀人行为致人死亡，然后产生非法占有财物的意图，进而取得财物的，应认定为故意杀人罪与侵占罪（一种观点认为成立盗窃罪）。以非法占有为目的，当场使用暴力杀害被害人再夺取财物的，成立抢劫罪（理论上可称为抢劫杀人，成立与故意杀人罪的想象竞合）。《抢劫案件批复》指出："行为人为劫取财物而预谋故意杀人，或者在劫取财物过程中，为制服被害人反抗而故意杀人的，以抢劫罪定罪处罚。"

问题是，杀人后取得财物的行为，具备什么条件的，属于以暴力强取财物，认定为抢劫罪？[86] 在什么情况下，认定为故意杀人罪与其他犯罪？杀人是压制被害人反抗、使被害人丧失财产的终极手段，只要出于非法占有目的而实施杀人行为，且其后取得财物与杀人之间具有意思关联，即可认定为抢劫罪。例如，甲按照计划在杀害乙后赶往乙的住宅取走财物的，应认定为抢劫罪。上述意思关联还包括杀人时取得财物的意思的连续性。例如，A为了取得B的戒指而杀害B，在摘取戒指后发现了钱包，一并将钱包取走的，仅成立抢劫一罪。但是，如果张三为了取得李四的戒指而杀害李四，在取得戒指一周后，为了湮灭尸体来到杀人现场，发现钱包而将钱包取走的，对取得钱包的行为，应另认定为侵占罪。[87]

2. 抢劫罪与绑架罪的关系。绑架罪中存在以勒索财物为目的而绑架他人的情形，抢劫罪中的暴力也可能形似绑架。绑架罪的行为人向被绑架人的近亲属或者其他有关人勒索财物；抢劫罪则是直接迫使被害人交付财物。行为人使用暴力、胁迫手段非法扣押被害人或者迫使被害人离开日常生活处所后，仍然向该被害人勒索财物的，只能认定为抢劫罪。在甲、乙二人同行、同在一室等场合，行为人突然将凶器对准甲，迫使乙交付财物的，也宜认定为抢劫罪；[88] 如果行为人使用暴力将甲带离现场，以实力支配了甲，将甲作为人质，向乙勒索财物的，则成立绑架罪。抢劫罪与绑架罪不是一种对立关系，事实上不排除在绑架的机会中同时触犯抢劫罪的情形。例如，甲以勒索财物为目的绑架乙后，当场威胁

---

〔85〕 抢劫财物后为灭口而当场杀害他人的，也可能评价为事后抢劫（同时与故意杀人罪构成想象竞合）。

〔86〕 认定为抢劫罪时，也会与故意杀人罪存在想象竞合关系。

〔87〕 参见［日］西田典之：《刑法各论》，弘文堂2012年第6版，第171页。

〔88〕 如果能够认定行为人以实力控制了甲，则是抢劫罪与绑架罪的想象竞合。

乙的亲属丙说“如不交付赎金便杀害乙”。应当认为,甲的行为不仅对乙成立绑架罪,而且对丙成立抢劫罪。[89]

《两抢意见》指出:“绑架过程中又当场劫取被害人随身携带财物的,同时触犯绑架罪和抢劫罪两罪名,应择一重罪定罪处罚。”然而,现实案件是复杂的,人们会从许多案件中发现存在应当并罚的情形。例如,甲、乙实施暴力绑架X后,向X的亲属Y勒索人民币30万元,在Y答应筹钱的过程中,甲、乙再次对X实施暴力,劫取X随身携带的手机、现金与信用卡等财物。在本书看来,对甲、乙的行为仅以绑架罪或者抢劫罪论处并不合适。第一,绑架与抢劫属于性质不完全相同的犯罪,对甲、乙的行为仅评价为一罪,不能实现全面评价。不能因为X已被甲、乙控制,就对后面的抢劫行为不予评价;也不能因为甲、乙后来实施了抢劫行为,而对前面的绑架行为不予评价。第二,在甲、乙绑架X之后,绑架罪就已经既遂,其后在绑架过程中实施的抢劫行为,另外触犯了抢劫罪。[90] 所以,对甲、乙实行数罪并罚并没有重复评价。如同对绑架过程中强奸妇女的行为实行数罪并罚,并没有重复评价一样。第三,与抢劫过程中(或既遂后)实施绑架行为应当并罚相比,对绑架过程中实施抢劫行为的,也应当并罚。例如,A、B为了劫取Z的财物,使用暴力将Z拖入面包车,然后在面包车上劫取Z的财物。由于Z身上仅有100余元人民币,A、B二人觉得不划算,于是继续以暴力手段控制Z,逼着Z说出亲属的电话号码,然后向Z的亲属打电话索要赎金。在本案中,A、B二人的抢劫行为已经既遂,后来又实施了绑架行为,应当数罪并罚。A、B的行为与甲、乙的行为只是顺序不同,其他方法没有差异。既然如此,对甲、乙的行为也应当并罚。第四,假定甲、乙在绑架X的过程中,不是抢劫财物,而是故意毁坏了X的数额较大的财物,对甲、乙也应以绑架罪与故意毁坏财物罪论处。再如,绑架被害人至某房间后,乘被害人睡觉窃取其财物的,不可能被绑架行为吸收,而应另认定为盗窃罪。既然如此,对行为人以绑架外的暴力、胁迫强取被害人随身携带的财物的,更应实行并罚。

3. 抢劫罪与抢劫枪支、弹药、爆炸物、危险物质罪的关系。在故意抢劫财物但实际上抢劫了枪支、弹药、爆炸物、危险物质或者相反的情况下,应在重合限度内认定为抢劫罪。如果明知所抢劫的对象既有财物,又有枪支、弹药、爆炸物、危险物质,倘若不是明显具有两个行为,则属于一行为触犯两个罪名,按照处理想象竞合犯的原则处理。

4. 抢劫罪与盗窃罪的关系。一般来说,就对财物转移占有的行为而言,抢劫罪与盗窃罪是特别关系(不符合特殊盗窃且不符合数额较大要求的除外),亦即,抢劫罪是特别法条。例如,入户抢劫与入户盗窃、持枪抢劫与携带凶器盗窃就是典型的特别关系。在这种情况下,只能适用特别法条。

(四)抢劫罪的犯罪形态

普通抢劫与事后抢劫,均以行为人开始实施暴力、胁迫等行为为着手。特别要注意的是,虽然盗窃、诈骗、抢夺行为可谓事后抢劫实行行为的一部分,但盗窃、诈骗、抢夺的着手不是事后抢劫的着手。换言之,由于行为人出于窝藏赃物等特定目的使用暴力或者以暴力相威胁,才使得先前的盗窃等行为成为事后抢劫行为的一部分。

---

〔89〕 对丙的抢劫已经超出了“勒索”的范围,符合抢劫罪的成立条件,宜与绑架罪实行并罚。

〔90〕 既然是在绑架过程中实施抢劫,就意味着以新的暴力、胁迫等强制手段强取财物。

关于普通抢劫罪的既遂与未遂的区分标准,理论上存在不同观点。有人认为,应以行为人是否占有了他人财物为标准;有人认为,应以行为是否侵害了他人的人身权利为标准;有人认为,抢劫罪的基本犯以是否占有了他人财物为标准,抢劫致人重伤、死亡的,即使没有占有他人财物也是既遂。《两抢意见》的态度是,“具备劫取财物或者造成他人轻伤以上后果两者之一的,均属抢劫既遂;既未劫取财物,又未造成他人人身伤害后果的,属抢劫未遂。据此,刑法第二百六十三条规定的八种处罚情节中除‘抢劫致人重伤、死亡的’这一结果加重情节之外,其余七种处罚情节同样存在既遂、未遂问题,其中属抢劫未遂的,应当根据刑法关于加重情节的法定刑规定,结合未遂犯的处理原则量刑。”

本书认为,抢劫罪属于侵犯财产罪,理应以行为人取得(控制)被害人财物为既遂标准;造成轻伤但未取得财物的,依然属于抢劫未遂。[91] 抢劫致人重伤、死亡但未取得财物的,属于结果加重犯的既遂,但基本犯仍然未遂(未遂的结果加重犯)。由于我国的法定刑较重,故可以适用总则关于未遂犯的规定。当然,一方面,根据具体案情,认定为抢劫罪,也“可以”不从轻、减轻处罚。另一方面,由于故意致人死亡的抢劫与故意杀人罪产生想象竞合关系,如适用故意杀人罪的法定刑,则不能适用未遂犯的规定。特别需要指出的是,刑法第 263 条所规定的 8 种法定刑升格的情形,也存在未遂(“抢劫数额巨大”的除外)。不能认为,凡是属于入户抢劫等 8 种情形的,一旦着手实行均为抢劫既遂。例如,入户抢劫、在公共交通工具上抢劫等行为,没有取得被害人财物的,仍然成立抢劫未遂。多次抢劫但均未遂的,也应认定为抢劫未遂。[92]

成立普通抢劫罪的既遂,要求取得财物与先前的暴力、胁迫等手段行为之间具有因果关系,亦即,必须是基于压制被害人的反抗而取得财物,否则不能认定为抢劫既遂。例如,甲在乙的住宅内向乙的饮料内投放安眠药,打算两小时后进入住宅取得财物。乙喝下安眠药后基于其他原因立即外出,甲再次进入无人在内的乙的住宅取走了财物。对此,只能认定为抢劫未遂与盗窃罪,实行数罪并罚。再如,A 为了非法占有 B 饲养的活猪,深夜将看守活猪的 B 所在的小屋反锁(足以压制他人反抗的方法)。但在 A 运走活猪的过程中,B 一直没有醒来。对 A 的行为也应认定为抢劫未遂与盗窃既遂,实行数罪并罚;如果 A 在盗猪的过程中,B 醒来但不能走出小屋制止 A 的行为,则应认为 A 的行为成立抢劫既遂。

关于事后抢劫的既遂标准,日本刑法理论上存在不同观点:第一种观点(通说)认为,先前的盗窃既遂时,才成立事后抢劫的既遂。[93] 第二种观点(少数说)认为,不管盗窃既遂与否,只要行为人出于特定目的实施了暴力、胁迫,就成立事后抢劫既遂。[94] 第三种观点(有力说)认为,盗窃罪的既遂不等于事后抢劫的既遂,只有当行为人最终取得了财物时,才成立事后抢劫既遂。据此,虽然盗窃既遂,且行为人为了窝藏赃物而当场使用暴力,

---

〔91〕 使用暴力、胁迫方法抢劫他人股权时,在工商局办理了股权转让登记或者行为人实际上取得了股权的,应认定为抢劫既遂。

〔92〕 多次抢劫中,一次既遂的,就不能再适用未遂的规定;全部未遂,或者一次未遂其他均为中止与预备的,应当适用未遂犯的处罚规定。

〔93〕 参见[日]团藤重光:《刑法纲要各论》,创文社 1990 年第 3 版,第 592 页;[日]山口厚:《刑法各论》,有斐阁 2010 年第 2 版,第 229 页。

〔94〕 参见[日]内田文昭:《刑法各论》,青林书院新社 1984 年第 2 版,第 284 页。

但财物最终被被害人夺回时,仍然只成立事后抢劫未遂。[95] 第四种观点(少数说)认为,在行为人已经取得了财物的场合,只要为了窝藏赃物而对他人实施暴行、胁迫,就成立事后抢劫的既遂;在行为人出于逃避逮捕或者隐灭罪迹的目的实施暴力、胁迫时,只有通过暴力、胁迫取得了财物,才成立事后抢劫既遂。[96] 本书赞成第一种观点。事后抢劫属于侵犯财产罪,而且属于取得罪;在行为人没有取得财物的情形下,不能认定为犯罪既遂。所以,先前的盗窃等行为未遂的,应认定为事后抢劫未遂;先前的盗窃等行为既遂的,应认定为事后抢劫既遂。将行为人最终取得财物作为既遂标准的观点,过于推迟了事后抢劫的既遂时间。

(五)抢劫罪的共犯

在普通抢劫的场合,甲先实施暴力、胁迫行为压制了被害人的反抗,没有共谋的乙知道真相后,与甲共同强取被害人财物的,对乙宜认定为抢劫罪的共犯,而不应认定为盗窃罪。

对于事后抢劫的共犯,应按照总论关于共同犯罪的原理认定和处理。下面仅讨论一些特殊情况。

1. 甲与乙共谋盗窃,甲入室行窃,乙在门外望风,但甲在盗窃时为抗拒抓捕而当场对被害人实施暴力,乙对此并不知情。乙虽然在客观上为甲的抢劫起到了作用(不法层面的共犯),但由于乙没有抢劫的故意,所以,对甲应认定为事后抢劫,对乙仅以盗窃罪论处,乙应当对甲抢劫财物的数额承担盗窃罪的责任。

2. 甲与乙共谋盗窃,甲入室行窃,乙在门外望风,甲、乙刚要逃离现场时被人发现,乙被抓获后当场对被害人实施暴力,甲对此并不知情。甲、乙成立共同犯罪,乙虽然只是帮助盗窃,但仍然属于"犯盗窃罪"(并非只有正犯才能成立事后抢劫),对乙应认定为事后抢劫,对甲仅以盗窃罪论处。

3. 甲单独入室盗窃被发现后逃离现场(盗窃已既遂)。在甲逃离过程中,知道真相的乙为了使甲逃避抓捕,与甲共同当场对他人实施暴力。乙虽然没有犯盗窃罪,但其参与了甲的事后抢劫的一部分行为,即实施了部分事后抢劫行为,成立事后抢劫。

4. 甲单独入室盗窃被发现后,向被害人腹部猛踢一脚,被害人极力抓捕甲,经过现场的乙接受甲的援助请求并知道真相后,也向被害人的腹部猛踢一脚,被害人因脾脏破裂流血过多而死亡,但不能查明谁的行为导致其脾脏破裂。乙与甲构成事后抢劫的共犯,但死亡结果只能由甲承担。一方面,不管死亡结果由谁造成,甲都要承担责任。[97] 另一方面,乙对自己参与前甲的行为造成的结果不承担责任。而脾脏破裂的结果可能是甲在乙参与之前造成的,根据存疑时有利于被告的原则,乙不能对死亡结果负责。[98]

5. 甲单独入室盗窃被发现后逃离现场(盗窃已既遂)。在甲逃离过程中,知道真相的乙为了使甲逃避抓捕,而对抓捕者实施暴力。但甲对此并不知情。犯盗窃罪的甲不可能

---

〔95〕 参见[日]曾根威彦:《刑法各论》,弘文堂2012年第5版,第135页。另参见周光权:《刑法各论》,中国人民大学出版社2016年第3版,第107页。

〔96〕 参见[日]大塚仁:《刑法概说(各论)》,有斐阁2005年第3版增补版,第223页以下。

〔97〕 假定死亡结果由乙造成,根据部分实行全部责任的原理,甲当然应对此结果负责;倘若死亡结果由甲造成,甲当然要对此结果承担责任。

〔98〕 对甲适用抢劫致死的法定刑,对乙适用普通抢劫的法定刑。

成立事后抢劫；而乙并没有犯盗窃罪，也不可能成立事后抢劫。本书认为，乙的行为构成窝藏罪，如果行为导致他人伤亡的，则是杀人罪、伤害罪与窝藏罪的想象竞合犯。

6. 17 周岁的甲与 13 周岁的乙共谋盗窃，甲入室行窃，乙在门外望风，被他人发现后，甲、乙为抗拒抓捕而当场实施暴力，乙的行为致人重伤。甲与乙构成事后抢劫的共同犯罪（共同犯罪是不法形态），甲应对重伤结果负责。但由于乙具有责任阻却事由（没有达到法定年龄），仅追究甲抢劫罪（致人重伤）的责任。

7. 甲与乙共同入室盗窃。乙在里屋行窃，甲在外屋行窃。适逢室主 A 回家，甲为了抗拒抓捕，对 A 实施暴力，将 A 打昏。乙知情但没有参与实施暴力，也难以认为乙对甲的抢劫行为提供了心理的帮助。乙没有实施事后抢劫的行为，仅成立盗窃罪。

8. 甲犯盗窃罪被被害人 A 发现，在甲逃跑和 A 抓捕的途中，知道真相的乙，唆使甲对 A 实施暴力，以便逃避抓捕。甲接受乙的教唆，对 A 实施了暴力。乙与甲均成立事后抢劫罪。

9. 甲邀约乙为自己的盗窃望风。甲入室行窃，乙在门外望风。甲在盗窃时为抗拒抓捕而当场对被害人实施暴力，乙知情但并没有阻止甲的行为，也没有离开现场，而是继续望风，乙成立事后抢劫的共犯。

（六）抢劫罪的罪数

行为人实施伤害、强奸等犯罪行为，在被害人未失去知觉的情况下，利用被害人不能反抗、不敢反抗的处境（以能够评价为抢劫罪的手段行为为前提），临时起意劫取他人财物的，应以此前所实施的具体犯罪与抢劫罪实行数罪并罚；在被害人失去知觉或者没有发觉的情形下，以及实施故意杀人犯罪行为之后，临时起意拿走他人财物的，应以此前所实施的具体犯罪与侵占罪（或者盗窃罪）实行数罪并罚。抢劫违禁品后又以违禁品实施其他犯罪的，应以抢劫罪与具体实施的其他犯罪实行数罪并罚。例如，抢劫毒品后又贩卖该毒品的，应当以抢劫罪与贩卖毒品罪实行数罪并罚。行为人对被害人实施暴力，压制被害人反抗，迫使其交付信用卡并说出密码，在验证密码无误后杀害被害人的，应认定为抢劫罪（对象为信用卡）与故意杀人罪（事后利用信用卡在自动取款机或者银行柜台取款的，另成立盗窃罪或者信用卡诈骗罪）。行为人盗窃或者侵占他人信用卡后，使用暴力迫使他人说出密码然后取款的，也应认定为抢劫。但是，抢劫的对象并不是密码本身（因为难以将密码本身评价为财物），而应认为是现金。[99] 虽然现金是银行管理者占有，但从交易规则来看，被害人事实上可以通过告知密码的方式处分自己对银行享有的债权，进而使行为人获得现金。[100]

（七）抢劫罪的处罚

根据刑法第 263 条的规定，犯抢劫罪的，处 3 年以上 10 年以下有期徒刑，并处罚金。犯抢劫罪有下列情形之一的，处 10 年以上有期徒刑、无期徒刑或者死刑，并处罚金或者没收财产：（1）入户抢劫的；（2）在公共交通工具上抢劫的；（3）抢劫银行或者其他金融机构

---

〔99〕 这是一个相当复杂的问题。倘若认为取得密码就取得了财产性利益，因而成立抢劫既遂，则与下述案件不协调：甲事先取得乙的信用卡后，拿着枪支迫使乙到自动取款机取出现金。在此例中，显然取得现金才是抢劫既遂，而不是被害人“同意”时成立抢劫既遂。

〔100〕 当然，能否认为行为人的抢劫对象是被害人对银行享有的债权，也还值得进一步研究。

的;(4)多次抢劫或者抢劫数额巨大的;(5)抢劫致人重伤、死亡的;(6)冒充军警人员抢劫的;(7)持枪抢劫的;(8)抢劫军用物资或者抢险、救灾、救济物资的。[101]

1. 由于入户抢劫的法定刑较重,容易形成轻罪重判的局面,所以,刑法理论一般主张对入户抢劫进行限制解释。根据最高人民法院2000年11月22日《关于审理抢劫案件具体应用法律若干问题的解释》(以下简称《抢劫案件解释》)以及《两抢意见》,"入户抢劫",是指为实施抢劫行为而进入他人生活的与外界相对隔离的住所,包括封闭的院落、牧民的帐篷、渔民作为家庭生活场所的渔船、为生活租用的房屋等进行抢劫的行为。

(1)"户"是指他人日常生活使用的与外界相对隔离的住所。不能对"户"进行过度的限制解释,否则会违反平等保护被害人法益的原则,因而有损刑法的正义性。[102] 根据《抢劫案件指导》,对于部分时间从事经营、部分时间用于生活起居的场所,行为人在非营业时间强行入内抢劫或者以购物等为名骗开房门入内抢劫的,应认定为入户抢劫。对于部分用于经营、部分用于生活且之间有明确隔离的场所,行为人进入生活场所实施抢劫的,应认定为入户抢劫;如场所之间没有明确隔离,行为人在营业时间入内实施抢劫的,不认定为入户抢劫,但在非营业时间入内实施抢劫的,应认定为入户抢劫。

(2)《抢劫案件解释》指出:"对于入户盗窃,因被发现而当场使用暴力或者以暴力相威胁的行为,应当认定为入户抢劫。"《两抢意见》指出:"进入他人住所须以实施抢劫等犯罪为目的。抢劫行为虽然发生在户内,但行为人不以实施抢劫等犯罪为目的进入他人住所,而是在户内临时起意实施抢劫的,不属于'入户抢劫'。"二者表述不完全一致,但实质内容相同。司法解释虽然限制了入户抢劫的范围,但仍然存在诸多不协调之处。例如,当行为人为了盗窃、诈骗、抢夺,而不是为了抢劫而入户时,只是因为事后符合刑法第269条的规定,就认定入户抢劫,与为了杀人、伤害、强奸等而入户,然后在户内实施抢劫的不成立入户抢劫,存在明显的不协调之处。再如,为了盗窃、诈骗、抢夺而入户,但入户后的行为并不符合刑法第269条的规定,而是直接实施普通抢劫的情形,是完全可能存在的。如果认为这种情形也属于入户抢劫,那么,与为了敲诈勒索入户,但入户后直接实施普通抢劫的行为却不成立入户抢劫相比较,也是不协调的。《抢劫案件指导》指出:"认定'入户抢劫',要注重审查行为人'入户'的目的,将'入户抢劫'与'在户内抢劫'区别开来。以侵害户内人员的人身、财产为目的,入户后实施抢劫,包括入户实施盗窃、诈骗等犯罪而转化为抢劫的,应当认定为'入户抢劫'。因访友办事等原因经户内人员允许入户后,临时起意实施抢劫,或者临时起意实施盗窃、诈骗等犯罪而转化为抢劫的,不应认定为'入户抢劫'。"这一规定虽然解决了部分不协调的问题,但也不能完全实现罪刑相适应原则。本书主张,只有以抢劫故意入户后实施抢劫的,才能认定为入户抢劫。首先,"入户抢劫"的法条表述,就意味着行为人入户是为了抢劫。入户是一个动态过程,表明入户就是为了抢劫,入户后立即实施抢劫。例如,根据"入户抢劫"的表述,为了强奸而入户后改为实施抢劫的,明显不属于"入户抢劫"。换言之,"入户抢劫"与"入户后抢劫"不是等同的表述。

---

[101] 关于加重抢劫的具体量刑标准,参见《抢劫案件指导》。

[102] 例如,一位有财力的博士生在某居民楼租用一套两居室,长期学习生活在其中。倘若行为人侵入其中抢劫,一般会认定为入户抢劫。但是,另一位没有财力的博士生长期住在学校宿舍(即使是单身宿舍)时,如果行为人侵入其中抢劫,则不构成入户抢劫。这样的结论让人产生不公平的感觉:一个人的经济状况不同,受刑法保护的程度就不同。

如果说从“入户后抢劫”的表述读不出入户就是为了抢劫的意思,那么,我们完全可以从“入户抢劫”的表述中读出入户就是为了抢劫的含义。其次,以抢劫为目的的入户进而实施抢劫,使得入户的违法性与抢劫的违法性不是简单的相加,而是有机的结合。这种有机的结合,使得行为人在入户前就做好抢劫的各种准备,如准备了抢劫工具,共犯人之间有明确的分工,抢劫行为按周密的计划进行等,由此使入户抢劫的违法性明显增大。最后,以抢劫为目的入户进而实施抢劫,说明行为人主观上预谋抢劫,这种预谋表明行为人特殊预防的必要性更大。以抢劫为目的入户,主要包括三种情形:其一,入户的目的就是为了实施刑法第253条规定的抢劫罪。其二,入户时具有能盗窃就盗窃、不能盗窃就抢劫的目的。具有这种目的时,如果入户后实施抢劫的,应当认定为入户抢劫。其三,入户时具有事后抢劫的目的。即入户时打算实施盗窃、诈骗、抢夺行为,同时具有被人发现时为窝藏赃物、抗拒抓捕或者毁灭罪证的目的而使用暴力或者以暴力相威胁的意思,进而成立事后抢劫的,也应认定为入户抢劫。概言之,入户时具有实施准抢劫罪的目的,也属于以抢劫为目的的入户。

(3)要使入户抢劫的不法及其责任与法定刑相适应,还需要从入户方式上进一步限制解释“入户”。本书认为,只有具备下面两种情形之一的,才能认定为入户:其一,违反被害人的意志,携带凶器入户的。在《刑法修正案(八)》颁布后,携带凶器盗窃与入户盗窃,分别成为盗窃罪的特殊类型,这意味着二者的不法分别达到了值得科处刑罚的程度。当行为人以抢劫的故意携带凶器入户时,可以认为其抢劫行为的不法与责任达到了与入户抢劫的法定刑相适应的程度。其二,违反被害人的意志,以暴力、胁迫方式入户的。其中包括两种情形:一是以对物暴力方式入户,典型的是砸坏门窗进入户内;二是以对人暴力或胁迫方式入户,亦即,在户内成员不允许行为人入户时,行为人对户内成员实施暴力或者胁迫进而入户。由于行为人以破坏门窗的方式入户,或者入户时就对被害人实施了暴力或者胁迫行为,所以,这种入户后的抢劫行为,可以与入户抢劫的法定刑相适应。根据本书的观点,单纯尾随被害人入户后抢劫的,因为门未锁而乘机溜入户内后抢劫的,利用偷配的钥匙或者所谓万能钥匙入户后抢劫的,通过欺骗方式入户后抢劫的,不宜认定为入户抢劫。

(4)既然是入户“抢劫”,暴力、胁迫等强制行为必须发生在户内。[103] 以抢劫目的入户后,使用暴力使被害人离开户内进而强取财物的,也应认定为入户抢劫。但在户内以欺骗手段使被害人到户外后实施抢劫的,不是入户抢劫。入户盗窃、诈骗、抢夺后,为了窝藏赃物、抗拒抓捕或者毁灭罪证,在户内当场使用暴力或者以暴力相威胁的,构成入户抢劫。入户盗窃、诈骗、抢夺后,出于上述目的在户外使用暴力或者以暴力相威胁的,不属于入户抢劫。

(5)由于入户抢劫是加重的构成要件,“户”是行为对象之一,是加重构成要件的要素,只有当行为人不仅认识到自己在实施抢劫行为,而且认识到自己进入的是“户”时,才能承担入户抢劫的刑事责任。误将家庭住所当做卖淫场所、普通商店或者废旧厂房而实施抢劫的,不应认定为入户抢劫。进入时不知道是“户”,进入后发现是“户”仍然抢劫的,

---

〔103〕 这是《两抢意见》所作的限制解释。倘若不作限制解释,那么,只要抢劫的一部分行为发生在户内,即可认定为入户抢劫。例如,在户外实施暴力,压制被害人的反抗后,随之入室取得财物的,也可谓入户抢劫。

也不宜认定为入户抢劫。[104]

(6)入户主体不包括户内成员。例如,同居一室的儿子抢劫父母财物的行为,不可能成立入户抢劫罪。在司法实践中,经常发生户内成员甲与他人乙、丙等人共同抢劫户内其他成员财物的案件,对乙、丙等人的行为以入户抢劫论处,或许没有疑问(因为其入户行为虽然会得到甲的同意,但没有得到户内其他成员的同意),但是,对户内成员甲不应认定为入户抢劫(违法的相对性)。再如,A与B、C通谋,抢劫寄宿在A住宅内的D的财物的,由于B、C的行为得到了A的同意,故均不属于入户抢劫。

(7)对在户外为入户抢劫的正犯望风的共犯,也应适用入户抢劫的法定刑,同时适用总则关于共犯的处罚规定。

2."在公共交通工具上抢劫",既包括在处于运营状态的公共交通工具上对旅客及司售、乘务人员实施抢劫,也包括拦截运营途中的公共交通工具对旅客及司售、乘务人员实施抢劫,但不包括在未运营的公共交通工具上针对司售、乘务人员实施抢劫。换言之,不要求行为人身体处于公共交通工具上,而是要求行为人抢劫公共交通工具上的人的财物。以暴力、胁迫或者麻醉等手段对公共交通工具上的特定人员实施抢劫的,应认定为在公共交通工具上抢劫。在公共交通工具上盗窃、诈骗、抢夺后,为了窝藏赃物、抗拒抓捕或者毁灭罪证,在公共交通工具上当场使用暴力或者以暴力相威胁的,属于在公共交通工具上抢劫;但在公共交通工具上盗窃、诈骗、抢夺,下车后转化为事后抢劫的,不属于在公共交通工具上抢劫。

"公共交通工具",包括从事旅客运输的各种公共汽车、大中型出租车、火车、地铁、轻轨、轮船、飞机等,不含小型出租车。对于虽不具有商业营运执照,但实际从事旅客运输的大、中型交通工具,应认定为公共交通工具。接送职工的单位班车,接送师生的校车等大中型交通工具,也应认定为公共交通工具。

3."抢劫银行或者其他金融机构",是指抢劫银行或者其他金融机构的经营资金、有价证券和客户的资金等。抢劫正在使用中的金融机构的运钞车的(亦即,运钞车中有金融机构的经营资金、有价证券和客户的资金等),属于抢劫金融机构。运钞车中没有金融机构的经营资金、有价证券和客户的资金等的,不管是抢劫运钞车中人的财物,还是抢劫运钞车本身,都不属于抢劫金融机构。

4."多次抢劫"应指三次以上抢劫。《两抢意见》指出:"对于'多次'的认定,应以行为人实施的每一次抢劫行为均已构成犯罪为前提,综合考虑犯罪故意的产生、犯罪行为实施的时间、地点等因素,客观分析、认定。对于行为人基于一个犯意实施犯罪的,如在同一地点同时对在场的多人实施抢劫的;或基于同一犯意在同一地点实施连续抢劫犯罪的,如在同一地点连续地对途经此地的多人进行抢劫的;或在一次犯罪中对一栋居民楼房中的几户居民连续实施入户抢劫的,一般应认定为一次犯罪。""抢劫数额巨大"的认定标准,参照各地确定的盗窃罪数额巨大的认定标准执行。抢劫数额以实际抢劫到的财物数额为依据。[105]

---

[104] 进入室外的庭院之后才发现是"户",然后侵入室内抢劫的,应认定为入户抢劫。

[105] 《抢劫案件指导》规定:"对以数额巨大的财物为明确目标,由于意志以外的原因,未能抢到财物或实际抢得的财物数额不大的,应同时认定'抢劫数额巨大'和犯罪未遂的情节,根据刑法有关规定,结合未遂犯的处理原则量刑。"本书认为,"抢劫数额巨大"只是量刑规则,而不是加重构成要件。所以,对于上述情形只能适用普通抢劫的法定刑。

行为人三次以上实施抢劫，但审理时仅发现两次抢劫，在执行过程中发现另外一次或者数次抢劫的，应按照审判监督程序重新认定为多次抢劫，而不宜实行数罪并罚。

5."抢劫致人重伤、死亡"，首先包括过失的结果加重犯，例如，抢劫行为过失导致被害人死亡的，属于抢劫致人死亡。由于这种情形属于典型的结果加重犯，故必须符合结果加重犯的成立条件(参见第五章第二节第五款"三")。特别要求抢劫行为与重伤、死亡之间具备直接性要件，且行为人对重伤、死亡具有预见可能性。例如，为了抢劫而捆绑被害人，逃走时忘了为被害人松绑，导致被害人停止血液循环或者饿死的，应认定为抢劫致人死亡。但是，对抢劫行为引起被害人自杀的，追赶抢劫犯的被害人自己摔倒身亡的，抢劫犯离开现场后被害人不小心从阳台摔下身亡的，都不应认定为抢劫致人死亡。

至于抢劫致人重伤、死亡是否包括故意的抢劫杀人、抢劫伤人，在理论上还存在争议。有人认为，"致人死亡"只能是过失；有人认为，"致人死亡"只能是过失或间接故意；有人认为，"致人死亡"包括过失与故意。但是，对于致人重伤包括故意，则几乎不存在争议。本书认为，这里的致人死亡也包括故意。(1)刑法第263条并没有明文将"致人死亡"限定为过失；认为只能是过失与间接故意的观点，不符合犯罪构成原理。既然过失致人死亡的，属于抢劫致人死亡；故意致人死亡的，当然也属于抢劫致人死亡。(2)当场杀死他人取得财物的行为虽然同时触犯了故意杀人罪，属于想象竞合，但按抢劫致人死亡的法定刑处罚(抢劫罪的主刑与故意杀人罪相同，但附加刑高于故意杀人罪)，完全可以做到罪刑相适应，不会轻纵抢劫犯。(3)将当场杀害他人取得财物的行为适用抢劫致人死亡的法定刑，可以避免适用刑法的混乱；将当场杀害他人取得财物的行为适用抢劫罪的法定刑，与将故意致人重伤后当场取走财物的认定为抢劫罪，也是协调一致的。

需要研究的问题是，对引起重伤、死亡结果的原因行为有无限定？手段说认为，伤亡结果的原因行为必须是抢劫中的暴力、胁迫等手段行为；机会说认为，伤亡结果的原因行为必须是在抢劫机会中所实施的行为，而且仅此就够了；关联说认为，伤亡结果的原因行为必须是在抢劫机会中实施的，并与抢劫具有一定关联性、牵连性的行为。[106] 本书采取基本行为说。既然是"抢劫"致人重伤、死亡，而抢劫包括手段行为与强取财物的行为，故其中的手段行为或者强取财物的行为导致重伤、死亡的，就都属于抢劫致人重伤、死亡。例如，为了强取财物，所实施的暴力手段行为直接致被害人重伤的，应认定为抢劫致人重伤。对被害人以暴力相威胁，在夺取财物时导致被害人倒地身亡的，应认定为抢劫致人死亡。[107] 在事后抢劫中，暴力等行为导致抓捕者等人重伤、死亡的，也应认定为抢劫致人重伤、死亡。基本行为以外的行为造成所谓严重结果的，不成立结果加重犯。例如，抢劫后的逃离行为致人死亡的，在逃走的过程中偶然遇见以前的仇人而将其杀害的，抢劫同伙在抢劫过程中因为意见分歧而相互杀伤的，都不成立抢劫致人死亡，而应实行数罪并罚。

---

〔106〕　参见[日]西田典之：《刑法各论》，弘文堂2012年第6版，第186页。

〔107〕　需要研究的是胁迫致人重伤、死亡的认定。胁迫行为导致被害人精神失常或者精神病突发而死亡的，可以认定为抢劫致人重伤、死亡。但是，发生在一般场所的胁迫行为导致被害人逃跑，被害人在逃跑过程中偶然摔伤或者摔死的，不宜认定为抢劫致人重伤、死亡。因为这种结果不是原因行为的危险的现实化，缺乏结果加重犯的直接性要件。但是，在危险的路段或场所，胁迫行为造成被害人因逃跑而摔伤或者摔死的，则可能认定为抢劫致人重伤、死亡。再如，行为人使用凶器胁迫被害人，被害人在夺取凶器时手臂碰在其他坚硬物体上造成重伤的，不应认定为抢劫致人重伤。

6.“冒充军警人员抢劫的”,是指冒充军人或警察抢劫。冒充军警人员抢劫,既包括身穿军警人员制服抢劫,也包括没有身穿制服却声称自己是军警人员而抢劫;既包括军人冒充警察抢劫,也包括警察冒充军人抢劫。认定冒充军警人员抢劫,要注重对行为人是否穿着军警制服、携带枪支、是否出示军警证件等情节进行综合审查,判断是否足以使他人误以为行为人是军警人员。对于行为人仅穿着类似军警的服装或仅以言语宣称系军警人员但未携带枪支、也未出示军警证件而实施抢劫的,要结合抢劫地点、时间、暴力或威胁的具体情形,依照常人的判断标准,确定是否属于冒充军警人员抢劫。

问题是,真正的军警人员显示军警人员身份进行抢劫的,应如何处理?《抢劫案件指导》指出:“军警人员利用自身的真实身份实施抢劫的,不认定为‘冒充军警人员抢劫’,应依法从重处罚。”但本书认为,从实质上说,军警人员显示其真实身份抢劫比冒充军警人员抢劫,更具有提升法定刑的理由。刑法使用的是“冒充”一词,给人们的印象是排除了真正的军警人员显示真实身份抢劫的情形。但是,刑法也有条文使用了“假冒”一词,故或许可以认为,冒充不等于假冒。换言之,“冒充”包括假冒与充当,其实质是使被害人得知行为人为军警人员,故军警人员显示其身份抢劫的,应认定为冒充军警人员抢劫。[108]

7.“持枪抢劫”,是指使用枪支或者向被害人显示持有、佩带的枪支进行抢劫的行为。“枪支”的概念和范围,适用《枪支管理法》的规定。这里的“枪”仅限于能发射子弹的真枪,不包括不能发射子弹的仿真枪支与其他假枪;但不要求枪中装有子弹。因携带枪支抢夺而成立抢劫罪的,不属于持枪抢劫。但是,犯盗窃、诈骗、抢夺罪,为窝藏赃物、抗拒抓捕或者毁灭罪证而当场使用枪支的,属于持枪抢劫。以抢劫故意,使用枪支胁迫被害人喝下安眠药,在被害人不省人事时取走其财物的,也属于持枪抢劫。

8.“抢劫军用物资或者抢险、救灾、救济物资”中的“军用物资”,仅限于武装部队(包括武警部队)使用的物资,不包括公安警察使用的物资。“抢险、救灾、救济物资”是指已确定用于或者正在用于抢险、救灾、救济的物资。适用本项规定以行为人明知是“军用物资或者抢险、救灾、救济物资”为前提。误以为是普通财物,但客观上抢劫了军用物资的,以及误以为是军用物资,而客观上抢劫了普通财物的,都不能适用本项规定,只能认定为普通抢劫。但是,误将军用物资当做抢险、救灾、救济物资实施抢劫或者相反的,应当适用本项规定。

二、抢夺罪

(一)抢夺罪的概念与犯罪构成

抢夺罪,是指以非法占有为目的,当场直接夺取他人紧密占有的数额较大的公私财物,或者多次抢夺的行为。抢夺罪的保护法益与盗窃罪的保护法益相同。虽然从法律上说,抢夺罪的对象并没有排除财产性利益,但从事实层面来说,抢夺行为通常表现为夺取狭义财物。

构成要件的内容为,当场直接夺取他人紧密占有的数额较大的财物。例如,乘人不备而突然夺取,在他人来不及夺回时(不问是否乘人不备)而夺取,制造他人不能夺回的机会而夺取。[109] 抢夺的主要特点是对他人紧密占有的财物行使有形力(对物暴力,也不排

---

〔108〕 参见张明楷:《刑法分则的解释原理》(上),中国人民大学出版社2011年第2版,第67页以下。

〔109〕 参见周光权:《刑法各论》,中国人民大学出版社2016年第3版,第111~112页。

除行为人使用轻微的对人暴力抢夺财物)，被害人虽然当场可以得知财物被夺取，但往往来不及抗拒。刑法理论上通常所说的"公然"夺取即是此意。抢夺也不一定要乘人不备，即使在被害人高度防备时抢夺的，也不影响抢夺罪的成立。如后所述，只有当对物暴力行为可能导致被害人伤亡时，才宜认定为抢夺罪。换言之，并非任何公开取得财物的行为，均能构成抢夺。抢夺行为不必在不特定人或多数人面前实施，相反完全可能在仅有行为人与被害人的场所实施。抢夺的对象为他人占有的财物，而且应是数额较大的公私财物。如果抢夺行为未能夺取财物，但可能夺取的财物数额较大，具有严重情节的，应按抢夺未遂论处。本罪的责任要素除故意外，还要求非法占有目的。

根据"两高"2013年11月11日《关于办理抢夺刑事案件适用法律若干问题的解释》(以下简称《抢夺案件解释》)，抢夺公私财物价值1000元至3000元以上的，应当认定为"数额较大"。具有下列情形之一的，"数额较大"的标准按照上述规定标准的50%确定(即降低数额较大标准)：(1)曾因抢劫、抢夺或者聚众哄抢受过刑事处罚的；(2)一年内曾因抢夺或者哄抢受过行政处罚的；(3)一年内抢夺3次以上的；(4)驾驶机动车、非机动车抢夺的；(5)组织、控制未成年人抢夺的；(6)抢夺老年人、未成年人、孕妇、携带婴幼儿的人、残疾人、丧失劳动能力人的财物的；(7)在医院抢夺病人或者其亲友财物的；(8)抢夺救灾、抢险、防汛、优抚、扶贫、移民、救济款物的；(9)自然灾害、事故灾害、社会安全事件等突发事件期间，在事件发生地抢夺的；(10)导致他人轻伤或者精神失常等严重后果的。本书对上述第(4)至(8)项规定不存疑问，因为这些情节都是表明不法加重的要素。但是，上述第(1)、(2)项规定的内容只是表明行为人再犯罪可能性较大的要素，将其再犯罪可能性较大作为不法内容看待，明显不当。此外，在本书看来，多次抢夺构成犯罪的，也不应当要求达到普通数额标准的50%，故第(3)项也有疑问。

(二)抢夺罪与抢劫罪的关系

从构成要件上说，抢夺行为是直接对物使用暴力(对物暴力)，并不要求直接对被害人行使足以压制反抗的暴力；行为人实施抢夺行为时，被害人一般来不及抗拒，而不要求使被害人受暴力、胁迫压制而不能抗拒、不敢抗拒。即使夺取财物的行为，使被害人跌倒摔伤或者摔死，也不必然成立抢劫罪。另一方面，由于不排除行为人使用轻微的对人暴力抢夺财物，故在对人暴力的情况下，应根据暴力是否达到了足以压制他人反抗的程度，区分抢劫罪与抢夺罪。

抢夺罪与抢劫罪不是对立关系，不应当说："成立抢夺罪，只能是对物暴力行为，不能包含对人暴力行为。"一方面，在行为人抢夺数额较大财物，为了窝藏赃物而当场使用暴力，但暴力行为没有达到足以压制他人反抗的程度时，不能认定为事后抢劫(刑法第269条)，依然只能认定为抢夺罪。倘若坚持"抢夺罪不能包含对人暴力行为"的说法，便意味着只要行为人实施了对人暴力就不成立抢夺罪，于是不可避免产生不当结论(导致抢夺时实施了对人暴力但不构成抢劫罪的行为不成立犯罪)。另一方面，行为人完全可能在不触犯抢劫罪的前提下，使用对人暴力抢夺财物。

对于利用行驶的机动车辆抢夺的，不能一概而论，关键取决于这种行为是否具有对人暴力或精神强制的性质，以及是否足以压制被害人的反抗。如果得出肯定结论，则应认定为抢劫罪。《抢夺案件解释》指出："驾驶机动车、非机动车夺取他人财物，具有下列情形之一的，应当以抢劫罪定罪处罚：(1)夺取他人财物时因被害人不放手而强行夺取的；

(2)驾驶车辆逼挤、撞击或者强行逼倒他人夺取财物的;(3)明知会致人伤亡仍然强行夺取并放任造成财物持有人轻伤以上后果的。”但本书认为,除上述三种情形之外,还存在其他应当认定为抢劫罪的情形。

(三)携带凶器抢夺的认定

刑法第267条第2款规定,携带凶器抢夺的,以抢劫罪定罪处罚。根据《抢劫案件解释》,“携带凶器抢夺”,是指行为人随身携带枪支、爆炸物、管制刀具等国家禁止个人携带的器械进行抢夺或者为了实施犯罪而携带其他器械进行抢夺的行为。刑法第267条第2款的规定,有三个问题需要讨论:本规定的性质,凶器的含义与认定,以及携带的含义与认定。

1. 本规定属于法律拟制,而非注意规定。即只要行为人携带凶器抢夺的,就以抢劫罪论处,而不要求行为人使用暴力、胁迫或者其他方法。首先,虽然刑法同时规定了抢劫罪与抢夺罪,但对于这两个犯罪的关系,刑法完全没有必要设置注意规定。其次,刑法所规定的是“携带”凶器抢夺,携带凶器与使用凶器具有原则区别;易言之,携带凶器抢夺原本并不符合刑法第263条规定的抢劫罪的犯罪构成。如果没有刑法第267条第2款的规定,对携带凶器抢夺的行为,只能认定为抢夺罪。在这种情况下,刑法仍然规定对携带凶器抢夺的行为以抢劫罪论处,就说明本款属于法律拟制,而非注意规定。之所以设立该规定,是因为在抢夺案件中,被害人能够当场发现被抢夺的事实,而且在通常情况下会要求行为人返还自己的财物;而行为人携带凶器抢夺的行为,客观上为自己抗拒抓捕、窝藏赃物创造了便利条件,再加上主观上具有使用凶器的意识,使用凶器的可能性非常大,从而导致其行为的法益侵害程度与抢劫罪没有实质区别。

2. 所谓凶器,是指在性质上或者用法上足以杀伤他人的器物(参见本章第二节“一”)。

3. 所谓携带,是指在从事日常生活的住宅或者居室以外的场所,将某种物品带在身上或者置于身边附近,将其置于现实的支配之下的行为。携带是持有的一种表现形式。持有是一种事实上的支配,而不要求行为人可以时时刻刻地现实上予以支配;携带则是一种现实上的支配,行为人随时可以使用自己所携带的物品。手持凶器、怀中藏着凶器、将凶器置于衣服口袋、将凶器置于随身的手提包等容器中的行为无疑属于携带凶器。此外,使随从者实施这些行为的,也属于携带凶器。例如,甲使乙手持凶器与自己同行,即使由甲亲手抢夺丙的财物,也应认定甲的行为是携带凶器抢夺(以乙在现场为前提,但不以乙与甲具有共同故意为前提)。“携带”既可能表现为行为人事先准备好凶器,出门后便一直携带,然后伺机抢夺,也可能表现为行为人在抢夺之前于现场或现场附近获得凶器(如捡起路边的铁棒等),然后乘机抢夺。

本书认为,携带凶器应具有随时可能使用或当场能够及时使用的特点,即具有随时使用的可能性。但是,不要求行为人显示凶器(将凶器暴露在身体外部),也不要求行为人向被害人暗示自己携带着凶器。因为从用语来看,“携带”(物品)一词并不具有显示、暗示物品的含义;从构成要件符合性方面来看,显示或者暗示自己携带凶器进行抢夺的行为,本身可能符合普通抢劫罪的构成要件;从实质上看,这种行为比当场扬言进行暴力威胁的抢劫行为,有过之而无不及。如果将携带凶器抢夺限定为必须显示或者暗示自己携带着凶器而抢夺,刑法第267条第2款就丧失了法律拟制的意义,而成为注意规定。再者,抢夺行为大多表现为乘人不备而夺取财物,既然是“乘人不备”,通常也就没有显示或者暗示凶器的现象。基于同样的理由,更不要求行为人使用所携带的凶器。如果行为人使用所携带的凶器强取他人财物,则应直接适用刑法第 263 条的规定。行为人在携带凶器而又没有使用凶器的情况下抢夺他人财物的,才应适用第 267 条第 2 款的规定。所谓没有使用凶器,应包括两种情况:一是没有针对被害人使用凶器实施暴力;二是没有使用凶器进行胁迫。如果行为人携带凶器并直接针对财物使用凶器进而抢夺的,则仍应适用刑法第 267 条第 2 款。例如,行为人携带管制刀具尾随他人,突然使用管制刀具将他人背着的背包带划断,取得他人背包及其中财物的,应适用刑法第 267 条第 2 款,而不能直接适用刑法第 263 条的规定。

携带凶器不是一种纯客观事实。由于性质上的凶器属于违禁品,故携带者通常具有使用的意识,不会产生认定上的困难。而用法上的凶器是可能用于杀伤他人的物品,如果行为人已经使用所携带的菜刀、铁棒、石块等杀伤他人或者威胁他人,这些物品肯定属于凶器。但如上所述,在携带凶器抢夺的场合,行为人并没有使用所携带的物品;要认定行为人所携带的物品属于凶器,还得从主观方面加以认定,即要求行为人具有准备使用的意识。准备使用的意识应当包括两种情况:一是行为人在抢夺前为了使用而携带该物品;二是行为人出于其他目的携带可能用于杀伤他人的物品,在现场意识到自己所携带的凶器进而实施抢夺行为。反之,如果行为人并不是为了违法犯罪而携带某种物品,实施抢夺时也没有准备使用的意识,则不宜适用刑法第 267 条第 2 款。

携带凶器抢夺,为窝藏赃物、抗拒抓捕或者毁灭罪证,而当场使用凶器致人重伤、死亡的,既可能仅评价为一个加重的事后抢劫(携带凶器抢夺也可以仅评价为抢夺),也可能评价为抢劫罪(携带凶器抢夺的普通抢劫)与故意杀人罪或故意伤害罪。一般来说,对此宜评价为数罪实行并罚;但是,如果评价为一个加重的事后抢劫处罚更合适的,则应评价为一个事后抢劫。

(四)抢夺罪与盗窃罪的关系

传统观点认为,盗窃是指秘密窃取公私财物的行为;抢夺是指乘人不备公然夺取公私财物的行为。但是,根据这两个传统定义的字面含义,基本上不可能正确处理盗窃罪与抢夺罪的关系。因为秘密窃取意味着乘人不备;反过来说,乘人不备也具有秘密性。在司法实践中,只要不属于秘密窃取的,几乎均认定为抢夺罪。盗窃与抢夺的关系,似乎属于 A 与非 A 的关系:只要不成立盗窃,就必然成立抢夺。但是,这种区分存在缺陷。

首先,盗窃罪与抢夺罪不是 A 与非 A 的关系,而是各自具有自己独立的犯罪构成;不符合盗窃罪犯罪构成的行为并不当然符合抢夺罪的犯罪构成。将公开取得财物一概评价为抢夺罪的观点,没有回答“为什么行为不具有秘密性,就可以被自动评价为抢夺”的问题。其次,将公开取得财物一概评价为抢夺罪的观点,没有考虑以下问题:在刑法规定了抢夺罪的情况下,是将公开取得他人财物的行为评价为抢夺罪合适,还是评价为盗窃罪合适?例如,刑法第 267 条第 2 款规定,“携带凶器抢夺的”,以抢劫罪论处。如果将公开取得他人财物的行为都评价为抢夺,那么,携带凶器却又以平和方式公开取得他人财物的,都必须认定为抢劫罪。这不仅难以被人们接受,而且与“携带凶器盗窃”的行为成立盗窃罪的规定相冲突。再次,将公开取得财物一概评价为抢夺的观点,没有充分考虑盗窃与抢夺在对象上的差异。如果说凡是公开取得他人财物的行为都是抢夺,那么,对于行为人公开使用复制的电信设备、设施的,将电信卡公开非法充值后并公开使用的,公开利用他人公共信息网络上网账号、密码上网,造成他人电信资费损失的,都应认定为抢夺罪。这是不可思议的。最后,将公开取得他人财物的行为一概评价为抢夺罪的观点,没有注重抢夺罪的特点。

从立法沿革上看,刑法对抢夺罪都规定了致人伤亡的结果加重犯,而没有对盗窃罪规定致人伤亡的结果加重犯。这显然是因为,抢夺行为通常可能致人伤亡。我国现行刑法虽然没有对抢夺罪规定致人伤亡的结果加重犯,但规定了情节严重与情节特别严重的情形,其中就包含了致人重伤、死亡的情节。因此,依然可以认为,抢夺行为是具有伤亡可能性的行为。当然,由于抢夺行为并不直接对人使用严重暴力,所以,只要抢夺行为具有致人伤亡的一般危险性即可,而不要求抢夺行为具有致人伤亡的较大危险性。换言之,只要夺取他人财物的行为有可能致人伤亡,即使可能性较小,也不妨碍抢夺罪的成立。

同时具备以下两个条件,即可认为具有致人伤亡的可能性:第一,所夺取的财物必须是被害人紧密占有的财物。即被害人提在手上、背在肩上、装在口袋等与人的身体紧密联结在一起的财物。第二,必须对财物使用了非平和的手段,即可以评价为对物暴力的强夺行为。例如,突然使用强力夺取他人手提或身背的皮包的,使用强力夺取他人佩戴的耳环、项链等首饰的,在被害人将财物安放在自行车后架或者前面篮筐中骑车行走时,行为人突然使用强力夺取财物的,都有可能造成伤亡,宜认定为抢夺罪。再如,用绳子等套住被害人自行车后轮,趁被害人下车查看时,迅速拿走其放在自行车车筐中的提包的,从整体上看具有致人伤亡的可能性,可认定为抢夺罪。

反之,如果仅具备上述条件之一的,宜认定为盗窃罪。第一,对离开被害人身体的财物实施非法取得行为的,宜认定为盗窃罪。例如,被害人乙手拿钱包去银行取款的途中,因为不小心被路边的铁链绊倒,钱包也随之落在离其3米多远的地上。此时,尽管乙眼看着自己的钱包,但由于其脚摔伤不能行走,不能捡回钱包。看到这一情形的甲拾起钱包后逃走。乙的钱包已经离开了乙的身体,不管甲的行为如何迅速、如何有力,都不可能造成乙的伤亡,故甲的行为不成立抢夺罪,宜认定为盗窃罪。第二,虽然对被害人紧密占有的财物实施非法取得行为,但行为本身平和、平稳,而不能评价为对物暴力,因而不可能致人伤亡的,也宜认定为盗窃罪。例如,扒窃他人上衣口袋内的钱包的行为,由于十分平和,而不是迅速瞬间性的对物暴力,所以,也不可能致人伤亡,因而只能认定为盗窃,而不能评价为抢夺。第三,如果行为人所取得的并非被害人紧密占有的财物,也没有使用强力夺取财物,即使被害人在场,也只能认定为盗窃罪。例如,26岁的男青年刘某深夜偷偷进入76岁的孤寡老太王某房中,企图窃取财物。刘某翻找财物时,声响惊醒了王某,王某不敢阻拦,只是苦苦哀求不要拿走她的财物。刘某见状对王某置之不理,继续翻找钱物,最后找出现金2000元拿走。刘某的行为构成盗窃罪。因为刘某的行为并非对物暴力,仍然是平和的手段,因而不可能致人伤亡,所以,属于公开盗窃行为。再如,张某、杨某经事先合谋,由张某驾车,杨某在车内以问路的方式搭讪被害人,取得被害人信任后,再通过向被害人借打手机后当场驾车逃离的方式共取得被害人5部手机。由于张某、杨某是在“借得”手机后再当场驾车逃离,因而并不属于当场公然夺取,只是公然逃跑(即便按照通说也不属于"公然夺取"),没有致人伤亡的任何危险,只能认定为盗窃罪(不得认定为诈骗罪)。[110]

至于行为人取得财物后,是否迅速逃离现场、行为是否乘人不备,都不是区分盗窃罪与抢夺罪的关键。有人指出:"所谓公然夺取,是指行为人当着公私财物所有人、管理人或者其他人的面,乘其不防备,将公私财物夺了就跑,据为己有或者给第三人所有;也有的采取可以使被害人立即发现的方式,公开把财物抢走,但不使用暴力或者以暴力相威胁。这是抢夺罪区别于其他侵犯财产犯罪的本质特征。"[111]其实,抢夺并不以"夺了就跑"为要件。盗窃也可能"盗了就跑",抢夺也可能"夺了不跑"。上述观点明显混淆了事实与规范。

总之,抢夺罪与盗窃罪并不是 A 与非 A 的对立关系。可以认为,抢夺行为都符合盗窃行为的特征,但盗窃行为不一定符合抢夺行为的特征。换言之,抢夺罪与盗窃罪是特别关系。

(五)抢夺罪的处罚

根据刑法第 267 条的规定,犯抢夺罪的,处 3 年以下有期徒刑、拘役或者管制,并处或者单处罚金;数额巨大或者有其他严重情节的,处 3 年以上 10 年以下有期徒刑,并处罚金;数额特别巨大或者有其他特别严重情节的,处 10 年以上有期徒刑或者无期徒刑,并处罚金或者没收财产。

根据《抢夺案件解释》的规定,抢夺数额在 3 万元至 8 万元以上、20 万元至 40 万元以上的,应当分别认定为"数额巨大"、"数额特别巨大"。抢夺公私财物,具有下列情形之一的,应当认定为"其他严重情节":第一,导致他人重伤的;第二,导致他人自杀的;第三,具有前述导致降低数额标准的第(3)项至第(10)项情形之一,且达到"数额巨大"50%的。抢夺公私财物,具有下列情形之一的,应当认定为"其他特别严重情节":第一,导致他人死亡的;第二,具有前述导致降低数额标准的第(3)项至第(10)项情形之一,且达到"数额特别巨大"50%的。

抢夺致人重伤、死亡时,不要求财产法益的被害人与身体、生命法益的被害人是同一人。例如,乙将身边丙新买的手机拿在手上看时,甲抢夺乙手中的手机,并导致乙倒地身亡。在这种场合,虽然手机握在乙的手中,但依然由丙占有和所有。所以,财产法益的被害人是丙,但生命法益的被害人却是乙。对此,也应认定为抢夺致人死亡。

根据《抢夺案件解释》的规定,抢夺公私财物数额较大,但未造成他人轻伤以上伤害,行为人系初犯,认罪、悔罪,退赃、退赔,且具有下列情形之一的,可以认定为犯罪情节轻微,不起诉或者免予刑事处罚;必要时,由有关部门依法予以行政处罚:(1)具有法定从宽处罚情节的;(2)没有参与分赃或者获赃较少,且不是主犯的;(3)被害人谅解的;(4)其他情节轻微、危害不大的。

三、聚众哄抢罪

聚众哄抢罪,是指以非法占有为目的,聚众哄抢公私财物,数额较大或者有其他严重情节的行为。聚众哄抢的特点是,聚集多人夺取公私财物,参与哄抢的人员处于随时可能增加或者减少的状态;哄抢人不必使用暴力、胁迫等强制手段,而是依靠人多势众取得财

---

〔110〕参见张明楷:"盗窃与抢夺的界限",载《法学家》2006 年第 2 期。

〔111〕周道鸾、张军主编:《刑法罪名精释》(下),人民法院出版社 2013 年第 4 版,第 651 页。

物。概言之,聚众哄抢并不是多人的共同抢劫,而是多人实施的使被害人难以阻止的公然盗窃。聚众哄抢是一种行为方式,并不要求存在所谓“聚众”与“哄抢”两个行为。所以,没有首要分子时,也不妨碍本罪的成立。例如,被害人驾驶的卡车侧翻后,周围的众人自发哄抢财物的,即便没有首要分子,也应对积极参加者追究刑事责任。根据刑法第 268 条的规定,犯聚众哄抢罪的,对首要分子和积极参加的,处 3 年以下有期徒刑、拘役或者管制,并处罚金;数额巨大或者有其他特别严重情节的,处 3 年以上 10 年以下有期徒刑,并处罚金。

第四节 诈骗罪与敲诈勒索罪

一、诈骗罪

(一)诈骗罪的概念与犯罪构成

诈骗罪,是指以非法占有为目的,使用欺骗方法,骗取数额较大的公私财物的行为。诈骗罪(既遂)的基本构造为:行为人实施欺骗行为——对方(受骗者)产生(或继续维持)错误认识——对方基于错误认识处分财产——行为人或第三者取得财产——被害人遭受财产损害。[112]

在德国,诈骗罪属于对整体财产的犯罪,亦即,诈骗行为因使被害人的整体资产状况恶化而受到处罚。所以,诈骗罪不限于对所有权的侵害。在我国,诈骗罪虽然不是对整体财产的犯罪,但是,诈骗罪的保护法益也不限于狭义财物的所有权,同样包括狭义财物的占有、所有以及财产性利益的享有。易言之,在我国,诈骗罪的保护法益与盗窃罪的保护法益不应当存在区别。根据本书的观点,骗取自己所有但由他人合法占有的财物的,成立诈骗罪;骗取他人占有的违禁品的,成立诈骗罪;甲以欺骗方法从乙(盗窃犯人)处骗取其所盗窃的丙的所有物的,构成诈骗罪。但是,采用欺骗方法使他人偿还正当债务的,不成立诈骗罪;采用欺骗方法使他人提供非法服务或者使他人免除非法债务的,也不成立诈骗罪。

1. 构成要件的内容为,使用欺骗方法骗取数额较大的公私财物。

(1)欺骗行为

行为人必须实施了欺骗行为。从实质上说,欺骗行为是使对方陷入处分财产的认识错误的行为。欺骗行为的内容是,在具体状况下,使对方产生错误认识,并做出行为人所希望的财产处分。如果欺骗行为的内容不是使对方做出财产处分行为,就不是诈骗罪中的欺骗行为。例如,没有购买车票的人乘列车人员未注意溜进列车车厢的,将他人骗出户外后乘机入户取得财物的,不成立诈骗罪。从形式上说欺骗行为包括两类:一是虚构事实;二是隐瞒真相。虚构事实与隐瞒真相,都属于向受骗人传递不真实的资讯。事项的虚假,既可以表现为全部事项的虚假,也可以表现为部分事项的虚假。虚假的表示既可以通

---

〔112〕 关于诈骗罪构成要件的详细论述,参见张明楷:《诈骗罪与金融诈骗罪研究》,清华大学出版社 2006 年版,第 7 页以下。

过提出某种证据予以证明，也可以不提出任何证据。

最典型的欺骗行为，是就事实进行欺骗。其中的事实不仅包括自然事实，而且包括行为人或他人已经实施的行为、行为人的身份、能力等。事实也包括内心的确信认知、主观目的等心理事实。例如，没有付款意图却让加油站工作人员给自己的机动车加油的，没有付款的意思却在餐馆消费的，均属隐瞒心理事实的欺骗行为。再如，以借为名的欺骗行为隐瞒了不归还财物的心理事实，构成诈骗罪（理论上称为借款诈骗）。[113] 行为人既可以虚构、隐瞒过去的事实或者现在的事实，也可能虚构、隐瞒将来的事实或者虚构将来事实的可能性。[114] 例如，行为人不具有从事证券咨询业务的资格与专业知识，向他人声称某股票价格将来会大涨，以推荐股票赚钱为由，收取股民咨询费的，成立诈骗罪。此外，就法律规则、价值判断进行具体的虚假陈述或表示的，也可以成立欺骗。当然，就价值判断进行欺骗时，以存在一定的判断标准为前提。对于完全不存在判断标准的价值判断，不可能构成欺骗行为。

欺骗行为的手段、方法没有限制，既可以是语言欺骗，也可以是文字欺骗。欺骗行为还可以是举动的虚假表示，包括明示的举动欺骗与默示的举动欺骗（默示的表示）。前者如，无业人员穿着工商人员制服的行为，就可能成为诈骗罪中的欺骗行为；身体健全的人打扮成残疾人在马路上乞讨的，也是欺骗行为。后者如，行为人在外币兑换处拿出一张作废的外国纸币交给负责兑换的职员时，就默示了这张纸币在该外国是法定的流通货币；如果默示的内容与事实相反，就属于默示的举动欺骗。再如，减少机动车的里程数后将机动车出卖给他人的，也成立默示的诈骗。欺骗行为本身既可以是作为，也可以是不作为，即有告知某种事实的义务却不履行这种义务，使对方陷入错误认识或者继续维持错误认识，进而利用这种认识错误取得财产的，也是欺骗行为。例如，出卖不动产时隐瞒不动产被抵押的事实的，属于不作为的欺骗行为。再如，首饰店将真金首饰与镀金首饰并陈橱窗中，顾客以为镀金首饰为真金首饰而提出购买；店员不履行告知义务，以真金首饰价格出售镀金首饰的，属于不作为的欺骗行为。欺骗行为既可以是在他人没有任何认识错误的情况下使之产生处分财产的认识错误，也可以是在他人已经由于某种原因陷入认识错误的情况下，使他人继续维持或者强化其处分财产的认识错误。

欺骗行为必须达到足以使对方产生错误认识的程度，即使欺骗行为不足以使一般人陷入认识错误，但足以使欺骗对象产生认识错误的，也属于欺骗行为。例如，针对缺乏相关常识的人冒充孙中山、张学良等人实施欺骗行为取得财物的，不影响诈骗罪的成立。一般性的夸张表述，或者一般性的价值夸大判断，不具有使他人处分财产的具体危险的行为，不是欺骗行为。例如，售楼人员声称房价会上涨而劝他人购买住房，即使房价后来下跌，也不能认定为欺骗行为。再如，一般性地对投资者声称其投资极为安全必定获得回报的，不是欺骗行为。同样，在商业广告中对商品的功效进行一般性夸张宣传的，或者单纯

[113] 不想归还虽然是主观内容（可谓非法占有目的的内容），但隐瞒不想归还的内心想法，则是欺骗行为（这在德国、日本没有任何争议）。某些证据（如没有还款能力，借款后用于赌博等不法活动）既能证明行为人有不想归还的内心想法，也能证明行为人有隐瞒这一内心想法的欺骗行为。这显然不是重复评价。

[114] 德国的通说否认就将来事实的欺骗。但在本书看来，德国的通说实际上将部分对将来事实的欺骗认定为对现在事实的欺骗。例如，谎称某日某地会出现日食，进而向有兴趣观赏的被害人兜售墨镜的，在德国也成立诈骗罪。在我国，利用迷信欺骗他人取得财物的，大多表现为虚构将来可能发生的事实。

声称商品质量好、价格低的,[115]也不是欺骗行为。

(2)对方产生认识错误

欺骗行为必须使对方(受骗者)产生或者继续维持错误认识,反过来说,受骗者产生或者维持错误认识是行为人的欺骗行为所致。即使受骗者在判断上有一定的错误,也不妨碍欺骗行为的成立。但是,认识错误的内容必须是处分财产的认识错误,而不是任何错误。例如,A事先购买了与X的商店中的金项链形状相同的镀金项链,然后假装在X商店购买金项链,待X将金项链交给A察看时,A乘X接待其他顾客之机,将金项链藏在身上,然后声称不购买并将镀金项链"退还"给X。根据社会的一般观念,X将金项链递给A察看时,该金项链仍然由X占有。所以,一方面,X并没有陷入处分金项链的认识错误。另一方面,根据交易常规,X将金项链递给A察看的行为,也不是处分行为。即使外表上形同处分行为,但也不是基于认识错误的处分行为。所以,A的行为不成立诈骗罪,只成立盗窃罪。受骗者对行为人所诈称的事项有所怀疑但仍然处分财产的,也不影响诈骗罪的成立。概言之,欺骗行为与受骗者处分财产之间,必须介入受骗者的错误认识;如果受骗者不是因欺骗行为产生错误认识而处分财产,行为人的行为就不成立诈骗罪(但有成立诈骗未遂的可能性)。

上述"对方产生认识错误"的要求,决定了欺骗行为的对方(受骗者)必须是具有处分财产的权限或者处于可以处分财产地位的人(但不必是财物的所有权人或占有人)。动物显然不能成为诈骗罪中的受骗者。诈骗罪中的受骗者只能是自然人,而且是具有一定行为能力的自然人。"骗取"幼儿、严重精神病患者财物的,成立盗窃罪。法人虽然可以成为诈骗罪的受害人,但法人本身不可能成为诈骗罪的受骗者,只是法人内部具有财产处分权限的自然人可以成为受骗者。机器更不能成为诈骗罪的受骗者,因为机器不可能存在认识错误。换言之,行为人不可能对机器行骗,不存在如果机器知道真相就不会处分财产的问题。例如,甲利用乙的储蓄卡在机器上取款时,不可能对机器讲明储蓄卡的来源,不可能向机器告知任何真相,因而不存在欺骗行为。如果认为机器也可能成为受骗人,就会导致诈骗罪丧失定型性,从而使诈骗罪的构成要件丧失罪刑法定主义机能。此外,如果认为机器也可以成为欺骗行为的受骗者,就几乎不可能区分诈骗罪与盗窃罪。例如,根据机器可以成为受骗者的观点,将普通铁币投入自动贩卖机而取出商品的行为,构成诈骗罪。这是难以令人接受的。再如,汽车装有智能锁,其钥匙具有识别功能。如果采纳机器也可能成为受骗者的观点,那么,使用某种工具打开汽车的智能锁开走汽车的,也成立诈骗罪。不仅如此,倘若采纳机器也可能成为受骗者的观点,当被害人的住宅大门安装智能锁时,行为人使用工具使该门打开的,也属于欺骗机器;从住宅取得财物的,也成立诈骗罪。概言之,"如果依照欺骗机器也是诈骗的见解,用铁丝将金库的门打开的,也变成诈骗了"。[116] 这显然不合适。也不能认为,凡是针对机器实施的"欺骗"行为,均可以认定为针对自然人实施的欺骗行为。例如,行为人使用他人的或者伪造的信用卡从自动取款机中取出现金时,没有欺骗任何自然人。司法机关进行事后调查时,银行的任何职员都不可能声称自己被骗。行为人之所以能够取出现金,并不是因为向取款机或者银行职员传

〔115〕 但是,声称自己的商品价格低于同类产品价格的,则可能构成诈骗罪。

〔116〕 [日]町野朔:《刑法各论的现在》,有斐阁1996年版,第124页。

递了不真实的资讯,相反是因为资讯"真实"(密码、操作程序等没有错误),所以,该行为不是欺骗行为,只能认定为盗窃罪。

(3)基于认识错误处分财产

欺骗行为必须使对方陷入错误认识之后处分财产。处分财产不限于民法意义上的处分财产(即不限于所有权权能之一的处分),而意味着将被害人的财产转移为行为人或第三者占有,或者说使行为人或第三者取得被害人的财产。转移占有,是指转移事实上的占有,与作为盗窃罪对象的事实上的占有一样,需要根据社会的一般观念判断。做出这样的要求是为了区分诈骗罪与盗窃罪。处分财产表现为直接交付财产、承诺行为人取得财产、承诺转移财产性利益、承诺免除行为人的债务等。行为人实施欺骗行为,使他人放弃财物,行为人拾取该财物的,也宜认定为诈骗罪。受骗者的处分行为,只要是使财物或者财产性利益转移给行为人或第三者占有就够了,不要求有转移财产的所有权或其他本权的意思表示。例如,A 没有返还的意思,却隐瞒其意图向 X 借用汽车,得到汽车后逃匿。X 只有转移占有的意思,但 A 的行为也成立诈骗罪。处分行为既可以表现为受骗者直接将财产处分给行为人或第三者(直接交付),也可能表现为间接交付,即通过辅助者转移给行为人或第三者。财产处分行为不限于法律行为,也包括事实行为。在法律行为的场合,其法律行为在民法上是否有效或者是否可以撤销,均不影响诈骗罪的成立。财产处分行为不限于积极的举动,或者说,"处分行为这一构成要件要素,不应在民法意义上理解,而是包括了被害人的一切作为、忍受与不作为"。[117] 处分行为必须是导致被害人财产损害的"直接"原因,即被害人的财产损害必须"直接"产生于处分行为。换言之,必须是处分行为本身导致财产的直接转移,而不是由于行为人新的不法行为取得财产。

受骗者是否必须具有处分意识,在日本刑法理论上存在争议。德国刑法理论与判例认为,在骗取狭义财物的场合要求受骗者具有处分意识,但在骗取财产性利益时则不要求受骗者具有处分意识。因为狭义财物是盗窃罪的对象,要求受骗者具有处分意识可以使盗窃罪与诈骗罪相区别,也不会产生处罚的漏洞;但是,德国刑法没有将财产性利益规定为盗窃罪的对象,如果要求受骗者对财产性利益具有处分意识,那么,受骗者对财产性利益没有处分意识时,被告人的行为既不成立诈骗罪(因为没有处分意识),也不成立盗窃罪(因为不符合对象要件),于是形成处罚漏洞。显然,在骗取财产性利益时不要求受骗者具有处分意识,则可以避免处罚漏洞。如前所述,我国刑法没有区分狭义财物与财产性利益,财产性利益也能成为盗窃罪的对象,所以,本书认为,受骗者处分财产时必须有处分意识,即认识到自己将某种财产转移给行为人或第三者占有,但不要求对财产的数量、价格等具有完全的认识。[118] 第一,在受骗者没有认识到财产的真实价值(价格)但认识到处分了该财产时,应认为具有处分意识。例如,甲在某商场购物时,将便宜照相机的价格条形码与贵重照相机的价格条形码予以更换,使店员将贵重照相机以便宜照相机的价格"出售"给甲。店员客观上处分了照相机,但他没有意识到所处分的是贵重照相机,应认定具有处分意识。第二,在受骗者没有认识到财产(或财物)的数量但认识到处分了一定

---

〔117〕 [德]Ulrich Sieber:《计算机犯罪与刑法 I》,[日]西田典之、山口厚译,成文堂 1986 年版,第 254 页。这里的作为与不作为显然只是借用了犯罪行为的作为与不作为的概念,即处分行为可以表现为积极的处分行为与消极的没有任何举止的处分行为。

〔118〕 关于处分意识的具体内容或者说处分意识的波及范围,在国外刑法理论上存在争议。

的财产时,也宜认定为具有处分意识。例如,乙将一个照相机包装盒里的泡沫取出,使一个包装盒里装入两个照相机,然后拿着装有两个照相机的一个包装盒付款,店员以为包装盒里只装有一个照相机,仅收取了一个照相机的货款。店员认识到自己将包装盒里的"财物"处分给了乙,也具有处分意识。第三,在受骗者没有意识到财产的种类而将财产转移给行为人时,不宜认定具有处分意识。例如,丙在某商场购物时,偷偷地从一箱方便面中取出几袋方便面,并将一个照相机放在方便面箱子里,然后拿着方便面箱子付款,店员没有发现方便面箱子里的照相机,只收取了一箱方便面的货款。店员虽然认识到自己将方便面箱子里面的"财物"处分给了乙,但没有认识到处分方便面之外的照相机,应当认为店员没有处分照相机的意识,丙的行为成立盗窃罪。[119] 第四,在受骗者没有认识到财产的性质而将财产转移给行为人时,也不宜认定具有处分意识。丁发现被害人的一本名为《诈骗罪探究》的书中夹有一张清代邮票,便讨要该书,被害人在没有意识到该书中夹有贵重邮票的情况下,将书送给丁,丁将其中的邮票据为己有。被害人客观上也有处分邮票的行为,但主观上没有处分邮票的意识。丁的行为成立盗窃罪,因为丁实际上是以要书为名掩盖盗窃事实。[120]

(4)行为人或第三者取得财产

欺骗行为使对方处分财产后,行为人或第三者获得财产。获得财产包括两种情况:一是积极财产的增加,如将被害人的财物转移为行为人或第三者占有,或者获得债权等财产性利益;二是消极财产的减少,如使对方免除或者减少行为人或第三者的债务。[121] 后者还包括使用欺骗方法使自己不缴纳应当缴纳的财产(但法律有特别规定的除外),如使用伪造、变造、盗窃的武装部队车辆号牌,骗免养路费、通行费等各种规费,数额较大的,成立诈骗罪。[122] 行为人虽然获得了财产性利益,但被害人并没有处分财产的,不成立诈骗罪。例如,甲在收费的高速公路驾驶车辆后,不经过收费站,而是通过破坏公路旁的栅栏逃避收费的,既不成立诈骗罪,也不成立盗窃罪。再如,乙在经过收费站时,假装掏钱付费,在收费人员提前打开栏杆时突然逃走的,既不成立诈骗罪,也不成立盗窃罪。一方面,被害人虽然有处分行为,但也没有处分意识,故行为人不成立诈骗罪。[123] 另一方面,行为人没有将他人占有的财物转移给自己或者第三者占有,因而不成立盗窃罪。

行为人或第三者取得的财产与被害人处分的财产必须具有同一性,这被称为素材的同一性(但不要求被害人的损失数额与行为人或第三者的获利数额完全等同)。例如,甲盗窃乙的银行存折后,冒充乙从银行柜台取款的,应当认定为对存折的盗窃和对银行现金

---

[119] 行为人在超市购物时,将商品隐藏在购物车中或者藏在身上,然后带出超市的,由于店员没有处分行为与处分意识,只能认定为盗窃罪。

[120] 德国刑法理论与判例一般认为,上述第三、四种情形中的受骗者也具有处分意识。另参见王钢:"盗窃与诈骗的区分",载《政治与法律》2015 年第 4 期。

[121] 根据刑法第 210 条的规定,使用欺骗手段骗取增值税专用发票或者可以用于骗取出口退税、抵扣税款的其他发票的,成立诈骗罪。根据司法解释的规定,以虚假、冒用的身份证件办理入网手续并使用移动电话,造成电信资费损失数额较大的,以诈骗罪定罪处罚(参见最高人民法院 2000 年 5 月 12 日《关于审理扰乱电信市场管理秩序案件具体应用法律若干问题的解释》)。

[122] 但是,被判处罚金的人使用欺骗手段使法院减免罚金缴纳的,不成立诈骗罪,可能成立拒不执行判决、裁定罪。

[123] 对此存在争议。倘若认为骗取财产性利益时不需要对方有处分意识,或者认为上述案件中的被害人具有处分意识,则行为人构成诈骗罪。

的诈骗,既不能认定甲盗窃了乙的现金,也不能认定甲骗取了乙的现金(乙损失的是存折与债权而非现金,也不能认定甲将乙的债权转移为自己占有,故不存在对债权的盗窃)。再如,乙将车钥匙遗忘在超市的收银台上,收银员丙发现后便问是谁的,甲谎称是自己的,丙将车钥匙交给甲后,甲将乙的车开走据为己有。丙不可能对车具有处分权限,充其量只对车钥匙具有处分权限,所以,甲对车钥匙成立诈骗,但对车本身成立盗窃。

(5)被害人遭受财产损失

在德国,诈骗罪属于对整体财产的犯罪;日本刑法虽然没有明文将诈骗罪规定为对整体财产的犯罪,但也有部分学者认为诈骗罪是对整体财产的犯罪。在我国,诈骗罪虽然不是对整体财产的犯罪,但成立诈骗既遂,要求欺骗行为导致被害人遭受财产损失(在未遂情况下有导致财产损失的紧迫危险)。其中的被害人不仅包括自然人,而且包括单位与国家。例如,以欺诈、伪造证明材料或者其他手段骗取养老、医疗、工伤、失业、生育等社会保险金或者其他社会保障待遇的,成立诈骗罪。

在诈骗不法原因给付物的情况下,由于诈骗行为在前,被害人的不法原因给付在后,没有行为人的诈骗行为被害人就不会处分财产,故被害人的财产损害是由行为人的诈骗行为造成的,这就说明行为侵害了他人财产,当然成立诈骗罪。例如,将白纸冒充假币出卖给他人的,成立诈骗罪(被害人不成立任何犯罪);将面粉冒充毒品出售的,成立诈骗罪(被害人不成立任何犯罪)。使用欺骗手段使对方免除无效请求权的,不成立诈骗罪。通过欺骗方法使他人免除非法债务的,不成立诈骗罪。例如,行为人原本没有支付嫖宿费的意思,欺骗卖淫女使之提供性服务的,不成立诈骗罪。行为人原本打算支付嫖资,与对方实施性行为后,又采取欺骗手段使对方免收嫖资的,也不成立诈骗罪。但是,行为人向卖淫者支付了嫖资后,使用欺骗手段骗回嫖资的,则成立诈骗罪。以欺骗方法取得对方不法占有的自己所有的财物的,不成立诈骗罪。但是,如果B盗窃了A的此财物,而A采取欺骗方法骗取了B的彼财物的,应认定为诈骗罪。以欺骗方法取得对方合法占有的自己所有的财物的,应认定为诈骗罪。具有从对方取得财产的正当权利(如享有到期且无抗辩理由的债权)的人,为了实现其权利而使用了欺骗手段的,不成立诈骗罪。

行为人虽然提供了价格相当的商品,但在告知了事实真相后对方将不付金钱的场合,故意就商品的效能等作虚假陈述,使对方误信商品的效能,而接受对方交付的金钱的,构成诈骗罪。换言之,即使行为人提供了相当的给付,但受骗者的交换目的基本未能实现(包括给付缺乏双方约定的重要属性的物品)时,宜认定为诈骗罪(目的失败论)。例如,将混纺羊毛衫谎称为由纯羊毛制成,仍以混纺羊毛衫价格出售给消费者的,由于购买者的交换目的基本得到了实现(除非购买者根本不穿混纺羊毛衫),不宜认定为诈骗罪。但是,如果经营者乙因为混纺羊毛衫销路不好,而只经营纯羊毛衫,批发商甲将混纺羊毛衫谎称为纯羊毛衫出售给经营者乙的,即使仍按混纺羊毛衫价格出售,也应认定经营者乙存在财产损失,甲的行为成立诈骗罪。再如,欺骗他人患肝炎,进而将药品卖给他人的,成立诈骗罪。谎称他人患病需要做外科手术,通过做外科手术而获得所谓对价的,成立故意伤害罪与诈骗罪,应当实行数罪并罚。还如,使用虚假的证明文件将盗窃的机动车辆冒充自己合法所有的机动车出售给他人的,成立诈骗罪,与盗窃罪实行数罪并罚。

行为人实施欺骗行为,导致受骗者就所交付财产的用途、财产的接受者存在法益关系的认识错误时,即使受骗者没有期待相当给付,也应认为存在财产损失,行为人的行为成立诈骗罪。例如,声称将募捐的钱交给灾民,但事实上将募捐的钱交给父母的,成立诈骗罪。再如,声称卖出某种产品的收入将捐献给灾民,但事实上将收入据为己有的,也成立诈骗罪。

此外,根据我国刑法的规定,诈骗公私财物数额较大的,才构成犯罪。但是,这并不意味着诈骗未遂的,不构成犯罪。根据"两高"2011 年 3 月 1 日《关于办理诈骗刑事案件具体应用法律若干问题的解释》(以下简称《诈骗案件解释》),诈骗公私财物价值 3000 元至 1万元以上的,应当认定为"数额较大";各省、自治区、直辖市高级人民法院、人民检察院可以结合本地区经济社会发展状况,在前款规定的数额幅度内,共同研究确定本地区执行的具体数额标准,报最高人民法院、最高人民检察院备案。诈骗未遂,以数额巨大的财物为诈骗目标的,或者具有其他严重情节的,应当定罪处罚。利用发送短信、拨打电话、互联网等电信技术手段对不特定多数人实施诈骗,诈骗数额难以查证,但具有下列情形之一的,应当认定为刑法第 266 条规定的"其他严重情节",以诈骗罪(未遂)定罪处罚:(1)发送诈骗信息 5000 条以上的;(2)拨打诈骗电话 500 人次以上的;(3)诈骗手段恶劣、危害严重的。

2. 责任要素除故意外,还要求具有非法占有目的(可以按盗窃罪的非法占有目的理解和认定)。

(二)特殊类型的诈骗行为

1. 三角诈骗。通常的诈骗行为只有行为人与被害人(二者间诈骗),被害人因为被欺骗而产生认识错误,自己处分自己的财产。在这种情况下,被害人与被骗人是同一人。但诈骗罪也可能存在被害人与被骗人不是同一人的情况。例如,C 作为 B 的代理人,就 B 的货物买卖与 A 进行洽谈,A 欺骗 C,使 C 处分了 B 的货物,从而导致 B 遭受财产损失。C 是受骗者,也是财产处分人,被害人却是 B。但 A 的行为仍然成立诈骗罪。再如,乙上班后,其保姆丙在家做家务;甲敲门后欺骗保姆说:"乙让我上门取他的西服去干洗。"丙信以为真,将乙的西服交给甲。乙回家后才知保姆被骗。丙为被骗人,但不是被害人;乙是被害人,但没有被骗。这种财产处分人与被害人不同一的情况,称为三角诈骗。所应指出的是,在三角诈骗中,虽然被骗人与被害人可以不是同一人,但被骗人与财产处分人必须是同一人。因为如果被骗人与财产处分人不是同一人,就缺乏"基于错误而处分财产"这一诈骗罪的本质要素。不仅如此,被骗人还必须具有处分被害人财产的权限或处于可以处分被害人财产的地位;否则难以与盗窃罪的间接正犯相区别。至于受骗者是否具有这种权限或地位,需要综合以下因素判断:受骗者是不是被害人财物的辅助占有者,受骗者转移财产的行为(排除被骗的因素)是否得到社会一般观念的认可,受骗者是否经常为被害人转移财产,受骗者是否属于被害人阵营,如此等等。[124]

诉讼诈骗是典型的三角诈骗。行为人在民事诉讼中(主要表现为以提起民事诉讼为手段),做出虚假的陈述、出示虚假的证据,使法院做出有利于自己的判决,从而获得对方财产的行为,成立诈骗罪。在诉讼诈骗中,法官是受骗者,[125]不是被害人;但法官具有做出财产处分的权力,因而是财产处分人。根据刑法第 307 条之一第 3 款的规定,提起虚假

---

[124] 参见张明楷:《诈骗罪与金融诈骗罪研究》,清华大学出版社 2006 年版,第 130 页以下。

[125] 如果否认法官是受骗者,就意味着法官是枉法裁判。

民事诉讼,非法占有他人财产或者逃避合法债务,又构成其他犯罪的,依照处罚较重的规定定罪从重处罚。其中处罚较重的规定,主要是指诈骗罪的规定(认为诉讼诈骗行为构成敲诈勒索罪的观点,缺乏合理性)。[126] 值得注意的是,由于刑法第307条之一第3款只是注意规定,所以,即使行为人没有提起虚假民事诉讼,只是在民事诉讼中出示虚假证据的,也可能成立诈骗罪。例如,债务人虽然没有提起虚假民事诉讼,但在债权人提起民事诉讼后,使用虚假证据使法官作出免除自己债务的判决的,也成立诈骗罪。例如,甲于2010年向乙借款50万元,并于2011年5月1日归还。乙于同日将手写的"甲于2011年5月1日归还了50万元欠款"的收条交给甲。2013年甲又向乙借款50万元,但一直不归还。乙于2016年3月向法院提起民事诉讼要求乙归还欠款时,甲将先前的收条篡改为"甲于2014年5月1日归还了50万元欠款"。两审法官均信以为真,驳回了乙的诉讼请求。乙随后向公安机关报案,公安机关查明了真相。甲虽然没有向法院提起虚假民事诉讼,但依然构成诈骗罪(也可谓诉讼诈骗)。

值得注意的是,最高人民检察院法律政策研究室2002年9月25日《关于通过伪造证据骗取法院民事裁判占有他人财物的行为如何适用法律问题的答复》指出:"以非法占有为目的,通过伪造证据骗取法院民事裁判占有他人财物的行为所侵害的主要是人民法院正常的审判活动,可以由人民法院依照民事诉讼法的有关规定作出处理,不宜以诈骗罪追究行为人的刑事责任。如果行为人伪造证据时,实施了伪造公司、企业、事业单位、人民团体印章的行为,构成犯罪的,应当依照刑法第二百八十条第二款的规定,以伪造公司、企业、事业单位、人民团体印章罪追究刑事责任;如果行为人有指使他人作伪证行为,构成犯罪的,应当依照刑法第三百零七条第一款的规定,以妨害作证罪追究刑事责任。"但是,民事审判的重要目的是保护当事人的财产,而这一答复完全忽视了诉讼诈骗行为对被害人财产的侵害,也误解了诈骗罪的构造,应当废止。[127] 可以认为,在《刑法修正案(九)》增设了第307条之一的规定之后,该答复自动丧失效力。

2. 赌博诈骗。赌博诈骗,是指形似赌博的行为,输赢原本没有偶然性,但行为人伪装具有偶然性,诱使对方参与赌博,从而不法取得对方财物的行为。这种行为同样成立诈骗罪。即使认为被害人参与赌博是违法行为,其由于"输"而交付财物属于不法原因给付,也应得出相同结论。因为诈骗罪的成立并不要求对方的财产处分行为出于特定动机,而且行为人客观上设置了不法原因;如果没有行为人的诈骗行为,被害人不可能产生认识错误,也不可能处分自己的财产。因此,上述行为完全符合诈骗罪的犯罪构成。

最高人民法院法律政策研究室1991年3月12日《关于设置圈套诱骗他人参赌获取钱财的案件应如何定罪问题的电话答复》(已废止)指出:"对于行为人以营利为目的,设置圈套,诱骗他人参赌的行为,需要追究刑事责任的,应以赌博罪论处。"最高人民法院1995年11月6日《关于对设置圈套诱骗他人参赌又向索还钱财的受骗者施以暴力或暴力威胁的行为应如何定罪问题的批复》指出:"行为人设置圈套诱骗他人参赌获取钱财,

---

[126] 如果国家工作人员利用职务上的便利,通过虚假诉讼非法占有公共财物的,则成立贪污罪。

[127] 不少人认为诉讼诈骗具有可罚性,同时认为诉讼诈骗与普通诈骗存在区别,进而建议增设诉讼诈骗罪。可是,犯罪构成所描述的是一种犯罪类型,而不是具体行为方式。例如,杀人的方式千差万别,但刑法仅规定了一个故意杀人罪。基于同样的理由,只要诉讼诈骗符合诈骗罪的类型即可认定为诈骗罪。此外,国外刑法虽然均没有将诉讼诈骗规定为独立犯罪,司法实践却都以诈骗罪论处。

属赌博行为,构成犯罪的,应当以赌博罪定罪处罚。参赌者识破骗局要求退还所输钱财,设赌者又使用暴力或者以暴力相威胁,拒绝退还的,应以赌博罪从重处罚;致参赌者伤害或者死亡的,应以赌博罪和故意伤害罪或者故意杀人罪,依法实行数罪并罚。”这两个司法解释似乎将赌博诈骗归入赌博罪,存在疑问。[128]

3. 无钱饮食、住宿。原本没有支付饮食、住宿费用的意思,而伪装具有支付费用的意思,欺骗对方,使对方提供饮食、住宿的,如果数额较大,成立诈骗罪。例如,没有打算支付餐费,却点了数额较大的食物,吃完后不付款。不管是明目张胆地拒不付款,还是乘机溜走,均成立诈骗罪,诈骗的行为对象是食物。问题是,行为人原本具有支付饮食、住宿费用的意思,但在饮食、住宿后,采取欺骗手段不支付费用的,是否成立诈骗罪?例如,甲请朋友在高档酒店吃完后,产生了不支付费用的意思,于是声称送走朋友后马上回来付款而乘机逃走。如果采取处分意识不要说,甲的行为构成诈骗罪。本书采取处分意识必要说,问题便在于如何理解处分意识?如果对处分意识作十分缓和的理解,就有可能认定被害人具有处分意识与处分行为,进而肯定甲的行为成立诈骗罪,诈骗对象不是食物,而是财产性利益。但在本书看来,由于被害人并没有因此从法律上或事实上免除行为人的债务,既没有处分行为,也没有处分意识,故对甲的行为难以认定为诈骗罪。[129] 如果甲谎称已经付款而离开的,则应认定被害人具有处分意识与处分行为,甲对财产性利益成立诈骗罪。

4. 二重买卖。例如,行为人 A 将自己所有的动产或不动产出卖给 B 之后,又将该动产或不动产出卖给 C,并将动产转移给 C 或将不动产登记于 C 的名下。在 C 是善意的场合,由于 C 获得了财产,不存在财产损失,故 A 对 C 不可能成立诈骗罪;由于 C 并不具有处分 B 的财产的权限与地位,故不能认定 A 的行为构成 C 为受骗者、B 为被害人的三角诈骗。但是,倘若 A 已经将动产转移给 B 或将不动产登记于 B 的名下,然后将动产或不动产出卖给 C,C 将对价交付给 A 的,则 C 存在财产损失,A 的行为构成诈骗罪。但这已不是典型的二重买卖问题。在 C 是恶意的场合,则 C 有可能与 A 构成侵占罪的共犯。

(三)诈骗罪的认定

1. 正确处理诈骗罪与民事欺诈的关系。诈骗罪与民事欺诈不是对立关系,而是特殊与一般关系。换言之,诈骗罪与民事欺诈的关系,如同男人与人的关系、汽车与财物的关系。既然是男人,就必然是人;既然是汽车,就一定是财物。所谓诈骗罪与民事欺诈的界限,实际上只能是诈骗罪与不构成诈骗罪的民事欺诈的界限。于是,问题便在于:以什么为标准将民事欺诈中构成诈骗罪的行为挑选出来以犯罪论处?显然,凡是符合了诈骗罪的犯罪构成的行为,就成立诈骗罪。在认定行为成立诈骗罪后,不必再回头追问该行为在民法上是否属于民事欺诈。亦即,不能因为某个行为属于民事欺诈,就否认其成立诈骗罪。特别应注意的是,不能因为客观上存在交易关系,就否认诈骗罪的成立。例如,甲将装着砖头的电视机纸箱冒充彩色电视机出卖给他人的,成立诈骗罪;同样,乙将黑白电视机冒充彩色电视机出卖给他人的,也成立诈骗罪。不能认为,甲因为没有交易行为才成立诈骗罪,乙因为有交易行为而不成立诈骗罪。砖头也是财物,只是价值低廉而已。显然,

---

〔128〕 参见张明楷:《刑法分则的解释原理》(上),中国人民大学出版社 2011 年第 2 版,第 298 页以下。

〔129〕 如果被告人谎称日后付款,被害人表示同意的,则可以认为被害人事实上免除了债务,应认定具有处分行为与处分意识,被告人的行为构成诈骗罪。

要想从交易成本、差价等方面划定所谓诈骗罪与民事欺诈的界限,是不现实的。基于同样的理由,下列行为均成立诈骗罪:(1)不符合购买经济适用房的条件,利用虚假资料骗购经济适用房的(数额可按经济适用房与商品房的差价计算);(2)将无产权或者小产权房冒充有产权或者大产权房出卖的;(3)将使用多年的汽车冒充新车出售的;(4)将普通酒冒充名牌酒出售的;(5)将已被全部开采并无矿藏的矿山冒充有矿藏的矿山(采矿权)出卖给他人,或者将低质矿山冒充高质矿山出卖给他人的。

2. 正确处理诈骗罪与销售伪劣商品罪的关系。诈骗罪的法益是财产,销售伪劣商品罪的保护法益是经济秩序。一个行为完全可能同时触犯诈骗罪与销售伪劣商品罪,对此应认定为想象竞合犯,从一重罪处罚。特别需要说明的是,不能因为刑法规定了销售伪劣商品罪,就认为凡是出卖伪劣商品的行为均不成立诈骗罪。

3. 正确处理诈骗罪与特殊诈骗罪的关系。刑法还规定了一些特殊诈骗罪,即刑法第192条至第200条规定的各种金融诈骗罪,以及刑法第224条规定的合同诈骗罪。这些特殊诈骗罪主要在诈骗对象、手段上与普通诈骗罪的要求不同。通说认为,规定这些特殊诈骗罪的法条与刑法第266条是特别法条与普通法条的关系,根据特别法条优于普通法条的原则,对符合特殊诈骗罪构成要件的行为,应认定为特殊诈骗罪。因此,刑法第266条在规定了诈骗罪的罪状与法定刑之后规定:"本法另有规定的,依照规定。"但应注意以下两点:(1)如果行为人实施特殊诈骗行为,但又不符合特殊诈骗罪的构成要件,而符合普通诈骗罪的构成要件的,则以普通诈骗罪论处。例如,行为人实施信用卡诈骗行为,但银行未催收的,不符合信用卡诈骗罪的构成要件;如果符合诈骗罪的构成要件,则应依照刑法第266条的规定定罪处罚。再如,行为人骗取4000元保险金,没有达到保险诈骗罪所要求的数额较大标准,对此应认定为普通诈骗罪。(2)如果认定为特殊诈骗罪不能全面评价行为的不法内容的,应当认定为想象竞合,从一重罪处罚。例如,保险诈骗数额特别巨大,按合同诈骗罪或者普通诈骗罪应当判处无期徒刑时,应认定为想象竞合,从一重罪处罚(参见第九章第四节)。

4. 正确区分诈骗罪与盗窃罪的界限。可以认为,诈骗罪与盗窃罪是对立关系,[130]关键在于行为人是否实施了使他人陷入处分财产的认识错误的欺骗行为,以及被害人是否基于认识错误处分财产。不能根据所谓主要作用区分诈骗罪与盗窃罪,换言之,不能认为,诈骗起主要作用的就构成诈骗罪,盗窃起主要作用的就是盗窃罪。也不能以所谓主行为与从行为的区分、前行为与后行为的关联等为标准区分诈骗罪与盗窃罪。

在行为人已经取得财产的情况下,二者的关键区别在于被害人是否基于认识错误而处分财产。如果不存在被害人处分财产的事实,则不可能成立诈骗罪。实践中发案较多的"以借打手机为名进而非法占有"的行为,[131]实际上属于盗窃,而非诈骗。因为被害人将手机给行为人使用的行为,不是处分手机的行为;行为人在当场借用手机时,根据社会的一般观念,手机仍然由被害人占有。换言之,即便行为人当时手握手机,也没有占有手机;相反,被害人在当时仍然占有自己的手机,故没有将自己的手机交付给行为人占有。

---

[130] 所谓对立关系,是指就同一行为对象而言,一个行为不可能同时触犯盗窃罪与诈骗罪。但是,一个行为同时侵害两个行为对象时,当然可能同时触犯盗窃罪与诈骗罪。

[131] 例如,行为人将被害人约在某餐厅吃饭时,声称需要借打被害人的手机。被害人将手机递给行为人后,行为人假装拨打电话,并谎称信号不好,一边与"电话中的对方"通话,一边往餐厅外走,然后趁机逃走。

如果认为这种行为成立诈骗,便意味着被害人将手机交给行为人时,行为人的诈骗行为便已经既遂。但这会形成许多疑问,尤其可能导致将日常生活行为认定为诈骗既遂,因而明显不当。基于同样的理由,行为人佯装购车,以试车为名驾驶车辆时,从车主规定(支配)的试车场所驾驶逃离的,成立盗窃罪,而非诈骗罪。在行为人未取得财产(未遂)的情况下,二者的关键区别在于,行为是否属于足以使对方产生处分财产的认识错误的欺骗行为。

从没有处分能力的幼儿、高度精神病患者那里"骗取"财产的,因为不符合诈骗罪中的欺骗特点,被害人也无处分意识与处分行为,故该行为不成立诈骗罪,只成立盗窃罪。

机器不可能被骗,因此,向自动售货机中投入类似硬币的金属片,从而取得售货机内的商品的行为,不构成诈骗罪,只能成立盗窃罪。利用他人支付凭证在自动取款机取得财物的,也成立盗窃罪。冒用他人支付凭证通过银行职员、特约商户职员取得他人财物的,成立(金融)诈骗罪。需要说明的是,在自然人利用机器处理事务时,行为人的欺骗行为导致自然人产生认识错误进而处分财产的,应认定为诈骗罪。例如,甲将低价商品的价格标签调换到高价商品上,导致收银员利用扫码器确认价格后少收货款。显然,不能认定甲在欺骗机器(扫码器),而应认定甲对收银员实施了诈骗行为,即应当认定为诈骗罪。再如,行为人伪造高速公路的 ETC 卡,即便在通过 ETC 卡时由机器识别,但只要收费站有工作人员在场(不要求工作人员在 ETC 通道旁),就可以认定行为人构成诈骗罪。

他人没有处分行为或者处分行为没有直接造成财产损失,而是由行为人的新的取得行为转移被害人财产的,不成立诈骗罪,而应根据新的取得行为的性质认定犯罪。例如,欺骗他人离开房间,然后乘机拿走他人房间内的财物的,由于他人没有处分行为,只能认定为盗窃罪。欺骗行为使被害人对财物的占有弛缓,进而自己取走财物的,也仅成立盗窃罪。例如,行为人谎称购买项链,让店主将项链递给自己看一下,然后拿着项链逃跑的,成立盗窃罪(与借打手机的情形相同)。又如,骗得他人的汽车钥匙(如谎称将物品放在汽车内)后,将汽车开走据为己有的,对汽车成立盗窃罪,而非诈骗罪。

对于所谓"调包案件",也需要综合具体案情,根据被害人是否有处分财产的行为与意识认定行为性质。概言之,只要被害人在当时继续占有自己的财物或者已经合法占有对方的财物,行为人采取调包方法取得财物的,就应当认定为盗窃罪。例如,甲欺骗农村妇女乙,谎称可以将面额 10 元的人民币变为面额 50 元的人民币,于是让乙将 200 张面额 10 元的人民币交给甲,让甲当场变成 200 张面额 50 元的人民币。甲在"变"的过程中,将乙的 2000 元装入自己的包内,将一包废纸交给乙,让乙回家打开再看。甲的行为构成盗窃罪。因为即使乙将 2000 元交给甲时,乙当时也继续占有其现金,而没有处分财产(没有将 2000 元交给甲占有)的意识。再如,A 谎称低价销售 iphone 手机,B 答应购买并将 3000 元交给 A,A 将 iphone 手机交给 B 之后,谎称要取出手机中的 SIM 卡,B 让 A 取卡时,A 趁机调换手机,将假手机交给 B。按照交易规则,当 B 交付了货款并取得 iphone 手机时,iphone 手机就已经由 B 占有并且所有。即便 A 在行为时隐瞒了最终要通过调包手段不让 B 取得 iphone 手机的想法,但该交易行为仍然有效。所以,A 的欺骗行为并没有侵害 B 的财产,导致 B 遭受财产损失的是 A 后来实施的调包行为。但在调包时,由于 iphone 手机已经由 B 占有且所有,而且 B 没有处分财产的意识,只是让 A 取出 SIM 卡,所以,A 的行为仍然成立盗窃罪。反之,如果张三谎称低价销售 iphone 手机,李四答应购买并将3000元交给张三，张三将假手机交给李四的，张三对3000元现金构成诈骗罪。

三角诈骗与盗窃罪的间接正犯的区别，在于受骗者是否具有处分财产的地位与权限。例如，洗衣店店主A上班时发现C家的一楼阳台上晾着三套西服。到了洗衣店后，A对员工B说："C要洗西服，但没有时间送来，特意晾在阳台上，让我们自己取，你去取来吧。"B信以为真，将C的西服取来后交给A，A将西服据为己有。B不具有处分C的西服的权限或地位，不是诈骗罪中的财产处分者，只是A盗窃西服的工具。因此，A的行为不成立诈骗罪，只能成立盗窃罪（间接正犯）。再如，甲在某超市捡到失主乙遗失在该超市的取包牌之后，拿着取包牌从超市的保管人员丙那里将乙存放在寄存处的一只皮包取出（内有价值2万元的财物）。应当认为，本案中的管理人员丙具有处分（交付）皮包的权限，故应认定甲的行为构成诈骗罪。实践中经常发生行为人伪造相关材料后将他人的股权非法转归自己名下的案件。倘若认为股权登记机关具有处分权限，则成立诈骗罪；否则便成立盗窃罪。在本书看来，由于股权登记机关并不进行任何实质审查，难以认为其享有财产处分的权限，因此应认定为盗窃罪。还应注意的是，即便客观上具有处分权限，但被骗者没有意识到自己占有了相应财物时，也不能认定其处分了财产。例如，乙将钱包遗忘在超市的收银台，后面的顾客丙发现了钱包，于是问钱包是谁的，正在结账的甲声称钱包是自己的，随即取走钱包，但收银员没有阻拦。由于丙没有占有钱包，收银员也没有意识到自己占有了钱包，因而缺乏处分行为与处分意识，故甲的行为成立盗窃罪，而非三角诈骗。[132]

将他人的财物当做自己的财物出卖给第三者的，成立盗窃罪，同时触犯诈骗罪。例如，甲见外地人来本地买树，便将同村乙家（均在外地打工）价值近万元的活树卖给外地人。"没有处分权却擅自出卖他人的所有物，让不知情的买主搬走财物的场合（利用没有故意的间接正犯的事例），成立盗窃罪。在这种场合，行为人自己窃取财物，与将该财物交付给第三者，在实体上是相同的，故肯定盗窃罪的成立是没有问题的（只是行为人节省了两次转移财物的劳力）。"[133]问题是，甲的行为是否同时对买树人成立诈骗罪（想象竞合）？甲无疑欺骗了买树人，使买树人误以为树为甲所有，进而向甲支付了对价。所以，关键在于买树人是否存在财产的损失。根据无权处分完全有效说，买树人通过支付对价获取树是有效的，因而没有财产损失，甲对其不成立诈骗罪。根据无权处分无效说，甲的处分行为不具有效力，买树人存在财产损失。根据无权处分效力待定说，买树人是否存在财产损失，取决于所有权人事后是否追认以及行为人事后是否取得处分权。本书认为，甲的行为同时触犯了诈骗罪，因为根据目的失败论，买树人虽然支付了对价却未能买到没有瑕疵的树，故仍然存在财产损失。但是，由于甲只实施了一个行为，宜认定为想象竞合，从一重罪处罚。[134]

窃取他人所有的财物后，利用所盗窃的财物骗取财物所有者的其他财物的，属于两个行为触犯两个罪名，成立数罪（难以认为二者之间存在牵连关系）。例如，从超市盗窃商品后又"退货"换取现金的，从商店盗窃兑换券然后"领取"奖品的，从游戏机中窃取弹珠

---

〔132〕参见王钢："德国刑法诈骗罪的客观构成要件"，载《政治与法律》2014年第10期。

〔133〕［日］山口厚：《刑法各论》，有斐阁2010年第2版，第195页。

〔134〕盗窃罪的行为对象是他人的树，诈骗罪的行为对象是买树人的现金。由于行为对象不同，因而可以成立想象竞合。

(或者游戏币)又"兑换"现金的,窃取了自己所有但由他人合法占有的财物后又隐瞒真相向他人索赔的,分别触犯盗窃罪与诈骗罪。两个行为不具有通常的牵连性,宜实行数罪并罚。[135] 再如,入户盗窃他人存折后到银行柜台取款的,分别成立对存折本身的盗窃罪与对银行现金的诈骗罪,应当实行并罚。

《盗窃案件解释》规定:"盗窃记名的有价支付凭证、有价证券、有价票证,已经兑现的,按照兑现部分的财物价值计算盗窃数额;没有兑现,但失主无法通过挂失、补领、补办手续等方式避免损失的,按照给失主造成的实际损失计算盗窃数额。"这一解释意味着,对于上述行为仅认定为盗窃罪,但这一解释存在疑问。第一,对上述案件仅以盗窃罪论处,所采取的是综合判断的做法,没有分别判断相关犯罪的构成要件要素,没有仔细分析案件的具体细节,有违反罪刑法定原则之嫌。以窃取存折后在银行柜台冒名领取存款为例。如果行为人仅窃取了存折,而不冒领存款,就意味着被害人仅失去了作为有体物的存折,而不会丧失存折所记载的债权。而且,行为人窃取存折后,并没有窃取被害人对银行享有的债权。既然如此,便不能认为行为人窃取存折的行为,就是窃取债权的行为。既然行为人没有窃取债权,就不能针对债权数额(票面金额)认定为盗窃罪。行为人所取得的现金,不是窃取的,而是骗取的。亦即,行为人先前窃取了作为有体物的存折,然后对银行职员使用存折,骗取了现金,行为人对其所取得的现金成立诈骗罪。不难看出,对上述案件仅以盗窃罪论处,实际上是将两个行为进行了综合判断,而没有具体判断哪一行为取得了何种财物,哪一行为针对何种具体对象,哪一行为与何种结果之间具有因果关系,或者说具体结果应当归属于哪一行为。第二,对上述案件仅以盗窃罪论处,采取的是以所谓主行为为根据确定案件性质的做法。其基本内容是,盗窃行为是主行为,冒领存款的行为是从行为(或者认为,冒领存款的行为是盗窃行为的延伸)。但是,这种判断方法并不可取。例如,甲在公共汽车上扒窃了 A 的一个小包,将包中的现金取出后,将存折抛弃在垃圾堆,乙捡拾存折后猜出了密码,从银行柜台取出现金。根据所谓按照主行为认定行为性质的观点,对乙的行为只能得出无罪的结论(或者充其量认为成立侵占罪)。这明显不合适。第三,对上述案件仅以盗窃罪论处,是对刑法第 196 条第 3 款规定的错误援引。根据该款规定,盗窃信用卡并使用的,以盗窃罪论处。据此,盗窃存折并使用的,盗窃现金支票并使用的,也应以盗窃罪论处。但是,这种将法律拟制当做注意规定的做法并不可取。此外,对上述案件仅以盗窃罪论处,既导致罪刑不均衡,也不利于处理共同犯罪案件。本书的观点是,对于这类案件,首先要肯定后面的行为成立诈骗罪(或票据诈骗罪),然后再判断前行为是否成立盗窃罪,进而决定是否实行数罪并罚。首先,盗窃记名的债权凭证后骗领现金的行为,完全符合诈骗罪的犯罪构成。例如,盗窃他人的邮政汇款取款通知单(以下简称汇款单),然后欺骗邮政职员,提取他人汇款的,取款行为成立诈骗罪。再如,行为人盗窃记名支票后,无论在挂失之前或者之后使用,均应认定为票据诈骗罪。因为记名支票记载了收款人名称,所以,行为人盗窃印鉴齐全的记名支票后使用的,属于冒用他人支票,当然成立票据诈骗罪。其次,盗窃债权凭证的前行为是否成立盗窃罪,需要具体判断。如果多次盗窃、入户盗窃、携带凶器盗窃与扒窃的对象是债权凭证,不管能否即时兑现,均

---

[135] 对此可能存在争议。换言之,对这类行为能否认定为牵连犯或者狭义的包括的一罪,因而不实行数罪并罚,还值得进一步研究。

应认定盗窃罪的成立。此时,盗窃的对象是存折本身,而不是存折所记载的债权。亦即,不能按存折记载的金额认定盗窃数额。因为只要行为人不取款,被害人的债权就不会受损失,银行的现金也不会受损失。既然如此,就不能将存折所记载的金额认定为行为人的盗窃数额。再次,即使盗窃存折的行为导致失主无法通过挂失等方式避免损失,给失主造成了10万元的实际损失,但只要行为人没有利用存折从银行取款,就不存在转移现金占有的窃取行为,因而对失主的损失不可能成立盗窃罪(否则,就意味着单纯造成他人财产损失的行为也能成立盗窃罪,这显然不合适)。最后,多次盗窃、入户盗窃、携带凶器盗窃、扒窃债权凭证后,向银行工作人员等自然人骗领现金的,应将盗窃罪与诈骗罪(或金融诈骗罪)实行并罚。在这种情形下,盗窃罪的对象是作为有体物的债权凭证本身;诈骗罪的对象是银行管理者等人占有的现金。一方面,行为人在银行柜台取款时,掩盖了真相,使银行工作人员误以为行为人是存款名义人,进而做出了财产处分。另一方面,银行的现金不是由存款人占有(存款人享有的只是债权),而是由银行管理者占有。所以,行为人在银行柜台取款的行为侵害了新的法益,应当另认定为诈骗罪(或金融诈骗罪)。

行为人正常大量用电后,在电力公司人员即将按电表收取电费时,产生不缴或少缴电费之念,使用不法手段将电表显示数调至极小额度,使收费人员误以为行为人没有用电,从而免除行为人的电费缴纳义务的,成立诈骗罪。因为在这种场合,电力公司不存在电力返还请求权,只有货款(电费)请求权。行为人所骗取的不是电力本身,而是对方的电费请求权这一财产性利益。行为人为了不缴或者少缴电费,事先采用不法手段,使电表停止运行的,所窃取的是电力本身,成立盗窃。上述两种情形不宜混淆。[136]

行为人甲租用B公司的机动车后,使用欺骗手段将机动车作为自己的机动车质押给C,从C处“借得”30万元人民币,随后又窃回机动车,也不返还“借款”的,对“借款”成立诈骗罪,对机动车成立盗窃罪(因为机动车由C合法占有)。至于是实行数罪并罚还是作为狭义的包括的一罪处理,抑或认定为牵连犯,还存在争议。本书主张实行数罪并罚。

5. 正确处理诈骗罪与侵占罪的关系。行为人出于非法占有目的,欺骗被害人,使其将财物交付给行为人“代为保管”,进而非法占为己有的,应认定为诈骗罪。根据刑法理论的通说,行为人接受委托代为保管他人财物,非法将财物占为己有后,在被害人请求返还时,虚构财物被盗等理由,使被害人免除行为人的返还义务的,仅成立侵占罪。因为该行为仅侵害了被害人的同一法益,事后的欺骗行为属于为了确保对同一侵占物的不法占有而实施的共罚的事后行为,故不另成立诈骗罪。但是,这种观点的合理性值得怀疑。一方面,难以认为该行为没有侵犯新的法益,也难以认为行为人缺乏期待可能性。另一方面,与单纯骗免债务的行为构成诈骗罪相比,对上述行为仅以侵占罪论处,明显不协调。因此,另一种有力的观点认为,后面的欺骗行为所获得的是财产性利益,因而不属于共罚的事后行为,而是包括的一罪,应从一重罪论处。[137] 这种观点具有一定的合理性。再如,行为人接受委托代为保管他人财物,非法将财物占为己有后,在被害人请求返还时,行为人使用暴力、胁迫等足以压制他人反抗的手段,迫使他人免除自己的返还义务的,触犯了抢

〔136〕 我国刑法理论常常以“窃电”一词涵盖真正的盗窃电力(普通财物)与骗免电费(财产性利益)两种情形,司法实践中也将后一种情形认定为盗窃。其实,二者的对象与行为性质并不相同。

〔137〕 参见林幹人:《刑法各论》,东京大学出版会2008年第2版,第304页。

劫罪(抢劫对象为财产性利益)。对此,应作为狭义的包括的一罪,从一重罪论处。

行为人正当租用他人汽车后,使用虚假资料,谎称汽车为自己所有而出卖给他人的,对汽车的所有者成立侵占罪,对汽车的购买者成立诈骗罪,应当实行数罪并罚。[138] 行为人以租用汽车为名骗取他人汽车后,使用虚假资料,谎称汽车为自己所有而出卖给他人的,对汽车的所有者与购买者均成立诈骗罪,应当累计诈骗数额。

在邮递员误将乙的邮件准备交付给甲时,甲明知不是自己的邮件却伪装成乙而签收的,属于诈骗;倘若甲误以为是自己的邮件而签收,发现后拒不退还的,则是侵占。取款人在银行取款时,银行职员多交付现金的案件时有发生。即使银行职员在交付时要求取款人确认,取款人明知多付了现金而不说明的,也不应当认定为诈骗罪(取款人没有作为义务);取款人收取多付的现金后,银行职员要求行为人返还多付的现金时,取款人采取欺骗手段使对方免除返还义务的,成立诈骗罪(对债权的诈骗罪);取款人收取银行职员多交付的现金单纯拒不退还的,则是侵占(对现金的侵占)。

行为人为被害人雇请专家从事咨询活动,原本只需要向专家支付 10 万元,行为人也只打算向专家支付 10 万元,却向被害人谎称需要 30 万元。被害人交付 30 万元后,行为人将 10 万元支付给专家,将 20 万元据为己有的,成立诈骗罪。如果行为人原本打算向专家支付 30 万元,或者被害人要求行为人向专家支付 30 万元,行为人收到被害人交付的 30 万元后,仅将 10 万元支付给专家,将剩下的 20 万元据为己有的,则成立侵占罪。

6. 正确认定诈骗罪的未遂与罪数。行为人开始实施欺诈行为时,才是诈骗罪的着手;为了诈骗而伪造有关证件的,属于诈骗的预备行为。最高人民法院 2010 年 10 月 20 日《关于审理伪造货币等案件具体应用法律若干问题的解释(二)》第 5 条规定:“以使用为目的,伪造停止流通的货币,或者使用伪造的停止流通的货币的,依照刑法第二百六十六条的规定,以诈骗罪定罪处罚。”可以肯定的是,行为人对自然人使用伪造的停止流通的货币的,其诈骗行为已经着手。但是,以使用为目的伪造停止流通的货币的行为,还不是诈骗罪的着手,只是诈骗的预备行为。实施欺骗行为后,没有使他人陷入错误认识,或者虽使他人陷入错误认识但他人未处分财产的,属于诈骗未遂。行为人为了骗取财物,往往使用法律所禁止的手段,如伪造并使用伪造的公文、证件、印章进行欺诈。在这种情况下,通常从一重罪处罚(牵连犯),但法律另有规定的除外。

实施一个欺骗行为,数次从同一人处获得财产的,只成立一个诈骗罪(累计犯罪数额)。行为人实施数个欺骗行为,分别从不同受害人处获得财产的,成立同种数罪。例如,行为人甲欺骗 A 用其不动产为自己的“借款”担保,然后以非法占有为目的从 B 处骗取借款后潜逃的,成立两个诈骗罪(不必并罚但应累计诈骗数额)。亦即,甲的两个欺骗行为分别骗取了 A 的财产性利益与 B 的财物(借款)。一种观点认为,由于 B 能够行使或者已经行使了担保权因而没有财产损失,故甲仅对 A 成立诈骗罪。但是,第一,B 是因为有财产损失(甲没有归还借款)才通过行使担保权挽回了损失,故不能认为 B 没有财产损失,因为 B 的确将借款处分给了甲,甲非法占有了 B 的借款。第二,甲最终得到的是 B 的借款,如果不认定甲对 B 成立诈骗罪,就不符合诈骗罪的素材同一性的要求。因为否

---

〔138〕 如果不能认定行为人在出卖汽车前已经实施了侵占行为,即只能认定行为人实施了一个行为,则属于想象竞合。

认甲对B构成诈骗罪，就意味着甲通过欺骗A取得了B的借款，可是，A对B的借款根本没有处分权限，不可能成立三角诈骗。换言之，在甲非法占有了B的借款的情况下，仅认定甲对A构成诈骗罪，违背诈骗罪的基本构造。还需要说明的是，也不能以甲与B之间只是民事纠纷为由否认甲对B构成诈骗罪。因为甲对B的行为不仅客观上完全符合诈骗罪的构成要件，而且对B的借款具有非法占有目的（不能因为借款时有担保就否认非法占有目的）。显然，也不能因此否认甲对A构成诈骗罪，因为甲的欺骗行为使A处分了自己的财产性利益，而且最终遭受了财产损失。基于同样的理由，甲骗得A的汽车后，伪造相关证件，谎称汽车由自己所有，用汽车做抵押骗取B的借款的，甲对A的汽车和B的借款成立诈骗罪，应当累计诈骗数额定罪量刑。

（四）诈骗罪的处罚

根据刑法第266条的规定，犯诈骗罪的，处3年以下有期徒刑、拘役或者管制，并处或者单处罚金；数额巨大或者有其他严重情节的，处3年以上10年以下有期徒刑，并处罚金；数额特别巨大或者有其他特别严重情节的，处10年以上有期徒刑或者无期徒刑，并处罚金或者没收财产。

根据《诈骗案件解释》的规定，诈骗公私财物价值3万元至10万元以上、50万元以上的，应当分别认定为"数额巨大"、"数额特别巨大"。诈骗公私财物达到司法解释规定的数额标准，具有下列情形之一的，可以依照刑法第266条的规定酌情从严惩处：(1)通过发送短信、拨打电话或者利用互联网、广播电视、报刊杂志等发布虚假信息，对不特定多数人实施诈骗的；(2)诈骗救灾、抢险、防汛、优抚、扶贫、移民、救济、医疗款物的；(3)以赈灾募捐名义实施诈骗的；(4)诈骗残疾人、老年人或者丧失劳动能力人的财物的；(5)造成被害人自杀、精神失常或者其他严重后果的。诈骗数额接近司法解释规定的数额巨大、数额特别巨大的标准，并具有上述情形之一或者属于诈骗集团首要分子的，应当分别认定为刑法第266条规定的"其他严重情节"、"其他特别严重情节"。诈骗公私财物虽已达到司法解释规定的数额较大的标准，但具有下列情形之一，且行为人认罪、悔罪的，可以不起诉或者免予刑事处罚：(1)具有法定从宽处罚情节的；(2)一审宣判前全部退赃、退赔的；(3)没有参与分赃或者获赃较少且不是主犯的；(4)被害人谅解的；(5)其他情节轻微、危害不大的。此外，诈骗近亲属的财物，近亲属谅解的，一般可不按犯罪处理；确有追究刑事责任必要的，具体处理也应酌情从宽。

《诈骗案件解释》还规定："诈骗既有既遂，又有未遂，分别达到不同量刑幅度的，依照处罚较重的规定处罚；达到同一量刑幅度的，以诈骗罪既遂处罚。"本书不赞成这种做法。因为诈骗罪中的数额巨大与特别巨大以及情节严重与情节特别严重，都不是加重的构成要件，只是量刑规则。客观上没有达到数额巨大与情节严重的，就不得适用数额巨大与情节严重的法定刑。换言之，只能按照既遂的数额选择法定刑，未遂事实作为量刑情节对待。

二、敲诈勒索罪

（一）敲诈勒索罪的概念与犯罪构成

敲诈勒索罪，是指以非法占有为目的，对他人实行威胁（恐吓），索取公私财物数额较大或者多次敲诈勒索的行为。敲诈勒索罪（既遂）的基本结构是：对他人实行威胁（恐吓）—对方产生恐惧心理—对方基于恐惧心理处分财产—行为人或第三者取得财产—被害人遭受财产损失。

1. 构成要件的内容为,使用胁迫手段,使对方产生恐惧心理,进而取得财产。

行为表现为敲诈勒索他人财产(财物或财产上的利益)。所谓敲诈勒索,是指向对方实施一定暴力或者胁迫(恐吓),要求其处分财产的行为。但是,如果暴力或者以暴力相威胁的行为达到了足以压制他人反抗的程度,则构成抢劫罪。

暴力能够成为敲诈勒索罪中的恐吓行为。因为行为人实施了一定的暴力后,就对被害人形成了如果不交付财产就可能继续实施暴力的恐吓。敲诈勒索罪中的暴力,不需要足以压制被害人的反抗,只要足以使被害人产生恐惧心理即可。暴力可以直接针对被害人实施,但针对第三者实施时形成了对被害人的胁迫的,也不影响敲诈勒索罪的成立。行为人加害自己身体的行为,形成了对被害人的恐吓时,可能成立敲诈勒索罪。例如,行为人先向自己身上划一刀,旨在表明如果被害人不交付财物就加害被害人的,也能成立敲诈勒索罪。但是,单纯加害自己的行为,不成立敲诈勒索罪。这需要联系案件的具体情况做出合理判断。

敲诈勒索罪中的胁迫,是指以恶害相通告,使对方产生恐惧心理。恶害的种类没有限制,包括对被害人(广义)的生命、身体、自由、名誉等进行胁迫。所通告的被加害的对象既可以是交付财物的被害人,也可能是与被害人有密切关系的第三人。例如,向男子声称如不交付财物就加害其恋人的,属于敲诈勒索。以加害银行顾客相威胁,要求银行职员交付现金的,成立敲诈勒索罪。但是,如果所通告的被加害人与对方没有任何关系,因而不可能使对方产生恐惧心理的,则不成立敲诈勒索。通告的方法,既可以是明示的,也可以是默示的,既可以是语言,也可以是文书或者动作、举动。既可以直接通告被害人,也可以通过第三者转告被害人。这种恶害,只要足以使人产生恐惧心理即可。行为人所告知的恶害是将由行为人自己实现,还是将由第三者实现,也在所不问。但由第三者实现时,行为人必须使对方知道行为人能够影响第三者,或者让对方推测到行为人能影响第三者。[139] 在这种情况下,不要求行为人与第三者有共谋关系。另一方面,敲诈勒索罪中的恶害是不需要实现的,也不要求行为人具有实现恶害的真实意思。通告虚伪事实使对方产生恐惧心理进而交付财物的,也成立本罪。敲诈勒索罪中的胁迫,并不以行为人事先制造事端、借口为前提,行为人没有任何根据直接胁迫被害人交付财物的,也成立敲诈勒索罪。以在信息网络上发布、删除等方式处理网络信息为由,威胁、要挟他人,索取财物的,属于敲诈勒索。此外,并不要求恶害的实现自身具有违法性。例如,行为人知道对方的犯罪事实,以向司法机关告发进行胁迫勒索财物。尽管向司法机关告发是合法的,但依然成立敲诈勒索罪。甲得知乙犯了抢劫罪后,为了不法取得乙所抢劫的财物,以向警察告发相胁迫,乙产生恐惧心理,将所抢劫的财物一部或者全部交付给甲的,对甲应认定为敲诈勒索罪。

单纯使被害人产生困惑的行为,不成立敲诈勒索罪。例如,盗窃他人车牌后告知对方,如果交付200元即可返还车牌。对此,只能认定为盗窃,不能认定为敲诈勒索。再如,拾得他人财物后告知对方,如果不给付一定的酬谢费就不返还财物的,也不成立敲诈勒

---

〔139〕 向被害人声称"如不交付财物就会遭天打雷劈"的,一般不成立敲诈勒索罪。但神汉、巫婆等人利用迷信恐吓迷信者的,则有成立敲诈勒索罪的可能性。

索；但是，如果声称不给付一定的酬谢费就毁坏财物的，则属于敲诈勒索。

敲诈勒索表现为使用暴力、胁迫手段使对方产生恐惧心理进而处分财产，使行为人或者第三者取得财产。处分财产的人必须是被胁迫者，其中的处分也不是民法意义上的处分，只要转移财物的占有即可。与前述诈骗罪一样，也存在三角恐吓的情形。即被胁迫者与财产的被害人不是同一人。在这种场合，被胁迫者必须具有处分被害人财产的权能或地位。如果胁迫行为没有使对方产生恐惧心理，对方基于怜悯或者其他原因交付财产给行为人的，则只构成敲诈勒索罪的未遂。胁迫行为使对方产生恐惧心理后，对方告知警察，警察为了逮捕行为人而让对方前往约定地点交付财物的，也应认定为敲诈勒索未遂。因为敲诈勒索罪中的被胁迫者必须有处分财产的行为，而这种情况下的"交付财产"并不是处分财产的行为，只是协助警察逮捕罪犯的行为。[140] 处分财产既可以表现为被胁迫者直接交付财产，也可以表现为被迫容忍、默许行为人取得财产。

被害人的财产损失既可以表现为狭义财物的丧失，也可能表现为财产性利益的损失，总之，被害人基于恐惧心理处分财产，行为人因此取得了财产的，就能认定被害人有财产损失。

行为人敲诈勒索公私财物数额较大或者多次敲诈勒索的，以犯罪论处。根据"两高"2013年4月23日《关于办理敲诈勒索刑事案件适用法律若干问题的解释》（以下简称《勒索案件解释》）的规定，敲诈勒索公私财物价值2000元至5000元以上，应当认定为数额较大。敲诈勒索公私财物，具有下列情形之一的，数额较大的标准可以按照上述标准的50%确定：（1）曾因敲诈勒索受过刑事处罚的；（2）一年内曾因敲诈勒索受过行政处罚的；（3）对未成年人、残疾人、老年人或者丧失劳动能力人敲诈勒索的；（4）以将要实施放火、爆炸等危害公共安全犯罪或者故意杀人、绑架等严重侵犯公民人身权利犯罪相威胁敲诈勒索的；（5）以黑恶势力名义敲诈勒索的；（6）利用或者冒充国家机关工作人员、军人、新闻工作者等特殊身份敲诈勒索的；（7）造成其他严重后果的。[141] 二年内敲诈勒索三次以上的，应当认定为多次敲诈勒索。

根据《勒索案件解释》的规定，敲诈勒索数额较大，行为人认罪、悔罪，退赃、退赔，并具有下列情形之一的，可以认定为犯罪情节轻微，不起诉或者免予刑事处罚，由有关部门依法予以行政处罚：（1）具有法定从宽处罚情节的；（2）没有参与分赃或者获赃较少且不是主犯的；（3）被害人谅解的；（4）其他情节轻微、危害不大的。敲诈勒索近亲属的财物，获得谅解的，一般不认为是犯罪；认定为犯罪的，应当酌情从宽处理。被害人对敲诈勒索的发生存在过错的，根据被害人过错程度和案件其他情况，可以对行为人酌情从宽处理；情节显著轻微危害不大的，不认为是犯罪。

敲诈勒索未遂但情节严重的，可以敲诈勒索的未遂犯论处。敲诈勒索罪的着手时期为开始实施胁迫行为之时；行为人排除被害人对财产的占有，将财产设定为自己或第三者占有时，就是本罪的既遂之时。敲诈勒索不动产的，只要对不动产进行了转移登记，或者行为人实际上支配了不动产，就应认定为既遂。根据本书的观点，多次敲诈勒索但每次都未遂的，也只能认定为敲诈勒索的未遂犯。

---

〔140〕 即使由于警察的失误，导致行为人取得了财物，也只能认定为敲诈勒索未遂与侵占罪（或盗窃罪）。

〔141〕 其中第（1）、（2）项的规定混淆了不法与特殊预防必要性，明显不当。

2. 责任要素除故意外,还需要具有非法占有目的。以胁迫手段迫使他人借款给自己使用的,如果没有归还意思,成立敲诈勒索罪;如果仅具有归还本金的意思,则对与利息对应的财产性利益成立敲诈勒索罪;如果具有还本付息的意思,则宜认定为强迫交易罪。[142]

(二)敲诈勒索罪的认定

1. 正确区分权利行使与敲诈勒索罪的界限。在不少情况下,行为人为了行使自己的权利而使用胁迫手段。(1)以胁迫手段取得对方不法占有的自己所有的财物的,不应认定为敲诈勒索罪。例如,盗窃罪的被害人以胁迫手段迫使盗窃犯人将其窃取的摩托车返还给被害人的,不成立敲诈勒索罪。但是,如果B盗窃了A的此财物,A采取胁迫手段取得B的彼财物的,应认定为敲诈勒索罪。(2)债权人为了实现到期债权,对债务人实施胁迫的,应如何处理?这个问题与侵犯财产罪的法益、财产损害的概念密切相关。国外刑法理论上有三种学说:无罪说认为,具有正当权利的人,即使将胁迫作为实现权利的手段,也不宜认定为犯罪。胁迫罪(我国刑法没有规定该罪)说认为,刑法设立财产犯罪是为了保护私法上的权利关系,既然行为人具有接受对方交付的财物的权利,而且只要是基于交付者的意思而交付的财物,对方就不存在财产上的损害,因而不成立财产犯罪。但是,其行使权利的手段超出了法律允许的范围,故成立胁迫罪。敲诈勒索罪说认为,既然行为人使用胁迫手段,使他人基于恐惧心理而交付财物,那么,就侵害了其对财物的占有、使用、收益、处分这一本权的事实上的机能,产生了财产上的损害,故成立敲诈勒索罪。[143] 我国司法实践上一般采取无罪说。本书原则上采取无罪说,即如果没有超出权利的范围,具有使用实力(如胁迫)的必要性,而且其手段行为本身不构成刑法规定的其他犯罪,就应认为没有造成对方财产上的损害,不宜认定为犯罪。但是,当债务人一方具有期限的利益、清算的利益等值得保护的利益,或者债权的内容未确定,债务人在民事诉讼中存在请求的正当利益,对方使用胁迫手段取得财物的,或者胁迫手段获取的财物明显超出债权范围的,依然可能成立敲诈勒索罪。[144] (3)损害赔偿请求权的行使,原则上不成立敲诈勒索罪。例如,行为人从生日蛋糕中吃出苍蝇,以向媒体反映或者向法院起诉相要挟,要求生产商赔偿的,即使所要求的数额巨大乃至特别巨大,也不成立敲诈勒索罪。因为行为人的手段与目的均具有正当性,至于赔偿数额,则取决于双方的商谈。但是,如果行为人以加害生产商的生命、身体、财产等相要挟,而且所要求的赔偿数额明显超过应当赔偿的数额的,由于手段不具有正当性,目的超出了应当赔偿的范围,应以敲诈勒索罪论处。(4)行为人向有关部门反映权利受侵害的事实(或上访),有关部门主动提出给予赔偿或者补偿,行为人接受赔偿或者补偿的,不成立任何犯罪。在确实存在权利受侵害的场合,即便主动要求赔偿或者补偿,声称如不赔偿或者补偿就上访或者继续上访的,也不成立敲诈勒索罪。[145]

2. 正确处理敲诈勒索罪与抢劫罪的关系。二者都以非法占有为目的,不仅都可以使用威胁方法,而且都可能使用暴力方法。但是,抢劫罪表现为当场以暴力侵害相威胁;敲

---

〔142〕 实践中将以胁迫手段借款的行为认定为寻衅滋事罪的做法,并不可取。

〔143〕 参见[日]东京リ-ガルマインド:《刑法Ⅲ各论》,东京リ-ガルマインド2006年第3版,第232页。

〔144〕 此外,不能认为只要事出有因,就不成立敲诈勒索罪。

〔145〕 也不能一概认为以上访相要挟的行为都不成立敲诈勒索罪。例如,某县规定,乡镇党委书记每年向县委上交3万元保证金,如果本年度本乡镇没有人上访,就返还3万元。没有正当上访理由的甲得知此规定后,给镇委书记打电话,声称如果不给自己1.5万元就上访。甲的行为成立敲诈勒索罪。

诈勒索罪的威胁方法基本上没有限制。抢劫罪中的暴力、胁迫必须达到足以压制他人反抗的程度；敲诈勒索罪的暴力、胁迫只要足以使被害人产生恐惧心理即可。因此，胁迫被害人当场交付财物，否则日后加害被害人的，宜认定为敲诈勒索罪。行为人对被害人实施了没有达到抢劫程度的暴力、胁迫，被害人交付财物的，只能认定为敲诈勒索罪。行为人对被害人实施了足以压制其反抗的暴力、胁迫后，迫使其日后交付财物的行为，宜认定为抢劫罪。敲诈勒索罪与抢劫罪不是对立关系，符合抢劫罪的犯罪构成的行为，同时也是敲诈勒索行为（当然，当场杀害被害人后取得财物的除外），但符合敲诈勒索罪的犯罪构成的行为，不一定符合抢劫罪的犯罪构成。因此，不应当简单地说："抢劫罪是以足以压制他人反抗程度的暴力、胁迫手段强取财物，敲诈勒索罪只能是以没有达到足以压制他人反抗程度的暴力、胁迫取得财物。"而应当说："敲诈勒索罪的成立，不要求暴力、胁迫手段达到足以压制他人反抗的程度；如果暴力、胁迫手段达到足以压制他人反抗的程度，则以抢劫罪论处。"

3. 正确处理敲诈勒索罪与绑架罪的关系。客观上没有绑架他人，但谎称绑架他人进而勒索财产的，仅成立敲诈勒索罪。例如，甲、乙合谋后，由与丙相识的甲将丙骗往外地游玩，乙给丙的家属打电话，声称已经"绑架"了丙，借以索要"赎金"的，不成立绑架罪，而成立敲诈勒索罪（可能同时触犯诈骗罪）。实施绑架行为，向被绑架人的近亲属等勒索了财物的，宜评价为牵连犯，从一重罪处罚。

4. 正确处理敲诈勒索罪与诈骗罪的关系。行为人仅实施欺骗行为，被害人陷入认识错误并产生恐惧心理而处分财产的，应认定为诈骗罪；行为人仅实施胁迫行为，被害人虽陷入一定认识错误，但完全或主要基于恐惧心理处分财产的，应认定为敲诈勒索罪；行为同时具有欺骗与胁迫性质，被害人仅陷入认识错误并基于认识错误处分财产，而没有产生恐惧心理的，应认定为诈骗罪；行为同时具有欺骗与胁迫性质，对方仅产生恐惧心理并基于恐惧心理处分财产，而没有陷入认识错误的，应认定为敲诈勒索罪；行为同时具有欺骗与胁迫性质，被害人既陷入认识错误又产生恐惧心理，进而处分财产的，在诈骗罪与敲诈勒索罪之间形成想象竞合，[146]从一重罪处罚。因为即便被害人受到了心理强制，也不能直接否认其基于认识错误处分了财产。根据本书的观点，行为人冒充治安联防队员"抓赌"、"抓嫖"、没收赌资或者罚款的，诈骗罪与敲诈勒索罪之间形成想象竞合，从一重罪处罚（在实施上述行为的过程中使用暴力或者暴力威胁的，以抢劫罪定罪处罚）。行为人冒充正在执行公务的人民警察"抓赌"、"抓嫖"，没收赌资或者罚款的行为，构成犯罪的，可能同时触犯诈骗罪、敲诈勒索罪与招摇撞骗罪，应从一重罪处罚（在实施上述行为的过程中使用暴力或者暴力威胁的，以抢劫罪定罪处罚）。

（三）敲诈勒索罪的处罚

根据刑法第274条的规定，犯敲诈勒索罪的，处3年以下有期徒刑、拘役或者管制，并处或者单处罚金；数额巨大或者有其他严重情节的，处3年以上10年以下有期徒刑，并处罚金；数额特别巨大或者有其他特别严重情节的，处10年以上有期徒刑，并处罚金。[147]

---

〔146〕 参见林幹人：《刑法各论》，东京大学出版会2008年第2版，第265页。如果从该行为仅侵害了一个法益来说，似乎不是想象竞合。但基于想象竞合的明示机能，本书还是倾向于认定为想象竞合。

〔147〕 具体量刑标准，参见《勒索案件解释》。

第五节 职务侵占罪与挪用罪

一、职务侵占罪

(一)职务侵占罪的概念与犯罪构成

职务侵占罪,是指公司、企业或者其他单位的人员,利用职务上的便利,将本单位财物非法占为己有,数额较大的行为。

1. 行为主体是公司、企业或者其他单位的人员;但国有公司、企业或者其他国有单位中从事公务的人员和国有公司、企业或者其他国有单位委派到非国有公司、企业以及其他单位从事公务的人员,利用职务上的便利侵占公共财物的,应认定为贪污罪(参见第二十五章第二节"一")。[148] 村民委员会等村基层组织人员,利用职务便利侵吞集体财产的,以职务侵占罪论处;但是如果在协助人民政府从事行政管理工作时,利用职务上的便利侵占公共财物的,则成立贪污罪。对村民小组组长利用职务上的便利,将村民小组集体财产非法占为己有,数额较大的行为,以职务侵占罪定罪处罚。[149] 在国有资本控股、参股的股份有限公司中从事管理工作的人员,除受国家机关、国有公司、企业、事业单位委派从事公务的以外,不属于国家工作人员。对其利用职务上的便利,将本单位财物非法占为己有,数额较大的,应当以职务侵占罪论处。[150] 需要说明的是,对本罪行为主体的认定,不能采取身份说,只要行为人事实上在从事公司、企业或者其他单位的员工所从事的事务,原则上就应认定为本罪的行为主体。例如,公司法定代表人被捕后,其妻子自行到公司代行法定代表人职责,利用代行法定代表人职责的便利,将公司财物据为己有的,应认定为职务侵占罪。再如,为企业销售产品的人员,不管是领取固定工资,还是按销售比例提成,也无论是长期合同人员,还是短期聘用人员,均能成为本罪的行为主体。为了非法获取单位财物,以虚假身份应聘为单位人员,然后利用职务上的便利非法将单位财物据为己有的,成立职务侵占罪。

需要讨论的是,一人公司的工作人员能否成为本罪主体?例如,A公司的股东只有甲一人,其余工作人员均不是股东(即一般工作人员)。本书的看法是,一人公司也是单位,而非自然人,所以,可以肯定的是,其中的一般工作人员能够成为本罪的主体。但是,对股东甲将公司财产据为己有的,则不宜认定为职务侵占罪。因为从实质上看,甲的行为没有侵害他人财产,没有给他人(包括其他单位)造成财产损失。倘若甲通过将公司财产据为己有的方式逃避债务等,则只能以其他犯罪(如诈骗罪等)论处。因为职务侵占罪所保护的是本单位的财产,而没有将其他单位或者个人的财产作为保护对象。

2. 构成要件行为内容为,利用职务上的便利,将数额较大的单位财物非法占为己有的行为。刑法理论的通说与司法实践均认为,职务侵占罪包括利用职务上的便利窃取、骗

---

〔148〕 国家机关、国有公司、企业、事业单位中并未从事公务的非国家工作人员,可以成为职务侵占罪的行为主体。

〔149〕 参见最高人民法院1999年6月25日《关于村民小组组长利用职务便利非法占有公共财物行为如何定性问题的批复》。

〔150〕 参见最高人民法院2001年5月23日《关于在国有资本控股、参股的股份有限公司中从事管理工作的人员利用职务便利非法占有本公司财物如何定罪问题的批复》。

取、侵占本单位财物的行为以及其他将本单位财物占为己有的行为。换言之，刑法第 271 条规定的行为，实际上是公司、企业、单位人员的贪污行为，而不只是狭义的侵占行为。首先，行为人必须利用了职务上的便利，即利用自己主管、管理、经营、经手单位财物的便利条件。但这里的“管理”、“经营”、“经手”并不是指普通意义上的经手，应是指对单位财物的支配与控制；或者说，利用职务上的便利是指利用本人职务上所具有的自我决定或者处置单位财物的权力、职权，而不是利用工作机会。其次，必须将单位财物非法占为己有。按照通说，包括将基于职务管理的单位财物非法占为己有（侵占），以及利用职务之便的窃取、骗取等行为。其中的“非法占为己有”，不限于行为人所有，还包括使第三者所有。最后，必须非法占有了数额较大的单位财物，根据“两高”2016 年 4 月 18 日《关于办理贪污贿赂刑事案件适用法律若干问题的解释》（以下简称《贪污贿赂案件解释》）的规定，6 万元以上为数额较大。

以上是按照通说对职务侵占罪构成要件行为进行的解释，问题是，应否将职务侵占罪的构成要件行为限定为将基于职务或业务占有的单位财物据为己有的狭义侵占行为，而将所谓的利用职务上的便利窃取、骗取本单位财物的行为分别认定为盗窃罪、诈骗罪？刑法第 270 条规定了委托物侵占与侵占遗忘物、埋藏物，第 271 条规定了公司、企业或者其他单位的人员非法将本单位财物占为己有的行为。从立法体例上看，第 271 条规定了业务侵占罪或职务侵占罪。既然如此，职务侵占，应限于将自己基于职务或业务所占有的财物非法占为己有（包括使第三者所有）的行为。从法条表述上看，刑法第 271 条的规定并没有像第 382 条那样表述为“利用职务上的便利，侵吞、窃取、骗取或者以其他手段非法占有本单位财物”。从客观事实上看，除了共同占有的情形之外，几乎不可能存在利用职务上的便利盗窃单位财物的情形；骗取本单位财物的情形，基本上只是利用工作机会，而非真正意义上的利用职务上的便利。所以，可以将刑法第 271 条所规定的“利用职务上的便利，将本单的财物非法占为己有”解释为“将基于职务（包括业务）占有的本单位财物非法据为己有”，这便是典型的职务侵占罪或者业务侵占罪。基于这样的解释结论，对公司、企业或者其他单位的人员利用职务上的便利窃取、骗取本单位财物的行为，只能认定为盗窃罪、诈骗罪（刑法分则条文有特别规定的除外，参见刑法第 183 条第 1 款）。

上述解释结论或许与包括利用职务上便利窃取、骗取公共财物的贪污罪不协调。但是，由于两个法条的表述并不相同，没有必要使两个罪的行为内容相同。更为重要的是，在贪污罪的场合，国家工作人员窃取、骗取公共财物的行为，不仅侵害了财产，而且由于利用了职务上的便利进而损害了职务行为的廉洁性，所以，其法定刑重于盗窃罪与诈骗罪。显然，将利用职务便利窃取、骗取公共财物的行为认定为贪污罪，能够满足罪刑相适应的要求。可是，职务侵占罪的法定刑却轻于盗窃罪与诈骗罪，而利用职务便利的盗窃、诈骗行为对法益的侵害不可能轻于盗窃罪与诈骗罪，所以，没有理由将利用职务便利的盗窃、诈骗行为认定为法定刑更轻的职务侵占罪。换言之，只有将利用职务便利的盗窃、诈骗行为排除在职务侵占罪之外，对之以盗窃罪、诈骗罪论处，才能够实现罪刑相适应。

根据本书的观点，只有狭义的侵占行为才能构成职务侵占罪，亦即，只有将基于职务或者业务所占有的本单位财物非法据为己有的，才成立职务侵占罪。刑法第 271 条所规定的“利用职务上的便利”，并不是指占为己有或者据为己有的行为本身利用了职务上的便利，而是指据为己有的财物是基于行为人的职务（或业务）所占有的本单位财物。其中的占有,既包括事实上的占有,也包括法律上的占有。对于事实上的占有,应按照社会的一般观念判断(与盗窃罪中的事实上的占有相同,也包括对财产性利益的占有)。例如,单位出纳将其基于职务而占有的单位现金据为已有的,成立职务侵占罪。单位的仓库管理员将仓库内的单位财物据为已有的,成立职务侵占罪。再如,由于业务需要将单位公款以行为人名义存入银行时,行为人取出公款据为已有的,成立职务侵占罪。反之,单位工作人员将自己没有基于职务或者业务占有的本单位财物据为已有的,则视行为特点认定为盗窃罪或者诈骗罪。例如,单位司机在运输途中,将车内封缄的单位货物(如装在集装箱中的财物)转移为自己占有的,成立盗窃罪;[151]单位司机在运输途中将单位车辆据为己有的,也应认定为盗窃罪;建筑单位的工作人员将建筑工地的财物转移为自己占有的,成立盗窃罪;银行以及其他单位的保安人员将单位财物转移为自己占有的,构成盗窃罪;[152]快递公司员工在分拣作业过程中利用暂时接触、经手邮包的便利条件窃取邮包后私自取出内装财物据为己有的,成立盗窃罪。再如,单位工作人员欺骗单位会计、出纳,虚报申领出差费用的,成立诈骗罪;保险员虚构保险合同骗取保险公司奖励款的,单位销售人员虚构销售业绩骗取单位奖励款的,成立诈骗罪。

作为职务侵占罪对象的"本单位财物"包括单位现存的财物和确定的收益。例如,公司会计将公司收回的欠款直接据为已有的,成立职务侵占罪。再如,网络公司游戏项目管理中心运维部经理(负责对服务器、游戏软件进行维护和游戏环境更新),通过修改游戏数据创造游戏武器、装备,贩卖给游戏玩家,将贩卖所得据为已有的,成立职务侵占罪。受彩票发行机构委托,在彩票投注站代为销售福利彩票的非国家工作人员,以不交纳彩票投注金的方式擅自打印并获得彩票的,成立职务侵占罪。职务侵占罪的对象不仅包括财物,而且包括财产性利益。行为人利用职务上的便利,将自己管理但属于公司持有的股份变更为自己持有的股份的,可以认定为职务侵占罪。例如,A 公司享有 B 公司 40% 的股份,甲代表 A 公司参与 B 公司的管理,但甲在管理过程中利用职务上的便利,将 A 公司的股份转移在自己名下。在这种情况下,可以认为甲基于职务管理(或事实上占有)A 公司的股份,因而应认定为职务侵占罪。[153] 同样,单位工作人员在为单位代持股份的过程中,擅自将该股份据为已有的,也成立职务侵占罪。但是,行为人利用职务上的便利,将其他自然人股东持有的股份变更为自己持有的股份的,不成立职务侵占罪,只能视行为的具体表现认定为盗窃罪、诈骗罪或者侵占罪。因为自然人股东持有的股份不是单位财物,而是个人财物。[154] 基于同样的理由,行为人将代持的其他自然人的股份转移为自己所有的,只

---

[151] 单位司机运送单位财物时,是否占有车内财物,需要综合财物体积、形状、包装、运输距离、是否有人押运、单位对司机设定的义务内容等事实,根据社会的一般观念判断。

[152] 一般保安人员并没有占有单位的财物,充其量只是单位财物的占有辅助者。

[153] 倘若认为,甲在这种情形下并没有基于职务而在事实上占有 A 公司的股份,则甲的行为成立盗窃罪。

[154] 公安部经侦局《关于对非法占有他人股权是否构成职务侵占罪的工作意见》指出:"对于股东之间或者被委托人利用职务便利,非法占有公司股东股权的行为,如果能够认定行为人主观上具有非法占有他人财物的目的,则可对其利用职务便利,非法占有公司管理中的股东股权的行为以职务侵占罪论处。"这一意见明显不当。例如,甲为公司管理人员,利用职务上的便利伪造相关材料,将乙对公司享有的 30% 的股权变更在自己的名下。由于乙的股权既不是公司财物,也不是由甲占有,所以,对甲的行为只能认定为盗窃罪。特别需要指出的是,不能因为甲利用了职务便利,就否认其行为构成盗窃罪。因为甲的行为并不缺少盗窃罪的任何构成要件要素,至于多出一个利用职务便利的事实,则不影响盗窃罪的成立。概言之,不能因为行为人利用了职务便利,就一定要认定为职务犯罪。

能认定为侵占罪。此外,行为人利用职务上的便利将原本可以由单位承揽的业务变为个人承揽,利用业余时间完成承揽合同获取利益的,不成立职务侵占罪。

3. 责任要素为故意。按照通说观点,职务侵占罪需要具有非法占有目的。但按照本书的观点,由于职务侵占行为仅限于将基于职务或者业务所占有的本单位财物据为已有,因此,行为人必须具有不法所有的目的。

(二)职务侵占罪的处罚

根据刑法第 271 条第 1 款的规定,犯本罪的,处 5 年以下有期徒刑或者拘役;数额巨大的,处 5 年以上有期徒刑,可以并处没收财产。根据《贪污贿赂案件解释》,职务侵占 100 万元以上为数额巨大。[155]

二、挪用资金罪

(一)挪用资金罪的概念与犯罪构成

挪用资金罪,是指公司、企业或者其他单位的工作人员,利用职务上的便利,挪用本单位资金归个人使用或者借贷给他人使用,数额较大、超过三个月未还的,或者虽未超过三个月,但数额较大、进行营利活动的,或者进行非法活动的行为。

1. 构成要件的内容为,公司、企业或者其他单位的工作人员,利用职务上的便利,挪用本单位资金归个人使用或者借贷给他人使用。

行为主体必须是公司、企业或者其他单位的工作人员(与职务侵占罪的行为主体相同)。根据司法解释,对于受国家机关、国有公司、企业、事业单位、人民团体委托,管理、经营国有财产的非国家工作人员,利用职务上的便利,挪用国有资金归个人使用构成犯罪的,应当以挪用资金罪定罪处罚。[156] 一人公司的一般工作人员也能成为本罪主体,但对股东本人的挪用行为不宜认定为本罪。

行为对象是单位资金。筹建公司的工作人员在公司登记注册前,利用职务上的便利,挪用准备设立的公司在银行开设的临时账户上的资金,归个人使用或者借贷给他人,构成

---

[155] 《贪污贿赂案件解释》第 11 条第 1 款规定:"刑法……第二百七十一条规定的职务侵占罪中的'数额较大''数额巨大'的数额起点,按照本解释关于……贪污罪相对应的数额标准规定的二倍、五倍执行。"首先,《贪污贿赂案件解释》第 1 条第 1 款规定,贪污数额在 3 万元以上不满 20 万元的,应当认定为刑法第 383 条第 1 款规定的"数额较大"。据此,职务侵占罪的数额较大标准应是 6 万元以上。《贪污贿赂案件解释》第 1 条第 2 款规定,贪污数额在 1 万元以上不满 3 万元,但具有贪污特定款物等 6 种情节之一的,属于有"其他较重情节",应当追究刑事责任。那么,能否认为职务侵占数额在 2 万元以上不满 6 万元,同时具有侵占特定款物等 6 种情节之一的,也属于数额较大,因而应当追究刑事责任呢?其次,《贪污贿赂案件解释》第 2 条第 1 款规定,贪污数额在 20 万元以上不满 300 万元的,应当认定为刑法第 383 条第 1 款规定的"数额巨大"。据此,职务侵占罪的数额巨大标准应是 100 万元以上。《贪污贿赂案件解释》第 2 条第 2 款规定,贪污数额在 10 万元以上不满 20 万元,具有贪污特定款物等 6 种情节之一的,应当认定为刑法第 383 条第 1 款规定的"其他严重情节"。那么,职务侵占 50 万元以上不满 100 万元,同时具有侵占特定款物等 6 种情节之一的,是否也属于职务侵占数额巨大呢?本书对上述两个问题持否定回答。因为刑法第 271 条仅将数额较大、数额巨大作为成立犯罪的条件与法定刑升格条件,而刑法第 383 条关于贪污罪的规定是将数额与情节作为选择性的成立条件与法定刑升格条件的;司法解释针对贪污罪就情节较重、情节严重所做的规定不能直接适用于职务侵占罪中的数额较大与数额巨大。概言之,职务侵占罪的数额较大与数额巨大的标准分别为 6 万元以上与 100 万元以上,除此之外没有其他标准。

[156] 参见最高人民法院 2000 年 2 月 16 日《关于对受委托管理、经营国有财产人员挪用国有资金行为如何定罪问题的批复》。该批复以刑法第 382 条第 2 款属法律拟制为前提;如果将第 382 条第 2 款解释为注意规定,则该批复的观点值得研究。

犯罪的,应当以挪用资金罪论处。[157]

行为内容为,利用职务上的便利,挪用本单位资金归个人使用或者借贷给他人。其中的“归个人使用”包括以下三种情形:(1)将本单位资金供本人、亲友或者其他自然人使用的;(2)以个人名义将本单位资金供其他单位使用的;(3)个人决定以单位名义将本单位资金供其他单位使用,谋取个人利益的。利用职务上的便利,是指利用自己主管、管理、经手单位资金的便利条件。挪用,是指不经合法批准,擅自动用所主管、管理、经手的单位资金。挪用包括挪用单位资金归个人使用与借贷给他人两种情况,其中的“他人”包括自然人与法人等单位。公司、企业或者其他单位的非国家工作人员,利用职务上的便利,挪用本单位资金归本人或者其他自然人使用,或者挪用人以个人名义将所挪用的资金借给其他自然人和单位,构成犯罪的,应当以挪用资金罪定罪处罚。[158]

挪用资金构成犯罪的,分为三种情形:(1)挪用单位资金用于营利活动与非法活动以外的活动的,如用于消费、娱乐活动等,必须数额较大,并且超过3个月未还。根据《贪污贿赂案件解释》,这里的数额较大以10万元为起点。超过3个月未还,是指从挪用之日起经过了3个月还没有归还;挪用单位资金超过3个月之后,不问后来是否归还,都应以犯罪论处,事后归还,只是量刑情节;如果在3个月之内归还,则不成立本罪。(2)挪用单位资金进行营利活动的,只要求数额较大,不要求超过3个月未还。数额在10万元以上的,为数额较大。营利活动,应是合法的营利活动,即就营利活动自身的性质而言为国家法律、法规所允许,并不意味着挪用本身具有合法性。行为人进行营利活动时,与对方发生民事法律关系,但后来被认定为违反民事法律的,仍应认为是营利活动。营利活动,是指以单位资金作为资本牟取利润的活动,因此,将单位资金借给他人收取利息的行为,也属于营利活动。(3)挪用单位资金进行非法活动的,不问挪用数额与时间,均认定为挪用资金罪。因为挪用单位资金进行非法活动,就使该资金处于流失、不能收回的状态,容易导致单位丧失对该资金的所有权。非法活动,包括犯罪活动与一般违法活动,从实践上看,主要是用于赌博、走私、行贿、嫖娼等。刑法虽然对这种挪用行为的数额与时间没有特别规定,但认定犯罪时也不能不考虑数额与时间。根据《贪污贿赂案件解释》,挪用单位资金进行非法活动,数额在6万元以上的,应当追究刑事责任;对挪用单位资金的时间极为短暂的,也不宜认定为犯罪。

2. 责任形式为故意,行为人必须明知是单位的资金而非法占有、使用。这里的非法占有、使用的故意,是指暂时占有、使用单位资金的故意,因而不同于盗窃、诈骗罪中的非法占有目的。如果行为人具有不法所有的目的,则成立职务侵占罪。

(二)挪用资金罪的处罚

根据刑法第272条的规定,犯本罪的,处3年以下有期徒刑或者拘役;挪用本单位资金数额巨大的,或者数额较大不退还的,处3年以上10年以下有期徒刑。根据《贪污贿赂案件解释》,挪用资金进行非法活动数额在200万元以上的,挪用资金进行营利活动或者其他个人活动数额在400万元以上的,为数额巨大。这里的不退还,是指挪用人由于某种

---

[157] 参见最高人民检察院2000年10月9日《关于挪用尚未注册成立公司资金的行为适用法律问题的批复》。

[158] 参见最高人民法院2000年7月20日《关于如何理解刑法第二百七十二条规定的“挪用本单位资金归个人使用或者借贷给他人”问题的批复》。

原因不能归还所挪用的资金，即仅限于客观上不能归还。如果行为人挪用单位资金后，由于某种原因转化为主观上不愿意归还，则行为性质转化为职务侵占罪。此外，对于挪用单位资金进行非法活动构成其他犯罪的，应当实行数罪并罚。

三、挪用特定款物罪

挪用特定款物罪，是指将专用于救灾、抢险、防汛、优抚、扶贫、移民、救济款物挪作他用，情节严重，致使国家和人民群众利益遭受重大损害的行为。本罪的挪用，是指由有关单位改变专用款物用途，如将优抚资金用于建办公楼；将特定款物挪作个人使用的，视行为主体的情形认定为挪用公款罪或者挪用资金罪。挪用失业保险基金与下岗职工基本生活保障资金的，属于挪用救济款物。[159] 挪用行为情节严重，给国家和人民群众利益造成重大损害的，才成立犯罪。根据立案标准，对于挪用特定款物价值在5000元以上的，或者造成国家和人民群众直接经济损失数额在5万元以上的，或者虽未达到上述数额标准，但多次挪用特定款物的，或者造成人民群众的生产、生活严重困难的，严重损害国家声誉，或者造成恶劣社会影响的，以及其他致使国家和人民群众利益遭受重大损害的，应予追诉。根据刑法第273条的规定，犯本罪的，对直接责任人员，处3年以下有期徒刑或者拘役；情节特别严重的，处3年以上7年以下有期徒刑。

第六节　毁坏罪与拒付报酬罪

一、故意毁坏财物罪

故意毁坏财物罪，是指故意毁坏公私财物，数额较大或者有其他严重情节的行为。

行为对象为国家、单位或者他人所有的财物，包括动产与不动产，包括狭义财物（含动物）与财产性利益。行为人是否占有该财物，不影响本罪的成立。但是，财物必须由他人所有，毁坏自己所有的财物的，不成立故意毁坏财物罪。

行为表现为毁坏财物。关于毁坏的含义，刑法理论上存在不同学说。物质的毁弃说（物理的毁弃说）认为，从物质上（物理上）破坏、毁损财物的一部或者全部，因而侵害财物的本来的效用的行为，才是毁坏。理由是，毁弃、损坏概念的本来含义，不在于有形的作用、有形力的行使这种手段、方法自身的有形，而在于通过这样的方法物质性地破坏、毁损财物的全部或者部分，从而造成侵害财物的效用的结果。但是，这种观点不当缩小了处罚范围。有形侵害说认为，通过对财物的有形的作用，毁损财物的无形的价值，以及毁损财物的物体的完整性的行为，就是毁坏。此说旨在限制处罚范围。但是，"有形的作用"的界限并不明确，结局与效用侵害说没有实质区别。效用侵害说认为，凡是有害财物的效用的行为，都属于毁坏。因为本罪的核心就是损害财物的效用；财物的效用的减失与财物的物质性的破坏，在反价值性上是完全等同的，都是导致财物不能使用。其中，一般的效用侵害说认为，有损财物的效用的一切行为，都是毁坏。本来的用法侵害说认为，毁坏是指

---

〔159〕 最高人民检察院2003年1月28日《关于挪用失业保险基金和下岗职工基本生活保障资金的行为适用法律问题的批复》。

物质性地损害财物的全体或者一部,或者使物达到不能遵从其本来的用法进行使用的状态的行为。[160]

本书采取一般的效用侵害说。毁坏不限于从物理上变更或者消灭财物的形体,而是包括使财物的效用丧失或者减少的一切行为。(1)通过对财物行使有形力,导致财物的完整性受到明显毁损的,当然属于毁坏财物。例如,将他人的电脑砸毁,将他人的动物杀害的,属于毁坏财物。(2)通过对财物行使有形力,导致财物的效用减少或者丧失的,也属于毁坏财物。例如,涂黑他人的广告牌内容的,属于毁坏财物。又如,将他人的汽油与燃料油相混合的,将他人分装的大量不同纽扣相混合的,属于毁坏财物。再如,将他人汽车轮胎的气放掉的,也是毁坏财物。[161] (3)虽然没有直接对财物行使有形力,但使他人财物的效用减少或者丧失的,同样是毁坏财物。例如,擅自将他人的股票低价抛售导致他人财产损失的,将他人的鸟笼的门打开导致鸟飞走的,将他人鱼池的闸门打开导致鱼游入大河的,均为毁坏财物。所谓财物效用的减少或者丧失,不仅包括因为物理上、客观上的损害而导致财物的效用减少或者丧失(使他人鱼池的鱼游失,将他人的戒指扔入海中,低价抛售他人股票),而且包括因为心理上、感情上的缘故而导致财物的效用减少或者丧失(如将粪便投入他人餐具,使他人不再使用餐具);不仅包括财物本身的丧失,而且包括被害人对财物占有的丧失(如将他人财物隐藏,为了报复泄愤将他人的现金扔入水沟)等情形。[162] "效用"还包括美观方面的效用,所以,使财物外观发生变化的,也可能是毁坏财物。例如,向他人的美术作品泼洒污物的,在供人欣赏的物体上擅自张贴广告的,也属于毁坏行为。行为是否属于毁坏,与财物能否修复没有关系,亦即,不能因为可以修复就可以否认财物被毁坏。但是,如果花费少量时间与费用即可修复的,则没有必要认定为故意毁坏财物罪。

擅自吃掉他人的食物,擅自燃放他人的烟花爆竹的行为,属于遵从财物的用途进行消费或者利用的行为,应认定为盗窃而非毁坏。擅自修复他人物品的,不宜认定为毁坏财物。

毁坏财物数额较大或者有其他严重情节的,才成立本罪。但毁坏耕地或者进行破坏性采矿的,应认定为其他犯罪;毁坏交通工具、交通设施、易燃易爆等设备,危害公共安全的,认定为危害公共安全的犯罪。

本罪由故意构成,即明知自己的行为会造成公私财物的毁坏,并且希望或者放任这种结果的发生。

根据刑法第 275 条的规定,犯本罪的,处 3 年以下有期徒刑、拘役或者罚金;数额巨大或者有其他特别严重情节的,处 3 年以上 7 年以下有期徒刑。

二、破坏生产经营罪

破坏生产经营罪,是指由于泄愤报复或者其他个人目的,毁坏机器设备、残害耕畜或者以其他方法破坏生产经营的行为。本罪在旧刑法中属于破坏经济秩序的犯罪,但现行

---

〔160〕 参见[日]田中久智:"毁弃、隐匿罪",载[日]阿部纯二等编:《刑法基本讲座》(第 5 卷),法学书院 1993 年版,第 333 页以下。

〔161〕 这种行为是否达到定罪标准是另一回事。另一方面,对这种行为只能从情节是否严重的角度进行判断,而不应从损失数额的角度考虑。

〔162〕 参见张明楷:《罪刑法定与刑法解释》,北京大学出版社 2009 年版,第 205 页以下。

刑法将其归入了侵犯财产罪,或许主要着眼于毁坏生产资料的手段行为。只要无正当理由,即可以认定为"出于个人目的"。"其他方法"应是与毁坏机器设备、残害耕畜相类似的毁坏财物的方法,而不是泛指任何方法。换言之,本罪实际上是以毁坏财物的方法破坏他人的生产经营。由于本罪不是单纯的毁坏财物,而是毁坏生产资料,因而会存在间接损失,故成立本罪不以数额较大、情节严重为前提。[163] 其中的"生产经营",包括一切经济形式的生产经营,不问其所有制性质。由于本罪属于侵犯财产的犯罪,所以,不应当脱离侵犯财产罪的性质去解释本罪的犯罪构成。

司法实践明显扩大了本罪的处罚范围。例如,村民王某通过转包、置换的方式,取得本村50余亩荒山的经营权并进行了公证。后王某在地块内种植梨树进行经营。此后,政府与村委同王某协商,将王某承包经营的荒山果园确定为该村新农村建设用地,双方签订了用地及附属物补偿合同,建设单位对工程项目进行施工。在建设单位组织人员施工过程中,王某以未进行占地补偿为由,多次组织群众采取围堵、堵路等方式,阻止施工单位施工,给施工单位造成各种损失14万余元。法院认定王某的行为构成破坏生产经营罪。再如,被告人董某因与被害人汪某存在业务纠纷,为泄愤报复汪某,指使徐某、江某获取了汪某使用的JY航空服务有限公司XPLUS订票系统账户名。董某于2012年2月19日使用汪某的账户通过XPLUS订票系统预订了外国航空公司的机票56张,且至航班起飞前不付款、不取消,使上述机票无法正常销售,致使外国航空公司对被害单位JY公司罚款人民币6.9万元,后JY公司取消了被害人汪某使用XPLUS订票系统的资格。法院认定董某、徐某、江某的行为构成破坏生产经营罪。但这样定罪还存在疑问。

从构成要件符合性来说,当刑法分则条文在列举具体要素之后使用"等"、"其他"用语时,只有案件事实与列举的要素相当时,才能适用分则条文中"等"或者"其他"的规定,这便是同类解释规则的要求。遵循同类解释规则是贯彻罪刑法定原则的要求,如果将与法条列举的具体要素不相当的事实包含在"等"或者"其他"之内,必然导致构成要件丧失定型性,因而不利于保障国民的自由。从解释论上来说,在刑法分则使用"等"、"其他"概念时,需要明确同类的"类"指什么,亦即,应当在什么意义上理解"等"、"其他"之前所列举的要素。对此,不能从形式上得出结论,必须根据法条的法益保护目的以及犯罪之间的关系得出合理结论。[164] 刑法第276条显然是指行为方式与行为对象的同类:一方面,行为必须表现为毁坏、残害等毁损行为;另一方面,行为所毁损的对象必须是机器设备、耕畜等生产工具、生产资料。

从保护法益的角度来说,旧刑法将本罪规定在"破坏社会主义经济秩序罪"中,即使不遵循同类解释的原则,对"其他方法"进行扩大解释,使其包含与"毁坏机器设备、残害耕畜"不相当的破坏方法,大体上也是可以接受的。但是,现行刑法所规定的破坏生产经营罪,属于侵犯财产罪。这种法益的变更必然对构成要件的解释产生影响。[165] 破坏生产经营罪不再是破坏经济秩序罪,而是侵犯财产罪。故意毁坏财物罪与破坏生产经营罪属于毁弃罪,二者的本质相同。质言之,现行刑法所规定的破坏生产经营罪,只不过是故意

---

[163] 根据立案标准,涉嫌下列情形之一的,应予立案追诉:(1)造成公私财物损失5000元以上的;(2)破坏生产经营3次以上的;(3)纠集3人以上公然破坏生产经营的;(4)其他破坏生产经营应予追究刑事责任的情形。

[164] 参见张明楷:《刑法分则的解释原理》(上),中国人民大学出版社2011年第2版,第59页以下。

[165] 参见张明楷:《刑法分则的解释原理》(上),中国人民大学出版社2011年第2版,第375页以下。

毁坏财物罪的特殊条款,亦即,只有通过毁坏生产工具、生产资料进而破坏生产经营活动的,才成立破坏生产经营罪。既然王某、董某等人的行为不符合故意毁坏财物罪的构成要件,就更不可能符合破坏生产经营罪的构成要件。[166]

根据刑法第276条的规定,犯本罪的,处3年以下有期徒刑、拘役或者管制;情节严重的,处3年以上7年以下有期徒刑。

三、拒不支付劳动报酬罪

拒不支付劳动报酬罪,是以转移财产、逃匿等方法逃避支付劳动者的劳动报酬或者有能力支付而不支付劳动者的劳动报酬,数额较大,经政府有关部门责令支付仍不支付的行为。

行为主体是有义务向他人支付劳动报酬的自然人与单位,既包括用人单位的实际控制人,也包括不具备用工主体资格的个人与单位。行为内容为拒不支付劳动报酬,法条将其分为两种类型:一是以转移财产、逃匿等方法逃避支付劳动者的劳动报酬;二是有能力支付而不支付劳动者的劳动报酬。最高人民法院2013年1月16日《关于审理拒不支付劳动报酬刑事案件适用法律若干问题的解释》(以下简称《拒付案件解释》)指出,以逃避支付劳动者的劳动报酬为目的,具有下列情形之一的,应当认定为"以转移财产、逃匿等方法逃避支付劳动者的劳动报酬":(1)隐匿财产、恶意清偿、虚构债务、虚假破产、虚假倒闭或者以其他方法转移、处分财产的;(2)逃跑、藏匿的;(3)隐匿、销毁或者篡改账目、职工名册、工资支付记录、考勤记录等与劳动报酬相关的材料的;(4)以其他方法逃避支付劳动报酬的。实际上,第二种类型可以包含前一种类型。换言之,即使行为人转移财产或者逃匿,但只要支付了劳动报酬,就不可能构成本罪。反之,只要不支付劳动报酬,即使行为人既不转移财产又不逃匿,也可能构成本罪。由于本罪行为的实质是不履行支付劳动报酬的义务,属于不作为犯,所以,上述两种类型的行为都以行为人有支付能力为前提。转移财产时,已经表明行为人具有支付能力;行为人没有支付能力而逃匿的,不可能成立本罪。[167] 拒不支付劳动者的报酬,既可能表现为不支付劳动者的全部报酬,也可能表现为不支付劳动者的部分报酬。根据《拒付案件解释》的规定,劳动者依照《劳动法》和《劳动合同法》等法律的规定应得的劳动报酬,包括工资、奖金、津贴、补贴、延长工作时间的工资报酬及特殊情况下支付的工资等,应当认定为"劳动者的劳动报酬"。

成立本罪要求数额较大。根据《拒付案件解释》,具有下列情形之一的,应当认定为"数额较大":(1)拒不支付1名劳动者3个月以上的劳动报酬且数额在5000元至2万元以上的;(2)拒不支付10名以上劳动者的劳动报酬且数额累计在3万元至10万元以上的。

根据刑法规定,只有经政府有关部门责令支付仍不支付的行为,才构成本罪。换言之,即使行为人转移财产、逃匿或者声称拒不支付劳动报酬,但在经政府有关部门责令支付后即支付劳动报酬的,不成立本罪。对其中的"政府有关部门"不宜作广义理解(如不

---

[166] 除非对刑法第276条进行补正解释,认为本条属于破坏经济秩序的犯罪,才有可能认为王某、董某等人的行为构成本罪。但是,进行这样的补正解释还缺乏充分理由。从立法论上来说,应当增设妨害业务罪(参见张明楷:"妨害业务行为的刑法规制",载《法学杂志》2014年第7期)。

[167] 不能望文生义地认为,只要行为人逃匿,即使没有能力支付,也构成本罪。因为不作为犯罪以行为人能够履行义务为前提。

应包括工会组织)，而应解释为劳动行政部门，包括其中的劳动监察部门。责令应是正式方式，包括书面方式以及通过会议方式责令。劳动行政部门个别人的口头或者电话责令，不应当包括在内，否则会造成本罪认定的恣意性。根据《拒付案件解释》的规定，经人力资源社会保障部门或者政府其他有关部门依法以限期整改指令书、行政处理决定书等文书责令支付劳动者的劳动报酬后，在指定的期限内仍不支付的，应当认定为"经政府有关部门责令支付仍不支付"，但有证据证明行为人有正当理由未知悉责令支付或者未及时支付劳动报酬的除外。由于行为人逃匿，无法将责令支付文书送交其本人、同住成年家属或者所在单位负责收件的人的，如果有关部门已通过在行为人的住所地、生产经营场所等地张贴责令支付文书等方式责令支付，并采用拍照、录像等方式记录的，应当视为"经政府有关部门责令支付"。

本罪的责任形式为故意，因失误而漏发劳动报酬的，不成立本罪。但是，在发现漏发后，经政府有关部门责令支付而不支付的，不妨碍本罪的成立。

行为人向劳动者支付了基本工资，因合同内容不明确，在奖金、津贴、补贴的支付方面产生纠纷，行为人不支付奖金、津贴、补贴的，不宜以本罪论处。法院判决或者裁定应当支付，行为人仍不支付的，宜认定为拒不执行判决、裁定罪。行为人不支付劳动报酬，由政府有关部门责令后仍不支付，后来经法院判决支付劳动报酬，行为人仍不执行判决、裁定的，是本罪与拒不执行判决、裁定罪的想象竞合，从一重罪处罚。

根据刑法第276条之一第1款的规定，犯本罪的，处3年以下有期徒刑或者拘役，并处或者单处罚金；造成严重后果的，处3年以上7年以下有期徒刑，并处罚金。单位犯前款罪的，对单位判处罚金，并对其直接负责的主管人员和其他直接责任人员，依照前款的规定处罚。有前两款行为，尚未造成严重后果，在提起公诉前支付劳动者的劳动报酬，并依法承担相应赔偿责任的，可以减轻或者免除处罚。拒不支付劳动者的劳动报酬数额较大，具有下列情形之一的，应当认定为"造成严重后果"：(1)造成劳动者或者其被赡养人、被扶养人、被抚养人的基本生活受到严重影响、重大疾病无法及时医治或者失学的；(2)对要求支付劳动报酬的劳动者使用暴力或者进行暴力威胁的；(3)造成其他严重后果的。"在提起公诉前支付劳动者的劳动报酬"，是指在人民检察院提起公诉前，行为人全额支付了劳动报酬。"依法承担相应赔偿责任"，是指行为人按照《劳动合同法》的要求向劳动者支付了赔偿金或者承担了经济补偿责任。

第二十三章　妨害社会管理秩序罪

第一节　妨害社会管理秩序罪概述

一、妨害社会管理秩序罪的概念与犯罪构成

（一）妨害社会管理秩序罪的概念与法益

妨害社会管理秩序罪，是指故意或者过失妨害国家机关对社会的管理活动，破坏社会秩序，情节严重的行为。

作为本章法益的社会管理秩序，是指由社会生活所必须遵守的行为准则与国家管理活动所调整的社会模式、结构体系和社会关系的有序性、稳定性与连续性。人类并不仅仅满足于能够生存下去的状态，相反具有从混乱走向秩序的倾向。但秩序的形成与维护需要规范，一定的社会秩序总是与一定的行为准则相联系；秩序的形成与维护也需要管理，一定的社会秩序总是依赖于一定的管理活动。公民遵守行为准则与国家从事管理活动，是维护社会秩序的基本条件。因此，在某种意义上说，社会秩序与社会管理秩序是同义语。社会管理秩序是外延极为广泛的概念，广义的社会管理秩序，包括社会任何方面的秩序；中间意义的社会管理秩序，是除经济秩序、政治秩序以外的社会秩序。刑法规定的任何犯罪都从不同角度破坏了社会管理秩序，本章犯罪所侵犯的社会管理秩序，可谓一种狭义的社会管理秩序。[1]

（二）妨害社会管理秩序罪的犯罪构成

1. 构成要件的内容为，违反国家的秩序管理法规，妨害国家对社会的管理活动，破坏社会秩序。本章规定的犯罪，大多以违反秩序管理法规为前提。行为表现为妨害国家对社会的管理活动，破坏社会秩序，并且情节严重，因此，大多属于作为犯罪。由于社会管理秩序的范围广泛，秩序管理活动的范围也广泛，所以，本章犯罪行为的具体内容与表现形式多种多样。这是本章犯罪的重要特点。

2. 责任形式主要为故意，少数犯罪可以由过失构成。故意犯罪中，有少数犯罪要求行为人出于特定目的。

二、妨害社会管理秩序罪的类型

本章犯罪中既有传统型的自然犯，也有现代型的法定犯。根据刑法分则第六章的规定，本章犯罪分为以下九类：扰乱公共秩序罪，妨害司法罪，妨害国（边）境管理罪，妨害文物管理罪，危害公共卫生罪，破坏环境资源保护罪，走私、贩卖、运输、制造毒品罪，组织、强

---

〔1〕 不过，本章中的“妨害司法罪”实际上属于侵犯国家法益的犯罪。其他小节的犯罪中，也有对国家法益或者对个人法益的犯罪。

迫、引诱、容留、介绍卖淫罪，制作、贩卖、传播淫秽物品罪。

第二节　扰乱公共秩序罪

一、妨害公务罪

（一）妨害公务罪的概念与法益

妨害公务罪，是指以暴力、威胁方法阻碍国家机关工作人员依法执行职务，阻碍人大代表依法执行代表职务，阻碍红十字会工作人员依法履行职责的行为，以及故意阻碍国家安全机关、公安机关依法执行国家安全工作任务，未使用暴力、威胁方法，造成严重后果的行为。本罪的保护法益为“公务”，公务的范围包括国家机关工作人员依法执行的职务，人民代表大会代表依法执行的代表职务，红十字会工作人员依法履行的职责，国家安全机关、公安机关依法执行的国家安全工作任务。

（二）妨害公务罪的基本类型及其犯罪构成

以暴力、威胁方法阻碍国家机关工作人员依法执行职务，是妨害公务罪的基本类型。

1. 构成要件

（1）行为对象必须是国家机关工作人员，即在中国各级立法机关、行政机关、司法机关中从事公务的人员。从现实出发，还应包括在中国共产党的各级机关、中国人民政治协商会议的各级机关中从事公务的人员。根据司法解释，对于以暴力、威胁方法阻碍国有事业单位人员依照法律、行政法规的规定执行行政执法职务的，或者以暴力、威胁方法阻碍国家机关中受委托从事行政执法活动的事业编制人员执行行政执法职务的，以妨害公务罪论处。〔2〕阻碍军人执行职务的，构成刑法第368条的阻碍军人执行职务罪，不以本罪论处。本罪行为对象不包括外国公务员。

全国人大常委会2002年12月28日《关于〈中华人民共和国刑法〉第九章渎职罪主体适用问题的解释》指出：“在依照法律、法规规定行使国家行政管理职权的组织中从事公务的人员，或者在受国家机关委托代表国家机关行使职权的组织中从事公务的人员，或者虽未列入国家机关人员编制但在国家机关中从事公务的人员，在代表国家机关行使职权时，有渎职行为，构成犯罪的，依照刑法关于渎职罪的规定追究刑事责任。”该解释明文指出是对“渎职罪主体”的解释，没有明示是对“国家机关工作人员”的解释，但由于渎职罪的主体均为国家机关工作人员，故可以认为该解释实为对“国家机关工作人员”的解释。

（2）行为内容是阻碍国家机关工作人员依法执行职务。职务是指国家机关工作人员作为公务所处理的一切事务。执行，是指一般意义上的履行、实施，而非仅指强制执行。职务的执行必须具有合法性，即“依法”执行职务。对国家机关工作人员的违法行为予以阻碍的，当然不成立本罪。合法意味着国家机关工作人员执行职务的行为不仅实体上合法，而且程序上合法。详言之，符合以下条件的才能认为是依法执行公务：

---

〔2〕最高人民检察院2000年4月24日《关于以暴力、威胁方法阻碍事业编制人员依法执行行政执法职务是否可对侵害人以妨害公务罪论处的批复》。

第一,国家机关工作人员所实施的行为,属于该国家机关工作人员的抽象的职务权限或一般的职务权限。基于依法治国的原理,国家机关工作人员的职务具有事项上、场所上的范围,此即一般的职务权限,如果超出了这种一般的职务权限,则不能认定为依法执行职务。但国家机关工作人员如何分担内部事务,则不影响其职务权限。例如,税务人员从事税收征管工作,就是其一般的职务权限,尽管税务人员内部存在分工,但税收征管工作都属于其一般职务权限内的职务。

第二,国家机关工作人员具有实施该职务行为的具体的职务权限。在通常情况下,具有实施某种职务行为的抽象的职务权限的人,也具有实施该职务行为的具体的权限,但也存在不一致的情形,即在某些情况下虽然有抽象的职务权限,却无具体的职务权限。特别是在实际上需要通过分配、指定、委任才能实施某种职务行为时,只有经过分配、指定、委任,才能认为具有具体的职务权限;否则没有具体的职务权限。例如,并非任何司法警察都有执行死刑的职务权限,并非任何警察都有执行逮捕的职务权限。

第三,国家机关工作人员的职务行为必须符合法律上的重要条件、方式与程序。在许多情况下,职务行为要取得合法性,必须符合法律规定的重要条件、方式与程序。如逮捕犯人,必须符合刑事诉讼法规定的条件、方式与程序,否则便属于非法逮捕。但应注意的是,对于法律上的一些任意规定,国家机关工作人员在执行职务时予以违反的,不应认定为非法执行职务。换言之,从保护公务与保障国民人权相调和的观点出发,只要没有违反保护执行职务的对方的权益所必要而且重要的程序要件,就应认定为依法执行职务。[3]

具备上述三个条件的,应认定为依法执行职务,其中前两个条件是保证职务行为实质上或内容上合法的条件,第三个条件是保证职务行为形式上合法的条件。但现实案件总是相当复杂,国家机关工作人员执行职务的行为常常存在不少瑕疵,所以,职务行为合法性的判断直接体现法益保护与人权保障的关系。对于职务行为合法性的判断,需要综合考虑职务行为对被执行人的利益损害程度、职务行为的目的的正当性、执行职务手段的相当性、执行职务的必要性等因素。在司法实践中,问题较多的是对警察的侦查行为(包括采取强制措施的行为)的合法性的判断问题,对此,应当综合考虑侦查行为对嫌疑人利益损害的种类与程度、案件的性质与嫌疑的程度、侦查手段的法律根据以及违反嫌疑人意志的程度、具体侦查行为的必要性与紧迫性等事项,合理判断对警察的暴力、威胁行为是否构成妨害公务罪。[4]

需要进一步讨论的是,以什么为标准判断职务行为的合法性?对此,刑法理论上存在三种学说:客观说认为,应当由法院通过对法律、法规进行解释,做出客观判断。主观说认为,应当根据该国家机关工作人员是否确信自己的行为合法进行判断,如果该国家机关工作人员确信自己的行为合法,则是依法执行职务。折中说认为,应当以社会一般人的见解作为判断合法性的标准。显然,如果采取主观说,合法性便没有标准可言;如果采取折中说,也难以得出正确结论;只有采取客观说,才具有合理性。

在采取客观说的情况下,又出现了另一问题:是以行为时为基准进行判断,还是以裁

---

〔3〕 参见[日]西田典之:《刑法各论》,弘文堂2012年第6版,第422页以下;[日]山口厚:《刑法各论》,有斐阁2010年第2版,第544页以下。

〔4〕 参见[日]前田雅英:《刑法各论讲义》,东京大学出版会2015年第6版,第438页。

判时为基准进行判断？例如，被害人丙指认甲对自己实施了伤害行为，警察对甲实施先行拘留，警察的先行拘留行为符合《刑事诉讼法》第80条的规定，但裁判时发现伤害行为不是甲实施的，而是乙实施的，丙指认错误。如果以裁判时为基准进行判断，警察的行为并不合法，甲或者其他人阻碍先行拘留行为的，不成立犯罪；反之，倘若以行为时为基准进行判断，则警察的先行拘留具有合法性，以暴力、威胁方法阻碍警察先行拘留的行为，就可能成立本罪。不难看出，行为时基准说旨在保护行为时的正当职务行为，而裁判时基准说旨在保护结果（结局）上属于客观公正的职务行为。[5] 两种观点都有理由：倘若采取裁判时基准说，许多行为时明显正当的职务行为就得不到保护；但是，倘若采取行为时基准说，则对结果上明显不当的职务行为也不得抵抗，这对被执行人来说明显不公正。[6] 本书的结论是，对于以裁判时为基准判明的不合法行为进行阻碍的，不成立妨害公务罪。首先，难以认为，只要符合程序法规定的行为就是合法行为。例如，在上例中，由于被害人指认错误，难以认为警察的先行拘留行为就是合法的。再如，警察在犯罪现场拘留长相酷似犯罪人B的无辜者A，也不应认为其拘留行为具有合法性。因为妨害公务罪中的职务行为合法与否，并不是就国家机关内部应否追责而言，而是必须同时考虑相对于被执行人而言合法与否，或者说，必须在包含被执行人在内的整体法秩序的视野下判断职务行为合法与否，否则就忽视了刑法的人权保障机能。在此意义上说，裁判时基准说具有合理性。[7] 其次，即便采取行为时基准说，认为警察的先行拘留行为具有合法性，被拘留人在为了摆脱拘留而对警察实施暴力、威胁行为时，也没有妨害公务罪的故意与期待可能性。

（3）必须在国家机关工作人员执行职务时实施阻碍行为。从保护依法执行职务的角度来考虑，执行职务不仅包括正在执行职务，而且包括将要开始执行职务的准备过程，以及与执行职务密切联系的待机状态。就一体性或连续性的职务行为而言，不能将其行为分割、分段考虑进而分别判断其职务行为的开始与终了，而应从整体上认定其职务行为的开始与终了，即使外观上暂时中断或偶尔停止，也应认为是在职务的执行过程中。

（4）必须以暴力、威胁方法阻碍执行职务。本罪的暴力，是指对国家机关工作人员不法行使有形力，即广义的暴力。只要求针对正在执行职务的国家机关工作人员实施暴力，不要求直接对国家机关工作人员的身体实施暴力；既可以通过针对与国家机关工作人员执行职务具有密不可分关系的辅助者实施暴力，以阻碍国家机关工作人员执行职务，也可以通过对物行使有形力，从而给国家机关工作人员的身体以物理影响（间接暴力），以阻碍国家机关工作人员执行职务。本罪的威胁，是指以恶害相通告，迫使国家机关工作人员放弃职务行为或者不正确执行职务行为。恶害的内容、性质、通告方法没有限制。暴力、威胁行为只要足以阻碍国家机关工作人员执行职务即可，不要求客观上已经阻碍了国家机关工作人员执行职务。但是，如果行为并不明显阻碍国家机关工作人员依法执行职务的，就不应认定为犯罪；否则会造成处罚的不公平。换言之，不能将本罪的构成要件理解为"在国家机关工作人员依法执行职务时，对之实施暴力或者威胁"，而应理解为通过使

---

〔5〕 上述主观说旨在保护国家机关工作人员执行职务的主观公正性（合法性）；折中说旨在保护职务行为公正性的外在表现（外观）。

〔6〕 参见［日］前田雅英：《刑法各论讲义》，东京大学出版会2015年第6版，第439页以下。

〔7〕 在警察内部以及其他国家机关内部，判断国家机关工作人员的行为合法与否、应否追责，依然可以采取行为时基准说。

用暴力、威胁方法使得国家机关工作人员不能或者难以依法执行职务。例如，在警察处理完双方争端后，其中一方认为处理不公正，踢了警察一脚后逃走的，由于该公务已经处理完毕，不能认定为妨害公务罪。

2. 责任

责任形式为故意。行为人必须明知国家机关工作人员正在依法执行职务，而故意以暴力、威胁方法予以阻碍；阻碍的动机不影响本罪的成立。

实践中，行为人可能对国家机关工作人员的职务行为的合法性产生认识错误，例如，国家机关工作人员本来是在合法执行职务，但行为人误认为是非法的，进而以暴力、威胁进行阻碍。法律的错误说认为，这种认识错误属于对法律的认识错误，不影响故意的成立，因而不影响本罪的成立。事实的错误说认为，这种认识错误属于对事实的认识错误，影响故意的成立，因而不成立本罪。二分说认为，这种认识错误应视具体情况而定，即应区分作为合法性基础的事实与合法性的评价，对前者的认识错误属于事实认识错误，影响本罪的成立；对后者的认识错误属于法律认识错误，不影响本罪成立。还有一种观点认为，执行职务的合法性，只是客观处罚条件，故不要求对之有认识。[8] 本书采取事实的错误说。第一，单纯从行为人对国家机关工作人员的职务行为是否合法的认识来说，二分说是妥当的。然而，即使对国家机关工作人员的职务行为的认识错误属于法律认识错误，但由于国家机关工作人员依法执行职务这一要素，属于妨害公务罪的构成要件要素，对其产生认识错误理当属于构成要件的认识错误，因而属于事实认识错误。以警察先行拘留现行犯为例，如果行为人误认为警察拘留了守法公民而以暴力、威胁进行阻碍的，明显属于事实认识错误，不成立本罪。如果误认为警察先行拘留现行犯是违法的而以暴力、威胁进行阻碍的，表面上属于法律认识错误，实际上是一种事实认识错误。一方面，行为人误认为国家机关工作人员在实施非法行为，另一方面，行为人误认为自己阻碍非法行为的行为具有合法性，即对自己行为的社会意义具有不正确理解。在这种情况下，如果认定为法律认识错误，进而将行为人的行为认定为犯罪，显然不合适。再如，警察出示了逮捕证，但行为人误以为警察没有出示而对警察实施暴力的，明显属于事实认识错误。第二，正当化事由的错误(如误想防卫)属于事实认识错误，误以为国家机关工作人员的行为非法而对其实施暴力、威胁的，与正当化事由的错误相同，故应认定为事实认识错误。当然，行为人主观上是否存在认识错误、存在何种认识错误，要根据当时的具体情况进行判断，不能仅凭行为人的陈述来决定。由于“依法”执行公务属于法律的评价要素，所以，只要行为人认识到作为评价基础的事实，一般就能够认定行为人认识到了规范的要素。例如，只要行为人认识到警察持逮捕证逮捕嫌疑人，就可以认定行为人认识到了警察在“依法”执行公务。

依法执行公务的对方(即被执行者如被逮捕者)实施的一般暴力、威胁行为，因为没有期待可能性，而不宜认定为妨害公务罪。更不能将依法执行公务的对方所实施的摆脱、挣脱行为认定为妨害公务罪。对于公民因合理要求没有得到满足而与国家机关工作人员发生轻微冲突的行为，也不能认定为妨害公务罪。

---

[8] 参见张明楷：《外国刑法纲要》，清华大学出版社2007年第2版，第713页以下。

(三)妨害公务罪的其他类型及其犯罪构成

1. 阻碍人大代表依法执行代表职务。具体表现为,以暴力、威胁方法阻碍全国人民代表大会和地方各级人民代表大会代表依法执行代表职务的行为。人大代表依法在本级人民代表大会会议期间的工作和在本级人民代表大会闭会期间的履行代表职责的活动,都是执行代表职务。

2. 阻碍红十字会工作人员依法履行职责。具体表现为,以暴力、威胁方法阻碍红十字会工作人员依法履行职责的行为。红十字会工作人员的职责,依据《红十字会法》予以确定。

3. 阻碍国家安全机关、公安机关依法执行国家安全工作任务。具体表现为,故意阻碍国家安全机关、公安机关依法执行国家安全工作任务,未使用暴力、威胁方法,造成严重后果的行为。与前几种类型不同,阻碍执行国家安全工作任务的行为,不要求使用暴力、威胁方法,但要求造成严重后果。需要指出的是,其中的"未使用暴力、威胁方法"不是真正的构成要件要素,只是表面要素。因此,即使不能查明行为人是否使用了暴力、威胁方法,也能认定本款犯罪的成立。行为人以暴力、威胁方法阻碍国家安全机关、公安机关依法执行国家安全任务,没有造成严重后果的,应认定为阻碍国家机关工作人员依法执行职务,适用刑法第 277 条第 1 款的规定。

(四)妨害公务罪的罪数

妨害公务的行为,可能成为其他犯罪的手段,在这种情况下,原则上应从一重罪处罚,但刑法有特别规定的,按特别规定处理。例如,以暴力、威胁方法抗拒缉私的,应以走私罪和本罪实行数罪并罚。再如,在运送他人偷越国(边)境中以暴力、威胁方法抗拒检查的,应选择刑法规定的较重法定刑。此外,本罪的暴力行为如果触犯了其他罪名,如暴力行为致人重伤,抢夺依法执行职务的司法工作人员的枪支等,则属于想象竞合,应从一重罪处罚。[9] 先前的行为已经构成犯罪,在国家机关工作人员依法查处时,对国家机关工作人员实施暴力、威胁行为构成妨害公务罪的,应当实行数罪并罚。

(五)妨害公务罪的处罚

根据刑法第 277 条第 1 款的规定,犯本罪的,处 3 年以下有期徒刑、拘役、管制或者罚金。暴力袭击正在依法执行职务的人民警察的,从重处罚。应当注意的是,所谓"暴力袭击正在依法执行职务的人民警察",是指以暴力阻碍人民警察依法执行职务,而不是单纯地对正在执行职务的人民警察实施暴力。其中的"暴力袭击"应是指狭义的暴力,即对人民警察的身体不法行使有形力。

二、煽动暴力抗拒法律实施罪

煽动暴力抗拒法律实施罪,是指煽动群众暴力抗拒国家法律、行政法规实施的行为。本罪的基本构造是,在一般群众本无暴力抗拒法律、行政法规实施的意思,或者虽有抗拒法律、行政法规实施的意思但尚未着手实行的情况下,行为人实施煽动行为,使群众产生

---

[9] 阻碍国家安全机关、公安机关依法执行国家安全工作任务的行为,在罪数认定上可能存在例外。因为该类型的行为不要求使用暴力、威胁方法,因此,行为人使用暴力、胁迫方法阻碍国家安全机关、公安机关依法执行国家安全工作任务,造成严重后果时,如果暴力、胁迫行为另触犯其他罪名,具有数罪并罚的可能性(以不重复评价为前提)。

或者坚定暴力抗拒法律、行政法规实施的意思。煽动行为必须具有公然性,即在不特定人、多数人共见共闻或可见可闻的情形下从事煽动;煽动方法没有限制,一般是以文字、图画、演说等方式实施煽动,所使用的文字、图画、演说词不以自己创作为限,利用他人的文字、图画、演说词进行煽动的,也可成立本罪;煽动的内容必须是暴力抗拒国家法律、行政法规的实施,但煽动分裂国家、破坏国家统一的,煽动颠覆国家政权、推翻社会主义制度的,煽动军人逃离部队的,成立刑法规定的其他犯罪(参见刑法第 103 条、第 105 条、第 373 条)。

考虑到本罪与言论自由的关系,煽动行为是否构成煽动暴力抗拒法律实施罪,需要重点考察以下四个方面:(1)行为人直接煽动的是使用暴力方法抗拒国家法律、行政法规的实施;如果只是煽动群众单纯抵制法律、行政法规实施的,不成立本罪。(2)法律、行政法规的内容具有合宪性。一般来说,在现代社会,撇开技术细节,当今国家机关不可能设立不合理、不妥当的法律与行政法规。但这一点并非绝对。制定法律、行政法规的是人而不是神,任何一部法律与行政法规都可能存在缺陷。即使在制定的当时似乎没有缺陷,但在社会急剧变化的时代,稍微经过一段时间也会显现出缺陷。法治应当是良法之治,而不应当是恶法之治。因此,如果法律、行政法规的内容存在合宪性的疑问,煽动他人抗拒这一内容实施的,不应当作为犯罪处理。(3)群众实施被煽动行为的紧迫性。在我国,实行行为并不只是形式上符合构成要件的行为,还必须是具有导致法益侵害的紧迫危险的行为,煽动罪又是以不特定或者多数人实施被煽动行为的危险性作为处罚根据的,所以,只有当不特定或者多数人因行为人的煽动而产生了实施被煽动行为的紧迫危险时,才可能以煽动罪论处。一方面,煽动言论必须是一种明显的鼓动性、激励性的言论;单纯描述某种事实的言论,即使可能引起他人的非法行为,也不能认定为煽动。而且,煽动的内容必须是抗拒特定法律、行政法规的具体实施。另一方面,即使煽动内容非常具体,但如果具体内容只是单纯推迟法律、行政法规的实施,还不足以成立本罪。换言之,只有当不特定或者多数人因为被煽动而立即通过暴力抗拒特定法律、行政法规的具体实施时,才能认为存在紧迫性。(4)行为人具有故意与不法目的。我国刑法所规定的由煽动行为构成的犯罪,均只能出于故意。不仅如此,由于言论自由具有宪法价值,所以,当行为人就公共事务发表言论时,或者出于正当目的发表言论时,不得以犯罪论处。当行为人以为某项法律、行政法规的实施会损害公共利益而阻止该项法律、行政法规的实施时,即使其着眼于个人利益,也可以认为行为人存在事实认识错误。

根据刑法第 278 条的规定,犯本罪的,处 3 年以下有期徒刑、拘役、管制或者剥夺政治权利;造成严重后果的,处 3 年以上 7 年以下有期徒刑。造成严重后果,一般是指由于行为人的煽动,而引起群众现实地采取暴力抗拒国家法律、行政法规的实施。

三、招摇撞骗罪

(一)招摇撞骗罪的概念与犯罪构成

招摇撞骗罪,是指冒充国家机关工作人员进行招摇撞骗的行为。

1. 构成要件的内容为,冒充国家机关工作人员的身份进行招摇撞骗。主要表现为三种情形:一是非国家机关工作人员冒充国家机关工作人员(包括离职的国家机关工作人员冒充在职的国家机关工作人员);二是此种国家机关工作人员冒充他种国家机关工作人员,如行政机关工作人员冒充司法工作人员;三是职务低的国家机关工作人员冒充职务高的国家机关工作人员(也不能绝对排除相反的情形)。此外,冒充已被撤销的国家机关的工作人员,足以使对方信以为真的,也可能成立本罪。冒充军人招摇撞骗的,成立刑法规定的其他犯罪(参见刑法第372条)。招摇撞骗,是指以假冒的身份进行炫耀、欺骗,但不以骗取某种利益为要件。假冒国家机关工作人员给他人好处的(如假冒国家机关工作人员捐款),单纯声称自己是国家机关工作人员的,不宜认定为犯罪。为了与对方保持恋爱关系或为了与对方结婚,仅向对方声称自己是国家机关工作人员的,不应认定为犯罪。

2. 责任形式为故意,即明知自己冒充国家机关工作人员招摇撞骗的行为会发生损害国民对国家机关的信赖的结果,并且希望或者放任这种结果的发生。

(二)招摇撞骗罪与诈骗罪的关系

一种观点认为,本罪行为包括骗取财物,而且指出:"当行为人冒充国家机关工作人员实施诈骗犯罪时,属于本罪与诈骗罪的法条竞合。对此,应按刑法理论上处理法条竞合犯的原则来解决行为人的定罪与量刑问题。"[10] 但是,规定诈骗罪的刑法第266条指出:"本法另有规定的,依照规定。"这意味着只能采取特别法条优于普通法条的原则,即诈骗行为符合其他条文规定的,应依照其他条文规定处理。如果采取重法优于轻法的原则,便违反刑法第266条的规定。然而,诈骗罪的法定最高刑为无期徒刑,而招摇撞骗罪的法定最高刑为10年有期徒刑,如果对冒充国家机关工作人员骗取财物的行为均以招摇撞骗罪论处,则会造成明显的罪刑不均衡现象。另一种观点认为,行为人冒充国家机关工作人员骗得财物的,属于择一关系的法条竞合,可以径直采用重法优于轻法的原则。[11] 这种观点虽然避免了前一种观点造成的罪刑不协调现象,但是,一方面,这种观点难以说明刑法第266条"本法另有规定的,依照规定"为什么不适用于法条竞合中的择一关系。另一方面,法条竞合只限于一个行为侵害一个犯罪的保护法益的场合,如果一个行为同时侵害了两个犯罪的不同保护法益,则只能认定为想象竞合犯。

招摇撞骗罪与诈骗罪所侵犯的法益不同,前者侵犯的是国家机关的公共信赖;后者侵犯的是财产。冒充国家机关工作人员骗取数额较大的行为,明显侵害了两个犯罪的保护法益,应当认定为想象竞合。基于想象竞合的明示机能,也必须认定这种行为属于想象竞合。如果仅认定为招摇撞骗罪,就没有评价行为对财产的不法侵害内容,不利于对侵犯财产行为的一般预防与特殊预防;如果仅认定为诈骗罪,就没有评价对国家机关公共信赖的不法侵害内容,不利于对招摇撞骗行为的一般预防与特殊预防。只有认定为想象竞合,在判决中明示行为触犯上述两个罪名,只是适用一个重法定刑,才能全面评价行为的不法内容,实现对两个犯罪的一般预防与特殊预防的目的。所以,行为人在冒充国家机关工作人员招摇撞骗的过程中,偶然骗取少量财物的,不影响招摇撞骗罪的认定;冒充国家机关工作人员骗取数额较大、巨大或者特别巨大财物的,则是招摇撞骗罪与诈骗罪的想象竞合,应从一重罪处罚。

(三)招摇撞骗罪的处罚

根据刑法第279条的规定,犯本罪的,处3年以下有期徒刑、拘役、管制或者剥夺政治

---

〔10〕 高铭暄、马克昌主编:《刑法学》,北京大学出版社、高等教育出版社2016年第7版,第527页。这种观点同时指出:"即一般情况下应认定为本罪,但如果所骗取的财物数额特别巨大或者有其他特别严重情节的,应以处罚较重的诈骗罪论处。"显然,这种观点实际上也没有按照法条竞合来处理招摇撞骗罪与诈骗罪的关系。

〔11〕 参见陈兴良:《判例刑法学》(上卷),中国人民大学出版社2009年版,第510页。

权利;情节严重的,处3年以上10年以下有期徒刑。冒充人民警察招摇撞骗的,从重处罚。

四、伪造、变造、买卖国家机关公文、证件、印章罪

(一)伪造、变造、买卖国家机关公文、证件、印章罪的概念与犯罪构成

本罪是指伪造、变造、买卖国家机关的公文、证件、印章的行为。本罪的法益是国家机关公文、证件、印章的公共信用。

1. 构成要件的内容为,伪造、变造、买卖国家机关的公文、证件、印章。

(1)伪造、变造、买卖的必须是国家机关的公文、证件、印章。这里的国家机关包括立法机关、行政机关与司法机关,以及中国共产党的各级机关和中国人民政治协商会议的各级机关。公文,是指以国家机关名义制作的处理公务的文书,即公文书;文书,是指使用文字或者代替文字的符号制作的,具有某种程度的持续存在状态,表达意思或者观念的文件(广义的文件)。公文必须具有表达意思或观念的内容,故仅有公文的固定格式,而无实际内容的纸张等,不属于公文。证件,一般是指有权制作的国家机关颁发的,用以证实身份、权利义务关系或者其他事项的凭证。印章,应包括印形与印影。印形,是指固定了国家机关名称等内容并可以通过一定方式表示在其他物体上的图章;印影,是指印形加盖在纸张等物体上所呈现的形象。印章既包括表示国家机关名称的印章,也包括国家机关用以表示某种特殊用途的专用章。但专用章与省略文书的界限是微妙的。例如,法院在判决书上所加盖的"本件与原本核对无异"的正本核对章,重在表达意思,而不是重在证明人或单位的同一性,故属于省略文书,而不属于印章。

(2)实施了伪造、变造、买卖国家机关的公文、证件、印章的行为。伪造公文、证件,是指伪造应当由国家机关制作的公文、证件,包括有形伪造与无形伪造。有形伪造公文、证件,是指没有制作权限的人,冒用国家机关名义制作公文、证件。无形伪造公文、证件,是指有制作权限的人,擅自以国家机关的名义制作与事实不相符合的公文、证件。伪造印章,是指没有权限而制造国家机关的印章的印形(即私刻公章),或者在纸张等物体上表示出足以使一般人误认为是真实印章的印影(如用红笔描绘公章印影)。购买伪造的国家机关印形后加盖在具有证明力的文书上的行为,属于伪造公文、印章。行为人冒充国家机关工作人员,使用欺骗手段让刻章人为自己制作国家机关印章的,成立伪造国家机关印章罪的间接正犯。伪造的公文、证件、印章,足以使一般人信以为真时,即为本罪的既遂。[12] 变造,是指对真实的国家机关公文、证件、印章进行加工,改变其非本质内容的行为,如果改变了公文、证件、印章的本质部分,则应认定为伪造。买卖,是指购买或者出售国家机关制作或应当由国家机关制作的公文、证件、印章的行为。实施上述行为之一的,即可成立本罪;同时实施上述行为的,也只认定为一罪,不实行数罪并罚。

2. 责任形式为故意,行为人必须明知是国家机关制作或者应由国家机关制作的公文、证件、印章而伪造、买卖,或者明知是国家机关制作的真实的公文、证件、印章而变造。有些国家刑法规定伪造文书、印章罪必须是以行使为目的,我国刑法对此没有规定。但是,

---

〔12〕 但是,并不是要求所伪造的公文、证件、印章与原本(原物)没有任何区别。例如,印章名称原本为"甲省乙县人民检察院",而行为人伪造的印章名称为"甲省乙县检察院"或者"甲省乙县人民检查院"的,也应认定为伪造印章既遂。

只有当行为人认识到所伪造的公文、证件、印章可能被人使用时，才宜认定为犯罪。

(二)伪造、变造、买卖国家机关公文、证件、印章罪的认定

根据相关司法解释，伪造、变造、买卖机动车牌证及机动车入户、过户、验证的有关证明文件的，〔13〕伪造、变造、买卖林木采伐许可证、木材运输证件，森林、林木、林地权属证书，占用或者征用林地审核同意书、育林基金等缴费收据以及其他国家机关批准的林业证件构成犯罪的，〔14〕伪造、变造、买卖国家机关颁发的野生动物允许进出口证明书、特许猎捕证、狩猎证、驯养繁殖许可证等公文、证件构成犯罪的，〔15〕伪造、变造、买卖各级人民政府设立的行使行政管理权的临时性机构的公文、证件、印章的，〔16〕以本罪论处。实施上述行为同时构成其他犯罪(如非法经营罪)的，从一重罪处罚。此外，伪造、变造、买卖国家机关的公文、证件、印章后，又利用该公文、证件、印章实施其他犯罪的，一般从一重罪处罚(牵连犯)，不实行数罪并罚。需要研究的有以下几个问题：

1. 就伪造行为而言，公文、证件原本的复印件是否属于公文、证件？例如，将公文的复印件进行篡改后，再进行复印的行为，是否属于伪造、变造公文？国外刑法理论对此存在两种对立观点：肯定说认为，复印件在内容、字迹、形状等各方面都是原本的再现，强有力地证明了原本的客观性与真实性，故伪造公文、证件的复印件的行为，也属于伪造公文、证件。否定说认为，公文、证件只限于原本，而不包括复印件。〔17〕本书采取肯定说。第一，伪造公文、证件时，不可能伪造原本，只能是伪造应当由国家机关制作的公文、证件。至于是以复印形式伪造，还是以其他方式伪造，不影响伪造的成立。第二，复印件具有证明力，以复印件的方式伪造、变造公文、证件的行为，侵害了公文、证件的公共信用。

2. 没有制作权的人擅自制作非真实的国家机关印章的行为，是否成立伪造国家机关印章罪？例如，行为人伪造"中华人民共和国内务部"的印章并使用。如果说伪造行为仅限于伪造国家机关已经制作的公文、证件、印章，则该行为不成立本罪；但是，如果认为伪造行为包括伪造应当由国家机关制作的公文、证件、印章，则该行为成立本罪。本书的看法是，由于本罪的法益是国家机关公文、证件、印章的公共信用，而"中华人民共和国内务部"的印章所显示的是国家机关，故上述行为侵犯了国家机关印章的公共信用，宜认定为伪造国家机关印章罪。概言之，伪造印章时，并不需要存在与之相对应的真实的印章。基于同样的理由，伪造国家机关公文、证件时，只是意味着伪造应当由国家机关制作的公文、证件，而不要求存在与之相对应的真实的公文、证件。

3. 非法经营罪中的买卖进出口许可证、进出口原产地证明以及其他法律、行政法规规定的经营许可证或者批准文件的行为，与本罪是什么关系？本书认为，上述行为扰乱市场秩序，情节严重的，成立非法经营罪与买卖国家机关公文、证件罪(不属于国家机关公文、

---

〔13〕"两高"、公安部、国家工商行政管理局 1998 年 5 月 8 日《关于依法查处盗窃、抢劫机动车案件的规定》。但是，刑法第 281 条已明文将人民警察车辆号牌排除在"证件"之外，故将车辆号牌认定为国家机关证件存在疑问。

〔14〕最高人民法院 2000 年 11 月 22 日《关于审理破坏森林资源刑事案件具体应用法律若干问题的解释》。

〔15〕最高人民法院 2000 年 11 月 27 日《关于审理破坏野生动物资源刑事案件具体应用法律若干问题的解释》。

〔16〕最高人民检察院法律政策研究室 2003 年 6 月 3 日《关于伪造、变造、买卖政府设立的临时性机构的公文、证件、印章行为如何适用法律问题的答复》。

〔17〕参见[日]西田典之：《刑法各论》，弘文堂 2012 年第 6 版，第 356 页以下。

证件的除外)的想象竞合,从一重罪处罚;上述行为没有达到非法经营罪的扰乱市场秩序、情节严重要求的,成立买卖国家机关公文、证件罪(买卖外国政府的公文、证件的,不成立买卖国家机关公文、证件罪)。

4. 买卖伪造、变造的国家机关公文、证件、印章的行为,是否成立买卖国家机关公文、证件、印章罪?例如,行为人明知是伪造的车辆年检证而购买并出售给他人,由于行为人与伪造者并不成立共犯,其行为又严重侵害了公文、证件、印章的公共信用,故宜认定为本罪。《关于惩治骗购外汇、逃汇和非法买卖外汇犯罪的决定》第2条也规定,买卖伪造、变造的海关签发的报关单、进口证明、外汇管理部门核准件等凭证和单据或者国家机关的其他公文、证件、印章的,依照刑法第280条的规定定罪处罚。

5. 保管国家机关印章的人,出具内容虚假并加盖国家机关印章的公文的行为,应如何处理?例如,乙原本不是某国家机关的工作人员,但某国家机关保管印章的甲出具"乙系某国家机关工作人员"的虚假证明。本书认为,甲的行为成立伪造国家机关公文罪。因为虽然印章真实,但内容虚假,导致国民对国家机关公文产生怀疑,侵害了国家机关公文的公共信用。

6. 胜诉一方出卖胜诉的民事判决书的行为,是否构成买卖国家机关公文罪?本书持否定回答。这种行为虽然在形式上出卖了判决书,但实际上是转让债权,并没有侵害民事判决书本身的公共信用;行为人也没有损害国家机关公文的公共信用的故意。

7. 伪造、变造、买卖民用机动车号牌的行为是否成立本罪?这种行为虽然值得科处刑罚,但似乎难以按照本罪处理。刑法第280条第1款规定了伪造、变造、买卖国家机关公文、证件、印章罪,但第281条规定了非法生产、买卖警用装备罪,将警用车辆号牌归属于警察专用标志,法定刑却明显低于前者(同样,刑法第375条第1款规定了伪造、变造、买卖武装部队公文、证件、印章罪,第3款规定了伪造、买卖武装部队专用标志罪,其中的军用标志包括武装部队车辆号牌,法定刑也低于伪造、变造、买卖国家机关公文、证件、印章罪)。显然,如果将民用机动车号牌认定为国家机关证件,那么,对伪造、买卖民用机动车号牌的行为的处罚反而重于伪造、买卖警用机动车号牌、武装部队车辆号牌,因而明显不当。所以,对于伪造、变造、买卖民用机动车号牌的行为,不能认定为本罪。[18]

(三)伪造、变造、买卖国家机关公文、证件、印章罪的处罚

根据刑法第280条第1款的规定,犯本罪的,处3年以下有期徒刑、拘役、管制或者剥夺政治权利,并处罚金;情节严重的,处3年以上10年以下有期徒刑,并处罚金。

五、盗窃、抢夺、毁灭国家机关公文、证件、印章罪

本罪是指盗窃、抢夺、毁灭国家机关公文、证件、印章的行为。本罪的法益是国家机关公文、证件、印章的证明作用。行为人所盗窃、抢夺、毁灭的必须是国家机关已经制作的真实的公文、证件、印章。盗窃、抢夺、毁灭公文、证件的复印件或者伪造、变造的公文、证件、印章的,不成立本罪。盗窃、抢夺武装部队的公文、证件、印章的,成立刑法第375条规定的犯罪,但毁灭武装部队的公文、证件、印章的,成立本罪。毁灭,是指使国家机关公文、证件、印章丧失效用的一切行为。使印影丧失效用的行为,也属于毁灭印章。同时实施盗窃、抢夺、毁灭行为的,只成立一罪。但是,并不是任何盗窃、抢夺、毁灭行为都成立本罪。

---

〔18〕 但反复实施伪造、买卖民用机动车号牌的行为,符合非法经营罪的犯罪构成。

如果盗窃、抢夺、毁灭行为对公文、证件的证明作用并不发生任何影响,则不宜认定为本罪。例如,盗窃、抢夺、毁灭当事人持有的判决书的,盗窃、抢夺、毁灭多余的公文或者没有重要意义的公文的,不能认定为本罪。多次盗窃或者抢夺民用机动车号牌的,以盗窃罪、抢夺罪论处。犯本罪的,根据刑法第 280 条第 1 款的规定处罚。

六、伪造公司、企业、事业单位、人民团体印章罪

伪造公司、企业、事业单位、人民团体印章罪,是指没有制作权限的人,擅自伪造公司、企业、事业单位、人民团体的印章的行为。这里的公司、企业,包括国有公司、企业、集体性质的公司、企业以及私营和中外合资、中外合作的公司、企业。事业单位与人民团体,也没有所有制的限定。伪造印章,包括伪造印形与印影。由于只处罚伪造印章的行为,故正确区分印章与省略文书,是认定本罪的一个关键。如前所述,对于省略文书,不能认定为印章。但对邮政局的邮戳如何认识还需要研究。由于邮戳不仅显示了信件处理时间,而且表明了处理信件的主体(邮政局),故认定为印章比较合适。

公司、企业为了方便刻制多枚公司、企业印章的,不应认定为本罪。但是,公司、企业的股东等人在发生纠纷等情况下,为了控制公司、企业而私刻公司、企业印章的,不排除本罪的成立。

最高人民法院、最高人民检察院 2001 年 7 月 3 日《关于办理伪造、贩卖伪造的高等院校学历、学位证明刑事案件如何适用法律问题的解释》规定:“对于伪造高等院校印章制作学历、学位证明的行为,应当依照刑法第二百八十条第二款的规定,以伪造事业单位印章罪定罪处罚。明知是伪造高等院校印章制作的学历、学位证明而贩卖的,以伪造事业单位印章罪的共犯论处。”本书认为,明知是伪造高等院校印章制作的学历、学位证明而贩卖的,只有事前与伪造者通谋,才能认定为伪造事业单位印章罪的共犯;如果在伪造者伪造学历、学位证明后再贩卖的,即使明知为伪造的学历、学位证明,也不能认定为伪造事业单位印章罪的共犯;否则有悖于刑法总则关于共同犯罪的规定。

根据刑法第 280 条第 2 款的规定,犯本罪的,处 3 年以下有期徒刑、拘役、管制或者剥夺政治权利,并处罚金。

七、伪造、变造、买卖身份证件罪

伪造、变造、买卖身份证件罪,是指伪造、变造、买卖居民身份证、护照、社会保障卡、驾驶证等依法可以用于证明身份的证件的行为。

证明身份的证件必须由国家机关制作,[19]并且在外部具有证明身份的作用。虽然由国家机关制作,但仅在机关内部具有证明作用的,不是身份证件。例如,国家机关工作人员的工作证、出入证等不是身份证件。既然是身份证件,至少要有姓名、持证人照片以及其他必须具备的重要内容,否则不可能证明身份。所以,虽然有身份证号但没有持证人照片的机动车行驶证不属于身份证件。身份证件既可以是长期性的,也可以是临时性的或者短期性的。

伪造不仅包括无权制作身份证件的人擅自制作居民身份证件(有形伪造),而且包括有权制作人制作内容虚假的居民身份证件或者违反法律规定的身份证件(无形伪造)。例如,公安人员为张三制作姓名为李四的身份证件的,属于伪造。再如,在王五持有有效

---

〔19〕 国有事业单位能否制作身份证件,取决于相关事实与法律规定。

居民身份证的情况下,公安人员违反规定为王五制作另一个相同的有效居民身份证的,也属于伪造。变造,是指对真实有效的居民身份证件的非本质部分进行加工、修改;如果对真实有效的居民身份证件的本质部分进行加工、修改,则属于伪造居民身份证件。如更改真实身份证件的姓名、照片的行为,应认定为伪造居民身份证件。买卖是指买入或者卖出,既包括买入他人真实身份证件与卖出自己或者他人的真实身份证件的行为,也包括买入或者卖出伪造、变造的身份证件的行为。换言之,买卖居民身份证件,是指买卖应当由国家机关制作的居民身份证件。例如,清洁工拾得他人身份证后予以出卖的,应以本罪论处。再如,甲将身份信息提供给乙,让乙为自己伪造居民身份证件,并给予乙报酬的,对甲、乙均应以本罪论处。

由于刑法将居民身份证件从国家机关证件中独立出来,所以,盗窃、抢夺居民身份证件的行为不成立盗窃、抢夺国家机关证件罪。但是,由于居民身份证件具有重要的使用价值,所以,入户盗窃、携带凶器盗窃、扒窃居民身份证件或者多次盗窃、多次抢夺居民身份证件的,应当认定为盗窃罪、抢夺罪。

根据刑法第 280 条第 3 款的规定,犯本罪的,处 3 年以下有期徒刑、拘役、管制或者剥夺政治权利,并处罚金;情节严重的,处 3 年以上 7 年以下有期徒刑,并处罚金。

八、使用虚假身份证件、盗用身份证件罪

本罪是指在依照国家规定应当提供身份证明的活动中,使用伪造、变造的或者盗用他人的居民身份证、护照、社会保障卡、驾驶证等依法可以用于证明身份的证件,情节严重的行为。

本罪行为必须发生在依照国家规定应当提供身份证明的活动中。例如,根据《居民身份证法》的规定,公民在办理常住户口登记项目变更、兵役登记、婚姻登记、收养登记、申请办理出境手续等事项时,应当出示居民身份证。根据《出入境管理法》的规定,公民出境入境时应当向出入境边防检查机关交验本人的护照或者其他旅行证件等出入境证件。根据《反洗钱法》的规定,金融机构在与客户建立业务关系或者为客户提供规定金额以上的现金汇款、现钞兑换、票据兑付等一次性金融服务时,应当要求客户出示真实有效的身份证件。

使用伪造、变造的身份证件,是指将伪造、变造的身份证件作为真实的身份证件而使用。使用是指使身份证件的内容处于相对方认识或者可能认识的状态。使用的方法没有限制,包括出示、提供等。例如,在相对方要求察看身份证件时,行为人出示伪造、变造的身份证件供相对方察看的,属于使用;在相对方要求复印身份证件时,行为人将伪造、变造的身份证件提供给相对方复印的,也是使用。但是,单纯提供伪造、变造的身份证件复印件的,不宜认定为使用伪造、变造的身份证件。单纯携带伪造、变造的身份证件的,也不属于使用。

盗用他人的身份证件,是指将他人的身份证件当做证明自己身份的证件而使用。违反身份证件持有人的意志而使用的,显然属于盗用。例如,窃取、夺取、拾取他人身份证件进而冒用的,就是违反持有人的意志而使用的情形。征得持有人同意或者与持有人串通而冒用持有人的身份证件的,也不能排除在盗用之外。例如,甲征得乙的同意,在申请取得剧毒化学品购买许可证时使用乙的身份证件的,也属于盗用。再如,A 在婚姻登记时,使用 B 的身份证件的,即使经过了 B 的同意,当然也是盗用;张三经过李四的同意,以李四的身份证件为根据申请服兵役的,无疑属于盗用。[20] 所以,盗用不是相对于身份证件的持有人而言,而是相对于验证身份的一方而言。换言之,凡属于冒用他人身份证件的,就构成盗用。一种观点指出:"经过身份证件持有人本人同意或者与其串通,冒用证件所有人名义从事相关经济活动的……行为因为不存在盗用本人名义的情况,因而不属于本款规定的'盗用'。"[21] 本书不赞成这种观点。因为本罪的设立是为了保护身份证件的公共信用,而不只是为了保护身份证件持有人的利益。即便征得身份证件持有人的同意,也会侵害身份证件的公共信用,所以,身份证件持有人的同意,并不阻却违法性。不仅如此,身份证件持有人还可能构成共犯乃至共同正犯,例如,对上述乙、B以及李四的行为(明知甲、A、张三冒用自己的身份证件却将身份证件提供给对方)应以本罪论处。

值得研究的问题是,相对方明知行为人提供伪造、变造的身份证件或者盗用他人的身份证件时,乃然办理相关事项的,应当如何处理？本书的看法是,相对方的明知不影响使用者的行为构成本罪;不仅如此,相对方也可能成立本罪的共犯。例如,在A利用伪造的身份证件申请开设银行账户时,银行工作人员B明知是伪造的身份证件而为其开设银行账户的,A的行为成立本罪,B则是本罪的共犯。

使用伪造、变造的或者盗用他人的身份证件,情节严重的,才成立本罪。对于使用或者盗用的次数多、数量大,严重扰乱相关事项的管理秩序,以及严重损害身份证件持有人的利益的行为,应当以本罪论处。对于使用他人身份证件在宾馆开房用于吸毒的,宜认定为本罪。

实施本罪行为同时构成其他犯罪的,属于想象竞合,从一重罪处罚。例如,使用伪造、变造的社会保障卡或者盗用他人的社会保障卡骗取社会保险金的,同时触犯了本罪与诈骗罪,应当适用诈骗罪的法定刑。

根据刑法第280条之一的规定,犯本罪的,处拘役或者管制,并处或者单处罚金。

九、非法生产、买卖警用装备罪

非法生产、买卖警用装备罪,是指自然人或者单位,故意非法生产、买卖人民警察制式服装、车辆号牌等专用标志、警械,情节严重的行为。非法生产包括两种情况:一是无资格生产而生产;二是指定生产的单位或者个人不按规定的规格、品种、数量、标号等进行生产。非法买卖也包括两种情况:一是无资格买卖而买卖;二是指定生产的单位或个人擅自买卖。根据立案标准,具有下列情形之一的,应予立案追诉:(1)非法生产、买卖成套制式服装30套以上,或者非成套制式服装100件以上的;(2)非法生产、买卖手铐、脚镣、警用抓捕网、警用催泪喷射器、警灯、警报器单种或者合计10件以上的;(3)非法生产、买卖警棍50根以上的;(4)非法生产、买卖警衔、警号、胸章、臂章、帽徽等警用标志单种或者合计100件以上的;(5)非法生产、买卖警用号牌、省级以上公安机关专段民用车辆号牌1副以上,或者其他公安机关专段民用车辆号牌3副以上的;(6)非法经营数额5000元以上,或者非法获利1000元以上的;(7)非法生产、买卖的专用标志、警械被他人利用进行违法犯罪活动的;(8)其他情节严重的情形。犯本罪的,根据刑法第281条的规定处罚。

---

〔20〕 在甲代为办理乙的业务或者事项,相对方要求出示乙的身份证件时,甲出示乙的身份证件的,不可能属于盗用。但是,倘若甲出示丙的身份证件时,则是盗用丙的身份证件。

〔21〕 郎胜主编:《中华人民共和国刑法释义》,法律出版社2015年第6版,第476~477页。

十、非法获取国家秘密罪

非法获取国家秘密罪,是指以窃取、刺探、收买方法,非法获取国家秘密的行为。国家秘密包括国家绝密、国家机密与国家秘密。国家秘密的保密期限已满、自行解密后,不再成为本罪的对象;原本不属于国家秘密却有国家秘密标志的,不是国家秘密;即使行为人自以为是国家秘密而获取,也属于不可罚的不能犯(不得认定为未遂犯)。窃取、刺探、收买行为,与刑法第111条规定的窃取、刺探、收买行为的含义相同(参见第十八章第四节"二")。获取国家秘密,包括直接取得国家秘密和通过获取国家秘密的载体进而取得国家秘密。非法获得了国家秘密的,成立本罪既遂。本罪的责任形式为故意,行为人必须认识自己非法获取的是或者可能是国家秘密,[22]但不要求认识到国家秘密的密级,也不要求具有特定目的。但是,行为人为境外机构、组织、人员窃取、刺探、收买国家秘密的,成立刑法第111条规定的犯罪。行为人实施窃取、刺探、收买国家秘密的行为时,没有非法提供给境外机构、组织、人员的故意,但非法获取国家秘密之后,非法提供给境外机构、组织或人员的,因为侵害的法益具有同一性,属于包括的一罪,按刑法第111条规定的犯罪处理,不必实行数罪并罚。行为人原本故意盗窃财物但客观上盗窃了国家秘密的,不能认定为非法获取国家秘密罪。犯本罪的,根据刑法第282条第1款的规定处罚。

十一、非法持有国家绝密、机密文件、资料、物品罪

本罪是指非法持有属于国家绝密、机密的文件、资料或者其他物品,拒不说明其来源与用途的行为。属于国家绝密、机密的文件、资料或者其他物品,实际上是指国家绝密、机密的载体。非法持有包括两种行为:一是不应知悉某项国家绝密、机密的人员携带、存放属于该项国家绝密、机密的文件、资料或其他物品;二是可以知悉某项国家绝密、机密的人员,未经办理手续,私自携带、存放属于该项国家绝密、机密的文件、资料或其他物品。实施非法持有行为,说明其来源与用途的,不成立本罪;但仅说明来源或者仅说明用途的,仍然成立本罪。犯本罪的,根据刑法第282条第2款的规定处罚。

十二、非法生产、销售专用间谍器材、窃听、窃照专用器材罪

本罪是指自然人或者单位非法生产、销售专用间谍器材或者窃听、窃照专用器材的行为。根据《国家安全法实施细则》的有关规定,专用间谍器材,是指进行间谍活动特别需要的下列器材:(1)暗藏式窃听、窃照器材;(2)突发式收发报机、一次性密码本、密写工具;(3)用于获取情报的电子监听、截收器材;(4)其他专用间谍器材。非法生产、销售,既包括无资格者生产、销售,也包括有资格者不按有关规定生产、销售。犯本罪的,根据刑法第283条的规定处罚。

十三、非法使用窃听、窃照专用器材罪

本罪是指非法使用窃听、窃照专用器材,造成严重后果的行为。非法使用,是指无权使用而使用以及不按规定使用窃听、窃照专用器材。非法使用造成严重后果的,才成立本罪。非法生产窃听、窃照等专用器材后又非法使用的,应当实行数罪并罚。非法使用窃

---

〔22〕 事实上,有些国家秘密并没有国家秘密标志,因而存在争议(《保守国家秘密法》第20条规定:"机关、单位对是否属于国家秘密或者属于何种密级不明确或者有争议的,由国家保密行政管理部门或者省、自治区、直辖市保密行政管理部门确定。")在判断行为人是否认识到国家秘密时,不能仅根据所非法获取的对象是否有国家秘密标志得出结论,还需要从获得的途径、方式、内容等方面进行判断。

听、窃照专用器材窃取他人商业秘密、窃取国家秘密的，属于想象竞合，从一重罪处罚。犯本罪的，根据刑法第284条的规定处罚。

十四、组织考试作弊罪

本罪是指在法律规定的国家考试中组织作弊，以及为组织作弊提供作弊器材或者其他帮助的行为。

"法律规定的国家考试"，是指依照法律的明文规定所组织的考试。公务员法、法官法、教育法、高等教育法、警察法、教师法、执业医师法、注册会计师法、道路交通安全法、海关法、动物防疫法、旅游法、证券投资基金法、统计法、公证法等法律都规定了相关行业、部门的从业人员应当通过考试取得相应的资格或入职条件。法律规定的国家考试不限于由国家统一组织的考试。换言之，地方或者行业依照法律规定组织的考试，也属于法律规定的国家考试。例如，国家公务员考试与地方公务员考试，均属于法律规定的国家考试。再如，机动车驾驶执照的考试也属于法律规定的国家考试。

组织作弊，是指组织、策划、指挥多人进行考试作弊，或者从事考试作弊的经营行为。组织行为虽然不排除集团犯罪的形式，但不必形成犯罪集团与聚众犯罪，单个人组织他人进行考试作弊的，也能成立本罪。行为人为特定的应考人寻找替考者，而没有组织多人替考的，不应认定为本罪（可成立代替考试罪的共犯）。但是，行为人在不特定的应考人与替考者之间从事中介服务的，则应认定为本罪。

刑法第284条之一第2款明文规定，为组织作弊提供作弊器材或者其他帮助的，按组织考试作弊罪的法定刑处罚。但本规定不是典型的帮助犯的正犯化，只是帮助犯量刑的正犯化。如果乙为甲组织作弊提供了作弊器材，但甲并没有实施组织作弊行为的，不存在任何法益侵害与危险，对乙的行为不能以犯罪论处。只有当甲利用乙提供的作弊器材组织他人作弊时，才能认定乙的行为构成组织考试作弊罪。所以，第284条之一第2款规定的行为依然是帮助行为，而不是正犯行为。

为了组织考试作弊而伪造、变造身份证件的，是本罪与伪造、变造身份证的牵连犯，从一重罪处罚。

根据刑法第284条之一第1款的规定，犯本罪的，处3年以下有期徒刑或者拘役，并处或者单处罚金；情节严重的，处3年以上7年以下有期徒刑，并处罚金。

十五、非法出售、提供试题、答案罪

本罪是指为实施考试作弊行为，向他人非法出售或者提供法律规定的国家考试的试题、答案的行为。行为人向任何参加法律规定的国家考试的人员、亲友或者其他相关人员提供试题、答案的，均成立本罪。行为人向组织作弊的人员提供试题、答案的，同时触犯了本罪与组织考试作弊罪，属于包括的一罪，宜按本罪论处。[23] 行为人所提供的试题、答案应是真实的，而不是虚假的，但只要求部分真实，所以，存在部分虚假时不影响本罪的成立。出售、提供试题、答案的行为应在考试前或者考试过程中，考试结束后出售、提供试

[23] 这种行为在本罪中是典型的正犯行为，而在组织考试作弊罪中则是帮助行为，由于两罪的法定刑相同，故按本罪的正犯处理更为合适。

题、答案的,不成立本罪。[24] 本罪是典型的正犯行为,所以,即使获得试题、答案的人员没有利用行为人所出售、提供的试题、答案,也不影响本罪的成立。行为同时触犯泄露国家秘密罪的,属于想象竞合,从一重罪处罚。犯本罪的,根据刑法第 284 条之一第 1 款的规定处罚。

十六、代替考试罪

代替考试罪,是指代替他人或者让他人代替自己参加法律规定的国家考试的行为。一般来说,代替他人考试的人(替考人)与让他人代替自己参加考试的人(应考人)会形成共犯关系(可谓对向性的共同正犯),但也不尽然。例如,应考人丙因生病住院不能参加考试,丙的父亲乙让甲代替丙参加考试,但丙并不知情。此时,甲是代替考试,乙不是"让他人代替自己参加考试",而是"代替他人参加考试"的教唆犯。为特定的应考人寻找替考人的,成立本罪的共犯。为了代替考试而伪造、变造身份证件的,成立牵连犯,从一重罪处罚。根据刑法第 284 条之一第 4 款的规定,犯本罪的,处拘役或者管制,并处或者单处罚金。

十七、非法侵入计算机信息系统罪

非法侵入计算机信息系统罪,是指自然人或者单位违反国家规定,侵入国家事务、国防建设、尖端科学技术领域的计算机信息系统的行为。

违反国家规定,是指违反全国人民代表大会及其常委会制定的法律和决定,国务院制定的行政法规、规定的行政措施、发布的决定和命令。根据"两高"2011 年 8 月 1 日《关于办理危害计算机信息系统安全刑事案件应用法律若干问题的解释》(以下简称《计算机案件解释》)的规定,计算机信息系统,是指具备自动处理数据功能的系统,包括计算机、网络设备、通信设备、自动化控制设备等。对于是否属于"国家事务、国防建设、尖端科学技术领域的计算机信息系统"难以确定的,应当委托省级以上负责计算机信息系统安全保护管理工作的部门检验。司法机关根据检验结论,并结合案件具体情况认定。侵入,是指未取得有关部门的合法授权与批准,通过计算机终端访问国家事务、国防建设、尖端科学技术领域的计算机信息系统或者进行数据截收的行为。侵入其他计算机信息系统的行为不成立本罪。侵入行为是故意行为,过失进入国家重要的计算机信息系统的,不构成犯罪。侵入上述计算机信息系统窃取国家秘密或者构成其他犯罪的,按照刑法的有关规定定罪处罚(参见刑法第 287 条)。实施本罪行为,对军事通信造成破坏,同时构成刑法第 285 条、第 286 条、第 369 条第 1 款规定之罪的,依照处罚较重的规定定罪处罚。[25]

根据刑法第 285 条第 1 款的规定,犯本罪的,处 3 年以下有期徒刑或者拘役。单位犯本罪的,对单位判处罚金,并对其直接负责的主管人员和其他直接责任人员,依照上述规定处罚。

十八、非法获取计算机信息系统数据、非法控制计算机信息系统罪

本罪是指自然人或者单位违反国家规定,侵入国家事务、国防建设、尖端科学技术领

---

〔24〕 即使有些国家考试事后并不公布试题与答案,事后出售或者提供该试题或者答案的,也不应当以本罪论处。当然,如果反复使用相同试题,且禁止事后公布试题与答案的,则另当别论。

〔25〕 参见最高人民法院 2007 年 6 月 26 日《关于审理危害军事通信刑事案件具体应用法律若干问题的解释》第 6 条。

域的计算机信息系统以外（“前款规定之外”，亦即第285条第1款规定以外）的计算机信息系统或者采用其他技术手段，获取该计算机信息系统中存储、处理或者传输的数据，或者对该计算机信息系统实施非法控制，情节严重的行为。

本书认为，第285条第2款中的“前款规定之外”并不是真正的构成要件要素，只是表面要素或者界限要素。一方面，行为人虽然侵入了国家事务等计算机信息系统，但误以为只是侵入普通计算机信息系统进而获取相关数据的，不能认定为非法侵入计算机信息系统罪，但应认定为非法获取计算机信息系统数据罪。另一方面，行为人侵入国家事务、国防建设、尖端科学技术领域的计算机信息系统，获取该计算机信息系统中存储、处理或者传输的数据，或者对该计算机信息系统实施非法控制，情节特别严重的，应认定为非法获取计算机信息系统数据、非法控制计算机信息系统罪。因为本罪的法定刑重于非法侵入计算机信息系统罪，如果将“前款规定之外”理解为真正的构成要件要素，就会导致法条之间的不协调与处罚的不均衡。

只要是通过非法侵入方式或者其他技术手段，违反他人意志，获取他人计算机信息系统中存储、处理或者传输的部分数据或者全部数据的，均属于本罪的“获取”；获取后是否利用该数据，不影响本罪的成立。通过非法侵入方式或者其他技术手段，违反他人意志，完全控制或者部分控制他人计算机信息系统的（能够接受行为发出的指令，完成相应的操作），均属于“非法控制”。明知是他人非法控制的计算机信息系统，而对该计算机信息系统的控制权加以利用的，也属于“非法控制”。

根据《计算机案件解释》的规定，非法获取计算机信息系统数据或者非法控制计算机信息系统，具有下列情形之一的，应当认定为“情节严重”：（1）获取支付结算、证券交易、期货交易等网络金融服务的身份认证信息10组以上的；[26]（2）获取第（1）项以外的身份认证信息500组以上的；（3）非法控制计算机信息系统20台以上的；（4）违法所得5000元以上或者造成经济损失1万元以上的；[27]（5）其他情节严重的情形。

根据刑法第285条第2款的规定，犯本罪的，处3年以下有期徒刑或者拘役，并处或者单处罚金；情节特别严重的，处3年以上7年以下有期徒刑，并处罚金。[28] 单位犯本罪的，对单位判处罚金，并对其直接负责的主管人员和其他直接责任人员，依照上述规定处罚。

十九、提供侵入、非法控制计算机信息系统的程序、工具罪

本罪是指自然人或者单位提供专门用于侵入、非法控制计算机信息系统的程序、工具，或者明知他人实施侵入、非法控制计算机信息系统的违法犯罪行为而为其提供程序、工具，情节严重的行为。根据《计算机案件解释》的规定，具有下列情形之一的程序、工具，应当认定为“专门用于侵入、非法控制计算机信息系统的程序、工具”：（1）具有避开或者突破计算机信息系统安全保护措施，未经授权或者超越授权获取计算机信息系统数据的功能的；（2）具有避开或者突破计算机信息系统安全保护措施，未经授权或者超越授权

[26] 身份认证信息，是指用于确认用户在计算机信息系统上操作权限的数据，包括账号、口令、密码、数字证书等。

[27] “经济损失”，包括危害计算机信息系统犯罪行为给用户直接造成的经济损失，以及用户为恢复数据、功能而支出的必要费用。

[28] 关于具体量刑标准，参见《计算机案件解释》第1条。

对计算机信息系统实施控制的功能的;(3)其他专门设计用于侵入、非法控制计算机信息系统、非法获取计算机信息系统数据的程序、工具。[29] 具有下列情形之一的,应当认定为“情节严重”:(1)提供能够用于非法获取支付结算、证券交易、期货交易等网络金融服务身份认证信息的专门性程序、工具5人次以上的;(2)提供第(1)项以外的专门用于侵入、非法控制计算机信息系统的程序、工具20人次以上的;(3)明知他人实施非法获取支付结算、证券交易、期货交易等网络金融服务身份认证信息的违法犯罪行为而为其提供程序、工具5人次以上的;(4)明知他人实施第(3)项以外的侵入、非法控制计算机信息系统的违法犯罪行为而为其提供程序、工具20人次以上的;(5)违法所得5000元以上或者造成经济损失1万元以上的;(6)其他情节严重的情形。犯本罪的,根据刑法第285条第3款的规定处罚。[30]

二十、破坏计算机信息系统罪

破坏计算机信息系统罪,是指违反国家规定,对计算机信息系统功能进行删除、修改、增加、干扰,造成计算机信息系统不能正常运行,对计算机信息系统中存储、处理或者传输的数据和应用程序进行删除、修改、增加的操作,或者故意制作、传播计算机病毒等破坏性程序,影响计算机系统的正常运行,后果严重的行为。本罪的构成要件包括三种类型:

第一种类型是违反国家规定,对计算机信息系统功能进行删除、修改、增加、干扰,造成计算机信息系统不能正常运行,后果严重的行为。计算机信息系统功能,是指计算机系统内,按照一定的应用目标和规则,对信息进行采集、加工、存储、传输、检索等的功能。造成计算机信息系统不能正常运行,包括使计算机信息系统不能运行和不能按原来的设计要求运行。根据《计算机案件解释》,破坏计算机信息系统功能,具有下列情形之一的,应当认定为“后果严重”:(1)造成10台以上计算机信息系统的主要软件或者硬件不能正常运行的;(2)对20台以上计算机信息系统中存储、处理或者传输的数据进行删除、修改、增加操作的;(3)违法所得5000元以上或者造成经济损失1万元以上的;(4)造成为100台以上计算机信息系统提供域名解析、身份认证、计费等基础服务或者为1万以上用户提供服务的计算机信息系统不能正常运行累计1小时以上的;(5)造成其他严重后果的。

第二种类型是违反国家规定,对计算机信息系统中存储、处理或者传输的数据和应用程序进行删除、修改、增加的操作,后果严重的行为。后果严重的认定标准与第一种类型相同。

第三种类型是制作、传播计算机病毒等破坏性程序,影响计算机系统的正常运行,后果严重的行为。破坏性程序,是指隐藏在可执行程序或数据中在计算机内部运行的一种干扰程序,其中典型的是计算机病毒。计算机病毒,是指在计算机中编制的或者在计算机程序中插入的破坏计算机功能或者毁坏数据,影响计算机使用,并能自我复制的一组计算机指令或者程序代码。它具有可传播、可激发和可潜伏性,对于各种类型的计算机和计算机网络都具有巨大的危害性和破坏性。根据《计算机案件解释》的规定,具有下列情形之一的程序,应当认定为“计算机病毒等破坏性程序”:(1)能够通过网络、存储介质、文件等

---

〔29〕 对于是否属于“专门用于侵入、非法控制计算机信息系统的程序、工具”难以确定的,应当委托省级以上负责计算机信息系统安全保护管理工作的部门检验。司法机关根据检验结论,并结合案件具体情况认定。

〔30〕 关于具体量刑标准,参见《计算机案件解释》第3条。

媒介，将自身的部分、全部或者变种进行复制、传播，并破坏计算机系统功能、数据或者应用程序的；(2)能够在预先设定条件下自动触发，并破坏计算机系统功能、数据或者应用程序的；(3)其他专门设计用于破坏计算机系统功能、数据或者应用程序的程序。制作，是指故意设计、编制计算机病毒等破坏性程序；传播，是指向计算机输入破坏性程序，或者将已输入破坏性程序的软件加以派送、散发、销售。故意制作、传播计算机病毒等破坏性程序，具有下列情形之一的，应当认定为"后果严重"：第一，制作、提供、传输上述第(1)种程序，导致该程序通过网络、存储介质、文件等媒介传播的；第二，造成20台以上计算机系统被植入上述第(2)、(3)种程序的；第三，提供计算机病毒等破坏性程序10人次以上的；第四，违法所得5000元以上或者造成经济损失1万元以上的；第五，造成其他严重后果的。

本罪的责任形式为故意，即明知自己的行为会发生影响计算机系统正常运行等结果，并且希望或者放任这种结果的发生。

对于利用计算机病毒等破坏性程序非法占有他人财物的或者实施其他犯罪的，应当依照刑法的有关规定定罪处罚。例如，利用计算机病毒盗窃财物的，应认定为盗窃罪。但是，如果按照其他犯罪论处不能全面评价行为的不法内容的，则应认定为想象竞合，从一重罪处罚。例如，破坏计算机信息系统功能、数据或者应用程序，或者故意制作、传播计算机病毒等破坏性程序，影响计算机系统正常运行，达到后果特别严重的程度，但仅窃取数额较大财物的，应当认定为想象竞合，从一重罪处罚。

根据刑法第286条的规定，犯本罪的，处5年以下有期徒刑或者拘役；后果特别严重的，处5年以上有期徒刑。单位犯本罪的，对单位判处罚金，并对其直接负责的主管人员和其他直接责任人员，依照上述规定处罚。

二十一、拒不履行信息网络安全管理义务罪

本罪是指网络服务提供者不履行法律、行政法规规定的信息网络安全管理义务，经监管部门责令采取改正措施而拒不改正，情节严重的行为。

网络服务提供者包括网络接入服务提供者与网络内容服务提供者，包括自然人与单位。信息网络安全管理义务，仅限于法律、行政法规明文规定的义务，而且应是命令规范设置的义务。例如，全国人大常委会2012年12月28日《关于加强网络信息保护的决定》第4条规定："网络服务提供者和其他企业事业单位应当采取技术措施和其他必要措施，确保信息安全，防止在业务活动中收集的公民个人电子信息泄露、毁损、丢失。在发生或者可能发生信息泄露、毁损、丢失的情况时，应当立即采取补救措施。"第5条规定："网络服务提供者应当加强对其用户发布的信息的管理，发现法律、法规禁止发布或者传输的信息的，应当立即停止传输该信息，采取消除等处置措施，保存有关记录，并向有关主管部门报告。"不履行信息网络安全管理义务，是指没有按照法律、行政法规的规定履行作为义务，如发现法律、行政法规禁止发布的信息后，没有采取消除该信息等处理措施。

单纯不履行信息网络安全管理义务的行为，并不成立犯罪，只有经监管部门责令采取改正措施而拒不改正的，才可能成立本罪。监管部门，是指依照法律、行政法规的规定对网络服务提供者负有监督管理职责的部门。"责令"应限于正式的书面责令，而且应当以监管部门的名义责令；监管部门内的个人的口头责令不包含在内。责令的"改正措施"必须具体、明确；单纯要求一般性改正或者改进的，不包括在内。"拒不改正"，是指在收到监管部门的正式改正通知后，能够改正而不改正。在两个监管部门责令的改正措施发生冲突的场合,只要网络服务提供者履行了其中一个监管部门的改正措施,就不得以本罪论处。

根据刑法第286条之一第1款的规定,拒不改正情节严重的,才成立本罪。情节严重包括以下情形:(1)致使违法信息大量传播的;(2)致使用户信息泄露,造成严重后果的;(3)致使刑事案件证据灭失,情节严重的;(4)有其他严重情节的。应当注意的是,在合理改正期限之前已经形成的事实,不能作为本罪的情节。例如,在收到责令通知之前,已经传播的违法信息,不能计入"违法信息大量传播"之内。再如,在收到责令通知之前,已经泄露的用户信息及其造成的后果,以及已经灭失的刑事案件证据,不能作为本罪的情节。

本罪的责任形式为故意。行为人误以为信息不违法而没有采取改正措施的,属于事实认识错误,阻却故意的成立。

根据刑法第286条之一的规定,犯本罪的,处3年以下有期徒刑、拘役或者管制,并处或者单处罚金;单位犯前款罪的,对单位判处罚金,并对其直接负责的主管人员和其他直接责任人员,依照上述规定处罚。犯本罪同时构成其他犯罪的,依照处罚较重的规定定罪处罚。

二十二、非法利用信息网络罪

根据刑法第287条之一的规定,非法利用信息网络罪包括三种类型:(1)设立用于实施诈骗、传授犯罪方法、制作或者销售违禁物品、管制物品等违法犯罪活动的网站、通讯群组,情节严重的;(2)发布有关制作或者销售毒品、枪支、淫秽物品等违禁物品、管制物品或者其他违法犯罪信息,情节严重的;(3)为实施诈骗等违法犯罪活动发布信息,情节严重的。

成立第(1)种类型的犯罪,要求行为人设立的网站、通讯群组客观上主要用于实施诈骗、传授犯罪方法等犯罪活动;行为人设立网站、通讯群组的主观目的是为了实施犯罪活动;此外还必须情节严重。虽然法条表述为"违法犯罪活动",但本书认为,如果设立网站、通讯群组仅仅用于实施一般违法活动的,不应当以犯罪论处。

成立第(2)种类型的犯罪,要求行为人故意发布违法犯罪信息,并且情节严重。一种观点认为:"这里的违法犯罪信息主要是指制作、销售毒品、枪支、淫秽物品等违禁物品、管制物品的信息,但不限于这些信息,即还包括'其他违法犯罪信息'。实践中比较常见的发布'其他违法犯罪信息'的行为,有发布招嫖、销售假证、假发票、赌博、传销的信息等……本项规定的发布违法犯罪信息,其发布途径更为广泛,即不仅包括在网络、通讯群组中发布违法犯罪信息,还包括通过广播、电视等其他信息网络发布信息。"[31]但是,这样释义是否合适,还值得研究。诚然,发布任何违法信息都是没有社会价值的,不值得保护。问题是,单纯以发布的信息内容是否违法为标准来判断行为是否成立犯罪,必然导致本罪的处罚范围过于宽泛,不符合罪刑法定主义的精神。例如,吸毒是违法行为,也有人在网络上发布有关如何吸毒或者如何制作吸毒工具的信息,但是,如果将这种行为认定为"发布违法信息"进而将这种行为认定为犯罪,就明显不当。这是因为,从体系解释的角度来说,刑法原本仅规定了传授犯罪方法罪,而没有将传授一般违法方法的行为规定为犯罪。再如,卖淫女发布招嫖信息的,也不值得科处刑罚。这是因为,既然卖淫行为本身只是一

〔31〕 郎胜主编:《中华人民共和国刑法释义》,法律出版社2015年第6版,第504页。

般违法行为，而不构成犯罪，那么，为了卖淫所实施的准备行为，更不应当以犯罪论处。又如，通过短信邀约他人参与一般性赌博活动的行为，虽然符合“发布违法信息”的字面含义，但也不应当以非法利用信息网络罪论处。在本书看来，只能从预备行为的实行行为化或者预备犯的既遂犯化的角度来理解本项规定。亦即，本项规定的实质是将部分犯罪的预备行为提升为实行行为，完成了预备行为的就视为犯罪既遂。所以，只有发布违法犯罪信息属于相应犯罪的预备行为，而且情节严重时，才能成立非法利用信息网络罪。这样理解也与刑法第22条关于犯罪预备的处罚规定相协调。亦即，虽然刑法第22条规定原则上处罚预备犯，但实际上处罚预备犯属于例外，只有情节严重的预备犯才可能受刑罚处罚。刑法第287条之一第1款第2项的规定虽然将预备行为提升为实行行为，但该行为并不是像实行行为那样有造成法益侵害的紧迫危险，实际上依然是预备犯，而且法条将情节严重规定为构成要件要素。所以，行为人虽然发布一般违法信息，但发布该信息并不是为相应犯罪作准备的，或者虽然是为相应犯罪作准备，但情节并不严重的，不能以犯罪论处。

成立第(3)种类型的犯罪，要求行为人为实施诈骗等违法犯罪发布信息，并且情节严重。在本书看来，这种行为实际上也是诈骗等犯罪的预备行为。虽然法条表述为“为实施……违法犯罪活动发布信息”，但为实施一般违法活动而发布信息的，不应当以犯罪论处。否则，就破坏了法秩序的统一性。

根据刑法287条之一的规定，犯本罪的，处3年以下有期徒刑或者拘役，并处或者单处罚金；单位犯前款罪的，对单位判处罚金，并对其直接负责的主管人员和其他直接责任人员，依照上述规定处罚。实施本罪行为同时构成其他犯罪的，依照处罚较重的规定定罪处罚。

二十三、帮助信息网络犯罪活动罪

本罪是指自然人或者单位明知他人利用信息网络实施犯罪，为其犯罪提供互联网接入、服务器托管、网络存储、通讯传输等技术支持，或者提供广告推广、支付结算等帮助，情节严重的行为。

问题一：本罪是否属于帮助犯的正犯化？

本书持否定回答，换言之，刑法第287条之二第1款并没有将帮助犯提升为正犯，只是对其规定了独立的法定刑，而不再适用刑法总则关于帮助犯（从犯）的处罚规定。这是根据共犯从属性的原理、相关犯罪的保护法益以及相关行为是否侵犯法益及其侵犯程度得出的结论。首先，在A明知B将要或者正在实施网络诈骗犯罪时，A为B提供互联网接入、服务器托管、网络存储、通讯传输等技术支持，或者提供广告推广、支付结算等帮助行为（以下一般仅表述为“提供互联网技术支持”），B利用了A所提供的技术时，A的行为是否侵犯了法益以及侵犯程度如何？可以肯定的是，如果B实施网络诈骗行为，骗取了数额较大财物，直接造成了法益侵害结果，就可以肯定A的行为与该结果之间具有物理的因果性，所以，对A的行为应以犯罪论处。其次，在甲明知乙可能或者将要实施网络诈骗犯罪，便主动为乙提供互联网技术支持，但乙根本没有实施网络诈骗犯罪时，甲的行为是否侵害了法益？本书对此持否定回答。一方面，乙没有实施任何不法侵害行为；另一方面，甲提供互联网技术支持的行为本身不可能侵犯任何法益。所以，对于甲的行为不可能以犯罪论处（也可以认为，甲的行为属于不能犯）。最后，张三明知李四正在实施网络诈骗犯罪,便主动为李四提供互联网技术支持,但李四并未利用张三所提供的技术时,张三的行为是否侵犯了法益以及侵犯程度如何?显而易见,在上述情况下,即使李四的行为骗取了他人数额较大的财物,但这一结果与张三的行为之间不具有因果性,或者说,张三的行为对李四骗取财物的侵害结果没有起任何作用。而且,刑法第287条之二第1款并不是只要求提供互联网技术支持的行为人明知他人利用信息网络实施犯罪,还要求客观上"为其犯罪提供互联网……技术支持",但张三的行为明显不符合这一要件。此外,张三的行为本身也不可能独立地侵害法益。既然如此,对张三的行为就不应以犯罪论处。

不难看出,不管是从字面含义上解释刑法第287条之二第1款的规定,还是对该款规定进行实质分析,都应当认为,该款规定并没有将帮助犯正犯化,只是对特定的帮助犯规定了量刑规则。其一,为他人犯罪提供互联网技术支持的行为依然是帮助行为,其成立犯罪以正犯实施了符合构成要件的不法行为为前提。其二,教唆他人实施上述帮助行为的,不成立教唆犯,仅成立帮助犯;单纯帮助他人实施帮助行为,而没有对正犯结果起作用的,就不受处罚。其三,对于实施本款行为构成本罪的行为人不得依照刑法总则第27条的规定从轻、减轻处罚或者免除处罚,只能直接按照第287条之二第1款的法定刑处罚。基于同样的理由,帮助信息网络犯罪活动罪的设立,并不意味着刑法对帮助犯采取了独立性说。

问题二:既然本罪并不是帮助犯的正犯化,为什么要设立本罪?

如所周知,信息网络共同犯罪有三个重要特点:其一,行为主体完全可能不在同一个城市,乃至不在同一个国家,行为主体之间可能互不相识。其二,在客观上,各共犯人只是分担部分行为,而且实行行为、帮助行为都具有隐蔽性。其三,在主观上,各共犯人的意思联络具有不确定性或者不明确性;而且,在许多情况下,部分共犯人表现为一种间接故意的心理状态。这三个特点导致司法实践中经常出现只能抓获帮助者,而不能抓获正犯的现象。按照传统的共同犯罪理论,倘若没有查明正犯是谁,就不可能知道正犯是否达到刑事责任年龄,是否具有刑事责任能力,是否具有故意,以及帮助者与正犯是否具有共同的犯罪故意,因而不可能认定实施帮助行为的人与正犯构成共同犯罪。立法机关正是以传统共同犯罪理论为根据增设帮助信息网络犯罪活动罪的。[32]

但是,按照本书的观点,只要正犯的行为符合构成要件并且违法,不管正犯是否具有责任,即不管正犯是否具有责任能力以及是否具有故意,只要帮助行为与正犯的不法具有因果性,而且帮助者认识到了正犯的行为及其结果,就可以认定帮助犯的成立。换言之,只要现有证据表明他人(正犯)利用信息网络实施了符合构成要件的不法行为,根据限制从属性说的原理,实施帮助行为的人就成立帮助犯。至于他人究竟是谁、他人是否被查获、他人是否具有责任,都不影响帮助犯的成立。在此意义上说,即使不增设帮助信息网络犯罪活动罪,也完全能够妥当处理所有的帮助行为。[33] 事实上,最终认定为本罪的情形并不多。[34]

---

〔32〕 参见郎胜主编:《中华人民共和国刑法释义》,法律出版社2015年第6版,第505~506页。

〔33〕 换言之,《刑法修正案(九)》之所以增设帮助信息网络犯罪活动罪,是以传统的共同犯罪理论为前提的。倘若以不法为重心、以正犯为中心、以因果性为核心认定共同犯罪,则没有必要增设本罪。

〔34〕 当然,也不能完全否认可以成立本罪的情形。例如,甲以为乙利用信息网络实施诈骗犯罪,为其提供了互联网接入等技术支持,但是,乙事实上利用信息网络实施了传播淫秽物品犯罪。甲不可能成立传播淫秽物品罪的共犯,也不可能成立诈骗罪的共犯,但能成立本罪。

问题三：本罪的设立是为了限制处罚范围还是为了扩大处罚范围？

首先，从法条文字表述以及与相关犯罪的比较来说，刑法第287条之二的规定没有扩大处罚范围。根据刑法关于共同犯罪的规定及其原理，只要行为人明知他人犯罪而为其提供帮助，该帮助行为与正犯结果具有因果性的，就应当以共犯论处，而不以帮助行为"情节严重"为前提，只不过应当适用刑法第27条的从宽处罚规定。刑法与单行刑法关于帮助犯的规定，都没有将情节严重作为帮助犯的成立条件，以往的司法解释也没有将"情节严重"规定为帮助犯的成立条件。根据刑法第287条之二的规定，在行为人明知他人实施信息网络犯罪的情况下，提供互联网技术支持等帮助行为，只有"情节严重"的，才能认定为帮助信息网络犯罪活动罪。这足以说明，刑法第287条之二的规定，并没有扩大帮助犯的处罚范围，相反，因为"情节严重"的要求而明显缩小了处罚范围。

其次，不应当认为刑法第287条之二处罚所有的中立帮助行为。可以肯定的是，本条规定的行为没有排除中立的帮助行为，或者说包括了中立的帮助行为。换言之，网络平台提供者与连接服务商的业务行为，也完全可能为他人的信息网络犯罪提供帮助，因而属于比较典型的中立的帮助行为。倘若认为，刑法第287条之二对任何中立的帮助行为都实行了正犯化，就无疑扩大了处罚范围。但在本书看来，还难以得出这样的结论。换言之，对于刑法第287条之二的规定，也可以朝着限制中立帮助行为的处罚范围的方向进行解释。亦即，只有情节严重的中立的帮助行为，才成立犯罪。情节严重是指不法方面的情节，但这并不意味着只要不法方面的情节严重，就一定成立犯罪，因为没有责任的不法既不能成立犯罪，也不能影响量刑。所以，前提是不法方面的情节严重，而且行为人对情节严重的不法具有责任。基于以下三个理由，对于以业务行为表现出来的中立的帮助行为，一般不应认定为情节严重，即一般不应以帮助信息网络犯罪活动罪论处。其一，就中立的帮助行为而言，虽然不可否认其对他人的信息网络犯罪起到了促进作用，但仅此还不能认定为情节严重。网络空间是一个大平台，在这个平台上，谁上传信息谁就对信息内容负责。上传违法信息造成法益侵害结果时，只能由违法信息上传者负责，而不可能由网络平台提供者负责。网络连接服务商为信息传播提供光缆、路由、交换机等基础设施，为用户提供互联网接入服务，或者为用户提供电子邮件账号等。至于用户如何使用这些基础设施、接入服务与电子邮件等，当然应由用户负责，而不能将用户行为造成的结果归属于网络连接服务商。其二，在结果应当归属于帮助行为时，还需要通过法益衡量判断提供互联网技术支持的行为所带来的利益是否小于该行为所间接造成的法益侵害。如果得出否定结论，就应当阻却刑法上的违法性。信息网络已经成为国民的日常生活必需要品，从总体上说，其给国家、社会与国民带来的利益之大，远远超过了其间接造成的法益侵害。即使在许多情况下，难以进行具体的法益衡量，但考虑到作为业务行为而实施的网络中立帮助行为对社会发展具有重要意义，也应当认为，其对他人信息网络犯罪所起的促进作用没有达到情节严重的程度。其三，从期待可能性的角度来说，也不可能要求网络平台提供者与网络连接服务商对用户的犯罪结果承担责任。

总之，网络平台提供者与连接服务商实施的中立帮助行为，原则上不符合"情节严重"的要求，因而原则上不承担刑事责任。反过来说，只有情节严重时，才能适用刑法第287条之二的规定。至于情节是否严重，需要根据全部事实进行综合判断，例如，对正犯起帮助作用的行为是否明显超出业务范围，被帮助的信息网络犯罪活动的不法程度，帮助行为对正犯结果所起的作用大小,所帮助的信息网络犯罪活动的数量多少,如此等等。

问题四:如何理解“同时构成其他犯罪”?

刑法第287条之二第3款规定:“有前两款行为,同时构成其他犯罪的,依照处罚较重的规定定罪处罚。”首先需要指出的是,虽然刑法第287条之二第1款明文表述的是“帮助”,如果某种行为虽然表现为提供互联网技术支持,或者提供广告推广、支付结算等帮助,但完全符合共同正犯的成立条件时,就不应当适用刑法第287条之二第1款的规定,而应直接认定为相关信息网络犯罪的共同正犯。例如,与他人通谋,为赌博网站担任代理并接受投注的,是开设赌场罪的共同正犯,[35]而不是单纯的帮助犯。

需要讨论的是,在帮助行为符合刑法第287条之二第1款规定的构成要件,原本可以适用第1款的法定刑时,在什么情况下可以适用同条第3款?换言之,如何理解第3款的“同时构成其他犯罪”?

第一,同时构成其他犯罪的,必须是一个行为。如果数个行为中,一个行为触犯第1款,另一行为触犯其他犯罪的,就应当实行数罪并罚。

第二,行为符合第287条之二第1款的规定,同时构成另一犯罪的从犯时,需要比较法定刑的轻重与量刑情节,按处罚较重的犯罪处罚。例如,甲提供互联网技术支持的行为,仅成立网络盗窃的从犯,但正犯乙窃取他人数额巨大的财物。此时,乙与甲所适用的法定刑均为“三年以上十年以下有期徒刑”。倘若根据具体案情,认为对甲只能从轻处罚,那么,对甲就应以盗窃罪的从犯从轻处罚。倘若根据具体案情,认为对甲应当减轻处罚,由于盗窃罪的第一档法定刑轻于刑法第287条之二第1款的法定刑,故对于甲仍应以帮助信息网络犯罪活动罪论处。

在此会存在争议问题。刑法第287条之二第1款的规定,属于帮助犯的量刑规则,既然如此,对符合该款规定的帮助行为,就不得适用刑法第27条的规定从轻、减轻处罚或者免除处罚。那么,在符合该款规定的行为同时构成另一犯罪的从犯时,是否都只能按照该款规定以帮助信息网络犯罪活动罪处罚呢?本书对此持否定回答。例如,A为B等人的网络诈骗提供支付结算帮助,使得B等人骗取多名被害人100余万元的金钱。此时,A的行为不仅构成帮助信息网络犯罪活动罪,而且构成诈骗罪的从犯。如前所述,所谓帮助犯的量刑规则,是指当对A的行为仅适用刑法第287条之二第1款的规定时,应当按该款规定的法定刑处罚,不得适用从犯从宽处罚的规定。但是,当A的行为同时构成诈骗罪的从犯,而且应当以诈骗罪的从犯论处时,当然应当适用刑法总则关于对从犯应当从宽处罚的规定。然而,之所以对A以诈骗罪的从犯论处,是因为数额特别巨大的诈骗罪的法定刑高,即使对A从轻、减轻处罚也会重于刑法第287条之二第1款的法定刑。所以,在对A以诈骗罪的从犯论处时,量刑不得低于刑法第287条之二第1款的法定刑,更不得免除处罚。

第三,行为符合第287条之二第1款的规定,同时构成另一犯罪的共同正犯,另一犯罪的法定刑高于刑法第287条之二第1款的法定刑时,应当按照另一犯罪的共同正犯论处。例如,倘若A提供互联网技术支持的行为,与网络诈骗的正犯B构成共同正犯,骗取数额巨大或者特别巨大财物时,对A应当以诈骗罪的共同正犯论处,而不能适用刑法第

〔35〕 参见“两高”、公安部2010年8月31日《关于办理网络赌博犯罪案件适用法律若干问题的意见》。

287 条之二第 1 款的法定刑。

问题是，如果提供互联网技术支持等帮助的行为虽然构成另一信息网络犯罪的共同正犯或者帮助犯，但另一信息网络犯罪的法定刑低于第 287 条之二第 1 款规定的法定刑时，应当如何处理？从刑法第 287 条之二第 3 款的规定来看，似乎应当以帮助信息网络犯罪活动罪论处，但这样的结论明显违反罪刑相适应原则。例如，张三明知李四利用网络广告对商品或者服务作虚假宣传，仍然为其提供广告推广且情节严重。虽然帮助信息网络犯罪活动罪的法定刑高于虚假广告罪的法定刑，但对张三不能以帮助信息网络犯罪活动罪论处。这是因为，既然正犯的行为构成虚假广告罪，最高只能处 2 年以下有期徒刑或者拘役，那么，即使将张三认定为共同正犯，也不可能适用刑法第 287 条之二第 1 款的规定，"处三年以下有期徒刑或者拘役"。倘若张三的行为不成立共同正犯，仅属于帮助行为，就更不可能适用刑法第 287 条之二第 1 款的规定，否则，就违反了罪刑相适应原则。[36] 由此看来，对刑法第 287 条之二第 3 款应当做限制解释，亦即，第 3 款中的"同时构成其他犯罪"，是指法定刑高于本条第 1 款法定刑的犯罪，而不包括法定刑低于本条第 1 款的犯罪。

根据刑法第 287 条之二的规定，犯本罪的，处 3 年以下有期徒刑或者拘役，并处或者单处罚金。单位犯前款罪的，对单位判处罚金，并对其直接负责的主管人员和其他直接责任人员，依照上述规定处罚。

二十四、扰乱无线电通讯管理秩序罪

本罪是指自然人或者单位违反国家规定，擅自设置、使用无线电台（站），或者擅自使用无线电频率，干扰无线电通讯秩序，情节严重的行为。根据最高人民法院 2000 年 5 月 12 日《关于审理扰乱电信市场管理秩序案件具体应用法律若干问题的解释》，违反国家规定，擅自设置、使用无线电台（站），或者擅自占用频率，非法经营国际电信业务或者涉港澳台电信业务进行营利活动，同时构成非法经营罪和扰乱无线电通讯管理秩序罪的，依照处罚较重的规定定罪处罚。根据最高人民法院 2007 年 6 月 26 日《关于审理危害军事通信刑事案件具体应用法律若干问题的解释》的规定，实施本罪行为，造成军事通信中断或者严重障碍，同时构成刑法第 288 条、第 369 条第 1 款规定的犯罪的，依照处罚较重的规定定罪处罚。犯本罪的，根据刑法第 288 条的规定处罚。

二十五、聚众扰乱社会秩序罪

（一）聚众扰乱社会秩序罪的概念与犯罪构成

聚众扰乱社会秩序罪，是指聚众扰乱社会秩序，情节严重，致使工作、生产、营业和教学、科研、医疗无法进行，造成严重损失的行为。本罪为必要的共犯。

1. 客观行为表现为聚众扰乱社会秩序。聚众，既包括首要分子纠集多人于一定地点，而成为可以从事共同扰乱行为的一群人的情形，也包括首要分子利用已经聚集的多人从事共同扰乱行为的情形。聚众的情况下，参与者往往处于随时增多与减少的状态。扰乱，是指造成社会秩序的混乱与社会心理的不安，具体表现为使社会秩序的有序性变为无序性，使社会秩序的稳定性变为动乱性，使社会秩序的连续性变为间断性。虽然法条没有限

---

〔36〕 当然，在这种情况下，也可以认为张三的行为并不属于刑法第 287 条之二第 1 款规定的"情节严重"，因而不以该罪论处。

定扰乱的方式,但本书认为,应当限定为暴力、胁迫方式的扰乱,其中的暴力既可以是对人暴力(如围攻、殴打有关人员),也可以是对物暴力(如砸毁财物、强占机关、单位的办公室、营业场所、生产车间等)。扰乱社会秩序,情节严重,致使工作、生产、营业和教学、科研、医疗无法进行,造成严重损失的,才成立本罪。换言之,除了扰乱社会秩序的行为之外,还必须同时具备"情节严重"、"致使工作、生产等无法进行"和"造成严重损失"三个要件。其中的严重损失是指由于工作、生产、营业和教学、科研、医疗无法进行而导致的严重损失,而不是泛指任何损失。例如,暴力行为致人伤害的,不属于本罪的损失(是否触犯故意伤害罪则另当别论)。

法条设置如此严格的构成要件,旨在防止将群众表达诉求的行为认定为犯罪。换言之,群众以集体抗争的形式表达部分利益主体诉求的行为,阻却违法性。司法机关不应当事先就以扰乱社会秩序、破坏安定团结、抗拒法律政策实施之类的偏见来界定这类行为或事件,进而将这类行为作为犯罪处理。例如,因工厂严重污染环境,行为人聚集多人要求工厂停产的,阻却违法性,不成立本罪。再如,数人在国家机关大门外以拉横幅等方式表达各种诉求的行为,阻却违法性。对其他正当行使权利的行为,更不能以本罪论处。

2. 责任形式为故意,但由于是聚众犯罪,故意的内容比较复杂。首先,要求首要分子与积极参与者具有超越个人意思的集体意思即多众的共同意思。其次,要求具有形成聚众或者利用多人的意思(首要分子)与作为聚众成员从事活动的意思(积极参加者)。形成聚众的意思,是指使多人纠集在一起的意思;利用多人的意思,是指利用已经聚集的多人的意思;作为聚众成员从事活动的意思,是指作为聚众扰乱社会秩序的一员而从事扰乱社会秩序活动的意思。但是,不要求参加扰乱活动的全体成员之间具有意思联络。

(二)聚众扰乱社会秩序罪的认定

法条虽然规定了聚众扰乱社会秩序罪的行为方式(聚众)与结果,但对行为本身的内容却没有具体规定。这固然是因为扰乱社会秩序的行为多种多样,难以具体描述,却给认定本罪带来了困难。在认定本罪时,应严格、慎重区分罪与非罪的界限。对于情节并不严重,后果比较轻微的群体行为,不能认定为本罪;对于群众因合理要求没有得到满足所采取的过激行为,不能认定为本罪。

在认定过程中,既要区分参与者与一般围观者,不能将围观者认定为参与者;又不能将参与者均视为犯罪人,根据刑法规定,一般参与者的行为不成立本罪,只有首要分子与积极参加者的行为才成立本罪。此外,聚众犯罪往往造成致人伤亡、毁坏公共财物、破坏生产经营等结果,触犯其他罪名,对此一般应以想象竞合犯处理。

(三)聚众扰乱社会秩序罪的处罚

根据刑法第 290 条第 1 款的规定,犯聚众扰乱社会秩序罪的,对首要分子处 3 年以上 7 年以下有期徒刑;对其他积极参加的,处 3 年以下有期徒刑、拘役、管制或者剥夺政治权利。首要分子,是指在扰乱社会秩序活动中起组织、策划、指挥作用的人;积极参加者,是指主动参加扰乱社会秩序活动并起主要作用的人。但应注意的是,教唆犯不一定是首要分子,可能属于积极参加者。

二十六、聚众冲击国家机关罪

聚众冲击国家机关罪,是指聚众冲击国家机关,致使国家机关工作无法进行,造成严重损失的行为。聚众冲击国家机关,是指纠集多人强行进入、围攻国家机关,属于聚众扰乱社会秩序的特殊形式,但刑法鉴于其法益侵害程度的严重性,而将其规定为独立犯罪。与聚众冲击军事禁区罪(参见刑法第371条)相比较可以发现,作为本罪对象的国家机关,只限于禁止一般人任意出入的国家机关。一般人可以任意出入的国家机关,不能成为本罪的对象。在国家机关周围静坐、示威的行为,以及单纯包围国家机关的行为,不成立本罪。根据刑法第290条第2款的规定,犯本罪的,对首要分子处5年以上10年以下有期徒刑;对其他积极参加的,处5年以下有期徒刑、拘役、管制或者剥夺政治权利。

二十七、扰乱国家机关工作秩序罪

本罪是指多次扰乱国家机关工作秩序,经行政处罚后仍不改正,造成严重后果的行为。多次是指三次以上。扰乱应限定为暴力、胁迫方式的扰乱。根据刑法第290条第3款的规定,犯本罪的,处3年以下有期徒刑、拘役或者管制。

二十八、组织、资助非法聚集罪

本罪是指多次组织、资助他人非法聚集,扰乱社会秩序,情节严重的行为。首先,行为人必须实施了组织或者资助行为。其次,他人的聚集必须具有非法性;组织、资助他人合法聚集的,不成立本罪。再次,行为必须扰乱了社会秩序,如致使工作、生产、营业和教学、科研、医疗无法进行,或者导致车站、码头、民用航空站、商场、公园、影剧院、展览会、运动场等公共场所或者交通秩序的严重混乱。最后,还必须达到情节严重的程度。根据刑法第290条第4款的规定,犯本罪的,处3年以下有期徒刑、拘役或者管制。

二十九、聚众扰乱公共场所秩序、交通秩序罪

本罪是指聚众扰乱车站、码头、民用航空站、商场、公园、影剧院、展览会、运动场或者其他公共场所秩序,聚众堵塞交通或者破坏交通秩序,抗拒、阻碍国家治安管理人员依法执行职务,情节严重的行为。

问题之一,“抗拒、阻碍国家治安管理人员依法执行职务”是独立的第三种类型,还是对前两种“聚众”行为构成犯罪的进一步要求?本书持前一种回答。因为如果持后一种回答,就意味着在行为人已经聚众扰乱公共场所秩序、交通秩序的情况下,进一步“抗拒、阻碍国家治安管理人员依法执行职务”,且情节严重,才构成犯罪。但这样解释不当缩小了处罚范围,而且不符合客观事实(维护交通秩序的并不一定是治安管理人员)。所以,应将“抗拒、阻碍国家治安管理人员依法执行职务”解释为独立的第三种行为类型。但本书认为,这种行为类型,是指在公共场所秩序、交通秩序发生一定混乱时,抗拒、阻碍国家治安管理人员依法维护公共场所秩序或交通秩序,不以暴力、胁迫手段为要件。实施该行为同时触犯妨害公务罪的,属于想象竞合犯,从一重罪处罚。

问题之二,“情节严重”是仅对第三种行为类型的要求,还是对所有行为类型的要求?本书持后一种回答。因为上述三种行为的范围都比较宽泛,而且法条缺乏对行为类型的具体描述,如果不以“情节严重”加以限制,可能不当扩大处罚范围。

问题之三,对所谓跳楼秀、跳桥秀应当如何处理?司法实践中,经常出现行为人为了实现某种目的,而采取假装跳楼、跳桥等手段,吸引众人围观的案件。行为人并不是真心自杀,只是为了引起他人的注意,达到自己的其他目的。这种行为虽然客观上引起了多数人的聚集,严重扰乱公共场所秩序与交通秩序,但围观的人并不是被聚集起来扰乱社会秩序的人。而“聚众”扰乱公共场所秩序、交通秩序罪中的“众”,事实上也是实施扰乱行为的主体,只是刑法没有将其作为处罚对象。所以,跳楼秀、跳桥秀并不符合“聚众”犯罪的基本特征,不能以本罪论。一种观点认为,"只有在不仅有'跳桥或者跳楼'表演,而且还有'抗拒、阻碍国家治安管理工作人员依法执行职务,情节严重'的场合,才有可能作为本罪处理"。[37] 但是,如果行为人没有聚众抗拒、阻碍国家治安管理工作人员依法执行职务,只是自己一人实施该行为,也不可能成立本罪,只是可能成立妨害公务罪。[38]

根据刑法第291条的规定,犯本罪的,对首要分子处5年以下有期徒刑、拘役或者管制。当首要分子只有一人时,本罪并不属于共同犯罪。当首要分子为二人以上时,则首要分子之间形成共同犯罪。但应注意的是,单纯的教唆犯不是首要分子。

三十、投放虚假危险物质罪

本罪是指投放虚假的爆炸性、毒害性、放射性、传染病病原体等物质,严重扰乱社会秩序的行为。投放虚假危险物质的行为,只有严重扰乱了社会秩序,才成立本罪。"严重扰乱社会秩序"不仅表明行为的性质,而且也是对实害结果的要求。正因为如此,所谓"投放虚假的爆炸性、毒害性、放射性、传染病病原体等物质",必须在外形上让一般人感觉到行为人投放了爆炸性、毒害性、放射性、传染病病原体等物质;[39] 或者说,必须以邮寄、放置、丢弃等方式,将外观上类似于爆炸性、毒害性、放射性、传染病病原体等物质置于他人能够发现的场所。对此,应从投放物质的内容、形态、投放的场所、时间以及投放时的口头表述等附随情况做出合理判断。行为是否严重扰乱了社会秩序,要从行为所引起的社会心理恐慌、所导致的社会秩序混乱程度等方面进行判断。根据刑法第291条之一第1款的规定,犯本罪的,处5年以下有期徒刑、拘役或者管制;造成严重后果的,处5年以上有期徒刑。

三十一、编造、故意传播虚假恐怖信息罪

本罪是指故意编造爆炸威胁、生化威胁、放射威胁等恐怖信息,或者明知是编造的恐怖信息而故意传播,严重扰乱社会秩序的行为。

编造行为不仅包括完全凭空捏造的行为,而且包括对某些信息进行加工、修改的行为。传播是指将虚假恐怖信息传达至不特定或者多数人的行为,向特定人传达且怂恿其向其他人传达的行为,也应认定为传播。编造与传播行为,只有造成了扰乱社会秩序的结果时,才成立犯罪。编造与传播行为必须出于故意;以为是真实信息而传播的,不成立本罪。"恐怖信息"不是泛指任何令人恐怖、令人害怕的信息,而是指由恐怖活动或恐怖分子引起的爆炸威胁、生化威胁、放射威胁之类的信息。例如,谎称在民用航空器或者火车上安放有爆炸装置的,属于传播虚假恐怖信息。但传播即将发生地震、即将爆发严重传染病等虚假信息的,不成立本罪。

特别需要说明的是,对本条中段所规定的"编造爆炸威胁、生化威胁、放射威胁等恐怖信息",不能作形式的理解,而是要作实质的判断。例如,甲在私人电脑上输入或者在笔记本上书写"某大型商场将于某年某月某日晚8时发生特大爆炸事件"的文字时,不可能成立编造虚假恐怖信息罪,只有将这种虚假恐怖信息传达给他人时,才可能成立本罪。否则,将意味着写日记之类的行为也成立犯罪。换言之,虽然本条规定的"编造"行为侧重于捏造虚假恐怖信息,"传播"行为侧重于散布虚假恐怖信息,但仅有捏造事实的行为

---

〔37〕 黎宏:《刑法学》,法律出版社2012年版,第793页。

〔38〕 当然,如果行为人纠集其他人一起跳桥或者跳楼的,则有可能成立本罪。

〔39〕 可见,"虚假的"也必须在某种程度或者某种意义上是"真实的"。

不可能成立本罪。那么,法条为什么分别规定编造与传播行为呢？本书的回答是,在行为人编造虚假恐怖信息的场合,即使只向特定人或者少数人传达所编造的虚假恐怖信息,也有可能成立编造虚假恐怖信息罪;故意传播虚假恐怖信息罪,则要求行为人故意向不特定人或者多数人传达虚假恐怖信息。[40]

成立本罪,以发生“严重扰乱社会秩序”的结果(如引起了公众的严重恐慌,导致公安机关花费大量人力、物力排除虚假物质或者消除影响等)为要件。单纯使特定人员产生恐惧心理的恐吓、胁迫行为,没有严重扰乱社会秩序的,不能认定为本罪。例如,甲向公安机关或相关人员声称:“如果不解决我的问题,我就在超市安放炸弹。”“如果不解决我的问题,我就炸掉公安局大楼。”这种行为并不成立本罪。一方面,编造虚假恐怖信息,是指捏造已经存在的爆炸威胁、生化威胁、放射威胁,而不是某人的内心想法。甲只是向公安机关或相关人员表示了其内心的想法,充其量属于犯意表示,而且所表达的未必是真实犯意。既然向他人表达真实犯意的行为不受刑罚处罚,那么,向他人表达未必真实的犯意的行为更不值得科处刑罚。另一方面,成立本罪以扰乱社会秩序为前提,亦即,由于多数人直接或者间接知道了行为人所编造、传播的恐怖信息,进而造成多数人的生活、工作不能顺利进行或者引起社会大众心理恐慌时,才能成立本罪。但上例的甲只是声称自己要在超市安放炸弹或者要炸公安局大楼,没有谎称已经向超市或者公安局大楼投放炸弹,即使行为使得公安机关采取紧急措施排查、排爆,也不符合扰乱社会秩序的要求。换言之,如果甲谎称“我已在某超市安放了炸弹”,则可能构成本罪。[41]

根据最高人民法院2013年9月18日《关于审理编造、故意传播虚假恐怖信息刑事案件适用法律若干问题的解释》(以下简称《恐怖信息案件解释》),编造、故意传播虚假恐怖信息,具有下列情形之一的,应当认定为“严重扰乱社会秩序”:(1)致使机场、车站、码头、商场、影剧院、运动场馆等人员密集场所秩序混乱,或者采取紧急疏散措施的;(2)影响航空器、列车、船舶等大型客运交通工具正常运行的;(3)致使国家机关、学校、医院、厂矿企业等单位的工作、生产、经营、教学、科研等活动中断的;(4)造成行政村或者社区居民生活秩序严重混乱的;(5)致使公安、武警、消防、卫生检疫等职能部门采取紧急应对措施的;(6)其他严重扰乱社会秩序的。[42]

根据刑法第291条之一第1款的规定,犯本罪的,处5年以下有期徒刑、拘役或者管制;造成严重后果的,处5年以上有期徒刑。[43] 编造、故意传播虚假恐怖信息,严重扰乱社会秩序,同时又构成其他犯罪的,属于想象竞合,从一重罪处罚。

---

〔40〕 根据最高人民检察院2013年5月27日《关于印发第三批指导性案例的通知》(检例第9号·李泽强编造、故意传播虚假恐怖信息案),编造、故意传播虚假恐怖信息罪是选择性罪名。编造恐怖信息以后向特定对象散布,严重扰乱社会秩序的,构成编造虚假恐怖信息罪。编造恐怖信息以后向不特定对象散布,严重扰乱社会秩序的,构成编造、故意传播虚假恐怖信息罪

〔41〕 参见张明楷:《刑法分则的解释原理》(上),中国人民大学出版社2011年第2版,第498页以下。

〔42〕 根据最高人民检察院2013年5月27日《关于印发第三批指导性案例的通知》(检例第10号·卫学臣编造虚假恐怖信息案),关于编造虚假恐怖信息造成“严重扰乱社会秩序”的认定,应当结合行为对正常的工作、生产、生活、经营、教学、科研等秩序的影响程度、对公众造成的恐慌程度以及处置情况等因素进行综合分析判断。对于编造、故意传播虚假恐怖信息威胁民航安全,引起公众恐慌,或者致使航班无法正常起降的,应当认定为“严重扰乱社会秩序”。

〔43〕 关于具体量刑标准,参见《恐怖信息案件解释》第3条、第4条。

三十二、编造、故意传播虚假信息罪

本罪是指编造虚假的险情、疫情、灾情、警情,在信息网络或者其他媒体上传播,或者明知是上述虚假信息,故意在信息网络或者其他媒体上传播,严重扰乱社会秩序的行为。

“险情”是指可能造成重大人员伤亡或者重大财产损失的危险情况;“疫情”是指传染病与重大疾病的发生、蔓延等情况;“灾情”是指火灾、水灾、地质灾害等灾害情况;“警情”是指引起警察采取重大措施的情况。

以往的司法解释扩大了刑法第291条之一第1款的“恐怖信息”的范围,将灾情、疫情等也列入恐怖信息。在《刑法修正案(九)》增设了本罪之后,需要慎重适用以往的相关司法解释。例如,《恐怖信息案件解释》第6条规定:“本解释所称的‘虚假恐怖信息’,是指以发生爆炸威胁、生化威胁、放射威胁、劫持航空器威胁、重大灾情、重大疫情等严重威胁公共安全的事件为内容,可能引起社会恐慌或者公共安全危机的不真实信息。”显然,对编造、故意传播虚假的“重大灾情、重大疫情”的行为,不能认定为编造、故意传播虚假恐怖信息罪,只能认定为本罪。再如,“两高”2003年5月14日《关于办理妨害预防、控制突发传染病疫情等灾害的刑事案件具体应用法律若干问题的解释》第10条第1款规定:“编造与突发传染病疫情等灾害有关的恐怖信息,或者明知是编造的此类恐怖信息而故意传播,严重扰乱社会秩序的,依照刑法第二百九十一条之一的规定,以编造、故意传播虚假恐怖信息罪定罪处罚。”但在《刑法修正案(九)》施行以后,对这类行为也只能认定为本罪。显而易见的是,如果继续适用上述解释,必然导致法条之间的不协调。

根据刑法第291条之一第2款的规定,犯本罪的,处3年以下有期徒刑、拘役或者管制;造成严重后果的,处3年以上7年以下有期徒刑。

三十三、聚众斗殴罪

聚众斗殴罪,是指聚集多人攻击对方身体或者相互攻击对方身体的行为。

本罪为必要的共犯。(1)成立聚众斗殴罪虽然需要多人参与,但不要求斗殴的各方都必须3人以上。例如,一方1人或2人、另一方3人以上进行斗殴的,仍然成立本罪。[44]“众”包括没有达到责任年龄、不具有责任能力的人(只是不承担责任而已)。例如,甲乙双方各3人,其中双方都有2人没有达到责任年龄,对此也应认定为聚众斗殴(只有达到责任年龄的人才承担责任)。(2)聚众斗殴可以分解为“聚众斗”与“聚众殴”。前者是指各方相互攻击对方的身体;后者是指多众一方单纯攻击对方身体(单纯被攻击的人不成立聚众斗殴罪,但首要分子除外)。[45](3)聚众斗殴并不限于双方,亦即不排除三方、四方斗殴的情形。(4)聚众斗殴一般有首要分子,但不要求双方都有首要分子,斗殴一方的首要分子约定与对方人员斗殴的,不影响本罪的成立。(5)要联系本罪的法益认定犯罪,对于没有扰乱公共秩序的聚众斗殴行为,不宜认定为犯罪。[46]

---

〔44〕一方1人、另一方2人的,不宜认定为聚众斗殴。但首要分子组织甲、乙与丙、丁斗殴的,仍有可能成立聚众斗殴罪。

〔45〕一人殴打并无攻击行为的多人的,不成立聚众斗殴罪;多人殴打一人的行为造成伤害结果的,宜认定为故意伤害罪。

〔46〕双方约定赤手空拳斗殴,但当一方突然使用具有重大杀伤力的凶器时,另一方可以进行正当防卫。因为根据刑法第292条第2款的精神,“斗殴”不要求表现为伤害他人与杀害他人,如果一方突然使用具有重大杀伤力的凶器,则已由斗殴转化为重伤或杀人行为,理应允许对方进行正当防卫。

一种观点认为,聚众斗殴包括两个行为(复行为犯):一是纠集众人的行为;二是结伙斗殴的行为。[47] 但本书认为,聚众斗殴罪不是复行为犯,而是单一行为犯。(1)应从规范的角度认识刑法分则所规定的行为。在聚众斗殴罪中,聚众是指斗殴的方式。“聚众斗殴”的表述,只是意味着二人之间的相互斗殴,或者一人与二人之间的相互斗殴行为,不成立聚众斗殴罪。由于聚众斗殴罪是扰乱公共秩序的犯罪,所以,人数较少的斗殴不具备扰乱公共秩序的罪质。正因为聚众是斗殴的方式,意味着多人聚集在一起斗殴,故并不要求在斗殴之前具有聚众的行为。换言之,双方的数人临时突然起意斗殴的,完全可能成立聚众斗殴罪。即使在斗殴之前,有的行为人实施了纠集他人的行为,这种纠集他人的行为也只是聚众斗殴罪的预备行为,如同购买凶器只是杀人罪的预备行为一样。(2)本罪不仅处罚首要分子,而且处罚其他积极参加者。如果说聚众斗殴是复行为犯,就难以说明积极参加者也成立聚众斗殴罪。(3)或许有人认为,聚众斗殴罪的构成要件是以首要分子为核心确定的,首要分子实施了聚众与斗殴的行为,因而是复行为犯;其他积极参加者虽然只参与部分实行行为(斗殴),但也是共同正犯,故积极参加者具备处罚根据。然而,刑法第 292 条所规定的构成要件就是“聚众斗殴”,这一要件不是仅针对首要分子的规定,同时也是针对积极参加者的规定。换言之,在聚众斗殴罪中,首要分子与积极参加者的构成要件完全相同(正因为如此,法定刑也是相同的)。(4)即使就首要分子而言,也不能要求其实施了复数行为。其一,当众人基于其他原因已经聚众在一起的场合,完全可能因为突发因素而聚众斗殴。在这种场合,不存在也不应当要求有纠集众人的行为。其二,在聚众斗殴罪中,首要分子是指起组织、策划、指挥作用的犯罪分子(参见刑法第 97 条)。即使是首要分子,也可能只是策划、指挥斗殴行为,而不实施纠集众人的行为。其三,纠集他人斗殴的首要分子,完全可能不直接参与斗殴行为。如果认定聚众斗殴罪是复行为犯,也影响对这部分首要分子的认定。(5)如果说聚众斗殴罪是复数行为,就会意味着纠集他人就是聚众斗殴罪的着手甚至既遂,这便不当扩大了本罪的处罚范围。(6)或许有人认为,聚众斗殴罪是复行为犯,但这种复行为犯既不是要求首要分子一人实施了复行为,也不是要求积极参加者一人实施了复行为,而是可以由不同的人分别实施了聚众行为与斗殴行为。然而,上述第(4)、(5)点理由完全可以反驳这种观点。

聚众斗殴罪不可能由过失构成,也不要求双方均有斗殴的故意,其中一方有斗殴故意时,对有斗殴故意的一方以聚众斗殴罪论处。本罪虽然源于 1979 条刑法第 160 条的流氓罪,但在现行刑法中,成立本罪不要求行为人具有所谓流氓动机。一方面,行为人是否具有流氓动机,不影响其行为是否扰乱了社会秩序。另一方面,只要行为人对聚众斗殴行为及其结果具有故意,就值得以刑罚谴责。况且,流氓动机的判断也不具有确定性,将其作为本罪的主观要素,要么不当限制了本罪的处罚范围,要么导致处罚范围的不确定。

根据刑法的规定,聚众斗殴致人重伤、死亡的,以故意伤害罪、故意杀人罪定罪处罚。

---

〔47〕 王作富主编:《刑法分则实务研究》(中),中国方正出版社 2013 年第 5 版,第 1123 页以下。

首先,本规定属于法律拟制。[48] 所以,行为人在斗殴过程中并没有杀人的故意,但客观上致人重伤、死亡的,应认定为故意伤害罪、故意杀人罪(根据责任主义原理,以行为人对重伤、死亡具有预见可能性为前提)。所谓致人重伤、死亡,也不限于致斗殴的对方成员重伤、死亡,斗殴行为导致本方成员重伤、死亡的,也应认定为故意伤害罪、故意杀人罪(成立偶然防卫的情形除外)。其次,鉴于聚众斗殴的特殊性,根据责任主义原则,只应对首要分子和直接造成重伤、死亡的斗殴者认定为故意伤害罪、故意杀人罪,对其他参与者不应认定为故意伤害罪与故意杀人罪;在不能查明重伤、死亡原因的情况下,也不能将所有的斗殴者均认定为故意伤害罪与故意杀人罪,只能对首要分子以故意伤害罪、故意杀人罪论处。如果不作上述限制,那么,在一人重伤、死亡的情况下,斗殴双方的所有参加者都成立故意伤害罪、故意杀人罪,这显然有悖于刑法的谦抑性。最后,刑法第 292 条仅处罚首要分子与积极参加者,如果一般参加者或者旁观者的行为导致他人重伤、死亡的,不能适用该拟制规定,而应根据其行为所符合的犯罪构成认定犯罪。例如,甲在一旁观看 A、B 双方的斗殴行为时,发现 A 方成员 X 为免遭殴打而逃离现场,甲突然捡起一块石头猛砸 X 的头部,导致 X 死亡。对甲应直接适用刑法第 232 条认定为故意杀人罪。此外,参与斗殴的行为人以杀人故意杀害他人的,直接适用刑法第 232 条认定为故意杀人罪(如果杀人之外的斗殴行为构成聚众斗殴罪,则应当实行数罪并罚)。

聚众斗殴致人轻伤或者造成他人财产损失,同时触犯故意伤害罪与故意毁坏财物罪的,属于想象竞合犯,从一重罪处罚。

根据刑法第 292 条的规定,犯本罪的,对首要分子和其他积极参加的,处 3 年以下有期徒刑、拘役或者管制;有下列情形之一的,对首要分子和其他积极参加的,处 3 年以上 10 年以下有期徒刑:(1)多次聚众斗殴的;(2)聚众斗殴人数多,规模大,社会影响恶劣的;(3)在公共场所或者交通要道聚众斗殴,造成社会秩序严重混乱的;(4)持械聚众斗殴的。

"多次"是指三次以上。"人数多,规模大,社会影响恶劣"应是必须同时具备的三个条件,而不是择一条件。当然,三个条件都没有明确的具体标准,只能根据具体案件进行判断。"持械"中的"械"是指凶器,包括性质上的凶器与用法上的凶器。"持械"是指使用凶器斗殴,而不是指单纯的携带。在斗殴过程中显示凶器的,也应当认定为使用凶器斗殴。甲乙双方斗殴时,只有甲方部分或者全部成员持械、乙方未持械的,对甲方成员认定为持械聚众斗殴(未持械的成员不明知其他成员持械的,不得认定为持械聚众斗殴),对乙方成员不应认定为持械聚众斗殴。如上所述,如果斗殴行为致人重伤的,应以故意伤害

---

〔48〕 相反观点认为,本款规定属于提示性或者重申性的注意规定,亦即,只有当斗殴人员对重伤、死亡具有故意时,才能认定为故意伤害罪与故意杀人罪。然而,在本书看来,这样的提示没有任何必要,而且这种观点可能导致将数罪作为一罪处理。更为重要的是,这种观点必然导致处罚的不协调。例如,甲故意致一人重伤的,直接认定为一个故意伤害罪,适用"三年以上十年以下有期徒刑"的法定刑。而 A 在聚众斗殴的过程中故意致一人重伤的,也仅认定为一个故意伤害罪,适用相同的法定刑。于是,聚众斗殴的事实没有得到评价。反之,如果认为本款是法律拟制,那么,当 A 在聚众斗殴的过程中,虽无伤害故意但只要对重伤存在过失,即认定为故意伤害罪,适用"三年以上十年以下有期徒刑"的法定刑,才能使二者之间保持协调。聚众斗殴致人死亡时,也是如此。将本款认定为法律拟制,也不会导致处罚过重。例如,司法实践将本款规定理解为注意规定,所以,对聚众斗殴致人死亡的一般认定为故意伤害(致死)罪。然而,故意伤害致死的法定刑与故意杀人罪的法定刑相同。此外,如前所述,在拟制为故意杀人、故意伤害的场合,对其量刑一般应当轻于普通的故意杀人与故意伤害。

罪论处。在聚众斗殴行为具备上述法定刑升格条件,同时致一人重伤的,应以故意伤害罪论处;同时致数人重伤的,因为侵害了数个个人专属法益,应以数个故意伤害罪实行数罪并罚。

三十四、寻衅滋事罪

(一)寻衅滋事罪的概念与法益

根据刑法第293条的规定,下列行为构成寻衅滋事罪:(1)随意殴打他人,情节恶劣的;(2)追逐、拦截、辱骂、恐吓他人,情节恶劣的;(3)强拿硬要或者任意损毁、占用公私财物,情节严重的;(4)在公共场所起哄闹事,造成公共场所秩序严重混乱的。

可以肯定的是,刑法规定寻衅滋事罪,旨在保护公共秩序或社会秩序。一方面,刑法将寻衅滋事罪规定在刑法分则第六章“妨害社会管理秩序罪”的第一节“扰乱公共秩序罪”中;另一方面,刑法第293条项前规定,“破坏社会秩序”的寻衅滋事行为才成立寻衅滋事罪。

但是,公共秩序与社会秩序是十分抽象的概念,保护法益的抽象化,必然导致对构成要件的解释缺乏实质的限制,从而使构成要件丧失应有的机能。本书认为,应当联系刑法第293条所规定的具体行为类型确定本罪的保护法益。(1)“随意殴打他人”类型的保护法益,应是社会一般交往中的个人的身体安全,或者说是与公共秩序相关联的个人的身体安全。正因为如此,行为人随意殴打家庭成员的,或者基于特殊原因在私人场所殴打特定个人的,不成立寻衅滋事罪。(2)“追逐、拦截、辱骂、恐吓他人”类型的保护法益,应是公民在公共生活、公共活动中的行动自由、名誉与意思活动自由,所以,在没有多人在场的情况下,辱骂特定个人的,不属于寻衅滋事罪中的辱骂他人。(3)“强拿硬要或者任意损毁、占用公私财物”类型的保护法益,是与财产有关的社会生活的安宁或平稳。例如,行为人多次使用轻微暴力或者胁迫手段,在自由市场任意损毁他人小商品,导致他人被迫放弃商品经营(情节严重)的,成立寻衅滋事罪。(4)“在公共场所起哄闹事”类型的保护法益,是不特定人或者多数人在公共场所从事活动的自由与安全。

(二)寻衅滋事罪的具体类型(构成要件)

1.随意殴打他人,情节恶劣

殴打,是指直接对他人身体行使有形力的行为。(1)只要是针对人的身体行使有形力,即使没有接触人的身体,也属于殴打。例如,向他人身体挥舞棍棒但没有接触到他人身体的,成立殴打。(2)如果行为人针对物行使有形力,因而对人的身体产生强烈的物理影响的,由于不是针对人的身体行使有形力,不宜认定为殴打。(3)使用有形的方法不等于行使有形力。例如,使他人饮食不卫生食品后胃痛的,虽然是有形的方法,但不应评价为殴打。(4)殴打行为不是伤害罪的未遂犯,所以,殴打不以具有造成伤害结果的危险性为前提。换言之,倘若某种行为只能造成他人身体痛苦,但不可能造成伤害,也属于殴打。(5)殴打不以造成伤害为前提。但是,一方面,造成了伤害结果的伤害行为,无疑符合殴打行为的要件;另一方面,寻衅滋事罪的法定刑重于故意轻伤的法定刑。所以,殴打行为造成轻伤害结果的,也可能被认定为随意殴打类型的寻衅滋事罪。(6)殴打不以聚众为前提,更不以符合聚众斗殴罪的构成要件为前提。

随意,一般意味着殴打的理由、对象、方式等明显异常。换言之,当一般人从犯罪人的角度思考,也不能接受犯罪人的殴打行为时,该殴打行为便是随意的。从行为人角度而言,随意,意味着行为人殴打他人没有任何自我控制。刑法理论与司法实践常常喜欢用是否“事出有因”来判断是否随意,亦即,如果事出有因,就不是随意;如果事出无因,就是随意。但是,任何故意犯罪行为都不可能是无缘无故的,换言之,任何故意犯罪行为都有其产生的主观原因或动机。事实上,殴打行为是否随意,并不是一种纯主观的判断,而是基于客观事实作出的判断。客观上殴打的次数越多,遭受殴打的人数越多,被判断为“随意殴打”的可能性就越大。所以,殴打行为是否“随意”不是单纯以行为人的动机作为判断资料,而是必须同时考虑其他相关要素。例如,行为人虽然只是殴打他人一次,但殴打的原因是他人对行为人提出了良好的建议,对此应评价为随意殴打。再如,数人中只有一人作出了对行为人不利的举动,而行为人却殴打了在场的数人,对此也应评价为随意殴打。反之,行为人殴打他人七八次,殴打的原因是他人讽刺了行为人的举动。即使殴打的原因本身或许可以被一般人“接受”,但殴打的次数不能被一般人“接受”,因而属于随意殴打。

情节是否恶劣,应围绕法益受侵害或者威胁的程度作出判断。例如,随意殴打行为造成轻微伤或者轻伤的,随意殴打他人手段恶劣、残忍的,随意使用凶器殴打他人的;纠集多人随意殴打他人的,多次随意殴打他人或者一次随意殴打多人的,随意殴打残疾人、儿童等弱势群体的,均宜认定为情节恶劣。但司法机关必须注意的是,不能将殴打他人的“随意性”本身评价为情节恶劣;只有当殴打行为同时具备随意性与恶劣性时,才能以寻衅滋事罪论处。根据“两高”2013 年 7 月 15 日《关于办理寻衅滋事刑事案件适用法律若干问题的解释》(以下简称《寻衅滋事案件解释》)的规定,随意殴打他人,破坏社会秩序,具有下列情形之一的,应当认定为“情节恶劣”:(1)致 1 人以上轻伤或者 2 人以上轻微伤的;(2)引起他人精神失常、自杀等严重后果的;(3)多次随意殴打他人的;(4)持凶器随意殴打他人的;(5)随意殴打精神病人、残疾人、流浪乞讨人员、老年人、孕妇、未成年人,造成恶劣社会影响的;(6)在公共场所随意殴打他人,造成公共场所秩序严重混乱的;(7)其他情节恶劣的情形。

2. 追逐、拦截、辱骂、恐吓他人,情节恶劣

追逐,一般是指妨碍他人停留在一定场所的行为;拦截,一般是指阻止他人转移场所的行为。显然,这两种行为,都是妨碍他人行动自由的行为。追逐与拦截可能以暴力方式实施,也可能以威胁等方式实施。辱骂,是指以言语对他人予以轻蔑的价值判断。辱骂不要求针对特定个人,针对一群人、一类人的谩骂,也可能成立本罪的辱骂。恐吓是以恶害相通告的行为。特别要说明的是,对于在公共场所追逐、拦截、辱骂妇女的,不得认定为刑法第 237 条的强制侮辱罪,而应认定为本罪。

情节恶劣的判断,必须以法益受侵害或者受威胁的程度为中心。与刑法第 293 条第 1 项相比,第 2 项的要求似乎较为缓和。因为第 1 项除要求殴打他人之外,另要求“随意”与“情节恶劣”;而第 2 项仅在行为之外设置了“情节恶劣”的限制性条件。但在罪名与法定刑相同的情况下,不能将该罪中的两个类型作程度差异的解释。所以,大体而言,第 2 项成立犯罪的情节要求,应高于第 1 项的恶劣程度。根据《寻衅滋事案件解释》的规定,追逐、拦截、辱骂、恐吓他人,破坏社会秩序,具有下列情形之一的,应当认定为“情节恶劣”:(1)多次追逐、拦截、辱骂、恐吓他人,造成恶劣社会影响的;(2)持凶器追逐、拦截、辱骂、恐吓他人的;(3)追逐、拦截、辱骂、恐吓精神病人、残疾人、流浪乞讨人员、老年人、孕妇、未成年人,造成恶劣社会影响的;(4)引起他人精神失常、自杀等严重后果的;(5)严重

影响他人的工作、生活、生产、经营的;(6)其他情节恶劣的情形。

3. 强拿硬要或者任意损毁、占用公私财物,情节严重

强拿硬要,是违背他人意志强行取得他人财物的行为,既可以表现为夺取财物,也可以表现为迫使他人交付财物。对其中的财物宜作广义解释,即包括财产性利益。例如,乘坐出租车后,迫使对方免除出租车费用的行为,也宜解释为强拿硬要行为。强拿硬要行为虽然具有一定的强制性,但不需要达到足以压制被害人反抗的程度。损毁财物,是指使公私财物的使用价值减少或者丧失的一切行为。任意与随意的意义相近,但其程度低于随意的要求,侧重于说明行为不具有合法根据与理由。就损毁财物而言,任意,意味着行为违背被害人的意志。占用公私财物,是指不当、非法使用公私财物的一切行为。任意不仅是对损毁公私财物的限制,也是对占用公私财物的限制。占用公私财物的行为必须具有不正当性,但并不要求行为人具有非法占有目的。

情节是否严重,需要根据行为人取得、损毁、占用的财产数额的多少,强行的程度,任意的程度,行为的次数等作出判断。由于本罪具有综合性的特点,其保护法益并非单纯的财产,故本项行为的结果并不限于财产损失。倘若强拿硬要行为造成他人自杀,也可以评价为强拿硬要情节严重。同样,在自由市场强拿硬要或者任意损毁他人商品的行为,导致他人被迫放弃在市场经营,或者难以正常经营的,也应评价为强拿硬要情节严重。强拿硬要、任意损毁或者占用公私财产数额较大的,当然属于情节严重(至于是否触犯其他罪名,则另当别论)。根据《寻衅滋事案件解释》的规定,强拿硬要或者任意损毁、占用公私财物,破坏社会秩序,具有下列情形之一的,应当认定为"情节严重":(1)强拿硬要公私财物价值1000元以上,或者任意损毁、占用公私财物价值2000元以上的;(2)多次强拿硬要或者任意损毁、占用公私财物,造成恶劣社会影响的;(3)强拿硬要或者任意损毁、占用精神病人、残疾人、流浪乞讨人员、老年人、孕妇、未成年人的财物,造成恶劣社会影响的;(4)引起他人精神失常、自杀等严重后果的;(5)严重影响他人的工作、生活、生产、经营的;(6)其他情节严重的情形。

4. 在公共场所起哄闹事,造成公共秩序严重混乱

公共场所,是指不特定人或者多数人可以自由出入的场所。起哄闹事,是指用语言、举动等方式,扰乱公共场所秩序,使公共场所的活动不能顺利进行,或者说,妨碍不特定或多数人在公共场所的有序活动。起哄闹事行为,应是具有煽动性、蔓延性、扩展性的行为,而不是单纯影响公共场所局部活动的行为。例如,甲与乙在电影院看电影时,因为争座位而相互斗殴的行为,不能评价为起哄闹事的行为。在实践中,往往表现为数人共同起哄闹事,但本罪的成立并不以数人共同实施为前提。换言之,起哄闹事类型的寻衅滋事罪,并不是必要的共犯。

对起哄闹事行为是否造成公共秩序严重混乱的判断,应以行为时的全部具体状态为根据。公共场所的性质、公共场所活动的重要程度、进入公共场所的人数、起哄闹事的时间、公共活动受影响的范围与程度等,是判断行为是否造成公共秩序严重混乱的重要资料。例如,行为人是在公共活动开始时起哄闹事,还是在公共活动结束时起哄闹事,行为是导致公共场所的少数人不能从事正常活动,还是导致公共场所的多数人不能或者难以从事正常活动,对于判断结论会有重大影响。

"两高"2013年9月6日《关于办理利用信息网络实施诽谤等刑事案件适用法律若干

问题的解释》(以下简称《诽谤案件解释》)第 5 条第 2 款规定:“编造虚假信息,或者明知是编造的虚假信息,在信息网络上散布,或者组织、指使人员在信息网络上散布,起哄闹事,造成公共秩序严重混乱的,依照刑法第二百九十三条第一款第(四)项的规定,以寻衅滋事罪定罪处罚。”在《刑法修正案(九)》颁布之前,刑法理论所关注的问题是,上述解释是否违反罪刑法定原则。因为刑法第 293 条第 1 款第 4 项规定的行为内容是“在公共场所起哄闹事,造成公共场所秩序严重混乱”。问题是所谓“信息网络”是否属于“公共场所”?〔49〕

刑法第 293 条第 1 款第 4 项在两处使用“公共场所”概念,前者是指行为发生的场所,后者是指结果发生的场所(或范围),二者显然具有同一性。就现实空间而言,在甲公共场所起哄闹事的行为,导致甲公共场所秩序严重混乱的,才能成立寻衅滋事罪。反之,在甲公共场所起哄闹事的行为,没有引起甲公共场所秩序的严重混乱,即使乙公共场所的秩序出现混乱,也不应认定为寻衅滋事罪。倘若认为网络空间是公共场所,那么,只有当起哄闹事行为导致网络空间秩序本身严重混乱的,才可能使行为发生场所与结果发生场所具有同一性。可是,所谓导致网络空间秩序本身严重混乱的行为,如致使计算机系统及通信网络遭受损害,或者造成计算机网络或者通信系统不能正常运行的,不可能成立寻衅滋事罪,仅可能成立破坏计算机信息系统罪。基于同样的理由,如果行为人在网络上起哄闹事,却使现实生活秩序严重混乱的,也不符合寻衅滋事罪的构成要件。但是,《诽谤案件解释》第 5 条第 2 款居然将刑法明文规定的“造成公共场所秩序严重混乱”这一要件直接表述为“造成公共秩序严重混乱”,放弃了行为发生场所与结果发生场所同一性的要求。更为重要的是,“公共场所秩序”的范围明显窄于“公共秩序”;造成公共秩序严重混乱的行为,并不当然符合“造成公共场所秩序严重混乱”的构成要件。司法解释给人的感觉是,其已经意识到网络空间秩序并不是公共场所秩序。既然如此,就不应当做出上述司法解释。

诚然,“网络空间属于公共空间”,但是,公共空间不等于公共场所。其实,“网络空间”概念中的“空间”与通常意义上的“空间”并不是等同含义。通常意义上的“空间”是指物质存在的一种客观形式,由长度、宽度、高度表现出来。电脑本身虽然有长度、宽度与高度,但是,网络本身并不存在所谓长度、宽度与高度。人们所称的“网络空间”事实上并不同于现实空间。况且,即使承认网络空间的概念,空间与场所也不是等同关系,场所是一个空间,但空间不一定是场所。换言之,空间是场所的上位概念。“公共场所”,是公众(不特定人或者多数人)可以在其中活动的场地、处所,或者说,是公众可以自由出入的场所。这里的“自由出入”并不是指言论的自由出入,而是指身体的自由出入。公众虽然可以在网络空间发表言论,但其身体不可能进入网络空间。倘若将网络空间认定为公共场所,那么,一本杂志、一份报纸也是公共场所,因为不特定的人都可以在杂志、报纸上发表言论;一个留言牌也是公共场所,因为不特定的人也可以在上面留言。或许有人认为,完全可以对公共场所作扩大解释,使其包括网络空间。但在本书看来,这已经不是扩大解释,而是用上位概念替换下位概念。亦即,将公共场所提升为公共空间,将公共场所秩序提升为公共秩序。如同将刑法条文中规定的“妇女”概念提升为“人”的概念一样,属于典

---

〔49〕 此外,在网络上散布虚假信息的行为是否属于“起哄闹事”,也不无研究的余地。

型的类推解释。

在《刑法修正案(九)》颁布之后所要讨论的问题是,由于《刑法修正案(九)》增设了编造、故意传播虚假信息罪,并且将虚假信息的内容限定为虚假的险情、疫情、灾情、警情,《诽谤案件解释》第5条第2款的规定是否依然有效?换言之,行为人编造、传播险情、疫情、灾情、警情之外的谣言的行为,是否构成寻衅滋事罪?本书持否定回答。(1)对于编造、传播虚假的险情、疫情、灾情、警情的行为,不可能按照《诽谤案件解释》认定为寻衅滋事罪。这是不言自明的结论。(2)倘若在信息网络或者媒体上传播任何虚假信息的行为,都成立寻衅滋事罪,那么,刑法第291条之一第2款就不会将虚假信息的内容限定为虚假的险情、疫情、灾情、警情。反过来说,既然刑法第291条之一第2款将虚假信息的内容限定为虚假的险情、疫情、灾情、警情,就意味着编造或者传播除此之外的虚假信息的行为,不构成犯罪。(3)倘若《诽谤案件解释》第5条第2款的规定继续有效,就意味着编造、传播虚假的险情、疫情、灾情、警情的行为成立编造、故意传播虚假信息罪,而编造、传播其他虚假信息的行为则成立寻衅滋事罪。可是,编造、故意传播虚假信息罪的法定刑低于寻衅滋事罪的法定刑。如果将编造、传播险情、疫情、灾情、警情之外的谣言的行为,认定为寻衅滋事罪,必然形成处罚不公平、不协调,因而违反罪刑相适应原则的局面。可以认为,在《诽谤案件解释》施行一段时间后,立法机关仍然增设编造、故意传播虚假信息罪,明显旨在否定《诽谤案件解释》第5条第2款的规定,所以,该款规定应当自动失效。

刑法第293条共规定了四种行为类型,但在现实生活中,行为人可能实施了二种以上的行为,对此能否进行综合评价认定为寻衅滋事罪,是司法实践上经常遇到因而需要展开讨论的问题。本书的基本观点是,当行为人实施了刑法第293条所列举的多项行为,虽然各项行为本身并未达到情节恶劣、情节严重等要求,但经过规范评价(而不是单纯的累加事实),可以认定行为人达到了其中一项要求时(符合其中一项的构成要件),仍然可以认定为寻衅滋事罪。例如,甲随意殴打他人两次,没有造成任何结果。此外,甲两次使用轻微暴力强拿硬要他人财物,但该两次行为本身也难以评价为情节严重。虽然殴打他人的行为,不能评价为强拿硬要,但是,对于使用轻微暴力的强拿硬要行为,则完全可以评价为随意殴打他人。因为使用轻微暴力强拿硬要,不仅侵犯了他人身体安全,而且侵犯了他人财产利益。将其评价为殴打他人,并没有重复评价,相反没有评价其侵犯财产部分。这是对行为人有利的一种评价。所以,可以将甲的行为规范评价为"随意殴打他人,情节恶劣"。再如,乙随意殴打他人两次,没有造成任何实害结果。此外,乙两次使用轻微暴力追逐、拦截他人。对此,也可以评价为"随意殴打他人,情节恶劣"。显然,只有当几次行为可以规范地评价为符合刑法第293条的某一项时,才能认定为寻衅滋事罪,而不是只要有三次以上行为,就可以认定为寻衅滋事罪。例如,丙随意殴打A一次;拦截出租车司机B,但没有使用暴力;强拿小摊贩C的两个水果,也没有使用暴力;在商店无故闹事但没有造成商店秩序的严重混乱。这四次行为的任何一项,都不能被评价到另一项中,因而其行为不符合刑法第293条的任何一项规定,故不成立寻衅滋事罪。

(三)寻衅滋事罪的责任要素

寻衅滋事罪只能由故意构成。需要研究的是,本罪是否需要出于特定目的?

"两高"1984年11月2日《关于当前办理流氓案件中具体应用法律的若干问题的解答》(已废止)指出:"在刑法上,流氓罪属于妨害社会管理秩序罪。流氓罪行虽然往往使公民的人身或公私财产受到损害,但它的本质特征是公然藐视法纪,以凶残、下流的手段破坏公共秩序,包括破坏公共场所的和社会公共生活的秩序。”由于寻衅滋事罪是从流氓罪中分解出来的,故上述司法解释的内容依然影响了刑法理论对现行刑法中的寻衅滋事罪的解释。《寻衅滋事案件解释》第1条也规定:“行为人为寻求刺激、发泄情绪、逞强耍横等,无事生非,实施刑法第二百九十三条规定的行为的,应当认定为‘寻衅滋事’。”[50]

刑法理论的通说认为,寻衅滋事罪的成立要求行为人出于寻求精神刺激,填补精神上的空虚,发泄不良情绪等流氓动机。但是,这种观点值得反思。

1. 所谓“流氓动机”或者“寻求刺激、发泄情绪、逞强耍横”是没有具体意义,难以被人认识的心理状态,具有说不清、道不明的内容,将其作为寻衅滋事罪的责任要素,并不具有限定犯罪范围的意义。况且,要求寻衅滋事罪出于流氓动机,是旧刑法时代的观念(因为旧刑法将寻衅滋事规定为流氓罪的一种表现形式)。可是,现行刑法并没有流氓罪,解释者大脑中也不应再有流氓罪的观念,故不应将流氓动机作为寻衅滋事罪的责任要素。[51]

2. 即使没有流氓动机的行为也可能严重侵犯了寻衅滋事罪的保护法益。因为行为是否侵犯了公共秩序,并不取决于行为人主观上有无流氓动机。在公共场所,出于流氓动机殴打他人,与出于报复动机殴打他人,对于他人身体安全与公共场所秩序的侵犯没有任何区别。出于流氓动机强拿硬要,与因为其他原因而强拿硬要,对他人财产与社会生活安宁的侵害没有区别。

3. 不将流氓动机作为寻衅滋事罪的责任要素,也完全可以从客观上判断某种行为是否属于寻衅滋事行为。例如,多次殴打他人没有造成伤害的行为,就不是伤害行为,而是随意殴打他人的行为。再如,以足以压制他人反抗的暴力、胁迫手段取得他人财物的,是抢劫行为;以轻微暴力强行索要他人少量财物的,是强拿硬要行为;如此等等。一种观点指出:“从客观上考察,殴打是一种没有达到伤害程度的暴力打击行为,无故殴打行为可以在一定程度上区别于事出有因的殴打。然而,据此还是难以准确地认定寻衅滋事罪行为。在此基准上,再参考主观上是否具有流氓动机,可以为最终认定寻衅滋事行为提供根据。”[52]这种观点实际上将有无流氓动机作为情节是否恶劣的判断依据。但在本书看来,只要随意殴打他人并且情节恶劣,即使不是出于流氓动机,也应当以寻衅滋事罪论处;在没有触犯其他重罪的情况下,也只能认定为寻衅滋事罪。换言之,在认定了行为人无故(随意)殴打他人的事实之后,需要进一步判断的是客观上的情节是否恶劣,而不是主观上是否出于流氓动机。

4. 不将流氓动机作为主观要素,也没有不当扩大寻衅滋事罪的处罚范围。诚然,我国刑法的处罚范围较窄,但与国外刑法相比,寻衅滋事罪的构成要件已经明显限制了处罚范围。例如,在国外,殴打行为本身就构成犯罪(暴行罪)。但我国刑法不仅要求殴打,而且

---

〔50〕 第1条同时规定:“行为人因日常生活中的偶发矛盾纠纷,借故生非,实施刑法第二百九十三条规定的行为的,应当认定为‘寻衅滋事’,但矛盾系由被害人故意引发或者被害人对矛盾激化负有主要责任的除外。”“行为人因婚恋、家庭、邻里、债务等纠纷,实施殴打、辱骂、恐吓他人或者损毁、占用他人财物等行为的,一般不认定为‘寻衅滋事’,但经有关部门批评制止或者处理处罚后,继续实施前列行为,破坏社会秩序的除外。”

〔51〕 不可否认,寻衅滋事罪是从旧刑法的流氓罪中分解出来的,但这并不意味着仍然应按流氓罪的观念解释寻衅滋事罪。倘若永远按照旧刑法解释现行刑法,就意味着现行刑法对旧刑法的修改毫无意义。换言之,如果沿革解释优先,必然导致刑法的修改丧失意义。

〔52〕 陈兴良主编:《刑法各论精释》(下),人民法院出版社2015年版,第991页。

还要求“随意”并且“情节恶劣”。倘若在此基础上进一步要求流氓动机,就会不当缩小处罚范围,因而难以在所有案件中都要求这一要素。例如,“两高”2003 年 5 月 14 日《关于办理妨害预防、控制突发传染病疫情等灾害的刑事案件具体应用法律若干问题的解释》第 11 条规定:“在预防、控制突发传染病疫情等灾害期间,强拿硬要或者任意损毁、占用公私财物情节严重,或者在公共场所起哄闹事,造成公共场所秩序严重混乱的,依照刑法第二百九十三条的规定,以寻衅滋事罪定罪,依法从重处罚。”显然,在类似案件中不可能要求行为人具有流氓动机。再如,“两高”、公安部 2014 年 9 月 9 日《关于办理暴力恐怖和宗教极端刑事案件适用法律若干问题的意见》指出:“以‘异教徒’、‘宗教叛徒’等为由,随意殴打、追逐、拦截、辱骂他人,扰乱社会秩序,情节恶劣的,以寻衅滋事罪定罪处罚。”在这类案件中,事实上也不可能将流氓动机作为主观要素。

5. 不要求行为人主观上出于流氓动机,并不意味着不要求行为人主观上具有故意,因而不会导致客观归罪。故意内容应当根据构成要件的内容以及刑法关于故意的一般规定来确定。倘若以寻衅滋事罪的构成要件内容为根据,就不可能将流氓动机作为故意内容。所以,流氓动机是一种“主观的超过要素”,不具有流氓动机时,依然可能有寻衅滋事罪的故意。另一方面,即使行为人没有流氓动机,其主观故意就足以使其行为具有非难可能性。

6. 要求行为人主观上出于流氓动机,可能是为了区分此罪与彼罪。但如后所述,寻衅滋事罪与故意伤害、故意毁坏财物、敲诈勒索、抢劫等罪并不是对立关系,只要善于适用想象竞合犯的原理,就可以合理地解决定罪问题。

7. 要求行为人主观上出于流氓动机,可能是来源于对客观事实的归纳。但是刑法学是规范学而不是事实学,什么样的因素是成立犯罪的要素,应当根据刑法的规定来确定,[53] 而不能根据已经发生的事实来确定,也不能根据所谓“人之常情”来确定。何况,犯罪现象极为复杂,任何人都不能担保不会出现不出于流氓动机的寻衅滋事案件。

(四)寻衅滋事罪与其他犯罪的关系

寻衅滋事罪,与故意伤害、敲诈勒索、故意毁坏财物等罪的关系,一直是困扰司法机关的难题。之所以如此,是因为刑法理论与司法机关一直希望在寻衅滋事罪与故意伤害、敲诈勒索、故意毁坏财物等罪之间划出明确的界限;而要划出明确的界限,就必须提出明确的区分标准。其中,是否出于流氓动机被认为是区分寻衅滋事罪与相关犯罪的关键标准。本书的观点是,刑法理论与司法实践不应当强调此罪与彼罪之间的区别与区分标准,而应注意此罪与彼罪的想象竞合,并根据想象竞合犯的处罚原则,从一重罪处罚。

1. 随意殴打他人致人轻伤的行为,既符合故意伤害罪的犯罪构成,也符合寻衅滋事罪的犯罪构成。对此,按想象竞合犯从一重罪处罚即可。一方面,不应为了强调寻衅滋事罪与故意伤害罪的区别,而主张故意伤害罪不得出于流氓动机,因为出于可以理解的动机故意造成轻伤的,能够成立故意伤害罪,出于流氓动机故意造成轻伤的,更能够成立故意伤害罪。

2. 在公众场所追逐、拦截妇女的,不管出于什么动机,都应当认定为本罪,而不得认定

---

〔53〕 当然,‘根据刑法的规定”并不是只限于根据刑法的明文规定,也包括根据刑法条文的关系、适用前提等确定成立犯罪的要素。

为强制侮辱罪。追逐行为可能同时触犯过失致人重伤罪、过失致人死亡罪,拦截行为可能同时触犯非法拘禁等罪,辱骂他人造成严重结果的行为,可能同时触犯侮辱罪,对此均应认定为想象竞合,从一重罪处罚。

3. 强拿硬要数额较大财物的行为,完全可能既符合敲诈勒索罪的犯罪构成,也符合寻衅滋事罪的犯罪构成。对此,应从一重罪处罚。寻衅滋事罪与抢劫罪也不是对立关系,一个行为完全可能同时触犯这两个犯罪。最高人民法院 2005 年 6 月 8 日《关于审理抢劫、抢夺刑事案件适用法律若干问题的意见》指出:"寻衅滋事罪是严重扰乱社会秩序的犯罪,行为人实施寻衅滋事的行为时,客观上也可能表现为强拿硬要公私财物的特征。这种强拿硬要的行为与抢劫罪的区别在于:前者行为人主观上还具有逞强好胜和通过强拿硬要来填补其精神空虚等目的,后者行为人一般只具有非法占有他人财物的目的;前者行为人客观上一般不以严重侵犯他人人身权利的方法强拿硬要财物,而后者行为人则以暴力、胁迫等方式作为劫取他人财物的手段。司法实践中,对于未成年人使用或威胁使用轻微暴力强抢少量财物的行为,一般不宜以抢劫罪定罪处罚。其行为符合寻衅滋事罪特征的,可以寻衅滋事罪定罪处罚。"其中的多处"一般"表明,该意见所提出的区分标准不能适用于所有案件。例如,以非法占有为目的抢劫他人财物的人,也可能具有逞强好胜和填补其精神空虚等动机;既然强拿硬要成立寻衅滋事罪不要求采用严重侵犯他人人身权利的方法,那么,以严重侵犯他人人身权利的方法强拿硬要财物的,更可能构成寻衅滋事罪。所以,上述区分标准并不具有现实意义。只有承认寻衅滋事罪与抢劫罪的想象竞合,才能解决两罪之间的关系。所以,对于以暴力、胁迫手段强取他人财物的,首先判断是否符合抢劫罪的犯罪构成;如若不符合,再判断是否符合敲诈勒索罪的犯罪构成;如仍得出否定结论,还需判断是否符合寻衅滋事罪的犯罪构成(虽然判断顺序一般是从重罪到轻罪,也不排除从轻罪到重罪进行判断)。

4. 行为人以聚众方式强拿硬要、任意占用他人财物的,完全可能同时符合寻衅滋事罪与聚众哄抢罪的犯罪构成,因而以想象竞合犯从一重罪处罚。

5. 任意损毁公私财物的行为,既可能构成故意毁坏财物罪,也可能构成寻衅滋事罪。不能认为,"任意"损毁公私财物的,不成立故意毁坏财物罪;因为成立故意毁坏公私财物罪,并不以"非任意"为要件。也不能认为,任意损毁公私财物数额较大的,不成立寻衅滋事罪;因为任意损毁数额较小财物的行为可能成立寻衅滋事罪,任意损毁数额较大财物的,更能成立寻衅滋事罪。所以,当任意损毁公私财物的行为,同时触犯上述两罪时,司法机关的任务,不是在两罪之间找出区别,而是以想象竞合犯从一重罪处罚。

6. 在公共场所起哄闹事,造成公共秩序严重混乱的行为,既可能构成寻衅滋事罪,也可能成立聚众扰乱公共场所秩序、交通秩序罪。虽然可以认为,是否聚众是两罪之间的重要区别。可是,起哄闹事类型的寻衅滋事罪,既可能一个人单独实施,也可能以聚众方式共同实施。当行为人以聚众方式在公共场所起哄闹事,造成公共秩序严重混乱时,"是否聚众"便不再是两罪之间的区别。所以,司法机关面对具体案件时,依然要首先判断行为是否符合聚众扰乱公共场所秩序、交通秩序罪的犯罪构成,再判断行为是否符合寻衅滋事罪的犯罪构成。如只能对其中之一得出肯定结论,则以该罪论处;如对两者都得出肯定结论,则认定为想象竞合犯,从一重罪处罚。

7. 寻衅滋事致人死亡的,可能同时触犯故意杀人罪或者过失致人死亡罪,也应从一重罪处罚。

（五）寻衅滋事罪的处罚

根据刑法第293条的规定，犯本罪的，处5年以下有期徒刑、拘役或者管制。纠集他人多次（3次以上）实施本罪行为，严重破坏社会秩序的，处5年以上10年以下有期徒刑，可以并处罚金。

三十五、组织、领导、参加黑社会性质组织罪

组织、领导、参加黑社会性质组织罪，是指组织、领导、参加黑社会性质的组织的行为。

根据刑法第294条第5款的规定，黑社会性质的组织应当同时具备以下特征：（1）形成较稳定的犯罪组织，人数较多，有明确的组织者、领导者，骨干成员基本固定（组织特征）；（2）有组织地通过违法犯罪活动或者其他手段获取经济利益，[54]具有一定的经济实力，以支持该组织的活动（经济特征）；（3）以暴力、威胁或者其他手段，[55]有组织地多次进行违法犯罪活动，为非作恶，欺压、残害群众（行为特征）；（4）通过实施违法犯罪活动，或者利用国家工作人员的包庇或者纵容，称霸一方，在一定区域或者行业内，形成非法控制或者重大影响，严重破坏经济、社会生活秩序（非法控制特征）。司法机关应当严格按照法定特征认定黑社会性质组织，不应当扩大黑社会性质组织的范围。[56]

结合本罪的处罚标准可以看出，本罪包括组织、领导行为、积极参加行为与其他参加行为。组织者、领导者，是指黑社会性质组织的发起者、创建者，以及在组织中实际处于领导地位，对整个组织及其运行、活动起着决策、指挥、协调、管理作用的犯罪分子，既包括通过一定形式产生的有明确职务、称谓的组织者、领导者，也包括在黑社会性质组织中被公认的事实上的组织者、领导者。积极参加者，是指接受黑社会性质组织的领导和管理，多次积极参与黑社会性质组织的违法犯罪活动，或者积极参与较严重的黑社会性质组织的犯罪活动且作用突出，以及其他在组织中起重要作用的犯罪分子。其他参加者，是指除上述组织成员之外，其他接受黑社会性质组织的领导和管理的犯罪分子。对于参加黑社会性质组织，没有实施其他违法犯罪活动的，或者受蒙蔽、胁迫参加黑社会性质的组织，情节轻微的，不宜作为犯罪处理。对于以下人员不应作为黑社会性质组织的成员处理：（1）主观上没有加入黑社会性质组织的意愿，受雇到黑社会性质组织开办的公司、企业、社团工作，未参与或者仅参与少量黑社会性质组织的违法犯罪活动的人员；（2）因临时被纠集、雇佣或受蒙蔽为黑社会性质组织实施违法犯罪活动或者提供帮助、支持、服务的人员；（3）为维护或扩大自身利益而临时雇佣、收买、利用黑社会性质组织实施违法犯罪活动的人员。上述人员构成其他犯罪的，按照具体犯罪处理。

根据刑法的规定，组织、领导、参加黑社会性质的组织本身便是犯罪行为，因此，如果行为人组织、领导、参加黑社会性质的组织，又实施了其他犯罪的，应当依照数罪并罚的规定处罚。例如，参加黑社会性质的组织，并实施故意杀人罪、贩卖毒品罪的，应认定为参加黑社会性质组织罪与故意杀人罪、贩卖毒品罪，实行数罪并罚。但是，如果一个组织没有

---

〔54〕 其中的“其他手段”应是指不正当手段，而不包括正当手段。

〔55〕 “其他手段”应是指与暴力、威胁相当的手段，而不是泛指任何手段。

〔56〕 参见“两高”、公安部2009年12月9日《办理黑社会性质组织犯罪案件座谈会纪要》，最高人民法院2015年10月13日《全国部分法院审理黑社会性质组织犯罪案件工作座谈会纪要》。

实施任何违法犯罪活动,司法机关不可能将其认定为黑社会性质的组织。在此意义上,本罪具有重复评价的性质。从立法论上来说,其合理性值得研究。[57]

根据刑法第 294 条第 1 款的规定,组织、领导黑社会性质的组织的,处 7 年以上有期徒刑,并处没收财产;积极参加的,处 3 年以上 7 年以下有期徒刑,可以并处罚金或者没收财产;其他参加的,处 3 年以下有期徒刑、拘役、管制或者剥夺政治权利,可以并处罚金。

对于黑社会性质组织的组织者、领导者,应当按照其所组织、领导的黑社会性质组织所犯的全部罪行处罚。所谓黑社会性质组织所犯的全部罪行,不是指黑社会性质组织成员所犯的全部罪行,而是组织、领导者所组织、发动、指挥的全部罪行。组织者、领导者对于具体犯罪所承担的刑事责任,应当根据其在该起犯罪中的具体地位、作用来确定。换言之,不能认为组织者、领导者在任何具体犯罪中都是主犯。对于黑社会性质组织的参加者,应当按照其所参与的犯罪,根据其在具体犯罪中的地位和作用处罚。对黑社会性质组织和组织、领导、参加黑社会性质组织的犯罪分子聚敛的财物及其收益,以及用于犯罪的工具等,应当依法追缴、没收。

三十六、入境发展黑社会组织罪

入境发展黑社会组织罪,是指境外的黑社会组织的人员到中华人民共和国境内发展组织成员的行为。境外的黑社会组织,是被境外国家和地区有关机关确定为黑社会的组织,包括外国的黑社会组织与中国香港、澳门、台湾地区的黑社会组织。境外黑社会组织的人员,是指境外黑社会组织的成员,包括组织者、领导者与参加者。因此,本罪为身份犯。“发展组织成员”,是指将境内、外人员吸收为该黑社会组织成员的行为。至于实际上是否发展了黑社会组织成员,不影响本罪的成立。应当指出的是,所谓“到中华人民共和国境内发展组织成员”,并不要求境外的黑社会组织的人员自身进入中华人民共和国境内,只是意味着行为人在中华人民共和国境内发展组织成员。因此,行为人虽未进入中华人民共和国境内,但通过网络、电话等手段在中华人民共和国境内发展组织成员的,也应以本罪论处。对黑社会组织成员进行内部调整等行为,不属于“发展组织成员”。根据刑法第 294 条第 2 款与第 4 款的规定,犯本罪的,处 3 年以上 10 年以下有期徒刑;犯本罪又有其他犯罪行为的,实行数罪并罚。

三十七、包庇、纵容黑社会性质组织罪

包庇、纵容黑社会性质组织罪,是指国家机关工作人员包庇黑社会性质的组织,或者纵容黑社会性质的组织进行违法犯罪活动的行为。

本罪为身份犯,行为主体为国家机关工作人员,但不要求是黑社会性质的组织的成员。国家机关工作人员组织、领导、参加黑社会性质组织后,利用职权包庇、纵容黑社会性

---

〔57〕 在本书看来,本罪没有存在的必要性。例如,现行刑法废除了旧刑法中的反革命集团罪,也没有增设组织、领导、参加危害国家安全集团罪,既然如此,就没有必要设立本罪。再如,即便存在杀人集团、抢劫集团,组织者、领导者也只是对杀人、抢劫负责,而不会对组织、领导集团本身承担任何责任。从司法实践来看,黑社会性质组织通常实施的只是聚众斗殴、寻衅滋事、敲诈勒索等行为。随着寻衅滋事罪、敲诈勒索罪法定刑的提高,将组织、领导、参加黑社会性质组织罪作为独立罪名就丧失了意义。更为重要的是,无论如何都难以准确描述黑社会性质组织,现行刑法的不严谨、不准确的描述,以及其他各种原因,导致下级司法机关滥用本罪名,甚至使本罪名成为“口袋罪”。本罪的适用不仅严重违背责任主义,侵害行为人的合法权益,而且严重妨碍经济发展,助长司法腐败。设立一个犯罪却不能明确划定该罪的处罚范围时,就不得设立此罪。所以,本书建议立法机关废除本罪。

质组织的，不排除本罪的成立。客观行为包括两种情形：(1)包庇黑社会性质的组织。“包庇”，是指国家机关工作人员为使黑社会性质组织及其成员逃避查禁，而通风报信，隐匿、毁灭、伪造证据，阻止他人作证、检举揭发，指使他人作伪证，帮助逃匿，或者阻挠其他国家机关工作人员依法查禁，以及为黑社会性质组织及其成员提供隐藏处所、财物及其他帮助逃匿的行为。包庇行为既可能表现为包庇黑社会性质组织本身，也可能表现为包庇黑社会性质组织的组织者、领导者与参加者。包庇行为必须利用职务上的便利。(2)纵容黑社会性质的组织的活动。“纵容”，主要是指对黑社会性质组织具有查禁职责的国家机关工作人员不依法履行职责，放纵黑社会性质组织进行违法犯罪活动的行为；但是，对于已经存在的黑社会性质组织，即使其在某个时期出于某种原因没有实施违法犯罪活动，但由于其存续、发展本身就是犯罪行为，故对于黑社会性质组织的存续、发展予以纵容的，也构成本罪。[58] 本罪的责任形式为故意，即明知是黑社会性质的组织、黑社会性质的组织所进行的违法犯罪活动，而故意予以包庇、纵容，但不要求行为人像司法工作人员那样确切地认识到对方属于刑法意义上的黑社会性质的组织。换言之，只要行为人认识到对方可能是黑社会性质的组织即可。行为人应当认识到而没有认识到的，不能认定为故意。

根据刑法第 294 条第 3 款的规定，犯本罪的，处 5 年以下有期徒刑；情节严重的，处 5 年以上有期徒刑。根据最高人民法院 2000 年 12 月 4 日《关于审理黑社会性质组织犯罪的案件具体应用法律若干问题的解释》，有下列情形之一的，属于“情节严重”：(1)包庇、纵容黑社会性质组织跨境实施违法犯罪活动的；(2)包庇、纵容境外黑社会组织在境内实施违法犯罪活动的；(3)多次实施包庇、纵容行为的；(4)致使某一区域或者行业的经济、社会生活秩序遭受黑社会性质组织特别严重破坏的；(5)致使黑社会性质组织的组织者、领导者逃匿，或者致使对黑社会性质组织的查禁工作严重受阻的；(6)具有其他严重情节的。

三十八、传授犯罪方法罪

(一)传授犯罪方法罪的概念与犯罪构成

传授犯罪方法罪，是指故意使用各种手段向他人传授犯罪方法的行为。

构成要件的内容为，使用各种手段向他人传授犯罪方法。传授手段没有限制，包括口头传授、书面传授与动作示范传授，包括公开传授与秘密传授、直接传授与间接传授等。在信息网络上、通讯群组中传授犯罪方法的，成立本罪。犯罪方法，是指实施犯罪的技术、步骤、办法等。向他人传授生产伪劣产品(包括不符合安全标准或者有毒、有害食品)的方法的，成立本罪。[59] 传授的对象没有限制，不问对方是否达到法定年龄、是否具有责任能力。被传授者是否掌握、接受了犯罪方法，以及是否利用行为人所传授的犯罪方法，不影响本罪的成立。本罪的责任形式为故意。

(二)传授犯罪方法罪与教唆犯罪的关系

传授犯罪方法罪不同于教唆犯罪：(1)侵犯的法益性质不同：前者侵犯的是社会管理

---

[58] 对黑社会性质组织不具有查处职责的国家机关工作人员(如法官)，即便与黑社会性质组织的组织者、领导者或者其他成员来往，或者在黑社会性质组织控制的娱乐场所消费等，也不成立本罪。

[59] 某种技术原本仅用于其他生产领域而不用于食品生产领域，行为人向食品生产者传授该技术，使生产者生产不符合食品安全标准的食品的，成立传授犯罪方法罪(可能同时触犯生产、销售不符合安全标准的食品罪)。

秩序;后者依所教唆的犯罪的性质而定。(2)客观行为不同:前者是向他人传授犯罪方法;后者是使他人产生犯罪决意。(3)故意内容不同:前者是对传授犯罪方法具有故意;后者是对所教唆的犯罪具有故意。(4)成立共同犯罪的情况不同:传授犯罪方法的,即使被传授的人按照所传授的方法实施了犯罪,二者也不一定成立共犯;如果被教唆的人犯被教唆的罪,则二者成立共犯。(5)定罪量刑的根据不同:传授犯罪方法罪是独立的罪名,具有独立的法定刑;而教唆犯罪不是独立罪名,没有独立的法定刑。

在实践中存在教唆犯罪与传授犯罪方法相结合或相竞合的情况,即对同一犯罪内容同时实施教唆行为与传授犯罪方法的行为,或者用传授犯罪方法的手段使他人产生犯罪决意。在这种情况下,原则上从一重罪处罚。但是,如果行为人分别对不同的对象实施教唆行为与传授犯罪方法的行为,或者向同一对象教唆此罪而传授彼罪的犯罪方法,则应按所教唆的罪与传授犯罪方法罪实行数罪并罚。

(三)传授犯罪方法罪的处罚

根据刑法第295条的规定,犯本罪的,处5年以下有期徒刑、拘役或者管制;情节严重的,处5年以上10年以下有期徒刑;情节特别严重的,处10年以上有期徒刑或者无期徒刑。

三十九、非法集会、游行、示威罪

非法集会、游行、示威罪,是指未依照法律规定申请或者申请未获许可,而举行集会、游行、示威,或者未按照主管机关许可的起止时间、地点、路线进行集会、游行、示威,又拒不服从解散命令,严重破坏社会秩序的行为。

本罪分为两种类型:一是未依照法律规定申请或者申请未获许可,而举行集会、游行、示威,又拒不服从解散命令,严重破坏社会秩序;二是未按照主管机关许可的起止时间、地点、路线进行集会、游行、示威,又拒不服从解散命令,严重破坏社会秩序。所谓集会,是指聚集于露天公共场所发表意见、表达意愿的活动;游行,是指在公共道路、露天场所列队行进,表达共同意愿的活动;示威,是指在露天公共场所或者公共道路上以集会、游行、静坐等方式,表达要求、抗议或者支持、声援等共同意愿的活动。一种观点认为,在第一种情况下,只要未申请或申请未获许可而举行集会、游行、示威,便成立本罪。[60] 但从刑法条文的表述来看,应当认为,在这种情况下,只有拒不服从解散命令,严重破坏社会秩序的,才成立犯罪。从实质上看,如果是没有申请或者申请未获许可举行集会、游行、示威,但在有关机关发布解散命令后解散集会、游行、示威的,其法益侵害性并没有达到值得科处刑罚的程度。再者,集会、游行、示威是宪法赋予公民的权利,对于行使宪法所规定的权利的行为,即使在程序等方面存在轻微违法,也不宜认定为犯罪。

根据刑法第296条的规定,犯本罪的,对集会、游行、示威的负责人和直接责任人员处5年以下有期徒刑、拘役、管制或者剥夺政治权利。

四十、非法携带武器、管制刀具、爆炸物参加集会、游行、示威罪

本罪是指违反法律规定,携带武器、管制刀具或者爆炸物参加集会、游行、示威的行为。其中的集会、游行、示威,既可以是合法的集会、游行、示威,也可以是不合法的集会、

---

〔60〕 参见张穹主编:《修订刑法条文实用解说》,中国检察出版社1997年版,第385页;陈兴良:《刑法疏议》,中国人民公安大学出版社1997年版,第477页。

游行、示威。在非法集会、游行、示威时,集会、游行、示威的负责人和直接责任人员,携带上述危险物品参加集会、游行、示威的,原则上属于一行为触犯数罪名,应从一重罪处罚。携带枪支、弹药参加集会、游行、示威的,如果所携带的是自己事先非法持有、私藏的枪支、弹药,则成立数罪,实行并罚。因为不管行为人是否携带枪支、弹药参加集会、游行、示威,其事先非法持有、私藏枪支、弹药的行为已经构成犯罪既遂。实施本罪行为同时触犯刑法第130条的,属于想象竞合,从一重罪处罚。根据刑法第297条的规定,犯本罪的,处3年以下有期徒刑、拘役、管制或者剥夺政治权利。

四十一、破坏集会、游行、示威罪

本罪是指扰乱、冲击或者以其他方法破坏依法举行的集会、游行、示威,造成公共秩序混乱的行为。根据刑法第298条的规定,犯本罪的,处5年以下有期徒刑、拘役、管制或者剥夺政治权利。

四十二、侮辱国旗、国徽罪

侮辱国旗、国徽罪,是指在公众场合故意以焚烧、毁损、涂划、玷污、践踏等方式侮辱中华人民共和国国旗、国徽的行为。

行为对象仅限于中华人民共和国国旗与国徽。行为必须发生在公众场合,公众场合包括悬挂国旗国徽的公共场所、机构所在地以及其他不特定人或者多数人有目共睹的场合。行为的方式是焚烧、毁损、涂划、玷污、践踏等,焚烧是指使国旗、国徽燃烧的行为;毁损是指从物理上毁损国旗、国徽的行为;涂划是指将色彩、颜料等附着在国旗、国徽上或者在国旗、国徽上刻印不应有的文字、图形、符号;玷污是指使用污物损害国旗、国徽的外观;践踏是指采取脚踩、车碾等方式侮辱国旗、国徽。采取其他类似方法侮辱国旗、国徽的行为,也成立本罪。实施上述行为之一,即可成立本罪,同时实施上述行为或者同时侮辱国旗、国徽的,仅成立一罪。实施本罪行为同时触犯故意毁坏财物等罪的,从一重罪处罚。本罪的责任形式为故意,没有认识到是中华人民共和国国旗、国徽而实施了上述行为,或者过失焚烧、毁损国旗、国徽的,不成立犯罪。

在网络上涂划、玷污国旗、国徽的行为是否成立本罪,涉及对两个要素的理解:一是国旗、国徽是否限于物理性质的国旗、国徽?本书持否定回答。二是网络空间是否属于公众场合?本书持肯定回答。[61] 概言之,上述行为成立犯罪。

根据刑法第299条的规定,犯本罪的,处3年以下有期徒刑、拘役、管制或者剥夺政治权利。

四十三、组织、利用会道门、邪教组织、利用迷信破坏法律实施罪

(一)组织、利用会道门、邪教组织、利用迷信破坏法律实施罪的概念与犯罪构成

本罪是指组织、利用会道门、邪教组织或者利用迷信破坏国家法律、行政法规实施的行为。

会道门,是指一贯道、九宫道、先天道、后天道等封建迷信组织。邪教组织,是指冒用宗教、气功或者其他名义建立,神化首要分子,利用制造、散布迷信邪说等手段蛊惑、蒙骗他人,发展、控制成员,危害社会的非法组织。迷信,是指与科学相对立,信奉鬼仙神怪的

---

〔61〕“公众场合”与“公共场所”不是等同概念。

观念与做法。行为表现为两种类型:一是组织和利用会道门、邪教组织蛊惑、煽动、欺骗群众破坏国家法律、行政法规的实施;二是利用迷信破坏国家法律、行政法规的实施。本罪只能由故意构成。

根据"两高"1999年10月20日《关于办理组织和利用邪教组织犯罪案件具体应用法律若干问题的解释》(以下简称《邪教案件解释一》),组织和利用邪教组织并具有下列情形之一的,以本罪论处:(1)聚众围攻、冲击国家机关、企业事业单位,扰乱国家机关、企业事业单位的工作、生产、经营、教学和科研秩序的;(2)非法举行集会、游行、示威,煽动、欺骗、组织其成员或者其他人聚众围攻、冲击、强占、哄闹公共场所及宗教活动场所,扰乱社会秩序的;(3)抗拒有关部门取缔或者已经被有关部门取缔,又恢复或者另行建立邪教组织,或者继续进行邪教活动的;(4)煽动、欺骗、组织其成员或者其他人不履行法定义务,情节严重的;(5)出版、印刷、复制、发行宣扬邪教内容出版物,以及印制邪教组织标识的;(6)其他破坏国家法律、行政法规实施行为的。此外,"两高"2001年6月4日《关于办理组织和利用邪教组织犯罪案件具体应用法律若干问题的解释(二)》(以下简称《邪教案件解释二》)也对本罪的成立条件做出了具体规定。

犯本罪又有奸淫妇女、诈骗财物等犯罪行为的,依照数罪并罚的规定处罚;以自焚、自爆或者其他危险方法危害公共安全的,分别依照刑法第114条、第115条第1款的规定定罪处罚。

(二)组织、利用会道门、邪教组织、利用迷信破坏法律实施罪的处罚

根据刑法第300条第1款的规定,犯本罪的,处3年以上7年以下有期徒刑,并处罚金;情节特别严重的,处7年以上有期徒刑或者无期徒刑,并处罚金或者没收财产;情节较轻的,处3年以下有期徒刑、拘役、管制或者剥夺政治权利,并处或者单处罚金。[62]

四十四、组织、利用会道门、邪教组织、利用迷信致人重伤、死亡罪

本罪是指组织、利用会道门、邪教组织或者利用迷信蒙骗他人,致人重伤、死亡的行为。组织、利用邪教组织蒙骗他人,致人重伤、死亡,是指组织或者利用邪教组织制造、散布迷信邪说,蒙骗其成员或者其他人实施绝食、自残、自虐等行为,或者阻止病人进行正常治疗,致人重伤、死亡的情形。根据上述两个司法解释,组织、利用邪教组织制造、散布迷信邪说,指使、胁迫其成员或者其他人实施自杀、自伤行为的,组织、策划、煽动、教唆、帮助邪教组织人员自杀、自残的,分别以故意杀人罪、故意伤害罪定罪处罚。根据《邪教案件解释二》的规定,邪教组织人员以自焚、自爆或者其他危险方法危害公共安全的,分别依照刑法第114条、第115条第1款以危险方法危害公共安全罪等规定定罪处罚。犯本罪的,根据刑法第300条第2款的规定处罚。[63]

四十五、聚众淫乱罪

聚众淫乱罪,是指聚集众人进行集体淫乱活动的行为。聚众,是指三人以上聚集在一起从事淫乱活动。淫乱行为除了指自然性交以外,还包括其他刺激、兴奋、满足性欲的行为,如聚众从事手淫、口交、鸡奸等行为。本案的淫乱活动,仅限于身体淫乱活动,聚众观

〔62〕 关于情节特别严重的认定,参见《邪教案件解释一》第2条。
〔63〕 关于情节特别严重的认定,参见《邪教案件解释一》第3条。

看淫秽物品、聚众讲述淫秽言论，数人在不同地点的网上裸聊的，不成立本罪。[64] 参与聚众淫乱的人不必具有被迫性。如果以暴力、胁迫或者其他强制方法强迫他人参加聚众淫乱活动，则视行为性质、次数与具体情况认定为强奸罪、强制猥亵罪或者与本罪实行数罪并罚。

认定本罪时应严格区分罪与非罪的界限，尤其不能按字面含义从形式上理解本罪的罪状。刑法理论没有争议地将"众"解释为三人以上，但不能认为三人以上聚集起来实施淫乱活动的，一律构成本罪。刑法规定本罪并不只是因为该行为违反了伦理秩序，而是因为这种行为侵害了公众对性的感情，[65] 尤其是侵害了性行为非公开化的社会秩序。因此，三个以上的成年人，基于同意所秘密实施的性行为，因为没有侵害本罪所要保护的法益，不属于刑法规定的聚众淫乱行为。[66] 只有当三人以上以不特定人或者多数人可能认识到的方式实施淫乱行为时，才宜以本罪论处。[67] 此外，联系引诱未成年人聚众淫乱罪的保护法益可以看出，已满 16 周岁不满 18 周岁的人被引诱参加聚众淫乱活动的，不成立聚众淫乱罪。

根据刑法第 301 条的规定，犯本罪的，对首要分子或者多次参加的，处 5 年以下有期徒刑、拘役或者管制。

四十六、引诱未成年人聚众淫乱罪

本罪是指引诱未成人参加聚众淫乱活动的行为。所谓引诱未成年人参加聚众淫乱活动，是指勾引、诱惑不满 18 周岁的人参加聚众淫乱活动。[68] 对"参加"应作广义解释，不要求引诱未成年人实际从事淫乱活动，引诱未成年人观看他人从事淫乱活动的，也成立本罪。由于本罪的法益主要是未成年人的身心健康，故其中的聚众淫乱活动不要求具有公然性。例如，引诱未成年人参加秘密聚众淫乱活动的，也应以本罪论处。基于同样的理由，未成年人因被引诱参加聚众淫乱活动的，不构成聚众淫乱罪。但是，已满 16 周岁不满 18 周岁的人能够成为本罪的主体。行为人在从事聚众淫乱活动的过程中，引诱未成年人聚众淫乱的，由于存在两个行为且侵害两个保护法益，应当实行数罪并罚。行为另触犯奸淫幼女类型的强奸罪、猥亵儿童罪的，应视行为的次数，以想象竞合犯处理或者实行数罪并罚。根据刑法第 301 条的规定，犯本罪的，处 5 年以下有期徒刑、拘役或者管制，并应从重处罚。

四十七、盗窃、侮辱、故意毁坏尸体、尸骨、骨灰罪

本罪是指盗窃、侮辱、故意毁坏尸体、尸骨、骨灰的行为。本罪的保护法益是公众对尸体、尸骨、骨灰的虔敬感情。

尸体，是指已经死亡的人的身体的全部或者一部。孕妇腹中的死亡胎儿，即使具有人

---

〔64〕 例如，甲乙丙丁四人通过网络聊天工具同时在线进行裸聊，后在取得其他三人的同意下，甲将四人裸聊的内容制作成视频发到了网上。甲乙丙丁四人的行为不成立聚众淫乱罪，对甲的行为可以认定为传播淫秽物品罪。

〔65〕 参见［日］平野龙一：《刑法概说》，东京大学出版会 1977 年版，第 268 页以下。

〔66〕 只要性行为是秘密实施的，即使招集、邀约行为具有公开性，也不应认定为聚众淫乱罪。

〔67〕 二人在公共场所自愿发生性交或者裸露身体，或者一人故意在公共场所裸露身体，使众人有目共睹的行为，属于法无明文规定的公然猥亵，不成立犯罪（符合猥亵儿童罪的犯罪构成的除外）。

〔68〕 勾引、诱惑不满 14 周岁的人参加聚众淫乱活动的，同时构成猥亵儿童罪。

的形体,也不是尸体;尸骨是指尸体腐烂后剩下的骨头;骨灰是指尸体火化后骨骼烧成的灰。盗窃尸体、尸骨、骨灰的一部分的,也可能成立本罪。例如,在空难事故后,行为人窃取死者尸体的一部分的,也成立本罪。盗窃,是指无权处分尸体、尸骨、骨灰的人将尸体、尸骨、骨灰转移为自己或者第三者占有的行为。抢劫、抢夺尸体、尸骨、骨灰的行为当然符合盗窃尸体、尸骨、骨灰罪的犯罪构成。侮辱尸体、尸骨、骨灰,是指直接对尸体、尸骨、骨灰实施凌辱行为,如奸污女尸,抠摸尸体阴部、使尸体裸露、将尸体、尸骨、骨灰扔至公共场所等。毁坏尸体、尸骨、骨灰,是指毁损尸体、尸骨、骨灰完整性的一切行为,如分割尸体、砍掉尸体的某部分、破坏尸体外表的完整性、抛洒骨灰盒中的骨灰等。根据刑法第234条之一第3款的规定,违背本人生前意愿摘取其尸体器官,或者本人生前未表示同意,违反国家规定,违背其近亲属意愿摘取其尸体器官的,依照刑法第302条的规定定罪处罚。以书面、文字等方式侮辱死者名誉的,不成立本罪;依法对尸体进行解剖、检查等行为,死者家属或者其他有处理权限的人依照风俗习惯处理尸体的行为,不成立本罪。

根据刑法第302条的规定,犯本罪的,处3年以下有期徒刑、拘役或者管制。

四十八、赌博罪

(一)赌博罪的概念与法益

赌博罪,是指以营利为目的聚众赌博或者以赌博为业的行为。

关于赌博罪的法益,刑法理论上存在诸多不同学说:有人认为,赌博罪所侵犯的是社会的善良风俗;有人提出,赌博罪所侵犯的是勤奋的国民生活方式;有人指出,赌博罪的本质是导致“二次犯罪”危险;有的主张,赌博罪的本质是导致他人的财产危险;如此等等。[69] 由于单纯违反伦理道德的行为不可能成为刑法规制的对象,而且我国刑法将赌博罪规定在扰乱公共秩序罪中,故本罪的法益应是以劳动或其他合法行为取得财产这一国民健全的经济生活方式与秩序。

(二)赌博罪的犯罪构成

赌博,是指就偶然的输赢以财物进行赌事或者博戏的行为。偶然的输赢,是指结果取决于偶然因素,这种偶然因素对当事人而言具有不确定性,至于客观上是否已经确定则无关紧要;偶然因素既可以是将来的因素,也可能是现在或者过去的因素。即使当事人的能力对结果会产生一定影响,但只要结果有部分取决于偶然性,就是赌博。如果对于一方当事人而言,胜败的结果已经确定,则不能称为赌博。赌事,是指胜败完全取决于偶然因素的情况;博戏,是指胜败部分取决于偶然因素、部分取决于当事人的能力的情况。赌博还必须是胜者取得财物,败者交付财物;这里的财物包括财产性利益。如果双方以财物以外的利益进行赌事或者博戏,则不属于赌博。

并非任何赌博行为都成立犯罪。根据刑法规定,成立赌博罪,仅限于两种类型:一是聚众赌博,即纠集多人从事赌博;二是以赌博为业,即将赌博作为职业或者兼业。根据“两高”2005年5月11日《关于办理赌博刑事案件具体应用法律若干问题的解释》,以营利为目的,有下列情形之一的,属于“聚众赌博”:(1)组织3人以上赌博,抽头渔利数额累计达到5000元以上的;(2)组织3人以上赌博,赌资数额累计达到5万元以上的;(3)组织3人以上赌博,参赌人数累计达到20人以上的;(4)组织中华人民共和国公民10人以

---

〔69〕 参见蔡圣伟:“赌博罪保护法益之探讨”,载《罪与刑》,台北五南图书出版公司1998年版,第247页以下。

上赴境外赌博,从中收取回扣、介绍费的。明知他人实施赌博犯罪活动,而为其提供资金、计算机网络、通讯、费用结算等直接帮助的,以赌博罪的共犯论处。

赌博罪的责任要素除故意外,还要求具有营利目的。这里的营利目的主要有两种情况:一是通过在赌博活动中取胜进而获取财物的目的;二是通过抽头渔利或者收取各种名义的手续费、入场费等获取财物的目的。

(三)赌博罪的认定

认定赌博罪,应注意区分罪与非罪的界限。只是单纯参加赌博的行为,不成立赌博罪。行为人的目的不在于营利而在于一时娱乐而参加赌博、聚众赌博的,不成立赌博罪。例如,对不以营利为目的,进行带有少量财物输赢的娱乐活动,以及提供棋牌室等娱乐场所并只收取固定的场所和服务费用的经营行为等,不得以赌博罪论处。此外,赌博与打赌不是等同概念,参与打赌者的动机与目的在于确认彼此间互相对立的意见争执,至于赌赢的赏金则不是重点,也不是打赌本身的目的;打赌的结局还可能是双方均获利或者第三者获利。所以,对打赌行为不应认定为赌博罪。

设置圈套引诱他人"赌博",使用欺骗方法获取钱财,胜负并不取决于偶然的,不符合赌博的特征,相反完全符合诈骗罪的犯罪构成。如果该行为人的其他赌博行为已构成赌博罪,则应将赌博罪与诈骗罪实行并罚。

(四)赌博罪的处罚

根据刑法第 303 条第 1 款的规定,犯赌博罪的,处 3 年以下有期徒刑、拘役或者管制,并处罚金。

四十九、开设赌场罪

开设赌场罪,是指开设以行为人为中心,在其支配下供他人赌博的场所的行为。至于开设的是临时性的赌场、还是长期性的赌场,则不影响本罪成立。换言之,所谓开设赌场,是指经营赌场。根据"两高"、公安部 2010 年 8 月 31 日《关于办理网络赌博犯罪案件适用法律若干问题的意见》(以下简称《赌博案件意见》),利用互联网、移动通讯终端等传输赌博视频、数据,组织赌博活动,具有下列情形之一的,属于"开设赌场"行为:(1)建立赌博网站并接受投注的;(2)建立赌博网站并提供给他人组织赌博的;(3)为赌博网站担任代理并接受投注的;(4)参与赌博网站利润分成的。开设赌场的行为,虽然事实上一般以营利为目的,但刑法没有将营利目的规定为责任要素。

根据《赌博案件意见》,明知是赌博网站,而为其提供下列服务或者帮助的,属于开设赌场罪的共同犯罪,依照刑法第 303 条第 2 款的规定处罚:(1)为赌博网站提供互联网接入、服务器托管、网络存储空间、通讯传输通道、投放广告、发展会员、软件开发、技术支持等服务,收取服务费数额在 2 万元以上的;(2)为赌博网站提供资金支付结算服务,收取服务费数额在 1 万元以上或者帮助收取赌资 20 万元以上的;[70](3)为 10 个以上赌博网站投放与网址、赔率等信息有关的广告或者为赌博网站投放广告累计 100 条以上的。实施上述行为,具有下列情形之一的,应当认定行为人"明知",但是有证据证明确实不知道的除外:(1)收到行政主管机关书面等方式的告知后,仍然实施上述行为的;(2)为赌博网

〔70〕 赌资包括当场查获的用于赌博的款物,代币、有价证券、赌博积分等实际代表的金额,以及在赌博机上投注或赢取的点数实际代表的金额。

站提供互联网接入、服务器托管、网络存储空间、通讯传输通道、投放广告、软件开发、技术支持、资金支付结算等服务,收取服务费明显异常的;(3)在执法人员调查时,通过销毁、修改数据、账本等方式故意规避调查或者向犯罪嫌疑人通风报信的;(4)其他有证据证明行为人明知的。

根据“两高”、公安部2014年3月26日《关于办理利用赌博机开设赌场案件适用法律若干问题的意见》(以下简称《赌博机案件意见》),设置具有退币、退分、退钢珠等赌博功能的电子游戏设施设备,并以现金、有价证券等贵重款物作为奖品,或者以回购奖品方式给予他人现金、有价证券等贵重款物(以下简称设置赌博机)组织赌博活动的,应当认定为开设赌场行为。设置赌博机组织赌博活动,具有下列情形之一的,应当按照开设赌场罪定罪处罚:(1)设置赌博机10台以上的;(2)设置赌博机2台以上,容留未成年人赌博的;(3)在中小学校附近设置赌博机2台以上的;(4)违法所得累计达到5000元以上的;(5)赌资数额累计达到5万元以上的;(6)参赌人数累计达到20人以上的;(7)因设置赌博机被行政处罚后,2年内再设置赌博机5台以上的;(8)因赌博、开设赌场犯罪被刑事处罚后,5年内再设置赌博机5台以上的;(9)其他应当追究刑事责任的情形。明知他人利用赌博机开设赌场,具有下列情形之一的,以开设赌场罪的共犯论处:(1)提供赌博机、资金、场地、技术支持、资金结算服务的;(2)受雇参与赌场经营管理并分成的;(3)为开设赌场者组织客源,收取回扣、手续费的;(4)参与赌场管理并领取高额固定工资的;(5)提供其他直接帮助的。

司法实践中的一种做法是,对于内地人员以营利为目的,承包或者参股经营澳门赌场或者境外其他赌场,组织、招揽内地人员前往其承包或者参股的赌场赌博的行为,也按照我国刑法以开设赌场罪追究刑事责任。其基本理由是,开设赌场行为属于复合行为,包括在内地实施的组织、招揽参赌人员等行为。可是,单纯组织、招揽他人前往境外赌博的行为,并不是开设赌场罪的实行行为。即使从客观上看,在境外开设赌场的人员常常在内地招揽赌徒,这也只是事实,而不能将客观事实强加于刑法规范。当刑法分则条文仅将开设赌场作为犯罪的实行行为时,不能将招揽赌徒的行为作为本罪的实行行为。另一方面,如果将招揽赌徒的行为作为开设赌场罪的实行行为,那么,那些在境内开设了赌场,但没有组织、招揽赌徒的,其行为就不完全符合开设赌场罪的构成要件。但这种结论违反刑法规定,难以被人接受。

根据刑法第303条第2款的规定,犯开设赌场罪的,处3年以下有期徒刑、拘役或者管制,并处罚金;情节严重的,处3年以上10年以下有期徒刑,并处罚金。[71]

五十、故意延误投递邮件罪

故意延误投递邮件罪,是指邮政工作人员严重不负责任,故意延误投递邮件,致使公共财产、国家和人民利益遭受重大损失的行为。过失延误投递邮件的行为,不成立本罪。犯本罪同时触犯其他罪名的,从一重罪处罚。根据刑法第304条的规定,犯本罪的,处2年以下有期徒刑或者拘役。

---

〔71〕 关于具体量刑标准,参见《赌博案件意见》第1条、《赌博机案件意见》第2条。

第三节　妨害司法罪

一、伪证罪

(一)伪证罪的概念与犯罪构成

伪证罪,是指在刑事诉讼中,证人、鉴定人、记录人、翻译人对与案件有重要关系的情节,故意作虚假证明、鉴定、记录、翻译,意图陷害他人或者隐匿罪证的行为。

1. 构成要件

(1)行为主体必须是证人、鉴定人、记录人、翻译人。值得研究的问题是,作为行为主体的证人是否包括被害人？诚然,刑事诉讼法明确区分了证人证言与被害人陈述两个概念;但是,这并不意味着刑法理论只能按照刑事诉讼法的规定解释刑法概念。被害人陈述与证人证言都属于证据,被害人完全可能作虚假陈述,事实上也不乏其例;这种行为也具有妨害司法客观公正的危险性。因此,本书认为,本罪行为主体中的证人应当包括被害人。被害人违背事实,否认自己的法益被犯罪行为侵害的,也可能成立伪证罪(告诉才处理的案件除外)。此外,在排除非法证据和涉及自首、立功认定等场合,相关的侦查人员、监管人员、检察人员也符合本罪的"证人"条件。例如,原本某项对案件有重要关系的口供系刑讯逼供所得,应当予以排除。监管人员知道真相却在法庭上作伪证,谎称侦查人员没有刑讯逼供的,也符合本罪的构成要件(可能同时触犯其他罪名)。

(2)行为人必须作了虚假的证明、鉴定、记录、翻译。"虚假"一般包括两种情况:一是捏造或者夸大事实以陷人入罪;二是掩盖或者缩小事实以开脱罪责。伪证行为的方式没有限制,如在口头陈述中作虚假陈述,在文字鉴定中作虚假鉴定,不记录或者擅自增添重要事实,删除录音录像中记录的重要事实,在笔译或者口译中作虚假翻译等。伪证行为不限于作为,证人在陈述时,对自己记忆中的事项全部或者部分保持沉默,使整体上的陈述成为虚假陈述时,成立不作为的伪证罪。但是,单纯保持沉默而不陈述的行为,不成立伪证罪。关于证人作虚假证明中的"虚假"的含义,国外刑法理论上有不同学说。主观说认为,证人应当原封不动地陈述自己的记忆与实际体验,对证人证言的真实性、可靠性的判断则是法官的任务。因此,按照自己的记忆与实际体验陈述的,即使与客观事实不相符合,也不是虚假的;反之,不按照自己的记忆与实际体验陈述的,即使与客观事实相符合,也是虚假的。客观说则认为,只有陈述的内容与客观事实不相符合的,才是虚假的。折中说认为,违反自己体验的陈述,在行为(作证)时能评价为违反了客观真实时,才成立伪证罪。据此,成立伪证罪,要求行为人认识到陈述的内容违反自己的体验,而且在行为时具有客观的虚伪性。[72] 折中说与客观说似乎没有重大区别。如果联系主观内容考虑,虚假应是违反证人的记忆与实际体验且不符合客观事实的陈述,如果违反证人的记忆与实际体验但符合客观事实,就不可能妨害司法活动,不成立伪证罪;如果符合证人的记忆与实际体验但与客观事实不相符合,则行为人没有伪证罪的故意,也不成立伪证罪。例如,行

---

〔72〕 参见[日]前田雅英:《刑法各论讲义》,东京大学出版会2015年第6版,第471~472页。

为人将耳闻的事实陈述为目睹的事实,如果所陈述的事实与客观事实相符合,则不宜认定为虚假陈述;反之,行为人将耳闻的事实陈述为目睹的事实,且所陈述的事实与客观事实不相符合,则应认定为虚假陈述。

(3)必须是对与案件有重要关系的情节作虚假的证明、鉴定、记录、翻译。这里的案件只限于刑事案件。与案件有重要关系的情节,是指对案件结论(包括实体结论与程序结论)有影响的情节,即对是否构成犯罪、犯罪的性质、罪行的轻重、量刑的轻重具有重要关系的情节。所以,就本犯(刑事诉讼中的嫌疑人、被告人)是否具有自首、立功等法定量刑情节作伪证的,也成立本罪。伪证行为只要足以影响案件结论即可,不要求实际上影响了案件结论。

(4)必须在刑事诉讼中作虚假的证明、鉴定、记录、翻译。一般是在立案侦查后、审判终结前的过程中作伪证,但对"刑事诉讼"应略作扩大解释。例如,行为是否构成故意伤害罪,取决于其是否造成了轻伤以上的伤害。而公安机关在决定是否立案时,常常首先作伤情鉴定。在此阶段,鉴定人将轻微伤鉴定为重伤的,宜认定为伪证罪。[73] 在诉讼前作虚假告发,意图使他人受刑事追究的,成立诬告陷害罪。

2. 责任要素

责任要素除故意外,还要求有陷害他人或者隐匿罪证的意图。不过,只要行为人明知自己作了虚假陈述,就可以认定其具有上述意图。证人因记忆不清作了与事实不相符合的证明、鉴定人因技术不高作了错误鉴定、记录人因粗心大意错记漏记、翻译人因水平较低而错译漏译的,均不成立本罪。

(二)伪证罪的认定

虽然刑事诉讼法规定凡是知道案件情况的人都有作证的义务,但如果知道案件情况但拒不作证的,即使具有隐匿罪证的意图,也不能认定为伪证罪。因为不作证并不符合"作虚假证明"的构成要件。

犯罪嫌疑人、被告人作虚假陈述的,因为缺乏期待可能性,没有被刑法规定为本罪主体。问题是,犯罪嫌疑人、被告人教唆证人等为自己作伪证的,是否成立伪证罪的教唆犯?本书持否定说。虽然证人的谎言比犯罪嫌疑人、被告人的谎言更难识破,但由于犯罪嫌疑人、被告人自己作虚假供述的行为并不成立犯罪,而教唆是比实行更轻的参与形式,故教唆他人为自己作伪证的,不应以伪证罪的教唆犯论处(被教唆者作伪证的,成立伪证罪)。

侦查人员虽然出示工作证件,但没有就案件性质作必要说明,没有告知证人应当如实提供证据、证言和有意作伪证或隐匿证据要负的法律责任时,证人作虚假证明的,不应当以伪证罪论处。证人按照司法工作人员的要求作伪证的,即使明知是伪证而作出的,也不能以伪证罪论处,只能追究司法工作人员的法律责任(同时构成伪证罪的教唆犯与徇私枉法罪的正犯,从一重罪处罚)。

诬告陷害导致他人被立案侦查,然后在刑事诉讼中故意作虚假证明,意图陷害他人的,虽然出于一个意图,但由于实施了两个行为,具有数个故意,且侵害了两个不同的法益,应当实行数罪并罚。

伪证罪的既遂标准,取决于如何认识伪证罪的保护法益。倘若认为,本罪的保护法益

---

〔73〕 如果将重伤鉴定为轻微伤,则可能同时触犯包庇罪,宜从一重罪论处。

是刑事诉讼过程的纯洁性，那么，本罪就是实害犯；倘若认为本罪的保护法益是刑事诉讼的客观公正，那么，本罪就是抽象的危险犯。本文倾向于后一种观点。证人在一次询问程序中所作的陈述或证明是一个统一的证言，应将其作为一个整体来观察。因此，一次询问程序中的陈述全部终了时，就是伪证罪的既遂。即便证人起先作了虚假证明，但如果在整体的陈述终了之前对前面的虚假证明进行订正的，不应以伪证罪论处。

一个证人就同一事实在两次询问程序中作相反证明的，必然有一次构成伪证罪。换言之，在第一次询问程序结束后，证人在第二次询问程序中订正其前次虚假证明的，不影响第一次伪证罪既遂的认定；在第一次询问程序中作真实证明，但在第二次询问程序中作虚假证明的，只要询问程序已经结束，就成立伪证罪既遂。对于这两种情形，均应以伪证罪论处。

（三）伪证罪的处罚

根据刑法第305条的规定，犯伪证罪的，处3年以下有期徒刑或者拘役；情节严重的，处3年以上7年以下有期徒刑。

二、辩护人、诉讼代理人毁灭证据、伪造证据、妨害作证罪

本罪是指在刑事诉讼中，辩护人、诉讼代理人毁灭、伪造证据，帮助当事人毁灭、伪造证据，威胁、引诱证人违背事实改变证言或者作伪证的行为。

本罪为身份犯，行为主体限于辩护人与诉讼代理人。显然，并不是说，“律师”实施本罪行为的均成立本罪；而是说，只有当律师等人在担任刑事案件的辩护人、诉讼代理人的过程中，利用其辩护或代理业务实施本罪行为的，才能以本罪论处。本罪的客观行为必须发生在刑事诉讼中，具体表现为三种情形：

第一，毁灭、伪造证据。毁灭证据，是指妨害证据的显现或者使证据的效力减少或丧失的一切行为；不仅包括从物理上损坏作为证据的物体，而且包括隐藏作为证据的物体。伪造证据，是指制作并不真实的证据的行为，包括变造证据，即对既存的证据进行篡改加工，从而变更证据效力的行为。其中的“证据”不仅包括当事人是否构成犯罪的证据，而且包括当事人是否具有自首、立功等法定量刑情节的证据。例如，伪造立功证据的，也成立本罪。但也不能认为，凡是制造立功表现的均成立本罪，关键在于是否“伪造”立功证据。例如，辩护人甲为了让当事人乙减轻处罚，于是唆使丙实施抢劫罪，并且将丙的抢劫事实告知乙，乙检举了丙的抢劫事实。本书认为，甲的行为不成立本罪，仅成立抢劫罪的教唆犯。再如，辩护人A通过其他途径获知C的犯罪事实后，将该事实告知当事人B，B检举C的犯罪事实的，也不能认定A的行为属于伪造立功证据，不应以本罪论处。此外，伪造了证据，但没有将伪造的证据提交给公安、司法机关的，只是本罪的预备行为，不应以犯罪论处。

第二，帮助当事人毁灭、伪造证据。“帮助”并非共犯意义上的帮助，既包括参与当事人的毁灭、伪造证据的行为，也包括为了当事人的利益而毁灭、伪造证据的行为，还包括唆使当事人毁灭、伪造证据的行为。[74] 就辩护人而言，一般是毁灭或者帮助毁灭有罪、罪重的证据，伪造或者帮助伪造无罪或者罪轻的证据；就诉讼代理人而言，一般是毁灭或者帮助毁灭无罪、罪轻的证据，伪造或者帮助伪造有罪、罪重的证据。但并不排斥相反情况，即

〔74〕 第二种情形与第一种情形没有绝对明显的界限。

在特殊情况下出现了相反情况时,也不影响本罪的成立。没有将伪造的证据提交给公安、司法机关的,只是本罪的预备行为,不应以犯罪论处。

第三,威胁、引诱证人违背事实改变证言或者作伪证。既包括威胁、引诱证人违背事实改变有罪、罪重的证言或者作无罪、罪轻的证言,也包括威胁、引诱证人违背事实改变无罪、罪轻的证言或者作有罪、罪重的证言。其中的"证人"并不限于刑事诉讼法规定的狭义的证人,还应包括被害人、鉴定人、翻译人。亦即,辩护人在刑事诉讼中威胁、引诱被害人或者鉴定人、翻译人违背事实改变陈述、鉴定意见或翻译的,依然可能成立本罪。对于引诱犯罪嫌疑人、被告人违背事实改变供述的,不应以本罪论处。但是,如果犯罪嫌疑人、被告人是他人犯罪的证人时,引诱其违背事实改变证言的,可能成立本罪。行为人对证人实施了威胁、引诱行为,但是证人并没有违背事实改变证言的,一般不宜以犯罪论处;情节严重的,可认定为本罪的未遂犯。所应注意的是,辩护人、诉讼代理人要求证人改变以前的违背事实的证言的,不成立犯罪。对属于合法辩护活动范围内的行为,不得以本罪论处。

本罪的责任形式为故意。提供、出示、引用的证人证言或者其他证据失实,不是有意伪造的,不成立犯罪。不仅如此,本书还认为,本罪的故意内容必须是有意使无罪定有罪、轻罪定重罪或者使有罪定无罪、重罪定轻罪;行为人确信被告人无罪或者罪轻,采取不当措施使法院做出符合事实与法律的判决的,由于没有妨害司法的客观公正性,不能认定为本罪。

根据刑法第 306 条的规定,犯本罪的,处 3 年以下有期徒刑或者拘役;情节严重的,处 3 年以上 7 年以下有期徒刑。

三、妨害作证罪

(一)妨害作证罪的概念与法益

妨害作证罪,是指以暴力、威胁、贿买等方法阻止证人作证或者指使他人作伪证的行为。

本罪的法益是司法活动的客观公正性。证据是司法活动的依据,是司法活动客观公正性的保障。而证人证言、被害人陈述、鉴定意见等,则是证据中的重要类型。因为证人证言可以帮助司法机关发现和收集其他证据,可以用于鉴别其他证据的真伪,因而成为认定案件事实的根据。如果证人不能作证,或者证人作伪证,就必然影响诉讼进程,进而妨害司法活动的客观公正性。一种观点认为,本罪的法益还包括公民依法作证的权利。[75]但这一观点值得商榷。诚然,在以暴力、威胁方法阻止证人作证时,或许侵犯了证人的作证权利。可是,在行为人以暴力、威胁、贿买等方法指使他人作伪证时,未必侵犯了公民依法作证的权利。相反,被指使者如果作伪证,便构成伪证罪或者其他犯罪。例如,杀人罪的犯罪嫌疑人的亲属乙,贿买证人甲,让甲将目击杀人的时间提前一小时,以便杀人犯有不在场证明。甲按照乙的指使作伪证的,成立伪证罪。如果将公民依法作证的权利作为本罪的法益,那么,由于乙的行为没有侵犯甲的作证权利,因而不构成犯罪,这显然不合适。

---

〔75〕 参见王作富主编:《刑法分则实务研究》(下),中国方正出版社 2013 年第 5 版,第 1205 页。

（二）妨害作证罪的犯罪构成

1. 构成要件的内容为，以暴力、威胁、贿买等方法阻止证人作证或者指使他人作伪证。

（1）“证人”，不应限于狭义的证人，而应包括被害人、鉴定人、翻译人（限于对证人证言、被害人陈述的翻译）。诚然，刑事诉讼法将证人证言、被害人陈述、鉴定意见分为不同的证据种类，但是，这并不影响刑法将妨害作证中的“证人”作广义解释。从用语的本来含义来说，“证人”概念原本就可以包括狭义的证人、被害人、鉴定人、翻译人等。将被害人、鉴定人、翻译人等称为证人，不会侵犯国民的预测可能性。从实质意义而言，行为人以暴力、威胁、贿买等方法阻止被害人做出陈述、阻止鉴定人做出鉴定意见、阻止翻译人员翻译，与行为人以暴力、威胁、贿买等方法阻止狭义的证人作证，对司法活动客观公正性的妨害，没有任何实质区别。或许有人认为，对于指使鉴定人作虚假鉴定或者指使翻译人作虚假翻译的，应认定为刑法第305条的伪证罪的教唆犯。但是，按照这种观点的逻辑，对于阻止鉴定人做鉴定或者阻止翻译人做翻译的，要么认定为无罪，要么认定为妨害作证罪，因为鉴定人并没有做鉴定、翻译人并没有做翻译，不能认定阻止者构成伪证罪的教唆犯。可是，根据刑法第307条第1款的规定，阻止证人作证与指使证人作伪证，是性质相同的犯罪行为。因此，将阻止鉴定人做鉴定、阻止翻译人做翻译的行为认定为无罪或者妨害作证罪，将指使鉴定人作虚假鉴定、指使翻译人作虚假翻译的行为认定为伪证罪的教唆犯，便有损刑法条文之间的协调性。只有将阻止鉴定人做鉴定、阻止翻译人做翻译与指使鉴定人作虚假鉴定、指使翻译人作虚假翻译的行为，均以妨害作证罪论处，才能克服这种缺陷。

指使他人作伪证中的“他人”，同样不限于狭义的证人，指使狭义的证人作伪证、指使被害人作虚假陈述、指使鉴定人作虚假鉴定、指使翻译人作虚假翻译的，都成立妨害作证罪。指使根本不了解案情的人作伪证的，也成立本罪。指使勘验人员、检查人员作虚假勘验、检查的，也符合“指使他人作伪证”的构成要件（可能同时触犯其他犯罪）。此外，指使他人作伪证，既包括指使他人作虚假的口头陈述或者书证，也包括指使他人伪造其他证据。

指使作为司法工作人员的记录人员作虚假记录，司法工作人员因受指使而触犯徇私枉法罪，指使者构成徇私枉法罪的教唆犯。指使作为司法工作人员的翻译人员作虚假翻译，司法工作人员构成徇私枉法罪，指使者的行为同时构成妨害作证罪的正犯与徇私枉法罪的教唆犯，属于想象竞合，从一重罪处罚。

（2）阻止证人作证，是指阻止广义的证人就其所了解的案件情况向司法机关作出口头或者书面陈述。如阻止证人出庭作证，阻止被害人向司法机关提交书面陈述，阻止鉴定人作出鉴定意见或者阻止鉴定人向司法机关提交鉴定意见，如此等等。指使他人作伪证，是指唆使、指示他人作违背事实的证言，提交违背事实的鉴定意见，指使翻译人、记录人作虚假翻译、记录，如此等等。

“以暴力、威胁、贿买等方法”的规定，既是对阻止证人作证的行为方式的限定，也是对指使他人作伪证的行为方式的限定。换言之，妨害作证罪的行为分为以暴力、威胁、贿买等方法阻止证人作证和以暴力、威胁、贿买等方法指使他人作伪证。

除了暴力、威胁、贿买方法外，还包括唆使、嘱托、请求、引诱等方法。刑法第307条第1款的规定，已将刑法第305条的部分伪证罪的教唆犯正犯化，即将部分伪证罪的教唆犯作为妨害作证罪的正犯处理。一方面,以唆使、嘱托、请求、引诱等方法指使他人作伪证,与以贿买方法指使他人作伪证,并无实质区别;另一方面,刑法第307条规定了“等方法”,只要与暴力、威胁、贿买方法一样,引起他人作伪证,就应包含在“等方法”中。[76]

本罪的发生时间没有限制。亦即,既可以发生在终审判决前,也可以发生在终审判决后。例如,在终审后乃至服刑完毕后,为了启动审判监督程序,而指使他人作伪证,并将伪证提交司法机关的,也不妨碍本罪的成立。通说认为,妨害作证罪不限于发生在刑事诉讼中,在民事、行政等诉讼中实施本罪行为的,也成立本罪。但本书对此持怀疑态度,既然伪证罪仅限于刑事诉讼,就没有理由认为妨害作证罪可以发生在其他诉讼领域。此外,如果本罪可以发生在民事、行政等诉讼中,将会形成诸多不协调的局面。

2. 责任形式为故意,即明知自己妨害作证的行为会发生妨害司法活动的客观公正性的结果,并且希望或者放任这种结果发生。行为人的动机不影响本罪的成立。[77] 阻止他人作伪证的,当然不成立犯罪。行为人误以为他人作伪证,而阻止他人作证的,因为缺乏妨害作证罪的故意,也不成立本罪。

问题一:刑事案件的犯罪嫌疑人、被告人实施本罪行为的,是否成立本罪?一种观点认为,犯罪嫌疑人、被告人本身采取非法手段妨害作证的,也构成本罪。[78] 本书的基本观点是,如果犯罪嫌疑人、被告人采取一般的嘱托、请求、劝诱等方法阻止他人作证或者指使他人作伪证的,因缺乏期待可能性,而不以妨害作证罪论处。但是,如果犯罪嫌疑人、被告人采取暴力、威胁、贿买等方法阻止他人作证或者指使他人作伪证的,并不缺乏期待可能性,宜认定为妨害作证罪(但可以从轻处罚)。

问题二:共犯人阻止同案犯作供述或者指使同案犯作虚假供述的行为,是否成立本罪?这不仅与期待可能性有关,而且与构成要件要素有关。一般认为,同案犯的供述,对于其他共犯人而言,就是证人证言。因此,共犯人以暴力、威胁、贿买等方法阻止同案犯作供述,或者指使同案犯作虚假供述的,符合阻止他人作证、指使他人作伪证的条件,因而可能构成妨害作证罪。但采取一般的请求、利诱方法阻止同案犯作供述或者指使同案犯作虚假供述的行为,因为缺乏期待可能性,而不宜以犯罪论处。所以,对于同案犯之间的串供行为,不宜认定为妨害作证罪。

(三)妨害作证罪的认定

妨害作证罪虽然是危险犯,但是,并非只要行为人以暴力、威胁、贿买等方法阻止证人作证或者指使他人作伪证就构成妨害作证罪的既遂。根据本书的观点,行为人以暴力、威胁、贿买等方法阻止证人作证或者指使他人作伪证,但证人依然作证或者他人未作伪证的,应认定为妨害作证罪的未遂;只有客观上阻止了证人作证或者使他人作出了伪证,才成立妨害作证罪的既遂。

在刑事诉讼中,辩护人、诉讼代理人威胁、引诱证人违背事实改变证言或者作伪证的,

---

〔76〕 如果刑法条文仅规定了“使用暴力、威胁等方法”,则意味着仅限于压制他人反抗的方法。但在刑法条文规定了“贿买”方法的情况下,就包括了使他人产生作伪证的动机的嘱托、请求、利诱等方法。

〔77〕 如果认为本罪可以发生在刑事、民事、行政等诉讼过程中(本书不赞成这种观点),那么,行为人是否认识到诉讼性质,也不影响本罪成立。例如,行为人原本以为自己只是指使他人在民事诉讼中作伪证的,但事实上是指使他人在刑事诉讼中作伪证的,属于同一构成要件内的事实认识错误,不影响妨害作证罪的成立。

〔78〕 参见周道鸾、张军主编:《刑法罪名精释》(下),人民法院出版社2013年第4版,第767页。

成立刑法第306条规定的辩护人、诉讼代理人妨害作证罪。证人因辩护人、诉讼代理人的威胁、引诱而作伪证的,成立伪证罪;证人与辩护人、诉讼代理人就伪证罪成立共犯,对共同造成的结果承担责任。[79]

行为人以暴力、威胁、贿买等方法阻止刑事诉讼中作为司法工作人员的勘验人、检查人依法进行勘验、检查的,也符合本罪的构成要件(可能同时触犯其他犯罪)。行为人以暴力、威胁方法阻止司法工作人员进行勘验、检查的,是本罪与妨害公务罪的想象竞合。行为人以贿买方法阻止司法工作人员进行勘验、检查的,成立行贿罪与本罪的想象竞合;司法工作人员接受贿赂的,成立受贿罪;如果司法工作人员同时触犯刑法第399条第1款、第2款,则根据刑法的规定从一重罪处罚。如果行为人以暴力、威胁、贿买等方法阻止司法工作人员从事勘验、检查,司法工作人员因徇私而不从事勘验、检查,导致有罪证据流失,符合徇私枉法罪的犯罪构成的,对司法工作人员当然应以徇私枉法罪论处。如果阻止者符合徇私枉法罪的教唆犯成立条件的,应以徇私枉法罪的教唆犯论处。例如,犯罪嫌疑人亲属乙明知司法工作人员甲要对杀人现场进行勘验、检查,为了使犯罪嫌疑人逃避刑事责任,以威胁方法阻止甲进行勘验、检查。甲明知不及时勘验、检查会导致不能追究犯罪嫌疑人的刑事责任,而不及时进行勘验、检查。甲的行为构成徇私枉法罪,乙的行为则构成徇私枉法罪的共犯,对乙的行为不能仅以妨害公务罪论处。[80]

行为人指使作为司法工作人员的勘验人、检查人作虚假勘验、检查,后者接受指使作虚假勘验、检查,触犯徇私枉法罪的,行为人是妨害作证罪的正犯与徇私枉法罪的教唆犯的想象竞合,宜从一重罪处罚。

(四)妨害作证罪的处罚

根据刑法第307条第1款的规定,犯本罪的,处3年以下有期徒刑或者拘役;情节严重的,处3年以上7年以下有期徒刑;司法工作人员犯本罪的,从重处罚。司法工作人员采取暴力手段指使他人作伪证,同时触犯暴力取证罪的,属于想象竞合,从一重罪处罚。

四、帮助毁灭、伪造证据罪

(一)帮助毁灭、伪造证据罪的概念与犯罪构成

本罪是指帮助诉讼活动的当事人毁灭、伪造证据,情节严重的行为。隐灭证据的犯罪曾经是作为共犯处理的。在中世纪的德国,将这种行为作为正犯的加重行为而与正犯科处同一刑罚,加罗林纳刑法典与普鲁士普通邦法,通常也是将这种行为作为共犯的一种进行处罚的,即使在19世纪,也有不少学者认为这种行为是事后从犯。大陆法系国家刑法现在一般将它作为独立的犯罪处理,不再认为是共犯的一种。

1. 构成要件的内容为,帮助诉讼活动的当事人毁灭、伪造证据。

(1)毁灭、伪造的是他人作为当事人的案件的证据,即行为人所毁灭、伪造的必须是有关他人的诉讼案件的证据。毁灭、伪造自己是当事人的案件的证据的,因为缺乏期待可

---

[79] 如果像通说那样,认为本罪可以发生在民事、行政诉讼领域,那么,诉讼代理人在民事、行政诉讼中以暴力、威胁、贿买等方法阻止证人作证或者指使证人作伪证的,成立刑法第307条第1款规定的妨害作证罪;证人不构成伪证罪;二者不能成立伪证罪的共同犯罪。

[80] 乙的行为成立妨害公务罪与徇私枉法罪的想象竞合犯。当然,如果司法工作人员为了对明知是无罪的人追究刑事责任,而进行所谓的勘验、检查,相关人员以暴力、威胁等方法予以阻止的,阻止者的行为不成立任何犯罪。

能性,而没有被刑法规定为犯罪(在此意义上说,该构成要件要素是客观的责任要素)。

问题是,自己作为被告的刑事案件的证据,同时也是共犯人作为被告的刑事案件的证据时,行为人实施毁灭、伪造行为的,是否成立本罪?这里涉及“他人”是否包括共犯人的问题,在国外刑法理论上存在争议。第一种观点认为,共犯人的刑事案件,也应视为他人的刑事案件,故上述行为成立本罪。[81] 因为“共犯人”不是本人,只能属于“他人”。此观点受到的批判是,如果是单独犯则不处罚,然而因为有共犯关系则受处罚,这是不均衡的。第二种观点认为,共犯人的刑事案件,应视为自己的刑事案件,故上述行为不成立本罪。理由是,犯罪人毁灭自己的犯罪证据而不可罚,是因为缺乏期待可能性;而毁灭共犯人的犯罪证据与毁灭自己的犯罪证据具有共同的利益,也缺乏期待可能性。[82] 但是,共犯的刑事案件证据,对每一个共犯人所起的作用并不相同,该观点却忽视了这一点。第三种观点认为,如果专门为了其他共犯人而毁灭证据,就属于毁灭他人的刑事案件的证据,因而成立本罪;反之,如果专门为了本人或者既为本人也为其他共犯人毁灭证据,则不成立本罪。其中,有的学者提出的理由是,专门为了共犯人毁灭证据时,并不缺乏期待可能性。[83] 有的学者提出的理由是,毁灭自己的证据之所以不可罚,是因为考虑到其处于被告人、犯罪嫌疑人的地位,所以,专门为共犯人毁灭证据的,应评价为毁灭他人的刑事案件的证据。[84] 但是,这种观点是用犯罪的主观内容来限制“他人”刑事案件,在方法论上不能令人满意。

本书原则上赞成第三种观点。当行为人与其他人均为案件当事人时,如果行为人所毁灭、伪造的证据在客观上仅对(或者主要对)其他当事人起作用,或者行为人主观上专门(或者主要)为了其他人而毁灭、伪造证据,则由于存在期待可能性,应认定为毁灭、伪造其他当事人的证据。在我国,采纳第三种观点也不存在“方法论”问题。因为刑法第307条第2款所规定的“帮助”当事人毁灭、伪造证据,本身就包含了主观上为当事人毁灭、伪造证据的意思。

通说认为,行为人所毁灭、伪造的证据,包括刑事诉讼与其他诉讼当事人的证据。例如,帮助民事诉讼的当事人伪造证据,情节严重的,也应以本罪论处。但本书认为,本罪仅限于帮助毁灭、伪造刑事诉讼证据。例如,在民事诉讼中,行为人帮助被告人毁灭被告人持有的对原告有利的证据的,不可能成立任何犯罪。

行为人所毁灭、伪造的证据,应限于物证、书证、鉴定意见、勘验、检查笔录、视听资料与电子数据,物体化(转化为书面或者视听资料)的证人证言、被害人陈述、犯罪嫌疑人、被告人供述和辩解等。当然,在查证属实之前,所谓的“证据”实际上是证据资料或者证据的原始素材。在此意义上说,对帮助毁灭、伪造证据罪中的“证据”应作扩大解释,即包括证据与证据资料,而不能限于狭义的、已经查证属实的、作为定案根据的证据。藏匿证

---

〔81〕 参见[日]青柳文雄:《刑法通论Ⅱ各论》,泉文堂1963年版,第26页。
〔82〕 参见[日]平野龙一:《刑法概说》,东京大学出版会1977年版,第286页。
〔83〕 参见[日]大谷实:《刑法讲义各论》,成文堂2013年新版第4版,第605页。
〔84〕 参见[日]前田雅英:《刑法各论讲义》,东京大学出版会2015年第6版,第464页。

人与被害人的行为，符合妨害作证罪的构成要件（阻止证人作证），而不以本罪论处；[85] 迫使证人、被害人改变证言的，也不成立本罪。

（2）行为内容为帮助当事人毁灭、伪造证据。毁灭证据，并不限于从物理上使证据消失，而是包括妨碍证据显现、使证据的证明价值减少、消失的一切行为。伪造证据，一般是指制作出不真实的证据。如将与犯罪无关的物品改变成为证据的行为，就属于伪造。但应注意的是，如果行为人没有将伪造的证据提交公安、司法机关的，充其量只是本罪的预备行为，不应以犯罪论处。

存在争议的是，隐匿证据的行为，是否属于毁灭证据？变造证据的行为，是否属于伪造证据？本书持肯定回答。首先，使证据不能被司法机关发现的行为，与使证据从物理上灭失的行为，在性质上没有任何区别。作为法律用语，"毁灭"原本就是指使对象丧失或者减少应有的功能。这一解释并不是类推解释。至于有的法律文件将毁灭与隐匿相并列，则不能成为否认毁灭包括隐匿的理由。因为几乎任何用语都具有相对性，并非任何概念在任何场合都是完全同一的含义。其次，伪造具有多种含义。在刑法条文将伪造与变造并列规定时，伪造当然不包括变造。但是，当刑法条文没有将伪造与变造并列规定时，完全可能将变造归入伪造。基于同样的理由，对于帮助伪造证据罪中的伪造，也可以作广义理解。质言之，对变造证据的行为，即对真正的证据进行加工，从而改变证据的证明价值的行为，也应认定为伪造证据。

帮助当事人毁灭、伪造证据的行为，既可以发生在诉讼过程中，也可以发生在诉讼活动开始之前。因为发生在诉讼活动之前的毁灭、伪造证据的行为，同样侵害了司法活动的客观公正性；刑法也没有将这种行为排除在本罪之外。帮助毁灭、伪造证据罪的成立，并不以当事人的行为构成犯罪为前提，但要求当事人的行为具有犯罪的嫌疑（成为犯罪嫌疑人或者被告人）。例如，犯罪嫌疑人乙有故意杀人罪的嫌疑，已被立案侦查，但甲帮助乙毁灭了凶器。即便事后查明乙的行为由于某种原因（如乙没有杀人故意且仅造成轻微伤）并不构成犯罪，甲的行为也可能构成本罪。[86] 如果行为人帮助毁灭、伪造与犯罪没有任何关系的证据，则不可能成立本罪。例如，帮助他人毁灭通奸证据的，不可能成立帮助毁灭证据罪。

帮助毁灭、伪造证据罪中的"帮助"，是一种实行行为，与共犯中的帮助犯的"帮助"不是等同含义。刑法条文使用"帮助"一词，主要是为了表明诉讼活动的当事人毁灭、伪造证据的，不成立本罪，同时表明行为人是为当事人毁灭、伪造证据。所以，下列行为均属于帮助毁灭、伪造证据：第一，行为人单独为当事人毁灭、伪造证据。第二，行为人与当事人共同毁灭、伪造证据。在这种情况下，行为人与当事人并不成立共犯。第三，行为人为当事人毁灭、伪造证据提供各种便利条件，向当事人传授毁灭、伪造证据的方法。在这种情

---

〔85〕 日本刑法第104条规定了隐灭证据罪，日本刑法理论的通说与判例认为，隐灭，不限于物理的灭失，而是指妨碍证据的显现以及使其价值灭失、减少的一切行为。因此，藏匿证人的行为也成立隐灭证据罪；故意杀害证人的，是故意杀人罪与隐灭证据罪的想象竞合（参见［日］大塚仁：《刑法概说（各论）》，有斐阁2005年第3版增补版，第598页；［日］西田典之：《刑法各论》，弘文堂2012年第6版，第462页；［日］山口厚：《刑法各论》，有斐阁2010年第2版，第586页）。

〔86〕 但是，在刑事诉讼活动之前毁灭证据的，应限于当事人的行为确实构成犯罪的情形。换言之，如果行为人在立案侦查之前毁灭证据，而且事后查明当事人的行为并不构成犯罪，则不宜以本罪论处。

况下,行为人并不是帮助犯,而是正犯。第四,行为人唆使当事人毁灭、伪造证据。[87] 在这种情况下,行为人并不是教唆犯,而是正犯。

(3)成立本罪,以情节严重为前提。对于帮助毁灭、伪造重大案件证据的,帮助毁灭、伪造重要证据的,帮助毁灭、伪造多项证据的,多次帮助毁灭、伪造证据的,帮助多名当事人毁灭、伪造证据的,毁灭、伪造证据造成严重后果的,都可以认定为情节严重。

(4)经当事人同意,帮助当事人毁灭有利于当事人的证据、伪造不利于当事人的证据的,是否阻却违法性?例如,经犯罪嫌疑人、被告人同意,帮助其毁灭无罪证据的行为,是否阻却违法性?在刑事诉讼中,由于举证责任在公诉一方,而公诉方也有义务收集被告人无罪、罪轻的证据。因此,即使经过犯罪嫌疑人、被告人同意,帮助其毁灭无罪证据,也妨害了刑事司法的客观公正性,应当认定为帮助毁灭证据罪。[88]

2. 责任形式为故意。首先,"帮助"一词含有为当事人毁灭、伪造证据的意思。虽然从司法实践上看,行为人一般具有使当事人逃避或减轻法律责任的目的,但这一目的并不是责任要素。其次,行为人必须认识到自己毁灭、伪造的是有关当事人诉讼活动的证据,进而认识到自己帮助毁灭、伪造证据的行为会妨害司法活动的客观公正性。再次,在帮助当事人伪造证据的场合,行为人必须具有使用证据的意思。即行为人在伪造证据时,必须具有将证据交付当事人或者司法机关,使伪造的证据在诉讼中发挥作用的意思。最后,行为人对毁灭、伪造证据的结果持希望或者放任的态度。

当事人教唆第三者为自己(当事人)毁灭、伪造证据,第三者接受教唆实施了毁灭、伪造证据行为的,第三者成立帮助毁灭、伪造证据罪。问题是,当事人是否成立本罪的教唆犯?例如,犯罪人教唆第三者为自己毁灭、伪造证据的,是否成立本罪的教唆犯?对此存在肯定说与否定说。肯定说存在三种观点:(1)以共犯从属性为根据的学说:既然被教唆的第三者成立帮助毁灭、伪造证据罪,那么,根据共犯从属性说,犯罪人当然成立本罪的教唆犯。但是,共犯从属性只是意味着教唆犯的成立至少要求被教唆者实施实行行为,并不意味着只要被教唆者有实行行为,教唆者就一定成立教唆犯。(2)以期待可能性为根据的学说:犯罪人本身的毁灭、伪造证据的行为因为缺乏期待可能性而不可罚,但是教唆他人犯帮助毁灭、伪造证据罪的行为,则使他人陷入了犯罪,而不缺乏期待可能性。但是,既然犯罪人本身毁灭、伪造证据的行为缺乏期待可能性,那么,让他人帮助毁灭、伪造证据也是缺乏期待可能性的。诚然,犯罪人使他人陷入了犯罪,但是,不能因此肯定行为人具有期待可能性。(3)以滥用自己防御权以及法益侵害性的危险增高为根据的学说:犯罪人本身的毁灭、伪造证据行为不可罚,是因为这种行为属于刑事诉讼法中被告人的防御自由

---

〔87〕 可以作为参考的是日本刑法理论的相关解释。日本刑法将援助脱逃罪的构成要件行为规定为"提供器具或者实施其他使其容易脱逃的行为"。据此,脱逃的帮助行为无疑属于其中。问题是教唆脱逃的行为是否构成援助脱逃罪?从文义上看,教唆脱逃是否属于"使其容易脱逃的行为"还存在疑问,但既然帮助行为也受处罚,就没有理由将引起脱逃的危险性更大的教唆行为排除在外。所以,日本刑法理论认为,教唆脱逃的行为也构成援助脱逃罪(参见[日]山口厚:《刑法各论》,有斐阁2010年第2版,第573页)。

〔88〕 倘若按照通说的观点,帮助当事人毁灭民事、行政诉讼的证据的行为,也成立本罪,那么,在民事诉讼、行政诉讼中,由于举证责任在当事人一方,当事人放弃自己的利益,法院作出了不利于当事人的判决裁定时,法院的判决裁定也是客观公正的。另一方面,由于毁灭证据的行为得到了当事人的同意,也没有侵害当事人的利益。所以,在民事、行政诉讼中,帮助当事人毁灭有利证据,或者伪造不利证据的,不宜认定为帮助毁灭、伪造证据罪。

的范围内的行为，而教唆他人毁灭、伪造证据的行为，已经超出了防御自由的范围；而且，犯罪人本身的毁灭、伪造证据的行为与教唆他人毁灭、伪造证据的行为，对刑事司法作用的侵害性存在差异。但是，犯罪人本身的毁灭、伪造证据的行为，实际上也引起了侦查等司法活动的混乱，教唆他人毁灭、伪造证据的行为不一定增加了违法性。否定说也存在三种观点：(1)以共犯独立性为根据的学说：犯罪人本身实施的帮助毁灭、伪造证据的实行行为不可罚，而教唆行为也是实行行为，犯罪人教唆他人帮助毁灭、伪造证据的行为，也是犯罪人实施的帮助毁灭、伪造证据的实行行为，故不可罚。但是，共犯独立性说已经被完全否认，故现在已没有人赞成这种观点。(2)以不存在期待可能性为根据的学说：既然不能期待犯罪人不毁灭、伪造证据（正犯行为），那么，对于犯罪人而言，作为更轻的犯罪形式的教唆犯，也是没有期待可能性的。但是，上述肯定说中的第(2)、(3)种观点，以自己的理由对此学说进行了批判。(3)以必要的共犯的观点为根据的学说：帮助毁灭、伪造证据罪实际上属于必要的共犯，但刑法不处罚犯罪的当事人，犯罪人教唆他人帮助毁灭、伪造证据的，也属于定型的不受处罚的范围。但是，这种观点缺乏实质的理由。[89] 本书认为，当事人教唆他人为自己毁灭、伪造证据的，不成立犯罪。就对司法活动的客观公正性的妨害而言，犯罪人毁灭、伪造证据与他人帮助犯罪人毁灭、伪造证据，并没有实质区别。既然犯罪人直接毁灭、伪造证据不成立犯罪，那么，教唆他人为自己毁灭、伪造证据的，更不应成立犯罪。从期待可能性的角度而言，如果认为犯罪人直接毁灭、伪造证据的行为，缺乏期待可能性，那么，犯罪人教唆他人为自己毁灭、伪造证据的，也缺乏期待可能性。

（二）帮助毁灭、伪造证据罪的认定

本罪属于危险犯，不要求产生已经妨害司法活动的客观公正性的侵害结果，只要求具有妨害司法活动的客观公正性的现实危险。从理论上说，本罪也可能存在未遂形态。但是，由于本罪以情节严重为前提，如果行为人已经着手实施帮助毁灭、伪造证据的行为，但由于意志以外的原因未能毁灭、伪造证据的，很难认定为情节严重。

本罪中的毁灭、伪造证据的时间没有特别限制。例如，B 被终审做出有罪判决后，A 帮助 B 伪造证据以便作为申诉证据的，不妨害本罪的成立。再如，乙故意杀人后将凶器藏在某个地方，潜逃了 19 年后，甲帮助乙毁灭凶器的，也构成本罪。换言之，只要是在追诉期限内毁灭、伪造证据的，均可能成立本罪。问题是，倘若上例的乙潜逃了 20 年后，甲认为已过追诉时效便帮助乙毁灭了证据，但最高人民检察院认为必须追诉乙的杀人罪行时，对甲的行为能否认定为本罪？显然，问题的关键在于甲是存在事实认识错误还是法律认识错误。本书倾向于作为事实认识错误处理，因而阻却本罪的故意。

在刑事诉讼中，辩护人、诉讼代理人指使他人帮助当事人毁灭、伪造证据的，或者与他人共同帮助当事人毁灭、伪造证据的，辩护人、诉讼代理人成立刑法第 306 条规定的辩护人、诉讼代理人毁灭、伪造证据罪，他人成立帮助毁灭、伪造证据罪。

（三）帮助毁灭、伪造证据罪的处罚

根据刑法第 307 条第 2 款的规定，犯本罪的，处 3 年以下有期徒刑或者拘役。司法工作人员犯本罪的，从重处罚。司法工作人员利用具体的职务权限帮助当事人毁灭、伪造证据触犯徇私枉法罪的，应以徇私枉法罪论处。

---

〔89〕 以上参见东京リ－ガルマインド：《刑法 III 各论》，东京リ－ガルマインド2006 年第 3 版，第 448 页以下。

五、虚假诉讼罪

(一)虚假诉讼罪的概念与犯罪构成

虚假诉讼罪,是指自然人或者单位以捏造的事实提起民事诉讼,妨害司法秩序或者严重侵害他人合法权益的行为。从刑法第307条之一第1款的表述来看,本罪的保护法益似乎具有选择性,即只要妨害司法秩序或者侵害他人的合法权益,便具有违法性。但可以肯定的是,任何虚假诉讼行为,即使征得司法人员的同意,也妨害了司法秩序。所以,不可能存在某种虚假诉讼行为虽然没有妨害司法秩序,但严重侵害他人合法权益的情形。既然如此,就可以认为,虚假诉讼罪的保护法益仍然是司法秩序。

以捏造的事实提起民事诉讼,是指以虚假事实为根据,依照民事诉讼法向法院提起诉讼。常见的情形是,通过伪造书证、物证,或者双方恶意串通提起民事诉讼。在刑事自诉、行政诉讼中以捏造的事实向法院提起虚假刑事自诉或者行政诉讼的,不成立本罪。但是,如果其中附带民事诉讼的,不妨碍本罪的成立。妨害司法秩序或者严重侵害他人合法权益,是本罪的结果要件。但如前所述,只要提起虚假民事诉讼就必然妨害司法秩序,就此而言,本罪属于行为与结果同时发生的行为犯。换言之,只要行为人向人民法院提起虚假的民事诉讼,法院已经受理,即使还没有开庭审理,也应当认定为本罪的既遂。但是,就严重侵害他人合法权益的情形而言,则不是行为犯,而是结果犯。严重侵害他人合法权益,并不限于严重侵害他人财产,使他人成为民事诉讼被告而卷入诉讼过程的,就可以认定为严重侵害他人合法权益。本罪行为主体既可以是自然人(包括诉讼代理人),也可以是单位。责任形式只能是故意,行为人误以为自己享有债权等利益而提起民事诉讼的,不以本罪论处。

(二)虚假诉讼罪与其他犯罪的关系

刑法第307条之一第3款规定:“有第一款行为,非法占有他人财产或者逃避合法债务,又构成其他犯罪的,依照处罚较重的规定定罪从重处罚。”本款规定属于注意规定,而不是法律拟制。

首先,可以肯定的是,行为人通过伪造证据等方法提起民事诉讼欺骗法官,导致法官做出错误判决,使得他人交付财物或者处分财产,行为人非法占有他人财产或者逃避合法债务的,应当以诈骗罪论处。这是典型的三角诈骗。在这种场合,法官是受骗者但不是受害人;遭受财产损失的人虽然是受害人但不是受骗者。顺便指出的是,行为人没有提起民事诉讼,而是作为民事被告提供虚假证据欺骗法官,导致法官做出错误判决,进而非法占有他人财产或者逃避合法债务的,同样成立诈骗罪。

其次,国家工作人员利用职务上的便利,通过虚假民事诉讼非法占有公共财物的,应以贪污罪论处。[90] 此即国家工作人员利用职务上的便利骗取公共财物的情形。但是,按照本书的观点,公司、企业等单位的工作人员(即非国家工作人员),利用职务上的便利,通过虚假民事诉讼非法占有本单位财物的,仍成立诈骗罪(参见第二十二章第五节“一”)。

最后,由于诈骗罪以及贪污罪中的骗取行为,都需要具有处分权限的人产生认识错误并且基于认识错误而处分财产,如果普通公民甲针对丙提起虚假民事诉讼,办案法官乙明知甲捏造事实(或者甲与法官乙相勾结),做出有利于甲的裁判,从而使甲非法占有丙的

---

〔90〕 不过,向人民法院提起虚假诉讼的行为本身与职务没有关系。所以,以贪污罪论处的情形应当比较罕见。

财产或者逃避合法债务的，不可能认定为诈骗罪。诚然，法官乙的行为成立民事枉法裁判罪，在甲唆使乙作出枉法裁判的情形下，对甲也可以按民事枉法裁判罪的共犯论处。但是，仅评价为此罪并不合适。一方面，甲与乙的行为侵害了丙的财产，对此必须做出评价；另一方面，倘若丙遭受数额特别巨大的财产损失，对甲与乙仅认定为民事枉法裁判罪，明显导致罪刑之间不协调。本书的看法是，当甲提起虚假民事诉讼，法官乙没有受骗却做出枉法裁判，导致丙遭受财产损失的，法官乙同时触犯民事枉法裁判罪与侵犯财产罪（其中的财产罪只能在盗窃罪与敲诈勒索罪两个罪之间选择，一般来说认定为盗窃罪较为合适），由于只有一个行为，应当认定为想象竞合，从一重罪处罚。甲的行为既可能仅触犯虚假诉讼罪与盗窃罪（在没有与法官乙勾结的场合），也可能还触犯民事枉法裁判罪（唆使法官乙枉法裁判的场合），一般来说也属于想象竞合，从一重罪处罚。

（三）虚假诉讼罪的处罚

根据刑法第 307 条之一的规定，犯本罪的，处 3 年以下有期徒刑、拘役或者管制，并处或者单处罚金；情节严重的，处 3 年以上 7 年以下有期徒刑，并处罚金。单位犯前款罪的，对单位判处罚金，并对其直接负责的主管人员和其他直接责任人员，依照前款的规定处罚。司法工作人员利用职权，与他人共同实施上述行为的，从重处罚。

六、打击报复证人罪

打击报复证人罪，是指对证人进行打击报复的行为。由于本罪是妨害司法的犯罪，而且是抽象的危险犯，故打击报复证人的时间没有限制。例如，罪犯在出狱后打击报复以前的证人的，也成立本罪。因为这种行为影响其他证人作证，进而妨害了司法。打击报复的手段没有限制，但故意导致证人重伤或者死亡的，或者对证人实施财产犯罪及其他犯罪的，属于想象竞合犯，应从一重罪处罚。本罪的证人不限于刑事案件中的证人，也包括其他诉讼案件中的证人。而且，本罪的证人应是指已经作证的人，包括被害人、鉴定人、翻译人等。对证人亲属的打击报复行为，能够评价为对证人的打击报复时，也应以本罪论处。根据刑法第 308 条的规定，犯本罪的，处 3 年以下有期徒刑或者拘役；情节严重的，处 3 年以上 7 年以下有期徒刑。

七、泄露不应公开的案件信息罪

本罪是指司法工作人员、辩护人、诉讼代理人或者其他诉讼参与人，泄露依法不公开审理的案件中不应当公开的信息，造成信息公开传播或者其他严重后果的行为。

本罪是身份犯，其他人员泄露信息的，不成立本罪。泄露的方式没有限制，易言之，凡是使信息让不应知悉的人知悉的，均属于泄露。所泄露的信息仅限于依法不公开审理的案件中不应当公开的信息。一方面，必须是依法不公开审理的案件。依法应当公开审理但司法机关没有公开审理的，不属于依法不公开审理的案件；披露该案件信息的，不成立犯罪。另一方面，必须泄露不公开审理的案件中的不应当公开的信息。因为即便是不公开审理的案件也有应当公开的信息，如案由、开庭时间、地点、成年的被告人姓名等。不应当公开的信息，是指公开后可能对国家安全和利益、当事人的利益造成不利影响的信息。泄露信息的行为造成信息公开传播或者其他严重后果的，才成立犯罪。本罪只能由故意构成，原本属于不应当公开的信息，但行为人误以为是可以公开的信息而泄露的，不成立本罪。

可以肯定的是,披露案件审理过程中的任何司法工作人员、辩护人、诉讼代理人或者其他诉讼参与人的违法行为的,都不成立犯罪。例如,法官在不公开审理的案件中枉法裁判,他人对此予以披露的,不可能成立犯罪。问题是,就不公开审理的案件而言,经当事人同意的泄露行为,是否阻却违法性?下面以刑事诉讼为例进行讨论。《刑事诉讼法》第183条规定:“人民法院审判第一审案件应当公开进行。但是有关国家秘密或者个人隐私的案件,不公开审理;涉及商业秘密的案件,当事人申请不公开审理的,可以不公开审理。”第274条规定:“审判的时候被告人不满十八周岁的案件,不公开审理。但是,经未成年被告人及其法定代理人同意,未成年被告人所在学校和未成年人保护组织可以派代表到场。”显然,除有关国家秘密外,不公开审理是为了保护被告人或者被害人的权利。本罪虽然被规定在妨害司法罪一节中,似乎旨在保护司法秩序,但是,本罪的司法秩序的具体内容则是“依法不公开审理的案件中不应当公开的信息”未被泄露,实质是为了保护当事人的权利。所以,在不公开审理的案件审理终结后,行为人泄露不应当公开的信息的,即便没有破坏本案的司法秩序,也依然成立本罪。反过来说,当事人的同意就有可能阻却违法。

至于在什么情况下阻却违法,需要具体分析。(1)就侵害商业秘密的犯罪而言,即使权利人(被害人)申请不公开审理,法官也没有公开审理,但权利人在审理过程中或者审理结束后同意他人披露审理信息的,阻却违法性,对披露行为不得以犯罪论处。(2)在案件性质仅涉及被害人隐私时,被害人在审理过程中或者审理结束后同意他人披露审理信息的,阻却违法性,对披露行为不得以犯罪论处(当然,披露具体细节涉嫌传播淫秽物品等罪的,则是另一回事)。(3)被告人不满18周岁,且不涉及被害人隐私,经未成年被告人及其法定代理人同意而披露的,阻却违法性,不得以犯罪论处。(4)在案件性质涉及双方当事人的隐私时,仅征得一方同意而泄露信息的,仍然成立本罪;如果征得双方当事人同意的,则不得以本罪论处。(5)涉及国家秘密的案件,征得任何人同意都不阻却违法性。但泄露行为一般同时触犯泄露国家秘密等罪,应从一重罪处罚。

根据刑法第308条之一的规定,犯本罪的,处3年以下有期徒刑、拘役或者管制,并处或者单处罚金。

八、披露、报道不应公开的案件信息罪

本罪是指自然人或者单位公开披露、报道依法不公开审理的案件中不应当公开的信息,情节严重的行为。公开披露、报道的信息以及违法阻却事由,应当与前一犯罪作相同理解。犯本罪的,根据刑法第308条之一的规定处罚。

九、扰乱法庭秩序罪

根据刑法第309条的规定,下列行为构成扰乱法庭秩序罪:(1)聚众哄闹、冲击法庭的;(2)殴打司法工作人员或者诉讼参与人的;(3)侮辱、诽谤、威胁司法工作人员或者诉讼参与人,不听法庭制止,严重扰乱法庭秩序的;(4)有毁坏法庭设施,抢夺、损毁诉讼文书、证据等扰乱法庭秩序行为,情节严重的。特别需要指出的是,在司法工作人员或者诉讼参与人存在违法行为的情况下,行为人以不改正就告发相通告的,不得认定为“威胁司法工作人员或者诉讼参与人”。此外,在民事、行政诉讼中,当事人损毁自己持有的证据的,不应以犯罪论处。本罪的责任形式为故意,即明知自己的行为会发生扰乱法庭秩序的结果,并且希望或者放任这种结果的发生。行为同时触犯聚众冲击国家机关、妨害公务、

故意伤害、侮辱、诽谤、寻衅滋事、抢夺、故意毁坏财物等罪的,属于想象竞合,从一重罪处罚。根据刑法第309条的规定,犯本罪的,处3年以下有期徒刑、拘役、管制或者罚金。

十、窝藏、包庇罪

(一)窝藏、包庇罪的概念与犯罪构成

窝藏、包庇罪,可分解为窝藏罪与包庇罪。窝藏罪,是指明知是犯罪的人而为其提供隐藏处所、财物,帮助其逃匿的行为;包庇罪,是指明知是犯罪的人而作假证明包庇的行为。本罪的法益是犯罪侦查、刑事审判、刑罚执行等刑事司法作用。

1. 构成要件的内容为窝藏或者包庇犯罪的人。

(1)行为对象是"犯罪的人"。对此,刑法理论上存在不同观点:第一种观点认为,"犯罪的人"是指真正的犯罪人,即从审判结局来看,必须是被判决有罪的人。第二种观点认为,只要作为犯罪嫌疑人而被列为立案侦查对象即为"犯罪的人"。第三种观点认为,客观上看犯罪的嫌疑浓厚的人才是"犯罪的人"。[91] 本书认为,第一种观点过于狭窄,不利于保护司法活动;第三种观点过于模糊;第二种观点比较适中。首先,"犯罪的人"应从一般意义上理解,而不能从"无罪推定"的角度做出解释,易言之,虽然包括严格意义上的"罪犯",但不是仅指已经被法院做出有罪判决的人。其次,已被公安、司法机关依法作为犯罪嫌疑人、被告人而成为侦查、起诉对象的人,即使事后被法院认定无罪的,也属于"犯罪的人"。[92] 再次,即使暂时没有被公安、司法机关作为犯罪嫌疑人,但确实实施了犯罪行为,因而将要作为犯罪嫌疑人、被告人被公安、司法机关侦查、起诉的人,同样属于"犯罪的人"。最后,实施了符合构成要件的不法行为但没有达到法定年龄、不具有责任能力的人,原则上属于"犯罪的人"。但联系本罪的法益考虑,如果行为人已确定、案件事实清楚,公安、司法机关不可能展开刑事侦查与司法活动的,对这类"犯罪的人"实施所谓窝藏、包庇的行为,不成立犯罪。[93] 概言之,对于本条中的"犯罪的人"要从普通用语上理解。

(2)行为内容为窝藏、包庇犯罪的人。窝藏行为主要表现为,为犯罪的人提供隐藏处所、财物,帮助其逃匿。"为犯罪的人提供隐藏处所、财物"与"帮助其逃匿"不是手段行为与目的行为的关系;可以认为,前者是后者的例示;也可以认为,前者是对最典型、最常见窝藏行为的列举。换言之,帮助犯罪的人逃匿的方法行为,不限于为犯罪的人提供隐藏处所或者财物。窝藏行为的特点是妨害公安、司法机关发现犯罪的人,或者说使公安、司法机关不能或者难以发现犯罪的人,因此,除提供隐藏处所、财物外,向犯罪的人通报侦查或追捕的动静,向犯罪人提供化装的用具或者虚假的身份证件等,也属于帮助其逃匿的行为。[94] "帮助"不是共犯意义上的帮助,即使犯罪人没有打算逃匿,也没有逃匿行为,但行为人使犯罪人昏迷后将其送至外地的,或者劝诱、迫使犯罪人逃匿的,也属于"帮助其逃匿"。但是,"帮助其逃匿"应限于直接使犯罪人的逃匿更为容易的行为,而不是漫无边际

---

[91] 参见[日]西田典之:《刑法各论》,弘文堂2012年第6版,第457页以下。

[92] 如果嫌疑人确实无罪,行为人为了使嫌疑人免受错误拘捕等而窝藏或者包庇的,不宜以本罪论处。

[93] 例如,12周岁的甲杀害乙,案件事实清楚,公安机关不可能立案侦查。窝藏甲的行为,不成立窝藏罪。

[94] 最高人民法院1989年7月3日《关于取保候审的被告人逃匿如何追究保证人责任问题的批复》指出,根据案件事实,取保候审的被告人确系犯罪分子,如保证人与被告人串通,协助被告人逃匿,视其情节,已构成犯罪的,对保证人以窝藏罪论处。

的帮助行为。例如,受已经逃匿于外地的犯罪人之托,向犯罪人妻子提供金钱,使犯罪人安心逃匿的,或者向犯罪人归还欠款,使犯罪人得以潜逃的,不成立窝藏罪。[95] 又如,配偶等单纯陪同犯罪人潜逃并且在外地共同生活的,不应当认定为"帮助其逃匿"。再如,明知犯罪人逃匿,而向其提供管制刀具的,也不应认定为窝藏罪。犯罪人意欲自首而行为人劝诱其不自首的,不成立窝藏罪。包庇,是指向公安、司法机关提供虚假证明,使犯罪的人逃避刑事追诉的行为。本书认为,包庇应是与窝藏相同性质的行为。在司法机关追捕的过程中,行为人出于某种特殊原因为了使犯罪人逃匿,而自己冒充犯罪的人向司法机关投案或者实施其他使司法机关误认为自己为原犯罪人的行为的,也应认定为本罪。

窝藏、包庇罪属于抽象的危险犯。因此,即使公安、司法机关知道犯罪人被行为人隐藏在何处,即使公安、司法机关明知行为人提供的是虚假证明,也不妨碍窝藏、包庇罪的成立。但是,行为人劝诱犯罪人逃匿但犯罪人并不逃匿的,因为劝诱行为没有产生妨害司法的危险,不宜认定为窝藏罪。

2. 责任形式为故意,即明知是犯罪的人而实施窝藏、包庇行为。明知,是指认识到自己窝藏、包庇的是犯罪的人。在开始实施窝藏、包庇行为时明知是犯罪人的,当然成立本罪;在开始实施窝藏、包庇行为时不明知是犯罪人,但发现对方是犯罪人后仍然继续实施窝藏、包庇行为的,也成立本罪。窝藏、包庇的动机不影响本罪的成立。

犯罪的人自己窝藏、逃匿的,因为缺乏期待可能性,而不能成立本罪。问题是,犯罪的人教唆他人对自己实施窝藏、包庇行为时,是否成立本罪?共犯成立说认为,在这种情况下,犯罪人与窝藏、包庇者成立共犯。其理由是,刑法不处罚犯罪人自身的隐藏、逃匿行为,是因为没有期待可能性;但教唆他人窝藏、包庇自己,则使他人卷入了犯罪,也不缺乏期待可能性,故成立犯罪。共犯否认说认为,在犯罪的人自己窝藏、逃匿并不构成犯罪的情况下,教唆他人对自己实施这种行为的,也不应成立犯罪。[96] 本书赞成共犯否认说。[97] 此外,犯罪的人窝藏、包庇共犯人的,应具体分析。如果专门为了使共犯人逃避法律责任而窝藏、包庇的,成立本罪;反之,倘若专门为了本人或者既为本人也为共犯人逃避法律责任而窝藏、包庇共犯人的,则不宜认定为本罪。但是,如果明知共犯人另犯有其他罪而窝藏、包庇的,应认定为窝藏、包庇罪。

犯罪人的近亲属对犯罪的人实施的窝藏、包庇行为,由于缺乏期待可能性,不得以本罪论处。共犯人之间相互窝藏、包庇的,也不得以本罪论处。

(二)窝藏、包庇罪的认定

1. 正确区分注意规定与法律拟制。根据刑法第362条的规定,旅馆业、饮食服务业、文化娱乐业、出租汽车业等单位的人员,在公安机关查处卖淫、嫖娼活动时,为违法犯罪分子通风报信,情节严重的,以本罪论处。这是一项拟制规定,故不以被查处的卖淫、嫖娼行

---

〔95〕 参见[日]山口厚:《刑法各论》,有斐阁2010年第2版,第579页。

〔96〕 参见[日]前田雅英:《刑法各论讲义》,东京大学出版会2015年第6版,第463页。

〔97〕 国外有学者认为,犯罪人教唆他人为自己作伪证的,成立伪证罪的共犯;但教唆他人窝藏自己的,则不成立共犯(参见[日]平野龙一:《刑法概说》,东京大学出版会1977年版,第285页以下)。

为构成犯罪为前提。[98] 但是,对于公安机关查处其他不构成犯罪的一般违法行为时,为被查处者通风报信的,不成立犯罪。

2. 正确区分窝藏、包庇罪与非罪的界限。明知发生犯罪事实或者明知犯罪人的去向,而不主动向公安、司法机关举报的行为,属于单纯的知情不举行为,不成立窝藏、包庇罪。知道犯罪事实,在公安、司法机关调查取证时,单纯不提供证言的,也不构成窝藏、包庇罪;但如果提供虚假证明包庇犯罪人,则成立包庇罪或伪证罪;如果拒不提供间谍犯罪、恐怖主义犯罪、极端主义犯罪证据,则成立后述相应犯罪。根据案件事实,已经构成犯罪的被告人在取保候审期间逃匿的,如果保证人与该被告人串通,协助其逃匿的,对保证人应当以窝藏罪论处。

3. 正确区分窝藏、包庇罪与事前有通谋的共同犯罪。窝藏、包庇行为是在被窝藏、包庇的人犯罪后实施的,其犯罪故意也是在他人犯罪后产生的,即只有在与犯罪人没有事前通谋的情况下,实施窝藏、包庇行为的,才成立本罪。如果行为人事前与犯罪人通谋,商定待犯罪人实行犯罪后予以窝藏、包庇的,则成立共同犯罪。例如,甲欲杀人,乙答应"在甲杀人之后帮助甲逃往外地",甲杀人后,乙帮助甲办理假身份证件使甲逃往外地的,对乙应以故意杀人罪的共犯论处。[99] 因此,刑法第 310 条第 2 款规定,犯窝藏、包庇罪,事前通谋的,以共同犯罪论处。[100] 在这种情况下,即使共同犯罪所犯之罪的法定刑低于窝藏、包庇罪的法定刑,也应以共同犯罪论处。

4. 正确处理包庇罪与伪证罪的关系。一般认为,在刑事诉讼中,证人等作虚假陈述,意图隐匿罪证的,成立伪证罪;在刑事诉讼之外作假证明包庇犯罪人的,成立包庇罪。可见,包庇行为具有导致公安、司法机关不能正常进入刑事诉讼活动的危险,因而其法益侵害性重于伪证罪。但不排除一个行为同时触犯包庇罪与伪证罪的现象,对此应作为狭义的包括一罪,从一重罪论处。

5. 正确处理包庇罪与帮助毁灭、伪造证据罪的关系。旧刑法没有规定帮助毁灭、伪造证据罪,故以往的刑法理论认为,消灭罪迹与毁灭罪证的行为构成包庇罪。[101] 这一解释在旧刑法中是合理的。现行刑法增设了帮助毁灭、伪造证据罪之后,也有人认为包庇罪包括帮助湮灭罪迹和毁灭罪证的行为。[102] 本书认为,既然现行刑法已经将帮助毁灭、伪造证据的行为规定为独立的犯罪,就不能将这种行为解释为包庇罪的表现形式。因此,包庇

---

〔98〕 当然,该拟制规定的合理性值得研究。或许可以将该规定中的"查处卖淫、嫖娼活动"限制解释为"查处组织卖淫、强迫卖淫等构成犯罪的活动",将"为违法犯罪分子通风报信"限制解释为"为犯罪分子通风报信",从而使该规定成为注意规定。

〔99〕 当然,即使乙事后没有实施窝藏行为,对乙也应以故意杀人罪的共犯论处,因为事前的通谋行为本身对甲的杀人起到了心理的帮助作用。

〔100〕 这一规定属于注意规定,因此,即使没有该规定,对事前通谋事后窝藏、包庇的行为,也应认定为共同犯罪。此外特别要注意的是,本款规定并不意味着任何共同犯罪的成立都以"事前通谋"为要件,只有在正犯既遂后实施窝藏、包庇或者掩饰、隐瞒犯罪所得等行为的(所谓事后帮助),共同犯罪的成立才以事前通谋为要件。因为在这种情况下,倘若事前没有通谋,事后的帮助行为与正犯结果之间不可能具有因果性。只有事前通谋时,才与正犯结果之间具有心理的因果性,故事后帮助者要对正犯结果负责。反之,在事前或者事中(正犯结果发生之前)实施帮助的,则不需要事前通谋,只要行为人明知自己的帮助行为会促进正犯结果发生而实施帮助行为的,就足以成立共同犯罪(帮助犯)。

〔101〕 参见高铭暄主编:《中国刑法学》,中国人民大学出版社 1989 年版,第 551 页。

〔102〕 参见高铭暄主编:《新编中国刑法学》(下册),中国人民大学出版社 1998 年版,第 859 页。

罪应仅限于作假证明包庇犯罪的人,而不包括帮助犯罪人毁灭或者伪造证据的行为。此外,包庇罪中的“作假证明包庇”,仅限于作使犯罪人逃避或减轻法律责任的假证明。单纯毁灭有罪、重罪证据的行为本身,不符合“作假证明包庇”的要件。但是,伪造无罪、罪轻证据并向公安、司法机关出示的行为,则作出了足以包庇犯罪人的证明,符合“作假证明包庇”的要件。因此,行为人帮助犯罪人伪造无罪、罪轻的证据的,同时触犯了包庇罪与帮助伪造证据罪,应作为狭义的包括一罪,从一重罪论处。

(三)窝藏、包庇罪的处罚

根据刑法第310条的规定,犯本罪的,处3年以下有期徒刑、拘役或者管制;情节严重的,处3年以上10年以下有期徒刑。对于情节是否严重的判断,应综合考虑被窝藏、包庇的犯罪人的数量,被窝藏、包庇的犯罪人的罪行轻重(应判处刑罚的轻重),犯罪人被窝藏、包庇的时间长短(对犯罪人到案时间的影响)等情节。在判断时,应着重判断窝藏、包庇行为对司法活动的妨害程度,而不是行为人获得的利益多少。

十一、拒绝提供间谍犯罪、恐怖主义犯罪、极端主义犯罪证据罪

本罪是指明知他人有间谍犯罪或者恐怖主义、极端主义犯罪行为,在司法机关向其调查有关情况、收集有关证据时,拒绝提供,情节严重的行为。本罪是真正不作为犯,行为主体是明知他人有上述犯罪行为的人。确实不知道他人有上述犯罪行为的人,不能成为本罪主体。拒绝提供,包括拒不提供司法机关所要调查的情况与所要收集的证据。在司法机关向行为人调查有关情况、收集有关证据时,行为人逃匿的,也成立本罪。如果行为人作虚假证明,则应以包庇罪或者伪证罪论处。根据刑法第311条的规定,犯本罪的,处3年以下有期徒刑、拘役或者管制。

十二、掩饰、隐瞒犯罪所得、犯罪所得收益罪

(一)掩饰、隐瞒犯罪所得、犯罪所得收益罪的概念与性质

本罪是指明知是犯罪所得及其产生的收益,而予以窝藏、转移、收购、代为销售或者以其他方法掩饰、隐瞒的行为。本罪名属于选择性罪名。刑法理论上一般将本罪简称为赃物犯罪或赃物罪。

关于赃物罪的性质,在刑法理论上存在不同学说。(1)追求权说认为,赃物罪是给本犯(原犯罪人)的被害人对自己的财产追求权造成困难的犯罪,其法益是本犯的被害人对自己财产的追求权。如果刑法将赃物罪规定为侵犯财产罪,那么,追求权说具有合理性。但由于我国刑法并非如此,所以,难以采取追求权说。(2)收益说认为,赃物罪的本质在于参与本犯所取得的不法利益。这种学说要求赃物犯罪人获取不法利益,因而与我国刑法关于赃物罪构成要件的规定不相符合。(3)事后共犯说认为,赃物罪的本质在于帮助本犯利用赃物,即具有帮助犯的性质;又由于行为是在本犯犯罪之后实施的,故属于事后共犯。这是一种古老的学说,但现在已完全丧失合理性。(4)违法状态维持说认为,赃物罪的本质是使由犯罪所形成的违法财产状态得以维持、存续,其法益是合法的财产状态。这是一些国家的通说,但基本上也是以赃物罪具有财产罪性质为前提的。[103] 本书采取以违法状态维持说为基础同时考虑追求权说的综合说。刑法将赃物罪规定为妨害司法的犯

〔103〕 参见[日]大谷实:《刑法讲义各论》,成文堂2013年新版第4版,第341页。

罪，所以，赃物罪使犯罪所形成的违法财产状态得以维持、存续，妨碍了公安、司法机关利用赃物证明犯罪人的犯罪事实，从而妨害了刑事侦查、起诉、审判作用。另一方面，国家的司法作用包括追缴赃物，将其中一部分没收、一部分退还被害人。就后者而言，赃物犯罪也侵害了本犯被害人的追求权。

(二)掩饰、隐瞒犯罪所得、犯罪所得收益罪的犯罪构成

1. 构成要件

(1)行为主体既可以是自然人，也可以是单位。问题是，本犯能否成为本罪的行为主体？可以肯定的是，对本犯实施的掩饰、隐瞒行为不可能认定为本罪。刑法关于“明知”、“代为销售”的规定，也能表明这一点。需要进一步讨论的是，刑法第312条是因为本犯的掩饰、隐瞒行为不具有妨害司法的违法性而将本犯排除在本罪的行为主体之外，还是因为本犯的掩饰、隐瞒行为不具有责任(缺乏期待可能性)而将本犯排除在本罪的行为主体之外？本书持后一回答。亦即，本犯实施的掩饰、隐瞒行为依然具有妨害司法的违法性。这里的本犯，包括获取赃物的原犯罪的正犯、教唆犯与帮助犯。即原犯罪的正犯、教唆犯与帮助犯实施赃物犯罪行为的，不成立赃物罪。例如，甲教唆乙实施盗窃行为，乙盗窃财物后，甲又窝藏乙所盗窃的财物的，甲只成立盗窃罪，而不成立赃物罪。[104]

(2)行为对象是犯罪所得及其产生的收益。只要对犯罪所得或者犯罪所得产生的收益实施窝藏等行为即可，不必同时对犯罪所得及其产生的收益实施窝藏等行为。“犯罪所得”是指犯罪所得的赃物(狭义的赃物)，即通过犯罪行为直接获得的财物(包括财产性利益)，故犯罪工具不是赃物。其中的“犯罪”(即上游犯罪)，既包括财产犯罪、经济犯罪，也包括其他可能获取财物的犯罪，如赌博罪、受贿罪所取得的财物，非法狩猎所获得的动物，也能成为本罪的赃物；但伪造的货币、制造的毒品、行贿所用的财物、赌资本身，都不属于本罪的赃物。根据“两高”2015年12月30日《关于办理妨害文物管理等刑事案件适用法律若干问题的解释》，明知是盗窃文物、盗掘古文化遗址、古墓葬等犯罪所获取的三级以上文物，而予以窝藏、转移、收购、加工、代为销售或者以其他方法掩饰、隐瞒的，以本罪论处。犯罪所得产生的收益，是指利用犯罪所得的赃物获得的利益(广义的赃物)。对犯罪所得进行处理后得到的孳息、租金等，应当认定为犯罪所得产生的收益。如贿赂存入银行后所获得的利息，利用走私犯罪所得投资房地产所直接获取的利润(以下将犯罪所得及其产生的收益合称为赃物)。

由于我国刑法对上游犯罪没有限定，所以，本罪也能成为上游犯罪。换言之，对于掩饰、隐瞒犯罪所得及其收益所取得的财物与财产性利益，还可以再成立掩饰、隐瞒犯罪所得、犯罪所得收益罪。例如，甲收购了A、B、C等人盗窃的原油后，将原油交给知情的乙加工成柴油后再出售给他人。甲就A、B、C等人的盗窃所得(原油)成立掩饰、隐瞒犯罪所得罪；乙就甲掩饰、隐瞒犯罪所得而取得的财物(原油)成立掩饰、隐瞒犯罪所得罪。

犯罪所得及其产生的收益，限于应当追缴、退赔、归还、没收的财物、物品与财产性利益。例如，甲收买了被拐卖的妇女、儿童后，乙为了帮助甲避免国家机关解救，而窝藏妇女、儿童的，不属于窝藏“犯罪所得”。再如，非法获得的公民个人信息，不属于犯罪所得

---

[104]　日本等国刑法理论的通说认为，原犯罪的正犯实施窝藏赃物等行为的，不构成赃物罪，而教唆犯、帮助犯实施窝藏赃物等行为的，成立赃物罪。

的赃物。但是，A 为了制作标本贩卖牟利而盗窃尸体后，B 窝藏该尸体的，应认定为窝藏赃物；虚拟财产也能成为本罪的赃物。此外，根据“两高”2011 年 8 月 1 日《关于办理危害计算机信息系统安全刑事案件应用法律若干问题的解释》第 7 条的规定，明知是非法获取计算机信息系统数据犯罪所获取的数据、非法控制计算机信息系统犯罪所获取的计算机信息系统控制权，而予以转移、收购、代为销售或者以其他方法掩饰、隐瞒，违法所得 5000 元以上的，应当以本罪论处。

关于“犯罪所得及其产生的收益”的范围，有许多问题需要研究。第一，没有达到法定年龄、没有责任能力的人，实施符合构成要件的不法行为（如盗窃）所取得的财物，能否认定为“犯罪”所得？对此，原则上应持肯定回答。但是，如果行为人已确定、案件事实清楚，窝藏等行为并不妨害刑事司法活动的，则不宜认定为犯罪。第二，行为没有达到司法解释所要求的数额的，是否属于犯罪所得？例如，公司、企业人员利用职务侵占的价值 5 万元的财物（职务侵占罪成立犯罪的数额标准为 6 万元），能否认定为犯罪所得？本书原则上持否定回答。既然不符合构成要件，当然不能认定为犯罪。但是，如果上述行为成立值得处罚的未遂犯，则 5 万元财物属于犯罪所得。第三，数人单独实施的普通盗窃行为均未达到数额较大标准，但窝藏者总共窝藏的数额超过盗窃罪数额较大起点的，能否认定为窝藏犯罪所得？本书持否定回答，赃物罪是与本犯相关联的犯罪，如果没有本犯，就没有赃物罪。但是，如果本犯成立值得处罚的未遂犯，则窝藏等行为成立赃物罪。[105] 窝藏、转移入户盗窃、携带凶器盗窃、扒窃的具有一定客观价值或者主观价值的财物的，也可能成立赃物罪。明知是他人抢劫的财物而掩饰、隐瞒，即便数额不大，也能成立赃物罪。第四，犯罪人取得赃物后死亡的，该赃物是否犯罪所得？本书持肯定回答。因为即便犯罪人死亡，也存在赃物的追缴、没收、返还等问题。第五，所盗财物通过改装等与原物丧失了同一性的，本犯赃物销售后所得到的现金，本犯将所盗的一种货币兑换成另一种货币的，是否属于犯罪“所得”可能存在争议，但无疑属于犯罪所得“产生的收益”。

“犯罪所得及其产生的收益”中的“犯罪”应是已经既遂或者虽然未遂但已经终结的犯罪。行为人在本犯既遂前故意参与的，应认定为共同犯罪。例如，A 为了抢劫财物而对 C 实施暴力并致 C 昏迷，B 知道真相并与 A 共同取得 C 的财物。B 成立抢劫罪的共犯，而不成立赃物罪。难以区分的是委托物侵占的场合。例如，甲得知乙受委托占有丙的财物，乙与甲共谋将该财物出卖给他人的，乙与甲构成侵占罪的共犯。但是，在乙已经将丙的财物据为己有之后实施掩饰、隐瞒等行为的，则应以本罪论处。此外，如果 A 不法处分自己占有的他人财物时，B 在明知的情况下而购买的，则不成立共犯，但可能成立赃物罪。

（3）行为人实施了窝藏、转移、收购、代为销售等掩饰、隐瞒赃物的行为。窝藏，是指隐藏、保管等使司法机关不能或难以发现赃物的行为。转移，是指改变赃物的存放地的行为，转移行为应达到足以妨害司法机关追缴赃物的程度，在同一房屋内转移赃物的，不宜认定为本罪，但将某建筑物内的赃物从一个房间转移到另一房间的，不失为转移。窝藏、转移行为必须基于本犯的意思。所以，对犯罪所得及其产生的收益实施盗窃、抢劫、诈骗、

---

〔105〕 或许有人认为，如果行为人窝藏他人盗窃所得的价值 2000 元的财物构成赃物罪，而窝藏他人职务侵占所得的价值 5 万元的财物反而不构成赃物罪，这样不公平。但是，一方面，这种“不公平”是由本犯所犯之罪的“不公平”标准造成的；另一方面，既然原行为人的行为并不成立犯罪，那么，窝藏、转移、收购、代为销售该行为所取得的财物的行为，就没有妨害“刑事”司法活动，只是妨害了行政执法活动或治安管理处罚活动。

抢夺等行为,构成犯罪的,分别以盗窃罪、抢劫罪、诈骗罪、抢夺罪等定罪处罚,而不以本罪论处。收购,是指收买不特定的犯罪人的赃物或者购买大量赃物的行为;对于购买特定的少量赃物自用的,一般不宜认定为犯罪,但对购买他人犯罪所得的机动车等重大财物的,应认定为收购赃物。代为销售,是指替本犯有偿转让赃物的行为。为了本犯的利益而将赃物出卖给本犯的被害人,仍然属于代为销售赃物。[106] 对于在本犯与购买人之间进行斡旋的,也应认定为代为销售赃物。除了上述四种行为之外,采取其他方法掩饰、隐瞒赃物的,也成立本罪。换言之,采用任何方法,使司法机关难以发现赃物或者难以分辨赃物性质的,均有可能构成本罪。根据最高人民法院 2015 年 5 月 29 日《关于审理掩饰、隐瞒犯罪所得、犯罪所得收益刑事案件适用法律若干问题的解释》(以下简称《赃物案件解释》),居间介绍买卖,收受,持有,使用,加工,提供资金账户,协助将财物转换为现金、金融票据、有价证券,协助将资金转移、汇往境外等,应当认定为"其他方法"。根据"两高"2007 年 5 月 9 日《关于办理与盗窃、抢劫、诈骗、抢夺机动车相关刑事案件具体应用法律若干问题的解释》,明知是盗窃、抢劫、诈骗等犯罪所得的机动车而予以窝藏、转移、买卖、介绍买卖、典当、拍卖、抵押、用其抵债的,或者拆解、拼装、组装的,或者修改发动机号、车辆识别代号的,或者更改车身颜色或者车辆外形的,或者提供或出售机动车来历凭证、整车合格证、号牌以及有关机动车的其他证明和凭证的,或者提供或出售伪造、变造的机动车来历凭证、整车合格证、号牌以及有关机动车的其他证明和凭证的,应以本罪论处。[107]

但应注意的是,没有妨碍司法的行为,不能认定为掩饰、隐瞒行为。例如,甲公司收购了他人盗窃的原油后,公司的技术人员对该原油的质量进行鉴定的行为,不应认定为掩饰、隐瞒行为(公司的收购行为构成本罪)。再如,A 利用职务上的便利收受一套房屋后,B 知道真相但对该房屋进行装修的,不属于掩饰、隐瞒行为。

值得研究的是,帮助本犯实施掩饰、隐瞒犯罪所得及其产生的收益的行为,是否成立本罪?例如,本犯甲为了窝藏自己所盗窃的大型赃物,需要特殊工具分割赃物,或者需要卡车转移赃物,乙知道真相却将特殊工具或者卡车提供给甲,使甲顺利窝藏、转移了赃物。乙的行为是否成立本罪?如前所述,在我国,赃物犯罪属于妨害司法的犯罪,本犯窝藏、转移赃物的行为依然是符合本罪构成要件的不法行为,只是缺乏期待可能性而不以犯罪论处。根据限制从属性原理,只要正犯(上例中的本犯甲)的行为具备构成要件符合性与违法性,共犯依然成立犯罪。所以,应当认定乙的行为成立赃物罪的共犯,亦即,按本罪的从犯处罚。再如,B 将他人的保险箱搬入家中,但无法打开。A 知道真相后将开锁工具借给 B,使得 B 打开保险箱的,也成立本罪的从犯。

2. 责任

本罪的责任形式为故意。行为人必须明知是犯罪所得及其产生的收益,而予以窝藏、转移、收购、代为销售或者以其他方法掩饰、隐瞒。在明知是犯罪所得及其产生的收益的情况下,行为人认识到自己窝藏、转移、收购、代为销售等掩饰、隐瞒行为,会发生妨害刑事司法作用和被害人的追求权的结果,并且希望或者放任这种结果发生。行为人不知是赃

---

[106] 虽然主观上不是为了本犯被害人的利益但碰巧将赃物无偿交付给本犯的被害人,不应以犯罪论处。

[107] 应当注意的是,如果行为同时触犯伪造、变造、买卖国家机关证件罪的,应当认定为想象竞合,从一重罪处罚。

物而保管的,不成立犯罪;但知道真相后继续保管的,成立本罪。

如何认定行为人"明知"是赃物,是一个重要问题。有的国家刑法规定了过失赃物罪,但大多数国家的刑法规定本罪只能是故意。在将本罪规定为故意犯罪的情况下,就要求行为人明知是犯罪所得的赃物。但就司法机关而言,要证明行为人"明知"是赃物,确实相当困难,因此也会放纵一些赃物犯罪分子,进而会放纵一些财产犯罪、经济犯罪分子。立法解释与司法解释的态度是,"明知"包括已经知道与应当知道。[108] 但这一表述容易使人误认为包括了过失的情形,需要研究。

"应当知道"是赃物,无论如何不属于"明知"是赃物,否则便否认了过失与故意的区别;如果将"应当知道"是赃物的情形也认定为赃物犯罪,则意味着处罚过失赃物犯罪,但刑法并没有规定过失赃物犯罪,相反,明文要求行为人"明知"是赃物。然而,为了避免放纵犯罪,又不宜对"明知"做出过于狭窄的限定。这就需要正确理解和认定"明知"。

明知是赃物,包括明知肯定是赃物与明知可能是赃物。明知肯定是赃物,是指行为人根据有关事项,判断出自己所窝藏、转移、收购、代为销售、掩饰、隐瞒的肯定是犯罪所得及其产生的收益,不会是其他性质的财物。明知可能是赃物,是指行为人根据有关事项,认识到可能是犯罪所得及其产生的收益,但又不能充分肯定其为赃物。因此,行为人对赃物的认识不要求是确定的,只要认识到或许是赃物、可能是赃物即可。基于这一理由,赃物罪也可以是间接故意犯罪。

对明知是赃物的认定,可以采取推定的方法,即从行为人已经实施的行为及相关事实中,推断出行为人是否明知是赃物;如果推定行为人明知是赃物,行为人未作任何辩解,则推定成立。一般来说,应根据行为人掩饰、隐瞒物品的时间、地点、数量、价格、品种、行为人与本犯的关系、了解程度等方面推定行为人是否明知是赃物。[109] 例如,商定在秘密地点交付物品然后实施窝藏等行为的,收购以明显低于市场价格出售的物品的,对方交付的是个人不可能持有的公用设施器材或其他零部件而又没有单位证明的,行为人明知对方是财产犯罪人、经济犯罪人而接受其物品并实施窝藏等行为的,知道是禁止经营的物品而收购的,都可以推定行为人"明知"是赃物。再如,购买机动车时,对方没有合法有效的来历凭证,或者发动机号、车辆识别代号有明显更改痕迹又没有合法证明的,应推定购买者明知是赃物。当然,推定不是主观臆断,不能取代调查研究,推定也要以事实为根据,而且对于推定结论应允许行为人提出辩解。[110]

在单位犯本罪的情况下,除对单位判处罚金外,只能对明知是赃物的直接负责的主管人员与直接责任人员追究刑事责任。

(三)掩饰、隐瞒犯罪所得、犯罪所得收益罪的认定

1. 正确区分罪与非罪的界限。如前所述,只有当本犯构成犯罪(上游犯罪)时,才存在犯罪所得,掩饰、隐瞒犯罪所得及其收益的行为,才成立犯罪。一方面,只要有证据证明

---

〔108〕 全国人大常委会 2014 年 4 月 24 日《关于〈中华人民共和国刑法〉第三百四十一条、第三百一十二条的解释》规定:"知道或者应当知道是刑法第三百四十一条第二款规定的非法狩猎的野生动物而购买的,属于刑法第三百一十二条第一款规定的明知是犯罪所得而收购的行为。"另参见"两高"、公安部、国家工商行政管理局 1998 年 5 月 8 日《关于依法查处盗窃、抢劫机动车案件的规定》第 17 条。

〔109〕 参见最高人民法院 2009 年 11 月 4 日《关于审理洗钱等刑事案件具体应用法律若干问题的解释》第 1 条。

〔110〕 参见张明楷:"如何理解和认定窝赃、销赃罪中的'明知'",载《法学评论》1997 年第 2 期。

存在上游犯罪即可,上游犯罪尚未依法裁判,但查证属实的,不影响本罪的认定。另一方面,上游犯罪是不法层面的犯罪,不以具备有责性为前提。换言之,上游犯罪事实经查证属实,但因行为人未达到刑事责任年龄等原因依法不予追究刑事责任的,也不影响本罪的认定。由于本罪是妨害司法的犯罪,故不能根据实施掩饰、隐瞒行为的人获利多少,掩饰、隐瞒的财产数额多少确立罪与非罪的标准。例如,掩饰、隐瞒他人盗窃所得价值3000元的赃物的,成立本罪。掩饰、隐瞒他人抢劫所得价值300元的赃物的,也成立本罪。[111] 但是,掩饰、隐瞒他人职务侵占所得价值5万元的财物的,并不成立本罪,因为他人的行为并不构成职务侵占罪,价值5万元的财物并不是犯罪所得。概言之,司法机关不得将本罪当做财产犯罪,而应当作妨害司法罪理解和认定。根据《赃物案件解释》的规定,明知是犯罪所得及其产生的收益而予以窝藏、转移、收购、代为销售或者以其他方法掩饰、隐瞒,具有下列情形之一的,应当按本罪论处:(1)掩饰、隐瞒犯罪所得及其产生的收益价值3000元至1万元以上的;[112](2)一年内曾因掩饰、隐瞒犯罪所得及其产生的收益行为受过行政处罚,又实施掩饰、隐瞒犯罪所得及其产生的收益行为的;[113](3)掩饰、隐瞒的犯罪所得系电力设备、交通设施、广播电视设施、公用电信设施、军事设施或者救灾、抢险、防汛、优抚、扶贫、移民、救济款物的;(4)掩饰、隐瞒行为致使上游犯罪无法及时查处,并造成公私财物损失无法挽回的;(5)实施其他掩饰、隐瞒犯罪所得及其产生的收益行为,妨害司法机关对上游犯罪进行追究的。依照全国人大常委会2014年4月24日《关于〈中华人民共和国刑法〉第三百四十一条、第三百一十二条的解释》,明知是非法狩猎的野生动物而收购,数量达到50只以上的,以掩饰、隐瞒犯罪所得罪定罪处罚。

2. 本罪与洗钱罪既有联系,也有区别。洗钱罪只限于掩饰、隐瞒毒品犯罪、黑社会性质的组织犯罪、恐怖活动犯罪、走私犯罪、贪污贿赂犯罪、破坏金融管理秩序犯罪、金融诈骗犯罪的所得及其产生的收益的来源和性质的行为,而本罪包括对一切犯罪所得及其产生收益的掩饰与隐瞒。洗钱罪包括各种掩饰、隐瞒犯罪所得及其收益的来源和性质的行为,而本罪是对犯罪所得及其产生的收益本身的掩饰与隐瞒。但是,本罪与洗钱罪不是对立关系,一个行为完全可能同时触犯本罪与洗钱罪,对此,应按想象竞合犯从一重罪处罚。[114]

3. 行为人将替本犯窝藏的赃物据为己有的,仅构成本罪,不另成立侵占罪。代为销售本犯盗窃的文物的,成立本罪与倒卖文物罪的想象竞合,从一重罪处罚。诈骗他人犯罪所

---

〔111〕 在这种情况下,要求行为人认识到赃物为本犯抢劫所得。如果行为人以为是本犯盗窃所得而掩饰、隐瞒价值300元的赃物的,则不能认定为本罪。概言之,在严重犯罪的成立不要求数额较大的情况下,行为人掩饰、隐瞒犯罪所得的赃物数额较小时,要求行为人认识到本犯的严重犯罪性质。反之,在行为人掩饰、隐瞒犯罪所得的赃物数额较大时,只要行为人明知是赃物即可,而不要求行为人认识到本犯的具体犯罪性质。

〔112〕 本项规定值得研究。按照本书的观点,如果本犯不构成犯罪,即便行为人掩饰、隐瞒犯罪所得及其产生的收益价值3000元以上,也不应以本罪论处;反之,倘若本犯构成犯罪,即使行为人掩饰、隐瞒犯罪所得及其产生的收益价值没有达到3000元,也应以本罪论处。倘若认为,本项规定的3000元以上是以上游行为构成犯罪为前提的,那么,本项规定则不当缩小了处罚范围。例如,掩饰、隐瞒他人抢劫所得的赃物,即使其价值没有达到3000元以上的,也应以本罪论处。

〔113〕 根据本项规定认定为本罪的,也要求后一次掩饰、隐瞒的行为对象是"犯罪"所得及其收益;如果后一次掩饰、隐瞒的行为对象只是"一般违法行为"所得及其收益的,不得认定为本罪。

〔114〕 如果认为洗钱罪的法益只是"司法机关的正常活动",那么,其与本罪就不是想象竞合关系,而是法条竞合关系。但本书不赞成这种观点。

得赃物的,成立诈骗罪。我国的物权法没有明确规定赃物的善意取得。如果否认对赃物的善意取得,那么,即使善意取得了赃物,本犯的被害人(所有权人)也有权追回。因此,当本犯或代为销售赃物的犯罪人,隐瞒赃物真相,将赃物出卖给善意的第三人时,本犯的被害人依然有权向第三人追回自己的财物。在这种情况下,第三人实际上成为诈骗罪的被害人。换言之,如果否认赃物的善意取得,就可以得出如下结论:(1)盗窃罪的本犯隐瞒真相向第三人出售赃物的,除成立盗窃罪外,另对善意第三人成立诈骗罪。(2)代为销售赃物的犯罪人,隐瞒真相向第三人出售赃物的,同时触犯了赃物罪与诈骗罪,属于想象竞合犯,应从一重罪处罚。(3)第三人明知是赃物而购买的,可能成立赃物罪(如收购赃物),出售方的行为不成立诈骗罪。

4. 如果行为人事前与本犯通谋,就事后窝藏、转移、收购、代为销售、掩饰、隐瞒赃物达成合意的,应以共同犯罪论处。换言之,事前通谋,事后为本犯实施掩饰、隐瞒行为,由于与正犯结果之间具有心理的因果性,故与本犯构成共同犯罪,不以本罪论处。在甲持续或者连续实施经济犯罪、财产犯罪的过程中,乙持续或者连续为甲提供账户用于存款的,需要贯彻因果共犯论的立场,判断乙的行为是否与甲的犯罪结果具有物理的或者心理的因果性,进而决定是否以共犯论处。

(四)掩饰、隐瞒犯罪所得、犯罪所得收益罪的处罚

根据刑法第312条的规定,犯本罪的,处3年以下有期徒刑、拘役或者管制,并处或者单处罚金;情节严重的,处3年以上7年以下有期徒刑,并处罚金。单位犯前款罪的,对单位判处罚金,并对其直接负责的主管人员和其他直接责任人员,依照上述规定处罚。盗用单位名义实施掩饰、隐瞒犯罪所得及其产生的收益的行为,违法所得由行为人私分的,应当依照刑法和司法解释有关自然人犯罪的规定定罪处罚。

根据《赃物案件解释》,具有下列情形之一的,应当认定为"情节严重":(1)掩饰、隐瞒犯罪所得及其产生的收益价值总额达到10万元以上的;[115](2)掩饰、隐瞒犯罪所得及其产生的收益10次以上,或者3次以上且价值总额达到5万元以上的;(3)掩饰、隐瞒的犯罪所得系电力设备、交通设施、广播电视设施、公用电信设施、军事设施或者救灾、抢险、防汛、优抚、扶贫、移民、救济款物,价值总额达到5万元以上的;(4)掩饰、隐瞒行为致使上游犯罪无法及时查处,并造成公私财物重大损失无法挽回或其他严重后果的;(5)实施其他掩饰、隐瞒犯罪所得及其产生的收益行为,严重妨害司法机关对上游犯罪予以追究的。掩饰、隐瞒犯罪所得及其产生的收益的数额,应当以实施掩饰、隐瞒行为时为准。收购或者代为销售财物的价格高于其实际价值的,以收购或者代为销售的价格计算。多次实施掩饰、隐瞒犯罪所得及其产生的收益行为,未经行政处罚,依法应当追诉的,犯罪所得、犯罪所得收益的数额应当累计计算。

十三、拒不执行判决、裁定罪

拒不执行判决、裁定罪,是指对人民法院的判决、裁定有能力执行而拒不执行,情节严重的行为。

行为主体必须是应当执行人民法院的判决、裁定的人(不包括这些人的亲属,但亲属

[115] 由于集资诈骗成立犯罪的数额标准为10万元以上,因此,本规定会导致掩饰、隐瞒集资诈骗犯罪所得及其收益的行为,要么不成立犯罪,要么就属于情节严重。

可构成共犯)。根据最高人民法院2015年7月20日《关于审理拒不执行判决、裁定刑事案件适用法律若干问题的解释》(以下简称《拒执案件解释》),被执行人、协助执行义务人、担保人等负有执行义务的人对人民法院的判决、裁定有能力执行而拒不执行,情节严重的,应当以本罪论处。此外,负有执行人民法院判决、裁定义务的单位为了本单位的利益实施本罪行为的,以本罪论处。

行为表现为对人民法院的判决、裁定有能力执行而拒不执行。全国人大常委会2002年8月29日《关于〈中华人民共和国刑法〉第三百一十三条的解释》规定:"刑法第三百一十三条规定的'人民法院的判决、裁定',是指人民法院依法作出的具有执行内容并已发生法律效力的判决、裁定。人民法院为依法执行支付令、生效的调解书、仲裁裁决、公证债权文书等所作的裁定属于该条规定的裁定。"本罪的判决、裁定既包括刑事判决与裁定,也包括民事、行政方面的判决与裁定。但是,人民法院的调解书不属于判决、裁定。拒不执行,是指不履行判决、裁定规定的义务,不实现判决、裁定所要求的内容。因不具备执行判决、裁定能力而没有执行的,不成立本罪。

由于判决、裁定的生效时间与执行立案时间存在间隔,所以,需要讨论的是,拒不执行判决、裁定的行为必须发生在什么时间?首先,行为人在判决、裁定生效之前实施隐藏、转移财产等行为的,不应以本罪论处。其次,行为人在执行立案之后实施隐藏、转移财产等行为的,应以本罪论处。最后,存在争议的是,行为人在判决、裁定生效后、执行立案之前实施隐藏、转移财产等行为的,能否认定为本罪?本书持肯定回答。一方面,判决、裁定生效后,行为人便产生了执行判决、裁定的义务,此时实施隐藏、转移财产等行为的,必然妨碍了判决、裁定的执行,因而妨害了司法。另一方面,如果持否定回答,必然导致本罪形同虚设。

行为必须达到情节严重的程度。根据上述立法解释,具有下列情形之一的,属于"情节严重":(1)被执行人隐藏、转移、故意毁损财产或者无偿转让财产、以明显不合理的低价转让财产,致使判决、裁定无法执行的;(2)担保人或被执行人隐藏、转移、故意毁损或者转让已向人民法院提供担保的财产,致使判决、裁定无法执行的;(3)协助执行义务人接到人民法院协助执行通知书后,拒不协助执行,致使判决、裁定无法执行的;(4)被执行人、担保人、协助执行义务人与国家机关工作人员通谋,利用国家机关工作人员的职权妨害执行,致使判决、裁定无法执行的;(5)其他有能力执行而拒不执行,情节严重的情形。《拒执案件解释》第2条规定,负有执行义务的人有能力执行而实施下列行为之一的,应当认定为立法解释所规定的第(5)种情形:第一,具有拒绝报告或者虚假报告财产情况、违反人民法院限制高消费及有关消费令等拒不执行行为,经采取罚款或者拘留等强制措施后仍拒不执行的;第二,伪造、毁灭有关被执行人履行能力的重要证据,以暴力、威胁、贿买方法阻止他人作证或者指使、贿买、胁迫他人作伪证,妨碍人民法院查明被执行人财产情况,致使判决、裁定无法执行的;第三,拒不交付法律文书指定交付的财物、票证或者拒不迁出房屋、退出土地,致使判决、裁定无法执行的;第四,与他人串通,通过虚假诉讼、虚假仲裁、虚假和解等方式妨害执行,致使判决、裁定无法执行的;第五,以暴力、威胁方法阻碍执行人员进入执行现场或者聚众哄闹、冲击执行现场,致使执行工作无法进行的;第六,对执行人员进行侮辱、围攻、扣押、殴打,致使执行工作无法进行的;第七,毁损、抢夺执行案件材料、执行公务车辆和其他执行器械、执行人员服装以及执行公务证件,致使执行工作无法进行的;第八,拒不执行法院判决、裁定,致使债权人遭受重大损失的。

值得研究的是,行为人单纯不执行刑事判决的,是否成立本罪?例如,行为人单纯不缴纳罚金的,或者危险驾驶的行为人被外地法院判处拘役后,不主动回审判地服刑的,是否成立本罪?本书持否定回答。拒不执行虽然可谓不作为犯,但由于本罪的成立以情节严重为要件,所以,只有当国家机关执行判决、裁定的内容时,行为人拒绝执行的,才应以犯罪论处。例如,人民法院强制执行罚金时,行为人拒不执行的,才可能成立本罪。再如,执行机关采取强制措施将行为人押解至审判地服刑时,行为人予以反抗的,可能成立本罪(可能同时触犯妨害公务罪)。

本罪的责任形式为故意,即明知是生效的人民法院的判决、裁定,而故意不执行。

暴力抗拒人民法院执行判决、裁定,杀害、重伤执行人员的,属于想象竞合,从一重罪处罚。根据上述立法解释,国家机关工作人员收受贿赂或者滥用职权,实施本罪行为,同时又构成受贿罪、滥用职权罪的,从一重罪处罚。

根据刑法第 313 条的规定,犯本罪的,处 3 年以下有期徒刑、拘役或者罚金;情节特别严重的,处 3 年以上 7 年以下有期徒刑,并处罚金。单位犯前款罪的,对单位判处罚金,并对其直接负责的主管人员和其他直接责任人员,依照上述规定处罚。拒不执行支付赡养费、扶养费、抚育费、抚恤金、医疗费用、劳动报酬等判决、裁定的,可以酌情从重处罚。

十四、非法处置查封、扣押、冻结的财产罪

本罪是指故意隐藏、转移、变卖、毁损已被司法机关查封、扣押、冻结的财产,情节严重的行为。其中的查封、扣押与冻结,应是依法进行的查封、扣押与冻结。对他人财产滥用职权非法进行查封、扣押与冻结的,有关当事人为保障自己的权利所实施的隐藏、转移、变卖等行为,不得以本罪论处。隐藏,是指使司法机关不能或者难以发现被查封、扣押、冻结的财产的行为;转移,是指使被查封、扣押、冻结的财产发生场所变更的行为;变卖,是指有偿转让被查封、扣押、冻结的财产的行为;毁损,是指使被查封、扣押、冻结的财产的效用减少或者丧失的行为。成立本罪还要求情节严重。本罪的责任形式为故意,行为人必须认识到财产已被司法机关查封、扣押、冻结。过失行为不成立本罪。

根据刑法第 91 条的规定,司法机关查封、扣押的财产,属于公共财物。行为人(包括财产的原所有人)以非法占有为目的,采取非法变卖等方式取得财产,或者故意毁坏该财产的,实际上也符合侵犯财产罪的犯罪构成。本书认为,本罪与侵犯财产罪的保护法益不同,实施本罪行为同时符合侵犯财产罪的犯罪构成的,属于想象竞合犯,应从一重罪处罚。例如,所有人使用欺骗手段骗取已被司法机关扣押的财产的,是本罪与诈骗罪的想象竞合,应从一重罪处罚。

一种观点认为:"窃取被司法机关扣押的本人财物,如果不以非法占有为目的,则是非法处置扣押的财产罪;如果以非法占有为目的,则是非法处置扣押的财产罪的想象竞合。这里的是否具有非法占有目的,应根据事后是否具有索赔行为确定。"[116] 但是,这种观点存在疑问。(1)这种观点导致刑法第 91 条第 2 款仅对所有权人以外的行为人起作用,并不合适。一方面,相对于占有而言,第 91 条第 2 款属于注意规定。因此,即使没有第 91 条第 2 款的规定,第三者窃取、骗取国家机关、国有公司、企业、集体企业和人民团体

---

〔116〕 陈兴良:《判例刑法学》(下卷),中国人民大学出版社 2009 年版,第 297 页。

管理、使用或者运输中的私人财产的,也成立侵犯财产罪。基于同样的理由,即使所有权人窃回由国家机关、国有公司、企业、集体企业和人民团体管理、使用或者运输中的本人财产,也侵犯了他人的合法占有,没有理由否认盗窃罪的成立。另一方面,相对于所有权而言,刑法第91条第2款属于拟制规定,亦即,即使在民法上属于行为人所有的财产,但只要处于国家机关等管理、使用、运输过程中,就属于公共财产。因此,即便对财产罪的法益采取所有权说,民法上的所有权人窃取、骗取该财物的,也成立盗窃罪、诈骗罪。(2)根据行为与责任同时存在的原理,不管是将目的理解为违法要素,还是将目的理解为责任要素,目的必须与行为同时存在。以行为人事后是否具有索赔行为来确定先前的行为是否成立侵犯财产罪,并不合适。持上述观点的学者或许认为,事后索赔只是一种判断资料,而不是指事后才产生非法占有目的。可是,既然事后索赔只是判断资料,那么,非法占有目的的判断资料显然不能仅限于事后索赔。质言之,以行为时的判断资料为基础判断行为人是否具有非法占有目的,更为准确、更加合适。(3)在行为人窃取了属于以公共财产论的财产后,盗窃罪已经既遂。事后再索赔的,实际上另成立诈骗罪。因为行为人实施了两个行为,所针对的是两个对象。前者所针对的是国家机关占有、且以公共财产论的财物;后者所针对的是国家机关占有且所有的金钱。因此,上述观点实际上是将事后有无诈骗行为当做前面的行为是否成立盗窃罪的根据,难以获得认同。(4)上述观点仅从字面含义上理解非法占有目的,而没有根据非法占有目的的机能得出解释结论,难以被本书采纳。(5)上述观点导致罪刑不协调。例如,行为人窃取、骗取被行政机关依法扣押的财产的,成立盗窃、诈骗罪,而行为人窃取、骗取被司法机关依法扣押的财产的,反而成立更轻的非法处置扣押的财产罪。这显然不合适。

根据刑法第314条的规定,犯本罪的,处3年以下有期徒刑、拘役或者罚金。

十五、破坏监管秩序罪

破坏监管秩序罪,是指依法被关押的罪犯,违反监管法规,破坏监管秩序,情节严重的行为。

行为主体是依法被关押的已决犯;依法被关押的被告人、犯罪嫌疑人不是本罪行为主体。行为分为以下四种类型:(1)殴打监管人员;(2)组织其他被监管人破坏监管秩序;(3)聚众闹事,扰乱正常监管秩序;(4)殴打、体罚或者指使他人殴打、体罚其他被监管人。成立本罪还要求情节严重,对此,应从行为的手段、次数、对象、结果等方面进行综合判断。故意对监管人员或被监管人员实施杀害、伤害行为的,应认定为故意杀人罪与故意伤害罪。本罪的责任形式为故意。

根据刑法第248条的规定,监管人员指使依法被关押的罪犯,殴打或者体罚虐待被监管人的,对监管人员的行为,认定为虐待被监管人罪。问题是,依法被关押的罪犯,受监管人员指使,殴打、体罚虐待其他被监管人员,情节严重的,是成立破坏监管秩序罪,还是虐待被监管人罪的共犯?本书认为,在这种场合,监管人员是虐待被监管人罪的正犯,被指使者首先构成虐待被监管人罪的共犯。理由在于:(1)虽然被指使者不具有监管人员的身份,但这并不影响二者共犯关系的成立。因为不具有构成身份的人与具有构成身份的人共同实施有身份者才能构成的犯罪时,仍然可以成立共同犯罪。(2)认定被监管人员构成虐待被监管人罪,进而肯定与监管人员之间的共犯关系,在殴打、体罚行为导致其他被监管人伤残或者死亡的情况下,有助于肯定监管人员对伤残或者死亡结果承担责任。

当然,如果被监管人员在构成虐待被监管人罪的同时又触犯本罪的,则属于想象竞合,应当从一重罪处罚。[117] 但值得注意的是,由于监管人员与被指使者之间具有监管与被监管的关系,对后者受前者指使所实施的殴打、体罚虐待其他被监管人的行为,不宜轻易认定为犯罪(期待可能性丧失或者减少)。

根据刑法第315条的规定,犯本罪的,处3年以下有期徒刑。

十六、脱逃罪

(一)脱逃罪的概念与犯罪构成

脱逃罪,是指依法被关押的罪犯、被告人、犯罪嫌疑人脱逃的行为。

行为主体是依法被关押(包括押解途中)的罪犯(已决犯)、被告人与犯罪嫌疑人。虽然被司法机关采取强制措施,但未被关押的人(如被监视居住或者取保候审),不能成为本罪主体;行为人在被群众扭送的过程中逃走的,不成立本罪。问题在于,事实上无罪的人能否成为本罪的行为主体?首先可以肯定的是,被非法关押的人脱逃的,不成立本罪。[118] 其次,虽然事实上没有犯罪,但被合理怀疑为犯罪的人,依照刑事诉讼法被关押的人脱逃的,是否成立本罪?肯定说认为,只要是被司法机关依法关押的罪犯、被告人或犯罪嫌疑人,即使实际上无罪,也能成为行为主体。[119] 否定说认为,实际上无罪的人,即使被司法机关依法关押,也不能成为行为主体。[120] 从实质上说,两种观点涉及的是优先保护国家利益,还是优先保护个人利益的问题;从法律上说,两种观点涉及如何理解"依法"二字,即只要形式上或者程序上合法即可,还是必须程序上与实体上或实质上都合法。从另一角度而言,涉及从行为时判断"依法"还是从裁判时判断"依法"的问题。根据刑事诉讼法的规定,未经人民法院依法判决,对任何人都不得确定为有罪。立法机关肯定已经意识到了被告人、犯罪嫌疑人不等于罪犯,前一条文只将"依法被关押的罪犯"规定为行为主体也表明了这一点;然而本条特意将被告人、犯罪嫌疑人列为行为主体,就说明刑事立法认为,只要司法机关的关押行为在行为时具有合法性,就应认为是依法关押。所以,是否"依法"固然要同时考虑程序上的合法与实体上的合法,但这种合法不是事后判断的,而应根据行为时的状况进行判断。因此,原则上只要司法机关在关押的当时符合法定的程序与实体条件,就应认为是依法关押,被关押的罪犯、被告人、犯罪嫌疑人就可以成为本罪的行为主体。但不能忽视的是,在行为人原本无罪,完全由于司法机关的错误导致其被关押的情况下,行为人脱逃的,应认为缺乏期限可能性(阻却责任的紧急避险),不以脱逃罪论处。但是,如果采用暴力等方法,导致他人伤害或者毁坏监管设施,构成其他犯罪的,可以其他犯罪论处,而且应当从轻处罚。此外,被超期羁押的未决犯,当然能够成为本罪的行为主体。

客观行为是脱逃。脱逃,是指脱离监管机关的实力支配的行为,具体表现为逃离关押场所。脱逃的方式没有限制,如乘监管人员疏忽而逃离关押场所,乘外出劳动逃离关押场所,对监管人员使用暴力、威胁手段而逃离关押场所,打破门窗、破坏围墙或毁损械具后逃

---

[117] 参见周光权:《刑法各论》,中国人民大学出版社2016年第3版,第61~62页。

[118] 司法机关名义上对犯罪嫌疑人采取法定的监视居住或者取保候审措施时,实际上却关押该嫌疑人的,属于非法关押,该嫌疑人不能成为本罪主体。

[119] 参见郎胜主编:《〈中华人民共和国刑法〉释解》,群众出版社1997年版,第421页。

[120] 参见王作富主编:《刑法分则实务研究》(下),中国方正出版社2013年第5版,第1258页。

离关押场所;等等。受到监狱(包括劳改农场等监管机构)奖励,节假日受准回家的罪犯,故意不在规定时间返回监狱,采取逃往外地等方式逃避入狱的,也应以脱逃罪论处。

责任形式为故意,即明知自己的脱逃行为会发生侵害国家羁押机能的结果,并且希望或者放任这种结果发生。由于某种特殊原因,暂时离开关押场所,特殊原因消失后立即回到关押场所的,一般不宜认定为脱逃罪。但是,这并不意味着成立本罪要求行为人永久性或长期性逃避监管,为了一时性逃避劳动改造而脱逃的,原则上也成立本罪。例如,在劳改农场服刑的罪犯,为了在某段艰苦时间逃避执行机关的监管,逃离半个月后又回到该劳改农场的,应认定为脱逃罪。

(二)脱逃罪的既遂与未遂

关于脱逃罪的既遂与未遂的区分标准,理论上有不同观点。有人认为,应以行为人是否脱离监管场所这一特定地理范围为标准;有人认为,应以行为人是否脱离监管机关与人员的控制范围为标准;有人认为,应以行为是否达到逃离羁押、关押的程度为标准;还有人认为,应同时以是否逃出了关押场所和摆脱监管人员的控制为标准,只有既逃出了关押场所,又摆脱了监管人员的控制时,才是既遂。[121] 本书认为,行为人摆脱了监管机关与监管人员的实力支配(控制)时,就是脱逃既遂。如果行为人仍处于关押场所内,则不可能摆脱监管机关与监管人员的实力支配;但逃出关押场所的并不都摆脱了监管机关与监管人员的实力支配。因此,没有必要同时要求逃出关押场所与摆脱监管人员的控制。基于这一标准,行为人逃出关押场所后,只要明显处于被监管人员追捕的过程中,就应认定为脱逃未遂。

(三)脱逃罪的处罚

根据刑法第 316 条第 1 款的规定,犯本罪的,处 5 年以下有期徒刑或者拘役。[122]

十七、劫夺被押解人员罪

本罪是指劫夺押解途中的罪犯、被告人、犯罪嫌疑人的行为。劫夺,是指使罪犯、被告人、犯罪嫌疑人脱离监管人员的实力支配,而将其置于自己或第三者的实力支配内或者使其逃匿;劫夺行为既可以采用对押解人进行暴力、威胁方法,也可以不使用暴力、威胁方法,如乘押解人不注意而迅速夺取被押解人。行为人所劫夺的必须是押解途中的罪犯、被告人或者犯罪嫌疑人。被劫夺者与劫夺者通谋的,被劫夺者成立脱逃罪,否则不成立犯罪。根据刑法第 316 条第 2 款的规定,犯本罪的,处 3 年以上 7 年以下有期徒刑;情节严重的,处 7 年以上有期徒刑。

十八、组织越狱罪

一般认为,组织越狱罪,是指依法被关押的罪犯、被告人、犯罪嫌疑人有组织地集体越狱的行为。[123]

---

〔121〕 参见马克昌等主编:《刑法学全书》,上海科学技术文献出版社 1993 年版,第 372 页。

〔122〕 根据“两高”、公安部、司法部 2014 年 8 月 11 日《关于监狱办理刑事案件有关问题的规定》,在押罪犯脱逃后未实施其他犯罪的,由监狱立案侦查,公安机关抓获后通知原监狱押回,监狱所在地人民检察院审查起诉。罪犯脱逃期间又实施其他犯罪,在捕回监狱前发现的,由新罪犯罪地公安机关侦查新罪,并通知监狱;监狱对脱逃罪侦查终结后移送管辖新罪的公安机关,由公安机关一并移送当地人民检察院审查起诉,人民法院判决后,送当地监狱服刑,罪犯服刑的原监狱应当配合。

〔123〕 参见高铭暄、马克昌主编:《刑法学》,北京大学出版社、高等教育出版社 2016 年第 7 版,第 564 页。

问题是,本罪的实行行为究竟是"越狱"还是"组织"? 换言之,行为主体是否仅限于依法被关押的罪犯、被告人、犯罪嫌疑人? 法条中的"积极参加"、"其他参加"是指参加越狱还是参加组织? 概言之,"组织越狱"是指有组织地集体越狱,还是组织他人越狱? 如果认为本罪的实行行为是越狱,那么,行为主体仅限于依法被关押的罪犯、被告人、犯罪嫌疑人,三人以上共同故意脱逃的,都有可能被认定为组织越狱罪。如果认为本罪的实行行为是组织,那么,没有实施组织行为仅仅参加越狱行为的人,只能成立脱逃罪,而不成立组织越狱罪,行为主体不限于依法被关押的罪犯、被告人、犯罪嫌疑人,因为狱外人也可能组织被关押的人员脱逃。本书持后一观点。[124] 一方面,刑法并没有将本罪规定为身份犯;另一方面,前一种观点容易扩大组织越狱罪的处罚范围。依法被关押的人在组织他人越狱的同时自己越狱的,成立组织越狱罪与脱逃罪,实行数罪并罚。根据本书的观点,行为人开始实行组织越狱行为的,是本罪的着手。组织越狱行为使被组织的全部人员或者部分人员摆脱了监管机关的实力支配的,是本罪的既遂。

根据刑法第 317 条第 1 款的规定,犯本罪的,对首要分子和积极参加的,处 5 年以上有期徒刑;其他参加的,处 5 年以下有期徒刑或者拘役。

十九、暴动越狱罪、聚众持械劫狱罪

暴动越狱罪,是指依法被关押的罪犯、被告人、犯罪嫌疑人,在首要分子组织、策划、指挥下,采用暴动方式,有组织地脱逃的行为。需要说明的是,并非任何三人以上以暴力方法脱逃的,均构成暴动越狱罪。"暴力"不等于"暴动",只有多人大规模的暴力,才能评价为暴动。数人采取非暴动的暴力方式越狱、脱逃的,成立组织越狱罪或者脱逃罪。

聚众持械劫狱罪,是指狱外人员在首要分子组织、策划、指挥下,持械劫夺狱中罪犯、被告人或犯罪嫌疑人的行为。"持械"是指对监管人员等使用凶器,而不是指单纯地携带凶器。"劫狱",是指将狱中的罪犯、被告人、犯罪嫌疑人转移至自己或第三者的实力支配内或者使其逃匿。其中的"狱"并不限于狭义的监狱,而是包括看守所等依法关押罪犯、被告人、犯罪嫌疑人的场所。聚众持械劫持监管人员的,不成立本罪,视行为性质认定为非法拘禁、绑架等罪。

根据刑法第 317 条第 2 款的规定,暴动越狱或者聚众持械劫狱的首要分子和积极参加的,处 10 年以上有期徒刑或者无期徒刑;情节特别严重的,处死刑;其他参加的,处 3 年以上 10 年以下有期徒刑。

第四节 妨害国(边)境管理罪

一、组织他人偷越国(边)境罪

组织他人偷越国(边)境罪,是指违反国(边)境管理法规,组织他人偷越国(边)境的行为。本罪的法益是出入境管理秩序。构成要件为,违反出入境管理法规,组织他人偷越国(边)境的行为。根据"两高"2012 年 12 月 12 日《关于办理妨害国(边)境管理刑事案

---

[124] 还可能有一种折中的观点,即组织他人越狱或者有组织地越狱的,均成立本罪。

件应用法律若干问题的解释》(以下简称《越境案件解释》),领导、策划、指挥他人偷越国(边)境或者在首要分子指挥下,实施拉拢、引诱、介绍他人偷越国(边)境等行为的,应当认定为组织他人偷越国(边)境。[125] 组织者既可以只是组织他人偷越国(边)境而自己并不偷越,也可以组织他人与自己共同偷越国(边)境。被组织者非法出境或者入境是本罪的既遂标志。本罪的主体为自然人,以单位名义或者单位形式组织他人偷越国(边)境的,应当对组织、策划、实施本罪行为的自然人追究刑事责任。本罪责任形式为故意,营利目的不是本罪的责任要素。

组织他人偷越国(边)境罪,以被组织者的行为属于偷越国(边)境为前提。[126] 如果被组织者的出入境行为不属于偷越国(边)境,就不可能认定组织者的行为构成组织他人偷越国(边)境罪。根据《越境案件解释》的规定,具有下列情形之一的,应当认定为偷越国(边)境行为:(1)没有出入境证件出入国(边)境或者逃避接受边防检查的;(2)使用伪造、变造、无效的出入境证件出入国(边)境的;(3)使用他人出入境证件出入国(边)境的;(4)使用以虚假的出入境事由、隐瞒真实身份、冒用他人身份证件等方式骗取的出入境证件出入国(边)境的;[127] (5)采用其他方式非法出入国(边)境的。

根据刑法第 318 条的规定,犯本罪的,处 2 年以上 7 年以下有期徒刑,并处罚金;有下列情形之一的,处 7 年以上有期徒刑或者无期徒刑,并处罚金或者没收财产:(1)组织他人偷越国(边)境集团的首要分子;(2)多次组织他人偷越国(边)境或者组织他人偷越国(边)境人数众多的;(3)造成被组织人重伤、死亡的;(4)剥夺或者限制被组织人人身自由的;(5)以暴力、威胁方法抗拒检查的;(6)违法所得数额巨大的;(7)有其他特别严重情节的。在犯本罪的过程中,对被组织人有杀害、伤害、强奸、拐卖等犯罪行为,或者对检查人员有杀害、伤害等犯罪行为的,依照数罪并罚的规定处罚。

根据《越境案件解释》的规定,组织他人偷越国(边)境人数在 10 人以上的,应当认定为"人数众多";违法所得数额在 20 万元以上的,应当认定为"违法所得数额巨大"。此外,以组织他人偷越国(边)境为目的,招募、拉拢、引诱、介绍、培训偷越国(边)境人员,策划、安排偷越国(边)境行为,在他人偷越国(边)境之前或者偷越国(边)境过程中被查获的,应当以组织他人偷越国(边)境罪(未遂)论处;具有上述七种情形之一的,应当在相应的法定刑幅度基础上,结合未遂犯的处罚原则量刑。

上述处罚规定,存在需要研究的问题。例如,刑法一方面将剥夺被组织人人身自由(包括违背被组织人意志与被组织人愿意被剥夺自由两种情况,故其中包括了犯罪行为),以暴力、威胁方法抗拒检查的行为作为法定刑升格的条件,同时又规定犯本罪并对被组织人或者检查人员实施犯罪行为的,依照数罪并罚的规定处罚。本书认为,既然刑法已经将这两种犯罪行为(非法拘禁罪与妨害公务罪,是组织者实施本罪时通常实施的行为)规定为法定刑升格的条件,因此,对这两种行为就不能认定为另一独立的犯罪实行数

〔125〕 司法解释对"组织"的解释是否过于宽泛,换言之,应否将本罪的"组织"限定为集团性、职业性的组织行为,还值得进一步研究。

〔126〕 当然,不要求被组织者的行为构成偷越国(边)境罪,但其行为至少属于违反出入境管理法的偷越国(边)境的行为。

〔127〕 如后文所述,这一项规定值得研究。换言之,使用以虚假的出入境事由骗取真实身份的出入境证件后出入国(边)境的,不应当认定为偷越国(边)境。

罪并罚。只有当行为人对被组织人或检查人员实施了其他犯罪行为时,才应实行并罚。从刑法强调数罪并罚的规定来看,对于行为人同时实施了其他犯罪的,不应归入上述第(7)项的其他特别严重情节,而应实行数罪并罚。

二、骗取出境证件罪

骗取出境证件罪,是指自然人或者单位以劳务输出、经贸往来或者其他名义,弄虚作假、骗取护照、签证等出境证件,为组织他人偷越国(边)境使用的行为。刑法规定本罪,不是为了保护取得护照、签证的正当方式与秩序,不是为了保证中国公民在境外不实施违法犯罪行为,也不是为了保护国家声誉,只是为了保护国家的出境管理秩序。

根据《越境案件解释》的规定,为组织他人偷越国(边)境,编造出境事由、身份信息或者相关的境外关系证明的,应当认定为"弄虚作假"。"出境证件"包括护照或者代替护照使用的国际旅行证件,中华人民共和国海员证,中华人民共和国出入境通行证,中华人民共和国旅行证,中国公民往来香港、澳门、台湾地区证件,边境地区出入境通行证,签证、签注,出国(境)证明、名单,以及其他出境时需要查验的资料。

"为组织他人偷越国(边)境使用",应属于责任要素。如果将其解释为客观的构成要件要素,那么,该条就没有存在的必要,也无法处理本罪与组织他人偷越国(边)境的关系。因为如果要求行为人将骗取的出境证件已经用于自己或者第三者组织他人偷越国(边)境,那么,骗取出境证件的行为就基本上丧失了独立的意义。因此,一方面,行为人出于为组织他人偷越国(边)境的目的,采取上述手段骗取了护照、签证等出境证件,实际上还没有用于组织他人偷越国(边)境的,既是组织他人偷越国(边)境的预备犯,也是骗取出境证件罪的既遂犯,应认定为骗取出境证件罪。另一方面,偷越国(边)境的组织者以外的行为人实施本罪行为的,既是组织他人偷越国(边)境罪的帮助犯,也是骗取出境证件罪的正犯,应认定为骗取出境证件罪。

骗取出境证件罪的成立,一方面以有现实的或者可能的组织者为前提,另一方面以现实的或可能的被组织者的行为具有偷越国(边)境的性质为前提。第一,当骗取的出境证件准备用于自己或者第三者组织他人偷越国(边)境时,或者说骗取的出境证件还没有实际用于组织他人偷越国(边)境时,被组织者(或将要被组织的人员)的出境行为必须具有偷越国(边)境的性质。例如,甲以劳务输出的名义,为A、B、C、D等人骗取了签证等出境证件,但如果A、B、C、D等人将来的出境行为不属于偷越国(边)境,那么,甲的行为就不可能符合"为组织他人偷越国(边)境使用"的构成要件,当然不成立骗取出境证件罪。第二,当行为人骗取的出境证件已经用于自己或第三者组织他人偷越国(边)境时,要求被组织者出境的行为属于偷越国(边)境,否则组织者的行为不成立组织他人偷越国(边)境罪,骗取出境证件者的行为也不成立骗取出境证件罪,也不可能构成组织他人偷越国(边)境罪的共犯。[128]

被组织者是否具有偷越国(边)境的性质,需要根据刑法以及其他相关法律、法规确定。首先,既然刑法第319条在描述了骗取出境证件的行为后,还要求"为组织他人偷越国(边)境使用",那就表明使用以劳务输出、经贸往来或者其他名义,弄虚作假,骗取的护

---

〔128〕 司法实践中的大量判决,忽视了上述前提条件;只要行为人以劳务输出、经贸往来或者其他名义,弄虚作假,骗取护照、签证等出境证件,就认定为骗取出境证件罪,甚至认定为组织他人偷越国(边)境罪。

照、签证等出境证件出境的,并不等同于偷越国(边)境。其次,出境行为是否属于偷越国(边)境,虽然应考虑出入境管理法规的规定,但还必须进一步根据刑法规定作出实质判断。《出境入境管理法》第71条规定,对下列行为应当给予罚款或者拘留处罚:(1)持用伪造、变造、骗取的出境入境证件出境入境的;(2)冒用他人出境入境证件出境入境的;(3)逃避出境入境边防检查的;(4)以其他方式非法出境入境的。[129] 问题是,骗取出入境证件后出入境的行为,是否属于刑法上的偷越国(边)境? 本书持否定回答。一方面,在行为人通过一定程序取得了出境证件后,即使是采取弄虚作假的手段取得的出境证件,也只有经过相应权威机构的确认,才能宣布为无效证件,不能随意将骗取的签证等视为无效证件。另一方面,对出境所要求的出境证件,进行形式的判断即可,不必进行实质审查。况且,从现实情况来看,由于签证种类繁多、签证手续过于复杂,人们为顺利取得签证,又为了减少麻烦,或多或少会使用某种欺骗手段。如果将使用类似采用一定欺骗手段取得签证并出境的行为认定为偷越国(边)境,必然造成处罚面过宽的局面,不符合我国的刑事政策。

根据本书的观点,下列行为并不成立骗取出境证件罪,更不成立组织他人偷越国(边)境罪。例如,行为人通过伪造中小学校印章、中小学生的成绩单等,为中小学生去国外就读骗取签证。这种行为只成立伪造事业单位印章罪。又如,行为人以劳务输出、经贸往来或者其他名义,弄虚作假,骗取护照、签证等出境证件,但没有为组织他人偷越国(边)境使用,也并未触犯其他法条的,不能认定为犯罪。再如,甲为某公司经理,为了营利,超出经营范围为他人办理签证。甲制作虚假公司文书,证明7名出境人员为其公司人员,并出具财产(担保)证明,为7名出境人员办理旅游签证,使7名人员得以出境。由于持该签证出境的行为并不构成偷越国(边)境,骗取出境证件的行为也不属于"为组织他人偷越国(边)境使用",所以,该行为不成立任何犯罪。

近些年来,我国关于公民出境的观念与政策产生了重大变化。限制公民出境的观念与做法已一去不复返。随着国力不断增强,中国公民也会有享受免签证、在持有护照的前提下自由出入他国国境的一天。司法机关应当顺应社会生活的变化,确立与时代发展相适应的刑法理念(例如,现在已几乎不存在骗取护照的问题),适时调整心态,合理确定处罚范围,正确认定与出入境相关的犯罪。

根据刑法第319条的规定,犯骗取出境证件罪的,处3年以下有期徒刑,并处罚金;情节严重的,处3年以上10年以下有期徒刑,并处罚金。单位犯本罪的,对单位判处罚金,并对其直接负责的主管人员和其他直接责任人员,依照上述规定处罚。根据《越境案件解释》的规定,具有下列情形之一的,应当认定为情节严重:(1)骗取出境证件5份以上的;(2)非法收取费用30万元以上的;(3)明知是国家规定的不准出境的人员而为其骗取出境证件的;(4)其他情节严重的情形。实施组织他人偷越国(边)境犯罪,同时构成骗取出境证件罪的,依照处罚较重的规定定罪处罚。

三、提供伪造、变造的出入境证件罪、出售出入境证件罪

提供伪造、变造的出入境证件罪,是指为他人提供伪造、变造的护照、签证等出入境证件的行为;出售出入境证件罪,是指出售护照、签证等出入境证件的行为。其中的"提供"

---

〔129〕 未持用出入境证件而使用暴力、胁迫方法强行出入境的,属于这一类。

既可以是有偿的,也可以是无偿的;“出售”则是指有偿转让。本罪为故意犯罪,但不要求出于特定目的。行为人伪造出入境证件后又提供给他人的,属于牵连犯,应从一重罪处罚;出售出入境证件的行为,可能同时触犯买卖国家机关证件罪,对此,应认定为想象竞合,从一重罪处罚。实施组织他人偷越国(边)境犯罪,同时触犯提供伪造、变造的出入境证件罪、出售出入境证件罪的,属于包括的一罪,依照处罚较重的规定定罪处罚。

根据刑法第320条的规定,犯本罪的,处5年以下有期徒刑,并处罚金;情节严重的,处5年以上有期徒刑,并处罚金。根据《越境案件解释》的规定,具有下列情形之一的,应当认定为情节严重:(1)为他人提供伪造、变造的出入境证件或者出售出入境证件5份以上的;(2)非法收取费用30万元以上的;(3)明知是国家规定的不准出入境的人员而为其提供伪造、变造的出入境证件或者向其出售出入境证件的;(4)其他情节严重的情形。

四、运送他人偷越国(边)境罪

运送他人偷越国(边)境罪,是指违反国(边)境管理法规,运送他人偷越国(边)境的行为。构成要件的内容为,使用车辆、船只等交通工具将偷越国(边)境的人运送出、入国(边)境;[130]被运送者非法出境或者入境是本罪的既遂标志。责任形式为故意,行为人必须明知被运送者为偷越国(边)境的人员。

本罪与组织他人偷越国(边)境罪具有关联性。如果行为人既组织又运送,而且运送行为是组织他人偷越国(边)境行为的组成部分,被运送者与被组织者具有同一性,则只认定为组织他人偷越国(边)境罪;如果运送行为不是组织行为的组成部分,被运送者与被组织者不具有同一性,则应分别定罪,实行数罪并罚。

犯运送他人偷越国(边)境罪,对被运送人有杀害、伤害、强奸、拐卖等犯罪行为,或者对检查人员有杀害、伤害等犯罪行为的,依照数罪并罚的规定处罚。

根据刑法第321条的规定,犯本罪的,处5年以下有期徒刑、拘役或者管制,并处罚金;有下列情形之一的,处5年以上10年以下有期徒刑,并处罚金:(1)多次实施运送行为或者运送人数众多的;(2)所使用的船只、车辆等交通工具不具备必要的安全条件,足以造成严重后果的;(3)违法所得数额巨大的;(4)有其他特别严重情节的。在运送他人偷越国(边)境中造成被运送人重伤、死亡,或者以暴力、威胁方法抗拒检查的,处7年以上有期徒刑,并处罚金。根据《越境案件解释》的规定,运送他人偷越国(边)境人数在10人以上的,应当认定为“人数众多”;违法所得数额在20万元以上的,应当认定为“违法所得数额巨大”。

五、偷越国(边)境罪

偷越国(边)境罪,是指违反国(边)境管理法规,偷越国(边)境,情节严重的行为。偷越,主要表现为不在出入境口岸、边防站等规定的地点出入国(边)境,或者使用伪造的出入境证件在规定的地点出入国(边)境(参见本节“一”)。本书认为,只要出入境证件形式合法,就不得认定为偷越国(边)境。行为主体既可以是中国公民,也可以是外国公民。偷越行为情节严重的,才成立本罪。根据《越境案件解释》的规定,偷越国(边)境,具有下列情形之一的,应当认定为情节严重:(1)在境外实施损害国家利益行为的;[131](2)偷越

---

〔130〕　徒步带领他人偷越国(边)境的行为不属于运送,对这种行为可认定为偷越国(边)境罪的共犯。

〔131〕　这项规定存在间接处罚之嫌,并不可取。

国(边)境3次以上或者3人以上结伙偷越国(边)境的;(3)拉拢、引诱他人一起偷越国(边)境的;(4)勾结境外组织、人员偷越国(边)境的;(5)因偷越国(边)境被行政处罚后1年内又偷越国(边)境的;[132] (6)其他情节严重的情形。走私犯罪人偷越国(边)境的,是走私罪与本罪的想象竞合,从一重罪处罚;国家机关工作人员或者掌握国家秘密的国家工作人员偷越国边(境)叛逃的,以叛逃罪论处,也不另认定为本罪。根据刑法第322条的规定,犯本罪的,处1年以下有期徒刑、拘役或者管制,并处罚金;为参加恐怖活动组织、接受恐怖活动培训或者实施恐怖活动,偷越国(边)境的,处1年以上3年以下有期徒刑,并处罚金。

六、破坏界碑、界桩罪

破坏界碑、界桩罪,是指故意破坏国家边境的界碑、界桩的行为。破坏,是指使国家边境的界碑、界桩丧失或者减少其应有功能的一切行为,如拆除、损坏、移动、掩埋、窃取等。责任形式为故意。实施本罪行为,同时触犯故意毁坏财物罪、盗窃罪的,属于想象竞合,从一重罪处罚。根据刑法第323条的规定,犯本罪的,处3年以下有期徒刑或者拘役。

七、破坏永久性测量标志罪

本罪是指故意破坏永久性测量标志的行为。由于本罪被规定在"妨害国(边)境管理罪"一节中,另根据条文的表述,本罪的永久性测量标志,似应限于国家边境的永久性测量标志。然而,许多永久性测量标志,如水准点、地形点、天文点、导线点、炮控点等,并不位于国家边境,却值得刑法保护(在旧刑法中也受到保护),但破坏这些永久性测量标志的行为,并不会妨害国(边)境管理。因此,可以认为,本罪虽然规定在"妨害国(边)境管理罪"一节中,但并不属于妨害国(边)境管理的犯罪,永久性测量标志也不限于"国家边境的永久性测量标志"(亦即,法条中的"国家边境的"并不是"永久性测量标志"的定语)。根据刑法第323条的规定,犯本罪的,处3年以下有期徒刑或者拘役。

第五节　妨害文物管理罪

一、故意损毁文物罪

故意损毁文物罪,是指故意损毁国家保护的珍贵文物或者被确定为全国重点文物保护单位、省级文物保护单位的文物的行为。

构成要件为损毁特定文物。损毁,是指损坏、毁坏、破坏文物以及其他使文物的历史、艺术、科学、史料、经济价值或纪念意义、教育意义丧失或者减少的行为。行为对象是国家保护的珍贵文物或者被确定为全国重点文物保护单位、省级文物保护单位的文物。根据"两高"2015年12月30日《关于办理妨害文物管理等刑事案件适用法律若干问题的解释》(以下简称《文物案件解释》),全国重点文物保护单位、省级文物保护单位的本体,应当认定为"被确定为全国重点文物保护单位、省级文物保护单位的文物"。根据《文物保护法》第2条的规定,下列文物受国家保护:(1)具有历史、艺术、科学价值的古文化遗址、

---

[132] 这项规定将再犯可能性作为不法内容对待,并不合适。

古墓葬、古建筑、石窟寺和石刻、壁画;(2)与重大历史事件、革命运动或者著名人物有关的以及具有重要纪念意义、教育意义或者史料价值的近代现代重要史迹、实物、代表性建筑;(3)历史上各时代珍贵的艺术品、工艺美术品;(4)历史上各时代重要的文献资料以及具有历史、艺术、科学价值的手稿和图书资料等;(5)反映历史上各时代、各民族社会制度、社会生产、社会生活的代表性实物。文物认定的标准和办法由国务院文物行政部门制定,并报国务院批准。具有科学价值的古脊椎动物化石和古人类化石同文物一样受国家保护。根据《文物保护法》第3条的规定,古文化遗址、古墓葬、古建筑、石窟寺、石刻、壁画、近代现代重要史迹和代表性建筑等不可移动文物,根据它们的历史、艺术、科学价值,可以分别确定为全国重点文物保护单位,省级文物保护单位,市、县级文物保护单位。历史上各时代重要实物、艺术品、文献、手稿、图书资料、代表性实物等可移动文物,分为珍贵文物和一般文物;珍贵文物分为一级文物、二级文物、三级文物。本罪的责任形式为故意,即明知自己的行为会发生损毁文物的结果,并且希望或者放任这种结果发生。

根据刑法第324条第1款的规定,犯本罪的,处3年以下有期徒刑或者拘役,并处或者单处罚金;情节严重的,处3年以上10年以下有期徒刑,并处罚金。根据《文物案件解释》的规定,具有下列情形之一的,应当认定为"情节严重":(1)造成五件以上三级文物损毁的;(2)造成二级以上文物损毁的;(3)致使全国重点文物保护单位、省级文物保护单位的本体严重损毁或者灭失的;(4)多次损毁或者损毁多处全国重点文物保护单位、省级文物保护单位的本体的;(5)其他情节严重的情形。实施本罪行为,拒不执行国家行政主管部门作出的停止侵害文物的行政决定或者命令的,酌情从重处罚。

二、故意损毁名胜古迹罪

故意损毁名胜古迹罪,是指故意损毁国家保护的名胜古迹,情节严重的行为。损毁,是指导致名胜古迹丧失或减少其历史、艺术、科学、游览等价值的一切行为。根据《文物案件解释》的规定,风景名胜区的核心景区以及未被确定为全国重点文物保护单位、省级文物保护单位的古文化遗址、古墓葬、古建筑、石窟寺、石刻、壁画、近代现代重要史迹和代表性建筑等不可移动文物的本体,应当认定为"国家保护的名胜古迹"。具有下列情形之一的,应当认定为"情节严重":(1)致使名胜古迹严重损毁或者灭失的;(2)多次损毁或者损毁多处名胜古迹的;(3)其他情节严重的情形。实施本罪行为,拒不执行国家行政主管部门作出的停止侵害文物的行政决定或者命令的,酌情从重处罚。故意损毁风景名胜区内被确定为全国重点文物保护单位、省级文物保护单位的文物的,以故意毁损文物罪论处。根据刑法第324条第2款的规定,犯本罪的,处5年以下有期徒刑或者拘役,并处或者单处罚金。

三、过失损毁文物罪

过失损毁文物罪,是指过失损毁国家保护的珍贵文物或者被确定为全国重点文物保护单位、省级文物保护单位的文物,造成严重后果的行为。根据《文物案件解释》的规定,具有下列情形之一的,应当认定为"造成严重后果":(1)造成五件以上三级文物损毁的;(2)造成二级以上文物损毁的;(3)致使全国重点文物保护单位、省级文物保护单位的本体严重损毁或者灭失的。根据刑法第324条第3款的规定,犯本罪的,处3年以下有期徒刑或者拘役。

四、非法向外国人出售、赠送珍贵文物罪

本罪是指自然人或者单位，违反文物保护法规，将收藏的国家禁止出口的珍贵文物私自出售或者私自赠送给外国人的行为。其中的收藏（宜理解为持有），包括合法的收藏与非法的收藏。出售，是有偿转让行为；赠送，为无偿转让行为。外国人，包括具有外国国籍的人与无国籍人；私自出售、赠送给外国机构、组织的，也属于私自出售、赠送给外国人。盗窃珍贵文物后出售、赠送给外国人的，因为侵犯了新的法益（不属于共罚的事后行为），也不缺乏期待可能性，故应以盗窃罪和本罪实行数罪并罚。根据刑法第325条的规定，犯本罪的，处5年以下有期徒刑或者拘役，可以并处罚金；单位犯本罪的，对单位判处罚金，并对其直接负责的主管人员和其他直接责任人员，依照上述规定处罚。

五、倒卖文物罪

倒卖文物罪，是指单位或者自然人以牟利为目的，倒卖国家禁止经营的文物，情节严重的行为。

客观行为表现为倒卖国家禁止经营的文物。根据《文物案件解释》的规定，出售或者为出售而收购、运输、储存《文物保护法》规定的“国家禁止买卖的文物”的，应当认定为“倒卖国家禁止经营的文物”。[133] 成立本罪，还要求情节严重。根据《文物案件解释》的规定，具有下列情形之一的，应当认定为情节严重：（1）倒卖三级文物的；（2）交易数额在5万元以上的；（3）其他情节严重的情形。

责任要素除故意外，还要具有牟利目的。将国家禁止出口的珍贵文物倒卖给外国人的，同时触犯了本罪与非法向外国人出售珍贵文物罪，属于狭义的包括一罪，从一重罪论处。按照《文物案件解释》对倒卖的界定，盗窃珍贵文物后出售的，也属于倒卖；由于侵犯了新的法益，应将盗窃罪与倒卖文物罪实行数罪并罚。

根据刑法第326条的规定，犯本罪的，处5年以下有期徒刑或者拘役，并处罚金；情节特别严重的，处5年以上10年以下有期徒刑，并处罚金。单位犯本罪的，对单位判处罚金，并对其直接负责的主管人员和其他直接责任人员，依照上述规定处罚。根据《文物案件解释》的规定，具有下列情形之一的，应当认定为情节特别严重：（1）倒卖二级以上文物的；（2）倒卖三级文物五件以上的；（3）交易数额在25万元以上的；（4）其他情节特别严重的情形。

六、非法出售、私赠文物藏品罪

本罪是指国有博物馆、图书馆等单位，违反文物保护法规，将国家保护的文物藏品出

---

〔133〕《文物保护法》第50条第1款与第2款分别规定：“文物收藏单位以外的公民、法人和其他组织可以收藏通过下列方式取得的文物：（一）依法继承或者接受赠与；（二）从文物商店购买；（三）从经营文物拍卖的拍卖企业购买；（四）公民个人合法所有的文物相互交换或者依法转让；（五）国家规定的其他合法方式。”“文物收藏单位以外的公民、法人和其他组织收藏的前款文物可以依法流通。”第51条规定：“公民、法人和其他组织不得买卖下列文物：（一）国有文物，但是国家允许的除外；（二）非国有馆藏珍贵文物；（三）国有不可移动文物中的壁画、雕塑、建筑构件等，但是依法拆除的国有不可移动文物中的壁画、雕塑、建筑构件等不属于本法第二十条第四款规定的应由文物收藏单位收藏的除外；（四）来源不符合本法第五十条规定的文物。”根据司法解释的规定，将自己所有的文物出售给他人的行为，成立倒卖文物罪；为了出卖而收购、运输、储存的行为也成立本罪的既遂。可是，根据《文物保护法》的上述规定，对前一种行为不应以犯罪论处。后一种行为充其量只是倒卖行为的预备行为，而不应认定为实行行为，更不应当认定为本罪的既遂。所以，这一解释的妥当性还存在疑问。

售或者私自送给非国有单位或者个人的行为。行为主体只限于国有博物馆、图书馆等国有单位。行为对象为国有单位收藏或者管理的国家保护的文物藏品;出售或者私自赠送的对方仅限于国内的非国有单位或者个人;将收藏或者管理的国家禁止出口的珍贵文物私自出售或者私自赠送给外国机构、组织或者个人的,成立非法向外国人出售、赠送珍贵文物罪。本罪的责任形式为故意。根据刑法第 327 条的规定,犯本罪的,对单位判处罚金,并对其直接负责的主管人员和其他直接责任人员,处 3 年以下有期徒刑或者拘役。

七、盗掘古文化遗址、古墓葬罪、盗掘古人类化石、古脊椎动物化石罪

(一)盗掘古文化遗址、古墓葬罪的概念与犯罪构成

本罪是指盗掘具有历史、艺术、科学价值的古文化遗址、古墓葬的行为。

行为对象是具有历史、艺术、科学价值的古文化遗址、古墓葬,即清代和清代以前的具有历史、艺术、科学价值的古文化遗址、古墓葬以及辛亥革命后与著名历史事件有关的名人墓葬、遗址和纪念地。古文化遗址,包括古窟、地下城、古建筑等;古墓葬,包括皇帝陵墓、革命烈士墓地。根据《文物案件解释》的规定,"古文化遗址、古墓葬"包括水下古文化遗址、古墓葬。"古文化遗址、古墓葬"不以公布为不可移动文物的古文化遗址、古墓葬为限。行为内容是"盗掘",即违法挖掘。盗掘既不是单纯的盗窃,也不是单纯的损毁,而是指未经国家文物主管部门批准,私自挖掘古文化遗址、古墓葬,因此,盗掘可谓集盗窃与损毁于一体,其法益侵害程度相当严重。但是,盗掘并不限于挖掘埋藏于地下的古文化遗址、古墓葬;打捞被水淹没的古文化遗址、古墓葬的,掘出掩埋于其他物体中的古文化遗址、古墓葬的,也应认定为"盗掘"。盗掘行为不必具有秘密性,公开盗掘的,也成立本罪。实施盗掘行为,已损害古文化遗址、古墓葬的历史、艺术、科学价值的,应当认定为盗掘古文化遗址、古墓葬罪既遂。本罪的责任形式为故意,行为人必须明知是古文化遗址、古墓葬而私自挖掘,但不要求行为人具有专业人士的认识,只需要具有外行人领域的相当认识即可。

在盗掘古文化遗址、古墓葬的过程中,造成古文化遗址、古墓葬中的珍贵文物等毁坏的,宜从一重罪处罚;但在盗掘古文化遗址、古墓葬后,故意毁坏古文化遗址、古墓葬中的珍贵文物或者名胜古迹的,则应实行数罪并罚。盗掘古文化遗址、古墓葬后,将其中的文物非法据为己有的,仍以盗掘古文化遗址、古墓葬罪论处。采用破坏性手段盗窃古文化遗址、古墓葬以外的古建筑、石窟寺、石刻、壁画、近代现代重要史迹和代表性建筑等其他不可移动文物的,以盗窃罪追究刑事责任。

(二)盗掘古人类化石、古脊椎动物化石罪的概念与犯罪构成

本罪是指盗掘国家保护的具有科学价值的古人类化石和古脊椎动物化石的行为。行为对象是国家保护的具有科学价值的古人类化石和古脊椎动物化石;行为是盗掘,即未经国家有关主管部门批准而私自挖掘。责任形式为故意,行为人必须明知是国家保护的具有科学价值的古人类化石和古脊椎动物化石而盗掘,但不要求行为人具有专业人士的认识,只需要具有外行人领域的相当认识即可。

(三)盗掘古文化遗址、古墓葬罪、盗掘古人类化石、古脊椎动物化石罪的处罚

刑法对盗掘古文化遗址、古墓葬罪规定了独立的法定刑,对盗掘古人类化石、古脊椎动物化石罪规定了援引法定刑,即根据盗掘古文化遗址、古墓葬罪的法定刑处罚。根据刑法第 328 条的规定,犯盗掘古文化遗址、古墓葬罪的,处 3 年以上 10 年以下有期徒刑,并

处罚金;情节较轻的,处3年以下有期徒刑、拘役或者管制,并处罚金;有下列情形之一的,处10年以上有期徒刑或者无期徒刑,并处罚金或者没收财产:(1)盗掘确定为全国重点文物保护单位和省级文物保护单位的古文化遗址、古墓葬的;(2)盗掘古文化遗址、古墓葬集团的首要分子;(3)多次盗掘古文化遗址、古墓葬的;(4)盗掘古文化遗址、古墓葬,并盗窃珍贵文物或者造成珍贵文物严重破坏的。

八、抢夺、窃取国有档案罪

本罪是指抢夺、窃取国家所有的档案的行为。档案,是指过去和现在由国家机构、社会组织以及个人从事政治、军事、经济、科学、技术、文化、宗教等活动直接形成的对国家和社会有保存价值的各种文字、图表、声像等不同形式的历史记录。但本罪的行为对象仅限于国家所有的档案,即由国家档案部门、国家机关、国有公司、企业、事业单位、人民团体管理的档案。客观行为是抢夺与窃取;但对抢劫国有档案的行为,应认定为本罪(抢劫行为符合抢夺、窃取的要件);如果所抢劫的档案属于财物,则是本罪与抢劫罪的想象竞合,从一重罪处罚。根据刑法第329条第1款的规定,犯本罪的,处5年以下有期徒刑或者拘役。犯本罪又构成刑法规定的其他犯罪的,属于想象竞合,从一重罪处罚。例如,盗窃属于国家秘密的国家档案的,触犯了窃取国有档案罪与非法获取国家秘密罪,应从一重罪处罚。

九、擅自出卖、转让国有档案罪

本罪是指违反档案法的规定,擅自出卖、转让国家所有的档案,情节严重的行为。客观行为表现为违反档案法的规定,擅自将国家所有的档案有偿出卖或者无偿转让给其他单位或者个人。成立本罪要求情节严重,如多次擅自出卖、转让国家档案的,一次擅自出卖、转让大量国家档案的,擅自出卖、转让国家重要档案的,擅自出卖、转让行为造成严重后果的;等等。责任形式为故意,行为人必须明知出卖、转让的对象是国家所有的档案。根据刑法第329条第2款的规定,犯本罪的,处3年以下有期徒刑或者拘役。犯本罪又构成其他犯罪的,属于想象竞合,从一重罪处罚。例如,国家工作人员利用职务上的便利,擅自出卖国有档案,将所得对价据为己有或者使第三者所有的,应当按贪污罪处罚。

第六节 危害公共卫生罪

一、妨害传染病防治罪

妨害传染病防治罪,是指违反传染病防治法规定,造成甲类传染病传播或者有传播严重危险的行为。

构成要件的内容为,实施违反传染病防治法规定的行为,造成甲类传染病传播或者有传播的严重危险。客观行为表现为四种类型:(1)供水单位供应的饮用水不符合国家规定的卫生标准;(2)拒绝按照卫生防疫机构提出的卫生要求,对传染病病原体污染的污水、污物、粪便进行消毒处理;(3)准许或者纵容传染病病人、病原携带者和疑似传染病病人从事国务院卫生行政部门规定禁止从事的易使该传染病扩散的工作;(4)拒绝执行卫生防疫机构依照传染病防治法提出的预防、控制措施。根据《传染病防治法》的规定,传染病分为甲类、乙类与丙类,其中甲类传染病是指鼠疫与霍乱;对乙类传染病中传染性非典型肺炎、炭疽中的肺炭疽和人感染高致病性禽流感,采取甲类传染病的预防、控制措施。其他乙类传染病和突发原因不明的传染病需要采取甲类传染病的预防、控制措施的,由国务院卫生行政部门及时报经国务院批准后予以公布、实施。客观行为必须造成甲类传染病传播或者具有传播的严重危险,即造成了不特定人或者多数人感染甲类传染病或者具有使不特定或者多数人感染甲类传染病的具体危险。根据立案标准的规定,违反传染病防治法的规定,引起甲类或者按照甲类管理的传染病传播或者有传播严重危险,应予追诉。关于本罪的责任形式,刑法理论上一般认为是过失。[134] 但是,将本罪确定为过失犯罪,缺乏"法律有规定"的前提,故本书认为本罪属于故意犯罪,但宜将"造成甲类传染病传播"视为本罪的客观超过要素,既不需要行为人明知该结果的发生(但要求有认识的可能性),也不需要行为人希望或者放任其发生。实施本罪行为同时构成危害公共安全罪的,属于想象竞合,从一重罪处罚。

根据刑法第 330 条的规定,犯本罪的,处 3 年以下有期徒刑或者拘役;后果特别严重的,处 3 年以上 7 年以下有期徒刑。单位犯本罪的,对单位判处罚金,并对其直接负责的主管人员和其他直接责任人员,依照上述规定处罚。

二、传染病菌种、毒种扩散罪

传染病菌种、毒种扩散罪,是指从事实验、保藏、携带、运输传染病菌种、毒种的人员,违反国务院卫生行政部门的有关规定,造成传染病菌种、毒种扩散,后果严重的行为。本罪为身份犯。行为的内容需要根据国务院卫生行政部门的有关规定确定,故本条文属于空白刑法。传染病菌种、毒种分为三类。第一类:鼠疫耶尔森氏菌、霍乱弧菌、天花病毒、艾滋病病毒;第二类:布氏菌、炭疽菌、麻风杆菌、肝炎病毒、狂犬病毒、出血热病毒、登革热病毒、斑疹伤寒立克次体;第三类:脑膜炎双球菌、链球菌、淋病双球菌、结核杆菌、百日咳嗜血杆菌等。行为造成传染病菌种、毒种扩散,后果严重的,才成立犯罪。如导致甲类和按甲类管理的传染病传播,导致乙类、丙类传染病流行、暴发,造成人员重伤或者死亡,严重影响正常的生产、生活秩序,以及其他造成严重后果的情形。本罪虽然几乎没有争议地被刑法理论确定为过失犯罪,但由于缺乏"法律有规定"的文理根据,确定为故意犯罪比较合适。对于侵害结果,可以作为客观的超过要素对待。实施本罪行为同时构成危害公共安全罪的,属于想象竞合,从一重罪处罚。根据刑法第 331 条的规定,犯本罪的,处 3 年以下有期徒刑或者拘役;后果特别严重的,处 3 年以上 7 年以下有期徒刑。

三、妨害国境卫生检疫罪

妨害国境卫生检疫罪,是指自然人或者单位违反国境卫生检疫规定,引起检疫传染病传播或者有传播严重危险的行为。行为内容应根据国境卫生检疫法规确定。根据《国境卫生检疫法》第 20 条的规定,下列两种行为属于违反国境卫生检疫法的行为:一是逃避检疫,向国境卫生检疫机关隐瞒真实情况;二是入境的人员未经国境卫生检疫机关的许可,擅自上下交通工具,或者装卸行李、货物、邮包等物品,不听劝阻。但是,并非违反国境卫生检疫规定的行为均构成本罪,只有引起检疫传染病传播或者具有传播严重危险的行为,才成立本罪。检疫传染病,是指鼠疫、霍乱、黄热病以及国务院确定和公布的其他传染病。

---

[134] 参见王作富主编:《刑法分则实务研究》(下),中国方正出版社 2013 年第 5 版,第 1343 页。

本罪的责任形式应为故意。根据刑法第 332 条的规定,犯本罪的,处 3 年以下有期徒刑或者拘役,并处或者单处罚金;单位犯本罪的,对单位判处罚金,并对其直接负责的主管人员和其他直接责任人员,依照上述规定处罚。

四、非法组织卖血罪

非法组织卖血罪,是指违反法律规定,组织他人出卖血液的行为。组织,是指通过策划、动员、拉拢、联络等方式使不特定人或者多人出卖血液的行为。劝诱特定个人出卖血液的,不成立犯罪。根据刑法第 333 条的规定,犯本罪的,处 5 年以下有期徒刑,并处罚金。犯本罪对他人造成伤害的,以故意伤害罪定罪处罚。[135] 这里的"伤害"应限于重伤,即非法组织出卖血液,造成他人轻伤的,仍应认定为本罪;但造成重伤的,应认定为故意伤害罪,并适用重伤害的法定刑。如果行为致人死亡,则宜认定为故意伤害致死。组织艾滋病患者、乙型肝炎患者、丙型肝炎患者等出卖血液,并将血液提供给其他人,另触犯故意杀人罪、故意伤害罪、以危险方法危害公共安全罪的,应当实行数罪并罚。

五、强迫卖血罪

强迫卖血罪,是指以暴力、威胁方法强迫他人出卖血液的行为。成立本罪不以强迫多人为条件,强迫特定个人出卖血液的,也不排除本罪的成立。使用暴力组织他人出卖血液的,以本罪论处。根据刑法第 333 条的规定,犯强迫卖血罪的,处 5 年以上 10 年以下有期徒刑,并处罚金。犯本罪对他人造成伤害的,依照故意伤害罪定罪量刑。

将轻伤排除在第 333 条第 2 款的"伤害"之外,可以使非法组织卖血罪与故意伤害罪的刑罚得以协调。但在强迫他人出卖血液致人重伤的情况下仍然存在问题。因为强迫卖血罪的法定刑为 5 年以上 10 年以下有期徒刑,并处罚金,高于故意伤害致人重伤的法定刑(3 年以上 10 年以下有期徒刑)。如果在没有致人重伤的情况下处 5 年以上 10 年以下有期徒刑,并处罚金,而在致人重伤的情况下按故意伤害罪论处,只能处 3 年以上 10 年以下有期徒刑,则显失公平。为了弥补这种缺陷,必须确立以下原则:(1)当立法精神是对轻罪中的特定行为依照某一重罪处罚,而重罪的法定最低刑轻于轻罪的法定最低刑时,虽然应当依照重罪定罪量刑,但量刑时所判处的刑罚不得低于轻罪的法定最低刑;(2)在上述情况下,如果重罪没有附加刑而轻罪有附加刑,或者轻罪的附加刑重于重罪的附加刑,则必须同时适用轻罪的附加刑。根据刑法第 333 条第 2 款的明文规定,行为人强迫他人卖血造成重伤的,应当以故意伤害致人重伤论处,一方面应当适用故意重伤的法定刑,另一方面,所判处的刑罚又不能低于强迫卖血罪的法定最低刑,即不能低于 5 年有期徒刑;结局是,只能在 5 年以上 10 年以下有期徒刑的法定刑内判处刑罚。这里的"5 年以上 10 年以下有期徒刑"显然不是强迫卖血罪的法定刑,而是故意重伤的法定刑受到强迫卖血罪最低刑限制后所形成的量刑幅度(处断刑)。[136] 另一方面,刑法没有对故意伤害罪规定罚金刑,但对强迫卖血罪规定了罚金刑,所以,还应适用刑法第 333 条第 1 款规定的

〔135〕 本罪与强迫卖血罪"造成他人伤害"中的"他人"应当仅限于卖血者,不包括输入血液者。强迫卖血后供应不符合国家规定标准的血液,导致输血者身体伤害的,成立后述非法供应血液罪的结果加重犯。

〔136〕 还有一个思路:将本条第 2 款中的"对他人造成伤害"做出两种不同解释:针对组织他人出卖血液限制解释为"致人重伤",针对强迫他人出卖血液限制解释为"以特别残忍手段致人重伤造成严重残疾"。这样可以维护刑罚的协调,但要让人接受还比较困难。

罚金刑。[137]

六、非法采集、供应血液、制作、供应血液制品罪

本罪是指非法采集、供应血液或者制作、供应血液制品,不符合国家规定的标准,足以危害人体健康的行为。本罪行为内容为,未经国家主管部门批准或者超过批准的业务范围采集、供应血液或者制作、供应血液制品。“血液”,是指全血、成分血和特殊血液成分;“血液制品”,是指各种人血浆蛋白制品。行为人所采集、供应的血液或者制作、供应的血液制品,必须不符合国家规定的卫生与质量标准,并且足以危害人体健康,所以,本罪属于具体的危险犯。根据“两高”2008 年 9 月 22 日《关于办理非法采供血液等刑事案件具体应用法律若干问题的解释》(以下简称《血液案件解释》),具有下列情形之一的,应认定为刑法第 334 条第 1 款规定的“不符合国家规定的标准,足以危害人体健康”:(1)采集、供应的血液含有艾滋病病毒、乙型肝炎病毒、丙型肝炎病毒、梅毒螺旋体等病原微生物的;(2)制作、供应的血液制品含有艾滋病病毒、乙型肝炎病毒、丙型肝炎病毒、梅毒螺旋体等病原微生物,或者将含有上述病原微生物的血液用于制作血液制品的;(3)使用不符合国家规定的药品、诊断试剂、卫生器材,或者重复使用一次性采血器材采集血液,造成传染病传播危险的;(4)违反规定对献血者、供血浆者超量、频繁采集血液、血浆,足以危害人体健康的;(5)其他不符合国家有关采集、供应血液或者制作、供应血液制品的规定标准,足以危害人体健康的。责任形式为故意,不要求出于特定目的。实施本罪行为同时触犯故意杀人、故意伤害等罪的,属于想象竞合,从一重罪处罚。行为人非法组织或者强迫他人出卖血液后,非法供应血液或者制作、供应血液制品,不符合国家规定的标准,足以危害人体健康的,视具体情形从一重罪处罚或者实行数罪并罚。

根据刑法第 334 条第 1 款的规定,犯本罪的,处 5 年以下有期徒刑或者拘役,并处罚金;对人体健康造成严重危害的,处 5 年以上 10 年以下有期徒刑,并处罚金;造成特别严重后果的,处 10 年以上有期徒刑或者无期徒刑,并处罚金或者没收财产。[138]

七、采集、供应血液、制作、供应血液制品事故罪

本罪是指经国家主管部门批准采集、供应血液或者制作、供应血液制品的部门,不依照规定进行检测或者违背其他操作规定,造成危害他人身体健康后果的行为。本罪主体包括经国家主管部门批准的采供血机构和血液制品生产经营单位。其中的采供血机构包括血液中心、中心血站、中心血库、脐带血造血干细胞库和国家卫生行政主管部门根据医学发展需要批准、设置的其他类型血库、单采血浆站。根据《血液案件解释》的规定,具有下列情形之一的,应认定为“不依照规定进行检测或者违背其他操作规定”:(1)血站未用两个企业生产的试剂对艾滋病病毒抗体、乙型肝炎病毒表面抗原、丙型肝炎病毒抗体、梅毒抗体进行两次检测的;(2)单采血浆站不依照规定对艾滋病病毒抗体、乙型肝炎病毒表面抗原、丙型肝炎病毒抗体、梅毒抗体进行检测的;(3)血液制品生产企业在投料生产前未用主管部门批准和检定合格的试剂进行复检的;(4)血站、单采血浆站和血液制品生产企业使用的诊断试剂没有生产单位名称、生产批准文号或者经检定不合格的;(5)采供血机构在采集检验标本、采集血液和成分血分离时,使用没有生产单位名称、生产批准文号

---

〔137〕 参见张明楷:“故意伤害罪探疑”,载《中国法学》2001 年第 3 期。

〔138〕 关于“对人体健康造成严重危害”、“造成特别严重后果”的认定标准,参见《血液案件解释》第 3 ~ 4 条。

或者超过有效期的一次性注射器等采血器材的;(6)不依照国家规定的标准和要求包装、储存、运输血液、原料血浆的;(7)对国家规定检测项目结果呈阳性的血液未及时按照规定予以清除的;(8)不具备相应资格的医务人员进行采血、检验操作的;(9)对献血者、供血浆者超量、频繁采集血液、血浆的;(10)采供血机构采集血液、血浆前,未对献血者或供血浆者进行身份识别,采集冒名顶替者、健康检查不合格者血液、血浆的;(11)血站擅自采集原料血浆,单采血浆站擅自采集临床用血或者向医疗机构供应原料血浆的;(12)重复使用一次性采血器材的;(13)其他不依照规定进行检测或者违背操作规定的。具有下列情形之一的,应认定为"造成危害他人身体健康后果":(1)造成献血者、供血浆者、受血者感染艾滋病病毒、乙型肝炎病毒、丙型肝炎病毒、梅毒螺旋体或者其他经血液传播的病原微生物的;(2)造成献血者、供血浆者、受血者重度贫血、造血功能障碍或者其他器官组织损伤导致功能障碍等身体严重危害的;(3)造成其他危害他人身体健康后果的。根据刑法第334条第2款的规定,犯本罪的,对单位判处罚金,并对其直接负责的主管人员和其他直接责任人员,处5年以下有期徒刑或者拘役。

八、医疗事故罪

(一)医疗事故罪的概念与犯罪构成

医疗事故罪,是指医务人员由于严重不负责任,造成就诊人死亡或者严重损害就诊人身体健康的行为。

1. 构成要件

行为主体必须是医务人员,即直接从事诊疗护理事务的人员,包括国家、集体医疗单位的医生、护士、药剂人员,以及经主管部门批准开业的个体行医人员。医疗责任事故,应是在诊疗护理工作中,因医务人员诊疗护理过失而造成的事故。由于诊疗护理工作是群体性的活动,构成医疗事故的行为人,还应包括从事医疗管理、后勤服务等人员。

行为与结果表现为严重不负责任,造成就诊人死亡或者严重损害就诊人身体健康。严重不负责任,是指医务人员在诊疗护理过程中,违反诊疗护理规章制度和技术操作规程(这些可以是成文的,也可以是约定俗成在实践中应当遵循的),不履行或者不正确履行诊疗护理职责,粗心大意,马虎草率。行为既可以是作为,也可以是不作为。根据立案标准,具有下列情形之一的,属于本条规定的"严重不负责任":(1)擅离职守的;(2)无正当理由拒绝对危急就诊人实行必要的医疗救治的;(3)未经批准擅自开展试验性医疗的;(4)严重违反查对、复核制度的;(5)使用未经批准使用的药品、消毒药剂、医疗器械的;(6)严重违反国家法律法规及有明确规定的诊疗技术规范、常规的;(7)其他严重不负责任的情形。行为造成就诊人死亡或者严重损害就诊人身体健康的,才成立本罪。严重损害就诊人身体健康,是指造成就诊人严重残疾、重伤、感染艾滋病、病毒性肝炎等难以治愈的疾病或者其他严重损害就诊人身体健康的后果。医疗事故造成多名患者轻伤的,宜认定为严重损害就诊人身体健康。此外,对于在胸腔、腹腔、盆腔、颅内及深部组织遗留纱布、器械等异物的,开错手术部位,造成较大创伤的,或者造成严重毁容以及其他严重后果的,可认定为严重损害就诊人身体健康。但反应轻微,或体内遗留的异物微小,不需再行手术,或异物被及时发现、取出,无明显不良后果者,不应认定为严重损害就诊人身体健康。

2. 责任

责任形式为过失,包括疏忽大意的过失与过于自信的过失。疏忽大意的过失常常具体表现为,在医疗事故的发生中,根据行为人相应职称和岗位责任制要求,对自己的行为可能造成危害病员的结果,具有预见可能性。过于自信的过失一般表现为,行为人虽然预见到自己的行为可能给病员造成危害结果,但是轻信借助自己的技术、经验或有利的客观条件能够避免,因而导致了判断上和行为上的失误,导致发生危害结果。

行为人因医疗技术差或者医疗水平低而造成事故的,需要具体分析。如果行为人应当预见或者已经知道自己的医疗技术水平不能医治严重疾病,但仍然继续医治,贻误患者抢救时机,造成患者伤亡的,应当认定为过失。但是,在紧急情况下,行为人因医疗技术水平低而不能发现患者疾病的原因及其严重性,而进行常规处置,未能救助患者的,不应认定为犯罪。行为人因医疗技术水平低而建议患者到其他医院治疗,但患者或其家属执意要求行为人治疗,行为人进行常规处置的,即使造成严重后果,也不应当认定为犯罪。

(二)医疗事故罪的认定

1.应当正确区分医疗事故罪与医疗意外事故的界限。医疗意外事故,是指由于医务人员不能预见或者不可抗拒的原因而导致就诊人死亡或者严重损害就诊人身体健康的事故。在这种情况下,由于医务人员主观上没有过失,故不能认定为本罪。下列情形,不属于医疗事故:(1)在紧急情况下为抢救垂危患者生命而采取紧急医疗措施造成不良后果的;(2)在医疗活动中由于患者病情异常或者患者体质特殊而发生医疗意外的;(3)在现有医学科学技术条件下,发生无法预料或者不能防范的不良后果的;(4)无过错输血感染造成不良后果的;(5)因患方原因延误诊疗导致不良后果的;(6)因不可抗力造成不良后果的。

2.应当正确区分医疗事故罪与一般医疗事故。这里所说的一般医疗事故,是指医务人员虽然有不负责任的行为,也造成了一定的结果,但没有造成刑法所规定的致人死亡或严重损害人身健康的情况。一般医疗事故因为不符合医疗事故罪的结果要件,故不成立犯罪。

3.正确区分责任人员的责任程度。(1)要区分直接责任人员与间接责任人员:前者是指责任人的行为与病员的不良结果之间有直接的因果关系,是对不良后果起决定作用的人员。后者是指责任人的行为与病员的不良结果之间有着间接的联系,是造成不良结果的条件,不是起决定作用的人员。(2)在复合原因造成的结果中,要分清主要责任人员和次要责任人员,分别根据他们在造成不良结果过程中所起的作用,确定其所负责任的大小。(3)要区分具体实施人员的直接责任与指导人员的直接责任。如果是具体实施人员受命于指导人员实施的行为,或在实施中实施人员提出过纠正意见,未被指导人员采纳而造成不良结果的,由指导人员负直接责任。如果实施人员没有向指导人员如实反映病人情况或拒绝执行指导人员的正确意见造成不良后果,实施人员负直接责任。如果是具体实施人员提出了违反有关法规(含规章制度)的主张、做法,由于指导人员轻信,同意实施或者具体实施人员明知受命于指导人员所实施的行为违反有关规章制度,但不向指导者反映,仍然继续实施而造成不良结果的,则具体实施人员和指导人员都要负直接责任。(4)要分清职责范围与直接责任的关系。如果事故责任不属于责任人法定职责或特定义务范围,责任人对其不良后果不负直接责任。如果分工不清、职责不明,又无具体制度规定,则以其实际工作范围和公认的职责作为认定责任的依据。如无特殊需要责任人无故擅自超越职责范围,造成事故的,也应追究责任。(5)如果在非职责范围和职责岗位,包括业余或离退休人员，无偿为他人进行诊疗护理活动，或于紧急情况下抢救危重病员而发生失误造成不良后果的，一般不应追究责任。

（三）医疗事故罪的处罚

根据刑法第335条的规定，犯本罪的，处3年以下有期徒刑或者拘役。

九、非法行医罪

（一）非法行医罪的概念与犯罪构成

非法行医罪，是指未取得医生执业资格的人非法行医，情节严重的行为。

1. 构成要件的内容为，未取得医生执业资格却非法行医。

（1）行为主体必须是未取得医生执业资格的人。根据最高人民法院2008年4月29日《关于审理非法行医刑事案件具体应用法律若干问题的解释》（以下简称《行医案件解释》），具有下列情形之一的，应认定为“未取得医生执业资格的人非法行医”：第一，未取得或者以非法手段取得医师资格从事医疗活动的；第二，个人未取得《医疗机构执业许可证》开办医疗机构的；第三，被依法吊销医师执业证书期间从事医疗活动的；第四，未取得乡村医生执业证书，从事乡村医疗活动的；第五，家庭接生员实施家庭接生以外的医疗行为的。本书对此说明如下：

第一，根据《执业医师法》以及相关法规的规定，只有通过了医师资格考试，取得了医师资格，并且经医师注册取得执业证书后，方可从事医师执业活动。问题是，刑法第336条中的“未取得医生执业资格”是仅指未取得执业医师资格，还是既包括未取得执业医师资格，也包括取得了执业医生资格但没有取得执业证书？如果是前者，只有未取得执业医师资格的人才能成为非法行医罪的主体；如果是后者，未取得执业医师资格的人以及虽然取得该资格但没有取得执业证书的人，都能成为非法行医罪的主体。本书采取后一观点。从法条的表述上看，“医生执业资格”显然并不等同于“医师资格”或“执业医师资格”，而是“医师资格”与“执业资格”的统一，即只有同时具有医师资格和取得执业证书，才属于取得了“医生执业资格”。从实质上看，非法行医罪首先侵犯的是公共卫生，其次是医疗管理秩序，取得医师资格但没有取得执业证书的人行医，侵犯了上述两种法益。因为行医并不是只要求有医学知识与技能，还要求必要的设备与条件，否则也会危害公共卫生。基于同样的理由，曾经同时具有上述两种资格的人，由于某种原因被有关机关取消其中一种或两种资格后，仍然可以成为本罪的主体。

第二，根据《执业医师法》第19条的规定，医疗、预防、保健机构的正式医生并非都可以从事个体行医。从行医特点来看，集体行医与个体行医对患者的安全保障并不相同。因此，在具有集体执业资格的医院行医的人，如果没有取得个人行医执业许可证而从事个体行医的，仍然可能成立非法行医罪。

第三，在实践中，有些没有取得医生执业资格的人确实医治了许多疑难杂症，但同时也导致个别患者死亡，对此也不能免除其非法行医罪的刑事责任。首先，行为人未取得医师执业资格而行医，本身就具有非法性，不能以其医治了许多疑难杂症为由肯定其行为的合法性。其次，也不能因为其医治了许多疑难杂症，而否认其造成患者死亡的事实。最后，即使是取得了医生执业资格，为成千上万的患者医治了疾病的人，但只要一次过失致患者死亡或者伤残，也构成医疗事故罪；与此相比，未取得医生执业资格的人非法行医致人死亡的，理应构成非法行医罪。

第四,根据《执业医师法》的规定,医师经注册后,只能按照注册的执业类别,从事相应的医疗、预防、保健业务。那么,对于违反该规定的行为应否认定为非法行医罪?例如,牙科医生为患者做阑尾炎手术,导致他人死亡的,是医疗事故罪还是非法行医罪?本书认为,刑法第336条所规定的"未取得医生执业资格",可以解释为未取得特定类型的医生执业资格,对上述行为可以认定为非法行医罪。

第五,"未取得医生执业资格的人"显然是一种特殊主体,但与一般的特殊主体要求具有积极的身份不同,本罪的特殊身份是一种消极的身份。所以,非法行医罪属于消极的身份犯,具有医生执业资格的人,不可能成为本罪的正犯,但教唆或者帮助没有取得医生执业资格的人非法行医的,成立非法行医罪的共犯(教唆犯或帮助犯)。例如,取得医生执业资格的人雇请未取得该资格的人和自己共同行医的,成立非法行医罪的共犯。再如,有的医院或卫生行政管理机关的负责人(具有医生执业资格),明知对方没有取得医生执业资格,而且以前因非法行医致人死亡,但仍然雇请其到本医院行医。对于这种行为,应认定为非法行医罪的共犯,而不宜认定为滥用职权等罪。

(2)客观行为表现为非法行医,即非法从事诊断、治疗、医务护理工作,属于典型的职业犯,刑法所规定的构成要件包括了行为人反复从事非法行医的行为,因此,不管非法行医的时间多长,也只能认定为一罪。[139] 行医具有两个基本特征:

第一,行医是指从事医疗业务即"医业",医疗业务是只有医生才能从事的业务即医疗行为。一般来说,医疗行为有广义与狭义之分。广义的医疗行为,是指出于医疗目的所实施的行为,包括疾病的治疗与预防、生育的处置、按摩、针灸等符合医疗目的的行为;狭义的医疗行为则是指广义的医疗行为中,只能由医师根据医学知识与技能实施,否则便对人体产生危险的行为。[140] 鉴于我国目前非法行医的现状,宜将本罪中的行医解释为广义的医疗行为。医师业务行为的中心是诊疗。"所谓诊疗,是指医师为了治疗伤病、预防疾病、矫正畸形、助产等,向对象者使用医学知识、技能的活动。"[141] 诊疗又可以进一步分为诊断和治疗:诊断是指就患者的伤病、身体的现状等进行诊察(包括问诊、视诊、听诊、触诊、打诊、检查等),根据现代医学的立场大体上可以判断疾病原因、选择治疗方法的活动;治疗是指以恢复患者的伤病、增进健康为目的且应由医生实施的行为,包括手术、注射、投药、处置、理学疗法等。[142] 未取得医生执业资格的人,如果不是根据医学知识与技能从事医疗、预防与保健,就不能认定为非法行医。例如,将关节炎患者的疾患部位涂红,使其通过皮肤吸收入血管从而增进血液循环的所谓"红疗法",不是行医行为。[143]

第二,行医是以实施医疗行为为业的活动,因此,非法行医罪属于职业犯。首先,行医就是从事医师执业活动,而医师执业活动是将医疗、预防、保健作为一种业务实施的,故行医必然是一种业务行为。其次,非法行医罪是危害公共卫生的犯罪,如果行为人只是针对

---

[139] 参见[日]前田雅英:《刑法总论讲义》,东京大学出版会2015年第6版,第391页。

[140] 参见[日]小松进:"医师法",载[日]平野龙一等编:《注解特别刑法5-I》,青林书院1992年第2版,第39页。

[141] [日]小松进:"医师法",载[日]平野龙一等编:《注解特别刑法5-I》,青林书院1992年第2版,第10页。

[142] 参见[日]小松进:"齿科医师法",载[日]平野龙一等编:《注解特别刑法5-I》,青林书院1992年第2版,第44页。

[143] 参见日本大审院1933年7月8日判决,日本《大审院刑事判例集》第12卷,第1190页。

特定的个人从事医疗、预防、保健等活动，就不可能危害公共卫生。只有当行为人将行医作为一种业务活动而实施时，才可能危害公共卫生。所以，本罪的性质决定了行医是一种以医疗、预防、保健为业的行为。[144]

业务是基于社会生活上的地位而反复、继续从事的事务。在认定是否行医即行为人是否将医疗、预防、保健作为业务时，应当根据行为人的行为方式、样态、时间、场所等进行判断。特别应注意的是以下几点：首先，只要性质上是要反复、继续实施的，或者只要行为人以反复、继续实施的意思从事医疗、预防、保健活动，其第一次行医就是一种业务活动，在首次诊疗活动中被查获的，也属于非法行医（是否构成犯罪则是另一回事）。其次，行医虽然是一种业务行为，但并不要求行为人将行医作为唯一职业，行为人在具有其他职业的同时，将行医作为副业、兼业的，也属于非法行医。再次，行医行为不要求具有不间断性，只要行为是反复实施的，即使具有间断性质，也不影响对业务性质的认定。最后，不能因为行为人在一次特定的医疗等活动中收取了报酬，就认定为非法行医。收取报酬只是认定是否业务行为的根据之一，而非唯一根据。

（3）成立本罪要求情节严重。根据《行医案件解释》的规定，具有下列情形之一的，应认定为"情节严重"：第一，造成就诊人轻度残疾、器官组织损伤导致一般功能障碍的；第二，造成甲类传染病传播、流行或者有传播、流行危险的；第三，使用假药、劣药或不符合国家规定标准的卫生材料、医疗器械，足以严重危害人体健康的；第四，非法行医被卫生行政部门行政处罚两次以后，再次非法行医的；第五，其他情节严重的情形。

2. 被害人的承诺不阻却非法行医的违法性。首先，非法行医罪属于危害公共卫生（社会法益）的犯罪，任何人对社会法益都没有承诺权限，故患者的承诺是无效的。其次，对治疗行为的承诺，只能是一种具体的承诺，而且这种承诺只是对医疗行为本身的承诺，而不包括对死伤结果的承诺。在行为人非法行医的情况下，患者只是承诺行为人为其治疗，这是一种抽象的承诺。在被害人并不了解非法行医者的具体治疗方案的情况下，非法行医者的具体行为并没有得到承诺。患者求医当然是希望医治疾病，因此不可能承诺对自己造成伤亡。所以，非法行医者致患者伤亡的行为，也不可能因为被害人承诺而阻却违法性。最后，在许多情况下，患者是因为不了解非法行医者的内情而求医的，即非法行医者或者谎称自己具有医生执业资格，或者谎称自己具有特别高明的医术，使患者信以为真，从而在不了解真相的情况下求医。这显然不是基于患者的真实意志，即患者在了解真相的情况下将不会向其求医。由于患者求医是基于误解，因而其承诺也是无效的。

3. 责任形式为故意，行为人必须明知自己未取得医生执业资格而非法行医。非法行医行为造成就诊人身体健康的严重损害乃至死亡的，是结果加重犯。如前所述，本罪属于职业犯，但不要求以营利为目的。未取得医生执业资格的人免费为他人行医，情节严重的，也应认定为本罪。

（二）非法行医罪与相关犯罪的关系

采用封建迷信等方法为他人治病的，不属于非法行医；采用迷信乃至邪教方法致人重

[144] 国外法律与刑法理论一般将非法行医界定为一种业务行为。例如，日本《医师法》第31条规定，非医师从事医业的构成犯罪；刑法理论没有争议地认为这种犯罪属于职业犯。这种立法例值得我们在解释刑法第336条时借鉴。

伤、死亡的,应适用刑法第300条第2款的规定。声称自己的"药品"能够治好某种疾病,使他人信以为真而购买,或者以行医为名采取非法手段取得他人财物的,也不是非法行医,只能视性质与情节认定为诈骗、销售假药、销售劣药等罪。非法行医行为同时触犯生产、销售假药罪,生产、销售劣药罪以及诈骗等罪的,属于想象竞合,依照刑法处罚较重的规定处罚。[145] 不具有医生执业资格的人,没有反复、继续实施的意思,偶然为特定人医治疾病的,不成立非法行医罪。例如,某医院护士甲,没有医生执业资格,但答应同事乙的请求,商定以1500元为乙之子丙戒除毒瘾。甲在没有对丙进行必要的体格检查和并不了解其毒瘾程度的情况下,便照搬其利用工作之便抄录的戒毒处方为丙戒毒。在对丙使用大剂量药品时,丙出现不良反应,后经送医院抢救无效死亡。甲虽然没有医生执业资格,但他并没有反复、继续私自为他人戒毒的意思,客观上也没有反复实施这种行为,故不能认定甲在非法从事医疗业务,而应认定为过失致人死亡罪。[146]

(三)非法行医罪的处罚

根据刑法第336条第1款的规定,犯本罪的,处3年以下有期徒刑、拘役或者管制,并处或者单处罚金;严重损害就诊人身体健康的,处3年以上10年以下有期徒刑,并处罚金;造成就诊人死亡的,处10年以上有期徒刑,并处罚金。根据《行医案件解释》的规定,造成就诊人中度以上残疾、器官组织损伤导致严重功能障碍的,或者造成3名以上就诊人轻度残疾、器官组织损伤导致一般功能障碍的,应认定为"严重损害就诊人身体健康"。其中的"造成就诊人死亡",既包括行为人医疗处置不当(如诊断错误、用药错误)直接导致就诊人死亡,也包括非法行医行为导致就诊人不能得到正常救治(如因诊断错误未能及时送往医院)而死亡。但是,行为人明知自己不能救治患者,要求患者前往正规医院治疗,患者或其家属执意要求行为人治疗,死亡并非由行为人的不当医疗处置造成的,不应认定为"造成就诊人死亡"。

十、非法进行节育手术罪

本罪是指未取得医生执业资格的人,擅自为他人进行节育复通手术、假节育手术、终止妊娠手术或者摘取宫内节育器,情节严重的行为。未取得医生执业资格的人,非法行医情节严重,同时又实施本罪行为情节严重的,应实行数罪并罚。犯本罪的,根据刑法第336条第2款的规定处罚。

十一、妨害动植物防疫、检疫罪

本罪是指自然人或者单位,违反有关动植物防疫、检疫的国家规定,引起重大动植物疫情的,或者有引起重大动植物疫情危险,情节严重的行为。其中,重大动物疫情,是指高致病性禽流感等发病率或者死亡率高的动物疫病突然发生,迅速传播,给养殖业生产安全造成严重威胁、危害,以及可能对公众身体健康与生命安全造成危害的情形。本罪的责任形式为故意。犯本罪的,根据刑法第337条的规定处罚。

---

[145] 但是,如果行为人不仅将假药、劣药出售给求医者,而且将假药、劣药出售给不特定的他人的,则应将非法行医罪与生产、销售假药罪或者生产、销售劣药罪,实行数罪并罚。

[146] 一方面,甲的行为不具有危害公共卫生的性质;另一方面,甲不以非法行医为业,故其致人死亡行为的违法性与有责性轻于非法行医致人死亡的行为,将甲的行为认定为过失致人死亡罪,在处罚上也是合适的。

第七节 破坏环境资源保护罪

一、污染环境罪

（一）污染环境罪的概念与犯罪构成

污染环境罪，是指自然人或者单位违反国家规定，排放、倾倒或者处置有放射性的废物、含传染病病原体的废物、有毒物质或者其他有害物质，严重污染环境的行为。

行为主体既可以是自然人，也可以是单位。明知他人无经营许可证或者超出经营许可范围，向其提供或者委托其收集、贮存、利用、处置危险废物，严重污染环境的，以污染环境罪的共同犯罪论处。

违反国家规定，主要是指违反《大气污染防治法》、《固体废物污染环境防治法》、《水污染防治法》、《海洋环境保护法》、《环境保护法》等法律以及国务院颁布的有关实施细则。

排放、倾倒与处置的共同点是，将危险废物、有毒物质或者其他有害物质置于大气或者水土（包括海洋、湖泊等）之中。危险废物，是指列入国家危险废物名录或者根据国家规定的危险废物鉴别标准和鉴别方法认定的具有危险特性的废物。根据“两高”2013 年 6 月 17 日《关于办理环境污染刑事案件适用法律若干问题的解释》（以下简称《污染案件解释》）的规定，下列物质应当认定为“有毒物质”：（1）危险废物，包括列入国家危险废物名录的废物，以及根据国家规定的危险废物鉴别标准和鉴别方法认定的具有危险特性的废物；（2）剧毒化学品、列入重点环境管理危险化学品名录的化学品，以及含有上述化学品的物质；（3）含有铅、汞、镉、铬等重金属的物质；（4）《关于持久性有机污染物的斯德哥尔摩公约》附件所列物质；（5）其他具有毒性，可能污染环境的物质。《污染案件解释》将“含有铅、汞、镉、铬等重金属的物质”列入有毒物质，但显而易见的是，危险物质不限于含有上述 4 种重金属的物质，而是包括含有其他与上述 4 种危害相当的重金属的物质。

根据《污染案件解释》的规定，具有下列情形之一的，应当认定为“严重污染环境”：（1）在饮用水水源一级保护区、自然保护区核心区排放、倾倒、处置有放射性的废物、含传染病病原体的废物、有毒物质的；（2）非法排放、倾倒、处置危险废物 3 吨以上的；（3）非法排放含重金属、持久性有机污染物等严重危害环境、损害人体健康的污染物超过国家污染物排放标准或者省、自治区、直辖市人民政府根据法律授权制定的污染物排放标准 3 倍以上的；（4）私设暗管或者利用渗井、渗坑、裂隙、溶洞等排放、倾倒、处置有放射性的废物、含传染病病原体的废物、有毒物质的；（5）2 年内曾因违反国家规定，排放、倾倒、处置有放射性的废物、含传染病病原体的废物、有毒物质受过 2 次以上行政处罚，又实施前列行为的；[147]（6）致使乡镇以上集中式饮用水水源取水中断 12 小时以上的；（7）致使基本农田、防护林地、特种用途林地 5 亩以上，其他农用地 10 亩以上，其他土地 20 亩以上基本功能丧失或者遭受永久性破坏的；（8）致使森林或者其他林木死亡 50 立方米以上，或者幼树

〔147〕 “严重污染环境”应是指结果，而非行为本身。但本项规定将行为的反复性作为结果予以规定，明显不当。

死亡 2500 株以上的;(9)致使公私财产损失 30 万元以上的;[148] (10)致使疏散、转移群众 5000 人以上的;(11)致使 30 人以上中毒的;(12)致使 3 人以上轻伤、轻度残疾或者器官组织损伤导致一般功能障碍的;(13)致使 1 人以上重伤、中度残疾或者器官组织损伤导致严重功能障碍的;(14)其他严重污染环境的情形。关于严重污染环境的认定,有以下几个值得研究的问题:

第一,对不同业主共同排污的案件应当如何处理?例如,同一车间的 2 套以上生产设备(如 2 个以上转鼓、电镀槽)分属 2 个以上业主所有,但共用一个外排口。不能证明其中一套生产设备的排污行为造成了严重污染环境的结果,但能证明 2 套生产设备的排污行为造成了严重污染环境的结果。本书的看法是,在双方都明知对方违法排放的情况下,属于共同犯罪,对双方均应以本罪论处;在双方不明知对方违法排放的情况下,属于重叠的因果关系,双方行为与严重污染环境的结果之间均存在合法则的因果关系,而且应当将结果归属于双方的行为,故对双方均应以本罪论处。

第二,将不合格排放设备租给他人使用,严重污染环境的,应当如何处理?例如,甲因为没有购置污水处理设备而被环保部门处罚后,将其厂房及设备转租给乙使用并获利,且明知乙未购置污水处理设备,乙在使用过程中违法排放废物,严重污染环境。本书的看法是,只能将严重污染环境的结果归属于乙的行为,而不能归属于甲的行为。这是因为,既然乙租用甲的厂房与设备,乙就必须遵守法律规定;乙违法排放污水造成结果的,必须承担责任。即便甲明知乙未购置污水处理设备,也不承担共犯的责任。但是,如果 A 将不合格的设备冒充合格的设备租给 B 使用,B 没有污染环境的故意的,则应当将结果归属于 A 的行为。

第三,对厂内集水池与厂外排污口的鉴定结论不同时,应当如何处理?例如,厂内集水池的废水超过污染物排放标准 3 倍以上,但厂外排污口的废水没有超过污染物排放标准 3 倍(或者没有发现厂外排污口),或者情形相反。本书认为,如果厂外排污口的废水超过污染物排放标准 3 倍,且能肯定废水由该厂排放,就应肯定该厂违法排放的行为严重污染了环境;如果厂内集水池的废水超过污染物排放标准 3 倍以上,且能肯定厂内没有污水处理设备,集水池内的废水全部向外排放,也应认定违法排放的行为严重污染了环境。但是,如果厂外排污口没有超过标准,厂内集水池的废水超过了标准但有污水处理设备的,则不能认定为严重污染了环境。

第四,私设暗管排放废物是仅限于行为人私自设置暗管排放废物(如中途接管、分流直排,暗设阀门、伺机偷排,私改设计,不合理设置溢流口等),还是包括利用已有的暗管违法排放废物?本书认为,两种情形都属于私设暗管。换言之,行为人利用厂房原有埋于地下的管道作生产废水排放之用的,也属于私设暗管。因为二者没有任何实质区别,都导致排污行为的隐蔽性强,不利于执法人员查找厂区外排污口,因而严重污染环境。

第五,甲企业明知乙企业没有处理危险废物的资质与能力,明知自己将危险废物转移给乙企业后,乙企业会非法排放、倾倒、处置危险废物,仍然将危险废物转交给乙企业处理,乙企业非法排放、倾倒、处置危险废物的,对甲企业与乙企业均应认定为本罪。

---

〔148〕 公私财产损失,包括污染环境行为直接造成财产损毁、减少的实际价值,以及为防止污染扩大、消除污染而采取必要合理措施所产生的费用。

本罪原本为过失犯罪，在《刑法修正案（八）》修改本罪后，刑法理论的通说依然认为本罪为过失犯罪。[149] 本书难以赞成这种观点。首先，将本罪确定为过失犯罪，缺乏法条的文理根据。换言之，从刑法第338条的表述来看，不能发现本罪为过失犯罪。其次，如果将本罪确定为过失犯罪，意味着违反国家规定，故意排放、倾倒或者处置危险废物、有毒物质或者其他有害物质，严重污染环境的行为，成立危害公共安全罪，这恐怕并不合适。再次，如果将本罪的责任形式确定为过失犯罪，就会否认本罪的共犯形态。可是，在司法实践中，本罪的共犯形态并不少见。最后，将本罪确定故意犯罪，也不至于造成处罚漏洞。一方面，对过失行为没有造成危害公共安全结果的，没有必要处罚；另一方面，如果过失行为造成了危害公共安全的结果，则可以认定为过失危害公共安全的犯罪。当然，由于本罪的危害结果比较复杂，所以，不要求行为人对污染环境的具体结果有确定的认识，只要行为人明知自己的行为可能发生污染环境的结果，并且希望或者放任这种结果发生，即成立本罪的故意。

实施本罪行为，同时触犯投放危险物质罪的，属于想象竞合，从一重罪处罚。过失排放、倾倒或者处置危险物质，致人重伤、死亡或者使公私财产遭受重大损失的，以过失投放危险物质罪论处。

（二）污染环境罪的处罚

根据刑法第338条与第346条的规定，犯本罪的，处3年以下有期徒刑或者拘役，并处或者单处罚金；后果特别严重的，处3年以上7年以下有期徒刑，并处罚金。单位犯本罪的，对单位判处罚金，并对其直接负责的主管人员和其他直接责任人员，依照上述规定处罚。

根据《污染案件解释》的规定，实施本罪行为，具有下列情形之一的，应当认定为“后果特别严重”：（1）致使县级以上城区集中式饮用水水源取水中断12个小时以上的；（2）致使基本农田、防护林地、特种用途林地15亩以上，其他农用地30亩以上，其他土地60亩以上基本功能丧失或者遭受永久性破坏的；（3）致使森林或者其他林木死亡150立方米以上，或者幼树死亡7500株以上的；（4）致使公私财产损失100万元以上的；（5）致使疏散、转移群众1.5万人以上的；（6）致使100人以上中毒的；（7）致使10人以上轻伤、轻度残疾或者器官组织损伤导致一般功能障碍的；（8）致使3人以上重伤、中度残疾或者器官组织损伤导致严重功能障碍的；（9）致使1人以上重伤、中度残疾或者器官组织损伤导致严重功能障碍，并致使5人以上轻伤、轻度残疾或者器官组织损伤导致一般功能障碍的；（10）致使1人以上死亡或者重度残疾的；（11）其他后果特别严重的情形。

实施本罪行为，具有下列情形之一的，应当酌情从重处罚：（1）阻挠环境监督检查或者突发环境事件调查的；[150]（2）闲置、拆除污染防治设施或者使污染防治设施不正常运行的；（3）在医院、学校、居民区等人口集中地区及其附近，违反国家规定排放、倾倒、处置有放射性的废物、含传染病病原体的废物、有毒物质或者其他有害物质的；（4）在限期整改期间，违反国家规定排放、倾倒、处置有放射性的废物、含传染病病原体的废物、有毒物质或者其他有害物质的。实施本罪行为，但及时采取措施，防止损失扩大、消除污染，积极赔

---

[149] 参见高铭暄、马克昌主编：《刑法学》，北京大学出版社、高等教育出版社2016年第7版，第582页。

[150] 实施本项行为构成妨害公务罪的，以污染环境罪与妨害公务罪实行数罪并罚。

偿损失的,可以酌情从宽处罚。

二、非法处置进口的固体废物罪

非法处置进口的固体废物罪,是指自然人或者单位违反国家规定,故意将境外的固体废物进境倾倒、堆放、处置的行为。[151] 固体废物,是指在生产、生活和其他活动中产生的丧失原有利用价值或者虽未丧失利用价值但被抛弃或者放弃的固态、半固态和置于容器中的气态的物品、物质以及法律、行政法规规定纳入固体废物管理的物品、物质。处置,是指将固体废物焚烧和用其他改变固体废物的物理、化学、生物特性的方法,达到减少已产生的固体废物数量、缩小固体废物体积、减少或者消除其危险成分的活动,或者将固体废物最终置于符合环境保护规定要求的填埋场的活动。本罪的责任形式为故意。

《污染案件解释》规定:"违反国家规定,排放、倾倒、处置含有毒害性、放射性、传染病病原体等物质的污染物,同时构成污染环境罪、非法处置进口的固体废物罪……的,依照处罚较重的犯罪定罪处罚。"但是,这一规定存在疑问。换言之,事实上存在应当实行数罪并罚的情形。例如,某企业一方面违法排放有毒废水,严重污染环境;另一方面又将境外的固体废物进行倾倒。对此,应当实行数罪并罚,而不能仅以一罪论处。只有当行为人单纯将境外的固体废物进境倾倒、堆放、处置,造成严重污染环境的结果时,才能仅按一个重罪处罚。犯本罪的,根据刑法第339条和第346条的规定处罚。[152]

三、擅自进口固体废物罪

本罪是指未经国务院有关主管部门许可,擅自进口固体废物用作原料,造成重大环境污染事故,致使公私财产遭受重大损失或者严重危害人体健康的行为。行为人必须将进口的固体废物用作原料;如果以利用原料为名,进口不能用作原料的固体废物,则成立走私废物罪。犯本罪的,根据刑法第339条和第346条的规定处罚。[153]

四、非法捕捞水产品罪

本罪是指违反保护水产资源法规,在禁渔区、禁渔期或者使用禁用的工具、方法捕捞水产品,情节严重的行为。

客观行为必须违反《渔业法》、《水产资源繁殖保护条例》等保护水产资源的法律、法规。行为表现为四种类型:(1)在禁渔区捕捞水产品。禁渔区,是指对某些主要鱼虾蟹贝藻类以及其他主要水生生物产卵场、索饵场、越冬场和洄游通道,划定禁止全部作业或者部分作业的一定区域。(2)在禁渔期捕捞水产品。禁渔期,是指根据上述主要水生生物幼体出现的不同盛期,划定禁止全部作业或者部分作业的一定期限。(3)使用禁用的工具捕捞水产品。禁用的工具,是指禁止使用的超过国家按不同捕捞对象所分别规定的最小网眼尺寸的渔具或其他禁止使用的渔具。(4)使用禁用的方法。禁用的方法,是指禁止使用的损害水产资源正常繁殖、生长的方法,如炸鱼、毒鱼、滥用电力捕捞等。实施上述行为之一的,即可构成本罪;同时实施上述行为的,也只成立一罪。但如果使用炸鱼、毒鱼等危险方法捕捞水产品,危害公共安全的,属于想象竞合,从一重罪处罚。实施本罪行为

---

[151] 本罪名存在缺陷。例如,某外国的公司将一船固体废物倾倒于中国领海内的,理当成立本罪。但不能说其行为属于"非法处置进口的固体废物",因为进境与进口毕竟不是等同概念。

[152] 关于具体量刑标准,参见《污染案件解释》第2~5条。

[153] 关于具体量刑标准,参见《污染案件解释》第2~5条。

同时触犯盗窃等罪的，也是想象竞合，从一重罪处罚。成立本罪还要求情节严重。根据立案标准，涉嫌下列情形之一的，应予立案追诉：(1)在内陆水域非法捕捞水产品500公斤以上或者价值5000元以上的，或者在海洋水域非法捕捞水产品2000公斤以上或者价值2万元以上的；(2)非法捕捞有重要经济价值的水生动物苗种、怀卵亲体或者在水产种质资源保护区内捕捞水产品，在内陆水域50公斤以上或者价值500元以上，或者在海洋水域200公斤以上或者价值2000元以上的；(3)在禁渔区内使用禁用的工具或者禁用的方法捕捞的；(4)在禁渔期内使用禁用的工具或者禁用的方法捕捞的；(5)在公海使用禁用渔具从事捕捞作业，造成严重影响的；[154] (6)其他情节严重的情形。责任形式为故意，行为人必须明知是禁渔区、禁渔期或明知使用的是禁用的工具或方法，而故意捕捞水产品。

根据刑法第340条与第346条的规定，犯本罪的，处3年以下有期徒刑、拘役、管制或者罚金。单位犯本罪的，对单位判处罚金，并对其直接负责的主管人员和其他直接责任人员，依照上述规定处罚。

五、非法猎捕、杀害珍贵、濒危野生动物罪

(一)非法猎捕、杀害珍贵、濒危野生动物罪的概念与犯罪构成

本罪是指非法猎捕、杀害国家重点保护的珍贵、濒危野生动物的行为。

行为对象是国家重点保护的珍贵、濒危野生动物。珍贵的野生动物，是指在生态平衡、科学研究、文化艺术、发展经济以及国际交往等方面具有重要价值的陆生、水生野生动物。濒危的野生动物，是指品种和数量稀少且濒于灭绝或者有濒于灭绝危险的陆生、水生野生动物。根据最高人民法院2000年11月27日《关于审理破坏野生动物资源刑事案件具体应用法律若干问题的解释》(以下简称《动物案件解释》)，“珍贵、濒危野生动物”，包括列入国家重点保护野生动物名录的国家一、二级保护野生动物，列入《濒危野生动植物种国际贸易公约》附录一、附录二的野生动物以及驯养繁殖的上述物种。[155] 一级野生动物，是指中国特产或者濒于灭绝的野生动物；二级野生动物，是指数量稀少有濒于灭绝危险的野生动物。行为内容为非法猎捕、杀害上述珍贵、濒危野生动物。猎捕不限于以狩猎的方法捕获，而是包括一切捕捉、获得珍贵、濒危野生动物的行为。在野生动物侵害人的生命、身体的情况下，出于紧急避险而杀害野生动物的，阻却违法性。本罪的责任形式为故意，行为人必须明知是国家重点保护的珍贵、濒危野生动物而猎捕、杀害，但不要求认识到野生动物的级别与具体名称。

使用爆炸、投毒、设置电网等危险方法破坏野生动物资源，构成非法猎捕、杀害珍贵、濒危野生动物罪，同时构成刑法第114条或者第115条规定之罪的，属于想象竞合，从一重罪处罚。实施本罪行为，又以暴力、威胁方法抗拒查处，构成其他犯罪的，依照数罪并罚的规定处罚。故意伤害珍贵、濒危野生动物的，应以故意毁坏财物罪论处。但杀害珍贵、濒危野生动物未遂的，应认定为非法杀害珍贵、濒危野生动物罪(未遂)。非法猎捕、杀害行为同时触犯盗窃罪的，属于想象竞合，应从一重罪处罚。

---

[154] 根据刑法第7条的规定，对本项犯罪行为可以不予追究。

[155] 人工繁殖的动物是否属于本罪对象，不可一概而论。需要根据人工繁殖的目的、难度、数量、动物的珍贵、濒危程度等进行判断。例如，人工繁殖的大熊猫，应是本罪的对象。但以食用为目的人工大量繁殖的动物，不是本罪的对象。

（二）非法猎捕、杀害珍贵、濒危野生动物罪的处罚

根据刑法第 341 条第 1 款和第 346 条的规定，犯本罪的，处 5 年以下有期徒刑或者拘役，并处罚金；情节严重的，处 5 年以上 10 年以下有期徒刑，并处罚金；情节特别严重的，处 10 年以上有期徒刑，并处罚金或者没收财产。[156] 单位犯本罪的，对单位判处罚金，并对其直接负责的主管人员和其他直接责任人员，依照上述规定处罚。

量刑时，应当区分猎捕行为与杀害行为，应当区分自然犯与法定犯，不能单纯按数量处罚。对于需要猎捕国家重点保护野生动物（如为进行野生动物科学考察、资源调查，必须猎捕的；为驯养繁殖国家重点保护野生动物，必须从野外获取种源的[157]），但没有申请特许猎捕证的行为，不应认定为情节严重和情节特别严重，只能适用最低法定刑。

六、非法收购、运输、出售珍贵、濒危野生动物、珍贵、濒危野生动物制品罪

本罪是指故意非法收购、运输、出售国家重点保护的珍贵、濒危野生动物及其制品的行为。野生动物制品，是指以野生动物为原料所制作的物品。行为表现为收购、运输、出售。根据《动物案件解释》的规定，“收购”，包括以营利、自用等为目的的购买行为。全国人大常委会2014 年4 月24 日《关于〈中华人民共和国刑法〉第三百四十一条、第三百一十二条的解释》规定：“知道或者应当知道是国家重点保护的珍贵、濒危野生动物及其制品，为食用或者其他目的而非法购买的，属于刑法第三百四十一条第一款规定的非法收购国家重点保护的珍贵、濒危野生动物及其制品的行为。”[158]“运输”，包括采用携带、邮寄、利用他人、使用交通工具等方法进行运送的行为；“出售”，包括出卖和以营利为目的的加工利用行为。[159] 认定本罪时，需要特别注意行为是否侵害或者威胁了珍贵、濒危野生动物资源，而不能形式化地认定本罪。例如，动物园管理者未经林业主管部门批准，将发情老虎送往外地交配的，不能认定为非法运输珍贵、濒危野生动物罪。再如，对于居民搬家时运输祖传或年代久远的野生动物制品，因而并没有破坏野生动物资源的行为，不得认定为本罪。

直接向走私人非法收购国家禁止进出口的珍贵动物及其制品（包括国家重点保护的珍贵、濒危野生动物及其制品）的，在内海、领海运输、收购、贩卖国家禁止进出口的珍贵动物及其制品的，非法将珍贵、濒危野生动物运输出境的，构成走私珍贵动物、珍贵动物制品罪，不以本罪论处。对于非法猎捕、杀害珍贵、濒危野生动物或收购珍贵、濒危野生动物及其制品后，又走私的，或者先走私入境，后实施杀害行为的，宜实行数罪并罚。

犯本罪的，根据刑法第 341 条第 1 款和第 346 条的规定处罚。[160] 虽然本罪的法定刑与前一犯罪的法定刑相同，但本书认为，对本罪的量刑一般应当轻于前一犯罪。

七、非法狩猎罪

非法狩猎罪，是指违反狩猎法规，在禁猎区、禁猎期或者使用禁用的工具、方法进行狩猎，破坏野生动物资源，情节严重的行为。禁猎区，是指国家对适宜野生动物生息繁衍或

[156] 关于情节严重与情节特别严重的认定，参见《动物案件解释》第 3 ~ 4 条。

[157] 参见《陆生野生动物保护实施条例》第 11 条。

[158] 本书认为，其中的“应当知道”并不是指过失，而是指根据相关事实推定行为人知道。

[159] 但将“加工”行为解释为出售行为，有类推解释之嫌。因为行为人在为他人实施有偿加工行为时，并没有出售动物与动物制品，只是“出售了劳动力”。

[160] 关于情节严重与情节特别严重的认定，参见《动物案件解释》第 5 条。

者资源贫乏、破坏比较严重的地区，划定禁止狩猎的区域。禁猎期，是指国家野生动物行政管理部门根据野生动物的繁殖或者皮毛、肉食、药材的成熟季节，分别规定的禁止狩猎的期间。禁用的工具，是指足以破坏野生动物资源，危害人兽安全的工具。禁用的方法，是指禁止使用的损害野生动物资源正常繁殖、生长以及破坏森林、草原等的方法。根据《动物案件解释》的规定，具有下列情形之一的，属于“情节严重”：(1)非法狩猎野生动物20只以上的；(2)违反狩猎法规，在禁猎区或者禁猎期使用禁用的工具、方法狩猎的；(3)具有其他严重情节的。非法狩猎行为同时触犯非法猎捕、杀害珍贵、濒危野生动物罪的，应根据行为性质与具体情况，以非法猎捕、杀害珍贵、濒危野生动物罪论处或者实行数罪并罚。非法狩猎行为同时触犯盗窃罪的，从一重罪处罚。犯本罪的，根据刑法第341条第2款以及第346条的规定处罚。

八、非法占用农用地罪

非法占用农用地罪，是指自然人或者单位违反土地管理法规，非法占用耕地、林地等农用地，改变被占用土地用途，数量较大，造成耕地、林地等农用地大量毁坏的行为。

根据立法解释，“违反土地管理法规”，是指违反土地管理法、森林法、草原法等法律以及有关行政法规中关于土地管理的规定。[161] 根据最高人民法院2000年6月19日《关于审理破坏土地资源刑事案件具体应用法律若干问题的解释》，非法占用农用地“数量较大”，是指非法占用基本农田5亩以上或者非法占用基本农田以外的其他农用地10亩以上；造成农用地“大量毁坏”，是指行为人非法占用农用地建窑、建坟、建房、挖沙、采石、采矿、取土、堆放固体废弃物或者进行其他非农业建设，造成基本农田5亩以上或者基本农田以外的农用地10亩以上种植条件严重毁坏或者严重污染。根据最高人民法院2005年12月26日《关于审理破坏林地资源刑事案件具体应用法律若干问题的解释》，违反土地管理法规，非法占用林地，改变被占用林地用途，在非法占用的林地上实施建窑、建坟、建房、挖沙、采石、采矿、取土、种植农作物、堆放或排泄废弃物等行为或者进行其他非林业生产、建设，造成林地的原有植被或林业种植条件严重毁坏或者严重污染，属于非法占用林地的行为。非法占用并毁坏防护林地、特种用途林地数量分别或者合计达到5亩以上的，非法占用并毁坏其他林地数量达到10亩以上的，非法占用并毁坏林地，数量分别达到上述数量标准的50%以上的，非法占用并毁坏林地，其中一项数量达到相应规定的数量标准的50%以上，且两项数量合计达到该项规定的数量标准的，应以犯罪论处。根据最高人民法院2012年11月2日《关于审理破坏草原资源刑事案件应用法律若干问题的解释》，违反草原法等土地管理法规，非法占用草原，[162] 改变被占用草原用途，数量较大，造成草原大量毁坏的，以非法占用农用地罪定罪处罚。非法占用草原，改变被占用草原用途，数量在20亩以上的，或者曾因非法占用草原受过行政处罚，在3年内又非法占用草原，改变被占用草原用途，数量在10亩以上的，应当认定为“数量较大”。非法占用草原，改变被占用草原用途，数量较大，具有下列情形之一的，应当认定为“造成耕地、林地等农

[161] 参见全国人大常委会2001年8月31日《关于〈中华人民共和国刑法〉第二百二十八条、第三百四十二条、第四百一十条的解释》。

[162] 草原是指天然草原和人工草地，天然草原包括草地、草山和草坡，人工草地包括改良草地和退耕还草地，不包括城镇草地。

用地大量毁坏”:(1)开垦草原种植粮食作物、经济作物、林木的;(2)在草原上建窑、建房、修路、挖砂、采石、采矿、取土、剥取草皮的;(3)在草原上堆放或者排放废弃物,造成草原的原有植被严重毁坏或者严重污染的;(4)违反草原保护、建设、利用规划种植牧草和饲料作物,造成草原沙化或者水土严重流失的;(5)其他造成草原严重毁坏的情形。

根据刑法第 342 条与第 346 条的规定,犯本罪的,处 5 年以下有期徒刑或者拘役,并处或者单处罚金。单位犯本罪的,对单位判处罚金,并对其直接负责的主管人员和其他直接责任人员,依照上述规定处罚。

九、非法采矿罪

非法采矿罪,是指自然人或者单位违反矿产资源法的规定,未取得采矿许可证擅自采矿,擅自进入国家规划矿区、对国民经济具有重要价值的矿区和他人矿区范围采矿,或者擅自开采国家规定实行保护性开采的特定矿种,情节严重的行为。

“未取得采矿许可证擅自采矿”包括以下情形:无采矿许可证开采矿产资源的,采矿许可证被注销、吊销后继续开采矿产资源的,在采矿许可证被依法暂扣期间擅自开采的,超越采矿许可证规定的矿区范围开采矿产资源的,未按采矿许可证规定的矿种开采矿产资源的(共生、伴生矿种除外),以及其他未取得采矿许可证开采矿产资源的情形。非法实施采矿行为情节严重的,即构成本罪的既遂。

非法采矿行为构成犯罪,并造成重大伤亡事故或者其他严重后果,同时构成本罪和第 134 条或第 135 条规定之罪的,依照数罪并罚的规定处罚。非法采矿情节严重,同时非法排放、倾倒、处置有害物质严重污染环境的,以非法采矿罪与污染环境罪实行数罪并罚。未取得采矿许可证擅自采矿的,擅自进入国家规划矿区、对国民经济具有重要价值的矿区和他人矿区范围采矿的行为,符合盗窃罪的犯罪构成的,属于想象竞合,应从一重罪处罚。非法采矿行为同时触犯非法占用农用地罪的,按想象竞合处理。

根据刑法第 343 条第 1 款与第 346 条的规定,犯本罪的,处 3 年以下有期徒刑、拘役或者管制,并处或者单处罚金;情节特别严重的,处 3 年以上 7 年以下有期徒刑,并处罚金。单位犯本罪的,对单位判处罚金,并对其直接负责的主管人员和其他直接责任人员,依照上述规定处罚。

十、破坏性采矿罪

破坏性采矿罪,是指自然人或者单位违反矿产资源法的规定,采取破坏性的开采方法开采矿产资源,造成矿产资源严重破坏的行为。“采取破坏性的开采方法开采矿产资源”,是指行为人违反地质矿产主管部门审查批准的矿产资源开发利用方案开采矿产资源的行为。破坏性采矿行为构成犯罪,同时造成重大伤亡事故或者其他严重后果,同时构成本罪和第 134 条或第 135 条规定之罪的,依照数罪并罚的规定处罚。破坏性采矿,同时非法排放、倾倒、处置有害物质严重污染环境的,以非法采矿罪与污染环境罪实行数罪并罚。犯本罪的,根据刑法第 343 条第 2 款与第 346 条的规定处罚。

十一、非法采伐、毁坏国家重点保护植物罪

本罪是指自然人或者单位违反国家规定,非法采伐、毁坏珍贵树木或者国家重点保护的其他植物的行为。根据最高人民法院 2000 年 11 月 22 日《关于审理破坏森林资源刑事案件具体应用法律若干问题的解释》(以下简称《森林案件解释》)的规定,“珍贵树木”,包括由省级以上林业主管部门或者其他部门确定的具有重大历史纪念意义、科学研究价值或者年代久远的古树名木，国家禁止、限制出口的珍贵树木以及列入《国家重点保护野生植物名录》的树木。“国家重点保护的其他植物”，是指列入《国家重点保护野生植物名录》的其他植物。但本书认为，已经枯死、病死的树木与其他植物，不是本罪的对象。客观行为表现为非法采伐、毁坏两种类型：非法采伐，是指违反国家规定，砍伐或采集珍贵树木或保护植物（单纯移植的行为，不属于采伐）；非法毁坏，是指违反国家规定，造成珍贵树木、保护植物死亡或者影响其正常生长的一切行为。责任形式为故意，不需要特定目的。非法采伐行为同时触犯盗窃罪的，属于想象竞合，从一重罪处罚。

根据刑法第344条与第346条的规定，犯本罪的，处3年以下有期徒刑、拘役或者管制，并处罚金；情节严重的，处3年以上7年以下有期徒刑，并处罚金。[163] 单位犯本罪的，对单位判处罚金，并对其直接负责的主管人员和其他直接责任人员，依照上述规定处罚。

十二、非法收购、运输、加工、出售国家重点保护植物、国家重点保护植物制品罪

本罪是指自然人或者单位违反国家规定，非法收购、运输、加工、出售珍贵树木或者国家重点保护的其他植物及其制品的行为。但是，在珍贵树木、植物自然死亡后，收购、运输、加工、出售该树木、植物及其制品的，不应认定为本罪。犯本罪的，根据刑法第344条与第346条的规定处罚。

十三、盗伐林木罪

（一）盗伐林木罪的概念与犯罪构成

盗伐林木罪，是指盗伐森林或者其他林木，数量较大的行为。

1. 构成要件的内容为，盗伐森林或者其他林木，数量较大。（1）行为对象是森林或者其他林木。其中的“森林”，是指大面积的原始森林和人造林，包括防护林、用材林、经济林、薪炭林和特种用途林等；“其他林木”，是指小面积的树林和零星树木，但不包括居民屋前屋后个人所有的零星树木。（2）客观行为为盗伐。所谓盗伐，是指以非法占有为目的，擅自砍伐森林或者其他林木的行为。根据《森林案件解释》的规定，盗伐行为包括：擅自砍伐国家、集体、他人所有或者他人承包经营管理的森林或者其他林木；擅自砍伐本单位或者本人承包经营管理的森林或者其他林木；[164] 在林木采伐许可证规定的地点以外采伐国家、集体、他人所有或者他人承包经营管理的森林或者其他林木。由于本罪的法益是森林资源，故只要林木被砍伐，就应认定为本罪的既遂。（3）数量较大。根据《森林案件解释》的规定，盗伐林木“数量较大”，以2至5立方米或者幼树100至200株为起点。对于1年内多次盗伐少量林木未经处罚的，累计其盗伐林木的数量，构成犯罪的，依法定罪量刑。

2. 责任要素除故意外，还需要具有非法占有目的。行为人必须明知是国家、集体或者他人所有的林木而盗伐。以毁坏为目的砍伐国家、集体或者他人的林木的，应认定为故意毁坏财物罪。对雇用他人盗伐林木构成犯罪的案件，应具体分析。如果被雇者不知是盗伐他人林木的，应由雇主承担责任（雇主为间接正犯）；如果被雇者明知是盗伐他人林木

---

〔163〕 关于情节严重的认定，参见《森林案件解释》第2条。

〔164〕 这种情形下的森林或者其他林木，并非由承包者个人所有；如果由承包者个人所有，承包者的砍伐行为只能成立滥伐林木罪，而不能成立本罪。

的,应按盗伐林木的共同犯罪处理。

(二)盗伐林木罪的认定

1. 对聚众哄抢林木的首要分子、积极参加者,应以本罪论处;[165] 对其他一般参加者,不宜认定为犯罪。

2. 采伐许可证已经过期却仍然采伐林木,符合其他要件的,成立本罪。采伐许可证过期后征得林业主管部门同意而采伐的,则不能认定为本罪。

3. 对于将国家、集体或者他人所有并且已经伐倒的树木窃为己有的,以及偷砍他人房前屋后、自留地种植的零星树木数额较大或者多次偷砍的,应认定为盗窃罪。非法实施采种、采脂、挖笋、掘根、剥树皮等行为,牟取经济利益数额较大的,以盗窃罪定罪处罚。盗伐已经枯死、病死的林木的,应认定为盗窃罪。盗伐林木的数量没有达到盗伐林木罪的定罪标准但达到盗窃罪的定罪标准的,应按盗窃罪论处。由于林木属于财物,故盗伐林木的行为符合盗窃罪的犯罪构成。因此,行为人盗伐林木,为窝藏赃物、抗拒抓捕或者毁灭罪证而当场使用暴力或者以暴力相威胁的,应适用刑法第 269 条认定为事后抢劫。盗伐林木罪的法益不同于盗窃罪的法益,盗伐林木行为同时触犯盗窃罪的,属于想象竞合,从一重罪处罚。[166]

4. 非法采伐珍贵树木的行为同时触犯盗伐林木罪的,属于想象竞合,应从一重罪处罚。换言之,非法采伐国家重点保护植物罪与盗伐林木罪不是特别关系。对盗伐珍贵树木数量特别巨大的,不能以珍贵树木属于特别林木,非法采伐国家重点保护植物罪属于特别法条为由,对该行为以所谓特别法条处理,而应作为想象竞合,从一重罪(盗伐林木)处罚。[167] 此外,如果行为人盗伐林木数额较大,同时另有盗伐珍贵树木、保护植物行为的,应实行数罪并罚。

(三)盗伐林木罪的处罚

根据刑法第 345 条第 1 款、第 4 款与第 346 条的规定,犯本罪的,处 3 年以下有期徒刑、拘役或者管制,并处或者单处罚金;数量巨大的,处 3 年以上 7 年以下有期徒刑,并处罚金;数量特别巨大的,处 7 年以上有期徒刑,并处罚金。盗伐国家级自然保护区内的森林或者其他林木的,从重处罚。单位犯本罪的,对单位判处罚金,并对其直接负责的主管人员和其他直接责任人员,依照上述规定处罚。根据《森林案件解释》的规定,盗伐林木"数量巨大",以 20 至 50 立方米或者幼树 1000 至 2000 株为起点;盗伐林木"数量特别巨大",以 100 至 200 立方米或者幼树 5000 至 1 万株为起点。

十四、滥伐林木罪

滥伐林木罪,是指违反森林法的规定,滥伐森林或者其他林木,数量较大的行为。

构成要件的内容为,违反森林法的规定,滥伐森林或者其他林木,数量较大。行为对

---

[165] 《森林案件解释》第 14 条规定:"聚众哄抢林木 5 立方米以上的,属于聚众哄抢'数额较大';聚众哄抢林木 20 立方米以上的,属于聚众哄抢'数额巨大',对首要分子和积极参加的,依照刑法第二百六十八条的规定,以聚众哄抢罪定罪处罚。"但本书不赞成这一解释结论。

[166] 即使认为盗伐林木罪与盗窃罪是法条竞合关系,法条竞合的范围也仅限于盗伐林木的财产价值数额没有达到盗窃罪的"数额特别巨大"的情形。换言之,倘若盗伐林木数额特别巨大,必须认定为想象竞合,从一重罪处罚(参见张明楷:"法条竞合与想象竞合的区分",载《法学研究》2016 年第 1 期)。

[167] 非法采伐珍贵树木的行为,同时触犯盗伐林木罪与盗窃罪的,也应作为想象竞合,从一重罪处罚。

象与盗伐林木罪的行为对象范围基本相同。但是，滥伐属于自己所有的林木的，也可能成立本罪，因为属于个人所有的林木，也是国家森林资源的一部分，虽然不能成为盗伐林木罪的对象，却可以成为滥伐林木罪的对象。但是，滥伐自己所有的枯死、病死林木的，不得以犯罪论处。根据《森林案件解释》的规定，下列行为属于滥伐林木：(1)未经林业行政主管部门及法律规定的其他主管部门批准并核发林木采伐许可证，或者虽持有林木采伐许可证，但违反林木采伐许可证规定的时间、数量、树种或者方式，任意采伐本单位所有或者本人所有的森林或者其他林木的；(2)超过林木采伐许可证规定的数量采伐他人所有的森林或者其他林木的。根据最高人民法院2004年3月26日《关于在林木采伐许可证规定的地点以外采伐本单位或者本人所有的森林或者其他林木的行为如何适用法律问题的批复》，违反森林法的规定，在林木采伐许可证规定的地点以外，采伐本单位或者本人所有的森林或者其他林木的，除农村居民采伐自留地和房前屋后个人所有的零星林木以外，属于上述第(1)项"未经林业行政主管部门及法律规定的其他主管部门批准并核发林木采伐许可证"规定的情形，数量较大的，以滥伐林木罪定罪处罚。林木权属争议一方在林木权属确权之前，擅自砍伐森林或者其他林木，数量较大的，以滥伐林木罪论处。滥伐林木"数量较大"，以10至20立方米或者幼树500至1000株为起点。对于1年内多次滥伐少量林木未经处罚的，累计其滥伐林木的数量，构成犯罪的，应当依法定罪量刑。本罪的责任形式为故意，不要求出于特定目的。

根据刑法第345条第2款、第4款和第346条的规定，犯本罪的，处3年以下有期徒刑、拘役或者管制，并处或者单处罚金；数量巨大的，[168]处3年以上7年以下有期徒刑，并处罚金。滥伐国家级自然保护区的森林或者其他林木的，从重处罚。单位犯本罪的，对单位判处罚金，并对其直接负责的主管人员和其他直接责任人员，依照上述规定处罚。[169]

十五、非法收购、运输盗伐、滥伐的林木罪

本罪是指自然人或者单位非法收购、运输明知是盗伐、滥伐的林木，情节严重的行为。除行为人被告知等情形外，具有下列情形之一的，应当推定行为人"明知"是盗伐、滥伐的林木(但有证据证明确属被蒙骗的除外)：(1)在非法的木材交易场所或者销售单位收购木材的；(2)收购以明显低于市场价格出售的木材的；(3)收购违反规定出售的木材的。犯本罪的，根据刑法第345条第3款与第346条的规定处罚。

---

〔168〕 滥伐林木"数量巨大"，以50至100立方米或者幼树2500至5000株为起点。

〔169〕 最高人民法院1993年7月24日《关于滥伐自己所有权的林木其林木应如何处理的问题的批复》指出："属于个人所有的林木，也是国家森林资源的一部分。被告人滥伐属于自己所有权的林木，构成滥伐林木罪的，其行为已违反国家保护森林法规，破坏了国家的森林资源，所滥伐的林木即不再是个人的合法财产，而应当作为犯罪分子违法所得的财物，依照刑法规定予以追缴。"这一批复值得研究。个人所有的林木虽然是国家森林资源的一部分，但行为人滥伐后的树木已经不再是国家森林资源的一部分，而是其个人所有的财产。换言之，滥伐行为只是侵害了国家森林资源，而非侵害国家财产，行为人的违法行为只是使国家森林资源遭受破坏，而不是使国家财产遭受损失，故不能认为其所滥伐的林木属于违法所得。既然如此，就不应当追缴滥伐的林木。

第八节　走私、贩卖、运输、制造毒品罪

一、走私、贩卖、运输、制造毒品罪

(一)走私、贩卖、运输、制造毒品罪的概念与法益

本罪是指自然人或者单位,故意走私、贩卖、运输、制造毒品的行为。本罪名与本节标题虽然相同,但范围并不相同,本节标题的罪名实际上包括了所有的毒品犯罪。在司法实践中,走私、贩卖、运输、制造这四种行为往往包含在一个整体的犯罪行为中。有的犯罪分子在制造毒品后,又实施贩卖、走私、运输毒品的行为,几种行为相互联系,形成一个整体的犯罪过程。当然,有的犯罪人也可能只实施其中一种行为,因此本罪名又可以作为选择性罪名分解使用。根据最高人民法院2008年12月1日《全国部分法院审理毒品犯罪案件工作座谈会纪要》(以下简称《2008年纪要》)的规定,罪名不以行为实施的先后、毒品数量或者危害大小排列,一律以刑法条文规定的顺序表述。如制造毒品后又走私该毒品的,以走私、制造毒品罪定罪。

我国刑法理论的通说认为,毒品犯罪的保护法益是国家对毒品的管理制度。[170]但这种观点值得商榷。(1)大多数教科书都没有进一步解释"国家对毒品的管理制度"的具体内容。然而,这种抽象的表述并不能揭示刑法分则规定毒品犯罪的目的。有的论著指出:"走私毒品罪直接侵害国家对毒品进出口的管制;贩卖毒品罪直接侵害国家对毒品购销活动的管制;运输毒品罪直接侵害国家对毒品运输活动的管制;制造毒品罪直接侵害国家对毒品制造活动的管制;非法提供毒品罪直接侵害国家对毒品供应活动的管制;等等。"[171]但是,这种对"国家对毒品的管理制度"的进一步描述,并没有现实意义。而且,说毒品犯罪"侵害了国家对毒品的管理制度",只是说明了走私、出售、制造、运输毒品的行为,如果并没有违反国家的相关规定,而是经过法律、法规允许的,就不成立犯罪。但这并不是保护法益问题,而是有无违法阻却事由的问题。(2)将"国家对毒品的管理制度"确定为毒品犯罪的保护法益,不能说明毒品犯罪的处罚范围。例如,国家禁止吸食、注射毒品,因此,吸食、注射、购买毒品的行为也侵犯了国家对毒品的管理制度,但是,该行为并不成立犯罪。这足以说明,将毒品犯罪的法益确定为国家对毒品的管理制度,既与刑法的规定相冲突,也自相矛盾。(3)将"国家对毒品的管理制度"确定为毒品犯罪的保护法益,不能对毒品犯罪的构成要件起到指导作用。例如,对贩卖毒品罪中的"贩卖"的解释,就需要以本罪的保护法益为指导。如果离开本罪的保护法益,就既可能将"贩卖"解释为先购入后出售,也可能将单纯的购买行为解释为"贩卖"。然而,"国家对毒品的管理制度"这一内容,对"贩卖"的解释并不能起到指导作用。(4)将"国家对毒品的管理制度"确定为毒品犯罪的保护法益,不能说明各种具体毒品犯罪在不法程度上的差异。例如,贩卖毒品的行为与非法种植毒品原植物的行为,在违反"国家对毒品的管理制度"方面,不存在

---

[170] 参见高铭暄、马克昌主编:《刑法学》,北京大学出版社、高等教育出版社2016年第7版,第591页。

[171] 欧阳涛、陈泽宪主编:《毒品犯罪及对策》,群众出版社1992年版,第38页。

任何差异。可是,这两种行为的法益侵害程度明显不相同。(5)将"国家对毒品的管理制度"确定为毒品犯罪的保护法益,导致对某些毒品犯罪既遂的认定过于提前。从逻辑上说,只要与毒品相关的行为是刑法与其他相关法律、法规禁止的行为,都必然已经违反了国家对毒品的管理制度,于是,任何违反国家对毒品的管理制度的行为,都是既遂。一方面,毒品犯罪的既遂标准提前,即完全可能将毒品犯罪的未遂认定为既遂;另一方面,毒品犯罪的着手标准提前,即处于预备阶段的行为也完全可能被认定为实行行为。司法实践中将为了出售而购买毒品的行为认定为贩卖的实行行为乃至贩卖毒品的既遂,就是如此。

任何国家都对毒品实行严格的管制,管制的直接目的似乎是不使毒品泛滥,在此意义上说,毒品的不可泛滥性是一种法益。[172] 然而,必须追问的是,国家为什么不允许毒品泛滥?显然是因为毒品危害公众的健康。所以,本书认为,毒品犯罪的保护法益是公众健康。[173] 因为毒品不仅能使人形成瘾癖,而且足以危害人的身体健康;接触毒品的人,可能吸食、注射毒品,其身体健康受到侵害的危险性很大。也正因为如此,刑法不仅处罚已经侵害了公众健康的毒品犯罪行为,而且针对毒品对公众的健康进行提前保护。所以,毒品犯罪是以公众的健康为保护法益的抽象危险犯。[174] 需要说明的是,作为毒品犯罪的保护法益的公众健康,并不是指特定个人的身体健康,而是作为社会法益的公众健康。换言之,毒品犯罪不是对个人法益的犯罪,而是对超个人法益的犯罪。此外,需要说明的是,刑法第349条规定包庇毒品犯罪分子罪与窝藏、转移、隐瞒毒品、毒赃罪,不仅是为了保护公众健康,而且是为了保护司法活动。

在解释走私、贩卖、运输、制造毒品罪的构成要件时,要以公众健康这一超个人法益为指导。例如,由于本罪的法益是公众健康,而不是特定个人的健康,也不只是吸食、注射者的健康,所以,即使吸食、注射毒品的人明知毒品对自己有害而购买,也不阻却贩卖毒品行为的违法性。再如,将为了出售而购买毒品的行为认定为贩卖毒品的实行行为乃至既遂,就是不合适的。因为这种行为的危险并没有达到贩卖毒品罪所要求的危险程度。又如,将为了自己吸食而从外地购买毒品后带回居住地的行为认定为运输毒品的做法,也是不妥当的。因为这种行为只是以行为人自己为被害对象的。[175]

(二)走私、贩卖、运输、制造毒品罪的犯罪构成

1. 构成要件

(1)走私、贩卖、运输、制造的必须是毒品。根据刑法第357条的规定,毒品,是指鸦片、海洛因、甲基苯丙胺(冰毒)、吗啡、大麻、可卡因以及国家规定管制的其他能够使人形成瘾癖的麻醉药品和精神药品。根据《麻醉药品和精神药品管理条例》的规定,麻醉药

---

[172] 德国学者罗克辛指出:"贩卖毒品的可罚性的正当化根据在于,如果不处罚贩卖毒品的行为,就不可能控制毒品的泛滥,而且毒品对无答责能力的服用者特别是未成年人会产生严重危险"(Claus Roxin, Strafrecht Allgemeiner Teil, Band I, 3. Aufl., C. H. Beck 1997, S. 18)。

[173] 由于毒品犯罪的保护法益是公众的健康,非法种植毒品原植物与贩卖毒品对法益的侵害程度就明显不同,因而两种犯罪的法定刑相差很大。亦即,与非法种植毒品原植物的行为对公众健康的危害较为间接相比,贩卖毒品对公众健康的危害更为直接。

[174] 参见[日]平野龙一:《刑法概说》,东京大学出版会1977年版,第245页以下;[日]西田典之:《刑法各论》,弘文堂2012年第6版,第323页;[日]前田雅英:《刑法各论讲义》,东京大学出版会2015年第6版,第346页;[日]山口厚:《刑法各论》,有斐阁2010年第2版,第413页。

[175] 当然,如果数量较大则可以认定为非法持有毒品罪。

品、精神药品,是指列入麻醉药品目录、精神药品目录的药品和其他连续使用后易产生依赖性的物质。[176] 经过取汁的罂粟壳废渣不属于毒品。

众所周知,即使是微量的毒品,也具有显著的药理作用,连续使用会造成依赖性,损害使用者的健康。故刑法规定,走私、贩卖、运输、制造毒品的,无论数量多少,都应当以犯罪论处。因此,只要认定案件中的物品是作为刑法规制对象的毒品,不管其质量如何、药理作用的程度如何、含有量多少等,都应当认定为毒品。最高人民法院 2015 年 5 月 18 日《全国法院毒品犯罪审判工作座谈会纪要》(以下简称《2015 年纪要》)指出:"办理毒品犯罪案件,无论毒品纯度高低,一般均应将查证属实的毒品数量认定为毒品犯罪的数量,并据此确定适用的法定刑幅度,但司法解释另有规定或者为了隐蔽运输而临时改变毒品常规形态的除外。涉案毒品纯度明显低于同类毒品的正常纯度的,量刑时可以酌情考虑。"例如,对于查获的毒品有证据证明大量掺假,经鉴定查明毒品含量极少,确有大量掺假成分的,在处刑时应酌情考虑。[177] 对可能判处被告人死刑的毒品犯罪案件,应当作出毒品含量鉴定。为掩护运输而将毒品融入其他物品中的,不应将其他物品计入毒品的数量。[178]

要确定案件中的物品是否刑法所规定的毒品,通常必须进行认定。认定的方法一般是化学鉴定方法,但对有关物品的一部分作化学鉴定,能够合理认定其他部分与所鉴定的毒品是相同物品时,也能将其他部分认定为毒品。在有些情况下,虽未经过化学鉴定,但根据其他证据能够合理推定为毒品的,也应认定为毒品。不仅如此,即使司法机关未能收缴、扣押毒品,也可能根据其他证据认定行为人走私、贩卖、运输、制造的是毒品。

(2)客观行为为走私、贩卖、运输、制造毒品。

第一,走私毒品。走私毒品是指非法运输、携带、邮寄毒品进出国(边)境的行为。行为方式主要是输入毒品与输出毒品,此外对在领海、内海运输、收购、贩卖国家禁止进出口的毒品,以及直接向走私毒品的犯罪人购买毒品的,应视为走私毒品。根据刑法的规定,影响走私毒品行为的危害程度的因素,主要是走私毒品的数量、主体的情况(是否首要分子、是否参与国际贩毒组织)、方式(是否武装掩护)等。[179]

第二,贩卖毒品。贩卖毒品,是指有偿转让毒品的行为。有偿转让毒品,即行为人将毒品交付给对方,并从对方获取物质利益。贩卖方式既可能是公开的,也可能是秘密的;既可能是行为人请求对方购买,也可能是对方请求行为人转让;既可能是直接交付给对方,也可能是间接交付给对方。在间接交付的场合,如果中间人认识到是毒品而帮助转交

---

[176] 参见"两高"、公安部 2014 年 8 月 20 日《关于规范毒品名称表述若干问题的意见》。

[177] 在能够明显区分毒品与掺杂物的场合,不应当将掺杂物计入毒品。例如,行为人贩卖了四种不同颜色的颗粒物,其中,只有红色颗粒物为毒品。在这种情况下,不能将其他颗粒物计入毒品。

[178] 关于毒品含量鉴定,参见《2008 年纪要》。

[179] 但本书认为,输入毒品与输出毒品的危害程度存在差别,即前者重于后者。因为输入毒品行为,将直接危害我国公民的健康;而输出毒品行为,则并不直接危害我国公民的健康。换言之,输入毒品行为的直接结果发生在我国领域内,而输出毒品行为的直接后果发生在我国领域外。从国外的规定来看,许多国家(如日本、韩国)都是将输入毒品与输出毒品分别规定为独立的犯罪,或者将输出毒品的行为纳入运输毒品、持有毒品罪中,而输入毒品的法定刑则明显重于输出毒品、运输毒品与持有毒品的法定刑。其立法宗旨也主要在于保护本国及本国公民的利益。我国刑法虽然没有分别规定输入毒品与输出毒品的法定刑,但司法机关在量刑时,对输入与输出这两种行为应当区别对待。

给买方的,则该中间人的行为也属于贩卖毒品;如果中间人没有认识到是毒品,则不构成贩卖毒品罪。贩卖是有偿转让,但行为人交付毒品既可能是获取金钱,也可能是获取其他物质利益;既可能在交付毒品的同时获取物质利益,也可能先交付毒品后获取利益或者先获取物质利益后交付毒品。[180] 如果是无偿转让毒品,如赠与、无偿提供给他人吸食等,则不属于贩卖毒品。毒品的来源既可能是自己制造的毒品,也可能是自己所购买的毒品,还可能是通过其他方法取得的毒品。贩卖的对方没有限制,即不问对方是否达到法定年龄,是否具有责任能力,是否与贩卖人具有某种关系。行为人利用信息网络贩卖毒品的,构成贩卖毒品罪。

吸食者相互之间交换毒品的,不成立贩卖毒品罪。但是,贩毒者为了调剂各自的毒品种类与数量而相互交易毒品的,因为增加了危害公众健康的抽象危险,应认定为贩卖毒品罪。此外,对于为了"蹭吸"而帮助吸毒者购买毒品的,[181] 因为没有贩卖行为,不应认定为贩卖毒品罪。但是,为了"提成"毒品而帮助吸毒者购买毒品,即帮助吸毒者购买毒品后按一定比例提成部分毒品据为己有的,应认定为贩卖毒品罪。单纯为吸毒者寻找、联系贩卖者的,仍属购买毒品的行为,不应当认定为贩卖毒品的共犯。但是,为贩卖者寻找、联系上游贩毒者或者下游吸毒者的,则成立贩卖毒品罪的共犯。

根据《2015 年纪要》,贩毒人员被抓获后,对于从其住所、车辆等处查获的毒品,一般均应认定为其贩卖的毒品。[182] 确有证据证明查获的毒品并非贩毒人员用于贩卖,其行为另构成非法持有毒品罪、窝藏毒品罪等其他犯罪的,依照其他犯罪定罪处罚。行为人为他人代购仅用于吸食的毒品,在交通、食宿等必要开销之外收取"介绍费"、"劳务费",或者以贩卖为目的收取部分毒品作为酬劳的,应视为从中牟利,属于变相加价贩卖毒品,以贩卖毒品罪定罪处罚。

长期以来,刑法理论与司法实践都将为了出卖而购买毒品的行为认定为贩卖毒品罪的未遂犯乃至既遂犯,但这种做法存在疑问。一方面,刑法第 347 条仅规定了贩卖毒品罪,而没有规定购买毒品罪。易言之,单纯购买毒品的行为并不属于刑法的规制对象。另一方面,"贩卖"毒品并不意味着必须先购买毒品再出卖毒品。例如,行为人拾得 1000 克海洛因后出卖给他人的,肯定成立贩卖毒品罪。再如,出卖祖辈留下的鸦片的,也成立贩卖毒品罪。显然,贩卖毒品就是指出卖毒品。既然如此,购买毒品的行为就不是贩卖毒品罪的实行行为。换言之,出于贩卖目的而非法购买毒品的,属于贩卖毒品的预备行为(当然,可能同时触犯非法持有毒品罪)。

在实践中,毒品贩卖者往往是找到买主之后才将毒品再卖给买主,而司法机关有时使用内线侦查方法"引诱"某些嫌疑人贩卖毒品,对此应如何处理?一般来说,"引诱"他人犯罪不是正当的侦查方法,而且可能是教唆犯罪。但鉴于毒品犯罪的特殊性,有必要进行特殊考虑。毒品犯罪的危害大,应该尽早发现并彻底搜查,以灭绝其根源。但毒品犯罪与通常的犯罪不同,不仅没有直接的被害人,而且毒品的贩卖极为秘密,并往往有组织、有规则,局外的一般人处于不可能知悉的状态,故以通常方法进行侦查极为困难乃至不可能。

---

〔180〕 将毒品作为有偿服务(包括卖淫等性服务)的对价交付给对方的,宜认定为贩卖毒品。

〔181〕 例如,吸毒者乙让甲为自己代购毒品后,与甲一同吸食毒品。甲代购毒品并非牟利,只是为了一同免费吸食。

〔182〕 按照本书的观点,对于尚未出卖的毒品,不应计入贩卖毒品罪的数量。

有鉴于此,在一定条件下进行前述内线侦查便是不得已被允许的方法。这里的一定条件如下:首先,使用通常的侦查方法无法取证查实。其次,“引诱”的对象必须是合理地被认为有毒品犯罪嫌疑的人。再次,“引诱”的目的只是为了取得证据。最后,“引诱”没有达到使对方失去自由意志的程度,通常采取的方法是,警察装扮成吸毒者或使线人装扮成吸毒者与对方接触,提出购买毒品。如果采取教唆、强制、欺骗等手段,则不认为具有正当性。[183] 在上述条件下,警察或线人的行为不构成贩卖毒品的教唆犯或帮助犯,只有实施了贩卖毒品行为的人,才可能构成犯罪。

第三,运输毒品。运输毒品是指采用携带、邮寄、利用他人或者使用交通工具等方法在我国领域内转移毒品。运输毒品进出境,或者在领海、内海运输国家禁止进出口的毒品的,属于走私毒品。运输毒品具体表现为转移毒品的所在地,如将毒品从甲地运往乙地。但应注意,从结局上看没有变更毒品所在地却使毒品的所在地曾经发生了变化的行为,也是运输毒品。例如,行为人先将毒品从甲地运往乙地,由于某种原因,又将毒品运回甲地的,属于运输毒品。但是,为了自己吸食、注射而将毒品从此地带往彼地的,或者帮助吸食者代购毒品而将毒品带往彼地,不应认定为运输毒品。换言之,只有与走私、贩卖、制造具有关联性的行为,才宜认定为运输,否则会导致罪刑之间不协调。[184]

第四,制造毒品。制造通常是指使用原材料而制作成原材料以外的物。制造毒品不仅包括使用毒品原植物制作成毒品,也包括以改变毒品成分和效用为目的的加工、配制行为。主要表现为以下几种情况:一是将毒品以外的物质作为原料,提取或制作成毒品。如将罂粟制成为鸦片。二是毒品的精制,即去掉毒品中的不纯物,使之成为纯毒品或纯度更高的毒品。如去除海洛因中所含的不纯物。[185] 三是使用化学方法使一种毒品变为另一种毒品。如使用化学方法将吗啡制作成海洛因。四是使用化学方法以外的方法使一种毒品变为另一种毒品。如将盐酸吗啡加入蒸馏水,使之成为注射液。五是用混合等物理方法加工、配制毒品,如将甲基苯丙胺或者其他苯丙胺类毒品与其他毒品混合成麻古或者摇头丸。六是非法按照一定的处方针对特定人的特定情况调制毒品。在制造毒品的共同犯罪案件中,研制配方、指挥他人制造的人,属于正犯;单纯为制造毒品添柴加水的,宜认定为帮助犯。

问题在于分装毒品是否属于制造毒品。所谓分装毒品,是指将毒品进行分割,并装入

---

[183] 《2008 年纪要》指出:“行为人本没有实施毒品犯罪的主观意图,而是在特情诱惑和促成下形成犯意,进而实施毒品犯罪的,属于‘犯意引诱’。对因‘犯意引诱’实施毒品犯罪的被告人,根据罪刑相适应原则,应当依法从轻处罚,无论涉案毒品数量多大,都不应判处死刑立即执行。行为人在特情既为其安排上线,又提供下线的双重引诱,即‘双套引诱’下实施毒品犯罪的,处刑时可予以更大幅度的从宽处罚或者依法免予刑事处罚。”然而,这种做法意味着负有禁毒职责的国家机关工作人员可以直接诱惑或者安排他人诱惑没有毒品犯罪故意的人贩卖毒品,明显不当。本书的看法是,诱惑没有贩卖毒品故意的人贩卖毒品的,成立贩卖毒品罪的教唆犯。对其中的被“双套引诱”所实施的行为应认定为不能犯。

[184] 《2015 年纪要》指出:“吸毒者在运输毒品过程中被查获,没有证据证明其是为了实施贩卖毒品等其他犯罪,毒品数量达到较大以上的,以运输毒品罪定罪处罚。”“行为人为吸毒者代购毒品,在运输过程中被查获,没有证据证明托购者、代购者是为了实施贩卖毒品等其他犯罪,毒品数量达到较大以上的,对托购者、代购者以运输毒品罪的共犯论处。”本书不赞成这一观点。

[185] 《2008 年纪要》指出:“为便于隐蔽运输、销售、使用、欺骗购买者,或者为了增重,对毒品掺杂使假,添加或者去除其他非毒品物质,不属于制造毒品的行为。”但本书认为,虽然添加其他非毒品物质的行为不是制造毒品,但“去除其他非毒品物质”的行为,应属于制造毒品。

一定的容器(量的精制)。从毒品犯罪的实际情况来看,分装毒品是毒品犯罪人经常实施的行为,在犯罪集团中,有的犯罪人专门从事这一活动。但这种行为既不是走私,也不是贩卖和运输,如果认为它不是制造,则只能认定它是共同犯罪中的一种帮助行为,但这既不符合现实,也不利于打击这种犯罪。因此本书认为,对"制造"作广义解释,将分装毒品的行为包括在制造毒品之中,是比较合适的。

根据"两高"、公安部2012年6月18日《关于办理走私、非法买卖麻黄碱类复方制剂等刑事案件适用法律若干问题的意见》(以下简称《麻黄碱案件意见》),以加工、提炼制毒物品制造毒品为目的,购买麻黄碱类复方制剂,或者运输、携带、寄递麻黄碱类复方制剂进出境的,以制造毒品罪定罪处罚。[186] 以制造毒品为目的,利用麻黄碱类复方制剂加工、提炼制毒物品的,以制造毒品罪定罪处罚。明知他人利用麻黄碱类制毒物品制造毒品,向其提供麻黄碱类复方制剂,为其利用麻黄碱类复方制剂加工、提炼制毒物品,或者为其获取、利用麻黄碱类复方制剂提供其他帮助的,以制造毒品罪的共犯论处。根据"两高"、公安部、农业部、食品药品监管总局2013年5月21日《关于进一步加强麻黄草管理严厉打击非法买卖麻黄草等违法犯罪活动的通知》,以制造毒品为目的,采挖、收购麻黄草的,以制造毒品罪定罪处罚。[187]

2. 责任

责任形式为故意,行为人明知走私、贩卖、运输、制造毒品的行为会发生危害公众健康的结果,并且希望或者放任这种结果发生。

(1)行为人必须认识到自己走私、贩卖、运输、制造的是毒品。即使行为在客观上表现为走私、贩卖、运输与制造毒品,但只要行为人没有认识到行为对象是毒品,就不能构成本罪。这是责任主义的要求。因此,明知不是毒品而欺骗他人说是毒品以获取利益的,不构成贩卖毒品罪,应当以诈骗罪论处。但是,本罪只要求行为人认识到是毒品,不要求行为人认识到毒品的名称、化学成分、效用等具体性质。而且,不管行为人是认识到肯定是毒品,还是认识到可能是毒品,都属于认识到是毒品,不影响犯罪的成立。

毒品犯罪中,判断被告人对涉案毒品是否明知,不能仅凭被告人供述,而应当依据被告人实施毒品犯罪行为的过程、方式、毒品被查获时的情形等证据,结合被告人的年龄、阅历、智力等情况,进行综合分析判断。根据《2008年纪要》的规定,具有下列情形之一,被告人不能做出合理解释的,可以认定其"明知"是毒品,但有证据证明确属被蒙骗的除外:第一,执法人员在口岸、机场、车站、港口和其他检查站点检查时,要求行为人申报为他人携带的物品和其他疑似毒品物,并告知其法律责任,而行为人未如实申报,在其携带的物品中查获毒品的;第二,以伪报、藏匿、伪装等蒙蔽手段,逃避海关、边防等检查,在其携带、运输、邮寄的物品中查获毒品的;第三,执法人员检查时,有逃跑、丢弃携带物品或者逃避、抗拒检查等行为,在其携带或者丢弃的物品中查获毒品的;第四,体内或者贴身隐秘处藏匿毒品的;第五,为获取不同寻常的高额、不等值报酬为他人携带、运输物品,从中查获毒品的;第六,采用高度隐蔽的方式携带、运输物品,从中查获毒品的;第七,采用高度隐蔽的方式交接物品,明显违背合法物品惯常交接方式,从中查获毒品的;第八,行程路线故意绕

[186] 需要注意的是,这种行为只是制造毒品罪的预备犯。

[187] 对这种行为只能以制造毒品罪的预备犯处罚。

开检查站点,在其携带、运输的物品中查获毒品的;第九,以虚假身份或者地址办理托运手续,在其托运的物品中查获毒品的;第十,有其他证据足以认定行为人知道的。此外,就制造毒品罪主观故意中的“明知”而言,具有下列情形之一的,可以推定行为人明知制造毒品(但有证据证明确属被蒙骗的除外):第一,购置了专门用于制造毒品的设备、工具、制毒物品或者配制方案的;第二,为获取不同寻常的高额或者不等值的报酬为他人制造物品,经检验是毒品的;第三,在偏远、隐蔽场所制造,或者采取对制造设备进行伪装等方式制造物品,经检验是毒品的;第四,制造人员在执法人员检查时,有逃跑、抗拒检查等行为,在现场查获制造出的物品,经检验是毒品的;第五,有其他证据足以证明行为人知道的。

(2)对毒品种类产生错误认识的,不影响本罪的成立。毒品的种类不同危害便不同,因此刑法对不同的毒品作了区别规定。但根据刑法规定,毒品种类及其数量仅影响量刑,并不影响犯罪的成立,故行为人对毒品种类的认识产生错误时,实际上是对自己的行为在量刑上(或法定刑上)有不正确的认识,不阻却责任。从另一方面来看,即使认为这种情况属于对象错误,也不影响故意的成立。因为行为人只是对毒品的种类产生具体的认识错误,而各种不同种类的毒品都危害公众健康,根据法定符合说,依然成立毒品犯罪既遂。

(3)刑法没有要求本罪以营利为目的,故不以营利为目的实施本罪行为的,也构成本罪。例如,为了赠与而制造毒品,为了自己吸食而走私毒品,单纯受贩卖者委托运输毒品等,都构成犯罪。再如,甲为了吸食而买进大量毒品,后由于种种原因而戒毒,戒毒后低价将剩余毒品出卖的,仍然构成贩卖毒品罪。

(三)走私、贩卖、运输、制造毒品罪的认定

1. 正确处理本罪与其他犯罪的关系。行为人在一次走私活动中,既走私毒品又走私其他货物、物品的,应按走私毒品罪和构成的其他走私罪,实行数罪并罚。行为人故意以非毒品冒充毒品或者明知是假毒品而贩卖牟利的,应认定为诈骗罪。在生产、销售的食品中掺入微量毒品的,应视性质与情节,认定为生产、销售有毒、有害食品罪或欺骗他人吸毒罪,不宜认定为贩卖毒品罪。

2. 正确区分走私、贩卖、运输、制造毒品四种行为类型的既遂与未遂。

(1)走私毒品主要分为输入毒品与输出毒品,只要明确了输入毒品的既遂与未遂标准,输出毒品的既遂与未遂标准就容易解决了。关于输入毒品的既遂标准,也必须分为陆路输入与海路、空路输入来讨论。陆路输入应当以逾越国境线、使毒品进入我国领域内的时刻为既遂标准。关于海路、空路输入毒品的既遂,在外国刑法理论上有五种不同观点:一是领海、领空说,即装载毒品的船舶或航空器进入本国领海或领空时为既遂,否则为未遂。二是登陆说,即将毒品从船舶中转移到本国领土内(不问是否保税区)时,或者将毒品从航空器中转移到地面时为既遂,否则为未遂。三是关税线说,即在毒品经由保税区等海关支配、管理的地域的场合,转移到保税区等之外才是既遂,否则为未遂。四是搬出可能说,即装载毒品的船舶或航空器在本国港口停靠或在机场着陆后,出现可能将毒品转移到船舶或航空器外的状态时为既遂,否则是未遂。五是到达说,即装载毒品的船舶到达本国港口或航空器到达本国领土内时为既遂,否则为未遂。[188] 本书认为上述第五种观点可

---

〔188〕 参见[日]香城敏磨:“鸦片法”,载[日]平野龙一等编:《注解特别刑法5-Ⅱ》,青林书院1992年版,第33页以下。

以被我国采用。第一种观点将既遂时刻过于提前，而且也不现实。第二至第四种观点则使既遂标准过于推后，其中有的标准也不易掌握，不利于打击毒品犯罪，也不符合司法实践。第五种观点则使既遂与未遂的标准适中，而且容易认定。

(2)贩卖以毒品实际上转移给买方为既遂，转移毒品后行为人是否已经获取了利益，则并不影响既遂的成立。毒品实际上没有转移时，即使已经达成转移的协议，或者行为人已经获得了利益，也不宜认定为既遂。行为人以贩卖为目的购买了毒品但未能出售给他人的，宜认定为贩卖毒品的预备行为。

实践中有时发生误将假毒品当做毒品贩卖的案件。刑法理论的通说与司法实践均认为，对这种行为应当认定为贩卖毒品罪的未遂犯。[189] 但本书认为，这种观点与做法值得研究。首先，刑法规定毒品犯罪是为了保护公众健康。就贩卖毒品罪而言，行为对法益的侵犯取决于行为人所贩卖的是毒品。如果行为人所贩卖的是面粉等对公众无害的物品，就没有侵害和威胁公众健康，因而不构成贩卖毒品罪。其次，刑法规定的贩卖毒品罪要求行为人所贩卖的必须是毒品，否则就不符合贩卖毒品罪的构成要件。如果行为人客观上贩卖的根本不是毒品，仅因行为人误认为是毒品，便认定为行为人贩卖毒品，有违反罪刑法定原则之嫌。再次，在行为人客观上没有贩卖毒品的情况下，只是因为其主观上误认为是毒品而认定为贩卖毒品罪，也有主观归罪之嫌。最后，上述通说与司法解释也难以解释以下现象：甲明知是面粉，而对乙谎称是海洛因，于是交付给乙贩卖。乙误以为是海洛因便贩卖，但被公安机关查获。根据上述通说与司法解释，甲因为明知是面粉，仅成立诈骗罪(由于甲没有骗取财物，属于诈骗未遂，可能无罪)；乙因为误认为是毒品，便成立贩卖毒品(未遂)罪。果真如此，则对乙的处罚可能远远重于对甲的处罚。但其合理性值得怀疑。事实上，甲是诈骗罪的间接正犯，即甲利用了不知情者乙的行为。在这种情况下，乙的行为并不构成犯罪，因为乙并无危害公众健康的贩卖毒品行为，不成立贩卖毒品罪；乙也无诈骗的故意，不成立诈骗罪；二者也没有重合之处，故难以成立其他犯罪。

(3)为了运输而开始搬运毒品时，是运输毒品罪的着手；由于行为人意志以外的原因未能使毒品离开原处或者说未能转移毒品存放地的，属于未遂；运输毒品行为使毒品离开原处或者转移了存放地的，则为既遂。例如，行为人以邮寄方式运输毒品时，在邮件包装过程中被查获的，属于未遂；如果已将装有毒品的邮件交付给邮局，则为既遂。再如，使用交通工具运输毒品的，当毒品置入交通工具内，交通工具已经离开了原地的，即为既遂。本书不采纳以到达目的地为既遂标准的观点，也不赞成开始搬运即为既遂的观点。

(4)制造毒品罪应以实际上制造出毒品为既遂标准，至于所制造出来的毒品数量多少、纯度高低等，都不影响既遂的成立。着手制造毒品后，没有实际上制造出毒品的，则是制造毒品未遂。

行为人以为自己所使用的原料与配料能够制造出毒品，但事实上未能制造出毒品的，视行为是否具有制造出毒品的具体危险而得出不同结论。客观上没有制造出毒品的危险性的，不能以犯罪论处。因为使用的方法不当而实施上述行为时(如原料能制造出毒品

---

[189] 参见最高人民法院1994年12月20日《关于适用〈全国人民代表大会常务委员会关于禁毒的决定〉的若干问题的解释》第17条；最高人民检察院1991年4月2日《关于贩卖假毒品案件如何定性问题的批复》；高铭暄、马克昌主编：《刑法学》，北京大学出版社、高等教育出版社2016年第7版，第593页。

但缺少某种配料,所使用的原料、配料本来能够制造出毒品但没有使用足够的量等),由于客观上具有制造出毒品的具体危险,故应认为具有法益侵害性。但由于事实上未能制造出毒品,故只能以犯罪未遂处理。当然还可能出现其他情况,但只要把握行为是否具有制造出毒品的具体危险这一标准,就能正确认定罪与非罪。

3. 对于走私、贩卖、运输、制造毒品罪的共同犯罪,应根据刑法总则的规定以及共同犯罪的原理予以认定和处理。根据《2015 年纪要》,办理贩卖毒品案件,应当准确认定居间介绍买卖毒品行为,并与居中倒卖毒品行为相区别。居间介绍者在毒品交易中处于中间人地位,发挥介绍联络作用,通常与交易一方构成共同犯罪,但不以牟利为要件;居中倒卖者属于毒品交易主体,与前后环节的交易对象是上下家关系,直接参与毒品交易并从中获利。居间介绍者受贩毒者委托,为其介绍联络购毒者的,与贩毒者构成贩卖毒品罪的共同犯罪;明知购毒者以贩卖为目的购买毒品,受委托为其介绍联络贩毒者的,与购毒者构成贩卖毒品罪的共同犯罪;购毒者同时与贩毒者、购毒者共谋,联络促成双方交易的,通常认定与贩毒者构成贩卖毒品罪的共同犯罪。居间介绍者实施为毒品交易主体提供交易信息、介绍交易对象等帮助行为,对促成交易起次要、辅助作用的,应当认定为从犯;对于以居间介绍者的身份介入毒品交易,但在交易中超出居间介绍者的地位,对交易的发起和达成起重要作用的被告人,可以认定为主犯。

两人以上同行运输毒品的,应当从是否明知他人带有毒品,有无共同运输毒品的意思联络,有无实施配合、掩护他人运输毒品的行为等方面综合审查认定是否构成共同犯罪。受雇于同一雇主同行运输毒品,但受雇者之间没有共同犯罪故意,或者虽然明知他人受雇运输毒品,但各自的运输行为相对独立,既没有实施配合、掩护他人运输毒品的行为,又分别按照各自运输的毒品数量领取报酬的,不应认定为共同犯罪。受雇于同一雇主分段运输同一宗毒品,但受雇者之间没有犯罪共谋的,也不应认定为共同犯罪。雇用他人运输毒品的雇主,及其他对受雇者起到一定组织、指挥作用的人员,与各受雇者分别构成运输毒品罪的共同犯罪,对运输的全部毒品数量承担刑事责任。

4. 正确区分一罪与数罪。对被告人一人走私、贩卖、运输、制造两种以上毒品的,不实行数罪并罚,量刑时可综合考虑毒品的种类、数量及危害,依法处理。盗窃、抢夺、抢劫毒品后又实施其他毒品犯罪的,对盗窃罪、抢夺罪、抢劫罪和所犯的具体毒品犯罪分别定罪,依法数罪并罚。走私毒品,又走私其他物品构成犯罪的,以走私毒品罪和其所犯的其他走私罪分别定罪,依法数罪并罚。

(四)走私、贩卖、运输、制造毒品罪的处罚

1. 根据刑法第 347 条的规定,本罪的法定刑分为三个档次:(1)走私、贩卖、运输、制造鸦片不满 200 克、海洛因或者甲基苯丙胺不满 10 克或者其他少量毒品的,处 3 年以下有期徒刑、拘役或者管制,并处罚金;情节严重的,处 3 年以上 7 年以下有期徒刑,并处罚金。毒品的数量以查证属实的走私、贩卖、运输、制造的数量计算,不以纯度折算;对多次走私、贩卖、运输、制造毒品,未经处理的,毒品数量累计计算。(2)走私、贩卖、运输、制造鸦片 200 克以上不满 1000 克、海洛因或者甲基苯丙胺 10 克以上不满 50 克或者其他毒品数量较大的,处 7 年以上有期徒刑,并处罚金。这一规定只是以毒品的数量来决定法定刑升格。(3)走私、贩卖、运输、制造毒品,有下列情形之一的,处 15 年有期徒刑、无期徒刑或者死刑,并处没收财产:第一,走私、贩卖、运输、制造鸦片 1000 克以上、海洛因或者甲基

苯丙胺50克以上或者其他毒品数量大的；第二，走私、贩卖、运输、制造毒品集团的首要分子；第三，武装掩护走私、贩卖、运输、制造毒品的；[190]第四，以暴力抗拒检查、拘留、逮捕，情节严重的；[191]第五，参与有组织的国际贩毒活动的。可见，决定上升到这一档法定刑的因素，除了毒品数量外，还有其他严重情节。因此，走私、贩卖、运输、制造毒品的行为即使没有达到上述数量，但如果具有其他法定情节的，也应依照该法定刑处罚。关于刑法第347条第2款第1项的"其他毒品数量大"、第347条第3款的"其他毒品数量较大"以及第347条第4款规定的"情节严重"，应按照最高人民法院2016年4月6日《关于审理毒品犯罪案件适用法律若干问题的解释》（以下简称《毒品犯罪解释》）予以认定。[192]

不难看出，毒品数量对于量刑具有重要作用。根据《2015年纪要》，对数量的认定应注意以下几点：(1)走私、贩卖、运输、制造两种以上毒品的，可以将不同种类的毒品分别折算为海洛因的数量，以折算后累加的毒品总量作为量刑的根据。对于刑法、司法解释或者其他规范性文件明确规定了定罪量刑数量标准的毒品，应当按照该毒品与海洛因定罪量刑数量标准的比例进行折算后累加。对于刑法、司法解释及其他规范性文件没有规定定罪量刑数量标准，但《非法药物折算表》规定了与海洛因的折算比例的毒品，可以按照《非法药物折算表》折算为海洛因后进行累加。对于既未规定定罪量刑数量标准，又不具备折算条件的毒品，综合考虑其致瘾癖性、社会危害性、数量、纯度等因素依法量刑。在裁判文书中，应当客观表述涉案毒品的种类和数量，并综合认定为数量大、数量较大或者少量毒品等，不明确表述将不同种类毒品进行折算后累加的毒品总量。(2)对于未查获实物的甲基苯丙胺片剂（俗称"麻古"等）、MDMA片剂（俗称"摇头丸"）等混合型毒品，可以根据在案证据证明的毒品粒数，参考本案或者本地区查获的同类毒品的平均重量计算出毒品数量。在裁判文书中，应当客观表述根据在案证据认定的毒品粒数。(3)对于有吸毒情节的贩毒人员，一般应当按照其购买的毒品数量认定其贩卖毒品的数量，量刑时酌情考虑其吸食毒品的情节；购买的毒品数量无法查明的，按照能够证明的贩卖数量及查获的毒品数量认定其贩毒数量；确有证据证明其购买的部分毒品并非用于贩卖的，不应计入其贩毒数量。(4)制造毒品案件中，毒品成品、半成品的数量应当全部认定为制造毒品的数量，对于无法再加工出成品、半成品的废液、废料则不应计入制造毒品的数量。对于废液、废料的认定，可以根据其毒品成分的含量、外观形态，结合被告人对制毒过程的供述等证据进行分析判断，必要时可以听取鉴定机构的意见。

毒品数量虽然对毒品犯罪的量刑具有重要作用，但毒品数量只是依法惩处毒品犯罪的一个重要情节而不是全部情节。因此，执行量刑的数量标准不能简单化。特别是对被告人可能判处死刑的案件，确定刑罚必须综合考虑案件的所有情节。[193]

2. 根据刑法的规定，具有下列情节的应当从重处罚：(1)利用、教唆未成年人走私、贩卖、运输、制造毒品或者向未成年人出售毒品的，从重处罚。这里的未成年人是指未满18

---

[190] 在实施走私、贩卖、运输、制造毒品犯罪的过程中，携带枪支、弹药或者爆炸物用于掩护的，应当认定为"武装掩护走私、贩卖、运输、制造毒品"。枪支、弹药、爆炸物种类的认定，依照相关司法解释的规定执行。

[191] 在实施走私、贩卖、运输、制造毒品犯罪的过程中，以暴力抗拒检查、拘留、逮捕，造成执法人员死亡、重伤、多人轻伤或者具有其他严重情节的，应当认定为"以暴力抗拒检查、拘留、逮捕，情节严重"。

[192] 参见《毒品案件解释》第1～4条。

[193] 参见《2008年纪要》、《2015年纪要》。

周岁的人。其中的利用未成年人走私、贩卖、运输、制造毒品,大体指间接正犯;其中的教唆未成年人走私、贩卖、运输、制造毒品,是指教唆犯。对教唆不满18周岁的人犯罪的人,刑法第29条已经规定了应当从重处罚,而刑法第347条又特别规定了对上述情况从重处罚。这不意味着利用、教唆不满18周岁的人走私、贩卖、运输、制造毒品的犯罪分子具有两个从重处罚的情节。即上述规定只是对刑法第29条的重申,而不是说在刑法第29条从重处罚的基础上再根据该规定从重处罚。(2)因走私、贩卖、运输、制造毒品被判过刑,又犯“走私、贩卖、运输、制造毒品罪”的,从重处罚。这是关于再犯从重处罚的规定。不论前罪何时受处罚,不论判处何种刑罚,不论处刑轻重,对新罪一律从重处罚。这也是鉴于毒品犯罪的特殊危害所作的特殊规定。需要研究的问题是:对其中符合累犯条件的,是仅适用刑法总则关于累犯的规定,还是仅适用本规定,抑或同时适用累犯规定与本规定。最高人民法院2000年4月4日印发的《全国法院审理毒品犯罪案件工作座谈会纪要》指出:“对依法同时构成再犯和累犯的被告人,今后一律适用刑法第三百五十六条规定的再犯条款从重处罚,不再援引刑法关于累犯的条款。”但这一做法存在疑问。本来,刑法第356条是鉴于毒品犯罪的严重性才做出再犯规定的,如果对符合累犯条件的也仅适用该再犯规定,则意味着对符合累犯条件的毒品犯罪人可以适用缓刑、假释,而其他犯罪的累犯则不得适用缓刑与假释,这显然有失公允。《2008年纪要》指出:“对同时构成累犯和毒品再犯的被告人,应当同时引用刑法关于累犯和毒品再犯的条款从重处罚。”但是,这一规定也并非没有疑问。亦即,同时构成累犯和毒品再犯的,是否具有两个法定从重处罚情节?如果持肯定回答,显然是对一个事实进行了不利于被告人的重复评价。如果持否定回答,就意味着完全没有必要同时引用刑法总则关于累犯和分则关于毒品再犯的条款,只需要引用总则关于累犯的规定即可。《2015年纪要》规定:“对于因同一毒品犯罪前科同时构成累犯和毒品再犯的被告人,在裁判文书中应当同时引用刑法关于累犯和毒品再犯的条款,但在量刑时不得重复予以从重处罚。”可是,累犯的从重幅度一般会大于再犯,既然不得重复从重处罚,实际上就只能以累犯论处。因此,应当认为,对于符合累犯条件的,必须适用总则关于累犯的条款,而不再适用(引用)刑法第356条。易言之,刑法第356条应仅适用于不符合累犯条件的再犯。此外,对于不满18周岁的人,既不得适用累犯规定从重处罚,也不得适用再犯规定从重处罚。

3. 根据刑法第347条的规定,单位犯走私、贩卖、运输、制造毒品罪的,对单位判处罚金,并对其直接负责的主管人员和其他直接责任人员,依照前述规定处罚。

4. 走私、贩卖、运输、制造毒品等犯罪行为,常常以共同犯罪的形式出现。根据《2008年纪要》的规定,审理毒品共同犯罪案件,应当注意以下几个方面的问题:

(1)正确区分主犯和从犯。区分主犯和从犯,应当以各共同犯罪人在毒品共同犯罪中的地位和作用为根据。要从犯意提起、具体行为分工、出资和实际分得毒赃多少以及共犯之间相互关系等方面,比较各个共同犯罪人在共同犯罪中的地位和作用。在毒品共同犯罪中,为主出资者、毒品所有者或者起意、策划、纠集、组织、雇佣、指使他人参与犯罪以及其他起主要作用的是主犯;起次要或者辅助作用的是从犯。受雇佣、受指使实施毒品犯罪的,应根据其在犯罪中实际发挥的作用具体认定为主犯或者从犯。对于确有证据证明在共同犯罪中起次要或者辅助作用的,不能因为其他共同犯罪人未到案而不认定为从犯,甚至将其认定为主犯或者按主犯处罚。只要认定为从犯,无论主犯是否到案,均应依照刑法关于从犯的规定从轻、减轻或者免除处罚。

(2)正确认定共同犯罪案件中主犯和从犯的毒品犯罪数量。对于毒品犯罪集团的首要分子,应按集团毒品犯罪的总数量处罚;对一般共同犯罪的主犯,应按其所参与的或者组织、指挥的毒品犯罪数量处罚;对于从犯,应当按照其所参与的毒品犯罪的数量处罚。

(3)根据行为人在共同犯罪中的作用和罪责大小确定刑罚。不同案件不能简单类比,一个案件的从犯参与犯罪的毒品数量可能比另一案件的主犯参与犯罪的毒品数量大,但对这一案件从犯的处罚不是必然重于另一案件的主犯。共同犯罪中能分清主从犯的,不能因为涉案的毒品数量特别巨大,就不分主从犯而一律将被告人认定为主犯或者实际上都按主犯处罚,一律判处重刑甚至死刑。对于共同犯罪中有多个主犯或者共同犯罪人的,处罚上也应做到区别对待。应当全面考察各主犯或者共同犯罪人在共同犯罪中实际发挥作用的差别,主观恶性和人身危险性方面的差异,对罪责或者人身危险性更大的主犯或者共同犯罪人依法判处更重的刑罚。

5. 正确认定立功表现。根据《2008 年纪要》,共同犯罪中同案犯的基本情况,包括同案犯姓名、住址、体貌特征、联络方式等信息,属于被告人应当供述的范围。公安机关根据被告人供述抓获同案犯的,不应认定其有立功表现。被告人在公安机关抓获同案犯过程中确实起到协助作用的,例如,经被告人现场指认、辨认抓获了同案犯;被告人带领公安人员抓获了同案犯;被告人提供了不为有关机关掌握或者有关机关按照正常工作程序无法掌握的同案犯藏匿的线索,有关机关据此抓获了同案犯;被告人交代了与同案犯的联系方式,又按要求与对方联络,积极协助公安机关抓获了同案犯等,属于协助司法机关抓获同案犯,应认定为立功。

问题是,贩卖毒品的行为人主动交代"上家"的,是否构成立功?例如,乙贩卖毒品1000 克,归案后交代毒品是从甲处购买,并提供了甲的相关信息,经查证属实。乙的行为是否属于立功?本书持肯定回答。因为在贩卖毒品罪中,毒品来源是否查明不影响本罪的认定,既然贩毒祖传的毒品、捡拾的毒品也成立贩卖毒品罪,那么,主动交代"上家"的行为,就超出了自首与坦白的要求,应当认定为立功。换言之,单纯交代自己贩卖毒品的事实是自首与坦白的要求,而所谓交代"上家"实际上属于揭发"上家"贩卖毒品的犯罪事实,当然属于立功。

二、非法持有毒品罪

(一)非法持有毒品罪的概念与犯罪构成

非法持有毒品罪,是指明知是毒品而非法持有且数量较大的行为。

1. 构成要件的内容为,非法持有数量较大的毒品。(1)行为对象为毒品。(2)实施持有毒品的行为。持有是一种事实上的支配,行为人与物之间存在一种事实上的支配与被支配的关系。所谓持有毒品,也就是行为人对毒品的事实上的支配。第一,持有具体表现为直接占有、携有、藏有或者以其他方法支配毒品。第二,持有不要求物理上的握有,不要求行为人时时刻刻将毒品握在手中、放在身上和装在口袋里,只要行为人认识到它的存在,能够对之进行管理或者支配,就是持有。第三,持有时并不要求行为人是毒品的"所有者"、"占有者";即使属于他人"所有"、"占有"的毒品,但事实上置于行为人支配之下时,行为人即持有毒品;行为人是否知道"所有者"、"占有者",不影响持有的成立。第四,持有并不要求直接持有,即介入第三者时,也不影响持有的成立。如行为人认为自己管理毒品不安全,将毒品委托给第三者保管时,行为人与第三者均持有该毒品。第三者为直接持有,行为人为间接持有。第五,持有不要求单独持有,二人以上共同持有毒品的,也成立本罪;持有也不要求具有排他性,完全可以由二人以上重叠持有。第六,持有是一种持续行为,只有当毒品在一定时间内由行为人支配时,才构成持有;至于时间的长短,则并不影响持有的成立,只是一种量刑情节,但如果时间过短,不足以说明行为人事实上支配着毒品时,则不能认为是持有。[194] (3)持有毒品达到一定数量。即非法持有鸦片200克以上、海洛因或者甲基苯丙胺10克以上或者其他毒品数量较大的,才成立非法持有毒品罪。[195] (4)持有毒品的行为必须具有非法性。即行为人持有毒品时,没有合法的根据;或者说,行为人持有毒品,不是基于法律、法令、法规的规定或允许。如果行为人合法持有毒品,则阻却违法性。换言之,依法生产、使用、研究毒品的人持有毒品的,是正当化事由,不构成犯罪。例如,医生因病人病情的需要,为了治疗而持有毒品的,经过有权机关批准从事毒品管理职业的,经过有权机关批准制造毒品后持有毒品或依法运输毒品的,都是合法行为,不构成非法持有毒品罪。

2. 责任形式为故意,行为人必须明知是毒品而非法持有,但不要求明知毒品的具体种类。误将头痛粉当做毒品持有的,不成立本罪。

(二)非法持有毒品罪的认定

走私、贩卖、运输、制造毒品的犯罪人,都会非法持有毒品,因此,如果行为人是因为走私、贩卖、运输、制造毒品而非法持有毒品的,应认定为走私、贩卖、运输、制造毒品罪(不能将该罪与非法持有毒品罪实行并罚)。值得研究的是如何区分运输毒品罪与非法持有毒品罪。因为运输毒品的行为同时也表现为非法持有毒品,持有包括携带行为,携带便可能表现为运输。例如,行为人利用自己的身体、衣服等将毒品从甲地运往乙地时,一方面实施了运输行为,另一方面也表现为非法持有的行为。本书认为,在这种情况下,不能将毒品转移的行为都认定为运输毒品罪,只有与走私、贩卖、制造有关联的行为,才宜认定为运输毒品罪。例如,行为人居住在甲地,在乙地出差期间购买了毒品,然后将毒品带回甲地。如果是为了吸食,数量大的,宜认定为非法持有毒品罪;如果是为了贩卖,则应认定为运输毒品罪。[196]

对于吸毒者实施的毒品犯罪,在认定犯罪事实和确定罪名时要慎重。吸毒者在购买、运输、存储毒品过程中被查获的,如没有证据证明其是为了实施贩卖等其他毒品犯罪行为,毒品数量未超过刑法第348条规定的最低数量标准的,一般不定罪处罚;查获毒品数量达到较大以上的,应以其实际实施的毒品犯罪行为(如非法持有毒品罪)定罪处罚。

有证据证明行为人不以牟利为目的,为他人代购仅用于吸食的毒品,毒品数量超过刑法第348条规定的最低数量标准的,对托购者、代购者应以非法持有毒品罪论处。代购者从中牟利,变相加价贩卖毒品的,对代购者应以贩卖毒品罪论处。

根据《2015年纪要》,购毒者接收贩毒者通过物流寄递方式交付的毒品,没有证据证

---

[194] 例如,行为人突然发现自己口袋里有一包疑似毒品的物品(事实上也是毒品),便立即扔掉或者冲入下水道的,不成立非法持有毒品罪。

[195] 关于“其他毒品数量较大”的标准,参见《毒品案件解释》第1~2条。

[196] 《2015年纪要》指出:“吸毒者在购买、存储毒品过程中被查获,没有证据证明其是为了实施贩卖毒品等其他犯罪,毒品数量达到刑法第348条规定的最低数量标准的,以非法持有毒品罪定罪处罚。”

明其是为了实施贩卖毒品等其他犯罪,毒品数量达到刑法第348条规定的最低数量标准的,一般以非法持有毒品罪定罪处罚。代收者明知是物流寄递的毒品而代购毒者接收,没有证据证明其与购毒者有实施贩卖、运输毒品等犯罪的共同故意,毒品数量达到刑法第348条规定的最低数量标准的,对代收者以非法持有毒品罪定罪处罚。

订购数量较大的毒品,但还没有接收毒品的,不管是否支付了对价,都不能认定为非法持有毒品罪的未遂犯与既遂犯,充其量只能认定为非法持有毒品罪的预备犯。

盗窃、抢夺、抢劫毒品的,应当分别以盗窃罪、抢夺罪或者抢劫罪定罪(但不计犯罪数额,根据情节轻重予以定罪量刑),不另认定为非法持有毒品罪。行为人盗窃财物的同时盗窃了毒品后,非法持有毒品的,应当以盗窃罪与非法持有毒品罪实行并罚。

(三)非法持有毒品罪的处罚

根据刑法第348条的规定,非法持有鸦片1000克以上、海洛因或甲基苯丙胺50克以上或者其他毒品数量大的,处7年以上有期徒刑或者无期徒刑,并处罚金;非法持有鸦片200克以上不满1000克、海洛因或甲基苯丙胺10克以上不满50克或者其他毒品数量较大的,处3年以下有期徒刑、拘役或者管制,并处罚金;情节严重的,处3年以上7年以下有期徒刑,并处罚金。[197] 量刑时,应注意适用刑法第356条关于再犯从重处罚的规定。

三、包庇毒品犯罪分子罪、窝藏、转移、隐瞒毒品、毒赃罪

包庇毒品犯罪分子罪,是指包庇走私、贩卖、运输、制造毒品的犯罪分子的行为。窝藏、转移、隐瞒毒品、毒赃罪,是指为走私、贩卖、运输、制造毒品的犯罪分子窝藏、转移、隐瞒毒品或者犯罪所得的财物的行为。[198] 前者是一种特殊的包庇罪,故不再认定为刑法第310条规定的包庇罪。后者是一种特殊的赃物罪,故不再认定为刑法第312条规定的赃物犯罪。但是,如果行为同时触犯刑法第191条规定的洗钱罪,则属于想象竞合,应依照处罚较重的规定处罚。

上述"走私、贩卖、运输、制造毒品的犯罪分子",是指实施刑法第347条规定的走私、贩卖、运输、制造毒品罪的犯罪分子,但不要求其中的"犯罪分子"达到法定年龄、具有责任能力。例如,为实施走私、运输、制造毒品行为但不满16周岁的人窝藏、转移、隐瞒毒品或者犯罪所得的财物的,也成立窝藏、转移、隐瞒毒品、毒赃罪。

包庇,是指作假证明,使毒品犯罪分子的身份不能或者难以被发现的行为。窝藏,是指使毒品、毒赃不能或者难以被发现的行为,窝藏行为可能表现为持有行为,但不限于持有行为。对于走私、贩卖、运输、制造毒品的行为,不能以窝藏毒品罪论处。窝藏毒品的行为同时触犯非法持有毒品罪的,应作为狭义的包括一罪,从一重罪论处。转移毒品、毒赃也可谓运输行为,但这里的转移应限于为使走私、贩卖、运输、制造毒品的犯罪分子逃避法律追究而转移毒品;如果为了贩卖等而转移毒品,则应认定为运输毒品罪。隐瞒毒品、毒赃,是指为走私、贩卖、运输、制造毒品的犯罪分子隐瞒毒品的来源、去向、存放地、毒品犯罪所得的财物的行为。

认定本罪时,应正确处理本罪与走私、贩卖、运输、制造毒品罪的共犯的关系。例如,

---

[197] 关于具体量刑标准与情节严重的认定,参见《毒品案件解释》第1~2条、第5条。

[198] 不包括毒品犯罪所得财物转换后的收益。对于窝藏、转移、隐瞒毒品犯罪所得财物转换后的收益的行为,应适用刑法第312条的规定。

在他人走私毒品既遂后,为他人窝藏毒品的行为,成立窝藏毒品罪。实施本罪行为,事先与走私、贩卖、运输、制造毒品的犯罪分子通谋的,以走私、贩卖、运输、制造毒品罪的共犯论处。此外,如果在他人走私毒品的过程中为他人隐瞒毒品的,则是走私毒品罪的共犯。

根据《毒品案件解释》的规定,包庇走私、贩卖、运输、制造毒品的近亲属,或者为其窝藏、转移、隐瞒毒品或者毒品犯罪所得的财物,不具有"情节严重"情形,归案后认罪、悔罪、积极退赃,且系初犯、偶犯,犯罪情节轻微不需要判处刑罚的,可以免予刑事处罚。[199]

根据刑法第349条的规定,犯本罪的,处3年以下有期徒刑、拘役或者管制;情节严重的,处3年以上10年以下有期徒刑。[200] 缉毒人员或者其他国家机关工作人员掩护、包庇走私、贩卖、运输、制造毒品的犯罪分子的,依照上述规定从重处罚。量刑时,还要注意适用刑法第356条关于再犯从重处罚的规定。

四、非法生产、买卖、运输制毒物品、走私制毒物品罪

本罪是指违反国家规定,非法生产、买卖、运输醋酸酐、乙醚、三氯甲烷或者其他用于制造毒品的原料、配剂,或者携带上述物品进出境,情节较重的行为。

制毒物品除刑法第350条列举的几种物品外,还包括其他可能用于制造毒品的原料、配剂,具体品种范围按照国家关于易制毒化学品管理的规定确定。

违反国家规定,加工、提炼、制造制毒物品的行为,均属于非法生产制毒物品。买卖是指购买或者出卖,根据"两高"、公安部2009年6月23日《关于办理制毒物品犯罪案件适用法律若干问题的意见》(以下简称《制毒案件意见》),违反国家规定,实施下列行为之一的,认定为非法买卖制毒物品行为:(1)未经许可或者备案,擅自购买、销售易制毒化学品的;(2)超出许可证明或者备案证明的品种、数量范围购买、销售易制毒化学品的;(3)使用他人的或者伪造、变造、失效的许可证明或者备案证明购买、销售易制毒化学品的;(4)经营单位违反规定,向无购买许可证明、备案证明的单位、个人销售易制毒化学品的,或者明知购买者使用他人的或者伪造、变造、失效的购买许可证明、备案证明,向其销售易制毒化学品的;(5)以其他方式非法买卖易制毒化学品的。运输制毒物品中的运输与运输毒品罪中的运输含义相同。

根据《麻黄碱案件意见》,以加工、提炼制毒物品为目的,购买麻黄碱类复方制剂,或者运输、携带、寄递麻黄碱类复方制剂进出境的,将麻黄碱类复方制剂拆除包装、改变形态后进行走私或者非法买卖,或者明知是已拆除包装、改变形态的麻黄碱类复方制剂而进行走私或者非法买卖的,以及利用麻黄碱类复方制剂加工、提炼制毒物品的,均应以本罪论处。根据"两高"、公安部、农业部、食品药品监管总局2013年5月21日《关于进一步加强麻黄草管理严厉打击非法买卖麻黄草等违法犯罪活动的通知》,以提取麻黄碱类制毒物品后进行走私或者非法贩卖为目的,采挖、收购麻黄草,涉案麻黄草所含的麻黄碱类制毒物品达到相应定罪数量标准的,应以本罪论处。明知他人走私、非法买卖制毒物品,向其

---

〔199〕 根据本书的观点,只要没有期待可能性,就不应当以犯罪论处。

〔200〕 关于情节严重的认定,参见《毒品案件解释》第6条。

提供麻黄草或者提供运输、储存麻黄草等帮助的,应以本罪的共犯论处。[201]

本罪的责任形式为故意,行为人必须明知自己生产、买卖、运输、走私的是制毒物品(易制毒化学品)。根据《制毒案件意见》,有下列情形之一,且查获了易制毒化学品,结合犯罪嫌疑人、被告人的供述和其他证据,经综合审查判断,可以认定其“明知”是制毒物品而走私或者非法买卖,但有证据证明确属被蒙骗的除外:(1)改变产品形状、包装或者使用虚假标签、商标等产品标志的;(2)以藏匿、夹带或者其他隐蔽方式运输、携带易制毒化学品逃避检查的;(3)抗拒检查或者在检查时丢弃货物逃跑的;(4)以伪报、藏匿、伪装等蒙蔽手段逃避海关、边防等检查的;(5)选择不设海关或者边防检查站的路段绕行出入境的;(6)以虚假身份、地址办理托运、邮寄手续的;(7)以其他方法隐瞒真相,逃避对易制毒化学品依法监管的。

明知他人制造毒品而为其提供上述制毒物品的,以制造毒品罪的共犯论处。明知他人实施非法生产、买卖、运输或者走私制毒物品犯罪,而为其运输、储存、代理进出口或者以其他方式提供便利的,以本罪的共犯论处。

根据《毒品案件解释》的规定,易制毒化学品生产、经营、购买、运输单位或者个人未办理许可证明或者备案证明,生产、销售、购买、运输易制毒化学品,确实用于合法生产、生活需要的,不以制毒物品犯罪论处。

根据刑法第350条的规定,犯本罪的,处3年以下有期徒刑、拘役或者管制,并处罚金;情节严重的,处3年以上7年以下有期徒刑,并处罚金;情节特别严重的,处7年以上有期徒刑,并处罚金或者没收财产。[202] 单位犯本罪的,对单位判处罚金,并对其直接负责的主管人员和其他直接责任人员,依照上述规定处罚。量刑时,应注意适用刑法第356条关于再犯从重处罚的规定。

五、非法种植毒品原植物罪

本罪是指非法种植罂粟、大麻等毒品原植物,情节严重的行为。具有下列情形之一的,属于“情节严重”:(1)种植罂粟500株以上不满3000株或者其他毒品原植物数量较大的;(2)经公安机关处理后又种植的;(3)抗拒铲除的。

第(1)项中的“种植”,是指播种、育苗、移栽、插苗、施肥、灌溉、割取津液或者收取种子等行为。“不满3000株”是表面的要素。亦即,只要证明种植罂粟500株以上,即使不能证明具体数量的(不能证明是否“不满3000株”),也应认定为本罪。根据《毒品案件解释》与立案标准,非法种植大麻5000株以上的,属于毒品原植物数量较大。行为人同时种植两种以上毒品原植物,可以折算后进行综合判断。“数量较大”是指毒品原植物本身的数量较大,而不是指种植面积大。非法种植毒品原植物的株数一般应以实际查获的数量为准。因种植面积较大,难以逐株清点数目的,可以抽样测算每平方米平均株数后按实际

---

[201] 需要注意的是,在《刑法修正案(九)》颁布之前,刑法第350条仅规定了走私与买卖两种行为,《刑法修正案(九)》增加了生产、运输行为。《制毒案件意见》、《麻黄碱案件意见》以及该通知是在《刑法修正案(九)》颁布之前做出的,故需要联系修正后的第350条理解和适用司法解释。例如,《制毒案件解释》规定:“为了……走私、非法买卖制毒物品犯罪而采用生产、加工、提炼等方法非法制造易制毒化学品的,根据刑法第22条的规定,按照其制造易制毒化学品的不同目的,分别以……走私制毒物品、非法买卖制毒物品的预备行为论处。”显然,这种行为现在属于非法生产制毒物品罪的既遂犯。

[202] 关于具体量刑标准,参见《毒品案件解释》第7~8条。

种植面积测算出种植总株数。种植面积大但还没有形成毒品原植物的,不应以本罪论处。《毒品案件解释》规定:“非法种植罂粟200平方米以上不满1200平方米、大麻2000平方米以上不满1.2万平方米,尚未出苗的”,属于数量较大。但在本书看来,这一规定存在疑问。事实上,行为人在种植之前的行为,肯定符合非法买卖、运输、携带、持有毒品原植物种子、幼苗罪,因而以该罪论处即可。即使认定为非法种植毒品原植物罪,也只能认定为未遂犯或者预备犯。

第(2)项的“经公安机关处理后又种植”是指经公安机关行政处理(如治安处罚或者强制铲除等)后又种植,既不要求以前的种植数量较大,也不要求再次种植的数量较大。因非法种植毒品原植物受刑罚处罚后又种植的,只有符合上述第(1)或者第(3)项规定的,才能认定为本罪。一种观点认为,“经公安机关处理后又种植的……也包括被依法追究刑事责任,又再次种植毒品原植物的”。[203] 从当然解释的原理来看,这一观点似乎有道理。但是,由于行政处理(不一定是处罚)与刑罚处罚性质不同,故经过行政处理的行为也完全可能再作刑事处理。换言之,“经公安机关处理又种植”实际上是将两次种植行为作为一个整体评价为犯罪。但是,已经做出刑事处罚的不得再作刑事处罚。换言之,已经受到刑罚处罚,只是判断行为人再犯罪可能性大小的资料,而不可能成为新犯罪的不法根据。所以,被依法追究刑事责任后再次种植的,只有再次种植的行为完全符合本罪的犯罪构成,才能以本罪论处,并同时判断是否成立累犯。上述观点明显与刑法关于累犯的规定相抵触,因而不可取。

第(3)项的“抗拒铲除”,是指抗拒国家机关或者基层组织(如村民委员会、居民委员会)的铲除行为。抗拒亲属、邻居的铲除行为的,不宜认定为本罪。一种观点认为,只有抗拒国家机关依法实施的铲除行为,才能认定为本罪。[204] 但本书认为,这种观点导致本罪的成立以行为构成妨害公务罪为前提,不当缩小了处罚范围。另一方面,基层组织完全可能为了贯彻实施禁毒法律、法规或者按照国家机关的安排而实施铲除行为。抗拒行为当然包括暴力、胁迫方式,但不以暴力、胁迫为前提,为强制铲除设置障碍的(如组织众人堵住种植地的入口,不让铲除人员进入),也属于抗拒铲除。不过,单纯的不作为、不配合、不协作的,不能认定为抗拒铲除。抗拒铲除的行为同时触犯妨害公务罪的,属于想象竞合,从一重罪处罚。

非法种植毒品原植物后,利用自己种植的原植物制造毒品的,认定为制造毒品罪,不实行数罪并罚。但是,既非法种植毒品原植物,又利用其他毒品原植物制造毒品的,则应当实行数罪并罚。

根据刑法第351条的规定,犯本罪的,处5年以下有期徒刑、拘役或者管制,并处罚金;非法种植罂粟3000株以上或者其他毒品原植物数量大的,处5年以上有期徒刑,并处罚金或者没收财产。[205] 量刑时,应注意适用刑法第356条关于再犯从重处罚的规定。此外,非法种植罂粟或者其他毒品原植物,在收获前自动铲除的,可以免除处罚。对此,有两点需要说明:第一,只要在收获前自动铲除的,就可以免除处罚,而不问公安机关在此之前

---

〔203〕 郎胜主编:《中华人民共和国刑法释义》,法律出版社2015年第6版,第616页。

〔204〕 参见王作富主编:《刑法分则实务研究》(下),中国方正出版社2013年第5版,第1470页。

〔205〕 具体量刑标准,参见《毒品案件解释》第9条。

是否发现。换言之,在公安机关发现后自动铲除的,也应适用本规定。[206] 第二,虽然可以免除处罚,但在根据案件情况不应免除处罚时,根据当然解释的原理,既可以下降一个量刑幅度减轻处罚,也可以下降两个量刑幅度减轻处罚。

六、非法买卖、运输、携带、持有毒品原植物种子、幼苗罪

本罪是指非法买卖、运输、携带、持有未经灭活的罂粟等毒品原植物种子或者幼苗,数量较大的行为。根据《毒品案件解释》的规定,具有下列情形之一的,应当认定为"数量较大":(1)罂粟种子50克以上、罂粟幼苗5000株以上的;(2)大麻种子50千克以上、大麻幼苗5万株以上的;(3)其他毒品原植物种子或者幼苗数量较大的。行为人非法种植毒品原植物后又非法买卖、运输、携带、持有的,以非法种植毒品原植物罪论处。根据刑法第352条的规定,犯本罪的,处3年以下有期徒刑、拘役或者管制,并处或者单处罚金。量刑时,还应注意适用刑法第356条关于再犯从重处罚的规定。

七、引诱、教唆、欺骗他人吸毒罪

引诱、教唆、欺骗他人吸毒罪,是指引诱、教唆、欺骗他人吸食、注射毒品的行为。引诱、教唆,都属于在他人本无吸食、注射毒品意愿的情况下,通过向他人宣扬吸食、注射毒品后的感受、传授或示范吸毒方法、技巧以及利用金钱、物质等进行诱惑的方法,引起他人产生吸食、注射毒品的意愿或者欲望的行为;欺骗,是指隐瞒真相或者制造假相,使他人吸食、注射毒品的行为。行为人开设网站、利用网络聊天室等引诱、教唆、欺骗他人吸毒的,应以本罪论处。引诱、教唆、欺骗的对象没有任何限制,不管对方是否达到法定年龄,是否具有责任能力,也包括已经戒毒的人员。邀约正在吸毒的人员一同吸毒的,不成立本罪。吸食毒品,是指用口吸、鼻吸、吞服、饮用等方法吸入或者食取毒品;注射毒品,是指采用皮下或者静脉等注射方法使用毒品。他人已经吸食、注射毒品是本罪的既遂标志。实施本罪行为,同时向对方贩卖毒品的,应实行数罪并罚。

实践中,有人将罂粟壳掺入食品以招揽顾客、吸引回头客,扩大生意。罂粟壳(俗称大烟壳)含有吗啡等物质,易使人体产生瘾癖,对人体肝脏、心脏有毒害作用。罂粟壳属于国家管制的毒品,国家法律对罂粟壳管理使用有明确规定,禁止非法供应、运输、使用。由于顾客都是在不知道的情况下被骗食用的,因此这种行为属于欺骗他人吸食毒品的犯罪行为。对在食品中掺用罂粟壳的,应以欺骗他人吸毒罪处理。[207]

根据刑法第353条第1款、第3款的规定,犯本罪的,处3年以下有期徒刑、拘役或者管制,并处罚金;情节严重的,处3年以上7年以下有期徒刑,并处罚金。[208] 引诱、教唆、欺骗未成年人吸食、注射毒品的,从重处罚。量刑时,还应注意适用刑法第356条关于再犯从重处罚的规定。

八、强迫他人吸毒罪

强迫他人吸毒罪,是指使用暴力、威胁等生理强制或心理强制方法,迫使他人吸食、注

---

[206] 例如,公安人员巡逻时发现村民甲的院落中种植了大量罂粟(共3000余株,公安人员没有铲除也没有责令甲铲除),遂让甲与其一起去派出所,但在路上甲吓得拉了一裤裆,公安人员让甲回家换衣服后自行去派出所。甲回家换衣服后立即自动铲除全部罂粟,然后前往派出所。本书认为,甲的行为属于在收获前自动铲除,而且符合自首的成立条件。

[207] 参见公安部1993年7月24日《关于坚决制止、查处在食品中掺用罂粟壳违法犯罪行为的通知》。

[208] 关于情节严重的认定,参见《毒品案件解释》第11条。

射毒品的行为。采用某种方法使他人暂时丧失知觉或者利用他人暂时丧失知觉的状态,给他人注射毒品的,应认定为强迫他人吸毒罪。他人已经吸食、注射毒品是本罪的既遂标志。强迫他人吸食毒品造成他人身体伤害或者死亡的,是本罪与故意伤害罪、故意杀人罪的想象竞合,从一重罪处罚。根据刑法第 353 条第 2 款与第 3 款的规定,犯本罪的,处 3 年以上 10 年以下有期徒刑,并处罚金。强迫未成年人吸食、注射毒品的,从重处罚。[209] 量刑时,还应注意适用刑法第 356 条关于再犯从重处罚的规定。

九、容留他人吸毒罪

容留他人吸毒罪,是指容留他人吸食、注射毒品的行为。容留,是指允许他人在自己管理的场所吸食、注射毒品或者为他人吸食、注射毒品提供场所的行为。容留行为既可以主动实施,也可以被动实施,既可以是有偿的,也可能是无偿的。

甲在宾馆开房后,容留乙在该房间吸毒的,成立本罪。但是,在 A、B、C 共同寻找吸毒场所的过程中,A 主动或者被动(如受 B、C 指使)用自己的身份证件在宾馆开房,然后三人在该房间共同吸毒的,不应将 A 的行为认定为本罪。[210] 换言之,"容留"实际上是指将自己事先已经支配的场所提供给吸毒人员。行为人将身份证件借给吸毒者,由吸毒者在宾馆开房后在房间吸毒的,不成立本罪。[211] 因为身份证件不等于宾馆房间,利用身份证件支配宾馆房间还需要一定的程序与对价,所以,不能将提供身份证件的行为直接评价为提供场所的行为。行为人向吸毒者提供无人管理的场所信息的,不成立本罪。例如,甲将某地有无人看守的空闲房屋的信息告诉给吸毒者乙的,不属于容留他人吸毒。房主出租房屋后,发现他人在房屋内吸食、注射毒品的,不成立本罪。酒吧、歌厅的服务员发现顾客在包间吸毒不予制止和举报的,不成立本罪。吸毒者唆使他人为自己提供吸毒场所的,不成立本罪的教唆犯。

根据《毒品案件解释》的规定,容留他人吸食、注射毒品,具有下列情形之一的,应当以容留他人吸毒罪定罪处罚:(1)一次容留多人吸食、注射毒品的;(2)二年内多次容留他人吸食、注射毒品的;(3)二年内曾因容留他人吸食、注射毒品受过行政处罚的;(4)容留未成年人吸食、注射毒品的;(5)以牟利为目的容留他人吸食、注射毒品的;(6)容留他人吸食、注射毒品造成严重后果的;(7)其他应当追究刑事责任的情形。

向他人贩卖毒品后又容留其吸食、注射毒品,或者容留他人吸食、注射毒品并向其贩卖毒品,符合上述容留他人吸毒罪的定罪条件的,以贩卖毒品罪和容留他人吸毒罪数罪并罚。

容留近亲属吸食、注射毒品,情节显著轻微危害不大的,不作为犯罪处理;需要追究刑事责任的,可以酌情从宽处罚。

根据刑法第 354 条的规定,犯本罪的,处 3 年以下有期徒刑、拘役或者管制,并处罚金。在量刑时,应注意适用刑法第 356 条关于再犯从重处罚的规定。

十、非法提供麻醉药品、精神药品罪

本罪是指依法从事生产、运输、管理、使用国家管制的麻醉药品、精神药品的人员与单位,违反国家规定,向吸食、注射毒品的人提供国家规定管制的能够使人形成瘾癖的麻醉

---

〔209〕 根据刑法第 353 条第 3 款的规定,难以将引诱、教唆、欺骗未成年人吸毒评价为强迫未成年人吸毒。

〔210〕 在这种场合,如果认定 A 的行为构成容留他人吸毒罪,就明显不公平(尤其是在 A 被指使、被引诱开房的场合)。

〔211〕 司法实践中大多将这种行为认定为本罪,但本书对此持否定态度。

药品或者精神药品的行为。

行为主体必须是依法从事生产、运输、管理、使用国家管制的麻醉药品、精神药品的人员与单位。客观行为表现为违反国家规定，向吸食、注射毒品的人提供国家规定管制的能够使人形成瘾癖的麻醉药品或者精神药品。这里的提供，不以有偿为条件，包括对使用者而言是有偿使用，但对行为人而言是无偿提供的情况。例如，医院的医生明知他人吸食、注射毒品，但在处方中提供某种麻醉药品或精神药品。[212] 在吸毒者未能戒毒，毒瘾发作时如不提供必要毒品会导致伤亡的情况下，对其提供必要毒品的，阻却违法性。

责任形式为故意，不要求有牟利目的。根据刑法第355条第1款的规定，以牟利为目的，向吸食、注射毒品的人有偿提供上述麻醉药品或者精神药品的，应认定为贩卖毒品罪；明知是走私、贩卖毒品的犯罪人，而向其提供上述麻醉药品或者精神药品的，不管是有偿提供、还是无偿提供，均应认定为走私、贩卖毒品罪。但是，根据共犯从属性的原理，如果接受提供的人仅实施了走私、贩卖毒品的预备行为，则提供者的行为既是走私、贩卖毒品罪的预备犯，也是非法提供麻醉药品、精神药品罪的既遂犯，宜从一重罪处罚。如果接受提供的人已经着手实行走私、贩卖毒品行为而未得逞，则提供者的行为既是走私、贩卖毒品罪的未遂犯，也是非法提供麻醉药品、精神药品罪的既遂犯，宜从一重罪处罚。

根据《毒品案件解释》的规定，具有下列情形之一的，应当以非法提供麻醉药品、精神药品罪定罪处罚：(1)非法提供麻醉药品、精神药品达到刑法第347条第3款或者司法解释规定的"数量较大"标准最低值的50%，不满"数量较大"标准的；(2)二年内曾因非法提供麻醉药品、精神药品受过行政处罚的；(3)向多人或者多次非法提供麻醉药品、精神药品的；(4)向吸食、注射毒品的未成年人非法提供麻醉药品、精神药品的；(5)非法提供麻醉药品、精神药品造成严重后果的；(6)其他应当追究刑事责任的情形。

根据刑法第355条的规定，犯本罪的，处3年以下有期徒刑或者拘役，并处罚金；情节严重的，处3年以上7年以下有期徒刑，并处罚金。[213] 单位犯本罪的，对单位判处罚金，并对其直接负责的主管人员和其他直接责任人员，依照上述规定处罚。量刑时，应注意适用刑法第356条关于再犯从重处罚的规定。

第九节　组织、强迫、引诱、容留、介绍卖淫罪

一、组织卖淫罪、强迫卖淫罪

(一)组织卖淫罪的概念与犯罪构成

组织卖淫罪，是指以招募、雇佣、强迫、引诱、容留等手段，控制他人从事卖淫活动的

---

[212] 安定注射液属于"国家规定管制的能够使人形成瘾癖的"精神药品。鉴于安定注射液属于《精神药品管理办法》规定的第二类精神药品，医疗实践中使用较多，在处理此类案件时，应当慎重掌握罪与非罪的界限。对于明知他人是吸毒人员而多次向其出售安定注射液，或者贩卖安定注射液数量较大的，可以依法追究行为人的刑事责任(参见最高人民检察院法律政策研究室2002年10月24日《关于安定注射液是否属于刑法第三百五十五条规定的精神药品问题的答复》)。

[213] 关于情节严重的认定，参见《毒品案件解释》第13条。

行为。

1. 构成要件的内容为组织他人卖淫。组织,是指以招募、雇佣、强迫、引诱、容留等手段,控制他人从事卖淫活动的行为。一般表现为两种情况:(1)设置卖淫场所或者变相卖淫场所,控制卖淫者,招揽嫖娼者。如以办旅馆为名,行开妓院之实。(2)没有固定的卖淫场所,通过控制卖淫人员,有组织地进行卖淫活动。如服务业的负责人员,组织本单位的服务人员向顾客卖淫。所谓"控制"卖淫人员,是指通过对卖淫人员施加物理的或者心理的影响,进而左右卖淫人员的意志,使其难以摆脱行为人的影响。作为卖淫人员的他人,既包括女性,也包括男性。即既包括组织女性当女娼,也包括组织男性当男妓。卖淫,是指以营利为目的,满足不特定对方(不限于异性)的性欲的行为,包括与不特定的对方性交和实施类似性交的行为(如口交、肛交等)。组织女性向女性、男性向男性实施口交、肛交等类似性交行为的,也成立本罪。但是,组织他人单纯为异性手淫的,组织女性用乳房摩擦男性生殖器的,组织女性被特定人"包养"的,不应认定为组织卖淫罪。被组织者实施了卖淫行为的,组织卖淫行为构成既遂。

2. 责任形式为故意,虽然卖淫以营利为目的,组织卖淫者通常也以营利为目的,但刑法并没有将营利目的规定为本罪的责任要素。从理论上说,卖淫具有营利目的,不等于组织者必然具有营利目的。

(二)强迫卖淫罪的概念与犯罪构成

强迫卖淫罪,是指使用暴力、威胁、虐待等强制方法迫使他人卖淫的行为。

构成要件的内容为使用暴力、威胁、虐待等强制方法迫使他人卖淫。行为对象既包括妇女,也包括幼女,还包括男子。行为的方法必须具有强迫性,强迫的内容必须是使他人卖淫,主要表现为以下情形:(1)在他人不愿意从事卖淫活动的情况下,行为人使用强制手段迫使其从事卖淫活动。(2)他人虽然原本从事卖淫活动,但在他人不愿意继续从事卖淫活动的情况下,行为人使用强制手段迫使其继续从事卖淫活动。(3)在他人不愿意在此场所从事卖淫活动的情况下,行为人使用强制手段迫使其在此场所从事卖淫活动。(4)他人虽然原本从事卖淫活动,但在他人不愿意向某类人卖淫的情况下,行为人使用强制手段迫使其向某类人卖淫。(5)他人虽然原本从事卖淫活动,但在他人不愿意以某种方式卖淫的情况下,行为人使用强制手段迫使其以某种方式卖淫。被强迫者实施了卖淫行为的,强迫卖淫行为即为既遂。责任形式为故意,是否出于营利目的,不影响本罪的成立。

在组织他人卖淫的活动中,对被组织者实施强迫行为的,只认定为组织卖淫罪即可,不必实行数罪并罚;但如果被强迫者与被组织者不具有同一性,则应将组织卖淫罪与强迫卖淫罪分别定罪,实行数罪并罚。强迫他人仅与特定的个人性交或者从事猥亵活动的,由于被强迫者的行为不符合卖淫的特征,不能认定为强迫卖淫罪,只能认定为强奸、强制猥亵等罪。行为人强迫妇女仅与自己发生性交,并支付性行为对价的,应认定为强奸罪,不得认定为强迫卖淫罪。一方面,被害妇女的行为不符合卖淫的特征;另一方面,如果将这种行为认定为强迫卖淫罪,那么,以金钱、财物引诱妇女与自己通奸的行为,也成立引诱卖淫罪,这恐怕不合适。但是,如果行为人为了强迫他人从事卖淫活动,对他人实施强制猥亵、强奸行为,进而迫使其卖淫的,则应认定为强迫卖淫罪,并且与强制猥亵罪、强奸罪实行并罚。

表面上是强迫他人卖淫,实际上是以胁迫手段实施强奸的,应认定为强奸罪。例如,甲男以在网上传播乙女的裸照相要挟,要求乙女前往宾馆的某房间从事卖淫活动。乙女被迫同意后,甲冒充嫖客与乙女性交。对甲的行为应认定为强奸罪。

(三)组织卖淫罪、强迫卖淫罪的处罚

根据刑法第358条的规定,组织、强迫他人卖淫的,处5年以上10年以下有期徒刑,并处罚金;情节严重的,处10年以上有期徒刑或者无期徒刑,并处罚金或者没收财产。情节严重主要是指:(1)组织卖淫的首要分子;(2)强迫多人卖淫的;(3)多次强迫他人卖淫的;(4)采取剥夺人身自由方法组织或者强迫他人卖淫的;(5)造成被强迫卖淫的人重伤、死亡或者其他严重后果的。组织、强迫未成年人卖淫的,依照上述规定从重处罚。根据刑法第361条的规定,旅馆业、饮食服务业、文化娱乐业、出租汽车业等单位的主要负责人,利用本单位的条件组织、强迫他人卖淫的,从重处罚。

组织或者强迫他人卖淫,并有杀害、伤害、强奸、绑架等犯罪行为的,依照数罪并罚的规定处罚。刑法第358条原本将"强奸后迫使卖淫"规定为法定刑升格的条件(结合犯),但《刑法修正案(九)》删除了这一规定。据此,强奸后迫使卖淫的,应当实行数罪并罚,而不能视为组织、强迫卖淫罪的严重情节。

二、协助组织卖淫罪

协助组织卖淫罪,是指为组织卖淫的人招募、运送人员或者以其他方法协助组织他人卖淫的行为。招募、运送的人员,不仅包括卖淫人员,而且包括组织卖淫的管理人员。其他方法包括充当皮条客、保镖、管账人等行为。如果刑法没有规定本罪,对协助组织他人卖淫的行为,应认定为组织卖淫罪的共犯行为,但刑法考虑到这种行为的严重危害程度,避免将犯罪人以从犯论进而从轻、减轻或者免除处罚,从而导致刑罚畸轻现象,便将协助组织他人卖淫的行为规定为独立犯罪。据此,协助组织他人卖淫的行为与组织他人卖淫的行为,应当分别定罪量刑处罚。

为组织卖淫的人招募、运送人员的行为成立犯罪,以客观上存在已经组织、正在组织或者将要组织卖淫的人为前提。但本罪是否属于帮助犯的正犯化,似乎不可一概而论,需要独立判断招募、运送等行为是否值得科处刑罚。换言之,在这种场合,帮助犯既可能被正犯化,也可能没有被正犯化。在没有其他正犯的场合,帮助犯是否值得处罚,取决于该帮助行为本身是否侵害法益以及法益侵害的程度。

例如,A明知B将要或者正在实施组织他人卖淫的行为,在没有通谋的情况下,A以不为一般人所知悉的方式(如向特定妇女发短信、发微信介绍宾馆服务工作)为其招募了5名妇女(妇女不知真相),但B没有接收A招募的妇女,更没有着手组织该5名妇女从事卖淫的活动。由于5名妇女要求A补偿经济损失,导致案发。A虽然有为他人组织卖淫招募人员的行为与故意,但是,所招募的人员并没有从事卖淫活动,A的招募行为本身没有侵犯刑法所保护的法益,因而不可能将A的行为以协助组织卖淫罪论处。[214] 就此而言,刑法第358条第4款就没有将帮助犯正犯化。

再如,甲明知乙将要或者正在实施组织卖淫的行为,在没有通谋的情况下,以不特定人、多数人可以知悉的方式公开招募卖淫女,被招募的6名妇女知道从事卖淫活动,但在乙没有接收甲招募的6名妇女或者还未来得及组织甲所招募的6名妇女从事卖淫活动时即案发。乙虽然还未来得及组织甲所招募的妇女从事卖淫活动,但甲的行为已经侵害了社会管理秩序,值得科处刑罚。所以,即使正犯乙没有针对甲所招募的人员实施组织卖淫罪,对甲的行为也应以协助组织卖淫罪论处。换言之,在本案中,甲的行为成立协助组织卖淫罪不以存在符合构成要件的正犯行为为前提。不仅如此,即使甲的行为是由丙唆使的,对丙也应以协助组织卖淫罪的教唆犯论处。就此而言,刑法第358条第4款对帮助犯实行了正犯化。[215]

又如,李四已租用房屋,准备组织他人卖淫,张三受李四指使从外地招募、运送了若干人员,但在被招募、运送的人员还没有开始从事卖淫活动(李四还没有着手实行组织卖淫行为)时,即被查获。本书认为,张三的行为依然成立协助组织卖淫罪(既遂)。李四的行为虽然只是组织卖淫罪的预备行为,但同时也是协助组织卖淫罪的教唆犯。

概言之,为他人组织卖淫所实施的招募、运送人员的行为是否成立协助组织卖淫罪,一方面取决于正犯是否实施了组织卖淫的行为,另一方面在正犯没有实施组织卖淫行为时,取决于协助行为本身是否严重侵害了社会管理秩序。

对于在组织卖淫案件中充当打手的行为,需要具体分析。充当打手,是指在组织者指挥下,为避免他人干涉、抗拒他人检查、防止嫖客闹事、维护卖淫组织而充当打手。如果行为人是强迫他人卖淫的打手,应为强迫卖淫罪。虽然组织他人卖淫也包括强迫他人卖淫的手段,但强迫他人卖淫又是独立罪名,因此,当行为人不是组织者,但其行为符合强迫卖淫罪的构成要件时,应认定为强迫卖淫罪。如果不是强迫他人卖淫的打手,则宜认定为协助组织卖淫罪。

根据刑法第358条第4款的规定,犯本罪的,处5年以下有期徒刑,并处罚金;情节严重的,处5年以上10年以下有期徒刑,并处罚金。旅馆业、饮食服务业、文化娱乐业、出租汽车业等单位的主要负责人,利用本单位的条件,协助组织他人卖淫的,从重处罚。

三、引诱、容留、介绍卖淫罪

本罪是指引诱、容留、介绍他人卖淫的行为。

构成要件的内容为引诱、容留、介绍他人卖淫。其中的他人,既包括女性,也包括男性,但引诱幼女卖淫的,成立引诱幼女卖淫罪。引诱,是指在他人本无卖淫意愿的情况下,使用勾引、利诱等手段使他人从事卖淫活动的行为。卖淫者原本在此地卖淫,行为人引诱其在彼地卖淫的,不应认定为引诱他人卖淫。容留,是指允许他人在自己支配的场所卖淫或者为他人卖淫提供场所的行为。提供场所让特定嫖客与上门提供性服务的卖淫人员从

---

[214] 或许有人认为,A的招募行为对B组织卖淫起到了心理的帮助作用,故应认定为协助组织卖淫罪。但是,本书难以赞成这一结论,因为A的行为不可能对B之前的组织卖淫行为起心理的帮助作用。另一方面,即使肯定这一结论(即对B此后组织卖淫起到了心理帮助行为),也不能得出帮助犯的正犯化结论。因为这一结论的成立本身就是以正犯B实施了组织卖淫罪的不法行为为前提的。

[215] 甲的行为是否同时触犯引诱、介绍卖淫罪,则是另一回事。

事性行为的,不应认定为容留卖淫罪。[216] 二人合租一间房屋时,其中的一人为对方与卖淫人员从事性行为而离开房间的,不得认定为容留卖淫罪。介绍,一般是指在卖淫者与嫖客之间牵线搭桥,勾通撮合,使他人卖淫得以实现的行为。在意欲卖淫者与卖淫场所的管理者之间进行介绍的属于介绍他人卖淫。但是,单纯向意欲嫖娼者介绍卖淫场所,而与卖淫者没有任何联络的,可谓"介绍他人嫖娼",不能认定为介绍卖淫。介绍女子被他人"包养"的,不成立介绍卖淫罪。实施引诱、容留、介绍三种行为之一的,即可构成本罪;同时实施上述行为的,也只认定为一罪,不实行数罪并罚。本罪的责任形式为故意,不要求出于营利目的。

根据立案标准,引诱、容留、介绍他人卖淫,具有下列情形之一的,应予追诉:(1)引诱、容留、介绍2人次以上卖淫的;(2)引诱、容留、介绍已满14周岁未满18周岁的未成年人卖淫的;(3)被引诱、容留、介绍卖淫的人患有艾滋病或者患有梅毒、淋病等严重性病;(4)其他引诱、容留、介绍卖淫应予追究刑事责任的情形。

在司法实践中,应当注意区分组织卖淫与介绍卖淫。例如,甲雇佣他人发放卖淫广告卡片,卡片上留着甲的电话号码。在嫖客给甲打来电话后,甲再打电话联系卖淫女,告诉嫖客的所在地。事后,甲再向卖淫女收取一定的费用。甲并没有支配、控制卖淫女及其卖淫活动,只能认定为介绍卖淫罪。

在组织卖淫的犯罪活动中,对被组织的人有引诱、容留、介绍卖淫行为的,应当作为组织卖淫罪的量刑情节予以考虑,不实行数罪并罚。如果这些行为是对被组织者以外的其他人实施的,即被组织者与被引诱、容留、介绍者不具有同一性时,仍应分别定罪,实行数罪并罚。引诱卖淫未得逞的情况下强迫他人卖淫的,仅以强迫卖淫罪论处。但是,引诱甲卖淫,强迫乙卖淫的,则应分别定罪,实行数罪并罚。容留他人卖淫,并向卖淫、嫖娼人员贩卖毒品的,应当实行数罪并罚。

根据刑法第359条第1款的规定,犯本罪的,处5年以下有期徒刑、拘役或者管制,并处罚金;情节严重的,处5年以上有期徒刑,并处罚金。旅馆业、饮食服务业、文化娱乐业、出租汽车业等单位的主要负责人,利用本单位的条件,引诱、容留、介绍他人卖淫的,从重处罚。

四、引诱幼女卖淫罪

本罪是指引诱不满14周岁的幼女卖淫的行为。单纯容留、介绍幼女卖淫的,仅成立容留、介绍卖淫罪。引诱幼女卖淫,同时又容留、介绍其卖淫的,应分别认定为引诱幼女卖淫罪与容留、介绍卖淫罪,实行数罪并罚。以物质引诱幼女与行为人或者其他特定人性交的,应认定为强奸罪。根据刑法第359条第2款的规定,犯本罪的,处5年以上有期徒刑,并处罚金。旅馆业、饮食服务业、文化娱乐业、出租汽车业等单位的主要负责人,利用本单位的条件,引诱幼女卖淫的,从重处罚。

---

[216] 例如,甲让朋友乙为自己提供房间,以便与卖淫女发生性关系的,对乙的行为不应认定为容留卖淫罪。

五、传播性病罪

(一)传播性病罪的概念与犯罪构成

传播性病罪,[217]是指明知自己患有梅毒、淋病等严重性病卖淫、嫖娼的行为。

1. 构成要件的内容为,患有梅毒、淋病等严重性病卖淫、嫖娼。

(1)行为主体必须是严重性病患者。一般的卖淫、嫖娼行为并不构成犯罪,只有严重性病患者的卖淫、嫖娼行为才构成犯罪。根据刑法规定,行为主体必须患有梅毒、淋病等严重性病。梅毒是由梅毒螺旋体引起的慢性传染病,淋病则是由淋菌感染所引起的泌尿生殖器官的传染病。梅毒与淋病是两种最严重的性病。刑法没有具体指明其他性病的名称,只是概括地规定为"等严重性病",我们可以将这一表述理解为"其他严重性病"。确定其他严重性病的范围时,应当考虑两点:第一,必须是与梅毒、淋病的危害相当的性病;第二,必须是容易通过卖淫、嫖娼传染的性病。因此,如果某种性病的危害并不严重,或者虽然严重但一般不能通过卖淫、嫖娼传染,则不属于刑法所规定的严重性病。

在通常情况下,卖淫是就妇女而言,嫖娼是就男性而言。但是,对此不能绝对化。因为不能排斥男妓与女嫖客的存在。正是考虑到这一点,刑法使用的是组织"他人"卖淫、强迫"他人"卖淫、引诱、容留、介绍"他人"卖淫等表述,而没有像旧刑法那样,表述为强迫"妇女"卖淫、引诱、容留"妇女"卖淫。因此,如果患有严重性病的男子卖淫或者患有严重性病的女子嫖宿,仍然构成传播性病罪。

(2)客观行为是卖淫或者嫖娼。卖淫与嫖娼是相对应的行为。如前所述,卖淫是指以营利为目的,满足不特定对方的性欲的行为,包括与不特定的对方发生性交和实施类似性交的行为;嫖娼则是指以交付金钱或其他财物为代价,使对方满足自己性欲的行为,包括与卖淫者发生性交或者实施类似性交的行为。性交以外的类似性交的行为,同样容易传染性病。因此,其他类似性交的卖淫、嫖娼行为与以性交为内容的卖淫、嫖娼具有相同的法益侵害性。既然刑法规定传播性病罪的目的之一是防止性病的传播,就应禁止这种行为。否则,不利于实现立法目的。性病患者的卖淫、嫖娼行为,都是有引起性病传播危险的行为。但是,刑法并不要求实际上引起了性病传染,即并不要求发生将性病传染于他人的结果,也不要求具有引起性病传播的具体危险。所以,本罪属于抽象的危险犯。

---

[217] 司法解释将本罪概括为传播性病罪,也得到了理论上的赞同。但本书认为,该罪名并不妥当。(1)刑法将本罪规定为抽象的危险犯,而没有将本罪规定为侵害犯,但传播性病罪的罪名使本罪成为侵害犯,这便不利于构成要件的确定,使罪名与犯罪性质不相符合,而且可能人为地缩小犯罪的成立范围。例如,严重性病患者卖淫、嫖娼时采取有效措施防止性病传染的,以及卖淫者与嫖娼者患相同性病的,根据刑法规定仍应认定为犯罪,但很难说该行为是传播性病的行为。(2)将本罪确定为传播性病罪,便要求行为人具有传播性病的故意,希望或者放任性病的传播,事实上,成立本罪并不需要这种故意内容。(3)将本罪确定为传播性病罪,不利于本罪与故意伤害等罪的区分。因为传播性病(尤其是已经使他人染上严重性病)的行为,很可能成立故意伤害等罪。(4)有些国家的刑法规定了传染性病罪。例如,意大利刑法原第554条第1款规定:"明知患有梅毒,隐瞒而与他人为有传染危险之行为,并因而传染予人者,处一年以上三年以下徒刑。"第2款规定:"明知患有淋病,隐瞒而为前款行为,致传染于他人并使发生严重之伤害结果者,亦同。"日本1948年的性病预防法也有类似规定。旧中国1935年刑法第285条也规定了传染性病罪:"明知自己有花柳病或者麻疯,隐瞒而与他人为猥亵之行为或者奸淫,致传染于他人者,处一年以下有期徒刑、拘役或五百元以下罚金。"显然,上述规定都是以将性病传染给他人为犯罪成立条件的,所以称为传染性病罪。但我国刑法没有将传播性病的实害结果与具体危险规定为构成要件,因此将本罪称为传染性病罪存在疑问。本书认为,将本罪的罪名概括为"性病患者卖淫、嫖娼罪",是比较合适的。

2. 责任形式为故意。根据刑法的规定,传播性病罪,不仅要求行为人确实患有性病,还要求行为人“明知自己患有梅毒、淋病等严重性病”。如果行为人虽然实际上患有严重性病,但不明知自己患有严重性病,则不构成本罪。这里的“明知”,并不要求行为人确实知道自己所患的性病种类,只要行为人认识到自己患有严重性病即可。一般来说,具有下列情形之一的,可以认定为本条规定的“明知”:(1)有证据证明曾到医疗机构就医,被诊断为患有严重性病的;(2)根据本人的知识和经验,知道自己患有严重性病的;(3)通过其他方法能够证明是“明知”的。行为人误以为自己患有严重性病而卖淫或者嫖娼,实际上并没有严重性病的,属于不能犯,不成立本罪(也不成立本罪的未遂犯)。

(二)传播性病罪的认定

由于本罪是抽象的危险犯,故不要求行为人主观上具有传播性病的故意,即不要求行为人主观上希望或者放任性病的传播。如果行为人具有传染性病的意图而实施卖淫、嫖娼行为,但客观上并没有发生这种结果的,仍应以本罪论处。如果行为人为了伤害他人,以卖淫、嫖娼为手段,意在使他人染上性病,且客观上造成了伤害结果的,则是本罪与故意伤害罪的想象竞合,应从一重罪处罚。如果严重性病患者多次卖淫、嫖娼,其中一次给他人造成伤害结果,并具有伤害故意,则应当实行数罪并罚。

行为人明知他人患有严重性病而组织、强迫或引诱、容留、介绍其卖淫的,除了符合组织卖淫罪、强迫卖淫罪与引诱、容留、介绍卖淫罪的犯罪构成外,还构成传播性病罪的教唆犯与帮助犯。但这种行为属于想象竞合,应按组织卖淫罪、强迫卖淫罪或者引诱、容留、介绍卖淫罪的法定刑处罚,不实行数罪并罚。

严重性病患者组织、强迫、引诱、容留、介绍他人卖淫的同时又嫖娼,分别符合了组织卖淫、强迫卖淫或者引诱、容留、介绍卖淫罪与传播性病罪的犯罪构成,应当实行数罪并罚。

(三)传播性病罪的处罚

根据刑法第360条第1款的规定,犯本罪的,处5年以下有期徒刑、拘役或者管制,并处罚金。

第十节　制作、贩卖、传播淫秽物品罪

一、制作、复制、出版、贩卖、传播淫秽物品牟利罪

(一)制作、复制、出版、贩卖、传播淫秽物品牟利罪的概念与犯罪构成

本罪是指以牟利为目的,制作、复制、出版、贩卖、传播淫秽物品的行为。

1. 构成要件的内容为,制作、复制、出版、贩卖、传播淫秽物品。

行为人所制作、复制、出版、贩卖、传播的必须是淫秽物品。刑法第367条第1款规定:“本法所称淫秽物品,是指具体描绘性行为或者露骨宣扬色情的诲淫性书刊、影片、录像带、录音带、图片及其他淫秽物品。”但关于淫秽物品的本质属性、具体内容与判断原则,还是需要研究的问题。

人类社会的发展,使人们产生了性的羞耻感情,形成了性行为的非公开化原则。性的

羞耻感情对人类的性行为所起的积极作用是,使普通人在内心中形成了一种正常的性行为观念,这种性行为观念对约束人们的性行为、维护正常的性行为秩序起着重要作用。淫秽物品,使人类的各种性行为(包括正常的与变态的)公开化,因而完全违背了人类的性的羞耻感情,它所导致的结果,一是无端挑起人们的性欲,或者说使人类性欲的自然发展变为非自然的发展;二是有害于普通人的正常的性行为观念,或者说使普通人产生羞耻感、厌恶感,如果允许这种物品公开化,则必然使普通人的正常的性行为观念受到损害乃至逐渐消失。因此,淫秽物品的实质属性是无端挑起人们的性欲和损害普通人的正常的性行为观念。

淫秽物品的具体内容,只能是淫秽物品的实质属性的具体化。淫秽物品的内容是:淫亵性地具体描绘性行为或露骨宣扬色情淫荡形象。国家新闻出版署《关于认定淫秽及色情出版物的暂行规定》第2条规定,淫秽出版物的具体内容包括以下七个方面:(1)淫亵性地具体描写性行为、性交及其心理感受;(2)公然宣扬色情淫荡形象;(3)淫亵性地描述或传授性技巧;(4)具体描写乱伦、强奸或者其他性犯罪的手段、过程或者细节,足以诱发犯罪的;(5)具体描写少年儿童的性行为;(6)淫亵性地具体描写同性恋的性行为或者其他性变态行为,或者具体描写与性变态有关的暴力、虐待、侮辱行为;(7)其他令普通人不能容忍的对性行为的淫亵性描写。所应注意的是,淫秽物品不限于淫秽出版物。

认定淫秽物品应注意其与科学艺术作品之间的区别。这里所说的科学艺术作品,主要包括两类:一类是性科学方面的作品,如有关人体解剖生理知识、生育知识、性疾病防治知识及其他性知识、性道德、性社会学方面的作品;另一类是艺术作品,如具有艺术价值的文艺作品、表现人体美的美术作品等。可以肯定的是,如果确实属于性科学作品与艺术作品,则不是淫秽物品。因为这些作品不具有淫秽物品的具体内容,也不具有淫秽物品的实质属性。刑法第367条在规定了淫秽物品的概念后又规定:"有关人体生理、医学知识的科学著作不是淫秽物品。包含有色情内容的有艺术价值的文学、艺术作品不视为淫秽物品。"

但有些作品既有淫秽性描写,又具有科学与艺术价值时,应如何对待?对此,外国刑法理论上有不同的看法。一种观点认为,科学性、艺术性与淫秽性是完全不同的概念,不管作品的科学性与艺术性多高,只要其中存在淫秽的部分,就应当认为是淫秽物品。另一种观点则认为,既然作品客观上具有科学性与艺术性,那么,就不能认为是淫秽物品。这两种观点都是以一方的存在否认另一方的存在,因而存在缺陷。为了克服这种缺陷,有的学者提出了相对的淫秽物品概念与比较衡量说。前者认为,在判断作品的淫秽性时,不仅要判断作品自身的淫秽性,还要联系作品的特点、广告方法、销售方法、读者对象等进行相对判断。例如,将有关性交的论文刊登在普通报纸上,就属于传播淫秽物品;但在限定了读者范围的专业刊物上发表,则不属于传播淫秽物品。后者认为,在判断作品的淫秽性时,需要将作品的艺术性、科学性与淫秽性进行比较衡量。例如,将发表某部作品所侵害的法益,与发表该部作品给社会所带来的思想的、艺术的、科学的、学术的利益进行比较,如果后者的利益大,则认为发表这部作品是正当行为。在这种观点看来,发表该作品,虽然符合传播淫秽物品的构成要件,但由于发表该作品带来了更大的利益,因而排除行为的违法性。[218]

本书认为，相对的淫秽物品的概念，否认了淫秽物品的客观性，因而存在疑问。依照这一观点，具有科学性、艺术性的作品，可能因为贩卖方法不当等原因而成为淫秽物品；反之，淫秽性物品，则可能因为在限定的范围内传播，而不被认为是淫秽物品。结局不是对淫秽物品的认定，而是对行为方式的认定。某些作品固然因传播范围不同而产生不同效果，但是，客观上没有淫秽性的作品，不管如何传播，也不会无端挑起人们的性欲，不会损害普通人的正常的性行为观念。比较衡量说虽有可取之处，但也有缺陷。因为对发表作品所侵害的法益与发表作品所带来的科学、艺术价值很难进行比较，结局还是从淫秽描写在作品中所占的比重来衡量。但仅从淫秽性描写在作品中所占的比重认定是否淫秽作品，具有一定的片面性。

正确的做法应是客观地从作品的整体性、淫秽描写与作品的关联性方面来判断是否属于淫秽物品。具体地说，判断时应坚持以下三个原则：（1）整体性原则。即判断一部作品是否属于淫秽物品时，必须就该作品的全体内容进行整体判断，不能只是就某一部分进行片面评价。这是因为作品的科学性、艺术性与淫秽性虽然有原则区别，但较高的科学性、艺术性会淡化其淫秽性；反之，较强的淫秽性也会淡化其科学性、艺术性。因此，一部作品是否淫秽作品，不能仅由作品的一部分来决定。（2）客观性原则。即在判断一部作品是否为淫秽作品时，必须就该作品的内容进行客观判断，不能以行为人的主观认识为标准。这是因为，一部作品是否会无端挑起人们的性欲，损害普通人的正常的性行为观念，是由该作品的内容决定的。客观性原则所强调的是应就作品本身的内容进行判断；判断是一种评价，难免受到判断者主观意识的影响，但判断者应以普通人的正常的性行为观念为基准。（3）关联性原则。即要从作品中的有关性的描写与科学性、艺术性描写的关系上进行判断：第一，要看性的描写在作品中所占的比重或比例。如果对性的描写占作品的多数篇幅，则容易认定该作品是淫秽物品。但并非绝对要求对性的描写占作品的一半以上的篇幅时，才能认定为淫秽物品，关键在于性的描写所占的比重，是否会无端引起人们的性欲，是否会损害普通人的正常的性行为观念。第二，要认定性的描写与作品所表现的思想、艺术的关系。换言之，要认定性的描写是否为表现作品的思想、艺术所必需。如果性的描写是为了表现作品的思想与艺术，则该描写是必要的；反之，就是多余的。如果作品中含有较多的与作品的思想、艺术无关的性描写，则该部作品容易被认定为淫秽物品。当然，还要联系其他原则判断性描写的内容。第三，要判断作品的科学性、艺术性、思想性等对性的描写的缓和或淡化程度。如前所述，有些作品由于具有较高的科学性、艺术性、思想性等，往往使读者、观众淡化其淫秽性；反之，极为露骨、详细的性的描写，会使人们淡化作品的科学性、艺术性、思想性。因此，必须判断作品对性的描写能否被其科学性、艺术性、思想性淡化或缓和。

综上所述，判断一部作品是否淫秽物品时，应在把握淫秽物品的实质属性的前提下，坚持整体性、客观性与关联性的判断原则，要看性的描写：（1）是否露骨、详细；（2）采取的是何种描写方法；（3）在作品中的比重；（4）是否为表现作品的思想、艺术所必需；（5）是否能被作品的科学性、艺术性、思想性所缓和与淡化。

---

〔218〕　参见［日］前田雅英：《刑法各论讲义》，东京大学出版会2015年第6版，第410页以下。

以上讨论的只是何谓“淫秽”,另一问题是,何谓淫秽“物品”?例如,网络上的淫秽画面、淫秽语言,是否淫秽物品?“两高”2004 年 9 月 3 日《关于办理利用互联网、移动通讯终端、声讯台制作、复制、出版、贩卖、传播淫秽电子信息刑事案件具体应用法律若干问题的解释》(以下简称《淫秽案件解释一》)指出,刑法第 367 条第 1 款规定的“其他淫秽物品”,包括具体描绘性行为或者露骨宣扬色情的诲淫性的视频文件、音频文件、电子刊物、图片、文章、短信息等互联网、移动通讯终端电子信息和声讯台语音信息。进而规定,以牟利为目的,利用互联网、移动通讯终端制作、复制、出版、贩卖、传播淫秽电子信息的,以牟利为目的,利用聊天室、论坛、即时通信软件、电子邮件等方式,制作、复制、出版、贩卖、传播淫秽电子信息的,以及以牟利为目的,通过声讯台传播淫秽语音信息的,按照制作、复制、出版、贩卖、传播淫秽物品牟利罪论处。但这些解释的合理性值得研究。全国人大常委会 2000 年 12 月 28 日《关于维护互联网安全的决定》第 3 条第 5 项规定:“在互联网上建立淫秽网站、网页,提供淫秽站点链接服务,或者传播淫秽书刊、影片、音像、图片的,依照刑法有关规定追究刑事责任。”这或许可以为《淫秽案件解释一》提供部分根据。

客观行为表现为制作、复制、出版、贩卖、传播淫秽物品。制作,是指生产、录制、编写、绘画、印刷等创造、产生、形成淫秽物品的行为。复制,是指通过翻印、翻拍、复印、转录等方式将原已存在的淫秽物品制作成一份或多份的行为。但是,从网络上下载淫秽物品后存入电脑的行为,不属于复制。出版,是指将淫秽作品编辑加工后,经过复制向公众发行的行为。贩卖,是指有偿转让淫秽物品的行为。其中的“转让”行为,既包括将淫秽物品的载体(有体物)转让给他人的行为,也包括有偿使他人观看、收听淫秽物品的行为。传播,是指通过播放、陈列、在互联网上建立淫秽网站、网页等方式使淫秽物品让不特定或者多数人感知以及通过出借、赠送等方式散布、流传淫秽物品的行为。实施上述行为之一的,即可成立本罪;同时实施上述行为的,也只认定为一罪,不实行数罪并罚。因此,本罪名可以分解拆开使用。

2. 责任要素除故意(包括间接故意)外,还要求具有牟利目的。故意的认识内容包括自己制作、复制、出版、贩卖、传播的是或者可能是淫秽物品的认识。是否具有牟利目的,要从行为人制作、复制、出版、贩卖淫秽物品的数量、向他人传播淫秽物品的人次与组织播放的次数、获利的数额等方面进行判断。牟利目的不限于通过淫秽物品的对价得以实现。例如,利用网络传播淫秽物品时,意图通过广告、流量等获利的,也属于以牟利为目的。

(二)制作、复制、出版、贩卖、传播淫秽物品牟利罪的认定

根据“两高”2010 年 2 月 2 日《关于办理利用互联网、移动通讯终端、声讯台制作、复制、出版、贩卖、传播淫秽电子信息刑事案件具体应用法律若干问题的解释(二)》(以下简称《淫秽案件解释二》)的规定,对下列行为应以本罪论处:(1)网站建立者、直接负责的管理者明知他人制作、复制、出版、贩卖、传播的是淫秽电子信息,以牟利为目的,允许或者放任他人在自己所有、管理的网站或者网页上发布的;(2)电信业务经营者、互联网信息服务提供者明知是淫秽网站,为其提供互联网接入、服务器托管、网络存储空间、通讯传输通道、代收费等服务,并收取服务费的;(3)明知是淫秽网站,以牟利为目的,通过投放广告等方式向其直接或者间接提供资金,或者提供费用结算服务的。其中的网站,是指可以通过互联网域名、IP 地址等方式访问的内容提供站点。以制作、复制、出版、贩卖、传播淫秽电子信息为目的建立或者建立后主要从事制作、复制、出版、贩卖、传播淫秽电子信息活动

的网站，为淫秽网站。

上述三类行为，实际上是制作、复制、出版、贩卖、传播淫秽物品牟利罪的帮助行为。一方面，行为人必须在客观上促进了正犯结果的发生。根据共犯从属性说，只要现有证据能够证明正犯实施了本罪的行为，即便没有查获正犯，对行为人也能够以本罪的共犯论处。不过，对于中立的帮助行为，应当采取慎重态度，只有情节严重的中立的帮助行为，才能以本罪的共犯论处。另一方面，行为人必须明知正犯实施本罪的行为而提供帮助。根据《淫秽案件解释二》的规定，实施上述行为，具有下列情形之一的，应当认定行为人"明知"（但是有证据证明确实不知道的除外）：(1)行政主管机关书面告知后仍然实施上述行为的；(2)接到举报后不履行法定管理职责的；(3)为淫秽网站提供互联网接入、服务器托管、网络存储空间、通讯传输通道、代收费、费用结算等服务，收取服务费明显高于市场价格的；(4)向淫秽网站投放广告，广告点击率明显异常的；(5)其他能够认定行为人明知的情形。

由于本罪包含了多种实行行为，而且其中任何一种实行行为都有不同的具体表现形式，所以，需要正确区分和认定正犯与帮助犯，不能因为行为人对其中的某一正犯行为实施帮助，就直接否认行为人属于正犯。例如，甲是在网络上提供播放器服务的人员，与甲没有通谋的乙、丙、丁利用该播放器上传淫秽电影，甲明知是淫秽物品，却仍然提供缓存等服务，使乙、丙、丁上传的淫秽电影储存（陈列）于播放器内，其他人可以观看该淫秽电影。乙、丙、丁上传淫秽电影的行为当然属于传播淫秽物品的正犯。虽然就乙、丙、丁上传淫秽物品这一传播方式而言，甲的行为仅仅是帮助，但就陈列淫秽物品的行为而言，甲则是传播淫秽物品的正犯。

行为人以牟利、传播为目的，从境外走私淫秽物品，然后在境内贩卖、传播走私进境的淫秽物品的，应当实行数罪并罚。首先，行为侵犯了两个不同的法益。其次，行为人的行为完全符合两个犯罪（走私淫秽物品罪与贩卖、传播淫秽物品牟利罪）的犯罪构成。即行为人实施了两种不同性质的行为，具有两种犯罪的故意与目的，完全符合数罪的标准。而且，其中任何一个犯罪构成都不包含另一犯罪构成的内容。再次，走私淫秽物品罪与贩卖、传播淫秽物品牟利罪不存在所谓吸收关系，第二个行为也不是不可罚的事后行为。最后，或许有人认为，这种情况也属于牵连犯，但在本书看来，即使承认牵连犯概念，对牵连关系也应采取类型说。行为人以牟利、传播为目的，从境外走私淫秽物品，然后在境内贩卖、传播走私入境的淫秽物品的，并不存在类型化的牵连关系，因为走私淫秽物品并不是贩卖、传播淫秽物品牟利罪的通常手段行为。所以，不宜认定为牵连犯，而应认定为数罪。

（三）制作、复制、出版、贩卖、传播淫秽物品牟利罪的处罚

根据刑法第363条第1款和第366条的规定，犯本罪的，处3年以下有期徒刑、拘役或者管制，并处罚金；情节严重的，处3年以上10年以下有期徒刑，并处罚金；情节特别严重的，处10年以上有期徒刑或者无期徒刑，并处罚金或者没收财产。[219] 单位犯本罪的，对单位判处罚金，并对其直接负责的主管人员和其他直接责任人员，依照上述规定处罚。

---

[219] 关于具体量刑标准，参见最高人民法院1998年12月17日《关于审理非法出版物刑事案件具体应用法律若干问题的解释》第8条、《淫秽案件解释一》、《淫秽案件解释二》。

二、为他人提供书号出版淫秽书刊罪

本罪是指自然人或者单位为他人提供书号,出版淫秽书刊的行为。对其中的书号应从广义上理解,即包括狭义的书号、刊号、版号,三者分别为中国标准书号、中国标准刊号、中国标准版号的简称;因此,为他人提供版号,出版淫秽音像制品的,应当以本罪论处。提供,是指以协作出版、合作出版、自费出版等名义将书号有偿或者无偿提供给他人的行为。提供书号的行为必须发生了他人利用书号出版淫秽书刊的结果。责任形式为过失,即对提供书号的行为可能导致他人出版淫秽书刊的结果具有预见可能性,或者已经预见而轻信能够避免。如果明知他人用于出版淫秽书刊而提供书号,则属于故意犯罪,成立出版淫秽物品牟利罪。犯本罪的,根据刑法第363条第2款和第366条的规定处罚。

三、传播淫秽物品罪

传播淫秽物品罪,是指传播淫秽的书刊、影片、音像、图片或者其他淫秽物品,情节严重的行为。

构成要件的内容为传播淫秽物品。传播的含义,与传播淫秽物品牟利罪中"传播"的含义相同。[220] 成立本罪,还要求情节严重。情节是否严重,应从传播的数量、次数、后果、社会影响等方面进行判断,但不能将牟利目的认定为严重情节。[221] 责任形式为故意,即明知是淫秽物品而故意传播;如果行为人具有牟利目的,则成立刑法第363条规定的传播淫秽物品牟利罪。[222]

根据刑法第364条第1款、第4款和第366条的规定,犯本罪的,处2年以下有期徒刑、拘役或者管制。向不满18周岁的未成年人传播淫秽物品的,从重处罚。单位犯本罪的,对单位判处罚金,并对其直接负责的主管人员和其他直接责任人员,依照上述规定处罚。

四、组织播放淫秽音像制品罪

(一)组织播放淫秽音像制品罪的概念与犯罪构成

本罪是指组织播放淫秽的电影、录像等音像制品的行为。

构成要件的内容为组织播放淫秽的电影、录像等音像制品。音像制品,是指摄制或贮存在一定物体上,由声音或者一系列有伴音或无伴音的画面组成,并且借助适当装置放映、播放的制品。除电影、录像外,还包括幻灯片、激光视盘、激光唱盘、录音带等。组织,是指为播放淫秽音像制品而进行策划、指挥以及召集观众、提供淫秽音像制品、播放设备或者播放场所的行为。播放,是指将淫秽的电影、录像等音像制品的内容展现出来,使人们可视或可闻的一切行为。从本罪的性质来看,组织播放应是使多数人或者不特定人可视可闻的行为。责任形式为故意,行为人必须明知是淫秽音像制品而组织播放;如果行为人具有牟利目的,则成立传播淫秽物品牟利罪。根据立案标准,组织播放淫秽的电影、录像等音像制品达15至30场次以上或者造成恶劣社会影响的,应以组织播放淫秽音像制品罪定罪处罚。

---

[220] 一种观点认为,为了传播而运输、携带淫秽物品的行为,构成传播淫秽物品罪[参见王作富主编:《刑法分则实务研究》(下),中国方正出版社2013年第5版,第1527页],本书对此持否定态度,这些行为充其量只是传播淫秽物品的预备行为,不宜以犯罪论处。

[221] 关于情节严重的认定标准,参见《淫秽案件解释一》、《淫秽案件解释二》。

[222] 明确要求本罪的行为人"不具有牟利目的",是不合适的。

(二)组织播放淫秽音像制品罪与相关犯罪的关系

对行为人主观上出于牟利目的组织播放淫秽音像制品的,应认定为刑法第 363 条规定的传播淫秽物品牟利罪。组织展示淫秽音像制品以外的淫秽物品的,或者只是将淫秽音像制品本身散布、流传给他人,但没有展现淫秽音像制品内容的,不成立本罪,只能认定为刑法第 364 条第 1 款规定的传播淫秽物品罪。

根据刑法第 364 条第 3 款的规定,本罪包括制作、复制淫秽的电影、录像等音像制品组织播放的行为。这是指行为人既制作、复制淫秽的电影、录像等音像制品又组织播放的行为。但如果这些行为出于牟利目的,则成立制作、复制、传播淫秽物品牟利罪。行为人出于牟利目的制作、复制淫秽的音像制品然后组织播放的,应认定为制作、复制、传播淫秽物品牟利罪;制作、复制时没有牟利目的,但后来以牟利目的组织播放的,应认定为传播淫秽物品牟利罪。

(三)组织播放淫秽音像制品罪的处罚

根据刑法第 364 条第 2 款至第 4 款和第 366 条的规定,犯本罪的,处 3 年以下有期徒刑、拘役或者管制,并处罚金;情节严重的,处 3 年以上 10 年以下有期徒刑,并处罚金。制作、复制淫秽的电影、录像等音像制品组织播放的,从重处罚。向不满 18 周岁的未成年人传播淫秽物品的,从重处罚。单位犯本罪的,对单位判处罚金,并对其直接负责的主管人员和其他直接责任人员,依照上述规定处罚。

五、组织淫秽表演罪

组织淫秽表演罪,是指组织进行淫秽表演的行为。

构成要件的内容为“组织进行淫秽表演”,这是刑法明文规定的罪状。刑法没有规定为“组织他人进行淫秽表演”,说明了以下两点:第一,组织者本人是否直接进行淫秽表演,不影响本罪的成立。第二,虽然通常是组织“他人”进行淫秽表演,但也不排除组织人与动物一起进行淫秽表演或者组织动物进行淫秽表演。[223] 组织,是指策划、指挥、安排进行淫秽表演的行为。如招聘、雇用他人进行淫秽表演,联系演出、提供场所等进行淫秽表演,组织多人观看淫秽表演等。进行淫秽表演,是指露骨宣扬色情内容的表演,如展示妇女的乳房,展示人、动物的性器官,展示人的各种自然或者非自然性交行为,展示人与动物的性交行为,展示动物之间的淫秽性的交配行为等。一人与数人在网络上“裸聊”的,以及在网络上向特定的数人表演淫秽动作的,不成立本罪。在他人从事淫秽表演时,单纯引诱、动员、唆使多人观看淫秽表演的,不成立本罪(成立共同犯罪的除外)。在动物自行交配时,引诱、动员、唆使多人观看的,也不成立本罪。责任形式为故意,是否出于牟利目的,不影响本罪的成立。

根据刑法第 365 条与第 366 条的规定,犯本罪的,处 3 年以下有期徒刑、拘役或者管制,并处罚金;情节严重的,处 3 年以上 10 年以下有期徒刑,并处罚金。单位犯本罪的,对单位判处罚金,并对其直接负责的主管人员和其他直接责任人员,依照上述规定处罚。“情节严重”一般是指多次组织或者组织多人进行淫秽表演,组织未成年人参与淫秽表演,组织进行性交表演,以牟利为目的组织淫秽表演等。

---

[223] 人们在解释本条时加上了“他人”二字(参见高铭暄、马克昌主编:《刑法学》,北京大学出版社、高等教育出版社 2016 年第 7 版,第 607 页),这便人为地缩小了本罪的处罚范围。

第二十四章　危害国防利益罪

第一节　危害国防利益罪概述

一、危害国防利益罪的概念与犯罪构成

（一）危害国防利益罪的概念与法益

危害国防利益罪，是指故意或者过失危害国防利益的行为。

本类犯罪的法益是国防利益。国防是国家生存与发展的安全保障，是国家为了保卫国家主权、领土完整与安全，而采取的一切防务。国防利益，是指满足国防需要的保障条件与利益，包括国防物质基础、作战与军事行动秩序、国防自身安全、武装力量建设、国防管理秩序等，这些利益是国家利益的重要组成部分。

危害国防利益罪是现行刑法增加的一类犯罪。通说认为，规定本类犯罪的大多数条款，与刑法的其他条款具有法条竞合关系。例如，第 368 条与第 277 条，第 371 条与第 290 条，第 372 条与第 279 条，第 375 条与第 280 条，都存在特别法条与普通法条的竞合关系。

（二）危害国防利益罪的犯罪构成

1. 构成要件的内容为危害国防利益的行为与结果。由于军队直接承担国防任务，所以，危害国防利益罪的行为以破坏武器装备与军事设施、阻碍军人执行职务、妨害部队管理、扰乱军事区域秩序、逃避军事义务等为内容。从表现形式上看，有的犯罪只能是作为，有的犯罪只能是不作为，有的犯罪既可以是作为也可以是不作为。

2. 责任形式包括故意与过失，即除过失损坏武器装备、军事设施、军事通信罪和过失提供不合格武器装备、军事设施罪以外，其他犯罪只能由故意构成。

二、危害国防利益罪的类型

本章犯罪既有危险犯，也有实害犯；既有自然人犯罪，也有单位犯罪。本书将本章犯罪区分为平时危害国防利益的犯罪和战时危害国防利益的犯罪。后者是只能在战时实施的犯罪，前者是既可以平时实施也可以战时实施的犯罪。刑法第 451 条关于“战时”的规定虽然是就刑法分则第 10 章的军人违反职责罪而言，但也应适用于本章。战时，是指国家宣布进入战争状态、部队受领作战任务或者遭敌突然袭击时；部队执行戒严任务或者处置突发性暴力事件时，以战时论。

第二节　平时危害国防利益的犯罪

一、阻碍军人执行职务罪

阻碍军人执行职务罪，是指以暴力、威胁方法阻碍军人依法执行职务的行为。

构成要件的内容为以暴力、威胁方法阻碍军人依法执行职务。首先，必须使用了暴力、威胁方法。暴力方法，是指对军人不法行使有形力的一切行为。暴力行为致军人重伤或者死亡的，是本罪与故意伤害罪、故意杀人罪的想象竞合，从一重罪处罚。威胁方法，是指以恶害相通告，使军人产生恐惧心理进而实现行为人要求的行为。其次，必须针对军人实施暴力、威胁行为。最后，必须阻碍军人依法执行职务，即导致军人不能或者难以依法执行职务。阻碍军人的非法行为的，不能以本罪论处。本罪的责任形式为故意，行为人必须明知军人正在依法执行职务，而故意以暴力、威胁方法予以阻碍。

一般认为，规定本罪的法条与刑法第 277 条存在法条竞合的特别关系，对阻碍军人执行职务的，应认定为本罪，不得适用第 277 条。但如果行为人发生认识错误，将军人误认为是其他国家机关工作人员，或者相反的，应根据抽象的事实认识错误的处理原则，以妨害公务罪论处。

根据刑法第 368 条第 1 款的规定，犯本罪的，处 3 年以下有期徒刑、拘役、管制或者罚金。

二、阻碍军事行动罪

阻碍军事行动罪，是指故意阻碍武装部队军事行动，造成严重后果的行为。阻碍方法包括暴力、威胁手段，但不限于暴力、威胁手段，采取其他任何手段阻碍军事行动的，也属于本罪行为。如堵塞道路使从事军事行动的武装部队无法通行，在军事行动地区静坐以阻碍军事行动等。武装部队包括中国人民解放军的各种部队、中国人民武装警察部队和预备役部队。军事行为，是指军队实施的作战、作战保障、演习、训练等使用武装力量的集体行动。阻碍武装部队军事行动造成严重后果的，才成立犯罪。责任形式为故意。根据刑法第 368 条第 2 款的规定，犯本罪的，处 5 年以下有期徒刑或者拘役。

三、破坏武器装备、军事设施、军事通信罪

（一）破坏武器装备、军事设施、军事通信罪的概念与犯罪构成

本罪是指故意破坏部队的武器装备、军事设施、军事通信的行为。本罪名属于选择性罪名，在定罪中应根据行为的破坏对象确定具体罪名。

本罪的行为对象为武器装备、军事设施、军事通信。武器装备是武器及其配套的弹药、仪器、器材、备附件的统称，武器则是指直接用于杀伤敌人有生力量和破坏敌人作战设施的器械；军事设施是指直接用于军事目的的建筑、场地与设备；军事通信是指军队为实施指挥与武器控制等进行信息传递的各种通信手段。破坏，包括使武器装备、军事设施、军事通信的效用丧失或者减少的一切行为，并不限于物理上的毁损。例如，损毁军事通信线路、设备，破坏军事通信计算机信息系统，干扰、侵占军事通信电磁频谱等行为的，属于破坏军事通信行为。本罪的责任形式为故意，即明知自己的行为会发生破坏武器装备、军

事设施或者军事通信的结果,并且希望或者放任这种结果的发生。

根据最高人民法院2007年6月26日《关于审理危害军事通信刑事案件具体应用法律若干问题的解释》(以下简称《军事通信案件解释》),建设、施工单位直接负责的主管人员、施工管理人员,明知是军事通信线路、设备而指使、强令、纵容他人予以损毁的,或者不听管护人员劝阻,指使、强令、纵容他人违章作业,造成军事通信线路、设备损毁的,以破坏军事通信罪定罪处罚。

(二)破坏武器装备、军事设施、军事通信罪的罪数

破坏武器装备、军事设施、军事通信的行为同时触犯其他犯罪的,属于想象竞合,从一重罪处罚。例如,破坏军事通信,造成公用电信设施损毁,危害公共安全,同时触犯了刑法第124条和第369条第1款的,依照处罚较重的规定处罚。盗窃军事通信线路、设备,同时触犯刑法第284条和第369条第1款的,依照处罚较重的规定处罚。违反国家规定,侵入国防建设、尖端科学技术领域的军事通信计算机信息系统,对军事通信造成破坏,同时触犯刑法第285条、第286条、第369条第1款的,依照处罚较重的规定处罚。违反国家规定,擅自设置、使用无线电台(站),或者擅自占用频率,干扰无线电通讯正常进行,造成军事通信中断或者严重障碍,同时触犯刑法第288条、第369条第1款的,依照处罚较重的规定处罚。

(三)破坏武器装备、军事设施、军事通信罪的处罚

根据刑法第369条第1款、第3款的规定,犯本罪的,处3年以下有期徒刑、拘役或者管制;破坏重要武器装备、军事设施、军事通信的,[1]处3年以上10年以下有期徒刑;情节特别严重的,处10年以上有期徒刑、无期徒刑或者死刑。[2] 战时犯本罪的,从重处罚。

值得研究的是,适用本罪中的"情节特别严重"的法定刑时,是否以行为"破坏重要武器装备、军事设施、军事通信"为前提。如果持否定回答,就意味着对破坏非重要武器装备、军事设施、军事通信的行为,要么适用"三年以下有期徒刑、拘役或者管制"的法定刑,要么适用"十年以上有期徒刑、无期徒刑或者死刑"的法定刑。这显然存在疑问。如果持肯定回答,则意味着对破坏非重要武器装备、军事设施、军事通信的行为,只能适用"三年以下有期徒刑、拘役或者管制"的法定刑。本书认为,肯定说具有合理性。

四、过失损坏武器装备、军事设施、军事通信罪

本罪是指过失破坏武器装备、军事设施、军事通信,造成严重后果的行为。建设、施工单位直接负责的主管人员、施工管理人员,忽视军事通信线路、设备保护标志,指使、纵容他人违章作业,致使军事通信线路、设备损毁,构成犯罪的,以过失损坏军事通信罪定罪处罚。根据刑法第369条第2款、第3款的规定,犯本罪的,处3年以下有期徒刑或者拘役;造成特别严重后果的,处3年以上7年以下有期徒刑。战时犯本罪的,从重处罚。根据《军事通信案件解释》的规定,过失损坏军事通信,具有下列情形之一的,属于"造成特别严重后果":(1)造成重要军事通信中断或者严重障碍,严重影响部队完成作战任务或者

---

〔1〕其中的"重要军事通信",是指军事首脑机关及重要指挥中心的通信,部队作战中的通信,等级战备通信,飞行航行训练、抢险救灾、军事演习或者处置突发性事件中的通信,以及执行试飞试航、武器装备科研试验或者远洋航行等重要军事任务中的通信。

〔2〕关于定罪量刑的具体标准,参见《军事通信案件解释》第1~2条。

致使部队在作战中遭受损失的;(2)造成部队执行抢险救灾、军事演习或者处置突发性事件等任务的通信中断或者严重障碍,并因此贻误部队行动,致使死亡3人以上、重伤10人以上或者财产损失100万元以上的;(3)其他后果特别严重的情形。

五、故意提供不合格武器装备、军事设施罪、过失提供不合格武器装备、军事设施罪

故意提供不合格武器装备、军事设施罪,是指自然人或者单位明知是不合格的武器装备、军事设施,而提供给武装部队的行为。构成要件的内容为,将不合格的武器装备、军事设施提供给武装部队,至于是有偿提供还是无偿提供,均不影响本罪成立。责任形式为故意,以行为人明知是不合格的武器装备、军事设施为前提。构成本罪的,不另认定为生产、销售伪劣商品的犯罪。犯本罪的,根据刑法第370条第1款与第3款的规定处罚。

过失提供不合格武器装备、军事设施罪,是指由于疏忽大意或者过于自信提供不合格的武器装备、军事设施给武装部队,造成严重后果的行为。犯本罪的,根据刑法第370条第2款的规定处罚。

六、聚众冲击军事禁区罪、聚众扰乱军事管理区秩序罪

聚众冲击军事禁区罪,是指聚众冲击军事禁区,严重扰乱军事禁区秩序的行为;聚众扰乱军事管理区秩序罪,是指聚众扰乱军事管理区秩序,情节严重,致使军事管理区工作无法进行,造成严重损失的行为。

军事禁区与军事管理区的地位有区别,故聚众冲击军事禁区,严重扰乱军事禁区秩序的,就成立聚众冲击军事禁区罪;聚众扰乱军事管理区秩序的,只有情节严重,致使军事管理区工作无法进行,造成了严重损失的,才成立聚众扰乱军事管理区秩序罪。不难看出,这两种犯罪的构成要件并不完全相同。符合这两种犯罪的犯罪构成的,不另认定为刑法第290条规定的聚众扰乱社会秩序罪、聚众冲击国家机关罪。但是,聚众扰乱非军事管理区秩序,情节严重,致使军事工作、教学、科研等秩序无法进行,造成严重损失的,或者聚众冲击未划入军事禁区、军事管理区的军事机关的,成立聚众扰乱社会秩序罪、聚众冲击国家机关罪。

犯本罪的,对首要分子与积极参加者根据刑法第371条的规定处罚。对扰乱军事禁区、军事管理区秩序的一般参加者的行为,不得以犯罪论处。

七、冒充军人招摇撞骗罪

本罪是指冒充军人身份进行招摇撞骗的行为。假冒军人身份主要包括四种情况:一是非军人冒充军人;二是级别较低的军人冒充级别较高的军人(不排除相反情形);三是一般部门的军人冒充要害部门的军人(也不排除相反情形);四是此类军人冒充彼类军人(如陆军人员冒充空军人员)。招摇撞骗,是指假借军人身份进行炫耀、蒙骗,不以骗取财物为要件;冒充军人骗取数额较大以上财物的,属于本罪与诈骗罪的想象竞合,从一重罪处罚。

规定本罪的法条与规定招摇撞骗罪的第279条是法条竞合的特别关系。冒充军人招摇撞骗的,不适用刑法第279条。行为人在连续性的招摇撞骗过程中,有时冒充军人,有时冒充其他国家机关工作人员的,宜根据行为人主要冒充的对象确定犯罪性质。如果主要冒充军人、偶尔冒充其他国家机关工作人员招摇撞骗的,宜认定为冒充军人招摇撞骗罪;反之亦然。但是,行为人在一段时间内冒充军人招摇撞骗,在另一段时间又冒充其他国家机关工作人员招摇撞骗,分别构成犯罪的,应实行数罪并罚。

根据刑法第 372 条的规定,犯本罪的,处 3 年以下有期徒刑、拘役、管制或者剥夺政治权利;情节严重的,处 3 年以上 10 年以下有期徒刑。

八、煽动军人逃离部队罪、雇用逃离部队军人罪

煽动军人逃离部队罪,是指鼓动、唆使、怂恿军人逃离部队,情节严重的行为。煽动,应是以口头、书面或者其他方式鼓动、唆使、怂恿不特定军人擅自离开部队的行为。煽动军人永久性逃离部队,或者煽动军人一时性逃离部队的,均可能成立本罪。唆使特定的军人逃离部队的,应属于刑法第 435 条的逃离部队罪的教唆犯。[3] 军人实际上是否逃离部队,不影响本罪的成立。成立本罪要求情节严重,如战时煽动军人逃离部队,煽动军队指挥人员逃离部队,导致军人已经逃离部队,多次煽动军人逃离部队等。

雇用逃离部队军人罪,是指明知是逃离部队的军人而雇用,情节严重的行为。一般来说,雇用是指有偿地使逃离部队的军人为自己或第三者提供劳动,但没有必要将逃离部队的军人的劳动作为本罪的要素,亦即,只要具备雇用的外观即可(如持续性地为逃离部队的军人提供一定的活动场所与生活费用)。不明知是逃离部队的军人而雇用的,不成立本罪。雇用逃离部队的军人情节不严重的,也不成立本罪。

根据刑法第 373 条的规定,犯上述罪的,处 3 年以下有期徒刑、拘役或者管制。

九、接送不合格兵员罪

接送不合格兵员罪,是指在征兵工作中徇私舞弊,接送不合格兵员,情节严重的行为。

行为主体是负责或者参与征兵工作的有关人员,如各级人民武装部的工作人员、负责兵员政审、体检的工作人员、部队派出的接收兵员的人员等。客观行为表现为,在征兵工作中舞弊,接送不合格兵员。征兵工作,是指征集应征公民到军队服兵役的工作,包括应征公民登记、身体检查、政治条件审查、接收兵员等。"舞弊"没有特殊意义,只要将不合格兵员作为合格兵员接送,就属于舞弊。接送不合格兵员,包括地方人员向部队输送不合格兵员和部队人员接收不合格兵员两种情况。此外,成立本罪还要求情节严重。情节严重,主要是指接送多名不合格兵员,接送不合格兵员造成了严重后果,接送违法犯罪人、脱逃犯为兵员等。责任形式为故意,并具有徇私的动机。一方面,行为人明知是不合格的兵员,而故意予以接受或者输送;接受方与输送方具有共同故意的,成立共同犯罪。另一方面,接送不合格兵员是基于徇私动机。

根据刑法第 374 条的规定,犯本罪的,处 3 年以下有期徒刑或者拘役;造成特别严重后果的,处 3 年以上 7 年以下有期徒刑。

十、伪造、变造、买卖武装部队公文、证件、印章罪、盗窃、抢夺武装部队公文、证件、印章罪

伪造、变造、买卖武装部队公文、证件、印章罪,是指伪造、变造、买卖武装部队的公文、证件、印章的行为。盗窃、抢夺武装部队公文、证件、印章罪,是指盗窃、抢夺武装部队的公文、证件、印章的行为。规定这两个罪的法条与刑法第 280 条是法条竞合的特别关系,因

---

[3] 有学者认为,本罪行为实际上是逃离部队罪的教唆犯,若无本条规定,对于这种行为完全可以作为逃离部队罪的共犯论处(陈兴良:《刑法疏议》,中国人民公安大学出版社 1997 年版,第 606 页)。但煽动与教唆不是等同概念,关键区别在于对象是否特定,从整体上说,煽动是比教唆更为缓和的概念(参见[日]大塚仁:《刑法概说(总论)》,有斐阁 2008 年第 4 版,第 315 页;郑健才:《刑法总则》,台北三民书局 1982 年修订再版,第 219 页;等等)。

此,只要是伪造、变造、买卖武装部队的公文、证件、印章,或者盗窃、抢夺武装部队的公文、证件、印章的,就认定为本罪,而不适用第280条。但由于本条没有规定毁灭行为,而毁灭武装部队公文、证件、印章的行为具有可罚性,故对毁灭武装部队公文、证件、印章的行为,应适用刑法第280条,认定为毁灭国家机关公文、证件、印章罪。

根据"两高"2011年7月20日《关于办理妨害武装部队制式服装、车辆号牌管理秩序等刑事案件具体应用法律若干问题的解释》(以下简称《妨害部队案件解释》),买卖、盗窃、抢夺伪造、变造的武装部队公文、证件、印章的,应当认定为伪造、变造、买卖武装部队公文、证件、印章罪。伪造、变造、买卖或者盗窃、抢夺武装部队公文、证件、印章,具有下列情形之一的,适用刑法第375条第1款的规定:(1)伪造、变造、买卖或者盗窃、抢夺武装部队公文1件以上的;(2)伪造、变造、买卖或者盗窃、抢夺武装部队军官证、士兵证、车辆行驶证、车辆驾驶证或者其他证件2本以上的;(3)伪造、变造、买卖或者盗窃、抢夺武装部队机关印章、车辆牌证印章或者其他印章1枚以上的。明知他人实施本罪行为,而为其生产、提供专用材料或者提供资金、账号、技术、生产经营场所等帮助的,以本罪的共犯论处。

根据刑法第375条第1款的规定,犯本罪的,处3年以下有期徒刑、拘役、管制或者剥夺政治权利;情节严重的,处3年以上10年以下有期徒刑。[4]

十一、非法生产、买卖武装部队制式服装罪

本罪是指自然人或者单位非法生产、买卖武装部队制式服装,情节严重的行为。非法生产、买卖主要包括两种情况:一是没有经过合法批准擅自生产、买卖武装部队制式服装;二是具有生产、买卖资格的单位与个人,超过规定数量生产、买卖武装部队制式服装。买卖仿制的现行装备的武装部队制式服装情节严重的,应当追究刑事责任。根据《妨害部队案件解释》的规定,实施本罪行为,具有下列情形之一的,应当认定为"情节严重":(1)非法生产、买卖成套制式服装30套以上,或者非成套制式服装100件以上的;(2)非法生产、买卖帽徽、领花、臂章等标志服饰合计100件(副)以上的;(3)非法经营数额2万元以上的;(4)违法所得数额5000元以上的;(5)具有其他严重情节的。明知他人实施本罪行为,而为其生产、提供专用材料或者提供资金、账号、技术、生产经营场所等帮助的,以本罪的共犯论处。犯本罪的,根据刑法第375条第2款与第4款的规定处罚。

十二、伪造、盗窃、买卖、非法提供、非法使用武装部队专用标志罪

伪造、盗窃、买卖、非法提供、非法使用武装部队专用标志罪,是指伪造、盗窃、买卖或者非法提供、使用武装部队车辆号牌等专用标志,情节严重的行为。

武装部队专用标志除车辆号牌外,还包括其他显示部队性质与军人身份,并且只能由部队与军人使用的标记物品,如军旗、军徽等。本罪的伪造包括有形伪造与无形伪造,也包括变造。无权制作的人制作武装部队专用标志的,有权制作的人制作内容虚假的武装部队专用标志,以及对真实的专用标志进行加工改造的,均属于本罪的伪造行为。盗窃,是指将他人占有的武装部队的专用标志转移为自己或第三者占有的行为。[5] 买卖,是指

---

〔4〕 关于情节严重的认定,参见《妨害部队案件解释》第1条。

〔5〕 《妨害部队案件解释》规定:"盗窃……伪造、变造的武装部队车辆号牌等专用标志情节严重的,应当追究刑事责任。"但本书认为,虽然买卖、非法提供、使用伪造、变造的武装部队车辆号牌等专用标志的行为应当以本罪论处,但盗窃伪造、变造的武装部队车辆号牌等专用标志的行为,不应以本罪论处(符合盗窃罪的犯罪构成的,应以盗窃罪论处)。

购买或者出卖以及购买并出卖;既包括买卖真实的武装部队的专用标志,也包括买卖伪造(包括变造)的武装部队的专用标志。非法提供,既包括专用标志的管理者不应当提供而提供(如武装部队的车辆号牌管理者擅自将车辆号牌提供给普通公民使用),也包括无管理权限的人不应当提供而提供。既包括非法提供真实的武装部队专用标志,也包括提供伪造(包括变造)的武装部队专用标志。非法使用,既包括非法使用真实的武装部队的专用标志,也包括非法使用伪造(包括变造)的武装部队的专用标志。此外,成立本罪还要求情节严重,根据《妨害部队案件解释》,具有下列情形之一的,应当认定为"情节严重":(1)伪造、盗窃、买卖或者非法提供、使用武装部队军以上领导机关车辆号牌1副以上或者其他车辆号牌3副以上的;(2)非法提供、使用军以上领导机关车辆号牌之外的其他车辆号牌累计6个月以上的;(3)伪造、盗窃、买卖或者非法提供、使用军徽、军旗、军种符号或者其他军用标志合计100件(副)以上的;(4)造成严重后果或者恶劣影响的。责任形式为故意,行为人必须明知是武装部队的专用标志,而伪造、盗窃、买卖、非法提供、非法使用。

为了冒充军人招摇撞骗而实施本罪行为的,原则上应从一重罪处罚;出于其他目的与动机实施本罪行为,然后又冒充军人招摇撞骗的,宜实行数罪并罚。

根据刑法第375条第3款与第4款的规定,犯本罪的,处3年以下有期徒刑、拘役或者管制,并处或者单处罚金;情节特别严重的,处3年以上7年以下有期徒刑,并处罚金。单位犯本罪的,对单位判处罚金,并对其直接负责的主管人员和其他直接责任人员,依照上述规定处罚。[6]

第三节 战时危害国防利益的犯罪

一、战时拒绝、逃避征召、军事训练罪

本罪是指预备役人员战时拒绝、逃避征召或者军事训练,情节严重的行为。行为主体是预备役人员。根据《兵役法》的规定,预备役人员,是指编入民兵组织或者经过登记服预备役的人员。客观行为是,战时拒绝、逃避征召或者军事训练。战时,依据刑法第451条的规定确定。征召,是指兵役机关依法向预备役人员发出通知,要求其按规定时间、地点报到,准备转服现役。军事训练,是指军事理论教育与作战技能训练的活动。拒绝征召、军事训练,是指拒不接受征召、拒不参加军事训练。逃避征召、军事训练,是指采取各种手段避免接受征召和参加军事训练。拒绝与逃避没有本质区别,都表现为不接受征召和不参加军事训练。此外,还要求情节严重。责任形式为故意。根据刑法第376条第1款的规定,犯本罪的,处3年以下有期徒刑或者拘役。

二、战时拒绝、逃避服役罪

本罪是指公民战时拒绝、逃避服役,情节严重的行为。根据刑法第376条第2款的规定,犯本罪的,处2年以下有期徒刑或者拘役。

---

〔6〕 关于情节特别严重的认定,参见《妨害部队案件解释》第3条。

三、战时故意提供虚假敌情罪

本罪是指战时故意向武装部队提供虚假敌情，造成严重后果的行为。

构成要件的内容为在战时向武装部队提供虚假敌情，造成严重后果的行为。首先，行为必须发生在战时。其次，必须是向武装部队提供虚假敌情。虚假敌情，是指不符合客观事实的有关敌方军事、政治、经济、科学、地理等情报。行为人主观上以为是虚假的情报，而客观上向武装部队提供了真实情报的，不可能造成严重后果，不属于"虚假"敌情。因此，是否"虚假"不是以行为人的认识为标准，而是以客观事实为标准。最后，行为必须造成了严重后果。责任形式为故意，行为人必须明知是虚假的敌情而向武装部队提供。行为人以为是真实敌情而提供，但事实上属于虚假敌情的，即使有过失，也不成立本罪。

根据刑法第 377 条的规定，犯本罪的，处 3 年以上 10 年以下有期徒刑；造成特别严重后果的，处 10 年以上有期徒刑或者无期徒刑。

四、战时造谣扰乱军心罪

战时造谣扰乱军心罪，是指战时造谣惑众，扰乱军心的行为。构成要件的内容为，在战时制造和散布虚构的或者夸大、缩小事实的谣言，从而扰乱军心。造谣惑众的行为必须导致扰乱军心的实害结果，或者具有扰乱军心的具体危险；如果造谣惑众的内容与军事无关，因而不可能扰乱军心，则不成立本罪。造谣惑众行为不以针对不特定军人实施为必要，虽然是向个别军人传谣，但只要足以使不特定人得知造谣内容，进而扰乱军心的，也应认为是造谣惑众。〔7〕责任形式为故意。根据刑法第 378 条的规定，犯本罪的，处 3 年以下有期徒刑、拘役或者管制；情节严重的，处 3 年以上 10 年以下有期徒刑。

五、战时窝藏逃离部队军人罪

本罪是指战时明知是逃离部队的军人而为其提供隐蔽处所、财物，情节严重的行为。行为所资助的对象必须是已经逃离部队的军人，资助的方式仅限于提供隐蔽处所或财物，资助时间仅限于战时。行为人必须明知是逃离部队的军人，因此，过失不成立本罪。此外，构成本罪还要求情节严重。实施本罪行为同时触犯雇用逃离部队军人罪的，属于狭义的包括一罪，从一重罪论处。根据刑法第 379 条的规定，犯本罪的，处 3 年以下有期徒刑或者拘役。

六、战时拒绝、故意延误军事订货罪

本罪是指单位战时拒绝或者故意延误军事订货，情节严重的行为。行为主体为单位。客观行为表现为，战时拒绝或者延误军事订货。即在战时对武装部队为军事目的而订购武器装备、军用物资，没有正当理由拒不予以接受，或者拖延推迟交付部队订购物品的行为。此外，成立本罪还必须情节严重。责任形式为故意，过失延误军事订货的，不以本罪论处。根据刑法第 380 条的规定，犯本罪的，对单位判处罚金，并对其直接负责的主管人员和其他直接责任人员，处 5 年以下有期徒刑或者拘役；造成严重后果的，处 5 年以上有期徒刑。

---

〔7〕有观点认为，本罪行为必须是向多数人传谣，向个别人私下传谣的，不构成本罪（参见郎胜主编：《〈中华人民共和国刑法〉释解》，群众出版社 1997 年版，第 504 页）。这恐怕人为地限定了本罪的成立范围。造谣"惑众"是要求行为人制作、散布谣言，进而使众人受到迷惑，而不是要求针对众人造谣；事实上，针对少数人散布谣言，也可能使众人受迷惑。

七、战时拒绝军事征收、征用罪

本罪是指在战时拒绝军事征收、征用,情节严重的行为。军事征收、征用,是指武装部队出于军事需要,经过一定程序,使用机关、公司、企业、事业单位、人民团体及公民个人动产与不动产的活动。征收和征用的共同点在于强制性。征收和征用,均由武装部队依法做出的征收命令、征用命令而发生效力,无须征得被征收、被征用的单位和个人的同意。征收的实质,是武装部队强行收买单位或者个人的动产或不动产,意味着所有权性质的改变;征用的实质是武装部队强行使用单位或者个人的动产或不动产,使用完毕再返还原单位或者个人,并不改变所有权性质。拒绝军事征收、征用,是指拒不同意或拒不接受军事征收、征用的行为,行为人是否使用暴力、胁迫手段,不影响本罪的成立。根据刑法第381条的规定,犯本罪的,处3年以下有期徒刑或者拘役。

第二十五章　贪污贿赂罪

第一节　贪污贿赂罪概述

一、贪污贿赂罪的概念与犯罪构成

（一）贪污贿赂罪的概念与法益

大体而言，贪污贿赂罪，是指国家工作人员利用职务之便，贪污、挪用公共财物，索取、收受贿赂，不履行法定义务，侵犯职务行为的廉洁性、不可收买性的行为。[1]

在旧刑法中，贪污罪属于侵犯财产罪，贿赂罪属于渎职罪。由于贪污贿赂犯罪具有严重的法益侵害性，现行刑法为了突出对贪污贿赂犯罪的惩罚，将其规定为独立的一类犯罪。贪污贿赂罪的法益是职务行为的廉洁性、不可收买性。其中，贪污、挪用公共财物的犯罪表现为直接利用职务取得公共财物，侵犯了职务行为的廉洁性，同时也侵犯了公共财产；[2]巨额财产来源不明罪、隐瞒境外存款罪的行为侵犯了国家工作人员的廉洁性；贿赂犯罪表现为以职务换取财物或者相反，侵犯了职务行为的不可收买性。尽管刑法将两类犯罪规定在同一章中，但应当认为，贪污犯罪主要是侵犯财产的犯罪（不属于对国家法益的犯罪），贿赂犯罪则是侵害职务行为的不可收买性的犯罪（属于对国家法益的犯罪），切不可将贿赂犯罪作为财产犯罪理解和认定。

（二）贪污贿赂罪的犯罪构成

1. 构成要件的内容为，实施侵犯职务行为的廉洁性、不可收买性的行为，包括作为与不作为两种形式。其中，贪污罪、挪用公款罪、受贿罪、私分国有资产罪等通常表现为作为；隐瞒境外存款罪、巨额财产来源不明罪表现为不作为。行为主体大多为国家工作人员，有些犯罪的主体是单位。除行贿罪、介绍贿赂罪、利用影响力受贿罪以外，其他犯罪行为都与行为主体的职务有密切关系，因而法益侵害程度严重。

2. 责任形式为故意，其中的贪污罪要求以非法占有为目的；过失不构成本章犯罪。

二、贪污贿赂罪的类型

贪污贿赂罪分为两大类，即广义的贪污犯罪与贿赂犯罪。广义的贪污犯罪，包括狭义的贪污罪、挪用公款罪、私分国有资产罪、私分罚没财物罪、巨额财产来源不明罪与隐瞒境外存款罪。贿赂犯罪则包括各种受贿犯罪、行贿犯罪与介绍贿赂罪。

---

〔1〕 这只是一般定义，贪污贿赂罪还包括一般主体与单位的犯罪。

〔2〕 从立法论上而言，贪污罪的主要法益应是财产，其次才是职务行为的廉洁性。

第二节 贪 污 犯 罪

一、贪污罪

(一)贪污罪的概念与犯罪构成

贪污罪,是指国家工作人员利用职务上的便利,侵吞、窃取、骗取或者以其他手段非法占有公共财物的行为。

1. 构成要件的内容为,国家工作人员利用职务上的便利,侵吞、窃取、骗取或者以其他手段非法占有公共财物。

(1)行为主体应是国家工作人员。根据刑法第93条的规定,国家工作人员是指在国家机关中从事公务的人员;国有公司、企业、事业单位、人民团体中从事公务的人员和国家机关、国有公司、企业、事业单位委派到非国有公司、企业、事业单位、社会团体从事公务的人员,以及其他依照法律从事公务的人员,以国家工作人员论。不难看出,国家工作人员主要有两个特征:第一,必须是国家机关、国有公司、企业、事业单位、人民团体中的人员或者上述机关、单位委派到其他单位的人员。第二,必须是依照法律从事公务(参见第五章第二节第二款“一”)。根据全国人大常委会《关于〈中华人民共和国刑法〉第九十三条第二款的解释》,村民委员会等基层组织人员协助人民政府从事行政管理工作,利用职务上的便利贪污公共财产的,应以贪污罪论处。通过伪造国家机关公文、证件担任了国家工作人员的,也能成为贪污罪的主体。[3]

根据刑法第382条第2款的规定,受国家机关、国有公司、企业、事业单位、人民团体委托管理、经营国有财产的人员,可以成为本罪的主体。[4] 适用本规定的条件是:第一,被委托人原本不是管理、经营国有财产的人员;第二,委托单位必须是国家机关、国有公司、企业、事业单位、人民团体;第三,委托的内容是承包、租赁、聘用等管理、经营国有财产;第四,委托具有合法性。

国有保险公司的工作人员和国有保险公司委派到非国有保险公司从事公务的人员利用职务上的便利,故意编造未曾发生的保险事故进行虚假理赔,骗取保险金归自己所有的,以贪污罪论处。国有公司、企业或者其他国有单位中从事公务的人员和国有公司、企业或者其他国有单位委派到非国有公司、企业以及其他非国有单位从事公务的人员,利用职务上的便利,将本单位财物非法占为己有的,以贪污罪论处。

“两高”2010年11月26日《关于办理国家出资企业中职务犯罪案件具体应用法律若干问题的意见》第6条第2款规定:“经国家出资企业中负有管理、监督国有资产职责的

---

〔3〕 伪造国家机关公文、证件罪和贪污罪,不具有牵连关系,故应实行数罪并罚。

〔4〕 本规定究竟是注意规定,还是法律拟制,仍然是值得研究的问题。如果说本规定属于注意规定,那么,受国家机关、国有公司、企业、事业单位、人民团体委托管理、经营国有财产的人员,原本就属于国家工作人员,因此,他们挪用国家财产时,也应认定为挪用公款罪;假如说本规定属于法律拟制,那么,他们原本就不是国家工作人员,所以,他们挪用国家财产(公款)时,只能认定为挪用资金罪。司法解释采取了后一立场。合适与否,也有进一步研究的余地。当然,对于本规定性质的认识,还取决于如何认识其中的“委托”的含义。

组织批准或者研究决定，代表其在国有控股、参股公司及其分支机构中从事组织、领导、监督、经营、管理工作的人员，应当认定为国家工作人员。"其中的"'国家出资企业'，包括国家出资的国有独资公司、国有独资企业，以及国有资本控股公司、国有资本参股公司。"问题是，这一规定适用于国有资本控股公司、国有资本参股公司时，如何认定国家工作人员？第一，国有资本控股、参股公司中的什么组织是负有管理、监督国有资产职责的组织？一种回答是，国有资产监督管理机构、国有公司、企业、事业单位，以及上级或者本级国有出资企业内部的党委、党政联席会。[5] 可是，国有资产监督管理机构、国有公司、企业、事业单位，不可能是"出资企业中"（国有资本控股、参股公司中）的组织；上级国有出资企业内部的党委、党政联席会，也不可能是出资企业中的组织。国有资本控股、参股公司内部的党委，不可能负有管理、监督国有资产的职责。国有资本控股、参股公司属于非公有制经济组织。党政联席会不是"组织"，只是党的组织与行政组织联合举行的会议。第二，国家或者国有企业等国有单位出资后，资产属于公司所有，国有单位不再享有公司财产，只是持有公司股份。既然如此，公司中怎么会存在"负有管理、监督国有资产职责的组织"？倘若其中的资产就是股份，在股份已经登记在其名下后，出资者只能作为股东享有权利，不存在管理、监督国有资产的问题。第三，在国有控股、参股公司及其分支机构中，不可能存在代表国有单位从事组织、领导、监督、经营、管理工作的人员。例如，倘若国家持有某股份制银行60%的股份。此时，该银行对其全部资产享有所有权，该银行的各级领导者、管理者中，没有人可以代表国有投资单位从事组织、领导、监督、经营、管理工作。不难看出，上述规定明显不当扩大了国家工作人员的范围。

刑法第382条第3款规定，一般公民与具备贪污罪主体身份的人员"勾结，伙同贪污的，以共犯论处"。一般来说，所谓"以共犯论处"是指以贪污罪的共犯论处。不过，由于共同犯罪是不法形态，以共犯论处主要意味着应当将公共财物损失的结果归属于一般公民的行为。至于对一般公民是否必然适用贪污罪的法定刑，也并不绝对。换言之，由于共犯对正犯的罪名并不具有从属性，所以，不排除在少数情况下认定一般公民的行为同时构成贪污罪共犯与盗窃罪、诈骗罪的正犯。如果二者属于想象竞合，对一般公民的行为也可能以盗窃罪、诈骗罪的正犯论处。

曾经具有但不再具有国家工作人员身份的离职人员，利用以前的职务便利非法获取公共财产的，不成立贪污罪，只能根据其行为性质认定为盗窃、诈骗等侵犯财产罪。

（2）客观行为与结果为，利用职务上的便利，侵吞、窃取、骗取或者以其他手段非法占有公共财物。

第一，必须利用职务上的便利。利用职务上的便利，是指利用职务上主管、管理、经营、经手公共财物的权力及方便条件。主管，主要是指负责调拨、处置及其他支配公共财物的职务活动；管理，是指负责保管、处理及其他使公共财物不流失的职务活动；经营，是指将公共财物作为生产、流通手段等使公共财物增值的职务活动；经手，是指领取、支出等经办公共财物因而占有公共财物的职务活动。此外，利用职务上的便利，既包括利用本人职务上主管、管理公共财物的职务便利，也包括利用职务上有隶属关系的其他国家工作人

---

[5] 参见刘为波："《关于办理国家出资企业中职务犯罪案件具体应用法律若干问题的意见》的理解与适用"，载《刑事审判参考》（总第77集），法律出版社2011年版，第137～138页。

员的职务便利。利用与职务无关仅因工作关系熟悉作案环境或易于接近作案目标、凭工作人员身份容易进入某些单位等方便条件非法占有公共财物的,不成立贪污罪。不过,利用职务上的便利这一要件,相对于不同的贪污行为而言,具有不同的含义。

不能认为,只要国家工作人员非法占有公共财物的行为利用了职务上的便利,就必然成立贪污罪。换言之,不是任何利用职务上的便利非法占有公共财物的行为都能成立贪污罪,只有当国家工作人员现实地对公共财物享有支配权、决定权,或者对具体支配财物的人员处于领导、指示、支配地位,进而利用了职务上的便利的,才能认定为贪污罪。否则,只能认定为盗窃、诈骗等罪。例如,村民甲谎称危房翻新,村长乙代其填写虚假材料并以村长名义签字同意后上报镇政府,从镇政府骗取1万元的危房补助给甲。虽然乙从事扶贫管理等属于国家工作人员,也利用了职务上的便利,但不能认定为贪污罪,对乙与甲的行为应以诈骗罪论处。再如,乡镇领导利用职务上的便利,骗取县市财政的经费据为己有的,不能认定为贪污罪,只能认定为诈骗罪。反之,县市领导利用职务上的便利非法占有乡镇财政经费的,则应以贪污罪论处。

第二,必须侵吞、窃取、骗取或者以其他手段非法占有公共财物。

侵吞,与狭义的侵占是同义语,即将自己因为职务而占有、管理的公共财物据为己有或者使第三者所有,包括对公共财物进行事实上的处分与法律上的处分。如财会人员收款不入账而据为己有,执法人员将罚没款据为己有,管理人员将自己管理的公共财物变卖后占有所变卖的款项等。[6] 根据刑法第394条的规定,国家工作人员在国内公务活动或者对外交往中接受礼物,依照国家规定应当交公而不交公,数额较大的,以贪污罪论处。这种行为应属于侵吞公共财物。

窃取,是指违反占有者的意思,利用职务上的便利,将他人占有的公共财物转移给自己或者第三者占有。刑法理论一般认为,这里的窃取就是指"监守自盗",如出纳员窃取自己管理的保险柜内的金钱。可是,这种"监守自盗"行为属于将自己占有、管理的财物据为己有的"侵吞"。其实,只有当行为人与他人共同占有公共财物时,行为人利用职务上的便利窃取该财物的,才属于贪污罪中的"窃取"。例如,当单位保险柜需要同时使用钥匙与密码才能打开,而钥匙与密码由甲、乙二人分别掌握时,甲利用自己掌握的钥匙并猜中密码取得保险柜中的现金的,或者乙利用自己掌握的密码和私自配制的钥匙取得保险柜中的现金的,可以认定为利用职务上的便利窃取。显然,利用职务上的便利窃取公共财物进而构成贪污罪的情形,是极为罕见的。有一些行为表面上是窃取,但实际上是侵吞。例如,国有加油站的负责人下班时将现金锁入加油站的铁柜后,深夜砸开铁柜取走现金,而不使用自己手中的钥匙的,并不是盗窃行为,而是侵吞。因为行为人原本基于职务占有了该现金,对自己占有的财物不可能成立盗窃。

骗取,是指假借职务上的合法形式,采用欺骗手段,使具有处分权的受骗人产生认识错误,进而取得公共财物。例如,国有保险公司工作人员和国有保险公司委派到非国有保险公司从事公务的人员,利用职务上的便利,故意编造未曾发生的保险事故进行虚假理

---

[6] 相对于侵吞形式的贪污而言,"利用职务上的便利",是指将基于职务占有的公共财物据为己有或者使第三者所有。因此,国有公司的出纳,即使并未使用其所保管的保险柜钥匙与密码,而是利用作案工具打开保险柜后取走现金的,也属于侵吞形式的贪污,而不应认定为盗窃罪。

赔,骗取保险金归自己所有的,属于骗取形式的贪污(参见刑法第183条)。利用职务上的便利骗取财物时,行为人并不具有处分财物的权限与地位,所以,必须欺骗具有处分权限与地位的人使之处分财物,并且在实施欺骗行为时利用了职务上的便利。会计、出纳等通过做假账直接取得公共财物的,不属于骗取,而是侵吞。值得注意的是,必须区分利用职务便利的骗取与没有利用职务便利的骗取。传统观点认为,国家工作人员谎报出差费用或者多报出差费用骗取公款的,成立贪污罪。但本书认为,这种行为并没有利用职务上的便利,以诈骗罪论处更为合适。

其他手段,是指除侵吞、窃取、骗取以外的其他利用职务之便的手段。上述行为的共同特点是,将公共财物转移为行为人或第三者不法占有。这种不法占有,一方面可能表现为行为人在法律形式上或者事实上不法占有公共财物,如将公车登记为自己所有,将公款存入自己的私人存折,将公物作为私有物予以支配;另一方面也可能表现为行为人在法律上或者事实上处分了公共财物,如将公款赠与他人,将公物变卖等,但不包括单纯毁坏公共财物的行为。从另一角度来说,贪污行为既可能表现为将基于职务占有的公共财物转变为自己不法所有的财物,也可能表现为利用职务上的便利将自己没有占有的公共财物转变为自己不法占有的财物。

第三,必须非法占有公共财物。行为对象必须是公共财物(参见刑法第91条),而非公民私人所有的财物,但不限于国有财物,因为贪污罪的主体包括国家机关、国有单位委派到非国有单位从事公务的人员,这些主体完全可能贪污国有财物以外的公共财物。但是,受国家机关、国有公司、企业、事业单位、人民团体委托管理、经营国有财产的人员成立贪污罪,必须是非法占有了国有财物。另一方面,不要求单位对公共财物的占有具备合法性。例如,贪污国家机关非法征收的款项的,贪污国有企业收受的回扣的,贪污国有公司合同诈骗所取得的财物的,均成立贪污罪。公共财物不限于有体物,财产性利益也是贪污罪的对象。例如,单位、集体享有的土地使用权就是财产性利益,属于公共财物,可以成为贪污罪的对象。

还需要指出的是,秘密性不是贪污行为的特征。[7] 既然秘密贪污也能成立贪污罪,那么,公开实施的贪污行为更应当成立贪污罪。换言之,不能将贪污罪的部分案件事实解释为贪污罪的构成要件要素。

2. 责任形式为故意,并具有非法占有目的。故意内容为,明知自己的行为侵犯了职务行为的廉洁性,会发生侵害公共财产的结果,并且希望或者放任这种结果的发生。当贪污对象是行为人没有占有的公共财物时,非法占有目的与盗窃罪、诈骗罪中的非法占有目的相同;当贪污对象是行为人已经占有的公共财物时,非法占有目的与侵占罪的不法所有目的相同。

(二)贪污罪的认定

1. 正确区分贪污罪与非罪的界限。对于贪污公共财物数额较小的,情节显著轻微的,

---

〔7〕一种观点认为,“贪污罪,包括共同贪污,都是秘密进行的,不论对外部还是对职工内部,都是不公开的,而且想方设法将有关账目抹平,以掩盖非法占有国有资产的事实”[王作富主编:《刑法分则实务研究》(下),中国方正出版社2013第5版,第1732页]。但这种观点充其量只是对部分贪污事实的归纳,而不是对贪污罪构成要件的解释。

不应以贪污罪论处。根据刑法第 383 条第 1 款第 1 项的规定,贪污数额较大或者有其他较重情节的,才以贪污罪论处(参见后述内容)。

2. 正确处理贪污罪与侵占罪、盗窃罪、诈骗罪的关系。大体可以认为,贪污罪与侵占罪、盗窃罪、诈骗罪在法条上是特别关系(前者在行为主体、行为对象等方面需要具备特别要素)。例如,贪污罪中的侵吞行为,必然符合侵占罪的犯罪构成;贪污罪中的窃取行为,必然符合盗窃罪的犯罪构成;贪污罪中的骗取行为,必然符合诈骗罪的犯罪构成。反之,符合侵占罪、盗窃罪、诈骗罪的犯罪构成的行为,不一定符合贪污罪的犯罪构成。可以肯定的是,对于构成贪污罪的行为,不应认定为侵占罪、盗窃罪与诈骗罪。按照本书的观点,国家工作人员利用职务上的便利,窃取、骗取公共财物,虽然没有达到贪污罪的数额起点(不成立贪污罪),但达到盗窃罪、诈骗罪的数额起点的,应认定为盗窃罪、诈骗罪。[8] 应当注意的是,即使行为人利用了职务上的便利,但只要非法占有的财物并非其主管、管理、经营、经手的财物,也不成立贪污罪。例如,在甲单位征用土地的过程中,土地管理局的工作人员乙与被征用土地的农民丙相勾结,由丙多报土地上的庄稼数,乙加盖土地管理局的印章予以证实,进而从甲单位多领补偿款。乙与丙的行为不成立贪污罪,仅成立诈骗罪。

3. 正确处理贪污罪与职务侵占罪的关系。按照本书的观点,职务侵占罪仅限于行为人将基于职务占有的单位财物据为己有的行为,就这一类型而言,贪污罪中的侵吞行为与职务侵占罪是一种特别关系(贪污罪对身份与对象的要求高于职务侵占罪),侵吞类型的贪污行为,也必然符合职务侵占罪的犯罪构成,但应当认定为贪污罪,而不能认定为职务侵占罪。

实践中存在着公司、企业或者其他单位的人员与国家工作人员共同非法占有本单位财物的现象。最高人民法院 2000 年 6 月 30 日《关于审理贪污、职务侵占案件如何认定共同犯罪几个问题的解释》指出:"公司、企业或者其他单位中,不具有国家工作人员身份的人与国家工作人员勾结,分别利用各自的职务便利,共同将本单位财物非法占为己有的,按照主犯的犯罪性质定罪。"本书不赞成这一解释。公司、企业或者其他单位的人员与国家工作人员相勾结,共同将本单位财物非法占为己有时,只要利用了国家工作人员的职务之便,所占有的财物为公共财物,就符合共同贪污的特征,应以贪污罪的共犯论处(参见第八章第九节)。况且,既然一般公民与国家工作人员勾结,利用国家工作人员的职务便利,共同非法占有公共财物的,能够成立贪污罪的共犯,那么,公司、企业或者其他单位的人员与国家工作人员相勾结,均利用了自己的职务之便,共同将该单位的公共财物非法占为己有时,更能成立贪污罪的共犯;否则会造成诸多不良后果。当然,如果行为人非法占有的不是"公共财物",即使利用了职务上的便利,也不可能成立贪污罪。

(三)贪污罪的处罚

根据刑法第 383 条的规定,对犯贪污罪的,根据情节轻重,分别依照下列规定处罚:

1. 贪污数额较大或者有其他较重情节的,处 3 年以下有期徒刑或者拘役,并处罚金。在共同贪污中,贪污数额不是泛指整个共同犯罪的数额,也不是指分赃数额,而是指个人应当承担责任的数额。对此,应根据共同犯罪的责任原理确定。例如,贪污犯罪集团贪污

---

〔8〕 由于行为没有满足贪污罪的构成要件,所以,这种情形并不存在法条竞合关系。

100 万元,由于首要分子对整个犯罪集团的罪行承担责任,故首要分子的贪污数额是 100 万元;由于集团犯罪中的主犯按其所参与的全部犯罪承担责任,故主犯的贪污数额按其实际参与贪污的全部数额计算。如果主犯参与贪污 60 万元,则其贪污数额为 60 万元。同样,从犯也是以其参与的贪污数额作为其贪污数额。国家工作人员出于贪污的故意,非法占有公共财物之后,将赃款赃物用于单位公务支出或者社会捐赠的,不影响贪污罪的认定,但量刑时可以酌情考虑。

根据"两高"2016 年 4 月 18 日《关于办理贪污贿赂刑事案件适用法律若干问题的解释》(以下简称《贪污贿赂案件解释》)第 1 条的规定,贪污数额在 3 万元以上不满 20 万元的,应当认定为"数额较大"。贪污数额在 1 万元以上不满 3 万元,具有下列情形之一的,应当认定为有"其他较重情节":(1)贪污救灾、抢险、防汛、优抚、扶贫、移民、救济、防疫、社会捐助等特定款物的;(2)曾因贪污、受贿、挪用公款受过党纪、行政处分的;(3)曾因故意犯罪受过刑事追究的;(4)赃款赃物用于非法活动的;(5)拒不交待赃款赃物去向或者拒不配合追缴工作,致使无法追缴的;(6)造成恶劣影响或者其他严重后果的。[9] 行为人在提起公诉前如实供述自己罪行、真诚悔罪、积极退赃,避免、减少损害结果的发生的,可以从轻、减轻或者免除处罚。

2. 贪污数额巨大或者有其他严重情节的,处 3 年以上 10 年以下有期徒刑,并处罚金或者没收财产。根据《贪污贿赂案件解释》第 2 条的规定,贪污数额在 20 万元以上不满 300 万元的,应当认定为"数额巨大"。贪污数额在 10 万元以上不满 20 万元,具有上述 6 种情形之一的,应当认定为有"其他严重情节"。行为人在提起公诉前如实供述自己罪行、真诚悔罪、积极退赃,避免、减少损害结果的发生的,可以从轻处罚。

3. 贪污数额特别巨大或者有其他特别严重情节的,处 10 年以上有期徒刑或者无期徒刑,并处罚金或者没收财产;数额特别巨大,并使国家和人民利益遭受特别重大损失的,处无期徒刑或者死刑,并处没收财产。犯贪污罪数额特别巨大,并使国家和人民利益遭受特别重大损失的,被判处死刑缓期执行的,人民法院根据犯罪情节等情况可以同时决定在其死刑缓期执行二年期满依法减为无期徒刑后,终身监禁,不得减刑、假释。

根据《贪污贿赂案件解释》第 3 条的规定,贪污数额在 300 万元以上的,应当认定为"数额特别巨大"。贪污数额在 150 万元以上不满 300 万元,具有上述 6 种情形之一的,应当认定为有"其他特别严重情节"。行为人在提起公诉前如实供述自己罪行、真诚悔罪、积极退赃,避免、减少损害结果的发生的,可以从轻处罚。根据《贪污贿赂案件解释》第 4 条的规定,贪污数额特别巨大,犯罪情节特别严重、社会影响特别恶劣、给国家和人民利益造成特别重大损失的,可以判处死刑。符合上述规定的情形,但具有自首,立功,如实供述自己罪行、真诚悔罪、积极退赃,或者避免、减少损害结果的发生等情节,不是必须立即执行的,可以判处死刑缓期二年执行。对于符合判处死刑的情形,根据犯罪情节等情况可以判处死刑缓期二年执行,同时裁判决定在其死刑缓期执行二年期满依法减为无期徒刑后,

---

〔9〕 按照本书的观点,其中第(2)至(5)项规定,都不是提升贪污行为不法程度的情节,不应当作为"情节较重"的情形。

终身监禁,不得减刑、假释。[10]

对于多次贪污未经处理的,按照累计贪污数额处罚。一般认为,这里的未经处理,是指由于某种原因,既没有受过刑事处罚,也没有受过行政处理的情况。

根据“两高”2009 年 3 月 12 日《关于办理职务犯罪案件认定自首、立功等量刑情节若干问题的意见》,贪污案件中赃款赃物全部或者大部分追缴的,一般应当考虑从轻处罚。

根据《贪污贿赂案件解释》第 19 条的规定,对贪污罪判处 3 年以下有期徒刑或者拘役的,应当并处 10 万元以上 50 万元以下的罚金;判处 3 年以上 10 年以下有期徒刑的,应当并处 20 万元以上犯罪数额 2 倍以下的罚金或者没收财产;判处 10 年以上有期徒刑或者无期徒刑的,应当并处 50 万元以上犯罪数额 2 倍以下的罚金或者没收财产。

不难看出,选择法定刑的根据不是仅有数额,而是需要同时考虑情节。例如,虽然数额较大但情节严重时,就必须按情节严重选择法定刑;反之,数额特别巨大但没有其他严重情节的,就应当按数额特别巨大选择法定刑。特别需要注意的是,作为法定刑选择根据的量刑情节只能是表明不法与责任程度的情节,而不包括表明行为人特殊预防必要性大小的情节。例如,贪污救灾、抢险、防汛、优抚、扶贫、移民、救济、防疫、社会捐助等特定款物的,其有责的不法程度严重,是选择法定刑所必须考虑的。在本书看来,行为人曾因贪污受到党纪、政纪处分后再贪污的,将赃款赃物用于非法活动的,以及拒不交待赃款赃物去向的,都不是表明贪污情节的事实,即不属于有责的不法事实,只是表明行为人特殊预防必要性大小的情节,只能在确定责任刑之后对预防刑的确定起作用。例外的是,当行为人贪污数额特别巨大时,如果因为行为人将赃款赃物用于非法活动,或者拒不交待赃款赃物去向,导致司法机关无法追缴赃款的,可以认定为刑法第 383 条第 1 款第 3 项的“并使国家和人民利益遭受特别重大损失”。换言之,在其他情况下,将赃款赃物用于非法活动,拒不交待赃款赃物去向等事后行为与态度,不得成为选择法定刑的根据。

二、挪用公款罪

(一)挪用公款罪的概念与犯罪构成

挪用公款罪,是指国家工作人员利用职务上的便利,挪用公款归个人使用,进行非法活动的,或者挪用公款数额较大、进行营利活动的,或者挪用公款数额较大、超过 3 个月未还的行为。本罪的法益是公款的占有权、使用权、收益权以及职务行为的廉洁性。

1. 构成要件的内容为,国家工作人员利用职务上的便利挪用公款归个人使用,在此前提下分为三种情况:一是挪用公款进行非法活动;二是挪用公款数额较大、进行营利活动;

[10] 问题是,这种情形下的终身监禁能否暂予监外执行。根据《刑事诉讼法》第 254 条的规定,被判处无期徒刑的罪犯,除“怀孕或者正在哺乳自己婴儿的妇女”以外,不得暂予监外执行。但是,第一,刑事诉讼法的这一规定是在《刑法修正案(九)》之前做出的,即是在刑法不存在“不得减刑、假释”的情形下做出的。换言之,刑事诉讼法关于暂予监外执行的规定是以存在减刑、假释的可能性为前提的;也可以认为,刑事诉讼法考虑到可以减刑、假释才做出上述规定。既然如此,就应当认为,刑事诉讼法关于无期徒刑暂予监外执行的规定不适用于“不得减刑、假释”的情形。第二,刑法第 383 条只是规定了“不得减刑、假释”,而没有规定不得暂予监外执行。第三,将没有独立生活能力的人关押在监狱,既不符合人道主义精神,也会给监狱增加不必要的负担(监狱不可能给没有独立生活能力的犯罪人雇请保姆,也不可能要求犯罪人的家属给犯罪人雇请保姆)。第四,没有独立生活能力的人基本上也没有犯罪能力,暂予监外执行符合特殊预防的目的,也不会与一般预防相冲突。所以,本书认为,适用刑法第 383 条规定的“终身监禁”时,应当允许暂予监外执行。这样可以弥补“终身监禁”这一冲动性立法的缺憾。

三是挪用公款进行营利活动、非法活动以外的活动，数额较大，挪用时间超过了3个月。

挪用人必须利用职务上的便利实施挪用行为，即利用职务权力与地位所形成的主管、管理、经营、经手公款或特定款物的便利条件实施挪用行为。挪用，是指未经合法批准，或者违反财经纪律，擅自使公款脱离单位的行为。行为人使公款脱离单位后，即使尚未使用该公款的，也属于挪用。例如，行为人将公款转出，准备日后购买个人住房；即使尚未使用该公款购买住房，也属于挪用。本书不赞成"'挪而未用'、'挪而不用'不属于挪用公款"的观点。但是，没有使公款脱离单位的，不应认定为挪用。例如，国有公司会计甲，为了帮助B银行工作人员乙完成揽存任务，擅自将公款从A银行转入B银行，户名依然为国有公司的，不应认定为挪用公款罪。另一方面，使公款脱离单位占有也包括使公款由单位与他人共同占有的情形。换言之，当公款原本由单位占有支配，但行为人利用职务上的便利，导致公款由单位与其他个人共同占有支配（单位不能独立占有支配）时，也能认定为挪用公款。

行为对象是公款，包括挪用用于救灾、抢险、防汛、优抚、扶贫、移民、救济款物归个人使用。挪用失业保险基金和下岗职工基本生活保障资金归个人使用，构成犯罪的，以挪用公款罪论处。公款不等于现金。挪用公有国库券的行为，以挪用公款论处；[11] 挪用金融凭证、有价证券用于质押，使公款处于风险之中，与挪用公款为他人提供担保没有实质的区别，应以挪用公款罪论处，挪用公款数额以实际或者可能承担的风险数额认定。挪用非特定公物归个人使用的，不以挪用公款罪论处；如构成其他犯罪的，依照刑法的相关规定定罪处罚。[12]

值得研究的是，所谓变相挪用的行为是否属于挪用？例如，国有房地产公司的负责人甲为了偿还自己欠乙的500万元债务，利用职务上的便利，将公司尚未出售的一套价值500万元住房，以出售给乙的方式偿还自己的债务（乙以免除甲的债务的方式支付对价），然后在公司的财务账上显示甲欠公司500万元。甲的行为是否构成挪用公款罪？甲实际上是将公司应得的500万元用于偿还自己的债务，或者说，甲实际上是借用公司的公款偿还了自己的债务，似乎属于挪用公款。但是，挪用公款应是使单位现实控制的公款脱离单位的控制，在上例中，单位只是现实控制了住房，而没有现实控制500万元公款，故认定甲构成挪用公款罪可能还存在疑问。将甲的行为认定为国有公司人员滥用职权罪，或许更为合适。

根据全国人大常委会2002年4月28日《关于〈中华人民共和国刑法〉第三百八十四条第一款的解释》，有下列情形之一的，属于挪用公款"归个人使用"：（1）将公款供本人、亲友或者其他自然人使用的；（2）以个人名义将公款供其他单位使用的；（3）个人决定以单位名义将公款供其他单位使用，谋取个人利益的。在司法实践中，对于将公款供其他单位使用的，认定是否属于"以个人名义"，不能只看形式，要从实质上把握。对于行为人逃避财务监管，或者与使用人约定以个人名义进行，或者借款、还款都以个人名义进行，将公款给其他单位使用的，应认定为"以个人名义"。"个人决定"既包括行为人在职权范围内决定，也包括超越职权范围决定。"个人"并不限于一个人，而是相对于单位、集体而言。

---

〔11〕参见最高人民检察院1997年10月13日《关于挪用国库券如何定性问题的批复》。

〔12〕参见最高人民检察院2000年3月15日《关于国家工作人员挪用非特定公物能否定罪的请示的批复》。

例如,没有经过单位领导集体研究,只是由其中的少数领导违反决策程序决定将公款供其他单位使用的,属于“个人决定”。“谋取个人利益”,既包括行为人与使用人事先约定谋取个人利益实际尚未获取的情况,也包括虽未事先约定但实际已获取了个人利益的情况。其中的“个人利益”,既包括不正当利益,也包括正当利益;既包括财产性利益,也包括非财产性利益,但这种非财产性利益应当是具体的实际利益,如升学、就业等。〔13〕此外,为单位少数人谋取利益的,也属于“谋取个人利益”。

挪用公款归个人使用分为三种类型,各种类型的成立条件不完全相同。根据刑法的规定以及最高人民法院1998年4月29日《关于审理挪用公款案件具体应用法律若干问题的解释》(以下简称《挪用案件解释》)和《贪污贿赂案件解释》,三种类型是:(1)挪用公款归个人使用,进行赌博、走私等非法活动的,构成挪用公款罪,不受“数额较大”和挪用时间的限制。但根据《贪污贿赂案件解释》,“挪用公款归个人使用,进行非法活动的”,数额在3万元以上的,应当追究刑事责任。挪用公款给他人使用,不知道使用人将公款用于非法活动,数额较大、超过3个月未还的,构成挪用公款罪;明知使用人将公款用于非法活动的,应当认定为挪用人挪用公款进行非法活动。(2)挪用公款数额较大,归个人进行营利活动的,构成挪用公款罪,不受挪用时间和是否归还的限制。在案发前部分或者全部归还本息的,可以从轻处罚;情节轻微的,可以免除处罚。挪用公款存入银行、用于集资、购买股票、国债等,属于挪用公款进行营利活动。所获取的利息、收益等违法所得,应当追缴,但不计入挪用公款的数额。〔14〕根据司法实践,挪用公款归还个人欠款的,应当根据产生欠款的原因,分别认定属于挪用公款的何种情形。归还个人进行非法活动或者进行营利活动产生的欠款,应当认定为挪用公款进行非法活动或者进行营利活动。申报注册资本是为进行生产经营活动作准备,属于成立公司、企业进行营利活动的组成部分。因此,挪用公款归个人用于公司、企业注册资本验资证明的,应当认定为挪用公款进行营利活动。根据《贪污贿赂案件解释》,挪用公款归个人使用,“数额较大、进行营利活动的”,以5万元为“数额较大”的起点。挪用公款给他人使用,不知道使用人将公款用于营利活动,数额较大、超过3个月未还的,构成挪用公款罪;明知使用人将公款用于营利活动的,应当认定为挪用人挪用公款进行营利活动。(3)挪用公款归个人使用(进行其他活动),数额较大、超过3个月未还的,构成挪用公款罪。“超过3个月未还”,实际上是指行为人挪用公款后在3个月之内没有归还,或者说,行为人挪用公款的时间超过了3个月。根据《挪用案件解释》,挪用正在生息或者需要支付利息的公款归个人使用,数额较大,超过3个月但在案发前全部归还本金的,可以从轻处罚或者免除处罚。〔15〕给国家、集体造成的利息损失应予追缴。挪用公款数额巨大,超过3个月,案发前全部归还的,可以酌情从轻处罚。根据《贪污贿赂案件解释》,挪用公款归个人使用,“数额较大、超过3个月未还的”,以5

---

〔13〕 参见最高人民法院2003年11月13日《全国法院审理经济犯罪案件工作座谈会纪要》。

〔14〕 刑法第384条实际上是按照挪用公款可能导致单位丧失公款的危险程度规定三种类型的,亦即,将公款用于非法活动的,单位丧失公款的危险程度最高,用于营利活动的次之,用于其他个人活动的最低。所以,成立挪用公款罪的条件依次相应提高。既然如此,营利活动就应当是具有一定风险的营利活动,而不是泛指任何营利活动。质言之,本书主张,挪用公款存入银行的,不宜认定为进行营利活动,而应认定为进行其他个人活动。

〔15〕 但“免予处罚”的规定值得商榷(参见第十五章第一节)。

万元为“数额较大”的起点。此外，挪用救灾、抢险、防汛、优抚、扶贫、移民、救济款物归个人使用的数额标准，参照挪用公款归个人使用进行非法活动的数额标准。

2. 责任形式为故意，即明知自己的行为侵犯了公款的占有权、使用权与收益权以及职务行为的廉洁性，并希望或者放任这种结果的发生。如果具有非法占有目的（不归还公款的意思或不法所有的意思），则以贪污罪论处。

（二）挪用公款罪的认定

1. 对挪用公款罪的三种用途的认定，原则上应根据客观的使用性质予以判断。例如，国家工作人员为了购房而挪出公款，但因为房价上涨而没有购房，于是将公款用于赌博。对此，应认定为挪用公款进行非法活动。再如，原本打算挪出公款赌博，但因为股市行情好而用于炒股的，应认定为挪用公款进行营利活动。又如，原本打算挪出公款炒股，但到案发时为止一直没有利用公款炒股的，宜认定为挪用公款归个人使用进行其他活动。因为刑法条文是按照公款用途的风险大小分为三种情形的，而风险大小基本上取决于实际的使用途径。但是，这并不意味着“使用”行为是挪用公款罪的构成要件要素，[16]相反，使用行为只是确认用途的资料与根据。

2. 实践中经常出现这样的现象：行为人多次挪用公款，分别用于非法活动、营利活动与其他活动，但用于某项活动的公款数额未达到该项的定罪标准，或者分别来看，用于各项用途的公款数额都没有达到各项的定罪标准，但挪用公款的总数额达到某项定罪标准。显然，在分则条文规定了几种行为类型的情况下，只有行为符合其中一种或数种行为类型时，才可能认定为犯罪。如果对行为进行评价的结局是并不符合其中的任何一种行为类型，则不可能认定为犯罪。所以，本书认为，应根据法益保护目的与法定的构成要件，妥当归纳案件事实，正确判断构成要件符合性。

例一：A 挪用公款 2 万元用于非法活动，挪用公款 4 万元进行营利活动，挪用公款 4 万元进行其他活动，而且均超过 3 个月未还。对此，应认定 A 挪用公款 10 万元进行其他活动，成立挪用公款罪。[17] 因为挪用公款进行非法活动或者营利活动的法益侵害性，重于挪用公款进行其他活动的法益侵害性，将前者的数额计算入后者的数额，并无不当；而且前者挪用公款后超过 3 个月未还，也符合挪用公款进行其他活动的时间要件。换言之，在上述案件中，司法人员完全可以不考虑 A 挪用公款 2 万元进行非法活动的“非法”性质，也可以不考虑 A 挪用公款 4 万元进行营利活动的“营利”性质，而是将这两项挪用行为均评价为进行不以非法与营利为前提的其他活动。于是，A 的行为完全符合“挪用公款数额较大、超过三个月未还”的行为类型。显然，这样的评价并不违反罪刑法定原则，也没有歪曲事实本身。

例二：B 挪用公款 2 万元进行赌博、走私等非法活动，挪用公款 4 万元进行营利活动。对此，应认定挪用公款 6 万元进行营利活动，成立挪用公款罪。因为挪用公款进行非法活动与营利活动都没有时间要求，而挪用公款进行非法活动的法益侵害性，重于挪用公款进

---

〔16〕 如果认为使用行为是挪用公款罪的构成要件行为，就必然得出以下两个结论：第一，使用者均成立挪用公款罪的共犯；第二，挪用公款进行非法活动另构成犯罪的，不能实行并罚。但这两个结论均不妥当。

〔17〕 刑法理论一般认为，“挪用公款归个人使用，数额较大，超过三个月未还”，是指“将公款用于非法活动与营利活动以外的其他活动”。这是就某种行为完全符合该行为类型而言。根据举轻以明重的解释规则，解释者完全可能基于某种原因，将挪用公款用于非法活动与营利活动评价为挪用公款进行其他活动。

行营利活动,故将挪用公款进行非法活动的数额计算入挪用公款进行营利活动的数额,并不违反罪刑法定原则。换言之,非法活动一般是可以评价为营利活动的。例如,挪用公款2万元赌博、走私、生产伪劣产品等,均可以评价为挪用公款进行营利活动。[18]

例三:C挪用公款1万元用于非法活动,3个月内归还;挪用公款3万元进行营利活动,3个月内归还;挪用公款4万元进行其他活动,超过3个月未还。对此,难以认定为挪用公款罪。首先,不应将挪用公款进行营利活动与进行其他活动的数额计入挪用公款进行非法活动的数额,亦即,不能将轻行为的数额计入重行为的数额,所以,不能认定为挪用公款进行非法活动。其次,虽然可以将挪用公款进行非法活动的数额计入挪用公款进行营利活动的数额,但二者的总和并未达到定罪标准,故不成立挪用公款进行营利活动。最后,虽然可以将挪用公款进行非法活动与进行营利活动计入挪用公款进行其他活动,但挪用公款进行其他活动必须超过3个月未还;如果挪用公款进行非法活动与进行营利活动,但在3个月内归还公款,则不符合挪用公款进行其他活动的时间要件。结局是,对C的行为不能以挪用公款罪论处。由此看来,不能认为,只要各项活动的累计数额达到任何一项定罪的数量标准,就以该数额为准定罪处罚。

与此相关的问题是,如果行为人的其中一项挪用行为达到了司法解释所规定的定罪标准,而其他两项没有达到定罪标准,虽然可以认定成立挪用公款罪,但如何计算挪用公款的数额?对此,应当根据情况具体分析。下面假设若干情况进行讨论。例一:A挪用公款3万元进行非法活动,挪用公款4万元进行营利活动。对此,一方面,可以认定为挪用公款进行非法活动,而且挪用公款数额为3万元,而不能认定为挪用公款7万元进行非法活动,因为其中的4万元并未用于非法活动。另一方面,也可以认定为挪用公款7万元进行营利活动,因为非法活动可以评价为营利活动(不能作此评价的除外,下同)。在实践中,按处罚较重的情形认定。例二:B挪用公款2万元进行非法活动,挪用公款5万元进行营利活动。对此,只能认定为挪用公款进行营利活动,但由于挪用公款进行非法活动对法益的侵害性重于挪用公款进行营利活动,故可以认定B挪用公款7万元进行营利活动。例三:C挪用公款2万元进行非法活动,并超过3个月未还,又挪用公款5万元进行其他活动超过3个月未还。基于同样的理由,也应认定C挪用公款7万元进行其他活动。例四:D挪用公款2万元进行非法活动,并在3个月内归还,又挪用公款5万元进行其他活动。对此,只能认定D挪用公款5万元进行其他活动。如果该5万元超过3个月未还,就成立挪用公款罪(数额为5万元)。例五:E挪用公款5万元进行营利活动,又挪用公款6万元进行其他活动,且均超过3个月未还。对此,应认定E挪用公款11万元进行其他活动。例六:F挪用公款5万元进行其他活动,并在3个月内归还,又挪用公款6万元进行其他活动,超过3个月未还。对此,只能认定F挪用公款6万元进行其他活动。总之,对于类似情形,只能按照构成要件归纳案件事实,即重行为的数额可以计算在轻行为的数额之中,但轻行为的数额不能计算在重行为的数额之中;3个月之内归还的数额不能计算在“超过三个月未还”的挪用数额中。

---

〔18〕 如果非法活动不可能评价为营利活动时,当然不能将挪用公款进行非法活动评价为挪用公款进行营利活动(如挪用公款3000元购买毒品用于自己吸食)。然而,这种情形是比较罕见的。对于行为人挪用公款举行重婚的婚礼活动的行为,既不能评价为挪用公款进行非法活动,也不可能评价为挪用公款进行营利活动。

3. 根据《挪用案件解释》的规定，挪用公款给他人使用，使用人与挪用人共谋，指使或者参与策划取得挪用款的，以挪用公款罪的共犯定罪处罚。但应注意，不应扩大使用人构成共犯的范围，对于使用人只是单纯提出、要求借用公款的，不得认定为挪用公款罪的共犯。此外，使用人具有诈骗故意时，不影响国家工作人员成立挪用公款罪。例如，乙向国有公司会计甲谎称借用公司 100 万元用于购房首付，3 个月后肯定归还。但乙隐瞒了拒不归还的真实想法，得到 100 万元后逃之夭夭。乙的行为构成诈骗罪，但甲依然成立挪用公款罪（甲如果明知乙不归还，则成立贪污罪）。

4. 挪用公款罪与贪污罪不是对立关系，贪污公款的行为一般也符合挪用公款罪的犯罪构成。在处理挪用公款罪与贪污罪关系的问题上，不能说："贪污罪必须具有非法占有目的，挪用公款罪必须不具有非法占有目的。"正确的表述或许是："挪用公款罪的责任形式为故意，如果行为人具有非法占有目的（不归还公款的意思），则以贪污罪论处。"因此，在行为人将公款转移给个人占有时，即使不能查明行为人是否具有归还的意思，也能够认定为挪用公款罪。反之，只要查明行为人具有非法占有目的，就应认定为贪污罪。根据刑法规定与审判实践，对于下列行为，应以贪污罪论处：（1）携带挪用的公款潜逃的；（2）挪用公款后采取虚假发票平账、销毁有关账目等手段，使所挪用的公款已难以反映在单位财务账目上，且没有归还行为的；（3）截取单位收入不入账，非法占有，使所占有的公款难以反映在单位财务账目上，且没有归还行为的；（4）有证据证明行为人有能力归还所挪用的公款而拒不归还，并隐瞒挪用的公款去向的。

是否平账（没有归还公款，但财务账上不能显示行为人挪用公款），只是判断行为是否构成贪污罪的判断资料，而不是唯一的决定根据。例如，行为人具有归还的意思，只是为了应付上级的突击检查而暂时平账的，依然应认定为挪用公款罪。反之，只要其他证据证明行为人不具有归还的意思，即便没有平账，也应认定为贪污罪。

5.《挪用案件解释》第 7 条规定："因挪用公款索取、收受贿赂构成犯罪的，依照数罪并罚的规定处罚。""挪用公款进行非法活动构成其他犯罪的，依照数罪并罚的规定处罚。"例如，甲挪用公款用于贩卖毒品的，客观上有两个行为，而且侵害了两个法益，主观上有两个故意，应当以挪用公款罪与贩卖毒品罪实行数罪并罚。值得研究的是，明知他人使用公款进行犯罪活动，而挪用公款给他人使用的，能否实行数罪并罚？例如，甲明知乙使用公款用于贩卖毒品，而将公款挪用给乙。可以肯定的是，甲的行为成立挪用公款罪的正犯与贩卖毒品罪的帮助犯。问题是，能否认定甲实施了两个行为？如果不能得出肯定结论，就只能认定为想象竞合，从一重罪处罚。显然，如果甲将公款直接交付给乙时（如将公款直接转入乙的账户），就只有一个行为，应认定为想象竞合。如若甲将公款转入自己或者第三者的账户后，再转入乙的账户的，则能够认定为两个行为，可以实行数罪并罚。

（三）挪用公款罪的处罚

根据刑法第 384 条的规定，犯挪用公款罪的，处 5 年以下有期徒刑或者拘役；情节严重的，处 5 年以上有期徒刑。挪用公款数额巨大不退还的，处 10 年以上有期徒刑或者无期徒刑。挪用用于救灾、抢险、防汛、优抚、扶贫、移民、救济款物归个人使用的，从重处罚。"挪用公款数额巨大不退还"，是指挪用公款数额巨大，因客观原因在一审宣判前不能退还的；[19]

---

〔19〕 二人以上共同挪用公款，由其中部分共犯人全部退还的，对所有共犯人而言，都属于已经退还。

如果由于某种原因从挪用公款的故意转化为贪污罪的故意,则应认定为贪污罪。

根据《贪污贿赂案件解释》第5条的规定,挪用公款归个人使用,进行非法活动,数额在300万元以上的,应当认定为“数额巨大”。具有下列情形之一的,应当认定为“情节严重”:(1)挪用公款数额在100万元以上的;(2)挪用救灾、抢险、防汛、优抚、扶贫、移民、救济特定款物,数额在50万元以上不满100万元的;(3)挪用公款不退还,数额在50万元以上不满100万元的;(4)其他严重的情节。根据《贪污贿赂案件解释》第6条的规定,挪用公款归个人使用,进行营利活动或者超过3个月未还,数额在500万元以上的,应当认定为“数额巨大”。具有下列情形之一的,应当认定为“情节严重”:(1)挪用公款数额在200万元以上的;(2)挪用救灾、抢险、防汛、优抚、扶贫、移民、救济特定款物,数额在100万元以上不满200万元的;(3)挪用公款不退还,数额在100万元以上不满200万元的;(4)其他严重的情节。[20]

司法实践中出现了一种奇怪现象:对挪用公款数额特别巨大的,适用“十年以上有期徒刑或者无期徒刑”的法定刑。其思路可能是,只有情节严重的,才能处5年以上有期徒刑,挪用公款数额巨大的,属于情节严重,所以,挪用公款数额特别巨大的,已经超过了情节严重的范围,故处10年以上有期徒刑或者无期徒刑。但这种做法严重违反罪刑法定原则,应当杜绝。第一,既然法条仅规定了数额较大与数额巨大,那么,即使数额再大,也只能归入数额巨大,而不能在法定数额分类之外增加数额特别巨大的情形。例如,刑法第271条第1款仅将职务侵占罪分为数额较大与数额巨大两种情形,司法实践不能认为,侵占数额特别巨大的,应当高于该条的法定最高刑量刑。第二,根据刑法第384条的规定,挪用公款数额特别巨大且退还的,不属于“挪用公款数额巨大不退还”,因而根本不符合判处10年以上有期徒刑或者无期徒刑的条件。

三、私分国有资产罪、私分罚没财物罪

私分国有资产罪,是指国家机关、国有公司、企业、事业单位、人民团体,违反国家规定,以单位名义将国有资产集体私分给个人,数额较大的行为。

私分罚没财物罪,是指司法机关、行政执法机关违反国家规定,将应当上缴国家的罚没财物,以单位名义集体私分给个人的行为。

这两种犯罪行为原来属于贪污行为,现行刑法将其规定为独立的犯罪。二者的共同点是违反国家规定,以单位名义,故意将国有资产或应当上缴国家的罚没财物集体私分给个人。参照相关规定,国有资产即国有(公共)财产,是指国有单位占有、使用的,依法确认为国家所有,能以货币计量的各种经济资源的总称,包括国家拨给国有单位的资产,国有单位按照国家规定运用国有资产组织收入形成的资产,以及接受捐赠和其他经法律确认为国家所有的资产,其表现形式为流动资产、固定资产、无形资产和对外投资等。[21] 应当上缴国家的罚没财物,是指依照法律判处罚金、罚款或者没收财产、没收违法犯罪所得、没收供犯罪所用的本人财物所取得的,应当上缴国库的财物。应当注意的是,司法机关、行政执法机关违反国家规定,以单位名义私分国有资产的,应认定为私分国有资产罪,只有私分应当上缴国家的罚没财物时,才成立私分罚没财物罪。以单位名义集体私分给个

〔20〕 显然,其中对“不满100万元”、“不满200万元”的规定,明显多余。换言之,即使挪用数额在100万元或者200万元以上的,也只能认定为情节严重。

〔21〕 参见财政部2006年5月30日《事业单位国有资产管理暂行办法》。

人,是指经集体研究决定将国有资产或罚没财物分配给单位的所有成员,或者按照相对公平的规则分配给单位的部分人。[22] 私分国有资产数额较大的,才成立私分国有资产罪。这里的数额较大,是指被私分的国有资产的数额较大,而不是指个人分得的财物数额较大。根据司法实践,数额较大以10万元为起点。

私分国有资产罪与贪污罪的法定刑相差很大,如何正确区分二者,一直是困扰司法机关的难题。在此问题上,首先必须明确两罪法定刑差异的原因。在本书看来,贪污罪与私分国有资产罪在不法程度上不存在差异。例如,个人贪污100万元国有资产与私分100万元国有资产,给国有资产造成的损失完全相同,不存在任何区别。[23] 既然如此,就只能在责任层面寻找实质区别。显然,只有当非难可能性明显小于贪污罪的非难可能性时,才能认定为私分国有资产罪。问题是,什么样的事实或者要素能够说明行为人的非难可能性明显小于贪污罪？本书的初步看法是,只有当行为人出于相对公平的利他动机,并且对国有资产进行相对公平的私分时,才能认定为私分国有资产罪。

例如,下列情形应认定为私分国有资产罪:(1)将国有资产相对公平地分配给单位全体成员的。例如,按工资比例或者其他多数人同意的标准分配给单位全体成员的,应认定为私分国有资产罪。再如,国有公司、企业违反国家规定,在改制过程中隐匿公司、企业财产,转为职工集体持股的改制后公司、企业所有的,对其直接负责的主管人员和其他直接责任人员,以私分国有资产罪定罪处罚。至于单位成员的多少,则不影响犯罪的认定。换言之,不能因为单位人数少,就认定为贪污罪。(2)按加班时间或者加班工作量等将国有资产分配给所有加班人员,而没有分配给未加班人员的,应认定为私分国有资产罪。(3)在单位额外承担了某项工作任务的情况下,将国有资产相对公平地分配给承担该项工作的人员,而没有分配给其他人员的,应认定为私分国有资产罪。[24] (4)由于单位的某一部门做出了突出贡献,将国有资产私分给该部门的工作人员的。概言之,在私分给单位全体成员的情况下,应当认定为私分国有资产;在仅分配给单位部分成员的情况下,如果分配根据具有相对合理性,就应当认定为私分国有资产。

反之,下列情形应当认定为贪污罪:(1)将国有资产分配给单位领导成员(可能包括会计、出纳)的;[25] (2)没有相对合理根据地分配给单位部分成员的;(3)将国有资产作为个人财产分配给他人的。例如,国有公司、企业违反国家规定,在改制过程中隐匿公司、企业财产,改制后的公司、企业中只有改制前公司、企业的管理人员或者少数职工持股,改制前公司、企业的多数职工未持股的,对相关人员应以贪污罪定罪处罚。

特别应当注意的是,成立私分国有资产罪并不意味着排除贪污罪的成立。换言之,单位负责人的行为完全可能同时构成两个犯罪,而且应当实行数罪并罚。例如,单位负责人虽然集体决定将国有资产按工资比例分配给员工,但同时决定单位领导的分配比例明显高于其他员工的,对单位负责人应当以私分国有资产罪与贪污罪实行数罪并罚(高出部

---

〔22〕 个人是否知道资金的来源、性质等,不影响本罪的成立。

〔23〕 在本书看来,分配行为是否公开、账目是否做假、国有资产是否属于截留形成,都不是区分贪污罪与私分国有资产罪的要素。

〔24〕 当然,如果根据国家规定,对于加班或者额外承担工作任务应当获得额外报酬的情况下,如果分配的数额没有超过应得的报酬,则不能认定为私分国有资产罪。

〔25〕 在现实案件中,单位领导为了掩盖贪污事实,常常也给会计、出纳一定好处。

分为贪污数额)。再如,虽然单位负责人决定将国有资产分配给额外承担了某项工作任务的人员,但同时分配给没有承担该项工作的负责人时,负责人也构成私分国有资产罪与贪污罪,应当实行数罪并罚。

根据刑法第396条的规定,犯上述罪的,对其直接负责的主管人员和其他直接责任人员,处3年以下有期徒刑或者拘役,并处或者单处罚金;数额巨大的,处3年以上7年以下有期徒刑,并处罚金。

四、巨额财产来源不明罪

巨额财产来源不明罪,[26]是指国家工作人员的财产、支出明显超过合法收入,差额巨大,不能说明来源的行为。

行为主体只限于国家工作人员。国家工作人员退休或者辞职后,检察机关发现其有巨额来源不明的财产,行为人不能说明来源的,由于其不具有国家工作人员身份,不能以本罪论处。反之,行为人以前并非国家工作人员,成为国家工作人员后检察机关发现其拥有巨额财产,要求其说明来源,行为人不能说明来源的,则应以本罪论处。值得研究的问题是,夫妻双方均为国家工作人员,家庭财产明显超过合法收入,差额巨大时,有关机关责令双方说明来源,而双方均不说明来源的,是仅认定其中一方成立本罪,还是认定双方均成立本罪?本书认为,只要认定夫妻双方都拥有超出合法收入的巨额财产,而且夫妻双方都不能说明财产来源,便均应认定为本罪。但是,如果妻子已经退休或者辞职,在检察机关责令作为国家工作人员的丈夫说明来源时,丈夫声称财产源于妻子的行为时,妻子不再说明来源的,难以认定夫妻二人的行为构成本罪。

客观行为表现为,财产、支出明显超过合法收入,差额巨大,在有关机关责令行为人说明来源时,行为人不能说明其来源。但是,财产、支出明显超过合法收入,并不是本罪的实行行为,只是本罪的前提条件,也可以说是行为状况,即在财产、支出明显超过合法收入,被责令说明来源的状况下不能说明财产来源。[27] 所以,本罪是真正不作为犯,而不是所谓复行为犯。[28] "财产、支出明显超过合法收入",包括现有财产明显超过合法收入,已有

---

〔26〕 本罪有两个基本要素:一是行为人拥有差额巨大的财产,二是行为人不能说明其来源。相比之下,"拒不说明巨额财产来源罪"的罪名,更为准确地反映了本罪的基本特征。

〔27〕 刑法第395条第1款规定,国家工作人员拥有差额巨大的财产时,"可以责令"其说明来源。这并不意味着"也可以不责令"其说明来源,而是意味着国家工作人员拥有差额巨大的财产时,才具备责令说明的前提条件。易言之,此处的"可以"是"表示许可"之意。

〔28〕 一种观点认为,本罪的实行行为是国家工作人员非法持有来源不明的巨额财产(持有说)。但是,这一学说存在明显的缺陷。第一,从刑法第395条第1款的表述就可以看出,国家工作人员虽然持有来源不明的巨额财产,但如果能够说明其来源的,不可能成立本罪。既然如此,就不能认为持有巨额财产就是本罪的实行行为。第二,持有型犯罪只限于行为人所持有的是违禁品之类的物品,正因为如此,持有行为本身就具有非法性。但在巨额财产来源不明罪中,国家工作人员所拥有的并不一定是违禁品之类的物品,或者说持有行为本身不一定是非法的,因而不符合持有型犯罪的基本特征。第三,实行行为是表明违法性的要素。但是,"国家工作人员的财产、支出明显超过合法收入、差额巨大"本身并不能表明行为的违法性,只有当国家工作人员不能说明巨额财产的来源时,才表明行为的违法性。例如,某国家工作人员的财产、支出明显超过合法收入、差额巨大,事实上源于情人的赠予,但其本人拒不说明该巨额财产的来源。显然,导致行为违法的并不是因为其财产、支出明显超过合法收入、差额巨大,而是因为其不能说明来源。既然如此,就不能将持有巨额财产作为本罪的实行行为。第四,如果采取持有说,认为"不能说明来源"不是实行行为的内容,就必须明确说明刑法第395条第1款明文规定的"不能说明来源"是什么性质。复合行为说是容易理解乃至容易被人接受的,但是,复合行为说存在与持有说相同的问题。

的支出明显超过合法收入，以及现有财产与已有的支出之和明显超过合法收入。在具体计算时，应注意以下问题：(1)应把国家工作人员个人财产和与其共同生活的家庭成员的财产、支出等一并计算，而且一并减去他们所有的合法收入以及确属与其共同生活的家庭成员个人的非法收入；(2)行为人所有的财产包括房产、家具、生活用品、学习用品及股票、债券、存款等动产和不动产；行为人的支出包括合法支出和不合法的支出，包括日常生活、工作、学习费用、罚款及向他人行贿的财物等；行为人的合法收入包括工资、奖金、稿酬、继承等法律和政策允许的各种收入；(3)为了便于计算犯罪数额，对于行为人的财产和合法收入，一般可以从行为人有比较确定的收入和财产时开始计算。“不能说明来源”，包括以下情况：(1)行为人拒不说明财产来源；(2)行为人无法说明财产的具体来源；(3)行为人所说的财产来源经司法机关查证并不属实；(4)行为人所说的财产来源因线索不具体等原因，司法机关无法查实，但能排除存在来源合法的可能性和合理性的。[29] 应当注意的是，本罪中的“说明”不等于刑事诉讼中的证明，故不要求行为人的说明达到刑事诉讼的证明程度。行为人说明后司法机关不查证的，不得对行为人以本罪论处。所以，本罪也并非所谓的举证倒置。

在《刑法修正案(七)》之前，刑法第 395 条第 1 款关于巨额财产来源不明罪的规定是：“国家工作人员的财产或者支出明显超过合法收入，差额巨大的，可以责令说明来源。本人不能说明其来源是合法的，差额部分以非法所得论，处五年以下有期徒刑或者拘役，财产的差额部分予以追缴。”据此，国家工作人员详细说明了差额巨大财产来源于受贿，但是，司法机关不能查明受贿的犯罪事实的，也能认定为巨额财产来源不明罪，因为行为人“不能说明其来源是合法的”。但是，《刑法修正案(七)》将其中的“不能说明其来源是合法的”修改为“不能说明来源的”，于是产生了以下问题：行为人拥有巨额财产，本人说明了其非法来源，司法机关不能排除其非法来源的可能性与说明的合理性，经查证后又不能达到犯罪的证明标准的，应当如何处理？例如，国家工作人员甲拥有超过合法收入的 200 万元现金，在检察机关责令其说明来源时，甲说明了该 200 万元来源于 X 的行贿，而且具体说明了受贿的详细时间、地点、原因、经过，也说明了 X 的具体身份。但是，由于 X 移居国外后死亡，司法机关不能查实该受贿事件。倘若认为，现有证据能够认定甲的行为成立受贿罪，则对甲的行为以受贿罪论处。但是，仅凭甲的口供与其持有的 200 万元现金，就认定其行为构成受贿罪，恐怕存在疑问。不难看出，只要认为现有证据不能证明甲的行为成立受贿罪，那么，根据《刑法修正案(七)》之前的刑法第 395 条第 1 款的规定，由于甲“不能说明其来源是合法的”，依然可以认定为巨额财产来源不明罪。可是，根据《刑法修正案(七)》之后的刑法第 395 条第 1 款的字面含义，反而不能认定甲的行为成立巨额财产来源不明罪，因为甲“能说明其来源”。然而，据此宣告甲的行为无罪，明显不当，也不符合《刑法修正案(七)》修改刑法第 395 条第 1 款的宗旨。倘若为了认定甲的行为成立巨额财产来源不明罪，认为甲的行为依然属于“不能说明来源”，则既不符合事实，也意味着甲必须以确实、充分的证据证明自己犯受贿罪，这便明显违反了人权保障的基本要求。

由此看来，对于经《刑法修正案(七)》修改后的刑法第 395 条第 1 款中的“不能说明

---

[29] 参见最高人民法院 2003 年 11 月 13 日《全国法院审理经济犯罪案件工作座谈会纪要》。

来源”,似乎依然应解释为“不能说明合法来源”。但是,这样解释又产生了以往存在的问题,亦即,国家工作人员说明其来源是非法的,能否一概认定为巨额财产来源不明罪?例如,国家机关工作人员乙拥有超过合法收入的300万元现金,在检察机关责令其说明来源时,乙说明了该300万元来源于经商(经商行为本身合法,但国家机关工作人员经商是非法行为),而且提供了充分证据。根据《刑法修正案(七)》之后的刑法第395条第1款的规定,由于乙“能说明其来源”,故不能认定其行为成立巨额财产来源不明罪,这一结论也是妥当的。但是,根据《刑法修正案(七)》之前的刑法第395条第1款的规定,由于乙“不能说明其来源是合法的”,依然可以认定为巨额财产来源不明罪,但这一结论却不合理。

基于上述考虑,本书提出如下处理意见:第一,行为人说明了巨额财产来源于一般违法行为,按照一般违法行为的证明标准查证属实的,不能认定为巨额财产来源不明罪,只能按一般违法行为处理。在这种情形下,对“不能说明来源”作平义解释即可。第二,行为人说明了巨额财产来源于犯罪行为(完全履行了说明义务),但按照犯罪的证明标准不能查证属实的,应认定为巨额财产来源不明罪。在这种情形下,对“不能说明来源”应限制解释为“不能说明合法来源”。

本罪的责任形式为故意,而不是过失,更不是所谓严格责任。或许有人认为,行为人完全可能忘记了财产来源因而不能说明,如果将此行为认定为犯罪,便属于严格责任。其实,如上所述,本罪中的“说明”不等于证明,因而并不要求行为人说明每一笔财产的具体来源,只要行为人说明财产来源的渠道、途径即可。行为人在拥有巨额财产的情况下却不能说明,应当认定为故意。按照本书的观点,如果确实由于时间长等原因不能说明来源的,就不能以本罪论处。

在认定犯罪的过程中,会出现以下几种情况:(1)行为人拥有巨额财产,但不能说明来源,对此,应认定为本罪。(2)行为人拥有巨额财产,本人说明了其合法来源的,不能认定为犯罪;如果说明了其非法来源,并查证属实的,应按其行为性质认定违法犯罪,不认定为本罪。(3)行为人拥有巨额财产,本人不能说明其来源的,人民法院判决成立本罪,行为人在服刑期间或者刑罚完毕以后说明其财产来源系合法所得或者系一般违法行为所得的,原判决依然有效,不得改判无罪。(4)行为人拥有巨额财产,本人不能说明其来源的,人民法院判决成立本罪,但司法机关后来查清了该巨额财产的来源:如果来源是合法的,原来的判决必须维持,不能更改;如果来源于一般违法行为,也应维持原来的判决;如果来源于犯罪行为,并查证属实的,则按非法来源的性质再次定罪,也不能推翻原来的判决。[30]

根据刑法第395条第1款的规定,犯本罪的,处5年以下有期徒刑或者拘役;差额

---

〔30〕 例如,甲有1000万元的巨额财产来源不明,由于甲不说明来源,司法机关对其以本罪论处,判处有期徒刑5年。甲服刑2年后,如实交待1000万元为受贿所得,后经查证属实。在这种情况下,应当将受贿事实定罪量刑,与前罪没有执行完的刑罚实行数罪并罚。在此并不存在重复评价或重复处罚的问题。因为前罪的处罚根据是行为人拒不说明财产来源的不作为;漏罪(受贿罪)的处罚根据是利用职务上的便利收受财物的作为。但需要注意的是,对违法所得不能重复追缴。亦即,如果判决前罪时已经追缴了1000万元,那么,在判决受贿罪时,不得再追缴1000万元。

特别巨大的，处5年以上10年以下有期徒刑。财产的差额部分以非法所得论，予以追缴。[31]

五、隐瞒境外存款罪

隐瞒境外存款罪，是指国家工作人员在境外的存款数额较大，违反应当申报的规定，隐瞒不报的行为。行为主体为国家工作人员。客观行为表现为在境外有数额较大的存款，但违反国家规定，隐瞒不报（真正不作为犯）。其中的“存款”不限于现金，还包括有价证券。[32] 责任形式为故意。如果隐瞒的境外存款数额巨大，行为人不能说明其来源的，应另认定为巨额财产来源不明罪。如果查明隐瞒的境外存款为贪污、受贿等所得，也应实行数罪并罚。根据刑法第395条第2款的规定，犯本罪的，处2年以下有期徒刑或者拘役；情节较轻的，由其所在单位或者上级主管机关酌情给予行政处分。

第三节　贿赂犯罪

一、受贿罪

（一）受贿罪的概念与法益

受贿罪，是指国家工作人员，利用职务上的便利，索取他人财物的，或者非法收受他人财物为他人谋取利益的行为。受贿罪的保护法益，历来是刑法理论讨论的课题。

1. 国外的学说

关于受贿罪的立法形式，一直存在两种立场：起源于罗马法的立场是，受贿罪的保护法益是职务行为的不可收买性。根据这一立场，不管公务员所实施的职务行为是否正当合法，只要他要求、约定或者收受与职务行为有关的不正当报酬，就构成受贿罪。起源于日耳曼法的立场是，受贿罪的保护法益是职务行为的纯洁性或公正性、职务行为的不可侵犯性。根据这一立场，只有当公务员实施违法或者不正当的职务行为，从而要求、约定或者收受不正当报酬时，才构成贿赂罪。[33] 刑法理论以这两种立场为基础，形成了诸多学说。[34]

信赖说有不同的内容。德国的信赖说认为，受贿罪的法益是国民对职务行为的公正性的信赖，而不包括职务行为的公正性本身，因为刑法处罚对过去的职务行为的贿赂和对正当的职务行为的贿赂。换言之，即使职务行为是公正的，贿赂行为也会使国民对职务行为的公正性产生怀疑。日本的信赖说认为，受贿罪的法益是职务行为的公正性以及国民对职务行为的公正性的信赖。其基本理由是，职务行为的公正性本身无疑是值得保护的。

---

〔31〕 由于本罪的实行行为是“不能说明来源”，所以，当有关机关责令国家工作人员说明来源时，国家工作人员不能说明来源的，便成立巨额财产来源不明罪，追诉时效便从此时开始计算。检察机关在此之后没有立案侦查的，超过追诉时效后，就不能再追诉刑事责任。

〔32〕 存放在金融机构之外的金钱，以及存放在境外银行保险箱的金条等实物，是否属于“存款”，还值得进一步研究。

〔33〕 参见[日]大塚仁：《刑法各论》（下卷），青林书院新社1968年版，第678页。

〔34〕 参见[日]齐藤信治：“贿赂罪的保护法益”，载《法学新报》第96卷（1990年）第1～5号。

不仅如此,如果国民认为公务员的职务行为都是被贿赂所左右的,就会导致国民的失望与不安,导致对政府的不信任、对国家政权的不信任。而且,对正当的职务行为、过去的职务行为的贿赂,也使国民对职务行为的公正性产生怀疑。所以,国民对职务行为的公正性的信赖作为保护法益,也能说明对正当的职务行为、过去的职务行为的贿赂的可罚性根据。

纯洁性说(纯粹性说、公正性说)认为,受贿罪的法益是职务行为的公正性(或不可侵犯性)。因为在民主国家,公务员是全体国民的服务者,其职务行为的纯洁性、公正性具有特别重要的意义,值得刑法保护。但是,纯洁性说存在致命的缺陷:根据此说,公务员就过去的职务行为收受报酬的,以及就正当合法的职务行为收受报酬的,不成立受贿罪,但这一结论有悖各国刑法的规定。特别是,各国刑法都规定了单纯受贿罪,公务员是否因为受贿而违反职务上的义务,并不影响单纯受贿罪的成立。但纯洁性说不能解释这一点。正因为如此,持纯洁性说的学者认为,受贿罪不是实害犯,而是危险犯,亦即,索取、收受与职务有关的贿赂的行为,具有侵害职务行为的公正性的危险。[35] 但是,在国家工作人员已经依法为他人谋取了正当利益(职务行为具有公正性)的情况下,难以认为索取、收受与该职务行为相应的贿赂的行为,具有侵害职务行为的公正性的危险。

国家意志篡改说认为,受贿罪所侵犯的法益是国家意志,即受贿罪使国家意志受到无端阻挠与违法篡改。由于实施受贿罪的公务员与行贿人之间彼此形成不法约定,公务员在收受或者期待收受贿赂的情形下,自然不能依法客观、公平、正确地执行其公务行为,这无异于篡改了国家意志。此说与纯粹性说有相似之处,但就对过去的职务行为的贿赂而言,纯粹性说主张不成立贿赂罪,而国家意志篡改说主张成立贿赂罪。不过,国家意志篡改说存在严重缺陷。根据此说,公务员故意篡改了国家意志时,就具有可罚性,而且比就将来的“篡改”收受贿赂具有更重的可罚性,没有理由再要求公务员实施收受贿赂等行为。

不可收买性说(无报酬性说)认为,受贿罪的法益是职务行为的无报酬性、不可收买性。公务员除了领取固定薪金外,对其所执行的职务行为,不得收受任何报酬,贿赂行为破坏了这种无报酬性。如平野龙一教授指出:“国家的作用即公务,必须得到公平地执行。公务大多是通过裁量来执行的,但这种裁量不能只是为了某个人的利益。如果为了某个人的利益而进行裁量,此外的人在不能得到利益这个意义上便受到了损害。在公务员作为其裁量行为的对价而收受利益,进行这种不公平的裁量时,所导致的危险就特别大。因此,规定贿赂罪就是为了禁止将公务作为利益的对价来执行。说贿赂罪的保护法益是公务的不可收买性,正是这个意思。此外,不正当执行公务时,成为加重刑罚或者扩张处罚范围的理由,但这是次要的。处罚贿赂罪的基本理由,在于上述不可收买性。”[36] 按照不可收买性说,受贿罪不是危险犯,而是实害犯。换言之,索取或者收受贿赂的行为,都现实地侵害了职务行为的不可收买性。

折中说认为,受贿罪的法益是职务行为的不可收买性以及职务行为的公正性。此说受到的批判是,对职务行为的公正性的保护,可以作为职务行为的不可收买性的反射效果得到保障,故没有必要强调职务行为的公正性。

---

〔35〕 参见[日]山口厚:《刑法各论》,有斐阁2010年第2版,第612页。

〔36〕 [日]平野龙一:《刑法概说》,东京大学出版会1977年版,第294~295页。

清廉义务说认为,受贿罪的法益是公务员应当清廉的义务,即受贿罪侵害了公务员应当清廉的义务。但由于这种观点导致不要求受贿行为与职务之间具有关联,而且“清廉”的含义过于宽泛,故几乎没有得到学者的赞同。

之所以产生不同的学说,而且争论相当激烈,是因为关于受贿罪的法益的观点,必须说明对过去的职务行为的不正当报酬构成受贿罪、对公正的职务行为的不正当报酬也构成受贿罪,以及斡旋受贿的行为构成犯罪。另一方面,学者们对职务行为的公正性、国民对职务行为的公正性的信赖、职务行为的不可收买性等表述,也有不同的理解。

2. 我国的观点

1979 年刑法颁布以来,我国刑法理论关于受贿罪的法益(客体)主要有以下几种观点:(1)受贿罪侵犯的是国家机关的正常管理活动,即正确执行国家机关对内对外职能任务的一切活动。这种观点在过去的较长时间内是一种通说,但它没有说明“国家机关的正常管理活动”的具体内容。(2)受贿罪的法益不仅包括国家机关、企业、事业单位、军队、团体的正常活动,而且包括公私财产所有权。[37] (3)国家机关、集体经济组织和其他社会组织体公务活动(简述为国家和社会管理公务)的正常进行以及公务的声誉为基本法益,同时包含社会经济管理秩序和公私财产所有权。[38] (4)受贿罪的法益是国家工作人员职务行为的廉洁性。[39] 这种廉洁性说已成为现在的通说,但主张廉洁性说的学者所采用的表述略有不同:有人表述为职务行为的廉洁性,[40]有的表述为公务人员的廉洁制度。[41] 但廉洁性说究竟是以不可收买性说为立场、还是以纯洁性说为立场,尚不明确。

3. 问题的焦点

上述关于受贿罪法益的争论,并非只是具有形式意义。因为对法益的理解不同,必然导致对受贿罪构成要件的解释不同。关于受贿罪法益争论的焦点实际上在于以下几个方面:

(1)受贿罪是否必须与国家工作人员的职务行为具有关联性?根据清廉义务说,只要国家工作人员要求、收受、约定了不应当接受的利益,不管这种利益是否与其职务行为具有关联性,都成立受贿罪。根据我国有些学者所说的“公务人员的廉洁制度”,也可能得出相同的结论。而根据其他学说,则要求受贿与国家工作人员的职务行为具有一定的关联性。

(2)国家工作人员索取或者收受财物,但通过正当的职务行为为他人谋取合法利益的,是否成立受贿罪?根据清廉义务说、公务人员廉洁制度说、不可收买性说,该行为成立受贿罪;根据纯洁性说、国家意志篡改说、日本的信赖说,该行为不成立受贿罪(也有学者认为成立受贿罪)。

(3)国家工作人员在实施职务行为后,索取或者收受相应对价的(所谓事后受财),是否成立受贿罪?根据清廉义务说、公务人员廉洁制度说、不可收买性说,该行为成立受贿

---

〔37〕 参见刘白笔、刘用生:《经济刑法学》,群众出版社 1989 年版,第 504 页。

〔38〕 参见韩建国、韦亚力:“受贿罪客体新论”,载《法学研究》1991 年第 3 期。

〔39〕 参见郝力挥、刘杰:“对受贿罪客体的再认识”,载《法学研究》1987 年第 6 期;高铭暄、马克昌主编:《刑法学》,北京大学出版社、高等教育出版社 2016 年第 7 版,第 629 页。

〔40〕 参见马克昌:《刑法理论探索》,法律出版社 1995 年版,第 255 页。

〔41〕 参见赵长青:《经济犯罪研究》,四川大学出版社 1997 年版,第 563 页。

罪;根据纯洁性说、国家意志篡改说、日本的信赖说,该行为不成立受贿罪(也有学者认为成立受贿罪)。

(4)受贿罪的成立是否以国家工作人员为他人谋取利益为前提?怎样理解“为他人谋取利益”?根据清廉义务说、公务人员廉洁制度说,受贿罪的成立并不要求国家工作人员为他人谋取利益;根据不可收买性说,只要贿赂行为与职务行为具有关联性即可,而不要求国家工作人员有为他人谋取利益的实际行为与结果;根据纯洁性说、日本的信赖说以及国家意志篡改说,受贿罪的成立要求国家工作人员为他人谋取利益,甚至要求为他人谋取非法利益。

(5)受贿罪的成立是否以国家工作人员违反职责为前提?根据国家意志篡改说、纯洁性说、日本的信赖说,只有当国家工作人员以违反职责为前提而要求、收受或者约定贿赂时,才成立受贿罪。根据折中说,受贿罪的成立原则上不以国家工作人员违反职责为前提,但在刑法有特别规定的情况下(如事后受贿罪、斡旋受贿罪),只有当国家工作人员实施了违反职责的行为时,才构成受贿罪。根据不可收买性说与德国的信赖说,受贿罪的成立不以国家工作人员违反职责为前提。

(6)受贿罪的既遂标准是什么?如果说是公私财产所有权,则只有当行为人取得贿赂后,才能认定为既遂;但如果采取廉洁义务说、不可收买性说,则实施索取行为时就成立受贿既遂。如若采取国家意志篡改说、纯洁性说,只有当国家工作人员实施了违反职责的行为时,才能成立受贿既遂。

(7)国家工作人员违背职责为行贿人谋取不正当利益,因而触犯刑法其他条文的,是成立一罪还是数罪?由于纯洁性说、日本的信赖说、国家意志篡改说将职务行为的公正性视为受贿罪的保护法益,故职务行为的公正性受到侵犯时,并没有超过受贿罪的范围,仅成立受贿罪;由于廉洁义务说、不可收买性说将职务行为的不可收买性视为受贿罪的法益,故职务行为的公正性受到侵犯时,又侵犯了另外的法益,不仅成立受贿罪,而且成立其他犯罪;至于我国的廉洁性说,则由于其含义并不明确,还难以下结论。

4. 分析与评价

将受贿罪的保护法益理解为国家机关的正常管理活动确实存在许多问题。(1)由于没有对“国家机关的正常管理活动”进行具体的解释,导致这一概念的内涵不清、外延不明,因而难以对受贿罪构成要件的解释起指导作用。(2)这种观点意味着国家机关的正常活动受到破坏是受贿罪的结果,于是,一方面,只有当索取、收受财物的国家工作人员认识到这种结果并且希望或者放任这种结果发生时,才成立受贿罪;另一方面,只有当受贿行为客观上破坏了国家机关的正常管理活动时,才成立受贿既遂。但是,受贿罪的主观要件并不包括上述内容,受贿罪的既遂标准也不是国家机关的正常管理活动受到破坏。

将公私财产也视为受贿罪的保护法益,意味着在公私财产没有受到侵犯的情况下,索取、收受财物的行为不可能成立受贿罪,其缺陷非常明显。(1)受贿罪与行贿罪属于对向犯。就收受贿赂的情形而言,行贿人之所以向国家工作人员提供财物,是为了利用国家工作人员的职务行为,促使国家工作人员为其谋取利益。在这种情形下,行贿行为本身就具有违法性。就索取贿赂的情形而言,虽然被索取者不是主动交付财物,但当他们获得了不正当利益时,仍然成立行贿罪。既然如此,就不能认为他们的财产所有权受到了侵犯。(2)贿赂即行贿受贿罪中的财物是组成犯罪行为之物,应当追缴或者没收。既然行贿者将本人财物用于犯罪，就不能认定受贿行为侵犯了其财产所有权。(3)国家工作人员因受贿而为他人谋取利益的行为，可能导致公共财产遭受损失。但是，这种重大损失是因受贿而产生的结果；也并非任何受贿罪都必然导致财产损失；受贿罪的成立也不以造成财产损失为前提；导致财产损失的行为也可能独立构成滥用职权、玩忽职守等罪。(4)由于受贿罪的保护法益不可能是公私财产所有权，故将国家机关的正常管理活动与公私财产所有权并列为受贿罪的复杂客体的观点，以及将国家机关的正常管理活动与公私财产所有权视为受贿罪的选择客体的观点，也就缺乏存在理由。

将经济管理秩序或者经济的正常发展视为受贿罪的保护法益，所考虑的是经济活动领域中的受贿现象以及受贿行为可能给经济发展造成的损害，但存在以偏概全之嫌，因为受贿罪并非一概发生在经济活动领域。

正是由于上述各种观点存在各自的缺陷，故我国刑法理论采取了廉洁性说。廉洁性说确实有其合理性，但最大缺陷在于其不明确性：(1)"廉洁"本身的含义不明确。(2)廉洁性是指职务行为的廉洁性还是公务人员本身的廉洁性，也还没有形成共识，而这两种表述实际上存在严格区别，会对受贿罪的构成要件产生不同的解释结论。(3)廉洁性说没有说明其是以纯洁性说为基本立场还是以不可收买性说为基本立场。因为根据前者，国家工作人员只有不公正地实施职务行为才可能构成受贿罪；根据后者，不需要国家工作人员不公正地实施职务行为。(4)廉洁性说不能使受贿罪与贪污罪、巨额财产来源不明罪相区别。

5. 本书的立场

本书认为，受贿罪的保护法益是国家工作人员职务行为的不可收买性(不可出卖性、无不正当报酬性)，也可以说是国家工作人员职务行为与财物的不可交换性。这种法益不是个人法益，而是超个人法益。

国家工作人员职务行为的宗旨是为国民服务，具体表现在保护和促进各种法益；由于国家工作人员的职务行为已经取得了相应的报酬，故不能直接从公民或者其他单位那里收受职务行为的报酬，否则属于不正当的报酬。国家工作人员理所当然要合法、公正地实施职务行为。但权力总是会被滥用，没有权力的人也会期待掌握权力的人为自己滥用权力；一旦滥用权力，将权力与其他利益相交换，权力就会带来各种利益；因此，防止权力滥用、保障公正行使权力的最起码、最基本的措施，就是防止权力与其他利益的相互交换；古今中外的客观事实表明，职务行为的合法、公正性首先取决于职务行为的不可收买性，如果职务行为可以收买，可以与财物相互交换，那么，职务行为必然只是为提供财物的人服务，从而损害其他人的利益，进而导致公民丧失对职务行为公正性和国家机关本身的信赖。因此，为了保护职务行为的合法、公正性，首先必须保证职务行为的不可收买性。

职务行为既包括正在实施或者已经实施的职务行为，也包括将要实施的职务行为与所许诺的职务行为。即国家工作人员既不能以正在实施或者已经实施的职务行为为依据，向他人索取或者收受财物，也不能以将来可能实施的职务行为或者对职务行为的许诺为依据，向他人索取或者收受财物。因此，职务行为的不可收买性，包括将来的职务行为、正在实施的职务行为、已经实施的职务行为与财物的不可交换性。

职务行为既包括完全属于职务范围的合法行为，也包括与职务有关的超越或者滥用职务的行为。易言之,只要是与职务有关的行为即可。与职务有关的行为,主要包括两种情况:一是与国家工作人员一般的、抽象的职务权限有关的行为,不要求与国家工作人员具体的职务权限有关;二是与职务有密切关联的行为。

不可收买性至少具有两个方面的内容:一是职务行为的不可收买性本身;二是国民对职务行为不可收买性的信赖。具体到受贿罪而言,职务行为的不可收买性,是指职务行为与财物的不可交换性,或者说职务行为的无不正当报酬性。如果国家工作人员因为其职务或职务行为获得了不正当报酬,便侵害了受贿罪的法益。公民对职务行为不可收买性的信赖,是一项重要的法益。因为这种信赖是国民公平正义观念的具体表现,它使得国民进一步信赖国家工作人员的职务行为,信赖国家机关(在我国还应包括国有企业、事业单位、人民团体,下同)本身,从而保证国家机关正常活动的开展,促进国家机关实现其活动宗旨。如果职务行为可以收买,或者国民认为职务行为可以与财物相互交换、职务行为可以获得不正当报酬,则意味着国民不会信赖国家工作人员的职务行为,进而不信赖国家机关本身;这不仅会导致国家机关权威性降低,各项正常活动难以展开,而且导致政以贿成、官以利鬻,腐败成风、贿赂盛行。因此,国民对职务行为不可收买性的信赖是值得刑法保护的重要法益。

由于刑法保护职务行为的不可收买性以及国民对职务行为不可收买性的信赖,所以,刑法对受贿罪的构成要件的描述,必须说明受贿行为侵犯了这种法益。而行为是否侵犯了这种法益,关键在于国家工作人员索取或者收受的财物,是否与其已经实施的、正在实施的、将来实施的或者许诺实施的职务行为之间具有对价关系,即国家工作人员所索取或者收受的财物,是不是其职务行为(包括已经实施的、正在实施的、将来实施的或者许诺实施的)[42]的不正当报酬。显而易见的是,只要国家工作人员就其职务行为索取或者收受的财物,不是其依法应当取得的利益,就是其职务行为的不正当报酬,因而侵犯了受贿罪的法益。同样明了的是,对价关系的存在,并不取决于双方的事前约定。即使事前没有任何约定,也可能肯定职务行为与财物之间的对价关系。更为清楚的是,对价关系的存在,也不取决于索取或者收受财物的时间(离职后索取、收受财物的除外)。不管是事先索取或者收受财物,还是事后索取或者收受财物,只要是就职务行为索取或者收受财物的,就可以认定存在对价关系。

(二)受贿罪的犯罪构成

1. 构成要件的内容为,国家工作人员利用职务上的便利,索取他人财物(索取型),或者非法收受他人财物为他人谋取利益(收受型)。

(1)本罪为身份犯,行为主体是国家工作人员,其范围根据刑法第 93 条的规定确定。村民委员会等基层组织人员协助人民政府从事行政管理工作,利用职务上的便利实施本罪行为的,应以受贿罪论处。国家工作人员利用职务上的便利为请托人谋取利益,并与请托人事先约定,在其离退休后或者离职后收受请托人财物,构成犯罪的,以受贿罪定

---

〔42〕 以下所称“职务行为”,一般包含已经实施的、正在实施的、将来实施的与许诺实施的职务行为。如后文所述,许诺包括虚假的许诺,所以,许诺实施的职务行为不等于将来实施的职务行为。以下所说的“他人要求实施的职务行为”,既可能是将来实施的职务行为,也可能同时是国家工作人员许诺实施的职务行为。当然,本书作者要恳请读者联系语境进行识别。

罪处罚。[43] 一般公民与国家工作人员相勾结,伙同受贿的,以受贿罪的共犯论处。例如,国家工作人员的亲属教唆或者帮助国家工作人员受贿的,成立受贿罪的共犯。[44]

医疗机构中的国家工作人员,在药品、医疗器械、医用卫生材料等医药产品采购活动中,利用职务上的便利,索取销售方财物,或者非法收受销售方财物,为销售方谋取利益,构成犯罪的,以受贿罪定罪处罚。学校及其他教育机构中的国家工作人员,在教材、教具、校服或者其他物品的采购等活动中,利用职务上的便利,索取销售方财物,或者非法收受销售方财物,为销售方谋取利益,构成犯罪的,以受贿罪定罪处罚。依法组建的评标委员会、竞争性谈判采购中谈判小组、询价采购中询价小组中国家机关或者其他国有单位的代表,在招标、政府采购等事项的评标或者采购活动中,索取他人财物,或者非法收受他人财物为他人谋取利益,构成犯罪的,以受贿罪定罪处罚。

"两高"2008 年 11 月 20 日《关于办理商业贿赂刑事案件适用法律若干问题的意见》第 11 条指出,非国家工作人员与国家工作人员通谋,共同收受他人财物,构成共同犯罪的,根据双方利用职务便利的具体情形分别定罪追究刑事责任:第一,利用国家工作人员的职务便利为他人谋取利益的,以受贿罪追究刑事责任;第二,利用非国家工作人员的职务便利为他人谋取利益的,以非国家工作人员受贿罪追究刑事责任;第三,分别利用各自的职务便利为他人谋取利益的,按照主犯的犯罪性质追究刑事责任,不能分清主从犯的,可以受贿罪追究刑事责任。问题在于,"分别利用各自的职务便利为他人谋取利益的",究竟应当如何处理?本书的看法是,既然非国家工作人员与国家工作人员通谋,那么,在双方分别利用各自的职务便利为他人谋取利益时,就意味着双方均同时触犯了受贿罪与非国家工作人员受贿罪。亦即,国家工作人员既是受贿罪的正犯,又是非国家工作人员受贿罪的共犯,非国家工作人员既是非国家工作人员受贿罪的正犯,又是受贿罪的共犯。但由于只有一个行为,故对双方都必须从一重罪论处。基于同样的理由,所谓"不能分清主从犯的"情形,也是一个行为同时触犯两个罪名,应从一重罪论处。

(2)受贿行为所索取、收受的是财物,该财物称为"贿赂"。贿赂的本质在于,它是与国家工作人员的职务行为有关的,作为不正当报酬的利益。贿赂与国家工作人员的职务行为具有关联性。职务是国家工作人员基于其地位应当作为公务处理的一切事务,其范围由法律、法令或职务的内容决定。职务行为既可能是作为,也可能是不作为。贿赂与职务行为的关联性,是指因为行为人具有某种职务,已经、正在或者能够实施某种职务行为,才可能向他人索取贿赂,他人才向其提供贿赂。不仅如此,贿赂还是作为职务行为的不正当报酬的利益,它与职务行为之间存在对价关系。即贿赂是对国家工作人员职务行为的不正当报酬。不正当报酬,并不意味着国家工作人员的职务行为本身具有不正当性,而是指国家工作人员实施职务行为时不应当索取或者收受利益却索取、收受了这种利益。贿赂还必须是一种能够满足人的某种需要的利益。

刑法将贿赂的内容限定为财物。本书认为,这里的财物是指具有价值的可以管理的有体物、无体物以及财产性利益。能够转移占有的有体物与无体物,属于财物自不待言,

---

〔43〕 参见最高人民法院 2000 年 7 月 13 日《关于国家工作人员利用职务上的便利为他人谋取利益离退休后收受财物行为如何处理问题的批复》。

〔44〕 参见张明楷:"受贿罪的共犯",载《法学研究》2002 年第 1 期。

但财产性利益也应包括在内。因为财产性利益可以通过金钱计算其价值，而且许多财产性利益的价值超出了一般物品的经济价值，没有理由将财产性利益排除在财物之外。受贿罪是以权换利的不正当交易，将能够转移占有与使用的财产性利益解释为财物，完全符合受贿罪的本质。例如，提供房屋装修、含有金额的会员卡、代币卡（券）、旅游等，均应包括在内。[45] 至于非财产性利益，则不属于财物。虽然从受贿罪的实质以及国外的刑事立法与司法实践上看，贿赂可能包括非财产性利益，但现行刑法没有将非财产性利益规定为贿赂。值得一提的是所谓的性贿赂。人们通常所说的性贿赂存在不同类型，不可一概而论。国家工作人员在色情场所嫖宿或者接受其他性服务，由请托人支付费用的，或者请托人支付费用雇请卖淫者为国家工作人员提供性服务的，国家工作人员实际上收受了财产性利益，属于受贿。但是，请托人直接为国家工作人员提供性服务的，不能认定国家工作人员的行为构成受贿罪。

（3）受贿行为表现为索取或者收受贿赂。索取贿赂包括要求、索要与勒索贿赂。一种观点认为，索取不包括勒索。[46] 本书不赞成这一观点。因为国家工作人员在他人有求于自己的职务行为之际勒索财物时，该财物就是与其职务有关的、作为职务行为的不正当报酬的利益，国家工作人员的这种行为同样侵犯了职务行为的不可收买性，符合受贿罪的本质；要求、索要与勒索，都是国家工作人员在他人有求于自己的职务行为时提出的非法要求，它们之间只有程度区别，没有本质差异，事实上也难以区分要求、索要与勒索；如果认为对勒索财物的行为定敲诈勒索罪，则会导致严重的罪刑不均衡现象。刑法第389条第3款规定："因被勒索给予国家工作人员以财物，没有获得不正当利益的，不是行贿。"这表明，国家工作人员利用职务上的便利勒索财物时，被勒索的人获得了不正当利益的，仍然构成行贿罪；这从另一方面说明，国家工作人员利用职务之便勒索财物的，成立受贿罪。因此，索取贿赂包括勒索贿赂。[47] 收受贿赂，是指在行贿人主动提供贿赂时，国家工作人员以将该贿赂作为自己的所有物的意思而接收、取得。事实上，还存在一种约定的方式，即行贿人与受贿人就贿赂一事相互勾通、达成协议。刑法第385条第2款规定："国家工作人员在经济往来中，违反国家规定，收受各种名义的回扣、手续费，归个人所有的，以受贿论处。"这实质上是一种约定方式。但能够以谁提出为标准，将其归入索取与收受：国家工作人员先提出约定的，属于索取；对方先提出约定的，国家工作人员属于收受。

索取或者收受贿赂，并不限于行为人将贿赂直接据为己有，而是包括使请托人向第三者提供贿赂的情形。例如，丙有求于国家工作人员甲的职务行为，甲便要求或者暗示丙向乙提供财物，乙欣然接受；或者甲利用职务上的便利为丙谋取利益，事后丙欲向甲提供作为职务行为的不正当报酬的财物时，甲要求或者暗示丙将财物提供给乙，乙没有拒绝。在这种情况下，甲依然成立受贿罪。如果乙不明知丙所提供的财物与国家工作人员甲的职务行为具有关联，乙不成立受贿罪的共犯；如果乙明知丙所提供的财物为贿赂，则成立受贿罪的共犯。国家工作人员要求、暗示请托人向第三者提供财物时，该第三者必定与国家

---

〔45〕《贪污贿赂案件解释》第12条规定："贿赂犯罪中的'财物'，包括货币、物品和财产性利益。财产性利益包括可以折算为货币的物质利益如房屋装修、债务免除等，以及需要支付货币的其他利益如会员服务、旅游等。后者的犯罪数额，以实际支付或者应当支付的数额计算。"

〔46〕杨敦先等编：《廉政建设与刑法功能》，法律出版社1991年版，第128页以下。

〔47〕参见张明楷："论受贿罪的客观要件"，载《中国法学》1995年第1期。

工作人员具有某种亲密关系：要么国家工作人员需要报答第三者或者需要满足第三者的需求，要么第三者在接受财物后将所接受的财物私下转交给国家工作人员，要么第三者会采取其他方式报答国家工作人员，要么第三者与国家工作人员具有配偶、父子、情人等关系。说到底，国家工作人员仍然是为了自己的利益而要求、暗示请托人向第三者提供财物。同样，请托人也必然认识到第三者与国家工作人员的密切关系，否则，也不会向第三者提供财物。现实生活中，一些请托人在有求于国家工作人员的职务行为却又无法接触国家工作人员时，想方设法通过与国家工作人员有密切关系的人牵线搭桥，进而实现行贿的事实，也充分说明了这一点；请托人以及其他知情者都清楚地认识到，在国家工作人员要求、暗示向第三者提供财物的情况下，向第三者提供财物当然是满足国家工作人员的要求或欲望的一个途径，因而也是收买国家工作人员职务行为的一种方式。既然如此，就应当肯定这种行为侵犯了国家工作人员职务行为的不可收买性，理当以受贿罪论处。如果对这种行为予以放任，必将为权钱交易开辟一条宽阔的绿色大道：国家工作人员不直接收受贿赂，而由第三者收受，最终仍然使自己获得利益，却可以免受刑事追诉。这不能被国民接受。[48]

（4）索取贿赂只需要利用职务上的便利就成立受贿罪，不要求为他人谋取利益。但收受贿赂的只有为他人谋取利益才成立受贿罪。在索取财物时，财物与职务行为之间的对价关系非常清楚，但在他人主动向国家工作人员交付财物时，该财物是否与国家工作人员的职务行为之间具有对价关系，便不明了。例如，他人事前主动向国家工作人员交付财物，但没有任何请托事项的，难以肯定该财物与职务行为的对价关系。再如，即使国家工作人员实施了某种职务行为之后，他人向国家工作人员交付财物的，如果他人向国家工作人员交付财物与国家工作人员事前实施的职务行为没有任何关系，也不能肯定财物与职务行为之间具有对价关系。因此，只有具备其他要素，使国家工作人员收受的财物与其职务行为之间具有对价关系，才能认定其行为侵犯了受贿罪的法益。于是，刑法条文在“非法收受他人财物”之后，添加了“为他人谋取利益”的要件。由于“为他人谋取利益”显然是基于国家工作人员的职务行为，所以，这一要件旨在说明国家工作人员收受的财物与其职务行为之间具有对价关系。如果脱离这种对价关系，单纯从字面上理解“为他人谋取利益”，则会使该要件丧失真实含义，从而导致受贿罪范围的不当扩大或不当缩小。

传统观点认为，为他人谋取利益是受贿罪的客观构成要件要素；国家工作人员收受财物但事实上并没有为他人谋取利益的，不成立受贿罪；但为他人谋取的利益是否已经实现，不影响受贿罪的成立。[49] 据此，为他人谋取利益，是指客观上有为他人谋取利益的行为，而不要求实际上使他人取得了利益（旧客观要件说）。此说存在许多问题，如与受贿罪的本质不相符合，与认定受贿既遂的标准不相符合，与罪刑相适应原则不相符合。于是有人提出，“为他人谋取利益”不是客观构成要件要素，而是主观要素（主观要素说）。[50] 但是，对“为他人谋取利益”的表述难以理解为“为了为他人谋取利益”，而且这种观点容

---

〔48〕 参见张明楷：“受贿罪的共犯”，载《法学研究》2002年第1期。

〔49〕 “两高”1989年11月6日《关于执行〈关于惩治贪污罪贿赂罪的补充规定〉若干问题的解答》（已废止）规定：“非法收受他人财物，同时具有‘为他人谋取利益’的，才能构成受贿罪。为他人谋取的利益是否正当，为他人谋取的利益是否实现，不影响受贿罪的成立。”

〔50〕 参见陈兴良：《口授刑法学》，中国人民大学出版社2007年版，第725页以下。

易不当地缩小受贿罪的处罚范围。因为根据这一观点,只有当行为人主观上确实具有为他人谋取利益的意图时,才成立受贿罪;但事实上有的受贿人主观上并不具有这种意图。因此,本书认为,“为他人谋取利益”仍然是受贿罪的客观构成要件要素,其内容的最低要求是许诺为他人谋取利益。据此,为他人谋取利益包括以下情况:已经为他人谋取了利益,已经为他人谋取了部分利益,已开始实施为他人谋取利益的行为,许诺(承诺)为他人谋取利益。国家工作人员在非法收受他人财物之前或者之后许诺为他人谋取利益,就在客观上形成了以权换利的约定,同时使人们产生以下认识:国家工作人员的职务行为是可以收买的,只要给予财物,就可以使国家工作人员为自己谋取各种利益。这本身就使职务行为的不可收买性受到了侵害。这样理解,也符合刑法的规定:为他人谋取利益的许诺本身是一种行为,故符合刑法将其规定为客观构成要件要素的表述;为他人谋取利益的最低要求是一种许诺,不要求有谋取利益的实际行为与结果;由于只要求有为他人谋取利益的许诺,故只要收受了财物就是受贿既遂,而不是待实际上为他人谋取利益之后才是既遂。[51] 根据《贪污贿赂案件解释》第 13 条的规定,具有下列情形之一的,应当认定为“为他人谋取利益”,构成犯罪的,应当依照刑法关于受贿犯罪的规定定罪处罚:其一,实际或者承诺为他人谋取利益的;其二,明知他人有具体请托事项的;其三,履职时未被请托,但事后基于该履职事由收受他人财物的。国家工作人员索取、收受具有上下级关系的下属或者具有行政管理关系的被管理人员的财物价值 3 万元以上,可能影响职权行使的,视为承诺为他人谋取利益。

为他人谋取利益的许诺本身是一种行为。许诺既可以是明示的,也可以是暗示的。当他人主动行贿并提出为其谋取利益的要求后,国家工作人员虽未明确承诺,但只要不予拒绝,就应当认为是一种暗示的许诺。许诺既可以直接对行贿人许诺,也可以通过第三者对行贿人许诺。许诺既可以是真实的,也可以是虚假的。虚假许诺,是指国家工作人员具有为他人谋取利益的职权或者职务条件,在他人有求于自己的职务行为时,并不打算为他人谋取利益,却又承诺为他人谋取利益。但虚假承诺构成受贿罪是有条件的:其一,收受财物后作虚假许诺的,成立受贿罪。在这种情况下,客观上约定了以其职务行为为他人谋取利益,其职务行为的不可收买性已经受到侵害。事先作虚假许诺并要求他人交付财物的,则是索取型的受贿罪或者诈骗罪,不属于收受型的受贿罪。其二,许诺的内容与国家工作人员的职务行为相关联。如果国家工作人员根本没有为他人谋取利益的职权与职务条件,却谎称为他人谋取利益,原则上构成诈骗罪。其三,许诺行为导致财物与所许诺的职务行为之间形成了对价关系,使财物成为国家工作人员所许诺的“为他人谋取利益”的不正当报酬。但是,只要他人有求于国家工作人员的职务行为而给予国家工作人员财物时,国家工作人员做了明示或者暗示承诺的,就应当认定财物与所许诺的职务行为之间具有对价关系。[52]

“为他人谋取利益”的“他人”不限于行贿人,完全可能是行贿人所指示或暗示的第三人。因为只要能够认定职务行为与某种财物之间具有对价关系,便能说明国家工作人员

---

〔51〕 最高人民法院 2003 年 11 月 13 日《全国法院审理经济犯罪案件工作座谈会纪要》采取了这种观点。

〔52〕 参见张明楷:“论受贿罪的客观要件”,载《中国法学》1995 年第 1 期;张明楷:“论受贿罪中的‘为他人谋取利益’”,载《政法论坛》2004 年第 5 期。

收受该财物的行为侵害了职务行为的不可收买性，所以，交付财物的人与获得或可能获得利益的人是否为同一人，便不是重要问题。[53]“为他人谋取利益”中的他人，也不限于自然人。根据刑法的规定，国家工作人员收受单位财物的，仍然成立受贿罪。因此，国家工作人员完全可能因为收受财物而为单位谋取利益，或者因为为单位谋取了利益而收受财物。

“为他人谋取利益”中的“利益”，既可以是正当利益，也可以是不正当利益（一般违法乃至犯罪的利益）。国家工作人员通过正当职务行为，为他人谋取的利益，大抵上都是正当利益。但是，国家工作人员的性质决定了其正当职务行为不能获得不正当报酬；如果国家工作人员因为正当职务行为获得相对人的不正当报酬，则侵害了职务行为的不可收买性。既然如此，国家工作人员不当地行使职务或者以不正当目的履行职务，为相对人谋取不正当利益而收受财物时，不仅侵害了职务行为的不可收买性，而且侵害了职务行为的合法性、公正性，更应以犯罪论处。

(5)受贿行为必须利用职务上的便利。从文理上看，在索贿时，只要求利用职务上的便利索取财物，而不是要求利用职务上的便利为他人谋取利益。但这并没有说明利用职务上的便利的实质含义。索贿行为主要表现为三种情况：其一，国家工作人员在他人有求于自己的职务行为时，索取他人财物，如果他人不交付财物，就不满足他人的要求。国家工作人员索取的财物是其将来的（或许诺的）职务行为的不正当报酬，这种行为使他人认识到，只有交付财物才能使国家工作人员实施一定的职务行为，因而侵犯了职务行为的不可收买性，理当以受贿罪论处。其二，国家工作人员在实施某种职务行为的过程中，索取他人财物。在这种情况下，国家工作人员之所以索取他人财物，显然是因为其职务行为是为他人谋取利益的行为；所索取的财物，是其正在实施的职务行为的不正当报酬。这种行为使他人认识到，国家工作人员的职务行为是具有代价的，这便侵犯了职务行为的不可收买性，当然构成受贿罪。其三，国家工作人员在实施了某种职务行为之后，索取他人财物。国家工作人员之所以向他人索取财物，无非是因为其已经实施的职务行为为他人谋取了利益，所索取的财物同样是其职务行为的不正当报酬，也使人们认识到对国家工作人员的职务行为必须付出财产上的代价，从而侵犯了职务行为的不可收买性，也成立受贿罪。[54]

然而，在上述第一种情况下，索取行为本身（如口头向他人提出要求）并不需要利用职务上的便利。因为任何人都可能向他人索取财物，国家工作人员的家属帮助索取财物的事实，也说明了这一点。在后两种情况下，如果国家工作人员为他人谋取利益的行为与其职务没有任何关系，其事中或事后索取财物的行为，也不构成受贿罪。例如，国家工作人员利用业余时间，以自己所掌握的技术为企业服务，事后索取财物的，并不构成受贿罪。但对于索贿而言，刑法并没有要求行为人为他人谋取利益。于是出现了这样的问题：所谓利用职务上的便利究竟是什么含义？从上面对三种索贿情况的分析可以看出，所谓利用职务上的便利索取贿赂，无非是指他人有求于国家工作人员的职务行为，或者国家工作人

---

〔53〕 不过，在此情形下，行贿人与得到利益的人是否行贿的共犯，则需要根据共同犯罪的成立条件认定。例如，乙欲获得晋升，又不宜直接向国家工作人员行贿，于是将真情告知甲，甲提出由其向国家工作人员行贿并请托。不管用于行贿的财物原本由甲所有还是由乙所有，甲、乙都成立行贿罪的共犯。

〔54〕 上述三种情形都要求国家工作人员使对方可能认识到索取财物的行为与其职务有关。至于对方实际上是否认识到这一点，则不影响犯罪的成立。

员事实上正在或者已经实施了职务行为,而向他人索取财物,使该财物成为其将要实施的(或所许诺的)、正在实施的或者已经实施的职务行为的不正当报酬,这种不正当报酬成为职务行为的对价。

因收受财物而构成受贿罪的,要求国家工作人员为他人谋取利益。于是出现了这样的问题:利用职务上的便利干什么?是利用职务上的便利接收财物(指单纯接收财物的行为)?还是利用职务上的便利为他人谋取利益?抑或接收财物与为他人谋取利益都要求利用职务上的便利?

如果认为利用职务上的便利,是指利用职务上的便利接收财物,则难以理解,也不利于对受贿罪的认定。因为并非只有利用职务上的便利才能接收财物。假如说利用职务上的便利,是指利用职务上的便利为他人谋取利益,也不能令人赞同。因为为他人谋取利益只要是一种许诺即可,而许诺本身不需要利用职务上的便利。基于上述理由,也可以得出以下结论:不能要求国家工作人员同时利用职务上的便利接收财物和为他人谋取利益。

那么,能否说在收受贿赂的情况下利用职务上的便利不是构成要件要素呢?回答也是否定的。收受贿赂也主要表现为三种情形:一是行贿人事前主动交付财物,以期国家工作人员为其谋取利益,国家工作人员接受财物;二是国家工作人员在实施某种职务行为的过程中,行贿人主动交付财物,国家工作人员接受财物;三是国家工作人员实施了某种职务行为之后,行贿人主动交付财物,国家工作人员接受财物。上述三种情形的共同点是,国家工作人员接收财物并许诺为行贿人谋取利益,或者正在或已经实施了某种职务行为,使财物成为其职务行为(包括所许诺的职务行为)的不正当报酬。司法实践中,往往需要注意区分收受贿赂与接受赠与的界限,其关键在于是否利用了职务上的便利。人们虽然从许多方面提出了区分的标准,但其核心标准应当是:交付财物者是否有求于收受财物者的职务行为;所交付的财物是否属于职务行为的不正当报酬。这表明,收受贿赂时,利用职务上的便利也表现为:国家工作人员许诺实施、将要实施、正在或者已经实施(包括放弃)职务行为,而收受行贿人交付的财物,该财物成为许诺实施、将要实施、正在或者已经实施其职务行为的不正当报酬。

由上可见,不管是索取贿赂还是收受贿赂,利用职务上的便利都表现为两个密切联系的内容:一是他人有求于国家工作人员的职务行为,或者国家工作人员正在或已经通过职务行为为他人谋取利益;二是索取或者收受的财物是国家工作人员职务行为的不正当报酬。简言之,只要国家工作人员所索取或者收受的财物与其职务行为有关,就可认定为利用了职务上的便利,因为索取或者收受与职务行为有关的财物,就意味着对方必须为国家工作人员的职务行为付出财产上的代价,因而侵犯了职务行为的不可收买性。[55]

2. 责任形式为故意。首先,行为人主观上具有索取或者接受贿赂的意思,即具有将对方提供的财物作为自己的所有物的意思。如果没有索取或者接受贿赂的意思,事实上也没有接受的,不可能成立受贿罪;行为人根本不知道自己收受了财物,或者只是暂时收下,准备交给有关部门处理的,也不成立受贿罪。其次,行为人认识到自己索取、收受的是职

---

〔55〕 其他国家刑法在规定受贿罪构成要件时,没有使用"利用职务上的便利"的表述,而是规定"公务员就职务"或"公务员对其职务"要求、期约(约定)或收受利益。参见日本刑法第197条,德国刑法第331条,奥地利刑法第303条、第304条等。

务行为的不正当报酬,认识到自己的行为会侵害职务行为的不可收买性。最后,行为人对上述结果持希望或者放任发生的态度。值得注意的是,上述结果是受贿行为本身对职务行为不可收买性的侵害,行为人是对受贿行为本身的结果持希望或者放任态度。至于行为人因受贿对为他人谋取非法利益的行为所造成的结果持希望或者放任态度的,则是另一犯罪的故意内容。

(三)"事后受财"的行为性质

国家工作人员事先实施某种职务行为,为他人谋取利益时,没有受贿的故意,事后(在职时)明知他人交付的财物是对自己职务行为的不正当报酬而予以收受的(所谓事后受财),是否成立受贿罪?本书持肯定回答。

从行为性质而言,收受财物是"事前"还是"事后",并不影响行为的性质。正如日本学者在解释日本刑法中的单纯受贿罪的构成要件时所说:"所谓'收受',是指接受贿赂……不问收受的时间是在职务执行之前还是之后。"[56]即使是将受贿罪的本质理解为权钱交易关系,也没有必要限定为事前受财。因为事后受财也会存在权钱交易关系。换言之,事前有约定的事后受财与事前没有约定的事后受财只是形式不同,没有实质区别。从财物性质上看,二者都是国家工作人员职务行为的不正当报酬,财物与职务行为形成了对价关系;从实质上看,有约定,也只是说明行为人就自己的职务行为约定、收受不正当利益,当然侵犯了职务行为的无(不正当)报酬性;没有约定,但事后明知他人提供的财物是对自己以前的职务行为的不正当报酬时,该财物仍然是职务行为的不正当报酬,同样侵犯了受贿罪的法益。不仅如此,在事前受财时,国家工作人员可能只是许诺利用职务为他人谋取利益;在事后受财时,国家工作人员客观上已经利用职务为他人谋取了利益。应当认为,后者的权钱交换性质更为明显。如果将前者论以犯罪,后者不以犯罪论,则难以为国民接受。

就主观故意而言,只要行为人认识到他人交付的财物是对自己职务行为的不正当报酬,就完全可能成立受贿罪。换言之,当国家工作人员事前实施某种职务行为,客观上为他人谋取了利益时(后),他人向国家工作人员交付的财物,就是对国家工作人员职务行为的不正当报酬;国家工作人员明知该财物是对自己职务行为的不正当报酬而收受,就具有了受贿罪的故意。理由在于:就故意的认识因素而言,核心的内容是认识到行为的危害结果,而受贿罪的本质是侵犯了职务行为的不可收买性,危害结果表现为职务行为的不可收买性受到了损害;如果形成了职务行为与财物的对价关系,就表明产生了危害结果;而职务行为与财物的交换,意味着财物成为职务行为的不正当报酬;所以,只要国家工作人员认识到他人交付的财物是自己职务行为的不正当报酬,就意味着认识到了自己行为的危害结果。就故意的意志因素而言,由于收受职务行为的不正当报酬的行为,侵害了职务行为的不可收买性,故当国家工作人员认识到他人交付的财物是自己职务行为的不正当报酬而仍然收受时,就表明行为人具有受贿故意的意志因素。[57]

---

〔56〕［日］大塚仁:《刑法概说(各论)》,有斐阁2005年第3版增补版,第635页。这也是日本刑法理论的通说与判例的一贯主张。

〔57〕如果认为"为他人谋取利益"是主观要素,就不能同时要求国家工作人员对以为他人谋取利益作为交换条件有认识。因为这样要求,就意味着故意的主观认识内容包含对主观要素的认识,恐怕不符合有关故意的认识因素的原理。因为故意的认识内容应限于客观要素,而不包含主观要素。

不可否认,除了考虑“事”与“财”之间客观上的关联性以外,还应当考虑“事”与“财”之间的主观上的关联性。但是,对于这种主观上的关联性并不需要限定在事前,换言之,如果国家工作人员在事前为他人谋取利益时,具有收受财物的约定,当然能够肯定“事”与“财”的主观关联性;但在国家工作人员已经为他人谋取利益后,明知他人交付的财物是对自己职务行为的不正当报酬时仍然收受的,也能够充分肯定“事”与“财”的主观关联性。

从受贿罪的内部协调来考虑,也应肯定事后受财的行为成立受贿罪。首先,索取贿赂与收受贿赂除了是否要求为他人谋取利益之外,没有实质区别。国家工作人员事前利用职务上的便利为他人谋取利益,事后索取他人财物的,无疑成立受贿罪。既然如此,国家工作人员事前利用职务上的便利为他人谋取利益,事后收受财物的,也应当认定为受贿罪。或许有人认为,由于索取贿赂时不需要为他人谋取利益,所以,事后索取财物的成立受贿罪;而收受贿赂时需要为他人谋取利益,所以,事后收受财物的不成立受贿罪。可是,索取贿赂也必须与职务行为有关联,否则只能成立敲诈勒索罪。换言之,在类似事后索财的案件中,索取贿赂时的“利用职务上的便利”实际上表现为为他人谋取了利益。也就是说,在国家工作人员事前已为他人谋取利益的情况下,事后索取贿赂中的“利用职务上的便利”与事后收受财物中的“利用职务上的便利”、“为他人谋取利益”并无区别。其次,事后受财包括事前违法实施职务行为的事后受财与事前实施正当职务行为的事后受财。由于为他人谋取的利益不限于非法利益,所以,对二者的定罪应当完全一致。即如果认为事前实施正当职务行为的事后受财不成立受贿罪,那么,事前违法实施职务行为的事后受财也不成立受贿罪。但是,如果对事前违法实施职务行为,事后收受作为该职务行为的不正当报酬的财物的行为不认定为受贿罪,则明显不当缩小了受贿罪的处罚范围。换言之,既然事前违法实施职务行为的事后受财成立受贿罪,那么,事前实施正当职务行为的事后受财也应构成受贿罪,否则会导致处罚的不协调。[58]

(四)斡旋受贿的成立条件

根据刑法第388条的规定,国家工作人员利用本人职权或者地位形成的便利条件,通过其他国家工作人员职务上的行为,为请托人谋取不正当利益,索取请托人财物或者收受请托人财物的,以受贿论处。这在刑法理论上称为斡旋受贿。斡旋受贿不是国家工作人员就自身的职务行为索取或者收受贿赂,而是利用国家工作人员的职权或者地位形成的便利条件,就其他国家工作人员的职务行为进行斡旋,使其他国家工作人员利用职务上的便利为请托人谋取不正当利益,从而索取或者收受贿赂。

首先,利用本人职权或者地位形成的便利条件,并不要求行为人积极地利用其职权或地位,只要立于国家工作人员的立场实施斡旋行为即可。[59] 具体而言,行为人与被其利用的国家工作人员之间在职务上虽然没有隶属、制约关系,但是行为人利用了本人职权或者地位产生的影响和一定的工作联系,如单位内不同部门的国家工作人员之间,上下级单位没有职务上隶属、制约关系的国家工作人员之间,有工作联系的不同单位的国家工作人

〔58〕 当然,如果事后提供财物与国家工作人员的先前职务行为之间,因为时间长、数量小等原因,导致不能或者难以认定存在对价关系的,则不应认定为受贿。

〔59〕 参见[日]大塚仁:《刑法概说(各论)》,有斐阁2005年第3版增补版,第641页。

员之间,都符合斡旋受贿的条件。如果国家工作人员利用本人职务上主管、负责、承办某项公共事务的职权,或者利用职务上有隶属、制约关系的其他国家工作人员的职权索取、收受贿赂的,应直接适用刑法第385条。担任单位领导职务的国家工作人员通过不属自己主管的下级部门的国家工作人员的职务为他人谋取利益的,也应直接适用刑法第385条。

其次,接受他人请托,使其他国家工作人员实施(包括放弃)职务上的行为,为请托人谋取不正当利益。与普通受贿相对应,只要请托人的事项不正当,行为人对此有认识即可,不要求已经为请托人谋取了不正当利益,也不要求其他国家工作人员认识到行为人索取、收受贿赂,[60]但要求行为人对其他国家工作人员提出了为请托人谋取不正当利益的请求、约定。至于其他国家工作人员是否许诺、答应行为人的请求,是否为请托人谋取了不正当利益,则不影响斡旋受贿的成立。因为斡旋受贿中的贿赂,是指斡旋行为的对价(不正当报酬),[61]而不是其他国家工作人员职务行为的对价。[62]

最后,向请托人索取财物或者收受请托人的财物,这种财物是行为人使其他国家工作人员为请托人谋取不正当利益的行为的不正当报酬。例如,甲请国家工作人员乙向国家工作人员丙(税务工作人员)说情,为其非法减免税款,乙利用自己的职权与地位形成的便利条件,使丙为甲减免税款。乙以此为条件事先索取、收受甲的财物的,或者以此为根据事后索取、收受甲的财物的,成立斡旋受贿。

(五)《受贿案件意见》的理解与适用

"两高"2007年7月8日《关于办理受贿刑事案件适用法律若干问题的意见》(以下简称《受贿案件意见》),根据刑法有关规定,就办理受贿刑事案件具体适用法律若干问题提出了若干意见,成为认定受贿罪的重要司法解释,但如何理解与适用其中的具体规定,还值得进一步研究。

1. 关于以交易形式收受贿赂问题

《受贿案件意见》第1条指出:"国家工作人员利用职务上的便利为请托人谋取利益,以下列交易形式收受请托人财物的,以受贿论处:(1)以明显低于市场的价格向请托人购买房屋、汽车等物品的;(2)以明显高于市场的价格向请托人出售房屋、汽车等物品的;(3)以其他交易形式非法收受请托人财物的。""受贿数额按照交易时当地市场价格与实际支付价格的差额计算。""前款所列市场价格包括商品经营者事先设定的不针对特定人的最低优惠价格。根据商品经营者事先设定的各种优惠交易条件,以优惠价格购买商品的,不属于受贿。"

"明显"是一个明显的模糊用语,但模糊不等于不明确。一方面,如果不是明显低于市场价格,就不足以说明行为的贿赂性质。另一方面,司法解释不可能、也不应当采用"折扣低于××%"、"价格低于××"之类的精确表述。以购买房屋为例,房屋的面积、单价、对一般人的折扣等,都会影响贿赂性质的判断。例如,倘若房屋的面积为500平方米、

[60] 如果行为人与其他国家工作人员相通谋,则应认定为普通受贿罪的共同犯罪。

[61] 正因为如此,从立法论上来说,斡旋受贿的法定刑应当轻于普通受贿的法定刑。

[62] 如果认为斡旋受贿中的贿赂是其他国家工作人员职务行为的对价,那么,就不应当将斡旋受贿的主体限定为国家工作人员;而且,这种观点导致斡旋受贿与利用影响力受贿完全同一了。

价格为每平方8万元,总价4000万元,降低一个百分点,就减少了40万元。反之,倘若房屋面积为50平方米,价格为每平方4000元,总价20万元,降低一个百分点,则只减少2000元。下级司法机关不能要求司法解释规定出具体折扣标准,只能根据具体情况进行实质判断。

2. 关于收受干股问题

《受贿案件意见》第2条指出:"干股是指未出资而获得的股份。国家工作人员利用职务上的便利为请托人谋取利益,收受请托人提供的干股的,以受贿论处。进行了股权转让登记,或者相关证据证明股份发生了实际转让的,受贿数额按转让行为时股份价值计算,所分红利按受贿孳息处理。股份未实际转让,以股份分红名义获取利益的,实际获利数额应当认定为受贿数额。"

干股虽然不是狭义的财物,但仍然是财产性利益,所以属于贿赂。在股份实际转让的情况下,由于受贿已经既遂,故按转让行为时的股份价值计算。在股份未实际转让的情况下,实际上是以后来实际获利的行为作为收受贿赂的行为。在现实生活中,作为贿赂的干股,实际上是公司将股份赠送给国家工作人员,因而不仅国家工作人员未出资,而且也没有人替国家工作人员出资。换言之,如果有人替国家工作人员出资,则不是干股。

3. 关于以开办公司等合作投资名义收受贿赂问题

《受贿案件意见》第3条第1款与第2款分别指出:"国家工作人员利用职务上的便利为请托人谋取利益,由请托人出资,'合作'开办公司或者进行其他'合作'投资的,以受贿论处。受贿数额为请托人给国家工作人员的出资额。""国家工作人员利用职务上的便利为请托人谋取利益,以合作开办公司或者其他合作投资的名义获取'利润',没有实际出资和参与管理、经营的,以受贿论处。"

由于请托人为国家工作人员出资,所以,第1款规定的情形不属于干股。例如,公司发起人乙为了谋取不正当利益,希望国家工作人员甲投资入股,但甲声称没钱投资,于是,乙声称"借给"甲100万元使甲占公司10%的股份,甲同意,并进行了工商登记。2年后,甲不仅没有归还100万元,而且基于10%的股份分得200万元红利。应认定乙向甲行贿100万元,甲的受贿数额为100万元,200万元的红利是犯罪所得的收益,应当追缴。如果国家工作人员没有出资,也没有获得股份,只是以"合作"名义取得利益的,取得利益的行为是受贿行为,按实际取得的利益计算受贿数额。

4. 关于以委托请托人投资证券、期货或者其他委托理财的名义收受贿赂问题

《受贿案件意见》第4条指出:"国家工作人员利用职务上的便利为请托人谋取利益,以委托请托人投资证券、期货或者其他委托理财的名义,未实际出资而获取'收益',或者虽然实际出资,但获取'收益'明显高于出资应得收益的,以受贿论处。受贿数额,前一情形,以'收益'额计算;后一情形,以'收益'额与出资应得收益额的差额计算。"

例如,国家工作人员甲委托有求于自己职务行为的乙为自己炒股(或者购买理财产品),但未出资分文,而是由乙为甲"垫资"炒股的,甲所获取的"收益"均为受贿数额。如果甲虽然出资,但实际的"收益"明显高于应得收益时,实际上是行贿人借机行贿、国家工作人员借机受贿。对此,应将差额认定为受贿数额。问题是,在前一种情形下,如果乙确实"垫资"为甲炒股,甲也知道并且同意乙的做法,但炒股导致亏损,最终甲没有获利的,应当如何处理?本书认为,在这种情况下,只要能够肯定"垫资"是对甲的贿赂,就可以将

"垫资"认定为贿赂(可以扣除存余的部分)。

5. 关于以赌博形式收受贿赂的认定问题

《受贿案件意见》第5条指出:"根据《最高人民法院、最高人民检察院关于办理赌博刑事案件具体应用法律若干问题的解释》第七条规定,国家工作人员利用职务上的便利为请托人谋取利益,通过赌博方式收受请托人财物的,构成受贿。""实践中应注意区分贿赂与赌博活动、娱乐活动的界限。具体认定时,主要应当结合以下因素进行判断:(1)赌博的背景、场合、时间、次数;(2)赌资来源;(3)其他赌博参与者有无事先通谋;(4)输赢钱物的具体情况和金额大小。"

通过赌博方式行贿受贿的做法,旨在掩盖行贿受贿事实,其中存在不同情形。例如,有的行贿人为国家工作人员"出资"赌博。对此,应当将出资数额认定为受贿数额。这种情形容易认定。再如,有的行贿人与国家工作人员一起赌博,故意"输"给国家工作人员。对此,应当将故意"输"的部分认定为受贿数额。在这种情形下,难以判断行贿人是否故意"输"给国家工作人员,国家工作人员是否知道对方故意"输"给自己。对此,只能综合各种因素进行具体判断,除了考虑《受贿案件意见》所列举的四种因素外,还需要特别考虑参加"赌博"的人员构成情况。

6. 关于特定关系人"挂名"领取薪酬问题

《受贿案件意见》第6条指出:"国家工作人员利用职务上的便利为请托人谋取利益,要求或者接受请托人以给特定关系人安排工作为名,使特定关系人不实际工作却获取所谓薪酬的,以受贿论处。"第11条指出:"本意见所称'特定关系人',是指与国家工作人员有近亲属、情妇(夫)以及其他共同利益关系的人。"

使特定关系人不实际工作却获得所谓薪酬,相当于由特定关系人收受贿赂。如前所述,国有工作人员索取或者收受贿赂,并不限于将贿赂直接据为己有,而是包括使请托人向第三者提供贿赂的情形。

7. 关于由特定关系人收受贿赂问题

《受贿案件意见》第7条指出:"国家工作人员利用职务上的便利为请托人谋取利益,授意请托人以本意见所列形式,将有关财物给予特定关系人的,以受贿论处。""特定关系人与国家工作人员通谋,共同实施前款行为的,对特定关系人以受贿罪的共犯论处。特定关系人以外的其他人与国家工作人员通谋,由国家工作人员利用职务上的便利为请托人谋取利益,收受请托人财物后双方共同占有的,以受贿罪的共犯论处。"[63]

这一规定本身不存在疑问。问题在于,国家工作人员让行贿人将财物交付给第三者进而构成受贿罪的,其中的第三者是否仅限于特定关系人的情形?本书持否定回答。如前所述,凡是国家工作人员要求行贿人将贿赂交付给第三者,以及行为人主动将贿赂交付给第三者的,该第三者与国家工作人员必然存在某种关系。所以,第三者的范围并不需要法律与司法解释确定,而是由受贿人与行贿人确定。例如,国家工作人员甲的妻子的隐私偶然被素不相识的乙知道,乙并没有因此而向甲及其妻子勒索财物,但甲一直担心乙披露

---

〔63〕《贪污贿赂案件解释》第16条规定:"特定关系人索取、收受他人财物,国家工作人员知道后未退还或者上交的,应当认定国家工作人员具有受贿故意。"换言之,国家工作人员知道特定关系人利用自己的职务便利索取、收受他人财物后,未退还或者上交的,对国家工作人员应以受贿罪论处。

妻子的隐私。在丙有求于甲的职务行为时,甲要求丙将50万元交付给乙。可以肯定的是,对甲的行为应当以受贿罪论处。但是,难以认为乙与甲是《受贿案件解释》所规定的特定关系人(难以认为乙与甲具有“共同利益关系”)。所以,国家工作人员利用职务上的便利授意请托人向第三者提供财物进而构成受贿的,其中的第三者并不限于特定关系人。按照本书的观点,特定关系人以外的其他人与国家工作人员通谋,由国家工作人员利用职务上的便利为请托人谋取利益,收受请托人财物后由其他人单独占有的,也应以受贿罪的共犯论处。

8. 关于收受贿赂物品未办理权属变更问题

《受贿案件意见》第8条指出:“国家工作人员利用职务上的便利为请托人谋取利益,收受请托人房屋、汽车等物品,未变更权属登记或者借用他人名义办理权属变更登记的,不影响受贿的认定。”“认定以房屋、汽车等物品为对象的受贿,应注意与借用的区分。具体认定时,除双方交代或者书面协议之外,主要应当结合以下因素进行判断:(1)有无借用的合理事由;(2)是否实际使用;(3)借用时间的长短;(4)有无归还的条件;(5)有无归还的意思表示及行为。”

如果房屋、汽车等已经登记在国家工作人员或者其指定的第三者的名下,没有疑问成立受贿罪。未变更权属登记,但实际上由国家工作人员及其亲属等人长期占有、使用,事实上享有所有权的,也不影响受贿罪的成立。在德国、日本等国,国家工作人员要求请托人向自己出借房屋、汽车、金钱等,即便随后归还的,也没有疑问成立受贿罪。因为借用他人财物属于获得好处,是职务行为的对价,故成立受贿罪。在我国,由于受贿罪的量刑主要以数额为标准,对上述借用行为一般没有以受贿罪论处。但在本书看来,即便确实是借用,国家工作人员确定打算归还或者已经归还,但只要借用请托人的财物能评价为获得了财产性利益的,也能够认定为受贿罪。只不过受贿数额不是按借用的有体物计算,而是按实际获得的财产性利益计算。例如,将请托人的100万元现金借用一年的,应按银行贷款利率计算受贿数额。

9. 关于收受财物后退还或者上交问题

《受贿案件意见》第9条第1款与第2款分别指出:“国家工作人员收受请托人财物后及时退还或者上交的,不是受贿。”“国家工作人员受贿后,因自身或者与其受贿有关联的人、事被查处,为掩饰犯罪而退还或者上交的,不影响认定受贿罪。”

在理解《受贿案件意见》第9条关于收受财物后退还或者上交的规定时,必须以刑法关于受贿罪的犯罪构成为指导,而不能将《受贿案件意见》第9条的规定直接作为刑法条文予以适用。

(1)索取贿赂后退还或者上交的,依然成立受贿罪,不得适用《受贿案件意见》第9条第1款。从形式上说,《受贿案件意见》第9条的表述是,“收受”请托人财物后及时退还或者上交的,不是受贿,并没有将“索取”包含在内。从实质上说,是基于如下理由:第一,受贿罪的保护法益不是行贿人的财产,而是国家工作人员职务行为的不可收买性,行为人在他人有求于自己的职务行为时,索取财物的,就已经侵害了职务行为的不可收买性。换言之,在索要贿赂的情况下,即使行为人没有现实取得贿赂,但其索要行为已经侵害了职务行为的不可收买性,因而构成犯罪。第二,索取型受贿罪并不以为他人谋取利益为要件,当他人有求于自己的职务行为时,行为人索取财物的,就已经充足了“利用职务上的便利索取他人财物”的客观构成要件。而且,如后所述,应当认定为既遂。第三,如后所述,《受贿案件意见》第9条第1款的宗旨与精神是将客观上收受了他人财物,主观上没有受贿故意的情形排除在受贿罪之外。可是,当他人有求于行为人的职务行为时,行为人索取财物的,明显具有受贿的故意,故不得适用《受贿案件意见》第9条第1款。

(2)没有受贿故意的“及时退还或者上交”才能适用《受贿案件意见》第9条第1款。换言之,《受贿案件意见》第9条第1款的规定只是为了说明,客观上虽然收受了他人财物,但主观上没有受贿故意的行为,不成立受贿罪。道理很简单,国家工作人员在客观上利用职务上的便利收受了他人财物,且符合“为他人谋取利益”要件的行为,只要主观上具有受贿故意,就一定成立受贿罪的既遂。既然是受贿罪的既遂,就不可能以特别理由说该行为“不是受贿”。姑且不从受贿罪的法益性质进行考虑,即使将受贿罪与盗窃、诈骗等财物罪相比较,也能得出上述结论。例如,甲窃取了他人财物,乙实施诈骗行为收取了受骗者交付的财物,就分别成立盗窃既遂与诈骗既遂。即使甲、乙在既遂后立即将所盗、所骗财产退还给被害人,或者上交至司法机关,也不可能基于任何理由说它们“不是盗窃”、“不是诈骗”。客观上收受财物,主观上没有受贿故意的情形主要表现为以下几种:第一,国家工作人员明确拒绝请托人给付的财物,但请托人强行将财物留下,国家工作人员事后及时退还或者上交。例如,请托人前往国家工作人员住宅,国家工作人员一开门,请托人将财物扔进室内后立即离开。次日,国家工作人员将财物退还或者上交。这种场合,国家工作人员客观上的拒绝行为与事后及时上交或退还的行为,足以表明其没有受贿故意。第二,在请托人给付财物时,国家工作人员内心拒绝,但基于某种原因不能做出拒绝表示或者做出拒绝表示不合适,事后及时退还或者上交。例如,请托人趁国家工作人员躺在医院行动(说话)不便时,将金钱放在床边,国家工作人员出院后将金钱退还或者上交。第三,请托人在国家工作人员不知情的情况下,暗地里将财物置于国家工作人员支配的场所,国家工作人员发现后及时退还或者上交。例如,请托人进入国家工作人员住宅后,将价值10万元的购物卡放在沙发垫下,也没有告诉国家工作人员。[64] 六个月后,国家工作人员清理沙发时发现了购物卡,并立即退还或者上交。第四,请托人将数额较大的财物伪装成价值微薄的小礼品送给国家工作人员,国家工作人员以为是小额礼品便接收。国家工作人员事后发现自己所接收的并非小额礼品,而是数额较大的财物而退还或者上交。国家工作人员以为是小额礼品而收受时,并无受贿罪的故意。发现真相后立即退还或者上交的,进一步表明国家工作人员没有受贿故意,不应当认定为受贿罪。

正因为《受贿案件意见》第9条第1款所规定的情形仅限于国家工作人员没有受贿故意的情形,所以,只能从行为人是否具有受贿故意的角度判断“及时”与否,不可能有一个具体明确的期限或者期间。例如,不能认为,一个月之内退还或者上交的,就不是受贿;也不能认为,三个月之后退还或者上交,就肯定是受贿。只能认为,能够表明国家工作人员没有受贿故意的上交与退还,都属于《受贿案件意见》第9条第1款的“及时”。而国家工作人员是否具有受贿故意,又不能仅凭退还或者上交的时间做出判断,国家工作人员在什么状态下客观地接受了请托人的财物,是重要的判断资料。而且,在不同的案件中,接受请托人财物的具体情况与退还或者上交的时间,对判断国家工作人员是否具有受贿故

---

〔64〕 在这种情形下,或许难以认定国家工作人员“收受”了财物。

意所起的作用可能并不完全相同。例如,请托人有求于国家工作人员甲,于某日在甲的办公室内将价值10万元的购物卡交给甲。甲当时完全可以拒绝,但并不拒绝。在此后的一周内,甲并没有繁忙的事务,但没有退还或者上交,一周后甲才将购物卡退还给请托人。本书认为,甲的行为成立受贿罪。因为一周后将购物卡退还给请托人,并不表明他没有受贿故意。再如,请托人有求于国家工作人员乙,得知乙将于国外研修半年,陪同乙去机场。在乙进入安检口时将2万美元塞进乙的提包,然后迅速离去。乙半年后回国,一上班就将2万美元上交本单位纪委。单纯根据乙接受美元的情形,很难做出乙是否具有受贿故意的判断。但其回国后立即上交美元的事实,就足以表明其没有受贿故意。

由上可见,单纯根据退还或者上交的时间判断国家工作人员是否具有受贿故意是不合适的。应当认为,《受贿案件意见》第9条第1款,只是就部分判断资料做出的规定,而不是就没有受贿故意的全部情形做出的规定。所以,只要国家工作人员的客观行为符合受贿罪的客观构成要件,主观上具有受贿故意,即使及时退还或者上交的,也不影响受贿罪的成立。既然如此,"及时"就不是一个单纯的时间概念。"及时退还或者上交"只是判断国家工作人员有无受贿故意的一个判断资料。在判断国家工作人员是否具有受贿故意时,主要应考虑以下因素:在客观上可以拒绝的情形下是否有拒绝行为,在可以表示拒绝的情形下是否有拒绝的表示;从知道收受了请托人的财物到退还或者上交之间的时间间隔长短;是否存在影响国家工作人员退还或者上交的主观原因(如《受贿案件意见》第9条第2款规定的情形)与客观原因;如此等等。

至于上交给谁、退还给谁,都要以国家工作人员有没有受贿故意为核心来理解和判断。例如,及时上交给本单位纪检部门、上级纪检部门、本级或者上级人民检察院等,都不影响上交的认定。不仅如此,由于某种原因客观上不能将财物直接上交,但收受财物后及时向单位领导或者纪检部门说明收受了财物,在具备上交财物的条件下再上交财物的,也应认定为及时上交。再如,退还给请托人或者请托人家属的,直接退还或者通过第三者退还的,都不影响退还的认定。

(3)应当正确理解及时退还或者上交与《受贿案件意见》第9条第2款的关系。首先,《受贿案件意见》第9条第1款与第2款的规定并不是A与非A的关系,或者说不是完全的对立关系。属于《受贿案件意见》第9条第2款规定的情形的,当然应当认定为受贿罪。但是,虽然不属于《受贿案件意见》第9条第2款规定的情形,但并未及时退还或者上交的,也应当认定为受贿罪。换言之,完全存在既不符合《受贿案件意见》第9条第1款,也不符合《受贿案件意见》第9条第2款的情形。对此,只能根据受贿罪的犯罪构成做出合理的判断。其次,如上所述,《受贿案件意见》第9条第1款只是为了说明客观上收受他人财物,但主观上没有受贿故意的,不成立犯罪;事实上也没有完全列举出客观上收受他人财物,主观上没有受贿故意的全部情形。例如,请托人到国家工作人员家里后,担心国家工作人员拒绝,偷偷将一张价值5万元的购物卡放在国家工作人员家中沙发坐垫下,但国家工作人员一直没有发现。对于这样的案件,不仅不能认定国家工作人员具有受贿的故意,甚至不能认定国家工作人员有收受请托人财物的行为,国家工作人员当然不成立受贿罪。但是,我们不能据此认为,《受贿案件意见》第9条第1款也存在漏洞。概言之,《受贿案件意见》第9条第1款只是列举了常见的不具有受贿故意的情形。同样,《受贿案件意见》第9条第2款只是对常见的行为人具有受贿故意应当以受贿罪论处情形的一种列举,因此,只要行为人客观上利用职务上的便利收受了他人财物,主观上具有受贿故意,即使不符合《受贿案件意见》第9条第2款的规定,也要直接根据刑法第385条的规定认定为受贿罪既遂。

(4)不构成受贿罪的退还行为可能成立帮助毁灭证据罪。及时退还财物的行为表明国家工作人员没有受贿故意时,“不是受贿”。但是,“不是受贿”只是意味着不可能构成受贿罪,但不意味着完全无罪。司法机关常常将受贿人退还贿赂的行为不以犯罪论处,这是误解了受贿罪的本质(将受贿罪视为经济犯罪、财产犯罪),也不是对《受贿案件意见》第9条第1款的全面解读。

本书并不否认,在某些情况下,收受者确实无法拒绝而不得已收下对方的财物,但可以肯定的是,在贿赂罪中,行贿人并不是受害人,行贿人将财物交付给国家工作人员之后,便丧失了对该财物的返还请求权。所以,国家工作人员不应当将请托人给予的财物退还给请托人。更为重要的是,行贿罪与受贿罪虽然是对向犯,但这并不意味着国家工作人员退还或者上交了请托人的贿赂物后,请托者的行为就不成立行贿罪。如后所述,只要请托人出于谋取不正当利益的意图,给予国家工作人员以财物(包括回扣、手续费等)且数额较大,即使客观上没有取得不正当利益,也成立行贿罪,而且属于犯罪既遂。其中的财物,从刑法的角度而言是行贿罪的行为构成之物;但从刑事诉讼法的角度而言,则是行贿罪的重要且关键的证据。显然,在国家工作人员客观上收受了请托人为谋取不正当利益给予的财物后,将该财物退还给行贿人,意味着毁灭了请托人的行贿犯罪证据。

刑法第307条第2款规定了帮助毁灭证据罪,“毁灭”原本就是指使对象丧失或者减少应有的功能;导致司法机关不能发现、利用证据的行为,都是毁灭证据的行为。正因为如此,隐匿证据也是毁灭证据的行为。显然,将行贿人给予的财物退还给行贿人,也是使司法机关不能发现犯罪证据的行为,妨害了司法,情节严重的,应认定为帮助毁灭证据罪。这一解释并不是类推解释,只是一种规范性的解释,因而不违反罪刑法定原则。

或许有人认为,国家工作人员退还财物时并没有帮助毁灭证据罪的故意。诚然,国家工作人员退还财物时,其目的或者动机旨在使自己不被追究刑事责任,而不是为对方开脱罪责。但是,帮助毁灭证据罪虽然由故意构成,却不需要特定目的与动机。只要国家工作人员认识到请托人的行为可能构成行贿罪,认识到所退还的财物是行贿罪的证据,却仍然将财物退还给请托人,就足以表明其具有帮助毁灭证据罪的故意。

10. 关于在职时为请托人谋利,离职后收受财物问题

《受贿案件意见》第10条指出:“国家工作人员利用职务上的便利为请托人谋取利益之前或者之后,约定在其离职后收受请托人财物,并在离职后收受的,以受贿论处。”“国家工作人员利用职务上的便利为请托人谋取利益,离职前后连续收受请托人财物的,离职前后收受部分均应计入受贿数额。”

在德国、日本以及旧中国刑法中,“约定”本身就是受贿罪的一种表现形式,而且达成约定就构成受贿既遂。我国现行刑法虽然没有明文规定这种行为方式,但如前所述,对于国家工作人员主动提出的约定,应当认定为索取,对于行贿人主动提出的约定,应当认定为收受。因此,国家工作人员在职期间约定离职后收受请托人财物的,实际上是在职期间受贿。

(六)受贿罪与非罪的界限

1. 正确划清受贿罪与取得合理报酬的界限。国家工作人员在法律允许的范围内,利用业余时间,以自己的劳动为他人提供某种服务,从而获得报酬的,不成立受贿罪。但需要指出的是,国家工作人员在业余时间,利用职务上的便利为他人谋取利益,进而获得报酬的,仍然成立受贿罪。特别应注意的是,国家工作人员在经济往来中,违反国家规定,收受各种名义的回扣、手续费,归个人所有(包括使第三者所有)的,应以受贿罪论处,[65]不能作为取得合理报酬对待。

2. 受贿罪与接受正当馈赠的界限。行为人接受亲友的正当馈赠的行为,固然不成立受贿罪,但由于实践上存在以馈赠为名的行贿,故它与受贿罪的界限也难以区分。在区分二者时,应注意从以下几个方面进行判断:(1)接受方与提供方是否存在亲友关系;(2)提供方是否有求于接受方的职务行为;(3)接受方是否许诺为提供方谋取利益,或者是否正在或者已经为提供方谋取利益;(4)所接受的财物是否超出了一般馈赠的数量与价值;(5)接受方是否利用了职务之便;(6)有无正当馈赠的适当理由;(7)接受与提供方式是否具有隐蔽性;等等。对上述问题要全面分析、综合判断。[66]

3. 正确区分受贿罪与正当借贷的界限。国家工作人员利用职务上的便利,以借贷为名向他人索取财物,或者非法收受财物为他人谋取利益的,应当认定为受贿罪。在区分受贿与借贷时,不能仅看有无书面借款手续,应当综合考察以下因素,作出合理判断:(1)有无正当、合理的借款事由;(2)款项的去向;(3)双方平时关系如何、有无经济往来;(4)出借方是否要求国家工作人员利用职务上的便利为其谋取利益;(5)借款后是否有归还的意思表示与行为;(6)是否具有归还能力;(7)归还的原因;等等。在本书看来,国家工作人员向请托人借款的,不能轻易否定受贿罪的成立。

(七)受贿罪与其他犯罪的关系

1. 正确处理受贿罪与贪污罪的关系。二者的构成要件存在明显的区别,但存在一些形式上是受贿、实质上是贪污的案件。例如,乡镇领导为某个项目向县财政局申请20万元拨款时,财政局长要求乡镇申请50万元拨款,然后将30万元给自己。50万元拨给乡镇后,乡镇领导将其中的30万元交给财政局长,财政局长将其据为己有。从表面上看,似乎是乡镇领导行贿、财政局长受贿,实际上是财政局长贪污财政局的公款(乡镇领导可能构成共犯)。反之,如果乡镇原本申请50万元用于某个项目,获得50万元行政拨款后,乡镇领导为了感谢财政局长,而将其中一部分给财政局长的,则财政局长的行为构成受贿罪。显然,在这类案件中,不仅要考虑财物的来源,还要考虑国家工作人员的职务权限,双方共谋的内容,侵害的具体法益等。另一方面,也不排除贪污罪与受贿罪的想象竞合。例如,在乡政府有求于县长的职务行为时,县长要求乡政府领导从乡财政中拿出30万元给自己。在这种情况下,可以认定县长的行为是贪污罪与受贿罪的想象竞合。

2. 正确处理索取型受贿罪与敲诈勒索罪的关系。索贿与敲诈勒索有相似之处,但索

---

〔65〕 这种行为构成受贿罪的,也要求国家工作人员利用了职务上的便利(回扣、手续费是职务行为的不正当报酬)。

〔66〕 实践中,只要行贿人与受贿人具有某种远亲或者朋友关系,一般认定为赠与,而不认定为受贿罪。可奇怪的是,总是穷者向富者赠与、无权者向有权者赠与。司法实践的做法值得反思。

贿的行为主体必须是国家工作人员，而敲诈勒索罪的行为主体不必是国家工作人员；索贿必须利用职务上的便利，敲诈勒索罪不需要利用职务上的便利。可以肯定的是，行为人虽然是国家工作人员，但对方有求于他的事项与其职务行为没有关系，行为人利用对方的困境，以此相要挟，索取财物的，成立敲诈勒索罪。问题是，国家工作人员利用职务上的便利向请托人勒索财物的，应当如何处理？第一种观点认为，仅认定为敲诈勒索罪；第二种观点认为，认定为受贿罪与敲诈勒索罪的想象竞合犯；第三种观点认为，国家工作人员成立受贿罪与敲诈勒索罪的想象竞合，被勒索者成立行贿罪。[67]本书赞成第三种观点。首先，上述行为同时侵害了职务行为的不可收买性与他人财产，但只有一个行为，因而符合想象竞合的基本特征。其次，被勒索者的行为原则上也成立行贿罪，但根据我国刑法第389条第3款的规定，因被勒索给予国家工作人员以财物，没有获得不正当利益的，不成立行贿罪。

3. 正确处理受贿罪与诈骗罪的关系。国家工作人员的家属，以通过国家工作人员的职务行为为他人谋取利益之名，欺骗对方，获取财物的，是诈骗的一种方式，应以诈骗罪论处。国家工作人员利用职务上的便利收受请托人的财物后，做出为他人谋取利益的虚假承诺的，应认定为受贿罪。国家工作人员在他人有求于自己的职务行为时，谎称（能）为他人谋取利益并主动要求对方提供财物的，是受贿罪与诈骗罪的想象竞合。

（八）受贿罪的既遂与未遂

我国的传统观点认为，受贿罪以取得财物为既遂。在收受贿赂的情况下，以接受贿赂为既遂具有合理性。收受了他人交付的转账支票后，还没有提取现金的，应认定为受贿既遂。收受购物卡后，即使还没有购物，也应认定为受贿既遂（受贿数额按购物卡记载的数额计算）。收受银行卡后，即使没有使用，也应认定为受贿既遂（卡内的存款数额应按全额认定为受贿数额）；[68]收受贿赂后，将贿赂用于公益事业的，不影响受贿既遂的认定，更不影响受贿罪的成立与受贿数额的认定。[69]

本书认为，在索取贿赂的情况下，应当以实施了索要行为作为受贿既遂标准。因为受贿罪的保护法益是国家工作人员职务行为的不可收买性，在索要贿赂的情况下，即使行为人没有现实取得贿赂，其索要行为已经侵害了职务行为的不可收买性。或许有人认为，我国刑法第385条所规定的"索取"就是指索要并取得，因此，只有收受了贿赂才能成立受贿罪既遂。但是，第一，这种观点是离开受贿罪的保护法益得出的结论。对构成要件的解释必须以保护法益为指导，只要承认受贿罪的保护法益是职务行为的不可收买性，或者认为受贿罪的保护法益是职务行为的公正性或廉洁性，就不可能在索要行为之外另要求现实取得贿赂的行为。第二，如果将"索取"解释为索要并取得，那么，"索取"就成为多余的规定。因为单纯收受（取得）贿赂就成立贿赂罪，既然如此，立法者就不可能在收受型受

〔67〕参见［日］山中敬一：《刑法各论》，成文堂2015年第3版，第850页。

〔68〕受贿银行卡后透支的，如果由给予银行卡的一方承担还款责任，透支数额应当认定为受贿数额。但是，如果透支后使银行遭受损失的，则视受贿人是否属于持卡人以及透支方式，另认定为信用卡诈骗罪、诈骗罪或者盗窃罪。

〔69〕国家工作人员收受贿赂后，向对方回赠财物的，不能从受贿数额中扣除回赠的财物数额。

贿之前增加一种索要并收受的行为类型。[70] 换言之,既然A行为独立构成受贿罪,立法者就不可能增加一种B+A类型的受贿罪;如果B行为具有可罚性,就只能是在将A行为规定为受贿类型的同时,将B行为规定为另一种受贿类型。[71] 第三,国家工作人员在职时向请托人索取贿赂或者与请托人约定贿赂事项,离职后收受贿赂的也成立受贿罪。倘若认为索取贿赂时也以收受财物为受贿既遂标志,则意味着离职后的行为才侵害了职务行为的不可收买性。这是难以令人赞同的,因为行为人在收受财物时已经不具有国家工作人员身份。只有将实施索取行为(包括国家工作人员主动提出的约定)认定为既遂,才能说明上述做法的合理性。在司法实践中,对于单纯利用职务上的便利索要贿赂,而没有现实取得贿赂的行为,一般都没有认定为受贿罪,或者仅认定为受贿未遂。原因之一在于,司法机关将索取型受贿罪理解为索取并收受贿赂,实质的根源是将受贿罪视为财产犯罪(对收受财物后及时退还的不以任何犯罪论处,也说明了这一点)。

(九)受贿罪的共犯

以上已经就受贿罪的共犯分别做了说明,在此做进一步说明。(1)一般公民或者国家工作人员的亲属教唆或者帮助国家工作人员受贿的,成立受贿罪的共犯(教唆犯或者帮助犯),但不可能成立间接正犯与共同正犯。(2)国家工作人员的家属事前接受请托人的财物后,将实情告知国家工作人员,国家工作人员不要求家属及时退还或者上交的,成立受贿罪的共同犯罪;国家工作人员要求家属及时退还或者上交,家属隐瞒真相没有退还或者上交的,国家工作人员不构成受贿罪,对家属也不能以受贿罪的共犯论处。(3)在请托人有求于国家工作人员的职务行为时,国家工作人员要求请托人将财物交付给第三者时,如果第三者知情并接收财物的,应以受贿罪的共犯论处。(4)国家工作人员将收受的房屋、汽车等登记在第三人名下时,第三人在登记前或者登记时知情并提供相关证件等帮助的,对第三人应以受贿罪的共犯论处。第三人事后才知情,不能认定为受贿罪的共犯。(5)国家工作人员索取、收受储蓄卡、购物卡、现金支票以及其他债权凭证后,第三者帮助国家工作人员将债权凭证转换为现金或者其他财物的,由于国家工作人员的受贿行为已经既遂,故第三者的行为不成立受贿罪的共犯;如果第三者知情,则应以洗钱罪或者掩饰、隐瞒犯罪所得罪论处。(6)国家工作人员与公司、企业等单位的工作人员(非国家工作人员)通谋,利用国家工作人员的职务便利,或者同时利用双方的职务便利,索取或者收受贿赂的,对双方均应认定为受贿罪。

(十)受贿罪的罪数

国家工作人员既可能先收受财物而后实施为他人谋取利益的行为,也可能先实施为他人谋取利益的行为而后收受财物。国家工作人员所实施的为他人谋取利益的行为构成

---

[70] 或许有人认为,索取型受贿罪不需要为他人谋取利益,而收受型受贿罪需要为他人谋取利益,因而不同。其实,"为他人谋取利益"的规定,只是为了说明财物与职务行为的关联性(因此只要许诺即可),索取贿赂时也具有这种关联性。

[71] 在国家工作人员甲实施了索取贿赂的行为后,知情的乙帮助国家工作人员收受贿赂的,仍然成立受贿罪的共犯。但不是索取贿赂的共犯,而是收受贿赂的共犯。事实上,甲实施了两个受贿行为,但属于狭义的包括一罪,仅以一罪论处。

犯罪时，除刑法有特别规定的以外，应当认定为数罪，实行并罚。[72] 首先，受贿罪的法益是职务行为的不可收买性，而“为他人谋取利益”的最低要求是只要许诺为他人谋取利益即可，而且包含一定的虚假许诺，所以，客观上为他人谋取利益的犯罪行为，是超出受贿罪构成要件之外的行为。例如，国有公司中从事公务的人员收受他人贿赂后，私自将公司的公款挪出给他人使用的，成立受贿罪与挪用公款罪。其次，受贿罪是比较严重的犯罪，而其法定刑主要是根据受贿数额与情节设定的。国家工作人员收受贿赂为他人谋取利益的行为所构成的犯罪，都属于罪质严重的渎职犯罪。对之实行并罚，有利于实现罪刑相适应。最后，日本刑法规定了加重受贿罪，即公务员要求、约定、收受贿赂因而实施不正当行为，或者不实施适当行为的，加重法定刑。尽管如此，也要分两种情况处理：第一，公务员因为索取或者收受他人财物所实施的不正当行为构成犯罪的，成立想象竞合。第二，公务员就其职务上已经实施不正当行为或者没有实施适当行为，收受、要求或者约定贿赂时，如果先前行为构成犯罪的，则不是想象竞合，而是并合犯。[73] 我国刑法没有规定加重受贿罪，既然如此，为他人谋取利益的行为构成犯罪的，更应实行并罚。

（十一）受贿罪的数额计算

前面已经在相关场合就受贿罪的数额计算做过说明，在此就其他情形略作说明。

国家工作人员不明知财物的具体价值而索取或者收受的，按事后鉴定的财物数额计算。国家工作人员误以为是数额较大财物才收受（如果数额巨大或者特别巨大则拒绝收受），但事后鉴定财物数额巨大或者特别巨大的，只能适用数额较大的法定刑。[74] 国家工作人员收受请托人的毒品用于吸食的，可不计算数额，直接按情节轻重选择法定刑。

国家工作人员收受财产性利益时，应当按获得财产性利益时的价值计算，而不应按行贿人实际支出的成本计算。例如，乙有求于甲的职务行为，在甲购买了一套住房后，甲委托乙负责装修。在未做预算、未签订合同的情况下，乙让丙垫资装修，装修款共 180 万元。乙告知甲后，甲表示装修太贵，只支付了 100 万元，乙表示余款不必再付。此后，乙另向丙支付 20 万元装修款，并向丙许诺以后会给丙介绍一些装修业务，丙遂表示不要剩余的装修款。在本案中，当甲仅支付 100 万元，乙表示余款不必再付时，就意味着贿赂已经完成。甲实际得到的是价值 180 万元的财产性利益，但其仅支付 100 万元，故受贿数额应为 80 万元，而不是 20 万元。

国家工作人员收受请托人交付的赝品的，应当分不同情况处理。例如，请托人花 2 万元购买了赝品与相关“证书”（标价 50 万元），将其给予国家工作人员的，即使国家工作人员误以为是真品，也只能认定受贿数额为 2 万元。对此应当没有疑问。再如，请托人乙事先受骗，误将赝品当做真品花 50 万元而购买，然后将赝品与相关“证书”（标价 50 万元）给予国家工作人员。案发后查明是赝品，经鉴定仅值 2 万元。对此可能存在不同观点：（1）认定受贿数额为 2 万元；（2）认定受贿数额为 50 万元；（3）不计算数额，仅按情节轻重

[72] 《贪污贿赂案件解释》第 17 条规定：“国家工作人员利用职务上的便利，收受他人财物，为他人谋取利益，同时构成受贿罪和刑法分则第三章第三节、第九章规定的渎职犯罪的，除刑法另有规定外，以受贿罪和渎职犯罪数罪并罚。”

[73] 参见［日］西田典之：《刑法各论》，弘文堂 2012 年第 6 版，第 503 页。

[74] 如果其他方面的情节具有意义，也可能根据情节轻重选择法定刑。但应注意的是，不能将没有责任的不法事实认定为情节严重或者特别严重。

处理。本书倾向于第三种观点,并且应当认定为受贿既遂。

对于“退还”后再索取或者收受的情形,需要具体判断。国家工作人员收受请托人 20 万元现金后,因为担心被查处而悉数退还,后来认为风声已过,又向请托人索回已退还的 20 万元的,是认定为受贿 20 万元还是 40 万元？在这种场合,可以肯定的是,前一次收受 20 万元现金的行为已经既遂。问题在于后一次索回是不是新的受贿行为？对此,应综合考虑对方的请托事项的多少(是否只有同一请托事项),请托事项是否已经完成(是否仍有其他请托事项),退回的财物与索回的财物是否具有同一性,在单位行贿的场合退回时的接收者与索回时的对象是否具有同一性等因素,判断后一次索回是否构成新的受贿行为。如果得出肯定结论,就应当将前后两次受贿数额相加计算(在上例中认定为 40 万元)。

国家工作人员收受财物后所获得的孳息,不应计入受贿数额。例如,开发商乙于 2014 年 1 月 10 日送给国家工作人员甲一套门面房,在还没有办理产权登记的情况下,甲便将门面房出租给他人,两年间收取 40 万元租金,两年后才将产权登记在甲的妻子名下。在这种情况下,应当以 2014 时 1 月 10 日时门面房的实际价值计算甲的受贿数额,40 万租金不计入受贿数额,但应追缴。但是,如果当时由于各种原因不能出卖门面房,乙于 2014 年 1 月 10 日将门面房“借给”甲用于出租,在甲收取 40 万元租金后,乙为了谋取不正当利益将该门面房送给甲并办理产权登记的,则应将 40 万元租金与产权登记时的门面房价值的总和作为受贿数额。

受贿罪也会存在共同正犯的情形。在共同正犯的场合,行为人必须对所有的受贿数额承担责任,而不是仅对自己实际分得的数额承担责任。例如,国有银行分管贷款的副行长与负责贷款的处长共谋,索取借款人 30 万元好处费,各人分得 15 万元。二人的受贿数额均为 30 万元。

(十二)受贿罪的处罚

根据刑法第 386 条与第 383 条的规定,对于受贿罪,根据情节轻重,分别依照下列规定处罚:

1. 受贿数额较大或者有其他较重情节的,处 3 年以下有期徒刑或者拘役,并处罚金。行为人在提起公诉前如实供述自己罪行、真诚悔罪、积极退赃,〔75〕避免、减少损害结果的发生的,可以从轻、减轻或者免除处罚。〔76〕 根据《贪污贿赂案件解释》第 1 条的规定,受贿数额在 3 万元以上不满 20 万元的,应当认定为“数额较大”。受贿数额在 1 万元以上不满

---

〔75〕 刑法第 383 条针对贪污罪表述为“积极退赃”,但对受贿罪中的财物应分为两种情况:一是通常只能没收,不能退回给行贿人;二是在对方因勒索而交付财物又没有谋取不正当利益时,由于对方实际上是被害人,故应将财物退回被害人。问题是在应当没收的情况下行为人秘密退回给对方的,能否减轻或者免除处罚？本书持否定回答。因为这种行为往往只是担心罪行败露而采取的措施,不能表明行为人有悔改表现。

〔76〕《刑法修正案(九)》关于贪污、受贿罪法定刑的修改,以及司法解释关于贪污、受贿数额的规定,对正在审理中的贪污、受贿案件产生了追诉时效的问题。例如,甲于 2006 年受贿 16 万元(没有其他严重情节),2015 年 3 月被检察机关立案侦查,2015 年 7 月被一审法院判处有期徒刑 11 年。甲上诉后,由于刑法修改了受贿罪的法定刑,二审法院便一直等待司法解释。二审法院在《贪污贿赂案件解释》公布后审理本案时发现了是否超过追诉时效的问题。本书认为,甲的受贿罪已超过追诉时效,不得再追诉。因为按照现行刑法以及司法解释的规定,甲受贿 16 万元的行为所适用的法定刑为 3 年以下有期徒刑或者拘役,追诉时效为 5 年,甲也不符合追诉时效的中断与延长的条件,故在检察机关立案时就已经超过了追诉时效,因而不得再追诉。当然,司法机关也不需要对甲进行国家赔偿。

3 万元,具有下列情形之一的,应当认定为有“其他较重情节”:(1)曾因贪污、受贿、挪用公款受过党纪、行政处分的;(2)曾因故意犯罪受过刑事追究的;(3)赃款赃物用于非法活动的;(4)拒不交待赃款赃物去向或者拒不配合追缴工作,致使无法追缴的;(5)造成恶劣影响或者其他严重后果的:(6)多次索贿的;(7)为他人谋取不正当利益,致使公共财产、国家和人民利益遭受损失的;(8)为他人谋取职务提拔、调整的。[77]

在共同受贿中,受贿数额不是泛指整个共同犯罪的数额,也不是指分赃数额,而是指个人应当承担责任的数额。对此,应根据共同犯罪的责任原理确定(参见本章第二节“一”)。国家工作人员出于受贿的故意,索取、收受他人财物之后,将赃款赃物用于单位公务支出或者社会捐赠的,不影响受贿罪的认定,但量刑时可以酌情考虑。

2. 受贿数额巨大或者有其他严重情节的,处 3 年以上 10 年以下有期徒刑,并处罚金或者没收财产。行为人在提起公诉前如实供述自己罪行、真诚悔罪、积极退赃,避免、减少损害结果的发生的,可以从轻处罚。根据《贪污贿赂案件解释》第 2 条的规定,受贿数额在 20 万元以上不满 300 万元的,应当认定为“数额巨大”。受贿数额在 10 万元以上不满 20 万元,具有上述 8 种情形之一的,应当认定为有“其他严重情节”。

3. 受贿数额特别巨大或者有其他特别严重情节的,处 10 年以上有期徒刑或者无期徒刑,并处罚金或者没收财产;数额特别巨大,并使国家和人民利益遭受特别重大损失的,处无期徒刑或者死刑,并处没收财产。犯受贿罪数额特别巨大,并使国家和人民利益遭受特别重大损失的,被判处死刑缓期执行的,人民法院根据犯罪情节等情况可以同时决定在其死刑缓期执行二年期满依法减为无期徒刑后,终身监禁,不得减刑、假释。行为人在提起公诉前如实供述自己罪行、真诚悔罪、积极退赃,避免、减少损害结果的发生的,可以从轻处罚。

根据《贪污贿赂案件解释》第 3 条的规定,受贿数额在 300 万元以上的,应当认定为“数额特别巨大”。受贿数额在 150 万元以上不满 300 万元,具有上述 8 种情形之一的,应当认为有“其他特别严重情节”。根据《贪污贿赂案件解释》第 4 条的规定,受贿数额特别巨大,犯罪情节特别严重、社会影响特别恶劣、给国家和人民利益造成特别重大损失的,可以判处死刑。符合上述规定的情形,但具有自首,立功,如实供述自己罪行、真诚悔罪、积极退赃,或者避免、减少损害结果的发生等情节,不是必须立即执行的,可以判处死刑缓期二年执行。对于符合判处死刑的情形,根据犯罪情节等情况可以判处死刑缓期二年执行,同时裁判决定在其死刑缓期执行二年期满依法减为无期徒刑后,终身监禁,不得减刑、假释。

对于多次受贿未经处理的,按照累计受贿数额处罚。一般认为,这里的未经处理,是指由于某种原因,既没有受过刑事处罚,也没有受过行政处理的情况。根据《贪污贿赂案件解释》第 15 条的规定,国家工作人员利用职务上的便利为请托人谋取利益前后多次收受请托人财物,受请托之前收受的财物数额在 1 万元以上的,应当一并计入受贿数额。[78]

根据“两高”2009 年 3 月 12 日《关于办理职务犯罪案件认定自首、立功等量刑情节若

---

〔77〕 按照本书的观点,其中第(1)至(4)项规定,都不是提升受贿行为不法程度的情节,不应当作为情节严重的情形。

〔78〕 其中的“1 万元以上”,应是指受请托之前收受的财物累计数额在 1 万元以上,而不是指每次收受的财物在 1 万元以上。

干问题的意见》,受贿案件中赃款赃物全部或者大部分追缴的,一般应当考虑从轻处罚。

根据《贪污贿赂案件解释》第 19 条的规定,对受贿罪判处 3 年以下有期徒刑或者拘役的,应当并处 10 万元以上 50 万元以下的罚金;判处 3 年以上 10 年以下有期徒刑的,应当并处 20 万元以上犯罪数额 2 倍以下的罚金或者没收财产;判处 10 年以上有期徒刑或者无期徒刑的,应当并处 50 万元以上犯罪数额 2 倍以下的罚金或者没收财产。

与贪污罪一样,选择受贿罪法定刑的根据不是仅有数额,而是需要同时考虑情节。需要注意的是,作为法定刑选择根据的量刑情节只能是表明不法与责任程度的情节,而不包括表明行为人特殊预防必要性大小的情节。例如,多次索取贿赂的,为他人谋取不正当利益,导致国家和人民利益遭受重大损失的,是选择法定刑所必须考虑的。在本书看来,行为人曾因受贿受到党纪、政纪处分后再受贿的,将赃款赃物用于非法活动的,以及拒不交待赃款赃物去向的,都不是表明受贿情节的事实,即不属于有责的不法事实,只是表明行为人特殊预防必要性大小的情节,只能在确定责任刑之后对预防刑的确定起作用。例外的是,当行为人受贿数额特别巨大时,如果因为行为人将赃款赃物用于非法活动,或者拒不交待赃款赃物去向,导致司法机关无法追缴赃款的,可以认定为刑法第 383 条第 1 款第 3 项的"并使国家和人民利益遭受特别重大损失"。换言之,在其他情况下,将赃款赃物用于非法活动,拒不交待赃款赃物去向等事后行为与态度,不得成为选择法定刑的根据。

二、单位受贿罪

单位受贿罪,是指国家机关、国有公司、企业、事业单位、人民团体,索取、非法收受他人财物,为他人谋取利益,情节严重的行为。行为主体为国家机关、国有公司、企业、事业单位与人民团体。行为内容为,索取、非法收受他人财物归单位所有,[79] 为他人谋取利益。与受贿罪不同,本罪对索取贿赂也要求为他人谋取利益。根据刑法规定,上述单位在经济往来中,在账外暗中收受各种名义的回扣、手续费的,以受贿论处。成立本罪还要求情节严重。根据刑法第 387 条的规定,犯本罪的,对单位判处罚金,并对其直接负责的主管人员和其他直接责任人员,处 5 年以下有期徒刑或者拘役。

三、利用影响力受贿罪

国家工作人员的近亲属或者其他与该国家工作人员关系密切的人,通过该国家工作人员职务上的行为,或者利用该国家工作人员职权或者地位形成的便利条件,通过其他国家工作人员职务上的行为,为请托人谋取不正当利益,索取请托人财物或者收受请托人财物,数额较大或者有其他较重情节的,以及离职的国家工作人员或者其近亲属以及其他与其关系密切的人,利用该离职的国家工作人员原职权或者地位形成的便利条件实施上述行为的,构成利用影响力受贿罪。以行为主体为标准,可以将本罪分为三大类:

第一大类的行为主体是国家工作人员的近亲属或者其他与国家工作人员关系密切的人;具体行为内容包括直接通过该国家工作人员职务上的行为,为请托人谋取不正当利益,索取、收受贿赂,以及通过国家工作人员对其他国家工作人员的斡旋行为,为请托人谋取不正当利益,索取、收受贿赂。由于本罪属于贿赂罪,而贿赂罪的法益是职务行为的不可收买性,所以,只有当国家工作人员至少许诺了为请托人谋取不正当利益时,才存在职务行为与财产的交换性,才能认定为贿赂罪。换言之,如果国家工作人员的近亲属或者其

---

〔79〕 索取、收受财物归国家工作人员个人所有的,成立前述受贿罪。

他与国家工作人员关系密切的人，索取或者收受了请托人的财物，但没有要求国家工作人员为请托人谋取不正当利益，或者虽然要求国家工作人员为请托人谋取不正当利益，但国家工作人员并不许诺，由于不存在职务行为与财物的交换性，不能认定为贿赂罪。如果行为符合诈骗、敲诈勒索、侵占等侵犯财产罪的犯罪构成，可以认定为侵犯财产罪。

成立这一类的利用影响力受贿罪，不要求国家工作人员对行为主体的行为内容知情。如果国家工作人员知情并许诺为请托人谋取不正当利益的，国家工作人员成立受贿罪，其近亲属或者其他与国家工作人员关系密切的人，同时触犯受贿罪与利用影响力受贿罪，从一重罪处罚。

第二大类的行为主体是离职的国家工作人员；具体行为内容包括直接利用其原职权或者地位形成的便利条件为请托人谋取不正当利益，索取、收受贿赂，以及利用原职权或者地位形成的便利条件通过对其他国家工作人员的斡旋行为，为请托人谋取不正当利益，索取、收受贿赂。这一类利用影响力受贿罪，表现为财物与离职的国家工作人员的原职权或者地位的交换关系。只要离职的国家工作人员许诺为请托人谋取不正当利益，即可成立犯罪。

成立这一类型的利用影响力受贿罪，不要求国家工作人员对行为主体的行为内容知情。如果国家工作人员知情并许诺为请托人谋取不正当利益的，国家工作人员成立受贿罪，离职的国家工作人员同时触犯受贿罪与利用影响力受贿罪，从一重罪论处。

第三大类的行为主体是离职的国家工作人员的近亲属或者其他与离职的国家工作人员关系密切的人；具体行为内容包括直接通过该离职的国家工作人员原职权或者地位，为请托人谋取不正当利益，索取、收受贿赂，以及通过该离职的国家工作人员对其他国家工作人员的斡旋行为，为请托人谋取不正当利益，索取、收受贿赂。问题是，这一类利用影响力受贿罪，是财物与离职的国家工作人员的原职权或者地位的交换关系，还是财物与在职的国家工作人员职务行为的交换关系？如果认为是前者，则成立犯罪的条件与第二大类相同，亦即，只要离职的国家工作人员许诺为请托人谋取不正当利益即可；如果认为是后者，则成立犯罪的条件与第一大类相同，亦即，需要在职的国家工作人员许诺为请托人谋取不正当利益。考虑到我国的现实状况与法条表述，本书倾向于采取前一主张。

成立这一类型的利用影响力受贿罪，不要求离职的国家工作人员对行为主体的行为内容知情。如果离职的国家工作人员知情并许诺为请托人谋取不正当利益的，行为主体与离职的国家工作人员成立利用影响力受贿罪的共同犯罪。

上述"近亲属"的范围容易确定，关键是如何确定有密切关系的人。一般来说，有密切关系的人，是指与国家工作人员或者离职的国家工作人员具有共同利益关系的人，其中的共同利益不仅包括物质利益，而且包括其他方面的利益。例如，情人关系、恋人关系、前妻前夫关系、密切的上下级关系（如国家工作人员的秘书、司机等）、密切的姻亲或血亲关系等。但是，"与国家工作人员关系密切的人"不等于"与国家工作人员关系好的人"，而是指由于某种原因国家工作人员容易为其不正当行使职权的人，如基于偶然原因掌握国家工作人员隐私的人，也属于"与国家工作人员关系密切的人"。事实上，哪些人属于与国家工作人员关系密切的人，并不需要司法机关特别明确界定，而是由本罪的行为主体与国家工作人员的关系决定的。换言之，客观上能够通过国家工作人员职务上的行为，或者利用国家工作人员职权或者地位形成的便利条件，通过其他国家工作人员职务上的行为，为请托人谋取不正当利益的人,基本上都是与国家工作人员有密切关系的人。与离职的国家工作人员有密切关系的人,也是如此。

根据刑法第388条之一的规定,犯本罪的,处3年以下有期徒刑或者拘役,并处罚金;数额巨大或者有其他严重情节的,处3年以上7年以下有期徒刑,并处罚金;数额特别巨大或者有其他特别严重情节的,处7年以上有期徒刑,并处罚金或者没收财产。根据《贪污贿赂案件解释》第10条的规定,利用影响力受贿罪的定罪量刑适用标准,参照该解释关于受贿罪的规定执行。

四、行贿罪

(一)行贿罪的概念与犯罪构成

行贿罪,是指为谋取不正当利益,给予国家工作人员以财物的行为。

构成要件的内容为,给予国家工作人员以财物。主要表现为以下几种情形:(1)为了利用国家工作人员的职务行为(包括利用国家工作人员的斡旋行为),主动给予国家工作人员以财物(包括向斡旋受贿者给予财物)。(2)在有求于国家工作人员的职务行为时,由于国家工作人员的索取而给予国家工作人员以财物。(3)与国家工作人员约定,以满足自己的要求为条件给予国家工作人员以财物。(4)在国家工作人员利用职务上的便利为自己谋取利益时或者为自己谋取利益之后,给予国家工作人员以财物,作为职务行为的报酬。

将"为谋取不正当利益"解释为主观要素,可以将前三种行为认定为行贿罪,却将第四种行为排除在行贿罪之外;如果认为"为谋取不正当利益"既可能是主观要素(相对于上述前三种情形)也可能是客观要素(相对于上述第四种情形),那么,第四种行为也可能构成行贿罪。所以,实质的问题在于:第四种行为是否具有值得科处刑罚的法益侵害性。本书倾向于肯定回答。司法实践中,对于获取了不正当利益的人,事后向国家工作人员行贿的,也会以行贿罪论处。[80]

"给予国家工作人员以财物",意味着给予国家工作人员以不正当的报酬,或者说,将财物作为国家工作人员已经、正在、将要或者许诺实施的职务行为的对价,使国家工作人员接受。"给予国家工作人员以财物",既可能表现为直接将财物交付给国家工作人员,也可能表现为通过第三者(不管是否知情)将财物交付给国家工作人员;既可以是直接将财物交付给国家工作人员本人,也可以是将财物交付给国家工作人员的亲属或者国家工作人员指定的第三者。例如,甲向国家工作人员乙请托不正当事项,乙谎称请托事项需要第三者丙(非国家工作人员)的参与才能完成,并要求甲送给丙10万元。其实,丙是乙的朋友,10万元由丙占有。甲的行为依然成立行贿罪。

行贿罪的责任形式为故意,行为人明知自己给予国家工作人员以财物的行为侵害了国家工作人员职务行为的不可收买性,并且希望或者放任这种结果的发生。在没有获取不正当利益时行贿的,必须"为了谋取不正当利益"。根据"两高"1999年3月4日《关于在办理受贿犯罪大要案的同时要严肃查处严重行贿犯罪分子的通知》,"谋取不正当利益"是指谋取违反法律、法规、国家政策和国务院各部门规章规定的利益,以及要求国家工作人员或者有关单位提供违反法律、法规、国家政策和国务院各部门规章规定的帮助或

---

〔80〕 参见张明楷:《刑法分则的解释原理》(上),中国人民大学出版社2011年第2版,第394页。

者方便条件。根据“两高”2008 年 11 月 20 日《关于办理商业贿赂刑事案件适用法律若干问题的意见》,在行贿犯罪中,“谋取不正当利益”,是指行贿人谋取违反法律、法规、规章或者政策规定的利益,或者要求对方违反法律、法规、规章、政策、行业规范的规定提供帮助或者方便条件。在招标投标、政府采购等商业活动中,违背公平原则,给予相关人员财物以谋取竞争优势的,属于“谋取不正当利益”。“两高”2012 年 12 月 26 日《关于办理行贿刑事案件具体应用法律若干问题的解释》(以下简称《行贿案件解释》)规定:“行贿犯罪中的‘谋取不正当利益’,是指行贿人谋取的利益违反法律、法规、规章、政策规定,或者要求国家工作人员违反法律、法规、规章、政策、行业规范的规定,为自己提供帮助或者方便条件。”“违背公平、公正原则,在经济、组织人事管理等活动中,谋取竞争优势的,应当认定为‘谋取不正当利益’。”不难看出,司法解释逐渐扩大了“谋取不正当利益”的范围。其实,行为人为了谋取正当利益,给予国家工作人员以财物的行为,也属于一种钱权交易行为。国外刑法以及旧中国刑法均未要求行贿罪出于“为谋取不正当利益”的目的。现行刑法的规定本来就缩小了行贿罪的处罚范围,如果再对“谋取不正当利益”作限制解释,则不当缩小了处罚范围。因此,本书认为,谋取任何性质、任何形式的不正当利益都属于“谋取不正当利益”。例如,行贿人虽然符合晋级、晋升的条件,但为了使自己优于他人晋级、晋升,而给予有关国家工作人员以财物的,应认定为行贿罪。再如,国家工作人员乙要为国有事业单位购买 50 台电脑,与商店店主甲商谈。甲既不想降低价格,又希望乙购买本商店的电脑,便向乙支付回扣。如果进行抽象的判断,会认为甲是为了谋取正当利益而给付回扣,不构成行贿罪。但是,在乙可能不购买甲的电脑、可能以较低的价格购买其他商店的电脑的情况下,甲使乙决定以较高的价格购买本商店的电脑,就是一种不正当利益,应认定为行贿罪。至于行为人实际上是否因行贿谋取了不正当利益,则不影响行贿罪的成立。此外,为了谋取不正当利益而给予国家工作人员以财物时,即使具有事后索回财物的意思,也不影响行贿罪的成立。[81]

应当注意的是,“为谋取不正当利益”并非一个纯主观的想法,还要求行为人所谋取的利益在客观上具有不正当性。换言之,虽然“为谋取不正当利益”是一个主观要素,但利益是否正当,则需要进行客观的判断。如果客观上属于正当利益(即按照法律、法规、政策等判断属于正当利益),而行为人误以为是不正当利益的,不能认定为行贿罪。例如,某企业原本应当获得国家的某项补贴,但企业负责人甲不知情,于是以“谋取不正当补贴”的心理向有关国家机关负责人乙提出要求,并送给乙 5 万元现金。乙随后发现,甲的企业完全符合获得补贴的条件。甲的行为不符合行贿罪的主观要素,故不成立行贿罪。

刑法虽然没有将数额较大规定为行贿罪的构成要件要素,但根据《贪污贿赂案件解释》第 7 条的规定,为谋取不正当利益,向国家工作人员行贿,数额在 3 万元以上的,应当以行贿罪追究刑事责任。行贿数额在 1 万元以上不满 3 万元,具有下列情形之一的,应当以行贿罪追究刑事责任:(1)向三人以上行贿的;(2)将违法所得用于行贿的;(3)通过行贿谋取职务提拔、调整的;(4)向负有食品、药品、安全生产、环境保护等监督管理职责的

---

〔81〕 甲为了获取某项工程,向国家工作人员乙交付 20 万元,打算获取工程后再索回。乙收受 20 万元后,将工程交给甲。甲完工后,以告发相要挟,要求乙退回 20 万元。乙担心甲告发,将贿赂款退还给甲。乙的行为构成受贿罪没有疑问。甲的行为不仅成立行贿罪,而且另成立敲诈勒索罪。

国家工作人员行贿,实施非法活动的;(5)向司法工作人员行贿,影响司法公正的;(6)造成经济损失数额在50万元以上不满100万元的。多次行贿未经处理的,按照累计行贿数额处罚。

(二)行贿罪的认定

1. 正确处理行贿罪与受贿罪的关系。行贿罪与受贿罪属于对向犯,在通常情况下,行贿方与受贿方的行为均成立犯罪。因此,司法机关不能仅处罚其中一方。不能因为受贿行为的法益侵害程度严重,就不认定行贿罪;也不能因为行贿方配合司法机关追查受贿行为而如实交待了行贿事实,就将行贿行为认定为无罪。但另一方面,这并不意味着一方行为成立犯罪时另一方行为也必然成立犯罪,换言之,仅一方的行为成立犯罪的现象是大量存在的。例如,后述因被勒索给予财物,没有获得不正当利益的,不是行贿;但国家工作人员的行为仍然是索取贿赂。再如,为了谋取正当利益而给予国家工作人员以财物的,不是行贿;但国家工作人员接受财物的行为成立受贿罪。又如,为了谋取不正当利益而给予国家工作人员以财物的,构成行贿罪;但国家工作人员没有接受贿赂的故意,立即将财物送交有关部门处理的,不构成受贿罪。

2. 正确理解刑法第389条第2款的规定。刑法第389条第2款规定:"在经济往来中,违反国家规定,给予国家工作人员以财物,数额较大的,或者违反国家规定,给予国家工作人员以各种名义的回扣、手续费的,以行贿论处。"有疑问的是,适用本款规定时是否要求"为谋取不正当利益"?这涉及本款的性质问题。本书认为,本款规定属于注意规定,而非法律拟制。

首先,虽然国外刑法以及旧中国刑法都没有将"为谋取不正当利益"作为行贿犯罪的主观要素,但我国现行刑法考虑到许多制度不健全、国民普遍"办事难"等具体情况,也为了缩小处罚范围,将"为谋取不正当利益"规定为行贿犯罪的主观要素。可是,发生在经济往来中的行贿,其危害性并不必然大于(甚至很可能小于)发生在其他领域的行贿的危害性。既然发生在其他领域的行贿犯罪要求"为谋取不正当利益",就没有理由对发生在经济往来中的行贿犯罪取消"为谋取不正当利益"的要求。例如,与为了不当获取官职而行贿相比,在经济往来中给予回扣的行为的危害性要小得多。既然如此,就应要求发生在经济往来中的行贿犯罪以"为谋取不正当利益"为主观要素。

其次,刑法第391条规定:"为谋取不正当利益,给予国家机关、国有公司、企业、事业单位、人民团体以财物的,或者在经济往来中,违反国家规定,给予各种名义的回扣、手续费的,处三年以下有期徒刑或者拘役,并处罚金。"对本条进行文理解释,可以得出"为谋取不正当利益",既是"给予国家机关、国有公司、企业、事业单位、人民团体以财物"进而构成对单位行贿罪的主观要素,又是"在经济往来中,违反国家规定,给予各种名义的回扣、手续费"进而构成对单位行贿罪的主观要素。难以认为,第391条罪状的前半部分是关于对单位行贿罪的典型构成要件的规定,后半部分是关于对单位行贿罪的法律拟制规定。这也能够间接说明刑法第389条第2款只是注意规定,而非法律拟制。

由于刑法第389条第2款只是注意规定,而注意规定并不改变基本规定(如刑法第389条第1款)的内容,只是对相关规定内容的重申,即使不设置注意规定,也存在相应的法律适用根据(按基本规定处理),所以,在经济往来中,违反国家规定给予国家工作人员以财物,或者违反国家规定给予国家工作人员各种名义的回扣、手续费,因而构成行贿罪的,以“为谋取不正当利益”为前提。

3. 正确理解和适用刑法第389条第3款。刑法第389条第3款规定:“因被勒索给予国家工作人员以财物,没有获得不正当利益的,不是行贿。”首先,其中的“勒索”就是指受贿罪中的索取,不应当在索取的基础上另外附加其他条件。其次,没有获取不正当利益,是指没有获得由实施勒索行为的国家工作人员利用职务所谋取的不正当利益,而不是指没有获取任何利益。一方面,获得正当利益的,当然不是行贿。另一方面,虽然获得了不正当利益,但不正当利益的获得与实施勒索行为的国家工作人员的职务行为没有关系的,也不是行贿。最后,应当以案发时间为基准认定行为人是否获得不正当利益;如果在案发后获得了不正当利益的,对行为人不应当以行贿罪论处。不难看出,上述规定实际上将行贿罪分为两种类型:(1)主动与国家工作人员约定贿赂或者主动向国家工作人员交付贿赂的,不管客观上是否谋取不正当利益,均成立行贿罪。(2)被国家工作人员索取财物的,只有客观上获得不正当利益的,才成立行贿罪。[82] 在后一种情况下,行为人虽然是被勒索或者被索取,但依然符合“给予国家工作人员以财物”的要件。又由于行为人客观上获得了不正当利益,使得行为人给予的财物与国家工作人员职务行为的对价性更为明显,因而值得科处刑罚。

一般来说,受贿人索取财物时,行贿人属于被索取。但是,由于案件事实需要证据材料证明,所以,总是存在事实存疑的情形。换言之,完全可能存在如下情形:在一个对向性案件中,对于受贿人而言,由于认定索取财物的证据不足,只能认定为收受财物;与此同时,对于行贿人而言,由于认定主动行贿的证据不足,或者说不能否认行贿人被索贿,因而只能认定为被索取或者被勒索。这样的认定并不矛盾,因为在贿赂案件中,对于受贿人与行贿人都必须贯彻事实存疑时有利于被告人的原则。在对双方都做出有利认定时,当然会得出受贿人收受财物、行贿人被索取财物的合理结论。

4. 正确认定行贿罪的既遂与未遂。为谋取不正当利益给予国家工作人员以财物,国家工作人员客观上接收(占有)了财物时,如财物已经放在国家工作人员家里或者办公室,财物已经转移至国家工作人员或者其亲属控制之下,行贿罪便既遂。即便国家工作人员事后退回财物或者及时上交,也不影响行贿罪既遂。换言之,即使国家工作人员不成立受贿罪或者受贿未遂,也不影响行贿罪既遂的认定。因为行贿罪的既遂标准是根据行贿罪的构成要件确定的,而不是根据受贿罪的构成要件确定的。但是,如果行为人是在被检察机关控制下向国家工作人员交付财物的,不能认定为行贿既遂,甚至有可能成立行贿的不能犯。

5. 正确认定行贿的共犯。在由第三者向国家工作人员交付财物时,第三者不知情的,当然不成立行贿罪的共犯;第三者知情的,则成立行贿罪的共同犯罪。在认定行贿罪的共同犯罪时,不能简单地根据财物的来源判断主从犯。在本书看来,当甲为了谋取不正当利益,而将财物交付给乙,再由乙将财物交付给国家工作人员时,甲、乙可以成立行贿罪的共同正犯,而不能一概认为乙是行贿的帮助犯或者从犯。

6. 正确认定行贿罪的罪数。行贿人反复要求国家工作人员接受自己给予的财物的,仅成立行贿罪,不同时成立受贿罪的教唆犯。但是,行为人不仅自己向国家工作人员行

---

〔82〕 就这种类型的行贿罪而言,“谋取不正当利益”不仅是主观要素,而且是客观要素。

贿,而且劝说国家工作人员接受第三者给予的财物的,则成立行贿罪与受贿罪的共犯,实行数罪并罚。行贿人谋取不正当利益的行为构成犯罪的,应当与行贿犯罪实行数罪并罚。例如,个体企业老板甲请国有供电所抄表员乙帮忙,让后者从其负责的电表箱中牵出一根电线为企业免费供电,并送给乙3万元现金,于是,乙为甲的企业安装了一根电线。至案发时,甲的企业窃电量价值30万元。对甲的行为应以行贿罪与盗窃罪实行数罪并罚。[83]但是,有两点值得注意:(1)不得进行重复评价,当行贿犯罪与其他犯罪由一个行为所触犯时,只能认定为想象竞合。例如,行贿人为了谋取不正当利益,必然向国家工作人员表达请托事项,不能将请托事项的表达认定为独立的教唆犯罪,即使构成教唆犯罪,也应当认定为想象竞合。(2)就未经行政许可而构成犯罪的行政犯而言,行贿人通过行贿取得许可后从事相应行为的,不得另认定为犯罪。例如,甲通过行贿获得了专营、专卖物品的经营权,然后经营专营、专卖物品的,只成立行贿罪,不另成立非法经营罪。[84] 再如,A通过行贿获得了医生执业资格后从事行医活动,只成立行贿罪,不另成立非法行医罪。还如,张三通过行贿获准超额购买爆炸物品用于生产活动的,也仅成立行贿罪,而不另成立非法买卖爆炸物罪。

(三)行贿罪的处罚

根据刑法第390条第1款的规定,犯行贿罪的,处5年以下有期徒刑或者拘役,并处罚金;因行贿谋取不正当利益,情节严重的,或者使国家利益遭受重大损失的,处5年以上10年以下有期徒刑,并处罚金;情节特别严重的,或者使国家利益遭受特别重大损失的,处10年以上有期徒刑或者无期徒刑,并处罚金或者没收财产。

《贪污贿赂案件解释》第8条规定,具有下列情形之一的,应当认定为“情节严重”:(1)行贿数额在100万元以上不满500万元的;(2)行贿数额在50万元以上不满100万元,并具有下列五种情形之一的:向三人以上行贿的,将违法所得用于行贿的,通过行贿谋取职务提拔、调整的,向负有食品、药品、安全生产、环境保护等监督管理职责的国家工作人员行贿,实施非法活动的,向司法工作人员行贿,影响司法公正的;(3)其他严重的情节。为谋取不正当利益,向国家工作人员行贿,造成经济损失数额在100万元以上不满500万元的,应当认定为“使国家利益遭受重大损失”。犯行贿罪,具有下列情形之一的,应当认定为“情节特别严重”:(1)行贿数额在500万元以上的;(2)行贿数额在250万元以上不满500万元,并具有上述五种情形之一的;(3)其他特别严重的情节。为谋取不正当利益,向国家工作人员行贿,造成经济损失数额在500万元以上的,应当认定为“使国家利益遭受特别重大损失”。

本书对上述解释存在疑问。从刑法第390条第1款的表述可以清楚地看出,“情节严重”是指“因行贿谋取不正当利益”的情节严重,[85]而不是指任何情节严重;从逻辑关系来看,“情节特别严重”也是指“因行贿谋取不正当利益”的情节特别严重。从法条将“情节严重”与“使国家利益遭受重大损失”,“情节特别严重”与“使国家利益遭受特别重大

---

〔83〕 对乙的行为也应按受贿罪与贪污罪(或盗窃罪)实行数罪并罚(贪污罪与盗窃罪是竞合关系,要根据具体案情与量刑规则判断二者是法条竞合还是想象竞合)。

〔84〕 但是,行为人通过行贿获得药品经营许可后,销售假药、劣药的,应按行贿罪与销售假药罪、销售劣药罪实行数罪并罚。

〔85〕 这里的“因行贿谋取不正当利益”显然不是指主观要素,而是指客观事实。

损失”分别作为选择性要素来看，也能说明这一点。既然如此，就不能根据行贿数额决定法定刑的选择，只能根据谋取不正当利益的情节是否严重或者特别严重，以及使国家利益遭受损失的程度，决定法定刑的选择。例如，行贿数额虽然在 100 万元乃至 1000 万元以上，但没有其他方面的严重情节，也没有使国家利益遭受重大损失的，只能适用最低档法定刑。

根据刑法第 390 条第 2 款的规定，行贿人在被追诉前主动交待行贿行为的，可以从轻或者减轻处罚。其中，犯罪较轻的，对侦破重大案件起关键作用的，或者有重大立功表现的，可以减轻或者免除处罚。[86]“被追诉前”，是指检察机关对行贿人的行贿行为刑事立案前。

《贪污贿赂案件解释》第 14 条规定，根据行贿犯罪的事实、情节，可能被判处 3 年有期徒刑以下刑罚的，可以认定为“犯罪较轻”。根据犯罪的事实、情节，已经或者可能被判处 10 年有期徒刑以上刑罚的，或者案件在本省、自治区、直辖市或者全国范围内有较大影响的，可以认定为“重大案件”。具有下列情形之一的，可以认定为“对侦破重大案件起关键作用”：(1)主动交待办案机关未掌握的重大案件线索的；(2)主动交待的犯罪线索不属于重大案件的线索，但该线索对于重大案件侦破有重要作用的；(3)主动交待行贿事实，对于重大案件的证据收集有重要作用的；(4)主动交待行贿事实，对于重大案件的追逃、追赃有重要作用的。

五、对有影响力的人行贿罪

本罪是指自然人或者单位为谋取不正当利益，向国家工作人员的近亲属或者其他与该国家工作人员关系密切的人，或者向离职的国家工作人员或者其近亲属以及其他与其关系密切的人行贿的行为。本罪与利用影响力受贿罪是对向关系。

本罪的特点是，行为人为了利用（包括离职的）国家工作人员的近亲属等特定关系人的影响力，而给予其财物。由于这些特定关系人与国家工作人员具有密切关系，所以，需

---

〔86〕 刑法第 390 条原本规定：“行贿人在被追诉前主动交待行贿行为的，可以减轻处罚或者免除处罚。”但《刑法修正案（九）》对行贿人减轻处罚或者免除处罚作了从严规定。在本书看来，试图通过对行贿罪的严厉打击来遏制受贿犯罪，是刑事政策上的重大失误。由于贿赂双方的行为都构成犯罪，故任何一方都不希望东窗事发，导致行贿人与受贿人之间自然而然地形成了一种相互“信任”关系：对方不会告发我，否则对方也会受到刑罚处罚；我也不会告发对方，否则我也会受到刑事追究。只要犯罪人之间形成了这种相互信任关系，案件往往就石沉大海，而不会露出水面。这种局面，不仅导致贿赂案件难以侦破，而且导致受贿者肆无忌惮，贿赂犯罪愈演愈烈。如果采取某种立法措施，使行贿人与受贿人之间的信任关系不复存在，至少有一方面主动检举、交待贿赂犯罪事实，那么，就可能收到较好的效果。而要使行贿人与受贿人不存在信任关系，就需要将行贿人与受贿人置于囚徒困境。倘若刑法规定，行贿人在被追诉前主动交待行贿行为的，免予追究刑事责任，那么，行贿人就不会心有余悸，受贿人与行贿人之间的信任关系当不复存在，行贿人随时可能在被追诉前主动交待贿赂事实。于是，受贿人会担心自己索取、收受贿赂后，行贿人会主动交待，因而不敢受贿。或许有人认为，这样一来会出现人人都敢于行贿，反而会导致受贿增加。其实也不会。因为当国家工作人员不敢或者不会受贿时，行贿人的行贿依然成立行贿罪，此时，行贿人也会担心“对方是否想到我主动告发而不敢收受，反而告发我的行贿犯罪?”这种担心必然使得行贿人不敢轻举妄动。置贿赂者于囚徒困境后，便会形成如下局面：受贿人担心行贿人在案发前主动如实交待行贿事实，而不敢受贿；行贿人担心受贿人不接受贿赂而使自己成为犯罪人因而不敢行贿；行贿人在行贿后也会担心受贿人依法处理贿赂而使自己承担刑事责任而主动交待行贿事实。双方为了自己的利益而形成了相互不信任的局面。因为不存在信任关系，一方面，受贿人不敢受贿、行贿人不敢行贿，于是可以在很大程度上遏制贿赂犯罪；另一方面，已经发生的贿赂案件，因为行贿人勇于主动交待，便使得贿赂暗数大大降低。贿赂暗数降低意味着贿赂受刑事追究的概率提高；这一概率的提高，又利于实现对贿赂犯罪的一般预防。

要正确处理本罪与行贿罪的关系。行为人将财物交付给特定关系人,特定关系人仅成立利用影响力受贿罪,国家工作人员不成立受贿罪时,行为人成立对有影响力的人行贿罪。行为人将财物交付给特定关系人,特定关系人虽然与国家工作人员构成受贿罪的共犯,但行为人没有认识到该受贿共犯事实时,行为人仍然成立对有影响力的人行贿罪。反之,行为人将财物交付给特定关系人,但特定关系人与国家工作人员构成受贿罪的共犯,行为人也明知该受贿共犯事实时,不管财物最终是否由国家工作人员占有,行为人均成立行贿罪。

犯本罪的,根据刑法第 390 条之一的规定处罚。根据《贪污贿赂案件解释》第 10 条的规定,对有影响力的人行贿罪的定罪量刑适用标准,参照该解释关于行贿罪的规定执行。单位对有影响力的人行贿数额在 20 万元以上的,应当以对有影响力的人行贿罪追究刑事责任。

六、对单位行贿罪

对单位行贿罪,是指个人或者单位为谋取不正当利益,给予国家机关、国有公司、企业、事业单位、人民团体以财物,或者在经济往来中,违反国家规定,给予各种名义的回扣、手续费的行为。被认定为单位犯罪的,必须是为单位谋取不正当利益,因行贿取得的利益必须归单位所有;如果为了个人利益而以单位名义行贿,或者因行贿取得的利益归个人所有,则应认定为自然人犯罪。根据立案标准,涉嫌对单位行贿,有下列情形之一的,应予立案:(1)个人行贿数额在 10 万元以上、单位行贿数额在 20 万元以上的;(2)个人行贿数额不满 10 万元、单位行贿数额在 10 万元以上不满 20 万元,但具有下列情形之一的:为谋取非法利益而行贿的;向 3 个以上单位行贿的;向党政机关、司法机关、行政执法机关行贿的;致使国家或者社会利益遭受重大损失的。根据刑法第 391 条的规定,自然人犯本罪的,处 3 年以下有期徒刑或者拘役,并处罚金;单位犯本罪的,对单位判处罚金,并对其直接负责的主管人员和其他直接责任人员,依照上述规定处罚。

七、单位行贿罪

单位行贿罪,是指单位为谋取不正当利益而给予国家工作人员以财物,或者违反国家规定,给予国家工作人员以回扣、手续费,情节严重的行为。根据立案标准,涉嫌单位行贿,有下列情形之一的,应予立案:(1)单位行贿数额在 20 万元以上的;(2)单位为谋取不正当利益而行贿,数额在 10 万元以上不满 20 万元,但具有下列情形之一的:为谋取非法利益而行贿的;向 3 人以上行贿的;向党政领导、司法工作人员、行政执法人员行贿的;致使国家或者社会利益遭受重大损失的。

单位行贿罪与行贿罪的法定刑相差较大,需要合理区分。根据刑法第 393 条的规定,在形式上是单位行贿的情况下,如果因行贿取得的违法所得归个人所有的,应以行贿罪论处,而不认定为单位行贿罪。这里的“归个人所有”,是指归个别人、少数人(不限于单位成员)所有;倘若归本单位全体个人所有(如集体私分)的,仍应认定为单位行贿罪。不难看出,刑法是根据因行贿取得的利益归属区分单位行贿罪与行贿罪的。据此,私营企业的负责人为了给企业谋取不正当利益,而将个人的财物作为贿赂交付给国家工作人员的,宜认定为单位行贿罪。反之,单位负责人为了谋取个人利益,而将单位财物作为贿赂交付给国家工作人员的,除成立行贿罪之外,还对单位财物成立财产犯罪(或者贪污罪),应当实行数罪并罚。但是,有些案件比较复杂,需要进行综合判断。例如,甲公司请自然人乙帮忙向国家工作人员丙请托将重要工程交给甲单位承建,并向乙承诺,若中标将按工程造价的1.8%给予乙好处费。乙为了得到好处费而向丙说情,并将自己所有的价值100万元的新车送给丙(甲公司不知情)。乙不仅是为甲公司谋利益,而且同时是为自己谋取利益,其行为构成行贿罪,而不是单位行贿罪。[87]

在单位行贿的情况下,还涉及是哪一个单位行贿的问题。例如,甲既是A上市公司的负责人,也是B私营企业的负责人。甲为了A公司的利益,用B企业的现金向国家工作人员乙行贿(因为A公司的财务正规,不能套取现金行贿)。构成单位行贿罪的主体是A公司还是B企业?对此,不能简单地以因行贿而获得的利益归属得出结论,需要综合相关事实并按照单位犯罪的成立条件进行判断。换言之,利益归属只是一个事实,还需要考虑财物的来源以及行为人是基于什么身份做出的决定(能否认定为单位行为)。在上例中,如果行为内容是甲一个人决定的,而不是A公司集体研究决定的,就不可能是A公司的单位行为。但由于B企业是私营企业,即便是甲一个人决定的,也可以认定为单位行为。况且,单位行贿罪中的"为谋取不正当利益"也包括为其他单位谋取不正当利益,而不限于为本单位谋取不正当利益。所以,应当认为上例中的B企业是单位行贿罪的主体。反之,如果是A公司的领导集体研究决定,借用B企业的现金向乙行贿,则应认定为A公司是单位行贿罪的主体。

根据刑法第393条的规定,犯本罪的,对单位判处罚金,并对其直接负责的主管人员和其他直接责任人员,处5年以下有期徒刑或者拘役,并处罚金。

八、介绍贿赂罪

(一)介绍贿赂罪的概念与犯罪构成

介绍贿赂罪,是指向国家工作人员介绍贿赂,情节严重的行为。

一般认为,本罪的构成要件是,在行贿人与国家工作人员之间进行引见、勾通、撮合,促使行贿与受贿得以实现。但应注意的是,如果是向非国家工作人员(如集体性质的公司、企业的工作人员)介绍贿赂或者向单位介绍贿赂,则不成立介绍贿赂罪。即介绍贿赂罪所介绍的受贿一方必须是国家工作人员,行贿方则无任何限定。责任形式为故意,行为人认识到自己介绍贿赂的行为,在促成以权换利的不正当交易,并希望或者放任这种交易的实现。至于行为人出于何种动机,是否因介绍贿赂而从行贿方或者受贿方得到某种利益,则不影响本罪的成立。此外,成立本罪还要求情节严重。

(二)介绍贿赂罪与受贿罪、行贿罪的共犯的关系

我国新旧刑法在规定了行贿罪、受贿罪的同时,都规定了介绍贿赂罪,这便带来如下问题:即介绍贿赂罪与受贿罪、行贿罪的共犯如何区分?而且,介绍贿赂罪的法定最高刑为3年有期徒刑,而行贿罪与受贿罪的法定最高刑分别为无期徒刑与死刑,这便使得区分二者的意义更为重要。

传统观点认为,介绍贿赂通常表现为以下两种形式:第一,受行贿人之托,为其物色行贿对象,疏通行贿渠道,引荐受贿人,转达行贿的信息,为行贿人转交贿赂物,向受贿人传达行贿人的要求。第二,按照受贿人的意图,为其寻找索贿对象,转告索贿人的要求等。但是,这两种行为分别属于行贿罪的帮助行为与受贿罪的帮助行为。从共犯原理来看,行

---

[87] 如果甲公司按承诺给予丙好处费,则成立对有影响力的人行贿罪。

为人受行贿人之托所实施的上述行为,是促成行贿得以实现的行为,其主观上当然认识到自己是在帮助行贿人实施行贿行为,成立行贿罪的帮助犯。同样,行为人按照受贿人的意图所实施的上述行为,是促成受贿得以实现的行为,其主观上也必然认识到自己是在帮助受贿人实施受贿行为,成立受贿罪的帮助犯。[88] 既然如此,就不能将上述行贿罪的帮助行为与受贿罪的帮助行为认定为介绍贿赂罪。

那么,如何处理行贿、受贿的帮助行为与介绍贿赂罪的关系?司法实践中的一种做法是,以行为人是否获得利益为标准:帮助受贿并参与分赃(实际分得受贿款物)的,成立受贿罪的共犯,帮助行贿并为了谋取自己的不正当利益的,成立行贿罪的共犯;帮助受贿但没有分赃、帮助行贿却不是为了谋取自己的不正当利益的,成立介绍贿赂罪。但从犯罪的本质来考察,便难以赞成这种做法。刑法的目的是保护法益,犯罪的本质是侵犯法益,犯罪人主观上对利益的追求、客观上所获得的利益就不是本质问题,也非重要问题。在犯罪人事实上没有获得利益的情况下,首先要考虑的是法益受侵害的事实。所以,以行为人是否分得贿赂款物为标准来区分介绍贿赂罪与受贿罪、行贿罪的共犯,是忽视犯罪本质的表现。退一步考虑,就行贿罪而言,“为谋取不正当利益”包括为自己谋取不正当利益而行贿与为他人谋取不正当利益而行贿。因此,当甲出于为自己谋取不正当利益的目的,乙出于为甲谋取不正当利益的目的,而共同实施行贿行为时,乙与甲当然成立行贿罪的共犯,而不能因为乙没有为自己谋取利益的意图,将其认定为介绍贿赂罪。就受贿而言,索取、收受他人财物是归自己占有还是归第三者占有,都表现为一种权钱交易,二者对国家工作人员职务行为的不可收买性的侵害程度,不存在差异。同样,当 A 为了索取财物归自己占有,B 为了索取财物归 A 占有而帮助 A 实施索取贿赂的行为时,B 便与 A 成立受贿罪的共犯,而不能因为 B 没有为自己索取财物的意图,而将其认定为介绍贿赂罪。

司法实践中的另一种做法是,以一般公民是否参与了国家工作人员利用职务上的便利为他人谋取利益,来区分受贿罪的共犯与介绍贿赂罪。这一区分标准也值得研究。可以肯定的是,一般公民与国家工作人员相勾结,参与了国家工作人员利用职务上的便利为他人谋取利益的行为时,当然成立受贿罪的共犯。但不能认为,一般公民没有参与国家工作人员利用职务上的便利为他人谋取利益的行为,便属于介绍贿赂罪。因为“为他人谋取利益”只要表现为许诺即可,而不要求有为他人谋取利益的实际行为与结果,那么,在国家工作人员即使没有为他人谋取利益的实际行为与结果也成立受贿罪的情况下,将是否参与了国家工作人员利用职务上的便利为他人谋取利益,作为区分受贿罪的共犯与介绍贿赂罪的标准,就会不当缩小受贿罪共犯的成立范围。

可否认为,仅站在行贿人一方为其实施帮助行为的,便是行贿罪的共犯;仅站在受贿人一方为其实施受贿的帮助行为的,就是受贿罪的共犯;同时站在双方立场或者中间立场的,则成立介绍贿赂罪呢?当然不可。因为就法益侵害的程度而言,同时站在双方立场的行为(所谓站在中间立场实际上也是站在双方立场),比只站在一方立场的行为更为严重;将这种法益侵害更为严重的犯罪反而认定为较轻的介绍贿赂罪,导致了刑法的不协调。

---

[88] 此外,刑法明文规定的罪状是“向国家工作人员介绍贿赂”,故按照国家工作人员的意图,“为其寻找索贿对象,转告索贿人的要求”等行为,也并不属于“向国家工作人员介绍贿赂”。

同样,也不能认为,当行贿与受贿既遂时,在行贿者与受贿者之间的勾通、撮合行为,成立行贿或者受贿的共犯;当行贿与受贿未遂时,在行贿者与受贿者之间的勾通、撮合行为,成立介绍贿赂罪。因为共犯的成立并不以犯罪既遂为前提,行贿与受贿的既遂与未遂,不应影响勾通、撮合行为的性质。

或许有人认为,既然法律上的介绍贿赂与行贿罪、受贿罪共犯的区别存在疑问,那么就必须朝有利于被告人的方向解释,即凡是可能成立介绍贿赂罪的,均不得认定为行贿罪、受贿罪的共犯。但本书不能同意该观点。"存疑时有利于被告"之原则只与事实之认定有关,而不适用于法律之解释;不能因为难以从法律上区分介绍贿赂罪与行贿罪、受贿罪的共犯,便一概以轻罪论处。

总之,对于帮助行贿或帮助受贿的行为,不应当认定为介绍贿赂。易言之,根据刑法分则关于行贿罪、受贿罪的规定以及刑法总则关于共同犯罪成立条件的规定,凡是行贿罪、受贿罪的帮助行为,都是行贿罪、受贿罪的共犯行为,理当分别认定为行贿罪与受贿罪,而不得以介绍贿赂罪论处。如果某行为同时对行贿、受贿起帮助作用,则属于一行为触犯数罪名,应从一重罪论处(狭义的包括一罪),也不宜以介绍贿赂罪论处。如果一个行为同时触犯行贿罪的帮助犯、受贿罪的帮助犯与介绍贿赂罪,也应当从一重罪论处(狭义的包括一罪),即以行贿罪的帮助犯或者受贿罪的帮助犯论处。

那么,对哪些行为仅以介绍贿赂罪论处呢?这的确是难以回答的问题。根据刑法的规定,只有情节严重的介绍贿赂行为,才成立本罪。而刑法之所以要求情节严重,显然是因为介绍贿赂行为本身对法益的侵犯性还没有达到值得科处刑罚的程度;否则立法者不会设置"情节严重"的规定。[89] 既然如此,对介绍贿赂行为就不应当提出过多的要素与过高的要求。所谓"向国家工作人员介绍贿赂",是指行为人明知某人欲通过行贿手段使国家工作人员通过职务行为为其谋取不正当利益,而向国家工作人员提供该信息;在此基础上,情节严重的才成立介绍贿赂罪。还有一种可能是,在行为人主动为甲疏通行贿渠道,主动向国家工作人员乙表达对方要求,旨在促成贿赂事实的情况下,甲、乙双方均没有着手实行犯罪的,对行为人可以按介绍贿赂罪论处。

(三)介绍贿赂罪的处罚

根据刑法第392条的规定,犯介绍贿赂罪的,处3年以下有期徒刑或者拘役,并处罚金。介绍贿赂人在被追诉前主动交待介绍贿赂行为的,可以减轻处罚或者免除处罚。

---

〔89〕 参见张明楷:《构成要件体系与构成要件要素》,北京大学出版社2010年版,第238页以下。

第二十六章　渎　职　罪

第一节　渎职罪概述

一、渎职罪的概念与犯罪构成

（一）渎职罪的概念与法益

渎职罪，是指国家机关工作人员利用职务上的便利或者徇私舞弊、滥用职权、玩忽职守，妨害国家机关公务的合法、公正、有效执行，损害国民对国家机关公务的客观、公正、有效执行的信赖，致使国家与人民利益遭受重大损失的行为。

刑法规定渎职罪，旨在保护国家机关公务的合法、公正、有效执行以及国民对此的信赖。国家机关的公务，是指各级国家机关执行国家职能、贯彻国家的法律、法规与政策的活动。这种活动必须具有合法性，并且应当得到公正、有效的执行。国家机关的公务由国家机关工作人员具体实施。但是，国家机关工作人员所犯的渎职罪，从内部侵犯了国家机关公务的合法、公正、有效执行以及国民对此的信赖。正因为如此，一些国家的刑法将渎职罪规定为侵犯国家法益的犯罪。但是，由于国家机关工作人员是针对人而不是针对物行使职权，所以，渎职罪最终必然侵害国民的个人法益。

（二）渎职罪的犯罪构成

1. 构成要件的内容为，国家机关工作人员，利用职务上的便利或者徇私舞弊、滥用职权、玩忽职守，致使国家和人民利益遭受重大损失的行为。

（1）行为主体是国家机关工作人员，即在国家各级立法机关、各级行政机关、各级司法机关、各级军事机关中从事公务的人员，不包括在国有公司、企业中从事公务的人员。根据全国人大常委会2002年12月28日《关于〈中华人民共和国刑法〉第九章渎职罪主体适用问题的解释》，“在依照法律、法规规定行使国家行政管理职权的组织中从事公务的人员，或者在受国家机关委托代表国家机关行使职权的组织中从事公务的人员，或者虽未列入国家机关人员编制但在国家机关中从事公务的人员，在代表国家机关行使职权时，有渎职行为，构成犯罪的，依照刑法关于渎职罪的规定追究刑事责任。”显然，行为人是否属于国家机关工作人员，不是取决于其固定身份，而是取决于从事活动的内容及其根据。例如，属于行政执法事业单位的镇财政所中按国家机关在编干部管理的工作人员，是国家机关工作人员；经人事部门任命，但为工人编制的乡（镇）工商所所长，依法履行工商行政管理职责时，属于其他依照法律从事公务的人员，是国家机关工作人员；合同制民警在依法执行公务期间，属于其他依照法律从事公务的人员，是国家机关工作人员；企业事业单位的公安机构在机构改革过程中虽尚未列入公安机关建制，其工作人员在行使侦查职责时，属于国家机关工作人员(司法工作人员);海事局负责行使国家水上安全监督和防止船舶污染及海上设施检验、航海保障的管理职权,是国家执法监督机构,海事局及其分支机构工作人员属于国家机关工作人员(参见本章第二节“二”)。

实践中,一些国有公司、企业和事业单位经合法授权从事具体的管理市场经济和社会生活的工作,拥有一定管理公共事务和社会事务的职权,这些实际行使国家行政管理职权的公司、企业和事业单位工作人员,符合渎职罪主体要求;对其实施渎职行为构成犯罪的,应当依照刑法关于渎职罪的规定追究刑事责任。[1] 此外,随着城镇建设和新农村建设逐步深入推进,村民委员会、居民委员会等基层组织协助人民政府管理社会发挥越来越重要的作用。实践中,对村民委员会、居民委员会等基层组织人员协助人民政府从事行政管理工作时,滥用职权、玩忽职守构成犯罪的,应当依照刑法关于渎职罪的规定追究刑事责任。[2]

关于渎职罪的行为主体,有五点需要说明:第一,并非任何国家机关的工作人员都可以成为任何渎职罪的主体,刑法的某些条文根据各种具体渎职罪的性质,对国家机关工作人员的范围进一步做出了限制。如徇私舞弊不征、少征税款罪的主体,必须是税务机关的工作人员。第二,故意泄露国家秘密罪、过失泄露国家秘密罪的主体可以是非国家机关工作人员。第三,对于军人违反职责的犯罪,在刑法有特别规定的情况下,应适用特别规定,不应认定为本章的渎职罪。第四,以“集体研究”形式实施的渎职犯罪,应当依照刑法分则第九章的规定追究国家机关负有责任的人员的刑事责任。对于具体执行人员,应当在综合认定其行为性质、是否提出反对意见、危害结果大小等情节的基础上决定是否追究刑事责任和应当判处的刑罚。在查办案件中,要分清渎职行为对危害后果所起的作用大小,正确区分主要责任人与次要责任人、直接责任人与间接责任人。对多因一果的有关责任人员,要分清主次,分别根据他们在造成损失结果发生过程中所起的作用,确定其罪责。对于决策者滥用职权强令、胁迫其他国家机关工作人员实施违法行为的,或者阻挠其他国家机关工作人员执法,造成重大损失的,应当区分决策者和实施人员、监管人员的责任大小,重点查处决策者的渎职犯罪;具体实施人员徇私舞弊,隐瞒事实真相,提供虚假信息,影响决策者的正确决策,造成危害后果发生的,要追究具体实施人员的责任;具体实施人员明知决策者决策错误,而不提出反对意见,或者不进行纠正、制止、查处,造成重大损失的,应当视其情节追究渎职犯罪责任;对于决策者与具体实施人员相互勾结,共同实施渎职犯罪的,应当依法一并查处。[3] 第五,一般主体可以成立渎职罪的共犯。例如,教唆司法工作人员徇私枉法的,可以构成徇私枉法罪的教唆犯。

(2)客观行为均为渎职行为。有的表现为徇私舞弊,即出于徇私动机不公正地履行职责;有的表现为滥用职权,即不合法地超越职权或者玩弄职权;有的表现为失职行为,不履行或不正确履行应当履行的职责。一些渎职行为并不是直接造成侵害结果的行为,而是表现为国家机关负责人员违法决定实施,或者指使、授意、强令或者放纵其他国家机关

---

[1] 参见最高人民检察院2012年11月15日《关于印发第二批指导性案例的通知》(检例第4号·崔某环境监管失职案)。

[2] 参见最高人民检察院2012年11月15日《关于印发第二批指导性案例的通知》(检例第5号·陈某、林某、李甲滥用职权案)。

[3] 参见最高人民检察院2008年11月6日《关于加强查办危害土地资源渎职犯罪工作的指导意见》。

工作人员违法履行职务或者不履行职务。

(3)渎职罪的结果,是对国家机关公务的合法、公正、有效执行以及国民对此的信赖的侵害,但这种结果不是有形的结果,需要进行客观、全面的判断与评价。另一方面,为了限制处罚范围,刑法条文大多将造成有形的侵害结果作为构成要件要素。[4] 例如,刑法第397条要求渎职行为"致使公共财产、国家和人民利益遭受重大损失",其中就包括了各种各样的损失,如生命、身体、财产、经济损失等。根据"两高"2012年12月7日《关于办理渎职刑事案件适用法律若干问题的解释(一)》(以下简称《渎职案件解释一》)的规定,渎职犯罪造成的"经济损失",是指立案时已经实际造成的财产损失,包括为挽回渎职犯罪所造成损失而支付的各种开支、费用等。立案后至提起公诉前持续发生的经济损失,应一并计入渎职犯罪造成的经济损失。债务人经法定程序被宣告破产,债务人潜逃、去向不明,或者因行为人的责任超过诉讼时效等,致使债权已经无法实现的,无法实现的债权部分应当认定为渎职犯罪的经济损失。渎职犯罪或者与渎职犯罪相关联的犯罪立案后,犯罪分子及其亲友自行挽回的经济损失,司法机关或者犯罪分子所在单位及其上级主管部门挽回的经济损失,或者因客观原因减少的经济损失,不予扣减,但可以作为酌定从轻处罚的情节。

(4)渎职罪的因果关系与结果归属具有自身的特点。首先,就因果关系层面来说,对滥用职权、玩忽职守等渎职罪需要采取条件说。例如,最高人民检察院2008年11月6日《关于加强查办危害土地资源渎职犯罪工作的指导意见》,就做好查办危害土地资源渎职犯罪案件工作指出:"实施人员、监管人员明知决策者决策错误,而不提出反对意见,或者不进行纠正、制止、查处,造成国家土地资源被严重破坏的,应当视其情节追究渎职犯罪责任。"显然,在这样的场合,只有采取条件说,才能认定实施人员、监管人员的行为与结果之间具有事实的因果关系。[5] 其次,从结果归属的角度来说,由于通常介入了第三者的行为,所以,需要考虑介入行为的通常性,以及国家机关工作人员对介入行为的监管职责的内容与范围。只要国家机关工作人员有义务监管第三者的介入行为,原则上就应当将介入行为造成的结果归属于国家机关工作人员的渎职行为。最后,由于渎职行为造成死亡、伤害结果时,通常并不是以杀人罪、伤害罪论处,而是以渎职罪论处,因而降低了处罚程度,所以,对渎职罪的结果归属的判断标准也会适当低于一般的杀人罪、伤害罪的结果归属的判断标准。

2. 责任形式大多为故意,少数为过失,故意与过失的具体内容因具体犯罪不同而不同。本章没有目的犯。根据本书的观点,渎职罪的故意内容,一般只要求对侵害国家机关公务的合法、公正、有效执行以及国民对此的信赖的认识与希望、放任,而不要求对为了限制处罚范围所规定的有形的侵害结果的认识与希望、放任。

(三)徇私舞弊的理解与认定

本章有12个条文使用了"徇私舞弊"一词,此外,第399条还使用了"徇私"、"徇情"

---

〔4〕 关于本章犯罪的立案标准,参见最高人民检察院2006年7月26日《关于渎职侵权犯罪案件立案标准的规定》。

〔5〕 指导性案例指出:"如果负有监管职责的国家机关工作人员没有认真履行其监管职责,从而未能有效防止危害结果发生,那么,这些对危害结果具有'原因力'的渎职行为,应认定与危害结果之间具有刑法意义上的因果关系。"参见最高人民检察院2012年11月15日《关于印发第二批指导性案例的通知》(检例第8号·杨某玩忽职守、徇私枉法、受贿案)。

概念。对徇私、舞弊的地位、性质、内容等问题的认识,从司法实践层面而言,直接涉及罪与非罪、此罪与彼罪、一罪与数罪问题;从刑法理论角度而言,直接关乎解释理念、方法以及对构成要件要素的认识等问题;深入研究渎职罪中的“徇私”、“舞弊”问题,具有重要意义。

1. 徇私舞弊是否属于构成要件要素?

第397条第2款明确将徇私舞弊规定为法定刑升格情节,其他条文均将徇私、舞弊(或徇私舞弊)表述为基本罪状的内容。从司法实践来看,将徇私、舞弊作为部分渎职罪的成立条件,确实存在一些问题:如难以查明行为人是否“徇私”,导致处罚范围不当缩小,放纵渎职犯罪;“舞弊”的规定也显得多余。但是,从刑法解释学的角度而言,在没有修改刑法条文的情况下,徇私、舞弊属于成立犯罪的要素。一方面,分则条文所规定的基本罪状,实际上是对构成要件与责任要素的描述,徇私、舞弊作为基本罪状的内容,当然属于成立犯罪的要素。另一方面,徇私、舞弊并非仅具有语感上的意义。某些条文所规定的“舞弊”还具有特定的具体内容。即使将徇私、舞弊作为成立犯罪的要素缺乏合理性,但是,解释者既不能直接宣布其为多余的要素,也不能直接删除该要素,充其量只能“将多余的解释掉”,即通过解释途径对该要素作缓和的要求,从而得出符合刑法目的的解释结论。

2. 徇私、舞弊是主观要素,还是客观的构成要件要素?

关于徇私的性质,刑法理论上存在不同观点。有人认为,徇私既是客观要素,也是主观要素(所谓“动机与行为说”)。然而,动机是一种主观的超过要素,不要求存在与之对应的客观事实;认为徇私既是客观要素,又是主观的超过要素(犯罪的动机),存在自相矛盾之嫌。有人认为,徇私是客观要素(所谓“行为说”)。可是,如果认为徇私是客观行为,获取财物或财产性利益又是徇私的重要内容,那么,凡是将徇私规定为成立犯罪的要素的渎职罪,都可能包含了受贿罪,于是必然出现轻罪包含重罪内容的局面。这是不能令人接受的。从刑法分则关于渎职罪的规定可以看出,徇私并非表明行为的客观违法性(法益侵害性)的要素,因而不宜将其归入客观要素。根据汉语的通常含义,徇私显然是一种主观内容而非客观事实。还有人认为,徇私是犯罪目的(所谓“目的说”),但这种观点会不当缩小渎职罪的处罚范围。

本书认为,徇私属于犯罪动机。渎职罪的主体是从事公务的国家机关工作人员,公务一般具有裁量性。有些裁量性事务,需要国家机关工作人员具有较高的法律素质、政策水平、技术能力,这种事务容易出现差错;有的裁量性事务,对国家机关工作人员的法律素质、政策水平、技术能力的要求则相对低一些,这种事务一般不会出现差错。分析刑法分则关于渎职罪的规定就可以清楚地看出,凡是规定了徇私要素的渎职罪,其职责内容都是需要国家机关工作人员具有较高的法律素质、政策水平、技术能力的裁量性事务。很明显,刑法分则条文要求部分渎职罪出于徇私动机,是为了将因为法律素质、政策水平、技术能力不高而造成差错的情形,排除在渎职罪之外;换言之,当国家机关工作人员不是因为法律素质、政策水平、技术能力不高造成差错,而是基于徇私的内心起因违背职责时,便以渎职罪论处。所以,将徇私解释为犯罪的动机,是比较符合刑法规定与现实情况的。根据本书的观点,犯罪动机是某些犯罪的主观的超过要素(责任要素)。舞弊实际上是指弄虚作假、玩弄职权的行为。所以,舞弊属于客观的构成要件要素。

3. 如何理解徇私、舞弊的内涵与外延?

关于徇私的内容,刑法理论与司法实践中争议的焦点在于"私"的范围。一种观点认为,徇私仅指徇个人私情、私利,即徇一己之私;私情、私利与单位利益相对应,徇单位之私不能理解为徇私。上述观点也得到了准司法解释的认同。[6] 但本书认为,徇私不仅包括徇个人之私,而且包括徇单位、集体之私。(1)从渎职罪的法益考虑,国家机关工作人员无论是徇个人之私实施渎职行为,还是徇单位、集体之私实施渎职行为,都侵害了国家机关公务的合法、公正、有效执行以及国民对此的信赖。不仅如此,徇单位、集体之私所造成的法益侵害,往往更为严重。例如,司法机关主管人员,为了建办公楼,对明知是有罪的人而不追诉,仅让其向司法机关交付财物的行为,对司法客观公正性的侵害达到了无以复加的程度。(2)徇单位、集体之私并不使行为在责任要素层面的非难可能性减少。因为非难可能性是法的非难可能性,是针对符合构成要件的违法行为的非难可能性,而不是伦理道德上的非难可能性。事实上,有些因徇单位、集体之私所实施的渎职行为,可能更值得非难。(3)如上所述,分则条文将徇私规定为成立犯罪的要素,是为了将国家机关工作人员因为法律素质、政策水平、技术能力不高而出现差错的情形排除在渎职罪之外;而徇单位、集体之私实施渎职行为的,显然不是由于法律素质、政策水平、技术能力不高的缘故。换言之,徇单位、集体之私同样可以成为推动行为人实施渎职行为的内心起因。既然如此,就没有理由将徇单位、集体之私排除在徇私之外。(4)公与私总是相对的,在以徇私为要件的犯罪中,国家机关工作人员正当履行职责所实现的利益、刑法所要保护的法益就是"公";非出于实现公的利益与保护公的法益的意图,便应评价为"私"。况且,"徇单位之私"的表述已为国民接受。

舞弊作为客观的构成要件要素,在渎职罪中分为两种情形:(1)分则条文规定了渎职行为的具体内容,舞弊只是渎职行为的同位语,并不具有超出具体渎职行为之外的特别含义。换言之,舞弊只是对具体渎职行为的一种归纳与概括(绝大多数条文中的"舞弊"属于这种情形)。例如,就刑法第 401 条而言,"对不符合减刑、假释、暂予监外执行条件的罪犯,予以减刑、假释或者暂予监外执行",就是舞弊行为;并不是指在上述渎职行为之外,另有舞弊行为。再如,就刑法第 402 条而言,只要行政执法人员"对依法应当移交司法机关追究刑事责任的不移交",就应认定为舞弊。如行政执法人员长期将卷宗材料锁在保险柜而不移送司法机关的,就属于舞弊;并非只有伪造了虚假材料或者销毁了真实材料才属于舞弊。[7] 同样,就刑法第 403 条而言,国家有关主管部门的国家机关工作人员,"滥用职权,对不符合法律规定条件的公司设立、登记申请或者股票、债券发行、上市申请,予以批准或者登记",就属于舞弊行为;不可能在此之外另要求行为人实施其他舞弊行为。[8] (2)分则条文没有规定具体的渎职行为,舞弊成为具有特定含义的具体渎职行为。属于这种情形的有刑法第 405 条与第 418 条。例如,第 418 条规定:"国家机关工作

---

〔6〕 最高人民法院 2003 年 11 月 13 日《全国法院审理经济犯罪案件工作座谈会纪要》规定:"徇私舞弊型渎职犯罪的'徇私'应理解为徇个人私情、私利。国家机关工作人员为了本单位的利益,实施滥用职权、玩忽职守行为,构成犯罪的,依照刑法第三百九十七条第一款的规定定罪处罚。"

〔7〕 至于不移交刑事案件的行为是否符合"情节严重"的规定,则是另一回事。换言之,不可认为,必须在不移交刑事案件之外,另有其他舞弊行为才属于情节严重。

〔8〕 在这种情形中,也可以说"舞弊"只具有语感上的意义。

人员在招收公务员、学生工作中徇私舞弊，情节严重的，处三年以下有期徒刑或者拘役。”这里的舞弊具有特定的具体内容，即明知不合格而招收，或者故意拒绝招收应当招收的合格人员等，而不是其他表述的同位语。

“徇私舞弊”作为一个术语使用，多多少少是出于习惯用法与语感要求。即使徇私与舞弊分别属于主观的责任要素与客观的构成要件要素，也应承认在不同的条文中，徇私舞弊一语的侧重点不同：在有的条文中，徇私舞弊的侧重点在徇私，如刑法第401条至404条、第410至第414条等；在有的条文中，徇私舞弊的侧重点在舞弊，如刑法第405条、第418条。

（四）法条竞合的处理

刑法分则第九章既规定了普通的滥用职权罪与玩忽职守罪，也规定了特殊的滥用职权罪与玩忽职守罪。司法解释对各种犯罪成立标准的确定，导致某种行为没有达到特殊的滥用职权（或玩忽职守）罪的成立标准，却达到了普通的滥用职权（或玩忽职守）罪的成立标准。在这种情况下，能否以普通的滥用职权（或玩忽职守）罪论处，成为司法实践经常面临的问题。换言之，具体的渎职行为不符合刑法第398条至第419条的特别规定，但符合刑法第397条的普通规定的，能否适用刑法第397条认定为普通的渎职罪？

一种观点认为，“对于行为人而言，根据特别法条不构成犯罪，是法律对他人特殊‘优惠’……行为按照特别法条不能构成犯罪时，排斥普通法条的适用，从根本上讲就是行为没有达到需要动用刑法意义上的法益侵害程度。特别法条对于其所规范的行为已经有所选择，这就意味着在立法之初，对于普通法条可能对哪些行为进行追究，对哪些行为不能再进行追究已经有所考虑。特别法条构成要件的类型化规定对于评价客体所做的选择，当然排斥普通法条的适用。既然普通法条的适用效力因为特别法条不再存在，按照特别法条不能成立犯罪的情形，当然不能以一般法条定罪”。[9] 本书不赞成这种观点。(1)这种观点是以国外刑法关于封闭的特权条款的适用原则为标准，但我国刑法关于特殊的滥用职权（玩忽职守）罪的规定，并不都是封闭的特权条款。(2)上述观点混淆了立法规定与司法解释的关系，将根据司法解释确定的犯罪成立标准，当做立法规定的犯罪成立标准。(3)上述观点混淆了“不符合特别法条”与“根据特别法条不值得处罚”两种现象。事实上，在特别法条属于加重法条的情况下，不符合特别法条的行为，也可能符合普通法条。(4)上述观点基本上是用抽象的“立法者的特别考虑”取代了对刑法规范的实质解释。(5)上述观点对构成要件符合性的判断方法也存在疑问。对事实进行归纳时，必须以可能适用的构成要件为指导，而不能凭借以往的经验或者观念事先给案件事实下结论。当一个行为不符合特别法条规定的构成要件时，一方面不能继续用特别法条的用语归纳案件事实，另一方面要判断该行为是否符合普通法条规定的构成要件。换言之，在对一个事实可能适用多个法条时，不能因为排除了一个法条的适用可能性，就得出无罪的结论。只有排除了所有法条的适用可能性，才能得出无罪的结论。

本书的看法是，刑法第397条所称“本法另有规定的，依照规定”，是指行为符合另有规定时，才依照另有规定定罪处罚。换言之，“依照规定”并不包含“依照规定不定罪处罚”的意思。因为刑法分则条文所表述的是典型的罪刑规范，“另有规定”并不是关于不构成犯罪的规定，而是另有的关于罪状与法定刑的规定。因此，如果行为不符合另有规

---

〔9〕 周光权：“法条竞合的特殊关系研究”，载《中国法学》2010年第3期。

定,就不能直接得出不构成犯罪的结论。具体的渎职行为不符合刑法第 398 条至第 419 条的规定,并不意味着不构成犯罪,只是意味着不能适用刑法第 398 条至第 419 条;如果行为符合刑法第 397 条规定的,原则上应当适用刑法第 397 条认定为普通的渎职罪。(1)国家机关工作人员的渎职行为,符合刑法第 398 条至第 419 条规定的特殊渎职罪的犯罪构成的,一般按照该特殊规定追究刑事责任。[10] (2)行为主体虽然是国家机关工作人员,但不符合刑法第 398 条至第 419 条规定的特殊渎职罪的主体要件,其行为符合刑法第 397 条规定的犯罪构成的,应当适用刑法第 397 条定罪量刑。[11] (3)行为主体具备刑法第 398 条至第 419 条规定的特殊渎职罪的特殊身份,但行为方式与结果不符合刑法第 398 条至第 419 条规定的特殊渎职罪的构成要件(实际上主要表现为不符合司法解释所确定的成立犯罪的标准),却符合刑法第 397 条规定的犯罪构成的,原则上应当适用刑法第 397 条定罪量刑。例如,林业主管部门工作人员并非违法发放林木采伐许可证,而是滥用职权导致森林遭受严重破坏的,应认定为滥用职权罪。但是,如果特殊渎职罪的法条规定的法定刑低于刑法第 397 条的法定刑,并具有合理性,可以评价为封闭的特权条款,则不得适用第 397 条,而应宣告无罪。勉强属于这种应宣告无罪的情形是,负有解救职责的国家机关工作人员利用职务阻碍解救被拐卖、绑架的妇女、儿童的行为或结果,不符合阻碍解救被拐卖、绑架妇女、儿童罪的构成要件,且情节较轻。除此之外,只要行为符合刑法第 397 条规定的犯罪构成的,均应适用刑法第 397 条定罪量刑。例如,司法工作人员接到被非法拘禁的人或者其亲属的解救要求时或者接到他人的举报时,不进行解救,造成严重后果的行为,虽然不符合刑法第 416 条第 1 款规定的构成要件,但不能宣告无罪,而应适用刑法第 397 条定罪量刑。

还应注意的是,虽然两个法条在通常情形下具有法条竞合的特别关系,但如果适用特别法条不能全面评价行为的不法程度时,应当作为想象竞合处理(参见第九章第二、四节)。例如,从事传染病防治的政府卫生行政部门的工作人员徇私舞弊,严重不负责任,导致传染病传播或者流行,致人重伤死亡的,应当认定为传染病防治失职罪与玩忽职守罪的想象竞合,从一重罪处罚。再如,国家商检部门、商检机构的工作人员徇私舞弊,严重不负责任,对应当检验的物品不检验,或者延误检验出证、错误出证,致使国家利益遭受特别重大损失的,应当认定为商检失职罪与玩忽职守罪的想象竞合,从一重罪处罚。

二、渎职罪的类型

对国家作用的犯罪,可以分为从外部侵害国家作用的犯罪和从内部侵害国家作用的犯罪。渎职罪正是从内部侵害国家作用的犯罪。刑法理论可以根据不同的标准,将渎职罪划分为不同的类型。例如,根据行为所侵害的具体法益,分为对行政作用的犯罪、对司法作用的犯罪等;根据主观内容分为滥用职权型渎职罪与玩忽职守型渎职罪。本书根据行为主体的区别,将渎职罪分为以下三种类型:一般国家机关工作人员的渎职罪、司法工作人员的渎职罪与特定机关工作人员的渎职罪。

---

〔10〕《渎职案件解释一》第 2 条第 1 款规定:"国家机关工作人员实施滥用职权或者玩忽职守犯罪行为,触犯刑法分则第九章第三百九十八条至第四百一十九条规定的,依照该规定定罪处罚。"

〔11〕《渎职案件解释一》第 2 条第 2 款规定:"国家机关工作人员滥用职权或者玩忽职守,因不具备徇私舞弊等情形,不符合刑法分则第九章第三百九十八条至第四百一十九条的规定,但依法构成第三百九十七条规定的犯罪的,以滥用职权罪或者玩忽职守罪定罪处罚。"

第二节 一般国家机关工作人员的渎职罪

一、滥用职权罪

(一)滥用职权罪的概念与犯罪构成

滥用职权罪,是指国家机关工作人员滥用职权,致使公共财产、国家和人民利益遭受重大损失的行为。

1. 构成要件包括三个要素:一是行为主体必须为国家机关工作人员;二是有滥用职权的行为;三是致使公共财产、国家和人民利益遭受重大损失。

滥用职权,是指不法行使职务上的权限的行为,即就属于国家机关工作人员一般职务权限的事项,以行使职权的外观,实施实质的、具体的违法、不当的行为。[12] 首先,滥用职权应是滥用国家机关工作人员的一般职务权限,如果行为人实施的行为与其一般的职务权限没有任何关系,则不属于滥用职权。一般职务权限,不仅包括法定的职务权限,而且包括根据惯例、基于国情或者其他具体情形形成的职务权限。其次,行为人实施了外观上为行使职权,实质上是违法、不当的行为,或者抽象地看是行使职权,具体地考察却为违法、不当的行为。所以,滥用职权行为违反了职务行为的宗旨。从司法实践上看,滥用职权主要表现为以下几种情形:一是超越职权,擅自决定或处理没有具体决定、处理权限的事项;二是玩弄职权,随心所欲地对事项做出决定或者处理;三是故意不履行应当履行的职责,或者说任意放弃职责;[13] 四是以权谋私、假公济私,不正确地履行职责。

滥用职权行为,只有致使公共财产、国家和人民利益遭受重大损失的,才成立犯罪。根据《渎职案件解释一》的规定,国家机关工作人员滥用职权,具有下列情形之一的,应当认定为"致使公共财产、国家和人民利益遭受重大损失":(1)造成死亡1人以上,或者重伤3人以上,或者轻伤9人以上,或者重伤2人、轻伤3人以上,或者重伤1人、轻伤6人以上的;(2)造成经济损失30万元以上的;(3)造成恶劣社会影响的;(4)其他致使公共财产、国家和人民利益遭受重大损失的情形。根据全国人大常委会1998年12月29日《关于惩治骗购外汇、逃汇和非法买卖外汇犯罪的决定》第6条的规定,海关、外汇管理部门的工作人员严重不负责任,造成大量外汇被骗购或者逃汇,致使国家利益遭受重大损失的,依照刑法第397条的规定定罪处罚。

2. 责任形式为故意(包括直接故意与间接故意),行为人明知自己滥用职权的行为会发生侵害国家机关公务的合法、公正、有效执行以及国民对此的信赖的结果,并且希望或者放任这种结果发生。"致使公共财产、国家和人民利益遭受重大损失"的结果,虽然是本罪的构成要件要素,但宜作为客观的超过要素,不要求行为人希望或者放任这种结果发

---

〔12〕 参见[日]山口厚:《刑法各论》,有斐阁2010年第2版,第607页。

〔13〕 有人认为,滥用职权只能是积极的作为(参见郎胜主编:《〈中华人民共和国刑法〉释解》,群众出版社1997年版,第523页),值得研究。从文理解释来说,滥用职权可以包括故意不履行职责的行为,因为行使职权与履行职责是统一的。而且,滥用职权是一种故意犯罪,如果不包括故意不履行应当履行的职责,则人为地缩小了处罚范围。

生。至于行为人是为了自己的利益滥用职权,还是为了他人利益滥用职权,则不影响本罪的成立。

有人认为,滥用职权罪的主观心理状态只能是间接故意;有人认为,滥用职权罪的主观心理状态只能是过失;还有人认为,滥用职权罪的主观心理状态既可以是过失,也可以是间接故意(也有人认为既可以是过失,也可以是直接故意与间接故意)。核心理由是,认为本罪的心理状态为故意,进而认为行为人对"致使公共财产、国家和人民利益遭受重大损失"的结果持希望或者放任的态度,要么不符合实际,要么对这种行为应当认定为危害公共安全等罪。[14] 本书不赞成这些观点。(1)如果说滥用职权只能出于间接故意,那就意味着对直接故意的滥用职权行为,要么宣告无罪要么以其他犯罪论处,这有悖直接故意与间接故意的统一性。在我国刑法中,不可能也不应当出现间接故意时成立此罪,直接故意时无罪或者成立彼罪的现象。(2)如果说滥用职权只能出于过失,就意味着没有故意的滥用职权罪,这并不符合事实,也不符合刑法将滥用职权罪作为与玩忽职守罪相对应的故意犯罪的精神。更为重要的是,"过失犯罪,法律有规定的才负刑事责任"(刑法第15条),但刑法关于滥用职权的规定,没有为过失提供文理根据,即不能发现"法律有规定"。况且,正是因为旧刑法中只有过失的玩忽职守罪而无对应的故意犯罪,现行刑法才增加滥用职权罪。倘若将滥用职权罪确定为过失犯罪,就意味着完全没有必要增设滥用职权罪。这显然难以被人接受。(3)认为滥用职权罪既可以是过失,也可以是间接故意的观点,似乎不可思议。其一,既然过失与间接故意都能构成,直接故意更能构成,没有理由将直接故意排除在外。其二,在不能发现"法律有规定"的文理线索的情况下,认为一种犯罪可以由过失或者间接故意构成,不符合罪刑法定原则。其三,间接故意与过失的非难可能性存在重大差异,而且刑法总则作了明确区分,将二者相提并论并不合适。其四,主张滥用职权罪可以由过失与间接故意构成的观点,大多是以生活事实取代法律规定,或者说将自己想象的案件当做刑法规范。(4)认为滥用职权罪的责任形式包括过失与故意的观点,不仅存在前述部分观点的缺陷,而且试图按作为与不作为区分滥用职权罪与玩忽职守罪。可是,按作为与不作为区分此罪与彼罪,既有悖生活事实,也不符合法律规定,不是一种规范的分析。

总之,滥用职权罪的责任形式应为故意,包括直接故意与间接故意。如前所述,行为人明知自己滥用职权的行为会发生侵害国家机关公务的合法、公正、有效执行以及国民对此的信赖的结果(第一结果),并且希望或者放任这种结果发生。另一方面也应承认,一概要求滥用职权的行为人主观上对"致使公共财产、国家和人民利益遭受重大损失"的结果(第二结果)持希望或者放任的态度,同样不合适。例如,一些滥用职权的行为虽然导致了他人死亡的结果,但行为人对死亡结果并没有希望或者放任态度。诚然,在这种场合,国家机关工作人员的行为可能不具有故意杀人罪的实行行为性,但司法实践仍然会将死亡结果归属于国家机关工作人员的滥用职权行为。如果以不具有故意杀人罪的实行行为性为由,不将死亡结果归属于滥用职权行为,就意味着其行为不符合"致使公共财产、

〔14〕 参见张智辉:"论滥用职权罪的罪过形式",载赵秉志主编:《刑法评论》(第1卷),法律出版社2002年版,第142页以下;陈洪兵:"渎职罪理论与实务中的常见误读及其澄清",载《苏州大学学报(法学版)》2015年第4期。

国家和人民利益遭受重大损失"的条件,因而不能以滥用职权罪论处,这显然不合适。所以,既要承认本罪是故意犯罪,将第一结果作为故意的认识与意志内容,又要将第二结果视为客观的超过要素,不要求行为人认识(但应有认识的可能性)、希望与放任。唯此,才能避免理论与实践上的困惑。

(二)滥用职权罪与其他犯罪的关系

从前述应予追诉的情形可以看出,滥用职权行为只有造成他人重伤、死亡和重大财产损失等结果时,才成立犯罪。但是,造成他人重伤、死亡和重大财产损失的行为,也可能完全符合故意伤害、故意杀人、侵犯财产等罪的犯罪构成。按照本书的观点,滥用职权罪的保护法益,是国家机关公务的合法、公正、有效执行,以及国民对此的信赖。刑法第397条将"致使公共财产、国家和人民利益遭受重大损失"规定为构成要件要素,只是为了限制滥用职权罪的处罚范围,而不是意味着国家机关工作人员滥用职权实施的伤害、杀人等行为,也仅成立滥用职权罪。一方面,滥用职权罪与故意伤害、故意杀人、侵犯财产等罪不是对立关系,故不能认为,凡是符合滥用职权罪的犯罪构成的行为都不符合故意伤害、故意杀人、侵犯财产等罪的犯罪构成。另一方面,滥用职权的行为同时触犯故意伤害、故意杀人、侵犯财产等罪的犯罪构成时,属于典型的想象竞合犯,应当从一重罪处罚。显然,国家机关工作人员滥用职权以作为方式杀害他人的,应按故意杀人罪处罚。同样,国家机关工作人员有义务救助他人生命而不救助,导致他人死亡,符合不作为的故意杀人罪的犯罪构成的,也成立故意杀人罪。例如,警察逮捕正在哺乳期的犯罪嫌疑人,明知其家中有婴儿无人喂养而置之不理,最后导致婴儿饿死。对此,应按故意杀人罪处罚。

国家机关工作人员滥用职权,同时构成其他犯罪的,属于想象竞合,从一重罪处罚。例如,乡(镇)政府工作人员滥用职权窝藏犯罪人的(如滥用职权为犯罪人出具办理虚假身份证件所需要的证明材料等),是滥用职权罪与窝藏罪的想象竞合,从一重罪处罚。又如,乡(镇)政府工作人员滥用职权,骗取县财政补贴据为己有的,是诈骗罪与滥用职权罪的想象竞合,应从一重罪处罚。[15] 再如,国家机关工作人员滥用职权、假公济私,对控告人、申诉人、批评人、举报人实行报复陷害,致使控告人、申诉人、批评人、举报人的利益遭受重大损失的,是滥用职权罪与报复陷害罪的想象竞合,从一重罪处罚。国家机关工作人员与他人共谋,利用其职务行为帮助他人实施其他犯罪行为,同时构成滥用职权罪和共谋实施的其他犯罪的共犯的,属于想象竞合,从一重罪处罚。例如,国家机关工作人员与他人通谋,利用其职务帮助他人非法制造、买卖、运输、储存毒鼠强等禁用剧毒化学品,危害公共安全的,同时构成滥用职权罪与非法制造、买卖、运输、储存危险物质罪,从一重罪处罚。

国家机关工作人员与他人共谋,既利用其职务行为帮助他人实施其他犯罪,又以非职务行为与他人共同实施该其他犯罪行为,同时构成滥用职权罪和其他犯罪的共犯的,由于具有两个行为,造成两个法益侵害结果,应当实行数罪并罚。国家机关工作人员因索取或者收受贿赂而滥用职权,致使公共财产、国家和人民利益遭受重大损失的,应当将受贿罪与滥用职权罪实行数罪并罚。

---

〔15〕 国家机关工作人员滥用职权所实施的犯罪,完全可能成立普通犯罪。换言之,利用职务上的便利实施的行为,也可能构成普通犯罪,而不是只能以职务犯罪论处。

(三)滥用职权罪的处罚

根据刑法第397条的规定,犯本罪的,处3年以下有期徒刑或者拘役;情节特别严重的,处3年以上7年以下有期徒刑。徇私舞弊犯滥用职权罪的,处5年以下有期徒刑或者拘役;情节特别严重的,处5年以上10年以下有期徒刑。从法条的前后逻辑关系来看,其中的"情节特别严重",应是指致使公共财产、国家和人民利益遭受特别重大损失。[16]

二、玩忽职守罪

(一)玩忽职守罪的概念与犯罪构成

玩忽职守罪,是指国家机关工作人员玩忽职守,致使公共财产、国家和人民利益遭受重大损失的行为。

1. 构成要件包括三个要素:一是行为主体必须为国家机关工作人员;二是有玩忽职守的行为;三是致使公共财产、国家和人民利益遭受重大损失。

玩忽职守,是指严重不负责任,不履行职责或者不正确履行职责的行为。不履行,是指行为人应当履行且有条件、有能力履行职责,但违背职责没有履行,其中包括擅离职守的行为;不正确履行,是指在履行职责的过程中,违反职责规定,马虎草率、粗心大意。由于不同的国家机关工作人员具有不同的职责,而且同一国家机关工作人员在不同时期、不同条件下的职责不一定相同,因此,玩忽职守行为有各种不同的具体表现。

玩忽职守行为致使公共财产、国家和人民利益遭受重大损失的,才成立本罪。根据《渎职案件解释一》,国家机关工作人员玩忽职守,具有下列情形之一的,应当认定为"致使公共财产、国家和人民利益遭受重大损失":(1)造成死亡1人以上,或者重伤3人以上,或者轻伤9人以上,或者重伤2人、轻伤3人以上,或者重伤1人、轻伤6人以上的;(2)造成经济损失30万元以上的;(3)造成恶劣社会影响的;(4)其他致使公共财产、国家和人民利益遭受重大损失的情形。

2. 责任形式为过失。在许多场合,行为人主观上是一种监督过失,主要表现为应当监督直接责任者却没有实施监督行为,导致了结果发生;或者应当确立完备的安全体制、管理体制,却没有确立这种体制,导致了结果发生。

(二)玩忽职守罪的认定

1. 区分玩忽职守罪与一般玩忽职守行为的界限。二者的关键区别在于是否造成了公共财产、国家和人民利益的重大损失。在这方面要防止两种倾向:一种倾向是,认为在改革开放的形势下,各种规章制度不健全,许多工作具有探索性,国家机关工作人员的失误不可避免,并以此为由将构成玩忽职守罪的行为认定为一般玩忽职守行为,不以犯罪论处;或者以行为属于官僚主义为由,将玩忽职守罪仅作党纪、政纪处理。另一种倾向是,将国家机关工作人员的一切失职行为,都当做玩忽职守罪处理。当前特别要防止前一种倾向。改革开放不意味着可以玩忽职守,官僚主义行为中也有构成玩忽职守罪的行为。

2. 正确处理玩忽职守罪与丢失枪支不报罪的关系。依法配备公务用枪的国家机关工

---

〔16〕《渎职案件解释一》第1条第2款规定,具有下列情形之一的,应当认定为"情节特别严重":(1)造成伤亡达到定罪起点的人数3倍以上的;(2)造成经济损失150万元以上的;(3)造成基本犯(定罪起点)的损失后果,不报、迟报、谎报或者授意、指使、强令他人不报、迟报、谎报事故情况,致使损失后果持续、扩大或者抢救工作延误的;(4)造成特别恶劣社会影响的;(5)其他特别严重的情节。

作人员，丢失枪支不及时报告，造成严重后果的，成立丢失枪支不报罪。另一方面，依法配备公务用枪的国家机关工作人员，丢失枪支后及时报告，但仍然造成严重后果的，一般被认定为玩忽职守罪。应当认为，在后一种情况下，国家机关工作人员的行为符合玩忽职守罪的犯罪构成。但是，这里存在罪刑不协调的现象。丢失枪支不报罪的法定最高刑为3年有期徒刑；而玩忽职守罪的一般情形的法定最高刑为3年有期徒刑、情节特别严重的法定最高刑为7年有期徒刑，徇私舞弊且情节特别严重的法定最高刑为10年有期徒刑。显然，在国家机关工作人员丢失枪支造成严重后果的情况下，一般来说，对及时报告者的处罚，应轻于对不及时报告者的处罚。然而，如要对及时报告者以玩忽职守罪论处，而对不及时报告的以丢失枪支不报罪论处，则意味着对轻罪的定罪量刑反而较重。这损害了刑法的公平正义性。为了维护犯罪之间的协调关系，有必要考虑相关途径的利弊。第一种途径：国家机关工作人员虽然丢失枪支不及时报告，造成严重后果，但对于丢失枪支没有过失的，认定为丢失枪支不报罪；国家机关工作人员丢失枪支造成严重后果，不管是否及时报告，只要对于丢失枪支具有过失的，认定为玩忽职守罪。第二种途径：对于依法配备公务用枪的国家机关工作人员丢失枪支，造成严重后果的，不论是否及时报告，均认定为玩忽职守罪；对于其他依法配备公务用枪的人员丢失枪支不及时报告，造成严重后果的，认定为丢失枪支不报罪。第三种途径：对于依法配备公务用枪的国家机关工作人员，丢失枪支后及时报告，且造成严重后果的，虽然可以认定为玩忽职守罪，但仅适用刑法第397条中的"三年以下有期徒刑或者拘役"的法定刑。前两种途径都只能解决部分罪刑不协调的问题，因而存在缺陷。第三种路径具有一定的合理性，但也可能导致玩忽职守罪内部的不协调。本书采取以下方案：依法配备公务用枪的国家机关工作人员丢失枪支及时报告，但造成严重后果的，认定为玩忽职守罪；依法配备公务用枪的国家机关工作人员丢失枪支，不及时报告，造成严重后果的，是丢失枪支不报罪与玩忽职守罪的想象竞合，从一重罪处罚；其他依法配备公务用枪的非国家机关工作人员丢失枪支不及时报告，造成严重后果的，认定为丢失枪支不报罪。

3. 正确处理玩忽职守罪与滥用职权罪的关系。关于二者的关系，理论上存在不同观点，有必要分析。(1)有人认为，滥用职权罪与玩忽职守罪的责任形式都包括故意与过失，二者的唯一区别在于滥用职权罪是作为形式，玩忽职守罪是不作为形式。但是，其一，认为玩忽职守既可以是故意也可以是过失的观点，存在明显缺陷（参见前述关于滥用职权罪责任形式的论述）；其二，以作为与不作为区分滥用职权罪与玩忽职守罪，不符合客观事实与刑法规定。因为作为与不作为只是形式不同，对法益的侵害性不存在差异。换言之，滥用职权罪完全可能表现为不作为，玩忽职守罪也完全可能表现为作为。例如，在某国家机关负有履行某种积极义务的场合，该国家机关的负责人指示相关工作人员不履行积极义务的，并且对不履行积极义务的结果持故意态度的，当然应当认定为滥用职权罪，但这种指示相关工作人员不履行积极义务的行为依然属于不作为。再如，国家机关工作人员严重不负责任，粗心大意给不符合法定条件的单位或者个人发放石油勘查许可证，造成重大损失的，当然应当认定为玩忽职守罪，但这种违规发放许可证的行为明显属于作为。(2)有人认为，滥用职权罪是故意犯罪，玩忽职守罪既可以是故意犯罪，也可以是过失犯罪。可是，这种观点不仅就玩忽职守罪的责任形式存在缺陷，而且不可能区分故意的滥用职权与所谓故意的玩忽职守。(3)有人认为，滥用职权罪与玩忽职守罪均可以由故意与过失构成,区别在于客观表现形式是滥用职权还是玩忽职守。如滥用职权是不认真运用权力或者过度地动用权力,而玩忽职守是不履行职务或者不正确履行职务。但是,一方面,其中关于两种犯罪的责任形式的观点存在缺陷;另一方面,上述客观区分标准也并不明确。(4)有人认为,对于滥用职权罪与玩忽职守罪,应当从行为表现形式、主观责任内容等多方面考虑。但是,这种观点同样没有提出明确的界限。

本书认为,故意实施的违背职责的行为,是滥用职权罪;过失实施的违背职责的行为,是玩忽职守罪。至于行为人是出于故意还是过失,则应通过违背职责的行为内容进行判断。例如,粗心大意履行职责的行为,不可能构成故意的滥用职权罪;反之,假借行使职权实施违法、不当行为的,应认定为滥用职权罪。

上述分歧还涉及司法实践中经常遇到的另一问题。如前所述,根据《渎职案件解释一》的规定,滥用职权或者玩忽职守,造成经济损失 30 万元以上的,应当追究刑事责任。假如某国家机关工作人员甲,一次滥用职权行为,造成经济损失 15 万元,一次玩忽职守行为,造成经济损失 18 万元。那么,能否认定甲的行为成立滥用职权罪或者玩忽职守罪?这取决于如何认识滥用职权罪与玩忽职守罪的关系。如果认为,"玩忽职守罪与滥用职权罪在犯罪主体、犯罪客体、罪过的性质、犯罪结果、加重情节等方面是相同的。二者的主要区别是渎职的客观行为方式不同:玩忽职守主要表现为以不作为的方式不履行职责或者怠于履行职责;滥用职权罪主要表现为以作为的方式超越权限处理无权处理的事务或者不顾职责的程序和宗旨随心所欲地处理事务",[17]那么,上述甲的行为不成立犯罪。因为既不可能将作为评价为不作为,也不可能将不作为评价为作为,甲的作为不符合滥用职权罪的成立条件,不作为也不符合玩忽职守罪的成立条件。如若认为,"二者在主观和客观方面都存在区别:(1)主观方面不同。滥用职权罪只能由故意构成,一般是出于不正当动机,玩忽职守罪只能由过失构成,主观上存在严重的不负责任。(2)客观方面不同。滥用职权罪的行为方式表现为国家机关工作人员超越职权,违法决定、处理其无权决定、处理的事项,或者违反规定处理公务;玩忽职守罪的行为方式表现为,严重不负责任,不履行或者不认真履行自己的工作职责,致使公共财产、国家和人民利益遭受重大损失的行为",[18]那么,二者就形成了对立关系,而没有重合部分。换言之,滥用职权行为不可能评价为玩忽职守行为,反之亦然。于是,上述甲的行为不可能成立犯罪。按照本书的观点,玩忽职守罪是过失犯罪,滥用职权罪是与之对应的故意犯罪。由于故意与过失是位阶关系,而不是对立关系,亦即,可以将故意评价为过失,而不能将过失评价为故意。因此,对上述甲的行为可以评价为玩忽职守罪,但不能认定为滥用职权罪。[19]

由于刑法将滥用职权罪与玩忽职守罪规定在一个法律条文中,司法解释大多对两个犯罪的认定一并做出规定。(1)根据"两高"、公安部、国家工商行政管理局 1998 年 5 月 8 日《关于依法查处盗窃、抢劫机动车案件的规定》第 9 条的规定,公安、工商行政管理人员或者其他国家机关工作人员滥用职权或者玩忽职守、徇私舞弊,致使赃车入户、过户、验证,致使公共财产、国家和人民利益遭受重大损失的,依照刑法第 397 条的规定处罚。

---

〔17〕 阮齐林:《刑法学》,中国政法大学出版社 2011 年第 3 版,第 716 页。

〔18〕 王作富主编:《刑法分则实务研究》(下),中国方正出版社 2013 年第 5 版,第 1753 ~ 1754 页。

〔19〕 参见张明楷:《刑法分则的解释原理》(下),中国人民大学出版社 2011 年第 2 版,第 754 页以下。

(2)根据最高人民检察院2000年5月4日《关于镇财政所所长是否适用国家机关工作人员的批复》,对于属行政执法事业单位的镇财政所中按国家机关在编干部管理的工作人员,在履行政府行政公务活动中,滥用职权或玩忽职守构成犯罪的,应当追究刑事责任。(3)根据最高人民检察院2000年10月9日《关于合同制民警能否成为玩忽职守罪主体问题的批复》,合同制民警在依法执行公务活动中的玩忽职守行为,致使公共财产、国家和人民利益遭受重大损失的,应当依法追究刑事责任。[20] (4)根据最高人民检察院2000年10月31日《关于属工人编制的乡(镇)工商所所长能否依照刑法第三百九十七条的规定追究刑事责任问题的批复》,经人事部门任命,但为工人编制的乡(镇)工商所所长,依法履行工商行政管理职责时玩忽职守,致使公共财产、国家和人民利益遭受重大损失,应当追究刑事责任。[21] (5)根据最高人民检察院2002年4月29日《关于企业事业单位的公安机构在机构改革过程中其工作人员能否构成渎职侵权犯罪主体问题的批复》,企业事业单位的公安机构在机构改革过程中虽尚未列入公安机关建制,其工作人员在行使侦查职责时,实施渎职行为的,应当按渎职罪追究刑事责任。(6)根据最高人民检察院法律政策研究室2003年1月13日《关于对海事局工作人员如何适用法律问题的答复》,海事局及其分支机构工作人员在从事上述公务活动中,滥用职权或者玩忽职守,致使公共财产、国家和人民利益遭受重大损失的,应当以滥用职权罪或者玩忽职守罪追究刑事责任。(7)根据“两高”2003年5月14日《关于办理妨害预防、控制突发传染病疫情等灾害的刑事案件具体应用法律若干问题的解释》第15条的规定,在预防、控制突发传染病疫情等灾害的工作中,负有组织、协调、指挥、灾害调查、控制、医疗救治、信息传递、交通运输、物资保障等职责的国家机关工作人员,滥用职权或者玩忽职守,致使公共财产、国家和人民利益遭受重大损失的,以滥用职权罪或者玩忽职守罪定罪处罚。(8)根据“两高”2003年9月4日《关于办理非法制造、买卖、运输、储存毒鼠强等禁用剧毒化学品刑事案件具体应用法律若干问题的解释》第4条的规定,对非法制造、买卖、运输、储存毒鼠强等禁用剧毒化学品行为负有查处职责的国家机关工作人员,滥用职权或者玩忽职守,致使公共财产、国家和人民利益遭受重大损失的,以滥用职权罪或者玩忽职守罪追究刑事责任。(9)根据“两高”、公安部2003年11月12日《关于严格执行刑事诉讼法,切实纠防超期羁押的通知》,凡违反刑事诉讼法和本通知的规定,造成犯罪嫌疑人、被告人超期羁押,情节严重的,对于直接负责的主管人员和其他直接责任人员,以玩忽职守罪或者滥用职权罪追究刑事责任。[22] (10)根据“两高”2007年1月15日《关于办理盗窃油气、破坏油气设备等刑事案件具体应用法律若干问题的解释》第7条的规定,国家机关工作人员滥用职权或者玩忽职守,超越职权范围,批准发放石油、天然气勘查、开采、加工、经营等许可证,或者违反国家规定,给不符合法定条件的单位、个人发放石油、天然气勘查、开采、加工、经营等许可证,或者违反《石油天然气管道保护条例》等国家规定,在油气设备安全保护范围内批准建设项目,或者对发现或者经举报查实的未经依法批准、许可擅自从事石油、天然气勘查、开采、加工、经营等违法活动不予查封、取缔,致使公共财产、国家和人民利益遭受重大

[20] 显然,对于合同制民警滥用职权的行为,也应当以滥用职权罪论处。

[21] 如果行为人滥用职权构成犯罪的,也应当以滥用职权罪论处。

[22] 同时触犯非法拘禁罪的,属于想象竞合。

损失的,以滥用职权罪或者玩忽职守罪定罪处罚。(11)根据"两高"2007年2月28日《关于办理危害矿山生产安全刑事案件具体应用法律若干问题的解释》第9条的规定,国家机关工作人员滥用职权或者玩忽职守,对不符合矿山法定安全生产条件的事项予以批准或者验收通过,对于未依法取得批准、验收的矿山生产经营单位擅自从事生产经营活动不依法予以处理,对于已经依法取得批准的矿山生产经营单位不再具备安全生产条件而不撤销原批准或者发现违反安全生产法律法规的行为不予查处,强令审核、验收部门及其工作人员对不符合矿山法定安全生产条件的事项予以批准或者验收通过,阻碍下级部门及其工作人员依法履行矿山安全生产监督管理职责行为,在矿山生产安全事故发生后,负有报告职责的国家机关工作人员不报或者谎报事故情况,贻误事故抢救,或者实施其他滥用职权或者玩忽职守的行为,致使公共财产、国家和人民利益遭受重大损失的,依照刑法第397条的规定定罪处罚。(12)根据"两高"2007年5月9日《关于办理与盗窃、抢劫、诈骗、抢夺机动车相关刑事案件具体应用法律若干问题的解释》第3条的规定,国家机关工作人员滥用职权,明知是登记手续不全或者不符合规定的机动车而办理登记手续,指使他人为明知是登记手续不全或者不符合规定的机动车办理登记手续,违规或者指使他人违规更改、调换车辆档案,或者实施其他滥用职权行为,致使盗窃、抢劫、诈骗、抢夺的机动车被办理登记手续,数量达到3辆以上或者价值总额达到30万元以上的,以滥用职权罪论处。国家机关工作人员疏于审查或者审查不严,致使盗窃、抢劫、诈骗、抢夺的机动车被办理登记手续,数量达到5辆以上或者价值总额达到50万元以上的,以玩忽职守罪论处。(13)根据最高人民检察院2007年5月16日《关于对林业主管部门工作人员在发放林木采伐许可证之外滥用职权玩忽职守致使森林遭受严重破坏的行为适用法律问题的批复》,林业主管部门工作人员违法发放林木采伐许可证,致使森林遭受严重破坏的,依照刑法第407条的规定,以违法发放林木采伐许可证罪论处;以其他方式滥用职权或者玩忽职守,致使森林遭受严重破坏的,以滥用职权罪或者玩忽职守罪追究刑事责任。

(三)玩忽职守罪的处罚

根据刑法第397条的规定,犯本罪的,处3年以下有期徒刑或者拘役;情节特别严重的,处3年以上7年以下有期徒刑;徇私舞弊犯玩忽职守罪的,处5年以下有期徒刑或者拘役;情节特别严重的,处5年以上10年以下有期徒刑。从法条的前后逻辑关系来看,其中的"情节特别严重",应是指致使公共财产、国家和人民利益遭受特别重大损失。[23]

三、故意泄露国家秘密罪、过失泄露国家秘密罪

(一)故意泄露国家秘密罪

1. 故意泄露国家秘密罪的概念与犯罪构成

故意泄露国家秘密罪,是指国家机关工作人员或其他有关人员,违反保守国家秘密法的规定,故意泄露国家秘密,情节严重的行为。

(1)构成要件的内容为,违反保守国家秘密法的规定,泄露国家秘密,情节严重。违

---

〔23〕《渎职案件解释一》第1条第2款规定,具有下列情形之一的,应当认定为"情节特别严重":(1)造成伤亡达到定罪起点的人数3倍以上的;(2)造成经济损失150万元以上的;(3)造成基本犯(定罪起点)的损失后果,不报、迟报、谎报或者授意、指使、强令他人不报、迟报、谎报事故情况,致使损失后果持续、扩大或者抢救工作延误的;(4)造成特别恶劣社会影响的;(5)其他特别严重的情节。

反保守国家秘密法的规定，是指违反《保守国家秘密法》及其实施细则的规定。国家秘密，是指关于国家的安全和利益，依照法定程序确定，在一定时间内只限一定范围的人员知悉的事项。国家秘密分为三级："绝密"，是指最重要的国家秘密，泄露会使国家的安全和利益遭受特别严重的损害；"机密"，是指重要的国家秘密，泄露会使国家的安全和利益遭受严重损害；"秘密"，是指一般的国家秘密，泄露会使国家的安全和利益遭受损害。本罪所说的国家秘密，则包括上述三类秘密。泄露，是指违反保守国家秘密法的规定，使国家秘密被不应当知悉者知悉，以及使国家秘密超出了限定的接触范围，而不能证明未被不应知悉者知悉。泄露的方法没有限制，例如，通过普通邮政、快递等无保密措施的渠道传递国家秘密载体的；邮寄、托运国家秘密载体出境，或者未经有关主管部门批准，携带、传递国家秘密载体出境的；非法复制、记录、存储国家秘密的；在私人交往和通信中涉及国家秘密的；在互联网及其他公共信息网络或者未采取保密措施的有线和无线通信中传递国家秘密的；将涉密计算机、涉密存储设备接入互联网及其他公共信息网络的；在未采取防护措施的情况下，在涉密信息系统与互联网及其他公共信息网络之间进行信息交换的；使用非涉密计算机、非涉密存储设备存储、处理国家秘密信息的；擅自卸载、修改涉密信息系统的安全技术程序、管理程序的；将未经安全技术处理的退出使用的涉密计算机、涉密存储设备赠送、出售、丢弃或者改作其他用途的；如此等等。成立本罪需要情节严重。根据立案标准，具有下列情形之一的，应当追诉：第一，泄露绝密级国家秘密 1 项（件）以上的；第二，泄露机密级国家秘密 2 项（件）以上的；第三，泄露秘密级国家秘密 3 项（件）以上的；第四，向非境外机构、组织、人员泄露国家秘密，造成或者可能造成危害社会稳定、经济发展、国防安全或者其他严重危害后果的；第五，通过口头、书面或者网络等方式向公众散布、传播国家秘密的；第六，利用职权指使或者强迫他人违反国家保守秘密法的规定泄露国家秘密的；第七，以牟取私利为目的泄露国家秘密的；第八，其他情节严重的情形。

（2）责任形式为故意，行为人明知自己的行为会发生泄露国家秘密的结果，并且希望或者放任这种结果发生。

2. 故意泄露国家秘密罪的认定

明知对方为境外机构、组织、人员，而向其泄露国家秘密的，成立为境外机构、组织、人员非法提供国家秘密罪。故意非法披露商业秘密的，成立侵犯商业秘密罪；但是，如果非法披露属于国家秘密的商业秘密，则是本罪与侵犯商业秘密罪的想象竞合，从一重罪处罚。单纯非法获取国家秘密的，不成立故意泄露国家秘密罪；非法获取国家秘密的人又故意泄露该国家秘密的，宜从一重罪处罚。以盗窃的故意窃取了属于国家秘密的财物后，随意抛弃该财物，导致国家秘密被泄漏的，以盗窃罪与故意泄露国家秘密罪实行数罪并罚。

（二）过失泄露国家秘密罪

过失泄露国家秘密罪，是指国家机关工作人员或其他有关人员，违反保守国家秘密法的规定，过失泄露国家秘密，情节严重的行为。本罪的责任形式为过失。过失将国家秘密提供给境外机构、组织、人员的，成立本罪。根据立案标准，具有下列情形之一的，应予追诉：第一，泄露绝密级国家秘密 1 项（件）以上的；第二，泄露机密级国家秘密 3 项（件）以上的；第三，泄露秘密级国家秘密 4 项（件）以上的；第四，违反保密规定，将涉及国家秘密的计算机或者计算机信息系统与互联网相连接，泄露国家秘密的；第五，泄露国家秘密或者遗失国家秘密载体，隐瞒不报、不如实提供有关情况或者不采取补救措施的；第六，其他情节严重的情形。

(三)故意泄露国家秘密罪、过失泄露国家秘密罪的处罚

根据刑法第398条的规定,故意或过失泄露国家秘密,构成犯罪的,处3年以下有期徒刑或者拘役;情节特别严重的,处3年以上7年以下有期徒刑。非国家机关工作人员犯本罪的,依照上述法定刑酌情处罚。

四、国家机关工作人员签订、履行合同失职被骗罪

本罪是指国家机关工作人员在签订、履行合同过程中,因严重不负责任被诈骗,致使国家利益遭受重大损失的行为。行为主体必须是国家机关工作人员。国有公司、企业、事业单位的直接负责的主管人员在签订、履行合同过程中因严重不负责任被诈骗的,则成立刑法第167条的签订、履行合同失职被骗罪。本罪客观行为与结果的内容为,在签订、履行合同过程中,严重不负责任因而被他人诈骗,并致使国家利益遭受重大损失。根据立案标准,造成直接经济损失30万元以上的,或者直接经济损失不满30万元,但间接经济损失150万元以上的,以及其他致使国家利益遭受重大损失的,应予追究。责任形式为过失。犯本罪的,根据刑法第406条的规定处罚。

五、非法批准征收、征用、占用土地罪、非法低价出让国有土地使用权罪

非法批准征收、征用、占用土地罪,是指国家机关工作人员徇私舞弊,违反土地管理法规,滥用职权,非法批准征收、征用、占用土地,情节严重的行为。非法低价出让国有土地使用权罪,是指国家机关工作人员徇私舞弊,违反土地管理法规,滥用职权,非法低价出让国有土地使用权,情节严重的行为。"违反土地管理法规",是指违反土地管理法、森林法、草原法等法律以及有关行政法规中关于土地管理的规定。本罪中的"土地",包括耕地、林地等农用地以及其他土地。根据刑法第410条的规定,犯本罪的,处3年以下有期徒刑或者拘役;致使国家或者集体利益遭受特别重大损失的,处3年以上7年以下有期徒刑。[24]

六、招收公务员、学生徇私舞弊罪

招收公务员、学生徇私舞弊罪,是指国家机关工作人员在招收公务员、学生工作中徇私舞弊,情节严重的行为。根据立案标准,具有下列情形之一的,属于"情节严重":(1)徇私舞弊,利用职务便利,伪造、变造人事、户口档案、考试成绩或者其他影响招收工作的有关资料,或者明知是伪造、变造的上述材料而予以认可的;(2)徇私舞弊,利用职务便利,帮助5名以上考生作弊的;(3)徇私舞弊招收不合格的公务员、学生3人次以上的;(4)因徇私舞弊招收不合格的公务员、学生,导致被排挤的合格人员或者其近亲属自杀、自残造成重伤、死亡,或者精神失常的;(5)因徇私舞弊招收公务员、学生,导致该项招收工作重新进行的;(6)其他情节严重的情形。根据刑法第418条的规定,犯本罪的,处3年以下有期徒刑或者拘役。

---

〔24〕关于本罪的定罪与量刑标准,参见最高人民法院2000年6月19日《关于审理破坏土地资源刑事案件具体应用法律若干问题的解释》第4~7条;最高人民法院2005年12月26日《关于审理破坏林地资源刑事案件具体应用法律若干问题的解释》第2~5条;最高人民检察院2006年7月26日《关于渎职侵权犯罪案件立案标准的规定》。需要注意的是,对于这些司法解释,应在全国人大常委会2001年8月31日《关于〈中华人民共和国刑法〉第二百二十八条、第三百四十二条、第四百一十条的解释》的基础上加以理解;此外,上述司法解释仅涉及"征用"的情形,而没有涉及"征收"的情形。

七、失职造成珍贵文物损毁、流失罪

本罪是指国家机关工作人员严重不负责任，造成珍贵文物损毁或者流失，后果严重的行为。严重不负责任，是指不履行或者不正确履行文物保护、管理、挖掘等职责。损毁，是指导致珍贵文物的历史、科学、文化等价值减少或者丧失。流失，是指珍贵文物不知去向或者流往境外，因而使国家丧失对珍贵文物的所有权或者控制权。[25] 根据"两高"2015年12月30日《关于办理妨害文物管理等刑事案件适用法律若干问题的解释》，国家机关工作人员严重不负责任，造成珍贵文物损毁或者流失，具有下列情形之一的，应当认定为"后果严重"：(1)导致二级以上文物或者五件以上三级文物损毁或者流失的；(2)导致全国重点文物保护单位、省级文物保护单位的本体严重损毁或者灭失的；(3)其他后果严重的情形。根据刑法第419条的规定，犯本罪的，处3年以下有期徒刑或者拘役。

第三节　司法工作人员的渎职罪

一、徇私枉法罪

(一)徇私枉法罪的概念与犯罪构成

徇私枉法罪，是指司法工作人员徇私枉法、徇情枉法，对明知是无罪的人而使他受追诉，对明知是有罪的人而故意包庇不使他受追诉，或者在刑事审判活动中故意违背事实和法律作枉法裁判的行为。本罪的保护法益为刑事追诉活动的正当性以及公民的自由与权利。

1. 构成要件内容可归纳为一种主体、三种行为。

(1)一种主体：司法工作人员。根据刑法第94条的规定，司法工作人员，是指有侦查、检察、审判、监管职责的工作人员。根据立案标准，司法机关专业技术人员，也可以成为本罪行为主体。但是，只有负有刑事追诉职责的司法工作人员，即具体承办案件和指示、指挥承办案件的司法工作人员，才能成为本罪的正犯。司法机关为了谋取某种利益，集体研究共同犯本罪的，应当对组织、策划、实施本罪行为的人以徇私枉法罪论处。

(2)三种行为：一是对明知是无罪的人而使他受追诉。"追诉"，是指以追究刑事责任为目的进行的立案、侦查、起诉、审判活动。"追诉"，不要求法律形式上属于追诉，只要实质上属于追诉即可；不要求程序上合法，只要事实上追诉即可；不限于追诉的全部过程，只要进入追诉阶段即可，即对无罪的人实行立案、侦查、起诉、审判之一，即为追诉；不要求采取法定的强制措施，只要属于通常的追诉行为即可。对于明知是无罪的人，采取不立案、不报捕，但予以关押的手段，待被害人"交待"后再立案、采取强制措施的，应当认定为本罪(如果不符合本罪的构成要件，则应认定为非法拘禁罪)。行为人明知他人无罪，而将其作为"逃犯"在网上通缉的，成立本罪。概言之，"对明知是无罪的人而使他受追诉"，主要表现为，对明知是没有犯罪事实或者其他依法不应当追诉的人，采取伪造、隐匿、毁灭证据或者其他隐瞒事实、违反法律的手段，进行立案、侦查、起诉或者审判。

---

[25] 国家机关工作人员滥用职权，造成珍贵文物损毁或者流失的，应当以滥用职权罪论处。

二是明知是有罪的人而故意包庇不使他受追诉。这里的“追诉”包括法定的全部追诉过程与追诉结果。换言之,对有罪的人或者不立案、或者不侦查、或者不起诉、或者不审判、或者判决裁定无罪的,都属于“不使他受追诉”。不使有罪的人受追诉,是指对明知是有犯罪事实需要进行追诉的人,采取伪造、隐匿、毁灭证据或者其他隐瞒事实、违反法律的手段,故意包庇使其不受立案、侦查、起诉、审判,或者在立案后,采取伪造、隐匿、毁灭证据或者其他隐瞒事实、违反法律的手段,应当采取强制措施而不采取强制措施,或者虽然采取强制措施,但中断侦查或者超过法定期限不采取任何措施,实际放任不管,以及违法撤销、变更强制措施,致使犯罪嫌疑人、被告人实际脱离司法机关侦控。对于明知是有罪的人,而故意不收集有罪证据,导致有罪证据消失,因“证据不足”不能认定有罪的,应当认定为本罪。本罪中“有罪的人”,显然不是指经过人民法院判决有罪的人,而是指有证据证明实施了犯罪行为的人。至于有罪的人是否实际归案,不影响“有罪的人”的认定。

三是在刑事审判活动中故意违背事实和法律,作出枉法判决、裁定。刑法理论与司法实践一般认为,其中的枉法判决、裁定内容,包括无罪判有罪、有罪判无罪,以及重罪轻判、轻罪重判。其实,将无罪判有罪、将有罪判无罪的,宜分别归入前两种情形。

问题是,侦查、起诉人员采取伪造、隐匿、毁灭证据或者其他隐瞒事实、违反法律的手段,故意使罪重的人受较轻的追诉,或者使罪轻的人受较重的追诉,导致无过错的法官将重罪定为轻罪或者将轻罪定为重罪的,应当如何处理?可以肯定的是,这种行为构成徇私枉法罪,只是该行为属于上述哪一种情形的问题。一个途径是,可以将“明知有罪的人而故意包庇不使他受追诉”解释为“明知是有罪的人而故意包庇不使他受应有的追诉”,故侦查人员、起诉人员弄虚作假使法官将重罪定为轻罪的情形,属于这一类。但是,对于使法官将轻罪定为重罪的行为,难以解释为“明知是无罪的人而使他受追诉”。本书认为,对于侦查人员、起诉人员的上述行为,均应认定为利用缺乏故意的行为(法官无犯罪故意的审判行为)的间接正犯,即上述第三种情形的间接正犯。

2. 责任形式为故意,包括直接故意与间接故意,并出于徇私、徇情动机。刑法条文两处规定了“明知”、两处规定了“故意”,旨在明确将过失排除在外。因此,过失导致追诉无罪的人、包庇有罪的人或者错误判决、裁定的,不成立本罪。“明知是无罪的人”,是指明知是没有实施犯罪行为或者行为依法不成立犯罪的人。“明知是有罪的人”,是指明知是有证据证明有犯罪嫌疑应予刑事追诉的人。只要行为人明知是有罪的人而不追诉,就符合了“故意包庇”的要件,不另要求具备其他责任要素。徇私枉法罪还要求出于徇私、徇情动机,但是,只要排除了因法律水平不高、事实掌握不全而过失造成错判,便可认定为“徇私枉法、徇情枉法”。

(二)徇私枉法罪的认定

1. 徇私枉法罪只能由故意构成,过失导致无罪的人受追诉,或者有罪的人未被追诉的,不成立本罪,但有可能成立玩忽职守罪。这是因为,既然刑法规定了执行判决、裁定失职罪,那么,根据当然解释的原理,对于失职导致无罪的人受追诉或者有罪的人未被追诉的,也应以玩忽职守罪论处。但需要注意以下几点:第一,对于因法律适用能力低下导致无罪的人受追诉或者有罪的人未被追诉的,不应认定为玩忽职守罪;第二,对于过失造成的重罪轻判或者轻罪重判,一般也不应当以玩忽职守罪论处;第三,只有当“无罪的人受追诉,或者有罪的人未被追诉”这一结果本身符合玩忽职守罪的结果要件时,才能认定为玩忽职守罪;当事人不服判决而自杀的,一般不应将自杀身亡结果归属于裁判行为。

2. 明知是无罪的人而判处死刑立即执行,或者明知是不应当判处死刑的人而判处死刑立即执行的,是徇私枉法罪与故意杀人罪的想象竞合,应从一重罪处罚。

3. 司法工作人员可能利用职权实施非法拘禁罪,徇私枉法罪中使无罪的人受追诉的行为也可能表现为采取拘禁措施,因而需要区分。使无罪的人受追诉的行为,即使没有剥夺被害人的人身自由(如仅采取取保候审措施),也应认定为徇私枉法罪;通过伪造证据等方式对无罪的人采取剥夺人身自由的强制措施的,是非法拘禁罪与徇私枉法罪的想象竞合,从一重罪(徇私枉法罪)处罚;因证据不足而超期羁押的,一般属于非法拘禁罪与滥用职权罪的想象竞合;不是为了追诉而非法剥夺他人自由的,应认定为非法拘禁罪(如果行为人滥用职权,则是非法拘禁罪与滥用职权罪的想象竞合)。

4. 徇私枉法罪中的包庇有罪的人使其不受追诉的行为与包庇罪有相似之处。司法工作人员利用具体的职务权限(如承办案件和指示、指挥承办案件),使有罪的人不受追诉或者使重罪轻判的,成立徇私枉法罪。行为人所实施的包庇行为与其具体的职务权限无关的,成立包庇罪。

5. 徇私枉法罪与妨害作证罪的关系,存在许多值得研究的问题。本书发表如下看法:(1)一般公民以暴力、威胁、贿买等方法阻止司法工作人员从事勘验、检查,司法工作人员因徇私而不从事勘验、检查,导致有罪证据流失的,或者一般公民以暴力、威胁、贿买等方法指使司法工作人员作虚假勘验笔录、虚假检查笔录,司法工作人员因此而徇私枉法的,司法工作人员构成徇私枉法罪,一般公民构成徇私枉法罪的共犯(教唆犯)与妨害作证罪的想象竞合,从一重罪(徇私枉法罪)处罚。如果司法工作人员没有徇私枉法,对一般公民的行为以妨害作证罪论处。(2)司法工作人员为了使无罪的人受追诉,或者为了使有罪的人不受追诉,或者为了枉法裁判,阻止证人作证或者指使他人作伪证的,属于想象竞合,从一重罪(徇私枉法罪)处罚。

6. 徇私枉法罪与司法工作人员实施的帮助毁灭、伪造证据罪的关系是一个难题。因为司法工作人员完全可能以毁灭、伪造证据的方式实施枉法行为。如前所述,徇私枉法罪的行为主体应限于具体承办案件和指示、指挥承办案件的司法工作人员。因此,未具体承办案件和指示、指挥承办案件的司法工作人员,帮助当事人毁灭、伪造证据的,应认定为帮助毁灭、伪造证据罪。具体承办案件和指示、指挥承办案件的司法工作人员通过毁灭、伪造证据的方法实施枉法行为的,同时触犯了徇私枉法罪与帮助毁灭、伪造证据罪。但由于只有一个行为,属于想象竞合,应从一重罪(徇私枉法罪)处罚。司法工作人员与一般公民通谋,承办案件的司法工作人员实施徇私枉法行为,一般公民帮助毁灭、伪造证据的,司法工作人员成立徇私枉法罪(正犯)与帮助毁灭、伪造证据罪(狭义的共犯)的想象竞合犯,从一重罪处罚;一般公民成立徇私枉法罪(狭义的共犯)与帮助毁灭、伪造证据罪(正犯)的想象竞合犯,从一重罪处罚。

7. 徇私枉法罪与受贿罪的关系,值得深入研究。刑法第 399 条第 4 款规定:"司法工作人员收受贿赂,有前三款行为的,同时又构成本法第三百八十五条规定之罪的,依照处罚较重的规定定罪处罚。"本书的看法如下:(1)由于对司法工作人员因收受贿赂而实施其他犯罪行为的,应当数罪并罚,而刑法第 399 条第 4 款却规定"依照处罚较重的规定定罪处罚",这说明该款属于特别规定、例外规定。亦即,该款将原本属于数罪并罚的情形拟制为一罪。(2)特别规定、例外规定只限于法律明文规定的场合,而不能类比适用于其他情形。例如,不能因为刑法将绑架杀人规定为一罪,司法机关便擅自将绑架后强奸他人的、非法拘禁后故意杀人的情形,也以一罪论处。同理,不能因为存在刑法第399条第4款的规定,对司法工作人员以及其他国家工作人员收受贿赂而实施其他犯罪的,也以一罪论处。换言之,除了刑法第399条第4款的情形之外,对司法工作人员以及其他国家工作人员收受贿赂而实施其他犯罪的,均应实行数罪并罚。例如,国家工作人员收受贿赂而帮助当事人毁灭、伪造证据的,应当实行数罪并罚。再如,司法工作人员收受贿赂而私放在押人员的,应当实行数罪并罚。(3)按照对刑法第399条第4款的文理解释,只有当司法工作人员先收受贿赂,然后犯徇私枉法等罪的,才以一罪论处。因为在这种情况下,收受贿赂成为司法工作人员徇私枉法、枉法裁判的重大诱因,认定为一罪使得处罚较轻,也可以被人接受。但是,在司法工作人员犯徇私枉法等罪后,明知对方的财物是自己违法的职务行为的不正当报酬而收受该财物的,应当实行数罪并罚。(4)司法工作人员"索取贿赂"后有徇私枉法等行为的,不宜适用第399条第4款。诚然,索取贿赂与收受贿赂没有实质区别,对收受贿赂有徇私枉法等行为的,从一重罪处罚,而对索取贿赂有徇私枉法等行为的,实行数罪并罚,似乎不太妥当。但是,其一,由于刑法第399条第4款属于例外规定,应当严格限制其适用范围。立法机关在做出这一规定时,当然预想到了存在索取贿赂的情形,而刑法条文并没有表述为"收受或者索取贿赂"或者"受贿",只是表述为"收受贿赂",就说明第399条第4款的"收受贿赂"不包括索取贿赂。其二,索取贿赂后犯徇私枉法等罪的,其违法性与有责性,明显重于收受贿赂后犯徇私枉法等罪的违法性与有责性。因此,对于前者实行数罪并罚,具有合理性。

(三)徇私枉法罪的处罚

根据刑法第399条第1款的规定,犯徇私枉法罪的,处5年以下有期徒刑或者拘役;情节严重的,处5年以上10年以下有期徒刑;情节特别严重的,处10年以上有期徒刑。

二、民事、行政枉法裁判罪

(一)民事、行政枉法裁判罪的概念与犯罪构成

民事、行政枉法裁判罪,是指司法工作人员,[26]在民事、行政审判活动中故意违背事实和法律作枉法裁判,情节严重的行为。

"民事审判"应是指适用民事诉讼程序的审判,因此包括经济审判在内。由于客观行为仅限于枉法裁判,故枉法调解的不应包括在内。但是,为执行或者不执行生效的调解书所作的枉法裁定,属于本罪的枉法裁判。"民事、行政审判活动"并不是指狭义的审判活动,而是指民事、行政诉讼过程。例如,诉前财产保全的裁定活动,也属于民事审判活动。"民事、行政审判活动"也包括虚假的民事、行政审判活动,例如,虚构民事被告作出有利于某人的判决的,也成立民事枉法裁判罪(也可能同时触犯虚假诉讼罪)。

"违背事实和法律作枉法裁判"包括三种情形:(1)违背事实作裁判,如违背事实将原告单位的普通商标宣告为驰名商标。(2)违背法律作裁判,如故意错误适用法律,故意作

〔26〕 刑法第399条第2款虽然没有明文规定行为主体为司法工作人员,但由于第2款是接着第1款规定的,故没有必要写明;况且第4款又有"司法工作人员……有前三款行为"的规定,这也说明本罪行为主体必须是司法工作人员。

出与法律规定不同的裁判结论。所违背的法律不仅包括狭义的法律,而且包括应当适用的其他法规等;既包括实体法,也包括程序法。(3)同时违背事实与法律作裁判。

关于枉法裁判的标准,国外刑法理论上有主观说、客观说与职务义务说之争。主观说认为,司法工作人员违背自己的信念所做出的裁判,就是枉法裁判。这种观点不仅将主观要素与客观要素相混淆,而且与"枉法"含义不相符合。职务义务说认为,枉法裁判是指在查清事实真相与适用法律方面,违反了司法工作人员的义务或职责。这是行为无价值论的观点,为本书所不取。客观说认为,违反实体法或者程序法做出裁判的,都是枉法裁判。客观说具有合理性,而且与我国刑法第399条第2款所规定的"违背事实和法律"相符合,故本书赞成客观说。[27]

成立本罪要求情节严重。根据立案标准,具有下列情形之一的,属于"情节严重":(1)枉法裁判,致使当事人或者其近亲属自杀、自残造成重伤、死亡,或者精神失常的;(2)枉法裁判,造成个人财产直接经济损失10万元以上,或者直接经济损失不满10万元,但间接经济损失50万元以上的;(3)枉法裁判,造成法人或者其他组织财产直接经济损失20万元以上,或者直接经济损失不满20万元,但间接经济损失100万元以上的;(4)伪造、变造有关材料、证据,制造假案枉法裁判的;(5)串通当事人制造伪证,毁灭证据或者篡改庭审笔录而枉法裁判的;(6)徇私情、私利,明知是伪造、变造的证据予以采信,或者故意对应当采信的证据不予采信,或者故意违反法定程序,或者故意错误适用法律而枉法裁判的;(7)其他情节严重的情形。

本罪的责任形式为故意,即明知自己故意违背事实和法律进行枉法裁判的行为会发生侵害民事、行政审判活动公正性与当事人合法权益的结果,并且希望或者放任这种结果发生。徇私、徇情不是本罪的主观要素。因法律适用能力低下造成枉法裁判后果的,不以本罪论处。

(二)民事、行政枉法裁判罪的处罚

根据刑法第399条第2款的规定,犯民事、行政枉法裁判罪的,处5年以下有期徒刑或者拘役;情节特别严重的,处5年以上10年以下有期徒刑。收受贿赂犯本罪的,依照处罚较重的规定定罪处罚。

三、执行判决、裁定失职罪、执行判决、裁定滥用职权罪

执行判决、裁定失职罪,是指司法工作人员在执行判决、裁定活动中,严重不负责任,不依法采取诉讼保全措施、不履行法定执行职责,或者违法采取诉讼保全措施、强制执行措施,致使当事人或者其他人的利益遭受重大损失的行为。其中的判决、裁定,不仅包括民事、行政方面的判决、裁定,还包括部分刑事判决与裁定,如不履行没收财产或罚金的执行职责的,就可能构成本罪。本罪为过失犯罪。根据立案标准,具有下列情形之一的,应予追诉:(1)致使当事人或者其近亲属自杀、自残造成重伤、死亡,或者精神失常的;(2)造成个人财产直接经济损失15万元以上,或者直接经济损失不满15万元,但间接经济损失75万元以上的;(3)造成法人或者其他组织财产直接经济损失30万元以上,或者直接经济损失不满30万元,但间接经济损失150万元以上的;(4)造成公司、企业等单位停业、停

---

〔27〕参见张明楷、劳东燕、吴大伟等:《司法工作人员犯罪研究》,中国人民大学出版社2008年版,第151页以下。

产1年以上,或者破产的;(5)其他致使当事人或者其他人的利益遭受重大损失的情形。

执行判决、裁定滥用职权罪,是指司法工作人员在执行判决、裁定活动中,滥用职权,不依法采取诉讼保全措施、不履行法定执行职责,或者违法采取诉讼保全措施、强制执行措施,致使当事人或者其他人的利益遭受重大损失的行为。本罪为故意犯罪。根据立案标准,具有下列情形之一的,应予追诉:(1)致使当事人或者其近亲属自杀、自残造成重伤、死亡,或者精神失常的;(2)造成个人财产直接经济损失10万元以上,或者直接经济损失不满10万元,但间接经济损失50万元以上的;(3)造成法人或者其他组织财产直接经济损失20万元以上,或者直接经济损失不满20万元,但间接经济损失100万元以上的;(4)造成公司、企业等单位停业、停产6个月以上,或者破产的;(5)其他致使当事人或者其他人的利益遭受重大损失的情形。

根据刑法第399条第3款的规定,犯上述罪的,处5年以下有期徒刑或者拘役;致使当事人或者其他人的利益遭受特别重大损失的,处5年以上10年以下有期徒刑。收受贿赂犯本罪的,依照处罚较重的规定定罪处罚。

四、私放在押人员罪

(一)私放在押人员罪的概念与犯罪构成

私放在押人员罪,是指司法工作人员私放在押的犯罪嫌疑人、被告人或者罪犯的行为。本罪的法益为国家的羁押机能(或羁押权)。

1. 构成要件的内容为,司法工作人员私自释放依法在押的犯罪嫌疑人、被告人或者罪犯。(1)行为主体是司法工作人员,包括工人等非监管机关在编监管人员在被监管机关聘用受委托履行监管职责的人员;[28]未被公安机关正式录用,受委托履行监管职责的人员,以及受委派承担了监管职责的狱医。[29] (2)行为对象是被依法关押(包括押解途中)的犯罪嫌疑人、被告人或者罪犯;私放被行政拘留、司法拘留的人员的,不成立本罪。(3)"私放"是指违反规定将在押人员予以释放或者实施类似释放的行为,包括作为与不作为,而且与司法工作人员的职务具有关联性。例如,私自将在押的犯罪嫌疑人、被告人、罪犯放走,或者授意、指使、强迫他人将在押的犯罪嫌疑人、被告人、罪犯放走;伪造、变造有关法律文书、证明材料,以使在押的犯罪嫌疑人、被告人、罪犯逃跑或者被释放;为私放在押的犯罪嫌疑人、被告人、罪犯,故意向其通风报信、提供条件,致使该在押的犯罪嫌疑人、被告人、罪犯脱逃;明知罪犯脱逃而故意不阻拦、不追捕;如此等等。私自将在押人员带离监管场所,经过一段时间后再带回监管场所的,也属于"私放"。换言之,"放"包括永久性、长期性释放,也包括一定时间的"放出"。[30] (4)释放行为必须具有非法性。依法释放在押人员的,不成立犯罪。不得已私自释放超期羁押的人员的,应阻却违法性,不成立私放在押人员罪。

2. 责任形式为故意,即明知是依法在押的犯罪嫌疑人、被告人或者罪犯,明知自己的

---

〔28〕 最高人民检察院2001年3月2日《关于工人等非监管机关在编监管人员私放在押人员和失职致使在押人员脱逃行为适用法律问题的解释》。

〔29〕 最高人民法院2000年9月19日《关于未被公安机关正式录用的人员、狱医能否构成失职致使在押人员脱逃罪主体问题的批复》。

〔30〕 例如,司法工作人员甲为了与在押人员乙共同吸毒,利用职务之便将乙带出监管场所,让乙在自己家吸毒、过夜,次日再将乙带回监管场所。本书认为,对甲的行为应以本罪论处。

私放行为会使犯罪嫌疑人、被告人或者罪犯逃避监管，破坏国家的羁押机能，并且希望或者放任这种结果发生。

（二）私放在押人员罪的认定

非司法工作人员帮助在押人员脱逃的，应以脱逃罪的共犯论处；司法工作人员虽帮助在押人员脱逃，但没有利用职务之便的，也应以脱逃罪的共犯论处。司法工作人员主动私放在押人员时，被释放的在押人员不成立脱逃罪，也不成立私放在押人员罪的共犯。在押人员脱逃时，司法工作人员故意不制止、不追捕的，以及在押人员与司法工作人员相勾结，导致在押人员脱离监管的，在押人员成立脱逃罪，司法工作人员同时触犯私放在押人员罪与脱逃罪的共犯，从一重罪（私放在押人员罪）处罚。

侦查、起诉、审判人员利用职务上的便利，徇私枉法，对明知是有罪的人而故意包庇不使他受追诉或者故意宣告无罪，致使罪犯被释放的，应认定为徇私枉法罪。监管人员通过伪造释放证、无罪判决书等释放在押人员的，成立私放在押人员罪。侦查、检察、审判人员，对明知是正在且应继续羁押的犯罪嫌疑人、被告人，枉法采取取保候审措施的，应认定为徇私枉法罪。监管人员擅自对在押人员实行取保候审的，应认定为私放在押人员罪。

（三）私放在押人员罪的处罚

根据刑法第 400 条第 1 款的规定，犯本罪的，处 5 年以下有期徒刑或者拘役；情节严重的，处 5 年以上 10 年以下有期徒刑；情节特别严重的，处 10 年以上有期徒刑。

五、失职致使在押人员脱逃罪

本罪是指司法工作人员由于严重不负责任，致使在押的犯罪嫌疑人、被告人或者罪犯脱逃，造成严重后果的行为。本罪为过失犯罪。在押人员包括被关押在监管场所的人员以及押解途中的人员。根据立案标准，具有下列情形之一的，应认定为“造成严重后果”：（1）致使依法可能判处或者已经判处 10 年以上有期徒刑、无期徒刑、死刑的犯罪嫌疑人、被告人、罪犯脱逃的；（2）致使犯罪嫌疑人、被告人、罪犯脱逃 3 人次以上的；（3）犯罪嫌疑人、被告人、罪犯脱逃以后，打击报复报案人、控告人、举报人、被害人、证人和司法工作人员等，或者继续犯罪的；（4）其他致使在押的犯罪嫌疑人、被告人、罪犯脱逃，造成严重后果的情形。根据刑法第 400 条第 2 款的规定，犯本罪的，处 3 年以下有期徒刑或者拘役；造成特别严重后果的，处 3 年以上 10 年以下有期徒刑。

六、徇私舞弊减刑、假释、暂予监外执行罪

本罪是指司法工作人员徇私舞弊，对不符合减刑、假释、暂予监外执行条件的罪犯，予以减刑、假释或者暂予监外执行的行为。

客观行为表现为四种类型：（1）对在执行期间，没有认真遵守监规，接受教育改造，不具有悔改、立功表现的罪犯予以减刑（违反刑法第 78 条第 1 款）；超过减刑的限度予以减刑，如将被判处 4 年有期徒刑的罪犯，减去 3 年刑期（违反刑法第 78 条第 2 款）。（2）对没有认真遵守监规，接受教育改造，不具有悔改表现，具有再犯罪危险的罪犯予以假释；对没有达到执行期限的罪犯予以假释；对累犯予以假释；对因故意杀人、强奸、抢劫、绑架、放火、爆炸、投放危险物质或者有组织的暴力性犯罪被判处 10 年以上有期徒刑、无期徒刑的犯罪分子予以假释。（3）对不符合刑事诉讼法规定的暂予监外执行条件的罪犯暂予监外执行。（4）由于刑法规定基层人民法院无权裁定减刑与假释，因此，基层人民法院工作人员裁定减刑、假释的，应以本罪论处。本条中的“舞弊”，是“对不符合减刑、假释、暂予监

外执行条件的罪犯,予以减刑、假释或者暂予监外执行”的同位语。换言之,只要“对不符合减刑、假释、暂予监外执行条件的罪犯,予以减刑、假释或者暂予监外执行”就属于舞弊,除此之外,不再需要其他客观行为。不符合减刑、假释、暂予监外执行条件的罪犯,已被减刑、假释或者暂予监外执行时,本罪即为既遂。

本罪的责任形式为故意,且出于徇私动机。但是,只要排除了因法律水平不高、事实掌握不全而过失造成本罪结果,便可认定为“徇私”。

根据立案标准,具有下列情形之一的,应当追诉:(1)刑罚执行机关的工作人员对不符合减刑、假释、暂予监外执行条件的罪犯,捏造事实,伪造材料,违法报请减刑、假释、暂予监外执行的;(2)审判人员对不符合减刑、假释、暂予监外执行条件的罪犯,徇私舞弊,违法裁定减刑、假释或者违法决定暂予监外执行的;(3)监狱管理机关、公安机关的工作人员对不符合暂予监外执行条件的罪犯,徇私舞弊,违法批准暂予监外执行的;(4)不具有报请、裁定、决定或者批准减刑、假释、暂予监外执行权的司法工作人员利用职务上的便利,伪造有关材料,导致不符合减刑、假释、暂予监外执行条件的罪犯被减刑、假释、暂予监外执行的;(5)其他徇私舞弊减刑、假释、暂予监外执行应予追诉的情形。

根据刑法第401条的规定,犯本罪的,处3年以下有期徒刑或者拘役;情节严重的,处3年以上7年以下有期徒刑。

第四节 特定机关工作人员的渎职罪

一、枉法仲裁罪

枉法仲裁罪,是指依法承担仲裁职责的人员,在仲裁活动中故意违背事实和法律作枉法裁决,情节严重的行为。依照刑法第399条之一的规定,犯本罪的,处3年以下有期徒刑或者拘役;情节特别严重的,处3年以上7年以下有期徒刑。

二、徇私舞弊不移交刑事案件罪

(一)徇私舞弊不移交刑事案件罪的概念与犯罪构成

本罪是指行政执法人员徇私舞弊,对依法应当移交司法机关追究刑事责任的不移交,情节严重的行为。

行为主体必须是行政执法人员,即依法具有执行行政法职权的行政机关的工作人员。从司法实践上看,主要是工商行政管理、税务、监察等行政执法人员。客观行为内容为,对应当移交司法机关追究刑事责任的案件不移交。这是指行政执法人员在查处违法案件的过程中,发现行为构成犯罪应当进行刑事追诉,但不将案件移送司法机关处理。至于行为人是将案件作为一般违法行为处理,还是不作任何处理,一般不影响本罪的成立。本条中的“舞弊”,是“对依法应当移交司法机关追究刑事责任的不移交”的同位语。换言之,只要“对依法应当移交司法机关追究刑事责任的不移交”就属于舞弊,除此之外,不再需要其他客观行为。成立本罪还需要情节严重。根据立案标准,具有下列情形之一的,属于“情节严重”:(1)对依法可能判处3年以上有期徒刑、无期徒刑、死刑的犯罪案件不移交的;(2)不移交刑事案件涉及3人次以上的;(3)司法机关提出意见后,无正当理由仍然不予移交的;(4)以罚代刑,放纵犯罪嫌疑人,致使犯罪嫌疑人继续进行违法犯罪活动的;(5)行政执法部门主管领导阻止移交的;(6)隐瞒、毁灭证据,伪造材料,改变刑事案件性质的;(7)直接负责的主管人员和其他直接责任人员为牟取本单位私利而不移交刑事案件,情节严重的;(8)其他情节严重的情形。本罪的责任形式为故意,且出于徇私动机。一方面,行为人必须明知案件应当移交司法机关追究刑事责任而故意不移交;另一方面,必须出于徇私动机。但是,只要排除了因法律水平不高、事实掌握不全而过失不移交,便可认定为"徇私"。行政执法人员索取、收受贿赂,不移交刑事案件,分别构成受贿罪与本罪的,应当实行数罪并罚。

(二)徇私舞弊不移交刑事案件罪与徇私枉法罪的关系

本罪与徇私枉法罪中"明知是有罪的人而故意包庇不使他受追诉"的行为有相似之处,构成要件的明显区别在于行为主体不同:本罪主体是行政执法人员;而徇私枉法罪的主体是司法工作人员。需要注意的是公安机关工作人员的性质:如果他们是对犯罪负有侦查职责的人,则是司法工作人员;如果他们是负责行政法实施的人,则是行政执法人员。例如,公安人员在执行《治安管理处罚法》的过程中,明知行为已构成犯罪,应当移交公安机关的侦查部门进行侦查,但徇私舞弊不移交,仅给予治安处罚的,就构成本罪。反之,刑事犯罪的侦查人员遇到犯罪嫌疑人是自己的亲友,而故意包庇不使其受追诉,擅自不作为刑事案件处理的,成立徇私枉法罪。概言之,行政机关中具有刑事侦查权限的人,在负责承办(包括指示、指挥)具体案件时,将明知是犯罪的案件作为行政违法处理的,应认定为徇私枉法罪。对于负有行政执法与刑事侦查双重职责的人员,应视其在履行何种职责的过程中不将案件作为犯罪处理而得出不同结论。此外,本罪只限于将应当移交司法机关追究刑事责任的不移交,所以,司法工作人员采取其他手段使有罪的人不受追诉的,不可能成立本罪,但可能成立徇私枉法罪。此外,在海关履行走私犯罪侦查职责的人,属于司法工作人员;明知是走私犯罪人而故意包庇不使其受追诉的,成立徇私枉法罪。

(三)徇私舞弊不移交刑事案件罪的处罚

根据刑法第402条的规定,犯本罪的,处3年以下有期徒刑或者拘役;造成严重后果的,处3年以上7年以下有期徒刑。

三、滥用管理公司、证券职权罪

本罪是指国家有关主管部门的国家机关工作人员,徇私舞弊,滥用职权,对不符合法律规定条件的公司设立、登记申请或者股票、债券发行、上市申请,予以批准或者登记,致使公共财产、国家和人民利益遭受重大损失的行为。上级部门强令登记机关及其工作人员实施上述行为的,对其直接负责的主管人员,以本罪论处。根据立案标准,具有下列情形之一的,应予追诉:(1)造成直接经济损失50万元以上的;(2)工商管理部门的工作人员对不符合法律规定条件的公司设立、登记申请,违法予以批准、登记,严重扰乱市场秩序的;(3)金融证券管理机构工作人员对不符合法律规定条件的股票、债券发行、上市申请,违法予以批准,严重损害公众利益,或者严重扰乱金融秩序的;(4)工商管理部门、金融证券管理机构的工作人员对不符合法律规定条件的公司设立、登记申请或者股票、债券发行、上市申请违法予以批准或者登记,致使犯罪行为得逞的;(5)上级部门、当地政府直接负责的主管人员强令登记机关及其工作人员,对不符合法律规定条件的公司设立、登记申请或者股票、债券发行、上市申请予以批准或者登记,致使公共财产、国家或者人民利益遭受重大损失的;(6)其他致使公共财产、国家和人民利益遭受重大损失的情形。根据刑法第403条的规定,犯本罪的,处5年以下有期徒刑或者拘役。

四、徇私舞弊不征、少征税款罪

本罪是指税务机关的工作人员徇私舞弊,不征或者少征应征税款,致使国家税收遭受重大损失的行为。

构成要件的内容为,税务机关工作人员不征或者少征应征税款,致使国家税收遭受重大损失。应征税款,是指根据法律、行政法规规定的税种、税率,税务机关应当向纳税人征收的税款。不征,是指违反税法规定,不向纳税人征收应征税款,包括擅自免征税款的行为。少征,是指违反税法规定,降低税收额或征税率进行征收,包括擅自减征税款。不征或者少征应征税款的行为,就是舞弊行为。行为致使国家税收遭受重大损失的,才成立犯罪。其中的国家税收,包括地方税收。本罪的责任形式为故意,且具有徇私动机。但是,只要排除了因法律政策水平不高等原因过失不征或者少征,便可认定为"徇私"。过失不征、少征税款,致使国家利益遭受重大损失的,可以玩忽职守罪论处。

根据立案标准,具有下列情形之一的,应予追诉:(1)徇私舞弊不征、少征应征税款,致使国家税收损失累计达10万元以上的;(2)上级主管部门工作人员指使税务机关工作人员徇私舞弊不征、少征应征税款,致使国家税收损失累计达10万元以上的;(3)徇私舞弊不征、少征应征税款不满10万元,但具有索取或者收受贿赂或者其他恶劣情节的;(4)其他致使国家税收遭受重大损失的情形。

对于税务机关的工作人员与逃税等犯罪人相勾结不征、少征税款的案件,有人主张按逃税等罪的共同犯罪处罚。然而,逃税罪、抗税罪、逃避追缴欠税罪的法定最高刑第一档为3年有期徒刑、第二档为7年有期徒刑,而本罪的法定最高刑第一档为5年有期徒刑、第二档为15年有期徒刑;而且,与逃税等犯罪人相勾结不征或者少征应征税款的,其行为的法益侵害程度更为严重,如果仅按逃税等罪的共犯处理,反而处罚更轻。因此,本书认为,对上述行为应认定为逃税等罪的共犯与本罪的想象竞合,从一重罪(本罪)处罚。

税务机关工作人员索取、收受贿赂,不征或者少征税款,分别构成受贿罪和本罪的,应当实行数罪并罚。

根据刑法第404条的规定,犯本罪的,处5年以下有期徒刑或者拘役;造成特别重大损失的,处5年以上有期徒刑。

五、徇私舞弊发售发票、抵扣税款、出口退税罪

本罪是指税务机关的工作人员违反法律、行政法规的规定,在办理发售发票、抵扣税款、出口退税工作中,徇私舞弊,致使国家利益遭受重大损失的行为。根据立案标准,徇私舞弊发售发票、抵扣税款、出口退税,具有下列情形之一的,应予追诉:(1)徇私舞弊,致使国家税收损失累计达10万元以上的;(2)徇私舞弊,致使国家税收损失累计不满10万元,但发售增值税专用发票25份以上或者其他发票50份以上或者增值税专用发票与其他发票合计50份以上,或者具有索取、收受贿赂或者其他恶劣情节的;(3)其他致使国家利益遭受重大损失的情形。犯本罪同时触犯徇私舞弊不征、少征税款罪的,应以本罪论处,不实行数罪并罚。犯本罪同时触犯受贿罪的,应当实行数罪并罚。根据刑法第405条的规定,犯本罪的,处5年以下有期徒刑或者拘役;致使国家利益遭受特别重大损失的,处5年以上有期徒刑。

六、违法提供出口退税凭证罪

本罪是指税务机关工作人员以外的其他国家机关工作人员，违反国家规定，在提供出口货物报关单、出口收汇核销单等出口退税凭证的工作中，徇私舞弊，致使国家利益遭受重大损失的行为。根据立案标准，违法提供出口退税凭证，具有下列情形之一的，应予追诉：(1)徇私舞弊，致使国家税收损失累计达10万元以上的；(2)徇私舞弊，致使国家税收损失累计不满10万元，但具有索取、收受贿赂或者其他恶劣情节的；(3)其他致使国家利益遭受重大损失的情形。犯本罪同时触犯徇私舞弊不征、少征税款罪的，应以本罪论处，不实行数罪并罚。犯本罪同时触犯受贿罪的，应当实行数罪并罚。犯本罪的，根据刑法第405条的规定处罚。

七、违法发放林木采伐许可证罪

本罪是指林业主管部门的工作人员违反森林法的规定，超过批准的年采伐限额发放林木采伐许可证或者违反规定滥发林木采伐许可证，情节严重，致使森林遭受严重破坏的行为。

根据最高人民法院2000年11月22日《关于审理破坏森林资源刑事案件具体应用法律若干问题的解释》，具有下列情形之一的，属于"情节严重，致使森林遭受严重破坏"，以本罪论处：(1)发放林木采伐许可证允许采伐数量累计超过批准的年采伐限额，导致林木被采伐数量在10立方米以上的；(2)滥发林木采伐许可证，导致林木被滥伐20立方米以上的；(3)滥发林木采伐许可证，导致珍贵树木被滥伐的；(4)批准采伐国家禁止采伐的林木，情节恶劣的；(5)其他情节严重的情形。[31]

林业主管部门工作人员之外的国家机关工作人员，违反森林法的规定，滥用职权或者玩忽职守，致使林木被滥伐40立方米以上或者幼树被滥伐2000株以上，或者致使防护林、特种用途林被滥伐10立方米以上或者幼树被滥伐400株以上，或者致使珍贵树木被采伐、毁坏4立方米或者4株以上，或者致使国家重点保护的其他植物被采伐、毁坏后果严重的，或者致使国家严禁采伐的林木被采伐、毁坏情节恶劣的，按照刑法第397条的规定以滥用职权罪或者玩忽职守罪论处。林业主管部门工作人员并非违法发放林木采伐许可证，而是实施此外的滥用职权、玩忽职守行为，导致森林遭受严重破坏的，应认定为滥用职权、玩忽职守罪。

根据刑法第407条的规定，犯本罪的，处3年以下有期徒刑或者拘役。

八、环境监管失职罪

环境监管失职罪，是指负有环境保护监督管理职责的国家机关工作人员严重不负责任，导致发生重大环境污染事故，致使公私财产遭受重大损失或者造成人身伤亡的严重后果的行为。根据"两高"2013年6月17日《关于办理环境污染刑事案件适用法律若干问题的解释》，实施本罪行为，具有下列情形之一的，属于"致使公私财产遭受重大损失或者

〔31〕根据立案标准，涉嫌下列情形之一的，应予立案：(1)发放林木采伐许可证允许采伐数量累计超过批准的年采伐限额，导致林木被超限额采伐10立方米以上的；(2)滥发林木采伐许可证，导致林木被滥伐20立方米以上，或者导致幼树被滥伐1000株以上的；(3)滥发林木采伐许可证，导致防护林、特种用途林被滥伐5立方米以上，或者幼树被滥伐200株以上的；(4)滥发林木采伐许可证，导致珍贵树木或者国家重点保护的其他树木被滥伐的；(5)滥发林木采伐许可证，导致国家禁止采伐的林木被采伐的；(6)其他情节严重，致使森林遭受严重破坏的情形。

造成人身伤亡的严重后果”:(1)致使乡镇以上集中式饮用水水源取水中断 12 小时以上的;(2)致使基本农田、防护林地、特种用途林地 5 亩以上,其他农用地 10 亩以上,其他土地 20 亩以上基本功能丧失或者遭受永久性破坏的;(3)致使森林或者其他林木死亡 50 立方米以上,或者幼树死亡 2500 株以上的;(4)致使公私财产损失 30 万元以上的;(5)致使疏散、转移群众 5000 人以上的;(6)致使 30 人以上中毒的;(7)致使 3 人以上轻伤、轻度残疾或者器官组织损伤导致一般功能障碍的;(8)致使 1 人以上重伤、中度残疾或者器官组织损伤导致严重功能障碍的;(9)其他严重污染环境的情形。根据刑法第 408 条的规定,犯本罪的,处 3 年以下有期徒刑或者拘役。

九、食品监管渎职罪

食品监管渎职罪,是指负有食品安全监督管理职责的国家机关工作人员,滥用职权或者玩忽职守,导致发生重大食品安全事故或者造成其他严重后果的行为。本罪包括两个类型:一是故意的滥用职权的行为;二是过失的玩忽职守的行为。但司法解释却将这两个类型的行为确定为一个罪名,明显不当。[32] 换言之,本罪应分解为两个独立的罪名:食品监管滥用职权罪与食品监管玩忽职守罪。

根据“两高”2013 年 5 月 2 日《关于办理危害食品安全刑事案件适用法律若干问题的解释》,负有食品安全监督管理职责的国家机关工作人员,滥用职权或者玩忽职守,导致发生重大食品安全事故或者造成其他严重后果,同时构成食品监管渎职罪和徇私舞弊不移交刑事案件罪、商检徇私舞弊罪、动植物检疫徇私舞弊罪、放纵制售伪劣商品犯罪行为罪等其他渎职犯罪的,依照处罚较重的规定定罪处罚。负有食品安全监督管理职责的国家机关工作人员滥用职权或者玩忽职守,不构成食品监管渎职罪,但构成其他渎职犯罪的,依照其他渎职罪定罪处罚。负有食品安全监督管理职责的国家机关工作人员与他人共谋,利用其职务行为帮助他人实施危害食品安全犯罪行为,同时构成渎职犯罪和危害食品安全犯罪共犯的,依照处罚较重的规定定罪处罚。此外,负有食品安全监督管理职责的国家机关工作人员,滥用职权,向生产、销售有毒、有害食品的犯罪分子通风报信,帮助逃避处罚的,应当认定为食品监管渎职罪。[33] 负有食品安全监督管理职责的国家机关工作

---

〔32〕 相关说明指出:“两高”2011 年 4 月 27 日《关于执行〈中华人民共和国〉刑法确定罪名的补充规定(五)》“未沿袭以往惯例,将刑法第四百零八条之一规定的有关食品安全监督犯罪确定为‘食品监管玩忽职守罪’和‘食品监管滥用职权罪’两罪,而是确定为‘食品监管渎职罪’一罪。这主要是考虑:刑法第四百零八条之一将食品安全监管滥用职权和玩忽职守并列规定,且法定刑完全相同,分别确定罪名没有实际意义;相反,实践表明,滥用职权与玩忽职守的区分,往往遇到困难、引发争议,将本条确定为两个罪名,难免会给司法适用和理论研究人为制造诸多难题,且可能引发不必要的上诉、抗诉或者申诉,浪费国家司法资源”(张军:“认真学习刑法修正案(八) 促进经济社会科学发展”,载《人民法院报》2011 年 5 月 4 日)。但是,第一,并列规定与法定刑相同,显然都不是确定为一个罪名的理由。第二,如果认为滥用职权是故意犯罪,玩忽职守是过失犯罪,并且认为故意与过失是位阶关系而不是对立关系,那么,只要行为人对结果具有预见可能性,就能认定为过失犯罪,则不存在难以区分的问题。认为难以区分二者,是不合理地否认不作为的滥用职权,以及不合理地要求滥用职权的行为人认识到客观的超过要素所致。第三,将刑法第 408 条之一规定的犯罪概括为一个罪名,导致一个罪既可能由故意构成也可能由过失构成,在司法适用与理论上制造了诸多难题(例如,认定共同犯罪案件,是否需要区分故意与过失?他人能否成立食品监管渎职罪的教唆犯?结局是,在这样的场合,依然必须区分故意与过失)。第四,不区分故意与过失,必然导致司法机关不判断行为人主观上是故意还是过失,因而会形成结果责任,违反责任主义。

〔33〕 参见最高人民检察院 2014 年 2 月 20 日《关于印发第四批指导性案例的通知》(检例第 15 号·胡林贵等人生产、销售有毒、有害食品,行贿;黎达文等人受贿,食品监管渎职案)。

人员，滥用职权或玩忽职守，导致发生重大食品安全事故或者造成其他严重后果的，应当认定为食品监管渎职罪。在渎职过程中受贿的，应当以食品监管渎职罪和受贿罪实行数罪并罚。〔34〕

根据刑法第408条之一的规定，犯本罪的，处5年以下有期徒刑或者拘役；造成特别严重后果的，处5年以上10年以下有期徒刑。徇私舞弊犯本罪的，从重处罚。

十、传染病防治失职罪

传染病防治失职罪，是指从事传染病防治的政府卫生行政部门的工作人员严重不负责任，导致传染病传播或者流行，情节严重的行为。根据立案标准，具有下列情形之一的，应予追诉：(1)导致甲类传染病传播的；(2)导致乙类、丙类传染病流行的；(3)因传染病传播或者流行，造成人员重伤或者死亡的；(4)因传染病传播或者流行，严重影响正常的生产、生活秩序的；(5)在国家对突发传染病疫情等灾害采取预防、控制措施后，对发生突发传染病疫情等灾害的地区或者突发传染病病人、病原携带者、疑似突发传染病病人，未按照预防、控制突发传染病疫情等灾害工作规范的要求做好防疫、检疫、隔离、防护、救治等工作，或者采取的预防、控制措施不当，造成传染范围扩大或者疫情、灾情加重的；(6)在国家对突发传染病疫情等灾害采取预防、控制措施后，隐瞒、缓报、谎报或者授意、指使、强令他人隐瞒、缓报、谎报疫情、灾情，造成传染范围扩大或者疫情、灾情加重的；(7)在国家对突发传染病疫情等灾害采取预防、控制措施后，拒不执行突发传染病疫情等灾害应急处理指挥机构的决定、命令，造成传染范围扩大或者疫情、灾情加重的；(8)其他情节严重的情形。根据刑法第409条的规定，犯本罪的，处3年以下有期徒刑或者拘役。

十一、放纵走私罪

(一)放纵走私罪的概念与犯罪构成

放纵走私罪，是指海关工作人员徇私舞弊，放纵走私，情节严重的行为。

行为主体是海关工作人员。客观行为表现为放纵走私，即放任、纵容走私。如放行走私罪犯，不缉查走私货物、物品，不征收关税等。被放纵的是走私罪还是一般走私行为，不影响本罪的成立。“舞弊”与“放纵”走私是同位语，只要能够认定“放纵”，就不需要另外的舞弊行为。成立本罪要求情节严重。根据立案标准，具有下列情形之一的，属于“情节严重”：(1)放纵走私犯罪的；(2)因放纵走私致使国家应收税额损失累计达10万元以上的；(3)放纵走私行为3起次以上的；(4)放纵走私行为，具有索取或者收受贿赂情节的；(5)其他情节严重的情形。责任形式为故意，且具有徇私动机。只要行为人明知是走私而放纵，排除了因为事实不清、政策界限不明等因素导致过失放纵走私，就可以认定为“徇私”。

(二)放纵走私罪的认定

海关工作人员故意放纵走私，不依法征收关税的，成立放纵走私罪，而非徇私舞弊不征、少征税款罪。海关工作人员故意放行走私犯罪人的，成立放纵走私罪。

作为行政执法人员的海关工作人员，发现行为构成走私罪，但徇私舞弊，既不将案件移交司法机关追究刑事责任，也不按海关法做出处理的，应认定为放纵走私罪；如果徇私

〔34〕　参见最高人民检察院2014年2月20日《关于印发第四批指导性案例的通知》(检例第16号·赛跃、韩成武受贿、食品监管渎职案)。

舞弊不将案件移交司法机关追究刑事责任,但按海关法做出处理的,则应认定为徇私舞弊不移交刑事案件罪。前一种行为的法益侵害程度严重,而且确实放纵了走私,故按照法定刑较重的放纵走私罪处理;后一种行为的法益侵害程度相对轻微,而且依海关法做出了一定处理,不宜认定为放纵走私,故按照法定刑较轻的徇私舞弊不移交刑事案件罪处理。作为司法工作人员的海关工作人员(负责走私犯罪侦查的人员),发现他人行为构成走私罪,但故意使其不受刑事追诉的,应认定为徇私枉法罪。实施本罪行为同时触犯走私罪的(构成走私罪的共犯),属于想象竞合,从一重罪处罚。

"两高"、海关总署 2002 年 7 月 8 日《关于办理走私刑事案件适用法律若干问题的意见》第 16 条指出:"负有特定监管义务的海关工作人员徇私舞弊,利用职权,放任、纵容走私犯罪行为,情节严重的,构成放纵走私罪。放纵走私行为,一般是消极的不作为。如果海关工作人员与走私分子通谋,在放纵走私过程中以积极的行为配合走私分子逃避海关监管或者在放纵走私之后分得赃款的,应以共同走私犯罪追究刑事责任。"其实,海关工作人员的这种行为是走私罪的共犯与放纵走私罪的想象竞合,应当从一重罪处罚。海关工作人员收受贿赂又放纵走私的,应以受贿罪和放纵走私罪数罪并罚。

(三)放纵走私罪的处罚

根据刑法第 411 条的规定,犯本罪的,处 5 年以下有期徒刑或者拘役;情节特别严重的,处 5 年以上有期徒刑。

十二、商检徇私舞弊罪、商检失职罪

商检徇私舞弊罪,是指国家商检部门、商检机构的工作人员徇私舞弊,伪造检验结果的行为。这是一种故意的无形伪造和交付无形伪造文书的行为,即有权提出商检结果的人,故意提出与事实不相符合的检验结果,如将不合格商品作合格商品的结论,或者将合格商品作不合格商品的结论。根据立案标准,具有下列情形之一的,应当追诉:(1)采取伪造、变造的手段对报检的商品的单证、印章、标志、封识、质量认证标志等作虚假的证明或者出具不真实的证明结论的;(2)将送检的合格商品检验为不合格,或者将不合格商品检验为合格的;(3)对明知是不合格的商品,不检验而出具合格检验结果的;(4)其他伪造检验结果应予追诉的情形。根据刑法第 412 条第 1 款的规定,犯本罪的,处 5 年以下有期徒刑或者拘役;造成严重后果的,处 5 年以上 10 年以下有期徒刑。

商检失职罪,是指国家商检部门、商检机构的工作人员严重不负责任,对应当检验的物品不检验,或者延误检验出证、错误出证,致使国家利益遭受重大损失的行为。这是一种过失犯罪。根据立案标准,具有下列情形之一的,应予追诉:(1)致使不合格的食品、药品、医疗器械等商品出入境,严重危害生命健康的;(2)造成个人财产直接经济损失 15 万元以上,或者直接经济损失不满 15 万元,但间接经济损失 75 万元以上的;(3)造成公共财产、法人或者其他组织财产直接经济损失 30 万元以上,或者直接经济损失不满 30 万元,但间接经济损失 150 万元以上的;(4)未经检验,出具合格检验结果,致使国家禁止进口的固体废物、液态废物和气态废物等进入境内的;(5)不检验或者延误检验出证、错误出证,引起国际经济贸易纠纷,严重影响国家对外经贸关系,或者严重损害国家声誉的;(6)其他致使国家利益遭受重大损失的情形。根据刑法第 412 条第 2 款的规定,犯本罪的,处 3 年以下有期徒刑或者拘役。

十三、动植物检疫徇私舞弊罪、动植物检疫失职罪

动植物检疫徇私舞弊罪，是指动植物检疫机关的检疫人员徇私舞弊，伪造检疫结果的行为。这是一种无形伪造并交付无形伪造的文书的行为，即有权提出检疫结果的人，故意提出与事实不相符合的检疫结果。根据立案标准，具有下列情形之一的，应予追诉：(1)采取伪造、变造的手段对检疫的单证、印章、标志、封识等作虚假的证明或者出具不真实的结论的；(2)将送检的合格动植物检疫为不合格，或者将不合格动植物检疫为合格的；(3)对明知是不合格的动植物，不检疫而出具合格检疫结果的；(4)其他伪造检疫结果应予追诉的情形。根据刑法第413条第1款的规定，犯本罪的，处5年以下有期徒刑或者拘役；造成严重后果的，处5年以上10年以下有期徒刑。

动植物检疫失职罪，是指动植物检疫机关的检疫人员严重不负责任，对应当检疫的检疫物不检疫，或者延误检疫出证、错误出证，致使国家利益遭受重大损失的行为。根据立案标准，具有下列情形之一的，应予追诉：(1)导致疫情发生，造成人员重伤或者死亡的；(2)导致重大疫情发生、传播或者流行的；(3)造成个人财产直接经济损失15万元以上，或者直接经济损失不满15万元，但间接经济损失75万元以上的；(4)造成公共财产或者法人、其他组织财产直接经济损失30万元以上，或者直接经济损失不满30万元，但间接经济损失150万元以上的；(5)不检疫或者延误检疫出证、错误出证，引起国际经济贸易纠纷，严重影响国家对外经贸关系，或者严重损害国家声誉的；(6)其他致使国家利益遭受重大损失的情形。根据刑法第413条第2款的规定，犯本罪的，处3年以下有期徒刑或者拘役。

十四、放纵制售伪劣商品犯罪行为罪

本罪是指对生产、销售伪劣商品犯罪行为负有追究职责的国家机关工作人员，徇私舞弊，不履行法律规定的追究职责，情节严重的行为。本书认为，本罪的行为主体应为查处生产、销售伪劣商品犯罪行为的有关行政机关的工作人员，如工商行政管理部门的工作人员，产品质量监督机关的工作人员等。不履行法律规定的追究职责包括两种情况：一是不履行刑法规定的追究刑事责任的职责，主要表现为不将该犯罪提交司法机关处理；二是不履行法律规定的追究其他法律责任的职责。如果行为同时符合生产、销售伪劣商品罪(共犯)、徇私舞弊不移交刑事案件罪、食品监管渎职罪的，应当从一重罪处罚。根据“两高”2001年4月9日《关于办理生产、销售伪劣商品刑事案件具体应用法律若干问题的解释》，具有下列情形之一的，属于“情节严重”：(1)放纵生产、销售假药或者有毒、有害食品犯罪行为的；(2)放纵依法可能判处2年有期徒刑以上刑罚的生产、销售伪劣商品犯罪行为的；(3)对3个以上有生产、销售伪劣商品犯罪行为的单位或者个人不履行追究职责的；(4)致使国家和人民利益遭受重大损失或者造成恶劣影响的。[35] 根据刑法第414条的规定，犯本罪的，处5年以下有期徒刑或者拘役。

---

〔35〕 立案标准规定，涉嫌下列情形之一的，应予立案：(1)放纵生产、销售假药或者有毒、有害食品犯罪行为的；(2)放纵生产、销售伪劣农药、兽药、化肥、种子犯罪行为的；(3)放纵依法可能判处3年有期徒刑以上刑罚的生产、销售伪劣商品犯罪行为的；(4)对生产、销售伪劣商品犯罪行为不履行追究职责，致使生产、销售伪劣商品犯罪行为得以继续的；(5)3次以上不履行追究职责，或者对3个以上有生产、销售伪劣商品犯罪行为的单位或者个人不履行追究职责的；(6)其他情节严重的情形。

十五、办理偷越国(边)境人员出入境证件罪、放行偷越国(边)境人员罪

办理偷越国(边)境人员出入境证件罪,是指负责办理护照、签证以及其他出入境证件的国家机关工作人员,对明知是企图偷越国(边)境的人员,予以办理出入境证件的行为。[36] 放行偷越国(边)境人员罪,是指边防、海关等国家机关工作人员,对明知是偷越国(边)境的人员,予以放行的行为。放行持有有效护照、签证的人进出境(边境)的人,不可能成立放行偷越国(边)境人员罪。即使国家机关工作人员明知持旅行签证出境的中国公民试图在国外就业而放行,也不成立本罪。因为该中国公民的行为不属于偷越国(边)境。根据刑法第415条的规定,犯本罪的,处3年以下有期徒刑或者拘役;情节严重的,处3年以上7年以下有期徒刑。

十六、不解救被拐卖、绑架的妇女、儿童罪

本罪是指对被拐卖、绑架的妇女、儿童负有解救职责的国家机关工作人员,接到被拐卖、绑架的妇女、儿童及其亲属的解救要求或者接到其他人的举报,而对被拐卖、绑架的妇女、儿童不进行解救,造成严重后果的行为。根据立案标准,不解救被拐卖、绑架妇女、儿童,具有下列情形之一的,属于"造成严重后果":(1)导致被拐卖、绑架的妇女、儿童或者其家属重伤、死亡或者精神失常的;(2)导致被拐卖、绑架的妇女、儿童被转移、隐匿、转卖,不能及时进行解救的;(3)对被拐卖、绑架的妇女、儿童不进行解救3人次以上的;(4)对被拐卖、绑架的妇女、儿童不进行解救,造成恶劣社会影响的;(5)其他造成严重后果的情形。

问题一:本条中的"绑架",是仅指刑法第240条第1款第5项的绑架(即拐卖妇女、儿童的一种情形),还是包括刑法第239条规定的绑架?从立法沿革与被害人仅限于妇女、儿童来考察,答案应指前者。[37] 如果认为是后者,则出现了不协调现象:在妇女、儿童被绑架时不解救的,成立本罪;在成年男性被绑架时不解救的,成立其他犯罪或者无罪。这是本书不能接受的。负有解救职责的国家机关工作人员,不解救刑法第239条的被绑架人的,视行为性质与责任形式,以其他犯罪(如滥用职权罪、玩忽职守罪)论处。

问题二:本条中的"被拐卖的妇女、儿童",是仅指被拐卖但还没有出卖的妇女、儿童,还是包括拐卖过程中以及拐卖后被他人收买的妇女、儿童?本书持后一回答。因为已被收买的妇女、儿童也有解救的必要;而且已被出卖的妇女、儿童也属于被拐卖的妇女、儿童。

问题三:在拐卖妇女、儿童的行为已经既遂但仍然处于持续过程中,可以成立拐卖妇女、儿童罪的共犯的情况下,负有解救职责的国家机关工作人员,在何种情形下成立拐卖妇女、儿童罪的共犯?大体可以肯定的是,国家机关工作人员与拐卖妇女、儿童的犯罪分子通谋,为后者拐卖妇女、儿童提供各种便利条件的,应认定为拐卖妇女、儿童罪的共犯。单纯不解救的行为,宜认定为本罪。如果行为同时触犯拐卖妇女、儿童罪与本罪,则应当认定为想象竞合,从一重罪处罚。

根据刑法第416条第1款的规定,犯本罪的,处5年以下有期徒刑或者拘役。

---

〔36〕 随着社会发展,本罪会自动消失。任何人都有权申领护照,国家机关不得以其企图偷越国(边)境为由而拒发护照。另一方面,申请入境的外国人要求办理签证时,不能认为其有偷越我国国(边)境的企图。

〔37〕 参见全国人大常委会1991年9月4日《关于严惩拐卖、绑架妇女、儿童的犯罪分子的决定》。

十七、阻碍解救被拐卖、绑架的妇女、儿童罪

本罪是指对被拐卖、绑架的妇女、儿童负有解救职责的国家机关工作人员利用职务阻碍解救被拐卖、绑架的妇女、儿童的行为。根据立案标准，具有下列情形之一的，应予追诉：(1)利用职权，禁止、阻止或者妨碍有关部门、人员解救被拐卖、绑架的妇女、儿童的；(2)利用职务上的便利，向拐卖、绑架者或者收买者通风报信，妨碍解救工作正常进行的；(3)其他利用职务阻碍解救被拐卖、绑架的妇女、儿童应予追诉的情形。实施本罪行为，同时触犯拐卖妇女、儿童罪的，属于想象竞合，从一重罪处罚。根据刑法第416条第2款的规定，犯本罪的，处2年以上7年以下有期徒刑；情节较轻的，处2年以下有期徒刑或者拘役。

十八、帮助犯罪分子逃避处罚罪

本罪是指有查禁犯罪活动职责的国家机关工作人员，向犯罪分子通风报信、提供便利，帮助犯罪分子逃避处罚的行为。

负有查禁职责的人员，不是指一般地、抽象地具备查禁职责的人员，而是就具体犯罪具有查禁职责的人员，但又不要求是对该犯罪具有刑事追诉权限的人员。具有刑事追诉职权的司法工作人员，在刑事追诉过程中，对明知是有罪的人而故意使其不受追诉的，应以徇私枉法罪论处。但是，司法工作人员在刑事追诉过程之外使有罪的人不受追诉的，以及没有刑事追诉职权的司法工作人员帮助犯罪分子逃避处罚的，成立本罪。

帮助的对象是犯罪分子，其中的犯罪分子不限于已经被人民法院判处刑罚的犯罪分子，也包括有证据证明确实实施了犯罪行为的人。帮助一般违法人员使之逃避行政处罚的，不成立本罪。

“通风报信、提供便利”，包括直接和间接向犯罪分子通风报信。“通风报信、提供便利”只是法条列举的帮助犯罪分子逃避处罚的通常行为，是对客观行为的例示性规定，而不是对客观行为的限制性规定。换言之，以“通风报信、提供便利”之外的方法，帮助犯罪分子逃避处罚的，也成立本罪。“帮助犯罪分子逃避处罚”不是共同犯罪中的帮助行为，而应理解为为了使犯罪分子逃避处罚所实施的实行行为，包括单独实施和与犯罪分子共同实施。帮助犯罪分子逃避处罚的行为，应与行为主体的职责相关联（如将基于职务而获悉的相关信息告诉犯罪分子，利用职务之便为犯罪分子提供便利），否则只能认定为窝藏、包庇罪。负有查禁职责的人员帮助犯罪分子毁灭、伪造证据的，属于想象竞合，从一重罪（本罪）处罚。

帮助犯罪分子“逃避处罚”，主要包括以下情形：(1)帮助犯罪分子使之逃避侦查；(2)帮助犯罪分子使之不被起诉；(3)帮助犯罪分子使其免予定罪；(4)帮助犯罪分子使其免予刑罚处罚或者使其仅受行政处罚；(5)帮助犯罪分子逃避应受的重刑罚，亦即，包括使原本应受重刑罚的犯罪分子仅受到较轻的刑罚处罚；(6)在人民法院判处刑罚后，帮助犯罪分子逃避刑罚执行。但是，如果根据事实与法律，被帮助的人实际上无罪或者原本应当免予刑罚处罚的，则帮助者的行为不成立犯罪。

根据立案标准，具有下列情形之一的，应予追诉：(1)向犯罪分子泄漏有关部门查禁犯罪活动的部署、人员、措施、时间、地点等情况的；(2)向犯罪分子提供钱物、交通工具、通讯设备、隐藏处所等便利条件的；(3)向犯罪分子泄露案情的；(4)帮助、示意犯罪分子

隐匿、毁灭、伪造证据,或者串供、翻供的;(5)其他帮助犯罪分子逃避处罚应予追诉的情形。[38] 根据有关司法解释,公安人员对盗窃、抢劫的机动车辆,非法提供机动车牌证或者为其取得机动车牌证提供便利,帮助犯罪分子逃避处罚的,以本罪论处。[39]

根据刑法第417条的规定,犯本罪的,处3年以下有期徒刑或者拘役;情节严重的,处3年以上10年以下有期徒刑。

---

〔38〕 在本书看来,其中的第(2)、(4)以及其他没有利用职务便利的行为,不能认定为本罪,只能认定为妨害司法的犯罪。

〔39〕 参见"两高"、公安部、国家工商行政管理局1998年5月8日《关于依法查处盗窃、抢劫机动车案件的规定》。

第二十七章　军人违反职责罪

第一节　军人违反职责罪概述

一、军人违反职责罪的概念与犯罪构成

（一）军人违反职责罪的概念与法益

刑法第420条规定："军人违反职责，危害国家军事利益，依照法律应当受刑罚处罚的行为，是军人违反职责罪。"

本类犯罪的法益是国家的军事利益。国家的军事利益，是指国家在国防建设、作战行动、军队物质保障、军事机密、军事科学研究等方面的利益。军事利益直接关系着国家的安全与利益，理应受到特殊保护。危害国家军事利益，是军人违反职责罪区别于其他犯罪的本质特征。

军人违反职责罪，原来是以单行条例的形式规定的，修订刑法时将其纳入了刑法典。不难看出，军人违反职责罪，是军人这一特殊行为主体所实施的特定犯罪，故刑法分则第十章关于军人违反职责罪的规定，实质上属于特别刑法。根据法律适用原则，如果军人的同一行为既触犯了分则第十章的条文，又触犯了刑法分则其他章的条文，就应根据特别法（条）优于普通法（条）的原则，适用分则第十章的有关规定，而不能适用其他普通法条。但是，应当注意法条竞合与想象竞合的区别，不能将想象竞合归入法条竞合。

（二）军人违反职责罪的犯罪构成

1. 构成要件的内容为，军人违反其职责，危害国家军事利益的行为。行为主体为军人，包括中国人民解放军的现役军官、文职干部、士兵及具有军籍的学员和中国人民武装警察部队的现役警官、文职干部、士兵及具有军籍的学员以及执行军事任务的预备役人员和其他人员。军人职责可分为一般职责与具体职责。前者是任何军人都负有的职责，主要规定在人民解放军《内务条令》第三章；后者是不同军人在执行不同任务时所负有的职责，规定在各种条例、条令中。"违反职责"，是指违反国家法律、法规，军事法规、军事规章所规定的军人职责，包括军人的共同职责，士兵、军官和首长的一般职责，各类主管人员和其他从事专门工作的军人的专业职责等。军人违反职责的行为既包括作为，也包括不作为，其中可以由不作为构成的犯罪较多，这也是军法从严的体现。行为的时间、地点，对军人违反职责罪的定罪与量刑具有重要意义。一方面，许多犯罪行为要求在"战时"、"临阵"、"在战场上"、"在军事行为地区"等时间与地点实施；另一方面，"战时"等特定时间

往往是法定刑升格的条件或从重处罚的法定情节。[1]

2. 责任形式包括故意与过失。故意、过失的内容得根据刑法总则的规定以及各种犯罪的具体行为与结果予以确定。

二、军人违反职责罪的类型

刑法分则第十章共规定了30多种罪名,可以采用不同的标准对其予以分类。例如,根据犯罪时间,分为战时军人违反职责罪与平时军人违反职责罪。本书根据各种具体犯罪的法益,将军人违反职责罪划分为如下几类:危害作战利益的犯罪,违反部队管理制度的犯罪,危害军事秘密的犯罪,危害部队物资保障的犯罪,侵犯部属、伤病军人、平民、战俘利益的犯罪。

第二节 危害作战利益的犯罪

一、战时违抗命令罪

战时违抗命令罪,是指战时故意违抗上级命令,对作战造成危害的行为。

构成要件的内容为,战时违抗作战命令,对作战造成危害的行为。(1)行为必须发生在战时。根据刑法第451条的规定,战时,是指国家宣布进入战争状态、部队受领作战任务或者遭敌突然袭击时;部队执行戒严任务或处置突发性暴力事件时,以战时论。(2)实施违抗作战命令的行为。"违抗命令",是指主观上出于故意,客观上违背、抗拒首长、上级职权范围内的命令,包括拒绝接受命令、拒不执行命令,或者不按照命令的具体要求行动等,主要表现为三种情况:一是拒不接受、执行作战命令;二是拖延或迟缓执行作战命令;三是实施不符合作战命令的行为。(3)必须对作战造成危害。具有下列情形之一的,属于"对作战造成危害":一是扰乱作战部署或者贻误战机的;二是造成作战任务不能完成或者迟缓完成的;三是造成我方人员死亡1人以上,或者重伤2人以上,或者轻伤3人以上的;四是造成武器装备、军事设施、军用物资损毁,直接影响作战任务完成的;五是对作战造成其他危害的。本罪的责任形式为故意,即明知违抗命令的行为会发生对作战造成危害的结果,并且希望或者放任这种结果发生。

根据刑法第421条的规定,犯战时违抗命令罪的,处3年以上10年以下有期徒刑;致使战斗、战役遭受重大损失的,处10年以上有期徒刑、无期徒刑或者死刑。

二、隐瞒、谎报军情罪、拒传、假传军令罪

隐瞒、谎报军情罪,是指故意隐瞒、谎报军情,对作战造成危害的行为。构成要件的内容为,在战时隐瞒军情,或者报告捏造的、虚构的或其他不真实的军情,对作战造成危害。[2] 隐瞒,是指将应当向首长、上级报告的军事情况隐瞒不报;谎报,是指用编造或者篡改的军事情况欺骗首长、上级;报告,是指用口头或者书面等形式,将军事情况正式报告

---

[1] 关于本章犯罪的立案标准,参见最高人民检察院、解放军总政治部2013年2月26日《军人违反职责罪案件立案标准的规定》。

[2] 刑法条文虽然没有明文要求"战时",但从"对作战造成危害"的要求来看,应认为行为必须发生在战时。

首长、上级或者部队;"军情"指作战有关的我军、友军和敌军的情节及其他重要信息。具有下列情形之一的,属于"对作战造成危害":(1)造成首长、上级决策失误的;(2)造成作战任务不能完成或者迟缓完成的;(3)造成我方人员死亡1人以上,或者重伤2人以上,或者轻伤3人以上的;(4)造成武器装备、军事设施、军用物资损毁,直接影响作战任务完成的;(5)对作战造成其他危害的。责任形式为故意,即明知隐瞒、谎报军情的行为会发生对作战造成危害的结果,并且希望或者放任这种结果发生。过失传达、报告虚假军情的,不成立本罪。

拒传、假传军令罪,包括拒传军令罪与假传军令罪。拒传军令,是指负有传递军令职责的军人,明知是军令而故意拒绝传递或者拖延传递,对作战造成危害的行为。假传军令罪,是指故意伪造、篡改军令,或者明知是伪造、篡改的军令而予以传达或者发布,对作战造成危害的行为。军令,是指与部队军事活动有关的命令、指示等。具有下列情形之一的,属于"对作战造成危害":(1)造成首长、上级决策失误的;(2)造成作战任务不能完成或者迟缓完成的;(3)造成我方人员死亡1人以上,或者重伤2人以上,或者轻伤3人以上的;(4)造成武器装备、军事设施、军用物资损毁,直接影响作战任务完成的;(5)对作战造成其他危害的。

根据刑法第422条的规定,犯上述罪的,处3年以上10年以下有期徒刑;致使战斗、战役遭受重大损失的,处10年以上有期徒刑、无期徒刑或者死刑。

三、投降罪

投降罪,是指在战场上贪生怕死,自动放下武器投降敌人的行为。自动放弃武器,是指在战场上能够使用武器进行有效抵抗却自动放弃抵抗的行为。投降,是指向敌对一方表示屈服的行为。责任形式为故意,并出于贪生怕死的动机。根据刑法第423条的规定,犯投降罪的,处3年以上10年以下有期徒刑;情节严重的,处10年以上有期徒刑或者无期徒刑;投降后为敌人效劳的,处10年以上有期徒刑、无期徒刑或者死刑。"情节严重"主要是指指挥人员带头放下武器投降敌人的,组织、煽动他人投降敌人的,对作战造成严重危害的;等等。"投降后为敌人效劳",是指自动投降敌人后又从事各种有利于敌人的活动。

四、战时临阵脱逃罪

战时临阵脱逃罪,是指军人在战斗中或者在接受作战任务后,逃离战斗岗位的行为。临阵,是指部队已经受领战斗任务,进入待命出击的地域及战场。犯本罪的,根据刑法第424条的规定处罚。

五、违令作战消极罪

违令作战消极罪,是指指挥人员违抗命令,临阵畏缩,作战消极,造成严重后果的行为。"违抗命令,临阵畏缩,作战消极",是指在作战中故意违背、抗拒执行首长、上级的命令,面临战斗任务而畏难怕险,怯战怠战,行动消极。具有下列情形之一的,属于"造成严重后果":(1)扰乱作战部署或者贻误战机的;(2)造成作战任务不能完成或者迟缓完成的;(3)造成我方人员死亡1人以上,或者重伤2人以上,或者轻伤3人以上的;(4)造成武器装备、军事设施、军用物资或者其他财产损毁,直接经济损失20万元以上,或者直接经济损失、间接经济损失合计100万元以上的;[3](5)造成其他严重后果的。根据刑法第428条的规定,犯本罪的,处5年以下有期徒刑;致使战斗、战役遭受重大损失或者有其他特别严重情节的,处5年以上有期徒刑。

六、拒不救援友邻部队罪

拒不救援友邻部队罪,是指指挥人员在战场上,明知友邻部队面临被敌人包围、追击或者阵地将被攻陷等危急情况请求救援,能救援而不救援,致使友邻部队遭受重大损失的行为。

本罪是典型的不作为犯罪。首先,在战场上友邻部队处境危急请求救援时,有关指挥人员便产生了率部队救援的义务;由于是不作为犯罪,故行为主体只能是指挥人员,不包括一般作战人员。其次,具有救援友邻部队的可能性却没有救援友邻部队,即根据当时自己部队(分队)所处的环境、作战能力及所担负的任务,有条件组织救援却没有组织救援。最后,致使友邻部队遭受重大损失。友邻部队,是指由于驻地、配置地域或者执行任务而相邻,没有隶属关系的部队(分队)。具有下列情形之一的,属于"致使友邻部队遭受重大损失":(1)造成战斗失利的;(2)造成阵地失陷的;(3)造成突围严重受挫的;(4)造成我方人员死亡3人以上,或者重伤10人以上,或者轻伤15人以上的;(5)造成武器装备、军事设施、军用物资损毁,直接经济损失100万元以上的;(6)造成其他重大损失的。责任形式为故意,即明知友邻部队处境危急请求救援,不救援行为会发生使友邻部队遭受重大损失的结果,并且希望或者放任这种结果发生。

根据刑法第429条的规定,犯本罪的,对指挥人员处5年以下有期徒刑。

七、战时造谣惑众罪

战时造谣惑众罪,是指在战时造谣惑众,动摇军心的行为。具体表现为,在战时故意编造、散布谣言,煽动怯战、厌战或者恐怖情绪,蛊惑官兵,造成或者足以造成部队情绪恐慌、士气不振、军心涣散的行为。行为主体是军职人员,但不限于参加作战的军职人员;其他公民战时造谣惑众,扰乱军心的,应以刑法第378条的战时造谣扰乱军心罪论处。犯本罪的,根据刑法第433条规定处罚。

八、战时自伤罪

战时自伤罪,是指在战时为了逃避军事义务,故意伤害自己身体的行为。自伤并不限于行为人亲手伤害自己,而是包括利用他人的故意或过失行为伤害自己;自伤不以造成轻伤为前提,但必须达到足以逃避军事义务的程度;在由于其他原因已受轻伤的情况下,故意使自己变为重伤的,成立本罪;为逃避军事义务自杀未遂的,也成立本罪。"逃避履行军事义务",是指逃避临战准备、作战行动、战场勤务和其他作战保障任务等与作战有关的义务。根据刑法第434条规定,犯本罪的,处3年以下有期徒刑;情节严重的,处3年以上7年以下有期徒刑。

---

[3] "直接经济损失",是指与行为有直接因果关系而造成的财产损毁、减少的实际价值;"间接经济损失",是指由直接经济损失引起和牵连的其他损失,包括失去在正常情况下可能获得的利益和为恢复正常管理活动或者为挽回已经造成的损失所支付的各种费用等。

第三节 违反部队管理制度的犯罪

一、擅离、玩忽军事职守罪

擅离、玩忽军事职守罪，是指指挥人员和值班、值勤人员擅自离开正在履行职责的岗位，或者在履行职责的岗位上，严重不负责任，不履行或者不正确履行职责，造成严重后果的行为。本罪虽然是选择性罪名，但实际上是两个罪名，即擅离军事职守罪与玩忽军事职守罪，前者的责任形式为故意，后者的责任形式为过失。[4] 指挥人员，是指对部队或者部属负有组织、领导、管理职责的人员。专业主管人员在其业务管理范围内，视为指挥人员。值班人员，是指军队各单位、各部门为保持指挥或者履行职责不间断而设立的、负责处理本单位、本部门特定事务的人员。值勤人员，是指正在担任警卫、巡逻、观察、纠察、押运等勤务，或者作战勤务工作的人员。具有下列情形之一的，属于"造成严重后果"：(1)造成重大任务不能完成或者迟缓完成的；(2)造成死亡1人以上，或者重伤3人以上，或者重伤2人、轻伤4人以上，或者重伤1人、轻伤7人以上，或者轻伤10人以上的；(3)造成枪支、手榴弹、爆炸装置或者子弹10发、雷管30枚、导火索或者导爆索30米、炸药1千克以上丢失、被盗，或者不满规定数量，[5]但后果严重的，或者造成其他重要武器装备、器材丢失、被盗的；(4)造成武器装备、军事设施、军用物资或者其他财产损毁，直接经济损失30万元以上，或者直接经济损失、间接经济损失合计150万元以上的；(5)造成其他严重后果的。

根据刑法第425条的规定，平时犯本罪的，处3年以下有期徒刑或者拘役；造成特别严重后果的，处3年以上7年以下有期徒刑；战时犯本罪的，处5年以上有期徒刑。

二、阻碍执行军事职务罪

阻碍执行军事职务罪，是指以暴力、威胁方法，阻碍指挥人员或者值班、值勤人员执行职务的行为。"执行职务"，是指指挥、值班、值勤人员以及其他军人正在履行特定职责。军人以暴力、威胁方法阻碍其他军人执行职务的，一般公民以暴力、威胁方法阻碍任何军人执行职务的，成立刑法第368条的阻碍军人执行职务罪。犯本罪的，根据刑法第426条的规定处罚。战时从重处罚。

三、指使部属违反职责罪

指使部属违反职责罪，是指指挥人员滥用职权，指使部属进行违反职责的活动，造成严重后果的行为。

构成要件的内容为，指挥人员滥用职权，指使部属进行违反职责的活动，造成严重后果。(1)必须是滥用职权；如果采取与职权无关的其他方法使部属进行违反职责的活动，则不成立本罪。(2)行为人指使部属所实施的违反军人共同职责的活动，包括违反一般

---

〔4〕 一般认为，本罪的责任形式为过失。应当认为，本条所规定的"玩忽职守"应是出于过失，但将"擅离职守"确定为过失，就意味着缺乏对应的故意犯罪，因而不合适。

〔5〕 根据立案标准的规定，"有关犯罪数额'不满'，是指已达到该数额80%以上"。

职责与专业职责的活动,但不要求是构成军人违反职责罪的活动。如果指使部属实施的活动属于军人违反职责罪的活动,则同时触犯了本罪与所指使的军人违反职责罪,应从一重罪处罚。例如,指使部属非法获取军事秘密的,指使者的行为同时触犯了非法获取军事秘密罪(教唆犯)与本罪,应从一重罪论处。(3)必须造成严重后果。具有下列情形之一的,属于“造成严重后果”:一是造成重大任务不能完成或者迟缓完成的;二是造成死亡1人以上,或者重伤2人以上,或者重伤1人、轻伤3人以上,或者轻伤5人以上的;三是造成武器装备、军事设施、军用物资或者其他财产损毁,直接经济损失20万元以上,或者直接经济损失、间接经济损失合计100万元以上的;四是造成其他严重后果的。责任形式为故意,行为人明知是违反军人职责的活动,而故意指使部属实施。

根据刑法第427条的规定,犯本罪的,处5年以下有期徒刑或者拘役;情节特别严重的,处5年以上10年以下有期徒刑。

四、军人叛逃罪

军人叛逃罪,是指军人在履行公务期间,擅离岗位,叛逃境外或者在境外叛逃,危害国家军事利益的行为。叛逃境外,是指通过合法或者非法手段叛逃境外的行为。在境外叛逃,是指在境外履行国家、国防军事以及其他军事事务期间,擅自离队或者与派出单位和有关部门脱离关系,并滞留不归的行为。本罪与刑法第109条的叛逃罪的行为主体不同:本罪行为主体是军职人员,叛逃罪的行为主体是国家机关工作人员以及掌握国家秘密的国家工作人员。相对于刑法第109条而言,本条可谓特别法条。根据立案标准,具有下列情形之一的,应当追诉:(1)因反对国家政权和社会主义制度而出逃的;(2)掌握、携带军事秘密出境后滞留不归的;(3)申请政治避难的;(4)公开发表叛国言论的;(5)投靠境外反动机构或者组织的;(6)出逃至交战对方区域的;(7)进行其他危害国家军事利益活动的。

根据刑法第430条的规定,犯本罪的,处5年以下有期徒刑或者拘役;情节严重的,处5年以上有期徒刑;驾驶航空器、舰船叛逃的,或者有其他特别严重情节的,处10年以上有期徒刑、无期徒刑或者死刑。劫持航空器或者舰船叛逃的,属于本罪与劫持航空器罪或者劫持船只罪的想象竞合,从一重罪处罚。

五、逃离部队罪

逃离部队罪,是指违反兵役法规、故意逃离部队,情节严重的行为。违反兵役法规,是指违反国防法、兵役法和军队条令条例以及其他有关兵役方面的法律规定。逃离部队,是指擅自离开部队或者经批准外出逾期拒不归队。根据立案标准,具有下列情形之一的,应当认定为“情节严重”:(1)逃离部队持续时间达3个月以上或者3次以上或者累计时间达6个月以上的;(2)担负重要职责的人员逃离部队的;(3)策动3人以上或者胁迫他人逃离部队的;(4)在执行重大任务期间逃离部队的;(5)携带武器装备逃离部队的;(6)有其他情节严重行为的。根据刑法第435条的规定,平时犯逃离部队罪的,处3年以下有期徒刑或者拘役;战时犯逃离部队罪的,处3年以上7年以下有期徒刑。

六、私放俘虏罪

私放俘虏罪,是指擅自将俘虏放走的行为。“俘虏”是指在作战中被我方俘获的敌方武装人员以及其他为敌方武装部队服务的人员。根据刑法第447条的规定,犯本罪的,处5年以下有期徒刑;私放重要俘虏、私放俘虏多人或者有其他严重情节的,处5年以上有期徒刑。

第四节　危害军事秘密的犯罪

一、非法获取军事秘密罪

非法获取军事秘密罪，是指违反国家和军队的保密规定，采取窃取、刺探、收买方法，非法获取军事秘密的行为。窃取、刺探、收买是非法获取军事秘密的三种手段，采取其中任何一种手段非法获取军事秘密的，都构成本罪，同时采取几种手段获取军事秘密的也不实行并罚。军事秘密，是关系国防安全和军事利益，依照规定的权限和程序确定，在一定时间内只限一定范围的人员知悉的事项，包括以下内容：(1)国防和武装力量建设规划及其实施情况；(2)军事部署，作战、训练以及处置突发事件等军事行动中需要控制知悉范围的事项；(3)军事情报及其来源，军事通信、信息对抗以及其他特种业务的手段、能力，密码以及有关资料；(4)武装力量的组织编制，部队的任务、实力、状态等情况中需要控制知悉范围的事项，特殊单位以及师级以下部队的番号；(5)国防动员计划及其实施情况；(6)武器装备的研制、生产、配备情况和补充、维修能力，特种军事装备的战术技术性能；(7)军事学术和国防科学技术研究的重要项目、成果及其应用情况中需要控制知悉范围的事项；(8)军队政治工作中不宜公开的事项；(9)国防费分配和使用的具体事项，军事物资的筹措、生产、供应和储备等情况中需要控制知悉范围的事项；(10)军事设施及其保护情况中不宜公开的事项；(11)对外军事交流与合作中不宜公开的事项；(12)其他需要保密的事项。[6] 责任形式为故意，目的与动机一般不影响本罪的成立，但如果为了境外的机构、组织、人员实施上述行为，则构成其他犯罪。根据刑法第 431 条第 1 款的规定，犯本罪的，处 5 年以下有期徒刑；情节严重的，处 5 年以上 10 年以下有期徒刑；情节特别严重的，处 10 年以上有期徒刑。

二、为境外窃取、刺探、收买、非法提供军事秘密罪

本罪是指违反国家和军队的保密规定，为境外的机构、组织、人员窃取、刺探、收买、非法提供军事秘密的行为。

规定本罪的法条与刑法第 111 条是特别关系。符合本罪的犯罪构成的行为，不适用刑法第 111 条。军职人员为境外机构、组织、人员窃取、刺探、收买、非法提供军事秘密以外的国家秘密、情报的，以及一般公民为境外机构、组织、人员窃取、刺探、收买、非法提供国家军事秘密的，只能成立刑法第 111 条的为境外窃取、刺探、收买、非法提供国家秘密、情报罪。[7]

根据刑法第 431 条第 2 款的规定，犯本罪的，处 10 年以上有期徒刑、无期徒刑或者死刑。

三、故意泄露军事秘密罪、过失泄露军事秘密罪

故意泄露军事秘密罪，是指违反国家和军队的保密规定，故意使军事秘密被不应知悉

---

〔6〕 军事秘密的载体，包括文件、资料、图表、书刊等纸质载体和光盘、硬盘、软盘、音像磁带等磁介质载体以及重要的内部网络信息等。

〔7〕 关于本罪的构成要件，可参考第十八章第四节“二”。

者知悉或者超出了限定的接触范围,情节严重的行为。根据立案标准,具有下列情形之一的,应当认定为“情节严重”:(1)泄露绝密级或者机密级军事秘密1项(件)以上的;(2)泄露秘密级军事秘密3项(件)以上的;(3)向公众散布、传播军事秘密的;(4)泄露军事秘密造成严重危害后果的;(5)利用职权指使或者强迫他人泄露军事秘密的;(6)负有特殊保密义务的人员泄密的;(7)以牟取私利为目的泄露军事秘密的;(8)执行重大任务时泄密的;(9)有其他情节严重行为的。

过失泄露军事秘密罪,是指违反国家和军队的保密规定,过失泄露军事秘密,致使军事秘密被不应知悉者知悉或者超出了限定的接触范围,情节严重的行为。根据立案标准,具有下列情形之一的,应当认定为“情节严重”:(1)泄露绝密级军事秘密1项(件)以上的;(2)泄露机密级军事秘密3项(件)以上的;(3)泄露秘密级军事秘密4项(件)以上的;(4)负有特殊保密义务的人员泄密的;(5)泄露军事秘密或者遗失军事秘密载体,不按照规定报告,或者不如实提供有关情况,或者未及时采取补救措施的;(6)有其他情节严重行为的。

故意将国家军事秘密泄露给境外的机构、组织、人员的,则成立刑法第431条的为境外非法提供军事秘密罪。军人泄露国家其他秘密情节严重的,以及一般公民泄露国家军事秘密的,构成刑法第398条的故意泄露国家秘密罪、过失泄露国家秘密罪。

根据刑法第432条的规定,平时犯上述罪的,处5年以下有期徒刑或者拘役;情节特别严重的,处5年以上10年以下有期徒刑;战时犯上述罪的,处5年以上10年以下有期徒刑,情节特别严重的,处10年以上有期徒刑或者无期徒刑。

第五节　危害部队物资保障的犯罪

一、武器装备肇事罪

(一)武器装备肇事罪的概念与犯罪构成

武器装备肇事罪,是指违反武器装备使用规定,情节严重,因而发生责任事故,致人重伤、死亡或者造成其他严重后果的行为。

首先,行为人实施了违反武器装备使用规定的行为。武器装备,是实施和保障军事行动的武器、武器系统和军事技术器材的统称。武器则是指直接用于杀伤敌人或破坏敌方作战设施的器械。军队有关部门都分别制定了有关武器装备的使用规定与操作规程。其次,必须情节严重。根据立案标准,情节严重,是指故意违反武器装备使用规定,或者在使用过程中严重不负责任。再次,必须发生重大责任事故,致人重伤、死亡或者造成其他严重后果。具体而言,包括以下情形:(1)影响重大任务完成的;(2)造成死亡1人以上,或者重伤2人以上,或者轻伤3人以上的;(3)造成武器装备、军事设施、军用物资或者其他财产损毁,直接经济损失30万元以上,或者直接经济损失、间接经济损失合计150万元以上的;(4)严重损害国家和军队声誉,造成恶劣影响的;(5)造成其他严重后果的。最后,必须具有过失,包括疏忽大意的过失与过于自信的过失。上述“故意违反武器装备使用规定”,应是指明知行为违反武器装备使用规定仍然违反,而不意味着行为人对严重后果具有故意。

（二）武器装备肇事罪的认定

1. 正确区分武器装备肇事罪与非罪的界限。行为虽然违反了武器装备使用规定，但情节不严重，没有造成重大事故的，不构成本罪；行为虽然造成了重大事故，但行为人主观上没有过失的，也不成立本罪。

2. 正确处理武器装备肇事罪与其他犯罪的关系。军职人员在执勤、训练、作战时使用、操作武器装备，或者在管理、维修、保养武器装备的过程中，违反武器装备使用规定和操作规程，情节严重，因而发生重大责任事故，致人重伤、死亡或者造成其他严重后果的，以武器装备肇事罪论处；凡违反枪支、弹药管理使用规定，私自携带枪支、弹药外出，因玩弄而造成走火或者爆炸，致人重伤、死亡或者使公私财产遭受重大损失的，分别以过失致人重伤罪、过失致人死亡罪或者过失爆炸罪论处。军职人员驾驶军用装备车辆，违反武器装备使用规定和操作规程，情节严重，因而发生重大责任事故，致人重伤、死亡或者造成其他严重后果的，即使同时违反交通运输规章制度，也应当以武器装备肇事罪论处；如果仅因违反交通运输规章制度而发生重大事故，致人重伤、死亡或者使公私财产遭受重大损失的，则以交通肇事罪论处。[8]

3. 正确处理武器装备肇事罪与故意杀人罪、故意伤害罪的关系。行为人违反武器装备使用规定，故意使用武器杀害、伤害他人的，应认定为故意杀人罪、故意伤害罪。

（三）武器装备肇事罪的处罚

根据刑法第436条的规定，犯武器装备肇事罪的，处3年以下有期徒刑或者拘役；后果特别严重的，处3年以上7年以下有期徒刑。

二、擅自改变武器装备编配用途罪

本罪是指违反武器装备管理规定，未经有权机关批准，擅自将编配的武器装备改作其他用途，造成严重后果的行为。根据立案标准，具有下列情形之一的，属于“造成严重后果”：（1）造成重大任务不能完成或者迟缓完成的；（2）造成死亡1人以上，或者重伤3人以上，或者重伤2人、轻伤4人以上，或者重伤1人、轻伤7人以上，或者轻伤10人以上的；（3）造成武器装备、军事设施、军用物资或者其他财产损毁，直接经济损失30万元以上，或者直接经济损失、间接经济损失合计150万元以上的；（4）造成其他严重后果的。根据刑法第437条的规定，犯本罪的，处3年以下有期徒刑或者拘役；造成特别严重后果的，处3年以上7年以下有期徒刑。

三、盗窃、抢夺武器装备、军用物资罪

盗窃、抢夺武器装备、军用物资罪，是指军职人员以非法占有为目的，盗窃或者夺取部队的武器装备或者军用物资的行为。

构成要件的内容为，盗窃或者抢夺部队武器装备或者军用物资。武器装备，包括实施和保障军事行动的武器、武器系统和军事技术器材；军用物资，是指专供武装力量使用的各种物资的统称，包括装备器材、军需物资、医疗物资、油料物资、营房物资等。根据立案标准，凡涉嫌盗窃、抢夺军用物资价值2000元以上，或者不满规定数额，但后果严重的，应

---

〔8〕 参见中国人民解放军军事法院1988年10月19日《关于审理军人违反职责罪案件中几个具体问题的处理意见》。

当追诉。盗窃、抢夺其他财物的,构成盗窃罪、抢夺罪;军人利用职务上的便利,非法占有军用物资符合贪污罪的犯罪构成的,应按贪污罪从重处罚。[9] 责任要素除故意外,还要求具有非法占有目的。[10]

一般公民盗窃、抢夺枪支、弹药、爆炸物的,成立刑法第 127 条的盗窃、抢夺枪支、弹药、爆炸物罪。刑法第 438 条第 2 款规定:“盗窃、抢夺枪支、弹药、爆炸物的,依照本法第一百二十七条的规定处罚。”于是产生了以下问题:军人盗窃、抢夺枪支、弹药、爆炸物的,是以刑法第 127 条的盗窃、抢夺枪支、弹药、爆炸物罪定罪处罚(适用第 127 条第 2 款的法定刑)? 还是成立盗窃、抢夺武器装备、军用物资罪,适用刑法第 127 条的法定刑? 持后一立场的观点指出:“军人盗窃或者抢夺部队的枪支、弹药、爆炸物的,因刑法第 438 条相对于第 127 条来说属于特别法,按照法律适用原则,应当优先适用,所以仍应定盗窃或者抢夺武器装备、军用物资罪。”[11] 此外,刑法第 438 条第 2 款仅使用了“处罚”而没有使用“定罪处罚”的表述,也可能为后一立场提供理由。但是,基于以下理由,本书采取前一立场:第一,军人盗窃、抢夺枪支、弹药、爆炸物的行为具有危害公共安全的性质,适用刑法第 127 条较为合适。第二,刑法第 438 条第 1 款是特别法条,但第 2 款本身并非特别法条,故不能以特别法条优于普通法条为由采取后一立场。第三,军人盗窃或者抢夺部队的枪支、弹药、爆炸物的,适用刑法第 127 条第 2 款的法定刑,才能实现刑法的公平正义。第四,分则条文中的“处罚”与“定罪处罚”的含义并不绝对,刑法第 438 条第 2 款所使用的“处罚”概念,也不能成为后一立场的根据。

根据刑法第 438 条的规定,犯本罪的,处 5 年以下有期徒刑或者拘役;情节严重的,处 5 年以上 10 年以下有期徒刑;情节特别严重的,处 10 年以上有期徒刑、无期徒刑或者死刑。

四、非法出卖、转让武器装备罪

本罪是指非法出卖、转让武器装备的行为。出卖、转让,是指违反武器装备管理规定,未经有权机关批准,擅自用武器装备换取金钱、财物或者其他利益(有偿转让武器装备的所有权),或者将武器装备有偿或者无偿交付他人(如馈赠)的行为(有偿转让所有权的属于出卖)。责任形式为故意,不要求非法占有目的,行为人为了局部或小单位的利益而出卖武器装备的,也可能成立本罪。根据立案标准,具有下列情形之一的,应当追诉:(1)非法出卖、转让枪支、手榴弹、爆炸装置的;(2)非法出卖、转让子弹 10 发、雷管 30 枚、导火索或者导爆索 30 米、炸药 1 千克以上,或者不满规定数量,但后果严重的;(3)非法出卖、转让武器装备零部件或者维修器材、设备,致使武器装备报废或者直接经济损失 30 万元以上的;(4)非法出卖、转让其他重要武器装备的。根据刑法第 439 条的规定,犯非法出卖、转让武器装备罪的,处 3 年以上 10 年以下有期徒刑;出卖、转让大量武器装备或者有其他特别严重情节的,处 10 年以上有期徒刑、无期徒刑或者死刑。

---

〔9〕 参见中国人民解放军军事法院 1988 年 10 月 19 日《关于审理军人违反职责罪案件中几个具体问题的处理意见》。

〔10〕 对于本罪中的盗窃、抢夺以及非法占有目的的理解,参照本书第二十二章关于盗窃、抢夺与非法占有目的的论述。

〔11〕 周道鸾、张军主编:《刑法罪名精释》(下),人民法院出版社 2013 年第 4 版,第 1222 页。

五、遗弃武器装备罪

遗弃武器装备罪，是指负有保管、使用武器装备义务的军人，违抗命令，故意遗弃武器装备的行为。遗弃武器装备行为，以违抗命令为前提，否则不成立本罪。遗弃主要包括两种情形：一是抛弃现有的能够发挥作用的武器装备，如将有用的武器装备当做废品抛弃；二是应当将置于不安全场所的武器装备妥善管理却不妥善管理，如应当将在野外练习使用的武器装备运回军营而不运回，使其丧失武器性能。责任形式为故意，行为人明知是能够发挥作用的武器装备而故意遗弃。根据立案标准，具有下列情形之一的，应当追诉：(1)遗弃枪支、手榴弹、爆炸装置的；(2)遗弃子弹10发、雷管30枚、导火索或者导爆索30米、炸药1千克以上，或者不满规定数量，但后果严重的；(3)遗弃武器装备零部件或者维修器材、设备，致使武器装备报废或者直接经济损失30万元以上的；(4)遗弃其他重要武器装备的。根据刑法第440条的规定，犯本罪的，处5年以下有期徒刑或者拘役；遗弃重要或者大量武器装备的，或者有其他严重情节的，处5年以上有期徒刑。

六、遗失武器装备罪

遗失武器装备罪，是指遗失武器装备，不及时报告或者有其他严重情节的行为。据此，成立本罪有两种情形：一是遗失武器装备而不及时报告；二是遗失武器装备情节严重。前一种情况，不问是否具有其他严重情节；后一种情况，不问行为人是否及时报告。遗失，是指在武器装备的操作、使用、维护、修理、保养、运送等过程中，因疏忽大意或者过于自信而造成武器丢失。不及时报告，是指丢失武器装备后不按有关规定如实向首长、上级报告，因而丧失追查、寻找武器装备的机会。其他严重情节，主要是指如下情形：遗失武器装备严重影响重大任务完成的；给人民群众生命财产安全造成严重危害的；遗失的武器装备被敌人或者境外的机构、组织和人员或者国内恐怖组织和人员利用，造成严重后果或者恶劣影响的 遗失的武器装备数量多、价值高的；战时遗失的；如此等等。本罪的责任形式值得研究。一般来说，遗失武器装备情节严重的，应是过失；而遗失武器装备不及时报告的，应为故意。但本书倾向于认为，宜将本罪确定为过失犯，亦即，军人遗失武器的行为，是本罪构成要件的基本内容，但刑法为了限制处罚范围，将不及时报告与严重情节规定为构成要件要素。对于故意抛弃或者非法处置武器装备的，按照相应的犯罪论处。根据刑法第441条的规定，犯本罪的，处3年以下有期徒刑或者拘役。

七、擅自出卖、转让军队房地产罪

本罪是指违反军队房地产管理和使用规定，未经有权机关批准，擅自出卖、转让军队房地产，情节严重的行为。军队房地产，是指依法由军队使用管理的土地及其地上地下用于营房保障的建筑物、构筑物、附属设施设备，以及其他附着物。有偿或者无偿改变军队房地产的产权关系的行为，均属于转让行为。根据立案标准，具有下列情形之一的，属于"情节严重"：(1)擅自出卖、转让军队房地产价值30万元以上的；(2)擅自出卖、转让军队房地产给境外的机构、组织、人员的；(3)擅自出卖、转让军队房地产严重影响部队正常战备、训练、工作、生活和完成军事任务的；(4)擅自出卖、转让军队房地产给军事设施安全造成严重危害的；(5)有其他情节严重行为的。根据刑法第442条的规定，犯本罪的，对直接责任人员处3年以下有期徒刑或者拘役；情节特别严重的，处3年以上10年以下有期徒刑。

第六节 侵犯部属、伤病军人、平民、俘虏利益的犯罪

一、虐待部属罪

(一)虐待部属罪的概念与犯罪构成

虐待部属罪,是指滥用职权,虐待部属,情节恶劣,致人重伤、死亡或者造成其他严重后果的行为。

1. 构成要件的内容为,滥用职权,虐待部属,情节恶劣,致人重伤或者造成其他严重后果。"滥用职权",是指不法行使职务上的权限的行为,即就属于一般职务权限的事项,以行使职权的外观,实施实质的、具体的违法、不当的行为。"虐待部属",是指采取殴打、体罚、冻饿或者其他有损身心健康的手段,折磨、摧残部属的行为。根据立案标准,"情节恶劣"主要包括以下情形:虐待手段残酷的,虐待 3 人以上的,虐待部属 3 次以上的,虐待伤病残部属的;等等。"致人重伤"是指虐待行为直接造成部属重伤。"造成其他严重后果",是指虐待部属的行为造成了重伤、死亡以外的其他严重后果,[12] 主要包括以下情形:部属不堪忍受虐待而自杀、自残造成重伤或者精神失常的;诱发其他案件、事故的;导致部属 1 人逃离部队 3 次以上,或者 2 人以上逃离部队的;造成恶劣影响的;等等。

2. 责任形式为故意,即明知自己虐待部属的行为会发生侵害部属人身权利等结果,并且希望或者放任这种结果发生。

(二)虐待部属罪的认定

1. 正确区分虐待部属罪与非罪的界限。首先,应将虐待部属罪与严格要求部属但方法不当的行为相区别。前者是虐待行为,后者只是方法不当的严格要求行为;前者具有虐待故意,后者不具有该故意;前者情节恶劣并造成了严重后果,后者不具有恶劣情节与严重后果。其次,应将虐待部属罪与一般的虐待部属的行为区别开来,关键是看情节是否恶劣,是否造成了他人重伤或者其他严重后果。

2. 正确处理虐待部属罪与其他犯罪的关系。虐待部属罪与故意伤害、故意杀人、强奸、强制猥亵妇女、报复陷害等罪不是对立关系,虐待部属的行为完全同时可能触犯故意伤害、故意杀人等罪。如果一个行为同时触犯数罪名的,侵害数个犯罪的保护法益,属于想象竞合,从一重罪处罚。如果数行为触犯数罪名的,则应实行并罚。

(三)虐待部属罪的处罚

根据刑法第 443 条的规定,犯本罪的,处 5 年以下有期徒刑或者拘役;致人死亡的,处 5 年以上有期徒刑。

二、遗弃伤病军人罪

遗弃伤病军人罪,是指在战场上故意遗弃我方伤病军人,情节恶劣的行为。构成要件的内容为,将我方伤病军人遗弃在战场上。如果战斗情况极为紧急,确实无条件履行救助

---

〔12〕 根据刑法规定,致人死亡不是本罪构成要件的选择要素,而是法定刑升格的条件。

义务的,不能认定为本罪。此外,成立本罪需要情节恶劣。根据立案标准,具有下列情形之一的,应当认定为"情节恶劣":(1)为挟嫌报复而遗弃伤病军人的;(2)遗弃伤病军人3人以上的;(3)导致伤病军人死亡、失踪、被俘的;(4)有其他恶劣情节的。责任形式为故意。应当注意的是,如果行为符合不作为的故意杀人罪的犯罪构成的,则应认定为故意杀人罪。根据刑法第444条的规定,犯本罪的,对直接责任人员,处5年以下有期徒刑。

三、战时拒不救治伤病军人罪

本罪是指战时在救护治疗职位上,有条件救治而拒不救治危重伤病军人的行为。有条件救治而不救治,是指根据伤病军人的伤情或者病情,结合救护人员的技术水平、医疗单位的医疗条件及当时的客观环境等因素,能够给予救治而拒绝抢救、治疗。成立本罪,不以造成军人死亡为要件。所以,本罪并不是战时不作为的故意杀人罪的特别规定。换言之,实施本罪行为同时触犯不作为的故意杀人罪的,应认定为故意杀人罪。根据刑法第445条的规定,犯本罪的,处5年以下有期徒刑或者拘役;造成伤病军人重残、死亡或者有其他严重情节的,处5年以上10年以下有期徒刑。

四、战时残害居民、掠夺居民财物罪

战时残害居民、掠夺居民财物罪,可以分解为两个罪名。战时残害居民罪,是指战时在军事行动地区残害无辜居民的行为。战时掠夺居民财物罪,是指战时在军事行动地区抢劫、抢夺无辜居民财物的行为。

本罪必须发生在战时的军事行动地区,即我军作战区域,包括境内和境外;必须针对无辜居民实施残害或者掠夺行为。"无辜居民",是指对我军无敌对行动的平民。"残害"是指对军事行动地区的无辜居民进行伤害、杀伤、放火、奸淫、毁坏财物等残暴行为。根据立案标准,具有下列情形之一的,应当以战时残害居民罪立案追诉:(1)故意造成无辜居民死亡、重伤或者轻伤3人以上的;(2)强奸无辜居民的;(3)故意损毁无辜居民财物价值5000元以上,或者不满规定数额,但手段恶劣、后果严重的。"掠夺"是指抢劫或者抢夺军事行动地区无辜居民财物。根据立案标准,具有下列情形之一的,应当以战时掠夺居民财物罪立案追诉:(1)抢劫无辜居民财物的;(2)抢夺无辜居民财物价值2000元以上,或者不满规定数额,但手段恶劣、后果严重的。责任形式为故意,行为人必须明知是无辜居民而故意实施残害、掠夺行为。误以为是敌人而杀害的,不成立本罪(可能成立过失致人死亡罪)。

实施本罪行为,同时触犯故意杀人、故意伤害、抢劫等罪的,是属于想象竞合关系,还是属于法条竞合关系,还值得进一步研究。一种观点认为:"本罪是集合犯罪,包含很多具体的犯罪行为,因而与刑法的有关规定存在法条竞合关系。因本罪是军人在特定时间、地点实施的,应优先适用本条的规定,所以不再适用刑法对其他有关犯罪的规定。"[13]但是,法条竞合仅限于侵害一个犯罪的保护法益的情形,而上述行为同时侵犯了数个法益,所以,认定为想象竞合犯更为合适。况且,本罪的法定最低刑为6个月的有期徒刑,对无辜居民实施残害、掠夺行为的,最低仅处6个月的有期徒刑,明显不当。再如,上述观点将"残害无辜居民多人"视为情节严重的情形。据此,对杀害无辜居民多人的行为最高也只能判处10年有期徒刑,显然不妥。反之,将上述情形认定为想象竞合,则不会出现这种处

---

〔13〕 周道鸾、张军主编:《刑法罪名精释》(下),人民法院出版社2013年第4版,第1236页。

罚畸轻的现象。

根据刑法第446条的规定,犯本罪的,处5年以下有期徒刑;情节严重的,处5年以上10年以下有期徒刑;情节特别严重的,处10年以上有期徒刑、无期徒刑或者死刑。

五、虐待俘虏罪

本罪是指虐待俘虏,情节恶劣的行为。"虐待俘虏",是指采取殴打、体罚、冻饿或者其他有损身心健康的手段,折磨、摧残俘虏。根据立案标准,具有下列情形之一的,应当认定为"情节恶劣":(1)指挥人员虐待俘虏的;(2)虐待俘虏3人以上,或者虐待俘虏3次以上的;(3)虐待俘虏手段特别残忍的;(4)虐待伤病俘虏的;(5)导致俘虏自杀、逃跑等严重后果的;(6)造成恶劣影响的;(7)有其他恶劣情节的。虐待行为必须出于故意。根据刑法第448条的规定,犯本罪的,处3年以下有期徒刑。